PETIT DICTIONNAIRE

POLITIQUE ET SOCIAL

PAR

MAURICE BLOCK

MEMBRE DE L'INSTITUT

BIBLIOTHÈQUE RÉDACTION

———◆i-0-i◆———

PARIS

LIBRAIRIE ACADÉMIQUE DIDIER

PERRIN ET Cie, LIBRAIRES-ÉDITEURS

35, QUAI DES GRANDS-AUGUSTINS, 35

1896

PETIT DICTIONNAIRE

POLITIQUE ET SOCIAL

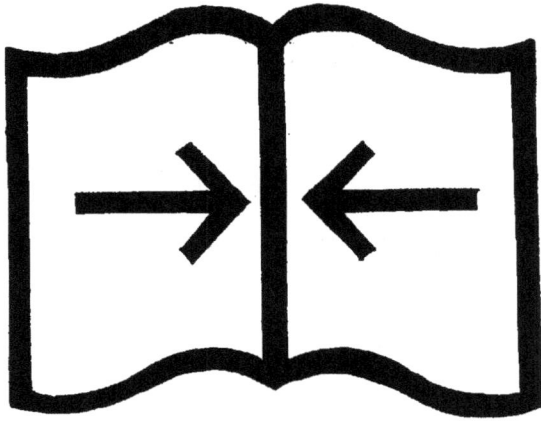

Reliure serrée
Absence de marges
intérieures

PRINCIPAUX OUVRAGES DE L'AUTEUR

Statistique de la France, couronné par l'Institut, 2e édition, 2 volumes. Paris, Guillaumin.

Traité théorique et pratique de statistique, 2e édition, 1 volume. Paris, Guillaumin.

L'Europe politique et sociale, 2e édition, 1 volume. Paris, Hachette et Cie.

Progrès de la science économique depuis Ad. Smith, 2 volumes. Paris, Guillaumin.

Petit Manuel d'économie politique, Prix Montyon, Traduit en douze langues. Paris, Hetzel et Cie.

Entretiens familiers sur l'administration de notre pays, 12 petits volumes. Paris, Hetzel et Cie.

Dictionnaire de l'Administration française, 4e édition. Paris, Berger-Levrault et Cie.

Les Communes et la Liberté. Paris, Berger-Levrault et Cie.

Dictionnaire général de la politique. 2e édition. Paris, Perrin et Cie.

L'Espagne en 1850. Paris, Guillaumin.

Des charges de l'agriculture dans les divers pays de l'Europe, couronné. Veuve Bouchard-Huzard.

Annuaire de l'économie politique et de la statistique, 1 volume par an depuis 1856. Paris, Guillaumin.

Aphorismes économiques. Paris, Guillaumin.

Le Socialisme moderne. Paris, Hachette et Cie.

Les Suites d'une grève. Paris, Hachette et Cie.

L'État et la Société, le Socialisme et l'Individualisme. Paris, Guillaumin.

Les Assurances ouvrières en Allemagne. Paris, Guillaumin. (Rapport à l'Académie des Sciences morales et politiques de l'Institut).

PRÉFACE

―――――

Le suffrage universel impose de graves devoirs aux citoyens. Y avons-nous bien réfléchi?

Nous n'avons pas seulement à élire nos législateurs, parmi lesquels sont choisis les membres du gouvernement, mais encore nos conseillers généraux et municipaux. Ce devoir implique l'obligation d'apprécier leurs actes, puisqu'il faudra les réélire ou les changer.

Ces actes sont nombreux et variés, la plupart exigent des connaissances spéciales qu'on ne sait pas toujours comment se procurer. J'y ai pensé dès 1860, et j'ai entrepris alors le *Dictionnaire général de la politique*, pour lequel j'ai obtenu la collaboration des savants et des publicistes les plus éminents de la France, *sans distinction de parti*.

Le Dictionnaire, quoique d'un prix élevé, a reçu un très bon accueil du public, qui en a reconnu l'utilité.

Depuis lors, de nouvelles et très brûlantes questions ont surgi; il est nécessaire de les examiner et d'en préparer la solution. Il importe, en outre, de rendre la nouvelle œuvre plus accessible au grand nombre, en la mettant à la portée de toutes les bourses.

J'ai donc rédigé un

PETIT DICTIONNAIRE POLITIQUE ET SOCIAL

de dimensions moindres et d'une rédaction très condensée qui est moins orné littérairement, mais qui renferme toutes les notions utiles à la pratique, qui est à jour et en même temps au courant de la science.

Pour rédiger le *Petit Dictionnaire*, j'ai profité de ma longue expérience qui m'a permis de contrôler les enseignements des principaux ouvrages sur les matières politiques et sociales qui, depuis Aristote, ont paru dans les divers

pays civilisés. Les vérités qui ont subi l'épreuve du temps ont été soigneusement recueillies et sont offertes, dans les pages qui suivent, aux réflexions
du lecteur.

C'est ainsi que j'ai reproduit quelques articles de mon *Dictionnaire général*,
avec la signature de leurs auteurs : Jules Simon, Charles de Rémusat, Guizot,
Franck, etc., parce qu'il est impossible de faire mieux. J'ai ensuite utilisé de
nombreux passages d'autres articles, indiquant le nom des auteurs soit dans
le texte, soit en note, j'ai été heureux d'en pouvoir orner mon œuvre. Le
reste, plus des trois quarts du livre, m'appartient en propre comme idée
et comme rédaction. Il y avait bien des articles à renouveler ou à ajouter, et j'ai fait mon possible pour éviter des lacunes.

Nous espérons que le *Petit Dictionnaire* ne sera pas sans rendre des services en apportant, à ceux qui les lui demanderont, des « clartés » sur
les matières politiques, économiques et sociales, en tout cas, des vues impartiales, fruits de l'expérience, exprimées sans arrière-pensées.

Paris, en Septembre 1896.

MAURICE BLOCK.

PETIT DICTIONNAIRE

POLITIQUE ET SOCIAL

A

ABDICATION. Renonciation au pouvoir souverain. Il paraît simple qu'un prince, fatigué des charges et même des jouissances du gouvernement, ait le droit de déposer sa couronne pour finir ses jours dans le repos et dans l'obscurité. Il semble tout aussi naturel qu'il descende volontairement du trône, lorsque des revers militaires, la désaffection des populations ou certaines autres circonstances rendent sa renonciation utile ou nécessaire au bien général.

En fait, l'histoire a enregistré de nombreuses abdications, dont quelques-unes vivent encore dans les souvenirs de tous. Ces grands actes, s'ils n'ont pas toujours eu l'assentiment des nations intéressées, ont du moins été presque généralement considérés par elles comme l'exercice d'un droit de la part du souverain. Quelques auteurs ont cependant refusé ce droit aux princes. Mais il importe de faire remarquer qu'à quelques exceptions près ce droit n'a été nié que par les ennemis de la royauté; aussi trouve-t-on parmi leurs raisons des arguments comme celui-ci :

Selon le droit naturel, un roi n'a pas le droit d'abdiquer, parce qu'il n'a pas le droit de régner. — Cela suffit.

ABOLITION. Ce mot était autrefois employé comme synonyme d'*amnistie* (voy. ce mot). Dans quelques contrées il était réservé à l'amnistie qui était donnée avant le jugement. Il consistait souvent aussi simplement dans la suppression de la procédure. Il n'y a donc pas lieu de le confondre avec la grâce.

ABSENTÉISME (L'), c'est-à-dire la non-résidence des propriétaires sur les terres et sur les domaines qu'ils possèdent, est un mot créé entre 1830 et 1840 à l'occasion des malheurs qui ont affligé l'Irlande. Des volumes ont été écrits et publiés sur ce triste sujet; des discours sans nombre, éloquents, passionnés, violents, ont été prononcés dans les chambres anglaises, contre des seigneurs anglais grands propriétaires en Irlande et pour leur défense; on les accusait d'être, par leur constante absence, la cause de l'affreuse misère de cette île.

Il est permis de penser que cette misère, trop réelle et vraiment hideuse dans quelques comtés de l'Irlande, n'avait pas pour cause unique l'absence des seigneurs anglais, grands propriétaires dans cette île. L'effroyable oppression exercée à différentes époques par des conquérants avides a laissé dans ce pays des souvenirs ineffaçables transmis d'âge en âge. Mais ces temps sont passés. Actuellement l'Irlandais a surtout à lutter contre le peu de fertilité de son île.

Il y a d'autres contrées où l'on se plaint de l'absentéisme, mais les inconvénients qui résultent de cet usage tendent à diminuer.

ABSOLUTISME. On entend généralement par ce mot la forme de gouvernement dans laquelle le chef de l'État jouit d'un pouvoir sans contrôle régulier ou sans limites tracées par des institutions politiques. L'absolutisme se rencontre aussi en dehors des monarchies; une aristocratie, une chambre démocratique, unique assemblée du peuple, surtout dans un très petit État, dont les majorités réuniraient tous les pouvoirs, constitueraient des régimes absolus, l'on peut ajouter : et despotiques. Mais, en fait, lorsqu'on parle d'absolutisme, c'est presque toujours aux monarchies qu'on pense. On distingue l'absolutisme du despotisme en ce qu'un souverain absolu peut être naturellement bienveillant et disposé à rester dans les limites de la légalité ou d'une légalité relative, tandis que le

1

despote ne respecte aucune loi ; il agit au gré de ses caprices, sans même ménager les intérêts de son peuple.

Il peut donc y avoir des partisans de l'absolutisme, mais personne n'avouera de l'indulgence pour le despotisme.

Quels sont les arguments qu'on peut faire valoir en faveur d'une monarchie absolue ? Nous croyons qu'on n'en a guère cherché que dans le sentiment, et même seulement dans une certaine altération du sentiment qu'on appelle mysticisme. N'est-ce pas du mysticisme que de parler de délégation divine, d'autorité paternelle ? Qui n'est pas convaincu, de nos jours, que le gouvernement n'existe que pour le bien de la nation, et que jamais peuple n'a été créé pour qu'un roi ait de nombreux serviteurs ?

Du reste, si le mysticisme est quelquefois favorable à l'absolutisme, d'autres sentiments se trouvent froissés de la pensée d'avoir un maître, et ces sentiments ce sont ceux qui constituent la dignité humaine.

Le seul argument rationnel en faveur de cette forme de gouvernement est puisé dans la minorité de certains peuples. Un peuple barbare, dit-on, a besoin d'un pouvoir énergique pour le contenir. Mais pourquoi une nation barbare, c'est-à-dire à demi civilisée, aurait-elle besoin d'un gouvernement plus puissant qu'un peuple tout à fait sauvage, qui ne reconnaît souvent aucune autorité ? Il n'y a pas là de nécessité logique. Sans doute, s'il arrivait à une telle nation de tomber entre les mains d'un homme de génie, d'un monarque bien plus avancé que ses sujets, il en résulterait pour elle un grand avantage ; elle serait poussée avec vigueur vers le progrès. Or, ce ne serait là qu'une chance, qu'un accident et non un argument. D'un autre côté, est-il une nation civilisée qui tienne à se donner un brevet de barbarie ?

Mais il est inutile d'insister sur ce point. Demandons plutôt si le pouvoir absolu existe réellement quelque part en politique.

Il nous semble que non. Partout il y a des freins à la volonté humaine, et le plus puissant de ces freins est peut-être celui qui provient de la volonté d'autrui. Quelquefois ces freins sont patents, on en a conscience ; d'autres fois ils seront occultes ; ils n'agiront que sur l'instinct, mais toujours ils existeront.

Selon le degré de civilisation d'un État, le pouvoir qui n'est pas limité par des lois trouvera sa restriction dans un obstacle différent. Ici ce seront les mœurs, les coutumes, les traditions, ailleurs la religion, ailleurs encore la crainte des soulèvements, de la vengeance des individus lésés ; dans les pays plus éclairés, l'opinion publique exerce parfois une influence qu'il ne sera pas permis de méconnaître. Il est si difficile de se mettre au-dessus du qu'en dira-t-on !

Nous avons jusqu'ici considéré le pouvoir absolu entre les mains d'un monarque, mais il peut aussi être exercé par les gouvernements collectifs : aristocratiques ou démocratiques.

Quand le pouvoir absolu appartient à une aristocratie, il se rend odieux plus tôt que dans toute autre forme de gouvernement. D'abord, parce qu'il entre plus vite dans sa période d'abus, et puis, parce que si, dans une monarchie absolue, le souverain, les favoris et les serviteurs zélés peuvent faire beaucoup de mal, ils n'en sauraient faire autant que les familles aristocratiques, leurs clients et leurs adhérents. Et ensuite, il arrive souvent que ces familles gouvernantes sont issues de conquérants, qu'elles appartiennent à une nationalité étrangère, qu'elles professent une religion différente, qu'elles se distinguent par la couleur de la peau ou par d'autres marques extérieures. Dans ce cas, ces familles ont, d'une part, une plus grande tendance à abuser de leur pouvoir, à devenir des tyrans ; et, de l'autre, les populations assujetties sont moins disposées à leur rendre justice, même pour le bien que leur fait le gouvernement. De plus, une aristocratie, comme corps collectif, est moins influencée par les freins qui restreignent les excès des monarchies absolues, elle craint moins de perdre le pouvoir.

Dans une démocratie, le pouvoir absolu paraît être l'apanage naturel du gouvernement. Ce gouvernement n'est-il pas le résultat de l'élection ? Ne représente-t-il pas parfaitement la volonté de la nation ? N'est-il pas — du moins théoriquement — responsable devant elle ?

Pourtant, l'absolu est en toute circonstance un fardeau trop lourd pour être porté avec aisance par des hommes. Si tel despote laisse tomber le pouvoir de ses mains débiles pour le voir ramasser par quelque favori, une assemblée sera entraînée — souvent même par un sentiment généreux — à en aggraver encore le poids. D'ailleurs, le pouvoir absolu des gouvernements démocratiques ne serait rationnel, tout au plus, que s'il était élu à l'unanimité. Alors, au fond, chacun ne serait soumis qu'à sa propre volonté, ou à l'autorité qu'il a créée. Mais, en réalité, cela n'est pas. Ce sont les majorités qui gouvernent.... et souvent oppriment les minorités. Elles oppriment avec d'autant moins de scrupule, qu'elles ont pour elles la lettre de la loi.

Or, la nation elle-même a-t-elle un pouvoir absolu sur l'un de ses membres ? L'affirmation pure et simple d'un tel principe paraîtrait révoltante de nos jours, quoique des hommes éminents aient soutenu une doctrine tendant à ce résultat. Admettre le pouvoir absolu d'une nation, c'est justifier les persécutions religieuses, l'esclavage et bien d'autres horreurs encore dont l'humanité a souillé ses annales.

De déduction en déduction, nous en sommes implicitement arrivé à demander si les lois commandent une obéissance absolue. Nous ne répondrons pas expressément à cette question, car nous ne faisons pas un traité de casuistique; nous n'avons pas à rechercher dans quel cas spécial la nation use et dans quel cas elle abuse de son pouvoir, ni dans quelle limite il faut se soumettre et souffrir de ces abus. Disons seulement que nous devons des sacrifices à la société en échange du bien que nous en recevons. Mais la mesure de ces sacrifices, il faut que chacun la trouve dans sa conscience.

Nous n'avons pas abordé ici l'examen du gouvernement absolu comparé au régime constitutionnel; cette matière sera traitée aux articles : **Gouvernement. Monarchie, République, Régime constitutionnel,** et autres encore.

ABSTENTION. Ce mot, qui avait autrefois son emploi dans le droit civil, où il était synonyme de renonciations d'hoirie ou d'héritage, ne figure plus que dans le langage politique. C'est donc une renonciation à l'exercice de ses droits.

L'abstention est surtout pratiquée par des partis politiques en minorité. Ces partis, voyant que tout effort pour faire triompher leurs idées est vain, ne veulent pas donner à leurs adversaires le spectacle de leur défaite. Quelquefois aussi ils se proposent de protester contre une oppression réelle ou imaginaire; ils pensent alors qu'en votant ils reconnaissent la légalité de l'acte ou du gouvernement qu'ils combattent.

L'abstention est encore un procédé qu'on emploie dans des cas où il y a conflit de devoirs, de sentiments ou d'intérêts; on ne sait pas ce que l'on doit préférer et dans le doute on s'abstient.

Nous ne citons que pour mémoire l'abstention des électeurs qui a pour unique cause la négligence; il ne saurait être question de justifier un acte si peu motivé et même si coupable au point de vue des intérêts généraux du pays. Cette abstention est quelquefois combattue par des lois.

Pourra-t-on mieux justifier l'abstention d'un parti? Nous ne le croyons pas. D'abord c'est une annulation de soi-même, un suicide politique, qu'on ne peut pas plus excuser que l'acte de détruire sa personne. Puis, en se retirant sous sa tente, on s'ôte toute chance de profiter d'un revirement dans l'opinion du pays. En prenant part au mouvement politique, en se mêlant à ses concitoyens lors des élections, en se présentant à leur choix, on peut espérer faire une propagande plus ou moins heureuse, et obtenir une certaine influence sur les destinées de la patrie. Or, on doit à son pays non seulement son sang, mais encore son dévouement, son talent.

ABUS. Les abus sont une conséquence de la faiblesse humaine; aucune forme de gouvernement, aucune organisation ne sauraient les prévenir complètement.

Les abus sont d'autant plus fréquents que les populations sont plus ignorantes. En effet,

si, au lieu d'être *censé* connaître la loi, chacun la connaissait réellement, il défendrait son droit et parviendrait le plus souvent à se faire rendre justice. D'ailleurs, la seule crainte de voir le citoyen se plaindre suffit pour prévenir bien des abus.

Malheureusement, une certaine force d'inertie nous fait trop souvent négliger de demander une réparation quand le dommage n'est pas très considérable. Quelquefois, il est vrai, on est inspiré par un sentiment d'indulgence très louable, lorsqu'il s'agit de faits isolés ; mais quand il s'agit de principes ou de précédents, il est du devoir de chacun de maintenir son droit, et celui de tous, qu'on a lésé en lui.

ABUS (Appel comme d'). *Voy.* **Recours comme d'abus.**

ACCAPAREMENT. Il consiste à acheter une quantité considérable d'une ou plusieurs marchandises, en vue de se rendre maître du prix, faute de concurrents dans la vente ; mais parfois les lois et règlements de police l'ont entendu tout autrement, alors le seul fait de conserver chez soi du blé ou quelque autre denrée en quantité supérieure aux besoins de sa famille, surtout à des époques de cherté, a été qualifié d'accaparement.

L'accaparement, disait la loi du 26 juillet 1793, est un crime capital. Il consiste à retirer de la circulation des marchandises de première nécessité, et à les enfermer dans un lieu quelconque sans les mettre en vente journellement et publiquement. Il consiste également à faire périr ou à laisser périr volontairement ces mêmes marchandises.

Cette loi était l'expression des préjugés séculaires qui existaient, non seulement en France, mais dans toute l'Europe, contre les accapareurs. En s'associant à ces préjugés, au lieu de les combattre, les gouvernements avaient contribué à les enraciner dans l'esprit des populations. Du reste, en agissant ainsi, ils étaient de la meilleure foi du monde. On admettait autrefois, comme une chose certaine, que la disette, même la famine, peuvent être le résultat des manœuvres de la spéculation. « Ce n'est plus alors, dit Delamarre dans son traité de la police (vers 1750) le défaut de la matière qui nous jette dans le besoin, il y en a suffisamment; mais elle est retenue et réservée, par certains avares qui sacrifient à un gain criminel et sordide les liens les plus sacrés de la religion et de la société, et souvent même le bien général. » A plus forte raison devait-on croire que, lorsqu'il y a déficit dans la production, les effets de ce déficit sont singulièrement aggravés par la malice des hommes et leur âpreté au gain. Aussi, dès que le prix du blé éprouvait une hausse un peu forte, ne manquait-on pas de contraindre, par tous les moyens possibles, les citoyens à mettre en vente les grains dont ils étaient détenteurs, s'imaginant que de cette manière on ferait disparaître l'élévation des prix, si la disette était factice, ou qu'on maintiendrait la cherté dans les limites mêmes qui devaient résulter du déficit, s'il y avait réellement mauvaise récolte.

L'expérience a depuis longtemps démontré que toutes les mesures de ce genre n'ont d'autres résultats que de faire payer le grain plus cher et même d'exposer le consommateur à en manquer complètement.

Nous ne parlons ici que du blé, parce que c'est surtout le commerce de cette denrée qui a donné naissance aux idées admises pendant longtemps sur la puissance de l'accaparement pour raréfier les denrées alimentaires et en augmenter arbitrairement le prix, et parce que la plupart des mesures prises à diverses époques contre les accapareurs ne concernent, en général, que le commerce des grains.

Aujourd'hui, la concentration dans un petit nombre de mains d'une quantité de blé susceptible, non pas de créer une disette factice, mais seulement d'influer sérieusement sur les prix, serait très difficile ou tout au moins très périlleuse pour les intérêts de ceux qui tenteraient une pareille entreprise. Avec la liberté dont jouit presque partout le commerce des grains, avec la grande facilité et la rapidité des transports, ils courraient le risque, à peu près certain, de se ruiner. En a-t-il toujours été ainsi ? Dans les temps où les communications d'une province à l'autre étaient si difficiles, où le commerce était entouré d'entraves de tous genres, l'accaparement véritable, c'est-à-dire cette concentration de la marchandise ayant pour effet de rendre un petit nombre d'individus maîtres du marché, a-t-il été possible ? Il est permis d'en douter. La nature encombrante de la marchandise, la lenteur et la difficulté des transports devaient mettre de grands obstacles à la réunion d'une grande quantité de blé sur un point déterminé, et l'état des relations commerciales ne comportait guère ce genre de concentration immatérielle qui consiste à se rendre maître de la denrée au moyen d'un certain nombre de marchés, en la laissant, pendant un temps plus ou moins long, entre les mains des détenteurs. Mais, dira-t-on, s'il n'y a jamais eu d'accaparements véritables, ou s'il ne s'en est produit que dans des cas très rares, comment se fait-il que peuples et gouvernements aient été pendant si longtemps convaincus de leur existence ? Par la raison que nous jugeons d'abord sur l'apparence, et que lorsque cette apparence est de nature à faire une impression très vive sur nos esprits, il faut souvent une longue suite de siècles pour que nous finissions par découvrir l'illusion dont nous avons été le jouet. Ainsi, il est certain qu'aux yeux des masses la disette se présente d'abord avec les caractères d'une grande abondance. Un déficit d'un mois, c'est-à-dire d'un douzième dans la production ordinaire, est un déficit considérable ; mais au moment même où il est constaté, où il détermine la hausse sur les marchés, les granges, les greniers du cultivateur regorgent de grains, puisqu'ils contiennent tout le blé nécessaire à l'ensemencement des champs et aux besoins de la consommation pendant onze mois. Toutefois, cette abondance de blé ne produit encore aucun effet sur les esprits, parce qu'elle est disséminée dans les campagnes ; mais bientôt arrive le moment où cette grande quantité de grains doit être distribuée dans toutes les parties du territoire, et c'est alors que se produit ou plutôt que se produisait un fait de nature à émouvoir les populations.

Aujourd'hui, le mouvement commercial a une activité bien autrement grande qu'autrefois, les achats de grains, la concentration momentanée de quantités importantes de blé dans un certain nombre de mains, en un mot, ce qu'on qualifiait jadis d'accaparement, bien que ce ne soit pas un accaparement véritable, se produit sur une bien plus large échelle qu'aux époques antérieures, et cependant c'est à peine si, dans ces dernières années, on a prononcé le mot d'accapareur. Le progrès de la raison publique peut être pour quelque chose dans ce résultat; mais nous pensons qu'on doit surtout l'attribuer aux changements qui se sont opérés dans les habitudes du commerce et dans les moyens de transport. Depuis que les règlements de police n'obligent plus à apporter les blés sur les marchés, les cultivateurs, pour éviter des frais de transport inutiles, ont adopté l'usage de la vente sur échantillon. Par suite de cet usage, par suite de l'établissement des chemins de fer, de l'habitude de laisser en gare les grains qu'on prévoit avoir à réexpédier pour une nouvelle destination, de l'établissement de vastes entrepôts qui servent de magasins communs et sont situés, la plupart du temps, dans les quartiers excentriques des grandes villes, le mouvement de circulation des grains se trouve presque entièrement dérobé aux yeux du public, et le fantôme de l'accaparement s'est évanoui.

L'erreur des anciens gouvernements, au sujet de l'accaparement, consistait notamment à transformer en actions criminelles de simples actes de prévoyance et à considérer avant tout, dans le commerce des grains, le mobile qui fait agir les hommes, au lieu des bons résultats que ce commerce produit, lors même que les motifs de ceux qui s'y livrent sont loin d'être irréprochables.

Lorsqu'une récolte est mauvaise, il faut, pour que l'équilibre s'établisse, ou que les populations restreignent leur consommation en se rejetant sur les grains inférieurs, ou qu'une large importation vienne combler le déficit, et le plus ordinairement c'est par la combinaison de ces deux moyens qu'on parvient à atteindre la récolte suivante. Mais pour que la consommation se resserre et que l'importation s'accroisse, il est indispensable que les prix s'élèvent, ce qui ne peut arriver qu'à la condition qu'on apportera moins de grains sur les marchés ou que si les cultivaleurs en apportent autant que de coutume, des négociants ou même de simples consommateurs viendront s'emparer, par leurs achats, d'une partie de ces grains, afin de les mettre en réserve et de répartir ainsi le déficit sur toute l'année. Il est vrai que le désir de gagner de l'argent est le mobile qui fait agir le cultivateur et le négociant, et ce désir, quand il est modéré, n'a rien que de légitime. Il est vrai aussi que trop souvent la cupidité s'en mêle; mais il est à remarquer qu'elle porte en elle-même son correctif, car si elle fait monter les prix un peu trop haut à certains moments, les grains qu'on aura gardés trop longtemps pèseront plus tard sur le marché, amèneront une réaction qui fera baisser le cours au-dessous du taux où ils seraient descendus si la spéculation avait été plus modérée, et qui se traduira par des pertes ou par une réduction de bénéfice pour ceux qui se seront montrés trop âpres au gain. Ces oscillations trop grandes dans les prix sont toujours regrettables; mais la cupidité dont elles sont l'effet est pourtant moins dangereuse que la charité aveugle des personnes qui s'indignent qu'un cultivateur ou un négociant conserve des blés dans ses greniers, quand la population souffre de la cherté. Avec cette charité, louable en son principe, mais désastreuse en ses effets, les populations s'endormiraient dans une fausse sécurité et, à un moment donné, finiraient par manquer complètement de pain. On voit donc combien les actes de prévoyance et de commerce, qu'on flétrissait autrefois du nom d'accaparement, sont nécessaires pour assurer l'approvisionnement d'un pays et la répartition de cet approvisionnement entre toutes les parties du territoire.

L'ancienne monarchie a cruellement expié ses erreurs sur ce point important d'économie publique, car, après avoir fait une si rude guerre aux accapareurs, on l'a elle-même accusée d'avoir organisé un vaste système d'accaparement, auquel l'histoire a infligé le nom de *pacte de famille*, et qui, au commencement de la Révolution, était devenu un redoutable grief contre le gouvernement royal. Que le contrôleur général Laverdy et quelques autres personnages aient inventé une sorte de mécanisme diabolique pour élever le prix du blé d'une manière permanente et s'enrichir de ce qui devait faire la misère du peuple, et que Louis XV ait, au moins indirectement, trempé dans ce complot, ce sont là de ces raffinements de scélératesse que les partis politiques prêtent à leurs adversaires avec une merveilleuse facilité; mais quand on recherche avec impartialité ce que de pareilles imputations peuvent avoir de fondé, il est rare qu'elles résistent à un examen sérieux. Le traité qu'on a qualifié de pacte de famine était certes le résultat d'un acte de mauvaise administration; mais il est probable que cet acte a été inspiré par des intentions très louables. Au fond, de quoi s'agissait-il?

D'une institution qu'on a considérée pendant longtemps comme la sauvegarde de l'approvisionnement de la capitale. Sous l'ancien régime, on la nommait l'administration des blés du roi; sous le premier Empire et la Restauration, on l'appelait la réserve de Paris. Avant 1789, l'entretien et la conservation de cette réserve ont été presque constamment confiés à des négociants qui s'en chargeaient moyennant une prime de tant par sac de blé ou de farine. On considérait ce mode d'administration comme moins onéreux pour le Trésor public. Sous l'Empire on a fait usage aussi, pendant quelque temps, du même système. Lorsque, en 1765, le contrôleur général Laverdy afferma pour dix ans, à Malisset, l'administration des blés du roi, il fit donc un acte qui n'avait rien d'exorbitant. Comme Malisset n'avait pas les fonds nécessaires pour subvenir seul aux frais d'une manipulation aussi importante, il forma, avec trois autres individus, une compagnie dont le capital fut fixé à 180.000 livres divisées en dix-huit parts de 10.000 livres chacune. C'est l'acte constitutif de cette société qui a reçu le nom de pacte de famine. Il est certain que l'existence d'une réserve considérable placée aux portes de Paris, et composée de blé et de farines que le gouvernement pouvait jeter d'un jour à l'autre sur le marché à des prix inférieurs aux cours du moment, devait rendre le commerce des grains presque impossible. Il n'est pas douteux non plus que les hommes placés à la tête de la compagnie à laquelle était confié le maniement de la réserve devaient être fortement tentés de faire, pour leur compte, des opérations dans lesquelles ils pouvaient agir presque à coup sûr. Jusqu'à quel point Malisset et ses associés ont-ils abusé de la position privilégiée qui leur était faite? C'est ce qu'il est à peu près impossible de savoir aujourd'hui, et ce qui serait d'ailleurs d'un médiocre intérêt. Du reste, quoique fort obscur dans ses détails, l'histoire du pacte de famine n'en contient pas moins un très haut enseignement, car elle met dans tout son jour l'effrayante responsabilité que le système des réserves administratives peut faire peser sur un gouvernement. L. FOUBERT[1].

ACCIDENT. *Voy.* **Assurance.**

ACCISE. Ce mot s'emploie en Allemagne et en Hollande comme synonyme d'octroi ou d'impôt de consommation, surtout s'il est perçu à la porte des villes. En Angleterre on écrit excise.

ACCLAMATION. Ce terme, qui signifie littéralement cri unanime, doit s'entendre, en langage politique, de cet unanimité spontanée,

1. Foubert a été, pendant beaucoup d'années, chef du bureau des subsistances. C'était un observateur très distingué; nous avons abrégé son article.

de ce consentement général, qui exclut toute discussion et ne laisse ainsi aucune possibilité à l'opposition de quelques individus isolés de se produire. Lorsqu'une assemblée vote par acclamation, c'est donc, qu'il y ait eu ou non des débats sur le point en question, que l'immense majorité adopte la proposition et qu'il serait évidemment superflu de recourir au scrutin pour en avoir le témoignage.

ACCOLADE. L'usage de l'accolade, si répandu à l'époque de la chevalerie, ne s'était conservé que dans quelques sociétés plus ou moins secrètes comme forme d'initiation. L'enthousiasme que la révolution de 1789 alluma dans beaucoup de cœurs généreux fit ressusciter l'accolade, et on donna publiquement le baiser fraternel soit aux nouveaux membres des clubs, soit à des citoyens qui avaient bien mérité de la patrie. Mais ce qui avait été un élan spontané ne tarda pas à devenir une forme vide de sens, et tomba bientôt en désuétude. Maintenant, l'accolade, dans les circonstances où elle s'est maintenue, n'a plus de signification politique. Les nouveaux membres de la Légion d'honneur sont encore reçus par une accolade.

ACTE. Accomplissement ou attestation d'un fait quelconque de la vie publique et dans certains cas aussi de la vie privée. On désigne notamment par *acte* certaines décisions collectives résultant de conférences, de congrès, de réunions politiques diverses, comme diètes, chambres, parlements. Ainsi les délibérations et décisions des diètes de l'empire germanique ont paru, dès 1729, sous le titre de *Acta publica*.

Le mot *acte* est souvent aussi pris comme synonyme de document et même de contrat; on connaît la signification qu'il prit en 1815, lors de la promulgation de « l'acte additionnel ».

ADMINISTRATION. Il n'y a pas de mot qui soit plus employé et dont la signification précise soit moins connue. Cette confusion tient aux nombreux points de contact qui rattachent l'administration, d'un côté, au pouvoir politique et au gouvernement, de l'autre, au droit commun et à l'autorité judiciaire.

En général, le pouvoir politique n'entre pas dans les détails qui forment le lot des administrateurs. Il procède par mesures générales et ne s'occupe d'affaires spéciales que s'il s'agit d'actes tellement importants que leur influence sur les intérêts du pays, sur l'ordre public ou sur la destinée du gouvernement, appelle l'attention des plus hautes autorités. La déclaration de guerre, le traité de paix, de commerce ou d'alliance, la nomination d'un ministre constituent des mesures circonscrites à une affaire déterminée, et cependant ce sont des actes de gouvernement que le pouvoir politique accomplit directement; les conséquences qu'ils entraînent sont telle-

ment générales que leur délégation à des autorités secondaires aurait eu les plus graves inconvénients.

Les administrateurs, en effet, n'ont toujours qu'une autorité limitée à certaines affaires ou à des circonscriptions territoriales; les bornes de leur horizon ne leur permettent de voir qu'une partie des intérêts, et, pour arrêter des mesures qui ont des conséquences si étendues, ils ne sont pas en présomption de posséder les éléments de décision nécessaires. C'est pour cela que le gouvernement et le pouvoir politique sont retenus par le chef de l'État et le conseil des ministres, tandis que les matières administratives sont, pour la plupart, déléguées à des autorités secondaires. C'est pour cela qu'en France le conseil d'État, statuant au contentieux, s'est constamment reconnu incompétent pour connaître des actes de gouvernement et statuer sur leurs applications. Assurément, le conseil d'État, par sa participation à la préparation des lois, joue parfois le rôle d'un corps politique, mais ses attributions administratives sont séparées de ses attributions législatives[1] et, spécialement, la section du contentieux n'est qu'un conseil, et plutôt un tribunal purement administratif. Le chef du pouvoir exécutif a un conseil politique, dont il prend les avis sur les matières de gouvernement. c'est le conseil des ministres. Si la section du contentieux prononçait sur des actes de gouvernement, elle empiéterait sur les attributions du conseil des ministres; le conseil administratif du chef du pouvoir exécutif envahirait la compétence de son conseil politique.

Cette doctrine a été suivie toutes les fois que les parties intéressées ont attaqué les décisions relatives à la distribution d'une indemnité stipulée dans un traité de paix. Elle a servi aussi de fondement à la décision qui a été rendue, sur le conflit élevé par le préfet de la Seine, dans l'affaire des biens de la famille d'Orléans. Le système consacré par ce décret peut se formuler en ces termes: « Les décrets dictatoriaux constituent une mesure politique et souveraine dont ni les tribunaux, ni l'administration ne peuvent connaître; les réclamations à ce sujet doivent être portées devant le conseil des ministres, c'est-à-dire devant le conseil politique. On a donc à tort saisi les tribunaux, et il y a lieu de valider le conflit en tant qu'il aura pour effet de dessaisir l'autorité judiciaire, mais le décret validant le conflit n'est pas fondé sur la compétence du conseil d'État délibérant au contentieux. L'autorité administrative est tout aussi incompétente que l'autorité judiciaire, et si les parties intéressées veulent réclamer, c'est au chef du pouvoir exécutif, délibérant en conseil des ministres, qu'elles doivent adresser leurs réclamations. »

Quoique l'administration soit distincte du

1. Sous le régime du second Empire, ce mot était plus à sa place qu'aujourd'hui. Préparer une loi, ce n'est pas la voter.

gouvernement, les circonstances donnent, quelquefois, à un acte administratif une telle importance que la politique en pourrait ressentir le contre-coup. Le conseil des ministres s'en préoccupe et arrête les instructions qui seront envoyées aux agents administratifs; les actes continueront à être faits par les autorités locales, en vertu de la délégation qui leur est faite par la loi; mais le sentiment et la force de la hiérarchie assureront l'exécution des ordres donnés par le pouvoir politique et une exécution conforme à l'impulsion partie d'en haut.

Le lien de connexité qui unit la politique et l'administration est tellement étroit qu'à toutes les époques et dans tous les pays l'administration a été l'auxiliaire dévoué de la politique, et qu'elle a eu pour mission constante de faire pénétrer dans les détails les principes et les doctrines du gouvernement. Issues de la même origine, marchant à un but commun, animées du même esprit, ces deux puissances ont, chacune dans sa sphère, réalisé le rôle de l'État par des moyens semblables. Aristocratique partout où le gouvernement était conduit par l'oligarchie des seigneurs, démocratique ou démagogique sous les gouvernements populaires, bureaucratique dans les monarchies absolues, soumise aux influences parlementaires dans les monarchies constitutionnelles, l'administration est généralement un reflet du gouvernement qu'elle représente. On peut dire : *Telle politique, telle administration.*

Quelles que soient l'organisation administrative d'un pays et la source d'où procèdent les autorités locales, c'est par elles que se produit l'intervention de l'État, et il est impossible, quand on traite de l'administration, de ne pas poser la question que soulèvent les limites disputées entre l'individu et la puissance publique. En d'autres termes, jusqu'où doit aller l'action administrative et à quel point faut-il qu'elle s'arrête ?

L'action de l'administration peut être *négative* ou *positive;* elle est *négative* quand elle empêche les troubles de se produire et qu'elle maintient chaque citoyen dans la limite de ses droits. Cette mission appartient plus spécialement à ce qu'on appelle la police administrative. Elle est *positive*, lorsqu'elle dirige certains services d'intérêt général qu'il serait impossible de confier à l'initiative individuelle et dont les avantages seraient perdus pour tout le monde, si l'État ne s'en chargeait pas. « Garantir la propriété, écarter les obstacles au développement du travail individuel, c'est exercer une action indirecte ou négative. Mais dessécher un marais pour purifier une atmosphère fétide, construire un chemin ou creuser un canal qui fasse communiquer un centre de production avec un foyer de consommation, cela s'appelle agir et non empêcher; c'est faire usage d'un pouvoir direct et positif... Tous les intérêts doivent être pesés dans la même balance, de sorte que l'administration puisse établir une pondération

et une balance qui seraient impossibles si l'administration n'avait qu'un pouvoir négatif, un *veto* capable d'empêcher, mais dépourvu de toute puissance active. Le gouvernement n'est pas seulement un bouclier, c'est aussi un levier[1]. »

Quelques économistes ne reconnaissent à l'administration que le droit d'empêcher, et lui refusent volontiers l'action positive. Toute intervention active est, selon eux, un empiètement sur l'initiative individuelle et une dérivation à l'industrie ou au commerce. Mais généralement les économistes formulent ainsi le principe qui devrait dominer la matière: « Le gouvernement, ou l'administration, ne doit se charger de faire — en dehors de ses fonctions naturelles — que ce que les individus, même associés, ne peuvent pas entreprendre. Les socialistes, il est vrai, préfèrent toujours l'action de l'administration à celle des individus.

L'administration procède de deux manières, tantôt par mesures individuelles, tantôt par des actes réglementaires applicables à tout le monde ou à une catégorie de personnes. Les actes individuels, dit Batbie, constituent des faveurs[2] ou des décisions. Les faveurs telles que les concessions, les nominations aux emplois publics, la remise ou modération des contributions, ont un caractère purement discrétionnaire, et les parties qu'elles concernent n'en peuvent pas demander la réformation par la voie contentieuse. En s'adressant au supérieur hiérarchique, elles obtiendront, peut-être, le changement de ce qui a été fait, mais une fois parvenues au sommet de la hiérarchie administrative, c'est-à-dire au ministère, elles ne pourront pas s'adresser par la voie contentieuse au conseil d'État. Au contraire, pour les décisions qui atteignent le droit, il appartient aux intéressés de se pourvoir par la voie contentieuse, après avoir épuisé la série des recours administratifs par la voie hiérarchique.

Les règlements peuvent être considérés comme un complément de la loi ; celle-ci pose les principes généraux, et les actes réglementaires font passer les règles générales dans les détails, les approprient aux mœurs locales et en modifient l'exécution suivant les lieux. Les règlements font, pour ainsi dire, corps avec la loi et participent de son autorité[3]; leur application appartient aux tribunaux comme s'il s'agissait d'une disposition législative, et les parties n'ont pas le droit de se pourvoir devant la section du contentieux pour faire annuler le règlement, comme

1. Manuel Colmeiro, *Derecho administrativo*, t. Ier, pp. 11 et 22, « El gobierno no es solo un escudo, es tamben una balnaca ».

2. Il ne faut pas prendre ce mot à la lettre. L'administration n'a pas de *faveurs* à accorder, elle doit donner à chacun ce qui lui est dû, et même tout ce qui n'est pas contraire à l'intérêt public. Il ne doit y avoir que trois motifs de refus, qui d'ailleurs se confondent souvent : 1° la loi; 2° l'intérêt général; 3° la possibilité matérielle. La nomination aux emplois ne doit dépendre que du mérite.　　　　　　　　　　　M. B

3. Voy. notre Dictionnaire de l'Admin. franç., articles: Règlements administratifs et Régl. d'admin. publique.

irrégulièrement ou incompétemment rendu.

Comment donc l'illégalité serait-elle réprimée, s'il en a été commis quelqu'une? L'article 471, n° 15, du Code pénal nous indique la solution; il ne punit des peines de simple police que les *règlements légalement faits* par l'administration, d'où il faut conclure que, si les règlements n'avaient pas été légalement rendus, les tribunaux auraient le droit d'absoudre les contrevenants et de ne pas appliquer le règlement. En d'autres termes, la question de légalité ne peut pas être posée d'une manière générale par des conclusions tendant à faire annuler le règlement dans son ensemble ou dans une partie à l'égard de toutes personnes, mais seulement à l'occasion d'une personne et d'une affaire déterminées, non par voie d'action devant le conseil d'État délibérant au contentieux, mais par voie d'exception ou plutôt comme moyen de défense à l'action portée devant le juge de simple police.

Le règlement administratif serait, par exemple, incompétemment rendu, s'il émanait de fonctionnaires auxquels la loi n'a pas délégué le pouvoir réglementaire. En France la délégation n'a été confiée qu'aux préfets et aux maires. Les premiers ont le droit de faire des règlements applicables à tout le département (ou partie du), et les seconds des règlements limités à la circonscription communale. Les ministres n'ont pas le pouvoir réglementaire; comme leur compétence s'étend sur toute la France, le pouvoir réglementaire qui leur aurait été confié aurait fait double emploi avec le pouvoir du chef de l'État, c'est lui qui signe les règlements généraux (décrets ou ordonnances royales [1]).

Après avoir indiqué les procédés de l'administration, faut-il énumérer les qualités qu'elle doit avoir?

Colmeiro, dans son excellent ouvrage sur le *Droit administratif de l'Espagne*, réduit à cinq les caractères propres que doit avoir l'administration dans tout État : 1° L'administration doit être analogue aux lois politiques du pays : « L'ordre naturel des sociétés et la force des principes luttent sans relâche pour faire pénétrer l'unité dans les lois et l'analogie les institutions de chaque pays. » 2° L'administration doit être essentiellement active et l'activité est une qualité fondamentale qui en comprend quatre autres : la généralité, la perpétuité, la promptitude et l'énergie. — *Généralité*, c'est-à-dire que l'administration a pour mission de veiller sur tous les intérêts sociaux et que, dans chaque centre administratif, elle représente le gouvernement dans toutes ses directions. Colmeiro en tire cette conclusion que l'administration doit être civile et non militaire. L'état militaire ne comporte pas la généralité de vues et l'impartialité qui sont nécessaires

aux personnes chargées d'administrer l'ensemble des intérêts généraux. *Perpétuité*, ce qui signifie que l'administration doit veiller aux intérêts confiés à sa vigilance avec continuité et sans passer d'une activité exagérée à un stérile repos. L'administration doit imiter la nature, qui ne fait rien par saccade. *Promptitude.* « La lenteur de l'action administrative, dit Colmeiro, manifeste la faiblesse du pouvoir et enlève aux mesures administratives le mérite de la prévoyance et de l'opportunité. » *Énergie.* « Une administration molle est bientôt perdue dans l'opinion publique; dépourvue de force morale, elle ne peut pas, lorsqu'elle veut faire obéir les lois, employer le langage de la persuasion, et elle a recours aux moyens les plus violents de coërcition. L'administration, comme le pouvoir paternel, doit être juste, mais forte, et éviter de tomber dans un de ces deux extrêmes, la faiblesse dégradante ou la tyrannie violente. Que la maturité inspire ses délibérations et que l'énergie se montre dans ses actes. » 3° Il faut que l'administration soit centralisée, ou plutôt unifiée, c'est-à-dire que le pays entier soit soumis à la même législation. 4° *L'administration doit être indépendante.* A quoi serviraient sa vigilance, sa promptitude, son énergie, si son action pouvait, à chaque instant, être entravée et si, par exemple, ses ordres n'étaient pas exécutés? 5° Enfin, il faut que l'administration soit responsable. — Conformité avec les institutions politiques, activité et responsabilité, telles semblent être les conditions d'une administration bien constituée.

ADRESSE. — Dans la langue politique des monarchies, une *adresse* est un acte par lequel les corps délibérants *adressent* au souverain l'expression de leurs vœux, lui font connaître, dans la limite de leurs droits constitutionnels, leurs désirs et leurs résolutions, ou répondent aux discours et aux communications qu'ils reçoivent de ce même souverain.

Selon les temps et selon les pays, les adresses font partie de l'initiative libre et illimitée des chambres, où elles ne sont présentées que dans des cas déterminés. Ainsi, en Angleterre par exemple, le parlement est toujours en droit de soumettre à la Couronne une *humble*, une *respectueuse* adresse, pour la « supplier de prendre telle ou telle mesure, pour lui déclarer que tel ou tel ministre n'a plus sa confiance, etc. En France, sous la monarchie légitime et représentative de la branche aînée des Bourbons, sous la royauté constitutionnelle de la maison d'Orléans, les chambres ne votaient qu'en réponse aux discours du Trône, ou à l'occasion d'événements exceptionnels arrivant durant les sessions, comme une joie ou une douleur personnelles à la famille royale, comme une faveur de la Providence faisant échapper à un grand péril ou à un odieux attentat le chef

1. Il y a, cependant, des arrêtés ministériels qui ont la forme de règlements, mais ils n'en ont pas l'autorité générale. Ce sont des prescriptions que le ministre adresse à ses subordonnés.

du gouvernement, comme un important triomphe de nos armes. En ces dernières circonstances, les adresses pouvaient être l'objet d'une résolution des chambres, mais la rédaction n'en était point délibérée ; les présidents de ces grands corps de l'État servaient, sous leur responsabilité, d'interprètes à la pensée de leurs collègues.

Le nom d'*adresse*, avec toute la signification politique qu'il comporte, est principalement réservé à la réponse faite par les chambres, au discours que, d'ordinaire, le souverain ou ses ministres spécialement délégués prononcent à l'ouverture de chaque session devant le parlement réuni à cet effet dans une séance royale.

Les formes de discussion de cette adresse varient.

En Angleterre, aussitôt que les communes, appelées à la chambre des lords, pour y entendre le discours du souverain ou de ses commissaires, se sont retirées dans la salle de leurs délibérations, un membre de la majorité se lève et propose un projet d'adresse. Le choix de ce membre et la rédaction ont été convenus d'avance dans des réunions extra-parlementaires. Cette rédaction n'est guère que la paraphrase du discours de la Couronne. Elle est soutenue par le ministère et ses orateurs et attaquée par l'opposition. Le débat s'ouvre immédiatement. Parfois les débats sont longs et considérables, souvent ils sont rapides et insignifiants. On a vu des adresses votées séance tenante et presque sans discussion.

Il en est de même à la chambre des lords.

Les formes dans lesquelles les adresses étaient délibérées et votées en France sont les suivantes :

Aussitôt après la lecture du discours de la Couronne, des commissions étaient nommées pour préparer un projet ; ce projet, débattu au sein de la commission, qui, presque toujours, entendait les ministres ou les commissaires du gouvernement, reprenait les principales questions traitées par le chef de l'État et, dans sa rédaction, cherchait à exprimer, soit une approbation, soit une extension, soit une désapprobation, fort mitigée dans la forme, mais significative au fond, des projets, des tendances, ou de la politique exposée par le discours.

Ce projet était imprimé, distribué aux membres de la chambre, et, à un jour fixé, devenait le texte de débats, ordinairement très solennels, car ils portaient sur l'ensemble de la situation, sur toutes les affaires intérieures et extérieures qui préoccupaient le plus vivement l'opinion. C'était l'occasion de grands tournois oratoires et une des principales épreuves de vie ou de mort auxquelles étaient soumis les cabinets.

De 1814 à 1848, les chambres, en pleine possession du droit d'adresse, firent de l'exercice de ce droit un de leurs plus puissants moyens d'influence. La discussion et le vote des adresses annuelles servirent, plus que

tout autre acte législatif, à assurer et à étendre le contrôle que la chambre exerçait sur la Couronne et sur la politique du cabinet. Toutes les questions de principes y étaient le plus souvent débattues et tranchées de telle sorte que le reste de la session n'étaient plus guère autre chose que l'application plus ou moins complète des programmes énoncés par le gouvernement et acceptés par la majorité. Aussi est-il rarement arrivé, dans notre histoire parlementaire, qu'une crise ministérielle ou un changement de politique ait été provoqué par une discussion spéciale et isolée ou par une proposition déterminée du gouvernement.

Avec la monarchie de Juillet disparut momentanément en France l'usage des adresses. Ce terme implique, en effet, sous le régime républicain, une contradiction manifeste avec la puissance prépondérante du pouvoir législatif. La constitution de 1848, à l'exemple de la constitution des Etats-Unis, imposa au président de la République l'obligation d'adresser périodiquement un message à l'assemblée nationale, message qui n'était autre chose qu'un compte-rendu des actes du gouvernement, accompagné parfois de simples suggestions sur la politique ultérieure, suggestions qui n'obligeaient l'assemblée à aucune décision et même à aucune sorte d'examen.

Le rétablissement de la dignité impériale prononcé par la constitution de 1852 ne fut pas accompagné du rétablissement du droit d'adresse au profit du corps législatif. L'esprit de la constitution de 1852 était, en effet, d'affranchir la politique gouvernementale du contrôle journalier et incessant d'une assemblée délibérante. Le corps législatif ne devait intervenir dans la direction politique des affaires publiques que par le vote du budget, par la restriction des dépenses et des recettes, c'est-à-dire par une adhésion générale ou par une opposition non moins générale à la politique entière du gouvernement. Cet état de choses dura jusqu'en 1860 ; le décret du 24 novembre statua, entre autres réformes, que le sénat et le corps législatif voteraient tous les ans, à l'ouverture de la session, une adresse en réponse au discours de l'empereur. Les discussions de l'adresse reprirent aussitôt toute l'importance qu'elles avaient acquise sous les monarchies précédentes et eurent pour conséquence d'accroître peu à peu, mais dans une large mesure, le rôle politique du corps législatif. Aussi, lorsqu'un nouveau décret impérial, daté du 19 janvier 1867, vint sanctionner et développer les nouvelles prérogatives des chambres, il parut inutile de leur conserver le droit d'adresse, dès lors qu'on leur attribuait, sous des conditions déterminées, le droit d'interpellation. La constitution promulguée en mai 1870 se taisait sur cette question, abandonnant aux chambres le soin de la résoudre dans leurs règlements intérieurs.

Depuis l'établissement de la troisième république, il n'y a plus d'adresse.

AFFILIATION. Dans un sens général, ce mot exprime l'acte par lequel un ou plusieurs individus se rattachent à une communauté; mais, en politique, il rappelle plus particulièrement l'union morale ou les rapports de dépendance des associations publiques ou des sociétés secrètes avec une société-mère. Ainsi, le club des jacobins devint la société-mère d'un grand nombre d'associations politiques, qui s'y affilièrent successivement et en adoptèrent l'esprit. En 1814 et 1815 s'organisèrent, dans certaines provinces du midi et de l'ouest de la France, des sociétés royalistes qui s'unirent les unes aux autres sans le moindre mystère. Toutefois, si *Jacobins* et *Verdets* purent s'avouer au grand jour et signaler leur existence par des démonstrations souvent très violentes, ils le durent, les uns et les autres, à une situation politique exceptionnelle. En temps ordinaire, ils eussent, certainement, été en dehors de la légalité et, par suite, forcés de vivre de l'existence des sociétés secrètes.

Les formes de l'affiliation n'ont, en elles-mêmes, rien de précis, et chaque société en a adopté de plus ou moins conformes à son esprit et à ses tendances.

AGE. L'âge est une des conditions de l'exercice des droits civils et politiques. (*Voy.* **Majorité légale**.) Il faut que l'homme atteigne un certain âge avant de pouvoir être rendu responsable de ses actes, avant qu'on puisse lui confier son propre sort ou celui d'autres personnes, et c'est la loi qui détermine cet âge, généralement d'après les us et coutumes du pays.

Mais l'âge joue en politique un rôle qui est indépendant des droits conférés par les lois : la jeunesse, l'âge mûr, la vieillesse n'envisagent pas toujours les questions de la même façon. La jeunesse manque d'expérience, elle n'a pas encore été déçue, et, étant généralement sans fortune, elle n'aurait pas à payer les frais de son erreur, de sorte qu'elle prend volontiers les affaires par le côté généreux, brillant; elle ne recule pas d'ailleurs devant le danger et semble parfois disposée à le rechercher. L'âge mûr est moins séduit par les apparences, il a été trop souvent trompé, on le prend moins facilement par des mots. La vieillesse est donc souvent sceptique, ou tient à honneur à rester fidèle aux opinions de toute une vie. Aussi la jeunesse se range le plus souvent avec les démocrates, l'âge mûr avec les libéraux, le vieillard avec les conservateurs. Il ne s'agit ici, bien entendu, que de la première impulsion. Après réflexion, le jeune homme sérieux et de bonne foi rejettera les idées utopiques et se rangera sous le drapeau que sa raison lui aura indiqué comme le meilleur, ou aussi vers lequel il penchera par son tempérament. L'homme fait hésitera en présence de nouvelles idées et ne se prononcera qu'après plus ample informé ; le vieillard sera naturellement plus ou moins

rebelle aux changements : il faudra le convaincre de la réalité du progrès, pour qu'il l'accepte, et encore se croira-t-il quelquefois obligé par point d'honneur de s'abstenir, il ne voudra pas donner le démenti aux sentiments et aux actes de toute sa vie.

On comprend maintenant pourquoi les démocrates abaissent le plus possible l'âge de l'accession au droit électoral et l'âge de l'éligibilité, et pourquoi les libéraux et plus encore les conservateurs voudraient l'élever. Toutefois dans les aristocraties héréditaires la majorité politique est souvent précoce, parce que l'éducation a mis un frein à l'esprit d'innovation, tandis que, dans les très petites démocraties, l'âge est quelquefois élevé, chaque citoyen se considérant comme investi d'un poste de confiance dont dépend la prospérité de la patrie.

AGENT. Individu chargé d'administrer ou de défendre les intérêts de son mandataire. Nous n'avons à nous occuper ici que des agents du gouvernement ou de l'autorité publique. Dans ce sens, c'est un terme plus général que fonctionnaire, pouvant s'appliquer à des personnes investies de fonctions élevées ou subalternes, accidentelles et permanentes. L'agent ne jouit d'initiative personnelle que dans la limite de ses instructions ; il est un instrument intelligent aux mains d'une volonté supérieure. Cela est vrai de l'*agent diplomatique* comme du simple *agent de police*, de l'*agent principal* comme de l'*agent secondaire*. Les *agents du pouvoir exécutif*, c'est-à-dire toute cette classe de fonctionnaires chargés de l'exécution des lois, n'ont pas un autre caractère; ils font exécuter la loi, mais en cas de difficulté, ils sont rarement en droit de l'interpréter.

AGENT DIPLOMATIQUE. On désigne sous le nom d'agent diplomatique tout fonctionnaire chargé de représenter un Etat auprès d'un autre ou de négocier et de traiter avec lui publiquement.

Classification des agents diplomatiques. — On peut les classer d'abord d'après le but de leur mission; il y a des ministres négociateurs, des ministres d'étiquette, de cérémonie; il y a les ambassades d'excuses, d'obédience ou de révérence; enfin, la mission de l'agent diplomatique peut être permanente ou temporaire, ou extraordinaire ou ordinaire. Mais ces distinctions ne rendent pas ce qu'on entend plus particulièrement par classification; celle-ci a essentiellement en vue le rang de l'agent diplomatique. Les difficultés soulevées autrefois à l'occasion du cérémonial et les divergences au sujet des questions de rang amenèrent les huit puissances signataires du traité de Vienne à adopter un règlement identique à ce sujet. Les agents diplomatiques furent, par l'acte du 19 mars 1815, divisés en trois classes : celle des ambassadeurs, légats ou nonces ; celle des envoyés ou ministres accrédités auprès des souverains ; celle des chargés d'affaires, accrédités auprès des ministres des affaires étrangères. Les ambassadeurs, légats ou nonces ont seuls le caractère représentatif. Les envoyés diplomatiques en mission extraordinaire n'ont à ce titre aucune supériorité de rang. Les envoyés diplomatiques prennent rang entre eux, dans chaque classe, d'après la date de la notification officielle de leur arrivée. On a dû déterminer dans chaque État un mode uniforme pour la réception des envoyés diplomatiques de chaque classe.

Le protocole d'Aix-la-Chapelle, du 21 novembre 1818, ajouta une quatrième classe, celle des ministres résidents, qui prit rang entre les ministres de second ordre et les chargés d'affaires. Il est bon d'ajouter qu'actuellement un petit nombre d'États se font seulement représenter par des ministres résidents. Les deux classes d'agents diplomatiques les plus nombreuses sont la seconde et la quatrième. Le plus souvent les gouvernements accréditent auprès des cours étrangères des agents diplomatiques prenant le titre d'envoyé extraordinaire et de ministre plénipotentiaire. Ce titre a été employé en premier lieu par les Anglais. Malgré le règlement de 1815, on attribue à l'envoyé extraordinaire une espèce de supériorité sur l'envoyé ordinaire ; c'est pour cette raison que la plupart des ministres en mission permanente prennent habituellement le titre d'envoyé extraordinaire. Les agents diplomatiques des trois premières classes sont accrédités de souverain à souverain ; la quatrième classe, celle des chargés d'affaires, reçoit ses lettres de créance du ministre des affaires étrangères et est accréditée auprès du ministre des affaires étrangères du pays dans lequel il est chargé de résider. Le règlement d'Aix-la-Chapelle n'empêche pas, du reste, chaque État de fixer selon qu'il le juge à propos la hiérarchie du corps diplomatique. En France, la hiérarchie est aujourd'hui la suivante : ambassadeurs, envoyés extraordinaires et ministres plénipotentiaires, chargés d'affaires, secrétaires d'ambassades et secrétaires de légations, aspirants diplomatiques ou attachés. Les consuls généraux de France dans les pays musulmans et dans l'Amérique du Sud ont rang de chargés d'affaires. Les traditions diplomatiques attribuant à l'ambassadeur le privilège de représenter plus particulièrement la personne de son souverain, on en a conclu qu'il doit être reçu par le prince auprès duquel il est accrédité, chaque fois qu'il se présente. Mais dans les pays constitutionnels ce privilège [1], s'il existe encore, est purement honorifique, car le souverain n'y prend aucune décision sans avoir consulté ses ministres. D'ailleurs, les républiques aussi ont maintenant des ambassadeurs.

Les quatre classes de ministres admis par le protocole du 21 novembre 1818 d'Aix-la-Chapelle comprennent les ministres publics proprement dits. En dehors de ces quatre classes, on peut compter encore les agents diplomatiques suivants : 1° les agents (officieux) qui sont chargés des relations de la part d'un gouvernement non reconnu ou usurpateur ; ces agents ne sont pas membres du corps diplomatique, ils n'ont pas de lettres de créance, mais simplement des lettres de provision ou de recommandation ; 2o les députés commissaires ayant une mission spéciale, comme de fixer les frontières ou de procéder à des liquidations ; 3° les grands personnages chargés de missions importantes dans lesquelles on désire éviter le cérémonial diplomatique sans pourtant placer cet envoyé dans une position inférieure. Le ministre public établit son caractère par la remise de ses lettres de créance, qui sont délivrées au souverain quand le ministre appartient aux trois premières classes, ou au ministre des affaires étrangères lorsqu'il est seulement chargé d'affaires.

Privilèges des agents diplomatiques. — Ces privilèges étaient autrefois très étendus, mais aujourd'hui ils consistent surtout dans les suivants : 1° inviolabilité de la personne de l'agent et des courriers de légation ; 2° exemption de la juridiction du pays où il est accrédité. Il y a ici un certain nombre de questions dont la solution dépend souvent de la manière dont le cas se présente, car l'exemption de la juridiction civile n'est point absolue. Ce qui reste établi, c'est que l'hôtel de la légation est inviolable et que l'autorité locale ne peut en franchir le seuil, même pour l'exécution d'un acte judiciaire. L'exemption de la juridiction criminelle n'est point absolue non plus ; elle a pour limite le cas de conspiration flagrante contre le gouvernement auprès duquel l'agent est accrédité. Enfin, quant à la suite du ministre, il y a des distinctions à faire entre la suite proprement dite et les personnes simplement attachées à la légation, et même chez ces dernières on peut distinguer entre les indigènes et les étrangers (*voy.* **Exterritorialité**); 3o Faculté d'exercer librement son culte religieux dans l'hôtel de la légation. Ce *privilège* cessera d'en être un quand la liberté des cultes sera établie partout ; 4o Les prérogatives qui précèdent n'appartiennent aux agents diplomatiques que dans les pays où ils résident en qualité d'envoyés. Dans les pays qu'ils traversent, ils n'ont droit qu'à des égards de pure courtoisie. Le défraie n'est plus en usage, excepté pour les ambassades de l'extrême Orient, ou du moins étrangères à l'Europe et à sa civilisation.

Devoirs des agents diplomatiques. — Aux privilèges des agents correspondent des devoirs qui découlent soit de la nature des fonctions, soit de celle des privilèges eux-mêmes. Si l'agent diplomatique jouit de l'inviolabilité, c'est à la condition de ne pas

1. Il est contesté, voy. le mot Ambassadeur.

sortir de la sphère de son activité. Il y a là une fiction comme dans le caractère représentatif. Le premier devoir de l'agent est de mettre de la loyauté dans ses rapports avec le gouvernement auprès duquel il est accrédité. Dans le cas d'offenses commises par des ministres publics attentant à l'existence et à la sûreté de l'Etat où ils résident, si le danger est pressant, leurs personnes et leurs papiers peuvent être saisis, et ils peuvent être renvoyés du pays. Si les circonstances ne sont pas assez impérieuses pour obliger de recourir à ce moyen violent, on se borne à demander leur rappel à leur souverain. L'histoire offre des exemples nombreux de l'un et l'autre cas. Il est difficile de fixer les règles de conduite pour ces cas exceptionnels. En règle générale, l'hôtel de la légation ne doit jamais devenir un foyer d'intrigues contre le gouvernement du pays, et le ministre ne doit pas entretenir avec les chefs des partis des liaisons qui pourraient porter ombrage aux hommes chargés de la direction de l'Etat. Dans les moments de crise entre deux gouvernements, la conduite du ministre doit tendre à atténuer l'irritation et à ne pas précipiter la rupture. Le tact individuel est le meilleur conseiller dans ces circonstances difficiles. On ne saurait agir partout de la même façon; ce qui serait modération dans un pays serait faiblesse dans l'autre. On doit reconnaître que généralement les agents diplomatiques observent la neutralité et la réserve nécessaires.

Il est superflu de dire que l'agent diplomatique doit témoigner de la sollicitude à ses nationaux. Il n'est rien qui fasse respecter davantage un gouvernement à l'étranger, et, par contre-coup aussi chez lui, comme la protection qu'il accorde aux siens, non pas *per fas et nefas*, mais chaque fois que le bon droit du ressortissant paraît hors de doute.

Cérémonial. — Les questions de cérémonial étaient autrefois très difficiles à régler et ont donné lieu à beaucoup de controverses. Aujourd'hui, quand les points d'étiquette ne sont pas tranchés par l'usage, on cherche et on trouve presque toujours moyen de les éviter. L'article 7 du règlement de Vienne dit que, dans les traités entre plusieurs puissances qui admettent l'alternat[1], le sort décidera de l'ordre qui devra être suivi dans les signatures; maintenant on prend le plus souvent l'ordre désigné par l'alphabet. Dans les cérémonies, la place honorable est le centre, et chaque membre du corps diplomatique se place suivant son rang à droite de ce centre, mais souvent on cherche à éviter cette réglementation cérémonieuse par les hasards du pêle-mêle, ou bien on déclare que chaque place doit être considérée comme la première. Les formalités pour l'audience de réception diffèrent suivant le rang de l'envoyé diplomatique. L'ambassadeur a le droit de se couvrir devant le sou-

verain avant de lire son discours d'audience. Les ministres de première classe ont seuls droit au titre d'Excellence, ils ont pouvoir d'aller à six chevaux *in fiocchi*, etc. Les nonces ont dans les cours catholiques la prééminence sur tous les autres envoyés.

AGENT PROVOCATEUR. Ce mot a été d'un si fréquent usage dans le langage politique, que nous croyons ne pas devoir le passer sous silence, bien que nous soyons convaincu que l'agent provocateur a existé bien plus souvent dans l'imagination des minorités que parmi les instruments du pouvoir.

Le mot agent provocateur doit s'entendre de toute personne poussant à des actes séditieux, pour faire reconnaître les ennemis du pouvoir et les signaler à sa vindicte. Il se distingue, par conséquent, de l'espion, dont le rôle est, en quelque sorte, purement passif. Il n'est guère probable qu'on se donne la tâche de provoquer des manifestations hostiles au gouvernement pour le seul but de les dénoncer avec désintéressement; l'agent provocateur, s'il a existé, s'est toujours trouvé à la solde de la police ou du gouvernement. Or, la provocation ne peut être qu'un moyen extrême et rarement employé, pour sortir d'une situation difficile et grosse de dangers. Ce moyen, qu'on ne saurait approuver, ni au point de vue moral, ni au point de vue politique, est d'ailleurs dangereux pour les gouvernements qui consentent à l'employer, car ils répandent ainsi eux-mêmes la graine insurrectionnelle, et cette graine-là pousse comme la mauvaise herbe.

AGITATION POLITIQUE. Les mœurs politiques de la France comportent assez peu l'emploi de ce moyen de propagande, de cette manière de travailler l'opinion, d'exercer une pression sur le gouvernement ou sur une classe sociale. Néanmoins, si ces mots y sont d'une application moins fréquente qu'en Angleterre, ils n'en ont pas moins un sens précis qu'il est bon de déterminer. Nous appelons donc agitation tout mouvement de surexcitation imprimé à l'opinion publique, pour arriver, *par les voies légales*, à l'obtention de quelque point, touchant à l'ordre politique ou social. De cette définition ressort assez clairement ce qu'est l'agitateur: il provoque, développe, et dirige le mouvement, mais il ne doit pas être un révolutionnaire: l'agitation ne vise qu'un progrès (réel ou supposé), tandis que la révolution veut détruire ce qui existe.

S'il était, maintenant, besoin d'expliquer pourquoi l'agitation est peu praticable en France, nous dirions simplement que cela tient au caractère national. Nous ne savons guère garder une juste mesure, dans ce qui est du domaine de la politique surtout; de la discussion nous passons promptement à l'action, en sautant par-dessus la légalité; de l'agitation, enfin, nous sommes trop portés à faire une sédition. Aussi l'agitation, telle que nous l'avons définie, s'est fort rarement produite

---

1. L'alternat signifie que chaque puissance prend le premier rang dans le document (exemplaire d'un traité, etc.) qui lui est destiné.

parmi nous, et dans les cas peu nombreux où elle s'est manifestée, on peut dire qu'elle était circonscrite dans un milieu assez restreint et n'atteignant pas les masses. Dans la question du libre échange, par exemple, une société d'économistes fit, en 1847, de l'agitation ; mais quel en était le retentissement, comparé à celui de l'agitation anglaise pour cette même liberté des échanges ! L'agitation des protectionnistes français n'a pas autrement remué les masses que celles des partisans du libre échange. Nous ne nous passionnons pas assez pour l'utile, — le simple *utile* — et si cela pouvait arriver néanmoins, il est à craindre que nous n'aurions pas la patience nécessaire pour suivre uniquement les voies légales.

Dans le cas où ce moyen a été employé en France, les procédés employés consistaient en publications vendues ou distribuées gratuitement, en réunions publiques, en associations destinées à étudier la question, à la présenter sous ses faces les plus favorables, à vulgariser les notions qui s'y rattachent. Ces moyens agissent sur l'esprit et sur l'imagination des masses et comme souvent il suffit de répéter une proposition pour lui trouver des partisans, on comprend l'efficacité de l'agitation. Il est superflu de dire que les propositions en faveur desquelles on agite le pays ne sont pas également bonnes, qu'il en est même qui peuvent éveiller de mauvaises passions ; mais, généralement, la vérité pourra seule supporter une discussion prolongée soutenue au grand jour, et l'erreur trouvera trop d'adversaires intéressés pour sortir victorieuse d'une pareille épreuve.... il faut du moins l'espérer.

AGNAT et COGNAT. Les agnats, ce sont les parents du côté du père, et les cognats les parents du côté de la mère.

De nos jours, la distinction de la descendance par les mâles (agnats) de la descendance par les femmes (cognats) n'a plus qu'un intérêt restreint, soit aux familles régnantes, qui sont régies par la loi salique, soit aux nobles, aux possesseurs de majorats, aux membres de la chambre des lords en Angleterre, et à quelques autres catégories de personnes jouissant de privilèges ou se trouvant dans une situation exceptionnelle. En dehors de ces cas, les lois sur les successions de la plupart des pays civilisés, et surtout celles de la France, ne reconnaissent aucune différence entre les agnats et les cognats.

AGRARIENS (*Agrarier*). On a donné ce nom au parti des grands propriétaires allemands, et plus spécialement à ceux des provinces de l'Est de la Prusse, qui revendiquent des mesures exagérées de protection à leur profit. Ils ne sont pas doux pour la propriété mobilière. Les agrariens se confondent assez avec les hobereaux, propriétaires ruraux faisant partie de la petite noblesse. Ils sont conservateurs quand ils sont satisfaits, ils peuvent être révolutionnaires quand ils sont mécontents.

AGRICULTURE. Entre l'agriculture et la politique, les rapports sont peu apparents, mais profonds. Parlons d'abord de l'influence de la politique sur l'agriculture ; nous dirons ensuite quelques mots de l'influence de l'agriculture sur la politique.

On a répété souvent ce mot d'un habile ministre des finances : *Faites-moi de la bonne politique, je vous ferai de bonnes finances.* On pourrait dire avec non moins de raison : *Faites-moi de la bonne politique, je vous ferai de la bonne agriculture.* L'agriculture ne peut, en effet, fleurir que dans un pays où les personnes et les propriétés sont respectées, où les impôts sont équitablement répartis et dépensés avec économie, où le bon état des communications multiplie les débouchés, où règnent, en un mot, la liberté, la justice et la paix.

En général, ce que les agriculteurs ont de mieux à faire, c'est d'appeler le moins possible les gouvernements à se mêler de leurs affaires. Les meilleures institutions politiques sont celles qui leur laissent le plus de liberté. Même pour les objets qui exigent l'intervention de l'autorité publique, les gouvernements les moins centralisés sont les meilleurs. La liberté politique est bonne à tout ; elle sauvegarde les intérêts de l'agriculture comme tous les autres. Non seulement elle empêche les mesures arbitraires et mal conçues, mais elle développe des mœurs aussi fécondes que fières ; elle excite l'esprit d'entreprise, la résolution virile.

Les gouvernements se flattent quelquefois de *développer* les progrès de l'agriculture par ce qu'on appelle des *encouragements*. Il serait injuste de méconnaître l'utilité des concours publics, primes, croix d'honneur, etc., mais il ne faudrait pas non plus y attacher trop d'importance. Le meilleur encouragement pour elle, c'est la vente de ses produits. Toutes les grandes industries se sont créées d'elles-mêmes, sans provocation artificielle, par la seule influence des débouchés. Il peut très bien arriver, quand on cherche à diriger le travail agricole de trop près, qu'on lui donne une fausse impulsion ; dans ce cas, on marche directement contre le but qu'on se propose. Le meilleur mode d'action, c'est l'enseignement, et là encore il faut éviter de tomber dans l'excès. L'enseignement doit avoir surtout pour objet ce que la pratique n'apprend pas, c'est-à-dire l'application des sciences à l'agriculture.

Les sociétés d'agriculture, les comices, et, mieux encore, les journaux agricoles, sont au nombre des meilleurs moyens de propagation. C'est la libre discussion qui, en toute chose, sert le plus à dégager la vérité. L'intervention de l'autorité y nuit plus qu'elle n'y sert, au moins dans le plus grand nombre des cas. Ce qui importe par-dessus tout, c'est d'habituer le plus possible les agriculteurs à attendre tout d'eux-mêmes et à prendre en toute occasion l'initiative de ce qui peut leur être utile.

L'agriculture est peut-être un moyen sûr de faire fortune, mais ce n'est pas un moyen rapide. Ses produits sont limités par l'étendue du sol et souvent par les saisons. Aussi les pays industriels sont-ils généralement plus riches que les pays agricoles. Le mieux est de réunir l'industrie et l'agriculture dans la même contrée, l'une contribuant à la prospérité de l'autre.

Les pays industriels et commerciaux sont généralement plus libéraux et progressifs que les pays agricoles; cela vient de la nature du travail : le produit agricole exige le plus souvent une année pour son achèvement, tandis que les produits industriels n'exigent parfois que des heures.

AIDES. C'est l'ancien nom des contributions indirectes.

AIGLE [1]. Depuis les temps les plus reculés l'aigle, qui fut « l'oiseau de Jupiter », et au moyen âge le « roi des oiseaux », a été adopté par des princes, des armées, des villes, comme un symbole ou comme des armoiries. On trouve les aigles chez les anciens Perses ainsi qu'à Tyr, Antioche, Héliopolis, et dans quelques autres villes.

Les aigles romaines étaient d'abord en bois, ensuite en argent avec des foudres en or, et en dernier lieu en or, mais sans foudres. Chaque légion avait la sienne et lui consacrait une espèce de culte.

En 1804, l'empereur Napoléon donna des aigles à l'armée française, et cet emblème a été conservé jusqu'à la Restauration. Lors du rétablissement de l'Empire, Napoléon III distribua de nouveau des aigles aux régiments.

Sous la République, on avait adopté le *coq gaulois* comme emblème destiné à orner les drapeaux; on l'avait repris en 1830 et en 1848. Néanmoins on a contesté l'ancienneté de ce symbole. Plusieurs auteurs n'ont vu qu'un jeu de mots dans le rapprochement des deux termes de Gaulois et coq, pour lesquels les Romains n'avaient qu'un mot, *gallus*.

AINESSE (Droit d'). On appelle ainsi les privilèges attribués par la loi à l'aîné de la famille. (*Voy.* **Primogéniture** pour les familles royales.)

Le droit d'aînesse tire son origine de la féodalité qui, au dixième siècle, remplaça définitivement la barbarie dans la plus grande partie de l'Occident. Sous la constitution féodale, en effet, les hommes se divisent en deux castes : les uns tiennent la terre à condition de service militaire, ce sont les *vassaux*, les *nobles*; les autres à condition de redevance ou de corvées, ce sont les *roturiers*. Or, deux principes dominent cette organisation : la terre et l'épée. « L'ordre social n'est autre

chose qu'une hiérarchie de terres possédées par des guerriers, relevant les unes des autres, à divers degrés, et formant une chaîne qui part de la tourelle du simple gentilhomme pour remonter jusqu'au donjon royal.» (Henri Martin.) Le vassal perd son fief, c'est-à-dire la terre concédé, s'il ne remplit pas vis-à-vis du suzerain les devoirs, suites de la concession.

Mais, pour ce faire, il ne faut pas que le fief, devenu héréditaire, soit démembré; il n'y suffirait plus. Dès lors, point de partage entre l'aîné et le puîné, s'il n'y a qu'un fief dans la maison; le représentant du père, le plus sage, le plus fort, l'aîné en un mot, gardera la terre, et rendra les services attachés au domaine utile. « Les fiefs, dit Montesquieu, étant chargés d'un service, il fallait que le possesseur fût en état de le remplir. On établit un droit de primogéniture, et la raison de la loi féodale força celle de la loi, politique ou civile. » (*Esprit des lois*, ch. XXXII, l. XXXI.)

À son point de départ, le droit de primogéniture est donc politiquement justifié. Il est alors une conséquence nécessaire du régime auquel il se rattache.

Mais, après que l'organisation féodale, ébranlée par les efforts de la royauté, a presque complètement disparu de l'Europe, le droit d'aînesse, qui n'est plus une nécessité politique, est resté debout; à diverses périodes de notre histoire nationale, il a été tour à tour décrié et exalté avec une égale passion; aujourd'hui même, on le retrouve dans les lois et les mœurs d'un grand peuple (l'Angleterre), on cherche même à le rétablir en Allemagne, dans un prétendu intérêt des paysans; de là pour nous le devoir de l'étudier abstractivement, et d'exposer les raisons invoquées et par ses partisans, et par ses détracteurs.

L'effet inévitable du droit d'aînesse, ont dit les premiers, est de prévenir le morcellement excessif de la propriété foncière, morcellement qui présente de sérieux dangers, soit au point de vue politique, soit au point de vue économique. Il n'y a pas, en effet, d'appui plus assuré pour les gouvernements que l'esprit de famille, essentiellement conservateur. Comme eux, la famille tend à perpétuer son existence dans l'avenir; comme eux elle résiste à tout bouleversement qui compromettrait sa sécurité. C'est donc non-seulement par son intérêt, mais par sa nature même, qu'elle est unie à l'État, à qui elle communique la fixité du sol, dans lequel, si on peut s'exprimer ainsi, elle étend ses racines. Or, aucune institution n'est plus efficace pour fonder et consolider la famille que celle qui consacre le prélèvement d'une partie du patrimoine fait à chaque génération, en faveur de l'un des successibles, que le droit d'aînesse en un mot.

À un autre point de vue et pour les pays dans lesquels le payement d'un certain impôt foncier détermine les qualités d'électeur et

---

1. Aigle est un substantif masculin en zoologie et en général quand il s'agit de l'oiseau; le mot est employé au féminin en héraldique.

d'éligible, l'extrème division des terres a cet inconvénient de diminuer le nombre de ceux qui prennent part à la chose publique. Bientôt les fils de l'éligible ne sont plus qu'électeurs; les fils de l'électeur ne sont plus qu'une multitude dépendante, s'agitant au gré des factions. « Dans les monarchies, a dit Montesquieu, on peut permettre de laisser la plus grande partie de ses biens à un seul de ses enfants. » (*Esprit des lois.*)

C'est toutefois sous le rapport économique que cette division conduit aux plus fâcheux résultats. Le morcellement des terres multiplie infailliblement les procès; il empêche les grandes entreprises d'irrigation et l'élève de certains animaux agricoles; il rend impossibles ces expériences fécondes en progrès, qui ne peuvent s'effectuer que sur de grands domaines. Enfin, par le morcellement, les frais généraux de culture sont augmentés, sans compensation, dans une proportion considérable. Aussi, certains économistes se sont-ils élevés avec force contre la division du sol. Mac Culloch cite le triste état de l'agriculture dans les îles de Jersey et Guernesey, où s'applique l'égalité des partages en vertu d'une coutume spéciale, du *Gavelkind* (*voy. ce mot*); Arthur Young (*Voyage dans le nord de l'Écosse* et *Voyage en France*) a recueilli des observations dans le même sens. « Le nombre excessif de petits propriétaires de terres et de capital, dit Malthus, rendrait impossibles toutes les grandes améliorations dans la culture, toutes les grandes entreprises dans le commerce et les manufactures... Il se fait en ce moment, en France, une expérience dangereuse sur les effets d'une grande subdivision de la propriété. La loi des successions y prescrit le partage égal de toute espèce de propriété entre les enfants sans reconnaître le droit d'aînesse, sans faire de distinction de sexe, et elle ne permet que de disposer d'une petite portion et par testament... Si cette loi continue à régler dans ce pays la transmission héréditaire de la propriété, si aucun moyen de l'éluder n'est inventé, si ses effets ne sont pas mitigés par une prudence excessive dans les mariages, il y a tout lieu de croire que le pays, au bout d'un siècle, sera tout aussi remarquable par sa grande pauvreté que par l'égalité extraordinaire des fortunes. » (*Principes d'économie politique*, pp. 148 et suiv.)

Objectera-t-on que l'inégalité dans la famille froisse le droit naturel et la justice distributive? Mais, répondra Mirabeau (2 avril 1790), les droits de l'homme, en fait de propriété, ne peuvent s'étendre au delà du terme de son existence; par la mort du propriétaire, les biens rentrent forcément, *ipso jure*, dans le domaine commun; telle est la loi naturelle. C'est, diront d'autres partisans du droit d'aînesse, le droit civil qui crée les successibles; il peut dès lors déterminer leur situation comme il l'entend, en recherchant uniquement l'intérêt général. Quant à la justice distributive, ne trouve-t-elle pas en réalité son

compte dans la primogéniture? Chaque enfant ne reçoit pas, à la vérité, une part égale dans la succession paternelle; mais, par compensation, l'aîné pourra continuer, vis-à-vis de ses frères, après le père de famille, un rôle de protection, que la division des biens ne lui eût pas permis de prendre utilement. Puissant par le crédit et la considération que donne la fortune, il sera à même de les suivre et de les aider; c'est ainsi qu'en Angleterre les puînés, contraints par le besoin, arrivent par des efforts persistants, et grâce au secours de leur aîné, à se créer des ressources dans l'industrie, le commerce ou les professions libérales; ils quittent la métropole pour les colonies, s'y enrichissent, et parfois, après quelques années, l'égalité, si heureusement interrompue par la loi, se trouve rétablie; mais ce n'est plus l'égalité dans la misère, ou tout au moins dans la médiocrité, c'est l'égalité dans le bien-être.

Telles sont, en résumé, les raisons qu'on a souvent invoquées pour justifier l'application du droit de primogéniture à la propriété privée. Voyons rapidement celles que produit la doctrine contraire.

La division de la propriété foncière, a-t-on dit, est une chose désirable et pour les gouvernements et pour les gouvernés; il faut donc repousser toute institution qui entraverait cette division. Il est bien vrai que l'État trouve dans la famille, dans les idées d'ordre et de prévoyance que fait naître la propriété, un soutien qu'il lui importe de consolider. Mais la conséquence à en tirer est précisément contraire à celle qu'en tirent les partisans du droit d'aînesse. Si les gouvernements doivent compter sur les propriétaires, pourquoi en effet en restreindre le nombre? Ne faut-il pas, au contraire, les multiplier? Le sentiment de la propriété ne diminue pas avec l'étendue et la valeur du sol auquel il s'applique. Le paysan tient autant, et plus, au morceau de terre qu'il cultive lui-même que le grand propriétaire peut tenir à ses vastes domaines.

Une trop grande agglomération des propriétés, même sous une monarchie, devient d'ailleurs funeste au prince et au peuple: au prince, pour lequel l'aristocratie est loin d'être toujours un appui, l'histoire de la féodalité le démontre; au peuple qui, là au moins où n'est pas appliqué le suffrage universel, se voit frustré de son droit d'élection, au profit de quelques familles privilégiées, dont les vœux remplacent ceux de la nation entière. On a invoqué à l'appui l'autorité de Montesquieu. Dans *l'Esprit des lois*, c'est le magistrat qui parle; mais le bon sens du moraliste fait justice des appréciations de l'homme attaché par profession, et quand même, à la législation de son pays, qu'il respecte jusque dans ses erreurs: « C'est l'esprit de vanité, » écrit-il en effet dans ses *Lettres persanes*, « qui a établi chez les Européens l'injuste droit d'aînesse, si défavorable à la propagation, en ce qu'il porte l'attention d'un père sur un seul de ses enfants, et détourne ses yeux de tous les autres ; en ce qu'il l'oblige, pour rendre solide la fortune d'un seul, de s'opposer à l'établissement de plusieurs ; enfin, en ce qu'il détruit l'égalité des citoyens, qui en fait toute l'opulence. » (L. CXIX.)

Au point de vue économique, l'histoire enseigne que la division des propriétés a toujours produit d'excellents fruits. Pline l'Ancien, regrettant le temps où les héros de la République traçaient eux-mêmes le sillon dans leur petit patrimoine, s'inquiétait déjà des abus de « la grande propriété, qui tuera, dit-il, les provinces après avoir tué l'Italie ». (L. XVIII, chap. vi.) Une des causes de l'état de langueur dans lequel l'agriculture se trouvait en 1789 était précisément le nombre excessif des grandes propriétés. Depuis cette époque, l'expérience a été faite. Quelles sont les conséquences du morcellement notamment dans les campagnes de la France ? Y voit-on cette pauvreté prédite, en 1820, par Malthus ? — Non, on y rencontre des champs mieux cultivés, des villages mieux bâtis, des habitants ayant une plus grande somme de bien-être moral, intellectuel et physique, et qui apprécient mieux leurs droits. En Suisse, la richesse agricole a triplé en soixante ans. On ne connaît pas de pays où l'agriculture ait péri par le morcellement, tandis qu'on peut en citer plusieurs où l'agglomération a produit tous les genres de ruines, l'Italie, par exemple, à la fin de l'Empire romain, l'Espagne, la Sicile et la campagne de Rome. (Voir au *Moniteur* les discours de MM. de Broglie et Pasquier, lors de la discussion de la loi de 1826.)

La raison est d'accord avec l'histoire : économe, industrieuse, incessamment aiguillonnée par les vifs instincts de l'intérêt privé, la petite propriété, appliquant à une surface donnée une plus grande somme de travail, augmente nécessairement les facultés productives du sol. Elle peut fournir, à étendue égale, un produit net plus élevé, la main-d'œuvre ne lui coûtant rien, puisque l'exploitation se fait par les membres de la famille. La division des terres encourage d'ailleurs les mariages, et favorise l'accroissement de la population. Aux noms de Malthus, de Young et de Mac Culloch, trop préoccupés peut-être de la situation de l'Angleterre, on peut opposer ceux d'Adam Smith et de Sismondi. « Le bonheur rural dont l'histoire nous présente le tableau, dans les temps glorieux de l'Italie et de la Grèce, dit ce dernier, n'est pas inconnu à notre siècle. Partout où l'on retrouve des paysans propriétaires, on retrouve aussi cette aisance, cette sécurité, cette confiance dans l'avenir, cette indépendance qui assurent en même temps le bonheur et la vertu. Le paysan, qui fait avec ses enfants tout l'ouvrage de son petit héritage, qui ne paye de fermage à personne au-dessus de lui, ni de salaire à personne au-dessous, qui règle sa production sur sa consommation, qui mange son propre blé,

boit son propre vin, se revêt de son chanvre et de ses laines, se soucie peu de connaître les prix du marché... etc. » (*Etudes sur les sciences sociales*, t. II, p. 170.)

En droit naturel, la primogéniture est une iniquité. Aussi devient-elle dans les familles une source de discordes ; elle crée entre les enfants du même père, et quelquefois en dépit de lui, un riche et des pauvres, un protecteur hautain et d'obscurs subordonnés, elle sème des haines là où Dieu avait créé la fraternité ; elle dégrade les aînés, pour lesquels la loi a tout fait, et qui attendent, sans travail, une fortune que leurs parents ne peuvent leur ôter. — *Sot comme un aîné de Caux*, disait un vieux proverbe normand. — Elle dégrade les puînés, en les condamnant au célibat, et en les plaçant, sous tous les rapports, dans une condition constante d'infériorité. Sans doute, en Angleterre, les puînés peuvent trouver dans les colonies une carrière ouverte à leur esprit d'entreprise. Mais c'est là un fait isolé, qui prouve même l'existence du mal, puisqu'un palliatif est nécessaire. Toutes les nations, d'ailleurs, n'ont pas des colonies.

Nous n'avons pas à examiner l'influence du droit d'aînesse sur la production des richesses, car si ce droit contribue à maintenir la grande propriété, il n'établit pas nécessairement la grande culture. Là où des lois spéciales ne s'y opposent pas, chacun peut subdiviser son héritage entre autant de fermiers qu'il le juge à propos. La question est donc moins économique que politique. En tout cas, c'est au mot **Morcellement** que nous traitons des effets économiques de la grande et de la petite culture.

En politique, le droit d'aînesse, qui fait toujours partie d'un ensemble de lois successorales conçues dans le même esprit, fonde nécessairement l'aristocratie ; l'égalité des partages conduit, au contraire, à la démocratie. « Le législateur, a écrit éloquemment A. de Tocqueville (*De la Démocratie en Amérique*, ch. iii), règle une fois la succession des citoyens, et se repose pendant des siècles ; le mouvement donné à son œuvre, il peut en retirer la main ; la machine agit par ses propres forces, et se dirige, comme d'elle-même, vers un but marqué d'avance. Constituée d'une certaine manière, elle réunit, elle concentre, elle groupe autour de quelques têtes la propriété, et bientôt le pouvoir ; elle fait jaillir, en quelque sorte, l'aristocratie du sol. Conduite par d'autres principes, et lancée dans une autre voie, son action est plus rapide encore ; elle divise, elle partage, elle dissémine les biens et la puissance.... ; elle s'élève et retombe incessamment sur le sol, jusqu'à ce qu'il ne présente plus à la vue qu'une poussière impalpable et mouvante sur laquelle s'assoit la démocratie. »

L'Angleterre, où le droit d'aînesse existe pour les biens réels, quand le père meurt intestat (sauf dans le pays de Kent, l'Irlande

et les îles de la Manche, soumis à la loi du Gavelkind, qui partage les biens par portions égales entre les mâles seulement), et la France qui depuis la Révolution est placée sous le régime égalitaire, offrent, ce nous semble, l'image vivante de ces deux formes politiques[1]. Or, est-il plus sage d'asseoir la monarchie sur les bases démocratiques que de la faire reposer sur l'aristocratie ? Question délicate, à l'étude de laquelle nous sommes conduits et que nous ne voulons ni examiner ni résoudre.

Ce qui nous porte à nous prononcer contre le droit d'aînesse, dans son application en France, c'est que nous croyons que l'égalité est profondément gravée dans les mœurs mêmes de la nation; ce qui nous porterait à le proscrire de toute législation, c'est que ce droit semble contraire à la loi naturelle, qui a donné au père de famille une tendresse pour chacun de ses enfants; c'est là du moins l'opinion de M. Ch. Mazeau, mais elle n'est pas confirmée par l'observation. Bien des parents montrent au contraire des préférences souvent fâcheuses pour l'un ou l'autre de leurs enfants. Leplay a recommandé de nos jours encore l'institution d'un seul héritier, et, en Allemagne, la crainte du morcellement de la terre a fait surgir une législation tendant à l'indivisibilité du sol, mais ces mesures ne nous paraissent pas bienfaisantes. Nous y revenons à un autre endroit.

AJOURNEMENT. Terme parlementaire exprimant le renvoi de l'examen d'une proposition à un autre moment. L'ajournement peut être fixe, indéterminé et indéfini. Il n'est pas sans utilité d'expliquer la différence qu'il y a entre ces deux derniers modes d'ajournement. Une proposition peut rarement être examinée à fond au moment où elle se produit; il faut presque toujours réunir des éléments de discussion. Quelquefois aussi la situation dans laquelle on se trouve n'est pas favorable, on l'ajourne à une époque indéterminée. L'ajournement indéfini est, au contraire, pour nous servir des expressions consacrées, un moyen d'enterrer une proposition dont on ne veut ni l'adoption ni la discussion. En Angleterre, on ajourne dans ce cas à six mois, c'est-à-dire jusqu'au delà de la fin de la session. Or, les projets de loi ne peuvent pas être renvoyés d'une session à l'autre, il faut les présenter à nouveau pour les faire revivre.

L'ajournement se propose et se vote, comme toute autre matière législative, par assis et levé, ou au scrutin public ou secret.

1. En Angleterre, la pensée dominante est moins l'idée de primogéniture que l'idée d'indivisibilité et de conservation des biens.
L'usage de faire passer la propriété au plus jeune est plus répandu qu'on ne croit, mais il ne s'applique qu'aux biens roturiers. On peut l'expliquer ainsi : 1° les seigneurs peuvent avoir exigé que les biens roturiers suivent d'autres principes que les biens nobles; 2° les parents ont une tendance à favoriser leurs plus jeunes enfants ; 3° enfin, et ceci nous paraît la raison véritable, le père ajourne le plus possible le moment de sa retraite. Il aide d'abord les aînés à se caser et il ne se retire que lorsque chacun est plus ou moins pourvu.

ALCALDE. Équivalent espagnol du *maire* français, du *bürgermeister* et du *schulze* allemand, du *podesta* italien ou du *mayor* anglais. Les attributions de ce fonctionnaire étaient bien plus étendues autrefois qu'actuellement, car ils cumulaient les fonctions judiciaires (juges de paix) avec les fonctions administratives.

ALDERMAN, EALDORMAN, du saxon *ald,* aujourd'hui *old,* vieux, et de *man,* homme, L'Alderman est membre d'un corps municipal anglais; il est placé, par son rang, entre le maire (*mayor*) et les membres du conseil municipal proprement dit. C'est à peu près l'échevin français ou le membre du « magistrat » allemand. C'est presque un adjoint au maire.

ALIENBILL. Bill ou loi anglaise relative aux étrangers et surtout aux réfugiés.

ALLIANCE. Il y a trois catégories principales d'alliances politiques : les alliances du sang, les alliances par les idées ou les principes, et les alliances d'intérêts. Il y a des conditions particulières d'existence et de durée pour chaque espèce d'alliance, les unes sont temporaires, les autres indéterminées; les unes ont un but spécial, les autres sont d'une application universelle. Il y a les alliances pour une résistance commune, il y a les alliances qui sont à la fois offensives et défensives. Le caractère particulier des alliances, les diversités résultant des gouvernements de forme différente entre lesquels elles sont contractées, ressortiront surtout de l'étude des traités qui consacrent ces unions et constituent le droit des gens, conventions qui sont pour les peuples ce que les contrats sont pour les individus.

I. *Alliances du sang.* — Il y a celles des peuples qui ont une origine commune, et celles qui sont dues à l'union des souverains. C'est cette double espèce d'alliance qui a présidé aux premiers groupements des tribus nomades. Le patriarcat, qui a précédé la royauté, a inauguré les alliances de famille. Partout les lois d'agglomération sont identiques : les familles de souche commune se rapprochent et forment la tribu; les tribus s'unissent et constituent la nation; puis les souverains, par leurs alliances, complètent, étendent l'œuvre des chefs de la famille et des membres de la tribu. Dans les védas, dans la Bible, dans les légendes scandinaves, les exemples sont les mêmes et abondent à tel point que les citations seraient superflues. Quoique l'alliance de sang et de race commande moins exclusivement les rapports internationaux, à mesure qu'on avance dans la période des temps historiques, cependant sa part est large encore dans les annales des peuples.

Durant la période des grandes immigrations, pendant les guerres de conquêtes et de religion, l'alliance du sang a un rôle moins important : c'est elle cependant qui a présidé à la formation de ces hordes innombrables qui, des hauts plateaux de l'Asie, des profondeurs glacées de l'Europe boréale, roulent comme des avalanches vers l'Occident ; si quelque part on cherche à opposer une digue au torrent, c'est elle qui organise les éléments de la résistance ; c'est elle qui mine, dissout, brise, rapproche et reconstitue, c'est elle qui ramène l'ordre dans ce chaos, la lumière dans ces ténèbres, la paix au milieu de ces violences.

La guerre a des inconstances qu'on ne peut fixer, une défaite enlève ce qu'une victoire a donné ; mais la tradition persiste et survit aux revers ; les liens du sang résistent souvent aux épreuves de l'adversité. Pendant que les conquérants disparaissent comme de brillants météores, des prospérités séculaires attestent la force et la vitalité des alliances de famille. C'est par elles et des conquêtes que la monarchie française s'est constituée. La maison de Bourbon, qui a pour ainsi dire créé la France, doit sa grandeur en partie à l'habileté de ses alliances. On connaît les vers inspirés par les succès matrimoniaux de la maison d'Autriche :

Bella gerant alii, tu felix Austria, nube.

On pourrait en dire autant de la maison de Savoie, et de biens d'autres familles princières dont les unions ont aggloméré les territoires et arrondi les ⌐tats.

II. *Alliances par les idées ou les principes.* — Nous ne nous dissimulons pas ce qu'il peut y avoir de vague et d'insuffisant dans cette désignation ; cependant nous n'avons pas trouvé de mot qui s'appliquât mieux à ce qui n'est ni alliance de race, ni alliance de famille, ni alliance d'intérêt.

La haine, la vengeance, la reconnaissance, l'amitié, l'ambition, la foi sont des sentiments, des passions, des *idées* qui ont déterminé peuples et souverains à contracter des alliances. Il est arrivé maintes fois que l'idée s'est compliquée d'un intérêt ou d'une affinité de sang, il ne faut point espérer l'unité rigoureuse d'un sujet qui de sa nature est complexe et indéterminé ; nous attribuons à chacune des catégories l'alliance où a dominé le caractère distinctif de notre division. Un des résultats les plus manifestes de la civilisation a été de substituer les intérêts aux passions dans la direction des choses humaines. La convoitise et l'ambition ne s'avouent plus guère, et les princes les plus altérés de gloire donnent maintenant à leur passion le prétexte d'intérêts généraux. Il n'en fut pas toujours ainsi : la profonde impression produite par les invasions des barbares, le souvenir des violences qui avaient prévalu dans la constitution territoriale et politique du monde à la chute de l'empire romain autorisèrent longtemps entre princes et peuples des conventions où s'énonçaient, se stipulaient, se réglaient les projets les plus criminels, les espérances les plus

coupables sans aucun scrupule, sans aucun déguisement. L'antiquité n'avait rien offert de pareil. La piraterie ne fut-elle pas le but déclaré de l'alliance entre les puissances barbaresques, et quand les barons normands se liguèrent avec Guillaume pour envahir l'Angleterre, ne stipulèrent-ils pas à l'avance les conditions de leur concours et la part de butin qu'ils exigeaient en cas de succès ? Les haines et les violences du moyen âge allèrent jusqu'aux alliances considérées comme sacrilèges. Nous ne saurions imaginer combien grand fut le scandale quand on vit au milieu des ardeurs religieuses de cette époque la croix et le croissant combattre du même côté et pour la même cause dans les eaux de Lépante. Nous devions signaler ce grand scandale parce que ce fut un fait en contradiction flagrante avec les mœurs et les passions du temps. C'est en effet la foi, le sentiment religieux qui fut en politique la passion dominante jusqu'à l'intervention souveraine des intérêts. Depuis le schisme d'Arius jusqu'à la paix d'Utrecht, jusqu'au traité de Westphalie, la question religieuse occupe une si large place, dans toutes les conventions qui interviennent, que la diplomatie reste toute imprégnée de théologie : c'est au nom de la Sainte-Trinité, c'est sous l'inspiration du Saint-Esprit que les actes internationaux se rédigent. Nous n'avons pas besoin d'ajouter que souvent la formule religieuse a dû couvrir des intérêts d'une autre nature. Il est cependant un événement parmi les plus importants de l'histoire où les alliances de religion apparaissent sans altération, dans toute leur pureté : ce sont les croisades ; elles ont eu des conséquences que n'avaient point prévues leurs promoteurs, mais la foi en fut dans la plupart des cas le sincère et unique mobile. A côté de ce grand fait, il en est d'autres d'une moindre importance et qui doivent être rangés dans la même catégorie : l'alliance contre les Albigeois, l'alliance des ligueurs avec l'Espagne ; mais dans l'un et l'autre cas, le principe religieux dont le fait procède se combine avec des éléments politiques qui ne permettent point une assimilation complète. Le mélange de la passion et des intérêts est plus saillant encore dans la fameuse ligue du bien public, à tel point que cette dernière alliance des féodaux appartient aussi bien à l'une qu'à l'autre des catégories. Nous avons réservé pour derniers exemples ceux qui s'appliquent à la religion réformée ; ceux-là sont plus près de nous et le contrôle en est plus facile. L'alliance des Provinces-Unies avec la maison d'Orange, l'alliance des protestants d'Allemagne avec Gustave-Adolphe sont des alliances essentiellement religieuses. Sans doute elles portaient en elles le germe des modifications politiques qu'elles devaient imposer à l'Europe, mais ce surcroît de grandeur ne saurait rien enlever à la pureté de leur origine : peut-être d'ailleurs est-ce la dernière fois que le sentiment religieux aura dominé de si haut les intérêts matériels et politiques, et encore était-il bien sûr que la politique n'y était pour rien.

III. *Alliances d'intérêts.* — La politique des intérêts prévaut partout, envahit tout. Nous pourrions donc prendre au hasard les alliances conclues depuis le commencement de ce siècle, et nous trouverions qu'elles se rattachent toutes soit à un intérêt matériel, soit à un intérêt politique ; mais antérieurement déjà les alliances d'intérêts étaient assez fréquentes. Avant la découverte de la route du Cap, les produits de l'Inde et de l'Orient arrivaient sur le littoral méditerranéen pour y attendre les acheteurs d'Europe. De là, le long de ces côtes, l'établissement de ces florissants entrepôts, Tyr, Carthage et tant d'autres éclos sous la même pensée, enfants de la même famille. Entre ces Etats il y avait donc la plus étroite des alliances, une même origine et la communauté permanente des intérêts. Sur d'autres rives de ce grand lac, une œuvre pareille avait été accomplie par les Grecs et les Phocéens ; la marine eut là ses étapes et le commerce ses comptoirs échelonnés depuis l'Archipel grec jusqu'à Bayonne. Plus tard vinrent les Italiens. Il se créa là des intérêts sérieux et des puissances avec lesquelles durent compter les plus fières monarchies européennes, le sultan lui-même et d'autres potentats asiatiques. Les alliances conclues par Gênes et par Venise sont celles où les intérêts commerciaux ont été représentés le plus spécialement et avec le plus d'éclat. La ligue Hanséatique, le développement industriel et commercial des Flandres, de la Hollande et de la Grande-Bretagne, succèdèrent aux prospérités méditerranéennes. Le commerce avait changé de route ; il avait en même temps grandi ; on lui avait dû jusque-là de grandes villes, il allait faire de grands peuples.

C'est à dater de cette époque, que les questions économiques prennent véritablement place dans le droit public européen. Dans les traités de Charles-Quint, il y a des stipulations en faveur des bonnes villes de Bruges et de Gand. Des Etats industriels, en effet, ont, plus encore que les autres, besoin d'indépendance et de sécurité. Les alliances d'intérêts ne devaient recevoir leur consécration définitive que quand ces intérêts seraient devenus l'objet principal des conventions internationales. Notre génération aura assisté à la solution du problème. Ces questions de navigation, de protection, d'échanges, oubliées si longtemps ou sous-entendues, plus humblement énoncées, s'étalent maintenant en tête de tous les traités. Et non seulement l'intérêt est devenu la base première des alliances, mais il arrive qu'il n'y a presque plus d'alliances possibles que celles-là. Il y a de ce phénomène une explication qui nous permet d'espérer sa gloire ; partout la prépondérance des intérêts répond à l'émancipation des peuples et aux progrès de la civilisation ; elle substitue la loyauté et la franchise à la ruse

et à la violence ; c'est le vœu général qui remplace une volonté unique ; c'est la liberté qui succède à la servitude ; c'est la démocratie qui entre en possession de ses droits.

IV. *Le droit des gens.* — Ainsi que tous les autres rapports internationaux, les alliances ont pour règle le droit des gens. Ici encore, conformément à la définition des auteurs qui, dans les Etats, ne voient que *des personnes morales, ou civiles,* nous pouvons assimiler les traités de peuple à peuple aux conventions que contractent les individus. Les formules et le cérémonial ont varié suivant le temps et les lieux ; la règle elle-même ne pouvait pas être plus respectée que les principes sur lesquels elle repose.

Nous allons néanmoins extraire du grand code international ce qui s'applique le plus généralement à la conclusion ou à la rupture des alliances.

La nécessité reconnue de faire la guerre dans certaines circonstances a établi pour les nations un double rapport : 1º envers la puissance avec laquelle elles s'allient ; 2º envers la puissance contre laquelle elles emploient leurs forces. Les alliances obligent les parties contractantes à faire la guerre en commun contre de tierces puissances, ou à prêter secours comme auxiliaire à l'une des puissances belligérantes principales. Elles sont offensives ou défensives, selon les circonstances qui les ont déterminées ; dans la plupart des cas les alliances offensives sont particulières et temporaires, car elles ont un but spécial et déterminé, lequel atteint, elles n'ont plus de raison d'être. Il peut cependant arriver que deux peuples unissent leurs destinées pour une œuvre si complexe et de si longue durée, que les caractères ordinaires des alliances offensives ne leur soient pas applicables. Les alliances défensives ont un caractère de permanence et de généralité en rapport avec le but qu'elles se proposent. A côté de l'alliance entière complète, il faut mentionner le simple traité de subside par lequel un Etat ne prend pas d'autre engagement que de louer un corps de ses troupes à une autre puissance, en le faisant passer à la solde de celle-ci. Outre de nombreux exemples que pourraient nous fournir le moyen âge et l'antiquité, on sait combien de fois, pendant les guerres de l'Empire, l'Angleterre se lia par des traités de subsides avec les puissances continentales ; et nous devons ajouter que souvent ce premier engagement a servi de prétexte à des alliances plus générales et plus intimes.

Les traités d'alliances stipulent les cas dans lesquels doit être invoqué le concours des parties contractantes et la mesure de leur participation. Lorsque les éventualités prévues se réalisent, il y a d'abord à décider si le *casus fœderis* existe, c'est-à-dire si les puissances signataires du traité sont bien dans le cas prévu, cas qui implique l'alliance, *casus fœderis.* Il arrive parfois que, le moment venu de s'exécuter, une des parties recule devant la réalisation des engagements qu'elle a contractés. Nous n'avons point à énumérer le nombre presque infini de prétextes que la mauvaise foi a pu suggérer en pareilles circonstances ; il en est parfois résulté qu'un traité d'alliance non exécuté est devenu une cause de guerre. Les difficultés sont plus nombreuses encore dans l'accomplissement des conditions de certains traités, dans le règlement des sacrifices faits ou des avantages recueillis.

On a considéré comme à peu près impossible de spécifier tous les cas où le refus de concours peut être légitime avant le commencement de la guerre et de prévoir tous les litiges qui peuvent suivre la conclusion de la paix. Martens cependant note quatre cas dans lesquels une alliance peut être rompue même pendant le cours d'une guerre commune : 1º les cas de nécessité ; 2º ceux où l'allié aurait manqué le premier à son allié ; 3º ceux où le but de l'alliance ne pourrait plus s'accomplir ; 4º ceux où l'allié refuserait une paix convenable qui lui serait offerte. Nous sommes loin de vouloir endosser l'opinion de Martens, nous la trouvons même très discutable. Quant aux conventions qui concernent les subsides et les auxiliaires, nous nous bornerons à indiquer leurs généralités essentielles. Le plus souvent, après les chiffres et les conditions du contingent primitif, elles règlent les accroissements qui peuvent devenir nécessaires. Elles réservent les droits des nationaux qui vont servir sur un sol et sous un drapeau étrangers ; elles stipulent les avantages ou les compensations qui doivent être les conséquences des succès ou des revers. Elles établissent en un mot toutes les conditions qui doivent régler la conduite des intéressés, les États et leurs nationaux.

ALMANACH (OFFICIEL). Terme dérivé d'un mot arabe qui signifie calcul. Comme l'indique cette étymologie, l'almanach était d'abord uniquement un *calendrier* (voy. ce mot). Mais peu à peu des renseignements divers furent ajoutés aux publications qui parurent sous ce titre, et on cite un édit de Henri III de France, daté de 1576, par lequel le roi défend d'y insérer des prophéties.

En 1679, le libraire Laurent Houry, de Paris, ajouta au sien des renseignements si utiles qu'en 1699 Louis XIV en renouvela le privilège et l'autorisa à paraître sous le titre d'*Almanach royal*. Cette publication, qui a été continuée depuis lors, a porté, selon la forme du gouvernement, le titre d'*Almanach national* ou d'*Almanach impérial,* mais il renferma toujours à peu près les mêmes renseignements, plus ou moins développés, qu'on lui connaît. Il appartient actuellement à la librairie Berger-Levrault et Cie.

ALTESSE. Parmi les nombreuses et brillantes appellations dont les derniers empereurs romains décorèrent leurs courtisans, leurs généraux, leurs fonctionnaires, l'expression Altesse paraît avoir été le plus souvent employée à l'égard des évêques ; cette formule, sans être peut-être un véritable titre, leur fut réservée jusque vers le dixième siècle. Trois siècles après, elle était devenue le privilège des souverains, considérés, dans la hiérarchie des jurisconsultes du moyen âge, comme les vassaux de Sa Majesté l'Empereur du Saint-Empire romain. Louis XI et François Ier s'attribuèrent les premiers la Majesté, et leur exemple ayant été suivi avec empressement par les autres rois, le titre d'Altesse n'appartint plus qu'aux petits souverains et aux fils et aux frères de rois.

Gaston d'Orléans, frère de Louis XIII, ajouta le premier l'épithète de *Royale;* les neveux et nièces de Louis XIV en firent autant, Victor-Amédée II, encore duc de Savoie, le grand-duc de Toscane, le duc de Lorraine, les imitèrent ; d'autres souverains choisirent l'épithète Sérénissime, qui fut à son tour convoitée par les princes du sang et adoptée par eux, et l'Altesse simple fut laissée aux branches collatérales.

Depuis la fin du dernier siècle, il est d'usage de qualifier d'Altesse Royale ou Impériale tous les princes du sang indistinctement. Cependant Louis XVIII n'accorda, en 1815, que le titre de Sérénissime au duc d'Orléans, et ce fut quelques années seulement avant la révolution de 1830 que le titre d'Altesse Royale lui fut restitué. D'après le sénatus-consulte du 17 novembre 1852 et le statut de 1853, Napoléon III, investi du droit de régler les rangs de la famille Bonaparte, avait constitué : 1º une famille impériale composée exclusivement de la branche Jérôme Bonaparte, et dont les membres avaient droit au titre d'Altesse Impériale ; 2º une famille privée dont les membres étaient qualifiés d'Altesse.

En Allemagne, indépendamment des maisons régnantes, 50 familles des anciens princes de l'Empire médiatisés ont été autorisées, par un décret de la diète en 1825, à jouir du titre d'Altesse Sérénissime (*Durchlaucht*), titre qui est, du reste, donné en Allemagne, par courtoisie, à tous ceux qui portent le titre de duc ou de prince (*Fürst*).

ALTRUISME. Mot inventé par Aug. Comte pour dire le contraire d'*égoïsme* (v. ce mot). Ce qui est certain, c'est que l'égoïsme, l'amour de soi, se rencontre chez tous les hommes à des doses fortes ou faibles, mais l'*altruisme,* l'amour de son prochain, ne s'y rencontre pas toujours, et quand il existe, il reste en sous-ordre. Le vrai altruisme — qui consiste à se sacrifier pour les autres — est tout à fait rare, on ne peut jamais le supposer, il faut l'avoir constaté pour y croire. Celui qui voudrait établir une société sur l'altruisme se donnerait pour tâche de réaliser une utopie.

AMBASSADEUR. Nous compléterons ce

qui a été dit à l'article **Agent diplomatique**, en reproduisant ici quelques passages saillants d'un discours du prince de Bismarck, prononcé à Berlin dans la séance du 16 novembre 1871 du Reichstag allemand.

« ..... Un ambassadeur n'a pas besoin, à cause de son titre, d'un traitement plus élevé; — ce n'est' en somme qu'un titre. Si vous placez à la tête d'une brigade un colonel ou un général, ce sera toujours un brigadier, il devra toujours remplir cet emploi. Un ambassadeur près d'une grande cour, si l'on fait mesquinement les choses à son égard, n'aura peut-être besoin que de 1.000 à 3.000 thalers (3 fr. 75) de plus qu'un ministre plénipotentiaire. Cette somme suffira pour couvrir les dépenses qui lui sont imposées par l'usage que, dans la plupart des pays, les souverains acceptent, à certaines occasions, les invitations des ambassadeurs, et c'est cette coutume de donner de grandes fêtes qui cause le surcroît de dépenses dont j'ai parlé. L'honneur que la visite du souverain confère à la maison dans laquelle il entre fait qu'aux yeux des sujets de ce monarque la situation du représentant correspond mieux à la dignité de l'État représenté. Mais il ne s'agit pas de cela dans les augmentations de traitement qui vous sont proposées.

« Pourquoi alors, demandera-t-on, donnons-nous le titre d'ambassadeur? C'est, plutôt, répondrai-je, à cause de la hiérarchie des agents politiques entre eux. On fait, entre les membres du corps diplomatique, une différence injuste sans doute, mais qui n'en est pas moins généralement admise. Ainsi, il est reçu qu'un ministre des affaires étrangères, s'il se trouve en conférence avec un ministre plénipotentiaire, au moment où on lui annonce un ambassadeur, se croit obligé d'interrompre immédiatement la conférence et de recevoir l'ambassadeur. Un ministre plénipotentiaire aura peut-être attendu une heure dans l'antichambre du ministre des affaires étrangères; au moment où il va être introduit, arrive un ambassadeur, et l'usage de la plupart des cours, autant que je sache, est qu'on fasse entrer ce dernier; le ministre plénipotentiaire devra attendre encore longtemps, ou peut-être même ne pourra-t-il plus être reçu ce jour-là. Il en résulte des mortifications et des froissements qui seront évités par un simple changement de titre. Un ministre plénipotentiaire, s'il a le sentiment de sa dignité, ne supportera pas pareil traitement, et, pour ma part, je me suis trouvé en situation d'y résister avec succès, mais non sans amener un froid peu en rapport avec l'importance de la chose; ces résistances ne peuvent d'ailleurs se produire sans mettre en jeu les personnes d'une manière qui touche presque à la limite de ce qui est permis au représentant officiel d'un grand pays. On peut atteindre le but, en conférant à l'agent le titre d'ambassadeur qui devient, du reste, par les témoi-

gnages d'honneur qu'on lui rend, je puis dire, une économie plutôt qu'une cause de dépenses. Les prérogatives qui se rattachent au titre d'ambassadeur peuvent être considérées comme équivalant facilement à quelques milliers de thalers...

« J'ai lu quelquefois dans les feuilles publiques (et le précédent orateur y a fait allusion) qu'on signalait le danger du privilège appartenant aux ambassadeurs de conférer directement et sans intermédiaire avec le souverain. Ceci repose sur une erreur. Un ambassadeur n'a pas plus accès près du souverain que tout ministre plénipotentiaire, et il ne peut en aucune façon prétendre au droit de traiter avec le monarque directement sans l'entremise des ministres de celui-ci... »

Depuis cette époque, le nombre des ambassadeurs s'est multiplié.

AMBITION. La vanité est le désir des honneurs et des distinctions, et l'ambition est le désir du pouvoir. Ce sont deux passions essentiellement politiques; la seconde, surtout, joue un rôle très important dans toutes les associations. Si les hommes étaient complètement dégagés d'égoïsme, l'amour de la justice et du bien public suffirait pour animer le corps politique; mais, dans la réalité, on ne recherche et on ne garde le pouvoir que parce qu'on l'aime. L'ambition est le mobile, secret ou avoué, de la plupart de ceux qui arrivent à diriger les États. Elle est utile parce qu'elle crée des hommes; elle est nécessaire parce qu'elle donne de la force aux gouvernants et par conséquent aux gouvernements; elle peut même être glorieuse quand elle est ennoblie par son but, pure dans ses moyens, et secondée par des facultés puissantes. Elle est mieux à sa place dans les États libres que dans les États absolus. Richelieu, Colbert, sous l'ancienne monarchie, furent des ambitieux utiles; ils auraient pu être des citoyens dangereux et même pernicieux, s'ils n'étaient pas arrivés au premier rang. C'est seulement dans les États libres que l'ambition peut se marquer un but restreint et particulier, se mesurer, s'approprier à la condition et aux aptitudes. Elle est le principal ressort de la liberté, comme la vanité, sous le nom d'honneur, est le principal ressort de l'absolutisme.

Il ne faut pas avoir toujours sous les yeux un Marius, un Sylla, un Jules César. Ces noms remplissent la pensée des hommes, parce qu'ils sont très grands; mais les monarchies les plus absolues ont eu leurs ambitieux et leurs guerres civiles. Ce n'est pas la liberté qui a rendu facile le renversement de la république romaine, c'est l'affaiblissement de l'autorité. On pense quelquefois que l'autorité et la liberté ne s'étendent et ne se fortifient qu'au détriment l'une de l'autre; c'est mal les connaître : une autorité fortement constituée, mais contenue dans de justes bornes, et une liberté très ample, peuvent et doivent coexister dans l'État; ce sont les deux conditions, également indispensables, de la stabilité et de l'ordre. Il n'y a pas de liberté sans une autorité puissante qui en assure à tous la jouissance, ni d'autorité solide, durable, vraiment bienfaisante, sans liberté. Ainsi le veut la nature de l'homme, qui a également besoin d'un espace et d'une limite. La liberté permet à l'ambition de se déployer pour le bien, et l'autorité l'empêche de dépasser les limites du bien public.

L'ambitieux, soumis à un maître, n'a que deux moyens de parvenir : la révolte ou la flatterie. L'ambitieux, dans un pays libre, peut parvenir par l'éclat du talent ou de la vertu. Il chemine à ciel ouvert; et plus il a l'âme haute, plus ses chances sont considérables[1].

L'école de Fourier disait que tout est bon à sa place. Cela est particulièrement vrai de l'ambition, mais elle a besoin d'être contenue par une conscience droite, un esprit juste et ferme. Elle est presque toujours excessive et par conséquent violente. La force de son désir la trompe sur la légitimité de son but et de ses moyens. Elle devient alors immorale par aveuglement et par emportement, et comme elle est accompagnée d'orgueil, loin de confesser ses fautes, elle invente une fausse morale pour les justifier et les exalter.

L'auteur du *Premier Alcibiade*, qui est peut-être Platon, traite ce sujet avec beaucoup de vérité et de force. Il montre bien qu'on est un ambitieux vulgaire, quand on désire le pouvoir sans être sûr de l'exercer dans l'intérêt de l'humanité, et un ambitieux criminel, quand on marche à la domination par l'injustice.

Voici le jugement que prononce sur l'ambition et les ambitieux la morale éclairée par l'histoire :

Nulle ambition légitime ne justifie ou n'excuse l'emploi de moyens illégitimes;

Nulle ambition n'est légitime, quand elle n'est pas servie par une force suffisante;

Ce n'est pas le succès qui est l'absolution de l'ambition, c'est le service rendu.

Le vulgaire qui applaudit toujours la force, appartient corps et âme au succès; il est le serviteur dévoué et patient de tous les ambitieux qui réussissent. Le succès par lui-même n'a aucune grandeur morale. Il est une force, mais il n'est pas, comme on l'a dit, le signe de la force. Il peut échoir à la corruption et à la faiblesse. Le vrai criterium de la grande et noble ambition, c'est de n'user que des moyens honnêtes, et, en se servant elle-même, de servir la justice et les intérêts généraux du pays.   Jules Simon.

AMENDEMENT. Dans la langue parlementaire, le mot *amendement* s'entend de toute proposition de modification à un projet de loi. Il est, on le voit, l'une des expressions de l'initiative des membres de la cham-

bre dans les affaires publiques, et d'après l'étendue de leur droit d'amendement, on peut apprécier le degré de l'influence parlementaire. Sous la constitution française de 1852, ce droit était d'abord réduit à son minimum, mais il fut étendu dans les dernières années du règne de Napoléon III.

L'utilité, ou mieux la nécessité du droit d'amendement est indiscutable, mais il convient que la procédure parlementaire renferme des garanties contre son emploi inconsidéré : Il ne faut pas qu'un amendement puisse être voté précipitamment. Dans le plus grand nombre de cas, le renvoi à la commission, ou l'ajournement du vote au lendemain, suffira pour en assurer l'examen.

AMNISTIE. Amnistie est la reproduction d'un mot grec ἀμνηστία, dont le sens littéral est *oubli;* c'est aussi la signification vraie du mot français : amnistier, ce n'est pas faire grâce, ce n'est pas pardonner, c'est oublier. L'amnistie garde de la sorte un caractère de généralité, une idée de rémission absolue que ne comporte aucune autre forme de la clémence. Aussi le droit d'amnistie est-il le privilège le plus étendu de la victoire et de la puissance, et son exercice, par delà l'effacement, semble-t-il prétendre à la réconciliation. C'est qu'en effet bien souvent l'amnistie s'adresse moins aux fautes des hommes qu'aux trahisons de la fortune. Thrasybule, après avoir chassé les trente tyrans d'Athènes, fait voter par le peuple une loi qui est appelée loi d'*oubli,* ἀμνηστία, et qui défend de troubler aucun citoyen pour les actions passées. Cet exemple soutient notre définition et marque nettement le sens et la portée du mot qui nous occupe. Après les luttes et les combats, et surtout à la suite des déchirements civils, lorsque la victoire s'est prononcée pour un homme ou pour un parti, lorsque les vaincus ont désarmé, lorsque du champ de bataille ou de la place publique les haines se sont réfugiées au fond des cœurs, on demande parfois à la clémence d'achever l'œuvre de la proscription et de l'échafaud; et ce qu'on n'avait obtenu ni de la rigueur des persécutions, ni de la terreur des supplices, on l'obtient quelquefois de l'amnistie qui apaise les esprits, cicatrise les plaies et endort la vengeance.

L'amnistie n'a pas de règles fixes; elle varie selon le caractère ou l'intérêt de celui ou ceux qui l'accordent, selon les circonstances qui l'ont inspirée : elle est générale ou particulière, absolue ou conditionnelle. Elle est générale, lorsqu'elle comprend un genre tout entier de délits et qu'elle ne fait aucune exception de personnes. Elle est particulière, lorsqu'elle exclut une classe d'individus qui en est jugée indigne. L'amnistie est conditionnelle, lorsqu'elle soumet à quelques mesures, à l'accomplissement de quelques conditions, ceux ou partie de ceux qui en sont l'objet. Elle est absolue, quand elle n'impose

[1]. Et si on emploie son talent pour flatter les foules dans les démocraties ?

AMNISTIE. — AMORTISSEMENT 23

aucune condition [1]. En tout cas, on ne doit pas abuser des amnisties; on ne doit l'accorder qu'à bon escient, quand ceux dont on veut bien oublier les méfaits promettent sérieusement de s'amender. Prodiguer l'amnistie à des ingrats, à des adversaires irréconciliables, la répéter même, c'est la marque d'un gouvernement faible, on a même qualifié ce procédé de « bêtise ».

Si, généralement, le chef de l'Etat a le droit de faire grâce, l'amnistie ne peut être accordée que par une loi.

AMORTISSEMENT. Amortir une dette, c'est la payer peu à peu ; on dit *rembourser*, quand on s'acquitte en une seule fois. Pour un particulier, payer ses dettes paraît une chose qui va de soi, tandis que beaucoup d'Etats ont trouvé naturel de contracter des dettes perpétuelles. On les désigne dans quelques pays par l'expression de « consolidées ».

Les rentes perpétuelles ont leurs agréments et les Etats trouvèrent longtemps, et assez facilement des prêteurs.

Mais, comme les dettes allaient toujours en grossissant, on dut se demander si les affaires pourraient marcher ainsi indéfiniment. Bientôt la nécessité du remboursement parut évidente. Dans la pratique cette opération ne pouvait se faire que par acomptes réguliers ou périodiques au moyen des produits de l'impôt. L'idée de l'amortissement fut reçue avec une grande faveur et, pendant une assez longue période, il entra comme élément nécessaire dans l'administration des dettes publiques, où il occupe encore aujourd'hui une place considérable. Cependant l'expérience n'a pas toujours été favorable à l'amortissement, qui a compté de nombreux adversaires ; dans quelques pays, par exemple en Angleterre, cette institution même a été momentanément supprimée pour être reprise d'après une autre méthode. Les Etats-Unis, après la guerre de Sécession, n'ont pas hésité un instant et se sont mis à amortir leur dette avec une rapidité qui a étonné le monde et qui leur a valu un grand crédit.

Examinons maintenant plus à fond la nature de l'amortissement et les principaux procédés employés pour le mettre en action. Ce qui distingue l'amortissement d'autres manières de rembourser les dettes, c'est, comme nous l'avons dit, qu'il se fait par des payements successifs et d'après un taux déterminé d'avance qui est censé destiné à reconstituer le capital entre les mains des créanciers. Les dettes publiques ne sont pas les seuls cas où l'amortissement trouve son application. On sait, par exemple, que les bâtiments, les outils, les machines s'usent par l'emploi qu'on en fait, le propriétaire doit donc retenir une certaine somme sur le produit annuel de ces objets, pour être en mesure de les renouveler lorsqu'ils seront consommés. C'est encore par la même raison que le fermier, qui a dépensé un capital pour améliorer les terres du domaine qu'il a louées, doit trouver dans son profit annuel de quoi amortir, avant la fin du bail, le capital avancé. Dans le même cas se trouvent les compagnies de chemins de fer, de canaux, de gaz et autres semblables, qui n'ont obtenu leurs concessions que pour un certain nombre d'années et sous la condition qu'à la fin de cette période la propriété de leurs établissements appartiendra à l'Etat ou à la commune. Il faut aussi nommer, comme entrant dans la catégorie des établissements qui mettent l'amortissement en jeu, les institutions de crédit foncier et les caisses de rachat de dîmes et autres redevances territoriales. Les institutions de ce genre doivent fournir aux débiteurs le moyen de rembourser peu à peu leurs dettes, en grossissant proportionnellement les intérêts [1].

Ce qui confère à ce mode de remboursement un avantage particulier qui l'a fait adopter sur une si vaste échelle, c'est l'emploi de l'intérêt composé. Par ce moyen, le capital se forme bien plus rapidement. L'arithmétique politique nous apprend qu'en payant un franc par an et en plaçant immédiatement les intérêts du capital qui se forme, on peut réunir une somme de 100 francs en quarante-un ans, si le taux de l'intérêt est de 4 p. 100, et en trente-sept ans s'il est de 5 p. 100. L'intérêt composé rapproche donc le terme où l'on peut espérer soit de rentrer dans le capital, soit de se décharger de la dette. Ce principe a donc été adopté par la plupart des établissements destinés à répandre le goût de l'épargne et à faciliter le remboursement des dettes. Il s'est même si étroitement lié à l'idée de l'amortissement que plusieurs auteurs, parmi lesquels nous citons Ad. Blaise (*Dictionnaire de l'économie politique* (1858), article AMORTISSEMENT), l'ont fait entrer dans leur définition. Cependant, en fait, l'amortissement des dettes publiques s'opère de l'une des deux manières suivantes : 1° remboursement direct avec ou sans prime, et 2° rachat des rentes ou obligations au cours du jour.

Le premier de ces deux modes est surtout employé lorsque les emprunts ont été contractés aux taux général du marché et que le cours des effets publics se maintient près du pair. Le second est en usage lorsque les emprunts ont été négociés au taux nominal, resté au-dessous du prix du marché. Lorsque le remboursement est posé en principe absolu, c'est-à-dire lorsque, au moment de contracter l'emprunt, on a fixé la somme qui sera remboursée tous les ans, le gouvernement renonce au double avantage et d'ac-

---

1. C'est aussi à tort qu'on parle d'une amnistie comme réduisant une peine en partie; c'est le mot *grâce* qu'il faut employer, alors même que la faveur s'applique à toute une classe — plus ou moins nombreuse — d'individus.

1. C'est-à-dire qu'on ajoute à l'intérêt les petites sommes destinées à recomposer le capital emprunté. Les intérêts *paraissent* plus gros en proportion, mais si l'on mangeait en totalité ces intérêts, on détruirait le capital.

célérer l'amortissement de la dette dans un temps où les cours sont au-dessous du pair, et d'amener lui-même une hausse par des rachats. Alors les créanciers sont, il est vrai, garantis contre une baisse considérable par la certitude de rentrer dans la totalité de leurs fonds au plus tard à la fin du terme fixé pour l'amortissement. Mais, d'un autre côté, ils sont, par la même raison, privés en partie de l'espoir de voir les cours s'élever au-dessus du pair, et ils doivent s'attendre au remboursement de leurs capitaux à une époque où ils ne les auraient pas demandés. En temps ordinaire, alors qu'une baisse de l'intérêt est probable, les créanciers de l'Etat ne considéreront pas le remboursement comme un avantage, et il peut arriver qu'un gouvernement, pour obtenir de meilleures conditions, soit forcé de le restreindre ou même de le suspendre pour quelque temps. Avec le système du rachat, au contraire, un amortissement opéré dans une forte proportion est toujours un avantage pour les créanciers, parce qu'il empêche la baisse ou qu'il produit même la hausse de leurs titres. Pour le gouvernement, le rachat est d'autant moins avantageux que les cours sont plus portés à la hausse; il contribue lui-même à accélérer ce mouvement par ses demandes et dans une proportion croissante avec les progrès de l'amortissement. Un amortissement obligatoire sous forme de rachat peut devenir très gênant pour les finances et doit même tôt ou tard, à mesure que le rachat avance, devenir impraticable.

On devra, dans tous les cas, hésiter à faire une promesse positive à l'égard du mode d'amortissement, d'autant plus qu'une telle promesse ne peut donner qu'une garantie assez restreinte aux créanciers. Il vaudrait mieux que l'administration de la dette conservât la liberté de choisir, selon les circonstances, la forme la plus convenable pour l'amortissement. On ne devra faire des prescriptions restrictives de cette liberté que si, au moment de contracter un emprunt, on peut ainsi obtenir des conditions plus favorables. Ce sont les circonstances particulières de chaque cas qui indiqueront ce qu'il faut faire, si, par exemple, on peut espérer élever le taux d'émission en promettant une prime au remboursement ou un autre avantage quelconque.

Signalons encore deux manières moins fréquentes de rembourser des dettes publiques, dont l'une est un amortissement réel, tandis que l'autre s'en distingue assez sensiblement. La première de ces deux manières consiste à emprunter à terme soit pour la vie du créancier, soit pour un nombre limité d'années. De cette manière la dette est amortie successivement par le payement des annuités. Plusieurs États, et notamment l'Angleterre, se sont servis de cette forme sur une assez grande échelle. En France, où toutes les rentes viagères, ainsi que toutes les pensions payables par l'État, sont considérées comme faisant partie de la dette publique, on porte, tous les ans sous ce chef un crédit spécial au budget. Il convient aussi de mentionner ici, pour mémoire, les obligations trentenaires créées en 1860 et converties en rentes 3 p. 100 en 1861. Le système des rentes à terme a trouvé autrefois bien des adversaires en France, mais ces opinions semblent modifiées.

Les rentes viagères conviennent en général peu à la grande majorité des créanciers privés. Elles sont, au contraire, très propres au placement des fonds de certaines caisses, qui ont elles-mêmes à accomplir des obligations à termes; nous parlons surtout des caisses d'assurance et de secours mutuels ou de prévoyance de tout genre. L'emploi de cette forme d'emprunt pour les dettes publiques dépend donc en grande partie de l'étendue que les assurances et les associations ont prise dans un pays.

Du reste, dans l'intérêt des finances, ce ne sera jamais qu'une fraction relativement petite de la dette publique qui pourra prendre la forme d'annuités. Le Trésor serait lié pour un temps trop long, pour qu'on puisse s'en servir sans danger dans une forte proportion.

La seconde manière extraordinaire de s'acquitter des dettes est la conversion, dans l'acception la plus large du terme. Il est bien entendu que nous parlons seulement de la conversion volontaire, la conversion forcée n'étant qu'une espèce de banqueroute. La conversion volontaire se présente sous cette forme, qu'on donne le choix entre la réduction du taux de l'intérêt et le remboursement du capital. En pareil cas, ou le comprend, le gouvernement doit toujours avoir à sa disposition les sommes nécessaires pour rembourser tous les créanciers qui pourraient refuser d'accepter la conversion. Car, même lorsque cette opération réussit le mieux, il se trouve toujours quelques créanciers qui retirent leurs fonds. La conversion est un moyen que presque tous les États ont employé, et souvent sur une grande échelle, pour amoindrir, dans une époque de tranquillité, où le taux de l'intérêt est bas, la charge des dettes contractées dans des circonstances moins favorables. C'est un moyen d'introduire d'un seul coup de grandes économies dans les dépenses causées par la dette publique, et la baisse de l'intérêt dans le dernier quart du XIXe siècle a fait recourir très souvent à ce moyen.

Abordons maintenant la question de l'utilité de l'amortissement qui ne saurait être résolue qu'après l'examen d'une question préalable. Il s'agit de savoir si l'Etat doit songer de préférence à réduire le capital de sa dette, lorsque les circonstances le lui permettent, ou s'il peut se borner à en réduire la rente par la conversion lorsque la prospérité générale fait baisser le taux de l'intérêt. La seconde de ces propositions ne manque pas de défenseurs. Laffitte avait, dès 1834, traité en ce sens la question de l'amortissement dans ses *Réflexions sur la réduction de la rente et sur l'état du crédit.*. En 1838, on discutait la question 'de savoir si la conversion de la rente 5 p. 100 serait opérée par l'offre de 4 p. 100 au pair ou de 3 p. 100 au-dessous du pair. Laffitte alors se prononça en faveur de la seconde alternative. En motivant sa manière de voir il soutint qu'on n'avait pas besoin de s'inquiéter du montant en capital de la dette publique et qu'il importait seulement de réduire, par une série de conversions au-dessous du pair, le chiffre des intérêts à payer tous les ans. Il résuma son système par la formule suivante : « Augmentation indéfinie du capital, puisqu'on ne doit jamais le rembourser, et diminution indéfinie de l'intérêt, puisque chaque année on le paye. » Cette formule en elle-même n'exclut point absolument une réduction de la dette ; car, quoique le principe n'admette pas un remboursement, il pourrait très bien s'accommoder d'un rachat pour les intervalles dans lesquels une nouvelle conversion ne serait pas encore possible. Mais les détails de l'exposé de Laffitte nous apprennent clairement qu'il était adversaire de toute réduction du capital de la dette. Il appelle aveugle l'impôt qui, dit-il, prend partout, sans examiner si les capitaux sont employés d'une manière productive ou non, qui demande des sacrifices et s'attaque à la production. L'emprunt, au contraire, selon lui, ne demande rien : il ne s'empare que des capitaux qui viennent s'offrir, ne trouvant pas de placement plus utile [1]. Il offrirait donc le double avantage et de ne rien ôter à la valeur des capitaux actifs et intelligents, et de donner une valeur aux capitaux oisifs et ineptes, en leur ouvrant pour ainsi dire un asile. Le remboursement, même abstraction faite des frais énormes qu'il causerait, n'aurait pour effet que d'enlever au travail des capitaux nécessaires, de priver les rentiers d'un revenu qu'ils ne sauraient remplacer autrement, etc. Divers auteurs se sont ralliés à cette théorie, qu'un économiste allemand a reprise plus tard pour lui donner des développements aussi rationnels qu'ingénieux. Nous voulons parler de l'ouvrage de M. Dietzel : *Système des emprunts publics* (Das System der Staatsanleihen. Heidelberg, 1855.) Du reste, la réduction des dettes est une question beaucoup trop importante pour que nous puissions en aborder incidemment la discussion (*voy.* **Dette publique**). Il nous suffit ici de faire remarquer qu'en se prononçant en principe contre une réduction de la dette publique, on conteste implicitement la légitimité de l'amortissement.

Toutefois la plupart des adversaires de l'amortissement sont loin de contester la nécessité de réduire la dette. Ils se déclarent seulement contre une organisation systématique de cette opération et surtout contre un accroissement progressif de l'amortissement par l'intérêt composé. Ils invoquent principalement les considérations que voici. D'abord

ils rappellent les abus qui pourraient s'introduire dans l'administration par une réémission illicite des effets remboursés et conservés dans la caisse d'amortissement. Mais comme il ne saurait y avoir de difficultés à empêcher par un contrôle sérieux des abus de cette sorte, cette objection mérite peu d'attention.

Il n'en est pas de même des deux autres arguments que nous allons rapporter. En fait, disent les adversaires de l'amortissement, cette opération est presque impraticable. Plus le fonds de la caisse d'amortissement s'accroît, et plus la charge de la dette diminue, plus aussi l'aversion pour une continuation de la réduction augmente, et elle finit par devenir irrésistible. La population pense en avoir fait assez pour le remboursement de la dette. Elle croit pouvoir enfin préférer à l'achèvement de cette opération la satisfaction d'autres intérêts, soit certaines dépenses publiques d'une utilité générale, soit une diminution de l'impôt. Cette aversion sera augmentée par un fait qui ne manquera pas de se présenter. Lorsque le fonds d'amortissement s'élèvera à une forte somme, il causera des perturbations très sensibles sur le marché des capitaux, en y jetant tous les ans des sommes croissantes. Il en résultera notamment que les fonds devenus libres chercheront un placement à l'étranger, ce qui, à tort ou à raison, est mal vu par les populations. Dès 1786, Fox se servit très habilement contre Pitt de ce sentiment. Dans de telles circonstances, on a dû se décider à suspendre, du moins en partie, la marche de l'amortissement. On se bornait alors à annuler les rentes remboursées et à diminuer d'autant les versements à faire à la caisse d'amortissement. Ainsi, en France, on a annulé, en 1825, plus de 16 millions, et en 1833, 32 millions de rentes. En Angleterre on retira, en 1819, 12 millions de livres st. du fonds d'amortissement, pour les employer à d'autres dépenses. En Autriche, un décret de 1829 porta qu'à l'avenir le fonds d'amortissement ne recevrait plus, outre ses propres recettes, d'autres fonds que les excédents des recettes générales, quand il y en aurait. En Prusse, depuis 1820 et jusqu'en 1869, les arrérages des rentes rachetées n'étaient versés dans la caisse d'amortissement que pendant dix ans après le rachat ; ils étaient ensuite annulés.

En supposant que l'amortissement fonctionnât, disent encore les adversaires de cette institution, la longueur du temps qu'il faudrait pour l'achever le rendrait, selon toute probabilité, illusoire. Cette illusion, ajoutent-ils, coûterait même très cher à l'État.

Il se passera rarement une quarantaine d'années, sans qu'un État soit obligé de faire un nouvel emprunt. Du moment qu'on contracte de nouvelles dettes, la réduction des anciennes par l'amortissement n'est, en effet, qu'une pure illusion. Même en opérant des rachats, on dépense inutilement les frais nécessaires pour contracter le nouvel emprunt

---

1. Mais l'impôt « aveugle » n'est-il donc pas nécessaire pour payer les intérêts de l'emprunt? M. B.

ou pour entretenir le fonds d'amortissement. Très probablement on éprouvera encore d'autres pertes, les commandes de la caisse d'amortissement produisant une hausse des effets à racheter. Le remboursement causerait plus de mal encore. En maintenant les rentes rachetées dans le grand-livre de la dette, on donne à celle-ci une valeur nominale plus grande qu'elle n'en a en réalité et on exerce ainsi une influence défavorable sur les conditions d'un nouvel emprunt. Il en résultera généralement qu'on remboursera une dette qui supporte un intérêt modéré, pour emprunter immédiatement, à un intérêt plus élevé, des sommes égales à celles qu'on vient de payer. L'histoire, ici aussi, fournit des exemples. Ainsi, en France, on a employé, de 1816 à 1854, à peu près 1 milliard 633 ½ millions de francs pour l'amortissement des rentes ; dans le même espace de temps on a contracté 3 milliards 429 millions de nouvelles dettes. Or, de 1816 à 1832, la caisse d'amortissement payait en moyenne 93 fr. 77 c. pour amortir une rente de 5 fr. ; l'État, au contraire, ne recevait que 75 fr. 15 c. pour l'émission de 5 fr. de rentes. Il en est résulté, abstraction faite des frais d'administration de tout genre, une pure perte de plus de 15 ⅓ millions en rentes, ou de 307 ½ millions en capital. En Angleterre, de 1793 à 1813, tout en amortissant sans cesse, on se trouvait constamment sous l'obligation de couvrir des déficits annuels par de nouveaux emprunts. La perte causée par la différence entre les prix payés d'un côté pour les rentes amorties et de l'autre pour les nouvelles émissions a été calculée à 11 millions de livres st. par les uns, et même à 14 millions par les autres.

En Autriche, la comparaison du prix, ramené uniformément au taux de 3 p. 100, des effets rachetés avec celui des emprunts contractés dans les années correspondantes, donne le résultat ci-après :

Années.	Taux du rachat des anciens effets.	Taux des nouveaux emprunts
1831...	86 16/60 florins.	80 florins.
1832...	87 »	84 »
1833...	91 41/60 »	88 1/2 »
1835...	119 43/60 »	100 »
1841...	117 »	102 »
1843...	118 44/80 »	106 »
1849...	124 32/60 »	93 2/3 »

Néanmoins il [nous semble que, les arguments que nous venons d'exposer n'affaiblissant pas sensiblement la valeur du *principe* de l'amortissement, ils ne démontrent pas qu'on ait tort de chercher à réduire la dette publique par une opération régulière et constante. Tout ce qu'ils prouvent, c'est qu'il n'est pas prudent de trop détailler à l'avance le plan à suivre, ni de l'arrêter définitivement pour une époque éloignée, dont il est impossible de prévoir les circonstances. Les gouvernements ne doivent donc pas renoncer entièrement à l'amortissement et renvoyer la réduction de la dette uniquement aux excédents de recettes. Il est d'ailleurs à craindre, dit M. de Mangoldt auquel nous empruntons la plupart des données ci-dessus, qu'on ne négligeât de se préoccuper de produire ces excédents, de sorte que la réduction s'arrêterait tout à fait.

L'utilité, disons la nécessité, du remboursement des dettes, a été reconnue par le gouvernement français en établissant la législation relative aux emprunts communaux et départementaux [1]. Ces emprunts doivent tous être amortis dans un temps relativement court, mais qui diffère selon les circonstances. Ils sont émis sous la forme d'obligations numérotées d'une valeur nominale égale, soit de 500 fr., 1000 fr., etc.; ils peuvent être émis au-dessous et même au-dessus du pair, si les circonstances l'exigent ou le permettent, mais un certain nombre doit être remboursé tous les ans, tous les semestres ou trimestres. C'est le sort qui décide quels numéros seront remboursés à chaque terme. La ville de Paris a rattaché des lots de différentes grandeurs à un certain nombre d'obligations, et le montant de ces lots, gagnés par les premiers numéros sortants, est pris sur l'intérêt qui est réduit ainsi d'un dixième, d'un vingtième ou d'une autre fraction prévue pour former la somme à distribuer. Quelques États étrangers ont également adopté ce mode d'emprunt, qui existe aussi en France pour certaines dettes publiques temporaires; nous voudrions voir généraliser le système, parce que nous avons trop d'objections contre les dettes perpétuelles. Elles peuvent devenir la ruine d'un pays. On ne doit pas emprunter sans amortir. Si les dettes grossissaient indéfiniment, l'État finirait par la banqueroute. Il faut amortir, même en supportant un sacrifice ; le crédit de l'État s'en trouvera bien, il rentrera très certainement dans les frais de ce sacrifice, devant lequel il ne doit d'ailleurs en aucun cas reculer.

ANARCHIE. D'après l'étymologie du mot, l'anarchie serait l'absence de tout gouvernement, de toute autorité politique ; mais dans le mal comme dans le bien il y a une limite extrême que l'esprit conçoit et que la réalité ne peut presque jamais atteindre. Aussi l'histoire n'offre-t-elle peut-être pas un seul exemple complet d'anarchie dans lequel chaque individu serait rentré dans la pleine et entière indépendance de toute autorité extérieure. L'anarchie est aussi prise dans le sens d'absence d'ordre, de régularité et de prévoyance, où tout dépend du hasard et dont les actes ne se combinent pas spontanément selon les besoins de la Société.

La sociabilité étant un des caractères essentiels de l'homme, il y a, dans toute action dissolvante d'une société, les éléments d'une

---

1. On avait fait, pour l'État, un essai de « Rente amortissable », mais cette valeur n'a pas obtenu la popularité. Elle est certes plus avantageuse pour l'État, mais elle est moins commode pour le particulier, le créancier.

ou plusieurs associations nouvelles, et dès que, par une cause quelconque, un gouvernement est renversé, s'il n'est pas immédiatement remplacé par un gouvernement nouveau, les citoyens se groupent par fractions plus ou moins nombreuses autour d'autorités qui surgissent de la force de la situation. L'état d'instabilité des pouvoirs publics est donc ce qui caractérise particulièrement l'anarchie, soit que des gouvernements embrassant la totalité du pays, mais représentant des idées différentes, se succèdent avec rapidité, soit que la nation se divise en plusieurs factions hostiles les unes aux autres. Cette situation peut se manifester très brusquement et quelquefois au moment où l'on s'y attend le moins ; mais les causes du mal datent presque toujours de loin, et doivent être distinguées avec soin des accidents qui en déterminent l'explosion.

L'existence d'une société suppose un but à poursuivre en commun, et dès que les membres de l'association ne sont plus d'accord sur ce but ou sur les moyens de l'atteindre, on peut dire qu'il y a germe ou commencement d'anarchie. Avant de se révéler dans les faits, l'anarchie est donc depuis longtemps déjà dans les intelligences et on peut la ramener à deux causes principales : division dans les croyances ou dans les opinions, antagonisme dans les intérêts.

Ces deux causes exercent presque toujours leur action simultanément; mais lors même qu'il est le principal mobile des fauteurs de l'anarchie, l'intérêt est le plus ordinairement rejeté sur le second plan, s'il n'est tout à fait dissimulé, car les hommes, quand ils agissent collectivement, tiennent à s'élever, au moins en apparence, au-dessus des intérêts vulgaires auxquels, individuellement, ils sacrifient si volontiers, et à rattacher la cause pour laquelle ils combattent, à quelque grand principe de politique, de morale ou de religion.

Dans les républiques, l'ambition des citoyens qui veulent s'emparer du pouvoir suprême; dans les monarchies, l'ambition des princes qui ne peuvent arriver au trône qu'au moyen d'un changement dans l'ordre régulier de succession, ont été plus d'une fois la cause apparente de l'anarchie ; mais en y regardant de près, on voit que ces ambitieux n'ont fait que profiter de l'état de division des esprits ou de l'antagonisme des intérêts, et qu'il existait, dans la situation du pays, une cause supérieure d'anarchie, dont leur action personnelle a pu seulement rendre les effets plus prompts, plus intenses. Il en est de même, dans un certain degré, des imperfections inhérentes à toute constitution politique : elles ne deviennent une pierre d'achoppement que lorsqu'on cesse de s'entendre. Cependant il y a telle de ces imperfections qui peut être considérée comme une cause certaine d'anarchie, parce qu'à un moment donné elle doit amener infailliblement la division entre les citoyens. Les États très étendus portent en eux-mêmes des germes d'anarchie, à cause de l'impossibilité presque absolue de maintenir longtemps en harmonie tant d'intérêts divers, et d'établir entre les habitants de contrées qui ont été longtemps étrangères les unes aux autres la communauté d'idées nécessaire pour conserver une force de cohésion suffisante entre toutes les parties d'un empire.

Dans quelque condition qu'elle se produise, l'anarchie est toujours un très grand mal. Non seulement elle diminue la sécurité des personnes et des propriétés, quand elle ne la fait pas disparaître tout à fait; elle détruit la confiance, tarit les sources du travail, et la misère qu'elle engendre rend les populations plus accessibles aux mauvaises passions et aux suggestions des partis ; mais les nombreuses souffrances individuelles dont elle est cause, et le trouble qu'elle apporte dans le développement économique de la société, ont, en général, une portée moins étendue que la perturbation qu'elle occasionne dans l'ordre moral. Les hommes sont alors soumis à des épreuves dont ils sortent rarement à leur avantage, et, à côté de quelques rares exemples de vertu politique, de courage civil et de force morale, il se produit une foule de faits de nature à porter une atteinte plus ou moins profonde à la conscience publique. Dans la fièvre qui embrase tous les esprits, les notions du bien et du mal, du juste et de l'injuste s'obscurcissent. Tout est jugé et décidé avec l'aveuglement et l'emportement de la passion; puis la lassitude et le dégoût succèdent à cet état violent, et le besoin de calme, d'ordre et de repos devient tellement impérieux qu'il engendre presque toujours des résolutions fatales aux libertés publiques. Heureux les peuples dont la liberté ne périt pas tout entière dans ces crises funestes, et qui cherchent leur refuge dans un pouvoir assez intelligent pour savoir restreindre à propos la dictature dont la confiance générale l'a investi !

ANARCHIE DOCTRINAIRE. Voy. l'art. suivant.

ANARCHISME. ANARCHISTES. De l'anarchie dans les faits il a été question dans l'article précédent; nous allons maintenant parler d'une doctrine qui a joué un rôle assez bruyant dans le dernier quart de ce siècle. Cette théorie a été imaginée par Proudhon, dès 1840, et développée après 1860 par Bakounine, Krapotkine et quelques autres. Selon Proudhon, tous les hommes sont égaux, libres, autonomes et n'ont pas besoin de gouvernement. La division du travail donne à chacun son occupation utile, de sorte que du concours de tous résulte naturellement l'ordre et l'harmonie. Donc, plus de partis, plus d'autorité; liberté absolue pour tous, etc. C'est en Allemagne que ces idées trouvèrent leurs premiers adhérents, assez isolés d'ailleurs. Citons seulement Hess et Karl Grün, qui leur donnèrent une forme encore plus utopique. Voici quelques dispositions [1] empruntées à Grün (né en 1817, mort en 1887), qui avait été pendant quelques années professeur au lycée de Colmar. « Sous le régime anarchique chacun travaillera et jouira autant qu'il le jugera à propos. La production sera donc volontaire, mais il ne s'en suit pas qu'elle sera insuffisante. Au contraire, il y aura plus de produits qu'on en pourra consommer. Il suffira d'ailleurs que les enfants, jusqu'à l'âge de 15 ans, dirigent les machines, pour approvisionner les familles de tout ce qu'il leur faut. Et ce travail les enfants l'accompliront en vêtements de fêtes, comme un jeu, en distraction. Il ne faudra sous ce régime ni Etat, ni loi, ni gouvernement, ni tribunaux, ni police... » Ce passage suffit.

C'est Bakounine, qui fit de l'anarchisme une doctrine révolutionnaire. C'est lui qui pensa à « déchaîner les mauvaises passions », à « détruire l'ordre public » sans craindre de verser le sang. C'est à son élève Netchajew, également russe, qu'on attribue la première idée de « la propagande par le fait », idée que Paul Brousse, le rédacteur de l'Avant-garde, contribua à répandre. Nos contemporains savent que la « propagande par le fait » trouva des agents et fit des victimes. C'était un procédé, une « tactique » pour les anarchistes. En effet, les crimes furent discutés dans les journaux et appelèrent l'attention sur ces doctrines aussi stupides que subversives bien mieux que n'auraient pu le faire les brochures et les articles les mieux écrits. Néanmoins, la « tactique » était à courte vue, les crimes ne pouvaient pas rendre la doctrine sympathique, les socialistes durent même, dans leur intérêt, se déclarer les adversaires des anarchistes [2], et les gouvernements — qui ont pour mission de donner la sécurité à la société — ne pouvaient que traquer comme des bêtes fauves ceux qui tuaient pour tuer. C'est la propagande par le fait qui fera disparaître sinon l'anarchisme, du moins les anarchistes, et à coup sûr les « anarchistes militants ».

Est-il bien nécessaire d'entreprendre la réfutation de l'anarchisme ? Il suffirait d'indiquer quelques-unes des idées sur lesquelles Proudhon se fonde pour rejeter toute autorité. L'autorité maintient selon lui la Société telle qu'elle est. Or, dans la Société les uns possèdent les capitaux, les autres fournissent le travail, c'est du concours de ces deux agents que résulte le produit. Ils y ont travaillé ensemble, et la valeur du produit devrait être répartie également entre eux. Par ex. un patron et vingt ouvriers ont fait un objet qui a été vendu x francs, cette somme x devrait être divisée en 21 parts, une pour le patron, une pour chaque ouvrier... C'est un sophisme forgé à froid, une erreur combinée exprès. On aurait pu dire avec plus de raison peut-être : le capital et le travail ont concouru à la production, la moitié de la valeur du produit revient au capital, l'autre moitié au travail. Mais en réalité la chose est mille fois plus compliquée que cela, aussi n'a-t-on pas encore — malgré bien des recherches et des efforts — pu trouver une règle mathématique pour l'établissement du salaire. Le partage des produits est influencé par tout ce qui influe sur la production et les prix, mais ces influences ce n'est pas ici, en passant, que nous pouvons les exposer. (Voy. Salaires, etc.)

Selon Proudhon, le partage se fait toujours déloyalement, l'ouvrier est exploité, il reçoit moins que sa part. Preuve proudhonienne : l'ouvrier ne peut pas racheter, avec son salaire, le produit qu'il a aidé à réaliser. Proudhon se moque de ses lecteurs. L'ouvrier aura reçu 5 francs pour aider à faire un objet que le patron a vendu 12 fr., l'ouvrier ne pourrait donc pas racheter ce produit avec ses 5 fr. ? Mais c'est là le raisonnement d'un aliéné. L'ouvrier a reçu 5 fr. pour coudre les souliers, mais le patron a fourni du cuir, etc., pour 5 fr., il a taillé les souliers, il les a portés chez l'acheteur, etc.— Ce sont des services qu'il faut payer. Ces souliers ont été vendus 12 fr., et l'on voudrait que l'ouvrier pût les acheter pour 5 fr. seulement ? Proudhon en conclut témérairement que la production dépasse la consommation et qu'il en résulte des crises commerciales ! C'est dire : le cerisier n'a pas fleuri cette année, nous n'aurons donc pas de noix. Et comment Proudhon veut-il éviter les crises ? En faisant avancer, par la Société, les capitaux aux producteurs. Les producteurs associés ou individuels, munis de capitaux gratuits, entreront en concurrence, ceux qui produiront le plus d'objets dans un temps donné vendront leurs produits, les autres ne vendront rien, car leur travail sera de trop. Mais ce sera encore la crise, le moyen de Proudhon n'est donc pas efficace. Il faudrait un volume pour réfuter tous les sophismes de Proudhon et de ses successeurs; il est seulement étonnant qu'il ait trouvé tant de personnes disposées à croire qu'en décrétant la suppression de toutes les autorités, qu'en laissant chacun libre de faire ce qu'il veut, tous les hommes deviendront subitement des anges; qu'il n'y aurait plus de crime, plus d'injustice, que personne ne demandera un prix trop élevé pour ses produits, etc. Ce sont pour la plupart des jeunes gens sans expérience qu'on a pu gagner aux théories anarchistes, on ne comprend pas que de pareilles doctrines aient pu attirer sous leur drapeau quelques hommes intelligents et

---

1. Nous les résumons, les guillemets n'ont pas ici pour but d'indiquer que la citation est textuelle, ils sont destinés seulement à l'isoler.

2. D'assez mauvaise grâce, par ex. au congrès de St-Gall. On y a dit: Les crimes des persécutés sont imputables aux persécuteurs... Mais les crimes en question ont été commis avant toute persécution; celle-ci n'a eu pour but que d'assurer la punition du coupable.

instruits. C'est qu'il y a des intelligences déséquilibrées !

ANCIEN RÉGIME.

On pourrait définir *l'ancien régime* par : la féodalité dans sa décrépitude. Tant que la féodalité fut vivante, tant qu'elle constitua une forme de gouvernement, les populations plus ou moins opprimées par elle la subissaient comme un mal nécessaire ; elles considéraient peut-être l'état social sous lequel elles vivaient comme l'état naturel aux hommes. Mais lorsque la poudre à feu, l'imprimerie, la découverte de l'Amérique et mille autres inventions et découvertes eurent élevé le niveau intellectuel du grand nombre et formé une classe bourgeoise aisée et éclairée, lorsque la concentration des pouvoirs politiques dans la main du suzerain eut fait descendre les vassaux au rang de sujets, ne se distinguant des masses que par un vain titre et des privilèges tantôt humiliants, tantôt préjudiciables aux autres, la féodalité était condamnée. La révolution de 1789 a eu pour but de la faire disparaître.

C'est parce que l'ancien état politique et social a été détruit d'un seul coup, parce que le changement a été brusque, que l'expression d'*ancien régime* s'est formée. Si, comme ailleurs, les abus avaient disparu un à un, d'une manière presque insensible, le contraste entre autrefois — *ci-devant* — et aujourd'hui aurait été moins frappant ; on aurait à peine eu l'occasion de le constater. Ailleurs aussi le moyen-âge a été remplacé par l'époque moderne, mais il y a eu de nombreuses transitions, s'opérant sans lutte ouverte, meurtrière ; il en est résulté que la haine entre les représentants du régime ancien et ceux du régime nouveau a été peu profonde ou, du moins, qu'elle n'eut pas à se manifester par la violence.

L'idée qu'on se fait actuellement dans les masses de l'ancien régime est assez vague. On y voit comme dans un brouillard des nobles et des prêtres privilégiés, des banalités, la dîme, des droits et redevances, et nombre de choses désagréables innommées, qui avaient, en réalité, déjà disparu en grande partie. L'ancien régime est maintenant un épouvantail dont les partis se servent pour agir sur les esprits incultes. Les gens éclairés savent que l'ancien régime est bien mort et qu'il n'était déjà plus qu'un cadavre lorsque la Révolution l'enterra pour toujours. Jamais, d'ailleurs, l'humanité ne revient sur ses pas.

ANNEXION.

Si ce mot a un sens politique, il ne peut s'appliquer qu'aux acquisitions de territoire opérées sans lutte à main armée. L'annexion diffère donc de la conquête, mais elle n'est pas toujours consentie expressément par la contrée annexée. Nous avons vu, en 1845, le Texas demander à être annexé aux Etats-Unis ; en 1859 et années suivantes, certaines provinces italiennes ont consenti à être annexées au royaume piémontais. En Allemagne, après la guerre de 1866, des États ont été annexés à la Prusse sans qu'on ait consulté les habitants et malgré les tendances unitaires de l'Allemagne, la suppression de l'autonomie de ces états a eu lieu contrairement à la volonté d'une partie des populations.

Le sort des pays annexés se confond avec celui de l'État dont ils font partie. Quelquefois on permet à ces pays de conserver leur législation et leur organisation antérieures (Prusse), d'autres fois on prend des mesures pour hâter la fusion en un tout homogène (Italie).

ANOBLISSEMENT.

Dans tous les États monarchiques, le souverain jouit du droit de conférer la noblesse ; mais il n'y a peut-être plus aucun pays où des privilèges quelconques soient attachés à sa possession. (*Voy.* **Noblesse**).

ANTHROPOMÉTRIE.

Elle repose sur cet axiome qu'il n'y a pas deux hommes qui se ressemblent complètement. (*Voy.* **Casier judiciaire**.) (Parlez donc de l'égalité des hommes !)

APANAGE

vient d'un mot de la basse latinité, *apanare*, donner le *pain ;* et, par extension, *apanare* a bientôt signifié donner le nécessaire, et le donner proportionnellement aux besoins de celui qui le reçoit comme à la fortune de celui qui le fournit. Les vieux écrivains français, qu'ils se servent du mot apanage ou du mot *soutenance*, n'en entendent pas moins, par ces expressions, les possessions que les parents nobles accordent aux enfants puînés pour les dédommager de ce que leurs aînés seuls succèdent au fief principal. Les baronnies ou grands fiefs n'admettaient pas, en effet, de partage ; le premier-né d'une famille était seulement tenu d'assigner un apanage à ses frères, ou au moins une *provision*, c'est-à-dire une portion proportionnée à sa fortune. La couronne de France étant considérée comme la baronnie suprême, on accordait aux fils puînés des rois certaines provinces qui revenaient à la Couronne, soit à leur mort, soit à l'extinction de leur descendance masculine. Mais les usages ont plus d'une fois varié dans la suite des temps.

En 1790, l'Assemblée constituante abolit les apanages. Les fils puînés et les filles du souverain devaient être entretenus sur la liste civile jusqu'à l'âge de 25 ans ; à cet âge, ou bien encore au moment de leur mariage, on leur devait constituer, par une loi, des rentes apanagères. Napoléon, en rééditant l'édifice monarchique, rétablit les apanages (sénatus-consulte du 30 janvier 1810). Mais comme les droits féodaux étaient abolis, les apanages ne pouvaient plus être que des domaines territoriaux assurant à l'apanagiste un revenu reposant sur un fonds de terre. Au retour des Bourbons, en 1814, Louis XVIII rendit, par ordonnance royale, à son cousin le duc d'Orléans tout ce que la Révolution n'avait pas aliéné de l'ancien apanage d'Orléans. Lorsque les journées de Juillet appelèrent au trône le duc d'Orléans, l'apanage fit définitivement retour à la Couronne. (*Voy.* **Domaine privé de la Couronne.**)

Sous Napoléon III les princes eurent des dotations en numéraire, et il en est actuellement ainsi dans presque tous les pays monarchiques. En Russie seule il est encore question d'apanage, mais il ne s'agit plus de province, mais de domaine cultivé.

APOSTOLIQUE. Sa Majesté apostolique est le titre de l'empereur d'Autriche, comme *S. M. très chrétienne* est celui du roi de France, *très catholique,* du roi d'Espagne, *très fidèle,* du roi de Portugal.

APPEL AU PEUPLE. C'est un synonyme du terme de *plébiscite (voy. ce mot).* L'appel au peuple proprement dit figure plus spécialement dans l'histoire de Louis XVI qui, après sa condamnation, en appela à la nation. Bien qu'à Paris on aimât alors beaucoup singer Rome, et qu'à Rome tout condamné pût en appeler au peuple, la Convention refusa ce dernier recours à l'infortuné monarque.

APPARENCES (les). Dans la politique, malheureusement, les apparences jouent un grand rôle. Dans la plupart des cas, il est plus important *d'avoir l'air* de faire quelque chose, que de réaliser un progrès réel. Quand on veut avoir l'air de faire, on se remue ostensiblement, bruyamment; on parle, déclame, manifeste; cela saute aux yeux, et le grand nombre, qui est superficiel, qui n'est d'ailleurs pas en état de rien vérifier, s'en contente. On lui a fait entendre les mots qui — pour le moment — sonnent agréablement à ses oreilles, et il est satisfait. Le progrès s'avance en général modestement, il n'est pas toujours, au début, apprécié à sa juste valeur, et souvent ses auteurs n'en récoltent que de l'ingratitude.

Bien entendu, nous n'approuvons pas *l'air* de faire quelque chose; il faut que les circonstances soient bien critiques pour que ce procédé puisse passer pour un expédient excusable.

ARBITRAGE. En matière politique l'arbitrage peut rendre des services. Deux pays discutent la ligne à tracer comme frontière entre leurs territoires; plutôt que d'en venir aux mains, ils s'entendent sur la nomination d'un arbitre, qui trouve le moyen de concilier le différend ou d'établir une transaction. L'arbitrage a déjà rendu de fréquents services en politique, et les amis de la paix parlent de généraliser le procédé.

En matière économique, le procédé est d'une nature moins pratique, car il est peu applicable. Ainsi, des ouvriers demandent un salaire de 6 fr. par jour et le patron prétend n'en pouvoir donner que 5. Que fera l'arbitre? Dira-t-il au patron, donnez 5 fr. 1/2. Le patron répondra : je ne puis; je serais obligé d'élever mes prix et ne pourrais plus vendre. Que pourrait répliquer l'arbitre? Qu'il a une autre opinion? Mais s'il se trompait, dédommagerait-il le patron? — Non. — Son opinion n'a donc aucune valeur pratique.

Du reste, ceux qui recommandent l'arbitrage en pareille matière ont presque toujours pour but de favoriser l'ouvrier au delà de ce qui est juste. Ajoutons que les solutions de l'arbitrage ne sont que temporaires; demain les ouvriers auxquels l'arbitre a accordé les six fr. demandés en exigeront sept et bientôt davantage. Ils soulèveront des questions de discipline et d'autres qui désorganiseront l'industrie. L'arbitrage entre patron et ouvriers sera d'une rare application. (*Voyez* aussi **Grèves.**)

ARBITRAIRE. 1. Dans l'acception vulgaire du mot, c'est une volonté qui n'est guidée ou contenue par aucune loi. C'est le propre des gouvernements absolus de devenir arbitraires, mais, *en théorie*, on peut très bien concevoir un pouvoir sans limites extérieures, qui s'en pose spontanément et qui les respecte bénévolement. Si un tel gouvernement existait, nous comprendrions à la rigueur qu'il eût des partisans. Néanmoins, nous croyons que jamais, dans une nation éclairée, le sentiment public ne sera favorable à l'arbitraire.

L'arbitraire détruit la morale, la sécurité, le patriotisme même et d'autant plus qu'il est poussé plus loin (*Voy.* Benj. Constant, *Cours de politique constitut.* Paris, Guillaumin.) Mais on aurait tort de ne le chercher que dans les États despotiques. On en trouve aussi des exemples fréquents dans les pays constitutionnels et même dans les républiques, dans des pays, en un mot, qui sont régis par des lois. Ces cas d'arbitraire doivent alors être portés au compte du pouvoir discrétionnaire que les lois ont dû laisser à un nombre assez grand d'agents de l'autorité, ou plutôt on doit les inscrire au compte des citoyens qui se soumettent aux abus, sans faire usage des moyens de défense légale dont ils disposent. Si le fonctionnaire savait que chacun de ses actes qui ne serait pas justifié par la nécessité du service sera déféré à l'autorité supérieure, aux tribunaux, ou seulement à l'opinion publique par la voie de la presse, il y regarderait à deux fois avant d'en assumer la responsabilité. Si personne ne consentait à supporter l'arbitraire, il n'y aurait personne pour le commettre.

2. Le mot arbitraire a encore un sens philosophique, qu'il ne faut pas confondre avec le sens vulgaire. Nous allons essayer de le définir en peu de mots et d'indiquer les applications que cette acception trouve dans les affaires gouvernementales.

Les actions de l'homme sont tantôt réglées, déterminées par des lois naturelles, physiques ou morales, tantôt aussi elles ne sont affectées par aucune restriction invincible. Ainsi, l'homme ne peut se soutenir dans l'air sans appui, voilà un obstacle physique; l'homme ne peut pas être reconnaissant du mal qu'on lui fait éprouver, voilà un obstacle moral. Mais il est libre de donner un délai d'un mois, et, s'il lui plaît, même de deux ou de trois mois à un débiteur, il peut, en un mot, accepter ou accorder mille conditions différentes dans chacune des mille circonstances de la vie. C'est là de l'arbitraire aussi, car, strictement parlant, tout ce qui n'est pas matériellement ou moralement *nécessaire*, forcé, inévitable, est arbitraire. On arbitre, on choisit, entre plusieurs solutions ou manières d'agir, celle qui semble préférable pour une raison quelconque.

Or, dans un grand nombre de cas, les lois ont dû trancher la question. Pour ne citer qu'un exemple, combien de temps faut-il laisser au condamné entre le jugement et l'appel? Il fallait une limite; elle n'est pas posée par la nature des choses, on a donc été obligé de la fixer législativement. Le délai adopté a été déterminé arbitrairement, quoique nullement capricieusement ou sans réflexion, mais on aurait pu ou l'allonger ou le raccourcir... Une fois la loi promulguée, le tribunal qui l'applique n'exerce aucun arbitraire.

Nous n'avons fait ressortir cette acception du mot qu'afin de rendre bien présent à l'esprit du législateur que, lorsqu'il est obligé de poser des limites arbitraires, il doit, avant de prendre une décision, tout examiner, tout entendre et bien peser le *pour* et le *contre*. Ce sont les lois de cette catégorie qui font le plus de mal, lorsqu'elles n'ont pas été faites avec la maturité qui ne doit jamais manquer à un acte aussi important.

ARBRES DE LA LIBERTÉ. Le premier arbre de la liberté dont on ait une connaissance authentique est celui qui a été planté à Boston, et que les Anglais ont abattu lors de la guerre de l'indépendance. Par suite de la révolution de 1789, l'usage de consacrer des arbres à la liberté s'introduisit en France. Le premier fut planté solennellement, en mai 1790, par le curé de Saint-Gaudant (Vienne), M. Pressac, et cet exemple fut suivi dans un grand nombre de localités. Bientôt l'abbé Grégoire put, dans sa notice, évaluer le nombre de ces arbres à 60.000.

En 1830, il y a eu des tentatives de plantation; mais cet acte ayant été considéré comme une manifestation républicaine, l'autorité dut s'opposer à la pratique de cette cérémonie. En 1848, au contraire, elle put se présenter au grand jour, et plus d'une fois nous avons assisté, l'arme au bras, et en costume de garde national, à ces solennités, où ne manquait ni la bénédiction du prêtre, ni le discours patriotique du représentant de l'autorité. Néanmoins un petit nombre seulement de ces arbres solennellement consacrés survécurent à la réaction. En 1870 on avait bien d'autres soucis que des arbres de la liberté, cependant quelques-uns ont été plantés dans des villes du Midi.

ARBRES DE LA PAIX. En 1871, après la guerre franco-allemande, on a planté, en Allemagne, dans beaucoup de localités des *arbres de la paix*. Dans quelques-unes, on a même consacré des arbres au rétablissement de l'Empire allemand.

ARCHI. Terme emprunté à la langue grecque et qui indique la prééminence. Dès le commencement du moyen âge, les personnes qui rendaient au souverain certains services personnels furent distinguées par des titres honorifiques, qui devinrent bientôt des dignités héréditaires. Sous les empereurs germaniques ce furent les princes les plus puissants de l'empire qui étaient revêtus de ces grandes dignités (*voy.* **Électeurs**), dont les fonctions ne furent d'ailleurs exercées qu'au jour du couronnement de l'empereur. Bientôt même les princes se firent-ils représenter dans ces cérémonies par des ambassadeurs ou des envoyés. La plupart des souverains avaient institué chez eux des charges ou offices de cour, destinés à en rehausser l'éclat; mais peu à peu presque tous ces offices se sont éteints ou sont devenus un vain titre, dont se parent encore quelques maisons de vieille noblesse.

Toutefois, les offices correspondant à des services domestiques ne furent pas les seuls auxquels la qualification d'*archi* ou de grand (grand-échanson, grand-écuyer) fut conférée; elle a été portée aussi par plusieurs fonctionnaires de l'ordre civil et militaire et surtout par des ecclésiastiques. De nos jours elle est presque entièrement réservée au clergé (archevêque, archidiacre, archiprêtre).

En établissant l'Empire, Napoléon Ier créa deux grandes dignités en faveur des deux consuls qui avaient formé avec lui le triumvirat gouvernemental, Cambacérès et Lebrun. Le premier devint prince *archichancelier,* duc de Parme, et prit rang après les princes du sang. Il présidait, en l'absence de l'empereur, le conseil d'État et le conseil des ministres. (*Voy.* aussi **Chancelier.**)

Le second fut nommé *architrésorier* (prince architrésorier), avec le titre de duc de Plaisance. Il avait un traitement de 100.000 francs, mais n'exerçait presque pas d'influence sur la gestion des finances.

ARCHIDUC. C'est le titre donné aux princes de la maison de Habsbourg (et non Hapsbourg). C'est, dit-on, l'empereur Frédéric III qui introduisit ce titre en 1453.

ARCHIVES. De tout temps, les archives ont été l'objet de la sollicitude des pouvoirs publics. A Athènes, elles étaient conservées à l'Acropole, et à Rome, celles de l'Edilité, d'abord déposées dans le temple de Cérès, furent transportées avec celles du sénat et celles des consuls, au Capitole. Athènes et Rome avaient encore d'autres moyens de conserver les actes de l'autorité : c'était de les faire graver sur des tables d'airain ou sur la pierre mobile, comme certains peuples de l'Orient, ou sur les rochers eux-mêmes, dans les lieux les plus fréquentés des contrées conquises ou depuis longtemps soumises à la domination grecque ou romaine. Ainsi, dans l'Asie Mineure, on a retrouvé vers le milieu du dix-neuvième siècle, dans la grange d'un musulman, la suite, en grec, d'une inscription latine dont on avait perdu une partie, et les deux versions réunies ont donné l'inscription complète, qui n'était autre que le Code (Abrégé des lois générales de l'Empire). Dans les Basses-Alpes, commune de Chardavon, il existe un monument épigraphique curieux du quatrième siècle de notre ère, gravé sur le rocher lui-même et constatant l'ouverture d'un passage pratiqué par le préfet des Gaules Dardanus, pour arriver facilement à la ville de Théopolis, asile des Gallo-Romains en fuite devant l'invasion des Barbares.

Partout l'on a compris que les archives devaient être placées dans les meilleures conditions de conservation possibles, que les documents qui les composent devaient être à la disposition des personnes intéressées à les étudier, et surtout des historiens et des hommes politiques, et que souvent de leur étude scrupuleuse résultait l'évidence des vérités qui détruisaient les erreurs de traditions fautives.

ARCHONTES. Les archontes étaient les principaux magistrats d'Athènes. L'institution de cette magistrature remontait au onzième siècle avant Jésus-Christ. Après la mort de Codrus (1045), l'aristocratie athénienne, les *Eupatrides*, abolirent la royauté et, comme plus tard à Rome le firent les *Patres*, substituèrent au roi héréditaire un magistrat électif, l'*archonte*, nommé à vie, investi de l'autorité royale, mais responsable devant ses électeurs et choisi parmi un nombre restreint de familles. Tant que dura dans l'Attique la prépondérance dorique et aristocratique, l'archontat resta ce qu'il avait été à son origine. Mais il se modifia à mesure que la constitution marcha vers la démocratie, et les différentes réorganisations qu'il subit sont une image fidèle des révolutions de plus en plus démocratiques du peuple athénien. Dès 714 (ou 752 ?) l'archontat, au lieu d'être une sorte de royauté viagère, fut limité à dix ans; désormais ouvert à toutes les familles nobles, il cessa d'être l'apanage exclusif d'une oligarchie. En 683 il reçut son organisation presque définitive : le pouvoir exécutif et judiciaire, jusqu'alors concentré en une seule main, fut partagé entre neuf archontes réélus tous les ans. Chacun d'eux eut ses attributions spéciales. Le premier, l'archonte *Éponyme*, donnait son nom à l'année, représentait l'État, maintenait la hiérarchie sociale, était juge des questions d'état, et agissait en représentant officiel des veuves et des orphelins. Le deuxième, l'archonte *Roi*, avait hérité des fonctions religieuses de l'ancienne royauté ; il veillait aux cérémonies du culte, présidait l'Aréopage et jugeait les causes criminelles, ainsi que les accusations de sacrilèges. Le troisième, l'archonte *Polémarque*, formait et commandait l'armée, et décidait des contestations entre citoyens et étrangers. Aux six derniers, nommés *Thesmothètes*, étaient réservées toutes les autres affaires judiciaires.

Les réformes de Solon, tout en respectant cette organisation, déplacèrent la souveraineté. En même temps que l'archontat fut rendu accessible à tous les citoyens de la première des quatre classes que Solon avait établies dans l'État d'après les fortunes, son pouvoir judiciaire cessa d'être absolu. Si la personne des archontes demeura sacrée pendant l'exercice de leurs fonctions, leur responsabilité devint plus sérieuse. Ils furent contraints, en sortant de charge, de rendre compte de leur administration devant l'assemblée générale du peuple, à laquelle appartint dès lors la véritable souveraineté. Les progrès démocratiques que firent les lois de Solon à l'époque de Clisthènes (510) firent de l'archontat une charge presque honorifique. L'archonte éponyme n'eut plus dans le ressort de ses attributs que les questions d'état et d'héritages. La création de dix *Stratèges*, élus annuellement, enleva à l'archonte polémarque presque toute son autorité militaire et par l'extension de pouvoir donnée aux *Héliastes* les six archontes thesmothètes se transformèrent en de simples juges d'instruction. Aristide présenta une loi qui ouvrit l'archontat à toutes les classes de citoyens. Peu après, Périclès et Ephialte substituèrent le tirage au sort à l'élection. Les candidats n'étaient admis qu'après un examen et une sentence de l'assemblée du peuple ; une fois entrés en charge, ils restèrent sous la surveillance des *Nomophylactes*, nouveaux magistrats chargés de veiller au maintien des lois et qui pouvaient opposer un véto à tout acte de leur administration; enfin leur pouvoir judiciaire fut limité à la répression de plus simples délits punissables d'une faible amende.

Ainsi dépouillés, au profit du peuple, de toute leur autorité, les archontes survécurent, comme les consuls à Rome, à toutes les dominations qui se succédèrent en Grèce, et leur nom se trouve encore dans un édit de Galien au troisième siècle de l'ère chrétienne.

Voilà l'histoire des variations d'une constitution. Ces variations ont-elles rendu le peuple plus heureux ?

ARÉOPAGE. L'origine de l'Aréopage remonte à une antiquité assez reculée pour que les anciens eux-mêmes ignorassent l'époque précise de son établissement. Lorsque Solon entreprit (595) de donner à Athènes une constitution nouvelle, il trouva dans l'Aréopage une cour de justice dont il augmenta et modifia les attributions, tout en lui conservant le droit de juger les crimes de meurtre, de mutilation, d'empoisonnement et de trahison qu'elle paraît avoir toujours possédé ; il en fit alors à la fois une sorte de sénat conservateur et un tribunal de cassation. Spécialement chargé de surveiller la cité, l'éducation des enfants, la conduite privée des citoyens, de modérer le luxe, de maintenir l'obligation du travail, l'Aréopage devint peu à peu une judicature des mœurs, dont la force reposait surtout sur l'opinion publique. Il serait difficile de définir nettement quelle fut son autorité ; vis-à-vis de l'assemblée du peuple il provoqua et obtint souvent la revision ou l'annulation de lois, de jugements et même de simples décrets, mais il semblerait que ce fût officieusement et non en vertu d'un droit reconnu. La création des dix tribunaux des héliastes écarta de son ressort la connaissance de la plupart des crimes ordinaires, et il est permis de supposer que la répression des sacrilèges et des crimes d'État finit par devenir sa seule prérogative. Comme toutes les magistratures athéniennes, l'Aréopage fut annulé par les réformes démocratiques de Clisthènes, d'Ephialte et de Périclès. Dès 459, cette censure des mœurs, qui formait sa principale puissance, lui fut enlevée par Ephialte, malgré les protestations de l'aristocratie, et désormais l'Aréopage subsista comme une des institutions vénérées de tous, mais purement honorifiques, sans rôle actif ou utile dans l'État. Les membres de l'Aréopage étaient choisis en nombre illimité parmi les anciens archontes (*voy.*) et nommés à vie après un examen solennel.

ARISTOCRATIE. I. *Origines de l'aristocratie. Comment elle se constitue.* — Le mot d'aristocratie, pris dans son sens étymologique, signifie *gouvernement des meilleurs.* Ce sens admis, tout le monde tombe aisément d'accord que l'aristocratie doit gouverner. Nul doute que si l'ignorance et les passions ne troublaient le jugement des hommes, ils n'appelassent toujours les plus vertueux et les plus capables à la tête des sociétés. C'est sans doute ce qui a déterminé les publicistes de l'antiquité à voir en général dans l'aristocratie le gouvernement le plus parfait. Aujourd'hui le mot d'aristocratie présente une signification bien plus compliquée. On l'applique à toutes les supériorités et particulièrement à celle de la naissance. Il importe donc de démêler les idées diverses qui sont renfermées dans le même mot et de voir comment l'aristocratie naît et se développe. C'est faute souvent de cette indispensable précaution que les uns exaltent l'aristocratie, tandis que les autres en font l'objet de leur haine et

de leurs anathèmes. Le devoir des publicistes modernes est de distinguer l'aristocratie naturelle de celle qui naît des conventions et des lois. C'est ce que nous allons essayer de faire en rapportant l'aristocratie à ses sources principales.

Dire qu'il y a une aristocratie naturelle, qu'est-ce autre chose qu'affirmer qu'il y a des inégalités qui résultent de la nature elle-même ?

A côté de cette source d'inégalités originelles, qui tient à l'organisation physique, morale et intellectuelle plus ou moins privilégiée de chacun de nous, et à l'usage que nous faisons de nos facultés, il en est une autre que la civilisation ne fera pas disparaître, nous voulons parler de la propriété, et particulièrement de la propriété héréditaire. La propriété, ne fût-elle point transmissible, établirait encore de grandes différences dans la situation réciproque des membres de la société. De même qu'il y a des hommes éclairés et des ignorants, il existe, dans toute société qui a établi dans son sein la division du travail et l'échange, des riches et des pauvres. Aussi ceux qui ne peuvent tolérer aucune espèce d'aristocratie sont-ils réduits à rêver l'égal partage des biens entre tous. Mais combien la transmission des fortunes foncières et mobilières n'ajoute-t-elle pas à cette inégalité ! La richesse accumulée par le père pendant toute une vie de labeurs et de succès se trouve acquise aux enfants, pour qui elle n'est souvent que le point de départ et le moyen d'acquisitions nouvelles. De là, à côté de l'aristocratie purement individuelle, l'aristocratie de la famille.

Puis il y a le mérite, les services rendus aux hommes, au pays ; lorsqu'un individu a rendu à son pays des services éclatants, l'État n'est que l'organe de la reconnaissance publique, en lui conférant certains avantages. Il n'est de même que l'interprète et l'instrument d'un sentiment naturel et général, en étendant tout ou partie de ces avantages à sa famille. On peut discuter sur le degré de valeur de l'opinion qui sait gré au fils des services du père ; on ne saurait en contester l'instinctive puissance, souvent même parmi les démocraties.

On ne sait pas toujours comment l'aristocratie a atteint ou pris le pouvoir dans un État ; dans le plus grand nombre de cas elle a dû naître dans de petits États, quelquefois elle est le résultat de la conquête. Il est même peu de pays qui n'aient présenté le spectacle d'au moins deux races, dont l'une est superposée à l'autre, tels que dans l'antiquité les Spartiates à Lacédémone, pour ne parler ni de l'Inde ni de l'Égypte, ni des autres parties du vieil Orient traversé par tant d'invasions et bouleversé par tant de révolutions successives. Tels furent aussi les Francs succédant aux Romains dans la domination d'une partie de la Gaule, tels les Normands imposant leur joug aux Anglo-Saxons. La conquête a cet effet que l'aristocratie, surtout si elle existe au moins en germe chez le peuple vainqueur, s'affermit et s'étend. Elle s'affermit par le partage et la possession des domaines conquis, qui passent héréditairement dans la famille des principaux d'entre les vainqueurs ; elle s'étend par l'accession de ceux qui ont pris à la guerre une part éclatante et dont les services forment le titre récemment conquis. Il est trop aisé de prévoir qu'une aristocratie ainsi fondée sur la violence n'hésitera pas à se perpétuer par d'injustes privilèges. Il est naturel que la force abuse, et ses abus s'étendent loin quand elle est sans contre-poids.

Résumons-nous sur l'origine de l'aristocratie. Considérée dans son principe, elle est naturelle. Elle résulte à la fois des distinctions individuelles et des circonstances sociales. A ce dernier titre même, on ne peut la considérer comme complètement factice, car l'état naturel de l'homme est l'état social. La propriété et l'inégalité des conditions sont des nécessités de l'état social que la justice avoue. L'aristocratie est une conséquence de ces nécessités, puisqu'elle se manifeste dès que certaines supériorités se font jour. Elle n'existe pas seulement dans les pays aristocratiquement gouvernés ; nul peuple ne s'en passe. Il a pour garants de sa durée le respect, qui s'attachera toujours à tous les genres de supériorité, et la puissance de l'esprit de famille. Pour en contester la légitimité, il faut aller jusqu'à professer l'absolue égalité des conditions, qui, elle-même, n'empêcherait pas la nature et les circonstances de distribuer fort inégalement leurs faveurs. Mais l'homme est ainsi fait que l'abus est bien près de l'usage et le mal du bien. Il n'est pas d'institution aristocratique ou autre qui ne se serve de sa nécessité pour devenir exclusive et tyrannique.

Il est donc résulté de l'établissement des aristocraties de tels vices et de telles souffrances que beaucoup, ne sachant plus distinguer le principe providentiel et salutaire de sa corruption et de son excès, ont condamné le principe même. Les iniquités de l'aristocratie artificielle et violente les ont tournés contre l'aristocratie naturelle et juste. Or, tous les excès sont nuisibles, et en somme une société ou un gouvernement ne peuvent se développer avec harmonie que par le mélange d'éléments divers, dont un seul, en triomphant exclusivement, deviendrait fatalement oppresseur.

II. *But de l'aristocratie ; ses mérites et ses défauts.* — Toute société se propose un double objet : se conserver et se développer. Les institutions y répondent et y concourent chacune à sa manière. Il résulte de ce qui précède que l'aristocratie représente plus spécialement, au sein des sociétés, la solidarité et la tradition, tandis que la démocratie y représentera essentiellement l'avènement du mérite personnel et l'esprit novateur. Alors même que l'aristocratie ne jouerait que le rôle conservateur, on ne saurait lui refuser l'hommage qui lui est dû. Les sociétés ne vivent pas au jour le jour, et le présent a besoin de s'éclairer de tous les reflets glorieux du passé. Pascal a comparé l'humanité à un seul homme qui apprend continuellement. L'aristocratie est le lest du navire emporté à la dérive par le caprice des vents et des flots. Elle représente la perpétuité dans l'esprit du gouvernement. Sans elle, l'hérédité, même appliquée aux biens des familles qui ne possèdent ni grande renommée, ni grande richesse, serait bien vite attaquée ; car on ne souffrirait pas, chez les plus faibles et chez les plus pauvres, ce qu'on aurait détruit chez les plus forts et les plus fortunés. Les anciennes familles, tant au dehors, dans les relations avec les autres peuples, qu'au dedans vis-à-vis de la masse des populations, sont comme la figure imposante de la force et de la gloire nationale.

Mais ce rôle conservateur est-il le seul que l'aristocratie ait à remplir ? Non, et c'est ici un des éléments de la question les plus essentiels et qu'il est aussi dangereux que fréquent de méconnaître. Sous peine d'abdiquer, il faut que l'aristocratie soit un instrument de progrès et d'abord qu'elle n'y oppose point d'obstacles infranchissables. A Rome, où elle n'a cédé le terrain que pied à pied, devant les demandes les plus légitimes des plébéiens, elle n'a pu vivre que par ses concessions, ce qui ne l'empêcha point de tomber à la fin sous le niveau écrasant des Césars. En Angleterre, où son rôle si favorable au progrès social apparaît avec éclat, elle se maintient vivace et presque populaire. C'est en ce sens et à ces conditions qu'une aristocratie qui comprend ses devoirs peut être considérée comme un organe indispensable de la civilisation. Elle y aide à tous les perfectionnements. Elle n'y personnifie pas seule, mais elle y représente, avec une fierté délicate et courageuse, le sentiment patriotique. Elle encourage les arts et les lettres. A ce concours toujours utile elle ajoute ses bienfaits pour ceux qui souffrent. Fière seulement à l'égard des pouvoirs qui fouleraient aux pied la morale, le droit et la loi, elle se montre, à l'égard des masses, plus pénétrée du sentiment affectueux de ses devoirs que de l'orgueil de ses privilèges.

Voilà l'idéal. Il n'est pas une seule aristocratie, est-il besoin de le dire ? qui y ait complètement satisfait, et il en est plusieurs qui s'en sont scandaleusement éloignées. Celles dont l'histoire nous a conservé le souvenir présentent en général le mélange de qualités et de défauts que l'esprit aristocratique engendre tour à tour ou à la fois, et dans des proportions fort inégales, suivant que les aristocraties remplissent bien ou mal leur tâche.

Voici à peu près l'impartial tableau de ces qualités et de ces défauts, lorsque l'aristocratie joue dans l'État un rôle prépondérant, ou du moins marqué et considérable. — Et d'abord on ne saurait contester aux aristocraties qui ne sont pas complètement dégénérées, une énergie mâle, parfois sombre et dure, comme à Rome et dans la république de Venise. Elle offre les types les plus fermes de cette dignité et de cette indépendance qu'on peut attendre d'hommes qui, mis aux rudes épreuves de la vie publique, n'ont rien à demander à personne.

Les défauts de l'aristocratie confinent, pour la plupart, à ses qualités; d'autres en sont l'opposé et marquent la décadence de l'aristocratie elle-même, tel que l'esprit de servilisme, sous les monarchies absolues. Les principaux reproches que lui adresse l'histoire sont l'orgueil de caste, étroit, fermé, inflexible, le dédain du travail autre que celui de la guerre, le mépris de l'humanité traitée comme un jouet pour ses plaisirs, ou comme un instrument pour ses ambitions. Quelles annales ne racontent, quel théâtre ne retrace l'insolence et la débauche du *fils de famille*, et l'impertinente frivolité des gens de cour? Même au sein de la famille aristocratique, la dureté pour la femme, le despotisme à l'égard des enfants, le sacrifice systématique des plus jeunes à la pensée de *faire un aîné*, sont des traits qu'on a plus d'une fois signalés. L'action des mœurs et des lois, l'influence d'une religion favorable aux sentiments d'humilité et de charité doivent concourir, sans doute, à atténuer, chez les individus, ces défauts de l'esprit aristocratique. Ils reparaissent néanmoins bientôt, quand l'aristocratie demeure sans contre-poids. Il faut donc, et cette conclusion politique s'applique à tout autre élément de l'Etat, la renfermer dans de justes bornes. L'un des problèmes les plus importants de l'ère moderne sera de concilier la part d'aristocratie que contient toute société avec les inévitables et justes progrès de la démocratie, qui ne saurait aboutir, dans l'intérêt même de sa durée, au nivellement absolu. Nous devons rechercher comment elle se comporte selon que la forme de l'Etat est monarchique, aristocratique exclusivement, ou démocratique.

III. *De l'aristocratie dans les différents gouvernements.* — Il n'y a pas de royauté, à moins qu'elle ne soit un despotisme pur et simple, soumettant tout au niveau écrasant d'une tyrannie uniforme, qui ne se plaise à s'entourer de grandes familles. Il y a deux raisons pour qu'elle agisse ainsi. La première, c'est qu'il est naturel que la royauté aille demander des conseils et des appuis à ceux que leur rang rapproche le plus du trône. La seconde consiste dans une certaine analogie d'origine et de nature. L'aristocratie apparaît donc dans les monarchies, dites tempérées, comme un corps intermédiaire et modérateur, entre le roi et le peuple. Lorsque la royauté est absolue ou tend à le devenir, elle n'a rien de plus à cœur que d'abaisser l'aristocratie. C'est ce que fit la royauté en France. Il ne lui suffit pas, remarquons-le bien, de l'abaisser comme féodalité. Elle la ruina politiquement par le progrès systématique d'une centralisation

excessive, qui brisa toute résistance et ne laissa plus subsister que des fonctionnaires. Ainsi le caractère politique de l'aristocratie peut aller s'effaçant, de telle sorte qu'il ne reste plus qu'une noblesse fastueuse et brillante, vaine de ses titres, frivole et brave, occupant encore une grande partie des hauts emplois, dévouée au prince, mais sans influence sur la marche des affaires, et sans action sur les populations. C'est là l'image de la noblesse française, pure noblesse de cour sous Louis XIV et sous Louis XV. On sait quelle plainte amère cet état d'abaissement arrache à Saint-Simon, et quels plans impuissants furent conçus pour régénérer cette aristocratie déchue, qui avait cessé de se mêler à la nation.

Le gouvernement aristocratique pur met l'aristocratie à l'épreuve difficile de tous les pouvoirs qui n'ont pas, en dehors d'eux, leur limite et leur contre-poids. Constatons d'abord que le gouvernement aristocratique n'apparaît point partout sous la même forme. En Angleterre, il vit côte à côte à la fois avec la monarchie, qui semble avoir pour objet de présider à ses destinées, tout en remplissant la place élevée que se disputeraient les ambitions, et avec l'élément populaire qu'elle gouverne, mais qui, aujourd'hui, la serre de près [1]. Lorsque l'aristocratie est toute seule dans un Etat, le gouvernement aristocratique a pour forme naturelle la république. Rome exile ses rois, et devient république aristocratique. Plusieurs des républiques italiennes du moyen âge ont revêtu ce caractère. N'est-il pas trop clair que si la république se fût maintenue chez les Anglais, après Cromwell, ce n'eût point été au profit de la démocratie? Comment ne pas en dire autant de la Ligue en France, malgré l'appui qu'elle rencontra dans les classes populaires? Le triomphe des Guises, comme celui des chefs protestants, eût-il pu avoir un autre résultat que le succès de l'aristocratie pure? Se fût-elle proclamée république, et eût-elle fait de la France un fédéralisme, ou bien eût-elle transigé avec la royauté réduite à une condition subalterne? C'est le secret de l'histoire.

L'auteur de l'*Esprit des lois* a tracé les règles du gouvernement aristocratique. De même qu'il donne pour principe à la monarchie *l'honneur*, à la démocratie *la vertu*, il assigne pour principe à l'aristocratie *la modération*. Les raisons qu'il en présente [2] se réduisent à ceci : qu'il faut que les nobles se répriment eux-mêmes et ne tournent pas

1. « L'aristocratie (en Angleterre) fait toujours les affaires du pays, mais elle les fait de plus en plus selon l'impulsion et sous le contrôle du pays tout entier. Tout en conservant son rang social, elle est aujourd'hui serviteur et non maître; elle est le ministre habituel, mais responsable, de l'intérêt et du sentiment publics. *L'aristocratie gouverne, la démocratie domine.* » (M. Guizot, *Mémoires pour servir à l'histoire de mon temps*, t. V, p. 8.) L'aristocratie, cependant, perd du terrain de nos jours.

Voy. aussi Bagehot, *la Constitution de l'Angleterre* (ouvrage traduit en français).

2. *Esprit des lois*, liv. III, chap. v.

contre le peuple les lois dont ils sont les dépositaires et les organes. Montesquieu trace une sorte d'idéal [1] du gouvernement aristocratique, qui ne s'est trouvé réalisé que dans bien peu de cas et à de rares époques. Il insiste beaucoup sur l'absence de faste et de splendeur, sur la modestie et la simplicité que doivent avoir les nobles. Il faut faire disparaître de ce gouvernement les deux sources principales de désordre qui s'y introduisent, c'est-à-dire « l'inégalité extrême entre ceux qui gouvernent et ceux qui sont gouvernés ; et la même inégalité entre les différents membres des corps qui gouvernent. »

La démocratie, qui, dans d'autres contrées, et notamment en France, tient une place de plus en plus prépondérante, exclut-elle de la société et de la participation aux affaires l'élément aristocratique, tel que nous l'avons défini ? Poser une telle question, c'est la résoudre. Si la démocratie condamne les privilèges qui assurent le monopole du gouvernement entre les mains d'une certaine classe, injustement favorisée par des lois d'exception, elle ne saurait, sans se décourronner elle-même, rejeter cette aristocratie naturelle qui naît des lumières comme des services rendus, et en général de toutes les supériorités que la société reconnaît et consacre. Comment nier l'utilité politique de l'élément aristocratique au sein de la démocratie ; n'a-t-elle donc besoin ni de tradition ni de frein ? La division du pouvoir législatif en deux chambres, même chez les nations les plus démocratiques, est destinée en grande partie à faire sa part à cet élément. On place plus spécialement dans une de ces chambres les supériorités d'expérience et d'âge, d'éclatants services rendus à l'Etat, de fortunes territoriales, de famille aussi, car s'il n'est pas désirable que la naissance soit un titre absolu, il est inévitable qu'elle attire les regards. Cela s'est vu, même sous la république démocratique que la France a plus d'une fois traversée. Être le fils ou le frère d'un conventionnel célèbre n'est-il pas devenu une sorte de noblesse républicaine ? On n'a pas été nommé comte, mais député ou conseiller d'Etat, même ministre ou président de la république à cause de son nom. Ces faits sont dans la nature humaine. Il n'est pas indifférent, aux yeux de ses concitoyens, qu'on soit de telle ou telle famille, pas plus qu'il ne l'est, aux yeux des étrangers, qu'on soit né dans tel ou tel pays plus ou moins illustré par son passé.

Ce que l'esprit moderne condamne en dernier ressort et sans appel, c'est cette prétention orgueilleuse qu'il y a certaines races faites pour gouverner, tandis que le reste doit à tout jamais obéir. Le préjugé de la race ne subsiste ni devant la religion chrétienne qui voit dans les hommes des frères, ni devant la philosophie et le perfectionnement de la raison publique. La prétention de l'élément aristocratique à devenir exclusif rencontrerait un obstacle invincible dans ce sentiment d'égalité qui est descendu jusque dans les masses et un rival formidable dans les accroissements de l'industrie et de la richesse. L'aristocratie de naissance doit faire son deuil de ses anciens privilèges. Il est fortement à croire qu'on ne reconstituera plus des duchés pour faire des ducs, des marquisats pour créer des marquis. L'éclat de ces titres, qui s'appuyaient autrefois sur de solides réalités, disparaîtra avec les illustres familles, monuments d'un autre âge, qui servent encore à la décoration de celui-ci. Mais si l'arbre doit être émondé, s'il ne doit plus prendre racine au sein de l'injustice, espérons qu'il ne sera pas abattu. Les puissantes raisons qui font qu'il y a dans toute société, à proportion même qu'elle est plus développée, un élément aristocratique, subsistent dans la démocratie, avec cette circonstance de plus que là où toute oppression légale et toute inégalité injuste ont disparu, les supériorités de tout genre doivent exercer une action plus nécessaire. Une démocratie qui ne tiendrait pas compte de ces supériorités ne pourrait être que livrée à de misérables et perpétuelles agitations. Elle se dévorerait elle-même et tomberait infailliblement entre entre les mains de quelque despotisme de hasard et de passage avec des intermittences d'anarchie.

ARMÉE [1]. L'armée est la réunion des forces mises sur pied, et entretenues par une nation pour la défense de ses intérêts ou de ses passions ; on appelle également armée, une partie de ces forces groupée pour une destination spéciale. Politiquement parlant, l'armée est une sauvegarde, et elle doit être animée de l'amour du pays ; militairement parlant, c'est une machine qui doit fonctionner, dans tous ses rouages, de manière à bien exécuter les divers mouvements militaires et à laquelle, conséquemment, la force, l'agilité et la mobilité universelle sont surtout nécessaires. Soit dans l'acception d'un corps manœuvrant devant l'ennemi, soit dans l'acception de l'ensemble des forces militaires d'un pays, l'armée comprend toutes les espèces d'armes. Elle entraîne, comme conséquence matérielle de son existence, la création de vastes et coûteux établissements, et aussi, au moral, l'isolement d'une partie de la nation, dont la vie demeure soumise, du moins temporairement, à un régime exceptionnel.

Principes généraux d'organisation. — L'armée d'une puissance doit être organisée à l'intérieur de façon qu'elle puisse convenablement se préparer à faire face aux guerres qui peuvent survenir. Elle doit avoir une importance numérique en rapport avec la grandeur du pays. La proportion recommandée jadis au point de vue du *si vis pacem,*

---

1. *Esprit des lois,* liv. V, chap. VIII.

1. Le fond de cet article appartient, au moins pour la partie technique, à feu le colonel de la Barre Duparcq.

para bellum, était d'un soldat pour cent habitants. C'était, en effet, à peu près la proportion sur le pied de paix de la France, de la Confédération germanique et de quelques autres États, proportion intermédiaire entre celles adoptées par l'Angleterre, qui entretenait peu de soldats, et les puissances du Nord, qui en entretenaient davantage. La préparation aux guerres qui peuvent surgir exige qu'une fraction de cette armée soit à même d'être réunie dans des camps d'instruction ou dans des lieux de rassemblement autres que leurs garnisons habituelles : cette fraction montera au dixième au moins de l'effectif. Satisfaire à ces deux conditions ne suffirait pas. L'armée permanente devient trop faible quand la guerre éclate. Il faut pouvoir augmenter rapidement l'effectif existant : c'est ce que l'on appelle passer du pied de paix au pied de guerre. Ce passage devra être ménagé avec adresse pour qu'il se fasse sans secousse, et avec rapidité, condition d'autant plus nécessaire qu'il faudra au moins doubler l'effectif. On y parvient par l'entretien des *cadres*, formation permanente et légale en officiers, sous-officiers, caporaux et hommes hors rang, au milieu de laquelle il suffit de jeter de jeunes soldats pour que ceux-ci y prennent promptement l'esprit et l'aptitude militaires. Cette possibilité d'augmentation subite facilite la mise sur pied d'armées actives et leur direction sur l'extérieur.

Toute armée se divise en combattants et en non-combattants ; parlons d'abord des premiers.

Combattants. — Tous les combattants ne peuvent pas être réunis en un seul groupe. Ils sont trop nombreux et de nature diverse. En raison de leur taille ou de quelque aptitude ou préférence, les uns combattront à pied, les autres à cheval, les troisièmes avec les machines. Ainsi, le premier fractionnement dans une armée sera celui des armes ; il y aura de l'infanterie, de la cavalerie, de l'artillerie, et pour loger et défendre ces trois armes, ainsi que pour leur faire franchir les obstacles, une quatrième arme, le génie ; cette quatrième arme servira à pied et manœuvrera comme l'infanterie, mais elle sera détachée par fractions minimes. Napoléon Ier demande, dans ses *Mémoires*, les proportions suivantes entre les différentes armes : l'infanterie étant représentée par 1, la cavalerie sera 1/5, l'artillerie 1/8, les troupes du génie 1/40, les équipages militaires 1/30. Sauf pour la cavalerie, dont certaines guerres ont semblé présager la diminution d'importance, ces proportions forment encore base. Comment une armée sera-t-elle constituée ? Elle sera partagée en unités de manœuvre et en unités tactiques, c'est-à-dire en divisions et en bataillons ou escadrons : c'est par divisions qu'on manœuvrera dans les camps ; c'est par bataillon et escadron que l'on s'instruira et que l'on combattra en détail. Le bataillon ou escadron, commandé directement

par un officier dénué de porteurs d'ordres, ne devra pas, rangé en bataille, dépasser dans son étendue la portée de la voix humaine, car il faut que son chef, placé à une aile, puisse se faire entendre à l'autre aile. Il y aura également des unités administratives : le régiment qui réunira plusieurs bataillons ou escadrons et la compagnie qui sera une fraction du bataillon ; cette dernière sera telle que son chef (capitaine) puisse suivre avec sollicitude le caractère, l'instruction, le service de chacun des hommes qui la composent, c'est-à-dire qu'elle comprendra 100 à 150 soldats. Ces unités administratives ont pour but de centraliser les dépenses et de rendre se faire plus faciles à la fois les achats et les justifications. L'existence de ces diverses unités et le fractionnement échelonné qui en résulte ne suffiraient pas encore si, entre les chefs de ces unités et au-dessous d'eux, il n'y avait une hiérarchie convenablement ménagée.

La division se partage en brigades, qui contiennent 2 ou 3 régiments ; au-dessous du général commandant la division, il y a donc des généraux commandant les brigades et des colonels commandant les régiments. Un régiment comporte de 3 à 5 bataillons ou escadrons ; le colonel a donc au-dessous de lui plusieurs chefs de bataillon ou d'escadron. Le bataillon, qui ne peut guère dépasser 800 hommes, 1.000 au plus, comprend de 6 à 8 compagnies, et le chef de bataillon dirige 6 à 8 capitaines. Le capitaine a besoin d'aide, car il conduit au feu et administre sa compagnie : il aura un lieutenant et un sous-lieutenant, deux sous-officiers comptables et quatre sergents, pour commander chacune des quatre sections de la compagnie ; deux caporaux, chefs de chambrée, seconderont chaque sergent de section. Du caporal au général de division, il y a dix grades ; un principe essentiel d'organisation, c'est que ces grades soient accessibles à tous, et qu'un engagé volontaire puisse devenir général. Malgré cette latitude, un pareil succès restera rare, et, en tous cas, celui qui l'obtiendra, surtout en temps de paix, né portera les épaulettes à étoiles qu'à un âge assez avancé. Or, il importe que l'armée possède des colonels et des généraux dans la force de l'âge, n'ayant pas encore atteint cinquante ans ; on y parviendra en donnant le grade de sous-lieutenant à des jeunes gens de vingt ans, remplissant certaines conditions d'instruction.

L'armée sera répartie sur le territoire en raison des ressources des diverses portions de ce territoire. Mais les troupes demeureront-elles à poste fixe sur un point ou changeront-elles de résidence de temps à autre, quittes à être remplacées par d'autres dans la localité qu'elles abandonnent ? Les faire demeurer, c'est les laisser agglomérées ensemble et les habituer à leurs chefs, très propres alors à les mener en guerre ; les faire voyager, c'est les isoler davantage et des autres troupes et des mêmes chefs, mais les empêcher de prendre des habitudes sédentaires. On les maintient ainsi mieux dans cette demi-insouciance considérée comme propice à l'état du soldat.

Non-combattants. — Les non-combattants sont aussi indispensables à une armée que des troupes de soutien à l'artillerie ou que des serviteurs à une maison nombreuse. Il faut que ceux qui risquent leur vie pour la patrie le fassent le cœur léger, certains d'accomplir un devoir, de faire un acte honoré. A laisser ces non-combattants, médecins, infirmiers, boulangers, sans organisation, ce serait s'exposer à des mécomptes, à des désaccords, comme il en survient entre les rouages d'une machine qui ne reçoivent pas la même impulsion. On les organisera donc militairement, ce qui les soumettra à la même obéissance que les combattants. Leur constitution militaire les dotera d'ailleurs d'une plus grande mobilité, et, malgré les entraves apportées par la présence des voitures, ils pourront suivre les troupes et participer aux événements de guerre dans la mesure de leur rôle. Les accessoires comprendront non seulement les annexes de chaque arme, tels que train d'artillerie, train du génie, équipages militaires, compagnies d'armuriers, ponts portatifs, ambulances, objets de campement, etc., mais aussi ce que nous pourrions appeler le personnel et le matériel parlant, par exemple les interprètes, une imprimerie, une lithographie, une photographie, une télégraphie électrique mobile, etc. En un mot, tous les besoins qu'une civilisation avancée a fait surgir ou a appris à satisfaire doivent se reproduire dans une armée, ce diminutif de la nation, chaque fois qu'ils ont trait à la vie en plein air.

Modes de recrutement en usage. — On entend par recrutement l'ensemble des moyens ou le système par lequel on amène des jeunes gens de leur foyer sous les drapeaux.

Le recrutement est à une armée ce que la nourriture est au corps de l'homme : si la nourriture cesse d'être saine, celui-ci dépérit ; si le recrutement fonctionne mal, celle-là périclite.

L'entrée dans les rangs de l'armée peut être pour les soldats nationaux, volontaire ou forcée. L'enrôlement volontaire se fera par amour de la gloire ou en vue des avantages immédiats ou éloignés qu'offre le service militaire. L'enrôlement volontaire a lieu avec ou sans prime [1].

Dans tous les cas, l'enrôlement volontaire n'a jamais été qu'un moyen insuffisant pour recruter des armées nombreuses. Louis XIV n'en a pas tiré annuellement plus de 20.000 hommes, et sans ses régiments de garnison, ses essais de milice, ses régiments étrangers, il se fût trouvé dans l'impossibilité de compléter son armée. Les fameux engagements

volontaires de Paris en 1792, dont on a fait tant de bruit, ont produit en tout 5.000 soldats. La Restauration qui, obligée de promettre l'abolition de la conscription, dut, au moins par mesure temporaire, proclamer l'enrôlement volontaire comme la source principale du recrutement, se vit dans la nécessité d'y renoncer. En fait, de 1815 à 1848, ce mode de recrutement n'a jamais fourni en France plus de 10.000 hommes par an dans les années ordinaires, et plus de 28.000 dans les années où la guerre était imminente, comme en 1831. Et pourtant des écrivains, des hommes d'État, ont préconisé l'emploi exclusif de volontaires pour former l'armée permanente, et cela de nos jours encore. Suivant nous, c'est une utopie. Jamais l'armée d'un grand pays ne pourra s'alimenter ainsi, à moins que son effectif ne diminue beaucoup.

Quant au recrutement forcé, on conçoit combien ses formes peuvent varier : examinons celles qui se sont présentées le plus souvent.

Il y a d'abord le *recrutement dans le sein d'une caste.* Dans les pays où il existe une caste militaire, c'est elle qui doit pourvoir l'armée du nombre de soldats nécessaire ; elle y parviendra par un recrutement forcé dans son sein, et même, si le pays se trouve menacé, tous les hommes en âge et en état de porter les armes qu'elle contient devront marcher. L'ancienne Egypte nous offre un exemple de cette situation : la caste militaire y venait hiérarchiquement après la caste sacerdotale, possédait le tiers des propriétés territoriales et jouissait en outre d'une solde pendant la durée de la guerre. L'Inde aussi avait sa caste militaire. Les chevaliers romains formèrent, au moins dans les premiers temps de la république, une espèce de caste militaire, et au moyen âge, l'obligation du service de guerre imposée en échange d'un fief, obligation devenue promptement héréditaire, constitua un ordre de choses semblable. Aujourd'hui, surtout, depuis que l'organisation des confins militaires de l'Autriche a été modifiée, on trouverait à peine quelques vestiges de cette organisation dans les pays de l'Europe. (*Voy.* **Castes** et **Indelta**.)

On doit mentionner en second lieu les *recrutements par désignation arbitraire,* par exemple parmi les jeunes gens de 18 à 25 ans. Les familles voient dans ce cas leurs enfants à la discrétion du magistrat qui représente l'Etat, et si ce magistrat manque d'honnêteté ou a le caractère fantasque, il commet des abus, des injustices. On n'oserait pas, de nos jours, revenir à ce mode de recrutement contraire aux principes de l'égalité civile. Il a existé chez les Romains, où les tribuns choisissaient pour leurs légions les citoyens qui paraissaient les plus robustes ; mais alors le service n'avait qu'un temps et la légion disparaissait avec la guerre qui l'avait fait mettre sur pied. Il a existé en

[1]. Somme payée par l'État à celui qui s'engage.

Prusse, où l'on servait à vie sous Frédéric II, chaque régiment possédant un district assigné dans lequel il se recrutait en nationaux au gré de l'officier supérieur envoyé dans ce but avec recommandation de réclamer les plus robustes et les plus grands. Il a existé momentanément en France, sous Napoléon Ier, en 1813, pour la formation des régiments de gardes d'honneur, dont chaque cavalier, fils de bonne famille, fut désigné d'office par le préfet de son département. Enfin, il a duré jusque vers 1870 en Russie.

Dans des cas exceptionnels on peut avoir recours à ce qu'on nommerait le *recrutement (la levée) en masse*. Si l'on appelle une nation entière aux armes, alors quiconque se sent en état de porter une pique ou un fusil doit se présenter. Sauf lorsqu'il s'agit de sauver son indépendance, il faut se garder de recourir à ce moyen, qui épuise la population ; et même dans ce cas de danger imminent, le gouvernement doit ajourner le plus possible cette nécessité extrême. La France l'a employée une fois, en 1793, et la Convention n'a pas craint de décréter la levée *permanente* (tant que l'ennemi souillerait le territoire) de tous les Français non mariés ou veufs sans enfants, *quel que fût leur âge ;* on peut juger de la perturbation apportée dans la vie d'un peuple, par cette mesure beaucoup trop radicale, surtout après une réquisition de 390.000 hommes âgés de 18 à 40 ans, qui avait eu lieu au mois de février de la même année. L'Allemagne a recouru, en 1813, et la France de nouveau en 1870 à la levée en masse, mais la chose n'a été nulle part prise tout à fait à la lettre.

Une autre forme à mentionner, c'est le *recrutement général graduel*. Nous entendons par ces termes un système de recrutement dans lequel tout citoyen se trouve astreint, pendant la totalité de sa vie adulte et valide, au service militaire, seulement dans des catégories différentes qui l'éloignent de plus en plus de la chance de faire la guerre, au fur et à mesure qu'il prend de l'âge. C'est le système actuel de l'Allemagne, de la France et de quelques autres pays. L'avantage, de ce système, c'est qu'il fait passer chacun, quelles que soient sa naissance et sa fortune, sous le niveau de l'obligation du service militaire, et le force à remplir ses devoirs envers la patrie. Son inconvénient est de retenir le citoyen trop longtemps, si ce n'est dans l'armée permanente, du moins dans la landwehr, dans l'armée territoriale, et d'entraver ainsi dans une certaine mesure la liberté individuelle et l'esprit d'industrie qui en résulte.

C'est le *recrutement partiel au moyen d'un tirage au sort* qui a été jusqu'à présent le mode le plus général. Ce mode de recrutement ménage la population, en ne prenant qu'un nombre limité de jeunes gens et en rendant liberté complète à ceux que le sort ne désigne pas ; ce sont deux avantages réels. En outre, le tirage au sort, bien réglé, établit une ligne de justice, très favorable au

maintien de la bonne harmonie entre les familles, principalement dans les campagnes, où l'on se défend aussi ardemment quand il s'agit de donner ses enfants à l'État que lorsqu'il s'agit de lui livrer son argent.

Le *recrutement par des élèves-soldats* ne fournit, où il est en usage, qu'un faible contingent aux armées. Des enfants, placés dans la dépendance du gouvernement, peuvent être élevés en vue de la carrière militaire, et immatriculés de gré ou de force comme on fait en Russie pour les fils de soldat devenus enfants de troupe. Le fameux corps des janissaires, créé en Turquie à la fin du quinzième siècle, et qui a duré jusqu'en 1826, fut constamment complété de la sorte : les enfants élevés pour devenir janissaires n'appartenaient même pas à la race turque, c'étaient de jeunes captifs chrétiens instruits dans la religion musulmane, et naturalisés par ce fait même. Le sultan qui créa ce corps avait pensé que cette origine en rendrait les membres plus dévoués au souverain, mais il n'obtint que des hommes dévoués à eux-mêmes, capricieux, exigeants, faisant et déposant les empereurs, mettant, par leurs discordes, la Turquie à deux doigts de sa perte.

Jusqu'à présent, soit dans le recrutement volontaire, soit dans le recrutement forcé, nous n'avons envisagé que l'emploi de soldats nationaux. Il est possible également de lever et de mettre en ligne des *soldats étrangers ;* deux modes de recrutement s'offrent à ce sujet. L'un, c'est le *recrutement par achat*. Acheter des esclaves et en faire des soldats semble former un moyen assez simple de recrutement. Il n'a pu être employé que dans des circonstances exceptionnelles ou dans des contrées encore barbares. Après la bataille de Cannes, Rome acheta et arma 8.000 esclaves. Les fameux mamelucks d'Égypte étaient originairement des esclaves achetés aux Mongols par les sultans ayoubètes. Aujourd'hui la *garde noire* de l'empereur du Maroc se recrute ainsi, au moins partiellement, puisque ce souverain revendique dans ce but, en payement de droit d'entrée, plusieurs des nègres que chaque caravane amène du Soudan. Une pareille troupe peut être dévouée ; mais il faut la ménager pour qu'elle ne fasse pas comme les janissaires.

Le second peut être appelé le *recrutement par location ;* au lieu d'acheter un homme, on louera ses services pour un temps déterminé. C'est l'ancien emploi des mercenaires, si usité au sortir du moyen âge, pendant les guerres de Trente ans et de Sept ans, et qui a duré jusqu'au début du dix-neuvième siècle. C'est un usage qui s'est heureusement perdu.

Si la location des services, au lieu de se faire individuellement, s'opère collectivement, par groupe, on dit qu'elle a lieu *par capitulation ;* celles des Suisses avec l'ancienne France ont joui d'une certaine renommée. Le prix de la location, ou capitulation, se composait d'une prime d'engagement, d'une solde convenue et de certains privilèges et garanties. De nos jours les lois suisses interdisent les capitulations.

Il ne reste plus que ce qu'on appelle les légions étrangères, troupe très peu nombreuses et partant n'offrant aucun péril, tout en rendant quelques services.

Considérations générales. — L'armée doit donner l'exemple de l'honneur et du dévouement. C'est en maintenant le sentiment de l'honneur pur et intact sous le drapeau que l'armée fournira la meilleure preuve de patriotisme, car par elle il s'alimentera chez la population et contribuera à la grandeur du pays. Le dévouement n'a pas dans la pratique le même excitant que l'honneur, il demeure souvent obscur, et cependant il doit être de tous les instants, à la paix comme à la guerre, dans la défaite comme dans le succès, sous le coup de l'injustice comme au faîte de la faveur : le dévouement qui découle du principe du devoir et entraîne l'abnégation, met souvent le guerrier à de rudes épreuves, et sans doute, c'est pour les adoucir, les voiler presque que les généraux témoignent ordinairement tant de bienveillance et d'indulgente amitié aux jeunes officiers. Afin de soutenir les sentiments d'honneur et de dévouement, afin d'obtenir un esprit militaire utile à toute grande nation et qui côtoiera chez elle l'esprit politique, littéraire, commercial, industriel, il importe que l'obligation du service militaire existe pour tous, que l'égalité en un mot, vis-à-vis de l'impôt du sang, soit reconnue comme l'égalité en matière d'impôt financier.

La sévérité des lois militaires s'adoucit avec les progrès de la société : on en trouve la preuve dans le code de justice militaire promulgué en France en 1857 et dans le code militaire allemand de 1872, mais il ne faudrait pas descendre plus bas dans le sentier de l'indulgence. Ces codes n'admettent plus ni la peine du boulet, ni celle des fers, autrefois applicables aux déserteurs ; ils permettent l'adoption des circonstances atténuantes en faveur des accusés militaires ; ils font passer par les armes le militaire condamné à mort par un tribunal quelconque. Si la répression se mitige envers le soldat, l'action devient moins rude envers l'adversaire ; ainsi on lui renvoie aujourd'hui ses prisonniers *blessés* sans échange, et vers 1870 une convention entre plusieurs puissances a *neutralisé* les hôpitaux et les ambulances en temps de guerre. Tout en suivant les progrès de nos mœurs et en mettant l'armée dans de meilleures conditions, la guerre doit conserver ses allures franches et rapides, et dès que la voix de la patrie l'a décidé, elle doit éclater vigoureuse et amener l'ennemi à subir la volonté qu'il avait d'abord déclinée. C'est en abrégeant la guerre qu'on l'adoucit.

Il faut envisager la politique de l'armée à deux points de vue, celui du gouvernement envers l'armée, celui de l'armée envers le gouvernement et le pays. (De la Barre-Duparcq.)

Au premier point de vue on a dit souvent que, l'armée formant presque exclusivement un instrument d'autorité, les gouvernements absolus avaient plus besoin de s'appuyer sur elle et pour ce motif la caressaient, la comblaient. Cette opinion semble exagérée, puisque des républiques, elles aussi, ont accordé des faveurs à l'armée. Ce que l'on peut raisonnablement assurer, c'est qu'un gouvernement sage doit bien traiter l'armée, comme une partie essentielle et vivace de la nation, comme un agent indispensable d'ordre public : il doit principalement agir vis-à-vis d'elle avec bienveillance et justice, ce que méritent le sang qu'elle répand, les fatigues qu'elle supporte et le régime exceptionnel auquel elle se trouve astreinte.

Le régime exceptionnel de l'armée consiste en ce que les individus qui la composent ne jouissent pas, tant qu'ils en font partie, de la plénitude des droits qui sont conférés par les lois constitutives aux citoyens de leur pays. En général ces droits comprennent, outre l'égalité en matière civile et d'impôt, une liberté entière, pour chacun, de sa personne, de son temps, de ses opinions et de la faculté de s'émettre. Cette égalité, cette liberté d'action surtout ne peuvent exister dans l'armée, où il faut que l'ordre d'un supérieur soit obéi et exécuté à l'instant même, et du mieux que l'on peut dès qu'il est compris : sinon, au lieu de frapper, et de frapper en masse, comme un seul homme, en raison de ce qu'elle se meut par une seule volonté, celle du général en chef, l'armée éparpillerait ses moyens et n'emploierait que des allures décousues : il suffit d'indiquer ces inconvénients pour faire voir que le droit d'individualité, comme idée et comme initiative, nuirait, militairement parlant, à la machine sociale, qui s'appelle une armée. De là le régime exceptionnel de cette machine, régime qui intéresse, au point de vue de sa conservation, la société dans son ensemble, et dont la nécessité a été comprise chez toutes les nations et à toutes les époques. En vertu de ce régime, l'armée ne possède pas en général de droits politiques ; elle ne peut ni pétitionner, ni délibérer, ni se réunir sans ordre ; elle a, pour juger les délits et les crimes qui s'y commettent, ses tribunaux particuliers, plus expéditifs et plus sévères que les tribunaux de droit commun ; les individus qui la composent restent sevrés des joies de la famille, ou du moins ils ne peuvent se marier sans permission. En revanche le gouvernement fait le nécessaire pour assurer la santé du soldat, en lui accordant les commodités de vie compatibles avec son état ; tout en lui payant une solde proportionnée à ses besoins, il lui ménage un avancement assujetti à des règles simples et faciles à contrôler ; il garantit à l'officier la possession de son grade; il assure à tous les militaires, pour leurs vieux jours, une retraite qui, sans leur donner le luxe, les éloigne de la privation; enfin il honore les services de ses membres, et veille, par l'établissement aussi exact que possible des actes de l'état civil en temps de guerre, à ce que la mort du militaire sur le champ de bataille soit pour sa famille un souvenir de gloire et non une occasion de spoliation.

L'armée, répétons-le, ne peut délibérer ni se réunir sans ordre : sa soumission, son obéissance, son abnégation résultent de cette obligation morale inhérente à son essence. Elle n'a donc pas de rôle politique à jouer. Abdique-t-on néanmoins sous les armes la qualité primitive de citoyen? Non, cette qualité est seulement suspendue : de là une limite assez difficile à fixer, surtout en temps de révolution. Elle devra s'intéresser aux affaires du pays, mais en restant en dehors de leur direction, à moins qu'on ne la consulte : loin que l'opinion générale soit devancée ou gênée par elle, elle montrera déférence et confiance envers le sentiment public, quand il se produira légalement et avec calme. Elle se considérera comme le bras agissant de la patrie, défendra sa renommée et ses intérêts au dehors, protégera au dedans la vie et les biens de chacun, se chargera de toutes les missions où il y a du péril à courir [et du soulagement à apporter. Tout en exposant ses besoins, elle se gardera de se montrer exigeante, et parce que l'état militaire doit, en vue de la préparation à la guerre, s'exercer au milieu de la sobriété, et parce que les ressources de l'Etat ont une limite. Symbole à la fois d'ordre et de force, elle n'oubliera pas, et ce sera le rôle spécial de ses chefs d'y veiller, que la réunion de l'ordre et de la force est plus imposante quand elle s'appuie sur une saine raison, exempte d'emportement et d'excès.

ARMES. Le gouvernement doit veiller au maintien de la sécurité publique. Pour ce but, il interdit la vente inconsidérée du poison, ordonne la démolition des maisons qui menacent ruines, fait garnir d'un garde-fou les chemins qui longent un précipice et les ponts d'un parapet, prescrit aux navires et aux voitures de porter la nuit des lanternes allumées ; c'est dans des vues semblables qu'il restreint l'usage des armes. Mais il y a aussi des raisons politiques, car les armes, qui peuvent faire bien autrement de mal que les causes d'accident que nous venons d'énumérer, sont encore un moyen d'assurer le succès d'une insurrection, ou, du moins, leur possession peut encourager à l'entreprendre.

On trouve donc dans les codes de presque tous les pays civilisés des prescriptions plus ou moins détaillées, plus ou moins rigoureuses sur la fabrication et le commerce des armes, sur leur détention et sur l'usage qu'il est permis d'en faire. Nous ne sommes plus à l'époque où le droit du plus fort régnait jusque dans les dernières ramifications de la vie privée; l'arme, surtout l'arme à feu, n'est plus pour nous un objet de première nécessité comme le vêtement ou le logement ; on comprend donc que l'autorité réglemente et surveille la fabrication, le commerce et l'emploi d'instruments aussi dangereux.

La législation française distingue entre trois catégories d'armes : les armes de guerre, les armes secrètes, les armes de commerce (de chasse, de luxe). Des dispositions spéciales sont relatives à la fabrication, à la vente et à la détention de chacune d'elles.

La fabrication et la vente d'armes de guerre ont toujours été soumises à l'autorisation préalable.

La fabrication, la vente, la détention, le port d'armes secrètes ou cachées sont prohibés depuis 1728, et de nombreux actes législatifs et réglementaires ont souvent renouvelé la prohibition (voy. Code pénal, art. 314). Mais on peut être autorisé à porter des pistolets de poche, en en justifiant la nécessité, par exemple, pour un voyage.

La fabrication des armes de chasse ou de luxe est libre. Seulement, il est enjoint aux autorités locales de surveiller l'atelier pour prévenir les abus possibles. La détention des armes de chasse ou de luxe est permise à toute personne jouissant de ses droits civils (C. pénal, art. 34 et 42). Elle peut, par conséquent, les porter. Mais nous conseillerions cependant d'y mettre quelque prudence. Ainsi, un particulier qui porterait un fusil [dans un bois pourrait bien être considéré comme allant à la chasse, et s'il n'a pas de *permis de chasse* (souvent appelé à tort *port d'armes*), il s'expose à être condamné. Il est naturel aussi qu'on n'emporte aucune arme avec soi, lorsqu'on se mêle, par simple curiosité, à un rassemblement, et qu'on se trouve menacé d'être englobé dans une émeute. Le juge ne peut pas toujours connaître les intentions cachées, son appréciation n'est basée que sur des actes apparents, et la loi de 1834 est formelle. (*Voy.* **Emeute.**)

ARMISTICE. Il arrive fréquemment, dans le cours d'une guerre, qu'on ait recours à des suspensions plus ou moins longues des hostilités. A la suite d'un engagement, on convient d'arrêter momentanément les opérations pour enterrer les morts. Les chefs des armées belligérantes désirent conférer entre eux, entrer en pourparlers, s'entendre pour la capitulation d'une place assiégée. Il peut encore exister d'autres raisons d'arrêter les hostilités à un moment ou à un endroit donné. Ces suspensions sont ordinairement d'une courte durée, aussi les désigne-t-on simplement par l'expression de *suspension d'armes* (voy. ce mot), surtout si la durée est déterminée et qu'elle cesse sans avoir besoin d'être dénoncée. Mais il y a des circonstances où elles se prolongent davantage, et quelquefois dans une grande proportion ; c'est, par exemple, quand on sent de part et d'autre le besoin de faire des efforts pour le rétablissement de la paix. Ces intermissions plus longues, convenues régulièrement entre les belligérants, portent le nom d'*armistices*.

Le terme de *trêve,* autrefois très utile et qui semble tomber en désuétude dans le langage diplomatique, ne pourrait s'appliquer qu'à un armistice général très long, à une paix à terme, s'il était permis de s'exprimer ainsi.

Quand un armistice est conseillé par l'espérance du rétablissement de la paix, et que les parties belligérantes désirent entrer paisiblement dans les négociations indispensables, il est d'usage de commencer par convenir que les hostilités seront suspendues sur tous les points, quelquefois même sans que la durée de l'armistice soit limitée d'avance.

Les armistices, quoique n'étant que des conventions militaires, sont obligatoires, non seulement pour les armées, mais pour les nations elles-mêmes, à l'égal des traités internationaux. La violation d'un armistice a toujours été considérée comme l'un des attentats les plus graves au droit des gens. Aussi faut-il que les suspensions d'armes soient conclues au nom du souverain, et par des personnes qui ont le pouvoir d'obliger le pays. Or, il est généralement reconnu que le général qui commande en chef a reçu, avec son commandement, le pouvoir de faire toutes les conventions qui sont considérées comme militaires. C'est lui qui nommera, parmi ses officiers, les commissaires ou plénipotentiaires chargés de les conclure, en se réservant le droit de les ratifier. Il ne faut pas même limiter ce droit à la personne du général en chef ; tout commandant d'un corps détaché ou isolé, qui ne se trouve pas en communication directe et immédiate avec un chef supérieur, peut très valablement convenir d'un armistice particulier, en ce qui concerne le corps ou le détachement placé sous ses ordres. Mais aussi, quand il s'agit d'un armistice général, il est reconnu qu'il y a là une convention ordinairement plus politique que militaire, et un général en chef lui-même ne se permettrait pas d'en convenir, s'il n'y était spécialement autorisé par son gouvernement, et s'il n'y avait pas, à cet égard, un accord préalable entre les souverains belligérants.

Par suite, il y a des exemples d'armistices convenus entre les gouvernements directement, par l'intermédiaire de leurs ministres ; mais le plus ordinairement, même lorsque la suspension est générale, de longue durée, et arrêtée entre les gouvernements respectifs, c'est l'autorité militaire qui est chargée de rédiger l'armistice et d'en surveiller l'exécution, afin de maintenir intacte la situation militaire acquise.

Lorsque la durée d'un armistice est longue ou incertaine, il est de règle que les opérations militaires ne doivent être reprises qu'après un avertissement préalable qu'on appelle *dénonciation de l'armistice.* A plus forte raison, la dénonciation de l'armistice serait-elle indispensable si la durée de l'armistice était indéterminée.

L'armistice devient obligatoire dès le jour où il a été conclu ; toutefois les commandants militaires, chargés de son exécution, n'en répondent que du jour où ils en ont reçu l'avis. Il doit donc être promulgué et c'est à leurs gouvernements respectifs à réparer le préjudice qui pourrait résulter d'une communication tardive.

Ordinairement, pendant la durée de l'armistice, les armées conservent leurs positions respectives, elles ne peuvent faire aucune opération hostile. Ainsi, les assiégeants ne doivent pas continuer leurs travaux d'approche, les assiégés ne doivent ni faire de nouveaux ouvrages de défense, ni réparer leurs brèches, etc. Mais rien n'empêche que chacun des belligérants ne profite de la suspension pour faire, dans l'intérieur de ses États, tout ce qui peut améliorer sa position : lever des troupes, se ménager des ressources, etc. Ils ne sont obligés, ni les uns, ni les autres, à observer le *statu quo* strict, que dans les endroits où l'armistice a eu lieu, et relativement à cet armistice.

Il dépend des conventions spéciales si les sujets des États hostiles peuvent librement commercer ensemble, s'il faut des laisser-passer et qui les donne. Bien d'autres dispositions encore dépendent des conventions ; ainsi le ravitaillement des forteresses pendant la durée de l'armistice sera quelquefois accordé, par exemple, lorsque la place sera peu importante, ou que sa prise sera en tout cas assurée dans un bref délai ; mais on refusera le ravitaillement aux forteresses dont la prise déciderait plus ou moins du sort de la guerre. Cela est évident, on aimera mieux refuser l'armistice que d'accorder un avantage pour lequel il ne saurait presque exister d'équivalent.

ARMOIRIES. Les armoiries sont des titres d'honneur et des signes distinctifs, accordés par les souverains régnants aux personnes et aux familles qui ont rendu des services au prince et à l'État. Ces signes honorifiques, que les barons se sont d'abord spontanément attribués aux croisades, ont été concédés plus tard par titres authentiques, qui restent la propriété des familles et se transmettent de générations en générations, comme une propriété. Elles expriment souvent par un symbolisme ingénieux la nature des services rendus, comme celles des Montmorency, par exemple, qui portent une croix de gueule (rouge) pour le sang versé et seize alérions d'or pour les seize drapeaux pris à l'ennemi à la bataille de Bouvines ; souvent elles descendent au rébus et font un jeu de mots sur le nom propre de la personne.

ARRÊTÉ. En France, on entend par *arrêté* les décisions, formulées en général par articles, prises par les maires, les préfets, les ministres, ainsi que les jugements des conseils de préfecture. En Belgique, les décisions royales prennent également le nom d'arrêté.

ARRONDISSEMENT. C'est le nom donné en France à la subdivision du département. Cette désignation correspond à la circonscription territoriale ou administrative appelée *cercle* (Kreis) en Prusse, en Autriche, en Hesse électorale et en Saxe-Weimar; en Bavière, en Saxe, en Wurtemberg et en Bade, les cercles sont des circonscriptions plus grandes, analogues aux départements français. Le comté anglais correspond par son étendue, tantôt à nos arrondissements, tantôt à nos départements.

La question de savoir s'il convient de subdiviser les départements a été plusieurs fois débattue. La plupart des publicistes en ont admis le principe, mais quelques-uns d'entre eux auraient préféré des districts semblables aux cantons, aux circonscriptions actuellement existantes. Dès qu'on reconnaît la nécessité d'un intermédiaire entre le préfet et le maire, d'un chaînon qui relie la commune et le département, l'arrondissement est plus *commode* que le canton. Nous disons plus commode, parce qu'il s'agit d'une organisation ayant un but purement pratique.

Quant à supprimer toute subdivision dans des circonscriptions qui, comme certains départements, comptent plus de 700 communes, c'est là une proposition trop peu sérieuse pour que nous nous y arrêtions.

Nous voyons un argument en faveur des arrondissements, non seulement dans le fait que presque tous les autres Etats les ont jugés nécessaires, mais encore dans la circonstance que, supprimés en France, on les y a rétablis, on pourrait dire *deux fois*.

En effet, l'arrondissement existait dès avant 1789, sous le nom de subdélégation. Le subdélégué répondait au sous-préfet actuel, seulement il était nommé par l'intendant (préfet) qui en était responsable. Le décret du 22 janvier 1790, qui établit les administrations départementales, crée aussi des administrations de district composées de 12 membres, dont 4 formaient le directoire de district.

La constitution de l'an III supprima les districts et ne conserva, entre les départements et les communes, que les cantons. Cette suppression pouvait sans doute être justifiée à une époque où l'arrondissement aussi bien que le département étaient administrés par des conseils ou par une autorité collective. La constitution de l'an VIII confia l'administration de l'arrondissement à un sous-préfet (loi du 28 pluviôse an VIII, 17 février 1800), assisté, il est vrai, d'un conseil d'arrondissement.

ARTEL. Sorte d'association coopérative russe très répandue. Quand un travail grand ou petit est à faire et pour lequel on a besoin d'aides, on s'adresse à un ouvrier ou journalier et on lui demande d'entreprendre cette affaire. On convient des conditions, l'entrepreneur engagé recrute le personnel nécessaire, dirige le travail, reçoit la rémunération et la distribue entre ses collaborateurs et lui dans les proportions usuelles ou convenues. C'est l'entreprise ou aussi l'équipe, le groupe de travailleurs associés pour un travail déterminé, qui est l'artel.

ARTICLES ORGANIQUES. *Voy.* **Concordat.**

ASILE (DROIT D'). Nous appelons asile le lieu où s'est réfugié un homme poursuivi par ses ennemis, même par l'autorité légale de son gouvernement et par la justice, et où il trouve une inviolabilité absolue. Chez les anciens, il y avait des refuges consacrés par la religion, mais ils n'étaient pas toujours respectés. Pausanias était muré dans le temple de Minerve; Antipater envoyait ses soldats pour arracher Démosthène de la statue de Neptune. Dans le moyen âge, l'Eglise ouvrait de nombreux lieux d'asile dans ses dépendances, où elle exerçait une juridiction absolue; les violations y étaient moins fréquentes que dans les temples païens. Ce n'est pas de cette sorte d'asiles que nous avons l'intention de nous occuper; mais plutôt de la protection que les réfugiés cherchent sur les territoires étrangers.

L'histoire des peuples anciens, et même celle des nations de l'Europe moderne, ne suffit pas, du moins jusqu'à une époque assez récente, à nous donner les éléments d'une doctrine qui aurait été confirmée par un usage général. Sans doute, dans tous les temps, des hommes poursuivis dans leur pays sont parvenus à s'abriter dans des contrées étrangères. Mais, trop souvent la force a été employée pour contraindre les Etats faibles à livrer les réfugiés, quelquefois même pour aller enlever ces malheureux sur la terre d'asile.

Il n'en est pas moins vrai que ces actes de violence ont toujours été blâmés sévèrement par l'opinion publique, et considérés comme contraire aux principes du droit et de la morale. Aussi, à mesure que la civilisation s'est développée, et que les rapports internationaux sont devenus plus réguliers, il s'est établi un certain nombre de règles dont on ne s'écarte presque jamais.

Chaque État est maître de refuser l'entrée sur son territoire aux étrangers en général, et spécialement aux réfugiés. Cependant, par des considérations d'humanité, on les admet assez facilement, surtout les réfugiés politiques, à entrer et à séjourner, en leur imposant certaines conditions. Les révolutions jettent souvent des hommes en dehors de leur patrie; il serait dur de ne pas les accueillir. S'ils supportent l'exil avec calme et dignité, s'ils ne cherchent pas à rétablir par

des complots ou des entreprises leur cause
perdue, on leur donne l'hospitalité, on leur
accorde même des secours quand ils en ont
besoin. Mais on prend des mesures à leur
égard : s'ils sont armés, on les désarme ;
quelquefois on les interne, c'est-à-dire qu'on
leur assigne des résidences qu'il ne leur est
pas permis de quitter et on les expulse quand
ils abusent de la protection du gouvernement
en compromettant ses relations internationales.

Généralement, on n'accueille pas les individus poursuivis ou condamnés pour crime
ou pour délit grave; il est même d'usage de
les livrer à la justice du pays qui les réclame, les nations européennes ayant conclu
un grand nombre de traités à ce sujet (voy.
Extradition). Sauf un très petit nombre d'exceptions, les réfugiés politiques seuls trouvent un asile sur les territoires étrangers et
sont regardés comme inviolables.

Souvent l'asile est réclamé par les réfugiés,
non seulement sur le territoire réel d'une
puissance étrangère, mais à bord des vaisseaux qui appartiennent à cette puissance,
ou même des navires marchands qui portent
son pavillon. Dans ces cas, le commandant,
qui est le représentant légal de son gouvernement, peut, suivant les circonstances, accorder l'asile ou le refuser. Ainsi il refusera
de recevoir les malfaiteurs, et il accueillera
les réfugiés politiques ou ceux qui sont poursuivis pour des questions religieuses. On recommande aux capitaines de navires marchands d'observer les mêmes règles. Les
uns et les autres pourront expulser les individus qui se sont réfugiés sur leur bâtiment
sans leur permission, et ceux qui compromettent
la sécurité du navire par une conduite im-
prudente. Si l'embarquement d'un réfugié a
eu lieu en pleine mer, ils ne sont responsables de leur conduite qu'envers leur gouvernement. Quant au gouvernement du pays
auquel appartient le réfugié, il ne pourra
faire de réclamations que par la voie diplomatique.

Il n'en sera pas tout à fait de même si
l'embarquement s'est fait dans un port ou
seulement dans le territoire maritime du
pays d'où le réfugié s'est échappé. Lorsque
c'est un commandant de la marine militaire
qui a donné l'asile, comme les bâtiments de
l'État jouissent d'un droit complet d'exterritorialité, ce sera encore par la voie diplomatique seulement que les réclamations pourront être faites. Mais le navire marchand
n'est pas investi d'un privilège semblable.
L'autorité locale a le droit de se transporter
à bord de ces navires et d'y faire la recherche et l'arrestation du réfugié ; elle ne s'y
porte en général qu'en employant de bons
procédés de courtoisie, en annonçant préalablement sa visite, et en en donnant avis au
consul de la nation à laquelle appartient le
vaisseau, de manière à lui permettre d'intervenir.

Quelquefois des personnes se sont réfugiées
dans les hôtels des ambassadeurs ou ministres étrangers. Ces cas ont donné lieu à des
débats sérieux entre les nations intéressées.
De nos jours, les ambassades, les légations
et les consulats ne sont plus guère que le
refuge des nationaux de ces agents, par
exemple en cas de guerre ou d'insurrection;
c'est un moyen de constater leur nationalité
que de s'abriter sous le drapeau de leur pays.

ASSEMBLÉE. Dans son sens politique, ce
mot indique, en général, la réunion des membres d'un corps délibérant sorti de l'élection
populaire, ou institué par le souverain. Bien
des assemblées se sont rendues célèbres dans
l'histoire, mais nous ne pourrons mentionner,
dans le présent ouvrage, que celles qui offrent un intérêt politique actuel.

ASSIGNATS. Voy. **Banqueroute** et **Papier-
monnaie.**

ASSISTANCE PUBLIQUE. — I. *Principes
et effets de l'assistance.* — Le secours mutuel
est une prescription qui naît des meilleurs
sentiments de la nature humaine et que rend
nécessaire la constitution même des sociétés.
Le malheur excite notre pitié. La loi naturelle nous fait un devoir de le soulager, et
la religion vient y joindre ses recommanda-
tions les plus impérieuses et les plus pressantes. Mais si les sociétés modernes sont
pénétrées de ces sentiments, elles ont aussi
présent à l'esprit qu'un État, qu'une collectivité, ne peut être rationnellement fondé que
sur le principe de responsabilité qui livre
chacun aux conséquences de ses fautes et
fait de la misère le châtiment de l'imprévoyance et du vice. Toutefois, la froide raison ne gouverne pas seule les sociétés, les
sentiments prennent part au gouvernement.
Sans doute, il est des théoriciens qui démontrent, ou croient démontrer, que la société
comme telle n'a pas l'obligation de l'assistance, mais, dans la pratique, ces théoriciens
eux-mêmes reconnaissent qu'on ne peut pas
laisser périr des hommes à côté de soi sans
faire des efforts pour les secourir. Toute la
question est de savoir comment et sous quelle
forme l'assistance sera donnée. Restera-t-elle
purement individuelle (charité), c'est-à-dire
entre les mains de l'individu isolé, agissant
avec ses seules ressources et se mettant en
rapport direct avec celui ou ceux que l'indigence a frappés? Sera-t-elle l'œuvre de libres associations distribuant des secours plus
abondants et plus réguliers ? L'autorité en
fera-t-elle son affaire (assistance publique) soit
qu'elle ait pour représentant la commune, le
canton, le département, la province ou qu'elle
ait pour organe l'État lui-même ? On comprend que la politique n'est pas moins intéressée à la solution de ces questions que
l'économie politique et la morale. Il y va de
la force, de la richesse, presque du salut de
la nation. Une mauvaise distribution de l'assistance, en tarissant les sources de la for-

tune publique et tout autant en étouffant une masse considérable de facultés productives, porte une atteinte, parfois profonde, à la santé, à la vitalité du corps social tout entier. Il est donc de la plus haute importance pour la politique de savoir selon quelle règle elle doit se conduire en cette matière où tout est délicat et périlleux, où toute erreur risque de se traduire par de vives souffrances. Nous allons donc tâcher d'abord d'établir le principe qui gouverne cette matière importante et toujours si controversée de l'assistance publique.

Toute charité, quelque sacré qu'en soit le principe, quelque indispensable qu'en soit l'exercice, quelque utiles qu'en soient les effets, a néanmoins ses inconvénients. Elle risque de perpétuer la disposition même qui tend à créer des misérables. On s'habitue à compter sur le secours; on cesse de travailler et de prévoir. Les volontés se relâchent, les âmes perdent cette fierté généreuse qui est le ressort même de la vie morale et de toute activité noblement jalouse de se suffire à elle-même. Voilà l'écueil. Il n'est pas un économiste qui ne l'ait signalé. Faut-il en conclure à la suppression de la charité? Ce serait une conclusion aussi barbare que chimérique. La charité, qui a pitié même du crime et du vice, ne demeurerait pas insensible aux souffrances qui résultent d'un simple défaut de prévoyance, d'un certain degré de laisser aller. Les privations de l'homme déchu par sa faute acquièrent parfois un tel degré d'intensité que la société elle-même ne saurait les voir d'un œil impassible et leur refuser tout secours. La politique qui calcule, de même que la charité s'inspire du sentiment et du devoir, répugnera toujours à réduire un homme au désespoir en ne lui laissant peut-être d'autre alternative que le vol ou le suicide. Si le secours ainsi donné tire de l'abîme celui qui le reçoit, la politique et la charité s'en applaudiront; s'il ne remédie pas à ses désordres, elles consentent cependant d'empêcher du moins un malheureux de mourir de faim; mais tout prescrit de régler le secours de manière à ce que cette coupable incurie qu'il fait naître trop souvent se produise le moins possible. Là est la difficulté de l'assistance. Elle se manifeste plus ou moins, suivant les formes qu'elle revêt.

La plus belle de toutes les formes de l'assistance est cette charité individuelle, née de l'élan du cœur et de l'héroïsme du dévouement, qui, considérant l'humanité comme une famille, s'enquiert avec anxiété des souffrances qu'endure tel ou tel de ses membres, et, non contente de tendre une aumône sous l'empire momentané de la pitié ou de l'importunité, va au-devant du malheureux, le visite dans sa demeure, et, dans son discernement plein de délicatesse, sait mesurer le secours à l'étendue des besoins, toucher avec ménagement, avec tendresse même aux plaies de la misère. Le mérite de cette charité aux yeux du politique et du philanthrope, c'est

d'être exposée à moins d'erreurs, et d'aller aux vraies souffrances; avec elle on risque moins que les individus secourus se fassent un jeu effronté d'implorer l'assistance et perdent le frein salutaire de la honte.

Mais la charité isolée est souvent insuffisante, trop de misères lui échappent. Il faut qu'elle s'organise de manière à augmenter ses ressources d'une part, et, de l'autre, à faire arriver les secours avec une régularité dont l'action individuelle ne saurait être capable. Tel est l'objet des associations charitables. Elles atteignent le malheur et se proportionnent à ses formes trop diverses avec une efficacité qui manquerait à l'assistance particulière. Seulement il est à craindre qu'en se rapprochant des formes administratives ces associations n'effacent un peu les relations affectueuses de l'assistant et de l'assisté et que la charité ne commence avec elle à avoir ses pensionnaires qui comptent sur le secours comme sur un revenu.

La troisième espèce d'assistance est celle qui est représentée par les localités ou par l'État. Elle dispose de plus de richesses, de plus de moyens d'organisation. Ses œuvres ont une étendue, parfois une grandeur à laquelle il est bien rare que les associations particulières puissent prétendre. En tenant compte de ces circonstances, la politique ne doit pas oublier pourtant que quelques-uns des inconvénients que nous voyons déjà poindre avec les associations particulières se manifestent ici bien davantage et d'une façon presque fatale. Ce n'est plus, du moins au même degré, tant s'en faut, avec des hommes charitables que traite l'individu assisté, c'est avec des fonctionnaires. Dès lors, quelque chose de sec, qui ôte à la charité son caractère aimable et tendre pour y substituer la froideur des rapports officiels, dès lors moins de scrupules de la part de celui qui demande et moins d'affection de la part de ceux qui ne sont plus que des distributeurs salariés. Néanmoins, et malgré l'emploi souvent discutable des fonds publics, certains publicistes ont condamné, en termes trop absolus, l'assistance par l'État. Sa légitimité est dans sa nécessité. Il est telle souffrance qui exige impérieusement un remède prompt, l'emploi de moyens dont l'État seul dispose en quantité suffisante.

Du reste, la charité officielle n'a pas nécessairement cette dureté et cette sécheresse qu'on lui reproche si souvent avec raison; il s'agit seulement de la bien organiser. La ville d'Elberfeld, en Allemagne, en a donné l'exemple, et beaucoup d'autres villes l'ont suivi. Le « système d'Elberfeld » est très simple : il consiste à enrôler un grand nombre de « visiteurs des pauvres », à diviser la commune en de nombreuses circonscriptions, dont chacune ne comprend que 4 ou 5 ou 6 pauvres; chaque circonscription est confiée à un de ces visiteurs, qui est tenu à voir ses pauvres deux fois par mois, à avoir soin d'eux moralement et à leur procurer les secours dont ils peuvent avoir besoin. C'est la ville qui supporte la dépense, c'est le visiteur qui y ajoute les consolations nécessaires [1]. Les visiteurs procurent souvent du travail à leurs pauvres.

Il y aurait bien des choses à dire sur la bienfaisance en Angleterre et même dans d'autres pays, mais il faudrait pouvoir entrer dans des détails pour en faire connaître le mécanisme et les résultats.

Une des conséquences les plus contraires à la justice et à la richesse qu'entraîne l'assistance publique sous forme d'aumônes, c'est que cette assistance est prélevée en partie sur le fonds destiné à alimenter les salaires. Le secours est ainsi un impôt perçu sur les travailleurs non secourus. C'est une source pour eux de nouvelle gêne. Si l'on y joint la concurrence qui leur est faite par le travail subventionné, il en résulte que l'assistance donnée à leur préjudice tend à les mettre eux-mêmes dans la nécessité d'y recourir. Il n'existe qu'une certaine masse de travail disponible. Observation évidente qui faisait dire, avec un bon sens spirituel, à Daniel de Foe : « Pour chaque écheveau de laine que filent les pauvres enfants des paroisses, il ne peut manquer d'y avoir un écheveau de moins de filé par quelque pauvre famille. Pour chaque pièce de flanelle qui se fabrique à Londres, dans les maisons de travail, il s'en fabrique une de moins à Colchester ou ailleurs. »

Que doit conclure la politique de ces vues empruntées à l'observation? C'est qu'il faut plutôt faire effort pour resserrer l'assistance que pour l'étendre; c'est que son exercice doit être combiné de telle sorte qu'elle enlève le moins possible de leur force morale à ceux qu'elle secourt. C'est cette force morale qui fait retrouver aux individus valides l'indépendance que donne le travail.

II. *Droits et devoirs de l'État en matière d'assistance.* — Deux opinions extrêmes, fausses par là même l'une et l'autre, ont été soutenues relativement à l'assistance publique. Les uns ont contesté que l'État eût même le droit de se livrer à la bienfaisance, par cette raison qu'il ne le peut qu'en prenant, a-t-on dit, *dans la poche des uns pour donner aux autres.* L'impôt, ajoute-t-on, se retrouve sous la forme d'avantages moraux et matériels, assurés par l'État à ceux qui le payent. Leurs sacrifices ont une compensation. Dans le cas de l'assistance, ces sacrifices sont en pure perte, c'est une sorte de spoliation. Les autres, contrairement à ce raisonnement, ont soutenu que l'assistance n'était pas seulement un devoir de charité de la part de l'État, mais le droit strict de l'individu assisté. On sait dans quelles circonstances s'est produite cette fameuse thèse du *droit à l'assistance*, qui avait pour corollaire

le *droit au travail*, thèse qui s'est étalée dans les livres, dans les journaux, à la tribune nationale, à une époque où tout était remis en question depuis les bases de la société jusqu'au faîte.

Contester le droit de l'État à assister dans une certaine mesure les classes atteintes par la misère n'est qu'une regrettable exagération; dans la pratique les opinions doivent être pondérées, il faut éviter les extrêmes et chercher à concilier les diverses exigences, parfois opposées de la vie collective.

La politique de l'assistance se réduit à cette prescription pour l'État, de n'intervenir que dans le cas de réelle nécessité et lorsque les individus ou les associations ne sauraient faire aussi bien que lui-même; dans ce dernier cas, l'État doit s'efforcer de donner à l'assistance les formes qui se concilient le mieux avec le maintien des principes de responsabilité personnelle, qui seules constituent la dignité et procurent le bien-être durable des individus. Il doit, autant que possible, éviter ce qui porte atteinte à l'esprit de famille. Ce n'est pas à ceux qui sont unis par les liens du sang à se décharger de leurs devoirs sur la providence sociale. S'il était même quelque forme de l'assistance qui fût telle qu'elle aidât l'individu malheureux à se relever et quelle lui fournît pour l'avenir un principe de force, l'État devrait s'y attacher de préférence. En général, ce même esprit de sagesse lui prescrira moins souvent de faire par lui-même, que d'aider à faire les communes et même les associations charitables. A ce prix se réalisera cette judicieuse pensée de Ricardo : « Aucun plan pour secourir la pauvreté ne mérite attention, s'il ne tend à mettre les pauvres en état de se passer de secours. »

III. *Des formes de l'assistance.* — C'est à ce point de vue que la politique se placera pour juger des principales formes que revêt l'assistance publique.

Chaque âge a sa part d'infirmités, ses maux difficiles, sinon impossibles à éviter. La meilleure division des moyens d'assistance se rapporte aux trois âges de l'homme : enfance, âge mûr et vieillesse. C'est celle même qu'a adoptée Thiers, dans son rapport général, au nom de la commission de l'assistance et de la prévoyance publique, présenté à l'Assemblée nationale dans sa séance du 26 janvier 1850.

Que l'enfance se recommande naturellement dans des cas trop nombreux à l'assistance publique, comment cela ferait-il question? Il est vrai que la famille a été préposée par la Providence pour subvenir à cette faiblesse physique et intellectuelle de l'enfant. Toute la difficulté consiste ici dans la conciliation de ces deux principes : l'intérêt sacré de l'enfant, qui ne saurait être abandonné ; l'esprit de famille, qu'il faut éviter d'énerver. Il est telles circonstances où la famille, si bien intentionnée qu'elle se montre, est impuissante à donner à l'enfant

1. Voir pour plus détails : *les Assurances ouvrières en Allemagne* par Maurice Block. Paris, Guillaumin et Cie, 1895.

les secours qu'il réclame. Telle est celle, par exemple, où l'enfant naît privé d'un sens. Quelles institutions plus belles que celles des sourds-muets et des jeunes aveugles ? Est-ce donc au sein de la famille que l'enfant pourrait apprendre à suppléer aux organes qui lui manquent, en développant davantage ceux qui lui restent ? Pour s'aider de toutes les ressources d'un art savant et délicat, il faut une assistance assez riche pour en faire les frais, assez persistante pour présider à l'éducation de générations successives. On loue beaucoup aussi ces établissements destinés à recueillir l'enfance, depuis l'âge le plus tendre jusqu'à l'âge de l'école, les crèches et les salles d'asile. Leur but est de suppléer aux soins de la mère qui ne peut allaiter son nouveau-né ou qui est dans l'obligation indispensable d'aller travailler loin de son enfant. Il est difficile pourtant de ne pas reconnaître que ces institutions philanthropiques, qui [se sont si rapidement multipliées en France, mettent certaines mères trop à l'aise avec leurs devoirs, de sorte que le bien qu'elles font n'est point sans mélange.

L'assistance de l'Etat à l'égard de l'enfant s'étend à toutes les conditions de sa vie physique et morale. Presque tous les publicistes s'accordent à reconnaître qu'il doit avant tout lui procurer les facilités de l'instruction. Le secours donné sous la forme d'instruction est le meilleur de tous. Il se présente avec ce caractère extrêmement recommandable de mettre celui qui l'a reçu en état de se passer à l'avenir de toute assistance. Rappellerons-nous d'autres formes d'assistance pour l'enfance ? Le contrat d'apprentissage est un objet légitime de la sollicitude du législateur préoccupé de protéger l'enfance contre les abus qu'on peut faire de son travail ? Il en est de même de la surveillance dans les fabriques ou dans certaines industries ambulantes.

C'est pour l'âge mûr que se présentent les plus délicates questions relatives à l'assistance publique. C'est, en effet, le moment où l'homme est habituellement dans toute la plénitude de ses facultés intellectuelles et de ses forces physiques. Si, dans des circonstances exceptionnelles, l'assistance doit lui venir en aide, il ne faut pas que ce soit en se substituant à ses efforts et à sa prévoyance. Tel est l'écueil contre lequel viennent échouer bien des projets philanthropiques et plus d'une mesure administrative. Les secours distribués aux hommes valides sans motifs et sans discernement suffisants, parfois même l'organisation de travaux en ateliers nationaux, présentent le grave inconvénient de désintéresser trop souvent l'individu de son sort, d'altérer son énergie et de porter à d'autres égards le trouble dans le domaine du travail. Tel est le résultat, par exemple, d'une institution qui se recommande par une pensée charitable, à coup sûr, celle des ouvroirs pour les femmes pauvres. Elles y sont reçues, chauffées et assurées d'un salaire en échange de leur travail. Qu'en résulte-t-il ? Dans un des ouvroirs de Paris, on a vu la façon d'une chemise d'homme descendre jusqu'à 25 centimes. A la Salpêtrière ce n'est même plus que 10 centimes, et la façon d'une layette entière, qui se compose d'une vingtaine de pièces, n'y revient qu'à 1 franc 10 centimes. Comment les ouvrières libres pourraient-elles soutenir une pareille concurrence ? Comment la mère qui travaille chez elle gagnerait-elle encore assez pour subsister et élever ses enfants ?

Est-ce à dire qu'on ne puisse procurer l'assistance à l'âge mûr, sans encourir ces inconvénients radicaux qui font que le mal l'emporte sur le bien ? Nous ne le pensons pas. Les caisses d'épargne ne sont-elles pas une preuve éclatante de cette intervention utile, qui vient en aide tout en ménageant le ressort de la responsabilité ? Les sociétés de secours mutuels aussi offrent ce caractère bien digne de notre sympathie, d'unir au sein d'une même institution le principe de responsabilité qui pousse au travail et à l'épargne avec la solidarité charitable qui est l'heureux correctif de ce que le mobile individuel risque d'avoir d'égoïste et d'étroit. Quant à l'assistance sous forme de travail dans les temps de crises et de chômages, elle ne présente pas peut-être des difficultés insolubles. Thiers s'est attaché à l'établir dans quelques pages de son rapport. Cet éminent homme d'Etat était d'avis de réserver certains travaux publics pour les temps de détresse et de révolution, au lieu de les prodiguer en temps prospère. Ainsi, au lieu d'improviser à la hâte des occupations infructueuses, l'Etat se tiendrait prêt de manière à n'avoir point à attendre les plans, les devis et les votes qui retardent tout dans un moment d'urgence. C'est pour ces crises générales plus ou moins périodiques qu'il serait bon de réserver les travaux de places fortes, les fossés à creuser, les murailles à élever, un certain nombre de routes et de travaux d'art sur ces routes, les voitures pour l'artillerie, les harnachements, chaussures, vêtements militaires, les palais nationaux et édifices publics à bâtir, réparer ou orner. On fabriquerait, par exemple, en une année de crises, l'approvisionnement de l'armée pour deux ou trois ans d'avance. La difficulté est de faire que les gouvernements suivent ces sages conseils.

Il a fallu pourvoir aussi aux soins à donner aux maladies de l'âge mûr, comme de la vieillesse. C'est ce que se proposent les hôpitaux et hospices. On les a condamnés souvent comme des institutions contraires au travail et à la famille. Ici encore il faut se tenir dans une juste mesure. Tous n'ont point une famille qui puisse les recevoir et les soigner. Et telle maladie dont la nature exige qu'elle soit pour ainsi dire séquestrée par considération pour la santé publique ou qui demande des soins trop continus et trop coûteux pour qu'une famille pauvre puisse les rendre. C'est surtout dans ces maladies qu'il est bon que le pauvre ne trouve pas la société sans pitié. Ici la charité privée, individuelle, ne saurait suffire seule. On dit avec raison qu'il est dangereux d'inspirer aux familles la pensée de se débarrasser de leurs membres en se reposant sur l'assistance de soins que le devoir exige d'elles et qui seuls peuvent entretenir l'affection et le sentiment des mutuelles obligations. On conclut de là que les remèdes à domicile sont préférables. Rien de mieux en effet, quand c'est possible, mais il y a trop de cas où le malade !en souffrirait ? Comment accuser les hospices pour les infirmes et les incurables? Les hospices pour la vieillesse ont peut-être prêté à des objections fondées. L'admission des vieillards valides paraît présenter des inconvénients. Cette perspective de l'hospice dans les classes pauvres rend les uns imprévoyants, et elle inspire une dureté coupable à ceux qui devraient secourir le chef de famille devenu incapable d'un travail fatigant. On connaît le dicton populaire : *L'hospice n'est pas fait pour les bêtes.* On a remarqué aussi que la vie en commun des hospices était particulièrement pénible aux vieillards. On pense qu'il est généralement préférable, quand c'est possible, d'accorder de petites pensions à domicile. C'est pour atteindre ce but qu'on a créé la caisse de retraite en France et qu'on a établi en Allemagne et ailleurs l'*Assurance ouvrière.* (*Voyez ce mot.*)

ASSISTANCE JUDICIAIRE. L'assistance judiciaire a pour but de faciliter aux indigents l'accès des tribunaux. Cette institution n'est réglementée en France que depuis 1851 (Loi du 22 janvier); mais on trouve dans le droit romain ainsi que dans notre droit intermédiaire les traces de la protection dont les législateurs de tous les temps ont entouré les indigents. Ainsi, dans le Digeste, les lois I, § 4, *De postulando — De officio proconsulis et legati — De publicis judiciis — De pœnis*, et la loi *Quando imperator ante pupillos* contiennent des dispositions ayant pour objet de mettre les pauvres à même de défendre leurs intérêts en justice. La dernière des lois précitées autorisait même les indigents à porter directement au tribunal suprême de l'Empire et à y faire évoquer les causes dans lesquelles ils étaient parties : « *Quod si pupilli, vel viduæ, aliique fortunæ injuriâ miserabiles judicium nostræ serenitatis oraverint, præsertim cùm alicujus potentiam perhorrescunt, cogantur eorum adversarii examini nostro sui copiam facere.* » Les capitulaires des rois de la seconde race, notamment les 2e (*De justiciis generalibus*), 3e (*Ut pauperes non despiciantur*) et 16e (*De oppressione pauperum*), s'occupent aussi des pauvres et prescrivent de leur donner un avocat; l'un d'eux punit même de l'interdiction et de la destitution l'avocat qui refuse de se charger des causes des indigents. De l'an

805 à l'an 1364, aucune disposition n'est introduite dans la législation française au sujet de la défense des intérêts des pauvres devant les tribunaux; mais une ordonnance de novembre 1364 prescrit aux avocats et procureurs de plaider et postuler gratuitement pour les *pauvres et misérables personnes.* Un édit de François Ier reproduit les termes de l'ordonnance de Charles V. Enfin Henri IV ordonna, par un arrêt du conseil d'État en date du 6 mars 1610, que « dans toutes les cours souveraines ou ordinaires seraient commis et députez des avocats et procureurs pour les pauvres, lesquels seront tenus d'assister de leur conseil, industrie, labeur et vacations tous ceux de la susdicte généralité, sans néanmoins prendre d'eux aucune chose tant petite soit-elle et soubz quelque prétexte que ce soit, sur peine de concussion ». La mort du roi ne lui permit malheureusement pas d'établir d'une manière durable cette belle institution. Malgré l'absence de textes impératifs, les avocats des dix-septième et dix-huitième siècles se sont toujours empressés d'offrir gratuitement leur ministère à la défense des pauvres. Ceux du parlement de Paris donnaient, une fois par semaine, des consultations gratuites aux pauvres. Il en était de même aux parlements de Bordeaux, de Grenoble, etc. Ces institutions, ces coutumes, si imparfaites qu'elles fussent, pouvaient suffire aux besoins de l'époque. Mais peu à peu, les procès devenant plus nombreux, on comprit la nécessité d'assurer aux indigents les moyens de faire valoir leurs droits en justice et à partir de la loi du 27 ventôse an VIII, des décrets, lois ou ordonnances affranchirent successivement, et dans des espèces particulières, des droits de timbre et d'enregistrement, les actes judiciaires dressés pour les indigents. Enfin l'Assemblée nationale vota, le 22 janvier 1851, la loi qui régit aujourd'hui la matière et qui étend ses bénéfices à *toutes* les causes civiles, commerciales ou de la compétence des tribunaux de paix. Nous allons en résumer rapidement les principales dispositions.

Il existe un bureau d'assistance judiciaire auprès de chaque tribunal civil, de chaque cour d'appel, de la Cour de cassation et du conseil d'État. Le bureau d'arrondissement est composé de cinq membres: un agent de l'administration de l'enregistrement, un délégué du préfet; les trois autres membres sont choisis par le tribunal civil parmi les avocats, avoués ou notaires. — Celui de la cour d'appel se compose de sept membres : les deux délégués de l'enregistrement et du préfet; des cinq autres membres, deux sont nommés par la cour, deux par le conseil de l'ordre d'avocats et un par la chambre de discipline des avoués. — Près de la Cour de cassation et près du conseil d'État, le bureau est également composé de sept membres: deux délégués du ministre des finances, deux membres nommés par le conseil de l'ordre des avocats au conseil d'État et à la Cour de cassation; les trois autres membres sont choisis 1° en ce qui concerne le bureau établi près la Cour de cassation, par la Cour elle-même, en assemblée générale, parmi les anciens membres de la Cour, les avocats à la Cour de cassation et les professeurs ou anciens professeurs à une Faculté de droit; 2° en ce qui concerne le bureau établi près le conseil d'État, par le conseil lui-même, en assemblée générale, parmi les anciens conseillers d'État ou maîtres des requêtes, les anciens préfets et les avocats ou anciens avocats au conseil d'État.

C'est par l'intermédiaire du procureur de la République de son arrondissement de domicile que le demandeur en assistance fait parvenir sa requête au bureau. Il doit fournir un certificat du percepteur constatant qu'il n'est pas imposé et une déclaration attestant son indigence et énumérant ses moyens d'existence. Il affirme la sincérité de cette déclaration devant le maire de la commune de son domicile. Le bureau examine la demande et rend, *sans la motiver*, une décision qui n'est susceptible d'aucun recours.

L'admission à l'assistance a pour effet de dispenser provisoirement l'assisté du payement des sommes dues au Trésor ainsi qu'aux avocats, greffiers et officiers ministériels pour honoraires, droits ou émoluments.

Devant toutes les juridictions, le bénéfice de l'assistance judiciaire peut être retiré, en tout état de cause, soit avant, soit même après le jugement, s'il survient à l'assisté des ressources reconnues suffisantes ou s'il a surpris la décision du bureau par une déclaration frauduleuse.

Il n'y a pas à proprement parler d'assistance judiciaire en matière criminelle et correctionnelle; mais il est pourvu à la défense des accusés devant les cours d'assises, conformément à l'article 294 du Code d'instruction criminelle; devant les tribunaux correctionnels, les présidents peuvent désigner un défenseur d'office aux prévenus poursuivis à la requête du ministère public ou détenus préventivement, lorsqu'ils en font la demande et que leur indigence est régulièrement constatée.

On peut affirmer que le principe de l'assistance judiciaire est écrit dans toutes les législations de l'Europe et que là où il n'est pas réglementé par des dispositions spéciales, il découle des lois générales sur la procédure civile ou criminelle. Mais les législations diffèrent sur certains points fondamentaux. L'examen et la discussion de ces divergences ne peuvent trouver place dans le cadre forcément restreint de cet article, elles ne présentent d'ailleurs qu'un faible intérêt.

ASSOCIATION. Ce mot signifie d'abord, l'union de deux ou plusieurs personnes pour un but ou dans un intérêt commun. L'association est un des moyens les plus féconds que les hommes puissent employer pour accroître leur action, leur force et leur puissance, pour développer la production, et aussi un des moyens de vivre avec le plus d'avantages et d'économie.

Les associations peuvent être classées selon leur objet, leur but et leur résultat.

En classant les associations d'après leur but, on trouve d'abord les associations générales, qui se sont formées en vue de la sécurité et qui constituent les sociétés politiques proprement dites, les nations, Etats ou puissances subdivisées en provinces, villes et communes. La formation de ces grandes collectivités n'a pas toujours été volontaire et réfléchi; le plus souvent elles sont le résultat de l'accroissement des familles ou des tribus ou aussi d'agglomérations spontanées, ou enfin elles ont été l'effet d'une conquête.

Parmi les associations restreintes, on peut distinguer celles qui ont pour objet la satisfaction d'un besoin immatériel, intellectuel ou moral, et celles qui ont pour but l'obtention d'un avantage matériel; mais ce caractère n'est pas absolu, car souvent, derrière le but spirituel, se trouve le profit ou l'avantage matériel, et réciproquement.

Parmi les associations ayant un but immatériel on peut énumérer : — les *Associations religieuses* (Congrégations, Ordres religieux, Confréries, Communautés) ; — les Associations de *Bienfaisance*, de Charité, de secours et philanthropiques; — les Sociétés de *Prévoyance* (Sociétés de secours mutuels, Assurances, Tontines, etc.) ; — les associations pour l'*Instruction* et la *Moralité* (Œuvres de toute espèce. Sociétés de tempérance, etc.) ; — les Sociétés *scientifiques* (Académies, Sociétés de sciences, lettres et arts, Sociétés de statistique, Sociétés agricoles, Comices, etc.); — les *Associations politiques*, pour appuyer ou combattre le Gouvernement, comprenant entre autres les associations pour la propagande d'une question religieuse ou économique, qui revêtent le caractère politique en prenant de l'importance, en devenant un instrument de partis. Le but « immatériel » de cette catégorie de Société, malheureusement, devient trop souvent matériel, car on ne tarde pas à lutter pour le pouvoir.

Les associations qui poursuivent un intérêt matériel, une production, un bénéfice, un avantage quelconque, comprennent les diverses *sociétés ou compagnies* commerciales, industrielles, agricoles, financières, maritimes ; — les diverses combinaisons en vue de consommations ou de plaisirs en commun, telles que cercles, sociétés chantantes, etc.

Au point de vue politique, il y a lieu de distinguer, avant tout, les *Associations illicites* de celles qui ne le sont point, et de distinguer dans celles-ci les associations entièrement *libres* et celles qui existent en vertu d'une autorisation, ou reçoivent une subvention, ou sont simplement réglementées et surveillées pour une raison quelconque.

Nous allons grouper les considérations que nous avons à présenter, en parlant de chacune des principales catégories d'associations.

L'Association au point de vue politique.
— Au point de vue politique, ce qu'un gouvernement voit avant tout dans une association, c'est une force, — l'union fait la force. Si cette force lui est hostile, il la verra de mauvais œil. A-t-il tort, a-t-il raison ? Question oiseuse. Est-ce un bien ou un mal que l'eau coule en suivant sa pente ? C'est une loi naturelle, l'homme ne peut que s'y soumettre. C'est aussi une loi naturelle que les gouvernements cherchent à se défendre contre des associations hostiles. Est-ce qu'il ne se défend pas contre la révolte ouverte, patente ? Il en fait de même contre la révolte latente. Les citoyens auraient tort d'en être choqués. Comment, vous revendiquez le droit d'attaquer le gouvernement, et vous lui refusez le droit de se défendre ? C'est faire usage de deux poids et deux mesures ; c'est être injuste et inintelligent. Le seul reproche qu'on peut faire à certaines législations, c'est de ne pas distinguer, c'est d'interdire toutes les associations, pour éviter celles qu'elles jugent nuisibles à l'intérêt public. Et le gouvernement a le droit, — pour parler enfin franchement, — de considérer comme nuisibles les associations qui ont pour but de le combattre en vue de le renverser, car tant qu'il est à la tête du pays, il doit se considérer, — c'est son devoir, — comme chargé des intérêts de la nation.

La législation doit donc distinguer. D'abord entre les associations politiques et les associations non politiques. Interdire en bloc les associations politiques, c'est une mesure si radicale qu'elle n'est admissible que dans un pays de gouvernement absolu et même despotique ; dans un pays libre, l'association politique doit pouvoir s'établir, car elle peut rendre services. Il n'y a pas que des réunions hostiles au gouvernement ; il y en a qui ne songent aucunement à le renverser. Comment résoudre la difficulté, quelles mesures recommander pour jouir du bien, sans s'exposer au mal..., pour produire des roses sans épines ? Il est difficile de se prononcer. On évitera, s'il est possible, d'imposer l'autorisation préalable, car l'administration pourrait bien s'habituer à la refuser. Il suffira donc d'exiger une déclaration avec la communication des statuts, de la liste des membres, ainsi que de quelques dispositions permettant, en cas d'abus, de supprimer l'association.

Il est de la dernière évidence que la liberté ne peut aller jusqu'à laisser faire les *sociétés secrètes ;* car il en est des associations comme des individus ; or, le pouvoir ne doit aide et protection à ces derniers qu'autant qu'ils marchent le visage découvert, et qu'ils ne se livrent point à des actes immoraux et dangereux pour la liberté des autres. La principale fonction des pouvoirs publics est précisément la protection sociale ; or, pourrait-il y avoir protection avec la tolérance des sociétés secrètes qui ne tarderaient pas à dégénérer en conspirations organisées, non seulement contre l'état politique, mais encore

contre la sécurité et la moralité des citoyens ?

Quand on parle d'associations et de réunions politiques, on pense tout de suite aux réunions qui se forment rapidement dans les temps de crise, pour discuter des affaires publiques, et portent en France le nom de *clubs,* mais qui sont bien différentes des cercles ou réunions privées portant ce nom en Angleterre. Ce sujet est traité dans un article à part. Nous nous bornerons à y renvoyer.

L'Association au point de vue religieux.
— Il semble bien que les associations religieuses ne peuvent pas être considérées comme politiques, elles devraient donc être libres de se constituer, de s'administrer et aussi de suivre leurs rites. Mais, dans quelques pays, on leur reproche deux choses : 1° de faire de la propagande d'une façon trop passionnée, et qui n'est pas toujours justifiable dans ses moyens. Il est, en effet, des cas où le fanatisme n'a pas reculé devant le rapt des enfants, devant la séquestration de ceux dont on voulait s'assurer ; 2° de former des biens de mainmorte et tous les biens, disent leurs adversaires, ne leur arrivent pas par la libre volonté des donateurs ; c'est qu'il y a des cas de captation exercés sur les esprits faibles.

Ces reproches sont trop rarement mérités pour motiver des mesures radicales, mais ils justifieraient les mesures de surveillance, qui ne seraient d'ailleurs pas faciles à formuler. En France, où les communautés religieuses ont beaucoup d'adversaires, on a plusieurs fois proposé des mesures vraiment draconiennes que leur dureté même a empêché de passer dans la législation.

Ajoutons que les associations religieuses ne se composent pas toujours de couvent ; il en est aussi qui ont pour but le culte, la construction et l'entretien d'un temple. Ces sectes religieuses doivent jouir de la liberté de conscience.

L'Association de bienfaisance et *l'Association scientifique* ne semblent pas éprouver beaucoup de difficulté pour s'établir, elles obtiennent aisément les autorisations demandées.

L'Association au point de vue économique. — Considérée au point de vue économique, l'association se forme en vue d'une exploitation productive, ou d'une consommation à moindres frais.

Ces associations prennent différents noms, selon l'objet de l'entreprise ou de l'exploitation auxquelles elles se livrent ; elles sont dites *sociétés* ou *compagnies* commerciales, industrielles, agricoles, maritimes, de crédit, d'assurance..., ou financières, quand elles ont de grands capitaux à leur disposition ou qu'elles se livrent spécialement à des spéculations sur les fonds publics et les valeurs de bourse. Leur organisation varie, selon le but et la durée de l'entreprise, le concours des associés, leurs droits dans le partage, selon les prescriptions imposées par le législateur et les immunités qu'il accorde.

On peut les ramener aux deux types suivants :

1° Les associations dans lesquelles un certain nombre d'associés, en général assez restreint, réunissent les facultés et les moyens dont ils peuvent disposer, pour travailler conjointement au succès de l'entreprise. Ce sont les sociétés les plus ordinaires et plus nombreuses et qui comprennent aussi les *associations d'ouvriers*.

2° Les associations dans lesquelles les capitaux sont fournis par un plus ou moins grand nombre de coparticipants, bailleurs de fonds, commanditaires ou actionnaires, l'entreprise étant conduite par un ou plusieurs agents ou entrepreneurs, gérants ou directeurs, plus ou moins liés par l'acte de société, dites *en commandite* et *par actions*. Les droits et les devoirs de ces associations sont fixés par le Code de commerce.

Dans l'ordre économique, comme dans toutes les directions de l'esprit humain, l'association, l'expérience le démontre, est un principe d'une admirable fécondité. Les forces individuelles s'y trouvent réunie comme dans un foyer; leur puissance s'y trouve centuplée; il est susceptible des plus nombreuses et des plus heureuses applications; il n'est pour ainsi dire pas de travaux qu'il ne permette à l'homme d'entreprendre. On peut juger du parti qu'on en tirera dans l'avenir par les applications qu'on en a déjà faites par suite du développement qu'a pris l'esprit d'association des travailleurs et des capitalistes.

Cependant ce principe, quelque fécond qu'il soit, n'est pas susceptible d'une extension et d'une application indéfinies. Il a des limites naturelles, et il serait utopique de croire qu'il est destiné à remplacer en tout et pour tout les efforts individuels, et que la grande industrie par association est appelée à faire disparaître les moyennes et petites industries, dues, soit à l'initiative individuelle, soit aux efforts d'un petit nombre d'intéressés.

En effet, si, d'une part, l'association augmente la puissance d'action des hommes et des capitaux, elle tend, d'autre part, à diminuer l'énergie de l'*intérêt privé*, le plus actif des excitants, puisque les résultats de la production appartiennent plus exclusivement à l'individu et qu'il est plus responsable des pertes; de sorte que, si les entreprises par association ont la puissance qu'engendre l'union des forces, les entreprises individuelles se soutiennent par l'énergie de l'intérêt privé, lequel produit l'activité des opérations, qui est d'un incalculable avantage, l'économie dans les frais, l'attention vigilante portant sur tous les détails, enfin la préoccupation et le dévouement constant du chef de l'entreprise.

Tous les jours on voit ces phénomènes s'accomplir dans plusieurs des grandes entreprises. Les directeurs de trop vastes exploitations ne peuvent pas surveiller et diriger des opérations excédant les forces de leur esprit; ou bien ils se fatiguent, de sorte que l'indolence et l'incurie succèdent à un premier élan; les employés se relâchent à l'exemple des chefs; le défaut d'ensemble se manifeste; le désordre gagne en se cachant sous une régularité apparente, et le gaspillage s'ensuit. Dans ces entreprises, les employés sont plus nombreux et la direction plus coûteuse, et toutes dépenses plus élevées, l'intérêt social étant un régulateur moins rigide que l'intérêt privé.

L'association étant une des manifestations de l'activité, un des moyens de tirer le meilleur parti possible des efforts intellectuels et physiques, la conséquence naturelle et logique en est que l'emploi de ce moyen doit être laissé à la libre initiative des travailleurs; en d'autres termes, que *la liberté est la loi de l'association économique*, comme elle est celle de l'échange. La liberté de l'association est le corollaire de la liberté du travail; car serait-on libre de travailler, si on n'était pas libre d'unir ses efforts pour produire? Elle est aussi le corollaire du principe de propriété, car serait-on propriétaire de ses facultés et de ses instruments de travail, si on ne pouvait les réunir pour produire? Elle est encore le corollaire du principe de justice, qui veut que les faibles puissent s'unir pour arriver aux mêmes résultats que les forts, que les hommes qui n'ont que l'intelligence et le travail puissent s'unir à ceux qui ont le capital et réciproquement, afin de produire.

Voyez. **Coopération.**

ASSURANCES. La fortune et la vie des hommes sont exposées à des hasards : un naufrage, un incendie, la mort, peuvent tout d'un coup anéantir le fruit de longs travaux. Les coups du sort qui frappent ainsi les hommes dans leurs biens ou dans leur personne ne sont toujours que de rares accidents dans le cours d'une existence, mais ils sont soudains, inattendus, et déroutent les calculs de l'économie et de la prévoyance individuelle. Un homme qui tout à coup apprend que le navire qui portait ses richesses a sombré, ou voit les flammes dévorer sa maison, est peut-être ruiné sans ressource; si le même homme avait pu payer en vingt ou trente ans, par petites portions, la somme d'argent dont il est tout à coup privé, il aurait sans doute porté sans fléchir le fardeau ainsi divisé, et le sacrifice lui eût paru léger; si tous les concitoyens, compatissant à un malheur dont ils sont eux-mêmes menacés, se cotisaient pour lui rendre ce qu'il a perdu, le sacrifice que chacun d'eux ferait serait encore plus léger, et deviendrait presque insensible si beaucoup s'intéressaient à son sort. Une assistance mutuelle peu coûteuse préviendrait bien des ruines.

C'est sur ce principe que sont fondées les assurances. Les anciens ne les connaissaient pas; car on ne saurait mettre sur le compte de l'assurance l'engagement que prenait la république athénienne de nourrir les enfants et les ascendants des citoyens morts pour la patrie, ni l'institution des collèges romains fondés en vue de fournir des pensions alimen-

taires ou de pourvoir aux frais d'enterrement.
L'assurance est au nombre des institutions
économiques les plus utiles et les plus morales que le moyen âge et les temps modernes
aient vues naître. Elles constituent une sorte
d'association entre gens exposés à des malheurs de même nature et permettent ainsi à
la prévoyance humaine de s'étendre au delà
des limites dans lesquelles l'isolement la renfermait; elles contribuent à la sécurité et à la
stabilité, c'est-à-dire à des biens précieux que
les sociétés se proposent d'assurer aux individus.

Le moyen âge a eu, comme l'antiquité, des
confréries dont, moyennant cotisation, les membres avaient droit aux frais d'enterrement et
à certains secours. Ce n'était pas encore l'assurance. La première apparence d'un contrat
de ce genre se rencontre dans la *Casualty
Assurance* de l'an 1300, créée en vue de racheter les prisonniers faits par les Turcs.

Les assurances maritimes sont les plus anciennes et forment une classe à part. Les
Grecs et les Romains ont pratiqué le prêt maritime ou prêt à la grosse aventure, dans lequel les risques à courir portent l'intérêt à
un taux très élevé. Au moyen âge, l'Eglise,
proscrivant le prêt à intérêt, se montrait surtout hostile [au prêt à la grosse aventure, et
les armateurs, [pour échapper aux difficultés
que leur suscitaient les tribunaux ecclésiastiques, imaginèrent les assurances. Les premiers contrats datent du milieu du treizième
siècle, et furent probablement passés dans
les riches républiques maritimes de l'Italie.
Barcelone en régla les conditions dans une
ordonnance de 1435. Le règlement promulgué
en 1670 par le duc d'Albe pour les Pays-Bas
fut un modèle du genre; il fut dépassé pourtant par le Code maritime de 1681, que le
Code de commerce publié en 1808 n'a guère
fait que copier.

L'assurance est faite ou par une société
possédant un gros capital ou par plusieurs
assureurs particuliers qui s'engagent chacun
pour une somme déterminée. L'assuré paye
une prime, moyennant laquelle l'assureur ou
les assureurs s'obligent à rembourser toutes
les pertes qui pourraient être occasionnées
par accidents de mer, c'est-à-dire, en général
par suite de tempête, naufrage, échouement,
abordage fortuit, relâches, changements forcés
de route, de voyage et de vaisseau, de jet, feu,
pillage, captures et molestations de pirates,
baraterie de patron, etc. La prime est variable; elle augmente avec les probabilités de
perte. Si la statistique constate que sur cent
trente vaisseaux qui traversent l'Atlantique,
il y en a un qui se perd, la prime sera d'environ le centième de la valeur du navire et
de sa cargaison, afin non seulement de couvrir le risque, mais de laisser un bénéfice à
l'assureur. La prime augmente lorsque la durée du voyage est plus grande, que la traversée se fait dans des mers réputées dangereuses, que le navire est vieux ou mal
construit ou commandé par un capitaine in-

habile. Des recueils spéciaux tiennent les armateurs et les assureurs au courant de tous
les faits de mer, et les renseignent sur la valeur de tous les bâtiments qui naviguent. Le
contrat que signent l'assureur et l'assuré
s'appelle *police*.

Les assurances terrestres sont de date plus
récente, et embrassent des objets plus divers;
aussi y a-t-il des assurances particulières
contre l'incendie, la grêle, les épizooties, etc.
Les unes sont constituées en sociétés à prime
fixe, les autres en mutualité; les plus importantes sont les compagnies d'assurances contre
l'incendie. C'est en Angleterre qu'elles ont
été créées d'abord. On n'en rencontre pas en
France avant l'année 1750, et, d'ailleurs, les
compagnies qui s'étaient constituées dans le
cours du dix-huitième siècle furent supprimées
pendant la Révolution comme les corporations
et des privilèges. Ce n'est qu'au commencement de la Restauration que de nouvelles sociétés se sont formées à Paris sur le modèle
des sociétés anglaises; le succès les a multipliées et a surtout donné naissance à de
nombreuses sociétés d'assurance mutuelle.

La troisième catégorie comprend les assurances sur la vie. Ce genre d'assurance a été
longtemps mal compris en France, et semble
encore sous l'influence d'un préjugé défavorable. Rien n'est pourtant plus légitime. S'il
est bon de soustraire les biens matériels aux
caprices du hasard, pourquoi n'essayera-t-on
d'user de la même prévoyance à l'égard de
certains biens inhérents à la personne humaine ? Sans doute, on ne peut rendre à
une famille le père qu'elle vient de perdre ;
c'est une plaisanterie de supposer que les
assurances sur la vie veuillent remplir avec
de l'argent le vide fait par la mort et tendent
à étouffer les affections sous des intérêts.
Mais le père faisait vivre les siens par son
travail, et il représentait par lui-même le capital de la famille le plus précieux. Moyennant une prime annuelle que paye la personne
assurée, l'assureur s'engage à payer, en cas
de décès, une somme stipulée d'avance, comme
il rembourserait la valeur d'une maison
détruite par l'incendie. C'est une atténuation
de la perte purement matérielle.

Les assurances sur la vie comprennent
deux genres d'opérations distinctes :

1° L'assurance *en cas de mort*, qui constitue la véritable assurance, avec son caractère aléatoire. Elle peut être faite *pour la
vie entière*, l'assureur s'engageant à payer
au décès de l'assuré, quelle qu'en soit l'é-
poque, une somme déterminée, à ses héritiers ou à toute autre personne désignée par
le contrat ou qu'on se réserve de désigner
ultérieurement, et ce moyennant une prime
unique versée au moment du contrat, ou
une prime annuelle, payable jusqu'au décès
de l'assuré. Elle peut être *temporaire*, l'assureur s'engageant, moyennant une prime
unique ou annuelle, à payer une certaine
somme au décès de l'assuré, si le décès a
lieu dans un espace de temps déterminé.

Les assurances contre les accidents de chemins de fer rentrent dans ce genre : elles payent non seulement une somme en cas de mort, mais des indemnités moindres en cas de blessures. Par l'assurance de *survie* l'assureur s'engage, au décès d'une personne désignée, à payer une somme ou à faire une rente déterminée à une autre personne également désignée, dans le cas où cette dernière survivrait à la première.

2° L'assurance *en cas de vie* est un contrat d'une autre nature, par lequel l'assureur s'engage, moyennant un prix convenu, à payer soit un capital, soit une rente annuelle pendant la vie de l'assuré. On distingue l'assurance en *rente viagère immédiate* ou contrat par lequel l'assureur, moyennant le versement d'un capital qui lui est fait par le contractant, s'engage à payer une rente pendant l'existence d'une ou plusieurs personnes ; l'assurance de *rente viagère*, par laquelle l'assureur s'engage, moyennant un capital qu'il reçoit, à payer une rente pendant l'existence de l'assuré, à partir d'une époque déterminée ; l'assurance de *capital différé*, par laquelle l'assureur s'engage, moyennant une prime unique ou à verser chaque année, à payer un capital à une époque déterminée de la vie de l'assuré.

En France, on a longtemps regardé le contrat d'assurance sur la vie comme illicite. Cependant, sous le règne de Louis XIV, l'Italien Laurent Tonti proposa, en 1653, un projet d'emprunt qui devait être remboursé d'après un procédé qui a, depuis, reçu le nom de *tontine*.

Le projet qu'avait formé Tonti en 1653 ne fut mis à exécution qu'en 1689. En 1726, en 1733 et pendant les années suivantes, six ou sept tontines furent établies ; mais Terray, violateur de tous les contrats, les transforma en simples rentes viagères d'après un tarif déterminé. Sous Louis XVI, on s'occupa de cette question non plus pour faire des emprunts au profit de l'Etat, mais pour recueillir les économies et faciliter l'épargne. Toutefois, la caisse Lafarge et celles qui furent créées pendant la Révolution n'eurent qu'une durée éphémère.

Sous l'Empire, ce genre d'opération tomba sous la surveillance de l'administration : le décret du 25 mars 1809 décida qu'aucune association tontinière ne pourrait être établie sans une autorisation du chef de l'Etat, donnée sur avis du conseil d'Etat. Toutefois l'échec de la caisse Lafarge avait rendu les tontines impopulaires, et c'est seulement sous la Restauration, en 1819, que se forma de nouveau la première société de ce genre, dont la France empruntait cette fois le modèle à l'Angleterre. Neuf compagnies furent autorisées de 1819 à 1821 ; puis après la révolution de Juillet des spéculateurs, pensant que le décret de 1809 était abrogé de fait, s'établirent sans remplir les formalités légales ; des désastres eurent lieu ; l'administration fit revivre ses droits, et depuis 1840,

plus de vingt sociétés nouvelles ont reçu l'autorisation. Toutes n'ont pas prospéré ; les événements de 1848 ont porté à plus d'une un coup fatal. Néanmoins, il existe actuellement plusieurs compagnies dont les opérations sont variées et prospèrent.

On a souvent discuté la question de savoir s'il n'y aurait pas avantage à charger l'Etat des assurances. Nous ne voyons pas en quoi cet avantage pourrait consister. L'assurance en serait-elle plus solide ? De deux choses l'une : ou elle sera étroitement bornée à ses propres ressources, et elle ne présentera que la solidité d'un établissement particulier, ou elle pourra, en cas de détresse, puiser dans le Trésor public, et alors elle cessera d'être une assurance, c'est-à-dire une garantie mutuelle fondée sur le calcul de probabilité ; elle sera une injustice ; car elle violera le principe de réciprocité en rendant tous les contribuables responsables des accidents, sans que tous jouissent des bénéfices. En serait-elle plus économique ? Ce que fait l'Etat est souvent très bien fait, mais rarement fait avec économie, parce que les fonctionnaires qui président ou agissent ne sont pas contenus par le frein de l'intérêt personnel, et que leur amour-propre est en jeu, non leur bourse. Il n'y aurait économie qu'en employant gratuitement au service de l'assurance des hommes salariés par l'Etat pour d'autres fonctions ; mais on retomberait dans la même injustice, celle de faire supporter à la communauté les frais d'une opération dont quelques-uns seulement auraient le profit. Ajoutez à cela qu'une grande administration a une rigidité de formes qui se plie mal à la diversité des intérêts qu'elle veut servir, tandis qu'il est probable que si cette industrie est livrée à la concurrence privée, il se formera à peu près autant d'assurances différentes ou de modes d'assurances qu'il y aura de besoins à satisfaire : le rôle de l'Etat peut et doit se borner à contrôler les livres et à s'assurer que les statuts sont fidèlement exécutés[1].

ASSURANCES OUVRIÈRES. C'est la manière usuelle, abrégée, de s'exprimer en parlant de certaines mesures prises pour venir en aide, dans certains cas, aux personnes ayant un faible revenu. Ces cas sont : la maladie, les accidents causés par le travail ou plutôt qui ont lieu pendant le travail, les infirmités, la vieillesse, et enfin — mais ce point ne figure encore sur la liste que comme un problème à résoudre — le chômage involontaire. On emploie ici le mot ouvrier, synonyme de travailleur manuel, parce que la plupart des personnes qui profitent de ces mesures vivent de ce genre de travail.

1. Dans quelques Etats allemands l'assurance contre l'incendie sur des immeubles est entre les mains des gouvernements respectifs. Parmi les critiques dont cette institution est l'objet, nous ne citons que les suivantes : excès de formalisme, défaut de proportionnalité dans les primes à payer, obligation de rebâtir les maisons incendiées.

Les personnes qui n'ont qu'un faible revenu, gagné au jour le jour, ne peuvent pas souvent former des réserves, surtout si elles sont chargées de famille; de sorte que lorsqu'une cause quelconque les prive momentanément de leur travail, elles sont exposées à tomber dans la misère. Une des causes les plus fréquentes d'interruption de travail, c'est la maladie, et cette cause on la connaît depuis qu'il y a des hommes. Il y a des siècles déjà qu'on a découvert que bien des maux pouvaient être très sensiblement atténués en s'aidant mutuellement (de là le mot *mutualité*); en pareil cas chacun des membres de la société formée à cet effet ne supporte qu'une petite partie du mal. Si, dans un groupe dé cent personnes, l'une perd une pièce de 5 fr. et que chacun des 99 autres lui donne chacun 1 sou, le perdant rentre presque dans ses fonds. Aussi dès le moyen âge, et dans beaucoup de pays, on a formé, pour les maladies, des *sociétés de secours mutuels* (voy. ce mot) et les membres de ces sociétés s'en sont bien trouvés.

Et ceux qui n'en étaient pas membres? Pour ceux-là, il n'y avait rien sur la planche, si ce n'est le produit incertain et précaire de l'aumône. Pendant longtemps on était libre de faire partie, ou non, d'une de ces sociétés d'assurance contre la maladie. Dans les temps modernes certains pays ont rendu obligatoire la participation à ces sociétés, bien que des publicistes distingués aient continué à réclamer pour les ouvriers la liberté du choix. Il va sans dire que pour les actes des hommes la liberté doit être la règle et que cette liberté ne doit être restreinte que lorsqu'elle nuirait à d'autres hommes ou à la chose publique; mais restreindre la liberté dans les cas où l'individu seul est intéressé, dans les actes *envers soi-même* cela ne semblera pas permis. On a cependant passé outre.

Les raisons qu'on a données en faveur de l'obligation — en faveur de la participation forcée aux sociétés mutuelles — n'ont pas toujours été bonnes; ainsi, on a soutenu que l'individu est un simple atome de la société et par conséquent la société a tous les droits sur lui. C'est une conséquence que l'individu ne reconnaîtra pas, il trouvera que l'individu est le but et non la société, que celle-ci a pour mission de protéger et de faire progresser les individus. La société étant une chose abstraite et l'individu une chose concrète, réelle, c'est en effet la conservation de l'individu qui importe. Mais nous n'avons pas à nous arrêter ici aux arguments philosophiques, je crois devoir soumettre au lecteur le raisonnement qui, dans l'espèce m'a gagné à l'obligation. Je me suis dit : de nos jours on attribue à l'Etat des devoirs très étendus envers les citoyens, les gens peu aisés et surtout les « prolétaires » revendiquent avec insistance, avec clameurs, avec menace même, toutes sortes de droits utiles, et comme ces citoyens forment la majorité, ils font agir l'Etat dans leur sens. Eh bien, si l'Etat, d'a-

près ces doctrines, a sa part de responsabilité relativement à leur bien-être et qu'on réclame de lui des mesures de protection, il peut très bien trouver de son côté que les réclamants doivent collaborer à leur propre bien-être. Comment, peut dire l'Etat aux réclamants, vous demandez l'aumône. Je vais vous forcer à ne pas en avoir besoin. Et il les oblige de s'assurer.

En somme l'obligation de faire partie d'une société de secours mutuels, ou, comme on dit en Allemagne, d'une assurance contre la maladie, est de plus en plus admise par les gens qui réfléchissent. L'obligation peut d'ailleurs ne pas être un principe bon en soi, mais un expédient que les circonstances imposent à la société actuelle. Cela suffit pour le justifier. Nous n'analyserons pas ici la législation sur les caisses allemandes d'assurance contre les maladies; il suffira de dire que le patron doit veiller, sous sa responsabilité, à ce que tous ses ouvriers soient inscrits sur les rôles de ces caisses; que l'ouvrier, ou l'ouvrière, y doit verser 1 1/2 à 2 p. 100 de son salaire, et que le patron est tenu d'y ajouter la moitié de cette somme. Ainsi la prime à verser pour assurer l'un des travailleurs manuels est acquittée, pour les 2/3 par ce dernier et pour le 3e tiers par leur patron.

Lorsque l'industrie prit de l'extension, lorsque la machine se mit à jouer son rôle dominateur, un autre besoin se fit sentir. Il y eut des accidents; l'ouvrier estropié ou devenu infirme ne pouvait plus gagner sa vie, l'ouvrier tué par l'explosion ou par un autre sinistre laissait souvent une veuve et des enfants. Sans doute, la loi veut que celui qui a causé un mal le répare dans la mesure du possible, article 1382 du Code civil; mais pour les accidents dans l'industrie, quand le patron ne les reparait pas bénévolement et qu'il fallait procéder devant les tribunaux, il y avait tant de choses à vérifier et à prouver qu'il se passait souvent des années avant qu'une décision ne pût intervenir. Souvent, ainsi, la victime n'était pas indemnisée. Il était généralement admis qu'il fallait modifier cet état de choses. L'Allemagne donna l'exemple, et nous allons exposer brièvement la législation qu'y établit la loi du 6 juillet 1884 et que plusieurs autres lois ont développée depuis.

Les employés et les ouvriers de toutes les fabriques et usines, mines, carrières, etc., etc., qui emploient des moteurs ou qui occupent plus de dix ouvriers sont assurés de droit contre les accidents, si leur traitement ou salaire ne dépasse pas 2.500 fr. par an. Les employés et ouvriers qui gagnent plus de 2.500 fr. peuvent cependant être admis à l'assurance, et les employés non admis à l'assurance fondée par la loi de 1884 peuvent toujours s'adresser à l'assurance privée aux conditions du droit commun. Actuellement, outre les travailleurs de la grande industrie, beaucoup d'ouvriers de la petite industrie et, en vertu de la loi du 5 mai 1886, les ouvriers agricoles ou forestiers doivent être inscrits sur la liste des assurés. Les petits patrons eux-mêmes peuvent être admis, sur leur demande, à être assurés. Il n'y a d'exemptés que les travailleurs qui ne sont exposés à aucun accident.

Mais qui supporte les frais de l'assurance? Ce n'est pas l'État. C'est la profession. A cet effet tous les établissements appartenant à une même profession, par exemple, tous les moulins à farine, toutes les carrières, toutes les filatures, toutes les usines à fer, etc., forment une association d'assurance mutuelle sous la surveillance et avec la garantie de l'État; tous les employés et ouvriers sont portés sur des rôles avec le montant de leurs salaires, mais ils n'ont rien à payer; ils n'ont à s'occuper de rien. C'est l'affaire des patrons. Les ouvriers sont cependant représentés par des délégués. En cas d'accident une enquête s'ouvre pour constater et fixer tous les détails importants; puis le montant de l'indemnité est arrêté et la victime de l'accident touche ce qui lui est dû, sans qu'il ait eu autre chose à faire qu'à figurer dans l'enquête pour y défendre ses intérêts. L'indemnité lui est due dans tous les cas, sauf s'il a produit volontairement l'accident. On ne peut faire valoir contre la loi, ni le cas de force majeure, ni sa maladresse, ni sa négligence ou celle de ses camarades.

On voit que le patron doit payer, même s'il n'a en aucune façon contribué à l'accident; c'est qu'en théorie, c'est la profession qui est responsable, et le patron supporte seulement sa part du risque professionnel. En Allemagne, en créant les associations mutuelles, on a mis réellement la dépense à la charge de la profession tout entière : le montant des frais causés par l'ensemble des accidents est mis à la charge de l'ensemble des établissements de la même profession, et ce montant est réparti entre les employeurs dans la proportion des salaires payés aux employés et ouvriers. Celui qui occupe plus d'employés et d'ouvriers verse une somme plus grande que celui qui en a moins.

Mais combien? Le risque professionnel est un nouveau droit, d'une nature exorbitante, il a donc fallu le régler, le limiter. La limitation est d'ailleurs dans l'intérêt des deux parties. La loi dit à l'ouvrier : tu seras indemnisé dans tous les cas..., mais ce n'est plus toi qui évalue le dommage, c'est moi. Et la loi pose des limites pour empêcher le patron d'être ruiné par un malheur que généralement il n'aura pas causé. Et cette protection profitera aux ouvriers, car si l'industrie — même les patrons — souffrent, les ouvriers sont les premiers à pâtir, et les ouvriers qui ne comprendraient pas que, si le patron était obligé de fermer boutique, ils n'auraient plus de pain, seraient véritablement des imbéciles... pourquoi ne pas mettre le mot qui indique le mieux la situation? Dans toute industrie le capital et le travail ont le même intérêt.

Ainsi donc, la loi fixe des limites à l'indemnité. Dans le cas où l'accident a causé la mort de l'ouvrier, il est dû une rente ou pension à sa veuve et à ses enfants, même à ses ascendants, dans la proportion suivante : la pension viagère (ou jusqu'au nouveau mariage) de la veuve est de 20 p. 100 du salaire annuel de la victime; elle est de 15 p. 100 pour chaque enfant jusqu'à l'âge de 15 ans, sans que l'ensemble des pensions ne dépassent 60 p. 100. En cas de remariage la veuve reçoit une fois pour toute une somme égale à 3 fois sa pension. S'il y a des parents (ascendants) et que les 60 p. 100 ne soient pas absorbés, il peuvent obtenir jusqu'à 20 p. 100 du montant des salaires annuels du décédé, surtout s'il leur fournissait les aliments. Si l'accident n'a causé que des blessures, l'indemnité ou la pension est proportionnée à la fois au dommage causé à l'ouvrier et au montant de son salaire qui n'est d'ailleurs pas compté en entier s'il dépasse 5 fr. par jour ; l'excédent des 5 fr. n'est compté que pour un tiers. Ainsi, un salaire de 8 fr. par jour ne compte que pour (5 et 1) 6 fr. Si l'accident a rendu l'ouvrier incapable de gagner sa vie par son travail, on lui liquide une pension égale aux deux tiers (66 p. 100) de son gain annuel. (Sauf exception, le gain annuel est égal à 300 fois le gain journalier.) Si l'accident n'a causé qu'une incapacité partielle, on lui alloue une pension proportionnelle fixée par des arbitres. S'il n'y a que de légères blessures, c'est la caisse de maladies qui doit une indemnité pendant 13 semaines.

Autre question. Comment se réunissent les fonds nécessaires au payement des pensions? Il y avait à éviter deux écueils — Scylla et Charybde — de l'assurance. Il faut mettre la pension à l'abri de toute défaillance, et il faut rendre la charge facile à supporter. Pour mettre la pension à l'abri de tout péril, il faudrait demander aux patrons un capital qui, placé à intérêt, produirait la pension ; mais ce capital serait une forte somme, dont le déboursé gênerait les patrons. *Relativement à l'industrie,* le législateur s'est abstenu de demander ce capital ; comme il a affaire surtout à de grands, à de puissants établissements, solidairement associés, il a pu se contenter de demander des cotisations annuelles s'élevant au montant de la dépense. Il en est résulté que la charge est devenue supportable, et qu'elle est supportée allègrement par les fabricants (cependant les petits patrons se plaignent quelquefois). Avant l'établissement du risque professionnel, il pouvait arriver qu'un juge allouât 40 ou 50.000 fr. à un ouvrier grièvement blessé ; actuellement, l'ouvrier aura peut-être 7 à 800 fr. de rente, et comme cette somme est répartie entre des centaines ou des milliers de fabricants, cela fait peu de chose pour chacun et ne ruinera personne. Sans doute, avec le temps, les pensions s'accumuleront; mais pas autant qu'on l'a dit, en oubliant de tenir compte de la mortalité.

Le nombre des associations professionnelles industrielles est de 64, celui des association professionnelles agricoles de 48. Ces dernières sont à proprement parler des circonscriptions territoriales, comprenant tous les cultivateurs qui les habitent, les industriels faisant partie de leurs associations professionnelles respectives. Si les cotisations de ces derniers sont proportionnelles au nombre des ouvriers et à leurs salaires, celles des cultivateurs sont généralement proportionnelles au montant de l'impôt foncier (centimes additionnels). La circonscription est cependant libre de choisir un autre mode de répartition. C'est qu'il y a peu de risque dans l'agriculture. En 1893, la charge moyenne d'assurance d'un établissement industriel a été de près de 100 fr. et celle d'un établissement agricole d'environ 1 fr. 50. La différence est sensible.

Nous sommes loin d'avoir épuisé la matière, nous ne voulions donner qu'une idée de l'esprit de cette curieuse législation et nous avons dû omettre beaucoup de dispositions qu'on trouvera dans notre rapport à l'Académie des sciences morales et politique [1] ; nous allons aborder maintenant « l'Assurance en cas d'infirmité et de vieillesse ».

Pour les personnes d'un faible revenu, la vieillesse est une époque particulièrement dure à passer ; le travail est devenu difficile, en tout cas moins productif. Les vieillards qui ont des enfants trouvent quelquefois un asile chez eux, mais non sans être à charge. Le mal serait extrêmement atténué si les parents avaient pu ramasser un pécule, acheter quelques rentes. En général, les rentes viagères sont chères, surtout depuis la baisse de l'intérêt, et ce qui augmente la difficulté, c'est que les personnes disposées malgré tout à s'assurer se posent généralement un idéal trop élevé relativement à leurs ressources. On voudrait pouvoir vivre de la rente, ne s'élèva-t-elle qu'à 1.200, 1.500 fr. ; ne pouvant pas payer la prime qu'il faudrait pour cela, on ne fait rien, tandis qu'on aurait peut-être pu supporter la prime qui produirait 600 à 800 fr. de rente et permettrait à l'assuré d'habiter avec ses enfants sans leur être à charge. Autrefois, il y avait encore une autre difficulté. On traitait avec une société d'assurance sur la vie pour obtenir une rente de x fr. à la condition de verser telle somme annuelle pendant n années. Or, si l'on était une fois empêché de verser (p. ex. pour cause de maladie) on perdait le bénéfice des versements antérieurs. J'ai toujours trouvé cela injuste. La caisse de retraite fondée en 1850 par la France vous donne une pension proportionnelle à l'ensemble de vos versements. Vous ne dites pas d'avance jusqu'où vous voulez aller, vous n'en savez peut-être rien vous-même. Vous versez ce que vous pouvez. Au moment de la liquidation on établit la pension à laquelle vous avez droit en proportion de la somme versée. Il y a seulement des maxima, la caisse n'accepte pas plus de… Malheureusement les personnes prévoyan-

tes, — ou les personnes d'un caractère ferme — ne sont pas aussi nombreuses qu'on pourrait le désirer, sans parler de ceux qui gagnent réellement trop peu pour mettre quelque chose de côté pour leurs vieux jours, si peu que ce soit.

Le gouvernement allemand, après avoir organisé l'assurance contre les accidents, s'occupa des pensions de vieillesse et aussi des pensions pour cause d'infirmité. La tâche était moins lourde pour l'Allemagne que pour maints autres pays. Dans les autres pays, p. ex. en France, on pouvait se dire : où trouver l'argent pour pensionner ces millions de vieillards qui n'ont rien pu ou voulu mettre de côté ? Qui supportera cette lourde charge ?

En Allemagne, la dépense était déjà entrée dans les mœurs. Dans ce pays existe l'assistance obligatoire aux frais des communes et des provinces — au besoin aux frais de l'État. — Cette obligation on la remplit, un peu « en grognant », il est vrai, mais on la remplit, ce qui, ajouté aux autres dépenses, cause une lourde charge communale. Il est des localités qui ont dû voter 500 centimes additionnels et au delà aux impôts directs. Un des arguments invoqués en faveur de la pension a donc été, qu'il résultera de l'assurance un allègement des dépenses communales. Ne vaut-il pas mieux, disait-on, donner sous forme d'assurance ce que nous donnons sous la forme d'aumône ? Et c'est là peut-être le principal argument qui ait fait impression sur ceux qui ont à contribuer aux frais des pensions.

Voici maintenant un résumé de la législation allemande (loi du 22 juin 1889). La participation est obligatoire. Est assujetti à l'assurance contre la vieillesse et l'infirmité, à partir de l'âge de 16 ans accomplis, tout ouvrier, apprenti, domestique travaillant pour un salaire ou des gages ; puis les employés, les aides ou apprentis du commerce dont les traitements ne dépassent pas 2.500 fr. ; enfin les marins et les bateliers. Ces personnes (de l'un ou l'autre sexe) sont assurées de droit contre la vieillesse et l'invalidité, certaines autres catégories d'individus peuvent jouir du même avantage, dans des cas prévus.

Les frais de l'assurance sont couverts : 1° par les versements hebdomadaires des assujettis ; 2° les cotisations correspondantes des patrons ; 3° par une subvention fixe annuelle de l'État. Il faut distinguer la vieillesse de l'infirmité. La pension de vieillesse n'est acquise qu'à l'âge de 70 ans, mais elle est due même si la capacité de travail a été conservée. Sauf pour l'époque de transition, l'assuré n'y a droit que s'il a fait des versements pendant 30 ans (47 versements hebdomadaires, au lieu de 52, comptent pour une année). Si l'assuré devient infirme ou invalide, il suffit d'avoir versé ses cotisations pendant 5 ans. Les versements sont proportionnels aux salaires, dont quatre classes ont été prévues par la loi ; leur moyenne légale est de 375 fr.

1. Maurice Block, Assurances ouvrières en Allemagne. Paris, Guillemin et Cie. 1895,

— 625 fr. — 900 fr. — 1.200 fr. — Chaque ouvrier, etc., doit être inscrit à l'un de ces taux, même si ce n'est pas le vrai, pourvu que ce soit d'accord entre le patron et l'ouvrier, et que l'un verse autant que l'autre, savoir 17 centimes 1/2 par semaine, ou 25 c., ou 30 c., ou 37 c. 1/2.

Le montant de la pension est proportionnel au nombre et aux taux des versements.

Taux d'accroissement par versements

Classe de salaire		Vieillards	Invalides
I	(375 1 f.)	5 c.	2 1/2 c.
— — II	(625)	7 1/2 »	7 1/2 »
— — III	(900)	10 »	10 1/4 »
— — IV	(1200)	12 1/2 »	16 1/4 »

Il y a toujours une subvention fixe de l'État qui est de 50 M. ou 62 fr. 50 par an, tant pour le vieillard que pour l'invalide ; pour ce dernier la caisse d'assurance professionnelle ajoute encore, à titre gracieux, une somme de 60 M. ou 75 fr. Ainsi donc, pour chaque infirme qui l'est devenu autrement que par accident, la pension est d'abord de 62 fr. 50, plus 75 fr., soit 135 fr. 50 fixe, puis d'autant de fois 2 1/2 centimes ou 7 1/2, etc., qu'il y a eu de versements au taux correspondant. Au bout de 5 ans, pour un ouvrier devenu infirme après avoir travaillé (par exemple) 30 semaines au taux II des salaires, 150 semaines au taux III et 50 au taux IV, la pension serait de 165 fr. Le vieillard ne jouit que de la subvention de l'État (des 50 M. et non des 60 M.) on a calculé que le maximum de ce qu'il pourrait obtenir au bout de 30 ans c'est 238 fr. 75. C'est la pension idéale pour la vieillesse [1].

Eh bien, la ville d'Elberfeld donne à un indigent, célibataire, 3 M. 50 par semaine, soit 227 fr. 50 par an : dans la plupart des cas l'assuré n'atteindrait pas à ce chiffre. On voit bien que l'Allemagne n'a pas assumé de trop lourdes charges nouvelles, en créant l'assurance contre la vieillesse, dont personne n'est content comme assurance, mais qu'on accepteat à la rigueur comme secours. Ajoutons que même ce faible secours pèsera bientôt très lourdement sur les affaires en Allemagne parce que les pensions de vieillesse ne sont pas réparties annuellement, mais elles sont capitalisées ; le capital des rentes est placé à intérêt, au fur et à mesure des versements ; un jour plusieurs milliards pèseront ainsi sur le marché des capitaux. L'avenir dira si l'on a été bien inspiré en prenant ces mesures de « politique sociale ». Ces mots font beaucoup plus souvent du mal que du bien.

Il est temps maintenant de parler de l'assurance contre le chômage. Cette assurance a été demandée de plusieurs côtés en Allemagne, mais rien n'a encore été fait. En Suisse, Berne, excité par le secrétariat des ouvriers, a fait une tentative en 1893 (décision municipale du 13 janvier). On demandait aux ouvriers une cotisation de 40 centimes par mois, on demanda un versement

semblable au patron et on recueillit en dons volontaires 1005 fr. Les recettes s'élevèrent à 3.080 fr.; on cherchait à placer les ouvriers qui demandaient du travail ; quand on ne réussissait pas, on donnait 1 franc par jour au célibataire, 1 fr. 50 à l'ouvrier marié. A la fin de l'année on avait dépensé 7.815 fr. contre 3.080 fr. de recettes. C'est donc une affaire manquée. Pour assurer contre le chômage INVOLONTAIRE et imprévu il faut savoir combien d'individus, en moyenne, chôment annuellement et combien de jours ; c'est ce qu'on ignore. Quant au chômage volontaire, si on voulait l'admettre à l'assurance, ce serait un excitant à la paresse qu'on créerait. C'est encore l'avenir qui nous apprendra si l'on parviendra à faire quelque chose d'autre que des ateliers de charité pour ceux qui souffriront d'un chômage involontaire.

Dans divers autres pays on s'est également préoccupé de la création d'assurances ouvrières, mais on en est encore qu'au commencement. En France on a déjà fait quelques pas. L'assurance contre les maladies, que nous nommons *société de Secours mutuels* (voy.) date de loin, de même la *Caisse de retraite pour la vieillesse* (voy.); ces deux institutions ne sont pas fondées sur le principe de l'obligation, mais ce principe se trouve dans la loi du 29 juin 1894 sur les « Caisses de secours et de retraite des ouvriers mineurs ». Celle-ci porte que désormais il sera fait sur le salaire de tout ouvrier ou employé travaillant dans les mines une double retenue : l'une pour la caisse de secours, l'autre pour la caisse de retraite ; ces retenues, s'élevant ensemble à 4 o/o, ne s'exerceront, pour les employés et ouvriers ayant plus de 2.400 fr. de traitement ou salaire, que jusqu'à concurrence de ce chiffre. Les patrons ou compagnies ajouteront une subvention égale aux 3/4 des versements des ouvriers. Ces sommes seront déposées à la caisse nationale des retraites. Les ouvriers auront droit à une retraite à l'âge de 55 ans, mais pourront ne la faire liquider que plus tard, afin d'accroître ainsi le chiffre de leur pension. Nous renvoyons à la loi pour les détails.

La question de l'assurance contre les accidents n'est pas encore résolue en France, un projet de loi est en discussion au moment où nous écrivons ces lignes.

ATELIERS NATIONAUX. On entend par ce mot les ateliers publics organisés par les gouvernements, en vue de venir en aide aux ouvriers sans ouvrages. Si cette désignation est récente, et ne remonte pas au delà de la révolution de 1848, le genre d'établissements qu'elle indique n'est pas nouveau. On les désignait autrefois sous le nom d'*ateliers de charité*, expression qui en faisait bien comprendre la nature et le but. Ils furent employés plus d'une fois dans les temps de crise et de disette. Leur origine remonte au moins au seizième siècle, et l'on trouve des édits et des ordonnances qui en règlent la police au dix-septième et au dix-huitième. Le roi Louis XVI étendit le mode d'assistance en faisant ouvrir des travaux publics dans chaque province pendant la morte-saison. Turgot, à l'époque de la disette qui sévit dans le Limousin, où il était intendant, organisa des ateliers de charité pour ceux qui pouvaient travailler et n'avaient pas d'ouvrage. Il adopta des mesures pour empêcher les ateliers de charité de faire concurrence aux travaux des particuliers et aux industries qui avaient pu se soutenir pendant la disette. Le prix payé dans les différents ateliers de charité fut toujours au-dessous du prix courant de tous les autres travaux. Le travail se faisait à la tâche et non à la journée, et les ouvriers n'étaient payés qu'en nature. On se servait d'une monnaie fictive qui ne pouvait être échangée que contre du pain ou du riz. On lit dans les instructions qu'il adressait aux curés et aux officiers municipaux pour l'organisation des bureaux et des ateliers de charité, ce qui suit : « Dans une circonstance où les besoins sont si considérables, il importe beaucoup que les secours ne soient point distribués au hasard et sans précaution. Il importe que tous les vrais besoins soient soulagés, et que la fainéantise ou l'avidité de ceux qui auraient d'ailleurs des ressources n'usurpent pas des dons qui doivent être d'autant plus soigneusement réservés à la misère et au défaut absolu de ressources qu'il suffiront peut-être à l'étendue des maux à soulager. »

La Révolution mit moins de circonspection et de réserve dans l'emploi qu'elle fit des ateliers de charité. On trouve pourtant dans la loi des 12-22 juillet 1791 des dispositions sévères concernant l'ordre des travaux dans les ateliers publics et la rémunération des travailleurs. Sans doute, les abus auxquels venaient de donner lieu les vastes ateliers ouverts dans les environs de Paris, en 1790, avaient éveillé l'attention du législateur. Les idées exagérées que la Convention se faisait du rôle de l'Etat, en matière de travaux ou d'assistance, comme en toutes choses, devaient la faire entrer dans cette voie où la poussaient d'ailleurs les souffrances de la classe ouvrière : ce genre de palliatif ne pouvait qu'y apporter de médiocres soulagements. La loi du 24 vendémiaire an XII donna aux ateliers de charité une organisation plus régulière; mais à cette époque, comme dans celles qui suivirent, les ateliers de charité révélèrent les vices qui leur sont propres et devinrent trop souvent le refuge des ouvriers fainéants ou mécontents. On y eut recours de nouveau en 1830. Toutefois, ce fut en 1848 qu'on en fit l'application sur la plus large échelle.

Nous n'avons pas à raconter dans ses détails cette triste expérience, dont les gouvernants de cette période révolutionnaire se rejetèrent la responsabilité les uns aux autres. Il était peut-être inévitable d'ouvrir, comme dans les crises précédentes, des ateliers de travail. Mais la vaste extension que prirent ces ateliers, et le nom même qu'ils reçurent, beaucoup moins modeste que la désignation ancienne d'ateliers de charité, se rattachent à la pensée générale dont le gouvernement et dont les chefs populaires étaient alors fort préoccupés. Cette pensée était pour les plus *avancés* de faire accaparer progressivement l'industrie par l'Etat, qui l'eût organisée en ateliers *sociaux*; pour les autres, c'était d'accroître du moins les attributions du gouvernement, particulièrement dans la charité. Aussi ne vit-on jamais, autant qu'à cette époque, se manifester les inconvénients et les dangers de ces établissements. On s'y précipita en foule. Les cadres de l'industrie privée se vidèrent chaque jour à leur profit. Plusieurs ont porté au chiffre de 110 ou 120.000 cette masse d'hommes déclassés parmi lesquels figurent un certain nombre d'individus appartenant aux professions libérales. La fainéantise et le désordre y furent portés au comble. On n'y organisa guère que des manifestations politiques d'une nature séditieuse. Les seuls travaux presque qui furent exécutés étaient des terrassements sans but pour la plupart. Paris se sentit pendant plusieurs mois aux mains de cette armée permanente du désordre qui devait fournir aux sinistres journées de 1848 une partie de leurs combattants.

Ce qu'il importe de remarquer, c'est que les maux qui sortirent de cette expérience faite en grand des ateliers de travail, résultèrent moins peut-être de circonstances accidentelles que de leur nature même. Il n'est point facile de créer instantanément des travaux publics pour fournir de l'emploi aux ouvriers inoccupés. Rien n'est prêt, ni les plans, ni les devis, ni d'ailleurs quelles entreprises d'utilité générale pourraient occuper des masses d'hommes grossissant chaque jour, et dont beaucoup sont impropres à la nouvelle besogne dont on les charge? L'effet de ces ateliers est en outre de désorganiser l'industrie privée déjà malade, en ouvrant aux hommes qu'elle emploie la perspective de trouver ailleurs des salaires assurés et souvent sans peine.

En tout cas, si les circonstances rendent nécessaire la création d'ateliers de charité, ce sont les communes et non l'Etat qui doivent les organiser, et il faut éviter tout ce qui peut leur donner une couleur politique.

ATTENTAT. Dans l'acception habituelle du terme, c'est une tentative contre la vie du chef de l'Etat. Abstraction faite des causes particulières qui peuvent pousser un individu à commettre ce crime, c'est la politique qui a provoqué le plus grand nombre d'attentats. Nous n'avons pas besoin de dire que nous considérons cet acte comme une révolte individuelle contre la volonté générale, exécutée par des moyens qu'aucun parti ne saurait avouer. Aucun citoyen n'a le droit de disposer à lui seul ni de la vie d'un homme, ni de la destinée de sa patrie. L'acte doit donc être réprouvé, même lorsque par hasard il a eu des suites utiles au pays. Un bien acquis au prix d'un crime est toujours trop chèrement acheté.

En France, le mot *attentat* n'indique pas seulement une tentative contre les jours du chef de l'Etat ; il s'applique aussi à toute entreprise criminelle contre la chose publique. On distingue, en effet, entre trois sortes d'attentat : 1° ceux qui menacent la sûreté extérieure ; 2° ceux qui compromettent la sûreté intérieure ; 3° ceux qui s'attaquent au chef de l'Etat ou à son gouvernement. Sous la République, une attaque contre l'Assemblée nationale est un attentat au premier chef et passible de toutes les pénalités destinées à protéger la vie du souverain. La législation sur cette grave matière a subi les influences résultant des changements de forme politique, et celles des entraînements passionnés auxquels se laissent quelquefois aller les gouvernements les plus sages, ou peut-être même seulement des nécessités de sa défense, qui est également un devoir sérieux, nécessités que souvent les adversaires ne veulent pas reconnaître aux autres. En politique on a si souvent deux poids et deux mesures.

ATTORNEY, SOLICITOR, termes anglais, synonymes d'*avoué*. Ces deux classes d'agents ont les mêmes attributions, seulement les attorneys les exercent devant les tribunaux dits *de loi*, et les solicitors devant les tribunaux *d'équité*.

Autrefois, la position d'attorney était considérée comme la plus relevée, mais depuis un certain temps c'est le solicitor qui paraît l'emporter.

ATTROUPEMENT. On nomme ainsi toute réunion accidentelle de personnes dans un lieu public, alors que cette réunion est de nature à faire craindre quelque désordre.

Cette seule définition, en signalant le caractère accidentel de l'attroupement, ne permet pas qu'il soit confondu avec des associations présentant une organisation hiérarchique plus ou moins durable. Aussi la participation à un attroupement n'est-elle considérée par la loi que comme une contravention de police ou comme un délit, suivant les circonstances. La loi du 10 avril 1831, qui complète en la modifiant la loi du 3 août 1791, détermine quels sont les fonctionnaires qui ont le droit de dissiper les attroupements, et ce n'est qu'après trois sommations, précédées chacune d'un roulement de tambour et restées sans effet, qu'il peut être fait emploi de la force. Les personnes qui n'ont pas obéi à la première sommation sont passibles de peines de simple police ; ces peines deviennent correctionnelles pour les individus qui n'ont point obéi à la seconde, et si l'attroupement a un caractère politique, ils peuvent être interdits, pendant trois ans, des droits de vote, d'éligibilité, des fonctions publiques, du port d'armes, et de certains droits civils énumérés dans l'article 42 du du Code pénal.

AUDIENCE. C'est le temps accordé aux citoyens par ceux qui sont investis de la puissance publique, pour qu'ils exposent leurs griefs ou leurs demandes. Ce mot s'applique aussi aux séances des tribunaux.

AUDITEUR. Divers fonctionnaires, tant en France qu'à l'étranger, portent ce titre. Dans l'organisation et les attributions du conseil d'Etat français, les membres de ce corps se divisent en conseillers, maîtres des requêtes et auditeurs. — Le décret du 23 octobre 1856 a également établi des auditeurs à la Cour des comptes.

Les juges auditeurs avaient autrefois en France une fonction analogue à celle des suppléants.

Si nous passons de la France à l'étranger, nous trouvons des auditeurs mentionnés dans les officiaux du Pape. Ces officiaux se divisent en deux branches principales : 1° *curia gratiæ* ; 2° *curia justitiae*, dont la *rota romana*, ou tribunal suprême de l'Eglise catholique, est la première et la plus importante division. Sixte IV fixa à douze le nombre des membres de la *rota* choisis de différentes nations, mais entretenus aux frais du pape seul. Ils étaient distribués en trois sénats, renfermant, chacun, un rapporteur (*ponens*) et trois votants (*correspondentes*). Benoît XIV détermina d'une manière plus précise les limites de la juridiction entre la *rota* et les autres tribunaux romains, et introduisit en outre quelques changements dans la procédure. D'après la dernière organisation, la *rota* ne comprend plus que dix auditeurs (*auditeurs de rote*), divisés en deux sections de cinq membres. Pour tout ce qui concerne le fonctionnement de la *rota* et les attributions des auditeurs de rote, nous ne saurions mieux faire que de renvoyer le lecteur au *Manuel du droit ecclésiastique* de Walter.

En Angleterre, l'auditeur est chargé de vérifier les comptes des fonctionnaires publics ; en Allemagne, c'est le juge militaire. Autrefois ce titre était bien plus fréquent.

AUSPICES. On sait que dans l'antiquité on ne commençait aucune entreprise importante sans consulter, en Grèce, les oracles ; à Rome, les auspices. Les augures interrogeaient le chant des oiseaux et leur vol, les éclairs, les météores, et divers autres phénomènes. On agissait conformément aux présages qu'on en tirait ou que le gouvernement en faisait tirer.

On se tromperait cependant en pensant que la croyance en les oracles, les auspices était universelle. On se rappelle le mot de César, que deux augures ne peuvent pas se regarder sans rire. Mais les hommes éclairés de cette époque — citons par exemple Cicéron — considéraient cette pratique comme un moyen de gouvernement.

On trouvait commode d'utiliser les superstition du peuple pour le gouverner ou le mener plus facilement. Hélas! les superstitions
changent, mais ne meurent pas, elles se
transforment seulement selon le goût de l'é-
poque. Lorsqu'on n'examina plus les entrailles des animaux, on fit l'épreuve du feu, on
admit le duel judiciaire; ensuite on consulta
les étoiles (Astrologie); plus tard, on eut des
visions, on devint illuminé, on fut rendu
plus ou moins clairvoyant par le magnétisme
animal, et, en dernier lieu, on se fit dire la
bonne aventure par les tables mises en
branle par des esprits frappeurs! On prétend
que ces esprits se sont quelquefois mêlés de
politique.

AUSTRÈGUES. Du mot allemand *Austrag*
et au pluriel *Austräge*, qui signifie décision
sur un point de droit; en droit public allemand, le mot *Austrègues* s'appliquait spécialement à des commissions arbitrales chargées
de décider des points contestés, soit entre
plusieurs Etats, soit entre le gouvernement
d'un des Etats de feu la Confédération germanique et la diète du même Etat, soit enfin
entre un gouvernement et un particulier.
Actuellement, c'est au Bundesrath (ou Conseil fédéral) à arbitrer les différends.

AUTOCRATE, qui gouverne par lui-même.
Ce terme est synonyme de *souverain* en
Russie, et indique que le chef de l'Etat a un
pouvoir illimité et sans contrôle, en un mot,
absolu. Dans le reste de l'Europe le mot *autocrate* a toujours été pris en mauvaise part,
parce que l'opinion a toujours été, même
ailleurs que dans les pays constitutionnels,
assez libérale pour être défavorable à un régime qui met l'ensemble des pouvoirs publics entre les mains d'un seul homme sans
lui imposer la moindre restriction ni le
moindre contrôle. (*Voy.* **Absolutisme.**)

AUTONOMIE. *Autonomie* est un mot d'origine grecque. Littéralement ce mot signifie:
législation indépendante. Pendant un moment
il était synonyme de souveraineté, mais il
vint un temps où le sens du mot se rétrécit.
Voici en quelle circonstance: Rome avait
fait de la Grèce une province romaine; le
consul Flaminius, vainqueur de la ligue
achaïque, proclama aux Jeux isthmiques la
liberté de la Grèce. Le sénat romain régla ce
simulacre de liberté, en donnant aux villes
grecques l'autonomie (αὐτὸς, soi-même, νόμος,
loi), c'est-à-dire le droit de se gouverner par
leurs propres lois et de conserver leurs magistrats, ce qui n'était en réalité que le *mu-
nicipe* (l'indépendance communale).
Pour bien déterminer le sens du mot *autonomie*, qui est resté un peu vague, il importe de le distinguer de la *souveraineté*,
d'une part et du *selfgovernment*, de l'autre.
La *souveraineté* c'est l'indépendance absolue que l'Etat seul peut s'attribuer. L'Etat
seul, quelle que soit la forme de son gouver-

nement, jouit de la plénitude de tous les pouvoirs; il peut se poser en individu (ou en
personne collective) en face de l'étranger, et
en autorité suprême en face des citoyens,
ses nationaux.
L'*autonomie* ne peut appartenir qu'à la
partie d'un Etat ou d'une confédération;
elle ne peut être conférée aux provinces ni
aux communes, ce serait leur reconnaître le
droit de prendre des dispositions nuisibles
à l'ensemble du pays. Ce qui caractérise
tous les territoires autonomes, c'est qu'ils ne
possèdent pas l'indépendance vis-à-vis de
l'étranger, mais qu'ils jouissent à l'intérieur
d'une plus ou moins grande somme de liberté de mouvement. Parmi ceux auxquels
on reconnaît l'autonomie la plus complète,
il faut compter les Etats faisant partie de
l'Union de l'Amérique du Nord. Quelques-
uns de ces Etats peuvent même se faire représenter officieusement, mais non officiellement à l'étranger; ils ont, malgré la très
grande différence qui règne entre eux, cela
de commun qu'ils ont à leur tête un gouvernement particulier, ayant quelques-uns des
attributs de la souveraineté.
La situation des deux royaumes scandinaves réunis sous le sceptre des Bernadotte
est celle de l'*Union personnelle* (*voy. ce mot*).
Les deux moitiés de l'empire austro-hongrois jouissent d'une large autonomie, à peu
près comme l'un des Etats allemands, mais
avec des différences assez sensibles que nous
ne pouvons pas faire ressortir ici.
Les colonies anglaises jouissent d'une autonomie intérieure presque complète, mais
en face de l'étranger elles sont représentées
par la mère-patrie.
Moins large est l'autonomie de la Finlande
en Russie, des Etats de la couronne de l'empire austro-hongrois, de quelques îles britanniques (Jersey, etc.) dans le Canal, des
provinces basques ou vascondages en Espagne. Autrefois certaines provinces françaises, de même l'Ecosse et l'Irlande, jouissaient d'une autonomie bien caractérisée.
Il n'y a pas actuellement en Europe des
provinces et des communes jouissant de
l'autonomie; elles exercent seulement une plus
ou moins grande dose de *selfgovernment*.
L'autonomie suppose le pouvoir, quelque
restreint qu'il soit, de faire des lois; le *self-
government* ne peut faire que des règlements: *By-laws*. Le *selfgovernment* est à
l'autonomie ce que l'administration est au
pouvoir législatif. Nous renvoyons pour ce
qui concerne le *selfgovernment* à l'article
qui lui est consacré. (*Voy.* aussi **Centralisation**, **Fédéralisme** et **Tutelle administrative.**)

AUTOMATISME. C'est la croyance qu'on
peut établir une organisation politique, sociale, économique qui aille toute seule, par
la seule force des organes ou rouages qu'on
a institués. Une pareille machine ne va bien
qu'au début mais dès le 1er jour elle com-

mence à subir des influences qui tendent à la détraquer. Les organes vivants suivent d'autres lois que des organes en fer ou acier, et si les organes — comme dans un ─tat — sont représentés par des hommes, les dérangements seront causés souvent avec intention par les intelligences et les sentiments contraires. Toute organisation doit être constamment surveillée, dirigée, forcée de suivre la règle. L'organisation ne doit avoir pour but que de faciliter la direction à donner et le travail à accomplir.

Une organisation sociale qui rend automatiquement tout le monde heureux — ou qui empêche seulement de mal faire est une utopie.

AUTORITÉ. Partout où il y a société, il y a lutte entre l'autorité et la liberté.

Les règlements ne sont que des traités de paix entre ces deux principes.

Dans la société politique, le règlement s'appelle constitution.

. Dans la société religieuse, il s'appelle symbole.

L'autorité semble si nécessaire à toute société, et la liberté si nécessaire à la nature humaine, qu'on retrouve une image de l'autorité jusque dans la philosophie, où la liberté paraît devoir être sans limites, et une revendication de la liberté jusque dans la famille, qui est la société la plus étroite, et la seule où le pouvoir absolu puisse paraître légitime.

L'histoire des sociétés humaines, à quelque point de vue qu'on la considère, est l'histoire de l'autorité et l'histoire de la liberté. Ces deux principes étant destinés à se limiter l'un l'autre, mais inégalement, suivant le degré de la civilisation, il y a toujours entre eux, pour chaque état social, une ligne que ni l'un ni l'autre ne doit dépasser, et les événements de la politique ne sont que les écarts de la liberté ou de l'autorité au delà de cette limite nécessaire. Quand c'est l'autorité qui excède, l'humanité, opprimée, souffre ; quand c'est la liberté, la société est en péril. Il est naturel que, dans le premier cas, il se forme un esprit public pour revendiquer ardemment la liberté, et que, dans le second, il s'en forme un pour reconstituer énergiquement l'autorité. La réaction constante, quoique plus ou moins immédiate et rapide, de l'opinion contre le succès est la cause de la mobilité des sociétés ; elle est la cause du progrès. Cette loi du développement de l'humanité n'a été aperçue et acceptée que fort tard ; et c'est alors que, comprenant l'impossibilité d'empêcher les révolutions, on s'est efforcé du moins de remplacer les révolutions violentes par des révolutions pacifiques ou légales, en introduisant le principe de la révision dans les constitutions. Les anciennes sociétés, qui avaient la tradition pour fondement, et l'immobilité pour règle, croyaient à une limite absolue entre l'autorité et la liberté ; l'autorité, suivant cette doctrine, tirait sa force et son droit d'elle-même, elle était essentiellement le droit, et si elle faisait des concessions à la liberté, ces concessions étaient gracieuses, et, par conséquent, révocables. Les sociétés modernes, au contraire, sont maîtresses d'elles-mêmes, c'est-à-dire que, l'intérêt social étant désormais la source du droit, aucun membre de la société ne peut posséder de droit contre elle ; l'autorité n'est plus qu'une délégation de la société, limitée dans sa durée et dans son étendue par l'intérêt social. Or, la société, qui a toujours besoin d'être dirigée, en a d'autant plus besoin qu'elle possède moins de lumière : à mesure qu'elle s'éclaire et se civilise, elle reprend de sa liberté toute la portion qu'elle peut exercer sans péril pour elle-même ; l'autorité se retire alors progressivement, non pas comme un maître qui cède à la force, ou qui fait un don gracieux par pure bienfaisance ; mais comme un délégué qui remet ses pouvoirs, rend ses comptes, et se renferme dans la limite de ses attributions nouvelles. En un mot, la source du droit politique, ou, ce qui revient au même, la souveraineté s'est déplacée ; elle était dans l'autorité, elle est dans le peuple. L'autorité n'est plus qu'une délégation de ceux qu'elle gouverne. La souveraineté de l'ancien régime, inhérente à la personne du monarque, et possédée en vertu du droit divin, restait légitime, avec la plénitude de ses attributions, même contre le vœu unanime du peuple ; la souveraineté moderne, essentiellement déléguée, n'est légitime que dans la mesure, et pendant la durée de cette délégation.

Il est bien clair que, du moment que la souveraineté appartient au peuple, qui en délègue seulement l'exercice, l'étendue de la délégation dépend, comme la délégation elle-même, de la volonté nationale. Mais on demande ce que la nation[1] doit vouloir, dans son intérêt, qui est, à cet égard, sa seule règle. Doit-elle vouloir une délégation absolue, une délégation très étendue ou une délégation très limitée ? La délégation absolue a ses partisans. C'est comme un tour de gobelet métaphysique, qui décerne d'abord pompeusement la souveraineté au peuple, qui tout aussitôt la lui enlève sous prétexte de délégation, et le laisse plus nu et plus dépouillé qu'auparavant. En effet, la royauté de droit divin, même la plus absolue, étant fondée sur la tradition, est obligée, par respect pour son propre principe, à maintenir les autres traditions qui subsistent en elle et au-dessous d'elle ; et, par ce moyen, la tradition la fonde et la limite tout à la fois. C'est ainsi que, sous l'ancien régime, les rois ne pouvaient ni ébranler la religion catholique, ni abolir la noblesse, ni se passer des parlements pour enregistrer les lois et rendre la justice. Ils ne pouvaient pas toucher à la forme des états généraux, et n'a-

1. Nation nous semble ici à la fois plus clair et plus exact que peuple. M. B.

vaient pas d'autre ressource contre eux que d'éviter de les convoquer. Un dictateur, au contraire, représentant la toute-puissance, ne peut être gêné dans l'exercice de sa souveraineté ni par les lois, ni par les traditions. Cette émanation actuelle d'une toute-puissance absolue ne peut rencontrer de limites ni dans l'histoire, ni dans les mœurs, ni dans les lois, ni dans les formalités. Il est manifeste que l'autorité ainsi entendue absorbe et anéantit la liberté. Entre une telle délégation et la monarchie de droit divin, il n'y a guère qu'une différence de protocole ; mais s'il y a, en outre, une différence de degré, elle l'est en faveur de la monarchie de droit divin.

L'essence de l'autorité déléguée est donc d'être limitée et révocable ; car elle ne peut être absolue et irrévocable sans faillir à son principe. Une liberté qui n'existerait que comme principe, et se déléguerait tout entière, n'est pas la liberté ; ce n'est rien ; c'est la plus vide et la plus trompeuse des abstractions. En un mot, il n'y a pas d'état social où l'autorité et la liberté ne subsistent simultanément, et où l'autorité ne soit une concession faite par la liberté ; et le vrai problème politique consiste à déterminer la frontière entre l'autorité et la liberté, de la façon la plus profitable à la liberté bien entendue.

Certains esprits inclinent naturellement à grandir outre mesure la part de l'autorité ; d'autres, celle de la liberté. Dès qu'on n'est plus dans le droit divin, et qu'on admet le dogme de la souveraineté populaire, cette démarcation n'est plus une question de droit ; c'est un point de fait, une affaire d'habileté et de tempérament.

Les partisans du développement immodéré de l'autorité apportent trois arguments en sa faveur : premièrement, elle est génératrice de l'ordre ; secondement, elle est génératrice du progrès ; troisièmement, elle fait une part suffisante à la liberté, si elle gouverne toujours dans le sens de la majorité.

Il est vrai que l'autorité est génératrice de l'ordre. C'est même pour cela qu'elle est instituée, et c'est parce que l'autorité est nécessaire à l'ordre et l'ordre à la liberté, qu'aucune société ne se passera jamais d'autorité. Mais de ce que la fonction propre de l'autorité est d'engendrer l'ordre, il ne faut pas conclure que plus il y a d'autorité dans un tat, et plus il y a d'ordre. L'ordre résulte bien plutôt d'un juste équilibre entre l'autorité et la liberté. Car si le peuple n'a pas la liberté à laquelle il a droit, c'est-à-dire toute la somme de liberté qu'il peut supporter sans péril, il éprouve un malaise et une impatience du joug qui ébranlent nécessairement l'autorité et la société tout entière. La politique est tellement une science d'équilibre que tout excès lui est une cause de trouble. De plus, l'autorité, pour être solide, a besoin non seulement de force matérielle, mais de force morale. Elle doit sa force morale, dans les sociétés modernes, à la délégation populaire. Cette délégation reste visible à tous les yeux tant que l'autorité est bienfaisante ; mais elle paraît abusive et caduque dès que l'autorité, par ses empiétements, au lieu d'être une cause d'ordre et de bien-être pour le corps social, lui devient un danger et une souffrance. Concluons que l'autorité n'est génératrice de l'ordre que dans la mesure de sa propre nécessité.

La seconde proposition des partisans excessifs de l'autorité est discutable ; elle contient du vrai et du faux. Il y a des progrès qui ne peuvent être réalisés que par une autorité centrale, armée de très grands pouvoirs. En effet, des deux mobiles qui déterminent la plupart des actions humaines, à savoir l'intérêt privé et l'intérêt général, il est naturel que le premier agisse presque exclusivement sur les résolutions des individus, et que le second domine dans les conseils des représentants du corps politique. Il n'est pas moins naturel que les individus embrassent uniquement la sphère dans laquelle se meut leur propre vie, et restent étrangers ou indifférents à ce qui n'a pas un rapport direct avec leurs personnes. Même si, au lieu de considérer les individus, on suppose dans l'Etat des corporations restreintes, telles, par exemple, que les communes, n'est-il pas évident que l'administration d'une commune n'aura de prévoyance et de bienfaisance que pour son propre territoire ? Et n'est-il pas évident, d'un autre côté, qu'il y a des entreprises nationales dont le succès importe plus à la prospérité de chacune des communes prises individuellement, que tout ce qu'elles pourraient faire avec leurs propres forces dans les limites de leur propre circonscription ? Les administrations locales, quelles que soient leurs lumières, sont comme des voyageurs arrêtés au fond d'une vallée dont l'horizon est nécessairement restreint ; mais les chefs de l'Etat, placés au sommet de la montagne, embrassent une vaste étendue, et jugent mieux des points de détail parce qu'ils les connaissent à la fois en eux-mêmes, et dans leurs rapports. La supériorité de leurs vues tient aux ressources que leur donne leur position, et peut-être à un accroissement de capacité dû à l'importance de leur rôle. L'homme en effet, comme tout ce qui est créé, est composé de sa propre essence, et des modifications en bien ou en mal qu'apporte à son essence l'influence exercée sur elle par les objets extérieurs. L'histoire de chaque vie humaine résulte de ce qu'ont produit, dans l'homme, ce foyer d'action qu'on appelle la volonté, et toutes les circonstances qui ont incessamment excité, développé, modifié, paralysé cette volonté, ou qui en ont restreint ou agrandi les effets. Sauf quelques natures trop pauvrement douées, que le hasard porte en haut, et qui sont en quelque sorte anéanties, quelquefois même perverties, par la disproportion de leurs facultés et de leur mission, on peut dire en général que la capacité des hommes s'accroît avec leur responsabilité et leur autorité. Enfin, et c'est la raison la plus solide, l'unité de direction est dans toute action collective le principal facteur de la force. On peut considérer une nation s'avançant dans l'histoire à la conquête d'une bonne organisation sociale, comme une armée en marche sous les ordres d'un bon général, et qui suit toujours sans hésiter le chemin le plus court et le plus sûr, sans jamais laisser de traînards à sa suite.

D'un autre côté, la liberté a sa force propre et son efficace, qu'il est impossible de méconnaître.

Premièrement, elle est un droit. L'homme a droit à la liberté, à la seule condition d'en être capable. Il en résulte que toutes les fois qu'un homme ne jouit pas de la somme de liberté dont il peut user sans nuire à la liberté des autres, le droit est violé en lui. Ce droit, qui est absolu, ne pourrait être sacrifié, même aux exigences du progrès, quand il serait prouvé que le progrès n'est possible que par l'action de l'autorité; mais il faut ajouter, en outre, que le droit n'est jamais violé impunément, et qu'une force destinée par la nature à se mouvoir librement, souffre en elle-même une diminution, et ne produit que très incomplètement son effet, quand elle est transformée par les conventions sociales, et, d'autonome qu'elle devrait être, devient dépendante et secondaire. Ce n'est pas seulement la violation du droit qui amoindrit l'homme; c'est la différence de mobile. L'homme soumis au commandement agit par obéissance, ce qui, dans la plupart des cas, signifie qu'il agit par crainte; l'homme indépendant agit par espérance. Quel est le plus fort de ces deux mobiles, c'est ce qui n'est douteux pour personne. L'homme gouverné attend l'impulsion, d'où il suit qu'il ne la devance ni ne la dépasse, et qu'il laisse sa force au repos toutes les fois qu'elle n'est pas réclamée : l'homme libre tend à l'action comme un liquide tend au niveau; car la tendance au repos est en lui une défaillance, et si elle devient chronique, une maladie. Non seulement il exécute mieux, mais il cherche et il trouve. La force matérielle et intellectuelle développée par le constant exercice, l'habitude de compter sur soi, font de lui un agent incomparablement supérieur dans les cas assez rares d'ailleurs où il lui est nécessaire de subordonner son action à la direction de l'autorité. Étant données deux forces (collectives) égales et composées d'un nombre égal de forces (simples), la force collective qui sera dirigée par une volonté unique produira plus d'effet; mais la force collective d'un peuple composé de forces sans cesse dirigées et obéissantes est considérablement inférieure à ce que serait la force collective de ce même peuple, si les forces simples qui la composent s'étaient développées sous le souffle véhément et fortifiant de la liberté. Or, la vraie richesse des nations, c'est l'augmentation de force et l'augmentation d'action. Reconnaissons que l'unité est absolument nécessaire à certaines actions;

mais, dans ce cas même, les forces réunies pour former une force collective sont d'autant plus puissantes qu'elles ont été antérieurement accoutumées à la liberté. L'autorité et la liberté sont donc l'une et l'autre génératrices du progrès; le progrès ne peut se passer ni de l'une ni de l'autre; mais c'est encore la liberté qui l'emporte.

La troisième proposition, qui consiste à soutenir que la liberté est désintéressée quand l'autorité a une origine et des agents constamment populaires, ou, plus simplement, quand elle s'exerce constamment dans le sens de la majorité, est assurément un sophisme. Si la cause de la liberté pouvait périr, c'est par ce sophisme qu'elle périrait. Le gouvernement des majorités ainsi entendu, c'est le gouvernement du nombre, c'est-à-dire la substitution de la force au droit. Il semble bien au premier abord qu'il y a identité entre la souveraineté populaire et le gouvernement des majorités, parce qu'en effet la volonté de la nation ne peut en aucun cas être exprimée par la minorité. C'est cette pensée qui fait tant d'ennemis au dogme de la souveraineté populaire, quoique écrit dans toutes nos lois, et reconnu, à très peu d'exceptions près, par tous nos publicistes. L'erreur consiste à ne regarder que le droit des majorités et à oublier complètement celui des minorités. Ce sont deux droits très différents, mais également sacrés, et qui n'importent pas moins l'un que l'autre à la liberté et à l'ordre. D'abord, cela va sans dire, tous les membres de la minorité ont individuellement les mêmes droits que les membres de la majorité; et pour que ces droits soient assurés, il faut qu'en vertu des lois elles-mêmes, et des formalités établies pour en régler l'application, aucun citoyen ne puisse dépendre que de la loi. Ce premier point mis à part, le droit des majorités est de faire la loi, et le droit des minorités, de préparer par la discussion une majorité nouvelle qui remplace une mauvaise loi par une bonne. Si le droit de la minorité est respecté, le gouvernement des majorités cesse d'être le gouvernement de la force; car, pour le prétendre, il faudrait soutenir en même temps que les peuples ne sont pas susceptibles d'éducation, et que l'intelligence humaine n'est pas analogue à la vérité.

Nous résumons ainsi toute la discussion : Qu'est-ce que l'autorité sans aucune liberté ? C'est l'immobilité énorme de la forme sociale, un amoindrissement énorme de la force collective, et enfin la consécration d'une injustice permanente. Qu'est-ce que la liberté sans aucune autorité ? C'est l'absence de la société, l'état de guerre, une hypothèse tellement absurde qu'elle ne présente même pas à l'esprit une idée précise. Donc il faut dans toute société de la liberté et de l'autorité. La liberté étant le droit et l'intérêt des citoyens dont la société se compose, elle est le but de la société; l'autorité n'en est que la condition. La liberté est pour elle-même; et l'autorité est, pour que la liberté puisse être. La liberté offrant d'autant moins de péril que les esprits sont plus éclairés, la liberté doit se développer, et réciproquement l'autorité doit reculer, à mesure que les lumières se répandent. L'autorité est dans ses rapports avec la liberté comme un sage tuteur qui ne se substitue à la volonté de son élève que quand cette volonté est imbécile ou impuissante, qui travaille sans cesse à se rendre inutile, et se retire au moment précis où l'enfant est devenu un homme. Il n'y a pas, et ne peut pas y avoir, entre la liberté et l'autorité, de limite fixe, puisque le vrai rôle de l'autorité est de préparer les émancipations successives de la liberté.

Ainsi, l'autorité doit toujours être forte, mais elle ne doit être étendue que dans les pays et chez les peuples peu civilisés. La plus grande marque de la civilisation pour un peuple, c'est d'être impunément peu gouverné. Ce n'est pas de l'être faiblement, car un pouvoir faible est celui qui ne peut pas remplir sa mission.

La force du pouvoir résulte de sa parfaite analogie avec son principe; elle a donc deux conditions : la première qu'il ne s'étende pas au delà de son droit, c'est-à-dire du nécessaire, la seconde, qu'il ne fasse aucune part à l'arbitraire et s'appuie constamment sur la loi.

C'est une erreur fondamentale de croire que la force de l'autorité consiste dans son étendue, puisqu'elle consiste au contraire dans l'exacte proportion entre sa nécessité et son étendue. On pourrait presque dire que l'autorité est d'autant plus forte qu'elle a dans un plus haut degré la faculté de se restreindre à propos. Renfermée dans les limites que lui assigne la civilisation de chaque époque, l'autorité est bienfaisante et nécessaire; il importe donc à la société et à la liberté qu'elle remplisse infailliblement sa mission. La liberté elle-même a besoin que le pouvoir soit fort, puisqu'il est pour elle une garantie et une espérance; elle ne redoute que les empiétements et l'arbitraire.

L'arbitraire, auquel aspire trop souvent l'autorité, lui est aussi funeste qu'à la liberté, et lui est funeste de la même manière. Le pouvoir, dès qu'il s'écarte de la loi, n'exprime plus la volonté des majorités, et n'en représente que l'abdication. L'arbitraire est dans le corps politique ce que serait l'inutile

dans le système du monde. Il passe pour être le comble de l'autorité, et il n'en est que le vain simulacre. Entre l'autorité et lui il y a contradiction, puisque la nature de l'autorité est d'engendrer l'ordre, et que l'arbitraire est l'essence même du désordre. Sous des apparences de centralisation et d'absolutisme, il n'est en réalité qu'une des formes de l'anarchie. Il est à l'autorité ce que le privilège est au droit, et ce que, dans le domaine psychologique, la liberté d'indifférence est à la vraie liberté. Tout doit être réglé, même la force. Ou plutôt, tout doit être réglé, surtout la force.

Voici quelques formules dans lesquelles on peut renfermer toute la théorie de l'autorité :

Les conditions de la liberté sont : 1º la jouissance des droits naturels; 2º la possibilité de réclamer par la discussion les droits de la minorité; 3º la transformation de la majorité en minorité, chaque fois que la majorité d'*opinion* se déplace.

Donc l'autorité doit être : 1º gardienne des droits naturels; 2º gardienne des droits de discussion; 3º gardienne des droits de transformation.

Par conséquent, il faut : 1º qu'elle rende tout possible par les moyens légaux, en se restreignant quand la civilisation grandit, et 2º qu'elle empêche l'emploi des moyens extra-légaux.

Elle doit donc être très forte en ce qu'elle est.

Conditions de la force : 1º stabilité; 2º liberté d'action, dans sa sphère; 3º promptitude d'action; 4º infaillibilité d'action; 5º répression sûre, après irréfragable constatation, par des tribunaux également, mais nécessairement, indépendants de l'opinion et du pouvoir. JULES SIMON.

AVOYÉ ou AVOYER. On appelle de ce nom, en Suisse, le premier et quelquefois les deux premiers magistrats de certains cantons. Il en est ainsi, aujourd'hui, dans les cantons de Berne, de Lucerne et de Soleure; dans les autres cantons, les mêmes magistrats se nomment *Landammann*, bourgmestres ou syndics.

AYUNTAMIENTO. Conseil municipal espagnol.

B

BAILLI (en anglais *Bailiff*, en allemand *Amtmann*). Divers fonctionnaires ont porté ce titre en France. Il fut d'abord donné aux représentants du roi dans les provinces. Philippe-Auguste fut le premier qui le institua (1190). Pour que le bailli n'usurpât pas, comme le duc ou le comte, la propriété du territoire dont l'administration lui avait été

confiée, il ne pouvait pas rester plus de trois ans dans le même bailliage.

L'*Amtmann* a des attributions différentes selon les divers États allemands.

Le *bailiff* anglais n'est guère plus qu'un huissier ou agent judiciaire.

BAILLIAGE. Circonscription soumise à un

tout ce qui est soit nécessaire. Consultant l'histoire, nous voyons que les rapports entre les États et les banques se sont formés presque partout à la suite d'événements particuliers, qui ont mis les gouvernements dans la nécessité de se procurer de l'argent à bref délai, et qu'ils l'ont obtenu par l'intermédiaire de la banque. Malheureusement, ils ne se sont pas trop préoccupés dans ce cas des effets ultérieurs de cette mesure. Les inconvénients n'ont pas manqué de se manifester, et pour les raconter, il faudrait des volumes. Aussi ne croyons-nous pas heureuse l'idée de créer une banque d'État, sur laquelle le gouvernement a nécessairement une grande influence; nous voudrions même que les lois tendent plutôt à entraver un peu les relations entre l'État et les banques.

Nous ne savons pas par exemple si ce rapport entre l'État et la banque qui consiste à charger cette dernière de la perception des impôts et des mouvements des fonds est bien utile au pays. Il n'est pas sûr qu'on obtienne ainsi une réduction des dépenses de perception; des hommes compétents l'ont contesté. Ils pensent que cette économie est trop chèrement achetée. Les rapports trop étroits entre l'État et la banque ont pour effet d'accumuler dans un seul réservoir l'ensemble du stock métallique d'un pays, et la moindre crise s'y fait sentir bien plus profondément qu'ailleurs. Il faut éviter d'enchevêtrer les questions politiques et les questions économiques, les intérêts financiers de l'État et les intérêts du commerce.

BANQUE POPULAIRE. On appelle souvent ainsi les sociétés coopératives de crédit.

BANQUEROUTE PUBLIQUE. On sait que le particulier, qui emprunte pourtant généralement pour des buts productifs, n'est pas toujours en mesure de s'acquitter envers ses créanciers; des circonstances imprévues ont contrarié ses opérations, l'imprudence et la mauvaise foi ont détourné l'argent de sa destination et ont empêché la reconstitution du capital qu'il devait au prêteur. Comment s'étonner que l'État, empruntant presque toujours pour des emplois improductifs ou destructifs même, se soit souvent vu dans l'impossibilité de faire honneur à ses engagements? L'État a sur le particulier ce triste avantage qu'aucun recours en justice n'est possible contre lui, du moment surtout que le refus de payer prend un caractère général; jadis il jouissait encore du privilège de pouvoir voler son créancier sans en avoir l'air. Il n'avait qu'à altérer les monnaies.

Cette méthode de faire banqueroute avait le grave inconvénient d'entraîner une série infinie de déloyautés entre les habitants du pays; la monnaie altérée servant aussi à payer les dettes particulières, le fisc n'était pas seul à frauder : tout créancier était volé par son débiteur. Ce fut presque un progrès, quand les gouvernements se décidèrent à

une banqueroute plus franche, plus brutale. Ils en eurent le triste courage au moyen âge et jusqu'au dix-huitième siècle. Ils empruntaient autant que possible aux Lombards et aux Juifs, les grands banquiers de l'époque, puis les chassaient du pays pour crime de prévarication et confisquaient leurs biens; à l'égard des juifs, la conversion forcée au christianisme remplaçait parfois l'expulsion : cela sauvait du moins leurs âmes, mais ne sauvait ni leurs créances ni leur argent. Quand Lombards et juifs eurent fait place, sur les marchés financiers, aux chrétiens indigènes, le Trésor s'acquitta envers ses créanciers par des « saignées » périodiques; les ministres les plus honnêtes et les plus intègres de la monarchie française, les Sully, les Colbert, n'étaient pas les moins violents à réduire et à rayer les dettes du gouvernement, à payer les créanciers en lettres de cachet, ou par l'envoi aux galères et la saisie de leur fortune [1].

Toutefois, ces banqueroutes de l'ancien régime n'atteignaient, d'une façon directe, qu'un nombre relativement restreint de personnes : les fournisseurs, grands et petits, à qui le Trésor devait le prix de leurs marchandises; les personnes à qui ils avaient fait passer les billets de monnaie et autres titres de créances; les capitalistes qui avaient consenti au Trésor des avances directes. Pour que la banqueroute du fisc pût devenir une véritable calamité publique et atteindre la totalité des citoyens, il fallait une propagation plus grande du titre de créance (rente); il fallait surtout avoir découvert le moyen d'emprunter à tout le monde sans son aveu : ce moyen, le papier-monnaie le fournissait. L'histoire moderne a enregistré plusieurs grandes banqueroutes réalisées de cette façon : en France, en Autriche, en Espagne, au Mexique, dans plusieurs États de l'Union américaine et ailleurs. Celles de France et d'Autriche se rattachent aux événements qui suivirent notre grande révolution : dans l'un et l'autre pays, la banqueroute était double : elle frappait les créanciers volontaires et directs du gouvernement, les rentiers; elle frappait aussi ses créanciers indirects et involontaires, les porteurs de papier-monnaie.

La banqueroute en France était la conséquence fatale de l'horrible abus fait de la planche aux assignats. Lorsque la loi du 29 messidor an IV vint, enfin, faire cesser la circulation forcée des assignats — ce qui veut dire leur circulation en général, puisque personne ne les acceptait librement — l'émission avait atteint le chiffre colossal, incroyable, de 45.578.810.040 livres. On devine aisément quelle pouvait être, malgré les peines sévères qui en imposaient l'acceptation, la valeur, ou plutôt la non-valeur, de cette masse de chiffons, écrasée sous son propre poids; la dépréciation est d'ailleurs fixée d'une façon officielle par la loi du 5 messi-

1. D'après J. E. Horn.

dor an V, proposée par le Conseil des Anciens « pour parvenir à donner des règles sur les transactions faites pendant la durée de la dépréciation du papier ». Il résulte des tableaux dressés à cet effet, et qui certes atténuaient plutôt qu'ils n'exagéraient la dépréciation, qu'à la veille de la suppression des assignats, au commencement de 1796, les 24 livres de numéraire (24 fr.) se payaient selon les départements de 5.000 à 7.000 livres en papier. La loi qui ordonnait la création des mandats — de mars à septembre 1796 on en a émis pour deux milliards quatre cents millions de livres — en fixait la valeur au trentuple des assignats, c'est-à-dire qu'on obtenait 1.000 livres en mandats pour 30,000 livres en assignats ; et ces 1.000 livres en mandats ne valaient elles-mêmes sur le marché libre, dès leur apparition, que 100 à 120 livres argent ! A cette banqueroute générale venait bientôt après s'ajouter la banqueroute plus restreinte envers les rentiers ; elle s'appelle la liquidation Ramel, du nom du ministre auteur de la loi du 24 frimaire an VI. La loi ordonnait que toute rente perpétuelle ou viagère, ainsi que toutes les autres dettes de l'Etat, anciennes ou nouvelles, liquidées ou à liquider, seraient remboursées pour les deux tiers en bons au porteur, libellés : Dette publique mobilisée. Echangeables seulement en biens nationaux dans l'acquisition desquels ils étaient reçus en payement de la portion du prix payable avec la dette publique, ces bons perdirent 70 à 80 p. 100 dès leur émission ; bientôt il devint absolument impossible de les placer : les rentiers, pensionnaires, fournisseurs et autres créanciers de l'Etat se trouvaient donc frustrés de deux tiers de leurs créances. Le dernier tiers n'était pas remboursé non plus : on l'inscrivait sur le grand-livre, comme dette consolidée, rapportant 5 p. 100 d'intérêt. Ce dernier tiers, appelé le tiers consolidé, est devenu l'origine de notre dette publique ; il s'élevait à 40.2 millions de rente annuelle.

Nous ne parlerons pas des autres Etats, parce qu'il faudrait bien des pages pour raconter les tristes événements que nous aurions à rapporter.

Est-il besoin de signaler l'immensité des pertes qu'entraîne une telle catastrophe et auxquelles n'échappe aucune classe, on pourrait dire aucun membre de la société ? On a entendu des publicistes s'évertuer à atténuer la gravité des banqueroutes publiques, à les légitimer presque. « La déclaration de faillite, ainsi argumentent-ils, ne venant qu'à la suite d'un long discrédit de l'Etat, d'une dépréciation graduelle du papier-monnaie, la perte est en réalité moins grande qu'elle n'en a l'air ; le possesseur, au moment fatal, des titres de rente ou des billets les a déjà acquis à un prix tout aussi bas, peut-être plus bas même, que le taux auquel le Trésor failli les maintient ; les pertes partielles sont depuis longtemps consommées pour les personnes par les mains desquelles ces titres de rente

ou ces billets ont successivement passé, et les propriétaires du jour n'y perdent rien ou peu de chose. » Quelquefois cela peut être vrai, quoiqu'il faille encore admettre de nombreux cas (rente immobilisée. etc.) où la répercussion est impossible. Mais cela diminue-t-il le moins du monde la déloyauté de la banqueroute en elle-même ? Supposez le commerçant faisant aujourd'hui une faillite d'un million ; sa situation ou sa mauvaise foi était depuis deux mois soupçonnée par ses créanciers ; ils se sont empressés de vendre ses billets (sans endossement) à 50 p. 100 de perte ; sa banqueroute sera-t-elle moins condamnable devant la loi et devant la morale, parce qu'ainsi la perte (du million qu'il fraude) se répartit entre ses créanciers primitifs et leurs subrogés ? Au surplus, la déclaration de faillite de la part de l'Etat ne constitue pas le seul acte regrettable et condamnable ; la répercussion anticipée de la perte finale l'est tout autant.

Heureusement les terribles catastrophes que nous venons de rappeler ne sont presque plus possibles de nos jours. Les révolutions sont moins terribles et les guerres sont devenues moins longues, les ressources nationales sont plus développées, les finances publiques mieux réglées, l'impôt et le crédit sont plus puissants pour subvenir même à des besoins exceptionnels ; l'opinion a acquis plus de pouvoir pour arrêter les exigences folles et ruineuses. Il ne faudrait cependant pas s'endormir, la vigilance est toujours bonne et la prudence commande de n'apporter qu'une confiance mesurée aux pays qui empruntent beaucoup, fût-ce le sien propre. Le patriotisme le commande.

BANQUET. A plus d'une époque, le *banquet* a joué un certain rôle dans la politique. Mais les banquets créés exprès pour que les partis puissent formuler leurs programmes avec solennité ne s'offrent réellement qu'à partir du moment où commence la vie publique, c'est-à-dire où les opinions peuvent s'avouer et se combattre ouvertement. C'est donc un moyen d'agitation et sous ce rapport plusieurs banquets se sont rendus fameux dans l'histoire de différents pays.

BARON. Primitivement ce mot fut synonyme d'*homme*. Les premiers barons étaient les guerriers de race libre, possesseurs de fiefs, qui accompagnaient le roi à la guerre suivis de leurs vassaux, qui lui prêtaient hommage et devenaient ainsi des *hommes*. Etre baron constituait ainsi la plus haute noblesse. Peu à peu, ce mot perdit de son sens élevé et étendu, et, au treizième siècle, la dignité de baron était déjà inférieure à celle de marquis et de comte. Quant à préciser l'époque où le titre de baron cessa d'être générique et fut restreint aux seigneurs possédant des terres érigées en baronnies, c'est là une question qui ne paraît pas avoir été résolue.

A l'exemple de la France et de l'Angleterre l'Espagne a eu ses *barons*. Ainsi l'on disait : les barons d'Aragon, et sous cette dénomination se trouvait compris ce qu'on a appelé aussi *ricos hombres*.

En Allemagne, où l'on divise souvent la noblesse en haute et basse, les barons forment l'échelon inférieur de la haute noblesse ; mais l'usage du mot allemand *Freiherr* (baronne, *Freifrau*), qui est la traduction littérale (homme libre) du sens primitif de *baron*, tend à se généraliser.

BARONNET, dignité nobiliaire, appartenant exclusivement à l'Angleterre. Ce titre fut créé par Jacques Ier, afin de trouver l'argent nécessaire pour continuer la guerre en Irlande. Le baronnet ne doit pas être confondu avec le baron ; il n'est pas, à ce titre, membre du parlement et n'a aucun privilège. Son nom de famille est toujours précédé du mot *sir* et d'un prénom, et sa femme a droit à la désignation de *lady* (dame), au lieu de *mistress*, qui est l'équivalent de *madame* pour les non-nobles. Les chevaliers, *knight*, ont les mêmes droits que les baronnets, mais leur dignité est seulement personnelle ; on peut donc dire qu'un baronnet est un knight héréditaire. Le fils aîné hérite seul du titre.

BARREAU. Dans les salles où les anciens tribunaux français entendaient les plaidoiries, une barre séparait l'enceinte réservée aux juges de celle qui était abandonnée aux parties et à leurs défenseurs. Cette barre, derrière laquelle se tenaient les avocats, a donné son nom à leur corporation et à la profession elle-même.

La défense individuelle trouve une puissante garantie dans l'organisation régulière d'un collège d'hommes voués à l'étude des lois et à la discussion contradictoire des intérêts soumis à la justice. L'existence du barreau remonte sans doute à une haute antiquité, on doit le reconnaître, lors même qu'on n'admettrait pas l'hyperbole, si souvent répétée, qui l'appelle un ordre aussi ancien que la justice. C'est assez de remonter jusqu'à la Grèce. Dans ce pays où des esprits subtils et actifs étaient servis par une parole abondante et vive, le barreau prit de bonne heure une grande importance. Des hommes éloquents se consacrèrent à la composition des harangues qu'ils donnaient aux parties, ou qu'ils prononçaient eux-mêmes pour elles. Ils ne se bornaient pas à la défense des intérêts privés, de l'honneur, de la vie des citoyens : ils traitaient les questions les plus graves du gouvernement ; ils plaidaient, avec toute la liberté qu'admettait la tribune grecque, les causes de la nation ; c'est la Grèce entière que Démosthène soutenait en attaquant Philippe. Solon protégea l'honneur du barreau, en fixant les conditions qui en ouvraient ou en fermaient l'accès. D'autres lois réglèrent même la durée, la convenance, le ton des discours, etc. La conquête romaine, en détruisant la nationalité et la liberté grecques, fit dégénérer peu à peu l'institution du barreau comme les autres ; à la voix puissante de Périclès, d'Isocrate, d'Eschyne, de Démosthène, succéda celle des rhéteurs, qui ne furent plus que des artistes en parole, et des plaideurs d'affaires privées.

Sous la république romaine, le barreau ne constitua pas d'abord une profession à part. C'était pour les patrons une obligation légale de défendre leurs clients, comme, au moyen âge, la féodalité, transportée à Jérusalem, imposait aux seigneurs le devoir de *conseiller*, c'est-à-dire soutenir personnellement leurs vassaux devant les juges, et plaider ou consulter pour eux. Lorsque Rome eut étendu au loin ses frontières, que les lois, comme les relations et les intérêts, furent devenues nombreuses et compliquées, le temps, le savoir et le talent des patrons ne parurent plus suffisants : on eut recours à des défenseurs qui faisaient de la jurisprudence et de l'art oratoire une étude spéciale. La grandeur des causes porta très haut leur éloquence ; c'étaient tantôt de graves accusations politiques, tantôt les destinées d'un roi, d'un peuple, qu'ils débattaient devant le sénat ou devant les tribunaux. Aussi du barreau de Rome sortirent les hommes d'État, les orateurs les plus éminents, Ælius, Caton, Jules César, Cicéron, Hortensius, Crassus, etc. L'empire diminua le rôle politique des avocats. Les exemples et les écrits de Pline le Jeune et de Tacite prouvent à la fois que, sous Trajan, l'importance du barreau romain était grande encore, mais que déjà l'habitude et le goût des exercices de rhéteurs marquaient une décadence sensible. Le barreau fournit dans les siècles suivants de profonds jurisconsultes et d'habiles avocats ; les empereurs rendirent un grand nombre d'édits pour y maintenir la discipline.

Dans la Gaule, célèbre par le nombre et la faconde de ses avocats, le barreau fut gouverné par les règles de celui de Rome, tant que dura la domination romaine. Tout fut changé par les institutions militaires des Francs, ensuite par les procédés du régime féodal. Pour retrouver un barreau constitué, il faut arriver aux tribunaux ecclésiastiques, et surtout au parlement de Paris. Ce grand corps judiciaire, dont l'organisation était, déjà sous Philippe-Auguste, plus avancée qu'on ne le croit généralement, ne nous est bien connu, sous son véritable caractère, que depuis saint Louis, principalement depuis que ce pieux monarque revint de la Terre-Sainte, en 1254. L'existence des avocats auprès du parlement est certaine. Dès Philippe le Hardi et Philippe le Bel, les ordonnances renferment des dispositions sur l'exercice de leur ministère ; elles en répriment les abus, revenant souvent sur la prolixité des plaidoiries et sur l'inconvenance des paroles. Les registres du parlement contiennent, dès le quatorzième siècle, des listes d'avocats, et de nombreuses décisions tendant à régler la discipline du barreau et ses rapports avec la cour. Ce n'est qu'à la fin du dix-septième siècle que le tableau des avocats au parlement fut complètement organisé. Dans tous les temps, le barreau fit respecter ses privilèges, et s'associa aux destinées de la magistrature.

La révolution de 1789 ayant détruit l'ancien système judiciaire, il s'est agi de savoir si l'ordre des avocats serait compris dans l'abrogation. Les membres du barreau étaient nombreux et influents à l'Assemblée constituante; ils auraient volontiers conservé leur ordre; mais plusieurs des plus célèbres avocats de Paris en demandèrent la suppression au comité qui les avait consultés. Leur avis, dicté par la vanité, fut suivi; ils regrettaient la majesté des parlements, et ne croyaient pas de leur dignité d'exercer auprès des petits tribunaux de la nouvelle magistrature ; on les prit au mot; il n'y eut plus d'ordre des avocats, mais seulement des défenseurs isolés. Cet état de choses dura jusqu'à l'an XII; une loi sur les écoles de droit posa le principe du rétablissement de l'ordre. Napoléon, qui n'aimait pas les avocats, fit, en 1810, un décret sur l'organisation et la discipline du barreau. Ses dispositions, restrictives et antilibérales, furent à peine adoucies par une ordonnance de 1822; vers la fin de la Restauration, le gouvernement fit quelques promesses d'amélioration : il n'y eut que des promesses. Malgré les réclamations du barreau pour obtenir une revision générale de ses règlements, il n'obtint, après la révolution de 1830, que quelques changements favorables à sa liberté; il fut autorisé à élire directement le bâtonnier et le conseil de l'ordre, et à plaider indistinctement, sans avoir besoin d'aucune permission ministérielle, devant toutes les cours et tous les tribunaux de France.

En Angleterre, l'organisation des avocats remonte à l'établissement des cours supérieures fondées à la suite de la grande charte. L'esprit de légalité qui distingue la nation anglaise a fait comprendre dans ce pays l'importance d'une institution destinée à conserver la connaissance des lois et les traditions de la jurisprudence. De là la formation des jurisconsultes plaidants en une sorte de corporation chargée d'initier les étudiants à la science et à la pratique du droit. Dans ce but, les étudiants vivaient en communauté dans les auberges ou hôtels de la chancellerie, *Inns of chancery*, où ils apprenaient la théorie, et dans les hôtels des cours, *Inns of court*, où ils se formaient à la pratique. Ces anciens usages se sont perpétués ; quoique le droit soit enseigné maintenant dans des chaires spéciales à Londres, à Oxford, à Cambridge, néanmoins personne ne peut être reçu avocat en Angleterre sans avoir été, pendant trois ans au moins, membre d'un des quatre *Inns of court*, qui sont *Temple Inn*, *Middle Temple*, *Lincoln's Inn* et *Gray's Inn*.

A ce premier degré, dans la carrière, les avocats anglais ont le titre de *barristers*. Le grade supérieur est celui de sergent ès lois, *sergeant at law;* on ne l'obtient qu'après seize ans d'exercice ; il correspond, à peu près, à notre titre de docteur, lequel exige seulement un temps d'étude et des épreuves d'école, mais non la pratique du barreau. Les *barristers* ont le droit de plaider devant toutes les cours de justice. Pour jouir du titre de *sergeant at law*, il faut l'avoir reçu par une ordonnance royale ; c'est parmi les *sergents* que sont choisis les quinze juges d'Angleterre. Il y a encore, pour les avocats, le titre de *conseiller du roi* (ou de la reine). Le barreau anglais a fourni d'éminents jurisconsultes, au nombre desquels ont brillé, de tout temps, les lords chanceliers et des orateurs d'une grande habileté ou d'une puissante éloquence, tels que lord Erskine et lord Brougham.

Les avocats, aux Etats-Unis d'Amérique, jouissent d'une complète indépendance individuelle. Dans tous les pays de l'Europe, le barreau existe, avec des règlements plus ou moins larges, suivant la législation politique et les lois de la procédure de chaque Etat.

L'importance du barreau dépend essentiellement de la constitution politique du pays. Là où se discutent librement et publiquement les droits, les intérêts des citoyens, les affaires de l'Etat, les innovations et les réformes législatives, la marche du gouvernement, les fautes des fonctionnaires publics, un champ immense est ouvert à l'éloquence. On en peut juger par les harangues de Cicéron, par les discours des avocats anglais dans la défense des accusés poursuivis devant le parlement. A défaut de la grande liberté politique, le barreau peut déployer de beaux talents dans les débats judiciaires, témoin les avocats célèbres du parlement de Paris. Le mouvement, l'éloquence, l'action extérieure ne sont possibles qu'à la condition du débat oral et public; sous l'influence de ce bienfait, le barreau français moderne et les avocats de quelques autres pays ont produit et produisent encore des orateurs doués de qualités diverses, les uns distingués par la puissance du raisonnement, les autres par le charme de la diction ou par les entraînements de l'émotion.

Le barreau fournit des défenseurs, nommés d'office, par les magistrats, aux accusés qui n'en ont pas choisi. Il prend une part active à l'utile institution de l'assistance judiciaire. (*Voy. ce mot.*)

Dans tous les temps, le barreau a conduit à la carrière politique, et les avocats ont prélude aux hommes d'Etat. A Rome, les plus hautes magistratures de la république étaient la récompense de leurs services et de leur célébrité. Dans l'ancienne France, les chanceliers, les présidents, les conseillers au parlement, corps politique autant que judiciaire, avaient passé par le barreau ; en Angleterre, les dignités les plus élevées dans les tribunaux, la chambre des communes, la pairie attendent les avocats éminents ; aux États-Unis et dans toutes les républiques, la présidence du gouvernement leur est ouverte; tous les États constitutionnels, leur place est marquée au sein des assemblées délibérantes et parmi les conseillers de la couronne. Depuis la révolution de 1789, le barreau de toute la France y a joué un rôle prépondérant ; il n'a paru déchoir de sa puissance que durant les périodes transitoires où, par suite de ces vicissitudes inévitables dans le premier siècle d'une ère de renouvellement social, la parole a été momentanément étouffée, la liberté suspendue ou amoindrie.

La connaissance des lois, l'aptitude à en reconnaître, par l'application, les lacunes ou les vices, la promptitude de la conception, le talent de l'improvisation, l'art de discuter, celui d'exciter la passion, les ressources, en un mot, du savoir ou de la parole, expliquent le rang que les avocats de mérite tiennent dans les assemblées. Ce n'est pas que les succès obtenus au barreau soient toujours une garantie de ceux de la tribune ; les conditions de l'éloquence judiciaire sont tout autres que celles de l'éloquence politique, et l'on a vu plus d'un avocat, venu de son ressort avec une grande et légitime réputation, échouer dans un discours parlementaire. L'espace me manque pour l'appréciation de ce fait, en apparence étrange, et, au fond, très naturel. (*Voy.* **Éloquence.**)

On a remarqué que le barreau incline souvent vers l'opposition ; cette tendance ne doit pas s'expliquer seulement par l'habitude de la controverse, mais aussi et surtout par le besoin de soumettre toutes les prétentions à la légalité, ce frein que les tribunaux imposent aux justiciables, mais dont la gêne impatiente facilement le pouvoir. Ajoutons que la critique se prête mieux au mouvement oratoire que le panégyrique. Serait-ce la principale raison ?

Il convient d'ajouter qu'on a souvent trouvé trop considérable la part que les élections législatives font aux avocats. Les parlements — malgré ce nom — ne sont pas faits pour qu'on « parle », mais pour qu'on prenne des décisions motivées et mûries sur les intérêts du pays. Ce sont ces intérêts qu'il faut connaître, qu'il faut savoir démêler, et pour que cela puisse se faire, on a même proposé de combiner des représentations qui seraient proportionnelles aux intérêts à défendre. Ce moyen est peut-être moins bon que celui-ci : choisir toujours celui qui semble le plus apte à bien remplir son mandat ou sa mission.

Une des forces du barreau est dans son esprit de corps. La solidarité unit tous ses membres : l'injustice ou l'outrage envers l'un d'eux devient une offense contre tous ; soit sous l'ancienne magistrature, soit de nos jours, cette noble susceptibilité a dicté d'honorables réparations.

Quand le barreau est organisé en vraie corporation, comme en France, la discipline qu'il exerce lui-même sur ses membres maintient et rassure l'esprit du corps. Un stage préalable est prescrit ; sur un tableau général s'inscrivent tous les noms admis dans l'ordre ; un conseil élu annuellement, ainsi que le bâtonnier ou président, par tous les avocats du ressort, prononce les radiations du tableau et les peines disciplinaires. En général, le soin de conserver la pureté de la composition de l'ordre inspire de louables décisions ; mais on rencontre quelquefois des scrupules poussés jusqu'à la pruderie, et, en même temps, des tolérances qui ont l'inconvénient de laisser des doutes sur les motifs des rigueurs. Quelques règles anciennes auxquelles le barreau français semble tenir ont paru surannées et excessives. Ainsi, il est de principe que les avocats ne peuvent poursuivre en justice le payement de leurs honoraires, et que, quand ils les ont reçus, ils n'en donnent pas de quittance. Tout le monde ne comprend pas bien pourquoi les avocats réclament un privilège auquel ne prétendent pas d'autres professions libérales, par exemple, les médecins. L'exception au droit commun semble, aux esprits difficiles et soupçonneux, d'autant moins utile qu'elle se compense aisément par la condition ou l'usage d'un payement anticipé.

Malgré quelques inconvénients inhérents à tous les états de la société, le barreau est une des plus belles professions qu'on puisse exercer ; il offre un admirable emploi des grandes facultés ; il ouvre une magnifique carrière aux plus légitimes ambitions ; il est l'école des magistrats, des orateurs et des hommes d'État.

BARRICADES. Dans son acception la plus générale, fortification improvisée pour arrêter la marche de l'ennemi.

La barricade est surtout un moyen révolutionnaire. On l'a employée pour ce but dès le moyen âge et l'histoire mentionne notamment celles qui furent élevées à Paris en 1588 et 1648. Au dix-neuvième siècle, nous les voyons reparaître avec une fréquence vraiment affligeante. Ce n'est pas par la violence qu'on fonde les gouvernements durables. Ce ne sont pas les barricades, qui ont donné naissance à la 3e république, et c'est là une des causes peut-être de sa durée.

Nous n'avons pas besoin de dire que Paris n'a pas eu le monopole des barricades. Bruxelles a eu les siennes en septembre 1830, Berlin, Vienne et Dresde, les leurs en 1848 et en 1849. Mais en Allemagne, pas plus qu'en France, les barricades n'ont été un moyen d'obtenir autre chose qu'un résultat de courte durée.

Nous n'avons pas à parler ici des barricades élevées dans les villes ouvertes pour s'opposer à la marche de l'ennemi. Sauf dans le cas où une *ville ouverte* (*voy. ce mot*) fait partie d'un plan stratégique, elle ne devrait jamais être défendue, car ce serait causer de grands maux sans aucune utilité pour le pays.

BASTILLE, se disait autrefois de toute fortification *extra-muros*, temporairement construite pour le siège ou la défense des villes ; aujourd'hui ce mot rappelle particulièrement le château fort élevé, sous Charles VI (1380), dans le quartier Saint-Antoine.

Bien que l'idée première de la Bastille eût été d'en faire une défense contre les agressions du dehors, nous passerons sous silence son rôle historique comme position militaire. Ce qu'il importe de faire connaître ici, c'est la Bastille, prison d'Etat : envisagée sous ce point de vue, elle est une des pages importantes de l'histoire de l'ancienne monarchie française.

Hugues Aubriot, qui dirigea la construction de la Bastille, en fut aussi le premier prisonnier ; mais la politique n'était pour rien dans son incarcération. Soupçonné d'hérésie, accusé, jugé et condamné par des prêtres, il ne fit que passer par la prison royale, et alla subir la détention perpétuelle à laquelle il était condamné, sous les verrous de l'évêque de Paris. Les prisonniers d'Etat ne commenceront à inscrire leurs noms sur les registres de la Bastille que lorsque se sera ouverte la lutte de la royauté contre les grands vassaux de la couronne. Nous y trouverons alors de puissants seigneurs, comme Jacques d'Armagnac, duc de Nemours (1477) ; plus tard, la vie politique s'étant infiltrée dans les couches populaires, on y verra également figurer de minces bourgeois et même des prolétaires. Mais jusque vers le milieu du dix-septième siècle, la Bastille ne ferme guère ses portes que sur des gentilshommes ou de grands dignitaires. Ils ont, en grand nombre, laissé une légende de leur captivité dans cette prison, et celle du cardinal Balue n'est pas la moins populaire, si elle n'est pas la plus intéressante. Louis XI, qui frappa si rudement ce prince de l'Eglise, ne fit cependant guère usage de la Bastille. Il avait ses prisons et son bourreau à lui, et des nombreux condamnés politiques de son règne Jacques d'Armagnac et Balue sont, à peu près, les seuls qui subirent le régime de la Bastille. Richelieu, qui continua la politique de Louis XI, fit emprisonner et exécuter nombre de gentilshommes à la Bastille. Son successeur Mazarin rendit à la liberté la plupart des prisonniers du cardinal-duc, et, substituant la ruse à la violence dans le gouvernement de la France, n'usa que médiocrement de l'embastillement. C'est sous Louis XIV que commence la grande époque des proscriptions politiques et religieuses, et c'est aussi à partir de son règne que la Bastille regorge de prisonniers. Fouquet et le mystérieux personnage, connu sous le nom de l'*homme au masque de fer*, se détachent tout d'abord de cette foule qui s'augmentera des dissidents à la bulle *Unigenitus*. Jansénistes, protestants, convulsionnaires même encombrent les cachots de la prison royale ; et si la régence du duc d'Orléans ralentit un peu l'abus des lettres de cachet, cet abus devient bientôt

une sorte de passe-temps entre les mains des maîtresses de Louis XV. Ils étaient nombreux encore sous le règne de Louis XVI, dit-on. On n'y en trouva que peu cependant le 14 juillet 1789 lorsque la Bastille tomba sous les efforts de la population parisienne et des gardes-françaises. Cet événement prépara la chute de la monarchie, mais ne fit rien pour la régénération du peuple.

BEGLERBEY ou **BEGLERBEG,** formé de *bey* et de *begler*, qui en est le pluriel, signifie prince des princes, seigneurs des seigneurs, et constitue le titre des gouverneurs des grandes provinces de l'empire ottoman.

A la cour du Grand-Seigneur, on ne les appelle que *desdur meukerrem* (plénipotentiaires). Le titre de *beglerbey* n'est guère aujourd'hui, comme celui de *bey*, qu'une formule de politesse.

BELLIGÉRANTS. Ceux qui sont actuellement en guerre.

I. De même que toute lutte armée n'est pas une guerre aux yeux du droit international, la qualité de belligérants n'est pas reconnue à tous ceux qui se battent. Les Etats souverains en guerre sont toujours belligérants, le doute ne surgit que lorsque l'un des partis en lutte — ou les deux — ne jouissent pas de la souveraineté. Les combattants doivent alors être *reconnus* — soit implicitement, soit explicitement — comme belligérants. Dans quel cas jouissent-ils de cette qualité ? Cela dépend des circonstances, et les Etats neutres ou spectateurs conservent une certaine latitude d'appréciation. Généralement on reconnaît la qualité de belligérants à des membres d'une confédération qui entrent en lutte les uns avec les autres. D'une part, parce qu'ils sont régulièrement organisés et observent les règles du droit des gens ; puis, parce que les Etats neutres ne veulent et ne doivent pas décider de quel côté est le droit, l'interprétation d'une question constitutionnelle ou fédérale étant, avant tout, affaire intérieure ; enfin, par humanité, parce que les belligérants sont traités avec plus de douceur que des insurgés. La qualité de belligérants est même reconnue aux deux partis dans le cas où le gouvernement fédéral présente la lutte comme une exécution, c'est-à-dire comme un acte de justice ou de coercition prévu par la loi. Il en était ainsi lors de la lutte du Sonderbund en Suisse, en 1847 ; de celle des Etats-Unis de 1861 à 1865 ; de celle de la Prusse en 1866 contre la plupart des autres Etats de la confédération germanique.

Dans une guerre civile, l'usage est moins fixe. Généralement on refuse la qualité de belligérants aux insurgés, tant que le gouvernement paraît en état de les vaincre ; lorsque les insurgés semblent devoir l'emporter, les autres Etats consultent leur politique et agissent selon ses inspirations. On a vu plus d'un État venir en aide à des provinces insurgées, même fomenter la rébellion pour en profiter ; mais ces actes ne sont pas du domaine du droit des gens. Leur forum, c'est la conscience, l'opinion publique, l'histoire.

Les gouvernements ne voient pas avec plaisir qu'on accorde la qualité de belligérants à ceux qu'ils considèrent comme rebelles, parce que cette qualité leur confère une certaine force morale ; en revanche, aussi, elle débarrasse ce gouvernement de toute responsabilité relativement au dommage que les insurgés peuvent causer. Par exemple, lors de la guerre de Sécession, aux États-Unis, si un sujet anglais ou français avait subi un dommage par le fait d'un des agents du gouvernement du Sud, c'était à ce gouvernement seul que l'Angleterre ou la France aurait pu s'en prendre, et avec la chute de ce gouvernement toute possibilité de recours se perdait. Pour un sujet turc, par exemple, la chose eût été différente ; la Turquie n'ayant pas reconnu les confédérés comme belligérants, elle pouvait s'adresser à Washington et dire : Vos rebelles ont commis des déprédations à mon préjudice, indemnisez-moi.

Voici un cas un peu plus ancien, cité par M. Lawrence (*Commentaire de Weaton*) : M. Canning écrivit à lord Grandville le 22 juin 1826 : Si nous admettons avec M. de Villèle que l'impuissance du gouvernement grec à maintenir sa population dans l'ordre justifie un appel à ce gouvernement et des représailles en cas de l'insuccès d'un tel appel ; si nous admettons en outre avec l'Autriche (et je crains *maintenant* avec la France) que le gouvernement grec lui-même n'est qu'une insurrection, sans droits ni devoirs nationaux, alors c'est le gouvernement turc lui-même qui est celui auquel il faudra faire appel. Si le gouvernement turc est rendu responsable des actes de piraterie commis par quelques navires grecs, alors le gouvernement grec n'étant qu'un grand acte de piraterie, la Porte est responsable et solidaire des suites. » (P. 188.)

Du reste la reconnaissance comme belligérant (*voy.* **Reconnaissance internationale**) n'est souvent que la reconnaissance d'un fait et n'infirme en aucune manière le lien légal qui peut exister entre les combattants (*voy.* la séance du Sénat du 12 février 1864, *Rapport sur la pétition des Polonais*). En d'autres termes, on reconnaît qu'il y a guerre, voilà tout : on ne décide nullement de quel côté est le droit.

Mais si le gouvernement en guerre avec des insurgés les reconnaît lui-même comme belligérants ? Alors on doit distinguer entre deux cas : — les États neutres ont eux-mêmes reconnu les insurgés comme belligérants, ou ils ne les ont pas reconnus. Dans le premier cas, ils ont affranchi le gouvernement de droit de toute responsabilité des actes du gouvernement de fait ; dans le second, c'est le gouvernement de droit qui

est responsable. Il peut aussi arriver que l'insurrection soit tellement considérable qu'un gouvernement, tout en proclamant les insurgés rebelles, les traite, en fait, comme belligérants, par humanité ou par d'autres raisons, comme cela a eu lieu lors de la guerre de Sécession aux États-Unis. En effet un ordre du jour publié à Memphis annonce, en avril 1865, qu'à partir du 25 mai les soldats confédérés qui ne se seraient pas rendus seraient traités comme des rebelles et non comme des prisonniers de guerre. (*Moniteur officiel* du 15 mai 1865.) Cette sorte de reconnaissance n'influe pas sur le droit des gens, c'est une affaire purement intérieure.

Le caractère de belligérant n'a jamais été reconnu aux pirates, ni aux flibustiers, aux brigands et en général à tous ceux qui commettent des violences dans leur intérêt privé, ou même seulement sans y avoir été dûment autorisés par leur souverain.

Ainsi, en 1866, lors de la guerre entre la Prusse et d'autres États allemands et notamment la Bavière, un Bavarois réunit quelques hommes et fait une excursion dans une localité voisine de la principauté de Hohenzollern, dont il prend possession au nom de son gouvernement, sans qu'on lui ait reproché des déprédations. Il a été, néanmoins, traduit pour ce fait devant un tribunal bavarois et puni, comme ayant agi sans droit. C'est par la même raison aussi que des citoyens qui ne font pas partie de l'armée doivent s'abstenir de prendre part à la guerre, car l'ennemi ne les reconnaîtra pas comme belligérants et les punira sévèrement. Toutes les nations sont d'accord sur ce point. *Voy.* **Franc-Tireur, Villes ouvertes** et autres articles.

II. Après avoir examiné à qui revient la qualité de belligérant, exposons rapidement en quoi consistent les droits et les devoirs qui s'y rattachent.

Ces droits qui, dans l'antiquité, et jusqu'au moyen âge, étaient considérés comme illimités, puisqu'il n'y avait pas de droit pour le vaincu — *væ victis* — se restreignent peu à peu, puisque les usages modernes ne permettent de faire à l'ennemi que le mal nécessaire pour obtenir la victoire. C'est déjà assez pour que l'humanité en gémisse, mais, une fois la guerre admise, il n'en pouvait être autrement. Par conséquent, les combattants ont le droit de tuer les soldats ennemis qui les attaquent, mais ils doivent ménager les blessés et les soldats qui se rendent. La vie des citoyens qui ne se battent pas, et à plus forte raison la vie des femmes et des enfants, est sacrée ; pour eux, le droit de guerre n'existe pas, ils restent sous le régime de la paix, pourvu, bien entendu, qu'ils fassent pas acte de guerre. Si les non-combattants violent la paix, leur punition est d'autant plus sévère qu'on ne se méfiait pas d'eux. Toutes les nations civilisées, sans exception, sont unanimes sur ce point.

De même que la vie des non-combattants est sauve, de même doit l'être leur propriété. Mais comme l'occupation d'un territoire ennemi entraîne la suspension des autorités établies et leur remplacement par l'autorité ennemie, celle-ci jouit — provisoirement ou transitoirement — de tous les droits de la souveraineté. L'autorité ennemie peut donc demander aux habitants des localités occupées tout ce que l'autorité nationale aurait pu exiger, et notamment l'entretien des troupes, des impôts ordinaires et extraordinaires, des réquisitions en nature, le tout avec des procédés réguliers et en donnant quittance, pour que les réquisitionnés puissent, s'il y a lieu, se faire indemniser du pays. En tout cas, les réquisitions ne peuvent être levées qu'autant qu'elles sont nécessaires à l'armée ennemie, et jamais un militaire n'a le droit d'user de la force dans son intérêt particulier.

Toutefois, si les autorités établies sont suspendues de droit, l'ennemi peut juger à propos de les maintenir. Il peut le faire dans son intérêt aussi bien que par humanité ; et si ce procédé lui est utile, il est loin d'être nuisible au pays occupé. On a vu des gouvernements enjoindre à leurs agents de quitter leur poste dans des occurrences pareilles, et des agents ont pu croire que le patriotisme leur imposait le devoir de partir ; mais nous ne savons si cette manière de voir est juste. Leur départ cause moins de mal à l'ennemi qu'aux populations. D'un autre côté, si l'ennemi jouit en fait de tous les droits de souveraineté, ce droit ne va pas jusqu'à prescrire des changements constitutionnels ; en revanche il n'est pas limité par la teneur des lois ordinaires, puisqu'il peut légiférer en vertu de sa souveraineté temporaire, mais de fait. Hélas, le fait est brutal !

Les pouvoirs que les usages de la guerre accordent aux belligérants sont trop étendus pour que ce ne soit pas leur devoir d'en faire un usage modéré. Les lois modernes de la guerre réprouvent les cruautés et les dévastations inutiles, la violation de la parole et tout ce qui est contraire à l'honneur. Elles proscrivent aussi les armes déloyales ; le poison, les balles (mais non les boulets) explosibles. Heureusement, si la guerre est restée cruelle, — et elle le sera toujours, — aucune nation n'a le droit de jeter la pierre à sa voisine ; toutefois, les horreurs si fréquentes autrefois sont devenues rares. Les adversaires, il est vrai, s'accusent mutuellement des monstruosités les plus abominables ; mais ce sont généralement soit des exagérations, — et le plus souvent — des faits « controuvés ». Les mensonges sont toujours regrettables, mais en ce cas ils sont criminels, car ils enveniment et éternisent les querelles et causent toujours une effusion de sang innocent. Le mal est déjà suffisamment grand par lui-même, il est tout à fait inutile d'y rien ajouter.

BÉNÉFICE DE L'ENTREPRENEUR. C'est le nom qu'on donne à la rémunération (au salaire) de l'entrepreneur ou patron, ainsi qu'à celui du commerçant. Dans ce siècle est né, — grâce à K. Marx, cette burlesque idée que le patron ne doit rien gagner, ne peut rien gagner. Que s'il fonde une fabrique, occupe mille ouvriers, expose la fortune qu'il a héritée de ses parents, travaille de tête aussi durement qu'un ouvrier de ses mains, et fait ainsi prospérer un établissement qui nourrit mille familles et aude là, il ne mérite aucune récompense. Oui c'est ce qu'enseigne le socialisme. Existe-t-il quelqu'un qui y croit sérieusement... tout en l'enseignant ? C'est difficile à admettre.

Ce qui distingue le *bénéfice* du *salaire*, c'est que le salaire est fixe, certain, le bénéfice aléatoire. Le salaire est toujours payé, même si le fabricant, au lieu de faire des bénéfices, subit une perte. C'est l'entrepreneur qui, en supportant seul l'effet des chances défavorables, assure au capitaliste ses intérêts, au propriétaire la rente du sol, à l'ouvrier son salaire ; c'est en quelque sorte l'assureur des autres.

BÉNÉFICES ECCLÉSIASTIQUES. BIENS D'ÉGLISE. Ces deux expressions s'emploient, l'une pour l'autre, dans le langage usuel, mais non dans la langue exacte du droit canonique, où l'une signifie la chose et l'autre le droit. Il serait superflu d'expliquer ce qu'on entend par biens d'Église, *bona Deo dicata* ; quant au bénéfice, on le définit : « le droit perpétuel de percevoir quelque portion des biens consacrés à Dieu, accordé à un clerc par l'autorité de l'Église, à raison de quelque office spirituel ».

Les bénéfices furent inconnus aux premiers siècles de l'Église. Les biens qu'elle possédait étaient administrés en commun, et sur le fonds public on donnait à chaque clerc ce qu'il lui fallait pour subsister. Mais cet état primitif ne put se maintenir quand le christianisme commença à s'étendre, et surtout lorsque, les persécutions cessant, il fut possible aux fidèles d'enrichir la communauté chrétienne de leurs libéralités. Dès lors, les églises des diverses provinces eurent chacune leur patrimoine, dont l'évêque fut l'administrateur et le répartiteur, sauf à lui à déléguer ces fonctions à des diacres ou à des économes. La coutume la plus générale était de faire quatre parts, tant des revenus des héritages que des oblations journalières, ou casuel. Ces dernières furent ensuite remplacées par les dîmes. On donnait la première à l'évêque pour l'entretien de sa maison et l'hospitalité dont il était chargé ; la seconde était pour la subsistance des clercs, la troisième pour l'Église, la quatrième pour les pauvres. Au sixième siècle, on commence à voir des évêques attribuer à de vieux prêtres qui ont bien mérité de l'Église la jouissance de quelques héritages (*prædiola*). Ces sortes de concessions, qui avaient un caractère en même temps rémunératoire et alimentaire, reçurent dès lors le nom de bénéfices par analogie avec les concessions faites par les empereurs romains aux vétérans, et par les chefs barbares aux guerriers qu'ils voulaient s'attacher. Mais ces biens, affectés, à titre précaire, à la personne de celui qui en jouissait, et non à un office spirituel, rentraient, après la mort de l'usufruitier, dans le patrimoine commun des fidèles. Plus tard, vint l'usage d'assigner aux charges ecclésiastiques des revenus distincts, qui y furent perpétuellement attachés et durent être transmis par le titulaire à son successeur. C'est au douzième siècle, d'après Fleury, qu'on voit le mot *bénéfice* pris définitivement dans ce sens, qui est celui qu'il a encore aujourd'hui. Il finit par s'appliquer uniquement aux biens de l'Eglise, et fut remplacé dans l'ordre civil par le mot *fief*.

On divise les bénéfices de plusieurs manières, suivant les points de vue auxquels on se place; par exemple, en bénéfices séculiers, tels que les évêchés, les cures, et en bénéfices réguliers, comme les abbayes; en bénéfices majeurs et bénéfices mineurs, etc.

La question de la nomination aux bénéfices est une des plus graves que l'on rencontre dans l'étude des rapports de l'Eglise avec l'Etat. Les règles suivies à cet égard ont varié, et l'histoire de ces variations est aussi longue que confuse. Dans le principe, les dignités ecclésiastiques se donnaient à l'élection. C'est ainsi qu'était nommé l'évêque, d'abord avec le concours du peuple, plus tard par le clergé seul, enfin par le chapitre des cathédrales. Quant aux offices inférieurs, l'évêque les conférait. De même, dans les monastères, l'abbé était élu par les religieux. Le principe ne changea pas quand des revenus temporels furent attachés aux charges spirituelles. Mais, dès lors, la cupidité s'éveilla autour d'elles. Les princes commencèrent à s'arroger les nominations, et on en vit plus d'une fois les évêchés et les riches abbayes distribués à des capitaines, à des courtisans, « voire à des femmes ». Ces abus, la simonie qui en était la conséquence et qui s'exerçait le plus souvent sous le voile des *résignations*, justifièrent plus d'une fois l'énergique intervention du Saint-Siège, auquel appartenait d'ailleurs le droit de confirmer les élections. L'Allemagne vit éclater à cette occasion la grande querelle des investitures.

En France, les bénéfices ont été supprimés en 1789 (2 novembre). Chez les peuples catholiques qui ont conservé des bénéfices, ceux-ci sont régis par les règles du droit canonique, ou par les conventions spéciales intervenues entre les gouvernements et le Saint-Siège. Mais il semble qu'un mouvement général tende à substituer partout aux bénéfices ecclésiastiques un salaire payé par l'Etat aux ministres du culte.

Cette substitution, en dehors des nécessités financières qui l'amènent toujours, est-elle en elle-même une bonne ou une mauvaise chose? Pour la première opinion, on peut reprocher aux biens d'Eglise les mêmes inconvénients qu'à tous les biens de mainmorte, et leur imputer spécialement d'entretenir dans le clergé des préoccupations mondaines, de l'exposer à l'envie des populations. On rappelle aussi les abus qui naissaient sous l'ancien régime de l'inégale répartition des bénéfices, c'est-à-dire, chez quelques membres de l'Eglise, le luxe et les désordres qu'il entraîne, chez d'autres, et en grand nombre, une pauvreté touchant à la misère et à l'humiliation.

Pour la seconde, on peut répondre que ces inconvénients sont loin d'être irrémédiables. Tocqueville a dit : « J'ose penser, contrairement à une opinion bien générale et solidement établie, que les peuples qui ôtent au clergé catholique toute participation quelconque à la propriété foncière, et transforment tous ses revenus en salaires, ne servent que les intérêts du Saint-Siège et ceux des princes temporels, et se privent eux-mêmes d'un très grand élément de liberté. » Mais, à dire vrai, c'est justement cette indépendance d'un corps quelconque au milieu de l'Etat que l'on redoute dans la situation actuelle de l'opinion, et cela quand bien même cette indépendance devrait, comme le pense Tocqueville peut-être à tort, tourner au profit de la liberté de tous. Une troisième opinion voudrait que l'Etat supprimât le salaire des cultes après avoir pris les biens de l'Eglise, c'est-à-dire que le clergé fût réduit à l'aumône. Ce système est hautement condamné, au nom de la liberté de conscience, par M. Jules Simon, dans le livre remarquable qu'il a écrit sur ce sujet et auquel nous ne pouvons mieux faire que de renvoyer.

BEY ou **BEG** répond, chez les Turcs et les Arabes, au titre de prince, de seigneur, d'homme de qualité.

BIÈRE. Cette boisson est imposée dans tous les pays; partout on la considère comme « éminemment imposable ». Est-ce parce qu'elle constitue une consommation de luxe, de sorte que l'impôt qu'elle supporte peut être considéré comme volontaire ; ou la prend-on seulement comme une matière d'un usage général, et qui, par cette raison, *rend* beaucoup.

L'une et l'autre de ces considérations ont sans doute présidé à la création de cet impôt que nous croyons d'ailleurs justifiable par les mêmes raisons que l'impôt sur le vin. Ceux qui demandent la suppression de ce dernier doivent, en même temps et à plus forte raison peut-être, se prononcer pour l'abolition de l'impôt sur la bière. C'est en effet ce qui a lieu depuis que certains publicistes ont entrepris une campagne en faveur de l'abolition des droits sur les boissons autres que l'eau-de-vie. Nous croyons cette campagne très fâcheuse, et ce qui le prouve, c'est que les avocats de la suppression des droits qualifient le vin, la bière, le cidre, de boisson hygiénique, bien que très souvent les médecins les interdisent à leurs malades, et bien encore que ces boissons soient fréquemment adultérées.

Les droits sur la bière se perçoivent, selon les pays, soit sur la matière première (malt, houblon), soit sur la boisson elle-même.

BILL, mot anglais, qui s'applique particulièrement à tout projet de loi présenté par écrit au parlement.

La présentation *par écrit* distingue le bill de la motion. Cette dernière n'est que la proposition préparatoire du bill. Une motion n'a pas toujours pour but, du reste, la confection d'un bill; souvent elle se borne à demander une enquête, à proposer une adresse, ou la nomination d'un comité, etc. Dans tous les cas, la motion, pour que la chambre s'en occupe, doit être appuyée par un autre membre que celui qui l'a présentée.

Il faut ici distinguer entre les bills d'intérêt particulier (*private bills*), par exemple, naturalisation, demande de concession d'un chemin de fer, etc., affaires communales, et les bills d'intérêt public (*public bills*).

Les premiers ne peuvent être introduits que sous la forme d'une pétition adressée à la chambre par les intéressés. La pétition est présentée par un des membres de l'assemblée. Celle-ci, si elle le juge à propos, renvoie la pétition à l'examen d'un comité, qui décide alors si elle doit être transformée en bill ou bien écartée. Les bills privés causent des frais considérables dont la moindre partie seulement semble pouvoir être justifiée. Ajoutons que le parlement intervient dans bien des cas où dans le reste de l'Europe il suffit d'une décision du pouvoir exécutif.

Les projets de loi sur les affaires publiques (*public bills*) doivent au contraire toujours être précédés par une motion, c'est-à-dire par la demande de présenter un bill, faite verbalement par l'un des membres de la chambre. Si cette permission est accordée, la proposition est présentée plus tard par écrit. Dans la copie de cette proposition écrite on laisse généralement en blanc l'espace nécessaire, pour y insérer les fixations que le parlement seul a droit d'arrêter, comme les époques, les sommes, les quantités, etc. Le bill est ensuite lu à la chambre, à trois reprises successives. Lors de la première lecture, il ne s'agit que de la prise en considération. Il est discuté en seconde lecture, dans ses principes et dans ses généralités ; pour la troisième lecture, la chambre se transforme en comité et discute les articles, arrête la rédaction, remplit les blancs. La chambre se formant en comité, *l'orateur* (*the speaker*), c'est-à-dire le président, quitte son fauteuil, et la chambre choisit un autre membre (*the chairmann*) pour la présider momentanément. La rédaction étant achevée et votée, *l'orateur* remonte au fauteuil, et

son remplaçant intérimaire met aux voix le bill, tel qu'il vient d'être arrêté. S'il est adopté, on le transcrit en gros caractères sur du parchemin, et on procède à la troisième lecture. S'il est alors fait quelque nouvelle addition, on la consigne sur une feuille de parchemin séparée, appelée *rider*. En cet état, le bill est envoyé à la seconde chambre, où l'on observe encore la même série de formalités, à l'exception toutefois de la transcription sur parchemin. Le bill ne réussissant pas à cette seconde épreuve, il n'en est plus question. Si on y fait de nouvelles additions ou de nouveaux amendements, on les communique à la chambre qui l'a primitivement rédigé, et, au besoin, il s'établit, pour leur adoption, des conférences entre des délégués des deux chambres. Au cas où elles ne peuvent s'accorder, le bill est considéré comme non avenu : *the bill is dropped*.

La sanction royale se donne de deux manières : par commissaires délégués à cet effet, ce qui est la forme de sanction la plus usitée aujourd'hui, et par le souverain en personne, en présence des deux chambres assemblées. En ce dernier cas, un secrétaire donne lecture des titres des différents bills, puis des réponses du souverain, qui se sert toujours des vieilles formules en langue franco-allemande, usitées depuis l'époque de la conquête. Pour un bill relatif aux affaires publiques, la formule de sanction est: *Le roi* ou *la reine le veut ;* pour les bills particuliers : *Soit fait comme il est désiré ;* pour les bills qui accordent au gouvernement des taxes, impôts ou emprunts (*money-bills*) : *Le roi* ou *la reine remercie ses loyaux sujets, accepte leur bénévolence, et aussi le veut.* La formule du refus de sanction est : *Le roi* ou *la reine avisera*[1].

Lorsqu'un bill est sanctionné, il devient un acte du parlement, il est mis au rôle par la cour de la chancellerie et forme un statut du royaume.

BILL DES DROITS. C'est la charte imposée par la nation anglaise au roi Guillaume d'Orange, à son avènement au trône. Le *Bill of rights* (1 W. and M. sess. 2, chap. II) renferme la *Déclaration of right*.

BILL D'INDEMNITÉ. Les lois ne pouvant pas tout prévoir, et les parlements ne siégeant pas toute l'année, les gouvernements peuvent être forcés, dans bien des circonstances, à prendre quelque mesure qui dépasse les pouvoirs qui leur sont conférés par la constitution, et notamment à faire une dépense non prévue par le budget.

Lorsque ce cas arrive, il est du devoir du gouvernement (des ministres, là où ils sont responsables) de présenter un projet de loi

---

1. C'est à Guillaume III, c'est-à-dire à la date de 1689, qu'il faut remonter pour trouver le dernier exemple du refus de sanction royale.

pour obtenir, *post factum*, l'assentiment des chambres. Cet assentiment est très rarement refusé, la loi est votée, et le gouvernement reçoit ainsi ce qu'on appelle un bill d'indemnité.

BILLET DE BANQUE. Voy. BANQUE.

BIMÉTALLISME. Ce mot, inventé par M. Cernuschi, désigne la doctrine des personnes qui soutiennent que deux étalons monétaires (or et argent) valent mieux qu'un seul, tandis que les monométallistes pensent qu'il ne peut y avoir qu'un étalon monétaire effectif, et qu'en réalité il n'y en a toujours eu qu'un à la fois. En fait, lorsqu'on laissait circuler simultanément deux métaux libératoires (monnaies légales), l'un d'eux valait toujours plus ou moins que le tarif officiel, et le public employait de préférence le métal coté au marché au-dessous de sa valeur, ce qui arrivait tantôt à l'un, tantôt à l'autre ; aussi le double étalon représentait-il un étalon alternatif. Au fond, personne n'attaque l'emploi de deux métaux, puisqu'on se sert pour faire des monnaies d'or, d'argent, de cuivre, de nickel, même de platine, ce qui en fait cinq ; le mot bimétallisme est donc mal inventé, et en réalité il ne s'agit pas de deux métaux, mais de deux étalons, ce qui n'est pas la même chose. En général on ne voit fonctionner qu'un étalon, même quand il y a deux métaux libératoires [1]. En France, l'étalon a commencé par être d'argent, c'était la pièce de 5 grammes aux 9/10 de fin, appelé *franc* (L. 18 germinal an III). Plus tard (L. 7 germinal an XI) le législateur a admis l'or en le mesurant ou l'évaluant au moyen de l'argent ; ainsi la loi dispose que 6 gr. 451 d'or équivaudront à 20 fr. A cette occasion le législateur a affirmé de nouveau l'unité de l'étalon, et avec une solennité toute particulière. Plus tard encore, en 1864 et 1865 [2], l'équilibre approximatif qui existait entre l'or et l'argent étant rompu — d'abord par un excès d'or, ensuite par un excès d'argent — on prit des mesures exceptionnelles, mais nullement radicales. Aussi M. Cernuschi les qualifie-t-il de système boiteux. Nous y reviendrons. Après la découverte des placers de la Californie l'or perdit de sa valeur et pour maintenir la proportion usuelle de 15 1/2 (argent) à 1 (or), le franc, les pièces de 2 fr. et de 50 centimes virent leur titre monétaire abaissé de 900 à 835 millièmes de fin. Ces monnaies n'ayant plus leur titre normal elles furent réduites à n'être que des appoints. Puis c'est l'argent qui perdit de la valeur, et beaucoup, par suite d'un excès de production combiné avec d'autres circonstances. Depuis lors 15 kgr 1/2 d'argent ne suffisent plus pour acheter un kg. d'or ; en d'autres termes : 6 gr. 451 d'or valent main-

tenant dans le commerce international beaucoup plus que 20 fr. (35 à 40 fr.). A l'intérieur, la loi maintient, jusqu'à nouvel ordre, la pièce d'or au taux de 20 fr. Ce qui est « boiteux », c'est que nos monnaies d'argent, la pièce de 5 fr. comprise, ne valent pas, dans le commerce international, ce qu'elles valent en France. Du reste, même en France, la pièce de 5 fr. a seule conservé toute sa valeur légale, on pourrait payer à la banque un million en pièces de 5 fr. elle serait obligée d'accepter pour un million, ce qui à Londres ne vaudrait peut-être que 600.000, mais en pièces de 2 fr., 1 fr. et 50 c. on n'est tenu, de par la loi, qu'à accepter 25 fr. et cela seulement parce que leur titre n'est pas des 9/10. C'est l'ensemble de ces demi-mesures qu'on tend à ridiculiser, mais dans la vie pratique il faut souvent prendre des mesures transitoires.

De ces faits, les bimétallistes concluent que l'État peut fixer la valeur des monnaies ; les États n'auraient qu'à s'entendre et à décider que 1 kg. d'or doit être considéré comme l'équivalent de 15 1/2 kg. d'argent, pour que le public s'y soumette. Eh bien, non ! le public n'est pas si complaisant que cela (il ne faut jamais compter sur sa complaisance) : ces monnaies d'argent dépréciées ont cours en France, parce que l'État les reçoit dans ses caisses pour leur valeur entière.

Dans le commerce international c'est autre chose ; l'étranger n'accepte la monnaie d'un autre pays que pour sa valeur en métal. Comment dire alors que l'État peut fixer à volonté la valeur de la monnaie. S'il en était ainsi, les rois dits « faux monnayeurs » n'auraient donc pas mérité d'être ainsi flétris ! En réalité, on l'a souvent prouvé, la monnaie n'a que la valeur possédée par la matière dont elle est composée ; le timbre de l'État n'est qu'un témoignage en faveur du poids et du titre de la pièce.

Actuellement, plusieurs pays, comme le Royaume-Uni, l'Allemagne, l'Autriche-Hongrie et quelques États plus petits, ont l'étalon d'or pour les grands payements et conservent l'argent pour les petits ; la France, l'Italie, la Belgique et la Suisse, auxquelles s'est jointe la Grèce, ont établi le « système boiteux » de laisser à la pièce de 5 fr. sa valeur d'autrefois et de réduire les pièces de 2 fr. et au-dessous à être monnaie d'appoint, c'est-à-dire dont un particulier n'est tenu d'accepter que pour 50 fr. à la fois (L. 14 juillet 1866). L'État doit accepter les monnaies d'appoint sans limitation. Les États de la ligue monétaire sont, en pratique, des pays à étalon d'or, puisque l'or seul peut être monnayé librement par l'État au profit des particuliers qui lui apportent des lingots ; le monnayage de l'argent est supprimé, l'État lui-même ne peut faire frapper qu'une somme (très faible) dont le montant est limité par la convention de 1866. — Il y a aussi des États, comme le Mexique, la Chine et autres, où règne le monométallisme argent ; aux États-Unis de l'Amérique du

---

1. Libératoire, c'est-à-dire légale sans limitation, le débiteur se libère en offrant cette monnaie à son créancier.
2. V. notre Dictionnaire d'administration, art. Monnaie. L'espace ne nous permet pas d'entrer dans des détails sur les événements qui ont motivé les lois auxquelles nous faisons allusion.

Nord existe en ce moment un système pire que boiteux, un système confus, anarchique, provenant de ce que le pays renferme de riches propriétaires de mines d'argent, lesquels sont assez influents pour faire voter à Washington des lois d'une absurdité inouïe. Ces lois, maintenant qu'elles sont abolies, les Américains devraient les inscrire sur des tablettes accrochées à des piloris, avec les noms des votants dessous ! Croirait-on qu'elles prescrivaient au gouvernement central d'acheter tous les mois pour sa valeur imaginaire une quantité considérable de ce métal déprécié et de le mettre dans sa cave, car personne n'en voulait. Et l'on parlait des Hollandais qui autrefois brûlaient une partie des épices qu'ils récoltaient dans l'Inde pour que le reste puisse se vendre plus cher ! Or les Hollandais pouvaient dire : ces épices représentent un impôt, ils sont vendus au profit du trésor public, nous cherchons à augmenter ses revenus, notre procédé a pour but d'élever l'impôt. En Amérique, ce sont des particuliers qui en profitaient. L'obligation d'acheter de l'argent a été supprimée en 1894.

La question du bimétallisme serait purement théorique, et nous nous y serions à peine arrêté [1], si certains groupes d'hommes, et certains partis, ne s'étaient pas mis à réclamer la « réhabilitation » de l'argent. Les uns se sont appuyés sur le fait qu'il y a des pays monométallistes argent, parmi lesquels il faut nommer surtout la Chine et l'Inde, et que les pays monométallistes or font des pertes en commerçant avec eux. Mais cet argument n'est pas sérieux : l'Anglais qui veut payer les marchandises qu'il achète en Chine n'y envoie pas des souverains en or, mais des taëls en argent qu'il s'est procurés à cet effet. A quoi servent donc les changeurs ou les banques ? C'est avec le commerce qu'il y a des accommodements... plus faciles encore qu'avec le ciel — c'est un point qu'on ne discutera pas.

D'autres réclament la réhabilitation de l'argent parce qu'ils s'imaginent que cela fera renchérir leurs marchandises ; les agrariens allemands, et avec eux les cultivateurs des Etats-Unis et autres pays se disent de cet avis. S'il était vrai que la rentrée en faveur de l'argent fera renchérir le pain, ce serait une raison pour tout ceux qui en mangent de s'opposer à la réhabilitation du métal blanc. Et pourquoi le double étalon ferait-il renchérir le blé ? — C'est, dit-on, parce qu'il y aurait tant de monnaie (on veut dire trop de monnaie) que sa valeur baisserait, ce qui ferait monter tous les prix (si l'un des plateaux de la balance s'élève, l'autre descend), par conséquent, celui du blé. Mais si tous les prix montent, les cultivateurs perdraient par leurs dépenses ce qu'ils gagneraient par leurs recettes. L'augmentation de la monnaie ne profiterait à personne ; il

faudrait de plus gros sacs, mais on n'aurait pas plus de jouissances. Est-ce que MILLE est plus que mille.

Chose curieuse, pendant assez longtemps, les bimétallistes, dans l'intérêt de leurs vues (qui, pour certains, étaient une affaire de simple amour-propre ; ils avaient contredit la doctrine établie par le bon sens et l'expérience et ne voulaient pas en avoir le démentie) soutenaient que tout le monde se trompait en croyant que la valeur de l'argent avait baissé, c'est au contraire l'or qui a haussé. Et l'on reproduisait les tableaux de la production de l'or dans ces dernières années, qui, en effet, présentaient une légère diminution ;... on se gardait bien de mettre en regard la très grande augmentation de la production de l'argent qui avait eu lieu dans la même période. De plus, on raisonnait comme si ces métaux étaient des comestibles, c'est-à-dire des objets qui disparaissaient bientôt par la consommation. Mais ni l'or, ni l'argent ne se mangent, il s'en perd assez peu. Le produit de chaque année vient s'ajouter au produit de toutes les années antérieures depuis que les hommes recueillent des métaux précieux. Vous avez là un objet en or ? Pour le fabriquer le bijoutier a peut-être commencé par fondre ensemble, en un lingot, des petits morceaux de métal dont l'un provenait d'un bijou qu'avait porté une des femmes de Cyrus, l'autre avait peut-être été pris dans le trésor de Montézuma, sans le protéger contre les charbons ardents, qui n'étaient pas un lit de roses, et le troisième enfin était peut-être une petite pépite trouvée il y a quelques mois seulement. Or, si la production de l'or a légèrement diminué pendant un moment, elle a repris et l'on se met à craindre plutôt la surabondance que la disette. Cela n'empêche pas certains bimétallistes de continuer à se servir de l'argument démenti par les faits.

Quoi qu'il en soit, la grande quantité d'argent qu'on recueille — et qu'on pourrait recueillir — dans les mines ne permet pas de rétablir ce métal dans son ancienne situation ; le rapport de valeur entre les deux métaux précieux serait trop variable et gênerait le commerce. L'or suffit, et au-delà, pour tous les besoins [1]. Les deux métaux réunis surchargeraient peut-être le marché des capitaux. Je ne suis pas éloigné de croire que la masse des métaux précieux actuellement à la disposition du monde des affaires est une des causes du faible taux de l'intérêt. En toutes choses il y a une mesure à garder, celui qui l'oublie ne s'en trouve pas bien.

---

1. A un certain moment, la théorie discutait la question sous le nom plus exact du *double étalon*.

1. *Pour résumer toute la question du bimétallisme:* on dit que la valeur de l'argent a diminué, et cela a fait baisser son prix ; depuis quand l'abaissement d'un plateau de la balance fait-il baisser l'autre plateau aussi ? Jusqu'à présent il a toujours fait monter. Autrefois il fallait 100 grammes d'argent pour acheter un hectolitre de blé, actuellement que l'argent a perdu la moitié de sa valeur, il en faut 200. Et si le blé est devenu moins cher par suite de nombreux défrichements, il vaut encore 150 grammes. Ne pas vouloir voir, c'est aussi être aveugle.

BLOCUS I. Le blocus est une interruption des communications imposée à une place de guerre, et, dans certains cas, à un État.

Le blocus d'un État, dont il existe quelques exemples, a été appelé blocus pacifique parce qu'il n'entraîne pas nécessairement la guerre, ou aussi blocus commercial, parce que l'interruption des communications s'applique surtout aux marchandises. Quand un État défend à ses sujets de visiter le territoire d'un autre État, ou qu'il interdit son propre territoire aux sujets de cet autre État, quand il empêche le transit de ses marchandises, il le déclare en blocus. Cette déclaration ne peut pas lier les pays neutres. Ainsi, l'Italie peut à la rigueur défendre aux Autrichiens le séjour de l'Italie et aux Italiens le séjour de l'Autriche; mais ni les Suisses, ni les Français ou autres nationaux ne seraient touchés par ces interdictions. Toutefois le blocus peut être plus rigoureux, il peut ressembler à un blocus de guerre et selon les circonstances être respecté par les neutres. C'est alors un véritable acte de guerre sans effusion de sang, ou plutôt c'est un acte de contrainte exercé par un fort sur un faible.

On cite parmi les blocus qui ont eu lieu sans déclaration de guerre et sans effusion de sang : le blocus des côtes de la Turquie en 1827 par la France, l'Angleterre et la Russie ; le blocus du Portugal par la France en 1831 ; celui de 1838 exercé par la France contre le Mexique. En 1836, le ministère Thiers a ordonné le blocus hermétique contre la Suisse.

Le seul blocus *pacifique* est celui qu'on déclare en cas d'épidémie ou d'épizootie, car les cordons sanitaires (*voy.*) établissent bien réellement un blocus.

II. Entre le blocus plus ou moins pacifique et le blocus de guerre on pourrait placer celui qu'un gouvernement infligerait à un port en insurrection. Dans ce cas, il ne saurait être question de belligérants. Si, par exemple, les insurgés disposent de 1.000 hommes et le gouvernement de 100.000 ou 200.000, l'insurrection sera nécessairement vaincue, mais il peut être nécessaire de fermer le port aux étrangers. Est-il nécessaire que pour un pareil blocus le gouvernement intéressé mette devant le port interdit une « force suffisante » pour empêcher les navires étrangers d'entrer? ne suffit-il pas d'y placer un simple aviso, pour ainsi dire un factionnaire qui dise : On ne passe pas? Nous le croyons. Il ne saurait être question ici de « neutres », mais d'étrangers, et comme tout gouvernement est maître chez lui, il peut prendre des dispositions auxquelles ont à se soumettre tous ceux qui dépassent les limites de son territoire ou de la zone maritime réservée.

III. Mais le blocus proprement dit est en réalité un fait de guerre. Il s'applique, soit à des places fortes qu'il est impossible de prendre autrement, ou dont le siège en règle serait trop coûteux, trop meurtrier pour l'as-saillant, soit aussi à des ports de mer, dont on veut interrompre le commerce.

La guerre donne aux belligérants le droit d'assiéger les places fortes, et tout siège est accompagné de blocus. Il est évident que l'assiégeant, s'il le peut, empêchera l'assiégé de recevoir des renforts, des approvisionnements, des munitions, et il ne fera aucune différence entre les contrevenants, qu'ils appartiennent à la nationalité ennemie ou à des pays neutres. Celui qui apporte de la poudre ou un secours quelconque à mon ennemi me nuit, et j'ai un droit incontestable à me défendre contre quiconque veut me nuire. Ce droit est trop élémentaire et trop évident pour qu'il soit nécessaire de le prouver.

Le même droit autorise aussi l'assiégeant à se borner à bloquer la place. Il n'est pas tenu d'ouvrir des tranchées, de lancer des bombes et des obus; il peut préférer vouloir arriver à ses fins en affamant les habitants. Peu de cas peuvent se présenter alors. Des diplomates, ou même seulement des nationaux de pays neutres se trouvent dans la place assiégée, ont-ils le droit de demander à sortir, ou plutôt les assiégeants doivent-ils les laisser sortir ? Oui, cette sortie n'est pas de nature à nuire aux opérations du siège. C'est donc l'intérêt des neutres de s'y prendre dès le commencement de l'investissement, pour qu'on ne puisse leur opposer un *trop tard*. Et la population civile, et les femmes et les enfants? L'humanité, sans doute, commande de les laisser sortir, mais la guerre a divorcé avec la philanthropie. L'assiégeant dit ou pense : Ai-je plus de devoirs envers vos non-combattants, envers vos familles que vous-mêmes? Si vous voulez les ménager, rendez-vous. Si je les laisse sortir, vous serez approvisionnés pour plus longtemps, vous vous défendrez avec plus d'acharnement, un plus grand nombre des miens périront. J'ai envers les miens le devoir de ne pas les exposer au delà de l'indispensable. Pourquoi aussi fortifiez-vous une ville plutôt qu'un camp?! Néanmoins, il est des cas où l'on a laissé sortir des femmes et des enfants, notamment à Strasbourg, lors du siège de 1870, et nous ne saurions assez recommander pareil procédé.

Le blocus d'une forteresse ne comporte aucune déclaration; le fait est patent, connu de tout le monde, prévu même, et chacun peut ou a pu prendre ses mesures en conséquence.

Le blocus d'un port de mer soulève des questions bien plus nombreuses que l'investissement d'une forteresse. Qui dit investissement, dit explicitement présence d'une armée suffisamment forte pour en empêcher l'accès; il ne pouvait venir à l'idée de personne de déclarer en état de blocus une ville située loin des armées ennemies et peut-être hors de leur portée, et si un gouvernement ou un chef d'armée était assez mal avisé pour décréter le blocus d'une place sur laquelle il n'a aucun pouvoir, on n'en tiendrait aucun compte. Nous croyons que le cas ne s'est jamais présenté.

Il n'en est pas tout à fait de même pour les blocus maritimes. Les ports ennemis peuvent être investis soit au moyen de navires embossés, à poste fixe, soit par des croisières. Il faut en tout cas des sentinelles armées. Le mode d'investissement dépend des circonstances locales. Si le blocus est établi par des navires en croisière, comme en mer rien n'arrête la vue, la même flottille peut quelquefois empêcher l'accès de deux ports voisins et menacer une partie étendue de la côte. Plusieurs puissances maritimes, au moment où elles avaient virtuellement « l'empire des mers », ont abusé de cette possibilité et ont déclaré le blocus de ports ou de côtes où elles n'avaient aucun croiseur, ou des forces très insuffisantes pour donner une sanction à leur déclaration. C'était là ce qu'on appelait un blocus fictif, un blocus sur le papier. On comprend que cet abus a dû faire naître une réaction qui eut son expression dans ce qu'on a appelé « la neutralité armée » de 1780, celle de 1800, et quelques manifestations analogues postérieures (même antérieures, voy. la déclaration de Louis XVI, en 1778).

C'est que les neutres surtout étaient intéressés à refréner les abus de la force. Que les ennemis s'entre-détruisent, c'est leur affaire, cela s'explique — nous ne disons pas : cela se justifie — par l'état de guerre qui les désunit ; mais de quel droit ferait-on souffrir les nations qui ne prennent aucune part à la lutte ? C'est donc aux neutres à réagir ; seulement, ils l'ont fait longtemps en vain, car ils ne subissaient des avanies que parce qu'ils étaient les plus faibles, et leur faiblesse les empêchait de faire valoir leur droit d'une manière efficace. On rapporte que Catherine II a appelé la neutralité armée de 1780 la « nullité armée ». Peu à peu cependant, le blocus fictif, acte arbitraire du belligérant, dit M. Cauchy (Droit maritime, Paris, Guillaumin, t. II, p. 200), qui prétend faire supporter aux neutres les conséquences d'un état de siège qui n'existe pas », cessa d'être soutenu par les puissances qui en avaient seules profité et l'opinion opposée — celle des États maritimes secondaires — prévalut. La déclaration du 16 avril 1856, faite par le congrès alors réuni à Paris, la consacra solennellement en ces termes par son article 4 : « Les blocus, pour être obligatoires, doivent être effectifs, c'est-à-dire maintenus par une force suffisante pour interdire réellement l'accès du littoral de l'ennemi. »

Les auteurs ont cherché à justifier le droit de blocus, du moins en ce qui concerne les neutres. Nous l'avons déjà dit, point n'est besoin de chercher des justifications plus ou moins subtiles, de dire, par exemple, que l'espace commandé par les canons des navires assiégeants est sous la souveraineté temporaire du gouvernement qui les envoie, et, par conséquent, que les neutres doivent en respecter les dispositions. Cet argument accorde, d'ailleurs, un trop grand pouvoir aux canons. En pleine mer, le droit du canon est inférieur au droit de la liberté des mers, et près du rivage, la souveraineté est encore disputée, les neutres sont d'autant moins obligés de la reconnaître à l'assiégeant que l'assiégé est encore en possession de son territoire, et en possession tout à fait légale. Mais, encore une fois, de pareils arguments sont inutiles ; quand deux États sont en lutte, chacun peut dire au tiers : Ne me gênez pas, ne me nuisez pas, n'approchez pas de trop près, sinon, gare à vous ! Quand le cocher a averti le piéton, quand le chemin de fer a établi une clôture le long de sa voie, quand le fossé est entouré d'un garde-fou, quand une lanterne allumée signale le tas de pierres qui encombre la rue, les victimes d'un accident sont généralement taxées d'imprudence et n'ont pas droit à indemnité.

Il en résulte implicitement, et par voie d'analogie, que le blocus, pour être valable, doit avoir été notifié.

La notification se fait naturellement par la voie diplomatique. Mais il est des cas où la notification diplomatique viendrait trop tard pour être utilement publiée, ou aussi que des navires neutres seraient si éloignés qu'ils ne pourraient pas en avoir connaissance ; on a donc établi que le commandant de l'escadre doit en avertir directement le capitaine du navire neutre. La proclamation du président Lincoln, datée du 19 avril 1861, porte ce qui suit : « Lorsqu'un navire neutre s'approche, on doit l'avertir immédiatement et faire insérer l'avertissement dans le journal du bord. Si ledit navire veut cependant essayer de pénétrer malgré le blocus dans le port bloqué ou d'en sortir, il doit être capturé. » (Bluntschli, Droit international. Paris, Guillaumin, p. 417.)

Déjà la Neutralité armée de 1800 voulait « que tout bâtiment naviguant vers un port bloqué ne pourra être regardé comme contrevenant que lorsque, après avoir été averti par le commandant du blocus de l'état du port, il tâchera d'y pénétrer en employant la force ou la ruse » (Heffter, p. 156). A cette époque, l'Angleterre n'admettait pas encore cette doctrine.

Dans la pratique, la question de savoir si le navire qui tente le passage connaît ou ignore l'existence du blocus, s'il se propose de le violer ou si, par exemple, il ne s'approche que pour se renseigner, a donné lieu à beaucoup de discussions, mais c'est là une question de fait dont le tribunal des prises doit juger selon les circonstances. Il est seulement regrettable qu'un pareil tribunal soit dans une certaine mesure juge dans sa propre cause. En tout cas, bien des difficultés d'interprétation peuvent se présenter, car l'entrée d'un port est souvent très large, les navires ennemis peuvent être stationnés à d'assez grandes distances, et en tout cas l'expression de *blocus effectif* est si vague qu'on a souvent essayé de la préciser sans jamais réussir. Il y a aussi des intermittences dans le blocus. intermittences quelquefois volontaires, quelquefois forcées par un coup de vent. Nous ne saurions examiner ici les divers cas qui peuvent se présenter, nous devons nous borner à énoncer les conditions indispensables pour qu'un navire puisse être condamné :

1. Il faut que l'existence du blocus ait été connue par le capitaine;

2. Il faut qu'il ait été pris en flagrant délit de violation de blocus.

Le flagrant délit, la tentative actuelle, motive l'attaque du croiseur assiégeant, mais la poursuite n'est pas strictement limitée au voisinage; ce serait ôter toute sanction à la loi si on l'interdisait complètement, car aussitôt que le navire en contravention verrait arriver sur lui le croiseur, il se mettrait en fuite. La question est seulement de savoir jusqu'où la poursuite peut aller. M. Bluntschli pense (§ 836) que : « Le navire neutre peut être poursuivi en dehors des eaux bloquées, mais l'attaque ne peut avoir lieu que devant le port bloqué. Le blocus est de sa nature restreint à une certaine étendue de mer ; c'est là seulement qu'il existe et non pas sur la mer en général. Le navire qui a réussi à pénétrer dans le port bloqué pourra donc être capturé à sa sortie par l'escadre chargée du blocus; mais lorsque, après avoir heureusement forcé le blocus, il est entré dans un port non bloqué, il pourra continuer son voyage sans encombre. » Ainsi, selon ce publiciste, dès que le navire a touché barre dans un port neutre, il devient libre. Toutefois, il convient de dire que des tribunaux américains ont jugé que le navire pouvait être capturé tant que le voyage n'est pas terminé.

Les navires capturés pour violation de blocus peuvent être confisqués corps et biens (navire et cargaison), mais aucune peine ne peut être infligée à l'équipage. La violation d'un blocus est une contravention suffisamment punie par une perte pécuniaire, mais ce n'est pas un crime. Du reste, il est des cas, par exemple, lorsque le propriétaire des marchandises peut prouver sa bonne foi, où la confiscation ne s'applique qu'au navire. C'est le conseil des prises qui apprécie les circonstances.

Ajoutons que les navires en détresse, qui cherchent un refuge dans un port bloqué, ne sont pas en contravention. Généralement aussi, on permet aux navires neutres surpris dans le port, lors de l'investissement, de sortir librement. La libre sortie sur lest ou avec le chargement déjà effectué est même — ou devrait être — de droit. Ce qui dépend de la faveur, c'est la permission de compléter le chargement.

Des auteurs voudraient appliquer aux ports de mer le principe de droit des gens en vigueur pour la guerre de terre, d'après lequel une ville ouverte QUI NE SE DÉFEND PAS ne saurait être attaquée ou bombardée. Ils demandent qu'un simple port de commerce ne soit pas bloqué (*voy.* Cauchy, t. II, p. 424). Nous nous joignons volontiers à ces auteurs, sans trop d'espoir de voir notre vœu exaucé. La guerre n'est pas une affaire de philanthropie, mais une affaire d'intérêt; or il peut être dans l'intérêt des belligérants d'intercepter les communications d'un port de commerce. Il faut dire, du reste, qu'on n'en abuse pas de nos jours. Mais ce qui semble acquis, c'est qu'un port non fortifié ne peut pas être bombardé : ce serait, en effet, généralement une cruauté gratuite. D'autres adoucissements encore seront, sans doute, le fruit de la civilisation.

BLUE BOOK. Livre bleu ou document officiel anglais ; c'est la couleur de la couverture qui lui a fait donner ce nom. En France et dans la plupart des autres pays, la couleur des couvertures varie, seulement on a pris l'habitude de publier les documents diplomatiques : en France, dans un *Livre jaune ;* en Italie, dans un *Livre vert ;* en Autriche, dans un *Livre rouge.*

Le choix des couleurs n'a aucune signification.

BONNE FOI. La bonne foi et la force majeure sont souvent invoquées dans les transactions politiques aussi bien que dans les affaires privées. Dans les unes et dans les autres, on fait une certaine part à la bonne foi et on l'accepte comme l'excuse ou l'explication suffisante d'un malentendu et même du non-accomplissement d'une convention, *lorsqu'il n'en est résulté aucun dommage.* S'il y a eu dommage, on en demande la réparation pure et simple, sans autre indemnité. En cas de force majeure, on est même généralement dispensé de la réparation, en vertu de l'axiome : A l'impossible nul n'est tenu.

Dans la législation criminelle française, la bonne foi, c'est-à-dire l'absence de mauvaise intention ou du désir de nuire, suffit généralement pour faire disparaître ou atténuer le crime et le délit ; mais cette excuse n'est pas valable lorsqu'il s'agit d'une contravention. Le fait une fois établi, la force majeure seule peut le justifier.

En politique, la bonne foi n'est pas aussi facilement acceptée que dans la vie privée. Un gouvernement peut rarement arguer d'ignorance ; il a tant de moyens d'information, et la publicité porte le moindre fait si rapidement à la connaissance de tous ! De plus, un gouvernement est toujours composé de plusieurs personnes, ne serait-ce que du chef de l'État et de ses ministres, ses décisions ont donc plus de maturité que celles d'un individu ; en tout cas, on suppose que les membres d'un gouvernement pèsent les conséquences avec d'autant plus de soin que leur responsabilité est plus grande.

Malheureusement la croyance très répandue qu'il y a deux morales, l'une privée, l'autre politique, s'oppose souvent à l'acceptation de l'excuse de bonne foi.

BONNES VILLES. Au nombre des distinctions honorifiques concédés par les rois de France aux grands centres du royaume, se trouve le titre de *bonne ville*. Accordé d'abord pour quelque service particulier rendu à la monarchie, il finit par être octroyé à toutes les villes que leur importance ou tout autre titre recommandaient à la sollicitude du monarque. Le nombre des *bonnes villes* n'était pas limité: le roi pouvait l'augmenter suivant son bon plaisir. Napoléon Ier a maintenu les bonnes villes.

BONNET ROUGE. Il était d'usage dans la vieille Rome qu'un maître sanctionnât l'affranchissement de son esclave par le don d'un bonnet (Erasme, *Adag.*, cent. I, n° 27; Aulu-Gelle, liv. VII, chap. iv, et Budé, *Sur la dernière loi*, ff. *De origin. jur.*). A l'imitation sans doute de ce que faisaient les Romains, les universités du moyen âge prirent le bonnet pour un emblème d'émancipation. Les écoliers le recevaient, alors qu'ils n'étaient plus soumis à la verge des supérieurs, alors qu'ils recevaient aussi le nom de *maîtres* qui leur conférait le droit de parler, la tête couverte. De l'antique usage romain, comme des coutumes universitaires, vient l'adoption du bonnet phrygien par les républicains de 1793. Il orna (?) le front de l'image de la Liberté, et il fut la coiffure de cette partie remuante de la population qui cherche toujours à faire une manifestation de ses sentiments politiques par des signes extérieurs. Porté par les hommes qui s'étaient associés aux plus déplorables excès de la Révolution, le bonnet rouge ne pouvait manquer de devenir un objet de répulsion et d'effroi pour les amis de la royauté et pour les gens tranquilles en général. On oublia sa haute tradition historique, il ne fut plus cet emblème de liberté que nous avait légué l'antiquité; il fut la représentation et comme le symbole de tout ce qu'on pouvait le plus justement reprocher à la Révolution. Ce sentiment ne s'est pas sensiblement modifié, et c'est vainement qu'on a essayé de relever le bonnet rouge de cette déchéance. En 1830, quelques jeunes gens essayèrent de le porter, mais ils ne trouvèrent pas d'imitateurs, et ils cessèrent bientôt cette insignifiante et maladroite démonstration. La république de 1848 prit tout d'abord le bonnet rouge pour emblème, ainsi que l'avait fait son aînée ; à quelques mois de là, on le sacrifiait aux répugnances qu'il provoquait dans le public, et la tête de la Liberté abandonnait sa coiffure phrygienne pour se couronner d'épis. En 1870, le bonnet rouge n'a pas fait parler de lui.

BONS DU TRÉSOR. On désigne, sous ce nom, les effets à ordre ou au porteur, que le ministre des finances est autorisé à créer pour le service de la trésorerie et les négociations avec la banque de France.

La loi annuelle, portant fixation des recettes et dépenses de l'exercice, fixe l'émission des bons du Trésor.

La loi du 4 août 1824, qui, la première, fit mention de cette valeur, en la désignant sous le titre de bons royaux, avait autorisé l'émission de 140 millions. En 1831, le maximum à émettre fut élevé à 200 millions (loi du 15 avril 1831). Depuis 1832, l'émission des bons du Trésor est restée fixée à 250 millions.

Toutefois ne sont pas compris dans cette limite les bons délivrés à la caisse d'amortissement, en vertu de la loi du 10 juin 1833; les bons déposés en garantie à la banque de France, soit lors de la formation, en 1848, du capital nécessaire à la création des comptoirs d'escompte, soit en exécution du traité du 3 mars 1852.

Lorsque des besoins impérieux viennent à se produire dans l'intervalle des sessions de l'Assemblée nationale, une émission supplémentaire peut avoir lieu, en vertu de décrets insérés au *Bulletin des lois*, sous la réserve cependant que cette mesure extraordinaire sera soumise à la sanction de l'Assemblée lors de sa plus prochaine réunion.

L'intérêt des bons du Trésor est fixé d'après leur durée, de trois mois, six mois, ou un an; le taux en est modifié selon la situation du marché et publié dans le *Journal officiel*.

Si l'on étudie l'institution des bons du Trésor, telle qu'elle fonctionne aujourd'hui, l'on voit que cette ressource élastique, l'un des rouages de la dette flottante, qui permet au Trésor de payer immédiatement toutes les dépenses publiques régulièrement ordonnancées, repose sur la confiance. L'exactitude des payements, rigoureusement observée en France, a fondé le crédit de l'Etat par la confiance absolue qu'inspirent, à si juste titre, ses engagements. Lorsque l'état des perceptions, à un certain moment de l'année, menace de gêner la régularité des payements, ou quand des besoins imprévus, extraordinaires, se font sentir, l'administration des finances y supplée provisoirement au moyen du produit des bons du Trésor. Leur emploi dans le système financier de la France n'est donc pas le même que celui des bons de l'Echiquier en Angleterre (*voy.* **Echiquier**), et ne ressemble pas non plus aux émissions de *papier-monnaie* (*voy. ce mot*) de quelques pays allemands ou de la Russie.

BOURGEOISIE. L'histoire de la bourgeoisie se confond dans ses origines avec l'histoire de la renaissance des villes. Le moyen âge avait fondé deux classes sociales : l'une dominante et oisive, guerrière et en possession du sol, l'autre sujette et travailleuse, soumise à la protection des propriétaires de fiefs, et exclue de toute participation à la souveraineté. La première protestation contre ce régime se fit jour par l'opposition des villes contre la féodalité dans les douzième et treizième siècles. En Italie et dans le midi de la France, le mouvement politique des communes se rattache aux souvenirs romains ; dans le nord de la France et dans les pays germaniques, la commune *jurée* dérive des mœurs germaines : c'est la municipalité constituée par association et par assurance mutuelle sous la foi du serment. Ces deux origines conduisent au même but. Que ce soit sous l'influence romaine ou sous l'influence germanique, cette restauration des villes et de leurs libertés civiles et politiques pose le fondement de la société moderne. L'histoire de la bourgeoisie, soit, en France, du tiers état, est celle de l'évolution qui, de degré en degré, a élevé les classes inférieures et opprimées à la plénitude des droits politiques et a fait disparaître toutes les inégalités illégitimes pour former un même peuple.

La marche ascendante des classes inférieures se fit en silence et avança de pair avec le développement général, et il arriva ainsi qu'en 1789, lors de la convocation des états généraux, le tiers, loin de trouver suffisante sa représentation par ordres, prétendit faire valoir sa supériorité numérique et représenter la nation tout entière. De là le mot de Sieyès : « Qu'est-ce que le tiers? Rien. Que doit-il être ? Tout [1]. » Ce mot définit le point culminant du développement de la bourgeoisie aux débuts de la Révolution française; et, en même temps, il y met fin. Depuis le douzième siècle, le tiers avait tendu à la suppression des privilèges, même lorsqu'il s'en faisait accorder pour garantir ses libertés ; son rôle émancipateur finit au moment où la Révolution fait de la liberté et de l'égalité devant la loi un principe primordial et général, qui doit profiter à tous sans distinction de lieux et de caste. Le mot de bourgeoisie change dès lors de signification ; on n'est plus bourgeois parce qu'on appartient à telle ou telle ville, mais parce qu'on remplit certaines conditions sociales. On entend souvent maintenant par bourgeoisie cette partie de la société qui représente la propriété acquise ou en train de se former par l'industrie et par le commerce, et celle qui exerce les professions libérales. Dans ce sens, le mot de tiers état ne suffirait plus pour la définir ; car le tiers état, ce n'était pas précisément la bourgeoisie, mais la nation moins la noblesse et le clergé. Aujourd'hui, encore, la bourgeoisie n'est pas une classe fermée : elle a un caractère d'universalité qui tient à ce que, par des nuances infinies, elle se confond en haut avec la noblesse et touche en bas au prolétariat. Dans une société sans cesse en mouvement, où la fortune se fait et se défait avec une rapidité inconnue à nos

pères, le passage d'une classe à l'autre est si fréquent que l'on peut dire qu'elles se confondent. Cependant, le mot de bourgeoisie revêt encore une signification spéciale, beaucoup moins lorsqu'on l'oppose à la noblesse, dont le rôle social est terminé, que lorsqu'il sert à exprimer soit la distinction entre les bourgeois et les paysans, soit celle entre les bourgeois et les ouvriers. La différence entre bourgeois et paysans tend à s'effacer ; l'habitant un peu aisé des campagnes est un bourgeois tout comme l'habitant des villes, ce qui l'on distingue quelquefois est le résultat de l'éducation. La différence entre le bourgeois et l'ouvrier repose également en partie sur l'éducation et en partie sur la fortune et quand ces deux influences sont séparées, elles peuvent s'annuler. C'est-à-dire, que la fortune sans l'éducation placera, dans la société, un homme au-dessous de l'ouvrier bien élevé. Le mot bourgeois est assez souvent pris aussi comme synonyme de patron, ou d'employeur, et la bourgeoisie ce sont les populations aisées et instruites, dont les rangs sont d'ailleurs ouverts à tous; l'ouvrier peut être bourgeois du jour au lendemain.

Actuellement, grâce aux incessantes excitations des socialistes militants, les bourgeois et les ouvriers semblent séparés par leurs intérêts; on a même cherché à faire naître un antagonisme prononcé entre patrons et ouvriers; mais c'est une situation factice, elle n'est nullement dans la nature des choses. Ils forment ensemble l'armée du travail, les bourgeois sont les officiers, les ouvriers les soldats... comprenez-vous une armée sans officiers? ou une armée dans laquelle les officiers auraient un autre intérêt que leurs hommes? Si les socialistes pouvaient créer une épidémie qui ne s'attaquât qu'aux bourgeois, ceux-ci mourraient par le fléau... et les ouvriers par la faim. C'est la bourgeoisie qui dirige la production, elle est chargée du travail intellectuel dans la société, et on ne saurait la remplacer du jour au lendemain car elle a été élevée, éduquée pour sa mission. En tout cas, elle ne serait pas avantageusement remplacée par les politiciens qui ne savent qu'exciter les ouvriers contre les patrons.

On a fait bien des reproches à la bourgeoisie; la politique, avec ses calomnies et ses exagérations, en a présenté parfois la caricature. Ce qui est vrai, c'est que les bourgeois sont des hommes, et s'ils en ont les qualités, ils en ont aussi les défauts. Ils ne sont ni plus ni moins égoïstes que les nobles, les paysans, les ouvriers; ceux qui ont reçu une bonne éducation le sont un peu moins; ou du moins ils cachent un peu leur égoïsme, c'est toujours cela. On reproche aussi à la bourgeoisie d'être pusillanime; c'est peut-être l'âge qui leur donne parfois cette apparence; ou ce sont les préoccupations que donnent les affaires, ou c'est une instruction parfois insuffisante. On peut dire

---

1. Dans certaines contrées, les paysans étaient séparés des bourgeois et formaient un quatrième état. Voy. au mot Tiers État ce qu'en pensait Guizot.

aussi que les adversaires imputent volontiers à la collectivité les défauts de ses membres les moins estimables, mais en général les classes sociales se déprécient mutuellement sans raison suffisante.

BOURGMESTRE (en allemand *Bürgermeister*, chef des bourgeois). En Belgique, en Hollande. en Allemagne, le bourgmestre remplit dans les villes des fonctions analogues à celles de nos maires; il est chargé de la police, de l'administration des deniers de la commune, quelquefois même de la justice. Dans les communes rurales, c'est le *Schulze* ou le *Schœffe* qui est l'équivalent du maire; du reste, les attributions de ces fonctionnaires ne sauraient être précisées ici, car elles varient d'un Etat à l'autre.

BOURG-POURRI (*Rotten-borough*). Lors du développement du système représentatif en Angleterre, on distribua entre les villes et bourgs de cette époque, ainsi qu'entre les comtés, le droit d'envoyer un ou deux députés au parlement. Dans la suite des temps, quelques-unes de ces localités s'étendirent et décuplèrent ou vingtuplèrent le nombre de leurs habitants, tandis que d'autres virent descendre leur population au chiffre de quelques familles. Des villes entièrement nouvelles s'étaient même élevées (Manchester, Birmingham, Leeds, Sheffield), sans qu'on pensât à leur accorder le droit de se faire représenter. Il a fallu bien des luttes pour faire cesser cette iniquité. Des intérêts puissants s'étaient ligués pour la maintenir; car, dans ces *bourgs-pourris* c'est l'aristocratie qui, en réalité, faisait les nominations. Enfin, le bill de réforme de 1832 fit cesser cet état de choses; on enleva aux petites localités déchues le droit d'élire un député. et on le conféra aux villes qui jusqu'alors avaient été privées de ce droit.

Une nouvelle revision des circonscriptions a eu lieu en 1867. Dans un grand nombre de pays, ces revisions sont périodiques; elles sont prévues par les constitutions ou les lois organiques et se font, soit en modifiant les circonscriptions, soit en augmentant ou diminuant le nombre des représentants.

BOURSE. Tout lieu habituel de réunion pour les individus qui se proposent d'acheter ou de vendre une chose quelconque est un marché. Il y a deux sortes de marchés : 1° les marchés où la marchandise est mise sous la main de l'acheteur et où celui-ci traite directement avec le vendeur; 2° les marchés où les transactions s'accomplissent en l'absence des choses qui en font l'objet, ordinairement au moyen d'intermédiaires connus sous le nom de courtiers et agents de change. Ces derniers marchés prennent la dénomination spéciale de *Bourses*. Les rentes d'Etat, les obligations et actions de chemin de fer ou d'entreprises quelconques ne se négocient que sur les marchés appelés Bourses. Il n'en est

pas de même des autres marchandises : elles se négocient sur les deux espèces de marchés avec ou sans intermédiaires.

La loi française — et celle de quelques autres pays — réserve exclusivement aux agents de change le droit de négocier *pour le compte d'autrui* les titres admis à la cote officielle; mais chacun conserve le droit de les acheter et de les vendre directement *pour son propre compte*.

Les titres non admis à la cote officielle ne peuvent être négociés au parquet des agents de change; on les négocie dans la *coulisse*, c'est-à-dire en dehors du marché légal et régulier. Ces sortes de négociations, quoique interdites, se font néanmoins ouvertement par des agents sans caractère officiel, qui violent la loi en négociant des titres auxquels le marché de la Bourse n'est pas ouvert, et qui la violent encore en usurpant les fonctions d'agents de change lorsqu'ils négocient des titres inscrits sur la cote officielle.

En présence de ces violations de la loi et de ces usurpations de fonctions qui ont lieu au grand jour d'un monument public, on se demande tout naturellement s'il ne conviendrait pas de mettre le fait d'accord avec la loi, en substituant au monopole des agents de change la liberté du courtage. Puisque, se dit-on, une partie considérable des négociations qui se font sur le marché de la Bourse sont traitées en dehors du petit cercle appelé *parquet* ou *corbeille* des agents de change, par l'entremise des courtiers libres, pourquoi toutes les négociations ne se feraient-elles pas de la même manière ?

Sur les marchés où acheteurs et vendeurs sont en présence, les transactions sont régies par les conventions des parties; sur les marchés appelés Bourses, les transactions sont soumises à des règles générales et invariables. Elles se font au comptant ou à terme.

Les négociations au comptant sont réalisables immédiatement. sans autre délai que celui qui résulte de la force des choses; les négociations à terme. au contraire, ne sont réalisables qu'à une époque fixée.

Les 15 et 31 de chaque mois sont les échéances uniformément adoptées dans les Bourses pour la réalisation des marchés à terme. Aux échéances fixées, acheteurs et vendeurs doivent réciproquement accomplir leur obligation ou obtenir un nouveau délai en reportant l'échéance de leur engagement à une époque postérieure, suivant les règles de la Bourse où l'engagement a été formé. Ce nouveau délai s'obtient au moyen d'une nouvelle convention appelée *report*. Le report coûte ordinairement plus ou moins à l'une ou à l'autre des parties, aux acheteurs ou aux vendeurs, selon l'état du marché. Lorsque le prix du report est payé par l'acheteur, il conserve le nom de l'opération elle-même et se nomme *report;* s'il est payé par le vendeur il s'appelle *déport*. Le premier cas se présente lorsque les acheteurs, ne pouvant payer les titres achetés, sont plus nombreux que les vendeurs ne pouvant livrer les titres vendus ; le second, lorsque c'est l'inverse qui se produit.

Il faut encore mentionner les marchés *à prime*. Ce sont des marchés où l'une des parties et quelquefois les deux conservent le droit de se dégager, moyennant un prix convenu appelé *prime*.

Les marchés au comptant ont toujours pour objet un échange de titres contre espèces ou *vice versâ*. Il n'en est pas de même des marchés à terme. Le plus souvent acheteurs et vendeurs ont en vue non l'achat ou la vente du titre qui figure nominalement au marché, mais simplement une différence sur le prix de ce titre à payer ou à recevoir à l'échéance convenue. Ces sortes de marchés, véritables paris sur la hausse et la baisse, sont connus sous la dénomination de *jeux de Bourse* ou *agiotage*. Tous les marchés à terme, identiques dans la forme, ne diffèrent entre eux que par l'intention des contractants, intention, du reste, toujours facile à pénétrer par les intermédiaires.

L'agiotage, légalement défendu et pratiquement toléré, n'est autre chose que de l'activité dans le vide. Est-il nuisible ? Sans aucun doute, car il stérilise des forces et des capitaux qui pourraient servir au bien-être commun étant mieux employés. L'agiotage est la passion de ceux qui voudraient obtenir de coups de dés réitérés la fortune, qui ne doit être rationnellement que la conséquence d'un travail persévérant. Convient-il de le proscrire ? Il faut redouter de tomber dans un mal en voulant en éviter un autre et d'entraver l'activité humaine sous prétexte d'en prévenir les écarts. Cependant la loi a été sage en n'accordant aucune action devant les tribunaux pour le payement des dettes résultant des jeux de Bourse. Les jeux de Bourse ne sont pas des actes sérieux que la justice d'un pays puisse sanctionner. Libre aux joueurs d'exécuter spontanément leurs prétendues conventions ; quant à la loi, elle ne leur doit aucune protection ; mais elle dépasse peut-être le but en édictant des peines contre les agioteurs sur les fonds publics. Ces peines, jamais appliquées, constituent néanmoins une singulière anomalie légale. En effet, n'est-il pas étrange que d'un côté la loi punisse les paris sur la hausse et la baisse des fonds publics et que de l'autre elle ait institué des agents de change qui sont, en quelque sorte, les transgresseurs autorisés de sa volonté ? La liberté du courtage, qui existe en Angleterre, en Suisse, en Belgique et dans d'autres pays, ferait disparaître cette anomalie.

Une question qui s'impose ici est celle de savoir quelle conduite les gouvernements doivent tenir à l'égard de la Bourse. La réponse est bien simple : ils doivent se borner à faire exécuter les règlements de police. Si leur intervention dépasse cette limite, elle devient funeste, car elle exerce toujours une action qui trouble les lois économiques du marché. Des esprits faux prétendent qu'un gouvernement, en se servant des deniers de l'État pour élever le cours du 3 p. 100, se consolide et inspire le confiance ; c'est là une illusion que les faits se chargent toujours de dissiper. La confiance est, en quelque sorte, spontanée ; elle n'est ou elle n'est pas, selon que l'opinion est rassurée ou inquiète et nul ne peut faire naître l'ensemble des circonstances duquel résulte l'un ou l'autre de ces phénomènes. Certes, l'opinion s'est plus d'une fois lourdement trompée ; cela n'entame pas notre thèse, mais prouve surabondamment que l'erreur est dans les fatalités humaines.

Les gouvernements ne peuvent exercer sur la Bourse une influence salutaire qu'en gérant avec sagesse la chose publique. Au point de vue financier, la première condition à remplir, c'est de ne demander au pays que les impôts qu'il peut payer, et la seconde, c'est d'en faire l'emploi le plus judicieux. Il faut ajouter que chez tous les peuples les finances et la politique sont forcément dans une réciproque indépendance. C'est pourquoi un ministre célèbre a pu dire : « Faites-moi de la bonne politique et je vous ferai de bonnes finances » Cependant nous préférerions renverser les termes de la proposition et dire : « Faites de bonnes finances et vous aurez nécessairement fait de la bonne politique [1]. »

JULES FLEURY.

BOURSE DE TRAVAIL. On comprendrait très bien des établissements destinés à favoriser les rapports entre « le capital » et le « travail ». Les ouvriers inoccupés s'y feraient inscrire, les patrons qui ont besoin d'aides, également, et le secrétaire chargé de la tenue des registres ferait le nécessaire pour que ceux qui se cherchent se trouvent. La bourse du travail serait une des institutions du marché du travail, et de cette façon on n'aurait pas besoin de bureau de placement. La bourse pourrait être entretenue par la commune ou par la chambre de commerce ou par les patrons d'une localité. Dans les petits endroits, un petit local, une simple chambre suffirait.

Au lieu d'une chose simple et utile, on a créé dans certaines villes des Palais de la démagogie, de beaux bâtiments où les ouvriers seuls se réunissent (pour que le mot bourse soit applicable, il faut nécessairement que les vendeurs et les acheteurs soient en présence) où les meneurs peuvent conférer sur la guerre qu'ils veulent faire aux patrons. De cette façon les « bourses du travail » si mal nommées, loin d'être utiles, loin de faciliter les rapports entre le capital et le travail, sont des machines de guerre. La guerre n'est pas un état normal, c'est une situation transitoire, c'est surtout un moyen de destruction ; rendre la destruction permanente, est-ce l'action des gens raisonnables ?

1. L'auteur de cet article a été, pendant bien des années, associé d'agent de change.

Que faudrait-il penser d'un conseil municipal qui érige dans sa commune une bourse de travail sans la placer sous la direction d'un comité composé à la fois de patrons et d'ouvriers ? C'est qu'il est dominé par des socialistes passionnés. Encore une fois, qui dit bourse, dit marché ; qui dit marché, dit vendeur et acheteur (de travail). Est-il bien nécessaire de prouver des choses aussi élémentaires que cela ?

BOYCOTTER, mettre à l'index. On a adopté ce mot à la suite d'une mise à l'index, extrêmement rigoureuse, d'un M. Boycotte. Il faut distinguer le baycottage, qui est une sorte de mise au ban de l'humanité, de la grève, qui est simplement une abstention de travail. Cette dernière est une mesure parfaitement licite, le boycottage un moyen sauvage qu'aucune loi civilisée ne peut autoriser

BUDGET. Dans une administration importante et compliquée, comme celle d'un Etat, il est indispensable de se rendre à l'avance un compte exact des besoins et des ressources dont le gouvernement dispose pour les satisfaire. Ces ressources sont toujours limitées ; il y a donc lieu de comparer entre eux les besoins de toute nature, et c'est le propre d'une bonne et sage administration de bien apprécier leur importance relative, afin d'en faire la base d'une équitable répartition. Bien ou mal, cette appréciation a dû avoir lieu, sous une forme quelconque, dès qu'il y a en des sociétés organisées ; elle est devenue plus difficile à mesure que les attributions de l'Etat sont devenues plus étendues et que les sacrifices exigés des membres du corps social ont été plus considérables. A ce double titre, les gouvernements modernes devaient sentir la nécessité de dresser, d'après les résultats de l'expérience, des tableaux où les recettes et les dépenses fussent évaluées aussi approximativement que possible, de manière à régler et à assurer, pour une certaine période, la marche de l'administration.

Sous l'ancienne monarchie française, on paraît avoir, dès avant le règne de Charles IX, dressé, au commencement de chaque année, des comptes de *états de prévoyance*, pour régler la marche de l'administration. Ces états de prévoyance étaient divisés en état des dépenses et état des recettes. L'un et l'autre étaient présentés au roi par le contrôleur ou surintendant des finances et arrêtés en Conseil des finances.

Mais ces états ou projets n'étaient en somme que de simples comptes de probabilités, ne liant en rien le gouvernement, n'ayant aucune influence obligatoire sur la marche des affaires, ne recevant pas même de publicité. La nation ne commença d'être initiée à la connaissance de ses propres affaires que par les comptes rendus de Necker et de Calonne, témoignages de confiance destinés à la préparer à de nouveaux sacrifices.

Par une ordonnance du 24 janvier 1789, Louis XVI avait prescrit la publication annuelle du tableau des recettes et des dépenses. Cette mesure fut confirmée par l'Assemblée constituante, le 25 novembre 1789.

A partir de cette époque, le Gouvernement, obligé d'obtenir des représentants de la nation leur consentement aux dépenses publiques, a dû concentrer dans une œuvre législative les ressources et les charges de l'Etat. Ce projet de recettes et de dépenses, soumis au consentement et au contrôle de la législature, est ce que l'on a appelé, quelques années plus tard, *le Budget*. L'article 5 du décret du 31 mai 1862 le définit : « l'acte par lequel sont prévues et autorisées les recettes et les dépenses annuelles de l'Etat ou des autres services que les lois assujettissent aux mêmes règles. »

Le mot anglais *budget*, maintenant naturalisé dans la langue politique et financière de la France et d'autres pays, vient, dit-on, de l'ancien terme français *bougette*, qui signifie *sac* ou *bourse*. Il a d'abord désigné le sac de cuir dans lequel le chancelier de l'Echiquier apportait, pour les soumettre au Parlement, les comptes et les pièces justificatives à l'appui de l'état des recettes et dépenses ; puis, par extension, l'estimation même des dépenses et des recettes de l'année, soumise par le gouvernement à la représentation nationale, en vue d'obtenir son concours constitutionnel.

Les différences entre les budgets des divers Etats, considérés en eux-mêmes, tiennent à la diversité des attributions du pouvoir central dans chaque pays. Suivant que la sphère d'action de ce pouvoir est plus vaste et qu'on s'est plus habitué à compter sur son intervention, le budget doit prévoir et doter plus de services. Mais nous ne pouvons entrer ici dans ces détails.

Envisagés dans leur forme, les budgets peuvent être *bruts* ou *nets*.

On appelle budget *brut*, dans un sens large, celui qui comprend toutes les dépenses et recettes, même celles qui ne font que passer par les caisses de l'Etat sans intéresser l'administration proprement dite, ni influer sur les ressources de l'Etat. En France, par exemple, les *recettes d'ordre*, faites pour le compte des départements et des communes, grossissent encore le budget général qui en était autrefois bien plus surchargé. En un sens plus restreint, on appelle encore budget *brut* celui qui renferme toutes les recettes et dépenses réellement opérées *pour le compte de l'Etat*, tandis qu'un budget *net* ne porte en ligne de compte que les produits réels, définitifs (seuls applicables aux dépenses), abstraction faite des frais de perception des impôts, de gestion des monopoles ou des propriétés de l'Etat. Tous les pays ont commencé par le budget net et en sont arrivés peu à peu au budget brut. Pour la comparaison de l'époque actuelle avec l'époque antérieure, il importe de connaître l'année à laquelle le passage du budget brut au budget net a eu lieu.

En France, à mesure que la science financière s'est perfectionnée, le budget a tendu à devenir plus complet. Il est intéressant de voir comment ce progrès s'est accompli et comment toutes les recettes et dépenses publiques ont fini par se rattacher au budget général.

Sous le premier Empire, le tableau annuel des revenus et des charges ne se publiait encore que d'une manière inexacte et incomplète. « Les frais de régie, d'exploitation et de perception des revenus n'entraient ni dans les résultats des recettes, ni dans ceux des dépenses, pour les cent millions qu'ils prélevaient annuellement sur les versements des contribuables; deux cents millions de fonds spéciaux appliqués à certains services publics, mais laissés à la disposition exclusive du souverain, étaient également distraits de ce simulacre de budget général qui ne faisait, d'ailleurs, aucune mention des riches tributs de la conquête, reçus et employés par le domaine extraordinaire de la Couronne. » (M. d'Audiffret, *Dict. gén. d'adm.*, v° BUD-GET.) Ce n'est que sous la Restauration que le budget est devenu le bilan fidèle de l'actif et du passif de l'État.

Aux termes d'une loi du 23 septembre 1814, le budget dut comprendre tous les revenus et toutes les dépenses, même les fonds spéciaux précédemment distraits des prévisions générales. Celle du 25 mars 1817 (art. 148 à 153) posa les bases d'un nouveau système de comptabilité, en statuant que les ministres présenteraient, à chaque session, le compte de leurs opérations pendant l'année précédente. Celui du ministre des finances dut comprendre le produit brut des impôts, les opérations de trésorerie, le résumé des budgets, le tableau de la dette inscrite et la situation générale du Trésor. La même loi inscrivit, pour la première fois, en recette et en dépense, au ministère des finances, le fonds de non-valeurs qui, antérieurement, avait été déduit des recettes ; mais, en même temps, elle rompait l'unité du budget en créant, à côté budget ordinaire, deux budgets spéciaux, l'un pour les dépenses extra-ordinaires, telles que les contributions de guerre ou les soldes d'exercices antérieurs, l'autre pour la dette perpétuelle et l'amortissement. On fit d'autres améliorations en 1818, 1822, 1829, 1831, etc., etc.

La distinction entre les dépenses ordinaires et les dépenses extraordinaires avait été rendue plus tranchée par l'article 1er de la loi de finances du 2 juillet 1862. Sous ce régime, il y avait deux budgets séparés, l'un pour les dépenses ordinaires, l'autre pour les travaux et dépenses extraordinaires, et faisant chacun l'objet d'une loi distincte. Celle qui autorisait les dépenses extraordinaires leur affectait des ressources spéciales et définies qui avaient, comme les charges auxquelles elles étaient destinées à faire face,

un caractère temporaire. Dans cette loi devaient être groupés les grands travaux d'utilité publique, les constructions nouvelles, les excédents temporaires de l'effectif militaire nécessités par la protection des intérêts extérieurs du pays ; en un mot, tout ce qui, répondant à des besoins momentanés et destinés à disparaître, ne devait pas figurer parmi les charges permanentes et obligatoires. (Rapport de M. Fould, *Moniteur* du 22 janvier 1862.)

Personne, assurément, ne se serait plaint de voir rompre l'unité du budget, si, comme l'avait pensé l'homme d'État qui avait proposé cette mesure, elle eût pu avoir pour résultat d'empêcher que, chaque année, les ressources permanentes et régulières, préparées par la loi de finances, ne fussent dépassées ; mais une modification dans le classement des dépenses, si rationnelle qu'on la suppose, ne dispensera jamais de la modération et de la prudence qui peuvent seules maintenir l'équilibre entre les dépenses et les recettes. L'expérience ne l'a que trop prouvé et la distinction des dépenses et recettes en ordinaires et extraordinaires ne se retrouve pas dans le budget de 1872.

L'équilibre, cette première qualité d'un budget bien établi, s'obtient à l'aide d'une juste et saine appréciation des besoins et des ressources.

Quant aux impôts directs, la recette en est assurée, et, s'il se produit quelque déficit, les moyens d'y faire face sont d'avance réglés par la législation ; le chiffre des rentrées à prévoir est donc tout indiqué. Pour les impôts indirects, au contraire, le produit ne peut être que présumé ; mais comme, depuis 1815, il s'est constamment accru dans les circonstances normales, on n'a pas à craindre un déficit en inscrivant au budget pour chacun de ces impôts la recette qu'il a produite dans les cours de l'année précédente.

En ce qui concerne les dépenses, des prévisions exactes sont plus difficiles : en principe, toute demande d'argent, pour une éventualité qui peut ne pas se réaliser, doit être repoussée ; car elle tend à faire peser sur les contribuables une charge dont la nécessité n'est pas démontrée ; et, cependant, il peut se révéler des besoins dont la satisfaction ne puisse être différée. La question de savoir comment procurer cette satisfaction, sans détruire l'équilibre des budgets, est la plus difficile de la matière ; on verra plus loin quelles solutions ont été jusqu'ici proposées.

L'équilibre matériel ne suffit pas ; un budget a son équilibre moral, qui consiste dans la proportion des dépenses entre elles et dans leur harmonie avec les véritables possibilités du pays ; mais cette remarque nous conduirait beaucoup trop loin s'il fallait l'approfondir.

Dans tous les pays où le régime représentatif est en vigueur, le budget est soumis aux assemblées délibérantes sous la forme d'un projet de loi, et en commençant par la chambre élective (chambre des députés).

Dès l'origine, les budgets ont été présentés par chapitres, et les chapitres eux-mêmes ont été décomposés en articles, au moins dans les états de développement produits à l'appui des propositions du Gouvernement; mais le vote a eu lieu d'abord par départements ministriels, les ministres restant libres d'appliquer les fonds votés d'une manière plus ou moins différente de celle qu'indiquaient les documents soumis à la Chambre. La loi du 27 mars 1817 a créé, comme garantie contre les abus de ce régime, la *spécialité ministérielle*. Aux termes des articles 151 et 152, la répartition par les ministres entre les divers chapitres de leurs budgets particuliers, des sommes allouées à leur département par le budget général, dut être soumise à l'approbation du roi, et s'opérer de manière à ce que la dépense n'excédât point le crédit total. Les ministres ne purent, sous leur responsabilité, sortir des bornes de ces crédits, ni le ministre des finances autoriser les payements faits en dehors de ces limites que dans les cas extraordinaires et urgents, et en vertu d'ordonnances du roi qui devraient être converties en loi à la plus prochaine session des Chambres.

On ne tarda pas à s'apercevoir que cette réglementation était peu efficace. La répartition par ordonnance, loin d'être préalable, comme le voulait la loi de 1817, n'intervenait que très tard et se modelait sur des faits accomplis; les ministres, d'ailleurs, seuls appréciateurs des cas extraordinaires et urgents, étaient trop enclins à provoquer l'ouverture des crédits extra-budgétaires : l'esprit du temps favorable à l'extension de la prérogative parlementaire, conduisit à chercher le remède à ces inconvénients dans ce qu'on a appelé la *spécialité législative*. Au cours de la session de 1822, Royer-Collard soutint, avec une grande vigueur de logique, que le consentement général de la Chambre se décomposait en autant de consentements particuliers qu'il y avait de dépenses distinctes et qu'il y avait autant de dépenses distinctes que de services allégués par le Gouvernement. « L'allégation d'un service, disait cet orateur, emporte nécessairement la supposition que ce service sera fait, celui-là et non pas un autre ; ainsi les services, tels qu'ils sont exposés, sont les raisons, les causes et les *conditions* des votes successifs de la Chambre, et la réciprocité de ces deux choses, les services et l'argent, forme un véritable contrat qui oblige le Gouvernement envers la Chambre et la nation... A chaque vote que le Gouvernement obtient de la Chambre, il s'oblige au service qu'il a lui-même indiqué et déterminé, comme raison de ce vote. S'il ne remplit pas ces engagements, les votes sont nuls de droit; l'impôt n'a pas été consenti ; dans la rigueur des principes, il y a concussion. Eh bien ! les spécialités ne sont pas autre chose que les engagements dont je viens de parler ; chaque engagement engendre une spécialité. Il y a autant de spécialités

que le Gouvernement fait d'allégations différentes pour attirer l'impôt... La spécialité existe à l'usage du Gouvernement et dans son intérêt; elle sert à vous convaincre de la nécessité de la dépense et, par là, de la nécessité de l'impôt. S'il multiplie les divisions, c'est qu'il multiplie les demandes, chaque division est une demande, chaque demande est un engagement ; chaque engagement est un devoir spécial. »

On n'a rien dit de plus concluant en faveur de la spécialité législative; néanmoins la proposition que soutenait Royer-Collard, combattue par Courvoisier et de Villèle, fut rejetée. Cette doctrine trop absolue tendait à faire passer l'administration dans les Chambres, et le Gouvernement lui-même fit droit à ce que les réclamations avaient de juste, en décidant, par l'ordonnance du 1er septembre 1827, que le budget de l'Etat, partagé d'abord en quatre grandes divisions, se subdiviserait en sections dont chacune serait soumise au vote des Chambres. Quand les ressorts du gouvernement représentatif ne sont pas faussés et que les assemblées ont le pouvoir et l'influence qui leur appartiennent légitimement, elles n'ont rien à gagner à pénétrer trop avant dans les détails, car leurs moyens d'action sont ailleurs ; ils consistent dans la surveillance, le contrôle et au besoin la répression, toutes choses exclusives d'une participation directe à la gestion administrative.

Sans aller aussi loin que l'avait demandé Royer-Collard, les articles 11 et 12 de la loi du 29 janvier 1831 firent prévaloir la spécialité : le budget de chaque ministère dut à l'avenir être divisé en chapitres spéciaux; il fut décidé que chaque chapitre ne contiendrait que des services corrélatifs ou de même nature ; que la même division serait suivie dans la loi des comptes, et qu'enfin les sommes affectées par la loi à chacun de ces chapitres ne pourraient être appliquées à des chapitres différents.

Sous le régime de la constitution du 14 janvier 1852, le Corps législatif conserva d'abord le droit d'émettre, sur chaque chapitre du budget, un vote qui liait à l'avance l'administration ; ni la constitution elle-même, ni le décret du 22 mars 1852, qui réglaient les conditions organiques des travaux législatifs, n'avaient porté atteinte à la spécialité; l'inconvénient attaché à cette dernière s'était même atténué par la suppression du droit d'amendement, car l'immixtion dans l'administration n'était plus possible. Cependant le budget de 1853 était à peine voté qu'un sénatus-consulte destiné, suivant l'expression officielle, « à faire rentrer chacun dans son rôle et ses attributions », décida que le budget serait voté par ministère, sur le vu de ses subdivisions par chapitres et articles, et que la répartition du crédit accordé à chaque ministère pour ses divers services et chapitres, se ferait par un décret de l'empereur, rendu en Conseil d'Etat (sén.-cons., 25 décembre 1852, art. 12). Il est à observer que ce décret même n'enchaînait pas la liberté d'action du Gouvernement; il pouvait, dans le cours de l'exercice, reporter les excédents de crédits d'un chapitre sur l'autre, en vertu d'un décret de virement.

Cédant à la pression de la Chambre, le gouvernement fit, par le sénatus-consulte du 31 décembre 1861, un pas en avant : l'examen et le vote législatif furent de nouveau spécialisés, mais restreints à des sections déterminées pour chaque ministère. Ces sections étaient au nombre de soixante-six ; l'une d'elles, la première du ministère des finances, s'élevait à 622 millions dans le budget de 1863 ; la troisième du ministère de la guerre atteignait 271 millions.

A côté de ces règles nouvelles le sénatus-consulte du 31 décembre 1861 en plaçait d'autres relatives au droit de virement envisagé comme moyen de subvenir aux besoins imprévus. Leur examen nous conduit à dire un mot des crédits extra-budgétaires et des divers moyens employés pour en prévenir l'abus.

Dans un budget, le prix d'une partie considérable des services autorisés ne peut être fixé que par approximation; limiter la dépense d'une manière absolue serait rendre, dans certains cas, l'administration impossible. De là, sous le régime de la spécialité surtout, la nécessité de permettre au Gouvernement de se créer des ressources: à plus forte raison fallait-il l'y autoriser aussi pour le cas où il se trouverait en face de besoins complètement imprévus. On connaissait donc : 1º des crédits *supplémentaires* destinés à pourvoir à l'insuffisance d'un fonds affecté par le budget à une branche de service ; 2º des crédits *complémentaires* destinés à faire face à l'insuffisance des fonds votés, quand cette insuffisance ne se révélait qu'au moment du règlement des comptes d'un budget ; 3º des crédits *extraordinaires* destinés à couvrir des dépenses extraordinaires et urgentes qui n'avaient pu être prévues au budget.

Les lois de finances de 1817 et de 1819 avaient d'abord disposé que toutes ces allocations, autorisées par ordonnances royales, sur la proposition des ministres, seraient soumises à l'approbation des Chambres à leur plus prochaine session ; l'ordonnance du 1er septembre 1827 introduisit, à cet égard, une distinction : elle n'exigea la sanction législative immédiate que pour les crédits extraordinaires, en renvoyant à la loi des comptes la justification des crédits supplémentaires, ce qui plaçait les Chambres en présence de faits accomplis qu'il ne restait qu'à ratifier. Outre qu'un tel changement ne pouvait résulter d'une simple ordonnance, la facilité laissée aux ministres de se soustraire aux prescriptions du budget prêtait à de singuliers entraînements; on revint à un système moins dangereux par la loi du 24 avril 1833 ; son article 3 prescrivit de soumettre

les crédits supplémentaires à la sanction des Chambres dans leur plus prochaine session, et l'article 5 voulut que toutes les ordonnances qui auraient ouvert des crédits de cette nature fussent réunies en un seul projet de loi. Enfin, en 1834, la loi de finances apporta de nouvelles restrictions à la faculté d'ouvrir des crédits par ordonnance ; on trouvera l'ensemble de cette législation résumé dans l'ordonnance du 31 mai 1838, sur la comptabilité publique, articles 12 à 36. (Cette ordonnance est remplacée actuellement par le décret du 31 mai 1862.)

Sous la république de 1848, les lois des 15 mai 1850 et 16 mai 1851 n'empêchèrent pas les crédits supplémentaires et extraordinaires de s'élever à des sommes considérables ; une réforme radicale paraissait donc nécessaire, et on crut un instant qu'elle résulterait du sénatus-consulte du 25 décembre 1852, qui, en détruisant la spécialité, comme nous l'avons dit, créait la faculté de virement, c'est-à-dire, la faculté, pour chaque ministre, de transporter d'un service à un autre les fonds alloués par le Corps législatif, de manière à couvrir le déficit de l'un par l'excédent de l'autre. Cet expédient, suivant M. Bineau, alors ministre des finances, devait supprimer la presque totalité des crédits supplémentaires, et le budget devenait une sorte d'abonnement, moyennant lequel le Gouvernement se chargeait de toutes les dépenses de l'État, nouvelle illusion qui ne devait pas être de longue durée; les crédits supplémentaires furent plus nombreux et plus importants que jamais, et, de plus, le Gouvernement s'abstint d'en demander la ratification au Corps législatif, dans la session qui suivait l'ouverture, par le motif que, grâce au droit de virement, on devait ignorer, jusqu'au règlement définitif du budget, si les crédits ne seraient pas couverts à l'aide des ressources ordinaires. Il fallut qu'une disposition insérée dans la loi de finances de 1856 vînt imposer l'obligation de soumettre les crédits tant extraordinaires que supplémentaires au Corps législatif, dans la session qui suivrait la clôture de l'exercice et avant la présentation de la loi des comptes.

Le sénatus-consulte du 31 décembre 1861 retira au chef de l'État le droit d'ouvrir, par simple décret, des crédits supplémentaires ou extraordinaires ; toute allocation de cette nature ne dut plus avoir lieu qu'en vertu d'une loi (art. 3). La faculté de virement subsista ; mais pour s'exercer seulement dans le budget de chaque ministère, de chapitre à chapitre, en vertu de décrets spéciaux rendus en Conseil d'État (*ibid.*, art. 2). Il fut, d'ailleurs, entendu que ce serait par les virements que les ministres subviendraient aux besoins inopinés : tel fut l'ensemble du système.

C'est bien inutilement que le président du Sénat avait pris soin de stipuler que les virements qui, par leur importance, tendraient à des crédits nouveaux, ne seraient admissibles que lorsque la dépense serait imprévue, urgente, commandée par la force majeure et par la plus extrême nécessité. Ces conditions étaient précisément celles auxquelles les demandes de crédits supplémentaires ont toujours été subordonnées; si elles avaient été observées, la faculté d'ouvrir ces crédits par décret n'aurait rien eu de redoutable; mais comme elles ne devaient pas l'être plus que par le passé, la nouvelle législation ne pouvait manquer de laisser place aux mêmes abus.

La question s'est donc posée de nouveau, dans les mêmes termes, à l'Assemblée nationale, lors du vote du budget de 1871. « Prétendre supprimer absolument les crédits supplémentaires et extraordinaires est une chimère, a dit le rapporteur, Casimir Périer. En effet, de quelque nom qu'on appelle les crédits destinés à faire face aux dépenses extra-budgétaires, il y aura toujours des services publics pour lesquels les prévisions du budget, si larges qu'elles soient, se trouveront accidentellement en défaut; de là, la nécessité des crédits supplémentaires. De même il y aura toujours, soit à l'intérieur, soit à l'extérieur, des circonstances imprévues, impossibles à prévoir, qui exigeront l'emploi des sommes excédant les ressources du budget; de là des crédits extraordinaires que les assemblées législatives, à moins qu'elles ne soient permanentes, ne peuvent sanctionner que lorsque la dépense est engagée et souvent faite et payée. »

C'est un des points les plus délicats et en même temps les plus importants d'une bonne administration financière. La première garantie de cette bonne administration est dans la spécialité rigoureuse que l'Empire n'a jamais voulu accepter, car le sénatus-consulte de 1861 n'avait appelé le Corps législatif à voter séparément que sur cinquante-cinq grandes sections et la faculté de virement, telle qu'elle avait été établie, rendait le contrôle complètement illusoire. Le sénatus-consulte du 8 septembre 1869 a rétabli le vote par chapitre, mais n'a rien changé du reste aux dispositions du sénatus-consulte de 1861. Il est impossible d'en rester là. *Tout crédit extraordinaire ou supplémentaire est soumis à la nécessité de la sanction législative; le vote a lieu par chapitre et tout virement est interdit d'un chapitre à un autre,* telles sont les règles financières qui étaient observées sous le régime de la monarchie constitutionnelle et de la république de 1848; telles sont celles qu'il faut consacrer et maintenir. Ajoutons qu'avec une assemblée permanente les ouvertures de crédit doivent être assujetties à la sanction *préalable.* Ce n'est que pendant les prorogations que des décrets rendus au Conseil d'État, non point sur la proposition d'un ministre, mais après délibération au conseil, pourront pourvoir à des besoins pressants, sous la condition d'être convertis en lois dès la plus prochaine réunion de l'Assemblée nationale.

Les crédits supplémentaires ne pourront, comme sous la monarchie constitutionnelle de 1830 et sous la république de 1848, être ouverts que pour certains *services votés,* dont la nomenclature est jointe à la loi de finances; cette nomenclature est celle de la loi de 1850, elle est beaucoup plus étendue que celle de la loi de 1834.

Ces principes ont été presque textuellement consacrés par les articles 30 à 33 de la loi de finances du 16 septembre 1871; ils contiennent aujourd'hui les règles de la matière.

Après ces détails sur la formation des budgets, il est temps de parler de la manière dont ils sont présentés et votés.

Chaque année, aux termes de l'article 31 du décret du 31 mai 1862, les différents ministres doivent remettre les budgets de leurs départements respectifs, préparés par eux, au ministre des finances, qui les centralise et y ajoute le budget des recettes pour compléter le budget général de l'État.

Les dépenses des services publics ayant un caractère obligatoire et permanent, il est nécessaire de commencer par les régler. C'est dans la discussion qui s'ouvre à cet égard que des réductions peuvent être proposées utilement, si ceux qui attaquent le budget ont fait une étude sérieuse des matières qu'ils traitent et ne donnent pas au Gouvernement l'avantage de n'avoir à réfuter que des assertions vagues et dénuées de preuve. Quand on arrive ensuite au chapitre des recettes, les questions à vider ont trait à l'assiette ou à la répartition de l'impôt plutôt qu'à sa quotité, puisque le chiffre dont l'État a besoin se trouve législativement fixé par le vote du chapitre des dépenses.

Le budget voté constitue ce que nous appelons la loi de finances; à partir de 1862, la distinction du budget ordinaire et du budget extraordinaire avait donné lieu à deux lois de finances séparées, mais la suppression de cette distinction rétablit l'unité. En Angleterre, la promulgation du budget s'opère par résolutions séparées, mais quand le Comité des *voies et moyens* a rempli sa mission et que la Chambre a pris, sur son rapport, les résolutions spéciales à chaque service, elle passe à une sorte de récapitulation dans laquelle sont mentionnées toutes les allocations consenties, avec mention de la destination qui leur est donnée et dont elles ne peuvent pas être détournées. C'est ce qu'on appelle l'acte d'*appropriation.*

La période de temps pour laquelle est voté le budget forme l'*exercice.* L'article 4 du décret du 31 mai 1862 le définit : la période d'exécution des services d'un budget. En Angleterre, Autriche, Belgique, France, Italie, Hollande et Prusse, la durée de l'exercice est d'une année. Elle est de trois ans en Suède. Dans les États secondaires de l'Allemagne, elle est de deux ans pour la Bavière, pour Bade et Saxe-Cobourg, de quatre ans pour le duché d'Altenbourg, la Saxe, le Wurtemberg, les grands-duchés de Hesse et de Saxe-Weimar; de trois ans dans les duchés de Brunswick et de Meiningen. Le commencement de la période n'est pas fixé uniformément; habituellement on la fait concorder avec l'année ordinaire; dans certains États elle en est distincte, comme en Angleterre, en Prusse et en Danemark, où elle commence le 1er avril; en Portugal et aux États-Unis, le 1er juillet.

Une loi qui fixerait les recettes et les dépenses aurait peu d'utilité et d'efficacité, si le législateur n'avait pas le droit de vérifier l'emploi des fonds conformément aux crédits accordés et d'examiner quelles recettes et quelles dépenses ont été réellement faites. Le résultat de cette vérification, opérée par le parlement, donne le compte définitif et se formule dans la loi de règlement. Le règlement de ce compte a lieu dans la plupart des États du continent.

En France, la loi du 15 mai 1818, article 102, a, la première, posé ce principe que le règlement définitif des budgets ferait à l'avenir l'objet d'une loi particulière; le mode de rédaction et de présentation de cette loi est réglé avec le plus grand détail par le décret du 31 mai 1862. Nous ne pénétrerons pas dans ce détail et nous mentionnerons seulement les articles 108 et 109, qui veulent que la loi de règlement reproduise les subdivisions par chapitres du budget et que le projet de loi spécial pour le règlement définitif du budget du dernier exercice clos et la production des comptes à l'appui aient lieu dans les deux premiers mois de l'année qui suit la clôture de cet exercice.

BULLE, BREF. Actes authentiques, expédiés par la cour de Rome. La bulle, dont le nom vient du mot latin *bullare*, sceller, est écrite sur parchemin, en lettres gothiques, scellée en plomb et signée par le pape; elle est toujours relative à des matières très importantes, rédigée en latin, et en général dénommée d'après les premiers mots de l'introduction [1]. Le bref concerne des objets moins importants, il est scellé en cire rouge et signé par le secrétaire des brefs.

La collection des bulles s'appelle *Bullarium;* il en a paru plusieurs depuis 1727, et l'on ne saurait contester leur importance au point de vue politique comme au point de vue de la religion catholique. On peut y suivre notamment les vicissitudes de l'influence du Saint-Siège. Se bornant d'abord à régler les matières religieuses, les bulles n'ont, après Grégoire VII, guère d'autre but que d'exercer la suprématie politique, les décisions religieuses étant données sous la forme de décrets, constitutions, rescrits, etc. Après la réforme, les bulles reviennent peu à peu à leur ancien domaine, et actuellement les manifestations politiques du pape prennent une autre forme.

A cause de la constitution particulière de l'Église catholique, qui donne à ses chefs une si grande influence et en fait presque un État dans l'État, la réception des bulles est, dans la plupart des pays, soumise à une autorisation spéciale du gouvernement. En France, aucune bulle ni aucun acte d'intérêt général ne peut être publié, sans avoir été examiné par le Conseil d'État. (*Voy.*, pour les détails, *Dictionn. de l'Admin. franç.*, par Maurice Block. Paris, Berger-Levrault.)

BULLE D'OR. Document (édit, patente), scellé au sceau d'or. On en connaît plusieurs de divers pays, notamment en Hongrie (1222) : mais les plus célèbres, celles qui conservèrent le plus longtemps ce nom, furent celles qui émanèrent des empereurs romains-germaniques. Mais quand on parle de la bulle d'or sans autre désignation, on pense à celle promulguée en 1356 par Charles IV, à Nuremberg, et qui avait été discutée solennellement avec les états assemblés dans cette ville. C'est une véritable constitution de l'empire germanique, dont l'original est encore conservé à Francfort-sur-le-Mein, mais qui a été imprimée dès 1474. C'est à cet acte, rédigé avec une précision rare à cette époque, qu'on ramène un grand nombre d'institutions du *saint* empire romain et dont notre cadre ne nous permet pas de parler ici.

BULLETIN, vient du mot latin *bulla* (petite note), renferme l'idée de périodicité, et s'applique, dans un sens général, à tout écrit sommaire rendant compte, à des intervalles plus ou moins rapprochés, de la situation des personnes ou des choses. En restreignant le sens de ce mot dans les limites de l'emploi qu'en a fait la langue politique, on lui trouve notamment les deux acceptions suivantes : 1° on désigne par bulletin les petits billets qui servent, dans les élections, à inscrire les noms de ceux auxquels on donne sa voix; 2° le bulletin d'armée consiste en un compte rendu des opérations militaires, publié au fur et à mesure des événements d'une campagne. — Les autres acceptions du mot sont trop connues pour qu'il soit nécessaire de s'y arrêter.

BULLETIN DES LOIS. Recueil officiel de tous les actes du gouvernement français, tels que lois, ordonnances, décrets, sénatus-consultes, etc.

Par un décret du 9 janvier 1791, l'Assemblée nationale ordonna qu'il serait procédé, aux frais de la nation et sous la surveillance du garde des sceaux, à une édition complète, et au nombre de deux mille exemplaires, de tous les décrets rendus jusqu'à ce jour, acceptés ou sanctionnés par le roi, dont un desdits exemplaires serait envoyé à tous les tribunaux de justice, commissaires du roi, districts, départements et bureaux de concilia-

---

1. Par exemple : *In cœna Domini,* d'Urbain V, contre les hérétiques; *Unigenitus,* 1713, contre Quesnel; *Dominus ac redemptor noster,* par laquelle Clément XIV supprima l'ordre des Jésuites; *Ecclesia Christi,* qui établit le Concordat en France, 1801.

tion, de telle sorte qu'aucun de ces corps ne pût, à l'avenir, prétexter l'ignorance des décrets.

Conformément à ces dispositions, un recueil d'actes législatifs fut publié sous ce titre : *Collection complète des lois promulguées sur les décrets de l'Assemblée nationale, depuis le 3 novembre 1789.* Mais est-ce là réellement le point de départ du Bulletin des lois? Nous penchons à croire que le décret du 9 janvier 1791 ne présente qu'une analogie d'idée avec le décret qui institua le Bulletin des lois (14 frimaire an II [6 décembre 1793]). Si l'on examine bien, en effet, la rédaction de ce décret, on voit qu'il n'y est nullement question de la collection créée, en vertu du décret du 9 janvier 1791 : que le *Bulletin des lois de la République* n'est ni une suite ni une transformation de la *Collection,* et que, dans la pensée de la Convention, c'est une institution nouvelle, prenant son caractère et sa raison d'être dans un ordre de faits dont nous allons parler.

L'Assemblée constituante, la Législative et la Convention, comprenant la nécessité de faire participer le pays tout entier à la transformation politique qu'elles dirigeaient, envoyaient des bulletins journaliers de leurs séances à chacune des municipalités. Ces bulletins, nommés *Bulletins de correspondance,* ne furent d'abord qu'une sorte d'excitateur officiel au mouvement révolutionnaire. Ils apportèrent successivement à toutes les municipalités de la République la nouvelle de l'abolition de la féodalité, de la suppression de la noblesse, de la déposition du roi : ils s'attachèrent, en un mot, et comme on le disait alors, à révolutionner la nation. Plus tard, et par suite de l'activité fébrile qui caractérisait les hommes de cette époque, le Bulletin de correspondance servit de moyen de promulgation extraordinaire. Ainsi une loi était d'une urgente nécessité; on l'insérait dans le *Bulletin de correspondance,* en mentionnant que cette simple insertion tiendrait lieu de toutes les autres publications, et dès lors nul ne pouvait en prétexter l'ignorance. Ce qui n'était d'abord que l'exception devint peu à peu la règle, et lorsque la Convention rendit le décret du 14 frimaire an II, la plupart de ses actes antérieurs avaient été enregistrés par le *Bulletin de correspondance.*

Ce n'est donc pas, suivant nous, la *Collection* instituée par le décret de 1791, mais ce dernier bulletin, qui doit être considéré comme le point de départ du *Bulletin des lois.* Voici ce qui nous confirme encore dans cette opinion : un arrêté du 12 vendémiaire an IV (4 octobre 1795) régularise la nature des publications du *Bulletin des lois,* et le 26 octobre 1795, le *Bulletin de correspondance* cesse de paraître. Il semble assez naturel d'en conclure que le *Bulletin des lois* se substituait au *Bulletin de correspondance,* pour tout ce qui constituait la raison d'être de ce dernier.

Quoi qu'il en soit de ce point de vue particulier, ce fut par la loi du 22 prairial an II (10 juin 1794) que débuta ce recueil, qui s'est continué sans interruption depuis cette époque jusqu'à nos jours.

Le *Bulletin des lois* est la seule collection officielle et authentique des actes législatifs ; il est le moyen légal de promulgation desdits actes. Une date, placée au bas de chaque cahier du Bulletin, indique le jour de cette promulgation et, par suite, l'époque à laquelle, en vertu de l'article 1er du Code civil, les lois sont exécutoires, soit à Paris, soit dans les départements.

BUNDESRAT. Conseil fédéral de l'Empire allemand, composé de délégués des divers gouvernements de ce pays. Il fonctionne comme 1re chambre et comme représentant des gouvernements.

BUREAU, BUREAUX : On fait dériver ces mots de la bure ou du *bureau* (étoffe) dont on couvre la table autour de laquelle se réunissent les membres d'un comité ou d'un conseil. Le même mot s'est successivement appliqué à la table, à la salle, à l'assemblée.

I. — Dans le langage administratif, bureau est tantôt synonyme de comité, tantôt aussi de corps d'employés dirigé par un chef et formant subdivision d'un service public; l'ensemble des employés de ce service constitue alors *ses bureaux.* Chacune de ces deux acceptions appartient à un mode différent d'administration.

Ces deux modes d'administration, dont nous aurons à parler, ne portent pas de noms distincts en France : nous appellerons l'un système individuel, et l'autre système collectif. En Allemagne, le premier est connu sous le nom de système bureaucratique [1] et l'autre de système collégial.

Dans le système *individuel,* tous les pouvoirs de l'administration sont confiés à un fonctionnaire unique, seul autorisé à prendre des décisions, seul chargé de la responsabilité. Il importe peu, relativement à la définition, que ce fonctionnaire ait la faculté, ou même qu'il soit tenu de prendre l'avis d'un conseil, pourvu qu'il reste libre de se conformer ou non à cet avis. Dans le système *collectif,* les pouvoirs sont entre les mains d'un comité, bureau (*board*), ou d'une assemblée quelconque, dirigée, il est vrai, par un président (ou directeur), mais qui n'est que le premier entre ses pairs. Ce président est lié par le vote du comité.

On trouve dans tous les pays l'emploi simultané de ces deux modes d'administration. Cependant, en France, c'est le système individuel qui est préféré ; en Allemagne, peut-être aussi en Angleterre et dans quelques pays du Nord, c'est le système collectif. Le

1. Le mot *bureaucratique* n'est pas pris en mauvaise part ici. Telle était aussi son acception primitive, qui n'a reçu que plus tard un sens défavorable.

fonctionnaire, ne pouvant pas, à lui seul, exécuter le travail matériel qu'accomplit facilement un comité, en le distribuant entre ses membres, doit s'adjoindre des employés réunis en *bureau*, mais auxquels la loi ne reconnaît aucune autorité. C'est de cette circonstance que les Allemands ont déduit le nom de bureaucratique qu'ils donnent au système.

Autrefois, le système collectif était assez répandu en France. Il y avait des conseils, des chambres, des bureaux assez nombreux. Sous la première République, on lui donna même de l'extension, puisque les communes et les départements, et, pendant un moment, même le gouvernement étaient entre les mains de directoires. Actuellement, on ne trouve plus guère que le conseil des ministres, les conseils d'administration au ministère des finances, le conseil de fabrique, le bureau de bienfaisance, la caisse d'épargne et la plupart des grandes entreprises privées (chemins de fer) qui pussent être rangés parmi les administrations collectives. En Allemagne, le système individuel ou bureaucratique n'est guère représenté que par les sous-préfets (*Londrath*, en Prusse) et par les bourgmestres ou *Schulze* (maires) des petites communes. Dans les villes, le magistrat est un comité municipal exécutif, présidé par le bourgmestre; dans les provinces, départements, cercles, le gouvernement (*Regierung*, et non régence, *Regentschaft*), le conseil, etc., forme un petit ministère. Il se compose d'un conseiller de l'intérieur, de conseillers des ponts et chaussées, de l'instruction publique, des cultes et d'autres, plus ou moins; et d'un président ou directeur. En Angleterre, il y a le *board of treasury*, le *board of admiralty*, et tant d'autres, sans compter le *board of trade*, qui n'est pas réellement une administration collective.

Lequel des deux systèmes est le meilleur? C'est une question peut-être un peu trop générale; il vaut mieux demander, quels sont les avantages et les inconvénients de chacun d'eux.

En théorie, on soutient que les comités procèdent avec lenteur, mais que leurs décisions sont bien pesées, tandis que les fonctionnaires peuvent se décider promptement, mais sont plus facilement exposés à se tromper, et même à tomber dans l'arbitraire. En fait, le fonctionnaire est en général obligé de demander par écrit l'avis de conseils consultatifs ou d'hommes spéciaux, et d'attendre leur réponse, tandis que dans un comité l'affaire peut être discutée de vive voix, sur le rapport de l'homme spécial, votée sans désemparer, signée par le président, de sorte que la décision peut partir le même jour. Dans les comités, les discussions doivent d'ailleurs former une source abondante d'instruction pour ses membres. D'un autre côté, sous le régime d'un fonctionnaire unique, quand le service est assez important pour comporter des bureaux, il y a souvent des conférences entre l'administrateur et les employés supérieurs, et il en résulte une partie des avantages de la discussion préalable. Enfin, et ce point peut avoir son importance dans certains cas, un agent individuel est plus facilement rendu le dépositaire de la pensée politique du gouvernement qu'un agent collectif.

Il nous semble que, dans la pratique, il n'est pas difficile de combiner les avantages des deux systèmes. Qu'est-ce qui empêche, par exemple, un comité de se réunir au besoin d'urgence et de formuler sa décision de suite? Ne peut-on pas donner au président des pouvoirs exceptionnels pour les cas extraordinaires? D'un autre côté, pourquoi le ministre ne convoquerait-il pas une ou deux fois par semaine ses chefs de service, comme le chef de l'Etat réunit ses ministres, pour discuter en commun les affaires importantes de chaque service? Le préfet pourrait en faire autant avec ses chefs de division, le maire avec ses adjoints, le directeur avec ses chefs de bureau. De cette façon, on s'assurerait à la fois les avantages des deux systèmes.

La préférence à accorder à l'un d'eux peut dépendre de l'étendue de l'Etat, de la nature du service public, de la forme du gouvernement, du culte professé par la majorité des citoyens, de la centralisation ou du *self-government;* du moins y a-t-il lieu d'examiner s'il existe un rapport entre le mode d'administration et l'une des circonstances que nous venons d'énumérer.

II. Dans le langage politique, le mot *bureau* a une acception différente, selon qu'on l'emploie au singulier ou au pluriel. Toute assemblée délibérante doit avoir un président et des vice-présidents pour diriger les débats, ainsi que des secrétaires pour en dresser procès-verbal. C'est la réunion de ces officiers qui forme le bureau.

En principe, le bureau est élu par l'assemblée dont il fait partie. Tel est du moins le cas dans toute association privée, dans les académies et autres réunions semblables. Tel paraît aussi le droit de toute assemblée basée sur le suffrage des citoyens. Mais, dans la pratique, il y a une distinction à faire. Les constitutions octroyées réservent souvent au chef de l'Etat le droit de nommer le président, et même les vice-présidents, peut-être encore les secrétaires, de la chambre élective. Il semble alors que le souverain ne s'est décidé qu'à regret à un démembrement de sa puissance, et il désire conserver une certaine influence sur la marche des délibérations. Il est même des diètes présidées par les commissaires du gouvernement.

Dans les chambres qui représentent l'élément aristocratique de la nation (chambre haute, sénat, chambre des pairs, des seigneurs), lorsque les membres en sont héréditaires ou nommés par le chef de l'Etat, c'est généralement lui qui désigne le président.

Il semble assez logique que celui qui nomme les membres nomme aussi le président, et, en effet, tous les décrets et arrêtés qui forment une commission désignent le président et le secrétaire. Il peut paraître cependant plus rationnel encore que l'assemblée choisisse elle-même ses officiers. C'est en effet l'usage pour les chambres et les conseils électifs.

Les *bureaux* (ou comités) sont des subdivisions des assemblées politiques. La totalité des membres est répartie entre les bureaux, afin de donner à un plus grand nombre de personnes l'occasion de se prononcer sur la question à l'ordre du jour. Dans une réunion peu nombreuse, la discussion est moins solennelle, plus libre, plus confidentielle, puisque les séances ne sont pas publiques. Les commissions qui ont à faire un rapport sur un projet de loi sont formées par l'élection, chaque bureau choisissant un ou deux de ses membres représentant assez bien l'opinion de la chambre, et son rapporteur, celle de la majorité.

Nous passons sous silence les autres acceptions que le mot *bureau* peut avoir comme n'entrant pas dans le cadre de ce Dictionnaire.

BUREAUCRATIE. Dans son sens littéral, ce mot d'une composition hybride signifie *domination des bureaux*. Il est né en Allemagne, où il y a peu de bureaux, et a été reçu et naturalisé en France, où ils ne dominent pas. Son acception première en Allemagne

membres pour exécuter ses desseins. Et plus l'Etat sera grand et *civilisé*, plus son administration sera nécessairement, inévitablement compliquée.

Nous ne prenons pas ici, bien entendu, le mot *compliqué* en mauvaise part. Il ne signifie pour nous que : *multitudes d'organes*, ce qui est un mérite évident en présence d'une *multitude d'attributions*. L'art de l'organisation consiste précisément à proportionner exactement les rouages à l'effet à produire, les organes administratifs aux attributions dont on les a chargés. Mais cette juste proportion existe-t-elle toujours — on peut pécher en *moins* comme en *plus* — et le jeu du mécanisme n'éprouve-t-il jamais aucun frottement abusif ?

Ce serait, nous l'avons dit, échapper au sort commun des hommes.

La médaille administrative a donc son revers, et c'est ce revers qu'on désigne par le mot *bureaucratie*, ou par l'expression *les bureaux*.

Que reproche-t-on à la bureaucratie, et dans quelle mesure les reproches sont-ils fondés? C'est là une question difficile à résoudre. On comprend que les plaintes varieront surtout selon le degré d'instruction des citoyens ; il en est qui en veulent au garde champêtre de les empêcher de commettre des déprédations dans le champ d'autrui. Les plaintes différeront en outre selon la classe sociale à laquelle on appartient, selon la profession qu'on exerce, selon le drapeau politique sous lequel on se range, selon le culte

d'autre souci que de défendre, et quelquefois d'étendre leurs possessions. Le seul but du gouvernement — ou de ce qui en tenait la place — la seule mission de l'État, c'était donc de constituer une force armée. L'organisation qu'on lui donna pour ce but aboutit au système féodal. (*Voy.* **Féodalité.**)

La féodalité n'était au fond qu'un campement en pays ennemi, campement qui avait pour tentes des châteaux forts.

Mais dans la société, comme dans la nature, rien n'est immuable. Aussi, dès que la conquête fut consolidée et la féodalité établie, la transformation commença. Elle marcha d'abord lentement, puis plus ou moins rapidement, mais sans jamais s'arrêter. Nous n'avons pas à retracer l'histoire de cette marche de la barbarie vers la civilisation ; mais il importe de faire remarquer que le premier pas fut fait lorsqu'on reconnut que la société avait encore d'autres besoins qu'une force armée. Telles étaient d'abord la justice, la sécurité intérieure, et bientôt aussi la nécessité de pourvoir aux dépenses communes, dépenses qui, hélas! progressèrent plus rapidement que la civilisation dont elles payaient les frais.

Or, pour chaque nouveau besoin, matériel ou moral, que l'État était appelé à satisfaire, il fallait créer un organe spécial, un nouveau rouage administratif. Et qu'on ne s'y méprenne pas, les juges aussi étaient d'abord des administrateurs — ils administraient la justice — et souvent d'ailleurs le même fonctionnaire rédigeait des règlements et prononçait des jugements.

Cette augmentation croissante des besoins *sociaux* [1] était-elle un mal ou un bien ? Nous pourrions nous borner à répondre : Qu'importe ? C'était un fait irrésistible, il fallait bien s'y soumettre. Mais nous n'esquiverons pas la difficulté par cette fin de non-recevoir; nous aimons mieux dire carrément : C'était un bien. Abstraction faite de quelques aberrations, ces besoins étaient directement ou indirectement de l'ordre moral. Les exemples ne nous manquent pas pour prouver cette proposition ; ils se présentent en foule à notre esprit ; mais choisissons pour notre démonstration un des faits dont les effets moraux sont peut-être les moins apparents, la création des armées permanentes.

Vers la fin du moyen âge, nous insistons sur l'époque, la création des armées permanentes était un immense bienfait. Auparavant tout homme libre en état de porter les armes était soldat; les serfs qu'on ne jugeait pas à propos d'armer travaillaient pour nourrir les guerriers. L'usage continuel des armes et l'absence de tout frein divisaient alors la nation en oppresseurs et opprimés. L'anarchie régnait en maîtresse absolue. Le gouvernement n'était qu'une ombre, qu'un mot. Les armées permanentes firent cesser le chaos, et en spécialisant les occupations elles

purent permettre à la société de consacrer une partie bien plus grande de ses membres aux travaux de la paix. La sécurité se rétablissant, ces travaux purent devenir fructueux et préparer la diffusion des lumières [1].

Ainsi donc, les besoins de la société se multiplièrent à mesure que la civilisation avança, et c'est l'administration qui fut chargée, sous les ordres du gouvernement, de veiller à leur satisfaction.

Tout d'abord les affaires administratives durent être très simples : un homme décidait, d'après les inspirations de son jugement, les difficultés qui se présentaient. A mesure que les relations sociales se multiplièrent et se compliquèrent, l'administrateur reçut plus souvent des instructions du gouvernement. Des règlements furent rédigés, et des clercs, secrétaires, employés, furent appelés à porter les décisions sur des registres, à rédiger et à mettre au net les correspondances adressées soit à l'autorité supérieure, soit aux subordonnés, soit encore aux particuliers : voilà l'origine des bureaux.

Ils ne purent manquer d'acquérir une certaine influence officieuse, tranchons le mot, occulte ; car la loi ne leur a jamais conféré en France... [2] à tort selon nous, car en en faisant des instruments passifs, on les affranchit de toute responsabilité. L'influence leur vint tantôt de la paresse ou de la négligence de l'administrateur titulaire, tantôt de son ignorance, surtout dans les siècles antérieurs. A ces époques reculées on donnait les emplois par trop souvent à de grands seigneurs, à des favoris : on a nommé plus d'une fois un danseur là où il fallait un calculateur. Les affaires n'en attendaient pas moins une solution ; les bureaux s'en chargeaient, et le titulaire se bornait à signer. Les bureaux eurent en conséquence d'autant plus d'influence que l'administrateur était plus étranger à sa fonction.

Le mal aurait été moindre si les bureaux avaient eu une mission officielle, une responsabilité. N'en n'ayant pas, il se trouva plus d'un commis ambitieux qui s'arrogea une autorité extra-légale, que le public n'avait que trop intérêt à reconnaître. Pour fortifier son influence, il dut songer à multiplier les affaires, c'est-à-dire les points de contact entre l'administration et les citoyens, et il y arriva en rédigeant des règlements minutieux, des formalités plus ou moins nombreuses.

Au fond, c'était donc le gouvernement qui était la cause première des abus qui pouvaient résulter de cet excès de réglementation, pourquoi n'avait-il pas fait de meilleurs choix ? Pourquoi nommait-il un administra-

---

1. Ne pas confondre avec les besoins de l'*État*.

1. Pour éviter tout malentendu, nous répétons que nous considérons les armées permanentes comme un bienfait relatif et nullement comme un bienfait absolu. A l'époque dont nous parlons, les armées permanentes comptaient un petit nombre de milliers d'hommes.
2. Il y a eu quelques exceptions dans l'administration des finances.

teur qui ne savait pas administrer? On a toujours vu que là où le chef est à la hauteur de sa tâche, les employés restent dans leur rôle de subalternes, d'auxiliaires, s'inspirant de sa pensée et l'exécutant fidèlement. *Cette règle est sans exception.*

Mais s'il n'y avait eu que les règlements provenant de cette source, on n'aurait eu à se plaindre que de maux locaux. Le mal a des causes à la fois plus profondes et plus générales. Nous croyons, en effet, pouvoir attribuer aux trois causes principales suivantes l'origine de l'excès de réglementation dont on se plaint, et que l'administration elle-même tend maintenant à restreindre.

Premièrement, le servage a duré en France tellement longtemps, bien plus longtemps par exemple qu'en Angleterre, que les populations se sont habituées à tout attendre, à tout voir venir de l'autorité, de leur seigneur ou de l'État.

Secondement, en France on est grand admirateur de la symétrie. Ayant réglementé une chose, on ne voyait pas pourquoi on n'en réglementerait pas une autre. Nous ne parlons pas ironiquement. Cette tendance était d'ailleurs secondée par l'esprit d'empiétement qui est dans la nature humaine, et surtout dans celle de tout corps, de toute assemblée.

Troisièmement, enfin, et ici nous arrivons à la cause la plus puissante et en même temps la plus légitime de la réglementation, la nécessité de contrôler l'action des fonctionnaires a dû porter le gouvernement d'une part, et le législateur de l'autre, à établir une foule de prescriptions, dont les inconvénients sont souvent vivement sentis par les citoyens. Il arrive alors qu'on met sur le compte de l'administration les actes mêmes qui ont été dirigés contre elle.

Nous admettons donc la réalité d'un excès de réglementation en matière administrative; mais il ne s'en suit pas que les plaintes des citoyens aient toujours pour fondement les règlements superflus. Une telle supposition serait contraire à la nature humaine. Comment, les citoyens, les administrés, seraient toujours justes, équitables, raisonnables? Ils ne seraient jamais égoïstes ou passionnés? L'expérience nous apprend qu'on se plaint de ce qui gêne momentanément, souvent sans se préoccuper de savoir si cette gêne momentanée n'est pas dans l'intérêt général, peut-être dans notre propre intérêt de demain. Les personnes que nous avons vues se soumettre avec le plus de mauvaise grâce à la visite douanière aux frontières étaient des protectionnistes ardents !

On reproche encore à la bureaucratie d'être, les uns disent *formaliste*, les autres, *bornée*. Ces deux mots sont synonymes aux yeux du public. En d'autres termes, les bureaux s'attachent un peu trop à la lettre de la loi et en négligent l'esprit. C'est un reproche qui a reçu une fausse direction. Le factionnaire ne doit-il pas exécuter fidèlement sa consi-

gne ? Où irions-nous si les bureaux modifiaient arbitrairement les lois ? Il est de leur essence de les exécuter à la lettre, et d'autant plus qu'ils n'ont pas la responsabilité de leur violation. C'est à l'administrateur à choisir entre l'esprit et la lettre, lorsque les circonstances ne permettent pas de les mettre d'accord, ce qui d'ailleurs devrait être la règle.

Que l'administrateur lui-même soit parfois borné ou formaliste, qu'il préfère proposer pour une récompense plutôt un homme qui a vingt ans de service qu'un homme qui se distingue, qu'il aime mieux laisser une affaire en souffrance que de la régler d'après un principe nouveau, cela n'est pas impossible. Ce n'est pas là encore du reste le pire de tous, s'il est bien sincèrement épris du règlement. Il nuit en retardant le progrès, mais il causerait bien plus de dommage s'il se servait du règlement seulement comme d'une fin de non-recevoir, sans s'en préoccuper là où il le gênerait.

En résumé, si les bureaux suivent fidèlement les formes prescrites, c'est à celui qui a fait le règlement qu'on doit adresser les reproches qu'il peut mériter. (*Voy.* **Organisation administrative.**)

BUREAUX DE PLACEMENT. Lorsque le premier consul régla la législation ouvrière et imposa l'obligation du livret, l'ordonnance du préfet de police, qui fut rendue en conséquence, du 10 février 1804, décida qu'il y aurait des bureaux de placement à Paris ; en effet, de nombreuses ordonnances rendues la même année, dans les mois de juillet et d'août, établirent des bureaux de placement pour les rubaniers, passementiers, ouvriers en tissus de coton, imprimeurs, orfèvres, cordonniers, serruriers, tailleurs, selliers, chapeliers, peintres, marbriers et charpentiers, garçons traiteurs, domestiques, etc. ; on ne pouvait recevoir que des ouvriers munis de livrets ; le droit de placement variait de 2 fr. à 25 cent. ; et défense était faite à tout autre qu'au concessionnaire autorisé par la préfecture de s'immiscer dans le placement. Cette défense fut mal observée ; mais une ordonnance du 25 mars 1852 l'a fait revivre en déclarant que les bureaux de placement ne pourraient être établis qu'avec autorisation, et par des personnes d'une moralité reconnue, qu'ils seraient sous la surveillance de l'autorité municipale, laquelle pourrait retirer l'autorisation dans certains cas, tels que celui de coalition.

Néanmoins, depuis assez longtemps on entend des plaintes sur ces bureaux qui demandent une rémunération beaucoup trop élevée, sans rendre toujours le service attendu. D'un autre côté, les syndicats et les politiciens qui cherchent à exploiter les ouvriers voudraient être en possession du monopole du placement des travailleurs et il s'est produit de l'agitation dans ce sens.

La chose mérite qu'on l'étudie de près. Pour ma part, je ne reconnais pas le *droit* au travail, mais je suis d'avis que si une commune établit un hôpital, ou entreprend des ateliers de charité, elle pourrait aussi entretenir un bureau de placement gratuit, ou presque gratuit. Souvent un seul employé suffirait. C'est là (à la mairie) que patrons et ouvriers auraient à s'adresser, c'est là qu'on les servirait d'une manière désintéressée. Dans les très grandes villes les patrons pourraient aussi se cotiser pour entretenir des bureaux professionnels de placement, ce qui ne rendrait pas toujours superflu le bureau de placement municipal.

BURGRAVE, littéralement comte de château, chargé, au commencement du moyen âge, de l'administration d'un château impérial et de ses dépendances. On donna aussi ce titre à des fonctionnaires analogues aux baillis en France. Leur nombre était grand d'abord et leurs fonctions viagères ou à temps ; ils n'exercèrent qu'une influence insignifiante, et nous ne les aurions pas mentionnés, si quelques familles n'étaient devenues puissantes. Les burgraves de Nuremberg ont été les ancêtres de la maison impériale et royale de Prusse.

BUTIN. — Faire du butin, c'est s'attribuer, du droit de la force, ce qui appartient au vaincu. Actuellement le mot *butin* ne s'applique plus qu'aux objets mobiliers, mais autrefois il comprenait aussi les immeubles. La plupart des grandes fortunes féodales n'ont pas eu d'autre commencement. En Sicile, en Angleterre, les barons normands se partagèrent les biens des vaincus; et ce que firent les Normands, les Francs l'avaient fait dans les Gaules, les Visigoths en Espagne, partout enfin où s'exerça la conquête. Avec le développement de la civilisation, le mot *butin* a perdu, peu à peu, de son extension première. Voici les dispositions qu'on considère actuellement comme conformes au droit des gens.

Les armées, les navires de l'Etat et les armateurs, et même des combattants isolés, peuvent prendre comme butin sur les armées, les bâtiments de guerre et les armateurs ennemis, de force ouverte ou cachée, tout ce que ceux-ci possèdent de biens *mobiliers* (Kluber, *Droits des gens moderne de l'Europe,* page 324, § 253. — Heffter, § 135). Ce butin appartient, d'après le droit des gens naturel, au gouvernement qui fait la guerre; mais aujourd'hui on l'abandonne généralement aux soldats qui l'ont conquis (Vatel, liv. III, chap. IX, § 164). On respecte aussi aujourd'hui les monuments publics, les produits littéraires et des beaux-arts, le mobilier des châteaux, édifices et jardins appartenant au souverain ou à sa famille, ainsi que les objets servant au culte, et on s'abstient ordinairement de les détruire ou de les enlever. (Kamptz, *Neuere Lit.,* § 309.)

Selon l'usage du droit des gens établi en Europe, l'ennemi acquiert, dans les guerres qui se font sur terre, la propriété du butin par une détention de vingt-quatre heures (Strube's. *Rechtliche Bedenken,* Bd, II, n° 20) ; de sorte que, ce terme écoulé, tout tiers peut les acquérir de lui à juste titre, et sans qu'il y ait lieu à des réclamations ou à l'exercice du *jus postliminii.* (Vatel, liv. III, chap. XIII, § 196.)

La plupart des gouvernements reconnaissent encore le même principe à l'égard des *prises* faites dans les guerres maritimes par les vaisseaux de guerre ou les armateurs (Martens, *Essai concernant les armateurs,* chap. III, sect. II); cependant il en est qui prétendent que la propriété de ce butin n'est perdue pour le propriétaire originaire que lorsqu'il est mis en sûreté, c'est-à-dire lorsqu'il a été transporté sur le territoire du vainqueur ou dans un pays neutre (Vatel, liv. III, chap. XIV, 208). La rapine d'un maraudeur ou d'un pirate ne jouit point de ces avantages. Les biens meubles appartenant aux particuliers qui ne participent pas personnellement aux hostilités sont exclus du butin par la loi de la guerre, et ne peuvent point être pris à leurs propriétaires, si ce n'est (jusqu'à nouvel ordre) les navires de commerce et leur cargaison, qui sont encore considérés de bonne prise pour les vaisseaux de guerre (Martens, *Recueil II,* 56, et *Déclaration de 1856; voy.* aussi **Prises**)

La guerre a un effet tellement démoralisant que des hommes partis de chez eux avec l'horreur du butin se familiarisent quelquefois, si la lutte se prolonge, avec l'idée, et se laissent aller à prendre ce qui ne leur appartient pas. Mais on a vu le propriétaire dépouillé suivre son bien en pays ennemi, traduire le voleur devant le tribunal et obtenir gain de cause. Il serait bon que ce cas — nous n'en connaissons qu'un — devînt plus fréquent, car quelque rigoureuse que soit la discipline, dans une armée il y a toujours, dans le nombre, des gens peu scrupuleux : il faudrait pouvoir leur apprendre que la guerre n'assure pas l'impunité.

II. Aux Etats-Unis on a établi, pour la lutte des partis, le principe : Aux Vainqueurs le butin, - *To the victor the spoils,* — pour justifier l'usage malsain de changer tous les fonctionnaires avec le président de la République. Il faut bien récompenser les « Politiciens ».

C

CABINET. Des différentes acceptions que la langue usuelle donne à ce mot, une seule nous intéresse ici, c'est celle qui est synonyme de : Conseil des ministres d'un Etat constitutionnel ou parlementaire. Le caractère particulier, essentiel du cabinet ou ministère, c'est la solidarité de ses membres. Ce caractère s'est développé spontanément et par la force des choses en Angleterre, contrée qui a vu naître le système parlementaire. Macauley nous raconte comment les ministres de Guillaume III ont commencé à être hostiles les uns aux autres, et comment par des épurations successives, le conseil de ce roi se débarrassa des parties hétérogènes. Plus tard, le ministère était toujours composé, ou entièrement de tories, ou entièrement de whigs. Lorsque le système parlementaire se généralisa en Europe, on adopta le principe de la solidarité du cabinet comme un axiome élémentaire en politique [1].

De nos jours, on a établi une distinction qui peut être formulée ainsi : Dans les pays constitutionnels, les ministres ne sont pas nécessairement solidaires, ni responsables envers la nation ; il n'y a donc pas, à proprement parler, de cabinet. Dans les États, au contraire, où la solidarité est entrée dans le droit public et où la responsabilité des ministres devant les chambres est inscrite dans les lois, c'est le régime parlementaire qui est établi. Il y a donc une différence assez tranchée entre ces nuances nouvelles, et, en employant un mot devenu célèbre, on peut dire d'un pays constitutionnel que le roi y gouverne, et d'un État parlementaire, que le roi y règne.

Le cabinet a toujours un président : c'est celui qui avait été désigné pour choisir ses collègues, — pour former le ministère. Il donne son nom au cabinet.

CABINET NOIR.

On désignait ainsi le bureau dans lequel des agents préposés par le gouvernement décachetaient les lettres qui leur étaient signalées d'avance comme pouvant contenir des documents ou des révélations intéressant la sécurité ou la curiosité du chef de l'État.

La question du secret des lettres, que nous n'avons pas l'intention de traiter ici (*voyez* **Postes**), a reçu des publicistes et des hommes d'État des solutions variées ; les uns estiment que, dans le cas d'un grand danger public, le gouvernement est autorisé à ouvrir les correspondances privées, s'il le juge nécessaire à sa défense ou à celle de l'ordre ; les autres refusent à l'administration une pareille faculté qui, de sa nature, est sans limite et sans contrôle, ils admettent seulement que les représentants ou les délégués de l'autorité judiciaire aient le pouvoir de saisir dans les bureaux de poste, en vertu d'un mandat régulier, les lettres dont le destinataire est désigné nominalement ; enfin d'autres, qui constituent aujourd'hui la grande majorité de l'opinion, professent que le secret des lettres est un grand principe de droit public et privé auquel il ne faut dans aucun cas et sous aucun prétexte porter atteinte, que ce principe, pour conserver tout son sens et

toute sa valeur, ne doit être soumis à aucune restriction ni atténuation, et qu'enfin il y a beaucoup moins d'inconvénients de tout genre à le respecter toujours et quand même qu'à l'enfreindre quelquefois : ils ajoutent d'ailleurs que l'administration des postes, remplissant en réalité vis-à-vis des particuliers l'office d'une entreprise de transports, ne peut aller au delà de la fonction très précise, très limitée que l'intérêt général et l'intérêt fiscal ont monopolisée entre ses mains.

CABOTAGE.

Ce mot a plusieurs acceptions. Il signifie d'abord et vulgairement : navigation le long des côtes, par opposition à la navigation *au long cours*. Relativement à ce dernier, le Code de commerce dispose, il est vrai, ce qui suit :

« Sont réputés voyages de long cours ceux qui se font aux Indes orientales et occidentales, à la mer Pacifique, au Canada, à Terre-Neuve, au Groënland, et autres côtes et îles de l'Amérique méridionale et septentrionale, aux Açores, aux Canaries, à Madère et dans toutes les côtes et pays situés sur l'Océan, au delà des détroits de Gibraltar et du Sund. »

Mais il ne s'agit ici que du délaissement des objets assurés. Une autre définition du long cours se trouve dans la loi du 14 juin 1854, qui en a fixé les limites ainsi qu'il suit : « Sont réputés voyages de long cours ceux qui se font au delà des limites ci-après déterminées : au sud, le 30e degré de latitude nord ; au nord, le 72e degré de latitude nord ; à l'ouest, le 15e degré de longitude du méridien de Paris ; à l'est, le 44e degré de longitude du méridien de Paris. » Tel est le long cours.

La seconde acception du mot *cabotage* a un emploi plus fréquent, c'est celle que lui donne l'administration des douanes. D'après cette administration, le cabotage est la navigation qui se fait d'un port français à l'autre. C'est donc une navigation *intérieure;* les marchandises transportées par caboteurs sont censées n'avoir pas plus quitté le pays que celles qui descendent la Seine ou la Loire, ou celles que la locomotive entraîne de Paris à Marseille.

La navigation du Havre à Southampton, à Londres ou à Hambourg, n'est pas du cabotage dans le sens administratif du mot ; c'est du commerce extérieur ; néanmoins, c'est un voyage bien plus court que celui qui va de Dunkerque à Toulon ou Nice. Toutefois, bien qu'on distingue entre le petit et le grand cabotage, le premier étant celui qui se fait entre ports de la même mer, Océan *ou* Méditerranée, et le second, celui qui relie l'Océan *et* la Méditerranée, la définition légale confond ces deux sortes de voyages.

Le cabotage, malgré la concurrence des chemins de fer, a conservé encore une grande importance. Cette concurrence ne l'a même pas empêché de progresser, ce qui indique l'accroissement continu des affaires ; mais on comprend que les voies ferrées ont enlevé aux caboteurs toutes les marchandises

---

1. Il peut encore arriver que le cabinet se débarrasse d'un membre gênant, ou seulement blâmé, et reste à son poste.

pour lesquelles la rapidité des transports a une importance sensible.

CADI, mot qui signifie juge dans les pays musulmans. En Algérie, les contestations entre indigènes peuvent — du moins pour les affaires de moindre importance — être portées devant des cadis nommés par le gouvernement français.

CAHIERS. Dans la langue politique de l'ancienne France, le nom de cahiers se donnait particulièrement aux divers recueils de vœux, plaintes et doléances qui devaient parvenir au souverain par l'intermédiaire des députés, soit aux états provinciaux, dans les pays d'états, soit aux états généraux pour la monarchie entière.

Non seulement chaque ordre de l'Etat, mais chaque citoyen était admis à la rédaction de ces cahiers. Le clergé, la noblesse et le tiers dressaient chacun les leurs. Voici notamment ce qui se passait pour le tiers ; on verra avec quel soin et depuis quel temps la constitution du royaume assurait à l'opinion publique le moyen légal de se faire jour et d'obtenir satisfaction.

Aussitôt après la réception des lettres du roi qui annonçaient la convocation des électeurs, les autorités paroissiales et municipales faisaient publier qu'à un jour donné des boîtes seraient disposées dans les lieux d'élections pour recevoir les observations, griefs ou instructions qu'il plairait à tout habitant consigner par écrit et déposer. Ces pièces, recueillies et réunies, formaient les premiers éléments des cahiers des communes. Au jour fixé pour la réunion électorale, tous les habitants étaient appelés par leur nom et invités à exposer leurs désirs et leurs pensées, en pleine et entière liberté et franchise. S'il y avait des absents, on ajournait à la huitaine. Toutes les communications rassemblées étaient rédigées et mises en ordre par un ou deux députés, et leur ensemble devenait le cahier de la paroisse.

Ce cahier était porté par le député au siège du juge ou au bailliage, auquel ressortissait directement la paroisse. Le député pouvait se faire accompagner du notaire et du procureur fiscal, mais à titre d'assesseurs sans voix délibérative.

Au bailliage, les députés des paroisses trouvaient les membres du clergé et de la noblesse, qui procédaient à la rédaction de leurs cahiers et à la nomination de leur député.

Tous les élus des paroisses nommaient alors un nouveau député qui était le représentant de toutes les paroisses. Les cahiers divers étaient fondus en un pour chaque ordre. Ces trois cahiers étaient portés aux grands bailliages par les trois députés élus. Là une seconde opération, analogue à la première, s'exécutait, et il en sortait trois cahiers généraux et trois députés des grands bailliages.

C'étaient ces députés qui se rendaient aux états généraux, chargés d'y transmettre le cahier général de chaque grand bailliage.

Les états généraux délibéraient sur ces cahiers, et ne pouvaient délibérer que sur ce qu'ils contenaient.

Les cahiers étaient donc à la fois des remontrances qu'il fallait soutenir, des instructions qu'il fallait accomplir, des mandats impératifs dont on ne pouvait s'écarter.

Les cahiers de 1789 resteront à jamais mémorables dans l'histoire ; ils contenaient réellement l'expression des vœux et des besoins de la France. En voici le résumé tel que le présenta M. de Clermont-Tonnerre, au nom de la commission nommée par les états pour en faire le dépouillement. Onze articles étaient unanimement portés dans les cahiers des tiers ordres, c'étaient ceux-ci : 1° le gouvernement de France est un gouvernement monarchique ; 2° la personne du roi est inviolable et sacrée ; 3° la couronne est héréditaire de mâle en mâle par ordre de primogéniture dans la famille de Louis XVI ; 4° le roi est dépositaire du pouvoir exécutif ; 5° les agents de l'autorité sont responsables ; 6° la sanction royale est nécessaire pour la promulgation des lois ; 7° la nation fait la loi avec la sanction du roi ; 8° le consentement national est nécessaire à l'emprunt et à l'impôt ; 9° l'impôt ne peut être consenti que d'une tenue des états généraux à l'autre ; 10° la propriété est sacrée ; 11° la liberté individuelle est sacrée.

CAHIER DES CHARGES. Ce sont les conditions détaillées d'une entreprise.

CAISSE D'ÉPARGNE. Cette institution date à peu près du commencement de ce siècle et son utilité est si grande qu'on la retrouve dans tous les pays civilisés.

Il est seulement à regretter que quelques pays aient cru devoir se charger de l'administration des caisses d'épargne et de payer au besoin les intérêts sur les fonds publics. Ce mode de procéder est regrettable, il est même dangereux. Il est d'autres pays qui se bornent à réglementer l'institution pour prévenir autant que possible les placements aléatoires. Dans les limites fixées par les lois de ces pays, la caisse d'épargne reste libre de placer ses fonds au mieux de ces intérêts. Ce système est préférable à celui qui a été indiqué plus haut, et nous croyons que l'avenir lui appartient. (V. pour les détails de la législation française notre *Dictionnaire de l'Adm. franç.* Paris, Berger-Levrault et Cie.)

CAISSE DE RETRAITES POUR LA VIEILLESSE. Il y a une profonde vérité dans cet adage connu : *Aide-toi, le ciel t'aidera ;* on pourrait presque le considérer comme le principe fondamental, la base de tout un système de morale pratique.

Ainsi, pourrait-on dire, *aide-toi* et forme des sociétés de secours mutuels, si tu veux ne devoir qu'à toi-même ton entretien pendant la maladie ou même pendant le chômage ;

Aide-toi et dépose à la caisse d'épargne ;

serait-ce au prix de quelques sacrifices, voire même de quelques privations, si tu veux avoir une « poire pour la soif », une ressource pour les moments de détresse, ou si tu veux créer le petit capital qui engendrera peut-être ton indépendance, ta fortune ;

Aide-toi et dépose à la caisse de retraites, si tu veux amasser pour ta vieillesse, une rente qui te permettra de vivre lorsque tes membres affaiblis ou infirmes te refuseront leurs services.

N'est-ce pas là un argument suffisant en faveur de l'utile institution à laquelle nous consacrons ces lignes? Nous en ajouterons pourtant encore d'autres. On ne voit que trop souvent les familles vivant du salaire se disloquer lorsque les enfants sont en état de se suffire. A peine la nouvelle génération est-elle formée, qu'elle satisfait à son tour au besoin de s'entourer d'une famille. Le père, s'il comprend *et remplit* ses devoirs, emploie toutes ses facultés pour élever ses enfants et il n'y arrive souvent qu'avec peine ; que reste-t-il pour ses parents âgés? Il en reste bien moins encore s'il aime mieux le vin, le jeu et mille autres distractions que ses proches, ascendants ou descendants. Or, si le vieux père avait une rente, loin d'être une charge pour ses enfants, il leur apporterait l'aisance et resserrerait les liens du sang.

D'un autre côté, l'argent déposé à la caisse de retraites est pris sur celui qu'on aurait dépensé au cabaret, car celui qui pense à l'avenir ne saurait dilapider aussi stérilement les produits de son labeur.

Nous n'entrerons pas ici dans la description détaillée de la caisse de retraites établie en France en 1850 ; on trouvera sur ce point tous les détails nécessaires dans notre *Dictionnaire de l'Administration française* (Paris, Berger-Levrault). Voy. aussi **Assurances ouvrières.**

CALENDRIER. Nous ne parlerons ici que du calendrier républicain qui est encore quelquefois cité.

Le calendrier républicain fut adopté en 1793 et ne dura que 13 ans. L'année, en vertu de ce système, devait commencer le jour même de l'équinoxe d'automne; et comme ce jour est variable, les astronomes étaient chargés de déterminer l'instant précis du phénomène. Elle était composée de 12 mois de 30 jours, plus 5 jours complémentaires, ou 6 pour les années bissextiles. On connaît les noms de ces mois. Indiquons-les cependant ici : vendémiaire, brumaire, frimaire, nivôse, pluviôse, ventôse, germinal, floréal, prairial, messidor, thermidor, fructidor. Chaque mois enfin était divisé en trois décades, et les noms des jours en exprimaient seulement le rang dans la décade.

CONCORDANCE
entre le calendrier républicain et le calendrier grégorien

Vendémiaire correspondan à septembre	An II 1793	An III 1794	An IV 1795	An V 1796	An VI 1797	An VII 1798	An VIII 1799	An IX 1800	An X 1801	An XI 1802	An XII 1803	An XIII 1804	An XIV 1805
Vendém. 1er	22 sept.	22 s.	23 s	22 s.	22 s.	22 s.	23 s	23 s.	23 s.	23 s.	24 s.	23 s.	23 s.
Brumaire 1er	22 oct.	22 o.	23 o	22 o.	22 o.	22 o.	23 o.	23 o.	23 o.	23 o.	24 o.	23 o.	23 o.
Frimaire 1er	21 nov.	21 n.	22 n.	21 n·	21 n.	21 n.	22 n.	22 n.	22 n.	22 n.	23 n	22 n.	22 n.
Nivôse 1er	21 déc.	21 d.	22 d.	21 d.	21 d.	21 d.	22 d.	22 d.	22 d.	22 d.	23 d.	22 d.	22 d.

Pluviôse correspondant à janvier	An II 1794	An III 1795	An IV 1796	An V 1797	An VI 1798	An VII 1799	An VIII 1800	An IX 1801	An X 1802	An XI 1803	An XII 1804	An XIII 1805
Pluviôse 1er	20 janv.	20 j.	21 j.	20 j.	20 j.	20 j.	21 j.	21 j.	21 j.	21 j.	21 j.	21 j.
Ventôse 1er	19 fév.	19 f.	20 f.	19 f.	19 f.	20 f.	20 f.	20 f.	20 f.	21 f.	20 f.	20 f.
Germinal 1er	21 mars	21 m.	21 m.	21 m.	21 m,	21 m.	22 m.	22 m.	22 m.	22 m.	21 m.	21 m.
Floréal 1er	20 avril	20 a.	20 a.	20 a.	20 a,	20 a.	21 a.	21 a	21 a	21 a.	21 a.	21 a.
Prairial 1er	20 mai	20 m.	20 m.	20 m.	20 m.	20 m.	21 m.	21 m.	21 m.	21 m.	21 m.	21 m.
Messidor 1er	19 juin.	19 j.	19 j.	19 j	19 j.	19 j.	20 j.	20 j.	20 j.	20 j.	20 j.	20 j.
Thermid. 1er	19 juill.	19 j.	19 j.	19 j.	19 j.	19 j.	20 j.	20 j.	20 j.	20 j.	21 j.	20 j.
Fructidor 1er	18 août.	18 a.	18 a.	18 a.	18 a.	18 a.	19 a.	19 a.	19 a.	19 a.	19 a.	19 a.
J. compl. 1er	17 sept.	17s.(6)	17 s.	17 s.	17 s	17s.(6)	18 s.	18 s.	18 s.	18 s.	18s.(6)	18 s.	18 s.

CAMARILLA. Mot d'origine espagnole, qui peut être considéré comme synonyme de *petits appartements*. Il s'applique aux influences extra-constitutionnelles ou occultes qui s'exercent sur le souverain et, dans les pays de gouvernement absolu, sur les affaires publiques.

Nous n'avons pas besoin de dire que ce mot est pris en mauvaise part, aussi bien que *favoritisme* et *entourage*.

CAMERLINGUE. Mot d'origine allemande signifiant *maître de chambre*. Ce titre n'existe plus qu'à la cour de Rome. (*Voy.* **Chambellan.**)

CAMPS RETRANCHÉS. Puisqu'il n'y a pas trop d'espoir de voir cesser les guerres qui désolent l'humanité, il est du devoir de tous ceux qui préfèrent les bonnes œuvres aux belles phrases, de protester et de réagir contre la fortification des villes. On a souvent démontré que les forteresses n'offrent aux pays qu'une protection illusoire; en

1814 et en 1870, des armées ennemies ont traversé une triple ceinture de forteresses en se bornant à les masquer par un rideau de troupes, et ce qui a été fait alors peut se renouveler. Les forteresses pouvaient avoir leur raison d'être lorsque les armées comptaient dix mille, vingt ou trente mille hommes au plus; mais à l'avenir les armées se nombreront par centaines de mille hommes, sinon par millions, et de pareilles masses ne s'arrêtent pas un seul jour devant une forteresse.

D'ailleurs, le sort d'une guerre dépend des batailles gagnées ou perdues en rase campagne; les corps détachés des armées victorieuses se rendront forcément maîtres des villes fortifiées. On a dit dès le dix-septième siècle, et même avant, que la prise d'une ville n'est qu'une affaire de temps; or, ce qui était vrai avec des canons d'une faible portée l'est à plus forte raison avec nos engins qui portent au delà de ce qu'on peut apercevoir à l'œil nu. De nos jours, fortifier une ville, c'est y appeler *nécessairement* la destruction. c'est exposer des non-combattants, vieillards, femmes et enfants, aux maladies, aux blessures, à la mort. Et l'ennemi, quel qu'il soit, qui lance les engins destructeurs n'est pas seul coupable : celui qui fortifie la ville, l'est *au moins* autant.

Mais, dit-on, le salut de la patrie exige des points fortifiés. Qu'à cela ne tienne, on n'a qu'à faire des camps retranchés. Qu'on les place aux endroits indiqués par la science militaire; qu'on y prodigue toutes les ressources de l'art, mais qu'on n'y loge que des soldats. En temps de paix, on y mettra le noyau nécessaire pour l'entretien des œuvres; en temps de guerre, la garnison s'élèvera au chiffre exigé par les circonstances, mais les femmes et les enfants en seront exclus.

CANDIDAT. Par ce mot, on désigne en général quiconque demande un emploi ou une fonction; toutefois, on donne plus particulièrement le nom de candidat à celui qui sollicite une fonction politique et élective.

CANDIDATURES MULTIPLES. C'est un des moyens que les hommes politiques emploient pour mesurer, mettre à l'épreuve, ou simplement pour montrer leur popularité. En France les candidatures multiples ont été interdites par la loi du 17 juillet 1889. C'était une mesure politique contre le général Boulanger que la majorité du moment croyait dangereux. La loi de 1889 a été considérée comme une mesure de salut public, et c'est à ce titre qu'on la maintient encore, paraît-il. Mais elle est contraire au principe de la souveraineté nationale qui donne à chacun le droit d'exprimer, devant l'urne, ses préférences politiques, et elle tend à témoigner du peu de confiance que le parti républicain dominant a dans les préférences républicaines de la nation française. La loi du 17 juillet 1889

est évidemment une mesure de défiance, une mesure de parti.

CANTON. En France, c'est la circonscription qui répond au ressort d'un juge de paix et qui rend quelques services dans l'organisation administrative; ainsi le recrutement de l'armée s'opère par canton. Cette circonscription renferme généralement plusieurs communes rurales; il est cependant aussi quelques grandes villes qui ont été divisées en cantons ou même réparties entre plusieurs cantons, composés à la fois d'une partie de la ville et de quelques communes rurales.

On a plusieurs fois exprimé l'opinion qu'il conviendrait de composer la commune municipale de tout un canton, afin de réunir ainsi les capacités nécessaires pour former une administration à laquelle on puisse donner une certaine autonomie. Mais les objections l'emportent sur les avantages qu'on peut faire valoir en faveur de cette manière de voir.

En Suisse, on donne le nom de canton aux Etats qui forment la confédération. On y trouve aussi des demi-cantons, ce sont ceux qui n'envoient qu'un membre au conseil des Etats au lieu de deux.

CAPACITÉS. On peut définir ce mot : citoyens exemptés des conditions du cens électoral, à raison de l'instruction qu'ils ont reçue. (*Voy.* **Elections.**)

CAPITAL. Dans le langage commun *Capital* se dit d'une somme qui porte intérêt. Il est alors synonyme de *principal*, qu'il vaudrait mieux conserver en ce cas, et emporte l'idée d'une certaine masse de numéraire, ou de valeurs représentatives équivalentes, prêtée ou versée dans une entreprise quelconque, en vue d'un remboursement. En opposition au mot *revenu*, ce terme signifie encore *la fortune*, *l'avoir* d'un individu, sa richesse, la somme de ce qu'il possède. Certains économistes ont contesté ces deux significations, trouvant l'une trop restreinte et l'autre trop étendue. On s'est accordé pour définir le capital *l'ensemble des moyens de production*. Quelques-uns cependant se refusent à comprendre sous le nom de capital la terre et les autres instruments de travail, richesses ou utilités données par la nature, et ils restreignent le sens du mot à désigner l'ensemble des moyens artificiels créés par l'industrie de l'homme. De sorte qu'une propriété foncière, une mine, une chute d'eau, ou son usage, ne seraient pas des capitaux; cependant ils reconnaissent que les bâtiments, les clôtures et toutes les améliorations qui sont mises à un fonds de terre approprié peuvent constituer, s'ils en sont assez distincts, un capital immobilier. Mais où sera la mesure de cette distinction? à quel signe reconnaîtra-t-on ce qui est capital de ce qui ne l'est pas? Les uns comprennent sous ce mot toutes les valeurs produites par l'homme; les autres seulement celles qui sont spécialement destinées et appliquées à la reproduction; ces derniers classant dans les revenus les objets destinés à la consommation immédiate. J.-B. Say et Mac Culloch abondent dans le premier sens. Rossi, après Malthus, et Adam Smith préfèrent le second. « On est heureux toutefois, dit J. Garnier, de pouvoir remarquer qu'au fond, et quelle que soit l'étendue du sens que les économistes donnent au mot, pour tous l'idée de *reproduction* est liée à l'idée de *capital*.» C'est donc, encore une fois, l'ensemble des moyens de production.

Il n'est pas malaisé de voir que ce terme a suivi le sort commun à tous les mots nouveaux : il s'est élargi, généralisé par suite de la tendance logique de notre esprit à nommer d'un même nom les choses de même nature, de sorte que l'idée de capital, d'abord spécifique et désignant telle espèce de capital, est devenue générique et commune à toutes les espèces de capitaux.

Le terme de capital ainsi étendu comprend donc comme espèce non seulement les valeurs mobilières, les instruments de travail, les produits et matières premières accumulées en excédent sur la consommation, les bâtiments, superficie et fonds, mais encore les terres. Il comprend même les richesses, forces ou agents naturels, ainsi que les forces et les facultés accumulées dans l'homme, et dont le travail est l'effet. Le capital se confond ainsi avec l'idée de richesse accumulée ou de fonds disponible. Il s'augmente de toute nouvelle accumulation, c'est-à-dire de toute valeur produite en excès sur la consommation. Il diminue par des destructions inutiles aussi souvent que par des consommations plus ou moins bien entendues.

Il a été réservé à K. Marx de trouver une définition très étroite du capital : c'est l'argent qu'on emploie pour payer les ouvriers qu'on fait travailler — ce qui n'est pas déjà un si mauvais emploi. Mais K. Marx s'est arrangé pour que ces rapports entre le capitaliste et les ouvriers soient pris en mauvaise part. Il a essayé de faire croire à ses lecteurs que les capitalistes forçaient les ouvriers à travailler tous les jours, et pour rien, quelques heures au delà des conventions. Les ouvriers sont donc exploités. Je ne sais qui est plus aliéné, celui qui invente cette théorie ou celui qui l'accepte (*Voy. le Capital* par K. Marx, traduction pages 81 et suiv.)

Il nous semble que la doctrine que nous venons de signaler n'a pas beaucoup de chance de se répandre et que tout le monde continuera à considérer le capital comme la réunion des moyens de production, moyens qui prennent des formes très diverses, qui ont été produits, économisés, accumulés, qui peuvent appartenir à des individus, à des collectivités, à des Etats, et que nous ne pouvons considérer que comme d'utiles, d'indispensables instruments.

Il y a actuellement un si grand nombre de détracteurs du capital que nous ne pouvons nous refuser de résumer ici un article (signé T. B. Storck) de la revue américaine intitulée : *Social Economist*, et qui a pour titre : *les Bienfaits gratuits du capital.*

« Quand il nous manque un objet quelconque, un chapeau, une épingle, un pain, un vêtement, une voiture ou des livres, nous entrons dans un magasin, nous l'achetons et sommes pourvus. Rien n'est plus simple, plus commode, et... plus grandiose. Presque tout ce qu'on peut désirer se trouve là tout prêt à nous satisfaire, sans que l'on s'en étonne, et si par hasard nous ne trouvons pas tout à fait ce qui nous convient, quand les marchandises ne sont pas assez variées, quand elles sont défraîchies, nous nous en plaignons comme des gens lésés dans leur droit. Or cette jouissance que nous, acheteurs, avons pour rien (en dehors du prix de la marchandise), pensez-vous qu'elle ne coûte rien à personne ? Vous vous tromperiez en le croyant, elle est très onéreuse. Pour ne parler que des Etats-Unis, ce service que le capital rend aux consommateurs de tenir en magasin tout ce qu'il leur faut, ce service lui a coûté — par exemple en 1893 — 151 millions de dollars (760 millions de francs) rien que pour les Etats-Unis ; c'est le montant des faillites. Ce sont: vos fournisseurs, les boulangers, bouchers, cordonniers, etc., etc., qui ont perdu cette masse d'argent pour avoir voulu prévoir et satisfaire vos besoins[1]. »

Les socialistes peuvent faire ici deux objections : 1° ces pertes n'auraient pas lieu, si l'Etat ouvrait des magasins ; 2° au fond, il n'y a pas de perte réelle ici pour la société car ce que l'un perd, l'autre le gagne. Ces objections, l'auteur les réfute admirablement.

« Dans une société primitive, dit-il, chacun ne produit strictement que de quoi satisfaire ses propres besoins, nourriture, vêtement, etc. Mais une pareille société ne saurait faire de grands progrès. On y découvrira un jour ce fait remarquable que deux hommes, en collaborant, font plus du double des produits de deux hommes isolés, et que trois hommes réunis en font encore davantage. Et quand, après une série de progrès, on sera arrivé à la locomotive (je saute par-dessus les intermédiaires) chaque homme ou collaborateur produira mille fois autant que son antique prédécesseur isolé. Mais à quelle condition ? C'est qu'il y ait échange de produits. Or les produits s'échangent selon leur valeur, et la valeur dépend de deux éléments sur lesquels le producteur n'a aucune influence : 1° la demande des consommateurs; 2° leurs facultés, ou la possibilité

1. Pour le monde civilisé, cela ferait 2.500 millions de francs, 500 millions de journées à 5 francs. Ces 500 millions de journées sont payées par le capital, qui ne reçoit rien en retour.

de payer par d'autres biens (ou par de l'argent) les biens achetés.

Le problème à résoudre consiste donc à produire une quantité égale à la demande effective. C'est en cherchant à résoudre ce problème que la plupart des fortunes ont été gagnées ou perdues. Celui qui dépasse la demande finira par voir ses produits superflus se détériorer, périr ou au moins perdre une partie de leur valeur. Le système socialiste évitera-t-il ce résultat ? L'État y est censé diriger la production, mais l'État est une pure abstraction ; en fait, il doit répartir ses pertes entre les citoyens, qui les couvrent sous la forme d'impôts, et comme ses organes sont des hommes, il (l'État) sera aussi faillible qu'eux. Conseillera-t-on à l'État socialiste de maintenir la production au-dessous de la demande ? Mais ce remède serait pire que le mal, ce serait subir la famine pour ne pas payer chèrement le pain. On pourrait dire encore : sous le système individualiste les pertes des uns sont compensées par les gains des autres, tandis que lorsque la production et la distribution sont réunies entre les mains de l'État, les pertes se compenseront par les gains. Seulement, cette compensation est très douteuse, maint indice doit nous faire admettre plutôt le contraire. Des capitaux énormes sont dépensés pour des entreprises manquées ou stériles, pour des explorations, des inventions, des travaux publics, et si nombre de ces entreprises ont été utiles à la communauté, elles n'ont rien rapporté à l'entrepreneur. Pensez donc aux chemins de fer américains sur lesquels des milliards ont été perdus. Or, les pertes que supporte ici le particulier, sous le régime socialiste, ce sera l'État, ou plutôt ce seront les citoyens dont il est composé, qui devront les supporter. Et la grande majorité de ces citoyens sont des ouvriers qui n'en peuvent mais. » En résumé, le capital ce sont les moyens de production ; sans capital on produit peu de chose, et plus le capital est abondant, mieux on est approvisionné.

CAPITALISME, Capitalistique. Ces mots sont actuellement très fréquemment employés, sans qu'on se rende bien compte de leur sens. Karl Marx les a inventés ; il avait donné au mot CAPITAL un sens spécial, celui-ci : le capital est l'argent qu'on dépense en salaires. Ce n'est pas le vrai sens du mot, car les économistes sont unanimes maintenant pour définir le capital par « les moyens de production » (V. Capital), mais K. Marx avait besoin d'une définition à lui, il avait ses raisons, il savait qu'on pouvait hypnotiser les hommes avec un mot, même en le détournant de son sens accepté. En effet, autrefois, employer de l'argent pour faire travailler des ouvriers était considéré comme un mérite, comme un bienfait, comme un devoir public ; certains hommes doivent leur statue à cet emploi de leurs capitaux, et dans

les calamités publiques, encore aujourd'hui, tous les partis votent des fonds pour faire travailler ceux qui ont perdu leur gagne-pain. Mais K. Marx a dit : ceux qui font travailler exploitent TOUJOURS les ouvriers, il a soutenu cette assertion audacieuse par des arguments évidemment, très évidemment faux (V. son livre le Capital), il s'est néanmoins trouvé des hommes pour y croire, d'aucuns pensent qu'ils font seulement semblant d'admettre ces sophismes. Du reste, des hommes passionnés, quand on parle dans le sens de leur passion, croient que deux et deux font cinq.

Le mot « capitalistique » devenant à la mode, des personnes plus ou moins favorables au socialisme, ou qui voulaient simplement paraître être à la hauteur de leur époque, emploient le mot sans en connaître la définition socialiste. Ils croient peut-être qu'il ne s'agit que de marquer la grandeur des affaires pour lesquelles, cela va sans dire, il faut des capitaux (la grande industrie) seulement puisqu'il est de notoriété publique que K. Marx a voulu jeter de la défaveur sur le capital, ces personnes prennent *capitalistique* dans un sens défavorable. Par quoi la défaveur serait-elle justifiée[1] ? Dans un article que je viens de lire, on parle d'un cultivateur qui, hésitant entre deux cultures à entreprendre, pour se décider, a calculé, comparativement les résultats de l'une et de l'autre, en se fondant sur le prix probable que les produits atteindront sur le marché ; on a trouvé que c'était là une méthode « capitalistique » de procéder. C'était blâmer les gens d'agir raisonnablement. La bêtise humaine va parfois bien loin puisque des gens habitués à casser leur pain trouvent peu convenable de le couper proprement avec un couteau[2].

Quoi qu'il en soit, en dehors de K. Marx, personne n'a encore défini le sens du mot capitalistique et pour cette raison un savant qui n'adopte pas la doctrine du théoricien du collectivisme[3] ne doit pas employer ce vilain mot sans l'expliquer. C'est un devoir strict.

Quel reproche peut-on adresser au *Capitalisme* ? Agir comme des gens qui possèdent des capitaux, qu'est-ce que cela peut vouloir dire ? Qu'on procède avec économie, avec prudence, avec prévoyance? — Il m'est impossible de blâmer ces qualités. — Serait-ce que le capitaliste veut tirer de son bien le maximum de profit possible ? — Est-ce que le non-capitaliste, prolétaire ou non, préférerait tirer du sien le minimum de profit ? — Vous ne le croyez pas, et si par hasard votre fils voulait procéder ainsi, vous le feriez interdire.

Certains auteurs attribuent aux capitalis-

---

1. Voy. l'article précédent.
2. Peut-être parce qu'ils trouvent que c'est plus grand seigneur de gâcher les choses que de les utiliser avec économie... où la distinction ne va-t-elle pas se nicher !
3. Marx s'est plutôt dit communiste.

tes de la sécheresse de cœur.,., sans rime ni raison, car les capitalistes ont fondé d'innombrables institutions de bienfaisance, ou scientifiques, et ce sont leurs dons qui affluent lors de calamités publiques. La sécheresse de cœur est un défaut individuel et non de classe, on trouve la bonté et la méchanceté à tous les étages sociaux. D'ailleurs, on oppose parfois le « capitalisme » au travail manuel, le cœur n'a rien à voir là dedans. En vérité le capitalisme — si l'on adopte le mot — serait un procédé semblable à celui qu'on qualifie d'intense en agriculture. Ou aussi une entreprise menée capitalistiquement serait celle dans laquelle on emploie des moyens puissants, moyens généralement combinés avec savoir et conduits avec sagesse. Celui qui en arrive à jeter le blâme sur une pareille entreprise doit sentir qu'il est dans une fausse voie, qu'il tombe dans l'erreur; et s'il ne le sent pas, c'est qu'il est déjà en plein dans le brouillard, produit par les sophismes des socialistes.

CAPITAL (Impôt sur le). *Voy.* **Revenu (Impôt sur le)**.

CAPITALE, siège du gouvernement. Paris, Londres, Vienne, Berlin, Copenhague, Stockholm, Madrid, Lisbonne, Munich, etc., sont devenus des capitales, parce que ces villes sont habitées de temps immémorial par le souverain, autour duquel se sont naturellement groupées les autorités supérieures. Rome ancienne est devenue capitale parce qu'elle a conquis peu à peu le pays qui l'entourait.

Mais on a aussi l'exemple de capitales créées spécialement pour ce but, ou de villes érigées en capitales par un acte solennel. Dans la première catégorie, on peut ranger Saint-Pétersbourg, Washington, Carlsruhe; dans la seconde, Constantinople, Berne, Albany et autres.

Vaut-il mieux pour un pays que sa capitale soit grande ou petite ? Cette question peut paraître oiseuse, car c'est la force des choses qui amène ou éloigne les populations[1]. On trace en vain des rues à Washington, et quand on renvoyait les ouvriers sans travail par une barrière de Paris, ils rentraient par l'autre, — avec ou sans passe-port. Néanmoins, et lors même qu'il serait impossible de déplacer le siège d'un gouvernement, ce qui n'est pas, il y aurait encore utilité à se rendre compte de l'influence que peut exercer la capitale.

Toute grande ville est un centre intellectuel, un foyer de lumières. Chaque homme, — chaque homme instruit surtout, — en est pour ainsi dire un rayon, et plus ils sont nombreux à un endroit donné, plus le foyer qu'ils forment est ardent. C'est dans les villes qu'est née, — comme l'indique l'étymologie, — la *civilisation*. (*Voy. ce mot.*)

Les capitales ont généralement l'avantage spécial d'être riches et de posséder de nombreuses institutions, d'où les lumières se répandent au loin. C'est naturellement près de leur source que ces lumières brillent avec le plus d'intensité.

Un grand centre de consommation attire les producteurs. Les ateliers deviennent des manufactures lorsqu'ils se trouvent dans des circonstances favorables. Les capitaux, les bras abondent, le débouché est sous la main, le concours des arts et des sciences est assuré à l'entrepreneur. Les capitales tendent donc à devenir des villes industrielles, et l'agglomération de populations imparfaitement instruites, mobiles, très impressionnables, dégagées de tout lien de propriété, constitue un élément dont la politique doit tenir compte. Si, dans ces villes, les vices sont fréquents, c'est que les tentations sont nombreuses et le *respect humain* presque nul.

Une capitale aura nécessairement toujours une grande influence sur le pays. Cette influence peut être atténuée par celle des autres grands centres, qui réagiront d'autant plus fortement que la vie provinciale, l'esprit public, les richesses y seront plus développés, que les traditions y seront plus vivaces. Mais il restera toujours en faveur de la capitale cette voix prépondérante que toutes les législations accordent au président.

Cette prépondérance — contenue dans de justes limites — est parfaitement légitime; elle est fondée dans la nature humaine. Le nombre, les lumières, l'expérience politique, notamment les richesses se réunissent pour former un poids qui doit peser lourdement dans la balance des destinées de l'État. Ce n'est pas une raison pour que la capitale se croie en droit de faire la loi au reste du pays: de renverser des gouvernements, d'établir l'anarchie. Mais, d'une part, si elle réussit dans des tentatives de cette nature, cela prouve, dans tous les cas, sa puissance ou son influence; si elle réussit contre le gré des provinces, ces dernières méritent de subir cet outrage avec toutes ses conséquences, pour n'avoir pas fait usage de leur droit et de leur force[1].

En faisant abstraction des cas exceptionnels, l'influence de la capitale s'exerce par voie de rayonnement : tous ceux qui l'ont habitée ou visitée en ont plus ou moins subi l'action qu'ils reflètent à leur tour. C'est dans la capitale qu'habitent les diverses aristocraties, les grandes familles, les hauts fonctionnaires, les savants illustres, les artistes célèbres, les auteurs lus; c'est vers la capitale que se tournent les aspirations des esprits progressifs, aventureux ou sérieux.

La prépondérance d'une capitale est tellement reconnue que, très souvent, il a suffi à l'ennemi de la prendre pour être en état de dicter la paix.

---

1. Les États dont se compose la république des États-Unis préfèrent les petits chefs-lieux aux grands.

1. On trouvera une très curieuse discussion sur ces matières dans le *Journal officiel* du 6 septembre 1871 (Assemblée nationale).

CAPITATION. Ce mot, d'après son étymologie, signifie impôt levé par tête. C'est la forme primitive de la contribution personnelle, répondant à la notion du droit (taxe) personnel, par opposition au droit réel ou sur les propriétés. La capitation répond à une société pauvre, à un petit État. Dans les États modernes règne le principe que chacun doit être imposé selon ses' moyens. La capitation n'existe plus nulle part, comme impôt unique, mais on l'a quelquefois conservée comme cens électoral : on établit une légère cote personnelle, un impôt presque nominal pour pouvoir inscrire chacun sur la liste électorale.

CAPITULATION. Lorsqu'un corps d'armée ou une place forte ne se sent plus en état de résister à l'ennemi, et que les belligérants ne sont pas poussés par la passion à refuser tout quartier, il ne reste qu'à se rendre à discrétion, ou à condition. Cette dernière forme de faire sa soumission, surtout lorsqu'il s'agit d'une forteresse, s'appelle plus particulièrement capitulation. Toutefois, le langage usuel ne semble plus distinguer entre une reddition pure et simple et une capitulation. Les règles concernant les capitulations sont très simples. Ce sont des traités dont les clauses ont été débattues, et qui, une fois signés, deviennent obligatoires pour les parties contractantes, sauf, disent quelques auteurs, lorsque l'une d'elles ou toutes les deux ont excédé leurs pouvoirs. Or, le commandant supérieur de la place, d'une part, et le chef de l'armée de siège, de l'autre, sont autorisés par les usages et par la nécessité à négocier et à conclure cette sorte de traité, et quant à supposer que ce dernier pourra renfermer autre chose que les clauses relatives à la capitulation, c'est un cas qu'il semble inutile de prévoir.

Nous ne voulons pas prévoir non plus que la capitulation pourra ne pas être tenue par le vainqueur. Un général qui ne tiendrait pas ses engagements envers le vaincu se déshonorerait et s'exposerait, ou exposerait les siens, à des représailles.

Quant aux stipulations que les capitulations peuvent contenir, elles dépendent des circonstances. Selon que les chances d'être secouru sont plus ou moins grandes, selon que la défense aura été plus ou moins longue, selon la quantité de force de résistance dont la garnison dispose encore, les conditions seront plus ou moins douces ou rigoureuses. Il est rare qu'une garnison puisse quitter une forteresse avec « les honneurs de la guerre », c'est-à-dire avec armes et bagages, drapeaux déployés et la musique faisant retentir l'air de fanfares guerrières ; mais il n'est pas nécessaire non plus de stipuler que la garnison aura la vie sauve : cela va sans dire, car on ne tue plus les prisonniers de guerre. On laisse aussi aux militaires leurs propriétés personnelles, quelquefois aussi les officiers sont autorisés à garder leur

épée. Le vainqueur ne peut s'emparer que des biens de l'État et ne doit pas oublier que les habitants paisibles ne doivent pas être considérés comme des ennemis.

Avant de capituler, le commandant d'une forteresse est maître chez lui et ne doit de compte qu'à ses supérieurs Mais une fois la capitulation signée, dit l'*Instruction* des États-Unis *pour les armées en campagne*, § 144, « celui qui capitule n'a pas le droit, pendant le temps qui s'écoule entre la signature et l'exécution de la capitulation, de détruire ou d'endommager les ouvrages de défense, les armes, les approvisionnements, les munitions qui sont en sa possession, à moins qu'il n'en ait été autrement convenu. »

Nous venons d'envisager les capitulations au point de vue du droit des gens, mais il y a encore le point de vue du code militaire. Le gouvernement qui a confié à un militaire la garde d'une forteresse a le droit de lui demander compte de ses actes et ce compte est souvent demandé. Pour la France, le décret du 1er mai 1812 dispose ce qui suit : Art. 1er. Il est défendu à tout général, à tout commandant d'une troupe armée, quel que soit son grade, de traiter en rase campagne d'aucune capitulation par écrit ou verbale. — Art. 2. Toute capitulation de ce genre, dont le résultat aurait été de faire poser les armes, est déclarée déshonorante et criminelle, et sera punie de mort (mais s'il n'y avait pas moyen de se défendre ?). Il en sera de même de toute autre capitulation, si le général ou commandant n'a pas fait tout ce que lui prescrivaient le devoir et l'honneur. — Art. 3. Une capitulation dans une place de guerre assiégée et bloquée est permise dans les cas prévus par l'article suivant. — Art 4. La capitulation dans une place de guerre assiégée et bloquée peut avoir lieu si les vivres et munitions sont épuisés après avoir été ménagés convenablement, si la garnison a soutenu un assaut à l'enceinte sans pouvoir en soutenir un second, et si le gouverneur ou commandant a satisfait à toutes les obligations qui lui sont imposées par notre décret du 24 décembre 1811 (organique des états-majors de places). Dans tous les cas, le gouverneur ou commandant, ainsi que les officiers, ne sépareront pas leur sort de celui de leurs soldats, et le partageront. — Art. 5. Lorsque les conditions prescrites dans l'article précédent n'auront pas été remplies, toute capitulation ou perte de la place qui s'ensuivra est déclarée déshonorante et criminelle, et sera punie de mort... » D'autres pays ont des dispositions analogues.

CAPITULATIONS. On comprend sous le titre de *capitulations* (en turc, '*ahd namé*), l'ensemble des immunités et privilèges concédés anciennement à la France par la Porte ottomane, comme aussi la série des traités d'alliance et de commerce intervenus, aux époques postérieures, entre les deux puissances, et dont la teneur constitue l'état et garantit les privilèges de nos nationaux dans les Etats du grand Seigneur.

Ces privilèges qui, dans le principe, étaient l'apanage exclusif de la nation française, s'étant étendus peu à peu à la plupart des autres Etats, le même mot de capitulations s'est appliqué à tous les actes sur lesquels sont basés les rapports entre la Porte et les autres puissances européennes qui sont représentées à Constantinople; de telle sorte que les capitulations peuvent se définir, sous leur forme la plus générale : « La loi qui régit les sujets étrangers, ou *Francs* (*voy. ce mot*), en Turquie et dans les *Echelles du Levant.* » (*Voy.*)

Envisagées, sous le rapport des immunités et des privilèges qu'elles consacrent, les capitulations se résument en quatre catégories ou titres, suivant l'ordre des quatre états de personnes spécifiées dans l'article 84 du document de 1761 : « L'ambassadeur, les consuls et les drogmans de France, ainsi que les négociants et artisans qui dépendent d'eux, les capitaines de bâtiments français et leurs gens de mer, enfin leurs religieux et leurs évêques, tant qu'ils seront dans la limite de leur état, ..., jouiront présentement de ces anciens et nouveaux articles ci-présentement stipulés, lesquels seront exécutés en faveur des quatre états ci-dessus mentionnés, etc. »

La première catégorie est relative à nos ambassadeurs, consuls et drogmans, ainsi qu'au droit de protection et de juridiction exercé par eux « à l'effet d'assurer la tranquillité des Français dans les Etats du grand Seigneur ». De ce droit exorbitant qui, par une dérogation au principe ordinaire du droit des gens, crée au profit des nationaux en Turquie une sorte d'extra-territorialité, en vertu de laquelle les sujets et protégés français cessent d'être justiciables des autorités turques pour êtres soumis aux lois et aux tribunaux français, dérivent les fonctions spéciales de nos consuls dans le Levant, comme juges, tant au civil qu'au criminel. Dans le premier cas, le tribunal consulaire, composé du consul et de deux assesseurs élus parmi les notables de la nation, prononce en première instance, l'appel étant reçu devant la cour d'appel d'Aix. Dans le second cas, il y a lieu de distinguer. S'il s'agit d'un fait de simple police, le consul statue seul et d'une manière définitive. Si le fait ressortit de la police correctionnelle, il est justiciable du tribunal consulaire dont la compétence s'étend à toute espèce de délits, sauf l'appel à la cour d'Aix. Enfin, s'il s'agit d'un crime emportant une peine afflictive ou infamante, le consul est chargé uniquement de poursuivre, et, l'instruction terminée, il envoie le prévenu avec le dossier de la procédure et les pièces de conviction au procureur général près la cour d'Aix.

Le droit de juridiction, attribué à nos consuls dans le Levant, n'est applicable qu'aux cas où nos nationaux sont seuls en cause. Les contestations qui peuvent naître entre des Français ou des protégés français et des étrangers d'une nationalité différente sont déférées à des commissions judiciaires mixtes, qui sont composées de trois juges commissaires choisis et nommés, savoir : deux par la légation du défendeur, et le troisième par celle du demandeur. Enfin, si le débat a lieu entre un Français ou protégé français et un sujet ottoman, l'action est portée devant les tribunaux mixtes, soit de commerce, soit de justice correctionnelle, institués depuis 1850 à Constantinople et dans toutes les grandes villes de l'empire.

Une autre prérogative essentielle dérivant du principe de l'*imperium in imperio* est l'inviolabilité du domicile, garantie par l'article 70. Nulle visite domiciliaire ne peut être pratiquée par l'autorité turque dans la maison d'un Français ou d'un protégé français, si ce n'est sur l'autorisation écrite du consul et en présence d'un délégué de ce magistrat.

La deuxième catégorie comprend les négociants et les artisans et règle en général tout ce qui a rapport au commerce.

La troisième concerne les capitaines et les équipages des navires marchands et la navigation en général.

Enfin la dernière est relative aux évêques, aux religieux des divers ordres et aux églises du rite latin en Turquie. Les dispositions les plus remarquables de ce titre sont celles des articles 32 et 33, qui maintiennent aux religieux francs, établis dans l'église du Saint-Sépulcre à Jérusalem, les lieux de visitation qui se trouvaient alors entre leurs mains, et qui placent les pèlerins des nations *ennemies*, c'est-à-dire qui n'ont point de traités avec la Sublime Porte, sous la protection et la sauvegarde de la France. L'article 38 étend cette protection et les privilèges qui en découlent aux commerçants et sujets quelconques de ces mêmes nations dans les États du grand Seigneur.

Le nombre de ces protégés est moins considérable aujourd'hui qu'il ne l'était autrefois, alors que la plupart des nations européennes ne pouvaient naviguer et trafiquer dans le Levant que sous la protection de la bannière de la France : « Non era permesso altre volte di navigar nelle scale del Levante che sotto la protezione della bandiera di Francia, i cui consoli erano gli arbitri nati di tutte le controversie che insorgevano sul traffico marittimo, sia tra i Francesi ed i Turchi come tra gli altri abitanti del paese. » (Azuni, *Sistema univ. dei principij del diritto maritimo.* Firenze, 1795.)

Cependant la France a encore sous sa protection, dans quelques échelles, un certain nombre d'étrangers, notamment des Suisses.

Les traités qui font suite aux capitulations n'énoncent aucun principe nouveau, et ne sont que la conséquence et le développement des privilèges reconnus anciennement. Toutefois des différences notables, à part la distinction originelle que nous avons établie en commençant, séparent cette seconde partie des capitulations de la première. Ainsi l'article 2 du traité de 1802, relatif au droit de navigation dans la mer Noire, stipule pour la première fois la réciprocité en faveur de la Turquie. Jusque-là celle-ci, soit répugnance à sortir de son isolement, scrupule de déroger à l'esprit qui avait dicté les premières capitulations, avait négligé de réclamer pour ses sujets au dehors les mêmes avantages politiques ou commerciaux qu'elle accordait aux étrangers sur son territoire. Par l'article 5 du même traité, la République française et la Sublime Porte se garantissent mutuellement l'intégrité de leurs possessions, disposition qui peut être envisagée comme le prélude des traités de 1840 et de 1856, par lesquels la Turquie entra définitivement dans le concert européen.

CARDINAL. Les cardinaux sont les princes de l'Eglise, ils sont chargés d'élire le pape. Le mot *cardinal* vient du latin *cardinalis*, essentiel, important ; dans l'origine, un cardinal était le principal prêtre de chaque église de Rome, ou le diacre chargé d'une diaconie régionnaire ; le nombre des cardinaux n'était encore, en 1057, que de 28 ; actuellement leur nombre peut atteindre jusqu'à 70. La réunion des cardinaux forme le Sacré-Collège. Ils composent le conseil du pape, président les congrégations spéciales et générales, gouvernent l'Eglise pendant la vacance du saint-siège.

CARICATURE. La caricature politique, et nous ne parlons que de celle-là, n'est autre chose qu'une forme particulière de la liberté de la presse. Elle est l'arme du faible, c'est le livre du peuple qui ne sait pas encore lire, c'est le journal du manant, alors qu'il n'y a pas encore de journaux. L'événement a lieu, la caricature s'en empare et, de la pointe de son crayon, le cloue au pilori. L'impression produite est immédiate : le peuple saisit, l'indifférence ici ne lui est pas possible, d'un coup d'œil il a compris, et en même temps il se déclare pour ou contre l'artiste. Mieux que ne le ferait l'article ou le livre, la caricature donne un corps aux idées et un but aux rancunes indécises.

Nous ne soutiendrons pas que la caricature avait toujours raison. D'abord, elle était méchante, et par conséquent elle exagérait toujours ; ensuite le désir de faire rire, de montrer de l'esprit, est une véritable passion qui a dû aveugler plus d'une fois l'artiste. Mais dans ces cas le public n'était pas de son côté, ou si la nation applaudissait un moment à l'esprit, elle n'approuvait pas la méchanceté, ou du moins tout le monde n'approuvait pas.

La caricature sociale et politique ne fut longtemps qu'une représentation assez exacte des personnages qu'elle voulait livrer à la risée publique. Des phrases encadrées par un trait partant de la bouche d'un des acteurs de la scène reproduite, traduisaient seules comiquement la pensée de l'artiste. Rarement voyait-on la caricature, fidèle à sa signification étymologique, exagérer les attitudes et les défectuosités du corps, ainsi que l'expression de la physionomie. L'intention était tout entière dans la légende, les vêtements ou les attributs du personnage ; mais avec les William Hogarth, les Goya, les Callot, la caricature atteignit tout son développement ; elle devint moins naïve, mais elle fût plus spirituelle. A l'allégorie, forme assez générale de la caricature, succédèrent l'observation, la mise en relief de certains contours, de certaines lignes. Ce fut la période artistique de la caricature.

La caricature eut une grande importance sous Louis XVI, pendant la Révolution, et s'endormit en France le même jour que l'esprit public. Napoléon ne pouvait admettre que ses actes fussent commentés par le crayon, alors qu'il exigeait de la presse une admiration disciplinée. Sous son règne la caricature se réfugia chez les Anglais et ne contribua pas peu, par ses excitations quotidiennes, à entretenir la haine sous laquelle il devait succomber un jour.

De nos jours, la caricature est si bien passée dans les mœurs qu'il n'est pas une seule capitale qui ne compte un ou plusieurs journaux satiriques à images. Nous citerons seulement l'*Uomo di Pietra* de Milan, le *Charivari* de Paris, *Il Fischietto* de Turin, le *Kladderadatsch* de Berlin et le *Punch* de Londres.

CARMAGNOLE. C'est à la fois un vêtement et une chanson, le vêtement est une veste ronde sans façon et sans art ; la chanson, une abominable violence qui ne contribua pas peu à exciter le peuple à d'aveugles et sanglantes colères. Pendant que la chanson était populaire, on donna son nom au vêtement.

CASIER JUDICIAIRE. Casiers conservés au Ministère de la justice, etc., où toute personne ayant une fois été condamnée par les tribunaux a sa fiche. Le but de ce casier est qu'on sache de tout criminel s'il est récidiviste, afin de doser la punition en conséquence.

C'est là un petit intérêt, en comparaison du mal que ce casier peut faire. Il arrive souvent qu'un homme commet un délit dans sa jeunesse, en un moment de passion ou d'étourderie, sans qu'il cesse d'être bon et honnête, et pour cet acte il serait flétri pendant toute sa vie? Car l'usage s'est généralisé de demander en bien des cas un extrait du casier judiciaire. Autrefois chacun pouvait se faire délivrer des extraits du casier des autres, maintenant — en dehors des tribunaux — on ne donne ces extraits qu'à la personne même ; mais comme l'extrait est demandé à toute personne qui cherche une place, rien n'est changé dans la pratique.

Le casier fait donc mille fois plus de mal que de bien ; il est même tout à fait superflu depuis l'introduction de l'anthropométrie (dont on commence d'ailleurs à abuser) ; l'anthropométrie suffit pour les besoins de la justice, d'autant plus que les criminels habituels ou professionnels sont assez connus pour que le juge puisse être renseigné sur leur compte sans s'adresser aux casiers.

CASUS BELLI.

Chaque nation ne relève que d'elle-même, c'est elle qui, en dernier ressort, est toujours l'appréciatrice de ses rapports avec d'autres nations ; elle peut, quand il lui plait, changer la nature de ces rapports, passer de l'état de paix à l'état de guerre. Mais les guerres ont toujours une cause ou un prétexte, et lorsque cette cause ou ce prétexte peut être indiqué d'avance, on dit que c'est un *casus belli*, cas de guerre. Il serait impossible de faire la nomenclature des *casus belli*, le cas de guerre peut dépendre de circonstances accidentelles, du choix d'un prince pour succéder sur un trône voisin, d'un changement de forme de gouvernement, d'une vanité blessée (vanité nationale ou vanité princière) ; nous nous bornerons à dire qu'ils naissent soit de la lésion des droits, soit de la lésion des intérêts d'une nation par une autre, soit aussi d'atteintes portées à la dignité nationale.

CAUCUS.

On appelle ainsi aux Etats-Unis certaines réunions préparatoires dans lesquelles on s'entend sur le choix d'un candidat, ou dans laquelle on soutient une opinion quelconque dans le but de la faire accepter par le parti auquel on appartient. Le mot est toujours pris en mauvaise part, parce que certains comités électoraux et les chefs de partis ont souvent abusé de ce moyen.

CAUSE ET EFFET EN POLITIQUE.

Rien ne semble plus naturel et, à première vue, plus facile, que de rapporter les faits, sinon toujours à leur cause vraie, du moins à leur cause probable, vraisemblable. Et pourtant, à chaque instant, nous voyons les hommes mettre en rapport deux faits, deux circonstances, les faisant découler l'un de l'autre, sans se demander s'il est matériellement ou moralement possible que l'une puisse procéder ou résulter de l'autre. L'erreur va même souvent assez loin pour confondre la cause et l'effet et prendre celui-ci pour celle-là. Sont-ce les lois qui font les mœurs, ou les mœurs qui font les lois ? Est-ce le gouvernement, qui corrompt la nation, ou le gouvernement émanation de la nation, est-il simplement fait à son image ? Voilà des questions — et l'on pourrait les multiplier — auxquelles on répondra bien ou mal, selon qu'on saura ou qu'on ne saura pas discerner les causes et les effets.

On comprend que la réponse à de pareilles questions n'est pas chose indifférente ; mais ce qui est encore plus important, c'est l'attention qu'on doit porter aux effets de ses propres actions (individuelles ou nationales). C'est un précepte banal qui commande de prévoir la conséquence de ses actes, tout le monde admet que cette prévision est nécessaire, et cependant on la néglige dans bien des cas.

CÉLIBAT.

A différentes reprises on a pu voir, dans le même pays, la religion glorifier le célibat, en faire une vertu, une chose qui plaît à Dieu, et la loi civile le flétrir, le stigmatiser, le soumettre à un impôt, l'exclure de certains honneurs ou dignités. Nous n'avons pas à juger ici ce que telle ou telle Eglise peut prescrire à ses fidèles ; c'est une affaire de discipline intérieure, et nous ne nous reconnaissons pas le droit d'intervention. Mais en politique, ou en administration et en finances, toute différence entre les pères de famille et les célibataires est injuste et repose sur des vues fausses. Le législateur espérait quelquefois pouvoir pousser au mariage, oubliant que l'homme ne cède pas à la puissante loi naturelle qui fait désirer le mariage à tout adulte, et même aux adolescents, a des raisons assez fortes pour résister à quelques dispositions financières ou autres semblables. Nous disons qu'il est injuste de faire du célibat un délit, car plus d'un évite le mariage pour cause de santé ; d'autres, parce qu'ils ont des charges de famille, qu'ils doivent soutenir, par exemple, de vieux parents, etc. ; d'autres encore par d'autres motifs tout aussi louables, et loin de punir ces célibataires, on devrait plutôt les honorer de ce qu'ils aient pu faire taire un penchant que la nature a rendu si énergique. Du reste, nous comprenons — sans justifier, bien entendu, — les mesures qui favorisent le mariage dans les contrées neuves, comme si la facilité d'élever une famille n'était pas un encouragement qui dispense de tout autre ; mais dans les contrées très peuplées, il serait difficile de justifier ces lois.

CENSURE.

Ce mot, qui figure encore dans notre vocabulaire politique, est loin d'avoir la signification qu'il a eue longtemps. Il ne dit plus cette institution pleine de prévoyance, sorte de magistrature pieusement exercée, derrière laquelle s'abritaient les sociétés grecque et romaine. Ce n'est plus ni la censure qu'Athènes appelait la *gardienne des lois* ou la *gardienne des mœurs ;* ni celle que Sparte confiait aux vieillards ; ni celle que Rome établit d'abord comme une fonction administrative (répartition des taxes, cens), et plus tard, comme une haute juridiction sociale. La censure a été l'un des plus puissants éléments de la force civilisatrice du peuple romain, car cette force, comme le dit Montesquieu, « consistait dans la discipline, l'austérité des mœurs et l'observation constante de certaines coutumes ». Les censeurs s'attachaient à corriger les abus que la loi n'avait pas prévus ou les fautes que les magistrats ordinaires ne pouvaient punir.

Avec la suite des temps, la censure prit des formes et des missions différentes. L'une, la censure des journaux et des livres, c'est-à-dire leur lecture par l'autorité avant la publication, dans le but d'empêcher la circulation d'écrits nuisibles au gouvernement, à la religion, aux mœurs, n'existe guère plus qu'en Russie; ailleurs on punit, s'il y a lieu, les auteurs, en Russie on cherche à prévenir l'impression. Actuellement, il n'existe en France que la censure des pièces de théâtre qui se justifie, ce semble, sans trop de difficultés. Elle n'est d'ailleurs pas bien sévère aujourd'hui.

La censure a aussi son emploi dans la discipline des chambres représentatives; c'est une punition que les chambres infligent dans certains cas à leurs membres.

CENSURE ECCLÉSIASTIQUE. Peines

canoniques portées contre ceux qui violent les ordres de l'Eglise, telles que l'Excommunication et l'Interdiction. (*Voy. ces mots.*)

Dans le droit moderne de la plupart des Etats, la censure ecclésiastique ne doit pas aller assez loin pour causer aux citoyens des dommages matériels.

CENTRALISATION. *Voy.* Décentralisation, Selfgovernment, etc.

CENTRE. En politique, on désigne par le

nom de centre la partie moyenne des assemblées législatives, c'est-à-dire ceux des membres de ces assemblées qui se tiennent à égale distance des représentants du passé, d'une part, et des promoteurs du progrès, réel ou supposé, de l'autre. On leur donne aussi le nom de conservateurs, parce qu'ils défendent presque toujours l'ordre établi, sans se préoccuper suffisamment des conditions de développement dont cet ordre, quel qu'il soit, ne saurait se passer. En cela, les députés du centre marchent très souvent d'accord avec les chefs du gouvernement, et ils forment, alors, le gros du parti ministériel. Comme la fraction de l'assemblée qui représente plus particulièrement le passé a l'habitude de se placer à droite du président, tandis que les députés « avancés » choisissent de préférence la gauche, on parle d'un centre droit et d'un centre gauche, selon que ceux qui en font partie incline davantage aux idées anciennes ou aux idées nouvelles. Ces dénominations ont cours dans presque tous les Etats de l'Europe qui ont adopté le régime constitutionnel.

CERCLE. Les Allemands donnent le nom

de cercle (*Kreis*) à certaines circonscriptions qui répondent dans quelques Etats aux départements, et dans d'autres, aux arrondissements français. En Prusse, le cercle correspond à l'arrondissement français; les chefs de cercle, appelés *Landräthe*, sont élus par les grands propriétaires; le gouvernement ne se réserve que le droit de faire constater leur capacité. Ces fonctionnaires correspondent aux sous-préfets français, mais ont des attributions beaucoup plus étendues.

CÉSARISME. Ce mot, qui a eu des accep-

tions diverses, paraît être pris maintenant comme synonyme de *régime du sabre*. C'est donc un gouvernement absolu appuyé sur l'armée, et plus ou moins dénué des sympathies des populations.

CHAMBELLAN. Préposé à la chambre du

souverain. Le chambrier, le camérier, le camerlingue remplissaient des fonctions analogues à celles du chambellan. Les empereurs du Bas-Empire, à Constantinople, avaient des chambellans, et les rois de la première race en avaient également. L'on sait que ces emplois, qui rapprochaient du prince et faisaient pénétrer dans son intimité, n'étaient généralement confiés qu'à des personnages de grande naissance.

De nos jours il y a des chambellans dans presque toutes les cours, mais leur influence paraît faible, ou ne dépasse pas celle que peut avoir une personne riche et distinguée ayant l'occasion d'approcher le souverain ou ses ministres. Le plus souvent c'est un simple titre sans fonction correspondante.

CHAMBRE. Le mot *chambre* nous vient

du latin *(camera)*. Il a été, depuis le moyen âge, d'un fréquent emploi dans le langage politique et administratif. Commun à différentes juridictions, il désignait d'abord surtout l'autorité qui administrait les biens particuliers du prince. Avec l'extension graduelle de la puissance monarchique, cette autorité gagna en influence au point d'absorber ou de se subordonner toutes les fonctions administratives. Le pouvoir de la chambre du prince, ainsi agrandi, ressemblait de plus en plus au fisc de l'empire romain ; et la gestion des finances publiques devint pour la Chambre, comme elle l'avait été jadis pour le fisc, l'attribution principale.

De la variété et de la multiplicité des attributions des chambres princières, les Allemands ont fait surgir une science qu'ils appellent science camérale *(Cameral Wissenschaft)*. Les limites de cette science ne sont pas bien déterminées. Toutefois, les plus autorisés des savants qui s'en occupent y font entrer, avec les finances et l'administration, l'économie politique, et, comme complément, l'agriculture, la sylviculture et la technologie. Les premiers économistes allemands étaient des *caméralistes*.

Aujourd'hui, et notamment en France, le mot *chambre* ne s'applique plus guère qu'aux grandes divisions des corps politiques, administratifs et judiciaires. Nous avions autrefois une chambre des pairs (ou un sénat, comme de nos jours) et une chambre des députés. Nos états généraux avant

1789 étaient divisés en : chambre du clergé, chambre de la noblesse et chambre du tiers état. Nous avons encore les différentes chambres des cours et tribunaux, ainsi que des chambres de commerce, que le gouvernement consulte sur les questions commerciales lorsqu'il désire connaître l'avis des intéressés, et ces chambres ont même le droit de lui soumettre spontanément leurs vœux. Nous avons des chambres chargées du maintien de la discipline dans certains corps d'officiers publics, comme la chambre des notaires, la chambre des avoués et la chambre syndicale des huissiers.

En Angleterre, nous appelons chambre des communes et chambre haute (chambre des lords), les deux assemblées qui composent le Parlement, et que les Anglais eux-mêmes désignent sous les noms de : *House of commons* et *House of lords.*

En Allemagne, la plupart des États constitutionnels ont une chambre des députés et une chambre des seigneurs pour lesquelles on emploie tantôt *Kammer*, tantôt, comme en Angleterre, *Haus* (maison). En Espagne, on a adopté, comme on sait, les mots de Sénat et Cortès, aux États-Unis les termes reçus sont Sénat et Congrès ; mais dans tous les pays, comme dans notre constitution de 1875 (voy.), on désigne ces grands corps politiques sous l'appellation générique de « chambres ». Partout la chambre des députés concourt à l'établissement des lois et partout aussi on lui accorde la prépondérance dans le vote du budget.

CHANCELIER vient du latin *cancellarius.* Dans les derniers temps de la puissance romaine, on donnait ce titre aux secrétaires impériaux, qui, lorsque l'empereur rendait la justice, se tenaient à la barre (*cancelli*) de son prétoire. Au moyen âge, le chancelier fut l'officier de cour le plus important et le premier fonctionnaire public du souverain. Il était chargé de l'expédition des ordonnances et rescrits du prince, et, à cet effet, on lui confiait ordinairement la garde des sceaux.

En Allemagne, la charge d'archi-chancelier de l'empire fut, de bonne heure, réunie d'une manière permanente à l'électorat de Mayence, tandis que les deux autres électeurs ecclésiastiques eurent, celui de Cologne, l'archi-chancellerie d'Italie, et celui de Trèves, celle de Bourgogne ; c'étaient, pour ces deux derniers, de simples titres honorifiques. L'archi-chancelier d'Allemagne était de droit directeur de l'assemblée des États de l'empire et chef de toutes les chancelleries inférieures. L'archi-chancelier avait en outre le droit de se donner un suppléant, qui portait le titre de vice-chancelier, résidait à la cour de l'empereur, et fonctionnait comme ministre de l'empire.

Vers la fin du moyen âge, presque tous les princes souverains instituèrent des chanceliers, dont les attributions furent très diverses, bien que, la plupart du temps, elles

se rattachassent à celles de chef de cour de justice ou d'administration supérieure.

Le roi de Prusse Frédéric II nomma grand-chancelier (*Grosskanzler*) et chef de la justice l'illustre Cocceji, qu'il chargea de réformer la législation et les tribunaux. Ce premier grand-chancelier eut quelques successeurs, mais, au commencement du siècle, la charge fut supprimée. Le roi de Prusse Frédéric-Guillaume III revêtit du titre de chancelier d'État (*Staatskanzler*) le prince de Hardenberg et le constitua son premier ministre ; mais ce haut fonctionnaire n'eut point de successeur.

En Autriche, la dignité de chancelier de cour et d'État (*Hof-und Staatskanzler*) fut créée pour le prince de Kaunitz. Plus tard elle fut conférée au prince de Metternich, qui avait concentré dans ses mains la direction suprême de toutes les affaires politiques et administratives de l'empire autrichien. Après 1866, cette dignité fut conférée au baron de Beust, et elle semble destinée à être réservée au ministre commun des deux moitiés de l'empire austro-hongrois.

En Angleterre, le chancelier (*lord high-chancellor*) est regardé comme le premier fonctionnaire de l'État. Il est de droit président de la chambre des lords et chef d'une haute cour de justice, appelée cour de chancellerie (*court of chancery*). Il y a, en outre, en Angleterre, des chanceliers particuliers pour le duché de Lancaster et pour l'Irlande, et il y a enfin un chancelier de l'Échiquier (*chancellor of the Exchequer*) (voy. Echiquier), qui remplit les fonctions de ministre des finances.

En France, et sous l'ancien régime, le chancelier fut considéré comme le premier officier de la couronne ; il était le chef de la magistrature et il avait habituellement la garde des sceaux. En outre, il présidait le conseil d'État et il était le représentant le plus éminent du roi auprès du parlement. A côté du chancelier de France, la reine, les enfants du roi et le premier prince du sang, ainsi que les ordres de chevalerie et les universités, avaient leurs chanceliers particuliers. L'office de chancelier de France fut aboli en 1790. L'empereur Napoléon créa le titre d'archi-chancelier en faveur de Cambacérès, à qui il confia l'administration de l'état civil de la maison impériale. Sous la Restauration, la dignité de chancelier de France fut rétablie, mais elle ne conféra au titulaire d'autre droit que celui de présider la chambre des pairs. Le duc Pasquier, nommé par le roi Louis-Philippe, et mort à Paris en 1862, a été, jusqu'à présent, le dernier chancelier de France. *Voy.* **Chancellerie.**

CHANCELLERIE est souvent synonyme de greffe administratif. En Allemagne, *Kanzlei* veut souvent dire secrétariat. Chaque légation et chaque consulat a sa chancellerie, ce qui fait quelquefois considérer ce mot comme l'équivalent d'ambassade ou de ministère des affaires étrangères. On parle aussi de la chancellerie d'un ordre, mais c'est toujours dans l'acception de secrétariat ou de greffe.

CHANCE. La chance joue un rôle en politique, comme en toute chose, dans la vie humaine. C'est une chance favorable de naître avec du talent, ou comme fils de parents bons et intelligents, ou riches, ou influents; c'est une chance défavorable de naître avec une infirmité, ou dans une famille peu estimée, malheureuse; ce seul fait, dont l'enfant est complètement innocent, peut influer sur toute sa vie, même encore aujourd'hui où l'égalité politique domine et où les préjugés sont réduits à ce minimum irréductible, qui se maintiendra tant que l'humanité existera. On ne pourra jamais égaliser les chances, comme on égalise le poids des jockeys aux courses.

Est-il nécessaire de citer des chances qui ont influé sur la vie politique. On sait que le grand Frédéric est sorti de la guerre de Sept ans sans perdre un pouce de son territoire. On sait que son royaume ne comptait alors que deux millions et demi d'habitants, et qu'il luttait *à la fois* contre la France, la Russie, l'Autriche-Hongrie, la Suède et une partie de l'Allemagne. Pendant six longues années il tint victorieusement tête à ces forces vingt fois supérieures aux siennes, mais à la fin il s'épuisait et son sort paraissait décidé. Voilà que l'impératrice de Russie, Elisabeth, meurt; son successeur, Pierre III, est un admirateur de Frédéric II, il ordonne à ses troupes de se joindre immédiatement à celles du roi de Prusse, et bientôt la paix est conclue dans des conditions favorables. On citerait ainsi, au besoin, des milliers de cas où le hasard, où les « conjonctures », ont exercé une influence prédominante sur les événements politiques. Quant aux individus, tous, tous, tous en subissent peu ou prou les effets.

Il ne sert de rien à certains théoriciens de nier ou seulement d'ignorer l'action de la chance, elle fera sentir ses effets chaque fois qu'elle interviendra, et les gens sages cherchent à être armés contre « l'imprévu », c'est-à-dire les chances défavorables. Certains moralistes abstraits ont voulu ranger le hasard parmi les choses immorales, c'était aller bien loin. Il serait immoral de vouloir tout attendre du hasard, car l'homme doit agir et prévoir, il doit faire tout son possible pour rester le maître de ses destinées, et généralement l'homme est en effet l'artisan de son sort. Mais de même que l'homme est obligé de supporter les accidents malheureux — les mauvaises chances — qui accablent sa vie, il est en droit de profiter des chances favorables qu'il rencontre sur son chemin. Ce n'est ni moral, ni immoral. Prenez garde! si vous lui en faites un reproche, on l'imputera à votre envie, il en dort un peu dans un coin de presque tous les cœurs humains (y compris ceux des moralistes), et l'envie dégrade.

Les chances ont pour synonyme « les conjonctures »; un économiste allemand, très distingué d'ailleurs, s'est donné la spécialité de trouver mauvais que quelqu'un puisse profiter des conjonctures, il voudrait que ce profit fût recueilli par l'Etat; heureusement c'est généralement impossible. Par la raison ci-dessus, je ne le trouve même pas juste. Il ne vaut réellement pas la peine de s'arrêter à de pareilles élucubrations qui proviennent uniquement du désir de se singulariser. Ce que nous disons des conjonctures peut s'appliquer à l'*Unearned increment* (voy. ce mot).

Ce que nous pouvons demander — et cela doit être la première loi de tout Etat civilisé — c'est que le droit commun donne à chacun l'égalité devant les chances; cela ne veut pas dire : chance égale, car c'est la nature qui crée les chances et elle n'en fait pas deux semblables; seulement, la loi ne doit pas vous empêcher de profiter de celles que la nature vous offre, voilà tout. Que diriez-vous du législateur qui promulguerait des prescriptions ainsi conçues : les hommes à cheveux blonds ne pourront pas dépasser dans l'armée le grade de capitaine, les hommes à cheveux châtains celui de colonel, et les cheveux noirs pourront seuls procurer le généralat. — Ne riez pas, dans certains pays on trouvera des lois aussi bêtes et méchantes que celle-là, il s'en présente à ma mémoire, je pourrais les citer. Les chances! Tenez, de tel arrondissement, il y a 30 ans, 1.000 jeunes hommes sont entrés dans l'armée; de ces 1.000 hommes, 300 sont morts aujourd'hui, des 700 survivants, l'un est général, un autre colonel, il y a encore une dizaine d'officiers de différents grades et 50 sous-officiers; les autres sont rentrés dans la vie civile et sont cultivateurs, commerçants, industriels, etc., la plupart, dans des situations inférieures, ils sont pour ainsi dire restés simples soldats dans leur partie; quelques-uns ont seulement conquis des situations sociales plus ou moins supérieures.

C'est aussi la chance qui fait des uns des patrons et des autres des ouvriers. Voilà le nœud de la question : pourquoi lui et non pas moi? La réponse est simple : parce qu'il a eu la chance de naître fils de patron ou capitaliste, ou aussi parce qu'il a eu la chance de naître avec des qualités d'intelligence et de caractère qui lui ont permis de gravir à force de travail les échelons de la fortune. C'est le mérite de ses parents ou son propre mérite qui l'a mis là. Qu'est-ce qui vous choque? L'influence du mérite de ses parents? Cela vous dispose en faveur du socialisme?

Regardons-y de plus près. Sous le régime socialiste on n'héritera pas de la fortune de ses parents, parce qu'ils n'en auront pas, on ne jouira que du produit de son propre travail. Soit. Mais le socialisme n'empêchera pas que les hommes naissent avec des facultés intellectuelles et des qualités morales inégales ; et comme le socialisme sera bien autrement hiérarchisé que notre société, que la machine socialiste si superlativement compliquée exigera une exactitude et une ponctualité inconnues de nos jours, les rapports entre ceux qui commandent et ceux qui obéissent seront d'une grande raideur. Il n'y aura plus de patrons, mais il y aura des chefs, généralement rigoureux, c'est bien pire, et sous leurs ordres de simples travailleurs. Ici aussi les jours se suivront et se ressembleront, et ce qu'il y aura en moins, c'est l'espoir d'améliorer sa position. Comme la terre tourne éternellement autour du soleil, le travailleur socialiste devra éternellement recommencer sa tâche journalière, sinon rien à manger ; il fera peut-être son lit entre les vaches et les cochons, puisqu'il descendra à leur niveau.

En résumé, la chance aura toujours sa part d'influence sur notre sort — comme la pluie et le beau temps — et nous n'aurons autre chose à faire qu'à lutter dans la mesure du possible (parapluie et vêtement de caoutchouc), non sans chances de succès, et pour le reste, se soumettre, et porter gaiement les charges dont on ne pourra pas se débarrasser. De cette façon, on pourra être heureux malgré les contrariétés ordinaires de la vie. Celui qui ne sait pas supporter l'inévitable sera plus malheureux que les autres.

CHARTE. On désignait autrefois sous ce nom des documents ou actes délivrés avec une sorte de solennité par un prince ou un seigneur, le plus souvent pour accorder certaines franchises, certaines libertés à ses sujets. Telles étaient un grand nombre de chartes octroyées en France à des villes, telle fut la grande charte si célèbre dans l'histoire de la Grande-Bretagne. De nos jours les chartes de 1814-15 et de 1830 ont fait considérer ce mot comme synonyme de *constitution*. La distinction qu'on établit généralement entre ces deux termes ferait cependant penser que c'est improprement qu'on parle de la charte de 1830.

En effet, une charte est « octroyée », une constitution est *délibérée* ; l'une est un don spontané librement accordé par le souverain, l'autre un contrat entre la nation, « le peuple souverain » et le chef de l'Etat.

CHARTISTES. C'est le nom donné pendant un certain nombre d'années aux démocrates-socialistes anglais. Ce parti joua un certain rôle entre 1838 et 1848 ; mais les événements de cette époque n'ont plus qu'un intérêt historique pour nous.

CHAUVINISME. C'est la caricature du patriotisme. Ce mot vient d'une série de caricatures représentant un personnage auquel on avait attribué le nom de Chauvin. Le chauvinisme n'est ni un excès d'amour de la patrie, ni l'hypocrisie du patriotisme. Le *chauvin* est réellement patriote, mais il l'est d'une manière inintelligente. Le chauvin croit qu'aimer son pays, c'est haïr, mépriser les autres. De plus, la « gloire » réside pour lui uniquement dans les succès militaires. Il ignore qu'une nation peut être grande par les arts de la paix, par la justice, par la liberté. Cette aberration se rencontre, bien qu'à des degrés divers, dans toutes les contrées, et à toutes les époques, mais avec plus d'intensité en temps de paix peut-être qu'en temps de guerre. Le danger est un feu qui purifie tout, et qui enlève aux sentiments leur mauvais alliage ; d'un autre côté, il est si facile de faire le bretteur quand on est sûr que personne ne vous prendra au mot. L'absence de ce frein porte le chauvinisme à affectionner volontiers l'exagération. Cependant, nous le répétons, il y a un fond de sincérité. Car, de même que sous les traits *chargés* de la caricature on reconnaît l'original, de même retrouve-t-on dans le chauvinisme quelques étincelles du feu sacré du patriotisme ; seulement ces étincelles ne répandent point une chaleur bienfaisante, elles peuvent tout au plus produire une explosion.

CHEMINS DE FER. Les chemins de fer sont une création de notre siècle. On en a fait les premières applications entre 1825 et 1830, et, en ce moment, on s'occupe à compléter les principaux réseaux de l'Europe. Nous n'avons à aborder ici ni la technique, ni l'économique des chemins de fer, nous pouvons nous borner à en dire un mot au point de vue politique.

Les chemins de fer sont un instrument d'une grande puissance, servant à la guerre comme à la paix. On y est tellement habitué, maintenant, qu'on conçoit à peine comment l'on s'en passerait. Comme le combustible qui le met en mouvement n'existe qu'en quantité limitée, comme il se consomme ou se consume et ne se renouvelle pas, l'humanité pourra un jour en être privée. Pour le moment on ne semble pas se préoccuper de cette éventualité, pourtant pas très lointaine. Aujourd'hui, au point de vue politique, on n'a, dans certains Etats, qu'à résoudre cette question : faut-il les faire entreprendre, les faire administrer, par l'Etat ou par des Compagnies ? Pour un certain nombre de pays la question est résolue, le puissant engin est mis entre les mains de l'Etat ; pour les autres, on peut prédire, d'après certains indices, qu'il en sera de même. L'Etat s'en emparera tôt ou tard, avec ou sans indemnité. C'est l'envie, la jalousie et les autres petitesses humaines qui pousseront les pouvoirs publics dans ce sens, et l'on trouvera des prétextes d'intérêt général pour cacher les vrais motifs.

Les chemins de fer, administrés par l'Etat ou par des particuliers, peuvent devenir une source de revenu pour le Trésor public. On a proposé — ce sont des voix isolées — de réduire les tarifs de manière à ne rentrer que dans les frais d'exploitation (je ne me rappelle pas avoir vu proposer la gratuité absolue du transport, aux frais de la communauté[1]) ; mais il est impossible de justifier une pareille proposition, ne serait-ce que parce que la quantité existante de combustible sera un jour épuisée, et qu'un système de transport à très bon marché aurait pour effet de hâter l'épuisement des mines. Les chemins de fer doivent donc être administrés avec prudence et économie, et il est très naturel que l'État en tire un revenu modéré. On dira : quand il n'y aura plus de charbon, il y aura autre chose, du pétrole peut-être. On le suppose du moins ; mais il est possible aussi que le pétrole soit épuisé avant la houille. On répondra : reste l'électricité. Mais il faut du combustible pour produire l'électricité sur une grande échelle. On trouvera autre chose, répond-t-on obstinément ; c'est possible, mais tant qu'on ne l'aura pas trouvé, on n'est pas sûr de sortir d'embarras.

Bornons-nous, aujourd'hui, à signaler les chemins de fer comme une des questions qui préoccupera terriblement nos petits-fils. La terre sera surpeuplée, l'humanité aura besoin de toutes ses forces intellectuelles et physiques pour se procurer sa nourriture, ses vêtements et le reste, et dans cette dangereuse situation, l'épuisement du combustible lui ferait perdre un de ses plus puissants moyens de production... et de civilisation. C'est alors que le nombre des décès dépassera — partout — le nombre des naissances !!!

CHÈQUE, équivalent de mandat de paiement sur une somme en dépôt chez un banquier, ou aussi sur un crédit ouvert.

CHEVALERIE. Ce n'est pas le moyen âge qui a introduit le nom des chevaliers dans la langue politique. Les petites cités de la Grèce et la république romaine avaient leurs chevaliers, qui formaient un ordre dans l'État, et qui n'étaient pas, à certains égards, sans quelque analogie lointaine avec les chevaliers du moyen âge. Quant à l'esprit chevaleresque, mobile désintéressé des vaillantes prouesses et des actions héroïques, on le rencontre à la fois dans les temps et dans les pays les plus divers ; il caractérise une période particulière dans la vie de la plupart des sociétés humaines, celle pendant laquelle elles passent de la pure barbarie à une civilisation plus raffinée, et où, conservant encore en partie la sauvage grandeur de la première, elles commencent à s'orner des grâces de l'autre. L'esprit chevaleresque, par exemple, jette quelques lueurs chez les Arabes avant Mahomet. Ampère le signale dans les poëmes du Radjastan. « Le modèle de la chevalerie dans sa forme la plus générale, » selon Hallam, « c'est l'Achille d'Homère, » et

Heeren voit, dans Godefroy de Bouillon, l'Agamemnon d'une armée qui, dans les Tancrède, les Raymond, les Boemond, avait ses Achille, ses Diomède et ses Ulysse. La Grèce enfin, au temps de sa splendeur, concevait le personnage d'Hercule comme une sorte de chevalier errant et de redresseur de torts. Mais le régime féodal a seul suscité et possédé la *chevalerie*, c'est-à-dire le complet développement de l'esprit chevaleresque dans une institution qui lui est propre. Qu'est-ce donc que la *chevalerie*, « le système merveilleux de la chevalerie, » pour parler comme Montesquieu, « la meilleure école de discipline morale que produisit le moyen âge, » selon Hallam, « le plus grand fait moral et social des temps modernes, » ajoute Ampère, « entre l'établissement du christianisme, qui l'a produit, et l'explosion de la Révolution française qui a achevé de le tuer » ? Il n'est pas facile de répondre à cette question, et bien des causes, que je ne puis indiquer ici, ont contribué à jeter la confusion dans ce sujet. Distinguons d'abord deux chevaleries différentes. L'une, c'est la chevalerie primitive et héréditaire. Elle se confond avec la féodalité ou plutôt c'est la féodalité armée elle-même. C'est la *militia* proprement dite, l'*ancien ordre*. Elle se compose des anciens vassaux de la couronne, qui tous relevaient d'elle directement avant que la hiérarchie féodale fût définitivement constituée, des gentilshommes titrés depuis les ducs jusqu'aux barons. Ce sont les *milites per naturam*, *generositate sanguinis*, les Riches hommes, en Espagne, *Ricos hombres*, *Ricos hombres de natura*. Cette chevalerie avait aussi ses écuyers, valets, varlets, ou vasselets, écuyers de naissance également, et du titre de leur fief, pour lequel ils devaient un service particulier. C'étaient des arrière-vassaux nés de la multiplication des fiefs vers la fin de la seconde race, nobles pourvus de bénéfices par les grands barons, hommes libres, propriétaires allodiaux, qui entrèrent postérieurement dans les cadres de la féodalité lorsque celle-ci étendit son réseau sur tous les possesseurs du sol.

L'autre chevalerie est la *nova militia*, le *militaris honos*, opposé au *genus militare*, le *militiæ cingulum*, l'Ordre de Chevalerie, la Chevalerie de l'honneur, de la colée, de l'accolée ou de l'accolade. Celle-ci est personnelle et non plus héréditaire, et tend de plus en plus à être considérée comme la récompense de la valeur et de la vertu. Elle se recrute d'abord parmi ces vassaux que je nommais tout à l'heure, ces nobles de rang inférieur, ces écuyers, qui pouvaient y être admis sans que leur fief changeât pour cela de nature, et qui s'élevaient ainsi personnellement dans la hiérarchie féodale. Elle recevait encore dans son sein les chevaliers héréditaires, chevaliers *désignés* mais non *accomplis*, tant qu'ils n'avaient pas atteint l'âge de porter les armes, dont la dignité était *acquise* mais *différée*, et avait besoin d'être

---

1. Je ne m'étonnerais pas, cependant, d'apprendre que cette idée excentrique ait été exprimée.

8

sanctionnée par une investiture solennelle. A mesure d'ailleurs que l'Ordre jetait plus d'éclat, il était plus honorable pour eux d'y entrer, et de devoir à leur valeur ce qu'ils pouvaient réclamer du droit de leur naissance.

C'est de cette seconde Chevalerie que je dois dire ici quelques mots. Son berceau, comme celui de toutes les grandes institutions, est entouré d'obscurité. Elle naquit en France, « la terre classique de la Chevalerie » (Hallam). Elle se forma dans l'ombre, spontanément, sans dessein prémédité, développement naturel de germes divers déposés dans la société moderne, et quand elle apparut pour la première fois, elle existait depuis longtemps. Quelques éléments empruntés aux mœurs, aux traditions et aux sentiments de l'ancienne Germanie en fournirent le fond militaire et comme la substance ; la religion bientôt s'en empara, aspira à la diriger vers un but noble et moral, et à en faire un instrument d'ordre et de réparation. La galanterie à son tour, le culte des dames, l'amour avec la poésie pour escorte, la marqua de son empreinte de plus en plus profonde, lui donna sa grâce, son éclat, son tour original, sa politesse, à la fin domina et couvrit tout, et laissa dans l'histoire cette trace lumineuse qui nous signale la Chevalerie.

C'était, dans les forêts de la Germanie, une vieille coutume, dont Tacite porte témoignage, que le jeune homme arrivé à l'âge de porter les armes reçut solennellement, dans le conseil de la tribu, de quelque chef, de son père ou de l'un de ses proches, le bouclier et la framée. Cette coutume ne fut jamais abandonnée par les conquérants germains. On en voit la trace pendant toute la durée de la première et de la seconde race. Quand la féodalité s'est constituée, la cour du château féodal remplace le conseil de la tribu ; le seigneur dominant remplace le chef barbare, et il confère la dignité nouvelle non pas à son fils seul, mais aussi aux jeunes vassaux élevés dans la maison et qui tenaient à honneur de la recevoir de leur suzerain.

La Chevalerie était héroïque au douzième siècle, « et même un peu sauvage, » elle était austère avec Godefroy de Bouillon, plus brillante et plus ornée avec Richard Cœur de Lion. Au treizième siècle elle atteint son apogée. Toutes les vertus, toutes les grandeurs et toutes les grâces qui la distinguent s'y combinent dans une noble harmonie et dans un juste équilibre. Au quatorzième siècle elle commence à décliner. Son agonie sera longue encore, mais elle est frappée à mort. Elle périt en effet parce qu'elle n'avait plus de raison d'exister, parce qu'elle était devenue un instrument inutile, parce qu'elle n'était plus conforme à l'esprit et aux besoins du temps. Ce sont les grandes guerres nationales, source d'un patriotisme nouveau, si opposé à l'esprit chevaleresque, la prédominance de l'infanterie, l'invention de la poudre à canon, et par suite l'introduction d'une tactique nouvelle et l'établissement des armées permanentes qui ont tué la chevalerie. Il n'en est resté, après quelques vicissitudes, que les ordres de chevalerie auxquels nous consacrons un article spécial.

CHOMAGE. Interruption du travail industriel.

Il y a des chômages réguliers, périodiques, dépendant le plus souvent des saisons, et des chômages imprévus. On est, en général, organisé contre les chômages périodiques, chacun à sa manière ; mais on ne l'est pas contre les interruptions de travail qui se déclarent subitement et qui privent des ouvriers, des familles entières de leur gagne-pain. On se préoccupe vivement, dans tous les pays et dans toutes les classes, des moyens de venir en aide à ces bras inoccupés, sans avoir encore trouvé quelque chose qui convienne à tous les cas. On a parlé beaucoup d'assurance contre le chômage ; l'ouvrier payerait une cotisation mensuelle, et, en cas de chômage, la caisse lui devrait tant par jour pendant un nombre de semaines déterminé. La caisse serait en relation avec un comité de placement qui chercherait de l'occupation pour le travailleur assuré.

Une pareille institution fera certainement du bien, mais est-elle assez forte pour pourvoir à tous les besoins ? On en doute, et non sans raison. Faudra-t-il charger l'Etat ou la commune de la caisse de chômage ? S'il ne s'agissait que des chômages imprévus, ou complètement involontaires, on pourrait répondre affirmativement, car, en cas de misère provenant de l'absence de travail, l'Etat et la commune se sentent toujours appelés à intervenir pour soulager les malheureux ; mais il y a aussi des chômages volontaires qui trouvent parfois leur justification dans la nature des choses, par exemple quand les ouvriers d'une fabrique font grève parce qu'on a des torts sérieux envers eux. Les torts sont beaucoup plus rares de nos jours qu'on le dit, mais il y a encore des patrons trop exigeants ou injustes et il faut que les ouvriers puissent se défendre contre des agressions. Or, ni l'Etat, ni la commune ne doivent intervenir entre les deux partis, employeurs et employés, en se mettant du côté de l'un des deux ; ils seraient d'ailleurs le plus souvent incompétents, et gâteraient les affaires.

Les caisses de chômage devraient être fondées et administrées par des chambres syndicales, qui peuvent seules empêcher le chômage non justifié ; malheureusement il y en a tant de syndicats déraisonnables, et qui n'ont pas en vue le bien des ouvriers mais seulement l'ambition de ses membres les plus influents. Cette ambition fait beaucoup de mal aux travailleurs et pourrait facilement amoindrir le bien déjà acquis. En somme, le problème du chômage n'est pas encore résolu.

CIRCULATION. Dans la langue usuelle, ce mot embrasse tout le mouvement des hommes et des choses, n'importent le but et l'effet du déplacement. La langue économique attache au mot *circulation* un sens plus précis : elle l'applique au mouvement des produits vers leur destination, qui est d'être consommés. La circulation se place ainsi, pour les relier, entre la production et la consommation ; elle est l'un des principaux instruments de la distribution des richesses. « Pour qu'un produit circule, il y a deux genres d'obstacles à vaincre, provenant, les uns de l'éloignement, les autres de la possession. Une chose est produite dans tel lieu, pour être consommée dans tel autre ; de plus, elle n'appartient pas au consommateur qui veut l'appliquer à ses besoins. Le premier obstacle est surmonté par le transport des produits, le second par l'échange. Transport et échange : tels sont les deux actes dont se compose la circulation de la richesse. » (Cherbuliez.) La facilité des transports et la liberté des échanges forment donc les conditions essentielles d'une circulation active et vigoureuse.

Ces conditions sont aujourd'hui mieux réalisées que jamais, grâce aux chemins de fer notamment, et à l'ascendant croissant des saines idées économiques ; aussi la circulation atteint une activité qu'on ne lui avait connue ni même soupçonnée aux époques précédentes. Le produit étant l'objet de la circulation, l'énorme accroissement de la production, par lequel se distingue notre temps, provoque et entretient naturellement une circulation de plus en plus active ; mais la circulation réagit, de son côté, très efficacement sur la production et la consommation. Plus promptement la matière première arrive à la fabrique, le produit naturel ou manufacturé au consommateur, et plus nombreux pourront être les travaux et les échanges accomplis dans un espace de temps donné avec les mêmes instruments de travail, avec le même capital. Pour que la circulation acquière toute la vitesse et toute la force dont elle est capable, il ne suffit pas que la transmission matérielle des produits soit facile et libre ; le même avantage doit être assuré à toutes les manipulations secondaires, mais essentielles, qui s'y rattachent. La multiplicité et le bon marché des communications postales et télégraphiques exercent ainsi une influence capitale sur la circulation. Non moins marquée est l'influence des institutions de crédit et des moyens d'échange, par lesquels la transmission des contre-valeurs payantes (argent, lettres de change, chèques, bank-notes, etc.) est rendue aussi facile, tout au moins, que la transmission des valeurs achetées (produits matériels) ; la sûreté, la rapidité et le bon marché de la circulation s'accroîtront avec toute amélioration réalisée dans le service du crédit et les moyens d'échange.

Ce n'est que d'une manière bien impropre que parfois on emploie le mot *circulation* d'une façon exclusive pour désigner le mouvement monétaire. On l'aura vu suffisamment déjà par ce qui précède : le mouvement monétaire est un des éléments de la circulation, mais l'élément secondaire, puisqu'il n'embrasse que les contre-valeurs payantes ; ce n'est pas, en tout cas, toute la circulation.

CISLEITHANIE. C'est la moitié occidentale de l'empire d'Autriche-Hongrie *(voy.)*, celle qui a pour capitale Vienne et qui est représentée par le *Reichsrath*. La Leitha est une petite rivière, affluent du Danube et qui forme la frontière entre l'Autriche et la Hongrie.

CITÉ est actuellement pris comme le synonyme de *ville*. Autrefois ce mot a eu *en apparence* un sens plus élevé, il était employé comme l'équivalent d'*État* ou de *République*. Mais on ne doit pas oublier que dans l'antiquité l'État ne se composait souvent que d'une ville. De nos jours, les villes libres et hanséatiques de l'Allemagne ont quelquefois de la peine à distinguer ce qui est communal de ce qui est du domaine de l'État ; mais ces situations spéciales n'ont aucune analogie avec celle d'un grand pays. On devrait en tenir compte en comparant la cité moderne à la cité antique.

La cité de Londres est l'ancienne partie de la capitale du Royaume-Uni, celle où se concentrent encore les grandes affaires. Le Strand, Westminster, le Westend et en général les quartiers aristocratiques de la ville sont situés en dehors de la cité.

CITÉS OUVRIÈRES. Les ouvriers sont presque partout mal logés. Cela tient à leur faible revenu et souvent au nombre des enfants.

On a fait beaucoup, depuis quelques années, pour l'amélioration des logements d'ouvriers. La loi du 13 avril 1850, qui arme les conseils municipaux du double droit de prescrire les travaux d'assainissement, et d'interdire la location des logements qui ne sont pas susceptibles d'être assainis, a été exécutée avec beaucoup de zèle dans quelques villes manufacturières, complètement négligée dans plusieurs autres. A Lille, on a fermé presque toutes les caves ; celles qui ont été conservées servent seulement de boutiques ou de magasins. Dans d'autres villes, au contraire, on construit, à l'heure qu'il est, des logements que l'administration municipale ferait raser le lendemain si elle remplissait sévèrement son devoir.

Une réforme bien plus radicale que de raser les mauvais logements, c'est d'en construire de bons. C'est là, très certainement, le plus grand service qu'on puisse rendre aux ouvriers et à la morale publique. Telle est l'origine des cités ouvrières.

Les cités ouvrières peuvent être fondées : 1° par l'État, le département ou la commune ;

2° par un fabricant; ou 3° par une souscription.

C'est la 3ᵉ forme qui doit être préférée.

La forme des cités ouvrières peut varier. Voici les quatre types principaux : 1o les couvents et casernes ; 2o les logements isolés, sans jardin ; 3o les logements isolés, avec jardin ; 4o les logements isolés avec jardin, dont les ouvriers deviennent acquéreurs par voie d'arrentement et d'amortissement.

Nous citerons, comme réalisation complète et bien réussie, la cité Napoléon III, à Lille, et le *familistere* de Guise, pour la première de ces classes; la cité Damisse, à Amiens, pour la seconde classe; la cité de MM. Scrive, aux portes de Lille, pour la troisième classe, et enfin, pour la quatrième, les cités ouvrières de Mulhouse.

Il n'est pas un libéral, et ajoutons qu'il n'est pas un moraliste, qui ne préfère le logement isolé au logement dans une maison très peuplée.

L'addition du jardin est d'une importance extrême : 1o comme hygiène ; 2o comme dérivatif tout-puissant contre l'ivrognerie. Les faits abondent pour le démontrer. Malheureusement le terrain est généralement trop cher et le plus souvent on doit se contenter de construire de grandes maisons, de les bien aménager et de les louer à aussi bas prix que possible.

L'expression *cité ouvrière* semble se perdre, et nous ne la regrettons pas.

CITOYEN. Dans cette qualification se résument les droits et privilèges d'un homme habitant une ville (une cité), et par extension, faisant partie d'un Etat. Le mot est d'origine romaine. En Grèce, la cité se constitue; mais le citoyen ne s'affirme pas; on se contente de n'être ni barbare ni esclave. C'est à Rome que, pour la première fois, le citoyen nous apparaît dans sa vérité, et c'est dans la constitution de l'Etat romain que nous devons chercher la définition exacte du mot. Hors de Rome, on le sait, tout est conquête : La République étendra sa domination jusqu'aux confins du monde connu, mais l'Etat restera resserré entre les sept collines. Parmi toutes les villes conquises, il n'y a qu'une cité : *Urbs* veut dire Rome. Le monde entier obéit, Rome règne ; être citoyen romain, c'est avoir place parmi les dominateurs. Le mot survit à la forme de gouvernement à laquelle il doit son éclat et sa grandeur. On s'appelle encore citoyen sous les empereurs; mais grande est déjà l'altération du mot, on est citoyen, mais à la condition de ne pas vivre à Rome, citoyen par opposition au nom de vaincus et d'étrangers, comme un impérissable héritage des ancêtres. Le prestige persiste jusqu'aux derniers jours de la dissolution et de la décadence. Le titre, alors encore, est une faveur que briguent les révoltés, qui vont devenir les conquérants et les maîtres.

Le citoyen, dans la définition exacte du mot, est donc un membre souverain de la cité souveraine. Pour que l'application en soit juste, il faut que la cité qui donne ce titre puisse y ajouter un caractère d'indépendance et de souveraineté. C'est ce qui ressort avec plus d'évidence encore des démonstrations que nous fournissent l'histoire du moyen âge et les annales contemporaines. De nouveaux Etats se fondent, à l'ombre du *Burg* féodal ou de la cathédrale puissante, des villes nouvelles se forment, grandissent, se rachètent ou s'affranchissent ; mais l'émancipation n'est ni complète, ni générale ; il y a des bourgeois et des droits de bourgeoisie ; mais il n'y a de citoyen ni à Gand, ni à Venise, parce qu'à Gand la cité n'est pas souveraine, parce qu'à Venise la souveraineté est le privilège des patriciens. Le mot reparaît pour la première fois, dans la plénitude de sa signification, avec la constitution de la République helvétique, et là, grâce à la logique du langage, nous trouvons dans toute sa clarté la définition du mot *citoyen*. Un habitant de Genève, de Berne ou de Zurich est à la fois bourgeois et citoyen : bourgeois comme habitant de la ville et investi des privilèges que confère cette qualité, citoyen comme membre du canton, parce que c'est dans le canton que réside la souveraineté. Il est un autre exemple tout aussi concluant : la cité de Londres, ce centre de richesse, de puissance et de liberté, ne donne à ses habitants que le titre de bourgeois et les droits de bourgeoisie. On comprend donc sans qu'il soit besoin de plus longues explications, pourquoi la langue admet la qualification de citoyens des Etats-Unis, tandis qu'elle repousse celle de citoyens russes, et de citoyens ottomans.

Les mêmes observations s'appliquent à l'adjectif *civique*, qui dérive de *citoyen*. Le sujet peut être loyal, patriotique, mais il ne peut être question de vertus civiques, de récompenses civiques, etc., que là où il y a des citoyens.

De nos jours certains partis affectent de remplacer le mot monsieur par le mot citoyen, ils ne savent pas qu'en abusant ils le rendent ridicule. Ce n'est pas par des mots, mais par des actes qu'on protège sa dignité !

CIVILISATION. *Civilisation* vient du latin *civilis*, adjectif dérivé de *civis* qui signifie citoyen, membre de la *civitas*, de la Cité, de l'Etat. Le latin *civitas* correspond au grec πόλις, d'où nous avons fait *policé*, *police* et *politique*. Ces étymologies sont une définition. La civilisation, c'est la société civile et politique entre les hommes, opposée à la dispersion, à la barbarie naturelles. La fin idéale du mouvement civilisateur, le but que l'humanité est destinée à poursuivre indéfiniment, c'est le perfectionnement et l'extension de cette société civile et politique ; en d'autres termes, c'est la constitution de la solidarité, de la fraternité humaines, qui sont devant nous, par delà les escarpements de l'avenir, et non derrière nous, dans les limbes du passé, comme l'avaient rêvé les poètes.

Toutefois, en disant que la civilisation est la solidarité des hommes entre eux, on en a marqué le but idéal ; on n'en a pas indiqué les moyens ; mais les moyens s'indiquent d'eux-mêmes. Les hommes ne se rapprochent qu'en se développant et en s'élevant, en faisant fructifier les germes de sociabilité, de progrès matériel, intellectuel et moral dont la nature les a doués. Ce développement s'accomplit par les peuples, par leur effort sur eux-mêmes, par leur émulation entre eux, par leurs échanges, il s'est même souvent accompli par leurs luttes, quoique la suppression finale des guerres soit aussi un des postulats de la civilisation idéale.

Aristote a dit : L'homme est un animal politique, cela signifie que l'homme est un être sociable, capable de fonder des cités, de les gouverner et de se gouverner lui-même. La définition toutefois est trop large, car il y a aussi des animaux que l'instinct a conduits à s'organiser en sociétés ; et Diogène, qui prétendait ruiner la définition de Platon par la plaisante objection du coq déplumé, eût pu, avec bien plus de raison, opposer à celle d'Aristote l'exemple des abeilles et des fourmis. Aristote eût pu dire : animal politique et progressif. Le propre de l'humanité c'est, en effet, de n'accomplir sa destinée que par le progrès. Voilà ce qui la distingue de la nature animale. Mais l'antiquité était trop jeune, elle vivait trop dans le présent, elle avait le sens historique trop peu développé, pour avoir une claire notion du progrès.

Dans son *Histoire de la civilisation en Europe*, Guizot distingue deux faces de la civilisation, mais qui restent incessamment l'une avec l'autre et se complètent réciproquement. Il reconnaît d'abord que « la civilisation est le perfectionnement de la vie civile, le développement de la société proprement dite, des relations des hommes entre eux. Quand on prononce le mot *civilisation* on se représente à l'instant l'extension, la plus grande activité et la meilleure organisation des relations sociales ; d'une part, une production croissante de moyens, de force et de bien-être dans la société ; de l'autre une distribution plus équitable entre les individus de la force et du bien-être produits. Est-ce là tout ? C'est à peu près comme si nous demandions : l'espèce humaine n'est-elle au fond qu'une fourmilière, une société où il ne s'agisse que d'ordre et de bien-être, où plus la somme de travail sera grande et la répartition des fruits du travail équitable, plus le but sera atteint et le progrès accompli ? L'instinct des hommes répugne à une définition si étroite de la destinée humaine. Il lui semble au premier aspect que le mot *civilisation* comprend quelque chose de plus étendu, de plus complexe, de supérieur à la pure perfection des relations sociales, de la force et du bien-être social. » Ce quelque chose de plus étendu et de supérieur, c'est, d'après Guizot, le développement de la vie individuelle, le développement de l'homme lui-même, de ses facultés et de ses sentiments. « Il y a, dit-il, des époques et des États, où, si la *société* est plus imparfaite qu'à d'autres moments et dans d'autres pays, l'*humanité* apparaît avec plus de grandeur et de puissance : il reste beaucoup de conquêtes sociales à faire ; mais d'immenses conquêtes intellectuelles et morales ont été accomplies ; beaucoup de lois et de droits manquent à beaucoup d'hommes, mais beaucoup de grands hommes vivent et brillent aux yeux du monde. Les lettres, les sciences, les arts déploient tout leur éclat. Partout où le genre humain voit resplendir ces grandes images, ces images glorifiées de la nature humaine, partout où il voit créer ce trésor des jouissances sublimes, il reconnaît et nomme la civilisation.

« Deux faits sont donc compris dans ce grand fait ; il subsiste à deux conditions et se révèle à deux symptômes, le développement de l'activité sociale et celui de l'activité individuelle, le progrès de la société et celui de l'humanité. Partout où la condition extérieure de l'homme s'étend, s'élève, s'améliore ; partout où la nature intime de l'homme se montre avec éclat, avec grandeur, à ces deux signes, et souvent malgré la profonde imperfection de l'état social, le genre humain applaudit et proclame la civilisation. »

Ces vues, éloquemment exprimées, sont justes, mais elles ont besoin d'être complétées, et les exemples mêmes que cite M. Guizot nous serviront à cet effet. Il oppose d'abord Rome au beau temps de la république, après la seconde guerre punique, à Rome sous Auguste, à l'époque où a commencé la décadence et où les mauvais principes étaient déjà bien près de prévaloir. « Il n'y a personne cependant qui ne pense et ne dise que la Rome d'Auguste était plus civilisée que la Rome de Fabricius et de Cincinnatus. » Il prend ensuite la France du dix-septième et du dix-huitième siècle ; il constate que sous le point de vue social elle était en arrière de la Hollande et de l'Angleterre, et que cependant elle était, au témoignage unanime de l'étranger, grâce à ses grands hommes, à ses écrivains, à ses philosophes, le pays le plus civilisé de l'Europe. Personne ne contestera ces exemples. Le siècle d'Auguste, le siècle de Louis XIV, le dix-huitième siècle sont et resteront des époques illustres et brillantes ; ils ont fait honneur à l'esprit humain ; ils ont mis à jour une civilisation éclatante et admirée, et ils ont enrichi l'humanité pour tous les temps. Mais à d'autres égards, le siècle d'Auguste n'en est pas moins, de l'aveu de notre auteur, l'époque où commence la décadence, et M. Guizot lui-même oppose les antiques vertus de la République aux mauvais principes qui commençaient à prévaloir sous les premiers Césars. Nous en conclurons qu'il y a parfois, souvent même, rupture d'équilibre entre le progrès social et le progrès intellectuel, que cette rupture est funeste aux peuples et fâcheuse même pour l'humanité tout entière, car si Rome, en se policant et en s'élevant dans la sphère des arts et de la pensée, avait veillé davantage sur les forces morales qui affermissent l'état social et qui en assurent le maintien et le développement, elle eût gardé assez de vigueur pour résister aux barbares et pour les subjuguer; elle les eût vaincus et civilisés, et le progrès général de l'humanité eût gagné, par une marche régulière, une avance de plusieurs siècles. Rome était certainement beaucoup plus civilisée au temps d'Auguste qu'au temps de Cincinnatus, mais sa civilisation était moins saine parce qu'elle était moins équilibrée. La civilisation française d'avant la Révolution donne lieu à des observations analogues. Nulle société plus polie que la cour de Louis XIV; nuls écrivains plus parfaits que ceux du dix-septième siècle, nuls plus influents ni plus puissants que ceux du dix-huitième, nuls représentants plus éclatants de l'humanité. Mais il restait beaucoup de conquêtes sociales à faire; beaucoup de biens et de droits manquaient à beaucoup d'hommes; il y avait défaut d'équilibre, et ce défaut d'équilibre amena la Révolution. La vie des sociétés doit être pondérée comme celle de l'individu; il ne faut pas qu'il y ait excès d'activité ou de développement d'un côté, atrophie de l'autre; il ne faut pas non plus que l'état social général soit en trop grande disparate avec l'état particulier de quelques-uns; il faut, au-dessous des grandes et brillantes existences qui attestent, à un titre quelconque, la puissance de l'humanité, une moyenne suffisamment élevée et suffisamment dense d'instruction, de justice, de civilisation matérielle, morale et intellectuelle, et c'est à hausser incessamment cette moyenne que doivent s'appliquer les grandes existences, les aristocraties de l'intelligence et de la fortune, si elles veulent garantir les sociétés dont elles font partie du danger des crises violentes.

Essayons maintenant de remonter aux origines, aux conditions primordiales de la civilisation. Parmi ces conditions, il est d'usage de placer en première ligne la famille, la propriété et la religion. Ce sont assurément de très grandes choses; mais deux d'entre elles sont tellement antiques et primitives qu'on peut hardiment les dire antérieures à toute civilisation et même à toute humanité. La civilisation ne peut pas exister sans elles, mais elles peuvent exister en dehors de la civilisation, et seules, elles ne suffiraient pas à distinguer le civilisé du sauvage, ni même l'homme des animaux. Tout le monde sait, en effet, que par la tendresse, par les soins les plus assidus, par l'accomplissement passionné de toutes les fonctions de protection et de prévoyance, plus d'une famille animale pourrait, encore de nos jours, servir de modèle à plus d'une famille humaine. Quant à

la propriété, il n'est pas non plus nécessaire de se donner beaucoup de peine pour en établir les titres; il suffit de considérer l'économie générale de la nature. La propriété existe dans l'ordre animal, et même dans l'ordre végétal, comme dans l'ordre humain. Le chêne est le premier et le plus jaloux propriétaire du sol où plongent ses racines, et même de l'air que baigne son feuillage; il frappe de mort toute concurrence, tout empiétement dans le rayon dont il a besoin et qui lui appartient. L'abeille défend sa ruche, l'hirondelle défend son nid, le lion défend son repaire, comme l'homme défend sa propriété. Entre la famille et la propriété animales et la famille et la propriété humaines, il y a, toutefois, une différence essentielle. Les relations des animaux sont éphémères, et recommencent toujours à nouveau sans jamais progresser. Il leur manque la perpétuité, la tradition, l'héritage, conditions de l'histoire. Nous touchons ici à la vraie démarcation entre le monde animal et le monde humain; nous arrivons à une condition nouvelle et principale de la civilisation, postérieure à la famille et à la propriété, antérieure à la religion. Cette condition, c'est le langage. L'humanité naît au moment où elle substitue au simple cri le son articulé [1]. Tout est là, la possibilité de définir les personnes et les objets, de les discerner, de les comparer, de s'en souvenir; le commencement de la conscience, le principe de la connaissance et de l'histoire, le principe aussi du travail et de l'industrie progressive. La chasse et la pêche ont pu être antérieures à la parole, et naître du simple instinct de la conservation : il y a des animaux chasseurs et des animaux pêcheurs; mais la vie pastorale et surtout l'agriculture, même la plus rudimentaire, supposent des observations, des souvenirs et des comparaisons dont la parole seule a pu fournir les moyens. Une chose, toutefois, est en relation encore plus intime avec le langage, et procède plus immédiatement de lui : la religion. A la naissance du langage, les mots ne sont point de simples signes de la pensée, comme dans les langues faites; ils sont des images vivantes; les objets et les phénomènes ne sont pas simplement nommés, comme ils le paraissent de nos jours; ils sont animés, personnifiés, adorés ou redoutés. Dans l'ordre logique, la religion est la création immédiate du langage; dans l'ordre historique, on peut dire qu'ils sont contemporains. Les découvertes de la philologie moderne ne laissent guère de doute là-dessus : *Nomina, numina.*

Mais il en est du langage et de la religion comme de la famille et de la propriété. La civilisation les suppose et les implique, mais ils ne la produisent pas nécessairement. Il n'est pas au monde de race ni de peuplade qui n'ait la faculté de parler, et il n'en est probablement pas qui n'ait au moins quelques lueurs de vues religieuses. Mais il en

1. A. Nefftzer.

est beaucoup qui sont restés en route ou qui même n'ont pas dépassé le premier échelon. Ce n'est pas ici le lieu de rechercher si le genre humain a été un ou multiple dans ses origines. Il suffit de constater les faits. L'histoire n'a jamais connu l'humanité que divisée en races, les unes réfractaires, les autres perfectibles.

La paléontologie contemporaine, en rejetant dans un lointain formidable la naissance du genre humain sur le globe, a par cela même aussi singulièrement reculé les origines de la civilisation. L'époque fort indéterminée, mais extrêmement reculée qu'on appelle l'âge de pierre, ne peut elle-même pas être considérée comme répondant à l'état tout à fait primitif de l'humanité : les instruments qu'elle nous a légués, si grossiers qu'ils soient, supposent pourtant une certaine réflexion, une certaine expérience, un certain esprit de combinaison que les premiers échantillons de l'espèce ne pouvaient pas avoir acquis. Plus tard, mais à une distance qui s'évalue encore au moins à plusieurs dizaines de milliers d'années, on trouve des traces de dessin et de gravure, puis des ustensiles, des ornements supérieurs à ce que pourraient produire certaines races d'aujourd'hui. Nous manquons de données touchant le rapport de ces hommes préhistoriques à leurs successeurs. Au début de l'histoire, nous trouvons la civilisation égyptienne, déjà faite, et comme une formation dont les origines se dérobent. Une civilisation, au contraire, dont nous pouvons saisir presque tout le mouvement historique, et que nous pouvons suivre, presque depuis ses débuts, dans toutes ses ramifications anciennes et modernes, c'est celle de la race indo-européenne, à laquelle nous appartenons. C'est sur elle qu'on peut étudier, dans toutes ses phases, le phénomène progressif de la civilisation et voir comment ce qui était un se diversifie, comment le tronc se partage en rameaux, comment une race se subdivise, comment les tribus deviennent des peuples, et quel secours ou quel obstacle des peuples rencontrent dans les milieux où ils s'établissent.

Aux débuts historiques de cette race privilégiée, on trouve les relations de famille parfaitement dénommées, et par conséquent reconnues, précisées et appréciées. Le nom de père se ramène à une racine qui signifie puissance, protection. La mère est celle qui crée et qui forme ; le frère supporte ou assiste ; la sœur plaît et console. La fille tire son nom de ses fonctions domestiques : elle est celle qui trait les vaches et les brebis. Le chef de la famille en est aussi le prêtre ; le chef de la tribu en est le protecteur, le père. La religion est un mélange de sentiment naïf et d'intuition profonde. Cet état de la société et de l'esprit est celui dont les plus anciens monuments du sanscrit fournissent les traits ; mais comme les mots qui expriment ces relations remontent aux mêmes

radicaux dans toutes les langues indo-européennes, on en conclut légitimement que ces relations elles-mêmes sont encore plus anciennes, et qu'elles ont appartenu au tronc commun et primordial de toute la grande famille indo-européenne, avant toute séparation. C'est de ce fond commun que sont sorties ensuite la civilisation brahmanique dans l'Inde, et la civilisation mazdéenne dans la Perse ; c'est ce fond qu'a emporté en Europe la branche gréco-italique qui devait créer, dans les plus heureuses conditions de climat et de topographie, grâce aussi au contact avec des peuples d'autre origine, tels que les Egyptiens et les Phéniciens, la plus haute civilisation de l'antiquité. C'est enfin le même fond qu'ont développé à leur manière, dans des milieux moins favorables, les Gaulois, les Germains et les Slaves, c'est-à-dire les peuples qui devaient, quand l'antiquité fut à bout, renouveler l'humanité épuisée.

A côté de la civilisation indo-européenne, il faut placer la civilisation sémitique. L'anatomie comparée ne distingue pas les Sémites des Indo-Européens, et réunit les deux familles sous la dénomination de race caucasique ; mais la philologie comparée n'est pas encore parvenue à rattacher l'un à l'autre les deux systèmes linguistiques. A la civilisation sémitique appartiennent les grands empires d'Assyrie et de Babylonie, les Phéniciens navigateurs, les Carthaginois, qui ont balancé la fortune romaine, les brillantes monarchies arabes du moyen âge, les Juifs enfin auxquels a été dévolue une mission capitale dans l'histoire religieuse du monde, celle de développer l'idée monothéiste, et de l'implanter dans le sentiment populaire. Le christianisme toutefois est loin d'être exclusivement sémitique : il ne l'est pas du tout par les peuples qui l'ont adopté, il ne l'est qu'à moitié tout au plus par son contenu : dans le cours de son développement, il a repris, absorbé, transformé une foule d'idées, de sentiments, de traditions morales et religieuses de l'antiquité classique. Il est, en somme, la résultante de la conjonction du sémitisme et de l'indo-germanisme.

La race indo-européenne et la race sémitique sont les deux races historiques par excellence. C'est de leurs migrations, de leurs luttes, de la grandeur, de la décadence, de la transformation de leurs empires, que se compose l'histoire presque tout entière de la civilisation ; il y a pourtant en Europe une exception remarquable, qui prouve qu'il ne faut pas trop surfaire l'importance des influences originelles. Les Hongrois n'appartiennent ni à l'une ni à l'autre des deux races privilégiées ; ils sont de la même famille que les Turcs et les Tartares, et cependant ils tiennent un rang fort honorable dans la civilisation européenne. Ils se sont parfaitement assimilé tous les éléments de culture qu'ils ont trouvés à leur portée, et ils ont montré des facultés politiques remarquables. Mais si on comparé leur état à celui des Turcs, on ne peut guère expliquer la différence des deux degrés de civilisation que par celle des religions et par le contact plus direct des Hongrois avec la civilisation occidentale.

En Asie, nous trouvons la civilisation chinoise et la civilisation japonaise, qui se sont développées à part, en dehors du grand courant historique. Toutes choses bien considérées et pesées, nous les croirions volontiers supérieures à celle de l'Europe au moyen âge; mais elles se sont arrêtées en tout à un point donné, et n'ont su rien développer, rien achever; il faut ajouter qu'elles n'importent véritablement pas à l'histoire, qu'elle ne nous ont rien fourni, et qu'il y aurait aujourd'hui dans le monde la même somme de progrès si elles n'eussent jamais existé. Elles n'ont fleuri que pour elles seules, et elles ont besoin aujourd'hui de l'assistance de l'Occident. Les peuples indo-germaniques et sémitiques, au contraire, se sont passé de main en main le dépôt de la civilisation, toujours accru; ils n'ont pas travaillé pour eux seuls; ils ont travaillé pour le progrès général et pour l'humanité. Les civilisations américaines, antérieures à la découverte et à la conquête, celle des Aztèques au Mexique et celle des Incas au Pérou, quoique nullement méprisables en elles-mêmes, n'importent pas non plus à l'histoire. Toute civilisation qui n'a pas été un chaînon nécessaire du progrès n'appartient qu'à l'érudition et à la curiosité.

Toute civilisation quelconque est relative, et ne peut être appréciée que par comparaison. La civilisation classique de l'antiquité, si grandiose et si brillante, était défectueuse et infirme au plus haut point, puisqu'elle avait à sa base l'esclavage, non pas à titre d'accident, mais comme une institution nécessaire, comme une condition dont elle n'eût pu se passer. Pourtant l'esclavage lui-même avait été un progrès considérable, puisqu'il avait remplacé l'usage de tuer les prisonniers de guerre, de les immoler aux dieux, et peut-être de les manger. Le servage a ensuite été un progrès sur l'esclavage, ce qui ne l'empêche pas d'être, au regard de la civilisation moderne, une forme de la barbarie. La civilisation moderne elle-même, dans ses représentations les plus élevées, a des côtés qui pourront paraître barbares dans quelques mille ans d'ici. Cependant l'usage, avec lequel il faut compter, admet une séparation absolue entre l'état de barbarie et l'état de civilisation; mais comment fixer le moment déterminé où le premier cesse, où l'autre commence? Ce moment est précisé par l'étymologie; c'est la constitution d'une société assise, d'un corps politique et civil, régi par des lois qui garantissent dans une certaine mesure les personnes et la propriété individuelle. Une tribu errante, de quelque virtualité qu'elle soit douée, est encore hors de toute civilisation. Une tribu sédentaire qui en est restée à la propriété collective n'est guère

plus avancée. La propriété individuelle est une condition essentielle, beaucoup plus nécessaire que d'autres auxquelles nous reconnaissons pourtant avec raison une très haute valeur, telles, par exemple, que la famille monogame. La polygamie est désastreuse, au double point de vue de la morale et de l'économie sociale, et cependant des civilisations brillantes, comme celle des Arabes au moyen âge, ont pu s'en accommoder pendant un assez long temps. Il ne faut pas omettre d'ajouter qu'elles en sont mortes, comme l'antiquité est morte de l'esclavage, après en avoir vécu.

Personne ne s'avise plus de recourir à la fiction d'un contrat social primitif pour rendre compte du passage de l'état sauvage à l'état civilisé. Cette hypothèse de Rousseau, prise au pied de la lettre, a fait beaucoup de mal; la France a eu le loisir de la vérifier à ses dépens, depuis la Révolution, et de constater qu'il n'est pas tout à fait aisé de construire un établissement politique sur une table rase. L'État n'a pas plus été fabriqué de toutes pièces que le langage. Il a été, lui aussi, un développement spontané, et même un développement qui n'est arrivé à son terme que dans les temps modernes. La Cité antique absorbait trop l'individu dans la collectivité, et elle gardait en elle-même quelque chose de défectueux et d'inorganique. Les cités grecques étaient bien, si l'on veut, des États; mais il est à remarquer que les Grecs, malgré tout leur génie, ne sont jamais parvenus à constituer entre eux l'État fédératif auquel ils tendaient, et qui eût peut-être été leur sauvegarde. Les Romains, incontestablement le premier peuple politique de l'antiquité, n'ont pu réaliser l'État que sous la forme ignominieuse, et beaucoup plus extérieure qu'organique, de l'empire. Quant à leur république, elle n'avait été jusqu'au bout qu'une agrégation confuse de cités et de provinces soumises à des régimes divers. On observe donc, dans la constitution de l'État, comme dans la marche de la civilisation générale, un développement successif et de nombreuses gradations. La forme la plus ancienne a certainement été la théocratie, qu'on découvre ou devine à l'origine de la plupart des sociétés politiques de l'antiquité, qui a ensuite voulu reparaître à des époques diverses, et dont les prétentions importent ou alarment encore parfois la société moderne. Le régime des castes, connu surtout par l'Egypte et par la civilisation brahmanique, qui l'a conservé jusqu'à nos jours, a probablement été le résultat combiné de la théocratie et de la conquête. Ce sont là des types extrêmement défectueux; ils sont trop contraires à la liberté; ils compriment trop le ressort moral de l'individu; ils sont trop inconciliables avec le progrès qui est la loi des sociétés et de l'humanité. Ils n'établissent qu'un ordre extérieur qui produit, au bout d'un certain temps, l'immobilité et la mort, à moins qu'il ne fléchissent eux-mêmes ou ne soient brisés. Mais il ne faut pas omettre d'ajouter que des types meilleurs et plus humains n'ont pas été non plus à l'abri de la décadence. Il n'y a jamais eu de société politique qui possédât en elle-même, et par la vertu de ses formes, une garantie indéfinie de durée, il n'y en aura jamais, et ce sont précisément les meilleures, les plus libres, celles qui sont les plus conformes à la nature morale de l'homme qui imposent aussi à leurs membres les obligations les plus étroites, les plus constants efforts, la plus stricte surveillance d'eux-mêmes et de la chose publique. L'homme ne sera jamais libre que dans la mesure où il comprendra et pratiquera le devoir, où il saura remplacer la contrainte extérieure par celle de la conscience. Jusqu'à la fin des temps, ceux qui ne sauront pas se gouverner eux-mêmes devront subir la fatalité d'être gouvernés.

Ce qui distingue nettement les institutions libres des temps modernes de celles de l'antiquité, c'est le régime représentatif, seul moyen d'étendre le gouvernement libre au delà des limites de la cité ou du canton, et de l'appliquer à un Etat de quelque importance. Le régime représentatif repose en dernière analyse sur ces deux principes, qu'il est nécessaire de ne pas séparer : 1° que la population de l'Etat est trop nombreuse pour que le peuple tout entier puisse prendre part à la gestion des affaires publiques ; 2° que, dès lors, le peuple doit se faire représenter par les plus dignes. Ce régime exclut donc le mandat impératif, qui découle de l'idée absurde de la prétendue infaillibilité du peuple souverain ; il s'accommode aussi bien de la monarchie que de la république, et c'est encore là un des traits qui distinguent essentiellement la civilisation moderne de la civilisation ancienne. Celle-ci n'a connu la liberté que sous la forme républicaine, mais avec l'esclavage au-dessous de l'état des hommes libres. L'exemple de l'Angleterre, de la Belgique et d'autres pays prouve, au contraire, que la liberté moderne s'accommode fort bien de la royauté, à la condition, toutefois, que celle-ci sache s'accommoder aux conditions de la liberté. La forme monarchique est plus historique, la forme républicaine est plus logique (ou le paraît, du moins).

La civilisation, nous l'avons vu, est spontanée dans ses origines ; elle l'est restée aussi jusqu'à présent dans ses développements. Étant donnée la nature humaine, elle ne pouvait pas ne pas naître ; née, elle ne pouvait pas ne pas se développer ; elle est un capital que les générations, les siècles, les peuples se sont transmis, toujours accru par une incessante mise en œuvre. Cette transmission a sans doute été souvent troublée, car si l'histoire a, d'un côté, sa fatalité, elle a de l'autre ses accidents ; mais la fatalité du progrès a toujours repris le dessus. L'histoire a suivi sa propre marche, généralement indépendante des volontés qui ont prétendu la diriger, et à plus forte raison

supérieure à celles qui ont voulu l'arrêter. Les effets généraux ont toujours répondu aux causes générales, mais rarement aux intentions des personnes. Alexandre, César, Mahomet, Charlemagne ont été de grands hommes et ont fait de grandes choses. Ils avaient, sans nul doute, conscience de leur gloire ; mais quant à la conscience des résultats généraux de leur œuvre, ils ne l'avaient ni ne pouvaient l'avoir. Alexandre en ouvrant l'Orient, les Romains en unifiant le monde ancien, ne se doutaient pas qu'ils travaillaient pour le christianisme ; Mahomet ne pensait pas aux Turcs, et Charlemagne n'avait aucun pressentiment ni de la France ni de l'Allemagne modernes. Il ne se doutait même pas que, deux siècles après lui, les papes, ses vassaux, s'érigeraient en maîtres des Césars. Il en est de même des inventeurs dont la part est si grande dans la marche de la civilisation. Christophe Colomb croyait aller aux Indes. Ni Watt, ni Fulton, ni Stéphenson n'ont pu mesurer au début toute la portée de leurs inventions, qui révolutionnent le monde.

La civilisation moderne a repris et continue la civilisation ancienne ; mais elle s'en distingue aussi par des traits essentiels, dont nous avons déjà noté quelques-uns au cours de cet article. Le christianisme l'a élevée et pénétrée ; c'est lui qui a implanté dans le monde l'idée d'une fraternité générale entre les hommes, idée qui malheureusement n'a pas encore réussi jusqu'à présent à empêcher les guerres même entre les peuples les plus civilisés, mais qui marque le but où tendent les efforts de l'histoire. Mais il ne faut pas oublier que le christianisme lui-même est un produit de l'antiquité, et, comme nous l'avons dit, la synthèse, de l'esprit sémitique et de l'esprit indogermanique[1].

Par un certain côté, il faut prévoir que l'antiquité ne sera jamais dépassée, ni peut-être même égalée. Dans l'art, les Grecs resteront probablement à jamais les maîtres du genre humain. Les siècles et les peuples subséquents ont trouvé des expressions différentes du beau, mais non supérieures. Dans les lettres, quoique l'esprit moderne s'y soit frayé bien des voies nouvelles, ils demeurent au moins nos égaux. Par tous les autres côtés, la civilisation moderne est supérieure. Cela ne peut faire question, ni pour la science, ni pour le développement industriel, ni pour les conditions sociales et politiques. Pour la science, la chose va de soi : les derniers venus y sont toujours supérieurs à ceux dont ils héritent. En industrie, l'antiquité n'a rien eu de comparable à la puissance des moyens dont nous disposons, et des résultats auxquels nous arrivons. Les anciens étaient plutôt industrieux qu'industriels. Ils étaient pourtant du même sang que nous ; ils avaient

---

1. C'est la Bible qui prescrit d'aimer son prochain comme soi-même.

des aptitudes au moins égales. Leur infériorité industrielle provient sans doute de ce qui fait aussi le côté sombre de leur civilisation politique. Ils n'ont pas éprouvé le besoin d'inventer des machines, parce qu'ils avaient des machines vivantes. Les hommes libres de l'antiquité avaient une existence olympienne. Ils considéraient tout travail, autre que celui de l'artiste, comme une dégradation, comme une servitude.

Ce qui distingue encore la civilisation moderne de la civilisation ancienne, c'est sa rapidité, c'est sa progression véritablement foudroyante. D'un seul coup, Christophe Colomb accomplit plus que n'avaient fait, en dix siècles, les navigations phénicienne, grecque et romaine. L'imprimerie n'est pas un fait d'une moindre portée. Que dire de la vapeur, de l'électricité, de leurs applications et de leurs transformations? La grandeur et la succession incessante des inventions et des découvertes donnent à la civilisation moderne un caractère gigantesque.

Et cependant, malgré la rapidité de sa marche et les prodiges qu'elle accomplit, elle ne doit pas nous éblouir, et nous ne devons pas nous en montrer trop enorgueillis. Non seulement la plus grande partie du globe reste dévolue à la barbarie, mais la civilisation européenne elle-même ne se compose guère encore, à tout prendre, que d'une couche assez superficielle; tant qu'il y subsiste des causes et des risques de guerre et de révolution, nous éprouvons le besoin de croire que la civilisation, même dans le milieu le plus civilisé du monde, est très loin d'avoir dit son dernier mot [1].

CLAN, synonyme de *tribu* ou *famille* dans la langue gaélique. C'est en Écosse dans les *highlands* (montagnes), que le terme s'est le plus longtemps conservé. Les membres d'un clan se considéraient comme descendant tous d'un même aïeul; ils obéissaient à leur *tiern* ou chef comme à un père, et se soutenaient entre eux avec beaucoup de dévouement. Les offenses reçues par l'un d'eux étaient ressenties, et au besoin punies, par tous. Un système de vengeance semblable à la *vendetta* corse régnait dans les *highlands*. Tous les membres d'un clan avaient un même nom de famille qui commençait invariablement par Mac (fils) par exemple M'Donald, M'Kenzie, M'Intosh, M'Gregor, — nous venons de nommer les clans les plus célèbres.

CLERGÉ. Le corps des ecclésiastiques d'une église, plus particulièrement de l'église catholique. Nous ne recherchons pas dans l'histoire comment s'est formé le clergé catholique [2]. Les événements se sont enchaînés de telle sorte, dans l'histoire, que la formation d'un sacerdoce chrétien, tel qu'il était à la fin du quatrième siècle, en a été une conséquence

naturelle, inévitable. Il faut accepter le fait tel qu'il s'est produit, et demander au clergé quels services il a rendus à la société dans l'occident de l'Europe, la seule contrée où il ait joué un rôle historique, et quelle est sa position actuelle, dans les conditions nouvelles d'existence que la renaissance des lettres, la réforme, la philosophie du dix-septième siècle et du dix-huitième, et la révolution française, ont faites au monde civilisé.

Il n'y aurait pas moins d'exagération à prétendre avec Voltaire que le sacerdoce a été toujours et partout fatal à l'humanité, qu'à assurer avec de Maistre qu'il est la seule puissance capable de faire le bonheur des nations. Il n'est pas d'institution humaine qui soit exclusivement bonne ou exclusivement mauvaise. Il n'en est pas non plus qui ne réponde à quelque phase du développement social et qui ne soit par conséquent utile et avantageuse à ce moment, tandis qu'elle devient, au contraire, dans tous les autres un embarras et même un danger.

On ne saurait refuser au clergé le mérite et la gloire d'avoir, au cinquième siècle, sauvé la civilisation dans l'Europe occidentale, en travaillant, sans relâche, depuis ce moment jusqu'au dixième siècle, à reconstruire la société détruite jusque dans ses fondements par l'invasion des Barbares. Son propre intérêt lui fit sans doute une loi de résister à l'orage qui menaçait de l'entraîner dans une ruine commune, avec toutes les autres institutions antérieures. Mais il eut du moins le courage de ne pas s'abandonner lui-même et de ne désespérer ni de son salut, ni de la cause de la civilisation qui se trouvait inséparablement liée à sa propre cause.

Le succès de son entreprise dépendit de l'influence qu'il réussit à prendre sur les farouches conquérants. Cette influence, il ne l'aurait certainement pas obtenue, s'il n'avait pas été, à ce moment, un corps fortement organisé et s'il n'avait pas passé dans l'opinion générale pour une classe privilégiée, divine en quelque sorte, représentant Dieu lui-même sur la terre. Ce qui le sauvait, et sauva avec lui la civilisation, ce qui lui permit de s'imposer aux Barbares et de frapper leur imagination, ce fut précisément ce qu'il y avait en lui de contraire à l'esprit du christianisme primitif, c'est-à-dire son caractère sacerdotal et son organisation hiérarchique.

La civilisation que le clergé travailla à faire triompher n'est pas celle qui nous paraît la plus conforme aux données de la raison, ni la plus propre à donner satisfaction à tous les besoins de la nature humaine. Le gouvernement exercé par des prêtres se propose un autre but et se présente avec un caractère tout autre que les gouvernements modernes. Dans nos idées, la législation ne doit atteindre que les actions extérieures et ne réglementer que les rapports civils des hommes entre eux. Quant à la pensée, à la conscience, à la moralité proprement dite, quant aux opinions individuelles et aux mœurs

---

1. Cet article, que nous avons dû abréger, est de A. NEFFTZER.
2. Ce qui suit est emprunté à l'article de feu Michel Nicolas.

privées, c'est un principe aujourd'hui généralement admis qu'elle ne doit pas, qu'elle ne peut pas s'en mêler. Les législations sacerdotales sont conçues à un point de vue différent ; elles veulent gouverner l'homme tout entier, l'âme aussi bien que le corps, les pensées et les sentiments aussi bien que les actes extérieurs. C'est ce que le clergé a toujours eu la prétention de faire, et c'est dans ce sens qu'il agit sur les Barbares, à partir du cinquième siècle.

« Ce que l'Eglise chrétienne entreprenait de gouverner, dit Guizot, c'était la pensée humaine, la liberté humaine, les mœurs privées, les opinions individuelles. Elle ne faisait pas un code comme les nôtres, pour n'y définir que les actions à la fois moralement coupables et socialement dangereuses, et ne les punir que sous la condition qu'elles porteraient ce double caractère ; elle dressait un catalogue de toutes les actions moralement coupables, et, sous le nom de péchés, elle les punissait toutes ; elle avait l'intention de les réprimer toutes ; en un mot, le gouvernement de l'Eglise ne s'adressait pas, comme les gouvernements modernes, à l'homme extérieur, aux rapports purement civils des hommes entre eux, il s'adressait à l'homme intérieur, à la pensée, à la conscience [1]. »

La civilisation moderne proteste énergiquement contre les législations de ce genre. Mais elles étaient les seules possibles après l'invasion des Barbares, et il faut ajouter, les seules qui pussent atteindre le but auquel on voulait arriver, c'est-à-dire l'adoucissement des mœurs et des sentiments des conquérants.

Je dis les seules possibles, car il n'était pas au pouvoir du clergé de se faire de la société humaine une idée différente de celle qui est propre à tous les sacerdoces. L'Eglise lui paraissait la société la plus parfaite ; il s'efforça de former l'Etat sur le modèle de l'Eglise. Les lois qu'il lui donna, écrites sous l'inspiration de la religion, durent s'étendre sur la vie tout entière et être, avant tout, une sorte de commentaire pratique de la morale ecclésiastique.

Je dis ensuite qu'elles pouvaient seules conduire au but qu'il s'agissait d'atteindre. Ce que l'on voulait, c'était de plier sous le joug de la loi les Barbares qui, comme s'exprime Guizot ne s'inquiétaient que de leur propre intérêt, de leur propre passion, de leur propre volonté. Comment les introduire dans la vie policée, comment les y retenir, si l'on n'agissait pas principalement sur leurs sentiments, si l'on ne les forçait pas à dompter leurs passions, si l'on ne leur apprenait pas à se déshabituer de la violence, de l'iniquité, du brigandage, de tous les vices et de tous les crimes, dont les conciles, qui prirent des mesures pour l'adoucissement de leurs mœurs, font de si longues et de si lamentables énumérations [2] ? Quel effet aurait pu produire,

sur de tels hommes, une législation qui, comme les nôtres, aurait laissé de côté, sans y toucher, le for intérieur, le sentiment intime, et n'aurait réglé que les actes extérieurs et les rapports civils des citoyens ? Pour les contraindre à respecter les droits d'autrui, il fallait, non une législation rationnelle, mais une loi théocratique, une discipline morale, scrutant les consciences, parlant au nom de Dieu et renvoyant, sans cesse, à une sanction surnaturelle.

Ce qui serait pour nous un abus déplorable était alors une nécessité. Détachez la législation de la religion, et vous n'aurez plus aucune prise sur l'esprit des peuplades barbares, ni par conséquent aucun moyen de les faire entrer dans la vie policée.

Il ne suffisait pas cependant de tracer une règle morale ; il fallait encore, dans la mesure du possible, contraindre les grossiers vainqueurs à l'observer. Le clergé ne pouvait le faire qu'à la condition de s'emparer de leur conscience, de les diriger à son gré, d'être à leur égard des maîtres spirituels, infaillibles et sans contrôle. C'est ce que lui permit de faire la confession.

La direction des consciences, que l'on accuse avec tant de raison de réduire le pénitent à n'être qu'une simple machine, de détruire dans l'homme la liberté de détermination, la spontanéité, la réflexion, en un mot, tout ce par quoi il est homme, la direction des consciences fut cependant alors une nécessité, et l'on peut ajouter, un bienfait. Si le clergé n'avait pas pesé sur les Barbares, jamais ils n'auraient abandonné leurs mœurs antérieures ; la vie régulière, paisible, policée n'aurait pas été possible, l'Europe occidentale aurait fini par devenir un désert.

Le système théocratique, d'après lequel était organisé le clergé, remplissait précisément toutes les conditions nécessaires pour la reconstruction de la société, après l'invasion des Barbares. Il était nécessaire de faire l'éducation de ces peuplades grossières, incultes, irréfléchies, et pour cela il fallait les traiter comme des enfants. Le clergé ne considère guère autrement les laïques ; il se regarde comme chargé par Dieu de les élever, de les diriger. Ce fut ce qu'il eut à faire à l'égard des Barbares. Aussi, du cinquième siècle au dixième, il se trouva tout à fait à sa place et dans le rôle qu'il s'attribue dans les affaires humaines.

En fut-il de même plus tard ? Il est permis d'en douter. Le clergé, qui a fait son œuvre, en conduisant l'éducation de l'enfance du monde moderne, a eu le tort, à mon avis, de ne pas s'apercevoir que son élève était enfin devenu un homme et que le temps était venu de l'affranchir de la discipline de l'école et de lui rendre une liberté d'action dont il était devenu capable de faire usage. C'est ainsi qu'une institution, qui n'était propre qu'à une certaine époque du développement social, a voulu se continuer quand son œuvre était finie.

1. *Histoire de la civilisation en Europe*, 5ᵉ leçon.
2. *Voy.*, entre autres, le second concile de Braga, de l'an 572.

Tenir l'humanité en tutelle, c'est très bien aussi longtemps qu'elle est mineure; mais quand l'heure de la majorité a sonné, le tuteur doit déposer ses pouvoirs, et, de directeur de son pupille, devenir simplement son ami et, au besoin, son conseiller.

Je dis son ami et son conseiller. Tel est le rôle honorable que le clergé me paraît appelé à jouer dans les temps modernes. Je ne saurais admettre qu'il n'ait pas une fonction à remplir dans le monde. La religion est un des besoins naturels de l'homme; chacun sent au fond de sa conscience une aspiration plus ou moins ardente vers un idéal moral, qui lui apparaît à la fois comme son guide et son espérance. Qu'un certain nombre d'hommes de bien se consacrent à ranimer sans cesse ce sentiment; que leurs paroles, que leurs exemples forment un contre-poids salutaire aux préoccupations de la vie matérielle, qui tendent à nous rabaisser; qu'ils entretiennent ainsi la dignité humaine; qu'ils soient les représentants et les défenseurs du spiritualisme; quelle plus noble mission? Y en a-t-il en même temps de plus utile? Ajoutez qu'il y aura toujours des faibles, toujours des affligés, ou, pour mieux dire, qu'il y a pour chacun de nous des heures de faiblesse et d'affliction. Pourquoi n'y aurait-il pas de médecins des âmes pour nous consoler, nous fortifier?

Mais la notion de clergé, dans le sens qu'elle avait au moyen âge, ne répond plus en aucune façon aux idées modernes. Une conséquence inévitable du système qui découle de cette notion, c'est la nécessité pour le laïque d'abdiquer sa propre conscience, de renoncer au gouvernement de lui-même, de se livrer tout entier à un directeur spirituel. Cet abandon de soi-même n'avait pas trop d'inconvénients dans les temps où, par défaut de lumière, l'homme était exposé à tomber à chaque pas. Mais, de nos jours, on a des idées différentes, en réalité plus sévères et plus vraies, de la dignité de la personne morale et de sa responsabilité. On ne fait pas consister le bien dans l'accomplissement aveugle d'un acte, sous la pression d'une volonté extérieure. Le développement libre et conscient de soi-même nous apparaît comme la condition indispensable de toute moralité. Le siècle ne marche pas vers la doctrine de l'abandon de soi-même aux mains d'un directeur; bien loin de là; l'idéal vers lequel on tend, c'est le devoir pour chaque homme de se mettre en état de se gouverner lui-même.

Le clergé, tel qu'on le concevait au moyen âge, ne prétendait pas seulement au privilège de diriger les consciences; il voulait aussi réglementer tout ce qui tient de près ou de loin à l'homme. La législation, la politique, les arts et les sciences; rien ne pouvait et ne devait échapper à son contrôle. Ces prétentions étaient alors légitimes, s'il est vrai que l'empire appartient au plus capable. Le clergé était, au moyen âge, le maître de la science; en dehors de lui, il n'y avait guère que des ténèbres. Depuis l'époque de la renaissance des lettres, il s'est accompli, sous ce rapport, une étrange révolution. La théologie, qui était la reine des sciences, a baissé; elle ne vit depuis longtemps que de souvenirs, répétant, sans y rien changer au fond, des déductions que l'*Ange de l'école* tirait de conceptions ou de faits acceptés sans examen. En même temps, il s'est élevé, à côté de la théologie, qui est restée la science exclusive du clergé, d'autres sciences qui l'ont éclipsée et qui ont pris une place considérable dans l'éducation générale de l'humanité. Je ne parle pas seulement des sciences physiques, qui ont rejeté dans la classe des erreurs et des chimères, les conceptions que la science ecclésiastique du moyen âge se faisait du monde, mais encore des sciences morales et politiques qui sont arrivées également à des vues tout à fait opposées à celles qui dominaient dans l'Eglise, ainsi que des sciences historiques et philosophiques qui ont brisé le cercle étroit dans lequel les connaissances bornées des scolastiques avaient enfermé le passé de la race humaine.

CLÉRICALISME. L'introduction de ce néologisme, encore absent de nos dictionnaires [1], dans le langage de la politique et des polémiques religieuses, a été faite, dit-on, par des journalistes belges, vers l'année 1855.

Clerc, clérical, cléricature donnent l'idée de l'usage des fonctions ecclésiastiques, mais *cléricalisme* et *cléricaux* en supposent l'abus.

Les abus de pouvoir du sacerdoce se font sentir, soit par des tendances à une domination excessive sur les consciences des fidèles, soit par des empiétements sur le domaine des autorités politiques et civiles. Ces usurpations du clergé ne sont possibles que dans les Eglises qui reconnaissent un pouvoir sacerdotal, et elles ne sont à craindre que dans celles qui, étant unies à l'Etat, forment de véritables établissements politiques ne songeant, en cette qualité, qu'à étendre leurs attributions et visant par conséquent à transformer le gouvernement de l'Etat en une véritable théocratie.

Les laïques qui se déclarent partisans de ce mysticisme religieux sont qualifiés de cléricaux et entachés de cléricalisme.

Mais la religion doit toujours être soigneusement distinguée du cléricalisme.

CLUB. Ce mot nous vient de l'Angleterre, où il désigne des institutions analogues à nos *cercles* et aux *casinos* de l'Allemagne. Dans l'acception française du mot, le club est une réunion de citoyens, se proposant de discuter des questions politiques, afin de s'éclairer mutuellement et d'exercer une influence sur les décisions du gouvernement.

Le premier club, dit des *Jacobins* (*voy.* ce *mot*), a été une création spontanée des circonstances; c'est le résultat du développe-

---

1. Du moins du D. de l'Académie et du D. Littré.

ment que prit une réunion de membres de l'Assemblée nationale à laquelle furent admises quelques personnes étrangères à cette assemblée, et qui se transforma ensuite assez rapidement en société populaire.

L'histoire nous a montré que ces réunions politiques ne se forment, ou du moins ne s'étendent et ne fleurissent qu'à des époques agitées, qu'elles entretiennent et même qu'elles surexcitent cette agitation ; elles ne peuvent donc faire aucun bien. C'est une erreur de croire que chaque citoyen peut discuter utilement des questions politiques. Il faut, pour les résoudre, du savoir, de l'expérience, du calme, du désintéressement, qualités qui ne courent pas les rues. Généralement les clubs attirent les ambitieux, puis les gens passionnés, enfin les déclassés et autres gens espérant de pêcher en eaux troubles. Les hommes paisibles et vraiment utiles ne s'y enrôlent pas, de sorte qu'un pays ne saurait souhaiter de voir s'ouvrir dans ses cités de pareilles réunions.

COALITIONS D'OUVRIERS. *Voy.* **Syndicats.**

COALITION PARLEMENTAIRE. Il y a des mots qui ont leur histoire et une signification déterminée par les événements ou les circonstances, qui représentent tout un ordre de combinaisons de la vie internationale ou de la vie intérieure des peuples. Ils sont soumis à bien des interprétations et ont des fortunes diverses. De ce nombre est le mot *coalition*, qui, en signifiant une certaine combinaisons de forces momentanément rapprochées dans une action commune, n'implique pas toujours l'idée d'une alliance véritable.

Nous ne prenons en ce moment le mot *coalition* que dans son rapport avec la politique intérieure. A ce point de vue, il y aurait d'abord à faire remarquer que les coalitions ne sont possibles que dans les pays régis par des institutions parlementaires, parce que sous ce régime seul les opinions, les partis peuvent librement agir, se combiner, s'allier avec la chance d'exercer une influence sur la direction de la politique, de peser efficacement sur le pouvoir qu'elles menacent. Partout ailleurs il peut y avoir des coalitions latentes, vaguement ébauchées dans le silence d'une défaite commune, fondées sur des regrets ou des espérances ; en réalité elles sont alors un fait moral plus qu'un fait politique ; elles sont le symptôme de dispositions éparses dans une société, non un phénomène précis, reconnu et concentré dans la vie organisée d'un pays.

Il y a encore à faire observer que presque toujours, souvent du moins, le mot de *coalition*, quand il exprime véritablement une réalité, est pris dans un mauvais sens. Pourquoi en est-il ainsi ? Ce n'est point, sans nul doute, que des opinions séparées d'ailleurs sous d'autres rapports, ayant des traditions et des principes différents, peu accoutumées à marcher ensemble, ne puissent se trouver utilement rapprochées à un instant donné sous un même drapeau pour défendre une liberté menacée, une garantie violée, l'intégrité d'une institution exposée à être corrompue ou la dignité de la politique extérieure mise en péril. C'est là ce qui explique, ce qui légitime les coalitions. Malheureusement elles ont un autre côté par lequel elles apparaissent comme une combinaison équivoque et dans tous les cas stérile ou même dangereuse. Il est trop vrai que le plus souvent les coalitions ont plus de force de destruction que de force de réédification, et cela tient à la nature de leurs éléments. Les partis qui s'allient contre un système politique, contre une situation représentée par un ministère, ont des griefs identiques ; le pouvoir qu'ils combattent est pour eux l'ennemi commun. Ce qu'ils mettront à la place, ils ne le savent pas, ou plutôt, en se confondant un instant dans une même opposition, ils se trouvent bientôt réduits à l'impuissance et à la confusion par la divergence de leur nature et de leurs tendances. Il en résulte que les coalitions, utiles comme moyen défensif, souvent redoutables et efficaces comme moyen d'attaque et de destruction, portent en elles-mêmes un principe négatif qui laisse peser un doute sur leur moralité et qui n'éclate jamais plus visiblement qu'au moment où elles triomphent. La victoire devient pour elles le commencement de la dissolution. Elles ont prouvé leur puissance comme opposition, elles ne peuvent plus former un gouvernement après avoir détruit celui qui existe, et elles affaiblissent ainsi quelquefois les ressorts de cette vie parlementaire dont elles sont une manifestation passionnée, manifestation que la nécessité extrême de la défense légitimerait seule entièrement, par exemple, quand le principe même des institutions est en péril.

Nous renvoyons à l'histoire d'Angleterre, année 1783, ou à l'histoire de France 1839 et 1840 pour les exemples de coalition parlementaire.

CODE. CODIFICATION. Le mot *code* vient du latin *condere*, fonder, réunir, colliger. Il est employé de nos jours avec une signification plus restreinte que dans l'origine, et il sert plus spécialement à désigner les recueils de lois promulguées par l'autorité publique présentant un système complet de législation sur une matière déterminée.

En dehors des actes de l'autorité publique, on doit à des jurisconsultes, et même à de simples compilateurs, des recueils de même genre, mais il y a cette notable différence entre ces derniers travaux et les premiers, que, dans les codes publiés par l'autorité publique, le fond comme la forme appartiennent au législateur qui se livre à un travail de composition et pose des règles commandant obéissance, tandis que dans les collections faites par les jurisconsultes il s'agit d'un simple travail de coordination, la forme seule et la méthode appartiennent à l'auteur et nullement le fond ; par suite, l'exactitude des textes coordonnés peut être mise en suspicion et donner lieu à examen, et controverse.

Les recueils de lois faits par l'autorité publique prennent le nom de code, leur coordination par les jurisconsultes est plus régulièrement désignée dans le nom de collection de lois.

COGNAT. *Voy.* **Agnat.**

COLLECTIVISTE. C'est une secte de communistes qui, en théorie, permet aux individus d'avoir des propriétés mobilières particulières, c'est-à-dire des objets de consommation, mais qui veut posséder en commun, c'est-à-dire *collectivement*, les immeubles et « les instruments de travail », machines, outils et matières premières, etc.

Dans la pratique, ce serait du communisme comme celui qui ne craint pas de s'appeler par son nom. *Voy.* **Socialisme.**

COLLÈGE. Le mot collège électoral paraît devoir disparaître de la langue politique ; sous le régime du suffrage universel, on ne connaît plus que des circonscriptions électorales. C'est sous le premier Empire, sous la Restauration et sous le gouvernement de Juillet que le collège électoral florissait, bien qu'établi sur des bases diverses selon le régime. Alors le nombre des électeurs était restreint et se composait de privilégiés. Ce terme de *collège* semble particulièrement applicable aux contrées où la constitution reconnaît un cens, où l'élection a lieu à deux degrés, ainsi qu'aux pays où les collèges ne sont pas identiques avec les circonscriptions territoriales, comme lorsque les villes et les campagnes, certains corps constitués, élisent des députés.

Le mot *collège* a encore une autre acception, surtout en Allemagne et en Russie : il est synonyme de *comité*. Aussi donne-t-on le nom de système collégial à l'administration par des autorités collectives, par opposition au système bureaucratique où « l'administration est le fait d'un seul ». (*Voy.* **Bureaux.**)

On sait, enfin, qu'en France l'école secondaire qui porte le nom de collège se distingue du lycée, en ce que celui-ci est entretenu par l'État et celui-là par la commune.

COLONIES. L'histoire des colonies et de la politique coloniale exigerait de gros volumes ; la matière est donc trop vaste pour être utilement traitée ici. Nous devons nous borner à résumer les expériences faites sur ce point que : Si l'on veut voir les colonies prospérer et rester fidèles à la mère-patrie, il faut leur laisser une assez grande liberté administrative et économique. On en trouvera les raisons dans l'histoire des colonies, nous ne pouvons qu'y renvoyer.

La principale raison qui peut engager un pays à acquérir des colonies, c'est la nécessité de posséder un déversoir pour le trop plein de sa population.

On peut désirer tirer d'autres avantages encore de ses possessions, tel que des débouchés pour l'industrie, des ports dans les contrées lointaines, des cultures que le climat interdit à la mère-patrie ; mais le déversoir pour l'excédent de la population doit être le but principal. Les colonies devraient être un prolongement de la patrie et, dans ce cas, leurs habitants devraient être traités sur le même pied que les citoyens qui n'ont pas quitté le sol natal.

Nous y revenons au mot **Colonisation.**

COLONIES PÉNALES. Territoire où des condamnés subissent une peine sans être enfermés dans des prisons.

Pour la punition de certains délits, l'antiquité mit en pratique, outre l'ostracisme et le bannissement à l'étranger, sans détermination de lieu, l'exil en des localités déterminées : Ovide exilé à Tomes, près du Pont-Euxin, la Sardaigne, la Corse, recevant les victimes des guerres civiles, en sont restés de mémorables exemples. Dans les temps modernes, la même mesure, inspirée tantôt par la tyrannie des pouvoirs voulant éloigner quiconque troublait leur sécurité, tantôt par l'adoucissement des mœurs répugnant au supplice capital, a été adoptée par presque tous les peuples. Elle prit une grande extension par la fondation des colonies qui suivit les grandes découvertes géographiques du quinzième et du seizième siècle, et le caractère de colonie pénale se trouva généralement mêlé à celui de colonie commerciale et agricole, et de station militaire ou maritime.

L'Espagne, dès le seizième siècle, assigna cette destination aux Canaries ; plus tard au Pérou et à ses autres possessions de l'Amérique. Plus tard, sous la régence de la reine Christine encore, on a dirigé les condamnés politiques sur les îles des Larrons, ou Mariannes, et sur Porto-Rico. Les présides africaines du Maroc (Ceuta, Penon-de-Velez, Alhucema, Mélilla) sont plutôt des prisons et des bagnes que des colonies pénales.

Le Portugal a longtemps déporté la plupart de ses condamnés à mort à Mozambique et aux Indes orientales. En 1647, un convoi de ces malheureux fut emmené au Brésil pour peupler le pays. Au dix-huitième siècle, on exila les criminels d'État au Congo. Les forts de Cacheu et de Bissao, dans la Guinée portugaise, les îles du Cap-Vert, Angola, ont aussi reçu, en divers temps, des condamnés.

L'Angleterre eut recours à cet expédient sur une large échelle. Cromwell déporta 25.000 proscrits dans les colonies de l'Amérique du Nord, où pénétra dès lors, avec d'énergiques aspirations à la liberté, un levain de haine contre l'Angleterre qui devait éclater en révolte après un siècle de fermentation. Sous Charles II et sous Jacques II, pour ne pas augmenter l'émigration puritaine à la Nouvelle-Angleterre, on déporta aux Antilles les plus obstinés des prisonniers écossais faits à la journée de Bothwell's-Bridge; la Jamaïque, la Barbade se peuplèrent ainsi de victimes et de mécontents. La justice ajouta ses contingents à ceux de la politique, après le bill du parlement, adopté en 1718, qui ordonnait de déporter dans les colonies de l'Amérique septentrionale les individus condamnés à une détention de trois ans et au-dessus.

La Hollande rejeta aussi de son sein l'écume de sa population, qu'elle expédia dans les îles de la Sonde, sous le feu des tropiques.

Le Danemark eut recours au Grœnland, couvert de glaces.

La Russie trouva la même ressource dans les immenses et froides solitudes de la Sibérie et dans quelques autres stations : Okhotz et Sitka, au Kamtschatka; Pétropolowski, dans le détroit de Behring, Soukoum-Kalé, Bambor et Gayra, sur la côte d'Abasie, dans le bassin de la mer Noire.

Des éléments pareils concoururent, en certaines proportions, à peupler les possessions françaises du Canada, de l'Acadie, de la Louisiane, des Antilles.

La Turquie elle-même a quelquefois substitué au supplice de la mort l'exil dans la régence de Tripoli de Barbarie, et le travail forcé dans les landes du sandjack de Trébizonde.

Il n'est pas jusqu'à la Chine, qui, en fait de colonies pénales comme en bien d'autres inventions, n'ait devancé l'Europe. Les missions catholiques ont appris que le Torgot, province de la Tartarie mongole, est le lieu d'exil pour les condamnés, qui n'y arrivent qu'à travers des sentiers escarpés et des monts glacés.

A l'exemple des métropoles, les colonies elles-mêmes choisirent pour leur usage des lieux d'exil pénal, exutoires de leurs prisons. Les colonies espagnoles assignèrent ce caractère à l'île Sainte-Catherine, sur les côtes du Brésil, et plus tard aux îles Philippines, qui, elles-mêmes, déportèrent leurs criminels à Sambouangan, dans l'île de Mindanao. La compagnie des Indes hollandaises fit de l'île Banda une île de punition. Le cap de Bonne-Espérance employa ses criminels et des esclaves rebelles dans l'île de Robe ou Penguin, à une lieue de la baie de la Table (Table-Bay). Le Brésil refoule les siens près du fleuve des Amazones, autour du fort Destierro. Le Chili a choisi pour cet emploi, d'abord l'île de Juan-Fernandez, puis la Terre-de-Feu, au détroit de Magellan; la république Argentine, les îles Malouines; la république Dominicaine, la presqu'île de Samana; Le gouvernement de l'Inde a déporté des rebelles à Maurice, plus tard (vers 1862) à la grande Andaman.

C'est ainsi que, par un instinct naturel d'indulgence et de rigueur, ou par un calcul d'économie et de production, la colonisation pénale est entrée dans les mœurs générales. Mais la punition des coupables par leur éloignement de la mère patrie n'est devenue le but unique, d'abord et longtemps dominant, que dans les établissements pénitentiaires fondés par l'Angleterre dans la Nouvelle-Hollande; ceux que la France a essayé de fonder soit à la Guyane, soit à Nouka-Hiva, à Nossi-Bé, et plus tard à la Nouvelle-Calédonie, s'inspirent des mêmes sentiments. Ce sont là des colonies pénales proprement dites, dont on peut rapprocher les colonies correctionnelles, créées sur le territoire continental pour les jeunes détenus, mais qui ne rentrent pas dans le cadre de notre article.

On a souvent reproché aux colonies pénales leur peu d'efficacité. On les considérait comme une manière de se débarrasser d'une question sans la résoudre. Mais il est des personnes qui leur sont restées fidèles, comme Jules Duval. Voici comment ce publiciste distingué s'exprime sur ce sujet :

La colonisation pénale mérite en elle-même toutes les préférences de l'opinion et de l'administration; mieux qu'aucun emprisonnement cellulaire ou collectif, mieux qu'aucun travail industriel forcé, elle assure la sécurité sociale, elle peut réformer les criminels, utiliser les bons instincts qui survivent chez beaucoup d'entre eux, faire servir ces forces déviées à la production agricole, et ces passions déchaînées dans le vieux monde à la création de sociétés régulières; mais à la condition d'employer simultanément les deux plus puissants ressorts de l'âme humaine, la famille et la propriété.

La famille peut se constituer, soit par l'admission des femmes innocentes des condamnés, quand elles consentent à l'expatriation; soit par le mariage entre hommes et femmes condamnés; soit par des unions avec les femmes indigènes, à qui la race blanche inspire plus de sympathies que la criminalité n'inspire d'éloignement. Il est de la plus haute importance que, par le concours de ces trois sources de recrutement féminin, le nivellement s'opère entre les deux sexes : l'absence de femmes ou leur nombre insuffisant devient une cause de crimes, de vices et de débauches, qui oppose un invincible obstacle à toute régénération, sans parler de l'impossibilité naturelle qui en résulte pour la colonie de se développer avec ses propres éléments.

La propriété est presque aussi nécessaire, et, entre toutes, la propriété du sol, celle qui attache l'homme à la terre par les liens les plus intimes, qui éveille en lui, avec le goût du travail, l'espoir de la fortune et de la considération, et lui donne pour ses descendants les perspectives de l'influence et du rang. En toute colonie bien choisie doivent se trouver, en vastes étendues, des terres fertiles, que les condamnés pourront acquérir soit avec leur pécule, soit par concession amiable et conditionnelle d'abord, plus tard définitive.

Devenu époux, père, propriétaire, un jour peut-être citoyen, le condamné sent en lui de nombreux et puissants contre-poids aux suggestions de ses mauvaises passions; il s'améliore. S'appuyant sur ces leviers naturels, les enseignements de la religion, les conseils d'une direction paternelle, les menaces des châtiments, l'espoir de la grâce produiront d'excellents effets ; tandis qu'à défaut de ces forces auxiliaires la prédication et l'intimidation sont assurées d'échouer, ou d'obtenir seulement la docilité passagère de l'hypocrisie.

COLONISATION. On nomme ainsi, du latin *colere, colonus* (cultiver, cultivateur, colon), l'occupation, le peuplement et la culture des parties du globe qui sont inoccupées, non peuplées, incultes. Historiquement, la colonisation du globe est l'objet des travaux pacifiques du genre humain depuis son origine, et la guerre elle-même, suivie de conquête, n'a été souvent que le prélude de la colonisation. L'accomplissement de cette grande œuvre en Occident peut se diviser en trois périodes, soumises à des principes différents, savoir : la colonisation grecque, la colonisation romaine, la colonisation moderne; nous ne parlerons ici que de cette dernière.

Sur les pas de Colomb et de Gama, les océans Atlantique, Indien et Pacifique ont vu renaître sur leurs rives, et dans une immense proportion, le mouvement de colonisation dont le bassin de la Méditerranée fut le théâtre dans le monde ancien. Des comptoirs, des villes, des royaumes, des républiques, des empires ont été fondés, tantôt par la conquête, tantôt par l'émigration; grâce à l'incessant renouvellement de ces tentatives, la presque totalité du globe est aujourd'hui connue et explorée, sinon encore peuplée et cultivée.

Cette fonction colonisatrice s'est répartie entre les peuples de l'Europe occidentale, par préférence à ceux du centre, de l'est et du sud de l'Europe, moins favorisés par leur situation géographique, plus éloignés des mers qui étaient le théâtre des nouvelles expéditions. Ces peuples colonisateurs ont été : l'Espagne, le Portugal, la Hollande, l'Angleterre, la France, le Danemark; l'Allemagne et l'Italie se sont jointes à eux beaucoup plus tard.

La vérité oblige à constater que, dans leur expansion à travers le monde, les peuples chrétiens et civilisés se sont montrés, quant aux rapports entre métropoles et colonies, et à la conduite des colons envers les indigènes, inférieurs aux peuples anciens, aux Romains non moins qu'aux Grecs et aux Phéniciens. Par un phénomène fort regrettable et difficile à concilier avec la supériorité générale du christianisme et du monde moderne sur le paganisme et le monde ancien, le senti-

ment de famille et de fraternité, inspiré par le cœur, conseillé par la raison et la foi, a fait place à un calcul d'exploitation de la part des métropoles, à des plans de refoulement et d'extermination de la part des colons. Aussi n'y a-t-il guère de plus lamentable récit dans toute l'histoire humaine que celui de la fondation des colonies modernes, où l'homme se montre puissant par le génie, héroïque par le courage, admirable même par le travail, mais avide sans honte et cruel sans remords, au delà de tout ce que l'antiquité païenne avait jamais vu [1].

Le système de gouvernement imposé par les métropoles à leurs colonies, et connu sous le nom de *pacte colonial*, contenait, comme principes essentiels, les cinq règles suivantes : 1º monopole de la navigation réservé au pavillon national ; 2º débouché de la colonie réservé aux produits manufacturés de la métropole; 3º approvisionnement de la métropole en matières premières et denrées coloniales imposé aux colonies ; 4º interdiction aux colonies de se livrer aux industries et même aux cultures qui ont des similaires dans les métropoles ; 5º taxes financières sur les produits tant à leur sortie des ports coloniaux qu'à leur entrée dans les ports métropolitains.

Ce tissu serré de monopoles, de privilèges, de restrictions, d'impôts, se compliquait en outre de diverses prescriptions particulières à chaque nation. Ainsi, certains États excluaient impitoyablement, de leurs terres coloniales, les juifs et même les dissidents chrétiens. L'Espagne interdisait, sous peine de mort, la sortie de la cochenille du Mexique; la Hollande, celle des épices, et faisait même brûler les récoltes jugées excessives. Partout les hautes et lucratives fonctions étaient généralement réservées aux nationaux de la métropole, laquelle prélevait, en outre, de lourdes taxes sur ses enfants.

Que de ce nid d'iniquités soient sortie la guerre entre les puissances européennes, se disputant les colonies comme des proies à dévorer, et puis la guerre des colonies contre les métropoles, c'était inévitable. L'indépendance des États-Unis et des colonies espagnoles, poursuivie à travers le feu et le sang, puis l'indépendance du Brésil, furent les actes les plus éclatants et les mieux réussis d'émancipation. Ce mouvement aurait pris sans doute des allures plus rapides encore, si les métropoles, averties par l'expérience, n'avaient relâché quelque peu les liens de la servitude politique et commerciale, et consenti à des ébauches de *self-government* colonial.

Dans les rapports des colons et de leurs chefs avec les indigènes, tous les principes de justice ont été généralement violés avec plus d'impudeur encore, et avec plus de facilité, parce que ces malheureux, inférieurs

---

1. C'est l'opinion de Jules Duval, mais nous ne connaissons pas assez l'antiquité pour exonérer ses colonisateurs de toutes cruautés. On ne s'en sera pas vanté.

par l'intelligence et par les armes à la race envahissante, n'ont pu lui opposer qu'une faible résistance. A cet égard, Colomb lui-même, si grand comme navigateur, ne s'est pas montré supérieur à son siècle. Il a donné le funeste exemple de l'asservissement des faibles aux forts, des païens aux chrétiens, par le travail excessif et l'oppression arbitraire.

Pendant une première période, les Américains, mal à propos qualifiés d'Indiens, furent violemment amenés au travail des champs et des mines et à la domesticité personnelle, jusqu'à ce qu'ils y aient péri par millions ; ce qui survécut se réfugia dans les solitudes de l'intérieur, loin des hommes blancs. Alors on se retourna vers la race noire qui habitait l'Afrique ; on l'entraîna de vive force au delà de l'Océan, et la fortune des colonies se fonda sur l'esclavage des nègres alimenté par la traite. On sait quelles horreurs naquirent de cette exploitation de l'homme par l'homme, dont la plus terrible expiation a été la révolte de Saint-Domingue.

Dans cet ordre de rapports, l'expérience aussi a enseigné à la longue la justice, et conseillé l'émancipation des esclaves, prononcée successivement par l'Angleterre, la France, le Portugal, le Danemark, la Suède, la Hollande, les Etats-Unis, le Brésil, et bientôt l'esclavage sera aboli partout.

L'ordre colonial nouveau, dont nous voyons poindre l'aurore, s'organisera sous un principe tellement vrai et tellement compréhensif qu'il s'impose à toutes les intelligences, à tous les pays, à toutes les races, à tous les travaux : ce principe est la liberté de plus en plus complète. Liberté pour les colonies de produire et fabriquer ce qui leur convient le mieux ; liberté de vendre leurs produits et d'acheter ce dont elles ont besoin sur tel marché qui leur offre les meilleures conditions ; liberté d'employer à l'importation et à l'exportation le pavillon de toute puissance : en un mot, assimilation, quant au droit commercial, de toute colonie aux provinces ou aux départements de la métropole. Beaucoup a déjà fait dans cette direction, surtout par l'Angleterre ; la France a également fait quelques pas dans le même sens.

L'ordre politique à établir n'admet pas de solution aussi simple, parce que l'organisation politique des Etats appelle des combinaisons variées. Dans son livre sur les *Trois âges des colonies*, l'abbé de Pradt présage, comme fatal, l'affranchissement politique de toute colonie, et cette opinion, qui invoque l'exemple des Etats-Unis, des républiques espagnoles et du Brésil, trouve aujourd'hui une faveur générale dans les écrits théoriques. On voit même en Angleterre se dessiner une école, composée d'esprits fort éminents, qui souscrit à l'émancipation immédiate de toute colonie. Sans pousser aussi loin l'abnégation, la politique anglaise accorde volontiers à ses colonies des libertés locales, et même une entière autonomie, poussée en

plus d'un cas au delà de ce que les colonies elles-mêmes semblaient désirer.

COLPORTAGE. La législation moderne sur la presse ayant fait à la vente ambulante des imprimés une situation particulière, nous traiterons à part le colportage des marchandises et le colportage des imprimés.

I. *Colportage des marchandises.*—Dans la plupart des pays, la profession de marchand ambulant a été soumise à des restrictions plus ou moins sévères. Il y avait, et il y a encore, pour cela plusieurs motifs. D'une part, les colporteurs n'étaient pas tous des gens scrupuleux, honnêtes, et leur vie errante les privait du frein, souvent salutaire, qu'impose le respect humain. Plus d'une fois la pacotille du colporteur a servi de moyen pour cacher de criminels desseins.

D'autre part, le petit commerce ou les détaillants sédentaires voyaient dans le colporteur un concurrent d'autant plus dangereux qu'en allant trouver les consommateurs il profitait de l'insouciance et réussissait à vaincre la force d'inertie de beaucoup d'entre eux. L'autorité locale, et quelquefois aussi l'autorité supérieure, faisait d'autant moins de difficulté pour protéger les détaillants sédentaires qu'il s'agissait généralement d'un *forain*, d'un étranger, souvent même d'un juif, contre lequel tout semblait permis.

Nous n'avons rien à dire relativement aux mesures prises dans un intérêt de police ; ces mesures dépendent des circonstances, mais plus elles sont rigoureuses, plus elles dénotent une défiance, — fondée ou non, — de la moralité des classes inférieures.

Au point de vue commercial, au contraire, nos objections abondent. D'abord, nous ne voyons pas pourquoi on aurait moins de droit lorsqu'on ne possède qu'un ballot de marchandises que lorsqu'on est à la tête d'un magasin. Le colporteur fait quelquefois tort au boutiquier, cela est vrai ; mais le boutiquier, de son côté, fait tort au colporteur, et si ce dernier l'emportait dans les conseils du pouvoir, il ferait fermer les magasins de détail. Du reste, il est des marchandises qui ne se vendraient pas du tout, si on ne les colportait.

Mais n'y a-t-il à considérer que le vendeur ? L'acheteur n'a-t-il donc aucun droit ? Le colporteur ne se maintient que là où il est utile, et il l'est, dans les contrées à population clairsemée, là où bien des denrées, bien des produits n'atteindraient pas le consommateur, si le marchand ambulant ne les lui apportait pas. Même dans les pays les plus peuplés, certaines professions se diviseront toujours en une partie sédentaire et une partie ambulante.

Au reste, les règlements tendent presque partout à s'adoucir. En France, le colporteur, le marchand forain paye sa patente et fait son commerce comme il l'entend ; depuis la loi du 2 mars 1792, il jouit de la plus entière liberté, s'il ne vend pas des livres, ni des matières assujetties à l'impôt, comme le tabac, les cartes à jouer, les boissons, les matières d'or et d'argent, etc.; le colportage en est soumis à des restrictions.

II. *Colportage d'imprimés.*—Les rigueurs de la législation française ont autrefois été réservées pour le colportage des imprimés. Les lois du 29 juillet 1881 et du 2 août 1882 ont rendu presque libre le colportage des imprimés. Il suffit de faire une déclaration à la mairie, ce qui n'autorise pas, d'ailleurs, le colporteur à distribuer ou à vendre des écrits délictueux. Ce n'est pas le colportage, mais l'écrit délictueux qui rend passible de la peine.

Voy. notre *Dictionnaire de l'administration française.*

COMICES. Dans le langage politique moderne, ce mot a conservé à peu près sa signification ancienne, synonyme d'assemblée électorale ou de réunion d'électeurs primaires.

COMITAT. Nom des districts hongrois formant une unité administrative et en quelque sorte politique. Le nom vient du latin *comes* et pourrait très bien être traduit en français par le mot *comté;* le terme hongrois est *var-megye.*

COMITÉ. COMMISSION. Ces deux mots ont une même racine et une signification assez semblable; souvent l'usage les confond. Néanmoins on emploie généralement commission pour les réunions d'hommes spéciaux ou d'hommes supposés compétents, chargés d'étudier une question déterminée, ou de remplir une mission *temporaire.* Le comité a plutôt une tâche durable, *permanente.* Il est quelquefois (comme la section, la chambre ou le bureau) les parties d'un corps plus nombreux; il est souvent aussi unique et chargé d'exécuter les décisions d'une assemblée ou de veiller à leur exécution.

En Angleterre, chaque chambre tout entière se forme en comité (*committee general*); elle abandonne alors, dans des cas prévus, la solennité ordinaire des débats, le *speaker* est remplacé par un autre président, etc. (*Voy.* **Procédure parlementaire.**) En France, des réunions politiques et scientifiques déclarent le *comité secret,* lorsqu'elles veulent délibérer en l'absence du public sur les affaires particulières, sur des objets qui n'admettent pas la publicité, ou dont la publicité serait momentanément inopportune.

Il y a eu, dans les différents pays, des comités qui se sont rendus célèbres à différents titres; mais aucun n'a jeté un éclat aussi sinistre que le *comité du salut public.* (*Voy.* **Salut public.**)

COMMERCE. Le commerce n'a cessé de jouer un rôle politique depuis que des individus de nationalités différentes ont échangé leurs produits; dans certains pays il a même influé sur la politique intérieure. Le commerce a causé beaucoup de guerres et beaucoup de conquêtes, mais il a aussi, directement ou indirectement, contribué à l'extension de la civilisation. Les rapports commerciaux entre les différents pays ont été réglés de bonne heure, d'abord dans l'intérêt des importateurs, pour les protéger, puis dans l'intérêt du fisc du pays que les commerçants étrangers visitèrent. Les douanes, en effet, datent de loin et n'ont d'abord été considérées que comme une source de revenu. Les débouchés, la concurrence, et d'autres causes analogues ont à répondre devant l'histoire de bien des luttes entre les nations.

Dans les temps modernes, le commerce est peut-être ce qui rapproche — ou ce qui sépare — le plus les nations. Toutes ont besoin d'importer (des denrées alimentaires et des matières premières) et d'exporter (surtout des produits fabriqués); toutes cherchent à s'entendre avec les autres nations; toutes font de grands efforts pour accorder peu et obtenir beaucoup en échange. Ces rapports entre les pays constituent de la politique, mais de la politique commerciale, de la politique économique, dont les détails varient de pays à pays et d'une époque à l'autre. Il est seulement désirable que les traités de commerce qu'un Etat peut avoir à négocier avec un autre soient toujours inspirés à la fois par des économistes et par des industriels, des agriculteurs et des commerçants, afin que tous les intérêts soient sauvegardés. C'est ici qu'il faut dire: surtout pas trop de zèle... protecteur.

COMMISSAIRE. Le commissaire se distingue de l'agent, d'abord en ce qu'il ne peut être chargé que d'intérêts publics, tandis que l'agent peut aussi représenter des particuliers. Le commissaire, de même que l'agent, reçoit les missions les plus variées, à l'intérieur aussi bien qu'à l'extérieur. Il y a des commissaires (du gouvernement) auprès des diètes ou des chambres; dans le conseil d'Etat ils représentent le ministère public. C'est à des commissaires qu'on confie généralement les missions non diplomatiques, par exemple, celle de délimiter une frontière, ou de discuter un intérêt quelconque. Souvent aussi l'emploi du mot est purement arbitraire, en ce sens qu'on aurait tout aussi bien pu envoyer un ministre plénipotentiaire. Le commissaire tient quelquefois un rang peu élevé; mais les pouvoirs du commissaire général sont souvent considérables: c'est, par exemple, lorsqu'il est chargé d'administrer un pays conquis.

L'envoi d'un commissaire (ordinaire ou extraordinaire) est souvent une nécessité; l'autorité publique, ou plutôt le pouvoir exécutif a besoin d'avoir sur les lieux un représentant qui jouit de sa confiance et qui agit selon son inspiration; mais on a aussi souvent abusé de la faculté d'envoyer des mandataires, et c'est un reproche qu'on fait avec raison à la Convention. Il faut que le général, le préfet et tout fonctionnaire jouissent de la pleine autorité qui se rattache à leurs fonctions, si l'on veut qu'ils soient responsables, ou seulement qu'ils puissent consacrer toute leur intelligence, toute leur énergie au service de l'Etat.

Dans l'opinion publique, le commissaire n'est pas toujours bien vu, parce qu'il est quelquefois chargé d'exécuter des mesures de rigueur; l'homme est plus souvent influencé par des mots que par des idées ou des choses; ce n'est pas très flatteur pour l'humanité, mais c'est vrai.

COMMISSION. Dans l'une de ses acceptions ce mot est synonyme de comité (*voy. ce mot*). Dans l'autre, c'est le nom qu'on donne, dans certains cas, à l'acte de nomination pour certaines fonctions. En Angleterre, l'officier est commissionné, et le sous-officier est un « officier *non commissionné* ».

COMMISSIONS MILITAIRES. On appelait ainsi des tribunaux désignés pour le jugement d'une affaire spéciale; ces tribunaux, n'étant pas permanents, constituaient une juridiction à la fois exceptionnelle et arbitraire qui n'offrait aucune des garanties élémentaires de la justice. Ce fut une commission militaire nommée par le général Murat, gouverneur de Paris, et réunie au fort de Vincennes, qui condamna le duc d'Enghien à la peine de mort, le 21 mars 1804. (*Voy.* **Conseils de guerre.**)

COMMUNAUTÉ RELIGIEUSE. — *Voy.* **Congrégations religieuses.**

COMMUNAUX. On doit ranger, en général, dans le domaine communal, les places, les rues, les promenades publiques, les églises, les presbytères, les cimetières, les fontaines publiques, les maisons d'école, les hôtels de ville, les salles de spectacles, les abattoirs et autres édifices publics. Il n'y a d'exceptions que lorsque ces édifices ont été construits par des particuliers dans des conditions qui leur en réservent la propriété.

A ce patrimoine, il faut ajouter la propriété des terres vaines et vagues situées sur le territoire de chaque commune, désigné plus particulièrement par le terme *communaux* et dont le mode d'utilisation a soulevé bien des discussions dans les différents pays, discussions qui semblent avoir abouti, en Allemagne et en Angleterre, à une législation favorisant plus ou moins leur partage ou leur distribution entre les habitants de la commune. Mais à une époque plus récente on en est revenu à d'autres idées.

En France, ni la loi de 1837 ni les lois communales postérieures n'ont statué sur le partage des biens communaux entre les membres de la commune. L'opinion qui, à la fin du dernier siècle, avait été favorable au partage, ne semble plus l'être. La question du partage des communaux, disait-on plus tard, touche à de trop graves intérêts : la prospérité immédiate de beaucoup de communes peut en dépendre. Les communaux qui sont le patrimoine de tous et dont l'espace est toujours ouvert à la chèvre ou à la vache du pauvre pourrait devenir le patrimoine du riche. D'un autre côté, ces biens sont aussi le patrimoine de l'avenir; et l'intérêt des générations futures demande qu'ils ne soient pas entièrement livrés aux intérêts du présent. C'est là une question d'économie sociale que le législateur s'est réservée. La législation actuelle sur ce point repose sur le décret du 9 brumaire an XIII, qui était relatif aux partages faits en vertu de la loi du 10 juin 1793: les conseils municipaux ont un droit absolu de décision contre le partage; s'ils refusent, nul recours n'est possible; s'ils votent le partage, la décision doit être approuvée par l'Etat, gardien des droits des générations à venir, et qui, en principe, n'est plus disposé à l'accorder.

Depuis longtemps, l'attention du gouvernement français s'est portée sur les communaux, et un programme impérial du 5 janvier 1860, en posant les bases de grandes mesures économiques, a parlé en ces termes de grands travaux de desséchement et de défrichement à accomplir : « Ces travaux, transformant les communaux incultes en terrains cultivés, enrichiront les communes sans appauvrir l'Etat, qui recouvrera ses avances par la vente d'une partie de ces terres rendues à l'agriculture [1]. » Un rapport du ministre de l'agriculture reconnaît que les communaux occupent encore aujourd'hui la onzième partie de la superficie totale du territoire de la France. La décomposition de ces propriétés, telle qu'elle résulte d'un recensement spécial, les porte à 4.718.655 hectares. Sur cette immense surface, moins de la moitié est actuellement en valeur, savoir : 1.690.000 hectares, environ, plantés en bois, et 230.000 hectares composés de terres labourables, prés, vergers et vignes. Cette partie de la propriété communale présente une valeur de 1.300.000.000 francs et un revenu de 35.000.000. Le surplus, c'est-à-dire 2.790.000 hectares, se compose de marais, de terres vaines et vagues, de landes, de bruyères et de pâtures. La valeur de ces terrains n'est pas estimée à plus de 283.000.000 de francs, c'est-à-dire à 100 fr. environ par hectare, et leur revenu total à 8.000.000 de francs, ou à moins de 3 francs par hectare. Ce sont terrains, d'un si minime produit, qu'il s'agirait de mettre en valeur. Au refus des communes, l'Etat devrait exécuter les travaux de défrichement et de desséchement à ses frais, sauf à se faire rembourser ultérieurement de ses avances par la vente des terrains rendus à l'agriculture. Ce serait là sans doute un grand résultat, mais nous le croyons peu pratique, et il

[1]. Voy. *Statistique de la France*, par M. Maurice Block, t. II, page 97 (p. 102 de la 2ᵉ édition).

ne paraît pas avoir reçu jusqu'ici de commencement d'exécution.

A l'étranger les faits et les idées sur les communaux, et notamment sur le partage de ces biens entre les membres de la commune, n'ont pas suivi le même courant qu'en France. Dans notre pays, les excès révolutionnaires, les abus qui se sont commis à la faveur de l'anarchie qui régnait en 1793 ont fait condamner le principe même du partage. Un point était cependant acquis, c'est que l'usage en commun des terres est nuisible, et que, dans l'intérêt général, il devait être loisible à chacun de soustraire au moins sa propriété privée à la communauté du parcours, en l'entourant d'une clôture (loi du 6 octobre 1790). Nous avons cité ce fait, parce que, dans la plupart des pays, le droit de parcours et de vaine pâture, la clôture des héritages et le partage des communaux ont été réglés par une seule et même loi, et parce que les arguments économiques s'appliquent à la fois à tous les modes d'usage en commun.

Résumons notre opinion personnelle. Au point de vue économique, c'est-à-dire en n'envigeant que l'accroissement de la production, on ne peut que recommander le partage; au point de vue politique, au contraire, on doit insister sur la conservation des biens communaux. Une propriété commune est un lien de plus, et il faut garder précieusement tout ce qui peut ajouter à la cohésion des populations. Il est des circonstances où l'on doit faire des sacrifices matériels en faveur d'un résultat moral. Or, tout ce qui multiplie les intérêts communaux proprement dits contribue pour sa part aux sentiments qui font acquérir le *self-government* et qui inspirent le désir de conserver le degré d'indépendance dont on est parvenu à jouir.

COMMUNE, la plus petite circonscription administrative comprenant une ville, ou un village, ou plusieurs villages et hameaux. Toute commune a un maire et un conseil municipal et dans certains pays encore un corps intermédiaire dit magistrat, conseil des aldermen, collège des échevins, junte, selon les pays.

Parmi les législations des divers États, la nôtre est une de celles qui ont le plus fait pour supprimer la vie communale. Pendant longtemps notre commune n'a eu qu'une liberté restreinte. Les actes qui concernent le patrimoine de la commune étaient généralement soumis à la sanction de l'administration supérieure. Les autorités municipales n'avaient souvent que le droit d'initiative, et les projets qu'elles formaient ne devenaient, en général, définitifs et exécutoires qu'autant qu'ils étaient revêtus de l'approbation de l'État. La nomination des fonctionnaires payés sur le budget communal n'appartenait pas toujours au maire, et « ce qu'il y a de plus remarquable dans notre organisation communale, dit Batbie, c'est que l'indépendance de la commune est en raison inverse de l'im-

portance des villes. Il semblerait pourtant que plus une commune est étendue, plus elle compte parmi ses habitants d'hommes capables de l'administrer et, par conséquent, plus elle mérite de s'administrer elle-même. A quoi tient cette anomalie? C'est que l'administration a été sacrifiée à la politique. Ces grandes agglomérations de population sont vues avec défiance par les gouvernements, et de peur d'y créer des foyers de résistance, on y a restreint la vie municipale [1] ».

Cet état de choses, qui s'est sérieusement amélioré depuis 1867 et surtout depuis 1884 (loi du 5 avril), ne peut pas surprendre ceux qui ont quelque connaissance de l'histoire, car, depuis le quatorzième siècle, tous les gouvernements qui se sont succédé ont tendu à centraliser les pouvoirs, à éteindre les extrémités et à remplacer leur vie naturelle par une vie empruntée au centre. Les partis ont tous obéi à la même préoccupation, toutes les écoles ont suivi la même pratique et, sur ce point, les doctrines les plus opposées se sont rencontrées pour agir dans le même sens. Libéraux, démocrates, absolutistes, tous ont été centralisateurs le jour où le pouvoir leur est venu. Si la centralisation a des défauts, nul ne peut les reprocher à ses adversaires, parce que chacun est coupable d'avoir porté sa pierre à l'édifice.

En Amérique, la législation des Etats-Unis a donné aux communes le maximum de *self-government* qu'elles puissent avoir, ce qui ne veut pas dire qu'elles soient autonomes. Tous les services publics sont exécutés par les magistrats ou agents communaux qui sont au nombre de dix-neuf, chiffre qui implique une grande division d'attributions et une fixation bien précise de la compétence de chacun. C'est la loi elle-même qui détermine leurs attributions; s'ils ne remplissent pas leur devoir, il y a contravention, et l'agent paroissial répond devant les tribunaux du manquement qu'il a commis. Là donc point de hiérarchie, point de subordination qui rattache l'inférieur au supérieur, point de destitution ou suspension arbitraire; le véritable supérieur, c'est la loi qui fixe les attributions, et la hiérarchie est remplacée par la peine prononcée en justice contre le fonctionnaire délinquant. A. de Tocqueville a fait observer qu'aux Etats-Unis la commune prête ses agents à l'Etat, tandis que chez nous c'est l'État qui prête ses agents à la commune. C'est ainsi que, dans les petites communes françaises ayant moins de 30.000 fr. de revenu ordinaire, les percepteurs du Trésor font l'office de receveurs municipaux et de payeurs communaux; en Amérique, au contraire, ce sont les receveurs de la paroisse qui lèvent les deniers de l'Etat. »

Chaque commune élit tous les ans trois à neuf *select-men* (selon la grandeur de la com-

---

1. Cela s'applique surtout à Paris et Lyon. Si les pouvoirs publics de ces villes sont un peu restreints, c'est à cause de l'esprit révolutionnaire qui y exerce une si grande influence.

mune). Ces « hommes choisis » représentent le maire, ils forment le pouvoir exécutif de la commune. Leurs attributions sont déterminées par les lois, et leurs actes en partie par les délibérations de la commune. S'ils veulent faire quelque entreprise qui ne soit ni prévue par les règlements, ni approuvée d'avance par la volonté de la majorité, ils convoquent les électeurs et fixent le jour où aura lieu la réunion. Seuls les select-men ont le droit de convoquer l'assemblée des électeurs. Lorsqu'ils ne le font pas spontanément, la demande formée par dix propriétaires peut les provoquer à le faire. En ce cas, ils ne conservent que le droit de présider l'assemblée.

Les select-men et les autres agents ou magistrats municipaux étant nommés par les suffrages des électeurs, le pouvoir vient des membres de la commune. Les select-men n'ont pas de conseil municipal qui les assiste et, par une délibération, couvre leur responsabilité. C'est le corps électoral qui est le véritable conseil municipal; son pouvoir est plus grand que celui d'un conseil municipal en France; mais quelque grand qu'il soit, il le garde tout entier et les select-men ne sont institués que pour faire exécuter les lois, et dans les cas non prévus par les lois, pour convoquer et présider la réunion du peuple (town-meeting).

En Angleterre, jusque dans ces derniers temps, ce n'était pas le peuple qui était prépondérant; c'était l'aristocratie qui gouvernait en haut et en bas. L'intérêt général du peuple était assurément le but que se proposait le gouvernement de l'aristocratie; mais ce qui se fait pour lui ne se fait pas par lui. Différentes lois récentes ont grandement modifié la législation locale anglaise et nous ne pouvons mieux faire que de renvoyer le lecteur à notre Dictionnaire de l'Administration française, où l'on en trouvera une analyse aux mots Organisation communale et Départements (Admin. comparée).

En Russie, la commune jouit peut-être d'une aussi grande indépendance qu'en Amérique, du moins les communes rurales, car les assemblées communales, présidées par le starosta ou ancien décide de presque toutes les affaires communales. Il est vrai que ces affaires sont bien simples et bien primitives.

En Italie, le régime municipal a été unifié par la loi du 20 mars 1865. Chaque commune a son conseil communal et sa junte (comité) municipale. Le nombre des conseillers communaux aussi bien que des membres de la junte (qui comprend le maire ou syndic) est proportionnel au nombre des habitants. L'élection du conseil municipal a lieu par les électeurs censitaires. Pour être électeur, il faut payer 5 fr. d'impôt dans les communes de moins de 3.000 habitants; 10 dans celles de 3.000 à 10.000; 15 dans les communes de 10 à 20.000; 20 dans les communes de 20 à 60.000, 25 dans les autres. A ces électeurs censitaires on a adjoint une série de capacités, c'est-à-dire que des diplômes scientifiques sont mis sur la même ligne que la fortune.

En Suisse, la législation communale n'est pas la même dans les différents cantons. Dans le canton de Genève (loi de 1849), le conseil municipal aussi bien que le maire sont élus par l'ensemble des électeurs communaux. Les conseils municipaux délibèrent sur toutes les matières communales, mais (art. 16) les délibérations sont transmises au conseil d'État (pouvoir exécutif), qui approuve le budget et accorde ou refuse son autorisation aux acquisitions et aliénations de propriétés, à l'ouverture ou à la suppression des chemins, etc.

La loi municipale du canton de Berne (9 décembre 1852) distingue entre : 1° les communes locales ou les « communes d'habitants (Einwohnergemeinden) »; 2° les communes religieuses (paroisses); 3° et les communes de bourgeois. Le canton de Neuchâtel distinguait également entre les « communes » et les « bourgeoisies », mais ces distinctions y ont été supprimées. Elles sont restées en vigueur dans le canton de Berne, malgré de fortes oppositions. La bourgeoisie se compose des habitants qui, il y a quelques siècles, jouissaient seuls des droits de bourgeoisie. A cette époque, les bourgeois exerçaient seuls tous les droits, parmi lesquels figuraient ceux de nommer les fonctionnaires municipaux et de profiter du produit des biens communaux; les simples habitants (non bourgeois) n'avaient que le droit de séjour. Plus tard, on ne put refuser aux habitants le droit de participer à l'administration municipale, mais les bourgeois se réservèrent la jouissance des revenus des anciens biens communaux, revenus quelquefois importants et qui sont partagés entre les ayants droit, même s'ils n'habitent pas la Suisse. Ces anciens biens sont traités comme des biens privés possédés par une association spéciale, de sorte que l'on distingue maintenant entre les biens municipaux et les biens communaux, ces derniers étant réservés aux « bourgeois ».

C'est la commune locale ou municipale qui seule nous intéresse ici. Ses attributions s'étendent (art. 6) sur la police locale, la tutelle des mineurs, l'assistance publique, l'instruction publique, l'administration des biens municipaux. Ses affaires sont administrées par l'assemblée communale et le conseil communal, ce dernier est un comité exécutif de cinq membres. Pour être électeur il faut payer un cens. L'article 26 de la loi, loin de déterminer quels sont les pouvoirs accordés à la commune, énumère les pouvoirs que la commune EST OBLIGÉE D'EXERCER, c'est-à-dire « qu'elle ne peut pas laisser exercer par une autre autorité ». Par exemple : la commune doit nommer elle-même son président, etc.; déterminer les fonctions permanentes à créer; décider la fondation d'églises, d'hôpitaux, d'écoles, etc., voter des impositions; délibérer sur les aliénations, les acquisitions, les procès; recevoir les comptes, etc. Néanmoins (art. 48) les communes sont sous la surveillance du gouvernement, qui peut les faire inspecter. Il fait revoir leurs comptes, peut suspendre les fonctionnaires communaux, faire assister l'un de ses agents aux délibérations, etc.

La loi de Zurich est du 28 avril 1866 et compte 218 articles.

Cette loi distingue entre les communes civiles et les communes politiques, la commune politique (municipale) pouvant renfermer plusieurs communes civiles (sections). Elle distingue aussi entre : 1° bourgeois, 2° gens établis (originaires d'une autre commune), 3° séjournants (non compris les voyageurs). L'article 12 dispose que les communes ont le droit d'administrer librement leurs affaires et leurs propriétés, et le gouvernement ne peut intervenir que dans les limites fixées par les lois (c'est la formule de tous les pays). Le deuxième alinéa du même article ajoute que pour toutes les affaires d'intérêt public (ou général), comme l'administration de la police, de la tutelle des mineurs, etc., la commune est subordonnée aux lois de l'État. L'article 13 charge en outre les communes d'appliquer certaines lois générales d'intérêt commun. En somme, en parcourant les nombreux articles de la loi municipale, on trouve que la commune zurichoise n'est pas moins en tutelle que les autres communes suisses, ou que les communes françaises, anglaises, belges, allemandes et autres. Il s'agit seulement du plus ou du moins, mais l'écart n'est pas bien considérable.

Dans le canton de Zurich le maire, landamman, est également assisté d'un comité d'exécution, dit conseil communal ; c'est à vrai dire l'assemblée des habitants qui forme le conseil municipal. Faisons remarquer, en passant, que le comité qui, dans divers pays, assiste le maire est quelquefois pris en dehors du conseil municipal et fonctionne, si l'on peut s'exprimer ainsi, comme démembrement du maire, tandis que, dans d'autres, le comité est une commission permanente du conseil municipal qui contrôle autant qu'il guide.

En Prusse, la loi distingue entre les villes et les villages ou « communes rurales ». Les villes ont des droits assez étendus. Elles ont un bourgmestre élu pour 12 ans par le conseil municipal (conseil urbain ou *Stadtrath*) et présenté à la sanction du gouvernement ; il est rééligible. Le bourgmestre ou ses adjoints sont assistés par un comité, dit *Magistrat*, composé d'un nombre de conseillers ou d'échevins (*Schœffen*) qui augmente avec le chiffre de la population. Une partie de ces conseillers peuvent être rétribués, le bourgmestre l'est toujours ; les conseillers rétribués, doivent généralement être légistes, quelquefois l'un d'eux porte le titre de syndic. Dans certaines provinces, les communes rurales ont leur bourgmestre ou maire et leur conseil municipal, dans l'Est, le *Schulze* (maire) réunit l'assemblée communale, et dans les

petits villages les choses se passent quelquefois d'une manière assez primitive.

La Belgique est divisée en communes d'inégale grandeur, dont le nombre s'élève à 2.156. Dans chacune se trouve un corps municipal composé de deux parties : 1° le *conseil communal* ; 2° le *collège du bourgmestre et des échevins*, corps électif qui peut être considéré comme le pouvoir exécutif des délibérations prises par le conseil communal, et qui répond à la *junte* italienne et au *magistrat* allemand. Les conseillers communaux sont élus par des électeurs censitaires, dont le cens varie suivant la population. Quant aux échevins, ils sont nommés par le roi parmi les membres du conseil communal. Il en est de même, en général, du bourgmestre. Lorsque, par exception, le roi veut nommer le bourgmestre en dehors du conseil, il ne peut le faire que de l'avis conforme de la députation permanente du conseil provincial. La loi n'a pas fixé le nombre des sessions du conseil communal, et il appartient au collège des échevins de le convoquer toutes les fois qu'il le juge nécessaire (*voy.* loi du 30 mars 1836, modifiée par celles des 30 juin 1842 et 20 mai 1848). Les aliénations de biens immobiliers sont soumises à l'approbation du roi dans tous les cas où la valeur de l'immeuble dépasse 1.000 francs. Les dons et legs ne peuvent également être acceptés qu'avec l'approbation royale, toutes les fois que la valeur des choses données ou léguées excède 3.000 francs. Au-dessous de 3.000 francs, l'approbation est donnée par la députation permanente du conseil provincial. L'article 76, n°s 5, 6 et 7, soumet également à l'approbation du roi : « l'établissement, le changement ou la suppression des impositions extraordinaires et des règlements y relatifs, le changement du mode de jouissance des biens communaux ; la démolition des monuments de l'antiquité et même les réparations, lorsqu'elles sont de nature à en changer le style. » L'article 77 énumère les affaires qui ne sont soumises qu'à l'approbation de la députation permanente.

Si le pouvoir municipal est soumis à une tutelle sévère pour les actes de gestion, il a des attributions assez étendues en ce qui concerne la nomination des fonctionnaires. Les employés des taxes municipales, les administrateurs des hospices et bureaux de bienfaisance, les médecins, les architectes, les professeurs attachés aux établissements communaux sont nommés par le conseil qui est également armé du pouvoir de les destituer.

Une loi du 29 juin 1851 a organisé en Hollande le régime municipal à peu près sur les bases qui ont été adoptées en Belgique.

L'Espagne a des institutions municipales qui semblent avoir été copiées sur les nôtres. Entre la loi espagnole du 8 janvier 1845 et la loi française du 18 juillet 1837 on pourrait bien montrer quelques différences ; mais ce qui est surtout frappant, c'est l'analogie. Notre maire s'appelle *alcalde* au delà des Pyrénées, et nos adjoints *tenientes de alcalde*. Ils sont nommés par le roi dans les chefs-lieux de province et dans les chefs-lieux de *partido*, toutes les fois, dans ce dernier cas, que la population excède 2.000 habitants. Dans les autres villes, la nomination appartient au gouverneur de la province. Comme notre maire, l'*alcalde* a une double qualité. Délégué du pouvoir central, il agit à ce titre *sous l'autorité* de l'administration supérieure. Représentant de la commune, il est, en cette qualité, placé *sous le contrôle de la surveillance* du gouvernement.

Le conseil municipal s'appelle *ayuntamiento*, il y en a un dans toute commune de 30 habitants; celles qui en ont moins tard, comme les hameaux, dépendantes de l'administration communale la plus rapprochée. Les membres de l'*ayuntamiento* sont élus, et leur nombre varie entre un minimum de 4 et un maximum de 48.

En Autriche, l'organisation communale, telle que l'ont établie les lois du 17 mars 1849 et du 5 mars 1862, laisse une assez large place à l'indépendance locale. On distingue les bourgeois qui font, d'une manière permanente, partie de la commune (*Gemeindebürger*) et les personnes qui sont membres de la commune et en exercent tous les droits pendant le temps qu'elles y résident, à raison de fonctions qu'elles y remplissent (*Gemeindeangehörige*). Tous les résidants qui n'appartiennent ni à l'une ni à l'autre de ces deux catégories sont considérés comme étrangers et n'exercent pas les droits attachés à la qualité de bourgeois ou membres de la cité. L'autorité communale décide sur les demandes qui tendent à obtenir le droit de bourgeoisie et elle a le droit d'accorder ou de refuser, mais elle ne peut pas refuser le droit de séjour à un individu de bonnes vie et mœurs et qui trouve dans sa fortune ou son travail des moyens de pourvoir à sa subsistance. Les bourgeois élisent le conseil municipal, et celui-ci nomme un comité directeur qui est soumis à la confirmation par le chef de l'État. Ce comité est présidé par le bourgmestre, et remplit, comme corps collectif, à peu près les attributions de notre maire. Je dis *à peu près*, car l'autorité municipale en Autriche a des *pouvoirs propres* plus étendus que chez nous. Elle a notamment plus de liberté pour tout ce qui concerne la gestion du patrimoine communal. Elle est, à l'égard des habitants de la localité, une magistrature de conciliation, qui cherche à pacifier les différends. Une dizaine de cités, à raison de leur importance, sont régies par des statuts spéciaux, et, dans chaque province, les·diètes ont le pouvoir d'ajouter à la loi générale les dispositions complémentaires qu'elles jugent nécessaires ou seulement utiles.

C'est cependant une chose bien digne de remarque, que si la commune est moins vivante en France que dans aucun autre pays, encore ce point n'est-il pas bien certain, nulle part elle n'a un passé plus glorieux. Elle est la source principale du tiers état, c'est-à-dire de la classe qui, après une lutte prolongée, est devenue prépondérante.

On a beaucoup discuté sur l'origine des communes[1]; les uns l'attribuent à la persistance des municipes romains, et les autres pensent qu'au douzième siècle les communes ont conquis leur existence indépendante en s'insurgeant contre les seigneurs qu'elles contraignirent à leur concéder des chartes. Le débat me paraît avoir été tranché par Guizot, dans son *Histoire de la civilisation en France*. L'origine de toutes nos communes n'est pas la même. Nous tenons les unes de la tradition romaine, et telle fut principalement la formation des municipalités méridionales. Parmi les villes qui obtinrent des chartes, toutes non plus ne les durent pas à la même cause. Tantôt le roi ou le seigneur accordèrent spontanément des chartes, où le suzerain promettait de gouverner suivant certaines règles, sans créer en même temps des garanties qui en assurassent l'exécution. Tantôt, au contraire, la charte était un traité de paix entre les bourgeois révoltés et le seigneur qui subissait la loi. Il ne faut donc pas être surpris de trouver dans les chartes de la seconde espèce la fondation d'une administration chargée de faire respecter les concessions obtenues. Les villes ou bourgs qui arrivaient de cette manière à se constituer étaient de véritables communes, tandis que les villes auxquelles le suzerain octroyait spontanément une charte n'étaient pas, au moins à l'origine, appelées *communes;* car, en réalité, elles n'avaient pas de constitution municipale. — Ces concessions n'étaient cependant pas sans valeur. Les promesses que contenaient les chartes étaient facilement violées, parce qu'il n'y avait pas d'autorité qui pût en assurer l'accomplissement. Mais peu à peu les villes grandissaient, et, à mesure qu'elles prenaient de l'importance, le suzerain se sentait plus obligé à respecter les promesses qu'il avait faites; il observait ce qu'il avait promis et puis il étendait les privilèges, » s'attachant ainsi les bourgeois sans les affranchir politiquement[2] ».

Le pouvoir royal se montra, pendant toute la durée des douzième et treizième siècles, favorable à la cause des communes. Il intervint souvent au milieu de la lutte entre les bourgeois et les seigneurs, pour mettre fin aux hostilités, et, dans plus d'une circonstance, l'octroi de la charte fut dû à son influence. Tant de faveur donnée à la cause des communes ne venait pas d'une bienveillance désintéressée envers les vassaux; c'était une arme de guerre habilement employée contre le pouvoir de l'aristocratie féodale, dont la royauté poursuivait la ruine avec

1. Ce passage, jusqu'à la fin, est emprunté à Batbie.
2. *Histoire de la civilisation en France*, t. IV, p. 237.

persévérance et par tous les moyens. Les rois se liguèrent avec la bourgeoisie pour enlever aux seigneurs une partie de leur puissance et favorisèrent l'élévation de communes puissantes pour tenir les barons féodaux en échec permanent. Ils ne redoutaient rien de ces nouvelles corporations, soit parce qu'ils avaient la confiance qu'ils les feraient rentrer dans le néant dès qu'ils le voudraient, soit parce que des vassaux affranchis ne leur paraissaient pas pouvoir prendre les proportions d'un ordre politique rival de la monarchie. C'était une illusion de la puissance. Les communes devinrent bientôt le tiers état et dans les états généraux, les bourgeois se montrèrent toujours exigeants, souvent audacieux, quelquefois subversifs. On entendit des députés du tiers ordre soutenir des propositions contraires au droit divin des rois et déployer une audace égale à celle des écrivains qui, quatre siècles plus tard, étonnèrent une génération révolutionnaire. Le *Contrat social* eut des précurseurs dès le quatorzième siècle. Alors les rôles changèrent. La royauté, sans abandonner la guerre qu'elle avait entreprise contre la féodalité, devint aussi l'ennemie des communes, ses alliées d'autrefois, et alors commença le grand mouvement de centralisation qui, depuis le quatorzième siècle, mesure toute notre histoire. La royauté se radoucit envers les seigneurs; elle laissa en paix les petits suzerains qui ne pouvaient pas porter ombrage à sa puissance et concentra la lutte tout entière contre les plus hauts barons. Le hobereau put continuer à jouir de ses privilèges et à exercer, dans son petit rayon, la souveraineté qu'il tenait de la conquête et du morcellement de la puissance. C'est pour cela qu'en 1789, la grande noblesse était vaincue humiliée, réduite au rôle subalterne de noblesse de cour, tandis que le hobereau était encore un petit tyran dans son fief. D'où venait cette différence entre la grande et la petite aristocratie ? C'est que la royauté avait arrêté l'extension des communes et qu'elle était parvenue à réduire la puissance de celles qui s'étaient formées. A partir du quatorzième siècle, le mouvement communal s'arrête; les rois ne permettent pas qu'il s'en forme de nouvelles, et celles qui, dans les deux siècles antérieurs, étaient si bruyantes, voient diminuer leur puissance et s'affaiblir leurs garanties politiques et administratives. Depuis cette époque, le pouvoir central ne change pas sa ligne de conduite. Tout ce qui a quelque force locale lui est hostile, et peu à peu l'aristocratie succombe avec les communes, sous les efforts d'un ennemi commun. L'aristocratie n'eut pas chez nous, comme elle l'a fait en Angleterre, la pensée de se liguer avec la bourgeoisie pour combattre la royauté et lui imposer des garanties politiques. Une vieille inimitié séparait les communes de la noblesse et celle-ci a toujours été animée envers la bourgeoisie d'un dédain frivole, qui n'est jamais entré

dans le cœur d'un lord d'Angleterre. L'esprit anglo-saxon est positif avant tout et subordonne les sentiments de la vanité au but proposé. Il semble qu'en France l'aristocratie ait mieux aimé renoncer au but qu'au plaisir de mépriser ses inférieurs. Après de longues années, ce qui reste de noblesse semble reconnaître aujourd'hui qu'elle est intéressée au succès de la décentralisation et à la restauration de la vie provinciale et communale. C'est principalement dans le parti légitimiste que le système de la décentralisation compte ses adeptes; il se peut, en effet, que le développement de l'autonomie profitât à son influence, mais sur ce point, comme sur tant d'autres, c'est l'avenir qui prononcera.

COMMUNE DE PARIS. L'autorité municipale, dans la ville de Paris, a été, à deux reprises, en 1792 et en 1871, usurpée par un pouvoir insurrectionnel, connu sous le nom de *Commune de Paris*.

Le 10 août 1792, pendant que la foule envahissait les Tuileries, plusieurs chefs du mouvement, se présentant comme délégués des sections, occupaient l'Hôtel de ville et s'y constituaient en Commune, avec toutes les attributions politiques et administratives. La Commune notifia à l'Assemblée nationale son existence révolutionnaire, en exigeant des pouvoirs sans limites et la création d'un tribunal extraordinaire, chargé de juger sans appel ni recours « les crimes commis dans la journée du 10 août et autres crimes y relatifs, circonstances et dépendances ». La Commune de Paris devint toute-puissante sous l'inspiration de Danton, de Robespierre et de Marat.

Vainement l'Assemblée essaya-t-elle de briser cette tyrannie. Elle prit un décret pour dissoudre la Commune insurrectionnelle et pour ordonner l'élection d'un nouveau conseil municipal. La Commune était la plus forte; elle fit de son côté décrets sur décrets; elle ordonna « que les cloches seraient converties en canons; les fers des grilles en piques; que l'argenterie des églises serait fondue, une solde et des armes seraient données aux indigents; que des visites domiciliaires seraient faites pour découvrir les armes et arrêter les suspects [1] ». Pendant ce temps, l'ennemi avait franchi la frontière; à Paris, l'exaspération était au comble; les meneurs de la Commune en profitèrent pour exciter contre l'Assemblée et contre les royalistes la vengeance du peuple; le 2 septembre, à la nouvelle de la prise de Verdun, la foule courut aux prisons et massacra une centaine de détenus, prêtres, nobles, suisses, gardes du roi, que la Commune avait fait arrêter comme suspects.

L'Assemblée nationale, qui allait faire place à la Convention, fut impuissante pour réprimer ces crimes. La Convention elle-

1. Th. Lavallée, *Histoire des Français.*

même dut compter avec la Commune et subir à côté d'elle, dans la capitale où elle siégeait, ce pouvoir révolutionnaire qui ne pratiquait d'autre gouvernement que celui de la Terreur. Les excitations des clubs, qui avaient leur écho dans les séances tumultueuses de la Convention, poussaient à tous les désordres comme à toutes les folies. La Commune, après avoir détruit, sous prétexte de liberté, la hiérarchie politique et administrative, ne pouvait manquer de s'attaquer à la religion, qu'elle considérait comme une création de l'ancien régime ; elle ferma les églises, fit de Notre-Dame le Temple de la Raison, et rendit même un décret prononçant la démolition des clochers, « qui, par leur domination sur les autres édifices, semblaient contrarier les principes de l'égalité ». Cela dura jusqu'au 27 juillet 1794 (9 thermidor). La Commune tomba enfin sous le coup d'une réaction qui ne pouvait être que sanglante, Robespierre, Couthon, Saint-Just, et quatre-vingt-deux de leurs collègues, hommes obscurs pour la plupart, que l'aveuglement et le caprice révolutionnaire avaient fait entrer dans la Commune, périrent sur l'échafaud. La Commune de Paris a laissé dans l'histoire un souvenir tellement odieux que l'on n'aurait jamais imaginé qu'elle pût revivre avec son nom, avec ses doctrines, avec ses pratiques de terreur et de sang. Elle a reparu pourtant, elle a régné de nouveau en 1871, notre génération a vu la Commune de Paris.

En 1871, comme en 1792, la Commune est née d'une révolution politique, sous l'impression d'une grande défaite nationale, en présence d'une invasion. Elle a exploité l'exaspération populaire et l'on peut dire en deux mots qu'elle a commis également tous les crimes et toutes les folies. Elle a eu les clubs, les proclamations, les divagations, le régime des suspects, le massacre des prisonniers, la haine de la religion, la liberté, l'égalité, la fraternité, telles qu'on les pratiquait en 1793. L'histoire de cette lamentable période (18 mars au 24 mai) est écrite dans tous les souvenirs, sur des ruines et sur des tombeaux. Il est superflu d'en retracer les détails, mais il semble utile de marquer le point de départ de la Commune de 1871, de rechercher dans les documents écrits la pensée qui a inspiré ses actes et de mettre en relief les prétendues doctrines qu'elle a invoquées.

La chute de l'Empire, au 4 septembre 1870, laissait la France et Paris sans gouvernement régulier. Dès ce moment, la révolution, mal contenue par une autorité improvisée, avait libre carrière. Bientôt Paris fut assiégé par les Allemands et privé de toutes communications avec le reste du pays. L'histoire rendra hommage à l'énergie patiente avec laquelle l'ensemble de la population parisienne supporta cette rude épreuve, mais elle dira également avec quelle facilité s'amoncelèrent, durant les quatre mois du siège, dans la grande capitale, les éléments d'anarchie et de désordre. L'amnistie fut loin de calmer les ressentiments aigris par les souffrances physiques de la faim et du froid. Le peuple ne voulait pas avoir été vaincu ; il accusait d'impéritie ou de trahison les signataires de la capitulation, qui avait été cependant retardée jusqu'à la dernière heure. L'entrée d'une partie de l'armée allemande dans Paris était pour lui une humiliation poignante. Bientôt, quand les relations avec les départements furent rendues libres, et surtout lorsque l'on connut le résultat des élections à l'Assemblée nationale de Bordeaux, élections qui paraissaient contraires à l'opinion parisienne, une grande partie de la population se figura qu'après avoir été abandonnée dans la détresse elle était une fois de plus trahie dans ses aspirations politiques. La décision par laquelle l'Assemblée nationale établit son siège à Versailles vint encore exaspérer le sentiment parisien, non pas seulement dans les classes inférieures, trop facilement excitables, mais aussi dans les classes moyennes qui croyaient leurs intérêts sacrifiés et Paris décapité. L'armée régulière avait été désarmée et se trouvait à peu près dissoute ; la garde nationale avait conservé ses armes, et, sous la direction de chefs audacieux, les bataillons des faubourgs s'étaient emparés des canons qu'ils avaient accumulés à Montmartre et à Belleville. C'était le plus complet désordre en attendant la révolution. Vainement le Gouvernement, à peine constitué, essaya-t-il, le 18 mars, de reprendre par la force cette artillerie qui menaçait la ville. Les troupes envoyées contre Montmartre furent repoussées ou rendirent les armes devant l'insurrection ; deux généraux furent assassinés après un misérable simulacre de jugement. Le soir, le gouvernement tout entier et ce qui restait de troupes régulières s'étaient, sur l'ordre de M. Thiers, éloignés de Paris ; mesure qui était nécessaire sans doute, mais qui livrait la population paisible à la merci des insurgés et qui ne pouvait que combler la mesure du mécontentement général. Bref, Paris, à peine dégagé de Prussiens, allait être attaqué par l'armée réorganisée à Versailles. On entrait en pleine guerre civile. Par suite de quelles séries d'excitations criminelles et de déplorables malentendus Paris se trouvait-il de nouveau dans la condition de place assiégée ? Comment une partie considérable de la population se laissa-t-elle entraîner à s'allier avec les révolutionnaires ou à les subir ? L'étude de cette situation très compliquée exigerait un long récit. La Commune de 1871 fut, en quelque sorte, la résultante d'une accumulation vraiment extraordinaire d'événements et d'incidents, de la combinaison des éléments les plus divers, et, comme on l'a dit, d'un état psychologique qui défiait à ce moment tous les conseils du bon sens et de la raison.

On pourrait croire, à première vue, que le mouvement de la Commune a été déterminé

par le désir de conserver la forme républicaine, attaquée, disait-on, par des manœuvres monarchiques et de réaliser, en administration comme en politique, l'indépendance
municipale. Ce ne sont là que des prétextes
et de mauvaises excuses. En fait, la forme
républicaine n'était point menacée au mois de
mars 1871, et, à ce moment même, l'Assemblée nationale se préparait à reviser dans un
sens libéral la législation qui concerne l'état
des communes. Du reste, la composition du
personnel qui avait pris la direction du mouvement parisien montrait que, sous l'apparente modestie des prétentions, il s'agissait
de toute autre chose. Ce personnel était formé
d'hommes qui, depuis 1830, avaient figuré
dans les révolutions, dans les émeutes, dans
les sociétés secrètes organisées pour renverser tous les gouvernements, y compris la république. A ces conspirateurs émérites
s'étaient joints les orateurs de clubs, quelques hommes de lettres déclassés, les sectateurs des doctrines socialistes, les principaux
membres des associations ouvrières, et enfin
toute une bande d'étrangers révolutionnaires
cosmopolites, qui étaient simplement accourus à l'appel du désordre. Pour la plupart,
la liberté communale n'était qu'un mot vide
de sens, bon à inscrire sur un drapeau pour
entraîner les foules. En réalité, on voulait
s'emparer de l'autorité coûte que coûte, non-
seulement à Paris, mais encore dans toute la
France où les chefs de la Commune comptaient de nombreux affiliés; on voulait le
pouvoir pour le pouvoir lui-même, par les
moyens les plus violents, sans autre règle
que la souveraineté du but. Il fallait abattre
le gouvernement, quel qu'il fût, et renverser
tout ce qui faisait obstacle, religion, lois,
régime du travail, armée, administration
régulière. C'était bien une révolution universelle qui tantôt se dissimulait sous le simple
titre de réforme communale, et tantôt se présentait sous le titre pompeux de régénération
sociale.

On se servit, en 1871, des mêmes arguments, des mêmes mots qu'en 1792. Mais de
1792 à 1794, la France était au lendemain
d'une véritable révolution, qui avait aboli,
non seulement la royauté, mais encore les
castes, les privilèges, les derniers débris du
régime féodal, et les partis extrêmes pouvaient, avec quelque apparence de raison, redouter un retour offensif de cet ancien régime. Il n'en était pas de même en 1871. A
cette date, plus de privilèges ni de castes;
aucun parti ne songeait à restaurer ce qui
avait été détruit dès 1789. La faction révolutionnaire n'avait pas à combattre ce qui
n'existait plus. Mais elle appelait à son aide
les intérêts nouveaux qui s'étaient créés à la
suite de l'émancipation de la bourgeoisie et
qui se personnifiaient dans les ouvriers du
travail manuel. Elle prétendait que les ouvriers étaient demeurés sous l'oppression;
que leur jour d'émancipation était arrivé, et
qu'ils avaient, eux aussi, à conquérir leurs

droits. Tel était depuis plus de trente ans le
thème des prédicateurs socialistes et des ambitieux politiques. La Commune de Paris ne
fut, sous un terme vague, que l'expression
du sentiment révolutionnaire, développé en
France plus que partout ailleurs par l'in-
flammable tempérament du peuple, par son
ignorance, par l'organisation prématurée du
suffrage universel et par la fréquence même
des révolutions qui, à tort ou à raison, ont
réussi.   (C. Lavollée.)

COMMUNISME. *Voy.* **Socialisme.**

COMPAGNONNAGE. Le compagnonnage
est né au moyen âge à côté des corps de métiers. Les ouvriers qui allaient travailler de
ville en ville ne pouvaient s'enfermer dans le
cadre étroit de la corporation, que d'ailleurs
les maîtres tendaient à rendre plus exclusive
avec le temps. Ils fondèrent des associations
particulières, sortes de confréries qui les
protégeaient dans leurs voyages. Ces associations servaient non seulement à assurer
du travail à l'ouvrier qui arrivait, mais elles
lui faisaient trouver des visages amis dans
une ville étrangère, elles lui assuraient des
secours et du pain quand il se trouvait dans
la détresse, loin de sa patrie. Comme elles
étaient une sorte d'association contre l'arbitraire des patrons, et qu'elles se trouvaient
par conséquent en dehors de la législation
régulière, elles se dérobèrent au grand jour
et prirent le caractère mystérieux d'associations secrètes. La réception des compagnons
fut entourée de cérémonies bizarres et ressembla à une initiation de mystères antiques;
chaque compagnonnage avait sa mère, c'est-
à-dire une personne tenant le cabaret où lo-
geaient les nouveaux venus, les ouvriers sans
travail, et où se tenaient les réunions. Tous
les compagnons d'un même devoir devaient
s'entr'aider de leurs conseils, de leurs
bras, de leur bourse, et partager fraternellement entre eux le travail. Un compagnon arrivait-il dans une ville, il allait chez
la mère, se faisait reconnaître à certains signes mystérieux; et, bien qu'on ne l'eût jamais vu, il était accueilli comme un vieil
ami. Il avait droit au feu, au gîte et à la table. Peu importait qu'il eût ou qu'il n'eût
point d'argent, on l'hébergeait jusqu'à ce
qu'il trouvât du travail; on lui prêtait même
de l'argent s'il en avait besoin; s'il tombait
malade, on le soignait, et l'ouvrier rembour-
sait ensuite sur son travail les avances qui
lui avaient été faites. Les compagnons s'ar-
rangeaient de manière à lui faire une part
dans leur ouvrage: lorsque l'ouvrage ne pouvait pas se partager, le plus ancien cédait sa
place au dernier venu et partait pour continuer son tour de France. A son départ, on lui
faisait la conduite et on lui prêtait, au besoin,
de l'argent. Quand le travail abondait dans
une ville, les compagnons le faisaient savoir
aux autres villes et demandaient des ouvriers.

Mais à côté de ces avantages, le compagnonnage eut de graves abus : il devint exclusif comme l'était devenu le corps de métier ; il facilita les grèves, permit de mettre les ateliers, les villes, en interdit, fit naître des rivalités souvent sanglantes entre les différents devoirs [1]. L'autorité s'alarma promptement ; des ordonnances furent rendues du seizième au dix-huitième siècle contre ces associations secrètes qui avaient été plus d'une fois l'occasion de troubles. L'Assemblée nationale se prononça contre elles, comme elle s'était prononcée contre les corporations d'arts et métiers, au nom « du libre exercice de l'industrie et du travail ». Elle défendit (14-17 juin 1791) aux « ouvriers et compagnons d'un art quelconque de se nommer ni présidents, ni secrétaires, ni syndics, tenir des registres, prendre des arrêtés ou délibérations, former des règlements sur leurs prétendus intérêts communs ».

Cette législation a été sensiblement modifiée par la loi sur les *Syndicats professionnels* (*voy. ce mot*).

COMPÉTENCE. Ce mot exprime le droit que possède un fonctionnaire, un tribunal, de connaître de telle matière ou de tel litige.

Le principe de compétence qui domine tous les autres, et qui est un des fondements de la plupart des constitutions modernes, est celui qui sépare et rend réciproquement indépendants le pouvoir administratif et le pouvoir judiciaire. C'est le seul dont nous ayons à nous occuper ici.

Ce principe est considéré, dans les pays libres, comme la condition indispensable d'une bonne justice et d'une bonne administration.

Nécessairement soumis, dans une certaine mesure, au pouvoir politique qui lui donne l'impulsion, le pouvoir administratif, en effet, a des allures spéciales qui ne passeraient pas sans danger dans le maniement des choses de l'ordre judiciaire. Les intérêts publics qui lui sont confiés sont mobiles et variables ; pour y donner satisfaction, il doit user, et il use, le plus souvent, de facultés discrétionnaires qui ne comportent pas des règles absolues, mais seulement des règles morales, pouvant se plier facilement à certaines circonstances de temps, de lieux, de personnes, et se modifier sans cesse, selon les besoins du pays. Cette liberté d'action laissée au pouvoir administratif relativement à ce qu'on a appelé l'administration *pure* est suffisamment tempérée, dans les monarchies représentatives où le régime parlementaire est franchement appliqué, par la responsabilité ministérielle et par le contrôle du pouvoir parlementaire ; et, comme la hiérarchie administrative remonte par une chaîne non interrompue au ministère, qui ne peut se soutenir et durer que par le concours de ce pouvoir, c'est en définitive à la nation elle-même, dont il est l'expression, qu'appartient la direction suprême.

Or si, par la pensée, on transporte cette liberté d'action dans la gestion des intérêts confiés à l'autorité judiciaire, on s'aperçoit aussitôt que l'ordre social en sera profondément troublé, et que toutes les garanties échapperont à la fois aux citoyens. L'autorité judiciaire, exclusivement chargée de statuer sur les intérêts privés, est, et doit être en effet, dépourvue de toute autorité discrétionnaire. Toujours enchaînée par la loi ou par des principes inflexibles qu'elle doit appliquer à tous sans distinction, elle a reçu l'organisation la plus susceptible de donner pleine sécurité aux droits confiés à sa garde ; inamovible, indépendante du gouvernement, elle n'a d'ordres à recevoir de personne ; « elle met avec raison son honneur à s'affranchir de toute influence, et ne répond de ses décisions qu'à sa conscience et à Dieu. » (Vivien, *Études administratives*.) Mais n'est-ce pas là une simple théorie ? Peut-on vraiment dire que le juge n'a pas « d'autorité discrétionnaire » quand la loi lui donne cette énorme latitude de prononcer une peine qui peut aller de 3 mois à 5 ans ? C'est au magistrat à en fixer la durée précise. Comment pourrait-il juger, s'il n'appréciait pas ?

Or, ce n'est pas les particuliers qu'il s'agit de protéger contre le juge, mais le pouvoir administratif, ou plutôt un pouvoir vis-à-vis de l'autre.

Les dangers qui résulteraient de l'ingérence de l'autorité judiciaire dans l'administration, ne seraient pas moins sérieux que ceux qui naîtraient de l'immixtion de l'administration dans la justice. L'histoire des parlements a démontré que lorsqu'il était loisible à l'autorité judiciaire de toucher à l'administration, celle-ci était bientôt absorbée tout entière, et passait promptement de la subordination à l'esclavage. — Placée entre les mains des corps judiciaires, l'action administrative cesserait de relever du pouvoir politique et de recevoir son impulsion ; de là un antagonisme qui conduirait à l'anarchie. Exercée d'ailleurs par des agents irresponsables que ne contiendrait aucune surveillance, elle mettrait infailliblement en péril les libertés publiques.

Telles sont les raisons qui ont fait adopter le principe de la séparation et de l'indépendance réciproque des pouvoirs. Voici, d'ailleurs, de quels actes les deux pouvoirs doivent réciproquement s'abstenir.

L'autorité judiciaire ne peut faire des actes de pure administration, comme nommer des agents de l'administration, déterminer les circonscriptions administratives ; elle ne doit ni mettre obstacle à une opération administrative, ni en apprécier le mérite ; ainsi, elle ne pourrait ordonner la suspension de travaux prescrits par l'autorité administrative ; elle doit s'abstenir d'interpréter les actes administratifs ; elle ne peut ni faire des règlements, ni réformer, modifier, ou censurer

---

1. *Devoirs* est ici le synonyme de corps, d'associations, d'ordres.

les règlements arrêtés par l'administration ; elle peut toutefois se refuser à en assurer la sanction pénale, lorsqu'ils ne sont pas légalement pris ; elle doit s'abstenir de donner des ordres ou des instructions à l'autorité administrative ; elle est obligée de surseoir à toute décision aussitôt qu'elle a reçu la notification de l'arrêté de conflit dont nous allons parler ; enfin, l'autorité judiciaire ne peut citer devant elle un agent de l'administration, à raison de ses fonctions, sans une autorisation préalable.

De son côté, l'administration doit s'abstenir de certains actes dont l'exécution porterait atteinte à l'autorité judiciaire : elle ne doit pas s'immiscer dans les questions d'état civil ou de propriété, dans l'appréciation des titres privés appartenant au droit commun, tels que conventions, prescriptions, effets de commerce, etc. ; elle ne peut instituer aucune pénalité par ses règlements, et appliquer, dans les condamnations administratives, aucune peine corporelle ; enfin, elle ne doit pas entraver le cours de la justice, soit en infirmant une décision rendue par les tribunaux, soit en remettant en question la chose jugée par eux, ou en prononçant sur l'exécution et les effets de leurs sentences, soit enfin en enlevant à leur juridiction un agent de l'administration, pour faits étrangers à ses fonctions.

Telles sont, esquissées à grands traits, les règles générales de la compétence des pouvoirs administratif et judiciaire.

Mais qui jugera les contestations survenues entre eux ? Le système qui a prévalu en France, c'est un tribunal des conflits, composé de membres du conseil d'État et de membres de la Cour de cassation.

Chacun des autres États de l'Europe présente, suivant le génie particulier de ses institutions politiques, comme un échantillon des divers systèmes réalisables ; en Espagne, dans le grand-duché de Hesse et le Wurtemberg, le jugement des conflits appartient, comme autrefois en France, au souverain en Conseil d'État ; en Belgique et en Hollande, à la Cour de cassation ; en Angleterre, le pouvoir judiciaire reconnaît lui-même les limites de sa compétence ; — dans les cantons de Lucerne, de Berne, de Fribourg, de Schwitz, d'Uri, de Schaffhouse, de Neuchâtel et de Zug, c'est le pouvoir législatif, le Grand Conseil, qui statue sur les conflits. — Comme on le voit, là où les institutions, quoique représentatives, font une plus large part au pouvoir exécutif, le dernier mot du conflit est dit par le souverain ; là où la monarchie est réellement constitutionnelle, où le pays tend à faire ses affaires lui-même, ce mot est dit par l'autorité judiciaire ; enfin, dans quelques gouvernements démocratiques, c'est le pouvoir législatif qui le prononce, mais, tout bien considéré, même dans une république, une juridiction mixte est-là meilleure garantie d'une bonne justice, et elle arrive mieux que toute autre à rétablir l'harmonie entre l'autorité judiciaire et l'administration.

COMPLOT. *Voy.* **Conspiration.**

COMPTOIRS COMMERCIAUX. Ce sont des succursales de maisons de commerce, ou des établissements de peuples commerçants à l'étranger.

Toutes les nations commerçantes dans l'antiquité, au moyen âge et de nos jours, ont eu et ont encore des comptoirs dans les pays étrangers. C'est la forme et la condition de ces comptoirs qui change, le fond reste à peu près le même. Tyr, Carthage, la Grèce, Rome et les républiques italiennes du moyen âge ont établi d'abord des comptoirs, puis ensuite des colonies, partout où elles supposaient avantageux pour elles de se créer des relations et d'ouvrir des débouchés. Le simple comptoir, modeste d'abord, cacha souvent la pensée d'un établissement plus sérieux et bientôt de la conquête d'une contrée tout entière. Lorsque nous voyons les peuples défiants s'opposer aux plus humbles établissements sur leur territoire, c'est qu'ils ont, pour l'avenir, l'appréhension de sérieux envahissements.

Bien souvent aussi ces comptoirs n'ont eu réellement d'autre but que celui de créer des lieux de protection pour le commerce, des escales pour la navigation, et des succursales pour réaliser au loin la vente de produits envoyés par la maison-mère et régulariser les payements, suite naturelle des échanges.

Alors que la sécurité et les bonnes relations n'étaient pas aussi générales qu'elles le sont aujourd'hui dans toutes les parties du monde, des marchands d'une même nation ou de nations diverses, des villes commerçantes, comme les villes hanséatiques, par exemple, réunissaient leurs efforts et leurs capitaux pour former, dans des contrées lointaines, trop souvent inhospitalières, des établissements protecteurs de leurs nationaux, et qui prenaient le nom de *comptoirs*. Ces comptoirs étaient, la plupart du temps, fortifiés, pour mettre leurs hôtes à l'abri des violences dont ne s'abstiennent pas toujours des peuples peu civilisés, jaloux de tout ce qui est étranger.

Ces comptoirs servaient, et servent encore, là où l'on forme des établissements naissants, à emmagasiner les marchandises proposées à l'échange, ou celles que l'on avait obtenues par voie de trafic ; ils étaient le plus souvent placés sur les rives d'un fleuve ou sur les bords de la mer, et les achats et les ventes s'y faisaient par les agents de l'association créatrice.

Ces comptoirs offraient aussi des habitations aux agents des sociétés qui y trouvaient la sécurité qu'ils n'eussent pas rencontrée dans l'enceinte des villes étrangères où les émotions populaires eussent souvent mis leurs jours en danger. De nos jours, les nations se civilisent de plus en plus, les colonies s'étendent et les comptoirs ou factoreries deviennent moins nombreux et moins utiles.

COMTE (en allemand *Graf*, en anglais *count* et *earl*). On a donné le nom de comte, dans l'origine, aux seigneurs de la suite du roi. *Comte* vient du mot latin *comes*, compagnon. On fait remonter à l'empereur Auguste la qualification de comte : elle s'appliquait à des sénateurs qui faisaient partie de la cour. C'était alors un emploi. Constantin en fit une dignité.

Dans les temps modernes, le titre de comte n'est plus qu'une simple qualification nobiliaire.

CONCILES. Ce sont des assemblées de prélats catholiques, qui décident les questions de foi ou règlent ce qui concerne la discipline. Dans les temps modernes, ces réunions ne sont effectivement composées que de prélats, mais anciennement, et particulièrement au concile de Nicée, les prêtres et les diacres furent admis à siéger et à prendre part aux délibérations. Cela résulte clairement de ce passage : *Convenerunt apostoli et seniores videre de verbo hoc*, des Actes des apôtres. Le mot latin *seniores* et le mot grec πρεσβύτεροι signifient les prêtres.

Au concile de Nicée, les prêtres et les diacres prirent séance avec les évêques, et Eusèbe, dans la vie de Constantin, dit qu'il y eut à ce concile plus de deux cent cinquante évêques, et un nombre considérable de prêtres, de diacres, d'acolytes et autres, y prirent séance et y souscrivirent.

De nos jours les conciles œcuméniques sont composés uniquement d'évêques et archevêques et sont présidés par le Pape, mais dans certains pays il y a aussi des conciles provinciaux dont les pouvoirs sont bien moins étendus.

Les conciles œcuméniques ont exercé une grande influence sur le développement de la religion catholique.

CONCILIABULE. Réunion secrète de personnes ayant des desseins subversifs.

CONCLAVE est formé de deux mots latins, *cum*, avec, *clavis*, clef. On a donné le nom de conclave à la réunion des cardinaux chargés de procéder à l'élection d'un pape, parce qu'on les tenait fermés sous clef, jusqu'au moment où ils étaient parvenus à se mettre d'accord. C'est depuis Grégoire X que le pape est élu par les cardinaux seuls; autrefois le clergé et le peuple de Rome y participaient.

On sait que, lors d'un conclave, la France, l'Autriche et l'Espagne peuvent chacune demander l'exclusion d'*un* cardinal. Mais elles ne peuvent faire usage de leur droit de *veto* qu'autant que la majorité n'est pas encore acquise à l'un des cardinaux. C'est par cette raison aussi que ces grands Etats catholiques tiennent à compter au moins un ami dans le conclave qui puisse exercer ce droit en son nom. (*Voy.* **Exclusive.**)

CONCLUSUM. Note diplomatique qui résume les demandes de la puissance qui le signifie. Le conclusum admet la discussion ; c'est souvent seulement un point de départ pour les négociations. Il se distingue donc de l'ultimatum, qui n'admet guère de réplique. (*Voy.* **Ultimatum.**)

CONCORDAT. Traité conclu entre le saint-siège et le gouvernement d'une nation catholique pour régler chez cette dernière les rapports de l'Eglise catholique et de l'Etat. On ne donnait pas ce nom aux conventions qui pouvaient intervenir entre le gouvernement pontifical et toute autre puissance dans un but exclusivement politique. Tel fut, par exemple, le traité de Tolentino en 1797. Ces conventions rentraient dans la catégorie des actes diplomatiques ordinaires. Dans les concordats, le pape stipulait et stipule comme souverain pontife, comme chef et représentant de la catholicité. Les accords « *de rebus ecclesiasticis* » intervenant entre le saint-siège et une puissance non catholique se nomment simplement *convention*.

Nous n'entrerons pas ici en des considérations générales sur les concordats, mais nous raconterons l'histoire du concordat de 1801 en empruntant à notre *Dictionnaire général* le récit de Gaston de Bourge.

Lorsque, le 3 juin 1800, le 1er Consul fit les premières ouvertures relatives à un concordat, il y avait un peu plus de deux années que le Directoire s'était emparé de Rome, avait fait traîner le pape dans l'exil où il devait mourir, et ordonné la dispersion du Sacré-Collège. Il semblait que tout conclave fût devenu impossible et que la papauté ne dût pas survivre à ce grand naufrage. Pourtant, à la mort du prisonnier de Valence, le conclave s'était réuni à Venise; du sein de cette assemblée était sorti le choix le mieux fait pour rendre la paix à l'Eglise, et l'envoyé du cardinal Martiniani trouva le nouveau pape sur le seuil de Rome, où il rentrait solennellement le 3 juillet 1800.

Pour comprendre les sentiments avec lesquels Pie VII dut accueillir les ouvertures qui lui étaient faites, il faut se représenter l'état où se trouvait la religion en France [1]. En ce moment même, le retour du calme rendait plus sensibles les plaies causées par le schisme. Deux, et pour ainsi dire trois clergés étaient en présence. Le clergé constitutionnel était généralement méprisé, mais les anciens révolutionnaires le protégeaient en haine du clergé insermenté. Ces pasteurs sans troupeau détenaient, du reste, un grand nombre d'églises, et bien que leur nombre fût diminué par l'apostasie, la mort et d'heureuses rétractations, les plus ardents, réunis alors en concile, se montraient assez remuants, assez infectés de l'esprit de secte, pour être une occasion de scandale et un obstacle aux progrès du clergé fidèle. Celui-

1. Nous n'avons pas besoin de signaler la nuance d'opinion à laquelle l'auteur appartient.

ci était lui-même divisé. Le plus grand nombre des prêtres insermentés n'avaient pas cru manquer à leurs devoirs en profitant de la tolérance du gouvernement et en promettant soumission aux lois. Mais d'autres, cédant à des scrupules respectables dans leur exagération, ou mêlant la foi politique à la foi religieuse, se refusaient à un acte qui impliquait à leurs yeux reconnaissance du nouvel état de choses et adhésion aux crimes révolutionnaires. Ce clergé ainsi divisé était aussi considérablement réduit : l'échafaud, les massacres, les souffrances de la déportation ou les misères d'une vie errante et cachée l'avaient plus que décimé ; la plupart des évêques s'étaient réfugiés à l'étranger ; beaucoup y étaient encore, et correspondaient, comme ils pouvaient, avec leurs diocèses. Ceux qui étaient morts n'avaient pu être remplacés, et le malheur des temps n'avait pas même permis aux chapitres de pourvoir régulièrement à l'administration des sièges vacants. Les prêtres qui avaient fait la promesse de soumission aux lois pouvaient seuls officier publiquement dans un nombre d'églises restreint qu'il leur fallait souvent partager avec le culte constitutionnel et les cérémonies décadaires. Les autres ne pouvaient célébrer les saints mystères que dans l'ombre, au milieu des bois ou dans les demeures privées ; parmi les laïques, plusieurs avaient senti leur foi se fortifier par la persécution ; mais chez d'autres, en grand nombre, l'habitude des pratiques religieuses se perdait faute de secours ; l'Eglise cessait d'être appelée à consacrer la naissance, le mariage et la mort. Beaucoup aussi étaient restés hostiles. Enfin, sans parler de l'état de délabrement des édifices, du manque d'objets nécessaires à l'exercice du culte, le clergé n'avait plus de quoi vivre, rien ne lui était resté du patrimoine que la piété des siècles passés avait constitué pour la subsistance de l'Eglise et des pauvres.

Pie VII reçut donc avec joie le message de paix qui lui faisait espérer l'amélioration d'un état de choses aussi douloureux. Mais si un prompt remède était nécessaire, il était difficile de l'apporter. « A Paris, dit Thiers, il y avait le parti des railleurs, des sectateurs encore vivants de la philosophie du dix-huitième siècle, des anciens jansénistes, devenus prêtres constitutionnels, et enfin des généraux imbus de préjugés vulgaires ; c'était l'obstacle du côté de la France. A Rome, il y avait la fidélité aux précédents antiques, la crainte de toucher aux dogmes en touchant à la discipline, des défiances contre ce qui sortait de la Révolution, une sympathie bien explicable pour le parti royaliste avec qui l'Eglise avait tant de souvenirs et de malheurs communs…. C'était l'obstacle du côté du saint-siège. » Mais si jamais les pouvoirs temporel et spirituel ne s'étaient rencontrés en de plus grandes circonstances, « jamais ils n'avaient été plus dignement représentés ».

« Ce jeune homme si sensé, si profond dans ses vues, mais si impétueux dans ses volontés, qui gouvernait la France, ce jeune homme, par un singulier dessein de la Providence, se trouvait placé sur la scène du monde en présence d'un pontife d'une vertu rare, d'une physionomie et d'un caractère évangéliques, mais d'une ténacité capable de braver jusqu'au martyre lorsqu'il croyait compromis les intérêts de la foi ou ceux de la cour romaine. »

Le négociateur envoyé par Pie VII fut monseigneur Spina, archevêque de Corinthe, qui avait partagé la captivité et fermé les yeux de Pie VI ; avec ce prélat, vint pour l'assister le père Caselli, général des Barnabites, théologien consommé. Le premier consul avait choisi, pour traiter avec les représentants de Rome, l'abbé Bernier, habile et heureux pacificateur de la Vendée. Sapina et Caselli arrivèrent à Paris au mois d'octobre 1800, et les négociations commencèrent immédiatement.

D'après Thiers, le plan primitif du premier Consul était déjà, dans son ensemble au moins, tel ou à peu près tel qu'il fut plus tard réalisé par le concordat.

Démission imposée à tous les évêques anciens titulaires ; nouvelle circonscription diocésaine ; soixante sièges au lieu de cent cinquante-huit ; composition d'un clergé nouveau formé d'ecclésiastiques de tous les partis ; nomination des évêques par le premier consul, institution par le pape ; nomination des curés par les évêques ; promesse de soumission au gouvernement établi ; traitement sur le budget de l'Etat ; renonciation aux biens de l'Eglise et reconnaissance complète de la vente de ces biens, etc.

La cour de Rome admettait certains points, mais en repoussait d'autres, se laissant quelquefois guider par des traditions qu'elle avait peine à oublier (c'est ainsi qu'elle insistait pour obtenir à la religion catholique le titre de religion de l'Etat), obéissant plus souvent à de nobles scrupules, quand par exemple elle se défendait de destituer les titulaires des anciens sièges qui refuseraient de se démettre. Il lui coûtait de frapper des prélats vénérables qui avaient montré une inviolable fidélité à l'Eglise à travers toutes les misères, et c'est à peine si elle s'en croyait le droit. Quant aux constitutionnels, indépendamment d'une vive répugnance à leur confier des sièges, Rome tenait à obtenir d'eux une complète rétractation de leurs erreurs. En ce qui concernait la nomination des évêques par le chef de l'Etat, Rome demandait une réserve pour le cas où l'un des successeurs du premier Consul serait protestant. Pour la reconnaissance de la vente des biens de l'Eglise, le négociateur romain, tout en renonçant à poursuivre le recouvrement des biens vendus, résistait à toute formule qui impliquât l'approbation morale de ce qui s'était passé, et la reconnaissance du droit d'aliénation, il demandait la restitution des biens non encore aliénés et la possibilité d'en acquérir de nouveaux.

La négociation fut longue. Les négociateurs étaient pleins de bon vouloir; mais Spina ne pouvait prendre sur lui certains sacrifices, et Bernier, instrument plein de dextérité du premier Consul, n'avait pas l'autorité nécessaire pour modifier les idées auxquelles celui-ci s'était une fois attaché. Or, malgré une sagacité prodigieuse et une pénétration extrêmement rapide, Napoléon, étranger aux matières ecclésiastiques, ne pouvait apprécier justement toutes les difficultés qu'il rencontrait, et sa volonté impérieuse, quoique accessible encore à la voix de la raison, s'irritait de résistances qu'il ne s'expliquait pas toujours; auprès de lui, d'ailleurs, personne qui réunît autorité et lumières suffisantes pour l'éclairer. Le ministre des affaires étrangères, Talleyrand, aurait seul pu le faire; mais, d'après Thiers, il se montrait, à raison de sa situation personnelle, peu porté à aider au rétablissement des autels qu'il avait désertés. Le dénouement fut hâté par un incident qui, d'abord, avait paru menaçant. Impatient d'en finir, le premier Consul fait venir les négociateurs, gourmande Spina sur le prétendu mauvais vouloir de la cour de Rome, menace de tout rompre, et envoie à Cacault, son ambassadeur à Rome, l'ordre impérieux de quitter la ville, si le projet qu'il envoie n'est pas accepté dans les trois jours. Cacault, ministre honnête et clairvoyant, admirateur fervent du premier consul, et sincèrement dévoué au saint-siège, fut atterré par cette nouvelle. Il n'était pas plus possible au pape d'admettre le projet dans son intégrité qu'à l'ambassadeur de manquer aux ordres qu'il avait reçus. Dans cette extrémité, Cacault, tout en se retirant à Florence, décida le cardinal Consalvi, premier ministre, à partir avec lui, et à se rendre à Paris pour suivre la négociation. Il pensait avec raison que cette démarche satisferait le premier consul, et, d'autre part, que Consalvi avait, plus que qui ce fût, l'habileté et l'autorité nécessaires pour terminer cette grande œuvre. Le cardinal arriva à Paris, fort inquiet et fort ému de la tâche qui lui était imposée; mais, enfin, après trois semaines environ de travaux, de discussions et de luttes pénibles, on parut s'être mis d'accord, et un décret du 23 messidor an IX nomma, pour signer le concordat, du côté de la France, Joseph Bonaparte, le ministre de l'intérieur Crétet, et l'abbé Bernier. « Le premier consul, écrivait Maret à Joseph en lui envoyant copie du décret désire que cette négociation soit terminée dans les vingt-quatre heures, il attache un grand prix à ce que la convention à intervenir porte la date du 14 juillet... » Malgré ce désir, le concordat ne put être signé à cette date, un incident, raconté dans les mémoires du cardinal Consalvi (Crétineau Joly, *l'Eglise romaine en face de la Révolution*, tome I, page 282), ayant rouvert la discussion; en-

fin, à deux heures du matin, dans la nuit du 26 au 27 messidor, le concordat fut conclu et signé, grâce en partie à l'honorable initiative de Joseph. Le cardinal Consalvi repartit presque aussitôt pour Rome, et un mois après, un courrier extraordinaire rapportait la ratification du saint-père. Sur la demande du premier consul, le cardinal Caprara fut envoyé comme légat pour suivre l'exécution du concordat, car il restait encore bien des détails à régler, la démission des anciens évêques à obtenir, les nouvelles circonscriptions à préparer, le choix des évêques à arrêter. Portalis, nommé ministre des cultes, et l'abbé Bernier, s'entremirent avec zèle pour toutes ces questions; mais sur tous les points où leur maître avait des idées arrêtées, ils étaient impuissants à en changer le cours. C'est ainsi que, malgré le légat et même malgré Portalis, le premier consul fit dans les choix nouveaux une part assez grande à l'élément constitutionnel. Deux motifs tout politiques le guidaient; il ne voulait pas paraître répudier entièrement l'héritage de la Révolution, et, tenant essentiellement à la dépendance, il était sur ce point beaucoup plus sûr de ces hommes que des prêtres insermentés. Ces négociations, la préparation des articles organiques et quelques velléités d'opposition, qui s'étaient manifestées au sein des corps constitués, retardèrent la promulgation du concordat; il fut enfin soumis aux chambres dans une session extraordinaire, tenue en germinal an X. En même temps était présentée une loi sur l'organisation du culte, connue sous le nom d'articles organiques, et sur laquelle nous devrons revenir tout à l'heure. Un exposé des motifs, rédigé par Portalis, accompagnait cette présentation qui ne rencontra point d'opposition sérieuse, la volonté du premier consul étant bien connue. Les deux projets furent convertis en loi le 18 germinal an X (8 avril 1802) et le jour de Pâques qui suivit (18 avril), le premier consul assista à un *Te Deum* chanté solennellement à Notre-Dame, pour célébrer la paix générale et la réconciliation avec l'Eglise.

Il ne saurait entrer dans le cadre de cet article de retracer, même en abrégé, la lutte politique et religieuse que l'ambition de Napoléon, devenue impatiente de toute résistance, ne tarda pas à amener entre l'Empire et la papauté, lutte qui succéda si vite aux relations amicales de l'époque du concordat et du concordat et du sacre. La personne et les Etats du pape tombèrent bien vite et bien facilement au pouvoir du tout-puissant empereur; mais pendant longtemps tout ce pouvoir se brisa contre la résistance passive du saint-père. Un jour, enfin, captif, affaibli par ses souffrances morales et physiques, isolé de ses conseillers, entouré de suggestions, Pie VII fléchit sous l'ascendant personnel de l'empereur, et signa le concordat de 1813 (25 janvier). Cet acte contenait l'abandon complet du pouvoir temporel, et quant au spirituel, resserrait la faculté, pour le pape, de disposer de l'institution canonique dans un délai de six mois, passé lequel elle serait donnée par le métropolitain. Mais dès que Pie VII eut retrempé son courage dans la présence et les conseils des cardinaux Consalvi, Pacca, di Pietro, etc., il se hâta de révoquer le consentement arraché à un moment de faiblesse (24 mars 1813), et la chute de l'empire étant survenue peu après, le concordat de Fontainebleau ne reçut aucune exécution.

La Restauration s'en tint, dans les premiers moments, au concordat de 1801; mais le nombre des diocèses créés était devenu insuffisant; la nécessité d'en établir de nouveaux, et de remanier l'ancienne circonscription, amena des négociations suivies avec le saint-siège. M. de Blacas conclut (11 juin 1817) une convention nouvelle, qui rétablissait le concordat de François Ier. Celui de 1801 cessait d'avoir son effet, et les articles organiques étaient abrogés « en ce qu'ils ont de contraire à la doctrine et aux lois de l'Eglise »; une dotation en bien-fonds et en rentes devait être assurée aux sièges tant existants qu'à ériger de nouveau, ainsi qu'aux séminaires, aux cures et aux chapitres. L'opinion des chambres, fortement manifestée dès avant la discussion, fit retirer le projet de loi, et le saint-siège dut renoncer à l'exécution du nouveau concordat. On y suppléa par la loi du 4 juillet 1821, qui autorisait le roi à établir, d'accord avec le pape, trente archevêchés ou évêchés nouveaux; le concordat de 1801 resta en vigueur, et c'est encore la loi qui nous régit. Il est temps d'en faire connaître la teneur.

Concordat de 1801. — Un court préambule rappelle que la religion catholique, apostolique, romaine, est la religion *de la grande majorité des Français*, et que les consuls en font « profession particulière ». Il est dit ensuite dans l'article Ier « qu'elle sera librement exercée en France; son culte sera public en se conformant aux règlements de police que le gouvernement jugera nécessaires pour la tranquillité publique ». Les articles 2, 3, 4 et 9 sont relatifs à la nouvelle circonscription des diocèses et paroisses, à la démission des anciens titulaires, à la nomination des nouveaux évêques, que *nommera* le premier consul et auxquels Sa Sainteté « *conférera l'institution canonique* suivant les formes établies, par rapport à la France, avant le changement de gouvernement ».

Article 5. « Les nominations aux évêchés qui vaqueront dans la suite seront également faites par le premier consul, et l'institution canonique sera donnée par le saint-siège en conformité de l'article précédent. » Les articles 6 et 7 sont relatifs au serment d'obéissance et fidélité au gouvernement établi, que prêteront les évêques et les ecclésiastiques de second ordre; l'article 8 à la formule de prière qui sera récitée pour le gouvernement à la fin des offices. Article 10. « Les évêques

nommeront aux cures. Leur choix ne pourra tomber que sur des personnes agréées par le gouvernement. » Article 11. « Les évêques pourront avoir un chapitre dans leur cathédrale et un séminaire pour leur diocèse, sans que le gouvernement s'oblige à les doter. » L'article 12 a trait à la restitution au culte, des églises non aliénées, et l'article 13 aux acquéreurs des biens nationaux « que Sa Sainteté et ses successeurs ne troubleront en aucune manière ». Par l'article 14, le gouvernement promet d'assurer un traitement convenable aux évêques et curés; et par l'article 15 de prendre des mesures pour que les catholiques puissent faire des fondations en faveur des églises. Article 16. Sa Sainteté reconnaît dans le premier consul de la République française les mêmes droits et prérogatives dont jouissait, près d'elle, l'ancien gouvernement. Article 17. « Dans le cas où l'un des successeurs du premier consul actuel ne serait pas catholique, les droits et prérogatives mentionnés dans l'article ci-dessus et la nomination aux évêchés seront réglés, par rapport à lui, par une nouvelle convention. »

Cet acte, en lui-même, a soulevé deux griefs principaux. On a dit que le pape avait *excédé les bornes* de son pouvoir en instituant des titulaires nouveaux lorsque les anciens n'avaient pas cru devoir se soumettre, et en promettant pour lui et pour ses successeurs de ne pas poursuivre la restitution des biens de l'Eglise. Cette opinion, professée par un petit nombre d'ecclésiastiques et même de laïques, aussi fervents qu'obstinés, a donné naissance à la secte connue sous le nom de *petite Eglise*, qui n'a point voulu reconnaître le concordat. On y répond suffisamment par ces paroles de Bossuet : « *Concedimus enim injure quidem ecclesiastico papam nihil non posse cum necessitas id postularit.* » (*Defensio Declarationis Cleri Gallicani,* lib. XI, cap. xx.)

On a prétendu d'un autre côté qu'on avait laissé pour l'institution canonique une latitude excessive du saint-siège, et qu'il aurait fallu limiter à un délai déterminé le droit de la refuser. C'est la modification que Napoléon a voulu faire sanctionner par le concile de 1811 et que nous avons vue introduite dans la convention de 1813. De Pradt, cédant sans aucun doute à des ressentiments personnels, a longuement soutenu cette thèse. Thiers lui répond en ces termes : « Vouloir fixer un délai de quelques mois après lequel l'institution du pape aurait été considérée comme accordée, c'eût été forcer l'institution même, enlever au pape son autorité spirituelle, et renouveler au moins que la mémorable et terrible querelle des investitures. » En admettant que l'autorité religieuse du saint-siège puisse quelquefois refuser systématiquement l'institution aux évêques choisis, afin d'obtenir par ce moyen des concessions du gouvernement temporel, ce ne pourrait être qu'un abus passager, et moins dangereux que si le choix des évêques était absolument remis à la discrétion de l'autorité civile.

Les articles organiques ont soulevé des controverses plus sérieuses et qui ne sont pas encore terminées. Ils ont été l'objet des protestations du saint-siège, et les catholiques français les ont combattus en mainte occasion. Parmi les monuments de ces attaques, il faut citer l'éloquent discours que Montalembert prononça le 16 avril 1844 devant la chambre des pairs et un mandement de Bonald, archevêque de Lyon, du 21 novembre 1844, qui fut supprimé par ordonnance royale à la suite d'un appel comme d'abus. L'auteur anonyme d'une remarquable étude sur *la liberté religieuse et la législation actuelle* en a fait une critique sévère au point de vue libéral.

Les articles organiques ont trouvé aussi de zélés défenseurs parmi lesquels Dupin s'est montré le plus ardent. Il en fait « le fondement de notre droit public ecclésiastique » et prétend que « l'état s'abdiquerait lui-même, s'il pouvait jamais y renoncer ». Thiers les défend aussi ; il soutient que cette loi « était pour le gouvernement français un acte tout intérieur qui le regardait seul, et qui à ce titre ne devait pas être soumis au saint-siège. *Il suffisait qu'elle ne contînt rien de contraire au concordat, pour que la cour de Rome ne fût pas raisonnablement fondée à s'en plaindre...* Il est bien vrai que *plus tard* ces articles sont devenus l'un des griefs de la cour de Rome contre Napoléon, mais ils furent un prétexte plutôt qu'un grief véritable. Ils avaient été du reste communiqués au cardinal Caprara, qui ne parut point révolté à leur lecture, à en juger toutefois par ce qu'il écrivit à sa cour ; il fit quelques réserves et conseilla au saint-père de ne point s'en affliger, espérant, disait-il, que ces articles ne seraient pas exécutés à la rigueur ». Il y a beaucoup à redire sur cette appréciation. Il paraît certain, en effet, que le légat Caprara eut connaissance des articles organiques, et que ce cardinal, obsédé de difficultés et d'inquiétudes de toute nature, n'y apporta qu'une opposition assez faible. Mais à Rome les choses furent appréciées différemment et sur-le-champ. Dans une allocution adressée au Sacré-Collège, le jour de l'Ascension (1802), et publiée aussitôt après, Pie VII, en annonçant que le concordat venait d'être promulgué, déclara en même temps « que la consolation qu'il avait éprouvée du rétablissement de la religion en France lui était pourtant rendue bien amère par les lois organiques qui avaient été rédigées sans qu'il en sût rien et surtout sans *qu'il les eût approuvées* ». En même temps des instances étaient faites auprès du gouvernement français pour obtenir des modifications à ces articles. Un décret du 28 octobre 1810 a fait droit à quelques-unes des plaintes de l'Eglise : ainsi les brefs de la pénitencerie pour le for intérieur ont pu être exécutés sans autorisation du gouvernement; les dispositions qui défendaient d'or-

donner aucun ecclésiastique âgé de moins de vingt-cinq ans, ou ne justifiant pas d'une propriété produisant au moins un revenu annuel de trois cents francs, ont été rapportées, ainsi que la disposition portant que les vicaires généraux des diocèses vacants continueraient leurs fonctions même après la mort de l'évêque jusqu'à son remplacement. Quant aux dispositions qui subsistent, il est évident que plusieurs parmi elles ne portent aucune atteinte aux principes posés par le concordat, que quelques-unes même en contiennent l'exécution : tels les articles relatifs à la circonscription des diocèses, au traitement du clergé, mais il n'en est pas de même pour tous. En admettant avec Thiers que le gouvernement eût le droit de faire seul tout règlement intérieur qui ne fût pas contraire au concordat, les catholiques et les amis de la liberté religieuse demandent comment on peut concilier l'article 1er du concordat : « La religion catholique, apostolique, romaine, sera librement exercée en France... », avec les articles organiques qui exigent l'autorisation du gouvernement pour que les évêques français puissent se réunir, soit entre eux, soit aux assemblées délibérantes du reste de l'Eglise ; qui défendent de faire aucune ordination sans l'agrément du gouvernement, et qui permet à l'Etat de forcer l'Eglise à s'éteindre; qui mettent le dogme lui-même entre les mains de l'Etat, puisque aucune bulle, aucun bref, rescrit, décret, soit du pape, soit des conciles généraux, ne peuvent être reçus ou imprimés en France sans l'autorisation du gouvernement, et que sur certains points il impose dans les séminaires l'enseignement de la doctrine qui lui est le plus agréable ; avec ceux enfin qui consacrent, dans l'institution des appels comme d'abus, l'immixtion d'une juridiction laïque dans des matières spirituelles qui par leur nature échappent à sa compétence.

Les défenseurs de la loi de germinal répondent, d'une part, que ce même article 1er accorde au gouvernement le droit de faire « les règlements qu'il croira nécessaires pour la tranquillité publique », et, d'autre part, que les dispositions qu'on accuse d'être oppressives ne sont que « les anciennes maximes, traditions et usages de l'Eglise de France ».

Ils ne considèrent pas que la restriction de cet article ne s'applique dans le texte, comme elle ne peut s'appliquer selon la raison, qu'à *la publicité* et non à *la liberté* du culte, qui ne saurait dépendre des règlements de police. Ainsi, il n'y a pas lieu de réclamer contre l'article 45 qui interdit les cérémonies religieuses hors de l'église, dans les villes où il y a des temples consacrés à différents cultes. Quant aux traditions et maximes que l'on invoque, on pourra voir, au mot **Franchises gallicanes**, si c'est bien à l'Eglise qu'il faut les attribuer ; elles faisaient partie d'un ordre d'idées et de faits aujourd'hui détruits et hors duquel elles n'ont plus de raison d'être. Ce sont de véritables débris de l'ancien régime, et qui n'avaient aucun titre à lui survivre. Quoi qu'il en soit, la loi de germinal an X, qui comprend le concordat et les articles organiques, est toujours en vigueur dans son entier, malgré les protestations de l'Eglise.

CONCURRENCE. Parmi les particularités de notre régime social et économique on a quelquefois choisi la concurrence pour le caractériser et certains auteurs en ont pris prétexte pour insister sur les abus de la concurrence et ils ont raisonné comme si toutes les concurrences étaient « effrénées ».

Mais il n'en est pas ainsi. La concurrence est une des formes ordinaires que prend le progrès : vous offrez des bateaux en bois, la concurrence en offre en fer; vous offrez des voiliers, elle offre des vapeurs. Et il en est ainsi dans mille et mille autres cas. Des individus peuvent en souffrir, mais la société, l'humanité y gagnent.

Et les abus? Sans doute, il y en a, quoique moins qu'on le dit; mais, d'abord, on peut souvent se garer; puis, quand la concurrence est compliquée de tromperie, la loi, la police, la justice peuvent protéger les ignorants en punissant la fraude et les autres abus. Supprimer la concurrence, c'est supprimer le progrès, et si le progrès est parfois accompagné de souffrances [1], il ne faut pas oublier que toutes les qualités ont des défauts qui leur sont propres. On n'a pas les unes sans les autres.

CONDOTTIERI, mot italien, synonyme de *mercenaire ;* il vient de *condotta (conductio)*, nom qu'on donnait à l'engagement ou au contrat conclu entre le chef de la bande et le gouvernement qui la soldait.

CONFÉDÉRATION. A prendre ce mot dans son sens le plus large, toute association de peuples ou d'Etats qui se forme en vertu d'un traité (*cum fœdere*) est une *confédération*. Parmi les diverses formes de confédération, les Allemands distinguent d'une manière tranchée entre l'Etat fédéral (*Bundesstaat*) et la confédération d'Etats (*Staatenbund*). Le premier constitue, comme les Etats-Unis et la Suisse, une unité absolue vis-à-vis de l'étranger; le second conserve à ses membres, comme le faisait la confédération germanique, une certaine indépendance et les attributs essentiels de la Souveraineté. Actuellement l'Allemagne est un Etat fédéral, et si la Bavière est encore représentée à l'étranger, ce n'est qu'une tolérance courtoise.

CONFÉRENCE. Il est difficile de donner une définition complète de ce terme, parce qu'il s'applique à des choses assez différentes. D'une manière générale on entend par *conférences* des délibérations diplomatiques, soit entre les membres d'un congrès, soit entre les ministres de plusieurs puissances accrédités auprès de la même cour. Les conférences diffèrent dans leur compétence, suivant qu'elles ont pouvoir de décider les questions ou qu'elles n'ont que voix consultative. C'est dans le premier cas seulement qu'elles peuvent recevoir la dénomination de congrès. Toutefois on ne saurait établir une distinction tranchée entre un congrès et une conférence, car plus d'un congrès n'a été en fait qu'une succession de conférences sans résultat positif, et plus d'une conférence a pris la tournure d'un congrès. Par exemple, si le congrès de Münster n'eût pas abouti à la paix de 1648, il n'aurait reçu que le terme générique de *conférences,* réservé aux congrès qui échouent.

C'est dans notre siècle que les conférences ont été le plus fréquentes, grâce au perfectionnement des rapports diplomatiques et grâce surtout à l'usage de soumettre à l'arbitrage des grandes puissances les difficultés pendantes entre les Etats de second ordre. Lorsqu'un de ces cas se présente, et que les grands cabinets de l'Europe croient leur intervention morale nécessaire, ou lorsque leur arbitrage est invoqué par les parties intéressées, on convient que les ministres des grandes puissances accrédités auprès d'une des grandes cours se réuniront pour amener une transaction sur le différend. Il dépend des circonstances spéciales du litige que les Etats intéressés soient ou non représentés dans la conférence. Celle-ci prend alors le nom de *conférence ministérielle.* C'est par elles qu'ont été réglées les affaires de Grèce, celles de la Belgique et de la Hollande, celles d'Orient à plusieurs reprises, celles de l'ancienne principauté de Neufchâtel, celles de la succession de Danemark. Le terme de *conférences ministérielles* s'applique aussi aux réunions composées de représentants d'Etats de second et de troisième ordre et n'ayant en vue que l'intérêt spécial de ces Etats.

Le terme de *conférence* est si élastique qu'il a été donné même à la réunion de ministres de la même puissance. Il suffit de citer la fameuse conférence d'Ostende, où se rencontrèrent les ministres des Etats-Unis accrédités auprès des cours de Londres, Paris et Madrid, pour réduire en principes les exagérations de la doctrine Monroë les plus contraires au droit des gens.

Mais on peut mettre en doute la justesse du terme *conférence* employé à ce propos. Si cette dénomination s'applique à des délibérations diplomatiques de tout genre, c'est à la condition que les ministres qui y figurent appartiennent à des Etats différents.

CONFLIT. *Voy.* **Compétence.**

CONGRÉGATIONS ou COMMUNAUTÉS RELIGIEUSES. La vie monastique a pris naissance en Orient, mais le moine, à proprement parler, n'y a pas été une invention chrétienne. Une nature particulièrement encline à la contemplation, une propension

---

1. L'enfant, en naissant, cause des souffrances à sa mère.

à la solitude, une exagération de sacrifices qui ne reculait devant aucune mortification corporelle, avaient, longtemps avant le Christ, peuplé les déserts d'ascètes et d'ermites. Le cénobitisme fut la seule création de la religion nouvelle. Mais si le besoin de la retraite, l'amour de la contemplation, l'éclat d'une rupture ouverte avec la société civile avaient été, en Orient, la cause principale de la vie monastique, ce fut l'horreur des misères publiques qui créa les moines d'Occident. Dans la société corrompue du monde romain en décadence, alors que les plus honteuses exactions tarissaient les sources fécondes du travail, l'ennui et le dégoût poussèrent à s'exiler quelques-uns des hommes qui gardaient encore, au fond du cœur, l'amour de la liberté.

Mais nous n'avons pas à faire ici, même en abrégé, l'histoire des communautés religieuses, nous n'avons à toucher qu'à un seul point. On a souvent attaqué l'obligation de solliciter une autorisation, imposée aux communautés religieuses par la loi française et par celle de presque tous les autres pays. Les arguments par lesquels on combattait, et on combat encore, cette disposition restrictive sont des plus imposants, car c'est au nom de la liberté, et de la liberté de conscience encore, qu'on parle. Mais comme on reproche aussi, à tort ou à raison, aux congrégations une tendance à l'envahissement, à l'accaparement, à la captation même, plus d'un pense qu'on doit protéger les faibles contre ces influences, comme on les protège, par exemple, contre les excès de travail dans les manufactures. Pour protéger les hommes, la liberté de discussion suffirait; encore pourrait-on objecter que les couvents de femmes — autorisés ou non — ne sont pas les seuls qui se multiplient d'une manière surprenante pour une époque décriée comme irréligieuse. Ces matières sont très délicates, et bien des personnes aimeraient mieux ne pas y toucher, si le sentiment religieux qui fait naître les couvents n'était pas intolérant (*voy.* **Syllabus**) et ne menaçait pas ceux qui pensent autrement. Ces derniers se croient simplement obligés de se défendre.

Les associations soulèvent encore des questions civiles et fiscales ; nous les traiterons aux mots **Mainmorte** et **Personne civile.**

CONGRÈS. Ce mot est quelquefois synonyme de **Chambre** (en **Espagne** et aux **États-Unis**), mais généralement, on entend par congrès la réunion de ministres plénipotentiaires ou de souverains de différents États ayant pouvoir et mission de conclure un traité de paix, ou de déterminer les conséquences d'un traité conclu, ou de fixer les points indécis de droit international. Les plus célèbres sont les suivants : 1641-1648, congrès de Munster et d'Osnabruck, qui amenèrent la paix de Westphalie. 1659 : congrès des Pyrénées. 1663 : congrès d'Aix-la-Chapelle. 1681 : congrès de Francfort. 1712-1713 :

congrès d'Utrecht. 1748 : congrès d'Aix-la-Chapelle. 1797 : congrès de Rastadt. 1802 : congrès d'Anvers. 1808 : congrès d'Erfurt, le premier congrès de souverains que l'on ait vu. 1813 : congrès de Prague. 1814 : congrès de Châtillon, 1814-1815 : congrès de Vienne. 1818 : congrès d'Aix-la-Chapelle. 1820-1821 : congrès de Troppau et de Laybach. 1822 : congrès de Vérone. 1856 : congrès de Paris. On voit déjà, par cette simple énumération, qu'il faut distinguer entre les *congrès* et les *traités de paix*. Tous les congrès ne conduisent pas à des traités, et bien qu'il y ait lieu de rattacher ces grandes réunions aux actes qui ont constitué l'état territorial de l'Europe, on ne saurait cependant les confondre avec eux.

La dissolution de congrès sans résultats s'est vue à toutes les périodes des temps modernes, et il est facile d'en citer de fréquents exemples ; de ce nombre sont les congrès de Cambrai, 1721-1725; de Soissons, 1729; de Bréda, 1747; de Foscani, 1722; de Bucharest, 1793; de Lille, 1797 ; de Rastadt, 1799 ; de Gand et de Châtillon, 1814. De nos jours, on a donné aux congrès une acception plus solennelle encore qu'autrefois. C'est au dix-neuvième siècle que l'on doit l'usage de ces grandes assemblées d'apparat et d'affaires, tout à la fos, qui réunissent les souverains aussi bien que les diplomates. Au moyen âge les assemblées princières étaient fréquentes, surtout à l'époque des croisades et à l'occasion des diètes germaniques. Elles étaient devenues rares depuis que les intérêts compliqués des monarques ne permettaient plus de traiter les affaires sans l'intermédiaire de ministres et d'ambassadeurs. Les guerres de l'Empire, en remuant les États jusque dans les profondeurs de leur existence, renouvelèrent les rapports directs entre les princes. Napoléon, au faîte de sa puissance, créa le premier précédent de ce genre de réunions, si en faveur sous la Restauration ; cependant le congrès d'Erfurt, malgré la convention secrète du 12 octobre 1808, qui resserrait entre la France et la Russie les liens de Tilsit, fut bien plus une manifestation du maître de l'Occident qu'une réunion d'affaires. Les hôtes d'Erfurt, moins un, se retrouvèrent à Vienne en 1815, mais ils y firent alterner les négociations avec l'éclat des fêtes, et les têtes couronnées y parurent accompagnées des chef de leurs chancelleries. Le droit européen inauguré par le traité de Vienne reçut des confirmations nouvelles dans les congrès d'Aix-la-Chapelle, de Troppau, de Laybach, de Vérone, et d'autres dont il faut chercher le souvenir dans les annales de l'histoire ; bornons-nous à mentionner le congrès de 1856, qui termina la guerre de Crimée, et qui est resté célèbre par les déclarations relatives à la *neutralité. (Voy. ce mot.)*

En thèse générale, chaque État a le droit de provoquer la réunion d'un congrès et il est conforme aux principes d'y recevoir les représentants de tous les États intéressés à un titre quelconque dans les questions à débattre ; mais en réalité l'initiative en appartient de fait aux grandes puissances, et les intéressés de second ordre n'y sont pas toujours admis. Pour qu'un congrès puisse avoir lieu, il est essentiel que les parties soient d'accord sur les principes dirigeants des négociations. Il doit par conséquent exister une entente générale préalable entre les puissances sur la manière de résoudre les questions. On sait que le congrès qui devait régler les affaires d'Italie à la fin de 1859 n'a pu se réunir, faute d'avoir trouvé un terrain favorable à une transaction des intérêts opposés. La méthode suivie par les congrès dans les travaux n'est pas uniforme et dépend du caractère plus ou moins général de la réunion, du nombre des États représentés et de leurs rapports réciproques. Le congrès de Paris, en 1856, n'embrassait pas, dans le cycle des décisions qu'il avait à prendre, l'ensemble de la politique européenne, comme le congrès de Vienne. Aussi n'a-t-il pas suivi la même marche. Au congrès de Paris, sept États seulement se trouvaient représentés, et le nombre des questions à résoudre était limité. On n'a donc pas eu à subdiviser les matières entre divers comités, se bornant à faire un rapport à l'assemblée des grandes puissances. À Vienne, l'Europe entière était réunie et tout était à refaire. Pour faciliter l'expédition des affaires, la besogne fut répartie entre une multitude de commissions spéciales, qui portaient leur préavis à la connaissance des grandes puissances. Celles-ci accordaient ou refusaient leur assentiment. Le plus souvent la décision était prise d'avance à la suite d'un échange préalable de notes. Ce mode d'agir n'était rien moins que favorable à l'influence et à l'indépendance des États moyens et petits.

Le choix de la ville où doit siéger le congrès n'est pas sans importance, car il est essentiel qu'aucun des intéressés ne puisse exercer une influence prédominante sur les membres du congrès. On fait donc bien de choisir des villes situées dans des États neutres ou tout au moins désintéressés, tels que la Belgique, la Suisse. Si l'on ne parvient pas à s'entendre à cet égard, le lieu où siège le congrès est déclaré neutre pendant la durée des délibérations. Comme en général on ne convoque un congrès que pour des questions importantes, chaque État choisit, pour s'y faire représenter, ses négociateurs les plus habiles, et ses fonctionnaires du rang le plus élevé. Lorsque le souverain n'assiste pas au congrès en personne, il envoie son ministre des affaires étrangères, ou du moins un personnage important, investi tout particulièrement de sa confiance. Il a soin, de plus, que ses représentants au congrès soient doués des qualités et munis des connaissances nécessaires pour réussir, et comme il arrive rarement que ces qualités et ces connaissances soient le partage d'un seul homme, le chef de l'État doit composer son ambassade

d'autant de personnes qu'il est nécessaire pour obtenir une représentation complète. L'un aura le talent de gagner les hommes, des manières insinuantes, un grand nom, l'habitude des grandes réceptions ; l'autre possédera les connaissances en histoire et en droit international qui servent d'appui aux raisonnements ; le troisième sera un rédacteur habile, et ainsi de suite. Il est d'autant plus nécessaire de pourvoir à tout, et même à l'imprévu, que des questions ardues peuvent surgir subitement, que les problèmes à résoudre sont multiples, et que le temps en dehors des séances se passe à préparer un terrain favorable pour les discussions à venir. Les difficultés d'étiquette ne retardent plus, comme autrefois, les travaux des congrès. Celui d'Utrecht, on le sait, est resté fameux sous ce rapport. Depuis cinquante ans, les questions de forme ont été fort simplifiées, et si l'on se trouve en face d'un cas imprévu on élude la difficulté de façon ou d'autre. Il est évident qu'il en sera dorénavant le plus souvent ainsi. Espérons aussi que les lenteurs des anciens congrès ont à jamais disparu, en même temps que les minuties du cérémonial diplomatique.

CONJONCTURES. *Voy.* **Chances.**

CONNÉTABLE (*comes stabuli*) ou grand écuyer de l'empire romain. Les Carlovingiens en firent des cuenstables qui ne furent que des sénéchaux, des concierges. Dans le onzième siècle seulement, le connétable devint le général en chef de l'armée royale. Cette grande charge de la cour fut abolie par Louis XIII, en 1627. Lesdiguières a été le dernier connétable sous les Bourbons. Sous le premier Empire, le prince Louis, frère de l'Empereur, fut connétable, et Berthier, prince de Wagram et de Neuchâtel, vice-connétable.

CONQUÊTE. La conquête est un fait qui a sa place et sa signification marquées dans le développement de l'humanité, et qui, chez les peuples civilisés, se trouve soumis à certaines règles ; elle a sa philosophie aussi bien que son droit, et doit, par conséquent, être envisagée autant dans ses manifestations historiques qu'au point de vue du droit des gens [1].

I. Historiquement, la conquête a démontré sa raison d'être dans toutes les grandes phases traversées par l'humanité. Que ce soit une fatalité de la nature humaine, ou seulement un fait transitoire, comme l'espèrent les disciples de l'abbé de Saint-Pierre, il est malheureusement incontestable que c'est à travers le sang et les ruines que s'accomplissent les grands changements politiques

1. Les opinions exposées dans cet article ne sont pas toujours les miennes, mais elles se rapprochent assez de celles qu'on peut considérer comme dominantes parmi les penseurs. Elles ont été résumées par Jules Grenier.

et sociaux. Chaque société constituée se fait à elle-même son droit, qui la régit pendant le temps de sa durée ; mais au-dessus de ce droit formel et passager comme la société à laquelle il sert de règle, plane la grande loi de la marche éternelle de l'humanité. Les sociétés s'attardent quelquefois dans la mission qui leur est imposée, elles l'épuisent et ne savent pas reconnaître à temps qu'elles ont accompli leur mandat ; leur renouvellement s'opère alors par l'intervention d'une race nouvelle ou d'une société rivale qui vient à son tour occuper la place vide et transformer les ruines en de nouveaux édifices, jusqu'à ce qu'elle aussi disparaisse dans une des évolutions incessantes du devenir.

Il est triste, sans doute, d'être obligé de reconnaître que la marche du progrès n'a pas la paix pour règle ; et qu'il arrive un moment où le principe interne des sociétés devient insuffisant à leur développement, et où le choc de deux mondes devient une nécessité pour conserver la force créatrice de la pensée ; mais d'un autre côté, il y a une consolation philosophique à se rendre le témoignage que ces luttes violentes de peuple contre peuple, de race contre race, sont rarement stériles et qu'elles sont souvent bienfaisantes dans leurs conséquences dernières. Les guerres des Grecs contre les Perses furent un des grands moyens de civilisation de l'antiquité, et il suffit de rappeler le magnifique chapitre de Montesquieu sur Alexandre (*Esprit des lois*, liv. X, chap. xiv), pour se convaincre combien est borné le point de vue de ceux qui ne voient dans l'expédition du héros macédonien que le caprice d'un jeune homme avide de gloire et d'éloges. Alexandre fut l'apôtre de l'hellénisme, en même temps qu'il initia l'Occident aux doctrines mystérieuses de l'Orient. Il fut le fondateur de cette société mixte, où le Grec, l'Égyptien, le Juif, le Phénicien, le Perse, fondant ensemble leurs doctrines philosophiques et religieuses, mystères hiératiques, préparèrent le monde à l'avènement du christianisme. L'empire d'Alexandre fit entrevoir aux hommes leur unité morale et leur lien commun, et à ce titre il n'est pas d'événements plus féconds dans l'histoire que les triomphes d'Alexandre. Mais il y avait dans son œuvre, comme en général dans toute celle de la Grèce, plus de génie que de force persistante. Avec sa grâce souveraine et sa générosité juvénile, la Grèce semait partout sur son passage des germes d'une merveilleuse fécondité, mais elle en abandonnait à l'avenir le libre développement ; elle créait des mondes, mais elle ne faisait rien pour les organiser.

Le génie organisateur fut dévolu à Rome. De conquête en conquête, Rome fit entrer l'ancien monde dans l'*orbis Romanus*, et elle laissa sur les peuples une si profonde empreinte de sa domination qu'elle se voit encore. Les Hellènes avaient rapproché et,

jusqu'à un certain po'nt, confondu l'Occident et l'Orient ; les Romains, tout en héritant de la Grèce, eurent pour mission spéciale de fonder le monde occidental. Leur don de commandement, leur vocation pour conquérir et absorber, avaient un caractère si absolu, que, malgré les traces nombreuses et indélébiles de leur action, c'est toujours un sujet pendant de discussion que de savoir si la mission qu'ils ont remplie a été un bienfait pour l'humanité. Si la Grèce possédait l'expansion sans la force, Rome avait la force sans l'expansion, elle s'assimilait les nations conquises, mais après les avoir broyées. Elle avait reçu les pays riches et peuplés ; sous son joug administratif, la dépopulation s'étendit peu à peu sur les provinces de l'empire ; mais malgré son affaiblissement, Rome ne songea point à changer le principe moteur de sa politique, qui consistait à absorber l'univers et à consommer sans produire. Elle alla, au milieu de son agonie, de plus en plus réglementant et épuisant les provinces, mais elle ne cessa de régner qu'après avoir fondé l'unité de l'Europe. C'est dans cette période d'épuisement, qui marque le terme de la société antique, qu'apparurent les troisièmes conquérants du monde civilisé. Les Germains entrèrent dans les terres désertes des derniers des Césars, autant comme colons que comme conquérants. Peu civilisés, du reste, ils se laissèrent facilement guider par ce qui restait debout de la société romaine ; mais ils ne la transformèrent pas moins en lui inoculant un principe inconnu des Grecs et des Romains, celui de la liberté individuelle. Tout en se manifestant sous la forme du privilège, ce principe fécond renfermait tout l'avenir ; il vivifia le christianisme, qui avait perdu dans l'ancien monde sa vertu régénératrice, parce qu'il ne s'adressait plus qu'à des âmes avilies et façonnées à l'esclavage. Faisant œuvre de transaction entre le génie de Rome et celui de la race germanique, Charlemagne étendit par ses conquêtes le règne de la civilisation chrétienne sur des pays et des peuples ignorés des anciens dominateurs du monde, et il jeta les assises de la société moderne. Le moyen âge vécut sur les données carolingiennes, oscillant sans cesse entre les instincts de liberté déposés dans les cœurs par l'infusion de sang germain et entre les principes d'autorité représentés par Rome, aussi bien dans la législation impériale que dans le domaine spirituel.

Il est dans la nature de l'esprit germanique de ne pas pousser aux conséquences pratiques de ces données internes. On le vit au seizième siècle : après avoir secoué le joug spirituel de Rome, l'Allemagne resta sous celui des servitudes créées par le moyen-âge, ou forgées dans le cours des temps par les docteurs en droit romain. Il était réservé à une nation, dont la mission universelle ne s'était pas encore manifestée, d'en finir avec les formes racornies du moyen-âge et de dégager les résultantes des prémisses posées par les siècles antérieurs. Réunissant l'élan et le spiritualisme des Gaulois au génie organisateur des Romains, ainsi qu'à la fierté germaine, la France avait sauvé de ses luttes prolongées du seizième siècle le principe de la liberté intellectuelle. Gardée par là de la mort spirituelle de l'Italie (?) et de l'Espagne, elle offrit au monde le spectacle étonnant et nouveau d'une société procédant à sa régénération en vertu de ses seules forces intérieures. Jusqu'alors les sociétés avaient péri plutôt que de se transformer.

La France inaugura une ère nouvelle en démontrant que le monde moderne possède en lui-même ses sources de renouvellement. Cet enseignement, le premier et le plus important qui ressorte de la révolution française, n'empêcha point celle-ci, grâce aux attaques de l'étranger, de déborder au dehors. Dans une guerre de vingt ans, l'Europe entière fut bouleversée, et le nom de Napoléon vint s'ajouter aux trois noms symboliques d'Alexandre, de César et de Charlemagne. En poussant les conquêtes de la France au delà des limites tracées par ses traditions les plus ambitieuses, Napoléon fut l'instrument de propagande des principes de la Révolution. Que ses entreprises immenses et multiples lui aient attiré la haine des peuples subjugués au même degré que leur admiration, peu importe. On ne saurait appliquer à ces terribles et grandes figures le même compas qu'aux autres hommes; il reste vrai, malgré toutes les dénégations hostiles, que les conquêtes napoléoniennes ont été celles de la civilisation moderne sur une société usée, qu'elles ont partout donné le coup de mort au moyen-âge, tout mis en branle en Europe, et que leur impulsion dure encore [1].

Cette esquisse rapide prouve qu'il est des guerres et des conquêtes civilisatrices, mais il en est malheureusement d'autres qui sont dépourvues de compensations. Il est possible de trouver une signification historique aux conquêtes d'Attila; dans ses pérégrinations il entraînait tout le Nord à sa suite et il fut, du moins un incident dans la grande invasion de l'empire. Mais l'esprit se trouble au spectacle des conquêtes des despotes de l'Orient, de Tschingis-Khan, de Timur-Lenk ou de Bajazet. Pourquoi ces hommes ont-ils traversé comme l'éclair une partie de la terre habitable, amoncelant les ruines et les victimes, et ne faisant rien, suivant l'expression de Montesquieu, pour s'acquitter envers la nature humaine de la dette immense qu'ils avaient contractée envers elle? Lorsque Bajazet, prisonnier, fut conduit en présence de Timur, celui-ci se mit à rire après l'avoir regardé un moment. Bajazet, lui rappelant l'instabilité de la fortune, lui reprocha de ne pas respecter son malheur. « Je sais ce que

tu veux dire, repartit Timur, et je n'ai pas l'intention d'insulter à ta défaite; mais je me dis que tous les royaumes de la terre doivent avoir bien peu de prix aux yeux de Dieu, ou en eux-mêmes, pour qu'il les donne à un vilain borgne comme toi, ou à un misérable boiteux comme moi. » Le mépris de l'humanité qui respire dans ces paroles, l'absence d'idéal qu'elles dénotent, nous font mesurer la distance qui existe entre le barbare et le héros civilisé. Les conquérants tartares et turcs, descendus des hauts plateaux de l'Asie, n'ont exercé aucune influence sur l'histoire de l'humanité; en s'emparant de la Chine, de l'Inde et de l'Asie Mineure, et même d'une partie de l'Europe, les Tschingis, les Othman et leurs successeurs se sont simplement rapprochés des civilisations relatives supérieures, qu'ils se sont tout au plus partiellement assimilées sans y rien ajouter, quand ils ne les ont pas détruites.

Les seuls conquérants asiatiques qu'il convient de placer au-dessus de ce niveau, et qui, pendant une certaine période, ont été les représentants d'une civilisation spéciale, sont les anciens Perses après Zoroastre, et les. Arabes après Mahomet. Mais sauf ces deux exceptions, l'Asie n'offre que le triste spectacle de quelques sociétés arrêtées dans leur développement après avoir atteint de bonne heure un degré de culture à quelques égards avancé, et ne recevant de ceux qui s'introduisaient de vive force dans leur sein aucun germe fécond et nouveau. Il faut revenir en Europe pour trouver aux événements d'autres raisons d'être que des causes extérieures, et pour les voir se développer avec cet esprit de suite et de combinaison qui dénote l'homme d'État. Même les guerres d'un ordre secondaire reçoivent par là une signification. Les peuples germains, en s'établissant dans les provinces de l'empire romain, ne trouvèrent pas immédiatement les limites dans lesquelles ils se sont confinés depuis. Non seulement les divers États n'avaient point leurs frontières actuelles, mais grâce à l'éparpillement des forces qu'entraînait après elle l'organisation féodale, la distribution des forces respectives n'avait rien d'analogue à ce qu'elle est aujourd'hui. Après que les États européens se furent consolidés à l'intérieur, et qu'ils eurent opéré une concentration de leurs ressources, les souverains commencèrent à jeter les yeux en dehors de leurs frontières, à mesurer leurs forces et à en calculer les proportions. De là sortirent les guerres d'équilibre (voy. **Équilibre politique**), et les conquêtes de provinces ayant pour but d'augmenter les facultés défensives des États et de donner à ces derniers des frontières plus convenables. Chaque État se forma, à ce sujet, un cycle de traditions diplomatiques et stratégiques qui dominèrent longtemps la politique des cabinets. Évidemment, le système de l'équilibre est légitime jusqu'à un certain point, car il importe à la liberté de l'Europe d'empêcher la prédomi-

[1]. Il y a des réserves à faire sur la mission de Napoléon.

nance d'un seul. Qui n'a pas gravé dans sa mémoire ce premier chapitre de l'histoire de Gibbon, dans lequel il représente l'empire comme une vaste prison, n'ouvrant dans sa vaste étendue aucune issue à la victime de la tyrannie, et ne lui laissant d'autre refuge que la mort, dernier asile des âmes libres ? La multitude des souverainetés est donc une garantie de la liberté des hommes, et l'accroissement démesuré d'un seul devient un danger pour tous. Mais le système de l'équilibre devint bientôt un prétexte aux conquêtes les plus injustes : et bien qu'il eût son origine dans un intérêt bien entendu des libertés de l'Europe, il n'est pas de théorie politique qui ait conduit à des actes pareils de tyrannie et d'arbitraire. François Iᵉʳ et Henri IV luttant contre la maison d'Autriche, Guillaume III contre Louis XIV ont agi en vertu d'un principe salutaire, mais qui n'a été que trop défiguré, car c'est en invoquant l'équilibre européen que les trois puissances spoliatrices ont opéré le partage de la Pologne.

Le dix-huitième siècle a été, du reste, témoin des plus grands abus en fait de conquête ouverte ou déguisée. A aucune époque on n'a tant vu les princes tenter ou opérer des trocs et des acquisitions de provinces, sans s'inquiéter le moins du monde du consentement des populations et en ne consultant que leurs convenances. Le grand Frédéric fut le héros du genre, et il aurait été surpassé par Joseph II, si celui-ci avait eu autant de génie et la même chance que son modèle et rival. Il est singulier que ce soit justement aux approches de la Révolution française, et dans un âge de philosophie généreuse, que l'on ait le plus traité des peuples comme des troupeaux.

Cette prédominance du système d'arrondissement se manifesta au même degré durant la période de la Révolution et de l'Empire, et il faut convenir que le grand fait qui a fondé le droit politique moderne, le principe de la libre constitution des peuples, ne l'a pas d'emblée introduit dans les faits. L'explication de cette contradiction apparente et si souvent reprochée est bien simple. La République, dans l'ardeur de sa foi, n'admettait pas que la conquête fût autre chose qu'une délivrance, et l'Empire, engagé dans un duel à mort contre les coalitions successives, visait à se fortifier autant qu'il le pouvait. Le système de la conquête, au nom du maintien de l'équilibre, fut mis en usage par la France républicaine et impériale, et en 1815 il le fut contre elle sans plus d'égards et de ménagements par la coalition victorieuse.

Il reste à parler d'une troisième espèce de conquête, de celle faite par les peuples civilisés aux dépens des nations barbares. Plusieurs auteurs ont soulevé la question de savoir si l'on doit leur appliquer les mêmes règles internationales qu'aux conquêtes faites en Europe. Cette question est tranchée par les faits. Un des phénomènes historiques de notre siècle est la soumission d'une grande partie du globe aux grandes puissances européennes. Les agrandissements de l'Angleterre, de la Russie et de la France dans les Indes, l'extrême Orient et l'Afrique ne sont regardés que comme les conquêtes de la civilisation sur la barbarie, et comme un bien commun de la race caucasienne et chrétienne, qui est appelée à la domination universelle. Les reproches d'ambition adressés à la Grande-Bretagne dans les Indes, à la Russie sur les confins de la Chine et dans l'Asie centrale, à la France en Algérie, tombent à faux devant la loi impériale qui confère aux grands peuples la mission de rapprocher l'humanité de son but. Le droit de la civilisation sur la barbarie ne se borne pas aux cas des peuples nomades et chasseurs qui n'utilisent pas le sol qu'ils sont censés occuper, mais à toute société qui prétend repousser par des barrières factices l'influence de l'Europe.

Mais l'extension même que nous reconnaissons à ce droit de la civilisation sur la barbarie ou sur l'ineptie, a pour contrepartie des devoirs également étendus. C'est à ce genre de conquête que s'appliquent les paroles de Montesquieu : « Je définis ainsi le droit de conquête : un droit nécessaire, légitime et malheureux qui laisse toujours à payer une dette immense pour s'acquitter envers la nature humaine. » Le passé nous offre des exemples où les maux de la conquête ont été plus que balancés par les bienfaits qui les ont suivis, et d'autres où les bienfaits subséquents n'ont pas compensé la violence de l'usurpation. Pour rester en dehors de l'Europe, il suffit de citer pour le premier cas les colonies anglaises de la Nouvelle-Angleterre, les colonies françaises du Canada et de la Louisiane, et, pour le second cas, les colonies espagnoles du nouveau monde. La civilisation des Incas et des Aztèques valait-elle moins que celle qui leur a été apportée par leurs conquérants? *Aussi*, qu'on ne s'y méprenne pas, *sommes-nous loin d'approuver les conquêtes autrement que comme un mal quelquefois nécessaire et qui ne trouve sa justification que dans le bien qu'il produit.*

II. Passons maintenant au droit de la conquête, tel qu'il est admis entre États civilisés. Ce droit se ressent des adoucissements apportés aux usages de la guerre, et il n'a rien conservé du caractère absolu et rigoureux qui lui était inhérent dans les temps anciens. Le principe dominant est que la conquête à elle seule (sans adhésion par traité)[1] ne confère pas des droits définitifs et incontestables, et que la perte de la possession par le sort des armes n'éteint pas le droit de propriété du souverain contre lequel la guerre a tourné. Le vainqueur serait donc considéré comme abusant de la force et de la souveraineté de fait qui lui est provisoirement dévolue, s'il

---

1. Même après adhésion, le battu, s'il se croit des chances, tentera le sort des armes.

disposait par donation ou autrement du domaine conquis ou usurpé. Cependant on fait une distinction relativement aux biens du souverain dépossédé : s'il s'agit de ses biens privés, le principe qui protège la propriété des sujets le protège également; mais pour ceux qui font partie du domaine de l'État, si le vainqueur en a pris possession même temporairement, il peut en disposer sans être accusé d'abuser de la force, quitte au propriétaire à exercer, en cas de retour, le droit postliminaire. Mais la même licence ne va pas jusqu'à autoriser l'aliénation de domaines ou autres biens-fonds individuels, et à dévorer ainsi la substance du pays conquis. L'aliénation d'une province conquise en faveur d'un tiers exposerait l'acquéreur à la revendication de la part de l'ancien propriétaire. Celui-ci, rentrant en possession, peut revendiquer les domaines cédés des mains de tout possesseur, sans même être obligé, à la rigueur, à des indemnités autres que celles qui pourraient être dues pour des améliorations. Il est bien établi, par ce qui précède, que l'occupation militaire est insuffisante pour déplacer la propriété. Mais les privilèges du conquérant n'en sont pas moins considérables. Il exerce les droits de la souveraineté, il jouit des revenus publics, il peut se livrer à tous les actes qui se fondent sur la persistance du lien social et du gouvernement, ainsi que du droit privé. Si le pays conquis est un État constitutionnel, où la souveraineté soit partagée entre le prince et le peuple, le conquérant n'est pas tenu de respecter ce partage [1]; il conquiert non seulement la part de souveraineté, du prince, mais aussi celle du peuple. Le conquérant est ainsi libre de gouverner suivant la constitution établie ou suivant un autre régime de son choix, et ce dernier cas est le plus fréquent, vu le caractère essentiellement militaire de l'autorité nouvelle.

Les actes du conquérant deviennent définitifs si le traité de paix qui met fin à la guerre le confirme dans la possession du pays conquis et lui en confère la propriété. Le traité de paix détermine sous quelles conditions a lieu ce transfert de propriété. Si, au contraire, le conquérant ne conserve pas la province occupée, soit qu'il la perde dans le cours de la guerre, soit qu'il la restitue à la paix, l'ancien propriétaire, en rentrant dans ses domaines, exerce le droit de *Postliminie*. C'est le droit en vertu duquel les choses prises par l'ennemi sont remises dans leur premier état quand elles reviennent à leur propriétaire primitif. C'est alors que se font jour les suites et les complications de l'état provisoire qui a pesé sur le pays durant la période de la conquête. (*Voy.* **Postliminie.**)

CONSEIL D'ÉTAT. Ce titre s'applique à des corps qui diffèrent de pays à pays, et qui, généralement, ont à peine un caractère politique. En France, ce Conseil est d'abord

le tribunal administratif suprême, c'est ensuite un corps consultatif auquel le gouvernement soumet les questions qu'il juge à propos ; la législation oblige d'ailleurs le gouvernement à le consulter dans certains cas.

Parmi les attributions du Conseil d'État français quelques-unes touchent à la politique, au moins selon les tendances de l'opinion politique, par ex. les recours comme d'abus introduits contre un prélat. D'ailleurs le gouvernement peut recourir aux lumières du Conseil d'État pour une affaire politique ; mais pour toutes les questions on s'attend à les voir traiter par le Conseil avec indépendance de maturité.

CONSEIL FÉDÉRAL. 1. *Suisse*. Le conseil fédéral suisse (*Bundesrath*), c'est le Conseil des ministres dont le président annuel est en même temps président de la république. 2. *Allemagne*. Le Conseil fédéral d'Allemagne (*Bundesrath*) est composé de représentants des divers États allemands et forme à la fois une deuxième chambre et une réunion de commissaires du gouvernement.

CONSEILS. Réunions permanentes ou temporaires de personnes appelées à délibérer sur des matières gouvernementales ou administratives. Il existe des conseils dans tous les pays.

CONSEILS DE GUERRE. 1° On donne ce nom à des réunions de chefs militaires ayant pour objet de décider la conduite à tenir dans les circonstances exceptionnelles d'une campagne, d'un siège ou d'une bataille. D'ordinaire le commandant en chef d'une armée ne prend conseil que de son expérience ou de son inspiration; mais il y a des cas où il sent le besoin ou le devoir de consulter ses subordonnés sur les chances d'une opération douteuse, sur l'utilité de l'attaque ou sur la possibilité de la défense. Parfois même de semblables réunions se tiennent au début d'une campagne pour en arrêter le plan. Les conseils de guerre ainsi entendus ne sont pas organisés en France à l'état permanent; ils ne sont convoqués et ne se constituent qu'au moment où ils sont jugés nécessaires par le chef responsable de l'armée. Toutefois le décret du 13 octobre 1863 institue dans les places assiégées une sorte de conseil de guerre permanent qui prend, dans ce cas spécial, le nom de *Conseils de défense :* ce conseil ne se réunit que sur la convocation du commandant supérieur; les officiers dont il se compose peuvent faire consigner leur opinion sur le registre des délibérations; mais ces délibérations sont secrètes et n'obligent pas le commandant supérieur.

2° On donne aussi le plus spécialement le nom de *Conseils de guerre* aux tribunaux

---

1. On ne doit pas oublier que la guerre est un état violent et qu'elle donne raison au plus fort : aussi ne dit-on pas ici ce qui devrait être, mais ce qui est.

chargés de rendre la justice militaire. Les jugements des conseils de guerre peuvent être attaqués devant les *Conseils de révision* qui fonctionnent dans les mêmes divisions territoriales ou militaires que les conseils de guerre et qui jouent dans la justice militaire le rôle attribué à la cour de cassation dans la justice criminelle ordinaire. Lorsque l'armée est sur un territoire étranger, la justice militaire est exercée sans aucun recours par les *prévôtés*.

La composition des conseils de guerre est variable suivant le grade de l'accusé; celle des conseils de revision ne change que lorsque le conseil de guerre dont le jugement est attaqué a été présidé par un général de division ou un maréchal de France.

La compétence des conseils de guerre et des conseils de revision s'étend : en temps de paix, aux individus appartenant à l'armée et aux prisonniers de guerre; en temps de guerre, aux individus attachés à l'armée à un titre quelconque, aux individus, français ou étrangers, qui se rendent coupables des crimes et délits prévus par le code de justice militaire. Dans les circonscriptions territoriales soumises à l'état de siège, les conseils de guerre et les conseils de revision réunissent la compétence des conseils aux armées et celle des tribunaux criminels ou correctionnels ordinaires, avec cette réserve que les individus non militaires ou non assimilés aux militaires peuvent se pourvoir en cassation pour cause d'incompétence. Lorsque la poursuite d'un crime, d'un délit ou d'une contravention comprend des individus non justiciables des tribunaux militaires, tous les prévenus indistinctement sont traduits devant les tribunaux ordinaires, sauf le cas où les individus non justiciables des conseils de guerre sont étrangers et celui où il s'agit de crimes ou de délits commis aux armées en pays étranger, ou commis sur le territoire français en présence de l'ennemi.

Aux conseils de guerre se rattachent les *conseils d'enquête* convoqués par le pouvoir exécutif pour donner des avis motivés sur les capitulations qui ont eu pour résultat la reddition d'une place forte.

Ce que nous venons de dire s'applique particulièrement à l'armée de terre; il y a aussi pour l'armée de mer des tribunaux spéciaux qui se divisent : à terre, en *conseils de guerre* et *conseils de revision* permanents, *tribunaux maritimes* et *tribunaux de revision* permanents : à bord, en conseils de guerre, conseils de revision et *conseils de justice* pour les simples délits.

Les conseils de guerre ont joué plus d'une fois un rôle politique, soit patent, déclaré, soit sous-entendu. Ils sont souvent employés en cas d'insurrection et dans certains autres cas analogues *entachés* de politique.

CONSERVATEUR. Nom que prend ordinairement, dans les pays libres, le parti qui s'oppose aux innovations précipitées. On le désigne aussi quelquefois sous le nom de *parti de la résistance*, expression qu'on a prise souvent en mauvaise part. En Angleterre, le parti conservateur s'est toujours confondu avec ce qu'on appelle les *tories;* le parti des réformes était autrefois représenté par les *whigs;* mais depuis quelque temps, il s'est formé un troisième parti sous le nom de *radicaux*, et les anciens whigs ont formé pendant quelques années une sorte d'intermédiaire entre les radicaux et les tories, mais actuellement une partie des whigs s'est jointe aux tories et l'autre aux radicaux, de sorte qu'il y a maintenant des conservateurs et des libéraux sans compter les Irlandais et les socialistes.

En France, sous la monarchie de 1830, on a donné le nom de *conservateur* au parti qui appuyait la politique de juste milieu pratiquée par le roi Louis-Philippe et ses ministres. Ce n'était pas, à proprement parler, un parti conservateur, en ce sens qu'il adoptait le principe de la révolution de 1830, qui avait exclu du trône la branche aînée des Bourbons; mais dans les limites de l'ordre constitutionnel fondé par cette révolution, il méritait réellement ce titre, puisqu'il s'appliquait à conserver les institutions existantes, tout en les développant progressivement.

C'est contre ce parti qu'a été faite la révolution de 1848 qui a établi en France la république et qui a abouti, au bout de trois ans, au rétablissement de l'Empire. Le moment n'est pas venu, et ce n'est pas ici l'endroit, de juger historiquement ces événements. Contentons-nous de dire qu'aussitôt après la chute de la monarchie constitutionnelle, il s'est formé un parti conservateur de la république, et aussitôt après la chute de la république, un parti conservateur de l'Empire. Il en fut de même pour le régime qui suivit la révolution du 4 septembre 1870. Il est de l'essence de tous les gouvernements de chercher avant tout à se conserver. Toutefois on n'a pas pris l'habitude de donner le nom de conservateurs aux députés qui pourraient être classés dans ce parti.

Dans les républiques qui ont une existence moins éphémère que la nôtre, en Suisse et aux Etats-Unis, il y a aussi un parti conservateur qui prend divers noms; mais qui a toujours le même but. Ce parti est tantôt vaincu, tantôt vainqueur dans les élections, suivant que le sentiment public se porte vers les nouveautés ou se rattache aux traditions. Toutefois c'est surtout dans les monarchies que l'esprit conservateur se manifeste, parce qu'il s'incarne en quelque sorte dans une personne qui représente l'hérédité du pouvoir. Mais il y a des exceptions; tantôt la religion, tantôt l'esprit de nationalité intervient dans la politique et en altère l'expression. Dans ces derniers temps, il s'est formé aussi un parti socialiste qui contribue à brouiller les affaires.

Il est extrêmement difficile de donner des règles en pareille matière. L'esprit conservateur doit dominer ou céder suivant les circonstances. Poussé à l'excès, ce serait le triomphe de l'immobilité; réduit à l'impuissance, il laisse dans la société un vide funeste. Tout ce qu'on peut dire en règle générale, c'est ce que *moins un pays jouit de la liberté politique, plus l'esprit conservateur y est dangereux, et que, au contraire, plus un pays est libre, plus l'esprit conservateur y devient salutaire.* Dans le premier cas, il représente la permanence de l'oppression dans la seconde, il représente l'ordre, qui est la première condition de la liberté.

C'est pour cette raison que les monarchies constitutionnelles offrent la meilleure forme de gouvernement connue jusqu'ici; à côté d'une grande liberté, elles placent une suffisante stabilité. Quand on examine l'histoire d'Angleterre, on voit que (du moins jusqu'à présent) les partis réformistes ne prennent le gouvernement qu'à de longs intervalles et ne l'occupent que peu de temps; c'est le parti conservateur qui a presque toujours l'ascendant et qui ne le laisse échapper que pour le reprendre avec plus de force. Ainsi se concilie le besoin de changement avec le besoin de stabilité, qui n'est pas moins essentiel.

Quand une idée nouvelle se présente, elle est accueillie par les esprits ardents; mais il y a au moins autant de chances pour qu'elle soit mauvaise que pour qu'elle soit bonne, la résistance instinctive du parti conservateur permet de l'examiner, de la discuter, de la mettre à l'épreuve; ce retard a plus d'avantages que d'inconvénients, car s'il ajourne un peu les véritables progrès, il permet de démêler les prétendus progrès qui sont bien plus nombreux. Puis, quand une idée nouvelle et juste a fini par l'emporter, c'est encore l'esprit conservateur qui sait le mieux réparer la brèche qu'elle a faite et la mettre en harmonie avec l'ensemble de l'organisation nationale.

Si, au contraire, aucune force organisée ne s'oppose aux innovations, tout est remis périodiquement en question; les expériences les plus malheureuses se succèdent; une inquiétude universelle s'empare des esprits. Partout où le passé n'est plus respecté, la confiance dans l'avenir disparaît, car, comme l'a dit de Maistre, qui a rencontré juste cette fois, *le temps ne respecte que ce qu'il a fondé.* Rien n'est plus contraire aux progrès matériels et moraux d'une nation que ce sentiment continuel d'incertitude.

Le siège principal du parti conservateur, dans les pays constitutionnels, se place d'ordinaire dans une seconde chambre qu'on appelle *sénat* ou *chambre des pairs.* La composition de cette chambre peut varier; elle peut être héréditaire comme en Angleterre, élective comme en Belgique, viagère comme naguère en France; mais partout il est prudent d'en avoir une pour servir de contrepoids aux entraînements d'une chambre uni-

que. Même aux États-Unis et en Suisse, on a senti cette nécessité.

Mais les institutions les plus sages ne servent de rien, si l'opinion publique ne se tient elle-même en garde contre ses propres fantaisies. *Quid leges sine moribus?* On a beau mettre dans la constitution des freins légaux, ces freins ne résistent pas longtemps, si la passion nationale n'en tient nul compte. Le procédé le plus contraire à l'esprit conservateur est le procédé révolutionnaire. Si usité qu'il soit de nos jours, ce procédé est rarement bon. Il est très rare qu'une nation ait à s'applaudir d'avoir fait une révolution.

Il vaut mieux se résigner à attendre patiemment le succès des améliorations les plus légitimes que de briser du premier coup tous les obstacles. Le parti conservateur le plus obstiné ne résiste pas toujours, il finit par céder sous la pression de la nécessité; mais il faut malheureusement, pour savoir attendre, tout en travaillant au triomphe légal de son opinion, un mélange de résolution et de patience, de modération et de fermeté qui se rencontre rarement chez les peuples. Une révolution paraît le chemin le plus court, quoiqu'elle en soit en réalité le plus long.

Il n'existe pas de constitution où la résistance soit plus fortement organisée qu'en Angleterre; outre que la chambre des lords a un droit absolu de *veto* contre toutes les propositions de la chambre des communes, elle a (ou plutôt, elle avait longtemps) une influence considérable dans la chambre des communes elle-même par les élections des comtés; on a vu cependant toutes les volontés des communes passer dans les lois quand elles ont été soutenues avec persévérance, et sans commotion, sans révolution, par la seule puissance des armes légales. C'est que la liberté anglaise est (ou du moins a été jusqu'à présent) un large fleuve qui respecte ses rives.

Un des plus grands exemples de la disposition contraire s'est présenté en France lors de la révolution de 1848. Pour obtenir la réforme électorale en Angleterre, la chambre des communes a lutté pendant plusieurs années, elle a subi de longs ajournements; en France la réforme électorale était sur le point d'avoir la majorité dans la chambre des députés, et la chambre des pairs n'avait pas la force nécessaire pour l'empêcher; le triomphe de cette réforme était donc certain dans un très court délai, sans subir la moitié des retards et des difficultés qu'elle avait traversés en Angleterre; on n'a pas eu la patience d'attendre quelques mois, peut-être quelques jours. Faute de patience, une révolution a éclaté.

Il est vrai qu'en Angleterre ceux qui demandaient la réforme électorale ne voulaient que la réforme électorale, tandis qu'en France la plupart de ceux qui demandaient la réforme voulaient une révolution, et ceux qui ne la voulaient pas l'ont laissé faire. Jamais la France n'a mieux prouvé qu'elle manquait de cet instinct conservateur qui anime la société anglaise presque tout entière, aussi bien les partis réformistes eux-mêmes que le parti conservateur proprement dit [1].

CONSISTOIRE. Ce mot, qui désigne chez les Romains le lieu où s'assemblait le conseil secret des empereurs, puis, par extension, ce conseil lui-même, s'applique aujourd'hui à des assemblées bien différentes et dont la nature et les attributions varient suivant qu'il s'agit du catholicisme ou des communautés protestantes et israélites. Dans le premier cas, le consistoire est la réunion des cardinaux présidés par le pape. On distingue alors le consistoire public, qui se tient dans la grande salle du Vatican, particulièrement lorsque le saint-père, entouré des principaux fonctionnaires de sa cour, reçoit en audience solennelle les princes ou leurs ambassadeurs, et le consistoire secret, beaucoup plus fréquent, où les seuls cardinaux sont admis et dans lequel le pape fait connaître les principales mesures qu'il a décrétées et préconise les évêques. Il y a parfois aussi consistoire semi-public, lorsqu'il s'agit d'affaires concernant les rapports avec les puissances étrangères, alors les personnes intéressées peuvent être admises. Dans tous les cas le consistoire aujourd'hui n'est jamais une assemblée délibérante et n'a d'autre but que d'enregistrer ou de faire connaître des mesures arrêtées à l'avance.

Lorsqu'il s'applique aux protestants ou israélites, le mot *consistoire* désigne un corps composé d'ecclésiastiques et de laïques, ceux-ci en majorité, et qui exerce une action plus ou moins étendue sur la direction et l'administration de l'Eglise.

Le système qui confie le gouvernement d'une église à des consistoires a été souvent critiqué; néanmoins, c'est peut-être celui qui, tout en maintenant l'indépendance du clergé quant à la doctrine et à l'exercice du ministère, assure le mieux aux fidèles une large part d'influence, prévient ainsi les abus nombreux qu'entraîne en toute religion l'omnipotence cléricale, et par suite rend plus aisés les rapports inévitables entre l'Eglise et l'Etat.

CONSOMMATION. Consommer c'est employer une chose pour lui faire atteindre son but. La consommation générale comprend la *consommation privée,* c'est-à-dire celle que chacun fait en particulier et librement, et les *consommations publiques,* auxquelles chacun est obligé de participer sous forme d'impôts, conformément aux lois du pays.

Le gouvernement peut exercer une action directrice, même sur les consommations privées, soit quant à leur nature, soit quant à leur quantité, au moyen des impôts protecteurs ou des taxes prohibitives. Les douanes, les octrois et tous les impôts indirects ont une influence puissante sur l'équilibre de la

consommation générale, qu'ils diminuent en la déplaçant. On peut même dire que tout impôt altère cet équilibre en changeant la répartition des richesses et des jouissances; mais ceux qui l'altèrent le moins sont les impôts directs; seulement les Etats modernes ont trop de besoins pour que les impôts directs puissent suffire.

C'est au point de vue moral qu'il y aurait beaucoup à dire sur la consommation, mais c'est là une tâche qui incombe au moraliste; au point de vue politique nous n'avons à relever qu'un point : le gouvernement doit, autant que cela dépend de lui, favoriser les consommations utiles et nécessaires (aliments, matières premières, moyens d'enseignement, instruments) et gêner les consommations malsaines, ou nuisibles au point de vue moral et même hygiéniques (eau-de-vie, tabac). Le choix des mesures à prendre sera souvent délicat, et ce n'est pas ici qu'on pourrait l'indiquer : L'impôt paraît être le moyen le plus usuel et peut-être le plus efficace.

CONSOMMATION (DROITS DE). Les impôts établis sur les consommations de denrées, marchandises ou produits de toute espèce, et perçus soit au moment où les objets taxés franchissent les limites d'un Etat, d'une province ou d'une commune, soit au moment de la vente, ou du déplacement de ces objets, soit enfin lors de leur fabrication, constituent dans presque tous les Etats modernes de l'Europe, et dans ceux d'origine européenne, une importante source de revenus publics.

Parmi les inconvénients propres à tous les impôts, il en est que les taxes sur les consommations présentent quelquefois à un haut degré : 1° la répartition des charges qu'elles établissent n'est pas suffisamment proportionnelle aux ressources des contribuables; — 2° leur perception exige un ensemble de mesures réglementaires, de surveillances, de vérifications, imposant des entraves à la production, à la circulation ou au commerce des objets taxés; — 3° enfin, une partie quelquefois considérable du produit des taxes dont il s'agit est absorbée par les frais de perception.

On peut dire, à l'appui de ces taxes, que, par diverses raisons, les contribuables les acquittent plus volontiers que les impôts directs; on sait que leur perception est généralement divisée par fractions minimes ou plus faciles à solder; et dans la plupart des cas, elles s'ajoutent au prix des objets taxés, en sorte que les consommateurs, les confondant avec ce prix, en supportent la charge presque sans s'en douter; ou aussi, l'impôt se payant au moment de la consommation le fisc obtient ainsi plus sûrement sa part, c'est-à-dire que beaucoup de citoyens ne payeraient pas leurs impôts s'ils n'y étaient ainsi quelque peu forcés; enfin, l'impôt, pesant le plus souvent sur des consommations qui ne sont pas nécessaires au soutien de la vie ou de la santé, les taxes dont il s'agit ne sont acquit-

---

1. Le fond l'article est de Léonce de Lavergne, mais on a dû modifier quelques passages pour le mettre à jour.

tées par les consommateurs qu'au moment où il leur convient d'acheter des objets dont, à la rigueur, ils pourraient se passer ; en sorte que les plus pauvres, ou les plus prudents, les plus économes d'entre eux, ont toujours la faculté de s'en affranchir en s'abstenant d'acheter, trouvant dans cette faculté un nouveau stimulant à l'épargne.

Ces différents motifs sont souvent invoqués par les financiers, les politiques et tous les publicistes chez lesquels domine la préoccupation de l'intérêt fiscal, mais ils le sont plus souvent encore par les publicistes de l'opposition par les personnes qui ne veulent pas prendre les hommes et les choses tels qu'ils sont. Ils ferment volontairement les yeux pour ne pas voir que beaucoup de gens ne veulent pas supporter leur part des charges de l'Etat, et qu'il faut les y amener d'une façon ou de l'autre. Toutes les mesures vexatoires qui se rattachent aux impôts indirects sont la conséquence de la nature humaine. Les gouvernements les détestent autant que les citoyens, mais ils sont forcés de choisir entre deux maux le moindre : il y a moins de mal à vexer un contribuable récalcitrant qu'à laisser vider la caisse de l'Etat au préjudice des grands services publics. Ainsi, si les droits de consommation sont un mal, ce mal est nécessaire.

CONSPIRATION. Résolution concertée entre deux ou plusieurs personnes d'attenter à la vie du chef de l'Etat ou de changer la forme du gouvernement. La conspiration se confond avec le complot et avec la conjuration, qui ne s'en distingue qu'en exprimant plus fortement l'idée du lien secret, du *serment* par lequel les conjurés s'engagent les uns envers les autres. Il semble aussi que les conjurés sont plus près de l'attentat que les conspirateurs ; ceux-ci délibèrent encore sur les moyens d'exécution, sur le but précis qu'ils veulent atteindre ; la révolution qu'ils veulent accomplir est encore éloignée ; ceux-là sont au contraire déjà armés pour l'action : conspirateurs d'abord, ils sont devenus des conjurés et vont exécuter le complot qu'ils ont formé.

L'ancien droit français comprenait dans la qualification de crime de lèse-majesté les faits qui constituent aujourd'hui, sous le nom d'attentat et de complot, les crimes dirigés contre la sûreté intérieure de l'Etat. La déclaration de Villers-Cotterets du 10 août 1539 portait que quiconque attente à la personne du roi ou à celle des enfants de France doit être regardée comme coupable du crime de lèse-majesté au premier chef. Des supplices horribles étaient réservés à ce crime. Le code pénal de 1810 qualifia crime de lèse-majesté l'attentat ou le complot contre la vie ou contre la personne du chef de l'Etat et punit ce crime de la peine du parricide, c'est-à-dire de la mutilation du poing suivie de l'exécution à mort et de la confiscation des biens. Le même code punit de mort et de la confiscation l'attentat ou le complot ayant

pour but de détruire ou de changer la forme du gouvernement.

La loi de 1832 modifia les qualifications et les pénalités du code pénal de 1810 ; la qualification de crime de lèse-majesté disparut ; la mutilation du poing et la confiscation furent supprimées.

Cette législation, dont nous ne pouvons analyser tous les détails (*voy.* **Attentat**), est encore en vigueur aujourd'hui, au moins dans son ensemble et dans la plupart de ses dispositions. Quelles que soient en effet les révolutions qui bouleversent la société, il faut toujours pourvoir à la sûreté de l'Etat, mettre la forme du gouvernement existant sous la sauvegarde de la loi et réprimer l'attentat contre le chef du pouvoir exécutif, qu'il soit empereur, ou roi, ou président de la république.

Le code pénal ne spécifie ni la conspiration ni la conjuration, il ne s'occupe que du complot et de l'attentat qui en sont la manifestation et le résultat. L'article 86 punit de la peine du parricide (moins la mutilation du poing, qui, comme nous l'avons dit, est abolie) l'attentat contre la vie ou la personne du chef de l'Etat. L'article 91 punissait de la peine de mort l'attentat ayant pour but, soit d'exciter la guerre civile en armant ou en portant les citoyens à s'armer les uns contre les autres, soit de porter la dévastation, le massacre et le pillage dans une ou plusieurs communes.

La loi établit dans le complot ayant pour but de ces crimes plusieurs degrés, suivant qu'il approche plus ou moins de l'exécution de l'attentat pour lequel il est formé : ainsi, s'il a été suivi d'un acte *commis* ou *commencé* pour *préparer* l'exécution, les coupables sont punis de la déportation ; s'il n'a été suivi d'aucun acte de cette nature, la peine est celle de la détention ; si, enfin, il y a eu simplement proposition faite et non agréée (par conséquent s'il n'y a pas eu complot), l'auteur de cette proposition est puni d'un emprisonnement d'un an à cinq ans.

Depuis 1830, il est érigé en principe parmi nous que la peine de mort est abolie en matière politique, et en fait, aucun crime purement politique n'a été suivi d'une exécution capitale depuis cette époque. Cependant la peine de mort restait encore édictée dans le code pénal. Elle a été définitivement abolie par un décret du gouvernement provisoire du 26 février 1848 et par l'article 5 de la constitution de la même année.

On a beaucoup discuté sur le degré de criminalité positive qui s'attache aux actes qui constituent des crimes politiques. Quelle est leur moralité ? Révèlent-ils, au même degré, la perversité que dénotent les crimes ordinaires ? — On ne peut méconnaître que la conscience ne les place pas, en général, sur la même ligne ; le caractère des actions humaines se détermine par le mobile qui les produit, et s'il est vrai que toute société ne se constitue qu'en vue d'un bien, il faut reconnaître que l'homme de parti qui s'attaque au gouvernement de son pays pour le détruire et lui substituer une autre forme, suivant lui préférable, n'obéit pas du moins à des instincts honteux ; c'est peut-être encore l'idéal du bien qu'il poursuit, même à travers ses égarements.

L'auteur d'un crime commun viole une loi d'un autre ordre que l'auteur d'un crime politique. Le premier transgresse une règle morale qui est partout et toujours la même, bien qu'il puisse différer en temps et lieux par des nuances.

L'acte politique ne présente pas, généralement ces caractères. Dans la transformation incessante, dans l'évolution inévitable qui est la vie même des nations, il constitue un effort, une manifestation, une aspiration particulière vers un état de choses nouveau qui passera ou ne passera pas dans la réalité des faits suivant qu'il sera ou ne sera pas la résultante de la plus grande somme des forces sociales.

Est-ce à dire, comme on l'a soutenu, que le citoyen qui conspire contre le gouvernement établi ne viole aucun droit ? Non, assurément. S'il reste dans la sphère des actes politiques, on ne pourra, il est vrai, le confondre avec l'incendiaire, le faussaire ou le meurtrier ; mais il aura cependant porté atteinte à de grands intérêts sociaux ; poursuivant un but où l'ambition privée et les calculs égoïstes se déguisent souvent sous le masque de l'intérêt public, il aura jeté la perturbation dans le corps politique, excédé son droit et violé le droit d'autrui. « La tentative de changer le gouvernement établi, n'entraînât-elle aucun crime privé, peut réunir au plus haut degré les deux caractères généraux du crime, l'immoralité de l'acte même et la perversité de l'intention[1]. »

Il est certain que la notion du droit s'obscurcit trop souvent quand, passant des actes de la vie commune, on arrive aux actes de la vie politique. Les principes ne sont plus les mêmes ou du moins ne sont plus aussi évidents. « L'immoralité des délits politiques, a dit Guizot dans le livre que nous venons de citer, n'est ni aussi claire, ni aussi immuable que celle des crimes privés ; elle est sans cesse travestie ou obscurcie par les vicissitudes des choses humaines, elle varie selon les temps, les événements, les droits et les mérites du pouvoir ; elle chancelle à chaque instant sous les coups de la force, qui prétend la façonner selon ses caprices et ses besoins. A peine trouverait-on dans la sphère de la politique quelque acte innocent ou méritoire qui n'ait reçu en quelque coin du monde ou du temps une incrimination légale. »

Est-ce à dire qu'en matière de délits politiques le succès soit le seul critérium des événements ? N'y a-t-il aucun droit absolu et peut-on dire avec Horace :

Nec natura potest justo secernere iniquum ?

1. Guizot, *De la Peine de mort en matière politique.*

L'histoire ne nous montre que trop de gens qui ont professé cette opinion. Un philosophe offrait au vieux roi Antigone, qui assiégeait une ville, un traité sur la justice : Antigone se mit à rire ; Marius prétendait qu'il ne pouvait entendre les lois à cause du bruit des armes, et Pompée irrité répondait aux Mamertins : « Que me parlez-vous de droits quand j'ai un glaive à mon côté ? » Sans remonter à l'antiquité, n'a-t-on pas, dans une constitution célèbre, préconisé la force confondue à tort avec le droit ? N'a-t-on pas dit : « L'insurrection est le plus saint des devoirs ? » L'insurrection du gouverné n'est pas plus un devoir que l'oppression du gouvernant n'est un droit.

Il y a donc des principes généraux ; il y a les lois d'une justice absolue qui règlent tous les rapports des hommes entre eux en matière politique aussi bien qu'au point de vue des intérêts privés. Entre les nations, la guerre même a des lois qui, pour être souvent transgressées par la force, ne président pas moins, éternelles et immuables, aux affaires humaines. Les devoirs et les droits politiques sont corrélatifs ; ils dérivent de l'état de société, qui est pour l'homme la loi de sa nature.

Il est vrai que dans ces grandes contestations, dans ces tempêtes formidables qui éclatent entre les empires ou dans le sein même de chaque empire, entre les partis qui le divisent, il n'y a pas d'arbitre souverain qui vienne prononcer la sentence au nom du droit. En dernière analyse, c'est à la force qu'on fait appel. C'est la force qui termine le débat, mais elle ne le juge pas. Lysandre disait en montrant son épée : « Celui qui tient ceci, raisonne le mieux ! » Il se trompait : la cause la plus juste peut succomber ; des causes vaincues peuvent périr sans avoir mérité leur sort, mais la conscience humaine proteste et distingue entre la justice et le succès.

Au surplus, ce que nous venons de dire sur le degré de criminalité des délits politiques en général ne s'applique qu'imparfaitement aux conspirations, aux complots, aux sociétés secrètes, etc. Autre chose est, en effet, de résister publiquement, de revendiquer à ciel ouvert des droits méconnus ou violés, autre chose de creuser une mine sous les fondements de l'édifice social. Chez les Anglais où le droit de résistance a été admis dans les limites les plus larges qu'il ait jamais eues, personne ne songe à l'étendre aux conspirations, et nulle part les machinations secrètes qui s'ourdissent dans l'ombre ne sont plus rigoureusement réprouvées par les mœurs et réprimées par la loi. On les considère avec raison comme une atteinte aux libertés publiques. « Le droit de s'opposer à la violence, sous quelque forme qu'elle se présente et de quelque part qu'elle vienne, est si généralement reconnu, dit Delolme, que les tribunaux l'ont quelquefois donné comme base à leurs décisions. »

On conçoit cette résistance légale dans un pays libre; mais on peut affirmer que la résistance clandestine par les conspirations est incompatible avec la liberté.

C'est cependant au nom de la liberté que se sont ourdies de tout temps les conspirations, quoiqu'elle ne soit sortie triomphante d'aucune d'elles; la liberté d'un peuple est perdue quand on ne peut plus la sauver que par un complot.

On ne peut s'empêcher, en récapitulant la série presque infinie des conspirations qui forment un si long chapitre dans l'histoire de tous les peuples, de remarquer combien peu d'entre elles ont réussi. Ce résultat s'explique par plusieurs raisons.

D'abord les conspirations, faibles, isolées, agissant dans l'ombre, s'attaquent à un pouvoir qui a la force en main et qui est armé pour se défendre. Pour les conjurés, au contraire, tout est obstacle; ils se défient les uns des autres, et le plus souvent la conspiration est découverte avant d'avoir rien entrepris.

Mais alors même que les conjurés croient toucher au but, que sous le poignard de Brutus César expire au pied de la statue de Pompée, ou que Julien de Médicis est étendu sur les dalles de l'église de Santa-Reparata, en réalité la conjuration n'a pas fait un pas vers le succès. Il se trouve que le parti qu'elle a cru ruiner en frappant son chef n'a perdu qu'un homme; que ce parti se relève plus fort qu'auparavant et qu'il triomphe par la violence même de sa réaction.

D'ailleurs les hommes qui entrent dans une conspiration ne conspirent que parce qu'ils sont la minorité. Le gouvernement qu'ils veulent renverser, est, au contraire, l'expression de la majorité, il représente l'ensemble des forces qui composent le corps social, qui le soutiennent et qui l'animent. Ce corps social, cet ensemble de forces, voilà le puissant adversaire que la conspiration ne peut pas atteindre. Qu'un homme en qui se personnifie le gouvernement de son pays meure sous les coups d'un assassin, c'est une complication dont les conséquences peuvent être graves suivant les circonstances; mais quant au gouvernement, il ne sera pas pour cela renversé, s'il conserve sa raison d'être[1].

CONSTABLE. Le constable exerce personnellement, en Angleterre, les fonctions d'officier de paix (*peace officer*), tandis qu'en même temps il est exécuteur des décisions des magistrats, et il est revêtu de ce caractère sous deux formes distinctes et par deux juridictions différentes : il est d'abord *constable* dans le sens ancien et populaire du mot, celui que lui donne le droit coutumier (*common law*); il est en second lieu *constable de police* (*police constable*) en vertu du *statute law* (loi écrite).

Les constables ont le droit d'arrêter et de détenir, jusqu'à ce qu'elle ait pu être conduite devant le magistrat, toute personne coupable

1. Extrait de l'article de Chédieu.

d'avoir, *en leur présence,* troublé la paix publique (*breach of the peace*); mais le délit doit avoir été commis en leur présence (flagrant délit); autrement ils ne peuvent procéder à l'arrestation qu'en vertu du mandat (*warrant*) délivré par un magistrat. Ils peuvent aussi opérer une arrestation, s'il y a présomption suffisante qu'un crime (*felony*) a été commis, et détenir la personne soupçonnée jusqu'à ce que sa conduite ait été l'objet d'une enquête. Naturellement un constable *doit*, en vertu de sa charge, arrêter toute personne qu'il *voit* commettre un crime (*felony*), ou quiconque est formellement accusé par une autre personne d'avoir commis un crime; mis en aucun cas il ne peut procéder à une arrestation sans produire le mandat (*warrant*) d'un magistrat, s'il ne s'agit que d'un simple délit (*misdemeanour*).

CONSTITUTION [1]. La constitution politique d'un pays indique les droits et les devoirs tant du chef de l'État que des citoyens, les rapports entre les pouvoirs publics, ainsi que les lois ou dispositions qui caractérisent le régime politique d'un État. La constitution est généralement rédigée par une assemblée constituante, c'est-à-dire, élue spécialement à cet effet et plus nombreuse qu'une chambre des députés ordinaire. La charte se distingue

1. Nous aurions dû peut-être commencer par des considérations générales sur les constitutions, mais à quoi bon? On sait-on pas que ni les politiciens, ni « le peuple » (conduit par les démagogues) considèrent les constitutions comme un lien bien solide. Au surplus, voici une coupure d'un journal, qui édifiera le lecteur (*le Parti National*, n° 325 de la 1re année).

L'impuissance des constitutions. Tous les journaux contiennent le récit des pourparlers engagés entre M. Grévy et différents chefs de groupes au sujet de la crise.

Il résulte de ces récits que M. Grévy, malgré le Parlement et malgré l'immense majorité de l'opinion, persiste à rester à l'Élysée, dût son entêtement prolonger ou aggraver la crise.

Il invoque, pour excuser sa résistance, les droits qu'il tient de la Constitution. Il considère ces droits comme supérieurs à ceux de la nation, et il est tout prêt à engager la lutte avec les représentants du pays plutôt que d'y renoncer volontairement.

C'est de l'aveuglement; c'est de la folie.

Et pourtant M. Grévy n'a pas dû arriver à son âge sans savoir que jamais les Constitutions n'ont rien sauvé. C'est pour s'être cramponné à la Constitution de 1791 que Louis XVI porta sa tête sur l'échafaud; c'est pour s'être cramponné aux Chartes de 1815 et de 1830, que Charles X et Louis-Philippe durent quitter un jour les Tuileries en toute hâte, et emporter avec eux en exil les destinées de la monarchie. Si ces monarques avaient un peu moins invoqué leurs droits, et un peu plus écouté les vœux de l'opinion, ils auraient pu éviter à la France deux ou trois révolutions sanglantes.

Ce n'est pas que nous pensions qu'une révolution soit à craindre; nous n'en viendrons pas jusque-là. M. Grévy cédera avant. Il peut encore se retirer dignement aujourd'hui, en faisant le sacrifice de ses droits à la tranquillité publique. Dans huit jours, il sera peut-être obligé de céder à l'agitation du dehors, ce qui serait désastreux pour lui et pour nos institutions.

Que M. Grévy écoute donc la voix de la raison et du bon sens, dont il a tant de fois donné des preuves. Sa carrière politique est finie : ses meilleurs amis le lui disent. Qu'il cesse surtout de s'appuyer sur la Constitution, car les Constitutions sont des barrières fragiles, quand on a cessé de plaire.   J. B.

. Et c'est dans une république qu'on s'exprime ainsi !!

d'une constitution en ce qu'elle est conférée, donnée, « octroyée » par le chef de l'Etat, tandis que la Constitution est délibérée par les mandataires des citoyens et peut souvent être considérée comme un pacte conclu entre le chef de l'Etat et la nation. *Voy.* **Contrat politique** (dans le sens de Constitution).

CONSTITUTION FRANÇAISE de 1875. La Constitution qui régit actuellement la France est fondée sur les lois constitutionnelles des 25 février et 16 juillet 1875 et sur quelques lois complémentaires de la même année.

I. Loi du 25 février 1875 relative à *l'organisation des pouvoirs publics*.

Article Ier. Le pouvoir législatif s'exerce par deux assemblées : la Chambre des députés et le Sénat.

La Chambre des députés est nommée par le suffrage universel dans les conditions déterminées par la loi électorale.

La composition, le mode de nomination et les attributions du Sénat sont réglés par une loi spéciale.

Art. 2. Le Président de la République est élu à la majorité absolue des suffrages par le Sénat et par la Chambre des députés réunis en Assemblée nationale.

Il est nommé pour sept ans, il est rééligible.

Art. 3. Le Président de la République a l'initiative des lois concurremment avec les membres des deux chambres.

Il promulgue les lois lorsqu'elles ont été votées par les deux chambres.

Il en surveille et en assure l'exécution.

Il a le droit de faire grâce ; les amnisties ne peuvent être accordées que par une loi.

Il dispose de la force armée.

Il nomme à tous les emplois civils et militaires.

Il préside aux solennités nationales ; les envoyés et les ambassadeurs sont accrédités auprès de lui.

Chacun des actes du Président de la République doit être contresigné par un ministre.

Art. 4. Au fur et à mesure des vacances qui se produiront à partir de la promulgation de la présente loi, le Président de la République nomme, en conseil des ministres, des conseillers d'Etat en service ordinaire.

Les conseillers d'Etat ainsi nommés ne pourront être révoqués que par décret rendu en conseil de ministres.

Les conseillers d'Etat nommés en vertu de la loi du 24 mai 1872 ne pourront, jusqu'à l'expiration de leurs pouvoirs, être révoqués que dans la forme déterminée par cette loi. Après la séparation de l'Assemblée nationale, la révocation ne pourra être prononcée que par une résolution du Sénat.

Art. 5. Le Président de la République peut, sur l'avis conforme du Sénat, dissoudre la Chambre des députés avant l'expiration légale de son mandat.

En ce cas, les collèges électoraux sont convoqués pour de nouvelles élections, dans le délai de trois mois.

Art. 6. Les ministres sont solidairement responsables devant les Chambres de la politique du gouvernement, et individuellement de leurs actes personnels.

Le Président de la République n'est responsable que dans le cas de haute Trahison.

Art. 7. En cas de vacance par décès ou pour toute autre cause, les deux Chambres réunies procèdent immédiatement à l'élection d'un nouveau Président.

Dans l'intervalle, le conseil des ministres est investi du pouvoir exécutif.

Art. 8. Les Chambres auront le droit, par délibérations séparées, prises dans chacune à la majorité absolue des voix, soit spontanément, soit sur la demande du Président de la République, de déclarer qu'il y a lieu de reviser les lois constitutionnelles.

Après que chacune des deux chambres aura pris cette résolution, elles se réuniront en Assemblée nationale pour procéder à la revision.

Les délibérations portant revision des lois constitutionnelles, en tout ou en partie, devront être prises à la majorité absolue des membres composant l'Assemblée nationale.

II. Voici maintenant la loi Constitutionnelle du 16 juillet 1875 *sur les rapports des pouvoirs publics*.

Article 1er. Le Sénat et la Chambre des députés se réunissent chaque année le second mardi de janvier, à moins d'une convocation antérieure faite par le Président de la République.

Les deux Chambres doivent être réunies en séance cinq mois au moins de chaque année. La session de l'une commence et finit en même temps que celle de l'autre.

Le dimanche qui suivra la rentrée, des prières publiques seront adressées à Dieu dans les églises et dans les temples pour appeler son secours sur les travaux des assemblées.

Art. 2. Le Président de la République prononce la clôture de la session. Il a le droit de convoquer extraordinairement les Chambres. Il devra les convoquer si la demande en est faite, dans l'intervalle des sessions, par la majorité absolue des membres composant chaque chambre.

Le Président peut ajourner les chambres. Toutefois, l'ajournement ne peut excéder le terme d'un mois, ni avoir lieu plus de deux fois dans la même session.

Art. 3. Un mois au moins avant le terme légal des pouvoirs du Président de la République, les chambres devront être réunies en Assemblée nationale pour procéder à l'élection du nouveau Président.

A défaut de convocation, cette réunion aurait lieu de plein droit le quinzième jour avant l'expiration de ses pouvoirs.

En cas de décès ou de démission du Président de la République, les deux chambres se réunissent immédiatement et de plein droit.

Dans le cas où, par application de l'art. 5 de la loi du 25 février 1875, la Chambre des députés se trouverait dissoute au moment où la présidence de la République deviendrait vacante, les collèges électoraux seraient aussitôt convoqués, et le Sénat se réunirait de plein droit.

Art. 4. Toute assemblée de l'une des deux chambres qui serait tenue hors du temps de la session commune est illicite et nulle de plein droit, sauf le cas prévu par l'article précédent et celui où le Sénat est réuni comme cour de justice; et dans ce dernier cas, il ne peut exercer que des fonctions judiciaires.

Art. 5. Les séances du Sénat et celles de la Chambre des députés sont publiques.

Néanmoins chaque chambre peut se former en comité secret, sur la demande d'un certain nombre de ses membres, fixé par le règlement.

Elle décide ensuite, à la majorité absolue, si la séance doit être reprise en public sur le même sujet.

Art. 6. Le Président de la République communique avec les chambres par des messages qui sont lus à la tribune par un ministre.

Les ministres ont leur entrée dans les deux chambres et doivent être entendus quand ils le demandent. Ils peuvent se faire assister par des commissaires désignés, pour la discussion d'un projet de loi déterminé, par décret du Président de la République.

Art. 7. Le Président de la République promulgue les lois dans le mois qui suit la transmission au gouvernement de la loi définitivement adoptée. Il doit promulguer dans les trois jours les lois dont la promulgation, par un vote exprès, dans l'une ou l'autre chambre, aura été déclarée urgente.

Dans le délai fixé pour la promulgation, le Président de la République peut, par un message motivé, demander aux deux chambres une nouvelle délibération qui ne peut être refusée.

Art. 8. Le Président de la République négocie et ratifie les traités. Il en donne connaissance aux chambres aussitôt que l'intérêt et la sûreté de l'État le permettent.

Les traités de paix, de commerce, les traités qui engagent les finances de l'État, ceux qui sont relatifs à l'état des personnes et au droit de propriété des Français à l'étranger, ne sont définitifs qu'après avoir été votés par les deux chambres. Nulle cession, nul échange, nulle adjonction de territoire ne peut avoir lieu qu'en vertu d'une loi.

Art. 9. Le Président de la République ne peut déclarer la guerre sans l'assentiment préalable des deux chambres.

Art. 10. Chacune des chambres est juge de l'éligibilité de ses membres et de la régularité de leur élection; elle peut seule recevoir leur démission.

Art. 11. Le bureau de chacune des deux chambres est élu chaque année pour la durée de la session et pour toute session extraordinaire qui aurait lieu avant la session ordinaire de l'année suivante.

Lorsque les deux chambres se réunissent en assemblée nationale, leur bureau se compose des présidents, vice-présidents et secrétaires du Sénat.

Art. 12. Le Président de la République ne peut être mis en accusation que par la Chambre des députés et ne peut être jugé que par le Sénat.

Les ministres peuvent être mis en accusation par la Chambre des députés pour crimes commis dans l'exercice de leurs fonctions. En ce cas, ils sont jugés par le Sénat.

Le Sénat peut être constitué en cour de justice par un décret de Président de la République, rendu en conseil des ministres pour juger toute personne prévenue d'attentat commis contre la sûreté de l'État.

Si l'instruction est commencée par la justice ordinaire, le décret de convocation du Sénat peut être rendu jusqu'à l'arrêt du renvoi.

Une loi déterminera le mode de procéder pour l'accusation, l'instruction et le jugement.

Art. 13. Aucun membre de l'une ou l'autre chambre ne peut être poursuivi ou recherché à l'occasion des opinions ou votes émis par lui dans l'exercice de ses fonctions.

Art. 14. Aucun membre de l'une ou l'autre chambre ne peut, pendant la durée de la session, être poursuivi ou arrêté en matière criminelle ou correctionnelle qu'avec l'autorisation de la chambre dont il fait partie, sauf le cas de flagrant délit.

La détention ou la poursuite d'un membre de l'une ou de l'autre chambre est suspendue pendant la session, et pour toute sa durée, si la Chambre le requiert.

II. *Lois constitutionnelles complémentaires.*

Loi du 24 février 1875 sur *l'organisation du Sénat.* Nous nous bornons à en rappeler les principales dispositions:

Le Sénat se compose de 300 membres élus par les départements et les colonies. Nul ne peut être sénateur s'il n'est Français, âgé de 40 ans au moins, et jouissant de ses droits civils et politiques. Les sénateurs sont élus pour 9 ans par un collège composé des députés, conseillers généraux, conseillers d'arrondissement et de délégués élus par chaque commune, parmi les électeurs de la commune. Le Sénat se renouvelle par tiers tous les trois ans. Le Sénat a, concurremment avec la Chambre des députés, l'initiative et la confection des lois. Toutefois, les lois de finances doivent être, en premier lieu, présentées à la Chambre des députés et votées par elle. — Nous renvoyons au *Bulletin des lois* pour la loi du 2 août sur l'élection des sénateurs.

La loi organique sur l'élection des députés est du 30 novembre 1875. Elle dispose en détail sur la procédure à suivre lors des élections. Le suffrage est universel, mais il est suspendu pour les militaires présents à leur corps, à leur poste ou dans l'exercice de leurs fonctions. Ils ne pourront être élus, car tout électeur est éligible, et momentanément ils ne sont pas électeurs. L'exercice des fonctions publiques rétribuées par l'État est incompatible avec le mandat de député. Il y a quelques exceptions : les ministres, les plénipotentiaires, les préfets de la Seine et de police, le président des cours de Paris, les procureurs généraux de Paris, les archevêques et évêques, pasteurs présidents de consistoire, grand rabbin de Paris, les professeurs nommés au concours, les personnes chargées d'une mission temporaire (6 mois). Tout député nommé à une fonction cesse d'appartenir à la chambre, mais il peut être réélu si la fonction le comporte. Les fonctionnaires ne peuvent pas être élus dans leur circonscription tant qu'ils sont en fonction.

CONSUL. Lorsque, après l'expulsion des Tarquins (an de Rome 245 ; av. J.-C. 510), les patriciens abolirent, avec l'assentiment de la plèbe, la royauté, ils substituèrent à un roi unique, élu à vie par le peuple et pris indifféremment parmi toutes les classes de la république, deux magistrats annuels, choisis exclusivement parmi eux et auxquels ils transportèrent toute l'autorité administrative, militaire et judiciaire de l'ancienne royauté. On leur donna le simple titre de *consuls*, parce qu'ils devaient, dit Florus, consulter avant toute chose l'intérêt public.

Cette révolution, tout aristocratique, se bornait à livrer au Sénat la direction suprême de la république. Comme le roi, les consuls furent chargés de la convocation et de la surveillance des assemblées du peuple ; gardiens de l'état social, ils maintenaient la hiérarchie des classes établies par Servius Tullius ; ils ordonnaient les levées militaires, ils commandaient souverainement aux armées, ils étaient chargés de percevoir les impôts et d'administrer les deniers publics. Pendant près d'un siècle et demi ils furent les uniques juges de tous les procès civils ; ils s'étaient même réservé d'abord les jugements criminels que Valérius Publicola fit transférer bientôt aux comices. Ces attributions si diverses n'étaient point partagées entre les deux consuls ; chacun d'eux possédait tour à tour pendant un mois la plénitude des pouvoirs et n'avait de limite à sa puissance que le *veto* de son collègue. Or, par leur origine, par la durée éphémère de leurs fonctions, et surtout par quelques prérogatives que le Sénat s'était réservées, les consuls se trouvaient dans la dépendance entière du Sénat. Dans toute circonstance critique, qu'il y eût lutte à l'intérieur de Rome ou péril au dehors, le Sénat pouvait en effet, par un simple vote, les forcer à se démettre de leur charge en leur ordonnant de nommer un *dictateur* ou bien, au contraire, leur confier à eux-mêmes le pouvoir absolu et dictatorial par la célèbre formule :

« *Videant consules ne quid detrimenti respublica capiat.* »

Cette concentration de tous les pouvoirs entre les mains de deux magistrats subsista pendant toute la durée de la domination patricienne. Lorsque, après 150 ans de résistance, le Sénat fut enfin contraint d'admettre les plébéiens au Consulat, il brisa cette magistrature, lui retira ses attributions judiciaires par la création des préteurs, ses attributions financières qu'ils transféra aux questeurs, et la surveillance des mœurs et de l'état social qui furent confiés désormais aux censeurs. Ainsi réduits dans les murs de Rome à une action purement administrative, les consuls ne conservèrent plus leur ancienne autorité que lorsqu'ils se trouvèrent à la tête de leurs armées et vis-à-vis des nations étrangères. L'extension des conquêtes de la république fit sentir bientôt l'insuffisance de leur nombre, et ils eurent à partager avec les proconsuls le commandement des légions et l'administration des provinces.

Le consulat fut conservé par Auguste ; les Césars s'honorèrent du titre de consuls, et les fastes de l'empire continuèrent à désigner chaque année par leurs noms les deux consuls élus. Mais cette élection fut de bonne heure retirée au peuple ; confiée d'abord au Sénat, elle devint sous Dioclétien le privilège de l'empereur. Les consuls, transformés ainsi en simples fonctionnaires, n'eurent plus dans la hiérarchie compliquée des derniers temps de l'empire qu'un prestige très affaibli et une autorité nominale. L'élévation de Constantinople au rang de capitale fit créer en Orient un nouveau consulat, mais ce titre s'avilit chaque jour davantage devant la splendeur des nombreuses fonctions du palais impérial : aux cinquième et sixième siècles, il se donnait aux rois barbares conquérants des provinces occidentales de l'empire et s'achetait à vil prix par les derniers descendants des populations italo ou gallo-romaines.

Au moyen âge le titre de consul se retrouve encore : en Italie, les magistrats des cités lombardes ; dans le midi de la France, les administrateurs des anciens municipes se décorèrent de ce nom illustre. Mais il n'est pas besoin de faire remarquer que cette appellation s'appliquait à des autorités très diverses, le plus souvent réduites à l'administration municipale, appelées exceptionnellement à jouer un rôle politique et à représenter l'État, mais n'ayant de commun entre elles et avec les magistrats de l'ancienne Rome que leur nom de consul.

La loi du 19 brumaire an VIII, en instituant un gouvernement provisoire composé de trois membres, les qualifia du titre de consuls et leur accorda d'abord un pouvoir illimité. Peu après la Constitution du 24 frimaire détermina leurs fonctions et leur autorité spéciales. Le premier consul eut à peu près le rôle attribué depuis aux souverains des monarchies parlementaires : à lui seul appartenait le droit de nommer des fonction-

naires de tout ordre : ceux de l'administration générale, départementale et communale
(à l'exception des sénateurs et des membres
de la cour des comptes), ceux des finances,
de l'armée, de la marine et des affaires étrangères. Il avait aussi la nomination des magistrats de l'ordre judiciaire, hormis celle des
juges de paix et des membres du tribunal
de cassation, et avec la garantie pour tous de
l'inamovibilité. Seul chargé de la direction
de la guerre et des affaires diplomatiques, il
concluait les traités de paix et de commerce,
sauf ratification du Corps législatif. A côté
de lui, ses deux collègues formaient simplement un comité consultatif. (CHAUVY.)

CONSULS. CONSULATS. AGENTS CON-SULAIRES.

Les consuls (commerciaux) sont
des fonctionnaires désignés par une autorité
compétente, pour résider à l'étranger, dans
le but de protéger, de faciliter et d'étendre le
commerce établi entre le pays qui les nomme
et le pays où ils sont envoyés.

Les fonctions des consuls ont un caractère
tout à la fois commercial et diplomatique.
Elles supposent, dans celui qui en est revêtu,
un *caractère public* qui commande la considération. Ce caractère augmente encore, par
cette raison, que non seulement le consul est
le représentant de l'État qui l'a délégué, mais
qu'en outre il est accepté par le souverain du
pays où il vient remplir sa mission.

L'État qui donne à une nation la permission de faire le commerce, d'exercer le négoce, de trafiquer, semble aussi consentir
tacitement à l'établissement d'un consul et
s'engager à l'admettre. Cependant, l'État n'y
étant pas astreint en vertu d'une obligation
qui donne à l'autre nation un droit parfait et
coactif, la nation qui désire avoir un consul
doit se procurer ce droit par un traité de paix
ou de commerce ; aussi voyons-nous que les
nations, dans les traités de commerce, stipulent communément la liberté réciproque d'é-
tablir des consuls dans tous les ports et dans
toutes les échelles d'un pays, ou seulement
dans les ports et endroits énoncés dans les
traités.

Lorsque les consuls sont revêtus d'un titre
diplomatique, tel que celui d'agent politique
ou de chargé d'affaires, ils sont munis à la
fois d'une commission pour les accréditer en
leur qualité consulaire, et d'une lettre de
créance pour les accréditer en leur qualité diplomatique.

On fait généralement remonter aux croisades l'origine des consulats. « L'institution
des consuls, dit Martens, dans son *Traité du
droit des gens*, semble née au moyen âge,
époque des croisades ; on voit alors des villes
commerçantes d'Italie engager leurs richesses dans l'équipement et l'approvisionnement
des flottes qui transportent les armées chrétiennes en Asie ; de grands entrepôts se fondent sur ces rivages sous la protection des
princes qui y plantent leurs bannières ; ils y
attirent par l'esprit du lucre de nouveaux spé-

culateurs qui viennent faire concurrence aux
marchands qui les ont établis ; c'est alors
qu'ils confèrent à quelques-uns d'entre eux,
sous le nom de *consuls*, une juridiction ar-
bitrale, et se soumettent, pour l'exécution
des lois et l'application des règles qu'ils s'imposent, aux décisions prononcées par ces juges ».

Tout d'abord les consuls ne furent en réalité que des arbitres du commerce, mais leurs
privilèges s'étendirent : ils devinrent des délégués de leur souverain, et furent chargés,
non seulement de vider les différends entre
les commerçants de leur pays, mais encore
de les protéger dans leurs rapports avec les
contrées où ils venaient commercer. Aussi
un consul en pays étranger est-il devenu un
véritable *ministre ou agent public*.

Les consuls sont d'ailleurs placés sous la
protection du droit des gens et jouissent des
privilèges et des prérogatives que les traités
ou l'usage leur assurent.

Les consuls de France, et généralement
des nations policées, quoique faisant partie
d'un même corps, peuvent être classés en
deux catégories bien distinctes : 1º ceux qui
exercent au Levant et dans les anciens États
barbaresques ; 2º ceux qui exercent en pays
de chrétienté. Au commencement de l'institution, les droits et les fonctions étaient à peu
près partout de même nature : la progression
du temps et des lumières a amené des changements dans cette situation, et produit
pour les consuls les catégories dont nous
venons de parler.

« La porte ottomane, dit M. Steck (*Essai
sur les consuls*, p. 28), a de tout temps distingué la nation française : les capitulations
que le Grand Seigneur a successivement
accordées à l'empereur de France, comme il
qualifie le roi, assurent à ses sujets des avantages insignes et des faveurs marquées. Elles
se fondent notamment sur les capitulations
(*voy.*) du 28 août 1604, du 5 juin 1673, et
principalement sur celle du 28 mai 1740 ».
C'est dans ces actes, qui ont servi de base
aux nouveaux traités, qu'on trouve toutes les
garanties accordées à nos consuls.

Les consuls français jouissaient de tous les
privilèges du droit des gens et devaient
être protégés et maintenus en tout repos et
tranquillité. Ils ne devaient jamais être forcés
à comparaître personnellement en justice, ni
être mis en prison, ni leur maison scellée.
Ils étaient les seuls juges des négociants, des
gens de mer, et de tous les gens de leur nation, qui séjournaient dans les endroits et
les places de leur résidence ; si un Français
avait un démêlé avec quelque sujet du Grand
Seigneur, le jugement en appartenait au juge
turc du lieu, mais il ne pouvait informer, ni
porter un jugement sans la participation du
consul français, et sans que l'interprète fût
présent à la procédure pour défendre les intérêts du Français ; et s'il arrivait quelque
meurtre, ou quelque autre crime ou désordre entre des Français, leurs ambassadeurs

et leurs consuls en décidaient seuls selon leurs *us et coutumes*, sans qu'aucun officier turc pût s'en mêler, ni les inquiéter à cet égard.

Les drogmans étaient à leur choix, ainsi que les janissaires qui leur servaient de gardes : ils pouvaient arborer leur pavillon suivant l'étiquette dans les endroits où ils avaient coutume de résider; si un Français venait à mourir, ses biens et effets étaient remis à ses exécuteurs testamentaires, et s'il mourait sans testament, ses biens étaient donnés à ses compatriotes par l'entremise du consul.

Les consuls avaient, comme on voit, de grands privilèges en Orient, privilèges qu'on a toujours tenu à maintenir, et qui sont restés plus étendus qu'en chrétienté Les motifs de cette différence sont faciles à saisir : outre le respect dont il fallait entourer nos agents, il était indispensable de ne pas abandonner à la législation turque les intérêts et les personnes de nos nationaux que des spéculations ou la curiosité conduisent dans des pays infidèles. La bastonnade, la confiscation, la mort même, peines inhérentes aux mœurs des musulmans, auraient autrefois trop souvent favorisé l'avarice ou les prévarications haineuses et absolues des pachas.

Les conventions avec la Porte assurent donc aux Français, et même aux autres sujets chrétiens résidant et voyageant dans ces contrées, des privilèges qui garantissent leur existence et leurs propriétés; mais en retour de cette protection exceptionnelle, les sujets chrétiens sont impérieusement tenus à une soumission entière aux consuls. Une loi proposée par le gouvernement et adoptée par les chambres, dans leur session de 1836, a renouvelé à cet égard et raffermi les anciens usages établis et suivis entre la France et les États ottomans. Dans le Levant, ainsi qu'en Barbarie, les consuls de France sont de vrais ministres publics, et cette qualité ne peut pas être l'objet d'un doute : la maison consulaire est sacrée, nul ne peut s'y introduire par force, et aucune autorité territoriale ne peut y exercer publiquement le moindre acte de juridiction.

Quant aux consuls en pays de chrétienté, leur qualité ne leur accorde pas une si grande étendue de pouvoir qu'en Orient; des nations civilisées dont les mœurs et les lois protectrices reposent généralement sur les mêmes principes d'équité, ne sauraient souffrir chez elles une juridiction rivale qui combattrait la leur, et pourrait même parfois la paralyser. Les consuls, dans ces pays, deviennent entre les parties des agents purement conciliateurs, et ne doivent interposer leur autorité qu'autant que celle du pays n'est pas appelée à prononcer.

Tous les consulats français institués dans l'étendue d'un pays étranger forment ce qu'on appelle un établissement consulaire : chaque établissement est subdivisé en arrondissements, à chacun desquels est assignée une étendue de territoire calculée de manière à ce qu'aucune partie ne soit privée de la surveillance et de la protection d'un agent du gouvernement; les instructions générales du ministre des affaires étrangères recommandent aux consuls de se renfermer strictement dans les limites de leur circonscription.

Les établissements consulaires avaient autrefois un chef direct et spécial, le plus souvent un consul général, quelquefois un simple consul, dont relevaient tous les agents d'un ordre inférieur; mais après la révolution de juillet 1830, on a délégué aux missions diplomatiques les attributions des consulats généraux, chefs d'établissement, de telle sorte que, si les résidences consulaires sont encore divisées en consulats généraux et en simples consulats, cette division n'est plus pour les agents qu'une distinction honorifique, un grade de la carrière, le consul général n'ayant aucune action directe sur les consuls résidant dans le même État que lui. Le chef d'un établissement consulaire, qu'il soit agent diplomatique ou agent consulaire, surveille dans les limites de ses instructions générales ou spéciales les consuls établis dans la circonscription générale dont il est le chef.

Un agent consulaire est toujours soumis à la révocation. Il peut aussi être mis en inactivité ou en retraite. Le service des consulats exige des secrétaires interprètes drogmans. Les secrétaires interprètes et drogmans sont nommés par le chef de l'État sur la présentation du ministre des affaires étrangères. Les secrétaires interprètes sont au nombre de trois, et résident à Paris : l'un d'eux a le titre de premier secrétaire interprète; le nombre des drogmans est illimité et fixé, ainsi que leur résidence, d'après les besoins du service. A défaut d'élèves drogmans, le ministre des affaires étrangères choisit quelquefois les drogmans parmi les gradués français de l'école de langues orientales vivantes de Paris.

Chaque consulat a sa chancellerie. Les fonctions de chancelier sont importantes, et ceux qui les remplissent sont des officiers publics placés près des consuls pour les assister dans leurs fonctions.

Il y a deux sortes de chanceliers : 1° ceux que le chef de l'État nomme et qui vont au gré du ministère prendre possession de la chancellerie qu'il leur désigne; 2° ceux que les consuls proposent à la nomination du ministre.

Dans aucun cas le consul n'est autorisé à se défaire de son chancelier; il ne peut que le suspendre et provoquer des ordres du ministre pour sa destitution; le chancelier n'est donc pas, comme on pourrait le croire, l'homme du consul, mais réellement l'homme du gouvernement, et cette situation le place vis-à-vis du consul dans un certain état d'indépendance convenable, puisqu'il est lui-même soumis à une responsabilité dans l'exercice de ses fonctions. Le chancelier est, à proprement parler, le greffier, l'archiviste, le notaire du consul.

La France reconnaît expressément à ses consuls le caractère d'agents publics, et en fait résulter pour eux le droit à l'immunité personnelle, excepté dans le cas de crime, et l'exemption de toutes charges nationales ou municipales, quand ils ne possèdent pas de biens-fonds et n'exercent pas le commerce dans le pays où ils sont institués. (*Instruction générale du 8 août 1814.*)

Le corps des consuls français se compose de consuls généraux, de consuls de première et de seconde classe et d'élèves consuls. Ils sont choisis et classés d'après certaines règles assez souvent modifiées, et dans une certaine mesure peut-être influencés par la politique.

Les chanceliers nommés par le chef de l'Etat prennent le titre de chanceliers de première classe, et ceux qui sont seulement choisis par les consuls et agréés par le ministre des affaires étrangères, celui de chanceliers de seconde classe. Les consuls sont directement responsables des actes qu'ils rédigent, et sont parfois obligés d'intervenir personnellement dans l'acte pour en assurer la validité. Lorsqu'une chancellerie vient à vaquer, par suite de l'absence, du décès ou de la démission du titulaire, le consul y pourvoit par la nomination d'un chancelier provisoire.

Les chanceliers peuvent éventuellement être autorisés par le gouvernement à réunir à leurs fonctions celles d'agent consulaire d'autres puissances : ils sont chargés de la tenue et de la conservation des registres de chancellerie.

Les chancelleries sont de véritables dépôts publics, c'est là que sont habituellement reçus les divers actes de la compétence des consuls et des chanceliers, et que sont déposées les minutes de ces actes, ainsi que la caisse, les registres et les archives du poste.

Les chancelleries perçoivent des droits prélevés sur les parties qui ont recours à elles pour la rédaction des actes : ces droits sont soumis à un tarif.

On a créé dans ces derniers temps des *agents vice-consuls* qui sont nommés soit par le chef de l'Etat, soit par le ministre des affaires étrangères; on les place dans les lieux où il n'existe ni poste consulaire, ni délégué choisi directement par un consul. Ils sont rétribués sur le budget de l'Etat, mais n'appartiennent pas au corps des consuls. Leur utilité pourrait être contestée, puisque les consuls sont autorisés à établir de leur propre soin des agents consulaires dans les lieux de leurs arrondissements qui leur paraissent en avoir besoin. Ces agents consulaires dépendent du consul qui les a nommés, et c'est ce dernier qui est responsable de leurs actes.

Les devoirs d'un consul sont nombreux et importants. « Un consul, dit Steck (*Essai sur les consuls*, p. 53), est un officier *envoyé* et établi par un souverain dans un port et une ville pour veiller aux intérêts du commerce national, au maintien et à la conservation des

privilèges et des droits de la nation, pour aider et assister les négociants et les gens de mer, et pour terminer les différends qui s'élèvent entre eux. » Le consul représente donc la patrie là où il est établi ; il semble qu'il porte avec lui sa puissance, ses lois, ses usages, et qu'il les fait vivre dans les pays les plus lointains, en se soumettant toutefois aux traités. De là certaine diversité dans ses attributions.

Il doit veiller constamment à la stricte exécution des conventions de commerce, ainsi qu'aux intérêts commerciaux des citoyens de l'Etat qu'il sert; il doit assister ces derniers de ses conseils dans les occasions difficiles ou douteuses, empêcher qu'on ne leur impose des conditions onéreuses ou des exigences illégales, présenter leurs réclamations aux autorités locales, ou, selon les circonstances, à l'ambassadeur de sa nation dans le pays où il réside, ou à son propre gouvernement; tenir celui-ci exactement au courant de tout ce qui peut être utile à ses intérêts; enfin s'attacher sans relâche à se rendre aussi utile que possible à ses nationaux.

Le consul tient lieu d'officier de l'état civil. Il reçoit les déclarations de naissance, de décès ; il fait contracter mariage conformément aux lois qui régissent la matière en France. La rédaction des actes de l'état civil et leur inscription sur les registres ne donnent lieu à aucune perception, mais un droit de chancellerie est dû pour les expéditions réclamées. Ces expéditions, faites par les chanceliers et visées par les consuls, font foi en France jusqu'à inscription de faux. Le droit des agents diplomatiques et consulaires de célébrer le mariage des Français établis dans leur résidence découle de la compétence absolue que leur confère l'article 48 du Code civil pour la réception de tous les actes de l'état civil.

Le mariage doit être célébré publiquement dans la chancellerie, en présence de quatre témoins, parents ou non. Aucun acte de l'état civil reçu dans un consulat ne peut, sous prétexte d'omissions, d'erreurs ou de lacunes, être rectifié que par un jugement rendu à la requête des personnes intéressées.

Les consuls délivrent des passe-ports aux Français qui se présentent devant eux et les réclament pour toute destination : cependant la délivrance des passe-ports n'est pas une obligation imposée aux consuls d'une manière absolue. Ils visent aussi les passe-ports délivrés à des étrangers par les autorités françaises.

Les consuls reçoivent les rapports des capitaines de navire à leur arrivée, les assistent en cas de bris ou de naufrage, défendent au besoin les intérêts des absents; ils tiennent la main à ce que le pavillon national ne soit employé que conformément aux lois et règlements en vigueur sur la matière; conformément aux termes de l'article 225 du Code de commerce, ils visitent tout navire avant de prendre charge; la visite a pour but, en constatant l'état du bâtiment, de s'assurer

CONSULATS. — CONTRAT POLITIQUE
Le consul doit aide et protection aux nau
dans le cas où il ne lui est pas donné d'y
Les consuls, pendant longtemps, étaient
CONTINGENT. Dans les conventions in
Dans le service intérieur de la France, le
CONTRAT POLITIQUE. La société hu
Contrat social.)
Mais en est-il de même de la société poli
Il est peu d'États où l'on ne trouve des lois
Kant pensait que : « L'origine de la puis
C'est précisément par ce principe que la
Ainsi semble se former le contrat politi
Aussi longtemps donc qu'un citoyen remplit

droits qui lui compètent et qui existaient avant l'État lui-même, lequel n'a fait qu'en régulariser l'exercice : il ne peut, par conséquent, être exclu de la société politique. Je ne suis pas obligé, dira-t-on, de respecter le contrat que mes ancètres ont passé. C'est une erreur : le droit civil et le droit politique sont d'accord pour vous y contraindre. Dans votre intérêt même et comprenant cet intérêt mieux que vous, l'État ne veut pas que vous vous dégagiez de vos obligations envers lui, parce que vous perdriez en même temps tous vos titres et tous vos droits à sa protection.

J.-J. Rousseau s'étend sur ce sujet, mais au lieu de considérer le pacte politique comme contemporain du pacte social, on peut croire qu'il n'est que la conséquence de l'état de société, que le fruit d'une cause supérieure et antérieure. « Comme la nature, dit-il, donna à chaque homme un pouvoir absolu sur tous ses membres, le pacte social donne au corps politique un pouvoir absolu sur tous les siens, et c'est même ce pouvoir qui, dirigé par la volonté générale, porte, comme je l'ai dit, le nom de souveraineté... On convient que tout ce que chacun aliène, par le pacte social, de sa puissance, de ses biens, de sa liberté, c'est seulement la partie de tout cela dont l'usage importe à la communauté; mais il faut convenir aussi que le souverain seul est juge de cette importance. » Le pouvoir constituant, d'après cette théorie discutable en certains points[1], étant toujours en action, les pouvoirs constitués n'existent que par son consentement; ils peuvent être modifiés, changés, révoqués au gré du peuple souverain, comme le mandataire au gré du mandant. Aussi est-ce un principe fondamental, dans cette théorie, qu'un peuple peut toujours changer sa constitution. « Ne pouvant se considérer que sous un seul et même rapport, il est alors dans le cas d'un particulier contractant avec soi-même; par où l'on voit qu'il ne peut y avoir nulle espèce de loi fondamentale obligatoire pour le corps du peuple... » Cette doctrine va trop loin, car elle établit le droit de révolution en permanence. Elle est contraire au droit comme au bon sens. Si le gouvernant pouvait, par le caprice de la majorité, être déposé tant qu'il gouverne d'après la loi fondamentale de l'État, il serait impossible qu'un être raisonnable acceptât le gouvernement. Qui pourrait, en effet, tenir vis-à-vis d'un peuple la sainte promesse de diriger les forces de l'État vers leur but, s'il ne pouvait être assuré qu'en aucun moment on ne renversera ses projets au milieu de leur exécution? Ne serait-il pas tout à fait contraire au droit d'insérer dans le contrat une clause potestative au profit de l'une des parties contractantes ? Ne serait-il pas tout à fait contraire au bon sens que le

peuple pût dire au chef qu'il s'est choisi : « Nous vous donnons la tâche de gouverner l'État d'après ses lois fondamentales, et nous subordonnons entièrement nos volontés à la vôtre, mais nous nous réservons le droit de vous déposer à toute heure, si bon nous semble. *Il ne peut y avoir aucune espèce de loi fondamentale pour le corps du peuple.* » Ne serait-il pas également contraire au bon sens que le chef de l'État dît à un peuple : « J'accepte le devoir de gouverner l'État d'après des lois fondamentales; cependant je vous accorde en même temps le droit de me déposer, si cela vous plaît. » Un tel rapport entre le souverain politique et le sujet serait la base d'une défiance réciproque et perpétuelle, d'une constante incertitude, et pourrait être la cause de la perte de l'État. Ce serait tout à la fois la négation de l'ordre et de la liberté.

Sans contrat politique, il est évident qu'il n'y aurait aucune sanction pour les droits naturels. Les droits naturels sont, comme on l'a dit, la liberté, l'égalité, la sûreté. Supposons un nombre déterminé d'individus aux époques héroïques, et imaginons-nous qu'ils aient pris possession d'une île que personne n'avait occupée jusque-là, comme cela a dû arriver dans les premiers âges du monde. L'île sera la sphère où devront se mouvoir la liberté, l'égalité, la sûreté. L'un de ces hommes aura-t-il le droit de s'emparer à lui seul de ce lambeau de terre et de s'en rendre le maître absolu? Non, évidemment, car ceux qui l'ont accompagné dans sa découverte, qui ont couru les mêmes périls, ont un droit égal au sien et peuvent en exiger le partage. Or, comment s'opérera ce partage? Par l'égalité, la sphère de la liberté sera nécessairement limitée et divisée. Nul ne peut se permettre des incursions dans la sphère d'autrui. Il faudra donc faire autant de parties qu'il y a de personnalités ayant un titre égal. Et la portion qui a été attribuée à chacun et dans laquelle son activité se déploie est sa propriété, il en jouit avec sûreté, il en dispose à son gré et elle est inviolable d'après le droit. Là nécessité de faire respecter les droits naturels et sociaux fait donc naître le contrat politique, dont le produit est le souverain politique, lequel est, d'après le droit politique universel, celui, ou ceux, qui, par le libre consentement des membres d'une société d'hommes, a, ou ont, pris la direction des forces de cette même société, de manière à la conduire à son but, à l'accomplissement de ses destinées. Aussitôt que le souverain a accepté cette tâche, il est obligé d'agir conformément à ce qu'elle exige de lui, et les sujets sont obligés de lui accorder obéissance en tout ce qu'elle exige d'eux. Le souverain politique de parties ayant contracté le rapport juridique et le sujet sont dans un pacte dont le but est de faire obtenir à chacun ce qui est de droit.

On pourra demander : où est la sanction? Il n'y en a pas de formelle; elle n'existe que

---

1. On ne peut pas accorder à une collectivité un pouvoir absolu, sans limites sur les individus qui la composent. Il est vrai que la limite est difficile à poser, mais une limite est nécessaire.

dans la nature des choses, si le contrat est brisé, la nation courra des aventures, sans qu'on puisse en prévoir la suite ou la fin.

CONTRAT SOCIAL. La société est-elle d'institution *humaine*, ou bien est-elle d'institution *naturelle* (ou divine)? Telles sont les deux questions qui se présentent tout d'abord, et si nous disons deux c'est pour éviter de toucher à la théologie. Nous ne raisonnerons pas sur l'intervention de la divinité.

L'homme a sa nature propre. En vertu de cette nature il s'établit entre lui et ses semblables des rapports qui les lient les uns aux autres et qui en forment un ensemble, un tout qui est l'*état social*. La société est donc l'ensemble des différents êtres unis entre eux par les rapports qui dérivent de leurs natures respectives, et qui constituent la loi de l'ordre. De là, pour tout être raisonnable et libre, l'obligation de régler sa conduite conformément à ces rapports. C'est là ce que Montesquieu a si bien exprimé par cette définition qui est un trait de génie : « Les lois sont les rapports nécessaires qui dérivent de la nature des choses. » Et ce qu'il entend par *rapports nécessaires*, il l'indique par cette autre phrase : « Avant qu'il y eût des êtres intelligents, ils étaient possibles, ils avaient donc des rapports, et, par conséquent, des lois possibles. » En effet, une chose à laquelle on ne pourrait donner des lois ne serait pas une chose possible. Puis, Montesquieu ajoute : « Dieu a fait ces lois, parce qu'elles ont du rapport avec sa sagesse et sa puissance. » De là cette conséquence que lorsque l'homme a été créé il a été créé pour la société, qui était une loi nécessaire, fondamentale de sa nature; car il n'a pas été créé seul, il s'est trouvé en face d'un être semblable à lui, et aussitôt, entre ces deux êtres, il en est un qui devait, l'autre à qui il était dû; de là sont nés aussitôt le droit et le devoir qui dérivent, entre ces deux êtres, de leurs natures respectives, lesquelles, étant égales et identiques, engendrent nécessairement des droits et des devoirs égaux.

On peut donc de la manière la plus énergique nier le contrat social, en tant que pacte formé à l'origine des sociétés humaines pour en établir les lois. C'est la nature, ou la Providence, qui a voulu l'établissement de la société ; ce sont les besoins des hommes qui ont ensuite fait les lois d'après les notions d'une loi supérieure, qui parle au cœur de tous les hommes, et dont l'empreinte divine se retrouve partout la même. « *Nec erit*, dit Cicéron, *alia lex Romæ, alia Athenis, alia nunc, alia posthac, sed et omnes gentes et omni tempore una lex et sempiterna et immortalis continebit.* » Si cette loi varie quelquefois chez les différents peuples, du moins elle garde ce qui est de son essence. C'est ce qu'exprimait Burke dans cette belle image : « Il y a dans la nature des sources de justice d'où toutes les lois civiles découlent comme des ruisseaux ; et de même que les eaux prennent la teinte et le goût des diffé-

rents terrains qu'elles traversent, ainsi, les lois civiles varient avec les régions et le gouvernements des diverses contrées, quoique provenant des mêmes sources. »

Hobbes fut le premier philosophe moderne qui professa la doctrine d'un état de nature antérieur à l'état social ; l'homme n'en était sorti que parce que cet état de nature était un état de guerre ; d'où cet axiome célèbre : *La guerre est l'état de nature.* » Or, qu'est-ce que la société dans ce système? C'est la création d'une force assez grande pour substituer la paix à la guerre. La paix étant donc la fin de la société, il en résulte deux modes de formation ou deux origines possibles de la société. La première est le contrat par lequel une collection d'hommes, de familles, conviennent d'ériger, de constituer une force supérieure aux forces individuelles, une force capable de les écraser et d'établir ainsi la paix à tout prix. La seconde, c'est de ne pas perdre son temps à recueillir le suffrage des intéressés à la cessation de l'état de guerre pour former ce contrat si nécessaire. Il suffit qu'un homme, par force ou par ruse, réussisse à établir sur une collection d'hommes son pouvoir et sache le maintenir, pour qu'aussitôt le lien social se trouve constitué Le droit du plus fort l'engendre tout aussi pleinement qu'un contrat. Et ce dernier mode est même le meilleure forme de la société ; car le pouvoir, concentré dans une seule main, offre le plus de garanties de force et de durée, par conséquent est le plus parfait ; sa mission étant d'écraser toutes les forces particulières par tous les moyens possibles, de maintenir l'état de paix par la destruction de l'état de guerre qui est dans l'existence des forces individuelles ; donc plus le pouvoir sera illimité, mieux il vaudra. D'où la conséquence que toute limite est contraire à la fin du pouvoir et à celle de la société, et que, quoi que le despote puisse vouloir, les sujets ont le devoir d'obéir et n'ont aucun droit de résister. Tel est, en peu de mots, le célèbre système de Hobbes.

En admettant que les hommes fussent en effet tels que Hobbes le prétend, c'est-à-dire des loups affamés qui se dévorent entre eux, *homo homini lupus*, — on pourrait soutenir contre lui que le contrat qui les lie, fût-il fondé sur le consentement, ou eût-il pour base la force, n'aurait pas d'existence possible. Les lois ne seraient que de lourdes chaînes, et chaque individu n'aspirerait qu'à les briser, qu'à sortir de sa cage et qu'à se précipiter sur le chef choisi ou imposé, lequel succomberait bientôt et nécessairement sous le nombre [1]. Quelle que soit l'opinion qu'on puisse avoir sur la nature originelle de l'homme, il est évident que les conséquences que Hobbes tire de ses prémisses sont discutables, puisque, avec le même point de dé-

---

1. C'est là le sophisme de cette théorie. Ceux qui voudraient briser leurs chaînes ou les freins ne sont qu'une faible minorité que la majorité maintient aisément dans les liens sociaux.

part, J.-J. Rousseau arrive à des conclusions opposées.

J.-J. Rousseau considère l'état de nature comme l'idéal de l'homme, et l'état social comme un état contractuel. Aussi la nature a-t-elle « pris peu de soin de rapprocher les hommes par des besoins mutuels; elle a peu préparé la société ; elle a mis peu du sien dans tout ce qu'ils ont fait ». Cependant Rousseau avoue que l'état social fut un progrès sur l'état de nature ; il admet qu'au lieu de détruire l'égalité naturelle, le pacte fondamental substitue, au contraire, une égalité morale et légitime a ce que la nature avait pu mettre d'inégalité parmi les hommes, et que, pouvant être inégaux en force ou en génie, ils deviennent tous égaux par convention et de droit. Ainsi le contrat se forme au profit d'une amélioration du sort de l'humanité. Non pas que la loi naturelle ne soit supérieure à la loi positive, car elle vient de Dieu. « Ce qui est bien et conforme à l'ordre est tel par la nature des choses et indépendamment des conventions humaines. Toute justice vient de Dieu, lui seul en est la source ; mais si nous savions la recevoir de si haut, nous n'aurions besoin ni de gouvernement ni de lois. Sans doute, il est une justice universelle émanée de la raison seule ; mais cette justice, pour être admise par nous, doit être réciproque. A considérer humainement les choses, faute de sanction naturelle, les lois de la justice sont vaines parmi les hommes... Il faut donc des conventions et des lois pour unir les droits aux devoirs et ramener la justice à son objet. »

On voit la différence profonde qui sépare le système de Rousseau de celui de Hobbes; Rousseau élève l'homme, et Hobbes le dégrade. Le premier conduit à la liberté, le second conduit au despotisme.

Le despote que Hobbes place au sommet de son édifice, loin de donner l'essor aux sentiments qui font la dignité de la race humaine, cherchera au contraire à les étouffer. La liberté! il en redoutera la plus petite étincelle; car tout doit être un mécanisme dont un seul tient les fils. La condition du sujet est d'obéir ; au despote seul le droit de commander; qui délibère est déjà rebelle.

Les arts et les sciences ont pour résultat certain d'élever l'âme immortelle de l'homme et de lui donner de nobles aspirations; le despote a soin de les empêcher de fleurir; il paralyse, en conséquence, l'éducation publique; il la tient dans sa main et n'en laisse sortir que ce qu'il lui plaît. L'égalité, sous ce régime, est un mot inconnu; la faveur est tout, le mérite n'est rien. La sûreté n'existe pas. Tout appartient au maître souverain, corps et biens. Ce défaut de sûreté tue toute culture, toute émulation, toute industrie. Le but étant d'inspirer l'effroi, la sévérité des peines n'a aucun rapport avec les délits. Non, ce pouvoir fort, que vante Hobbes, ne fondera jamais une société prospère et paisible, car le despotisme n'est pas une force qui crée, c'est une force qui détruit.

Étrange contradiction entre deux philosophes, deux penseurs de force rare! Tandis que Hobbes fait sortir du contrat social qu'il imagine le type despotique, Rousseau en fait sortir le type démocratique. La raison, le bon sens, s'il fallait admettre ce prétendu contrat, seraient évidemment du côté du philosophe français contre le philosophe anglais, car on suppose difficilement que les hommes se réuniront pour convenir d'un état social qui, au lieu de les faire citoyens libres, les fera esclaves., Rousseau imagine un peuple qui se donne des lois, au sein desquelles il réalise toutes ses forces comme l'artiste de génie dans son domaine. Les directions y sont libres, les buts libres, les actions libres. Les proportions sont parfaitement exprimées dans cet empire. Chaque organe est un tout complet qui conserve son intégrité dans la sphère où il se meut. Il a sa force spécifique d'après laquelle il exerce les fonctions qui lui sont confiées, bien que, cependant, il obéisse à une loi générale, d'où résulte, dans l'ensemble, une harmonie simple et magnifique. Voilà l'idéal de Rousseau opposé à l'idéal de Hobbes.

Pourquoi, en partant du même point, Hobbes et Rousseau arrivent-ils à des résultats si différents? C'est parce que tous les deux font une œuvre d'imagination, non de raison. Au lieu de faire sortir ce merveilleux produit, qu'on appelle la société, des éléments immuables de l'humanité, ils le font sortir des éléments de l'histoire. Au lieu de s'égarer dans les champs de l'imagination pour chercher l'origine des sociétés, il serait bien plus simple de dire avec un philosophe moderne : « Les sociétés des castors se forment en vertu des lois de la nature des castors ; les sociétés d'hommes se forment en vertu des lois de la nature humaine; pour arriver à l'idée vraie de la formation de la société humaine, il faut donc partir d'une idée vraie de la nature humaine ; toute lumière est là ; hors de là il n'y a qu'hypothèses et contradictions. » Cherchons donc cette lumière. E. Paignon la trouve dans le droit.

Le droit, dit-il, considéré dans sa racine comme dans sa dernière raison, ne peut être trouvé ni dans le monde sensible, ni dans la sphère de l'expérience et de l'histoire. Le droit en soi est éternel; il est indépendant des mœurs, des religions et des climats. C'est à cette indépendance qu'il doit d'étendre son sceptre sur toute la terre, sans distinction d'époques, ni de races. Ainsi s'explique la puissance souveraine du droit.

Mais de ce que le droit existe, il suit qu'il faut qu'il y ait un être auquel il s'applique, et que cet être soit un homme, c'est-à-dire un être moral, raisonnable et libre, et non une brute en dehors de la morale parce qu'elle est en dehors de la raison et de la liberté. Or, la sphère de l'application du droit, c'est la société. Donc, la société est contemporaine de l'homme. Pourquoi l'homme institue-t-il ce pouvoir, ce produit? Ce n'est pas seulement au point de vue de sa sûreté. Le droit à la sûreté naît aussitôt qu'un certain nombre d'hommes ont pris possession d'un coin de terre, et se sont trouvés aux prises avec les mêmes besoins et les mêmes dangers; c'est aussi au point de vue des autres aspirations de la nature humaine. A côté de l'idéal du droit, il y a l'idéal du devoir. Une société a nécessairement, dès sa naissance, des règles morales qui précèdent les lois positives, et que l'on peut résumer ou dégager ainsi :

Le droit, comme le devoir, dérive de la conscience, et dès lors tout ce qui blesse la conscience n'est ni droit ni devoir;

La liberté, comme source de l'action, est le fondement du droit et du devoir, c'est-à-dire de la moralité;

Le cercle des droits et des devoirs est aussi grand que celui des rapports nécessaires qui peuvent lier entre eux des êtres libres;

La société ayant un but, chacun de ses membres doit se dépouiller des droits dont l'exercice propre et indépendant empêcherait la société d'atteindre ce but;

Il doit accepter tous les devoirs qu'impose la société pour l'accomplissement de ce but; car il n'y aurait pas de société, à proprement parler, là où il n'y aurait pas de contrainte pour forcer à concourir au dernier but de la société.

Considérée à ce point de vue, la société est éternelle comme le droit, comme la conscience. L'histoire nous montre de grandes catastrophes, des nations et des races qui se sont englouties dans l'abîme des temps; la terre nous montre aussi de tous côtés les traces des grandes révolutions physiques, qui l'ont ravagée, transformée, renouvelée; de même la division actuelle des peuples témoigne des grands ébranlements politiques qui ont si profondément remué, à diverses reprises, la destinée des nations; nous foulons partout des ruines, des couches funèbres sous nos pieds. Mais la société a-t-elle jamais péri? son image vivante et sacrée n'a-t-elle pas toujours échappé à la destruction? Lorsque Troie, livrée aux flammes, allait devenir un monceaux de cendres, Enée s'enfuyait tristement emportant dans l'exil les images vénérées qui représentaient la société immortelle, et abordant une terre nouvelle, il s'écriait : *Italiam! Italiam!* puis, déposant ses précieuses reliques sur un sol fécond, il fondait Rome, la future héritière du monde. Les civilisations se superposent ainsi les unes sur les autres, s'amalgament, se font ou se défont, avancent ou reculent; mais la société, et une société meilleure, surnage toujours au milieu des débris des civilisations éteintes, parce qu'elle est au-dessus de la civilisation elle-même.

CONTREBANDE DE GUERRE. *Voy.* **Blocus.**

CONTRE-RÉVOLUTION. Ce mot paraît avoir cédé la place au mot *réaction*, avec lequel il est synonyme. La réaction a cependant, en réalité, un sens plus large, bien qu'en fait le public (illettré) n'y voie généralement qu'un effort antilibéral. (*Voy.* **Réaction.**)

CONTRE-SEING. Le contre-seing d'un secrétaire d'État était nécessaire en France, dès le treizième siècle, pour attester l'authenticité d'une ordonnance royale. Dans d'autres pays encore, le contre-seing des ministres n'avait pas d'autre signification. Sous le régime constitutionnel ou parlementaire, lorsque la constitution déclare le chef de l'État irresponsable et impose la responsabilité aux ministres, c'est le contre-seing qui engage cette responsabilité. C'est précisément la nécessité du contre-seing qui empêche les princes de se passer de leur conseiller constitutionnel; quand le ministre refuse de signer, l'acte politique ou administratif ne peut s'accomplir. Le contre-seing est donc devenu un frein.

En France, en Angleterre et dans quelques autres pays, le contre-seing, ou la signature de certains fonctionnaires portée sur l'enveloppe d'une lettre ou sur la bande d'un imprimé, suffit pour faire circuler francs de port les envois officiels d'autorité à autorité, et même d'autorité à individu.

CONTRIBUTION DE GUERRE. Bien que la guerre constitue un état de violence entre deux États et que la violence suppose en général l'emploi de l'arbitraire, cependant il s'est établi entre les peuples civilisés des usages et des règles auxquels se soumettent les belligérants. On distingue donc entre les moyens légitimes de nuire à l'ennemi et ceux qui ne le sont pas. Parmi les premiers figurent notamment les contributions de guerre, les réquisitions, les fourrages, les voitures dont la prestation est exigée en pays ennemi. Il y eut un temps où la guerre consistait dans une série d'actes de violence sans règle et sans frein, où le vaincu était dans sa personne et dans ses biens à la merci du vainqueur, et où le pays envahi par une armée était soumis au pillage et à la dévastation. Chaque peuple ayant eu tour à tour à souffrir des horreurs de la guerre, on convint [1] de régulariser du moins des maux inévitables, puisqu'il était impossible de les supprimer. Au lieu de piller les habitants et d'incendier les maisons, on exigea des provinces ou districts envahis, ou des villes prises, des contributions de guerre (*tributa bellica*). Moyennant le payement de ces contributions la conservation de la propriété privée de tout genre était assurée, et l'ennemi était obligé d'acheter et de payer ce qu'il se faisait livrer dans la suite, sauf les services qui pouvaient être éventuellement exigés des habitants en qualité de sujets temporaires. Mais cette der-

[1]. Dans l'intérêt mutuel, il ne faut pas l'oublier.

nière exception suppose déjà une situation quelque peu consolidée. Telle est l'origine historique des contributions de guerre prélevées par l'ennemi dans le pays envahi par lui.

Insensiblement le progrès des mœurs publiques et l'adoucissement des usages de la guerre ont fait admettre comme règle le respect de la propriété privée, sauf encore dans la guerre maritime, et aujourd'hui la contribution n'est plus considérée comme un moyen d'exemption du pillage et de l'incendie, c'est-à-dire qu'une déclaration des autorités locales de ne vouloir ou pouvoir acquitter la contribution exigée ne conférerait pas à l'ennemi le droit de piller et d'incendier, mais l'autoriserait simplement à recourir à l'exécution militaire. La contribution est ainsi un impôt extraordinaire levé au profit de l'ennemi et par son ordre.

Afin que ce prélèvement ait lieu d'une façon équitable, il est de règle que la répartition et la perception de la somme demandée sont abandonnées aux autorités locales. Celles-ci ont pour premier devoir de proportionner les charges de chacun à ses ressources; elles prennent par conséquent le plus souvent pour guide le tableau de répartition des contributions ordinaires. Si un particulier a payé plus qu'il n'aurait dû d'après sa fortune, il a un droit de recours contre la commune, le canton, bref, contre la circonscription sur laquelle a été répartie la contribution. Si une commune, un canton ont été trop imposés, ils ont de même recours contre la circonscription supérieure, celle de la province ou du département et ainsi de suite. Comme il est dit plus haut, c'est seulement en cas de refus des autorités locales de lever la contribution que le vainqueur exerce directement son action, par voie d'exécution militaire. Il se charge alors lui-même de prélever l'impôt exigé d'après les mêmes règles que celles exposées ci-dessus pour les autorités locales. Seulement, vu son peu de connaissance du pays, et suivant la pression de ses besoins, ce mode de procéder présente plus de chances d'arbitraire que le premier. Il ne faudrait pourtant pas croire que les contributions de guerre constituent une garantie absolue de conservation pour la propriété privée. L'affaiblissement de l'ennemi étant le but des opérations militaires, il est permis de détruire les biens dont on ne pourrait abandonner la possession à l'ennemi sans le renforcer. C'est une preuve de plus que la contribution de guerre ne se base plus sur le rachat de la propriété privée. C'est ainsi que dans la règle on doit épargner les jardins, les vignobles, les maisons de plaisance, les forêts, mais que l'ennemi est toujours en droit de les détruire pour se fortifier.

Il faut distinguer la contribution de la réquisition (voy.). Celle-ci consiste dans la demande de quelques objets détaillés, faite sous forme d'invitation, mais exigée par force en cas de besoin. Washington, dans la guerre d'Amérique, inventa l'expression et

la chose. Mais l'usage des réquisitions date surtout des guerres de la Révolution, et fut surtout pratiqué par les armées françaises, qui perfectionnèrent le système de vivre sur le pays ennemi. Outre la contribution de guerre pour ainsi dire locale et exigée dans le cours des opérations militaires, il y a celle exigée à la fin des hostilités, soit en vertu d'une convention spéciale, soit en vertu des conditions insérées dans les traités de paix.

Quelle est, vis-à-vis de l'État, la position de la partie du pays qui, par suite du cours des événements, s'est vue astreinte au payement d'une contribution de guerre? L'État, rentré dans le plein exercice de sa souveraineté sur les provinces momentanément occupées et rançonnées par l'ennemi, est-il tenu au remboursement des sommes imposées par lui? En droit, non, car l'État est resté étranger à cette charge, et il n'est responsable que des actes ordonnés par lui. S'il a faibli dans la défense du territoire au point de le laisser envahir, c'est un cas de force majeure pour les conséquences duquel il ne saurait être recherché. De plus, il y aurait un certain danger à poser en principe l'obligation du remboursement, car il suffirait à l'ennemi d'être le maître d'une partie du territoire pour épuiser, par ses exigences, l'État tout entier qui servirait de réserve pour le surplus des sommes dépassant les ressources de la province occupée. D'un autre côté, il serait souvent contraire à l'équité de s'en tenir au droit strict, ou aux considérations générales d'intérêt politique qui précèdent. Si les habitants d'une ville ont sauvé le pays par une résistance prolongée, en sacrifiant leurs champs, leurs maisons de plaisance, leurs faubourgs; ou si une province a ralenti la marche de l'ennemi en détruisant ses récoltes et ses ressources de toute nature, et en harcelant l'ennemi, il est équitable que l'État compense les pertes subies dans l'intérêt général. Ces considérations d'équité se présentent aussi lorsque la partie occupée par l'ennemi lui a été abandonnée par des vues stratégiques, parce que la véritable ligne de défense est placée plus en arrière. Il y a ici trop de si et de mais pour formuler une règle générale.

CONVENTIONS AUX ÉTATS-UNIS. Les Américains ont donné le nom de *convention* à des assemblées ou à des réunions politiques dont le mandat est fort différent, et qu'on peut ranger en quatre classes.

1º Les conventions dites *révolutionnaires*. Ce sont les assemblées qui ont élaboré les premières constitutions des États et la constitution fédérale. Ces réunions furent provoquées par le premier congrès des treize colonies qui se réunit à Philadelphie en 1774. Les conventions révolutionnaires furent donc spécialement constituantes, et c'est dans ce sens que l'Assemblée législative de France, après les événements du 10 août 1792, entendit définir le mandat de l'Assemblée qui devait lui succéder, quand, imitant l'exemple américain, elle convoqua les électeurs pour l'élection de représentants à une *Convention nationale*.

2° Les conventions constitutionnelles des Etats qui se sont réunies depuis lors à des époques indéterminées ont exactement le même mandat que les conventions révolutionnaires. Si on les distingue, c'est qu'elles ont été convoquées depuis que l'indépendance de l'Amérique est reconnue par l'Angleterre. Les Américains admettent comme postulat de la raison pratique qu'une constitution doit être revisée tous les dix ans. Aussi chacune des treize constitutions votées en 1776 a-t-elle été plusieurs fois revisée, à des époques d'ailleurs non périodiques, et sur des points spéciaux. Les autres Etats admis depuis dans l'Union ont également élu des conventions pour élaborer leur constitution.

3° Les conventions de parti (*concusses*) sont des comités électoraux qui désignent aux électeurs les candidats aux fonctions publiques. Elles se réunissent tous les ans pour arrêter les scrutins de liste de l'administration de la ville ou du comté; tous les deux ans pour la nomination du gouverneur; tous les quatre ans pour l'élection du président. Les conventions sont le produit d'une élection ou directe, ou à deux degrés, ou à trois degrés, selon que l'élection a pour objet la magistrature locale ou celle de l'Etat, ou celle de la république. Ainsi pour l'élection du président, les délégués de chaque Etat, élus eux-mêmes par les délégués des villes et des comtés, élisent les délégués à la convention générale du parti qui propose le candidat aux électeurs. Il n'y a ordinairement qu'une convention pour chaque parti, qui, d'ailleurs, sont rarement plus de deux.

4° Les conventions *spontanées* sont des réunions publiques. La convocation est faite par deux hommes connus, souvent un député et un sénateur, qui annoncent, par lettres ou affiches, l'objet de la discussion. Le bureau est formé à l'avance. Après la discussion, qui est publique, on met la question aux voix, et on rédige des résolutions qui sont transmises aux chambres ou au président.

CONVERSION. *Voy.* Amortissement.

COOPÉRATION. C'est un mot importé d'Angleterre pour rajeunir le terme d'*association* dont on avait abusé. Par suite de la propagande des idées saint-simoniennes, fouriéristes et communistes, l'association, dont les bienfaits avaient été reconnus par l'humanité en tout temps et en tout lieu, fut présentée comme une panacée à tous les maux sociaux, comme un moyen d'établir la prospérité générale. Il y eut en 1848 des essais d'association, l'Etat accorda même des fonds à certaines réunions d'ouvriers pour faciliter la création de sociétés ouvrières. Mais le succès ayant été loin de couronner la plupart de ces essais de production sociétaire, il s'é-

tablit une certaine réaction contre l'idée elle-même. (*Voy.* sur ces essais le *Journal des Economistes*, t. XXXII, année 1851, p. 209.)

Plus tard, une société de production ayant réussi à Rochdale, et Schulze (de Delitzsch) ayant, en Allemagne, fait naître avec rapidité des banques populaires et d'autres associations, l'idée de l'association ouvrière trouva en France de nouveaux partisans qui la recommandèrent sous les trois formes principales de société de crédit, société de consommation et société de production. Les pouvoirs publics, la bourgeoisie, la presse furent très favorables à cette idée. Le législateur promulgua en 1867 (24 juillet) une loi « sur les sociétés à capital variable », Napoléon III versa des fonds pris sur sa cassette, des économistes et des capitalistes fondèrent une banque au capital de 100.000 fr. et s'associèrent avec des ouvriers pour faire une propagande active en faveur de cette institution. Mais elle n'a fait jusqu'à présent que de très lents progrès sous la forme qui a le mieux réussi en Allemagne et en Italie, celle des banques populaires. Elles n'eurent de succès réels que comme « Sociétés de consommation », c'est-à-dire d'achat collectif de denrées pour être revendue avec rabais aux individus. L'agriculture a appliqué le système sur une grande échelle à l'achat d'engrais, de semences, etc.

Le mode de coopération le plus complet — et celui qui à première vue paraît le plus fructueux, le plus désirable, la coopération de production, s'est répandu assez lentement et compte, avec quelques succès brillants, beaucoup d'avortements. Ce n'est pas, comme on l'a dit, le manque de capitaux qui empêcha les associations de production de gagner du terrain, car nous avons vu des ouvriers se former par l'épargne un capital modeste, mais néanmoins suffisant pour entreprendre une affaire. Nous croyons plutôt qu'on n'est pas porté à la coopération par la même raison de prudence qui empêche bien des hommes à s'associer étroitement avec d'autres hommes; on ne se connaît pas assez, on craint de mal confier ses intérêts, et pour le moins, on prévoit l'incompatibilité d'humeur (plus que lorsqu'il s'agit de se marier), on ne voudrait pas aliéner sa liberté, et si l'on se sent capable, on tient à profiter seul de ses capacités. Cette dernière raison — qui est très légitime d'ailleurs — n'est pas toujours avouée; il faut du courage pour s'exposer au reproche d'égoïsme. (Ceux qui en font le reproche ne sont pas plus disposés au sacrifice que d'autres.) Ceux qui prétendent fonder la société sur le dévouement, sur la solidarité — à supposer qu'ils possèdent les vertus qu'ils recommandent aux autres — voudraient imposer des sacrifices à l'élite des hommes en faveur de la médiocrité... et au-dessous, et cela sans compensation aucune ni pour l'individu ni pour la société. Quelle loi naturelle peut justifier un pareil devoir ?

Mais supposons que la coopération, ne rencontrant aucun obstacle, s'établisse ; l'ouvrier en serait-il plus heureux ? Nous en doutons. A moins d'associer ensemble toutes les sociétés coopératives de l'univers, ce qui serait l'esclavage universel et la stagnation perpétuelle, il y aurait concurrence. Or, la concurrence ne sera pas moins acharnée entre associations qu'entre individus ; nous croyons même qu'elle le sera bien davantage, parce qu'une réunion d'hommes est toujours plus passionnée qu'un individu. Il en résultera que le revenu de l'ouvrier ne sera pas supérieur à ce qu'il est maintenant. Vous objecterez qu'il joindra à son salaire le profit que le patron retient sous le régime actuel, et que son bien-être sera augmenté d'autant. Mais, 1° si vous distribuez les bénéfices du patron entre ses nombreux ouvriers, il y en aura peu pour chacun d'eux et en cas de crise il n'y aura pas de réserve ; 2° si vous retenez une partie des dividendes pour former une réserve, alors la fraction de profit qui reviendra à chaque ouvrier sera si faible qu'elle ne vaudra pas le bruit qu'elle cause. Du reste, 3° la concurrence entre associations pourrait bien devenir assez acharnée pour faire disparaître tout profit ; l'ouvrier vivrait de son salaire comme par devant, tout serait resté de même, sauf qu'il y aurait de moins la réserve pour les mauvais jours et qu'il se formerait moins de capitaux. Si les avantages que l'ouvrier peut tirer de la coopération semblent douteux, ceux que l'humanité en retirerait semblent avoir à fait négatifs. La coopération maintiendrait les hommes dans les liens d'une égale médiocrité. L'intelligence, le savoir, l'habileté, le goût, la force supérieure seraient perdus pour les individus et partant pour la société. Si la coopération pouvait se généraliser, ce qui nous paraît impossible, les sciences et les arts seraient menacés ; car ces deux plantes délicates ne réussissent que dans les sociétés où un certain nombre d'hommes sont dispensés du travail manuel.

La vraie raison pour laquelle la coopération ne s'est pas généralisée, c'est celle-ci : Le salaire des coopérateurs est nécessairement aléatoire ; or, l'immense majorité des hommes préfèrent le revenu fixe au revenu aléatoire, de sorte que si on leur laisse la liberté, ils se décideront rarement en faveur de la coopération. La combinaison coopérative qui s'appelle société de production ayant ces trois inconvénients : 1° l'étroite communauté d'intérêt avec d'autres hommes ; 2° l'aléa ; 3° l'impossibilité (en fait, sinon en droit) pour l'individu, doué à un degré supérieur d'intelligence, de savoir et d'habileté, de tirer parti de ses dons, il n'est ni probable, ni désirable qu'elles se généralise. Elle pourra rendre des services dans certains cas, et ces services elle les a rendus en tout temps sous toute sorte de noms, et elle continuera à en rendre, quel que soit le nom qu'on donnera à l'association.

CORDON SANITAIRE. Troupes échelonnées le long des frontières d'un pays où sévit une épidémie et avec lequel on veut interrompre les communications ou que du moins on veut surveiller, pour empêcher la contagion. Il n'est pas sûr que ce moyen soit efficace.

CORONER. Magistrat particulier à l'Angleterre, chargé de rechercher les causes d'un décès qui a lieu par suite de violence, de meurtre, d'assassinat, d'accident, de suicide ou d'une manière suspecte. Il est obligé d'examiner le corps, de visiter le lieu du crime ou de l'accident, d'ouvrir une enquête, de faire emprisonner les meurtriers ; mais dans le cas de l'absence d'un corps il n'a aucune instruction à faire.

Le coroner représente dans une certaine mesure le ministère public en Angleterre ; il est le mandataire de la *couronne* (d'où son titre) bien qu'il soit élu par les francs-tenanciers des comtés. Quelques-uns, cependant, sont nommés par le souverain, et d'autres par quelques villes. Chaque comté a plusieurs (3 à 6) coroners Les pouvoirs de ce magistrat sont très étendus, et, chose exceptionnelle en Angleterre, il peut ordonner le huis-clos ; mais on comprend la nécessité de cette disposition.

CORPORATION. Corps ou communautés d'arts et métiers (en allemand, *Zünfte, Gilden, Innungen*). Associations d'artisans exerçant la même profession dans une localité ou dans un district et dont les membres sont liés entre eux par des droits et des devoirs réciproques. Le caractère commun de ces institutions, à partir du moyen âge, fut de faire dépendre l'exercice d'une profession industrielle de certaines conditions, telles que l'apprentissage, le compagnonnage, la confection d'un chef-d'œuvre et l'admission formelle dans une communauté. Les corporations d'arts et métiers furent donc la négation de la liberté industrielle, qui de son côté n'exclut pas les associations, mais ne les admet que volontaires.

Dans les Etats européens, les corporations appartiennent à l'histoire ; le nouveau monde ne les a jamais connues. En Allemagne, en Autriche, en Suède et en Danemark, elles se sont maintenues jusque dans nos temps et leur abolition en Allemagne, entre 1860 et 1870, est due aux efforts des économistes de ce pays, ainsi qu'à la réalisation de l'unité politique qui a permis d'unifier la législation industrielle. En France, la révolution de 1789 a fait disparaître, d'un coup, les corporations ; toutefois, le système de réglementation, de tutelle et d'exclusion de toute concurrence qui caractérisait ces institutions surannées, s'était conservé encore assez longtemps dans plusieurs branches de l'industrie française ; par exemple, dans le commerce de la boulangerie, la boucherie, le courtage et quelques autres, mais la plupart de ces lois restrictives ont disparu et les autres ne tarderont pas, sans doute, à suivre.

C'est aux historiens et aux économistes à reconter l'origine des corporations et les vicissitudes auxquelles elles ont été soumises à la suite des temps. Les services qu'elles ont pu rendre à des époques de barbarie se sont peu à peu transformés en chaînes, en tracasseries, en obstacles au progrès, et on a dû les supprimer.

Elles ont cependant été regrettées par une minorité, les fils de ceux qui en ont profité, et peut-être aussi par quelques rêveurs, et l'on a fait des efforts pour les rétablir. En Autriche on est rentré dans le moyen âge — ce dont il n'y a pas lieu d'être fier —, en Allemagne, on a remplacé les anciens *Zünfte* par de nouvelles *Innungen*, qui sont aussi des sociétés professionnelles, mais ni obligatoires, ni puissantes, par conséquent un simple décor, causant des dépenses inutiles.

A notre époque menacée par le collectivisme, quelques personnes, de celles qui sont toujours influencées par les opinions qui font du bruit, pourraient bien croire que ces associations peuvent produire du bien?—Lequel ? —Ils ne feront pas gagner un centime de plus aux artisans qui s'y enrôleraient. Car enfin, le consommateur se fera-t-il faire une paire de souliers ou un pantalon ou une serrure de plus, parce que son fournisseur est membre d'une corporation ? — Et pourquoi certains artisans y tiennent-ils tant ? — C'est pour entraver la concurrence. Or le consommateur, qui est tout le monde, n'a rien à y gagner. La liberté produit du mal, cela est vrai, mais la non-liberté en produit plusieurs fois autant. Contentons-nous donc du mal simple.

CORPS. ESPRIT DE CORPS. La signification politique du mot *corps* est-elle bien fixée ? Nous allons chercher à nous en rendre compte. Et d'abord, il est évident que ce mot ne s'applique pas à une réunion d'hommes assemblés dans un intérêt passager, accidentel : un congrès, un meeting, un auditoire dans une église ne forment pas un *corps*. L'identité de profession — identité qui peut faire naître une communauté permanente d'intérêts — ne suffit pas non plus pour créer un corps. Ainsi, on ne parle plus d'un corps des tailleurs, d'un corps des tanneurs, d'un corps des boulangers, bien que l'expression s'appliquerait à la rigueur aux professions qui se sont constituées en syndicat.

Cependant il fut un temps où les métiers constituaient des corps ; mais alors une organisation plus ou moins compliquée unissait les membres de la corporation. Il y avait des conditions d'admission à l'apprentissage, des conditions pour devenir compagnon, des conditions pour recevoir la maîtrise, en un mot, pour toutes les manifestations de la vie professionnelle. De plus, il y avait une hiérarchie, et nul étranger ne pouvait pénétrer

dans la communauté autrement qu'en passant par les grades inférieurs.

Le caractère essentiel d'un corps paraît donc être l'*organisation* et même la permanence. L'organisation peut affecter des modes très divers, mais il semble qu'on trouvera partout un classement hiérarchique des membres du corps. Qu'on pense au « corps des officiers » ou au « corps des ingénieurs ».

Cependant, on ne parle pas du *corps administratif*, bien qu'il y ait là une organisation hiérarchique. Qu'est-ce qui distingue l'administration de l'armée ? Dans l'armée, personne ne peut devenir commandant sans avoir été capitaine et lieutenant, mais on est nommé d'emblée à n'importe quelle fonction administrative. Ensuite, nul officier ne peut perdre son emploi sans avoir été entendu, s'il est accusé : un employé ou un fonctionnaire administratif dépend — en France — du bon plaisir de celui qui l'a nommé. Par conséquent, on doit penser que l'administration ne constitue réellement pas un *organisme*, bien qu'elle renferme une hiérarchie.

Le clergé catholique, au contraire, possède tous les caractères d'un corps, mais on lui applique rarement, de nos jours, ce terme autrefois d'un emploi habituel. On le désigne plus volontiers par une expression synonyme, la *hiérarchie*.

Mais si le *corps* possédant une organisation hiérarchique qui repousse toute introduction irrégulière d'étrangers, qui assure aux membres leurs grades et leurs positions comme une qualité personnelle, pour ainsi dire indélébile, et comme une propriété, qui confère une certaine indépendance relative et qui crée des intérêts communs permanents, si, disons-nous, les corps ayant tous ces caractères là sont peu nombreux, il est plusieurs réunions d'hommes qu'on assimile plus ou moins aux corps. Tantôt c'est l'identité de la profession, tantôt c'est la communauté des intérêts, tantôt c'est quelque autre élément sur lequel on s'appuie; mais il importe de constater que le terme, dans ce cas, n'est employé que par analogie.

Examinons maintenant ce que peut être l'*esprit de corps*.

On a souvent fait la remarque que l'occupation habituelle d'un homme imprime un cachet particulier à tout son être. Cela s'applique à l'extérieur aussi bien qu'aux sentiments, qu'aux opinions et quelquefois jusqu'au mode de raisonnement. On ne s'étonnera donc pas qu'on dise d'un homme qu'il a l'esprit *de sa* profession, *de son* corps. Or, l'essence du *corps* étant de se sentir une individualité distincte dans la société, le fond du sentiment que nous cherchons à caractériser est donc l'exclusivisme.

Si, dans notre analyse, nous sommes réellement parvenu à dégager l'élément essentiel, à indiquer la vraie nature de l'esprit de corps, nous avons par là même expliqué la cause principale de la défaveur que ce sentiment provoque. Personne n'aime se voir l'objet d'une exclusion, et l'on devient facilement hostile à ceux avec lesquels on ne pourra jamais avoir une étroite communauté d'intérêts. A cette première cause de défaveur, il faut en ajouter une seconde, plus puissante encore et plus justifiée. En analysant l'exclusivisme, on trouve qu'il renferme une certaine dose d'égoïsme et une dose plus forte encore d'orgueil. Tout homme possède à un haut degré l'amour de soi, tout homme aussi est porté à s'exagérer l'importance de sa profession ; seulement, la modestie, le décorum, en un mot, les usages du monde ne permettent pas qu'on affiche des sentiments trop personnels. On se dédommage donc, quand on le peut, en exaltant l'être collectif, la compagnie, le corps auquel on appartient. En remplaçant le *je suis* par NOUS SOMMES, on se croit permis d'employer les adjectifs les plus hyperboliques. Mais qu'on ne s'y trompe pas, le NOUS renferme autant de vanité individuelle ou d'orgueil que le JE et parfois davantage.

Généralement, l'exagération de l'importance de sa profession a pour effet de rétrécir l'esprit de la personne qui se laisse aller à ce penchant. Quand on s'entoure d'un mur chinois, on commence par ne plus voir ce qui est au delà, et on finit par nier ce qu'on ne voit pas. On comprend qu'en s'aveuglant ainsi volontairement on doit, en outre, se heurter fréquemment contre les sentiments de ses concitoyens et les blesser.

Nous avons vu, jusqu'à présent, le côté défavorable de l'esprit de corps, l'exclusivisme, l'orgueil, l'égoïsme, le rétrécissement des sentiments et de l'intelligence ; recherchons maintenant les qualités de ces défauts.

Signalons-en deux dont on ne contestera pas la valeur. L'une, c'est qu'on s'applique le mot célèbre de *Noblesse oblige.* Pas tous les membres d'un corps, mais ceux qui ont de l'*esprit de corps,* croient devoir éviter tout ce qui peut nuire à la considération de la compagnie. C'est un stimulant de plus ajouté à ceux qui nous poussent, sinon vers le bien, du moins loin du mal. La seconde qualité à faire ressortir, c'est le soutien que les membres s'accordent mutuellement : ce soutien n'empêche pas les querelles intestines ni les jalousies, ni peut-être même les haines violentes ; mais, somme toute, on trouve aide et protection parmi les confrères ou les collègues.

Demandera-t-on si l'on doit restreindre ou multiplier les corps ? Nous répondons sans hésiter qu'on doit généralement les restreindre. Certains corps, sans doute, sont indispensables, et quelquefois l'esprit de corps fournira un stimulant, un mobile que l'homme d'Etat ne négligera pas ; mais on ne devra pas plus abuser de ce stimulant que de tout autre. L'organisation en corps est quelquefois un moyen pratique, qui permet d'obtenir plus facilement un résultat ; mais il est peu favorable au progrès : il sacrifie souvent l'avenir au présent.

Ce qui précède s'applique surtout aux corps professionnels, nous demanderons maintenant : Existe-t-il encore des corps politiques ? Ni la noblesse, ni le clergé ne forment plus des corps politiques, et quant aux tiers, il est devenu *tout,* il est le corps *social.* Ni le corps des officiers, ni le corps des ingénieurs, ni le corps des avocats ne sont des corps *politiques.* Sous le régime du suffrage universel, il ne saurait être question de corps électoral, expression qui nous aurait déjà paru impropre à l'époque où le cens figurait dans nos lois. (On disait en effet collège électoral.)

Le Sénat, le Corps législatif, les Chambres ont quelquefois été appelés des corps politiques ; mais d'après notre définition le mot *assemblée* paraîtrait plus correct. Le conseil d'Etat, qui a une organisation hiérarchique, semblerait mieux entrer dans la définition, mais il est trop peu nombreux. Le corps municipal (comprenant le maire, les adjoints et les conseillers) est une locution usuelle dans laquelle le mot *corps* ne doit pas être pris dans son acception rigoureuse.

Consacrons quelques mots à ce diminutif de corps qu'on appelle *coterie.* Le mot vient de cote-part et fut jadis synonyme d'association. Il ne signifie plus guère qu'une société sans lien extérieur, en nombre restreint, formée quelquefois par une communauté de profession ou d'intérêts, mais plus souvent par une communauté d'idées. En politique, la coterie est au parti ce que la secte est à la religion. Une nuance d'opinion forme une coterie, si ses partisans sont passionnés. On aurait tort de donner à ce mot un sens défavorable absolu. Ce qui lui a valu la défaveur générale, c'est son exclusivisme et l'abus, ou même seulement l'usage légitime, que font quelquefois les coteries de l'influence de quelques-uns de ses membres au profit de leurs adhérents. Un grain de dédain se mêle encore à l'acception vulgaire du mot *coterie,* dédain fondé sur le petit nombre relatif des personnes qui constituent le groupe, surtout vis-à-vis d'un grand parti. Mais combien de fois les masses aveugles qui composent le gros d'un parti ne sont-elles pas dirigées par la coterie des hommes intelligents qui s'en sont constitués les chefs !

En affaiblissant encore les liens, on descend de la coterie à la *camaraderie.* Ici, il n'y a pas nécessairement des intérêts ou des opinions en commun, mais seulement des habitudes. Bien des choix administratifs plutôt que politiques ont la camaraderie pour mobile, mais ce lien est trop faible pour avoir une grande influence. Il peut causer quelques injustices de détail, mais pas de grand mal. Il est donc inutile de s'y arrêter.

CORPS FRANCS. Corps armés, généralement peu nombreux (un ou plusieurs bataillons, quelquefois une ou deux compagnies seulement), organisés militairement, reconnus par leurs gouvernements respectifs et chargés d'agir isolément selon leur inspiration, de faire la petite guerre, qui consiste à intercepter les communications de l'ennemi, à enlever des postes et à le taquiner, hélas aussi à l'irriter et à augmenter ainsi les maux de la guerre.

Les corps francs autorisés et organisés (portant uniforme) sont traités comme des troupes régulières, les règles du droit des gens leur sont appliquées.

Toutefois, de nos jours, les gouvernements devraient se faire une loi de ne plus autoriser de corps francs (francs-tireurs, etc.), car dans la guerre moderne ces corps ne peuvent plus rendre des services assez importants pour compenser le mal qu'ils font et celui plus grand encore qu'ils servent à couvrir d'un nom honorable ; nous voulons dire que quelquefois des bandes de rôdeurs, disons le mot, de brigands, osent se dire corps francs, bien entendu sans y être autorisées, ou peut-être même après avoir surpris une autorisation.

Actuellement, tout le monde doit servir dans l'armée, et le vrai, l'intelligent patriotisme poussera à y entrer tous ceux qui veulent réellement venir en aide à la patrie menacée. Lorsqu'il sera utile d'employer des corps légers, des colonnes volantes, le général en chef les détachera de l'armée régulière, leur donnera des instructions précises, les conservera dans sa main, et pourra les rappeler quand il y aura intérêt à se concentrer. Les corps francs sont destinés à disparaître par le seul effet du service militaire obligatoire, qui rattachera à l'armée régulière toutes les forces vives... et honnêtes du pays.

CORPS LÉGISLATIF. Nom de la Chambre des députés sous l'Empire.

CORRUPTION. On sait que Montesquieu distingue entre trois formes de gouvernement : la république, la monarchie et le despotisme, et qu'après en avoir décrit la nature, il établit le *principe* qui est le ressort de chacun d'eux. Il attribue ainsi à la république la *vertu*, à la monarchie l'*honneur*, au despotisme la *crainte*.

Aucune chose dans ce monde n'étant à l'abri de la décomposition, Montesquieu dut chercher comment vient la corruption et comment elle se manifeste dans chaque nature de gouvernement.

On a sans doute lu le livre VIII de l'immortelle œuvre à laquelle nous faisons allusion (*Esprit des lois*) [1], nous nous abste-

nons donc de l'analyser. Nos propres idées ne s'éloignent pas beaucoup de celles de l'illustre maître ; seulement, depuis cent ans les événements se sont pressés dans l'histoire comme peut-être jamais auparavant, et en un siècle nous avons plus appris que nos aïeux en douze ou quinze. Nous ne distinguerons que deux formes *élémentaires* ou simples de gouvernement, qui peuvent exister chacune à part ou dans des combinaisons diverses. Dans l'un de ces gouvernements simples la puissance appartient au peuple, à la masse des citoyens ; dans l'autre, le pouvoir est entre les mains d'un individu, d'une famille, et la nation n'y participe pas. C'est d'une part la république et de l'autre la monarchie absolue.

Nous considérons un sentiment très vif de la dignité du citoyen comme la seule base sur laquelle une république puisse être assise d'une manière durable. L'amour de la patrie, — c'est ainsi que Montesquieu définit la *vertu politique*, — transporte des montagnes, mais seulement quand il est surexcité par le danger. C'est pour lutter contre l'ennemi qu'il donne de la force, qu'il provoque les plus grands sacrifices. Mais la plupart des hommes sont plus facilement amenés à un grand, à un immense effort de courte durée, qu'à une longue succession ininterrompue de très légers renoncements. L'amour de la patrie ne suffit donc pas pour servir de base à une république ; d'ailleurs, ce serait être injuste vis-à-vis des autres formes de gouvernement que de les considérer comme privées de cette chaleur vivifiante qui porte le nom de patriotisme.

C'est donc la dignité, ou le respect de soi-même allié à l'amour de la liberté, qui est le principe des républiques, l'âme des démocraties véritables [1]. Là où ce respect de soi-même fait défaut, le régime de l'égalité, la frugalité et même le patriotisme n'empêchent pas la

---

1. Nous reproduisons ici, pour la commodité du lecteur, les passages les plus saillants du livre VIII.
CHAP. I. La corruption de chaque gouvernement commence presque toujours par celle des principes.
CHAP. II. Le principe de la démocratie se corrompt, non seulement lorsqu'on perd l'esprit d'égalité, mais encore quand on prend l'esprit d'égalité extrême, et que chacun veut être égal à ceux qu'il choisit pour lui commander. Pour lors le peuple, ne pouvant souffrir le pouvoir même qu'il confie, veut tout faire par lui-même, délibérer pour le

Sénat, exécuter pour les magistrats, et dépouiller tous les juges...
CHAP. VII. Le principe de la monarchie se corrompt, lorsque les premières dignités sont les marques de la première servitude ; lorsqu'on ôte aux grands le respect des peuples, et qu'on les rend de vils instruments du pouvoir arbitraire. — Il se corrompt encore plus, lorsque l'honneur a été mis en contradiction avec les honneurs, et que l'on peut être à la fois couvert d'infamie et de dignités. Il se corrompt lorsque le principe change sa justice en sévérité ; lorsqu'il met, comme les empereurs romains, une tête de Méduse sur sa poitrine ; lorsqu'il prend cet air menaçant et terrible que Commode faisait donner à ses statues...
CHAP. X. Le principe du gouvernement despotique se corrompt sans cesse, parce qu'il est corrompu par sa nature. Les autres gouvernements périssent, parce que les accidents particuliers en violent le principe ; celui-ci périt par son vice intérieur, lorsque quelques causes accidentelles n'empêchent pas son principe de se corrompre.....
CHAP. XI. Lorsque les principes du gouvernement sont une fois corrompus, les meilleures lois deviennent mauvaises, et se tournent contre l'État : lorsque les principes en sont sains, les mauvaises ont l'effet des bonnes, la force du principe entraîne tout...
1. Fustel de Coulanges était d'avis — en s'appuyant sur l'histoire de la Grèce et de Rome, — qu'une république pour durer, doit être aristocratique et que la démocratie finit toujours par préférer le gouvernement monarchique.

corruption, et ici nous prenons le mot dans la double acception d'*altération*, qui est en général celle de Montesquieu, et de *concussion*, sens qu'on lui donne plus fréquemment de nos jours. L'égoïsme, le désir du gain (l'avarice, dit Montesquieu) sont des passions toujours éveillées dans l'homme, et s'il ne trouve pas dans son for intérieur un frein, comment résisterait-il à la tentation ?

L'histoire nous fournirait bien des faits si nous voulions citer des exemples. Nous pourrions parler de la république hollandaise, où les hommes au pouvoir, sauf quatre (dont les deux de Witt), acceptèrent l'argent de Louis XIV, sachant que ce monarque se proposait d'envahir leur patrie. La frugalité qui régnait en Suisse, l'extrème simplicité du genre de vie de ce peuple, n'empêcha pas les descendants des vainqueurs de Morgarten et de Sempach, les fils de ceux qui, en 1551, votèrent une loi défendant de briguer les bailliages, ou les emplois seulement honorifiques, ces Suisses, disons-nous, en vinrent cependant jusqu'à vendre sans rougir en pleine assemblée, au plus offrant et au dernier enchérisseur, les bailliages et autres emplois lucratifs des pays soumis aux cantons. Zschocke, qui nous raconte ce fait dans son *Histoire de la lutte et de la destruction des républiques démocratiques de Schwytz, Uri et Unterwalden*, rapporte encore qu'on mettait à l'enchère même les plus hautes fonctions de la république, comme celle de Landammam ; et comme des citoyens isolés osèrent s'élever contre cet abus, le peuple décréta expressément, en 1680, que quiconque le critiquerait payerait une amende de cent écus, et serait exclu du droit de cité (p. 99).

Nous nous abstenons de rechercher des faits de corruption dans des républiques modernes, surtout aux Etats-Unis, de crainte d'en faire une moisson trop abondante. Il nous suffit de démontrer que la *vertu* (dans l'acception que lui donne Montesquieu) n'empêche pas une démocratie de se corrompre.

Ajoutons qu'en citant la Suisse nous avons eu indirectement l'occasion de réfuter Machiavel, qui semble croire qu'un peuple corrompu ne peut pas se régénérer ; car on y chercherait en vain de nos jours les abus qui régnaient il y a deux siècles. Du reste, Montesquieu s'y était trompé aussi, comme on a pu le voir dans la note à laquelle nous avons renvoyé plus haut.

Ainsi donc, dans les gouvernements populaires, c'est d'en bas ou plutôt de la masse des citoyens que part la corruption sous toutes ses formes, quand elle se fait sentir. Si la partie gouvernante de la nation exerce plus tard un effet délétère sur la partie gouvernée, c'est que l'une sort de l'autre par l'élection, rentre dans la masse pour « se retremper à son contact » et en exprime à une puissance élevée les défauts comme les qualités. Dans une monarchie, au contraire, on peut supposer une ligne de démarcation assez

tranchée entre le souverain et les sujets, mais il n'en est pas moins admissible que le prince puisse exercer une action corruptrice. La servilité des sujets, sans doute, n'est pas faite pour inspirer au souverain beaucoup de modération dans l'emploi de son autorité, mais il est évident que le pouvoir absolu précède généralement la servilité.

Mais si le monarque est puissant pour le mal, puisqu'on cherche ses modèles dans les régions supérieures, il doit aussi pouvoir faire le bien et arrêter la corruption, au moins dans une certaine mesure. A la corruption des mœurs il opposera des mœurs pures, et il saura prévenir la concussion par de bonnes lois et par une politique aussi juste et libérale à l'intérieur que loyale et digne à l'extérieur.

Si la corruption des mœurs et surtout celle des dépositaires du pouvoir peuvent se rencontrer dans les deux formes simples du gouvernement, ne pourrait-on pas trouver une combinaison qui réunît les principes essentiels de chacune d'elles, de sorte que l'un servirait de frein à l'autre et en empêcherait l'altération ? De bons esprits l'ont pensé, et on a préconisé à cet effet le gouvernement constitutionnel. Nous avons lieu de penser que ce mode de gouvernement retarde, s'il n'arrête pas, la corruption des mœurs et fait cesser ou diminuer les actes de concussion.

Tout le monde sait, par exemple, que les ministres de Charles II et ceux de la reine Anne ne se faisaient pas scrupule de vendre à Louis XIV les secrets de leurs souverains! On a vu des projets d'attaque trahis par le ministre de la guerre (qu'on en cherche le nom dans Macaulay), et manquer par suite de cette trahison ! Un peu plus tard, le ministre Walpole se fit corrupteur, mais déjà on n'aurait plus osé accepter l'argent de l'étranger. C'est sur les membres du parlement que ses efforts se portèrent. Encore un peu de temps, et les faits de cette nature deviennent une exception.

Ce qui moralise dans les gouvernements libres, c'est la publicité. La corruption ne saurait résister longtemps aux attaques dans la chambre, dans la presse, dans les pamphlets. C'est la publicité qui est le meilleur moyen d'inspirer le respect de soi-même, qui est la plus sûre sauvegarde contre les effets des tentations les plus puissantes.

Il nous reste à mentionner la question, soulevée dans quelques traités du droit des gens (Martens, Klüber), de savoir s'il est permis de corrompre les ministres, ambassadeurs, généraux, sujets ennemis ? On a même demandé s'il est permis d'exercer la corruption chez les AMIS! Mais comme nous flétrissons la corruption portée dans le camp de l'adversaire, nous n'avons pas besoin de dire ce que nous pensons du mal qu'on tenterait de faire à un allié. Nous savons bien que, malgré tout ce que nous pourrions dire, dans la pratique, plus d'un continuera à prendre l'argent pour auxiliaire ; mais quelque vains que puissent être nos efforts, nous ne cesserons de réagir contre les abus. La corruption est toujours et en tous cas un crime pour celui qui l'exerce comme pour celui qui la subit.

CORSAIRE. *Voy.* **Lettre de marque, Piraterie, Prises.**

CORTÈS, nom qu'on donne, en Espagne et en Portugal, au Parlement composé de deux chambres. — Cortès vient de *corte, curia, cour.*

CORVÉE. Parmi toutes les servitudes que la conquête et la féodalité avaient imposées aux vaincus, servitudes que la royauté avait régularisées, mais non abolies, il n'en était pas de plus écrasante et de plus arbitraire que la corvée. La corvée était la part de travail que le seigneur avait le droit d'exiger du paysan, c'était l'impôt le moins réglé, le plus discrétionnaire de tous. Le seigneur arrachait le serf à son champ au moment où le champ avait le plus besoin des soins du laboureur. La moisson se faisait pour le maître en temps opportun, les blés ou la prairie du paysan restaient exposés aux orages ou à la sécheresse. C'était donc dans ce qui lui était le plus indispensable que le paysan souffrait au nom du droit de corvée. La culture des champs du seigneur, l'entretien des chemins du château, voilà le but de l'ancienne corvée. La Révolution est venue, elle a donné à chacun la possession de son champ et le droit de le cultiver; mais, plus la terre est devenue féconde, plus sont devenues indispensables les voies de communication.

Quand la nouvelle organisation financière de la France centralisa les ressources du pays pour pouvoir en régler la répartition avec plus d'utilité et de justice, on rechercha avec soin ce qui pouvait être conservé parmi les anciens procédés de perception.

La corvée était restée fort impopulaire, aucune illusion n'était possible à ce sujet, mais on en adoucissait la rigueur et surtout on en changeait le but. L'État, si jaloux de son intervention, abdiquait une part de sa direction et de son contrôle; il remettait aux municipalités cette part de son pouvoir, en en changeant le nom. De là les *prestations en nature.*

Cependant, ce système, que la pauvreté des paysans a fait adopter, n'est pas l'idéal; il a soulevé bien des objections; aussi est-il très attaqué et il est probable qu'il ne tardera pas à être supprimé. La commune fera établir ou entretenir les chemins vicinaux à prix d'argent, sur les fonds de son budget; déjà tout habitant peut se racheter en versant de quoi payer un remplaçant.

COSMOPOLITISME. C'est un sentiment qui embrasse l'humanité entière. Le cosmopolite est un *citoyen de l'univers,* il trouve donc trop étroit le patriotisme vulgaire qui réserve toute bienveillance pour le pays où l'on est né. Lorsque le cosmopolitisme est une extension du patriotisme, lorsqu'il est de la vraie philanthropie, rien de mieux; mais que dire de celui qui veut remplacer par ce sentiment si vague qu'il manque de corps, qu'il devient vaporeux, le patriotisme lui-même? Ne prend-il pas l'ombre pour la réalité? Du reste, pour mesurer avec rigueur la différence d'intensité qui existe entre ces deux sentiments, on n'a qu'à mettre en regard des myriades qui sont mortes pour leur patrie, les quelques individus qui se sont sacrifiés pour le bien de l'humanité.

COTERIES. *Voy.* **Esprit de corps.**

COTES ET RIVAGES. D'après l'article 538 du Code civil, les rivages de la mer font partie du domaine public. Ce n'est là, du reste, que la confirmation de principes anciens résultant de la nature même des choses, c'est-à-dire des besoins de la défense et de la sûreté des côtes, et des nécessités du commerce et de la navigation, qui excluent toute idée d'appropriation des rivages de la mer.

L'ordonnance de la marine de 1681, art. 1er, tit. VII, liv. V, déclare : « On appelle bord et rivage de la mer tout ce qu'elle couvre et découvre pendant les nouvelles et pleines lunes, et jusqu'où le grand flot de mars se peut étendre sur les grèves. » Pour la Méditerranée, qui n'a pas de véritable flux et reflux, le flot le plus élevé a lieu en hiver. Cependant il importe de ne pas confondre les parties couvertes pendant les grandes marées, avec celles envahies par les flots au moment des tempêtes; ces dernières, inondées momentanément, ne perdent pas le caractère de propriétés privées; l'ordonnance de 1681 n'a en vue que le mouvement périodique des eaux et nullement les inondations partielles et accidentelles.

Les rochers, couverts et découverts alternativement par les eaux, forment partie intégrante de ses rivages.

L'universalité des habitants de chaque pays bordant la mer jouissent de ses rivages. « Ils appartiennent à tous, dit Troplong (*De la prescription,* t. I, n° 120), comme la mer dont ils font partie; tous ont le droit de le parcourir pour se promener, se baigner, ramasser des coquillages, débarquer et s'embarquer, faire sécher leurs filets, mettre des barques sur la grève. » Mais bien que par sa nature le rivage de la mer soit exclusif de toute appropriation, bien que le principe d'inaliénabilité posé par les lois anciennes soit toujours en vigueur, l'administration peut accorder des permissions compatibles avec les droits du public et les nécessités de la navigation. Ces concessions, cela est évident, n'emportent pas la propriété d'une partie quelconque du sol du rivage; elles sont faites à titre précaire, aux conditions qu'il plaît au chef de l'État d'imposer, et sans altérer le caractère d'inaliénabilité et d'imprescriptibilité qui s'attache aux rivages de la mer comme étant choses hors du commerce.

La délimitation des rivages maritimes est arrêtée par un règlement d'administration publique.

Si, en pleine mer, toutes les nations ont des droits égaux sur cet élément, chaque État a un droit particulier sur la partie de la mer qui baigne ses côtes ; et cela pour deux raisons, dit Massé (*Droit comm.*, t. I, n° 105), d'une part, parce que les usages auxquels cette partie de la mer est propre sont bornés, d'autre part, parce que le libre usage qui en serait fait par toutes les nations pourrait être dangereux et nuisible pour celle de laquelle on s'approcherait de trop près. La mer est comme un rempart pour les côtes qu'elle borde. De là, au profit du souverain de la terre qui limite la mer territoriale, un droit de police et de juridiction sur la partie de la mer qui borde ses côtes, et par suite la faculté de soumettre à ses lois de douane et de navigation les bâtiments qui se trouvent dans l'étendue de la mer territoriale, mais sans pouvoir leur interdire la navigation, excepté s'il s'agit de vaisseaux de guerre.

Quant à l'étendue de la mer littorale, des opinions divergentes se sont produites. On paraît d'accord aujourd'hui pour admettre que tout l'espace parcouru par les projectiles lancés du rivage à l'aide du canon, protégé et défendu ainsi, est territorial, et fait partie du domaine de l'État auquel la côte appartient. La limite se trouve donc être, en réalité, la portée du canon monté à terre ; c'est l'opinion, notamment, de Grotius, de Hübner, de Bynkershoëk, de Vattel, de Galiani, d'Azuni, de Klüber. Cette distance a été longtemps d'environ trois milles marins (5.400 mètres) ; actuellement la portée du canon est plus grande. En France, une loi de douanes, du 4 germinal an II, fixe cette distance à deux myriamètres ou cinq lieues. Plusieurs traités stipulent un rayon de trois lieues.

Les lais et relais de la mer sont des atterrissements qui résultent du mouvement des sables entraînés par les flots et des débris végétaux déposés par les flots sur les rivages de la mer, et qu'abandonne le retrait successif des eaux. Il n'existe aucun droit au profit des riverains sur ces lais et relais de la mer qui, dans l'ancien droit, faisaient partie du domaine, dont le roi s'était réservé l'aliénation et qui, par suite, étaient susceptibles de prescription. Dans l'état de choses actuel, les accroissements donnés par les lais et relais de la mer à ses rives peuvent être aliénés soit par voie de concurrence et aux enchères publiques, soit même par voie de concession directe, dans les formes prescrites par l'article 41 de la loi du 16 septembre 1807 et de l'ordonnance du 23 septembre 1825.

Tandis que les lais et relais font partie du domaine public, les atterrissements qui se forment sur les bords des fleuves constituent des alluvions dont la propriété profite aux riverains. (Art. 556 et 557 du Code civil.)

COULIS, orthographe anglaise *Coolees*. On donne ce nom aux travailleurs hindous introduits dans les colonies européennes. C'est, d'une part, la suppression de la traite des noirs, et de l'autre la difficulté pour les Européens de travailler sous la zone torride, qui a donné l'idée de recruter des travailleurs libres, salariés, dans un pays où les populations, célèbres pour leur douceur, étaient acclimatées à la température intertropicale. Le recrutement des coulis a donné lieu à un traité entre la France et la Grande-Bretagne, signé le 1er juillet 1861 et inséré au *Moniteur officiel* du mois d'août de la même année. Nous y renvoyons le lecteur (*voy.* aussi le *Bulletin des lois*, année 1861, 2e semestre, ainsi que les *Annales du commerce extérieur*). On trouvera, sur l'emploi des coulis dans les colonies françaises, des détails intéressants dans l'ouvrage de M. Jules Duval, intitulé : *Histoire de l'émigration européenne, asiatique et africaine au dix-neuvième siècle* (couronné par l'Institut). Paris, Guillaumin et Cie, 1862.

COUPS D'ÉTAT. Les coups d'État sont toujours une violation des lois établies ; ils sont donc nécessairement maudits par ceux qui en souffrent, et exaltés par ceux qui en profitent. La postérité elle-même n'arrive pas toujours à s'accorder dans ses jugements sur la plupart des coups d'État. Les uns apprécient les faits selon leurs motifs et disent : La fin justifie les moyens ; les autres se fondent sur les effets et excusent tout par le résultat : le salut public avant tout ; d'autres encore placent les principes plus haut que tous les avantages matériels, et n'admettent dans aucun cas qu'on puisse violer le droit, la justice.

Nous allons faire connaître sur cette matière délicate à plus d'un titre l'opinion des publicistes qui l'ont abordée dans leurs écrits.

Montesquieu dit [1], en traitant des coups d'État dans les républiques : « Il y a, dans les États où l'on fait le plus de cas de la liberté, des lois qui la violent contre un seul pour la garder à tous. Tels sont en Angleterre les bills appelés d'*attainder*. Ils se rapportent à ces lois d'Athènes qui statuaient contre un particulier (*l'ostracisme*), pourvu qu'elles fussent faites par le suffrage de 6.000 citoyens ; ils se rapportent aussi à ces lois que l'on faisait à Rome contre des citoyens particuliers, et qu'on appelait privilèges (*de privatis hominibus latæ*). »

« J'avoue, dit encore Montesquieu, que l'usage des peuples les plus libres qui aient jamais été sur la terre (la Grèce et Rome) me fait croire qu'il est des cas où il faut mettre, pour un moment un voile sur la liberté, comme l'on cache les statues des dieux. »

_____

1. *Esprit des lois*, chap. XIX du XIXe livre.

Cette opinion de Montesquieu, ainsi formulée, ne s'appliquait qu'aux gouvernements républicains où les ambitions excitées font naître souvent des embarras qui gênent la marche du pouvoir; et si le pouvoir est sérieusement appuyé sur l'assentiment de tous, il ne faut pas que l'ambition de quelques-uns vienne enlever aux citoyens une sécurité dont ils ont besoin pour l'accomplissement de tous les actes qui constituent la vie d'un peuple libre. C'est alors que Montesquieu admet la suspension de l'*habeas corpus des Anglais;* il veut même que des mesures justifiées, selon lui, par la nécessité, brisent la légalité pour sauver la liberté près de périr. Mais quand il arrive aux gouvernements monarchiques, l'illustre auteur ne veut plus de coups d'État, plus de commissions exceptionnelles, plus d'ostracisme, plus rien de ce qui change l'ordre légal des choses.

« Un prince, dit-il, doit agir avec ses sujets avec candeur, avec franchise, avec confiance ; celui qui a tant d'inquiétudes, de soupçons et de craintes, est un acteur qui est embarrassé de jouer son rôle... L'autorité royale est un grand ressort qui doit se mouvoir aisément et sans bruit. Il y a des cas où la puissance doit agir dans toute son étendue, il y en a où elle doit agir par ses limites. Le sublime de l'administration est de bien connaître quelle est la partie du pouvoir, grande ou petite, que l'on doit employer dans les diverses circonstances. » (*Ibid.*, chap. xxiii et xxv.)

Avec de pareils principes appliqués au gouvernement des hommes, les États n'auraient à redouter d'autres crises que celles que pourraient faire naître quelques compétiteurs du prince, toujours entourés de flatteurs qui les trompent et qui ont intérêt à laisser les espérances chimériques grandir dans l'esprit de leurs maîtres ; mais ces crises viendraient échouer contre la réalité d'un bonheur constant assuré au peuple reconnaissant, qui ne serait point tenté de se jeter dans les hasards de tentatives où il ne recueillerait que bouleversements sans compensations. Mais Montesquieu prévoit le cas où, par quelque circonstance, la loi politique détruit l'État.

« Quand la loi politique, dit-il, qui a établi dans l'État un certain ordre de succession, devient destructive du corps politique pour lequel elle a été faite, il ne faut pas douter qu'une autre loi politique ne puisse changer cet ordre ; et bien loin que cette même loi soit opposée à la première, elle y sera dans le fond entièrement conforme, puisqu'elles dépendront toutes deux de ce principe : LE SALUT DU PEUPLE EST LA SUPRÊME LOI. »

La conséquence de ce qui précède, et que nous empruntons au livre XXVI, chap. xxiii, de l'*Esprit des lois,* serait que, si un homme énergique ou plusieurs citoyens résolus se livrent à des actes d'où résultera le bien-être de la nation, soit par un coup d'État, soit par la persuasion, cet homme et ces citoyens auraient bien mérité de la patrie.

Mais on sait que les coups d'État n'ont pas toujours eu les résultats que l'on en attendait, et dans la phase révolutionnaire que nos pères ont traversée de 1790 à 1800, les coups d'État succédaient aux coups d'État avec une telle rapidité que l'on ne savait plus le matin si la loi d'hier était encore debout. Les factions arrivées au pouvoir par un coup d'État étaient renversées par un coup d'État, et tous les prétendus principes de la veille étaient écartés par les principes du lendemain.

Machiavel eût appelé ces redoutables désordres des conjurations, il a écrit des pages nombreuses sur les complots, si souvent déjoués par des coups d'État, toujours maudits par les uns et bénis par les autres. Il passe en revue les coups d'État de l'ancienne Rome, et ceux de la république florentine dont il a écrit l'histoire; il rappelle aussi ceux de la Grèce et donne selon son habitude la théorie des conjurations. Il pose en principe qu'*un prince n'est jamais en sûreté sur un trône tant que ceux qui en ont été dépossédés vivent encore.* Que tout potentat, ajoute-t-il, se mette bien dans l'esprit que jamais les vieux ressentiments ne s'effacent par des faveurs, qui sont d'autant plus inutiles le mal qu'on aura souffert sera plus grand que les bienfaits qu'on aura reçus. Mais il ne conseille pas les coups d'État, ainsi que nous allons le voir : « Que les princes, dit-il, se mettent une bonne fois dans l'esprit qu'ils sont en grand risque de perdre leur couronne, dès le moment qu'ils violent les lois et les coutumes sous lesquelles un peuple a vécu longtemps. Mais lorsque ces malheureux princes ont perdu leur État, s'ils devenaient assez judicieux pour voir avec quelle facilité les princes modérés et sages se maintiennent sur le trône, ils auraient encore un plus grand chagrin de leur perte et ils se croiraient eux-mêmes dignes de peines encore plus rigoureuses que toutes celles qu'on leur fait souffrir, car il est bien plus aisé de se faire aimer des honnêtes gens que des scélérats, et de se soumettre aux lois que de les violer. »

Il nous a paru intéressant en pareille matière de citer l'opinion de Machiavel, qui pour plus d'une personne, sans doute, paraîtra étrange, vu l'opinion que l'on s'est faite de cet écrivain. En cette matière, d'ailleurs, il ne se contente pas de sa propre opinion, il la corrobore de celle de Tacite, auquel il emprunte cette maxime : « Les hommes doivent avoir de la vénération pour les temps passés, et s'accommoder aux temps présents. Ils doivent souhaiter de bons princes *et supporter les autres.* Car il est constant que tous ceux qui en usent autrement attirent souvent une ruine totale, et sur eux, et sur leur patrie. »

Ce serait méconnaître Machiavel que de supposer qu'il enseigne uniquement à régner par la ruse, la force et la violence, alors qu'il affirme, dans plusieurs passages de son livre du *Prince,* qu'il vaut mieux gouverner par la vertu que par la scélératesse, et qu'une domination acquise par des moyens légaux a moins de chance qu'une autre d'être renversée par un coup de main[1].

A peu près à la même époque il y avait en France aussi toute une école, à la tête de laquelle se trouvait G. Naudé, qui considérait les princes comme pouvant, dans un moment donné, se mettre au-dessus des lois, et briser les résistances par des coups d'État. Charron, dans son traité de la *Sagesse*, partage cette opinion, il s'exprime en effet ainsi : « Il faut savoir que la justice, vertu et probité du souverain, chemine un peu autrement que celle des particuliers; elle a ses allures plus larges et plus libres, à cause de la grande, pesante et dangereuse charge qu'il porte; c'est pourquoi il lui convient de marcher d'un pas qui peut sembler aux autres détraqué et déréglé. » Mais, ajoute G. Naudé, en citant ce passage de Charron, ce pas lui est nécessaire, loyal et légitime. Les souverains ne sont pas si étroitement obligés aux lois que les particuliers, continue-t-il, si le pas qui semble détraqué en eux est nécessaire, c'est quand ils veulent empêcher qu'on ne les trompe, et qu'*ils préviennent ceux qui les veulent surprendre!*

Pour justifier les coups d'État, les auteurs de l'école qui nous occupe traitent de la *raison d'État* (*voy. ce mot*) qui y conduit, et des moyens que doivent employer les princes pour être toujours prêts à agir dans le sens du pouvoir qu'ils ont entre les mains.

C'est comme conséquence de la *raison d'État* que les princes ou les dépositaires du pouvoir méditent les *coups d'État*, et s'il était bien avéré, par la raison absolue, que la *raison d'État* commandait de transgresser la loi, dans un cas donné, le coup d'État qui en serait la conséquence devrait être absous aux yeux de l'histoire et de la philosophie. Mais cette sanction donnée par la raison absolue, qui la proclamera? Hélas! cette sanction manque à d'innombrables actes politiques qualifiés de coups d'État et qui ont produit beaucoup de mal.

Exposons maintenant, d'après Naudé et Charron, la théorie des coups d'État. Il nous semble superflu de prévenir le lecteur que nous sommes ici simple historien.

« La première règle des coups d'État, dit Charron, c'est, pour s'en servir avec justice, honneur et utilité, comme défensive et non comme offensive, à se conserver et non à s'agrandir à se préserver des tromperies, méchancetés et entreprises ou surprises dommageables et non à en faire. Des lois nous pardonnent les délits que la force nous oblige de commettre : *Communis utilitas derelictio contra naturam est*, dit Cicéron. » Naudé ajoute, après Charron : « Les occasions qui nécessitent les coups d'État sont d'abord lors de l'érection des monarchies, empires et principautés, où l'on fait intervenir les religions et les supercheries. »

La seconde règle veut qu'il y ait nécessité évidente, importante utilité publique de l'État ou du prince, à laquelle il faut recourir, il faut une obligation indispensable, car il est du devoir des dépositaires de la puissance de faire le bien de tous : *Semper officio fungitur*, dit encore Cicéron, *utilitati hominum consulens et societati*.

C'est encore là le *salus populi suprema lex esto*. Il faut aussi que ce soit pour la conservation ou le rétablissement des États qui par quelque malheur ou par la seule longueur du temps penchent vers leur ruine.

La troisième règle de Charron est de ne se décider qu'après un mûr examen sans jamais perdre de vue ce précepte de Claudien :
Nulla unquam de morte hominis cunctatio longa est.

Naudé veut en troisième lieu que les coups d'État soient légitimés lorsqu'il s'agit de briser les privilèges d'une classe de la nation qui en jouit au préjudice de tous, et qui diminuent l'autorité du prince.

Posant la quatrième règle, Charron recommande que l'on choisisse toujours les moyens les plus doux, car, dit-il, c'est une chose triste que la trop grande rigueur. En quatrième lieu Naudé veut le coup d'État lorsqu'il s'agit de ruiner quelque puissance trop grande qui s'élève dans l'État et que l'on ne peut abattre par les voies ordinaires.

La cinquième et dernière règle de Charron veut que les princes ne pratiquent les coups d'État que réduits par la nécessité et avec regret. Naudé, dans cette cinquième règle, ajoute que le dépositaire du pouvoir saisit l'occasion qui peut se présenter de borner ou de ruiner la trop grande puissance de celui qui voudrait en abuser au préjudice de l'État, ou qui, par le grand nombre de ses partisans et la cabale de ses correspondances, s'est rendu redoutable au souverain. Naudé termine en ajoutant. « Voire même le dépêcher secrètement s'il le faut, pourvu qu'il soit coupable. »

Voilà donc ce que les siècles antérieurs nous ont légué sur les coups d'État. Nous ne ferons pas au lecteur l'injure de réfuter les passages qui précèdent. D'ailleurs, ne vivons-nous pas dans une toute autre atmosphère politique que nos aïeux? Est-ce que le dogme de la souveraineté nationale avait ses croyants par millions lorsque des hommes classés parmi les plus estimables, l'élite de leur époque, ne reculaient pas devant des moyens qui nous inspireraient aujourd'hui une horreur insurmontable!

Ecoutons maintenant un auteur moderne, Benjamin Constant, qui, dans un chapitre intitulé : *De l'Effet des mesures illégales et despotiques, dans les gouvernements réguliers eux-mêmes*[1], dit entre autres choses :
« Quand un gouvernement régulier se per-

---

1. Machiavel ne dit pas qu'on doit être scélérat, mais qu'en fait, il y a des scélérats. De même, personne n'enseigne que la force doit primer le droit, mais on constate, qu'en fait, elle le prime trop souvent.

1. *Cours de politique constitutionnelle*, édité par M. E. Laboulaye. Paris, Guillaumin, t. II, p. 346, ff.

met l'emploi de l'arbitraire, il sacrifie le but de son existence aux mesures qu'il prend pour la conserver. Pourquoi veut-on que l'autorité réprime ceux qui attaqueraient nos propriétés, notre liberté ou notre vie ? Pour que ces jouissances nous soient assurées. Mais si notre fortune peut être détruite, notre liberté menacée, notre vie troublée par l'arbitraire, quel bien retirerons-nous de la protection de l'autorité ? Pourquoi veut-on qu'elle punisse ceux qui conspireraient contre la Constitution de l'Etat ? Parce que l'on craint que ces conspirateurs ne substituent une puissance oppressive à une organisation légale et modérée. Mais si l'autorité exerce elle-même cette puissance oppressive, quel avantage conserve-t-elle?...»

Et plus loin :

« Sans doute, il y a pour les sociétés politiques des moments de danger que toute prudence humaine a peine à conjurer. Mais ce n'est point par la violence, par la suppression de la justice, ce n'est point ainsi que ces dangers s'évitent. C'est au contraire, en adhérant, plus scrupuleusement que jamais, aux lois établies, aux formes tutélaires, aux garanties préservatrices... Tout gouvernement modéré, tout gouvernement qui s'appuie sur la régularité et sur la justice, se perd par toute interruption de la justice, par toute déviation de la régularité. Comme il est dans sa nature de s'adoucir, tôt ou tard, ses ennemis attendent cette époque pour se prévaloir des souvenirs armés contre lui. La violence a paru le sauver un instant; mais il a rendu sa chute plus inévitable; car, en le délivrant de quelques adversaires, elle a généralisé la haine que ses adversaires lui portaient. »

Lamartine s'exprime ainsi sur les coups d'Etat: «.... Ceci était nécessaire pour expliquer à M. Thiers que si Napoléon, dont il absout l'ambition au 18 brumaire, devait se perdre et nous perdre lui-même plus tard, c'était non par faute de génie, mais par faute d'un droit. Un droit, c'est une inviolabilité ; mais un droit, c'est une limite. Il limite une fortune, mais aussi il limite la folie. Nous faisons donc un grand reproche moral et politique à M. Thiers, d'avoir jeté, au début de son histoire, un voile d'amnistie et une pluie de lauriers sur la journée du 18 brumaire. Cette faute historique le poursuivra partout dans le cours de son récit. On a beau ensevelir la conscience dans un drapeau de victoire, elle n'est pas tuée, et elle se réveille toujours à toutes les crises de l'existence du soldat qui lui a porté un coup d'épée. » (De Lamartine, *Cours familier de littérature*, t. VIII, p. 117.)

L'histoire a enregistré un grand nombre de coups d'Etat, et cela dans tous les pays, depuis l'antiquité jusqu'à nos jours. Nous n'avons pas à les raconter ici, ils sont trop nombreux, aussi nombreux que les révolutions qui de leur côté sont les coups d'Etat des peuples, comme les coups d'Etat sont les révolutions des gouvernements. Au point de

vue social et politique, il est très difficile de justifier ces mesures contraires à la légalité. On a bien dit : la légalité nous tue, et aussi: sortons de la légalité pour rentrer dans le droit ; mais ce ne sont là que des phrases habilement formulées. Quand on sort de la légalité on met son opinion personnelle « subjective » au-dessus des lois, et personne n'est sûr que son opinion, et surtout les actes qui en résulteront, auront l'approbation de la nation — ou plutôt de ceux qui, dans la nation, savent penser et juger, ni si les mesures prises seront approuvées par les contemporains désintéressés, les étrangers, et par la postérité.

En résumé, quand un coup d'Etat ou une révolution n'est pas une mesure de désespoir, — ce qui peut l'excuser sinon la justifier, —c'est une inspiration de l'ambition, et alors le pays qui le subit est à plaindre.

COUR. A une époque où le chef de l'Etat était considéré comme le représentant séculier de Dieu, le peuple entourait souvent sa personne d'une auréole d'autant plus brillante que les rapports entre le souverain et le sujet étaient moins fréquents. Un reflet de cet éclat tombait même sur les personnes qui l'entouraient, et jusque sur ses serviteurs, et faisait paraître la demeure du prince comme un endroit privilégié. C'est, en effet, de la demeure du souverain qu'on fait dériver le mot *cour*, *court*, *Hof* (*curtis*, *curia*, *aula*), qui signifierait demeure par excellence, comme de nos jours encore « le château » signifie le château royal ou impérial, et, en Angleterre, « la cité », la ville entre toutes, Londres. Le mot *cour*, dans l'acception qui nous occupe, provient peut-être aussi de l'usage des princes — au commencement du moyen âge — de rendre justice dans la cour de leur manoir, et que « aller à la cour » était synonyme de « se présenter au tribunal ». Dans tous les cas, c'est dans les bâtiments qui entouraient le manoir que logeait la suite des seigneurs.

Quoi qu'il en soit, partout où il y a un prince, il y a une cour plus ou moins régulière, plus ou moins brillante, nombreuse. En Chine et en Turquie, aussi bien qu'en France et en Angleterre, et à des siècles d'intervalle, le même phénomène se présente: nous devons donc penser qu'il est fondé sur la nature humaine. Il est naturel que le prince, disposant de grandes richesses, ne s'en refuse pas la jouissance; il est naturel encore que les « sujets », aussi bien que les « citoyens » traitent avec respect celui qui possède et représente la puissance publique; enfin il est rationnel qu'une nation aime voir entouré d'un certain éclat celui qui parle en son nom aux peuples étrangers.

Ce n'est que par la suite des temps que les cours se sont développées et sont devenues, pour ainsi dire, une institution ayant ses lois, ses doctrines, ses usages. Dans l'origine, la cour n'était composée que des serviteurs du prince ; plus tard elle comprit encore les hauts fonctionnaires, nous dirions volontiers *de l'Etat*, si l'on pouvait nommer ainsi les territoires souvent vastes que le prince considérait comme ses domaines particuliers. A une époque plus récente encore, la cour n'embrassait que des nobles et des personnages influents à divers titres, excluant d'une part les serviteurs proprement dits, et de l'autre, les fonctionnaires non nobles, autres que les ministres. Dans les derniers temps, surtout depuis 1789, le cercle des personnes pouvant être admises à la cour (en allemand *Hof-fahig*) s'est élargi au point de n'exclure, dans certains pays, que les individus que la bonne société rejette partout de ses rangs.

Toutefois, les personnes admises à la cour ne font pas partie du personnel de la cour proprement dite. Celle-ci se compose d'un certain nombre de services chargés du cérémonial et des soins destinés à donner de l'éclat au trône. A la tête de ces services se trouvent des fonctionnaires spéciaux, ayant les uns, une *charge* ou emploi purement honorifique, les autres, des charges salariées aux frais de la liste civile. Les charges honorifiques sont héréditaires dans quelques Etats allemands. Le nombre des grandes charges varie d'une cour à l'autre; sous les empereurs germaniques il y en avait sept (*voy.* **Electeurs**), ailleurs plus ou moins ; leur nombre tend à diminuer, et dans certains pays les places restent presque constamment vacantes. Il ne sera pas sans utilité, cependant, de dire un mot des grandes charges qui existent dans quelques-unes des cours de l'Europe.

En France, la cour se composait, sous le second Empire, de la *maison civile* de l'empereur, de la *maison militaire* de l'empereur, de la maison de l'impératrice, et des maisons des enfants de France, du prince Napoléon, de la princesse Marie-Clotilde, de la princesse Mathilde. La maison civile de l'empereur se divisait en six grandes charges, ayant chacune un nombreux personnel. Le grand aumônier, secondé par plusieurs aumôniers ; le grand maréchal du palais, ayant pour subordonnés les préfets du palais les maréchaux des logis et le gouverneur des Tuileries et du Louvre; le grand chambellan, dont le service comprenait, outre les chambellans et les secours, le cabinet de l'empereur; le grand écuyer et le grand veneur, chefs des écuyers et des veneurs de tous rangs ; enfin le grand maître des cérémonies, avec le premier maître et les aides des cérémonies, ainsi que les introducteurs des ambassadeurs, formaient le sixième grand service de la cour. Nous passons les services accessoires, la musique, le trésor, les médecins et chirurgiens et autres. La maison militaire de l'empereur était sous les ordres du grand maréchal du palais, et comprenait l'adjudant général, seize aides-de-camp et quatorze officiers d'ordonnances, et, de plus, le commandant des cent-gardes et l'état-major général de la garde impériale.

La maison de l'impératrice et les maisons des princesses se composaient de dames d'honneur, de dames pour accompagner, de chambellans, de secrétaires de commandement ; celle du prince Napoléon, de chambellans, d'aides-de-camp, d'officiers d'ordonnance.

Le Président de la République a-t-il une cour? Il est peut-être trop tôt pour répondre à cette question.

On trouvera la composition des cours des divers Etats dans l'*Almanach de Gotha*, nous y renvoyons. En le parcourant, on verra que l'éclat de la cour n'est pas toujours en rapport avec l'étendue du pays. La tradition, le caractère du prince, l'esprit des populations (plus ou moins aristocratique ou démocratique) et quelquefois des circonstances fortuites ont exercé leur influence sur cette matière. Presque partout, du reste, on remarque une tendance à la simplification.

L'action de la cour sur le pays a varié selon les temps. Autrefois, cette action était considérée comme absolument mauvaise : le courtisan, aux yeux du moraliste, était non seulement un flatteur, mais encore un homme corrompu, licencieux. Le mauvais renom des cours n'était pas toujours immérité. A une époque où le pouvoir du souverain et même celui des simples nobles était sans limite, où l'esprit public dormait, où les mœurs étaient brutales, il n'y avait aucun frein aux passions des puissants. Ce n'est pas seulement Louis XV ou le Régent qu'il faut évoquer ici, ni même le fanatique Louis XIV ; mais le bon Henri IV, si l'on veut se rendre compte jusqu'où une cour pouvait aller. De nos jours, la licence, l'immoralité sont bannies des cours ; ou plutôt leurs fonctionnaires et les autres personnes qui les fréquentent habituellement ne sont ni meilleurs, ni pires que la moyenne de leur génération ; la flatterie elle-même n'est plus de leur domaine exclusif, — partout le riche, le personnage influent a ses courtisans... ne les avait-il pas de tout temps : pourvu qu'il les méritât comme jadis Mécène ! C'est le réveil de l'opinion publique qui a moralisé les cours, ce point est trop évident pour que nous ayons à le démontrer.

L'action de la cour sur le gouvernement est presque nulle de nos jours. Cela vient en partie du régime constitutionnel adopté dans la plupart des Etats, en partie aussi de ce que la liste civile est complètement séparée du trésor public. Le souverain n'est plus, à lui seul, l'*Etat*.

Reste l'action de la cour sur la littérature, les arts, les sciences. Nous ne croyons pas que la cour proprement dite ait jamais influé sur le progrès des sciences, bien que certains princes aient personnellement fait des sacrifices en leur faveur. L'influence sur la littérature nous paraît fort douteuse. Il y a des exemples qui font honneur aux cours, mais il y a, si nous ne nous trompons, plus d'exemples du contraire. Les arts ont été plus heureux : ils doivent beaucoup non seulement aux princes, mais encore à leur entourage. Ils ont trouvé là bien des encouragements, et nous ne croyons pas (par suite des difficultés techniques) qu'ils en aient subi un souffle corrupteur.

On reproche aux cours de répandre le goût du luxe. Chacun, dit-on, cherche à imiter la classe immédiatement supérieure, ou plus exactement la classe plus riche : on dépense au delà de ses moyens, on s'endette, et les fortunes se désorganisent. D'un autre côté, les exigences d'un luxe effréné font diminuer, dans la classe aisée, ou à peu près aisée, le nombre des mariages ; il s'établit une chasse aux dots, au détriment des sentiments plus élevés qui devraient présider à l'acte le plus important de la vie. Ce reproche est plus ou moins fondé, selon les pays, mais le luxe a d'autres causes encore que les cours, des causes légitimes lorsqu'elles ne produisent qu'un luxe contenu dans de sages limites et qui n'est alors que l'expression d'une civilisation avancée.

COURS MARTIALES. On appelait ainsi les tribunaux militaires chargés par la loi du 29 octobre 1790 de prononcer sur les crimes et délits militaires, en appliquant la loi pénale après qu'un jury militaire avait prononcé sur le fait. Ces cours martiales jouaient donc dans la justice militaire le même rôle que les cours d'assises dans la justice criminelle ordinaire ; elles étaient convoquées et présidées dans chaque arrondissement militaire, par un grand juge militaire.

Pendant le siège de Paris, le gouverneur institua, par un décret en date du 26 septembre 1870, des cours martiales à Vincennes et à Saint-Denis, et dans les 13e et 14e corps d'armée. Ces tribunaux étaient de véritables commissions militaires désignées et réunies par le commandant supérieur pour juger sans délai et sans appel les militaires prévenus d'un crime contre le devoir militaire entraînant la peine de mort. La condamnation devait être exécutée séance tenante. L'institution de ces tribunaux exceptionnels était motivée par la multiplicité des faits de vol et d'espionnage dans les banlieues de Paris.

Pendant la Commune, la Commission exécutive autorisa le délégué à la guerre à former provisoirement une cour martiale chargée de prononcer sur les cas exceptionnels exigeant une répression immédiate. Cette décision porte la date du 16 avril 1871 ; le lendemain paraissait un arrêt signé des membres de la cour martiale elle-même, et réglant la procédure et les pénalités. La procédure était en général conforme à celle du Code de 1857 ; mais la majorité des membres présents suffisait pour décider de la culpabilité ou de l'innocence ; l'arrêt devait être exécuté dans les vingt-quatre heures ; dans le cas de condamnation à mort, la sanction de la Commission exécutive était nécessaire et l'exécution devait avoir lieu vingt-quatre heures après cette sanction. Pour les crimes, les délits et les peines, la cour martiale devait se conformer au Code pénal et au Code militaire. Ajoutons que sa compétence s'étendait « à tous faits intéressant le salut public », faits qui n'étaient pas autrement dénommés. La cour martiale tint sa séance d'ouverture le 17 avril et sa première audience le 18, sous la présidence du colonel Rossel ; elle cessa en fait de siéger, à partir du 24 avril, à la suite de la démission de son président.

Voy. **Conseils de guerre.**

COURONNE. On trouvera au mot **Diadème** l'historique de cet insigne ou de cet emblème adopté par les princes et la haute noblesse ; nous nous bornerons ici à indiquer la signification du mot *couronne* dans la langue parlementaire.

« *La couronne* » représente quelquefois la personne du prince dont, par déférence, on évite de prodiguer le nom, mais bien plus souvent c'est son autorité qu'on veut désigner. *La couronne* n'est jamais mise en opposition avec le pays, avec les citoyens, *les sujets*, quelquefois, peut-être, a-t-on opposé *la couronne* au parlement, mais à tort. En effet, en dehors des chambres, il y a le pouvoir exécutif, représenté, vis-à-vis d'elles, en théorie par le souverain, en fait par les ministres, sous le régime parlementaire, bien entendu. Généralement quand, pour varier l'expression, au lieu de s'adresser aux ministres, on s'adresse au *pouvoir*, ce sont toujours les ministres qui répondent, parce que c'est eux qu'on attaque. C'est seulement quand on veut faire intervenir directement le prince qu'on emploie l'expression : *la couronne*. Là où le roi règne et ne gouverne pas, ce n'est en effet guère, outre la liste civile, que la possession héréditaire de la couronne qui le distingue d'un ministre.

Dans un état constitutionnel, les ministres étant responsables, ils doivent *couvrir* la couronne, prendre sur eux la responsabilité de tout acte du pouvoir exécutif. *Voy.* **Régime constitutionnel,** etc.

COURONNEMENT DE L'ÉDIFICE. Sous le second Empire cette locution a été employée comme synonyme de *liberté politique.* On l'a empruntée à un discours impérial prononcé lors de l'ouverture des chambres, en 1853, et dans lequel on lit le passage qui suit :

« La liberté n'a jamais aidé à fonder l'édifice politique durable ; elle le couronne quand le temps l'a consolidé. »

Cette proposition renferme toute une doctrine politique ; mais elle n'est pas particulière à l'Empire. Nous l'avons plus d'une fois entendu exposer par les radicaux de toutes les nuances quoiqu'en des termes différents.

Presque toutes les opinions passionnées, en politique comme en religion, ont une tendance à imposer leurs vues ou leurs croyances et à n'accorder la liberté politique ou religieuse que lorsque les habitudes intellectuelles et morales de la nation auront été façonnées par elles.

COURRIERS. Messagers que les gouvernements, des ambassadeurs, des ministres envoient pour porter officiellement une nouvelle ou une dépêche. Autrefois, on employait les courriers autant pour la rapidité de la transmission que pour assurer le secret de la correspondance ; actuellement c'est ce dernier motif qui est prédominant. Un courrier, ainsi que ses dépêches, sont en effet inviolables partout en temps de paix, et en temps de guerre sur les territoires neutres. Pendant la guerre, l'usage de s'emparer de la correspondance officielle de l'adversaire est universel, et paraît avoir pour lui le droit de conservation.

Les courriers qui exercent leur emploi d'une manière permanente portent souvent un uniforme Lorsque des personnes sont accidentellement chargées d'une dépêche, un passe-port spécial leur confère les immunités nécessaires.

COURS FORCÉ. Obligation imposée aux citoyens d'accepter, à l'égal de l'argent métallique, le papier émis par l'Etat ou par des banques. Le cours forcé emporte libération des dettes, c'est-à-dire qu'en cas de refus de la part du créancier, il suffit de déposer le montant en papier de la somme due à la caisse des dépôts et consignations, pour être libéré de la dette : elle est censée payée. Appliqué aux banques, le cours forcé veut dire que les banques n'ont pas besoin de rembourser leurs billets — de ne pas reprendre, à vue, leurs billets contre des espèces.

Le cours forcé peut être, à certains moments, une mesure de salut public pour un pays, mais c'est une mesure très dangereuse, il faut se hâter de la faire cesser. Le cours forcé étant presque toujours la conséquence d'une émission extraordinaire (à découvert) de billets, le papier tend à se déprécier, ce qu'aucune loi ne saurait empêcher, même en édictant la peine de mort. Le public a une très grande facilité pour tourner la difficulté il élève le prix des marchandises en proportion de la dépréciation du papier. Il n'y a qu'un moyen de rétablir la valeur des billets c'est d'en diminuer le nombre par le rachat contre espèces ou par la consolidation.

CRÉANCE (Lettre de). Document par lequel un agent diplomatique prouve la réalité de son mandat. Aucune forme spéciale n'est prescrite pour ces lettres, qui peuvent être ouvertes ou cachetées, mais avant qu'elles n'aient été délivrées : le ministre ou l'agent ne jouit, du moins en droit, d'aucune des immunités attachées à sa fonction. Les pouvoirs d'un agent diplomatique peuvent être généraux ou limités ; mais, dans tous les cas, l'étendue de ces pouvoirs doit être spécifiée dans le document qui l'accrédite.

CRÉDIT. Le crédit suppose une transaction, une vente, en un mot, une dette, dont le paiement est ajourné. Celui qui obtient un crédit utilise un produit futur avant qu'il ne soit né ; celui qui l'accorde a confiance (*crédit*) dans la réalité du paiement futur. Et comme, pour toute production il faut en posséder les moyens, le crédit rend d'inappréciables services.

Il met, à la disposition de ceux qui en manquent, les instruments, les matières premières, les aliments nécessaires pour produire, il confère au pauvre la puissance du riche, il cause des miracles en faisant quelque chose de rien, du moins en apparence. En effet, le crédit ne crée rien par lui-même n'invente pas le capital nécessaire à la production, il le fait seulement passer d'une main qui le laisserait chômer en une main qui le mettra en activité, qui le fera travailler. Le cordonnier manque de cuir pour faire des chaussures ; prêtez-lui de l'argent, il en achètera, ou si vous êtes tanneur, faites lui l'avance de vos produits et il travaillera à son profit et au vôtre. Quel bienfaiteur que le crédit raisonnablement placé !

Mais pour qu'on obtienne du crédit, il faut inspirer personnellement confiance, ou offrir des garanties. Celui qui prête veut rentrer dans ses fonds et obtenir une indemnité pour la privation qu'il s'impose et le risque qu'il court en se dessaisissant de sa propriété ; qui l'assure contre la perte de son avoir ? Celui qui désire jouir du crédit ; doit donc le mériter ; mais le détenteur d'un capital ou d'une denrée ne sait pas toujours si vous méritez ou non de la confiance, et vous ne serez pas toujours en état de le convaincre. Il vous faudrait donc des garanties. Où les trouver ? Pour venir en aide aux personnes digne d'être aidées, et aussi dans cet intérêt général, qu'il ne faut pas laisser de force inoccupée, que la production sera d'autant plus forte et les produits d'autant mieux répartis que tout le monde travaillera, on a imaginé toutes sortes de moyen pour étendre, pour généraliser le crédit. L'un de ces moyens, c'est la caution, le répondant ; et quand le capitaliste a confiance il est lui-même le répondant, et il « *ouvre un crédit* ».

Mais quand il ne veut pas se charger du risque et qu'il n'y a pas de gage, on peut atténuer le risque en le faisant supporter par plusieurs personnes à la fois.

C'est à feu Schultze-Delitzsch qu'on doit la première réalisation de cet ingénieux moyen de créer une garantie pour ceux qui n'en ont point. Il a formé des sociétés de crédit, dites banques populaires, dont les membres répondaient solidairement les uns des autres. Chacun d'eux ne possède individuellement rien — ou presque rien, — ensemble cela ne fait pas grand'chose, mais leur union, leurs efforts visibles d'être honnêtes, donne à leur parole une valeur morale, fait naître la confiance, et produit ainsi le crédit effectif. Dans les banques, qui ont généralement affaire à des établissements, des commerçants, possédant un certain avoir, on demande, pour escompter un billet, qu'il ait au moins trois signatures; c'est pour avoir des répondants.

Il est inutile d'ajouter que si, pour l'un, un crédit de 100 fr. est déjà un bienfait, tel autre aura besoin de 100.000 fr., et pour certaines entreprises[1] 100 millions peuvent être nécessaires. Il faut beaucoup de capitalistes pour former la somme de cent millions, mais ne croyez pas que le gros mot de **capitaliste** soit bien réellement aussi gros qu'il en a l'air. Pour être capitaliste il suffit de prendre une action de (500 fr.) au moins; et bien, ma cuisinière est capitaliste, la vôtre aussi, sans doute; puis nombre d'ouvriers, d'employés, de petits commerçants et d'autres gens qui ne passent pas pour être riches, sont des capitalistes. Ils ont des économies, ils les placent à intérêts, les voilà capitalistes aussi bien que tel riche banquier ou propriétaire. Voilà comment les hommes coopèrent à une même œuvre et s'aident mutuellement.

A-t-on trop loué le crédit ?

CRÉDIT PUBLIC. Le plus généralement on emploie cette expression pour les prêts faits à un État. L'État peut posséder des propriétés ou des établissements productifs de revenu, mais c'est sur le produit des impôts qu'il vit. Seulement quelque riche que soit un pays, on ne peut pas demander aux citoyens de réunir subitement les grosses sommes qu'une circonstance exceptionnelle, la construction d'un chemin de fer, une guerre, peut exiger. En pareil cas, le plus souvent, le gouvernement, avec l'approbation des représentants de la nation, préférera un emprunt à un impôt extraordinaire, et pourvu qu'on l'emploie pour un but utile et qu'on l'amortisse, il n'y aura rien à dire.

Seulement, il ne faut pas que l'État y revienne trop souvent, qu'il n'accumule pas des dettes le cœur léger, sinon, le crédit public en souffrira. Le pays aura à payer plus cher le crédit, il pourra même le perdre tout à fait, s'il a tant emprunté qu'il ne peut plus payer les intérêts de ses dettes.

CRISES COMMERCIALES. Dans la première moitié de ce siècle et jusqu'à ce jour l'attention a été appelée, à diverses époques, sur ce qu'on est convenu de nommer crises commerciales, crises monétaires, sans trop se rendre compte de la différence que l'on semble attacher à ces deux dénominations. Qu'est-ce donc qu'une crise commerciale ? pourrait-elle exister sans crise monétaire ou

réciproquement ? Dans quelles circonstances les observe-t-on ?

Après une période de grande prospérité, 6 à 7 années en moyenne, et une hausse continue de toutes les valeurs et marchandises, sans que rien paraisse changé dans les apparences extérieures, tout à coup, par suite des besoins du commerce et de l'immobilisation d'un capital supérieur à celui que pouvait fournir l'épargne, les demandes d'escompte se succèdent aux banques d'une manière inusitée, le portefeuille se gonfle à vue d'œil, en même temps les billets de banque émis en échange du papier de commerce escompté se présentent de suite au guichet des remboursements, et sous l'influence des changes défavorables la réserve métallique diminue avec la même rapidité que le portefeuille se remplit. Les banques, pour enrayer ce mouvement, élèvent le taux de l'escompte avec une précipitation qui vient augmenter l'inquiétude générale. Enfin, quand, les demandes affluant toujours, non seulement l'élévation du taux de l'escompte, mais les difficultés opposées par les banques rendent la continuation des affaires, les renouvellements de la spéculation impossibles, il faut se liquider et vendre en baissant les prix : aussitôt les faillites, les suspensions paraissent, le change revient au pair, et le reflux des espèces commence.

Par suite de cette liquidation forcée, le portefeuille des banques diminue, l'encaisse se reconstitue, et le taux de l'escompte se trouve presque aussi rapidement ramené aux conditions ordinaires qu'il s'en était écarté.

La marche des affaires, aussi brusquement interrompue, produit une perturbation générale qui empêche toute reprise, avant qu'une liquidation plus ou moins complète et sérieuse ait permis à la confiance de revenir, avant qu'on ait pu se rendre compte des maisons qui ont résisté à l'ébranlement, ou dont le crédit n'a pas été atteint.

Une crise commerciale est donc un dérangement dans la marche des affaires, un défaut de compensation des effets de commerce sur les divers marchés du monde qui nécessite l'intervention des espèces métalliques, suivi du discrédit et de la dépréciation des marchandises, de la suspension, des faillites, de la déconfiture des maisons de commerce imprudemment engagées. Cette secousse se fait sentir au loin et réagit sur toutes les manifestations de la vie des peuples, telles que le mouvement de la population, mariages, naissances et décès, revenu public, etc. L'élévation du prix de l'argent, par suite des changes défavorables, détermine la baisse des fonds publics. Les ateliers suspendent le travail, les prix fléchissent, et dans le désarroi général les consommations diminuent. (C. JUGLAR.)

Tout cet ensemble de phénomènes est passager ; leur durée ruinerait les nations. On les a plus remarqués depuis le commencement du siècle, mais si les temps modernes

---

[1]. Les États, à l'occasion d'emprunts considérables, ont quelquefois recherché la garantie collective de plusieurs grands banquiers.

en sont plus affectés, cela tient à ce que le crédit est plus étendu. Autrefois, leur développement était moins rapide, leur action plus longue. C'est surtout dans ces derniers temps que le retour périodique des crises a été observé, et que leur coïncidence en France, en Angleterre, en Allemagne et aux Etats-Unis, a éveillé l'attention. C'est qu'en effet une solidarité paraît exister entre les grands pays du commerce et de l'industrie. Autrefois, les affaires, moins liées, ne s'engageaient pas sur une aussi grande échelle supportées par le crédit. On travaillait en vue du marché que l'on connaissait, dont les besoins étaient limités. Aujourd'hui c'est pour le monde entier qu'on travaille, et quoique au premier aspect la demande semble devoir être illimitée, cependant il y a des moments où la production est insuffisante, d'autres où il y a engorgement, mévente, par suite de l'élévation continue et trop rapide des prix. Cela tient aux conditions générales de l'industrie, à la puissance des engins, à l'immobilisation de capital nécessaire pour supporter la concurrence, et à l'impossibilité, une fois engagé dans cette voie, de s'arrêter sous peine de pertes considérables. Jadis, en dehors de ces conditions, il y avait et il y a encore du malaise, des troubles ; mais comme le crédit était presque inconnu, on ne rencontrait pas de ces suspensions terribles qui entraînent tout dans leur chute en rétablissant l'équilibre des prix par une réaction trop vive. La guerre, la disette, les épidémies étaient des fléaux très puissants ; aujourd'hui l'abus du crédit paraît l'emporter sur eux. En Angleterre, c'est surtout depuis la fréquente intervention du crédit que les crises se sont régularisées. On comprend comment les affaires au comptant ne peuvent jamais les produire.

Causes des crises. — Les disettes, les guerres, les révolutions, les changements de tarif, les emprunts, les variations de la mode, de nouvelles voies ouvertes au commerce, voilà les principales causes invoquées tour à tour. Mais le véritable critérium serait de les voir, dans des circonstances semblables, reproduire les mêmes effets. Malheureusement cette relation évidente entre les causes et les effets est assez rare dans les phénomènes sociaux et dans tout ce qui touche à la vie. Dans cette incertitude, on invoque successivement les causes les plus contraires pour expliquer les mêmes faits. On a le droit d'être surpris de la légèreté, de la facilité avec laquelle l'esprit humain accepte tout ce qu'on lui propose ; il est tellement avide de se rendre compte que lorsqu'il ne trouve rien de mieux, il se paye de mots. En effet, la multiplicité même des causes que l'on invoque suffit, il nous semble, pour prouver leur peu d'efficacité, puisque, alors qu'une seule devrait suffire, on en accumule un grand nombre ; or, comme elles ne sont pas toujours réunies, on peut penser, en les éliminant une à une, qu'aucune d'elles n'est

déterminante, puisque son intervention n'est pas indispensable pour produire le résultat qu'on lui attribue.

La cause déterminante est ailleurs ; elle est la conséquence d'un état antérieur qu'il faut étudier avec soin. C'est ce qu'en médecine on appelle la prédisposition. Le froid, par exemple, est la cause de beaucoup de maladies : chez l'un des rhumatismes, chez l'autre d'une pneumonie, chez un troisième d'une pleurésie. La cause restant la même, le résultat est pourtant tout différent. C'est la prédisposition locale qui fait pencher la balance dans un sens ou dans un autre, et la preuve, c'est qu'en son absence le froid ne produit aucune maladie sur un individu sain. Il en est de même pour les crises.

« Pour résumer en une seule proposition le résultat de nos études sur la matière, nous dirons que les crises sont la réaction naturelle qui se produit après des efforts pour accroître encore la production déjà poussée à l'excès, et si les crises sont plus intenses de nos jours que dans nos siècles derniers, c'est que nous disposons actuellement de moyens de production inconnus à nos pères. On devra donc s'habituer à l'idée du retour périodique de ces tourmentes commerciales qui, jusqu'ici du moins, paraissent une des conditions du développement de la grande industrie (Clément Juglar).

L'impulsion donnée au travail est telle que, pendant quelques années, les matières premières suffisent à peine aux manufactures, les importations et les exportations augmentent sans cesse ; puis, sans qu'on s'y attende, tous les canaux sont remplis, il n'y a plus d'écoulement possible, toute circulation cesse et une crise éclate. Les spéculations s'arrêtent ; l'argent, si abondant quelques mois auparavant, diminue ; la réserve disparaît à son tour ; les appels de fonds continuent ; on ne peut y satisfaire ; les titres flottants viennent sur le marché : de là, dépréciation de toutes les valeurs, obligation de se liquider dans les plus mauvaises conditions. Ces écarts, ces excès de la spéculation, sont trop dans la nature humaine pour qu'on puisse les prévenir par aucune mesure.

Durée et liquidation des crises. — La durée des crises est en général assez courte, si l'on ne considère que les moments les plus critiques pendant lesquels les demandes d'escomptes, la diminution de la réserve métallique, les changes défavorables engagent les banques à élever, coup sur coup, le taux de l'intérêt. Aussi longtemps que la confiance donne le crédit, il entraîne tout à sa suite. Les facilités qu'il procure engagent les transactions sur une grande échelle sans que l'on s'occupe des prix ; le crédit n'est-il pas là pour vous soutenir et vous dégager ? Mais il arrive un moment où, par la difficulté des échanges, il faut faire intervenir la balance métallique, alors que les crises éclatent, la panique s'empare du public, les transactions s'arrêtent et les suspensions paraissent. Le crédit s'éclipse complètement, par son absence on juge de son utilité, mais en réalité on ne perd qu'une faible partie de ce qu'on lui devait. Cet état ne se prolonge pas au delà de six semaines à deux mois, puis vient la liquidation de la crise qui se prolonge de dix-huit mois à deux ans. A l'activité des années précédentes succède une langueur du commerce, réduit aux seules opérations du comptant. La hausse continue des prix des années précédentes, remplacée par une baisse rapide, arrête toutes les affaires qui trouvaient dans le crédit leur principal soutien.

L'exagération du commerce intérieur et extérieur, à des prix enflés par la spéculation et non aux prix naturels, voilà la principale cause de tous les embarras. Les produits ne pouvant s'écouler à un prix constamment supérieur, tous les échanges s'arrêtent, la marchandise étant offerte, la baisse est rapide : elle atteint de 25 à 30 p. 100 en quelques mois, effaçant ainsi, en un instant, la hausse de plusieurs années. Alors l'échafaudage si brillant du crédit s'écroule, les primes ont disparu : les valeurs ne trouvant plus d'acheteurs, il faut se liquider et abandonner ses rêves, réalisant une perte, là où une année plus tôt on comptait sur une fortune. Il ne faudrait pas cependant en conclure que le crédit et la spéculation sont funestes, car si les embarras commerciaux sont assez courts, une année ou deux au plus, les époques prospères présentent une succession continue de plusieurs années, six à sept en moyenne. Pendant cette période la progression est générale. L'argent, très abondant, s'offre à vil prix sur le marché, l'intérêt baisse au-dessous de 3 p. 100 ; on répond de suite aux demandes de fonds ; les souscriptions ouvertes sont de beaucoup dépassées ; il faut les réduire, et tout cela quels que soient les événements qui viennent se jeter à la traverse. Dans ce moment, une grande guerre ne saurait arrêter le mouvement ; les ressources sont telles qu'elles suffisent à tout, même aux plus énormes emprunts, les fonds publics peuvent en être affectés, le mouvement commercial ne se ralentit pas, se prolonge encore, jusqu'à ce que le portefeuille de la banque soit engorgé par des escomptes supérieurs à ceux de la dernière crise. Ce fait seul, qui précède toutes les mesures restrictives, indique assez les besoins, les embarras du commerce, qui ne peut continuer ses opérations sans faire de plus grands emprunts au crédit. On n'en est pas moins surpris, à la suite de ces bouleversements, du développement des sociétés, de leur activité et de leur puissance. Quant au retour périodique des crises, il se trouve clairement indiqué par leur simple énumération depuis le commencement du siècle. En voici la liste :

EN FRANCE.	EN ANGLETERRE.	AUX ÉTATS-UNIS
1804	1803	»
1810	1810	»
1813	1815	1814
1818	1818	1818

EN FRANCE.	EN ANGLETERRE.	AUX ÉTATS-UNIS.
1826	1826	1826
1830	1830	»
1836	1836	1837
1839	1839	1839
1847	1847	1848
1857	1857	1857
1864	1864	Guerre de la Sécession

La simple inspection du tableau qui précède démontre la solidarité de ces contrées, puisque, à quelques mois de distance, nous les retrouvons dans la même situation.

Plus on observe les crises commerciales depuis que l'on possède des relevés officiels de la situation des banques en France, en Angleterre et aux États-Unis, c'est-à-dire depuis le commencement du siècle, plus on demeure convaincu que leur marche, leurs accidents deviennent de plus en plus simultanés, et que dès qu'un embarras se fait sentir d'un côté ou de l'autre de l'Atlantique, il est rare qu'il ne réponde pas du côté opposé. Si nous resserrons le cercle de nos recherches, nous constatons qu'en Angleterre et en France, depuis 1800, les crises ont suivi une marche régulière et parallèle, éclatant et se liquidant presque aux mêmes époques. (C. JUGLAR.)

Opinions des principaux économistes. — J.-B. Say pensait que l'empressement du public, dans les crises, à réclamer le remboursement des billets, le *run* sur la banque, en un mot, selon l'expression anglaise, tenait à l'excès d'émission, ce qui faisait baisser la valeur de l'or et engageait à l'exporter là où il la conservait entière. La multiplication de l'agent de circulation pour l'escompte donnait ainsi aux affaires une extension non proportionnée aux capitaux.

J.-B. Say accusait à tort l'excès d'émission des banques ; la cause de tout le mal, c'est l'excès d'émission des effets de commerce, des lettres de change qui ne se compensent pas à l'échéance, parce que les produits dont le prix s'est élevé circulent plus lentement ; pour combler le vide, il faut avoir recours aux espèces.

Senior fait remarquer qu'en 1825 l'exportation des métaux précieux s'est élevée à 4.400.000 livres sterling. De 1855 à 1857, en France, si on en juge par les achats de lingots, la somme exportée dépasse 1.300 millions de francs !

James Wilson attribue les crises à une simple fièvre de spéculation, à un moment donné, par suite des apparences séduisantes de certaines opérations. Mais qui provoque ce vertige ? C'est ce qu'il n'indique pas.

Tooke cherche à montrer la liaison des crises avec l'élévation du prix des céréales, dont le retour est aussi périodique. Il insiste sur les variations du cours des changes et avec beaucoup de sagacité indique son importance pour la balance des payements à l'étranger. Dans un tableau très curieux, il indique la coïncidence d'un change favorable avec la diminution des dépenses extérieures (guerre, achats de grains, etc.). L'intervention de ces deux dernières causes n'est pas toujours nécessaire, car, en 1825, alors qu'elles n'agissaient pas, la dépression des changes fut telle que le drainage de la réserve métallique continua la plus grande partie de l'année.

On ne peut juger de l'excès ou du défaut de la circulation d'après le nombre des billets émis à la réserve métallique. L'exportation ou l'importation des métaux précieux, *le change*, en un mot, *l'indique seul*.

En Angleterre, l'exagération de l'émission et des spéculations en tous genres ont surtout préoccupé les auteurs qui ont traité des crises commerciales. En France, Coquelin, dans son ouvrage *Du crédit et des banques*, rappelle l'opinion de J.-B. Say; mais au lieu d'accuser le simple remboursement des billets, il croit que ce sont plutôt les dépôts en comptes courants que l'on retire en numéraire. Les banques privilégiées seraient la cause de tout le mal. Leur monopole produit un engorgement des fonds de l'épargne et un débordement de ces fonds cherchant un emploi. M. du Puynode, dans son ouvrage : *De la monnaie, du Crédit de l'Impôt*, partage entièrement les opinions déjà exprimées par M. Coquelin.

Moyens de prévenir les crises. — On a proposé différents moyens pour arrêter ou prévenir les crises, voici ce qu'en pense M. Clément Juglar : « Nous passerons sous silence les opinions plus hasardées et extra-scientifiques qui ne craignaient pas de proposer le retour plus ou moins déguisé au papier-monnaie.

« A toutes les époques, la banque a toujours livré à la circulation une somme bien supérieure à son capital, en acceptant les sacrifices passagers que la position lui imposait, et que l'intérêt de ce capital immobilisé en rente compensait et au delà dans les années prospères. Son capital même, toujours disponible, ce qui serait conforme à son institution, ne préserverait pas l'encaisse dans les moments difficiles. Le compte rendu des opérations de la banque nous apprend, en effet, que les achats de lingots se sont élevés à la somme de 1.300.000.000 fr., de 1855 à 1857, ce qui représente près de quinze fois le capital.

« Quant aux dépôts et aux comptes courants, nous avons exposé l'opinion de Coquelin, soutenue par M. du Puynode. Malheureusement, si elle séduit au premier aspect, on ne tarde pas à s'apercevoir qu'elle ne s'accorde pas avec les faits, quand on prend la peine de la contrôler sérieusement sur les chiffres officiels.

« En France et en Angleterre, les oscillations considérables, puisqu'elles peuvent varier *chaque année*, de 33 p. 100 environ en Angleterre, et de 50 p. 100 en France, ne présentent pas, comme on pourrait le penser, leur minimum au moment des plus grands embarras des affaires et quand on rappelle tous les capitaux disponibles.

« Dans les deux dernières périodes, en 1847 et en 1857, le minimum des dépôts s'observe dans les années qui précèdent la crise en France et en Angleterre.

« Le maximum que l'on remarque dans les années les plus prospères est presque atteint l'année même où se rencontre le minimum... »

On a proposé comme moyen de prévenir les crises : la fixité du taux de l'escompte. Un auteur anonyme pense que cette fixité produirait, ce que tout le monde désire, l'inappréciable bienfait d'une sécurité parfaite pour la circulation toujours régulière et facile des engagements qui représentent les échanges réalisés. Pour proposer la fixité du taux de l'escompte et l'augmentation de la circulation des billets comme moyen de salut, il faut avoir oublié les crises de 1804, 1810, 1813, 1818, 1826, 1830, 1839, 1847, pendant lesquelles ni la fixité de l'escompte, maintenu à 5 p. 100, ni la liberté d'émission qui était entière dans quelques pays, n'ont pu prévenir aucun désastre.

Les crises, comme les maladies, dit M. Juglar, paraissent une des conditions de l'existence des sociétés où le commerce et l'industrie dominent. On peut les prévoir, les adoucir, s'en préserver jusqu'à un certain point, faciliter la reprise des affaires; mais les supprimer, c'est ce que, jusqu'ici, malgré les combinaisons les plus diverses, il n'a été donné à personne. Proposer un remède à notre tour, quand nous reconnaissons le peu d'efficacité de ceux des autres, n'est ni possible ni nécessaire, d'autant moins que, par une évolution naturelle, l'équilibre se rétablit et prépare un sol ferme sur lequel on peut s'appuyer sans crainte, pour parcourir une nouvelle période. C'est déjà beaucoup que de connaître la nature et le siège du mal : une modification du système ne suffit pas pour l'arrêter ou le supprimer ; il appartient seulement à l'expérience et à l'activité intelligente de ceux auxquels est confiée la direction des institutions de crédit, d'en restreindre ou d'en atténuer les fâcheux résultats.

CROISSANT. Le croissant ne représente pas précisément les armoiries de la Turquie, mais il est l'emblème de ce pays, et dans le langage ordinaire il est synonyme d'Empire ottoman. Des explications très diverses ont été données sur l'origine de cet emblème, mais aucune ne paraît fondée sur des documents authentiques.

CULTES. Il ne s'agit ici de considérer les cultes, ni en eux-mêmes, ni dans leur valeur comparative, ni dans leur histoire. Il ne peut être question que de leurs rapports avec l'État. C'est le seul point de vue sous lequel la politique ait à les envisager.

Ces rapports ne sont pas aussi variés qu'on pourrait le croire. L'Église et l'État ne peuvent se trouver l'un vis-à-vis de l'autre que dans l'une de ces quatre positions :

1º Ou l'Église domine l'État; c'est le régime théocratique;

2º Ou l'État tient entre ses mains les choses religieuses et les règle à son gré; c'est ce qu'on a proposé d'appeler la Césaropapie;

3º Ou l'Église et l'État se limitent l'un l'autre d'un commun accord; c'est le régime des concordats;

4º Ou enfin les cultes, séparés de l'État, restent entièrement libres, aux mêmes conditions que toute autre association.

Examinons l'une après l'autre ces quatre formes des rapports de l'Église et de l'État.

1º *Théocratie.* — La domination de l'État par l'Église constitue un ordre de choses bien connu et très fréquent dans l'histoire. Dans l'Égypte antique, dans l'Inde depuis les temps les plus reculés jusqu'à nos jours, dans la plus grande partie de l'Europe pendant le moyen âge, la religion a eu la suprématie, non pas seulement sur les consciences et dans la sphère des choses spirituelles, mais encore sur l'existence humaine tout entière, et par conséquent sur la loi civile et le gouvernement. Dans les théocraties pures, il n'y a pas d'autre législation que le code religieux. Dans les États chrétiens du moyen âge, la théocratie n'a jamais atteint ce degré de perfection, malgré tous les efforts qu'elle a faits pour y arriver; mais quelque imparfaite qu'elle soit restée, elle n'en a pas moins pesé d'un poids immense sur les gouvernements de l'Europe occidentale. Le droit canon tenait alors une place considérable à côté du droit civil, et les prescriptions ecclésiastiques primaient souvent et déterminaient d'ordinaire les lois de l'État. Ce n'est pas sans raison qu'on a pu à cette époque comparer le pouvoir religieux au soleil et le pouvoir civil à la lune qui, obscure par elle-même, emprunte son éclat au soleil.

Toutes les nations sans exception ont commencé par ce régime. Il n'en est point qui n'ait été gouvernée d'abord par un pouvoir religieux; un petit nombre seulement d'entre elles ont réussi à se donner une forme sociale plus ou moins indépendante des institutions religieuses primitives.

Que le régime théocratique ait toujours été la première forme des sociétés civilisées, c'est ce qu'on s'explique facilement, quand on considère que la religion a eu seule la force nécessaire pour arracher les nomades à leur vie errante, les fixer au sol et les rendre accessibles à la civilisation, ou pour soumettre des peuplades barbares au joug des lois et les plier à une vie policée. Ce fait est au-dessus de toute contestation; l'on sait aujourd'hui que toutes les législations primitives ont été théocratiques.

Elles ont toutes pour caractère commun de traiter les hommes comme des enfants incapables de se conduire dans les sentiers difficiles de la vie. Elles les ont pris, en effet, dans un état d'enfance, et elles ont été obligées de leur tracer un programme détaillé de tous les devoirs de la vie civilisée, sans rien laisser à leur libre détermination, à laquelle on ne pouvait pas, dans le principe, s'en rapporter. Les chefs n'y sont pas traités autrement que la foule. Ils étaient aussi barbares qu'elle, aussi indisciplinés, aussi peu capables de la vie civilisée. Les législations théocratiques durent également les mettre en tutelle, et leur tracer leurs devoirs de chaque jour, de chaque heure, avec autant de précision qu'elles le faisaient pour toutes les autres classes de la société. Diodore de Sicile nous apprend que les rois d'Égypte étaient liés par des lois antiques. Le septième livre du code de Manou est consacré tout entier à l'énumération des devoirs des souverains. Au moyen âge, sans être assujettis à des règles aussi détaillées, les rois et les princes de l'Europe occidentale étaient surveillés avec un soin jaloux et constant par les papes, qui ne leur épargnaient ni les conseils, ni les encouragements, ni les censures.

Les législations théocratiques sont condamnées par leur nature même à l'immobilité. Elles s'en font, au reste, un titre de gloire. Les lois humaines se modifient selon les événements qui surviennent dans les mœurs publiques. Les législations théocratiques, s'attribuant, à tort ou à raison, une origine divine n'ont pas cette élasticité; elles doivent rester ce qu'elles sont. Comment la petite sagesse humaine pourrait-elle modifier, corriger, améliorer des décrets qui viennent de Dieu lui-même? Il arrive de là, que ces lois, qui ont été faites pour l'enfance des peuples, ne connaissant pas d'autre état, et que leur effet le plus positif est de maintenir ou de chercher à maintenir à jamais la civilisation primitive à laquelle elles se rapportent et pour laquelle elles ont été faites.

Et si, par suite de certains événements, le niveau de la culture monte chez un peuple soumis à ce régime, qu'on ne demande pas à la législation de suivre le mouvement. Ce n'est pas seulement à Rome qu'on répondrait: *Non possumus.* Ce refus est la conséquence forcée des principes de la théocratie. Puisqu'elle vient de Dieu, elle ne peut être changée. Il faut l'accepter telle qu'elle est; les concessions qu'on lui propose ne peuvent lui apparaître logiquement que comme une infidélité à la volonté divine.

Il est à peine nécessaire de faire remarquer les funestes conséquences d'un semblable régime. Il paralyse la vie et condamne tout progrès; il enferme les nations qui le subissent, dans un cercle fort restreint, puisqu'il n'embrasse que les éléments primitifs de la civilisation; la science ne peut s'étendre au delà du cadre du symbole de la foi ecclésiastique; l'industrie, le commerce, les arts, les rapports sociaux sont maintenus au point où les produit une civilisation naissante; la liberté de la pensée est supprimée; les droits de la raison individuelle méconnus; la personnalité étouffée par la réglementation qui pèse sur elle.

A un certain moment du développement social, ce régime, excellent tant qu'il n'a qu'à
conduire les premiers pas de peuplades indis-
ciplinées dans la vie civilisée, devient un joug
intolérable. Deux moyens se présentent pour
le rendre moins pesant ou même pour le secouer entièrement. Le pouvoir civil, selon
qu'il est plus ou moins fort, ou qu'il est plus
ou moins soumis à la discipline ecclésiastique,
s'empare de l'autorité religieuse et se déclare
le chef de la religion, ou bien il cherche à
s'entendre avec le pouvoir ecclésiastique et à
établir, par une sorte de traité, des limites
entre le spirituel et le temporel.

Dans le premier cas on a ce qu'on a proposé d'appeler la Césaropapie, dans le second
le régime des concordats.

2° *Césaropapie*. — Le mot de Césaropapie
exprime assez bien l'ordre de choses dans lequel le prince est en même temps le chef de
la religion. Dans les temps anciens, les rois
d'Égypte et les souverains de l'Inde essayèrent
à diverses reprises de renverser la caste sacerdotale qui les dominait; ils n'y réussirent
jamais. Il est probable que, si la victoire s'était
fixée de leur côté, ils se seraient déclarés les
chefs de la religion et que les choses religieuses auraient été régies par l'administration au même titre que les finances, l'armée
et toutes les autres branches du gouvernement. Les empereurs d'Allemagne ne furent
pas plus heureux au moyen âge contre la
théocratie de Rome.

Au commencement du dix-huitième siècle,
le czar eut plus facilement raison de l'Église
russe. Depuis la fin du seizième siècle, les
patriarches de Moscou, appuyés par les évêques russes, avaient rompu avec le patriarche
de Constantinople; ils aspirèrent dès lors à
s'emparer du pouvoir suprême dans l'Église.
Ces tentatives inspirèrent des inquiétudes au
czar. Nicon fut déposé dans un concile tenu
à Moscou, en 1667; cette défaite n'empêcha
pas ses successeurs de nourrir les mêmes
projets. Pierre le Grand coupa court à toutes
ces vues ambitieuses en se déclarant lui-même,
en 1719, le chef de l'Église russe. L'année suivante, il établit, pour la gouverner, un conseil appelé le saint synode, composé d'archevêques, d'évêques et d'archimandrites.
Mais le czar s'en réserva la présidence et la
nomination de tous les membres, et comme
aucun acte de cette assemblée n'est valable
qu'après avoir été revêtu de l'approbation de
l'empereur, celui-ci est le maître absolu de
tout ce qui concerne les choses religieuses,
croyance, culte et discipline.

On voit bien ce que le czar a gagné à cet
ordre de choses. La double qualité d'empereur absolu et de chef de la religion lui a
donné, aux yeux de ses sujets, un prestige
qui le place bien au-dessus de toute autre
puissance de ce monde. Il a de plus sous ses
mains tous les membres du clergé qui, instruments dociles et soumis, rendent à son
pouvoir des services qu'on ne saurait attendre des autres employés de l'administration.

Mais il est certain que la religion n'a pas retiré les mêmes avantages de ce régime, elle
n'en est devenue ni plus éclairée, ni plus spi-
ritualiste. Ajoutez que la liberté de la pensée
n'y rencontre pas de moindres obstacles que
dans le régime théocratique. Le chef de l'É-
tat, qui est en même temps le chef de la
religion, peut sans doute être moins inac-
cessible qu'un chef purement ecclésiastique,
au progrès des idées et aux changements que
le développement de la science introduit peu
à peu dans la manière de penser. Mais, d'un
autre côté, que pourrait-il faire pour la cause
de la liberté de penser en matière de religion,
quand ses intérêts politiques lui conseillent
de maintenir l'ordre de choses établi, et de
ne pas se dessaisir d'un aussi puissant moyen
de domination que l'administration des choses
religieuses ?

Dans les États protestants, la marche même
des événements, à l'époque de la réformation, a mis entre les mains des princes l'administration des cultes. Mais par suite du
principe du libre examen, qui est au fond
l'essence du protestantisme, on s'est habitué
à respecter, à un degré plus ou moins étendu,
les droits de la conscience, et, en somme, il
s'y est établi, moins par l'effet des lois que
par celui de l'opinion publique, une certaine
indépendance au point de vue dogmatique. Il
n'en reste pas moins vrai que le pouvoir civil est le juge des controverses, qu'il tient la
religion sous sa main et que, même sans
avoir recours à des mesures violentes, par la
mille moyens indirects d'agir sur elle. Il faut
cependant rendre cette justice aux gouvernements des pays protestants, qu'en général
ils ont eu le bon esprit de ne pas abuser de
leur autorité dans les choses religieuses.

3° *Régime des concordats.* — Les concordats sont des traités passés entre le pouvoir civil et le pouvoir religieux touchant les
matières ecclésiastiques. Des pactes de ce
genre n'ont pu avoir lieu que là où les princes se sont trouvés en présence d'une autio-
rité religieuse puissante et concentrée entre
les mains d'un seul homme. Le comte de
Lanjuinais se trompe quand il assure qu'ils
sont inconnus dans toute l'histoire, hormis
dans celle de l'Église catholique [1]. Les conventions conclues à plusieurs reprises entre
le Dalaï-Lama du Thibet et l'empereur de la
Chine sont absolument du même genre que
les concordats passés en Europe, dans les
temps modernes, entre les souverains et les
papes. Des pactes semblables ont dû également être faits au Japon, en diverses circonstances, depuis la fin du douzième siècle,
entre les daïris, chefs spirituels de ce pays,
et les djogouns ou Taïcoun, qui en ont été
les chefs temporels [2].

C'est une remarque qui n'est pas nouvelle
que les concordats sont des traités de paix

---

1. *Encyclopédie* de Courtin, article CONCORDAT.
2. Thunberg, *Voyage en Afrique et en Asie, principalement au Japon*, trad. du suédois, pp. 353-355, et
Voyage au Japon, trad. par L. Langlois, t. III, p. 206.

CULTES

entre la puissance spirituelle et le pouvoir civil. Ils ne sont venus, en effet, qu'après de longues luttes entre la papauté, qui prétendait établir ses droits à la domination universelle, et les princes qui avaient intérêt à renfermer son action dans le champ des affaires ecclésiastiques. Ils n'ont pas eu d'autre but que de mettre un terme à ces divisions également dangereuses pour les deux puissances.

Des traités de ce genre ne peuvent s'accommoder en aucune façon avec les principes de l'Eglise catholique. Deux puissances de même nature, quelle que soit d'ailleurs leur importance respective, peuvent bien terminer leurs différends par des concessions réciproques. Il ne saurait en être de même entre le pouvoir spirituel et le pouvoir civil, parce que, au point de vue de l'Eglise catholique, il n'y a pas de parité entre ces deux pouvoirs, et que le premier a été institué de droit divin, pour dominer et diriger le second. « Si le saint-siège, dit Grégoire VII, a reçu le droit de juger les choses spirituelles, comment n'aurait-il pas celui de juger les choses corporelles? Les séculiers croient peut-être que la dignité royale est au-dessus de la dignité épiscopale. On en peut voir la différence par l'origine de l'une et de l'autre. Celle-là a été inventée par l'orgueil humain, celle-ci instituée par la bonté divine ». Longtemps auparavant, saint Ambroise avait proclamé que l'épiscopat est autant au-dessus de la royauté que l'or est au-dessus du plomb. Telle est la doctrine catholique. Il s'agit ici, non de la juger, mais de la constater.

Je sais bien qu'un grand nombre de personnes parmi nous se font un catholicisme de fantaisie, s'imaginent pouvoir en remontrer là-dessus à l'Eglise catholique elle-même, et se flattent de convertir le saint-siège à leur théorie. Quand l'histoire n'a pas pu les désabuser, il serait fort inutile d'entreprendre de leur montrer qu'elles sont la dupe d'une illusion. Le catholicisme est un fait historique; il faut le prendre tel qu'il est, il n'est au pouvoir d'aucun homme de faire qu'il soit autrement que l'a constitué une tradition qui remonte au delà du huitième siècle de notre ère; il ne pourrait lui-même se modifier, sans périr tout entier [1].

D'après les principes catholiques, les princes et les peuples n'ont qu'à se soumettre humblement aux décisions de l'Eglise, comme à des ordres émanés de Dieu. Comment dans ces conditions le chef de l'Eglise pourrait-il abandonner au pouvoir temporel une partie de ses droits? comment pourrait-il le laisser juge de ce qui convient et de ce qui ne convient pas au bien de l'Eglise? Aussi jamais les souverains pontifes n'ont provoqué des concordats, si ce n'est pour récupérer, dans des circonstances favorables à leurs intérêts, des privilèges que les malheurs des temps leur avaient ravis. Tels furent les motifs qui portèrent Léon X à solliciter de François Ier le concordat du 15 août 1516 qui mettait à néant la pragmatique sanction de 1438. Ils n'ont acquiescé à ceux qui leur étaient défavorables que contraints par la force ou par le sentiment de l'impossibilité d'obtenir pour le moment des conditions meilleures. C'est ainsi que Pie VII déclara qu'il n'acceptait le concordat du 15 juillet 1801 qu'à cause des circonstances extraordinaires de l'époque et en vue du bien de la paix et de l'unité de l'Eglise [1].

Que conclure de là, sinon que le saint-siège ne tient les concordats qui lui sont avantageux que pour des acheminements à de plus grandes conquêtes, et ceux qui lui sont onéreux que pour des concessions auxquelles il se soumet momentanément, en attendant des jours meilleurs et en réservant tous ses droits? Les traités de ce genre n'ont donc, aux yeux des parties contractantes, aux yeux du moins d'une d'entre elles, qu'une valeur provisoire et ne sauraient constituer un ordre de chose régulier et constant.

Si du moins, pendant son existence plus ou moins éphémère, un concordat pouvait faire disparaître les difficultés que soulèvent les intérêts divers, souvent opposés, des deux puissances. Mais il n'en est rien. La lutte continue sous le régime des concordats à peu près dans les mêmes termes qu'elle s'était produite avant l'établissement de ce régime. En France, les récriminations des parlements contre les prétentions du saint-siège n'ont pas été moins vives depuis le seizième siècle qu'auparavant; elles ont été même plus fréquentes. L'opposition du pouvoir civil a été même en un certain moment jusqu'à provoquer un schisme : je veux parler de la déclaration de 1682, dont l'exécution, quoiqu'on ait pu prétendre le contraire, creuserait un abîme infranchissable entre l'Eglise catholique de France et la cour de Rome.

L'Allemagne nous présente un spectacle analogue; malgré le concordat de 1447 entre Nicolas V et Frédéric III, malgré tous ceux qui l'ont suivi, l'Empire germanique n'a pas toujours vécu en bonne intelligence avec le saint-siège, et nous avons pu voir dans ces derniers temps avec quelle rapidité naissent et meurent les concordats en Autriche.

C'est que les concordats ne sont pas des traités capables de régler les différends d'une manière définitive, et cela, non pas seulement parce qu'ils ne satisfont jamais entièrement aucune des deux parties contractantes, dont chacune croit faire plus de concessions qu'elle ne devrait, et aspire plus ou moins ouvertement à plus d'avantages qu'il ne lui en est accordé; non pas seulement parce qu'ils n'ont aucune sanction et qu'ils ne peuvent empêcher ni l'un ni l'autre des deux

---

[1]. Des Odoards-Fantin, vicaire général d'Embrun, *Dictionnaire du gouvernement, des lois, des usages et de la discipline de l'Eglise*, t. II, pp. 208 et suivantes.

[1]. *Quœ extraordinariœ temporum rationes atque bonum pacis et unitatis Ecclesiœ a nobis postulaverunt.* (Bulle de Pie VII, du 18 des calendes de septembre 1801.)

adversaires d'obéir en définitive aux principes sur lesquels repose leur autorité respective, principes qui sont d'ordinaire en complète opposition, et qui dans tous les cas n'ont rien de commun ; mais encore et surtout parce que dans l'ordre de choses que suppose le régime des concordats et quand se trouve en cause une Eglise qui, comme le catholicisme, prétend à la domination universelle, il est impossible de fixer les limites morales qui doivent séparer les deux pouvoirs.

C'est ce qui explique comment il se fait qu'aucun concordat ne puisse devenir définitif. Dans les pays où ce régime a été adopté, il a fallu ou modifier sans cesse les traités existants par des amendements successifs, ou les remplacer continuellement par de nouveaux. Depuis le commencement de ce siècle, nous avons eu en France trois concordats différents. C'est par vingtaine qu'il faudrait compter ceux qui depuis trois siècles ont été traités entre les Allemands et le saint-siège. Ces changements incessants sont une preuve décisive de l'impossibilité de donner une base fixe et solide à ce régime.

Si l'on considère à un point de vue général la question des rapports des cultes et de l'Etat, on sera amené à cette conviction que leur alliance, sous quelque forme qu'elle puisse être conçue, est inévitablement une gène, une source d'embarras aussi bien pour l'Etat qué pour les Eglises.

En se mettant sous le patronage du gouvernement civil, un culte, quel qu'il soit, aliène en tout ou en partie son indépendance. Il ne lui est plus possible désormais de ne prendre conseil que de lui-même ; il remet une partie de ses intérêts à un pouvoir qui ne se propose pas précisément le même but que lui : il voudrait en vain ne s'inspirer que de ses propres principes, n'avoir égard qu'à ses seuls intérêts ; il faut aussi qu'il tienne compte des intérêts et des principes de l'associé qu'il s'est donné, j'allais presque dire du maître sous la protection duquel il s'est mis.

Il résulte de là, pour les ministres de ce culte, une position embarrassée, équivoque, entre des vues et des devoirs opposés. Il peut surgir tel événement que l'Etat juge favorable à ses intérêts et que l'Eglise qui lui est unie trouve au contraire dangereux au bien de la religion. Faut-il céder aux vœux du gouvernement? Faut-il y résister? Le danger peut être égal des deux côtés. Il faut pourtant prendre parti et sacrifier ses principes religieux au désir de se maintenir dans la faveur du gouvernement, ou s'exposer au mécontentement d'un allié puissant, en obéissant à la voix de la conscience. L'évêque de Baltimore ne risque pas de se trouver dans cette situation difficile. Il n'a devant lui que sa religion et ses fidèles ; il n'a à compter qu'avec les intérêts spirituels.

Même en dehors des événements analogues à celui dont je viens de parler, événements

plus fréquents cependant qu'on ne le croirait, dans le cours ordinaire des choses, tout culte uni à l'Etat est obligé à des sacrifices continuels. Il n'a pas le droit de modifier et d'étendre, selon qu'il le juge opportun, ses règles de discipline et ses déterminations dogmatiques. Presque partout, les bulles du pape ne sont publiées que sous le bon plaisir du gouvernement ; et les changements de discipline ne sont pas admis s'ils lui déplaisent. En France, le concile de Trente n'a été reçu que pour ce qui regarde la foi ; tout le reste y est considéré comme nul. L'Etat devient ainsi de fait le juge des controverses et le chef des choses religieuses.

Les protestants n'ont pas été mieux traités, tant s'en faut. Le Gouvernement a changé lui-même l'organisation ecclésiastique qui leur était propre, par les articles organiques du 18 germinal an X, qu'il leur a imposés, sans même les consulter. Dépouillées du droit de s'entendre sur leurs intérêts communs par la suppression des synodes nationaux qui firent sans doute ombrage à l'administration civile, leurs Eglises ont passé, contrairement à leur volonté, du régime synodal au régime indépendant.

Il est bien d'autres sacrifices auxquels doit se résigner tout culte qui s'unit à l'Etat. Il lui faut renoncer au droit de s'assembler sans autorisation et sans surveillance ; au droit de former des associations pieuses, dont l'existence lui semblerait utile au maintien et au développement du sentiment religieux ; au droit d'établir des centres de prières où il le juge nécessaire et de placer des directeurs ecclésiastiques où bon lui semble, dans le cas même où il ne réclame aucun secours de l'Etat. En un mot, il n'est plus maître chez lui ; il partage une autorité qui ne saurait être partagée, avec le Gouvernement qui n'est pas juge compétent en matière religieuse et qui est guidé par d'autres principes que les siens.

Et que gagne-t-il pour tous ces sacrifices? Du pain pour ses ministres et une protection dont il ne peut guère être assuré, cependant, qu'autant qu'il n'est pas un obstacle aux intérêts de l'Etat.

D'un autre côté, un gouvernement se trompe en se croyant intéressé à protéger une ou plusieurs religions d'Etat. On comprend quelle importance il peut attacher à se faire un appui de la puissance ecclésiastique. Il est resté peu de princes qui n'aient cherché à se la rendre favorable par la concession de grands avantages temporels. En est-il un seul, du moins dans l'Europe moderne, dont les sacrifices n'aient été suivis des plus déplorables mécomptes? Comment en serait-il autrement? Tout culte, quel qu'il soit, sur lequel l'Etat veut s'appuyer, entend, pour prix de son concours, faire de la force publique un instrument pour dominer, sinon pour opprimer, ses opposants ou ses rivaux, qu'il traite de perturbateurs du repos public. On sait quelle est, dans les temps modernes, l'aversion que s'attire un clergé dominateur. Quand cette aversion a pénétré dans les masses, elle entraîne et le clergé lui-même dont le joug est odieux, et le gouvernement qui avait épousé sa cause.

L'alliance de l'Eglise et de l'Etat n'a pas toujours sans doute pour celui-ci d'aussi funestes résultats; mais on peut assurer qu'elle ne lui est jamais d'aucun avantage réel, qu'elle est pour lui l'occasion de préoccupations qui le détournent du but qu'il doit se proposer, ou qui épuisent les forces vives dont il peut disposer, et qu'elle l'oblige à plus d'efforts pour vivre en bonne harmonie avec le pouvoir ecclésiastique qu'il n'aurait à en déployer pour la prospérité publique.

Il n'est pas rare que, dans le régime de l'union de l'Eglise et de l'Etat, chacune des deux parties nourrisse le secret dessein de faire de l'autre un instrument de domination. C'est alors, sous les apparences d'une entente cordiale, une lutte sourde de tous les jours, des tentatives sans fin de se tromper l'un l'autre et des efforts continuels pour déjouer les pièges que l'on se tend des deux côtés. L'Etat succomberait infailliblement sous un adversaire rompu de longue main, par l'habitude des subtilités d'une théologie scolastique, à l'art de tourner les difficultés, s'il n'avait pour lui, du moins dans les temps modernes, l'appui tout-puissant de l'opinion publique.

Si l'on veut se convaincre de la réalité des difficultés inhérentes au régime de l'union de l'Eglise et de l'Etat, que l'on considère les époques de notre histoire pendant lesquelles le trône et l'autel avaient le désir et sentaient le besoin de se soutenir réciproquement sans arrière-pensée. On niera certes pas les sentiments d'attachement de Louis XIV pour l'Eglise catholique. Dans combien de circonstances ne fut-il pas obligé cependant de résister au saint-siège. En 1667 il défend de publier le décret de Clément IX contre le Nouveau Testament de Mons. L'année suivante il fait défense au nonce de rendre publique l'ordonnance du pape du 9 avril contre le rituel d'Alet. En 1673 commencent les longues discussions de ce prince et de la cour de Rome au sujet de la Régale. En 1688, l'interdit de l'église de Saint-Louis, à Rome, soulève entre la France et le pape une querelle qui amène la saisie du comtat d'Avignon. Quand Innocent XI mourut, au milieu de l'année suivante, il y avait dans le royaume un grand nombre d'églises privées de pasteurs, parce que, depuis les assemblées du clergé de 1681 et 1682, le pape avait refusé des bulles à tous ceux qui avaient été nommés à des bénéfices; cet état de choses dura jusqu'en 1693.

Quand ces débats et bien d'autres encore ont troublé le règne d'un roi qui poussait la condescendance pour l'Eglise catholique jusqu'à promettre aux évêques de les rendre indépendants de la justice royale, même dans le cas de crime de lèse-majesté [1], comment la bonne harmonie entre le pouvoir spirituel et l'autorité civile pourrait-elle ne pas être souvent ébranlée sous le règne de princes qui, quelque zélés pour les intérêts de la religion qu'on les suppose, ne seront jamais disposés à d'aussi étonnantes concessions que Louis XIV? On verra alors se produire ce singulier spectacle que le Gouvernement croira devoir faire tous ses efforts pour sauver l'Eglise de ses propres excès, ou du moins de ce qui lui semblera mériter cette qualification, tandis que l'Eglise, se souciant peu d'être sauvée malgré elle, ne verra dans le Gouvernement qu'un ami imprudent, plongé dans une erreur profonde, et en dernier résultat, plus dangereux qu'un ennemi déclaré.

On comprend à la rigueur qu'aussi longtemps qu'un Etat ne reconnaît qu'un seul culte et proscrit tous les autres, il se lie par des traités avec ce culte, et qu'en retour de la préférence qu'il lui accorde sur ses rivaux il lui demande quelques sacrifices et prétende prendre part à ses affaires et se mêler en partie de son administration. Il courrait de trop grands périls à laisser une entière liberté à ce culte unique qui, par cela même qu'il représente seul le sentiment religieux, exerce une puissance énorme sur les consciences encore incapables de prendre possession d'elles-mêmes. Quelques difficultés qu'il puisse y trouver, il est de son intérêt le plus pressant d'exercer sur lui une sorte de contrôle, tout en s'efforçant de ne point s'en faire un ennemi. Mais tout change entièrement de face dès que la liberté de conscience est proclamée et admise du moins en principe, et que l'Etat reconnaît et s'engage à protéger, non plus un culte unique, mais plusieurs cultes différents naguère ennemis et encore opposés entre eux. Tel est l'état actuel des choses dans presque toutes les contrées de l'Europe. Comment, dans les pays où il n'y a plus, à proprement parler, de religion d'Etat, et où plusieurs cultes sont autorisés et protégés, le Gouvernement s'y prendra-t-il, je ne dis pas pour les administrer avec une égale justice, mais pour que cette justice même ne paraisse pas à chacun d'eux un excès de faveur pour ses rivaux et une sorte d'injure pour lui-même?

Serait-il bien téméraire cependant de supposer qu'ici une stricte impartialité est une pure fiction? Je ne mets pas en doute l'intention du Gouvernement de tenir la balance égale entre les diverses Eglises. Mais ne sera-t-il pas entraîné par la force même des choses, par sympathie, par quelque nécessité politique, que sais-je encore par quelle pression secrète dont il pourra bien ne pas avoir lui-même conscience, à incliner vers l'un, de préférence aux autres, probablement vers celui qui lui paraîtra le plus puissant ou le plus propre à favoriser ses tendances et à entrer dans ses vues? Il ne persécutera pas les autres, je le veux bien; la persécution

---

[1]. *Abrégé chronologique de l'histoire ecclésiastique,* par Macquer, t. III, p. 508, comp. p. 506.

n'est plus dans nos mœurs; mais il n'aura pas pour eux les mêmes procédés bienveillants que pour celui qui lui semblera le plus utile ou le meilleur. Et les faveurs dont il le comblera risqueront de lui aliéner les autres, en même temps qu'il pourra se faire que la simple tolérance qu'il leur accorde suffise pour mécontenter celui qu'il voudrait gagner par ses bienfaits.

Supposons-lui toutefois la plus entière impartialité, poussons même jusqu'à l'impossible et supposons que tous les cultes vivent en paix les uns à côté des autres, qu'ils se sont convertis à la liberté de conscience, qu'ils ont appris à se respecter, à s'estimer mutuellement. Eh bien! encore dans ce cas, la position du Gouvernement qui les protège et les administre serait fausse, pleine d'embarras, sinon de périls, et se prêterait fort mal à la prospérité de ces cultes et par conséquent au bien qu'on est en droit d'en attendre. Comment, en effet, les administrerait-il en connaissance de cause? Comment se pénétrerait-il profondément à la fois de leurs principes divers, souvent opposés, et accorderait-il à chacun précisément ce qui lui convient? Voilà un administrateur, élevé dans le catholicisme, absolument étranger à l'esprit et à la tradition du protestantisme, qui va régler les affaires des dissidents d'après des vues qui leur sont directement contraires; ou bien encore voilà un libre penseur qui sera appelé à diriger les différents cultes; il se promettra sans doute de faire abstraction de ses opinions personnelles dans son administration; mais jusqu'à quel point pourra-t-il y réussir? et en viendra-t-il à ne pas tenir pour des exigences énormes ce qui n'est véritablement que des nécessités indispensables pour telle ou telle Eglise? En réalité, il n'appartient qu'à chaque culte de comprendre bien ce qui lui convient. Quiconque lui est étranger se perd infailliblement dans les appréciations qu'il en veut faire; et avec les meilleures intentions du monde, s'il est administrateur, il commettra à chaque pas des erreurs qui blesseront profondément les cultes confiés à ses soins.

Enfin, il est, contre le régime de l'union des Eglises et de l'Eglise et de l'Etat, une autre considération qui, pour être d'un ordre moins relevé, n'en a pas moins quelque valeur. La justice veut que chaque citoyen ne contribue qu'à l'entretien du culte auquel il appartient. De quel droit, si ce n'est du droit du plus fort, le forceriez-vous à soutenir de ses deniers un culte qui lui est antipathique, qu'il tient pour funeste, qui est peut-être pour lui un ennemi déclaré? C'est là cependant ce qui a lieu dans le régime de l'union des choses religieuses et de l'Etat.

Pendant longtemps les protestants de France ont payé, non seulement le clergé qui prêchait contre eux, mais encore les dragons qui les égorgeaient, brûlaient leurs maisons, violaient leurs femmes et leurs filles et enlevaient leurs enfants. Ils n'ont plus à craindre ces horreurs; mais ils payent proportionnellement pour les cultes beaucoup plus que ne demande au budget l'entretien de leur propre Eglise.

« Il est en Europe un grand peuple, exemple vivant de l'excès auquel cette injustice peut être portée et des maux qui en résultent : c'est l'Irlande. La détresse de ce malheureux pays, l'abîme de misère dans lequel il est plongé, abîme dont les plus experts ne savent où trouver l'issue, sa dégradation morale et son ignorance invincible, proviennent plus de cette source que de la nature même de la religion à laquelle ses habitants sont si fortement attachés. C'est la dîme avec toutes ses rigueurs; c'est la coalition d'une aristocratie fanatique avec un clergé rampant, qui sont la grande et peut-être l'unique cause de cet acharnement de souffrances dont l'Irlande épouvante les nations. La religion anglicane se présente comme un vampire attaché à ce corps immense, le suçant sans relâche et lui laissant tout juste assez de sang pour qu'il puisse vivre et produire encore. Ainsi se dévore la substance et se pervertissent les sentiments généreux de ce peuple pour gorger d'or un clergé dont il ne veut pas. L'exemple est exhorbitant sans doute, et il est unique peut-être, mais il existe, et seul il suffit pour nous montrer jusqu'où peuvent aller la vexation et l'injustice avant que le clergé recule [1]. »

4° Régime de la liberté des cultes. — Le seul régime qui puisse faire disparaître toutes les difficultés, qui soit en accord avec les principes de la liberté de penser et qui réponde d'ailleurs à l'état actuel de la multiplicité des cultes, est celui qui laisse à toutes les associations religieuses le soin de se réglementer et de s'administrer elles-mêmes, en dehors de toute intervention de l'Etat. Cette solution est tellement simple que l'on ne peut certainement s'en prendre qu'aux habitudes et aux préjugés, si elle n'est pas encore généralement acceptée dans toutes les contrées où l'on attache quelque prix à la liberté de conscience.

On repousse le régime de l'entière liberté des cultes, soit au nom de la religion, qui périra, dit-on, ou du moins déclinera, qu'elle sera abandonnée à ses seules ressources, soit au nom de l'Etat qui se verra sans cesse menacé par la puissance spirituelle, du moment qu'il ne pourra plus peser directement sur elle et la retenir dans de justes limites. Ces craintes, inspirées par des sentiments qui se contre-disent l'un l'autre et qui par conséquent se réfutent réciproquement, sont entièrement chimériques. Il suffira de

1. Sam. Vincent, *Du Protestantime en France*, nouv. édit., pp. 199 et 200.

L'Irlande n'a pas été aussi maltraitée que le dit l'illustre auteur cité par notre savant collaborateur, et depuis la loi du 26 juillet 1869 l'Eglise anglicane y a même perdu tous ses privilèges. Mais la véhémente sortie du pasteur Sam. Vincent, contre une injustice politique commise par des protestants envers des catholiques, était un exemple précieux, qu'il importait de mettre en lumière. M. B quelques rapides considérations pour le prouver.

Vous craignez que le régime de la liberté ne soit funeste à la religion. Vous pensez donc qu'elle n'a point de force vitale propre et qu'elle ne peut exister qu'à la condition d'être soutenue et protégée par l'autorité civile. Voilà certes une bien pauvre idée de la religion, et ceux qui l'admettent me semblent peu autorisés à plaider en sa faveur. S'il en était d'elle comme ils se le figurent, elle ne serait qu'une chose de convention, sans racines dans la nature humaine, inventée sans doute pour servir d'instrument au despotisme et pour mener les peuples comme un vil troupeau. Dans ce cas, sa perte ne devrait pas exciter de bien vifs regrets.

Mais cette idée, nous ne pouvons pas l'accepter. Une analyse même superficielle de la nature spirituelle de l'homme montre en lui une invincible aspiration vers l'idéal. Cette aspiration se produit sous les formes les plus diverses, selon le degré de la culture générale, sous des formes bizarres chez les peuples enfants, sous des formes pures et nobles chez les peuples parvenus à la maturité de la raison; mais elle se produit toujours d'une manière ou d'une autre. C'est un fait incontestable qu'il n'est pas de nation, pas de peuplade sans une religion. Si elle est une partie intégrante de la nature humaine, elle ne disparaîtra sous aucun régime. Il ne reste plus qu'à chercher quel est celui qui est le plus favorable à sa plus pure manifestation. Ce ne peut être certainement celui où elle est chargée d'entraves, celui où elle ne peut se produire que d'après des règles arbitraires. Entre la religion réglementée et la religion libre, il y a la même différence qu'entre les arbres auxquels le ciseau d'un absurde jardinier qui se prétend un artiste donne la forme d'un éventail ou d'un vase, et les arbres qui croissent en pleine liberté dans les champs.

Faut-il bien encore, dira-t-on, qu'on la sauve de ses excès et qu'on l'empêche de dégénérer en superstition ou en vain formalisme? Sans doute; mais ce ne sera pas la main de l'État qui la dirigera le mieux dans son développement. En outre qu'il n'est pas apte à juger des matières religieuses, il est naturellement conduit par ses propres intérêts à retenir la religion dans ce qu'on appelle l'ordre, c'est-à-dire dans une inaltérable immobilité, les gouvernements aiment peu le mouvement de la pensée et du sentiment; ils y voient des éléments de désordre. Ils ont peut-être raison dans un certain sens et à leur point de vue. Mais sous cette tutelle la religion devient un pur formalisme, beaucoup de cérémonies et peu de sentiment, encore moins d'idées. Le politique se trouve satisfait de cet état; l'homme vraiment religieux s'en contente moins; il préférerait la vie à cette somnolence.

Ajoutez que l'État qui protège un culte pousse, sans le vouloir, à l'hypocrisie. Il n'y a point d'inconvénient, et il peut y avoir quelque profit à faire profession de la religion de l'État. Même encore aujourd'hui chez nous, il se fait de petits calculs de ce genre. Ce qui est plus général, sans être moins funeste à la vie religieuse, c'est que les classements par culte deviennent immuables dans les pays où les choses de la religion sont sous la main du Gouvernement. On appartient à tel ou tel culte par naissance et non par conviction. Je sais bien que, dans l'état d'indifférence qui domine dans les matières religieuses, on craindrait de se singulariser en abandonnant le culte dans lequel on est né, pour entrer dans celui qui au fond paraît préférable. Mais, en outre que cet état général d'indifférence constitue une sorte d'hypocrisie, puisque l'on continue à appartenir de fait à une Église dont on repousse les doctrines et dont on n'observe plus la discipline, il est lui-même la conséquence du désir des gouvernements, protecteurs d'un ou de plusieurs cultes, de maintenir ce qui est. Il se peut qu'au fond ces gouvernements s'inquiètent assez peu qu'on soit catholique, protestant, juif, musulman, orthodoxe ou rationaliste; mais des changements de religion troubleraient en quelque point l'ordre établi, ils entretiendraient d'ailleurs une agitation de mauvais exemple; rien de tout cela ne peut plaire à une administration bien réglée, et, en vérité, on ne saurait lui en faire un crime. Seulement il doit être permis de s'en prendre au régime qui produit nécessairement, qu'on le veuille ou non, de semblables effets, et la religion n'a pas, ce me semble, à se féliciter d'un ordre de choses qui en réalité lui est funeste.

Voulez-vous relever la religion, en faire une chose sérieuse, une affaire de conscience et non plus de convenance, rendez-lui son indépendance. Du moment qu'il n'y aura pas plus d'intérêt à appartenir à un culte qu'à un autre, on ne s'attachera à une Église que parce qu'on en adoptera sincèrement les principes. La profession d'une religion sera une vérité; les membres d'une Église lui appartiendront en réalité, de cœur, de sentiment. Tel culte pourra voir diminuer le nombre de ses adhérents, mais ce qu'il perdra en quantité, il le gagnera en qualité. Ce changement, loin de lui nuire, sera tout à son avantage. Les indifférents et les incrédules qu'une Église traîne à sa suite ne sont pour elle qu'un incommode fardeau qui gêne sa marche et refroidit la vie en son sein.

Cet état d'indépendance peut seul permettre à chaque culte de vivre et de se développer d'après ses propres principes. Libre de toute contrainte extérieure, n'étant plus obligé aux sacrifices que lui imposent ses rapports avec l'État, il n'aura à prendre conseil que de ses croyances: il décrétera la doctrine comme il l'entendra; il imposera à ses membres la discipline qui est la conséquence de ses doctrines.

Les objections qu'on élève contre la séparation des cultes et de l'Etat, au nom de l'ordre public et des grands intérêts sociaux, ne sont pas mieux fondées que celles qu'on y oppose au nom de la prospérité de la religion. Loin d'être un danger pour l'Etat, l'indépendance des cultes lui serait d'un grand avantage. Et d'abord elle le délivrerait des embarras sans fin que lui donne l'administration des affaires ecclésiastiques. Il n'est pas besoin d'insister sur ce point. On ne sait que trop dans combien de fausses mesures les gouvernements se sont engagés soit par le désir de se rendre favorable tel ou tel parti religieux, soit seulement par la protection qu'ils se croyaient obligés d'accorder à telle ou telle Eglise.

Qu'on ne dise pas que, même avec le régime de l'indépendance des cultes, l'Etat aura toujours intérêt à ménager le culte de la majorité des citoyens. Qu'entend-on par là ? Qu'il le protégera au détriment des autres ? Mais c'est alors rentrer dans le régime de l'union de l'Eglise et de l'Etat, et nous supposons ce régime détruit. Qu'on se représente bien ce qu'entraîne dans l'ordre social la séparation des cultes et de l'Etat, et l'on verra disparaître aussitôt toutes les objections qui ne partent que du point de vue de l'état actuel des choses. Le régime de l'indépendance des Eglises suppose que le Gouvernement n'interviendra en rien dans leurs affaires, ni pour les opprimer, ni pour les protéger, ni pour les diriger. Ce sera à elles à pourvoir à leurs besoins, comme elles l'entendront, en se conformant toutefois aux mesures générales de police relatives à l'ordre public. Je ne dis pas que la suppression de la protection des cultes par l'Etat ne doive pas amener à sa suite la suppression de bien d'autres protections et de bien des règlements qui traitent les citoyens comme s'ils étaient incapables de lutter par eux-mêmes avec avantage contre les difficultés de la vie ; mais nous ne pouvons que nous féliciter de la réalisation de ce progrès.

Les adversaires de la séparation des Eglises et de l'Etat répètent sans cesse que le résultat le plus certain de ce système serait de créer un Etat dans l'Etat, et de faire naître des dangers toujours menaçants pour la paix publique. Rien de moins fondé que ces craintes. Ce n'est pas dans le régime de la liberté, c'est dans le régime des concordats qu'une Eglise forme réellement un Etat dans l'Etat. Le fait seul du concordat en est la preuve, puisqu'un concordat est un traité entre deux puissances. L'Etat, en traitant avec une Eglise, reconnaît publiquement qu'elle est une puissance semblable à celle qu'il représente lui-même. Et cette puissance est d'autant plus redoutable que l'Etat lui prête lui-même des armes, se met en quelque sorte à son service et fait des efforts pour relever encore son prestige.

Séparée de l'Etat, l'Eglise ne dispose plus que des ressources qui lui sont propres et se trouve renfermée tout entière dans les choses religieuses. Qu'elle le veuille ou non, elle n'a plus qu'à exercer la médecine de l'âme, et s'il lui restait quelque désir d'avoir quelque influence sur la marche des affaires, elle n'aurait pas d'autres moyens d'action que la libre discussion et la persuasion.

Erreur, dira-t-on, erreur énorme ; une Eglise, et en particulier l'Eglise catholique, aura toujours des moyens d'action que ne saurait posséder une école philosophique ou toute autre association. Je le veux bien ; mais, sans m'arrêter à rechercher ici, dans son état d'indépendance, elle n'aura pas à dépenser toute son activité à pourvoir à ses besoins de culte et d'administration, je demande quelle action elle pourrait vouloir exercer sur un gouvernement qui n'a rien à lui donner que ce qu'il donne à tout le reste des citoyens, c'est-à-dire la sécurité et la facilité d'exister sans être troublée. Voudrait-on la considérer comme en conspiration permanente contre l'Etat ? Pourquoi donc conspirerait-elle ? Pour s'emparer du gouvernement et changer dans son sens l'ordre des choses ? Qu'on se tranquillise ; ce n'est pas dans ce sens que souffle le vent de la civilisation moderne. Dans un Etat où règne réellement la liberté et avec elle l'instruction et l'aisance, les conspirations sont des chimères ; elles ne réussissent, on ne songe même à les ourdir, que chez les peuples esclaves. Quels que soient la mobilité des hommes et les caprices de la foule, on ne cherche pas, on ne désire pas le changement là où chacun se trouve bien. Il y a un remède préventif, infaillible contre les conspirations, de quelque côté qu'elles viennent, c'est de répandre les lumières et le bien-être, de mettre chaque citoyen en mesure de penser, de réfléchir, de juger sainement et en même temps d'encourager le travail, de l'honorer et de le faire aimer.

Que si un peuple placé dans ces conditions ne sait pas apprécier son bonheur et se prend à préférer l'esclavage à la liberté, l'ignorance au développement de l'esprit, la misère à l'aisance, les institutions du moyen âge à celles des âges d'indépendance et de maturité de la raison, je ne vois pas trop en quoi sa perte serait bien regrettable : qu'il périsse, puisqu'il n'est pas digne de vivre.

Ces extrémités ne sont pas cependant à craindre. Nous n'en sommes pas encore à cette ère de désespoir. Tout marche vers la liberté, l'Eglise comme tout le reste, quoiqu'elle ne paraisse pas très portée en ce moment à suivre le mouvement général. Son indépendance pourrait bien la mieux conseiller que sa position actuelle. Le régime de la séparation des cultes et de l'Etat amènerait nécessairement, en fait de religion, un tout autre ordre de choses que celui qui règne depuis des siècles parmi nous. En France la longue domination exclusive du catholicisme nous a habitués à ne penser qu'à une Eglise, à ne parler que d'une Eglise. On dirait, à nous entendre, qu'il n'y a pas d'autres

Églises que celle de Rome. En réalité, il y en a autant qu'il y a de manières de comprendre le christianisme, et les manières de comprendre le christianisme sont fort nombreuses, j'allais presque dire infinies. Si elles ne se sont pas manifestées dans notre pays, c'est tout simplement l'effet de la contrainte. Il n'y a jamais eu dans notre pays de liberté des cultes, dans le véritable sens du mot. Mais si les choses religieuses rentrent jamais dans le droit commun, s'il arrive qu'il soit permis à tout homme de faire connaître ses sentiments et en fait de religion, de les prêcher publiquement, soyez persuadé qu'aussitôt l'Église se fractionnera en une foule d'Églises particulières qui se contre-balanceront les unes les autres, se tiendront en haleine et n'auront pas de plus grave préoccupation que de se surpasser en zèle, en moralité, en instruction. A défaut de ce fractionnement qui est cependant inévitable, les cultes dissidents, aujourd'hui réduits au silence, suffiraient pour faire à l'Église catholique une concurrence qui ne serait pas sans danger pour elle.

Ce n'est pas qu'elle fût menacée dans son existence par la séparation des choses religieuses et de l'État et qu'elle ne pût supporter le régime de la liberté. Elle représente le principe d'autorité en matière de religion, et il y aura toujours des hommes, et en grand nombre, qui, se défiant d'eux-mêmes, ou peu capables, pour une cause ou pour une autre, de s'aventurer dans l'examen des difficiles problèmes religieux, auront besoin d'un appui, et seront heureux de le trouver dans une Église qui unit au prestige d'un culte pompeux le prestige, non moins grand sur certains esprits, d'un dogmatisme absolu dans ses affirmations. Il pourrait bien se faire cependant que ce fût de toutes les diverses Églises celle qui, en raison des frais considérables de son culte, des habitudes princières de ses hauts dignitaires, des difficultés de constituer le nombreux personnel de son clergé, perdît le plus à n'être pas soutenue par l'État, et peut-être ce sentiment entre-t-il pour quelque part dans la répulsion que paraît lui inspirer le système de la séparation complète des choses ecclésiastiques et du gouvernement civil.

On semble épouvanté de la division qui s'introduirait naturellement dans les institutions religieuses à la suite d'une liberté absolue de conscience, des discussions qui pourraient s'élever entre les cultes différents et des troubles qu'on s'imagine voir naître par l'effet de ces controverses. Qu'on se rassure, les discussions théologiques ne deviennent dangereuses que quand l'un des deux partis peut invoquer l'aide du bras séculier. Nous ne voyons pas la paix publique troublée aux Etats-Unis par les controverses des sectes, quelque exaltées que soient plusieurs d'entre elles.

Vous allez ouvrir la porte à toutes les folies, ne manqueront de s'écrier ceux qui ne conçoivent l'ordre que par la contrainte. Il est possible, en effet, qu'il s'élève des opinions extravagantes. Eh bien, on les laissera passer, et elles s'éteindront bientôt d'elles-mêmes. Les folies ne durent que là où on les persécute. Les revivals américains ne sont que des accès passagers, sans conséquence pour la paix publique et la marche générale des affaires. Les Turlupins, les Béghards, les Flagellants excitèrent des orages, uniquement parce qu'au lieu de laisser tomber d'eux-mêmes ces mouvements fiévreux, on crut devoir sévir contre eux et les réprimer. Et puis les accès de délire de l'esprit humain ne sont pas sans compensation. On donnait de temps en temps à la jeunesse de Sparte le spectacle d'un homme ivre, pour faire naître en elle le dégoût de la débauche et l'amour de la sobriété. Les folies religieuses nous feront mieux sentir le prix des doctrines sensées et d'une piété sanctionnée par la droite raison.

Conclusion. — Si nous tirons maintenant les conclusions des considérations que nous venons de présenter, nous pourrons établir, ce me semble les propositions suivantes :

1° La marche même des choses nous conduit au régime de la séparation de l'Église et de l'État. Au premier moment, la religion domine toutes les affaires humaines ; il est suivi d'un second moment où l'État cherche à sauvegarder les intérêts sociaux des entreprises de l'Église, soit en la soumettant à son autorité, soit en l'enfermant dans un cercle plus ou moins étroit par une sorte d'accord avec l'Église elle-même. Le mouvement qui s'est fait dans le sens de la limitation de l'action de l'Église dans l'État doit aboutir naturellement à la séparer entière-des affaires publiques ;

2° Le régime de la domination de la religion par l'État enlève au sentiment religieux toute indépendance et par là toute dignité et toute vie véritables. C'est un système malheureux, puisqu'en définitive il étouffe la pensée ;

3° Le régime des concordats est à la fois désavantageux à l'État et à l'Église. Il entretient une lutte continuelle entre les deux parties contractantes, lutte qui épuise sans utilité les forces de chacune d'elles et empêche l'État de se consacrer tout entier à sa mission, qui est de travailler à l'accroissement de la fortune publique, en l'occupant sans cesse de questions qui n'y ont pas de rapport, et l'Église de remplir son œuvre qui est de consoler, d'édifier et de spiritualiser, en détournant son attention vers des projets de pouvoir terrestre;

4° Le seul régime qui convienne à l'esprit de notre temps, c'est la séparation des deux pouvoirs, rendus, chacun de son côté, à sa véritable destination. Les objections que l'on oppose à ce système naissent toutes d'une conception erronée de l'ordre de choses qu'il produirait. En se plaçant au point de vue de cet ordre de choses, toutes les difficultés disparaissent, et l'on voit aussitôt, non pas sans doute une perfection absolue qu'il ne faut pas s'attendre à trouver dans les choses humaines, mais une juste distribution des fonctions, une liberté convenable laissée à la manifestation des opinions religieuses, la suppression définitive des préoccupations importunes dont l'administration des affaires ecclésiastiques a été, depuis des siècles, la cause continuelle pour les gouvernements, en un mot, une organisation dans laquelle les intérêts divers trouvent toute la satisfaction désirable, sans entrer en collision les uns avec les autres et sans se nuire mutuellement.   Michel Nicolas.

CURIE. On trouvera au mot **Assemblée du peuple** l'indication du rôle que les curies ont joué dans l'organisation politique de l'ancienne Rome. Dans les colonies romaines on donnait le nom de Curie à l'assemblée qui y représentait le Sénat, et c'est de cet emploi du mot que vient l'usage de désigner par *curie romaine* l'ensemble des autorités supérieures de l'Eglise catholique. Le mot fut aussi employé en Allemagne dans le sens de cour ou tribunal, et l'adjectif *curial* y est pris souvent comme synonyme de *collectif*. Ainsi, à la diète de Francfort, l'Autriche, la Prusse, etc., avaient des voix *viriles* (individuelles), tandis que les quatre villes libres, par exemple, avaient ensemble une voix *curiale* (collective).

CZAR ou TZAR. C'est le titre donné à l'empereur de Russie. Ce mot vient de César, que les Grecs prononcent Késar. Le titre officiel de l'empereur est *autocrate*, souverain de toutes les Russies (Russie Blanche, Petite Russie, etc.). Czarowitch (prince impérial) est le titre du fils aîné de l'empereur.

D

DARDANELLES. On appelle ainsi quatre châteaux fort situés à l'entrée du détroit autrefois connu sous le nom de l'Hellespont et qui porte actuellement celui de ces châteaux. Les châteaux ont été construits au dix-septième siècle, deux par Mahomed II et les deux autres par Mahomed IV, et ils avaient et ont pour but d'empêcher des navires de guerre de venir à Constantinople. Il paraît que, lorsqu'ils sont en bon état d'entretien et d'armement, ils présentent un obstacle sérieux à une flotte ennemie. La Porte a interdit le passage des Dardanelles à des navires de guerre et des traités de 1809, de 1841 et autres ont reconnu le droit de la Porte sur ce détroit dominé par ses canons, et qui est, pour ainsi dire, le vestibule de sa capitale. Ces actes ont été rappelés en 1868 dans une circulaire du ministre des affaires étrangères de Turquie et désormais aucun navire de guerre ne pourra traverser les détroits, sauf le bâtiment de guerre sur lequel se trouverait un souverain ou le chef d'un Etat indépendant.

DAUPHIN. C'est le nom que prit, vers le milieu du neuvième siècle, le seigneur suzerain de la province appelée Dauphiné. En 1349, Humbert II ayant fait donation de cette principauté à la France, elle devint l'apanage du fils aîné du roi, qui prit le titre de Dauphin. C'est ainsi que l'héritier présomptif de la couronne fut investi en naissant du titre de Dauphin.

Sous la Restauration, on a fait revivre la qualification de Dauphin ; le duc d'Angoulème fut le dernier qui porta ce titre. En 1830, le duc d'Orléans, fils aîné du roi Louis-Philippe, prit le titre de prince royal.

DÉCADE vient d'un mot grec qui signifie dix. Ce fut le nom donné à chacune des trois divisions du mois dans le calendrier républicain de 1793. La décade se composait de dix jours, qui étaient aussi dénommés : primidi, duodi, tridi, quartidi, quintidi, sextidi, septidi, octidi, nonidi, décadi, c'est-à-dire, premier, second, troisième, etc.

On commence à appliquer ce mot à la dizaine d'années 1801-10, 1811-20.

DÉCADENCE. L'humanité, la société, la civilisation, l'Etat passent-ils par les phases qui caractérisent la vie de l'individu, ont-ils une jeunesse, un âge mûr, une vieillesse? Question difficile et que l'histoire ne nous aide guère à résoudre. Les philosophes qui l'ont abordée ont accumulé plus de conjectures et d'hypothèses que de faits.

Comment, en effet, savoir si l'humanité est dans sa jeunesse ou dans sa vieillesse, en ne connaissant qu'une partie infinitésimale de son passé, et absolument rien de son avenir ! L'humanité a-t-elle été contemporaine des premières révolutions de notre globe, quelques individus ont-ils pu échapper à la destruction produite par les cataclysmes dont on soutient la périodicité avec une assurance telle qu'on a osé en prédire le retour avec précision ? Cette question, nous l'abandonnons, comme à jamais insoluble.

La durée de la société nous semble un sujet de discussion tout aussi stérile. L'homme est un animal sociable ; il recherchera donc toujours son semblable ; l'isolement est contre sa nature. Seulement il semble rationnel de penser que les liens d'une société se compliquent, s'enchevêtrent et se serrent avec le temps.

La civilisation peut être considérée comme un état particulier de la société (*voy.* **Civilisa-**

tion), dont on a vu l'origine et les progrès et dont on peut à la rigueur concevoir la fin. Les civilisations de l'Égypte, de Rome, d'Athènes, se sont évanouies dans les temps historiques. Serait-il déraisonnable d'en conclure que la nôtre pourra un jour s'éteindre à son tour? L'avenir peut sans doute réserver des surprises de toute nature à nos neveux, mais il y a lieu de penser qu'une civilisation ne s'éteint jamais spontanément, mais seulement par suite de violences intérieures ou extérieures, c'est-à-dire par suite de guerres civiles ou de guerres étrangères. Jusqu'à ce jour, c'est presque toujours l'invasion des Barbares qui a obscurci l'éclat des civilisations connues. Et qu'on le remarque bien, nous disons obscurci et non éteint, car la force du développement social acquis était telle que les Barbares ont généralement été absorbés par les vaincus, non sans exercer temporairement sur ces derniers une influence rétrograde. Pour mieux préciser notre pensée, ou pour être plus exact, nous dirons que la civilisation a seulement été resserrée dans un cercle plus étroit, bornée à un plus petit nombre d'individus, mais sans rien perdre de sa qualité intrinsèque. Pendant que les masses, chassées du temple de la lumière, erraient dans l'obscurité, quelques prêtres se cachaient dans une retraite profonde pour entretenir le feu sacré et préparer la *Renaissance*.

Mais les États ont-ils une jeunesse et une vieillesse, et leur décadence est-elle inévitable ou peut-on la conjurer?

La succession des différentes phases de la vie d'un État semble être généralement admise; d'abord, parce que l'histoire nous montre des États qui ont commencé, progressé, dépéri et cessé d'exister, et ensuite, parce que les idées de progrès et de décadence s'imposent *à priori* à notre intelligence. Mais il ne faudrait pas pousser trop loin le parallèle entre l'individu et les grandes communautés politiques. La naissance, la croissance et le dépérissement de l'homme, suivent des lois aussi uniformes qu'immuables, modérément influencées par le milieu dans lequel la vie s'écoule. Il n'en est pas de même des États; leur sort est essentiellement dominé par les causes contingentes, par d'innombrables circonstances qui se combinent de mille manières différentes. Pense-t-on que chaque ville fondée dans un endroit favorable soit destinée à devenir Rome ou Athènes, Paris, Londres ou New-York? L'empire de Charlemagne divisé en deux a produit, d'une part la France unitaire, et de l'autre l'Allemagne longtemps fractionnée. Les hordes de Tamerlan pourraient-elles encore conquérir la Russie? Ou Tunis, ville voisine de Carthage, peut-elle espérer l'emporter sur Marseille?

Mais si l'on est forcé d'admettre que, pour grandir, une ville ou un État doivent être favorisés par les circonstances; si en outre on reconnaît que l'histoire n'a pas encore enregistré un assez grand nombre d'observations pour que l'âge relatif d'un État puisse être déterminé d'une manière certaine, il est néanmoins évident qu'il y a des signes caractéristiques qu'on ne saurait méconnaître. Ainsi, la barbarie se rencontre toujours à l'enfance d'une communauté politique; malheureusement elle n'est pas nécessairement suivie d'une époque de progrès. Un État, comme un homme, peut périr avant d'avoir atteint tout son développement. D'un autre côté, nous avons vu des États naître sans passer par une époque de barbarie. Nous rappelons l'Union américaine.

La jeunesse ne présente donc pas toujours le même aspect; la vieillesse encore moins, car la décadence peut avoir des causes très variées? Le corps politique peut être, comme l'individu, attaqué de maladies très diverses. Si, dans l'homme, c'est tantôt le sang ou les nerfs, tantôt les muscles ou les os qui peuvent s'altérer, si l'un ou l'autre organe, l'une ou l'autre fonction vitale peut être entravée dans son exercice, la société peut voir l'un de ses principes renié, l'un de « ses dogmes s'en aller », l'un de ses éléments essentiels disparaître. Ici ce sera la religion, là les mœurs, ailleurs l'organisation politique, l'autorité ou la liberté, ailleurs encore la vie économique qui seront en souffrance. Dans chacun de ces cas, la décadence se manifestera sous un autre aspect, la maladie sera autre et exigera des remèdes différents... si des remèdes il y a.

À la religion revient de droit la première place dans notre énumération. Il est bien entendu que nous la considérons ici au point de vue de l'histoire politique, et non de la foi. La religion est le plus puissant lien de la société; on peut concevoir un État athée, mais jamais une société sans religion. Cependant, toutes les croyances qui ont exercé leur influence sur l'humanité n'ont pas été également puissantes. Ensuite, les unes se sont élevées, épurées, spiritualisées; d'autres se sont ossifiées et ont déchu au point de ne plus être qu'une pratique purement mécanique. Telle est, par exemple, cette religion de l'extrême Asie, dont les prêtres, nous raconte un missionnaire, ne se contentent pas toujours de répéter leur prière dominicale à l'aide d'un chapelet; quelques-uns l'ont écrite sur une roue qu'ils font tourner à la main, d'autres ont même utilisé un cours d'eau : la prière est censée dite chaque fois qu'elle arrive en face du ciel. Croit-on que ces bonzes puissent inspirer les populations, les pousser vers le progrès, les fortifier contre l'oppression du dedans ou du dehors? Une pareille religion est pour ainsi dire une barrière intellectuelle, elle n'a d'action que sur les esprits superstitieux. Et les esprits éclairés de ces pays, comment satisfont-ils à leurs besoins moraux? N'ont-ils réellement aucune autre ressource que de se plonger dans le *Néant*? (Nirvana [1]).

---

1. Plus exactement : la fin des transmigrations (d'une vie à une autre).

Lorsque les ministres de la religion n'ont d'autre prétention que de diriger les croyances et de gouverner le for intérieur, les dogmes qui entravent les progrès, quand il en existe, subissent des modifications insensibles, mais constantes. Les mots peut-être resteront, mais ils n'auront plus le même sens. Les intérêts moraux et les intérêts matériels s'étant maintenus dans leurs domaines respectifs, ce seront tantôt les uns, tantôt les autres qui contribueront le plus à l'avancement de la nation ; ils se soutiendront et se pousseront mutuellement. Mais si un régime théocratique parvient à s'établir d'une manière durable, si la religion persiste à vouloir régler les choses de ce monde, au même titre que le for intérieur, il arrivera, ou qu'elle proscrira tout progrès, ou qu'elle perdra toute influence, deux choses également fâcheuses. La séparation n'aura pas lieu sans lutte, le divorce s'opérera violemment, et si la nation n'a pas une grande vitalité, si les circonstances ne la favorisent pas, elle pourra s'abîmer dans une catastrophe.

Les mœurs sont en rapports très étroits avec la religion, mais elles n'en sont pas entièrement dominées. D'ailleurs, qu'entend-on par mœurs ? S'agit-il seulement du genre de vie plus ou moins moral, ou de l'ensemble de l'organisation sociale ? La débauche, les habitudes de mensonge, le dédain du travail, l'égoïsme sans frein sont des causes de décomposition pour toute communauté humaine. Ces vices préparent un peuple à l'asservissement, en lui ôtant l'énergie et l'esprit de sacrifice nécessaires pour s'affranchir ; ce sont ces vices qui donneront tout son effet à une mauvaise organisation politique.

On peut poser en principe que, tant valent les hommes, tant valent les institutions. La constitution la plus rationnelle, la mieux équilibrée, la plus riche en « garanties » est une lettre morte, si l'esprit public ne la vivifie pas. A quoi servent les droits qui y sont inscrits, si personne ne tient à les exercer, ou s'il ne s'agit que de remplir une formalité sans portée pratique ?

Néanmoins, la force du gouvernement, et la part des citoyens dans la direction des affaires d'un pays ne sont jamais chose indifférente. Si les hommes n'étaient dirigés que par la raison, il y aurait rarement des conflits entre les gouvernants et les gouvernés : les gouvernants sauraient que leur pouvoir est d'autant plus solide qu'il est plus sympathique aux populations, qu'il leur rend plus de services ; les gouvernés comprendraient qu'ils n'ont rien à gagner à l'anarchie. Mais la raison n'a qu'une influence relativement faible sur les actions humaines : c'est le plus souvent le sentiment ou la passion qui l'emporte. Et qu'on ne s'y trompe pas : le sentiment sait très bien emprunter le langage de la raison, accumuler des arguments et aligner des motifs les uns plus plausibles que les autres. Or, les passions ne sont pas

les mêmes aux différents degrés de l'échelle sociale, et si les intérêts réels, sérieux, sont les mêmes pour les gouvernants et les gouvernés, il est souvent des intérêts factices, irrités par la passion, qui se contrecarrent. De là, lutte sourde ou ouverte, selon les circonstances.

Dans une pareille situation, une bonne constitution est un paratonnerre, et quelquefois, la synthèse dans laquelle se résolvent deux forces opposées. Dans les États despotiques, dans les gouvernements absolus, il n'y a aucun dérivatif, à un moment donné il se produit une explosion destructive ; dans les contrées organisées politiquement, les populations ont des armes pacifiques pour conquérir la réalisation de leurs vœux, la satisfaction de leurs besoins ; les formes constitutionnelles deviennent une soupape de sûreté. Encore ne sont-elles pas à l'abri de la corruption.

Les deux forces auxquelles nous venons de faire allusion sont l'*autorité* et la *liberté;* leur synthèse est l'*ordre* [1] formulé en une constitution. L'excès de l'une ou de l'autre de ces deux forces est également nuisible à l'organisation harmonique des éléments sociaux ; il faut que chacune reste dans son domaine. Lorsque l'une déborde, elle rompt l'équilibre nécessaire à la santé sociale ou politique ; la désorganisation, la décomposition envahit l'État tout en entier, l'édifice perd son ciment et s'écroule au moindre choc.

DÉCENTRALISATION. Ce mot indique l'action qui tend à diminuer la centralisation, c'est-à-dire la concentration des pouvoirs. Depuis quelque temps le mot décentralisation indique aussi une manière d'être opposée à la centralisation souvent aussi on confond la décentralisation avec le self-government (*voy.*). qui est l'opposé de la tutelle administrative (*voy.*), C'est que tous ces termes, quelque claires que nous paraissent les idées qu'ils représentent, désignent des choses très compliquées et souvent insuffisamment déterminées. Il serait, sans doute, difficile de nier qu'un pays est centralisé, mais il serait quelquefois plus difficile encore de prouver qu'il l'est trop. Un certain degré de centralisation est en effet indispensable pour maintenir la cohésion d'un État et pour en assurer la bonne administration, mais comment déterminer ce degré ? Ne doit-il pas différer d'un pays à l'autre, selon les tendances des populations, selon la grandeur du territoire, selon les circonstances politiques, économiques et autres ? La centralisation ne ne doit-elle pas être plus forte dans un État qui renferme des germes plus ou moins actifs de désagrégation que dans une contrée dont l'unité est hors de toute atteinte ?

Nous parlions de degré ; or, la centralisation « politique » diffère-t-elle de nature ou

1. C'est à tort qu'on oppose l'ordre à liberté.

de degré de la centralisation « administrative »? Cette distinction, inventée pour donner raison, à la fois, à ceux qui demandent la centralisation et à ceux qui la repoussent, nous semble vague et oiseuse. Vague, car qu'est-ce que la centralisation politique? Est-ce la concentration des pouvoirs entre les mains d'un seul homme, l'absolutisme? Est-ce la concentration des pouvoirs dans un seul gouvernement constitutionnel, en opposition avec la fédération plus ou moins prononcée — l'unité en face de la confédération d'Etats? S'agit-il plutôt d'une extension plus ou moins grande accordée au pouvoir législatif? Elle est oiseuse, car la centralisation politique exprime des choses que nous désignons bien plus clairement par d'autres mots. Ne parlons donc que de la centralisation administrative, et abordons immédiatement les détails positifs pour ne pas nous perdre nous-même dans le vague que nous reprochons aux autres. Recherchons où la centralisation est à sa place, et où elle est nuisible. Passons donc en revue les différentes branches de l'administration, en les envisageant à ce point de vue.

Nous aurons à nommer avant tout l'administration des services militaires et maritimes. Ici la centralisation est évidemment indispensable. Comprendrait-on qu'on décentralisât l'armée? Que les provinces nommassent les généraux, que chaque conseil général fût appelé à voter le calibre des fusils employés pour les troupes du département, que les ports fussent consultés sur l'épaisseur de cuirasses destinées aux navires de guerre?

Une autre administration qui a besoin d'être centralisée, c'est celle des finances. Autrefois on votait un impôt spécial pour chaque dépense importante, et la multiplicité des comptabilités rendait tout contrôle illusoire, sans parler des autres inconvénients de ce système. On a fini par centraliser les fonds et l'on s'en trouve bien. Il est bien entendu que nous ne parlons que des fonds de l'Etat; les départements et les communes doivent avoir leurs propres comptabilités.

L'administration de la justice doit également être centralisée. Personne ne niera la nécessité de l'appel, ni l'extrême utilité d'une cour de cassation au sommet de l'organisation judiciaire. On ne comprendrait pas non plus que les lois civiles, commerciales ou pénales, fussent différentes d'un département à l'autre. Il ne faudrait pas que ce qui est justice en deçà de la Seine ou de la Loire fût injustice au delà. Qu'on songe au travail d'unification du droit qui se fait tant en Allemagne qu'en Suisse.

Nous ne citons que pour mémoire les affaires étrangères. Aucun Français ne pourrait concevoir une décentralisation sur ce point, mais, dans les confédérations, la centralisation n'a pas toujours été complète. Elle l'est, par exemple, aux Etats-Unis de l'Amérique du Nord, aucun Etat de l'Union ne pouvant avoir des rapports avec l'étranger. Il n'en a pas été ainsi en Suisse avant 1848, ni en Allemagne avant 1871, des conventions particulières pouvaient très bien gêner les traités négociés pour l'ensemble de la confédération. Dans les Etats ayant des vassaux, comme la Turquie, la centralisation des affaires étrangères ne saurait être complète.

Si nous passons en revue les autres ministères, nous trouvons l'instruction publique et les cultes. Les cultes, selon nous, ne devraient pas être constitués en service public; quant à l'instruction, nous ne croyons pas qu'elle pourrait être suffisamment florissante par la vertu seule de la libre initiative des citoyens, les faits ne le prouvent pas, ils démontrent plutôt le contraire. L'intervention de l'Etat est donc nécessaire, du moins jusqu'à nouvel ordre. Malheureusement, la plupart exagèrent cette intervention ; ils voudraient tout prévoir et tout réglementer ; sur ce point un peu de décentralisation ferait bien mieux notre affaire.

L'agriculture et le commerce ne donnent presque pas lieu à centralisation. Les ministères qui sont chargés de ces intérêts ont plutôt une mission d'encouragement et de protection. Les travaux publics, au contraire, peuvent inspirer à l'administration la tentation d'aller au delà de ce qui est strictement nécessaire, mais à mesure que les représentations provinciales et communales voient grandir leur influence, les empiétements deviennent plus rares. Du reste, ici aussi la juste limite peut être matière à discussion.

Le vrai siège de la centralisation dans ce qu'elle a d'exagéré est généralement le ministère de l'intérieur. C'est ce ministère qui exerce plus particulièrement la tutelle administrative (voy.) sur les communes et les départements. En France, et d'après son exemple en beaucoup d'autres pays, on confond volontiers la centralisation avec la tutelle administrative. Et pourtant ces deux choses se distinguent comme la procédure et le droit, comme la forme et le fond. La centralisation, c'est la procédure ou la forme. Telle affaire qui, au lieu d'être décidée par le maire ou le préfet, va à Paris, est centralisée ; pour décentraliser, on n'a qu'à la faire aboutir au préfet en dernier ressort. En 1852 et en 1861, on a décentralisé, mais la tutelle est restée à peu près comme par devant, mais au lieu du ministre, c'est le préfet qui décidait. Depuis lors la tutelle a été allégée, et il ne serait pas difficile de démontrer que la législation départementale et communale française, telle qu'elle a été en vigueur dans le dernier quart de ce siècle est aussi libérale que celle de la plupart des autres pays de l'Europe, l'Angleterre, la Belgique et la Suisse comprises.

La centralisation semble être une des phases naturelles de l'organisation administrative de chaque pays. Quand elle est insuffisante, les populations demandent qu'on la renforce, quand elle est exagérée, elles en réclament la diminution. Dans les sociétés rudimentaires, il ne saurait être question de centralisation ;

on éprouve peu de besoins généraux, il y a peu d'intérêts communs, les choses se font tant bien que mal, ou ne se font pas du tout. Il y eut un temps où Paris n'était ni balayé, ni éclairé, il ne pouvait donc y avoir à l'Hôtel-de-ville ni bureau de balayage, ni bureau de l'éclairage. D'ailleurs, pendant longtemps, tel service public était confié aux seigneurs féodaux, tel autre à l'Eglise, et à cette époque la décentralisation ressemblait beaucoup à l'anarchie. La centralisation fut donc d'abord un bienfait incontestable; elle créa des services publics, et en assura la marche régulière. La France, par un concours de circonstances que l'histoire raconte, a devancé sous ce rapport plus d'un pays, et si certaines contrées étaient ou paraissaient moins centralisées que la France, c'était quelquefois parce que certains services publics n'existaient pas. Une commune qui n'éclaire pas ses rues a moins d'employés et moins de dépenses qu'une commune qui a réalisé ce progrès.

DÉCHÉANCE. On entend, en général, par cette expression, la perte d'un droit ou d'une faculté, à défaut d'accomplissement des conditions auxquelles était subordonné l'exercice de cette faculté ou de ce droit.

En l'absence de textes écrits, les peuples ont des droits, les princes ont des obligations dont l'ensemble constitue le pacte social; s'il est attenté à ces droits, si ces obligations, qui dérivent de la nature même des choses, sont méconnues, il appartient encore au peuple ou à ses représentants de prononcer la déchéance.

C'est en vertu et par application de ces principes que, le 13 février 1689, les lords temporels et spirituels et les communes d'Angleterre, assemblés à Westminster, et « représentant légitimement, pleinement et légalement tous les états du peuple », déclarèrent que, pour s'être efforcé de renverser les lois et libertés du royaume, Jacques II avait cessé de régner. Les états de Belgique, en prononçant, le 26 décembre 1789, la déchéance de Joseph II, se fondèrent sur la violation de la *Joyeuse entrée*.

Parmi les faits nombreux que le Sénat, jadis approbateur ou complice, énumérait dans sa déclaration du 4 avril 1814 pour motiver la déchéance de Napoléon Bonaparte, la plupart, à la vérité, se rapportent à des infractions aux lois constitutionnelles; mais il en est qui impliquent la violation du pacte social entendu d'une façon plus générale, comme tendant à garantir les droits de l'humanité. Tel est le reproche d'avoir mis le comble aux malheurs de la France « par l'abus de tous les moyens qui lui avaient été confiés, en hommes et en argent; par l'abandon des blessés sans pansement, sans secours et sans subsistances, par différentes mesures dont les suites étaient la ruine des villes, la dépopulation des campagnes, la famine et les maladies contagieuses. »

La dynastie à laquelle l'Empereur était ainsi sacrifié ne devait guère entendre, en 1830, des paroles moins sévères. « Un pacte solennel, disait M. Bérard à la chambre des députés, unissait le peuple français à son monarque, ce pacte vient d'être brisé. Le violateur du contrat ne peut, à aucun titre, en réclamer l'exécution. » Et à la chambre des pairs, Châteaubriand avouait que le pacte social n'avait pas été respecté, appelait le coup d'Etat des ordonnances la conspiration de la bêtise et de l'hypocrisie, et ne proposait le duc de Bordeaux que comme un expédient *d'un meilleur aloi* que la branche cadette (séance du 7 août 1830), reconnaissant ainsi la perte du droit, conséquence de la déchéance encourue et déclarée.

Ces exemples, qui nous rapprochent du temps présent, suffisent à dégager le principe; mais comment en régler l'application? L'Assemblée constituante, dans son décret du 16 juillet 1791, rendu après l'arrestation de Varennes, avait prévu quelques-uns des cas de déchéance, la rétractation du serment prêté à la Constitution, le fait par le roi de s'être mis à la tête d'une armée pour en diriger les forces contre la nation, etc.; il faut ensuite arriver jusqu'à la Constitution du 4 novembre 1848 pour rencontrer des dispositions de cette nature. Aux termes de l'article 68, « toute mesure par laquelle le président de la République dissout l'Assemblée nationale, la proroge ou met obstacle à l'exercice de son mandat », devait entraîner la déchéance et faire passer de plein droit le pouvoir exécutif à l'Assemblée nationale. Une loi devait en outre déterminer les autres cas de responsabilité, ainsi que les formes et les conditions de la poursuite; on sait que cette loi, souvent réclamée, n'a jamais été rédigée.

La Constitution de 1851, en déclarant l'Empereur responsable, n'avait pas davantage réglé le mode d'application de la responsabilité. C'est qu'en effet de pareilles dispositions sont bien inutiles. Ni les coups d'Etat, ni les révolutions ne s'assujettissent aux formes légales, et si nous avons dit tout d'abord que la déchéance existe en droit indépendamment du fait, on a déjà remarqué sans doute qu'après avoir rendu cet hommage aux principes, nous n'avons pu, en arrivant à l'application, citer que des cas où le droit a été invoqué uniquement pour légitimer, après coup, l'œuvre de la force.

DÉCLARATION DE GUERRE. On ne passe pas généralement d'une manière soudaine de l'état de paix à l'état de guerre; il y a des usages suivis et adoptés : on a prétendu, à tort selon nous, que, pour justifier la guerre, il ne fallait point de *déclaration*, ni communication quelconque par laquelle l'Etat lésé annonce qu'il se prépare à poursuivre ses droits par le moyen de la guerre. Nous croyons, au contraire, une déclaration moralement obligatoire; peu importe sous quelle forme elle se produise, qu'on l'appelle déclaration ou proclamation, pourvu que le passage de l'état de paix à l'état de guerre soit publiquement annoncé.

L'usage de faire une déclaration de guerre proprement dite, autrefois répandu en Europe, a été souvent délaissé depuis le milieu du dix-septième siècle; cet usage venait des peuples anciens, qui déclaraient la guerre par des hérauts d'armes. Aujourd'hui on substitue souvent à ces anciennes formes une mesure beaucoup plus simple, elle consiste à *proclamer* l'état de guerre par des manifestes rendus publics; mais, sauf la forme suivie et le terme employé, on voit bien qu'au fond c'est toujours le même but, la même pensée; on veut toujours que l'état de guerre soit connu de tous. Cela est si vrai qu'on notifie régulièrement ces manifestes aux gouvernements étrangers. Dans cette sorte de documents, on s'attache souvent à démontrer la justice des motifs par lesquels on a été déterminé à prendre les armes.

La déclaration de guerre est considérée comme tellement nécessaire que l'on a contesté la justice de toutes les opérations militaires qui l'auraient précédée. De plus, « quoiqu'elle ne décide pas, dit Klüber, dans tous les cas, du moment où commencent les hostilités, elle ne manque pas cependant d'exercer une influence légale sur le commerce des particuliers; par toutes ces raisons la proclamation de la guerre, ou plutôt la déclaration, est chez toutes les nations de l'Europe une coutume générale. »

DÉCLARATION DES DROITS. De tout temps la question des rapports qui doivent exister entre les hommes en société a occupé les écoles philosophiques, et c'est là aussi ce que le législateur a cherché à déterminer dans les actes spéciaux qui, dans les temps modernes, ont pris le nom de « déclarations des droits de l'homme et du citoyen, de déclarations des droits et des devoirs ».

Les déclarations de droits ont toujours été bien plus des vérités spéculatives que des formules praticables; dans leur affirmation on rencontre facilement l'adhésion générale, dans leur application bien souvent la dispute; il en est résulté qu'elles n'ont pas eu jusqu'à présent une grande valeur pratique; aussi les a-t-on reléguées souvent au rang des utopies; mais les difficultés qu'elles ont engendrées se lèveront graduellement, et l'accord se fera, car il y a des droits et des devoirs politiques et civils, qu'ils soient ou non déclarés.

Les causes de ces droits et de ces devoirs sont les mêmes. La cause du droit est la nécessité d'employer la force contre ceux qui attaquent la vie, la liberté et la propriété : la cause du devoir est le consentement par lequel, dit Pestel dans sa savante dissertation sur les fondements de la jurisprudence naturelle (sect. V, p. 82), « ceux qui contractent des engagements se soumettent à la contrainte, en cas qu'ils ne veuillent pas

les remplir ». Puis il ajoute plus loin : « Il y a quatre espèces de droits, auxquelles on peut aisément rapporter toute la jurisprudence naturelle et civile :

« 1° Le droit de défendre sa vie et l'intégrité de son corps;

« 2° Celui de défendre sa liberté;

« 3° Celui de maintenir sa possession et sa propriété;

« 4° Celui d'employer la contrainte pour forcer celui qui s'est engagé par la promesse à la tenir.

« Les droits qui naissent avec l'homme sont ceux qui découlent de sa nature; par conséquent, ils sont communs à tous, et la nature n'a mis aucune différence dans la quantité de droits qu'elle leur donne; cette quantité étant la même, constitue, ce qu'on appelle l'égalité, donc il suit que tous les hommes sont naturellement égaux quant aux droits qu'ils tiennent de la nature. »

La première déclaration officielle des droits fut rédigée en Angleterre. Les deux chambres réunies en convention déclarèrent le trône vacant, y appelèrent Guillaume III d'Orange et sa femme, et leur firent signer une *Déclaration des droits* qui limita la prérogative royale (février 1689).

En 1776, le congrès de Philadelphie déclare l'indépendance des treize États unis de l'Amérique du Nord, et des conventions stipulées au congrès ressort l'établissement d'un gouvernement fédéral qui laisse à chaque État ses institutions politiques, religieuses et sociales ; et chaque État dans sa constitution s'empresse de placer la déclaration des droits qui lui paraît la plus conforme aux droits naturels et imprescriptibles de l'homme et du citoyen. C'est en imitant l'exemple des États-Unis que Lafayette[1] présenta à l'Assemblée constituante un projet de déclaration des droits ; ce projet, qui fut adopté, portait la suscription suivante : *Les droits de l'homme, et de l'homme vivant en société*. Il était ainsi conçu : « La nature a fait les hommes libres et égaux ; les distinctions nécessaires à l'ordre social ne sont fondées que sur l'utilité générale. Tout homme naît avec des droits inaliénables et imprescriptibles, tels sont la liberté de toutes ses opinions, le soin de son bonheur et de sa vie, le droit de propriété, la disposition entière de sa personne, de son industrie, de toutes ses facultés, la communication de ses pensées par tous les moyens possibles, la recherche du bien-être et la résistance à l'oppression. » Le projet contenait en outre diverses maximes de droit public, telles que celles-ci : « L'exercice des droits naturels n'a de bornes que celles qui en assurent la jouissance aux autres membres de la société. Nul homme ne peut être soumis qu'à des lois consenties par lui ou ses représentants. Le principe de toute souveraineté réside dans la nation. Les subsides doivent être librement

1. C'est à tort qu'on a fait puiser dans le *Contrat social* l'idée et le contenu de cette Déclaration.

consentis. » Cette déclaration devint le premier chapitre de la Constitution de 1791.

Les événements qui se succédèrent si rapidement depuis sa promulgation l'emportèrent bientôt avec eux ; la monarchie fut brisée ; une nouvelle constitution parut au milieu d'une effroyable tourmente (24 juin 1793). Elle fut aussi précédée d'une déclaration des droits de l'homme et du citoyen ; on y retrouve la plus grande partie des idées de 1791 ; il y a plus d'emphase dans le style, mais, sauf quelques points, ce sont les mêmes droits. Son article 2 est ainsi conçu : « Les droits naturels et imprescriptibles de de l'homme sont l'égalité, la liberté, la sûreté, la propriété. »

On y a exprimé quelques vues nouvelles, telles que celle-ci : « Les secours publics sont une dette sacrée » (art. 21) ; et malheureusement aussi on y préconise l'insurrection qu'on déclare « le plus saint des devoirs ». Nous aimons mieux l'axiome : « L'instruction est le besoin de tous. » Nous n'entrerons pas dans d'autres considérations sur la déclaration des droits d'une constitution qui n'a pas été mise en vigueur.

Vint ensuite la Constitution du 26 octobre 1795, qui fut d'une courte durée ; de même que les constitutions précédentes, elle eut sa déclaration des droits ; mais on y ajouta une déclaration des devoirs. Dans les droits se trouvaient énumérés : les droits à la liberté, à l'égalité, à la sûreté, à la propriété, accompagnés de définitions. Quant à la déclaration des devoirs, elle n'avait guère qu'un but, celui de rappeler quelques maximes de morale ; ainsi on y lisait ce qui suit (art. 4) : Nul n'est bon citoyen, s'il n'est bon fils, bon père, bon ami, bon époux. (Art. 5.) Nul n'est homme de bien, s'il n'est franchement et religieusement observateur des lois.

La Charte de 1814, si elle n'eut pas une déclaration des droits, énuméra dans ses premiers articles, sous le titre de *Droit public des Français*, les droits principaux qui avaient été promulgués dans la déclaration de 1791. On reconnaît dans l'article 1er l'égalité de tous les Français devant la loi ; ils furent tous déclarés admissibles aux emplois civils et militaires ; leur liberté individuelle fut garantie ; l'article 3 portait que chacun professerait sa religion avec une égale liberté ; les Français en le droit, portait l'article 7, de publier et de faire imprimer leurs opinions en se conformant aux lois. On déclara toutes les propriétés inviolables. Après la révolution de juillet 1830, la Charte subit quelques modifications, mais continua à régir le droit public des Français.

La révolution de 1848 amena une nouvelle constitution, qui contint une énumération des droits beaucoup plus explicite que celle de la Charte de 1814, revisée en 1830. La France, disait l'article 3, reconnaît des droits et des devoirs antérieurs et supérieurs aux lois positives ; la liberté individuelle, l'inviolabilité du domicile, hors les cas prévus par la loi, la liberté religieuse, la liberté de la presse, le droit de réunion et la liberté d'enseignement y étaient spécialement consacrés : l'article 13 portait ce qui suit : « La Constitution garantit aux citoyens la liberté du travail et de l'industrie. »

La Constitution du 2e Empire (14 janvier 1852) ne contient aucune déclaration des droits, mais elle reconnaît implicitement ceux qui ont été proclamés par la Constitution de 1791, comme l'indique son article 1er. Voici en quels termes il est conçu : « La Constitution reconnaît, confirme et garantit les grands principes proclamés en 1789, et qui sont la base du droit public des Français. »

DÉCORATIONS. En France il y a plusieurs décorations, mais un seul ordre : la Légion d'honneur (*voy.*). Les autres décorations sont : la médaille militaire, les palmes académiques, le mérite agricole, et différentes médailles. Voy. l'énumération dans notre *Dictionnaire de l'Administration française* (Berger-Levrault).

DÉCRET. Le mot *décret, decretum,* du verbe latin *decernere,* vient des Romains ; le Sénat en faisait usage pour les actes relatifs aux affaires publiques qui émanaient de son autorité.

Les deux premières assemblées nationales françaises, la constituante et la législative, rendaient des décrets, qui devaient être soumis à la sanction royale.

Sous la constitution de 1794, l'objet du décret était moins important, ou moins général, que celui des lois : on donnait ce nom à diverses décisions du conseil législatif et du corps législatif.

Sous le Consulat et l'Empire, on continua à donner le nom de décret à divers actes législatifs : les décrets se rendaient avec le concours du conseil d'Etat sur la proposition de l'empereur. Ils avaient surtout pour objet des règlements, tant généraux que particuliers, sur toutes les branches de l'administration ; ils avaient force de loi, à moins qu'ils ne fussent attaqués par le Sénat pour cause d'inconstitutionnalité.

Pendant la Restauration et sous le règne de Louis-Philippe, cette appellation légale fut abandonnée, mais elle fut reprise dans certains cas après la révolution de 1848. Les actes du gouvernement provisoire portent le nom de décrets.

Sous le second Empire, comme sous le régime qui a suivi la guerre de 1870-1871, les décrets ont principalement pour objet de pourvoir à l'application des principes posés dans la loi. Les règlements d'administration publique et les décisions du conseil d'Etat jugeant au contentieux sont également des décrets.

Les décrets sont contre-signés par les ministres, et insérés au *Bulletin des lois,* soit *in extenso,* soit sommairement.

DÉCRET-LOI. Les décrets émanés des gouvernements provisoires et ceux de la période dictatoriale, qui commence au 2 décembre 1851 et finit en avril 1852, sont considérés comme ayant force de loi. Il y a cependant — selon nous — une distinction à faire. Les pouvoirs exceptionnels dont ces gouvernements dictatoriaux se sont revêtus n'ont conféré le caractère de loi qu'aux actes pour lesquels notre droit public exige le concours du pouvoir législatif, mais non aux règlements administratifs qui sont nécessairement un attribut du pouvoir exécutif. Il s'ensuit que ces règlements devraient toujours pouvoir être changés par un décret, tandis qu'il faudrait une loi pour modifier les décrets qui règlent une matière législative proprement dite.

DÉCRÉTALES. Les décrétales sont des rescrits et épîtres des papes qui fixent des points de discipline ou établissent quelque règlement. Elles font partie de la collection appelée *Corpus juris canonici*, corps de *Droit canon*.

DÉFENSE LÉGITIME. Le droit de légitime défense est reconnu par toutes les législations ; c'est un droit naturel, c'est-à-dire un droit indispensable que nous revendiquons d'instinct et en l'absence de toute loi écrite.

La légitime défense est la cause la plus juste d'une guerre.

DÉGRADATION. Destitution, privation forcée et ordinairement infamante et ignominieuse d'un grade ou d'une dignité. La dégradation est une peine, généralement accessoire, qui se présente comme la conséquence nécessaire de la peine principale. On prononce la dégradation : 1° contre les membres de la Légion d'honneur qui ont encouru une punition ; 2° contre les membres de l'Université, condamnés pour crime ; 3° contre les militaires condamnés aux fers ; 4° contre le commandant militaire qui n'a pas su défendre la place qui lui était confiée.

DÉLIBÉRATION. *Voix délibérative.* Dans les affaires privées, la réflexion doit précéder toute action ; dans les affaires publiques, toute décision importante doit être le résultat d'une *délibération*, c'est-à-dire d'une réflexion en commun, contradictoire, d'une discussion. Qui délibérera ? Dans un grand nombre de cas, les lois ou les règlements se chargent de répondre à cette question ; dans les autres cas, c'est au fonctionnaire compétent à se chercher un contradicteur, car « c'est du choc des opinions que jaillit la lumière ».

On distingue, dans les discussions officielles, entre la voix délibérative et la voix consultative. En fait, l'une et l'autre ont une égale influence sur l'éclaircissement de la question ; on a même prétendu que le plus souvent c'est la voix consultative qui donne les meilleurs conseils ; cependant, ce sont les voix délibératives qu'on compte seules lors

du vote. Ainsi, une assemblée consultative donne des avis, une assemblée délibérative prend des décisions. La loi de 1837, par exemple, détermine quand les conseils municipaux *délibèrent*, quand ils *donnent un avis*, quand ils *formulent des vœux*.

DÉMAGOGIE. DÉMAGOGUE. Mot grec qui veut dire chef, meneur d'une faction populaire, et dans l'antiquité ce terme n'était pas toujours pris en mauvaise part, cela dépendait de l'emploi que le « démagogue » faisait de son influence. De nos jours il est toujours pris dans un sens défavorable, il s'agit d'hommes qui soulèvent des passions, surtout les mauvaises passions des gens ignorants ou peu éclairés. Les mauvaises passions sont toujours soulevées dans un but révolutionnaire, anarchique, pour exercer des actes de haine et de destruction.

Il n'est pas impossible qu'un démagogue soit un fanatique désintéressé — il est des gens qui font le mal dans une bonne intention, comme le prêtre qui criait : tuez-les tous, Dieu reconnaîtra les siens ; — mais le plus souvent le démagogue est un ambitieux, qui professe les opinions qui lui sont le plus utiles dans un moment donné, et qui change d'avis avec les circonstances. Ces démagogues-là ne sont pas inaccessibles à la corruption.

On est disposé de nos jours à confondre le démagogue avec le politicien, mais à tort. Il faut toujours respecter les nuances.

DÉMOCRATES et RÉPUBLICAINS. On désigne ainsi les deux principaux partis aux États-Unis. Les Démocrates voudraient donner la prépondérance aux États, les Républicains la revendiquent plutôt pour le pouvoir central. Dans la guerre de sécession de 1861-1865, les Démocrates étaient sudistes et soutenaient l'esclavage.

DÉMOCRATIE. I. *La démocratie chez les anciens et chez les modernes.* — On entendait par démocratie, chez les anciens, selon l'étymologie du mot, le gouvernement du peuple. Un tel sens impliquait la division de la société en plusieurs classes, et c'était tantôt dans l'une, tantôt dans l'autre, que résidait la souveraineté. Lorsque les citoyens non nobles étaient investis du pouvoir de voter les lois et de nommer aux magistratures principales, le gouvernement était dit *démocratique*. Cette dénomination, non plus que la prépondérance de l'élément qu'elle désignait, n'effaçait pas la distinction fondamentale des patriciens ou nobles, et des plébéiens, non plus que celle des hommes libres et des *esclaves* privés de tout droit. Par où l'on voit que l'égalité civile et politique, dans l'antiquité, était renfermée dans d'assez étroites limites. Fruit de longues luttes, elle ne se maintenait pas dans ces limites sans combat. A Rome, l'élément populaire dont le tribunal consacra l'avènement, lutta longtemps contre l'aristocratie qui donna sa forme à la république romaine. Il ne triompha complètement que par la chute de celle-ci. Sous l'empire, il y eut moins de liberté et plus d'égalité, mais ce fut l'égalité du despotisme. La cour des Césars prit ses conseillers et ses favoris dans toutes les classes, elle les choisit même parmi les affranchis et les fils d'affranchis. Le mérite y gagna quelquefois, la faveur encore plus. L'émulation de la bassesse sous les mauvais princes devint la seule école des caractères. Sous les bons empereurs, il y eut d'honnêtes gens, dévoués au prince et aux services publics; les grands hommes disparurent. Même en admettant que l'empire marqua un certain progrès sur la république dans l'état social, il est incontestable qu'il fut politiquement une décadence et moralement une ruine. La somme de bien-être et de vertus privées qui fleurissent pendant sa longue durée n'efface point cette tache. Les vertus publiques qui subsistèrent ne revêtirent avec les stoïciens que le caractère d'une protestation impuissante.

Dans les États de l'antiquité, lorsque les patriciens étaient les conquérants, les dominateurs d'un pays soumis à leur joug, il était naturel que les vaincus cherchassent à remonter au rang dont ils étaient déchus et à ressaisir leur part de droits, d'influences, de bien-être. D'ailleurs la capacité n'est jamais absolument concentrée dans une minorité. Il est inévitable que les aptitudes que renferme la masse s'efforcent de se faire jour et de trouver place. Il est peu de sociétés qui ne fassent une certaine part au mérite individuel, indépendamment de la naissance. Mais sous le nom de peuple, ce fut souvent la plèbe qui l'emporta. La multitude, introduite dans le gouvernement, telle est la démocratie antique. De là, le mauvais renom qu'elle a laissé, et la préférence que tous les écrivains politiques de l'antiquité, sans exception, ont donnée au gouvernement aristocratique qu'ils considèrent comme plus favorable à la modération, à la maturité et à la suite des desseins, comme moins capricieux, moins aisé à entraîner et à corrompre, comme plus éclairé enfin. Platon et Aristote inclinent décidément vers l'aristocratie et se montrent juges très sévères de la démocratie, dont la mobilité et les vices les frappaient, de la démocratie qui venait d'envoyer Socrate au supplice! Pour ces philosophes, la démocratie aboutissait presque fatalement à la tyrannie d'un seul, régime qui excitait les vives répugnances de ces âmes libérales. Elles n'avaient pas plus de goût, d'ailleurs, pour cet autre genre de tyrannie que la majorité exerce sur la minorité. Les traits sanglants dont Platon a peint les démagogues prouvent quels étaient les sentiments des honnêtes gens pour les hommes qui se rendent les maîtres de la multitude en la flattant bassement dans ses pires instincts. Les notions très incomplètes de la liberté et du droit expliquent, outre la mobilité, les autres faiblesses inhérentes à l'élément populaire, ces caractères de la démo-

cratie chez les anciens. Ils confondaient beaucoup trop, on le sait, la liberté et la souveraineté. Être libre, c'était avoir sa part dans la confection des lois, dussent les lois limiter, entraver, accabler l'indépendance individuelle, cette liberté de la vie privée que les modernes font passer avant toute autre.

Chez les modernes, la démocratie n'a pas et ne saurait offrir la même signification que dans l'antiquité. Si les gouvernements ultra-démocratiques modernes ne sont pas exempts des vices et des dangers qui les ont caractérisés dans l'antiquité, il n'est pas moins vrai que la notion même de la démocratie diffère profondément de celle que s'en formaient les anciens. Le sens attaché aux idées de liberté et d'égalité n'est plus le même à beaucoup d'égards. Les différences s'expliquent par l'influence du christianisme sur les idées et sur les mœurs, par l'avènement d'une nouvelle philosophie morale et politique, et par le mouvement de l'industrie et de la richesse.

Les sociétés modernes se sont formées sous l'influence du christianisme, qui a complètement changé le point de vue général auquel sont envisagés l'homme et la société. L'homme, selon la conception qui prévaut depuis près de dix-huit siècles, même chez ceux qui n'adoptent point à la lettre des dogmes de la religion chrétienne, mais qui subissent l'influence de ses enseignements moraux, est sacré en tant qu'homme, sacré à ses propres yeux comme à ceux de ses semblables.

Si la démocratie a ses titres dans les idées de liberté, d'égalité, de fraternité chrétienne, comment ne pas voir qu'elle les a aussi dans la philosophie? Le principe de liberté n'a pas cessé depuis le dix-septième siècle, sous une forme ou sous une autre, d'être revendiqué par les philosophes. Descartes le réclame pour la pensée pure. Montesquieu l'introduit dans la philosophie politique. Voltaire s'en fait le défenseur pour l'universel examen. La philosophie proclame l'inviolabilité de la personne humaine, quelles que soient la race, la couleur, l'opinion. En dépit des diversités, des inégalités, elle retrouve une nature humaine identique chez tous et fonde l'égalité des droits sur cette identité. Que l'homme se développe, que l'individu s'élève à toute l'excellence et à tout le bonheur dont il est capable, voilà son vœu. Elle exalte la sociabilité, cette fraternité des sympathies et des intérêts. Elle entretient dans le cœur des hommes l'idée du droit. Elle attaque les injustes distinctions, les privilèges odieux. Elle pousse, en un mot, à l'aide des armes qui lui sont propres, c'est-à-dire par la lumière et par le raisonnement, vers la liberté et l'égalité civile.

N'en faut-il pas dire autant du mouvement moderne de l'industrie et de la richesse? Ces modernes puissances ne manifestent-elles pas la même tendance vers l'affranchissement et vers une plus grande égalité effective? Ce n'est pas qu'aujourd'hui plus qu'à d'autres époques rien fasse supposer que l'égalité des conditions puisse et doive jamais être absolue, ce qui serait l'anéantissement même de la civilisation. Mais si la richesse continue à se développer avec d'inévitables inégalités, n'est-elle pas répartie beaucoup plus équitablement qu'elle ne l'a jamais été ? Ne repose-t-elle pas plus que jamais sur le travail ? La propriété foncière s'est considérablement morcelée ; on a remarqué qu'elle l'était déjà même avant la révolution française. La propriété mobilière a pris de prodigieux accroissements. Les entraves, dans le domaine du travail, ont en très grande partie disparu. L'échange s'opère sans rencontrer d'obstacles artificiels au dedans de la plupart des États, et quant à l'échange international, l'idée de la solidarité des peuples, intéressés mutuellement à l'enrichissement de chacun, tend à se substituer à celle de leur antagonisme commercial. L'industrie enfin, avec ses procédés perfectionnés, met les produits à la portée du plus grand nombre. Plus d'hommes sont appelés chaque jour aux jouissances comme aux lumières. C'est cet état social que l'on nomme la démocratie.

II. *De la démocratie dans les lois civiles et dans la société*. — Nous distinguons les effets de la démocratie dans les rapports civils des citoyens, de ceux qui donnent au pouvoir sa forme politique. La preuve sensible que cette distinction n'est pas imaginaire se trouve en France, où la société est dès longtemps démocratique à un degré remarquable et où le pouvoir n'est pas purement démocratique dans sa composition, et a revêtu la forme monarchique au sommet jusqu'à une date assez récente. Le caractère démocratique de la société se reconnaît surtout à l'égalité des droits, qui se témoigne dans l'industrie par la libre concurrence, et dans les professions publiques par l'admissibilité de tous les citoyens aux emplois. Qui ne sait que la propriété et le travail ont cessé d'être des privilèges ? L'extrême mobilité des propriétés d'une part et de l'autre la facilité que chacun possède de choisir son état, d'exercer librement son industrie, d'en cumuler plusieurs s'il lui plaît, ne sont-elles pas les témoignages vivants et familiers de cette égalité de droits qui ne refuse à personne l'accès des biens et des travaux qui y mènent ? Une certaine égalité des conditions résulte ou doit résulter de cette égalité des droits. En effet, du moment que la liberté préside seule à la distribution de la richesse, les chances s'égalisent pour tous. Les grandes agglomérations de fortune ne sont plus qu'exceptionnelles et sont soumises aux lois de la mobilité commune, auxquelles les privilèges aristocratiques et nobiliaires avaient pour but de les soustraire. Si l'homme habile qui s'est enrichi par d'heureuses spéculations laisse de grands biens à ses enfants, ces biens se réduiront par le partage entre plusieurs héritiers et se perdront peut-être par l'incapacité ou la dissipation. C'est ainsi que la tendance démocratique des rangs à se mêler trouvera une nouvelle facilité pour s'accroître encore. C'est ainsi que les avantages du mérite et de la chance heureuse, qui sont purement individuels, se substitueront à l'éclat héréditaire des familles.

Un autre caractère de l'égalité dans la démocratie est la nécessité pour tous les citoyens de contribuer aux charges publiques *proportionnellement* à leurs facultés. Cette manière de comprendre la démocratie est la seule qui soit vraiment libérale. Elle fait pour le pauvre même du payement de l'impôt un véritable titre de civisme, au lieu de le rejeter dans la plèbe comme un individu sans devoir et sans lien, en même temps qu'elle soumet à la nécessité de prendre une plus forte part aux charges les classes aisées et riches, qui reçoivent de l'État une plus grande protection pour leurs biens et leurs personnes. Mais cette manière de comprendre l'impôt ne satisfait pas toutes les écoles démocratiques. Plusieurs croient la démocratie intéressée à exempter les citoyens peu aisés de toute contribution au-dessous d'un certain minimum de revenu. Plusieurs rêvent l'établissement d'un impôt progressif. Ce n'est pas ici le lieu d'envisager les suites économiques et politiques de l'impôt progressif, qui n'a reçu fort heureusement que des applications très restreintes. Mais nous devons faire observer que ce système relève d'un faux idéal de démocratie, celui de l'État se faisant juge des fortunes et niveleur. Rien n'est plus incompatible qu'une telle prétention avec le respect de la liberté et de la propriété. La démocratie libérale doit éviter de céder aux théories qui reconnaissent à l'État le droit de tout faire. Si on établit arbitrairement la part des fortunes, si on leur applique la pompe aspirante de l'impôt progressif, n'est-il pas évident qu'on se place sur la pente même du communisme ? On peut s'arrêter par modération, mais on ne s'arrête que par l'abandon de son principe. Malheur à la démocratie qui ferait du nivellement par l'État un dogme et un point de départ ! Elle se trahirait elle-même en sacrifiant la liberté. Combien il avait raison, le chef de parti dont la démocratie républicaine a porté le deuil vers le milieu de ce siècle, lorsqu'il répondait au manifeste des démocrates niveleurs et plus ou moins communistes qui avaient leur centre d'action, dans la Société des droits de l'homme en 1832 [1] : « L'impôt progressif, impôt de jalousie et non d'équité, ne distinguerait pas entre la richesse oisive et la richesse laborieuse. L'impôt progressif punirait toute richesse sans distinction, et cela dans la fausse donnée que tout riche dévore la substance d'un certain nombre de pauvres... Entre ce système (le système libéral qui se borne à abolir, en fait d'impôt, les injustes privilèges) et celui qui consisterait à déclarer l'État seul riche, seul propriétaire, seul producteur, seul consommateur, seul régulateur de l'activité nationale, seul inventeur, seul créateur dans les arts, dans l'in-

---

1. Il s'agit d'Armand Carrel.

dustrie, dans le mouvement général de la civilisation ; entre ces deux systèmes, disons-nous, l'impôt progressif ne tiendrait qu'un milieu hypocrite : il aurait pour objet de détruire toute espèce de richesse en dissimulant ce but. »

Ce système d'accaparement des activités et des fortunes par l'État, signalé avec tant de force par Armand Carrel, est, à un trop haut degré, la tentation et le danger de la démocratie pour que nous n'y insistions pas surtout depuis que le socialisme a pris son essor. En raison même de ce que le mouvement naturel des choses, le libre jeu des intérêts, amène plus d'égalité dans les sociétés démocratiques, le besoin de l'égalité se tourne en une véritable passion, et on se montre plus choqué des inégalités qui se conservent. On prétend les supprimer, et ramener les différentes classes mobiles dans leur composition à un commun et tyrannique niveau. On ne veut plus ni riches ni pauvres, ni maîtres ni ouvriers. On entend que tous soient égaux en fait comme en droit, et les plus conséquents ne reculent pas devant la pensée de l'égalité absolue des salaires appliquée à tous les producteurs et devenant la condition aussi bien du ministre qui gouverne, de l'administrateur haut placé, du chef d'industrie, s'il y a encore des chefs d'industrie, que du dernier des manœuvres.

Un tout autre ordre de considérations serait celui qui consisterait à rechercher quelle est et quelle peut être dans l'avenir l'influence de la démocratie sur les mœurs et sur l'esprit humain. L'auteur de la *Démocratie en Amérique*[1] a consacré les deux derniers volumes de son ouvrage à cette importante recherche. Il ne conclut pas, comme on le fait si souvent aujourd'hui, à l'abaissement nécessaire par la démocratie de l'intelligence humaine ; il pense qu'il y aura toujours, en face de la vogue du *commun*, et de la masse des travaux destinés à y satisfaire par le bon marché, des goûts supérieurs d'art et de science représentés par une élite et rémunérés par les classes les plus aisées. Il donne avec une raison pleine de finesse les motifs qui font que l'exemple des Américains ne prouve point qu'un peuple démocratique ne saurait avoir de l'aptitude pour les hautes sciences, la littérature et les arts. Ce qu'on appelle la vulgarité n'est pas le seul écueil moral de la démocratie. Elle en a un dans l'individualisme excessif que développent l'idée et la pratique habituelle de la souveraineté de l'individu rendu juge de la vérité et du bien et arbitre unique de ses propres affaires. L'orgueil individualiste engendre facilement le mépris de la supériorité et l'envie. Il a pourtant, si sérieux que soit le danger, ses correctifs naturels. Personne ne sent mieux que l'individu engagé dans une telle société l'impuissance de l'isolement. Nul appui s'il ne s'en crée. On s'associera donc.

L'idée de la grande association qui est la patrie parlera d'autant plus haut peut-être aux imaginations que l'individu ne voit rien entre elle et lui. C'est un fait que le sentiment collectif du patriotisme a engendré des prodiges dans les États démocratiques. Aujourd'hui, le danger est dans les doctrines purement humanitaires qui suppriment le patriotisme et dans la prédominance des questions des salaires qui fait qu'un ouvrier est tenté de voir un frère dans l'ouvrier d'un pays associé dans une ligue convenue, et un ennemi dans un capitaliste qui est son compatriote. Ce danger est un grand. Il faut veiller et combattre pour qu'il soit conjuré et qu'il se dissipe.

Une remarque essentielle qui se présente encore, lorsqu'on examine l'influence de la démocratie sur la pensée publique, c'est qu'elle est peut-être moins favorable qu'on ne le croit généralement à la pleine et entière liberté individuelle des opinions. La puissance des mœurs, la tyrannie de la coutume, le despotisme de la majorité y règnent quelquefois d'une manière plus absolue que sous toute autre forme de société. Il semble que le dépôt des croyances, des idées, des opinions, sur lesquelles vit la société, n'étant la propriété d'aucun corps, mais souvent une sorte de propriété commune, chacun en devienne un gardien d'autant plus ombrageux et vigilant. Aucun écrivain de nos jours n'a marqué avec plus de force que M. John Stuart Mill, dans son remarquable ouvrage sur la *Liberté*, cette violente pression de la masse sur chacun et cette tendance de la démocratie à imposer à tous les esprits le même modèle. C'est aux esprits énergiques et doués de valeur à se frayer leur voie entre la fausse originalité qui cherche l'effet et la docilité excessive qui s'abandonne au torrent[1].

III. *De l'organisation du pouvoir dans les États démocratiques.* — La démocratie dans l'ordre social semble devoir entraîner jusqu'à un certain point la démocratie dans l'ordre politique, parce qu'une certaine participation de la masse aux lumières, au bien-être et à la jouissance des libertés civiles, a pour conséquence naturelle une certaine participation au pouvoir, c'est-à-dire à l'exercice de la souveraineté. Mais il s'en faut qu'on s'entende sur le degré auquel le gouvernement doit être démocratique. On peut ramener à trois les opinions aux prises. Les uns, les plus extrêmes, soutiennent que la démocratie, pour être sincèrement pratiquée, exige le gouvernement direct du peuple sans l'intermédiaire d'une représentation nationale, qui, selon eux, ne tarde pas à se distinguer de la masse et qui en est même déjà distincte par la situation de ses membres quand elle est élue. Ils nient qu'une représentation puisse exprimer avec vérité les désirs mobiles et les volontés de cette masse, la volonté nationale n'étant point susceptible de délégation. Rousseau veut le

---

1. Alexis de Tocqueville.

1. Récemment il a été démontré que chacun veut avoir l'air d'être « plus avancé » que son voisin.

chef de cette école dont le *Contrat social* est l'évangile. Comment ne pas voir ce qu'un tel système a de faux et d'impraticable dans des sociétés nombreuses ? On se figure à la rigueur les citoyens d'Athènes [1] toujours occupés à voter, bien que la présence des pauvres eût besoin d'être stimulée par des moyens pécuniaires. Mais en France, en Angleterre, aux Etats-Unis, est-ce concevable ? Les citoyens ont-ils le temps, le goût, les moyens de passer leur vie sur la place publique ? La représentation est donc une nécessité absolue des grandes sociétés. Cette organisation, sans viser à la perfection, n'a pas d'inconvénient qui ne puisse être corrigé. Le caractère temporaire du mandat permet de rétablir l'accord qui cesserait d'avoir lieu entre les mandants et les mandataires. La délibération remise à un nombre limité d'hommes compétents ne présente que des avantages. Le vote est mis à l'abri des fantaisies irréfléchies de la multitude. L'important est que tout cela, élection, délibération, vote, se passe avec liberté et sincérité. Comment soutenir que dans de telles conditions la souveraineté nationale aura cessé de résider dans le peuple ? Ne choisit-il pas ? Ne peut-il révoquer ceux qu'il a nommés, après expiration de leur mandat ? Enfin toutes les constitutions empreintes à quelque degré de l'esprit libéral n'ont-elles pas reconnu la nécessité et indiqué les moyens d'en appeler à lui dans certaines circonstances solennelles et décisives qui intéressent la destinée du pays et le mouvement général à imprimer à la politique ?

Des deux autres opinions sur la constitution du pouvoir dans les Etats démocratiques, l'une, radicale encore, veut la plus grande simplicité dans le pouvoir ; nul mélange, nulle pondération : l'élément démocratique dans toute sa pureté. Une assemblée unique, omnipotente ; un pouvoir exécutif, entièrement dépendant d'elle : telle est, selon les esprits à courte vue, la rigoureuse orthodoxie démocratique. L'autre opinion, bien différente, professe au contraire que la démocratie n'a pas de plus dangereux ennemi que cette simplicité radicale qui la mène droit à la tyrannie. Si l'élément populaire est seul représenté, si nul compte n'est tenu des distinctions sociales, si cette part d'aristocraties naturelles qui subsistent dans l'Etat le plus démocratique, du moment qu'il n'est pas soumis au despotisme niveleur du communisme, n'a point aussi sa représentation dans l'Etat, s'il n'y a pas deux assemblées distinctes pour donner plus de poids aux délibérations et pour représenter plus spécialement l'une le mouvement, l'autre la tradition, s'il n'existe pas un pouvoir exécutif avec une sphère d'action indépendante jusqu'à un certain point, la démocratie produira tous ses abus, elle sera, tour à tour ou à la fois, violente et oppres-

sive, désordonnée et anarchique. Que peut faire un pouvoir sans limite et sans frein, si non tomber du côté où il penche naturellement ? Plus dès lors de sagesse, de maturité, de modération, un emportement irréfléchi ou systématique écrasant toute résistance et effaçant toute différence ; tel est le sort inévitable réservé aux démocraties extrêmes.

Nous ne faisons d'ailleurs que toucher ici ces questions d'organisation et d'équilibre ; elles seront traitées dans d'autres articles. Il suffit ici d'indiquer le principal devoir auquel doit obéir la constitution du pouvoir dans la démocratie. Ce devoir, c'est le respect de la liberté.

C'est si bien là qu'est à la fois le péril et le devoir de la démocratie qu'un publiciste démocrate éminent, J.-Stuart Mill, n'a pour ainsi dire point d'autre objet sous les yeux, d'accord en ceci avec Tocqueville. Il s'en montre préoccupé jusqu'à l'inquiétude, jusqu'à l'alarme, et c'est pour trouver des moyens d'arriver à cette désirable conciliation qu'il a écrit ses deux ouvrages politiques : *la Liberté* et le *Gouvernement représentatif*. Ne pas écraser les minorités sous la majorité, l'individu sous la centralisation, la liberté sous l'égalité, voilà le triple problème à la solution duquel est attachée la destinée de la démocratie.

Ceux qui ont osé soutenir que la majorité peut tout faire partent de l'idée la plus fausse, celle de la souveraineté illimitée du nombre. Croire que le nombre peut tout, n'est-ce pas justifier tous les crimes ? N'est-il pas évident qu'une telle théorie anéantit radicalement l'idée de justice ? Altérer profondément la propriété, détruire la famille, n'est plus qu'une question de majorité. Il n'y a pas d'autre droit que la force. Toutes les conséquences de cette monstrueuse doctrine ne sont pas, dira-t-on, tirées avec cette logique extrême. Soit : il suffit qu'elle règne pour mettre sur la pente de toutes les tyrannies. Qui empêchera, par exemple, la majorité de retirer à la minorité la parole et les divers moyens de persuasion qui peuvent lui permettre de devenir majorité à son tour ? L'oppression des minorités jusqu'à l'extermination est écrite à toutes les pages de l'histoire de la Convention. C'est à ce péril, qui ne ferait que substituer la tyrannie de la pluralité à celle d'un seul ou d'une oligarchie, que doit obvier la constitution du pouvoir dans une démocratie bien réglée. Il faut, en un mot, un système de garanties, et, comme base de ce système, la reconnaissance d'un certain nombre de droits supérieurs aux simples conventions humaines, droits sans lesquels la société périt et le gouvernement n'est plus qu'un pouvoir arbitraire [1].

DÉNI DE JUSTICE. Il y a déni de justice lorsqu'un juge, un tribunal, un administrateur ou une autorité administrative, sous

---

[1]. On croit qu'Athènes n'a eu que 6.000, et au maximum 10.000 citoyens ; les pauvres parmi eux pouvaient alors recevoir une sorte de traitement pour s'occuper de la chose publique.

1. Baudrillart (Extraits souvent modifiés).

quelque prétexte que ce soit, refusent de statuer sur des affaires dont ils sont régulièrement saisis et qui sont en état de recevoir une décision.

Les diverses législations se sont justement attachées à prévenir tout déni de justice et ont pris soin de les réprimer lorsqu'ils se sont produits. Si les nations policées défendent aux citoyens de se faire justice à eux-mêmes, ce principe d'ordre public a pour conséquence immédiate et forcée d'imposer aux magistrats choisis par le prince ou le pays pour administrer la justice l'obligation de statuer sur toutes les causes déférées à leur autorité.

DÉNISATION. La *dénisation* est l'obtention de certains droits civils et politiques, dont les étrangers peuvent jouir en Angleterre. C'est une espèce de naturalisation imparfaite, qui place l'étranger *dénisé* dans un état intermédiaire entre l'étranger proprement dit et l'étranger naturalisé. Elle n'enlève pas la propre nationalité, bien qu'elle investisse le *dénisé* de quelques-uns des privilèges appartenant aux sujets anglais. Ces privilèges peuvent être accordés pour la vie durant, ou pour un temps limité, ou pour une circonstance particulière, ou pendant la résidence et celle de la postérité du *dénisé* en Angleterre ou dans les possessions du royaume.

DEPARTEMENT. C'est, depuis 1791, le nom des grandes divisions administratives de la France. Nous n'avons pas à faire connaître ici la législation qui les régit, nous ferons seulement remarquer que de bons esprits ont trouvé ces divisions, en général, trop petites, et il a été plusieurs fois question d'en réunir plusieurs et de former des « régions ». Pour plusieurs services publics, ces grandes circonscriptions existent (cours d'appel, divisions militaires, postes et télégraphes, Académie d'instruction publique). Quelle influence politique auraient les régions administratives? Qui pourrait le deviner? Il est seulement probable qu'en réduisant le nombre des départements le budget ferait quelques, mais d'assez légères, économies.

DÉPÊCHE. Lettre envoyée par un courrier (par voie rapide); nouvelle envoyée par le télégraphe. Communication d'un gouvernement.

Les agents diplomatiques laissent généralement copie de leurs communications officielles. La copie est signée comme conforme à l'original quand il est dit que « copie sera laissée »; elle n'est pas certifiée lorsqu'il est dit « sans laisser copie ».

D'un autre côté, quand une dépêche est blessante dans la forme, le ministre du gouvernement auquel elle est destinée peut refuser d'en prendre connaissance, soit qu'il ait été prévenu à l'avance du caractère blessant de la rédaction, soit qu'il ait reconnu ce caractère dès la première lecture faite par l'ambassadeur. Alors, aucune copie n'est prise de la dépêche; il est exact, en langage diplomatique, que le gouvernement destinataire n'en a pas connaissance. On y supplée d'ordinaire par un entretien officieux sur les matières qui faisaient l'objet de la dépêche refusée.

DÉPORTATION. Peine qui, dans notre droit, consiste à être transporté et à demeurer à perpétuité hors du territoire continental de la France, dans un lieu fixé par le gouvernement.

Chez les Romains, la déportation était inscrite au rang des peines capitales, parce qu'elle avait pour conséquence la mort civile. C'est en cela qu'elle différait de la relégation. On l'appliquait dans un grand nombre de cas, et entre autres en matière de faux testaments.

En Angleterre, sous le nom de *transportation*, elle équivaut à notre peine des travaux forcés. Elle est temporaire. Les condamnés la subissent dans des colonies pénitentiaires.

La Russie déporte ses condamnés en Sibérie; l'Espagne déporte les siens en Afrique ou aux Philippines, et le Portugal en Mozambique.

Dans l'ancien droit français, la peine de la déportation n'existait pas, sous ce nom du moins, mais il y avait le bannissement perpétuel que les auteurs comparaient à la déportation du droit romain, et qui produisait les mêmes effets : la mort civile et la confiscation des biens. Elle venait immédiatement après la peine des galères perpétuelles.

Le Code pénal du 25 septembre 1791, qui remplaça l'ordonnance de 1670 et inaugura dans le droit criminel une ère nouvelle, comprit la déportation au nombre des peines. Le lieu où les condamnés subiraient cette peine devait être fixé ultérieurement.

Le caractère politique de la déportation, dont les partis devaient tour à tour se faire une arme les uns contre les autres, n'est nulle part plus clairement marqué que dans un décret du 7 juin 1793. La Convention venait d'instituer le tribunal révolutionnaire; comme complément à l'organisation de cette juridiction d'exception, elle décréta que « ceux qui, étant convaincus de crimes et délits qui n'auraient pas été prévus par le Code pénal ou dont la punition ne serait pas déterminée par la loi, et dont l'incivisme et la résidence sur le territoire de la République auraient été un sujet de trouble et d'agitation, seraient condamnés à la peine de la déportation ». C'était la violation des principes les plus sacrés du droit criminel et l'organisation du régime de la terreur.

Presque à la même époque (24 vendémiaire an II), la Convention édicta la peine de la transportation contre les vagabonds et les mendiants en récidive. Le paupérisme était devenu menaçant ; en 1791, près du tiers de la population parisienne figurait sur la liste des indigents, et cet état de choses s'était encore aggravé depuis cette époque.

Le Code de brumaire an IV inscrivit la déportation au nombre des peines afflictives et infamantes, immédiatement après la peine de mort.

Par actes législatifs, c'est-à-dire par coups d'Etat, la Convention nationale avait prononcé la peine de la déportation contre ses propres membres. Le Directoire suivit ce funeste exemple ; c'est ainsi qu'au 18 Fructidor il frappa de la déportation deux de ses membres, trois généraux et les rédacteurs de 35 journaux. Les déportés furent conduits à Sinamary, dans la Guyane française. Un décret du 3 nivôse an VIII confirma ces mesures révolutionnaires en édictant que « tout *condamné* à la déportation, *sans jugement préalable*, ne pourrait rentrer sur le territoire français, sous peine d'être considéré comme émigré, à moins qu'il n'y fût autorisé ».

Les condamnations sans jugement du Directoire valent bien les crimes non spécifiés dans la loi de la Convention. La passion qui domine les auteurs de ces lois de circonstance, et qui souvent les aveugle, cache à leurs yeux ce qu'elles ont d'odieux et d'inique ; la postérité impartiale les condamne et les flétrit.

Le Code pénal de 1810 conserva la peine de la déportation. « Elle consiste, dit l'article 17, à être transporté et à demeurer à perpétuité dans un lieu déterminé par la loi, hors du territoire continental de l'empire. Si le déporté rentre sur ce territoire, il est, sur la seule preuve de son identité, condamné aux travaux forcés à perpétuité. S'il n'est pas rentré sur le territoire de l'empire, mais s'il est saisi dans les pays occupés par les armées françaises, il est reconduit dans le lieu de sa déportation. »

La condamnation à la déportation emportait la mort civile ; mais le gouvernement pouvait accorder au condamné l'exercice des droits civils ou de quelques-uns de ces droits.

La cour des pairs fit application de cette peine, le 21 décembre 1830, aux ministres du roi Charles X.

Lors de la revision du Code pénal, en 1832, la peine de la déportation fut vivement attaquée ; le gouvernement l'avait même supprimée dans son projet ; mais la Chambre des députés craignit que cette suppression ne préjugeât contre la création future d'une colonie pénale française. Elle fut donc maintenue dans la nouvelle loi. On se borna à ajouter à l'article 17 du Code de 1810 que, « tant qu'il n'aurait pas été établi un lieu de déportation, ou lorsque les communications seraient interrompues entre le lieu de la déportation et la métropole, le condamné subirait à perpétuité la peine de la détention ».

Sous le gouvernement de Juillet, la maison centrale du Mont-Saint-Michel et la citadelle de Doullens furent les lieux de détention où

les condamnés à la déportation subirent leur peine.

La révolution de 1848 ramena ces grandes crises sociales, à la suite desquelles les gouvernements sont trop souvent portés à recourir à des mesures extralégales. L'Assemblée nationale, à la suite des journées de Juin, décréta la transportation, par mesure de sûreté générale, de tous les individus détenus qui seraient reconnus avoir pris part à l'insurrection des 23 juin et jours suivants. Les femmes et les enfants des transportés étaient admis par la loi à partager le sort de leurs maris et de leurs pères.

Au moment où ce décret fut rendu, le nombre des individus arrêtés comme ayant pris part à l'insurrection était de 6.000 : il s'est élevé plus tard à 14 ou 15.000 ; sur ce nombre 260 environ ont été renvoyés devant des conseils de guerre, et 3.423 ont été désignés pour la transportation.

Les lois des 24 et 30 janvier 1852 fixèrent l'Algérie et l'emplacement de l'ancienne Lambessa, pour lieux de transportation et fixèrent à dix années l'époque où cette mesure cesserait de plein droit.

La transportation n'a pas été considérée comme une peine proprement dite ; et l'on a évité d'employer le mot de déportation, pour que la mesure politique adoptée d'une manière exceptionnelle ne pût être confondue avec la peine édictée par le Code pénal.

L'année suivante, après la journée du 13 juin et la mise en état de siège de la ville de Paris, de nombreuses arrestations furent opérées. Soixante-sept accusés furent renvoyés devant la haute cour de justice, séant à Versailles, et la peine de la déportation fut prononcée contre plusieurs d'entre eux. La même peine avait été prononcée en 1848, par la haute cour de justice de Bourges, contre deux accusés reconnus coupables d'avoir pris part à l'insurrection du 15 mai.

Une loi du 8 juin 1850 modifia sur quelques points la peine de la déportation, qui désormais ne devait plus emporter la mort civile. La mort civile a été depuis complètement abolie dans tous les cas par la loi du 31 mai 1854.

La transportation a encore été prononcée comme mesure de sûreté générale, à la suite des événements de décembre 1851, par des commissions mixtes, en vertu de décrets ou de circulaires des 3 février, 5 et 26 mars 1852.

Le décret du 8 décembre 1851 mit entre les mains du gouvernement d'une manière permanente, comme mesure de sûreté générale, la transportation, qui n'avait été prononcée, en 1849, que par exception. Aux termes de ce décret le gouvernement put transporter dans une colonie pénitentiaire, à Cayenne ou en Algérie, les condamnés en état de rupture de ban, et les individus reconnus coupables d'avoir fait partie d'une société secrète. La transportation devint alors l'accessoire d'une autre peine.

La loi du 23 mars 1872 a fixé comme lieu

de déportation la Nouvelle-Calédonie (*voy.* aussi le décret du 31 mai 1872).

En résumé la déportation est une peine politique qui admet deux degrés : la déportation simple et la déportation dans une enceinte fortifiée. Ces deux peines se distinguent facilement lorsqu'elles sont subies loin de France ; mais en France elles se confondent, c'est dans les deux cas la détention. Depuis 1791, tantôt sous son nom, tantôt sous celui de transportation, elle a été tout aussi souvent une mesure de police qu'une peine proprement dite régulièrement appliquée par les tribunaux de droit commun.   (EMILE CHÉDIEU.)

DÉPOSITION. Ce mot n'est pas synonyme de *déchéance*. On entendait plus particulièrement par *déposition* la privation de la dignité royale prononcée par le pouvoir ecclésiastique, en vertu de la suprématie qu'il s'attribuait. — Comme l'idée du caractère indélébile de la royauté, celle de l'inviolabilité de la personne royale avait son origine dans le sacre, qui faisait du roi *l'oint du Seigneur;* ceux qui conféraient cette sorte de sacrement se croyaient en droit d'en retirer aussi le bénéfice. A cet effet, ils prononçaient la déposition en déliant les sujets du serment de fidélité. — La déclaration du clergé de 1682 protesta contre cette invasion dans les matières temporelles et établit, en principe, que les rois ne pouvaient ê're déposés ni directement ni indirectement par l'autorité des chefs de l'Eglise.

DÉPOT. La législation française sur la presse (*voy.*) exige le dépôt, par l'imprimeur ou le lithographe, de deux exemplaires de tout ouvrage imprimé et de trois exemplaires de tout ouvrage lithographié, autographié ou de musique. Le dépôt est effectué, à Paris, au ministère de l'intérieur, et dans les départements au secrétariat des préfectures.

Le dépôt aux archives du conseil des prud'hommes ou au greffe du tribunal de commerce est la formalité requise pour s'assurer la propriété des marques et dessins de fabrique.

La caisse des dépôts et consignations reçoit les dépôts judiciaires et administratifs (par exemple, ceux des entrepreneurs de travaux publics). Cette caisse forme une administration séparée et assez indépendante, dont les attributions ont été exposées dans notre *Dictionnaire de l'Administration française.*

DÉPUTÉ, délégué de la *nation,* dans les Echelles du Levant et de Barbarie.

DÉPUTÉS. C'est le nom des membres de l'assemblée élective qu'on désigne comme 2ᵉ chambre. Le titre de « député » n'a jamais appartenu dans notre histoire, comme dans l'histoire de presque tous les autres peuples du continent, qu'aux mandataires près des gouvernements réguliers. Une dénomination particulière est réservée, dans les temps d'agitation, aux hommes investis des mêmes fonctions, c'est celle de « représentant ». Mais si leur mandat est plus constitutif que législatif, c'est-à-dire si les élus sont appelés à relever les ruines de l'autorité gouvernementale, la dénomination usuelle change encore, et le langage politique leur donne le titre de « constituants ».

Outre ces fonctions de législateur, on attribue volontiers au député celle de défenseur des intérêts et des droits isolés du département ou de l'arrondissement qui l'a élu. Et même on considère aussi le député comme l'agent des intérêts individuels. Pour peu que son crédit ou son activité personnelle l'engagent dans cette voie, il devient l'auxiliaire des solliciteurs d'emplois ou de faveurs, et comme l'a dit très finement un jour Viennet, « de protégé qu'il était jusqu'alors, le nouveau député se fait protecteur à son tour ».

Cette situation se trahit même de plus en plus de nos jours, bien que l'établissement du suffrage universel l'ait modifiée de la manière la plus heureuse. Mandataire, en effet, d'un petit nombre d'électeurs, le député censitaire devenait naturellement le protégé d'un groupe d'individus d'autant plus insatiables que leurs votes avaient été plus recherchés. De son côté, le gouvernement, qui trouvait dans l'élection de son candidat une satisfaction politique, se faisait aisément le tributaire du député. Sous le régime électoral en vigueur, la masse des solliciteurs dépasse le nombre des faveurs disponibles et l'on fait bien des mécontents. Toutefois il semble qu'on oublie rarement de respecter le vieux proverbe : « charité bien entendue commence par soi-même. »

Ajoutons que le législateur, qui a sagement pensé qu'un temps moral devait s'écouler entre le jour de la démission d'un fonctionnaire et celui de son élection comme député, aurait dû fixer également un certain temps pour la nomination d'un député démissionnaire à des fonctions publiques. Il n'est pas besoin d'insister sur l'importance de cette nouvelle garantie qui serait ainsi donnée de l'entière liberté avec laquelle le député remplit sa mission.

Quant au mode d'élection des députés et à leurs droits, nous renvoyons aux articles Constitution, Election et autres.

DÉROGATION. Acte par lequel on déroge à un acte précédent, c'est-à-dire par lequel on s'en écarte, on le tient pour non avenu. Il y a dérogation à une loi, lorsqu'on ne se conforme pas à ses prescriptions. Il y a également dérogation lorsqu'on fait une convention contraire à certaines dispositions légales. On doit regarder comme une maxime générale, en fait de dérogation, que *posteriora derogant prioribus.* On peut déroger, c'est-à-dire renoncer à un acte précédent ou à une clause particulière, en révoquant cet acte ou cette clause, ou en y contrevenant par une stipulation contraire. Il y a donc dérogation expresse et dérogation tacite.

DÉROGER. Depuis l'abolition des privilèges, et surtout depuis le progrès des lumières, les nobles peuvent exercer toute profession honorable sans déroger. (*Voy.* **Noblesse.**)

DÉSARMEMENT. C'est un mot qui a perdu presque toute signification politique, depuis l'introduction générale des landwehrs. Autrefois, lorsque les nations européennes n'avaient que des armées permanentes sans milices et sans réserves, l'augmentation des troupes d'un pays pouvait paraître menaçante à l'autre et devenir, pour ce dernier, un motif d'accroître sa propre armée. Et comme aucun pays n'aime renoncer à la supériorité acquise, à sa « légitime influence », à sa « prépondérance », et encore moins s'affaiblir, il s'établit entre les États une sorte d'émulation sur le terrain de l'organisation militaire : c'est à qui aura la plus belle armée.

Or, une armée permanente est une cause de grandes dépenses. On ne se fait pas une idée des milliards que ce système a coûtés à l'Europe. Dans beaucoup de pays, le trésor en a été obéré. Ce n'est pas tout. Un grand nombre de jeunes gens ont été détournés ainsi de leur carrière, l'agriculture et l'industrie en ont souffert, et la moralité n'y a rien gagné. Enfin, on a trouvé que, contrairement au vieux dicton, *si vis pacem, para bellum,* il n'était pas bon que les pays fussent trop prêts pour la guerre, la tentation pourrait devenir trop forte. De là, l'idée du désarmement dans l'intérêt des finances, dans l'intérêt de l'agriculture et de l'industrie, dans l'intérêt de la paix.

Le désarmement était conçu comme une mesure commune aux grandes puissances, concertée entre elles et rendue obligatoire par des traités spéciaux. Quelques auteurs ont pensé que les traités étaient superflus, chaque État étant libre de réduire ses armements, il n'avait qu'à renvoyer dans leurs foyers les soldats qui demanderaient le plus ardemment à reprendre leurs professions utiles, à cultiver les « arts de la paix ». Chacun conserverait les cadres et un noyau de troupes, pour que *l'art de la guerre* ne s'oubliât pas dans le pays.

A ce raisonnement on objectait qu'un État ne pouvait pas désarmer à lui tout seul sans se mettre à la merci de ses voisins.

Voilà pourquoi on demandait qu'il y eût entente entre les gouvernements. On conviendrait du chiffre des troupes que chacun entretiendrait, et on s'engagerait sur l'honneur à ne point le dépasser. Cette manière de voir a trouvé son expression en diverses circonstances, et notamment en 1862 dans le Parlement anglais. Lord Palmerston, appelé à se prononcer, a pensé qu'une convention de cette nature était impossible. D'abord, aucune puissance ne laisserait restreindre sa liberté, et ensuite, en supposant le traité signé, il faudrait se faire représenter les uns chez les autres par des officiers chargés d'en surveiller l'exécution. Il en résulterait des froissements plus dangereux pour la paix que la situation existante.

The Economist du 25 décembre 1869 trouve qu'un traité de désarmement est impossible, par la raison que le système militaire des divers pays est assez différent pour que ce qui est désarmement pour un État ne le soit pas pour l'autre. De plus, la situation des divers pays n'est pas la même, l'un est menacé à l'intérieur ou à l'extérieur, et l'autre ne l'est pas.

L'introduction du système des landwehrs dans l'organisation militaire de la plupart des pays européens ôte toute signification au mot désarmement, parce que l'armée permanente ne constitue qu'une partie des forces militaires d'un État. Le nombre des hommes sous les drapeaux n'est pas l'essentiel; on peut en renvoyer dans leurs foyers un nombre plus ou moins grand sans s'affaiblir. Tant pis pour le gouvernement qui charge ses contribuables au delà de ce qu'il faut pour maintenir l'efficacité de son armée.

Toutefois, le système des landwehrs comporte une armée permanente plus ou moins nombreuse, et, entre le système suisse et le système français d'avant 1872, par exemple, il y a de nombreux termes intermédiaires. Nous serions heureux de voir généraliser le système suisse en Europe, et si le mot désarmement a désormais une signification c'est celle-là; mais nous ne croyons pas à la réalisation d'un désarmement aussi radical. En attendant, chaque pays pourrait chercher à s'approcher du but, en rendant aussi courte que possible la présence sous les drapeaux, c'est là, comme je l'ai montré dans la 2e édition de *l'Europe politique et sociale* (Paris, Hachette, 1892, pp. 151 et suiv.), le seul moyen possible. J'ai donné dans cet ouvrage tous les détails nécessaires, et l'espace ne permet pas de les reproduire ici.

DÉSHÉRITÉS. Voilà un vilain mot, inventé par des phraseurs, et mis en circulation par des gens irréfléchis. Les prétendus déshérités dont il s'agit ne sont pas des idiots ou d'autres infirmes incurables qui semblent en effet privés de toute possibilité d'améliorer leur position sur la terre; on parle de gens à esprit sain, jouissant de bras vigoureux, d'une certaine habileté peut-être, et auxquels personne ne conteste la totalité des droits civils et politiques. Ce sont des hommes qui jouissent de la vie, qui se marient et élèvent des enfants, qui ont d'assez nombreuses jouissances matérielles—et des jouissances morales, plus ou moins, selon le degré de leur culture intellectuelle et morale.

Et ces gens on a eu l'impertinence de les appeler déshérités ! ! !

Pourquoi?

Parce que —jusqu'aujourd'hui (le jour où on a lancé l'injure) — ils sont restés dans les rangs inférieurs de la hiérarchie industrielle. Voilà un simple soldat qui part avec le bâton de maréchal dans sa giberne; ce n'est ni aujourd'hui, ni demain qu'il l'en tirera; il ne l'en tira peut-être jamais, soit qu'une balle ennemie mette fin à sa carrière, soit que ses capacités n'y suffisent pas; peut-on dire que ce soldat est « *déshérité* »? Vous ne savez donc pas ce que parler veut dire?

De même pour l'ouvrier. Tous les ans des milliers d'ouvriers s'élèvent dans la hiérarchie sociale, et parce que des centaines de mille sont moins capables ou moins heureux vous les dites déshérités? Vous n'y avez pas réfléchi.

DESPOTISME. Montesquieu définit le gouvernement despotique, celui dans lequel « un seul, sans loi et sans règle, entraîne tout par sa volonté et ses caprices ». Il le distingue du gouvernement absolu ou monarchique, dans lequel un seul gouverne aussi, mais par des lois régulièrement établies.

Suivant Guizot, le despotisme n'est autre chose que le pouvoir absolu, quand ce pouvoir, « au lieu d'être un moyen, devient le but même, et que le monarque, dirigé par des vues complètement égoïstes, ne cherche plus dans le pouvoir que la satisfaction de ses propres passions, de sa misérable et éphémère personnalité ». Le signe caractéristique du despotisme serait donc l'égoïsme. C'est d'après cette théorie que le même écrivain nous dépeint Philippe le Bel : « un despote égoïste, dévoué à lui-même, qui règne pour lui seul et ne demande au pouvoir que l'accomplissement de sa propre volonté ».

Cependant Guizot n'hésite pas à placer au rang des despotes deux monarques, pour qui, d'après lui-même, le pouvoir a été un moyen, non un but : « Charlemagne, par exemple, et Pierre le Grand, en Russie, ont été de véritables despotes, mais non des despotes exclusivement égoïstes, uniquement préoccupés d'eux-mêmes, ne consultant que leurs caprices, n'agissant que dans un but personnel. Ils avaient l'un et l'autre sur leur pays, sur le sort des hommes, des vues et des volontés générales, désintéressées, dans lesquelles la satisfaction de leurs propres passions ne tenait que la moindre place. » (*Histoire de la civilisation en France*, t. IV.)

Il y a donc, suivant Guizot lui-même, des despotes qui sont égoïstes et d'autres qui ne le sont pas; mais alors que devient sa définition? Il est évident que son langage, généralement si clair, manque ici de précision, qu'il ne va pas au fond des choses et qu'il confond le despotisme avec le pouvoir absolu.

La même confusion se retrouve dans les écrits de Benjamin Constant, qui avait cependant compris la difficulté, mais qui n'a pas cherché à en donner une solution rigou-reuse. « Je n'entends nullement par despotisme, dit-il, les gouvernements où les pouvoirs ne sont pas expressément limités, mais où il y a pourtant des intermédiaires; où une tradition de liberté et de justice contient les agents de l'administration; où l'autorité ménage les habitudes; où l'indépendance des tribunaux est respectée. Ces gouvernements sont imparfaits, ils le sont d'autant plus que les garanties qu'ils établissent sont moins assurées; mais ils ne sont pas purement despotiques. » L'absence de toute limitation au pouvoir suprême et de pouvoirs indépendants qui fassent contre-poids, voilà donc, suivant le célèbre publiciste de la Restauration, ce qui distingue le despotisme; cela le distingue, il est vrai, mais de quoi? du gouvernement constitutionnel, non du pouvoir absolu, dont le caractère est aussi de n'admettre aucune limite et de ne reconnaître aucun intermédiaire indépendant, sous peine de n'être plus absolu.

J'entends par despotisme, continue Benjamin Constant, un gouvernement où la volonté du maître est la seule loi, où les corporations, s'il en existe, ne sont que ses organes; où ce maître se considère comme le seul propriétaire de son empire et ne voit dans ses sujets que des usufruitiers; où la liberté peut être ravie aux citoyens sans que l'autorité daigne expliquer ses motifs et sans qu'on en puisse réclamer la connaissance; où les tribunaux sont subordonnés aux caprices du pouvoir; où leurs sentences peuvent être annulées; ou les absous sont traduits devant de nouveaux juges instruits par leurs prédécesseurs qu'ils ne sont là que pour condamner. » (*Cours de politique constitutionnelle.*)

Au lieu de la définition que nous lui demandons, l'écrivain donne des exemples qui presque tous peuvent convenir tout aussi bien au pouvoir absolu qu'au despotisme. Mais Benjamin Constant fait un pas de plus et nous dit : « ... Je ne parle que du principe... ce principe, c'est l'arbitraire. » — C'est en effet un principe que nous cherchons; voyons si celui-là est bien le vrai principe. D'abord, comment Benjamin Constant définit-il l'arbitraire? « C'est, dit-il, une chose négative! (l'arbitraire une chose négative? l'arbitraire suppose l'exercice de la volonté) ; c'est l'absence des règles, des limites, des définitions, en un mot, l'absence de ce qui est précis. Or, comme les règles, les limites, les définitions sont choses incommodes et fatigantes, on peut très bien vouloir secouer le joug et tomber ainsi dans l'arbitraire sans s'en douter. » Par conséquent et en vertu de cette définition, on peut être despote sans le savoir!

Mais il s'en faut de beaucoup que l'arbitraire et le despotisme soient la même chose. Sans doute l'arbitraire implique un pouvoir discrétionnaire à l'égard de l'objet sur lequel il s'exerce; ainsi on dit : l'arbitraire du juge, *ad arbitrium judicis*, ce qui ne veut pas dire son despotisme ou sa tyrannie; mais il n'implique que le pouvoir absolu; on peut en user pour le bien comme pour le mal; il n'exclut en aucune manière la pratique du bien.

Nous avons vu que l'égoïsme, qui peut se rencontrer partout, n'est pas le trait distinctif du despotisme; l'arbitraire n'en forme pas davantage le caractère essentiel.

Dans un des chapitres les plus éloquents de *l'Esprit des lois*, Montesquieu a mieux que les deux publicistes que nous venons de citer déterminé le principe du gouvernement despotique. Ce principe, c'est la terreur. « Le gouvernement, dit-il, a pour principe la crainte. Tout y doit rouler sur deux ou trois idées; il n'en faut donc pas de nouvelles. Quand vous instruisez une bête, vous vous donnez bien de garde de lui faire changer de maître, de leçon et d'allure; vous frappez son cerveau par deux ou trois mouvements, pas davantage. Charles XII étant à Bender, trouvant quelque résistance dans le sénat de Suède, écrivit qu'il leur enverrait une de ses bottes pour les commander. Cette botte aurait gouverné comme un roi despotique... Dans les États despotiques, le partage des hommes comme des bêtes est l'instinct, l'obéissance, le châtiment. »

Si nous suivons Montesquieu dans ses considérations sur le despotisme, nous y verrons signalés l'égoïsme et l'arbitraire, comme des conséquences, comme des traits accessoires, mais non comme le premier principe et le mobile du gouvernement.

Le plus ordinairement le despotisme est entre les mains d'un seul. « Il résulte de la nature du pouvoir despotique, dit Montesquieu, que l'homme seul qui l'exerce le fasse de même exercer par un seul. L'établissement d'un vizir est dans cet état une loi fondamentale. On dit qu'un pape à son élection, pénétré de son incapacité, fit d'abord des difficultés infinies. Il accepta enfin et livra à son neveu toutes les affaires. Il était dans l'admiration et disait : « Je n'aurais jamais cru que cela eût été si aisé. » Il en est de même des princes d'Orient.

Ce serait cependant une erreur de croire que le despotisme soit nécessairement exercé par un seul. Tout pouvoir peut devenir despotique. L'histoire nous donne l'exemple du despotisme des assemblées, et celle qui parmi nous n'a pas craint de proclamer qu'elle gouvernait par la terreur (la Convention) acceptait par cela même le stigmate indélébile du despotisme. La majorité peut se montrer despotique et opprimer la minorité, mais la minorité peut aussi s'emparer du pouvoir et opprimer la majorité.

Une aristocratie peut être despotique, une oligarchie le peut aussi, et l'exemple n'est pas rare du despotisme exercé par la démocratie. L'opinion qui, dans les sociétés modernes, joue un si grand rôle et possède une si grande puissance qu'on la nommée la reine du monde, devient parfois despotique dans ses égarements, quand la crainte qu'elle inspire devient la sanction de sa tyrannie [1]. Enfin la loi elle-même, qui de sa nature est impérative et commande l'obéissance, peut aussi constituer un despotisme, comme nous le dirons tout à l'heure.

Comment est-il possible cependant que la majorité puisse jamais être despotique? Est-ce qu'il ne lui appartient pas de faire la loi et d'imposer, dans tous les cas, ses déterminations à la minorité? Est-ce que, par suite, ses décisions ne sont pas toujours et nécessairement légitimes? Telle était l'opinion de J.-J. Rousseau, qui faisait de la volonté générale la source même du droit. Suivant lui, cette volonté générale ne peut errer; légalement exprimée, elle est toujours droite et tend toujours à l'utilité publique. C'est en elle que réside la souveraineté, et les lois qui sont ses actes, participant à une infaillibilité, sont absolues, mais ne peuvent jamais être despotiques.

Benjamin Constant a exprimé avec beaucoup de force les conséquences de cette doctrine qui attribue à la société entière, ou pour mieux dire à la majorité, une autorité illimitée. « L'assentiment de la majorité, dit-il, ne suffit nullement dans tous les cas pour légitimer ses actes : il en existe que rien ne peut sanctionner. Lorsqu'une autorité quelconque commet des actes pareils, il importe peu de quelque source elle se dise émanée; il importe peu qu'elle se nomme individu ou nation; elle serait la nation entière, moins le citoyen qu'elle opprime, qu'elle n'en serait pas plus légitime. Rousseau a méconnu cette vérité, et son erreur a fait du *Contrat social* si souvent invoqué en faveur de la liberté, le plus terrible auxiliaire de tous les genres de despotisme. » En effet, que la société transporte à son représentant son autorité illimitée, et l'autorité du dépositaire sera absolue; par suite aucun membre n'a droit de lutter contre la réunion entière. « Ce qui plaît au prince, disent les Institutes de l'empereur Justinien, a force de loi, parce que le peuple romain, par la loi *Regia*, qui a constitué l'empire, lui a délégué et concédé son autorité et sa puissance. » C'était la théorie de Rousseau mise en pratique.

Montesquieu, dans *l'Esprit des lois*, a fait du despotisme une des trois espèces de gouvernements, un des trois types primitifs Il suivait en cela l'exemple d'Aristote, qui en parle, « non qu'il ait beaucoup à en dire, mais afin de lui donner une place dans l'ensemble et parce qu'il l'a indiqué comme étant aussi une sorte de gouvernement ». On a vivement reproché à Montesquieu d'avoir élevé, en quelque sorte, au rang d'un gouvernement régulier un état de choses qui n'est que la négation du droit, qui ne s'appuie que sur la violence et qui ne se maintient que par la crainte. Le décrire, en tracer les règles, montrer comment il naît et à quelles causes de destruction il succombe, n'était-ce

---

1. Il peut être dangereux de voir plus juste que l'opinion publique, d'exprimer certaines vérités déplaisantes.

pas lui faire un trop grand honneur ? On n'a jamais dit que le bandit qui s'empare d'une ville et la met au pillage fût le chef d'un gouvernement ; le despotisme n'est pas moins contraire à la nature ; il fallait le laisser en dehors du droit. Ces critiques ont été bien des fois, depuis Voltaire, adressées à *l'Esprit des lois*. Nous ne croyons pas qu'elles soient fondées. D'abord il ne serait pas juste de croire que Montesquieu ait légitimé le despotisme, ni même qu'il ait affaibli les couleurs avec lesquelles il l'a dépeint. Aucun écrivain, même dans l'antiquité, n'a trouvé de plus éloquentes paroles pour stigmatiser un état de choses « qui n'est pas moins pesant à celui qui l'exerce et qui n'en peut sortir qu'aux peuples eux-mêmes ». Seulement il l'a trouvé occupant en fait, sinon en droit, une large place dans l'histoire de l'humanité. Il a vu des sociétés entières condamnées fatalement à le subir pendant des siècles, par les influences de race, de climat, de religion, par les causes les plus complexes ; il a dû en tenir compte comme d'un fait qui se produit dans la vie des sociétés.

Il avait d'ailleurs été précédé dans cette voie. Machiavel, avant lui, avait écrit son livre du *Prince*, qui n'est ni une apologie, ni une satire du despotisme ; le célèbre Florentin a soumis froidement à l'analyse un phénomène social ; il l'a décrit sans passion, sans colère, comme Thucydide a décrit la peste.

Avant Machiavel et Montesquieu, Aristote, qu'ils ont tous les deux consulté et dont ils ont emprunté les principaux traits, avait traité à fond la question du despotisme. Suivant Aristote, le despotisme est contraire à la nature, et par nature il entend ce qui constitue le complément et la perfection de chaque être ; le despotisme est donc contraire à la nature de l'homme en société ; il fait obstacle à son développement moral et à l'accomplissement de sa destinée. (*Voy. Politique d'Aristote*, liv. V, ch. xi.)

Nous avons dit que la loi elle-même peut être despotique ; elle le sera, qu'elle émane de la volonté arbitraire d'un seul ou de la volonté de plusieurs et même de la majorité, si elle n'est pas conforme aux principes de justice et d'équité supérieure qui sont la règle invariable et nécessaire du monde moral.

Pour nous résumer en quelques mots, ce qui fait la légitimité du pouvoir, ce qui le distingue du despotisme, en quelques mains qu'il soit placé, avec ou sans partage, avec ou sans limites, c'est la justice : « Le droit est la règle de la société politique. » (Aristote.)

Le despotisme n'est donc autre chose que l'autorité exercée en violation des principes du droit. Voyons si cette définition est plus exacte que celles que nous avons critiquées. On nous dit d'abord : Le despotisme, c'est l'égoïsme, et il est vrai que l'égoïsme doit

être le plus souvent, mais non toujours, le secret mobile du despote. L'ignorance, les préjugés, le fanatisme sont, bien plus que l'intérêt personnel, le mobile des assemblées et des multitudes qui, s'étant emparées de l'autorité, transgressent la loi morale. On nous a dit ensuite que le despotisme, c'est l'arbitraire ; mais nous avons vu que l'arbitraire est l'attribut du pouvoir absolu, qui est distinct du despotisme. Quel est le caractère général des actes que tous les publicistes considèrent avec raison comme despotiques ? C'est la violation de la liberté des citoyens, c'est leur vie mise en péril, ce sont les supplices et les massacres sans jugement, c'est la violation des propriétés, etc. ; en un mot, ce qui caractérise tous les méfaits du despotisme, c'est la violation de la justice, c'est la force brutale et la violence substituées au droit.

Telle était, au fond, l'opinion de Benjamin Constant, qui ne considérait pas comme despotiques les gouvernements où subsiste une tradition de justice et de liberté. La définition n'aurait pas différé de la nôtre si, dans ses écrits, il avait pris soin de la dégager plus complètement et de lui donner sa vraie formule. (EMILE CHÉDIEU.)

DÉTENTION PRÉVENTIVE. I. On appelle *détention préventive* l'emprisonnement préalable qui retient, avant tout jugement, à la disposition de la justice, les personnes inculpées de crime ou de délit. Si tout esprit libéral proclame que la liberté individuelle est l'âme de tout régime libre, il est difficile de contester que la détention préventive soit, dans certaines circonstances, la triste mais nécessaire condition de la répression sociale. Seule, en effet, elle peut avoir la puissance d'assurer l'exécution du jugement contre le prévenu qui aurait intérêt à éviter, par la fuite, une condamnation redoutable ; elle sert efficacement l'instruction en empêchant que l'inculpé puisse détruire les preuves de sa culpabilité ou s'entendre avec ses complices ; elle rétablit enfin la sécurité publique en enlevant au théâtre même de ses crimes un malfaiteur dangereux.

Néanmoins et même dans les cas où elle paraît tout à fait indispensable, la détention préventive n'en reste pas moins une atteinte passagère, mais grave, au principe de la liberté individuelle. Tout prévenu, en effet, est réputé innocent. C'est là un axiome élémentaire. Mais si, en théorie, la détention préventive n'est pas une peine, elle en a toute la réalité. Comme la peine, elle frappe cruellement le citoyen dans sa personne, dans sa fortune, dans sa réputation, sinon dans son honneur. Toute législation libérale doit donc considérer comme un problème de premier ordre la conciliation de cette nécessité de la détention préventive avec les droits sacrés de la liberté individuelle.

DETTE FLOTTANTE. Les dettes flottantes

se composent d'abord de cette partie des dépenses courantes qui a été effectuée, mais qui n'est pas encore soldée. Quand ces dépenses ont été faites dans les limites des prévisions budgétaires, elles seront éteintes au fur et à mesure de la rentrée de l'impôt ; elles ne préoccupent donc personne. Le chiffre en est à peu près toujours le même à la même époque de l'année ; mais ce ne sont jamais les mêmes dettes ; elles se renouvellent constamment, et leur montant est fixé par la nature des choses.

Les dettes dont nous venons de parler sont en général soldées en espèces ; il en est cependant qui ne peuvent pas rester ainsi en suspens : on les couvre en France au moyen de bons du Trésor[1], en Angleterre avec des bills de l'Echiquier, etc. En France, la loi de finances fixe tous les ans le montant des bons que le gouvernement peut émettre ; ils portent intérêt, et le remboursement a lieu à échéance fixe ; les bills anglais portent également intérêt, mais leur remboursement n'est pas lié à un terme indiqué d'avance. Ce sont ces obligations souscrites par le gouvernement, qui permettent de couvrir des dépenses urgentes, non prévues lors du vote du budget. Si la dépense est faible, elle est payée sur les fonds de l'année suivante, et l'arsenal financier renferme toute une série de petites fictions qui servent à neutraliser les petites irrégularités réglementaires, sans préjudice pour personne. Si, au contraire, la dépense est considérable, alors ou l'on est obligé de faire un emprunt en règle, pour payer en espèce la dette devenue trop lourde pour rester flottante ; ou on doit la *consolider*, c'est-à-dire donner aux créanciers des titres de rentes qu'ils peuvent garder ou vendre à leur choix.

Dans plusieurs pays on compte parmi les dettes flottantes le cautionnement des comptables et des officiers publics. Cependant bien qu'exigibles *en droit*, lors de la cessation des fonctions du titulaire, on peut considérer *en fait* cette dette comme consolidée, car chaque titulaire sortant est généralement remplacé par un autre, qui doit verser le même cautionnement. Par cette raison, les cautionnements ne sont pas compris dans la dette flottante en France.

Une autre source des dettes flottantes, ce sont les fonds placés en compte courant entre les mains du Trésor. En France et en Angleterre il faut notamment mentionner ici les *caisses d'épargne* dont les dépôts s'élèvent à des sommes considérables. Ces dépôts sont remboursables à volonté, et constituent un véritable danger au moment de crise. En 1848 on a été obligé de les consolider, non sans perte pour les déposants ; il en est résulté une banqueroute partielle, en 1870-71 on a restreint les remboursements à 5o fr. par mois. En France, les communes et les départements sont également obligés de confier au Trésor leurs fonds actifs ; cette prescription soulève des objections, mais ces fonds présentent moins de dangers pour l'Etat que les milliards des caisses d'épargne. Enfin il peut exister d'autres fonds remboursables d'une manière imprévue et la plus vulgaire sagesse commande de ne pas en disposer sans prévoir l'imprévu.

DETTE PUBLIQUE. L'administration financière la plus habile et la plus consciencieuse n'est pas toujours en état de maintenir l'équilibre entre les ressources et les charges d'un pays. Aucun pays n'est à l'abri des accidents qui peuvent réduire ses revenus ou lui créer des dépenses imprévues. Tel évènement, une disette, une révolution, peuvent produire à la fois une réduction des recettes et une forte augmentation des dépenses. D'autres fois, la rapidité avec laquelle se produit un besoin extraordinaire, son étendue et son caractère d'urgence empêchent d'y parer en forçant les revenus dans une mesure correspondante : la riche Angleterre elle-même l'a essayé en vain dans la guerre de Crimée. Enfin, des entreprises d'une utilité évidente, mais de longue haleine et fort coûteuses, peuvent dépasser les ressources courantes de l'Etat, et nécessiter, pour un temps plus ou moins prolongé, un supplément de revenus.

A défaut des ressources présentes que donne l'impôt, et de celles provenant du passé qui résultent de la thésaurisation, il faut faire appel à l'avenir.

L'Etat escompte l'avenir, comme fait le particulier : il emprunte. Tout a été dit sur les avantages que le crédit procure à l'économie privée : dans l'économie publique son utilité n'est pas moindre. Il n'y a pas de différence essentielle entre les deux demandes de crédit : dans l'un et dans l'autre cas, l'emprunteur sollicite la confiance du capitaliste et un délai pour la restitution de la valeur reçue ; ce sont là les deux éléments constitutifs de toute opération de crédit. Pour l'emploi qui est fait de l'argent emprunté et pour les effets de l'opération, l'Etat emprunteur est le plus souvent comparable au particulier qui emprunte pour consommer. L'Etat, cependant, cherche quelquefois aussi de l'argent pour des placements reproducteurs. Nous rappelons les chemins de fer et beaucoup d'autres entreprises.

Si l'on a attaqué les emprunts, on leur a attribué aussi des bienfaits.

Par la sûreté et la facilité qu'il offre au placement, par les moyens dont il dispose pour provoquer la confiance, l'Etat qui demande à emprunter fait sortir de leurs cachettes une foule de petits capitaux qui seraient restés oisifs, et ainsi paraît atteint l'un des buts du crédit : l'argent stérile est rendu productif d'intérêts. Mais pour qu'il y ait profit aussi, pour la société, il faudrait que les capitaux qui étaient oisifs hier fus-

---

1. C'est à-dire « on vend des bons du trésor », on pourrait tout aussi bien dire : on emprunte de l'argent (espèces) et donne en échange des bons du trésor.

sent aujourd'hui engagés dans une activité productive; or, placer son argent en rente, c'est rarement lui donner une destination productive. A certains points de vue il n'y aurait pas précisément perte, mais seulement absence d'avantage, manque de profit, si l'emprunt ne faisait qu'absorber les capitaux qui seraient restés enfouis ou oisifs; la masse d'instruments de travail ne se trouverait point amoindrie par l'emprunt, puisque ces capitaux ne travaillaient pas. Mais la force aspiratrice de l'emprunt s'exerce encore sur d'autres capitaux et les détourne des emplois productifs. Plus la somme des capitaux oisifs diminue par l'effet des institutions qui les sollicitent à sortir de leur oisiveté (banques, etc.) au profit du public, et plus aussi devient fâcheuse l'action que l'emprunt exerce sur les capitaux placés ou en quête de placement, en les détournant d'un emploi réellement productif pour les faire consommer par l'Etat.

L'avantage politique attribué aux emprunts ne saurait pas non plus soutenir l'examen. Les créanciers d'un gouvernement sont, dit-on, intéressés à son maintien et deviennent des soutiens de l'ordre de choses établi; cette considération est d'un grand poids, notamment, ajoute-t-on, avec les modernes emprunts nationaux, réalisés par la souscription publique et dont la clientèle se recrute jusque dans les classes les moins riches et souvent les moins conservatrices. Cette thèse pouvait présenter un certain semblant de vérité aux temps où les gouvernements étaient, pour ainsi dire, les créanciers personnels des rentiers, où ceux-ci devaient craindre de voir la dette contractée sous tel règne reniée par le règne qui lui succéderait. Cette crainte ne peut aujourd'hui avoir la moindre prise en Europe. Toute dette régulièrement faite par un gouvernement est respectée par ses successeurs, même d'origine révolutionnaire.

Tout règne qui arrive, et qu'elles qu'aient été les antipathies sincères ou affectées de ses membres contre les dettes publiques, éprouve aussitôt la nécessité de recourir lui-même au crédit; il sent que, pour s'attirer la confiance des capitaux, il ne doit pas commencer par les effrayer; que pour trouver à emprunter, il est indispensable de commencer par reconnaître les emprunts des autres Consultez d'ailleurs les faits contemporains. Si l'endettement était un moyen de consolidation, jamais les gouvernements n'auraient dû être mieux assis. A quelle époque, pourtant, leur situation a-t-elle été moins affermie?

Le grain de vérité qu'on pourrait trouver dans le sophisme en question, c'est que les partisans de tout gouvernement de fait, les soutiens de tout ordre de choses établi se multiplient avec l'aisance. Plus la prospérité se développe, plus il y a de gens qui ont quelque chose à perdre, et plus grand sera le nombre des personnes intéressées et zélées à prévenir toute perturbation dans la marche des affaires publiques. Or, quand la dette ab-

sorbe de fortes sommes qui auraient pu être employées plus productivement par leurs propriétaires ou par d'autres emprunteurs que l'Etat, elle mine plutôt qu'elle ne consolide la paix publique, puisqu'elle entrave le développement de l'aisance. Il est manifeste aussi que l'accroissement des charges de l'impôt, conséquence fatale de l'endettement, n'est pas le moyen de rendre un régime populaire et de lui créer des partisans dévoués.

Il serait donc temps de cesser de vanter les prétendus bienfaits des emprunts et les avantages politiques ou économiques d'une forte dette. L'emprunt peut quelquefois être une nécessité, c'est sa seule excuse et sa seule raison d'être. Mais, dira-t-on, il y a des emprunts productifs. L'emprunt productif fournit de quoi payer les intérêts; il amortit en outre son capital dans un délai plus ou moins long.

Mais ces emprunts productifs mêmes doivent diminuer. Plus se développent et se généralisent les bonnes notions économiques d'une part, la fortune publique, l'esprit d'association et d'entreprise d'autre part, et moins souvent l'Etat se voit dans la nécessité de se charger d'entreprises qui nécessitent l'appel au crédit. Le gouvernement anglais n'est entré pour rien dans les 8 à 10 milliards de francs que le réseau ferré de la Grande-Bretagne a absorbés jusqu'à ce jour. Il aurait peut-être mieux valu que le gouvernement français se fût abstenu de toute intervention dans la construction des chemins de fer; mais de bons esprits pensent que son intervention a été indispensable. La plupart des autres pays d'ailleurs sont intervenus et l'on peut dire que, généralement, il y avait nécessité.

En disant qu'il ne faut recourir à l'emprunt que lorsqu'il n'y a absolument pas moyen de l'éviter et en ajoutant qu'il faut s'appliquer à le rembourser aussi promptement que possible, nous croyons répondre en même temps à cette question fort discutée : Vaut-il mieux, en cas de besoins extraordinaires, augmenter l'impôt ou recourir à l'emprunt? Tant que l'impôt peut suffire, sans devenir écrasant, la nécessité absolue, qui seule peut légitimer l'emprunt, n'existe pas. Ce fut le système adopté par le gouvernement anglais lors de la guerre de Crimée; en voyant la guerre se prolonger, on se détermina à renforcer par un emprunt de 16 millions liv. st. le rendement de l'impôt surélevé; en France, on avait commencé par l'emprunt et fini par les emprunts, sans se refuser dans l'intervalle la création du second décime de guerre. On fait valoir, en faveur de l'emprunt, d'abord la facilité plus grande d'obtenir promptement des sommes considérables; ensuite, l'avantage de répartir les charges entre les générations présente et à venir, au lieu de les faire peser entièrement sur les contemporains. Mais pour se croire en droit de surcharger la génération future, il faudrait avoir l'évidence la plus incontestable que la dépense ainsi répartie sera féconde en bons résultats pour l'avenir. Quels sont, en dehors de certains emprunts pour les chemins de fer, les emprunts modernes dont la destination a été évidemment productive. Encore, même lorsque l'argent destiné aux chemins de fer a été bien employé par l'Etat, s'il était possible de soutenir que, un peu plus tôt, un peu plus tard, l'industrie privée s'en serait acquittée à moindre, frais, la génération future pourrait bien contester la légitimité des charges qu'on lui a imposées de ce chef. Quant à la grande facilité qu'offre l'emprunt sur l'impôt, nous sommes loin d'y voir un avantage absolu : c'est justement cette facilité qui tantôt favorise de regrettables entraînements, et tantôt pousse à des entreprises où l'énorme dépense n'est pas encore le côté le plus fâcheux. Bien aveugles sont donc les populations qui croient êtres habiles, en accordant au gouvernement toute latitude pour emprunter plutôt que pour élever les impôts ! En imaginant de se décharger sur l'avenir, elles aident principalement à accroître les charges du présent.

On doit peut-être porter aujourd'hui le total de la dette consolidée en Europe à 80 milliards, exigeant plus de 3 milliards d'intérêt annuel, et absorbant plus du quart des revenus publics. Encore les estimations respectives embrassent-elles rarement la totalité des frais que cause la dette; souvent c'est la rente seule qui est portée en ligne de compte. Cette charge ne serait pas trop regrettable, si l'argent provenant des emprunts avait servi à des emplois reproducteurs; nous avons déjà dit que cela est à peine vrai pour une faible partie. Ce sont les guerres des quinze premières années du dix-neuvième siècle, la paix armée des années postérieures à 1848, enfin les guerres de 1866 et 1870, qui ont créé et si étrangement enflé les dettes publiques en Europe. La source du mal étant si patente, le remède est aisé à découvrir. Il n'est pas à supposer que, avec les exigences croissantes que le développement social impose à l'Etat, l'on puisse de sitôt arriver à réduire les dépenses civiles; le budget de la guerre, par contre, est partout susceptible des plus larges réductions sans que la sécurité de l'Etat en souffre et au grand bénéfice du progrès social, politique et économique. Mais sur ce point, nous craignons bien de prêcher dans le désert; n'insistons pas, car le raisonnement a rarement réussi à convaincre une passion.

DÉVOUEMENT. Certains systèmes socialistes ont la prétention de se fonder sur le dévouement universel. Le dévouement est une des plus précieuses fleurs du monde moral, mais tout ce qui est précieux est rare. On rencontre encore assez souvent des hommes capables de se sacrifier pour une grande idée ou un sentiment profond, de donner leur vie pour la religion, pour la patrie, pour la femme aimée, pour les enfants chéris ; mais un sacrifice est un acte unique, et parmi cette élite même, ils sont rares ceux qui supporteraient pendant longtemps de simples coups d'épingle journellement répétés. Or, le dévouement consiste à supporter longtemps — pendant des années peut-être — des maux au profit d'autrui. On peut regretter cette rareté du dévouement, mais il n'en faut pas moins constater le fait. Comment peut-on espérer fonder une société sur une base aussi étroite ? Ceux qui demandent le dévouement des autres sont-ils donc si disposés à offrir le leur? Quels sacrifices ont-ils faits, nous ne dirons pas pour l'humanité, pour des étrangers, mais pour leurs proches ou leurs amis ? Nous soupçonnons fort que ceux qui réclament le plus bruyamment le dévouement des autres sont le moins disposés à prêcher d'exemple : l'homme capable de dévouement est désintéressé, il ne demande jamais rien, il est toujours prêt à donner sans rien exiger en retour.

DEY. Dans les premières années du dix-septième siècle, les magistrats que la Porte ottomane envoya à Alger prirent le nom de *dey*. L'étymologie de ce titre a exercé la patience de plusieurs savants qui ne s'accordent pas sur sa véritable signification. Toutefois, que ce mot dérive du persan *Deï*, qui veut dire *Dieu ;* de l'arabe *daï*, qui se traduit par *inviter, appeler, conduire à la vérité ;* ou qu'il soit exact qu'en turc le mot *dey* veut dire *oncle*, toujours est-il que le titre de *dey* renferme l'idée d'une haute juridiction. On a quelquefois confondu ce mot avec bey (*voy. ce mot*).

DIADÈME. COURONNE. Nous réunissons ces deux mots dans une même étude, car depuis longtemps ils sont devenus synonymes [1].

Le diadème est assurément de la plus haute antiquité, mais la couronne ne le semble pas moins. Si, comme l'affirme Denys d'Halicarnasse, le diadème fut un insigne royal longtemps avant la fondation de Rome la couronne paraît avoir été, dès le commencement, réservée au sacerdoce, dont elle était l'un des principaux ornements. Le paganisme a couronné ses divinités, ses prêtres et ses vestales, de bandelettes d'étoffes, d'abord, puis les rameaux des arbres et les fleurs ont été entrelacés pour orner le front de la divinité comme de la royauté païenne.

C'est donc tout naturellement que nous voyons l'usage du diadème et de la couronne passer chez tous les peuples, et arriver jusqu'à nous, sans avoir perdu sa véritable signification. Il n'en a pas été de même de la forme de ces deux ornements; elle a souvent varié.

Lorsque les Etats féodaux se formèrent autour de la royauté suzeraine, les ducs, marquis, comtes et barons prirent la couronne comme marque du pouvoir absolu

1. *Voy.* **Couronne**, pour l'acception politique ou constitutionnelle qui se rattache à ce mot.

qu'ils possédaient dans leurs terres ; de là, l'usage de couronner les écussons, ce qui n'appartenait alors qu'aux rois seuls. Mais les seigneurs féodaux ne portèrent point une couronne semblable à celle du roi, et il fut même établi, dans sa forme, une sorte de hiérarchie répondant au titre féodal. Cette différence de forme existe encore de nos jours. Les princes du sang eux-mêmes ne portent pas la couronne royale.

Il est à remarquer qu'à l'époque où les nobles se couronnaient comme souverains dans leurs terres, les armoiries (voy. **Héraldique**) étaient déjà fixées d'une manière permanente et donnaient naissance, dit le P. Ménestrier, au blason, dont la France a établi les règles la première. Aussi, avant le onzième siècle, dit le même auteur, ne voyait-on aucune armoirie sur les tombeaux des grands : la croix seule, ou l'image du mort y étaient gravées. Depuis le onzième siècle, les armoiries et les couronnes sont devenues une succession hiérarchique, en même temps que le titre, dans les familles nobles. La composition des armoiries, la forme des couronnes et les titres qui y sont attachés forment encore aujourd'hui l'art du blason.

Les premières couronnes n'étaient, dit M. de Saint-Allais dans son Dictionnaire encyclopédique, qu'un bandeau au diadème d'or, qui signifie lien, pour montrer que les rois étaient liés à leurs peuples. Depuis Charlemagne, les empereurs ont porté, à son exemple, une couronne d'or enrichie de pierres précieuses et rehaussée de quatre fleurons. Depuis François Ier, la couronne des rois de France est un cercle de huit fleurs de lis d'or fermé d'autant de demi-cercles qui soutiennent une double fleur de lis.

La couronne du dauphin est un cercle de huit fleurs de lis, fermé de quatre dauphins en demi-cercle, dont les queues soutiennent une double fleur de lis. Ce n'est que depuis le règne de Louis XIV qu'ils la portaient fermée.

La couronne des enfants de France est un cercle surmonté de huit fleurs de lis ; celle des princes du sang est semblable.

La couronne ducale est un cercle à huit grands fleurons refendus.

La couronne de marquis est de quatre fleurons et de trois perles en manière de trèfle, entre chaque fleuron.

La couronne de comte est un cercle d'or, à seize grosses perles au-dessus.

La couronne de vicomte est un cercle d'or, à quatre grosses perles au-dessus.

La couronne de baron est un cercle sur lequel se trouvent, en six espaces égaux, des rangs de perles, trois à trois en bande.

Nous mentionnons pour mémoire seulement, car cette dignité et ce titre n'existent plus, la couronne des vidames, formée d'un cercle sur lequel sont quatre croix pattées, pour désigner qu'ils ont été établis pour soutenir les droits de l'Église.

Quelles qu'aient été les révolutions politi-

ques, la forme de ces diverses couronnes n'a point changé à l'égard de la noblesse ; la couronne du souverain et celle des princes de sa famille ont, seules, subi des modifications.

Le souverain pontife porte une triple couronne, nommée tiare. Cette tiare n'avait d'abord qu'une seule couronne ; Boniface VIII y en ajouta une seconde, et Benoît XII, une troisième. Ce triple diadème indique la triple autorité du pape, comme le chef de l'Église, évêque de Rome et souverain temporel de ses États. Il n'est pas probable que la perte des États fera réduire la tiare d'une couronne. D'ailleurs, par la situation qui lui a été faite après de 1870, le pape reste souverain, c'est-à-dire indépendant de toute autorité, bien qu'il ne possède plus aucun territoire. (Voy. **Tiare**.)

DICTATEUR. Le mot vient du latin, comme nous vient des Romains la chose qu'il représente. Le dictateur était un magistrat que l'on nommait pour faire face à une situation exceptionnelle et qui, au lieu de recevoir son investiture du peuple comme les consuls, était désigné par l'un des consuls sur la demande du sénat. Le dictateur avait les pouvoirs les plus étendus et on ne lui donnait pas de collègues, afin qu'il pût agir en toute liberté. Il pouvait disposer de la liberté, des biens et de la vie de tous les citoyens, mais il lui fallait l'autorisation du sénat et l'ordre du peuple pour dépenser les revenus publics. La durée légale de la dictature était fixée à six mois, mais le dictateur abdiquait souvent lorsque avait disparu le danger auquel il avait mission de faire face. Ainsi quelques-uns, comme Cincinnatus, n'exercèrent la dictature que pendant quinze jours ; d'autres, comme Q. Servilius, ne la conservèrent qu'une semaine. Le dictateur ne pouvait sortir de l'Italie sans perdre immédiatement ses droits. Depuis l'installation des tribuns, la dictature était une arme que le sénat employait pour se défendre contre le peuple, et quand Sylla fut investi de cette magistrature, elle n'avait pas été exercée depuis près de 120 ans.

On ne trouve point dans les constitutions modernes cette dictature légale ; toutes les dictatures qui ont été instituées depuis la chute de Rome ont été des dictatures de fait qu'il faut bien se garder de confondre avec la magistrature antique. C'est ordinairement dans les temps de troubles et pendant les périodes révolutionnaires que les dictatures surgissent, elles n'ont pas été conférées, mais usurpées par les chefs des révolutions, et les « peuples », disons les nations, s'y soumettent pour un temps.

Les opinions sont encore partagées sur l'utilité que peut avoir la dictature à certains moments et pour parer à des difficultés exceptionnelles : il faut donc faire connaître les arguments que l'on produit pour et contre. Montesquieu a dit à propos de la dictature : « L'usage des peuples les plus libres qui aient jamais été sur la terre me fait croire qu'il y a des cas où il faut mettre, pour un moment, un voile sur la liberté, comme on cache les statues des dieux. » Cette pensée résume d'une façon fort exacte et assez précise l'opinion des partisans de la dictature. En principe, ils admettent la nécessité de la liberté et l'indépendance des intérêts individuels ; mais, en fait, ils proclament qu'à certains instants de crise ou de démoralisation il faut que la société, se repliant en quelque sorte sur elle-même, se personnifie dans un homme ou dans un groupe énergique et moral. Une fois la société sauvée, moralisée, régénérée, les discordes éteintes, l'esprit public reconstitué, l'homme ou le groupe se démettra et l'on sortira du fait pour rentrer dans le droit. Cette opinion sur la dictature est partagée par un grand nombre de socialistes modernes et par toute la démagogie.

Les adversaires de la dictature font remarquer d'abord une difficulté pratique : le choix du dictateur. Si, en effet, on ne veut de dictateur que pour une société démoralisée ou agitée, n'est-il pas à craindre que le dictateur ne vaille pas mieux que le milieu par lequel il est investi ? Logiquement, cela doit être, car le scrutin ne donne qu'une moyenne de l'opinion, de la moralité et du savoir des votants. Dans ce premier cas, la dictature irait contre son but, puisqu'en voulant se jeter dans les bras d'un sauveur on se serait seulement donné un maître. Mais on va plus loin : l'on admet l'hypothèse d'un dictateur vertueux dont le seul but est « d'imposer la vertu par la terreur », suivant l'expression consacrée, et l'on dit que le dictateur deviendra forcément un tyran, tandis que la société, loin de se moraliser, ira s'avilissant de plus en plus chaque jour. Le dictateur deviendra un tyran, parce que, si vertueux qu'on le suppose, il est homme, et que tout homme qui prend l'habitude de ne compter avec aucun obstacle, de ne s'imposer aucune contrainte, de briser ce qui l'arrête, arrive à une exaltation de volonté qui est sa propre ruine. La seconde raison, c'est que le dictateur gouvernant seul est un dictateur chimérique, tandis que le dictateur véritable est entouré nécessairement d'une coterie qui le flatte, l'adule, le surexcite, le perd, d'autant plus promptement qu'aucune contradiction, aucun avertissement ne vient faire contrepoids aux approbations. La vertu même du dictateur est un danger pour lui, en ce sens qu'elle lui sert d'excuse à ses propres yeux en même temps qu'elle sert de masque aux passions de ceux qui l'entourent. Quand le dictateur s'est ainsi avili, il y aurait un remède si la société régénérée pouvait lui enlever le pouvoir. Mais, de son côté, le milieu, loin de s'améliorer, s'est avili. Sous l'influence de la servitude, l'esprit public a complètement disparu ; chacun a pris l'habitude de considérer la chose publique comme lui étant étrangère, et l'opposition à la vo-

lonté du dictateur comme une révolte insensée ; d'un faisceau de volontés on a fait un amas d'intérêts et d'appétits sans lien et sans ressort. Rousseau a résumé cette opinion en ces termes : « Aussi n'est-ce pas le danger de l'abus, mais celui de l'avilissement, qui me fait blâmer l'usage indiscret de cette magistrature. »

Entre ces arguments pour et contre, nous ne pensons pas que l'hésitation soit permise, et nous croyons que, pour préparer un peuple à la liberté, le meilleur moyen, c'est de la lui donner. C'est à la rude école de l'expérience que se forme le tempérament physique des individus, et c'est à cette même école que se forme le tempérament moral et intellectuel des peuples. Laissons donc une sorte de dictature morale, que le peuple ne leur conteste point, aux esprits sages et éclairés : mais le fussent-ils dix fois plus, ne les exposons pas au danger d'une tentation trop grande et n'oublions pas que la première règle en politique, c'est qu'un pouvoir ne se contient que s'il est contenu.

DIÈTES. DIÉTINES. Les diètes sont des assemblées politiques dans lesquelles se réunissent les divers états ou ordres d'un même pays, pour délibérer sur les affaires de leur compétence. — L'Allemagne, la Pologne, la Suisse et la Suède ont spécialement donné ce nom à leurs Assemblées. — La Pologne divisait ses diètes en diétines ante-comitiales ou d'instruction, et en diétines post-comitiales ou de relation.

On ne devrait nommer diète que les assemblées composées de plusieurs ordres. A la rigueur, et en se tenant à la lettre et non à l'esprit on pourrait traduire : *Reichstag* par diète impériale et *Landtag* par diète royale (*voy. ces mots*).

DIMANCHES ET FÊTES. Quand on traite, au point de vue légal, la question de la célébration des jours fériés, on ne parle jamais que du repos, ou plutôt de l'interdiction de travail : on laisse de côté la participation ou l'assistance aux solennités religieuses, qui sont, pour les diverses Églises, indispensables à la célébration des dimanches et des fêtes.

Au dix-septième siècle, après la révocation de l'édit de Nantes, les protestants furent contraints de communier et d'assister à la messe ; mais l'État voulait s'assurer par là de leur conversion, et non assurer la célébration des fêtes catholiques.

De tout temps, l'Église catholique a obtenu du pouvoir temporel qu'il assurât par des lois le repos des jours fériés. On peut citer au hasard, dans les Capitulaires, ou les ordonnances des rois de France.

Charlemagne défend de travailler dans l'intérieur des maisons. Charles V permet aux notaires du Châtelet de vaquer le dimanche, et il punit de l'amende ceux qui travaillent comme lésant leurs confrères. Charles IX défend aux religionnaires de travailler les jours où les catholiques se reposent. Louis XIV, Louis XV et Louis XVI renouvelèrent ces interdictions. Il est assez remarquable que la littérature du dix-huitième siècle ne contient pas de traces d'une opposition des classes lettrées à l'obligation du repos du dimanche. La plaisanterie de Voltaire, que nous citerons plus loin, n'a trait qu'au grand nombre des jours fériés, au point de vue économique. C'est après la Révolution que la question prend un caractère de controverse.

Une loi du 18 floréal an II établit le calendrier républicain et les fêtes nationales. La loi du 7 vendémiaire an IV édicta une complète tolérance et défendit de forcer ou d'empêcher la célébration de toutes les fêtes possibles.

L'arrêté du 14 germinal an VI ordonne la stricte exécution du nouveau calendrier. Le 17 thermidor suivant, une loi décrète la vacation des jours fériés, interdit l'ouverture des écoles le décadi et en défend la fermeture les autres jours. Elle décide la nullité des actes et ventes faits les jours fériés.

Un arrêté du 2 pluviôse an VIII permet la célébration des « fêtes décadaires et septenaires » dans les mêmes édifices (à des heures différentes). Un autre, du 7 thermidor, limite aux fonctionnaires l'obligation d'observer les jours fériés. Le concordat rétablit le catholicisme (18 germinal an X), et quoique cet acte laisse subsister le calendrier républicain, le repos des fonctionnaires est fixé au dimanche. Le 29, un indult du légat a latere réduit à quatre les fêtes religieuses, outre les dimanches : l'Ascension, l'Assomption, la Toussaint et Noel. Un avis du conseil d'Etat établit que le jour de l'an est aussi un jour férié (13 mars 1810). Le calendrier grégorien avait été repris le 1er janvier 1806.

Les Codes de commerce, de procédure, d'instruction criminelle et pénal, interdisent (1805-1811) les saisies, les contraintes par corps, les débats criminels et les exécutions criminelles les jours fériés.

La Charte de 1814 (art. 6) déclare la religion catholique religion de l'Etat. Une loi du 18 novembre de la même année en déduit les conséquences et décrète : l'interruption des travaux les dimanches et fêtes, l'interdiction de la vente à volets ouverts ou sur les places publiques; du voyage et de l'ouverture des cabarets dans les villes au-dessous de 5.000 âmes ; elle fait exception pour le commerce des comestibles de santé, pour les postes, transports de commerce, et pour les travaux urgents de la ville et de la campagne. Elle est un peu copiée sur la loi de l'an VI; mais elle est plus douce. Elle n'édicte que des amendes de 5 à 15 francs au lieu de 15 à 200 francs, et 5 jours d'emprisonnement au lieu de 10 pour la récidive. Cette loi a été abrogée par celle du 12 juillet 1880; la loi de 1814 n'avait d'ailleurs jamais été sérieusement exécutée.

Dans un but tout spécial de protection de la jeunesse, le législateur a prescrit en 1874 (loi du 19 mai) que, les dimanches et fêtes légales, les apprentis et les jeunes garçons au-dessous de 16 ans et les jeunes filles au-dessous de 21 ans devaient être dispensés de travailler.

Dans plusieurs pays, le travail est interdit le dimanche.

DIME. La dîme est un impôt, du dixième environ des récoltes, qui, jusqu'à la Révolution française, a été perçu, en nature, par le clergé français et qu'l'est encore en certains pays, par exemple en Angleterre.

C'est dans la Bible qu'on a trouvé le fondement de cet impôt. On voit, en effet, qu'Abraham donne la dixième partie de son butin à Melchisédech (Genèse, xiv, 20) et que Jacob, partant pour la Mésopotamie, la promet à Dieu (Genèse, xxviii, 22). Mais il n'y a pas, à vrai dire, de société fondée au temps des patriarches, et ces offrandes du chef de famille n'ont pas le caractère politique d'un impôt établi par une loi. Avec Moïse, la dîme devient un impôt véritable, institué légalement au profit des ministres des autels (voy. l'Exode, xxii; le Lévitique, xxviii, et les Nombres, xviii et xxx), et elle prend place sans difficulté parmi les institutions fondamentales de l'Etat qui s'organise tout d'un coup, à la voix d'un homme et au nom de Dieu.

On ignore quand l'usage s'établit généralement de payer les dîmes aux églises, mais c'est avec Pépin et Charlemagne que le payement de la dîme devient, dans l'Occident, une institution civile. Les conciles avaient invoqué vainement l'exemple d'Abraham et le texte de Moïse; il fallut que l'empereur, couronné à Rome par le pape, dotât le clergé de l'empire par une loi générale et n'exemptât pas même ses terres de l'impôt qu'il établissait.

Les dîmes, une fois définitivement constituées comme impôt, se divisaient en dîmes réelles, personnelles ou mixtes. Les dîmes réelles se prélevaient sur les produits des champs ; les dîmes personnelles, sur les salaires ou sur les bénéfices, et les dîmes mixtes, sur les biens qui dépendaient à la fois de la nature et de l'homme, comme les bergeries, les pêcheries.

On appelait « dîmes anciennes » celles qui n'étaient pas contestées, « dîmes solites » celles qui se prélevaient depuis au moins quarante ans, « dîmes insolites ou nouvelles », celles qui n'étaient exigées que depuis une époque récente. D'autres qualifications encore étaient données aux dîmes. On les disait « grosses », quand elles pesaient sur la principale récolte d'un terroir, « vertes », lorsqu'elles se demandaient sur les légumes ou les herbages. Sur les viviers, c'étaient la « dîme des poissons », et sur les bêtes, le « charnage ». Enfin, les dîmes réclamées sur les terrains défrichés s'appelaient les « novales ». Ces dernières dîmes furent supprimées en 1786 et presque aussitôt rétablies, mais non pas sans une opposition qui fut l'un des éléments de la force révolutionnaire.

Il ne faut pas croire, en effet, qu'à la fin du dix-huitième siècle les lois et les institutions du moyen âge subsistassent dans leur entier ensemble. Depuis longtemps, par exemple, les dîmes personnelles étaient abolies presque partout ; et, pour les dîmes réelles, l'édit du 27 avril 1735 avait ordonné le choix, pour trois ans au moins, entre les récoltes pendantes par racines et les autres produits des champs. Dès le seizième siècle, le législateur avait mis des bornes aux prétentions du droit canonique, qui voulait faire lever la dîme sur tous les genres de récoltes. L'ordonnance de Blois et l'édit de Melun déclarèrent qu'en France il n'y avait d'autres règles et d'autres sources de droit que l'usage, la possession, les titres.

La dîme se levait pour ainsi dire universellement sur les grains, le blé, le seigle, l'orge, l'avoine. C'est ce qu'on appelait la dîme de droit. Un arrêt du grand Conseil de 1750 lui donne cette qualification et ce caractère d'universalité. Quant à la dîme du vin, elle était de droit suivant les uns, et n'était que locale suivant les autres, c'est-à-dire qu'elle ne pouvait être levée que conformément à l'usage.

La dîme a été dans les pays chrétiens un impôt universel que n'ont pas même secoué tous les peuples en se séparant de l'Eglise de Rome. C'est même en Italie que la dîme a toujours été perçue le moins rigoureusement, et en Angleterre qu'elle l'a été le plus. On l'y lève, en effet, sur les récoltes annuelles des champs, sur le bétail, la laine, le lait, les œufs, et sur les revenus nets du travail et du commerce. Il n'y a guère d'exempts que les produits des mines et carrières, et en partie, le gibier.

Autrefois, toutes les terres anglaises, sauf le domaine de la couronne, étaient assujetties à la dîme. A présent, les trois huitièmes environ sont exemptés, par suite de compositions plus ou moins anciennes. La répartition du revenu des dîmes favorise singulièrement les évêques et un certain nombre de gros bénéficiers, comme en France l'étaient les curés primitifs, et à peu près pour les mêmes raisons. Ce qui ajoute encore à l'inégalité de la répartition des dîmes entre les membres du clergé anglais, c'est que, lorsque Henri VIII fit changer de religion à son peuple et supprima les monastères, il donna leurs biens à des laïques, par une sorte d'inféodation, et ces laïques n'eurent d'autre charge que d'entretenir un desservant dans la paroisse, ce qu'ils firent et ce que leurs héritiers font au plus bas prix possible.

On estime que, pour le royaume d'Angleterre proprement dit et la principauté de Galles, les dîmes ecclésiastiques valent 125 millions, dont le clergé touche les deux tiers, tous frais déduits ; mais, en y comprenant les dîmes inféodées, il faut évaluer le total à 200 millions. La loi civile, depuis une série d'années, a établi en principe que les dîmes agricoles devaient être successivement rachetées et transformées. L'Irlande paie pour environ 20 millions de dîmes.

En Allemagne, il ne se lève plus de dîmes depuis 1848, et le rachat s'en est opéré à divers taux. On sait qu'en France il n'y a pas eu de rachat et que les dîmes ont été purement et simplement supprimées par l'Assemblée constituante, le 12 août 1789, à la charge, il est vrai, par l'Etat de fournir au culte un budget. Cette condition du contrat, mise en regard de l'abolition des dîmes et de la prise de possession ultérieure des biens de l'Eglise et ses défenseurs, toutes les fois que, pour mieux séparer l'Eglise de l'Etat, il sera proposé de supprimer à son tour le budget des cultes.

Disons en terminant qu'il n'y a aucun rapport entre la dîme et l'impôt du « dixième », puis du « vingtième » qui, au dix-huitième siècle, frappa le revenu en France.

DIPLOMATIE. « C'est ainsi qu'on appelle l'ensemble des connaissances et principes nécessaires pour bien conduire les affaires publiques entre les Etats, » dit Klüber (*Droit des gens*). Cette définition, cependant, n'épuise pas le sens que l'usage attribue au mot *diplomatie*. Klüber n'avait en vue que la science du diplomate ; mais la pratique ou l'application de cette science — si science il y a — est également de la diplomatie.

La chose est ancienne, le nom est moderne. De tout temps des rapports ont existé entre les Etats ; des hordes nomades, des tribus de sauvages elles-mêmes ne sont pas toujours disposées à s'attaquer et à s'exterminer dès qu'elles se rencontrent ; de là la nécessité, pour chaque pays ou communauté, de confier à des mandataires le soin de représenter ses intérêts vis-à-vis des autres Etats ou tribus. L'art des négociations peut être acquis dans une certaine mesure ; mais l'habileté supérieure du négociateur est un don naturel comme le talent du peintre ou du musicien. Tant que les rapports entre les Etats étaient relativement simples, et surtout quand ils étaient peu fréquents, on se borna à choisir, pour chaque cas, la personne qui paraissait particulièrement apte à remplir la mission ; à une époque où il n'y avait aucune tradition, il n'y avait aucun apprentissage à faire. Mais, à mesure que la civilisation étendit son domaine, que les Etats qui en reconnaissent les lois se multiplièrent, il s'établit, sinon un corps de doctrine, du moins un ensemble de règles ou d'usages, en partie purement conventionnels, en partie fondés dans la nature des choses, qu'il était nécessaire de connaître et d'appliquer. On trouve des traces de ces règles dans l'antiquité et plus encore au moyen âge ; mais c'est dans les temps modernes qu'on les a réduites en un véritable système. C'est aussi dans les temps modernes que quelques pays ont imposé aux agents chargés des affaires internationales certaines études préparatoires, certaines connaissances, dont l'une, l'art de lire les diplômes (diplomatique) ou les documents authentiques, leur a fait donner le nom qui les désigne encore aujourd'hui.

La diplomatie, et nous comprenons ici la théorie et la pratique, a rendu de grands services : elle a contribué à adoucir les rapports internationaux et à diminuer les guerres. Les premiers négociateurs ont été, le plus souvent, d'une part, des vaincus qui venaient comme solliciteurs, et de l'autre des vainqueurs souvent brutaux qui ne se croyaient obligés à aucun ménagement. Généralement, on ne devait plus se revoir ; le respect humain, l'opinion publique et tant d'autres freins qui modèrent l'expression des passions violentes n'existaient pas, ou n'exerçaient pas leur influence. Mais lorsque, notamment après la paix de Westphalie, l'usage des missions permanentes devint général, et que les titulaires de ces missions furent choisis, soit parmi la haute noblesse, soit parmi les personnes qui fréquentaient les cours, il s'établit nécessairement des habitudes de courtoisie dont on aurait tort de déprécier la valeur et d'atténuer la portée.

L'un des résultats les plus immédiats de ces habitudes, ce fut, disions-nous, de diminuer les guerres. La facilité offerte au souverain d'un pays de pouvoir conférer aisément avec le représentant du gouvernement avec lequel il a une contestation suffit pour aplanir bien des difficultés. Les maux de la guerre sont si grands qu'on aime généralement mieux s'entendre à l'amiable que de s'y exposer. D'ailleurs, plus les relations entre deux hommes deviennent étroites ou seulement fréquentes, plus ils éprouvent de répugnance à commettre des injustices l'un envers l'autre. Ce frein-là, sans doute, n'est pas toujours assez fort ; mais quelle qu'ait pu être son action avant la constitution de l'opinion publique, il n'y avait que le corps diplomatique qui pût inspirer une certaine retenue aux gouvernements dans leurs relations internationales. L'intervention de ce corps n'était pas motivée uniquement par la solidarité qui règne entre tous les États civilisés, solidarité assez étroite pour faire ressentir jusque dans les campagnes de France et d'Angleterre les effets d'une guerre civile qui sévit sur les bords du Potomack ou du Mississipi ; elle se fondait encore sur les principes de la morale éternelle et quelquefois même elle a pu se borner à invoquer des convenances sociales. C'est ainsi que le corps diplomatique, conduit par le représentant de la France à Lisbonne, M. Hyde de Neuville, empêcha, en 1824, par une démarche commune, l'insurrection de don Miguel contre son père. Et ce n'est pas là le seul fait de cette nature que l'histoire ait enregistré ; la diplomatie a atténué plus d'une fois la répression dans la guerre et adouci les persécutions religieuses.

La diplomatie a donc été un instrument de paix. D'où vient-il alors qu'elle est en si mauvais renom ? La diplomatie n'est-elle pas souvent prise comme synonyme de ruse et de dissimulation ? Un diplomate (à distinguer de l'agent diplomatique), n'est-ce pas, pour beaucoup de personnes, un homme fin, possédant le talent de « parler pour cacher sa pensée ». Il fut un temps où ce sentiment défavorable était assez fondé. Mais ce n'était pas précisément la faute de l'institution. On peut dire ici : Tel maître, tel serviteur. L'ambassadeur, le ministre plénipotentiaire ne sont que des mandataires, ils doivent exécuter les ordres de leur gouvernement et du souverain « leur auguste maître ». Or, à l'époque où tous ces souverains étaient des monarques absolus et quelques-uns même des despotes dans l'acception la plus rigoureuse du mot, les idées d'honneur, de loyauté, de bonne foi, n'étaient pas aussi répandues que de nos jours, et la société n'était pas aussi exigeante sur ce point qu'elle l'est actuellement. On comprend que les princes absolus et ambitieux aient donné à leurs mandataires des missions que la morale réprouve, et que ces agents aient dû employer, pour réussir, la ruse et le mensonge, l'intrigue et la cabale, et autres moyens qui soulèvent notre indignation. Poursuivant un but souvent peu avouable, et généralement par des procédés qui l'étaient moins encore, les diplomates durent aussi envelopper leurs actions dans le plus profond mystère, et leur qualité la plus prisée était celle de savoir parler sans rien dire.

Actuellement, l'agent diplomatique est plus que jamais le mandataire de son gouvernement, mais le télégraphe et la rapidité des communications l'ont presque entièrement privé d'initiative. Souvent sa tâche consiste à porter au ministre des affaires étrangères du pays auprès duquel il est accrédité la feuille de papier renfermant les idées de son supérieur et de lire cette feuille, en laissant ou en ne laissant pas copie (voy. Dépêche), selon les ordres qu'il reçoit. Et ce n'est même pas lui qui est chargé de transmettre la réponse. Ainsi l'ambassadeur français à Londres est chargé de faire une communication au chef du foreign office, et celui-ci répond au gouvernement français par l'organe de l'ambassadeur anglais à Paris. Avec des tâches comme celle-là, l'influence de la diplomatie est réduite à bien peu de chose. Mais on attribue souvent à la diplomatie l'action morale que les gouvernements exercent les uns sur les autres.

Ce qui devrait faire disparaître les dernières traces de la défaveur qui se rattache à la diplomatie, c'est le nouveau régime politique introduit dans la plupart des États civilisés, et l'usage devenu de plus en plus fréquent, de publier la correspondance diplomatique. Les cabinets, soumis à une responsabilité plus ou moins sérieuse, pèsent davantage leurs instructions et leurs ordres ; il est rare maintenant que le but à atteindre ne soit pas avouable, il est plus rare encore qu'on emploie des moyens ténébreux. Ces moyens auraient, d'ailleurs, de nos jours, bien moins de chances de succès qu'autrefois. Il existe actuellement une puissance qu'il faut respecter, c'est l'opinion publique. Celui qui la compte parmi ses alliés peut ce qu'il veut. Aussi, bien des mesures sont-elles prises en vue de se la concilier, et, comme autrefois le secret, la dissimulation étaient le procédé le plus usuel, de nos jours, la publicité et la franchise sont préconisées, non sans raison, comme le meilleur moyen de réussir. Il est seulement à désirer que cette publicité soit toujours bien complète, et cette franchise toujours bien *sincère*.

La différence entre la mission des agents diplomatiques dans les siècles antérieurs et celle qui leur incombe aujourd'hui peut être formulée ainsi : Autrefois, ils étaient des organes d'une politique personnelle, les instruments de l'ambition de leur souverain ; actuellement, ils représentent les intérêts généraux de leur pays, et sont appelés, dans une certaine mesure, à faciliter les relations internationales qui sont l'une des conditions du progrès de l'humanité. Leur tâche actuelle est donc bien autrement difficile que celle de leurs devanciers. S'ils ont moins d'initiative, il leur faut des connaissances plus étendues et bien plus variées pour renseigner leurs gouvernements sur la situation du pays où ils sont accrédités. Ils n'ont plus à suivre seulement son mouvement politique, ils doivent aussi avoir l'œil ouvert sur son mouvement économique, dont l'influence arrivera un jour à primer tout, surtout dans les pays libres. Cette double tâche est considérée comme tellement lourde qu'on l'a partagée ; ce sont généralement les ministres qui ont les attributions politiques et les consuls qui ont les attributions commerciales.

DIPLOME. Acte public, charte, brevet. En France, ce mot, que l'ouvrage de Mabillon, *De re diplomatica*, a remis en circulation, n'est plus en usage que dans une acception synonyme de *certificat* (diplôme de docteur, diplôme de membre d'une société savante). En Autriche le *diplôme de février* 1860, qui octroie ou complète les constitutions de l'empire d'*Autriche*, prouve qu'il continue d'être pris dans ce pays dans le sens de *charte*.

Il ne faut pas confondre la diplomatique ou science des diplômes avec la diplomatie.

DISCIPLINE. Ce mot, pris dans le sens étymologique, veut dire enseignement, éducation : tel qu'il a prévalu dans l'usage, il emporte plus particulièrement l'idée de règle et même de contrainte. Tandis qu'*éducation* signifie une action exercée sur nous au moyen de l'espoir aussi bien que de la crainte, une exaltation aussi bien qu'une compression de nos facultés, l'idée de discipline, idée plus restreinte, est particulièrement celle de l'intimidation.

Il y a dans toute société des lois générales qui ont charge de l'ordre et du progrès. Comme ces lois procèdent aussi bien par promesses que par menaces et n'usent pas moins de l'aiguillon que du frein, elles ne sont pas précisément synonymes de *discipline*. Dans le cas même où elles sont répressives, elles ne sanctionnent que les devoirs des hommes entre eux en cette seule qualité d'hommes, sans prendre garde aux devoirs qui naissent de la condition et des relations particulières de chacun. Cette répression spéciale est ce qui s'appelle *discipline* : c'est la loi particulière d'un corps en fait de pénalité et de rigueurs, tout comme *privilège* est la loi particulière d'un corps, qui en détermine les honneurs et le pouvoir.

La discipline à citer entre toutes est celle qui regarde le soldat, le moine, l'écolier. Dans ces divers cas, la discipline a toute sa rigueur par diverses raisons, mais aussi bien par une raison qui leur est commune, savoir : le groupement, l'agglomération. Rien n'est offensif, explosible en quelque sorte, comme le contact des personnes, la prompte circulation des idées, la force du nombre consciente d'elle-même. Ajoutez que parmi les soldats le nombre porte les armes et fait profession d'audace, que parmi les écoliers il a l'emportement et la déraison de l'âge, ce qui doit donner lieu à une aggravation de discipline. A l'égard du prêtre, il faut noter que cet état où l'homme est le plus interpellé dans sa conscience au nom d'une loi divine et transcendante, au nom d'une éternité de peines et de récompenses, est en même temps celui où il est le plus réglementé, le plus discipliné dans ses actes par une loi de tous les instants. Cela n'est pas bien surprenant et il n'y a là rien de trop : la condition qui demande à l'homme le plus de sacrifices, et comme une abdication de l'humanité, doit s'imposer à lui avec une hauteur, avec une profusion de commandements toute particulière.

En général, les corps font eux-mêmes leur police, leur discipline. Comme ils ont une loi particulière de répression, ils ont aussi leur juridiction particulière. De là les conseils académiques pour le corps enseignant, l'official qui siège à l'évêché, les conseils de discipline pour le barreau, la chambre des notaires et la chambre des avoués pour ces deux compagnies, et dans certains cas déterminés l'action disciplinaire de la magistrature sur elle-même.

Dans l'armée et dans une congrégation religieuse la discipline n'appartient pas aux corps, mais aux chefs qui sont la règle vivante. Les conseils de guerre n'ont rien de commun avec la discipline : ils constituent une justice criminelle extraordinaire, à raison des personnes, et quelquefois à raison de la nature des délits.

Il est tout naturel qu'un corps soit le gardien, quelquefois l'unique gardien de ses règles, de ses traditions et de son honneur. On peut s'en fier à lui, sauf le cas où ce corps n'est pas hiérarchisé, où il se compose d'égaux, de compétiteurs dont les poursuites et les jugements peuvent être égarés par de mauvaises passions. C'est pourquoi au barreau et parmi les officiers ministériels, les sentences disciplinaires sont sujettes à revision et peuvent être frappées d'appel par-devant les tribunaux ordinaires. Il faut noter qu'ici n'a pas lieu la publicité qui est de droit dans les choses judiciaires ; tout est particulier dans la discipline des corps, la loi, le juge, l'opinion, laquelle n'a pas besoin d'être l'opinion publique.

La discipline est un supplément et un renfort du droit commun à l'égard de certaines classes de personnes qui ont des obligations spéciales ; mais elle ne dispense pas ces personnes du droit commun, pour toute infraction aux devoirs généraux de l'homme et du citoyen. Le prêtre lui-même est justiciable en pareil cas des tribunaux ordinaires. Il n'y a d'exception que pour le soldat qui a commis un crime ou un délit de droit commun, étant sous le drapeau. Ici le drapeau attribue juridiction aux conseils de guerre, lesquels d'ailleurs peuvent prononcer déjà au nom de la loi militaire toute espèce de peines, même la peine capitale. Cependant rien n'est plus douteux que le mérite de cette disposition, quand la victime du délit n'est pas militaire. Ici l'esprit de corps peut engendrer une indulgence déplacée, tandis qu'il est la garantie d'une justice rigoureuse, quand tout se passe dans les limites du corps.

La discipline n'est pas toujours quelque chose d'aussi positif, d'aussi armé, pour ainsi dire, que nous venons de le voir. La discipline peut être en certains cas de l'ordre purement moral, une autorité qui s'exerce par des voies tout intellectuelles. Il y a certainement quelque discipline dans le fait des universités et des académies. Elles gouvernent les esprits jusqu'à un certain point, celles-là par la méthode et l'inspiration de leur enseignement, celles-ci par la nature de leur choix et de leurs exemples.

Nous avons dit que la discipline était une loi particulière à l'usage de certains corps : cela ne veut pas dire que tous les corps aient une discipline. Ainsi les ingénieurs n'en ont pas. Ils sont sujets à des devoirs et à des répressions comme fonctionnaires publics et non comme membres du corps auquel ils appartiennent. Il faut, pour donner naissance à la discipline, une certaine communauté d'existence dont la caserne et le couvent offrent le type le plus parfait. Peut-être faudrait-il ajouter comme cause de discipline, le nombre. Ce n'est pas que les devoirs professionnels naissent uniquement de ces circonstances ; mais où elle n'existe pas, à quoi bon créer une loi et une juridiction qui seraient sans

lumière, sans police pour constater les cas répréhensibles ?

Plusieurs questions s'élèvent au sujet de la discipline.

1° Doit-elle être préventive ou répressive ? La répression, où l'autorité n'intervient qu'au dernier moment, est ce qui plaît le mieux aux races douées du tempérament individualiste, à l'Anglo-Saxon par exemple. La prévention qui surveille l'homme à tous les moments, et oppose au méfait non seulement la pénalité mais l'obstacle, est à l'usage des peuples qui ont le tempérament intellectuel et le sens philosophique, où le but professé n'est pas le développement individuel, mais la justice, la règle.

Il y a en Angleterre, tout près de Windsor, une maison d'éducation nommée *Eton*, où sont élevés les enfants des meilleures familles, dans des conditions dont les nôtres seraient fort étonnés. Naturellement, l'écolier a sa tâche, ses *devoirs* à faire comme chez nous. Mais nul emploi de son temps ne lui est imposé, nulle surveillance n'est exercée sur lui ; il peut travailler ou se récréer, sortir ou rester comme bon lui semble, sans la moindre précaution contre les dangers, contre les pièges de la rivière et de la ville qui sont à deux pas. Seulement, si l'élève d'Eton n'a pas fait son *devoir* à l'heure dite, il est sévèrement puni. Voilà le type d'une discipline purement répressive. Ces enfants ainsi confiés à eux-mêmes, où se cultive, pour toute éducation morale, le sentiment de la responsabilité, deviennent les hommes que l'on sait.

2° Les devoirs particuliers que sanctionne la discipline doivent-ils prévaloir, en cas de conflit, sur des devoirs généraux ?

Point de difficulté à l'égard du prêtre ni même du conseiller légal : ils doivent garder la confidence qu'ils ont reçue, celle même de faits criminels ou menaçants pour la paix politique, que le citoyen doit dénoncer ; même solution à l'égard du médecin : il a été entendu dans nos troubles civils qu'il ne doit pas dénoncer les coupables d'insurrection qui lui dénoncent leurs blessures. La question est plus délicate en ce qui touche le militaire. Est-il tenu d'une obéissance passive à tous les ordres qu'il reçoit ? Il faut poser hardiment le principe de l'obéissance (*voy.*). Des armées qui raisonnent, qui en viendraient à faire et à défaire les gouvernements, c'est la fin des nations. Il faut admettre non moins hardiment des exceptions à ce principe, il le faut pour l'honneur de l'armée ; l'abus de l'exception n'est pas à craindre, vu que la conséquence d'avoir mal pris son temps pour désobéir est d'être fusillé.   DUPONT-WHITE.

DISCOURS DU TRONE. C'est une opinion généralement adoptée, quoiqu'elle soit inexacte que les monarchies plus ou moins constitutionnelles ont emprunté à la Grande-Bretagne l'usage du discours du trône ou de la couronne. Ainsi est appelée la harangue par laquelle le chef de l'Etat explique sa conduite.

et plus souvent fait connaître ses intentions aux représentants de la nation, à l'ouverture d'une session législative. Cette coutume est très antérieure au Bill des Droits, qui établit un pacte entre Guillaume d'Orange et le parlement d'Angleterre; nous trouvons en France des discours du trône, dès la seconde moitié du seizième siècle.

Les états généraux naquirent et se développèrent au milieu des discordes civiles et des guerres étrangères. Il eût été souvent impossible aux rois d'en faire personnellement l'ouverture, et lorsque les trois ordres entraient en séance, c'était le grand chancelier qui leur communiquait les intentions du gouvernement. Henri II fut le premier qui regarda comme de bonne politique de se mettre en rapport direct avec les députés de la noblesse, du clergé et de la bourgeoisie. A l'ouverture des états qu'il convoqua dans la grande salle du palais de justice, le 5 janvier 1558, il peignit largement la triste situation financière où l'avait réduit une lutte prolongée avec les impériaux et les Anglais. Le cardinal de Lorraine, premier ministre, entra dans les détails. Le duc de Nevers, le président de Saint-André, et le sieur Guillard, répondirent au nom de la noblesse, de la magistrature et du tiers état. Voilà les rudiments du discours du trône et de l'adresse.

Depuis lors il y eut une longue série de discours du trône en France. La dernière fois jusqu'à présent qu'il a été question de cette cérémonie c'est le 4 février 1861. A cette date Napoléon III a dit aux chambres assemblées : « Le discours d'ouverture de chaque session résume en peu de mots les actes passés et les projets à venir. Jusqu'à ce jour, cette communication, restreinte par sa nature, ne mettait pas le gouvernement en rapport assez intime avec les premiers corps de l'Etat, et ceux-ci étaient privés de la faculté de fortifier le gouvernement par leur adhésion publique ou de l'éclairer par leurs conseils. J'ai décidé que, tous les ans, un exposé général de la situation de l'Empire serait mis sous vos yeux, et que les dépêches les plus importantes de la diplomatie seraient déposées sur vos bureaux. Vous pourrez également, dans une adresse, manifester votre sentiment sur les faits qui s'accompliront, non plus, comme autrefois, par une simple paraphrase du discours du trône, mais par la libre et loyale expression de votre opinion. »

C'est la dernière définition qui ait été donnée du discours du trône.

Dans les pays où cette définition est prise à la lettre, et où fonctionne le régime constitutionnel avec toutes les oscillations qu'il entraîne, le discours du trône est parfois le point de départ d'une lutte prolongée. Dans la Grande-Bretagne, la royauté s'efface tellement devant les Chambres, et la réserve des ministres qui lui dictent ses paroles est habituellement si grande que le discours du trône prononcé au commencement d'un règne

est le seul qui soit en possession d'exciter vivement la curiosité du peuple anglais, mais l'attente est souvent déçue.

Ajoutons que le premier discours du trône, en Angleterre, est précédé d'une déclaration que lit le lord-chancelier, et que le roi ou la reine répète textuellement : « J'affirme et déclare sincèrement et solennellement, en présence Dieu, que je crois que, dans le sacrement de la cène de Notre Seigneur, il n'y a aucune transsubstantiation des éléments de pain et de vin, dans le corps et le sang de Christ, et que cette transsubstantiation n'est opérée ni pendant, ni après la consécration ; je crois que l'invocation ou l'adoration de la Vierge Marie et des saints, ainsi que le sacrifice de la messe, tels qu'ils sont pratiqués dans l'Eglise de Rome, sont superstitieux et idolâtriques. »

En cette circonstance, le roi agit moins en vertu de son autorité temporelle que comme chef de l'Eglise anglicane.

DISPENSE. La dispense est l'acte par lequel une exception est faite à la rigueur de la loi en faveur d'une personne se trouvant dans un cas particulier.

La dispense est tantôt indiquée expressément dans la loi, c'est-à-dire qu'elle est accordée à tout individu qui se trouve dans un cas déterminé; tantôt elle est abandonnée à l'appréciation du chef de l'Etat ou d'un fonctionnaire désigné.

DISSIDENTS (en anglais, *dissenters*, en allemand, *Dissidenten*). On désigne ainsi les membres d'une communauté religieuse chrétienne restée en dehors du giron de l'Eglise dominante. Ainsi, en Pologne, où le mot a été employé en premier lieu, les protestants formaient, dès le seizième siècle, la classe des *dissidentes in religione;* en Angleterre, c'étaient les non-anglicans. Dans les pays où les deux principaux cultes chrétiens comptaient un nombre presque égal d'adhérents, le mot est resté sans emploi; ailleurs, il a été longtemps synonyme de *persécutés*. De nos jours, si la religion est encore une cause d'exclusion ou un prétexte (très peu religieux, d'ailleurs) pour priver un citoyen de la jouissance des droits politiques, elle ne motive plus guère des persécutions.

DIVAN. Le nom de divan s'applique à toutes les salles où les souverains musulmans et leurs premiers ministres tiennent conseil d'Etat ou donnent audience; il se dit encore des tribunaux où les juges rendent la justice. Par extension, on a donné aussi le nom de divan aux membres d'un conseil et d'un tribunal, et l'on nomme membres du divan les ministres et les magistrats qui ont le droit d'y assister.

DIVISER POUR RÉGNER. De tout temps, la ruse a été la ressource du faible, et il est des circonstances où la morale la plus pure ne saurait en blâmer l'emploi. Lorsque la faiblesse résulte du nombre des ennemis, on rétablit l'égalité en les divisant, si l'on peut. C'est instinctivement qu'on a recours à ce moyen : on connaît la légende du combat entre les Horaces et les Curiaces, d'après laquelle l'unique survivant des Horaces a vaincu ses trois adversaires en les séparant.

Ce qui peut être justifié dans un cas de légitime défense ne saurait être approuvé lorsqu'il s'agit d'asseoir une domination. D'abord, nous ne voyons pas trop dans quelles circonstances l'usurpation du pouvoir souverain ou les conquêtes soient conformes aux préceptes d'une saine morale. De pareils actes en petit nombre, il est vrai, paraissent avoir été suivis de bons effets : mais l'*utilité* n'est pas encore admise par la conscience publique, comme l'unique *criterium* de nos actions. D'ailleurs, c'est avant d'agir qu'il faut peser la moralité d'une entreprise; or, l'utilité n'est souvent établie avec évidence qu'après une série d'années. Nous en concluons qu'on ne doit prétendre arriver ou se maintenir au pouvoir qu'avec l'assentiment général, et alors il n'y a aucune raison de fomenter la division.

Voilà pour les principes, examinons les faits. Le précepte de politique pratique qui forme le titre du présent article s'applique avant tout aux relations extérieures. Un Etat a intérêt à ce qu'il ne se forme pas une coalition dans le but de lui nuire, de lui enlever une province ou de lui imposer une humiliation quelconque. Comment peut-il empêcher l'union hostile de se constituer? Le plus sûr moyen serait de s'attacher par l'intérêt l'un des pays qui menacent de devenir ses adversaires. Lorsque les intérêts ne se prêtent pas à des arrangements de cette nature, on use quelquefois d'un moyen dangereux et en tout cas discutable : on a recours aux passions et on soulève celles sur lesquelles on a quelque prise. On parlera au nom de la religion, ou au nom des principes — absolutistes ou libéraux; on fera valoir la communauté de race ou de nationalité, on excitera l'amour-propre, on suscitera des motifs de jalousie, sans compter les arguments ou mobiles spéciaux que les circonstances peuvent inspirer ou faire surgir. Les liens de famille entre les princes n'exercent presque plus d'effet sur les événements.

Dans la politique intérieure, le *diviser pour régner* trouve également son application. Mais si, vis-à-vis de l'étranger, on n'obtient des résultats favorables qu'en agissant avec une grande prudence, à l'intérieur, le jeu doit être caché avec plus de soin encore. Dans un Etat constitutionnel, où le peuple est souverain, on ne peut guère agir que sur les élections. Quelques gouvernements emploient, il est vrai, des moyens brutaux, la menace et l'abus de l'autorité qu'ils tiennent des lois; mais cette méthode est grosse de plus d'une sorte de dangers. Moins dangereuse, mais non sans péril, est

l'influence qui s'exerce par la voie d'une corruption subtile ou clandestine.

Dans les pays à gouvernement absolu, la division est fomentée soit entre les populations appartenant à des religions ou à des nationalités différentes, soit entre les différentes classes de la société. Ici, c'est sur le clergé, là sur la noblesse, ailleurs, sur la bourgeoisie, les cultivateurs ou les ouvriers, qu'on compte le plus, ou qu'on cherche à gagner, pour s'en faire des alliés. Le gouvernement se donne ainsi des maîtres qu'il est obligé de flatter, et c'est là sa punition bien méritée.

Ce qu'il y a de mieux à faire pour un gouvernement, c'est de satisfaire aux justes exigences des gens raisonnables; il détournera ainsi la masse de la nation de l'union avec l'un des partis extrêmes qui se trouvent dans tout pays, au moins à l'état latent, et qui ne sont pas à craindre tant que l'ensemble des citoyens n'a pas de griefs réels à faire valoir. Lorsque la désaffection s'enracine dans un pays, la division devient un moyen bien peu efficace; ce n'est, nous le répétons, que par des réformes sérieuses qu'un souverain peut retrouver la popularité nécessaire pour régner en sécurité.

Disons, pour terminer, que ceux qu'on veut désunir doivent avoir présent à l'esprit l'axiome que la Belgique a inscrit sur ses armes : *l'union fait la force*. La puissance de ce principe est si universellement reconnue qu'il ne nous reste rien à ajouter.

DIVISION. Mode de voter en Angleterre, lorsque l'épreuve par assis et levé a paru douteuse. Ce mode tire son nom du fait que la chambre se divise matériellement, une partie des députés allant dans une autre pièce. C'est une sorte de vote au scrutin.

DIVISION DU TRAVAIL. Que la division du travail ou la *spécialisation* des occupations soit une nécessité économique et une condition du progrès, c'est une vérité devenue banale à force d'avoir été répétée, surtout depuis Adam Smith, qui n'en est cependant pas l'inventeur. Mais on ne l'a peut-être pas assez appliquée à la politique, bien que Platon, dans sa *République* (1, 2), en ait déjà fait ressortir les rapports avec l'organisation d'un Etat. « Nous ne naissons pas tous semblables, dit-il, mais différents les uns des autres; l'un a plus de disposition pour faire une chose, l'autre pour en faire une autre..... d'où il suit qu'il se fait plus de choses, qu'elles se font mieux et plus aisément, *lorsque chacun fait celle pour laquelle il est propre dans le temps marqué, et qu'il est dégagé de tout autre soin*.

Personne ne discutera ce principe qui participe de l'évidence d'un axiome; il est cependant peu d'Etats où il ne soit plus ou moins fréquemment violé. Tantôt le pouvoir exécutif empiétera sur le domaine législatif, ou le législateur se mêlera d'administrer;

tantôt les chambres manqueront à leur devoir de contrôle, les juges chercheront l'avancement plutôt que la justice, et le gouvernement opprimera plus souvent qu'il ne protégera. Bien souvent on ne s'occupera pas de trouver l'homme qui convient à la place, mais la place qui convient à l'homme, et ce ne sera pas la capacité ou l'aptitude, mais le dévouement ou la faveur qui motiveront le choix.

D'où vient que la division du travail n'est pas pratiquée conformément aux véritables intérêts de l'État ? C'est que nombre de personnes mettent au-dessus du bien général quelque chose qui leur est beaucoup plus cher : leur bien individuel. Encore, si, après avoir satisfait à leur intérêt particulier, ou dans les cas où il est hors de cause, ces personnes s'occupaient avec zèle de leur tâche publique, le mal causé par l'intérêt particulier ne serait pas bien grand dans la pratique ; mais combien de fonctionnaires ne répondent même pas à ces exigences si modestes !....

Quels sont les moyens de faire cesser cet abus ? Créez des institutions ou des lois qui rappellent à chacun son devoir aussi souvent que nécessaire et qui forcent chacun à le remplir ; ensuite et surtout, agissez sur l'éducation afin de faire pénétrer de plus en plus dans l'âme des citoyens le sentiment de la justice, d'en imprégner les mœurs et de la faire entrer dans les habitudes des populations. C'est une utopie, dira-t-on ; mais l'idéal est toujours une utopie, et c'est seulement en aspirant vers l'idéal qu'on réalise un progrès.

DIVORCE. Le droit de répudiation de la femme par le mari a précédé le divorce chez tous les peuples comme la force précède la justice. Les Perses, les Hébreux, les premiers Romains usaient fort du droit qu'ils s'étaient arrogé. Avec Solon en Grèce, Hérode chez les Juifs, Domitien à Rome, le principe de l'égalité de l'homme et de la femme commença à recevoir une sanction, par le droit accordé à l'épouse de répudier son mari. Les Pères de l'Église eux-mêmes étaient très divisés sur cette importante question de l'indissolubilité du mariage, et si saint Ambroise et saint Épiphane admettaient le divorce, saint Augustin le repoussait énergiquement. En 860, le pape Nicolas Ier, qui voulait contraindre Lothaire Ier à reprendre sa femme Teutberge, affirma avec tant d'autorité la doctrine de l'indissolubilité absolue du mariage que le roi finit par céder. Ce fut là une sorte de reconnaissance par le pouvoir civil du principe établi par la cour de Rome. Plus tard, la rupture des Églises d'Orient et d'Occident et la Réforme divisaient l'Europe en deux camps, les catholiques relevant de Rome, tenant pour l'indissolubilité du mariage, les chrétiens grecs et les protestants pratiquant hautement le divorce. Enfin, la loi de 1792 éta-

blit le divorce en France. Les dispositions de cette loi rendaient très facile la rupture d'une union devenue pénible aux deux époux. Elle admettait deux sortes de divorce : le divorce par consentement mutuel et le divorce pour causes d'incompatibilité d'humeur.

Les auteurs du Code civil conservèrent le divorce, mais ils changèrent le caractère que lui donnait la loi de 1792, et au lieu de le considérer comme un acte naturel, n'impliquant aucune idée de blâme, ils se rapprochèrent sensiblement de la doctrine catholique, et ne le considérèrent plus que comme un mal quelquefois nécessaire, une tolérance de la loi. En le maintenant, ils s'inclinèrent plutôt devant l'opinion publique qu'ils n'obéirent à leur conscience. Le divorce devint alors, par les précautions dont on l'entoura, par les formalités exigibles, peu accessible aux classes pauvres.

En 1816, la tendance des idées fut contraire au divorce, et un des premiers actes de la réaction catholique fut de rétablir l'indissolubilité des liens du mariage. On comprend facilement cet empressement de la part des émigrés et des gens qui ne voyaient dans la Restauration que la victoire des principes catholiques et monarchiques sur la Révolution. Mais on s'explique moins la persistance de la chambre des pairs, sous le règne du roi Louis-Philippe, à repousser le divorce.

Après la révolution de 1830, une série d'efforts furent faits pour rétablir le divorce en France, mais ces efforts ne furent couronnés de succès qu'en 1884, par la loi du 27 juillet (Loi Naquet).

DOCTRINAIRES. C'est là encore l'un des mots que l'usage a détournés de leur signification naturelle, pour leur donner une acception défavorable. La langue française présente un grand nombre de ces mots ; elle est, sous ce rapport, plus riche que la plupart des autres langues de l'Europe, grâce à la vivacité d'esprit de nos populations, promptes à saisir le grain de ressemblance que renferme une caricature.

Ainsi, le sens du mot *doctrine* est connu : on désigne ainsi un ensemble de principes, de maximes, de préceptes motivés, et l'homme qui agit d'après une doctrine, ou le *doctrinaire*, mérite une certaine estime, alors même que son système est faux. Sur ce point, nous rencontrerons peut-être des contradicteurs, car on a l'habitude d'envelopper dans une égale réprobation les hommes à principes, les hommes à projets et les hommes à marottes. Dans tous les cas, on devra convenir qu'il vaut mieux agir d'après une doctrine éprouvée que d'après les inspirations du caprice, ou même d'après celles d'un intérêt plus ou moins bien calculé. Au fond, les lois forment aussi un corps de doctrine, et un gouvernement qui n'en fait pas la règle de ses actions tombe dans le despotisme ou dans l'arbitraire.

On le voit, nous tendons à réhabiliter le mot, et même la chose, quoique *sous bénéfice d'inventaire*. Est doctrinaire, en politique, celui qui met certains axiomes au-dessus de toutes les vicissitudes des événements, même des décisions de la majorité, et au-dessus de la lettre de la loi. Nous avons eu plusieurs constitutions qui ont reconnu « des droits antérieurs », imprescriptibles, qu'aucune loi ne peut supprimer, et les auteurs de ces constitutions, et ceux qui les ont acceptées étaient des doctrinaires. Bien des personnes, bien des opinions dont le rapprochement nominatif surprendrait tout le monde, se trouvent ainsi réunies sous la même rubrique. Il y a les doctrinaires de la république comme les doctrinaires de la monarchie [1]. Les « principes de 89 », enfin, sont une doctrine, et nous sommes de ceux qui l'inscrivent sur leur drapeau (sauf rédaction) : nous sommes quelque peu doctrinaire de 89.

Notre définition n'est peut-être pas celle qui se présentera de prime abord à l'esprit du lecteur. A vrai dire, l'immense majorité des Français n'attache aucune idée nette au mot *doctrinaire*. Ce terme ne leur rappelle que quelques noms d'hommes éminents qui ont été en butte, à tort ou à raison, à de violentes attaques longtemps répétées, et cela suffit. Le public se paye volontiers de mots. N'a-t-on pas vu plusieurs années de suite faire à Louis-Philippe un reproche des coupes *sombres* opérées dans ses forêts, ce qui voulait dire pour le public qu'il faisait dévaster le bois de la couronne, bien que tout forestier sache qu'une coupe sombre est celle où l'on n'enlève que *peu d'arbres*, afin que les jeunes pousses soient protégées par un épais ombrage! Mais on aime l'esprit et on vendrait son droit d'aînesse pour un trait, pour un calembour.

L'emploi du terme de doctrinaire, pour désigner une opinion politique, date de l'hiver 1816-1817; le mot a été inventé par les ultra-royalistes pour désigner un groupe d'hommes dont Royer-Collard était pour ainsi dire le chef, groupe qui, à diverses époques, comprenait le comte Molé, le duc de Broglie, Guizot, de Barante, l'abbé Louis, Camille Jordan, le comte de Saint-Aulaire, Beugnot, et même de Serre, Pasquier, Sébastiani et autres. Ce groupe représentait alors la nuance de l'opinion libérale, qui fut également éloignée de l'extrême-gauche dont une partie aurait voulu ramener la nation à la constitution impériale, et de l'extrême droite qui prétendait reculer jusqu'à l'ancien régime. C'est ce groupe intermédiaire qui voulait « la charte, toute la charte, et rien que la charte ».

Les hommes politiques qui évitent les extrêmes ont partout une position difficile : ils se trouvent pour ainsi dire entre deux feux. De toute part, on les accable, et en suivant la pente naturelle des choses, on en arrive à ne plus leur rendre justice. Tel a été le sort des « doctrinaires ». Voyons cependant en quoi consistaient leurs opinions. Prenons pour exemple celle de Royer-Collard, qui commence à être moins connue. Nous citons :

« Il se demanda qu'elles étaient les conditions nécessaires de l'existence des gouvernements. La liberté sous toutes ses formes lui apparaissait comme le premier besoin des individus et des peuples; il la respectait dans la conscience, en séparant d'une infranchissable barrière la vie civile et la vie religieuse dans les actes et dans les intérêts de chacun, en leur donnant pour garantie la loi et l'inamovibilité des juges; dans les droits politiques de la nation, en conviant tous ceux dont la capacité était reconnue à participer doublement aux affaires publiques, et à l'élection d'une partie des législateurs et par l'introduction des citoyens dans ces tribunaux devant lesquels se débattent leurs intérêts privés et publics. Par amour de la liberté il aimait l'ordre, ce respect de la liberté d'autrui ; il ne les séparait pas. Le dernier but des institutions politiques, le résultat suprême du travail des siècles, était à ses yeux de les concilier et de les unir. » (Vingtain, *Vie publique de Royer-Collard*.)

On reprochait à Royer-Collard de vivre dans la théorie, dans l'abstraction; citons donc un second passage : « A ces bases immuables de la constitution des empires, l'état des sociétés, vient ajouter d'autres éléments. Tantôt une aristocratie puissante s'efforce de tout gouverner par le privilège et par l'exception; tantôt l'esprit démocratique menace de tout engloutir dans une égalité décevante : au législateur appartient de contenir et de refréner ces tendances, mais avant tout il faut les connaître. L'observation de son époque est donc la première, mais ne doit pas être la seule de ses études; l'histoire doit lui découvrir la cause de ce qui est dans ce qui a été, et lui donner la prévision de ce qui sera par la contemplation de ce qui est. » (Vingtain.)

Il n'est pas sans intérêt de faire connaître l'opinion de cet homme éminent sur la liberté de la presse. Nous empruntons, pour les indiquer, deux passages de ses discours parlementaires. « La liberté de la presse, dit-il (22 janvier 1822), devenue un droit public, fonde toutes les libertés et rend la société à elle-même. La liberté de la tribune en découle, et ainsi la publicité veille sur les pouvoirs, les éclaire, les réprime; s'ils se dégagent de ce frein salutaire, ils n'en ont plus aucun, les droits écrits sont aussi faibles que les individus. Il est donc rigoureusement vrai que la liberté de la presse a le caractère et l'énergie d'une institution politique; il est vrai que cette institution est la seule qui restitue à la société des droits contre les pouvoirs qui la régissent; il est vrai que le jour où elle périt, ce jour-là on retourne à la servitude »

Le 16 décembre 1817 il avait dit : « La li-

---

1. Nous rappelons seulement le fameux : Périssent les colonies plutôt que le principe, pour n'avoir pas à citer des doctrines contemporaines.

cence de la presse peut ravager la société et mettre les gouvernements en péril, comme l'excès de la répression peut anéantir la liberté légitime. Réaliser la liberté de la presse en réprimant l'abus qu'on peut en faire, sans que l'abus de la répression détruise la liberté elle-même, tel est le problème à résoudre, problème difficile, mais qui se produit à chaque pas et sous toutes les formes dans les gouvernements libres, et qui n'est qu'un cas particulier du problème général de la conciliation de l'ordre et de la liberté. Quand on désespère de le résoudre, on prononce contre les nations qu'elles sont condamnées à l'inévitable alternative du despotisme ou de l'anarchie. »

Royer-Collard et ses amis ont exprimé des opinions moins libérales sur d'autres points; mais que penser d'un auteur qui, dans les premières années du gouvernement de Juillet, a dit d'eux : « Un parti qui a des principes les respecte avant tout; le parti doctrinaire, qui n'en a pas, pense que la fin sanctifie les moyens, et l'unique fin est pour eux la possession du pouvoir... Un parti qui représente une opinion nationale, un parti dont les efforts sont encouragés par la raison publique, un parti dans lequel vit la foi des masses, est toujours calme et digne : sa confiance dans l'avenir ne l'abandonne dans aucune disgrâce et lui défend l'emploi de la violence, soit pour conquérir, soit pour conserver le pouvoir. Le parti doctrinaire, qui ne représente que lui-même, l'orgueilleuse individualité de ses docteurs, a professé, du haut de la tribune législative, qu'il n'y a pas de gouvernement possible sans intimidation, et l'on n'a pas oublié qu'il entend par ce terme une terreur permanente et les suppressions de toutes les libertés. »

Nous ne nommerons pas l'auteur de cette diatribe, car, bien qu'il soit resté fidèle à ses opinions ultra-démocratiques, il pourrait bien avoir trouvé, après tant d'années d'une époque agitée, que la polémique l'a entraîné bien au-delà de la vérité.

Ces attaques étaient plus spécialement dirigées contre le duc V. de Broglie et contre Guizot, mais il est certain qu'une partie des reproches qu'on leur adresse tombe à faux. On paraît croire, même en dehors de la France [1], que les doctrinaires n'ont été libéraux que sous la Restauration et qu'après la révolution de Juillet ils sont devenus réactionnaires, ou, du moins, qu'ils ont cessé de marcher. Nous ne verrions là rien qui dût nous surprendre. Les libéraux de la Restauration, arrivés au pouvoir, ne pouvaient appliquer que leurs propres doctrines, et non

celles qui ont pu venir après eux. Leur avènement était un progrès; il fallait un certain temps pour en développer les conséquences et pour qu'un nouveau parti « plus avancé » pût se constituer. Relativement aux nouveaux libéraux, les « doctrinaires » devinrent les conservateurs. C'était dans la nature des choses, et il ne nous conviendrait aucunement de ratifier en tout point le jugement de l'opposition de 1830-1848.

Éd. Laboulaye, dans son introduction au Cours de politique constitutionnelle de Benj. Constant (Paris, Guillaumin, 1861), s'exprime ainsi : « Si j'ai choisi cette question (liberté de la presse) pour montrer la différence de deux politiques libérales, c'est que l'erreur de M. Royer-Collard est ici tout à fait visible; mais sur dix autres points on trouverait la même distinction. Il y a toujours eu du système dans l'école doctrinaire. Elle s'est crue plus sage que les libéraux, en cherchant une conciliation entre deux politiques contradictoires; elle a toujours plus ou moins mêlé la prévention à la répression; elle n'a pas eu moins de confiance dans la sagesse de l'administration que dans le libre effort de l'individu; Benj. Constant, au contraire, n'a qu'une idée. En religion, en éducation, en politique, en industrie, sa devise est toujours la vieille devise française : *Laissez faire, laissez passer; point de prévention, mais répression énergique.* Et, pour ce qui touche les droits individuels : *Rien à l'administration, tout à la justice.* » (P. XLVI.)

« Cette logique rigoureuse, continue Éd. Laboulaye, est au goût des Français. Nous allons facilement aux extrêmes, au risque de dépasser le but; aussi avons-nous eu plus d'une fois à regretter de ne pas nous être tenus dans un juste milieu; mais ce juste milieu, excellent quand on traite avec des hommes et qu'on ménage des intérêts, n'a aucun avantage quand il s'agit de vérité et de liberté. Une demi-vérité, une demi-liberté, c'est une alliance contre nature avec le mensonge et avec la force; alliance qui cache une guerre sourde entre deux ennemis irréconciliables. Union de l'Église et de l'État, enseignement réglé par l'État, industrie protégée par l'État, élections dirigées par l'État, presse défendue par l'État contre ses propres excès, autant d'erreurs qui n'enfantent que la discorde. Tout au contraire, séparez l'Église et l'État, les questions religieuses qui, depuis quinze siècles, troublent le monde s'apaisent comme par enchantement; qui a entendu parler de question religieuse aux États-Unis? Donnez la liberté d'enseignement, comme en Belgique et aux États-Unis, vous en finissez du même coup avec l'inquiétude du clergé et l'oppression de la pensée. Établissez la libre concurrence, vous voilà débarrassé de la lourde responsabilité qui vous écrase en temps de crise ou de pénurie. Laissez les électeurs choisir eux-mêmes leurs représentants, vous saurez ce que veut le pays; jus-

[1]. Nous avons eu très souvent l'occasion de remarquer que les contrées étrangères lisent de préférence les publications de l'opposition (qui sont généralement plus piquantes). On se met ainsi insensiblement à juger les pays d'après ce qu'en disent les adversaires du gouvernement du moment. Ce n'est pas un moyen d'avoir des notions justes ou exactes sur une contrée, c'est seulement une double satisfaction qu'on se donne : celle de voir attaquer des hommes au pouvoir, et celle de passer en revue les côtés faibles d'une nation rivale.

que-là vous n'aurez que l'écho de votre propre voix, ce qui n'a jamais ni instruit ni sauvé personne. Donnez pleine carrière à la presse, on imprimera beaucoup, il y aura du bruit, de la poussière, de la fumée; mais du même coup s'évanouira ce fantôme qui depuis quarante ans effraye tous les pouvoirs. Cette grande publicité troublera sans doute l'indolence des uns et le calcul des autres, mais elle assurera le règne de la conscience publique. Et pour m'en tenir à ce qui est aujourd'hui [1] l'intérêt suprême d'un pays qui naguère n'estimait que l'honneur, sachez bien qu'il n'y a ni finances ni crédit sans cette surveillance que rien ne remplace et qui ne coûte rien... » (P. xlvii.)

Nous avons étendu cette citation plus qu'il n'était nécessaire pour le besoin de notre cause, mais nous sommes sûr que le lecteur ne nous en voudra pas. Quelques lignes auraient suffi pour montrer que l'éminent publiciste ne distingue au fond que des degrés dans le libéralisme. Du reste, Laboulaye était également doctrinaire, mais d'une autre nuance.

Voyons maintenant comment Guizot lui-même caractérise les doctrinaires.

« On a beaucoup attaqué les doctrinaires. Je tiens à les expliquer, non à les défendre. Hommes ou partis, quand on a exercé quelque influence sur les événements et tenu quelque place dans l'histoire, ce qui importe, c'est de se faire bien connaître; ce but atteint, il faut rester en paix et se laisser juger.

« Ce n'est ni l'esprit, ni le talent, ni la dignité morale, mérites que leurs ennemis mêmes ne leur ont guère contestés, qui ont fait le caractère original et la valeur politique des doctrinaires; d'autres hommes, dans d'autres partis, possédaient aussi ces mérites, et entre ces rivaux d'intelligence, d'éloquence et de sincérité, le public réglera les rangs. Les doctrinaires ont dû à une autre cause leur nom et leur influence qui a été réelle, malgré leur petit nombre. C'est le grand caractère, bien chèrement payé, de la révolution française d'avoir été une œuvre de l'esprit humain, de ses conceptions et de ses prétentions, en même temps qu'une lutte d'intérêts sociaux. La philosophie s'était vantée qu'elle réglerait la politique, et que les institutions, les lois, les pouvoirs publics ne seraient que les créations et les serviteurs de la raison savante. Orgueil insensé, mais hommage éclatant à ce qu'il y a de plus élevé dans l'homme, à sa nature intellectuelle et morale! Les revers et les mécomptes ne tardèrent pas à donner à la Révolution leurs rudes leçons; mais jusqu'en 1815 elle n'avait guère rencontré, pour commentateurs de sa mauvaise fortune, que des ennemis implacables ou des complices désabusés, avides, les uns de ven-

gence, les autres de repos, et qui ne savaient opposer aux principes révolutionnaires, les uns qu'une réaction rétrograde, les autres que le scepticisme de la fatigue. « Il n'y a dans la Révolution qu'erreur et crime, disaient les uns; l'ancien régime avait raison contre elle; ‑‑ la Révolution n'a péché que par excès, disaient les autres; ses principes étaient bons; mais elle les a poussés trop loin; elle a abusé de son droit. » Les doctrinaires repoussèrent l'une et l'autre de ces assertions; ils se défendirent à la fois et du retour aux maximes de l'ancien régime, et de l'adhésion, même purement spéculative, aux principes révolutionnaires. En acceptant franchement la nouvelle société française, telle que toute notre histoire, et non pas seulement 1789, l'a faite, ils entreprirent de fonder son gouvernement sur les bases rationnelles, et pourtant tout autres que les théories au nom desquelles on avait détruit l'ancienne société, ou les maximes incohérentes qu'on essayait d'évoquer pour la reconstruire. Appelés tour à tour à combattre et à défendre la Révolution, ils se placèrent, dès l'abord, et hardiment, dans l'ordre intellectuel, opposant des principes à des principes, faisant appel, non seulement à l'expérience, mais aussi à la raison, affirmant des droits au lieu de n'alléguer que des intérêts, et demandant à la France, non pas de confesser qu'elle n'avait fait que le mal, ni de se déclarer impuissante pour le bien, mais de sortir du chaos où elle s'était plongée, et de relever la tête vers le ciel pour y retrouver la lumière.

« Je me hâte d'en convenir il y avait aussi, dans cette tentative, un grand orgueil, mais un orgueil qui commençait par un acte d'humilité, car il proclamait les erreurs d'hier, en même temps que la volonté et l'espérance de n'y pas retomber aujourd'hui. C'était à la fois rendre hommage à l'intelligence humaine et l'avertir des limites de sa puissance; c'était faire acte de respect pour le passé sans défection envers le présent et sans abandon de l'avenir. C'était entreprendre de donner à la politique une bonne philosophie, non pour souveraine maîtresse, mais pour conseillère et pour appui.

« Je le dirai, sans hésiter, selon ce que m'a appris l'expérience, quelles fautes se sont progressivement mêlées à ce généreux dessein, et en ont altéré ou arrêté le succès. Ce que j'ai à cœur en ce moment, c'est d'en bien marquer le vrai caractère. Ce fut à ce mélange d'élévation philosophique et de modération politique, à ce respect rationnel des droits et des faits divers, à ces doctrines à la fois nouvelles et conservatrices, antirévolutionnaires, sans être rétrogrades et modestes au fond, quoique souvent hautaines dans leur langage, que les doctrinaires durent leur importance comme nom. Malgré tant de mécomptes de la philosophie et de la raison humaine, notre temps conserve des goûts philosophiques et raisonneurs, et les plus déterminés praticiens politiques se donnent quelquefois les airs

---

1. Ne croirait-on pas, en lisant ce passage, que la France était portée à des spéculations de la bourse uniquement en 1864, date de la publication du livre que nous citons, et que Law n'a jamais existé? Éd. Laboulaye parlait alors comme un homme d'opposition.

d'agir d'après des idées générales, les regardant comme un bon moyen de se justifier et de s'accréditer. Les doctrinaires répondaient par là à un besoin réel et profond, quoique obscurément senti, des esprits en France; ils avaient à cœur l'honneur intellectuel comme le bon ordre de la société; leurs idées se présentaient comme propres à régénérer en même temps qu'à clore la Révolution. Et ils avaient à ce double titre, tantôt avec ses partisans, tantôt avec ses adversaires, des points de contact qui leur attiraient, sinon une complète sympathie, du moins une sérieuse estime : le côté droit les tenait pour des royalistes sincères, et le côté gauche, même en les combattant avec aigreur, savait bien qu'ils n'étaient les défenseurs, ni de l'ancien régime, ni du pouvoir absolu. » (*Mémoires pour servir à l'histoire de mon temps*, t. Ier, pp. 156 et suiv.)

Il nous reste à formuler ce qui nous paraît être l'opinion des hommes modérés sur les doctrinaires de la 1re moitié de ce siècle, nous le ferons dans les termes que devra employer, ce nous semble, un historien des siècles futurs. Ce furent, dira-t-il, des hommes d'élite, distingués par leur talent, l'honorabilité de leur vie, la fermeté de leurs principes. Leur système politique était relativement libéral, et à d'autres époques ils auraient figuré à la tête du parti progressif. Malheureusement, ils vinrent au pouvoir à un moment où « la démocratie coulait à pleins bords » (M. de Serre) : ils ne surent ni contenir, ni diriger le flot, et ne voulant pas se laisser entraîner, ils furent engloutis. Qui sait où le courant aboutira ?

DOGE. On donnait le nom de doge au principal magistrat des républiques de Venise et de Gênes.

DOMAINE. Le mot *domaine* dérive de la langue latine, *dominus*, qui signifie maître, *dominium*, qui signifie maîtrise. Il y a plusieurs genres de domaines, nous allons les indiquer brièvement.

Au premier rang se placent les diverses espèces de domaines qui appartiennent à des collectivités, à des êtres moraux, à des personnalités juridiques, que l'on distingue par un nom particulier, et qui sont les suivants : 1° le domaine public; 2° le domaine de l'Etat; 3° le domaine de la couronne; 4° le domaine public municipal; lesquels sont régis par des règles particulières dérivées de leur destination spéciale.

Domaine public. — Ce domaine embrasse généralement toutes les choses qui ont été exclues de l'appropriation privée, pour être consacrées au service de la société tout entière. Elles sont : *communes*, comme la mer et ses rivages; *publiques*, comme les ports et les fleuves; *municipales*, comme les églises et quelquefois des théâtres.

Une difficulté de classification naît quelquefois de la circonstance que des choses qui servent à l'usage public produisent en même temps des avantages particuliers à l'Etat, qui en tire des revenus; mais ce fait accidentel ne leur fait pas perdre leur caractère principal qui, à raison de leur destination, les retient dans le domaine public au lieu de les faire passer dans le domaine de l'Etat. Ainsi, par exemple, les ports, les rades, les canaux peuvent donner lieu à des perceptions au profit de l'Etat, mais ils n'en sont pas moins des dépendances du domaine public.

Les éléments de la classification dont il s'agit ici sont fournis : 1° par la loi du 22 novembre 1790, dont l'article 2 a déclaré compris dans le domaine public : « les chemins publics, les rues et les places de villes, les fleuves et rivières navigables, les rivages, les lais et relais de la mer, les ports, les havres, les rades, etc., et, en général, toutes les portions du territoire national et qui ne sont pas susceptibles d'une propriété privée; » 2° par la loi du 8 juillet 1791, dont l'article 13 a rangé dans le même catégorie « tous les terrains de fortification des places de guerre ou des postes militaires, tels que remparts, parapets, fossés, chemins couverts, esplanades, glacis, ouvrages avancés, terrains vides, canaux et leurs francs-bords, lorsqu'ils accompagnent les lignes défensives et qu'ils en tiennent lieu, quelque part qu'ils soient situés, soit sur les frontières de terre, soit sur les côtes et sur les îles qui les avoisinent »; 3° par le Code civil, qui n'a fait que confirmer à cet égard les dispositions des lois antérieures. Ainsi d'une part l'article 538 porte que « les fleuves et rivières, navigables ou flottables, les rivages, lais et relais de la mer, les ports, les havres, rades, et généralement toutes les portions du territoire national qui ne sont pas susceptibles d'une propriété privée, sont considérés comme une dépendance du domaine public »; et d'autre part, l'article 540 du même Code ajoute que « les portes, murs, fossés et remparts des places de guerre et des forteresses font aussi partie du domaine public ».

On voit par cette énumération, d'une part, que les objets compris dans le domaine public sont ceux sur lesquels le pouvoir politique exerce sa haute administration dans l'intérêt des membres de la société, et, d'autre part, que les parties du territoire qui forment ce domaine ne sont pas susceptibles d'être asservies aux règles de la propriété privée; d'où la conséquence que ce n'est pas par un caprice de la loi qu'ils ont été placés en dehors de l'appropriation individuelle, mais par leur nature même. L'Etre moral et collectif, que nous appelons *le public*, devait donc naturellement en être déclaré propriétaire, et chacun devait être appelé à en jouir également et au même titre suivant leur destination.

Il résulte de là que ces choses, ces biens sont inaliénables et imprescriptibles. Inaliénables : on ne concevrait pas, en effet, comment une chose, dont tout le monde a également le droit de se servir, pourrait devenir la propriété exclusive d'un individu. Imprescriptibles : on ne concevrait pas davantage comment un fonds affecté au service général de la société tout entière pourrait être occupé et appréhendé par un membre de cette société, se séparant ainsi du tout pour former un être à part, ce qui serait une contradiction à son principe même.

Domaine de l'Etat. — Ce domaine se compose de tous les biens mobiliers ou immobiliers et de tous les droits qui appartiennent à la nation et dont elle a actuellement la possession et la jouissance. A la différence du domaine public, qui échappe à toute appropriation exclusive quelconque, le domaine de l'Etat implique un propriétaire, l'Etat, ayant sur ses biens, corporels ou incorporels, des droits semblables à ceux des simples particuliers sur les biens de leur propre patrimoine.

Ainsi, font partie intégrante du domaine de l'Etat, en France :

I. Les meubles, dont les principaux suivent :

1° Le matériel de l'imprimerie nationale; 2° les bibliothèques publiques appartenant à l'Etat; 3° les archives nationales; 4° les papiers et registres des différentes administrations publiques; 5° les objets d'arts et de sciences renfermés dans les musées et dépôts appartenant à l'Etat; 6° les armes qui sont confiées à la force publique et les navires de l'Etat; 7° le mobilier et le matériel des administrations publiques, ministères, évêchés, archevêchés, Académie nationale de musique, Théâtre italien, Odéon, Conservatoire de musique, lignes télégraphiques, maisons centrales, etc.; 8° enfin, toutes les matières premières et fabriquées, ainsi que les approvisionnements de toute nature qui sont déposés et conservés dans les divers ateliers et magasins de l'Etat.

II. Les immeubles, qui se subdivisent en deux catégories :

Nous rangeons dans la première : 1° tous les édifices où les fonctionnaires de l'Etat viennent remplir leurs fonctions publiques; 2° les arsenaux, magasins destinés à recevoir des dépôts de matières appartenant à l'Etat; 3° les usines, telles que forges, fonderies, ateliers de machines pour les services de la guerre et de la marine; 4° les biens ruraux, terres, forêts, haras et leurs dépendances; 5° les sources d'eaux minérales, salines, mines de sel gemme.

Tels sont, en meubles et immeubles, les biens qui en France forment le fonds du patrimoine de l'Etat et qui sont susceptibles d'accroissement ou de diminution, mais, en général, restent à peu près toujours les mêmes, c'est-à-dire en dehors des circonstances politiques ou variables des hommes et des choses.

Mais à côté de ce fonds patrimonial se présente un patrimoine accidentel qui vient grossir la fortune de l'Etat et dont il faut aussi

tenir compte. Ainsi il faut ajouter : les biens particuliers du prince qui parvient au trône et les domaines privés, acquis par le chef de l'Etat à titre singulier, et non en vertu du droit de la couronne, et qu'il laisse, à son décès, sans en avoir disposé (ancienne loi française); 2° les biens qui adviennent à l'Etat par voie de déshérence, ou qu'il recueille comme héritier, à défaut d'héritiers du sang ou d'époux survivant.

L'administration et la gestion des biens de l'Etat, en France, peuvent se résumer en trois règles que l'on peut formuler de la manière suivante : 1° les préfets ont seuls qualité pour exercer, devant les tribunaux, les actions de l'Etat, en matière domaniale judiciaire; 2° les directeurs des domaines dans les départements ont seuls qualité pour exercer les actions de l'Etat, en matière domaniale administrative, devant les conseils de préfecture; 3° l'administration générale a seule qualité pour citer devant le conseil d'Etat, soit en demandant, soit en défendant, par l'organe du ministère des finances.

La différence de destination entre le domaine public et le domaine de l'Etat a amené une différence profonde dans leur disposition. Tandis que l'un est inaliénable, et imprescriptible, l'autre est aliénable et prescriptible. L'Etat peut donc, comme tout propriétaire, disposer librement et pleinement de sa chose, vendre, échanger, concéder, affecter en jouissance à des établissements d'utilité publique. Mais l'aliénation, l'échange, la concession ne peuvent être faits que dans les formes voulues par les lois. De ce que les biens de l'Etat sont aliénables, il faut conclure qu'ils sont prescriptibles. C'est la conséquence du même principe.

Domaine de la couronne. — Ce domaine consiste dans l'ensemble des biens et des valeurs de toute espèce, meubles et immeubles, affectés par la nation, dans les Etats monarchiques, à la jouissance du chef de l'Etat.

Autrefois le domaine de la couronne et le domaine de l'Etat étaient confondus et formaient une seule et même chose. Cette confusion prenait sa source dans la plénitude du pouvoir monarchique. Mais aujourd'hui ces anciennes règles sont complètement modifiées, et l'on a changé jusqu'à la dénomination des choses. L'ordonnance de Moulins, rendue en 1556, avait déjà fait la distinction en arrêtant les dilapidations de la fortune publique; la révolution de 1789 est venue porter le dernier coup à l'ancien régime. Elle a séparé d'une manière radicale le trésor de l'Etat du trésor du prince. Un grand nombre de dispositions législatives sont intervenues pour régler cette séparation et en déterminer clairement les effets. La loi du 4 janvier 1790 en forme le point de départ et elle porte « qu'il sera fait une députation au roi, pour demander à Sa Majesté quelle somme elle désire que la nation vote pour sa dépense personnelle, celle de son auguste famille et de sa maison; et que le président, chef de la députation, sera chargé de prier Sa Majesté de consulter moins son esprit d'économie que la dignité de la nation, qui exige que le trône d'un grand monarque soit environné d'un grand éclat. » Le principe admis, il a été diversement appliqué par les gouvernements qui se sont succédé, et on en trouvera ailleurs les développements. (*Voy.* **Liste civile** et **Dotation de la couronne.**

Domaine public municipal. — Ce domaine se rapproche beaucoup du domaine public national dont nous avons parlé plus haut. Car, comme lui, il se rapporte à des choses qui, destinées à l'usage de tous, sont placées hors du commerce ou hors des règles de la propriété ordinaire. Il ne faut pas les confondre avec le domaine *communal*, qui est un vrai domaine de propriété et dont chaque commune a le droit exclusif de jouir, d'user et même de disposer, sous la sanction de l'autorité supérieure, à l'exclusion des forains ou étrangers. (*Voy.* **Communaux.**)

L'énumération des choses composant le domaine public municipal peut être faite ainsi : 1° les choses sacrées ; 2° les établissements publics (églises, écoles, hôpitaux, prisons, etc.); 3° les choses qui font l'objet de la petite voirie; 4° les chemins vicinaux ; 5° les rues, places et chemins publics qui ne sont ni grandes routes ni classés parmi les chemins vicinaux.

Le domaine public municipal est comme un fragment détaché, une partie aliquote du domaine public national, puisant sa source et sa justification dans le grand principe de l'utilité publique.

Tant que les choses classées dans le domaine public municipal sont l'objet d'une jouissance publique, elles participent des privilèges du domaine public proprement dit et elles sont inaliénables et imprescriptibles. Mais si elles cessent d'en faire partie soit expressément, soit tacitement, elles tombent sous l'empire du droit commun, sauf les règles particulières relatives à la tutelle administrative. La commune, considérée comme territoire, brave seule la prescription, car l'enceinte juridictionnelle reste toujours sous la dépendance de la puissance publique. Une commune ne pourrait donc jamais s'étendre, par la tolérance ou la négligence d'une autre, au-delà de ses confins.

Les maires des communes sont les contradicteurs naturels et légitimes pour agir et défendre dans toutes les questions de propriété relatives aux fonds du domaine public municipal. Ils sont constitués par la loi défenseurs de l'utilité publique, mais seulement dans la sphère restreinte où elle mise en jeu, sans pouvoir jamais sortir des limites du territoire.

Domaines divers. — A côté et en dehors des domaines que nous venons de décrire et qui ont un caractère public, s'en présentent d'autres qui ont reçu des noms différents : *Domaine apanager*, qui était celui que l'État donnait aux enfants puînés des rois de France

pour qu'ils pussent vivre d'une manière digne de l'élévation de leur rang et sous condition de retour au domaine de la couronne dans certains cas déterminés ; mais, de nos jours, ce domaine, que l'on appelait aussi plus brièvement apanage, n'appartient guère plus qu'à l'histoire (*voy.* **Apanage**); — *Domaine engagé ou échangé*, qui désigne des biens composant, avant 1789, le domaine de l'État et qui en avaient été détachés par aliénation ou échange; — *Domaine extraordinaire* (*voy.* **Dotation**), qui avait été fondé par Napoléon Ier pour former un ensemble de biens acquis par droit de conquête ou en vertu de traités, et dont la disposition était réservée au chef de l'État pour récompenser de grands services civils et militaires ; — *Domaines nationaux*, qui avaient été constitués par l'ensemble de biens confisqués et vendus en vertu des lois révolutionnaires : biens du clergé, biens des hospices, biens des émigrés, biens des déportés ; — *Domaine privé* (*voy.* ce mot), qui se compose de biens appartenant personnellement au chef héréditaire de l'État avant son avènement au trône et de ceux qu'il acquiert à titre gratuit ou onéreux pendant son règne ; — enfin, *Domaine*, pris dans son acception générale, qui désigne dans la langue usuelle des biens ou héritages ruraux où se trouve d'ordinaire un manoir ou habitation pour le maître.

DOMAINE PRIVÉ. En réunissant définitivement ses biens privés au domaine de la couronne, par son édit de juillet 1607, Henri IV déclarait que ses prédécesseurs, s'étant dédiés et consacrés au public duquel ils ne voulaient rien avoir de distinct et de séparé, « avaient contracté avec leur couronne une espèce de mariage communément appelé saint et politique, par lequel ils l'avaient dotée de toutes les seigneuries qui, à titre particulier, leur pouvaient appartenir ». Et comme exemple de l'utilité et de l'importance des réunions ainsi consommées au profit de l'État, il rappelait que la ville capitale de la France elle-même avait été le domaine particulier de Hugues Capet. C'était donc un principe de droit public que, par l'avènement d'un prince au trône, ses biens étaient incorporés au domaine de l'État, qui alors ne se distinguait pas de celui de la couronne. (*Voy.* **Dotation**.) Comme tout ce qui appartenait à l'État était réputé appartenir au roi, tout ce qui appartenait au roi était réciproquement censé appartenir à l'État. Pour les biens acquis après l'avènement, autrement qu'en vertu des droits de la couronne, on avait admis que le roi pouvait suspendre la réunion au domaine; mais, à la mort de l'acquéreur, les conséquences de l'identité de la personne publique et de la personne privée reparaissaient. (Merlin, v° *Domaine public*, § 3.)

La Révolution française, tout en se guidant par d'autres principes, conserva les mêmes règles; elles furent écrites dans les articles

6 et 7 de la loi des 22 novembre-1er décembre 1790 et dans l'article 9, chapitre XI, titre III, de la Constitution du 3 septembre 1791.

Sous l'Empire, au contraire, le sénatus-consulte du 30 janvier 1810, en reconstituant le domaine privé, disposa que les biens immeubles et les droits incorporels qui en feraient partie ne seraient, en aucun temps ni sous aucun prétexte, réunis de plein droit au domaine de l'Etat. (Art. 48.)

Dans la pensée de l'Empereur, son domaine privé, composé de biens acquis par donation, succession ou à l'aide d'économies réalisées sur la liste civile, devait former le fonds d'où seraient tirés les apanages des princes de la maison impériale. (Ibid., art. 57.) Pour avoir, à cet égard, une entière liberté, il s'était fait affranchir des dispositions prohibitives du Code Napoléon sur la quotité disponible. Les articles 44 et suivants du sénatus-consulte précité réglaient la dévolution pour le cas où l'Empereur mourrait sans avoir disposé, en tout ou en partie, de son domaine privé.

La loi du 8 novembre 1814 revient aux principes admis en 1790 : elle reconnaît au roi la faculté d'acquérir des domaines privés par toutes les voies qu'autorise le Code civil, celle d'en disposer sans être liée par les prohibitions du même Code ; mais elle édicte la réunion perpétuelle et irrévocable au domaine de l'Etat des biens du prince qui parvient au trône ou des biens acquis et possédés à titre privé pendant le règne d'un roi, sans qu'il en ait disposé. (Art. 18 et suiv.)

A la mort de Louis XVIII, on se conforma à ces dispositions ; la loi du 15 janvier 1825 réunit à la dotation de la couronne les biens acquis par le feu roi, et dont il n'avait pas disposé, ainsi que les écuries d'Artois, faubourg du Roule, provenant des biens particuliers du roi régnant (art. 1er). Ce dernier immeuble était le seul qui ne fût pas compris dans une donation que le comte d'Artois, en vue de sa prochaine élévation au trône, avait faite à son fils puîné, le duc de Berry.

L'ancien principe du droit monarchique devait-il être appliqué à Louis-Philippe, recevant la couronne en vertu du droit révolutionnaire ? Ce prince le craignit, et, suivant les précédents déjà établis, il fit la donation du 7 août 1830. En trouvant quelques semaines après, au Bulletin des lois, une ordonnance qui nommait un intendant des domaines dont le roi s'était réservé l'usufruit, on comprit que, par un acte antérieur à l'avènement, il avait disposé de la nue propriété en faveur de ses enfants. (Ord. 10 septembre 1830.)

Bientôt les pouvoirs publics furent appelés à consacrer cet arrangement, et la loi du 2 mars 1832 repoussant, comme le sénatus-consulte de 1810, l'ancienne règle de la dévolution, décida que « le roi conserverait la propriété des biens qui lui appartenaient avant son avènement au trône, et que ces biens et ceux qu'il acquerrait à titre gratuit ou oné-

reux pendant son règne composeraient son domaine privé. » (Art. 21.) Il fut en outre stipulé que le roi « pourrait disposer de son domaine privé, soit par actes entre vifs, soit par testament, sans être assujetti aux règles du Code civil qui limitent la quotité disponible. » (Art. 22.) On remarqua la suppression, sans raison apparente, d'un article proposé par la commission de la Chambre des députés, et aux termes duquel, si le roi venait à décéder sans disposer de son domaine privé, celui-ci devait appartenir à l'Etat.

On sait comment le décret du 22 janvier 1852 a restitué au domaine de l'Etat les biens meubles et immeubles qui faisaient l'objet de la donation du 7 août 1830. Les considérants de ce décret, d'une longueur inusitée, réussissent mal à justifier un acte qui ne pouvait emprunter sa raison d'être qu'à des arguments d'un ordre purement politique. Les exécuteurs testamentaires du roi Louis-Philippe, au nombre desquels figurait Dupin, n'ont pas eu de peine à établir, dans une réclamation que les journaux du temps ont insérée, que les lois de l'ancienne monarchie n'avaient pu s'appliquer à la monarchie nouvelle, et qu'en tout cas, si le droit public du royaume voulait que le prince devenant roi apportât à l'Etat sa fortune personnelle, c'était apparemment à la condition qu'il conserverait la couronne.

L'incorporation des biens de la famille d'Orléans au domaine de l'Etat (et que la loi du 21 décembre 1872 leur a restitué) n'a pas tardé à être suivie de la reconstitution du domaine privé impérial ; elle a été opérée par les articles 18 et suivants du sénatus-consulte du 12 décembre 1852. Aux termes de ces articles, le domaine privé de l'Empereur se composait des biens qu'il acquérait à titre gratuit ou onéreux pendant son règne. Si l'Empereur, qui n'était pas assujetti aux règles sur la quotité disponible, n'a pas disposé de son domaine privé, les propriétés qui le composaient devaient faire retour au domaine de l'Etat et être réunies à la dotation de la couronne, sous la réserve des droits des créanciers et des employés de la maison impériale, à qui des pensions avaient été accordées ou étaient dues par imputation sur un fonds de retenues.

Quelques domaines achetés en vue d'expérimentations agricoles composaient la partie la plus importante du domaine privé impérial, lorsqu'un décret inséré au Journal officiel du 6 septembre 1870, confondant en une seule masse les bâtiments de la couronne, le mobilier de la couronne et les établissements agricoles de la couronne, en a attribué la gestion au ministère des finances.

Les domaines impériaux de Lamotte-Beuvron et de Fouilleuse, cédés au ministère de l'intérieur, sont devenus des colonies pénitentiaires.

En Angleterre, on admet également que le roi peut posséder des biens à titre privé. Les terres, les domaines provenant d'achat ou de donation sont dévolus à la couronne, sous la réserve des droits des tiers, si le souverain décède sans les avoir aliénés, ni avoir manifesté aucune intention à cet égard. — De même, en Allemagne, les souverains peuvent avoir la propriété des biens meubles ou immeubles au même titre que les particuliers, et là aussi, le principe de la dévolution est en vigueur ; ces biens privés des princes sont réunis au domaine de la couronne lors de leur accession au trône, et, suivant la remarque de Bluntschli (*Allgemeines Staatsrecht*, t. II, p. 75), la liste civile à laquelle ils ont droit est d'autant plus considérable qu'ils ont apporté et réuni au domaine des biens plus importants.

CASIMIR FOURNIER.

DOMICILE. Le domicile peut être envisagé au point de vue du droit civil, de la politique et des secours. Commençons par le côté légal de la question.

Le domicile est le lieu où l'on a fait sa demeure ordinaire, où l'on a fixé son principal établissement. Le domicile de tout Français, dit le Code Napoléon (art. 102), quant à l'exercice de ses droits civils, est au lieu où il a son principal établissement.

Autrefois, lorsque deux cents coutumes locales se partageaient la France, lorsque leurs dispositions différaient entre elles sur une multitude de points, tels que l'époque de la majorité, les droits de primogéniture, etc., etc., lorsque, pour prononcer sur les contestations qui naissaient en foule, il fallait, selon les cas, déterminer le véritable domicile des mineurs, des époux, les questions sur le domicile étaient aussi multipliées qu'importantes. Mais maintenant que la législation est uniforme pour toute la France les effets du domicile se bornent à déterminer : 1° le lieu où une personne peut être assignée et le tribunal qui doit connaître de l'affaire ; 2° le lieu de l'ouverture de la succession ; 3° le lieu du mariage ; 4° le domicile politique ou le lieu où le citoyen exerce ses droits électoraux.

On distingue deux espèces de domicile civil : le domicile réel et le domicile conventionnel.

Le domicile réel est le lieu où l'on a le centre de ses affaires, le siège de sa fortune ; le lieu d'où on ne s'éloigne qu'avec le désir et l'espoir d'y revenir dès que la cause d'absence aura cessé : en un mot, le lieu où l'on a son principal établissement.

Le domicile conventionnel est celui que l'on a élu pour l'exécution d'un contrat, ou pour les actes de procédure. « Lorsqu'un acte, porte l'article 111 du Code civil, contiendra de la part des parties, ou de l'une d'elles, élection de domicile, pour l'exécution de ce même acte dans un autre lieu que celui du domicile réel, les significations, demandes et poursuites relatives à cet acte pourront être faites au domicile convenu et devant le juge de ce domicile. » Mais une

telle convention ne constitue qu'un domicile imparfait, car il ne se forme que pour l'exécution de la convention et laisse subsister le domicile réel, de sorte que le demandeur a le choix d'assigner au domicile réel ou au domicile conventionnel.

Il ne faut pas confondre le domicile avec la résidence. La résidence n'est qu'un simple fait ; c'est le lieu qu'on habite momentanément : elle se perd au moment où l'on quitte ce lieu. Le domicile, au contraire, se conserve par l'intention, la loi présume toujours cette intention, tant qu'il n'y a pas de manifestation de volonté contraire ; un citoyen ne peut en avoir qu'un seul, parce qu'il lui est impossible de placer en même temps, dans deux endroits différents, le centre de ses affaires. Ainsi, tous les autres lieux qu'il peut habiter successivement ne sont que de simples résidences.

L'acceptation de fonctions conférées à vie (art. 167 du Code Napoléon) emporte translation immédiate du domicile du fonctionnaire dans le lieu où il doit exercer ses fonctions.

Au point de vue politique, le domicile était jadis une question très compliquée, elle a été simplifiée par l'établissement du suffrage universel. Actuellement, le domicile exigé pour être électeur est de six mois en France, et la preuve peut en être faite par tous les moyens de droit. Des quittances de loyer doivent suffire. Aucune preuve de domicile n'est exigée des députés élus qui peuvent ne pas appartenir à la circonscription électorale.

Le domicile politique n'est plus, comme autrefois, distinct du domicile réel : ainsi en a décidé justement un arrêt de la cour de cassation du 14 mai 1849.

Pour être éligible au conseil général, il faut avoir son domicile dans le département, ou y payer une contribution directe. Cette dernière classe de membres ne peut dépasser le quart du nombre total.

L'inviolabilité du domicile a été consacrée en ces termes par l'article 76 de la Constitution de l'an VIII : « La maison de toute personne habitant le territoire français est inviolable pendant la nuit : nul n'a le droit d'y entrer que dans le cas d'incendie, d'inondation ou de réclamation faite de l'intérieur de la maison ; pendant le jour, on peut y entrer pour un objet spécial déterminé, ou par un ordre émané d'une autorité publique.

Le domicile communal s'établit actuellement par une année de résidence, et on n'a plus égard à l'autorité des statuts locaux qui autorisaient certaines communes à s'opposer à ce que des personnes étrangères à leur territoire y fixassent leur domicile, à moins qu'elles ne payassent certaines rétributions connues sous le nom de bourgeoisie, ou sous toute autre dénomination. En Allemagne, le droit de changer de domicile à volonté (*Freizügigkeit*), ou plutôt de s'établir dans telle commune voulue, était soumis à bien des restrictions, mais elles ont toutes été supprimées après 1866.

Quant au domicile de secours, c'est le lieu où l'homme nécessiteux peut demander des secours publics. Dans plusieurs pays, c'est le lieu de la naissance qui est le lieu du domicile de secours.

En France, le lieu de la naissance pour les enfants est le domicile habituel de la mère, au moment où ils sont nés. Pour acquérir le domicile de secours, il faut un séjour d'un an dans une commune. Tout vieillard âgé de soixante-dix ans, sans avoir acquis de domicile de secours, ou reconnu infirme avant cette époque, doit recevoir les secours de stricte nécessité de l'hospice le plus voisin, et tout malade, domicilié ou non, qui se trouve sans ressources, doit être secouru à son domicile de fait. Pour arriver à l'exécution de ces prescriptions légales, des bureaux de bienfaisance ont été créés par la loi du 7 frimaire an V; mais ils se sont formés lentement, et une instruction ministérielle du 8 janvier 1823 dut rappeler leur utilité et leur nécessité; des mesures furent prises alors pour que ces bureaux fussent institués dans toutes les villes populeuses, où l'autorité le jugerait nécessaire. Le service des secours à domicile dans la ville de Paris est confié à des bureaux de bienfaisance institués par une ordonnance royale du 2 juillet 1819 et placé, en 1849, sous la surveillance de la direction de l'assistance publique.

Le domicile, et c'est là ce qu'il ne faut pas perdre de vue, n'est impérieusement exigé qu'à l'égard des indigents qui réclament, soit des secours à domicile, soit leur admission dans un hospice pour y être logés et nourris. Nous avons vu que les vieillards, les infirmes et les malades doivent être secourus dans tous les cas.

Du reste, malgré la lettre de la loi, en fait, le domicile n'assure à l'indigent le secours de la commune, que lorsque celle-ci dispose de fonds spéciaux. En Angleterre et dans beaucoup d'autres pays le droit de domicile est plus important pour les pauvres qu'en France.

DOTATION. (On appelle ainsi, dit Merlin, l'acte par lequel, en fondant un établissement public, on lui donne des biens pour remplir l'objet de sa destination. Ajoutons que, dans le langage ordinaire, le mot *dotation* désigne aussi l'ensemble des biens affectés à l'établissement public.

Cette définition, qui suppose une affectation de biens immeubles, conviendrait à la rigueur à la *dotation de la couronne* dont il va être traité dans un article séparé. On l'appliquait néanmoins à la dotation des membres de la famille impériale, qui était restée purement mobilière. D'après l'article 17 du sénatus-consulte du 12 décembre 1852, elle consistait en une somme annuelle de 1.500.000 fr., dont la répartition était faite par un décret de l'Empereur. Lors du mariage du prince Napoléon, le chiffre en avait été porté à 2.200.000 fr. et, en outre, il avait été alloué au Prince 800.000 fr. pour frais d'établissement (sénatus-consulte du 28 février 1859). Mais à la mort du prince Jérôme, les choses ont été remises sur l'ancien pied.

Sous le premier Empire, le domaine extraordinaire, composé des fruits accumulés de la conquête, servit à fonder de nombreuses dotations qui furent érigées en majorats. Les grandes familles appartenant à l'ancien régime se tenaient à l'écart; beaucoup d'entre elles jusaient de l'opulence qu'elles avaient conservée pour exercer une influence hostile. Napoléon voulut opposer à ces familles puissantes des familles qui seraient aussi puissantes qu'elles, et à des fortunes dont l'emploi inquiétait son gouvernement, des fortunes qui, lui devant leur origine, auraient les mêmes intérêts que lui. C'est dans cette intention que furent créées de nombreuses dotations transmissibles à la descendance directe, masculine et légitime par ordre de primogéniture. (Décrets des 30 mars et 5 juin 1806.) (*Voy.* **Majorats.**)

Les vastes domaines des pays acquis à la France en vertu de la paix de Vienne, signée en 1809, ceux des provinces westphaliennes et des pays de Hanovre, de Fulde, de Hanau, de Bayreuth et d'Erfurt servirent à constituer, en faveur des généraux, officiers et soldats qui s'étaient distingués, des dotations qui, régies par le même principe et assujetties au même mode de transmission, formaient comme les degrés inférieurs de la hiérarchie nobiliaire et quasi-féodale au sommet de laquelle étaient les principautés de Neufchâtel, de Clèves et de Berg, les duchés de Dalmatie, d'Istrie, du Frioul, de Cadore, de Bellune, Conégliano, etc. Comme le disait, dans un style trop imagé, Regnauld de Saint-Jean d'Angély, en exposant les motifs du sénatus-consulte du 30 janvier 1810 : « On avait fait du laurier un arbre fécond, dont les fruits nourrissaient les braves que ses branches avaient couronnés. »

En France même, les canaux d'Orléans et du Loing et une partie du canal du Midi, rachetée par l'État, avaient été attribués au domaine extraordinaire. Leur valeur, divisée, par les décrets des 10 et 16 mars 1810, en mille actions immobilisées, de 10.000 fr. chacune, devait former le fonds de nouvelles dotations.

Le revenu annuel des dotations, en 1814, se montait à 32.463.817 fr., répartis, dans des proportions diverses, entre 4.970 donataires, qui se divisaient en six classes. Plus de 3.000 d'entre eux furent dépossédés entièrement par le traité du 30 mai 1814; les autres conservèrent, en France, un revenu de 3.739.627 fr., bientôt réduit à 2.400.000 fr. par des restitutions aux émigrés.

Aucune mesure définitive ne fut prise à l'égard des donataires dépossédés jusqu'à la loi du 26 juillet 1821. En vertu de cette loi, le gouvernement conféra à 3.170 donataires des pensions, dont le maximum s'élevait à 1.000 fr. et le minimum descendait à 250 fr.

Il y a aussi des exemples de dotations dans d'autres pays. En Angleterre lord Wellington et quelques autres, en Allemagne le prince de Bismarck, le comte de Moltke et quelques généraux, etc., aux États-Unis des officiers et soldats après la guerre civile ont reçu des dotations. Ce sont là des récompenses supérieures à de simples pensions, aussi sont-elles très rares, et nous croyons qu'il est bon qu'elles ne soient pas fréquentes. Qu'on récompense les auteurs mêmes des actes méritoires, mais la justice ne prescrit pas d'étendre à leurs descendants les effets de la reconnaissance publique.

DOTATION DE LA COURONNE. La liste civile, outre une somme fixe payée chaque année, comprenait la jouissance des palais, châteaux, domaines et objets précieux que les lois, appuyées sur un usage traditionnel, ont mis à la disposition du souverain. Les meubles et immeubles qui reçurent cette affectation composaient la dotation de la couronne.

Au temps de la monarchie absolue, on n'aurait pas compris l'existence d'une dotation de la couronne; le roi, maître du domaine de l'État, confondait ses propres dépenses avec celles de l'administration civile et politique. Cette institution devait donc être contemporaine de l'établissement d'un régime constitutionnel.

Les 26 mai et 1er juin 1791, l'Assemblée nationale décréta que le Louvre et les Tuileries réunis seraient destinés à l'habitation du roi, à la réunion de tous les monuments des sciences et des arts, et aux principaux établissements d'utilité publique. Elle réserva, en outre, au roi les maisons, bâtiments, emplacements, terres, prés, corps de fermes, bois et forêts composant les grands et petits parcs de Versailles, Marly, Meudon, Saint-Germain en Laye et Saint-Cloud, ainsi que les objets de même nature dépendant des domaines de Rambouillet, Compiègne et Fontainebleau; la manufacture de Sèvres, celles de la Savonnerie et des Gobelins. Le château de Pau, avec son parc, était aussi attribué au roi « comme un hommage rendu par la nation à la mémoire de Henri IV ».

Le rétablissement de la monarchie par le sénatus-consulte du 28 floréal an XII entraîna celui de la liste civile. Suivant l'expression très singulière de l'article 15, « la liste civile *resta réglée* ainsi qu'elle l'avait été en 1791 », et l'Empereur eut, en conséquence, la jouissance des maisons, parcs et domaines énoncés dans le décret qu'on vient de citer. Par une faiblesse souvent relevée, Napoléon aimait ces rapprochements et les recherchait.

Cependant quelques-uns des immeubles dont Louis XVI avait dû jouir avaient été vendus pendant la révolution; pour combler ces vides, le sénatus-consulte du 30 janvier

1810 réunit à la dotation de la couronne environ dix-huit mille hectares de parcs, forêts, bois et terres cultivées dans les départements de la Seine, de Seine-et-Oise, de Seine-et-Marne et de l'Oise.

Déjà, par des décrets de 1806 et 1808, les palais de Strasbourg et de Bordeaux avaient été mis au nombre des palais impériaux; plusieurs autres palais à Turin, Parme, Florence, Pise, Livourne durent, avec leurs dépendances, faire partie des biens de la couronne.

L'article 8 du même sénatus-consulte, reprenant une disposition du décret des 26 mai et 1er juin 1791, déclara que les diamants, perles, pierreries, tableaux, statues, pierres gravées et autres monuments des arts existant soit dans les musées, soit dans les palais impériaux, seraient compris dans la dotation de la couronne. Les meubles meublants, voitures, chevaux, etc., font également, par l'article 9, partie de la propriété de la couronne, jusqu'à concurrence d'une valeur de 30 millions de francs. Les empereurs peuvent augmenter, soit par testament, soit par donations entre vifs, le mobilier de la couronne.

La perpétuité de la dotation de la couronne et sa transmission héréditaire étaient dans l'esprit de cette législation; les biens qui la composaient furent donc protégés contre toute diminution directe ou indirecte, par une déclaration d'inaliénabilité et d'imprescriptibilité. (*Ibid.*, art. 10.) On fit, toutefois, exception pour le cas d'échange, et un décret du 11 juillet 1812 régla la forme et les conditions des actes d'échange avec le domaine de la couronne.

La Restauration ne fit aucune difficulté d'accepter, sous ce rapport, l'héritage de l'Empire. Une loi du 8 novembre 1814 ajouta aux palais et domaines désignés dans la loi du 1er juin 1791 et dans le sénatus-consulte du 30 janvier 1810, la Monnaie des médailles, l'hôtel de Valentinois, rue de Varennes; l'hôtel du Châtelet, rue de Grenelle, un hôtel sis place Vendôme, n° 9; l'hôtel des Menus, rue Bergère; le garde-meuble, placé dans les bâtiments du couvent de l'Assomption; le magasin des marbres à Chaillot, ainsi que le château et domaine de Villiers et le clos Toutain. L'accroissement de la dotation mobilière n'était pas non plus négligé; l'article 4 de la loi voulait que lorsque des statues, tableaux ou autres effets précieux seraient acquis aux frais de l'État et placés dans les palais ou musées royaux, ces objets devinssent, par là même, partie intégrante de la dotation de la couronne.

Rien encore, dans cette nouvelle législation, n'exprimait formellement que la dotation dût être perpétuelle; mais lorsqu'en 1825 les ministres du successeur de Louis XVIII vinrent proposer aux chambres une loi sur *la liste civile*, sans mentionner le domaine de la couronne autrement que pour annoncer que les biens particuliers du feu roi et ceux du roi régnant s'y trouvaient réunis, on comprit que leur prétention était de faire considérer l'affectation à la couronne comme permanente. La loi néanmoins fut votée sans opposition.

Si l'on considère seulement les avantages quant à la propriété, il n'y a pas de doute que la fixité ne lui soit favorable, car la propriété, dans des mains qui peuvent la transmettre, est mieux entretenue et mieux défendue. Mais d'autres considérations prévalurent lorsqu'il s'agit de régler la liste civile du roi Louis-Philippe. « La commission, disait M. de Schonen, rapporteur (*Mon.*, 29 déc. 1831), a pensé qu'il y avait un immense avantage politique, de la part du pays, à doter complètement le chef qui le gouverne, de manière à resserrer, le plus possible, les liens qui unissent le prince et la nation. Si cette dotation devait suivre la dynastie jusque dans ses rejetons les plus reculés, elle pourrait devenir trop considérable, ou n'être plus analogue à ses besoins. Toutes choses subissent les vicissitudes du temps ; il faut donc que la volonté humaine gouverne celle-ci, pour l'accommoder aux exigences du pays et à l'intérêt du prince. Nous avons donc pensé que si, *en fait,* la dotation de la couronne pouvait rester perpétuelle, il importait que son principe reposât sur la volonté nationale. »

L'article 1er de la loi du 2 mars 1832 déclara, en conformité de ces principes, que le roi jouirait de la dotation *pendant toute la durée de son règne.*

Quant à sa composition, la dotation de la couronne subit quelques changements : les camées, d'une valeur inappréciable, qui avaient été distraits de la bibliothèque de la rue Richelieu, en vertu d'un décret du 2 mars 1808, y furent réintégrés ; la partie immobilière perdit des immeubles évalués à 18 millions, mais dont la plupart, comme l'hôtel des Gardes à Saint-Cloud, le château de Saint-Germain, etc., auraient été plus onéreux que productifs. En revanche, elle s'augmenta des biens de toute nature qui avaient composé l'apanage d'Orléans constitué par les édits de 1661, 1672 et 1692.

Le 26 février 1848, le gouvernement provisoire décréta que tous les biens meubles et immeubles, désignés sous le nom de biens de la liste civile, feraient retour au domaine de l'Etat.

Quelques jours après, sur le rapport de Garnier-Pagès, on autorisa le ministre des finances à vendre les diamants de la couronne, à faire convertir en monnaie l'argenterie trouvée aux Tuileries et dans les autres résidences royales, enfin à aliéner, dans des formes déterminées, ces immeubles qui « par leur cohésion, par les traditions, par les habitudes de leur administration, semblent toujours attendre un nouveau maître ». (Décret du 9 mars 1848.)

Ces prescriptions n'eurent d'autre suite que l'envoi de quelque argenterie à la Monnaie, et les biens de la dotation se trouvaient au complet quand survint le nouveau maître qu'ils attendaient. Le sénatus-consulte du 12 décembre n'eut donc qu'à les rendre à leur ancienne destination.

Il ajouta aux biens énumérés dans la loi du 2 mars 1832, le Palais-Royal et les bois de Laignes et d'Ourscamp. Les domaines de Lamotte-Beuvron et de la Grillère furent réunis au domaine de la couronne, en vertu de la règle écrite dans l'article 3 du sénatus-consulte. (*Voy.* **Domaine privé.**)

Un accroissement plus considérable, bien qu'indirect, résulta de l'achèvement du Louvre qui n'a pas coûté moins de 80 millions, et qui n'a pas reçu la destination d'utilité publique que le décret du 10 mars 1852 lui assignait [1].

En Angleterre, depuis que Georges III a échangé des revenus incertains et grevés de lourdes charges contre une liste civile, viagère, les restes des forêts et domaines royaux sont soumis à l'autorité du Parlement. La forêt même et le parc de Windsor, résidence de la reine, sont administrés par l'Etat et à ses frais.

Dans d'autres pays, c'est un système tout différent qui prévaut ; la liste civile y prend la forme d'une dotation immobilière et ne consiste que dans les revenus des domaines affectés à la couronne. Seulement les besoins grandissent et bientôt ces dotations seront insuffisantes.

DOUANES. Le mot *douane* sert à désigner, soit le système qui régit les marchandises à l'entrée ou à la sortie d'un pays, soit l'administration chargée de la surveillance du terrain et de la perception des droits, soit enfin les lieux et établissements où se perçoivent ces droits.

Il est facile de concevoir comment l'idée de lever une taxe sur l'importation des marchandises étrangères, avec ses avantages, les uns naturels et vrais, les autres trompeurs, a dû se présenter tout d'abord à l'esprit de ceux qui, à diverses époques, ont eu à pour-

---

1. D'après le tableau annexé au sénatus-consulte du 12 décembre 1852, les immeubles affectés à la dotation de la couronne sont :

Les palais des Tuileries avec la maison de la rue de Rivoli, n° 16 (ancien), et l'hôtel place Vendôme, n° 9 ; du Louvre ; de l'Elysée, avec les écuries, rue Montaigne, n° 12 ; du Palais-Royal et leurs dépendances ;

Les châteaux, maisons, bâtiments, terres, prés, corps de ferme, bois et forêts, comprenant principalement les domaines de Versailles, Marly, Saint-Cloud, Meudon, Saint-Germain-en-Laye, Compiègne, Fontainebleau, Rambouillet, Pau, Strasbourg, Villeneuve-l'Etang, la Motte-Beuvron, la Grillère ;

Les manufactures de Sèvres, des Gobelins, de Beauvais ;

Le garde-meuble à l'île des Cygnes ;

Les bois et forêts de Vincennes, Sénard, Dourdan, Laignes.

L'empereur avait en outre le droit de chasse exclusif dans un certain nombre de propriétés qui ne font point partie de la dotation de la couronne. Ce sont : les étangs de Saclay et de Saint-Quentin, les fermes et les bois domaniaux compris dans le rayon de l'inspection forestière de Versailles ; les forêts d'Ourscamp et de Carlepont, les bois de Champagne et de Barbeau. (Sén.-cons. 7 juillet 1852.)

voir aux revenus de l'État. L'opinion, si longtemps dominante, que la charge tomberait sur l'étranger et le désir de favoriser, par ce moyen, le producteur national; l'espoir que l'importateur la considérerait comme une simple avance à recouvrer sur le consommateur; la pensée que l'acquéreur n'en ferait pas un élément distinct du prix total de la marchandise et n'en serait pas gêné; enfin, la conclusion évidente que la majorité des articles frappés par la taxe était d'une acquisition facultative, et que, par conséquent, l'impôt devenait en quelque sorte volontaire, toutes ces considérations combinées ont produit et maintenu l'adoption de l'impôt indirect connu sous le nom de droits de douanes; elles ont encouragé le développement de ce système qui a à la fois pour but de protéger l'industrie nationale et de procurer un revenu au Trésor public. Nous n'envisagerons pas ici le caractère protecteur du régime (voy. **Libre Echange**); mais au point de vue purement fiscal, on peut admettre que, généralement, les droits de douanes, établis et appliqués avec intelligence et modération, ne sauraient nuire à la liberté des échanges, et qu'ils constituent la plus importante ressource des nations civilisées. « L'impôt par tête, a dit Montesquieu, est naturel à la servitude; l'impôt sur les marchandises est plus naturel à la liberté, parce qu'il se rapporte d'une manière moins directe à la personne. »

Les droits dont nous nous occupons ici existaient, cependant, bien longtemps avant que les considérations qui précèdent aient exercé quelque influence dans les conseils des gouvernements.

DRAGONNADES. Nom populaire et devenu historique d'un moyen de contrainte imaginé par Louvois à l'égard des protestants. C'était ce qu'on appelait, dans le langage administratif du temps: conversion des hérétiques par *les logements militaires*. Les dragons, qui alors combattaient indifféremment à cheval ou à pied, inspiraient une terreur particulière; c'est ce qui les fit préférer pour ce service qu'on désigna depuis sous le nom de *missions bottées*.

DRAPEAU. Les peuples ont eu de tout temps des enseignes, avec des emblèmes particuliers; mais jusqu'à la fin du siècle dernier, chaque nation avait un grand nombre de drapeaux divers: aujourd'hui, chaque État a son drapeau **National**. (*Voy.* **Pavillon.**)

Le mot *drapeau*, comme le mot *drap*, dérive de l'italien *drappo*, étoffe. Il n'a été introduit dans notre langue qu'au seizième siècle, pendant la guerre d'Italie. On avait des drapeaux, mais sous d'autres dénominations.

Le drapeau est un signe de ralliement, il symbolise la patrie; au milieu des régiments il leur impose l'obligation de faire d'héroïques efforts pour en maintenir l'honneur; pour une troupe c'est une calamité, parfois une honte, que de le laisser prendre par l'ennemi.

Les drapeaux conquis sont un trophée dont on se fait gloire: après une bataille, le vainqueur annonce toujours le nombre de ces trophées tombés entre ses mains; la prise d'un drapeau est considérée comme un très beau fait de guerre, et on honore la mémoire de ceux qui savent le défendre jusqu'à la mort.

A la chape de saint Martin, qui fut en vogue pendant six cents ans, succéda, au douzième siècle, une autre bannière non moins fameuse que l'on appela *oriflamme*, à cause des flammes d'or dont elle était parsemée. On répandit dans la nation la croyance qu'elle avait été apportée du ciel à Clovis ou à Charlemagne. L'oriflamme n'était autre chose que la bannière que l'on portait aux processions de Saint-Denis et dans les guerres particulières que les moines de cette abbaye faisaient contre leurs voisins.

L'*avoué*, ou *vidame* (*voy. ce mot*) de ces moines, qui était le comte du Vexin, allait la prendre dans leur église avant que de se mettre en campagne, et l'y reportait en grande pompe quand la guerre était finie.

Louis VI dit le Gros, ayant acquis le Vexin, en usa comme faisaient les comtes; de là vint que ses successeurs s'accoutumèrent peu à peu à se servir de l'oriflamme, ce qui n'empêchait pas qu'on ne portât en même temps la bannière de France. On ne se servait de l'oriflamme et de la bannière que dans les grandes expéditions.

La couleur de l'oriflamme a changé plusieurs fois; Charles VI lui donna la couleur bleue; le blanc fut adopté sous Charles IX.

Sous Louis XIV, les drapeaux des régiments étaient à armoiries diverses. Sous Louis XV, la couleur des drapeaux a continué à être diverse, mais l'étoffe était partagée par une croix blanche.

Pendant longtemps, il y eut même autant de drapeaux que de compagnies; ils portaient alors le nom d'enseignes. Le drapeau blanc était dans le principe le drapeau de la compagnie dite la *colonelle*, c'est-à-dire de la compagnie qui appartenait au colonel général de l'infanterie; quand cette dignité fut abolie, il n'y eut plus qu'un drapeau par bataillon, et le drapeau blanc devint le principal drapeau du régiment, et la cravate blanche des drapeaux de couleurs variées en devint comme la consécration royale.

Les enseignes des régiments de cavalerie ont pris le nom d'étendards, le drapeau est de beaucoup plus long que l'étendard. Les drapeaux et étendards étaient portés autrefois par des officiers appelés enseignes; chaque compagnie ou escadron avait son enseigne. Au moyen âge, les étendards des comtes, des barons, des évêques, lorsqu'ils marchaient à la tête de leurs vassaux, prenaient le nom de gonfanons, bannières, pennons.

Depuis le règne de Louis XV, les étendards ont été de même couleur que les drapeaux, c'est-à-dire blancs; mais la draperie a toujours été de moindre dimension.

On tenait pour règle militaire que le porte-étendard, de même que le porte-drapeau, ne devait jamais l'abandonner : « Le malheur avenant d'un désavantage militaire, disait l'auteur de l'*Alphabet militaire*, le taffetas lui doit servir de linceul pour l'ensevelir. » La bénédiction des drapeaux se faisait en grande pompe, au bruit des tambours, des trompettes, et même de la mousqueterie des troupes qui étaient sous les armes.

Quand le régiment n'était pas campé, le drapeau était porté chez le colonel et escorté par un détachement du régiment, musique en tête. De nos jours les choses se passent de même ; le drapeau est chez le colonel, et lorsqu'il en sort, c'est toujours accompagné par une compagnie d'élite, musique en tête. Dans la cavalerie, il est escorté par un escadron du régiment.

La couleur du drapeau français resta blanche jusqu'au règne de Louis XVI ; mais le 13 juillet 1789, au bruit du tocsin, l'assemblée des électeurs de la ville de Paris rend un arrêté ayant pour but d'organiser la milice parisienne, et dans cet arrêté se trouvent les dispositions suivantes : « Les couleurs distinctives de la milice parisienne seront celles de la ville : en conséquence, chacun portera la cocarde bleue et rouge. » Les couleurs de la ville furent aussi celles des premiers drapeaux de la milice parisienne. Après le 14 juillet on joignit la couleur blanche aux couleurs de la ville par signe d'alliance de la royauté avec la population parisienne, et les drapeaux furent tricolores ; et à partir de ce moment les étendards, drapeaux, tant de l'armée que de toutes les gardes nationales de France, furent aux trois couleurs. Le 17 juillet, la milice bourgeoise de la ville, qui avait pris le titre de garde nationale de Paris, avait arboré les trois couleurs, et c'est au milieu de ses rangs pressés que Louis XVI se rendit à l'hôtel de ville de Paris, et reçut des mains de Bailly la cocarde tricolore, la mit sur son chapeau et se montra ainsi à la fenêtre. Cette acceptation des couleurs nationales fut reçue par des applaudissements universels.

Sous la première République (décret du 27 pluviôse an II) et sous le premier Empire, le drapeau tricolore fut déclaré drapeau national. Ce glorieux drapeau a flotté sur les clochers de la plupart des capitales de l'Europe.

Le 11 vendémiaire an VIII (3 octobre 1799), dans une loi relative aux honneurs et aux récompenses nationales à décerner aux armées de la République, on avait arrêté ce qui suit : « Les drapeaux des armées qui auront obtenu, durant le cours de la guerre, les décrets *de bien mérité de la patrie,* les pavillons-amiraux des commandants qui auront gagné une bataille navale, seront portés avec solennité au Panthéon, et les noms des batailles gagnées seront gravés sur les drapeaux et pavillons déposés au Panthéon. »

Après les désastres de 1814, à la rentrée des Bourbons, on remplaça le drapeau tricolore par le drapeau blanc : cette mesure impolitique blessa profondément le sentiment national. Avant que ce changement s'opérât, il y eut de remarquables protestations émanées des chefs des douze légions de la garde nationale de Paris, et le gouvernement provisoire fut obligé d'enjoindre à la garde nationale de prendre la cocarde blanche et de changer les couleurs des drapeaux. Les protestations furent renouvelées après les Cent jours.

Le drapeau blanc redevint donc le drapeau de la France jusqu'au 29 juillet 1830 : ce jour-là les Tuileries furent attaquées et enlevées par le peuple, et bientôt le drapeau tricolore fut déclaré de nouveau le drapeau national [1].

DROIT ADMINISTRATIF.

Partie du droit public qui a pour objet la mise à exécution des principes posés par le droit public, pour concilier l'intérêt de l'Etat avec les intérêts privés, qui organise les services publics et règle leurs rapports, soit entre eux, soit avec les particuliers. Les lois administratives se rapportent, soit à l'organisation du personnel administratif, soit aux matières administratives, soit enfin au contentieux administratif. Leur domaine est aussi étendu que varié. Il embrasse par exemple les diverses branches de revenus publics et tout ce qui s'y rapporte (impôts, domaine public, domaine de l'Etat, comptabilité publique, etc.), la police, la voirie, l'assistance publique, les différentes propriétés privées dont la réglementation importe à l'intérêt public (forêts, usines, mines, brevets d'invention), l'administration départementale et communale, etc. Des lois administratives ont existé de tout temps chez les nations civilisées. Mais le droit administratif, considéré comme science, est de création assez récente.

DROIT AU TRAVAIL.

Ce prétendu droit, inventé par les socialistes (*voy.* **Socialisme**), a été, en 1848, le prétexte d'une insurrection formidable qui a ensanglanté les rues de Paris et jeté une profonde commotion dans la France entière. Qu'à une époque où des corporations exerçaient un pouvoir tyrannique sur l'ouvrier on ait demandé la *liberté du travail*, rien de mieux ; le *droit de travailler* est inhérent à notre nature, comme le droit de vivre, de penser, d'aller et de venir. Mais de là au droit d'exiger que l'Etat se fasse pourvoyeur de travail, qu'il donne à faire aux uns des vêtements, aux autres des chaussures, aux troisièmes des meubles, des broderies, des maisons, des serrures, des livres ou des gâteaux, il y a un tel abîme qu'aucun raisonnement ne pourra jamais le combler. Il nous semble donc inutile d'insister sur ce point. En fait, pour beaucoup d'entre ceux qui ont élevé cette étrange pré-

1. Il n'est pas sans intérêt de rappeler qu'en 1871, par une lettre rendue publique, le comte de Chambord, le dernier survivant de la branche aînée des Bourbons, a déclaré maintenir le drapeau blanc.

tention vis-à-vis de l'Etat ou même de la société, le droit au travail n'était que le droit à l'imprévoyance, à l'oisiveté.

DROIT DE RÉUNION. *Voy.* Réunion (Droit de).

DROIT CANON. DROIT CANONIQUE.

Ces deux expressions se prennent habituellement l'une pour l'autre et s'appliquent indifféremment, tantôt à la science des canons et des lois ecclésiastiques en général, tantôt au corps même du recueil de ces lois. Cependant Doujat, auteur d'une histoire du droit canonique, après avoir reconnu que dans l'usage on ne fait aucune distinction entre ces deux termes, pense que par droit canon on devrait plutôt entendre le corps des lois ecclésiastiques, et par droit canonique, la science de ces lois. Quant au mot *canon* qui, en grec, signifie règle, il se prend dans son sens le plus général pour toute loi ou constitution ecclésiastique, et dans son sens le plus restreint, pour celles, de ces constitutions qui sont insérées dans le corps du droit tant ancien que nouveau.

Le corps du droit canon proprement dit se compose de six parties qui ont chacune un nom spécial. Ce sont autant de compilations de canons, de décrets et de décrétales qui furent rédigées à différentes époques et successivement insérées dans le *corpus.*

La première partie est un ample recueil de toutes sortes de constitutions ecclésiastiques fait par un moine Saint-Benoît, nommé Gratien, et publié vers le milieu du douzième siècle. Elle est connue sous le nom du *décret de Gratien* ou simplement du *décret.* Cette compilation avait été précédée de plusieurs autres; mais plus complète, mieux distribuée elle prit leur place dans les écoles et les fit oublier. Elle fut soigneusement revisée par les soins du pape Grégoire XIII, et, après ce travail de correction, recommandée aux fidèles par une bulle du 2 juin 1582. La seconde collection est celle des *décrétales* des papes, qui fut faite par saint Raymond de Pennafort, sous les auspices de Grégoire IX. Cette collection renferme toutes les épîtres des papes présentant quelque intérêt, qui parurent de l'an 1150 à l'an 1230, et, en outre, quelques décrets des conciles et sentences des saints Pères qui avaient échappé à Gratien. Elle était partagée en cinq livres; Boniface VIII fit recueillir les décisions postérieures dans un sixième livre, qui, à raison de ce rang, fut appelé *le Sexte.* On nomma *Clémentine* la collection suivante, parce qu'elle était consacrée aux canons du concile de Vienne, présidé par Clément V, et aux constitutions de ce pontife; *Extravagantes*, une série de constitutions de Jean XXII, qui, d'abord, resta hors (*extra*) du *corpus* et n'y fut insérée qu'assez tard; et *Extravagantes communes*, un dernier recueil, qui renfermait des constitutions émanées de différents papes. Là s'arrête le droit appelé

nouveau, par opposition au droit antérieur à Gratien, ou droit ancien. Le droit dit *le plus nouveau* se compose de canons, décrets, etc., postérieurs, qui n'ont pas été insérés au *corpus*, mais n'ont pas moins leur autorité propre. Il ne faut pas confondre le droit canon ou canonique avec le droit *civil ecclésiastique*, qui comprend les lois faites par la puissance temporelle pour le règlement de certains rapports de l'Eglise et de l'Etat.

G. DE BOURGE.

DROIT CIVIL.
Dans sa signification propre et primitive, le droit civil est le droit spécial aux citoyens, qu'il règle les rapports des membres de la cité entre eux, ou qu'il règle leurs rapports avec la cité elle-même. C'est dans ce sens exact et rigoureux que les Romains prenaient le *jus Quiritium, optimum jus civium Romanorum* (plus tard, *jus civitatis*, et enfin *jus civile*), qu'ils opposaient au *jus gentium*, ou commun à tous les hommes. (Il est bien entendu que le droit des gens dont il est ici question n'a rien de commun avec notre droit des gens ou droit international.) Sous Justinien, alors que le vieux droit a beaucoup perdu de sa rigueur, cette expression n'a plus tout à fait la même portée, et pour la définir l'auteur des *Institutes* paraît s'attacher plutôt à l'origine du droit qu'à la qualité de ceux qui y participent. Pour lui, le droit civil est celui « *quod quisque populus ipse sibi constituit* », et le droit des gens, celui « *quod naturalis ratio inter omnes homines constituit* ».

Les jurisconsultes du quinzième et du seizième siècle eurent ensuite recours à ce mot, *droit civil*, pour signifier les lois de l'Etat par opposition au droit canon, ou lois de l'Eglise. Enfin, au dix-septième siècle, la même expression fut prise dans un sens tout à fait détourné de son étymologie et devint synonyme de droit privé par opposition au droit public. C'est cette dernière acception qui est la plus usitée aujourd'hui. Encore faut-il l'entendre d'une manière restreinte, car le droit commercial, qui rentre bien dans le droit privé, n'est pas compris dans le droit civil. C'est donc aux lois qui régissent d'une manière générale les rapports des particuliers entre eux, par exemple, aux lois sur l'état des personnes, les successions, les donations, etc., que la qualification de droit civil, prise absolument, s'applique le plus communément aujourd'hui.

DROIT DES GENS [1] (*jus gentium*).
Cette expression est empruntée aux jurisconsultes romains, qui l'employaient dans une acception plus étendue que les jurisconsultes modernes. Se représentant le droit naturel (*jus naturale*) comme un droit qui appartient indistinctement à tous les animaux et qui leur est enseigné par l'instinct, les rédacteurs des *Pandectes* ont compris par le droit des gens,

1. Article (un peu abrégé) d'Ad. Franck.

ou plutôt par le droit des nations, un droit qui est également en usage chez tous les peuples, qui s'étend à tous les hommes, et embrasse aussi bien les relations de la vie privée que celles de la vie publique. Ils y faisaient entrer, en effet, la propriété, la piété filiale, le droit de légitime défense, le respect de la religion, tout comme le droit de paix et de guerre ; enfin, ce que nous désignons actuellement sous le nom de droit naturel, les animaux étant, avec raison, considérés comme étrangers à toute notion de droit.

Aujourd'hui l'on n'entend plus par *droit des gens* que cette partie du droit public qui traite des obligations mutuelles des États, ou des peuples constitués en sociétés régulières et indépendantes, par conséquent, des gouvernements qui les représentent les uns aux yeux des autres, quelle que soit d'ailleurs la forme de ces gouvernements. Ce n'est qu'à la fin du dix-septième siècle, à l'époque où Pufendorf venait de publier son grand ouvrage sur le droit de la nature et des gens (*De Jure naturæ et gentium*), que l'acception moderne prévalut sur celle des jurisconsultes romains.

Les obligations réciproques des États, les devoirs qu'ils ont à remplir, les droits qu'ils sont appelés à défendre les uns à l'égard des autres peuvent s'appuyer également ou sur les sentiments innés de l'humanité et de la justice, sur les principes éternels de la raison et de la conscience, sur les rapports invariables qui se déduisent de notre nature intelligente, sociable et libre, ou sur des règles consacrées par l'usage, sur des conventions particulières, sur des traités ou des contrats écrits et nécessairement transitoires comme la volonté de ceux qui les ont signés. De là, deux espèces de droit des gens : le droit des gens *naturel* et le droit des gens *positif*. Le premier reçoit aussi les noms de droit des gens *intérieur, universel, nécessaire*, parce qu'il est puisé en nous-mêmes, dans la conscience que nous avons de notre dignité morale et intellectuelle ; parce qu'il s'étend indistinctement à tous les hommes et par suite à tous les peuples ; parce qu'il est antérieur et supérieur à toutes les institutions humaines. Le second, par des raisons opposées, est appelé quelquefois le droit des gens *extérieur, particulier, pragmatique* ou *conventionnel*.

Mais cette distinction n'est pas aussi profonde qu'on pourrait le croire. En réalité, le droit des gens naturel et le droit des gens positif sont deux branches différentes, ou, pour mieux dire, deux éléments inséparables d'une seule et même science, que Bentham a nommée et qu'on nomme généralement après lui, depuis quelques années, le *droit international*. En effet, aucune convention tacite ou écrite, aucun traité particulier ne peut se concevoir sans les principes du droit naturel ; car c'est un principe de droit naturel qu'il faut être fidèle à ses engagements, qu'il faut respecter la foi jurée, et que les agents par lesquels les traités se font, les ambassadeurs,

plénipotentiaires ou parlementaires, sont inviolables de leurs personnes. C'est un principe de droit naturel qu'une convention est nulle de soi quand elle est contraire à la bonne foi qui doit présider à toute convention, quand elle a pour conséquence la destruction, ou, ce qui est la même chose dans l'ordre politique, l'entier asservissement d'une des parties contractantes. D'un autre côté, les principes du droit naturel étant le fond de notre raison et de notre conscience, les conditions hors lesquelles la nature intelligente et sociable de l'homme ne peut se développer ni même subsister, il est absolument nécessaire qu'ils pénètrent dans les relations des peuples comme dans celles des individus, qu'ils prennent un empire de plus en plus incontesté sur les traités, les conventions et les contrats.

Formé de la réunion de ces deux éléments, l'un mobile et progressif, c'est-à-dire les faits, l'autre immuable, c'est-à-dire les principes, le droit international se partage en plusieurs parties, suivant la nature des relations qui peuvent exister entre les États et même suivant le théâtre sur lequel ces relations se développent. On y remarque d'abord cette grande division sur laquelle se fonde l'immortel ouvrage de Grotius : *le Droit de la guerre et de la paix* (*De Jure belli ac pacis*). La guerre (*voy. ce mot*) et la paix (*voy. ce mot*) ont des conditions et des conséquences différentes suivant qu'elles règnent sur l'océan ou sur la terre ferme. De là, dans le droit international, deux nouvelles branches, qui se combinent, sans les détruire, avec les deux précédentes : le *droit continental* et le *droit maritime*. Enfin, pendant la guerre, il y a des règles uniquement applicables à ceux qui ont pris les armes pour vider leurs différends, et d'autres justement invoquées par ceux qui veulent rester étrangers au conflit ; il y a des conditions naturelles ou convenues en dehors desquelles ni l'hostilité des uns, ni l'attitude pacifique des autres ne sauraient être reconnues ou respectées. C'est ce qu'on appelle le *droit des belligérants* (*voy. ce mot* et **Guerre**) et le *droit des neutres* (*voy.* **Neutre** et **Neutralité**).

A toutes ces parties, pour rester unies entre elles dans une seule et même science, il faut une base commune. Elles la trouvent dans les principes naturels que suppose nécessairement le droit positif, sur lesquels s'appuient toutes les conventions tacites ou écrites et qu'aucune d'elles n'a le pouvoir d'abroger ni de détruire. Ces principes ne diffèrent que par une application plus générale de ceux qui sont l'origine des droits de l'individu et qui forment chez les peuples les plus éclairés le fondement des lois civiles. Qu'est-ce, en effet, que la raison, et avec la raison le sentiment inné de la justice et les plus impérieux besoins de la société, nous obligent à reconnaître dans l'individu comme un droit ? C'est tout ce qui nous représente les conditions nécessaires à l'existence même de l'homme et à l'exercice de ses facultés morales et intellectuelles, c'est-à-dire à l'exercice des facultés dont se compose précisément la nature humaine. Ces conditions comprennent évidemment la vie, la liberté, la propriété ; donc la vie, la liberté et la propriété, la propriété entendue dans le sens, non d'une possession actuelle, mais du droit de jouir des fruits de son travail, sont pour toute créature humaine des droits imprescriptibles et inviolables. Mais dire qu'il y a des droits inviolables, ou simplement qu'il y a des droits, — car l'une de ces idées suppose nécessairement l'autre, —c'est reconnaître que nous sommes autorisés, quand la société est hors d'état de les prendre sous sa protection, à les défendre nous-mêmes par la force, à nous en assurer la jouissance par la contrainte, dans la mesure où la contrainte est nécessaire pour amener ce résultat; c'est joindre à tous les droits primitifs qui viennent d'être énumérés le droit de légitime défense. Si, en effet, tous ces droit dérivent du même principe et ont la même raison d'être, le droit de légitime défense s'applique à la liberté et à la propriété aussi bien qu'à la vie.

Les facultés morales et intellectuelles de l'homme sont les mêmes qui constituent sa nature sociable. Ce n'est qu'au sein de la société que ces facultés s'éveillent, se développent et s'exercent. Si maintenant l'on considère que toute société organisée, constituée sur des bases durables et régulières, forme une nation ou un Etat, on trouvera impossible de ne pas reconnaître aux nations, aux Etats, envisagés comme autant de personnes morales, les mêmes droits qu'aux individus : la vie, la liberté, la propriété, le droit de légitime défense, et cet autre droit sans lequel les Etats, encore plus que les individus, sont réduits à l'impuissance de s'entendre et de vivre en paix les uns avec les autres, le respect des contrats ou de la foi jurée.

La vie, quand il s'agit de l'existence collective des nations, c'est l'indépendance, c'est-à-dire le droit de se gouverner elles-mêmes, de n'obéir qu'aux lois et aux pouvoirs qu'elles se sont donnés, qu'elles ont choisis librement ou du moins qui ont été enfantés dans leur sein. Mais l'indépendance des nations n'est pas un fait indivisible ; elle admet des degrés ; elle peut disparaître de l'ordre politique et subsister dans l'ordre administratif, dans l'ordre civil, dans l'ordre économique, dans l'ordre religieux. Dans l'ordre politique même elle est susceptible d'être partagée entre un souverain étranger et des assemblées nationales. Le droit n'est complètement violé que lorsque tous les éléments de vie intérieure sont également étouffés. Alors, il y a suppression d'un peuple par un autre, et quand cette suppression n'est pas justifiée par le droit de légitime défense ou quand elle n'est pas expliquée par l'ascendant naturel d'une civilisation supérieure sur une civilisation inférieure, alors elle mérite le nom que lui donne saint Augustin : c'est un assassinat en grand, *grande latrocinium*.

La liberté des nations se lie étroitement à leur indépendance : elle en est à la fois le signe le plus expressif et la condition la plus immédiate; car elle consiste dans le territoire qu'elles occupent, dans le sol de la patrie. Un peuple qui n'est pas chez lui, dans ses propres frontières, a cessé d'exister. Aussi l'invasion étrangère est-elle la plus sanglante injure qu'un Etat puisse recevoir, et il n'existe point pour lui de devoir qui passe avant celui de la repousser.

La liberté des nations, telle que l'entend le droit des gens, c'est celle que les nations exercent au dehors, dans leurs rapports avec les nations étrangères, non celle dont elles jouissent sur la surface de leur propre territoire, à l'égard des pouvoirs qui les gouvernent ou dans les actes de la vie privée. La liberté internationale ne doit pas être confondue avec la liberté politique et avec la liberté civile. La liberté internationale est soumise à la même règle que la liberté individuelle. Elle finit à la limite où commence la liberté d'autrui; ou, ce qui est la même chose, elle doit exister pour tous les Etats dans une égale mesure, et ne point permettre aux uns ce qu'elle défend aux autres. Elle comprend la liberté du commerce et de la navigation, la liberté de choisir ses alliances pendant la paix, et pendant la guerre, la liberté de porter secours à un allié attaqué ou de rester neutre, de rester neutre sur la foi d'autrui ou de garder la neutralité les armes à la main. La liberté de la navigation et du commerce se fonde aussi sur la liberté des mers, et la liberté des mers sur ce que l'océan ne peut, comme la terre ferme, se convertir en une propriété particulière. N'admettant ni frontières, ni partage, ni occupation effective, ni droit de premier occupant, ni assimilation par le travail, l'océan et toutes les autres mers demeurent à jamais le patrimoine commun du genre humain.

Le droit de légitime défense, transporté de l'ordre privé dans les relations mutuelles des peuples, n'est pas autre chose que le droit de guerre. On peut déplorer la guerre comme la plus grande des calamités, on peut s'efforcer de l'adoucir et de la restreindre, on peut espérer qu'elle sera un jour entièrement vaincue par la puissance de la civilisation et de la charité; mais on ne contestera pas qu'elle soit un droit. Les nations étant et devant être indépendantes les unes des autres, celle qui se croit lésée dans ses droits, et qui n'est point parvenue à faire admettre ses réclamations par les voies pacifiques, n'a de refuge que dans les armes. « La guerre, dit avec raison Grotius, sera de ce monde, tant qu'il y aura des hommes qui ne voudront point laisser les autres vivre en paix. » Seulement il y a des guerres justes et des guerres injustes. Les justes guerres sont celles qui se fondent sur le droit de légitime défense, soit qu'il s'agisse de notre indépendance, de nos propriétés, de notre liberté ou de notre honneur, la plus précieuse et la plus indispensable de toutes les propriétés. Les guerres qui ont pour but, non la réparation d'un dommage, mais la vengeance, ne peuvent pas, quoi qu'en disent Grotius et quelques-uns de ses successeurs, être considérées comme des guerres légitimes. La guerre ne fait pas l'office d'un magistrat qui punit les méfaits ; son rôle se réduit à les réparer ou à les prévenir.

Enfin, le respect des contrats, des serments, des traités (*voy. ce mot*), est dans l'ordre international soumis à la même règle que dans l'ordre civil ou dans les relations privées des hommes. S'il n'y a pas de droit contre le droit, comme l'a dit si justement Bossuet, il n'y a pas de convention qui puisse anéantir les principes naturels de la justice et de la morale. Un traité est donc nul de soi quand il livre une des parties contractantes à l'arbitraire de l'autre, ou quand il lui enlève tout vestige d'indépendance et de liberté. L'esclave n'est obligé à rien envers son maître ; son devoir et son droit, dès qu'il le peut impunément, est de briser ses chaînes et de reprendre son rang d'homme. Il en est de même d'un peuple vaincu, que le vainqueur a forcé, par un engagement écrit, à accepter la destruction de sa nationalité. A plus forte raison est-il dispensé d'observer les traités qui ont été faits contre lui et sans lui.

Les principes du droit international dont on vient d'énumérer les plus essentiels nous représentent à la fois le fonds de la conscience humaine, et les conditions sans lesquelles il n'y a point de paix ni de sécurité sur la terre. Il n'est donc pas étonnant que, sous une forme ou sous une autre, dans une mesure plus ou moins étendue, ils aient toujours fait accepter leur empire. En effet, aussi haut qu'on remonte dans l'histoire, sous la domination des instincts les plus féroces et des mœurs les plus barbares, on rencontre déjà, sinon ces principes mêmes, au moins des coutumes, des usages, des traditions qui imposent un frein à la violence, fournissent un appui à la faiblesse, ouvrent une issue à la conciliation, et diminuent les cruautés de la guerre. On connaissait, dès ces temps reculés, la sainteté du serment, le caractère inviolable des ambassadeurs, le respect dû aux capitulations et aux traités, l'obligation de déclarer la guerre avant de la commencer, et de l'arrêter devant un ennemi vaincu et suppliant. Si l'on joint à ces notions élémentaires le droit d'asile pour les proscrits et les fugitifs et le lien sacré de l'hospitalité, l'on aura une idée à peu près complète de ce qu'était, dans ses règles essentielles, le premier code du droit des gens.

Les relations devenant plus fréquentes entre les peuples, et donnant naissance à des traités particuliers de paix, d'alliance et de commerce, assurèrent à cette législation incomplète une influence active et féconde ; mais c'est à la philosophie qu'appartient l'honneur d'en avoir épuré les bases, d'en avoir reculé les limites...

Un homme de génie, d'origine française et qui passa en France les plus heureuses années de sa vie, celui que Vico a appelé le jurisconsulte du genre humain, Hugo Grotius, a régénéré le droit des gens par les principes les plus élevés de la raison unis à ceux du christianisme et contrôlés par l'histoire. Il a fait mieux encore : il a été le véritable créateur de cette science, dont on ne possédait avant lui que des éléments confus. Quelques années après sa mort, des chaires sont fondées en Allemagne, en Hollande, en Suisse, où le droit des gens, devenu une branche de l'enseignement universitaire, trouve des interprètes tels que Pufendorf, Thomasius, Burlamaqui, Wolf, tandis que le génie créateur des Leibnitz, des Vico, des Montesquieu lui fournit de nouveaux titres au gouvernement des affaires humaines.

Cela n'empêcha pas les souverains de se montrer souvent plus dociles à leurs passions qu'à leurs principes. C'est au moment même où le *Traité de la guerre et de la paix* venait d'être traduit en français par Barbeyrac et se trouvait dans les bibliothèques de toutes les chancelleries, qu'eut lieu le premier partage de la Pologne. Quelques années plus tard, les puissances du Nord achevèrent de se distribuer entre elles les lambeaux ensanglantés de cette malheureuse nation ; puis l'Europe coalisée, ayant à sa tête l'Angleterre constitutionnelle, l'Angleterre devenue libre par deux révolutions, voulut empêcher la France de se gouverner d'après ses propres lois ; enfin la France, à son tour, rendit à l'Europe avec usure les maux qu'on lui avait fait subir.

Mais au milieu de ces calamités, les sentiments d'humanité et de justice qui protègent toutes les nations acquièrent plus d'autorité. Le droit des gens, au lieu d'être une science à l'usage des gouvernements, a pris possession de la conscience générale. La conduite des États entre eux est devenue l'affaire de tout le monde. Il n'est pas un acte d'usurpation qui ne retentisse dans l'Europe entière. Les guerres de conquête entre les peuples civilisés sont désormais presque impossibles. Le droit maritime vient d'être renouvelé de fond en comble au profit de la justice et de la paix par les déclarations ajoutées au traité de Paris du 14 avril 1856. (*Voy.* **Blocus.**) Le principe de la souveraineté nationale commence à se faire-jour dans le droit des gens. Le concert européen a pris la place de l'équilibre jaloux du seizième siècle ; et sans renouveler le rêve de l'abbé de Saint-Pierre (*voy.* **Paix perpétuelle**), il est permis d'espérer que cette communauté d'action et de principes s'étendra de proche en proche à des puissances aujourd'hui réputées barbares.

DROIT DE RÉUNION. *Voy.* **Club, Meeting, Réunion (Droit de).**

DROIT DE VISITE. La visite des navires n'étant qu'un des modes de s'assurer de la nationalité d'un navire, c'est au mot **Visite** que nous donnerons les détails y relatifs. On n'aurait jamais parlé du *droit* de visite, s'il n'avait pas été nécessaire, pendant un certain temps, de se défendre contre l'usage par trop multiplié de ce mode de constatation.

DROIT DIVIN. En religion, les esprits se partagent entre le principe de l'autorité et le principe du libre examen ; en politique, la même opposition est marquée par le droit divin et la souveraineté nationale. L'homme a-t-il reçu sa raison pour ne pas en faire usage, doit-il soumettre aveuglément sa pensée à celle de l'homme revêtu du caractère ecclésiastique, ou peut-il librement exercer son intelligence, et rejeter ce qui lui paraît inadmissible ? Cette question, il ne nous appartient pas de la résoudre ici.

Nous jouissons de plus de liberté relativement au droit divin. Il nous est permis d'affirmer que tous les hommes sont égaux devant Dieu et que la nation n'a pas été créée dans l'intérêt du prince, mais que le prince n'existe, du moins en principe, que pour le bien de la nation. Nous disons en principe, car, en réalité, plus d'un monarque a été le fléau de son peuple. D'ailleurs, on a vu des nations prospérer sous la forme républicaine. Mais sous la forme monarchique, comme sous la forme républicaine, la souveraineté appartient naturellement à la nation, qui peut déléguer ses pouvoirs, si elle le juge à propos. Croire qu'il puisse exister une famille ayant un droit directement émané de Dieu, c'est ignorer l'histoire et fermer les yeux à l'évidence.

DROIT INTERNATIONAL. *Voy.* **Droit des gens.**

DROIT PÉNAL. L'histoire trouve la loi pénale mêlée à toutes les coutumes primitives des peuples. Elle est le premier signe de l'existence des sociétés humaines. Il est impossible, en effet, de concevoir une association, même celle de la famille, sans un principe d'ordre et sans une sanction. Au premier âge de la civilisation, ses règles sont incertaines ; fondée sur un impérieux besoin de défense, elle suit le mouvement des mœurs, des coutumes, des préjugés et des institutions qu'elle protège. Il paraît certain cependant que, chez tous les peuples encore barbares, le droit de vengeance a été le premier principe des peines : là où il n'y avait pas de justice sociale, la justice privée prenait sa place ; les personnes se défendaient elles-mêmes ; la famille ou le clan prenait en main les représailles : la vengeance du sang s'exerçait sans jugement et sans mesure. Cette coutume barbare rencontra un premier frein dans la religion ; les auteurs des meurtres ou des pillages fléchissaient la colère divine par des sacrifices expiatoires et les prêtres étaient consultés

sur les représailles. Chez les Germains, il n'était pas permis de sévir contre un coupable : *Nisi sacerdotibus permissum velut deo imperante.* D'autres tempéraments, non moins efficaces, pénétrèrent successivement dans les mœurs : d'abord la loi du talion, expression grossière d'une sorte de justice morale ; on en trouve dans l'Exode cette formule : *Reddes animam pro anima, oculum pro oculo, dentem pro dente, manum pro manu, pedem pro pede, vulnus pro vulnere, livorem pro livore.* Les lois grecques et les lois romaines ont gardé des traces de son application. Elle consistait dans l'application d'un mal identique au mal qui avait été fait. Ainsi, tout en reconnaissant le droit de représailles, elle en réglait l'usage, elle le conservait dans des limites fixes et lui défendait d'aller au delà. Tel était encore l'objet des compositions qui supposent, comme le talion, le droit de la vengeance personnelle et qui en autorisent le rachat à prix d'argent. Une loi romaine, que Paul et Aulu-Gelle font remonter aux Douze Tables, portait : *Si membrum rupit, ni cum eo pascit talio esto.* La composition éteignait donc les représailles et par conséquent le talion. Cette coutume, qu'on retrouve dans les lois hébraïques, dans les lois grecques et dans les premières lois romaines, a reçu ses plus grands développements dans les lois germaniques, qui ont été jusqu'à régler le prix de rachat de chaque espèce de crime. L'institution dans les dernières lois du *fredum* affecté au juge ou chef de l'État imprimait à la composition un caractère général ; on peut y voir une première tendance vers le régime qui devait substituer les peines publiques aux peines privées, l'action sociale à l'action individuelle.

Le développement dans chaque peuplade, dans chaque nation, d'une autorité centrale favorisa cette tendance. Cette autorité, quelle qu'elle fût, dut protéger et venger les parties offensées ; elle prit leur querelle et la soutint en son nom ; la vengeance, au lieu d'être personnelle et privée, devint générale et publique. Dans les premiers temps, les peines furent douces et consistèrent, dans la plupart des cas, en de simples amendes. Cicéron affirme que Romulus n'avait point établi d'autres peines : *multa ditione ovium et boum, non vi et suppliciis coercebat.* Il faut toutefois remarquer que le défaut de payement de la peine pécuniaire autorisait l'application d'une peine corporelle et que le système des compositions et des amendes ne s'étendit jamais à la classe nombreuse et déshéritée des esclaves : ceux-ci furent dans tous les temps soumis aux peines les plus atroces. Le caractère des pénalités ne tarda pas d'ailleurs à se modifier : elles devinrent peu à peu, dans les mains des chefs des nations, un moyen de domination et de vengeance. Le droit de la *Vindicte publique* entra dans la législation générale et fut tenu comme parfaitement légitime. L'État menacé, les lois enfreintes, la justice elle-même, lorsqu'elle était outragée, se vengeaient par des peines. De là l'exagération de ces peines, de là les tortures et les supplices qui envahirent la loi pénale. La pénalité n'eut pas de limites, car la vengeance n'en a pas ; tous les excès trouvèrent leur justification dans leur principe. On prétendait même venger la divinité lorsque les faits semblaient avoir le caractère d'un sacrilège, et le supplice du coupable devenait un acte de piété.

Ces excès de la pénalité se manifestèrent avec des caractères qui ne furent pas tout à fait identiques chez les peuples anciens et chez les peuples modernes. A Athènes, les supplices de la lapidation, de la croix, du feu, les coups de fouet ou de bâton étaient, même dans les lois de Solon, appliqués, non seulement à l'homicide, mais à la trahison, à la désertion à l'ennemi, au vol manifeste, à la profanation des mystères, au sacrilège. A Rome, les condamnés étaient tantôt précipités de la roche tarpéienne, tantôt enfermés dans un sac et jetés à la mer, tantôt brûlés vivants, tantôt attachés à une croix ou livrés aux bêtes féroces ; quelques-uns de ces supplices furent cependant remplacés par les peines du glaive ou de la potence, *damnatio ad gladium et ad furcam*. Au moyen âge, cette sévérité s'accrut encore : les mœurs étaient devenues rudes, les violences habituelles, les désordres fréquents, les guerres permanentes ; les peines durent être fortes, sans doute, pour être efficaces. On inventa des supplices atroces ; la mort ne suffisait pas pour assouvir la vengeance du pouvoir social. Les condamnés étaient écartelés, tenaillés, brûlés vifs, coupés en morceaux, attachés à la queue d'un cheval indompté, percés de pieux, enterrés vivants, plongés dans l'huile bouillante, enfermés dans des cages de fer, arrosés de plomb fondu ou de poix. Il semble que les peuples ne pouvaient être contenus que par des violences égales aux violences qu'ils commettaient. Les ordonnances décrivent tous ces supplices avec une sorte de complaisance. En France, la peine de mort était appliquée à cent quinze cas différents, et les crimes qui échappaient au dernier supplice étaient punis de la mutilation d'un membre, de l'empreinte d'un fer rouge, de la section de la lèvre ou de la langue, de la flétrissure et de tous les raffinements qu'une cruauté ingénieuse s'était plu à inventer. Le principe de toutes ces législations, on l'a déjà dit, était la vindicte publique ; l'effet qu'elles cherchaient était l'intimidation. Le législateur n'était donc retenu par aucune entrave, aucun remords ; il se proposait comme but de venger la divinité, la société, les individus, et comme effet de contenir la rudesse des mœurs par l'effroi. C'est là que se résume tout l'esprit des édits, des ordonnances et des arrêts qui formèrent jusqu'à la fin du dix-huitième siècle la législation pénale de l'Europe.

C'est dans le cours du dix-huitième siècle que les premières idées de réforme se manifestèrent avec éclat. Montesquieu s'était borné à établir le principe de la modération des peines et le lien étroit qui unit les lois pénales et les institutions politiques. Vattel et Rousseau, comme Locke et Thomas Hobbes, allèrent plus avant : ils recherchèrent le fondement du droit pénal et par là ils commencèrent à battre en ruine le vieil édifice de la législation. Mais il ne fut réellement ébranlé que par Beccaria. Le petit livre, sorte de pamphlet, qu'il publia en 1766 sous le titre : *Des Délits et des Peines*, eut un immense succès et porta devant l'opinion publique émue et transportée d'enthousiasme les plus hautes questions du droit pénal. Ce n'est point un écrit scientifique, ce sont quelques pages tracées d'une rare bon sens et sous l'impulsion d'un profond sentiment de justice et d'humanité. L'auteur se proposait de faire pénétrer la douceur dans la loi pénale et de défendre les droits de l'homme dans la personne des accusés. L'influence qu'il exerça fut immense ; ses doctrines, développées dans une foule d'écrits, acquirent une incroyable puissance. La législation pénale fut en partie réformée avant même la réunion de l'Assemblée constituante. Les codes du 25 décembre 1791, du 3 brumaire an IV et du 1er janvier 1811 (ce dernier nous régit encore en partie) n'ont fait qu'affirmer, quoiqu'en les restreignant et en les atténuant, les doctrines du dix-huitième siècle.

Quel est le principe du droit pénal ? on vient de voir que, jusqu'à une époque récente, la plupart des législations, après avoir aboli la vengeance privée, avaient considéré comme fondement de la justice pénale un droit de vindicte publique, appartenant à l'État, dans un intérêt général. Les publicistes du dix-huitième siècle tentèrent de substituer à ce principe, qui justifiait tous les excès, le principe de la défense légitime restreint dans les limites de l'utilité commune. Beccaria, Feuerbach, Carmignani, et même Bentham se rattachent, avec des nuances plus ou moins tranchées, à cette doctrine qui a pour point de départ la séparation de la justice divine et de la justice humaine. Suivant Kant, le chef de cette école, la loi pénale ne doit punir que ce qui est mal, ce qui est contraire à la loi morale, ce qui est injuste. Elle punit pour punir, parce que le coupable a mérité la peine, et parce que le châtiment n'est qu'un moyen et une manifestation de l'expiation. Cette doctrine, accueillie par un grand nombre de publicistes allemands, a été propagée en France par les écrits de Guizot, de V. de Broglie et de F. Rossi, qui toutefois a cru devoir placer, à côté de la loi morale, comme une autre condition de la loi pénale, l'intérêt de l'ordre social, l'utilité de la société. Tels sont les principaux systèmes qui se sont partagé la science ; nous omettons un grand nombre de théories mixtes qu'il serait trop long d'analyser.

Au milieu de toutes ces théories, quelle est

la vérité? est-il vrai que la justice morale et la justice humaine aient une commune origine? est-il vrai qu'elles poursuivent l'une et l'autre, avec des moyens distincts et dans un cercle différent, une même mission? non, car ce qu'exige la justice morale, c'est l'expiation de la faute, c'est-à-dire la rétribution du mal commis par le mal infligé. Est-ce là la mission de la justice sociale? est-elle chargée, par une délégation de la justice éternelle, d'en faire régner les lois? A-t-elle le pouvoir d'exiger l'expiation des délits? elle n'a pas même les moyens de la constater, car sa vue est courte et ses moyens d'instruction sont bornés. Elle ne pénètre pas dans le for intérieur du coupable, elle n'aperçoit ni ses agents, ni ses remords, elle ne peut ni mesurer le degré de la faute, ni le degré de l'expiation, elle ne saisit que les faits extérieurs; comment donc, quand elle ne peut déterminer la criminalité absolue, pourrait-elle faire l'office de la justice divine? et ne serait-elle pas fatalement entraînée à incriminer les faits de l'ordre moral pur, les simples péchés, comme autrefois les blasphèmes et les sacrilèges, comme une conséquence même de cette mission? elle procède sur des faits matériels à l'aide de moyens matériels; la vue élevée, mais mystique, de l'expiation ne lui appartient pas; cette vue est celle de l'âme humaine, elle ne peut être celle de la société.

C'est à la loi de conservation qui réside dans la société, qu'il faut demander le principe de l'action qu'elle doit exercer. Cette loi, la première de toutes les lois humaines, puisque la société est le premier devoir de l'homme, oblige le pouvoir social à maintenir l'ordre, c'est-à-dire à faire respecter les droits de l'Etat et les droits de ses membres. La justice pénale existe, parce que la société existe, parce qu'elle est un des attributs, une des conditions de sa vie. Elle n'a pas besoin d'autre titre : la légitimité est tout entière dans la loi sociale. Est-ce un droit de défense qu'elle exerce? non, si l'on veut conserver à ce mot son sens ordinaire; oui, si on veut l'entendre comme nous l'entendons nous-mêmes, c'est-à-dire comme le droit de prendre les mesures générales nécessaires à la défense commune des droits de tous, à la conservation de l'Etat. La justice pénale admet la loi morale, non comme la source dont elle émane, mais comme une condition et une limite de ses incriminations et de ses pénalités. Elle n'a point la mission de donner une sanction à cette loi divine et d'en faire observer les préceptes. Elle ne s'occupe et ne peut s'occuper que de l'ordre public et des intérêts sociaux, elle ne peut avoir d'autre objet que de maintenir cet ordre et de sauvegarder ses intérêts. Le châtiment, il est vrai, comme on l'a très bien dit, n'a droit que sur le crime; mais pour qu'il y ait crime, aux yeux de la justice humaine, il ne suffit pas que l'ordre moral soit troublé, il faut qu'une atteinte grave ait été portée à l'ordre social, à la paix extérieure.

De ce principe fondamental découlent deux corollaires : l'un que la société a le droit d'interdire, de punir tout ce qui est à la fois nuisible, coupable, de nature à être réprimé par la loi. Le péril social, la criminalité morale et l'efficacité pénale, telles sont les trois conditions de la justice pénale. Le second que la loi, en saisissant les faits qui portent une double atteinte à l'ordre social et à l'ordre moral, doit circonscrire son action à cette classe de faits et ne pourrait aller au delà sans apporter une entrave aux droits des individus. En thèse générale, en effet, les droits du pouvoir social sont d'exiger l'accomplissement des conditions qui sont essentielles à sa conservation ; ses devoirs sont d'assurer le développement moral et matériel de l'humanité. Les droits de l'individu sont de déployer librement son activité, son intelligence, sa liberté ; ses devoirs sont de n'apporter aucune entrave à l'exercice de l'action collective du droit social. C'est en essayant de concilier ces droits et ces obligations que la loi pénale doit établir le terrain et les limites de ses incriminations et de ses pénalités.

Ici s'élèvent donc deux questions : Quelles actions doivent être incriminées? dans quels cas les auteurs de ces actions punissables peuvent-ils être déclarés responsables ? Nous ne nous arrêterons pas à la première de ces questions : examinées dans ses ramifications, elle nous entraînerait trop loin. Disons seulement que le législateur a le droit de saisir tous les actes immoraux qui menacent la sécurité de l'Etat et celle des particuliers, pourvu que le trouble soit grave et qu'il se traduise par un fait extérieur appréciable. Notre code pénal, trop empreint peut-être d'un principe utilitaire exagéré, a étendu quelques-unes de ses incriminations au delà des limites qui viennent d'être indiquées ; mais ce n'est pas le lieu d'examiner ses dispositions. La deuxième question constitue ce que l'on nomme, en droit pénal, l'imputabilité. La criminalité des auteurs d'un crime ou d'un délit se modifie d'après leur position personnelle et d'après les circonstances qui ont accompagné cette action. La criminalité est atténuée si la vie antérieure de l'agent a été pure, s'il n'a agi que sous l'impulsion de la misère ou de la passion, s'il a manifesté son repentir ou ses remords; elle est plus fortement atténuée s'il a été provoqué par un violent outrage, s'il peut invoquer la faiblesse du premier âge ou la décadence de la vieillesse, si une ivresse involontaire troublait sa raison ; elle est enfin entièrement effacée s'il n'a fait qu'user du droit de légitime défense, s'il a obéi à l'ordre d'un supérieur hiérarchique, s'il a été subjugué par une irrésistible contrainte ou dominé par les égarements de la démence. De là la distinction des circonstances atténuantes, des causes d'excuse et des faits justificatifs.

Les circonstances atténuantes, que la loi n'a pas définies et qu'elle ne pouvait définir, sont tous les faits qui peuvent affaiblir les criminalités, la faiblesse de l'intelligence, le défaut d'instruction, la faiblesse de l'intelligence, le défaut d'instruction, les mauvais exemples de la famille, l'instantanéité de l'action, la misère, l'ignorance, la souffrance: la déclaration de ces circonstances et l'appréciation pénale qui y est attachée ont été l'une des plus précieuses conquêtes de notre législation moderne. Le juge a acquis le pouvoir d'être juste, car il peut proportionner les peines à la gravité du délit. Les excuses, de même que les circonstances atténuantes, n'excluent pas l'imputabilité pénale, elles l'affaiblissent seulement et l'effacent en partie: elles peuvent réduire la peine à de moindres termes, mais elles ne font pas disparaître entièrement la culpabilité : nous avons cité l'âge des prévenus au-dessous de 16 ans, la provocation résultant de violences graves, l'ivresse involontaire. Les faits justificatifs excluent toute intention criminelle ; ils établissent l'innocence de l'agent, ils écartent l'application de toute pénalité : tels sont l'état de démence, la nécessité actuelle de la défense, l'*alibi* invoqué par le prévenu, la contrainte. Dans quelques circonstances, les moyens d'excuse se confondent avec les moyens de justification. Ainsi l'enfant qui a agi sans discernement est justifié, car il n'avait nulle intention criminelle ; s'il a agi au contraire avec discernement, il n'est qu'excusé à raison de son âge. Ainsi le soldat qui n'a fait qu'exécuter les ordres de son chef est, en général, justifié ; mais si ces ordres étaient tellement illégaux qu'il ne dût pas visiblement y obéir, ils ne constituent qu'une excuse qui affaiblit la criminalité, mais sans l'anéantir.

Les circonstances qui ont accompagné l'action ou qui s'incorporent avec elle peuvent également en modifier la criminalité. Nous citerons la récidive, qui, en dénonçant dans l'agent une perversité plus grande, autorise une aggravation de la peine ; la complicité, qui accroît le péril de l'action, puisqu'il y a eu réunion et concours de plusieurs agents pour la commettre, et qui dès lors est à juste titre considérée comme une circonstance aggravante de l'action, sauf à en répartir la responsabilité suivant la part que chaque agent y a prise ; enfin la tentative, qui ne peut être saisie par la loi pénale qu'autant que l'agent ne s'est pas volontairement désisté de l'action commencée. On ne peut qu'indiquer ici ces règles générales de l'imputabilité.

FAUSTIN HÉLIE.

DROIT PUBLIC. DROIT CONSTITUTIONNEL.
Le droit public, dans son acception la plus large, est celui qui règle les rapports des peuples, soit entre eux, soit avec les individus. — La portion de ce droit qui préside aux relations des nations entre elles est appelée par quelques publicistes droit public extérieur ou international, plus généralement droit des gens. Le droit public que, par opposition, l'on nomme intérieur, comprend le droit constitutionnel, le droit public

proprement dit, et le droit administratif. On a vu plus haut la définition de ce dernier. Le droit constitutionnel est cette partie de la législation d'un peuple qui règle la forme du gouvernement, l'étendue et les limites des pouvoirs mis à la tête de l'État. Il peut être écrit ou non écrit, et résulter, soit d'une constitution écrite, d'une charte, soit d'une coutume invétérée. Enfin, le droit public proprement dit comprend tous les principes juridiques qui touchent à l'intérêt général, toutes les dispositions qui règlent les rapports fondamentaux entre la puissance sociale et les individus, et qui ne rentrent ni dans le droit constitutionnel ni dans le droit administratif. Ainsi, dans ce sens, on considère le droit criminel comme faisant partie du droit public. Il en est de même de certains droits individuels, dont l'exercice peut se trouver réglé par le droit civil ou par tout autre, mais dont le principe dépend du droit public ; ainsi le droit de propriété, l'égalité devant la loi, la liberté individuelle, le droit de ne pouvoir être distrait de ses juges naturels, etc.

G. DE B.

DROITE.
Dans les corps délibératifs, les membres de la même opinion ont l'habitude de se grouper et de choisir de préférence l'un des côtés de la salle des séances. Il est maintenant reçu que les conservateurs se placent à la droite du président et les libéraux à sa gauche. Cependant, il y a bien des nuances intermédiaires entre l'extrême droite et l'extrême gauche, et ces nuances, quand elles ne portent pas le nom du personnage qui dirige le groupe ou « la fraction », sont désignées par la place qu'occupent les membres qui ont adopté ces nuances. On distingue donc souvent une extrême droite, une droite, un centre droit, comme on pourrait dire : droite légitimiste, droite orléaniste, droite bonapartiste.

En Angleterre, les deux partis changent de place à chaque changement de ministère, c'est le parti qui gouverne qui prend la droite, tandis que les bancs de la gauche sont toujours réservés à l'opposition.

DROITS CIVILS ET POLITIQUES.
Le mot *droit* s'entend ici des facultés conférées ou reconnues par les lois.

Les droits civils sont, à proprement parler, ceux des droits privés dont la jouissance est réservée aux nationaux à l'exclusion des étrangers. Tels sont, par exemple, dans quelques législations, le droit de posséder une portion du sol, et celui de recevoir ou de transmettre en cas de mort. Tel est dans la nôtre le droit de servir de témoin pour un testament. (C. N., 980.) La législation positive, en France du moins, ne répond pas exactement à cette définition, et les rédacteurs du Code Napoléon paraissent n'avoir pas bien distingué les droits civils des droits privés. Ainsi les droits cités plus haut de posséder des immeubles, de recevoir et de transmettre, en cas de mort, le droit de s'obliger et d'obliger, d'acheter et de vendre, sont généralement considérés comme des droits civils, et sont communs aux Français et aux étrangers. Il existe cependant dans nos lois des droits civils dans le sens propre de ce mot, c'est-à-dire réservés aux nationaux, et à deux points de vue surtout, lorsqu'il s'agit de questions d'état ou de la compétence des tribunaux, on peut retrouver dans nos lois civiles l'ancienne distinction du *jus civitatis* et du *jus gentium* qui tenait tant de place dans le droit romain. Ainsi, nos lois sur l'état des personnes régissent la condition des Français seuls, et l'étranger ne peut jouir, vis-à-vis du Français, de certains droits de famille, comme la tutelle et l'adoption, qui ne dérivent que de la loi. Ainsi encore, les tribunaux français ne sont pas tenus, en principe, de juger les contestations qui peuvent s'élever entre étrangers, et le Français, actionné par un étranger devant un tribunal français, a le droit d'exiger qu'au préalable le demandeur fournisse la caution *judicatum solvi*. La contrainte par corps pesait d'une manière plus rigoureuse sur l'étranger que sur le Français, etc.

Il faut distinguer la jouissance de l'exercice des droits civils. Certaines personnes ont la jouissance de ces droits, mais sont plus ou moins privées de les exercer, à raison de leur état d'incapacité légale : le mineur, l'interdit, la femme mariée.

Tous les Français jouissent des droits civils, et cette jouissance s'acquiert et se perd avec la qualité de Français. Certaines condamnations judiciaires ont pour effet de priver ceux qu'elles atteignent d'une partie de leurs droits civils.

Les étrangers peuvent se trouver placés, au point de vue de ces droits, sur le même pied que les Français : 1º quand les traités de la nation à laquelle ils appartiennent accordent aux Français une entière réciprocité ; 2º quand ils fixent leur domicile en France avec l'autorisation du chef de l'État.

Les droits politiques sont ceux qui confèrent une participation plus ou moins directe à la gestion des affaires publiques. Tels sont l'aptitude aux fonctions publiques, le droit d'être juré, le droit d'élire et d'être élu aux fonctions qui dépendent de l'élection ; les droits accessoires au droit électoral, etc. Les droits politiques n'appartiennent qu'aux seuls citoyens. Est réputé citoyen tout Français âgé de vingt et un ans accomplis. L'exercice de tel ou tel droit politique peut, en outre, être subordonné à des conditions spéciales d'âge, de résidence, de capacité. La jouissance des droits politiques, tenant essentiellement à la qualité de Français (né ou naturalisé), s'acquiert et se perd de la même manière que celle-ci. Elle peut se trouver perdue ou suspendue en tout ou partie par l'effet de condamnations judiciaires ou d'un état d'incapacité légale. Les droits politiques sont quelquefois aussi appelés droits *civiques*.

Comme on peut le voir, les droits politiques ou civiques diffèrent des droits civils à un double point de vue. Les uns s'exercent dans le domaine des intérêts privés, les autres dans celui des intérêts publics. Les uns n'appartiennent qu'aux citoyens, les autres à tout Français, et peuvent même être communiqués aux étrangers.

Les distinctions que nous venons de faire s'appliquent à la plupart des États civilisés. En Angleterre seulement, il y a une situation spéciale, la *dénisation*, à laquelle on a consacré un article spécial. Gaston de Bourge.

DROITS DE L'HOMME. *Voy.* Déclaration.

DROITS DIFFÉRENTIELS. Supplément de taxe que les tarifs de différents pays imposent aux navires étrangers dans l'intérêt de la marine marchande nationale. C'est donc un droit protecteur.

DUALISME. Dans un grand nombre de cas, nous constatons que les effets naturels sont le résultat de deux forces qui se combattent et qui, loin de se neutraliser au point de produire l'immobilité, font précisément naître le mouvement. La terre parcourt son orbite autour du soleil, parce qu'elle cède à la fois à la force centripète et à la force centrifuge. La société se maintient par la réaction des sentiments sympathiques (la morale) sur les sentiments égoïstes : l'égoïsme conserve l'espèce. En politique, nous retrouvons le dualisme dès l'origine des sociétés, et il s'est perpétué jusqu'à nos jours, en se transformant selon l'esprit du temps. Autrefois, et pendant longtemps, c'était le pouvoir temporel qui se débattait sous l'étreinte du pouvoir spirituel ; on sait qu'il finit par le vaincre. Ensuite, la monarchie et l'aristocratie entrèrent en lutte l'une contre l'autre. Après la défaite de la féodalité, c'est le pouvoir royal et la démocratie qui descendent dans l'arène, et jusqu'à présent les chances de victoire ont été tantôt pour l'une, tantôt pour l'autre ; elles se déclarent alternativement contre le pouvoir qui, abondant par trop dans son propre sens, commet des excès et appelle une réaction. Cependant, la victoire définitive de la démocratie devient de plus en plus probable. Quel sera le pouvoir nouveau qui sera chargé de la contenir ? Saura-t-elle se créer un frein, sans lequel il n'y aura pas de liberté. Nos neveux le sauront. Dans tous les cas, que l'*absolutisme* soit le patrimoine d'un seul, ou le droit « imprescriptible » de la multitude, il arrête le développement de l'esprit humain.

S'il était vrai que la *démocratie* n'est que l'*égalité*, nous aurions trouvé le frein, car ce serait la *liberté* qui seule pourrait empêcher la nation de s'abîmer dans le gouffre de l'esclavage. Mais nous ne saurions comprendre une démocratie sans liberté, et la vraie égalité, celle que la raison et la religion approuvent, est la fille légitime de la liberté.

Quelle est la morale des faits que nous venons de constater? C'est que l'homme ne doit pas s'abandonner à des forces, à des actions qui viennent du dehors — ou, comme diraient les philosophes professionnels — qui représentent le non-moi et agissent sur le le moi. C'est l'homme, le moi, qui doit être actif ! il doit réagir contre les forces extérieures ; son intelligence, ses sentiments, sa volonté doivent être employés pour diriger les influences extérieures de manière à ne produire que les effets jugés profitables à l'homme, à l'humanité.

DUCS. DUCHÉS. Les Romains appelèrent *duces*, du mot latin *ducere* (conduire), les chefs, les commandants d'une armée ou d'un corps de troupes; dans l'origine, ce fut donc un commandement militaire.

Les Francs, dès les premiers temps de la conquête, eurent aussi des chefs de troupe, appelés *ducs*, auxquels, suivant les circonstances et d'après la volonté du roi, était confié le gouvernement de certaines contrées, mais sans que le nombre en fût déterminé ; le duc, lorsque les duchés devinrent héréditaires, fut tout à la fois officier civil et militaire ; dans son gouvernement, le duc faisait la police, rendait la justice, et administrait les finances, soit par lui-même, soit par ceux qui lui étaient soumis. Les ducs se rendirent presque partout indépendants. Mais les duchés français revinrent successivement, après une longue lutte contre le régime féodal, s'incorporer à la couronne de France; et, à partir de Louis XII, le nom de duc ne fut plus qu'une simple dignité.

Avant 1789, il y avait les duchés-pairies, les simples duchés non-pairies (les ducs ayant un duché sans être pair), les duchés par brevet (duc sans duché), qui n'avaient point été suivis de lettres d'érection en duchés. Les honneurs et droits de la pairie n'étaient déférés qu'à ceux dont les duchés-pairies avaient été érigés par lettres dûment vérifiées en parlement.

DUEL. Jean de Liniano définit le duel : « un combat d'homme à homme, convenu de part et d'autre, pour une injure à laver, l'honneur ou une haine à satisfaire, » et Bonacina : « un combat singulier, arrêté entre deux parties, spontanément et d'après certaines conditions, avec chances de mort, de blessure grave ou légère. »

Les origines du duel sont peu connues, et nous ne les ferons pas remonter à Caïn qui, suivant quelques-uns, ne fut qu'un duelliste heureux. Nous en trouvons les premières traces en Germanie, dont les habitants, dit Montesquieu, « se faisaient la guerre pour des meurtres, des vols et des injures. On modifia cette coutume en mettant les guerres sous des règles. Elles se firent par ordre du magistrat; ce qui était préférable à une licence générale de se battre ». Gondebaud,

roi des Bourguignons, introduisit le premier dans le code l'usage du duel judiciaire. Une loi, dite loi Gombette et promulguée en 501, en réglait les principales dispositions. Charlemagne imita cet exemple, et cette législation barbare ne fut guère sérieusement entamée que sous Philippe le Bel, en 1296. Les duels proprement dits, c'est-à-dire les duels auxquels peut être appliquée une des définitions que nous donnons plus haut, datent de l'époque où cessent les tournois et les duels judiciaires. Le discours de Brantôme *sur les duels* nous fournit de curieux renseignements sur les règles que les duellistes reconnaissaient au seizième siècle. Les combattants, s'ils suivaient les conseils du malicieux chroniqueur, devaient bien se garder de combattre sans témoins, d'abord pour ne pas priver le public d'un beau spectacle, ensuite pour ne pas être poursuivis comme meurtriers. « Il ne faut point en ces matières parler de courtoisie, dit l'auteur des *Dames galantes*, celui qui entre en champ clos doit se proposer de vaincre ou mourir, et surtout ne se rendre point; car le vainqueur dispose du vaincu tellement qu'il en veut, comme de le traîner par le camp, de le pendre, de le brûler, de le tenir prisonnier ; bref, d'en disposer comme d'un esclave. Un soldat peut combattre son capitaine, mais pourvu qu'il ait servi deux ans et demande à sortir de la compagnie. Si un père accuse son fils de quelque crime dont il puisse être déshonoré, le fils peut appeler justement le père en duel, d'autant que le père lui fait plus de mal de le déshonorer, qu'il lui a fait de bien de le mettre au monde et donner vie. » En 1560, les états généraux de France, réunis à Orléans, supplièrent Charles IX de sévir contre le duel, et le tiers état rédigea une supplique dans le même sens. En 1566, fut rendue l'ordonnance qui servit plus tard de base aux édits successifs de Henri IV et de Louis XIV, qui assimilait le duel aux crimes passibles de la peine capitale. La sévérité des lois ne produisit aucun effet, car, en mars 1607, le journal de *l'Estoile* nous apprend que depuis l'avènement de Henri IV (1589), c'est-à-dire en dix-huit ans, quatre mille gentilshommes sont morts frappés en duel. (On aurait tort, cependant, de prendre ce chiffre à la lettre.) L'édit de 1626, dont le cardinal de Richelieu fit un si terrible usage, graduait les peines selon le degré de criminalité. La provocation était punie de la destitution des charges, de la confiscation des biens et d'un bannissement de trois années. Le duel, alors qu'il n'entraînait pas mort d'homme, était passible de l'infamie et de l'échafaud. La flétrissure atteignait aussi les seconds ou témoins. La mort de Bouteville, exécuté le 22 juin 1627 en place de Grève, produisit un salutaire effet sur les bretteurs. Richelieu, du reste, avait été impitoyable et avait empêché Louis XIII d'accorder la grâce qu'on lui demandait, en lui disant : « Sire, il s'agit de couper la gorge aux duels ou aux édits de

Votre Majesté. » Des édits contre le duel parurent en juin 1643, 11 mai 1644, 13 mars 1646, septembre 1651, mai 1653, août 1668, 13 août, 14 et 30 septembre 1679, décembre 1704 et octobre 1711. La fureur des duels, un instant calmée, reprit comme de plus belle, et en 1723 Louis XV renouvela de solennelles déclarations qui ne furent guère plus respectées que celles de ses prédécesseurs.

Avec la révolution de 1789 naquirent les duels politiques. Cependant, les hommes de cet époque avaient trop le sentiment de la mission qu'ils avaient à remplir, et la conscience de risquer leur vie dans l'intérêt commun, pour sacrifier au préjugé qui avait tué tant de gentilshommes. Beaumarchais, Camille Desmoulins et autres en donnèrent l'exemple. Sous la Restauration les duels politiques étaient fréquents, et depuis cette époque, ils n'ont pas été très rares.

Les duels ne sont pas expressément punis par la législation française, et quand tout s'est passé selon les règles admises, on ne poursuit même pas les délinquants; dans les cas graves, surtout quand il y avait mort d'homme, les magistrats requéraient, mais le jury absolvait l'inculpé. Le duel est puni dans un certain nombre de pays, et l'on a souvent proposé de le remplacer par un tribunal d'honneur. On n'a fait, jusqu'à présent, qu'un trop rare emploi du tribunal d'honneur.

DYNASTIE et DYNASTE. Le mot dynaste qui vient du grec δυναστης, puissant, s'appliquait, dans l'antiquité, aux princes dont le territoire était peu étendu; au moyen âge, il désigna tous les souverains, depuis le baron jusqu'au roi; on en a dérivé le mot *dynastie*, pour exprimer une suite de souverains de la même race qui ont régné sur le même pays.

Généralement les dynasties sont continuées par les descendants mâles, sans que l'ordre de promogéniture soit partout entendu de la même manière; quelques familles ont admis les femmes à succéder. Dans les maisons princières où la succession pouvait passer à la ligne féminine, l'avènement au trône d'une femme changeait et change encore la dynastie. C'est ainsi que la famille de Cobourg vint à donner une dynastie au Portugal, et c'est ainsi qu'elle s'assoira sur le trône de la Grande-Bretagne. En parlant de l'Autriche seulement — peut-être sous l'influence de l'habitude — on continue de désigner ses souverains comme des Habsbourg, bien que Marie-Thérèse fût le dernier rejeton — nous allions dire mâle (le roi Marie-Thérèse) — de cette maison, et que par son mariage avec le grand-duc de Toscane, François-Étienne, elle ait créé la dynastie de Lorraine (Habsbourg-Lorraine). Une dynastie se divise souvent en plusieurs branches qu'on désigne soit par aînée, cadette, etc., soit par des propriétés ou des territoires (Hohenzollern-*Hechingen*, Hohenzollern-*Sigmaringen*), soit d'après les princes qui les ont formées (lignes Albertine et Ernestine).

En général, la loi de succession de chaque dynastie émane de l'un de ses chefs, et cette loi est restée tantôt immuable (Bourbon), et tantôt elle a changé (Danemark, Autriche). C'était l'époque des rois légitimes. Plus tard, sous le régime constitutionnel, certains pays sont parvenus à faire prévaloir la loi de succession de l'État sur celle de la dynastie (Espagne). Actuellement, les femmes sont admises à hériter de la couronne en Angleterre, en Russie, en Autriche, en Espagne, en Portugal; partout ailleurs la succession est réservée à la ligne masculine.

E

ÉCHANGE DES PRISONNIERS. Autrefois le prisonnier appartenait à celui qui l'avait capturé et il n'obtenait sa liberté qu'en payant une rançon. Lorsque les mœurs s'adoucirent, les gouvernements fixèrent un tarif modéré pour les rançons; plus tard, on supprima tout mode de rachat et les belligérants s'entendirent pour établir l'échange des prisonniers à grades égaux et selon un tarif pour en compenser les inégalités.

À l'époque des grandes guerres de la République française, il se fit un nouveau progrès. Les principes d'égalité qui avaient dominé en France faisaient repousser toute appréciation d'un homme à prix d'argent. Aussi un décret de la Convention nationale, du 25 mai 1793, contient les dispositions suivantes, dont l'importance se comprend

immédiatement, et qu'on ne peut faire connaître que par une citation textuelle : « 1. Il n'y aura aucun tarif pécuniaire pour l'échange des prisonniers de guerre. 2. Il n'y aura pas de tarif d'échange, tel qu'un officier ou sous-officier, de quelque grade que ce soit, puisse être échangé contre un plus grand nombre d'individus de grade inférieur. 3. La base commune des échanges sera d'échanger homme pour homme et grade pour grade. » C'est d'après ces bases que fut conclu un cartel d'échange entre la France et l'Angleterre, le 13 septembre 1798; et depuis cette époque, on a procédé suivant ces mêmes principes dans toutes les conventions entre les puissances européennes.

Les cartels pour l'échange des prisonniers sont ordinairement conclus directement par des commissaires munis de pleins pouvoirs du souvcrain. Cependant les généraux commandant en chef étant toujours autorisés à faire au nom de l'Etat des conventions militaires avec les généraux ennemis pour ce qui concerne leur commandement, il se fait fréquemment des cartels d'échange de général à général. Souvent même on échange les prisonniers de part et d'autre en bloc et sans les compter, sauf à avoir égard à ceux d'entre eux qui tiennent de leur grade une plus grande importance.

Enfin, il est devenu d'un usage invariable qu'au moment du rétablissement de la paix, les prisonniers qui se trouvent entre les mains de leurs ennemis sont immédiatement renvoyés de part et d'autre en toute liberté dans leurs pays respectifs, sans échange ni rançon.

ÉCHELLE MOBILE, prix variant selon certaines circonstances, ou s'élevant ou s'abaissant automatiquement selon certaines conventions, etc. Dans la première moitié de ce siècle, l'échelle mobile des céréales a joué un certain rôle, comme on peut le voir à l'article SUBSISTANCES. — Plus tard, on l'a employé pour régler les salaires, surtout en Angleterre, par exemple les salaires de certains travaux montent et descendent avec le prix du fer sur tel marché, etc.

L'idée est ingénieuse, et nous semble mériter d'être étendue au plus grand nombre d'industries possibles. Que doit-on, en effet, désirer? Evidemment que le prix d'un produit se répartisse selon la logique et la justice entre ceux qui ont contribué à l'établir; il est donc naturel que le salaire reste dans un rapport proportionnel déterminé avec le prix de l'objet fabriqué. Il peut y avoir des cas où le système n'est pas applicable, on l'a soutenu, mais nous ne nous occupons en ce moment que du principe. Sous le régime de l'échelle mobile, il paraît plus difficile de soutenir que le patron exploite l'ouvrier.

ÉCHELLES DU LEVANT ET DE BARBARIE (en turc, *aq denyz iskelèleri*, échelles de la mer Blanche, c'est-à-dire de la Méditerranée). Sous ce nom, dérivé du vieux terme de marine, *escale*, port, station de navire (le *portus minor* de Ducange) on comprenait les ports et les places de commerce de la Turquie et de ce qu'on nommait autrefois les Etats barbaresques (Tripoli, Tunis, Maroc), où les Européens ont des comptoirs et résident sous la protection de leurs consuls.

Ces mots ont presque perdu leur signification, les contrées en question ayant subi de profondes modifications.

ÉCHEVINS. Sorte d'adjoints au maire, chargé de la basse justice; assesseurs des juges à un tribunal de 1re instance.

ÉCHIQUIER (le chancelier de l'). C'est le titre du ministre des finances anglais.

ÉCOLES (LES). On n'a peut-être pas assez fait la part de la jeunesse dans l'organisation politique des pays modernes. Nous ne prétendons pas qu'on doive accorder aux jeunes gens des immunités particulières, ni qu'il y ait lieu d'abaisser l'âge de la majorité. Nous pensons, au contraire, qu'en les appelant, en France, dès l'âge de vingt et un ans à l'urne électorale, la loi les a traités avec une certaine faveur.

Ce n'est donc pas à la législation, mais à l'opinion publique, que nos réflexions s'adressent. On est assez disposé à ne pas apprécier à sa juste valeur, à *sous-évaluer* l'influence de la jeunesse sur la marche des événements politiques. On trouve que de vingt à vingt-cinq ans on manque souvent de savoir, toujours d'expérience, de maturité, et qu'à cet âge on doit écouter les anciens et travailler pour se préparer une carrière. Ces reproches sévères s'adressent surtout aux étudiants, aux élèves « des écoles » (de droit, de médecine, polytechnique, etc.), qui, dit-on, sont envoyés à Paris pour étudier et non pour se mêler de politique. Ils devraient au moins attendre qu'ils aient cessé d'être à la charge de leurs parents. N'y a-t-il pas de la présomption dans ce sentiment qui les porte à se mettre en avant au risque de se trouver l'adversaire de leur propre père?

Nous ne voulons, certes, pas justifier le jeune homme encore mineur, qui néglige les devoirs de son âge, pour empiéter sur ceux d'autrui. La société n'est bien constituée que si toute chose est à sa place. Mais nous voulons faire ressortir que si la vieillesse a pour mission la conservation, c'est à la jeunesse qu'incombe la tâche, sinon de provoquer, du moins de hâter le progrès. La jeunesse, sans doute n'a pas le monopole des sentiments généreux, mais c'est dans son sein qu'ils sont le plus répandus; c'est elle qui est le plus prompte au sacrifice, et hélas! il n'y a pas de progrès sans victime. Au moral, comme au physique, dans la société, comme chez l'individu, la production, l'enfantement n'a pas lieu sans peine, sans mal.

Il est cependant une distinction à faire : c'est que, si la vieillesse aime conserver et la jeunesse innover, il ne s'ensuit pas que la vieillesse soit toujours routinière, « encroûtée, ossifiée », et la jeunesse toujours généreuse, libérale [1], progressive; nullement : l'esprit conservateur de la vieillesse est souvent inspiré par l'expérience, que le changement coûte, mais ne rapporte pas toujours, tandis que l'ardeur d'innovation de la jeunesse est alimentée par de généreuses illusions. Or, en politique, les sentiments généreux ne suffisent pas pour empêcher les gens de prendre une fausse voie.

---

1. Le libéralisme n'est pas précisément un attribut de la jeunesse. Le vrai libéralisme est tolérant, il supporte très convenablement la contradiction, car il sait combien il est difficile de savoir la vérité. La jeunesse est souvent trop passionnée pour être tolérante, partant pour être libérale.

ÉCONOMIE POLITIQUE. La science économique est celle qui étudie les lois de la production, de la distribution et de la consommation des richesses. Certains des plus jeunes économistes de notre fin de siècle trouveront cette définition quelque peu vieillie, mais comme on n'en a pas encore [formulé de meilleure [1], nous continuons à nous en servir.

Au fond, si cette définition traditionnelle est discutée de nos jours, c'est que les derniers venus veulent faire de l'économie politique un art plutôt qu'une science, ils désirent y trouver des préceptes pour les actes de tous les jours [2]. Un ouvrage ou une « discipline » comprenant un ensemble de règles de conduite en matière économique pourrait être utile, mais ce ne serait pas la science. La science économique ne peut être que la base, le fondement de cet ensemble de règles, car elle a pour mission d'étudier l'homme pour constater, par l'observation des faits, quelles sont les forces naturelles, les motifs, les tendances qui le font agir, et comment ils le font agir dans les différents cas. Les actes économiques de l'homme dérivent en premier lieu de la nature humaine et sont à ce titre une branche de la psychologie combinée avec des notions de physiologie et d'histoire naturelle, et, il faut le dire, expressément influencée par l'action de la vie sociale.

Car, si la science économique a pour origine l'observation de la nature humaine, on doit avoir présent à l'esprit que cette science ne s'occupe que de l'homme vivant en société, et même, vivant dans une société pratiquant la division du travail. L'homme isolé ayant également des besoins à satisfaire, il aura des actes économiques à accomplir (production, prévision de besoins futurs, etc.), mais ces notions auraient une trop faible portée pour constituer une science, et ce ne serait jamais une science sociale. Ce sont les rapports entre les hommes causés par la division du travail et le commerce qui importent et qui constituent la matière, le contenu de la science économique. (On peut dire aussi : de l'Economique.)

Ainsi l'économie politique cherche à découvrir les causes des actes, ou les lois économiques, car une loi c'est un rapport de cause à effet. Ce n'est pas là une tâche facile, car il est rare dans la société qu'une seule cause soit en action, presque toujours plusieurs concourent à la fois à un résultat, les unes patentes, les autres cachées, et comme la perspicacité des différents observateurs n'a pas la même acuité, les uns voient bien et les autres mal, de là la divergence des opinions.

C'est ce qui rend l'art — les applications — si difficile. Ce qui augmente la difficulté, c'est que, dans l'application, il ne suffit pas d'avoir une connaissance approfondie de la nature humaine —de ce qui se retrouve dans tous les hommes—il faut encore tenir compte des coutumes, des lois, et de mille circonstances spéciales, puisqu'on n'a pas à faire à de simples individus, mais à des groupes d'individus, à des sociétés.

Pendant longtemps, néanmoins, ces différences dans les applications n'ont pas été très grandes, parce qu'on était d'accord sur le *Principe économique*, qu'on formule ainsi : « L'homme tend toujours à obtenir le maximum de résultats avec le minimum d'efforts. » On était aussi d'accord sur la nécessité de la liberté : il faut laisser aux hommes toute liberté compatible avec la liberté d'autrui et avec le maintien de la société. Mais depuis un certain nombre d'années des doctrines nouvelles ont fait leur apparition et ont gagné du terrain — plutôt par esprit d'imitation qu'à cause de leur valeur intrinsèque, — on les réunit sous le nom de socialisme... nous en parlons plus amplement ailleurs. Ces doctrines qui impliquent la suppression de la propriété privée et l'annulation de la liberté individuelle ne sont pas acceptées par les économistes en général, mais quelques-uns se sont laissés plus ou moins influencer par ces théories : ceux-là nient la science et ne veulent plus que l'art : des règles de conduite pour rendre tout le monde heureux. Ils n'ont pas encore trouvé ces règles; quand ils les auront découvertes, et que nous en aurons constaté les bons effets, nous nous empresserons de les accepter. En attendant cet heureux résultat, nous ne pouvons nous empêcher de pousser notre scepticisme jusqu'à la négation, et de leur dire : vous quittez la bonne voie.

Chose curieuse, ces économistes, qui prétendent n'accepter qu'une partie des doctrines socialistes, vont plus loin —théoriquement —que leurs nouveaux maîtres : ils font disparaître l'individu dans la société, en reprochant aux économistes de l'école classique de mettre l'ensemble des individus au-dessus de la société (n'est-ce pas un reproche baroque [1] ?). Ils n'en tirent qu'une seule conséquence, c'est qu'il faut couper les ailes à la liberté humaine. L'école socialiste ne défend pas la liberté, tout au contraire, mais elle tient à l'individu; c'est l'individu qu'elle veut rendre heureux; elle ne comprend pas plus que nous la société sans individus.

L'école économique classique, du reste, ne pousse pas l'amour de la liberté jusqu'à en excuser les excès; elle reconnaît à l'autorité sociale le droit et le devoir de lui poser les limites indispensables; mais elle ne croit pas que cette autorité puisse rendre les hommes

---

1. Courcelle-Seneuil, qui est cependant de l'école classique, préfère mettre : production, appropriation, consommation. Mais l'appropriation ne dit rien ici, tandis que la *distribution*, qu'il omet, est d'une importance majeure, car elle renferme les rapports entre le capital et le travail et même le commerce.

2. Nous faisons abstraction de ceux qui ne formulent à nouveau la définition que pour se faire citer.

1. Ils ne s'expriment pas ainsi, ils disent plutôt « l'individu » que « l'ensemble des individus »; mais il ne peut pas s'agir d'un individu unique comparé à la société, ce serait faux jusqu'au ridicule.

heureux. L'homme sera toujours — sauf exception — l'artisan de son sort, et les utopies resteront des rêveries.

Rapports de l'économie politique avec la politique. — Si l'on a raison de définir la politique la science du gouvernement, elle a nécessairement des rapports étroits avec l'économie politique. En d'autres termes, l'homme d'État ne saurait se passer d'une connaissance approfondie des lois économiques qui gouvernent la société. Au fond, les phénomènes si variés qui constituent le domaine de l'économie politique n'ont qu'un seul but : la conservation de l'individu par le maintien de l'ordre dans la société, dans les meilleures conditions possibles. Pourquoi produit-on, si ce n'est pour se nourrir, se vêtir, se procurer un abri ? Pourquoi divise-t-on le travail, établit-on des relations d'échanges entre des individus et entre des pays, si ce n'est pour rendre abondante et agréable la nourriture, pour donner de la durée et de la beauté au vêtement, pour orner l'abri et le rendre confortable ? Et le bien-être ne conserve-t-il pas la santé, ne prolonge-t-il pas la vie ?

La politique est, pour l'être collectif qu'on appelle État, ce que l'économie politique est pour l'individu et la société : comme *science*, elle étudie les causes de la conservation, du progrès et de la décadence des États ; comme *art*, elle prend les mesures nécessaires pour arriver à ses fins. Or, l'individu est l'élément, la matière première, la monade de l'État, et ces mesures ne pourront s'appliquer qu'à des hommes isolés ou à des groupes de populations.

Aucun gouvernement ne saurait donc rester indifférent au mouvement économique du pays, et ce mouvement sera affecté par tout grand acte gouvernemental. Ces rapports mutuels nous semblent tellement évidents que nous n'insistons pas.

L'existence de ces rapports admis, faut-il en conclure que le gouvernement doive chercher à s'emparer du mouvement économique du pays, qu'il doive le diriger, le régler afin de prévenir tout écart ? Nous ne demandons pas mieux que de jouir indéfiniment d'un bonheur inaltérable, nous consentirions *peut-être* à renoncer à notre liberté à ce prix. Mais un gouvernement peut-il nous garantir ce bonheur ? Est-il assuré contre toute erreur ? N'est-il pas, au contraire, rationnel de penser que le particulier saura généralement mieux que le gouvernement ce qui lui convient. D'ailleurs, s'il se trompe, c'est lui seul qui pâtit, et c'est juste, tandis que chaque erreur de l'autorité fait souffrir des populations entières, et c'est l'injustice évidente.

Voilà donc une raison très concluante, ce nous semble, contre l'intervention directe du pouvoir dans le mouvement économique. Si la possibilité de l'erreur n'est pas un argument d'une valeur absolue, elle devra réduire l'immixtion du gouvernement à un minimum, et le pouvoir s'abstiendrait de toute

action lorsqu'il n'aurait pas acquis la conviction que ses actes auront un effet bienfaisant. En d'autres termes, le célèbre *laissez faire, laissez passer* sera la règle, l'intervention, l'exception.

On pensera peut-être qu'une telle doctrine tend à rendre inutile à l'homme d'État l'étude de l'économie politique. Il n'aurait qu'à s'abstenir tout à fait pour échapper au danger de nuire.

Nous répondrons d'abord que nous n'avons pas dénié d'une manière absolue l'utilité de l'intervention, il s'agit seulement de savoir discerner les cas où elle peut avoir lieu avec avantage.

Du reste, la politique exerce une influence sur la production et sur le mouvement des échanges, même sans le chercher et sans le désirer, souvent même contre son gré. L'arbre n'a aucune mauvaise intention contre la plante que son ombre tue, et la foudre n'a aucun grief contre la maison qu'elle embrase : l'arbre et la foudre suivent leurs lois, la plante et la maison les subissent. De même, lorsqu'un gouvernement déclare la guerre à un voisin, il ne se propose aucunement de faire tomber le prix de sa propre rente ou de provoquer la fermeture d'une partie des ateliers de ses nationaux ; mais la guerre aura nécessairement cette conséquence.

Il s'ensuit que chaque acte gouvernemental devrait être précédé, non seulement d'un examen politique, mais encore d'un examen économique de ses effets et de ses conséquences. L'homme d'État doit donc faire une étude approfondie de l'économie politique. De plus, aucun gouvernement ne peut vivre sans finances, et un grand nombre d'entreprises politiques exigent des capitaux qu'il faut savoir trouver sans tarir les sources de la production. Est-il nécessaire de multiplier les exemples pour montrer combien de lois administratives, civiles, pénales et surtout commerciales exercent une influence directe sur la production et les échanges, sur les progrès du bien-être, sur la prospérité nationale ? Cette influence est incontestable et incontestée, nous nous bornons donc à l'énoncer, et renvoyons aux divers articles politico-économiques, dont la plupart en renferment implicitement ou explicitement la démonstration.

ÉCONOMIE SOCIALE. Beaucoup de personnes prennent ce mot comme synonyme d'*économie politique*, et plus d'un auteur a hésité un moment dans son choix. Certains auteurs divisent l'économie en économie privée et économie sociale. Pour d'autres, l'économie sociale comprend la théorie économique et les différents systèmes socialistes, peut-être même la science sociale (*la sociologie*), et jusqu'à la politique. Il est des hommes qui tiennent plus aux mots qu'aux idées.

ÉDILES. ÉDILITÉ. Les édiles, d'abord au nombre de deux et ensuite de quatre, étaient des magistrats de l'ancienne Rome chargés de la surveillance des temples et des monuments, de l'entretien des routes et de la police des jeux et des marchés. L'édilité était, soit le temps, soit l'exercice même de cette magistrature. Dans les temps modernes, l'édilité comprend tout ce qui concerne les constructions urbaines, les « bâtiments civils ».

ÉDIT. Le mot *édit* vient du latin *edicere*, faire savoir, ordonner. On publiait des édits chez les Romains ; les rois de France ont aussi quelquefois employé ce terme.

EFFETS PUBLICS. D'après la définition de Ch. Coquelin, dans le *Dictionnaire de l'économie politique*, on désigne ainsi, non seulement « les titres des obligations contractées par un État, telles que rentes inscrites ou bons du Trésor, de même que les obligations de toute grande administration publique, comme, par exemple, celle de la ville de Paris », mais encore « généralement toutes les valeurs qui se négocient à la Bourse par le ministère des agents de change ».

ÉGALITÉ. Il y a deux sortes d'égalités que des gens irréfléchis ont parfois confondues : il y a : 1° l'égalité devant la loi, et 2° l'égalité physique, intellectuelle, morale avec leurs conséquences.

L'égalité devant la loi (ou l'égalité politique) ne s'est pas rencontrée dans les premières sociétés humaines, il a fallu la conquérir. On a supprimé d'abord l'esclavage et puis — c'est la gloire de 1789 — toutes les inégalités légales entre concitoyens. Pendant longtemps, les hommes politiques n'avaient pas pensé à une autre égalité ; c'est d'ailleurs celle-là qui figure dans la devise peinte sur tous les murs officiels : liberté, égalité, fraternité.

L'égalité physique, intellectuelle, morale est une chimère ; il n'y a pas deux hommes, pas deux feuilles même qui se ressemblent ; l'anthropométrie est fondée sur ce phénomène que nous observons à chaque instant. L'égalité politique nous permet de prétendre à toutes les fonctions, à tous les honneurs, mais elle ne suffit pas pour nous les faire obtenir. Pierre entre dans l'armée, on lui donne une giberne contenant le bâton de maréchal ; mais il ne peut pas le prendre dans la main, le bâton ne se détachera que lorsque le jeune soldat aura acquis du mérite, et beaucoup de mérite. Avec un peu de mérite il devient caporal, à mesure que le mérite croît, il avance en grade jusqu'à l'échelon le plus élevé. De même, tout le monde peut atteindre à tout, en remplissant les conditions nécessaires : — si vous voulez être médecin, vous devez étudier la médecine ; avocat, vous devez faire votre droit ; peintre, vous devez apprendre l'art de la peinture et ainsi de suite. — Mais si vous ne remplissez pas les conditions nécessaires ? —

L'essentiel est qu'aucun obstacle légal ne vous barre le chemin. Et, dans notre monde à population dense, chacun rencontrera des concurrents, il faudra lutter, et souvent on n'atteindra son but que grâce au hasard, favorisé par des circonstances fortuites. L'effort peut beaucoup, énormément, mais il ne peut pas tout ; et si quelqu'un vous dit qu'il imaginera un moyen de mettre fin au hasard, haussez les épaules.

C'est à la suite de cette inégalité physique, intellectuelle et morale — qui implique l'inégalité des qualités, sur tout de l'activité, de la prévoyance, de la persévérance, de l'amabilité, etc., inégalité qui va de l'extrême vertu aux vices les plus exagérés, —que les uns sont riches, puissants, considérés, aimés, et les autres pauvres et soumis à tant de maux. On est toujours l'artisan de sa fortune... avec l'aide des chances favorables. Jamais on n'empêchera que dans une société les qualités et les circonstances produisent leurs effets naturels. La force des choses renverse les utopies et en rend les auteurs ridicules. Ceux qui voudront empêcher l'homme intelligent, actif et prévoyant de s'enrichir y perdraient, car ils n'auraient pas leur part des avantages qui résultent pour l'humanité entière de chacun de ses progrès partiels. Si Paul invente un procédé qui double les produits, son procédé ne tardera pas à être imité et bientôt généralisé. L'humanité est solidaire.

La grande majorité des hommes admettra sans difficulté les vérités que je viens de résumer, mais on ne voudra pas faire la part de la chance. Pure envie de leur part, cela! Mais malgré tout, il en a toujours été, il en sera toujours ainsi. La chance est pour quelque chose dans notre vie ; nous pouvons et devons la restreindre, il nous est impossible de la supprimer. Pouvez-vous empêcher le temps de vous contrarier ? Il fera mûrir telle récolte et périr telle autre. Deux armées sont en présence, des milliers de fusils sont braqués de l'une à l'autre, pouvez-vous diriger les balles et leur donner une adresse certaine ? Pouvez-vous empêcher ce navire — qui porte votre fortune — de périr ? Pouvez-vous... on mettrait encore mille questions pareilles.

En résumé, tenons-nous en à l'égalité politique et légale et tâchons qu'elle rencontre le moins d'obstacles possible. C'est tout ce que nous pouvons demander de raisonnable.

ÉGOISME. L'égoïsme existe, avec plus ou moins de force, dans tout être vivant, car c'est l'instinct, le désir, quelquefois la passion de conserver la vie. L'homme aussi tient à sa vie, il l'entretient en satisfaisant ses besoins, les uns instinctivement les autres en raisonnant ses actes. Dans nos sociétés si denses, la satisfaction des besoins est parfois rendue difficile par la concurrence vitale, le raisonnement des actes devient donc indispensable. Et pour que les résultats des raisonnements antérieurs ne soient pas perdus, on les a combinés, et il en est sorti une science : l'Economique ou l'économie politique. On peut donc dire que l'économique est la science de la satisfaction des besoins, l'égoïsme joue donc un grand rôle dans cette science, et même dans la politique, la science du gouvernement, car l'État n'a été fondé que pour protéger les hommes dans leurs efforts en faveur de la satisfaction de leurs besoins — leurs besoins matériels d'abord, moraux ensuite.

L'égoïsme est donc un objet d'étude à la fois pour l'économiste et pour l'homme d'État, sans parler du psychologue, du moraliste, etc.

Le mot égoïsme est le plus souvent pris en mauvaise part, parce qu'on est beaucoup moins indulgent pour l'égoïsme des autres que pour le sien propre. Si l'on pouvait peser un sentiment, nous dirions : on se croit autorisé à être animé soi-même d'un kilogramme d'égoïsme, mais on n'accorde à son prochain que le droit de jouir de 100 grammes du même sentiment. Une autre raison pour jeter de la défaveur sur le mot, c'est qu'on croit que l'égoïsme inspire aux hommes des sentiments peu bienveillants les uns pour les autres. Ce n'est pas nécessairement le cas. L'altruisme et toute sorte d'autres sentiments peuvent très bien s'allier à un degré modéré d'égoïsme. Répétons-le, on est plus ou moins égoïste, il y a un minimum, un maximum et une moyenne, mais il n'y a pas absence d'égoïsme.

Il est fâcheux que dans la vie pratique on ne puisse pas mieux distinguer les degrés de l'égoïsme, le degré inévitable et le degré exagéré, mais la science doit s'efforcer de faire cette importante distinction.

Les économistes modernes allemands fondent une grande partie de leurs critiques de l'économie politique classique sur l'importance que les maîtres de cette science auraient accordée à l'égoïsme. Ils font semblant de croire que les Ad. Smith, les Ricardo, les J.-B. Say aient dit que l'homme est *uniquement* mu par l'égoïsme. Or cela n'est pas vrai, comme la montré M. Rich. Schuller dans un petit livre intitulé : *les Économistes classiques et leurs adversaires.* (Paris, Guillaumin 1896). On exagère volontiers l'opinion adverse pour qu'il soit plus facile de la démolir. Cela peut être pratique, mais cela n'est pas scientifique.

ÉLECTIONS. Droit électoral.

Section 1. — Du principe électif.

L'élection est l'acte par lequel un groupe d'hommes choisit et désigne ceux qui le représenteront, ou même le gouvernement. Des différentes conditions jusqu'à présent admises pour l'institution ou la transmission du pouvoir, savoir : la naissance, le choix par les dépositaires du pouvoir déjà institué, le concours, le tour de rôle, le sort, l'élection, c'est l'élection qui graduellement a pris la place prédominante, et ses progrès paraissent suivre la complication croissante des sociétés. L'adop-

tion de plus en plus générale du gouvernement représentatif ne laisse même plus d'autre origine à l'institution du pouvoir législatif, dans plusieurs pays, l'emploi s'en étend même à l'institution des pouvoirs exécutif et judiciaire.

Le principe électif a pour base le droit reconnu au citoyen d'être gouverné par les lois qu'il a votées et de ne payer que des impôts qu'il a consentis soit directement, soit par mandataires. Les deux droits dont il s'agit sont acquis, du moins [en principe[1], à tout homme à qui la qualité de membre du corps politique est reconnue. Mais l'application en est plus générale, car elle est constatée chez des nations qui n'avaient point l'idée du droit civique. C'est ainsi qu'au moyen âge, lorsque les premiers États généraux ont été convoqués pour voter les subsides, les contribuables n'étaient pas tous considérés comme membres du corps politique, et cependant on n'eût pas cru pouvoir lever des taxes sans l'aveu de leurs représentants. Le droit de consentir, par représentation, l'impôt, est sans doute ici une conséquence du droit de propriété.

Quelle est la nature du droit de suffrage, et à qui doit-il être reconnu ou conféré ?

Il est facile de constater, à cet égard, dans les sociétés politiques, deux tendances, déterminées moins par la forme du gouvernement que par la conception des droits naturels et le caractère de la civilisation. Il n'y a qu'un intérêt de définition à tirer des républiques de l'antiquité, où tous les droits découlant de l'hérédité légale, les droits civils constituaient un privilège refusé aux esclaves, à qui n'étaient même pas reconnus la plupart des droits naturels. Aussi arrivait-il que les droits civils se confondaient avec les droits civiques, que nous en distinguons aujourd'hui soigneusement ; ou plutôt par un renversement complet de nos idées, les seconds étaient la condition des premiers.

Même dans cet état social rudimentaire, on peut distinguer des nations où les droits civiques étaient gradués selon une hiérarchie compliquée et d'autres où l'accession en était ouverte aux habitants, aux esclaves, aux étrangers. Dans la suite des changements politiques d'une même nation, les progrès du temps et l'extension des relations étrangères déterminaient la transition du droit restreint au droit accessible, en sorte qu'un degré de plus dans la durée ou dans la sociabilité faisait passer un peuple du suffrage restreint au suffrage universel.

Cette différence s'est caractérisée chez les modernes par suite de l'abolition de l'esclavage : les droits civils étant reconnus à tous et devenant presque synonymes, dans les limites de l'indigénat, des droits naturels, l'intérêt s'est concentré sur les conditions mises à l'exercice des droits de citoyen, les-

---

1. Nous voulons dire par là que la pratique ne répond pas toujours complètement à la théorie.

quels se résument dans l'électorat. Les premiers gouvernements représentatifs de l'Europe se sont tous établis sur la base du suffrage restreint. La monarchie constitutionnelle d'Angleterre en a été longtemps le type et la république de Hollande n'a pas échappé à cette condition. Au contraire, nous constatons la tendance inverse dans la monarchie française et si, en fait, l'élection du *tiers* aux États généraux n'était point l'objet d'un vote universel très sérieux (car on voit par les listes des premières assemblées que les députés du tiers sont ordinairement les officiers municipaux ou même les avocats du roi), c'était un principe généralement admis que tous les habitants devaient être représentés. Les élections aux États généraux de 1789 n'ont point été faites au suffrage universel absolu, car dans la variété des coutumes locales on exigea, ici et là, des garanties différentes, souvent très modestes. Mais du moins le gouvernement eut et manifesta l'intention de convoquer tous les Français pour choisir les électeurs du second degré, qui devaient élire les députés aux États généraux. L'idée d'imposer légalement des conditions générales de cens ne se produisit qu'à l'Assemblée constituante. Il est impossible de méconnaître dans ces élections de l'ancien régime français une tendance innée, un caractère particulier de civilisation nationale, qui doit être considéré comme un élément de l'histoire du suffrage universel. On pourrait faire un travail analogue sur les variations du droit de suffrage aux États-Unis, depuis les constitutions de l'Amérique anglaise jusqu'aux lois fédérales et particulières actuelles.

Ces deux tendances, inhérentes d'abord à deux groupes des nations modernes, ensuite à deux groupes de formes gouvernementales dans une même nation, se traduisent naturellement par deux théories, l'une qui envisage l'électoral comme une fonction, l'autre qui le considère comme un droit.

1º *L'élection considérée comme une fonction.* — *Le cens.* — *Les capacités.* — Si légiférer est une fonction, une charge, un office, élire le législateur est encore, à un certain degré, une fonction. Toute fonction exige des garanties, des aptitudes, la prévision des conséquences de la décision prise, un intérêt direct à ne pas se tromper. C'est l'intérêt qui est la garantie prédominante, et c'est même une des raisons pour lesquelles le cens est la condition la plus ordinaire du suffrage restreint.

Ici encore c'est le droit de propriété qui est pris pour base du droit de vote, comme il a été pris pour raison du système représentatif à son origine. De même que, pour lever légalement les contributions de l'homme non-citoyen, on eut égard à sa qualité de propriétaire, de même ont fait dériver le droit de vote de l'inviolabilité de la propriété, de laquelle il résulte que l'État ne peut avoir que les revenus qui lui sont accordés par un

vote. On en a conclu que celui qui n'a pas à contribuer n'a pas besoin de voter, et dans ce cas on ne tenait pas compte des impôts indirects. Cette raison suffirait si les impôts composaient toutes les charges publiques. Or, outre le vote de l'impôt, la compétence législative comprend encore le vote du contingent militaire, et la confection des lois qui régissent l'état des personnes, les intérêts moraux de la famille et de la société. Il ne faut pas oublier que celui qui ne paye pas d'impôt n'en contribue pas moins, par son travail, à la production des ressources de la société.

Quant au cens, on sait que c'était le montant de l'impôt qu'on devait payer pour être électeur. On croyait justifier le cens en disant que ceux qui présentent le plus de garanties pécuniaires sont mieux placés pour voir comment l'État est gouverné, surtout lorsqu'ils y apportent en outre l'instruction, l'expérience, et même les lumières qui accompagnent ordinairement la fortune.

Cependant comme ces conditions ne l'accompagnent pas toujours, et que même il a fallu renoncer à établir aucune relation entre le mérite des hommes et leur fortune, le cens, à peine établi dans une constitution, a soulevé des critiques motivées précisément sur l'exclusion des lumières. Est-il juste, en effet, qu'un officier en retraite, un magistrat, un médecin, un membre de l'Institut, soient privés des droits reconnus à un paysan avare, à un marchand enrichi ? Le point de vue moral n'était pas oublié : « Ne dirait-on pas que, « pour acquérir, on n'emploie jamais que les « plus légitimes moyens ? » Il n'est point prouvé d'ailleurs qu'une bonne gestion de ses propres affaires soit toujours une garantie d'une bonne gestion des affaires publiques. Le cens repose évidemment sur cette supposition que la fortune est une condition d'indépendance et par là même une garantie de désintéressement. La discussion sur ce sujet devient bien vite purement *morale*, et il est à remarquer que toutes les critiques faites au cens, soit au point de vue de la moralité, soit au point de vue des lumières, s'adressent au cens *élevé* tel qu'il était établi sous la royauté parlementaire, au privilège d'un très petit nombre d'électeurs. A un cens *modique*, tel qu'une contribution personnelle égale à trois journées de travail, par exemple, facile à réunir dans des conditions de fortune ordinaires, on ne pourrait opposer que la théorie du suffrage fondé sur le droit universel, tandis que le cens élevé, qui demandait aux électeurs des conditions de fortune exceptionnelles, se heurterait immédiatement à l'objection tirée des *capacités*. Mais en matière de capacité, l'appréciation est au fond tout arbitraire ; il était fort aisé de poser en principe que les lumières sont une garantie plus solide que la fortune, fort difficile de marquer la limite du droit. On avait sans doute la ressource de demander des diplômes. Mais en admettant que les possesseurs de diplômes soient tous des *capacités*, il ne s'ensuit pas que les personnes instruites qui n'avaient aucun intérêt professionnel à passer un examen ne fussent pas capables. On n'a pas encore introduit l'usage de soumettre à un examen les candidats à l'électorat, quoique cet usage n'eût pas manqué de naître, si le système des capacités avait duré. Mais il disparut peu à peu à mesure que la doctrine qui déclare l'électorat une fonction perdit du terrain.

2° *L'élection considérée comme un droit.* — *Le suffrage universel.* — De quel droit, en effet, exigeait-on l'obéissance aux lois de la part d'une fraction de la nation qui n'avait point été consultée pour l'élection des législateurs ? quelle était la valeur d'une pareille autorité, exercée par un certain nombre d'électeurs, composant le pays légal, sur un certain nombre d'habitants obligés de leur obéir parce qu'ils se trouvaient résider sur le même territoire ? La force seule ou l'habitude pouvait décider les Français non-électeurs à suivre la loi faite par le pays légal français plutôt que la loi anglaise ou la loi russe. Dès que le suffrage universel fut établi, on ne manqua pas de faire valoir les avantages sociaux du système, par exemple l'ordre légal qu'il semble devoir assurer. Ainsi, on a beaucoup insisté sur cette considération que, par l'établissement du suffrage universel, l'insurrection est devenue impossible et même absurde, car le peuple ne peut pas se révolter contre lui-même. « Mettre dans la main de l'ouvrier le bulletin de vote, c'est lui retirer le fusil. » Les faits n'ont pas absolument confirmé cette manière de voir, car l'électeur qui désire au delà de ce que peuvent lui accorder ses représentants a bientôt imaginé de dire que ses représentants le trahissent, ou que le nombre des députés que lui alloue la loi électorale est inférieur au mérite du groupe dont il fait partie. La vérité est qu'à part les moments *critiques* où l'insurrection dérive d'une situation spéciale, l'universalité du droit de vote ajoute à la loi une autorité nouvelle. Cela est d'observation dans les temps *ordinaires*, les seuls que la politique puisse envisager quand il s'agit, non de mesures, mais d'institutions.

Voici les raisons données en faveur du suffrage universel par John Stuart Mill. Il dépeint avec énergie la dégradation de tout être dont la destinée est décidée par autrui sans son aveu. Selon lui tout individu que la loi peut contraindre à payer l'impôt, à produire un certain travail, ou à se battre, est en droit d'exiger que sa voix soit comptée *pour ce qu'elle vaut.* Il y a de la déclamation dans l'opinion de Mill, comme le montrent les mots que nous venons de souligner. L'élection serait donc un droit, un de ces droits naturels, dont Lafayette disait « qu'il n'est permis à aucune puissance, pas même à une nation entière, de violer, pas même envers un seul homme ».

Jusqu'à nouvel ordre, nous devons considérer le suffrage comme un droit. Mais on peut garder un doute au fond de son cœur : peut-il être salutaire à un pays que la voix de l'ignorant, de l'abruti, du vicieux, pèse autant, ait la même influence que celle du citoyen le plus sage, le plus noble, le plus honnête ? C'est difficile à admettre. Aussi s'attend-on à une idée révélatrice d'un meilleur système.

Attendra-t-on en vain ?

Sect. 2. — De l'électeur.

1° *Les conditions générales.* — Qui est électeur ? Cette question semble, au premier abord, résolue par le principe du suffrage. Mais il n'est pas besoin d'une observation prolongée pour reconnaître qu'en aucun temps ni en aucun pays le droit électoral le plus étendu n'a compris les condamnés pour crimes, pour des délits d'un certain caractère ; après les indignes, il faut exclure les incapables, à raison de l'âge ou de l'ignorance. Enfin des incompatibilités temporaires ont été établies par la loi dans l'intérêt de l'Etat, comme celles qui regardent les militaires sous les drapeaux, ou les titulaires de certains emplois ou commissions.

Age. — A l'égard de l'incapacité, l'âge est la première condition qui se présente à l'esprit. La majorité politique découle assez naturellement de la majorité civile, et il a été généralement reconnu qu'on ne pouvait participer par son vote à la formation de la loi et à la direction de l'Etat qu'à l'âge où l'on devenait maître de sa personne, apte à gérer sa fortune. Cet âge de la majorité civile varie selon les pays ; il s'élève naturellement en passant du Midi au Nord. En France, il est fixé à 21 ans. On a contesté la sagesse de cette assimilation de la majorité civile à la majorité politique, surtout quand la première est aussi précoce ; mais jusqu'à présent on s'y est tenu.

Sexe. — Presque partout le sexe masculin est une condition du droit politique en général et de l'électorat en particulier. Jusque dans la seconde moitié du dix-neuvième siècle, la discussion ne s'était même pas élevée sur ce chapitre, et encore aujourd'hui la seule proposition de reconnaître aux femmes un droit de suffrage serait, dans les pays latins, couverte de ridicule. Elle est tellement contraire à toutes les traditions de la politique et à toutes les habitudes sociales qu'elle est rarement venue à l'idée des novateurs les plus originaux. Au contraire, un Anglais, John Stuart Mill, déclare que, dans le travail auquel il s'est livré pour définir la capacité électorale, c'est l'exclusion des femmes qui ne lui est jamais venue à l'idée, et qu'il n'a pas tenu plus de compte de la différence du sexe que de la taille ou de la couleur des cheveux. Son opinion n'a pas soulevé, chez les peuples de race anglo-saxonne, l'étonnement ou la risée qu'elle n'aurait pas manqué de produire en France ; le suffrage des femmes est une réforme constamment réclamée aux Etats-Unis, et elle a eu du succès dans un ou deux des Etats de récente formation, mais nous devons laisser discuter la question à ceux qui s'en sont fait une spécialité.

La loi française ne reconnaissant la capacité électorale qu'aux hommes, certains députés ont voulu néanmoins assurer, d'une manière d'ailleurs fort indirecte, la représentation des femmes et des enfants. Deux propositions de loi ont été soumises en 1871 à l'Assemblée nationale. L'une proposait qu'à partir de cinq ans les enfants possèdent la capacité électorale, mais virtuellement et pour la transmettre à leur père. C'est ce qu'il appelle le vote accumulé des familles. Un autre propose que tout électeur inscrit représente, outre lui-même, ses enfants mineurs sans distinction d'âge, et les filles majeures restées dans la famille. Evidemment cette extension apparente du suffrage se traduirait surtout d'abord par un privilège donné aux pères de famille sur les célibataires. On peut remarquer qu'en général le législateur père de famille n'aime point les célibataires. Le célibataire est toujours pour lui un être livré au plaisir, sans responsabilité, enclin aux nouveautés dangereuses. Les auteurs de ces deux propositions ne paraissent point (c'est l'objection qui leur a été faite) s'être inquiétés si les femmes et les enfants ainsi représentés avaient ou non conscience de la délégation dont l'Etat dispose en leur nom; ni si la femme et les enfants parvenus à l'âge de raison donneraient le même vote que le chef de famille. On leur objectera que des êtres doués de conscience et de raison ne peuvent par leur seule existence conférer au chef de leur famille le droit d'émettre un vote contraire à leur raison et à leur conscience? Ces propositions prouvent seulement que les législateurs ont quelquefois de l'imagination.

Domicile. —Une autre condition générale, mais d'application fort variable, est le domicile. Elle présente d'abord une garantie de sincérité, puisque le *nomade* peut plus facilement qu'un autre voter plusieurs fois ; ensuite et surtout une garantie de stabilité, de vie régulière, d'honorabilité. On sait que la loi française de 1850 exigeait de l'électeur un domicile de trois ans, ce qui fut considéré à tort comme une abolition à peu près complète du suffrage universel. L'opposition aime exagérer.

Nationalité. — Pour les élections politiques du moins, presque toutes les législations exigent la condition de nationalité.

Devoirs envers l'Etat. — L'état ne pouvant pas vivre sans revenu, plusieurs Etats en ont conclu qu'alors même qu'on supprime le cens, c'est-à-dire qu'on ne fait plus dépendre le droit électoral du payement d'une certaine somme en contributions directes, il convient encore que, pour jouir des droits électoraux, on remplisse envers l'Etat ce devoir du citoyen qui consiste à contribuer aux dépenses de l'Etat, ne fût-ce qu'en payant une somme minime. Pour ce but, on a même imaginé un impôt électoral spécial.

Honorabilité. — Il est admis par tous les partis que le droit de vote ne peut s'accorder aux individus privés de leurs droits civils et politiques par suite de condamnations à des peines afflictives et infamantes, ou même infamantes seulement; à ceux auxquels les tribunaux correctionnels ont interdit le droit de vote et d'élection, par application des lois qui régissent cette interdiction.

Instruction. — Une certaine instruction, tout élémentaire, est une autre garantie que l'électeur doit au corps social dont il est membre. Stuart Mill considère l'ignorance de la lecture, de l'écriture et même des premières notions d'arithmétique comme une incapacité radicale, bien que transitoire, et qui doit suspendre pour l'électeur le droit de vote jusqu'à ce qu'il ait acquis cette condition. Il semble en effet naturel que l'électeur sache au moins écrire son bulletin.

En fait, il est d'observation fréquente que des électeurs illettrés ont reçu des bulletins qu'ils ont déposés dans l'urne sans même se les faire lire. Aussi plusieurs législations exigent-elles le vote écrit. Cette exigence, qui paraît restreindre le principe de la souveraineté, n'en est au contraire qu'une application. La liberté du vote (sinon l'indépendance de l'électeur) est la première de toutes les conditions de la validité légale et morale du vote. Or, celui qui ne sait pas écrire son bulletin n'est pas libre, car il est obligé de confier son vote à un autre qui peut le tromper, en général impunément. Le vote devant être *secret* selon la loi, un électeur ne sachant pas écrire ne peut pas émettre un vote conforme à la loi.

2° *Des garanties dues à l'électeur.* — On pourrait dire qu'elles se réduisent toutes à assurer la liberté du vote, et qu'ainsi elles doivent toutes consister dans la sincérité des opérations électorales.

a) *Droit de réunion.* — Il faut que l'électeur puisse connaître et discuter les candidatures ; qu'il en décide sans redouter les conséquences de son vote ; qu'il soit certain que son vote ne sera point supprimé ou dénaturé; en un mot qu'il sache que son opinion lui est demandée sérieusement.

Comment le candidat pourrait-il se faire connaître des électeurs s'il n'avait le droit de se présenter publiquement à eux, d'appeler la discussion sur ses antécédents, sur son programme, sur sa conduite politique antérieure, s'il ne pouvait non plus s'adresser aux électeurs par voie d'affiches, de circulaires, de proclamations?

Le candidat d'ailleurs a besoin aussi de recevoir les impressions de ses électeurs, d'apprendre ce qu'on attend de lui, d'étudier les opinions et les sentiments du groupe qu'il veut représenter.

b) *Absence de pression.* — *Candidatures officielles.* — L'absence de pression n'est pas moins indispensable. Il est à peine besoin de faire ressortir ce qu'aurait de contradictoire le fait d'appeler les nations à élire les mandataires qui doivent contrôler le gouvernement, et à leur imposer, par force ou par adresse, les candidats par qui le gouvernement désire être contrôlé. Chez les peuples depuis longtemps formés à la vie politique, les gouvernements n'exercent pas de pression électorale.

Il est possible qu'un gouvernement ne croie pas exercer de pression sur les électeurs en recommandant des candidatures. Quand il serait possible au gouvernement de s'en tenir à une simple recommandation, sans employer, pour la faire réussir, l'intimidation ou les promesses, cette recommandation même est à elle seule une pression, car elle pèse sur le vote de toute l'influence que possède nécessairement la puissance publique; il est même certain que la désignation seule du candidat du gouvernement, sans invitation d'aucune sorte à voter pour lui, ni indication complaisante de ses mérites, conserve encore le caractère d'une pression électorale. « Mais, dit-on, si chaque parti a son candidat, le gouvernement qui représente, aussi bien que les partis, une opinion, une politique, des intérêts sociaux d'un ordre élevé, n'a-t-il pas le droit de faire connaître le candidat qui représente sa politique? C'est une information de plus qu'il apporte dans le débat. » Si telle est en effet son intention, nous croyons qu'il doit laisser ce soin aux candidats eux-mêmes. Il y a vraiment du danger, à ce que le gouvernement avoue sa sympathie pour un candidat, car il lui faudrait beaucoup d'abnégation pour ne pas aller plus loin. Un échec de son candidat rejaillirait sur lui et il a à sa disposition tous les moyens pour faciliter le succès.

Dans les pays où la centralisation place tant d'agents, tant de faveurs ou de disgrâces dans la main du pouvoir central, les candidatures recommandées dégénèrent trop vite en candidatures officielles. D'abord le gouvernement se contente de patronner, bientôt il improvise des candidatures qu'il impose et c'est là un abus intolérable qui supprime, à vrai dire, l'élection. L'électeur ignorant, sur lequel ces manœuvres agissent avec le plus d'efficacité, perd la notion des choses et il lui arrive d'interpeller son mandataire en lui disant : « Vous avez une bonne place du gouvernement. » (M. Émile Ollivier, au Corps législatif, séance du 2 avril 1869[1].)

1. On trouvera, sur les candidatures officielles en France, d'amples matériaux aux endroits suivants : Moniteur ou Journal officiel, 26 avril 1862, 9 mai 1863, 15 janvier 1865, 22 février 1865, 19 mai 1868, 2 et 4 avril 1869, 24 et 25 février 1870. Il s'agit de circulaires, de pétitions au Sénat, de discussions au Corps législatif.
Quant à l'Allemagne, en avril 1868, M. de Bismarck a déclaré, dans le Reichstag, que les gouvernements ont le droit de faire connaître, par tout moyen et tout organe (jedes Mittel und jedes Organ), quel candidat ils désirent voir élu. « C'est une conséquence de la liberté du choix (Wahlfreiheit) des gouvernements, qui ont leurs droits comme les partis. » D'un autre côté, les électeurs ont le droit de savoir qui les gouvernements désirent voir élu, parce que beaucoup d'électeurs ont l'intention

A côté du pouvoir, d'autres influences encore se produisent aux élections et, en fait, celle qui se manifeste le plus ardemment après celle du gouvernement, c'est l'intervention du clergé.

Celle-là est déplacée à tous égards. Il faut se garder d'enrôler les croyances au service des intérêts politiques. La politique en souffre, mais la religion bien plus encore. Elle perd en dignité ce qu'elle s'efforce d'usurper en autorité; bientôt attirée dans la lutte elle en sort victorieuse parfois, mais affaiblie toujours.

c) *Scrutin public ou secret*. — Les législations commencent toutes par le scrutin public, dans un beau mouvement d'indépendance et de dignité, et finissent toutes, après une certaine expérience de la vie publique, par adopter le scrutin secret. Le scrutin secret lui-même n'assure pas une indépendance complète, car il y a toujours quelque moyen de rapporter une certaine partie des votes à leurs véritables auteurs. Les causes ainsi que les procédés de pression ne sont pas supprimés par une précaution toute matérielle, mais au moins la connaissance des votes est réduite dans des limites assez étroites, et il est établi en principe que les votes ne doivent pas être recherchés. La dignité tout extérieure que suppose le scrutin public est compensée par ce principe même qui, en faisant du vote une question réservée, lui confère en quelque sorte le caractère d'un cas de conscience. Il n'est pas douteux que toute une nation ne puisse arriver à rechercher pour l'expression des opinions individuelles, dans une circonstance aussi importante, le grand jour qui éclaire les votes des représentants dans les assemblées. C'est ce qui se produira certainement lorsque tous les électeurs seront constitués à l'égal de leurs députés, inviolables, soustraits aux nécessités de l'existence ordinaire, et de plus capables de rendre compte des raisons de leur vote. En résumé et sans contester que le vote public puisse être sincère, nous pensons que le scrutin secret est encore le mode de votation qui répond le mieux à la faiblesse humaine et à la complication des intérêts individuels ou locaux.

d) *Police des élections*. — La police des élections a pour objet d'assurer la plus grande liberté dans le moment même du vote, et la plus complète loyauté dans le dépouillement du scrutin. Aussi la formation du bureau est-elle confiée à l'autorité municipale;

de voter pour le gouvernement, comme d'autres électeurs veulent voter contre lui. Et pour que les uns et les autres puissent faire leur choix en connaissance de cause, il faut que le gouvernement parle. S'il gardait le silence, il pourrait arriver que tel électeur qui aurait voulu voter contre le gouvernement, aurait donné sa voix à un candidat agréable. M. de Bismarck termine en disant que si les gouvernements ont le même droit que les particuliers d'indiquer leur préférence, il ne leur est jamais permis d'exercer aucune pression, soit par des menaces, soit par des promesses. — Nous avons résumé le discours, en reproduisant aussi souvent que possible les termes mêmes du chancelier allemand.

la lecture et le contrôle des bulletins sont faits par les électeurs eux-mêmes. L'entrée des lieux de vote est interdite à toute force armée. Les électeurs eux-mêmes n'y peuvent porter d'armes.

Sect. 3. — De l'éligibilité.

1º *Conditions générales.* — Les conditions d'éligibilité sont généralement plus étroites que celles de l'électorat : l'âge, le cens ou la durée du domicile sont plus élevés, selon les bases du principe électif. On peut remarquer cependant que, plus le suffrage s'étend, plus la considération de limiter le moins possible le choix de l'électeur s'impose. On a même pu discuter en France si l'élection d'un banni était valable, et n'entraînait pas la révocation du bannissement ; si le suffrage pouvait se porter sur un étranger et lui conférer directement la nationalité.

2º *De l'éligibilité des fonctionnaires.* — *Incompatibilités.* — Dans la plupart des législations, tout électeur est éligible. On a pensé cependant que le but de la représentation nationale serait éludé par son extension même, si le choix de l'électeur, dont l'intérêt est d'obtenir un contrôle éclairé du gouvernement, pouvait se porter sur les agents mêmes qu'il s'agit de contrôler. Aussi plusieurs législations, notamment celle de la France, ont-elles déclaré incompatibles le mandat de député et les fonctions salariées des gouvernements. D'autres législateurs ont pensé qu'il importait de compter dans les assemblées des hommes habitués à la pratique des affaires et recommandés par des études spéciales. On a remarqué souvent la supériorité des discussions dans les chambres de la royauté parlementaire française (1814-1848), où les fonctionnaires occupaient quelquefois le tiers des sièges. La délibération des lois spéciales et la rédaction de toutes les lois y présentaient un caractère de profondeur et de clarté que n'offrent pas au même degré les actes des assemblées suivantes. Cet intérêt, auquel il est d'ailleurs facile de donner une certaine satisfaction, par une place plus considérable faite au conseil d'État dans la rédaction des lois, paraît devoir céder au principe plus général que le gouvernement ne doit point être contrôlé par les agents. On admet donc généralement aujourd'hui que le nombre des fonctionnaires qui puissent faire partie d'une assemblée élective doit être réduit au minimum, ne serait-ce que parce que le fonctionnaire doit s'occuper de ses fonctions avant tout. Des raisons qui touchent au soin de la probité publique peuvent motiver d'autres incompatibilités. C'est ainsi qu'on a proposé de déclarer inéligibles : les citoyens chargés d'une fourniture pour l'État ou d'une entreprise de travaux publics dans laquelle l'État est intéressé, les administrateurs et directeurs des chemins de fer, ceux des compagnies industrielles ou commerciales lorsqu'ils sont nommés par l'État. C'est là une analo-

gie avec l'organisation communale qui semble poussée un peu trop loin.

3º *Corruption.* — Les formes de la corruption sont multiples, depuis l'achat direct et brutal du vote jusqu'aux promesses ouvertes ou déguisées de places, de privilèges ou de subventions de la part de l'État. Pour que le vote se vende comme une marchandise, il faut supposer un état social tout spécial, tel que celui de l'ancienne Rome, où, par une curieuse confusion de l'extrême misère et du plus haut privilège politique dans une caste populaire, un grand nombre de citoyens n'ont d'autre propriété que leur vote. Il s'était à la fin établi une agence électorale, en vue de garantir la *bonne foi* réciproque dans le commerce des votes. Le candidat déposait la somme convenue chez un séquestre, qui payait les électeurs après le succès de l'élection. La corruption électorale avait pris en Angleterre des proportions moins considérables, mais de beaucoup supérieures à ce qu'on pouvait constater sur le continent ; la répression de ces fraudes exigea une législation spéciale. En France, la modicité des fortunes ne permet guère aux candidats de corrompre directement les électeurs. C'est en promettant des faveurs et des emplois dont dispose le gouvernement qu'on obtenait les votes des censitaires. Mais le plus souvent, et surtout depuis l'établissement du suffrage universel, la corruption a pris en outre un caractère collectif et s'est présentée sous la forme de promesses relatives aux travaux publics. Du reste, il n'est pas possible de prévoir tous les cas qui peuvent se présenter, il n'en est que plus utile de multiplier les précautions.

Sect. 4. — Des moyens d'assurer les meilleurs choix.

Les meilleurs choix dont nous voulons parler ne concernent pas le mérite des législateurs, mais la représentation fidèle de la nation et de l'état proportionnel des diverses fractions de l'opinion.

1º *De la majorité relative et absolue.* — On sait que le candidat élu est celui qui obtient la majorité des votes, mais comme il peut se présenter plusieurs candidats, et que chacun d'eux peut obtenir une fraction presque égale du nombre des suffrages exprimés, celui qui l'emporterait par le simple fait d'obtenir *les votes les plus nombreux* (majorité relative) pourrait ne représenter qu'une minorité, parce que *le plus grand nombre des votes* (la majorité réelle) se serait éparpillé sur ses concurrents. On a donc établi que l'élection ne serait prononcée que si le candidat réunissait la majorité absolue, c'est-à-dire un nombre de voix égal à au moins la moitié plus un du nombre des électeurs inscrits. Cette précaution même n'est point toujours suffisante, et la division des votes, jointe au nombre considérable des abstentions, peut quelquefois abaisser la majorité au-dessous même de la limite fixée pour la majorité absolue. Il est alors procédé, selon la législation soit au *ballottage (voy.)* entre les candidats qui ont obtenu le plus grand nombre de suffrages, soit à un second tour de scrutin entre tous les candidats, même nouveaux, et qui alors est définitif, car il suffit d'y obtenir la majorité relative.

Il semble donc que la loi ait pris ses précautions pour qu'une majorité de hasard ne décide pas des élections, et qu'on ne doive s'en prendre qu'aux abstentions et à l'anarchie des opinions, si la majorité réelle n'est pas représentée.

2° *Représentation des minorités, et 3° Représentation par classes.* (*Voy.* **Représentation nationale.**) *4° Election à un ou deux degrés.* — On est très divisé sur cette question. Les hommes d'Etat, partisans des élections à deux degrés, croient ainsi élever l'arène de la lutte, la dégager des compétitions et des influences locales. On leur objecte les élections présidentielles aux Etats-Unis; mais, disent-ils, cette épreuve n'est pas concluante, car là les électeurs du premier degré ayant en vue l'élection d'un seul homme, le président, confèrent pour ainsi dire un mandat impératif aux électeurs du deuxième degré. S'agit-il d'une assemblée à nommer, ils citent les élections de 1788 faites à deux degrés et qui ont réuni à Versailles l'élite de la France d'alors. Cela est possible, mais prenons, sur cette matière, l'opinion d'un homme d'Etat qui n'est pas suspect d'excès de libéralisme. Le 29 mars 1867, au parlement de la Confédération de l'Allemagne du Nord, le chancelier fédéral, M. de Bismarck, parlant sur la loi électorale fédérale s'exprimait en ces termes : « Je suis convaincu que le suffrage indirect fausse l'élection et l'opinion de la nation. Cela peut se démontrer par un simple calcul que j'ai présenté, il y a vingt ans, et que je répète aujourd'hui. En admettant qu'à chaque degré de l'élection il suffise pour la majorité de la moitié des électeurs plus un, l'électeur du deuxième degré ne représente qu'un votant de plus que la moitié du corps électoral et l'élu ne représente que la moitié plus un des électeurs du deuxième degré, qui eux-mêmes ne représentent guère plus de la moitié des électeurs. Ainsi chaque député ne représente que le quart des électeurs et la majorité de la Chambre, en prenant, je l'avoue, une hypothèse extrême, celle de l'élection des députés à de très petites majorités, finirait par ne représenter que le huitième du corps électoral. Par le suffrage direct nous supprimons complètement une des causes de ce fractionnement. J'ajouterai que j'ai toujours trouvé, pour la désignation des candidats, plus d'intelligence dans l'opinion générale du peuple que dans les réflexions des électeurs du deuxième degré, et j'en appelle à l'expérience sur ce point; je ne sais si mon opinion est partagée par MM. les députés, mais je crois que nous amènerons dans cette Chambre des intelligences plus élevées par le suffrage direct que par l'élection à deux degrés.

« Pour être choisi au suffrage direct, ajoute-t-il, il faut jouir d'un crédit plus considérable dans un rayon plus grand, car alors le poids du patronage local ne pèse plus aussi lourdement sur le cercle étendu des électeurs. »

Cette raison vaut mieux que l'argument arithmétique qu'il serait facile de réfuter. Quoi qu'il en soit, les opinions restent partagées, d'autant plus que dans les élections directes il se forme des comités souvent sans mandat qui présentent un candidat; ce candidat, en fait, est élu au deuxième degré, et plus d'un s'est demandé si, à ce comité sans mandat, on ne devait pas préférer un comité ayant mandat : celui des électeurs secondaires. Du reste, il est des pays où les deux systèmes fonctionnent très bien l'un à côté de l'autre en s'adaptant à des cas différents. (*Voy.* la *Constitution française* de 1875.)

5° *Des listes électorales.* — Il est convenu que ces listes doivent être établies en dehors de toute préoccupation de parti. Aussi a-t-on proposé d'en confier la rédaction à l'autorité judiciaire plutôt qu'à l'autorité municipale, laquelle, procédant tantôt du pouvoir, tantôt de l'élection, peut y apporter des préventions politiques. Il nous semble que le contrôle du conseil municipal, la faculté de réclamation ouverte à tous d'une manière permanente, la nécessité des révisions périodiques, garantissent suffisamment l'inscription de tous les électeurs.

6° *Des circonscriptions électorales.* — « Qui empêcherait, disait Ed. Laboulaye en 1867, d'ajouter aux députés de district ou d'arrondissement les députés de la nation ou de la France ? Si 20.000 voix obtenues dans un arrondissement font un député, pourquoi 30.000 voix obtenues dans la France entière ne suffiraient-elles pas pour en faire un ? Est-ce que la division en collège est autre chose qu'un moyen de recueillir plus aisément les votes ? Est-ce qu'il y a pour un électeur un autre titre que la qualité de Français ? Est-ce que le corps législatif ne représente pas le pays tout entier ?

Toutefois, il serait bien difficile à la France entière de procéder à une élection de député, les électeurs voteraient au hasard ou seraient conduits au scrutin par des politiciens, des agitateurs. Ce seraient de très mauvaises élections. Sans doute, l'élection par circonscriptions laisse à désirer — comme toutes choses en politique; — mais c'est encore le procédé le moins mauvais.

7° *Scrutin individuel ou de liste.* — Nous ne croyons pas affaiblir les raisons favorables au scrutin de liste en citant l'exposé des motifs d'une proposition de loi qui recommande l'adoption de ce procédé. Il y est dit que, « depuis vingt ans, le suffrage universel a subi l'abus des influences administratives et des influences locales, celles-là cherchant à l'asservir, celles-ci risquant de le corrompre, les unes et les autres subordonnant les motifs politiques aux impulsions de l'esprit local, aux tendances de l'intérêt personnel... Le scrutin de liste rend à l'élection son caractère élevé et politique, il l'arrache aux préoccupations de l'intérêt local, il neutralise l'influence de la richesse. Quand on vote pour une liste de candidats, on vote beaucoup moins pour des personnes que pour des idées, pour des opinions, pour un parti. Le scrutin de liste est essentiellement un scrutin politique. »

Les adversaires du scrutin de liste répondent en ces termes : « Pour ne plus abdiquer entre les mains de qui le paye, le votant n'en est pas moins, dans une très large mesure, privé de sa liberté d'action. *Les comités électoraux sont devenus les maîtres.* Dans des collèges électoraux démesurés, combien de citoyens sont en état de faire eux-mêmes, en connaissance de cause, une liste raisonnée de candidats ? L'association est forcée ; les concessions réciproques en sont les conditions ; fatalement, la tactique s'impose : les capitulations sont commises, la communauté d'efforts, l'unité de direction, la puissance de propagande ne s'obtiennent qu'à ce prix... Les vrais dispensateurs du mandat législatif sont ces pouvoirs souvent nés d'eux-mêmes, agissant sans contrôle, sans responsabilité. »

En résumé le scrutin de liste est le vote pour une opinion, le scrutin individuel est le vote pour un homme qui représente soit une opinion, soit un intérêt [1].

8º Vote obligatoire. — Étant donné le suffrage universel, nous admettons pleinement le vote obligatoire, car nous considérons le vote comme un devoir corrélatif d'un droit. Il a été d'ailleurs démontré au mot **Abstention** combien il importe que tous prennent part aux affaires politiques. Nous remarquerons néanmoins que l'abstention peut, dans

[1]. Le scrutin de liste a ses inconvénients, le scrutin individuel a les siens, mais ils sont moins graves. Le scrutin de liste nous force, ou de prendre des noms au hasard, ou de ne pas faire usage de la totalité de notre droit, si nous ne voulons porter que des personnes ayant notre confiance. A Paris, les électeurs ont dû faire des listes de 43 noms! Et comment procédaient-ils ? Les partis extrêmes prenaient les noms des candidats qui avaient donné des gages à leurs doctrines respectives ; les hommes modérés tâchaient de faire une liste mixte pour laquelle ils imaginaient toutes sortes de combinaisons, chacun la sienne. A Paris, il y avait les listes assez nombreuses d'électeurs inspirés par l'équité, par la justice ; on y inscrivait un certain nombre d'adversaires, dans l'intention louable de voir tous les partis représentés à la chambre. Mais les adversaires, hommes des partis extrêmes ou passionnés, ne rendaient jamais la politesse, leurs élus passaient ainsi avec un grand nombre de voix, de sorte que l'assemblée ne représentait pas exactement l'opinion des électeurs ; la droite et la gauche étaient toujours proportionnellement trop fortes — surtout la gauche — et le centre proportionnellement trop faible, car généralement le pays est plus modéré (moins passionné) que les partis.
Le scrutin individuel favorise, dit-on, les influences locales ; cela est vrai ; mais du moins l'électeur sait ce qu'il fait, il connaît la personne pour laquelle il vote. Et qui est favorisé par le scrutin de liste ? les partis extrêmes, souvent aussi les protégés d'individus sans mandat qui se mettent en avant et imposent leurs candidats, parce que beaucoup de personnes sont d'avis qu'il faut voter avec ensemble, avec discipline, pour ne pas perdre sa voix. Ceux qui ne veulent pas se laisser imposer un candidat s'abstiennent.
Qu'est-ce qui est plus utile à un pays, que son assemblée représente des opinions ou qu'elle représente des intérêts moraux et matériels? que le lecteur décide.

certains cas, être une forme de vote parfaitement raisonnée, plus précise même que le bulletin blanc qui ne prouve que l'embarras du choix, tandis que la désertion des urnes peut être interprétée comme une protestation contre l'illégalité de la convocation. Après le 2 décembre, après le 18 mars, l'abstention a pu être conseillée. En temps ordinaire, il n'en est pas ainsi, et les raisons de voter reprennent tout leur empire. Mais il est impossible de ne pas remarquer les difficultés qu'offrent les peines à appliquer. Il s'agit de frapper deux ou trois millions d'électeurs, à moins qu'on n'admette que la menace contenue dans la loi suffira pour les ramener au scrutin. Dans ce cas l'abstentionniste par principe mettra dans l'urne un bulletin blanc, ou votera pour lui-même.

Mais en supposant l'obligation du vote déclarée par la législation, qu'elle pourrait être la pénalité?

Pas une amende. Ce serait, fût-elle même proportionnelle, l'inégalité la plus flagrante dans une matière qui repose jalousement sur l'égalité la plus absolue. La sanction rationnelle est pratiquée journellement dans une foule d'associations volontaires ; elle est fondée sur une interprétation de volonté. Lorsque, régulièrement convoqué un nombre de fois déterminé, un sociétaire ne s'est pas rendu aux séances, il est considéré comme démissionnaire. Il n'y aurait rien d'incompatible avec les principes du suffrage universel à dire à l'électeur : si vous manquez trois fois (ou plus) sans faire présenter une excuse valable au bureau électoral de votre section, vous serez déchu du droit de vote pour un temps déterminé et pour toujours en cas de récidive. En un mot : tout droit suppose un devoir. Si vous avez le droit de voter, vous en avez aussi le devoir, et comme ce devoir est social et politique, la société ou la politique peut imposer une sanction.

En résumé le principe de l'élection se détermine par la nature du gouvernement qui régit la nation, monarchie ou souveraineté populaire. Quelle qu'en soit l'étendue, il repose uniquement sur la liberté du vote. Cette liberté sera pourtant limitée par les garanties qu'exige l'intérêt de l'État réduites toutefois à leur plus simple expression. Le mécanisme électoral devra être combiné, de sorte que son jeu assure toujours la liberté fondamentale de l'électeur et l'exécution des obligations envers l'État, qui sont corrélatives à ses droits de citoyen.

ÉLOQUENCE POLITIQUE ou PARLEMENTAIRE. Le talent ou *l'art d'émouvoir et de persuader par la parole* ne jette tout son éclat que lorsqu'il est appliqué aux matières politiques, d'abord parce qu'il s'agit généralement de choses d'une grande portée, pouvant intéresser un peuple tout entier ; puis parce que souvent c'est à ce peuple que l'orateur s'adresse directement, même en parlant du haut de la tribune et que l'esprit de tous est attentif à ses paroles, prêt à les faire suivre d'actes décisifs. Il s'agit donc d'un grand pouvoir de nature immatérielle, qui n'en a pas moins des effets très matériels, il peut causer la gloire comme la mort d'une nation.

L'éloquence politique ne peut fleurir que dans les pays libres. Athènes et Rome dans l'antiquité, dès le moyen âge l'Angleterre, dans les temps modernes presque tous les Etats européens et les Etats-Unis d'Amérique où fonctionnent des parlements ont compté des hommes plus ou moins doués du don de la parole. Il en est dont le talent a brillé avec un grand éclat, même au-delà des frontières de leur pays, ajoutons : à la gloire de leur contrée autant qu'à la leur propre.

Mais ce qui est beau n'est pas toujours bon. « On ne saurait méconnaître, dit M. Ch. Read, que l'éloquence politique expose à des épreuves et qu'elle a ses périls. Mais elle est l'apanage de la liberté, et c'est par la tribune que celle-ci se manifeste *cum dignitate*. Les imprudences étant la loi des pays libres, il faut savoir s'y résigner et compter sur la liberté même pour réparer les accidents qu'elle peut causer. Tacite l'a dit : *Malo periculosam libertatem quam tutum servitium.* » Quand vous aurez interdit l'éloquence, dit à son tour Mᵐᵉ de Staël, qu'aurez-vous fait ? Les hommes ne seront plus conduits que par les sentiments les plus vulgaires, qui, dans l'état habituel, sont ceux du grand nombre ; la gloire aura disparu, car il faut que la parole soit libre pour que la louange ait son prix. Il en est de l'éloquence comme des lumières, comme de la liberté, comme de tous les grands développements de l'esprit humain. Il se peut que des malheurs soient attachés à ces avantages ; mais, pour se préserver de ces malheurs, il faut anéantir tout ce qu'il y a d'utile, de grand et de généreux dans l'exercice des facultés morales. »

Tout cela est vrai : l'éloquence n'est au fond qu'un instrument qui suit l'impulsion qu'on lui donne, il peut faire le mal et le bien, blesser et guérir. C'est à l'auditoire à être sur ses gardes, à écouter, non pour être charmé, mais pour pénétrer la vérité ; celle-ci, il faut la désirer très sincèrement pour la découvrir. Le salut du pays est à ce prix.

Il ne faut pas confondre avec l'éloquence une certaine facilité de l'élocution qui dégénère souvent en déclamation. Des mots sonores se suivent plutôt pour cacher et embrouiller les idées ou les choses que pour les éclairer. Ce ne sont pas les amis de la vérité qui déclament, mais ceux qui veulent obtenir un résultat en faveur d'une opinion particulière ou de celle d'un parti. D'ailleurs, même l'homme de talent ne saurait s'élever, en défendant un intérêt de parti, à la même hauteur que lorsqu'il parle à la nation entière de ses droits ou devoirs, de ses progrès ou de son avenir. On peut, cependant défendre une contre-vérité avec un certain art qui ressemblera à l'éloquence.

L'éloquence peut être naturelle, presque sans art, elle peut aussi être le résultat d'études et d'exercices ; en tout cas, elle doit être élevée, s'efforcer d'employer un langage châtié. Quand elle se laisse trop aller, c'est un signe fâcheux, qui fait penser à la décadence. Que dire alors d'un pays où l'on voit des politiciens au langage commun exercer une influence par des déclamations qui excitent les passions et ne reculent pas devant les mots évidemment ramassés dans le ruisseau.

Il est vrai que personne ne parle de leur *éloquence*, nous n'avons donc pas à insister.

ÉMANCIPATION POLITIQUE.

Emanciper une classe de personnes, c'est la faire sortir de la condition inférieure où elle était maintenue et l'appeler à l'égalité.

L'égalité politique est pour l'homme un droit naturel ; l'établissement de la société civile a pour but de la lui procurer et de la lui conserver, en faisant cesser l'abus de la force, cause de l'inégalité de fait. C'est donc par une violation évidente du pacte social que l'on établit ou que l'on reconnaît, dans un Etat, divers ordres de personnes, dont les unes jouissent des droits de cité, tandis que les autres sont réduits à un état de sujétion : tous, en supportant les mêmes charges, en remplissant les mêmes devoirs, doivent exercer les mêmes droits et recueillir les avantages sociaux dans la même proportion.

Cette vérité n'est pas nouvelle dans le monde ; en présence des sociétés antiques où la liberté était un privilège, l'Evangile a posé ce principe que tout homme, à ce titre seul qu'il est homme, a la même dignité, les mêmes droits à la justice, à la sympathie, à la liberté ; mais combien de temps les idées apportées par la civilisation n'ont-elles pas mis à germer et à fructifier ! Depuis l'antiquité les diversités de religion, de classe, de couleur, de nationalité, continuent à servir de prétexte pour opprimer et soustraire au droit commun une partie plus ou moins considérable de la population de chaque Etat ; le retour à la liberté de la personne et de la conscience, à l'égalité civile, l'*émancipation*, en un mot, date d'hier.

Il n'y a pas un siècle que Rousseau pouvait avec justice reprocher aux Français de se donner le titre de *citoyens* sans même comprendre la portée de l'expression et leur rappeler que la qualification de *sujets* convenait mieux à la plupart d'entre eux ; en Angleterre, les catholiques ne jouissent de l'égalité civile que depuis 1829 ; les israélites n'ont conquis le droit de siéger au Parlement qu'en 1859, chez nous, ils n'ont vu s'effacer qu'après 1830 la trace des haines et des préventions dont ils ont été victimes, et l'émancipation des protestants date de la Révolution. Il y avait encore des serfs en France en 1789, et il a fallu une seconde ou plutôt une troisième révolution (1848) pour résoudre la question de l'esclavage des nègres. Dans un autre ordre d'idées il a fallu bien du temps pour arriver, à l'égard de nos colonies, à la mise en pratique des principes de liberté et d'égalité civiles, puisque nous ne les admettons que depuis 1870 à la jouissance des droits politiques et que nous imposons encore à leur commerce des restrictions moindres qu'autrefois, il est vrai, dont l'effet est toujours aussi nuisible pour elles que l'utilité pour nous en est contestable. — A chacune de ces inégalités, de ces violations plus ou moins flagrantes des droits attachés à la qualité d'homme, correspondrait une émancipation à étudier, à constater ou à réclamer; mais on n'entend pas aborder ici toutes ces questions, elles seront traitées dans d'autres articles.

Les causes d'inégalité civile ont tenu à l'ignorance ou à la méconnaissance des droits naturels de l'homme; c'est donc à l'époque où l'on a pu dire que le genre humain avait retrouvé ses titres que ces causes ont dû perdre leur influence, l'honneur en appartient à la philosophie du dix-huitième siècle; en préparant le triomphe de la raison philosophique sur le fanatisme religieux et la ruine définitive du système féodal, elle a été l'agent le plus actif de l'émancipation.

Mais, comme on l'a souvent fait remarquer, l'idéal du dix-huitième siècle est bien dépassé de nos jours. Ainsi qu'il arrive constamment, on a vu que, derrière le progrès accompli, il y avait à accomplir d'autres progrès dont on n'avait pas d'abord soupçonné la possibilité. Ainsi Voltaire ne songeait même pas à placer les protestants et bien moins encore les israélites sur la même ligne que les catholiques; il admettait que les charges, les emplois leur fussent refusés; il ne voyait dans cette inégalité monstrueuse qu'un fait nécessaire, une condition inhérente à l'état social. Les non-catholiques eux-mêmes n'osaient pas prétendre à la vie politique.

Cette disposition des esprits dominait dans l'Assemblée constituante. Lorsque, le 21 août 1789, elle déclarait que tous les citoyens, étant égaux à ses yeux, étaient également admissibles à tous les places, emplois et dignités, les non-catholiques étaient implicitement exclus de l'égalité ainsi proclamée, tellement qu'il fallait, quelques mois après, rendre un décret spécial pour décider que les non-catholiques étaient capables de tous les emplois civils et militaires, comme les autres citoyens. Encore le préambule annonçait-il que l'Assemblée ne préjugeait rien relativement aux juifs, sur l'état desquels elle se réservait de prononcer (décret du 24 décembre 1789). Ainsi, en posant le principe de l'égalité absolue, on se bornait à soustraire les non-catholiques à la persécution.

Cette inconséquence s'explique toutefois : l'objet principal des controverses philosophiques avait été la liberté de conscience; mais on n'avait pas encore envisagé la question au point de vue purement politique; il y avait encore, et la plupart des membres de l'Assemblée constituante voulaient alors maintenir, une religion de l'État. Or l'existence d'une religion dominante exclut naturellement les dissidents des charges et des emplois publics.

Mais la révolution française, qui poursuivait avant tout l'unité de la patrie, ne tarda pas à comprendre que cette unité, source de la force des nations, ne pouvait être efficacement procurée que par l'égalité civile accordée à tous, et en la donnant pleine et entière aux dissidents, elle ne fit pas seulement un acte de justice, elle prit surtout une mesure de bonne politique. Tous les historiens on dit ce que la révocation de l'édit de Nantes avait coûté à la France; mais personne, que nous sachions, n'a calculé ce que la France nouvelle avait gagné en force matérielle et morale, à proclamer l'égalité des cultes devant la loi.

Les hommes d'État anglais ne s'y sont point mépris; il n'était guère dans les tendances de lord Wellington et des tories, qui étaient au pouvoir avec lui en 1829, de céder exclusivement à l'influence des idées philosophiques; si donc, malgré leurs antécédents et leurs répugnances personnelles, ils sont venus proposer l'émancipation des catholiques, c'est qu'ils avaient senti que l'unité morale de la Grande-Bretagne était à ce prix, que le sentiment de la liberté commune et de l'égalité civile était le seul dans lequel l'Irlande pût sympathiser avec l'Angleterre et que les agitations et les déchirements continuels ne cesseraient que par l'un de ces deux moyens: l'extermination ou l'émancipation des catholiques. Tout a prouvé depuis qu'ils avaient vu juste : l'Angleterre, délivrée d'une cause de dissensions intestines, a repris de suite une liberté d'action qui a contribué à assurer sa prépondérance en Europe, pendant les années qui ont suivi 1830.

De cette expérience et de beaucoup d'autres, on peut déduire ce principe, que la société grandit en puissance, en activité, en fécondité, à mesure que le droit commun est appliqué d'une manière plus large et plus libérale; tout doit contribuer à la prospérité commune, quand la constitution est également chère à tous les concitoyens, parce qu'elle les protège aussi équitablement les uns que les autres et leur assure à tous les mêmes droits.

En France, la puissance nationale s'est toujours accrue en raison directe des progrès de l'égalité civile; l'histoire de son développement se confond avec celle de l'affranchissement du tiers état et de l'abolition du servage. Ici encore l'humanité et la politique se sont trouvées d'accord.

Si l'humanité a montré qu'il était indigne d'une nation généreuse qu'il restât au milieu d'elle des serfs, c'est-à-dire des hommes attachés à la glèbe, confondus avec elle, mis au nombre des propriétés féodales, incapables de disposer de leurs biens après eux, ne pouvant pas transmettre à leurs propres enfants le fruit de leurs travaux, la politique a ajouté « que des dispositions pareilles ne sont propres qu'à rendre l'industrie languissante et à priver la société des effets de cette énergie dans le travail que le sentiment de la propriété la plus libre est seule capable d'inspirer. »

Ces motifs, par lesquels Turgot justifiait, en 1779, l'abolition de la servitude personnelle dans les domaines du roi, sont aussi ceux qui devaient conduire à l'émancipation des esclaves. Cette fois, l'Angleterre nous avait précédés; depuis le 1er août 1838 il n'y avait plus d'esclaves dans les Antilles anglaises, lorsque le gouvernement provisoire décréta chez nous l'émancipation immédiate et complète. Sans doute, tout le monde était d'accord sur le principe; mais à la veille de la révolution de Février, l'idée d'une abolition graduelle prévalait encore et les abolitionnistes purs, qui mettaient avant tout l'humanité et la justice, étaient en minorité. Et cependant, même au point de vue de la prudence et de la politique, ils avaient raison[1]. Voir Esclavage, Servage, Femme.

EMBARGO, ANGARIE, ARRÊT DE PRINCE. Sous ces trois mots se trouvent réunies différentes dispositions qui peuvent être prises par le gouvernement d'un pays vis-à-vis des bâtiments de commerce, soit des nationaux, soit des nations étrangères. Ces mesures ont cela de commun qu'elles constituent des entraves apportées à la liberté du commerce; elles présentent des dissemblances qui seront successivement indiquées.

L'embargo est le fait par un souverain de retenir en temps de guerre, ou même en pleine paix dans la prévision de la guerre, ou par mesure de représailles, dans les ports de sa domination, les navires, sujets, amis ou ennemis, nationaux ou étrangers, ainsi que les marchandises dont ils sont porteurs, et de les empêcher, pendant un temps plus ou moins considérable, de sortir, mais sans exiger d'eux aucun service actif.

Le but habituel de l'embargo est de faire obstacle à la divulgation de faits que la puissance qui jette l'embargo est intéressée à tenir secrets, tels que les préparatifs d'une expédition, une révolte, un événement militaire, la mort d'un prince ou souverain. La justice et le droit primitif des nations, d'après lesquels chacune d'elles doit être complètement indépendante des autres, ne sauraient approuver de pareilles mesures. Aussi un grand nombre de traités contiennent des stipulations garantissant les navires des nations signataires de l'embargo. L'histoire démontre que ces stipulations n'ont pas toujours été respectées; l'histoire doit aussi se rappeler que, dans les guerres contemporaines de Crimée, d'Italie, de 1866, de 1870-1871, les gouvernements n'ont pas eu recours aux mesures d'embargo. Au contraire,

loin de frapper les navires ennemis d'embargo, ils leur ont accordé tout le temps nécessaire pour se rapatrier. L'embargo est prononcé quelquefois avant la déclaration de guerre; c'est un indice précurseur de la rupture entre deux nations. Cependant, si des négociations rapprochaient les parties, la levée de l'embargo serait alors prononcée.

L'embargo ne cause pas aux neutres un préjudice aussi considérable que l'angarie; il entraîne un retard, mais ne contraint pas les navires qu'il frappe à un service actif et aux dangers qui en découlent; aussi n'est-il pas d'usage d'indemniser leurs propriétaires.

Les deux exemples les plus récents que nous présente l'histoire sont celui de l'embargo mis, le 14 janvier 1801, par l'Angleterre sur les navires danois, suédois et russes, qui se trouvaient dans les ports de la Grande-Bretagne, et qui ne prit fin que par la convention maritime de 1801, et, par la France, sur les bâtiments hollandais, le 7 novembre 1832, et qui fut levé après la prise de la citadelle d'Anvers.

Il est d'un usage assez constant de stipuler dans les traités modernes des conditions spéciales pour assurer aux sujets des puissances contractantes établis chez l'autre puissance un délai suffisant pour se retirer et emporter les biens et effets qui lui appartiennent. *Voy.* notamment article 2 du traité du 26 septembre 1786 entre la France et l'Angleterre, et l'article 45 de celui du 11 janvier 1787 entre la France et la Russie.

L'angarie (ἀγγαρεία, service ou main-d'œuvre exigé de quelqu'un malgré lui) est l'action de la part d'un belligérant de frapper de réquisition les bâtiments étrangers actuellement amarrés dans ses ports ou rades, et de leur imposer, moyennant salaire, ce qui ne détruit pas le caractère arbitraire de la mesure, des services de guerre, tels que transports de troupes, d'armes et de munitions, au mépris de leur droit de neutralité. L'angarie impose, comme on le voit, un service actif aux bâtiments qui en sont frappés; l'embargo, au contraire, n'impose aucun service actif. L'angarie frappe tous les navires qui se trouvent dans un port ou dans une rade; l'embargo ne frappe ordinairement que les navires d'une seule nation; il agit souvent comme représailles. On a rapproché des cas d'angarie l'acte par lequel le gouvernement prussien a, dans la guerre de 1870-1871, fait couler six navires de commerce anglais qui stationnaient dans la basse Seine. Le gouvernement prussien s'est d'ailleurs empressé de reconnaître qu'une indemnité était due par lui aux propriétaires des navires.

Le navire neutre frappé d'angarie est-il exempt de confiscation s'il vient à être pris par l'ennemi? Hübner, *De la saisie des bâtiments neutres*, t. Ier, chap. VII, § 2, conclut pour l'affirmative; mais son opinion ne se justifie pas. Le capteur ne saurait être tenu de rechercher les causes qui ont fait

1. Casimir Fournier, sénateur.

d'un bâtiment neutre un bâtiment ennemi ; et le navire pris dans ces conditions est évidemment de bonne prise.

L'arrêt de prince ne doit pas être confondu ni avec l'embargo ni avec l'angarie. Il consiste, bien que la paix ne soit pas troublée, à saisir, pour nécessité publique, un bâtiment, soit qu'il reste encore sur l'ancre dans le port, soit qu'il ait gagné la mer, et, dans ce dernier cas, à interrompre un voyage commencé. C'est l'angarie en temps de paix. L'arrêt de prince peut venir du gouvernement des navires arrêtés ou d'un gouvernement étranger. Dans le cas d'arrêt de prince, il arrive habituellement que le navire arrêté est rendu à la libre disposition de ses propriétaires au bout d'un certain laps de temps, ou que sa valeur et celle de la cargaison est payée, tandis que l'embargo se termine presque toujours par la confiscation de la propriété ennemie.

Les différentes mesures que nous venons d'indiquer produisent dans la sphère des intérêts privés certains effets vis-à-vis du capitaine, des affréteurs, et relativement aux engagements des matelots et des assureurs. C'est au droit commercial qu'il appartient d'en déterminer la portée.

EMBLÈMES. COCARDES. Signes destinés à représenter une idée ou à rappeler un sentiment, à servir de ralliement à une nation, à une armée ou à un parti. Il est clair que plus l'idée est générale ou abstraite, plus elle exige, pour être rappelée à un plus grand nombre d'hommes, un signe frappant, dont l'effet immédiat dispense du raisonnement. Les attributs des arts ou des sciences, les objets figurés des religions, les drapeaux, les insignes, sont des emblèmes.

Le goût pour ces représentations figurées est naturellement en raison inverse de la faculté de raisonner, et il n'est pas étonnant que les emblèmes aient plus de succès auprès du peuple qu'auprès des lettrés, chez les peuples du Midi, que chez les peuples du Nord, chez les peuples encore dominés par les traditions, que chez les peuples à politique rationnelle ou expérimentale. L'importance des symboles politiques s'accroît singulièrement dans les moments de révolution, où l'on pense que les raisonnements ne sont plus de mise, et où l'on veut des formules, des conseils rapides et des signes de ralliement.

On ne se figurerait pas, si on ne l'avait vu, l'attachement qu'ont les partis pour leurs emblèmes. Après le bonheur de partager une opinion qui vous distingue des autres partis encore plongés dans les ténèbres, le plus grand bonheur est évidemment de la manifester par un signe éblouissant ou de se l'attacher à soi-même par un signe portatif [1].

Il peut être utile de réunir les principales dispositions de la législation française sur les emblèmes politiques. En écartant comme abrogés le décret de la Convention qui punit de mort tout individu qui porterait toute autre cocarde que la cocarde nationale et même tout marchand qui en fournirait (5 juillet 1793) et le décret du gouvernement impérial qui, en 1815, à l'exemple de la Convention, déclara crime capital le port de tout signe de ralliement, autre que la cocarde tricolore, nous nous trouvons régis par les lois suivantes :

La loi du 9 mai 1815 punit l'enlèvement du drapeau tricolore d'un monument public, d'un emprisonnement d'un mois à deux ans, selon l'article 257 du Code pénal, et rend responsables, aux termes de la loi du 10 vendémiaire an IV, les communes qui ne s'y opposeraient pas.

L'ordonnance du 1er août 1830, qui rétablit les couleurs du drapeau, mais dans l'ordre désigné par l'Assemblée constituante, rouge près de la hampe, blanc, et le bleu flottant. Le décret du 28 février 1848 les rétablit dans l'ordre adopté par la Convention (bleu, blanc, rouge).

En ce qui regarde le respect exigé pour les emblèmes du gouvernement, et la défense d'en porter d'autres, les principes des trois premiers articles de la loi du 17 mai 1819 dominent cette matière. Elle considère la dégradation des monuments, signes publics du gouvernement, et le port public de tous signes de ralliement non autorisés, comme des provocations au délit, et c'est à ce titre qu'elle les punit d'un emprisonnement de trois jours à deux ans, et d'une amende de trente francs à quatre cents francs. Elle permet même de n'appliquer qu'une seule de ces peines ; les lois du 25 mars 1822 et du 11 août 1848 ordonnent de prononcer les deux, mais aussi elles autorisent l'admission des circonstances atténuantes.

L'exposition, la distribution ou la vente de signes ou symboles propres à exciter la rébellion ou à troubler la paix sont régies par les mêmes lois. Des arrêts rendus après 1830 ont déclaré contraires à ces lois l'exposition de fleurs de lis sur un arc de triomphe, la vente de foulards imprimés du portrait de Henri V. Les portraits d'hommes historiques ne sont pas regardés comme séditieux. (Arr. Toulouse, 25 novembre 1827.)

Pour que tous ces délits soient punissables, il faut qu'il y ait eu intention, excitation à la haine ou au mépris du gouvernement. Il faut encore qu'il y ait eu publicité ; que les signes publics dégradés aient été placés par l'autorité.

Le principe que la provocation au délit est le seul élément de pénalité dans ces infractions est d'autant plus applicable aujourd'hui que ces lois, faites pour d'autres gouvernements, ne pourraient s'étendre aux emblèmes actuels que par interprétation, et il faut prendre garde de punir par interprétation.

La définition des emblèmes séditieux est évidemment une affaire de circonstance ; il y a des moments où ces signes sont des moyens

1. Jacques de Boisjoslin.

d'action, tandis que, dans les temps ordinaires, ils ne prouvent que l'incessante préoccupation ou l'innocente manie de ceux qui les portent.

Les maires peuvent défendre aux ouvriers de porter des signes de compagnonnage de nature à troubler la tranquillité publique. Ces délits sont donc justiciables des tribunaux de simple police. La loi du 3 mai 1834 punit de la détention le port d'un uniforme reconnu par le gouvernement, dans une insurrection, et même le port d'un costume d'insurrection.

ÉMEUTE. L'émeute se distingue de l'attroupement (*voy. ce mot*) en ce qu'elle est toujours hostile, soit au gouvernement, soit à un fonctionnaire ou même à un particulier. L'attroupement peut être causé par la curiosité, il peut être motivé par un acte de bienfaisance, l'émeute veut toujours nuire.

Quand l'émeute est dirigée contre le gouvernement, elle n'est pas nécessairement le commencement d'un soulèvement ou d'une insurrection. (*Voy. ce mot.*) Les fauteurs d'une émeute ne veulent pas toujours en arriver à un changement de gouvernement; c'est souvent une simple protestation bruyante et extralégale, non préméditée, contre un acte isolé, ou une tentative de se faire justice soi-même.

Toutefois, quelle que soit la cause d'une émeute, l'autorité ne peut en aucun cas la tolérer. Si elle ne réussit pas à la dissiper par les moyens indiqués au mot **Attroupement**, elle sera dans la nécessité d'user de la force. Nous n'avons pas à reproduire ici les pénalités que les lois édictent contre les émeutiers, nous devons seulement faire remarquer que les peines sont aggravées lorsqu'on a été pris les armes à la main. La loi du 24 mai 1834 (art. 5 à 10) prévoit les différents cas qui peuvent se présenter sous ce rapport et indique une gradation de peines, depuis la détention jusqu'aux travaux forcés; nous devons nous borner à y renvoyer le lecteur en ajoutant que tous les pays ont nécessairement une législation analogue.

ÉMIGRATION. L'émigration est l'acte, volontaire ou forcé, par lequel un individu, une famille, une fraction de peuple, quelquefois même une nation entière, quitte le sol natal et va s'établir sur un autre sol.

L'émigration peut être envisagée sous deux aspects : d'abord, comme un fait naturel et général qui s'est produit à toutes les époques et au sein de toutes les sociétés ; puis, comme un fait exceptionnel et particulier, qui ne s'observe qu'à certaines périodes troublées de la vie des peuples. Dans le premier cas, elle se rattache, par ses causes et par ses effets, à l'étude de l'économie politique ; dans le second, elle est du domaine de la politique et de l'histoire. Nous l'examinerons successivement à ces deux points de vue.

Aux époques de barbarie, rien de plus simple que l'émigration. Une tribu, après avoir épuisé le sol sur lequel elle s'est d'abord établie, se transporte sur un autre territoire, ou bien une fraction seulement de cette tribu se détache et va camper plus loin. C'est ainsi que la population s'est peu à peu répandue dans l'ancien monde, tantôt par un mouvement graduel et lent, tantôt par des invasions rapides et violentes, qui ont marqué dans l'histoire. On a plus justement qualifié de *migrations* ces courses, parfois désordonnées, et ces continuels déplacements des peuples primitifs. L'idée de patrie n'existait pas : or, l'émigration suppose une patrie que l'on quitte, des souvenirs, des affections, des intérêts que l'on laisse derrière soi.

Cette émigration, la seule qui mérite d'être étudiée, a été pratiquée dans la Grèce antique et à Rome. Au début du chapitre qu'il a consacré aux *colonies*[1], Adam Smith expose très clairement les causes et le caractère des émigrations grecque et romaine. « Les différents États de l'ancienne Grèce, dit-il, ne possédaient qu'un fort petit territoire, et quand, dans l'un d'eux, la population s'était accrue au delà de ce que le territoire pouvait aisément nourrir, on envoyait une partie du peuple chercher une nouvelle patrie dans quelque contrée lointaine. » C'était donc l'excès de population sur un sol trop étroit, qui amenait l'émigration, facilitée d'abord par les relations maritimes, puis régulièrement entretenue par les communications commerciales qui subsistaient entre les États de la Grèce et leurs nombreuses colonies. A Rome, l'émigration fut la conséquence des institutions politiques et sociales. Vainement la loi agraire avait-elle partagé le sol entre les citoyens, il arriva bientôt un moment où la propriété territoriale se trouva concentrée aux mains du petit nombre, et comme la plupart des professions étaient exercées par des esclaves, il ne restait à la majorité de la population libre ni revenu ni salaire. De là, des révoltes fréquentes suscitées ou envenimées par l'ambition des tribuns. Le Sénat et l'aristocratie se tiraient d'embarras en attribuant aux citoyens romains la propriété de territoires conquis, en Italie ou ailleurs.

Ainsi, dans les États de l'ancienne Grèce, l'émigration entraînait au dehors le trop plein de la population; à Rome, elle agissait comme une soupape de sûreté, par laquelle s'échappaient les éléments dangereux du corps social. Dans les deux cas, elle était utile et bienfaisante par ses effets, et, en même temps qu'elle contribuait au maintien de l'ordre au sein de la mère-patrie, elle créait au loin des colonies ou des établissements fondés sur la propriété et fécondés par le travail.

Ces caractères de l'émigration, tels qu'ils nous apparaissent à la période civilisée de la Grèce et de Rome, nous ne les retrouvons plus au moyen âge. D'une part, l'Europe, après le déchirement de l'empire romain, après l'invasion et le refoulement des Bar-

1. Adam Smith. *De la Richesse des nations*, liv. IV. chap. VII.

bares, ne souffrait point d'un excès de population ; d'autre part, le régime féodal retenait la population attachée à la glèbe ou enfermée dans les limites infranchissables des corporations. Ce fut pour le monde une période d'immobilité, troublée à peine par les croisades. Expéditions guerrières et religieuses, les croisades ne sauraient, à aucun titre, être considérées comme un mouvement d'émigration.

Survint la découverte de l'Amérique, suivie pendant tout le seizième siècle des explorations aventureuses qui ouvrirent à l'Europe d'immenses domaines. Dès ce moment, il se forme un courant d'émigration vers les terres nouvelles que commence à s'approprier la colonisation moderne, courant très faible d'abord, embarrassé de mille obstacles, mais continu, grossi par le développement du commerce et établissant peu à peu entre l'ancien monde et le nouveau des relations régulières. Les colonies sont fondées, ici par des compagnies de marchands, là par de simples aventuriers, ailleurs par les déshérités de la noblesse allant chercher au loin la fortune qui manque à leur nom, ailleurs encore par les exilés de la politique ou de l'intolérance religieuse. L'Europe, brisant les entraves de la féodalité, se répand librement dans les deux Amériques, en Asie, en Afrique, de telle sorte qu'à fin du dix-huitième siècle nous la voyons rayonner sur tous les points du monde, et que déjà même, sur l'autre rive de l'Atlantique, se lève un grand peuple, produit de l'émigration, les États-Unis.

Nous arrivons enfin à la période où l'émigration acquiert des proportions si grandes et si imprévues qu'elle semble presque un événement nouveau, dont la politique et la science doivent tenir compte, et qui provoque à la fois des discussions doctrinales et l'action législative. Il ne s'agit plus seulement, comme au temps de la Grèce et de Rome, d'un simple mouvement d'expatriation qui, à des intervalles plus ou moins rapprochés, déplace quelques milliers de citoyens. C'est un mouvement général qui se produit au dedans comme au dehors, une sorte de mobilisation de la race humaine, un phénomène universel, que l'on observe dans presque tous les pays, quels que soient leur degré de richesse, leur régime politique et social, leur condition géographique. Ce mouvement, qui date du commencement de notre siècle, comprend en premier lieu l'émigration des habitants des campagnes vers les villes, et, en second lieu, l'expatriation, qui entraîne à l'étranger une fraction plus ou moins considérable de la population de chaque pays.

L'émigration des campagnes vers les villes est la conséquence de l'affranchissement du travail, de la transformation et du développement de l'industrie. Les machines ont remplacé peu à peu le travail à la main ; les grandes usines se sont substituées aux petites fabriques, elles sont venues s'établir au foyer même de la consommation, à portée des capitaux, du crédit et des lumières de la science. Disséminées autrefois sur toute l'étendue d'un territoire, les forces manufacturières se sont en quelque sorte ramassées et concentrées. En même temps, stimulées par une consommation toujours croissante, elles ont décuplé leur production. La grande industrie ne hante plus que les cités : elle a même créé des villes nouvelles. En Angleterre, en France, en Allemagne, on rencontre des villes qui, il y a cinquante ans, n'étaient que de chétives bourgades. L'abondance du travail y a nécessairement attiré les bras, qui sont venus en foule, désertant les campagnes où le salaire demeurait à un taux beaucoup moins élevé. Est-ce un bien ? est-ce un mal ? Là n'est point la question. C'est un fait général, qui a ses inconvénients comme ses avantages, et qu'il faut accepter et subir, attendu qu'il n'est au pouvoir d'aucun gouvernement d'y mettre sérieusement obstacle. La loi économique de l'offre et de la demande exerce ici son action avec une invincible énergie. Il ne faut point songer à la combattre par des mesures législatives ou par des expédients administratifs ; ce serait lutter contre la nature des choses. A-t-on remarqué, d'ailleurs, que la production agricole ait diminué par suite des prélèvements effectués sur la population rurale par l'industrie manufacturière ? Bien loin de là. Le progrès industriel réagit directement sur le progrès agricole, et nulle part l'agriculture n'est plus prospère, plus avancée que dans les pays où l'industrie s'est le plus développée : témoins l'Angleterre, la Belgique, la France. Qu'il nous suffise donc de constater ce mouvement général d'émigration intérieure et d'énoncer qu'en pratique comme en théorie il doit être laissé complètement libre. Il n'y a point de barrière à opposer à des populations qui se déplacent ainsi sous l'inspiration de leur intérêt.

L'émigration à l'étranger, qui a pris, depuis 1815, un si vif essor, procède de causes très diverses, que nous essayerons de classer par ordre et d'analyser.

La cause première, c'est l'excès de la population. Cet excès ne se traduit pas toujours par une expression numérique : tel pays, avec un très grand nombre d'habitants, peut n'être point trop peuplé, et, dans tel autre, la population peut être surabondante sans être nombreuse. En pareille matière, tout dépend non seulement de l'étendue et de la fertilité naturelle de la terre, mais encore du travail et de l'intelligence des habitants, de l'ensemble des forces productives, de la constitution sociale et politique. Il y a excédent de population, toutes les fois que tous les habitants d'une contrée ne trouvent plus sur le sol les ressources nécessaires pour subsister. Alors commence l'émigration vers l'étranger.

La situation géographique et les conditions de climat exercent une influence notable sur l'émigration. Les peuples qui habitent des régions baignées par la mer ou sillonnées par de grands fleuves se répandent plus largement au dehors; pour eux, la route est toujours ouverte. Les nations du Nord se déplacent plus volontiers que les nations du Midi; elles échangent un rude climat contre la vie plus facile qui s'épanouit dans les régions que visite et féconde le soleil.

Tel peuple est naturellement animé plus que tel autre de l'esprit d'entreprise et d'aventure; il pratique donc l'émigration, non point comme un expédient nécessaire, mais plutôt comme un moyen d'accroître sa richesse et son bien-être.

L'émigration peut naître et se développer dans les pays riches comme dans les pays pauvres, sous un gouvernement aristocratique comme dans une démocratie, dans les régions agricoles comme dans les régions industrielles. C'est que le régime politique et le régime économique n'agissent point sur l'émigration au même degré que les conditions naturelles que nous venons d'analyser.

Enfin, dans tous les pays, l'émigration est quelquefois provoquée par des incidents particuliers ou temporaires, tels qu'une récolte insuffisante, une crise industrielle, un mouvement politique ou religieux, la création d'une colonie nouvelle; parfois encore, mais plus rarement, elle se produit comme un moyen d'échapper aux entraves qui, dans certaines contrées, gênent la liberté des mariages et l'acquisition de la propriété, ou aux rigueurs excessives des lois qui imposent le service militaire.

Ainsi, les causes principales ou secondaires, permanentes ou momentanées, qui déterminent l'émigration, sont aussi variées que complexes. Elles existaient, au moins en partie, dès l'antiquité; elles se sont multipliées et développées avec les progrès de la civilisation, et, surtout dans ces derniers temps, avec l'extension donnée aux entreprises commerciales et avec les facilités que la vapeur a procurées aux transports.

C'est à partir de 1815, au retour de la paix, que l'émigration européenne commence à prendre un cours régulier, et c'est à dater de 1840 qu'elle entre dans sa période la plus active. L'Angleterre et l'Allemagne fournissent le plus fort contingent à l'émigration; puis viennent la Suisse, la Suède et la Norwège, la France, l'Italie, enfin les pays scandinaves et la Russie. Les émigrants se sont répandus dans le monde entier, particulièrement aux Etats-Unis, au Canada, en Australie, dans l'Amérique du Sud, plus récemment en Afrique.

En présence du mouvement si considérable qui s'est produit vers 1840 et qui ressemblait à une épidémie d'expatriation, les hommes d'Etat et les économistes se sont un moment effrayés. Ils voyaient dans l'émigration une perte de capital et de bras, une diminution de la richesse nationale et des forces productives, et ils se demandaient s'il n'était pas nécessaire d'opposer au plus tôt une digue à cette fuite de population. Ils se sont d'ailleurs peu à peu rassurés en voyant leurs contrées se remplir de plus en plus, et en outre profiter grandement de leurs relations commerciales avec les pays nouvellement peuplés.

Les avantages de l'émigration pour les contrées vers lesquelles elles se dirige, sont incontestables [1]. Elle leur apporte le plus précieux des éléments d'existence et de richesse. L'homme est réellement, si l'on peut lui appliquer ce terme de la science économique, la matière première de la colonisation. C'est l'émigration qui le répand à travers le globe comme une féconde semence. Assurément, cette semence n'est point exempte d'alliage; l'ivraie s'y mêle quelquefois au bon grain; le flot de population qui s'échappe de l'ancien monde pour déborder sur les terres nouvelles n'est pas toujours pur; l'écume apparaît à sa surface et il y a de la fange dans son courant. Mais qu'importe? De cette masse d'émigrants que l'Europe expédie au loin, se dégage tôt ou tard, au profit du sol qui la reçoit, le principe de vie et de civilisation.

En résumé, soit qu'on la considère au point de vue politique, soit qu'on l'examine sous le rapport économique, l'émigration est utile et bienfaisante. Comment pourrait-il en être autrement puisque, par la répartition de la race humaine entre les différentes régions du monde elle exécute en quelque sorte une loi naturelle? Loin d'appauvrir les contrées d'où elle part, elle augmente leur richesse et leur influence, en même temps qu'elle met en valeur ou régénère les contrées où elle va. Dès lors, la conduite des gouvernements est toute tracée. Il convient que l'émigration soit laissée complètement libre aux points de départ, et qu'elle soit attirée, accueillie aux points d'arrivée. L'expatriation relève directement et exclusivement de l'initiative individuelle: l'interdire, ou seulement l'entraver c'est porter atteinte à un droit, à ce droit d'aller et de venir qui est antérieur et supérieur à toutes les constitutions. S'il arrivait que, sous le coup de mauvaises lois, d'impôts excessifs, de persécutions politiques ou religieuses, elle prît dans un Etat des proportions excessives, et devînt alors nuisible à la fortune publique, ce serait au gouvernement à se réformer lui-même; rien ne le justifierait de s'opposer à l'exil volontaire de ses sujets. La seule intervention gouvernementale qui soit permise, en matière d'émigration, se borne à un rôle de protection et de police. Ces principes ont prévalu dans les principaux Etats de l'Europe; ils sont pratiqués en Angleterre, en France, en Alle-

1. Aussi la cause d'émigration réside moins dans le pays qu'on quitte que dans celui vers lequel on se dirige; et la cause d'attraction la plus puissante entre toutes ce sont les lettres qu'on en reçoit des parents et amis.

magne, en Belgique et en Suisse, et dans d'autres pays.

Il nous reste à examiner l'émigration politique. Presque tous les pays ont eu, à diverses époques, leur révolution et leurs émigrés. Une nationalité meurt, un trône tombe, une forme de gouvernement succède à une autre, république à monarchie, monarchie à république; à la suite de ces événements qui troublent les destinées d'un pays, la fraction la plus ardente et la plus compromise du parti vaincu se retire et proteste par l'émigration. Si la sympathie et l'admiration sont unanimement acquises à ces victimes volontaires qui emportent dans l'exil le souvenir vivant de leur nationalité, les opinions demeurent très divisées au sujet des émigrés politiques qui, se proscrivant eux-mêmes, abandonnent le sol natal par désespoir, par dignité ou par dépit. Généreux sacrifices, selon les uns; désertion criminelle, selon les autres. Rien n'est plus malaisé que d'apprécier avec équité cette résolution extrême, et l'on trouve la preuve de cette difficulté dans les jugements si contradictoires qui ont été portés sur les émigrés de la Révolution française.

Mais nous ne pouvons aborder ce sujet qui est devenu de la pure histoire.

Nous terminerons par cette réflexion que ce sont toujours de fâcheux, de mauvais moments dans l'histoire d'un pays que ceux où une partie de la nation — parfois l'élite — est obligée de chercher son salut par l'émigration.

ÉMIGRATION A L'INTÉRIEUR. Expression synonyme d'*abstention*. (*Voy* ce mot.)

ÉMIR. Le mot *émir* signifie *prince* dans la langue arabe. Tous les descendants de Mahomet portent, principalement en Turquie, le titre d'émir. On trouve cette descendance dans tous les rangs de la société turque, mais surtout parmi les classes du peuple, sans en excepter les mendiants, il est à remarquer que cette noble extraction que tant de gens s'arrogent est aussi difficile à établir qu'à contester, les généalogistes n'existant pas chez les musulmans. Être émir par son père n'est, à ce qu'il paraît, l'être qu'à demi; l'être du chef de sa mère est mieux; l'être par l'un et par l'autre, c'est avoir droit à la plus grande considération.

Les prérogatives des émirs se bornent à peu près à porter la couleur verte, surtout au turban : cette marque distinctive appelle le respect général; elle est aussi, dans bien des cas, la cause des faveurs du gouvernement.

EMPEREUR. Les tribus sabelliques appelaient *embratur* (commandant) celui qui les menait au combat ou au pillage. Les Romains disaient *imperator* et réservaient au général victorieux ce titre que les soldats décernaient sur le champ de bataille, comme les Français, à Friedlingen, proclamèrent Villars maréchal de France. On sait qu'il n'était pas permis de porter dans Rome ce nom de commandant et qu'il ne pouvait pas y avoir plus d'un *imperator* à la fois. Mais César, s'étant fait nommer par le Sénat dictateur perpétuel, se fit saluer par le peuple *imperator*, et permit à Cicéron de l'être en même temps que lui. Le pouvoir militaire de l'*imperator* était distinct de l'*imperium*, investiture que le Sénat donnait à tous les magistrats.

Octave se déclare aussi *imperator*, quoiqu'il n'aimât pas à commander en guerre. Il réunit le pouvoir consulaire et proconsulaire (la convocation du Sénat et des comices, l'initiative des lois et l'autorité sur les provinces); la puissance tribunitienne (le *veto*, la convocation des tribus et l'inviolabilité); il fut grand-pontife, prince du Sénat, afin de donner sa voix le premier, et s'attribua la surveillance sur les mœurs des autres.

Lui et ses successeurs portèrent peu le nom d'empereur; on disait plutôt *le prince* ou *César*. C'est au siècle suivant que le nom d'empereur prévalut. Ce titre, qui, par lui-même, ne rappelait que le commandement des armées, réveillait aussi l'idée de toutes les magistratures accumulées sur la tête du prince; mais il ne signifiait pas un pouvoir absolu. Les jurisconsultes prétendirent, au temps d'Alexandre Sévère, que le prince était au-dessus des lois, mais le sénatus-consulte d'investiture le dispensait seulement des lois *Papia Poppæa* et *Voconia* sur les legs et successions. Tribonien dit que le peuple avait conféré son autorité au prince par la loi *Regia*. Jamais le peuple ne fit une telle loi. Si Tribonien pense à la loi qui nommait les rois de Rome, elle n'impliquait pas l'autorité souveraine, et si cette loi *Regia* est le sénatus-consulte d'investiture accordée à l'empereur, elle ne l'implique pas davantage.

Heureusement on a retrouvé le sénatus-consulte qui donne l'*imperium* à Vespasien. Il énumère seulement les magistratures de l'empereur. La convocation des assemblées, l'initiative, la sanction et l'exécution des lois, le commandement des armées, l'inviolabilité, tout cela ne dépasse pas les prérogatives des souverains constitutionnels.

Le despotisme des empereurs romains ne résultait pas précisément de l'accumulation des magistratures, car il existait dans le Sénat, dans les représentations provinciales et dans les lois, assez d'éléments de contrôle pour garantir la liberté, si le pouvoir eût été alors, comme il l'est dans les temps modernes, une question d'attributions. Mais l'idée toute mécanique que les anciens se faisaient de l'autorité ne laissait pas, à attributions égales, autant de jeu à l'initiative personnelle que les gouvernements modernes. Le despotisme des empereurs était encore aggravé par la situation qui avait rendu l'empire nécessaire, à savoir le caractère hétérogène des civilisations et des races juxtaposées sous la domination romaine, et dont les plus fortes par le nombre étaient aussi les plus incapables de se gouverner elles-mêmes.

L'établissement du christianisme et l'accession des nations germaniques dans le groupe des nations latines déjà disciplinées par l'Église catholique, donnèrent lieu, au neuvième siècle, à une restauration de l'empire d'Occident qui modifia profondément les caractères de la première magistrature. C'est une conception fort ingénieuse que celle du *Saint-Empire romain*, dont Voltaire a dit qu'il n'était ni romain ni saint. Qu'il fût saint ou qu'il ne le fût pas, c'est sur quoi on peut établir une controverse, mais il était certainement romain, puisque l'institution avait pour but de réunir en un système fédéral toutes les nations de race, de langue ou d'éducation latines. Dans une telle diversité d'États, la souveraineté de l'empire ne fut bientôt plus que nominale, les rois de France s'en affranchirent dès le dixième siècle, bien que la chancellerie allemande ait persisté jusqu'au dix-septième à traiter tous les rois de l'Europe de *rois provinciaux*. L'empire fut donc restreint à l'Italie et à l'Allemagne, et encore la conception de cette institution différait-elle profondément dans les deux pays. Tandis que les Italiens, attachés à leur autonomie municipale, ne considéraient l'empereur que comme le chef nominal du pouvoir temporel et comme un médiateur, sans attributions régaliennes, entre leurs gouvernements intérieurs, les Allemands au contraire tendaient à rapprocher l'autorité impériale des caractères ordinaires d'une royauté nationale, afin d'amener l'unité de législation.

Le Saint-Empire romain de la nation germanique, qu'on s'habituait de plus en plus à appeler l'empire d'Allemagne, fut aboli en 1806. En 1871 (17 janvier), les délégués des États des deux confédérations de l'Allemagne existant alors transitoirement, réunis à Versailles, ont rétabli « l'Empire allemand » sans faire mention ni de Rome, ni de l'Italie, ni par conséquent d'aucune suzeraineté sur les autres États de l'Europe.

Comment déterminer la différence d'un empereur et d'un roi? On peut être à la fois l'un et l'autre. Napoléon était roi d'Italie; l'empereur d'Autriche est roi de Hongrie, l'empereur d'Allemagne est roi de Prusse (ou plutôt, le roi de Prusse est empereur d'Allemagne). Au premier abord, le choix du titre paraît arbitraire, mais si l'on a suivi la filière des métamorphoses de l'empire, ou reconnaîtra que l'adoption du nom d'empereur ou de roi est régie par des analogies assez rigoureuses. La conception de la souveraineté n'est pas la même dans les deux cas.

En principe, il ne devrait y avoir qu'un empereur, ou au plus deux (celui d'Orient et celui d'Occident), puisque, dans la donnée impériale, le monde civilisé est conçu comme une seule république gouvernée par les mêmes lois. Mais comme, depuis la Renaissance et le traité de Westphalie, les États sont conçus comme indépendants, chaque nation pourra donner à son chef le titre d'empereur ou de roi, selon qu'elle se rapprochera ou s'éloignera de l'idéal politique représenté dans les temps païens par le Césarisme, et dans les temps chrétiens, par le Saint-Empire.

Un empire est-il plus despotique qu'une royauté? Non; les constitutions parlementaires des empires et des royautés contemporaines sont presque identiques; mais il semble à quelques personnes que la royauté est plus souvent considérée comme un droit, l'empire comme une délégation; que le roi se représente lui-même, et l'empereur le peuple; il incarnerait donc une quantité de puissance collective plus générale et qui s'étend à tout; le commandement sera donc plus précis, plus absolu, plus mécanique, au lieu de dynamique qu'est la royauté, obligée de ménager des droits parallèles aux siens. Le roi est un grand seigneur, l'empereur est un fonctionnaire: de l'un à l'autre, l'idée de l'État s'est précisée et compliquée; le roi peut gouverner par des tempéraments en faisant appel à la bonne volonté, puisqu'il est un privilégié parmi d'autres privilégiés (barons ou communes). L'empereur doit gouverner strictement parce qu'il est un agent responsable du droit commun. Ce sont là des fantaisies. En fait, la distinction disparaît parce que le mouvement des constitutions emporte dans sa rapidité la caractéristique du pouvoir suprême, et le titre du prince est une affaire de tradition quand il n'est pas imposé par les circonstances [1].

EMPLOYEURS ET EMPLOYÉS. Le mot « employeur » imité de l'anglais et de l'allemand tend à remplacer le mot patron. C'est peut-être là une puérilité, ne nous y arrêtons pas. Ce qui est certain, c'est qu'il faut des chefs, les plus éloquentes déclamations n'y feront rien. Tant que le monde existera — ou si l'on veut, tant que les hommes marcheront la tête en haut, les pieds en bas — le général commandera l'armée, et non l'armée le général; le colonel commandera le régiment, et non le régiment le colonel; le capitaine commandera la compagnie et non la compagnie le capitaine.

De même l'employeur commandera les employés ou ouvriers, et non les employés l'employeur. Les syndicats n'y feront rien. Ils pourront remporter çà et là de petites victoires, mais ce sont de celles qui usent une armée ou qui tarissent la source des salaires.

Il est dans la nature des choses — cela veut dire, c'est une nécessité inéluctable, une loi absolue — que l'employeur commande (le mot le dit). Il sait ce qu'il faut faire, c'est lui qui dirige, qui combine, qui monte, qui ajuste, qui connaît le goût du consommateur, qui va le trouver, le persuade.... **VEND:**

1. La plus grande partie de cet article est due à M. Jacques de Boisjoslin.

vendre c'est tout. Pardon, il faut encore se faire payer, pour avoir de quoi recommencer la production. Sans un employeur, les employés... ne sont pas *employés*, et peut-être meurent de faim.

L'employeur est la tête, les employés sont les bras; coupez la tête à un homme, il est mort, coupez-lui les deux bras, il n'est qu'invalide. Encore une fois : la nature des choses est la nature des choses, et celui qui veut vous cacher ou gazer cette vérité, vous prend pour des imbéciles qu'on peut exploiter impunément.

EMPRUNTS PUBLICS. Nous avons parlé au mot **Dette** de l'histoire des dettes publiques et de leur influence sur la politique et la société; nous exposerons ici le mode de les contracter.

Selon qu'un particulier ou un Etat a plus ou moins de crédit, il lui sera aisé ou difficile de contracter des emprunts. Tout dépend de l'idée qu'on se fait de sa solvabilité et des avantages du placement. La solvabilité est cependant le point principal, puisque son absence rend illusoires tous les avantages du placement. Il en résulte qu'en principe l'Etat, comme le particulier, verra diminuer son crédit à mesure qu'il s'endettera. On dira peut-être que les faits dont la génération actuelle est témoin paraissent contredire cette assertion, mais on oublie que la demande de titres a augmenté en même temps. Elle augmente naturellement par le progrès de l'aisance qui multiplie le nombre des personnes ayant des économies à placer; elle est augmentée artificiellement par la peine que l'on se donne pour faire pénétrer le goût de la rente dans de nouvelles couches sociales, celles qui thésaurisaient ou plaçaient leurs économies aux caisses d'épargne, sur hypothèques, ou commanditaient de petites entreprises. Mais l'accroissement de la demande de rentes, s'il va jusqu'à détourner les capitaux des emplois productifs, est préjudiciable à la fortune générale et, par contre-coup, au crédit public lui-même; ensuite, qu'il soit naturel ou artificiel, l'accroissement de la demande de titres ne pourra jamais marcher à pas égal avec la rapide progression de l'offre, telle qu'elle est produite par la multiplication inconsidérée des emprunts.

Le système de la souscription publique paraît particulièrement susceptible de surexciter la demande de titres; mais ce système se recommande aussi par des avantages sérieux, qui lui permettent de faire une concurrence sensible à l'adjudication. Ces deux systèmes se partagent aujourd'hui le marché financier. Autrefois, l'adjudication était seule pratiquée. La rente était peu recherchée par les populations; les fonds publics ne se plaçaient que dans une certaine classe de capitalistes qui formait, pour ce genre d'affaires, la clientèle ordinaire des banquiers. C'est donc l'intermédiaire de ces derniers qu'invoquait tout Etat en quête d'argent. Le gou-

vernement négociait confidentiellement avec une ou plusieurs maisons de banque, débattait et arrêtait les conditions de l'emprunt : le public ne les connaîtra que lorsque la négociation sera terminée, et n'en connaîtra que ce qu'on voudra bien lui en faire savoir. Il est arrivé que la conclusion même d'un emprunt resta le secret des deux contractants, les banquiers n'en émettaient les titres nouveaux que successivement et aux moments par eux choisis.

Ce système de la négociation confidentielle entre le gouvernement emprunteur et les adjudicataires, ou plutôt les placeurs de l'emprunt, est encore assez fréquemment mis en usage; quelque peu compatible qu'il paraisse avec les exigences modernes, on pourrait en citer des exemples nombreux. L'Angleterre, toutefois, a depuis longtemps introduit une heureuse variante dans ce mode d'emprunt : c'est l'adjudication publique avec concurrence. Le gouvernement annonce la somme qu'il veut emprunter, et indique le maximum du prix qu'il payerait aux capitaux offerts; il reçoit sous pli cacheté toutes les soumissions qui offrent des garanties d'exécution; elles sont ouvertes publiquement au jour et à l'heure fixés d'avance; l'emprunt est adjugé alors à la maison de banque, au groupe de banquiers, qui offre les conditions les plus avantageuses. Si cette maison ou ce groupe ne demande qu'une partie de l'emprunt, on descend, pour placer le reste, aux offres qui approchent le plus des premières offres acceptées.

Grâce à cette concurrence, il arrivera parfois que le gouvernement emprunteur obtient des conditions meilleures qu'il ne s'était cru en droit de demander ou d'espérer. En tout cas, les avantages que l'adjudication avec publicité et concurrence présente sur l'adjudication directe et plus ou moins secrète sont manifestes. Mais les gouvernements sûrs de leur crédit et pouvant compter sur une concurrence réelle et large des offres, osent seuls tenter la première voie; là où les conditions manquent, le système de l'adjudication avec publicité et concurrence pourrait n'aboutir qu'à un éclatant échec. Le gouvernement moins sûr de son crédit aime mieux traiter directement avec des maisons de banque qui, mettant leur savoir faire au service de l'emprunt, cherchent à en assurer la réussite; au besoin, elles consentent aussi à faire des avances en attendant les versements échelonnés des acheteurs de la nouvelle rente.

Ces services, naturellement, ne sont pas gratuits. L'Etat emprunteur doit les payer par la commission, par la provision et par d'autres faveurs; de plus, l'adjudicataire reste dans une certaine mesure maître de l'émission et peut s'assurer ainsi, s'il manœuvre avec habileté, de grands profits accessoires aux dépens du public, l'acheteur final de la rente. Le service rendu par les intermédiaires est donc chèrement payé. Comment ne pas arriver dès lors à se demander : l'Etat emprunteur et le public prêteur, dont les intérêts se confondent dans le contribuable, ne peuvent-ils pas se passer de l'intermédiaire et s'entendre directement? De là le système de la souscription publique ou de l'emprunt national. Cet appel direct aux capitaux a été, depuis soixante à soixante-dix ans, tenté par plus d'un gouvernement, quand une situation ou un but exceptionnel semblait de nature à stimuler le zèle patriotique des capitaux. Le *loyalty loan*, ouvert le 1er décembre 1796 à Londres, fournissait en peu de jours une somme de 18 millions liv. st. ; l'emprunt de 27 millions de florins, négocié en 1844 par le gouvernement néerlandais pour la conversion du 5 p. 100 en 3 p. 100, eut un plein succès ; le prêt national émis dès son avènement par le gouvernement de Juillet, en France, donna des résultats passables ; mais la tentative analogue faite en 1848 par le gouvernement provisoire échoua complètement. C'est en France, cependant, que la souscription publique, jusque-là d'un emploi seulement exceptionnel, a fini par être érigée en système. Peu de mois après un l'Empire eut émis son premier emprunt national, l'Autriche demandait également par la voie directe la somme si considérable de 500 millions de florins. Ce système a également été transplanté au delà des Alpes ; on s'en est servi avec un brillant succès pour les emprunts faits de 1859 à 1861 par le gouvernement piémontais, par les gouvernements intermédiaires des provinces annexées, et finalement à l'inauguration du grand livre du royaume d'Italie. Le gouvernement italien est revenu à l'ancien mode lors de son emprunt de mars 1863 ; mais l'adjudicataire a dû s'engager à en offrir une certaine partie à la souscription publique sur les places de Turin, de Paris et de Londres.

Les deux systèmes : adjudication directe ou souscription publique, continuent donc à coexister. En France cependant, ce dernier système paraît l'avoir définitivement emporté ; le succès, quant à l'empressement du public pour répondre à l'appel qui lui était adressé, ne laissait effectivement rien à désirer. Cela s'est vu dans les emprunts faits sous le gouvernement de Napoléon III, mais d'une manière bien plus éclatante encore lors de l'emprunt de trois milliards pour la libération du territoire. Les souscriptions publiques ont une chance sérieuse de succès dans tous les pays qui jouissent d'un crédit solide, car elles attirent, outre les économies de leurs nationaux, les fonds disponibles dans les autres contrées.

Nous devons maintenant aborder un point important : le prix d'émission et la manière de l'énoncer. Le particulier qui veut emprunter fixe la somme dont il a besoin et discute ensuite le prix du prêt qu'il sollicite. Ce prix, variant selon le crédit dont jouit l'emprunteur — à part les variations générales du prix de l'argent sur le marché dans le moment donné — devient ainsi l'indiscret révélateur de la solvabilité reconnue au débiteur.

Il n'a pas été toujours loisible aux gouvernements emprunteurs de suivre ce mode loyal et simple ; étant obligés de payer 8 ou 10 p. 100 et même davantage, quand tout intérêt au delà de 5 ou 6 p. 100 était flétri comme usuraire, il fallait bien déguiser d'une façon ou de l'autre le surplus d'intérêt que l'on payait. Les gouvernements s'y prenaient comme les particuliers sans crédit, comme les fils de famille prodigues, qui consentent à laisser retenir, à titre de complément d'intérêts une partie du capital dont ils se reconnaissaient débiteurs. Aujourd'hui, cette nécessité de se tromper et de tromper les autres n'existe plus : soit parce que les lois limitatives d'intérêt sont abolies, soit parce que les gouvernements se mettent au-dessus de ces lois ; ensuite, parce que les gouvernements quelque peu solides et considérés ne sont plus disposés à payer au delà de 3 à 4 p. 100 d'intérêt annuel. On maintient néanmoins et on applique presque partout le mensonge systématique sur le taux effectif de de l'intérêt en émettant au-dessous du pair [1].

ENCLAVE. Territoire, généralement peu étendu, détaché de la masse du pays et situé dans un autre ; on donne le même nom à une parcelle de terre située au milieu d'une autre propriété.

Dans les rapports entre les particuliers, la loi civile intervient pour les régler. Elle confère d'une manière absolue le droit de passage au propriétaire de l'enclave, mais « par le chemin le plus court » (C. Nap., art. 683) ; naturellement à charge d'indemnité.

Aucune loi générale ne régit les relations entre les Etats souverains. Mais il y a des conventions spéciales. Après 1816, la Prusse a dû faire ainsi une série de traités, sous le nom de *Etapen-Convention*, pour obtenir, à de certaines conditions, le libre passage de ses troupes, qui sont devenus inutiles depuis la création de l'empire.

ENCOURAGEMENTS. Certains économistes contestent l'utilité des encouragements émanés du gouvernement ou de l'administration. Ils n'accordent à l'Etat que des attributions pour ainsi dire négatives : il doit, selon eux, se borner à protéger la vie et les propriétés des citoyens, à administrer la justice, etc. Quelques-uns ajoutent que le gouvernement doit se charger aussi de ce que les particuliers isolés ou associés ne sauraient exécuter par eux-mêmes. Ce dernier principe laisse la porte ouverte à bien des immixtions, bien des interventions de l'autorité publique ; il comporte dans tous les cas une interprétation tantôt plus large, tantôt plus étroite, selon les temps et les lieux, même selon les sentiments individuels. Un pays centralisé ou une contrée où règne le *self-government*, les époques de barbarie et de civilisation, ne sauraient d'ailleurs être soumis à la même loi.

1. Nous empruntons ce passage à un article de J.-E. Horn.

Un pays est d'autant mieux organisé que ses habitants se passent plus aisément de l'intervention administrative. L'idéal consiste à faire soi-même ses affaires. Mais la réalité, comme on sait, en est plus ou moins éloignée. Partout, sur le continent européen, en Angleterre, aux États-Unis même, le gouvernement se croit obligé de dépasser le minimum de ses attributions naturelles. Ici son intervention est rare, timide; là elle est journalière, envahissante. D'où vient cette différence? Uniquement de ce que le concours de l'administration est repoussé par les mœurs civiques dans telle contrée, tandis que dans l'autre il est sollicité à tout propos — et souvent mal à propos — par les habitants.

Cherchons d'abord à nous rendre compte des arguments qu'on peut faire valoir, sinon contre l'intervention administrative en général du moins contre cette forme particulière qu'on appelle *encouragement*. Nous verrons ensuite ce qu'on peut dire en sa faveur.

Il y a d'abord les arguments moraux, philosophiques : Nous sommes des hommes, et il est de notre dignité de marcher sans lisières.

Les économistes ajoutent: Le meilleur encouragement, c'est le profit que nous attendons d'une entreprise. Les bonnes entreprises, d'ailleurs, n'ont pas besoin d'être encouragées.

L'exposé des arguments pratiques exige quelques développements.

L'administration ne donne jamais ses encouragements sans imposer quelques conditions, et avec juste raison. Généralement, l'autorité préfère l'un des moyens d'obtenir le résultat cherché. Quelquefois ce moyen est réellement le meilleur entre tous, l'administration est entourée de tant de lumières! Mais on n'use pas toujours de ces facilités; il est des administrateurs qui ont l'esprit étroit, qui sont à cheval sur les « précédents » et craignent les innovations; alors les conditions auxquelles les encouragements sont accordés maintiennent dans la routine ceux-là même dont on voulait stimuler le progrès.

Ce n'est pas tout. Même dans l'hypothèse où le moyen de l'administration est l'un des meilleurs, comme l'autorité ne peut pas prévoir tous les cas, l'application inconsidérée de la règle peut produire bien des inconvénients.

Les encouragements peuvent être divisés en :

Dispositions législatives ou réglementaires;
Institutions entretenues par l'État;
Subventions de toutes espèces;
Récompenses honorifiques.

Quelquefois, l'une seulement de ces quatre catégories est appliquée, souvent plusieurs à la fois. Ainsi, prenons, à titre d'exemples, l'industrie manufacturière et l'agriculture.

Les dispositions législatives et réglementaires en faveur de l'industrie sont : les droits protecteurs, les lois sur la propriété industrielle, etc. ; en faveur de l'agriculture on a établi des dispositions relatives aux irrigations et au drainage, l'exemption du droit de patente et de l'impôt des portes et fenêtres,etc.

Les institutions entretenues ou fondées dans l'intérêt de l'agriculture et de l'industrie sont : des écoles spéciales, des expositions, des concours, des haras, des courses.

Les subventions affectent des formes plus variées encore. Ce sont des fonds mis à la disposition de sociétés, des primes, des publications, des missions, des expériences publiques, des avances.

Enfin, les récompenses honorifiques sont des médailles, des décorations et, dans quelques pays, aussi des titres de conseiller et autres.

Les lettres, les arts et les sciences, l'instruction publique, les voies de communication jouissent également d'encouragements de différentes sortes. Nous ne saurions les blâmer d'une manière absolue; nous demandons seulement que la distribution s'en fasse avec justice, discernement et mesure. Nous considérons les encouragements comme des dépenses de luxe, mais nous pensons qu'un pays riche peut bien se permettre de jouir d'un luxe qui contribue à former le goût, à répandre le savoir et à activer la production.

Du reste, si dans des pays très avancés le gouvernement doit intervenir le moins possible, dans les pays plus ou moins arriérés, l'intervention du gouvernement peut être un stimulant puissant du progrès.

ENCYCLIQUE. Ce mot, dérivé du grec ἐγκύκλιος (de ἐγ pour ἐν, *dans*, et de κύκλος, *cercle*, soit circulaire), désigne une lettre que le pape adresse au clergé et aux fidèles pour défendre les dogmes de l'Église romaine lorsqu'ils sont attaqués trop vivement, ou pour exposer quelque point de discipline ecclésiastique.

La lettre encyclique du pape Grégoire XVI, en date du 15 août 1832, paraît avoir été particulièrement faite à l'adresse de certains écrits sortis de la plume de l'abbé de Lamennais.

Le cardinal Pacca ayant, par ordre du pape, adressé plusieurs exemplaires de cette encyclique à Lamennais, celui-ci, ainsi que M. de Montalembert et H. de Lacordaire, alors principaux rédacteurs du journal *l'Avenir*, annoncèrent au public qu'ils ne pouvaient continuer leurs travaux, sans se mettre en opposition avec « la volonté de celui que Dieu a chargé de gouverner son Église »; qu'en conséquence ils décidaient : 1° que *l'Avenir*, provisoirement suspendu depuis le 15 novembre 1831, ne reparaîtrait plus; 2° que *l'Agence générale pour la liberté religieuse* était dissoute.

Dans ces dernières années, la lettre encyclique qui mérite spécialement d'être signalée est celle adressée par le pape Pie IX, le 8 décembre 1864, au clergé; elle est suivie du *Syllabus*. (*Voy. ce mot.*) Depuis lors, le pape

Léon XIII a également publié des encycliques qui ont eu grand retentissement.

ENNEMI. L'antiquité romaine avait deux mots différents pour exprimer ce que la langue française a renfermé sous ce seul nom d'ennemi. Elle disait *hostis* lorsqu'il s'agissait de l'étranger, de l'homme appartenant à une nation qui ne faisait pas partie de l'*Orbis romanus*, de l'univers romain. *Inimicus* ne s'appliquait qu'aux haines privées, aux inimitiés particulières de citoyen à citoyen.

Tout étranger à l'univers romain est considéré comme l'ennemi, *hostis*, et que *l'autorité des lois soit éternelle contre lui*, disaient les monuments législatifs de Rome.

Les guerres cependant étaient précédées de déclarations solennelles qui nous apprennent quels étaient ceux qui devenaient alors ennemis de guerre. C'étaient tous les individus, toutes les personnes appartenant à la nation avec qui on venait de se déclarer en état d'hostilité ou même toutes personnes rencontrées sur son territoire.

« Quodque populus Romanus cum populo Hermundulo *hominibusque Hermundulis* bellum jussit, ob eam rem ego populusque Romanus, etc. [1]. »

Nous trouvons les mêmes principes de droit des gens en Grèce. Agésilas tient ce discours à un sujet du roi de Perse : « Pendant que nous étions amis de votre roi, nous agissions aussi en amis par rapport à ce qui était à lui. Mais présentement, ô Pharnabaze, que nous sommes devenus ennemis, nous agissons aussi en ennemis. Puis donc que vous voulez bien être regardé comme lui appartenant, *nous sommes en droit de lui faire du mal en votre personne.* »

Les femmes et les enfants mêmes se trouvaient compris dans la déclaration d'inimitié, et rien de plus vrai que le triste mot de Tacite : « A la guerre l'innocent périt avec le coupable. »

La morale cependant retrouvait quelquefois ses droits. Nous en rencontrons toujours, dans tous les siècles et partout, l'heureuse influence. Ces mêmes peuples de l'antiquité qui admettaient qu'on pouvait *tuer* toute personne appartenant à la nation ennemie, où qu'elle fût trouvée, en quelque lieu que ce fût, armée ou non armée, pouvant se défendre ou ne pouvant pas se défendre, n'admettaient cependant pas les attentats contre l'honneur des femmes et des filles, attentats qui ont subi ainsi, par une exception dont l'humanité peut se prévaloir, la réprobation du droit des gens de tous les temps. « Quelle brutalité, ô Dieux de la Grèce, s'écrie Diodore de Sicile ; les Barbares mêmes, autant que je puis m'en souvenir, n'approuvent pas de tels excès ! »

Nous voyons à Rome un Torquatus relégué en Corse pour avoir commis à la guerre

un attentat de cette sorte, et un roi de Perse, Chosroës, fait crucifier un soldat pour le même crime.

Les otages n'étaient pas épargnés. Leur ôter la vie était considéré comme un droit.

Se rendre n'était pas une condition suffisante pour avoir la vie sauve. Les Romains faisaient périr dans les triomphes les chefs ennemis, même lorsqu'ils avaient été faits prisonniers par capitulation. Le triomphateur attendait au Capitole la nouvelle de leur exécution.

Tous les moyens étaient-ils permis contre la personne de l'ennemi ? Au point de vue du droit de la guerre, qu'on opposait au droit de la nature, il ne semble y avoir eu que bien peu de restrictions. Nous venons de constater cependant l'unanime réprobation qui accueillait certains attentats, mais, en définitive, ces femmes ainsi protégées contre les violences du premier moment, elles devenaient des captives, c'est-à-dire la propriété absolue d'un maître qui n'avait nulle barrière à respecter, nulle répression à craindre.

C'est, en effet, un principe admis dans toute l'antiquité que le prisonnier de guerre (qu'on ne tue pas) devient esclave, et tout le monde sait que l'étymologie même de ce mot, que la langue humaine n'eût jamais dû connaître, se tire de ce que le malheureux vaincu était considéré comme ayant été sauvé, *conservé*, lorsque les lois de la guerre autorisaient à le détruire. C'est, d'après les publicistes de l'antiquité, l'origine du mot et du fait. Nous aimons la réflexion que fait Montesquieu à ce sujet. — C'est que le principe n'est vrai que pour les nations *qui mangent leurs prisonniers*. « Dès qu'un homme en a fait un autre esclave, ajoute le grand publiciste, on ne peut pas dire qu'il ait été dans la nécessité de le tuer, puisqu'il ne l'a pas fait. » (*Esprit des lois*, liv. XV, chap. II.)

Arrivons aux temps chrétiens.

« Que d'un côté, nous dit le même Montesquieu, l'on se mette devant les yeux les massacres continuels des rois et des chefs grecs et romains, et de l'autre la destruction des peuples et des villes par ces mêmes chefs, Timur et Gengiskan, qui ont dévasté l'Asie ; et nous verrons que nous devons au christianisme et dans le gouvernement un certain droit politique, et dans la guerre un certain droit des gens que la nature humaine ne saurait assez reconnaître.

« C'est ce droit des gens qui fait que parmi nous la victoire laisse aux peuples vaincus ces grandes choses, la vie, la liberté, les lois, les biens et toujours la religion, lorsqu'on ne s'aveugle pas soi-même. » (*Esprit des lois*, liv. XXIV, chap. III.)

Ce droit des gens que Montesquieu a résumé pour ce qui touche à la guerre en cette maxime : « Se faire le moindre mal possible, » n'a pas triomphé en un jour. Le christianisme et l'esprit philosophique devaient faire bien des efforts pendant ces siècles de lutte

---

[1]. Déclaration de guerre rapportée par Aulu-Gelle et tirée d'un traité perdu de Cincius, *De Re militari*. Grotius.

et de transformation sociale qui forment le moyen âge, avant de réussir. « L'influence de l'Eglise, si puissante au moyen âge, ne suffisait pas pour arrêter les belligérants et pour prévenir la violence et la cruauté des procédés auxquels ils se livraient, » dit Vergé, *Sur Martens*, liv. VIII; Heffter, *Droit international*, traduit par Bergson, 1855; 127.

Considérons au onzième siècle la conquête de l'Angleterre par les Normands. Rien n'est respecté, ni les choses, ni les personnes, hommes et femmes deviennent la proie du vainqueur. Dans ce même siècle nous voyons, pendant les guerres entre Philippe-Auguste et Richard Cœur de Lion, les deux adversaires crever chacun les yeux à quinze prisonniers par représailles et se les renvoyer en cet état; en Palestine, Richard fit massacrer 2.500 captifs.

La chevalerie, cette fleur chrétienne, réalisa un instant dans la pratique l'idée de générosité envers l'ennemi et de loyauté dans le combat. La rançon s'introduisit et servit l'humanité.

Transportons-nous au siècle qui a précédé celui de Montesquieu, au dix-septième. Nous avons les ravages du Palatinat et le sac de Magdebourg!

Les idées progressent cependant. La civilisation se perfectionne, et les pratiques actuelles sont plus dignes de l'humanité.

Aujourd'hui, d'après le droit des gens, quels sont ceux que l'on considère comme ennemis en cas de déclaration de guerre et quel est le traitement qu'on leur inflige?

Prenons le *Précis du droit des gens moderne* de Martens, qui se fonde avant tout sur le droit positif et qui est considéré à ce point de vue comme une sorte de manuel classique. Une première distinction et un grand progrès, c'est qu'il n'y a d'ennemis que ceux qui prennent une part effective à la guerre et seulement durant la lutte. « On doit donc épargner: 1o les enfants, les femmes, les vieillards, et en général tous ceux qui n'ont point pris les armes ou commis des hostilités; 2° ceux qui sont à la suite de l'armée, mais sans être destinés à prendre part aux violences, tels que les aumôniers, les médecins, les chirurgiens, les vivandières, auxquels l'usage ajoute même les quartiers-maîtres, les tambours et les fifres. »

Quant aux officiers et soldats, « dès qu'ils sont ou tellement blessés, ou tellement entourés de l'ennemi, qu'ils ne sont plus en état de résister, ou qu'ils mettent bas les armes en demandant quartier, l'ennemi est, dans la règle, en devoir de leur laisser la vie. Cette règle ne souffre d'exceptions que: 1o dans les cas extraordinaires où la raison de guerre empêche de les épargner; 2° s'il est nécessaire d'user du talion ou de représailles; 3o si le vaincu est personnellement rendu coupable d'un crime capital, par exemple, de désertion, ou s'il a violé les lois de la guerre. Dans tous les autres cas, on doit recevoir prisonniers de guerre les militaires qui tombent entre nos mains ; et dans les guerres de nation à nation, c'est violer à la fois et la loi de la nature et les mœurs des nations civilisées, que de faire mourir tous les prisonniers de guerre. » (*Précis*, liv. VII, chap. IV.) Ainsi, il n'y a d'ennemis que les combattants des deux côtés, et la qualité d'ennemi, en tant qu'elle autorise à tuer, disparaît et s'efface dès qu'il n'y a plus de lutte ou de résistance possible. Voilà le droit des gens positif actuel. C'est par cette raison qu'on traite sévèrement les personnes qui prennent part à la lutte sans faire connaître de loin leur qualité d'ennemi en portant un uniforme.

Tous les moyens de destruction sont-ils permis contre la personne de l'ennemi ?

Martens constate que « les puissances civilisées de l'Europe reconnaissent comme absolument contraire aux lois de la guerre de faire un usage quelconque du poison et de l'assassinat ou même de mettre à prix la tête d'un ennemi légitime, le seul cas de représailles excepté. L'usage et plusieurs traités condamnent même quelques genres d'armes et de violences ouvertes qui augmenteraient sans nécessité le nombre des souffrants. » Par exemple les balles explosibles.

Nous continuons à procéder par citations démonstratives: « Aussi peu, nous dit Martens (liv. VIII, chap. IV), que la loi naturelle permet de tuer l'ennemi légitime lorsqu'il a été vaincu, aussi peu elle autorise à le réduire *à l'esclavage*. Mais on est en droit de lui faire mettre bas les armes et de le détenir comme prisonnier de guerre jusqu'au rétablissement de la paix, à moins qu'on ne soit convenu de lui accorder une libre retraite, soit sur-le-champ, soit à une époque déterminée. — Souvent, on relâche les officiers sur leur parole d'honneur de ne point servir jusqu'à ce qu'ils aient été échangés, ou pendant un temps déterminé, ou jusqu'à la paix, et de se rendre dans la place indiquée lorsqu'ils en seraient sommés. »

« Quant aux sujets innocents de l'ennemi, *qui n'ont point pris part aux hostilités*, dit encore Martens, il est contraire aux usages des peuples civilisés de leur ôter leur liberté et de les *transplanter* contre leur gré, mais il ne l'est pas de se faire donner des otages ou d'en enlever de force, pour servir de garants d'un engagement ou d'une obligation quelconque. » Et même : « On ne reçoit et on ne traite point comme prisonniers de guerre ceux qui sont simplement attachés au service de l'armée et ne sont pas du nombre des combattants; il est au contraire d'usage de les renvoyer à l'ennemi. »

Ajoutons que les prises d'assaut de villes ou de forteresses ne changent rien au droit. La vie est due à la garnison.

Quel est le traitement des prisonniers de guerre ? Vergé le résume ainsi dans ses « Notes sur Martens ».

« Les prisonniers de guerre sont privés de leur liberté, en ce sens qu'ils ne peuvent pas retourner dans leur patrie et qu'ils sont mis hors d'état de reprendre les armes dans la guerre engagée, mais sans encourir de violences et sans mauvais traitements tant qu'ils ne troublent pas la paix de l'Etat. Il est d'usage de laisser aux officiers une plus grande liberté qu'aux sous-officiers et aux soldats. Ils sont, en général, libres sur l'honneur dans une ville déterminée et on pourvoit aux frais de leur entretien. Les sous-officiers et les soldats sont placés sous une surveillance plus directe, et leur travail doit atténuer la dépense dont ils sont l'occasion, mais il n'est pas permis de les contraindre à s'engager dans l'armée de l'Etat qui les a faits prisonniers.

« Les effets de la captivité courent pour les prisonniers de guerre du moment de la reddition volontaire, simple ou conditionnelle, et du moment où cette reddition a été acceptée par la promesse de la vie sauve.

« La captivité cesse par la paix, par la soumission volontaire agréée par le gouvernement qui a fait le prisonnier, par le renvoi avec ou sans condition, par le rachat ou la rançon. »

Quel est le droit quant aux biens de l'ennemi ?

« Les nations civilisées ont substitué au pillage et à la dévastation l'usage d'exiger des contributions de guerre (voy.), soit en argent, soit en nature, sous peine d'exécution militaire. Le payement de ces contributions doit assurer la conservation des propriétés de tout genre, de sorte que l'ennemi doit alors acheter et payer ce qu'il se fait livrer dans la suite, excepté les services qu'il peut exiger des sujets, en qualité de sujets temporaires. » (Martens, même livre.)

Le respect de la propriété privée n'a plus à triompher que dans les guerres maritimes. Ce triomphe a paru près de se réaliser (voy. Blocus. Neutralité et Prises) en 1856, mais nous en sommes encore à attendre l'accomplissement de ce progrès.

La guerre, depuis l'introduction des troupes régulières, tend à devenir un simple duel entre les armées belligérantes. La conséquence en sera la loyauté toujours plus complète dans les rapports entre ennemis ; ce nom ne pourra plus appartenir qu'à celui qui résistera les armes à la main ; ce nom se perdra par la défaite. Toute atteinte aux biens de cet ennemi, de même que toute attaque de quelque nature qu'elle soit contre un être désarmé, contre les femmes, les enfants, les vieillards, conservera son nom de crime, sa qualification pénale et sera réprimée également, qu'elle s'adresse aux vaincus ou aux vainqueurs. C'est la loi de la justice et de la civilisation, en attendant que le nom d'ennemi lui-même puisse disparaître de la terre.

ENQUÊTE. Le mot *enquête* est emprunté à la langue de la procédure civile, où il signifie audition de témoins ordonnée par un tribunal afin d'éclaircir un point litigieux. On a reconnu de même la nécessité d'entendre des témoins, des hommes compétents, pour l'étude des intérêts publics, et la politique s'est servie, en pareil cas, de la même expression. Les enquêtes de la politique peuvent être distinguées en *parlementaires* ou en *administratives*, suivant que ce sont les chambres législatives ou les gouvernements qui les instituent.

En Angleterre il y a des exemples d'enquêtes administratives, c'est-à-dire ordonnées par le gouvernement, qui désigne les membres de la commission et qui lui prescrit sa tâche. Mais la plupart sont parlementaires ; elles sont instituées par la Chambre des lords ou par celle des communes. Les chambres nomment dans leur sein les membres les plus compétents dans les matières qui forment l'objet de l'enquête ; les hommes qui ont des renseignements à fournir sont appelés devant la commission, leur témoignage est recueilli dans des procès-verbaux détaillés, destinés à la publicité, et souvent en tête de ces documents figurent des rapports qui expriment l'avis de la commission. Mais, quelquefois, la commission indécise se borne à la reproduction pure et simple des dépositions qu'elle a entendues.

Les enquêtes anglaises portent sur les questions les plus diverses. Elles embrassent non seulement les différentes parties du Royaume-Uni, mais l'immensité de ses possessions dans les deux hémisphères. Elles comprennent dans leurs investigations tous les points du sol, et tous les éléments de la population. Elles traitent de tous les services publics, de l'armée de terre et de la flotte, des cours et des tribunaux de justice, des services diplomatiques, des prisons, des musées, de la moindre institution. Elles s'étendent sur les questions de finance, des banques et des impôts. Elles répandent des masses d'informations sur toutes les branches de l'activité nationale, sur l'agriculture, sur les manufactures et sur leurs ouvriers, sur le commerce et sur la navigation, sur les voies de communication de toute sorte. Il n'est pas d'intérêt si mince qui ne soit l'objet d'investigations approfondies ; et tous les grands intérêts sont consciencieusement éclairés.

Les premières enquêtes françaises datent de la fin de la Restauration. Par deux circulaires, en date du 31 octobre 1828, M. de Saint-Cricq, ministre du commerce et des manufactures, institua deux enquêtes, l'une sur les fers, l'autre sur les sucres.

Le gouvernement de Juillet fit quelques pas dans la voie ouverte par la Restauration, et il offre cinq enquêtes, également administratives.

Par une circulaire du 2 novembre 1832, le comte d'Argout, ministre, nomma une commission de trois membres chargée de faire une enquête sur les houilles. Une autre ordonnée le 20 septembre 1834, par le comte Duchâtel, alors ministre du commerce, porta sur les prohibitions établies à l'entrée des produits étrangers, et en particulier sur les poteries, les plaqués, les verreries, les fils et les tissus, tant de laine que de coton. En vertu d'une circulaire du 18 octobre 1836, de M. Martin (du Nord), certains fils de laine servirent de texte à une petite enquête où trois commissaires entendirent les représentants de la filature. La dernière du règne de Louis-Philippe, ordonnée le 28 mai 1838 par le ministre du commerce, concerne les fils et tissus de lin.

Ces enquêtes, on l'a vu, portaient exclusivement sur des questions de douane. La République de 1848 étendit le domaine de ce mode de recherches, et nous eûmes deux enquêtes parlementaires, l'une sur le sel, l'autre sur la viande de boucherie.

Le gouvernement impérial a fait revivre les enquêtes administratives, et ses enquêtes ont encore porté sur les questions de douane. Celle de 1859 concerne la législation des céréales, et a été rédigée par le conseil d'Etat. Cette enquête a eu pour résultat l'abolition de l'échelle mobile, et l'adoption d'un droit minime à l'importation des grains.

L'article 13 du traité de commerce, conclu en 1860 avec l'Angleterre, stipulait qu'une convention supplémentaire établirait les droits à la valeur applicables aux objets d'origine et de manufacture britanniques qui se trouvaient énumérés dans l'article, et leur conversion en droits spécifiques. Une enquête à ce sujet a été confiée au conseil supérieur de l'agriculture, du commerce et de l'industrie, présidé par le ministre, Rouher, et assisté, d'une part, par Herbert, ministre plénipotentiaire, en qualité de commissaire général ; de l'autre par des délégués spéciaux. Cette enquête est, de toutes celles qui existaient alors, la plus riche en informations.

Nous devons aussi mentionner l'enquête de 1862-1863, sur les réformes à apporter dans notre législation sur la marine marchande, puis l'enquête administrative sur la situation et les besoins [de l'agriculture; décrétée le 28 mars 1866. L'enquête sur la législation relative aux taux de l'intérêt de l'argent, institué par un arrêté en date du 27 juin 1864.

L'enquête relative à l'importation en franchise temporaire des tissus de coton destinés à être réexportés après impression ou teinture. Décembre 1867.

Puis l'enquête sur le régime du courtage. Par une lettre du 27 avril 1864 le ministre de l'agriculture et du commerce a appelé l'attention du ministre présidant le conseil d'Etat sur les plaintes dont le régime du courtage était depuis longtemps l'objet de la part du commerce, en exprimant le vœu que cette question fût soumise à une enquête qui serait faite par une commission prise dans le sein du conseil d'Etat. Conformément à ce vœu une commission a été formée par arrêté du 25 juin 1864.

L'enquête parlementaire sur le régime économique décidée le 29 janvier 1870. Cette enquête n'a pas été achevée à cause de la guerre.

L'enquête sur la marine marchande, 11 février 1870.

La République de 1871 a également fait des enquêtes et il y en a eu depuis dans la plupart des autres contrées.

ENREGISTREMENT. On entend par « enregistrement » l'inscription faite par les employés de l'Etat et sur des registres durables, des actes juridiques et aussi des actes ou des déclarations qui établissent, pour quelque cause que ce soit, que les biens mobiliers ou immobiliers changent de propriétaires. C'est une garantie que la société donne aux particuliers, soit en constatant les mutations de leurs biens, soit en conservant les textes et les dates exactes de leurs diverses conventions. Mais comme l'Etat ne peut constater et garantir les mutations des biens ou conserver seulement les textes des actes sans se faire payer le prix du service rendu, il a été presque généralement établi, à propos de ces transcriptions et de cet enregistrement, un impôt qui est destiné à indemniser l'Etat des dépenses qu'il fait pour le service public, mais encore à lui fournir un impôt qui, dans certains Etats, est beaucoup trop élevé. On ne doit pas oublier que l'enregistrement, dont le droit est souvent proportionnel, est une taxe sur le capital, la plus mauvaise forme d'impôt qui existe ; de pareils impôts doivent être à un taux peu élevé. Il est seulement regrettable que généralement la situation du Trésor ne permette pas de les supprimer tout à fait.

L'enregistrement date de loin, mais nous ne saurions en faire ici ni l'histoire, ni l'exposé. Ce dernier, au point de vue administratif et fiscal, se trouve dans notre *Dictionnaire de l'Admin. française.* (Paris, Berger-Levrault.)

ENVIE. Ne pas confondre avec l'égoïsme. *(Voy.).* L'envie haît toujours celui qu'elle trouve plus favorisé que soi-même. Beaucoup de mal se fait en politique par envie, et lorsqu'on voit quelque part la haine en action, on peut parier dix contre un qu'il y a de l'envie là-dessous ?

Il faut donc se méfier des attaques inspirées évidemment par la haine, il faut scruter chaque mot des discours remplis de fiel, vérifier les faits énoncés et ne rien accepter de confiance, car la haine et l'envie ne reculent pas devant le mensonge et la calomnie.

ÉPAVES. On donnait ce nom, sous l'ancien droit, à toutes les choses égarées dont le propriétaire ne se présentait pas pour réclamer. Les épaves appartenaient au roi ou au seigneur. C'est ce qu'on appelait le *droit d'épave.* Les délais accordés au propriétaire pour faire ses réclamations variaient, suivant les coutumes, de quarante jours à un an et un jour.

La même dénomination d'épaves s'appliquait encore à certains produits naturels de la mer, tels que les varechs. Les baleines, marsouins, veaux de mer, thons, souffleurs et autres poissons à lard échoués sur les épaves. Il en était de même des poissons portant la dénomination de poissons royaux, les dauphins, esturgeons, saumons, trouvés échoués sur le bord de la mer. Ils appartenaient au roi, en payant des salaires à ceux qui les avaient rencontrés et mis en lieu de sûreté. Mais les poissons à lard et les poissons royaux pêchés en pleine mer n'étaient pas des épaves et appartenaient à ceux qui les avaient pêchés.

Les épaves maritimes comprenaient tous les effets que la mer pousse et jette à terre, et qui n'appartiennent à aucun légitime propriétaire connu. Aux termes de l'ordonnance de la marine de 1681, les vaisseaux et effets échoués ou trouvés sur le bord de la mer, quand ils n'étaient pas réclamés dans l'an et jour, devaient être partagés également entre le roi et l'amiral, les frais de sauvetage et de justice préalablement pris sur le tout.

Quant aux effets trouvés en pleine mer ou tirés du fond de la mer, le tiers devait en être délivré promptement et sans frais à ceux qui les avaient sauvés ; les deux autres tiers devaient être déposés pour être rendus aux propriétaires qui les réclamaient dans le délai d'un an et un jour. Après ce temps, et à défaut de réclamation, ils étaient partagés entre le roi et l'amiral, les frais de justice préalablement pris sur ces deux tiers. Il en était de même des vaisseaux trouvés en pleine mer, si, par la déposition de l'équipage qui avait fait la capture, et par la visite du vaisseau et des marchandises, on ne pouvait connaître sur qui la prise avait été faite.

Le droit d'épave a disparu en 1789 avec tous les droits seigneuriaux.

Dans notre droit moderne, à qui appartiennent les objets trouvés et sans maître ? Appartiennent-ils à l'État, sans aucune espèce de droit pour celui qui les a trouvés ? Ou bien, au contraire, appartiennent-ils exclusivement à celui-ci ? C'est une question controversée entre les auteurs. Cependant, une décision du ministre des finances du 3 août 1825 la décide dans ce dernier sens, qui nous paraît préférable ; cette décision porte que lorsque trois ans sont expirés depuis qu'une chose a été perdue, et que l'action en revendication est prescrite contre le propriétaire primitif, la propriété en est acquise non au fisc, mais à celui qui l'a trouvée, et celui-ci peut la retirer du lieu où il en a fait le dépôt volontaire. A Paris, les objets perdus et non réclamés, déposés à la préfecture de police, sont remis à celui qui les a trouvés, après l'expiration d'une année ; sans préjudice, bien entendu, du droit du propriétaire, contre qui, en thèse générale, la prescription n'est acquise que par trente ans.

ÉPIDÉMIE. *Voy*. **Régime sanitaire.**

ÉPISCOPAT. On nomme ainsi la dignité de l'évêque. (*Voy.* **Concile, Église catholique, Évêque,** etc.) L'épiscopat était dans la primitive Église une dignité élective ; on supprima d'abord la participation des laïques aux élections, puis, dans plusieurs pays, notamment en France, aussi le concours du clergé.

ÉQUILIBRE MARITIME. Ce qui a fait naître le principe de l'équilibre politique, c'est surtout le besoin de sécurité internationale, la garantie, notamment pour les États secondaires, de ne pas devenir la proie d'un voisin plus puissant. L'équilibre maritime paraît être le corollaire de ce principe. En effet, chaque nation demande à jouir de la liberté de navigation indispensable à son commerce. Or, cette liberté serait en danger si une nation acquérait une puissance maritime exceptionnelle. Il est dans la nature humaine que la possession de la force porte l'individu ou l'État qui en jouit à en abuser. N'entend-on pas souvent avancer qu'un pays fort peut soulever des prétentions en rapport avec sa puissance, comme si la force pouvait conférer un droit !

Toutes les nations ont donc un intérêt à ce qu'aucune d'entre elles ne jouisse de l'*empire des mers*. Mais les circonstances peuvent conférer en fait cette domination à l'une d'elles. Que faire alors ? Se rappeler que l'union fait la force. Mais qu'on ne se méprenne pas sur notre pensée : on ne doit pas se liguer contre une puissance parce qu'elle est la plus forte, mais *parce que* et *lorsqu*'elle abuse de sa force. C'est en matière de guerre surtout qu'il ne faut pas exagérer le système préventif.

La question de l'équilibre maritime a été traitée, avec les développements qu'elle comporte, dans le *Droit maritime*, de Cauchy. (Paris, Guillaumin, 2 vol. in-8°; 1862.)

ÉQUILIBRE POLITIQUE. On entend, en droit public, par cette dénomination, une organisation destinée à opérer, entre les nations qui font partie d'un même système, une distribution et une opposition de forces telles qu'aucun État ne s'y trouve en mesure, seul ou réuni à d'autres, d'imposer sa volonté, ni d'opprimer l'indépendance d'aucun autre État.

Une puissance n'étend pas son territoire, ne s'élève pas en force, et ne multiplie pas ses ressources, sans porter ombrage aux puissances voisines. Si son accroissement prend des proportions alarmantes, l'instinct de l'intérêt suffit pour porter les autres nations à se réunir, afin de s'opposer à la domination qui les menace. Ce fait, très simple, qui s'est produit dans tous les temps et dans tous les lieux, est le premier germe de la théorie de l'équilibre. L'idée qui s'en dégage est celle d'une association de plusieurs États contre l'accroissement d'un État devenu dangereux ; mais une association passagère, en un péril actuel, et tant que dure ce péril. Si l'on suppose que l'association prenne plus d'étendue, en ce qu'au lieu d'être une ligue de certains États contre un autre, elle réunisse un système d'États dans une entente commune, — plus de durée et plus de consistance, en ce qu'au lieu d'être passagère, elle adopte un caractère permanent et qu'elle tende, non pas seulement à défendre contre l'ambition d'un seul chacun des États ainsi réunis en système, mais à établir et à garantir entre eux tous un tel balancement de forces qu'ils se trouvent maintenus en repos : on aura une seconde forme de la même idée, beaucoup plus avancée que la première, et dans laquelle on aperçoit déjà clairement la théorie de l'équilibre.

Il ne serait pas exact de dire, selon les expressions de Sully (*Œconomies royales*, ou *Mémoires de Sully*, collection Petitot, t. VII, p. 94), que cette pondération consiste à rendre tous les potentats « à peu près d'une mesme égalité de puissance, royaume, richesses, estendue et domination », elle tend bien plutôt, suivant un mémoire du comte d'Hauterive, fait par ordre du premier consul, « à balancer les devoirs et les droits respectifs d'un grand nombre d'États inégaux en force, et en relation plus ou moins immédiate les uns à l'égard des autres ». (*De l'état de la France à la fin de l'an VIII*, p. 36.) C'est, en effet, dans l'efficacité de la garantie commune, dans cet arrangement qui fait que chaque force du système sera équilibrée, au besoin, par la résultante de toutes les autres, en un mot, c'est dans le droit sur lequel repose l'association que se trouve le balancement des inégalités de faits.

L'idée de l'équilibre peut se concevoir appliquée à différents groupes d'états reliés ensuite en un grand système, de telle sorte que chaque équilibre partiel devienne un élément de l'équilibre général : l'équilibre entre les anciens États de l'Italie, entre les États d'Allemagne, l'équilibre du Nord, l'équilibre de l'Europe, l'équilibre en Amérique, l'équilibre du monde. Cette même idée peut avoir pour objet les forces, de nature diverse, qui constituent la puissance des États : de là, l'équilibre militaire, commercial, industriel, financier, l'équilibre de population, l'équilibre territorial — continental ou colonial — l'équilibre maritime. Mais c'est surtout le territoire qui entre communément en majeure considération dans les théories ou dans les questions pratiques de l'équilibre. En effet, le territoire, l'un des principaux instruments de la puissance des nations, est un élément physique, matériel, susceptible de mesure et de limitation extérieures, tandis que les autres forces tiennent surtout à des causes morales ou à des faits intérieurs. C'est donc l'équilibre territorial que nous avons à examiner ici.

La politique d'équilibre se présente sous sa première et sa plus simple forme, celle de la résistance à une puissance qui s'accroît d'une manière alarmante, et qui menace les autres de sa domination, durant trois périodes bien remarquables de l'histoire européenne :

Contre la maison d'Autriche, parvenue héréditairement au trône d'Espagne et à l'empire d'Allemagne, depuis Charles-Quint jusqu'à Philippe IV, pour la branche espagnole, et depuis Charles-Quint jusqu'à Ferdinand III, pour la branche allemande ;

Contre la maison de Bourbon, sous Louis XIV ;

Contre Napoléon, au temps de la République et de l'Empire.

C'est la politique de résistance aux accroissements démesurés et aux aspirations dominatrices de la maison de Habsbourg, qui motive les guerres de François Ier contre Charles-Quint, et celles qui ont suivi, notamment la guerre de Trente ans ; cette période se termine par la paix de Westphalie, en 1648.

Dans tous ces événements, l'antagonisme de de la maison de Bourbon et de la maison d'Autriche, en Espagne et en Allemagne, est bien posé. Le duc de Rohan, dans son ouvrage si renommé sur *les Intérêts des princes*, dédié au duc de Richelieu, et composé en 1633, pendant l'espèce d'exil que le roi lui avait imposé à Venise, résume ainsi la politique de ces temps : « Il faut poser pour fondement qu'il y a deux puissances dans la chrétienté, qui sont comme les deux pôles, desquels descendent les influences de la paix et de la guerre sur les autres États, à savoir, les maisons de France et d'Espagne. Celle d'Espagne, se trouvant accrue tout d'un coup, n'a pu cacher le dessein qu'elle avait de se rendre maîtresse, et de faire lever en Occident le soleil d'une nouvelle monarchie. Celle de France s'est incontinent portée à faire le contre-poids. Les autres princes se sont attachés à l'une ou à l'autre, selon leurs intérêts. » (Préface des *Intérêts des princes*. Cologne, 1656, in-12.) A cette époque, on parle fort peu des peuples, beaucoup des princes : on traite des *intérêts des princes*, des *maximes des princes* ; on ne dit pas les *droits*, mais les *intérêts* : « Les princes commandent aux peuples, et l'intérêt commande aux princes, » écrit le duc de Rohan, en tête de son ouvrage. La politique de l'équilibre n'est alors ouvertement qu'une politique d'intérêts ; elle n'a pas encore été érigée en théorie de droit.

La seconde période est également occupée par des efforts de résistance contre une ambition d'agrandissement devenue menaçante pour les États voisins. Le danger n'est plus dans la maison d'Autriche, il est dans la maison de France ; au lieu de Charles-Quint et de ses successeurs, celui qui alarme l'Europe c'est Louis XIV. « François Ier avait péniblement lutté contre la maison d'Autriche, dit Mignet ; Henri IV avait triomphé de ses attaques ; Richelieu et Mazarin l'avaient abaissée ; il ne restait plus qu'à la déposséder. C'est ce que fit Louis XIV. » (*Négociations relatives à la succession d'Espagne*,

Introduction, t. I, p. LIII.) A la fin de cette période, en effet, au lieu de la maison d'Autriche, occupant à la fois le trône d'Espagne et le trône impérial d'Allemagne, c'est la maison de Bourbon qui est arrivée à la fois sur le trône de France et sur le trône d'Espagne; le système de l'équilibre européen, cependant, s'est développé, s'est fortifié comme principe de droit des gens conventionnel : et la lutte se termine par une nouvelle et grande réalisation pratique de ce système, à la paix d'Utrecht (1713).

Il faut traverser l'espace de près de quatre-vingts années, pour retrouver, dans les événements européens, ce même caractère de coalition d'États contre le danger d'une puissance dominante qui s'élève et qui marche ostensiblement à une suprématie générale sur toutes les autres. Il est vrai que la première coalition contre la France (celle de 1791) était fondée sur une prétention d'intervention dans les formes intérieures du gouvernement. Mais lorsque les armées de la République, en retour de cette agression, commencèrent à prendre l'offensive, et surtout à mesure que Bonaparte détruisait totalement l'état de possession résultant des traités de Westphalie et d'Utrecht, par ses victoires successives, par les changements de dynasties et par le système des États fédératifs se reliant à l'empire français, la lutte reprit le caractère de la résistance des diverses puissances à une domination menaçante pour elles toutes. Nous n'insisterons pas davantage sur les événements si rapprochés de nous, qui aboutissent aux traités de 1814 et de 1815.

Telles sont les trois périodes, résumées chacune dans l'un de ces trois noms, Charles-Quint, Louis XIV, Napoléon, durant lesquelles la politique de l'équilibre se manifeste en sa forme la plus simple, la plus énergique, celle d'une résistance commune contre une domination menaçante : c'est à la suite de ces guerres, et comme conséquence des pacifications qui y mettent fin, que se produit la seconde forme sous laquelle apparaît la théorie de l'équilibre international.

Cette seconde forme dont le caractère distinctif est celui d'un accord, d'une sorte d'association générale entre les puissances pour la constitution et pour la garantie en commun d'un certain état de possession territoriale conventionnellement réglée, a reçu, dans le droit des gens positif de l'Europe, trois grandes réalisations : la première, dans les traités de Westphalie (en 1648); la seconde, dans les traités d'Utrecht (en 1813), et la dernière, dans les traités de 1815.

Mais, avant la première de ces réalisations, se rencontrent les projets de Henri IV et de Sully, qui, trop facilement peut-être, ont été quelquefois qualifiés d'utopies. Le « ravalement » de la faction espagnole, la pacification des guerres de religion, la nécessité, « pour en advancer l'effet », d'une association entre tous les États « qui avoient ou estoient pour avoir appréhension de l'avidité insatiable de

la maison d'Autriche », avaient fait la préoccupation constante de Henri IV. Depuis l'année 1589, il ne s'en était jamais départi ; des intelligences avaient été établies, à diverses reprises, par ce roi avec d'autres princes ; des résolutions avaient été convenues, en 1603, entre ses délégués et ceux des souverains d'Angleterre, de Danemark et de Suède ; des députés, agents et négociateurs, avaient été envoyés, par toute l'Allemagne, de 1608 à 1609, avec des instructions générales. Par suite des démarches de ces agents, il s'était fait, à découvert, une assemblée, à Hall, en Souabe, de dix-huit ou vingt princes, liés d'amitié avec Henri IV. « On formerait une confédération de rois, princes et États ; et les confédérés auraient pour agréable qu'elle fût nommée l'association très-chrestienne ; on choisirait les trois sortes de religion de plus esgale étendue dans la chrestienté d'Europe et l'on trouverait des expédients pour les faire compatir et vivre pacifiquement ensemble ; l'Empire serait remis en ses droits et privilèges, les électeurs reprendraient leur libre suffrage, et il ne serait jamais élu deux empereurs d'une même maison tout de suite ; l'Autriche serait restreinte, pour ses dominations héréditaires en Europe, au seul continent des Espagnes et aux isles voisines ; les possessions dont elle serait réduite seraient distribuées suivant les bases convenues, et les limites des diverses puissances de l'association chrestienne déterminées par accord entre les confédérés. » (Œconomies royales de Sully, collection Petitot, t. VIII et IX.) Ce sont *les hauts et magnifiques desseins du roi*, comme les appelle Sully. Il est vrai que ce ministre, à qui Henri IV confiait ses projets et remettait le soin d'en organiser les détails, ainsi que les moyens d'exécution, allait plus loin que son souverain dans cette organisation. La confédération projetée devait recevoir « un establissement universel et perpétuel dans l'Europe, sous le titre de *Respublique très-chrestienne* », elle devait comprendre quinze dominations, dont cinq royales électives : le Pape, l'Empereur et les rois de Pologne, Hongrie et Bohème ; six royales héréditaires : celles de France, Espagne, Angleterre, Danemark, Suède et Lombardie, nouveau royaume qu'on érigerait pour le duc de Savoie, et enfin, quatre en forme de république : celle de Venise, une autre, qui serait composée des duchés de Gênes, Florence, Mantoue, Parme, Modène, et divers petits États souverains d'Italie, celle des Suisses, considérablement agrandie, et celle des dix-sept provinces des Pays-Bas. Entre toutes ces dominations, il devait être posé « des limites si certaines et si bien ajustées, que nulle des quinze ne pût entreprendre d'outrepasser icelles, sans s'attirer l'attaquement des autres quatorze sur les bras ». Sully y entrevoyait déjà : la liberté de conscience individuelle, entendue dans le sens de l'exercice libre et public de trois sortes de religion seulement, la romaine, la protestante et la réformée ; la liberté de commerce, la liberté de la navigation et la liberté de la mer ; enfin, indépendamment d'un certain nombre de conseils particuliers, un conseil général, « composé avec esgalitez proportionnelles des quinze dominations, » serait perpétuel arbitre souverain, pour les intérêts communs et pour les contestations. Au tableau de sa république générale, le ministre de Henri IV ajoutait ce dernier trait : « que toujours pacifique avec tous les chrestiens, elle devoit estre toujours militante avec les infidèles, et entretenir contre ceux-ci une guerre continuelle, afin de recouvrir ce qu'ils avoient usurpé dans l'Europe, voire de passer outre, si les heureux progrez en faisoient naistre l'opportunité. » (Œconomies royales.)

Comme on le voit, les plans de Henri IV ouvraient, par anticipation, une théorie de l'équilibre politique sous forme d'association entre les Etats, avec répartition des territoires arrêtée en commun dans un système de contrepoids et d'intérêt général et sanctionnée par la garantie de toutes les puissances. Poussée jusqu'à ses dernières limites, cette théorie aboutissait à des projets de pacification générale et perpétuelle, remis au jour, plus tard, par l'abbé de Saint-Pierre, sous le titre de Projet de paix perpétuelle proposé autrefois par Henri le Grand ; puis par J.-J. Rousseau, sous celui de Projet de paix perpétuelle de M. l'abbé de Saint-Pierre, puis par Bentham, par d'autres écrivains secondaires, et finalement entrés aujourd'hui, avec plus d'expansion, dans les préoccupations théoriques de plusieurs esprits. (Voy. **Paix perpétuelle.**)

Des projets ainsi préparés par Henri IV et par Sully aux traités de Westphalie, la transition n'est pas sans lien logique. Ce qu'on trouve dans ces traités, c'est, au fond, une réalisation partielle de celles des idées de Henri IV qui tenaient le plus étroitement aux nécessités générales de l'époque : un accommodement et des garanties d'égalité, en Allemagne, pour l'exercice des trois religions qui avaient été en si longue lutte ; une détermination mieux assurée des droits des Etats de l'Empire, dans leurs relations surtout avec l'empereur ; une réduction de la puissance autrichienne, dans la maison espagnole et dans la maison allemande ; la reconnaissance par cette dernière puissance de la république de Hollande et de la république des Suisses, fondées et depuis longtemps affermies toutes les deux en affranchissement de sa domination ; certains arrangements, certaines concessions territoriales en Italie, principalement en faveur du duc de Savoie ; jusqu'à la pensée de prévenir désormais les guerres et de faire terminer les différends à venir par la voie d'une aimable composition. Mais le fait capital, c'est une discussion préalable, entre les plénipotentiaires des principales puissances européennes, embrassant un grand ensemble de questions internationales, premier exemple des congrès ou conciles diplomatiques ; c'est le caractère d'un accord, déterminant par des stipulations précises certains liens d'existence et de coordination communes entre les Etats et l'Europe; engagement qui fait une affaire générale de toute affaire particulière touchant au maintien de ces stipulations, et qui, de cette manière, a fait entrer pour la première fois les conditions de l'équilibre politique dans la voie d'un système conventionnel organisé par des traités, et assis sur le principe d'une sorte d'association permanente entre les Etats.

Aussi considère-t-on avec raison les traités de Westphalie comme le fondement du droit des gens positif en Europe, et l'on prend cette pacification pour point de départ des progrès successifs de ce droit. Il est à remarquer que c'est également de la même époque que datent les relations diplomatiques régulièrement suivies et l'usage des légations ou des ambassades permanentes entre les puissances.

Toutefois, cette première réglementation d'un certain équilibre territorial et politique n'avait pas l'étendue et le caractère d'unité que comporte un pareil système. D'une part, plusieurs puissances européennes restaient en dehors : la Russie n'était pas encore entrée dans le mouvement général des affaires; la Prusse était trop peu de chose alors pour y figurer autrement que d'une manière secondaire et passive; l'Angleterre s'était tenue à l'écart, le pape avait protesté; le Grand Seigneur n'était pas compris dans l'ensemble de la chrétienté. D'autre part, l'arrangement ne s'opérait point par un traité unique et général, mais il se décomposait en divers traités séparés : traité entre l'Espagne et la Hollande, du 30 janvier 1648, à Münster, qui n'est pas compté diplomatiquement dans ce qu'on nomme la paix de Westphalie, quoiqu'il en soit un prélude important ; traité entre la Suède, l'empereur et les Etats de l'Empire, du 24 octobre 1648, à Osnabrück, première partie de la paix de Westphalie ; enfin, traité entre la France, l'empereur et les Etats de l'Empire, du 24 octobre 1648, à Münster, seconde partie de la paix de Westphalie. Cette pacification ne fut même pas générale : l'Espagne et la France restèrent en état de guerre jusqu'à la paix des Pyrénées (7 novembre 1659), qui se relie ainsi comme un complément aux traités de Westphalie; ceux-ci avaient pacifié l'Allemagne et le Nord, celui-là pacifie le Midi.

La seconde réalisation du système d'équilibre conventionnel fut celle des traités d'Utrecht. Le cours des événements politiques, et surtout l'ouverture de la succession à la couronne d'Espagne, vacante par l'extinction de la dynastie espagnole-autrichienne, avaient dérangé l'équilibre des traités de Westphalie et nécessitaient un nouvel arrangement de puissance et de territoire. Mais l'empereur Joseph Ier étant mort (17 avril 1711), laissant pour successeur à l'Empire son frère, l'archiduc Charles, le compétiteur même de Philippe d'Anjou, l'appréhension de voir renaître la puissance de Charles-Quint par la réunion de la couronne d'Espagne aux possessions de la maison d'Autriche et à l'Empire d'Allemagne était d'une bien plus haute considération pour l'Europe que l'élévation d'une branche cadette de la maison Bourbon, alors que la France venait d'être si considérablement affaiblie. Entre ces deux dangers, la politique d'équilibre n'avait pas à hésiter : il lui suffisait seulement de prendre des précautions pour empêcher dans l'avenir la réunion des couronnes de France et d'Espagne, et pour amoindrir dès à présent ces deux puissances, en fortifiant, par la distribution des territoires qui leur étaient enlevés, les États plus spécialement destinés à leur faire contre-poids. Tel fut l'esprit des diverses dispositions contenues aux traités d'Utrecht. La préoccupation d'un nouvel équilibre à établir domine la situation. Depuis l'époque des traités de Westphalie l'idée s'est développée et consolidée dans la pratique internationale. Cette préoccupation apparaît clairement dans la correspondance du ministre anglais, lord Bolingbroke, dans les conférences préparatoires, ainsi que dans les actes de renonciation réciproque du roi d'Espagne et des princes de France à leurs droits éventuels de succession sur la couronne de l'autre pays. (*Voy.* Bolingbroke, *Lettres and correspondance*, et les *Renonciations du roi d'Espagne, du duc d'Orléans et du duc de Berry*, dans Dumont.)

Cependant la paix d'Utrecht ne se présente pas encore sous la sanction d'un traité général entre les puissances. Elle se décompose en deux séries de traités divers : ceux de Louis XIV avec la Grande-Bretagne, avec les États généraux de Hollande, avec le Portugal, avec la Prusse, avec la Savoie, signés le même jour, 11 avril 1713, à Utrecht; et ceux du roi d'Espagne, Philippe V, avec ces mêmes puissances, dont la conclusion n'eut lieu que plus tard et à des époques différentes. Le lien commun réside surtout dans les stipulations de l'Angleterre qui signe le traité principal de pacification, soit avec Louis XIV, soit avec Philippe V, et qui prend sous sa garantie les engagements particuliers faits avec les autres puissances. L'empereur continue la guerre, sa paix est faite par les traités de Rastadt et de Bade, avec la France, en 1714, et plusieurs années après, avec le roi d'Espagne.

Les différences entre les traités de Westphalie et ceux d'Utrecht, tant dans le personnel des parties contractantes que dans l'objet même des stipulations, sont dignes de remarque. A la tête des États coalisés, lors de la paix de Westphalie, marchaient la France et la Suède, l'Angleterre était à l'écart; à la paix d'Utrecht, la Suède ne figure plus, c'est l'Angleterre qui mène les négociations, et c'est sous la garantie prépondérante de cette puissance, désormais placée au niveau de la France et de l'Autriche dans la balance de l'Europe, que se rétablit le nouvel équilibre. Louis XIV y reconnaît le droit héréditaire de la dynastie de Nassau ; Frédéric de Prusse y paraît avec son nouveau titre de roi ; le duc de Savoie, Victor-Amédée, y reçoit le royaume de Sicile que, sept ans après, il fut obligé d'échanger contre le royaume de Sardaigne, et y prend dès lors le titre de roi, qu'Henri IV avait voulu faire donner à son aïeul. Quant aux intérêts des trois religions, admises sur le pied de l'égalité de droit en Allemagne, et à ceux des États de l'empire germanique dans leurs relations avec l'empereur, il n'en est plus question. Mais, sous la politique de Louis XIV, la France a perdu la position de protectrice de ces deux intérêts ; ce rôle passe à la Prusse qui, à l'avenir, tiendra en échec la maison d'Autriche dans les affaires d'Allemagne. Enfin, la Grande-Bretagne obtient des possessions coloniales importantes, et se hâte de conclure, à la faveur de l'influence qu'elle a prise dans les négociations des traités de commerce et de navigation avec diverses puissances : on se préoccupe de l'équilibre territorial, on ne voit pas la domination maritime et commerciale qui se prépare.

La dernière application du système de l'équilibre réglé par un accord commun entre les puissances, et en même temps l'application la plus absolue, la plus générale qui en ait été faite jusqu'à ce jour, est celle des traités de 1814 et de 1815. Sans entrer dans l'examen des événements accomplis depuis la paix d'Utrecht jusqu'à cette époque, remarquons seulement que la Russie avait eu son Pierre le Grand, comme la Prusse son Frédéric, et que l'équilibre de l'Europe avait à s'établir entre cinq grandes puissances : la France, la Grande-Bretagne, l'Autriche, la Prusse et la Russie, avec l'accessoire des puissances secondaires; au nombre de ces dernières étaient tombées l'Espagne, la Suède et la Hollande. (L'Italie était alors une expression géographique.)

Les arrangements de 1814 et de 1815 résultent de trois séries d'actes principaux :

1° Les traités de Paris du 30 mai 1814, quatre traités identiques, suite de la victoire des puissances coalisées et de la première Restauration, conclus par actes séparés, entre le roi de France, Louis XVIII, et chacune des quatre grandes puissances, l'Autriche, la Russie, la Grande-Bretagne, la Prusse, stipulant pour elles et pour leurs alliés. L'article 32 de ces traités renvoyait les arrangements complémentaires à un congrès général de toutes les puissances, qui s'ouvrirait à Vienne dans le délai de deux mois.

2° L'acte final du Congrès de Vienne du 9 juin 1815, dont les dernières résolutions avaient été précipitées par la nouvelle du retour de Napoléon en France et par les événements des Cent-Jours avec tous les traités, conventions, déclarations, règlements et autres actes particuliers, joints comme annexes à cet acte final.

3º Les traités de Paris, du 20 novembre 1815, suite de la nouvelle victoire des puissances coalisées et de la seconde Restauration, quatre traités identiques, plus rigoureux pour la France que les précédents, conclus également entre le roi Louis XVIII et chacune des grandes puissances coalisées, la Grande-Bretagne, l'Autriche, la Prusse et la Russie, qui stipulaient pour elles et pour leurs alliés.

De tous ces documents, celui qui reste avec un caractère principal et constitutif entre les États de l'Europe est l'état final du Congrès de Vienne : les traités de Paris de 1814 en avaient arrêté les bases ; ceux de Paris de 1815 en ont modifié les dispositions relativement aux nouvelles réductions de territoire imposées à la France ; mais le règlement principal est dans l'acte du Congrès. Cet acte est bien plus complet que ne l'avaient été ceux qui, déjà deux fois, avaient constitué les grands arrangements territoriaux de l'Europe : quant au personnel des parties contractantes, à l'exception de l'empire ottoman, toutes les puissances européennes, même du second ordre, y étaient représentées. Toutefois, les délibérations et les résolutions générales furent confiées à un comité composé de cinq grandes puissances et de trois puissances secondaires, l'Espagne, le Portugal et la Suède. Quant à la forme du contrat, l'acte final du Congrès est un acte général et commun, signé entre toutes les puissances, par conséquent formant obligation réciproque pour chacune d'elles envers toutes les autres, différence profonde, comparativement à la forme de traités distincts, quoique analogues ou identiques, signés séparément entre les diverses puissances, comme il fut fait à la paix de Westphalie et à celle d'Utrecht.

Enfin, quant à l'étendue, et quant à la nature des dispositions, l'acte final embrasse l'Europe entière : le système de Westphalie et celui d'Utrecht étaient détruits, il refait un nouveau système territorial, non seulement pour quelques États, mais pour tous ; c'est le plus grand ensemble de dispositions relatives au règlement des limites et des territoires qui ait jamais eu lieu par traité. Indépendamment des questions territoriales, l'acte final du Congrès de Vienne règle, pour certains pays, des questions d'organisation ou de constitution intérieure, dont l'exemple le plus notable est celui de la *Confédération germanique;* et, sous le titre de *Dispositions générales,* il fait entrer dans le droit public conventionnel certains principes généraux pour la libre navigation des rivières, pour l'abolition de la traite des nègres, et même un règlement sur le rang entre les agents diplomatiques, matière délicate, qui plus d'une fois avait amené de sérieuses difficultés.

Mais si les traités de 1814 et de 1815 peuvent être justement considérés comme fermant, dans ces conflits extérieurs, la période de la révolution française, dont ils sont, sous ce rapport, la conclusion, ils ont cependant laissé subsister des causes importantes de dissolution dans l'œuvre d'arrangement international qu'ils tentaient d'accomplir. Plus préoccupés de l'équilibre des forces matérielles et des restaurations dynastiques que de la souveraineté des nations, les plénipotentiaires du Congrès de Vienne ont mesuré les territoires et dénombré les habitants, sans tenir un compte suffisant des affinités ou des répulsions naturelles des populations ; ils ont, dans un but même de pacification, réglé des questions intérieures qui ressortent exclusivement de la souveraineté de chaque peuple. Le triple partage de la Pologne, exécuté en violation et au nom des principes de l'équilibre, bien qu'attaqué dans le Congrès, n'en a pas moins été consacré dans le règlement définitif des territoires européens, injustice qui a encore été augmentée par la réunion des provinces polonaises comme partie intégrante de l'empire russe en 1832 et par l'absorption de Cracovie dans l'empire d'Autriche en 1846.

Aussi, les effets de ces vices d'organisation n'ont-ils pas tardé à se manifester, et la diplomatie moderne, se rapprochant davantage des saines idées du droit des gens, a-t-elle dû admettre plusieurs des conséquences issues de ces manifestations et s'habituer à accorder une plus large place au principe de la souveraineté nationale. Ainsi, les Bourbons ne règnent plus en France, les événements accomplis en Italie de 1859 à 1870 ont emporté d'autres familles restaurées en 1815 et ont renversé la domination temporelle du pape ; la Belgique s'est séparée des Pays-Bas, l'Autriche a perdu ses provinces italiennes, et les populations de la Savoie ont été réunies à la France ; les cantons suisses ont augmenté leur cohésion en donnant plus de force au pouvoir du gouvernement central, l'Allemagne a établi son unité et s'est approprié par la conquête l'Alsace et une partie de la Lorraine. D'autres changements, destinés à réagir sur l'Europe, ont eu lieu ou se préparent dans l'Orient qui, il est vrai, n'avait pas été compris dans les arrangements de 1815 : la France possède l'Algérie, la Grèce s'est affranchie de la Turquie ; l'Égypte, mais surtout la Roumanie et la Serbie, ont conquis une situation indépendante.

Cependant, il n'en est pas moins exact de dire que ce sont les traités de Westphalie, d'Utrecht et le Congrès de Vienne qui déterminent l'état territorial actuel de l'Europe : depuis la pacification de 1648, la politique a placé de plus en plus sous l'invocation des principes de l'équilibre ses négociations relatives à des contestations, à des pertes ou à des acquisitions de territoire, et lorsque aujourd'hui s'agitent des questions de la même nature, on s'appuie sur ces grands actes internationaux, car c'est dans leurs stipulations, complétées par les traités moins importants qui s'y relient, qu'il faut chercher les principaux titres de propriété ou de possession des diverses puissances.

On vient de voir comment la théorie de l'équilibre s'est établie, en fait, dans le droit des gens positifs : que doit-on penser de ces principes si on les dégage du mobile de l'intérêt politique pour les juger en se plaçant exclusivement au point de vue du juste et de l'injuste?

Malgré les hésitations et les divergences à ce sujet, on peut dire que, jusqu'aux traités de 1815, les publicistes jurisconsultes ont paru généralement peu disposés à ériger en droit la théorie de l'équilibre. Grotius, dans son traité *du Droit de la guerre et de la paix*, écrit avant la pacification de Westphalie, réfute l'opinion de ceux qui prétendent que, selon le droit des gens, il est permis de prendre les armes pour affaiblir un prince ou un Etat dont la puissance croît de jour en jour, de peur que, si on la laisse monter trop haut, elle ne mette cet Etat en mesure de nuire dans l'occasion. Il avoue, néanmoins, que cette considération peut entrer comme motif déterminant dans la résolution de faire la guerre, si on a d'ailleurs une juste cause de prendre les armes. Puffendorf, dans son livre sur le *Droit de la nature et des gens*, publié avant les traités d'Utrecht, pense également que la crainte résultant de l'agrandissement d'un Etat voisin n'est pas une raison de guerre légitime, à moins qu'on n'ait une certitude morale des mauvais desseins formés contre nous. Le *Supplément à l'examen de conscience sur les devoirs de la royauté*, instructions écrites par Fénelon pour le duc de Bourgogne, contient un chapitre déjà plus explicite, il est vrai, sur les conditions de l'équilibre des nations, mais qui a surtout en vue de faire ressortir le danger de la monarchie universelle. C'est la préoccupation de l'époque, et c'est celle qui dicte les raisonnements principaux de Fénelon. Bynkershoek, dans ses *Quæstionum juris publici, libri duo*, qu'il publiait en 1747, s'élève avec énergie contre le système d'après lequel les princes disposeraient entre eux des royaumes et des richesses des souverains étrangères, en se fondant sur la raison d'Etat, qu'il définit avec le poëte : « *monstrum horrendum, informe, ingens, cui lumen ademptum.* » Si on lui cède une fois, toute discussion sur le droit public devient inutile. Vattel, qui écrivait onze ans plus tard (en 1758), après avoir examiné la question au même point de vue que ses devanciers, Grotius et Puffendorf, la résout dans le même sens, et consacre quelques paragraphes à ce qu'il appelle « cette fameuse idée de la balance politique ou de l'équilibre du pouvoir ». Il condamne les arrangements qui consisteraient à produire cet équilibre par une répartition de force à peu près égales, une pareille distribution ne pouvant se réaliser sans injustice et sans violence : mais, à son avis, il convient de recourir, suivant les cas, à des confédérations, à des interventions amicales, ou à des alliances défensives.

Après les traités de 1814 et de 1815, le système de l'équilibre ayant atteint, comme théorie pratique et comme droit conventionnel, la plus grande extension qu'il ait jamais eue, aucun publiciste de quelque valeur n'a pu écrire, depuis cette époque, sur l'ensemble du droit international, sans consacrer à ce système une attention spéciale. La tendance la plus commune a été de traiter les questions en droit positif, et, à cet égard, il faut bien reconnaître certains effets obligatoires que peuvent produire, entre les parties contractantes, les clauses régulières d'un traité. Mais, au point de vue de la science pure, la plupart des écrivains modernes ont maintenu les traditions précédentes, et refusé de voir, dans les principes politiques de l'équilibre, le caractère d'un droit rationnel et général.

Martens pose, en principe, le droit pour chaque Etat de s'agrandir par des moyens licites ; néanmoins, il admet comme un droit naturel la faculté, pour les autres Etats, de veiller au maintien d'un équilibre entre eux, et de s'opposer, même par les armes, soit à des agrandissements, soit à des affaiblissements de puissance, incompatibles avec cet équilibre. Pinheiro Ferreira, en annotant ce passage, attribue les divergences d'opinion sur la question de l'équilibre, à ce que chaque écrivain avait en vue un moyen d'agrandissement différent. Ce publiciste ne voit pas dans les faits qui donnent lieu à ces extensions une question d'équilibre, mais une question de justice ou d'injustice des moyens d'agrandissement, une question d'indépendance et de souveraineté de chaque Etat.

Schmalz, en se déclarant partisan du système de l'équilibre, ne s'appuie nullement sur des raisonnements de droit.

Klüber considère le système de l'équilibre comme n'étant point fondé dans le droit des gens, à moins qu'il ne soit établi par des conventions publiques, et il désirerait que ce mot équivoque fût banni du langage tant de la politique que du droit international.

Wheaton ne voit de limite au droit qu'a chaque Etat de s'agrandir par tous les moyens innocents et légitimes que dans le droit correspondant et égal des autres Etats, lequel dérive du droit de conservation. Lorsque l'agrandissement doit porter directement atteinte au droit des autres Etats, la limite est certaine et précise ; mais s'il s'agit seulement de craintes sur des dangers éventuels, c'est le cas des questions d'équilibre et d'intervention que Wheaton considère comme appartenant plutôt à la science politique qu'à celle du droit public. Néanmoins, il incline à penser que des craintes sérieuses et graves peuvent, dans des cas rares, donner naissance au droit, tout en repoussant, pour l'Amérique, les théories des puissances européennes à cet égard.

Suivant Heffter, l'équilibre politique consiste en ce qu'une seule nation ne peut s'écarter des principes de justice du droit international, sans s'exposer à l'opposition, non-seulement de l'Etat menacé, mais encore de tous les Etats qui font partie du même système politique. Il en résulte une sorte d'équilibre moral, d'où naît une grande sécurité pour l'observation des règles de justice entre les peuples; mais un équilibre matériel des forces relatives des différents peuples entre eux ne saurait exister.

Ces hésitations sur le droit de maintenir l'équilibre, les divergences d'opinion, à ce sujet, entre les hommes politiques et les publicistes, tiennent à ce que cette question est éminemment complexe. Elle se rattache d'un côté aux nécessités matérielles de l'organisation des nations et, de l'autre, elle touche à l'appréciation du juste et de l'injuste.

La première condition essentielle de l'existence des nations ou Etats, tels du moins qu'on les a conçus jusqu'à présent, c'est le droit de souveraineté extérieure ou l'indépendance, c'est-à-dire le droit en vertu duquel un Etat, existant par lui-même, ne reconnaît sur terre aucun pouvoir qui lui soit supérieur. L'exercice du droit d'indépendance de chaque puissance ne peut donc être contenu que par l'exécution, volontaire de sa part, des prescriptions du juste. Mais si, dans un conflit entre deux Etats, ils ne font pas la même appréciation de ces principes abstraits, ou s'ils ne redoutent pas de sacrifier la justice à leur intérêt ou à leurs passions, assumant devant Dieu toute la responsabilité de leurs actes, ils ne sont soumis dans le monde à d'autre loi qu'à celle de la force, à d'autre jugement que celui qui résulte du sort des armes. Telle est la conséquence inflexible que la logique tire du principe de l'indépendance des Etats : le sentiment abstrait du droit rationnel en est certainement très froissé, mais, à moins d'éterniser les calamités de la guerre, par l'absence de toute solution, il faut bien la considérer, en droit positif, comme une procédure et donner au résultat qu'elle amène l'autorité d'un règlement juridique.

Une autre conséquence du droit d'indépendance, c'est l'obligation pour chaque Etat de respecter la souveraineté intérieure des autres nations, et par conséquent d'admettre sans contestation leur constitution intérieure : quels que soient les vices d'organisation des pouvoirs publics dans un Etat, et quand bien même, soit par suite d'une civilisation arriérée, soit par toute autre cause, ces pouvoirs publics ne seraient vraiment pas l'expression sincère de la souveraineté intérieure de cet Etat, ils n'en doivent pas moins, extérieurement, tant qu'ils sont constitués, être tenus pour représenter légitimement ce même Etat dans ses relations avec les autres nations. Le sentiment du droit rationnel peut en être blessé, mais, à moins de se séquestrer des autres peuples ou de prétendre exercer sur eux un droit de souveraineté, il est absolument nécessaire, dans les rapports qu'on en-

tretient avec ces peuples, de les prendre tels qu'ils sont, avec leurs divers modes de gouvernement. Cette acceptation, en fait, des gouvernements établis, sous toute réserve des principes, est un des caractères propres et l'une des premières obligations de la diplomatie. Il en résulte que, selon les vices de constitution des Etats, à différentes époques, et en vertu même du principe international de l'indépendance de ces Etats, le droit positif a dû admettre, comme suffisamment justifiés extérieurement, des moyens d'agrandissement très peu conformes au droit rationnel, tels que successions, reversibilité, testaments, mariages, ventes, cessions personnelles, réunions imposées par des arrangements conventionnels, accessions obtenues par la fraude, etc., moyens qui se résument tous dans ce fait : violation de la souveraineté intérieure de l'Etat par les pouvoirs publics qui, seuls, au dehors, peuvent être l'expression de la souveraineté extérieure.

Il est facile de concevoir qu'en présence de la nécessité de s'en rapporter à la guerre pour décider des questions de droit, les nations attachent la plus grande importance à maintenir une pondération de forces entre les différents Etats, de peur que les plus forts ne se trouvent pas toujours être les plus justes. C'est cette organisation destinée à opérer un balancement de puissance entre les nations, dans l'intention de sauvegarder l'indépendance de chacune d'elles, qui constitue précisément ce que l'on appelle l'équilibre.

Voilà l'intérêt; mais l'intérêt de l'ensemble des nations à produire l'équilibre une fois démontré, peut-on justement contraindre une nation dans sa liberté d'extension, afin d'arriver à réaliser cet équilibre? Voilà la question de droit.

Examinons les différents cas qui se peuvent présenter.

Un Etat devient plus puissant par le développement de ses facultés et de ses ressources intérieures, parce qu'il croit en lumières, en science, en industrie, en population; pourra-t-on dire que les autres Etats aient le droit de venir poser une limite à cet accroissement intérieur et s'opposer, même par la force, sous prétexte d'un équilibre quelconque, à ce que cette limite soit dépassée? Non, sans doute. C'est à chaque peuple à suivre l'impulsion, à profiter de l'exemple donné, à s'efforcer de réaliser de semblables progrès. Le désir de l'équilibre peut être ici une cause d'émulation, il ne saurait être une cause légitime d'empêchement.

Les choses changeront-elles parce qu'il s'agira, non pas d'un développement de puissance intérieure, mais d'un accroissement extérieur? Supposons que cette extension ait lieu par des moyens entièrement légitimes, par exemple, par l'appropriation, la colonisation d'un territoire n'appartenant à personne par une cession libre et régulière, le droit des populations et la souveraineté de chaque peuple ayant été respectés; par une réunion de deux nations, conséquence de leur volonté collective : de quel droit les autres États viendraient-ils y mettre obstacle? Il est possible que leurs intérêts, que leur esprit de rivalité ou de jalousie en soient froissés; mais pas plus ici que dans le cas précédent, ils ne peuvent tirer de ces froissements seuls un droit d'opposition. C'est aux peuples qui craignent que ces progrès légitimes extérieurs, accomplis par d'autres puissances, ne les placent dans un état d'infériorité comparative de force, à puiser dans leur désir d'équilibre une impulsion vers des progrès semblables, de nature à les fortifier à leur tour légitimement. Le désir de l'équilibre peut encore être ici une cause d'émulation, mais ne saurait dégénérer en droit d'empêchement.

Si, au contraire, on suppose qu'il s'agisse d'un accroissement extérieur opéré par des moyens contraires à la notion du juste comme aux usages reçus dans le droit international, nul doute que tous les États n'aient le droit de s'opposer, par la force, à de tels agrandissements, du moment qu'ils jugent convenable ou utile pour eux de le faire, parce qu'ils ont le droit incontestable de prendre parti contre une violation du droit.

La considération de l'équilibre peut leur fournir un motif déterminant d'opposition, en même temps que la raison du droit justifie cette opposition; l'une constitue l'intérêt, l'autre la légitimité. Toutes deux, au lieu d'être en antagonisme, concourent ici au même but, la répression des injustices internationales.

Ainsi, si l'extension résulte de moyens légitimes, la raison du droit ne permet pas de s'y opposer, même dans un intérêt d'équilibre, et si l'accroissement est produit par des moyens injustes, le droit d'y mettre obstacle existe d'une manière absolue, le maintien de l'équilibre n'étant pas, dans ce cas, le fondement du droit, mais seulement une raison plausible de l'exercer.

On peut concevoir encore une troisième hypothèse plus délicate. Supposons un agrandissement résultant d'un de ces moyens qui, admis par les nécessités du droit positif, ne sont cependant pas conformes à l'idée rationnelle du droit; par exemple, s'il s'agit de guerre et de conquête : le motif de la guerre peut être légitime ou illégitime; nul État, s'il veut rester neutre, n'a le droit de juger du bien ou mal fondé des prétentions des États belligérants, car ce serait s'arroger sur eux un droit de souveraineté; cependant en résulte-t-il que ces États, parce qu'ils sont restés neutres, soient dans l'obligation de respecter les conséquences de la guerre, quelles que soient les modifications qu'elles amènent? Nous ne le pensons pas. La guerre n'est qu'un moyen imparfait de vider les contestations, moyen contraire au droit rationnel, qui n'est accepté, en droit positif, que faute d'un autre mode de solution. On est donc hors du véritable droit, et l'opposition des nations

dont l'intérêt d'équilibre se trouve lésé par les agrandissements de cette nature peut donc y mettre obstacle. On ne peut pas dire que ces agrandissements soient justes suivant le droit rationnel, on ne peut pas dire qu'ils soient injustes suivant le droit positif ; mais ce droit ne les admet que dans la mesure que viendront y apporter les considérations de l'équilibre. Il en serait de même s'il s'agissait d'extensions par suite d'héritages, mariages, ventes, cessions personnelles, ou autres moyens de réunion par suite desquels, en somme, la souveraineté intérieure des nations aurait été méconnue. Ces modes d'adjonction étant illégitimes au point de vue du droit rationnel, les nations qui auraient à en redouter les conséquences ont le droit de s'y opposer ; et bien que, suivant les temps et suivant les lieux, ils puissent être reçus en droit positif, ce dernier droit, en les acceptant, y appose toutefois une limite, celle de l'équilibre politique. Nous considérons donc, dans ces différents cas, le droit d'équilibre comme constituant un droit international coutumier, justifié par l'état imparfait des institutions publiques, et destiné à limiter des modes d'agrandissement ou de développement de puissance extérieure que l'usage admet, quoiqu'ils ne soient pas conformes aux vérités abstraites du droit rationnel. Le droit positif international, sanctionnant le moyen défectueux d'agrandissement ou de développement, sanctionne aussi le correctif.

En résumé, au point de vue politique, la réalisation d'un équilibre entre les puissances est un intérêt majeur en présence du principe de l'indépendance des nations; au point de vue du juste, on ne saurait puiser dans ce motif d'utilité le droit de maintenir l'équilibre en s'opposant aux progrès légitimes, intérieurs ou extérieurs des autres nations ; on peut justement produire l'équilibre : 1° par tous les moyens pacifiques résultant de semblables progrès intérieurs ou extérieurs ; 2° par tous les moyens de contrainte contre les agrandissements des autres nations opérés par des voies contraires à la justice et au droit international; 3° enfin, par tous les moyens de contrainte, même contre des agrandissements admis, dans d'autres cas, par le droit des gens positif, si, au point de vue du droit rationnel, ils sont véritablement injustes.

Il nous reste à parler de la force obligatoire d'une convention formelle et générale, consentie par les États qui forment un même système et établissant entre ces États une certaine distribution destinée à produire équilibre.

Certainement l'accord des puissances discutant et traitant ensemble amiablement pour résoudre les difficultés élevées entre elles et arrêter, de concert, un arrangement territorial placé sous la garantie commune, est une chose éminemment bonne et utile; — très certainement, le respect de la foi jurée, l'observation des contrats régulièrement formés, est au nombre des plus rigoureuses nécessités morales dans les relations internationales;

mais il ne faut pas perdre de vue qu'entre les Etats, de même qu'entre les particuliers, la convention ne peut pas tout. Sans entrer ici dans l'examen complet des conditions de validité des stipulations internationales, remarquons qu'une des conséquences du principe de l'inaliénabilité de la souveraineté des nations, tant extérieure qu'intérieure, c'est que tout engagement portant atteinte au droit de souveraineté est radicalement nul.

Il résulte de là que la convention intervenue entre un certain nombre de puissances, au sujet d'une distribution territoriale et d'un équilibre politique à établir sous leur garantie commune, ne peut faire obstacle, en droit rationnel, aux accroissements, aux adjonctions, aux affiliations fédératives, aux réunions ou aux séparations de territoires ou de populations, aux changements de gouvernement intérieur, qui pourraient plus tard s'opérer par l'exercice légitime du droit de souveraineté nationale, quelques modifications que ces événements apportassent à l'état primitif de distribution. C'est ainsi qu'un certain nombre de dérogations aux arrangements de 1814 et de 1815 ont dû être reconnues par les puissances européennes, comme nous l'avons fait observer plus haut.

Ces grands arrangements, conclus ordinairement à la suite de guerres générales, constituent un accommodement sur les difficultés présentes; ils déterminent, relativement à toutes les causes antérieures comprises dans la transaction, les droits actuels des parties, lesquels vont former désormais point de départ et devront être respectés comme tels; ils font passer dans le droit écrit et mettent sous la sanction du respect dû à un engagement international le droit naturel d'opposition à des extensions illégitimes; mais ils ne peuvent commander aux événements, arrêter les causes nouvelles et clouer l'avenir sur le *statu quo* qu'ils ont organisé. Les puissances contractantes qui ont garanti une constitution, un système fédératif, un certain état de propriété et de possession territoriales, sont autorisées, par cela seul, en droit des gens, à défendre l'état de choses qu'elles ont garanti, contre toute attaque qui viendrait du dehors, de la part de tierces puissances; mais elles ne sauraient transformer la défense au dehors en oppression au dedans, ni puiser dans les conventions aucun droit de violenter ou de gêner la souveraineté d'aucune puissance dans les choses qui dépendent du libre exercice de cette souveraineté. (*Voy.* **Garantie internationale.**)

En somme, le principe de l'équilibre des forces matérielles entre les Etats, nécessité par cette circonstance que c'est au moyen ou sous l'influence de ces forces que se terminent en définitive les conflits internationaux, est un principe utile au maintien, en fait, de l'indépendance des nations. Cependant, bon comme principe politique, s'il signifie que nul Etat ne doit prétendre à domi-

ner les autres, que tous doivent être modérés dans leur désir d'agrandissement; qu'ils ne doivent pas abuser de leur bonne fortune et de leurs victoires dans la guerre; que l'esprit de conciliation, d'arrangement conventionnel et de pacification en commun doit être propagé entre eux, il peut être facilement perverti si, déviant des limites du droit, il sert de prétexte et d'instrument à l'envie, à la jalousie, à la convoitise politiques; s'il est tourné l'envahissement en commun, vers le partage, concerté entre plusieurs, des territoires d'autrui; vers la sujétion des faibles à la ligue des forts; vers l'opposition aux actes légitimes des diverses souverainetés nationales; vers l'oppression des droits essentiels qui appartiennent à chaque peuple. (EUG. ORTOLAN.)

ÉQUITÉ. Dans la théorie pure, le droit et l'équité se confondent; le droit, considéré en lui-même, est ce qui est équitable, ce que le for intérieur regarde comme conforme à la justice. D'après Aristote, l'équité, c'est la modification qu'il faut faire subir à la loi dans l'application.

Néanmoins on oppose souvent l'équité à la justice et l'on désigne par la première de ces expressions cette justice plus humaine et plus concrète, qui procède moins des principes abstraits et des règles écrites que de l'inspiration directe de la conscience.

De même, on distingue entre le droit et l'équité quand on envisage le droit dans son application, c'est-à-dire comme l'ensemble des commandements dont le pouvoir judiciaire garantit l'observation ou réprime la transgression. En ce sens, l'équité peut être en contradiction avec le droit.

Lorsqu'une telle opposition se manifeste clairement, la loi doit être modifiée; mais il n'appartient jamais au juge de procéder de sa propre autorité à ce changement; il y aurait un péril social trop grave à lui permettre de s'abandonner aux inspirations de l'équité. Sans parler de l'influence des passions qui troublent ou obscurcissent l'intelligence, il suffit de considérer la différence des tempéraments et des caractères pour comprendre la nécessité d'une règle fixe, indépendante des opinions personnelles [1].

A ce point de vue, nous ne blâmerons point cette disposition du *Code Frédéric* (Prusse) : « Faisons défense aux juges, sous prétexte d'une équité qui n'a très souvent de fondement que dans leurs propres cerveaux, de former à leur gré des exceptions, des limitations ou des amplifications. » (1re partie, titre II, art. 7.)

Toutefois, précisément parce qu'elle a le mérite de la généralité, la règle légale, avec quelque soin qu'elle ait été tracée, peut ne pas s'appliquer également bien à toutes les espèces particulières ou même laisser cer-

---

1. *Voy.* l'écrit de Diderot intitulé : *Entretien d'un père avec ses enfants* ou *Du danger de se mettre au-dessus des lois.* Edition Guérin, t. Ier, p. 321.

taines hypothèses tout à fait en dehors de ses prévisions. En vue des cas où l'interprétation ne suffit pas, il convient que la sagesse du législateur laisse assez de liberté au juge pour qu'après s'être bien pénétré de l'esprit de la loi il trouve dans l'équité le supplément dont elle a besoin.

C'est dans cette pensée que nous semble conçu le paragraphe 7 de l'introduction au Code autrichien qui porte: « Lorsqu'une cause ne pourra être jugée ni d'après la lettre, ni d'après le sens naturel d'une loi, on examinera d'abord si elle ne trouverait pas sa solution dans les termes ou dans l'esprit d'une loi analogue; mais si cette ressource manque encore, on devra appliquer les principes du droit naturel, en pesant mûrement toutes les circonstances de la cause. »

Le Code Napoléon n'a pas fait à l'équité un appel aussi direct; le projet de code rédigé par MM. Tronchet, Portalis, Bigot-Préameneu et Malleville contenait une disposition portant: « Dans les matières civiles, le juge, à défaut de loi précise, est un ministre d'équité; l'équité est le retour à la loi naturelle ou aux usages reçus, dans le silence de la loi positive. » Cet article a été supprimé, et, selon nous, c'est avec raison qu'il l'a été; il suffisait d'avoir déclaré que le juge ne pourrait se dispenser de juger sous prétexte du silence, de l'obscurité ou de l'insuffisance de la loi.

Si le texte a parlé, le juge n'a qu'à le suivre; son équité particulière ne doit point prévaloir contre celle du législateur; si le texte est insuffisant, le juge, qui ne peut refuser de décider, doit le compléter, et, dans cette tâche, il a pour guide ses lumières et sa conscience; si le texte est muet, il devra le plus souvent repousser l'action. La mission du juge le mettrait sans cesse en présence de circonstances où il ne s'agirait nullement d'application de textes, qu'ainsi l'équité pourrait seule le diriger dans l'interprétation des conventions et des quasi-contrats. Dans ces cas et autres semblables, il a pris soin de circonscrire, par des dispositions particulières, le domaine considérable complètement abandonné aux magistrats, et dans ces limites il ne leur a pas marchandé la liberté d'appréciation.

Jusqu'ici nous n'avons envisagé l'équité que dans ses rapports avec la loi civile ou pénale, qu'elle complète ou qu'elle adoucit; son rôle est bien autrement important dans le droit international, car si, dans l'intérieur de chaque État, se trouve un pouvoir législatif qui constitue, par une déclaration expresse, le droit civil de cet État, et un pouvoir judiciaire qui interprète ce droit et l'applique aux particuliers, il n'y a pas, dans la grande société des nations, de pouvoir législatif, et il est impossible qu'il existe un code commenté par des décisions judiciaires. L'équité est donc appelée à régler seule, au moins le plus souvent, les rapports des nations entre elles. Dans l'application, elle ne se distingue pas de la morale internationale qui, tout en imposant aux nations des maximes analogues à celles qui règlent la conduite morale des particuliers, ordonne de rechercher par quels moyens elles peuvent, dans leurs rapports mutuels, contribuer le plus efficacement au bonheur des hommes.

ÉQUIVOQUE. L'équivoque joue un certain rôle en politique, mais ce rôle est loin d'être beau. Il est l'allié de la faiblesse et du scepticisme, ou plutôt de la faiblesse qu'aucune conviction ne soutient. L'équivoque n'est donc pas un moyen efficace pour donner de la solidité, de la durée à un gouvernement; tôt ou tard l'équivoque se résout en un malentendu, qui, à son tour, dégénère en hostilité et en haine mêlée de mépris.

ESCLAVAGE. L'esclavage est le droit de propriété d'un homme sur un autre homme, sur sa famille, sur sa postérité et sur les produits de son travail.

Il n'y a pas d'injustice plus révoltante, et cependant il n'est pas de fait plus répandu. L'esclavage est aussi ancien que la guerre, dont il dérive. Il a été souvent combattu par la religion et par la philosophie, non sans succès, mais la victoire n'est pas assez complète.

Dans l'antiquité, l'esclavage est partout le régime du travail. On le trouve à Rome, en Grèce, en Égypte, en Assyrie, dans les Gaules, chez les Germains et, dit-on, jusque chez les Scythes; il se recrute par la guerre, par la vente volontaire, par la captivité pour dettes, puis par l'hérédité. Il n'est pas partout cruel, et dans la vie patriarcale, il se distingue peu de la domesticité; dans quelques pays pourtant, c'est de la domesticité des bêtes de somme qu'il se rapproche; on est révolté de l'insensibilité brutale avec laquelle un Aristote, un Varron, parlent des esclaves [1]; on est encore plus révolté de la manière dont ils sont traités par les lois. Ces hommes, qui ont la même race, la même intelligence, la même couleur, que leurs possesseurs, on les déclare incapables de posséder, d'agir en justice, de se défendre, en un mot, de se conduire comme des hommes, dans aucune des circonstances de la vie. Il n'y a que la loi du peuple hébreu qui contienne des adoucissements et tempère la servitude par l'humanité; elle n'admet l'esclavage qu'à temps, semble-t-il. Sans doute, on peut citer quelques paroles d'Euripide ou de Térence, d'Épictète ou de Sénèque, colorées d'une piété plus tendre et laissant voir le cœur; on trouve aussi, soit dans les lois grecques ou romaines, soit dans les monuments, les inscriptions, les épitaphes que nos contemporains ont si soigneusement étudiés; on trouve, dis-je, la preuve que les affranchissements individuels furent nombreux et inspirés, surtout au moment de la mort, par des motifs religieux. Mais le fait brutal

---

1. Voir l'ouvrage de M. Wallon : *l'Histoire de l'esclavage dans l'antiquité.*

n'est pas contestable. Le mal l'emporta sur le bien dans une mesure énorme ; la servitude demeura de siècle en siècle, de pays en pays, pendant l'antiquité tout entière, le fait universel, et la légitimité de la servitude, la doctrine universelle.

Aux rares et stériles protestations de quelques âmes élevées, le christianisme vint enfin ajouter le retentissement de sa grande voix. La fraternité des hommes, la dignité du travail, le devoir absolu de la perfection ; avec ces trois principes, revêtus de l'autorité de Dieu même, le genre humain entra dans une phase nouvelle, commença la grande bataille du bien contre le mal et fit reculer peu à peu tous les fléaux qui, dans le passé, régnaient sans partage. La servitude devait être au nombre des vaincus, mais ce ne fut pas sans un long et douloureux combat, qui, à l'heure présente, n'est pas même entièrement terminé.

Les savants travaux de M. Edouard Biot et de M. Janoski permettent d'affirmer que la servitude avait à peu près entièrement disparu de l'Europe chrétienne du dixième au treizième siècle ; mais l'on sait trop qu'à la suite de la découverte du nouveau monde le seizième et le dix-septième siècle ont vu renaître cette odieuse institution dans toutes les possessions coloniales des nations de l'Europe. Que dis-je ? Les rois très chrétiens de France, d'Espagne et d'Angleterre n'ont pas rougi d'apposer leur signature au bas de traités destinés à leur assurer le monopole de la vente et du transport de millions de créatures humaines. Un continent tout entier, l'Afrique, est devenu comme une mine en exploitation, chargée de fournir aux autres continents cette marchandise vivante, désignée dans les actes diplomatiques sous le nom de *tonnes de nègres,* comme on dit une tonne de charbon [1].

Le dix-neuvième siècle aura eu l'honneur de livrer à la servitude une guerre qui n'est point encore complètement terminée, mais qui a été signalée pourtant par de nombreuses et remarquables victoires.

La révolution est complète dans les idées. La morale avait parlé la première, toutes les sciences se sont peu à peu mises d'accord avec elle. La philosophie donne à tous les esclaves l'âme égale à la nôtre, que leur refusait peut-être Aristote. La physiologie déclare le noir et blanc, malgré d'importantes différences, membres de la même famille. L'histoire ne découvre plus entre les possesseurs et les possédés la trace d'aucune conquête légitime. Le droit ne reconnaît aucune validité à un prétendu contrat dont le titre n'existe pas, dont l'objet est illicite et dont les deux parties sont l'une sans libre arbitre, l'autre sans bonne foi. L'éthnologie élève à la hauteur d'une belle loi la différence radicale qui place dans le monde, au premier rang les races qui travaillent, et au dernier rang les races qui ignorent le travail. L'économie politique affirme la supériorité du travail libre

sur le travail forcé, et elle condamne tout ce qui prive l'homme de la famille. La politique et la charité, placées à des points de vue divers, acceptent la même conclusion : la charité, plus tendre, déteste l'esclavage, parce qu'il opprime la race inférieure ; la politique, plus haute, le condamne, surtout parce qu'il corrompt la race supérieure.

Ainsi complète dans les idées, la révolution ne tardera pas à être achevée dans les faits. Déjà il n'y a plus d'esclaves en Europe et en Amérique, il n'y en a jamais eu en Australie, il deviennent de plus en plus rares en Asie et en Afrique. Ce continent étant maintenant presque complètement dans la domination de l'Europe, le nègre sera bientôt aussi libre que le blanc.

ESPRIT DE PARTI. Il consiste dans la partialité, avec tout qui s'ensuit.

ESPRIT PUBLIC — I. — Il n'est pas toujours facile d'établir nettement la différence qui sépare deux synonymes, lorsque ces synonymes ont pour but d'exprimer deux variétés d'une même substance extérieure, ou deux emplois d'une même force matérielle, à plus forte raison lorsqu'ils ont pour but d'exprimer deux phénomènes abstraits, deux variétés d'une même opération de l'esprit, deux applications d'une même force invisible. L'esprit connaît les différences des faits intérieurs qui se passent en lui, distingue leurs plus délicates nuances ; mais malgré tous ses efforts, il ne peut constater ces nuances et ces différences que par des synonymes qui les nomment et les expriment plus qu'ils ne les expliquent. Aussi la plupart des hommes n'y regardent-ils pas de si près et ne prennent-ils les synonymes que comme les divers noms d'une seule et même chose, sans songer que l'objet qu'ils désignent peut bien être le même par la substance et la nature, mais qu'il n'est certainement pas le même par le mode et les attributs. C'est ce qui est arrivé particulièrement pour ces deux mots : *esprit public, opinion publique.* On les emploie indifféremment, sans bien regarder si l'application qu'on en fait est la véritable, de manière que c'est une sorte de hasard lorsqu'ils rencontrent leur acception légitime dans le discours. Il y a cependant entre eux une différence notable que nous allons essayer d'établir.

Constatons d'abord ce qu'ils ont de semblable. *Esprit public, opinion publique* désignent également une force morale, collective, générale, qui se dégage de chacun des individus qui composent une même société, échappe à l'empire de leurs passions, de leurs préjugés, de leurs intérêts, se rend indépendante et s'impose à ceux mêmes dont elle est sortie. Ces deux mots expriment ce qu'il y a de plus désintéressé et de plus général dans chacun de nous, ce qui établit entre les hommes le véritable lien social. Là s'arrête leur ressemblance.

[1]. Nous avons emprunté ce passage à un travail d'Augustin Cochin.

Leurs différences sont nombreuses, et pour les exprimer sommairement et d'une manière qui les rende aisément saisissables, je dirai : l'*esprit public* ou l'*esprit général* est la conscience d'une société, l'*opinion publique* n'est que sa voix.

L'*opinion publique* est variable, sujette à l'erreur, prompte à la passion, et partage jusqu'à un certain point les préjugés et les intérêts des divers individus dont elle émane. Son désintéressement n'est jamais si bien dégagé des influences individuelles qu'on ne puisse sentir qu'elle est une force formée par agrégation et retrouver les diverses parties dont se compose ce tout collectif. Elle admet, comme les intérêts et les passions, des groupes, des partis, des coteries. Elle n'est presque jamais unanime, et accepte les interprétations les plus diverses d'un même événement ou d'un même acte. Son caractère, c'est de juger les faits successivement et isolément, au jour le jour, empiriquement, à mesure qu'ils se déroulent devant elle, au lieu de les juger dans leurs relations avec les événements du passé et les événements possibles de l'avenir. Aussi est-elle à la fois prompte à s'indigner et prompte à se calmer, selon que le fait du lendemain dément ou contredit celui de la veille. Elle ne manque donc ni de générosité, ni de chaleur, mais elle manque essentiellement d'impartialité et de lumière.

L'*esprit public* ne connaît ni ces variations, ni ces intempérances, ni ces mélanges de préjugés et de désintéressement. Il est, dis-je, la conscience même d'une nation, et se compose des manières de voir invariables de cette nation sur la justice, l'humanité, l'intérêt collectif. Il est la partie tout à fait désintéressée de chacun de nous, celle sur laquelle nous n'avons aucun empire, sur laquelle nous pouvons nous attribuer le moins de droits, car elle n'est pas notre œuvre, elle résulte de la constitution même du caractère national. Nos pères nous ont légué cet ensemble de manières de voir qui constitue l'esprit public, comme ils nous ont légué leurs organes, la forme de leur crâne et la nature de leur tempérament. L'esprit public est donc indépendant de nous-mêmes, aussi ne redoute-t-il ni les réactions de la mode, ni les changements de régime politique. A quelques différences près, il reste à chaque époque ce qu'il a été dès l'origine, doublement immuable et par les grandes lois morales qui protègent l'existence des principes éternels de justice et d'humanité, et par les lois qui protègent la perpétuité des nations, des races, des familles, et qui assurent aux descendants l'héritage moral des ancêtres, comme elles leur assurent l'héritage physiologique du tempérament et de la chair...

La différence la plus considérable qu'il y ait entre l'esprit public et l'opinion publique, c'est que l'opinion publique est « active et loquace en tout temps », tandis que l'esprit public est presque toujours silencieux et calme. Il ne parle qu'à son heure et n'agit qu'à des intervalles très éloignés les uns des autres ; mais alors ses paroles ont un retentissement immense et ses mouvements ont des conséquences incalculables. L'opinion publique laisse presque toujours les citoyens d'un même pays partagés, même lorsqu'elle est ardente à l'excès et que les questions qu'elle agite sont d'un intérêt majeur : les mouvements de l'esprit public entraînent au contraire l'unanimité des citoyens. Tel fut, par exemple, le grand mouvement qui, à la fin du seizième siècle, porta Henri IV sur le trône de France et le fit triompher d'obstacles en apparence insurmontables ; tel fut le mouvement incomparable par son unanimité, sa générosité et sa hardiesse, qui entraîna la France en 1789 et la poussa tout entière à réclamer de ses gouvernants un nouvel avenir.

Il y a des mouvements de l'opinion publique qui sont très près de ressembler à des mouvements de l'esprit public, et quelquefois les contemporains peuvent s'y tromper, mais la nature des choses, avec laquelle on ne peut jouer, ne s'y trompe pas, elle ; aussi ces mouvements n'ont-ils jamais les mêmes résultats que ceux de l'esprit public. Les mouvements de l'opinion publique, même lorsqu'elle touche de très près à la vérité, n'aboutissent souvent qu'à des agitations ; les mouvements de l'esprit public, au contraire, sont toujours, dans un sens ou dans un autre, des révolutions. Je prends un exemple pour éclairer ma pensée. Dans les dernières années du règne du roi Charles II d'Angleterre, on agita la question de savoir si le duc d'York, depuis Jacques II, pouvait légalement succéder à son frère. Les whigs craignaient les inclinations papistes de l'héritier de la couronne, et l'expérience prouva que leurs craintes étaient fondées. Était-il prudent de confier à un prince ennemi de l'Église établie et de la religion protestante les intérêts de cette Église et de cette religion ? L'opinion publique, vivement émue pendant plusieurs années, alla jusqu'aux limites d'une révolution. Mais là s'arrêta sa puissance. Ses appréhensions étaient légitimes, le droit qu'elle s'arrogeait en vertu de ces mêmes appréhensions ne l'était pas. L'agitation du *bill d'exclusion* fut aussi violente que possible, mais ne fut, malgré tout, qu'une agitation, et ne pouvait être autre chose. Les périls dont on entretenait la nation n'étaient qu'une menace, et n'étaient pas encore un fait. Ce qu'on lui faisait entrevoir, pouvait arriver ou ne pas arriver. Mais lorsque, quelques années après, ce même Jacques II, dont le droit avait triomphé des craintes les plus légitimes et les mieux fondées, les eut amplement justifiées par ses actes, il rencontra un mouvement d'une si accablante unanimité qu'il ne lui resta aucun moyen de résistance. Il avait triomphé des complots les mieux ourdis et les plus redoutables, il ne put triompher de la désertion générale et de la désapprobation passive de toute la nation. Dans le premier cas, il n'avait eu affaire qu'à l'*opinion publique*, dans le second cas, il avait rencontré devant lui l'*esprit public*.

De ces différences entre l'opinion publique et l'esprit public, on peut tirer la règle de conduite qui doit diriger les gouvernements selon qu'ils ont affaire à l'une ou à l'autre de ces deux forces. Chaque fois qu'une question s'élève dans une nation, le premier devoir du gouvernement qui est chargé de lui donner une réponse est de rechercher impartialement, et avec toute la candeur dont les gouvernements sont susceptibles, si cette question intéresse l'opinion publique ou l'esprit public. Si elle n'intéresse que l'opinion publique, il lui sera permis d'atermoyer ou même de résister énergiquement, selon que ses lumières lui auront démontré qu'on doit ou qu'on ne doit pas lui donner satisfaction. L'opinion publique étant, en effet, sujette à l'erreur, aussi bien que les gouvernements, il est très excusable de ne pas lui céder, et même il est souvent patriotique de lui résister à outrance et de braver l'impopularité que cette résistance ne manque jamais de faire naître. Il y a des cas où résister à l'opinion publique est une manière glorieuse de servir l'esprit public. Mais il est au contraire souverainement illégitime de résister à l'esprit public. Ce qu'il veut, ce qu'il demande, est ce que veut et ce que demande la nation. Le difficile pour les gouvernements est de distinguer la pensée véritable de cet esprit qui, ainsi que nous l'avons dit, est moins loquace que l'opinion, se tait volontiers ou s'exprime d'une manière sourde et grondeuse, qui est parfois peu intelligible pour les oreilles d'hommes vulgaires. C'est à cette tâche que réussissent admirablement les grands hommes d'État et les grands souverains, et c'est pour cette raison aussi qu'il est très rare qu'une révolution n'ait pas un grand homme pour l'ouvrir et pour la fermer. Au milieu des mille clameurs discordantes de l'opinion, de l'antagonisme des idées et des systèmes, de la confusion des partis, le grand homme d'État démêle la voix véritable de la nation, se fait son organe et donne satisfaction à ses exigences. Il précipite ou arrête les événements sans hésitation, sans fausse prudence, sans souci de passer pour un anarchiste ou un oppresseur, car il sait que les exigences des nations, lorsqu'elles se prononcent énergiquement, sont toujours justes et participent de l'infaillibilité de la conscience. Il trouve la justification de sa conduite dans la légitimité de ces intérêts nationaux qu'il sert et ne sent aucunement le besoin de plaider sa cause devant le tribunal incertain et variable de l'opinion... (EMILE MONTÉGUT.)

II. · — On vient de lire la définition de MONTÉGUT, de l'une des acceptions du mot *esprit public*, celle qui le considère comme synonyme d'*esprit national*, il nous reste à développer la seconde acception, celle dans laquelle l'esprit public est pris comme l'équivalent de l'*amour de la chose publique* uni à l'*entente des intérêts généraux*.

Cet amour et cette entente sont les deux éléments constitutifs du sentiment que nous voudrions caractériser, et leur réunion est indispensable pour le produire ou le conserver. L'amour de la chose publique, lorsqu'il est répandu dans la nation, produit un patriotisme éclairé, disposé à tous les sacrifices, mais nullement à l'abri d'erreurs graves. On l'a vu après 1789. La nation entière voulait ardemment le bien de la France, mais ces aspirations n'ont pas pu prévenir les excès de 1793. Il lui manquait l'entente des intérêts généraux. Nous ne voulons pas dire par là qu'elle était dépourvue de lumières. Malheureusement, les lumières ne suffisent pas : elles ne donnent que la théorie, qui, à elle seule, ne rend pas apte à conduire le « vaisseau de l'état ». Avec la théorie pure on dit : « Périssent les colonies plutôt que le principe. »

L'entente des intérêts généraux renferme donc encore l'expérience de la pratique, l'instinct de l'application. On n'égare pas facilement celui qui entend les affaires : il sait distinguer la réalité des apparences, il agit en temps utile et temporise à propos. Mais seule l'entente n'est pas l'esprit public. L'habitude de la vie politique procure ces notions, l'ambitieux bien doué peut les acquérir, mais elles doivent être inspirées par un patriotisme éclairé pour se transformer en esprit public. L'entente des intérêts généraux, dénuée de l'amour de la chose publique, devient un instrument dont on abuse en faveur de passions égoïstes aussi longtemps que possible et à un haut degré; elle constitue une force qu'il est difficile de vaincre : elle n'est inférieure qu'à la puissance que l'esprit public sait développer.

Sans esprit public, point de société progressive.

Comment peut-on le faire naître?

Puisque nous connaissons les éléments dont il se compose, la réponse semble assez facile : il faut favoriser le développement de ces éléments. L'un d'eux, l'amour de la patrie, est un produit spontané de notre civilisation [1]; nous n'avons qu'à « laisser faire ». L'autre, l'entente des intérêts généraux, est le fruit de longs efforts, le résultat de toute une série d'expériences, de leçons souvent chèrement payées. C'est en forgeant qu'on devient forgeron, c'est en pratiquant la vie publique qu'on apprend à se conduire conformément à ses exigences.

Mais qu'on ne s'y méprenne pas. Il n'est pas nécessaire d'être *homme politique (voy.)* ou d'avoir joué un rôle éminent dans l'État pour être animé d'esprit public, et l'entente dont nous parlons ne suppose aucunement qu'on ait une solution toute prête pour chaque difficulté que les événements font surgir.

1. Les « sans-patrie » modernes sont donc un signe de décadence. C'est un vilain cadeau que le socialisme nous a fait là.

L'intérêt général peut supporter, exiger même, qu'on suspende la décision, ou qu'on subordonne ses vues à celles des personnes en lesquelles on a une confiance motivée. Mais ce que le citoyen bien inspiré évitera toujours, c'est d'écouter ses passions. L'esprit public est l'ennemi des passions politiques, ou plutôt il y a incompatibilité absolue entre lui et elles. En effet, l'esprit public est essentiellement libéral et sait se contenir; les passions agissent despotiquement et ne connaissent aucun frein. L'esprit public, bien que tout puissant lorsqu'il est général, est modéré dans ses demandes; et il ne demande toujours que le strict nécessaire; il est éclairé et plein d'abnégation, tandis que les passions sont aveugles et égoïstes.

L'esprit public représente donc un heureux équilibre entre les droits et les devoirs, et une nation n'arrive pas à en être pénétrée avant d'avoir conquis les uns et d'avoir appris à remplir les autres; en d'autres termes, on n'obtient pas la victoire sans lutter, tant avec les circonstances qu'avec soi-même.

On nous demandera peut-être si l'esprit public existe quelque part dans toute sa pureté? Ce serait demander si l'idéal est de ce monde. L'homme n'est pas un être purement raisonnable, il est encore passionné, et en France notamment les passions exercent peut-être une influence disproportionnée. Du moins y a-t-on vu les populations passer d'une grande défiance de soi-même à une extrême confiance et malheureusement le découragement et l'indifférence paraissent des phases plus fréquentes et plus durables dans notre vie politique que les ardentes aspirations. Ces alternatives d'action et de réaction ont même répandu dans la société française un certain scepticisme politique qui, nous l'espérons, n'a pas de racines bien profondes. On ne doit pas oublier que si, conformément aux exigences de la nature humaine, nous avons commencé par osciller entre l'extrême despotisme et l'extrême licence, nos oscillations ont ensuite parcouru un espace de plus en plus limité, et bientôt, quand notre expérience politique aura été complétée, nous arriverons, non au repos, mais à la connaissance de notre voie. Le « vaisseau de l'État » ne doit pas pourrir dans le port, mais suivre sa route sur l'Océan de la vie; le tangage et le roulis inévitables de la *marche* n'effrayeront que les cœurs faibles, et les cœurs faibles n'ont pas d'esprit public.

Résumons-nous. Dans l'acception que nous lui donnons ici, l'esprit public n'est pas l'esprit général de la nation [1], son génie propre, comme le croit E. Montégut, mais une manière d'être du vrai citoyen, la quintessence des qualités qui le distinguent. Ces qualités avant tout sont:

Le patriotisme, qui ne consiste pas seulement à se faire tuer pour la patrie, mais aussi à bannir de son cœur toute indifférence politique, à se faire une opinion sur les questions du jour et à se ranger sous les bannières de l'un des partis du moment. Nous adoptons sur ce point les vues du sage législateur de l'ancienne Grèce et considérons l'abstention (*voy.* en mot) comme anti-patriotique, comme contraire à l'esprit public;

L'amour de la liberté *vraie*, celle qui ne s'en réserve pas la jouissance à soi-même ou à ses amis, mais l'accorde aussi à ses adversaires. Cette *égalité* est préférable à celle que Procuste voulait établir. Ne forcez pas les autres de vous ressembler, s'il est leur bon plaisir de se distinguer de vous;

Le respect de la légalité, qui obéit aux lois et tient à ce que tout le monde leur soit soumis, les citoyens comme l'autorité, qui ressent comme une injure personnelle toute injustice subie par son voisin et qui est prêt à en demander le redressement. Nous penchons à classer ici l'amour du *self-government*.

Le sacrifice. On se soumet assez facilement à des privations et on n'hésite pas à verser son sang pour la patrie; mais si l'on offre ses intérêts, on se cramponne à ses passions : le vrai citoyen n'hésitera pas à abandonner ses vues ambitieuses, à effacer ses haines privées, à oublier des rivalités, des jalousies, quand le bien général le demandera.

Ces qualités ne sont pas si rares que certains pessimistes le prétendent, [et si les citoyens d'élite ne forment qu'une minorité, qu'est-ce qui vous empêche, vous qui lisez ces lignes, de vous joindre à eux et de contribuer à leur procurer la majorité?

ÉTAT [1]. L'homme est un être sociable par nature. La sociabilité, qui d'abord unissait à peine quelques familles, s'est successivement étendue jusqu'à former de grands corps de nation, des optimistes pensent même que l'idée de la famille humaine s'élèvera un jour sur les débris des haines farouches de race à race, de peuple à peuple, et pourtant, quoique naturelle et fondée sur ce qu'il y a de plus im-

1. Montesquieu dit (livre XIX, ch. IV): « Plusieurs choses gouvernent les hommes : le climat, la religion, les lois, les maximes du gouvernement, les exemples des choses passées, les mœurs, les manières; d'où il se forme un esprit général qui en résulte. — A mesure que, dans chaque nation, une de ces causes agit avec plus de force, les autres lui cèdent d'autant... »
Et dans le chapitre suivant : « .... C'est au législateur à suivre l'esprit de la nation, lorsqu'il n'est pas contraire aux principes du gouvernement; car nous ne faisons rien de mieux que ce que nous faisons librement et en suivant notre génie naturel. — Qu'on donne un esprit de pédanterie à une nation naturellement gaie, l'État n'y gagnera rien, ni pour le dedans, ni pour le dehors. Laissons-lui faire les choses frivoles sérieusement, et gaiement les choses sérieuses. »
On voit que, si Montesquieu était en avance sur son siècle, il ne l'était pas assez pour ne pas en porter le cachet.

1. Le mot *État* et *Gouvernement* peuvent, dans bien des cas, se substituer l'un à l'autre, on trouvera donc une certaine parenté entre les articles qui leur sont consacrés. Dans un Dictionnaire, d'ailleurs, on ne peut pas reculer devant certaines petites répétitions. Nous ferons seulement remarquer que le mot État représente le plus souvent une abstraction tandis que le gouvernement est une réalité. Trop souvent on emploie le mot État où il faudrait mettre gouvernement.

périeux dans nos sympathies et dans nos besoins, la société ne se maintient pas sans effort. Le lien qui la forme resterait bien faible et bien menacé si un pouvoir protecteur n'était établi au-dessus des volontés individuelles pour en réprimer les écarts, pour défendre les personnes et les droits de chacun contre les attentats de la violence. On peut vouloir que cette autorité revête telle forme plutôt que telle autre, on peut lui attribuer telle ou telle origine historique ou philosophique, car souvent son origine se perd dans la nuit des temps, mais tous s'accordent à reconnaître qu'une autorité est indispensable au maintien des sociétés humaines et qu'il n'y a que des créatures parfaitement sages ou des brutes qui puissent se passer de gouvernement.

On comprend toutefois qu'il y a loin de l'autorité purement répressive, ou de la direction dont sont investis quelques hommes plus âgés ou plus habiles dans une peuplade ou dans une tribu sauvage, à cette organisation compliquée et puissante qu'on appelle l'État dans les nations avancées en civilisation. Lorsque les sociétés sont arrivées à un certain degré de développement, lorsque la culture du sol réclame une indispensable sécurité, lorsque la prévoyance inspirée par la guerre défensive ou offensive a donné l'habitude de faire en commun certains préparatifs en vue de communs périls et de communes entreprises, lorsqu'enfin certaines idées, certaines croyances, certains sentiments communs à tous les membres d'une société ont créé l'unité morale de la nation, l'État se développe nécessairement et prend un caractère plus solide de durée et de permanence. Il étend sa sphère d'action, et se complète pour ainsi dire par l'adjonction et le jeu régulier de rouages multiples ayant une existence distincte et fonctionnant avec un harmonieux ensemble. Personnification vivante de la patrie, instrument de sa force au dedans et au dehors, auteur et exécuteur de la loi, arbitre suprême des intérêts, protecteur des faibles, juge de la paix et de la guerre, représentant de tout ce qu'il y a de général dans les besoins de la société qui pense en lui avec ses instincts, ses volontés et sa prévoyance, en un mot organe à la fois de la raison commune et de la force collective, tel l'État apparaît dans sa puissance et sa majesté, offrant aux respects de la société l'imposante image de tout ce qu'elle-même y a déposé d'excellent et de redoutable.

Supérieur à tous ceux qu'il régit, c'est aux citoyens néanmoins que l'État doit tout ce qu'il est. C'est d'eux qu'il tient sa force et son être. Mais il est absolument nécessaire d'en faire la remarque: ce que la société a mis sous sa garde comme un précieux dépôt ne dépend pas d'elle plus que de lui; ce dépôt sacré, c'est la justice. La justice n'émane pas des individus qui composent la société; elle s'impose à eux comme la règle de leurs actions. Elle n'émane pas davantage de l'État.

L'État aussi a dans la justice sa règle et son frein. Ce qui émane de l'État, c'est la loi. Mais la puissance de faire de la loi et mettre la force à son service n'implique en rien pour l'État le pouvoir de faire que l'injuste soit juste, et réciproquement, selon qu'il lui plaît d'en décider. Les êtres humains sont soumis à des lois morales contre lesquelles l'État n'a pas plus d'action qu'il n'en a contre les lois physiques qui régissent la matière. Tous les despotismes ont cherché des armes dans cette théorie matérialiste de l'État, auteur de tout droit et de toute justice, et ne connaissant d'autre principe que la nécessité ou ce qu'il lui plaît d'appeler de ce nom.

Aux systèmes qui ne reconnaissent aux individus aucun droit qui ne leur soit concédé par l'État, ou qui ne soit une création de la loi, on oppose avec l'expérience et la raison l'existence d'une justice antérieure à toutes les conventions et qui sert de fondement aux lois écrites. Ce n'est point parce qu'il y a des lois que la vie humaine doit être considérée comme sacrée, que la liberté de l'individu est respectable, que la propriété ne saurait être violée sans crime; c'est parce qu'il y a des propriétés, des libertés et des personnes, qu'il y a des lois pour en assurer le respect. La morale préexiste à la politique et à la législation. Sans aucun doute il y a des droits de convention, mais ils ne doivent pas être contraires à la justice. Sans aucun doute encore, l'idée du juste manquerait souvent de précision comme de sanction si la législation n'y venait en aide, mais il reste vrai que le juste et l'injuste ne sont pas des combinaisons factices des législateurs, pas plus qu'ils ne sont simplement le fruit chez les individus de l'éducation et des fictions imaginées pour tenir en crainte la conscience crédule des faibles et des puissants. Ce qui fait le caractère redoutable de la loi, c'est qu'elle dispose de la force. Ce qui en fait le caractère sacré, c'est qu'elle relève de la justice. L'utilité sociale n'a et ne doit rien avoir qui contredise cette base de toute légitimité.

On voit par là quel est le rapport que présente l'ordre avec l'idée de l'État. L'ordre, c'est, avant tout autre arrangement extérieur et convenu, le respect des libertés individuelles les unes par les autres, ne s'entravant pas, ne s'opprimant pas mutuellement et se concertant en outre pour atteindre aux différents buts de la vie humaine. S'il est vrai que sans autorité il n'y ait point d'ordre durable, il n'est pas moins absurde de croire que l'ordre puisse résulter du pur et simple arbitraire de l'État. Concluons que si l'État sert de garantie à cet ordre naturel, né du respect et de l'entente des personnes humaines dans leurs rapports réciproques, il n'en est pas la cause efficiente. Les formes si variées, les combinaisons si ingénieuses que prennent les intérêts pour se mettre en rapport les uns avec les autres ne sont point non plus une création de ses mains. On peut même dire que la plupart des puissances qu.

existent dans l'individu et dans la société se développent à côté de l'Etat et sous sa surveillance plutôt qu'elles ne sortent de son sein. C'est l'individu, non l'Etat, qui a une âme, une foi, qui cultive les arts, s'instruit, se propose comme but le perfectionnement et la vertu. C'est la société, non l'Etat, c'est la société, c'est-à-dire le libre et spontané concours des individus entre eux, qui enfante tant d'associations en vue de la satisfaction des besoins moraux et matériels, en vue du bien, en vue de l'utile, en vue du beau, en vue de l'assistance mutuelle. Quel grossier préjugé, quelle dangereuse erreur de croire que l'Etat est le générateur de tout ce qu'il y a de bon, de grand, de sage, de fécond dans l'humanité! Malheureusement cette théorie, qui ôte à l'individu toute spontanéité, compte aujourd'hui une multitude de disciples. Mais de cette disposition à voir dans l'Etat la source de toute force et à faire de lui un être tout-puissant, il faut nous en défier comme d'un danger. C'est peut-être aujourd'hui le plus grand péril politique qui nous menace. Il équivaut pour les peuples modernes à la tentation d'abdiquer à la fois la liberté publique et la liberté privée. Les efforts des réformateurs socialistes n'ont pour la plupart, on le sait, point d'autre sens et d'autre but que celui-là, et on sait aussi combien de faveur ces tentatives ont rencontré dans certaines âmes et dans certaines intelligences abusées de la fausse idée que l'Etat pouvait jouer, à l'égard de l'individu exonéré du soin de sa destinée, le rôle d'une providence.

La tâche de l'Etat est assez grande et assez belle; elle est assez étendue même, pour qu'on ne soit point tenté de céder à de pareilles utopies. Elle ne s'étend pas seulement à la garantie de la sécurité intérieure et extérieure, quoique ce soit sa mission principale, elle a encore celle de veiller au progrès social.

Aux abus de la puissance privée il a substitué l'action plus humaine de la puissance publique. Qui en effet a supprimé l'esclavage? L'Etat. Qui a fait cesser le despotisme paternel? L'Etat. Qui a mis fin à l'oppression de la femme par l'homme? L'Etat obéissant aux inspirations d'une morale supérieure. C'est lui qui a fait asseoir la loi une, égale, juste, charitable, sur les ruines de brutales dominations. La terre, le capital, le travail n'ont-ils pas été aussi successivement affranchis du joug d'étroites et dures autocraties, par l'action souveraine de l'Etat, organe de la raison, du droit, de l'utilité générale? Les classes moyennes n'ont-elles pas dû en partie à cette action, c'est-à-dire, en France, à la royauté, image de l'Etat moins imparfaite alors que ses autres organes, ne lui ont-elles pas dû de se constituer et de s'élever de plus en plus?

Il faut bien le dire cependant, dans la plupart de ces progrès, l'Etat, qui est un être abstrait représenté par des hommes, n'a été lui-même qu'un instrument plus ou moins intelli-

gent. C'est de l'élite de la nation qu'il émane en réalité, il s'incarne d'abord dans quelques hommes, et si ces hommes approchent du pouvoir, ils inspirent les détenteurs de la puissance et exercent ainsi une influence sur la marche de l'Etat. C'est à l'Etat qu'on attribue alors les bienfaits qu'on doit aux hommes d'élite des diverses époques.

Certaines écoles ont donc trop resserré la sphère d'action de l'Etat en ne lui attribuant que le maintien de l'ordre, le développement et la protection de la sécurité publique et privée. Cependant, une règle serait à trouver qui déterminerait dans quel cas, en dehors de la simple répression, l'Etat est autorisé à intervenir. Cette règle ne saurait être qu'un peu vague; il est difficile d'en indiquer une autre que l'utilité démontrée sous la réserve que la justice n'en recevra aucune atteinte, si tant est, encore une fois, qu'entre l'utilité et la justice il puisse jamais exister de réels conflits. Cette règle de l'utilité, contenue par la justice, veut elle-même être interprétée. Il ne suffit pas que l'intervention de l'Etat soit avantageuse à quelques égards pour se légitimer, il faut qu'elle soit plus avantageuse sensiblement que ne le serait l'initiative individuelle. Nous disons sensiblement, et nous ne croyons pas aller trop loin en faisant cette réserve. Ne peut-il, en effet, exister des cas où un moindre bien opéré par l'individu vaut mieux qu'un plus grand bien effectué par l'Etat, par cela seul que l'initiative privée est respectée? Quel mal plus grand que de tarir cette initiative dans sa source, que de lui ôter l'habitude de compter sur elle-même, et par là de mettre obstacle à sa fécondité? N'est-ce pas par une impatience peu réfléchie, risquer, comme on l'a dit, de tuer la poule aux œufs d'or? En dehors de quelques attributions inhérentes à la nature du gouvernement, au point d'en être inséparables, peut-être la règle la plus générale qui justifie l'intervention de l'Etat est-elle celle qui ne la permet que sous cette double condition: 1º qu'elle soit vraiment nécessaire; 2º qu'elle travaille elle-même autant que possible à se rendre inutile. La société est tenue de marcher vers le plus grand développement de l'individu, qui seul existe réellement. L'action de l'Etat substituée à celle des particuliers doit être, à peu d'exceptions près, considérée comme une sorte de pis-aller nécessaire destiné à être abrogé par le progrès, qui a pour mesure la masse même des choses dont sont devenus capables les individus. Plus nombreuses sont les attributions concentrées entre les mains de l'Etat, plus la société peut être dite en minorité et en tutelle.

Quelles que soient les limites de l'action de l'Etat, qu'on élargisse ou qu'on rétrécisse à l'excès son intervention dans le domaine de l'activité intellectuelle, morale et matérielle, il faut qu'il gouverne non seulement dans l'intérêt, mais du consentement de la société. Ce consentement n'est pas l'unique fondement de l'existence de l'État. Elle s'impose comme une nécessité aux agglomérations humaines et elle puise son titre sacré dans la défense de la justice; mais c'est à la nation qu'il appartient de décider de la forme du gouvernement et de nommer ceux qui gouvernent. Toutefois, ici encore, le consentement n'est guère que la reconnaissance de certaines nécessités préexistantes. Ce qui détermine l'avènement de la forme républicaine ou monarchique, aristocratique ou démocratique, ce qui fait l'élévation de certaines races royales, c'est beaucoup moins la résolution prise de sang-froid d'un peuple qui délibère et qui vote après réflexion, qu'un ensemble de circonstances de toutes sortes, les unes présentant un caractère de durée, les autres accidentelles, mais impérieuses aussi.

Presque tous les gouvernements connus dans l'histoire ont été des gouvernements de fait, puisant leur légitimité moins dans leur origine souvent bien équivoque que dans le bon usage de leur pouvoir, et dans l'attachement des populations qui généralement s'en est suivi. Les gouvernements résultent des besoins d'un état social donné, et le plus souvent la nation tend à le réaliser ainsi, mais les choses politiques et sociales sont si compliquées et les opinions si variées, qu'elle n'y réussit pas toujours.

Voyez, relativement aux pouvoirs dans l'État, le mot **Pouvoirs**, et pour les formes de gouvernement *Monarchie, République,* etc. Voy. aussi **Société**.

ÉTAT DE SIÈGE. Dans leur sens propre et naturel, les mots *état de siège* désignent la situation d'une place assiégée ou investie par une armée ennemie, ou directement menacée par elle. Ce n'est que peu à peu que les dangers sociaux causés par des troubles intérieurs ont été assimilés aux dangers d'une invasion étrangère, et que la défense d'un système de gouvernement a été mise sur le même rang que la défense du territoire. Dans l'état présent de la législation, l'établissement de l'état de siège en dehors de la guerre, ce qu'on pourrait appeler l'état de siège civil ou politique même, dépend d'une déclaration du chef du pouvoir exécutif. Nous ne traiterons pas ici de l'état de siège en temps de guerre (*Voy.* **Guerre**), qui n'a aucun intérêt politique.

L'état de siège est mentionné pour la première fois par la loi du 10 juillet 1791. Mais cette loi ne l'envisage que comme un fait, comme une conséquence naturelle de l'état de guerre, ne nécessitant aucune déclaration. Elle ne concerne en outre que les places de guerre et les postes militaires, attaqués ou encore investis par suite de la rupture des communications. La seule conséquence édictée est la réunion du pouvoir civil et du pouvoir militaire pour résister aux attaques de l'ennemi. D'autre part, la Constitution de 1791 (titre IV, art. 11), résumant une loi du

27 juillet de la même année, contenait la disposition suivante : « Si des troubles agitent tout un département, le roi donnera, sous la responsabilité de ses ministres, les ordres nécessaires pour l'exécution des lois et le rétablissement de l'ordre; mais à la charge d'en informer le Corps législatif, s'il est assemblé, et de le convoquer s'il est en vacances. » Une loi du 10 fructidor an V, rendue par le conseil des Cinq-Cents, inaugure réellement l'extension donnée aujourd'hui à l'état de siège. Bien que, partant toujours du point de vue de l'état de guerre, il rende l'état de siège applicable aux communes de l'intérieur investies par des troupes ennemies *ou par des rebelles,* sur une déclaration du Directoire exécutif, après l'autorisation toutefois du Corps législatif. Une seconde loi du 19 du même mois porte simplement : « Le pouvoir de mettre une commune en état de siège. »

Un pas plus décisif fut fait dans cette voie par Napoléon, qui, en 1807, sans tenir compte ni de la loi du 10 juillet 1791, ni de celle de fructidor an V, met par deux décrets en état de siège les places de Brest et d'Arras, qui n'avaient pourtant été ni attaquées ni investies. Un décret du 24 décembre 1811 sur les états majors régla que l'état de siège serait déclaré par simple décret impérial et qu'en outre les tribunaux militaires seraient substitués aux tribunaux ordinaires. L'abrogation de ces dispositions était au nombre des concessions consenties par l'Empereur pendant les Cent Jours. D'après l'acte additionnel, l'état de siège ne pouvait être établi qu'en cas d'invasion de l'ennemi ou de troubles civils; dans ce dernier cas, il ne pouvait l'être que par une loi, ou, en l'absence des Chambres, par un décret qui devait être converti en loi le plus tôt possible.

La législation sur la matière demeura fort incertaine sous la Restauration et sous la monarchie de Juillet. Le procès des ministres de Charles X montra l'exemple d'un état de siège où les autorités civiles et les autorités militaires étaient restées juxtaposées, sans qu'il y eût eu d'aucune part une grande décision dans l'action.

En 1832, le 7 juin, la cour de cassation, s'étant réunie pour évoquer les affaires de l'ordre civil, s'arrêta devant l'état de siège; mais quelque temps après, elle cassa les jugements des conseils de guerre, considérant leur juridiction sur les citoyens ordinaires comme incompatible avec les garanties de la Charte de 1830, et le décret du 24 décembre 1811 comme tacitement abrogé par la promulgation de cette charte.

La Constitution de 1848 admettait (art. 106) comme possible la nécessité de l'état de siège. La loi organique des 9-11 août 1849 eut pour but de déterminer les conséquences. Le pouvoir de prendre une telle mesure fut attribué à l'Assemblée nationale, ou au président de la République pour le cas de prorogation de l'Assemblée et sur l'avis conforme du conseil des ministres. La levée de l'état de siège appartenait à l'Assemblée, toutes les fois qu'il avait été par elle proclamé ou maintenu. Le même pouvoir a été revendiqué par l'Assemblée nationale élue en 1841.

La Constitution impériale (art. 12) donnait à l'Empereur « le droit de déclarer l'état de siège dans un ou plusieurs départements, sauf à en référer au Sénat ». Elle ajoutait : « Les conséquences de l'état de siège sont réglées par la loi. » Nous sommes d'ailleurs restés sous le régime de la loi organique de 1849 et qui s'exprime ainsi :

« L'état de siège ne peut être déclaré qu'en cas de péril imminent pour la sécurité intérieure ou extérieure. »

Les autres dispositions restées en vigueur sont les suivantes :

Dans les colonies françaises, la déclaration est faite par le gouverneur de la colonie. Il doit en rendre compte immédiatement au gouvernement.

Dans les places de guerre et les postes militaires, soit de la frontière, soit de l'intérieur, la déclaration doit être faite par le commandant militaire, dans les cas prévus par la loi du 10 juillet 1791 et le décret du 24 décembre 1811. Le commandant en rend compte immédiatement au gouvernement.

Aussitôt l'état de siège déclaré, les pouvoirs dont l'autorité civile était revêtue pour le maintien de l'ordre et de la police passent tout entiers à l'autorité militaire. L'autorité civile continue néanmoins à exercer ceux de ces pouvoirs dont l'autorité militaire ne l'a pas dessaisie.

Les tribunaux militaires peuvent être saisis des crimes et délits contre la sûreté de l'État, contre la Constitution, contre l'ordre et la paix publics, quelle que soit la qualité des auteurs principaux et des complices.

L'autorité militaire a le droit : 1° de faire des perquisitions de jour et de nuit dans le domicile des citoyens; 2° d'éloigner les repris de justice et les individus qui n'ont pas leur domicile dans les lieux soumis à l'état de siège; 3° d'ordonner la remise des armes et des munitions et de procéder à leur recherche et à leur enlèvement; 4° d'interdire les publications et les réunions qu'elle juge de nature à exciter ou à entretenir le désordre.

Après la levée de l'état de siège, les tribunaux militaires continuent de connaître des crimes et délits dont la poursuite leur avait été déférée.

L'institution de l'état de siège n'est pas un privilège de notre pays. Elle est en vigueur dans tous les États de l'Europe et de l'Amérique.

ÉTAT DE GUERRE. Nous indiquons comment il se distingue de l'état de siège, d'après la loi du 10 juillet 1791 et le décret du 24 décembre 1811. Les différences peuvent se résumer ainsi :

En état de paix, dit le législateur, la police intérieure et tous les autres actes du pouvoir civil émanent des magistrats et fonctionnaires administratifs, préposés par la Constitution pour veiller au maintien des lois, l'autorité des agents militaires ne pouvant s'étendre que sur les troupes et sur les autres objets dépendant de leur service.

En état de guerre, les autorités civiles ne cessent pas d'être chargées de l'ordre et de la police intérieure, mais elles peuvent être requises par le commandant militaire de se prêter aux mesures d'ordre et de police qui intéressent la sûreté; en conséquence, pour assurer la responsabilité respective des autorités civiles et des agents militaires, les délibérations du conseil de guerre en vertu desquelles les réquisitions du commandant militaire sont faites sont remises et restent à la municipalité.

En état de siège, tous les pouvoirs dont les autorités civiles sont revêtus par la Constitution pour le maintien de l'ordre et de la police intérieure passent au commandant militaire, qui les exerce sous sa responsabilité personnelle.

La loi du 9 août 1849 ajoute que, dans ce dernier cas, l'autorité militaire a le droit de faire des perquisitions de jour et de nuit dans le domicile des citoyens, d'ordonner la remise des armes et munitions, et de procéder à leur recherche et à leur enlèvement.

Enfin le décret dictatorial du 14 octobre 1870 porte que la déclaration d'un département en état de guerre donne à l'autorité militaire le droit de réquisition directe sur les personnes et les choses pour procéder à l'organisation de la défense.

ÉTAT FÉDÉRAL. A distinguer de la confédération. Les États-Unis d'Amérique, la Suisse, l'Empire allemand, sont des États fédéraux, parce que pour chacun d'eux le gouvernement central représente seul le pays vis-à-vis de l'étranger. Dans les confédérations, les États qui en font partie ont conservé — plus ou moins — leur souveraineté intérieure, et même extérieur, toujours plus ou moins selon les temps et les lieux.

ÉTATS, CASTES, CLASSES, ORDRES. Platon, dans sa *République*, cherchant par l'étude de l'homme à connaître et à atteindre la justice, analyse les manifestations de l'âme et les ramène à trois facultés primordiales : l'intelligence, le sentiment, la sensation. Ces trois forces de notre nature, bien qu'inégalement développées dans chaque individu, sont admises par lui comme l'expression rigoureuse et complète de notre être. Il les prend donc pour bases d'une étude plus générale, et, s'élevant de l'individu à la société qu'il juge identiques, il ramène à ces trois types l'universalité des hommes et les divise en trois classes, selon que telle ou telle des trois facultés prédomine dans l'âme de chacun d'eux. Ces trois classes il les nomme indifféremment *philosophes* ou *magistrats; guerriers* ou *gymnastes, laboureurs* ou *artisans* et leur donne pour attributs, à la première, l'intelligence qui préside et gouverne, à la deuxième, le sentiment sympathique et ardent qui obéit et combat, à la troisième, l'instinct vulgaire qui soumet à nos besoins la nature extérieure.

L'histoire des sociétés humaines semble affirmer la vérité de cette analyse métaphysique. Partout l'on constate l'existence de ces trois classes dont Platon essayait de prouver la nécessité, et l'expérience, d'accord avec la théorie, nous montre, depuis les origines les plus reculées de l'Inde jusqu'aux temps modernes, le genre humain se soumettant d'instinct à cette loi naturelle, chaque nation se séparant elle-même en trois branches, on pourrait dire en trois peuples superposés l'un à l'autre et réservant à chacun d'eux une destinée et un rôle distincts dans le travail général de l'humanité.

Mais ces hiérarchies sociales, tout en se perpétuant à travers les siècles ou se reconstituant après les révolutions, modifient leur caractère avec les progrès des temps et de la civilisation. Les premiers peuples les considèrent comme une création divine et un ordre providentiel ; plus tard les législateurs et les philosophes croient découvrir en elles une tendance inhérente à l'homme et les maintiennent, non plus au nom de la Divinité immuable, mais au nom de la sagesse et de la justice devant laquelle doivent fléchir les droits personnels de chaque individu ; plus tard encore, lorsque les sociétés ont longtemps vécu, on ne les accepte plus que comme un système quelconque, un moyen empirique plus ou moins juste et utile de conserver l'ordre et de diriger les nations, jusqu'à ce qu'enfin l'égalité, proclamée un principe par la Révolution française, mette les droits de l'homme au-dessus de toute classification sociale, et que la diversité des hommes, énoncée par Platon et affirmée par l'histoire, ne fasse plus que la règle des fonctions de chaque citoyen.

Bien que, dans le langage usuel, les termes de *castes*, *classes*, *états* et *ordres* soient employés indifféremment comme synonymes, leur signification est cependant différente et se rapporte aux diverses origines des hiérarchies. Les castes sont ces divisions fatales et irrévocables que les croyances religieuses transforment en dogmes et qui n'ont existé, à vrai dire, que dans l'Inde. On donne le nom général de classes à toutes les divisions politiques fondées sur des conquêtes ou sur des législations civiles ; les états ne sont qu'une modification politique des classes, qui se sont développées au moyen-âge et qui sont distingués aussi par le mot : *ordres*. On disait les ordres ou états (Staende) de la noblesse, du clergé, des bourgeois, des paysans. Ces deux derniers réunis formaient en France le « tiers » (état).

Dans les temps modernes, il ne reste plus que des classes (inférieures, supérieures, bourgeoises, ouvrières, etc.). Les classes ne sont plus reconnues par l'État, il n'admet que des citoyens égaux. La classe n'existe que dans la société et désigne la situation de l'individu, sa position sociale, de fortune ; son degré de culture, son occupation, ses fréquentations. La *classe* est une qualification vague, non délimitée, son caractère est souvent purement extérieur, en tout cas, elle est sans cachet indélébile. On peut être pauvre et appartenir par sa culture d'esprit et sa conduite à la classe supérieure. On passe très aisément d'une classe dans une autre à notre époque démocratique.

ÉTATS GÉNÉRAUX. C'est le nom de l'Assemblée des trois ordres que le roi convoquait quand il avait besoin de subsides. C'était une sorte de Parlement.

L'histoire des États généraux a été écrite par M. Picot et autres.

ÉTATS PROVINCIAUX. Assemblée analogue convoquée pour régler l'administration de la province et généralement aussi pour voter des subsides.

ETHNOGRAPHIE. D'après son étymologie, ce mot d'origine grecque signifie description d'une nation, d'un peuple. Autrefois cette description s'appliquait principalement aux mœurs, à la religion et même à la forme du gouvernement ; actuellement on paraît envisager de préférence la filiation des peuples, surtout depuis que le sentiment des nationalités s'est réveillé. Dans cette direction, l'ethnographie a peut-être fait plus de mal que de bien, car ce sentiment tend plutôt à séparer qu'à unir.

Quelques auteurs distinguent l'*ethnologie* de l'ethnographie, employant le premier de ces deux mots plutôt pour l'étude, au point de vue de l'histoire naturelle, des variétés ou races d'hommes, et le second pour la nation prise comme être collectif, comme société.

ÉTIQUETTE. La seule existence des rangs dans une société implique les rites et les formules qui expriment la diversité de ces rangs. Il est presque inévitable que les inégalités naturelles ou artificielles se traduisent par des différences dans les communications : saluts, titres, lettres, audiences, visites, préséances ; l'ensemble de ces formes est l'étiquette ou le cérémonial.

Évidemment le principe de ces manifestations est le respect, dont les modes varient, selon l'intensité du sentiment, chez les diverses races humaines. Il serait intéressant de rechercher comment l'étiquette s'établit, s'accroît, se déforme et s'abolit ; le sentiment qui lui donne naissance est tellement général qu'il précède la civilisation même. Chez les sauvages et chez les civilisés, les deux plus fortes *déterminantes* de l'étiquette sont le caractère de la race et la forme du gouvernement. (Comparez la pompe monarchique des Natchez avec la simplicité républicaine des Mohicans.) A ne prendre que les peuples policés, les différences d'étiquettes forment une série dont les deux termes extrêmes sont la Chine et les États-Unis. Peuple libre, peuple impoli, c'est à peu près la philosophie que les Anglais et les Français, qui occupent le milieu de la série, tirent des observations sur l'Amérique. (*Voy.* MM. Hepwort Dixon, E. Montégut, Taine.)

Comme l'idée que les peuples se font de la dignité croise à chaque instant l'idée qu'ils se font du respect, les phénomènes d'étiquette deviennent de plus en plus nuancés ou compliqués, chez les peuples qui, par une richesse d'organisation particulière, perçoivent ces deux sentiments dans une égale proportion. Tels sont les peuples gallo-romains et germaniques, chez lesquels la lutte de ces deux mobiles se poursuit dans l'ordre politique par un sentiment profond de la hiérarchie et par un sentiment non moins vif de la liberté. L'étiquette se codifie dans l'Europe moderne dès que les États de fondation germanique, déjà échappés à la barbarie féodale et ne prévoyant pas encore les révolutions égalitaires s'épanouissent dans les premières facilités de la vie sociale éclairées par les premières lueurs de la Renaissance. La maison ducale de Bourgogne, centre de cette première civilisation monarchique, formule pour l'Europe moderne le code de l'étiquette qui la régira trois cents ans, amendé et commenté à chaque mouvement de l'histoire par le peuple dominant (Espagne, France, Angleterre, Allemagne). L'Espagne devint après la Bourgogne la terre classique de l'étiquette. Sur les déformations et les excentricités de l'institution, les anecdotes pleuvent. On connaît l'histoire de cette reine tombée de cheval, et dont le pied était pris dans l'étrier; personne ne la secourait, le grand-écuyer, dont c'était la charge, ne se trouvant pas là. Un passant osa dégager la reine. On lui donna une forte somme d'argent, et on l'exila d'Espagne. Philippe III était près d'un grand feu qui l'incommodait. Il dit au marquis de Pobar d'éteindre le feu. Le marquis de Pobar ne put prendre cela sur lui: c'était dans les attributions du duc d'Usède. Pendant qu'un attendait le duc d'Usède, le roi fut presque brûlé et contracta une maladie dont il mourut.

Les auteurs français du dix-septième siècle sont pleins des incidents et des rivalités de la vie de cour sous Louis XIV; les courtisans, en lutte pour les petites entrées, pour un tabouret, pour la présentation d'un verre d'eau, d'un habit ou de la perruque, ne ressemblaient guère aux chefs des guerres de religion ou même de la Fronde; au reste, la vie de cour était toute la vie, et ces puérilités qui abondent dans Saint-Simon et dans tous les mémoires de cour, étaient les conditions d'existence d'une culture spéciale, qui n'était autre chose que la civilisation régnante.

Comme l'Europe formait un système d'États, du moins en théorie, une république chrétienne, comme on disait alors, on inclinait à classer les puissances selon des rangs qui décidaient des honneurs dus à leur souverain. Les puissances devraient toutes être au même rang; puisqu'elles sont toutes parties souveraines dans leurs contrats; mais l'ancienneté de la monarchie, la grandeur des provinces, le degré de l'autorité, le rang accordé par les empereurs et les papes et d'autres circonstances analogues, créent, malgré le principe d'égalité proclamé par les traités de droit des gens, de notables différences. La prééminence de l'empereur des Romains sur les rois semble être l'origine de toutes ces préséances; mais on n'a jamais rien établi ou plutôt admis de certain sur le rang des États. Le pape Jules II l'avait réglé et disposé ainsi, se réservant, bien entendu, la première place. Puis venaient:

L'empereur.	Le Duc de Bretagne.
Le rois des Romains.	Le Duc de Bourgogne.
Le roi de France.	Le duc de Bavière et
Le roi d'Espagne (Castille et Léon).	Palatin.
	L'électeur de Saxe.
Le roi d'Aragon.	Le margrave de Brandebourg.
Le roi de Portugal.	
Le roi d'Angleterre.	L'archiduc d'Autriche.
Le roi d'Écosse.	Le duc de Savoie.
Le roi de Sicile.	Le grand-duc de Toscane.
Le roi de Hongrie.	
Le roi de Navarre.	Le duc de Lorraine.
Le roi de Chypre.	Les princes du Saint-Siège.
Le Roi de Pologne.	
La République de Venise (pour Chypre, Candie et Dalmatie).	Les neveux du pape et les légats de Boulogne et Ferrare.

Mais personne n'avait été content. Au traité de Westphalie, les plénipotentiaires allemands présentèrent des mémoires latins, où Sa Sacrée Majesté impériale marquait son mécontentement des sérénissimes rois de France et de Suède; mais les plénipotentiaires français et suédois assurèrent que leurs Sacrées Majestés royales avaient beaucoup de griefs contre le sérénissime empereur. (Voltaire, *Dictionnaire philosophique*, v° CÉRÉMONIES.)

Un souverain n'était pas flatté de n'être que sérénissime, ni même dilection royale. On ne donnait que de la dilection aux électeurs; et Monsieur, frère de Louis XIV, empêchait sa seconde femme, la grande-palatine, de voir ses parents autrement qu'incognito. Car comment rendre, lui, prince français, des honneurs à un simple électeur, oncle de sa femme? et pour donner un fauteuil à l'électrice, il n'y fallait pas penser.

Quand Jean Sobieski eut délivré Vienne, assiégée par les Turcs, l'empereur n'était occupé que de la manière dont un empereur héréditaire devait recevoir un roi électif: « A bras ouverts, répondit le duc de Lorraine, s'il a sauvé l'empire. »

Les ambassadeurs exigeaient aussi des préséances, suivant le rang qu'ils attribuaient à leur nation. Il semblait, dit Voltaire, à voir les ambassadeurs se promener dans les rues, qu'ils disputassent le prix dans les cirques; et quand un ministre d'Espagne avait pu faire reculer un cocher portugais, il envoyait un courrier à Madrid informer le roi son maître de ce grand avantage.

« Il est à croire qu'à la fin on se défera de cette coutume qu'ont encore quelquefois les ambassadeurs, de se ruiner pour aller en procession par les rues avec quelques carrosses rétablis et redorés, précédés de quelques laquais à pied. Cela s'appelle faire son entrée, et il est assez plaisant de faire son entrée dans une ville sept ou huit mois après qu'on y est arrivé. »

Le baron de Bielfeld, auteur d'un livre d'institutions politiques, nous a conservé l'histoire de la dispute d'un ambassadeur de l'électeur de Brandebourg avec un ambassadeur de Gênes. Comme ils ne pouvaient s'entendre sur leurs préséances, ils convinrent que celui qui arriverait le premier à Versailles se présenterait le premier à Louis XIV. Le Prussien passa la nuit dans la galerie du palais, et se croyait sûr de la priorité, quand le Gênois arrive, voit la porte du roi entr'ouverte, et s'y glisse. Le Prussien se jette dans le salon, tire le Gênois par la robe, se met à sa place et commence sa harangue. Tout le monde riait, et probablement les deux ambassadeurs aussi, bien qu'ils ne voulussent pas en avoir l'air.

On mettait, d'ailleurs, dans les honneurs rendus aux ambassadeurs, des inégalités qui devinrent blessantes, quand le progrès même de la vie de cour eut amené une certaine égalité dans les relations et fait paraître les anciennes formes plus « gothiques » qu'imposantes. Alors on prit le parti de substituer l'ordre exact des réceptions ce qu'on appelle le *pêle-mêle*, accueil égal pour tous les ministres, qui réserve les droits de préséance des gouvernements intéressés [1].

Que reste-t-il donc, dans la pratique, de ce code minutieux et compliqué de l'ancienne étiquette, qui embrassait la vie des rois, des grands même, influait sur la politique et répandait, dans la masse de la nation, un esprit de formalisme et de subordination?

Les auteurs compétents connaissent plusieurs sortes d'étiquettes; ils distinguent les honneurs que les souverains se rendent entre eux, par visite ou par lettres; ceux qu'ils rendent à leurs ambassadeurs; ceux que ces ambassadeurs se rendent entre eux; ceux que les princes exigent de leurs sujets; ceux qu'ils accordent aux personnes qu'on leur présente, etc.

Il est de jurisprudence qu'à la réception d'un roi par un autre, le canon des places fortes doit tonner. Le roi qui reçoit doit toujours céder le pas au roi étranger et lui donner la droite, hors le cas de cérémonie publique. Les reines et princesses n'ont pas rang dans les cérémonies publiques; elles y assistent dans des tribunes d'honneur. Les héritiers et princes du sang ont le pas à leur cour sur les souverains d'un rang inférieur. Parfois le roi qui reçoit attend l'autre souverain dans son palais, comme fit Napoléon, en 1804, pour deux électeurs. Souvent il vient à sa rencontre jusqu'à la porte d'une ville, jusqu'à la gare d'un chemin de fer. Il revêt l'uniforme de général de l'armée du prince qu'il reçoit; s'il est propriétaire d'un régiment dans cette armée, l'uniforme de colonel, etc.

La sagacité des politiques s'exerce parfois sur ces démonstrations.

Les ambassadeurs extraordinaires et ordinaires d'un souverain ont le pas sur tous les ministres du deuxième ordre, envoyés, ministres plénipotentiaires, et ceux-ci sur ceux du troisième ordre, chargés d'affaires, résidents, quoique leurs maîtres soient d'un rang supérieur. Mais les ministres publics du même ordre prenaient autrefois leur rang sur celui que tenaient leurs maîtres parmi les autres souverains, quoique, dans ce même ordre, ils eussent un titre supérieur. Cependant la cour de France plaçait les envoyés extraordinaires d'un prince inférieur qui avait fait son entrée au-dessus de l'envoyé ou du ministre plénipotentiaire d'un prince supérieur qui ne l'avait pas faite. C'est, selon le baron de Bielfeld, un grave abus contre le cérémonial. (*Voy.* pour les préséances actuelles, le mot **Agent diplomatique**.)

En général, les honneurs rendus à un ministre public sont fondés sur le caractère dont il est revêtu par ses lettres de créance, qu'il rend ordinairement à l'audience publique. Le cérémonial du second empire français voulait qu'avant de les communiquer au souverain le ministre les donne au maître de cérémonies, à l'introducteur des ambassadeurs, ou à l'officier chargé de tout disposer pour la réception des ministres publics. Il est conduit et reconduit dans les voitures du souverain; il est accompagné d'un maître et d'un aide des cérémonies, introduit par le grand-maître des cérémonies, et présenté par le grand-chambellan. Ces usages ont été maintenus sous la République.

ÉTRANGER. La distinction entre les divers peuples remonte à la plus haute antiquité. Dans l'état barbare, dans la défiance mutuelle des tribus guerrières, l'étranger est un ennemi. L'ancien mot latin *hostis* signifiait d'abord étranger. Le sort de l'étranger, de l'homme qui erre *sans feu ni lieu*, ne vaut guère mieux que celui du proscrit. Son nom dans les lois germaniques est *Wargangus*, errant. Les Anglais l'appellent *wretch*, misérable. On le reconnaît à ses souliers usés, à sa lance rouillée, à son chariot brisé. Au moyen âge, l'épave, l'aubain sont comme hors la loi. Tout élément mobile et nouveau est hostile à la société féodale, essentiellement ancienne et fondée sur la fixité du sol.

Passons rapidement sur l'état des étrangers chez les nations d'où est sortie la civilisation, pour se répandre sur toute la terre, en Grèce, à Rome où l'on voit dominer une législation qui a pour base, sauf la différence des langues, cette règle : *Adversus hostem,*

1. Passages empruntés à J. de Boisjoslin.

æterna auctoritas esto. Ici on relègue l'étranger dans un quartier spécial de la ville, on interdit tout commerce, toute union, tout échange avec lui. Là il ne peut porter les mêmes vêtements que les citoyens; il est réduit à l'usage du pallium; la toge lui est défendue, et s'il usurpe sans titre les droits de cité, il est frappé de peines sévères.

En France, les étrangers avaient autrefois un sort pire encore que dans la Grèce et dans l'ancienne Rome. Réduits d'abord à l'état de serfs, soit du seigneur dans les terres duquel ils se trouvaient, soit du roi lui-même, puis soumis à des redevances exorbitantes et ruineuses, ils sont divisés en deux classes distinctes : l'une, celle des aubains, *alibi nati*, qui étaient nés dans les Etats voisins et dont on pouvait connaître l'origine; l'autre, appelée *épave (expavescere)*, comme s'ils étaient égarés, qui étaient nés dans les Etats éloignés de la France, et dont on ignorait la véritable patrie.

« *Albains*, disent les registres du Parlement, sont hommes et femmes qui sont nés en villes de hors le royaume si prouchaines, que l'on peut connaître les noms et nativités de tels hommes et femmes; et quand ils sont venus demourer au royaume, ils sont proprement appelez *albains* et non *espaves*.

« Sont réputez *espaves*, ceux qui sont natifs au loin hors du royaume, et sont leurs enfants tenus et réputez *aubains*... et ne peut un *espave* tester, ni faire testament et par icelui disposer de ses biens qui appartiennent au roi, fors que de cinq sols. Mais un *aubain* peut tester. » C'est ce que l'on a appelé le *droit d'aubaine.*

En présence de cette législation, quoi d'étonnant que la vie de l'étranger soit généralement errante, aventureuse, et qu'elle semble une protestation, héroïque souvent, contre l'ordre social qui l'a proscrit à sa naissance?

La condition des uns et des autres, *aubains* ou *épaves*, qui ne différait point, dans l'origine, de celle des serfs, changea quelque peu de nature à l'époque de la féodalité. Ils étaient soumis, par les seigneurs, à des redevances annuelles, connues sous les noms de *chevage* et de *formariage*, plus ou moins fortes, suivant la coutume des lieux. Bientôt les rois s'en mêlèrent, et tout en adoucissant les exactions féodales, ils tirèrent profit de leur intervention en imposant certaines taxes dans les moments pressants. C'est ainsi que Henri III obligea, en 1587, tous les marchands, banquiers et courtiers étrangers, résidant en France, à prendre des lettres de naturalité qu'il leur fit payer fort cher, et que, plus tard, Louis XIV leur en fit payer, en outre, la confirmation. La déclaration du 29 janvier 1639 soumit tous les étrangers résidant en France ou y possédant des offices ou bénéfices, à une taxe qui devait peser également sur leurs premiers successeurs. On battit monnaie sur leur dos dans les temps de détresse financière.

Cependant, il faut reconnaître qu'échapper à la souveraineté du seigneur pour tomber sous celle du roi était déjà un grand adoucissement, et de nombreuses preuves historiques le confirment. L'une des plus remarquables est celle qui résulte des lettres patentes de février 1461, par lesquelles Louis XI exempta « à tous jours, perpétuellement du droit d'aubaine et du droit de naufrage les marchands des nations de Brabant, Flandres, Hollande et Zélande qui, de tout temps et d'ancienneté, eux et leurs prédécesseurs, ont accoutumé de venir, tant par mer que autrement, en ce royaume et fréquenter par le fait de leur marchandise en plusieurs parties d'iceluy, et tant en les villes de la Rochelle et Bordeaux que ailleurs. » Semblables privilèges sont accordés et confirmés par Henri II, le 20 janvier 1552, en faveur des marchands de la hanse teutonique, puis exemption au profit des marchands écossais trafiquant dans le royaume, de tous droits, subsides et impôts.

La porte est ouverte et bientôt elle s'élargit de plus en plus. Henri IV exempte du droit d'aubaine les étrangers qui venaient travailler aux manufactures de tapisseries de Flandres établies tant à Paris que dans les autres villes du royaume, et il anoblit les directeurs de l'entreprise ainsi que leur postérité. Louis XIV, en 1664, déclare régnicoles et naturels français les étrangers qui auraient travaillé pendant huit années à la manufacture de Beauvais et qui continueraient de résider en France. Il accorde la même faveur aux ouvriers qui auraient travaillé huit années à la manufacture de glaces, verres et cristaux, qu'il établit par son édit de 1663. Même exemption par un édit de 1667, déclarant que l'on devrait tenir pour vrais et naturels sujets tous ceux qui auraient travaillé à la manufacture royale de meubles de la couronne aux Gobelins. Enfin au mois d'avril 1687, un édit considère comme Français tous étrangers qui avaient servi pendant cinq ans sur les vaisseaux du roi, en qualité de pilotes, maîtres, contre-maîtres, canonniers, charpentiers, calfats et autres officiers, mariniers et matelots, à la condition de s'établir dans le royaume.

Mais jusqu'ici ce ne sont que des exceptions qui confirment les règles rigoureuses établies contre les étrangers, règles à peu près générales; quelques villes seulement, comme Lyon, Toulouse et Bordeaux, étant exemptes du droit d'aubaine; quelques ports, comme celui de Marseille et ceux de la Guyenne et de la Provence, en étant exempts aussi.

Ce n'est pas à dire que le roi, seul héritier légitime, s'enrichît des dépouilles maigres ou opimes de l'aubain; non, en fait, il ne les conservait pas. Depuis Philippe le Bel il était de maxime que « le roi devait avoir les mains pures de toute confiscation ». Aussi presque toujours en gratifiait-il l'un des parents de l'étranger par un acte de munificence royale. Mais légalement, le droit d'aubaine, avec ses rigueurs, se trouvait debout quand, en 1789, la Révolution éclata.

Avant de raconter comment l'Assemblée constituante donna un magnifique exemple de philanthropie par l'abolition du droit d'aubaine, nous croyons devoir faire connaître ici que ce *droit insensé*, ainsi que l'appelle Montesquieu, ne florissait pas seulement sur le sol de la France. Constatons d'abord que l'Angleterre conserve encore, en ce qui touche la succession aux biens-fonds, ce vestige de l'ancienne barbarie féodale, puisque les terres dont le dernier propriétaire meurt sans héritiers reviennent à la couronne. Louis XVI, devançant la Révolution qui devait lui coûter le trône et la vie, par lettres patentes de propre mouvement, données le 18 janvier 1787, en conséquence du traité de commerce conclu le 26 septembre 1786 avec l'Angleterre, abolit purement et simplement le droit d'aubaine relativement aux successions mobilières et immobilières, qui, soit par testament, soit *ab intestat*, pourraient s'ouvrir dans ses États situés en Europe en faveur des sujets du roi d'Angleterre. Il permit même aux Anglais de succéder en France à leurs parents français sans stipuler aucune condition de réciprocité. Le droit d'aubaine existait aussi en Danemark, en Hollande, en Espagne, en Toscane, dans les Deux-Siciles, en Prusse, en Suisse, en Allemagne, en Suède, dans le Palatinat, à Parme, Plaisance, Venise, Lubeck, Hambourg, Danzig, dans les États du pape, en Turquie, dans la république de Gênes; témoin les nombreux traités qui furent passés entre ces nations ou villes et la France, soit pour l'abolition réciproque des droits d'aubaine, sans restriction ni réserve, soit pour l'établissement du droit de détraction ou de prélèvement successoral.

Tel était l'état des choses lorsque le décret du 6 août 1790 prononça l'abolition du droit d'aubaine et de détraction. Mais l'assimilation de la condition de l'étranger à celle des Français, quant au droit de succession et de disposition, ne fut proclamée que par le décret du 8 avril 1791, dont l'article 3 portait : « Les étrangers, quoique établis hors du royaume, sont capables de recueillir en France les successions de leurs parents, même Français; ils pourront de même recevoir et disposer par tous les moyens qui seront autorisés par la loi. »

Si l'Assemblée constituante, en abolissant le droit d'aubaine, se laissa dominer par les principes philanthropiques, Necker avait, en 1783, donné les raisons économiques qui appelaient cette mesure. En effet, dans son livre intitulé : *De l'Administration des finances*, publié en 1787, en tête du projet qu'il proposait au roi pour l'abolition du droit d'aubaine, il avait établi que ce droit était plutôt contraire que favorable à l'intérêt du royaume. Il disait : « *Le produit est presque entièrement consommé par des frais de formalités et par des attributions qui appartiennent aux officiers de justice* (il se réduisait, en effet, à 40.000 écus par an). Tout ce qui peut détourner les étrangers de venir dépenser leurs revenus dans le royaume, et d'échanger ainsi leur argent contre les productions de notre industrie, paraît une disposition aussi déraisonnable que le serait une loi directement opposée à l'exportation de ces mêmes productions. »

Le dix-neuvième siècle ouvrit en France une ère que l'on peut qualifier, sans injustice, de réaction contre les idées qui avaient prévalu le plus souvent dans nos assemblées révolutionnaires, et le droit d'aubaine fixa l'attention des rédacteurs du Code civil. Tout en reconnaissant que l'Assemblée constituante avait été « *le foyer de toutes les lumières, le centre de tous les talents* », tout en déclarant qu'il sentait tout le poids de cette autorité », tout en admettant « qu'une institution peut n'être pas bonne et que cependant sa suppression peut être dangereuse, et que c'était ici le cas de rappeler cette maxime triviale que le mieux est souvent le grand ennemi du bien », M. le conseiller d'État Treilhard concluait que l'abolition du droit d'aubaine dans la législation d'un peuple doit être subordonnée à la règle de réciprocité : « qu'il faut donner pour acquérir, car l'intérêt est la mesure des traités entre gouvernements, comme il est la mesure des transactions entre particuliers. » Comme conséquence de ces nouveaux principes, on introduisit dans le Code civil la disposition qui n'assure, à l'étranger, en France, que les mêmes droits accordés aux Français par la nation à laquelle les étrangers appartiennent. « En préparant pour l'avenir, ajoutait-on, la suppression totale du droit d'aubaine, on n'excluait d'ailleurs aucune des conventions particulières qui pourraient être dans la suite sollicitées par les circonstances et pour l'intérêt du peuple français. » Ce fut là un échec non seulement pour les théories philanthropiques, mais aussi une injure aux plus saines notions de l'économie politique.

Aussi une réaction en sens contraire devait-elle un jour se produire et démontrer que le système tant vanté de réciprocité diplomatique n'offrait pas assez de garanties aux étrangers pour les amener à faire des acquisitions en France; qu'il était un obstacle non pas seulement à cette fraternité des peuples, raison sentimentale donnée par l'Assemblée constituante, mais encore un obstacle à la grande circulation des capitaux, aux progrès du commerce et de l'industrie, raison économique donnée par Necker avec un admirable bon sens pratique. C'est ce qui donna naissance à la loi du 14 juillet 1819 qui vint abolir définitivement les *droits d'aubaine et de détraction* qui avaient trouvé un asile dans les articles 726 et 912 du Code civil. Cette loi dite *abolitive du droit d'aubaine et de détraction* a attiré quelques critiques sur son titre, mais à tort selon nous, dit Eug. Paignon. En réalité, elle a bien eu pour objet et pour résultat de rentrer dans les systèmes de l'Assemblée constituante dont le Code civil était manifestement sorti, car elle a reconnu, sans condition de réciprocité, aux étrangers, le droit de succéder, de disposer et de recevoir de la même manière que les Français dans toute l'étendue du royaume. Elle n'a admis qu'une seule exception, c'est celle où une succession, déférée à des Français ou à des étrangers, comprendrait à la fois des biens situés en France et des biens situés à l'étranger, et où la loi étrangère n'appellerait pas le successible français dans la même proportion que les parents étrangers ; exception fondée sur le principe de justice, d'égalité et de légitime protection des Français menacés à l'étranger par des privilèges. Si le cas se présente, il y a lieu à une attribution plus forte au profit des héritiers français, pour compenser les inégalités qu'ils pourraient souffrir en pays étranger.

Ainsi disparaît sous l'action de la civilisation, sous l'action des intérêts qui forment le lien des échanges et du commerce, le vice de pérégrinité. « Les sociétés civilisées, dit M. Laferrière, doivent mettre à la portée des individus d'origine diverse les facultés, les droits civils qui tiennent à la nature des rapports d'intérêts, et, par conséquent, tous les droits relatifs à la possession, à la transmission et disposition des choses mobilières et immobilières. Dans cette classe de rapports et dans cette communauté légitime n'entrent pas les droits civils nécessairement attachés à la capacité personnelle et distinctive des individus, à la constitution particulière des familles : ainsi les conditions légales de la majorité des personnes, de la légitimité des enfants ; les droits de famille, comme l'autorité maritale, la puissance paternelle, le droit de tutelle et de curatelle, en un mot tous les droits dont la loi nationale a formé l'état civil des individus, et qui constituent la *loi personnelle*, restent, par leur nature même, hors de la participation des étrangers, qui ont aussi, à leur égard, leur loi nationale et personnelle. Mais le droit de contracter, de vendre, d'acquérir des biens meubles et immeubles, de succéder et de transmettre par voie de succession, de donation, de testament, et généralement tous les droits qui sont compris dans le vaste cercle du commerce et de la propriété peuvent être naturellement à la disposition des étrangers et de la grande famille humaine. »

ÉVOLUTION.

ÉVOLUTION. Ce mot est à la mode aujourd'hui, et pour beaucoup de gens il est simplement synonyme de changement. Ceux qui prennent les mots dans leur sens rigoureux y voient l'énoncé d'un développement naturel, organique, par conséquent involontaire. Encore le mot développement ne doit-il pas être pris dans l'acception de progrès — changements successifs dans la voie des perfectionnements — l'évolution est plutôt la série des modifications qui se suivent depuis la naissance jusqu'à la mort ; l'évolution peut conduire à la décadence, et ce n'est pas à cette évolution qu'on pense le plus souvent quand on se sert de ce mot souvent si mal compris.

En tout cas, ce qu'on ne doit pas perdre de vue, c'est que le progrès est voulu, préparé, tandis que l'évolution marche toute seule. Le progrès semble aller en ligne droite, l'évolution paraît suivre un cercle, ou du moins tourne en spirale. M. Georges Perrot a dit [1] : « Quant aux philosophes, eux aussi, s'ils veulent suivre, depuis son premier éveil en Grèce, l'évolution de la pensée, peuvent-ils se dispenser de lire, dans le grec même, Aristote et Platon. » Plus loin il ajoute : « Ce qu'on lui enseigne ainsi (au jeune homme), c'est à s'approprier ces idées, *celles dont a toujours vécu et dont vivra toujours l'humanité...* » où est alors l'**évolution**. Nous pourrions citer d'autres passages pour montrer qu'on abuse un peu de ce mot.

Il y a eu dans la société des évolutions et des progrès. Quand une situation était arrivée à son développement extrême, elle a changé de direction, spontanément, ou mieux, avec le concours de tous — c'est-à-dire personne ne s'y est opposé. Un homme, ou plusieurs, ont imaginé un remède à un mal général, et peu à peu tout le monde s'est servi de ce remède, souvent par simple esprit d'imitation. C'est ainsi qu'une évolution se réalisait. Le progrès s'établit par une action plus directe des réformateurs. On cherche avec ardeur et vérité, on établit avec effort, souvent avec des luttes, ce qu'on a considéré comme un progrès — car on peut s'y tromper — on ne prévoit pas toujours l'ensemble des effets d'une mesure ; mais toujours le progrès a été voulu. Or, il importe de n'employer les mots que dans un sens rigoureux et de ne pas confondre l'évolution avec le progrès.

EXCELLENCE.

EXCELLENCE. Titre honorifique, réservé autrefois aux rois, et qu'on donne actuellement aux grands dignitaires, notamment aux ministres et aux ambassadeurs. Ce fut Henri IV qui le conféra le premier à un ambassadeur. Il qualifia d'Excellence le duc de Nevers qu'il envoyait à Rome, en 1593, pour le représenter auprès du saint-siège. Depuis, cet usage a été généralement adopté. Les empereurs et rois refusèrent, pendant un temps, de l'accorder aux représentants des États républicains ; mais les réclamations de la république vénitienne ayant été admises en 1636, ce titre a dès lors cessé d'être contesté, et les puissances, grandes ou petites, se traitent à cet égard sur le pied de l'égalité.

Les présidents des Républiques sont également qualifiés d'Excellence.

EXCISE.

EXCISE. Un droit d'excise est un impôt établi sur des articles produits et consommés à l'intérieur ; c'est donc le contraire d'un droit

1. *Revue des Deux-Mondes*, 15 avril 1895, p. 868. Faisons remarquer en passant : qu'on peut lire les idées dans une bonne traduction. Les mots ne se traduisent pas toujours, mais les idées doivent pouvoir être rendues dans toutes les langues.

de douane, qui est une taxe assise sur des articles produits au dehors et importés pour la consommation. Toutes les fois qu'un droit d'excise est levé sur une marchandise de production nationale, il est nécessaire de frapper d'un droit de douane au moins égal les marchandises similaires du dehors, à leur importation; autrement, en effet, le producteur national serait placé dans une situation désavantageuse par l'introduction des articles étrangers affranchis de droit, et le revenu public lui-même en souffrirait. Lorsque des articles frappés des droits d'excise sont exportés, il est nécessaire de leur rendre les droits acquittés; autrement ces marchandises ne pourraient pas être offertes, sur les marchés étrangers, aux mêmes conditions que les articles similaires produits dans le pays. Il y a deux manières de procéder. Ou le manufacturier paye préalablement les droits, et on lui en restitue le montant au moment où l'article est exporté; ou encore il est autorisé à établir une distinction entre les articles qu'il fabrique pour l'exportation, et ceux qu'il réserve à la consommation intérieure, et l'on ne réclame de lui que les droits relatifs à ces derniers, les agents chargés de la surveillance dans l'administration de l'excise ayant soin que les objets pour lesquels la taxe n'a pas été acquittée ne pénètrent pas sur le marché national.

EXCLUSIVE (DROIT D'). C'est le droit accordé à la France, à l'Autriche et à l'Espagne de désigner chacune un cardinal comme ne leur étant pas *grata* en tant que candidat à la papauté. Cette désignation était autrefois par le cardinal « protecteur » de chacun de ces trois États; depuis un siècle, ce sont généralement les ambassadeurs qui sont chargés de cette mission auprès du conclave.

Ce droit que la curie romaine ne reconnaît pas formellement, mais qu'elle respecte en fait, l'Autriche le possède parce que son souverain a été longtemps l'empereur « romain »; la France et l'Espagne l'ont obtenu par suite de leurs luttes de rivalité avec l'empereur.

On ne sait exactement quand a commencé l'exercice régulier de l'*exclusive*, mais en 1844, les confesseurs du conclave déclarèrent que les cardinaux étaient liés par ce droit ou cet usage. Il a été souvent exercé, et, sans remonter trop haut en arrière, nous citerons ce fait qu'en 1823 l'Autriche a exclu le cardinal Severoli, et qu'en 1831 l'Espagne a exclu le cardinal Giustiniani, qui avait été nonce à Madrid.

L'exclusive ne peut s'exercer qu'une fois dans chaque élection et les méchantes langues disent que les manœuvres organisées pour appliquer utilement ou neutraliser l'influence en question ne paraissent pas inspirées par le Saint-Esprit.

Ni l'Allemagne, ni l'Italie ne jouissent de l'exclusive, bien que ces pays renferment chacun un nombre de catholiques supérieur à la population de l'Espagne. On comprend que l'Allemagne ne pouvait pas jouir de ce droit en même temps que l'Autriche, qui jusqu'en 1866 avait été son représentant attitré à Rome. C'est au nom de l'empire allemand que l'Autriche l'exerçait. Quant au royaume d'Italie sa création est de date trop récente, pour compter dans l'histoire.

On prétend que ces deux grandes puissances demandent à exercer leur part d'influence sur l'élection du pape. Il est très-probable qu'elles y parviendront si elles y trouvent un intérêt majeur. Du reste, à l'avenir, tous les États qui ont un ambassadeur auprès du Saint-Siège chercheront sans doute à influencer les élections, et y réussiront dans une certaine mesure. Le mieux serait, pour chaque pays catholique, grand ou petit, d'avoir au conclave son cardinal ou plutôt le nombre proportionnel de cardinaux auquel il a droit pour représenter convenablement les catholiques qui habitent sa patrie. De cette façon l'élection aura une apparence régulière, elle ressemblera à une élection à deux degrés opérée par l'ensemble de la catholicité, tandis que jusqu'à présent la papauté a plutôt paru une institution italienne qu'universelle, car les papes non italiens forment une rare exception.

EXCOMMUNICATION. Censure ecclésiastique par laquelle un membre d'une communauté religieuse en est exclu jusqu'à ce qu'il se soit amendé. L'excommunication, dans son essence, constitue donc moins une peine qu'un moyen d'amélioration. Son origine se perd dans la nuit des temps; l'antiquité païenne et juive la connaissait, et il faut admettre qu'un pareil usage est fondé en droit. Une société quelconque ne fait rien que de légitime lorsqu'elle cherche à se protéger contre ceux de ses membres qui failliraient aux obligations qu'elle impose, lorsqu'elle exclut ceux qui se montrent, après leur admission, indignes ou incapables d'en faire partie.

On ne saurait donc reprocher à l'Eglise chrétienne d'avoir emprunté à la synagogue l'excommunication, comme la plupart des traits de son organisation primitive. Les synagogues excluaient de leurs assemblées ceux qu'elles jugeaient, à tort ou à raison, indignes d'y prendre part; cela s'appelait : *être chassé de la synagogue*, et cette mesure disciplinaire a été plus d'une fois appliquée aux premiers prédicateurs de l'Evangile. (Evangile selon saint Jean, chapitre IX, verset 22.)

Lorsque les premières assemblées chrétiennes se constituèrent, elles s'attribuèrent le même pouvoir; mais, à cette époque, les conditions d'entrée dans l'Eglise étant en grande partie morales, c'était surtout dans les cas d'immoralité notoire, faciles à constater dans des communautés peu nombreuses, que l'excommunication était prononcée. Ainsi, les chrétiens de Corinthe, sur les conseils et l'ordre de saint Paul, chassèrent de leur sein un d'entre eux qui s'était rendu coupable d'inceste, mais qui, plus tard, s'étant repenti, obtint son pardon (Ire Epître aux Corinthiens, chapitre v ; IIe Epître, chapitre ii). Il faut remarquer que les premiers chrétiens vivaient presque en commun et célébraient la sainte cène en des repas fraternels très-fréquents ; en cas d'excommunication, ces rapports intimes cessaient ; les fidèles ne recevaient plus l'excommunié, évitaient de lui parler, de le rencontrer, et ne se seraient point assis à la même table que lui. Lorsque, plus tard, l'Eglise chrétienne, devenue très nombreuse, se vit persécutée, lorsque, surtout après Constantin, de vives discussions dogmatiques s'élevèrent, ce fut surtout dans les cas d'apostasie et d'hérésie que l'excommunication fut appliquée. Le clergé, dont le pouvoir grandissait chaque jour, s'en réserva l'usage qui, au début, appartenait à l'assemblée des fidèles, et elle devint entre ses mains une arme puissante. L'idée que l'Eglise seule peut assurer le pardon, que, hors d'elle, il n'y a point de salut possible, se répandait de plus en plus, et conduisait à regarder l'excommunié, s'il n'obtenait sa réintégration, comme damné à jamais. Ainsi, l'excommunication qui, en principe, était une censure destinée à avertir le pécheur et à favoriser son amendement, en même temps qu'à protéger contre la corruption la société chrétienne, devenait une peine, et la plus grave de toutes.

C'est surtout au moyen âge que le clergé a fait de l'excommunication un usage aussi fréquent que redouté. L'Eglise, unie à l'Etat depuis Constantin, avait fini par se confondre avec la société civile que souvent elle dominait. Disposant d'une autorité morale immense, elle faisait redouter ses censures, même des plus puissants. Le malheureux qu'elle frappait d'excommunication majeure devenait pour tous un objet d'horreur et de mépris ; tout rapport avec lui était interdit ; se voyant retranché de la société de ses semblables, tout secours, tout appui, toute pitié lui faisant défaut, l'enfer, auquel il était voué, commençait pour lui dès ici-bas. Malheureusement, l'Eglise employa cette arme redoutée à la défense de ses intérêts terrestres, à l'extension de son autorité temporelle. C'est du droit qui lui appartenait d'excommunier tous les fidèles baptisés, même les princes, que Grégoire VII prétendit déduire celui de disposer des couronnes. Comme les fidèles doivent éviter tout commerce avec un excommunié, ne point le saluer, lui parler ou manger avec lui ; s'il s'agit d'un roi, ils ne doivent plus lui obéir ; il n'a plus le droit de commander à des chrétiens, puisqu'il n'est plus membre de leur société, son pouvoir s'écroule du moment que l'Eglise le retranche de sa communion. Cette conclusion, que l'opiniâtre génie de Grégoire VII sut faire passer dans la pratique, était si logiquement raisonnée que les adversaires du pontife furent réduits à soutenir qu'un souverain ne pouvait jamais être excommunié, tandis que le gallicanisme soutint que l'excommunication, peine purement spirituelle, ne pouvait entraîner d'effets civils et qu'ainsi les sujets d'un souverain excommunié n'étaient point dispensés de lui obéir.

L'Eglise avait abusé de l'arme puissante qu'elle possédait ; elle la vit se briser entre ses mains. Philippe le Bel, appuyé sur les états généraux, brava l'excommunication fulminée contre lui à deux reprises, par Boniface VIII, et à mesure que dans toute l'Europe la société civile se sépara de la société religieuse, il devint plus difficile de faire respecter les effets civils de l'excommunication, qui cessa bientôt d'inspirer la terreur ; les bulles d'excommunication qui frappèrent les réformateurs n'entravèrent point, d'une manière sensible, les progrès de leur doctrine, et cette arme, jadis si terrible, devenant chaque jour moins redoutable, fut aussi de moins en moins employée. Aujourd'hui, il semble que l'Eglise redoute d'en faire usage, surtout dans les cas graves et qui touchent à la politique. Lorsque ses traditions ou les règles de sa constitution l'obligent à excommunier, elle évite au moins avec soin de nommer les personnes. A la suite du décret par lequel Napoléon Ier, le 17 mai 1809, supprima le pouvoir temporel du pape, et réunit ses Etats à l'empire français, Pie VII se borna à excommunier, d'une manière générale, les auteurs du fait, sans nommer le signataire même du décret. Plus récemment, Pie IX, lorsqu'il se vit enlever successivement ses provinces, imita cet exemple, et, sans nommer personne, excommunia tous ceux qui avaient contribué à ces événements. Dès lors, c'était à chacun à savoir jusqu'à quel point le décret le concernait, qui il frappait, et le comte de Cavour et d'autres après lui ont pu demander et trouver des prêtres pour les assister à leurs derniers moments.

EXEQUATUR. Mot latin signifiant *que cela soit exécuté*, et qui a passé dans la langue française, pour exprimer, dans le principe, l'ordre d'exécution qu'un juge inscrivait au bas d'une sentence d'un autre tribunal.

Aujourd'hui, c'est une ordonnance en vertu de laquelle un souverain autorise un consul étranger à exercer sur son territoire les fonctions qui lui sont conférées : ordonnance qui est ordinairement annexée aux provisions des consuls, ou même inscrite sur le revers de cette pièce.

Il est, dans la plupart des pays, deux sortes de consuls ; les uns sont des agents salariés, auxquels le commerce est interdit, tandis que les autres sont des négociants qui n'appartiennent pas même toujours au pays qu'ils représentent et qui ne reçoivent aucun traitement. C'est par suite de cet état de choses que les gouvernements ont généralement une double formule pour leurs *exequatur*, la première et la plus large, applicable aux consuls fonctionnaires, la seconde aux consuls négociants.

La forme des *exequatur* varie suivant chaque pays; le plus habituellement, comme en France, en Angleterre, en Espagne, en Italie, aux Etats-Unis, au Brésil, c'est celle d'une lettre patente, signée du chef du pouvoir exécutif, et contre signée par le ministre des affaires étrangères. Dans d'autres contrées, en Danemark, par exemple, le consul reçoit simplement avis qu'il a été reconnu et que les ordres nécessaires ont été donnés aux autorités de sa résidence; en Autriche, on se borne à écrire sur l'original de la commission : *exequatur*.

Le gouvernement auquel on demande l'*exequatur* a le droit de le refuser; le refus peut être fondé sur des raisons purement politiques ou sur des motifs personnels. Il peut également, s'il le juge convenable, le retirer; quels que soient du reste les motifs sur lesquels un gouvernement se fonde pour priver un consul de son *exequatur*, le consul ne peut que se conformer exactement aux ordres que lui donnera le représentant de son pays. Suivant les cas, il aura à se retirer avec les archives, ou à déléguer ses fonctions à un gérant intérimaire, afin que ses nationaux ne perdent pas la protection à laquelle ils ont droit.

Les *exequatur* des consuls sont généralement délivrés sans frais : il y a cependant quelques exceptions.

L'état de guerre, ou une reprise de relations diplomatiques, entre deux Etats, amène la retraite, ou peut amener le renouvellement des *exequatur* des puissances belligérantes; quelques traités spécifient le cas où l'*exequatur* peut être retiré. R—z.

EXIL. Il importe de bien distinguer l'exil du bannissement. L'exil n'est pas une peine, c'est une mesure de salut public dont les effets ne sont pas déterminés à l'avance dans le système de nos lois pénales. Le bannissement est au contraire une peine spécialement définie par le Code pénal et applicable à certains crimes politiques. (*Voy.* **Bannissement.**) Les actes seuls sont susceptibles d'une répression juridique, mais il n'y a pas que les actions mauvaises qui fassent courir des dangers aux Etats. Dans tous les pays il peut naître des circonstances où la Constitution est, à tort ou à raison, considérée comme mise en péril par la situation exceptionnelle de certains hommes ou de certaines familles. Est-il juste, dans ces cas, malgré l'absence de tout fait criminel, de tout délit caractérisé, d'exclure de l'Etat ces familles, en les frappant d'un exil soit perpétuel, soit temporaire ? On a pensé que de pareilles mesures pouvaient être justes dans quelques circonstances, par exemple, dans celles qui se sont présentées en France depuis quatre-vingts ans. Les Bourbons et les Bonaparte régnant successivement sur la France ne pouvaient

pas, sans un danger capital pour la tranquillité publique, tolérer sur le même sol, à côté d'eux, la présence de la dynastie rivale *qui maintenait ses prétentions*. Il a semblé naturel que le législateur qui établit une dynastie ait le droit d'exiler la dynastie déchue. Si la déchéance est légitime, a-t-on dit, l'exil l'est aussi. La loi du 12 janvier 1816 a exilé à perpétuité Napoléon, ses ascendants et ses descendants, ses oncles et tantes, ses neveux et nièces, ses frères et sœurs, beaux-frères et belles-sœurs et leurs descendants. Après la Révolution de 1830, la loi du 10 avril 1832 interdit à perpétuité le territoire de la France et de ses colonies à Charles X et à ses descendants, aux époux et aux épouses de ses descendants. La famille d'Orléans succombant à son tour en 1848, la même interdiction fut appliquée par la loi du 26 mai 1848 à Louis-Philippe et à sa famille. Mais en même temps la seconde République, par une loi du 11 octobre 1848, abrogeait l'article de la loi du 10 avril 1832 qui avait confirmé l'exil prononcé en 1816 contre la famille Bonaparte. L'exil des deux branches de l'ancienne maison royale a été maintenu pendant le second Empire, mais la troisième République, par une loi du 8 juin 1871, a abrogé les lois du 10 avril 1832 et du 26 mai 1848 qui avaient prononcé cet exil. Le nouveau gouvernement, quoique l'Assemblée nationale, par un ordre du jour du 1er mars 1871, ait déclaré Napoléon III et sa dynastie déchus du trône, n'a pas décrété l'exil de la famille Bonaparte.

En supposant le principe de l'exil justifié, faut-il considérer comme une conséquence légitime de l'exil l'interdiction pour les exilés de posséder en France aucun bien et l'obligation de vendre dans un certain délai ceux qu'ils possédaient antérieurement ? On a pensé que, sans ces deux mesures, l'exil perdrait une grande partie des effets politiques que le législateur en attend. Elles ont été appliquées, en effet, aux Bonaparte par la loi de 1816, aux Bourbons, par celle de 1832, et elles étaient aggravées par la privation de tout droit civil. Ces mesures n'avaient cependant pas été imposées à la famille d'Orléans par la loi de 1848. Un décret dictatorial du 22 mars 1852 leur appliqua l'interdiction de posséder et l'obligation de vendre, mais sans y ajouter la privation des droits civils.

En résumé, il est naturel qu'une dynastie régnante exile une dynastie rivale comme mesure de défense légitime, et même de salut public, puisque c'est le moyen d'éviter une guerre civile ou au moins des troubles sanglants. La substitution d'une dynastie à une autre ne se fait pas habituellement aussi simplement que le remplacement d'un préfet par un autre, et pour un pays une révolution est toujours une chose dangereuse. Dans une république, l'exil des adversaires est une question bien autrement délicate : d'abord, si elle interdit le séjour du pays à un descendant de ses anciens princes, elle s'expose à faire croire qu'elle les craint, que, malgré le nombre des voix obtenues dans les élections, elle n'a pas dans le pays, la majorité réelle; puis la mesure peut la être d'une autre nature, elle peut s'adresser non plus à quelques citoyens, mais à des milliers d'adversaires souvent même aux chefs de la majorité réelle, car les minorités violentes ont montré qu'elles savaient s'emparer du pouvoir. Dans ce cas, ce n'est plus l'intérêt général qui est en jeu, mais celui d'un parti, c'est d'un intérêt privé et non du salut du pays qu'il s'agit. Comment alors justifier l'exil? Malheureusement dans les luttes entre les partis, les passions parlent plus haut que la justice et le droit.

EXPROPRIATION POUR CAUSE D'UTILITÉ PUBLIQUE. Il est des cas où l'intérêt général et l'intérêt privé peuvent entrer en conflit. Lorsque ce cas se présente relativement à la propriété immobilière, le conflit est résolu par l'expropriation, qui n'est légitimée que par la condition expresse d'une *indemnité préalable*.

EXTERRITORIALITÉ. On entend par *exterritorialité* le droit qu'ont les représentants des puissances étrangères de vivre dans le pays où ils sont accrédités sous le régime des lois de la nation qu'ils représentent. Les souverains étrangers en personne, les ambassadeurs, les ministres plénipotentiaires, en un mot toutes les personnes diplomatiques, qui représentent leurs souverains, ou les États dont ils sont les envoyés auprès d'un gouvernement étranger, jouissent donc d'une immunité de droit universel qu'on appelle exterritorialité.

Le souverain, bien qu'il soit temporairement sur le territoire d'une autre puissance, sera censé néanmoins, par une fiction du droit des gens moderne de l'Europe, se trouver toujours dans son propre territoire, et il jouit de toutes les prérogatives inhérentes à la souveraineté. Ce privilège ne s'étend pas aux princes et princesses des maisons régnantes.

On l'accorde aux ambassadeurs, et à certains agents diplomatiques, parce qu'ils représentent jusqu'à un certain point la personne du souverain dont ils sont les fondés de pouvoirs : ils sont considérés, pendant toute la durée de leur mission, comme s'ils n'avaient point quitté l'État dont ils sont les envoyés, et comme s'ils remplissaient leur mandat hors du territoire de la puissance auprès de laquelle ils se trouvent accrédités. Cette fiction s'étend également à la famille des ambassadeurs et agents diplomatiques, aux gens de leur suite, et même à leurs biens *menbles*.

L'une des plus importantes prérogatives de l'exterritorialité est l'inviolabilité : elle commence au moment où le ministre a mis le pied sur le territoire du souverain auprès duquel il est envoyé, et qu'il a fait connaître son caractère officiel : l'inviolabilité entraîne

après lui l'exemption de la juridiction du pays où il réside, et cette exemption est fondée, non sur une simple convenance, mais sur la nécessité. En effet, si les ambassadeurs et agents diplomatiques n'étaient pas couverts du principe d'inviolabilité, leur dignité, leur indépendance même, pourraient être chaque jour compromises; il ne faudrait cependant pas conclure de l'inviolabilité à l'impunité.

« Dans la pratique des peuples de l'Europe, dit Martens, en cas de crimes privés, commis ou tentés par un ministre étranger, on se contente ordinairement de demander son rappel; si le danger est urgent, on se permet de se saisir de la personne du ministre jusqu'à ce que le danger soit passé; sinon, on se borne seulement à demander son rappel ou à le renvoyer. »

Selon les circonstances, quand il y a violence, voies de fait, conspiration contre la sûreté de l'État, le souverain du pays menacé peut prendre toutes les mesures que lui inspire la nécessité de la légitime défense.

Pendant l'exercice de ses fonctions à l'étranger, l'ambassadeur ou le ministre ne cesse pas d'appartenir à sa patrie : il y conserve son domicile, et le juge de ce domicile exerce la juridiction sur lui, comme s'il était présent; aussi sa succession s'ouvre-t-elle dans le lieu de ce domicile.

En France, avant 1789, les prérogatives des ambassadeurs et ministres étrangers n'avaient été sanctionnées par aucun texte de loi; mais elles étaient reconnues par l'usage.

L'Assemblée constituante, par décret du 11 décembre 1789, rendu à la suite d'une réclamation adressée par le corps diplomatique au ministre des affaires étrangères, déclara que, dans aucun cas, elle n'avait voulu porter atteinte par ses décrets à aucune immunité des ambassadeurs et ministres étrangers. Un décret de la Convention déclara postérieurement que toutes les réclamations qui pourraient s'élever contre les ambassadeurs étrangers seraient portées au Comité de salut public : aujourd'hui, ces sortes de réclamations doivent être adressées au ministère des affaires étrangères.

Quelques codes étrangers renferment des dispositions expresses sur la matière.

EXPLOITATION de l'homme par l'homme. La chose a existé de tout temps, et se maintiendra aussi longtemps qu'il y aura des hommes. Cela ne veut pas dire que tous les hommes exploitent ou sont exploités, cela ne veut pas dire non plus que pareille exploitation soit durable ou réellement profitable et bien moins encore qu'elle soit méritoire. Elle ne l'est en aucun cas. Cela n'empêche pas que parfois le mari exploite sa femme, ou la femme son mari ; que des parents exploitent leurs enfants ou des enfants leurs parents; qu'on s'exploite entre membres d'une même famille, *entre camarades, amis et collègues*, parce que chacun tire à soi et qu'on n'est pas toujours scrupuleux sur les moyens. Par conséquent, il faut être sur ses gardes et se défendre.

Mais ce n'est pas de cette exploitation-là qu'il s'agit quand on parle politique. Les politiciens qui ont inventé le mot s'en servaient comme moyen d'agitation, ils disaient aux ouvriers : vous êtes exploités. On ne vous paie pas la valeur totale de votre travail, les patrons s'enrichissent à vos dépens. Cela peut arriver dans des cas isolés ou abusifs, mais généralement ce n'est pas vrai : dans la bouche du politicien, c'est toujours un mensonge, car il parle sans la moindre preuve, le plus souvent il se moque tout simplement de la vérité ; c'est un ambitieux qui poursuit son but. Et quand on dit que le patron s'enrichit aux dépens de l'ouvrier, on oublie 1° qu'un très grand nombre de patrons font faillite ; se sont-ils enrichis ceux-là ? Ce seul fait, si vous êtes honnête, vous interdit de parler de l'exploitation comme d'une règle ; 2° que ce n'est pas la production de produits, ou de marchandises qui enrichit, mais leur vente, et la VENTE est uniquement l'affaire du patron ; une mévente, c'est la ruine. *L'ouvrier n'est pour rien dans la vente.* On n'a d'ailleurs presque jamais pu prouver que l'ouvrier ne reçoit pas la valeur entière de son travail ; on s'est borné à dire qu'il gagne parfois bien peu, 2, 3 ou 4 fr. Cela est vrai, et fâcheux, mais il y a des industries peu productives, des produits mal payés ; souvent le patron lui-même ne fait pas ses affaires dans cette industrie. Quand c'est possible, le seul remède à employer, pour les deux, patrons et ouvriers, c'est de chercher un autre gagne-pain.

K. Marx est le seul qui se soit efforcé — on au moins qui ait tenté — de prouver scientifiquement (? !) l'exploitation de l'ouvrier par le patron. Voici ce qu'il a trouvé (*Le Capital*, tome I, p. 80, etc). Un capitaliste s'adresse à des ouvriers : « Je vous engage pour demain, combien demandez-vous ? » — Les ouvriers répondent : « 3 shellings. » — Le patron : « C'est bien, venez à 6 h. du matin. » — Le lendemain à 6 heures les ouvriers viennent et font leur besogne. A midi, ils ramassent leurs outils et s'apprêtent à s'en aller. — Le patron : « Que faites vous là ? — Les ouvriers : « la journée est finie, puisque nous avons travaillé 6 heures, » — Le patron : « Pour moi la journée a 12 heures, restez jusqu'à la fin. » Et les ouvriers restent parce qu'il plait au patron d'évaluer la journée à 12 h. Le lecteur ne trouvera rien de scientifique ici. La prétendue science de K. Marx se résume dans cet aphorisme : « *On achète un objet* (ou le travail) *à sa valeur d'échange, et on l'utilise à sa valeur d'usage.* » Ce qui veut dire pour Marx : Les ouvriers pensent gagner leur vie en travaillant six heures et pour 3 shellings, leur journée vaut donc 3 shellings pour eux ; mais le patron ayant acheté une *journée* est censé dire : une journée est en fait de 12 heures, un homme peut travailler 12 heures, je demande mes 12 heures.

Ce ne sont pas là seulement des sophismes [1], ce sont de véritables sottises, comme on le prouverait en étudiant, dans le *Capital*, t. I, l'ensemble de ce passage, que nous avons été obligé de réduire à sa plus simple expression. C'est en soutenant que le patron fait faire des heures supplémentaires sans les payer qu'on stimule des grèves et pousse les ouvriers dans la misère.

Avec K. Marx, Louis Blanc, Proudhon et autres, les socialistes plus modernes ont continué de parler de l'exploitation de l'homme par l'homme, sachant pourtant que beaucoup de patrons se ruinent.

EXTRADITIONS. Nous allons exposer les règles suivies pour l'extradition des malfaiteurs, en suivant de près le travail de Gaston de Bourges. Nous toucherons à cette occasion à la législation qui est spéciale aux faits politiques.

La première de ces règles, c'est que : les puissances ne doivent point livrer leurs nationaux. Elle a son origine dans les principes du droit public interne sur la délimitation des pouvoirs au sein des États policés. L'extradition d'un réfugié est, en effet, un acte du pouvoir administratif. Or, vis-à-vis des étrangers, on reconnaît à ce pouvoir des droits assez étendus, parce qu'on suppose que, pouvant les repousser du territoire, il se réserve, lorsqu'ils y pénètrent, une certaine disposition de leur personne. Mais au régnicole appartiennent des garanties que vis-à-vis de son gouvernement rien ne peut lui faire perdre. Une des plus élémentaires et des plus précieuses, c'est que la disposition de sa personne, en matière criminelle, appartient au pouvoir judiciaire seul. Quel que soit le fait que le citoyen ait commis sur le territoire national, le pouvoir administratif ne peut rien sur lui que le remettre aux mains de la justice. Un fait commis à l'étranger ne saurait conférer à l'administration des droits plus étendus. Ajoutons que chaque nation ayant pour devoir de protéger ses nationaux à l'extérieur, les livrer à une autre puissance, même justement offensée, est un acte qui répugne à la dignité nationale. D'ailleurs, il dépend du gouvernement d'accorder à cette puissance une légitime satisfaction, car les principes généraux du droit pénal admettent que les tribunaux d'un pays sont compétents pour connaître des crimes que ses sujets ont commis en pays étranger, même contre des étrangers. La loi du 27 juin 1866 a même expressément consacré, en France, l'application de ces principes. Cependant, le décret impérial du 23 octobre 1811 avait méconnu la règle qui vient d'être posée, et se bornait en pareil cas à réserver au chef de l'État l'examen et la décision de la question. Mais il ne paraît pas

1. La démonstration, reproduite dans toute sa longueur renferme encore d'autres sophismes, mais il suffit d'un seul pour désagréger le raisonnement.

qu'en fait le gouvernement se soit jamais prévalu de cette prérogative exorbitante. L'abandon n'en était déjà plus douteux quand la circulaire du garde des sceaux du 5 avril 1841 est venue le confirmer expressément, et poser comme un principe absolu désormais, que les puissances ne livrent pas leurs nationaux. La même règle est formellement établie par la législation de plusieurs Etats d'Allemagne, et généralement suivie même par les nations qui ne l'ont pas explicitement consacrée.

L'hypothèse où le fugitif appartient à la nation qui sollicite l'extradition, et celle, au contraire, où il est sujet de la puissance près de laquelle l'extradition est poursuivie, n'offrent donc aucune difficulté; mais il peut arriver encore qu'il appartienne à une troisième puissance. Ainsi, un Belge commet un crime en France et se réfugie en Suisse. Quelques auteurs ont pensé que l'extradition n'était pas possible en pareil cas, pour des motifs, soit de droit (*Rép. du journal du palais.* v° EXTRADITION), soit de convenance politique (Martens, Kluit). Ces derniers motifs peuvent souvent exercer une puissante influence, mais en droit, cette opinion n'a pas prévalu. Il est d'usage, cependant, qu'avant d'accorder l'extradition, on communique la demande à la puissance dont dépend l'accusé, afin qu'elle puisse veiller sur lui et faire valoir en sa faveur telle défense que de droit; mais le simple refus d'assentiment par cette tierce puissance ne devrait pas mettre obstacle à l'extradition.

Quand il y a concours de demandes, et qu'un réfugié, après avoir commis des crimes dans différents pays, se trouve réclamé en même temps par deux ou plusieurs puissances, les jurisconsultes sont d'avis que, si l'un d'eux est la patrie de l'accusé, c'est à lui que l'extradition doit de préférence être consentie (Kluit, Faustin Hélie), que si les deux nations sont étrangères l'une et l'autre à l'accusé, la gravité du crime doit déterminer la juridiction (Schmalz), à moins que, sur une demande antérieurement faite, engagement n'ait été pris vis-à-vis de l'autre puissance (Faustin Hélie).

Il peut se faire, enfin, que dans le pays même où il s'est réfugié, l'accusé qu'on réclame se trouve sous le coup d'une poursuite criminelle ou d'une condamnation; dans ce cas, il ne sera livré à la justice étrangère qu'après avoir préalablement payé sa dette à la juridiction qui est en possession de sa personne. Mais si l'on comprend qu'entre deux intérêts publics de même nature, on suive la règle : *in pari causa potior est causa possidentis*, il n'en est plus de même quand l'intérêt public qui réclame la répression des crimes n'est en présence que d'un intérêt particulier. « En conséquence, un créancier qui retient en prison un débiteur étranger, dont l'extradition serait accordée, ne saurait s'opposer à ce qu'il soit livré à la puissance

étrangère qui l'a réclamé. » (*Circulaire du 5 avril 1841.*)

Tout fait délictueux ne saurait être une cause d'extradition. En général, on détermine d'avance par des traités quels crimes y donneront lieu réciproquement entre les Etats contractants. Mais les nomenclatures plus ou moins étendues que contiennent les conventions de ce genre sont, à moins de stipulation contraire, indicatives plutôt que limitatives, en ce sens qu'un gouvernement peut toujours, s'il le trouve bon et que les lois l'y autorisent, accorder la remise d'un fugitif même pour un crime non prévu aux traités. De même, l'usage de ces conventions n'empêche pas qu'il ne puisse y avoir extradition entre nations qui, sans avoir conclu aucun traité sur ce point, sont liées par de bons rapports; c'est ce qui se pratique notamment entre la France et la Russie. Tout l'avantage de ces traités est de simplifier et d'abréger les négociations diplomatiques qu'amènent les demandes de cette nature. Qu'il s'agisse de conclure un traité; ou d'opérer une extradition en dehors des traités, les infractions à la loi pénale, auxquelles il s'agit d'appliquer cette mesure, doivent être graves et communes, c'est-à-dire punissables dans toutes les législations. D'une part, en effet, un délit de peu d'importance est assez puni par le bannissement volontaire du coupable. D'autre part, l'extradition « ne peut s'attacher qu'à des faits que la justice universelle réprouve et punit, car elle appartient au droit des gens, et, dès lors, elle ne peut être appliquée que dans l'intérêt général des peuples ». (Faustin Hélie.) D'après la circulaire précédemment citée : « le fait qui a été commis par l'individu dont on veut obtenir l'extradition doit être puni par la loi d'une peine afflictive et infamante et constituer un crime. »

Les raisons qui viennent d'être indiquées, corroborées par des motifs d'humanité, interdisent encore plus énergiquement d'appliquer cette institution aux crimes politiques. L'exil, peine exempte d'infamie, mais non de douleurs, paraît le châtiment le mieux approprié à ce genre de délits. Puis l'intérêt véritable qu'il y a pour toutes les nations à ne pas souffrir dans leur sein, et même à faire punir un assassin et un voleur, n'existe plus quand il s'agit de crimes politiques. Un malfaiteur peut être regardé, en effet, comme l'ennemi de toute société, et il importe à tout le monde qu'il ne reste pas impuni. L'homme, au contraire, qui, cédant à une ambition coupable, a essayé de changer le gouvernement de son pays, est l'ennemi de ce gouvernement, et celui-ci a le droit de le punir; mais il n'est pas, ou du moins il n'y a pas de raison pour qu'il soit l'ennemi du gouvernement d'un autre pays. Que sera-ce, si cet homme a obéi non plus à une impulsion criminelle, mais à de sincères et généreuses convictions, si, par exemple, il a pris les armes pour délivrer son pays d'un oppresseur étranger? On comprend que cet oppresseur se défende et réprime les soulèvements : il est dans son rôle ; mais que penser du gouvernement étranger qui viendrait, après la défaite, livrer de nobles fugitifs à leur ennemi victorieux ? Il faut. considérer, d'ailleurs, que les crimes politiques, s'accomplissant au milieu de circonstances difficiles à apprécier, soulevant, au moment où ils se produisent, les animosités les plus passionnées, sont de tous les crimes ceux qui ont le moins de chances de rencontrer une justice impartiale. Aussi doit-on réprouver énergiquement, au nom du droit des gens, de la justice absolue et de l'humanité, des traités comme celui qui a été passé, en 1834, entre l'Autriche, la Prusse et la Russie, en vue des insurrections polonaises, par lequel ces Etats se sont engagés réciproquement à ordonner l'extradition de tout individu accusé du crime de haute trahison, de lèse-majesté, de rébellion à main armée, ou seulement « d'avoir fait partie d'une société dirigée contre la sûreté du trône et du gouvernement », et ce « sur la première réquisition du gouvernement auquel appartient cet individu. » (De Martens, *Nouveau Recueil*, t. XV, p. 44.)

Lorsqu'un crime commun, tel qu'un meurtre, se trouve connexe à un fait politique, il devra, en général, suivre son sort et profiter de son privilège ; mais il peut y avoir là une question de fait à résoudre en dehors de la question de droit. « On doit également prendre garde de couvrir d'un masque politique des crimes exclusivement communs et de ranger parmi les crimes communs des faits dont une pensée politique a seule dirigé l'exécution. » (Faustin Hélie.) Cette question s'est posée à la suite de l'insurection de la Commune en 1871. Un grand nombre de ceux qui avaient participé à l'insurrection et principalement la plupart de ceux qui s'étaient réfugiés à l'étranger pouvaient être, à bon droit, considérés comme des malfaiteurs de droit commun, assassins ou incendiaires. Toutefois, après quelques tentatives restées infructueuses, le gouvernement français a renoncé à poursuivre aucune extradition de ce genre.

L'individu extradé pour un crime ne peut être jugé que pour ce crime. Si depuis l'extradition, au cours de la procédure, on découvre à sa charge un autre fait criminel, il faut, pour qu'il soit jugé de ce chef, qu'une nouvelle extradition soit obtenue. Si, à l'inverse, l'examen de l'affaire fait disparaître une partie des charges, modifie la nature de l'accusation primitive et change le crime en délit, si, par exemple, l'homme accusé de meurtre ou de vol qualifié n'est plus coupable que d'homicide par imprudence ou de vol simple, l'extradition doit être considérée comme non avenue, et le prévenu restitué à l'Etat qui l'a livré. On sent quels abus pourraient naître d'une jurisprudence contraire.

Mais il en serait autrement si les débats faisaient seulement admettre des excuses ou des circonstances atténuantes ; dans ce cas, en effet, le crime subsiste si la situation du criminel est modifiée. Enfin l'extradition faite en vertu d'un traité postérieur au crime n'en est pas moins valable ; ce n'est pas là attribuer à la convention en effet rétroactif. L'extradition en effet aurait pu avoir lieu en l'absence de tout traité, et celui qui est intervenu n'a pas fait naître le droit, il en a seulement réglé l'exercice.

L'individu extradé a-t-il le droit de faire valoir devant la juridiction chargée de le juger (en France, la cour d'assises), une exception tirée d'illégalités commises dans son extradition ? D'après la jurisprudence la plus récente, l'autorité judiciaire n'a pas à s'arrêter devant une exception de ce genre et doit passer outre. Elle ne pourrait dans tous les cas que surseoir au jugement, jusqu'à ce que l'autorité compétente, c'est-à-dire l'autorité administrative, eût définitivement statué sur la fin de non-recevoir et la validité de l'extradition. C'est au gouvernement seul qu'il appartient d'agir auprès des puissances étrangères pour obtenir l'extradition. L'autorité judiciaire française ne peut communiquer directement avec les autorités étrangères (si ce n'est par voie officieuse et pour avoir des renseignements). Tout ce qu'elle peut faire, c'est de s'adresser par l'intermédiaire du garde des sceaux au gouvernement français, qui à son tour, par voie diplomatique, s'adresse au gouvernement étranger. L'extradition obtenue, l'autorité administrative reçoit l'individu extradé des mains de l'autorité étrangère, et le remet ensuite à l'autorité judiciaire.

C'est aussi l'autorité administrative seule qui accorde et opère l'extradition des malfaiteurs étrangers, sans que l'autorité judiciaire ait à intervenir dans leur arrestation et la remise qui en est la suite. Ne serait-ce pas néanmoins donner aux droits de la défense et à la liberté individuelle une garantie utile et exempte d'inconvénients, que de prendre l'avis de l'autorité judiciaire avant d'accorder une extradition ? La Belgique et l'Angleterre ont adopté ce principe.

Le gouvernement qui réclame l'extradition doit produire à l'appui de sa demande un arrêt de condamnation ou de mise en accusation, ou un acte judiciaire équivalent ou même un simple mandat d'arrêt, suivant les traités. Quelquefois le mandat d'arrêt ne sert qu'à obtenir l'arrestation provisoire pour les cas d'urgence, et doit être suivi, dans les trois mois, de l'arrêt de la chambre des mises en accusation.

Les frais d'une extradition sont naturellement à la charge du gouvernement qui l'a demandée.

Les lois sur l'extradition, quoiqu'elles diffèrent d'un pays à l'autre par les détails sont presque toutes fondées sur les principes ci-dessus.

F

FACTION. Ce mot appartient aux vocabulaires politiques de toutes les époques. Pris dans son sens le plus rigoureux, il n'est que le synonyme de *parti*, et rappelle ces différents groupes de concurrents qui, dans les jeux du cirque romain, se paraient de couleurs variées et luttaient entre eux pour le prix de la course ou de la force. Mais il éveille aussi le souvenir des divisions qui ont agité de tout temps les sociétés politiques, et qui n'ont pas toujours exercé un effet bienfaisant. Le mal a été parfois si grand qu'aujourd'hui le mot faction est toujours pris dans un sens défavorable.

On adoptait à Rome la couleur du vainqueur du cirque; on adopta bientôt, dans les combats de la vie publique, les passions des plus hardis lutteurs. Et de même que les jeux avaient eu leurs banderoles, les ambitions personnelles eurent leurs drapeaux. C'est ainsi que se forma la première faction, celle de César, qui, rachetant l'infériorité du nombre par la hardiesse de ses entreprises, devint bientôt le parti puissant qui devait un jour envahir et dominer l'empire.

« Dans l'état actuel de notre société, demande E. Dreolle, les factions proprement dites peuvent-elles se former? Nous ne voulons pas le croire. Quelque chose de trop odieux s'attache aujourd'hui à ces sourdes machinations qui, destinées à troubler le repos commun, donnent le pouvoir à une minorité d'hommes d'action, chez qui l'audace l'emporte sur l'intelligence et le savoir! L'esprit public excuse peut-être encore, dans l'histoire, les tentatives hardies du duc de Guise et du cardinal de Retz; il sait faire la part des circonstances dans les conflits du passé, alors que les chefs de minorités devaient préluder, par d'aventureux coups de main, à la formation de leurs partis. Mais il réprouve hautement désormais cette substitution, même dans les cas extrêmes, de la force à la raison, de la violence à l'idée.

« Telle est la faction, dans le sens généralement accepté, qu'elle est à l'armée des hommes politiques ce que les pirates sont à la grande famille des hommes de mer. Une assez juste définition grammaticale en a fait « une ligue opposante, formée de conspirateurs ». Tandis que des partis, au contraire, on peut dire qu'ils sont des groupes, dont les membres cherchent dans la vulgarisation de leurs idées et le succès de leurs doctrines un triomphe que les factieux demandent à leur audace personnelle ou à l'effroi de leurs victimes.

« En un mot, les véritables hommes d'Etat dirigent un parti; les conspirateurs seuls forment une faction. »

On sait maintenant, par la définition qui précède, qu'une faction est un groupe de personnes ayant un but politique pervers. Qu'est-ce qu'un but pervers? Sur ce point les opinions seront toujours très divisées: on considère souvent comme subversive l'opinion qu'on ne partage pas, et on lui est d'autant plus hostile qu'elle a moins d'adhérents. Il en résulte qu'on est peu prodigue du mot de faction, de factieux; on qualifie ainsi jusqu'à de simples coteries, qui n'ont d'autre lien qu'une idée, ni d'autre intention que de se tenir à l'écart. Or, faction et action sont deux notions inséparables. Qu'on ne l'oublie pas, un groupe qui n'agit pas ne constitue pas une faction.

Les factions sont des maladies du corps politique, il importe donc d'examiner quelles circonstances en favorisent ou gênent le développement.

La forme du gouvernement paraît devoir exercer une grande influence sur la fréquence et la nature de cette maladie. Dans un gouvernement monarchique bien établi et qui a ses racines dans l'affection de la nation, les factions semblent devoir être un mal inconnu. Tout au plus se formera-t-il des groupes dans un but d'intrigue, pour renverser un ministre, ou pour atteindre un autre but semblable. Les moyens violents ne jouent aucun rôle dans les intrigues; on agit dans l'ombre, le mensonge, la dissimulation, la calomnie, sont les seules armes dont on se serve habituellement; on nuit plutôt qu'on ne détruit. Aussi ni le succès, ni l'échec ne causent de profondes perturbations politiques, le mouvement reste à la surface, les populations en sont à peine affectées.

Lorsque le gouvernement monarchique est moins bien assis, ou qu'il affecte les allures du despotisme, il sera peut-être beaucoup question de faction. Et, selon le proverbe, la fumée ne sera pas sans feu. Mais le despotisme est assez disposé à confondre la vapeur avec la fumée. Toute divergence d'opinion, toute velléité d'indépendance sera décriée, soupçonnée, par conséquent persécutée et poussée à bout. Est-on factieux quand on exerce le droit de légitime défense? Cependant des factions peuvent se former dans une monarchie sans avoir un pareil prétexte, témoin les deux ligues dont la France a été le théâtre, la ligue dite *du Bien public* sous Louis XI, et la ligue dite *sainte* sous Henri III. (*Voy.* Ligue.)

La république paraît le terrain le plus propice aux factions. Généralement, le pouvoir est moins concentré, les armées permanentes sont peu nombreuses, les citoyens ont une plus grande liberté de mouvement, les hommes politiques exercent une influence plus considérable, les ambitions sont ardentes, surexcitées. Dans une monarchie, il est rare qu'on vise au pouvoir suprême, — si ce n'est un prince cadet, — et encore le succès est-il extrêmement rare dans un pays civilisé (les princes barbares tuent leurs frères); dans une république, au contraire, la magistrature la plus éminente de l'Etat n'a jamais la « consécration du temps ». La faction peut s'avouer, en se parant du titre de parti, ou le parti peut céder à une tentation et devenir factieux. Il est si difficile de résister au désir de profiter d'une chance inattendue.

Parmi les républiques, l'aristocratie est bien plus exposée que la démocratie à souffrir de cette plaie; un pays gouverné par une oligarchie plus ou moins nombreuse renferme toujours des hommes influents par leurs familles, leurs relations, leurs richesses, leur nom, qui peuvent se faire le centre d'une conspiration, se former en faction, en se couvrant de quelque prétexte de droit ou d'intérêt général. L'histoire de Rome et des républiques italiennes du moyen âge en fournirait au besoin des exemples.

Dans une démocratie, ces positions exceptionnelles sont plus rares; il est vrai que lorsqu'il s'y trouve un citoyen assez puissant pour s'emparer du pouvoir, le peuple est souvent assez corrompu pour en subir la dictature, disons la tyrannie.

Ainsi, en cherchant la forme du gouvernement la plus défavorable aux factions, si nous n'en avons trouvé aucune qui pût les prévenir tout à fait, nous avons cependant dû conclure en faveur des monarchies « tempérées » par une Constitution. C'est peut-être par cette raison que les Anglais tiennent tant à leur royauté nominale.

Si la forme du gouvernement n'est pas un moyen certain de prévenir le groupement factieux des citoyens, y a-t-il quelque institution qui puisse rendre ce service? Nous ne le croyons pas. Tant valent les hommes, tant valent les institutions. Une institution n'est pas une force extérieure susceptible de contraindre les citoyens d'agir d'une façon plutôt que de l'autre; ce sont de pures formes, ou, si l'on veut, des instruments, dont les hommes font, hélas! ce qu'ils veulent. Elles s'altèrent d'ailleurs avec le temps, l'esprit s'en va, la lettre reste, et l'on sait depuis longtemps que la lettre tue.

FAITS ACCOMPLIS. Ces mots sont devenus une locution usuelle de la langue politique, et dont le sens n'a plus besoin d'explications pour être saisi tout entier. On entend par faits accomplis des questions jugées par l'événement, et qui sont, ou peuvent, ou doivent être tenues pour terminées, des faits sur lesquels il n'y a plus à revenir. Rien n'est indestructible, rien n'est immuable comme le passé, et à ce titre tous les faits sont irrévocables. Mais lorsqu'on dit qu'ils sont *accomplis* on veut dire ordinairement qu'ils sont tels qu'on les accepte ou qu'on s'y résigne, et que l'on renonce à en abolir les suites immédia-

tes, à en effacer les conséquences les plus directes.

On croit que cette expression a commencé à recevoir de l'usage ce sens bien déterminé, après avoir été employée par M. Odilon Barrot dans une circonstance assez importante de l'histoire parlementaire de la monarchie de 1830. Dans la séance du 24 mars 1836, le cabinet formé le mois précédent par M. Molé, ayant annoncé un système de conciliation, M. Barrot disait comment il avait accueilli cet appel: « J'aimais à prendre acte des paroles du nouveau ministère, qui nous invitait à ne plus nous occuper désormais que de l'avenir du pays sans récrimination sur le passé. Nous avions accepté des *faits accomplis*, c'est-à-dire que, sans renoncer à nos convictions, sans abandonner notre religion politique, en face d'une majorité dont l'honneur, la dignité même étaient engagés dans toutes les mesures qui ont été adoptées, nous avions consenti à ne pas renouveler vainement, et au grand risque de compromettre la paix du pays, des questions sur lesquelles nous ne pouvions espérer, quant à présent, une solution conforme à nos convictions. » Ces paroles sont devenues le commentaire que l'on peut presque en toute occasion donner de la doctrine des *faits accomplis*. Depuis lors, l'expression a passé dans l'usage pour désigner les faits qu'on renonce, au moins temporairement, à discuter, et sur lesquels on se contente d'en appeler à l'histoire ou à l'avenir. On voit que la pensée exprimée par ces deux mots est analogue en politique à celle qui a donné lieu en droit civil à la prescription. Elle suppose comme celle-ci que le temps, par sa seule influence, légitime ou, pour parler plus exactement, consolide de certains actes ou de certains résultats à ce point qu'il peut devenir licite, sage ou prudent de les admettre comme hors de question, quel que soit d'ailleurs le jugement qu'on en doive porter. C'est tantôt une concession que l'on doit à la nécessité, tantôt un sacrifice que l'on fait au bien public, en sorte que la politique peut s'approprier ce brocard de droit : *Bono publico usucapio introducta est.*

Peut-on déterminer, d'une manière générale, dans quel cas, à quelles conditions *la doctrine des faits accomplis* est légitimement applicable? La solution de cette question dépend des circonstances. Suivant les circonstances, on l'invoque, en effet, soit pour obéir sagement à la nécessité ou s'effacer devant l'intérêt général, soit pour céder à la force et pactiser avec la tyrannie. Elle peut servir d'argument à la raison ou de prétexte à la faiblesse. Comme la prescription, elle peut également maintenir un droit ou en couvrir la violation. Elle peut être l'expression d'une politique habile qui discerne à propos le possible et l'impossible, ou d'un lâche égoïsme qui s'incline devant la fortune. Destinée quelquefois à pacifier une société divisée, elle peut quelquefois l'autoriser à donner ce que Tacite appelle *grande patientiæ do-*

cumentum. Elle peut faire tour à tour la honte ou le salut d'un pays.

Aux époques où le retour fréquent des révolutions met à de trop difficiles épreuves l'énergie et la fidélité des caractères, il faut plutôt se défier de la doctrine des faits accomplis qu'en faire une règle habituelle de conduite. En de semblables temps, la puissance des événements est telle que la complaisance est plus commune et plus à craindre que la résistance. On n'est que trop pressé de souscrire à l'irréparable, à l'irrévocable, et même, à défaut des calculs de l'intérêt personnel, l'indifférence et le scepticisme, engendrés par les fréquents démentis que reçoivent les espérances, les conjectures et les systèmes, ne nous engagent que trop à proclamer le despotisme des faits, c'est-à-dire l'idolâtrie du succès. Aussi est-ce peut-être par la nature des sentiments qui nous déterminent à plier devant les faits plutôt que par la nature de ces faits eux-mêmes que nous devons juger si nous avons raison ou tort de nous soumettre. La conscience est plus apte à distinguer si nous cédons par faiblesse de cœur ou d'esprit que la raison à prononcer si les résultats des événements sont à jamais décisifs ; et il est plus aisé de reconnaître le parti le plus digne que le parti le plus sûr.

Il est cependant vrai que l'appréciation des circonstances, si épineuse qu'elle soit, est nécessaire pour régler la pratique de la doctrine des *faits accomplis.* On ne saurait même poser en principe qu'elle ne doive jamais sanctionner les fautes du passé et que tous les droits soient à jamais imprescriptibles. Oui, c'est une règle absolue qu'il ne faut commettre aucune injustice, violer aucun droit. Mais lorsque le mal est réellement irréparable, on doit s'arrêter devant l'impossible. La lutte contre la nécessité est interdite, quand on est chargé des intérêts publics. L'exemple le plus simple et le plus clair est celui de la guerre ; si, dans une juste guerre, la victoire a prononcé contre le droit, il est héroïque de résister jusqu'à la mort ; mais il n'est pas criminel au vaincu de reconnaître son impuissance, et de traiter avec le vainqueur d'une paix qui fera pourtant triompher l'iniquité. Il vient un moment où l'État et le pays ne peuvent être sacrifiés même au bon droit. Le recours suprême des Caton et des Brutus est encore plus interdit aux sociétés qu'aux individus. Mais les nations civilisées, livrées à toutes les jouissances des arts et de l'industrie, ont plus à se défendre du penchant à tolérer l'injustice que du désir de la réprimer. On voit donc que la question du possible et de l'impossible se mêle toujours en de telles affaires à la question de droit, et qu'avant de prendre le parti de réagir contre l'injustice même, il faut connaître avec certitude si elle est réparable. Et pourtant il peut être beau de l'ignorer. C'est la gloire de la Pologne que de n'avoir jamais accepté les faits accomplis.

Entre les principes dont certains faits peuvent être la violation, l'examen apprendra à distinguer ceux qui sont véritablement sacrés, étant éternels, et ceux qui, étant conventionnels, ne sont pas essentiellement inviolables, et sur lesquels on peut admettre des compromis. Ainsi les personnes qu'on appelle légitimistes regardent que dans la monarchie le droit de la dynastie est tel qu'il doit échapper à l'atteinte des événements et rester immuable au milieu des révolutions. Cependant quand même la comtesse d'Albany ne serait pas morte sans postérité, existerait-il encore un parti jacobite ? Sans aucun doute, le droit des Stuarts serait enseveli dans l'oubli, comme il l'est en Angleterre et en Europe, et personne ne songerait à rétroagir contre le fait accompli en 1688. Le droit des dynasties n'est donc pas à l'épreuve du temps. Supposez, au contraire, que l'édit qui a révoqué l'édit de Nantes et la législation qui s'en est suivie fussent encore en vigueur, aucune prescription n'aurait pu couvrir cet attentat à la liberté de conscience, et il serait du devoir des citoyens de poursuivre, des gouvernements de décréter l'abolition de ces lois condamnées par une éternelle vérité. La soumission au fait accompli serait, en pareil cas, une complicité continuée.

Lorsque, sous l'influence d'un ministre célèbre, la Grande-Bretagne a aboli en 1845 les lois sur les céréales et du même coup opéré une grande révolution économique, une de ses meilleures garanties contre toute révolution politique, le cabinet auteur de ces importantes mesures ne put se soutenir longtemps. Ses successeurs aussi, qui marchaient dans la même voie, virent bientôt le terme de leur pouvoir ; le mouvement parlementaire ramena aux affaires, en 1852, les adversaires des réformes. Le ministère formé par lord Derby prononça bientôt la dissolution du Parlement. Il n'avait pas cessé de s'élever contre les derniers changements de toute la législation commerciale, et pendant les élections cette question continua d'être agitée. Mais après que les suffrages de la nation l'eurent tranchée encore une fois, les réformes étant ainsi définitivement sanctionnées par l'opinion publique, le ministère et son parti prirent, comme on dit, condamnation ; ils regardèrent les réformes comme des faits accomplis, et cessèrent d'en parler. Et tout en se prévalant de ce désistement, leurs adversaires n'eurent point la pensée de leur reprocher. Il était raisonnable et il était politique d'abandonner une cause perdue sans retour et qui n'était pas de celles qui méritent une éternelle protestation.

De tous les faits accomplis, les plus importants et ceux qui dans ce siècle donnent lieu aux plus difficiles questions, sont les changements de gouvernement. Si l'on fait abstraction du mérite d'un gouvernement nouveau, des formes qu'il reçoit, des principes qu'il professe, il paraît que son existence, lorsque le consentement national ne lui est pas refusé, est un fait qui s'impose aux bons citoyens, et qu'ils n'ont pas le droit de se séparer de leur pays et de renier ce qu'il reconnaît. Plus les variations de régime sont fréquentes, plus l'identité et la perpétuité de l'Etat et du pays deviennent seules l'objet du devoir civique, et commandent seules une invariable fidélité. Mais cette doctrine du gouvernement de fait, très analogue à celle des faits accomplis, encore que justifiée par l'intérêt de la paix publique, est peu favorable à la dignité, soit des nations, soit des individus. Elle ne seconde, elle n'encourage que trop cet empressement à célébrer le vainqueur, à servir le plus fort qui cache sous le masque du devoir patriotique les calculs serviles de la cupidité ou de l'ambition. De là une nécessité évidente pour celui qui veut échapper à l'action dégradante des fréquentes révolutions, de faire rentrer dans l'appréciation des gouvernements qu'elles amènent la considération des formes et des principes qui les caractérisent. Jamais ces principes et ces formes n'ont plus besoin d'être présents à l'esprit d'un honnête homme, que dans les temps qui les remettent à chaque instant en question. Celui qui se sera fait des principes fixes, qui les aura identifiés avec certaines formes constitutionnelles et légales, aura trouvé pour la politique ce point d'appui inébranlable, cet *inconcussum quid* que Descartes cherchait pour la philosophie ; il jugera les faits accomplis, lors même qu'il se sentira dans l'impuissance de les modifier et de les combattre, et, condamnant ce qu'il sera forcé de tolérer, il sauvera, en perdant sa liberté d'agir, l'indépendance de son caractère et la dignité de son esprit. La fermeté des individus n'est jamais plus précieuse que dans l'instabilité des institutions. Heureuses les nations qui ne se composeraient que de citoyens capables de contrôler les faits par les principes ; les révolutions tomberaient d'elles-mêmes, et les faits accomplis ne seraient plus alors que les droits consacrés.   CHARLES DE RÉMUSAT.

FAMILLE. L'État, au moment même où il commence à se former, trouve en face de lui des familles, agglomération naturelle de personnes qui sont liées par les liens du sang et qui forment une unité morale et matérielle.

On s'étonne qu'un génie tel que Platon ait pu croire, dans sa préoccupation exclusive de l'unité de l'État, que la suppression de la famille profiterait à l'amour de la patrie. Du moins limitait-il à la classe des guerriers le régime contre nature qui abolit la famille dans sa fameuse république idéale, pour y substituer une promiscuité grossière. En renfermant la patrie elle-même dans des bornes extrêmement étroites comme population et comme territoire, il pouvait s'imaginer, séduit par l'exemple exceptionnel et peu durable d'ailleurs de Lacédémone, que toute l'affection des citoyens se reporterait vers la cité, image glorieuse de la famille agrandie. Mais cette illusion est-elle possible chez des publicistes qui tracent leurs plans de société au sein de nos vastes et puissantes agglomérations, au sein des nations modernes te à

l'usage des peuples chrétiens ? Plus la patrie s'étend, plus l'amour de l'humanité succède à un esprit de nationalité ombrageux et cruel ; plus, comme conséquence, il faut admettre que ce sentiment étendu et qui menace de s'éteindre ou de se refroidir à cause de son étendue même, a besoin de s'allumer au foyer restreint et plein de chaleur des affections de la famille. C'est sous l'action bienfaisante de l'éducation maternelle, c'est sous l'influence des jouissances et des souffrances en commun, des communes préoccupations de bonheur et de malheur, que se forment la faculté d'aimer avec ce qu'il y a en elle de plus tendre, de plus délicat et de plus fort, l'habitude du dévouement inspiré par la mutuelle affection et par la puissance de l'exemple.

La famille est le premier embryon de la société, la première école des sentiments et des devoirs que celle-ci exige et met en jeu. Les rares essais de suppression de la famille que le monde a vus, ont prouvé d'une manière éclatante que ces combinaisons, toujours éphémères, destinées dans la pensée de leurs auteurs à fortifier le lien social, tournaient contre la société même. L'absence de la famille, impitoyablement sacrifiée, a précipité, à Lacédémone, les citoyens dans les vices les plus honteux, emporté avec elle les arts et les lettres, et changé une cité libre en une sorte de couvent guerrier. Un droit non moins sacré que la liberté individuelle, c'est la propriété qui en dérive comme application du travail et comme extension des facultés qui constituent la personne. Nulle civilisation sans propriété garantie. Eh bien ! nulle propriété digne de ce nom sans la famille. Que serait la famille, à son tour, si elle ne possédait rien en propre ? Aussi est-il rare qu'on n'attaque pas solidairement ces deux bases étroitement unies de la société. C'est parce que la famille, avec la propriété qu'elle nécessite, amène une certaine inégalité des conditions, qu'on l'a critiquée et qu'on a voulu la détruire. C'est par cette raison même que nous la louons, au nom de la politique, et que nous voulons la maintenir. Les inégalités fondées sur le monopole et le privilège sont le plus souvent funestes. Celles qui naissent du respect porté à la diversité des aptitudes, des mérites et du développement libre des meilleurs sentiments du cœur humain sont la vie même des sociétés.

En maintenant la famille comme l'individu dans ses droits essentiels au-dessus des atteintes de l'omnipotence législative, nous n'entendons nullement prétendre que la politique et la législation n'aient sur la famille aucune prise légitime. Les familles offrent avec la grande société, avec l'État, des rapports qu'il appartient à celle-ci de régler. C'est ainsi que le mariage et le droit de tester et de léguer ne sont pas plus que l'autorité paternelle elle-même des choses livrées entièrement au pur arbitraire des individus. La famille s'est modifiée et améliorée successivement. Bien qu'il en faille faire honneur principalement aux mœurs, l'action de la loi n'y est pas demeurée étrangère. C'est elle qui, sous l'empire d'une moralité plus épurée et des prescriptions du christianisme, a fait cesser le concubinat légal et puni l'adultère. C'est elle qui a mis un terme à l'arbitraire de l'autorité absolue du père de famille et pris sous sa garde la vie de l'enfant, comme elle défend son âme même contre les directions perverses qui, sous le manteau de la famille, chercheraient à l'égarer et à la corrompre. C'est l'action de la loi épurée par la religion et par la philosophie qui consacre les droits de la femme, sa dignité, son égalité comme personne morale vis-à-vis de l'homme, et la protége contre les caprices, les mauvais traitements, l'abandon du mari. C'est la loi, enfin, qui, unie à l'influence des mœurs qu'elle a contribué à former, relègue dans les profondeurs du passé la famille orientale avec son avilissante polygamie, la famille grecque où, sans doute, le chef de famille n'achète plus les femmes et tient l'unique épouse légitime de son consentement et de celui de ses parents, mais qui admet la pluralité des concubines, et autorise, dans certains cas, les mariages de frère et de sœur. C'est elle qui a remplacé par une forme supérieure la famille romaine qui rendait le mari maître absolu de la personne et des biens de sa femme, l'investissait du droit de la condamner à mort, et n'élevait pas l'épouse légitime, devenue mère, au-dessus de ses propres enfants. C'est elle, enfin, qui a modifié profondément la famille féodale avec ses duretés et ses inégalités choquantes.

La politique est loin d'être sans action sur la constitution de la famille, et il ne serait pas difficile de rendre encore plus sensible cette vérité à l'aide de l'histoire. Si la puissance monarchique a aimé emprunter son type le plus naturel et le plus touchant au pouvoir paternel, le pouvoir paternel lui-même a joué le rôle de monarque absolu. La famille et la société féodales sont faites pour ainsi dire à l'image l'une de l'autre. Plus la société se ressent des arrangements factices de la violence et de la conquête, plus l'esprit qui anime la famille, plus les lois qui y pénètrent ont quelque chose de dur et d'inflexible. L'interdiction des mariages entre les plébéiens et la race patricienne chez les Romains, la subordination absolue de la femme et le droit de masculinité dans la famille du moyen âge, l'hérédité presque forcée des professions, l'indication obligatoire des carrières à suivre aux cadets en offrent les preuves qui s'ajoutent à celles que nous avons données. L'effort du christianisme de la philosophie et des progrès modernes semble avoir été de replacer la famille sur ses bases les plus naturelles. « Moins la politique y intervient par ses combinaisons, moins elle se croit permis d'y toucher, plus en général la nation et la famille y gagnent à la fois, dit Henri Baudrillart. La tâche principale de la politique est de respecter cette condition matérielle et morale de l'existence et du perfectionnement des individus et de la faire respecter. Une société libre se compose de familles libres, et la tyrannie des lois introduites dans la famille ne fait qu'attester la tyrannie qui règne dans la société et dans l'État. »

FAVORITISME. Si la faveur venait toujours combler le mérite, les envieux seraient seuls à gémir; la morale et les intérêts généraux seraient satisfaits. On sait qu'il n'en est pas ainsi, et c'est précisément parce que la faveur s'égare si souvent sur des indignes qu'on la voit généralement de si mauvais œil.

De nos jours, la faveur ne joue plus qu'un faible rôle dans la société politique, et c'est précisément à mesure que ses excès disparaissent, qu'on s'efforce, non sans succès, à en réduire encore l'influence. Lorsque le règne de la faveur, ou plutôt des favoris, était à son apogée, personne ne pouvait songer à lutter contre eux. C'était le *bon vieux temps* des pouvoirs sans limites, où le caprice du souverain absolu pouvait élever sur le pavois et investir de la toute-puissance le premier qui avait su lui plaire. Est-il nécessaire de dire que c'était porter les maux du despotisme à une puissance supérieure? Le despote le moins éclairé sait qu'il ne doit pas pousser les choses trop loin, mais son favori n'aura pas toujours les mêmes ménagements, car il ne risque pas sa couronne. Il est vrai qu'il expose sa vie, et plus d'une fois les populations qui ne pouvaient pas atteindre le souverain se sont vengées sur la personne du favori, qui expia ainsi avec ses fautes propres celles de son aveugle protecteur.

L'influence du favori se distingue de celle de la camarilla en ce qu'elle est patente, tandis que celle de la camarilla est occulte.

Le régime parlementaire ne comporte pas de favoritisme. Un souverain constitutionnel a des ministres auxquels le talent est indispensable pour se soutenir. Ce sont eux qui dispensent alors les faveurs; mais comme il y a une opposition, celle-ci provoque la création des lois qui soumettent à des conditions d'admission les fonctionnaires, qui font supprimer les sinécures. Pour s'épargner les reproches publics, les ministres évitent de commettre des injustices trop criantes, de répandre des faveurs par trop imméritées. En politique, la Justice est la fille de la Responsabilité. (Néanmoins, il faut bien le dire, on voit du favoritisme sous tous les régimes.)

FÉDÉRALISME. On nomme ainsi le système politique qui se borne à associer, quant à leurs intérêts généraux seulement, les diverses provinces d'un même État en leur laissant leur autonomie. Le fédéralisme indique la décentralisation politique et administrative plus ou moins complète, plus ou moins absolue. Le terme est pris souvent en mauvaise part, il désigne alors une tendance à la désagrégation de l'Etat.

L'accusation de fédéralisme portée contre un parti politique dans les premières années de la révolution française a joué dans notre histoire un assez grand rôle, pour que nous recherchions dans quelles circonstances cette accusation s'est produite et quelle empreinte la réaction violente contre le fédéralisme a laissée dans nos institutions.

La France, avant 1786, possédait l'unité politique que lui avaient léguée Richelieu et Louis XIV ; mais elle n'avait pu parvenir encore à l'unité administrative. Elle était divisée en province qui conservaient une partie de leur indépendance, leurs franchises, leur législation particulière, leurs douanes, etc.

L'Assemblée constituante décréta l'unité administrative de la France, et dès son premier pas, elle fit tomber les barrières qui existaient entre les provinces auxquelles elle substitua la division par départements. Assurément on peut affirmer que la révolution française, loin d'être une réaction contre la tendance à l'unité, qui est une des lois de notre histoire nationale, s'est au contraire précipitée dans le courant qui avait entraîné vers ce but tous les gouvernements précédents.

Elle supprima les provinces pour détruire tout gouvernement particulier, et, dans sa pensée, les départements divisés en districts qui se divisaient eux-mêmes en communes, devaient tous être soumis à la loi générale. Ces délimitations purement abstraites et tout à fait arbitraires ne laissaient en effet rien subsister des anciens pouvoirs locaux et des privilèges que la révolution s'était donné la mission de détruire.

Mais l'Assemblée constituante négligea de relier les uns aux autres et surtout de relier à l'Etat ces nouvelles circonscriptions territoriales. Par un sentiment de respect pour le droit individuel, elle plaça dans chacune des divisions et subdivisions du pays autant d'administrations électives et indépendantes.

Ce n'est pas assurément cette liberté d'action, ce *self-government* réservé même aux populations les plus faibles et les plus éloignées du centre ; ce n'est pas la vie active maintenue partout, depuis la tête jusqu'aux extrémités du corps social, qu'il faut blâmer. Ce qui manquait à l'œuvre de l'Assemblée constituante, c'était un lien fort et puissant qui rattachât tous les pouvoirs locaux au pouvoir central et qui, en un mot, centralisât la souveraineté.

A un moment donné, les départements pouvaient rompre le lien trop faible qui les attachait au centre, se déclarer indépendants et former autant de petites républiques fédératives ; le midi pouvait se constituer séparément, ou bien les provinces de l'ouest, de l'est ou du centre.

On avait si bien le sentiment de ce danger qu'on résolut d'affirmer par une manifestation publique la volonté unanime d'être unis et de former une seule nation. Le 14 juillet 1790 l'Assemblée constituante célébra la fête de la Fédération à laquelle assistèrent les délégués de tous les départements. La fête avait pour but de faire ce que la loi malheureusement n'avait pas fait, de resserrer les liens entre la capitale et les provinces.

Mais ce n'est pas par des fêtes, par des discours, par les élans même les plus spontanés et les plus purs du patriotisme qu'on remédie aux vices des institutions.

La lutte éclata bientôt entre les deux partis qui aspiraient à diriger la révolution, entre les Girondins et les Montagnards. Nous n'avons pas à retracer ici les péripéties de ce drame terrible qui, après tant d'années, nous divise encore et sur lequel il semble que planait une puissance mystérieuse, implacable, supérieure à la volonté de l'homme comme la fatalité antique.

Les Girondins succombèrent ; la représentation nationale fut violée dans leurs personnes par la proscription du 31 mai, et la plupart d'entre eux se réfugièrent dans les départements qui les avaient nommés. Soixante départements s'insurgèrent contre Paris.

Les départements protestaient contre le despotisme que la capitale prétendait exercer ; la capitale protestait contre la *sécession* des départements et portait contre eux l'accusation de fédéralisme en proclamant la France une et indivisible.

Les plaintes étaient fondées de part et d'autre et le régime de la Terreur ne justifia que trop les griefs éloquents des députés de la Gironde. Mais la Convention nationale mutilée et sanglante semblait inspirée du génie de la France en défendant contre le démembrement l'unité nationale.

La Constitution de l'an III fut l'œuvre de ce mouvement énergique de concentration. La Convention ressaisit l'unité du pouvoir politique et devint le centre unique de l'administration. (*Voy. Constitution de l'an III,* art. 192 et suiv.)

FÉLONIE. Ce mot servait autrefois à désigner l'acte par lequel le vassal, manquant à la foi jurée, violait les engagements et rompait les liens qui l'attachaient à son suzerain, à son seigneur. De là les mots de *vassal félon,* de *chevalier félon.* Ce terme de la langue féodale n'est plus guère usité. Cependant il s'emploie encore quelquefois : il signifie alors trahison.

FEMME. C'est l'une des vérités les plus incontestables et les plus nécessaires à répandre qu'il n'est rien qui fasse honneur à une époque et qui témoigne mieux en faveur d'une civilisation que le rang que les femmes y tiennent et l'influence dont elles y sont investies ; mais si jamais une question de politique spéculative fut délicate et difficile à résoudre, c'est assurément celle de savoir de quelle nature peut être désormais cette influence et particulièrement si le rôle de la femme doit s'étendre jusqu'à partager toutes les charges, toutes les fonctions, toutes les dignités de l'homme, de telle sorte que les siècles futurs n'aient absolument aucune distinction à faire entre les sexes, lorsqu'il s'agira de l'application des lois civiles et de l'exercice des droits du citoyen.

Il nous semble, quant à nous, que nous en sommes encore à la barbarie pour tout ce qui concerne la condition matérielle et morale de nos filles et de nos mères et qu'il n'est pas, dans le plus prochain avenir, dans le présent même, de plus noble conquête à poursuivre que la réforme et l'anéantissement des iniquités qui, en dépit de nos codes et de nos polices, pèsent de toute part sur leur existence; mais nous le déclarons dès ces premières lignes, il ne nous est pas possible d'imaginer un temps où ce sera pour la femme un bonheur et la marque de son entière liberté que de quitter le foyer domestique pour aller voter dans les comices populaires et pour monter à la tribune aux harangues.

Il faudra bien du temps, pour que chez tous les peuples et dans tous les rangs de la société le sentiment de justice ait établi fixement son empire et qu'il ait donné aux femmes le droit formel d'être délivrées de tout ce qu'il y a de dur et de sauvage dans la vie. Mais aussi la rapidité du progrès de nos idées modernes est si grande qu'on ne sait pas si ce qui paraît lointain n'est pas déjà proche; et, en tout cas, c'est le devoir de chacun de hâter l'heure où sur la tête de la femme il ne pèsera plus rien des arrêts de l'antique fatalité.

Ce n'est ni la Grèce ni Rome qui ont commencé le travail de réparation définitive; mais déjà sous le ciel occidental s'adoucissait ou s'ennoblissait la civilisation commençante; seulement c'est pour la forme de son corps, ce n'est pas pour la vertu de son âme que la femme est d'abord respectée. Athènes honorait presque ses courtisanes et quand Hypéride, pour faire absoudre Phryné, la dévoilait tout d'un coup devant ses juges, il attestait qu'une idée au moins avait surgi pour la défense de la femme et que la Grèce avait déjà divinisé la beauté. A Rome va paraître le premier modèle de la citoyenne, ébauché déjà à Sparte. Mais à côté de cette Aspasie qui choisit avec Périclès les marbres du Parthénon, il y a la mère de famille qu'une police rigoureuse enferme dans le gynécée; et, en même temps qu'il fait naître sa liberté du viol de Lucrèce, la République de Brutus permet au mari, en vertu de la *loi des Douzes tables*, de punir de mort la femme qui lui a pris les clefs de sa cave. L'antiquité classique n'a donc pas connu la fraternité, l'union équitable des sexes, et c'est comme un objet d'art plus charmant qu'aucun autre et quelquefois comme un cœur plus passionné que le sien, que l'homme de ces âges poétiques a respecté ou adoré sa compagne. Quand Hélène rentre dans le palais de Ménélas, il ne s'élève pas une voix pour rappeler

sa chute, et les vieillards mêmes trouvent juste qu'en l'honneur d'une tête si belle le sang des Grecs ait si longtemps coulé; mais que, dans sa retraite laborieuse et discrète, Pénélope ouvre la bouche pour exprimer une pensée, et son fils, le jeune Télémaque, la lui fermera soudain avec des paroles de mépris.

L'émancipation de la femme, comme celle de tous les esclaves, ne date que de la loi d'égalité du Christ [1]. Corrompue bientôt, cette loi s'est manifestée au moins avec une incomparable puissance dans la majesté de sa première révélation, et, de tous les coins du vieux monde servile que le paganisme et le génie romain retenaient dans le silence, les voix éclatantes des femmes saluèrent cette divine aurore du réveil des âmes égales. Si la révolution chrétienne a si vite triomphé, c'est aux femmes que les hommes le doivent. Les martyres soutenaient, excitaient, vengeaient les martyrs. Si l'un des deux sexes a légué plus d'ossements aux catacombes de Rome, c'est celui de sainte Agnès et sainte Monique. Puis, quand la première lutte fut terminée et qu'il fallut vaincre, non plus les supplices de proconsuls, mais l'ignorance et la grossièreté des Barbares du Nord, ce furent les femmes encore qui poursuivirent la conquête. C'est à cause d'elles que la France, l'Angleterre, une partie de l'Allemagne, la Hongrie, la Bohême, la Lithuanie, la Pologne, la Russie, et pendant quelque temps la Perse, sont entrées dans la nouvelle communauté. En récompense, il sortit aussi du cœur de ces Barbares un sentiment inconnu à l'ancien monde. Les Gaulois avaient ceint d'une couronne le front de leurs druidesses; les Germains montrèrent à Rome comment il faut respecter les Vellédas, et du fond de ces forêts d'où l'on a fait sortir les premiers germes de la liberté, les premiers souffles de la chevalerie se répandirent sur l'Europe dépravée.

L'héritière de la conquête, la féodalité, en tant que régime politique, ne fut pas sans servir aussi la faiblesse de la femme. Pour conserver la perpétuité du fief, la fille héritière unique devint chef de famille; elle eut son blason, elle eut son nom vivace, et son ventre même anobli. Bien entendu, nous ne jugeons ici les faits que dans leur ensemble, et ne prétendons pas que ce qui nous semble en résulter pour l'histoire générale de la condition des femmes ne soit pas mille fois contredit par les détails de la réalité. Il nous semble donc que la féodalité continua, pour les femmes nobles, le développement des idées de respect qui étaient comme innées dans les races occidentales de l'Europe. La femme bourgeoise et la pauvre femme du peuple ne comptent pas encore, mais à la longue leur tour viendra.

Nous voici arrivé au nœud de la question qui fait le sujet principal de cette étude. Nous

_____

[1] Qui dérive d'ailleurs des coutumes de la race dans laquelle Jésus est né.

venons de montrer comment la femme est sortie peu à peu de l'esclavage, comment elle est devenue châtelaine et dame, puis reine. Est-ce à dire que nous allons demander au présent et à l'avenir de continuer sa fortune dans l'ordre des idées et des choses politiques, et, parce que des femmes ont régné ou pourraient encore régner en Autriche, dans la Castille, en Danemark, en Angleterre, en Écosse, à Naples, dans la Navarre, en Suède, à Parme, à Lisbonne, en Toscane, en Russie, en Espagne, en conclurons-nous que le rôle des femmes est de régner dans les futures sociétés démocratiques, c'est-à-dire de voter dans les assemblées électorales, de parler dans les assemblées délibérantes, et de siéger dans les conseils suprêmes de l'État ?

Il est inutile de recourir à des détails physiologiques pour établir qu'il y a généralement entre les deux sexes une différence de taille, de complexion et de force qui rend la femme incapable des mêmes travaux que l'homme. Personne n'ira de bonne foi contredire le témoignage décisif de la nature et prétendre, parce qu'il y a des hommes faibles et des femmes robustes que les deux sexes peuvent être considérés comme physiquement égaux. C'est même à bien constater leur inégalité que nous pensons qu'il faut que l'on s'applique, afin que la femme soit partout déchargée des fatigues qui l'accablent et qu'elle recueille enfin le bénéfice de cette inégalité naturelle.

Quant à la puissance et à la portée de son esprit, ce n'est pas aujourd'hui qu'il est dit que souvent des femmes sont douées d'une grande intelligence et de très grands talents, mais qu'on n'en a jamais connu d'une intelligence inventive et dotées de ces talents qui décident du progrès des arts. La Bruyère ne nous paraît pas avoir tort quand il s'exprime ainsi : « Pourquoi s'en prendre aux hommes de ce que les femmes ne sont pas savantes ? Par quelles lois, par quels édits, par quels rescrits leur a-t-on défendu d'ouvrir les yeux et de lire, de retenir ce qu'elles ont lu, et d'en rendre compte ou dans leur conversation ou par leurs ouvrages ? Ne sont-elles pas au contraire établies elles-mêmes dans cet usage de ne rien savoir, ou par la faiblesse de leur complexion ou par la paresse de leur esprit, ou par le soin de leur beauté ou par une certaine légèreté qui empêche de suivre une longue étude, ou par le talent et le génie qu'elles ont seulement pour les ouvrages de la main, ou par les distractions que donnent les détails d'un domestique, ou par un éloignement naturel des choses pénibles et sérieuses, ou par une curiosité toute différente de celle qui contente l'esprit, ou par un tout autre goût que celui d'exercer leur mémoire ? Mais, à quelque cause que les hommes puissent devoir cette ignorance des femmes, ils sont heureux que les femmes qui les dominent d'ailleurs par tant d'endroits aient sur eux cet avantage de moins. »

Rien n'est, à notre avis, plus juste que cette réflexion. Nous pensons en effet que les femmes ont sur nous des avantages qui compensent certainement ceux que nous pouvons avoir sur elles, et nous croyons que ce serait les rendre absolument maîtresses de nous que de les admettre dans les assemblées politiques et de leur accorder l'exercice du pouvoir. L'inégalité subsisterait donc toujours, mais avec cette différence que l'autorité serait mise dans les mains les plus débiles et la direction des intérêts communs confiée à des esprits moins capables de les bien servir.

Choisissez donc, ou de donner passagèrement aux femmes un pouvoir dont elles ne peuvent qu'abuser (on ne le voit que trop dans les moments de trouble et d'émotion publique) et dont nous ne nous déposséderons que pour nous perdre avec elles, ou de chasser de nos âmes la tendresse et des leurs la pudeur et la chasteté. Mais il faut aller jusqu'au bout. Cette femme qui n'est pas soldat, qui ne doit pas être ouvrier, sera donc législateur. Ne sera-t-elle donc pas aussitôt ministre, et ne présidera-t-elle pas la République ou ne fondera-t-elle pas de dynastie ? Elle ira où elle voudra, comme elle le voudra, et pas un homme ne saurait l'en empêcher. Nous voilà, nous le craignons, dans l'absurde, et ce n'est même pas sans quelque embarras, que nous prenons au sérieux de semblables hypothèses. (Voy. Election.)

Il se peut que quelques femmes se plaignent, comme d'une injustice, de la coutume universelle qui les exclut et les a exclues en tout temps des affaires publiques ; mais si jamais le jour pouvait venir où satisfaction leur serait donnée, nous aurions à notre tour à nous plaindre d'une iniquité bien autrement manifeste et terriblement dangereuse pour nous et pour elles.

A un certain âge, les sexes peuvent se rencontrer dans des commissions et des conseils, pourvu encore que les matières à examiner ensemble ne comportent aucun élément de discussion bien grave et n'offrent aucun jeu à la passion. C'est ainsi que dames et des messieurs à cheveux blancs peuvent s'occuper d'accord d'affaires de bienfaisance et d'enseignement ; mais sortez les individus de ces matières et de cet âge et la nature reprend son empire. Or elle n'a pas voulu que l'homme et la femme se rencontrent avec indifférence et qu'ils puissent délibérer gravement sur des questions d'État quand, à chaque instant, de leurs yeux peut jaillir l'éclair qui emportera le débat d'affaire dans les nues.

Et que deviendrait cette autre loi de nature qui veut que dans toute association il y ait, sinon une autorité maîtresse, du moins une autorité directrice ? C'est en vertu de cette loi que dans le mariage le mari est le chef de la communauté. Il n'y aura plus de chef, et y aura-t-il encore une communauté quand la femme sera un personnage politique, votant comme son mari, votant peut-être contre lui, et peut-être enfin quand elle sera son législateur? Avec cette loi naturelle toutes nos lois s'écroulent, et c'est une autre société qui succède à la nôtre, si étrange sans doute, si imprévue qu'il est impossible de l'imaginer.

Les femmes elles-mêmes ne paraissent pas sensibles à l'ambition qu'on prétend leur imposer; et quand dans les jours de pétitionnement général, il sort de la foule de hardies porte-drapeaux pour les représenter, ce ne sont presque jamais les plus illustres d'entre elles qui se chargent de ce rôle. Ces fonctions d'ailleurs, comment et quand les rempliraient-elles ? Le premier devoir de la femme, c'est d'être mère, et son plus grand orgueil, de l'être plusieurs fois. Voilà dix ou quinze ans de sa vie que la nature lui réclame. Mais, quand l'enfant est venu au monde, il faut qu'elle l'élève ; voilà le même espace de temps consacré à la famille. A quelle heure sera-t-elle donc citoyen ?

Il n'est pas dans ses aptitudes de poursuivre patiemment une tâche d'analyse, telle que la confection des lois d'utilité générale. Le drame la séduit et l'anime ; elle y trouvera de beaux cris dans les jours d'orage d'une législature : elle imitera et surpassera peut-être Boissy d'Anglas sur le fauteuil de présidence ; mais elle ne siégera pas sans ennui et, en tout cas, siégera sans profit pour personne dans la salle du conseil d'État où les Tronchet, les Treilhard, les Malleville, les Bigot de Préameneu discutent et arrêtent, syllabe par syllabe, les articles de notre Code. Le triomphe de la femme, c'est l'action inattendue, l'action imprévue d'elle-même, l'effort d'une passion surhumaine, la folie sublime d'une Jeanne d'Arc qui se croit, qui se sent tout à coup inspirée de Dieu, et qui, éblouie, éblouissante, transfigurée, sauve sa patrie que les hommes laissaient périr ! Mais pour qu'une Jeanne d'Arc surgisse dans les champs de Vaucouleurs, il n'est pas nécessaire que les femmes de France aient à jouer un rôle légal dans la politique de leur pays; et si, à l'exemple de Jeanne d'Arc, vous voulez que les vocations lyriques et prophétiques deviennent un fait général chez un peuple, prenez garde de ne susciter que des convulsionnaires et des cataleptiques !

Non, non, ne cédons pas à une vaine sentimentalité et, pour obtenir des applaudissements faciles, n'allons pas faire violence à la nature et changer d'infiniment précieuses qualités, bien différentes des nôtres, et qui les complètent, qui les ornent bien, en des éléments de mœurs et de passions ou puériles ou dangereuses.

La femme la plus vertueuse est celle dont on parle le moins. Le mot est vieux ; il est de Thucydide. La sagesse serait de s'y tenir.

Vingt siècles plus tard, Napoléon Ier, encore 1er consul dit : « La première des femmes, c'est celle qui fait le plus d'enfants. » C'est à Mme de Staël ou à propos d'elle qu'il l'a dit.

Trente ans après, quand la philosophie et

même l'idéologie pure ont reconquis leurs auditoires, écoutez quel programme est publié par une école qui s'avance pour renouveler le monde et qui, de fait, a changé quelque chose dans sa figure.

« Le christianisme a tiré les femmes de la servitude; mais il les a condamnées partout à la subalternité, et partout, dans l'Europe chrétienne, nous les voyons encore frappées d'interdiction religieuse, politique et civile.

« Les saint-simoniens viennent annoncer leur affranchissement définitif, leur complète émancipation, mais sans prétendre pour cela abolir la sainte loi du mariage, proclamée par le christianisme; ils viennent, au contraire, pour accomplir cette loi, pour lui donner une nouvelle sanction, pour ajouter à la puissance et à l'inviolabilité de l'union qu'elle consacre.

« Ils demandent, comme les chrétiens, qu'un seul homme soit uni à une seule femme, mais ils enseignent que l'épouse doit devenir l'égale de l'époux, et que, selon la grâce particulière que Dieu a dévolue à son sexe, elle doit lui être associée dans l'exercice de la triple fonction du temple, de l'État et de la famille; de manière à ce que l'individu social qui, jusqu'à ce jour, a été l'homme seulement, soit désormais l'homme et la femme.

« La religion de Saint-Simon ne vient que pour mettre fin à ce trafic honteux, à cette prostitution légale qui, sous le nom de mariage, consacre fréquemment aujourd'hui l'union monstrueuse du dévouement et de l'égoïsme, des lumières et de l'ignorance, de la jeunesse et de la décrépitude[1]. »

De son côté, J. Stuart Mill se prononce nettement sur le principe de l'égalité absolue des deux sexes, pour le droit de suffrage de la femme, pour son admission aux fonctions publiques. Déjà, en 1851, dans la *Westminster and Foreign Quaterly Review*, il avait publié un article intitulé « l'affranchissement de la femme », où il affirmait qu'avec une autre éducation nous pouvons faire d'elle une autre personne, et où, en tout cas, il posait comme un principe supérieur à toute objection « le droit des imposés à la représentation, le droit des incriminés au jugement de leurs pairs ». Plus récemment, il a fait pénétrer cette doctrine dans son beau livre synthétique du *Gouvernement représentatif.*

« Dans l'argumentation qui précède, en faveur du suffrage universel, mais gradué, dit-il, je ne me suis nullement inquiété de la différence du sexe. Je regarde la chose comme aussi entièrement insignifiante, quant aux droits politiques, que la différence de taille ou de couleur des cheveux. Tous les êtres humains ont le même besoin d'avoir un bon gouvernement; leur bien-être à tous en est également affecté, et ils ont tous un égal besoin d'une voix pour s'assurer leur part de

[1]. Pures phrases.

ses bienfaits. S'il y a quelque différence, les femmes en ont plus besoin que les hommes, puisque, étant physiquement plus faibles, elles dépendent plus de la loi et de la société pour leur protection [1].

« L'humanité a depuis longtemps abandonné les seuls principes sur lesquels se fonde cette conclusion: que les femmes ne devraient pas avoir de votes. Personne ne soutient aujourd'hui que les femmes devraient être asservies, qu'elles devraient n'avoir d'autre pensée, d'autre désir, d'autre occupation, que d'être les esclaves domestiques de leurs maris, de leurs pères, de leurs frères. On permet aux femmes non mariées, et il s'en faut de peu qu'on ne le permette aux femmes mariées [2], de posséder une fortune à elles et d'avoir des intérêts pécuniaires, des intérêts d'affaires, tout comme les hommes ; on estime désirable et convenable que les femmes pensent, écrivent et enseignent. Du moment où ces choses sont admises, l'incapacité politique ne repose plus sur aucun principe. »

Ces opinions, J. St. Mill les a développées avec plus d'ampleur encore dans un écrit spécial. Elle est bien contraire aux arrêts de Montesquieu. Rousseau lui-même ne leur conseilla que d'être mères. Mais Mill, qui désormais va devenir la plus grande autorité de la doctrine d'émancipation, a cédé peut-être au souvenir de son bonheur d'époux. Ne nous a-t-il pas dit que son livre sur la liberté, c'est sa femme qui l'a pensé, qui l'a écrit avec lui, et qu'il ne l'eût pas fait sans elle?

Notre conclusion est bien celle que nous avons annoncée en commençant cet article, Si jamais la femme jouait un rôle politique, ce ne serait que pour attester combien il était dangereux pour elle-même et pour la société tout entière qu'on voulût la faire sortir de la vie de famille où elle a des devoirs impérieux à remplir et aussi des droits à exercer. Que l'on n'objecte pas que, depuis que l'histoire enregistre les annales des empires, il y a eu des femmes assises sur le trône. L'antiquité, qui ne connaissait pas les fictions constitutionnelles n'a laissé que par exception, nous l'avons dit, le sceptre entre leurs mains, et si les monarchies modernes acceptent en certains pays la royauté ou la régence d'une femme, à peu d'exceptions près, c'est là où les idées féodales ne sont pas éteintes et là où, en outre, il est admis qu'un roi ne doit pas gouverner [3].

FÉODALITÉ. Ce mot est d'origine germanique; il signifie propriété donnée en récompense (*fe* ou *fee*, récompense, salaire, *od*, propriété). Si la féodalité nous est surtout connue par l'histoire des peuples de l'Occident, au moyen-âge, si c'est chez eux qu'elle

a atteint l'organisation la plus complète et la plus savante dont elle fût susceptible, on la retrouve en bien d'autres points de l'espace et du temps. Guizot la reconnaît à trois caractères dominants et essentiels : — 1° propriété territoriale entière, mais non indépendante, héréditaire, mais soumise à certaines obligations envers le supérieur qui l'a conférée; — 2° fusion de la propriété et de la souveraineté; — 3° organisation hiérarchique de la société féodale. La féodalité tient à la fois de l'aristocratie et de la fédération, mais elle n'est exactement ni l'une ni l'autre. Elle tient de l'aristocratie parce qu'elle suppose une classe gouvernante et tout à fait prédominante; mais elle s'en sépare particulièrement en ce que les grands, exerçant le pouvoir, chacun pour son compte et chez soi sans grande influence sur l'ensemble, ne forment pas un corps compacte et fortement constitué pour le gouvernement général d'un Etat, car, à vrai dire, il n'y a pas d'Etat. Elle tient de la fédération, en ce qu'elle se compose de petites souverainetés à peu près indépendantes, mais le lien fédératif y est d'une extrême faiblesse; et elle en diffère en ce que les éléments qui la forment sont hiérarchiquement ordonnés et en ce que le pouvoir central, dépourvu de tout caractère représentatif, exerce ses attributions, fort restreintes d'ailleurs, en vertu de son autorité propre. Comme la chevalerie, elle est issue de la conquête ; c'est une forme sociale propre à l'âge héroïque des peuples guerriers et qui apparaît au moment où, sortant de la pure barbarie, ils tentent d'introduire chez eux une organisation plus savante. On la retrouve, plus ou moins complète, mais avec ses traits généraux, dans l'Inde dès la plus haute antiquité, au Japon, en Egypte, au Pérou, et dans bien d'autres lieux, parfois même elle communique quelques-uns de ces caractères extérieurs à des sociétés qui ne sont pas, à proprement parler, féodales et chez lesquelles un autre principe domine, comme les clans de la Haute-Ecosse et les septs de l'Irlande.

Nous n'avons à la considérer ici qu'en Europe et particulièrement en France [1], où elle remplit une longue période de notre histoire. Produit éloigné mais direct de l'invasion germanique, elle met trois siècles et demi, de la fin du cinquième au milieu du neuvième, à se former, à élaborer et à combiner les éléments dont elle devra sortir; elle domine, en se transformant toujours, et en cherchant un équilibre qu'elle ne trouvera pas, pendant quatre siècles et demi, du milieu du neuvième au commencement du quatorzième.

La constitution de la propriété sous la première race de nos rois est de deux sortes: allodiale ou bénéficiaire. L'*allen* c'est d'a-

---

1. Et les enfants? L'argument de M. Mill ne s'applique-t-il pas à eux aussi ?

2. La loi anglaise à laquelle il est fait allusion a passé depuis.

3. Une partie de cet article est due à Paul Boiteau.

1. L'organisation de la féodalité dans les autres contrées diffère trop peu de celle qui a prévalu en France, pour qu'il ait paru utile, dans un si court travail, de faire ressortir les modifications qu'elle a subies dans les autres pays de l'Europe.

bord le lot, le *sors* échu au Germain dans le partage de la conquête, le patrimoine. C'est, plus tard, le domaine acquis en propre, par achat, succession ou autrement, le *proprium*, la *possessio*, le *prædium;* dans tous les cas c'est la propriété absolue, indépendante; c'est la propriété de l'homme libre, franche de toute redevance à un supérieur et soumise seulement aux charges publiques. Le *bénéfice*, le *bienfait*, la *récompense*, qui deviendra plus tard le *fief*, est la concession faite par le chef germain, ou pour récompenser des services rendus, ou pour en acquérir de nouveaux, ou pour tout autre motif. Elle peut avoir et elle a le plus souvent pour objet une terre, un domaine, quelquefois elle confère des dignités, des offices, des droits, des revenus; elle est faite d'abord à des conditions très diverses, à charge de service, moyennant le payement d'une rente ou même à titre gratuit; mais peu à peu c'est la première qui domine; le Franc pourvu d'un bénéfice devient l'homme de son bienfaiteur, lui doit à la fois le service militaire et des services personnels; il est tenu des devoirs de la charge ou de la fonction souvent jointe à son bénéfice. La concession peut être encore temporaire, viagère ou perpétuelle. A toutes les époques, sous la première race et au début de la seconde, on la rencontre simultanément sous ces trois formes, mais à l'origine c'est la première qui est la plus générale. Enfin le donateur peut être le roi, un bénéficier, ou un propriétaire allodial. Dans les deux derniers cas naît ce qu'on appellera plus tard l'arrière-vasselage, fort rare au commencement, mais qui va se multipliant à mesure que nous avançons. Enfin quelques parties de l'alleu ou du bénéfice, considérées dans leurs rapports avec le Romain, le Gaulois, le peuple conquis, le colon ou le serf, peuvent être *tribunaires*, c'est-à-dire sujettes au cens ou à la corvée.

Si des conditions des terres nous passons à celles des personnes, nous ne les trouvons pas moins variées. Les personnes se divisent d'abord en deux grandes catégories, celles qui sont libres et celles qui ne le sont pas, esclaves, serfs ou colons. Parmi les hommes libres il faut distinguer, au point de vue de la nationalité, le Franc, le Barbare, le Romain; à celui de la condition sociale, le propriétaire allodial, le bénéficier, et une troisième classe composée d'agents du pouvoir central, comtes, vicaires, fonctionnaires de toute sorte, dont les bénéfices prennent le nom d'*honneurs* et qui n'exercent qu'une autorité déléguée, et enfin l'homme libre qui n'a ni propriété ni fonction. Dans la confusion de ces temps et dans l'affaissement de plus en plus profond de tout pouvoir central, on distingue deux tendances qui se manifestent dès l'origine.

Les alleux tendent, sous l'influence de diverses causes, à se transformer en bénéfices; les bénéfices et les honneurs tendent à devenir héréditaires. C'est sur ce dernier point surtout que s'exerça pendant plusieurs siècles l'effort constant et en sens contraire du seigneur et du bénéficier, l'un pour retenir la libre disposition de l'objet de sa munificence, l'autre pour s'en assurer la propriété inaliénable. C'était l'hérédité qui peu à peu gagnait du terrain, c'était elle qui tournait à son profit l'idée du droit et donnait tous les jours davantage aux faits qui lui faisaient obstacle le caractère de l'usurpation. Elle réussit précisément à cause des liens hiérarchiques de la société. Comment refuserait-on à l'arrière-vassal ce que celui-ci demandait à son suzerain. D'ailleurs la succession par héritage se défendait si facilement alors! A l'apparition des Carlovingiens l'œuvre était à peu près achevée. La grandeur personnelle des premiers princes de cette race en entrava un instant la marche, mais le nouveau flot de population germanique qui envahissait l'Occident en rendait l'accomplissement plus inévitable. Elle reprit son cours avec les faibles successeurs de Charles, et en 877 elle reçut la consécration de la loi par le capitulaire de Kiersy, aux termes duquel Charles le Chauve reconnaissait aux possesseurs de bénéfices ou d'*honneurs* le droit de transmettre à leurs héritiers, comme une propriété inamovible, les biens ou les titres dont ils étaient pourvus. A ce moment la féodalité fut non pas créée, mais constituée, les leudes prennent le nom de vassaux, les bénéfices celui de fiefs, l'esprit féodal envahit tout, et le démembrement du sol prend un essor nouveau. Les arrière-fiefs, d'abord peu nombreux, se multiplient rapidement. Plusieurs causes concoururent à produire cet effet. Les propriétaires allodiaux, trop faibles pour se défendre au milieu de cette anarchie, acceptent ou sollicitent la protection de quelque voisin puissant et lui font hommage. Les hauts seigneurs distribuent à leurs compagnons des portions de leurs domaines par la voie de la sous-inféodation pour s'assurer leurs services, et la tenure par parage démembre les grands fiefs entre les co-héritiers. Le sol de la France se couvre de seigneuries et de châteaux; et l'anarchie, sans contre-poids, domine pendant plus de deux siècles dans cette société agitée par des passions violentes. Tout alors prend le caractère territorial. La personne n'est plus rien, le domaine est tout; l'homme n'a plus de personnalité qui lui soit propre, il s'absorbe dans la terre; c'est elle qui détermine sa condition sociale. C'est la terre qui possède le caractère politique, la puissance, les privilèges. Elle les transmet à celui qui la possède. Aussi, il n'y a plus dans le pays que deux classes, celle des non-propriétaires, race vouée sous différents noms à la servitude; celle des propriétaires du sol, tous engagés dans les liens de la hiérarchie féodale et échelonnés sur ces divers degrés, ducs ou comtes, simples barons, et au-dessous la foule des petits seigneurs arrière-vassaux. L'unité sociale c'est le fief, qui prend un nombre infini de formes, selon le caprice et la convenance de chacun [1].

Les fiefs diffèrent par leur importance, par leur origine, par les obligations qu'ils imposent, par leur nature et surtout par leur objet, car on donne tout en fief, non seulement les terres, mais des charges, des offices, des droits utiles. Du Cange a compté 88 espèces de fiefs et il n'a pas épuisé la matière. Ils se reconnaissent tous cependant à des caractères généraux et communs. Le vassal est mis en possession par l'accomplissement de trois formalités qu'il ne faut pas confondre : l'*hommage*, qui exprime proprement la dépendance du vasselage par lequel le vassal se reconnaît l'*homme* du suzerain ; le serment de *fidélité*, qui établit la sujétion du vassal à l'égard du suzerain, qui fait du premier le *sujet* du second ; l'*investiture*, donnée par le seigneur et qui complète la possession, et chaque fois que l'une ou l'autre des parties change, l'engagement doit être renouvelé.

Le lien féodal crée des obligations réciproques entre le vassal et le suzerain ; le vassal doit à son suzerain assistance, fidélité, dévouement ; il lui doit des services militaires ou autres et les *aides*. Le suzerain doit à son vassal la protection et la garantie de la possession de son fief. L'association féodale peut se dissoudre si le contrat est violé et alors le vassal perd son fief, ou le suzerain la *mouvance ;* elle peut aussi être rompue par le libre consentement des parties, par vente, par abandon ou autrement. Mais tant que les conditions du contrat sont loyalement observées, le vassal est maître chez lui ; il jouit, à l'origine au moins, de tous les droits de la souveraineté dans une fière et complète indépendance. Il fait la guerre à ses voisins, et s'il est provoqué, il peut obliger ses vassaux à l'y suivre ; il donne des lois à ses *sujets*, ou, en d'autres termes, il n'y a de loi que sa volonté ; il a le droit de battre monnaie, droit rarement exercé dans la pratique, parce qu'il n'est accessible qu'aux grands feudataires, mais que nul ne saurait lui contester ; il lève des impôts à sa guise sur ses *hommes de corps ;* enfin, il exerce dans toute sa plénitude le droit de punir et de faire grâce ; d'abord, et avant la distinction des hautes et des basses justices, la juridiction embrasse tous les délits et toutes les contestations ; il rend la justice souverainement et sans appel ou plutôt il la préside, car il ne pouvait jusqu'au onzième siècle environ, où cette législation commence à décliner, porter de jugement qu'avec l'assistance des *pairs*, c'est-à-dire un jury composé des *égaux* de celui qu'il s'agissait de juger, vassaux pour les vassaux, échevins pour les bourgeois et pour les hommes de corps. Dans deux cas seulement le vassal pouvait en appeler au suzerain dominant, pour *défaut de droit*, ou déni de justice, ou pour *faux jugement*. Mais les seigneurs restaient libres de choisir les *pairs*

qui composaient le tribunal ; les vassaux isolés, fatigués de fonctions si peu conformes à leurs penchants, désertaient la cour du suzerain, le grand nombre des parjures affaiblissait l'autorité des témoignages ; cette justice, qui n'offrait aucune garantie d'équité, ne possédait pas en outre une force suffisante pour faire exécuter ses arrêts. Bientôt elle fut remplacée par l'unique droit de la force. Les feudataires puissants recoururent à la guerre pour vider leurs querelles ; les petits vassaux choisirent la procédure du combat judiciaire, forme réduite de la guerre privée, sorte d'appel à la justice de Dieu, pratiqué depuis longtemps, mais qui se propagea avec rapidité au début de la féodalité et dont l'usage persista pendant plus de quatre cents ans. L'accusé ou le plaideur provoqua d'abord son adversaire, puis les témoins, puis les juges, et le duel réglé et systématisé par une législation précise, abondante en détails et méticuleuse, devint l'unique jurisprudence du pays.

Cette période, pendant laquelle la féodalité développa en toute liberté ses instincts de violence et d'indépendance effrénée, où la dispersion infinie de la souveraineté ne produisit que l'anarchie, dura, avec des nuances qu'il est impossible d'indiquer ici, trois siècles et demi, du milieu du neuvième au commencement du treizième ; mais elle rencontra à la fois deux adversaires qui l'assaillirent de concert, l'un, par en bas, l'autre, par en haut, et sous les efforts desquels elle finit par succomber : les communes et la royauté. Bornons-nous à dire quelques mots de la seconde. Les premiers Capétiens, princes faibles, mal assis sur un trône nouvellement fondé, s'effacent devant la féodalité, et ne tentent rien pour la diriger ou pour la combattre. C'est, après quelque hésitation, à partir de Louis le Gros, que les princes de cette dynastie l'acceptent et s'y rallient, pour s'en faire les chefs et pour la diriger. Le roi devenait peu à peu la tête de toute la hiérarchie et le suzerain universel.

Dès le onzième siècle, cependant, le nombre des petits fiefs diminuait, les seigneurs dominant intervenaient plus fréquemment dans le gouvernement intérieur de leurs vassaux, un incoercible mouvement de concentration s'opérait, non seulement dans les domaines du roi, mais dans ceux de tous les grands feudataires, qui préparaient des provinces déjà mieux disciplinées aux futurs envahissements de la royauté. Louis le Gros engage la lutte avec une vigueur toute nouvelle ; son action ne dépasse pas l'étendue de ses domaines propres : mais, s'aidant du mouvement communal, il y impose l'obéissance à ses turbulents barons, il y affermit la puissance de la couronne, et y fonde l'autorité royale. Mais c'est surtout avec Philippe-Auguste que la puissance royale prend un caractère de suprématie qu'elle avait perdu depuis près de quatre siècles. Ce que Louis le Gros avait fait pour le duché de France, Philippe-

1. A. Rabutaux.

Auguste le fait pour le royaume. Il y ajoute de nouvelles provinces, et par là donne une base plus solide à son pouvoir; des 67 prévôtés de France, placées sous son sceptre, 32 avaient été acquises par lui. Il modifie le droit des apanages et en ordonne la réversibilité à la couronne, faute d'héritiers directs; le premier il entretient à son service des troupes soldées; il étend la juridiction et oblige les grands barons du royaume à la reconnaître et à siéger dans sa cour. Il fait plus; par une innovation bien contraire à l'esprit féodal, et qui montre avec évidence tout le terrain qu'il avait perdu, il confond dans la même assemblée les barons de ses domaines qui composaient la cour du duché, et les grands barons de France qui formaient la cour du royaume. Les ordonnances d'un intérêt général, applicables au pays entier, ne sont encore que des transactions ou des traités conclus entre pouvoirs souverains; mais elles deviennent plus nombreuses et manifestent l'influence grandissante de la royauté. Philippe-Auguste, avec le concours de ses barons, met des bornes à la juridiction ecclésiastique qui n'avait cessé d'envahir; il supprime (1190) le grand sénéchal de France, chef de la justice, dont les privilèges exorbitants devenaient menaçants pour la couronne, et par une disposition qui est certainement un des actes les plus féconds de son règne, il lui substitue les baillis, plus nombreux, partant plus faibles, agents révocables, instruments dociles entre les mains de la royauté, investis de pouvoirs considérables pour la servir, et dépourvus de toute force pour la combattre, qui devinrent les adversaires les plus obstinés des privilèges féodaux, et dont l'institution se propagea bientôt dans les domaines des grands feudataires. La création des baillis produisit deux conséquences de la plus haute importance, la renaissance des appels abîmés dans la procédure du combat judiciaire, l'introduction des cas royaux, causes réservées à la juridiction royale.

Saint Louis n'avait plus qu'à avancer dans une voie déjà si bien applanie. Il le fit avec éclat, en joignant, avec un génie de premier ordre, la fermeté d'un grand prince à la vertu scrupuleuse d'un saint. Saint Louis resta un roi féodal, mais il porta un coup décisif à la féodalité. Son règne se divise en deux parties bien distinctes et à peu près égales. Dans la première, marchant sur les traces de son aïeul, il triomphe de la ligue des barons qui espèrent mettre à profit la faiblesse d'une minorité pour reconquérir leurs privilèges, et il étend ses domaines. La seconde est presque exclusivement consacrée aux travaux législatifs. Son premier effort se tourne contre les guerres privées et le duel judiciaire. C'était frapper la féodalité au cœur. On avait tenté déjà bien des moyens pour restreindre les guerres privées, mais sans succès. Sous le règne de Philippe-Auguste s'étaient introduits à cet égard des usages nouveaux : la jurisprudence des assurements, et, pour garantir l'efficacité, la *quarantaine le roy*. Par deux ordonnances de 1245 et de 1257, et par quelques dispositions des Etablissements, saint Louis régla et restreignit le droit de guerre privée, et rendit les assurements obligatoires : par une autre ordonnance de 1260, plus importante encore, il abolit complètement le combat judiciaire dans l'ancien domaine de la couronne, et les grands barons du royaume suivirent son exemple. Dans la pratique, cependant, cette procédure barbare se perpétua en s'affaiblissant, pendant plusieurs siècles encore. La suppression du combat judiciaire multiplia les appels, et permit d'étendre la jurisprudence des cas royaux : elle fit reparaître dans les tribunaux le serment et les témoignages, et en compliquant la procédure, en faisant du droit une science, elle donna naissance à la classe des juristes. Saint Louis réforma les abus qui s'étaient introduits dans les tribunaux des baillis et des prévôts; Philippe-Auguste avait confondu dans sa cour les barons de ses domaines, et les barons du royaume; par une résolution plus hardie, saint Louis y introduisit de simples juristes, qui en chassèrent bientôt les pairs de fief, moins propres à débrouiller les grimoires des docteurs *in utroque jure*. Insensiblement et sans secousse, le Parlement royal (vers 1260) se dégagea de la cour féodale. Enfin, pour couronner ce grand règne, saint Louis promulgua ses Etablissements, mélange de législation publique et de droit civil.

Après le règne de saint Louis, le régime féodal, considéré comme forme sociale, était loin d'avoir succombé, et il fallait encore bien des siècles de luttes pour le vaincre, mais la féodalité, en tant que constitution politique, était à peu près morte; il y avait des grands, des oligarques puissants, qui pouvaient, dans une certaine limite, tenir la royauté en échec; de grands feudataires, de hauts barons, il n'y en avait plus. Déjà sous Philippe le Bel la royauté était investie d'une puissance à peu près absolue. Après une réaction féodale, que ses faibles successeurs ne purent complètement dominer, Charles V reprenait la lutte, Louis XI la poursuivait avec une sournoise persévérance, Richelieu et Louis XIV conduisaient l'œuvre à un achèvement presque complet, et la Révolution française, enfin, effaçait, malheureusement dans le sang, les dernières traces d'une organisation sociale qui avait présidé sans partage aux destinées de l'Europe pendant plus de quatre siècles.

FERME GÉNÉRALE. Le ministère des finances, sous l'ancien régime, ne percevait directement que les revenus provenant de la taille, de la capitation et du vingtième. La perception des droits de gabelle, des aides, des traites, du domaine et du tabac était affermée à des banquiers qui prenaient le nom de fermiers généraux. Ils se chargeaient du recouvrement de ces impôts à leurs risques et périls et moyennant une somme fixée d'avance. Ce mode de perception, qui nous paraît aujourd'hui si vicieux, était alors généralement pratiqué. Il fut aboli par la Constituante, qui lui substitua le système actuellement en vigueur, lequel consiste à faire opérer, par des agents spéciaux, nommés par le ministre des finances, la perception intégrale de tous les impôts consentis par la Chambre ou le Corps législatif.

FÊTES NATIONALES. De tous temps, les peuples ont consacré des fêtes périodiques aux événements heureux de leur histoire ou à la mémoire des législateurs et des fondateurs d'empires. La plupart des fêtes religieuses de l'antiquité ont commencé par être la commémoration des faits politiques, de même que le caractère divin fut souvent attribué, au bout de quelques générations, à des hommes héroïques ou bienfaisants.

Les fêtes nationales deviennent un élément politique moins efficace et moins utile, à mesure que la civilisation avance, et que les manifestations de la pensée deviennent intelligibles à un plus grand nombre. Le jour où l'imprimerie a paru dans le monde, les manifestations extérieures ont perdu de leur importance. Le livre a tué la cérémonie comme le monument. Les fêtes nationales n'ont guère conservé de vitalité que dans les petites républiques. Les fêtes du tir national suisse, par exemple, sont une intéressante occasion d'émulation et la manifestation énergique d'une nationalité que n'affaiblit pas une forte vie municipale. Mais ces fêtes se conservent surtout par le plaisir qu'elles causent à ceux qui y prennent part. Il en est d'autres qui sont comme des emblèmes rappelant une pensée patriotique et d'autres ne durent que tant qu'elles... ne sont pas tombées en désuétude.

FIEF. *Voy.* **Féodalité.**

FINANCES (Science des). La science des finances constate et apprécie les moyens employés dans les divers pays pour subvenir aux besoins de l'État; elle les étudie dans leurs effets moraux, politiques et économiques, et fournit à la pratique — c'est-à-dire à *l'art financier* — les indications dont il peut avoir besoin. La science constate les faits et leurs rapports de cause à effet, formule des règles ou des principes, l'art les applique selon les nécessités du temps et des lieux.

La science des finances ne s'applique donc pas, en thèse générale, aux dépenses de l'État; les dépenses peuvent être considérées — à quelques exceptions près — comme de la politique pure. C'est pourquoi un ministre des finances (le baron Louis) pouvait dire : Faites-moi de la bonne politique, je ferai de la bonne finance. En d'autres termes : ne créez pas trop de causes de dépenses si vous voulez que je puisse vous procurer les recettes nécessaires pour les couvrir. Ce n'est pas la mission de la science

financière de décider s'il y a lieu de faire la guerre, de créer des routes, de déclarer l'enseignement gratuit et obligatoire, d'établir la décentralisation; ce n'est pas elle qui fixe les attributions de l'État; elle peut tout au plus dire : cela coûtera tant, et il sera facile ou difficile de se procurer une pareille somme; ou, cela aura telle influence sur les revenus, influence favorable ou défavorable; ou aussi, voici le meilleur moyen, ou le moyen le moins nuisible, de se procurer les fonds. Si les mesures projetées sont mauvaises, c'est la politique qui en porte la responsabilité, l'administration des finances lui est subordonnée, elle est tenue d'obéir; l'art tâchera de faire pour le mieux, il consultera la science qui lui indiquera les écueils à éviter. Mais lorsque la politique perdra toute mesure, toute sagesse, toute prévoyance, la science ne pourra que gémir et l'art sera obligé de s'avouer impuissant. En d'autres termes, si la politique n'est pas bonne, les finances seront mauvaises, l'équilibre entre les recettes et les dépenses sera rompu.

La tâche propre des finances est donc de procurer les recettes nécessaires pour couvrir les dépenses, et dans tout pays où la politique est raisonnable, et, où la population n'est pas trop pauvre, cette tâche est relativement aisée. La politique ne prendra aucune décision sans supputer les frais qu'elle occasionnerait; le plus souvent, l'homme d'État trouvera que le résultat à obtenir ne vaudra pas l'effort nécessaire pour se procurer les fonds, soit qu'on ait à augmenter les impôts, soit qu'on ait à contracter un emprunt. La politique ne devra l'emporter sur les considérations purement financières, que lorsqu'il s'agira de grands intérêts moraux, car l'argent n'est pas le plus grand des biens. Il est des cas où l'on ne doit reculer devant aucun sacrifice.

Mais que la politique soit bonne ou mauvaise, qu'elle sache ou non ménager les ressources de la nation, une situation étant donnée, il importe d'alléger le fardeau autant que possible en répartissant les charges de la manière la plus équitable et la moins nuisible à la production qu'on pourra. C'est précisément la tâche de la science des finances de prévoir les effets de chaque impôt, de chaque taxe, de chaque mesure fiscale.

Les dépenses ordinaires de l'État sont couvertes : 1° par les revenus tirés de propriétés ou domaines; 2° par le produit des impôts et des taxes; 3° par le bénéfice sur des services rendus.

Les économistes sont, en général, peu favorables à la possession de domaines par l'État; ils pensent que ces domaines seraient plus utiles à la société, plus productifs, s'ils étaient entre les mains des particuliers. Nous ne sommes pas tout à fait de cet avis. On sait qu'il y a des domaines de différente nature, des fermes, des mines, des chemins de fer et autres propriétés analogues. Sans doute, si l'État voulait faire cultiver les champs par ses fonctionnaires, nous ne l'approuverions pas ; mais l'État afferme ses domaines ruraux par voie d'adjudication publique ; il peut donc en obtenir autant qu'un particulier. En temps ordinaire, que ferait-il du capital, s'il vendait ses propriétés ? Il vaut évidemment mieux les conserver comme ressource extraordinaire pour les temps difficiles.

Quant aux mines, et plus encore aux chemins de fer, ils sont généralement exploités en régie, c'est-à-dire par des fonctionnaires de l'État. Dans ce cas, le produit n'équivaut généralement pas à celui qu'un particulier en tirerait en administrant sa propriété. Mais ces grands établissements sont rarement une propriété individuelle, exploitée par son possesseur ; ils appartiennent à des compagnies et sont dirigés et administrés par un état-major salarié, semblable à celui de l'État ; l'infériorité de ce dernier n'est pas évidente, de sorte qu'ici aussi on doit se prononcer plutôt pour la conservation que pour l'aliénation des domaines.

Du reste, peu de pays ont des domaines assez nombreux pour défrayer, uniquement avec leurs produits, tous les besoins de l'État ; la principale ressource du Trésor public est toujours l'impôt (*voy. ce mot*) sous ses différentes formes, soit sous celle de contribution, soit sous celle de rétribution pour service rendu par l'État. Ceci admis, il s'agit de déterminer d'après quel principe et par quels moyens on répartira la charge générale sur les citoyens ? De prime abord le bon sens semblerait indiquer la perception directe et la répartition égale de l'impôt comme le mode le plus rationnel et le plus équitable. Étant donné le montant total des dépenses de l'État, on n'aurait qu'à diviser ce chiffre par le nombre des habitants pour établir la contribution que chacun devra verser dans la caisse du Trésor. Cette sorte de bon sens est souvent employé par certains partis, et plus encore par les publicistes visant à l'originalité, en s'appuyant sur l'imagination plutôt que sur l'expérience. Mais la première loi du bon sens est de vouloir le possible, la seconde, de ne pas heurter la justice. Or le système de l'égalité des charges n'est ni pratique ni juste. Il n'est pas pratique, parce que les fortunes sont inégales et que la charge deviendra trop lourde pour les contribuables moins aisés ; il n'est pas juste, parce que les grandes fortunes tirent de l'État plus d'avantage que les petites et doivent, par conséquent, contribuer dans une plus forte proportion aux dépenses publiques.

Il est évident, en effet, que les habitants d'un pays ne profitent pas dans une mesure égale des dépenses de l'État. Il est sans doute des dépenses faites dans l'intérêt de l'ensemble des citoyens indistinctement ; telles sont les dépenses de la sûreté publique à l'intérieur et à l'extérieur, celles de l'administration générale, et quelques autres. Mais il y a aussi des dépenses où l'utilité générale

et l'utilité individuelle se distinguent nettement. Le citoyen qui de toute sa vie n'a pas un seul procès à soutenir n'en est pas moins intéressé à l'existence des tribunaux ; c'est justement l'existence de ces tribunaux qui lui évite nombre d'injustices et de molestations ; leur seule existence est une menace pour le méchant et une protection pour le bon. De même, celui qui n'a pas d'enfants à envoyer à l'école, n'en est pas moins intéressé à ce que l'instruction soit répandue autant que possible, car elle exerce une influence bienfaisante sur le développement matériel et intellectuel de la société dont il fait partie et dont tous les progrès lui profitent d'une façon ou d'une autre. En supposant encore qu'il n'expédie pas une seule lettre dans l'année, la poste aux lettres ne lui est pas moins utile en favorisant les relations intérieures et internationales et en augmentant le bien-être du pays qu'il habite. Il convient donc que tout citoyen contribue à l'entretien des services publics de la justice, de l'enseignement, des communications postales. Il n'en est pas moins vrai que tel individu qui a de nombreux procès à soutenir, dont les enfants fréquentent les établissements d'instruction publique, dont les affaires nécessitent une active correspondance, tire de ces établissements plus de profits que la moyenne des citoyens. A côté des services généraux que, par leur existence seule, ces institutions rendent à tous, il y a les services particuliers qu'ils rendent à un individu déterminé. N'est-il pas logique et équitable de faire payer à celui-ci une taxe ou rémunération spéciale pour ce service particulier ?

La gratuité des services publics, c'est-à-dire l'idée de les mettre à la charge de l'impôt direct, réclamée par certaines écoles, se trouverait ainsi écartée. On demande, par exemple, la gratuité entière de la justice. A première vue, cela paraît très libéral et surtout très démocratique. Mais il faut y regarder de plus près. Si les plaideurs n'ont rien à payer, les frais de l'État pour la distribution de la justice seront naturellement bien plus grands. Où l'État prend-il cet argent ? Sur l'impôt. Qui fournit l'impôt ? La masse des contribuables. Donc pour que cent personnes puissent à leur gré faire des procès, cent mille autres payeront le double de la somme pour laquelle ils contribuent aujourd'hui à l'entretien de la justice ? Autre exemple. On a réclamé, soi-disant dans l'intérêt de l'industrie et du commerce, la gratuité du transport des lettres, ou même le rachat par l'État de tous les chemins de fer afin que la circulation y soit libre comme sur les routes ordinaires. On oubliait que la charge générale de l'impôt en deviendrait forcément beaucoup plus considérable ; la grande masse des contribuables, qui voyage peu et correspond peu, payerait pour le petit nombre d'individus qui, voyageant beaucoup et écrivant beaucoup, voyagera et écrira davantage encore quand ce ne sera pas leur bourse particulière, mais celle du public qui en fera les frais.

La coexistence de la taxe et de l'impôt proprement dit, ou de la rémunération particulière et de la rémunération générale, est donc conforme à la raison et à l'équité. Il convient de faire remarquer que la rémunération des services rendus se présente sous des formes très diverses, qu'il y a d'une part des taxes qui ressemblent complètement à l'impôt, tandis qu'il en est d'autres qui affectent plus ou moins la forme d'un bénéfice commercial. Il faut mentionner dans cet ordre d'idées la vente par l'Etat du tabac, du sel, des allumettes chimiques. Tout a été dit sur les côtés fâcheux des monopoles ; on y reviendra (voy. **Monopoles**). Nous n'entendons guère en entreprendre la justification. Toutefois, s'il y a réellement nécessité de chercher un complément au profit des contributions générales et particulières, certains monopoles peuvent se justifier ; il faut seulement, d'abord, qu'ils aient pour effet de simplifier la perception et de faire porter sur un ou deux objets une charge qui, autrement, pèserait sur un grand nombre de denrées, et ensuite que les objets atteints soient de nature à pouvoir supporter aisément l'impôt. Ainsi, il vaut mieux que le gouvernement français tire 250 ou 300 millions par an du monopole des tabacs, que de taxes sur des articles de première nécessité ; nous n'éprouverions aucune répugnance à prélever — si c'était possible — même le double sur le tabac, qui est une plante nuisible, si, par contre, on opérait un dégrèvement correspondant, soit sur les contributions directes, soit sur les contributions indirectes, moins justifiables que l'impôt du tabac.

On pourrait, à la vérité, objecter, au point de vue de l'équité, que les impôts de cette nature, n'étant pas la rémunération d'un service spécial rendu par l'Etat, privent une certaine partie de la population de ressources qui devraient être fournies par tous. L'objection ne manque pas de force. On peut faire valoir, comme circonstance atténuante, que ces revenus sont appelés à remplacer la partie des impôts généraux qui fait défaut par suite de la pauvreté d'un certain nombre de citoyens. Dans chaque pays un grand nombre d'habitants sont hors d'état de fournir la totalité de leur contingent pour la dépense causée par le maintien de la sécurité générale et l'entretien d'autres services généraux de l'Etat ; il faut que, de façon ou d'autre, la classe payante fournisse au delà de ce qu'elle doit rigoureusement, pour combler la lacune. Or, le tabac, par exemple, qui ne demande ce supplément d'impôt qu'à ceux qui veulent bien le payer, semble particulièrement désigné pour rendre ce service.

Ainsi, la science financière se préoccupe avant tout des voies et moyens pour procurer à l'Etat les ressources qui lui sont nécessaires, mais elle se préoccupe aussi de l'effet des impôts sur le contribuable. L'excès des charges arrête la production, appauvrit les populations, tarit les sources du revenu public. L'autorité financière d'un pays doit donc faire tous ses efforts pour obtenir des économies, pour faire réduire les dépenses au strict nécessaire et pour éviter l'épuisement du contribuable.

Mais comment savoir qu'un impôt est poussé à sa limite extrême ? Serait-ce par la plainte du contribuable ? Aucunement, car il est trop prompt à se plaindre. Les hommes, s'ils aiment à exercer leurs *droits* par eux-mêmes, sont ardents à faire remplir leurs *devoirs* par leur prochain, surtout lorsqu'il s'agit de délier les cordons de la bourse. — Serait-ce par les relevés statistiques ? Il est trop facile de dissimuler la vérité. On sait que du temps où l'on était « taillable à merci » on affectait volontiers les dehors de la pauvreté pour échapper à l'impôt. — Le vrai symptôme de l'exagération d'un impôt, le voici : il détourne les citoyens de l'industrie ou de la consommation trop imposée, et l'accroissement de son produit s'arrête.

Toutefois un mal peut exister avant qu'aucun indice ne le révèle, l'action des impôts n'est pas toujours immédiatement visible, de sorte qu'il faut en suivre le mouvement avec soin et tenir note des moindres perturbations. Et cette vigilance est d'autant plus nécessaire que, stimulé par l'incessant accroissement des dépenses, on est tenté de pousser les perceptions aussi loin que possible.

Mais quelles peuvent être les causes de cet accroissement si rapide des dépenses que dans plus d'un pays, malgré les efforts des financiers les plus habiles, les recettes ne parviennent pas à se tenir à leur niveau ? Laissons de côté les causes extraordinaires qui dérangent violemment l'équilibre entre les besoins et les ressources, et attachons-nous à l'examen des faits dont l'action lente, mais incessante, produit naturellement l'effet que nous venons de signaler.

1° Dans les pays progressifs, le produit des contributions indirectes s'accroît en raison de la multiplication de la population et des richesses. Si la plus-value des impôts servait à en diminuer le taux, ou à dégrever le contribuable de charges plus onéreuses, cet accroissement constituerait un bonheur sans mélange ; mais, le plus souvent, il ne sert qu'à motiver une augmentation correspondante des dépenses. Si le budget (voy. ce mot) était toujours dressé conformément aux bons principes, si l'on établissait *bien réellement* les dépenses avant les recettes, comme les besoins sérieux de l'Etat n'augmentent pas vite, on jouirait partout d'un excédant presque constant de revenu. Mais, bien qu'on soit réputé commencer par établir les dépenses, on commence, en vérité, par supputer les recettes, et on ne sait pas résister à la tentation de les employer. L'Angleterre paraît, jusqu'à présent, le seul pays où la pratique soit conforme à la théorie. On y dresse réellement, avant tout, le budget des dépenses. Aussi a-t-elle supprimé depuis trente ans plus d'impôts que tous les États du continent réunis.

2° Si la première cause de l'accroissement du budget est dans la tentation offerte par l'augmentation incessante des produits des contributions indirectes, la seconde est dans la multiplité des attributions de l'État. Chargée d'attributions sans nombre, en présence de besoins sociaux croissants et d'une certaine tendance vers le luxe, l'administration augmente presque forcément ses demandes de crédits.

3° Mais il y a une cause d'accroissement des dépenses plus puissante encore que la centralisation ou la tutelle administrative, c'est la conscription. Si la conscription se bornait à imposer à tout citoyen l'obligation de défendre la patrie, personne n'y trouverait à redire. Quand une nation est attaquée dans ses foyers, tous les hommes devraient s'armer et les femmes leur apporter la nourriture et les munitions. Mais la conscription et le service assez long qui en est la conséquence habituelle sont plutôt destinés à l'attaque qu'à la défense. On veut exercer une « légitime » influence sur les autres puissances, on veut jouir d'une certaine prépondérance dans le concert européen, concert peu harmonieux, hélas ! Or, dans la pratique, l'influence paraît d'autant plus « légitime » qu'on commande à plus de baïonnettes ; on grossit donc le chiffre de l'armée permanente, et l'armée coûte cher. Il est encore bien des personnes qui sont flattées de ce que le gouvernement de leur pays ait l'air d'exercer une certaine prépondérance. Elles en ont le droit, mais elles ne doivent pas oublier que la gloire se paye. On l'achète avec de l'or et du sang ! Ceux qui demandent qu'on intervienne dans les affaires des voisins perdent donc le droit de déplorer l'accroissement du budget, de lamenter sur le manque de bras, peut-être même sur l'absence de liberté. Qui veut la fin veut les moyens.

4° Dans les États où le gouvernement n'est ni contenu, ni contrôlé, rien n'entrave la tendance naturelle de tout budget à s'accroître. Comment arrêter l'accroissement des dépenses ? Le contrôle d'une Chambre élective n'y suffit pas toujours, à cause de la complication de la grande machine gouvernementale et de l'enchevêtrement des intérêts qu'elle représente ; où chercher le frein indispensable dans chaque machine ?

La science financière serait-elle assez heureuse pour suggérer des moyens pouvant servir de frein ? Nous en doutons. Elle est bien impuissante en face des passions politiques. Cherchons, néanmoins. Peut-être trouverons-nous un jalon sur la route du progrès.

On sait que tout d'abord les impôts étaient spécialisés, c'est-à-dire que les états généraux accordèrent les tailles pour tel emploi, les aides pour tel autre, et d'autres contribu-

tions encore à mesure que de nouvelles dépenses surgissaient. Cette spécialisation ne dura pas, et par diverses raisons, notamment celle de faciliter le contrôle, on a pu considérer comme un progrès la réunion de toutes les perceptions en une seule caisse, le Trésor public. Il conviendrait peut-être maintenant de revenir dans une certaine mesure à la spécialisation des recettes et des dépenses. Actuellement, lorsqu'on dresse séparément le tableau des dépenses et qu'on examine isolément l'utilité de chaque article, on est généralement porté à l'admettre. Faut-il une armée ? Sans doute. — Faut-il des routes ? Certainement. — Des écoles ? Qui en doutera ! — Des théâtres ? Volontiers. — De même pour presque tous les chapitres du budget. Quand on arrive aux recettes, on a devant soi un chiffre représentant l'ensemble des besoins reconnus, des dépenses votées, et il ne reste plus qu'à trouver « les voies et moyens » ; c'est l'expression reçue.

Mais il y a besoins et besoins. Il y en a de première, de seconde et de troisième nécessité ; il y a l'indispensable, l'utile et le luxe, et tous les trois ont leur raison d'être. Nous ne sommes l'adversaire d'aucune dépense... lorsqu'elle est librement et sciemment consentie. Or, cette condition d'un consentement libre et motivé ne semble exister complètement que sous le régime de la spécialisation. Lorsqu'on saura que tel impôt doit couvrir telle dépense, lorsqu'on connaîtra le sacrifice qu'il faut s'imposer pour chaque jouissance, il pourra s'en trouver plus d'une qui semblera trop chèrement achetée. La loi est toujours accompagnée de sa sanction : ce crime, dit-elle, est puni de telle peine ; pourquoi ne saurions-nous pas combien coûte chaque service que l'État nous rend ? De même qu'avant d'entamer un procès on en suppute les frais, qu'avant d'expédier une lettre on s'informe du montant de la taxe, de même pourrait-on dire : impôt pour l'entretien de l'armée ; taxe pour la construction des routes ; droit d'inscription pour l'instruction supérieure.

Seulement la spécialisation ne devrait pas être poussée jusqu'à ses dernières limites. La solidarité qui existe entre les citoyens d'un même État s'y oppose : il ne faudrait pas que quelques individus — ignorants ou malveillants — pussent empêcher une dépense jugée indispensable par la grande majorité des citoyens. N'avons-nous pas, dans un autre ordre d'idées, l'expropriation pour cause d'utilité publique ?

Mais où s'arrêterait la spécialisation ? Sur ce point, les opinions peuvent se diviser. Une classification des dépenses en indispensables, utiles et de luxe répondrait peut-être à la réalité des faits. On formerait donc trois budgets distincts : l'un correspondrait aux besoins de première nécessité de tout corps constitué, ce serait le budget ordinaire; le second, destiné à procurer l'utile, serait le budget *supplémentaire*, le troisième, le budget *extraordinaire*, donnerait satisfaction au luxe. Des impôts spéciaux seraient affectés à chacun d'eux sans qu'aucune réunion, sans qu'aucun virement de l'un à l'autre fût jamais admis. On pourrait, par surcroît de précaution, demander une majorité plus forte pour le vote des dépenses non indispensables; on pourrait encore décider qu'on commencerait par évaluer les recettes supplémentaires et extraordinaires avant de fixer les dépenses correspondantes, tandis qu'au budget ordinaire, c'est par le tableau des dépenses qu'on commencerait. On saurait ainsi plus clairement ce qu'on donne et pourquoi on donne. Il en résulterait que les représentants de la nation seraient coulants pour le budget ordinaire, difficiles pour le budget supplémentaire, sévères pour le budget extraordinaire. Il en résulterait encore qu'on allégerait l'administration de toute attribution qui serait moins onéreuse si elle était placée entre les mains des particuliers.

Cette idée paraîtra peut-être utopique ou même pire; nous aurions d'ailleurs nous-même plus d'une objection à faire. Toutefois, l'idée est en partie réalisée dans plusieurs pays par la division du budget en ordinaire et extraordinaire. Et pourquoi ne pourrait-on pas diviser le budget en trois, aussi bien qu'en deux? Dans tous les cas, le grossissement des budgets en serait entravé ou fortement ralenti, car on·ne pourrait plus créer des impôts nouveaux que pour des besoins bien évidents et *vivement sentis* par la majorité de la nation.

La séparation des matières et leur distribution entre les trois ·budgets n'est pas d'une difficulté insurmontable. N'a-t-on pas distingué pour les communes, outre les dépenses obligatoires, les dépenses facultatives, les dépenses extraordinaires, les dépenses spéciales? et bien que ni la classification, ni le classement ne soient irréprochables, on applique un revenu spécial à chaque nature de dépense. Si l'on n'a pas obtenu tous les résultats que le système comporte, c'est que le classement n'a pas été fait par les communes, mais par l'État. L'État, préoccupé avant tout de certains intérêts, a rangé souvent dans les dépenses facultatives celles qu'aucune commune ne refuserait de voter, et parmi les dépenses obligatoires quelques-unes de celles qui auraient pu être refusées. En subdivisant les dépenses de l'État, aucune préoccupation de cette nature n'influerait sur la décision du législateur, et le classement serait aussi près que possible de la vérité.

Quoi qu'il en soit de ces idées auxquelles nous n'attachons de valeur qu'un comme point de départ d'études plus approfondies, il arrive souvent que l'équilibre entre les recettes et les dépenses se rompt. Lorsque ce mal se présente isolément, en une année, il est facile de le guérir; mais lorsqu'il devient permanent, et que la réduction des dépenses est impossible, il faut absolument élever les impôts au niveau des besoins. Il n'y a pas d'autre moyen d'échapper au déficit. Ce qu'on doit éviter avant tout c'est de contracter des dettes (*voy.*), car un pays qui use trop du crédit (*voy.*) est sur une mauvaise pente. S'il faut absolument emprunter, que ce soit à temps. Nous n'ignorons pas que les capitalistes préfèrent la rente perpétuelle, mais ils prendront forcément d'autres valeurs lorsqu'ils n'auront pas le choix et que ces valeurs seront bonnes. Mais, nous le répétons, c'est par des impôts qu'on rétablit le plus certainement l'équilibre. Quant au choix des impôts, il doit être guidé par des circonstances locales, nous n'avons à donner ici qu'une seule règle — en dehors de celles qu'on trouve dans tous les traités spéciaux (*voy.* **Impôts**) : — il est préférable d'obtenir la somme nécessaire en créant un ou deux impôts très productifs, qu'en inventant dix ou quinze petites taxes.

FIRMAN (en persan *ferman*), nom donné en Turquie aux ordonnances émanant directement du grand-vizir, au nom et par délégation expresse du sultan. C'est pourquoi la minute de tout firman doit être paraphée par le grand-vizir, qui y trace de sa main le mot *sahh* (authentique). Ensuite le *nichandji* (garde du sceau) appose en haut de l'acte le chiffre (*toughra*) du sultan. C'est ce même chiffre, en forme de monogramme et composé du nom du sultan régnant et de celui de son père (*sultan Abdul-Aziz Khan, fils du sultan Mahmoud Khan*), que l'on voit figurer sur toutes les monnaies.

FISC. Du latin *fiscus*, panier d'osier dans lequel les revenus de l'État étaient portés à dos de mulet. Plus tard ce terme appliqué à la caisse particulière de l'empereur et la caisse de l'État fut le *ærarium publicum*. De nos jours le fisc est redevenu synonyme de trésor public et la caisse privée des princes est, selon les cas, la *liste civile* (*voy.* ce mot) ou dans un sens plus étroit encore, la cassette (autrefois en allemand *die Schatulle*).

Les termes fisc, fiscal, fiscalité, sont pris en mauvaise part, et l'on s'en sert rarement dans les documents officiels: on les remplace par *Trésor* ou d'autres équivalents.

FLEURS DE LIS. Armes des rois de France, depuis Louis VII (1137); leur nombre n'a été réduit à trois que par Charles V (1364). On a voulu voir dans cette fleur une allusion à la loi salique qui exclut les femmes de la succession.

Voici comment : l'Évangile dit : « Considérez comment croissent les lis des champs, ils ne travaillent point, ils ne *filent* point... » On aurait donc pris le lis pour indiquer que le royaume de France ne peut tomber en quenouille. Nous reproduisons cette interprétation sans commentaire. (*Voy. aussi* **Drapeau**.)

FOI POLITIQUE. Depuis quelque temps

ou entend assez souvent parler de foi politique. On enseignait assez généralement, jusqu'à présent, que la foi est réservée à la
religion. La religion a ses mystères, elle admet qu'il est des choses dépassant l'entendement humain, mais qu'il faut croire, parce
que « la foi sauve ». La politique était considérée comme étant tout entière du domaine
de la raison ; qu'elle consiste en un ensemble
de doctrines, ou en un ensemble de préceptes relatifs à la prospérité d'un Etat, à
ses progrès moraux et matériels ; le tout
fondé sur l'expérience.

Se serait-on trompé ?

Il y a lieu d'en douter. En effet, les partis
extrêmes sont les seuls qui se targuent d'a-
voir une foi politique, une foi à laquelle il
faut tout sacrifier, comme à la foi religieuse,
patrie, famille, bien-être. Oui, la Patrie ? Car
plus d'un qui émigre à l'étranger motive l'a-
bandon de sa patrie par la foi politique [1] ;
plus d'un qui s'abstient d'exercer ses droits
politiques s'excuse par sa foi politique ; et
tous ceux qui fomentent des troubles avouent
qu'ils y sont poussés par leur foi politique.

La foi politique est une passion, donc elle
est aveugle. Vous pouvez presque la condamner sans l'entendre, car elle demande
l'absolu, c'est-à-dire l'impossible. La politique est essentiellement contingente, dominée
par les circonstances et variant avec elles ;
l'homme passionné, si bien intentionné qu'il
soit, dépassera toujours le but et causera des
réactions qui annuleront le progrès qu'il
pourra avoir obtenu.

FOIRES. Ce sont de grands marchés publics, qui se tiennent dans des lieux et à des
jours déterminés. Ces marchés étaient ouverts
dans l'origine, les jours de fête, à la sortie
de la messe, de là leur nom allemand *Messe*.
En Angleterre, on les appelle *fairs*, nous
disons foires, de *forum*.

La plus ancienne foire de France fut établie à Troyes. Sidoine Apollinaire en parle
en 427. Elle devint plus tard riche et célèbre
sous la protection des comtes de Champagne.
Dagobert en établit une à Saint-Denis. L'édit
portait *forum indictum*, par corruption, on
disait l'*andit*, et dans les campagnes, beaucoup de foires s'appellent encore la landit.

Les foires se sont multipliées pendant le
moyen-âge, c'est à qui en créerait. Lorsque
les voies de communication se multiplièrent,
l'utilité des foires diminua ; la poste, le télégraphe, le bateau à vapeur, le chemin de fer,
même l'extension du crédit leur firent du
tort, et actuellement quelques foires de l'O-
rient ont seule maintenu leur importance.

Quelque grandes que fussent ces foires, ce
n'étaient que des marchés locaux ; de nos
jours on est en présence d'un marché universel, *Weltmarkt*, comme on dit en Allemagne ; les points de vue sont différents, et
les rapports internationaux y joue un grand
rôle.

FONCTION. FONCTIONNAIRE. Fonction,
en se reportant à l'étymologie du mot, s'entend d'une manière générale de tout ce que l'on
fait ou doit faire pour s'acquitter (*fungi*) des
obligations et devoirs qu'imposent une charge, un emploi, un mandat. Ce mot sert le
plus souvent à désigner cette charge elle-
même ou cet emploi, et dans l'usage il indique plus spécialement un emploi public ;
par suite, le fonctionnaire est celui qui est
appelé à remplir une fonction publique.

L'acception donnée à la désignation de
fonctionnaire public est le plus souvent restreinte à l'administration, à la magistrature
et à la diplomatie ; quelquefois on l'étend, à
tort ou à raison, au clergé, à l'instruction
publique, à l'armée, à la flotte.

Dans le langage politique et administratif,
on ne place dans la classe des fonctionnaires
publics que les personnes investies par leur
emploi d'une portion de l'autorité ou de la
puissance publiques. Ce sont des agents du
gouvernement. En dehors de ces délégations,
les fonctions confiées par l'Etat ne donnent à
ceux qui en sont investis que la qualité d'a-
gents, d'officiers publics ou de commis, employés, préposés, etc.

La position des fonctionnaires, liée à la
nature de leurs fonctions et au caractère des
institutions politiques, varie à l'infini. Ces
institutions influent puissamment sur les conditions de nomination, la hiérarchie, les garanties de stabilité, l'importance des fonctions, les avantages et les inconvénients qui
en résultent pour ceux qui en sont revêtus.
Toutefois, s'il est impossible de trouver dans
les diverses constitutions un ensemble de dispositions qui pût être pris pour modèle, on
s'est généralement montré élogieux pour les
dispositions arrêtées par certains Etats de
l'Allemagne, et notamment par la Prusse,
comme devant assurer le recrutement des
fonctionnaires parmi les hommes capables,
et entourer leur position de garanties qui
permissent d'obtenir de leur part un concours intelligent et dévoué.

Un Etat ne doit admettre que les fonctions
nécessaires pour la mise en action de ses institutions, de son système de gouvernement.
Lorsque la nécessité de la fonction est reconnue, on doit appeler pour la remplir le citoyen le plus apte. Ce ne doit jamais être la
personne qui détermine la création de la fonction, la nécessité de cette fonction doit seule
motiver le choix du fonctionnaire. (Malheureusement on crée encore des fonctions pour
aider un protégé.)

Il faut, autant que le permettent la marche
des événements et les modifications dont les
institutions et l'organisation des divers services sont susceptibles, qu'il existe dans cette
organisation une fixité suffisante pour que les

---

1. Nous avons entendu dire : Si tel ou tel gouvernement s'établit, je m'expatrie. La haine d'une forme gouvernementale a fait oublier à ces personnes — qui se
croient patriotes, hélas ! — ce qu'elles doivent à leur
patrie.

attributions soient bien réglées, que l'expérience donnée par une longue pratique soit utilisée, que le sort des fonctionnaires soit sauvegardé contre les incertitudes où jette une trop grande mobilité, et qu'ils puissent consacrer leurs facultés à remplir leurs devoirs sans appréhension et crainte pour l'avenir.

Les cadres doivent être établis de telle sorte que la direction et l'impulsion soient données avec unité et régularité. La direction n'est jamais plus utile, ni ses effets plus certains, que lorsqu'elle est directe, active, entendue. Si le plus souvent un grand nombre de préposés et d'employés ont besoin de déployer leur activité physique pour satisfaire aux nécessités multiples des divers services, un personnel dirigeant nombreux est presque toujours un danger sérieux ; un personnel inspectant trop grand est une inutilité onéreuse.

L'administration des divers services publics a besoin d'une unité, sans laquelle il n'y aurait qu'anarchie. Il ne peut y avoir plusieurs États dans l'État, et toutes les fonctions publiques doivent avoir un point d'attache commun. Mais il faut se garder de pousser trop loin dans l'application cette loi d'unité, qui ne sera féconde qu'à charge d'exister sans peser, et de réunir les fonctionnaires dans de communs efforts sans les priver de leur action distincte et d'une juste indépendance.

Certains services exigent des connaissances spéciales et même techniques ; les fonctions sont alors généralement confiées à des corps distincts, ayant leur hiérarchie propre, et dans un cercle déterminé, une suffisante liberté d'appréciation et action.

En France, les fonctions publiques, au dire de bien des personnes, sont trop nombreuses, les cadres sont trop multipliés et trop étendus, exagère-t-on ? La loi de finances de 1849 prescrivit au gouvernement de faire publier un état détaillé de tous les emplois rétribués par l'État, les départements et les communes. Cette loi a été rapportée devant la déclaration faite peu après, que la publication ordonnée n'exigerait pas moins de 50 volumes in-4 de 600 pages, et entraînerait, en frais de personnel et de matériel, une dépense de plus de 500.000 fr. Si cette évaluation était exacte, combien de volume faudrait-il imprimer aujourd'hui ?

On s'est plaint de ce que le grand nombre de fonctions, permettant à tous d'y prétendre, a influé d'une manière fâcheuse sur nos mœurs. Bien que ces fonctions soient généralement peu rétribuées, que beaucoup ne procurent pas une grande considération au titulaire, que l'avancement ne s'obtienne que péniblement et le plus souvent au prix de changements de résidence coûteux, bien qu'elles causent des mécomptes à la plupart de ceux qui y entrent à un âge où des illusions et l'inexpérience trompent, et que les changements politiques qui se succèdent si fréquemment chez nous viennent souvent briser des carrières péniblement commencées, cependant elles sont très recherchées. Cette tendance qui existe d'ailleurs aussi dans d'autres pays est regrettable, elle conduit à diminuer la somme d'énergie et de volonté du pays. Au lieu de demander à son initiative et à son activité personnelle, au libre et entier développement de ses forces intellectuelles, une carrière, un avenir pour soi et sa famille, on recherche une case dans les cadres administratifs, et on se préoccupe trop souvent de rencontrer des appuis et des patrons qui vous aident à avancer péniblement dans une voie d'où on ne peut plus sortir lorsque l'âge et l'expérience vous ont éclairé [1].

La centralisation a été l'objet de bien des reproches, et tout en m'associant à certaines critiques je ne puis que défendre un système auquel la France doit son unité. Grâce à elle, comme l'a dit Cormenin : « Au même instant, le gouvernement veut, le ministre ordonne, le préfet transmet, le maire exécute, les régiments s'ébranlent, les flottes s'avancent, le tocsin sonne, le canon gronde, et la France est debout. » Précisément, en l'état du nombre considérable de fonctions et d'emplois dont on se plaint, quels tiraillements, quels conflits, quelle anarchie n'aurait-on pas à redouter, si un système de centralisation créant une hiérarchie, ne venait pas donner de l'unité à l'action gouvernementale !

Cette hiérarchie paraît indispensable, quelle que soit d'ailleurs la forme des gouvernements. Elle est plus ou moins rigoureusement définie, suivant l'étendue des États, le nombre et la nature des fonctions.

La hiérarchie implique un pouvoir de contrôle et de discipline.

Elle implique aussi d'une manière plus ou moins absolue, suivant la forme du gouvernement et surtout la nature des fonctions, le droit de nomination pour celui qui est à la tête de la hiérarchie. Il est difficile d'admettre en principe que ceux qui sont appelés à assurer le fonctionnement et la mise en pratique d'un système politique et administratif sous l'impulsion et la direction du chef du pouvoir exécutif, soient désignés par d'autres que par lui (par ex. par l'élection). Comment imposer pour mandataires des agents non choisis ou agréés par le mandant. Ces mandataires pouvant engager et compromettre la responsabilité de la puissance administrative, il faut bien lui réserver le choix d'organes habiles, prudents et fidèles à leurs devoirs.

S'il est des services qui admettent des exceptions à cette règle, elle n'en reste pas moins applicable dans la généralité des cas.

Le choix des fonctionnaires doit porter sur des personnes remplissant des conditions de moralité, d'âge, de savoir et d'aptitude. Énoncer ces conditions, c'est dire que les fonctions publiques ne peuvent être ni le patrimoine de certaines personnes qui se les transmettraient

1. Nous avons des chiffres qui prouvent que ce mal est plus grand encore en *Angleterre* et même aux *États-Unis* qu'en France. C'est que partout beaucoup de personnes préfèrent les traitements fixes aux chances aléatoires d'autres professions.

héréditairement, ni la propriété de certaines classes privilégiées ou d'individus qui en trafiqueraient à prix d'argent, ni même un objet de simple faveur; si tous les citoyens sont également admissibles aux emplois civils et militaires, les plus aptes doivent seuls être préférés.

Mais cette capacité, cette aptitude comment la constater? On ne le peut guère que de deux façons : 1° en exigeant des candidats des titres scientifiques ou littéraires, des brevets, des diplômes, des examens, qu'ils justifient d'une bonne conduite, d'une réputation intacte.

Il est superflu de dire que les fonctionnaires doivent être rétribués, et naturellement le traitement doit être en rapport avec les charges qui résultent de l'emploi. La multiplicité des fonctions a fait souvent régler le traitement avec une parcimonie indigne d'un pays comme le nôtre, et pour obvier à cette insuffisance on a recours quelques fois à des moyens détournés en créant sous des titres divers des suppléments : tels sont les frais de représentation, prestations en nature, indemnités, logements, remises, gratifications, frais de tournée, etc.

L'avancement des fonctionnaires doit être placé sous des règles fixes et certaines; pour quelques services il est parfaitement déterminé, pour d'autres, s'il est nécessaire de laisser une certaine latitude à l'appréciation des chefs, il serait juste et raisonnable de faire une part assez large à l'ancienneté. La possibilité d'un avancement sur place doit exister partout où elle est compatible avec la nature des fonctions, dans l'intérêt des fonctionnaires comme dans celui des administrés.

Si le fonctionnaire a droit à un avancement régulier, il est tout aussi nécessaire et raisonnable d'entourer sa position de garanties qui le défendent contre les erreurs ou les injustices et lui donnent l'assurance qu'il ne sera pas menacé tant qu'il se montrera digne de remplir les fonctions qui lui ont été confiées. La discipline et la hiérarchie ont leurs nécessités, mais le fonctionnaire doit avoir ses droits.

La plus précieuse et la plus efficace des garanties est l'inamovibilité ; mais elle ne saurait être étendue à toutes les fonctions. Il est cependant des positions qui non seulement comportent l'existence de cette garantie, mais encore en font une nécessité. (*Voy.* **Inamovibilité.**)

Les lois de la plupart des Etats allemands portent que les fonctions ne peuvent être retirées que pour juste cause. En France cette règle n'est écrite nulle part, et si elle est généralement appliquée, c'est un éloge à adresser à nos administrateurs supérieurs, beaucoup plus qu'à nos institutions. L'appréciation des causes de révocation devrait être entourée de formes et de garanties qui font également défaut.

Le cumul des fonctions a été vivement attaqué et les passions politiques s'en sont emparées pour faire la guerre aux gouvernements; nous ne les suivrons pas dans leurs exagérations, mais il est évident que le cumul devrait être une rare exception. Les fonctions sont créées dans un intérêt public et non dans l'intérêt des fonctionnaires; elles ne doivent donc exister que lorsqu'elles sont indispensables à la marche administrative, et celui qui est appelé à les remplir doit y consacrer ses forces et son temps ; s'il les partage entre diverses fonctions, de deux choses l'une : ou ces fonctions sont inutilement multipliées, puisque le même fonctionnaire peut les remplir toutes, ou on donne à une seule personne une charge trop lourde pour qu'elle puisse convenablement y suffire. Ce qui n'a pas peu contribué à perdre le cumul dans l'opinion publique, c'est que, vicieux en principe, dans l'application il s'est trop souvent manifesté exclusivement comme un abus par des actes de faveur imméritée.

Dans les Etats où le cumul des fonctions est admis ou toléré, on a reconnu qu'il était dans tous les cas certaines fonctions qui ne pouvaient être confiées à la fois à la même personne. Ainsi il doit être formellement interdit de cumuler les emplois dépendant les uns des autres et d'être ainsi à la fois son surveillant et son subordonné ; de cumuler des fonctions administratives avec des fonctions judiciaires, ou militaires, ou ecclésiastiques ; en un mot, de cumuler des fonctions entre lesquelles il y a des incompatibilités.

Peut-on cumuler des fonctions publiques avec le mandat de représentant dans une assemblée législative ? Les fonctionnaires sont censés avoir acquis, dans l'exercice des fonctions publiques, des lumières et une expérience dont il est désirable que le pays puisse profiter lorsqu'on délibère les lois auxquelles il sera soumis. Toutefois, il a paru sage de ne pas confondre dans la même personne une partie du pouvoir exécutif et du pouvoir législatif. De plus, on a craint que le député fonctionnaire ne fît preuve de servilisme en subissant l'influence de l'administration, ou d'insubordination en résistant à cette influence, et la Constitution de 1852, par exemple, a exclu les fonctionnaires de la Chambre, alors que les précédents gouvernements avaient cru devoir les y admettre, et qu'ils y sont admis dans beaucoup d'autres pays[1].

Faut-il rappeler quels sont les devoirs des fonctionnaires? Ces devoirs sont multiples. Le fonctionnaire se doit à ses fonctions ; il doit y consacrer son temps, ses forces, son intelligence; être toujours probe et digne, se conformer rigoureusement aux lois, aux règlements et aux instructions. Un ancien mi-

1. Certaines constitutions semblent même favoriser l'admission du fonctionnaire. C'est que dans ces pays le fonctionnaire : 1° doit remplir des conditions de capacité, et 2° jouit de garanties d'inamovibilité qui le rendent relativement indépendant. Or, l'indépendance n'exclut pas l'obéissance envers le supérieur hiérarchique pour tout ce qui est affaire de service.
Néanmoins nous sommes pour l'incompatibilité, car il ne doit y avoir dans un Etat que les fonctions nécessaires, qui exigent que le fonctionnaire soit à son poste.

nistre, résumant les devoirs des fonctionnaires, disait que le service de l'Etat réclamait d'eux trois qualités principales : la probité, l'obéissance et la discrétion.

Le fonctionnaire a des devoirs à remplir envers le public et envers ses égaux, ses supérieurs et ses subordonnés ; ces devoirs présentent bien des nuances suivant la nature des divers services ; toutefois, on peut dire qu'il doit être suffisamment accessible pour les citoyens, d'une dignité non empruntée, toujours convenable et poli, n'oubliant jamais que le public est généralement disposé à juger sévèrement le gouvernement sur la conduite de ses agents.

« Quel que soit le respect de nos lois pour les franchises de la vie privée, dit Vivien, celle des fonctionnaires ne peut jouir d'une complète inviolabilité. Leur association au pouvoir public établit entre eux et lui une solidarité morale, d'où résultent des devoirs qui s'étendent même au delà du cercle des fonctions... Le bon service d'un employé dépend, plus qu'on ne peut l'imaginer, de la régularité de la vie privée. Pour parler des fonctionnaires d'un ordre plus élevé, le professeur ne mériterait plus d'instruire la jeunesse, s'il la pervertissait par le scandale de ses mœurs ; le magistrat ne serait plus digne d'exercer le sacerdoce de la justice, si, dans ses relations privées, il était convaincu de déloyauté et d'indélicatesse. En certains cas, la sûreté des intérêts confiés au fonctionnaire se lie à ses affaires domestiques ; on ne pourrait point conserver le maniement des deniers publics au comptable dont la fortune serait en désordre, dont les dépenses surpasseraient les revenus, ou que l'amour du jeu exposerait à sa ruine. »

Si la plupart des fonctionnaires restent étrangers aux agitations de la vie politique, il en est d'autres, au contraire, qui, agents directs du pouvoir exécutif, doivent être reliés d'une manière intime à ce pouvoir, en accepter l'impulsion, en suivre la direction, en traduire la volonté. Appelés à intervenir dans toutes les agitations, mêlés à la vie publique et à l'action incessante du gouvernement, ils doivent se pénétrer de la volonté du pouvoir et s'en rendre les fidèles interprètes. Toutefois, le dévouement absolu ne peut jamais aller jusqu'à faire oublier le sentiment de la dignité personnelle. A toutes les époques de sa vie, le fonctionnaire doit être fort sans violence, plein d'activité et d'action en même temps que calme et digne, ferme et juste à la fois.

Nous avons indiqué les principales obligations des fonctionnaires, l'amour du devoir avant tout doit les aider à les remplir. Les récompenses honorifiques seront un précieux encouragement si elles sont justement attribuées. Au besoin, les peines disciplinaires les rappelleront à l'accomplissement de leurs devoirs. Enfin, si leur faute est trop grave, la société leur demandera compte de leur conduite devant les tribunaux criminels. Dans la plupart des services, les peines disciplinaires sont infligées par les supérieurs auxquels est laissée la libre appréciation de la conduite de leurs subordonnés. La répression par la voie de la justice criminelle est subordonnée à toutes les formalités et conditions imposées par les lois pénales.

Plusieurs législations ont considéré la qualité de fonctionnaire comme une circonstance aggravante des faits délictueux et criminels prévus par la loi. Cette qualité elle-même donne quelquefois au fait le caractère de crime ou de délit ; il en est ainsi des abus d'autorité, excès de pouvoirs, attentats à la liberté individuelle, concussions et corruptions. (*Voy.* ces mots.)

Les sociétés ne peuvent exister sans des institutions et des lois et sans des fonctionnaires qui en assurent le mouvement et l'exécution. Ces derniers, investis de l'autorité publique dans un but d'utilité sociale, doivent plus rigoureusement que tous autres respecter les lois dont ils sont chargés d'assurer l'exécution, et lorsqu'ils franchissent les limites des pouvoirs qui leur sont confiés soit en méconnaissant, soit en outre-passant les prescriptions légales, ils commettent des abus que toutes les législations ont réprimés. Si sous certains gouvernements des excès de pouvoirs ont trop souvent paralysé les prescriptions tutélaires des lois, on ne saurait se plaindre avec trop d'énergie de cet oubli des principes sur lesquels se fondent la sûreté de l'Etat et la sécurité des citoyens.

Le Code pénal français punit les abus d'autorité contre les personnes et les abus d'autorité contre la chose publique ; il ne les excuse que lorsqu'ils sont reprochés à un inférieur qui a agi par ordre des supérieurs auxquels il devait obéissance, et à l'occasion d'objets de leur ressort. Ce n'est pas qu'il faille conclure de là que l'inférieur soit toujours tenu à une obéissance passive et aveugle ; s'il n'a pas à discuter les ordres de ses chefs, il doit respect à la loi, et si elle était formellement violée, il ne devrait pas se faire l'instrument passif des illégalités et des méfaits d'autrui.

La concussion est une sorte d'abus de pouvoirs qui a ses caractères particuliers, et qui doit être d'autant plus sévèrement réprimée qu'en dehors du préjudice particulier qu'elle entraîne elle peut compromettre les finances d'un Etat et son crédit. (Code pénal, art. 174.)

Le crime de corruption est le plus vil dont un fonctionnaire puisse se rendre coupable ; c'est aussi le plus dangereux pour le pays. Lorsqu'il se glisse dans les habitudes d'une nation, il y étouffe la justice, ce premier besoin des peuples ; il paralyse l'administration, il gaspille les deniers publics, il détruit la moralité des citoyens. L'histoire nous fournit bien des exemples de châtiments terribles infligés aux juges prévaricateurs ; mais cette sévérité ne doit pas s'exercer vis-à-vis des fonctionnaires de l'ordre judiciaire seuls ; le fonctionnaire, quel que soit l'ordre auquel il appartienne, qui ouvre son cœur à la corruption et ses mains à la vénalité, doit être impitoyablement frappé. (Code pénal, art. 177 à 180.)

S'il faut se montrer sévère vis-à-vis des fonctionnaires qui, abusant d'un pouvoir qu'on leur a confié dans l'intérêt de la société, s'en servent au détriment du pays et des citoyens pour la satisfaction de leurs passions ou de leurs mauvais instincts, il faut, d'un autre côté, sauvegarder les fonctionnaires contre les attaques dont l'accomplissement de leurs devoirs peut les rendre l'objet. Dans ce but, on a puni les atteintes portées à l'autorité publique et les entraves opposées à l'action légitime du pouvoir. Plusieurs législations sont allées plus loin et elles ont subordonné à des règles et à des conditions spéciales les poursuites dont les fonctionnaires pourraient être l'objet à raison de leurs fonctions. En France, ces règles protectrices varient suivant la nature des fonctions, le grade et la position des fonctionnaires. La Constitution du 22 frimaire an VIII, en ce qui concerne les fonctionnaires de l'ordre administratif, avait formellement déclaré, article 75, qu'ils ne pourraient être poursuivis qu'en suite d'une autorisation du gouvernement. Tocqueville nous assure qu'il n'a jamais pu faire comprendre cette disposition de l'acte constitutionnel de l'an VIII aux Américains; elle serait peu en harmonie avec les institutions de bien des États, et elle a soulevé même chez nous de nombreuses critiques.

Le décret du gouvernement de la défense nationale du 19 septembre 1870 a abrogé non seulement l'article 75 de la Constitution de l'an VIII, mais encore toutes autres dispositions des lois générales ou spéciales ayant pour objet d'entraver les poursuites dirigées contre des fonctionnaires publics de tout ordre. L'article 2 de ce décret portait qu'il serait ultérieurement statué sur les peines civiles qu'il peut y avoir lieu d'édicter, dans l'intérêt public, contre les particuliers qui auraient dirigé des poursuites téméraires contre des fonctionnaires; mais cette promesse n'a pas encore été tenue.

FONDS PUBLICS. On entend généralement par ces mots la dette publique (voy.), ou la rente (voy.) et autres valeurs de l'État. Les fonds publics ne sont pas complètement synonymes d'effets publics (voy.), et les obligations des chemins de fer, par exemple, ne seraient des fonds publics que si ces routes ferrées appartenaient à l'État.

FONDS SECRETS. Fonds dont les comptes ne sont pas publiés.

En France les fonds secrets sont consacrés en partie aux dépenses de la police générale, et en partie à celles de la police extérieure. Les ministres auxquels l'emploi de ces crédits est confié n'en rendent compte qu'au chef de l'État. Celui-ci règle définitivement, par un décret, le compte particulier des fonds secrets

à la fin de chaque exercice et à l'expiration de chaque gestion du ministre auquel il donne décharge pleine et entière.

Les fonds secrets n'ont pas toujours été votés par les Chambres; ils paraissent avoir été pendant quelque temps prélevés sur des recettes qui ne figuraient pas au budget : les journaux et le produit des jeux.

Les plus anciens documents relatifs aux fonds secrets existant du ministère de l'intérieur remontent à l'an V (1797), époque de la création du ministère de la police générale. Le crédit, à cette époque, a été fixé à 1.600.000 fr. par le pouvoir exécutif. Ce chiffre a souvent varié depuis, suivant la gravité des circonstances; en 1807, il a dépassé 6 millions de francs; à la suite de 1815 il s'est élevé à 7.900.000 fr. De 1822 à 1830, le crédit des fonds secrets a été ramené à 2.200.000 fr.; il s'est maintenu à peu près au même taux jusqu'à la fin du second empire, sauf quelques cas extraordinaires où des crédits supplémentaires ont été demandés aux Chambres. Le budget de 1864 a inscrit un crédit de 2 millions de francs au profit des « dépenses secrètes de sûreté publique » et un crédit de 550.000 fr. de « dépenses secrètes » au budget des affaires étrangères.

Actuellement, et selon le budget de 1894, que nous citons à titre d'exemple, 3 ministères ont des fonds secrets. Le ministère des affaires étrangères dispose sous ce titre *d'un million ;* le ministre de la guerre a 600.000 fr. pour ses « dépenses secrètes ». Quant au ministère de l'intérieur, le fonds inscrit au chapitre 57 pour « agents secrets de sûreté générale », est de 1.600.000 fr.

La plupart des autres pays de l'Europe, la Grande-Bretagne, l'Allemagne, la Prusse, la Belgique, l'Espagne, l'Italie ont des fonds secrets.

Les *fonds secrets* sont-ils justifiables devant, nous ne dirons pas une saine politique, mais seulement devant les nécessités de la pratique ? Nous nous permettons d'en douter. En fait, il existe bien des pays où les *fonds secrets* sont inconnus, il y a donc lieu de penser que leur suppression n'ébranlerait pas la solidité des États qui les inscrivent au budget. Les *fonds secrets* jurent avec l'ensemble de l'organisation sociale; presque tout se fait (tout devrait pouvoir se faire) au grand jour; la publicité pénètre partout dans les pays libres, elle éclaire, révèle, divulgue tout, il n'y a, pour ainsi dire, plus de secrets d'État. Pourquoi alors des *fonds secrets ?* Ce secret exceptionnel ne dit-il pas implicitement que l'emploi n'en est pas avouable ?

On comprend que ce crédit soit l'article le moins populaire de tout le budget. On comprend aussi qu'à des époques d'excitation politique, à des époques surtout où la presse se sent les coudées franches, ces fonds soient attaqués avec violence et qu'on leur attribue des emplois que notre plume se refuse de transcrire. Bien entendu, les auteurs de ces diatribes n'y croient pas toujours eux-mêmes, mais le public est si crédule ! Est-il d'une bonne politique de s'exposer à des soupçons gratuits ?

FORCE (La). La force conduit tout ici-bas, elle gouverne. La force est matérielle ou immatérielle. La force matérielle est dans les bras, dans les muscles, la force immatérielle se compose de l'intelligence et des sentiments. En cas de lutte, *la force immatérielle finit presque toujours par vaincre la force matérielle*.

Il faudrait un volume pour faire le commentaire de cette proposition, et surtout pour montrer les innombrables formes que prend la force.

FORCE (LA) ET LE DROIT. La force ne peut pas conférer un droit, cela est admis de nos jours par tous les publicistes, par tous les hommes d'État [1]. Il n'en était pas ainsi dans l'antiquité, ni même dans le moyen âge, où quelques auteurs ont cherché à justifier par des théories le fait qui se présentait tous les jours à leurs yeux. A ces époques barbares, ce qui est aujourd'hui l'exception était la règle, alors tout le monde à peu près trouvait que :

> La raison du plus fort.
> Est toujours la meilleure. (*Lafontaine*.)

Dans les temps modernes le droit est plus respecté, et c'est au progrès de l'instruction, à la vulgarisation des idées philosophiques, « des lumières », qu'on le doit. La presse, en rendant presque instantanément la même pensée commune à des millions d'individus, crée souvent une opinion politique puissante, un contre-poids sérieux, un frein efficace, au penchant qu'a tout pouvoir d'abuser de sa force. Ce penchant est même tellement difficile à vaincre que trop souvent, *en fait*, la force prime le droit. Le droit peut être méconnu lorsque la puissance est entre les mains d'un seul, car il est des hommes qui engagent légèrement et maladroitement leur responsabilité ; il peut être méconnu lorsque le pouvoir est entre les mains de plusieurs, parce qu'un pouvoir partagé affaiblit, s'il ne détruit la responsabilité ; enfin il est fréquemment méconnu lorsque la force est effectivement exercée par les masses, — ou que l'autorité l'exerce sous leur pression — car les masses sont toujours passionnées, et la passion ne raisonne pas, elle est aveugle et brutale.

Lorsque la force et le droit sont unis, tout va pour le mieux, mais quand ils ne le sont pas, le droit, qui est alors matériellement le

plus faible, souffre, comme l'a dit entre autres le général Trochu en 1871 : « Il est malheureusement vrai, Messieurs, quoique douloureux à dire, quand le droit n'a pas de sanction, et cette sanction c'est la force, le droit prévaut très rarement. » (*Journal officiel* du 15 juin 1871, p. 136.)

Du reste, il est des cas où, sinon l'opinion publique tout entière, du moins une forte partie de la nation absout l'emploi de la force pour opprimer le droit. — Bien entendu, nous désapprouvons fortement ces abus, mais la vérité doit être dite. — Or, qu'est-ce qu'un coup d'État (*voy.*) si ce n'est la force qui prime le droit ? Que sont les mesures dites de salut public dans le plus grand nombre de cas, si ce n'est le droit mis à néant par la force ? Ceux qui admettent la raison d'Etat ne se bornent pas à faire fléchir le droit dans les grandes circonstances, lorsque l'existence de la nation est en jeu, circonstances, nous serions hypocrite en le niant, qui justifient peut-être bien des choses ; mais alors le salut public n'est-il pas lui-même une force... de puissance supérieure ?

Il nous resterait à examiner les cas dits politiques, où les tribunaux refusent de statuer. Le gouvernement prend une mesure extra-légale, il applique « la raison d'État ». Le citoyen lésé s'adresse aux tribunaux, mais les tribunaux se déclarent incompétents. Est-ce que dans ces cas aussi la force primerait le droit ? Autrefois l'article 75 (de la Constitution de l'an VIII), appliqué jusqu'en 1870, donnait à la doctrine en question une extension extrême, mais, selon nous, si tout le monde abhorre la force qui prime le droit, on est trop indulgent pour la politique qui prime le droit. La différence est-elle donc si grande ?

FORCE PUBLIQUE. Elle est destinée à défendre l'État et la société, l'État contre des ennemis extérieurs, la société contre des ennemis intérieurs. C'est à l'armée (*voy.*) qu'échoit plus particulièrement la mission de défendre le pays contre l'étranger, c'est à la gendarmerie (*voy.*) à veiller à la sécurité intérieure. Mais il y a aussi des agents spéciaux de la force publique : tels sont les gardes champêtres dans les campagnes, chargés de protéger les récoltes ; les douaniers, qui veillent à la perception des droit d'importation ; les forestiers, auxquels incombe tout ce qui concerne les bois et la pêche ; les sergents de ville, gardes municipaux constables, gardiens de la paix, *Schutzmänner*, qui ont charge de la tranquillité et de l'ordre dans les cités. Nous mentionnons encore, pour mémoire, la garde nationale. (*Voy.*)

La force publique est essentiellement subordonnée, elle est agent d'exécution, elle n'a et ne doit avoir aucune initiative. Elle reçoit, conformément aux lois, des ordres de l'administration et de la justice et en général des dépositaires de l'autorité auxquels la loi a conféré le pouvoir de requérir la force

---

1. C'est à tort qu'on reproche à M. de Bismarck d'avoir admis que : la force prime le droit. C'est le comte de Schwerin qui, dans un discours parlementaire et à titre d'argument, a dit qu'on pourrait interpréter telle manière de voir *comme si* la force primait le droit. M. de Bismarck s'en est défendu à plusieurs reprises. A l'occasion d'un très beau discours de rentrée de M. Renouard, procureur général à la cour de cassation, sur le droit et la force, M. Boll, rédacteur de la *Correspondance de Berlin*, cite, d'après la table des matières des *Discours de M. de Bismarck* (traduits en français), cinq désaveux de cette maxime : *La force prime le droit*.

publique. (*Voy.* notre *Dictionnaire de l'administration française.*) La loi prévoit aussi l'abus de ce pouvoir et édicte des peines contre le fonctionnaire qui emploie la force publique pour un but criminel.

Les règles ne sont pas tout à fait les mêmes pour les agents de la force publique qui agissent seuls, et pour ceux qui ne fonctionnent qu'en corps, et surtout pour l'armée. Le gendarme, le sergent de ville peuvent arrêter le malfaiteur pris en flagrant délit; ils peuvent, s'ils sont appelés, pénétrer dans les habitations pour prêter main forte; ils peuvent dresser procès-verbal. Le soldat, même l'officier de l'armée, n'a pas ce pouvoir il n'en a pas plus que le simple particulier qui peut et doit arrêter l'homme surpris commettant un crime, mais qui n'a aucun droit sur les personnes qui se rendent coupables d'un délit ou d'une contravention. Les gendarmes agissent en vertu de pouvoirs généraux qui leur sont conférés, la troupe doit être requise dans chaque cas particulier, et alors c'est un seul homme, le chef de la troupe. qui encourt une responsabilité.

Le citoyen ne doit pas résister à la force publique, lors même qu'elle se trompe, ou qu'elle commet une injustice ; en revanche, il doit y avoir pour lui des voies de recours. Il ne faut pas que l'autorité puisse impunément abuser de ses pouvoirs. Du reste, ce qui prévient le mieux les abus du pouvoir, c'est la volonté bien constatée des citoyens de ne pas les subir.

FOREIGN OFFICE. C'est le nom anglais du ministère des affaires étrangères, qui est aussi quelquefois désigné par la rue, *Downing street*, où il est situé.

FORÊTS. Les forêts nous intéressent à divers égards. D'abord elles forment une source de revenu pour la plupart des pays. C'est alors à titre de propriété publique que leurs produits sont encaissés par le Trésor.

D'un autre côté, on a longtemps attribué aux forêts une grande influence sur le climat d'une contrée et notamment sur les inondations. Ce dernier effet a été contesté [1], mais nous n'avons pas ici à prendre parti dans ces débats.

Il conviendrait davantage à notre cadre d'examiner le mode d'exploitation susceptible de donner les résultats les plus avantageux, mais ce serait empiéter sur les attributions de la sylviculture. Nous croyons cependant devoir donner quelques définitions qui contribueront à rectifier les idées sur un point dont l'opposition ou les partis hostiles ont abusé sous le gouvernement de Juillet.

Il y a deux manières principales d'exploiter les forêts : 1° celle qui consiste à diviser la forêt en autant de parties, de contenances (de coupes) que la révolution [1] compte d'années. On sait tous les arbres de la contenance, ce qui s'appelait déjà dans la célèbre ordonnance de Louis XIV coupe à blanc étoc ou à tire et aire, on réserve (pas toujours) les plus beaux arbres à titre de baliveaux et on resème le terrain déblayé. 2° La méthode du reboisement naturel [2]. On ne divise alors la forêt en contenances que si elle est grande, et chacune de ces divisions, ou la forêt entière, passe par trois phases avant que son boisement ou son peuplement ne soit renouvelé, en terme de forestiers, que sa révolution ne soit achevée. Dans la première on abat les arbres les plus gros, les plus vieux, les plus mûrs, pour ainsi dire, mais on a soin de ne pas en enlever trop, afin que la forêt conserve l'ombre nécessaire aux très jeunes pousses : c'est pourquoi cette première opération s'appelle *coupe sombre*. Quand les *porte-graines* ont produit l'ensemencement naturel, que les jeunes arbres s'élèvent et aspirent vers la lumière, on peut procéder à une seconde coupe, la *coupe claire*, qui enlève les portes-graines devenus inutiles et donne du jour et de l'air au bois. Enfin, après une nouvelle période, on abat ce qui restait de l'ancien *peuplement*, et cette *coupe définitive* clôt la série des opérations. Or, l'opposition d'avant 1848 avait confondu la coupe claire et la coupe sombre, et l'un de ses polémistes ayant lu que l'on opérait des coupes sombres dans les forêts de la couronne, il déclama contre la dévastation des bois, non sans contribuer ainsi à déconsidérer le roi Louis-Philippe. En 1872 nous avons encore connu des personnes qui, aux mots *coupes sombres*, se représentaient « des hommes allant nuitamment abattre les plus gros arbres pour les emporter clandestinement sous leur blouse comme un melon ». (Textuel.) Ainsi donc, les littérateurs qui parlent des coupes sombres comme d'un abatage sur une grande échelle émettent un non-sens.

Il nous reste à donner deux autres définitions, parce que nous devons énoncer un problème qui s'y rattache. Il s'agit des *taillis* et *futaies*, et le problème consiste à savoir lequel des deux l'Etat doit préférer.

On peut couper le bois lorsque les arbres ont atteint 20, 30, 40 ans, c'est l'exploiter en taillis; on peut aussi les conserver jusqu'à 100,150, 200 ans, et produire ainsi une futaie ou une haute futaie. Il est des *essences* forestières (des espèces d'arbres) qui ne conviennent qu'à l'une ou l'autre de ces méthodes, mais pour un grand nombre le choix est libre. Or, comme les arbres, aussi bien que les autres plantes et même les animaux, croissent plus rapidement dans leur jeunesse que dans leur âge mûr, et qu'en outre un

---

1. *Voy.*, par exemple, Champion : *les Inondations en France depuis le sixième siècle jusqu'à nos jours* et le Rapport de la commission de l'Institut (M. Bienaymé, rapporteur) sur le prix de statistique de 1862.

1. Une révolution est l'équivalent du nombre d'années qui s'écoule entre la plantation et la coupe de l'arbre.
2. Il est inutile de faire remarquer que nous ne décrivons cette méthode que dans la mesure indispensable pour faire comprendre les mots qui ont exercé une influence politique.

jeune peuplement est bien plus serré qu'une vieille futaie, le taillis sera plus productif. En d'autres termes, un hectare en taillis produit une somme d'argent supérieure à un hectare en futaie. Est-ce une raison décisive pour le préférer dans tous les cas?

On ne l'a pas cru jusqu'à présent. On a fait valoir en faveur des futaies qu'elles produisent un bois d'œuvre indispensable pour les constructions et pour la marine et qu'elles rendent d'autres services encore dont un particulier ne voudrait pas accepter la servitude si onéreuse, mais que l'État a le devoir d'assumer sur lui. Tout homme a le désir légitime de jouir des fruits de son travail, mais la lenteur de la croissance des arbres ne lui permettrait pas de compter sur les produits de ses plantations s'il voulait attendre qu'elles fussent des futaies. L'État a le droit de se croire éternel, il a une tout autre mesure du temps que l'individu; d'ailleurs, sa mission n'est pas précisément de gagner de l'argent. Par toutes ces raisons, qu'il suffit d'indiquer, on s'est presque généralement prononcé en faveur du principe de la conservation de futaies par l'État.

Cette manière de voir a eu des effets que nous ne saurions passer sous silence. La conservation des forêts a été considérée comme un intérêt général d'un ordre si majeur, qu'on n'a pas hésité à soumettre la propriété forestière à des conditions particulières, à des restrictions. Ainsi les bois communaux sont aménagés par les agents forestiers de l'État, et les communes versent dans les caisses de l'État la rémunération de ce service. Les défrichements même des bois de particuliers ne peuvent souvent avoir lieu que sous autorisation, et les lois arment le gouvernement de grands pouvoirs pour forcer les communes à reboiser leur sol forestier. Lorsque la marine de guerre a commencé à jouer un rôle politique, on a même imposé aux forêts sans exception la servitude du martelage, c'est-à-dire que les agents du ministre de la marine marquaient d'un coup de marteau, produisant une empreinte, les arbres propres à la construction des navires de l'État. C'était une sorte d'expropriation pour cause d'utilité publique.

Les forêts touchent encore à une foule de problèmes économiques, administratifs et autres que nous sommes forcé de passer sous silence, bien que quelques-uns aient passionné un moment les esprits. Mais des doutes se sont élevés contre l'influence climatérique des forêts, l'emploi du fer semble prévaloir de plus en plus dans les constructions maritimes et civiles, le combustible minéral tend à remplacer le bois, de sorte que les intérêts qui se groupaient autour des forêts deviennent moins compactes, et il n'est pas impossible qu'un jour cette question se rétrécisse jusqu'à devenir une affaire d'argent et une affaire locale, sauf cependant dans les pays du nord que l'absence des forêts rendrait inhabitables.

FORFAITURE. Voici la définition que donne de ce mot l'article 166 du Code pénal: « Tout crime commis par un fonctionnaire public, dans l'exercice de ses fonctions, est une forfaiture. »

Les articles 167 et 168 ajoutent : 167. « Toute forfaiture pour laquelle la loi ne prononce pas de peine plus grave est punie de la dégradation civique. » — 168. « Les simples délits ne constituent pas les fonctionnaires en forfaiture. »

Les faits qui constituent des forfaitures se trouvent énumérés aux articles 121, 126, 127 et 183. L'article 8 qualifie la dégradation civique de « peine infamante ». (*Voy.* **Fonctionnaire.**)

FORME ET FOND EN POLITIQUE. Il est vraiment surprenant que tant de personnes versées dans l'histoire en soient encore à préférer assez ardemment une forme gouvernementale à l'autre, comme si la forme préférée avait par elle-même des vertus absolues. Aucun mécanisme ne va tout seul; chacun a besoin d'un moteur et d'un volant pour le faire marcher régulièrement, et dans un État ce sont des hommes qui exercent ces fonctions. Tant vaut l'homme, tant vaut la terre, dit un proverbe. De même tant valent les hommes, tant valent les gouvernements et les institutions de toutes sortes. Peut-être que telle forme présente une supériorité sur l'autre, elle peut être plus facile à diriger, elle peut se corrompre plus difficilement. Mais toutes se corrompent, si on les abandonne à elle-même.

Encore une fois les institutions ne sont que ce que les hommes en font : un instrument pour le bien ou le mal. S'il en est ainsi, pourquoi vous préoccupez-vous tant de la forme, car vous ne serez pas toujours là pour lui conserver sa pureté ? D'autres après vous l'altéreront. Serait-ce que vous ne voulez changer la forme existante que parce que votre place n'y est pas marquée ?

Ce serait vous faire injure. Vous êtes seulement passionnés, c'est-à-dire, plus ou moins aveugles, vous oubliez « qu'on ne change pas les mœurs d'un pays par un vote ». (Louis Blanc, *Temps* du 13 nov. 1869.) Et lorsque, comme l'a dit Gambetta : le droit est en avance sur le fait [1] », alors « les résultats naturels d'une pareille situation » se produisent, dit encore le même dans sa lettre à M. Vogeli, du mois de juin 1870 (*France*, 28 juin 1870).

Faisons de la politique réaliste; ne soyons pas plus idolâtres en politique et en administration qu'en religion ; n'adorons aucune forme pour elle-même, car nous nous lancerions dans les fictions. Prenons toujours le pays tel qu'il est; que le droit soit toujours d'accord avec le fait, c'est-à-dire que la forme réponde toujours au fond, et alors le pays

---

1. En d'autres termes, les populations ne sont pas mûres pour les droits qu'on leur confère. Cela ne semble pas trop favorable à la république.

sera exempt de ces violentes secousses qui ressemblent à des catastrophes ou qui peuvent les amener.

FORUM. Ce mot latin signifiait d'abord marché. Le premier marché de Rome se tenait sur une place publique située entre le Capitole et le mont Palatin, qui fut le forum par excellence, le *forum romanum* (actuellement le *Campo vaccino*). Cette place devint par la suite (472 avant J.-C.) le lieu de réunion de l'assemblée du peuple ; les comices par curies se tenant à l'extrémité orientale de cette place, cette partie avait le nom spécial de *comitium*. La vente des objets de consommation fut plus tard répartie entre plusieurs marchés (*fora*) spéciaux, et interdite au *forum romanum*, qui resta consacré aux réunions des citoyens venant discuter et décider les questions politiques, juger les grands criminels, ou prendre part aux distributions de froment. Il y avait des Romains fiers du droit de recevoir une aumône de l'État, ou de se laisser corrompre par les riches ; il en est qui n'ont trouvé rien de mieux à faire inscrire sur leur tombe que : *Percepit frumentum !* C'est qu'on ne distribuait du pain et des jeux qu'aux *citoyens*.

Actuellement on emploie le mot *forum* tantôt comme synonyme de tribunal et tantôt comme équivalent de *place publique*.

FOURNÉE (DE PAIRS). Ce mot, emprunté à diverses industries, a obtenu droit de bourgeoisie dans la langue politique, et restera tant qu'il y aura des parlements à deux chambres, dont l'une est à la nomination du chef de l'État.

Dans les États constitutionnels, lorsque le pouvoir exécutif, ou les ministres, ne s'accordent pas avec la Chambre élective, le chef de ce pouvoir dissout la Chambre, ou les deux Chambres si elles sont électives toutes les deux. Le droit de dissolution est toujours accordé aux chefs héréditaires du pouvoir exécutif, empereur ou roi ; quelquefois les chefs électifs en jouissent aussi. La Chambre non élective, Chambre des pairs ou des seigneurs, Sénat, pourrait tenir en échec la Chambre élective d'une part et le pouvoir exécutif de l'autre s'il n'y avait pas ce qu'on a appelé les *fournées*, c'est-à-dire la nomination d'un certain nombre de membres à la fois. Ces nominations collectives ont pour but de changer la majorité. Ainsi, dans une Chambre de 150 membres, lorsque 80 seraient *contre* et 70 *pour*, il n'y aurait qu'à nommer 11 personnes d'une certaine opinion pour que les 70 devinssent la majorité.

Il peut se présenter deux sortes de difficultés: ou le nombre des pairs, seigneurs, sénateurs est limité, ou le nombre des opposants est tellement grand, qu'il faudrait faire une fournée trop forte, impolitique. Dans ce cas, ce sont les circonstances des temps et des lieux qui doivent inspirer le gouvernement; nous ne saurions indiquer des règles générales.

Les Chambres hautes, généralement, n'aiment pas les *fournées*, et plus d'une fois la menace a suffi pour en rendre les membres plus conciliants.

FRANCHISE. Le mot *franchise* n'a plus grand sens aujourd'hui dans la langue politique. Il y avait de nombreuses franchises alors que l'inégalité était la règle générale de nos lois ; mais, depuis que le droit est devenu le patrimoine de tous, fort peu de privilèges particuliers subsistent, et il n'en doit subsister aucun qui ne se rattache à une idée d'intérêt général.

FRANCHISES GALLICANES [1]. On donne ce nom à certaines opinions, maximes et règles, reçues en France sur l'autorité du saint-siège tant vis-à-vis l'État que vis-à-vis l'Église, et aussi, par extension, sur l'autorité de l'État vis-à-vis l'Église. Nous devons nous borner d'abord à cette vague définition, parce que, sous ce nom de libertés gallicanes, on comprend des idées non seulement diverses, mais même opposées ; aussi M. Frayssinous a-t-il pu dire avec grande raison « que les libertés gallicanes sont une de ces choses dont on parle d'autant plus qu'on les entend moins ». Il y a, en effet, les libertés gallicanes, telles que les a entendues la majorité de l'Église de France, qui sont le développement régulier de ces deux principes : 1° Que la puissance donnée par Jésus-Christ à son Église est purement spirituelle et ne s'étend, ni directement, ni indirectement sur les choses temporelles ; 2° Que la plénitude de puissance que le pape possède comme chef de l'Église doit être exercée conformément aux canons reçus dans toute l'Église, et que lui-même est soumis au jugement du concile universel dans les cas marqués par le concile de Constance. Mais il y a aussi les libertés gallicanes, telles que les entendaient les magistrats, les gens du roi, telles que les entendent encore certains écrivains. Celles-ci sont censées, il est vrai, partir des mêmes principes que celles-là, mais, par une déviation singulière, elles ont pour résultat définitif, pour expression dernière, la dépendance de l'Église envers l'État.

On peut dire que le clergé français, sans distinction d'opinions, a été unanime à répudier cette façon d'entendre les libertés de l'Église; sur ce point, Bossuet, Fénelon, Fleury, Bernier, Frayssinous tiennent le même langage.

« Dans mon sermon (sur l'unité de l'Église), dit Bossuet, je fus indispensablement obligé à parler des libertés de l'Église gallicane…, et je me proposai deux choses : l'une, de le faire sans aucune diminution de la véritable grandeur du saint-siège ; l'autre, de les expliquer de la manière que les entendent les évêques *et non pas de la manière que les entendent les magistrats.* »

---

1. Cet article, que nous avons dû abréger, est de Gaston de Bourges, qui a étudié la question à fond. Il l'apprécie au point de vue catholique.

« Les *gens du roy*, dit Fleury, ceux-là mêmes qui ont fait sonner le plus haut ce nom de libertés, y ont donné de rudes atteintes, en poussant les droits du roi jusqu'à l'excès..... Si quelque étranger zélé pour les droits de l'Eglise, et peu disposé à flatter les puissances temporelles, voulait faire un traité *des servitudes de l'Eglise gallicane*, il ne manquerait pas de matière, et il ne lui serait pas difficile de faire passer pour telles les *appellations comme d'abus*, la connaissance du possessoire des bénéfices par les juges laïques, la régale, les décimes, *la rareté des conciles*, etc..., et il se moquerait fort de la vanité de nos auteurs de palais, qui, avec tout cela, font tant sonner ce nom de liberté, et le font même consister en partie en ces mêmes choses. »

Citons encore l'abbé Bernier, écrivant un mémoire spécialement destiné à l'empereur Napoléon, pour l'éclairer sur certains points de droit ecclésiastique. « Je le dis avec franchise, on mêle avec nos libertés beaucoup trop de maximes des anciens parlements, on les donne pour le palladium de l'Eglise gallicane, tandis qu'elles ne sont que les prétentions de quelques présidents et avocats jansénistes ou plutôt indépendants. » Il est essentiel de ne pas perdre de vue cette distinction quand on veut se rendre compte des libertés gallicanes.

Nous passerons l'histoire de ces libertés, nous nous bornerons à en indiquer la substance et à rechercher ce qui pourrait en subsister aujourd'hui.

Au xvi° siècle, divers jurisconsultes, Guy-Coquille le premier, mais surtout Pierre Pithou, entreprirent de réunir en corps de doctrine les règles éparses qui constituaient suivant eux les libertés gallicanes. Pithou les formula en 38 articles très courts qui formaient dans la première édition (1594) une brochure de 27 pages. C'était un précis complet dans sa brièveté des traditions des parlements sur cette matière. Ce mérite et le nom de l'auteur, grand citoyen et jurisconsulte éminent, assurèrent le succès de cet ouvrage auprès des parlements, des jurisconsultes et en général du pouvoir civil. Mais l'Eglise gallicane fut loin d'accepter de la même manière le code de Pithou; elle y trouvait en effet, avec quelques-unes de ses maximes, des propositions qu'elle ne pouvait accepter telles qu'elles étaient formulées ou contre lesquelles elle n'avait cessé de protester.

Les principes gallicans reçurent une expression plus conforme aux vues de l'Eglise, dans l'assemblée du clergé en 1682. Nous ne nous arrêterons pas à faire l'histoire de cette célèbre réunion. Il faut la lire dans la vie de Bossuet. Nous dirons seulement que ce grand homme fut non pas l'inspirateur, mais le modérateur et l'organe de cette assemblée. Sa foi, sa science et son génie lui donnèrent de suite l'autorité la plus grande, et sous son influence l'assemblée marcha prudemment dans les voies difficiles où elle était engagée. Ce fut Colbert qui persuada à Louis XIV de profiter du moment de division amené par la question de la régale, pour obtenir du clergé de France une formule authentique et une consécration solennelle des opinions gallicanes. L'assemblée se rendit au désir du roi, et le 19 mars 1682 elle fit cette déclaration fameuse que Bossuet avait rédigée seul, l'évêque de Tournay, son coopérateur, s'étant retiré, parce qu'il ne voulait pas admettre l'indéfectibilité du saint-siège. Le préambule en est digne de remarque :

« Plusieurs s'efforcent de renverser les décrets de l'Eglise gallicane, ses libertés qu'ont soutenues avec tant de zèle nos ancêtres, et leurs fondements appuyés sur les saints canons et sur la tradition des pères. Il en est aussi qui, sous le prétexte de ces libertés, ne craignent pas de porter atteinte à la primauté de saint Pierre et des pontifes romains, ses successeurs, instituée par Jésus-Christ, à l'obéissance qui leur est due par tous les chrétiens, et à la majesté si vénérable aux yeux de toutes les nations du siège apostolique, où s'enseigne la foi et se conserve l'unité de l'Eglise.

« Les hérétiques, d'autre part, n'omettent rien pour présenter cette puissance, qui renferme le pain de l'Eglise, comme insupportable aux rois et aux peuples, et pour séparer, par cet artifice, les âmes simples de la communion de l'Eglise et de Jésus-Christ. C'est dans le dessein de remédier à de tels inconvénients que nous, archevêques et évêques assemblés à Paris, par ordre du roi, avec les autres députés, qui représentons l'Eglise gallicane, avons jugé convenable, après une mûre délibération, d'établir et de déclarer :

« 1° Que le pape et toute l'Eglise n'ont reçu de puissance de Dieu que sur les choses spirituelles et qui concernent le salut, et non point sur les choses temporelles et civiles.....; qu'en conséquence les souverains ne sont soumis à aucune puissance ecclésiastique par l'ordre de Dieu dans les choses temporelles; qu'ils ne peuvent être déposés ni directement ni indirectement par l'autorité des chefs de l'Eglise; que leurs sujets ne peuvent être dispensés de la soumission et de l'obéissance qu'ils leur doivent, ni absous du serment de fidélité...;

« 2° Que la plénitude de puissance que le saint-siège apostolique et les successeurs de saint Pierre, vicaire de Jésus-Christ, ont sur les choses spirituelles, est telle que les décrets du saint concile œcuménique de Constance, dans les sessions iv et v, approuvés par le saint-siège apostolique, confirmés par la pratique de toute l'Eglise et des pontifes romains, et observés dans tous les temps par l'Eglise gallicane, demeurent dans toute leur force et vertu, et que l'Eglise de France n'approuve pas l'opinion de ceux qui donnent atteinte à ces décrets, ou qui les affaiblissent en disant que leur autorité n'est pas bien établie, qu'ils ne sont point approuvés, ou qu'ils ne regardent que le temps du schisme;

« 3° Qu'ainsi l'usage de la puissance apostolique doit être réglé suivant les canons faits par l'esprit de Dieu et consacrés par le respect général ; que les règles, les mœurs et les constitutions reçues dans le royaume doivent être maintenues, et les bornes posées par nos pères demeurer inébranlables ; qu'il est même de la grandeur du saint-siège apostolique que les lois et coutumes, établies du consentement de ce siège respectable et des Eglises, subsistent invariablement ;

« 4° Que, quoique le pape ait la principale part dans la question de foi, et que ces décrets regardent toutes les Eglises et chaque Eglise en particulier, son jugement n'est pourtant pas irréformable, à moins que le consentement de l'Eglise n'intervienne.

« Nous avons arrêté d'envoyer à toutes les Eglises de France et aux évêques qui y président par l'autorité du Saint-Esprit, ces maximes que nous avons reçues de nos pères, afin que nous disions tous la même chose, que nous soyons tous dans les mêmes sentiments, et que nous suivions tous la même doctrine. »

Quoi qu'on puisse penser de l'opportunité de cette déclaration ou de l'exactitude des doctrines qu'elle renferme, on doit admirer la prudence et la modération avec laquelle procède et s'exprime cette illustre assemblée : elle établit la primauté du siège de saint Pierre et ses attributs incontestables avec toute la force que Rome elle-même pourrait souhaiter. Et, quant aux opinions particulières qu'elle entend déclarer, elle les affirme nettement, mais sans condamner l'opinion contraire, se bornant à dire qu'elle ne l'approuve pas (nec probari). Louis XIV, par un édit du 23 mars 1682, ordonna l'enseignement de la doctrine contenue dans cette déclaration, dans tous les collèges, dans toutes les facultés de théologie, etc. L'enregistrement de la déclaration elle-même, par le Parlement, lui donna force de loi.

Le saint-siège vit ce manifeste avec déplaisir, tant pour les doctrines qu'il renfermait qu'à raison des circonstances qui lui donnaient l'apparence d'une déclaration de guerre, et, dans la suite, les bulles furent refusées aux députés du second ordre qui, depuis l'assemblée, avaient été promus à des évêchés ; on sait ce que devint ce conflit et comment il se termina. Le 14 septembre 1693, tous les prélats nommés écrivirent individuellement au pape une lettre dans laquelle ils marquaient : « que tout ce qui avait pu être censé décrété sur la puissance ecclésiastique dans ladite assemblée devait être tenu pour non décrété et qu'ils le tenaient pour tel ; que, de plus, ils tenaient pour non délibéré tout ce qui avait pu être censé y avoir été délibéré au préjudice des droits des Eglises, leur intention n'ayant pas été de faire aucun décret, ni de porter préjudice aux autres Eglises. »

Le roi, lui-même, écrivit à Innocent XII : « Je suis bien aise de faire savoir à Votre Sainteté que j'ai donné les ordres nécessaires pour que les choses contenues dans mon édit du 22 mars 1682, touchant la déclaration du clergé de France, à quoi les conjectures passées m'avaient obligé, ne fussent pas observées... » Le saint-siège alors envoya les bulles. Faut-il voir, dans cette double démarche, un désaveu de la doctrine de 1682 ? De la déclaration elle-même, oui, mais de la doctrine, non. C'est ce qu'exprimait Bossuet, en disant : *Abeat ergo declaratio quó libuerit : non enim eam, quod sæpe profiteri juvat, tutandam hic suscepimus — manet inconcussa et censuræ omnis expers prisca illa sententia Parisiensium. »

C'est ce qui résulte aussi de la dépêche de Louis XIV au cardinal de la Trémouille chargé de ses affaires à Rome, au sujet des bulles de l'abbé de Saint-Aignan (1713).

Au dix-huitième siècle, les libertés gallicanes, dans la mauvaise acception du mot, furent poussées très loin. Les invasions de la magistrature dans le domaine spirituel ne connurent plus de bornes, et les Parlements en vinrent à décider de l'administration des sacrements ! Sous la Révolution, il ne fut pas question des libertés de l'Eglise gallicane, et pour cause. Enfin le Concordat de 1801 leur porta l'atteinte la plus forte. On vit le pape, en exécution de ce traité, faire table rase de l'ancienne circonscription des diocèses français, et sans aucune procédure, de sa pleine autorité, remplacer les évêques qui avaient refusé de se démettre de leurs sièges français. Hâtons-nous de le dire, le plus énergique défenseur qu'aient eu alors les droits de l'Eglise de France, ce fut le pape. Pie VII fit tous ses efforts pour éviter d'en venir à cette extrémité et ne céda qu'à une nécessité bien démontrée. Ajoutons qu'en présence de cette nécessité, le pape était pleinement justifié par la loi suprême du salut de l'Eglise, et qu'en pareil cas presque tous les gallicans lui reconnaissaient, aussi bien que les ultramontains, des pouvoirs illimités.

Nous avons trouvé, dans la déclaration de 1682, le résumé le plus exact des principes gallicans ; de ces principes sont sortis, par une conséquence nécessaire, certains usages, certaines règles pratiques. Ce sont ces règles et ces usages qui constituent à proprement parler les *franchises gallicanes* et qu'il nous reste à faire connaître. Mais ici on se trouve en présence d'une double difficulté. Ces franchises varient, en effet, suivant l'époque que l'on choisit, et suivant les auteurs auxquels on s'adresse pour les étudier. La nomenclature qu'en a donnée Pithou, qu'il faut consulter si on veut avoir l'idée des traditions du Parlement en pareille matière, à compris parmi les libertés gallicanes certaines maximes que l'Eglise a toujours repoussées et à bon droit, par exemple le droit du Parlement de donner des absolutions à cautèle. D'autre part, il y comprend aussi d'autres maximes qui ont pu faire doute à un moment donné, qu'il a pu être opportun alors d'établir ou au moins de rappeler, mais qui ne sauraient figurer dans les droits spéciaux qu'on appelle libertés gallicanes, parce qu'il y a trop longtemps que ces doutes ont cessé, et que ces maximes font partie du droit commun. Aussi la règle 27, « que le pape ne peut permettre ou dispenser aucun de tenir et posséder biens en ce royaume contre les lois, statuts, ou coustumes des lieux sans congé et licence du roy », est depuis longtemps surabondante. Nous laisserons donc de côté l'ouvrage de Pithou, et forcé que nous sommes de nous borner à un tableau succinct, nous le demanderons à Fleury, auquel deux écrivains d'un esprit très différent ont rendu le même témoignage : « Fleury, dit M. Frayssinous, évêque d'Hermopolis, est, à mon gré, celui qui a le mieux connu le fond de nos libertés et qui en a donné une plus juste idée. » — « Fleury, dit M. Laboulaye, avait été jurisconsulte dans sa jeunesse, mais on ne voit pas qu'il ait jamais été imbu des préjugés parlementaires. Prêtre, historien de l'Eglise, disciple et confident de Bossuet, quand il écrivait sur les libertés gallicanes, ses opinions sont éclairées et en même temps elles sont sages. Il n'a pas la violence des légistes et il aime sincèrement la religion. On ne peut donc choisir un guide plus sûr. » Fleury, après avoir dit que les quatre articles se réduisent à deux principaux : la puissance temporelle est indépendante de la spirituelle, — la puissance du pape n'est pas tellement souveraine dans l'Eglise qu'il ne doive observer les canons, que ses décisions ne puissent être examinées et que lui-même ne puisse être jugé en certains cas, — tire du premier article, la distinction des deux puissances, les conséquences suivantes :

I. Nous croyons, dit-il, que la puissance des clefs s'étend sur tous les fidèles, et que les souverains peuvent être excommuniés pour les mêmes crimes que les particuliers, quoique bien plus rarement, et avec bien plus de précaution ; mais l'excommunication ne donne aucune atteinte aux droits temporels, même des particuliers.

II. L'Eglise a une juridiction qui est essentielle, qui comprend nécessairement le pouvoir : 1º d'enseigner tout ce que Jésus-Christ a ordonné de croire ou de faire, et, par conséquent, d'interpréter sa doctrine, et de réprimer ceux qui la voudraient altérer ; 2º d'absoudre les pécheurs, ou leur refuser l'absolution, et enfin de retrancher de son corps les pécheurs impénitents et incorrigibles ; d'établir des ministres pour les fonctions publiques de la religion, de les juger et de les déposer s'il est nécessaire... Tout le reste de ce qui s'est joint dans la suite des siècles à la juridiction ecclésiastique, soit en France, soit ailleurs, n'est fondé que sur la concession tacite ou expresse des souverains, comme le droit qu'ont les clercs de n'être jugés que par le tribunal ecclésiastique.

III. Il est raisonnable d'obtenir la permission du roi pour les assemblées générales de l'Eglise, et pour celles qui regardent le temporel ; mais il semble que cette défense de s'assembler ne devrait pas s'étendre aux conciles provinciaux, dont la tenue, dans le temps marqué par les canons, devrait être aussi indispensable que la célébration de la messe et des divins offices.

IV. Le roi a le droit d'empêcher les ecclésiastiques, comme les autres, même les évêques, de sortir du royaume, même pour aller à Rome. Mais ce droit ne devrait pas s'étendre jusqu'à empêcher les évêques de tous les pays ecclésiastiques d'avoir entre eux une correspondance continuelle, comme elle était dans les premiers siècles, même pendant la persécution.

V. Le prince a intérêt de conserver les biens temporels ; c'est pourquoi ses agents ont une surveillance à exercer sur l'administration temporelle des biens d'Eglise. C'est pourquoi aussi on ne souffre pas que le pape fasse aucune levée de deniers sur le clergé, ni sur le peuple, encore moins qu'il permette ou qu'il ordonne l'aliénation des biens ecclésiastiques, sinon du consentement du roi et du clergé, et avec les conditions requises par les lois du royaume.

VI. Nous ne croyons pas non plus que le pape puisse accorder aucune grâce qui s'étende aux droits temporels, comme de légitimer des bâtards, ou restituer contre l'infamie, pour rendre les impétrants capables de successions, de charges publiques, ou d'autres effets civils, ni enfin porter atteinte aux droits des patrons laïques dans les provisions des bénéfices.

Quant à l'autre maxime fondamentale de nos libertés, qui est que la puissance du pape n'est pas sans bornes, voici, toujours suivant Fleury, à quoi se réduisent sur ce point « nos libertés effectives » :

I. A n'avoir point reçu le tribunal de l'inquisition, ou plutôt à l'avoir aboli... (il en est de même des décrets des congrégations de l'index ou autres qui sont honorées comme des consultations de docteurs graves, mais auxquelles on ne reconnaît aucune juridiction sur l'Eglise de France).

II. Nous ne reconnaissons point que le pape ait le droit de conférer les ordres à toutes sortes de personnes, et les clercs ordonnés à Rome de son autorité, sans démissoire de leurs évêques, ne sont reçus, en France, à aucune fonction.

III. Nous ne recevons les nouvelles bulles qu'après qu'elles ont été examinées comme il a été dit.

IV. Nous ne prenons les nouvelles bulles, et nous ne payons les annates que pour les bénéfices consistoriaux ; pour les autres, il suffit d'une simple signature qui est comme la minute de la bulle et dont les frais sont beaucoup moindres. En Espagne, on prend des bulles pour les moindres bénéfices.

V. Nous ne souffrons point que l'on augmente les taxes des bénéfices ni des expéditions de la cour de Rome.

VI. Nous ne recevons pas toute sorte de pensions, mais seulement suivant les règles du royaume.

VII. Nous ne recevons pas non plus toute

sorte de dispenses, comme celles qui seraient contre le droit divin, contre la défense expresse de dispenses portées par les canons, contre les louables coutumes et les statuts autorisés des Églises.

VIII. Les étrangers ne peuvent posséder en France ni bénéfices ni pensions, sans expresse permission du roi, ni être supérieurs de monastères.

IX. Les sujets du roi ne peuvent être tirés hors du royaume sous prétexte de citations, appellations ou procédures.

X. Le nonce du pape n'a aucune juridiction en France, au lieu qu'en Espagne, il diminue notablement celle des évêques, en sorte que cet article est un des plus importants.

XI. La juridiction du légat est limitée comme il a été dit.

XII. Nous ne reconnaissons point le droit de dépouille en vertu duquel le pape prétend à la succession des évêques et autres bénéficiers.

XIII. On a aboli en France, sous François Ier, les franchises ou asiles des églises et des monastères, qui subsistent en Italie et en Espagne.

Après cette énumération que nous avons été forcé de réduire à sa plus simple expression, Fleury reconnaît « qu'il est impossible, quand on veut raisonner juste, d'accorder tous ces usages si différents, et entre eux, avec nos maximes sur la puissance du pape et sur l'autorité des conciles universels ». Il se fait à cet égard diverses objections, et termine en disant : « A tout cela je ne vois d'autre réponse, sinon de convenir de bonne foi que nous n'agissons pas conséquemment, et qu'en ces matières, comme en toutes les autres, l'usage ne s'accorde pas toujours avec la droite raison ; mais il ne s'ensuit pas que nous devions abandonner nos principes que nous voyons fondés clairement sur l'Écriture et sur la tradition de la plus saine antiquité [1] il faut les conserver comme la prunelle de l'œil, et ne tenir pas moins chères le peu de pratiques que nous avons gardées en conséquence de ces principes. Quant à celles qui ne s'y accordent pas, elles ne laissent pas d'être légitimes, étant fondées en coutumes notoires et reçues depuis longtemps au vu et su de toute l'Église. »

Voilà pour le passé. Aujourd'hui, quel peut être le rôle des libertés gallicanes après les changements profonds que la Révolution et le courant des idées modernes ont apportés dans la situation de l'Église vis-à-vis de l'État? Cette question ne pouvant être traitée ici avec les développements qu'elle comporte, nous nous bornerons à conclure brièvement.

Il y a dans l'ensemble de principes et de traditions, de maximes et d'usage qu'on nomme libertés gallicanes, deux éléments, l'un impérissable, les principes, l'autre susceptible de se transformer ou de disparaître en partie, les maximes et usages, ce que

Fleury appelle « libertés effectives ». Ainsi, quelque opinion que l'on professe sur la déclaration de 1682, on ne peut contester que la doctrine de Bossuet ne puisse être de mise aujourd'hui comme alors, et dans plusieurs siècles comme au concile de Constance.

Il est certain, au contraire, que toute cette part des franchises gallicanes qui a trait aux bénéfices, par exemple, est maintenant superflue, l'Église ne possédant plus de bénéfices en France. Puis, voyons la situation que ces prétendues libertés avaient faite à l'Église sous l'ancien régime, situation acceptée par elle sur plusieurs points, contestée sur d'autres, mais subie sur tous.

L'Église de France ne pouvait ni communiquer avec son chef, ni avec l'ensemble de la catholicité, ni se réunir elle-même sans l'assentiment du pouvoir civil, et celui-ci intervenait jusque dans les actes de la juridiction la plus essentielle, tels que les refus de sacrements. Ces simples traits prouvent évidemment que l'excès d'une réaction, légitime dans son principe, avait fait dégénérer l'indépendance de la couronne et les franchises de l'Église gallicane par rapport au saint-siège en une dépendance absolue de cette Église vis-à-vis du pouvoir royal. Cet état de choses n'était pas bon même à cette époque, mais il avait alors sa raison d'être et pouvait s'expliquer historiquement. Nous ne pensons pas qu'il soit devenu meilleur ni qu'il ait aujourd'hui les mêmes raisons d'être, bien que les articles organiques qui prolongent l'ancien assujettissement de l'Église à l'État semblent nous donner tort et que Dupin nous condamne.

Des deux principes d'où dérivent les libertés, l'un qui établit l'indépendance de l'État vis-à-vis l'Église paraît définitivement acquis; par conséquent, le pouvoir civil n'a plus de raison de maintenir les empiétements qu'il s'était permis pour se défendre contre les entreprises de la puissance spirituelle. Quant à l'autre, qui concerne le gouvernement intérieur de l'Église et tend à l'ériger en une sorte de monarchie tempérée, il paraît avoir été condamné par le concile du Vatican et l'Église nous paraît devoir être le seul juge d'une question qui appartient à la théologie beaucoup plus qu'à la politique.

FRANC-MAÇONNERIE. On peut définir la franc-maçonnerie *une société secrète ayant un but avouable,* dont elle ne fait pas faute de se glorifier d'ailleurs savoir : « le progrès moral de l'humanité ! » Le but est élevé, le plus élevé qu'on puisse se poser. Nous ne savons ce qu'on a réellement fait pour s'en rapprocher, — le société étant secrète et ses travaux enveloppés de mystère, — mais nous aurions de la peine à comprendre les persécutions dont la franc-maçonnerie a été l'objet, si nous n'envisagions pas un certain côté de la nature humaine. Tout secret fait naître, selon les temps et les classes de la population, la superstition, la

---

1. Nous nous abstenons intentionnellement de toute critique.

haine, le soupçon, et dans les esprits d'élite la curiosité raisonnée. On a très sérieusement pris les franc-maçons pour des sorciers et des possédés ; des prêtres ont été envoyés pour les exorciser, et il existe des rapports, datés du siècle de Voltaire et de Frédéric II, dans lesquels on narre les réponses des diables évoqués ! Si des croyances aussi déshonorantes pour l'esprit humain ont pu être inventées par la superstition, le dépit de se voir exclu des réunions les a propagées, et la politique les a utilisées pour rendre les francs-maçons impopulaires.

Que les gouvernements aient réellement attribué aux loges maçonniques un but hostile, cela nous semble peu croyable. On raconte que Frédéric II de Prusse, voulant connaître les secrets de l'institution, engagea l'un de ses aides-de-camp de se faire recevoir. Mais comme le nouveau maçon ne voulait pas plus divulguer ces secrets que les autres membres de l'*ordre*, il ne restait au roi qu'à se faire recevoir lui-même. C'est ce qu'il fit, et c'est ce qu'ont fait beaucoup de princes, régnant ou non, après lui. On ne pouvait donc pas dire qu'on conspirait dans les loges, et néanmoins les francs-maçons déplaisaient à certains gouvernements. C'est que leurs réunions échappaient à la tutelle administrative. Il fallait une certaine indépendance d'esprit pour braver les préjugés, et l'influence des « travaux », c'est-à-dire de l'enseignement intérieur, des conversations, ainsi que l'action réciproque d'hommes souvent distingués, ayant des convictions et de la fermeté, ne pouvaient que fortifier cette indépendance.

Il est juste de dire que la défaveur des autorités constituées trouvait des aliments dans des faits auxquels les francs-maçons, ou du moins le plus grand nombre d'entre eux sont restés étrangers. De véritables sociétés secrètes, c'est-à-dire des associations ayant un but social et politique, et qui, au besoin, n'auraient pas reculé devant l'action révolutionnaire, avaient imité l'organisation des loges, et les non-initiés pouvaient les confondre de bonne foi. (*Voy.* **Illuminés, Sociétés secrètes.**)

On se demandera : Mais pourquoi la franc-maçonnerie conserve-t-elle ce mystère, qui lui a valu tant de persécutions ? Ne peut-elle pas « travailler » au grand jour et se rallier ainsi les masses ? Le progrès n'est-il pas d'autant plus intense qu'il est plus général, car, contrairement à l'eau, il devient plus profond à mesure qu'il s'étend. Eh bien, nous comprenons l'emploi du secret, et quoique nous ayons de la répugnance à l'approuver, nous hésitons à le blâmer. Il y avait des époques où l'opinion n'était pas mûre pour certaines vérités, telles que l'égalité civile, la liberté des cultes [1], et si réellement les loges étaient chargées de transmettre le dépôt de

semblables doctrines, elles ont bien fait d'entourer d'un rempart le foyer de ces bienfaisantes lumières. Le secret avait encore un autre avantage : il attirait les esprits curieux progressifs et éloignait les hommes craintifs, timorés, routiniers. C'était un moyen imparfait, il est vrai, d'opérer un triage, mais du moins très efficace pour écarter ceux qui pouvaient nuire à l'institution, mais le moyen ne devait pas être assez énergique pour faire entrer dans l'association tous les hommes dont le concours aurait pu être précieux. Il est même possible que le cérémonial adopté par l'institution ait éloigné quelques-uns des esprits les plus distingués qui — à tort ou à raison — y ont vu des puérilités.

Mais puériles ou non, des cérémonies secrètes ont de tout temps exercé une grande influence sur les hommes : l'inconnu a un si grand attrait ! De là vient aussi qu'on a cru pouvoir reporter bien haut dans l'antiquité l'origine de la maçonnerie ; quelques-uns de leurs historiens ne reculent devant aucune invraisemblance pour remonter jusqu'à la construction du temple par le roi Salomon, très peu sage, — puisqu'il s'est entouré de 1.000 femmes. — On a très sérieusement soutenu que 113.000 francs-maçons ont travaillé à ce temple. On a ensuite rattaché à la franc-maçonnerie à peu près toutes les sociétés secrètes, les *mystères* égyptiens, grecs, juifs et autres. Quand ces historiens ont rencontré les *collegia* ou *sodalitia* des maçons romains, sorte de corporation comme le moyen âge en a établi parmi toutes les industries, on ne manqua pas de les revendiquer et de leur donner une place d'honneur sur l'arbre généalogique. De même, on ne perdit pas l'occasion d'y inscrire les *Templiers*, les maçons ne construisent-ils pas le *temple* de la vertu ? Mais si une histoire, ainsi écrite, nous rappelle certaines étymologies plaisantes que la science moderne fait disparaître des dictionnaires, nous ne contesterons aucunement qu'il y ait eu quelques institutions semblables dans les temps antérieurs, et s'il n'y a pas filiation directe, il y a analogie. Les mêmes causes produisent toujours les mêmes effets.

Or, ces causes se rattachent étroitement à la nature humaine. Il y aura toujours quelques natures d'élite, en avance sur leur siècle, qui comprennent la vanité de leurs efforts sur l'ensemble de leurs contemporains, et souvent le danger de ces efforts, et qui ne se confient qu'à de rares adeptes et s'assurent de leur discrétion en agissant sur leur imagination..., par d'effroyables serments, par des allégories et des symboles. Mais, — et c'est là le revers de cette médaille, — ces institutions participent de la faiblesse humaine ; chacune d'elles, quelque éminent qu'ait été son fondateur, se corrompt avec le temps. Le sens des symboles se perd, on oublie la signification des allégories ; l'esprit s'en va, et il reste des formes creuses, vides, qui se détériorent bientôt et tombent en

---

1. Il est juste de dire que toutes les loges n'ont pas cultivé la liberté des cultes. Il y en a eu qui ont fait preuve sous ce rapport d'un esprit bien étroit.

poussière, lorsqu'elles ne sont pas brisées par les événements. Cette fin arrive même d'autant plus rapidement que les membres de l'association sont moins nombreux.

Nous ne pouvons donc considérer que comme une mythologie toute l'histoire de la franc-maçonnerie antérieure au dix-huitième siècle ; n'a-t-on pas prouvé que, par exemple, ce document de Cologne de l'année 1555 dont on a tant parlé est complètement apocryphe [1] ? Il en est de même de bien d'autres. Nous n'avons pas qualité pour rectifier les erreurs, pour dissiper les illusions qui ont cours sur l'histoire de la franc-maçonnerie ; mais d'un examen attentif des textes que nous avons pu consulter, il résulte pour nous ceci : il y avait en Angleterre, comme dans le reste de l'Europe, depuis le commencement du moyen âge des corporations d'arts et métiers classées par profession, ayant une mission qui a été exposée ailleurs. (*Voy.* **Corporations.**)

Ces associations avaient leurs symboles, leurs mots d'ordre et autres signes de reconnaissance tenus soigneusement cachés à ceux qui n'étaient pas du métier. Pendant longtemps, ces corporations excluaient ceux qui n'exerçaient pas la profession ; sur le continent, l'exclusion s'est peut-être maintenue sans exception, mais en Angleterre on a commencé vers 1700 à admettre des personnes distinguées, d'abord, sans doute, à titre honorifique, comme nous avons vu de nos jours recevoir le prince Albert et le prince de Galles, lord Palmerston et autres parmi les marchands de poissons et les tailleurs de Londres. Les maçons ont peut-être donné l'exemple en initiant d'abord les architectes, puis les sculpteurs, les peintres et ensuite les grands seigneurs, leurs protecteurs. L'art exerçant une influence particulière sur l'imagination et peut-être sur le cœur, cette corporation avait un cachet particulier qui rend compte de l'impression qu'elle dut faire sur ses contemporains. Les degrés : apprenti, compagnon, maître, vénérable, font bien sentir l'origine professionnelle de l'association.

Quoi qu'il en soit, il est généralement admis que l'histoire authentique de la franc-maçonnerie comme institution humanitaire commence à la création de la Grande-Loge ou du *Grand-Orient* de Londres en 1717. Le Grand-Orient dans chaque contrée est un comité directeur ou central formé de délégués ou de représentants des diverses loges du même pays ou même de pays divers. C'est de l'Angleterre que l'institution s'est répandue sur le continent et en Amérique avec une rapidité que n'arrêtèrent ni les bulles de 1738 et 1751, ni les persécutions, ni les préjugés, ni tant d'obstacles extérieurs, qui n'ont même pas disparu partout à l'heure qu'il est. Le nombre des loges s'est tellement multiplié que le Grand-Orient de Paris, en comptait, dès

1830, 470, dont 67 à Paris, non compris celles du rite écossais. En Angleterre, d'après une statistique de 1844, 674 loges étaient affiliées à la Grande-Loge de Londres et sur ce nombre 463 « travaillaient » en Angleterre, 70 en Amérique, 52 aux Indes Orientales, 28 aux Antilles, 7 en Afrique, 5 en Australie et 10 dans l'armée. A Berlin fonctionnent simultanément 3 Grandes-Loges, l'une avec 96, l'autre avec 25 et la troisième avec 58 loges affiliées. On doit ajouter, pour l'Allemagne, les 17 loges qui dépendent de Hambourg, les 11 du Hanovre, les 13 qui comptent avec Francfort, et 19 distribuées entre diverses autres parties de l'Allemagne. La Bavière n'a qu'un très petit nombre de loges et l'Autriche n'en a peut-être aucune. Protégées par Joseph II, elles ont été persécutées après sa mort. La Suisse a 24 loges, principalement dans la partie protestante du pays. On sait, en outre, que les francs-maçons sont très nombreux en Suède, Norwège, Danemark, dans les Pays-Bas, en Belgique, et qu'il en est peu en Italie, en Espagne et en Portugal. En Russie, Alexandre Ier se montra leur ami, mais en 1822 les loges furent fermées, on ne sait pas pour quel motif.

Les doctrines maçonniques ont été codifiées plusieurs fois depuis que le ministre anglican Anderson avait été chargé de les rédiger vers 1720. Les différentes rédactions ne diffèrent entre elles que par des nuances. Partout on recommande la soumission à l'autorité, le respect de la religion (quelle que soit la forme du culte), la bienfaisance et surtout d'aider « les frères ». Il n'est guère honorable pour l'Europe qu'on voie des ennemis en des hommes gouvernés par de tels principes. Et on ne saurait prétexter l'ignorance, car les codes et autres recueils maçonniques sont imprimés partout dans la langue du pays. Partout aussi on admet des hommes de toutes les opinions politiques, et depuis quelque temps aussi le culte n'est plus un motif d'exclusion ; il n'y a rien à craindre de réunions aussi mêlées.

En France la franc-maçonnerie a eu relativement moins à souffrir qu'ailleurs. En 1809, lors de la discussion des articles 291 à 294 du Code pénal (qui interdit les réunions de plus de 20 personnes), l'un des conseillers d'État voulut introduire une exception en leur faveur ; l'Empereur répondit : Non, non, si la franc-maçonnerie est protégée, elle n'est pas à craindre ; mais si elle était autorisée, elle deviendrait trop forte et pourrait être dangereuse. Nous ne savons si ce raisonnement est tout à fait juste ; dans tous les cas, il ne paraît pas avoir été adopté par le successeur de Napoléon Ier, car un décret du 11 janvier 1862, qui vise les articles 291 et 294 du Code pénal, la loi du 10 avril 1844 et le décret du 25 mars 1862 (réunion de plus de 20 personnes) et qui considère « les vœux manifestés par l'ordre maçonnique de France de conserver une représentation centrale », porte ce qui suit dans son article 1er :

1. Bobrik, *Text*, *Uebersetzung*, etc., der *Kölner Urkunde* (Zurich, 1840). *Voy.* aussi *Mémoire de Schwetschke* (Halle, 1843).

« Le grand-maître de l'ordre maçonnique de France, jusqu'ici élu pour trois ans et en vertu des statuts de l'ordre, est nommé directement par nous pour cette période. »

L'article 2 nomme pour trois ans le maréchal Magnan grand-maître du *Grand-Orient* de France.

Ce fait ne saurait être apprécié en dehors des circonstances qui l'ont provoqué ; ces circonstances n'entrant pas dans notre cadre nous nous abstenons de toute réflexion. Le décret de 1862 a cessé d'être en vigueur.

Il resterait à rechercher l'influence que la franc-maçonnerie a exercée sur la société. Sur ce point nous n'avons aucun document et partout nous rencontrons l'expression de regrets sur cette absence. On comprend que nous demanderions à connaître autre chose que des actes de bienfaisance. L'institution a été utile, nous le croyons, mais nous n'en avons aucune preuve. Nous ne sommes cependant pas d'avis — comme quelques auteurs — que ses fonctions actuelles se réduisent à celles d'un cercle ordinaire, où l'on se réunit pour manger et pour causer ; mais nous craignons beaucoup, si rien ne retrempe la franc-maçonnerie, de la voir dégénérer à son tour et suivre le sort commun de toute chose ici-bas.

FRANCS (*(Frenk Efrendj*), nom sous lequel on désigne non seulement les Français et protégés français, mais encore tous les sujets et protégés étrangers, résidant dans les États du Grand-Seigneur et placés sous le régime des Capitulations. (*Voy. ce mot.*)

FRANCS-JUGES. Les francs-juges étaient les membres d'un tribunal secret qui s'établit en Westphalie, sur la fin du quatorzième siècle. Ce tribunal, dit aussi *libre*, s'appelait aussi *Véhémique* ou de la *Sainte-Vehme*. Cette singulière institution, née du désordre de cette époque, des vices et de l'insuffisance de la législation, a de nos jours un pendant dans la loi de Lynch, qui trouve son application dans certaines parties de l'Amérique. (*Voy.* **Lynch**.)

FRATERNITÉ. Il y a des mots qui jouent un rôle dans la politique, moins par leur signification précise et pratique, que par ce qu'ils ont de vague et d'indéterminé. C'est justement par ce qu'ils ont de vague qu'ils deviennent aisément des mots d'ordre qui frappent l'imagination dans les moments d'ébranlement. Il est facile de les inscrire sur un drapeau ou sur les murs au lendemain d'une révolution ; mais le sens réel qu'ils contiennent, les conséquences positives qu'ils laissent entrevoir, les applications qui s'y rattachent, qui en sont le corollaire dans l'ordre social ou politique, c'est là ce qui est le plus difficile à définir. Il n'est pas de mot plus retentissant et plus vague à la fois que celui de fraternité, et il n'en est pas qui, avec

les deux autres mots de liberté et d'égalité, formant la devise de la Révolution française, ait eu un plus grand rôle. Seulement, au point de vue pratique, la différence est grande. Quand on prononce le mot de liberté, on sait ce que cela veut dire. L'idée qu'il représente peut s'étendre ou se resserrer dans l'application, suivant les circonstances. La liberté peut quelquefois n'être qu'un grand *desideratum* ; au fond, cependant, cette simple et grande parole implique toujours un certain ordre d'institutions embrassant la société politique tout entière, allant du sommet de l'État à la plus humble commune ; elle suggère aussitôt la pensée de tout un ensemble de garanties, indépendance de la conscience en matière religieuse, faculté d'exprimer ses opinions sous toutes les formes, droit d'intervention dans les affaires publiques, et de contrôle sur le pouvoir exécutif, substitution de l'initiative individuelle ou collective des citoyens à l'action souveraine et exclusive de l'État, hiérarchie de corps populaires formés par l'élection. De même, quand on parle d'égalité, ce mot a une signification aussi claire et aussi déterminée pour l'instinct populaire que pour l'esprit qui réfléchit. On en saisit sans effort les conséquences civiles, on en suit les applications palpables. On comprend de suite que c'est l'absence de tout privilège de caste ou de classe, la soumission, absolument identique de tous les citoyens à une même loi, aux mêmes charges et aux mêmes obligations sociales. Depuis bientôt un siècle, la France de la Révolution est perpétuellement occupée à dégager le sens de ces deux mots, à en déduire les conséquences pour les faire passer dans son organisation, dans ses lois.

Il n'en est pas ainsi quand il s'agit de fraternité ; ici tout est vague et indéfini. Comment faire régner la fraternité parmi les hommes ? Comment la traduire en institution et en loi ? On est ici évidemment en face d'un problème d'un ordre tout moral ; d'un idéal qui résiste à prendre corps, et pour lequel il n'y a pas de sanction dans l'organisation politique et civile.

Lorsque ce mot de fraternité apparaissait dans la politique, sous l'influence de la philosophie du dix-huitième siècle, il avait quelque chose de sinistre comme la Révolution même qui en faisait un de ses mots d'ordre ; il retentissait comme une menace : la fraternité ou la mort! C'était une étrange façon de faire régner la fraternité. Depuis, dégagé des souvenirs de violences révolutionnaires, il a pris un sens moins menaçant. A vrai dire, ce n'est qu'à l'époque de la révolution de 1848, qu'il s'est naturalisé un peu plus dans la langue politique, et qu'il est devenu moins effrayant sans devenir plus facile à caractériser dans sa portée sociale et civile. La difficulté est toujours d'établir des liens de fraternité entre les hommes. Outre que cet idéal n'a rien de nouveau, c'est, comme nous le disions, une question d'un ordre tout moral; nous n'y voyons rien de politique, si si ce n'est son adjonction aux deux mots liberté et égalité. Il n'a rien de pratique.

FREIN. Dans toute constitution on doit prévoir un pouvoir modérateur, un frein qui empêche la machine gouvernementale de sortir de la bonne voie. Une 2e chambre est un frein ; la dissolution de la Chambre, le veto suspensif, et beaucoup d'autres mesures connues sont des freins.

Les partis extrêmes, passionnés, voudraient supprimer les freins, ce serait de la pure folie. Il y a lieu d'espérer que, dans notre Europe si riche en expérience, il ne se trouvera plus d'État pour supprimer ces freins qui, dans certains cas, sont des moyens de salut.

FRONTIÈRES NATURELLES. Mot que la géographie a prêté à la politique et qui doit avoir sa place dans l'histoire des idées politiques de notre siècle [1].

Il y a quarante ou cinquante ans, le système des frontières naturelles était très vivement débattu. On prétendait que la géographie avait déterminé elle-même les limites des États, que les montagnes et les fleuves étaient des bornes placées par la nature pour régler la question de propriété entre les nations. La France, par exemple, avait pour limites naturelles les Pyrénées, les Alpes et le Rhin ; elle avait donc droit de s'emparer de la Belgique et de la rive gauche du Rhin jusqu'à son embouchure. Ce n'était point de sa part une usurpation ; c'était l'application d'un principe de droit naturel. Voilà sous l'Empire et même encore sous la Restauration comment tout bon Français devait entendre la géographie. Il est vrai que de l'autre côté du Rhin la géographie n'était pas comprise de la même manière. Là, le Rhin, au lieu d'être un fleuve limitrophe entre la France et l'Allemagne, était un fleuve tout allemand, et sa vallée elle-même, depuis sa source jusqu'à son embouchure, était aussi toute allemande. L'Alsace devait à ce titre appartenir à l'Allemagne ; la France devait s'arrêter aux Vosges. La Lorraine elle-même, selon je ne sais quelle ligne géographique, moins visible sur la carte que ne le sont les Vosges, la Lorraine devait aussi appartenir à l'Allemagne. Ses deux rivières principales, la Moselle et la Meuse, coulent vers le Rhin.

Chose curieuse : je n'ai jamais vu une seule nation qui, en vertu du système des frontières naturelles, ait songé à restreindre ses possessions et ses limites. C'est toujours pour étendre son empire que chaque nation étudie dans la géographie ses limites naturelles. Elle les met toujours au delà de son territoire, jamais en deçà.

De là les doutes que j'ai depuis longtemps sur l'excellence du système des frontières na-

turelles, non que je prétende absolument qu'il n'y ait point de limites naturelles. Je reconnais volontiers que la Méditerranée au midi et l'Océan à l'Ouest sont pour la France des limites naturelles. Ces frontières naturelles nous empêchent-elles de posséder à fort bon titre l'Algérie? L'Angleterre, pendant la guerre de Cent ans, n'a-t-elle pas, malgré ses frontières naturelles, possédé une grande partie de la France? et que de pays divers ne possède-t-elle pas encore au delà des mers? Où sont donc les frontières naturelles de l'Angleterre? essayez de l'y renfermer. Que veut dire ce mot qui se prête à des applications si différentes? Faut-il regarder ce système comme une vieille théorie discréditée et digne du discrédit où elle est tombée? Faut-il croire qu'il n'y a que des frontières politiques, déterminées par la loi changeante des traités et qui dépendent des chances de la guerre? Les jeux de la force et du hasard ont-ils seuls part à la destinée des peuples? La géographie n'a-t-elle pas aussi son influence?

J'accorde qu'il y a sur la surface de la terre des parties plus ou moins étendues qui semblent séparées les unes des autres par des mers, par des montagnes, par des fleuves, et qui forment, grâce à ces limites, des domaines distincts. Les nations occupent volontiers ces domaines distincts, les appelant leurs patries. Mais ne croyons pas que les patries fassent des territoires ayant toujours même étendue et même configuration. Il y a ordinairement sur les confins de ces domaines, plus ou moins bien séparés les uns des autres et plus ou moins nettement assignés à tel ou tel peuple, il y a des contrées incertaines qui semblent appartenir aux deux peuples limitrophes et que le sort fait échoir tantôt à un peuple et tantôt à l'autre. C'est sur ces contrées incertaines que s'exercent l'ambition et l'esprit de conquête.

Les États qui sont le mieux et le plus naturellement limités ont des côtés ouverts et dépourvus de défenses naturelles. Ainsi la France du côté du nord. Il faut dire aussi que ces défenses naturelles, les mers, les montagnes, les fleuves, ont, selon les temps et selon le génie des peuples, des usages fort différents. Il y a des temps où le mer sépare les peuples : il y a des temps où elle les réunit. Horace appelle encore l'Océan la grande séparation des nations; nous l'appelons, au contraire, le lien du monde. Il y a des temps où les montagnes ne se franchissent qu'avec des peines infinies; il faut être Hercule ou Annibal pour traverser les Alpes; dans ces siècles de disjonction et de morcellement, le versant d'une montagne est tout différent de l'autre versant. Ce n'est plus la même langue, les mêmes mœurs, les mêmes idées; comme les peuples ont la mauvaise habitude de se haïr d'autant plus qu'ils se connaissent moins, les peuples des deux versants opposés se détestent à qui mieux mieux, et ils ne supportent la fatigue de traverser la montagne que pour aller se battre contre leurs voisins de

1. Cet article a été écrit en 1862, nous le reproduisons, sans le moindre changement, et naturellement avec la signature de l'illustre auteur.

l'autre côté. Ne médisons pourtant pas trop de la guerre; c'est elle ordinairement qui commence à ouvrir les montagnes; mais une fois ouvertes par la guerre, les montagnes s'ouvrent aussi au commerce : les marchands passent où avaient passé les soldats; bientôt arrivent les ingénieurs; ils tracent des allées de parc à travers ces montagnes escarpées. Vous vous étonnez de descendre du Jura dans la vallée du lac de Genève par une succession de points de vue éblouissants et variés à chaque détour de la route, qui a embelli ses aspects, à l'aide de l'art même qui a adouci ses pentes. Voilà donc ces cimes inabordables qui devaient séparer les nations! Il suffit d'une promenade en calèche pour les traverser; où sont les frontières naturelles?

Même histoire pour les fleuves que pour les montagnes. Que nous sommes loin du temps où l'Araxe s'indignait du pont qui unissait les deux rives, *pontem indignatus Araxes*, où le Rhin s'entendait rappeler ce Romain,

> Dont l'insolent passage
> Sur un pont en deux jours trompa tous ses efforts !

Les fleuves habitués à se courber sous les ponts ne séparent plus les pays; ils les réunissent, ils sont des liens au lieu d'être des obstacles; où sont donc, encore un coup, les frontières naturelles ?

Ajoutez à ces abolitions d'obstacles, c'est-à-dire de frontières, ajoutez cette grande et dernière abolition de l'espace, la rapidité des chemins de fer; que parlez-vous encore de la séparation des États? Si les gouvernements veulent bien prendre de plus en plus la bonne habitude de ne pas réveiller les voyageurs, en leur demandant leurs passe-ports à la frontière, nous pourrons traverser en dormant cinq ou six États. N'y a-t-il donc plus de frontières en Europe? Il y en a assurément, mais des frontières qu'on risque de ne pas voir, si on n'y fait pas grande attention, ou si le douanier ne vient pas vous avertir que vous avez changé de pays. Les douaniers tendent chaque jour davantage à devenir les seules frontières naturelles et visibles qui subsistent en Europe.

Prêché-je par hasard l'unité de l'Europe? Dieu m'en préserve. L'Europe est déjà passablement monotone. Elle a la monotonie de la civilisation; faites-la une, elle aura la monotonie de la servitude. Ce qu'elle garde de liberté tient à son défaut d'unité.

Aujourd'hui, les frontières naturelles des pays, ce sont les besoins et les volontés des peuples. Mettez les Alpes sur les Vosges, toute cette hauteur de montagnes n'empêchera pas l'Alsace d'être française, parce que tel est son intérêt, telle est sa volonté persévérante. Mettez le Rhin à la porte de notre frontière du nord : si les habitants des provinces rhénanes ne veulent pas être Français, si nos idées, si nos lois, si notre administration leur déplaisent, vous aurez beau dire que le Rhin est notre frontière naturelle, la nature cédera à la volonté de l'homme; car telle est la destinée de notre siècle que

la volonté des peuples soit plus forte que toutes les forteresses, que toutes les montagnes, que tous les fleuves, que toutes les lignes de démarcation naturelles ou non.

Croyez-vous que, si la Belgique est réunie quelque jour à la France, ce sera parce que le Rhin et la Meuse sont nos frontières naturelles? Non, la Meuse n'est pas plus notre frontière naturelle que l'Oise ou la Somme. La Belgique s'unira à la France parce qu'elle a les mêmes intérêts de commerce, d'industrie et de liberté. Une frontière aujourd'hui, c'est l'opposition et le contraste de deux peuples. Ce ne sont pas les Pyrénées qui nous séparent de l'Espagne, ce sont nos mœurs. Les montagnes ont pu, pendant longtemps, servir de frontières quand les peuples étaient divisés et ennemis : les montagnes alors étaient des remparts; mais ces remparts, comme ceux de Saint-Quentin, de Leipzig, de Francfort, la main de la civilisation les a abattus, comme elle a abattu depuis plus longtemps encore les vieux châteaux féodaux, où la captivité volontaire garantissait seule la sécurité. Donjons militaires, remparts de villes, frontières naturelles, tous vieux mots, qui appartiennent au passé et qui n'ont rien à faire avec l'avenir.

Vouloir borner la France au Jura, aux Vosges et aux Ardennes, ou l'étendre jusqu'au Rhin, c'est une prétention également surannée; c'est un égal oubli de l'esprit de notre siècle où les frontières se font par la volonté des peuples, et non plus par la nature. L'homme n'obéit plus à la nature, c'est la nature qui obéit à l'homme. Un peuple ne reçoit plus sa destinée des mains de la géographie, il impose à la géographie les lois de sa volonté.

Encore une fois, ce sont les peuples qui font leurs frontières; ce sont les peuples eux-mêmes qui tantôt élèvent des barrières entre eux et leurs voisins, et tantôt abattent les barrières qui les séparaient d'un peuple ami : ce sont les peuples qui se ferment ou s'ouvrent mutuellement leur sein, et s'éloignent ou se rapprochent, prêts à prendre les armes pour repousser quiconque voudrait empêcher ces unions ou ces divorces également paisibles, également légitimes, pourvu qu'il y ait dans leurs volontés de la force et de la persévérance. Telle est l'état nouveau du monde. On ne conquiert plus, on reçoit; on ne court plus sur une province, on attend qu'elle vienne. Ce changement déconcerte à la fois les diplomates d'avant 89 et les sabreurs d'avant 1814 : il faut cependant s'y faire; car telle est la politique moderne.

SAINT-MARC GIRARDIN.

FUEROS. Ce mot servait à désigner les franchises, immunités, privilèges et libertés dont jouissaient, en Espagne, certaines villes et provinces et que les provinces dites Vascongades (basques) ont encore conservés en partie. Les fueros tendent à disparaître et ils n'ont aucune raison d'être dans un pays libéral.

FUSION. Entre 1848 et 1852 et encore après la révolution du 4 septembre 1870, la *fusion* indiquait la réconciliation entre la branche aînée et la branche cadette de la maison de Bourbon.

G

GABELLE. Ce mot, dont on a fait *gabelou*, a longtemps servi à désigner plusieurs sortes d'impôts, et même, selon quelques auteurs, toutes les espèces d'impôts. Sa signification s'étant restreinte peu à peu, il finit par n'être plus employé que pour désigner l'impôt établi sur le sel. La répartition de cet impôt était fort inégale : il y avait même certaines provinces, la Bretagne par exemple, qui de tout temps en furent exemptes, et d'autres qui s'en étaient rachetées. (*Voy.* Sel.)

GABELLE D'ÉMIGRATION. Droit proportionnel sur les biens d'un sujet qui émigre, quelquefois aussi sur l'héritage d'un étranger décédé dans le pays. Cette législation barbare est supprimée partout.

GARANTIE DES MATIÈRES D'OR ET D'ARGENT. On désigne, sous le nom de garantie des matières d'or et d'argent, un ensemble de mesures à l'aide desquelles le titre des ouvrages composés avec ces matières est constaté; c'est l'attribution du bureau de garantie. La rétribution à payer est désignée sous les mots de droits de garantie.

Dans beaucoup de pays, la difficulté pour le public de reconnaître le degré de pureté, ou le titre des ouvrages en métal précieux, a suggéré la pensée de réglementer la fabrication et le commerce de ces ouvrages. Dans quelques pays, une pensée fiscale s'est associée à celle de préserver le public des dangers de l'inexpérience. En France, d'après la loi du 19 brumaire an VI, tous les objets d'orfèvrerie et de bijouterie doivent être conformes aux titres prescrits par la loi. Cette loi n'a pour ainsi dire fait que renouveler des dispositions légales antérieures.

Le poinçon de la garantie porte à la fois, depuis l'ordonnance royale du 7 avril 1838, la marque du titre et celle du bureau de garantie qui précédemment étaient séparées; il porte, pour les ouvrages d'or et d'argent, une empreinte particulière qui varie de temps en temps; pour les vieux ouvrages, une hache, pour les ouvrages étrangers, les lettres E. T. On distingue encore le poinçon de petite garantie pour les menus ouvrages, le poinçon de remarque pour les chaînes, et le poinçon de recense; on nomme ainsi le poinçon nouveau substitué à l'ancien, afin de mettre en défaut les contrefacteurs. Si le titre des ouvrages présentés au contrôle était inférieur au moindre titre légal, on les briserait. Il y a, en France, 91 bureaux de garantie; les bureaux de garantie dépendent de l'administration des monnaies, et pour la partie fiscale des contributions indirectes.

Les droits de garantie ont été, jusqu'en 1872, de 20 fr. par hectogramme d'or, de 1 fr. par hectogramme d'argent, plus 2 décimes par franc; la loi de 1872 a porté le droit sur l'or à 30 fr., et le droit sur l'argent à 1 fr. 60.

Depuis 1791, il est admis en France trois titres légaux pour l'or, et deux pour l'argent. Pour l'or, le 1er est de $930/1000$, le 2e, de $840/1000$, le 3e, de $750/1000$, pour l'argent, $950/1000$ et $800/1000$. En 1884, la loi du 25 janvier a ajouté un 4e titre $583/1000$ pour les boîtes en or.

GARANTIE INTERNATIONALE. La nécessité de protéger les petits États contre l'ambition des grands a donné lieu aux garanties internationales. L'équilibre européen ne peut subsister qu'au moyen de ces garanties : car comment la Belgique et la Suisse d'un côté, la Roumanie et la Serbie de l'autre, pourraient-elles, sans une protection efficace, maintenir leur indépendance, celles-là contre la France ou l'Allemagne, celles-ci contre la Russie ou la Porte Ottomane? Le système des alliances entre les faibles et les puissants arriverait souvent au même but, mais dans le système des alliances les petites nations contractent des obligations compromettantes; elles peuvent à un moment donné se trouver entraînées dans une guerre européenne et elles en subiraient les chances, tandis que, dans le système des garanties, soit que les États garantis deviennent neutres, soit même qu'ils demeurent indépendants, leur sécurité peut être absolument assurée, elles peuvent échapper aux alternatives de la rivalité des grands États européens et traverser en simples spectatrices les crises les plus périlleuses. Voilà en quoi les garanties internationales offrent un avantage considérable aux États faibles. C'est donc une amélioration et un progrès dans la construction si difficile et si laborieuse de l'équilibre européen. Depuis plusieurs siècles tous les politiques qui ont su étendre leurs vues au delà de l'intérêt égoïste de leur patrie, jusqu'au bien général de l'humanité, tous ces politiques ont essayé d'établir un système d'États assez durables et assez fortement constitués pour empêcher l'Europe, comme elle en a été plusieurs fois menacée, de devenir la proie d'un des grands peuples qui se disputent la première place. Les garanties internationales peuvent-elles atteindre ce but en partie? On doit pouvoir l'espérer. Pour bien faire comprendre en quoi consistent ces garanties, nous allons en citer plusieurs exemples.

On sait que les puissances assemblées au Congrès de Vienne ont réuni, dans un acte final daté du 9 juin 1815, et que toutes ont signé, les diverses stipulations relatives au remaniement territorial de l'Europe qui avaient fait l'objet de plusieurs traités séparés. Cet acte énonce dans ses articles 84 et 94 que la neutralité de la Suisse est *reconnue et garantie*. Dans un acte postérieur spécial passé à Paris le 20 novembre 1815 sous le nom de Déclaration entre l'Autriche, l'Angleterre, la France, la Prusse et la Russie, les contractants déclarent qu'ils *reconnaissent formellement et authentiquement la neutralité perpétuelle de la Suisse et qu'ils garantissent l'intégrité et l'inviolabilité de son territoire.* Après les événements qui amenèrent l'indépendance de la Belgique, les Hollandais firent la paix avec le nouvel Etat par le traité du 19 avril 1839 dont l'article 7 dit que la Belgique *forme un Etat indépendant et perpétuellement neutre et qu'elle sera tenue d'observer cette même neutralité envers tous les autres Etats.* Or, le même jour plusieurs actes furent passés, l'un entre les cinq grandes puissances et la Hollande, le troisième entre les cinq grandes puissances, la Belgique, la Hollande et la Confédération germanique, et dans ces traités, la convention conclue séparément entre la Belgique et la Hollande et dans laquelle la neutralité est stipulée, est mise sous la garantie des cinq grandes puissances. En 1867, après la Suisse, après la Belgique, un troisième Etat neutre fut constitué en Europe, le grand-duché de Luxembourg : le traité conclu à Londres le 11 mai 1867 entre la Hollande, l'Angleterre, la Belgique, l'Autriche, la France, l'Italie, la Prusse et la Russie, déclare que le grand-duché *est un Etat perpétuellement neutre* et que *cette neutralité est placée sous la sanction de la garantie collective des Puissances contractantes, sauf la Belgique qui est elle-même un Etat neutre.*

Les stipulations de l'acte final de Vienne, que nous avons rapportées plus haut, montrent clairement quelle est la différence qui sépare une convention internationale d'une garantie internationale. La convention n'oblige pas celle des parties contractantes contre laquelle le traité est violé à prendre les armes pour la défense de ce traité : c'est un droit, mais ce n'est pas un devoir. Ainsi la possession de la Lombardie par l'Autriche avait été stipulée dans l'acte final de Vienne par les huit puissances signataires, et néanmoins les armes de la France ont enlevé la Lombardie à l'Autriche en 1859, sans que celle-ci ait songé à réclamer le concours d'aucune des puissances coobligées. Il en est tout autrement dans la garantie : la puissance garante a d'abord le droit d'intervenir si le traité est violé, comme s'il s'agissait seulement d'une convention, mais de plus elle est

obligée de prendre les armes pour la défense de la chose garantie ; elle y est obligée, sur la mise en demeure de l'Etat garanti ou des Etats co-garants, soit que le traité ait été violé par un de ceux-ci ou par toute autre puissance. Telle est l'essence de la garantie : sans quoi, la garantie ne différerait pas de la convention. Elle met le garant, au moment donné, dans l'obligation de prendre les armes. Un exemple récent a prouvé qu'il fallait bien entendre la garantie de cette manière. En 1870, quand la guerre éclata entre la Prusse et la France, on craignit que la neutralité de la Belgique fût violée par un des belligérants ; l'Angleterre était d'après le traité de 1839 une des cinq grandes puissances garantes de cette neutralité ; sans faire appel à la coopération de la Russie et de l'Autriche elle stipula par deux traités séparés du 11 août 1870, d'un côté avec la France, de l'autre côté avec la Prusse, pour l'exécution de la garantie de 1839 et, en prévision du cas où cette garantie serait violée par l'une des puissances belligérantes, elle s'engagea à coopérer par les armes en faveur de cette neutralité avec celui des deux adversaires qui voudrait la défendre contre celui qui l'aurait violée. L'Angleterre interprétait sainement ses devoirs en se déclarant ainsi prête à prendre les armes même contre une des puissances co-garantes.

Dans les trois exemples de garanties contemporaines que nous venons de citer, les Etats garantis sont des Etats neutres. Cette neutralité a été constituée dans l'intérêt de la paix et de l'équilibre de l'Europe, afin d'empêcher que les grands Etats voisins ne se disputassent la possession de ces petits territoires. La garantie a pour effet de faire respecter l'Etat neutre qui sans elle serait impuissant à se défendre, et d'autre part la garantie est subordonnée à l'observation de la neutralité par l'Etat neutre lui-même. Si cet Etat sortait de sa neutralité, il perdrait le bénéfice de la garantie, tout devoir disparaîtrait de la part des Etats garants envers lui, mais, dit F.-A. Hélie, le devoir de faire respecter la neutralité subsisterait entre les garants vis-à-vis les uns des autres. Par exemple, si en 1870 la Belgique s'était alliée à la France, nous pensons que la Prusse aurait eu le droit de requérir l'Angleterre, l'Autriche et la Russie de faire respecter le traité de 1839 et vis-à-vis de la France et vis-à-vis de la Belgique. Mais il est peu probable qu'un Etat neutre sorte d'une situation qui lui est si avantageuse et qu'il mette par son ambition les puissances garantes en mouvement. Celles-ci courent le danger d'avoir à le protéger soit contre les entreprises de l'une d'entre elles, soit contre les entreprises d'une autre nation.

Il n'en est pas de même quand la garantie s'applique à un Etat que le droit international n'a pas enchaîné et qui a gardé la plénitude de sa liberté. La Turquie, depuis 1856, est l'objet d'une garantie de cette nature. Par l'article 7 du traité de Paris du 30 mars 1856 qui a mis fin à la guerre de Crimée, l'Autriche, l'Angleterre, la France, la Prusse, la Russie et la Sardaigne, devenue depuis l'Italie, *se sont engagées chacune de son côté à respecter l'indépendance et l'intégrité territoriale de l'Empire Ottoman; elles ont garanti en commun la stricte observation de cet engagement, et elles ont déclaré qu'elles considéreraient en conséquence tout acte de nature à y porter atteinte comme une question d'intérêt général.* Un traité séparé conclu le 15 avril 1856 entre l'Angleterre, l'Autriche et la France a confirmé à l'égard de ces trois États les obligations résultant du traité précédent. Ce traité porte que *les trois États signataires garantissent solidairement entre eux l'indépendance et l'intégrité de l'Empire Ottoman consacrées par le traité du 30 mars et que toute infraction aux dispositions de ce dernier traité sera considérée par les trois États signataires du traité du 15 avril comme un casus belli.* La garantie donnée ainsi à la Turquie diffère de celles relatives à la Suisse, à la Belgique et au grand-duché de Luxembourg, en ce que la situation qu'elle veut maintenir peut être mise en péril non seulement par le fait des puissances co-garantes ou par celui d'autres États qui attaqueraient la Turquie, mais encore par le fait de la Turquie elle-même qui, n'étant pas tenue à la neutralité, peut, en commençant la guerre contre une autre nation, exposer son intégrité et son indépendance à tous les dangers d'une défaite. Quels seraient dans ce dernier cas les devoirs des puissances garantes? Nous croyons que la garantie ne pourrait pas être invoquée par la Turquie qui par sa faute aurait compromis sa situation, mais nous pensons que l'une des puissances garantes, dans l'intérêt desquelles l'intégrité de la Turquie a été stipulée, pourrait, soit intervenir individuellement, soit faire appel aux co-garants pour intervenir collectivement. Ainsi, dans notre opinion les obligations de la garantie sont différentes lorsqu'elles s'appliquent à des États neutres ou à des États indépendants. (F.-A. HÉLIE.)

On remarquera que, dans toutes les conventions qui ont institué ces garanties internationales, aucune durée n'est assignée à la garantie. L'obligation contractée est donc perpétuelle, à moins que le contrat ne soit résilié dans les formes admises par tous les autres contrats internationaux. Nous avons un exemple tout récent de la modification d'un traité par le commun accord des contractants. Le traité du 30 mars 1856 a été revisé par le traité de Londres du 13 mars 1871 dans ses dispositions relatives à la neutralisation de la mer Noire. De la même manière, les garanties pourraient prendre fin par le commun accord des co-garants, mais est-il juste qu'à défaut de ce commun accord une nation reste engagée à perpétuité dans une convention pleine de périls pour elle? Nous ne le pensons pas. Les contrats de garantie internationale, comme les contrats de même nature qui se concluent entre particuliers, devraient n'avoir qu'une durée limitée. Il ne faut pas que jamais ni les nations ni les particuliers se trouvent dans cette situation de ne pouvoir sortir d'un engagement devenu impossible que par un acte déloyal, à moins de faire un sacrifice héroïque. L'utilité des garanties internationales pour la paix et le repos de l'Europe est très grande. Il ne faut donc pas qu'elles soient trop périlleuses pour les co-garants. Les obligations qu'elles imposent peuvent être très lourdes, on l'a vu par la double convention que l'Angleterre a dû conclure en 1870 pour conserver la neutralité de la Belgique. Le danger révélé par cet événement a ranimé, chez nos voisins aujourd'hui si pacifiques, au sujet des diverses garanties internationales dans lesquelles ils sont engagés, une inquiétude générale qui s'était déjà manifestée en 1867, après le traité relatif au grand-duché de Luxembourg. A la Chambre des communes, en 1867, lord Stanley avait calmé cette inquiétude en soutenant cette thèse que chacune des puissances co-garantes dans un traité qui stipule une garantie collective n'est pas tenue individuellement, mais seulement de concert avec tous les co-garants. A la même époque, à la Chambre des lords, lord Derby avait émis la même doctrine et il citait, pour exemple de la garantie collective qui oblige tous ensemble et personne en particulier, le traité du 30 mars 1856 et pour exemple de la garantie individuelle qui oblige chaque garant, quelle que soit la conduite des co-garants, le traité du 15 avril 1856. La question a été de nouveau discutée à la Chambre des lords le 6 mars 1871 entre lord Malmesbury et lord Granville et le 12 avril 1872 à la Chambre des communes, où M. Gladstone s'est expliqué. Dans un langage plein de circonspections et de ménagements il a fait une déclaration dont il résulte au fond que les contrats de garanties internationales n'obligeaient pas d'une manière absolue les contractants et que leur exécution pouvait être subordonnée aux circonstances. Cette doctrine n'est pas admissible; elle est aussi contraire aux textes des traités qu'à la morale et il n'est pas nécessaire de la réfuter. Mais nous trouvons en partie fondée la distinction établie par lord Stanley et lord Derby et d'après laquelle l'Angleterre ne serait engagée dans les garanties, notamment à l'égard du grand-duché de Luxembourg et de la Turquie, qu'autant que tous les co-garants seraient décidés à remplir leur obligation. Cette interprétation est trop absolue, car si le concours de tous les co-garants était nécessaire pour rendre l'obligation exigible il dépendrait de la mauvaise foi de l'un d'eux pour faire tomber toute la garantie. Ce qu'on peut admettre, c'est que si la majorité des puissances garantes refuse son concours, la minorité est dégagée de ses devoirs et qu'il ne lui reste que le droit d'intervenir si elle le juge convenable. La différence signalée par lord Derby entre le traité du 30 mars 1856 et celui du 15 avril

1856 est réelle; le premier parle d'une garantie collective, le second d'une garantie solidaire. Celle-ci, d'après les principes du droit privé, engage chaque puissance individuellement, quand même les autres n'agiraient pas. Dans l'intérêt de la paix de l'Europe les garanties internationales doivent être sérieuses, et, pour qu'elles le soient, nous pensons que leur durée devrait être limitée à une période déterminée et que les traités devraient s'expliquer avec plus de précision sur les obligations qu'ils imposent.

Le même traité du 30 mars 1856 a constitué une garantie d'une troisième espèce que nous croyons pouvoir passer, comme sans objet pratique actuellement.

D'un autre côté, une garantie sérieuse efficace — et non une garantie pour la forme (qui n'en est pas une) — de 10 à 20 ans suffit généralement, soit pour consolider un nouvel État (fondé et soutenu par les populations de cet État), soit pour laisser passer le danger créé par les prétentions et les convoitises d'un homme, soit par des passions de toutes sortes. Si, au contraire, la garantie avait pour but d'assurer la permanence à un état de choses quelconque, qu'est-ce qui empêcherait de renouveler périodiquement le traité de garantie?

GARDE NATIONALE. L'organisation militaire chez tous les peuples affecte des formes diverses, qui se déroulent selon une véritable série. 1° Tribus guerrières par état; 2° ban et arrière-ban féodal; 3° cités armées (centuries militaires et politiques); 4° garde nationale; 5° *Landsturm* (levée en masse); 6° *Landwehr* (armée de réserve); 7° armée soldée et permanente; 8° garde impériale ou royale; 9° prétoriens; 10° *Condottieri*. La pente de l'un à l'autre de ces états est plus ou moins rapide, et toute force armée est sollicitée par deux tendances, l'une de fusion dans la masse de la nation, l'autre de spécialisation, jusqu'à devenir étrangère à la nation. L'idée du citoyen-soldat n'est point nouvelle; elle a été réalisée dans un état de civilisation où, la science et l'art militaires étant peu développés, la guerre était considérée comme l'exercice normal de l'une des aptitudes de l'homme libre, l'un des signes d'une santé parfaite; c'est même cet idéal qui domine dans les notions que les modernes se font de la garde nationale. Telles étaient les armées des cités antiques et des républiques du moyen âge, telles étaient, sous beaucoup de rapports, les premières milices des communes de France, d'Allemagne et d'Angleterre. Le phénomène tout moderne que nous appelons garde nationale est beaucoup plus restreint, il n'a pu même se produire que dans les conditions particulières qui ont accompagné en Europe l'établissement du régime constitutionnel. C'est une force à plusieurs applications, lesquelles ne sont ni tout à fait de faire la guerre, ni tout à fait de faire la police, ni entièrement de changer le gouvernement, mais la même force peut être selon les cas employée à ces trois besognes. L'Assemblée constituante la définissait ainsi : « La garde nationale est cette partie de la force publique formée de citoyens réunis en corps armés pour défendre les institutions, maintenir l'obéissance aux lois, conserver ou rétablir l'ordre et la paix publique, seconder l'armée de ligne dans la défense des frontières, des côtes et des places fortes, assurer l'indépendance de la France et l'intégrité de son territoire. » Voilà bien du travail, mais n'a-t-on pas déjà remarqué, sous la pompe vague de cette rédaction, que la garde nationale suppose l'existence d'une armée permanente?

En réalité, il ne reste debout que la mission donnée à la garde nationale de protéger la Constitution, et ici encore nous constatons que ce rôle ne lui a été attribué que dans les crises qui ont signalé l'avènement du gouvernement parlementaire. Il semble même que ce rôle n'ait toute son ampleur que dans une monarchie constitutionnelle, car il n'y a de garde nationale ni en Suisse, ni aux États-Unis. C'est un produit de trois révolutions françaises qui ne paraît pas répondre à une fonction définie dans toute société donnée. Nous trouvons la garde nationale, et antérieurement la milice, dans tous les bouleversements de Paris depuis le quatorzième siècle, chaque fois qu'une revendication un peu étendue des libertés publiques ramène la question constitutionnelle, surtout lorsque cette situation se complique d'une guerre extérieure. Il est frappant de relire l'histoire de Paris pendant les États généraux de 1335. Si le temps d'Étienne Marcel ne suffit pas, les *Dialogues* et les *Pamphlets* de la Ligue et les *Mémoires* du cardinal de Retz sur la Fronde feront paraître dans toute sa force la monotonie de l'histoire, monotonie qui est la preuve même de ses lois. A ce point de vue, le rapporteur de la loi d'abolition de la garde nationale des deux sièges de Paris et les anciennes milices communales, créées, dit-il, simplement dans un but de défense et de sécurité locales. Ces milices ont joué, dans les crises de l'histoire nationale, d'abord le rôle politique de grand pouvoir de l'État, ensuite un rôle militaire tellement considérable, qu'elles sont devenues des armées permanentes, exactement comme les centuries antiques ou la garde parisienne de 1871.

Depuis l'établissement de la monarchie administrative, le rôle des milices parisiennes s'était réduit à rien; il fallut les troubles qui suivirent à Paris la convocation des États généraux pour qu'on se souvînt qu'il existait sur le papier 13.000 miliciens. Un témoin oculaire, Rabaut Saint-Étienne, nous a laissé la description de la formation de la garde nationale, qui ressembla fort à une émeute : « Les citoyens, dit-il, enfoncent les boutiques des armuriers; ils battent une compagnie de Royal-Allemand, et l'émotion continue durant toute la journée, jusqu'à ce que, la nuit étant survenue, des brigands apostés hors de

Paris brûlent les barrières, entrent dans la ville et courent les rues, que remplissaient heureusement des patrouilles de citoyens, de gardes-françaises et de soldats du guet. Tout à coup, une heureuse pensée étant venue à quelque bon citoyen, elle devint un foyer de lumière et sauva la ville de Paris. Paris avait cent mille bras pour le défendre, mais il n'avait point de têtes pour le commander. A la voix d'un citoyen généreux, les électeurs sont convoqués. Au péril de leur vie, ils s'emparent avec courage de l'autorité, et les citoyens leur obéissent avec confiance.

« Le lendemain, le jour n'eut pas plutôt paru, que les citoyens suivirent avec activité leur projet de la veille. Des brigands avaient pillé la prison de Saint-Lazare; on les chasse; le tocsin sonne: chacun se rend dans son district pour se faire inscrire. On prend toutes les armes des armuriers; on forge des épées, des sabres, des haches, des piques, des instruments de toute espèce. Le garde-meuble est forcé, et chacun emporte ce qu'il peut des armures antiques qui y étaient déposées. On prend trente mille fusils cachés dans l'hôtel des Invalides et six pièces de canon, et le lendemain soixante mille hommes étaient armés, enrôlés, distribués par compagnies. »

Il y eut des compagnies d'enfants, de vieillards, de femmes. Le premier nom de cette armée fut celui de *milice parisienne;* un procès-verbal du district de Sainte-Elisabeth porte le nom de garde nationale qui, un mois après, était partout adopté. L'armée civique de Paris n'avait aucun prétexte pour exercer des attributions militaires; elle s'en tenait à la police et elle arrêtait à tort et à travers, jusqu'à des jeunes filles de marchands sur leurs portes.

La guerre fit passer des gardes nationales aux armées la plus grande partie de la jeunesse. Les gardes restants n'en furent que plus animés à remplir leur office. On les trouve partout, dans toutes les journées de la révolution. Pendant la Terreur, ils furent chargés des arrestations. Les discordes politiques se reproduisirent dans la garde nationale de Paris; on eut bientôt deux armées, composées l'une des sections révolutionnaires, l'autre des sections contre-révolutionnaires. Les premières attaquent la Convention, les autres la défendent, puis tout s'apaise sous le Directoire.

Citons quelques dates qui traversent la désuétude de l'institution. An XIV. Le Sénat décide qu'il sera procédé à la réorganisation des gardes nationales, au moyen de décrets rendus en forme de règlements d'administration publique. L'empereur nomme les officiers. On doute de l'existence de la garde nationale. L'empereur a bien nommé les officiers, mais on n'a plus convoqué les gardes que de loin en loin.

13 mars 1814. Un décret appelle la garde nationale, divisée en trois bans, à la défense des frontières, sous le commandement de l'empereur.

9 mars 1815. Le roi met la Charte sous la protection de la garde nationale. Le comte d'Artois la commandera. 26 mars. Ce sera l'empereur.

Sous la seconde Restauration, cette armée de citoyens devient exclusivement une institution politique. C'est un grand corps de l'État, comme un cinquième pouvoir, qui se voit chargé d'exprimer l'opinion publique au moyen de manifestations sous les armes. Ainsi, le 28 avril 1827, Charles X passant la revue des gardes nationales de la Seine, est accueilli par les cris de « vive la Charte! » Les gardes nationales de la Seine furent dissoutes le lendemain.

Bien que les combats de juillet 1830 eussent été soutenus surtout par les ouvriers qui ne figuraient pas sur les contrôles de la garde nationale, celle-ci considéra comme sa victoire propre la révolution de 1830. La garde nationale fut réorganisée sous le commandement de Lafayette et reconstituée par une loi organique (22 mars 1831). Tous les citoyens payant une contribution personnelle, excepté les domestiques, et sous la réserve des exemptions et indignités, en font partie de 20 à 60 ans. Les officiers sont nommés à l'élection. L'uniforme n'étant pas rigoureusement exigé, les *bisets* se livrèrent à leur imagination. Un avocat monta sa garde dans un fiacre. La garde nationale réprima plusieurs émeutes, de concert avec la troupe, de 1831 à 1839. Mais elle refusa tout service contre l'insurrection du 24 février 1848.

Le gouvernement provisoire étendit le recrutement de la garde nationale. Nulle exclusion que celles que reçoit le suffrage universel lui-même. L'hostilité des classes fractionne immédiatement la garde nationale en deux armées, qui se combattent d'abord par des manifestations (17 mars; — 16 avril), et qui ensuite en viennent aux mains. L'insurrection de juin 1848 fut évidemment faite par des gardes nationaux, puisque, d'après le décret d'organisation, tout électeur était garde national; mais les insurgés ne se réunirent point par bataillons, et montèrent sur les barricades en habits d'ouvriers.

La loi du 31 mai 1850, qui éliminait les deux cinquièmes des électeurs, eut pour corollaire la loi sur la garde nationale du 15 mars 1851. L'âge est élevé à 25 ans. Les conditions de résidence reproduisent celles de la loi de 1831. L'élection des officiers est maintenue. Cette loi n'a été mise à exécution que dix-neuf ans après, en quelques-unes de ses dispositions; le coup d'État du 2 décembre 1851 entraînait une tout autre organisation. Un décret du 11 janvier 1852 déclara dissoutes les gardes nationales et en annonça la réorganisation *selon les circonstances.* Cette réorganisation se fit d'après les instructions d'une circulaire du 14 janvier 1852, où nous lisons : « Vous ne perdrez pas de vue que c'est moins le nombre que le bon esprit des gardes nationaux qu'il faut rechercher. Votre attention devra se porter spécialement sur la composition des conseils de recensement. Ils devront apporter, dans l'accomplissement de leur mandat, une résolution très arrêtée de n'introduire dans les rangs de la garde nationale que des hommes *notoirement connus* (sic) par leurs antécédents honorables, leur bonne conduite et leur inébranlable dévouement aux principes conservateurs de la société. » La garde nationale ne fut, jusqu'à la dernière guerre réorganisée qu'à Paris, et n'eut qu'un service de parade. Ce n'est qu'en mars 1870, dans le mouvement de retour aux institutions parlementaires qui s'accélérait depuis un an, que la réorganisation des gardes nationales fut mise à l'ordre de l'opinion par un vœu du conseil municipal de Rouen, puis par les gardes du 12e bataillon de Paris. L'agitation prit assez d'étendue pour qu'un député de Paris présentât au Corps législatif une proposition de réorganisation de la garde nationale.

Le rétablissement des gardes nationales fut décrété le 7 août 1870. Tous les citoyens valides de 30 à 40 ans y furent appelés. La loi du 12 août 1870 les réorganisa dans la France entière conformément à la loi de 1851. Toute l'histoire de cette époque est dominée par la légende de 1792 sur l'armement universel : peuple assemblées, dictateurs, tout le monde en est persuadé. Nous nous contenterons de rappeler les dates les plus remarquables à divers titres : décret du 22 octobre 1870, qui mobilise les gardes nationales dans les départements; décret du 3 novembre, qui mobilise les gardes nationales de Paris, décret du 14 février 1871, qui dissout les gardes mobilisées de Paris; décret du 30 mars 1871, de la Commune, qui abolit la conscription et déclare que tous les citoyens font partie de la garde nationale ; décret du 5 avril, qui rétablit les compagnies de guerre; décret du 26 mai qui dissout la garde nationale de Paris par suite de l'insurrection de la commune. Une proposition due à l'initiative parlementaire et tendant à la suppression des gardes nationales dans toute la France, fut votée le 24 août 1871 à l'Assemblée nationale. Le rapporteur avait déclaré la garde nationale incompatible avec le service obligatoire; un orateur présenta avec force la même institution comme incompatible avec le suffrage universel. « Depuis l'Assemblée constituante, appelant à faire partie de la garde nationale les citoyens actifs, c'est-à-dire les contribuables, jusqu'au second Empire, s'autorisant lui-même à la former où il voulait et à la composer comme il voulait, la garde nationale a toujours été une classe de citoyens plus ou moins restreinte, mais présumée intéressée au maintien de l'ordre. Après le suffrage universel, tout doit changer : il faut en arriver à ceci : armer tout le monde, ou bien n'armer personne (que l'armée). A quoi sert d'armer tout le monde ? Contre qui ? contre tout le monde apparemment (puisque les perturbateurs sont indistincts de la masse de la nation), et dès lors, comment ne pas dire qu'il serait plus sûr de n'armer personne ? Car enfin ou il n'y aura pas de perturbateurs, ou il y en aura, et alors la loi les arme elle-même ; il font partie de la garde nationale. »

L'assemblée vota donc une loi qui statuait : les gardes nationales seront dissoutes dans toutes les communes à mesure que les progrès de la réorganisation de l'armée sur les bases de la loi de 1868 le permettront. Ces opérations seront effectuées par le gouvernement dans le plus bref délai possible, sous sa responsabilité.

Cette suppression fut effectuée graduellement, et au commencement de l'année suivante elle était générale. A partir de ce temps, la Constitution et les lois n'ont plus d'autre défense armée que la troupe. Nous ne voyons dans cet état de choses aucune menace pour la liberté, si tous les membres du corps électoral sont bien convaincus qu'ils disposent contre le pouvoir qui abuse de l'autorité, de moyens bien autrement puissants que des fusils ou même que des canons rayés. Le premier, c'est le bulletin de vote. Si une nation est mal gouvernée, c'est qu'elle ne sait pas voter ; et si elle ne *veut* pas être libre, qu'elle en subisse les conséquences. Le vote réfléchi est une barricade que ne saurait entamer ni balle ne boulet.

Le second moyen, c'est l'habitude prise par le citoyen d'exercer ses droits avec calme, sans cris ni colère, de ne demander que ses droits, tous ses droits, mais aussi rien que ses droits. Lorsqu'ils sont lésés, il doit les défendre ou revendiquer par tous les moyens légaux, et rien que par les moyens légaux. De cette manière on atteindra ce qu'il est légitime ou juste d'atteindre, si la majorité de la nation est assez éclairée pour comprendre la solidarité qui unit les citoyens.

Disons comme M. J. de Boisjoslin : « on ne défend bien la Constitution que par des moyens légaux », j'ajouterai qu'on n'est vraiment républicain qu'à ces conditions.

GARNISON. Ce mot s'applique à la fois au lieu où séjourne un corps de troupes et à ce corps lui-même.

L'usage d'établir une garnison dans un lieu déterminé date de loin. Ce fut d'abord un droit féodal. Le fief dominant avait droit de garnir le château dépendant ou relevant de lui. C'était une sorte d'occupation.

A mesure qu'elles s'affranchissaient, les communes se donnaient une garnison tirée de leur propre sein, à moins qu'elles ne fussent pas assez fortes pour faire agréer de leur suzerain cet acte d'émancipation, ou bien qu'il n'y eût cas de guerre. Toutes celles qui le pouvaient d'ailleurs se refusaient à recevoir une garnison étrangère. Le maire ou chef de la communauté avait seul le droit de passer la garnison en revue, et c'était une réserve que stipulait toujours en sa faveur une commune à cette époque. Vint Charles VII qui fit agréer aux villes, même en temps de paix, des garnisons étrangères qu'elles entretenaient avec l'impôt nommé *taille des gens d'armes*, pourvu que ce corps ne fût pas de plus de trente hommes des compagnies d'ordonnance. Enfin, Louis XI imposa les grosses garnisons, et Louis XII alla jusqu'à nommer des commissaires pour passer toutes les revues.

Aujourd'hui l'élément militaire est complétement séparé de l'élément civil, et la garnison comprend toutes les villes de France et des colonies où l'on distribue l'armée d'après des convenances politiques et militaires et conformément à la situation, à la configuration et aux productions du pays.

Nous venons de donner un court historique des garnisons, nous les examinerons maintenant au point de vue économique, administratif et politique.

Le droit du chef de l'État de répartir à son gré les troupes sur le territoire n'est plus contesté, il est vrai, et aucun sentiment, aucun préjugé politique n'est éveillé par la question; mais on n'a pas été sans exprimer quelques appréhensions sur les effets que le séjour d'une agglomération de jeunes hommes désœuvrés peut avoir sur les mœurs d'une petite localité. Toutefois, si ces appréhensions existent quelque part, elles ne prévalent pas partout, puisque les demandes de garnison ne sont pas rares. Les solliciteurs ne voient dans les troupes que des consommateurs « qui font aller le commerce ». Que l'armée *fasse aller* plusieurs branches de l'industrie, cela est certain, mais une petite ville ne se fait-elle pas illusion lorsqu'elle croit prendre « sa part du gâteau » ? Ne sait-on pas que la plupart des fournitures sont achetées en gros et produites ailleurs; que les militaires ont des besoins peu variés et que les cafetiers et cabaretiers sont presque les seuls commerçants qui profitent du séjour des troupes ? On se trompe donc sur la portée des avantages qui résultent pour une localité de la possession d'une ou deux compagnies, et si nous n'insistons pas davantage, c'est que la répartition de l'armée par faibles fractions nous semble utile aux soldats et au pays. Aux soldats disons-nous, parce que les militaires, en restant plus facilement que dans les grandes villes en contact avec les citoyens, se maintiennent en communauté d'esprit avec eux et conservent les traditions du foyer paternel. Ajoutons, et cet avantage secondaire n'est pas à dédaigner, que beaucoup de soldats, les cultivateurs surtout, peuvent consacrer quelques heures de loisir au travail, et, tout en suppléant ainsi au manque de bras, entretenir la connaissance de leur profession et se faire un pécule.

Au point de vue administratif, il y aurait à examiner les divers modes de logement des troupes : les hommes peuvent être réunis dans des casernes ou logés chez les particuliers. La réunion des soldats dans des casernes est tellement préférable à leur dispersion qu'on ne les loge chez les particuliers que lorsqu'on ne peut pas faire autrement. Néanmoins cette question soulève dans l'application bien des difficultés de détail, qui ont été résolues différemment par les divers pays.

Envisageons maintenant le côté politique des garnisons. Nous avons déjà donné à entendre que la répartition de l'armée par petits groupes est utile à la liberté, puisqu'elle permet aux militaires de se mêler à la population civile et de rester avec elle en communauté d'idées. Il est heureux que ce morcellement de l'armée soit imposé aux gouvernements par les nécessités d'une alimentation à bon marché, par les soins qu'exige l'état sanitaire, et même par les besoins du service (gardes des forteresses, des arsenaux, etc.).

Jusqu'à présent nous n'avons examiné que les garnisons composées de troupes du pays, ou établies sur le territoire national. Mais les garnisons et même les simples logements militaires peuvent devenir l'objet de conventions internationales. On comprend qu'en principe aucun pays ne puisse tolérer la présence de troupes étrangères ; le vaincu seul subira, et en frémissant, une telle humiliation. Il est néanmoins diverses circonstances qui peuvent justifier une exception à la loi générale. D'après le droit public actuel de l'Europe, une convention fédérale, le protectorat et même le simple consentement du souverain, confèrent le droit de garnir de troupes une forteresse située sur un territoire étranger.

Jusqu'ici nous avons énuméré les cas qui confèrent un droit, quelquefois permanent, d'établir une garnison à l'étranger, mais il est des circonstances qui motivent (bien ou mal) l'établissement de garnisons temporaires en principe, lors même que l'occupation se prolonge pendant bien des années. Le but à atteindre peut être ou 1° de protéger, soit le prince contre ses sujets, soit la nation contre ses ennemis; 2° de contraindre un gouvernement à remplir un devoir ou un engagement international. Dans cette dernière catégorie on peut faire entrer le cas où l'on garde une ville à titre de gage jusqu'au payement d'une dette. Ainsi donc, les garnisons à l'étranger ne peuvent être qu'un moyen de protection ou de coercition. Citons quelques exemples. Lorsque la France entretint à Rome des troupes avec le consentement du pape, ce n'était pas un protectorat légal ou reconnu qu'elle exerçait, mais une protection qu'elle accordait. Lorsqu'un membre de la Confédération germanique ne remplissait pas ses devoirs fédéraux, on pouvait envoyer sur son territoire une *armée d'exécution*, sorte de garnisaire sur une grande échelle. L'histoire est pleine de faits de coercition et de protection plus ou moins désintéressée, et nous nous bornons à renvoyer à ses annales. (*Voy. aussi.***Passage de troupe**.)

GAUCHE. Il est naturel que les hommes qui vivent dans une communauté d'opinion se groupent, et dans les assemblées publiques, ce groupement a l'avantage de faciliter l'action commune. Des diverses nuances de l'opinion, l'opposition, et en général le parti libéral, le parti du progrès, ainsi que le parti radical, ont choisi leur place à la gauche du président. Cet usage s'est introduit dans la plupart des pays. Les conservateurs se placent à droite.

On distingue entre la gauche, l'extrême gauche, le centre gauche; la nuance de l'opinion est d'autant plus tranchée, l'opposition est d'autant plus prononcée que les bancs s'éloignent davantage du centre. Mais on a vu plus d'une fois l'extrême gauche faire cause commune avec l'extrême droite; on comprend qu'on ne s'alliait que pour l'attaque d'un ennemi commun. (*Voy.* **Coalition parlementaire.**)

GENDARMERIE. C'est, disait la loi du 28 germinal an VI, une force instituée pour veiller à la sécurité publique et pour assurer le maintien de l'ordre et l'exécution des lois. Une surveillance continue et répressive constitue l'essence de son service; elle est particulièrement destinée à la sûreté des campagnes et des voies de communication.

Il ne faut plus chercher dans la loi du 28 germinal que le principe de l'institution. Déjà tout ce qui est du ressort du pouvoir réglementaire avait été remanié par une ordonnance du 29 octobre 1820; celle-ci, à son tour, ayant subi de nombreuses modifications, on a senti le besoin de codifier à nouveau la matière. C'est l'objet du décret du 1er mars 1854 qui n'a pas moins de 625 articles.

La gendarmerie supplée à ce qui manque d'énergie et d'activité à la police locale trop rapprochée des habitants, trop mêlée à leurs intérêts, trop accessible à la crainte de se compromettre ou de se faire des ennemis. Par son organisation et ses habitudes militaires, elle dispose de la force matérielle nécessaire pour se faire redouter des vagabonds, maraudeurs, braconniers, charlatans, malfaiteurs et délinquants de tout genre; elle voit et constate les contraventions de toute sorte que les gardes champêtres, gardes forestiers, gardes-pêche, maires et adjoints ne voient point ou feignent de ne pas voir. Par les connaissances acquises dans des tournées continuelles, elle sait, mieux que la police civile, suivre de commune en commune les malfaiteurs, les dépister, les mettre sous la main de la justice. Au besoin, les gendarmes, choisis parmi les meilleurs sujets de l'armée, font preuve d'une intrépidité qu'on ne peut attendre des agents d'un autre ordre.

Ces services de toute nature ont acquis à la gendarmerie une sorte de prestige. Par un effet naturel de l'esprit de corps, elle s'est attachée à mériter mieux encore l'estime des populations, et elle est arrivée à la possession d'une véritable autorité morale. Cette autorité est une chose excellente, mais nous croyons que l'influence de la gendarmerie ne se maintiendra intacte que si cette milice de la sécurité publique se renferme dans les bornes de sa mission naturelle; qu'au contraire cette influence sera compromise ou perdue, au grand préjudice de l'ordre public, si la gendarmerie était mise au service des intérêts politiques de l'administration.

En France et dans quelques autres pays, la gendarmerie est sous les ordres du ministre de la guerre; elle compte dans l'armée, mais elle est en même temps dans une certaine dépendance du ministre de l'intérieur et du ministre de la justice. En Prusse, elle est dans les attributions du ministre de l'intérieur. Partout les gendarmes sont d'anciens soldats d'une conduite exemplaire, qui trouvent dans leur position, on peut dire dans leur emploi, une sorte de retraite.

L'Angleterre n'a pas de corps de gendarmes, elle n'a que des agents de police municipale, tandis que les gendarmes sont des agents institués par l'État.

GÉNÉRALITÉ. Circonscription financière de l'ancienne France. Le nombre des généralités était de 4 vers le milieu du quatorzième siècle; en 1787, on en comptait 32, dont 20 avec élection (tribunaux jugeant en première instance les réclamations relatives à divers impôts). Les généralités ont été abolies par la Révolution française.

GÉRANT. Le gérant est celui sur lequel pèse la responsabilité d'une gestion. La législation sur la *Presse (voy. ce mot)*, cependant, ne se contente pas de punir le gérant, elle étend souvent la vindicte des lois jusqu'à l'auteur et l'imprimeur.

C'est la loi du 18 juillet 1828 qui a remplacé par un gérant l'éditeur responsable créé par la loi du 9 juin 1819; depuis lors, le mot a été conservé à travers toutes les modifications que les lois ont subies. (*Voy.* **Presse.**)

GLÈBE. Ce terme a désigné la seconde forme de l'esclavage. La glèbe était la condition du serf, être attaché à la glèbe (fonds de terre) voulait dire être transmis avec le sol par vente ou autrement.

GLOIRE. Si nous consultons les dictionnaires, la gloire c'est « l'honneur, l'estime, la louange, que la vertu, le mérite, les grandes qualités, les bonnes actions et les beaux ouvrages attirent à quelqu'un » (Académie). A en croire cette définition, c'est dans la vie civile que la gloire vient de préférence trouver les hommes; mais combien peu est question dans le monde de la gloire de Descartes ou de Newton, de Watt ou de Gœthe, ou même de Colbert ou de Turgot! C'est que l'usage paraît réserver la gloire aux hauts faits militaires, aux actions d'éclat, aux victoires remportées sur l'ennemi.

Nous ne voulons en rien diminuer le mérite des hommes intrépides qui savent affronter la mort avec un courage à toute épreuve, mais nous nous plaisons à penser que la gloire d'un Bayard ou d'un Latour d'Auvergne est basée sur leur patriotisme, bien plus que sur leur bravoure ; d'ailleurs, nous admirons davantage le génie d'un grand capitaine (qualité tout intellectuelle) que l'habileté consommée du plus vigoureux combattant subalterne.

D'où vient-il que la gloire militaire seule jette un si grand éclat, que les masses elles-mêmes, et surtout les masses, en sont éblouies ? C'est qu'elle est une manifestation de la force, et pendant longtemps la force était la seule qualité comprise ; le courage n'était-il pas, durant bien des siècles, la *vertu* par excellence. De nos jours, on veut que la force soit employée à faire le bien pour qu'on admire ses actes, et c'est là un progrès d'une portée incalculable, et qui nous donne l'espoir qu'un jour la gloire civile, littéraire, scientifique, brillera à côté de celle du plus illustre général ; mais ce jour-là n'est pas encore arrivé.

En attendant, nous devons nous demander quel parti un gouvernement peut tirer du prestige qui entoure la gloire militaire. Il peut l'utiliser dans sa politique extérieure, étendre son influence au dehors, prétendre à exercer une certaine prépondérance dans ce qu'on appelle improprement le *concert européen ;* il peut aussi en faire un moyen d'influence à l'intérieur. Nous ne parlerons pas de l'action qu'on peut exercer sur les voisins. Dire à un État puissant de ne pas user de sa puissance, c'est prêcher dans le désert. Le moraliste seul se donnera une tâche aussi ingrate. La politique a des allures plus positives, plus pratiques ; elle avertira tout au plus l'État prépondérant, d'user avec modération de sa force, afin d'en jouir longtemps : tout abus faisant naître une réaction ; et dans les relations internationales, la réaction s'appelle *coalition.*

Dans les affaires intérieures, ce qu'on pourrait appeler l'exploitation de la gloire n'est pas sans danger. Vis-à-vis de l'étranger, une nation forme corps, et son gouvernement peut aller *un peu*, quelquefois même beaucoup, au delà du juste sans perdre l'appui de l'opinion. En face de l'ennemi, les peuples modernes se groupent volontiers autour du souverain. Mais si le prince veut se faire pardonner des actes de despotisme intérieur en faveur de sa gloire, il risque de voir les intérêts se liguer contre lui, et comme la faim fait taire l'amitié, comme le besoin tue le sentiment, de même l'intérêt peut l'emporter sur l'amour de la gloire.

Chez un peuple avancé, l'intérêt trouvera un auxiliaire dans un sentiment noble et d'une très grande puissance, l'amour de la liberté. Qui résisterait à leur commune influence ?

Mais un gouvernement peut aussi tirer parti de la gloire pour se faire l'initiateur de tous les progrès : il peut user de son prestige pour élever le niveau moral du peuple, répandre parmi les citoyens le sentiment de leur dignité, encourager les arts, vulgariser l'instruction, rendre libres l'industrie et le commerce, enlever toute entrave au travail. Hélas, ils sont bien rares les gouvernements qui ont su allier la gloire militaire et la gloire civile.

GONFALONIER. Ce mot dérive de *gonfalon* ou *gonfanon, cum*, ensemble, et *fanon*, réunion de fanons, espèce de bannières à plusieurs fanons : le *gonfalonier* était un titre assez fréquent en Italie, mais il était aussi connu en France : les comtes de Vexin, qui portaient la bannière de Saint-Denis (l'oriflamme), et aux droits desquels succédèrent les rois de France à partir de Louis le Gros, recevaient, par ce motif, le titre de gonfalonier *de l'Église de Saint-Denis.* Les comtes d'Anjou étaient gonfaloniers de Saint-Martin de Tours.

GOUVERNEMENT. Ce mot sert à désigner l'ensemble des pouvoirs auxquels, dans chaque État, appartient l'exercice de la souveraineté effective. Ce qui constitue les sociétés, ce qui seul en fait des corps politiques, c'est-à-dire des corps capables de vie, de volonté, d'action collective, c'est la réunion sous une même autorité centrale de tous les éléments qui les composent ; et il n'en est pas une qui ne tombât en dissolution si le gouvernement appelé à la régir venait à disparaître ou seulement à ne plus obtenir la mesure de soumission dont il a besoin pour être obéi.

Les gouvernements, bien que tous aient en réalité à remplir la même tâche, sont loin de subsister sous la même forme. Autant d'États, autant de constitutions politiques, autant de communautés au sein desquelles l'autorité souveraine vit et fonctionne à des conditions d'une diversité marquée. De là, la division des gouvernements en espèces ou sortes différentes ; mais, comme l'a dit avec raison un écrivain moderne [1], « on en est encore à chercher une juste classification des formes de gouvernement et à discuter la dénomination propre à chacune ».

C'est aux Grecs que nous devons la plus ancienne des classifications. Au dire de leurs publicistes, il y avait trois formes d'État et de gouvernement, la monarchie ou le règne d'un seul, l'aristocratie ou le règne des grands et des riches, la démocratie ou le règne de l'ensemble des hommes libres, formes dont la corruption engendrait la tyrannie, l'oligarchie et la démagogie ou l'ochlocratie. Comme chacune de ces formes, toutes les fois qu'elle

1. Dufau, *la République et la Monarchie.* Introduction, p. 18.

dominait seule, ne tardait pas à entraîner des abus et des maux d'une gravité croissante, quelques écrivains en conseillèrent le mélange, mais sans réussir à indiquer nettement, ni les moyens d'opérer ce mélange, ni ceux de le préserver de toute altération destructive.

Ce qui conduisit les anciens à la classification qu'ils adoptèrent, c'est l'idée qu'ils se faisaient de la souveraineté. L'esclavage qui pesait sur une partie des populations, en les empêchant de s'élever à l'intelligence des droits que l'homme tient de sa nature, leur en cachait l'origine et l'essence. A leurs yeux, la souveraineté émanait uniquement de la force. Elle appartenait tout entière à l'Etat, c'est-à-dire à ceux qui, maîtres dans l'Etat, en avaient seuls le gouvernement. Hors de leurs rangs, il n'y avait que des subordonnés, des sujets tenus d'obéir à des lois rendues sans leur concours. Sous l'empire de telles conceptions, il était naturel que les distinctions entre les formes de gouvernement reposassent toutes sur un seul fait, sur le rapport de nombre existant entre les gouvernements et les gouvernés.

Les modernes, grâce à de plus justes notions en matière de droits et de souveraineté, ont approché la vérité de plus près, et la définition donnée par Montesquieu de la nature des trois espèces de gouvernements, si elle ne l'embrasse pas tout entière, y touche par plus d'un point. « Il y a, dit Montesquieu, trois espèces de gouvernements : le républicain, le monarchique, le despotique. Le républicain est celui où le peuple en corps ou seulement une partie du peuple, a la souveraine puissance ; le monarchique est celui où un seul gouverne, mais par des lois fixes et établies ; au lieu que dans le despotique, un seul, sans loi et sans règle, entraîne tout par sa volonté et par ses caprices. »

Depuis Montesquieu, beaucoup d'autres classifications se sont produites, de nouvelles dénominations ont été admises ; mais l'œuvre, en réalité, a peu avancé, et dans les esprits subsistent des doutes et des confusions qui ne laissent pas de réagir dommageablement sur la rectitude des notions politiques.

C'est qu'il est fort difficile, en effet, de tenir compte de toutes les différences qui subsistent entre les formes de gouvernement, tant ces différences sont nombreuses, mobiles et variables : il faut, en pareille matière, se contenter de remonter à leur véritable source et de caractériser ce qu'elles ont de fondamental. Voici où mène à cet égard l'observation des faits.

En principe, la souveraineté sociale réside et ne peut résider que dans l'ensemble des individus réunis en un même corps politique ; mais comme il est impossible aux populations de l'exercer tout entière et constamment par elles-mêmes, force leur est de constituer des gouvernements auxquels en

revient toute la part dont elles ne sauraient se réserver l'usage.

D'un autre côté, à quelque titre, et dans quelque étendue que les gouvernements soient investis de la puissance souveraine, jamais ils ne la possèdent tout entière. Chez tout peuple, à défaut de droits politiques reconnus se rencontrent des sentiments et des volontés dont la suprématie se conserve et qui imposent à l'action du gouvernement des bornes infranchissables. Ainsi subsiste partout et toujours entre les peuples et les gouvernements un partage de l'exercice de la souveraineté qui, quelque inégal qu'il puisse être, qui, quelles que soient, en ce qui le concerne, les prescriptions de la loi, ne saurait aboutir à ne rien laisser de cet exercice aux uns ou aux autres.

Il est bon nombre d'Etats où le partage de l'exercice de la souveraineté entre la société et son gouvernement est une réalité constitutionnelle et légale. Ce sont ceux où n'existent que des pouvoirs dont les décisions ont besoin, pour devenir exécutoires, du consentement formel des gouvernés ou d'une portion quelconque des gouvernés. Pour être moins visibles dans les autres Etats, le fait cependant y persiste, et jamais on n'a vu gouvernement qui n'eût à compter avec les volontés publiques, ou aussi qui ne pût dans une certaine mesure donner cours aux siennes.

Prenez les Etats les plus complètement autocratiques, il en est où le monarque a, en apparence, tout droit sur les hommes et sur les choses. Dogmes religieux, lois écrites, traditions du passé, rien de ce qui subjugue les intelligences n'a été omis afin de consacrer sa personne, de sanctifier son autorité et de la dégager de tout frein. Eh bien ! dans ces Etats, l'omnipotence du maître n'est au fond qu'une fiction mensongère. Autour et devant lui sont des forces vives qui imposent à ses volontés des limites plus ou moins étroites. Ni les grands, ni les ministres de la religion, ni les soldats, ni le peuple ne sont disposés à tout endurer de sa part. Il y a des croyances, des intérêts, des règles, des usages qu'ils ne lui permettent pas d'offenser, et quand il l'oublie, des insurrections, qui souvent le détrônent ou le tuent, viennent lui apprendre que sa souveraineté a des bornes et qu'au-dessus d'elle en vit une autre qui a ses heures de réveil et ne saurait être réduite au néant.

De même, prenez les républiques où les magistrats, simples exécuteurs des volontés de ceux qui les ont choisis, semblent dénués de toute initiative personnelle : eh bien ! là, le gouvernement garde, de par la force des choses, l'exercice réel d'une certaine part de la souveraineté effective. Il y a des affaires sur lesquelles les citoyens en masse ne pourraient délibérer sans en compromettre le secret ; il en est d'autres qui surviennent inopinément et veulent des résolutions immédiates, et il faut bien que le gouvernement

agisse, dussent ses œuvres engager l'avenir.
Sans doute le jour viendra où il aura à rendre compte des motifs auxquels il a obéi ;
mais il n'en demeurera pas moins vrai qu'il
aura fait acte de souveraineté, acte dont, en
bon nombre de cas, les conséquences réagiront infailliblement sur les destinées publiques.

Ainsi s'arrangent les choses dans toutes
les communautés politiques. Pas d'Etat où
l'exercice de la puissance souveraine ne se
partage, suivant des mesures diverses, entre
la société et son gouvernement, et c'est de
l'inégalité de ces mesures que sortent les
différences qui séparent le plus profondément les formes de gouvernement.

La première et la plus considérable des
distinctions résultant de la disparité des mesures d'action souveraine dont les gouvernements disposent, est celle qui fait les gouvernements républicains ou monarchiques. Là
où les sociétés conservent l'action souveraine
dans la plus large mesure, elles demeurent
constituantes, elles choisissent elles-mêmes
les dépositaires de l'autorité publique, et il
n'en est pas un seul qui ne tienne la mission qu'il remplit de la volonté même de tout
ou partie du peuple. Là, au contraire, où les
sociétés ne gardent pas autant d'action souveraine, elles ne sont pas constituantes, et
leur gouvernement a son existence propre.
Dans son sein vit un pouvoir personnel, et
c'est le plus élevé de tous, qui n'émane pas
des suffrages de ceux qu'il régit. C'est la
naissance qui en investit les titulaires successifs suivant un ordre réglé par les lois et
déclaré incommutable.

Telles sont les deux grandes formes constitutives sous l'une ou l'autre desquelles se
rangent tous les gouvernements possibles.
En fait, pas de gouvernement qui ne soit républicain ou monarchique, c'est-à-dire qui
n'émane tout entier de l'élection ou qui n'admette une royauté héréditaire.

Après la distinction fondamentale qui les
divise en deux catégories nettement séparées,
viennent aussi pour les gouvernements toutes celles qui proviennent de la différence
des sommes de puissance effective dont ils
ont l'exercice. Ces distinctions sont nombreuses et non moins marquées sous la forme républicaine que sous la forme monarchique.
En effet, il n'y a de commun aux divers
gouvernements républicains que le principe
même sur lequel ils reposent ; mais en ce qui
touche le renouvellement du personnel qui
les compose, et le degré d'indépendance dont
ce personnel jouit dans l'administration de
l'Etat, il n'en est pas deux qui aient jamais
été complètement semblables. On en a vu qui
se formaient de simples conseils, changés
plusieurs fois par an et tenus d'en référer à
leurs commettants avant de rendre la moindre décision nouvelle. On en a vu, au contraire, où un chef élu à vie disposait librement des emplois, et demeurait maître d'imprimer aux affaires publiques un cours dé-

pendant en notable partie de sa volonté personnelle. Et entre ces deux formes extrêmes,
il en a existé bon nombre d'intermédiaires.

De même, en dépit de l'hérédité royale, la
forme monarchique se prête à des modifications sans nombre. Tandis qu'il est des Etats
où le prince possède le pouvoir absolu, il en
est d'autres où, sujet de la loi, il ne décide
rien de son chef, et où il ne fait acte d'autorité
que sous le contrôle et avec le concours direct de la nation elle-même, représentée par
des assemblées législatives dont elle a désigné
les membres.

On distingue les gouvernements républicains en aristocratique et démocratique, et
ces deux catégories comportent des variétés
que l'usage n'a pas dénommées. Des dénominations nombreuses, au contraire, permettent
de classer les divers gouvernements d'espèce
monarchique, et, bien qu'elles n'aient pas
toute la précision désirable, ces dénominations ont le mérite d'être en harmonie avec la
réalité des faits. Ainsi quand on dit de ces
gouvernements qu'ils sont autocratiques, absolus, despotiques, tempérés, constitutionnels,
représentatifs, parlementaires, on se sert de
mots auxquels s'attache un sens réel, de mots
qui dénotent entre ces gouvernements des
différences de forme dues à l'inégale mesure
des parts de souveraineté dont l'usage appartient au chef héréditaire de l'Etat.

Outre les gouvernements qui régissent les
divers Etats, il en est dont l'autorité s'étend
sur un plus ou moins grand nombre d'Etats
distincts, mais rattachés les uns aux autres
par des pactes d'alliance ou d'union fédérale.
Ceux-ci n'ont d'autres prérogatives que celles
dont les gouvernements particuliers des Etats
associés ou ligués se sont dessaisis en leur
faveur, et entre les parts d'autorité directrice
dont ils jouissent, règnent des inégalités qui
peuvent être fort considérables.

D'où vient la diversité des formes de gouvernement ? Cette question a été et est restée
à juste titre l'objet des préoccupations de la
science. Voici ce que l'étude des faits permet
d'en dire.

Ce qui différencie les formes des gouvernements, c'est ce qu'il y a de dissemblable dans
la situation des Etats eux-mêmes. Etendue,
configuration, position géographique des
Etats, nombre, origine, traditions, intérêts
industriels et commerciaux des populations
qu'ils renferment, rien n'est pareil chez eux,
et s'il en est qui ne recèlent que peu de germes de décomposition, d'autres, au contraire
en recèlent en abondance et d'une vitalité
énergique et persistante. C'est là ce qui ne
permet pas aux gouvernements de remplir
leurs tâches aux mêmes conditions d'existence
et d'action. Moins les éléments rassemblés en
un même corps social sont homogènes, plus
les pouvoirs appelés à en assurer l'union réclament d'indépendance et de stabilité, et plus
est grande la part qu'ils en obtiennent.

Il serait impossible en effet qu'un Etat pût
subsister, si les populations qu'il renferme ne

conservaient d'autant moins d'action sur ses destinées qu'elles sont par elles-mêmes moins capables d'accord. Il est dans tout Etat une mesure de participation, soit à la création des pouvoirs publics, soit à l'administration des affaires collectives que limite pour ces populations le degré de puissance des ferments de division, des éléments de discorde dont elles subissent l'empire, et quand cette mesure est dépassée, des conflits de plus en plus féconds en irritations et en violences ne tardent pas à éclater et à les conduire à s'entre-déchirer.

Ainsi de tout temps se sont passées les choses. Partout le degré de sociabilité politique des populations rangées sous une même autorité centrale a décidé de l'étendue de la mesure de souveraineté dont les populations ont conservé l'usage régulier et continu. Grande là où les populations, grâce à des affinités naturelles, formaient un tout bien compacte, cette mesure a été petite ou nulle là où les populations ne s'accommodaient ni des mêmes lois ni du même régime, et aux gouvernements en est revenue toute la portion qu'elles n'auraient pu exercer sans dommage pour le maintien de la paix intérieure. C'était là une nécessité qui s'imposait dans chaque Etat sous peine d'anarchie et de destruction.

Quant aux circonstances qui, en rendant les populations plus ou moins sociables, réagissent sur la forme des gouvernements, ce sont toutes celles qui ont le triste privilège de semer au sein des Etats des dissentiments et des haines. Différences d'origine, de langage et de nationalité, querelles entre les cultes établis, rivalités entre les classes sociales, jalousies et luttes entre les intérêts particuliers aux diverses localités, ces circonstances, et bon nombre d'autres moins importantes, se mêlent et se combinent, se prêtent ou se retirent mutuellement des forces, et c'est leur action d'ensemble qui, en déterminant à quel point les volontés des gouvernés sont ou ne sont pas conciliables, décide en dernier ressort du mode d'existence et de la somme de souveraineté effective, dont chaque gouvernement a besoin pour préserver l'Etat qu'il régit de dissolution et de ruine.

Il y a des sociétés qui ne possèdent pas autant d'action souveraine qu'elles pourraient en exercer sans péril pour la paix publique; il n'y en a pas qui puissent en conserver au delà de la mesure fixée par l'énergie des motifs de dissension dont elles subissent l'influence, et cela, par la raison qu'en pareil cas l'anarchie qui résulte de l'insuffisance de l'autorité centrale étend graduellement ses ravages et finit par conduire l'Etat à sa perte.

L'anarchie, c'est la mort pour toute association politique. En anéantissant au sein d'un Etat le pouvoir destiné à en réunir toutes les forces sous une même direction, elle le dissout et le prive des moyens de résister aux attaques de ses voisins. Aussi, c'est la nécessité d'échapper aux atteintes destructives de l'anarchie qui, à toutes les époques, a décidé dans chaque Etat du monde l'organisation du gouvernement. Là où le renouvellement, par voie d'élection, du personnel gouvernant, déchaînait des orages d'une violence subversive, la communauté politique ne s'est conservée qu'à la condition de chercher le repos sous la forme monarchique ; là, au contraire, où ce même renouvellement n'occasionnait que des agitations sans portée désorganisatrice, la communauté, gardant plus complet l'exercice de la souveraineté, est demeurée et a vécu sous la forme républicaine.

Et ce n'est pas uniquement sur la séparation des Etats en monarchies et en républiques que le besoin d'union et de sécurité intérieure a opéré, c'est aussi sur les modifications qui sont venues différencier plus ou moins largement les constitutions politiques de même sorte et portant la même dénomination. Dans les républiques comme dans les monarchies, le nombre et la force réelle des éléments de trouble et de division dont il fallait contenir l'essor ont agi sur le partage de l'action souveraine entre les gouvernants et les gouvernés, et en fait il n'y a jamais eu deux Etats où ce partage ait été réglé suivant des proportions entièrement pareilles.

Il résulte de ceci que la liberté politique ne saurait fleurir partout en égale mesure, et que, comme Montesquieu l'a pensé, il y a des Etats condamnés à ne pouvoir subsister qu'à la condition d'accepter les maux qu'en produit l'absence complète. Certes, c'est là pour ces Etats une infortune réelle ; mais, il importe de le remarquer, cette infortune n'est pour ceux qui l'éprouvent qu'un fruit des iniquités dont une partie d'entre eux s'est rendue complice. C'est la force brutale qui a créé et qui soutient ces empires sur lesquels pèse le despotisme du prince.

On a vu sur quels fondements reposent les gouvernements, en quoi consistent les différences qu'en présente la structure et de quelles sources émanent réellement ces différences. Reste maintenant à montrer quelles sont les attributions naturelles des gouvernements, et dans quelles limites doit se renfermer la tâche qui leur est dévolue.

Que les gouvernements n'aient à faire que ce que les membres de la communauté, soit isolément, soit collectivement, ne sauraient ou faire par eux-mêmes ou faire suffisamment bien sans le concours de l'autorité publique, cette règle est la vraie. Mais où se trouve la ligne de séparation? La question, examinée de près, n'est pas aussi simple qu'elle paraît l'être, et dans la pratique elle a reçu des solutions fort diverses.

Il est facile néanmoins de désigner les fonctions qui, dans tous les Etats, appartiennent de toute nécessité aux gouvernements. Ce sont celles dont le maintien de l'indépendance et de l'unité nationales requiert en tout temps l'accomplissement. Exécution des lois, négociations ou traités avec l'étranger, levée et emploi des forces militaires, perception et emploi du produit des taxes destinées à pourvoir aux dépenses d'utilité sociale; toutes ces choses sont du domaine particulier du pouvoir exécutif, et quand les membres de la communauté concourent à les régler, c'est dans la mesure où ils participent à l'exercice de la souveraineté effective, où ils font partie intégrante et active du gouvernement.

Il est d'autres parties de l'action souveraine qui, sans se concentrer aussi complètement aux mains du personnel gouvernant, réclament néanmoins sa coopération continue. Telle est l'administration de la justice. Il y a des Etats où le peuple désigne lui-même les juges dont il relève, et, au moyen de jurés (voy. Jury) ou d'assesseurs tirés de ses propres rangs, intervient directement dans l'exercice du pouvoir judiciaire. A cet égard, les combinaisons peuvent être fort dissemblables, et, de tout temps, les meilleures ont été celles qui dégageaient le plus complètement les juges de toute dépendance extérieure; mais quels qu'en puissent être l'esprit et le caractère, il n'en reste pas moins une tâche que l'autorité centrale est seule apte à remplir avec tout le succès nécessaire, celle d'assurer l'exécution des lois conformément à la volonté du législateur. Si l'accomplissement de cette tâche laissait à désirer, les lois, livrées à des interprétations diverses, finiraient par ne plus être entendues et appliquées de la même façon sur tous les points du territoire national, et la société aurait à souffrir de l'incertitude des règles sur la stricte observation desquelles repose la sécurité des biens et des personnes.

Parmi les besoins sociaux, il en est dont la satisfaction réclame impérieusement le concours et l'action du gouvernement. Ce sont ceux auxquels pourvoient des services et des travaux d'utilité publique, et conséquemment qui sont à la charge commune de toutes les parties du territoire. Il y a bien des manières de procéder à l'exécution de ces services et de ces travaux, et bien des manières aussi de faire face aux frais qu'ils nécessitent et d'en obtenir le remboursement; mais au gouvernement incombe le soin d'en déclarer l'utilité ou de veiller à ce qu'ils remplissent bien leur destination. Ainsi, en matière d'organisation des postes, de création de canaux, de routes de longs parcours, son intervention est nécessaire, et cette intervention, le gouvernement l'exerce à titre d'organe de ce qu'il y a de plus général dans les intérêts qu'il s'agit de concilier et de satisfaire.

Pas d'Etat de quelque étendue, où ne subsistent des communautés partielles douées de vie particulière et ayant des besoins et des intérêts à elles propres. Communes, paroisses, arrondissements, départements, comtés, provinces, sous quelque dénomination quelles soient connues, ces fractions de l'association politique ont à subvenir à des dépenses lo-

cales, à gérer des biens qui leur appartiennent, à accomplir tous les actes que requiert une existence distincte de l'existence générale, et toutes, en effet, ont des mandataires et des administrations qui délibèrent et agissent en leur nom. Tout diffère néanmoins, selon les pays, dans la mesure de liberté dont elles jouissent, en ce qui touche la conduite de leurs affaires. Tandis que certains gouvernements s'attachent à les tenir en tutelle et ne les laissent se mouvoir qu'avec l'autorisation et sous le contrôle permanent de fonctionnaires qu'ils ont choisis eux-mêmes, d'autres ne s'immiscent presque pas dans leurs décisions et les laissent agir en toute chose à leurs risques et périls. (Voy. **Communes, Décentralisation, Département,** etc.)

Après avoir indiqué ce que les gouvernements ont à faire, soit seuls et par eux-mêmes, soit de concert avec telle ou telle subdivision de la communauté politique, il reste à montrer dans quelles limites doit se renfermer leur action, et quel est le domaine où elle ne saurait pénétrer sans devenir plus nuisible qu'utile.

Il y a, dans toutes les sociétés, des libertés qu'il importe de laisser subsister dans toute leur étendue naturelle. C'est pour les individus un droit imprescriptible d'user à leur gré de leurs facultés et de leurs forces, d'amender leur condition, d'amasser des richesses, de s'élever à la possession de tous les avantages attachés à l'état social. Ce droit n'a pour chacun d'autre limite que le respect dû à l'existence de pareil droit chez autrui, et, en ce qui le touche, la tâche des pouvoirs publics consiste uniquement à en préserver l'exercice de toute atteinte offensive ou restrictive.

Malheureusement, les gouvernements n'en ont pas jugé ainsi. Au lieu de se contenter d'assurer à chacun le plus haut degré de sécurité possible dans l'emploi de ses moyens de bien-être et dans la jouissance des biens devenus son partage, ils ont pensé qu'il leur appartenait d'imprimer aux activités individuelles des directions de leur choix et d'intervenir dans la répartition des richesses. Rangs et conditions, propriété et distribution des terres, application des capitaux et du travail, création et échange des produits, labeurs manufacturiers et transactions commerciales, il n'est pas une de ces choses qu'ils n'aient soumise à des règles distinctes et coercitives et leurs actes n'ont abouti qu'à créer des obstacles à l'essor bienfaisant des arts et de la civilisation.

C'est qu'il est impossible de toucher au droit commun, sans semer au sein des sociétés des injustices et des servitudes dont le poids arrête ou ralentit inévitablement leur marche. Tel a été et tel sera toujours l'effet des lois destinées à créer un ordre civil et économique autre que celui que devrait produire le libre déploiement des forces et des facultés individuelles. Ces lois n'opèrent qu'à la condition de prendre aux uns pour donner aux autres, et les résultats en sont constamment contraires au bien général. Est-ce la terre qu'elles immobilisent en totalité ou en partie au profit d'une portion de la communauté, elles réduisent chez le reste la possibilité d'arriver aux avantages de la propriété immobilière, et en resserrant le champ accessible à ses conquêtes, elles affaiblissent le principal mobile de ses efforts. Rien n'agit aussi efficacement sur l'activité des hommes que le désir d'acquérir des terres, rien surtout ne les décide autant à être rangés, laborieux, à amasser les épargnes dont les œuvres nouvelles réclament l'emploi ; mais, là où ce désir, faute de rencontrer toutes les facilités de satisfaction auxquelles il a droit, demeure faible et languissant, les populations manquent des qualités les plus essentielles à leur prospérité. Parmi les causes qui ont empêché les nations de l'Europe d'avancer d'un pas plus ferme et plus rapide vers la civilisation, figurent, à l'un des premiers rangs, les institutions qui attribuaient à des ordres privilégiés la possession exclusive de vastes portions du sol, et si les nations slaves sont restées en arrière des autres, c'est peut-être principalement parce que, chez elles, la propriété territoriale était réservée pendant longtemps aux seules familles dont se composait la noblesse.

En matière industrielle, l'intervention de l'autorité n'est pas moins nuisible. A chaque époque, les genres de production que stimulent les circonstances du moment obtiennent les plus amples rémunérations, et par cela même attirent, plus que les autres, les bras et les capitaux. C'est cette marche naturelle des choses que contrarient les gouvernements toutes les fois que, distinguant entre les différentes branches de commerce et d'industrie, il en est dont ils provoquent par des mesures extraordinaires le développement particulier. Dans ce cas, en appelant des forces productives dans des voies moins fécondes que celles qu'elles quittent, ou qu'elles auraient choisies, ils en diminuent la fécondité générale, et les sociétés ne tirent pas de leurs labeurs tous les fruits qu'elles désirent en recueillir. A cet inconvénient s'en joignent d'autres non moins graves. D'abord, ce n'est qu'en imposant à la communauté des charges plus ou moins onéreuses qu'on soutient les industries auxquelles manquent quelques-unes des conditions de succès dont elles auraient besoin pour se passer d'assistance, et de telles combinaisons se traduisent en obstacles à l'accroissement de la richesse. En second lieu, l'action du pouvoir affaiblit chez les producteurs les qualités les plus nécessaires au bon emploi de leurs ressources. Au lieu de ne compter que sur des bénéfices dus à l'énergie et à l'habileté de leurs propres efforts ils se reposent sur l'Etat du soin d'assurer à leurs œuvres de suffisantes récompenses, et d'ordinaire ils se soucient peu de mettre à profit les innovations dont la réalisation demande des avances et des sacrifices.

Que l'on examine ce que produisent, en réalité, les arrangements législatifs destinés, soit à modifier la distribution de la propriété et des richesses, soit à assigner aux applications du travail des directions artificielles et coercitives : on n'en trouvera pas un qui n'attente à la liberté dont l'activité productive a besoin pour se déployer dans toute sa puissance, et qui n'enlève aux membres du corps social quelques-uns des moyens et des éléments de prospérité dont ils ont droit 'de conserver l'usage.

Il est à désirer que les gouvernements n'étendent pas leur action au delà du cercle où l'intérêt social veut qu'elle demeure confinée. En ce qui touche la répartition des richesses, l'application des forces industrielles et les conquêtes de l'activité individuelle, leur tâche consiste uniquement à veiller à l'exécution des engagements, à assurer aux personnes ainsi qu'aux biens de toute nature dont elles ont la possession légitime, la plus haute mesure de sécurité possible. Cette tâche remplie, ils n'ont plus à se préoccuper du cours que prendront les choses. Il y a, pour régler ce cours, des lois naturelles, et dont l'œuvre est toujours d'autant meilleure, et plus efficace, qu'elle s'accomplit plus librement. Essayer de substituer à l'ordre que ces lois ont pour fin de produire un ordre différent, ce n'est pas moins qu'essayer de substituer aux fruits de la sagesse suprême, ceux des conceptions nécessairement imparfaites de la sagesse humaine, et de semblables témérités rencontrent infailliblement leur châtiment dans les souffrances et les maux qu'elles entraînent ou dont elles empêchent la suppression[1].

GOUVERNEMENT PROVISOIRE. Toute société a besoin d'un chef ; il faut que cela soit bien profondément gravé dans la nature humaine, puisque, depuis la création, les sociétés n'ont jamais pu s'en passer. Aussi le premier acte d'une révolution est-il de remplacer le chef qui a été emporté par la tempête politique. Et c'est ce besoin profond, irrésistible, d'avoir un gouvernement, qui rend le peuple indulgent et facile sur les formes employées lors du choix des hommes auxquels il donne ou laisse prendre ses pouvoirs ; c'est ce qui lui fait fermer les yeux sur les usurpations que ces représentants se permettent, tout en proclamant bien haut la souveraineté du peuple qu'ils foulent aux pieds, tantôt en portant de leur propre autorité des lois que logiquement leur mandat provisoire et limité ne leur permettait pas de faire, tantôt en faisant définitivement des choses qui étaient hors de leur mission et de leur compétence. Mais ce que la nation abhorre avant tout, c'est l'anarchie.

1. La plupart de ces passages ont été empruntés à Hip. Passy.

Cependant « c'est une expérience éternelle, a dit Montesquieu, que tout homme qui a du pouvoir est porté à en abuser ». Or la plupart des révolutions ont eu pour cause et pour excuse ou pour prétexte la nécessité de réprimer des abus de puissance. Pourtant, les pouvoirs constitués, à titre précaire, à la suite des révolutions, sont tombés dans les mêmes fautes. Ainsi, le gouvernement provisoire de 1814 s'empresse de faire un roi, et Talleyrand montrait son salon de la rue Saint-Florentin, en disant : « Voilà où la Restauration s'est faite. » Le gouvernement provisoire de 1830 agit de la même manière, et c'est dans l'hôtel de Laffitte que s'établit le gouvernement de Juillet.

Le gouvernement provisoire de 1848 suit les mêmes errements, et après une délibération de quelques heures, il enfante une République. Le dictateur de décembre 1851 usa et abusa de son pouvoir usurpé et quant au gouvernement « de la défense nationale » du 4 septembre 1870, il se tint assez longtemps dans de justes bornes, sauf il est vrai la délégation de Tours[1]. Mais, encore une fois, « tout homme qui a du pouvoir est porté à en abuser ». On voit, d'ailleurs par ces exemples, que s'il est dans la tendance des chefs d'État d'usurper des droits, cette tendance n'est pas un privilège des monarchies, et que tous les pouvoirs, qu'ils soient oligarchiques,

monarchiques ou républicains, tendent, par leur nature, à absorber le peuple qui se trouve vis-à-vis de celui qui commande, de quelque nom qu'il s'appelle, dans le même rapport que vis-à-vis de celui qui règne.

Où est donc le remède à cet envahissement ? Il ne se trouve pas dans la citation continuée de Montesquieu : « Pour que l'on ne puisse pas abuser du pouvoir, ajoute-t-il, il faut que, par la disposition des choses, le pouvoir arrête le pouvoir ; autrement tout pouvoir va jusqu'à ce qu'il trouve des limites. »

En effet, la prescription de Montesquieu ne s'applique qu'à des situations régulières et l'existence d'un gouvernement provisoire caractérise la situation politique irrégulière par excellence ; le pouvoir y est tenu par des hommes qui se sont donné eux-mêmes un mandat, c'est-à-dire par des hommes sans mandat ; mais par cette raison même, les gouvernements provisoires devraient s'abstenir de disposer pour l'avenir. Leurs pouvoirs ne vont pas au delà de la durée de leur fonction ; ils ne sont légitimes que pour maintenir l'ordre, et non pour édicter des lois que les autorités régulières auront le temps de faire. Ils ne doivent prendre absolument que les mesures urgentes et pas d'autres, et ils devraient toujours s'empresser de demander un bill d'indemnité à la première assemblée pour chaque mesure en particulier, et non en bloc.

GRACE. C'est la remise que le souverain accorde au condamné de la peine qu'il doit subir et qui le plus souvent est remplacée par une peine moindre. Dans ce dernier cas, la grâce consiste dans une commutation de peine.

A la différence de l'amnistie, la grâce n'abolit ni le délit, ni la condamnation, ni les conséquences de cette condamnation, telles que les incapacités qui, dans certains cas, y sont attachées par la loi. Elle fait seulement cesser la peine. C'est ainsi que la grâce n'empêche pas, en cas de nouveaux délits, l'application des peines de la récidive, qu'elle n'entraîne pas la remise des frais et qu'elle laisse subsister, à la suite des condamnations à des peines afflictives et infamantes, la surveillance de la haute police.

Le droit de grâce n'a pas toujours été, en France, le privilège exclusif de la royauté ; mais de tout temps on a compris l'influence politique qui en résulte, et c'est à ce point de vue surtout que jusqu'à Révolution de 1789 divers pouvoirs s'en sont disputé la prérogative.

On comprend que pendant la féodalité chaque seigneur, étant souverain sur ses terres, devait avoir le droit de faire grâce, comme il avait le droit de punir. Plus tard ce droit fut réservé au chef suprême de l'État, au roi.

Le droit de grâce fut si bien considéré comme un attribut de la souveraineté que les

---

1. L'Assemblée nationale avait nommé en 1871 une commission chargée de reviser les décrets du Gouvernement de la défense nationale. Voici comment s'exprime *le Temps* du 27 mars 1872 sur le travail du rapporteur (M. Taillefer) :

« Cette revision était certainement nécessaire pour coordonner les documents législatifs de la période intermédiaire et les mettre en harmonie avec les lois ultérieurement votées par l'Assemblée nationale. Placé entre le régime impérial qui entraînait dans sa chute une partie des lois qu'il avait édictées, et le gouvernement de l'Assemblée auquel l'œuvre de rénovation législative était plus naturellement réservée, le Gouvernement de la défense nationale avait une tâche fort ingrate. Indépendamment des mesures urgentes, militaires et financières que les circonstances l'obligeaient à décréter, il ne pouvait guère se dispenser d'aborder, sous la pression de l'opinion publique, des objets de législation générale qui n'avaient évidemment rien à voir avec la défense, et qu'il ne pouvait étudier dans des conditions suffisantes de calme et de maturité.

« Là semble être le principal grief de la commission, et elle a certainement raison quand elle constate que l'heure était peu propice pour la réformation de nos lois. Mais il y a deux choses dont elle ne tient pas suffisamment compte : d'abord l'état des esprits, l'insistance de l'opinion à faire opérer sans retard des réformes depuis longtemps réclamées, puis les discussions prolongées et approfondies que ces réformes avaient suscitées tant dans la presse qu'au sein des assemblées, avant de recevoir cette rapide consécration législative. Ainsi, l'abolition du serment politique, l'abrogation de l'article 75 de la Constitution de l'an VIII, la suppression de la haute cour, les modifications apportées au recrutement du jury conformément à la législation de 1848, sont plutôt l'œuvre de l'opinion que celle du gouvernement provisoire, et il est difficile d'y voir de véritables improvisations. Cela est si vrai que le rapporteur, tout en blâmant cette intrusion dans le domaine législatif proprement dit, propose à l'Assemblée d'en confirmer les résultats et de maintenir avec ou sans amendement, la plupart des décrets de cette catégorie… »

Le rédacteur du *Temps* a raison dans l'espèce, mais on ne doit pas oublier que « la pression de l'opinion » est un argument trop commode, car l'opinion pourrait bien être souvent celle de cette « minorité turbulente » qui, après une révolution, prend volontiers le haut du pavé.

rois le déléguèrent en même temps qu'ils déléguaient leur autorité. C'est ainsi que Charles VI, en établissant son frère le duc de Berry, lieutenant dans le Languedoc en 1830, lui conféra le droit de grâce, et que Louis XI donna le droit à Charles, duc d'Angoulême, d'accorder une grâce dans chaque ville où il ferait son entrée.

On pense bien que le pouvoir ecclésiastique, qui en toute occasion disputa si obstinément et pied à pied au pouvoir civil chacune de ses attributions, comprit l'importance politique du droit de grâce et tenta d'en avoir au moins sa part. La cour de Rome insérait dans les pouvoirs des légats qu'elle envoyait en France la faculté d'abolir certains crimes et de gracier des condamnés. Mais le Parlement refusa toujours de souscrire à ces clauses et cassa les actes des légats. Les arrêtistes rapportent que le cardinal de Plaisance, légat, ayant, en l'année 1547, donné des lettres de grâce à un clerc qui avait tué un soldat, le Parlement annula l'entérinement qui en avait été fait par le juge ecclésiastique et ordonna que le procès serait fait et parfait à l'accusé.

Des usages singuliers subsistèrent sur quelques points en France jusqu'en 1789. Les évêques d'Orléans, lors de leur entrée solennelle dans cette ville, donnaient des lettres de grâce à tous les criminels qui s'étaient rendus dans les prisons d'Orléans, en quelque lieu que le crime eût été commis. On comprend l'affluence des malfaiteurs que devait attirer cette solennité. Au lieu de supprimer ce scandaleux abus, on se contenta de le restreindre, et on décida que dorénavant le droit de grâce de l'évêque ne s'exercerait plus qu'à l'égard des crimes commis dans l'intérieur de son diocèse.

Le chapitre de l'église de Rouen avait le privilège de délivrer chaque année un criminel et ses complices le jour de l'Ascension. Il en était de même de la ville de Vendôme, en vertu d'un vœu de Louis de Bourbon et d'un acte du 21 août 1428.

C'est en cet état que l'Assemblée constituante trouva la France. La réaction était générale à cette époque contre les abus séculaires, et contre l'arbitraire qui régnait au lieu de principes fixes et certains. On tomba dans un autre excès; à l'arbitraire des peines et des grâces, le Code pénal de 1791 substitua le système des peines invariablement fixées par la loi et supprima le droit de grâce.

Le droit de grâce n'a été rétabli que par le sénatus-consulte du 16 thermidor an X.

Depuis cette époque, il a été inscrit dans toutes les constitutions qui se sont succédé, et la théorie en a été nettement formulée par le législateur; le droit de grâce réside dans la personne du chef de l'Etat. C'est un attribut de la souveraineté.

GRACE DE DIEU.
La plupart des rois de l'Europe moderne se sont intitulés dans les actes publics et sur leurs médailles ou leurs monnaies, rois *par la grâce de Dieu, Dei gratia rex.* C'est la formule exacte et complète de la théorie célèbre de la légitimité et du droit divin.

Auparavant les monnaies portaient cette devise: *Sit nomen Domini benedictum.* Dans ces quatre mots, le *Dei gratia rex* était déjà en germe. De quoi, en effet, Charlemagne ou Philippe-Auguste auraient-ils eu plus de motifs de bénir le Seigneur, si ce n'est que de les avoir faits rois?

Les empereurs romains, avant le christianisme, quoique leur pouvoir fût absolu, ne prétendaient pas le tenir de la grâce de Dieu. Le principe sur lequel il reposait n'était pas le droit divin; c'est la délégation du peuple qu'ils invoquaient. Au douzième siècle, les légistes de Bologne ne professaient encore d'autre théorie que celle des Instituts: « Par la loi *Regia* qui a constitué l'empire, le peuple a concédé au prince toute sa puissance. » Le jurisconsulte Théophile en tirait cette conséquence que « le prince est le maître non seulement de nos propriétés, mais de nos corps eux-mêmes »; ce qui prouve que le despotisme, même le plus insensé, a toujours trouvé des défenseurs.

Avec le christianisme apparaissent sur l'origine du pouvoir et la source de la souveraineté des idées nouvelles. Quand Pépin fut sacré roi par saint Boniface en 752, le caractère de la royauté fut changé. Le roi devint l'oint du Seigneur; une sanction indélébile et qui venait du Ciel fut donnée à son pouvoir. La personne du roi fut désormais inviolable et sacrée comme la personne du prêtre, et le prince a dû s'habituer bien vite à placer dans la volonté divine l'origine de son droit.

Depuis Théodose le jeune, les empereurs d'Orient se faisaient sacrer; leur exemple fut suivi par les rois wisigoths et les rois francs. Mais la théorie du droit divin, qui devait en résulter, ne trouva sa formule que beaucoup plus tard.

Sous le règne de Charles VII, en Angleterre, Filmer s'en fit l'interprète. Voici les traits principaux du système qu'il avait imaginé et qui a été reproduit depuis avec plus ou moins de modifications par les écrivains du parti théocratique.

La monarchie héréditaire par ordre de primogéniture est seule conforme à la volonté de Dieu; elle est d'institution divine; aucun droit contraire ne peut être invoqué contre le prince qui la possède *par la grâce de Dieu;* aucun pouvoir humain ne peut lui être opposé. Il en résulte que le monarque qui ne tient ses droits que du Ciel est absolu, qu'il ne peut être lié vis-à-vis de ses sujets par aucun engagement, et que la parole qu'il donne manifeste seulement son intention actuelle sans le lier lui-même par aucune obligation.

Ces doctrines absolutistes étaient placées par leur auteur sous l'autorité de l'Écriture sainte, qui cependant paraît leur être plutôt contraire. Ainsi dans l'Ecriture, Dieu blâme le peuple élu d'avoir désiré un roi.

La théorie de Filmer n'a pas été un fait isolé. Bossuet lui a prêté en France l'appui de son éloquence et de son génie. On la retrouve tout entière dans ces paroles : « A Dieu seule appartient la gloire, la majesté et l'indépendance; seul il élève les trônes et il les abaisse; c'est lui qui communique sa puissance aux princes ou qui la retire à lui-même. » Le roi, suivant Bossuet, régnant par la grâce de Dieu, ne pouvait reconnaître d'autorité supérieure à la sienne, que la puissance divine elle-même dont il était le représentant sur la terre.

GRAND-DUC.

Les Romains appelaient *duces*, du mot latin *ducere*, conduire, guider, les chefs, les commandants d'une armée.

Le titre de grand-duc fut conféré par le pape Pie V à Côme Ier, de la maison de Médicis, et le souverain de Toscane est le premier qui porta ce titre devenu assez fréquent depuis. Aujourd'hui, il existe sept grands-duchés, savoir : Bade, Hesse, Mecklembourg-Schwérin, Mecklembourg-Strélitz, Oldenbourg, Saxe-Weimar-Eisenach, Luxembourg.

C'est à tort qu'on parle des grands-ducs de Russie, c'est *grand-prince* qu'il faudrait dire.

GRANDESSE.

De l'espagnol, *grandezza*, dignité honorifique propre à la monarchie espagnole; c'est le plus haut titre d'honneur que la noblesse puisse posséder. L'origine de cette dignité est toute féodale; de temps immémorial, les principaux feudataires de la couronne avaient joui du privilège de parler couverts au roi : mais leur nombre s'étant fort augmenté, le roi Philippe Ier se réserva le droit d'inviter à se couvrir en sa présence tels ou tels seigneurs, auxquels on donna plus tard la qualification de *grands;* mais elle ne fut accordée qu'aux plus distingués des *ricos hombres;* c'est de cette époque que date l'institution de la *grandesse* en Espagne.

GRAND-JUSTICIER.

On appelle *justicier* celui qui a le droit de rendre la justice en certain lieu; sous l'empire des lois féodales, ce droit appartenait à tous les possesseurs de fiefs, qui le faisaient exercer par des juges qu'ils commettaient : on distinguait la justice en *haute, moyenne* et *basse*.

Le seigneur *haut-justicier* connaissait de toutes causes personnelles, réelles et mixtes, entre ses sujets, ou lorsque le défendeur était son sujet, il avait le *jus gladii*, c'est-à-dire qu'il jugeait au criminel, et pouvait prononcer la peine de mort.

En Aragon, au moyen âge, on donnait le titre de *grand-justicier* au magistrat qui était placé à la tête des états, depuis le moment où ce royaume fut séparé de la Navarre, en 1035, jusqu'au moment où Ferdinand le Catholique, par son mariage avec Isabelle, réunit toute l'Espagne sous sa puissance.

GRAND-PENSIONNAIRE.

La position des hauts fonctionnaires hollandais qui portaient ce titre est assez difficile à bien saisir de nos jours, où l'esprit s'est habitué à une certaine façon de classer les attributions politiques. Le grand-pensionnaire était pour ainsi dire le ministre et le procureur général de la province de Hollande, l'une de celles qui formaient la république des Pays-Bas. A ce titre il exerçait non seulement une grande influence dans sa province, mais encore dans l'ensemble de la république. On l'appelait aussi avocat général de la Hollande, ou conseiller pensionnaire et il se trouvait fréquemment en opposition avec le stathouder (*voyez ce mot*), contre lequel il défendait les institutions républicaines.

GRATUITÉ DES FONCTIONS.

Nous croyons que la vérité ne peut qu'y gagner lorsqu'on expose les deux côtés d'une question. Or comme notre génération tend à remplacer les fonctions gratuites par des fonctions rémunérées, parce qu'elle tient ce système pour plus démocratique, les fonctions devant être accessibles à tous; il nous semble précisément utile de rechercher ce qu'on peut dire en faveur de la multiplication des fonctions gratuites.

D'abord, il est bien entendu que nous demandons l'égalité devant la loi : tous ceux qui sont aptes à remplir une fonction doivent y être admissibles. Nous abhorrons tout privilège attaché à la naissance, à la religion, à la couleur de la peau ou à d'autres circonstances accidentelles; mais nous admettons qu'il y ait des conditions d'âge, de savoir, d'honnêteté, d'une part, parce que tout le monde peut ou pourra les remplir, et de l'autre, parce que les fonctions existent dans l'intérêt général, et cet intérêt exige que les fonctions puissent être remplies par ceux qui les sollicitent. Mais faut-il les accorder à tous ceux qui les demandent? Cela est impossible. Il faut que chaque soldat porte dans sa giberne le bâton de maréchal, mais tous ne peuvent pas devenir maréchaux. Supposons que dix personnes demandent à être maire d'une ville, on ne pourra les nommer tous, lequel préférer? Le plus digne, sans doute. Comment le reconnaître? Certainement l'absence de fortune ne sera pas une des considérations qui devra motiver la préférence. La richesse non plus. — Accordé. — Mais, *toutes choses égales d'ailleurs*, ne vaut-il pas mieux choisir celui qui se chargera gratis de la fonction?

On pourrait dire en sa faveur : 1° qu'il n'augmentera pas les charges budgétaires, tout en rendant le service demandé; 2° qu'il est mieux préparé à administrer la fortune communale, ayant l'habitude d'administrer la sienne; 3° qu'il peut être présumé plus désintéressé ; 4° qu'il consacre ses loisirs à l'intérêt général, tandis que le candidat qu'il faudra rétribuer abandonne un travail utile, dont il perdra peut-être l'habitude ; 5° qu'il est dangereux d'encourager trop de personnes à quitter leur profession pour des fonctions publiques, que l'esprit civique en souffrirait, qu'on multiplierait le nombre des démagogues, etc.

On a fait valoir encore en faveur de la gratuité cet argument, qu'elle est une des conditions du *self government*. (*Voy. ce mot.*) On peut dire aussi que la rétribution de toutes les fonctions ne serait logique que si on les tirait au sort, *avec obligations de les accepter*. C'est qu'on ne peut pas toujours accepter des fonctions gratuites quand on est forcé de gagner sa vie par le travail. Autre point de vue. Les citoyens qui se présentent comme candidats à des fonctions électives sont-ils plus ambitieux ou moins modestes que les autres ? — Qui le sait ? — Mais ni leur ambition, ni leur défaut de modestie n'est une raison pour qu'on les paie. Et s'ils parlent de leur dévouement, on peut leur répondre : le dévouement est gratuit, un dévouement payé est d'une valeur contestable.

Mais l'argument politique le plus important en faveur de la gratuité est peut-être celui-ci : plus la démocratie deviendra puissante, plus elle aura besoin d'un contre-poids (*voy.* **Dualisme**), car toute puissance qui manque de frein a une tendance à s'emporter. Ce contre-poids c'est précisément la multiplicité des fonctions gratuites. De cette façon l'élément conservateur de la nation est plus en état de modérer la « fougue démocratique ». Nous n'insisterons pas, parce que nous voyons aussi les inconvénients de la gratuité. Ils consistent surtout dans une besogne moins bien faite ou pas faite du tout. (Il y a cependant des élus qui ne travaillent pas.) Aussi faut-il en tout une juste mesure. On peut formuler à peu près ainsi le principe à suivre en cette matière : pour les fonctions politiques préférer le plus souvent la gratuité; pour les fonctions administratives, la rémunération, en tenant compte, dans l'un et l'autre cas, des circonstances locales.

GRÈVE (en anglais *Strike*, pron. Straïk), abstention volontaire du travail, le mot chômage s'applique à l'abstention involontaire. C'est une arme de combat à l'usage du « Travail » ou mieux, des ouvriers. Les patrons répondent dans certains cas par le *lock out* ou la fermeture de l'usine ou de l'atelier.

Les rapports entre les patrons et les ouvriers consistent — comme chacun sait — en ceci. Le patron ou « employeur » demande un travail à qui sait le faire et le rétribue ; c'est le salaire. Sur la quotité de la rémunération et les conditions accessoires il faut que les deux parties intéressées s'entendent librement et sur le pied de l'égalité. (*Voy.* **Salaires.**) Le plus souvent c'est le patron qui offre le travail et alors fixe le prix, mettons que ce soit sous cette forme-ci : « qui veut faire chez moi des souliers à 5 fr. par jour? » Les cordonniers auxquels le prix convient se présentent, et par ce seul fait l'accord est conclu entre le patron et les ouvriers admis; le nombre des ouvriers admis correspond à la quantité de travail prévue. Les ouvriers auxquels le prix ne convient pas ne se présentent pas, et tout est dit.

Supposons maintenant qu'un patron veuille — pour une raison bonne ou mauvaise — réduire le salaire pour l'avenir; s'il n'avait qu'*un* ouvrier, celui-ci n'aurait qu'à accepter ou s'en aller, le patron trouvera un autre ouvrier, et l'ouvrier un autre patron. Mais si l'atelier renferme beaucoup d'ouvriers ; et qu'ils s'entendent, il peut arriver que les ouvriers tentent de forcer le patron à céder. Ils refusent ses conditions et font grève. Ils savent que le patron a autant besoin d'eux, qu'eux de lui, en général du moins; sans doute, le patron a presque toujours quelque avance et peut attendre un peu; mais il perd chaque jour une partie de son capital et un chômage prolongé peut lui causer un très grand dommage, la perte de la clientèle même[1]. Les ouvriers, souvent, n'ont pas d'avances (si ce sont des célibataires, c'est TOUJOURS leur faute, ils PEUVENT et DOIVENT mettre de côté) et s'ils ne cèdent pas, ils souffrent. Généralement la lutte a ainsi lieu entre égaux, et si les choses étaient simples en ce monde, la victoire serait à celui qui peut le mieux attendre.

Seulement les choses ne sont presque jamais simples dans ce monde, elles sont même souvent très compliquées. Ainsi le taux des salaires (ou aussi la longueur de la journée qui est une question de même ordre) n'est pas la seule cause des grèves, il en est d'autres et de fort variées. Il y a les questions du règlement intérieur, du contremaître, de camaraderie (renvoi), il y a les excitations des démagogues, sans compter l'influence de doctrines politiques ou socialistes. Dans les luttes qui ont des causes si variées, les prévisions sont difficiles, seulement l'expérience nous apprend que les patrons l'emportent un peu plus souvent que les ouvriers. C'est une raison, pour les ouvriers, de ne pas entreprendre légèrement une grève, et surtout de ne s'y engager qu'après mûre réflexion. Ils ne devront jamais admettre surtout qu'une personne qui n'est pas du métier — *et qui n'y perdrait pas en même temps qu'eux son propre salaire* — leur donne des conseils. Ces conseils sont rarement bons. Ils sont toujours mauvais quand ils émanent d'un député venu exprès — quittant l'assemblée où son devoir l'obligerait à rester — pour faire des discours sur la grève. Certains de ces discours sont abominables. L'ouvrier ne devra jamais l'é-

---

1. Il faudrait pourtant préciser. Le patron dispose d'une plus grande somme pour sa consommation, il peut acheter du pain plus longtemps qu'un de ses ouvriers ; mais plus cela dure, plus il perd sur ses capitaux, ce qui est une perte plus grave et moins facile à réparer.

couter, même quand il lui donne raison, et surtout quand ces discours l'excitent au lieu de le calmer. (Il y a des manières bien connues de dire : calmez-vous, qui excitent.)

S'il était sage, l'ouvrier se méfierait de tout ceux qui parlent avec violence. Il devra toujours se demander si, étant patron, il accorderait ce qu'il exige étant ouvrier. — Car s'il était patron, lui, il serait juste, n'est-ce pas? — Or s'il revendique une chose qui est contraire à l'intérêt du patron, ou contraire à sa dignité, comment espérer qu'elle lui sera accordée? Charbonnier veut être maître chez lui. C'est naturel. Et si par hasard vous lui infligiez une humiliation, croyez-vous que ce serait à votre avantage? — Vous en seriez puni, tôt ou tard, d'une façon ou d'une autre. S'il fermait son usine, vous en trouveriez-vous bien? Ou seriez-vous plus heureux sous le joug de vos camarades du syndicat que sous la direction du patron? Si vous le croyez vous êtes aveugle et ne méritez pas d'avoir voix au chapitre.

Les grèves font tant de mal qu'on a, en France et dans d'autres pays, établi des bureaux de conciliation. En France, c'est le juge de paix qui en est chargé. (L. du 27 décembre 1892). Malheureusement cette mesure a eu jusqu'à présent peu de succès. L'intervention des agents de conciliation a été refusée tant par les patrons que par les ouvriers. De la part des patrons, parce qu'on leur demande toujours un sacrifice, et rien qu'un sacrifice (d'argent, de dignité, d'amour-propre) et qu'un patron peut avoir une raison sérieuse pour ne pas se l'imposer. S'il s'agissait d'une condition ruineuse, pourrait-il y souscrire? La conciliation est refusée de la part des ouvriers, quand ils ne veulent pas faire de concession, quand ils sont passionnés, quand ils sont conduits par des meneurs. En pareil cas, ils montrent qu'ils ne savent ni calculer leurs intérêts, ni se délivrer de la tutelle des camarades qui les exploitent.

Encore une fois, ce ne peut jamais être, croyons-nous, l'intérêt des ouvriers de refuser la conciliation; ils n'y sont engagés que par de mauvais conseils, par la crainte de mauvais traitements de la part de camarades passionnés (terrorisation), ou par d'autres raisons analogues. Les ouvriers qui maltraitent ceux qui ne veulent pas prendre part à la grève commettent de véritables crimes qu'aucune loi n'excuse; ils anéantissent ainsi leur propre droit. Aux ouvriers terrorisés on peut donner le conseil de se grouper de leur côté, et de nommer une chambre syndicale de défense et de demander la protection de l'administration. Elle leur est due, et ne sera pas refusée. C'est le devoir le plus strict de l'Etat, ou du gouvernement, de protéger à tout prix ceux qui veulent travailler et ceux qui désirent conserver leur liberté. Un gouvernement qui ne les soutiendrait pas contre les ennemis du travail — ou contre les ambitieux — serait réputé *gouvernement faible*, et cette réputa-

tion est mortelle, quelle que soit la forme de ce gouvernement.

Un mot encore.

Certains économistes, qui s'attribuent le mérite d'être particulièrement favorables aux ouvriers, prétendent que, dans les conventions entre patrons et ouvriers, il n'y a pas égalité entre les contractants, puisqu'*un fabricant est plus riche qu'un ouvrier*. Sans doute, un seul ouvrier (sauf s'il a des talents) ne peut pas forcer le fabricant à lui céder; mais le fabricant ne peut pas forcer non plus l'ouvrier, même isolé, à céder sur le salaire tant que la loi publique laisse à l'ouvrier le droit de changer de patron. Lorsqu'il consent, c'est qu'il a pesé le pour et le contre. Mais dans les discussions entre le capital et le travail, le patron a affaire à un ensemble d'ouvriers et là les forces s'égalisent, c'est tantôt le capital et tantôt le travail qui est le plus fort. Le travail l'est un peu moins souvent[1] que le capital, parce qu'il est plus exigeant, qu'il demande des choses qu'on ne peut pas — surtout quand il est excité par des démagogues — accorder. Quand deux Etats de forces égales se font la guerre, c'est tantôt l'un tantôt l'autre qui est victorieux : cela dépend alors des circonstances accessoires.

1. Cela s'applique surtout à l'Europe; voici un renseignement sur l'Amérique.

Dans le rapport d'ensemble que vient de publier la délégation des syndicats ouvriers de Paris à l'Exposition de Chicago, — gros volume de près de cinq cent pages, animé du plus pur esprit socialiste, — nous relevons, au sujet des grèves américaines, une statistique bien suggestive.

Après avoir fait un vif éloge de la « Fédération ouvrière américaine », vaste association comptant plus de six cent mille membres et distribuant à ses adhérents, en cas de grève autorisée par son comité central, une somme qui varie de 7 à 8 francs par jour, la délégation cite un extrait du rapport officiel relatant le nombre de grèves qui se sont produites dans le seul Etat de New-York, pendant une période de huit ans, de 1885 à 1892.

Nous y voyons que sur 22.559 grèves, 15.280 ont obtenu un succès complet et 1.572 un succès partiel, tandis que 5.368 seulement n'ont pas abouti; pour 159 grèves on ne peut encore se prononcer avec certitude. Donc les trois quarts environ des grèves ont réussi : c'est une proportion extrêmement forte et qui, croyons-nous, n'a jamais été atteinte dans aucun Etat Européen. On conçoit donc l'admiration des délégués français pour un pareil résultat.

Oui, mais voici le revers de la médaille. Les pertes de salaires causées par ces grèves ont atteint 56.725.136 fr. et le total des frais de grève s'est élevé à 9.278.151 francs, soit, en additionnant les deux chiffres, un peu plus de 66 millions. Or le gain en salaires dû aux grèves n'est estimé qu'à 48.957.122 francs, soit en nombre rond 49 millions. Si l'on retranche cette somme de 66 millions, il reste 17 millions de perte sèche pour les ouvriers. De plus, tandis que les ouvriers perdaient en salaires près de 57 millions, les pertes subies par les patrons ne s'élevaient qu'à un peu moins de 32 millions.

Ce n'est pas tout. Sur un total ce 530.992 grévistes 31.848 n'ont pas été réemployés après la fin des grèves. Donc, pour le seizième environ des ouvriers, le résultat a été le chômage définitif et la perte de leur gagne-pain.

On voit que si la fédération américaine a remporté de nombreuses victoires, celles-ci ont été payées bien cher ! Et puisque, dans la plupart des pays, la proportion des grèves qui réussissent est de beaucoup inférieure, il est aisé d'imaginer ce qu'elles doivent coûter aux populations laborieuses. A ce point de vue, la statistique reproduite par la délégation française contient une leçon de choses singulièrement instructive : puissent les intéressés la méditer et en tirer profit !

(*Temps* du 26 février 1895.)

Or, la meilleure preuve en faveur de cette égalité des forces, c'est que les ouvriers font grève avec une facilité qui est vraiment déplorable, le feraient-ils s'ils n'espéraient remporter la victoire ? S'ils avaient complètement tort sur le point en litige, s'ils faisaient grève sachant qu'ils ne peuvent pas vaincre, il faudrait les envoyer dans une maison d'aliénés ; les démagogues qui les excitent mériteraient alors d'être enfermés dans une maison de force et de correction. Mais, en fait, les ouvriers, quoique un peu plus souvent vaincus que vainqueurs (j'en ai donné la raison), emportent dans ces luttes assez souvent la victoire ou du moins un avantage, pour pouvoir risquer une bataille ; de sorte que les économistes qui soutiennent la doctrine de l'inégalité naturelle des partis (ce qui n'est pas l'inégalité des individus), sortent du domaine de la vérité scientifique et contribuent à répandre des erreurs qui, de nos jours, sont tout particulièrement dangereuses.

GUERRE. La guerre tient, dans l'histoire du genre humain, une place immense. Les grands hommes qu'elle enfante deviennent les noms les plus populaires. A eux paraît réservé d'une manière particulière ce titre de héros qui semble le terme suprême de l'admiration des peuples.

La guerre, cependant, est un épouvantable fléau, un des malheurs de la terre. Comment expliquer ses contradictions, et comment d'abord expliquer son existence ?

Les philosophes se sont divisés. Les uns, plus frappés du fait et y soumettant plus aisément leur raison, ont cherché des justifications d'une pratique presque aussi vieille que l'humanité elle-même. Ils sont allés jusqu'à voir là une loi divine, une sorte de nécessité terrestre. Ils se sont demandé si le globe ne succomberait pas bientôt sous un excès de population, sans l'aide des grands désastres parmi lesquels figure la guerre. Ils ont fait remarquer que, semblables à une eau stagnante qui par sa stagnation même tend à se corrompre, les sociétés trop longtemps en paix, elles aussi, se corrompaient dans la mollesse et les jouissances matérielles ; que la guerre leur rendait l'énergie, l'esprit de sacrifice, l'austérité. C'est là, disons-le bien vite, une triste philosophie, appelant le mal pour remédier aux excès du bien.

Le fait par les hommes de s'entre-tuer les uns les autres ne pourra pas, quelques arguments qu'on y emploie, s'imposer à l'assentiment de la conscience humaine. Ce fait restera toujours lamentable et barbare. S'il se légitime par des nécessités du temps, il restera toujours comme un grand mal, une plaie humaine, et sa disparition ne cessera pas d'être l'un des desiderata suprêmes de la civilisation.

Dans les temps anciens, le pillage ou la conquête qui n'en est qu'une variété et, pour les âmes supérieures, l'empire du monde, c'est-à-dire toujours la conquête, la domina-

tion, l'asservissement, voilà les mobiles de la guerre. Il n'est nul besoin d'autre cause justificative de ces hécatombes d'hommes, de ces massacres innombrables dont l'histoire nous offre le tableau. Le sang humain ne pouvait pas avoir son prix, l'âme humaine ne pouvait pas avoir sa valeur haute et personnelle dans des sociétés qui admettaient l'esclavage comme fondé sur le droit de la nature. A cette époque, la piraterie était une profession. « Pendant les temps héroïques de la Grèce, la piraterie était généralement exercée, dit Wheaton (*Histoire des progrès du droit des gens*), et au temps même de Solon, les Phocéens étaient obligés, à cause de la stérilité de leur sol natal, d'errer sur les mers en qualité de pirates, « — ce qui était alors considéré comme une profession honorable. » Solon toléra, tout en leur imposant certains règlements, les associations de pirates qu'un antique usage avait déjà établies. Les Etrusques, auxquels les Romains empruntèrent leurs arts et leurs institutions, étaient des pirates reconnus et commettaient dans la Méditerranée toute sorte de déprédations, comme jusqu'à la prise d'Alger les Barbaresques.

L'idée de conquête est déjà un progrès, non que le vainqueur se reconnaisse de moindres droits sur les biens, la vie ou la liberté du vaincu, mais parce que la conquête, question de domination plutôt que d'enrichissement, suppose précisément la conservation du peuple vaincu. On veut commander, on a la passion de l'empire, et, à cet effet, le peuple vaincu devra conserver une existence suffisante dans l'intérêt de celui qui l'a subjugué. Les conquérants arrivent bientôt à posséder assez de notions économiques pour comprendre aussi, que laisser à la nation asservie la possession de certains biens, et en partie son existence propre, c'est augmenter d'autant la puissance de la nation dominante, et que le tribut peut aussi remplacer le pillage. Enfin l'idée morale et fraternelle, prêchée par le christianisme, s'impose à son tour avec plus ou moins d'efficacité et, après de bien longues luttes, à ce principe de la conquête et à ces rapports du conquérant, avec ce qui est sa proie. La conquête, par suite s'adoucit encore, elle tend à devenir plutôt une annexion forcée, un agrandissement violent du territoire ; le pays conquis est assimilé à la nation victorieuse, sauf les précautions nécessitées par la crainte des révoltes. Quelquefois l'assimilation devient complète. Il n'y a plus de vaincus et de vainqueurs : ce sont plutôt des frères qui se sont réunis et qui vivent d'une vie commune. Il n'y a alors plus qu'un peuple comme entre les Anglais et les Ecossais, ou mieux encore entre les diverses provinces de la France.

A côté des guerres d'invasion ou de pillage et des guerres de conquête nous rencontrons dans l'histoire d'autres causes et d'autres genres de guerre que nous devons indiquer.

Ce sont par exemple les guerres de principes, dont l'exemple le plus éclatant se trouve dans les luttes de la Révolution française avec la coalition de Pilnitz. Le dix-neuvième siècle en a vu deux autres exemples, l'intervention de l'Autriche en Italie en 1820, celle de la France en Espagne en 1823.

Il faut mentionner aussi les guerres sociales, guerres de maîtres à esclaves, de plébéiens à patriciens, jacqueries.

Les guerres de succession ont joué un rôle important dans les deux derniers siècles, depuis la guerre de la succession de Juliers, motivée par la prétention des cinq sœurs, et qui aboutit au tirage au sort de ce duché, entre le comte de Neubourg et l'électeur de Brandebourg (1614), jusqu'aux longues guerres du règne de Louis XIV pour la succession d'Espagne, qui amenèrent contre la France la coalition de l'Autriche, de l'Angleterre, de la Hollande, de la Prusse, du Portugal et de la Savoie, et qui aboutirent aux traités d'Utrecht et de Rastadt (1713-1714). En 1748, il y eut la guerre de la succession d'Autriche, à la suite de la pragmatique sanction de Charles VI en faveur de Marie-Thérèse.

Des faits passons à la théorie. Montesquieu, auquel il faut toujours revenir, disait déjà à son époque, chap. II *De la guerre* (livre X): « La vie des Etats est comme celle des hommes. Ceux-ci ont le droit de tuer dans le cas de la défense naturelle ; ceux-là ont le droit de faire la guerre pour leur propre conservation.

« Dans le cas de défense naturelle, j'ai droit de tuer, parce que ma vie est à moi, comme la vie de celui qui m'attaque est à lui; de même un Etat fait la guerre, parce que sa conservation est juste comme toute autre conservation.

« Le droit de la guerre dérive donc de la nécessité et du juste rigide. Si ceux qui dirigent la conscience ou les conseils des princes ne se tiennent pas là, tout est perdu, et lorsqu'on se fondera sur des principes arbitraires de gloire, de bienséance, d'utilité, des flots de sang inonderont la terre. »

Prenons le publiciste classique Vattel: § 26 (livre III, chap. III) : *Quelle est, en général, la juste cause de la guerre?*

« Le droit d'user de force, ou de faire la guerre, n'appartient aux nations que pour leur défense ou pour le maintien de leurs droits. Or, si quelqu'un attaque une nation ou viole ses droits parfaits, il lui fait *injure*. Dès lors, et dès lors seulement, cette nation est en droit de le repousser et de le mettre à la raison : elle a le droit encore de prévenir l'injure quand elle s'en voit menacée. Disons donc, en général, que le fondement ou la cause de toute guerre juste est l'injure ou déjà faite ou dont on se voit menacé.

« Lors donc qu'il s'agit de juger si une guerre est juste, il faut voir si celui qui l'entreprend a véritablement reçu une injure ou s'il en est menacé. Et pour savoir ce que l'on doit regarder comme une injure, il faut

connaître les *droits* proprement dits, les *droits parfaits* d'une nation. »

Quelle est donc, toujours d'après Vattel, la fin légitime de la guerre?

« *Venger ou prévenir l'injure.* Venger signifie ici poursuivre la réparation de l'injure, si elle est de nature à être réparée, ou une juste satisfaction, si le mal est irréparable; c'est encore, si le cas l'exige, punir l'offenseur en vue de pourvoir à notre sûreté pour l'avenir. Le droit de sûreté nous autorise à tout cela. »

Prenons maintenant Martens, le publiciste de la pratique : § 265 (livre VIII, chap. III) : *Des raisons justificatives de la guerre:*

« Aucune violation d'un simple devoir de morale, de politique ou de bienséance, ne peut, considérée en elle-même, être une raison justificative pour faire la guerre. Mais tout acte portant atteinte à l'indépendance d'une autre nation, ou à la libre jouissance de ces droits acquis, soit par occupation, soit par traités, que cet acte soit *passé*, *présent*, ou probablement à craindre pour l'*avenir*, peut être une raison justificative de la guerre entre les nations, lorsque, après avoir vainement tenté des voies plus douces, on en vient successivement à cette extrémité, et qu'on n'y a point renoncé.

« Au reste, on sait combien souvent, dans la pratique, on doit distinguer les raisons justificatives et les motifs de la guerre. »

Depuis que ces pages ont été écrites, c'est-à-dire depuis le commencement du dix-neuvième siècle, les principes du droit des gens ont fait de nouveaux progrès, ou tout au moins se sont précisés d'une façon plus favorable au maintien des bonnes relations entre les peuples. Le progrès acquis peut se résumer en deux lignes : L'intervention en faveur d'un gouvernement contre un peuple n'est plus aussi considérée comme légitime. Peut-être l'évite-t-on seulement parce qu'il faudrait faire une guerre sans profit, car, en pareil cas, ni le gouvernement ni la nation ne cédera un morceau du territoire.

Il faut bien le reconnaître au surplus, tant qu'un tribunal international n'aura pas été établi entre les nations, et le sera-t-il jamais? nous serons menacés que de la justice, le droit et la paix en proie aux emportements et aux caprices de la force.

On s'est demandé si une monarchie ou une république serait plus prompte à faire la guerre. La réponse se trouve dans un article inséré dans le journal *le Temps*, du 16 septembre 1895 (à l'occasion d'un récent livre du comte Benedetti). Après avoir démontré qu'en 1870 « deux grands peuples à leur insu, et deux souverains contre leur intime et personnelle volonté, se sont trouvés jetés dans la guerre effroyable dont les suites pèsent encore si lourdement sur l'Europe, » l'auteur continue ainsi :

« On se plaît à croire et parfois à dire que ces intrigues souterraines et ces surprises sanglantes ne sont plus possibles; que la République, en particulier, a délivré la France des périls du pouvoir absolu d'un seul et des mauvais calculs d'une politique dictée avant tout par l'intérêt d'une dynastie. Nous aimons à répéter que nous avons notre destinée en nos mains et qu'on ne peut pas nous entraîner à la guerre sans notre volonté. Il y aurait dans ce raisonnement une fausse sécurité si l'on ne distinguait pas soigneusement entre la théorie abstraite et la politique concrète, entre les principes et les faits, et si l'on en inférait qu'en république une nation est moins tenue de veiller sur elle, de se méfier des emballements, de résister aux impressions confuses, d'obéir à la conscience et à la raison. Oui, en république, le peuple est souverain. Mais ce souverain, pas plus que les autres, moins que les autres peut-être, n'est à l'abri des flatteurs qui abusent de sa crédulité ou exploitent ses passions, des mandataires qui travaillent pour eux, en se glorifiant tous les jours de travailler pour lui. Un homme couronné a des préjugés, des colères, des faiblesses. La foule en est-elle exempte? Ne peut-elle pas être mal renseignée par ceux qui ont la charge de l'informer chaque matin? Dans les entraînements d'un patriotisme surexcité, ne peut-elle pas se porter contre le représentant d'une puissance étrangère à des excès qui amènent un incident diplomatique? Un ministre, par amour de la popularité et pour sauver son portefeuille, ne peut-il pas prononcer à la tribune des paroles irréparables, et les coups de fusil ne peuvent-ils pas partir des deux côtés de la frontière avant que le peuple ait eu le temps de réfléchir ou de délibérer sur la question de la paix ou de la guerre? Reconnaissons plutôt que, pour être évitées, ces catastrophes soudaines exigent une raison toujours vigilante et maîtresse d'elle-même, et qu'en république, plus qu'en monarchie, un peuple court de graves dangers s'il ne sait pas s'informer exactement des choses, suspendre son jugement dans les moments d'ignorance ou de doute et régler sa conduite avec sang-froid. »

Résumons maintenant ce que le droit des gens positif, c'est-à-dire celui qui est réellement appliqué, considère comme les usages, comme les pratiques légitimes de la guerre. Ainsi, il est bien entendu que, dans les lignes qui suivent, nous ne disons pas ce qui devrait être, ce qui aurait notre préférence, mais ce qui est, le fait brutal. Dans les cas douteux, c'est-à-dire où les usages ne sont pas établis d'une manière claire et incontestable, nous nous appuyons souvent sur les *Instructions pour les armées en campagne des États-Unis*, rédigées (par le professeur Lieberg, mort en 1872) lors de la guerre de sécession et approuvées par le président Lincoln. Bien qu'il s'agisse d'une guerre contre des rebelles, qu'on ne reconnaissait qu'à regret comme des belligérants, il est admis par les publicistes que les prescriptions sont souvent (mais pas toujours) plus douces que celles appliquées en Europe. (*Voy.* Bluntschli, *le Droit international codifié*, p. 5.)

Deux principes généraux sont admis maintenant par toutes les nations civilisées : 1° on ne doit faire à l'ennemi que le mal strictement nécessaire pour le vaincre ; 2° ne faites pas aux autres ce que vous ne voudriez pas qu'on vous fît. Ces deux principes, qui sont sortis de la morale pure, n'ont cependant pas été inspirés par des sentiments nobles et élevés, mais par l'intérêt. Comme chacun est faible à son tour, on a consenti à établir des règles de conduite qui protègent le faible, le droit des gens n'est que cela. Le mot *faible* ne s'applique pas ici autant à un petit État qui serait en présence d'un grand, car malheureusement les petits États sont plutôt protégés par le droit des gens théorique et par la jalousie internationale que par le droit des

gens pratique, le mot *faible* s'applique surtout aux individus et aux corps peu nombreux et isolés, ainsi qu'aux personnes non armées. L'intérêt de protéger ses propres faibles est tellement grand pour chaque État qu'il fait volontiers des concessions aux faibles de l'ennemi.

Voici donc les principales règles que nous devons réunir ici, en renvoyant pour les autres aux articles spéciaux qui leur sont consacrés.

1. L'occupation d'un territoire ou d'une localité confère au commandant de l'armée ennemie tous les droits politiques, administratifs et judiciaires qui incombent aux autorités générales et locales d'un pays. Il peut, au besoin, faire des lois et règlements, instituer des tribunaux, punir, percevoir les impôts et même en décréter de nouveaux, le tout, bien entendu, en respectant strictement les principes de justice, d'honneur et d'humanité, vertus, ajoute l'*Instruction* américaine (art. 4), « qui conviennent au soldat plus encore qu'aux autres hommes, par la raison qu'il est tout-puissant par ses armes au milieu de populations désarmées ». Voilà ce qu'enseigne le droit des gens positif, mais que les sujets des pays envahis ne s'y fient pas trop, l'ennemi parti, la vindicte nationale est soulevée contre ceux qui lui ont trop obéi.

2. En présence de l'ennemi, chaque pays, lorsque ses lois ne connaissent pas « l'état de guerre », est expressément déclaré en « état de siège », ce qui est la même chose ; cette mesure confère au commandant de l'armée de défense, et, dans son propre pays, de véritables pouvoirs dictatoriaux. « Le salut de la patrie passe avant toute autre considération, » dit l'*Instruction* américaine.

3. La loi martiale qui existe par le fait de la guerre s'étend aux propriétés et aux personnes sans distinction de nationalité. Elle donne, entre autres, au général ennemi le droit de faire toutes les réquisitions nécessaires pour l'entretien de l'armée, de prendre toutes les mesures nécessaires utiles dans l'intérêt de sa sécurité et du succès des opérations militaires.

4. La guerre autorise à tuer l'ennemi armé dans les batailles et dans toute rencontre ; elle autorise la capture de toute personne pouvant devenir dangereuse, et dans certains cas, comme lorsqu'il y a espionnage, sa condamnation à mort. Elle autorise encore la destruction de toute propriété et de tout objet nuisible à soi-même ou utile à l'ennemi.

5. Mais la guerre n'autorise aucun mal inutile, aucune cruauté inspirée par les passions haineuses. Réduire l'ennemi par la famine peut être quelquefois une dure nécessité, et même, « quand le commandant d'une place assiégée en fait sortir les non-combattants pour ménager ses approvisionnements, il est permis à l'assiégeant, si rigoureuse que soit la mesure, de contraindre les expulsés à

rentrer dans la place, afin de hâter la reddition de celle-ci ». (Art. 18 de l'*Instruction*.)

6. « Le commandant des assiégeants, toutes les fois qu'il le peut, informe les assiégés de son intention de bombarder la place, afin que les non-combattants, et surtout les femmes et les enfants, puissent chercher un abri avant l'ouverture du bombardement. Toutefois, ce n'est pas enfreindre les lois de la guerre que d'omettre cette fatalité. La surprise peut être commandée par la nécessité. » (Art. 19.)

7. Le citoyen du pays ennemi est, politiquement parlant, un ennemi, et l'on peut s'en méfier et prendre à son égard des mesures de précaution ; mais — tant qu'il n'est pas armé — il n'est pas un ennemi dans le sens militaire. Il doit être respecté dans sa personne, ses propriétés, son honneur, autant que les exigences de la guerre le permettent.

8. En revanche, les soldats, c'est-à-dire les hommes en uniforme, enrégimentés, régulièrement commandés et faisant partie de l'armée, jouissent seuls des droits de belligérant. Le bourgeois, le paysan, en un mot le non-militaire ne jouit pas de ces droits, et s'il tue un ennemi, c'est un simple assassinat qu'il commet. Les non-militaires doivent s'abstenir de tout acte de guerre ; le général ennemi doit à sa propre sécurité de punir ces non-militaires, et d'une manière exemplaire, pour effrayer les populations. Du reste, le service rendu par des non-militaires en tuant quelques hommes isolés est toujours insignifiant en comparaison du mal qui résulte de ces actes, en envenimant la guerre, en motivant des représailles terribles.

9. Les représailles, quoique autorisées par les usages de la guerre, doivent être réduites au minimum. Elles ne doivent pas être un moyen de vengeance, mais une mesure de protection. Faisons remarquer ici que souvent les personnes étrangères aux questions de droit international, ou trop passionnées pour réfléchir, oublient que l'ennemi a les mêmes droits qu'elles, c'est-à-dire que si ces personnes peuvent tout faire pour détruire l'ennemi, l'ennemi peut user des mêmes procédés. ou même de procédés perfectionnés pour les détruire également et que sa première loi — loi de salut — sera de se défendre à tout prix.

10. L'article 26 de l'*Instruction* américaine est ainsi conçu : « Les chefs de l'armée d'occupation peuvent requérir les magistrats et les employés civils du pays envahi de prêter un serment d'obéissance temporaire ou même de fidélité au gouvernement de l'armée envahissante, et ils peuvent expulser du pays tous ceux qui se refusent à cet acte. Mais que le serment soit ou non requis, les habitants et les employés civils doivent une stricte obéissance au vainqueur, aussi longtemps que celui-ci reste maître du territoire, et cela au péril de leur vie. »

Nous sommes d'avis qu'exiger un serment est une inutile cruauté ; les fonctionnaires du pays ennemi ne se croiront nullement obligés à la « fidélité » par un serment extorqué. Mais ils ne rendraient aucun service à leur patrie envahie en refusant l'obéissance dans l'exercice ordinaire de leurs fonctions ou en quittant leur poste. Quelque exigeant que soit l'ennemi, il vaut beaucoup mieux le satisfaire par des moyens réguliers que de le forcer à commettre des violences au préjudice des nationaux. Les soldats du propre pays, quand ils arrivent affamés ou transis dans une localité, ne se gênent pas trop, pourquoi l'ennemi se gênerait-il davantage ? Si on lui refuse les prestations auxquelles l'usage — ou la nécessité impérieuse — lui donne droit, c'est à soi-même qu'on est redevable des maux qu'on s'attire. En tout cas, l'autorité locale régulière peut faire beaucoup pour rendre un peu moins dures les misères de la guerre.

11. Il ne saurait plus être question, de nos jours, de contraindre les citoyens d'un pays à se battre contre leur patrie, et l'on ne peut plus enrôler dans l'armée les prisonniers de guerre. Ce serait du reste — heureusement — la plus grande imprudence qu'on pourrait commettre.

12. Les propriétés publiques, numéraires, objets mobiliers de l'État peuvent être saisis, mais on n'a aucun droit sur la propriété privée, si ce n'est dans la mesure des réquisitions nécessaires pour l'entretien des troupes et la défense de l'armée. On doit ménager les établissements de bienfaisance et ceux consacrés aux sciences et aux arts. Nous n'approuvons nullement l'*Instruction* américaine lorsqu'elle permet, article 36, de déplacer les œuvres d'art, les bibliothèques, collections ou instruments appartenant à l'État ennemi. En Europe, on respecte ces trésors réunis par les efforts de toute une série de générations, et que souvent on ne pourrait plus remplacer. A plus forte raison respecte-t-on les institutions de bienfaisance. La passion seule peut accuser l'ennemi d'avoir détruit intentionnellement un établissement de bienfaisance.

13. Les déserteurs entrant dans l'armée ennemie, lorsqu'ils sont repris, sont — dans tous les pays — condamnés à mort. Cette condamnation ne saurait donner lieu à représailles.

14. Tous les combattants, s'ils sont pris, sont prisonniers de guerre. Les non-combattants sont généralement laissés libres. Les prisonniers de guerre doivent être traités aussi bien que les circonstances le comportent. L'argent et les valeurs trouvés sur un prisonnier et qui sont sa propriété privée doivent rester à sa disposition.

15. Les prisonniers de guerre peuvent être internés ; on peut au besoin les faire travailler, ou prendre les mesures nécessaires pour les empêcher de s'évader. On peut faire feu sur le prisonnier qui tente une évasion et le tuer pendant qu'il est en fuite ; mais cette tenta-

tive ne constitue pas un crime, on peut seulement soumettre le prisonnier à une surveillance plus rigoureuse.

16. Les prisonniers blessés doivent être soignés à l'égal des blessés nationaux.

17. Tuer un ennemi blessé qui se rend ou qui est impuissant à se défendre est un crime déshonorant. Il en est de même des attentats commis sur les femmes et les enfants en pays ennemi.

Voilà les points principaux que l'espace ne nous permet pas de développer.

GUERRE CIVILE. Tant qu'on n'aura pas pu établir un tribunal international capable de faire respecter ses décisions, les nations seront forcées de recourir aux armes les unes contre les autres pour soutenir leurs droits. Dans le sein de chaque nation le moyen pacifique de terminer les différends que nous voudrions établir pour les peuples existe entre tous les citoyens depuis que les Etats se sont constitués. Donc tant que les tribunaux fonctionnent, il n'y a pas de motifs pour que les particuliers défendent leurs droits par les armes les uns contre les autres.

Du reste, ce ne sont pas les droits civils qui feront naître des guerres entre les citoyens d'un même pays, ce seront des droits, intérêts ou opinions politiques. Le plus souvent les guerres civiles éclatent entre un gouvernement et ses sujets ou citoyens, par exemple, comme suite d'une rébellion.

Une pareille guerre a-t-elle une excuse dans certaines circonstances, est-elle quelquefois légitime et nécessaire? Nous pensons que : il y a des circonstances où les gouvernements, sortant et du droit positif et du droit naturel, peuvent placer par leurs excès les citoyens dans la nécessité de la légitime défense. Il ne paraît pas possible d'admettre que les sujets doivent une soumission absolue et aveugle à tous les actes du gouvernement quels qu'ils soient, même quand le gouvernement par impossible serait du consentement général, despotique; car les gouvernements despotiques eux-mêmes n'ont reçu le pouvoir absolu que pour diriger les intérêts généraux de l'Etat, et s'ils violaient d'une manière systématique et continue les droits naturels tels que la famille, la liberté de conscience, la propriété, les sujets se trouveraient contre eux dans le cas de légitime défense. Cependant avant d'user d'un remède si terrible et si dangereux que la guerre civile, il serait nécessaire d'épuiser tous les moyens de pétition et de remontrance.

Du reste le despote cédera plutôt que d'engager la lutte s'il voit la grande majorité de ses sujets réclamant avec fermeté le maintien d'un droit sacré, ou qu'ils sont prêts à le défendre. Dans les gouvernements constitutionnels il faut appliquer les mêmes principes en ce qui concerne la violation des droits naturels qui sont essentiels tels que ceux que nous venons de citer. Mais la difficulté est des plus graves quand il s'agit seulement de la violation des droits positifs. Ainsi pour prendre un exemple célèbre dans notre histoire contemporaine, Charles X, il est difficile de le méconnaître, en réformant la loi électorale par son ordonnance du 25 juillet 1830, violait la charte constitutionnelle. Cet acte du roi donnait-il au peuple le droit de s'insurger et de renverser le gouvernement? C'est ici l'un des problèmes les plus délicats du droit public, que la passion a contribué à résoudre autant que le droit. Rappelons qu'en 1793 les Vendéens ont allumé la guerre civile en prétendant que les Assemblées nationales avaient excédé leurs pouvoirs quand elles avaient changé les lois ecclésiastiques, déposé et jugé le roi. Ce fut donc une guerre civile motivée par la violation vraie ou fausse du droit positif, mais on ne traita les Vendéen que comme des rebelles. En 1849, le 13 juin, le parti démocrate-socialiste a fait appel aux armes en soutenant que l'Assemblée nationale, lorsqu'elle avait ordonné l'expédition de Rome pour ramener le pape dans sa capitale, avait violé la Constitution de 1848, et que cette violation donnait au peuple le droit d'insurrection. Cet appel aux armes ne fut suivi que d'une petite émeute réprimée en quelques heures. C'est encore en invoquant le droit positif qu'en 1861 les Etats du Sud se séparèrent des Etats-Unis et commencèrent la sanglante guerre civile qui dura quatre ans. Les Etats-Unis, qui avaient pour eux le nombre et l'argent, ont réprimé la sécession du Sud avec vigueur et sans lui faire aucune concession de principe. Ils ont toujours refusé de reconnaître aux Etats du Sud le caractère de belligérants [1].

Il faut bien le dire, aux rivalités d'intérêts ou de principes, qui causent la plupart des luttes intérieures se mêle toujours l'ambition des grands personnages et surtout celle des militaires. Une guerre civile de cette nature est, après l'oppression étrangère, la plus grande calamité qui puisse affliger un peuple. On ne peut guère espérer qu'on éteindra le mal par des concessions, et en général plus le gouvernement régulier se montre faible, plus les partis et les ambitieux déchirent la patrie.

GUILLOTINE. C'est à la Révolution française qu'on doit la création de la guillotine ; et bien qu'elle en constitue un des souvenirs les plus tristes, la guillotine peut être comptée parmi les institutions généreuses de cette grande époque. En effet, si l'on songe à l'odieuse série de supplices que cette invention fit disparaître, il n'y a pas de paradoxe à reconnaître que la guillotine fut presque un bienfait. Que voyons-nous avant 1789? D'abord, l'inégalité devant la mort comme devant la loi, la décapitation réservée aux nobles, tandis que les vilains étaient livrés à la potence. Mais l'inégalité n'était rien encore, si

1. C'est-à-dire qu'ils ont refusé cette reconnaissance en principe, mais ils ont été amenés par la force des choses à la reconnaissance de fait. *Voy.* l'article précédent.

on la compare à la cruauté des supplices, demeurée comme un reste de barbarie au milieu d'une société civilisée. Nous n'avons qu'à rappeler le bûcher qui attendait les personnes condamnées pour crimes contre la religion ; l'écartellement appliqué aux régicides, supplice qui consistait à attacher le patient par les mains et les pieds à quatre vigoureux chevaux, jusqu'à ce que les membres fussent séparés du tronc ; enfin, le supplice de la roue, où la cruauté se montrait encore plus raffinée. On plaçait le condamné les bras et les jambes écartés, sur deux poutres de bois, disposées en forme de croix de saint André, puis le bourreau brisait les membres à coups de barre de fer ; le patient était ensuite attaché sur une roue de carrosse, les bras et les jambes repliés en arrière, et il expirait ainsi la face tournée vers le ciel. On punissait de cette mort lente et horrible les assassins et les voleurs de grand chemin.

Il fallait que la Révolution vînt apprendre au monde que la société, en donnant la mort ne se venge pas, mais qu'elle obéit à une terrible et inévitable nécessité, qu'elle a devant elle des hommes condamnés par la loi et non des victimes. L'honneur de cette initiative appartient au docteur Guillotin, député de Paris à l'Assemblée constituante. C'est sur sa proposition que l'Assemblée décida, par un décret du 21 janvier 1790, que « dans tous les cas où la loi prononcerait la peine de mort contre un accusé, le supplice serait le même, quelle que fût la nature du délit ». Cet acte ajoutait : « Le criminel sera décapité, et il le sera par l'effet d'une simple machine. » Fidèle aux principes qu'elle avait posés, l'Assemblée inscrivit dans le Code pénal (25 septembre-6 octobre 1791) la déclaration suivante : « La peine de mort consistera dans la simple privation de la vie, sans qu'il puisse jamais être exercé aucune torture envers les condamnés… Tout condamné aura la tête tranchée. » Cette disposition est exactement reproduite dans la loi actuelle.

La décapitation étant prescrite comme le moyen légal de donner la mort, il fallait trouver le mécanisme le plus simple et le moins douloureux pour réaliser le vœu de la loi. C'est à l'Assemblée législative qu'échut ce devoir. Le comité de législation, faisant appel aux lumières de la science, demanda au docteur Louis, secrétaire perpétuel de l'Académie de chirurgie, un avis motivé sur le mode de décollation qu'il convenait d'appliquer aux condamnés. Le 7 mars 1792, le savant praticien transmit au comité l'avis demandé, et, le 20 du même mois, l'Assemblée rendit un décret, sanctionné le 25 par le roi, portant que la peine de mort serait appliquée suivant le mode indiqué par la consultation du secrétaire perpétuel de l'Académie de chirurgie. Dans ce travail, le docteur Louis ne donnait que les principes d'après lesquels la machine devait être construite. Faisant remarquer que les instruments tranchants n'ont que peu d'effet en frappant perpendiculairement, attendu que les lames ne sont que des scies plus ou moins fines, il en concluait qu'il fallait les faire glisser sur le corps à diviser, qu'en outre le dos de l'instrument devait être assez lourd pour agir comme le mouton [sert à enfoncer des pilotis et que la force en serait accrue encore par la hauteur d'où il devait tomber. Enfin, le docteur émettait l'avis qu'il serait peut-être nécessaire de fixer la tête du patient par un croissant qui embrasserait le cou au niveau de la base du crâne.

Toutefois, cette machine n'était pas d'invention nouvelle ; elle rappelait par sa forme un instrument appelé *manaja*, en usage en Italie dès le seizième siècle, et qui était également connu en France, puisqu'on l'employa à Toulouse, en 1632, pour l'exécution du duc de Montmorency, lorsque ce maréchal paya de sa tête l'appui qu'il avait donné au parti de la cour contre le cardinal de Richelieu. On peut voir aussi dans le bourg (vieux château fortifié) de Nuremberg un instrument qui ressemble à la guillotine et qui, à en croire le cicerone du lieu, daterait de plus de deux siècles. Lorsqu'un visiteur se permet d'exprimer un léger doute, on lui montre une rangée de livres, reliés en parchemin, en ajoutant d'un air important : c'est écrit dans ces livres. Je ne sais si l'on autoriserait le visiteur à les consulter.

H

HABEAS CORPUS. Le respect des Anglais pour la liberté individuelle, l'importance qu'ils y ont toujours attachée, et les garanties dont à toutes les époques de leur histoire ils ont cherché à l'entourer, sont des choses qui datent de fort loin. La Grande-Charte, section 29, s'exprime ainsi : « Nul ne pourra être arrêté, mis en prison, privé de son bien, de sa liberté ou de sa vie, qu'en vertu du libre et légitime jugement de ses pairs, et conformément à la loi. » Selon Hallam et d'autres érudits, ce ne serait là qu'une répétition des dispositions déjà inscrites dans les constitutions de Clarendon, qui les avaient elles-mêmes empruntées aux monuments saxons. Le règne d'Edouard III ne présente pas moins de quatre statuts sur cette matière. On les voit régler les formes de l'accusation, de l'instruction, du jugement, et assurer à chaque phase de la procédure la garantie de la présence de ses pairs à l'accusé.

Mais des temps durs arrivèrent. Sous les Tudors et les deux premiers Stuarts, sous Charles Ier surtout, les attentats à la liberté individuelle furent nombreux ; mais en 1641, un des premiers actes du Long-Parlement fut d'inscrire dans la loi, en les élargissant et en les augmentant, les garanties que la liberté individuelle tenait depuis des siècles de la pratique. Ainsi lorsqu'une personne était arrêtée, sans que les faits motivant son arrestation fussent des délits ou des crimes évidents contre le droit commun, l'usage des amis et conseils de cette personne était d'invoquer l'autorité des magistrats des cours supérieures, pour qu'ils fissent venir devant eux la personne arrêtée et s'assurassent de la criminalité des faits mis à sa charge. Les mots d'*habeas corpus*, qui se trouvait dans la formule du mandat qu'en pareil cas le magistrat adressait au geôlier, servaient déjà dès cette époque à désigner ces sortes de mandats (*writ*). Cette faculté, jusqu'alors traditionnelle de demander immédiatement des juges, devint légale. Les juges durent y faire droit. En cas d'absence d'un verdict d'accusation, les mandats d'arrestation, même émanés du roi ou de ses ministres, devaient être annulés.

Injonction était faite aux geôliers et shérifs de renvoyer immédiatement le *writ d'habeas corpus* aux magistrats dont il était émané, et de conduire en même temps en leur présence les personnes indiquées dans ce *writ*. Les magistrats, après avoir pris connaissance du mandat dont la sincérité devait leur être attestée par le geôlier et le shérif, procédaient à l'interrogatoire du prisonnier, et au bout de trois jours ils étaient tenus de décider s'il y avait lieu de le mettre en liberté pure et simple ou sous caution, ou de maintenir son arrestation.

Aucune pénalité n'était portée contre les infractions à cet acte. Ses dispositions les plus importantes étaient conçues en termes assez vagues, assez généraux, pour qu'il fût facile de les éluder. On les éluda souvent et de nombreux abus s'introduisirent.

En 1679, il fut coupé court à l'arbitraire des uns et aux défaillances des autres, par le fameux acte connu dans l'histoire sous le nom d'*habeas corpus act*. (16 C. II c. 10.)

Aux termes de cet acte, qui est encore en vigueur, et dont les dispositions principales n'ont été que très peu modifiées depuis, mais toujours dans un sens très favorable à la liberté des citoyens, les *writs d'habeas corpus* doivent être délivrés dans les trois jours. Les magistrats qui ont autorité pour les lancer (depuis, 53 Georges III, chap. 100, tous les juges ont ce droit) doivent le faire sur le vu de la copie du mandat d'arrêt, ou sur l'attestation faite par deux témoins, que copie de ce mandat demandée au geôlier a été refusée. Toute personne arrêtée peut exiger copie de son mandat d'arrêt, dans les six heures. Les refus des fonctionnaires chargés de la garde des prisons les rendent à cet égard passibles d'une action en dommages-intérêts de 100 à 200 liv. st., qui n'est pas arrêtée par la mort du prisonnier, et peut être continuée par sa succession et ses exécuteurs testamentaires. Les fonctionnaires sont en même temps privés de leur emploi, et déclarés incapables d'occuper aucune fonction publique.

Les personnes au profit desquelles ont été délivrés des *writs d'habeas corpus*, sont dans le délai de la loi conduites devant les magistrats qui ont lancé ces *writs*. Après les avoir interrogées, les magistrats peuvent les mettre en liberté pure et simple, ou sous caution, ou les maintenir en état d'arrestation.

Ces personnes doivent être jugées aux plus prochaines assises du lieu où se sont passés les faits qui ont motivé leur mise en accusation. Le jour des assises venu, si les conseils de la couronne ne se présentent pas pour soutenir l'accusation [1], le prisonnier est mis en liberté purement et simplement, à moins, cependant, que la couronne ne prouve qu'il ne lui a pas été possible de réunir ses témoins. Mais, faute de se produire dans la session suivante, l'action de la couronne est périmée.

Depuis plus de deux cents ans que cet acte existe, le gouvernement s'y est toujours soumis, et aucune poursuite criminelle n'a été intentée à aucun fonctionnaire, ni à aucun ministre pour infraction à ses dispositions. Dans quelques rares circonstances, en 1689, en 1745, en 1793, en 1822, époques qui correspondent à des guerres civiles, à de grandes commotions politiques, ou à des troubles parmi les populations industrielles, l'exécution de ce bill a été suspendue pendant quelque temps par une loi. On l'a également suspendue plusieurs fois en Irlande, notamment en 1848, mais cette suspension n'autorise pas l'emprisonnement arbitraire ; le magistrat reste responsable de ses actes ; la suspension de l'*habeas corpus act* SUSPEND seulement les procédures.

HATTI (ou mieux **Khatti** [2]) **CHÉRIF** (l'*Écriture illustre*) ou **KHATTI-HUMHIÔUN** (l'*Écriture auguste*), ou simplement **KHAT** (l'*Écriture par excellence*). Terme de la chancellerie turque, servant à désigner les ordonnances impériales ou firmans (*voy. ce mot*), dont la minute porte en tête, outre le *toughra* ou chiffre du sultan, ces mots écrits de sa propre main *Moudjebindjeamel olouna* (qu'il soit fait en conformité du contenu).

HAUTESSE. Synonyme d'Altesse, titre qu'on a longtemps donné au sultan de Turquie. Actuellement l'usage s'est établi de lui donner le titre de Majesté Impériale.

1. On peut être poursuivi au criminel par un particulier.
2. Se prononce comme le *ch* allemand devant *a* ou comme le *j* espagnol.

HÉGÉMONIE. Mot grec qui signifie à peu près : autorité supérieure ou directrice. C'est en Grèce que cette expression fut employée pour la première fois. Les petites républiques grecques, sentant dans des moments de calamité publique, et plus spécialement d'invasion, la vérité de l'adage : *l'union fait la force*, reconnaissant en même temps la haute utilité d'une direction unitaire, se groupèrent tantôt autour de Sparte, tantôt autour d'Athènes, et pour un moment l'hégémonie passa même à Thèbes, pour tomber entre les mains des rois de Macédoine.

Le caractère distinctif de l'hégémonie consiste en ce que l'État qui l'exerce fait partie d'une confédération. Ainsi de la Prusse, par exemple, on peut dire que depuis 1870, et même déjà depuis 1866, elle exerce l'hégémonie sur l'Allemagne, mais on ne pourrait pas dire qu'elle prétend à l'hégémonie sur la Suède, comme il serait impropre de parler de l'hégémonie de la Russie ou de la France sur l'Allemagne. Sur un État étranger avec lequel on n'est pas uni par le lien fédéral, on peut seulement jouir d'une légitime *influence*, d'une *prépondérance* plus ou moins marquée, ou exercer un *protectorat*, lorsqu'on ne le réduit pas en vasselage pour devenir son *suzerain*. (*Voy.* les mots imprimés en italique.)

HÉRALDIQUE. L'héraldique est la science du héraut d'armes. Elle consiste à bien constater les droits de la noblesse à porter tel ou tel signe distinctif de son passé et de ses alliances, et à donner méthodiquement ces signes aux personnes que les princes jugent dignes de cette distinction, aujourd'hui purement honorifique.

Les signes distinctifs des nations, des tribus, des familles existaient de toute antiquité. Ainsi, nous n'avons qu'à ouvrir le livre, ou plutôt, comme le dit l'auteur lui-même, le livret de Philippus d'Aquin, aux explications du *camp des Israélites*, nous y trouverons une curieuse gravure sur bois représentant, d'après l'Écriture, les douze tribus avec leurs drapeaux armoriés. Dans Eschyle, tragédie des *Sept Chefs*, nous trouvons l'usage des boucliers chargés d'emblèmes ; chaque chef se présente avec un symbolisme personnel et différent.

Dans Virgile et plusieurs autres auteurs latins, il est question des boucliers peints qui représentaient non des objets de fantaisie, mais des images symboliques du passé de chacun des guerriers. Les Romains d'ailleurs, avaient les *nobiles, illustres, speciosi, splendidi*, et la chevalerie dans l'*ordo equestris*. Ils avaient aussi des sortes d'armoiries dans le *Jus imaginum*. Il n'y a rien de nouveau sous le soleil ; et les croisades, les tournois et les jeux n'ont fait que régulariser, ou codifier ce qui existait déjà.

Les républiques n'ont pas dédaigné ces moyens d'action, et les Magalotti de Florence, en 1200, reçurent de la République des armoiries triomphantes, après leur victoire, comme lieutenants généraux des armées de la République, contre Barnabé Vicomte. Ces armoiries se composaient des signes qui étaient déjà dans la possession des Magalotti, avec l'addition du mot LIBERTAS. La République fit faire des pennons aux armes de Magalotti.

L'héraldique a droit de bourgeoisie même dans les républiques modernes, et en Suisse, les vingt-deux cantons se distinguent par des armoiries diverses, pleines d'intérêt. En Hollande, la numismatique se complète par l'héraldique, et l'on peut suivre les développements de la république hollandaise par le nombre d'écussons héraldiques qui remplissent le champ de leurs médailles..

L'étude de l'héraldique est nécessaire à l'histoire, à l'homme politique, au diplomate ; en effet, ils sont appelés tous à discuter d'anciens titres dont l'authenticité doit leur être prouvée ; souvent les titres portent des sceaux et des emblèmes héraldiques qui révèlent la qualité des personnes, il faut connaître et savoir *lire* ces emblèmes.

HÉRAUT D'ARMES. Chez les anciens le héraut était un officier public chargé de déclarer la guerre et de proclamer le nom du vainqueur aux jeux. Au moyen âge les hérauts d'armes avaient des fonctions analogues ; ils étaient des officiers de guerre et de cérémonies. Le roi d'armes était le plus ancien des hérauts.

HÉRÉDITÉ. Ce n'est pas de l'hérédité au sens purement politique, et particulièrement de l'hérédité royale, qu'il sera question dans cet article. Nous en parlerons au mot **Monarchie**. Il n'est question ici que de l'hérédité comme institution sociale et familiale.

Le droit de propriété que la loi reconnaît, protège, organise, mais qu'elle ne crée pas, parce qu'il est naturel à l'homme, est avec la famille un de ces faits à la fois sacrés et nécessaires que la politique a pour tâche de faire respecter et de développer et auxquels il lui est interdit de toucher arbitrairement. Une société dans laquelle la propriété est opprimée, entravée, ne saurait arriver qu'à l'état le plus imparfait de civilisation et de bien-être. On a même pu soutenir avec raison que son affermissement et son extension sont la mesure même de la prospérité des nations modernes, depuis l'Orient, où elle ne reçoit que de très insuffisantes garanties jusqu'aux pays les plus libres et les plus riches de l'Europe, qui protègent efficacement la sécurité des biens.

Or, l'expérience atteste que la propriété ne peut se développer dans toute sa liberté et produire tous ses bienfaits, que lorsqu'elle est unie à la famille constituée et consacrée par l'hérédité. Hérédité et famille sont des faits contemporains et solidaires, bien que l'hérédité ait tenu dans la société une place qu'elle n'a plus et qu'elle ne doit plus avoir.

En abolissant l'hérédité des professions et des fonctions, qui était un abus, la société donne satisfaction au droit, puisqu'elle favorise par là la liberté du travail ,et l'égalité civile ; elle se fait à elle-même un bien évident, en provoquant le développement de toutes les vocations et de toutes les facultés. En abolissant, au contraire, l'hérédité des biens, elle porterait atteinte au droit du père de famille, du propriétaire, au droit de la famille considérée comme un tout solidaire, et se porterait à elle-même un immense préjudice. Sans l'hérédité, la propriété se réduit à un ,pur usufruit. L'individu dans un pareil état de choses peut *posséder* encore, l'Etat seul est *propriétaire*. Combien cette propriété si imparfaite ne sera-t-elle pas bornée dans sa fécondité par le défaut de prévoyance l'apathie, les désordres de l'individu sans lien et sans lendemain ! Aussi cet état de choses est-il sans exemples, et la suppression de l'hérédité ne peut avoir pour suite que le communisme qui est la barbarie ou la sauvagerie.

Nous n'avons pas touché, en ce qui regarde l'hérédité, à la question de droit. On a contesté que le père et en général que l'homme pût donner après sa mort. « Un homme qui a terminé sa carrière, dit l'abbé Raynal, peut-il avoir des droits ? En cessant d'exister n'a-t-il pas perdu toutes ses capacités ? Le grand Être, en le privant de la lumière, ne lui a-t-il pas ôté tout ce qui lui était une dépendance, quand il exprimait ses volontés dernières ? Peuvent-elles avoir de l'influence sur les générations qui suivent ? Non ; tout le temps qu'il a vécu il a pu jouir des *terres qu'il cultivait*. A sa mort, elles appartiennent au premier qui s'en saisira et qui voudra les ensemencer. Voilà la nature. » Non, voilà la bêtise, ou plutôt, c'est un sophisme forgé à froid. C'est que le testament n'est pas fait par un mort, mais par un vivant qui dispose de ce qu'il possède. D'ailleurs, la propriété implique le don, et celui-ci l'héritage, qu'il y ait testament ou volonté présumée du propriétaire, comme c'est le cas d'un père qui meurt intestat. Enfin et pourquoi un tiers aurait-il plus de droit à une propriété que le fils même du possesseur actuel, — ce fils ayant si souvent été le collaborateur de son père. — Oui, pourquoi ? Je vous défie de trouver une raison soutenable. Croyez-vous, d'ailleurs que le père ne saurait pas avantager son fils même après la suppression de l'hérédité. L'hérédité est dans la nature humaine.

L'hérédité puise donc sa force dans les considérations réunies du juste et de l'utile, comme dans les affections les plus énergiques du cœur humain et dans l'idée que la famille est plus qu'une collection, qu'une juxtaposition d'individus, qu'elle est un tout vivant et solidaire. « Quant aux conséquences de l'hérédité, dit Baudrillart, bien loin de spolier la masse, comme on l'a dit, elle est la source de nombreux avantages en favorisant la formation et l'accumulation des biens. Par là,

l'industrie et les arts reçoivent de puissants encouragements. Par là aussi, le fils du simple ouvrier qui a fait des épargnes s'élève à un rang supérieur dans la société, rang qu'il transmet à des familles soustraites à la nécessité du travail manuel, et du sein desquelles s'élèveront de grands et utiles citoyens, des hommes éminents dans tous les genres, qui contribueront à élever le niveau de la civilisation. »

HÉRÉSIE. Doctrine contraire aux dogmes officiels d'une Eglise. Ce mot est ainsi en quelque sorte synonyme d'erreur religieuse. Il y eut un temps où l'hérésie était un crime puni de mort ; heureusement ces temps sont passés, pour ne plus revenir.

HERMINE. L'hermine est une riche et belle fourrure, dont les rois et les grands faisaient doubler les manteaux qu'ils portaient dans les jours d'apparat. C'est encore une marque distinctive, notamment dans la magistrature et le barreau.

HIÉRARCHIE. Ce mot veut dire, au sens étymologique, gouvernement sacré, gouvernement de l'Eglise; mais l'usage a singulièrement étendu la signification du mot. On entend aujourd'hui par hiérarchie une superposition, une subordination de personnes les unes aux autres, en vue d'un objet quelconque, qui est en général un service public. — En général, mais pas toujours. — Car la hiérarchie est le fait de tout le monde et se rencontre en toute chose; la nature, la loi, les ateliers, les champs, les salons, ont leur hiérarchie. — Il a une hiérarchie naturelle entre les forts et les faibles, entre les gens d'esprit et les gens bornés : c'est même par là qu'Aristote légitimait l'esclavage, trouvant entre certains hommes la même différence qu'entre l'âme et le corps. — Il y a une hiérarchie sociale entre les pauvres et les riches qui paraît surtout dans l'œuvre économique, dans les relations du travail et du capital. — Il y a une hiérarchie politique dans un pays, quand certains ont le droit électoral, quand d'autres ne l'ont pas ou l'ont moindre. — Il y a une hiérarchie légale entre les divers membres d'un corps accomplissant un service public; l'armée en est le type le plus exemplaire. — Il y a une hiérarchie mondaine pour grouper les hommes selon certains rapports de qualités, de fortune, de rang, d'éducation, et pour classer plus ou moins haut ces différents groupes. Il y a une hiérarchie contractuelle dans le cas d'une association où les uns sont gérants, surveillants, et les autres actionnaires.

On voit que la hiérarchie s'applique aux administrations et gestions privées, industrielles, agricoles, commerciales : c'est la logique de toute œuvre où s'emploient plusieurs personnes, c'est une appropriation des moyens à la fin ; seulement ici les moyens sont les personnes, classées chacune suivant son degré d'aptitude. On réalise par là cette grande loi humaine ou plutôt universelle de la variété dans l'unité, la variété étant celle des fonctions adaptées aux mérites, l'unité étant celle d'impulsion et de commandement.

Mais où la hiérarchie importe le plus, c'est dans les pouvoirs et les services publics.

La hiérarchie n'a rien de commun avec la *division du travail*, encore quelle semble y confiner et s'y perdre, celle-ci étant fondée sur la diversité des aptitudes humaines, tandis que celle-là repose sur leur inégalité. Nous tenons ici le trait saillant et constitutif de la hiérarchie. Elle exprime l'inégalité qu'il y a parmi les hommes, tandis que le droit commun et l'unité de la loi expriment le grand fonds des similitudes humaines.

Le cas entre tous où l'inégalité des hommes est à considérer, c'est celui de la fonction et du pouvoir public. Que chacun ait le droit de se gouverner lui-même comme il l'entend, rien de plus juste ; car chacun sait mieux que personne ses intérêts, ses goûts, ses aptitudes : là est la matière, le triomphe des droits individuels... Mais que chacun ait un droit ÉGAL à gouverner les autres, cela est insoutenable ; cette action sur autrui doit répondre à quelque supériorité sur autrui. Si le droit politique appartient à tous, il ne saurait du moins être le même pour tous.

La hiérarchie est l'organisation du principe d'autorité, aussi nécessaire que ce principe lui-même. Il arrive souvent que la force des choses établit une véritable hiérarchie entre des corps, entre des pouvoirs politiques placés par la loi à côté les uns des autres. Ainsi, en tout pays anciennement et solidement libre, le pouvoir électif prend le dessus et domine les autres pouvoirs, cela explique la priorité de vote en matière de finances qui appartient généralement à ce pouvoir.

L'idéal de la hiérarchie est de reconnaître et d'instituer les inégalités naturelles : le commandement et l'obéissance étant demandés à qui de droit, l'ordre est imperturbable. *La subordination*, dit le général Foy, *régnait dans notre armée, autant et peut-être plus que dans aucune armée de l'Europe. Cela tient à ce que les inégalités de position y étaient en harmonie avec les inégalités naturelles.*

Il suit de ce principe que la hiérarchie doit être mobile, c'est-à-dire non héréditaire ; car il ne plaît pas toujours à la nature de transmettre aux fils la valeur paternelle.

Au sujet de la hiérarchie, on peut se poser certaines questions.

1° Y a-t-il lieu à hiérarchie dans la famille, entre aînés et cadets, entre fils et filles ? Non ; parce que l'autorité des parents suffit à la famille, et surtout parce que cette autorité ne peut être transportée là où n'existent pas les instincts qui la tempèrent.

2° Y a-t-il hiérarchie entre les divers agents de la production, terre, capital, travail ? Oui : le travail est subordonné aux autres, soit parce qu'il requiert une moindre somme d'intelligence, soit parce qu'il a des autres un besoin, non pas plus *grand*, mais plus *pressant* que les autres n'ont de lui ; cette dernière remarque est d'Adam Smith[1].

3° Faut-il considérer comme hiérarchie certains systèmes de récompense honorifique institués par le gouvernement ? Non : parce que ces décorations s'adressent à l'œuvre, à la prouesse et non à la personne ; elles n'emportent aucune subordination des personnes ; elles n'ont rien de commun avec le grade et surtout avec l'emploi, avec le commandement qui se donnent par de tout autres considérations. C'est par cette raison que le premier acte de mérite est toujours récompensé par la croix de chevalier. Mais comme on ne saurait porter autant de croix qu'on a de fois mérité une récompense, on reçoit un grade supérieur[2].

HOMESTEAD. Ce mot nous vient des États-Unis, où il a deux significations très différentes.

1° La loi de 1862 n'a qu'un intérêt de colonisation intérieure. La *homestead law* accorde à tout Américain (y compris les naturalisés) le droit d'occuper gratuitement 160 acres de terre arpentée, et seulement 80 acres dans certains cantons avantageusement situés (l'acre — 40 ares) ; l'occupant devient propriétaire de ce lot de terre après cinq ans de résidence s'il en a défriché une partie. Cette mesure a réussi ; elle a donné lieu à l'établissement, en 30 ans, de plus d'un million de homestead, elle a hâté l'occupation d'un territoire désert.

2° L'autre homestead, celui dont on parle en Europe, est un « bien de famille ». L'idée est originaire du Texas, où elle a été imaginée en 1839. Elle a été adoptée depuis lors dans 44 États et territoires des États-Unis sous le nom de *homestead-exemption* (soit : « le privilège du bien familial »). Le privilège consiste à ne pas pouvoir être saisi — sauf avec le consentement de la femme. Ce privilège, qui a pour but d'assurer un asile à une famille, ne peut s'appliquer qu'à un bien de peu d'étendue, valant, selon l'État, 1000 dollars, ou plus ou moins, et comme généralement les biens sont plus grands, la partie créée *homestead* pour jouir de l'*exemption* doit être spécialement désignée et décrite. Généralement aussi, le propriétaire du bien doit demander expressément à être porté sur le registre à ce destiné. Le privilège ne dure, après la mort du propriétaire, que jusqu'au décès de la veuve ou à la majorité du fils aîné. Cette sorte de homestead n'est pas très répandue aux États-Unis.

1. De nos jours on n'est plus sur ce point de l'opinion d'Adam Smith : le travail et le capital sont égaux devant la loi économique, et celui-là l'emporte qui est le plus demandé à un moment donné. On peut dire, d'ailleurs que, sans travail, point de produit, mais que le travail aidé du capital (machine, etc.), produit dix fois, cent fois autant. Bien souvent le capital représente l'intelligence.
2. La plus grande partie de cet article est de Dupont-White.

C'est pourtant cette dernière institution qu'on voudrait établir en Europe, et des efforts dans ce sens ont été faits dans un certain nombre de pays, en France, en Allemagne, en Autriche, en Italie, etc., mais il est douteux que les homesteads rendront en Europe les services qu'on s'en promet. Aux États-Unis, la *homestead exemption* a cessé d'être populaire; selon un avocat américain, on n'en aurait fondé que 6000 de 1878 à 1893; ce qui est un chiffre insignifiant pour un aussi grand pays. De plus, un certain nombre de propriétaires auraient fait rayer leurs propriétés sur le registre précité; c'était abandonner le privilège. C'est que ce privilège est onéreux, le propriétaire perd tout crédit ou il n'obtient de prêt qu'à des intérêts plus qu'usuraires. Et en fin de compte, la loi ne protège rien, car malgré l'exemption, le propriétaire peut vendre s'il obtient le consentement de sa femme, consentement qui lui sera rarement refusé.

En Amérique le législateur n'a cherché qu'à rendre un service transitoire, qu'à tirer une famille d'un embarras momentané; en Europe, on prétend refondre la société, on veut produire une utilité permanente, se continuant de génération en génération. En Allemagne et en Autriche on tend à assurer l'héritage du sol à un seul des héritiers, en ne donnant aux autres qu'une faible légitime; on commence à fonder des biens à rentes perpétuelles ou à peu près, et l'on propose encore d'autres institutions et organisations trop compliquées pour être analysées ici, ayant tout pour but de créer des majorats, sans mettre le mot — qui a mauvaise odeur depuis que la démocratie domine. — On voudrait aussi pouvoir emprunter..... sans faire de dettes (on ferait volontiers des dettes, si on le pouvait, sans avoir de créancier), en d'autres termes, on serait bien aise de recevoir, si l'on pouvait se dispenser de rendre.

Pour preuve qu'on cherche à obtenir des choses contradictoires, nous résumerons nettement le but qu'on désire atteindre. On désire réunir les avantages d'une famille peu nombreuse avec ceux d'une famille très nombreuse.

HOME RULE (Autonomie). Dans la seconde moitié du XIXᵉ siècle l'Irlande tendait à se séparer plus ou moins de la Grande-Bretagne, et réclamait un parlement spécial jouissant d'une assez forte indépendance. Cette tendance ne pouvait plaire aux Anglais et il n'est pas étonnant que finalement le *home rule* n'ait pas été accordé. La seule chose étonnante, pour beaucoup d'hommes politiques du continent, c'est que M. Gladstone ait soutenu le « home rule »; comment pouvait-il méconnaître les immenses avantages de la cohésion des membres d'un État!

HOMME D'ÉTAT. Celui en qui se rencontrent les hautes facultés qui constituent essentiellement la science de la politique, le grand art de gouverner les hommes peut être qualifié d'homme d'État. Mais le donnera-t-on toujours à celui qui est ou qui a été aux affaires, qui a exercé effectivement le pouvoir, et le donnera-t-on seulement à celui-là? Non, certes, l'homme qui gouverne peut n'être qu'un homme en place, un haut fonctionnaire; il n'a droit au nom d'homme d'État que s'il a fait ses preuves; et d'aucuns ne refusent pas ce titre au politique, même spéculatif, qui joint l'esprit pratique à la théorie, et qui s'est fait reconnaître digne de gouverner. Toutefois l'expression d'homme d'État ne peut vraiment être appliquée qu'à ceux qui ont réellement pris part au gouvernement; les écrivains politiques sont des « publicistes ». Il leur manque souvent la pratique des affaires.

Quelles qualités sont principalement nécessaires au véritable homme d'État? Napoléon Iᵉʳ, si bon juge là même où il n'a pas toujours suivi ses préceptes, a dit : « Il en est des États comme d'un bâtiment qui navigue, et comme d'une armée; il faut de la froideur, de la modération, de la sagesse, de la raison dans la conception des ordres, commandements ou lois, et de l'énergie et de la vigueur dans l'exécution. » Il a dit aussi : « L'homme fait pour les affaires et l'autorité ne voit point les personnes; il ne voit que les choses, leur poids et leurs conséquences. » Il a encore exprimé les mêmes idées d'un seul mot : « Le cœur d'un homme d'État doit être dans sa tête. » (*Lettre* de 1797, et *Mémorial*.)

Quelle vue de gouvernement doit surtout diriger le grand politique? « Le but de l'homme d'État, a dit Napoléon III, doit être de détruire, autant que faire se peut, l'esprit de caste, et d'unir tous les citoyens dans une même pensée, comme dans un même intérêt. » (*Écrit* de 1843.)

Fénelon a placé dans la bouche du cardinal de Richelieu un portrait idéal de l'homme d'État : « La vraie habileté, lui fait-il dire, consiste à n'avoir jamais besoin de tromper et à réussir toujours par des moyens honnêtes. Ce n'est que par faiblesse, et faute de connaître le droit chemin qu'on prend des sentiers détournés, et qu'on a recours à la ruse. La vraie habileté consiste à ne s'occuper point de tant d'expédients, mais à choisir d'abord, par une vue nette et précise, celui qui est le meilleur en le comparant aux autres. Cette fertilité d'expédients vient moins d'étendue et de force de génie que de défaut de force et de justesse pour savoir choisir. La vraie habileté consiste à comprendre qu'à la longue la plus grande de toutes les ressources dans les affaires est la réputation universelle de probité. Vous êtes toujours en danger, quand vous ne pouvez mettre dans vos intérêts que des dupes ou des fripons; mais quand on compte sur votre probité, les bons et les méchants mêmes se fient à vous; vos ennemis vous craignent bien, et vos amis vous aiment de même. » (*Dialogue des morts.*)

Voltaire fait observer que « le vulgaire suppose quelquefois une étendue d'esprit prodigieuse et un génie presque divin dans ceux qui ont gouverné des empires avec quelque succès ». Il ajoute que « ce n'est point une pénétration supérieure qui fait les hommes d'État, c'est leur caractère. » — « Il arrive souvent, dit-il encore, parmi les hommes d'État, ce qu'on voit tous les jours parmi les courtisans : celui qui a le plus d'esprit échoue, et celui qui a dans le caractère plus de patience, de force, de souplesse et de suite, réussit... Mazarin fut tout-puissant et Retz accablé... Pour faire un puissant ministre, il ne faut souvent qu'un esprit médiocre, du bon sens et de la fortune ; pour passion dominante, l'amour du bien public. Le grand homme d'État est celui dont il reste de grands monuments utiles à la patrie. » (*Siècle de Louis XIV*.)

Le sieur de Silhon, l'un des premiers membres de l'Académie française, et créature de Richelieu, a publié, en 1631, le *Ministère d'État, avec le véritable usage de la politique moderne*. Il y démontre « qu'un excellent ministre est une marque de la fortune d'un prince, et l'instrument de la félicité d'un État, » et naturellement c'est sur l'exemple du ministre de Louis XIII qu'il appuie partout sa démonstration. Il avait déjà fait paraître, en 1629, un *Panégyrique* du cardinal ; c'en est en quelque sorte une nouvelle édition, mais qui n'est pourtant pas dénuée d'un certain intérêt.

Au siècle dernier, un diplomate vénitien distingué, Nicolo Donato, a composé un traité spécial de l'*homme d'État* (l'*Uomo di governo*), sous quelque forme de gouvernement que ce soit, traité dans lequel il enseigne habilement la pratique avec la théorie, ne séparant pas les trois choses qui concourent à former un homme d'État, la connaissance des principes, l'étude des bons modèles et l'expérience des affaires. « La pratique seule est, dit-il, longue, pénible, aveugle ; la théorie seule laisse des doutes dans l'esprit, et n'apprend point à opérer avec assez de précision ; l'imitation, sans les deux autres, est trompeuse et incertaine. Le politique qui ne l'est que par théorie est sujet à se tromper dans l'application des règles. Le praticien sans principes est esclave des événements, qu'il ne sait ni prévoir ni dominer, il va tâtonnant et faisant des expériences. Le servile imitateur des grands modèles ne fait presque aucune opération comme elle doit l'être, il est dérouté à chaque nouvelle occurrence parce qu'il ne trouve aucune ressource dans lui-même. » Il faut donc, selon Donato, avoir une règle de conduite plus précise qu'une théorie vague, plus sûre qu'une pratique aveugle, plus juste qu'une imitation irrégulière ; et cette règle, son ouvrage la fournit d'une matière fort complète et fort louable. Tandis que les autres écrivains ont traité des affaires politiques et de leur maniement, Donato, fidèle à son titre, considère

l'homme qui est à la tête des affaires, les connaissances et les talents qui lui son nécessaires, les moyens qu'il a de les acquérir et de les perfectionner, enfin l'emploi le plus utile qu'il en peut faire pour le peuple ou le souverain. Ce livre a été traduit en français par le publiciste Robinet, qui y a joint d'amples additions tirées des meilleurs auteurs (Paris, 1767, 3 vol. in-12) ; il n'aurait besoin que d'être un peu rajeuni pour rendre d'excellents services à ces nombreux hommes d'État en herbe, qui parviennent aux charges sans avoir fait aucun apprentissage préalable de leur métier.

HOMME NOUVEAU. Il n'y a rien de nouveau sous le soleil. Où et comment rencontrer l'homme nouveau ? Dès l'antiquité, Diogène le cherchait. Tous les gouvernements les plus anciens comme les plus jeunes, ont été de tout temps à la découverte de ce phénix.

L'homme nouveau, dit-on, c'est le sang jeune que l'on veut infuser dans les artères d'un corps vieilli : c'est l'idée contemporaine que l'on désire faire pénétrer dans les lois antiques ; c'est l'avenir que l'on escompte en liquidant le passé ; en un mot, c'est le progrès.

Ouvrez l'histoire ; dans chaque pays, elle vous montrera de grands hommes, rarement des hommes nouveaux.

Étudiez les annales des révolutions ; au lendemain du bouleversement, on bat le rappel de la jeune génération qui doit sauver l'idée nouvelle. Beaucoup arrivent, parmi lesquels il n'y a pas un *homme* ; il faut remettre la révolution entre les mains des anciens, et parfois c'est parmi ces derniers que se rencontre l'homme nouveau.

On entend dire chaque jour : Il nous faut des hommes nouveaux, c'est-à-dire, au fond, des gens qui ne sont pas usés. — Nous manquons d'hommes. — Comme expédient, on change le personnel du gouvernement... et l'on reste mécontent.

Peut-être l'homme n'est-ce que celui qui n'a pas d'engagement avec le passé et qui peut introduire une nouvelle politique sans briser des liens consacrés ou manquer à une parole solennelle.

HOMME POLITIQUE. A côté, ou plutôt au-dessous des hommes d'État qui exercent une grande influence sur les destinées de leur pays et de leur temps, il faut classer l'homme politique. L'espèce serait assez nombreuse, si l'on acceptait les prétentions de tous ceux qui demandent à en faire partie. Il y a des gens qui, soit par dévouement, soit par loisir, soit par ambition, se livrent tout entiers au courant des affaires publiques. Ils suivent activement les évolutions des partis, ils dévorent les journaux, ils assistent à tous les débats législatifs, ils ont et colportent une opinion sur les questions intérieures, extérieures et autres qui touchent à la politique. C'est une passion, un goût ou une attitude. On fait ainsi de la politique comme on fait de la musique ou de la peinture. Mais ce n'est point parmi ces amateurs du forum qu'il faut chercher l'homme politique.

De même, il ne suffit pas, pour mériter ce titre, d'exercer une fonction ou de remplir un mandat dans le gouvernement. On a vu plus d'un grand ministre se vanter presque de ne pas l'être.

L'homme politique est celui qui s'attache à la défense d'une forme de gouvernement, d'un parti, d'une opinion et qui, par la parole ou par la plume, s'applique à propager ses doctrines. Il n'est point nécessairement un personnage officiel; il exerce son action dans les réunions publiques, il est journaliste, il est publiciste, il se prodigue, par tous les moyens, dans l'intérêt de sa cause. Il a besoin de science et de consistance; c'est ainsi qu'il acquiert et conserve quelque autorité sur sa génération.

L'homme d'Etat est toujours, par métier, homme politique. L'homme politique peut n'avoir aucune part directe au mécanisme du gouvernement. Il n'agit que par voie d'influence. S'il est doué d'un grand talent, si ses études lui ont donné une large expérience, il est quelquefois appelé à un rôle très considérable; il est un homme d'Etat moins l'application.

Dans certains pays démocratiques, il s'est formé une classe de gens par laquelle la politique est exploitée comme une industrie. Les Etats-Unis comptent un grand nombre de *politicians* appartenant aux divers partis. Pour être enrôlé dans cette classe, il n'est besoin ni de vertu, ni de talent, ni d'autorité. L'activité et l'intrigue suffisent. Les *politicians* peuvent prétendre à tout, aux emplois les plus élevés et même aux honneurs législatifs que les citoyens le plus éminents par la science politique recherchent avec moins d'ardeur dans cette mêlée bruyante et obscure des partis. C'est ainsi qu'aux Etats-Unis beaucoup d'hommes politiques, véritablement dignes de ce titre, demeurent en dehors du Congrès, où les *politicians* abondent. Ils n'en conservent pas moins une influence réelle sur la conduite du gouvernement et sur l'opinion de leur pays.

Les révolutions trop fréquentes dévorent les hommes politiques, mais elles font éclore en grand nombre les *politicians*.

HONNEUR. D'origine latine, comme l'indique son étymologie, ce mot désignait dans l'antiquité romaine non pas cette vertu susceptible et délicate qui fut l'âme de nos pères, mais cette dignité extérieure qui s'attache pour ainsi dire à l'individu avec les charges dont il est investi, cet éclat qui rejaillit de certaines fonctions et de certaines magistratures sur celui qui est appelé à les exercer. Un homme honorable, dans l'antiquité, était synonyme non d'homme vertueux, ni d'homme d'une conscience délicate, mais d'homme qui a été longtemps investi de magistratures qui appellent le respect et de fonctions qui commandent la déférence. L'honneur antique n'était donc pas autre chose que la marque de considération que l'exercice des hautes charges politiques et civiles imprime à l'individu.

Lorsque la société féodale eut remplacé définitivement et la société antique et les sociétés imparfaites qui lui succédèrent jusqu'à la complète dissolution de l'empire de Charlemagne, ce vieux mot subit un rajeunissement admirable. Chaque société enfante ses vertus particulières, qu'elle ajoute à ce fonds de vertus élémentaires qui est commun à toute la race humaine. L'honneur fut la création vraiment originale de la société féodale, le joyau moral qu'elle ajouta à la richesse de l'âme humaine : c'est un sentiment inconnu avant elle et dont aucune civilisation antérieure ne donne l'idée la plus lointaine. Il sortit des mœurs et des principes de la chevalerie dont il fut le résultat le plus pur, le plus net et le plus lumineux. L'honneur, ce n'est plus cette sorte d'éclat qui rejaillit des fonctions sur l'homme, c'est un éclat tout moral qui rejaillit de la vie intérieure de l'âme sur la personne extérieure, qui l'enveloppe tout entière comme d'une atmosphère invisible pour la protéger et la défendre. L'honneur de l'individu, c'est l'œuvre même de l'âme, le renom qu'elle se crée, l'armure protectrice dont elle s'entoure et qu'elle met un soin persévérant et délicat à laisser jamais souiller ni ternir. Il s'agit pour l'individu de préserver et contre lui-même et contre les autres cette renommée qu'il s'est acquise ou qui lui a été transmise avec le sang comme un héritage plus précieux que la richesse et le pouvoir. Rien n'est plus difficile à conquérir et à créer que cette renommée, car l'individu ne l'acquiert qu'à force de mérites et de vertus; rien n'est plus fragile et plus facile à perdre; car une fois créée, elle n'est plus entièrement en notre possession, elle nous échappe et elle dépend en partie d'influences extérieures auxquelles il faut la disputer. L'honneur oblige donc l'individu à un perpétuel examen de conscience et en même temps à une lutte défensive incessante contre le monde, qui n'ont d'égal que l'examen de conscience et les luttes du chrétien contre les pièges du prince de tout mal. (E. MONTÉGUT.)

L'honneur fut dans l'origine une vertu d'un ordre exclusivement aristocratique, une vertu de gentilhomme et de chevalier. Mais heureusement, il n'y a pas que le mal qui soit contagieux, le bien est contagieux aussi et a la puissance de se propager absolument comme s'il était un vice ou une maladie. Sous l'ancien régime, la noblesse avait fini par donner ses manières à toute la nation; il en fut ainsi de l'honneur qui ne resta pas l'apanage exclusif des classes supérieures, mais qui devint une vertu d'un usage commun à toutes les classes. L'ancien Français, à quelque ordre qu'il appartînt, faisait tout non par devoir, ou par vertu, ou par crainte de la loi, mais par honneur. Ce que l'honneur permettait, il le faisait, la morale l'eût-elle défendu d'ailleurs ; ce que l'honneur défendait, il s'en abstenait, la morale l'eût-elle permis. Comme cette religion dont il avait emprunté le nom, il se développait dans chaque individu conformément à son origine, à ses mœurs et à son caractère, et prenait des formes particulières avec chaque classe. La bourgeoisie avait son honneur qui n'était pas tout à fait celui de la noblesse ; les classes populaires avaient le leur qui n'était pas tout à fait celui de la bourgeoisie. Mais toutes ces formes de l'honneur reposaient sur des principes communs qui n'en faisaient qu'une seule et même vertu, en sorte que les hommes de toutes les classes se comprenaient aussitôt dès que ce mot était échangé entre eux. (MONTÉGUT.)

Ce sentiment se retrouve également chez toutes les nations de la moderne Europe. Il s'est développé plus ou moins chez chacune d'elles selon que la chevalerie y a eu plus ou moins d'empire, et selon les nuances de son tempérament.

On connaît la fameuse théorie de Montesquieu : la vertu est l'âme et le principal ressort des républiques, l'honneur est l'âme et le principal ressort de la monarchie. Rien n'est plus vrai que cette théorie, pourvu toutefois qu'on ne l'applique que d'une manière discrète et à certaines monarchies particulières. Lorsqu'il parlait ainsi, Montesquieu pensait à cette monarchie française, dont il avait sous les yeux le type vivant. Il séparait la monarchie des formes de gouvernement qui portent ce même nom, mais dont le despotisme est l'âme. Pour lui comme pour nos pères, la monarchie était une forme toute particulière du gouvernement politique qui n'avait rien à démêler avec le pouvoir absolu, non plus qu'avec la liberté républicaine. Dans cette monarchie, qui fut la nôtre, l'honneur était en effet le principal ressort du gouvernement, parce que chacun faisait effort pour emporter d'assaut l'amour et la faveur du prince, et pour témoigner qu'il les avait mérités lorsqu'une fois il les avait conquis. L'honneur dans les monarchies tient lieu, jusqu'à un certain point, de liberté, car il pousse l'homme à faire plus que son devoir et l'engage, pour prouver son dévouement, à des actions qu'on ne lui demandait pas et qu'on n'aurait pu lui commander. En l'absence de liberté politique, l'honneur était donc pour nos pères un vrai principe de liberté, car il leur inspirait des actes libres et volontaires. C'était par lui qu'on se rattachait au prince, c'était par lui qu'on s'en détachait ; c'était en son nom qu'on demandait la faveur, c'était lui qu'on sauvait avant tout dans la disgrâce. Tel est le rôle que joua, dans l'ancienne monarchie française, le sentiment de l'honneur, principe d'obéissance et de liberté à la fois, souverain moyen d'action

et unique sauvegarde de l'individu contre le despotisme du prince. La théorie de Montesquieu est donc exactement vraie pour la monarchie française et celles qui ont été formées sur le même modèle ; mais on doit se garder de l'appliquer indistinctement à toutes les monarchies.

Ce sentiment, tout-puissant autrefois, a laissé parmi nous des traces profondes, mais il a cependant perdu quelque chose de son empire. L'avènement de la démocratie a déplacé et changé les bases de la morale sociale. La morale raffinée, délicate, un peu superstitieuse, qui s'appuyait sur ce sentiment d'origine chevaleresque, semble moins convenir à notre nouvelle société que la bonne et indispensable vieille morale de tous les temps et de tous les lieux. Les hommes élevés sous l'empire des nouveaux principes seront peut-être plus soucieux de justice que de chevalerie, et dans ce cas préféreront les obligations du devoir à celles de l'honneur. L'humanité ne perd rien à ce déplacement des bases morales ; car la notion simple du devoir, que rien ne peut remplacer, est plus importante et plus essentielle que la notion de l'honneur, qui n'est, à tout prendre, qu'une application, une interprétation temporaire et accidentelle de la première. Toute la question est de savoir si ce sentiment moins brillant, mais plus austère, du devoir, produira les mêmes résultats que le sentiment de l'honneur. Cette question doit être laissée dans le doute, car elle ne peut être résolue avec impartialité. Nous ne pouvons former qu'un simple vœu, et désirer que l'axiome de Montesquieu reçoive parmi nous sa complète application. Notre ancienne histoire a prouvé que l'honneur était l'âme des monarchies ; puisse notre nouvelle histoire prouver d'une manière aussi brillante et aussi irréfutable que la vertu est l'âme des démocraties !

HOSTILITÉS. Nous disons aux mots **Blocus, Ennemi, Guerre,** etc., quelles sont les hostilités que la civilisation permet d'employer dans les luttes entre nations. Nous pouvons donc nous borner à dire ici que nous considérons comme barbare toute mesure de destruction qui ne peut avoir aucune influence sur l'issue de la lutte et que, parmi les engins de guerre ou les moyens destructifs, nous désapprouvons tous ceux qu'un galant homme ne pourrait pas avouer.

HYGIÈNE PUBLIQUE. *Voy.* **Régime sanitaire.**

HYMNES ET CHANTS NATIONAUX. La plupart de ces hymnes ont un caractère dynastique et officiel qui font en quelque sorte partie de la liturgie que chaque nation se rend à elle-même. Ils n'échappent pas aux inconvénients littéraires des productions officielles : la froideur et une certaine banalité. Nous ne voulons pas dire cependant qu'ils soient sans beauté et qu'ils expriment mal le caractère de la nation qu'ils célèbrent. Le *Rule Britannia* rend bien le légitime orgueil de la Grande-Bretagne, fière de régner sur les flots et dont les fils ne seront jamais esclaves. L'hymne national autrichien exprime bien la bonhomie propre à ce peuple soumis si longtemps à la douce torpeur du gouvernement paternel : « Que nos lois soient toujours la volonté de notre bon empereur, et sa volonté d'accord avec nos lois. » Mais la plupart de ces chants manquent de naïveté ; ils n'ont pas, tout nationaux qu'ils sont, de substance populaire ; on sent trop qu'ils sont faits pour certains jours solennels, pour certaines cérémonies, et on ne voit pas comment la nation pourrait les chanter lorsqu'elle n'a pas mis ses habits de fête. De tous les chants nationaux passés ou présents, je n'en connais qu'un qui ait un caractère vraiment populaire et qui puisse se chanter en toute saison : c'est le chant, tombé en désuétude de l'ancienne monarchie : *Vive Henri IV*. Celui-là est bien fait à l'image de la nation française : il est vif, égrillard, aussi peu solennel que possible, et il rend à merveille la fidélité monarchique de nos pères et la satisfaction profonde qu'éprouva la France à se sentir définitivement débarrassée des guerres civiles.

Les plus vraiment nationaux de ces chants sont ceux qui ont précédé la grandeur qu'ils célèbrent, qui sont tout frémissants d'une espérance qui n'était pas encore réalisée alors qu'ils furent composés et qui depuis est passée à l'état de fait accompli. Ceux-là échappent nécessairement à la froideur et à la banalité, parce que, composés alors que l'avenir était encore incertain, ils ont toute l'agitation dramatique de l'attente et tout l'élan du désir ; ils sont en même temps les chants nationaux par excellence, parce qu'ils ont tout le caractère d'une prophétie réalisée. Les hymnes politiques de ce genre sont extrêmement rares et leur existence est la plupart du temps un pur effet du hasard. Le plus célèbre est notre *Marseillaise* qui, composée dans toute la fièvre et toute l'ardeur du premier élan, alors que le succès était encore incertain, est devenue le chant national de la France moderne. Presque toujours les hymnes nationaux suivent les événements qu'ils célèbrent au lieu de les précéder ; la *Marseillaise*, au contraire, a inauguré l'ère sociale qu'elle appelle. Aussi est-elle peut-être le seul hymne politique qui ait une poésie véritable. Elle constate en quelque sorte un triomphe qu'elle désire, et celui qui la chante réunit vraiment en lui les deux sentiments les plus opposés : l'orgueil de la certitude et l'ardeur de l'espoir.

On s'étonne que si peu de ces hymnes répondent à ce qu'on attend de ce titre pompeux et plein de promesses : *Hymne national*. Les trois quarts du temps, on se dit que les moindres de ces ballades et de ces chansons que le peuple répète traditionnellement donnent une idée plus vraie, plus fidèle et surtout plus sympathique, des diverses nations que ces chants politiques où elles ont la prétention d'exprimer leur *credo* patriotique. Pour peu qu'on y réfléchisse, on s'aperçoit que l'idéal d'un beau chant national est d'une difficulté extrême à réaliser. En premier lieu, il faudrait la réunion de deux hommes dont un seul est déjà fort difficile à trouver : un poète et un musicien de génie. Cependant de ces deux hommes, le musicien semble le moins rare, car la plupart du temps la mélodie dans ces hymnes est supérieure à la poésie, comme dans le *Rule Britannia*, et exemple meilleur encore, comme dans notre *Chant du départ*, dont les paroles sont écrasées par la musique de Méhul. La plus grande difficulté consiste en ceci, que le poète qui veut composer un chant national doit s'astreindre à n'exprimer que les sentiments les plus généraux. Si une fraction de la nation reconnaît trop particulièrement ses passions et ses espérances, le chant perd son caractère national et prend un caractère de parti. Le poète est donc par là privé de l'inspiration que donnent la passion personnelle, la préférence pour telle ou telle idée, la partialité politique en un mot. En perdant sa partialité, il perd nécessairement en grande partie la vivacité de sa verve et l'ardeur de sa conviction. C'est un fait jusqu'à un certain point regrettable, mais c'est un fait incontestable que cette partialité est une des conditions du talent, de l'amour et même du patriotisme. Pour triompher de cette difficulté, pour remplir cette condition de suprême impartialité, et presque d'indifférence inspirée, il faudrait un homme d'un génie souverain. Il faudrait encore une ère de paix sociale et de grandeur nationale aussi complète que possible, une ère qui n'inspirât que des sentiments de concorde générale, d'enthousiasme tranquille et d'orgueil exempt d'inquiétude. Or, ces sortes d'époques sont encore plus rares que les grands poètes.

Cependant ces chants sont ce qu'ils sont ; l'important, c'est qu'ils répondent au but politique pour lequel ils sont composés, but qui est, comme nous l'avons dit, d'entretenir le patriotisme. Or, ils atteignent presque infailliblement le but qu'ils se proposent. Quel est l'homme qui échappe à l'émotion patriotique, lorsqu'il entend retentir au milieu de ses concitoyens assemblés les louanges de la patrie ? Pour un moment, sa ferveur de citoyen en redouble, et lorsque son émotion est apaisée, il lui reste encore quelque chose de cette chaleur. Il emporte avec lui l'enthousiasme qu'il a ressenti, et cet enthousiasme pénètre son âme à son insu, comme une substance agit dans le corps longtemps après qu'elle a été absorbée. Les chants nationaux ont donc une véritable importance politique, puisque, s'ils ne créent pas le patriotisme, ils servent à l'alimenter et à le conserver vivant dans le cœur du citoyen.

(E. MONTÉGUT.)

I

IDÉOCRATIE. Ce mot a été employé en Allemagne comme synonyme de théocratie. (*Voy.* H. Léo: *Studien zur Naturgeschichte der Staaten.*)

IDÉOLOGUES. On désigne par ce mot un petit groupe d'écrivains qui, dans les dernières anées du dix-huitième siècle et dans les premières du dix-neuvième, cultivèrent la philosophie dans l'esprit de Condillac, dont ils peuvent être regardés comme les successeurs. Au terme de métaphysique, tombé en discrédit, ils avaient substitué celui d'idéologie (de ἰδέα, *idée*, et λόγος, *doctrine*), et ce mot convenait très bien à la nature de leurs travaux, qui portaient principalement sur la recherche de l'origine et de la formation des idées. C'est de là que vient le nom d'idéologues, sous lequel ils sont généralement connus. Nous n'avons pas à considérer ici leur système philosophique, mais ils s'occupèrent aussi de politique ; par là ils rentrent dans notre cadre [1].

De tous les écrits politiques de cette école, celui qui en représente le mieux les idées est le commentaire de Destutt de Tracy sur l'*Esprit des lois* de Montesquieu. Bien qu'il se soit bientôt écoulé un siècle depuis le moment qu'il fut imprimé pour la première fois [2], il est loin d'avoir vieilli ; peut-être est-il encore l'exposition la plus nette et la plus satisfaisante des principes qui peuvent seuls servir de bases à la société moderne.

Au lieu de la division classique des gouvernements d'après la circonstance accidentelle du nombre des hommes qui sont les dépositaires de l'autorité, Destutt de Tracy établit que tous les gouvernements se rangent dans deux classes, savoir : ceux qui sont fondés sur les droits généraux des hommes, et ceux qui se prétendent fondés sur des droits particuliers. Ceux-ci appartiennent au temps de l'ignorance et au règne de la force, ceux-là n'apparaissent que quand les ténèbres disparaissent et que l'ordre éternel des choses dans ses rapports avec nous a été observé. Les gouvernements qui naissent sous l'influence de la raison n'ont aussi que la raison pour principe moteur et conservateur. Leur première loi est d'être faits pour les gouvernés et non pas les gouvernés pour eux ; la seconde, qu'il ne doit jamais y avoir dans la société une puissance telle qu'on ne puisse pas la changer sans violence, ni telle que, lorsqu'elle change, toute la marche de la société change avec elle ; enfin, la troisième, d'avoir toujours pour but la conservation de l'indépendance de la nation et de la liberté de ses membres, et celle de la paix intérieure et extérieure.

Ces idées étaient peu goûtées de Napoléon Ier, on le conçoit sans peine. Pendant longtemps, il se contenta cependant de les traiter comme des chimères sans conséquence. Plus tard, il en parla en des termes dont la vivacité et la dureté étonneraient, s'ils ne s'expliquaient par l'irritation produite dans son esprit par les malheurs de 1812, peut-être aussi par quelque crainte encore vague de voir se dissiper le prestige dont ses victoires l'avaient entouré. « C'est à l'idéologie, dit-il dans sa réponse au conseil d'État, le 20 décembre 1812, à cette ténébreuse métaphysique qui, en cherchant avec subtilité les causes premières, veut sur ses bases fonder la législation des peuples, au lieu d'approprier les lois à la connaissance du cœur humain et aux leçons de l'histoire, qu'il faut attribuer tous les malheurs qu'a éprouvés notre belle France. Ces erreurs devaient et ont effectivement amené le règne des hommes de sang. »

Que demandaient les idéologues ? Une seule chose : que dans le gouvernement des sociétés humaines la raison prît la place de la force, de l'égoïsme, des préjugés et de la routine. Bien loin de se refuser à « approprier les lois à la connaissance du cœur humain » et à tenir compte des « leçons de l'histoire », Destutt de Tracy montre avec un grand bon sens que les institutions les meilleures *absolument* ne sont pas toujours les meilleures *relativement*, que celles-là conviennent le mieux à une nation, qui sont le plus conformes, non pas seulement au caractère général de cette nation, mais encore à l'état présent de ses mœurs, de ses besoins, de son esprit, et qu'elles ne peuvent s'améliorer que proportionnellement à l'accroissement des lumières dans la masse du peuple.

ILLUMINÉS. — Il a existé plusieurs sociétés sous ce nom, mais nous ne pouvons consacrer quelques lignes qu'à celle qui a été fondée le 1er mai 1776, par le professeur Weishaupt, à Ingolstadt (Bavière), et dont Knigge fut l'un des chefs.

Le but de la société, qui compta un moment jusqu'à 2.000 membres, fut de tendre vers la perfection morale et politique ; c'est pourquoi son fondateur l'avait appelée d'abord l'*Ordre des perfectibilistes*. Mais Weishaupt choisit une mauvaise voie pour atteindre son but : il organisa la société sur le modèle de la Compagnie de Jésus, dont il était pourtant l'adversaire ardent, afin, disait-il, « d'opposer au mal les armes dont il se

---

1. Le principal ouvrage de philosophie de cette école est celui de Destutt de Tracy, *Éléments d'idéologie.* Paris, 1801-1804, 2 vol. in-8 ; plusieurs autres éditions.
2. En Amérique en 1811 ; réimprimé en France sous la Restauration.

sert pour nuire. » On établit donc un système de surveillance mutuelle, de confessions, et d'autres moyens semblables qui, avec les tendances républicaines et le secret dont s'entourait la société, provoquèrent la dissolution prononcée par l'électeur de Bavière, le 22 juin 1784.

ILOTES. On sait que les Ilotes étaient les populations primitives de la Laconie, qu'on avait réduites à un état de servage très voisin de celui qui a régné au moyen-âge. Seulement, les Ilotes n'appartenaient pas à des particuliers, mais à l'Etat.

Les mœurs barbares des Spartiates rendaient leur domination très dure, il est donc naturel que les populations opprimées aient cherché plus d'une fois à recouvrer leur liberté. Ces tentatives n'ayant pas réussi, Sparte les traita avec une cruauté devenue proverbiale. Que dans une telle situation les Ilotes aient perdu le sentiment de leur dignité, cela est possible; mais tant que nous n'aurons d'autre preuve que le dire de leurs oppresseurs, nous devons réserver notre opinion.

IMITATION. La tendance à l'imitation ou l'esprit d'imitation joue un très grand rôle dans la Société humaine. L'exemple a une influence considérable sur les hommes, on peut même dire, sur les animaux également; c'est l'instinct fondamental de chaque race vivante, car on imite sans réfléchir, le désir d'imiter est même peut-être la cause de l'envie : on hait quand on ne peut pas imiter.

Les effets de l'imitation sont connus des hommes d'Etat aussi bien que des pédagogues, et les uns et les autres s'efforcent de raréfier les mauvais exemples et de multiplier les bons. Ces efforts expliquent certaines lois sur la presse et sur les images obscènes. L'influence de la presse est plus puissante que toute autre, car elle peut seconder l'action de l'exemple par des discours qui expliquent perfidement, encouragent éloquemment, etc. On sait qu'il n'y a pas de poison aussi pernicieux que la parole. Si le poison ne finissait par tuer, il exercerait on ne sait quelle influence sur les hommes. On se mettrait peut être à marcher à quatre pattes !

Nous ne pouvons qu'appeler l'attention du public sur l'action de l'*imitation*, chacun en concluera, je l'espère, qu'il ne doit pas imiter à l'aveugle, mais qu'il doit faire un choix intelligent.

IMPARTIALITÉ. Nous ne la citons que pour mémoire, car l'impartialité n'est pas une vertu politique. La politique est cultivée par des partis et dans l'intérêt des partis plutôt que dans l'intérêt d'une nation, où donc l'impartialité irait-elle se loger ? Il faut ne pas être homme politique — homme de parti — pour être impartial, ou aussi, il faut qu'il s'agisse de questions étrangères à la politique.

Le patriotisme n'admet que difficilement l'impartialité [1], mais non par les mêmes raisons : la politique représente généralement un intérêt relativement étroit, le patriotisme un sentiment nettement circonscrit, ni l'un ni l'autre sont dominés par la raison *pure*, mais ils écoutent volontiers la raison pratique.

IMPOSITIONS. Ce mot s'applique de préférence aux impôts purement communaux, repartis dans la forme des impôts directs. Il est presque synonyme ainsi de *cotisations*.

IMPOTS. C'est le principal moyen, et presque le seul logique et bon, de couvrir les dépenses de l'Etat. Nous n'avons besoin de définir l'impôt, chacun sait que c'est la part contributive de chaque citoyen; de là le mot contribution, qui est synonyme d'impôt ; ce dernier mot indique plutôt le caractère obligatoire de l'institution, l'autre sa forme répartitive, sa distribution sur les citoyens. Démontrer que l'Etat ne peut pas se passer d'impôts, c'est démontrer une vérité de l'ordre de celle-ci : l'homme a besoin de nourriture, nous croyons pouvoir nous en dispenser.

L'impôt, néanmoins, est souvent payé avec répugnance, et cela vient, en général, de ce que le citoyen se croit (ou est réellement) trop chargé. Il faut donc que l'Etat évite les dépenses inutiles, et qu'il en répartisse convenablement la charge. C'est ce dernier point, la bonne répartition, qu'il nous incombe ici d'étudier. Nous avons établi ailleurs [2] quelques principes fondamentaux sur la répartition des impôts, nous allons les indiquer très brièvement ici, sans les développer, ni motiver :

1. Tout citoyen doit être soumis à l'impôt [3]. Il ne doit y avoir ni exemption, ni privilège, et chacun doit contribuer aux charges publiques selon ses facultés. Ce principe est conforme à la justice ; il est à la fois avantageux au fisc, dont il porte les revenus au maximum, et au contribuable, dont il réduit les charges en les répartissant entre le plus grand nombre possible de citoyens.

2. Tous les contribuables doivent être traités sur le même pied, d'après les mêmes règles, d'après les mêmes lois. L'assiette, le département et la perception des impôts doivent être établis de façon qu'aucun contribuable ne soit lésé par rapport aux autres.

3. On doit alléger la charge autant que possible par un choix judicieux de matières imposables, par le mode de paiement, par les procédés de perception.

---

1. On connaît le mot de Pascal : Justice en deçà, injustice au-delà des Pyrénées (Il aurait pu indiquer toutes autres limites de territoire).

2. Voir : *les Progrès de la science économique*, etc. Paris, Guillaumin et Cie.

3. Est-il nécessaire de dire : « Où il n'y a rien, le roi perd ses droits ? » Ajoutons qu'il est des pays où celui qui ne paie pas de contribution ne jouit pas des droits politiques du citoyen ; il n'est pas électeur.

Tout l'art de l'imposition — de la répartition — consiste donc à tirer de chaque citoyen une somme d'impôts conforme, c'est-
à-dire *proportionnel*, à ses facultés. Facultés
est ici un autre mot pour revenu. Le plus
simple serait donc d'établir le montant exact
et total des revenus de chacun, et après
avoir chiffré les dépenses de l'Etat, le parlement déclarerait : Chacun doit verser (par
exemple) cinq, six, dix pour cent de son revenu. Dans la société, les choses ne se font
pas aussi simplement que cela, tout y est
compliqué. Nous ne pouvons pas relever ici
toutes les difficultés à vaincre dans un pareil
système, mentionnons au moins les suivantes :

a. Beaucoup de citoyens ne savent pas
d'avance quel sera le montant de leurs revenus dans l'année;

b. Un assez grand nombre de contribuables paient de mauvaise grâce, et dissimule
une partie, souvent considérable (s'ils peuvent) de leurs revenus.

c. Dans beaucoup de cas, il est plus facile,
moins onéreux, de verser l'impôt par petites
sommes que par sommes relativement fortes.

L'impôt unique sur le revenu — étant
donné l'homme tel qu'il est, et aucune réclamation des candidats au portefeuille ministériel ne le changera — ne serait possible
que si les contributions étaient extrèmement
faibles, pour la France, par ex. de quelques
centaines de millions au lieu de trois milliards et au delà. Pour atteindre le chiffre
réellement nécessaire, ou supposé nécessaire,
il faut donc établir des impôts variés, et asseoir les impôts en partie sur les revenus,
en partie sur les propriétés, en partie sur les
consommations, en partie encore sur des
services spéciaux rendus par l'Etat. Il est
impossible d'entrer ici dans les détails, il
faut les étudier dans un traité des impôts,
nous nous bornons à relever les points suivants :

On divise généralement, avant tout, les
impôts en directs et indirects. Les *impôts
directs* (sur le revenu, sur les valeurs mobilières, impôt foncier, patente (impôt industriel), impôt mobilier (sur le loyer), portes
et fenêtres, etc.), les impôts directs visent
plus particulièrement *le revenu* et s'attachent,
s'il se peut, à l'objet qui le rapporte; les *impôts indirects* visent sans doute aussi le
revenu, car où il n'y a rien César perd ses
droits, mais ils sont attachés aux *consommations*. Et cela se comprend. Puisque l'impôt unique sur le revenu n'est pas possible par
les raisons ci-dessus énoncées le législateur
s'est dit : Généralement, l'homme proportionne
ses dépenses à ses revenus ; je vais donc imposer des dépenses, et, tout compte fait, l'ensemble de ses revenus sera à peu près atteint.
Dans ce système, le contribuable se gênera
d'autant moins à dépenser que le plus souvent il n'aura pas connaissance de ce qu'il
verse à l'Etat. Voilà l'impôt sur les consommations expliqué et même pratiquement jus-

tifié. Et si un contribuable restait pour ses
dépenses au-dessous de ses revenus, il y en
aurait d'autres qui les dépasseraient, cela
ferait compensation. Ajoutons, et c'est là
l'essentiel, les économies qu'un consommateur fait sur ses revenus l'enrichissent et
contribuent à la prospérité du pays.

Il y a aussi des impôts indirects qui ne
sont pas des impôts de consommation, par
exemple le timbre, c'est plutôt un impôt sur
les actes, mais il rend les mêmes services.
Relativement à la proportionnalité des impôts,
voy. l'article : *Impôt proportionnel* et *impôt
progressif.*

IMPOT FONCIER. L'impôt foncier est
une contribution directe assise sur le revenu
net des terres et des maisons. Cet impôt est
l'un des plus anciens qui existent, non pas
peut-être dans la forme où il est actuellement perçu, mais par son principe même. Il
dérive évidemment de la dîme orientale, qui
était une contribution en nature, qui n'était
pas prélevée sur le revenu net, et qui subsiste
encore en Turquie, où elle procure au Trésor
une recette annuelle de plus de 25 millions
de francs. Les Romains connurent l'impôt
foncier sous des noms différents, et dès le
temps des premiers rois, car on voit l'*ager
romanus* assujetti à un cens sous Servius
Tullius. C'est, de nos jours, un impôt à peu
près universel.

Il était représenté, en France, sous l'ancienne monarchie, par la taille et en partie
par les vingtièmes. La taille, rendue permanente en 1439, donnait alors un revenu de
1.800.000 livres, qui était considérable pour
le temps ; sous Louis XI, ce revenu montait
déjà à 4 millions. Au seizième siècle, la taille
fut augmentée d'une « grande crue » et d'un
« taillon ». Elle produisait 40 millions de
livres sous Colbert. Chaque année voyait
s'accroître sans règle le montant du brevet
de taille, que le conseil du roi arrêtait et
dont on chargeait les intendants de lever les
parts imposées sur leurs généralités. En 1780
seulement, Necker fit décider que le brevet
de taille resterait fixé invariablement et que,
pour y ajouter quelque chose, il faudrait une
ordonnance du roi enregistrée par les cours
souveraines. Cette mesure fut accueillie avec
reconnaissance par un peuple qui ne savait
jamais ce qu'il aurait à payer l'année qui
allait venir.

Suivant les pays, la taille était personnelle
ou mixte ou réelle. La taille personnelle ou
mixte portait sur tous les biens mobiliers et
immobiliers du contribuable; elle grevait
l'individu à raison de sa qualité et du lieu de
son domicile. L'industrie des journaliers était
évaluée d'après le produit présumé de deux
cents journées de travail, celle des commerçants et artisans, d'après leur déclaration ou
d'après l'importance de leurs fonds. Le surplus de la taille était supporté par les terres
de la paroisse. La taille réelle avait pour les
particuliers l'avantage d'être assise sur les

biens-fonds indépendamment du domicile et de la qualité du possesseur, et elle était presque exclusivement foncière. Néanmoins, dans un grand nombre de\localités, une partie du contingent pouvait être levée sur les facultés mobilières et sur l'industrie. La taille était donc, à des degrés divers, un impôt général sur toutes les branches de la richesse privée ; mais la quantité des immunités et des exceptions, légales ou illégales, en faisait peser lourdement le faix sur les contribuables roturiers.

Les vingtièmes, qui avaient commencé par être « un dixième » (déclaration du 14 octobre 1710), étaient un impôt établi sur les revenus de toute espèce, fonciers, mobiliers, industriels et professionnels.

Il n'existait donc pas en France, avant 1789, un impôt purement foncier et surtout il n'existait pas un impôt foncier établi également sur toutes les terres. C'est l'Assemblée constituante, par la loi du 23 novembre 1790, qui aux tailles et aux vingtièmes substitua la véritable contribution foncière. La taille, et presque toujours aussi les vingtièmes, avaient été des impôts de répartition, dont le brevet était annuellement fixé par le conseil. La contribution foncière fut de même un impôt de répartition, mais ce fut désormais aux représentants de la nation seuls qu'appartint le droit d'en fixer le montant et de le répartir entre les départements nouveaux. On évalua à 1.200 millions le revenu total des immeubles de la France et on fixa la contribution au cinquième de ce revenu, soit à 240 millions, c'est-à-dire à environ 50 millions de plus que la taille et les vingtièmes produisaient ; mais comme ni le clergé ni la noblesse ne payaient d'impôts avant 1789, et que la loi de 1790 assujettissait tous les citoyens à la contribution foncière, la fixation du montant de l'impôt à 240 millions n'avait rien d'excessif. Cette contribution, mal payée pendant les premières années de la révolution, ou payée en assignats, en mandats territoriaux, parfois même en nature, ne fut que d'un médiocre secours pour le Trésor national. On se plaignait d'ailleurs, que, dans la répartition, il avait été tenu un trop grand compte des anciennes matrices de la taille et des vingtièmes. Il fallut réformer la loi qui l'avait établi, et, pour qu'aucune réclamation ne s'élevât, le législateur commença par dégrever la propriété d'une partie de l'impôt qui pesait sur elle. C'est la loi du 3 frimaire an VII qui est, à présent, la base de la législation française relative à la contribution foncière.

Comme pour toutes les autres contributions directes autres que les patentes, la répartition de l'impôt foncier est faite entre les départements par le Corps législatif ; entre les arrondissements, par les conseils généraux des départements ; entre les communes, par les conseils d'arrondissement, et entre les citoyens de chaque commune par un conseil de répartiteurs.

Pour que l'impôt foncier fût équitablement réparti, il était essentiel que dans tout le pays il y eût un même système de mesurage et de classification des propriétés. On savait, avant 1789, en France et ailleurs, notamment en Italie, ce que c'est qu'un cadastre ; mais les terres n'avaient été cadastrées que dans quelques provinces et elles ne l'avaient été nulle part d'après les mêmes principes. La Convention ordonna (21 mars 1793) qu'il fût fait un cadastre général et uniforme de toutes les parties du sol de la République. Ce n'est que sous l'Empire que les événements permirent de commencer cette grande opération qui a demandé quarante années de travail pour s'accomplir, et qui a coûté 150 millions. D'après le travail publié en 1821, le revenu net des propriétés foncières montait alors, pour les 86 départements, à la somme de 1.580.597.000 fr. La loi du 7 août 1850 l'a évalué à la somme de 2.643.000.000 fr. Il en résulterait qu'en trente années le revenu foncier de la France s'est accru d'environ 67 p. 100, c'est-à-dire d'un peu plus de 2 p. 100 par année.

Lorsqu'on a, en France, soumis à l'impôt le revenu net de la propriété foncière, on a disposé qu'il faut entendre par revenu net ce qui reste au propriétaire de terres, lorsqu'il a déduit de sa récolte les frais de semence, de culture et d'entretien, et au propriétaire de maisons, lorsqu'il a déduit du prix de ses loyers, les frais d'entretien et de réparation ainsi que l'amortissement qui représente le dépérissement annuel de sa propriété ; la déduction est évaluée au quart de la valeur locative pour les maisons ordinaires et au tiers pour les usines. Quant à la valeur de la propriété bâtie elle-même, on estime le terrain qu'elle occupe comme le meilleur sol cultivable, et les constructions qu'on y a élevées, d'après la valeur locative, en déduisant l'estimation préalable de la superficie. Du reste, une loi du 8 août 1890 a séparé les propriétés bâties de l'impôt foncier proprement dit probablement pour pouvoir charger plus lourdement les maisons.

On n'impose les terres que d'après la moyenne des quinze dernières années de revenu, déduction faite des deux plus prospères et des deux plus malheureuses. Pour les maisons, le même calcul se fait, et la même déduction aussi, mais sur les dix dernières années seulement. La propriété bâtie ne paye l'impôt que trois ans après que la construction est achevée.

C'est le propriétaire utile et l'usufruitier qui payent l'impôt foncier, le fermier et le nu propriétaire en sont toujours exempts. Faculté est laissée à chacun de s'exonérer en abandonnant le fonds sur lequel est assis l'impôt.

On n'a pas besoin d'expliquer pour quelles raisons le domaine public et les forêts de l'Etat sont exempts d'impôt. Il est inutile, en effet, que le Trésor tienne des comptes de recettes et de dépenses qui s'annulent. Sous l'Empire, le domaine de la couronne ne payait pas non plus l'impôt foncier, mais il supportait les charges départementales et communales (sénatus-consulte du 12 décembre 1852).

En certains cas, la propriété foncière peut être temporairement exemptée d'impôt, mais ce ne peut être évidemment que lorsqu'il s'agit d'un intérêt public : par exemple, pour encourager l'agriculture de certains pays, pour propager certaines cultures, pour rendre plus rapide le reboisement d'un flanc de montagne, et les semis d'une dune ou d'une lande.

IMPOT PERSONNEL-MOBILIER. L'Assemblée constituante, qui a créé la contribution foncière, a également créé l'impôt personnel-mobilier, tel qu'il existe en France. L'impôt foncier a remplacé les vingtièmes et les tailles ; la contribution personnelle-mobilière a remplacé la capitation de l'ancien régime.

La capitation, établie en 1695 pour trois ans, et rendue permanente en 1701, devait être dans le principe un impôt personnel qui n'admettrait pas d'exceptions et obligerait tous les citoyens, répartis en vingt-deux classes, depuis le Dauphin qui devait payer 2.000 livres, jusqu'aux personnes imposées à une livre seulement. Bientôt le clergé s'en fit exempter, moyennant une somme six fois égale à sa contribution d'une année, qu'il emprunta et remit au roi. Les pays d'états et plusieurs villes contractèrent des abonnements avec le Trésor ; quant aux nobles ils demandèrent qu'on leur donnât des receveurs spéciaux, et ils les payèrent mal, certains que l'arriéré ne serait pas réclamé avec rigueur.

En 1784 le produit de la capitation s'élevait à 35 millions de livres. Le montant des cotes n'était pas fixé et pouvait être sans cesse surimposé.

C'est la loi du 13 janvier 1791 qui a été le premier fondement de la législation de l'impôt mobilier. Elle en fixa le montant au quart de l'impôt foncier qu'on avait évalué à 240 millions, et elle le répartit entre les départements en proportion des anciennes charges que supportaient les parties du territoire dont ils avaient été formés. On adopta le loyer d'habitation comme le signe le plus visible et la mesure la plus exacte de la fortune des individus, et c'est ainsi que l'impôt qui devait atteindre la personne dans son revenu mobilier a été établi sur le logement qu'elle occupe. Ce ne fut pas, du reste, sans tenir compte, et avec justice, de la différence qu'il y a entre le pauvre qui dépense pour se loger beaucoup plus qu'il ne voudrait et le riche qui dépense moins qu'il ne pourrait. A un loyer de 100 fr. on fit correspondre un revenu double du loyer ; à un loyer de 101 à 500 fr., un revenu triple ; un quadruple à un loyer de 501 à 1.000 fr., et successivement ainsi jusqu'aux loyers de 12.000 fr. auxquels on fit correspondre un revenu douze fois plus considérable. En d'autres termes, un loyer de 100 fr. était considéré comme l'indice ou la preuve d'un revenu de 200 fr. ; un loyer de 1,000 fr., au contraire, n'était pas supposé indiquer un revenu de 2.000 fr., mais de 4.000 fr. Du revenu ainsi évalué, la loi voulut qu'on déduisît la part qui était assujettie à l'impôt foncier et qu'on taxât le reste au vingtième. C'était un véritable impôt sur le revenu.

En l'an III la taxe personnelle fut portée uniformément à la somme de 5 fr. En l'an V, on en abaissa le minimum à 1 fr. 50 c., et le maximum en fut élevé à 120 fr. L'année suivante on revint au système de la redevance de trois journées de travail, et le prix de la journée dut être, selon les départements, évalué de 50 c. à 1 fr. 50.

La taxe mobilière fut, par la loi de l'an V, laissée à l'appréciation d'un jury d'équité institué dans chaque commune ; mais dès l'an VII, il fut décidé que la somme à payer par chaque commune serait répartie au marc le franc de la valeur du loyer de l'habitation personnelle des citoyens payant déjà la contribution personnelle. On voit que toutes les précautions prises par l'Assemblée constituante pour arriver à une répartition aussi équitable que possible de l'impôt étaient abandonnées, à cause de leur complication même.

La contribution personnelle-mobilière rapporte, depuis une série d'années, 40 et quelques millions en principal. D'après les lois françaises, elle est due pour l'année entière et doit être payée, si le contribuable meurt, par les héritiers qui lui succèdent. On ne paye la contribution personnelle que dans la commune où l'on réside habituellement, mais on paye la contribution mobilière pour toutes les habitations meublées que l'on possède, et on la paye même quand on est logé aux frais de l'État ou des communes. Comme l'a voulu la loi du 3 nivôse de l'an VII, la contribution mobilière a pour base la valeur locative de l'habitation personnelle, et, comme il a été disposé par la loi du 5 fructidor de l'an VI, la taxe personnelle se compose toujours de la valeur de trois journées de travail tarifées par les soins des conseils généraux, mais ne pouvant être estimées à moins de 50 c. ni à plus de 1 fr. 50 c.

Un certain nombre de communes exemptent de la contribution personnelle ceux de leurs habitants qui occupent des logements dont le prix est inférieur à un chiffre fixé et elles prennent sur leurs revenus la somme nécessaire pour désintéresser l'État.

Le projet de budget de 1897 propose de remplacer l'impôt mobilier et celui des portes et fenêtres par un *impôt sur l'habitation*.

IMPOT SUR LE REVENU. *Voy.* **Revenu** (Impôt sur le).

IMPOT PROPORTIONNEL ET IMPOT PROGRESSIF. Pendant longtemps on n'a connu que deux sortes d'assiettes ou deux modes de répartement de l'impôt : 1º par tête et 2º proportionnellement à la fortune ou aux revenus. Bien que les droits et les devoirs des citoyens fussent les mêmes, on trouvait équitable que chacun payât en proportion de sa fortune; car si le droit de l'un est égal au droit de l'autre, la fortune conférait toujours à celui qui la possédait une influence proportionnelle. Et puis, comme il y a une certaine solidarité entre les membres d'une société, il est naturel que les plus riches se chargent d'une part plus grande des dépenses dans l'intérêt commun. Ceci compense cela.

Dans les temps modernes, on a voulu remplacer la répartition proportionnelle par la répartition progressive. On soutenait: vous avez 100.000 fr. de revenu et moi 50.000; réparti à 5 p. 100, l'impôt est pour moi de 2.500 fr. et pour vous de 5.000 fr. L'impôt payé, il vous reste donc 95.000 et à moi seulement 47.500 fr., vous sentez donc moins l'impôt — vous souffrez moins de l'impot que moi, — je ne trouve pas cela juste. Il faut que vous souffriez autant que moi.

Pour faire souffrir son concitoyen autant que lui, qu'imagine-t-il? *l'impôt progressif.* Il dit : je verse 5 p. 100 de mon revenu, que mon concitoyen verse 10 p. 100. Mais ne voyez-vous pas qu'il lui reste encore 90.000, et que pour le faire souffrir autant que vous il faudrait l'imposer de 50 et quelques pour cent ? Vous le voudriez bien, mais vous n'osez pas; vous sentez que ce serait le dépouiller, que l'injustice serait tellement exorbitante que la majorité ne serait plus de votre côté. Ne voyez-vous pas, d'ailleurs, qu'en l'*imposant à un autre* taux que vous, vous commettez un arbitraire — c'est l'équivalent d'une injustice — sans atteindre votre but. Et vous commetteriez cette injustice par jalousie, par envie. C'est l'envie qui a inspiré — peut-être à leur insu — les auteurs des systèmes progressifs; c'est une conséquence du socialisme. Il attaque la propriété par tous les moyens, et nous sommes sans doute à une époque de décadence pour que, non les doctrines (elles sont trop absurdes), mais les sentiments qu'elles font naître se répandent jusque dans des régions où on ne les chercherait pas.

Cet argument : il faut qu'un citoyen souffre pour la société autant que l'autre, n'est pas soutenable [1]. Si la Société était destinée à nous faire souffrir, il vaudrait mieux la détruire ; mais ce n'est pas là son but, son but est de nous protéger et de faciliter les progrès. — Ce qui témoigne encore contre l'impôt progressif, c'est que la *proportionnalité*

peut être établie d'une façon mathématique, tandis que le taux progressif est *toujours* arbitraire. Or, une société fondée sur l'arbitraire ne saurait prospérer.

Autre point de vue. Un droit fondamental des pays libres; c'est que l'impôt doit être voté par les contribuables, ou par leurs représentants. Ces représentants doivent traiter leurs électeurs d'une façon tout à fait égale, c'est dire, proportionnellement à la fortune, ce qui se résume en : tant par 100 fr. de revenu (direct, indirect ou autre s'il y a lieu). Rien ne vous justifie de demander à l'un 5 p. 100 et à l'autre 10 p. 100. Si l'un possède plus que l'autre, tant mieux pour lui. Si l'un a plus d'esprit que l'autre l'en puniriez-vous ? Vous ne pouvez établir plusieurs taux d'imposition que du consentement des intéressés. Ainsi, si vous jugez comme affaire de salut public que ceux qui ont plus de 100.000 fr. de revenu donnent plus que leur part proportionnelle; vous n'avez plus qu'à les réunir *séparément* et leur demander un subside spécial comme impôt patriotique [1]. Sinon vous commettrez un abus de pouvoir, une spoliation. Il ne peut y avoir dans un pays qu'une loi fiscale, la même pour tous.

IMPRIMERIE. A son origine, l'imprimerie est soumise à la censure. En France, on l'incorpore à l'Université. Un corps entièrement composé d'ecclésiastiques approuvait, tolérait ou proscrivait les écrits sans autre règle que l'intérêt de ses doctrines. La crainte des supplices arrêtait ceux qui auraient tenté de se soustraire à cette censure. Un édit de Henri II prononçait la *peine de mort* contre tout imprimeur, libraire ou particulier, qui imprimerait, vendrait ou distribuerait un ouvrage quelconque sans avoir obtenu une *autorisation préalable* (1555); des pendaisons eurent lieu. Les parlements, se montrant exécuteurs zélés des plus cruelles dispositions contre la libre communication de la pensée, condamnèrent les livres à être brûlés par la main du bourreau en place publique. Le chancelier de l'Hospital conçut le généreux projet d'affranchir l'imprimerie et l'exécuta en partie par l'ordonnance de Moulins de 1566, qui dessaisissait la Sorbonne de sa juridiction inquisitoriale et transportait au roi la délivrance des lettres de privilège pour l'impression des ouvrages, en supprimant la peine de mort établie par l'édit de Henri II. Mais en 1626, le cardinal de Richelieu, irrité de quelques écrits contre son administration, la rétablit pour les ouvrages contre la religion et les affaires d'État, et elle subsista jusqu'en 1728, où une ordonnance lui substitua la marque, le carcan et les galères. Une déclaration de 1767 atteignait les imprimeries clandestines et appliquait aux crimes et délits de la presse

---

1. Si l'on adoptait ce principe de l'égalité des souffrances, la durée égale, pour tous les citoyens, du service militaire serait une injustice. Ce service est beaucoup plus dur pour un individu que pour l'autre — abstraction faite de toute maladie ou infirmité. — Mais on ne tient aucun compte de cette inégalité de force, de l'influence des habitudes, etc., on impose tout le monde, non seulement sur le même taux, mais d'une manière absolument égale... tant par tête.

1. Les millionnaires sont trop peu nombreux dans nos assemblées pour qu'ils y puissent influencer la majorité. — D'ailleurs, on ne leur demande pas leur contingent simple, mais un sacrifice supplémentaire.

les peines les plus sévères. « Mais on fut généralement révolté, sans être intimidé, de dispositions qui plaçaient arbitrairement la vie des citoyens sous l'autorité illimitée des juges. Un homme qui savait être libre au milieu des fers et indépendant au milieu des cours, M. de Malesherbes, s'opposa de tout son pouvoir à ces dispositions tyranniques. Ce fut alors qu'il publia ses mémoires sur la librairie, où les principes de la liberté de la presse se trouvent développés avec tant de force et de sagesse[1]. » Telle fut la situation jusqu'à la Révolution française et à la déclaration des droits de l'homme.

Le décret du 17 mars 1791 fait rentrer la profession d'imprimeur dans le droit commun. La Constitution du 3 septembre suivant porte : « La liberté est accordée à tout homme de parler, d'écrire, d'*imprimer* et de publier ses pensées, sans que les écrits puissent être soumis à aucune censure ni imposition préalable. » Mais cette liberté ne dura pas longtemps, et fut restreinte d'abord par la loi du 28 germinal an IV, et enfin par le décret impérial du 5 février 1810, qui soumit l'imprimerie et la librairie à une police sévère. Ce décret portait ce qui suit à son art. 3 : A dater du 1er janvier 1811, le nombre des imprimeurs dans chaque département sera fixé, et celui des imprimeurs à Paris sera réduit à 60. — Le nombre en a été porté à 80 par le décret du 11 février 1811 et 85 par le décret du 14 décembre 1859. Mais ce qu'a fait un décret, un autre décret peut le défaire. Cette disposition limitative manquait de sanction, et il a été jugé par le conseil d'Etat qu'un imprimeur est non recevable à intenter, par la voie contentieuse, une action contre une décision ministérielle qui a accordé un nouveau brevet d'imprimeur. (Arrêt du conseil d'Etat, 14 mars 1834.) Mais pourquoi ne pas laisser la profession d'imprimeur dans le droit commun ? Cet octroi par le pouvoir de la faculté de travailler, répugne à toutes les idées de liberté de l'industrie. La liberté de l'industrie, d'ailleurs, n'exclut en rien le droit de surveillance que le gouvernement possède et exerce d'une manière étendue.

Le décret impérial avait prévu le cas du cumul des professions d'imprimeur et de libraire, et il a été édicté par l'article 52 que « l'imprimeur qui voudrait réunir la profession de libraire serait tenu de remplir les formalités qui sont imposées aux libraires, et réciproquement pour les libraires qui veulent devenir imprimeurs ».

Les délits et contraventions relatifs soit à la librairie soit à l'imprimerie étaient constatés par des inspecteurs spéciaux, par les officiers de police et, en outre, par les préposés aux douanes pour les livres venant de l'étranger. (Art. 45.)

La législation sur l'imprimerie resta soumise à des dispositions plus ou moins draco-niennes sous les gouvernements de 1815, 1830 et 1850.

Immédiatement après la révolution du 4 septembre 1870, un décret dictatorial du 10 septembre déclara libre les professions d'imprimeurs et de libraires ; il suffira d'une simple déclaration au ministère de l'intérieur pour les exercer. Ceci ne supprime que le brevet, car, selon l'art. 3, toute publication devra porter le nom de l'imprimeur, ce qui assure l'exécution des règlements de police. L'art. 4 du décret du 10 septembre est ainsi conçu : « Il sera ultérieurement statué sur les conséquences du présent décret à l'égard des titulaires actuels de brevets. » Ce n'est qu'en 1881 qu'il a été statué par la loi du 29 juillet laquelle a conféré la liberté à l'imprimerie ; on en trouvera la législation dans notre Dictionnaire de l'Administration française. (*Voy.* aussi **Presse**.)

L'examen des lois qui gouvernent actuellement l'imprimerie en France et à l'étranger se lie intimement à la presse et à la librairie auxquelles on a consacré des articles spéciaux. Nous ne pouvons qu'y renvoyer. (Paignon.)

INAMOVIBILITÉ. Les fonctions publiques, suivant leur nature et le caractère des institutions politiques, sont conférées à vie ou à temps. Les fonctionnaires sont amovibles lorsque leur révocation ou leur remplacement sont laissés exclusivement à l'appréciation du chef du pouvoir exécutif ou de ses agents ; ils sont inamovibles lorsque, au contraire, le titulaire, pendant la durée de ses fonctions, ne peut en être privé que par un jugement qui, après instruction et contradiction, constate son indignité ou l'impossibilité où il se trouve de continuer à les remplir.

Lorsque les fonctions sont conférées par l'élection, elles ont toujours été considérées comme inamovibles pendant tout le temps pour lequel le titulaire en a été investi. Donner à d'autres le droit de révoquer en pareil cas un fonctionnaire, serait méconnaître et annuler le droit conféré aux électeurs. Permettre à ces derniers de revenir sur leurs décisions lorsqu'ils ont usé de leurs droits, et qu'ils les ont épuisés, serait abandonner aux mouvements de l'opinion publique le sort des fonctionnaires, compromettre la marche de l'administration, substituer le caprice à la volonté de la loi.

L'inamovibilité, dans les Etats où les fonctionnaires sont nommés par le chef du pouvoir exécutif, ou ses délégués, a presque toujours été considérée comme incompatible avec les fonctions administratives. Nommés pour un temps ordinairement indéfini, ces fonctionnaires peuvent être changés dès que ceux dont ils sont appelés à recevoir l'influence et à traduire et manifester les volontés ne pensent pas pouvoir compter sur leurs services. Certaines mesures peuvent et doivent même être prises pour sauvegarder les inférieurs contre les caprices et les erreurs de leurs supérieurs, mais une certaine liberté d'action et d'appréciation doit être laissée à ces derniers. Du reste, il est des pays où les fonctionnaires amovibles, auxquels ont été imposés des conditions de savoir et un stage parfois assez long, ne peuvent être destitués sans jugement.

Ce sont surtout les juges qui jouissent de l'inamovibilité. Dans nos constitutions modernes, on a considéré comme un véritable progrès la séparation des pouvoirs administratif et judiciaire, et pour assurer cette séparation, il a fallu consacrer des garanties d'indépendance qui pussent sauvegarder chacun d'eux contre les empiétements de l'autre. On a été conduit ainsi, par l'application de la règle de la séparation des pouvoirs, à soustraire l'ordre judiciaire à l'influence trop directe et trop incessante du gouvernement et de l'administration et à sanctionner en sa faveur la règle de l'inamovibilité, parce que celui qui dispose des juges est trop facilement soupçonné de disposer des jugements.

La nature des fonctions judiciaires est, d'ailleurs, parfaitement compatible avec l'inamovibilité des juges. Dépouillé de toute initiative, soumis aux prescriptions formelles et impératives des lois dont il assure l'exécution dans les affaires où il en est spécialement requis, placé, même pour les formes de procéder, sous une réglementation fixe et ne laissant rien à l'arbitraire, le juge, par la nature même des choses, se trouve associé à la fixité de ces lois. De longues études et une grande expérience doivent lui assurer la connaissance parfaite de la législation, pour qu'il puisse en être le sûr et fidèle interprète, et lorsque dans des cas douteux la faculté d'interprétation peut laisser plus de latitude à son appréciation, la fixité de la jurisprudence doit remplacer l'incertitude de la loi. (FÉRAUD-GIRAUD.)

Le mode de fonctionnement des corps judiciaires est encore un argument en faveur de cette garantie. Le magistrat inamovible n'a pas d'attributions propres, de pouvoir personnel, les attributions appartiennent au corps dont il fait partie. Ce sont les décisions de ces corps et non les opinions individuelles qui constituent les jugements et arrêts. Il en résulte, d'un côté, que les erreurs, les travers même d'esprit ne sauraient prévaloir, et d'un autre côté qu'il est impossible de rechercher un magistrat à l'occasion des opinions qu'il a pu émettre lors d'un jugement où cette opinion n'a point été sanctionnée.

Les arrêts de justice sont des actes de conscience et non de discipline ; le juge, une fois investi par sa nomination de la confiance de ses concitoyens ou du prince, doit être complètement libre et indépendant dans ses appréciations, et son inamovibilité est la conséquence forcée de cette position. Tant qu'on n'a pas jugé qu'il a forfait à l'honneur ou au devoir, sa position ne saurait être menacée, il ne saurait être molesté à raison d'actes auxquels le respect de tous doit être assuré

dès que les recours légaux sont épuisés. (FÉRAUD-GIRAUD.)

« Lorsque le pouvoir, dit Royer-Collard, chargé d'instituer le juge au nom de la Société, appelle un citoyen à cette fonction éminente, il lui dit : Organe de la loi, soyez impassible comme elle ! Toutes les passions frémiront autour de vous, qu'elles ne troublent jamais votre âme ! Si mes propres erreurs, si les influences qui m'assiègent, et dont il est si malaisé de se garantir entièrement, m'arrachent des commandements injustes, désobéissez à ces commandements, résistez à mes séductions, résistez à mes menaces. Quand vous monterez au tribunal, qu'au fond de votre cœur il ne reste ni une crainte, ni une espérance. Soyez impassible comme la loi !

« Le citoyen répond : Je ne suis qu'un homme, et ce que vous me demandez est au-dessus de l'humanité. Vous êtes trop fort et je suis trop faible. Je succomberai dans cette lutte inégale. Vous méconnaîtrez les motifs de la résistance que vous me prescrivez aujourd'hui et vous la punirez. Je ne puis m'élever au-dessus de moi-même, si vous ne me protégez à la fois et contre moi et contre vous. Secourez donc ma faiblesse, affranchissez-moi de la crainte et de l'espérance, promettez-moi que je ne descendrai pas du tribunal, à moins que je ne sois convaincu d'avoir trahi les devoirs que vous m'imposez.

« Le pouvoir hésite ; c'est la nature du pouvoir de se dessaisir lentement de sa volonté. Éclairé enfin par l'expérience sur ses véritables intérêts, subjugué par la force toujours croissante des choses, il dit au juge : Vous serez inamovible. »

Si le principe, la règle de la séparation des pouvoirs, la nature des attributions des juges, l'obligation pour eux de se soumettre à des lois formelles et impératives, de suivre des formes tutélaires à peine de nullité de leurs décisions, le mode de fonctionnement des corps judiciaires, plaident en faveur de l'inamovibilité du juge, l'histoire et l'expérience prouvent combien cette inamovibilité est précieuse pour les citoyens. Les juridictions exceptionnelles et transitoires, les commissions extraordinaires nous ont appris que des tribunaux sagement indépendants peuvent seuls protéger la liberté et la propriété contre les exigences injustes du despotisme et les égarements de la multitude.

On a fait à l'encontre de cette garantie des objections qui sont plus du domaine spéculatif que du domaine pratique.

Le magistrat, longtemps en charge, ne s'y perpétuera qu'au préjudice de ses concitoyens, il se dépravera dans un long exercice du pouvoir, il est bon qu'il redescende fréquemment chez le peuple où il pourra se retremper et s'épurer. Au surplus, dit-on, l'inamovibilité ne donne pas nécessairement l'indépendance ; le désir d'avancer, chez le juge, remplace la crainte de perdre. Cela fût-il toujours exact, l'inamovibilité n'en serait pas moins une garantie utile à conserver comme contribuant dans une certaine mesure à l'indépendance du juge et de ses décisions, si elle ne l'assurait pas entièrement.

On ajoute qu'elle n'a pas toujours existé en France ; mais les abus qui se sont manifestés avant qu'elle ne fût consacrée, ou lorsqu'elle a momentanément cessé d'exister, en ont précisément faire sentir les avantages. On se prévaut ensuite de l'exemple des arbitres, des tribunaux de commerce, des jurés. Les arbitres : mais y a-t-il en France une justice plus lente, plus incertaine que celle des arbitres, et n'a-t-on pas été obligé de supprimer l'arbitrage forcé ? Les tribunaux de commerce : mais si, pour des matières spéciales et dans certaines localités, des tribunaux spéciaux ont été institués pour statuer sur des questions où les usages doivent être pris en grande considération, il est à remarquer que la France est à peu près le seul pays en Europe où ces tribunaux soient composés exclusivement de personnes étrangères à l'ordre judiciaire, et il faut ajouter que leurs décisions sont soumises aux tribunaux d'appel où l'élément judiciaire se rencontre seul, et que, outre l'esprit de justice qui anime les tribunaux consulaires, le contrôle des corps judiciaires supérieurs peut prévenir bien des erreurs, arrêter certaines tendances. Le jury criminel : je ne veux pas examiner ici s'il n'y a pas quelque chose de fondé dans les attaques dont cette institution a été l'objet, mais la nature des attributions des jurés appelés à répondre à une simple question de fait en réservant à l'autorité judiciaire l'instruction, la direction des débats, la solution des questions de droit, l'application de la peine, ne permet pas d'assimilation possible entre le juré et le magistrat civil, et leurs positions différentes doivent faire remonter à d'autres principes, et conduire à des résultats différents.

Acceptons donc l'inamovibilité des magistrats ; sanctionnée par l'esprit public, elle est en harmonie avec la nature de leurs fonctions ; sous tous les gouvernements, elle est une sauvegarde précieuse pour la justice, pour la liberté et la propriété des citoyens.

L'inamovibilité a été consacrée également en faveur de la plupart des ministres du culte. Elle n'existe point en faveur des vicaires ou desservants du culte catholique [1].

Par suite de l'organisation de l'armée en France, l'emploi est distinct du grade ; aucun officier ne peut être privé de son grade que dans les cas et suivant les formes déterminés par les lois ; quant à l'emploi, il peut être enlevé à l'officier, qui, suivant les cas, peut passer de l'activité en disponibilité, non-activité, réforme ou retraite.

Les fonctionnaires de l'instruction publi-

que, quand leurs emplois sont conférés à la suite de concours, jouissent de garanties exceptionnelles, se rapprochant de l'inamovibilité.

INDEMNITÉ EN CAS DE GUERRE. Lorsqu'une guerre a désolé un pays, laissant derrière elle la ruine et la destruction, y a-t-il lieu à la péréquation (plus ou moins approximative) du dommage matériel qu'elle a causé ? Cette question se présentera rarement si le pays a été envahi dans toute son étendue, et que toutes les provinces ont souffert à peu près également ; mais lorsqu'une partie seulement du pays a été occupée, tandis que l'autre n'a pas vu l'ennemi, la pensée d'une compensation, d'une répartition générale du montant des dommages se présente naturellement et les provinces visitées par le fléau élèvent des réclamations. Il en surgit même dans le sein de communes dont tous les habitants n'ont pas souffert également. Ces réclamations sont-elles fondées ? Y a-t-il lieu à compensation, à indemnité, à péréquation du dommage ? Nous allons l'examiner brièvement.

La question des indemnités en cas de guerre est beaucoup plus complexe qu'on pourrait le croire. Il faut d'abord distinguer les dommages causés par l'armée nationale de ceux qui proviennent de l'armée ennemie. Les faits imputables à l'autorité militaire du pays peuvent avoir lieu pendant la paix comme moyen de défense ; en ce cas il y a lieu à une indemnité réglée conformément à la loi sur l'expropriation (3 mai 1851). En temps de guerre, lorsque l'ennemi est encore à une certaine distance et qu'on fait des préparatifs pour le recevoir, le décret du 10 août 1853, art. 38, admet un droit assez limité à indemnité. Mais dans l'art. 39 du même décret nous lisons ce qui suit : « Toute occupation, toute privation de jouissance, toute démolition, destruction ou autre dommage résultant d'un *fait de guerre* et d'une mesure de défense prise, soit par l'autorité militaire pendant l'état de siège, soit par un corps d'armée ou un détachement en face de l'ennemi, n'ouvre aucun droit à indemnité... » Cette disposition n'existe pas dans le décret du 8 juillet 1791 (voyez-en les art. 35 à 38).

Que faut-il entendre par *fait de guerre* ? La loi ne le dit pas, mais la jurisprudence a déterminé quelques cas dont nous allons citer les plus saillants. Ont été déclarés faits de guerre et non susceptibles de donner droit à indemnité : les coupes de bois exécutées sur l'ordre du général en chef pour couvrir la retraite de nos soldats manœuvrant en présence de l'ennemi (conseil d'État, 26 mars 1823, Bellamy) ; l'enlèvement de bois par les troupes ennemies, opéré pour les besoins de ces troupes par ordre des maires et pour satisfaire les réquisitions de l'ennemi (16 novembre 1825, Schœngrün) ; la destruction d'une maison causée par l'explosion d'une poudrière ordonnée par l'autorité française en présence

---

[1]. Nous comprenons bien que le chapelain, le vicaire soit un auxiliaire amovible ; mais que le desservant ne jouisse pas de l'inamovibilité réservée au curé (qui ne se distingue, dans la pratique, en rien du desservant), nous n'en saurions saisir les raisons. On pourrait être assez méchant pour dire, puisqu'on ne donne pas cette raison, elle doit être mauvaise.

de l'ennemi (15 mars 1826, Dassy). On trouvera encore quelques autres arrêts du conseil d'Etat dans DALLOZ, v° **Guerre**, n° 4. Cette jurisprudence a été constante en France, et, sous ce rapport, le chef du pouvoir exécutif était en droit de l'invoquer lorsque, dans la discussion de la loi du 6 septembre 1871, il soutenait qu'en principe aucune indemnité n'était (légalement) due aux citoyens français qui ont souffert des dommages par suite de l'invasion ennemie et qu'on ne leur devait tout au plus qu'un secours.

Dans la même discussion (séance du 5 août 1871, *Journal officiel* du 6), Thiers a soutenu une doctrine différente relativement aux dommages causés aux habitants de Paris par suite du bombardement opéré en mai 1871, lors de l'insurrection de la Commune. « Et quant à ces quartiers de Paris, dit-il, dont vous avez parlé tout à l'heure, et à l'occasion desquels vous avez dit que nous ne voulions pas secourir les chaumières, tandis que nous allions relever la demeure du riche dans la partie de la ville que nous avons attaquée, oh! Messieurs, vous n'avez pas vu ces quartiers qu'on vous dépeint si étrangement. La demeure du riche! Où est-elle? Allez chercher la demeure du riche dans ces quartiers écrasés, sous les bombes et les boulets, non pas de l'ennemi, mais de notre propre armée, mais de la France, mais du droit national, qui voulait à tout prix rétablir l'ordre, indispensable à la vie même de la nation. Et savez-vous quel est le principe qui en ceci a fondé le droit? C'est que, lorsque le gouvernement fait intentionnellement un acte, avec une volonté arrêtée, non pas au hasard, mais avec réflexion, il doit l'indemnité tout entière, conséquence du dégât qu'il a causé. Lisez nos lois, étudiez les principes du droit public, et vous verrez que la distinction est toujours celle-ci :

« L'Etat n'indemnise jamais des hasards de la guerre, il n'indemnise que les dommages volontaires, intentionnels, réfléchis dont il est l'auteur [1]. »

Nous ne savons si la jurisprudence est toujours d'accord avec la seconde moitié de la proposition que nous venons de transcrire, mais comme nous la trouvons (cette seconde moitié) excellente, nous n'avons pas à rechercher si quelqu'un a pu avoir une opinion contraire. Ainsi, nous considérons comme acquis que les faits provenant de l'armée nationale, que les dommages réfléchis, causés par ordre, et dans l'intérêt de la France, doivent être supportés par la France. C'est une dépense sur fonds généraux [2]. (*Voy.* aussi L. 28 juillet 1874.

Mentionnons ici, à titre d'analogie, la loi du 10 vendémiaire an IV (2 octobre 1795) qui rend les communes responsables en cas d'émeutes, etc., et les oblige à indemniser ceux qui en ont souffert. Cette loi a été adoucie par celle du 5 avril 1884, art. 106.

Nous passons maintenant aux cas où le dommage a été causé par l'ennemi. Dans les arrêts du conseil d'Etat que nous avons cités plus haut et dont nous avons le texte complet sous les yeux, aucune loi n'a été citée; la décision est fondée sur un simple raisonnement, ou plutôt sur une simple assertion : *on ne doit rien pour faits de guerre.* Pourtant il existe une loi du 11 août 1792 (voy. *Journal officiel*, année 1871, pages 2457 et 2459) et une autre de 1793 (14 et 16 août), qui déclarent « au nom de la nation, qu'elle *indemnisera* tous les citoyens des pertes qu'ils ont éprouvées ou éprouveront par suite de l'invasion de l'ennemi. » Puis, en 1816, une somme de 100 millions a également été accordée aux départements envahis. Mais quelle que soit la jurisprudence et même la législation antérieure, depuis la loi du 6 septembre 1871 le principe de l'indemnité, — si non complète, du moins partielle, — est adopté, comme il résulte de l'art. 1er, que nous reproduisons : « Un dédommagement sera accordé à tous ceux qui ont subi, pendant l'invasion, des contributions de guerre, des réquisitions, soit en argent, soit en nature, des amendes et des dommages matériels. » Le mot dédommagement est le résultat d'une transaction : le gouvernement ne voulait accorder qu'un secours, un « soulagement », sans reconnaître un droit, les députés demandaient une indemnité, le terme choisi a semblé assez vague pour satisfaire les deux parties, mais en réalité, le mot dédommagement est bien synonyme d'indemnité et n'a rien de commun avec celui de secours. La loi du 7 avril 1873 est dans le même sens [1], et l'on peut considérer comme acquis le principe de la solidarité nationale. Voici, entre autres, les termes mêmes employés par M. Casimir Périer : « J'admets aussi, et je fais plus, je soutiens que pour ce qui est des contributions de guerre, des réquisitions de guerre en argent imposées par l'ennemi aux départements envahis, il est impossible qu'on en fasse des charges particulières aux départements qui les ont subies, indépendamment de toutes les misères qu'ils ont supportées. » Et plus loin : « Je maintiens que ce sont là des frais généraux et qu'il est impossible que la répartition de ces charges ne se fasse pas sur tout le territoire. » Ajoutons que M. Buffet, repoussant le terme de secours, dit : « La réparation que demandent les départements

---

1. Vattel, liv. III, chap. xv, § 232. ne demande que cela. Pour les dommages causés par les hasards de la guerre il se contente d'un secours, parce qu'il lui semble impossible d'indemniser tout le monde. Grotius, au contraire, liv. III, ch. xx, reconnaît la solidarité nationale.

2. Le *Times* du 9 août 1874, rendant compte de la discussion ci-dessus, dans un article de fond, traite la doctrine de la solidarité nationale relativement aux faits de guerre (1re partie de la proposition) d'*extravagants théories* et rappelle que, dans un cas semblable, Cavour

a tenu un langage analogue en 1859, qui a été approuvé par le Parlement de Turin. Quant à nous, nous ne saurions admettre le recrutement avec tirage au sort, et bien d'autres institutions qui imposent des sacrifices à quelques citoyens au profit de l'ensemble, qu'en nous appuyant sur les principes de la solidarité.

1. On trouvera le rapport de M. Passy dans le *Journal officiel* des premiers jours d'avril 1873.

envahis, c'est la réparation d'un dommage dont l'Etat tout entier est cause, et dont l'Etat tout entier est responsable. »

Des autres pays, il n'y avait guère que l'Allemagne où la question eût de l'importance. Elle ne pouvait pas en avoir en Angleterre, qui est protégée contre toute invasion par les flots qui baignent ses côtes et au besoin, par ses « remparts de bois, qui sont devenus des remparts de fer ». L'Allemagne, au contraire, a été pendant longtemps l'arène des passions de l'Europe, aussi la doctrine de l'indemnisation y régna-t-elle de bonne heure. Nous avons sous les yeux un ouvrage qui parut en 1798 à Wurzbourg et qui porte le titre de : WEBER (conseiller, etc.), *Ueber die Repartition der Kriegsschäden* (de la Répartition, — sur l'ensemble de la nation, — des dommages causés par la guerre). Cet ouvrage cite déjà et discute un grand nombre de publications antérieures, et conclut, comme la plupart des auteurs qui l'ont précédé, en faveur de l'indemnité, en se fondant sur l'argument de la solidarité nationale. Nous regrettons qu'il ne nous soit pas possible de faire de nombreux extraits de cet ouvrage très intéressant, qui discute les questions en juriste et s'appuie volontiers sur les textes ou des précédents. Parmi les différentes opinions examinées se trouve aussi celle qui considère les faits de guerre comme des effets du hasard, des cas fortuits ou de force majeure, cas que le Code français et d'autres déclarent ne pas donner lieu à indemnité (*voy.* Code civil, art. 1148 et beaucoup d'autres). Mais Weber n'admet pas cet argument. Le hasard, s'il y en a, consiste en ce qu'un district a été visité plus qu'un autre ou que telle maison, tel champ a été plus endommagé qu'un autre, mais le fait même des dégâts n'a rien de fortuit. C'est l'Etat qui a voulu ou subi la guerre, et comme le dommage en est la conséquence naturelle ou inévitable, il n'y a là rien d'imprévu. Ce sont des Etats qui se battent et c'est à eux, et non à des particuliers, qui n'en peuvent mais, à en supporter les conséquences. Nous ajouterons que si l'incendie causé par l'éclair, la destruction produite par un tremblement de terre, les ravages occasionnés par une inondation sont des cas de force majeure ne donnant pas lieu à indemnité, c'est que l'éclair, le tremblement de terre et l'inondation ne sont pas des personnalités susceptibles d'être rendues responsables. Mais qu'un boulet de canon renverse le mur de mon jardin, qu'une locomotive en déraillant me cause un dommage, je trouverai bien quelqu'un à actionner devant les tribunaux.

Weber discute ensuite l'application de la loi *Aquilia* (droit romain), d'après laquelle un dommage que je cause dans l'intérêt de ma légitime défense n'engage pas ma responsabilité. Ainsi, si lors d'un incendie je démolis la maison de mon voisin pour que le feu n'atteigne pas la mienne, je suis dans mon droit. De même, l'Etat peut démolir votre maison, couper votre bois, bouleverser votre champ, s'il en a besoin pour sa défense. Mais, dit Weber (abstraction faite des objections que soulève le principe en lui-même), la loi *Aquilia*, qui est du droit privé, ne s'applique pas aux cas en question : il ne s'agit pas des droits entre particuliers, mais d'une charge imposée par l'Etat dans un intérêt commun.

Il y a encore la loi *Rhodia*. Cette loi se retrouve dans notre Code de commerce, art. 400 et ailleurs ; elle déclare charge commune la réparation de tout dommage arrivé à un navire, et plus spécialement l'indemnité à payer au propriétaire des marchandises jetées à la mer pour alléger le navire en danger. Le propriétaire des marchandises en supporte sa part, mais les autres intéressés aussi. Le principe est inattaquable, mais sa formule n'est peut-être pas heureuse en tant qu'on l'applique à la guerre. Mais nous n'avons plus à nous y arrêter, puisque nous avons des formules modernes plus claires et plus applicables. Il ne nous reste, pour terminer cet article, qu'à citer quelques-uns des faits les plus récents d'indemnités accordées à l'étranger à des provinces envahies.

En 1866, immédiatement après la conclusion de la paix, le ministère autrichien nomma (3 août) une commission chargée d'une enquête sur les dommages, pour en connaître le montant. Le mot employé est *Schaden-Ersatz*, dédommagement ou indemnité. On n'a pas accordé, cependant, une indemnité complète. La Saxe, par une loi votée le 17 janvier 1867, semble avoir été plus généreuse. En 1871, la loi allemande du 14 juin indemnise complètement les habitants de l'Alsace-Lorraine (*voy.* la loi dans les journaux français des derniers jours de juin 1871). A la même date du 14 juin 1871, on a institué à Berlin une commission pour établir l'indemnité due aux armateurs allemands par suite de la guerre.

En résumé, le droit moderne se prononce en faveur de l'indemnité, sans toutefois imposer à la nation de rembourser le montant total du dommage, car le *sinistré* doit en supporter sa part, puisque lui aussi fait partie de la nation.

MAURICE BLOCK [1].

INDÉPENDANCE. « Toute nation, comme tout homme, a le droit de ne point souffrir qu'aucune autre donne atteinte à sa conservation, à sa perfection... » Ainsi s'exprime Vattel dans son *Traité du droit des gens*, au commencement du chapitre intitulé : *Du droit de sûreté et des effets de la souveraineté et de l'indépendance des nations.* Ces quelques mots renferment tout le secret du développement et de la durée des peuples. Conservation et perfectionnement, tel est le

---

1. Je maintiens exceptionnellement ma signature, après de légères corrections, en souvenir des efforts que j'ai faits, en rédigeant ce travail, pour mettre beaucoup de faits et d'arguments en peu de lignes.

double but de la véritable activité ; indépendance pour atteindre à ce but, tel est le droit nécessaire.

La nation est un être collectif, et toutes les idées que nous nous formons de ses droits, de ses devoirs, de son action, de son but, sont tirées de notre compréhension de l'individu humain. Comme lui, elle doit s'appliquer à la conservation de son existence, au soin de ses intérêts, au développement de ses facultés.

Ainsi, pour la nation comme pour l'individu, l'indépendance est la première condition du développement. Un peuple, s'il veut améliorer ses institutions, doit pouvoir en toute liberté changer, s'il le faut, le fond de sa constitution et la forme de son gouvernement. Lui seul est juge sur ce point là, et il est juge souverain. Nul ne peut être admis à arguer contre lui que les changements qu'il apporte dans son État sont de dangereux exemples pour ses voisins. Nul ne peut davantage trouver mauvais qu'il recherche tout établissement favorable à ses progrès. Son droit l'autorise à se développer dans tous les sens, et il ne peut être arrêté que lorsqu'il touche au développement de quelque autre peuple et s'expose à le gêner dans sa légitime expansion.

Au droit d'améliorer sa condition est joint le droit de se défendre. Un peuple est maître absolu de faire chez lui tout établissement qu'il lui plaira, de développer et d'organiser ses forces, de multiplier et de perfectionner tous les moyens d'action dont il dispose, armée, marine, forteresses, en vue de pourvoir à sa sûreté. Tant qu'il ne devient pas agressif, il est libre d'agir, et tant qu'il ne se sentira pas inviolablement garanti par une législation internationale strictement observée, il a le droit de veiller lui-même à sa défense comme il l'entend. Ce droit résulte du droit de conservation et il est inséparable de l'idée d'indépendance.

En théorie les nations sont égales entre elles, elles ont toutes les mêmes droits et les mêmes devoirs. Ainsi Grotius est d'avis que les États, bien qu'inégaux en force, sont égaux en droits. Wolf établit comme maxime fondamentale que les différentes nations sont entre elles dans l'état d'indépendance et d'égalité naturelle. G. F. de Martens dit qu'entre les nations comme entre les individus il y a une égalité parfaite de droits naturels et absolus. Qui dit égalité de droits dit en même temps égalité de devoirs.

En vertu de l'égalité, toutes les nations ont droit aux mêmes égards et au même respect, et aucun peuple ne doit être exposé à rien qui puisse blesser sa personnalité. Il faut que l'indépendance de chacune se concilie avec l'égalité de toutes, et, réciproquement, l'indépendance de toutes avec l'égalité de chacune. Malheureusement pour ces théories, il arrive trop souvent que la force prime le droit.

Toute nation a le droit de reconnaître ou de ne pas reconnaître le gouvernement qu'une autre s'est donné, le souverain qu'elle a choisi et le titre que prend ce souverain. Mais l'égalité demande qu'aucune nation n'ait à souffrir pour les changements de choses et de personnes qu'elle aura cru devoir faire dans son État, pourvu qu'elle n'ait causé de dommage à aucune autre.

Il est d'usage qu'un souverain ou ses représentants, lorsqu'ils se trouvent hors de leur territoire, reçoivent certains honneurs ; mais on ne peut les exiger d'un peuple qui, sans affecter de mépris, ne croira pas devoir donner de telles marques d'attention ; ni de celui à qui ses mœurs et sa constitution interdisent trop de déférence pour les têtes couronnées. Ce dernier cas peut se voir dans une république. La Suisse, par exemple, n'accorde des honneurs, et surtout des honneurs militaires, à aucun monarque traversant son territoire ou y séjournant. Seulement il peut arriver que ce souverain reçoive de quelques membres d'un gouvernement cantonal ou du président du Conseil fédéral une visite de haute courtoisie. Les États-Unis d'Amérique en usent à peu près de même, bien qu'ils semblent portés à déroger sans peine à cette coutume suivant la circonstance.

Les droits de préséance ont causé autrefois des ruptures entre gouvernements et produit des guerres, parce qu'à la place du sentiment de l'égalité on a mis souvent l'orgueil, la présomption, la vanité. Poussées jusque-là, les exigences du rang sont tout à la fois puériles et cruelles. Mais les hommes se laissent plus souvent inspirer par leur droit que conseiller par leur devoir, et c'est pourquoi il est nécessaire d'établir des règles et des usages, afin d'empêcher les froissements. Autrefois, ces règles étaient nombreuses, souvent bizarres ; mais actellement la plupart de ces règles sont tombées en discrédit. On a, de nos jours, des intérêts trop sérieux à débattre pour s'arrêter à des détails inspirés par la vanité et le désœuvrement.

INDEX. Catalogue des livres défendus par une congrégation instituée à Rome. Les décrets de cette congrégation, dit l'abbé Fleury (*Histoire eccl.*), « sont honorés comme des consultations de docteurs graves, mais auxquelles on ne reconnaît aucune juridiction sur l'Église de France. »

En Autriche et depuis Marie-Thérèse, les décisions de l'*Index* n'ont aucune autorité, si elles n'ont pas été confirmées par le gouvernement.

L'institution de l'Index ne semble pas concorder avec le précepte de l'Évangile, qui ordonne au chrétien de tout examiner et de se décider en connaissance de cause, même en matière de religion ; néanmoins nous n'aurions pas touché à cette question, si les prohibitions de la sainte congrégation s'appliquaient exclusivement à des ouvrages de théologie. Or on sait que la politique elle même est soumise à sa censure, et c'est contre cet envahissement du domaine temporel que nous croyons devoir faire nos réserves.

INDIGÉNAT. Mot usité en Allemagne pour indiquer qu'on appartient à un pays, qu'on est *indigène*. On obtient l'indigénat par droit de naissance ou par la naturalisation.

INDIVIDUALISME. L'individualisme n'a aucun rapport avec l'égoïsme (v. ce mot). L'égoïsme est relatif aux rapports des individus entre eux ; l'individualisme s'applique aux rapports entre l'individu et la collectivité : c'est tout autre chose. Or il est un problème que notre époque est appelée à énoncer, sinon à résoudre, c'est la part respective qui doit être faite à l'individu, à l'État, à la société. Ce problème a sans doute existé dès le commencement de la civilisation, mais seulement à l'état latent. Les trois intérêts, mis en présence, n'ont pas tardé à entrer en lutte, chacun d'eux disposant d'une force considérable, correspondant à l'un des côtés de la nature humaine : l'égoïsme à l'individu l'affection à la société, l'ambition à l'État. Insistons sur ce point, il ne s'agit pas de l'homme entier, mais d'*un* des côtés de la nature humaine (l'homme n'est pas rien qu'égoïste).

Il importe, pour le développement harmonique de l'humanité, qu'aucune de ces forces ne détruise les autres. On a de tout temps senti instinctivement cette nécessité, mais c'est de nos jours seulement qu'on en a eu conscience. Aussi est-ce de nos jours seulement que le problème a été formulé et qu'on a cherché à influer directement sur sa solution.

M. de Lapalisse dirait : Il vaut mieux y voir clair que d'être aveugle ; et il aurait sans doute raison, comme toujours. Néanmoins, on serait tenté de croire que la connaissance du problème en rendra la solution plus difficile. En effet, un intérêt qui a la conscience de sa légitimité est bien moins disposé à des concessions, qu'une simple tendance dont nous subissons l'action, peut-être en la réprouvant.

Or, il est rare de trouver des hommes assez maîtres de leurs penchants, pour que leur raisonnement n'en soit pas effecté. La raison a-t-elle jamais manqué d'arguments au service des passions ? Il s'ensuit qu'un homme passionné pourrait bien devenir plus exclusivement individualiste, socialiste ou gouvernemental qu'il ne l'eût été dans d'autres conditions morales.

Ce que nous venons d'exprimer n'est qu'une appréhension ; mais en songeant à certains ouvrages fameux, depuis le *Léviathan* de Hobbes jusqu'à l'*Icarie* de Cabet, on reconnaîtra que cette appréhension n'est pas sans quelque fondement.

Quoi qu'il en soit, cherchons, sinon à formuler la part de l'individu vis-à-vis de la société et de l'État, du moins à réunir les principaux éléments d'une pareille formule.

L'individu pourrait à la rigueur exister sans la société, mais il ne saurait se perfectionner sans elle. C'est la société qui fait une homme de « l'animal à deux pattes sans plumes ». Aussi la nature a-t-elle doué l'homme non seulement de cet ensemble de penchants égoïstes qui se résument dans l'instinct de la conservation, mais encore des penchants affectueux qui l'attirent vers son semblable. Seulement l'affection est souvent moins forte que l'égoïsme ; en d'autres termes : l'intérêt l'emporte souvent sur la morale ; cela est très malheureux, mais l'expérience nous montre que cela est. Aussi, est-ce la société que l'élite des hommes s'occupe tout d'abord à fortifier, et plus les nations sont brutales et ignorantes, plus les esprits éminents de l'époque s'ingénient à accroître les tendances, les forces sociales.

Parmi les manifestations de cette tendance, il convient de citer, dans l'ordre économique, les corporations d'arts et métiers et les castes, et dans l'ordre spirituel la domination de l'Église. Mais à un moment donné, la part de la société devient trop grande, les institutions qui étaient destinées à la protéger s'en séparent et se constituent en individualités qui dégagent un égoïsme collectif particulier, généralement tyrannique. Il se produit une réaction, et la part de l'individu tend de nouveau à s'agrandir. Ainsi, la nature des choses fait sa part tant à la société qu'à l'individu et chacun doit s'y conformer.

La société doit donc gêner le moins possible l'individu, et ne lui demander que les sacrifices indispensables. Au fond, c'est encore dans l'intérêt de la société. En restreignant les penchants de nuire à autrui, de s'approprier le fruit de son travail, elle protège le faible, sans que le fort ait réellement à se plaindre. Elle lui apprend à tourner ses efforts du côté où l'humanité en tirera un profit, soit contre ses mauvaises passions, soit contre les forces brutales de la nature. Le domaine social par excellence, c'est la culture morale et intellectuelle de l'homme. C'est à elle que nous devons le développement de nos sentiments affectueux, ainsi que toutes nos découvertes scientifiques. Sans société point de morale, et sans morale ce serait l'homme qui serait le plus acharné et le plus formidable ennemi de l'homme.

De ces propositions on sera peut-être porté à induire que la société devrait primer l'individu autant que l'esprit domine le corps. Nous admettrons volontiers cette formule, précisément parce qu'elle est vague. Dans ces matières il est impossible d'être très précis. Seulement, nous devons nous mettre en garde contre l'abus qu'on pourrait en faire pour opprimer l'individu. On ne doit pas oublier que l'individu est la matière première de la société, et que tout ce qui nuit à l'un nuit à l'autre. De même, la pensée est certes infiniment plus précieuse que le cerveau dans lequel elle s'élabore, on ne sait comment :

mais gardez-vous de toucher au cerveau, si vous tenez à la pensée.

Lorsque les tendances individualistes et les tendances sociales de l'homme sont abandonnées à elles-mêmes, ce sont souvent les premières qui l'emportent. Nous avons déjà dit que l'égoïsme est généralement plus fort que les sentiments affectueux. Il fallait une institution qui vînt en aide à la société, cette institution c'est l'Etat. En fait, beaucoup d'Etats se sont formés par des moyens que la morale réprouve, mais le temps purifie presque autant que le feu, et, en somme, l'Etat est devenu le cadre de la société, et, dans une certaine mesure, le corps dans lequel elle s'est incarnée.

L'Etat n'a pas tardé à se constituer le bras de la société. S'il s'était borné à remplir cette tâche, tout aurait été pour le mieux. Mais plus encore que la société s'est incarnée dans l'Etat, celui-ci s'est incarné dans des hommes, et ces hommes n'ont pas toujours été, quoi qu'on dise, l'élite de notre espèce. Dans tous les cas, sinon leur intérêt personnel, du moins leurs vues, leurs opinions, influent plus ou moins sur leurs actes publics, et comme ils possèdent le pouvoir, ils circonscrivent le domaine de l'individu, d'abord pour le plus grand bien de la société, puis pour celui de l'Etat, et enfin, pour leur propre bien : il en est qui auraient volontiers fait de l'homme un automate. Ne l'a-t-on pas forcé de croire ce que croyait l'autorité, de travailler suivant les méthodes qu'elle prescrivait, de se vêtir et de se nourrir selon ses règlements, de se coucher à l'heure du couvre-feu et de ne pas faire un pas sans les lisières officielles ! L'Etat dans lequel s'est fondu la majorité des membres de la société devient donc un despote.

C'est contre ces prétentions exagérées que nous réagissons. Donnons à la société et à l'Etat ce qui leur appartient, mais maintenons les droits de l'individu. Pour la société et l'Etat nous sommes prêts à faire tous les sacrifices possibles : nous viderons nos bourses, nous verserons notre sang, nous comprimerons nos passions ; mais, de grâce, laissez-nous user et abuser de notre individualité. Nous désirons nous appartenir à nous mêmes ; protégez-nous contre les autres, c'est à chacun de nous qu'il incombe de se protéger contre soi-même. Ne sommes-nous pas des êtres responsables ?

Nous n'insisterons pas davantage ; nous nous bornerons à formuler notre manière de voir autant qu'il est possible de le faire en peu de mots.

Tout ce qui est du domaine exclusif de l'intérêt individuel, doit rester complètement libre.

La société ne doit agir que par des forces morales ; l'opinion publique et le respect humain constituent d'ailleurs des puissances de premier ordre.

L'Etat a pour mission de veiller aux intérêts généraux du peuple du ressort de la politique, du droit, de la morale ; et quant au domaine économique, il ne doit guère s'occuper que des choses qui sont hors de la portée de l'individu, ou que les individus ne sauraient réaliser sans son concours, ce qui n'exclut pas son devoir de maintenir l'ordre, le respect des mœurs, la protection du faible [1].

Nous avons fait abstraction dans cet article du *socialisme* qui s'oppose également à l'individualisme. La société est une chose naturelle et saine ; le socialisme représente une société artificielle, contre nature. Les rapports de l'individualisme et du socialisme sont traités à ce dernier article. Voy. aussi *Social et individuel.*

INDUSTRIE. Ce mot peut, dans son acception générale, s'appliquer à tout ce qui prend, sous la main de l'homme, une valeur et des formes qui en modifient l'état. L'arc du sauvage, le premier silex qui servit d'instrument tranchant, sont des objets d'industrie, comme les machines dont nous tirons le plus de services. Quand l'homme, en vue de se garantir des rigueurs du climat, imagina de convertir en vêtements la dépouille des troupeaux, il créa une grande industrie. Quand, pour abriter sa tête, il pétrit la chaux et l'argile, lia la pierre, équarrit le bois, ce fut encore une grande industrie qu'il créa. Successivement, il en trouva d'autres, soit qu'il distinguât, parmi les graminées, celles qui devaient porter des épis nourriciers, greffât les arbustes et taillât la vigne, soit qu'il façonnât les métaux, assouplît le cuir, empruntât aux minéraux et aux plantes le secret de leurs couleurs, asservît et adaptât au soulagement des bras les forces impulsives des éléments, dégageât la lumière et la chaleur des corps qui la contiennent, remontât enfin jusqu'à la pensée pour la saisir et la fixer dans des types qui la multiplient à l'infini. Tous ces travaux, tous ces actes, dont j'abrège le détail, et qu'on peut rappeler avec fierté, sont de l'industrie ; ce sont les titres de l'activité de l'homme aux prises avec la matière, la suite de ses efforts pour embellir son domaine et rendre moins ingrat le séjour qu'il y fait. A l'origine, la nécessité a été le seul ressort de cette activité ; plus tard est venu le raffinement ; aux besoins les plus stricts ont succédé des besoins mêlés de plus ou moins de luxe, suivant le degré des civilisations. En somme, ce mouvement de l'industrie a été croissant, malgré quelques interruptions. Chaque génération a transmis à celle qui lui a succédé plus d'aisance et plus de jouissances, et ce qui a pu s'en perdre dans le cours des temps n'est pas comparable à ce qui a été ajouté. Des destructions mêmes, qui ont dans l'histoire des dates sinistres, est souvent issu un ordre nouveau qui a ouvert au

---

1. Ce qui autorise le gouvernement à faire des lois sur le travail des enfants dans les manufactures, mais non (comme on l'a prétendu) à donner des capitaux à ceux qui n'en ont pas. Comme le gouvernement n'a rien par lui-même, pour donner aux uns, il faut qu'il prenne aux autres.

travail des voies plus fécondes, donné à l'hom-
meur goût plus vif pour les commodités de la
vie et des procédés plus sûrs pour les acquérir.

Il n'y a pas lieu de s'étendre ici sur l'histoire même de l'industrie et sur la marche de
ses perfectionnements ; cette étude serait hors
de son cadre. Notre sujet est nettement indiqué : c'est la part d'influence de l'industrie
sur les destinées de l'État et réciproquement ;
puis, ce qu'a été cette influence suivant les
lieux et les temps. Dans l'antiquité, la condition purement domestique de l'industrie la
maintient dans une sorte d'effacement ; elle se
confond avec les autres travaux de la famille,
s'exerce en partie pour son usage et dans
l'intérieur des gynécées. Les femmes filent
la laine, l'ourdissent et l'apprêtent. Toute tâche pénible retombe sur les esclaves, le commerce est livré aux affranchis. Il n'y a
d'exception que pour l'agriculture, qui est
presque un titre d'honneur, sans être pour
cela plus florissante. Les citoyens libres préfèrent aux durs travaux les agitations de la
place publique ; les mieux doués se tournent
vers les arts, la jurisprudence, la religion ;
les plus résolus prennent la carrière des armes, et dévastent le monde au profit et au
nom de la communauté, qu'ils enrichissent,
ornent et nourrissent des dépouilles des peuples vaincus. Sous un tel régime, le travail
des mains n'a de commun avec l'État que le
tribut auquel il ne peut se soustraire. L'exac-
tion n'a point encore les formes savantes que
plus tard elle revêtira ; elle ne saisit et ne
grève que les modes les plus apparents d'activité. Avec le christianisme, les liens de l'antiquité païenne se détendent ; l'esclavage cesse :
l'homme s'appartient, même quand la fonction reste asservie. Bien des siècles s'écoule-
ront encore avant que la fonction soit complètement libre ; le privilège ne cédera du
terrain que pour se reconstituer autrement,
et avant de se rendre, disputera toutes les
positions où il pourra se retrancher. Dans les
campagnes il se défendra par la mainmorte
et les droits du sang ; dans les villes, il s'armera de la tyrannie des règlements et des
corporations. Dans toutes ces combinaisons,
une pensée sera toujours présente, c'est d'assurer au petit nombre une existence plus
commode, une fortune plus stable, des
moyens d'acquérir plus faciles qu'au reste de
la communauté. De quelque prétexte qu'on
les colore, en cherchant bien, on trouvera
que ces combinaisons se résument toutes en
une situation abusive. Un individu, une
classe, un corps en profite ; la masse de la
population en éprouve du dommage. Même
aujourd'hui que les grands privilèges ont été
emportés par le mouvement de l'opinion, aucun des petits privilèges qui se sont recom-
posés à bas bruit, sous des motifs plus ou
moins spécieux, ne résisterait à cette manière
de les envisager. On verrait qu'à peu d'exceptions près ils ne sont que des déguise-
ments de l'intérêt privé sous le masque de
l'utilité publique.

C'est de l'État que l'industrie tire cette
force d'emprunt ; seul, il peut donner à une
faveur le caractère d'un droit. Si la politique
était autre chose qu'un art d'expédients, il y
aurait longtemps que l'État aurait vu que
tout ce qu'il livre, en fait de positions privilégiées, est autant de préjudices, que non-
seulement il fait au public, mais qu'il se fait
à lui-même. L'activité libre est le meilleur et
le plus sûr véhicule de la richesse, et par
suite la source la plus abondante des revenus
du Trésor. Quand l'État rétrécit le champ de
cette activité, il prend parti contre lui-même ;
quand il livre à quelques-uns ce qui est le domaine de tous, il commet une injustice dont
il est le premier puni. Nulle mesure n'est plus
exacte pour le degré de richesse d'un peuple
que sa liberté d'action. C'est en matière d'industrie surtout que cette vérité est démontrée
jusqu'à l'évidence. Tant qu'elle a été renfermée dans des compartiments où les initiés
seuls avaient accès, l'industrie n'avait, ne
pouvait avoir qu'un développement limité ;
elle eût éternellement végété, si elle n'eût
brisé ses cadres. Bonnes au début, comme
moyen de défense, les institutions corporati-
ves étaient devenues, dans leur durée, un
instrument d'oppression en même temps
qu'une cause de faiblesse. L'émancipation de
l'industrie a seule éveillé les germes de sa
puissance, et l'a amenée où nous la voyons.
Aux groupes artificiels et restreints, où les
procédés et les méthodes étaient strictement
imposés, où les syndicats et l'État étouffaient
l'esprit d'invention par un contrôle combiné,
cette émancipation a substitué ces grands établissements que leur convenance inspire et
que le génie individuel anime, qui n'ont, pour
prospérer et se multiplier, d'autre privilège
que les services qu'ils rendent, sont ouverts
à tous les bras, à toutes les expériences, à
toutes les spéculations. Quel témoignage veut-
on de plus des bénéfices que procure une entière liberté d'action ! Pour la communauté,
il suffit d'évaluer la richesse acquise et l'excédent des bras occupés ; pour l'État, il suffit de comparer ce qu'était autrefois la matière imposable à ce qu'elle est aujourd'hui.
L'épreuve est donc concluante, et tel est
pourtant l'empire des habitudes que chaque
jour on convie l'État à reprendre quelque débris de ce domaine qu'il a abandonné, à mettre la main sur cette activité qui lui a été si
profitable. De bien des côtés, et à tout propos, se font entendre des déclarations d'impuissance et des appels à une nouvelle tutelle ;
il semble que partout où l'État manque, tout
va manquer. L'industrie elle-même demande
que l'État mette du sien dans les services
qu'elle rend, y intervienne ici par des faveurs,
là par des empêchements, se fasse juge et
garant des procédés qu'elle emploie et des
résultats qu'elle obtient, devienne l'arbitre et
le distributeur des fortunes qu'elle procure.
Ce travers est si général, il prend tant de
formes, et des formes si ingénieuses, qu'il
n'est pas sans intérêt d'y insister.

Autrefois le prétexte le plus spécieux pour impliquer la responsabilité de l'État dans les actes de l'industrie, c'était le souci de la bonne confection du produit. Point de garantie suffisante si l'État n'y mettait pour ainsi dire son estampille. Il attestait qu'une étoffe avait le nombre exigé de fils et la matière colorante la solidité requise. Peu d'articles échappaient à ce contrôle ; les cuirs, les fers portaient une marque ; les denrées étaient assujetties aux règlements des halles, des marchés et des étaux ; les grandes foires se passaient sous l'œil d'inspecteurs ; tous les mouvements du négoce relevaient d'une police particulière. Des oppressions subalternes se cachaient sous ce régime, énervaient le travail et n'aboutissaient guère qu'à des préjudices d'argent et des pertes de temps. Par la force des choses, ces charges odieuses ou puériles ont décru et décroissent chaque jour en nombre et en intensité ; on commence à comprendre que la meilleure garantie de la bonne confection des produits est le libre débat qui s'établit entre le vendeur et l'acquéreur, débat qui a pour conséquence la préférence pour ce qui est bon, le délaissement pour ce qui est mauvais. Sauf quelques surprises passagères, il en est désormais ainsi. Mais si l'on renonce peu à peu à tenir la main de l'État engagée dans des détails où son moindre tort était l'impuissance, on se retourne vers d'autres combinaisons, bien plus graves pour sa responsabilité et non moins onéreuses pour l'industrie. Ce qu'il ne fait plus en faveur des produits, on demande à l'État de le faire en faveur des hommes. Ici ce ne sont plus des voix isolées qui s'élèvent, ce sont des écoles qui se montrent avec leurs programmes et leurs plans d'amélioration. Il serait trop long de suivre ces écoles dans les rêves contradictoires qui en sont issus ; aucun de ces rêves n'a supporté et ne supporte l'examen ; ils ne resteront que comme un des signes du temps, et un témoignage de la disposition des esprits. C'est tantôt une association forcée, tantôt un tarif officiel des salaires, tantôt des ateliers de l'État converti en entrepreneur universel, toujours un règlement arbitraire du travail accompagné d'une distribution empirique de ses fruits. Le trait commun de tous ces projets chimériques, c'est qu'un gouvernement ne peut pas, ne doit pas abandonner l'industrie à elle-même, qu'il est pour lui d'obligation étroite d'intervenir d'une manière ou d'une autre dans le domaine de l'activité manuelle d'y peser de tout son poids, d'y régler les rapports réciproques de manière à y empêcher l'abus et à y faire régner la justice. Toute époque a eu sa chimère ; celle-ci a été la nôtre, et il est à craindre qu'elle ne nous survive, en dépit de nos efforts. Trop de gens sont intéressés à y croire. Comment de pauvres ouvriers, qui en retour d'une rude tâche reçoivent un salaire à peine suffisant, se défendraient-ils contre l'idée que l'État peut, d'un coup de baguette, changer

leur destinée, les rapprocher de la condition du patron dont ils envient l'opulence, déplacer les rôles, amener à composition ceux qui commandent le travail au profit de ceux qui l'exécutent ? Comment les ramener à un sentiment plus juste, à une notion plus vraie de la nature des choses ? Comment les convaincre qu'il n'y a, au bout d'une combinaison arbitraire, si mitigée qu'elle soit, si restreinte qu'on l'imagine, que misère et déception ; que le règlement le plus sûr et le plus avantageux du travail, la garantie de sa durée, l'accroissement des profits pour tous ceux qui l'exercent est dans le consentement des parties ; que tout ce qui pèse sur ce consentement ne peut que nuire et ne saurait jamais profiter ; que la contrainte retombe toujours sur ceux qui en usent, soit pour eux-mêmes, soit pour autrui ; qu'il n'existe enfin, dans l'industrie comme ailleurs, de bénéfices réels, stables, susceptibles de grandir que ceux qui proviennent de l'exercice de la liberté, qu'elle est le ressort et le fondement de l'activité humaine, et que seule elle concilie le bien-être avec la dignité la défense de l'intérêt légitime avec le respect du droit ? Toutes ces vérités contentent la raison plus qu'elles ne flattent l'imagination ; elles ne valent pas, aux yeux de la masse des ouvriers, les illusions dont on les berce. Et pourtant il ne faut pas se lasser de répéter ces vérités, si méconnues qu'elles soient ; l'avenir de l'industrie, le repos des sociétés en dépendent. Tôt ou tard et à l'épreuve des faits, deux principes prévaudront dans cet ordre de rapports : pour l'ouvrier, ne compter que sur lui-même en ce qui le touche ; pour l'État, se désister de tout ce qu'on peut faire sans lui.

C'est d'ailleurs le moment de bien savoir ce qu'on veut faire au sujet de l'industrie ; elle a rompu ses anciennes digues ; le flot monte, vainement essayerait-on de lui opposer de nouveaux moyens de défense ; mieux vaut qu'elle s'épanche par des canaux librement ouverts. Tant qu'elle avait le toit de la famille pour abri, l'État trouvait dans sa dispersion un moyen pour la comprimer ou la soumettre. Elle n'était qu'une puissance secondaire ; aujourd'hui, aux yeux de tous, elle prend le premier rang ; on ne peut ni l'oublier ni la froisser. Elle a quitté les campagnes, où elle se distribuait à l'aventure et inégalement, pour venir dans les grandes villes où elle se concentre avec une vigueur qui ne se ralentit pas. A l'aspect de cette révolution, accomplie sous l'influence des agents mécaniques, on s'est demandé si ce déplacement de forces était un bien ou un mal, et s'il fallait y aider ou le combattre. Ces discussions appartiennent désormais à l'histoire ; les faits ont marché si vite et parlent d'une façon si concluante qu'il n'y a pas lieu de s'y appesantir. Que le nouveau régime de l'industrie ait été accepté ou qu'il se soit imposé, il n'en domine pas moins dans le monde civilisé. Aucune puissance humaine ne le délogerait des positions qu'il a prises. Ajoutons qu'il s'est créé des titres à l'appui de ses conquêtes. Depuis que ce régime prévaut, la richesse générale s'est élevée, dans les grands Etats de l'Europe, à dix, vingt et trente fois plus qu'elle n'était auparavant. Je ne citerai pas de chiffres, ils me conduiraient trop loin, tant ils abondent. C'est là d'ailleurs une démonstration claire jusqu'à l'évidence, même pour les yeux les plus inattentifs. L'aisance augmente, la vie moyenne s'accroît, les grandes et hideuses misères se retirent devant des ressources plus abondantes et un travail moins précaire, et ce qui est plus heureux encore, ce bien-être a eu pour accompagnement le soulagement des bras de l'homme. Ceux qu'emploie aujourd'hui l'industrie, dans ses conditions régulières, sont moins chargés et mieux rétribués. Voilà des faits indéniables que des crises temporaires peuvent affecter sans en changer la nature ni en empêcher le retour. Ils constituent ce qu'on peut appeler les titres matériels du nouveau régime. Quant à son action morale, elle est plus contestée, et ici c'est à l'avenir qu'appartient la réponse. On a dit que l'industrie en commun brisait la vie de famille, enlevait l'ouvrier aux campagnes pour le jeter dans les villes où il se déprave; que l'instrument mécanique, en soulageant les bras, avait pour effet d'abrutir l'intelligence et que l'homme n'était plus qu'un rouage au milieu de tous ces appareils plus puissants que lui. Il y a dans ces accusations du faux et du vrai, comme dans tout ce qui se prend d'un point de vue exclusif. Cet état de l'industrie est nouveau; ni les mœurs, ni les habitudes n'ont encore pu s'y adapter. Les époques de transition sont toujours rudes, et nous assistons depuis un demi-siècle à ce pénible travail. Cependant, pour peu qu'on ait suivi les modifications survenues dans les divers corps d'état, on ne saurait admettre que, même moralement, leur condition ait empiré. Que ce soit le fruit de l'industrie elle-même ou d'une instruction plus largement répandue, ces classes ne valent pas moins aujourd'hui qu'elles ne valaient autrefois. La machine ne semble pas plus les avoir abruties que le travail en commun ne les a perverties. Il n'est pas besoin, pour s'en assurer, d'autre enquête que celle que chacun peut faire dans le champ d'observation qui est à sa portée. De tristes exceptions existent, il est vrai, mais dans la masse il y a évidemment plus de tenue, plus de respect de soi, plus de dignité personnelle. Sur ce dernier point il y a plutôt excès, et l'un des travers de l'ouvrier est désormais de s'exagérer son importance. On s'y est exposé, et c'était à prévoir, le jour où on lui a donné des droits politiques auxquels jusqu'à ces derniers temps il était étranger et à peu près indifférent.

Par ce côté encore l'industrie se rattache à la politique. Dans sa marche ascendante elle tend à créer et à développer dans les villes une puissance d'opinion qui n'y a point de contre-poids. Que sont les hautes classes et même les classes moyennes auprès de ces flots d'hommes qui vivent d'un travail manuel et qui chaque jour apportent un contingent nouveau aux populations urbaines ? Là où toutes les unités se valent, la balance penche forcément du côté du nombre. Rien de plus salutaire quand les masses sont bien inspirées; c'est une épreuve et quelquefois une surprise pour les opinions de convention et les abus qui sommeillent. Mais qui peut garantir que l'inspiration sera toujours heureuse et qu'à des protestations sensées ne succéderont pas un jour les entraînements de la passion ? Voilà l'écueil et il n'y a qu'un moyen de l'éviter, c'est d'élever peu à peu, par une éducation plus complète et plus répandue, la condition des classes que notre Constitution a introduites dans la vie politique. Elles y apportent un élément précieux, l'indépendance ; il ne leur reste à acquérir que la pleine conscience des actes auxquels désormais elles concourent et où évidemment elles dominent. L'industrie, à ce point de vue, peut devenir une grande école, où se formeront des convictions raisonnées. Les agglomérations d'ouvriers créent à leur suite et par la force des choses des courants d'idées et de sentiments qui sont comme un contraste avec les habitudes de condescendance que l'isolement entretient dans les campagnes. Au moyen de quelques influences autorisées on peut contenir les oppositions rurales ; on peut entraîner les indifférents, abuser les crédules, intimider les faibles. Dans les villes, vis-à-vis de groupes nombreux, ivres de leur puissance, jaloux de leurs droits, ces moyens d'action sont sans efficacité. Il ne s'agit plus de maîtriser les hommes; il faut les rallier à soi, il faut les convaincre, il faut surtout les éclairer. Le problème est donc ramené à ses termes les plus simples : un degré croissant d'instruction, une culture plus générale des intelligences, une vue ouverte sur les matières dont on rend les populations arbitres et qui se personnifient dans des choix librement exprimés. Ce n'est pas une œuvre facile, mais il y a en toute chose des grâces d'état, quand la nécessité s'en mêle. Dans aucune classe cet avancement ne sera plus rapide que dans celles qui sont vouées à l'industrie urbaine. Elles ont à leur portée plus d'écoles et des écoles mieux conduites, plus variées, le spectacle d'une civilisation raffinée dont l'œil s'empare et dont l'esprit reste frappé ; elles sont en contact avec les supériorités de l'art et du goût, elles ont le choix des lectures qui peuvent former leur jugement. Voilà les armes nouvelles que les circonstances ont fournies aux groupes populeux et qui peu à peu s'étendront aux plus petits groupes ; l'essentiel est qu'ils en usent pour le bien et non pour le mal. Dans tous les cas il est un point hors de question, c'est que désormais on ne peut rien fonder sur l'ignorance. S'il se mêle quelque trouble dans les premières lumières que l'éducation répand et un peu de vertige dans les impressions que les masses en reçoivent, le seul remède est de verser ces lumières plus largement, dans une direction plus vraie et plus sûre, en ajoutant à leur effet, au sommet de la communauté, l'exercice de quelques vertus et le bénéfice des bons exemples.   Louis Reybaud.

INÉGALITÉ DES CONDITIONS.

Le ministère radical qui a pris le pouvoir dans les premiers jours du mois de novembre 1895, a dit dans son programme : « La république n'est pas seulement le nom d'une institution politique, mais l'instrument du progrès moral et social, *le moyen continu de diminuer l'inégalité des conditions.* » C'est là une définition de la république que peu de personnes voudront accepter. (Joli progrès qui coupe les têtes les plus élevées.)

On n'admettra pas que l'égalité des conditions soit un bien, car elle ne peut être réalisée que par la réduction des fortunes qui dépasse le niveau moyen, et, pratiquement, que par le communisme ; or le communisme est l'esclavage ou l'oppression à un haut degré. En effet, l'inégalité des conditions provient en première ligne de l'inégalité des facultés et qualités humaines, *car les hommes naissent inégaux;* l'homme très intelligent et très laborieux s'enrichira le plus souvent, les hommes moins bien doués, mais encore distingués, seront plus ou moins aisés — proportionnellement à leurs dons naturels ou à peu près, car on ne pourra jamais empêcher les chances d'exercer leur influence. Les hommes n'obtiendront ces bons résultats que s'ils sont libres d'exercer leurs facultés à leur profit ; s'ils ne sont pas libres, ils resteront nécessairement pauvres, car la nature est parcimonieuse, il faut lui arracher ses produits par l'intelligence encore plus que par les bras.

L'égalité des fortunes ne se réalise que dans la pauvreté, nous enseignent la raison et l'histoire, et dans un pays pauvre rien ne stimule le progrès. Dans les contrées où la liberté a produit l'émulation, les fortunes se diversifient, et les richesses, qui s'accumuleront chez les uns, serviront doublement de stimulant aux autres : d'abord moralement, par l'exemple, puis matériellement comme prêt, assistance, par l'association et tant d'autres façons. La haine de l'inégalité des fortunes ne s'explique que par ce microbe du cœur humain qui a nom envie, ce péché capital que notre fin de siècle semble vouloir élever au rang d'une vertu.

Or, depuis bien des années nous entendons définir la république, le régime de la liberté par excellence, et ce renom lui a valu bien des partisans ; est-il sage d'en faire maintenant un régime occupé sans relâche à « diminuer l'inégalité des conditions » ? Ce serait faire perdre à la république un grand nombre d'adhésions. Ce à quoi l'homme tient, avant tout, c'est à la sécurité de son avoir, et la première chose qu'il demande à l'Etat, c'est de le protéger dans ses biens acquis, et si la république ne le protège pas, il trouvera qu'elle manque au premier de ses devoirs.

INFANTS. Titre que portent en Espagne tous les princes du sang des rois régnants, excepté l'aîné, qui est prince des Asturies.

INFLUENCE. C'est, en politique, le premier des moyens de parvenir ; c'est le grand art de la diplomatie. C'est l'action qu'un citoyen ou une classe de citoyens, qu'un fonctionnaire de n'importe quel grade ou que le gouvernement lui-même peuvent exercer sur d'autres citoyens, sur le chef de l'Etat ou sur les administrés. C'est aussi l'action qu'un gouvernement peut s'attribuer sur un gouvernement étranger. Cette action, qui ne saurait être supprimée, a toujours besoin d'être contenue. Entre l'usage licite et l'abus, quelle sera la ligne de démarcation ? L'intérêt et la passion se refusent trop souvent à la voir là où la montrent le bon sens et la bonne foi.

L'*influence* individuelle d'un simple citoyen ou l'*influence* collective d'une classe de citoyens sur les masses se manifeste surtout aux époques de troubles civils ou de dangers publics. On a vu, pour ne parler que des temps modernes, ce que peuvent la sagesse et la modération d'un Washington, l'habileté et l'éloquence d'un Mirabeau, la persévérance d'un Cobden, la verve poétique d'un Lamartine, pour la fondation d'une grande république, pour la direction d'une grande révolution, pour l'obtention d'une grande réforme, pour l'apaisement momentané d'une grande effervescence populaire. *Si forte virum quem conspexere.....* On a vu malheureusement aussi, dans des jours néfastes, ce que peuvent les tribuns, les dictateurs, les sectes, les coteries et les clubs.

La magistrature, le clergé, la presse ne se sont pas toujours bornés à user de l'autorité de l'exemple, et des armes de la persuasion ; ils se sont parfois laissés aller à compromettre leur crédit, et ont fini par tourner contre eux les esprits qu'ils avaient pour mission d'éclairer et de diriger dans les voies de l'intérêt général.

Les familiers, les maîtresses des princes ont souvent exercé sur leur esprit un funeste empire. Aussi a-t-on loué le Régent de n'avoir « jamais laissé ni à ses complaisants, ni à ses favorites, aucune influence dans les grandes affaires. »

C'est principalement dans les comices, dans les crises électorales, et lorsqu'il s'agit de voter sur le choix de ses mandataires, que le peuple court risque d'être *influencé,* soit par des individus isolés, soit par des groupes d'individus, soit enfin par les dépositaires des pouvoirs publics. L'intervention de ces derniers semble-t-elle aussi logique que celle des premiers ? Toujours est-il qu'elle est érigée en doctrine et considérée par d'aucuns comme un contre-poids nécessaire dans la grande machine du suffrage universel. Il importe ici de dire avec le poète : *Est modus in rebus;* il est plus difficile d'ajouter avec lui : *Sunt certi denique fines.* Montesquieu nous explique comment on en vint à Rome « jusqu'à ne laisser au peuple presque aucune *influence* dans les suffrages ». J.-J. Rousseau expose savamment, dans son *Contrat social,* comment « les apparences de la volonté publique sont modifiées par *l'influence* de volontés particulières » qui réussissent ainsi à donner le change. Le dictionnaire de Boiste formule un axiome d'une incontestable vérité, lorsqu'il nous dit que « des élections *influencées* annuleraient le système représentatif ». (Ch. Read).

Abus des influences est le terme poli, le mot parlementaire auquel on a eu recours par euphémisme pour éviter le gros mot de *corruption.* C'est le trafic des emplois, des faveurs, des titres dont dispose le gouvernement; ce n'est pas toujours lorsqu'il est le plus pratiqué qu'il est dénoncé le plus bruyamment : Jetez aux trois gueules de Cerbère leur part de gâteau, cet austère gardien des enfers ne saurait aboyer.

Au point de vue du droit des gens, est-elle légitime *l'influence* que les États prépondérants, ceux qui se qualifient eux-mêmes de grandes puissances, prétendent exercer sur les États secondaires? N'est-ce pas la négation même du droit et de la dignité politique? Reconnaissons que la raison du plus fort est... celle du plus fort, mais n'admettons jamais qu'elle soit la meilleure.

INITIATIVE PARLEMENTAIRE. On peut attribuer au pouvoir législatif, suivant des théories et des conditions sociales très différentes, trois sources : le droit divin qui le fait reposer entre les mains du monarque, délégué de Dieu; la démocratie directe, qui n'a eu de réalisation approximative que dans les petites républiques de l'antiquité ou de la Suisse et qui donne le vote de la loi à ceux qui doivent obéir; enfin, la représentation nationale. Aujourd'hui, que les conceptions politiques du droit divin sont frappées de caducité, que le système de votation directe sur le *forum* est matériellement impraticable, la formation de la loi ne peut plus appartenir dans les nations avancées qu'à une représentation plus ou moins libre dans son action. Dans la plénitude du régime représentatif, les représentants ont l'initiative des lois. Les théoriciens politiques de l'école constitutionnelle reconnaissent le droit d'initiative à la fois au Parlement et au pouvoir exécutif. Les assemblées représentatives ont pour mission d'apporter la connaissance des besoins du pays et d'en procurer la satisfaction.

L'absence de l'initiative parlementaire au-

rait un inconvénient grave. Les législateurs ne pourraient pas réparer leurs erreurs, ils ne pourraient retirer une loi dans laquelle l'expérience leur aura révélé des vices qui n'avaient pas apparu à la simple discussion.

Benjamin Constant voyait dans l'initiative laissée à la représentation nationale une garantie de stabilité pour le gouvernement. « Quand il propose des projets de loi, c'est lui qui se soumet au jugement des chambres : quand il attend la proposition des chambres, il devient leur juge, dit-il.

L'initiative parlementaire date de loin en Angleterre. Elle s'est introduite peu à peu, sans date certaine, par l'effet du développement organique, pour ainsi dire, des institutions britanniques. On voit le droit d'initiative reconnu aux chambres au commencement du quinzième siècle. C'était la transformation sans secousse d'un droit de pétition qui avait été exercé jusque-là par la Chambre des communes vis-à-vis du roi. Les pétitions avaient été présentées bientôt à l'appréciation de la Chambre des lords avant d'arriver au roi. Puis, un jour, elles étaient devenues des *bills.* Ce ne fut que sous les Tudor que l'initiative parlementaire, régularisée, se substitua complètement au droit de pétition primitivement exercé par les deux chambres.

En France, nous trouvons dans le chapitre III de la Constitution de 1791 cette disposition : « Art. Ier. La constitution délègue exclusivement au Corps législatif les pouvoirs et fonctions ci-après : 1° de *proposer* et décréter les lois; le roi peut seulement inviter le Corps législatif à prendre un objet en considération..... [1] »

La Constitution de l'an VIII (du 1er consul) instaura un régime absolument contraire à l'initiative parlementaire. Voici l'article 25 de cette Constitution : « Il ne sera promulgué de lois nouvelles que lorsque le projet en aura été *proposé par le gouvernement,* communiqué au Tribunat et décrété par le Corps législatif. » La rédaction des projets de loi était confiée au conseil d'État, sous la direction des consuls. L'initiative parlementaire a été rétablie à la Restauration et a passé, avec des nuances, aux Constitutions de 1830 et de 1848.

La Constitution de 1852 la supprima par l'article 8 : « Il (l'empereur) a seul l'initiative des lois. » Mais le droit d'initiative fut rendu

1. Cette disposition était illogique dans une constitution qui, en donnant au roi le droit de *veto* (*voy.*), lui reconnaissait une part au pouvoir législatif. — Le gouvernement devrait toujours avoir le droit de proposer des lois, même dans les pays les plus démocratiques et les plus libres, parce qu'il est un grand nombre de lois que le gouvernement est seul en état de préparer convenablement. (*Voy.* LOI.) Le droit d'initiative n'a, en dehors de sa nécessité théorique, qu'une utilité pratique, celle d'empêcher le gouvernement de refuser une loi demandée par la majorité. C'est dire : Proposez une loi ou nous la proposons. Du reste, dans plusieurs pays le droit d'initiative du pouvoir législatif est exercé dans la forme qui suit : Le gouvernement est invité à proposer une loi sur tel objet.

au Corps législatif dans les dernières années de l'empire, et naturellement, lui est resté sous la république.

INQUISITION. Juridiction ecclésiastique instituée au sein du catholicisme pour la recherche et la punition des hérétiques. Au sortir du moyen âge, au moment où les lumières commençaient à se répandre en Europe, les hérésies se multiplièrent, et l'inquisition prit naissance. Son origine, souvent attribuée à saint Dominique, le fondateur de l'ordre des frères prêcheurs, paraît remonter un peu plus haut, et ce n'est même qu'après la mort de saint Dominique que les religieux, ses disciples, furent chargés des fonctions d'inquisiteurs, primitivement réservées au clergé séculier. Dès l'année 1184, un concile de Vérone avait confié aux évêques de Lombardie le soin de rechercher les hérétiques et de les livrer aux magistrats civils. Seize ans après, le pape Innocent III régularisa l'institution qui, à cette époque, était surtout dirigée contre les Cathares, vulgairement désignés sous le nom d'Albigeois, et tous les efforts de la cour de Rome, depuis ce moment, tendirent à organiser dans l'Europe entière ces tribunaux d'exception.

Dès l'origine, le concours du pouvoir civil était indispensable au succès de l'institution nouvelle ; nulle part en Europe elle n'aurait pu s'établir sans son assentiment, mais la papauté sut presque partout l'obtenir. Dès l'année 1229, le comte de Toulouse avait organisé dans ses États les tribunaux de l'inquisition. L'Italie presque entière y fut bientôt soumise. En 1255, le pape Alexandre III, sur la demande expresse de saint Louis, établit l'inquisition en France. Venise, où cependant le pouvoir civil garda toujours la haute main, de façon à ne laisser aux inquisiteurs qu'une ombre de pouvoir, l'admit en 1289. L'Espagne en dut l'établissement à Ferdinand le Catholique, qui cherchait, après avoir vaincu les Maures, à s'assurer de leur obéissance en les convertissant (1448). La Sicile l'adopta en 1478, le Portugal en 1557 et les Portugais l'introduisirent dans leurs colonies des Indes, comme les Espagnols en Amérique.

Ailleurs, cependant, le succès fut moins complet. L'Angleterre ne voulut jamais accepter l'inquisition. Frédéric II, par quatre décrets rendus à Pavie, en 1244, avait tenté, pour plaire au saint-siège, de l'établir dans l'empire d'Allemagne, mais l'opposition des évêques fit échouer ce projet. Le clergé séculier, d'accord souvent en cela avec les magistrats civils, s'opposait en bien des pays à l'établissement de ces tribunaux exceptionnels, et si l'opposition que les inquisiteurs rencontrèrent fut suscitée moins par les barbaries de leur ténébreuse justice, que par la rivalité des évêques et des juges, dont les droits étaient menacés par leurs empiétements, elle n'en fut pas moins efficace. En France, au quinzième siècle, les décrets de

saint Louis étaient tombés complètement en oubli, quoique quelques dominicains, à Toulouse et à Paris, portassent encore le titre d'inquisiteurs. L'un d'eux, en 1456, ayant cité à comparaître un membre de l'Université de Paris, ce corps, réuni en assemblée générale, décida que la faculté de théologie prendrait en main l'affaire et que l'inquisiteur lui-même serait cité devant le conservateur des privilèges de l'Université, pour répondre de l'injure dont il s'était rendu coupable. Quand la réforme commença à se répandre en France, le pape Paul IV et le roi Henri II crurent ne pouvoir mieux faire, pour en empêcher les progrès, que de rétablir les tribunaux de l'inquisition. Ils rencontrèrent partout la plus vive résistance. Le Parlement de Paris refusa d'enregistrer l'édit royal qui confirmait la bulle du pape ; il fallut un lit de justice pour l'y contraindre, et, malgré cet enregistrement forcé, les magistrats éludèrent la question et réussirent à empêcher l'exécution de l'édit.

Il n'en fut pas de même en Espagne et en Portugal. Dans ces deux pays, les tribunaux de l'inquisition prirent rapidement un grand pouvoir, se firent craindre des plus puissants, et se signalèrent par des rigueurs qui ont rendu le nom d'inquisiteur justement odieux. L'inquisition d'Espagne avait une organisation complète. Nommé par le roi, confirmé par le pape, l'inquisiteur général avait sous ses ordres toute une hiérarchie de subordonnés répandus dans tout le royaume et auxquels rien n'échappait. Les Juifs et les Maures furent ses premières victimes, et quand, plus tard, la Réforme se répandit dans la péninsule, l'inquisition, redoublant ses rigueurs, réussit à en étouffer dans le sang jusqu'aux derniers germes.

Les tribunaux de l'inquisition ne faisaient pas exécuter eux-mêmes les sentences de mort qu'ils avaient prononcées. L'Église ayant horreur du sang, les religieux dominicains pouvaient bien condamner à mort, mais non présider au supplice ; ils avaient des bourreaux à leur service pour torturer les prisonniers dans les cachots, mais non pour les mettre à mort, et ceux qu'ils condamnaient au dernier supplice étaient remis aux mains de l'autorité laïque, qui se chargeait de faire exécuter les sentences ; cela s'appelait être relayé au bras séculier. On a vu ainsi, pendant des siècles, en Espagne les pouvoirs civils exécuter complaisamment des arrêts dont ils ne pouvaient en aucune façon contrôler l'équité.

Si l'on ajoute, aux détails que nous venons de donner, ce fait qu'aucun appel à une juridiction supérieure n'était possible, et que les inquisiteurs investis d'un pouvoir absolu dans tout ce qui tenait à l'hérésie ne relevaient de personne, n'étaient responsables de leurs actes qu'envers le saint-siège, et trouvaient un facile appui dans le stupide fanatisme du peuple, on comprendra la terreur profonde qu'ils inspiraient ; leurs espions étaient partout, et l'Espagne entière tremblait devant eux.

Peu à peu cependant leur pouvoir diminua. Les guerres de religion avaient cessé ; le fanatisme allait partout décroissant, et le dix-huitième siècle vit déchoir, même en Espagne, la puissance des inquisiteurs. La révolution française et les bouleversements qui en furent la suite lui portèrent le coup mortel. En 1808, le roi Joseph abolit les tribunaux de l'inquisition que Ferdinand VII, plus tard, essaya en vain de rétablir. Ils disparurent un peu plus tard en Portugal, et le Saint-Office romain est aujourd'hui le seul et inoffensif représentant de cette funeste institution.

Depuis qu'elle est détruite, divers écrivains ont tenté d'en faire l'apologie. On peut leur accorder que jadis des reproches exagérés ont été parfois adressés à certains inquisiteurs, que tous ne furent pas des monstres, que beaucoup d'entre eux, en s'acquittant de leurs lugubres fonctions, pensaient de bonne foi rendre service à la religion et à la vérité ; mais il ne sera jamais possible d'innocenter l'œuvre elle-même. Le génie du mal n'a certainement jamais forgé un instrument plus complet de tyrannie, de violence et d'injustice, que les tribunaux de l'inquisition, et le principe même qui était à la base de toute l'institution, la répression de l'erreur par la force matérielle est le plus faux et le plus anti-chrétien que les hommes aient jamais professé.

INSTITUTIONS POLITIQUES. Ce n'est ni par le nom, ni par l'origine, ni par la forme extérieure du pouvoir que se distinguent le plus essentiellement les gouvernements. Ils peuvent porter des noms différents, procéder des sources les plus opposées, revêtir les formes les plus multiples et se ressembler encore. Ce qui détermine leur vraie nature, c'est la place qu'ils font à la loi, aux garanties d'équité et de liberté qui protègent la vie et les intérêts des citoyens. Tout est là. Royautés ou républiques, dictatures ou consulats, régimes d'unité centralisatrice ou organisations fédéralistes, qu'importe, si, en définitive, le résultat est le même dans la pratique. Ce n'est là qu'une forme qui varie selon les circonstances et selon les pays. La question principale, c'est la prédominance organisée du droit sur les volontés mobiles et arbitraires du pouvoir. Au fond, il serait facile de dire que tous les systèmes politiques peuvent se ramener à deux types primordiaux et essentiels : le gouvernement absolu et le gouvernement constitutionnel ou représentatif.

Quelle est la différence radicale et profonde entre les deux systèmes? Il n'y en a point d'autre que celle-ci : c'est que dans le premier, dans le gouvernement absolu, l'omnipotence souveraine est presque sans frein et sans limites. Les attributions législatives se confondent le plus souvent avec la puissance

exécutive. Le pouvoir politique se mêle à l'administration de la justice. La même autorité fixe les ressources publiques et en dispose. Les citoyens n'ont ni garanties, ni droit de contrôle, ni liberté assurés. Il n'y a rien de plus qu'une réglementation destinée à coordonner les mouvements du mécanisme de l'État. Dans le gouvernement constitutionnel ou vraiment représentatif, au contraire, l'essence est la limitation et la division des pouvoirs dans l'intérêt de la liberté de tous. La politique et la justice restent dans une mutuelle indépendance. C'est le pouvoir qui exécute la loi, mais c'est généralement le pays régulièrement représenté qui la fait ; c'est le gouvernement qui dirige l'emploi des ressources publiques, mais ce sont les assemblées qui fixent ces ressources, qui votent l'impôt, qui ont le droit d'accorder ou de refuser les subsides. Par son principe même, ce régime n'est que la participation organisée du pays à ses propres affaires. Ce n'est plus une réglementation plus ou moins bien entendue qui assure une équité plus ou moins précaire, plus ou moins mobile ; c'est dans la loi, s'élevant au-dessus de tous également, que les citoyens trouvent la garantie de leurs libertés, la sauvegarde de leurs droits et de leurs intérêts. En un mot, dans le système absolu, il n'y a qu'une volonté à laquelle tout se subordonne ; dans les institutions représentatives, ce sont des volontés qui se limitent, des actions indépendantes qui se combinent, des droits qui s'équilibrent dans une liberté réglée.

Le système représentatif ou constitutionnel, le système des garanties, en d'autres termes, est évidemment l'idéal politique où tendent les peuples. Depuis un siècle, il a fait d'immenses progrès, d'immenses conquêtes. Autrefois, il n'y avait que l'Angleterre qui eût des institutions libres fondées sur un système de garanties ; aujourd'hui, en dehors de la Russie et de la Turquie, l'Europe tout entière a adopté ce système ; cependant les institutions libres ne sont pas une invention toute moderne. La liberté n'a point attendu notre siècle pour faire sentir ses bienfaits aux hommes, et pour passionner leurs âmes. L'histoire des institutions humaines n'est, à vrai dire, que l'histoire des générations successives travaillant à conquérir une organisation mieux combinée, mieux appropriée à leurs besoins et à leurs aspirations, plus conforme à la justice. « La vérité, la justice, le droit ont aussi de vieux titres à faire valoir, dit Guizot dans son *Histoire des origines du gouvernement représentatif.* Prenez l'un après l'autre tous les besoins moraux, tous les intérêts légitimes de notre société ; dressez-en le catalogue et parcourez ensuite notre histoire ; vous les trouverez constamment réclamés et défendus. Toutes les époques vous apporteront d'innombrables preuves des combats livrés, des victoires remportées, des concessions obtenues dans cette cause sainte... Il n'est pas une vérité, pas un droit qui n'ait à puiser dans toutes les périodes de l'histoire des monuments qui le consacrent, des faits qui parlent en sa faveur.,. »

Par ses origines, par toutes les luttes soutenues de siècle en siècle pour arriver à une extension de droits, le gouvernement représentatif remonte donc haut dans l'histoire. Montesquieu le faisait naître dans les forêts de la Germanie, au milieu des mœurs libres et fortes des Barbares. Si cette conjecture est un peu hypothétique, il est du moins vrai de dire, en un certain sens, que la liberté est ancienne. Dans les annales de tous les peuples, on retrouve des tentatives plus ou moins vigoureuses, plus ou moins couronnées de succès, mais à peu près permanentes, et tendant à conquérir des franchises à les garantir par des institutions légales.

Ce n'était point, sans doute, en vertu d'une théorie qu'on agissait, comme le fait remarquer Guizot ; on ne se rendait compte ni des principes ni de la nature du gouvernement représentatif. Rien de moins systématique que cette lente et confuse élaboration des sociétés européennes. On marchait dans cette voie sans le savoir, par une sorte d'instinct, parce que là était la satisfaction des besoins et des vœux de la société. C'était là cependant la tendance évidente de la civilisation, . et d'autant plus énergique qu'elle n'avait rien de calculé, qu'elle était un fait tout spontané. Le parlement d'Angleterre, les cortès d'Espagne, les états généraux de France, qu'étaient-ils autre chose que des formes diverses du gouvernement représentatif, réalisant dans la mesure propre à chaque génie national l'idée de la participation du pays à ses propres affaires, plaçant certains droits chèrement acquis souvent sous la sauvegarde d'institutions inviolables ? Ces assemblées et d'autres, dans différents pays, étaient la mise en action du principe de la délibération en commun qui est l'âme même du gouvernement représentatif. (CH. DE MAZARE.)

C'est dans ce sens, on peut le dire, que le mouvement des sociétés européennes s'accomplit jusqu'à une certaine heure de l'histoire. A un moment donné, au seizième siècle, une grande scission morale s'opère ; une crise politique décisive éclate partout. L'Angleterre seule poursuit sa carrière, non sans commotions et sans épreuves, mais sans dévier d'une façon radicale et définitive, en s'affermissant, au contraire, dans son attachement pour les institutions libres. Dans les autres pays du continent, les formes représentatives disparaissent ; les droits des assemblées tombent en désuétude ; tout signe de liberté s'efface dans les lois comme dans les mœurs. L'absolutisme seul reste debout et absorbe tout pendant près de deux siècles, jusqu'à ce que de l'excès de la corruption inoculée par un despotisme qui s'avilit lui-même naisse une révolution plus grande, plus générale que toutes les précédentes où l'idée du gouvernement représen-

tatif reparaît comme la loi désormais nécessaire d'une société tranformée.

C'est donc la révolution française qui ouvre cette ère de renaissance pour les principes de liberté politique et de régime représentatif. Les révolutions d'Angleterre avaient eu un caractère plus local, plus national ; leurs effets ne s'étaient point étendus au delà de la sphère anglaise. La révolution française a eu surtout le caractère d'un événement général, européen.

A dater de ce moment, toutes les idées se tournent vers la liberté. Les résistances mêmes qu'on oppose ne font que hâter les progrès des peuples vers les régimes nouveaux. Les guerres qui agitent le continent ne font que répandre les idées. L'absolutisme peut se défendre, renaître là où il a été vaincu une fois, lutter contre le mouvement des choses ; il n'est plus qu'une vétusté ; il est désormais visiblement impuissant à gouverner les sociétés qui sentent le besoin d'institutions plus larges, de garanties ; c'est ainsi qu'en un demi-siècle le principe de la liberté politique a gagné toutes les contrées européennes, l'Espagne, le Portugal, l'Italie, la Prusse, l'Autriche, le Danemark, la Suède comme la France.

Il devient désormais facile de se rendre compte des vraies conditions du gouvernement représentatif. Ainsi, il est bien évident que la première de ces conditions est le droit de tous les citoyens, sans distinction de classes, à participer à la formation des assemblées. Il est bien clair que pour ces assemblées, une fois librement élues, le premier des droits est celui de voter l'impôt, de régler les dépenses publiques. Une des conditions les plus essentielles de ce système politique, c'est aussi la responsabilité dans le pouvoir, et ici on a à choisir entre la responsabilité directe du chef de l'État et la responsabilité de ses agents, de ses conseillers, des ministres. La première serait un risque permanent de révolution, si on était tenté de l'appliquer, outre qu'elle reconstitue, sous une autre forme, l'absolutisme personnel du souverain ; la seconde est évidemment la plus rationnelle, la moins périlleuse et la plus effective. Il y a la vérité du gouvernement représentatif là où les citoyens sont garantis contre tout arbitraire et équitablement protégés dans leurs intérêts, dans leur conscience, dans leur travail ; là où la loi, librement discutée et votée par les assemblées, est respectée par le pouvoir exécutif qui n'a d'autre mission que d'en maintenir l'autorité, et interprétée dans ses applications pratiques par des tribunaux indépendants. Et un des compléments nécessaires de ce régime, qui n'est que l'organisation légale de tous les droits, c'est manifestement la liberté de la presse, sans laquelle toutes les autres libertés périclitent. Sans doute, on peut avoir une apparence de tout cela et n'avoir pas encore la vérité du gouvernement représentatif. Cela s'est vu dans le monde.

L'électorat peut être tout à la fois très étendu et très subordonné. La presse peut paraître libre et être en définitive soumise à l'omnipotence administrative. Les assemblées peuvent délibérer publiquement et n'avoir qu'une influence douteuse ou inefficace par la façon dont elle s'exerce ; elles peuvent avoir le droit de voter l'impôt et n'avoir pas cependant la faculté d'exercer un contrôle complet ou n'avoir cette faculté que dans des conditions qui la rendent difficile, sinon impossible à exercer. Cela veut dire que les organismes extérieurs ne suffisent pas, que la loi elle-même est insuffisante, et que la première de toutes les garanties est dans les mœurs. En d'autres termes, on n'aura rien fait, réunit-on toutes les conditions extérieures du gouvernement représentatif, si avant tout on ne lui donne la forte assise d'une vie morale, énergique, active et sévère, qui est tout à la fois le frein des despotismes et de l'anarchie. C'est par là que se forment et que durent les institutions libres.

INSTRUCTION PUBLIQUE. — On contestera la qualification de *civilisé* à un pays où l'instruction n'est pas répandue à ses différents degrés, où aucune institution n'est chargée de la conférer sous la direction ou du moins sous la surveillance de l'État. L'instruction est même considérée comme aussi nécessaire que la sécurité, et elle en est même l'un des éléments.

Heureusement, ce principe est reconnu partout de nos jours, il est appliqué avec plus ou moins d'habileté et d'énergie, mais il n'est plus entièrement méconnu. C'est surtout l'instruction primaire qui est soignée, car c'est la base de tout, et elle doit être conférée à tous les citoyens sans exception. Les lois l'ont rendu *obligatoire*. Tous les enfants doivent passer par l'école (ou l'instruction) primaire, mais on laisse au citoyen le choix entre l'école publique et l'école privée. Cette obligation universelle a une sanction — c'est-à-dire, une conséquence nécessaire — les écoles primaires publiques sont gratuites, c'est-à-dire, les parents ne payent à l'État ou à la commune aucune rétribution scolaire spéciale, les dépenses que ces écoles causent sont prises sur les fonds généraux du budget qui, eux-mêmes, sont le produit des contributions des citoyens, réparties entre eux selon leurs moyens.

Généralement aussi, le législateur veut que l'enseignement soit laïque, pour qu'aucun enfant ne soit obligé, par son culte, de s'en tenir éloigné. On considère avec raison la laïcité comme une conséquence de l'obligation universelle. Cela n'empêche pas les parents de faire donner l'instruction religieuse à leurs enfants, et généralement des facilités leur sont offertes à cet effet.

Tout en reconnaissant ainsi l'importance de l'instruction, nous avons cessé d'y voir une

panacée, un remède social universel. Dans la première moitié de ce siècle, et encore un peu plus tard, quand on parlait des défauts de la société, il y avait toujours quelqu'un pour dire : Le remède est facile, répandez l'instruction (primaire); et l'on se taisait. Eh bien, on a répandu l'instruction à pleine main, et l'on continue de faire à la société les mêmes reproches. On n'est pas devenu meilleur, ni plus heureux, ni plus satisfait... je crois même qu'on l'est moins de nos jours [1].

Il faut donc cesser de voir dans l'instruction un remède, ce n'est qu'un instrument. Un instrument de premier ordre, il est vrai, et d'une grande puissance — comme par exemple la machine à vapeur — mais il faut savoir s'en servir. Et comme beaucoup savent s'en servir, il rend d'incontestables services. Il rendrait bien davantage, s'il était accompagné d'une éducation qui développe les qualités de l'homme : l'amour du travail, l'économie, la persévérance, etc., etc. ; ces qualités-là nous permettent de bien nous servir de l'instrument-savoir. N'oublions pas, en outre, que, pour bien vivre en société, il faut une certaine dose d'amour du prochain — auquel on ne fera pas ce qu'on ne voudrait qu'il vous fît — et des dispositions à se consacrer, au moins en partie ou autant que nécessaire, aux intérêts généraux.

INSTRUCTIONS. On appelle ainsi les ordres ou les directions donnés par un supérieur diplomatique ou administratif à ses agents. Elles sont verbales ou écrites, et le plus souvent secrètes et personnelles. S'adressant à un chef militaire ou à un officier de mer, elles lui sont parfois remises sous pli cacheté, pour être ouvertes seulement en un lieu et à une date déterminés. Lorsqu'en 1798 l'armée d'Orient mit à la voile pour Malte et pour l'Égypte, le but véritable de l'expédition était encore un mystère pour tout le monde. Les instructions sont souvent aussi destinées à toute une classe de fonctionnaires; elles font alors l'objet d'une missive commune, ou *circulaire*, reproduite en autant de copies ou d'exemplaires imprimés qu'il y a de destinataires.

Si l'art du diplomate brille dans la rédaction de ces mémoires où l'on ne se contente pas de tracer une ligne de conduite, mais où l'on fait souvent une historique de la question pour les besoins de la cause, l'habileté de l'ambassadeur se déploie selon le parti qu'il sait en tirer. S'appliquer à garder toujours

---

1. Voy., pour les détails, notre Dictionnaire de l'Administration française. Paris, Berger-Levrault et Cie.

1. En appréciant une pièce de théâtre dans *le Figaro* du 27 avril 1895, M. Henry Fouquier dit : « Malheureusement, Victor Hugo, partageant une erreur, qui a été celle de deux ou trois générations, mais qui ne sera peut-être pas celle de la génération qui vient, s'imaginait que le remède aux iniques misères dont il traçait l'émouvant tableau pouvait être trouvé dans l'instruction. Mon opinion est faite là-dessus. Et, jusqu'à présent, je crois que l'instruction plus répandue n'a fait chez le peuple qu'oblitérer des vertus résignées sans lui donner le sens de la justice qui, dans l'être moral contemporain très abaissé, n'est que le masque hypocrite et le nom honnête du sentiment de l'envie. » Je crains que l'éminent critique n'ait que trop raison.   M. B.

par devers soi le dernier mot, laisser ignorer son *ultimatum*, enfin cacher son jeu en paraissant jouer cartes sur table, c'est ce que fait le négociateur qui sait son métier, sans s'écarter de ses instructions dans tout ce qu'elles ont d'essentiel. On s'est demandé s'il était toujours tenu de s'y conformer strictement, s'il était inexorablement lié par la lettre de ses dépêches. N'est-il pas évident qu'il ne peut y avoir ici de principe absolu, qu'il faut prendre conseil des circonstances et s'inspirer de l'esprit qui vivifie ? Tout ne saurait être écrit d'avance ; on doit savoir aviser, plutôt que de laisser échapper l'occasion et de compromettre le succès, car le rôle de plénipotentiaire oblige. Il faut dire, du reste, que de nos jours la facilité des communications et le télégraphe ont bien simplifié les instructions et l'art diplomatique. (Ch. Read.)

Dans la sphère administrative, les instructions sont données par les ministres aux différents chefs de service placés dans leurs attributions respectives. Elles accompagnent généralement l'envoi des lois, décrets et arrêtés nouveaux, pour en réglementer la mise à exécution. Elles n'en peuvent être que le commentaire pratique, et n'en sauraient surtout, en aucun cas, altérer l'esprit. Certaines instructions n'ont pourtant pas été à l'abri de ce grave reproche de ressembler à une contre-lettre. Dans un pays comme la France, où toute la vie part du centre, les instructions-circulaires sont un moyen de gouvernement et un lien indispensable ; elles peuvent prévenir bien des difficultés; mais il faudrait qu'elles fussent toujours opportunes et impartiales, qu'on ne s'en montrât pas tantôt trop prodigue et tantôt trop avare.

INSURRECTION. De toutes les épreuves que subissent fatalement les sociétés politiques avant d'arriver à leur constitution définitive, les moins terribles ne sont pas ces révoltes armées que tentent les minorités, soit pour obtenir des concessions du pouvoir établi, soit pour arracher de ses mains l'autorité elle-même. Quand les partis sont en lutte, les insurrections sont comme une dernière ressource, et la force et l'audace arrivent ainsi parfois à triompher du droit et de la raison. Mais si l'histoire rappelle de funestes désordres causés par ces révoltes, elle dit aussi qu'aux époques de transformation sociale on a vu plus d'une fois sortir des insurrections les éléments les plus sûrs du progrès politique. Quand le despotisme n'a pas trouvé à se fortifier, grâce à la réaction qui s'opère toujours au lendemain de ces violentes secousses, — et bien éphémère est d'ordinaire cette consolidation factice de l'absolutisme, — les tentatives hardies des opprimés réduites à sortir de la légalité ont pour résultat de dépouiller l'autorité absolue de son dernier prestige, et de hâter la réalisation des conquêtes sollicitées par l'opinion publique.

Toutefois, nous le répétons, c'est seulement aux époques de transformation que ces phénomènes peuvent utilement se produire. Autant on y applaudit alors, autant il faut ou les redouter ou les combattre dans les temps où le progrès, garanti par les institutions elles-mêmes, peut suivre son cours normal. Rien ne saurait donc, ni les souvenirs du passé, ni certaines lois invoquées par les partis, justifier en principe l'insurrection. Robespierre a pu l'appeler pompeusement « le plus saint des devoirs » : elle n'est, en réalité, ni un droit, ni un devoir, mais tout au plus, dans des circonstances données, une douloureuse nécessité. Et ces circonstances, faut-il encore les bien étudier, de telle sorte que la responsabilité des événements puisse toujours retomber bien plus sur l'autorité qui les aura provoqués que sur les hommes qui les auront déchaînés contre une société déjà menacée. Nous prévoyons ici le cas où, le gouvernement attaqué ayant donné lui-même l'exemple de la rébellion par la suppression arbitraire des droits constitutionnels, les promoteurs d'une insurrection se trouvent être les défenseurs naturels des lois et des institutions.

Il est vrai que l'on trouvera peut-être que nous laissons encore par cette doctrine une porte large ouverte aux excès populaires. Quels partis ne seront pas tentés d'invoquer, au profit de leurs passions, ces circonstances exceptionnelles qui semblent mettre de leur côté le mérite d'une grande initiative ? Quelles facilités n'ont pas les agitateurs hardis pour entraîner sur leurs pas la foule ameutée, et la convier à une résistance d'autant plus violente que les moyens sont tout entiers dans l'exploitation de la crédulité et de l'ignorance populaires ? C'est le propre des esprits secondaires de chercher, dans l'exercice le plus brutal de leurs droits, la réalisation de leurs espérances. C'est ce qu'en France on a longtemps appelé de la « politique expéditive ». Mais les chances favorables laissées jadis aux minorités turbulentes ou audacieuses tombent chaque jour devant les concessions faites à la démocratie, et surtout devant l'introduction dans toutes les constitutions politiques de garanties pour l'expression et le respect des volontés populaires.

Cette volonté peut s'exprimer librement par le bulletin de vote qui sait parler très clairement et la procédure parlementaire donne de fréquentes et commodes occasions aux citoyens de faire connaître leurs vues.

Ces facilités paralysent les efforts révolutionnaires et si elles n'annihilent pas toujours à l'avance les calculs ambitieux des fauteurs d'insurrections, elles leur donnent du moins d'une manière visible pour tous le cachet d'une indiscutable criminalité.

INTELLIGENCE. Ce mot, qui signifie « correspondance, communication entre des personnes qui s'entendent l'une avec l'autre » (*Dict. de l'Acad.*), a figuré et figure encore

dans le droit pénal français. Les anciennes ordonnances punissaient de mort les intelligences pratiquées « *avec les princes étrangers pour choses concernantes à l'État* ». Les articles 76 et 77 du Code pénal de 1791 punissent de mort « quiconque aura pratiqué des machinations ou entretenu des intelligences avec les puissances étrangères ou leurs agents, pour les engager à commettre des hostilités ou à entreprendre la guerre contre la France, ou pour leur en procurer les moyens, » et « quiconque aura pratiqué des manœuvres ou entretenu des intelligences avec les ennemis de l'État, à l'effet de faciliter leur entrée sur le territoire et dépendances du royaume, ou de leur livrer des villes, forteresses, etc., appartenant à la France, etc......».
Comme on le voit, sous l'ancien régime, sous la révolution, sous le premier empire, le législateur a toujours eu soin de préciser deux circonstances qui impriment d'une manière non équivoque un caractère criminel aux *intelligences*, savoir : la classe de personnes avec qui elles sont entretenues, et le but pour lequel elles sont pratiquées.

INTENDANTS. Principaux fonctionnaires du roi dans les provinces de France sous l'ancien régime. Ils étaient d'abord inspecteurs; ils devinrent ensuite administrateurs et mêmes juges pour certains cas.

Ils étaient 32 en 1789, un par généralité; ils avaient sous leurs ordres des subdélégués qu'ils nommaient eux-mêmes.

Il y avait encore des intendants d'armée, de marine, de commerce, des divers revenus et biens de la couronne.

L'Assemblée constituante supprima les intendants, le 19 novembre 1789.

Il y a maintenant des intendants militaires, et on appelle intendances les commissions sanitaires.

INTERDIT. L'origine de ce mot appartient au Droit romain. Dans les contestations relatives à la possession, le préteur juge, comme mesure provisoire destinée à empêcher tout acte de violence, attribuait la détention de l'objet contesté à l'une des parties par une formule qui défendait à l'autre de troubler en quoi que ce fût la possession de l'adversaire. Cette mesure, qui n'était point un jugement, prit simplement le nom de *interdictum;* sa forme essentiellement prohibitive fit qu'on donna peu à peu son nom à toute défense légale, à toute suspension des actes de la vie publique ou privée.

Le Droit canonique, qui emprunta une partie de sa terminologie au Droit romain, qualifia d'*interdit* la défense faite par les chefs ecclésiastiques de célébrer tout service divin et d'administrer les sacrements dans telle ou telle circonscription de l'Église. On ne sait au juste la date du premier interdit. Il est certain que saint Ambroise, dans sa résistance contre Théodose, n'interdit l'entrée de l'Église qu'à l'empereur seul, et ne songea

nullement à le faire fléchir sous la menace d'une interdiction générale. L'interdiction semble avoir été longtemps ce qu'elle est devenue aujourd'hui, une sorte d'expiation des crimes dont étaient souillés les lieux saints. C'est ainsi qu'après le meurtre de Prétendants, accompli par les agents de Frédégonde dans la cathédrale de Rouen, l'évêque de Bayeux, Landowal, « ordonna, dit Grégoire de Tours, d'après l'avis du clergé, que toutes les églises de Rouen fussent fermées et qu'on n'y célébrât aucun office jusqu'à ce qu'une enquête publique eût mis sur la trace des auteurs et des complices du crime. » (Ap. Aug. Thierry, *Réc. mer.*, IV.) Cette [dernière phrase indique la portée et le but que l'on donna bientôt aux interdits; ils devinrent un moyen de coercition employé dans toutes sortes de cas par l'Église vis-à-vis des puissances séculières. Dès le onzième siècle la papauté fit suivre la plupart des excommunications dont elle frappait les souverains de la mise en interdit de leurs royaumes. Tout en s'attribuant théoriquement le droit de disposer des couronnes, le saint-siège osa rarement, en fait, déposer les rois qu'il mettait hors de l'Église; la revendication de la puissance temporelle ainsi exercée soulevait de trop énergiques réclamations; il essaya le plus souvent d'arriver indirectement au même résultat par l'interdit, arme en apparence purement spirituelle et qui devait avoir pour effet de rendre intolérable aux populations le gouvernement d'un prince excommunié. Il n'est pas besoin de rappeler les principaux interdits dont furent frappés l'Empire, la France et l'Italie, pendant le cours du moyen âge, et les cérémonies lugubres dont on entourait quelquefois la suspension des offices religieux. Tous les sacrements, hormis le baptême et l'extrême-onction, étaient refusés aux fidèles, toute cérémonie du culte rigoureusement défendue. Il est difficile de croire que de semblables mesures aient pu être exécutées d'une manière absolue et générale; l'on peut dire d'elles ce que Bossuet dit de l'abandon complet où devait rester le prince excommunié : « S'il était vrai que l'exercice des charges publiques eût cessé pendant quelque temps, toutes les histoires n'auraient pas manqué de parler du bouleversement dans les affaires qui aurait été infailliblement produit. » On admit en effet de bonne heure des tempéraments; les ordres réguliers purent continuer pendant l'interdit les services divins, et la défense ne dut s'appliquer qu'à certaines églises principales et isolées.

L'usage des interdits cessa en France dès le quatorzième siècle, et le dernier interdit général qui ait agité l'Europe fut celui dont Paul V frappa Venise en 1606. Il peut être utile d'en rappeler le souvenir, car la question fut alors traitée sous toutes ses faces et résolue en principe. Le droit de la papauté fut énergiquement revendiqué par Bellarmin et Baronius, les deux grands apologistes du saint-siège; mais le Sénat de Venise, appuyé de presque toute l'Europe, soutint jusqu'au bout son indépendance et la nullité de l'interdit. Après une année d'efforts inutiles, le pape céda, dans les termes et aux conditions que Bossuet raconte ainsi : « Le cardinal de Joyeuse, chargé de cette affaire par Henri IV, et à qui le pape avait donné plein pouvoir, se contenta de dire dans le Sénat que l'interdit était levé; mais le Sénat ne voulut ni demander l'absolution, comme le pape le désirait, ni la recevoir;... la bulle, étant nulle, tomba d'elle-même, de sorte que, sans avoir fait ombre de satisfaction ni reçu l'absolution, le Sénat fut reconnu néanmoins pour catholique et compté au nombre des enfants de l'Eglise ;.... cet accord eut lieu aux applaudissements de l'Eglise universelle. » (*Déf. du clergé*, p. 1, liv. IV, chap. XII.)

L'article 1er de la Convention du 28 messidor an IX, en défendant qu'aucune bulle, bref, etc..., puisse être reçu ou publié en France sans l'autorisation du gouvernement, ne permet plus au saint-siège de prononcer l'interdit; d'autre part, et en ce qui concerne les évêques, il ressort de la jurisprudence du conseil d'Etat que tout refus de sacrement à une personne qui n'a pas notoirement renoncé au culte ou qui n'en est pas exclue, est considéré comme abus.   B. Chauvy.

INTÉRÊTS MORAUX ET MATÉRIELS.

L'homme ne saurait se passer de pain, et l'expression de ce besoin quotidien fait partie de la courte oraison que le Christ a lui-même enseignée à ses disciples; mais il est également incontestable que l'homme ne vit pas seulement de pain. Composé de deux éléments, âme et corps, intelligence et matière, la dualité de sa nature entraîne une dualité de désirs et d'appétits, les uns se rapportant à l'âme, les autres au corps : de là aussi cette dualité d'intérêts que l'on a qualifiés, les uns de *moraux*, les autres de *matériels;* les premiers tendant à la satisfaction de plus en plus complète de certains besoins spirituels, les seconds à l'obtention de la plus grande somme possible de bien-être physique.

On comprend aujourd'hui sous le nom d'intérêts moraux les avantages pratiques qui résultent du progrès d'une saine éducation publique et de l'avancement des sciences philosophiques et morales[1]; et sous le nom d'intérêts matériels, les développements que reçoit l'industrie humaine, les conquêtes qui lui fait réaliser nécessairement le progrès des sciences naturelles et physiques. Ces deux sortes d'intérêts sont donc, en dernière analyse, les deux termes de la grande synthèse que désigne le mot de *civilisation*. Aussi a-t-on dit en ce même sens que « les deux grands moyens d'avancer la civilisation, sont de propager la morale et l'industrie,

afin de rendre les mœurs plus bienveillantes et l'aisance plus générale ; » et l'on a défini la civilisation morale, « l'ensemble des croyances, des lois, des mœurs, des vertus d'un peuple, c'est-à-dire le but même de la durée des nations, » et la civilisation matérielle, « le développement progressif des métiers et des arts purement manuels, ou de l'industrie ».

Bossuet, parlant des Egyptiens, ces premiers-nés de la civilisation, nous dit: «qu'ils ont connu d'abord *la vraie fin de la politique*, qui est de rendre *la vie commode et les peuples heureux*. »

On n'ose plus dire aujourd'hui avec J.-J. Rousseau que « tout est bien, sortant des mains du Créateur, que tout dégénère entre les mains de l'homme » ; on n'ose plus soutenir avec lui que l'homme recule nécessairement au point de vue moral, chaque fois qu'il fait un pas en avant dans les voies de la civilisation matérielle. On ne nous renvoie plus à la vie sauvage, comme à un idéal de bonheur dont nous nous serions de plus en plus écartés, et cet âge d'or que les poètes nous montraient dans le passé, au début de l'existence de l'humanité, on le voit désormais dans l'avenir, comme but et récompense de ses efforts séculaires. C'est qu'en effet les intérêts moraux et les intérêts matériels ne sont ni contraires entre eux, ni même essentiellement distincts. Il n'est pas vrai que la vie commode, comme parle Bossuet, ou le bonheur, et la moralité des peuples s'excluent l'un l'autre, que le bien-être matériel ne se développe qu'aux dépens de la moralité publique. Il n'est pas vrai de dire que les hommes se corrompent moralement à mesure que leur condition s'améliore matériellement, et que leur civilisation, si brillante à la surface, ne soit au fond qu'une pourriture. C'est ce qu'un économiste très distingué, M. de Molinari, a déjà démontré d'une manière péremptoire.

« En premier lieu, dit-il, l'histoire de la civilisation atteste que les branches des connaissances humaines qui concourent à la moralisation de l'espèce ne se développent pas d'un jet moins rapide que celles qui tendent à augmenter son bien-être matériel. La religion, par exemple, n'a cessé, dans le cours des siècles, de se perfectionner, de s'épurer et d'exercer, par là même, une action plus efficace sur le moral de l'homme. Combien, sous ce rapport, le christianisme n'est-il pas supérieur au paganisme! Et dans le christianisme même ne peut-on pas aisément apercevoir un progrès? La religion chrétienne n'est-elle pas aujourd'hui un instrument de moralisation plus parfait qu'elle ne l'était au temps des saint Dominique et des Torquemada ?

« Les sciences philosophiques, et spécialement l'économie politique, n'agissent-elles pas aussi plus efficacement chaque jour, pour moraliser les hommes, en leur démontrant avec une clarté de plus en plus vive que

---

1. Les questions de dignité personnelle, d'honneur national, etc., doivent évidemment être rangées au nombre des intérêts moraux.

l'observation des lois morales est une condition essentielle de leur bien-être ?

« En second lieu, le progrès matériel, en lui-même, loin de faire obstacle au développement moral de l'espèce humaine, ne doit-il pas contribuer au contraire à le hâter ? En rendant le travail de l'homme plus fécond, son existence plus facile, ne doit-il pas diminuer l'intensité et la fréquence des tentations qui le poussent à violer les lois morales pour satisfaire ses appétits matériels ? L'expérience confirme d'ailleurs ces inductions, tirées de l'observation de notre nature. Les tables de la criminalité attestent que les classes pauvres commettent, toute proportion gardée, un plus grand nombre de crimes que les classes riches; elles attestent aussi que la criminalité baisse et les crimes diminuent à mesure que l'aisance pénètre plus avant dans les couches inférieures de la société. L'objection d'une prétendue démoralisation des peuples occasionnée par le développement du bien-être matériel se trouve donc en désaccord avec l'observation de l'expérience. »

On ne voit pas, en effet, comment l'amélioration des conditions de notre existence terrestre, l'invention de la poudre à canon, la découverte de l'imprimerie, les applications indéfinies de la vapeur et de l'électricité, comment tous ces merveilleux progrès matériels, qui renouvellent la face de la terre, seraient par eux-mêmes et virtuellement des causes de corruption, de décadence morale. N'est-ce pas, au contraire, tout ce qui attache l'homme à la glèbe, tout ce qui le rend dépendant de l'homme, c'est-à-dire la servitude, qui l'assimile à la brute et le dégrade ? N'est-ce pas tout ce qui le dégage des entraves de la matière, tout ce qui l'émancipe, c'est-à-dire la liberté, qui le relève et le rend perfectible ? La philosophie de l'histoire ne montre-t-elle pas qu'à chaque révolution accomplie dans le domaine de l'industrie correspond tôt ou tard un progrès moral ?

Tôt ou tard, disons-nous, et c'est dans ce mot qu'il faut chercher l'explication des apparentes contradictions que présente parfois le développement graduel des intérêts matériels et moraux. Ce développement n'est pas toujours simultané, immédiat de part et d'autre. Le progrès moral, rendu possible par le progrès matériel, ne l'accompagne pas toujours, il retarde quelquefois et il a ses temps d'arrêt; mais, qu'on ne s'y trompe pas, il suivra infailliblement. Pour ne citer qu'un exemple, croit-on que les chemins de fer, ces puissants agents d'égalité et de sociabilité parmi les hommes, aient, quant à présent, porté tous les fruits que leur établissement et leur circulation actuels pourraient déjà permettre d'en attendre ? Assurément non, mais ce ne sont là que des dissonances momentanées, qui tendent à se résoudre, à un jour donné, en éclatantes harmonies.

On reproche à notre siècle le culte des intérêts matériels ! Mais ce culte n'a jamais existé à un moindre degré ! les intérêts matériels ne pourront jamais être supprimés. Tant que nous aurons des besoins matériels, nous aurons des intérêts matériels, et si le progrès des sciences rend possible la satisfaction surabondante de ces intérêts, si la physique, la chimie et la mécanique multiplient les richesses, tant mieux, car la richesse multiplie l'instruction et l'instruction renforce la morale. On croit avoir tout dit, lorsqu'on parle des jeux de bourse et du luxe; mais n'a-t-on pas agioté avec les actions de Law, sous le Régent ? Il est vrai que du temps de Cicéron on ne spéculait pas sur les chemins de fer. Quant au luxe, vous le rencontrez à l'âge de pierre, car qu'est-ce autre chose que du luxe ces dessins grossiers qui ornent les instruments primitifs de l'époque ? Le luxe et l'art se tiennent, de même que les œuvres de poésie ont précédé les œuvres en prose, de même l'art a précédé la science. Qui sait si nos plus importantes inventions ne sont pas dues au besoin que nous éprouvons d'embellir ce qui nous entoure.

En résumé, si, malheureusement, le vice abonde de nos jours, il est certain qu'il est moins répandu qu'autrefois. Notre époque, quoi qu'on en dise, est plus disposée à sacrifier les intérêts matériels à des intérêts moraux que toute autre époque, car autrefois le nom même de la vertu était inconnu aux populations ignorantes ; au moyen âge, l'idée de la patrie était peu répandue ; on ne connaissait guère les passions politiques qui jouent un si grand rôle de nos jours ; enfin la notion même des intérêts moraux est moderne. Il ne faut pas juger une époque d'après quelques faits saillants, exceptionnels ; c'est l'ensemble qu'il faut examiner de sang-froid et impartialement. On se laisse trop prendre aux déclamations de certaines oppositions, on prend trop à la lettre certains sermons; il est impossible que nous soyons pires que nos pères, le raisonnement et les faits concordent pour réfuter de pareilles assertions, mais tout nous impose le devoir de faire tous nos efforts pour que nos enfants soient meilleurs que nous.

INTÉRÊT PUBLIC. INTÉRÊT GÉNÉRAL.
C'est une expression un peu vague, qui peut avoir un sens large ou étroit : Intérêt communal, provincial, national, humanitaire; intérêt d'un groupe nombreux de citoyens, intérêt religieux, sanitaire, professionnel, etc.

Dans tous ces intérêts, il entre plus ou moins d'intérêts privés; ils se composent même souvent uniquement d'une somme d'intérêts privés. Les soins relatifs aux intérêts privés peuvent être abandonnés aux individus intéressés; sauf maladie ou infirmité, ils s'en acquitteront suffisamment bien. Si quelques-uns s'en acquittent mal, des amis peuvent leur donner des conseils, mais l'autorité ne doit pas s'en mêler (si les gens ne sont pas malades), parce que la tutelle ou l'intervention est un mal plus grand dans son ensemble que quelques inconvénients individuels. Quant aux intérêts publics ou généraux, comme ils ne coïncident pas avec tous les intérêts privés, il convient de leur donner des organes appropriés, qui les défendront avec zèle et avec adresse, honnêtement et avec persévérance.

L'intérêt de tous doit primer les intérêts particuliers, cela est évident; seulement, chaque fois que cela sera possible, le particulier devra être indemnisé de ses sacrifices par la collectivité. Voilà les principes; l'application sera souvent de nature délicate, mais nous nous en rapportons à la sagacité humaine. D'ailleurs les fautes qu'on pourrait commettre ne manqueraient de se faire sentir par leurs effets, et l'on pourra les corriger.

INTÉRIM. Ce mot, qui fut employé pour la première fois pendant la réforme religieuse en Allemagne dans les transactions entre l'empereur et les États protestants, ne signifie plus que l'accomplissement temporaire d'une fonction à la place d'une autre personne.

L'intérim est une période d'arrêt. Il est d'usage que l'intérimaire, — si les fonctions ne lui sont confiées que pour peu de semaines ou de mois, — n'expédie que des affaires courantes ou urgentes et n'entreprenne rien de nouveau.

INTERNATIONALE (L') ou *l'Association internationale des travailleurs.* Cette trop célèbre association doit son origine aux relations qui s'engagèrent, lors de l'Exposition universelle de Londres, en 1862, entre les ouvriers socialistes français qui y étaient envoyés aux frais du gouvernement et les ouvriers anglais, affiliés aux *Trades Unions.* Jusqu'à cette époque, le socialisme continental n'était guère descendu sur le terrain des réalités. Il se contentait de formuler des plans d'organisation du travail, dont le trait essentiel était la substitution de l'association au salariat, et la subordination du capital au travail. Mais en 1862 le contact des socialistes français avec les *Unionistes* anglais leur permit de se rendre compte de l'organisation et des ressources des *Trades Unions*, et ils songèrent à importer ces puissantes machines sur le continent, en les mettant au service de leurs théories, c'est-à-dire en les employant à faire d'une manière systématique la guerre au capital. C'est à un meeting tenu le 28 septembre 1864 en faveur de la Pologne, dans Saint-Martins Hall, que l'on jeta les bases de l'Internationale. On adopta un règlement provisoire, en chargeant un comité d'élaborer les statuts de l'association, et de convoquer ses affiliés à un congrès, où ces statuts seraient définitivement adoptés. Un préambule, conçu à dessein en des termes assez vagues, de manière à pouvoir être accepté par les différentes sectes socialistes, fut placé en tête du règlement provisoire et

plus tard en tête des statuts. Il y était dit notamment « que l'assujettissement du travailleur au capital est la source de toute servitude politique, morale et matérielle; que pour cette raison l'émancipation économique des travailleurs est le grand but auquel doit être subordonné tout mouvement politique; que tous les efforts faits jusqu'ici ont échoué, faute de solidarité entre les ouvriers des diverses professions dans chaque pays, et d'une union fraternelle entre les travailleurs des diverses contrées, etc., etc. ». La conclusion était que les ouvriers de toutes nations devaient s'associer, en prenant « pour base de leur conduite envers tous les hommes : la *vérité*, la *justice*, la *morale*, sans distinction de couleur, de croyance ou de nationalité. »

On le voit, les grands mots n'ont pas manqué! mais les grands mots sont comme on a dit, « le hameçon avec lequel on prend le goujon ».

Nous ne raconterons pas l'histoire de cette fameuse association qui, en son temps, a fait plus de bruit que de besogne, ses éléments ont été trop hétérogènes, et son but pas assez élevé, pour qu'elle pût prendre de la consistance et se maintenir.

Il est resté, des tentatives d'avant 1870, des rapports entre les ouvriers socialistes des différents pays, mais ces rapports sont tout d'apparat, comme les rapports diplomatiques; on voudrait s'exploiter mutuellement sans trop en avoir l'air. En réalité, le *chacun pour soi* règne aussi chez les ouvriers socialistes; ils sont hostiles aux ouvriers étrangers et ont obtenu en France, — dans certains cas (par ex. pour les travaux de Paris) — qu'un entrepreneur ne pourra admettre dans les rangs de ses travailleurs plus de 10 p. 100 d'ouvriers étrangers. Qu'on parle encore de l'*Internationale!*

On ne pourra jamais vaincre la nature des choses. Or la nature des choses veut que le capital et le travail soient amis. S'ils se querellent, tous les deux en souffrent, mais l'ouvrier le plus *E pur si muovo*, il n'y a pas de Karl Marx qui tienne [1].

INTERNONCE. L'internonce est un agent diplomatique d'un grade inférieur au *nonce. Nonce* signifie envoyé et vient de *nunciare*, annoncer. On appelle *nonce* le prélat que le pape envoie en ambassade; dans les États catholiques, le pape est représenté par des nonces ordinaires. Il arrive aussi qu'il envoie des nonces extraordinaires pour lever de graves difficultés diplomatiques.

La mission du nonce extraordinaire est temporaire et limitée à certaines affaires; et lorsqu'il n'y a point de nonce en titre, cet ambassadeur s'appelle internonce.

On donne aussi le nom d'internonce à

---

1. Voyez, sur les *Dangers de l'internationalisme ouvrier,* un excellent article de M. Ch. Turgeon dans la *Revue d'Économie politique* (Paris, 1895).

l'ambassadeur d'Autriche près la porte ottomane.

INTERPELLATIONS. Questions posées à un ministre par un membre du Parlement. Le droit d'interpellation existe dans tous les pays constitutionnels. En France, il est vrai, la constitution de 1852 avait implicitement supprimé le droit d'interpellation en réservant à l'Empereur l'initiative des lois (ce qui enlevait aux députés le droit de parler d'autre chose que du projet de loi émané du gouvernement), et en interdisant aux ministres l'entrée au Corps législatif en qualité de député. Mais le droit d'interpellation a été rendu plus tard.

Il est bien des arguments à donner en faveur du droit d'interpellation, même en écartant ceux qu'on peut tirer de la responsabilité ministérielle. La nation n'a-t-elle pas le droit d'être renseignée sur ses affaires, et ses mandataires, peuvent-ils user de leur contrôle sans demander les éclaircissements dont ils peuvent avoir besoin? Dans les cours d'assises on a bien conféré ce droit aux jurés, bien que généralement le président du tribunal pose toutes les questions utiles à la découverte de la vérité. Mais il est des droits dont on jouit par la force des choses. Lorsque, dans une assemblée législative, la loi ne permet pas aux députés d'interpeller les représentants du gouvernement il arrive fréquemment que les questions se posent d'elles-mêmes et que le gouvernement réponde spontanément. Le gouvernement, peut même quelquefois être heureux de l'occasion qui se présente d'exprimer son opinion. Seulement on a enlevé l'appareil solennel à ces questions parlementaires.

Là où le droit d'interpellation existe, les ministres sont avertis du sujet de l'interpellation, le jour est fixé d'un commun accord, et le gouvernement peut se préparer; mais il n'est pas toujours obligé de répondre. Le bien public peut quelquefois exiger le refus d'accepter les interpellations. Il est vrai qu'on peut aussi prétexter une nécessité de silence, basée sur ce motif, et éviter ainsi une difficulté.

Toutefois, le ministre seul peut ajourner les débats : ils ne peuvent être refusés par l'assemblée, ni directement, ni indirectement, en ajournant à 6 mois ou un an. Le règlement français n'admet qu'un ajournement à un mois.

Il n'est pas inutile de dire qu'on distingue entre *poser une question* et *interpeller*. Poser une question, c'est le plus souvent demander un renseignement; on interroge le ministre sans appareil, car la politique n'est pas en jeu, et il n'y a pas de discussion.

INTERPRÉTATION DES LOIS. La première qualité matérielle de la loi, c'est la clarté. Il importe, en effet, que chacun sache à première vue ce qu'elle ordonne ou défend, ce qu'elle prévoit et ce qu'elle règle. Cependant telle est l'imperfection de la langue ou de la prévoyance humaine, qu'il est impossible que le texte légal ne présente jamais ni obscurité, ni alternative, ni lacune. C'est le rôle de l'interprétation de dissiper les obscurités, de choisir dans les alternatives, de combler les lacunes. Certains pays admettent qu'on demande une interprétation au législateur; en France, la loi du 1er avril 1837 rend la cour de cassation l'interprétatrice suprême en matière judiciaire. Pour les lois politiques, c'est en premier lieu le gouvernement qui interprète, mais les membres du parlement ont plusieurs moyens — et en usent — pour faire interpréter au besoin législativement les points qui leur paraissent en avoir besoin.

INTERRÈGNE. L'interrègne est l'intervalle d'un règne à l'autre. Dans une monarchie héréditaire, l'héritier présomptif est roi de droit après la mort de son prédécesseur; on connaît le mot : Le roi est mort, vive le roi. Il n'y a interrègne dans un tel Etat que si, une dynastie ayant pris fin, le prince n'est remplacé qu'après un certain intervalle.

Dans une république, il n'y a pas d'interrègne, car le suprême magistrat est électif, il ne règne pas, mais il gouverne. La fin de son gouvernement étant prévue, on peut procéder à temps à l'élection de son successeur, qui entre en fonction au moment où le premier en sort. Ici aussi il n'y a pas de solution de continuité.

Il n'en est pas de même dans une monarchie élective. Le roi étant élu à vie, la date précise de sa fin n'est pas connue, et on a mauvaise grâce de dire à un homme qu'on croit sa mort prochaine. Il y a donc interrègne, c'est le temps de l'élection. On sait depuis longtemps le mal que peuvent causer ces éclipses momentanées du représentant de l'autorité. Aussi à Rome, après la mort des rois, le Sénat nommait un entre-roi, pour les fonctions religieuses qui ne pouvaient être remplies par d'autres magistrats.

INTERRUPTION. L'interruption, dans une assemblée délibérante, est un abus, mais comme le tempérament y joue un rôle, il sera difficile de le faire disparaître complètement par des règlements. Dans des cas exceptionnels, il peut avoir sa raison d'être. Du reste, l'opinion se prononce contre cet abus en ridiculisant les interrupteurs systématiques.

INTERVENTION. On appelle *intervention*, en politique, l'action exercée par un ou plusieurs gouvernements sur un ou plusieurs autres gouvernements, à propos d'événements intérieurs ou extérieurs, de nature à compromettre la paix générale.

A le prendre dans le sens étymologique, le mot *intervention* devrait signifier arbitrage; mais la fonction d'arbitre supposant un complet désintéressement de la part de l'intervenant, il n'y a certes pas à en faire d'application rigoureuse à la politique, car l'ingérence d'un pays dans les affaires d'un Etat étranger revêt rarement et conserve plus rarement encore ce noble caractère. Toutefois, le principe d'où émane le droit d'intervention est théoriquement la reconnaissance d'un droit humain, l'affirmation de l'unité de la raison humaine, l'attestation d'une solidarité morale et matérielle entre tous les peuples et tous les individus, indépendante et supérieure aux constitutions et aux lois particulières qui les régissent.

Nil humani a me alienum puto.

Rien de ce qui touche l'humanité ne me saurait être étranger ; telle est la profession de foi de l'homme de progrès, quelle que soit sa nationalité. Rien de plus noble à coup sûr ; mais élever à l'état de généralité ce qui est l'apanage de l'individu illuminé par la raison, n'est-ce pas anticiper sur le temps et donner la sanction d'un principe de justice supérieur aux tentatives ambitieuses des gouvernements ?

Très souvent le droit d'intervention s'exerce ouvertement ou par voie détournée, au détriment de la morale universelle. Il a servi et peut servir de prétexte à toutes les usurpations, à toutes les iniquités, à toutes les spoliations. Au lieu de prévenir la guerre, il fait le plus souvent sortir une conflagration générale d'un débat circonscrit et colore d'un reflet de justice les attentats les plus audacieux contre l'indépendance des nations et la liberté des individus.

On distingue plusieurs sortes d'interventions qui sont comme les degrés d'une procédure : l'intervention officieuse qui s'exerce par notes dites *verbales*, remises par l'ambassadeur de la partie intervenante ; l'intervention officielle par notes livrées à la publicité ; l'intervention pacifique à titre arbitral qui donne presque toujours lieu à un congrès ou à des conférences internationales ; l'intervention armée, précédée d'ultimatum, accompagnée de démonstrations militaires et suivie de déclaration de guerre.

Les principaux auteurs qui ont traité du droit des gens se sont vainement efforcés de circonscrire le droit d'intervention, ils n'ont pu en donner ni la définition positive, ni surtout la délimitation. Vattel, Wheaton, de Martens, Pinheiro Ferreira admettent qu'il ne doit s'appliquer qu'aux actes purement extérieurs des peuples et que les circonstances dans lesquelles les gouvernements étrangers peuvent intervenir dans les affaires intérieures d'un Etat sont toutes spéciales et restreintes ; mais ces auteurs se sont gardés de spécifier les cas particuliers dans lesquels l'intervention leur paraît légitime, ce qui laisse la porte ouverte à toutes les interprétations. D'ailleurs, est-il possible de spécifier les cas si souvent imprévus ?

En opposition au principe d'intervention, quelques publicistes modernes ont invoqué le principe de non-intervention ; s'efforçant, tant la langue politique est peu précise, de donner une valeur positive à une négation. Au lieu de considérer en soi le droit des peuples à disposer d'eux-mêmes, à former leurs institutions, à contracter des alliances, à conclure des traités de commerce, ils ont réduit la déclaration d'indépendance des groupes nationaux à cette assez triste formule : *Chacun pour soi, chacun chez soi.* (F.-E. Hervé.)

En 1820, lors de la réunion des congrès de Troppau et de Laybach, le gouvernement anglais a essayé de poser des limites un peu moins vagues à l'exercice du droit d'intervention : il s'agissait du peuple napolitain qui, à la suite d'un soulèvement, avait arraché à son souverain quelques garanties contre l'arbitraire. Le mouvement populaire avait réussi, le roi abdiquait en faveur du duc de Calabre et accordait une constitution. Les empereurs de Russie et d'Autriche, le roi de Prusse s'émurent et convoquèrent un congrès des signataires des traités de 1815 pour aviser, dans un intérêt commun, à reprendre les concessions accordées ; l'Angleterre s'abstint et sa déclaration mérite d'être rapportée, car elle inaugure la politique de non-intervention qui a valu à l'Europe une assez longue période de paix :

« Tout en reconnaissant qu'un gouvernement peut avoir le droit d'intervenir d'une manière sérieuse et immédiate dans les affaires d'un autre Etat, le gouvernement anglais considère ce droit comme ne pouvant être justifié que par la plus urgente nécessité ; il n'admet pas que ce droit puisse recevoir une application générale et illimitée dans tous les cas de mouvements populaires, et surtout il croit qu'il ne saurait être appliqué comme mesure de prudence, ni former la base d'une alliance. *Ce droit doit être une exception aux principes les plus essentiels,* il ne peut être admis que dans des circonstances spéciales. »

Il ne faudrait pas attribuer l'attitude libérale de l'Angleterre, à cette époque, au respect de l'indépendance et de l'autonomie des peuples ; la politique procède de l'intérêt plus ou moins bien entendu et non des principes. Cependant, en dépit des sous-entendus des gouvernements, l'opinion tend à se fixer d'après les interprétations les plus favorables à la libre expansion des individus et des collectivités.

Le résultat le plus curieux du congrès de Laybach fut la prétention mise en avant par les puissances intervenantes d'empêcher un souverain de concéder, ou, pour parler plus exactement, de restituer à son peuple les libertés qui lui avaient été enlevées. Sa décision portait que le principe absolu serait rétabli à Naples, que l'ancien roi reprendrait sa couronne et qu'au besoin la force serait employée pour atteindre ce but. L'Autriche fut chargée de l'exécution de l'arrêt collectif, ses armées envahirent le royaume des Deux-Siciles, et pendant plusieurs années elles occupèrent, aux frais de ce pays, les principales places du royaume.

Une année plus tard, le Piémont se soulevait et proclamait une constitution calquée sur la constitution espagnole de 1812 ; nouvelle intervention, condamnation de l'acte insurrectionnel du peuple piémontais et restauration de l'absolutisme. Ce fut encore l'Autriche qui eut l'honneur de la répression.

Les gouvernements alliés justifiaient ainsi leur intervention : « C'était un droit qui, dans le cas spécial, devenait une nécessité urgente, de prendre en commun des mesures de sûreté contre les Etats dans lesquels le renversement du gouvernement opéré par la révolte, ne dût-il être considéré que comme un exemple dangereux, devait avoir pour suite une attitude hostile contre les constitutions et les gouvernements légitimes. »

Deux années s'étaient écoulées et l'Espagne réclamait à son tour la Constitution de 1812 ; cette fois la France fut l'exécuteur des arrêts de la Sainte-Alliance, ses armes renversèrent le pacte national esgagnol et rétablirent l'absolutisme au-delà des Pyrénées.

A propos du soulèvement des colonies espagnoles, nouvelle velléité d'intervention, mais cette fois les Etats-Unis prirent parti pour les révoltés, l'Angleterre se déclara prête à reconnaître les gouvernements indépendants qui s'étaient formés [1], et la Sainte-Alliance dut reculer devant les conséquences de son principe.

L'histoire fournirait encore d'autres exemples, mais il n'y a pas lieu d'insister ici ; disons seulement que le droit d'intervention n'est autre chose qu'un déguisement moderne du droit de la force. C'est lui qui légitime ces armements militaires qui immobilisent tant de bras utiles et tant de capitaux féconds ; invoquant tour à tour le droit des peuples et l'intérêt des souverains, le droit des consciences et l'intérêt des religions, il détruit demain ce qu'il a édifié la veille, change arbitrairement l'équilibre des relations internationales, et, sous prétexte d'établir entre les peuples une même loi de justice et de civilisation, entretient leurs inimitiés (F.-E. Hervé).

Que dirait-on d'un tribunal jugeant sous la pression des intérêts et des passions du moment ; appliquant une loi qui n'a été ni définie ni consacrée et exécutant lui-même ses arrêts ? Tel s'exerce cependant en général le droit d'intervention. Est-ce à dire que l'idée juridique, la pensée essentiellement humaine d'où il procède et qu'il invoque ne doive un jour recevoir satisfaction ? Je ne le crois pas, dit F.-E. Hervé, la question devrait se poser ainsi : « Au-dessus des conventions arbitraires de la politique, au-dessus des traités, au-dessus des gouvernements, au-dessus des nationalités elles-mêmes, si souvent invoquées de nos jours, y a-t-il un droit humain ? Peut-on le constituer sur des bases sérieuses, durables, respectées ? Quelle convention inter-

nationale pourrait rédiger ce code des nations civilisées ? Comment seraient choisis les membres de cette convention ? Comment serait sanctionnée la constitution qui pourrait sortir de ces délibérations ? Quel tribunal connaîtrait des délits contre ce nouveau code ? Quels seraient les moyens de coercition et le mode exécutoire des arrêts de ce tribunal international qui aurait évoqué devant lui la querelle de deux peuples, les protestations d'un peuple contre le despotisme de ses gouvernants ? »

Ainsi, semble-t-il en effet, devrait être posée à peu près la question, si l'on voulait donner au droit d'intervention une base respectable, si l'on voulait substituer la raison à la force, le droit au fait brutal, la paix à la guerre, l'équilibre stable à l'équilibre instable, l'économie à la prodigalité, le libre concours aux sanglants débats. Mais les hommes pourront-ils jamais s'élever à une pareille hauteur ?

INVALIDES. Lorsqu'une nation, monarchie ou république, appelle à la défense de ses intérêts politiques, de son honneur, ou du sol même de la patrie un certain nombre de ses enfants, elle contracte envers ceux que la guerre a rendus invalides une dette incontestable. En effet, la société doit garantir au moins l'existence à ceux de ses membres qu'une guerre soutenue pour repousser un danger commun a rendus incapables de se procurer les moyens de vivre, car ces citoyens ont rempli à eux seuls un devoir qui incombait à tous, et il n'est que juste qu'ils soient indemnisés par ceux qui ont profité de leurs sacrifices. Ce point est maintenant universellement admis.

INVASION. Dans toute guerre continentale, il y a une invasion. Nous envahissons le territoire de l'ennemi, ou l'ennemi envahit le nôtre. Sans doute, chaque pays a intérêt à porter les maux de la guerre de préférence chez l'ennemi, mais personne ne devrait oublier dans cette circonstance le précepte : Ce que tu ne veux pas qu'on te fasse, ne le fais pas aux autres.

Il est de règle actuellement que l'envahisseur respecte les personnes et les propriétés privées ; il est de règle aussi que la population civile du pays envahie continue, — autant que possible, — ses occupations paisibles. Cependant on peut demander : En cas d'invasion, que doit faire le citoyen ?

La réponse est difficile, surtout si on veut la rendre générale. Toute la population doit-elle se lever comme un seul homme ? Nous serions disposé à répondre affirmativement, si la crainte de la levée en masse devait avoir pour effet de prévenir l'invasion. Mais en ces matières la théorie est peu écoutée. La population s'armera si l'invasion a pour but la conquête, ou si la nation sympathise avec son gouvernement, ou s'il s'agit de repousser un agresseur ; mais elle pourra aussi rester in-

1. Et qui offraient au commerce de vastes territoires.

différente. Toutefois l'indifférence tend à se perdre de nos jours.

Lorsque les populations prennent une part active à la guerre, elles ne jouissent plus des immunités accordées aux habitants paisibles. Généralement l'ennemi se croit en droit de sévir plus cruellement envers les citoyens armés qu'envers la troupe proprement dite. Les hommes spéciaux soutiennent que l'ennemi est obligé, par la nécessité de sa propre défense, de traiter sévèrement tout homme armé qui n'est pas en uniforme et ne fait pas partie d'un corps régulièrement organisé ; d'abord, parce qu'il ne le reconnaît pas de loin comme soldat, et qu'il ne peut pas se mettre en garde contre lui ; puis parce que l'envahisseur ne ménage les hommes et les choses que sous la condition expresse que ces hommes et ces choses ne lui soient pas nuisibles. Néanmoins, nous ne saurions justifier des excès d'aucune sorte.

Malheureusement, dans la guerre on écoute la voix de la passion plus que celle de la raison, et on se permet des actes qu'on réprouve, qu'on flétrit énergiquement, lorsqu'ils sont commis par l'adversaire : « Que celui qui se sent innocent lève la première pierre ! »

INVIOLABILITÉ. Dans la théorie constitutionnelle « la personne du roi est inviolable ». Il ne s'agit pas de la défendre contre les assassins. Tout homme a le droit de prétendre à une pareille inviolabilité. Le sens de l'axiome constitutionnel est plus restreint : il dit simplement que le souverain, qui ne peut prendre aucune mesure politique sans l'assentiment de son ministère responsable, est impeccable et, par conséquent, irresponsable.

Telle est la théorie. La pratique ne s'y est presque jamais conformée. Malheureusement : car cela prouve que la passion joue en politique un rôle plus considérable que la raison. Là où la passion se met de la partie, le droit et la justice se voilent la figure. On ne saurait être passionné et vrai !

Ainsi donc, il est souvent arrivé que, malgré la lettre et l'esprit de la constitution, le roi constitutionnel a été rendu responsable. On dira : Le prince a violé le pacte, nous sommes donc dégagés de nos obligations. C'est une erreur ! En droit privé, lorsqu'une des parties n'a pas tenu le contrat synallagmatique, l'autre peut quelquefois (pas toujours) se croire déliée de ses engagements, mais le droit public comporte d'autres lois. D'abord on peut dire que le prince n'a pas enfreint des dispositions qui le concernent, car, de deux choses l'une : ou les ministres n'ont pas signé les actes émanés du prince, alors ces actes doivent être considérés comme non avenus, et c'est la nation obéissante qui est coupable, c'est elle qui a transgressé la loi ; ou les ministres ont signé, et alors eux seuls sont responsables.

On trouvera peut-être que nous interpré-

tons la loi d'une manière trop littérale. Nous n'ignorons pas qu'en général « la lettre tue » et qu'il faut souvent s'attacher à l'esprit plus qu'à la lettre. Mais, outre qu'ici l'esprit est d'accord avec la lettre, il vaut toujours mieux se résoudre à un sacrifice et rester dans la loi qu'obtenir une satisfaction complète en sortant de la légalité.

L'histoire, d'ailleurs, donne raison à cette manière de voir. Lorsque, pour avoir satisfaction complète, on n'a pas reculé devant la violence, lorsque, par conséquent, la passion s'en est mêlée, et que l'insurrection est devenue une révolution, que s'en était-il suivi ? Une réaction dont la violence a été proportionnée à l'action. En d'autres termes, les passions, poussant dans une direction, ont fait naître des passions opposées, et la nation s'est vue ballottée d'une extrémité à l'autre, en butte à toutes sortes de maux.

L'inviolabilité est une barrière invisible, créée dans l'intérêt général ; lorsqu'on la renverse, on ne tarde pas à la voir remplacée par une barrière visible, armée de lois de répression, qui s'appellent *lois de salut public*, ou *transportation en masse*, ou *loi de sûreté générale !*

Toute loi privée a sa sanction dans les codes, toute loi publique trouve la sienne dans les événements. Quand ceux-ci parlent, les peuples font leur *mea culpa !*

IVRESSE. IVROGNERIE. Le législateur doit-il intervenir dans l'intérêt de la morale privée ? L'esprit moderne y répugne de plus en plus, ne serait-ce qu'à cause de l'abus possible ou probable de cette intervention. Aux époques et dans les contrées où règne un système plus ou moins théocratique et où le pouvoir civil prête son bras aux ministres du culte, les lois pénales flétrissent des actes et même des abstentions qu'elles considèrent comme autant de transgressions des préceptes de la religion ou de la morale. De nos jours, heureusement, le législateur, — dans les pays libres, bien entendu, — ne se croit plus en droit d'édicter des pénalités contre ceux qui s'abstiennent de communier ou contre ceux qui lisent la Bible (la source même de la religion au nom de laquelle on punit !), ou ceux qui passent d'un rite à un autre (qui, par exemple, de catholiques deviennent protestants, et *vice versa*). Quant à la morale privée, c'est de la société qu'elle est justiciable. C'est à la société à réprouver les actes immoraux qui ne nuisent qu'à celui qui les commet, et ses châtiments sont généralement assez efficaces. Le législateur s'est réservé de punir les actes par lesquels un individu cause un dommage à ses concitoyens, ou seulement les incommode, leur est désagréable sans nécessité, car l'État doit protection aux citoyens. Toutefois, la loi ne s'arrête pas à la répression, elle agit même préventivement en punissant des actes qui ne font que menacer la sécurité publique, et parmi eux l'ivresse.

Les législations modernes, à quelques exceptions près, n'ont de pénalité que pour l'ivresse constatée dans les rues; elles ne s'occupent ni de l'ivresse à domicile, ni de l'ivrognerie, qui est l'habitude de l'ivresse, si ce n'est pour augmenter la peine en cas de récidive. Un homme ivre est un danger. De même qu'on étaye des maisons chancelantes, qu'on pose des garde-fous, qu'on comble des fossés inutiles, pour prévenir des accidents, on prend des mesures contre des hommes qui n'ont pas l'usage de leur raison, qu'ils soient ivres ou aliénés. On protège avant tout les autres contre eux, et subsidiairement on les protège contre eux-mêmes. C'est une mesure de police générale, et à ce titre elle est inattaquable. Dans le silence de la loi, des maires se sont crus autorisés à prendre des arrêtés municipaux contre l'ivresse publique : le maire du Havre, en 1871, le maire de Cambrai, en 1860, le maire de Brest antérieurement, etc. On dira peut-être que les amendes, et même quelques jours de prison ne guérissent pas l'ivrogne de son vice; c'est vrai; mais la crainte du châtiment peut empêcher un certain nombre d'hommes de contracter le vice, et si ce résultat était obtenu, ce serait beaucoup. La difficulté pratique consistait dans la gradation de la peine; mais la loi française du 23 janvier 1873, en commençant par une amende de 1 fr. et en terminant par l'interdiction des droits civils et politiques, passe par assez d'échelons pour pouvoir être adaptée aux cas qui pourraient se présenter.

Les lois, généralement, ne se bornent pas à punir celui qui est rencontré dans un état d'ivresse manifeste; elles punissent aussi les débitants de boissons qui facilitent ou rendent possible la transgression. Le cabaretier est au moins le complice de l'ivrogne. A titre de complice, ou même pire, à titre d'excitateur à la débauche, la loi française punit ceux qui font boire jusqu'à l'ivresse un mineur âgé de moins de seize ans accomplis, car la loi doit une protection spéciale aux enfants.

Le législateur américain est allé bien plus loin qu'on a songé à le faire en Europe. Dans certains États, on a interdit la vente des boissons; ailleurs, on a restreint les droits civils des ivrognes. Il y a même des dispositions qui assimilent les dettes de cabaret aux dettes de jeu, pour lesquelles la justice n'intervient pas. Une loi du Connecticut de 1871 permet, en quelque sorte, de redemander son argent après avoir consommé la liqueur. Cette loi rend le cabaretier responsable de tous les dommages que l'homme ivre aura pu causer, et la responsabilité ne s'arrête pas au cabaretier; elle atteint jusqu'au propriétaire qui lui a loué le local! Nous ne savons si ces mesures sont bien efficaces, car dépasser le but, ce n'est pas l'atteindre.

J

JACOBINS. Sous ce titre sont désignés dans l'histoire de la Révolution française les plus fougueux promoteurs des mesures violentes qui agitèrent ou ensanglantèrent la grande période de transformation politique traversée par la France de 1789 à 1794. Les jacobins étaient membres d'une sorte d'association, ou club, qui s'était formée tout d'abord à Versailles, alors que l'Assemblée nationale tenait ses séances dans la ville royale. Le titre primitif de cette association fut le *Club Breton*, ainsi appelé parce qu'il avait été organisé par la plupart des députés envoyés par la Bretagne aux États généraux. Composés de tels membres, ses débuts avaient été paisibles; l'élément monarchique y dominait presque exclusivement, et l'autorité royale n'aurait jamais eu rien à redouter des discussions politiques tenues par ses membres à Versailles.

Mais lorsque l'Assemblée fut transférée à Paris, le club Breton la suivit, et ses organisateurs choisirent pour lieu de rendez-vous le vaste bâtiment d'un ancien couvent de religieux de l'ordre des Jacobins, situé dans la rue Saint-Honoré. L'emplacement de ce couvent, depuis longtemps détruit, est occupé aujourd'hui par les constructions du marché Saint-Honoré. Le peuple se rendait en foule aux séances de l'ancien club Breton. Aussi vit-on bientôt ses premiers fondateurs éloignés par les clameurs populaires, pour laisser la place à de fougueux orateurs, qui ouvrirent en quelque sorte une seconde assemblée délibérante à côté du Parlement national.

C'est alors qu'apparaît vraiment le club des Jacobins. Son rôle politique commence. Il a pour chef Robespierre; pour membres assidus, les orateurs de l'opposition extrême; pour auditeurs, la plèbe irritée, qui ira bientôt assister aux exécutions capitales de la Terreur. On y discute tout; on y examine, avant qu'elles ne soient portées à l'ordre du jour de l'Assemblée, les lois nouvelles, les règlements d'administration. Les nominations de fonctionnaires y sont critiquées, contrôlées, repoussées ou amendées, et c'est en sortant du club des Jacobins que les sectaires de Robespierre iront faire entendre à la Chambre leurs terribles déclamations et leurs sanguinaires menaces.

Sous la Convention, le club des Jacobins devint un véritable pouvoir. Ses membres formèrent une secte, un parti, et l'on ne désigna plus que sous le titre de *Jacobins* les démagogues les plus exaltés. Ce mot devint l'épithète jetée à la face de tous les complices du régime violent qui, en renversant et en détruisant tout, fit tournoyer un moment la société française dans des flaques de sang. A la mort de Robespierre, le club des Jacobins se ressentit de la perte du héros de la démagogie. Ses séances n'offrirent plus d'intérêt. Ce fut le tour de ses membres de se cacher et de fuir. Enfin, l'autorité songea à fermer l'ancien quartier général du rival de Marat, et le 11 novembre 1794, les derniers fidèles du club des Jacobins durent émigrer dans la modeste succursale que leurs amis avaient fondée au faubourg Saint-Antoine.

Nous pensons devoir compléter ces renseignements sur les Jacobins, en mentionnant un autre club qui a aussi sa place dans l'histoire et qui fit contraste avec les orateurs de la rue Saint-Honoré. Nous voulons parler du *club des Feuillants*, où se réfugia le parti modéré, et qui eut pour membres principaux les Lamotte, les Lafayette et les Bailly.

Fondé au Palais-Royal, il s'était appelé tout d'abord la *Société de 1789*. Il prit plus tard le nom de *Club des Feuillants*, quand il dut se transporter, lui aussi, dans un ancien couvent situé près des Tuileries, et désigné alors sous le titre de Couvent des Feuillants. Aux Jacobins, on dénonçait le club des Feuillants, en l'appelant « monarchique ». Il fut fermé après le 10 août; mais ses membres eurent longtemps à répondre de leurs relations antérieures, et beaucoup ont compté parmi les plus regrettables victimes de l'échafaud révolutionnaire.

JACOBITES. Vers la fin du dix-septième siècle on a appelé *Jacobites* les partisans de Jacques II, roi d'Angleterre, et plus tard ceux de son fils. Les Jacobites étaient attachés à la maison de Stuart, pour le principe d'hérédité qu'elle représentait, et repoussaient de toutes leurs forces l'ordre de choses consacré en Angleterre par la Constitution de 1688.

JACQUERIE. *Voy.* **Paysans.**

JACQUES BONHOMME. Expression familière pour désigner le peuple français. On sait qu'elle date, *au moins*, du commencement du quatorzième siècle, et que, dans tous les cas, elle est antérieure au soulèvement des paysans dit Jacquerie (1358).

Jacques Bonhomme est doux, mais malin, gai et léger, assez économe, à la fois vif, aimant la nouveauté, et routinier. Il supporte beaucoup; mais quand les digues de sa patience sont rompues, ses passions, déchaînées comme le torrent qui déborde, renversent tout sur leur chemin. (Voy. John Bull, Jonathan, Michel, Yankee.)

JALOUSIE INTERNATIONALE. De même que le psychologue et l'homme d'État tiennent compte, dans leurs réflexions, de l'égoïsme individuel, ils se souviennent aussi qu'il existe une jalousie internationale presque invincible. C'est d'ailleurs une sorte d'égoïsme collectif. Cette jalousie perpétuelle ne laissera jamais s'établir la paix perpétuelle.

La jalousie internationale est hostile à tout agrandissement d'un autre État (le plus souvent, on ne s'en cache même pas), et c'est à elle qu'on doit les préoccupations tendant à maintenir cet équilibre des forces qui est la meilleure garantie de la paix. La jalousie ne reste pas confinée dans les gouvernements qui sont — à certains égards — la concentration, la quintessence de leurs nations respectives; elle se retrouve dans chaque citoyen, et avec d'autant plus d'intensité qu'il est plus patriote. La haine ou le mépris de l'étranger, du moins à un certain degré, fait partie du patriotisme de l'individu sans instruction, ou plutôt sans culture intellectuelle. Aussi juge-t-on souvent mal ce qui se passe hors frontières et certains journaux croient devoir tenir compte de ce fâcheux sentiment, et même de l'ignorance populaire, en parlant des autres pays. C'est une regrettable erreur de leur part, il ne peut jamais en résulter aucun bien... et souvent il en résultera du mal. Ce qu'il nous faut, c'est de savoir la vérité vraie.

L'usage d'altérer les faits, de les présenter d'une façon fallacieuse, est si répandu et si connu que, dans les cas importants, on a toujours soin de signaler la source. Par ex.: « source A », « source B », « source C », ce qui veut dire: soyez sur vos gardes, n'acceptez que sous bénéfice d'inventaire. Acceptez également sous bénéfice d'inventaire les nouvelles que votre journal vous servira assaisonnées d'une sauce chauvine. Les événements doivent être présentés au naturel.

JANSÉNISTES ET MOLINISTES. La querelle, toute théologique d'ailleurs, des jansénistes et des molinistes a exercé une influence trop considérable sur la politique intérieure de Louis XIV pour que nous ne lui consacrions pas un court article. On sait que ce roi, dont le règne a été rendu tristement célèbre par les dragonnades, ne se borna pas à persécuter les réformés, mais exerça des violences même contre des catholiques, dont les opinions avaient eu le malheur de déplaire à ses courtisans.

Voici les propositions de Jansénius développées dans cet auteur: «Il y a des gens à qui Dieu commande des vertus qui leur sont impossibles, faute de la grâce; on ne résiste jamais à la grâce intérieure; on est cependant coupable de ne pas agir comme si on l'avait, parce qu'il suffit, pour être responsable, de consentir à ce qu'on fait; l'hérésie des semi-pélagiens consistait à croire qu'on pouvait résister à la grâce; Jésus-Christ n'est pas mort pour tous les hommes. » Cette doctrine peut laisser à désirer; mais elle a séduit Saint-Cyran, Pascal, Quesnel, les Arnaud, Racine, Boileau, bien d'autres encore, pléiade honnête et savante; elle fut de plus la foi du Parlement, de l'ordre judiciaire presque tout entier, de tous les Etats qui se rattachaient à l'administration de la justice, en général même, on peut le dire, de toute la haute bourgeoisie. Le calvinisme ayant été violemment éliminé de France, les classes lettrées, celle que nous appellerions aujourd'hui les classes conservatrices et libérales, s'étaient rattachées à la doctrine qui, dans le sein du catholicisme, se rapprochait le plus du protestantisme. C'était comme un demi-calvinisme qui satisfaisait le besoin de discussion et d'opposition inhérent à la bourgeoisie française, sans aller jusqu'à l'indépendance complète d'esprit réservé au petit nombre des « libertins ». Par cela seul qu'on était janséniste, on était donc parlementaire, homme d'opposition modérée; on encourait la disgrâce royale, et bientôt la persécution, quand Louis XIV fut entièrement dominé par les jésuites. Car les jésuites, qui ne prêchaient plus le régicide, et qui gouvernaient les rois par la confession, soutenaient le système de Molina.

Molina n'est pas, comme on pourrait croire, un défenseur du libre arbitre absolu. Il n'admettait pas que la grâce fût irrésistible, mais il assurait que Dieu devine nos résolutions futures par sa science moyenne et qu'il nous donne et retire sa grâce en conséquence, ce qui est l'effet du congruisme. Lui ou ses disciples inventèrent la grâce efficace, suffisante, versatile, prévenante, coopérante, etc., dont on ne peut pas exiger de nous une définition claire, que les inventeurs d'ailleurs n'ont pas donnée.

L'histoire de ces disputes a été racontée ailleurs, nous renvoyons le lecteur aux ouvrages spéciaux.

Le jansénisme n'a eu dans le dix-neuvième siècle, en France, que des représentants isolés; mais on a quelquefois considéré comme un asile de cette doctrine l'Eglise catholique des Pays-Bas, dont la métropole, Utrecht, était le siège épiscopal de Jansénius. Cette opinion est assez peu fondée, en ce que l'Eglise d'Utrecht est fort peu dominée par le dogme principal du jansénisme relatif à la grâce. C'est à un autre point de vue que l'Eglise a pris à l'égard de la cour de Rome une position qui peut être considérée comme importante. Cette église a de tout temps accueilli avec faveur la doctrine opposée à l'infaillibilité du Pape. Or cette doctrine est précisément le principe du mouvement qui s'est produit dans le catholicisme moderne et qui s'est formulé par la profession de foi des théologiens réunis à Munich en 1871. Les adhérents au programme de Munich rencontrent dans l'Eglise catholique des Pays-Bas une tradition et une organisation épiscopales qui justifient, au point de vue canonique, la qualification de *vieux-catholiques* qu'ils s'attribuent. Aussi n'ont-ils pas manqué d'engager des conférences avec les trois évêques d'Utrecht, de Harlem et de Deventer. Les fidèles d'Utrecht s'intitulent eux-mêmes *anciens catholiques*, et leur clergé est le suc-

cesseur direct du premier apôtre de la Germanie occidentale, saint Willibrod. Le catholicisme ayant pour principe l'autorité surnaturelle du clergé, la légitimité de ce pouvoir est garantie par l'ordination épiscopale, laquelle s'est transmise à Utrecht par l'élection canonique. En 1703, la cour de Rome a vainement essayé de soumettre l'Eglise catholique des Pays-Bas à la nouvelle discipline qui confère au Pape la nomination des évêques. Les chapitres des trois évêchés d'Utrecht, Harlem et Deventer ont continué de procéder à l'élection de leurs évêques et ils notifient régulièrement chaque élection au Pape, qui répond par une excommunication. L'excommunication est lue en chaire, suivie d'une protestation, et l'évêque continue d'exercer son ministère. L'Eglise catholique des Pays-Bas compte, pour six à sept mille fidèles seulement, un archevêque, deux évêques, un séminaire et vingt-cinq paroisses. Cette forte proportion de l'élément ecclésiastique dans la société des fidèles dénote une ancienne importance qui s'est accrue par l'adhésion des vieux catholiques de l'Allemagne et de la Suisse, mais qui cependant semble être entrée en décadence.

JÉSUS (Compagnie de). La Réforme agitait toute l'Europe depuis près de vingt ans; l'on parlait d'un prochain concile universel que la cour de Rome souhaitait et redoutait tout ensemble; les âmes avaient passé par de terribles déchirements, et l'on était loin d'en prévoir le terme. C'est à ce moment, où beaucoup d'âmes religieuses maudissaient la lutte et auraient voulu se débarrasser du fardeau de la pensée, c'est à ce moment que sortit du fond de l'Espagne un homme qui n'était plus de la première jeunesse, Ignace de Loyola (né en 1491), qui unissait à des visions bizarres un sens positif des plus remarquables, qui avait le besoin de la sainteté sans avoir la notion de l'idéal, et que son caractère, ses antécédents, son origine même destinaient à être le chef du grand parti de l'ordre (?) au sein de l'Eglise.

Nous ne ferons pas sa biographie, mais nous résumerons sa doctrine d'après Frédéric Morin.

La crainte des nobles agitations de l'âme, le besoin de trouver un guide quel qu'il soit, voilà, on n'en saurait douter, l'inspiration première d'Ignace de Loyola. L'ordre qu'il fonde a donc pour mission d'obéir et de faire obéir: il représente la discipline absolue; il s'appelle lui-même une compagnie, et il mérite ce nom militaire : il fut, dès l'origine, et il resta constamment l'armée permanente de la papauté, et non pas de la papauté prise comme institution chrétienne, mais de la papauté considérée comme une souveraineté absolue.

De là sa législation qui n'a presque rien de commun avec celle des autres ordres religieux. Dans ceux-ci, la règle visait à la perfection intérieure, et l'action extérieure restait subordonnée à ce travail intime de la transformation de l'âme. Chez les Jésuites, c'est précisément le contraire : ils ne portent point un costume qui les sépare du monde ; ils n'ont point d'exercices de piété ou de pénitence particuliers : ils ne sont pas même astreints à la lecture du bréviaire : leurs obligations se rapportent toutes à la vie du dehors ; mais celle-là est réglementée dans tous les détails en apparence les plus insignifiants : « Ils doivent, dit Ignace, tenir la tête un peu baissée sur le devant, sans la pencher ni d'un côté, ni de l'autre ; ne point lever les yeux, mais les tenir constamment au-dessous de ceux des personnes à qui ils parlent, de façon à ne les voir qu'*indirectement* ; ils doivent tenir leurs lèvres ni trop ouvertes, ni trop fermées ; ne rider ni le front ni le nez, et avoir l'air plutôt aimable et content que triste. »

Tout le monde sait que l'obéissance sans limites a toujours été le principe souverain des jésuites. Leur chef se nomme général. Il est élu à vie. Il reçoit dans l'ordre qui bon lui semble ; il en chasse qui il veut. Il convoque les congrégations générales et rien ne s'y fait sans son approbation. Il nomme à tous les emplois, sauf à l'emploi d'assistant et d'admoniteur. Il peut faire des lois nouvelles, abolir les anciennes ou en dispenser. Les membres de l'association ne doivent jamais examiner et discuter ce qu'il ordonne.

L'admoniteur et les assistants, élus en congrégation générale, ont pour mission de surveiller le général ; mais leur autorité n'a jamais été que fictive, puisque le pouvoir législatif est placé tout entier entre les mains du général.

Sous ce chef suprême s'étage de degrés en degrés une vaste hiérarchie de dignitaires, tous subordonnés les uns aux autres comme dans une armée, depuis les provinciaux et les examinateurs jusqu'aux novices, en passant par l'intermédiaire des profès à quatre vœux et des profès à trois vœux, qui forment l'état-major de la compagnie.

Les profès des quatre vœux ne peuvent rien posséder ; mais ils demeurent avec les autres membres de la société, qui peuvent posséder en laissant l'usage de leurs biens à leurs supérieurs. C'est par ce biais que la compagnie de Jésus a su accumuler des richesses si considérables. Dès l'origine, elle s'est montrée très soucieuse d'acquérir et de les conserver. « Pour s'emparer d'une veuve riche, disent les *Monita secreta*, on choisira un Père d'un âge assez avancé, mais d'un caractère jovial et d'une conversation amusante. Après cela, on lui donnera un confesseur, qui cherchera surtout à lui faire chérir son état de veuvage.... On remplacera peu à peu les anciens domestiques par de nouveaux qui soient affectionnés à la compagnie.... On la traitera avec douceur en confession ; on sera indulgent sur le chapitre de la coquetterie.... et l'on pourra ainsi l'ame-

ner à abandonner ses biens à la compagnie, si elle n'a pas d'enfants [1]. »

Ce n'est pas que les Jésuites voulussent acquérir pour jouir ; il y a même lieu de remarquer que généralement leurs mœurs privées ont laissé peu de prise à la critique : l'ambition collective les a préservés du relâchement individuel, et par une secrète connexion des choses qui mérite d'être relevée par l'observateur, c'est l'ordre religieux où l'on s'est le moins mortifié, qui a su le mieux obéir au vœu de chasteté. La richesse, pour la compagnie d'Ignace de Loyola, c'était le budget du régiment, c'était un moyen d'agir sur la société, un élément de conquête. Sous ce rapport, comme sous quelques autres, la nouvelle société avait reçu l'empreinte et l'inspiration des temps nouveaux : seulement elle n'en comprenait que les données positives, les petits côtés matériels. Une bonne consigne, une discipline exacte et une caisse bien remplie : voilà son idéal.

On comprend d'après cela que la compagnie, ou, disons mieux, l'armée de Loyola se proposât deux tâches fort distinctes : la première, c'était de maintenir l'ordre matériel à l'intérieur de la société chrétienne ; la seconde, c'était d'étendre les frontières de cette société.

C'est dans cette seconde partie de leur œuvre, dans les missions, que les Jésuites ont déployé le plus de vertus et quelquefois même l'intelligence la plus large, unie à l'activité la plus infatigable. Cependant il est incontestable que le caractère ultra-conservateur de leur institution les conduisit souvent aux actes les plus étranges, et qu'ils finirent par être, même comme missionnaires, bien plutôt les apôtres d'une sorte d'autorité religieuse indéfinie que de l'esprit évangélique. Toujours préoccupés de la question du budget, ils n'entreprenaient guère de mission sans lui joindre des spéculations commerciales ; et bientôt ces spéculations acquéraient à leurs yeux une importance capitale qui leur faisait oublier, non seulement leurs idées religieuses, mais ce qu'un homme doit à son propre honneur. Il n'est guère possible de douter, par exemple, qu'ils ne se soient soumis, dans le Japon, à l'odieuse obligation imposée à tous les étrangers de cracher sur le crucifix et de le fouler aux pieds [2]. Faire des conquêtes, n'importe par quel moyen, tel était leur mot d'ordre, et la chrétienté les vit tolérer chez leurs prétendus convertis une multitude de rites païens bien difficiles à concilier avec le monothéisme chrétien.

La plus célèbre mission de la compagnie est celle du Paraguay. Ses apôtres avaient trouvé là sous leur main une population molle, naïve, sensuelle, qu'ils surent comprendre et dont ils se firent aimer. Avec son appui, ils

1. Les *Monita secreta*, qu'on a attribués aux Jésuites, paraissent dépourvus de toute authenticité ; ils n'en constituent pas moins un document très curieux.
2. Voy. l'abbé Guettée, *Histoire des jésuites*. Il met ce point historique en pleine lumière.

mirent en campagne une armée de quatre mille sauvages, chassèrent de l'Assomption l'évêque-gouverneur de cette ville, vainement soutenu par le roi d'Espagne et par le pape (1649), et s'emparèrent ainsi de la double souveraineté spirituelle et temporelle. Une fois maîtres du Paraguay, ils y établirent une sorte de communisme théocratique. Les indigènes, qui se contentaient de peu, venaient régulièrement apporter chaque semaine aux pieds du bon Père placé à la tête de chaque *réduction*, le produit de leur travail, ou la poudre d'or, ou l'herbe du Paraguay : le bon Père bénissait et emmagasinait. Il se mêlait aussi beaucoup de mariages. Bref, il y a plus d'un rapport entre le système politique que les Jésuites ont intronisé au Paraguay et celui que rêvèrent plus tard les saint-simoniens. Seulement les Jésuites étaient contenus un peu par la morale évangélique qu'ils ne pouvaient entièrement nier. Ils maintinrent une certaine naïveté de mœurs qui ressemble de loin à l'innocence. Aussi les populations qui s'étaient confiées à leur garde arrivèrent à l'heure de l'indépendance sans être trop dégradées. Le titre d'honneur des Jésuites au Paraguay, c'est qu'ils ont su y former des peuples qui les en ont chassés.

Que si l'on considère l'ensemble des missions entreprises par la compagnie, il est impossible de tout y approuver, mais il est impossible aussi de méconnaître la grandeur de son plan, la savante organisation de ses moyens et même ses vues tolérantes sur les idées religieuses des peuples infidèles. Elle n'a pas beaucoup le sens chrétien, elle a un certain degré de sentiment civilisateur. Pour la théologie morale on ne peut que renvoyer à Pascal. Du reste, il faut bien le dire, l'histoire des doctrines théologiques, philosophiques et morales des Jésuites est encore à faire par un esprit impartial ; on a étudié avec beaucoup plus de soin leur histoire politique. Agir sur la société et, pour agir sur la société, agir sur ses chefs : tel fut le but constant et manifeste de la compagnie. Ce but, considéré en lui-même, n'a rien d'essentiellement répréhensible ; mais comme, au dix-septième et au dix-huitième siècle, la politique ne produisit guère que de misérables intrigues, les Jésuites furent fatalement conduits à se mêler à ses complications tortueuses, beaucoup plus que l'Evangile et même la simple loyauté ne le permettent.

Ils se trouvèrent ainsi, au milieu du dix-huitième siècle, avoir successivement, en Europe, trahi tous les partis. La haine contre leurs intrigues était universelle. C'est à cette haine qu'il faut attribuer leur expulsion. Pombal les bannit du Portugal en 1759. Charles III les bannit d'Espagne en 1763. Louis XV les bannit de France en 1764. Sans doute ces diverses mesures d'expulsion furent inspirées aux gouvernements par des mobiles très divers et quelques-unes des moins honorables ; mais elles furent accueillies avec

faveur par un public qui, habitué à des ordres arbitraires du pouvoir, voyait sans peine que ceux qui les avaient tant sollicités contre leurs adversaires en fussent victimes à leur tour. Les violences contre la compagnie de Loyola semblèrent à la foule un dédommagement des violences commises, à son instigation, contre Port-Royal.

Enfin la papauté elle-même se prononça. Quelques apologistes maladroits des Jésuites ont soutenu que Clément XIV ne les supprima que par une complaisance coupable pour des souverains qui avaient aidé à son élection. Le Père Theiner, dans un ouvrage remarquable, a réfuté pleinement cette calomnie. Jamais instruction judiciaire et religieuse ne fut faite avec plus de soin, avec plus de calme, avec plus d'impartialité que celle qui précéda et motiva le bref de Clément XIV. Clément XIV a agi conformément aux intérêts les plus essentiels de l'Eglise ; il a agi comme devait agir plus tard le sultan, qui a supprimé les janissaires. (*Voy. ce mot* et **Strélitz, Mamelouks.**) Lorsqu'une armée fortement organisée prend dans l'Etat une prépondérance excessive, il faut qu'elle soit détruite ou que l'Etat périsse dans l'anarchie.

La Compagnie de Jésus a été rétablie par le pape Pie VII ; mais si elle a retrouvé dans une certaine mesure son influence sur les individus, l'organisation des Etats modernes ne lui permet guère d'exercer une action sensible sur la politique [1].

JOHN BULL (Jean le Taureau). Expression familière par laquelle on désigne le peuple anglais. Les uns en font remonter l'origine à un pamphlet, intitulé *a History of John Bull*, de John Arbuthnot (mort en 1735), les autres en attribuent la création à Swift, mais il nous semble que ce nom caractéristique date de plus loin.

Quoi qu'il en soit, il est accepté par les Anglais, qui le prennent comme le symbole de leur solidité, de leur droiture, de leur force, et même de leur bien-être ; il est usité aussi à l'étranger pour désigner le manque de souplesse et de sociabilité, voire même l'impolitesse des fils d'Albion.

JONATHAN (le frère). C'est le nom qu'on donne plaisamment au peuple américain, et surtout au Yankee. On a cherché en vain l'origine de cette désignation, car nous croyons qu'elle doit être antérieure à la guerre d'indépendance pendant laquelle vécut Jonathan Trumbull, gouverneur du Connecticut, appelé familièrement frère Jonathan dans l'armée insurrectionnelle.

---

1. Son influence a diminué, elle a changé d'objet, mais elle existe. Elle ne s'exerce plus sur les cours ou les princes, mais sur le clergé et, par le clergé, sur le peuple. Aussi plusieurs pays ont-ils maintenu l'exclusion des Jésuites. L'Allemagne a pris contre eux, à tort ou à raison, des mesures énergiques en 1872.

C'est aux Jésuites qu'on attribue l'idée du concile instituant l'infaillibilité du pape avec tous les maux qui peuvent s'ensuivre.

Actuellement le frère Jonathan est un être rusé, actif, vif, un peu hâbleur, curieux, assez bonhomme, mais fier de sa liberté et de sa nationalité.

JOURNÉE NORMALE DU TRAVAIL.

Il faut d'abord se demander ce qu'on entend par là ? Sans doute, la fixation, par la loi, de la durée d'une journée de travail. Mais pour qui ? — Pour les adultes, les majeurs ? Autrefois, quand chacun aimait sa liberté, jamais un citoyen n'aurait admis la fixation légale de la journée de travail ; aujourd'hui, où tant de personnes ont eu l'intelligence pervertie par les démagogues, il y en aura un certain nombre qui préféreront se soumettre à tous les règlements qui semblent les avantager. — Si la durée de la journée ne doit pas être fixée pour les personnes majeures, ne pourra-t-elle pas l'être pour les enfants, pour les mineurs ? — Sans doute ; il est regrettable seulement qu'on ne puisse pas confier ce soin aux parents des enfants, car si ces parents étaient bons et intelligents, ils feraient mieux que la loi. Ils tiendraient compte de la force des enfants, de la nature du travail, etc. Ne pouvant se fier aux parents, nous admettons la loi protectrice des enfants.

Comme cette journée d'enfant est courte, elle peut s'appliquer à toutes les professions ; mais il n'en serait pas de même si l'on réglait la journée des adultes. Il y a des travaux lourds, très fatigants, et des travaux qui le sont peu, des uns six heures peuvent être assez, et des autres douze heures ne seraient pas trop ; il s'ensuit que si l'on fixait une durée égale pour tous les travaux, la loi ferait quelque chose d'aussi absurde qu'injuste. Elle ne serait d'ailleurs pas obéie, et sera obligée de prévoir des « dispenses ». Or la nécessité des dispenses prouve que la loi est mauvaise. Il y a d'ailleurs les heures supplémentaires payées à part ; il est vrai que d'aucuns voudraient supprimer ces heures supplémentaires.

Chaque fois qu'il s'agit de réglementer, on doit avoir présent à l'esprit ce fait bien constaté que chaque règlement en appelle d'autres et que bientôt l'homme se voit comme pris dans un filet ; aussi ne faut-il accepter les règlements qu'à contre-cœur, et après un examen approfondi.

JUGES DE PAIX.

Les juges de paix ont été établis en France par la loi du 24 août 1790, pour juger sommairement et sans ministère d'avoués les contestations de peu d'importance, et concilier les parties dissidentes à raison des différends dont le jugement était réservé aux tribunaux civils. Cette institution n'a que des rapports très éloignés avec les fonctions attribuées aux juges auditeurs du Châtelet de Paris et aux officiers des bailliages et sénéchaussées auxquelles on a voulu la rattacher.

Magistrats conciliateurs, les juges de paix doivent être avant tout, comme le disait Thouret à la Constituante, et le garde des sceaux de 1837 aux Chambres, des hommes de sens, de bien et de conscience, qui, par leur âge, leur position et leur conduite, aient donné des garanties sérieuses et aient su conquérir l'estime et la considération de leurs concitoyens. Il serait infiniment regrettable pour l'État et la magistrature que ceux qui les représentent exclusivement vis-à-vis des populations les plus nombreuses pussent compromettre l'honneur de ce corps et la considération qui lui est due. D'un autre côté, juge des différends qui divisent les citoyens, appelé à dire droit à des hommes souvent inexpérimentés et inhabiles à exposer leurs griefs, ne pouvant point s'éclairer par des procédures trop coûteuses, ni s'aider des observations de leurs collègues, ou de la discussion fournie à la barre par des avocats instruits, comment le juge de paix sera-t-il apte à remplir ses fonctions s'il ignore le droit et la pratique des affaires ? Quoi de plus difficile que la théorie des actions possessoires, les questions de compétence, etc., et même en matière de simples contraventions que de questions de droit peuvent naître, qui, si elles sont illégalement résolues, entraîneront des cassations ruineuses pour de malheureux contrevenants !

Il y a maintenant des juges de paix dans presque tous les pays civilisés.

JUNTES.

Ce mot, qui par lui-même veut dire réunion (juncta, junta), signifie comité dans le langage politique de l'Espagne et des républiques de l'Amérique espagnole. Il désigne aussi, et c'en est l'acception la plus éclatante, ces assemblées irrégulières et spontanées qui ont fait les révolutions d'Espagne. En Italie, la junte est un comité administratif.

JURIDICTION PATRIMONIALE.

Les juridictions patrimoniales qui, sous les institutions des peuples de l'antiquité, avaient joué un rôle important, ont disparu dans nos sociétés modernes comme peu compatibles avec notre état social actuel.

En 1789, on essaya de reconstituer en France les tribunaux de famille, pâle et lointain reflet des juridictions patrimoniales. Bientôt le législateur de l'an IV supprimait ces tribunaux, en reprochant au législateur de 1789 de s'être laissé aller à la séduction d'une belle théorie, et de n'avoir pas su profiter des leçons de l'expérience.

Les juridictions patrimoniales ou héréditaires se sont conservées bien plus longtemps en Allemagne ; cependant les pouvoirs des anciens seigneurs ont été peu à peu restreints par le droit public moderne. Bien avant 1848, la juridiction patrimoniale se bornait, dans la plupart des États allemands, au privilège de nommer le juge de police, qui devait remplir les mêmes conditions de capacité que les autres juges et recevait l'investiture du sou-

verain. Depuis 1848, ce qui restait des juridictions patrimoniales a été presque complétement supprimé.

JURIDICTIONS SPÉCIALES ET EXCEP-TIONNELLES.

Les jurisconsultes divisent
les juridictions en juridictions ordinaires et
juridictions exceptionnelles. Les tribunaux
qui appartiennent à la première de ces catégories ont la plénitude de juridiction dans
les circonscriptions territoriales qui leur sont
assignées ; tandis que les tribunaux d'exception ont des attributions restreintes et spéciales, au delà desquelles il leur est interdit
d'étendre leur action.

A quelque point de vue que l'on se place,
on est conduit à repousser le trop grand développement que donnerait à ces tribunaux
une organisation judiciaire. La multitude des
juridictions multiplie les conflits et les instances de compétence ; elle apporte ainsi dans
l'administration de la justice des pertes de
temps fâcheuses et des frais frustratoires. Il
faut, dans toute société bien organisée, que
le justiciable puisse non seulement facilement
aborder son juge, mais surtout connaître la
juridiction qui devra juger son procès, et la
multitude des juridictions exceptionnelles
est un obstacle à l'application de cette
règle.

De plus, le propre des juridictions exceptionnelles, même dans les matières ordinaires, est d'enlever aux citoyens une partie des
garanties qui leur sont assurées par les juridictions ordinaires, et à ce point de vue
encore on doit s'efforcer de ne point en multiplier le nombre.

Ce sont les caractères particuliers des différents juges ou la position des parties qui
ont motivé la création des tribunaux d'exception.

Ainsi dans presque tous les pays le caractère des transactions commerciales qui exigent en cas de difficultés des solutions
promptes et rapides, la nécessité pour le juge
en ces matières de connaître la pratique du
commerce et les usages particuliers aux
commerçants, ont fait distraire la juridiction
commerciale de la juridiction civile proprement dite et créer des tribunaux de commerce.

En dehors de la matière à juger, la position
exceptionnelle de certains corps a fait créer
pour les personnes qui les composent des juridictions exceptionnelles. L'armée, la flotte
par exemple, ne pourraient être placées sous
le droit commun à raison des faits concernant la discipline, mais l'exception ne devrait
point aller au delà des motifs qui l'ont dictée. D'un autre côté, ces juridictions exceptionnelles ne sauraient subsister à titre de
privilèges pour dérober aux juridictions ordinaires et au droit commun certaines classes
de citoyens ; une pareille exception froisserait
trop formellement la règle de l'égalité civile
pour qu'on pût espérer de la faire sanctionner dans les pays où la condition politique et

civile de tous les citoyens est la même.

Nous ne mentionnerons qu'en passant les
tribunaux d'exception qu'on a vu paraître,
aux diverses époques de l'histoire des peuples. Dépendant du bon plaisir des gouvernements ; prêts à accepter et traduire leurs
exagérations et même leurs passions, leurs
rancunes et leurs haines, disposant à leur gré
de la fortune et de la vie des hommes, ils
ont poussé quelquefois si loin l'oubli de la
justice qu'on a pu dire, hélas ! avec raison,
de quelques-uns d'entre eux qu'ils assassi-
naient et ne jugeaient pas. De pareilles commissions, compagnes obligées de tous les
pouvoirs violents, apparaissent plus nombreuses et plus menaçantes au milieu des
catastrophes qui suivent les commotions politiques ; elles disparaissent, chargées de
malédictions, dès que le droit, l'égalité, la
règle et la justice ont repris leur empire tuté-
laire.

JURY. On appelle jury la réunion d'un
certain nombre de citoyens pris hors de la
classe des juges permanents et appelés par
la loi à concourir passagèrement à l'administration de la justice en rendant, d'après
leur conviction intime, sur les faits soumis à
leur appréciation, des déclarations ou verdicts dont le juge est chargé de tirer les conséquences légales.

Il n'est pas essentiel que le nombre des
jurés soit *douze* plutôt qu'un autre nombre,
que les jurés soient désignés de telle ou telle
manière, qu'il y ait un jury d'accusation, que
le verdict soit rendu à l'unanimité. Ces circonstances ne sont pas indifférentes, mais le
jury peut exister sans leur concours. Il
faut, au contraire, de toute nécessité, pour
qu'une juridiction mérite le nom de jury,
qu'elle se compose de citoyens pris dans le
corps du peuple, et destinés à y rentrer une
fois leur mission remplie. Il faut que cette
mission soit bornée à un nombre très limité
de verdicts, que le mode de désignation combiné avec une large faculté de récusation
garantisse au justiciable qu'il trouvera dans
ses juges capacité, indépendance, impartialité. Les questions dont la solution est remise au jury doivent être simples, susceptibles d'être résolues à l'aide des lumières et
de l'expérience communes. Le verdict, enfin,
ne doit dépendre que de l'intime conviction
et non d'un système quelconque de preuves
légales.

Du jury comme institution politique. —
Quelle que soit la forme du gouvernement,
ceux qui gouvernent voient naturellement
leur avantage à pouvoir disposer le plus arbitrairement possible de la personne et des
biens de ceux qui obéissent ; ceux-ci, par
contre, sont intéressés à soustraire le plus
possible à l'arbitraire leurs biens et surtout
leur personne. Etant donnée cette situation,
les partisans du jury soutiennent qu'au point
de vue politique on ne peut méconnaître la
supériorité d'une institution qui constitue la

garantie la plus efficace contre l'arbitraire.

Dans tout État, en effet, non pas libre, mais seulement civilisé, il est admis que nul ne doit être atteint dans sa personne ou dans ses biens, si ce n'est en vertu d'un jugement rendu selon les lois. Il est admis aussi que le pouvoir de juger ne doit pas être placé dans les mêmes mains que le pouvoir exécutif ; car lorsque ces deux pouvoirs sont réunis, l'un peut toujours servir à justifier ou sanctionner les actes de l'autre, à condamner ceux qu'il veut perdre, à absoudre ceux qu'il veut protéger. Mais comment établir cette séparation des deux pouvoirs ? « Suffit-il, dit Comte, que le pouvoir exécutif affuble ses délégués d'un bonnet et d'une robe et qu'il leur dise : « Je vous crée indépendants, » comme Mme de Sévigné disait aux quatre arbres de son jardin : Je vous fais parc, pour que nous soyons dans l'admiration de notre politique, et que nous voyions, sur-le-champ, dans les délégués d'un même homme, deux pouvoirs bien séparés et bien indépendants l'un de l'autre ? » Non, et quand des juges tiennent leur mission du pouvoir exécutif, attendent de lui toute leur fortune, on ne peut les regarder comme indépendants, à moins de compter sur l'humaine vertu plus qu'il n'est permis de le faire en politique.

En fait, à vrai dire, le sentiment du devoir et l'habitude de lui être fidèles, le culte des traditions et le respect de l'opinion publique ont pu et pourront encore donner à des magistrats même timides ou ambitieux la force de braver le mécontentement du pouvoir et de mépriser les séductions dont il dispose. Il n'est même pas rare de rencontrer des juges qui soient au-dessus de la crainte et de l'ambition. Mais ces exemples, si nombreux qu'ils puissent être, prouvent seulement que tels magistrats, tels tribunaux se sont montrés indépendants envers le pouvoir dont ils dépendaient. Ils honorent les hommes et les compagnies qui les ont donnés, mais ne doivent pas faire oublier les causes de défaillances inhérentes à l'institution. L'inamovibilité est une garantie insuffisante quand la certitude de ne point perdre une place médiocre est contrebalancée par la perspective de n'en pas gagner une meilleure.

D'ailleurs, dans tout procès politique, le magistrat, même exempt de préoccupations personnelles, aura peine à se placer dans une situation complètement impartiale. Si, en effet, ses convictions et ses sympathies l'attachent, comme il est naturel, au gouvernement qui l'a choisi, comment, lorsque l'intérêt de ce gouvernement sera en cause devant lui, pourra-t-il se défendre de le favoriser ? Ne sera-t-il pas en quelque sorte juge dans sa propre cause et d'autant plus enclin à suivre son penchant, qu'il croira en le suivant servir la chose publique et même la justice ? Il est vrai que l'ancien régime avait assuré dans une assez large mesure l'indépendance des compagnies judiciaires, mais au moyen de la vénalité des charges, et nul n'est

tenté d'y revenir. Si, d'ailleurs, la puissance de juger devait appartenir d'une manière permanente à un corps qui, par une combinaison quelconque, échapperait entièrement à l'action du gouvernement et ne relèverait que de lui-même, cette situation amènerait un autre danger. Un tel corps ne pourrait manquer d'acquérir, au sein de l'État, une prépondérance redoutable, dont la justice, après en avoir été la cause, deviendrait l'instrument. Ce seraient bientôt les intérêts et les passions de la caste judiciaire qui dicteraient les arrêts, et peut-être contre l'excès de puissance de cette caste, ne trouverait-on de remède que dans l'excès de haine qu'elle finirait par inspirer.

Avec le jury, on évite ces deux écueils. Il est, d'une part, indépendant du pouvoir exécutif, car il est difficile, si la désignation et la convocation des jurés sont faites comme elles doivent l'être, que le gouvernement puisse exercer une action efficace sur les douze citoyens que le sort, rectifié par les récusations, a désignés au moment du procès, qui sont garantis contre les obsessions par des formalités protectrices, intéressés à juger selon les lois, parce qu'eux-mêmes y sont soumis et pourront être jugés à leur tour, enfin d'autant plus pénétrés de la grandeur de leur rôle qu'ils sont moins habitués à le remplir. Quelle puissance, d'autre part, peuvent usurper des jurés qui n'ont qu'une mission spéciale et temporaire et se perdent dans la foule une fois cette mission remplie ? Dans ce système, le pouvoir de juger ne peut pas plus devenir l'instrument d'un tyran que le monopole d'une caste ; il réside dans le corps du peuple et il n'est à personne, parce qu'il appartient à tous.

Le jury présente en outre cet avantage de former et de développer singulièrement l'esprit public au sein d'une nation, en habituant les citoyens à remplir des devoirs publics, et en répandant dans toutes les classes l'idée du droit, la pratique de l'équité et la connaissance des lois. C'est, dit Tocqueville, « un des moyens les plus efficaces dont puisse se servir la société pour l'éducation d'un peuple ».

Ces arguments ne restent pas sans réponse. Les adversaires du jury disent : la magistrature, bien qu'émanant du gouvernement, n'en demeure pas moins indépendante. L'inamovibilité, la publicité des débats, le contrôle du barreau sont des garanties suffisantes contre les influences illicites. Quant au jury, s'il est placé dans des conditions favorables à l'indépendance, sous tout autre rapport et précisément en matière politique, c'est la plus détestable des juridictions. Quelle impartialité, en effet, peut-on attendre de jurés ? On comprend, quoi qu'on en ait pu dire, que le magistrat s'élève au-dessus des passions politiques. Grâce à l'existence spéciale qu'il mène, aux habitudes que son intelligence contracte au service de la justice, il peut vivre dans une sphère sereine, au-dessus du courant de monde. Mais les jurés, c'est au milieu même de ce courant que le sort va les prendre pour quelques heures, quelques jours à peine. Laisseront-ils, comme un manteau, aux portes du prétoire, leurs opinions et leurs passions ? Suivant donc que la majorité d'entre eux sera favorable ou hostile au gouvernement, ils se montreront sévères à outrance ou indulgents jusqu'à la complicité ; les épreuves judiciaires ressembleront dès lors à une loterie et deviendront une source de discrédit pour la justice, d'avilissement pour le pouvoir. Le jury représente, dit-on, l'opinion publique ; mais cet éloge est sa condamnation, car il contient l'aveu que le jury est impressionnable et mobile comme l'opinion ; seulement celle-ci ne juge jamais en dernier ressort et les sentences du jury sont irrévocables.

Si d'ailleurs rien n'est plus vanté en théorie que l'indépendance du jury, en pratique rien n'est plus difficile que d'organiser la désignation et la convocation des jurés, de manière à garantir cette indépendance. Les adversaires du jury font valoir encore l'inaptitude, souvent bien réelle ou les répugnances que montrent parfois les populations pour les fonctions de juré ; mais cet ordre d'arguments, prenant sa source dans des circonstances locales ou momentanées, ne saurait être généralisé. Enfin, ils critiquent amèrement le jury, comme institution judiciaire, côté de la question qui nous reste à examiner.

Du jury considéré comme institution judiciaire. Du jury criminel. — La procédure orale, les débats publics, la faculté laissée au juge de décider suivant son intime conviction sont à bon droit considérés comme le complément nécessaire de l'institution du jury ; mais par une confusion qu'il faut écarter au début de cet examen, on a eu quelquefois le tort de les lui attribuer exclusivement, et de croire que le système des juges permanents entraînait nécessairement avec lui la procédure secrète et le système des preuves légales. Il est certain, au contraire, que les garanties qui naissent de l'examen oral et public sont aussi nécessaires et non moins compatibles avec les magistrats qu'avec des jurés. Il est vrai qu'on a prétendu, quant aux preuves légales, qu'il fallait astreindre à ce système tout tribunal criminel formé de magistrats, parce que « ce serait donner à des juges un pouvoir excessif que de les autoriser à former un jugement sur leur intime conviction. » (Discussion du conseil d'Etat. *Voy.* Locré.)

Mais n'est-ce pas pousser trop loin la défiance ? Les tribunaux permanents une fois assimilés au jury sous ces rapports, on peut dire en leur faveur que des hommes, dont l'intelligence s'est aiguisée et l'âme s'est affermie par l'habitude des fonctions judiciaires, doivent apporter dans l'exercice de ces fonctions plus de perspicacité et de fermeté que des jurés, nourris dans des soins tout

différents. Il est certain qu'entre leurs mains la répression sera plus énergique et qu'on peut citer à la charge du jury de fâcheux exemples de mollesse ou même d'ineptie. Seulement ces qualités, que la magistrature revendique à bon droit, sont compensées par de graves inconvénients. L'expérience a prouvé en effet que l'habitude de se trouver sans cesse en face du crime fait dégénérer la perspicacité en prévention et la fermeté en dureté. Ce qu'il y a de plus dangereux, c'est, tant notre espèce est sujette aux illusions, que ce changement s'opère souvent à l'insu du magistrat lui-même, contre ses intentions, au point qu'on peut, en restant très honnête homme, devenir un détestable juge. Pour remédier au mal, on avait autrefois imaginé ce que Siméon appelle « le rafraîchissement de la Tournelle » (on dirait aujourd'hui le roulement), mais ce palliatif a été reconnu insuffisant. (*Voy.* sur tous ces points les discussions du conseil d'Etat, dans Locré.)

Si la justice criminelle doit, par la force des choses, arriver le plus souvent à être viciée entre les mains de magistrats honnêtes et d'un esprit droit, que dire des juges pervers ou seulement passionnés et bornés ? Au moins si le sort amène un jury mal composé, le mal qu'il peut faire est limité à un seul ou à un petit nombre de cas ; mais le mauvais juge aura demain les mêmes défauts qu'aujourd'hui, il les aura toujours ; et qui peut calculer le mal qui sera fait par un tel homme durant le cours d'une longue et inamovible carrière ? Cette expérience et cette perspicacité spéciales des magistrats criminels ne sont pas d'ailleurs indispensables pour connaître des questions soumises au jury, qui portent uniquement sur les faits et leur moralité. Si parfois quelques points de droit (complicité, excuses légales) sont mêlés aux faits, ils sont trop simples pour compliquer beaucoup l'examen. De telles questions sont donc toujours de nature à être résolues à l'aide des lumières et de l'expérience communes. Enfin des hommes pris dans toutes les situations de la vie et, par suite de cette diversité d'origine, familiarisés avec les habitudes, les mœurs, les besoins de toutes les classes de la société, des hommes qui n'ont ni traditions ni parti pris, auxquels nul que Dieu ne demandera compte de leur décision, doivent à la fois prendre à la recherche de la vérité un intérêt qu'aucune routine n'a émoussé, et apporter, dans l'appréciation de la moralité particulière de chaque action, un esprit plus libre et une conscience plus « fraîche » que des magistrats vivant toujours dans un même milieu, esclaves du texte des lois, et préoccupés de leur responsabilité.

Quant aux faits que l'on cite à la charge du jury, les uns ont leur cause dans des circonstances qui ne sont pas inhérentes à l'institution. On devra parfois s'en prendre à une loi trop rigoureuse qui frappe un délit de peines disproportionnées, souvent à l'ignorance des classes de la population appelées à fournir des jurés. Ce qu'il faut dans le premier cas, ce n'est pas condamner le jury, c'est réformer la loi pénale, et la ramener dans une voie plus humaine, et dans le second, élever le niveau des conditions d'aptitudes requises pour le jury. Les autres exemples cités ne prouvent qu'une chose qui n'est pas nouvelle, c'est qu'il n'y a point d'institution humaine qui n'ait ses imperfections et ses défaillances. Ce qu'on doit chercher, si on ne confond pas la répression énergique avec la rigueur aveugle, c'est moins de ne laisser échapper aucun coupable que de ne condamner aucun innocent; sous ce rapport, le jury est la juridiction qui présente le plus de garanties. (GASTON DE BOURGE.)

On peut se demander s'il est bon de réserver le jury, comme il l'est en France, à certains faits spécialement qualifiés crimes, tandis que tous les autres délits seront remis aux tribunaux permanents. Il est évident que tout fait délictueux ne saurait être déféré au jury, car il y aurait encombrement. Mais la distinction faite par la loi française entre les peines dites afflictives et infamantes et les peines correctionnelles qui n'est rien moins que rationnelle, dit-on, ne peut être prise pour type. Nos tribunaux correctionnels et nos cours d'assises ne peuvent logiquement exister les uns près des autres, car chacune de ces juridictions dérive d'un système qui est la négation et la condamnation de l'autre. Il résulte de cet état de choses, dit M. Bérenger, que la loi traite avec plus de faveur le bandit, l'assassin, que l'homme accusé d'une faute légère, « de sorte que pour obtenir d'être jugé par un tribunal plus indépendant et plus exempt de passions, on serait presque encouragé de pénétrer plus avant dans le crime. » On répond aux critiques dirigées contre cette anomalie par des objections de fait, tirées de la multiplicité des affaires correctionnelles, de la lenteur des formes devant le jury, etc. Ces difficultés pratiques méritent considération, mais ne sont pas péremptoires, et il est possible de les résoudre. On pourrait, par exemple, ne pas déférer au jury les accusés qui s'avouent coupables, et en faveur desquels la cour elle-même reconnaît qu'il existe des circonstances atténuantes; on peut laisser aux tribunaux correctionnels la connaissance de tous les faits qui ont le caractère d'une contravention aux lois positives plus que d'une infraction aux lois de la morale absolue (vagabondage, etc.), on peut simplifier la procédure, admettre la liberté sous caution, etc.

Du jury civil. — Considéré comme institution politique, le jury offre en matière civile les mêmes avantages qu'en matière criminelle. Tocqueville estime même que l'heureuse influence de cette juridiction sur l'esprit public « s'accroît infiniment à mesure qu'on l'introduit plus avant dans les matières civiles », que, tant qu'elle est bornée aux matières criminelles, elle est toujours menacée dans son existence, mais qu'une fois étendue

aux matières civiles « elle brave le temps et les efforts des hommes ». On peut lire avec fruit sur la question une étude remarquable de M. Cherbuliez, qui représente le jury civil comme le meilleur moyen de protéger les droits individuels et la propriété privée contre l'absorption d'une démocratie envahissante et le despotisme des majorités. (*Revue de législation*, t. XLI, p. 289, et XLII, p. 193[1].) Considéré, au contraire, comme institution judiciaire, le jury ne présente pas, au civil, les mêmes avantages qu'au criminel. Au civil, en effet, on n'a plus à craindre ces préventions, cette routine et cette dureté qui font redouter les magistrats dans les procès criminels, et on a besoin de l'expérience et des connaissances spéciales qui sont leur partage. En matière civile, les procès sont plus nombreux, les questions plus compliquées, les faits plus intimement liés au droit qu'en matière criminelle. Il faut donc exiger des jurés des aptitudes beaucoup plus élevées; trouvera-t-on un nombre suffisant de jurés présentant ces aptitudes?

Il y a cependant un ordre de matières où l'intervention du jury est une garantie nécessaire. Nous voulons parler de la fixation des indemnités qui résultent d'expropriations pour cause d'utilité publique. Dans les contestations de ce genre, le côté politique l'emporte sur le côté judiciaire. A raison de la simplicité des questions à résoudre, et de la nature de ce débat spécial, le besoin le plus pressant pour le justiciable n'est pas d'avoir des juges expérimentés, mais des juges indépendants[2].

Comment et de qui doit être composé le jury? — On considère quelquefois le droit d'être juré comme un droit politique, accessoire du droit de voter. C'est inexact; tout juré doit être électeur; mais il ne faut pas que tout électeur puisse être juré, là du moins où règne le suffrage universel. Quoi qu'on fasse, le choix sera toujours difficile. Dans la pratique actuelle on se borne à choisir sur la liste électorale des hommes relativement instruits et d'une réputation intacte.

Le jury est actuellement établi dans tous les pays de l'Europe et de l'Amérique.

JUSTE MILIEU[3]. Ces mots ont été récemment usités pour désigner sans autre explication le système d'un gouvernement dont le chef avait dit au commencement de son règne: « Nous tâcherons de nous tenir dans un *juste milieu* entre les abus du pouvoir

---

1. Odilon Barrot a provoqué sur cette question une discussion à l'Académie des sciences morales et politiques qui, en somme, n'a pas été favorable à cette institution, dont on soutient qu'elle est en décadence même en Angleterre. (Voy. le *Bulletin* de cette Académie, années 1871 et 1872.)

2. Il nous semble aussi qu'on a recours aux jurés parce que l'estimation de la valeur des immeubles expropriés est moins de la compétence des légistes que de celle de personnes mêlées aux affaires.

3. Nous reproduisons, sans le moindre changement, l'article de Charles de Rémusat; aussi ne remplaçons-nous pas *récemment* par *jadis*.

royal et les excès du pouvoir populaire. »
Plus tard, la politique de ce gouvernement
a été définie par un de ses organes les plus
autorisés : *une politique libérale et modérée.*
Depuis lors, ces qualifications ne lui ont pas
été disputées d'une manière générale. Personne n'a soutenu que ce fût le gouvernement des excès. Cependant, comme, du temps
même où il existait, il a été accusé d'exagérer
ses propres principes, comme sa manière de
pratiquer la modération, de se placer à distance du despotisme et de la licence, a été
contestée par des esprits opposés eux-mêmes
à tous les extrêmes, il faut que ces mots de
milieu, d'excès, d'extrémité n'aient un
sens fixe et constant, et que ce soient, pour
ainsi parler, des grandeurs variables. En
deux mots, et sans craindre de citer des noms
propres, M. Guizot, M. Thiers, M. Odilon
Barrot ne sont pas des esprits extrêmes et
cependant chacun d'eux, maître de poser à
son gré le point d'appui du gouvernement,
ne l'aurait pas mis à la même place, tous
cependant auraient entendu occuper un milieu entre tous les excès.

C'est qu'en effet la modération tant de
l'esprit que du caractère est une qualité essentiellement relative, et le milieu est un
point dont la position ne peut être déterminée
que par celle des extrémités dont il occupe
le centre. Il varie dans une ligne, à mesure
qu'elle se prolonge dans un sens ou dans un
autre.

Cependant dès que les hommes ont commencé à réfléchir, ou seulement à observer,
la nécessité d'éviter l'excès a été révélée à
leur raison par l'expérience. *Rien de trop*
est une maxime que la tradition attribue à
celui des sept Sages qui fut le législateur
d'Athènes, et Solon en avait apparemment
fait une règle pour la politique comme pour
la morale. Un siècle après lui, on avait déjà
découvert, selon Hérodote, la théorie du gouvernement mixte, c'est-à-dire qui ne réalise
le pur type d'aucun gouvernement simple,
et qui combine, dans une certaine proportion,
la monarchie, l'aristocratie et la démocratie.
Toutes ces idées sont de celles qu'on peut
appeler moyennes et qui sont restées dans le
monde en vieille réputation de sagesse. Ce
sont de ces *axiomata media* dont Bacon fait
dépendre les choses et les fortunes humaines.
(*Nov. Org.*, I, 104.)

Mais quelle que soit la valeur de ces
maximes pratiques, il paraît difficile de leur
donner la forme et l'autorité d'un principe.
On devrait croire qu'Aristote y a réussi,
puisqu'il a le premier tenté d'établir en thèse
ce qu'Horace exprime ainsi : *Virtus est medium vitiorum.* On connaît cette théorie
fameuse par laquelle l'auteur de l'Ethique à
Nicomaque veut que, puisque nos facultés
dépérissent par excès ou par défaut, le bien
soit entre les extrêmes, et par conséquent la
vertu, le courage ne soit qu'un milieu entre
la témérité et la lâcheté, la libéralité qu'un
milieu entre la prodigalité et l'avarice. Mais

quoiqu'il ait rattaché cette doctrine à une
idée de l'infini et du fini, léguée par Pythagore à Platon, cette tentative de démonstration dialectique n'empêche pas qu'Aristote lui-
même, forcé de répondre à cette question :
Où placer le milieu? Qu'est-ce en soi que la
vertu? est obligé d'en référer à la droite
raison, qui devient alors la règle suprême et
le véritable principe. La doctrine d'Aristote
se réduit ainsi à un conseil à peu près suffisant pour l'action, à cette vérité d'expérience,
que la sagesse est ennemie des excès. La
politique ne donne point en cela de démenti
à la morale.

L'histoire est remplie d'exemples qui prouvent à la fois combien cette maxime est sage,
et à combien de difficultés elle est sujette,
si l'on prend le juste milieu pour l'expression définitive d'un principe. L'histoire condamne l'excessif dans les institutions, le
pouvoir absolu comme la liberté illimitée;
elle n'absout pas plus le despotisme d'un
seul que la tyrannie de tous. Dans la conduite des affaires, elle réprouve également
l'extrême rigueur et l'extrême relâchement,
l'audace qui risque tout et la circonspection
que tout intimide.

La difficulté commence lorsqu'on veut
fixer pratiquement le point où s'applique le
précepte : *Inter utrumque tene.* Les faits ne
placent pas le pouvoir entre deux extrémités
constantes entre lesquelles une ligne intermédiaire puisse être mathématiquement déterminée. Aussi la modération d'une époque
peut-elle être quelquefois la violence d'une
autre : les lois pénales, par exemple, qui ne
semblaient que justice à nos pères, nous paraîtraient barbarie. La révolution française,
qui a offert toutes les leçons de la politique,
a présenté dans son cours des situations successives dans lesquelles ce qui était extrême
devenait postérieurement modéré, et réciproquement. Les meilleurs esprits ont pensé,
comme Mirabeau, que l'Assemblée constituante, en sortant de l'ancien régime, aurait
dû s'arrêter en deçà de la Constitution de
1791. Plus tard, lorsque celle-ci fut battue
en brèche à la fois par l'exagération du radicalisme girondin et la violence subversive
du jacobinisme naissant, elle devint l'asile
et le symbole des opinions modérées; lorsqu'elle eut péri, ces mêmes girondins élevèrent le drapeau de la modération contre les
jacobins, et c'est autour des premiers que
durent se ranger les amis de la justice et de
l'humanité. Survinrent ensuite des temps
tellement désespérés que Danton parut modéré auprès de Robespierre, et Robespierre
auprès d'Hébert et de ses pareils. Puis, en
sens inverse, le Consulat fit succéder un
régime de modération politique et un despotisme tempéré aux excès alternatifs de violence et de faiblesse du Directoire; et l'Empire, outrant le Consulat, en perdit de jour
en jour les mérites relatifs, et donna le plus
mémorable exemple des calamités qui suivent
la domination sans contrôle d'une volonté

toute-puissante. Ainsi celui qui entre 1789 et 1814 aurait voulu dans la vie publique garder constamment le milieu aurait été constamment obligé d'en changer la place, selon que tout se rapprochait, pour parler comme Tacite, de *quid ultimum in libertate*, ou *quid in servitute*. (*Agric.*, II.)

Si l'on ne consulte que la prudence et les chances de succès, on ne trouvera pas moins de restrictions à la doctrine du juste milieu : « Le principe d'Aristote, dit un homme d'Etat anglais, ne saurait être d'une application universelle; car, dans certains cas, le parti extrême peut être le meilleur. Entre l'inaction, une petite guerre et un effort militaire où une nation déploie toutes ses ressources, le dernier procédé peut être le plus sage. Si une extension des droits politiques est demandée et qu'il y ait à choisir entre un refus absolu, une concession partielle et une concession entière, celle-ci peut être le moyen le plus raisonnable de régler la question d'une manière durable. Toutefois il est possible qu'une marche intermédiaire soit souvent la seule qu'on puisse suivre avec sûreté. Dans les cas mêmes où en principe l'absolu serait préférable, les habitudes et les intérêts existants, l'état de l'opinion publique peuvent rendre expédient de recourir à quelque tempérament, à quelque procédé moyen. De là l'avantage des compromis en politique... c'est ainsi qu'entre deux intérêts rivaux, en lutte sur la fixation d'une taxe, l'un demandant qu'on l'élève, l'autre qu'on l'abolisse, on peut les amener à transiger par l'établissement d'un droit modéré. Les compromis sont inadmissibles, lorsqu'un principe doit être maintenu et qu'une concession partielle serait une capitulation qui emporterait la question tout entière. Ainsi il peut arriver que ne pas soutenir un droit national, même pour un temps, revienne à l'abandonner. Le choix de la *via media*, souvent hautement salutaire, doit donc se faire avec discernement, car quelquefois le succès ne peut être espéré que de l'un ou de l'autre des extrêmes, et la tentative de partager les avantages de tous deux n'aboutit qu'à perdre les bénéfices de l'un et de l'autre ». (George Lewis, *Méthode d'observ. et de raisonnement politique*, XXII, 6.)

Ces paroles sont remarquables, écrites par un ministre dans un pays où, comme le dit Macaulay, savoir compromettre ou transiger a toujours passé pour le fond de la science du gouvernement : mais elles rendent, il faut l'avouer, obscure et épineuse la question de savoir ce qu'il faut entendre par juste milieu, et comment doit être définie la modération politique. Il est peut-être impossible d'enfermer tous les cas dans une formule invariable, et le recours définitif, le guide suprême est encore, comme du temps d'Aristote, la droite raison. Dans toutes les questions de l'ordre moral, — et les questions politiques sont généralement de cet ordre, — il n'y a guère finalement d'autre solution. L'autorité de la raison est absolue, en ce sens qu'elle est la seule légitime, et que toute autre est usurpée ; mais ce qu'elle commande ne peut être absolument exprimé. C'est dans l'examen des faits et des circonstances, que le parti le plus sage se manifeste à la raison comme le plus juste à la conscience. L'une et l'autre est intuitive; l'une et l'autre oblige l'esprit et la volonté, et toute tentative d'énoncer les conditions générales auxquelles une manière d'agir est juste ou sage, aboutit le plus souvent à une tautologie. Mais il reste vrai d'une vérité expérimentale que nos passions, celles qui viennent de faiblesse, comme celles qui viennent de violence, inclinent vers les excès et que la vertu, qui n'existe pas sans l'empire sur les passions, est essentiellement modérée. L'expérience témoigne également qu'en toutes choses l'excès est dangereux, et que le bien matériel, comme le bien moral, s'obtient par une certaine mesure entre le trop et le trop peu. On peut donc conclure que dans la pratique l'absolu ne doit pas être séparé du relatif; un gouvernement mixte est préférable au gouvernement simple; la politique des passions et, par conséquent, des excès doit le céder à la politique de la raison, par conséquent, à la politique modérée, et entre le despotisme et la licence, la témérité et la timidité, la violence et la faiblesse, il existe un point intermédiaire qui, pourvu qu'on se souvienne que ces divers couples de points extrêmes, étant toujours relatifs, sont toujours variables, peut être appelé un *juste milieu*. Il est dit *juste*, précisément parce qu'il n'est pas un milieu géométrique, mais le point *juste* où, les circonstances étant données, la sagesse politique doit s'arrêter et se maintenir. Gouverner par les excès, c'est gouverner par les passions; gouverner par la modération, c'est gouverner par la raison. Mais l'expression de juste milieu serait mieux remplacée par juste proportion.

CHARLES DE RÉMUSAT.

JUSTICE. La justice, dans l'acception la plus générale du mot, est une vertu morale qui nous porte à rendre à chacun ce qui lui est dû et à respecter les droits d'autrui. Ce mot est pris quelquefois comme synonyme de bon droit et raison. Il sert surtout à désigner l'action de reconnaître les droits de quelqu'un; et plus particulièrement, dans le langage politique et administratif, à indiquer l'exercice du pouvoir de dire droit, de juger et au besoin de punir. Dans cet ordre d'idées il est employé quelquefois pour désigner les juridictions elles-mêmes, les personnes ou les corps chargés d'administrer et de rendre la justice.

La loi romaine définissait la justice : la volonté ferme et constante d'attribuer à chacun ce qui lui est dû. C'est la définition qui a été le plus généralement acceptée par les jurisconsultes et les publicistes.

Y a-t-il une justice naturelle antérieure à toute loi positive, ou des lois expresses sont-elles nécessaires pour fonder des qualités morales ? Ces questions, qui ont divisé les esprits dans l'antiquité comme de nos jours, sont, comme le dit avec raison d'Aguesseau, tout entières dans la métaphysique de la jurisprudence, et on n'a pas beaucoup à s'en préoccuper, lorsqu'on n'écrit pas sur l'homme sauvage, mais sur l'homme en société. *(Voy.* d'ailleurs **Droit naturel**.)

Ce qui est constant pour tous, c'est qu'il est impossible que les hommes vivent en société, sans que les intérêts et les passions soulèvent entre eux des difficultés et des différends que les parties intéressées ne peuvent apprécier ni vider, et qu'il est dès lors nécessaire qu'un pouvoir soit institué pour les résoudre. Ce pouvoir sera attribué au père de famille, aux anciens, aux chefs de tribu, de peuplade ou de horde, aux seigneurs, aux princes, aux peuples ou aux rois; il sera exercé directement ou par des délégués, mais on le retrouvera forcément dans tous les pays.

Le droit de rendre la justice est un des attributs de la souveraineté; c'est un droit et un devoir à la fois.

La justice émane du peuple ou du souverain, suivant les formes du gouvernement, de là les anciennes formules *de par le Roi* qui précédent les arrêts; formules que Bentham traitait d'insignifiantes, en demandant qu'on dit noblement *de par justice.*

Certaines écoles politiques distinguent le pouvoir judiciaire du pouvoir exécutif et du pouvoir législatif. Mais si on est d'accord pour considérer comme un progrès la distinction entre le pouvoir législatif et le pouvoir exécutif, qui est écrite aujourd'hui dans presque toutes les constitutions, bien des écrivains continuent cependant à placer le pouvoir judiciaire dans le domaine du pouvoir exécutif, chargé d'assurer l'exécution des lois; la justice et l'administration formeraient les deux divisions principales de ses attributs. Il est nécessaire de bien s'entendre sur la portée de ces distinctions. Le pouvoir judiciaire et l'administration ne sont pas rattachés dans les mêmes conditions à la puissance exécutive; alors que cette puissance donne une direction personnelle, directe, formelle, active et incessante aux affaires politiques et administratives, elle laisse l'action judiciaire se mouvoir dans une sphère propre et indépendante dont les limites sont déterminées par les lois, et bien que la justice soit ordinairement rendue au nom du chef du pouvoir exécutif, si de nos jours nul ne songe à *remettre la couronne au greffe,* personne non plus ne songe à donner à la couronne le droit de modifier les décisions des corps judiciaires et de substituer sa volonté à leurs jugements.

JUSTICE ADMINISTRATIVE. On appelle ainsi la justice rendue sur des procès où l'administration est partie, par des juges dépendant de l'administration. Tous les juges dépendent de l'administration, même ceux qui sont inamovibles, par l'avancement qu'ils

peuvent en recevoir : mais le juge administratif a cela de particulier dans sa dépendance, qu'il est amovible, révocable, sujet à la crainte comme à l'espoir, et qu'il peut être non seulement avancé, mais brisé par l'administration.

C'est en vain que l'administration aurait des juges à elle, pour connaître de ses procès, si elle n'avait en même temps le droit de rechercher ce contentieux et de le revendiquer partout où il s'est égaré. Les lois ne valent que par l'application : or, celles qui reconnaissent des litiges administratifs, des juges administratifs, seraient fort exposées, si elles l'étaient à l'interprétation du juge ordinaire qu'elles dessaisissent, à la méfiance du plaideur qui préfère ce juge, à la passion d'importance et de pouvoir qu'ont tous les corps, surtout les corps judiciaires qui entendent, qui mesurent volontiers leur compétence à leur tradition. De là *les conflits* dont voici les cas : supposez qu'un fonctionnaire public, estimant sa pension de retraite mal réglée, défère à quelque juridiction civile la décision ministérielle rendue à ce propos... il y a toute apparence que ce tribunal se déclarera incompétent; mais pour plus de sûreté le préfet a le droit *d'élever le conflit,* par l'organe du ministère public ; cela veut dire *non amplius ibis,* le juge civil est dessaisi du coup, il ne saurait passer outre et retenir la connaissance de l'affaire, sans commettre un délit prévu par la loi. (*Voy.* l'article 128 du Code pénal.) Après cela, le mérite du conflit, c'est-à-dire la nature administrative ou non du litige revendiqué par voie de conflit, n'est pas apprécié par l'administration elle-même, mais par le conseil d'Etat, ce qu'elle a de mieux en fait de juges.

Cette justice semble à première vue non seulement exceptionnelle, mais bizarre et monstrueuse. Est-ce que l'Etat dans cette combinaison n'est pas tout à la fois juge et partie ? Le prétexte de cette anomalie, lequel est peut-être une raison, se démêle aisément : s'il y avait des juges pour les actes du gouvernement, ces juges seraient le gouvernement lui-même, moins les lumières du point de vue d'ensemble. L'impôt, le conscrit, la route requis et voulus pour le bien public pourraient être interceptés au nom du droit individuel. Il est permis de se demander ce que deviendraient les services publics, si le contentieux de ces services avait pour juge qui ne les connaît pas, qui ne s'en soucie pas, qui fait profession de manier et d'estimer toute autre chose.

Les principaux organes de la justice administrative sont en France : *les conseils de préfecture, le conseil d'Etat,* qui représentent *en général,* dans l'ordre où nous venons de les énoncer, une juridiction de première instance et une juridiction d'appel [1].

Les principales attributions de ces corps

1. Il y a, en outre, la cour des comptes et quelques institutions moins importantes.

ont pour objet les litiges — entre l'Etat et les contribuables — entre l'Etat et ses comptables — entre l'Etat et les acquéreurs des biens par lui vendus — entre l'Etat et les fonctionnaires, au sujet des pensions — entre l'Etat et ses fournisseurs, — entre l'Etat et les entrepreneurs de travaux publics. On pourrait dire plus brièvement — *entre l'Etat et ses débiteurs ou créanciers.*

Toute cette faveur, toute cette préférence accordée à l'action administrative remonte à l'Assemblée constituante, à sa meilleure époque, à sa plus grande manière. Vous trouvez tout cela en principe et même avec détails dans une certaine loi du 14 décembre 1789 : on n'hésite pas à faire l'Etat prépondérant, à une époque où la nation pouvait dire : l'Etat c'est moi.

Maintenant dirons-nous que la justice administrative est une pure énormité, c'est-à-dire l'administration juge dans sa propre cause ? On pourrait le dire à l'égard de certaines causes extraordinaires où l'administration pèse de toutes ses menaces sur ses juges. Mais dans le train des choses ordinaires et courantes, il n'en est pas précisément ainsi : livrés à eux-mêmes, ces juges s'acquittent tolérablement, humainement, de leur office : j'en ai pour preuve que le conseil d'Etat, sur 195 conflits qui lui furent déférés pendant ces dernières années, en annula 78 intégralement et 41 partiellement : c'était donner tort autant de fois à l'administration. Cette preuve n'est pas des plus solides, elle ne le deviendrait que comparaison faite des affaires et de leur importance. Cependant le nombre de ces procès perdus par l'administration fournit à lui tout seul quelque induction favorable à l'indépendance des juges administratifs[1].

La justice administrative est-elle chose nécessaire en soi, et dont une société bien faite ne puisse se passer ? Non vraiment.

Cette justice est superflue dans un pays qui n'en a pas la matière, où presque tout l'impôt est indirect, où les travaux publics s'exécutent par des compagnies moyennant péage où l'armée se recrute par des enrôlements volontaires, où les corps enseignants ont des pouvoirs et des fonds qui leur sont propres. L'Angleterre ignore la justice administrative ; mais elle a une justice civile infiniment plus compliquée, plus mystérieuse que la nôtre. Les deux choses tiennent au même fond, avec des inconvénients qui se valent ; un pays où le gouvernement a peu d'action et par suite peu de procès, ce qui le dispense d'avoir des juges à lui, ce pays est livré, par cela même, au sens et au pouvoir individuels. Or, les droits privés se gardent, se disputent, se hérissent dans cette société individualiste, avec la même rigueur et les mêmes formalités qu'une question d'intérêt général parmi des races qui ont l'esprit centraliste, et les révolutions n'y peuvent rien. Tout comme les nôtres ont laissé debout le pouvoir exécutif, avec tout ce qu'il eut jamais de pénétration et d'ingérence, de même celles de la Grande-Bretagne n'ont pas touché à ces lois civiles, à ces formules, à ces procédures dont tel est le miracle qu'un acquéreur d'immeubles n'est jamais sûr d'avoir valablement payé, ni un plaideur de mourir avant le jugement de son procès. On peut voir là-dessus les vaines tentatives de Cromwell racontées par Guizot. Ainsi les sociétés n'ont rien en général à s'envier, chacune abusant de ce qu'elle a de bon, et rachetant par quelque endroit ce qu'elle a de mauvais. Notre justice administrative est le fait d'une société qui confie beaucoup de choses à l'Etat, non par lui-même et par aucune superstition de l'officiel, mais pour le bien public dont elle se fait une très haute idée, si haute qu'elle ne peut la confier aux individus et aux arbitres du droit individuel[1].

K

KHALIFE et KHALIFAT. Le mot khalife signifie *lieutenant* ou *remplaçant;* il a été appliqué par les Arabes aux successeurs de Mahomet. Ibn-Khaldoun définit ainsi cette dignité : « Celui qui en est chargé est le remplaçant du législateur inspiré pour le maintien de la religion et le gouvernement du monde par elle. » Cette idée implique la possession des deux pouvoirs, spirituel et temporel, que les successeurs de Mahomet ont exercés ; mais les deux fonctions réunies dans leurs personnes n'ont pourtant jamais été entièrement confondues, et les légistes musulmans ont de bonne heure fait une distinction entre elles, et ont attribué à chacune

sa part des droits inhérents à la qualité de khalife. Mais la qualité de chef spirituel, *imam*, est la plus essentielle et la première. Les khalifes ont pu être privés de tout pouvoir temporel, sans cesser d'être khalifes, mais il n'y a pas de khalifat sans pouvoir spirituel. La fonction royale découlait de la fonction spirituelle, parce qu'elle était utile pour répandre et sauvegarder la religion dans le monde, mais elle n'était pas indispensable.

Comme *imam*, chef spirituel, le khalife avait avant tout à maintenir la religion, et c'est pourquoi il devait présider au prône du vendredi, la *Khotba*, et comme cette prière

1. *Voy.* le compte général des travaux du conseil d'Etat depuis le 25 janvier 1852 jusqu'au 31 décembre 1860.

1. Nous reproduisons ci-dessus les principaux passages de l'article de Dupont-White.

devait être prononcée dans toutes les mosquées cathédrales, il déléguait ce devoir à ses gouverneurs, qui les prononçaient dans les provinces en son nom; les prononcer dans un autre nom était un acte de rébellion. Comme *imam*, il avait à faire exécuter la loi et à rendre justice, mais il n'était pas législateur. Car selon le droit musulman toute la loi est contenue dans le Coran, dans la tradition sur Mahomet, le *Sunna*, et dans la pratique reconnue des premiers musulmans. Mais on pouvait développer les germes qu'elle contenait, et c'est ce qui se faisait dans les écoles de droit, dont les doctrines ont fini par être codifiées par les quatre grands docteurs orthodoxes, Hanefi, Schafeï, Malek et Hanbali, qui ont donné ainsi leurs noms à ce que nous appelons très improprement les quatre sectes orthodoxes musulmanes. Mais si le khalife n'était pas législateur, il devait faire exécuter la loi, et c'est comme *imam* qu'il conférait à ses gouverneurs des droits judiciaires et qu'il nommait les juges, *kadi*, leurs assesseurs et tout le personnel de la justice. Comme la jurisprudence était souvent incertaine, et comme les jugements des kadi, une fois prononcés, étaient inattaquables par un moyen légal quelconque, le khalife nommait ou reconnaissait dans les grands centres de population des *mufti*, qui étaient toujours des légistes renommés. Leur fonction était de fixer la jurisprudence, et les kadi devaient s'adresser à eux dans des cas difficiles, de même que les parties pouvaient leur demander une consultation avant d'aller devant le kadi.

C'est encore comme *imam* que le khalife avait à maintenir la police et l'ordre public, ce qu'il faisait par le moyen d'une gendarmerie montée, appelée la *chorta*, et par les commissaires de police, *muhtesib*, dont le devoir était d'inspecter les marchés et les denrées, de vérifier les poids et mesures, d'empêcher les jeux défendus, l'ivrognerie et autres désordres. Enfin, c'est encore comme *imam* qu'il avait le droit de frapper monnaie pour pouvoir veiller à ce que le titre légal ne fût pas altéré, et cette espèce de sanction religieuse donnée au droit monétaire a certainement très bien réussi aux musulmans; car le titre de la monnaie a été infiniment mieux respecté par les khalifes que par les princes chrétiens du moyen âge. Parmi les khalifes il n'y a que les sultans de Constantinople qui aient altéré scandaleusement leur monnaie.

Comme chef temporel, le khalife était *sultan* et avait tous les droits inhérents à cette qualité; il commandait les armées, levait des impôts, faisait la guerre et la paix (ou plutôt des trêves, car tout traité de paix n'était légalement qu'une trêve), toute l'administration se faisait par sa délégation, et il avait la nomination à tous les emplois militaires et administratifs. Comme *imams*, les khalifes avaient le droit de désigner leurs successeurs et le devoir de choisir le plus digne, mais le pouvoir temporel leur inspira de bonne heure des idées dynastiques et dénatura lui-même en avait le pressentiment, car il dit un jour que le khalifat durerait quarante ans après lui et qu'ensuite le pouvoir temporel prendrait le dessus. La turbulence des Arabes fit plus qu'accomplir cette prévision. — Pendant longtemps le khalifat passait pour avoir deux conditions indispensables : il devait être indivisible et celui qui l'occupait devait être de la tribu des Koreïschites dont la famille de Mahomet faisait partie; mais ici encore les événements ont été plus puissants que la théorie, et non seulement il y a eu des khalifes contemporains et indépendants, mais le titre a été usurpé plusieurs fois par des familles qui n'étaient non seulement pas de la tribu de Koreïsch, mais qui n'étaient même pas de race arabe.

(JULES MOHL.)

KHAN. Titre des souverains mongols et tartares depuis Gengis-Khan. Depuis lors ce titre est devenu de plus en plus commun et on l'attribue volontiers, dans le centre de l'Asie, à des chefs puissants et jusqu'à des gouverneurs. Il est devenu à peu près l'équivalent de Bey. (*Voy.*) Sa signification est seigneur ou prince. On trouve en Perse aussi Khakhan pour Khan des Khans, et Il-Khan ou grand-khan.

KNOWNOTHING, qu'on peut traduire par *Ignorantins*, a été, de 1840 à 1860, le nom d'un parti assez puissant aux Etats-Unis, dont la doctrine n'a jamais été bien définie. Les Knownothing se distinguaient par la haine de l'étranger, ou plutôt des Américains d'origine étrangère auxquels ils attribuaient une influence nuisible sur la Constitution des Etats-Unis.

KRIEGSBEREITSCHAFT. Mot allemand qui signifie littéralement : être prêt pour la guerre. Il a été inventé lors de la guerre d'Italie en 1859 et paraît dépasser un peu la situation dite *neutralité armée*, sans être encore arrivée à la *mobilisation*.

L

LANDAMMAN (*Landamtmann*), bailli général ou supérieur, titre du principal magistrat de quelques cantons suisses. C'est le président de la république.

Dans beaucoup de communes, il y a des ammans (*Amtmann*), baillis.

LANDGRAVE (*comites provinciales*, en

allemand *Landgraf*), titre allemand qui date du treizième siècle et qui équivaut à celui de prince. Il était autrefois assez fréquent, mais il s'est éteint avec la mort du landgrave de Hesse-Hombourg, du moins comme titre de prince régnant.

LANDWEHR.

La landwehr est une réserve de l'armée de ligne et se compose surtout d'anciens soldats et de ceux que leur numéro de tirage au sort dispensait de l'être (*Ersatz-reserve*) : ce n'est pas la levée en masse, dite en Allemagne *Landsturm* [1], mais le degré qui la précède. Voici quelle a été longtemps son organisation en Prusse. La landwehr comprenait deux bans. Le premier se composait des hommes âgés de moins de trente-deux ans, qui ne faisaient plus partie de l'armée : véritable corps de réserve, il était destiné à reparaître au premier symptôme de guerre, armé, équipé, exercé, pour servir activement à l'extérieur comme à l'intérieur. Le deuxième ban, formé des hommes âgés de trente-deux à quarante ans, était uniquement destiné au service dans les places fortes et à soutenir au besoin le premier ban. La landwehr, une fois convoquée, s'encadrait dans l'armée de ligne, bataillon par bataillon, ce qui était possible, son uniforme étant le même, et chacun de ses régiments ou bataillons correspondant, par son numéro, à l'un des régiments ou bataillons de l'armée active. Les officiers de la landwehr étaient et sont pris soit parmi ceux qui ont obtenu leur retraite, soit parmi ceux qui ont quitté volontairement le service.

Le système de la landwehr prussienne est aujourd'hui celui de tous les États de l'Allemagne; elle a été adoptée avec plus ou moins de modifications de détail par tous les États européens et même par la France.

LAISSEZ FAIRE

les producteurs et suivre les procédés de fabrication qui leur semblent les meilleurs ; *laissez passer* les marchandises d'une province à l'autre et ne découpez pas la France en territoires étrangers les uns aux autres.

Voilà tout ce que disent ces mots attribués à Gournay, et si souvent cités depuis le xviiie siècle. Le « laisser-faire » ne s'applique qu'aux détails d'exécution qui appartiennent au domaine de la vie privée. Ils laissent au gouvernement ce qui est au gouvernement et revendiquent pour le particulier, ce qui est au particulier, c'est-à-dire de faire ce qu'il lui croit utile pourvu qu'il ne nuise à personne ni à la chose publique.

Ajoutons que certains économistes allemands, ennemis déclarés de la doctrine libérale, ont l'habitude de mettre : « Laissez-faire *absolu*. » Le mot « absolu » est une falsification de texte. C'est un acte de passion, qui témoigne contre le savant qui s'en sert.

LEADER,

conducteur, chef (du verbe *to lead*, conduire). — On donne ce nom, en Angleterre, au chef reconnu d'un grand parti dans l'une des deux chambres. On sait que les partis sont loin d'être aussi nombreux chez nos voisins que chez nous. Pendant longtemps, en dehors de quelques divisions accidentelles et passagères, le parti tory ou conservateur et le parti whig ou libéral ont seuls eu une existence permanente, parce que seuls ils représentent deux tendances impérissables de l'esprit humain : la conservation et le progrès. Depuis quelque temps, ce système a cessé d'exister dans sa pureté, au parti libéral s'est joint un parti radical, sans parler des quelques socialistes trop peu nombreux encore pour compter. Enfin, il y a le parti (et même les partis) irlandais, qui appuie les conservateurs ou les libéraux, selon les intérêts du moment. Néanmoins il y a toujours pratiquement deux partis : le parti qui détient le pouvoir et l'opposition. Il s'ensuit qu'il y a donc d'ordinaire quatre *leaders* : deux dans la Chambre haute, deux dans la Chambre des communes.

On se tromperait si l'on assimilait, soit pour l'autorité dont ils jouissent, soit pour les devoirs qui leur sont confiés, les *leaders* anglais à nos chefs de partis. Ceux-ci, portés le plus souvent au poste qu'ils occupent par un hasard heureux plutôt que par le choix raisonné de leurs adhérents politiques, n'exercent jamais qu'un pouvoir précaire et contesté. Chez nos voisins la désignation d'un *leader* est l'objet de mûres réflexions : on ne tient pas seulement compte des talents oratoires ou politiques; on attache aussi une grande importance, non pas précisément à la fortune (car quelques-uns des plus illustres *leaders* étaient pauvres), mais à la situation sociale, aux relations du personnage qu'il est question de choisir, à la dignité de sa vie privée. La maturité du choix en assure d'ordinaire l'efficacité; et si des révoltes s'élèvent parfois contre l'autorité du *leader*, il est bien rare qu'elles réussissent.

Enfin les occupations d'un chef de parti français ne sont pas comparables à celles du *leader* anglais. Chez nous, quand un candidat au poste de premier ministre avait prononcé dans une session trois ou quatre grands discours, soigneusement étudiés, il se tenait pour content, et son parti ne lui en demandait pas davantage. Devenu ministre, il était forcé de paraître plus fréquemment à la tribune; mais, hors ce cas, le chef d'un parti était, de tous les orateurs de ce parti, celui qui prenait le moins souvent la parole. En Angleterre, il en est tout autrement. Le *leader*, soit au pouvoir, soit dans l'opposition, est obligé de déployer une activité constante. C'est à lui qu'il appartient de clore toutes les discussions de quelque importance; c'est à lui de débattre avec le *leader* du parti opposé

---

1. Le *Landsturm* appelle en général aux armes tous ceux qui, n'ayant pas atteint cinquante ans, ont cependant dépassé l'âge requis pour figurer dans la landwehr.

la fixation de l'ordre du jour ; c'est à lui de répondre à mille questions, s'il est ministre; de les faire, s'il est à la tête de l'opposition. Il ne se passe presque pas de séance où les *leaders* des deux partis ne soient obligés de se lever à une ou à plusieurs reprises, tantôt pour prononcer dix paroles, tantôt pour faire un grand discours. Il est vrai que cette tâche pénible leur est rendue plus facile par la nature de l'éloquence anglaise, qui est une éloquence d'hommes d'affaires et non pas d'académiciens. Mais si l'on songe que les séances du Parlement se prolongent fort avant dans la nuit, que les votes les plus importants sont parfois retardés jusqu'à deux ou trois heures du matin, et que le *leader*, prenant la parole au terme de la discussion, doit conserver intactes jusqu'au dernier moment toute la force de son attention, toute la fraîcheur de sa tête, toutes les ressources de sa parole ; si l'on considère, en outre, que souvent le même homme, qui durant six mois passe de longues heures après minuit dans la salle des séances de la Chambre des communes, dirige pendant le jour une politique compliquée, dont les calculs, les convoitises et les intérêts s'étendent sur le monde entier, on comprendra tout ce que de semblables fonctions ont de pénible, et combien est douce la vie de nos hommes d'État les plus actifs en comparaison de celle d'un chef de parti en Angleterre. (ED. HERVÉ.)

D'après ce que nous venons de dire, on conçoit que tout le monde ne puisse pas aspirer à des fonctions aussi complexes et aussi difficiles à remplir. Depuis près de deux cents ans que les partis sont régulièrement organisés en Angleterre, on cite les *leaders* accomplis, et plus d'un grand ministre a manqué d'une partie des qualités nécessaires à ce rôle. Il faut unir une force de volonté peu commune à une bonne grâce et à une facilité d'humeur non moins rares, les qualités de l'homme du monde à celles de l'homme d'État. Il faut enfin à la vigueur de l'intelligence joindre celle du corps. Tout le monde connaît ce mot d'un Anglais auquel on demandait quelle était dans sa patrie la qualité la plus indispensable à un chef de parti : « La santé, » répondit-il.

Le *leader* de la Chambre des communes a pour lieutenant le *whipper-in.* Ce mot, qui vient du verbe *to whip* (fouetter), signifie proprement piqueur, conducteur de meute. Le *whipper-in* est chargé de la police du parti. C'est lui qui rappelle à la raison les indisciplinés, qui réchauffe les tièdes, qui soutient et encourage les zélés. C'est lui qui, au moment d'un vote, ramène à la hâte les flâneurs dans la salle des séances. C'est lui qui, à la veille d'une discussion importante, écrit aux députés attardés à la campagne, pour leur faire comprendre la nécessité de leur présence à Londres.

Lorsqu'un parti arrive au pouvoir, les deux *leaders* ont naturellement les postes les plus importants, et l'un d'entre eux devient premier lord de la Trésorerie, c'est-à-dire chef du ministère. Quant au *whipper-in*, sa place est marquée d'avance. Il est nommé secrétaire de la Trésorerie, et, tout en s'acquittant de ses fonctions officielles, continue à remplir dans son parti le rôle que nous avons esquissé tout à l'heure.

Les *leaders*, avons-nous dit, ont la direction effective des discussions. Il résulte de là que le *speaker* de la Chambre des communes, n'intervenant au milieu des débats que dans de rares occasions, peut conserver une impartialité bien rare chez les présidents de nos assemblées françaises. On sait du reste que ce personnage n'a pas entrée dans le cabinet. La présidence de la Chambre haute, il est vrai, est confiée au lord chancelier, qui fait partie du ministère et qui quelquefois même remplit les fonctions de *leader* de son parti. Mais les discussions de la noble assemblée étant moins passionnées que celles de la Chambre populaire, ce cumul d'attributions ne présente pas d'inconvénients sérieux.

L'importance considérable attribuée aux *leaders* rend moins ardente cette guerre de portefeuilles qu'on a tant reprochée à nos hommes d'État. En Angleterre, un chef de parti n'a pas besoin du titre de ministre pour jouer un grand rôle, lord Derby, premier lord de la Trésorerie, n'a jamais été aussi puissant que lord Derby, chef de l'opposition conservatrice. Fox, qui n'a fait que passer au pouvoir, a exercé autant d'influence sur l'avenir de son pays que Pitt et Walpole, malgré leurs vingt années de ministère.

LÉGALISATION. Note par laquelle un fonctionnaire certifie l'authenticité d'une signature. La légalisation peut quelquefois être utile ou nécessaire, mais il est certain qu'on multiplie cette formalité quelquefois jusqu'à l'abus. Le plus grand abus cependant qu'on puisse commettre en ce qui la concerne, c'est de la refuser lorsqu'on est convaincu de son authenticité. Ces refus, dont l'histoire politique a enregistré quelques cas, devraient être punis sévèrement : c'est un véritable déni de justice.

LÉGAT. *Voy.* **Agent diplomatique.**

LÉGION D'HONNEUR. L'ordre de chevalerie appelé la Légion d'honneur a été créé, en 1802, le 19 mai, par l'empereur Napoléon Ier. Il fut destiné à récompenser les services civils et militaires, le mérite et les belles actions. Mais plus généralement et plus fréquemment conféré, dès sa fondation, aux officiers et aux soldats, il sembla un moment n'être qu'un ordre militaire. Son véritable caractère lui fut toutefois fidèlement conservé par son fondateur, et les événements politiques survenus depuis 1802 ne l'ont jamais altéré. Tous les gouvernements qui se sont succédé ont respecté la Légion d'honneur, en la maintenant, Louis XVIII par un décret du 6 juillet

1814, Louis-Philippe par une des premières ordonnances d'août 1830.

Au rétablissement de l'Empire, Napoléon III remit en vigueur toutes les dispositions du décret de 1802. Il ne modifia que celles qui ne répondaient plus aux exigences de notre époque où les services civils, où le mérite scientifique, artistique, industriel, commercial et administratif le disputent, heureusement pour la grandeur du pays, aux services et au mérite militaires. Des règlements nouveaux furent même introduits qui fixèrent les droits des titulaires de l'ordre ou les chances des aspirants. Un certain temps de services réguliers (20 ans) donne maintenant des titres à la croix, aussi bien aux employés qu'aux militaires en activité de service.

Les membres de la Légion d'honneur sont divisés en cinq classes : grands-croix, grands-officiers, commandeurs, officiers et chevaliers. Nul ne peut être admis dans la Légion d'honneur qu'avec le titre de chevalier, et la qualité de membre de l'Ordre se perd par les mêmes causes qui entraînent la perte de la qualité de citoyen français. La première de ces dispositions ne s'applique pas toujours aux étrangers, lesquels peuvent obtenir de prime abord des grades élevés, que le souverain désigne généralement en raison de la position que le nouveau membre occupe dans son propre pays.

Les insignes de l'Ordre se portent différemment, selon le grade : le chevalier reçoit une croix en *argent*, suspendue à un ruban rouge-feu mis à plat ; l'officier reçoit une croix en *or*, et le ruban est surmonté d'une rosette ; le commandeur a une croix d'*or*, de module plus grand, attachée à un large ruban porté au cou ; les grands officiers placent simplement sur leur poitrine, à gauche, une plaque en *diamants* et à gauche la croix d'officier ; enfin les grands-croix ont un large ruban qui traverse leur poitrine de droite à gauche, et à l'extrémité duquel est une grande croix en *or*. Les distinctions extérieures sont moins variées, quand le ruban reste le seul insigne : un ruban noué ou passé à la boutonnière gauche de l'habit désigne le chevalier ; une rosette fixée à la même boutonnière indique les grades supérieurs depuis celui d'officier jusqu'à celui de grand-croix inclusivement.

Le port de la croix de la Légion d'honneur n'étant pas obligatoire pour les civils, le grand chancelier de l'Ordre, dont nous ferons connaître plus loin les attributions, a dû prescrire aux titulaires d'ordres étrangers dont le ruban est de même couleur que celui de la Légion d'honneur de ne pas porter le ruban sans la croix. Voici les principaux ordres étrangers reconnus, dont le ruban est également rouge-feu : l'ordre du Bain (Grande-Bretagne) ; — de Calatrava (Espagne) ; — de Charles XIII (Suède) ; — du Christ (Portugal) ; — du Faucon blanc (Saxe-Weimar) ; — de Montesa (Espagne) ; — de Saint-Alexandre Newski (Russie) ; — de Saint-Jacques de l'Épée (Espagne) ; de la Toison d'or (Espagne et Autriche).

Le chef de l'État est le grand-maître de l'ordre de la Légion d'honneur ; après lui vient hiérarchiquement le grand chancelier, institué pour veiller à l'application des règlements de l'Ordre, à la conservation de ses privilèges et pour dresser, au fur et à mesure des vacances par suite de décès ou de déchéances, des nominations et promotions, la liste générale des membres. Le grand chancelier, qui est grand-croix, a presque toujours été choisi parmi les grands dignitaires de l'armée ou de la marine ; il a sous ses ordres un secrétaire général qui appartient souvent aussi à l'état-major général de l'armée, et il est assisté d'un conseil composé de dignitaires de l'Ordre pris en égale partie dans l'armée et dans le civil. Le grand chancelier a droit de présentation, soit pour des nominations, soit pour des promotions ; mais les nouveaux membres qu'il désigne, de même que les titulaires qu'il présente pour l'avancement, ont cessé d'être en activité, soit comme militaires, soit comme employés civils, administrateurs, magistrats, etc.

L'organisation des départements ministériels embrassant presque toutes les branches de l'intelligence humaine, il a été fait une classification assez large des titres, des services et des mérites, qui permet à tous les ministres de faire une ou plusieurs fois chaque année des présentations. Il est d'usage que ces présentations se font à certaines époques fixes et par listes (dans la République pour le 14 juillet et le 1er janvier) ; mais elles n'ont pas exclu les nominations individuelles à des époques indéterminés.

Chaque nomination ou promotion d'un membre français est consignée au *Journal officiel* et au *Bulletin des lois* (depuis la loi du 25 juillet 1873, sous peine de nullité). Avis de la nomination ou de la promotion est transmis en premier lieu par le ministre qui a fait la présentation, et cet avis est le premier titre, qu'une lettre du grand chancelier vient bientôt confirmer. Cette lettre invite le nouveau membre à remplir les obligations qui lui sont imposées, lesquelles consistent dans l'envoi à la grande chancellerie des pièces de son état civil et dans la consignation, chez les agents du Trésor public, d'une somme fixe. Cette somme varie selon les grades ; elle est comme une indemnité pour l'enregistrement du décret de nomination, pour les frais de diplôme et pour l'achat de la croix remise au titulaire. La croix et le diplôme ne sont délivrés qu'après que l'élu a été reçu par un parrain désigné par lui et qui occupe dans l'Ordre un grade supérieur ou au moins égal. Ce parrain fait prêter le serment de l'Ordre, dresse procès-verbal de la réception du nouveau membre et transmet ce procès-verbal à la chancellerie, qui lui en a communiqué le modèle. Pour les étrangers, la plupart de ces formalités n'existent pas. La transmission régulière du diplôme s'opère par l'intermédiaire des représentants diplomatiques.

Les privilèges du légionnaire se réduisent

28

à peu de chose. Les honneurs militaires lui sont rendus par les sentinelles, quand il porte la croix sur la poitrine ; les soldats doivent le salut. A la mort d'un légionnaire, la famille peut réclamer de l'autorité militaire une garde d'honneur pour accompagner le cercueil.

LÉGITIMITÉ. Pour la vie publique, pour la vie sociale, légitimité est synonyme de justice incontestable et incontestée. Qui dit pouvoir légitime, prescriptions légitimes, exigences légitimes, dit un pouvoir, des prescriptions, des exigences qui sont dans l'essence du droit, qui sont dans la nature des choses et qu'une raison éclairée et une conscience ferme approuvent comme étant d'une équité évidente et inniable.

L'indépendance d'un État est évidemment légitime ; l'exercice régulier de l'autorité est légitime ; les sacrifices imposés pour le bien commun sont légitimes.

Dans l'application aux formes diverses des constitutions, la légitimité s'attache à la conformité de ces constitutions avec les lois fondamentales des nations qui vivent sous ces constitutions. Ainsi une république, une aristocratie, une monarchie peuvent parfaitement être légitimes selon le tempérament, la tradition, le génie des peuples. En Suisse, la souveraineté populaire et la souveraineté cantonale sont très légitimes ; en Angleterre, la royauté représentative est légitime, comme la monarchie absolue l'est en Russie.

Que si de ces considérations générales nous passons à la langue usuelle de la politique contemporaine, de la politique pratique, le mot de LÉGITIMITÉ a pris, en France et dans quelques autres pays, un sens restreint et spécial sur lequel il faut s'arrêter.

C'est à Talleyrand qu'est dû le premier emploi de ce mot dans cette acception ; c'est lui qui en 1814 a appliqué le nom de « légitimité » aux droits de la maison de Bourbon sur le trône de France. La « légitimité » a été, depuis, la dénomination de la monarchie légitime, c'est-à-dire l'expression du principe de l'hérédité royale dans la famille de Bourbon. Cette dénomination a survécu à la révolution qui a renversé le trône de Charles X, exilé trois générations de rois et violemment rompu la ligne de successibilité. Elle a été acceptée par les ennemis comme par les amis de la royauté traditionnelle pour représenter l'ensemble de ses conditions d'existence ; on s'est habitué à qualifier de « légitimistes » les défenseurs et les partisans de cette royauté. Aujourd'hui, comme sous la Restauration, comme sous le gouvernement de Juillet, comme sous la République, l'opinion est faite à ces noms et elle ne se trompe point sur leur signification.

La « légitimité » est donc la doctrine qui proclame et maintient en France le principe d'hérédité de la couronne de mâle en mâle, par ordre de primogéniture, dans la maison royale de Bourbon.

Tout « légitimiste » professe que ce principe ne peut, en droit, recevoir aucune atteinte. C'est un axiome de droit public et de droit politique pour lui, que le roi est inviolable et que dans la monarchie française la succession masculine ne peut être intervertie [1].

Inutile de donner ici les raisons de l'excellence du principe héréditaire dans toute monarchie. Les périls de l'élection sautent aux yeux, et les inconvénients inhérents à l'hérédité ne sont rien en comparaison. Ce qu'il faut avant tout à une société comme la France, c'est la sécurité et la durée : l'hérédité seule les garantit. Et cela est si vrai que, au lendemain des révolutions, le premier soin des vainqueurs est de proclamer à leur profit cette perpétuité dynastique, cette inviolabilité souveraine que la révolution vient de briser. Tant est impérieux le besoin de la stabilité ! Tant est profondément inscrite « ès cœurs des François », comme disait L'Hospital, cette « loi fondamentale » de la succession héréditaire, dont on a reporté l'origine au berceau même de la nation franque, et dont on veut retrouver la source dans la loi salique : ce principe, d'après les légitimistes, garantit donc à la maison royale de France le droit, et le droit exclusif, à la couronne. Ce principe qui, selon eux, est bien plus encore dans l'intérêt de la nation que dans l'intérêt des princes, car ils savent que « les rois sont faits pour les peuples et non les peuples pour les rois » ; ce principe appuyé dans les profondeurs du droit sur cette loi de la sagesse divine, « toute puissance vient de Dieu », comprend ensemble les droits du roi et les droits du peuple, qu'il lie d'une alliance indissoluble. Il pose une base fixe et inébranlable à l'autorité et il assure le jeu régulier, pacifique et normal des libertés publiques. Avec lui, l'obéissance garde toute sa dignité, parce qu'elle est rendue non à un homme, mais à un Dieu de qui émane tout pouvoir sur la terre ; la liberté garde toute son indépendance parce qu'elle s'exerce dans l'ordre et ne peut jamais renverser la clef de voûte de l'édifice social, laquelle est l'autorité ; l'autorité garde ses limites et sa modération, parce qu'elle sait qu'elle vient de Dieu et qu'elle lui doit compte, parce qu'elle ne sépare ni ses intérêts ni ses destinées, des intérêts et des destinées de la nation libre, civilisée et chrétienne à laquelle elle a l'honneur de commander et pour laquelle elle a été instituée.

Dans la pensée des « légitimistes », la légitimité concilie et concilie seule une autorité monarchique incontestée avec le développement des libertés politique, civile et religieuse, tel que le requièrent le cours du temps, les aspirations légitimes des populations, les conditions progressives d'une société adulte, formée par de longues et de rudes expériences, ayant conscience d'elle-même et voulant prendre part à la gestion de ses propres affaires.

Ce que l'on nomme les « principes de 1789 », c'est-à-dire les vœux exprimés dans le résumé des cahiers des Etats généraux (*voy. ce mot*) et dans la déclaration royale du 23 juin, ne trouveront, d'après les légitimistes, leur entière application et leur satisfaction complète qu'à l'abri du principe de la légitimité. C'est ce principe qui, en consacrant la liberté civile, politique et religieuse, l'égalité devant la loi, l'accessibilité de tous aux emplois publics, la séparation du pouvoir, opérera la décentralisation administrative qui rendra la vie locale aux communes, aux départements et aux provinces, sans altérer la grande Unité nationale, et permettra à la France l'entière jouissance de ces institutions libres, sincèrement pratiquées et loyalement respectées, qui sont le vrai but de ses légitimes désirs.

Tel est, ajoutent-ils, l'excellence de la légitimité que tout pouvoir y aspire et la revendique. La République comme l'Empire défendent leur légitimité et ne permettent pas qu'elle soit mise en doute, même par la moindre allusion.

LÈSE-MAJESTÉ. Ce mot est applicable à toute une série de crimes. On appelait en France crime de lèse-majesté humaine tout attentat commis contre le souverain ou contre l'Etat. La déclaration de Villers-Cotterets, en date du 10 août 1539, qualifie de criminel de lèse-majesté au premier chef quiconque attente à la personne du souverain ou à celle des enfants de France ; les déclarations des 16 août 1563 et 11 novembre 1584, l'ordonnance de Blois, la déclaration du 27 mai 1610 et l'ordonnance de janvier 1629, rangèrent également au nombre des crimes de lèse-majesté au premier chef les complots, rébellions, intelligences avec les ennemis de l'Etat. (*Voy.* **Lèse-Nation.**)

Le mot *lèse-majesté* a disparu de nos codes ; le code pénal qualifie de *crimes contre la sûreté intérieure de l'Etat* ce qu'on appelait *crimes de lèse-majesté au premier chef;* ce sont les attentats et complots dirigés contre le souverain et sa famille ou (sous le régime républicain) contre l'Assemblée nationale et les crimes tendant à troubler l'Etat par la guerre civile, l'illégal emploi de la force armée, la dévastation et le pillage publics. La peine des parricides, la mort et la déportation sont les peines édictées par le code du 25 septembre 1791, comme par celui de 1810.

LÈSE-NATION. Un long usage du vocabulaire monarchique nous habitue à ne plus guère connaître de crime de lèse-majesté que celui qui naguère encore était inscrit dans notre Code pénal, c'est-à-dire celui qui est commis contre les princes, en la personne

desquels la majesté humaine est plus ou moins bien représentée. Et cependant n'est-il pas une autre majesté antérieure et supérieure à celle des rois, et dont celle-ci n'est que le reflet? Nous voulons parler de celle qui réside dans la nation elle-même, de celle dont les Romains eurent jadis un sentiment si profond et si fier, dans la langue de Cicéron, *majestas populi romani* voulait dire « les droits du peuple », et *majestatis crimen* signifiait simplement « accusation de lèse-majesté *populaire* ». C'est qu'en effet le véritable crime de lèse-majesté, c'est celui de lèse-majesté nationale, ou de *lèse-nation*, dont se rend coupable quiconque compromet l'honneur ou les intérêts de son pays, depuis le simple citoyen jusqu'au premier des fonctionnaires publics et au prince lui-même [1].

Le mot de *lèse-nation* parut dans notre langue politique et dans nos lois le jour où l'Assemblée nationale venait de proclamer ce grand principe que « tous les pouvoirs émanent essentiellement de la nation et ne peuvent émaner que d'elle », et en premier lieu le pouvoir royal. Il fut prononcé, pour la première fois sans doute (et concurremment avec celui de lèse-majesté), à la séance du 23 juillet 1789, où fut lu un arrêté des électeurs de la ville de Paris, en date de la veille, ordonnant que « toutes personnes arrêtées sur le soupçon du crime de *lèse-nation* seront conduites à la prison de l'abbaye Saint-Germain, et que l'Assemblée nationale sera engagée à ériger un tribunal de soixante jurés, pris dans les soixante districts, pour procéder à une instruction publique contre les détenus ». A la seconde séance de ce même jour fut adoptée une motion de Lally-Tollendal portant que « la poursuite des crimes de *lèse-nation* appartient aux représentants de la nation ». Le 31 juillet, la même appellation reparaît dans la bouche du duc de Liancourt, présidant la séance, et Mounier rappelle que « la poursuite des crimes contre la nation n'appartient à aucune ville, à aucune province en particulier, que c'est un droit qui ne peut appartenir qu'à la nation ou à ceux qui la représentent ». Les événements du mois d'octobre ayant fait sentir le besoin d'une loi martiale contre les attroupements, Barnave, Gleizon et Buzot, appuyés par Robespierre, demandèrent, le mardi 20, soit pour compléter soit pour atténuer l'effet de cette loi, qu'on instituât aussi un tribunal, ou haute cour, pour juger les crimes de lèse-nation, et, malgré les observations de Mirabeau, qui eût préféré d'autres mesures, on adopta les deux propositions séance tenante. Seulement on avait omis de préciser d'une manière juridique le crime même dont il s'agissait, et à la séance du 25 novembre suivant, Cazalès demanda que le Comité de constitution fût chargé de présenter un projet

[1] La haute trahison, la forfaiture, sont en ce sens des crimes de *lèse-nation ;* mais nous ne croyons pas qu'on puisse qualifier ainsi les crimes commis contre le droit des gens, c'est-à-dire de *lèse-humanité.*

de loi dans lequel le crime de lèse-nation serait exactement défini et où l'on déclarerait
que « nulle parole, nul écrit ne pourrait être
réputé crime de lèse-nation, s'il n'était joint à
une action ». Target répondit que le Comité était
déjà chargé de cette mission et que son travail serait bientôt présenté. Cependant la promesse ne fut pas tenue et le crime de lèse-
nation semble n'avoir plus même été articulé
lorsqu'on en vint à discuter (7 juin 1791) le
titre des crimes et délits contre la sûreté
de l'Etat.

Le terme de lèse-nation exprime une idée
juste en soi ; mais la théorie en est incomplète, et la pratique dangereuse. Il en est de
ce crime comme de celui de lèse-majesté, dont
Montesquieu dit que c'est « une accusation
toujours terrible à l'innocence même », surtout lorsqu'elle n'est pas précisée dans la loi.
Nul délit n'a besoin d'une définition légale
plus exacte. Là où manque cette définition,
« non seulement la liberté n'est plus, mais son
ombre même ».

LETTRE ET ESPRIT DE [LA LOI. La lettre tue et l'esprit vivifie. Ce mot serait vrai,
même s'il n'était pas écrit dans l'Evangile, et
l'une des raisons qu'on donne en faveur de
la supériorité du droit français sur le droit
anglais est que l'interprétation française tient
compte de l'*esprit* de la loi.

Mais sait-on toujours ce qui est l'esprit et
ce qui est la lettre ? Cette question, dira-t-on,
n'est admissible que relativement à l'esprit.
La lettre est un fait brutal, et pourvu qu'on
ait observé les règles ordinaires du langage,
l'interprétation littérale ne doit laisser subsister aucun doute. On se trompe cependant.
Lorsque la loi anglaise édicte une punition
contre l'homme qui épouse deux femmes,
a-t-il prononcé conformément à la lettre de la
loi, ce juge qui a acquitté l'époux de trois
femmes ?

C'est surtout lorsqu'elle est ainsi entendue
que la lettre tue. Mais ne peut-on pas, à force
de chercher l'esprit, s'écarter de la lettre à
un tel point que l'interprétation semble contredire le texte de la loi ? Nous en connaissons des exemples, et ils rappellent par trop
qu'il y a avec la loi, comme avec le ciel, « des
accommodements ». C'est rarement en la violant ouvertement que, dans un pays civilisé,
on transgresse la loi ; c'est presque toujours
à l'aide de quelque artifice d'interprétation,
c'est en un mot en prétextant l'*esprit* de la
loi.

En résumé, ne nous écartons pas trop de
la lettre, même lorsque nous nous inspirons
de son esprit.

LETTRES CLOSES OU DE CACHET. Actes
émanés du roi, fermés, et cachetés du seau.
On appelait particulièrement lettres closes
celles qui avaient pour objet d'assembler un
corps politique ou de lui prescrire le sujet de
sa délibération. C'était par lettres closes que,
sous la Restauration, le roi convoquait les

pairs et les députés à l'ouverture de la session, la Cour de cassation et le conseil d'E-
tat aux cérémonies publiques, et invitait les
évêques à chanter des *Te Deum*.

Les lettres de cachet contenaient, en général, ordre de faire telle ou telle chose, dans
ces termes : « Monsieur, je vous fais cette
lettre pour vous dire que ma volonté est que
vous fassiez telle chose... Si n'y faites faute.
Sur ce je prie Dieu qu'il vous ait en sa sainte
et digne garde. » Un exempt muni de cette
prose enjoignait à un citoyen d'aller en exil,
ou de le suivre à la Bastille. Voltaire demandait au lieutenant de police Hérault : « Monsieur, que fait-on à ceux qui fabriquent de
fausses lettres de cachet ? — Monsieur, on les
pend. — C'est toujours bien fait, en attendant
qu'on traite de même ceux qui en signent de
vraies. »

Du reste, on sait maintenant qu'il y a eu
beaucoup moins de lettres de cachet qu'on le
dit. En politique, on ment souvent et on exagère toujours.

LETTRES DE BOURGEOISIE. En France,
ces lettres, émanées du roi, accordaient à des
individus les droits de bourgeoisie dans telle
ou telle ville. Ces droits étaient les privilèges
communs des habitants d'un lieu, ou de ceux
qui leur étaient associés. Le droit de bourgeoisie était différent du droit de commune.
Les villes de commune étaient régies par
leurs représentants élus ; les villes de bourgeoisie par les prévôts ou les juges royaux.
Les premières étaient composées de citoyens
exerçant la plupart des droits que nous appelons aujourd'hui civiques, et le roi ou les
seigneurs qui leur accordaient des chartes
ne faisaient que reconnaître une puissance
déjà existante. Une bourgeoisie était le plus
souvent formée par le roi, et se réduisait à
des droits civils.

LETTRES DE MARQUE. C'est le certificat
donné à un corsaire pour le légitimer. Espérons qu'à l'avenir il n'y aura plus de piraterie légitime.

LETTRES PATENTES et **LETTRES
ROYAUX.** Actes émanés du roi, scellés du
grand sceau et contre-signés. On les donnait
pour concéder à un corps ou à un particulier
un privilège, une grâce ou un octroi quelconque. On les appelait *lettres de charte*
quand elles attribuaient un droit perpétuel ;
telles étaient les lettres de grâce, rémission
ou abolition. Quand les lettres patentes étaient
adressées à une cour, elles ne produisaient
effet qu'après enregistrement. Cet enregistrement équivalait à un consentement. Ce
droit fut consacré en 1816 ; mais avant 1848,
il était tombé en désuétude.

LEVÉE EN MASSE. La levée en masse,
c'est-à-dire la déclaration que tout homme
valide doit s'enrôler dans l'armée, a quelquefois été proclamée lors d'une invasion (en

France, en Espagne, en Prusse). Que tout citoyen doive en ce cas le service militaire, cela est de toute évidence, la question est seulement de savoir si le moyen est bon. En consultant l'histoire, nous trouvons qu'il était excellent dans les pays pauvres, où tous les hommes se sont groupés sous les drapeaux, et surtout à une époque où l'art militaire était encore assez primitif. Généralement, on avait le nombre pour soi et la défense pouvait être efficace. Elle l'était certainement dans un pays montagneux, parce que les hauteurs sont des forteresses naturelles, parce que les montagnards sont sobres et agiles, parce qu'ils aiment généralement l'indépendance avec passion, et parce que l'ennemi trouve moins de ressources dans les montagnes.

Quand on est obligé de forcer les citoyens à s'enrôler, qu'on s'abstienne de proclamer la levée en masse. Lorsque, par impossible, elle réussit dans ces conditions, ce n'est pas que le pays soulevé ait été fort, c'est que l'ennemi a été faible, c'est qu'il a tenté l'envahissement avec des forces disproportionnées à la grandeur de l'entreprise, et surtout avec des troupes mal disciplinées.

La levée en masse, lorsqu'elle ne se borne pas aux hommes ayant déjà servi, — ne peut pas être d'une grande efficacité contre des adversaires nombreux, armés des engins de destruction que notre époque sait inventer, et disposant de toutes les ressources de la science. Un patriote qui ne sait pas manier le fusil ou obéir au commandement ne vaut pas, placé en ligne de combat, le plus ordinaire des soldats exercés de l'ennemi. Les phrases les plus sonores ne remplacent pas ces conditions matérielles et vulgaires. Or, lorsqu'on n'est pas convaincu d'avance que les flots de sang que la levée en masse fera couler doivent avoir pour résultat la victoire, on ne devrait pas déchaîner sur le pays un aussi grand fléau. Il ne faut pas oublier que la levée en masse rend la guerre beaucoup plus acharnée, beaucoup plus cruelle; que la propriété est détruite sur une grande échelle et que plus on lutte avec passion, plus on attire de maux à sa patrie sans s'assurer la victoire. Or, la guerre consiste à faire plus de mal à l'ennemi qu'à soi-même, et non à se faire plus de mal qu'à l'ennemi.

LIBÉRALISME. Le mot est relativement moderne, mais la chose est ancienne et procède de la nature humaine elle-même, et des meilleurs germes déposés en elle : la raison et la bienveillance. Le mot est complexe et comporte des acceptions diverses, mais qui impliquent toutes une certaine hauteur de vues, une certaine générosité de sentiment, et qui toutes se ramènent à l'idée que l'humanité a d'elle-même et de sa dignité, à sa confiance en ses forces, à la capacité et au droit qu'elle s'attribue de vivre librement et de se gouverner, sans toutefois se croire infaillible, de s'éclairer par la discussion, et de se corriger par l'expérience même de ses erreurs. Le libéralisme est la conscience que l'homme libre a de ses droits, mais aussi de ses devoirs; il est le respect et la pratique de la liberté; il est la tolérance et la libre expansion. « Vivre et laisser vivre, » telle pourrait être sa devise, mais à la condition de n'y attacher aucune idée de scepticisme ni d'indifférence, car le libéralisme a une foi, la foi du progrès, la conviction que la liberté est bonne et qu'elle tend au bien, que la vérité se dégage de la discussion, et qu'un perfectionnement indéfini est le mouvement naturel à l'humanité.

On peut, dans les individus, distinguer le tempérament libéral, l'esprit libéral, le caractère libéral. Le tempérament libéral est une disposition spontanée à la bienveillance, à la générosité, à l'équité; il peut être naturel ou acquis. L'esprit libéral implique nécessairement une certaine somme d'éducation et d'instruction; un tel esprit est ouvert, pondéré, maître de lui, et reconnaît à la raison d'autrui les droits qu'il attribue à la sienne. Le caractère libéral est le produit de la combinaison du tempérament et de l'esprit; il met le libéralisme en pratique; il traduit en actes les suggestions du sentiment, les ordres de la raison. « Ne fais pas aux autres « ce que tu ne veux pas qu'ils te fassent, » telle est sa règle de conduite. Le vrai libéral, le libéral conséquent, est celui qui réclame la liberté, même pour ses adversaires, tout droit de légitime défense expressément réservé, bien entendu.

Il y a toujours eu, dans les sociétés plus ou moins policées, avec des nuances et des gradations, de tels esprits, de tels caractères, de tels libéraux. Mais ils n'ont souvent été que l'exception, et n'en ont alors paru que plus grands.

Une société est libérale quand, en toutes choses touchant le libre arbitre des individus, elle s'interdit les précautions préventives, et en fait de répression, se contente du nécessaire. C'est pour cela que l'adoucissement des lois pénales va toujours de concert avec les progrès du libéralisme. Une religion est libérale, quand elle n'excommunie pas les autres, et plus libérale encore quand, dans son propre sein, elle aiguillonne, redresse et affermit les consciences au lieu de les asservir ou de les énerver. Le christianisme, libéral par son principe, s'est montré, dans ses manifestations historiques, tour à tour libéral et oppresseur. Un État est libéral quand il respecte les activités individuelles et collectives des citoyens, en tant qu'elles n'empiètent pas sur ses droits légitimes, car l'État réclame aussi sa liberté à lui.

Mais, dans le libéralisme des sociétés comme dans celui des individus, il y a des degrés. Avant le plein épanouissement, il y a les germes, les commencements. Il peut y avoir un certain libéralisme même dans ce qui paraît foncièrement illibéral. Une religion intolérante par son principe peut être, jusqu'à un certain point, tolérante, c'est-à-dire libérale, dans la pratique. Un gouvernement absolu peut être relativement plus ou moins libéral ; il l'est un peu, dès qu'il s'abstient de tendre à l'excès les ressorts du pouvoir, et que, par bienveillance ou par calcul, il laisse quelque jeu à la liberté des sujets, aux manifestations de l'opinion; il l'est bien plus s'il favorise et étend l'instruction, ou s'il use de sa puissance pour introduire, *motu proprio*, dans les institutions ou la liberté ou les conditions de la liberté. C'est ainsi que, de notre temps, l'émancipation des serfs en Russie a été un acte libéral d'une très grande portée, accompli par un gouvernement absolu.

Par contre, une république peut ne pas être libérale, quoique la forme républicaine soit certainement, en théorie, l'idéal du *self-government*; — elle ne sera pas libérale si elle ne sait pas garantir la liberté des citoyens, ou si les minorités y sont opprimées ou même gênées dans leur liberté légitime par la majorité, ou enfin si le grand nombre de ceux qui sont appelés à participer au gouvernement en sont incapables par le manque d'instruction et d'indépendance. Dans ce dernier cas, d'ailleurs, l'État républicain est difficilement viable; l'élite de la nation est submergée par la multitude, et la multitude, incapable de se gouverner, se laisse aller volontiers à s'incarner dans un maître. La démocratie, sans capacité libérale suffisante, est toujours exposée à glisser sur la pente du césarisme : l'histoire de Rome et quelques autres histoires en font foi.

On voit déjà qu'il est nécessaire de distinguer l'esprit libéral et l'esprit démocratique. On les confond souvent, et le fait est qu'on les trouve souvent mêlés dans les grands mouvements politiques, comme ils l'ont été, par exemple, dans la Révolution française. Mais il est toujours possible de les distinguer.

La démocratie s'attache surtout à la forme du gouvernement [1]. Le libéralisme vise la liberté et les garanties de la liberté. Les deux poursuites peuvent s'accorder ; elles ne sont pas contradictoires, mais elles ne sont pas non plus identiques ni nécessairement connexes et solidaires.

Dans l'ordre moral, le libéralisme est la liberté de penser, reconnue et exercée. C'est le libéralisme primordial, comme la liberté de penser est elle-même la première et la plus noble des libertés. L'homme ne serait libre à aucun degré, dans aucune sphère d'action, s'il n'était un être pensant et doué de conscience. La liberté des cultes, la liberté d'enseignement et la liberté de la presse sont celles qui dérivent le plus directement de la liberté de penser.

Dans l'ordre économique, le libéralisme est la reconnaissance de la liberté de travail, et de toutes les libertés qui s'y rattachent, y

compris le droit de propriété, extension légitime de la personnalité humaine.

Dans l'ordre politique, le libéralisme est avant tout la recherche des garanties de la liberté. Il n'admet pas que les hommes, en s'associant et en créant la société politique, soient tenus de sacrifier une portion quelconque de la liberté de leur individu. L'idée qu'il se fait du contrat social est tout autre ; il le conçoit comme une association de tous pour la garantie de la liberté de chacun. Seulement, il ne confond pas cette liberté avec l'arbitraire ni avec la faculté d'empiéter sur celle d'autrui. La liberté qu'il entend garantir est celle qui convient à des êtres raisonnables, capables de se retenir et de se gouverner, et c'est précisément en vue de garantir la liberté, qu'il réclame les lois contre la licence, l'arbitraire et les empiétements de tout genre, y compris ceux de l'État. Ce qui le préoccupe avant tout, c'est d'environner des meilleures sûretés la liberté personnelle des citoyens, de façon à la préserver de toute atteinte. C'est là le point essentiel, et ce n'est pas sans raison que les Anglais considèrent leur *habeas corpus* comme la pierre angulaire de leur constitution. Les libertés de réunion et d'association peuvent être considérées comme un appendice de la liberté individuelle, et elles doivent être inviolables, à la condition de ne pas poursuivre un but subversif de l'État.

La principale garantie de la liberté et des libertés est dans la limitation constitutionnelle de la puissance de l'État, et dans la pondération réciproque des pouvoirs constitués. Toutefois, le libéralisme n'attache plus une valeur absolue à la célèbre formule de Montesquieu sur la séparation des pouvoirs. Dans les monarchies constitutionnelles, le pouvoir exécutif et le pouvoir législatif ne sont séparés que par une sorte d'abstraction ; en fait, ils se joignent et se confondent dans la personne des conseillers responsables de la couronne, qui ne sont autre chose que des délégués de la représentation nationale. Ce qui a plus de prix, c'est la séparation du pouvoir judiciaire, dont l'indépendance ne saurait être trop fortement établie. La séparation de la représentation nationale en deux Chambres est également considérée comme une condition presque essentielle d'un gouvernement libéral. L'esprit libéral aime à multiplier les contre-poids et les éléments de résistance et d'équilibre. L'esprit démocratique, au contraire, est simpliste et niveleur.

Une autre différence entre l'esprit libéral et l'esprit démocratique, c'est que la faculté de disposer de soi, qui est la liberté individuelle, n'implique pas nécessairement, au jugement du libéralisme, la faculté de disposer de l'État, c'est-à-dire de le gouverner. Le libéralisme veut le contrôle et la discussion ; il veut aussi l'extension progressive des droits politiques et la participation de plus en plus nombreuse des citoyens au gouvernement,

---

1. Il y a des gens dont tout le républicanisme, toute la démocratie consiste à dire *citoyen* au lieu de dire *monsieur !*

mais il n'admet pas du tout à *priori* le principe du gouvernement de tous par tous, qui est la visée démocratique par excellence. Ce qui lui importe avant tout, c'est que les citoyens soient libres et garantis dans leur liberté, c'est de produire un *maximum* de liberté sous un *minimum* de gouvernement. Il veut que les citoyens soient maîtres de leurs personnes et de leurs affaires, mais il ne les admet à la gestion des affaires générales qu'en raison de certains titres établis ou du moins présumés. La démocratie veut réaliser d'un coup un idéal absolu ; le libéralisme ne méconnaît pas cet idéal, mais il y tend par des approximations successives : il est juste, en principe, que les affaires publiques soient gérées par tous, mais il n'est pas toujours politique d'accomplir cette justice. La démocratie est égalitaire, le libéralisme ne répugne pas absolument à une distinction de classes, à la condition que ces classes ne soient pas des castes fermées. La démocratie est révolutionnaire, le libéralisme est plutôt réformateur ; il respecte volontiers les faits historiques, et ne brise les obstacles qu'à son corps défendant, quand ils refusent de s'assouplir. Mais il faut qu'il soit actif et vigilant, et qu'il ait toujours l'œil ouvert sur les réformes possibles et opportunes, s'il ne veut être devancé par les impatiences de l'esprit démocratique. Celui-ci ne temporise ni ne réfléchit ; il procède par élans, et le libéralisme peut se trouver submergé, pour s'être quelque peu endormi. Dans ce cas, il ne proteste pas contre les faits accomplis, car il n'est pas plus réactionnaire que révolutionnaire, mais s'efforce d'introduire par l'instruction la capacité dans les droits prématurément conquis, et, même en plein déluge démocratique, il garde son caractère particulier et sa raison d'être. Il sait que la démocratie ne peut s'affermir et durer qu'en se libéralisant, et il se fait un devoir de la libéraliser. Le dernier mot de la démocratie pure, c'est le mandat impératif qui repose à la fois sur la vaine hypothèse de l'égale capacité de tous, et sur l'idée, tout à fait logique au point de vue absolu de la souveraineté du peuple, de la supériorité des mandants sur le mandataire. Le libéralisme n'admettra jamais le mandat impératif ; il ne suppose pas chez tous les électeurs la capacité de gouverner ; il ne leur reconnaît que la capacité de discerner ceux qui paraissent capables de prendre part au gouvernement. Il considère l'élection comme un hommage rendu à la supériorité, et le régime représentatif comme le gouvernement de la nation par les plus dignes, désignés à ce titre et comme tels par leurs concitoyens. Une démocratie qui pousse la logique jusqu'au mandat impératif et qui s'y tient, ne peut pas subsister ; car elle est contre la nature des choses qui se venge toujours quand on ne la respecte pas.

La démocratie tend nécessairement à la république, le libéralisme n'y répugne pas et n'en souhaite pas la chute quand elle est établie. Mais il s'accommode aussi fort bien de la monarchie constitutionnelle, et il ne s'occupe même pas de la fameuse question de savoir si le roi règne et ne gouverne pas. Cette question tant controversée a été mal posée et est tout à fait oiseuse. Ce que le prince ne doit pas faire, et ce qu'il ne fera pas s'il comprend ses intérêts, c'est d'organiser derrière son cabinet un gouvernement occulte, une *camarilla* ; mais dès qu'il délibère avec ses ministres, il participe au gouvernement, et sa part est exactement proportionnée à ses facultés et à son ascendant. Qu'il persuade ses ministres ou se laisse persuader par eux, cela ne regarde personne, dès que le cabinet assume la responsabilité du gouvernement devant les représentants du pays. Prince ou premier ministre, le véritable chef du gouvernement sera toujours celui que son génie rend supérieur aux autres. La vraie formule de la monarchie constitutionnelle, c'est le gouvernement indivis entre la couronne et les représentants du pays. Quant à la répartition de l'influence entre les détenteurs du pouvoir, c'est l'affaire du talent et de l'autorité, et non des formules. Sir Robert Peel, roi d'Angleterre, n'eût pas moins aisément accompli la réforme commerciale que sir Robert Peel, premier ministre, parce qu'il eût aisément trouvé des ministres pour le servir et une majorité pour les appuyer, dès que l'opinion était pour lui. La seule différence entre un souverain constitutionnel et un despote, c'est que le premier ne peut pas gouverner contre l'opinion ; il peut la précéder ou la suivre, mais il ne peut pas la contrarier ; et la seule limite qui lui soit imposée, c'est d'effacer son sentiment particulier, quand ce sentiment se trouve en désaccord avec l'opinion générale, et de changer de conseillers responsables, quand son cabinet est tombé en minorité. La vertu du régime parlementaire, ce n'est pas, comme on le croit vulgairement, de dépouiller le souverain au profit de ses ministres ; c'est de toujours conférer le pouvoir au plus digne, c'est-à-dire à l'homme en qui s'incarnent le mieux le sentiment national et les besoins généraux du moment. Si le souverain est le plus digne, il domine ses ministres : il règne et gouverne ; si ce n'est pas le plus digne, ses ministres, portés au pouvoir par le sentiment public, le suppléent et le dominent ; il ne gouverne pas, et ne règne que nominalement.

L'essentiel, au point de vue libéral, c'est que l'État ne s'occupe que des intérêts généraux, et que ces intérêts soient réglés conformément au sentiment général. Dans le régime monarchique, la prédominance de l'opinion publique est assurée par le jeu de la responsabilité ministérielle ; dans le régime républicain, elle l'est par la durée limitée du pouvoir exécutif. Le libéralisme accepte également ces deux régimes, et surtout sans méconnaître la supériorité logique du second, il admet pleinement les raisons relatives et historiques qui peuvent en beaucoup de circonstances l'empêcher de prévaloir sur le premier. Il estime que la *sélection* presque infaillible par laquelle les chefs des partis montent au pouvoir dans la monarchie constitutionnelle, assure plus de garanties que l'*élection* républicaine, qui comporte toujours une part d'intrigue, et qui ne donne pas toujours le pouvoir au plus capable, comme l'ont montré assez souvent les élections présidentielles des Etats-Unis. Mais il n'est jamais exclusif, il comprend aussi bien l'Angleterre monarchique que les Etats-Unis républicains, et il se rend compte des raisons qui font durer la monarchie en Angleterre, et de celles qui ont tiré de la même race, sur le sol américain, un type assez réussi de la forme républicaine. Mais il ne comprend pas plus la monarchie sans responsabilité ministérielle, qu'il ne comprendrait la république avec un pouvoir exécutif de durée illimitée. Dans une république les ministres ne doivent pas être responsables, puisque celui dont ils émanent se soumet lui-même périodiquement au verdict de la nation. Dans une monarchie ils doivent être toujours à la discrétion de l'opinion, par la simple raison que le chef de l'Etat ne l'est jamais.

Il faut encore signaler, d'une manière générale, que le libéralisme d'une société peut n'être pas en rapport exact avec sa législation. Il peut se faire qu'il y ait plus de libéralisme dans les mœurs que dans les lois. C'est ainsi que, de notre temps encore, la liberté presque illimitée dont la presse jouit en Angleterre est une affaire de mœurs plutôt que de législation. Il y a des lois restrictives, mais la tolérance générale d'une part, et la modération propre des écrivains d'autre part les ont fait tomber en désuétude. Ce dernier point est essentiel. Un esprit libre peut, s'il est généreux, dépasser son devoir, mais il ne doit jamais dépasser son droit, et même souvent, par imprudence, ne pas l'épuiser. C'est ainsi qu'il garantira sa liberté, sans jamais gêner celle d'autrui [1].

LIBERTAIRE. Mot nouveau qui semble pris comme synonyme d'anarchiste. C'est un partisan de liberté absolue ou sans frein d'aucune sorte.

LIBERTÉ [2]. Beaucoup des plus ardents amis de la liberté se sont trompés sur sa nature, car ils l'ont prise pour un principe; et sur son rôle, car ils l'ont prise pour le but suprême de l'humanité. La liberté n'est qu'un fait et un moyen. Soit qu'on considère l'activité humaine dans l'individu ou dans l'espèce, la justice est son seul principe et son seul but.

Y a-t-il, dans la vie de l'homme et dans celle de l'humanité, une heure, une minute

d'où la justice soit absente? Elle est divine, elle est un principe : elle est donc la même partout et pour tous, pour l'enfant et pour le vieillard, pour le sauvage et pour le civilisé [1]. Il en est tout autrement de la liberté. Il est juste que l'enfant ne soit pas libre, et il est juste qu'il le devienne, à mesure que sa raison mûrit. Les citoyens de la Suisse, de la Belgique, de l'Angleterre, sont heureux par la possession d'une liberté, qui, donnée en un jour, en même quantité, à des peuples à demi barbares et façonnés à la servitude, n'engendrerait que l'anarchie. La liberté s'apprend et se conquiert; elle est à la fois l'instrument et la conséquence du progrès. Elle aura toujours une limite, parce qu'il y aura toujours lutte entre l'intérêt général et l'intérêt individuel. Mais cette limite reculera sans cesse, à mesure que la civilisation croîtra. Celui qui sème la lumière sème en même temps la liberté.

Personne, étant honnête, ne souffrira une restriction à la justice; personne, étant de sang-froid, ne demandera la liberté sans règle. Il n'y a au fond que deux partis en politique : ceux qui absolument ne veulent pas de liberté et ceux qui veulent une liberté réglée. Quant à ceux qui demandent la liberté absolue, c'est-à-dire la suppression de toute loi et de tout gouvernement, ce ne sont pas même des utopistes. On ne discute pas avec eux, en vertu de cet axiome de logique : « *Cum negantibus principia, non est disputandum.* » On a discuté, on ne discute plus avec les théoriciens absolutistes. La seule controverse politique encore subsistante roule sur le degré de la liberté. Or, cette controverse contient une question de droit et une question de fait. La question de droit se résume par cette formule : Tout homme, ou tout peuple a droit à toute la liberté dont il est capable. La question de fait consiste à rechercher de combien de liberté un homme ou un peuple est capable à un moment donné de son histoire. (J. Simon.)

Le droit à la liberté, s'il fallait le prouver, se prouverait ainsi : l'homme a droit à la vie et au bonheur; donc il a droit à la liberté; car il n'y a pas de bonheur sans liberté. Plus il est bon, intelligent, et civilisé, et plus la liberté lui est nécessaire. L'état de force libre étant métaphysiquement supérieur à l'état de force fatale, toute diminution de la liberté dans l'homme est une diminution d'être, une dégradation.

L'autorité ayant pour raison d'être la justice, et la justice étant que le peuple possède tout le bonheur qu'il peut posséder légitimement, une autorité qui ne s'efforce pas de donner au peuple tout le bonheur qu'il peut posséder légitimement n'est pas une autorité légitime. Donc l'autorité qui ne donne pas au peuple toute la liberté dont il est capable cesse d'être une autorité légitime.

Voici une autre démonstration de la liberté:

1. La plus grande partie de cet article a été rédigée par feu A. Nefftzer, le fondateur du journal *le Temps*. Je lui avais demandé cet article, après en avoir discuté avec lui les bases. Je n'ai fait que de très faibles changements.
2. Les opinions émises dans cet article sont de Jules Simon; nous avons dû l'abréger.

1. Cette phrase est peut-être discutable.

Il s'agit, dans le monde, de la justice. Or, il est de l'essence de la justice d'être la règle d'un agent libre. La liberté, en langage métaphysique, est la matière de la justice ; de sorte qu'on ne peut supprimer la liberté, sans rendre la justice impossible. Supposez deux hommes qui opèrent l'un et l'autre la justice de la même façon ; si le premier est juste par force, le second par choix, c'est le second seul qui est un homme, et même, en réalité, lui seul est juste ; car la loi fatale qui gouverne le monde inintelligent et inconscient ne s'appelle pas la justice. Ainsi la liberté n'est pas le principe, mais elle est nécessaire au principe : elle est donc de plein droit.

La société humaine peut être considérée sous trois aspects, selon qu'on envisage nos rapports avec nos proches, avec l'État ou avec Dieu : société domestique, société politique, société religieuse. A chacune de ces divisions correspondent différents ordres de libertés : la liberté du foyer et la liberté de l'atelier correspondent à la société domestique ; la société politique, ou l'État, comprend la liberté civile et la liberté publique ; enfin la société religieuse est fondée sur une double liberté, la liberté de conscience et la liberté de penser. On peut, parmi ces libertés, en distinguer de trois espèces ; les unes, comme la liberté du foyer et la liberté de l'atelier, sont des libertés de fait ; les autres, comme les libertés publiques, sont des garanties de la liberté ; les autres enfin, telles que la liberté de penser, sont des organes de la liberté (J. S.).

Il est vrai qu'on peut dire que toutes les libertés méritent d'être possédées pour elles-mêmes, qu'elles servent toutes de garantie les unes aux autres, et que chaque liberté conquise doit être considérée comme un degré pour monter à une liberté nouvelle. Nous ne le nions pas. On reconnaît qu'il y a un véritable bonheur à influer directement sur les affaires de son pays ; un bonheur encore plus grand à se lancer librement dans le champ de la spéculation à la recherche de l'absolu. On avoue bien que l'habitude de disposer avec indépendance de sa fortune et de son activité dans l'ordre des affaires privées prépare les citoyens à comprendre, à souhaiter, à exercer la liberté politique. Mais, en revanche, il faut admettre aussi que la liberté de la presse, la liberté d'association, la liberté des élections et la liberté de la tribune, le jury et l'indépendance absolue des magistrats sont les plus solides et les plus nécessaires garanties de toutes les libertés ; et que la liberté de penser, qu'on pourrait appeler par excellence la liberté philosophique, est le propre instrument du progrès, une liberté génératrice de toutes les autres.

On peut dire d'une manière générale qu'en France, depuis la naissance de la liberté, c'est-à-dire depuis 1789, nous avons été exclusivement occupés des garanties de la liberté, et que nous avons négligé les libertés de fait et les instruments de la liberté.

A chaque gouvernement qui se formait, nous demandions une constitution, et à chaque constitution des libertés politiques, telles que la liberté de la presse, la liberté de l'élection, la liberté de la tribune, la responsabilité des ministres. Nous songions beaucoup moins à ce qui n'a pas un caractère si général et se rapproche davantage des intérêts de la vie privée, comme par exemple à la réforme judiciaire et administrative, à l'organisation de la commune, à la liberté des associations, du travail et du commerce. D'autre part, nous étions très indifférents aux libertés qui ont pour effet la création de la liberté, c'est-à-dire à la liberté religieuse et philosophique. Certes, la liberté politique est bonne et désirable pour elle-même ; mais qu'est-ce qu'une liberté de garantie dont le sens n'est pas compris par tout le monde, et qui, étant seule ou à peu près, ne garantit rien ? La grande majorité des citoyens, même éclairés, n'a pas une idée très nette de la séparation et de la pondération des pouvoirs ; elle laisse avec une certaine indifférence transporter les attributions du pouvoir législatif au pouvoir exécutif, et du pouvoir judiciaire au pouvoir administratif. Les systèmes politiques la touchent peu, parce qu'on ne lui en a pas fait pénétrer la portée philosophique, et parce qu'elle n'en voit pas l'application aux affaires de chaque jour. Il semble paradoxal de dire que notre préoccupation exclusive de la politique est cause de notre indifférence politique, et cependant c'est la vérité exacte. Nous sommes, en politique, des partis, non des écoles. Nous nous passionnons plutôt pour une cocarde que pour un principe. Nous sommes plus souvent poussés par des rancunes et des espérances que par des convictions. De là vient que nous ne savons user ni de la victoire, ni de la défaite. Vainqueurs, nous imitons ceux qui nous ont précédés ; vaincus, nous ne songeons qu'à renverser nos maîtres pour faire ensuite ce qu'ils ont fait. Et il en sera toujours ainsi tant que nous n'aurons ni la pratique quotidienne, ni la théorie de la liberté, c'est-à-dire tant que nous aurons la liberté de garantie, sans avoir la liberté de fait et l'organe de la liberté. La Constitution même la mieux faite n'est jamais qu'une lettre morte, si on n'a pas en même temps ce qui la fait aimer et ce qui la fait comprendre. En tout temps et en tous lieux les mœurs sont plus puissantes que la loi. (J. S.)

Quand on dit que la France ne se soucie pas de la liberté, et qu'elle ne la comprend pas, on a presque raison. Quand on dit qu'elle n'est pas capable de l'aimer et de la comprendre, on a tort. Son malheur est de s'obstiner à la chercher où elle n'est pas, ou du moins où elle n'est qu'imparfaitement. Elle est versatile et maladroite en politique, parce qu'elle ne voit pas l'effet, et qu'on ne lui montre pas la cause.

Lorsque nos pères ont fait la révolution de 1789, il n'y avait en France aucune liberté.

Le roi était absolu ; tout le monde en convenait, même l'opposition, quand il y en avait. On lui opposait la raison, l'intérêt public, les usages, jamais le droit, parce qu'il n'y avait pas d'autre droit que le sien. Les parlements avaient en apparence le droit d'enregistrement et le droit de remontrance ; mais le roi se riait du droit d'enregistrement et du droit de remontrance, parce qu'il avait le droit de faire enregistrer tout ce qu'il voulait, en tenant un lit de justice. Il avait en outre, contre les conseillers turbulents, les lettres de cachet, et contre les parlements obstinés, l'exil. D'où il suit que les parlements n'avaient aucun droit. En fait, ils pouvaient être un obstacle ; mais à une condition, c'est qu'il y eût de l'esprit public : ils étaient tout au plus la forme que prenait l'opinion [pour résister. La noblesse française était une oppression, elle n'était pas une institution. Elle avait des droits contre le peuple, elle n'en avait aucun contre le roi. Les pairs siégeaient au Parlement, où ils avaient moins de puissance que les conseillers ; les autres nobles n'avaient même pas la permission de se réunir, si ce n'est dans les Etats généraux, et les Etats généraux dépendaient du bon plaisir du roi, puisqu'ils étaient convoqués par lui. Les communes ne valaient pas davantage. Leur affranchissement les avait ôtées aux seigneurs pour les donner au roi, simple changement de maître. Les élections d'échevins étaient simulées ; c'était, en réalité, le ministre ou l'intendant qui faisait les choix. L'échevin, une fois élu, n'exerçait aucune autorité. S'il en avait une ombre, c'était comme agent de l'intendant ou du subdélégué. La religion catholique étant la religion de l'Etat, on ne pouvait ni exercer un droit civique, ni obtenir un emploi, ni même avoir un état civil, à moins d'être catholique. Les femmes des protestants étaient censées des concubines, leurs enfants étaient des bâtards, leurs biens pouvaient être réclamés à leur mort par leurs collatéraux catholiques. Les métiers appartenaient au roi, qui vendait la permission de les exercer, et il était défendu à un métier d'empiéter sur l'autre, et à un maître de modifier les procédés de fabrication. Dans cette oppression, et dans cette privation absolue de la liberté, la France était digne d'être libre ; elle en était capable, elle y avait droit, et elle le montra doublement, par les admirables travaux de ses députés, et par l'inviolable attachement qu'elle a gardé à leur œuvre ; car la France, qui n'aime plus assez la liberté, continue à aimer la Révolution. Comment se fait-il qu'elle aimât alors la liberté, sans en avoir joui, et qu'elle y soit indifférente aujourd'hui après l'avoir pratiquée ? C'est que la révolution de 1789 a été l'expression et la conséquence d'une philosophie et qu'elle a laissé des traces profondes dans la vie de chaque jour. Au lieu de s'occuper seulement de politique et de se tenir dans la région intermédiaire des constitutions, elle est remontée jusqu'aux principes scientifiques, et descendue jusqu'aux applications usuelles. La France redeviendrait libérale aujourd'hui aux mêmes conditions. Son malheur est de n'aller ni assez haut, ni assez bas.

Les traces laissées dans la vie pratique par la Révolution sont tellement nombreuses qu'il est impossible de les énumérer toutes. On peut presque les résumer par ce seul mot : l'égalité : égalité des cultes, égalité des citoyens devant la loi, devant l'impôt, devant le travail ; égalité des frères dans la famille. En effet, l'égalité, qui est la partie la plus importante des libertés de fait, a été solidement et définitivement fondée par la Révolution. Le peuple y tient avec tant de force qu'on ne pourrait pas y toucher impunément. On a essayé une fois, mais on sait à quel prix, de rétablir le droit d'aînesse. Le prétendu rétablissement de la noblesse n'a été que le rétablissement des titres, que le peuple a jugé, à bon droit, insignifiant. Il n'aurait supporté ni juridiction exceptionnelle pour les nobles, ni exemption d'impôts, ni droits exclusifs aux fonctions publiques. Il a tenu également avec énergie à la liberté des cultes qu'il interprète dans le sens de l'indifférence religieuse. Le rétablissement, même incomplet, de la religion d'Etat a été une des mesures les plus impopulaires de la Restauration, et une des causes de sa chute. C'est donc par là que le peuple tient à la Révolution. On peut dire qu'il lui est attaché par le fond de ses entrailles. Il a été moins fidèle aux libertés politiques ou libertés de garantie qu'il n'aimait pas pour elles-mêmes, mais pour ce qu'elles lui garantissaient. Il s'est donné à tout gouvernement qui consacrait la Révolution, c'est-à-dire la partie pratique et usuelle de la Révolution, se laissant enlever presque sans regret le droit de suffrage, la liberté de la presse, la tribune, et le reste. Il lui plaît assez d'armer la Révolution contre la réaction, de protéger l'égalité en remettant la Révolution dans les mains d'un pouvoir fort. (J. S.)

Une question grave, qui n'appartient pas précisément à la théorie de la liberté, mais qui a une grande importance pratique, c'est de savoir si on doit réclamer immédiatement la totalité des libertés, ou accepter les libertés partielles à mesure qu'elles s'offrent. On dit quelquefois qu'il faut accepter les libertés partielles et les souhaiter, précisément parce qu'elles sont incomplètes, et qu'un peuple ne peut supporter toutes les libertés données tout à coup. Cette proposition est évidemment vraie en thèse générale, puisque nous avons précédemment établi qu'un peuple a droit seulement à la somme de liberté dont il est capable. Mais elle cesse d'être vraie, si on mesure la capacité d'acquérir de nouvelles libertés sur la quantité de liberté déjà acquise. On peut être très capable de liberté et n'en avoir que très peu. Quand un peuple a plus de liberté qu'il n'est capable d'en supporter, il se produit toujours une réaction.

Une réaction enlève toujours à un peuple, outre la liberté dont il est incapable, une portion plus ou moins grande de la liberté dont il est capable. En outre, les gouvernements, inquiets sur leur durée, se décident malaisément à rendre une partie des libertés qu'ils détiennent, de telle sorte que quand un peuple fait des progrès rapides en civilisation, il est bien rare qu'il ne possède pas plus de capacité à la liberté que de liberté. Le peuple de 1788, qui ne possédait aucune liberté, était aussi capable[1] d'en posséder que le peuple de 1789, qui les avait toutes.

En admettant donc qu'une civilisation incomplète ne donne droit qu'à une liberté incomplète, nous posons en principe qu'une civilisation complète donne droit à une liberté complète ; et qu'un peuple arrivé à une civilisation complète est capable de supporter la liberté complète, quand même elle lui serait donnée tout à coup et sans transition.

Il y a plus, c'est l'absence de liberté qui est nuisible à un peuple arrivé à la civilisation complète ; c'est l'absence de liberté qui introduit dans un tel peuple des causes de décadence. Toute liberté dont il est privé est à son égard une injustice et un danger, non seulement parce qu'il est privé de cette liberté, mais parce que l'absence de celle-là nuit à l'exercice de toutes les autres. En principe, aucune liberté n'est vraiment complète que quand elle est accompagnée de toutes les autres.

La liberté partielle peut être dans deux conditions : ou accordée aux uns et refusée aux autres, ou accordée uniformément à tous les citoyens. Dans le premier cas, elle porte improprement le nom de liberté ; elle est privilège pour ceux qui en jouissent, et aggravation de servitude pour ceux qui en sont privés. Exemple : si un gouvernement accordait la liberté absolue à un journal, et maintenait un système de censure à l'égard des autres. Dans le second cas, les inconvénients, sans être aussi évidents, sont à peine moins graves. Supposons, par exemple, la liberté de voter sans la liberté de discuter, ou encore une liberté absolue pour la fabrication, et des lois prohibitives pour le commerce. Il est bien clair que si une assemblée qui vote et ne discute pas use mal de son vote, il n'en résulte pas le moins du monde que la même assemblée voterait mal, si elle votait après avoir discuté.

Néanmoins, quoique la liberté totale soit meilleure pour un peuple entièrement civilisé que la liberté partielle, il y a lieu d'accueillir favorablement toute liberté partielle, parce qu'elle devient, par la pratique qu'elle donne, et par les inconvénients qu'elle révèle un moyen d'acquérir d'autres libertés.

LIBERTÉ DE CONSCIENCE. *Voy.* **Culte,** Libéralisme, Principes de 89.

LIBERTÉ INDIVIDUELLE. Dans un sens

1. Et 1793? Sans parler de 1790, 91 et 92.

très large, on entend par *liberté individuelle,* le libre exercice des droits inhérents à la personne du citoyen ; ainsi pour les légistes anglais, le droit d'acquérir des biens par son industrie ou de conserver les biens acquis, la sécurité personnelle, la faculté de locomotion, en un mot le développement non entravé des divers modes d'activité sont des formes de la liberté individuelle (*personnal liberty*). Notre droit public donne, en général, à cette expression un sens moins étendu et l'emploie pour désigner la faculté de disposer de sa personne et d'obtenir protection ou réparation contre les arrestations illégales et arbitraires. C'est ainsi que l'entendait le rapporteur au Corps législatif lorsqu'il disait en expliquant les articles 114 à 122 du Code pénal : « La jouissance de la liberté individuelle est, pour l'homme vivant en société, le premier de tous les biens, celui dont la conservation importe le plus essentiellement à son bonheur. Le gouvernement et la loi doivent donc la protéger et la préserver, avec une religieuse attention, de tout acte arbitraire de la part des ministres et de leurs agents. » Telle était la théorie en 1810 ; on verra dans quelques instants quelle était la pratique, mais il faut remonter un peu plus haut.

Les atteintes à la liberté individuelle peuvent résulter de mesures administratives ou judiciaires. Sous l'ancien régime, les lettres de cachet, les arrestations et condamnations par des commissions ou tribunaux extraordinaires participaient de l'irresponsabilité qui couvrait l'exercice absolu du pouvoir exécutif. Au contraire, les juges qui décrétaient légèrement de prise de corps et faisaient emprisonner mal à propos pouvaient être pris à partie et étaient tenus des dommages-intérêts envers celui qui avait été mis en prison injustement.

La Constitution du 14 septembre 1791 garantit, comme droits naturels et civils, la liberté à tout homme d'aller, de rester, de partir, sans pouvoir être arrêté ni détenu que selon les formes légales ; mais, dès l'an VIII, le gouvernement consulaire s'était attribué, par l'article 46 de la Constitution du 22 frimaire, un droit d'arrestation par mesure de police.

Après la Charte, les lois des 29 octobre 1815 et 25 mars 1820 conférèrent encore au gouvernement le droit d'arrêter et de détenir, sans les renvoyer devant les tribunaux, les individus prévenus de certains délits politiques. La monarchie de 1830 a donc seule mérité qu'on dise d'elle qu'elle ne s'est point réfugiée dans l'arbitraire, l'Empire fondé en 1852 perd ses droits à cette louange en maintenant pendant une dizaine d'années la loi de sûreté générale du 27 février 1858 dans une période d'existence paisible et incontestée.

La tranquillité du gouvernement et la sécurité du pays n'ont rien à gagner à l'emploi de pareils moyens, la justice régulière suffit , ses décisions désignent des coupables à l'opinion publique , celle-ci ne verra jamais que des opprimés dans ceux qui seront frappés sans jugement, sans publicité, sans contrôle.

Cette confiance de l'opinion dans l'autorité judiciaire provient de ce que toute atteinte, toute restriction apportée par elle à la liberté n'a lieu que suivant des formes prescrites et avec le concours des agents expressément désignés. Dès que ces formes sont violées, dès qu'un agent excède les limites de son pouvoir, la garantie légale apparaît et l'acte arbitraire, surtout s'il révèle le dol ou une intention oppressive, prend le caractère d'un attentat dont l'auteur est passible de la dégradation civique et de dommages-intérêts envers la partie lésée. (Code pénal, art. 114.)

En principe, l'exécution des mandats ayant pour objet de priver un citoyen de sa liberté ne peut avoir lieu que par le ministère des huissiers, des gendarmes, des gardes champêtres ou forestiers. Ce sont là les agents proprement dits de la force publique. (Code d'instruction criminelle, art. 97.) Aucune loi n'autorise les agents de police, ni même les officiers de paix à mettre un mandat à exécution. (Voy. Chauveau et Hélie, t. II, p. 238.)

Cependant, il est notoire que tous les jours, surtout dans les grandes villes, des arrestations sont opérées par les agents de police ; les individus qui en sont l'objet sont consignés au poste de police ou au corps de garde le plus voisin et, après un séjour plus ou moins prolongé, sont conduits devant le commissaire de police du quartier qui maintient l'arrestation ou ordonne la mise en liberté. Ce procédé, disons-le nettement, est extra-légal ; aucun texte n'autorise à arrêter, même en cas de flagrant délit, l'auteur d'une simple contravention ou d'un délit qui n'emporte pas la peine d'emprisonnement (Cas. Fournier). On soutient, il est vrai, que le maintien de l'ordre dans les lieux publics où il se produit de grands rassemblements n'est possible qu'à ce prix ; mais si cette opinion, qui est d'ailleurs la nôtre, est fondée, il est clair qu'il faut se hâter de définir et de préciser le droit des agents de police ; il faut surtout faire en sorte que tout individu arrêté soit sur-le-champ, et sans subir aucune détention, conduit devant un magistrat.

En constatant cette lacune dans la loi, nous sommes amené à nous demander quand et comment les citoyens sont autorisés à résister à une atteinte illégalement portée à leur liberté individuelle, question grave qui exigerait de longs développements dont la place n'est pas ici.

En principe, obéissance est due aux ordres des pouvoirs publics ; la présomption de légalité est en faveur des agents de l'autorité. Lors donc que l'agent opère dans l'exercice de ses fonctions et qu'il est porteur d'un titre exécutoire, une irrégularité, soit dans la procédure, soit dans le titre lui-même, n'autorise pas la résistance ; elle ouvre seulement les voies de recours. Mais la présomption de légalité cesse quand l'agent sort du cercle de ses fonctions pour procéder à un acte qui n'est pas de sa compétence ou pour réaliser un acte de sa compétence dans des conditions ou des circonstances autres que celles prévues par la loi. L'agent de la force publique qui effectue une arrestation hors le cas de flagrant délit et sans mandat ; l'officier public qui pénètre la nuit dans le domicile d'un citoyen, sans réquisition de la part du chef de la maison et hors les cas prévus, ne sont pas couverts par la présomption de légalité. La résistance, en pareil cas, est légitime ; celui dont la liberté individuelle est menacée a le droit naturel de la sauvegarder même par la force, si l'emploi de la force devient nécessaire.

C'est là, on le comprend, une triste ressource pour la liberté individuelle ; dans les pays libres, la vraie sauvegarde est dans les mœurs publiques et dans la responsabilité des agents du pouvoir à tous les degrés.

LIBRAIRIE. En France, le commerce de la librairie est principalement régi, comme celui de l'imprimerie, par le décret du 5 février 1810 et par la loi du 21 octobre 1814, modifié sur un point par le décret du 10 septembre 1870. Avant cette date tout libraire était soumis au brevet, c'est-à-dire ne pouvait exercer son industrie que sous le bon plaisir du gouvernement ; avant de se livrer aux actes de son commerce, il devait prêter serment de ne vendre ni distribuer aucun ouvrage contraire aux devoirs envers le souverain ou envers l'État. (Décret du 5 février 1810, art 30.) Si ces dispositions n'existent plus, il reste encore certains règlements de police. Ainsi, les libraires ne doivent pas mettre en vente des livres sans nom et demeure de l'imprimeur, l'auteur fût-il connu, ce qui met à la charge des libraires l'obligation de veiller à l'exécution de la loi relative aux imprimeurs ; à ne pas mettre en vente un livre publié à l'étranger, lorsque son introduction n'a pas été autorisée par le ministre de l'intérieur ; à ne pas mettre en vente de livres, par la voie du colportage, s'ils ne sont préalablement estampillés, sous des peines très sévères. (Loi du 27 juillet 1849.)

Une disposition commune aux libraires et aux imprimeurs se trouve écrite dans le décret du 7 germinal an XIII (29 mars 1805), et elle dispose que l'imprimeur ne peut imprimer et le libraire ne peut vendre des livres d'église, heures et prières, que d'après la permission des évêques diocésains, laquelle permission doit être textuellement rapportée et imprimée en tête de chaque exemplaire. La violation de cette défense est considérée comme contrefaçon et poursuivie conformément à la loi du 19 juillet 1793.

La tendance de la législation moderne est de délivrer de plus en plus la librairie de toute entrave ; à l'étranger il n'en existe presque plus.

LIBRE ÉCHANGE, équivalent de *Liberté du commerce*, c'est l'échange, la transaction entre acheteurs et vendeurs entièrement libre, c'est-à-dire sans entraves administratives ou fiscales d'aucune espèce, qu'il s'agisse d'individus isolés, de localités, de provinces ou de nations. Mais on l'entend plus particulièrement de la liberté du commerce international par opposition aux prohibitions à la frontière, aux tarifs et autres entraves constituant le régime douanier. On lui a fait signifier quelque chose de plus absolu, de plus radical, de plus compromettant que Liberté du commerce auquel la langue usuelle attribue, soit le sens de liberté de profession, soit celui d'une liberté commerciale relative ou modérée, de sorte qu'il n'est pas rare d'entendre des gens se proclamer partisans de la liberté du commerce, mais adversaires du libre échange !

Nous ne pouvons traiter ici cette matière importante qu'on doit étudier dans les traités spéciaux.

LICENCE. En France, le mot *licence* désigne un impôt auquel, à l'exception des marchands de matières d'or et d'argent, sont assujettis tous les contribuables qui, pour l'exercice d'un commerce ou d'une industrie, relèvent spécialement de la régie des contributions indirectes. Ces commerçants et industriels n'en restent pas moins, comme tous les autres, soumis à l'impôt des patentes. Supprimé dans les premiers temps de la Révolution, l'impôt de licence s'est réintroduit dans notre système fiscal, lorsque le premier Empire ressuscita, sous le nom de *droits réunis*, une grande partie des taxes connues dans l'ancien régime sous le nom d'aides et gabelles. On ne s'occupait point de savoir à quel point de vue le droit de licence restauré pouvait se concilier avec l'impôt de patente qui, dans le nouveau régime fiscal, était venu le remplacer. Lorsque le gouvernement et les chambres de la Restauration firent leurs premières lois de finances, la nécessité de conserver la plus grande somme de ressources possible était trop pressante pour qu'on se préoccupât outre mesure de l'harmonie et de l'équité du régime d'impôt ; on conserva le droit de licence avec tout le système d'impôts indirects du régime impérial. Depuis, malgré les modifications faites à ces impôts, soit pour les augmenter, soit pour les diminuer, les tarifs des droits de licence sont restés longtemps tels que les avait établis la loi du 28 avril 1816, mais après la guerre de 1870-71, les besoins d'argent en firent doubler le taux (loi du 1er septembre 1871), sauf pour les entrepreneurs de voitures publiques et les fabricants de salpêtre.

Il est question de l'élever encore davantage en remplacement de certains droits de consommation.

LICENCE ET LIBERTÉ. La licence et la liberté sont deux sœurs qui ne se ressemblent que de loin. Vues de près, on reconnaît qu'elles proviennent de lits différents, qu'elles sont des demi-sœurs.

En effet, elles ont pour origine commune la volonté ; mais la liberté procède en même temps de la raison et la licence de la passion.

Par conséquent, la liberté est naturellement réglée, mesurée, modérée, sans que l'intervention d'aucune loi restrictive soit nécessaire. Une liberté légalement illimitée sait se maintenir spontanément et presque sans effort dans les bornes que lui assignent l'intérêt général, la morale, le respect de soi-même. Elle est une émanation du sentiment de notre dignité et en est à la fois la sauvegarde la plus puissante.

La licence ne connaît ni règle, ni modération ; la loi n'existe pas pour elle ; ni la morale, ni le respect humain ne l'arrêtent. Elle est inspirée par le caprice, ne recherchant que des satisfactions momentanées et ne faisant aucun sacrifice au profit de l'avenir. Elle préfère un *tiens* à mille *tu l'auras*.

Est-il toujours possible de distinguer la licence de la liberté ? Nous le croyons ; et les signes caractéristiques que nous avons énumérés suffiront pour reconnaître l'une et l'autre, chaque fois qu'on consultera les faits avec impartialité. Malheureusement cette impartialité n'existe pas toujours, et les ennemis du progrès ne se font pas faute d'attribuer à la liberté les défauts de la licence.

LIGUES. Associations politiques. Elles diffèrent des confédérations principalement en ce qu'elles se contractent en vue d'un intérêt spécial et présent, et qu'elles cessent avec leur objet. Cependant, plusieurs coalitions faites en vue de la guerre ou de la défense sont devenues de véritables nations ou corps politiques, en sorte que la différence de l'association et de la ligue est souvent insaisissable[1]. Les plus célèbres sont : la *ligue étolienne*, la *ligue achéenne*, la *ligue hanséatique*, les deux *ligues lombardes*, les trois *ligues des Grisons*, admises depuis la confédération helvétique ; la *ligue de Cambray*, la *sainte ligue* d'Italie et d'Allemagne, la *ligue de Smalkalde*, la *ligue du Rhin*, etc. Ce furent des associations de princes et d'États souverains.

On a donné le nom de ligues, en France, à des coalitions de particuliers. Deux surtout ont marqué dans notre histoire, la *ligue du bien public*, que Commines, ami de Louis XI, appelle la *ligue du mal public*, et la *sainte ligue* ou *sainte union*, sous Henri III. La première, qui s'est produite dans des conditions de société assez simples, n'a pas soulevé de controverse historique ni politique, mais on a beaucoup discuté sur les véritables tendances de la Ligue du seizième siècle.

La *Fronde* fut, à beaucoup d'égards, une reproduction de la Ligue, mais seulement dans l'ordre politique. On y retrouve une

1. C'est une affaire de mode ; les mots s'usent et ont besoin d'être remplacés.

insurrection parisienne soutenue par une coalition féodale, contre l'autorité du roi. L'appel à l'intervention étrangère y est encore employé; il ne choquait pas au même degré qu'aujourd'hui la conscience politique. Mais on ne voit pas que les coalisés de la Fronde se soient liés, comme ceux de la Ligue, par un acte d'union formel.

LIMITES D'AGE. Celui qui jouit d'un avantage, d'un droit, d'un honneur, tend naturellement à perpétuer cette jouissance ; il n'est donc pas étonnant que les fonctionnaires désirent garder leurs places le plus longtemps possible. Or, il est des places qui exigent toute la force matérielle ou intellectuelle d'un homme, et la chose publique en souffrirait, si l'on abandonnait ces fonctions à des personnes hors d'état de les bien remplir. Généralement, la vieillesse cause un affaiblissement des forces physiques, et quelquefois aussi des facultés intellectuelles. Par ces raisons, la loi fixe l'âge à laquelle les militaires, la plupart des fonctionnaires, les magistrats doivent quitter le service. Sans doute, l'âge n'agit pas de la même manière sur tous les hommes, et toutes les fonctions n'exigent pas les mêmes aptitudes ; d'un autre côté, s'il y a des emplois dont les titulaires sont inamovibles, il en est d'autres dont les titulaires sont et doivent être amovibles. Aussi la loi fait-elle une distinction entre ceux qui peuvent et ceux qui doivent être mis à la retraite. Peuvent être mis à la retraite, tous les fonctionnaires amovibles. Le gouvernement peut les garder aussi longtemps qu'ils sont en état de rendre des services ; il peut les remplacer quand il le juge à propos. Pour ces fonctionnaires, il n'est généralement pas question d'une *limite d'âge*. Cette expression ne s'applique, du moins dans toute sa rigueur, qu'aux fonctionnaires qui jouissent de l'inamovibilité, aux officiers, aux magistrats et à quelques autres, et précisément parce que ces fonctionnaires ne peuvent pas être écartés arbitrairement, il ne faut pas que le gouvernement puisse maintenir les uns et retraiter les autres. Pour les fonctionnaires inamovibles, la mise à la retraite doit être générale et forcée. La limite d'âge est considérée comme le correctif naturel de l'inamovibilité. Elle peut avoir ses inconvénients, mais quel système n'en a pas ?

LISTE CIVILE. Cette dénomination, sous laquelle on désigne la somme allouée pour les dépenses annuelles de la couronne, est d'origine anglaise et remonte au règne de Charles II, lorsque le Parlement lui assigna un revenu de 1,200,000 livres sterling[1]. La liste civile n'existe que dans les Etats constitutionnels, où les finances sont soumises au vote et au contrôle des représentants du peuple. Le souverain absolu n'a pas de liste civile et n'en a pas besoin, puisqu'il dispose à son gré de tous les revenus publics ; du reste, même les gouvernements absolus, lorsqu'ils permettent la publication d'un budget, doivent y comprendre un chapitre spécial pour les dépenses particulières du prince. La liste civile est généralement fixée pour toute la durée du règne, et si elle est votée tous les ans, c'est une simple formalité qu'on remplit ; il ne saurait y avoir de discussion. Le prince ne doit aucun compte de l'emploi qu'il fait de sa liste civile.

Le chiffre de la liste civile, ou le traitement du souverain, est naturellement en proportion avec l'importance de l'Etat. Cependant les rapports ne sont pas partout les mêmes, d'une part parce qu'on tient plus ou moins compte des revenus des domaines nationaux ou de la couronne qui sont à la disposition du souverain, et de l'autre, parce que toutes les contrées ne sont pas également riches.

LIT DE JUSTICE. C'était d'abord le siège sur lequel les rois de France s'asseyaient pour rendre la justice. Il était surmonté d'un dais, et en forme de lit, selon la mode du moyen âge.

Depuis la fondation du Parlement, les rois ne s'asseyaient sur le lit de justice que dans des occasions solennelles, telles que leur majorité, la proclamation d'un grand édit, le jugement des grands vassaux.

Quand le Parlement devint puissant, les rois tinrent des lits de justice pour le forcer à enregistrer les édits malgré ses remontrances. Ils brisaient l'autorité judiciaire du Parlement en évoquant les affaires au conseil privé ; ils brisaient son autorité politique par les édits spéciaux, lettres de jussion, lits de justice, lettres de cachets et ordonnances d'exil. Si le Parlement n'obéissait pas aux lettres de jussion, le roi se rendait au Parlement avec les princes du sang, pairs et maréchaux, le grand chambellan, le grand écuyer, le prévôt de Paris, tout l'appareil de la force. On lisait l'édit, souvent on n'en lisait que le titre, et on exigeait l'enregistrement. Le Parlement délibérait à voix basse, à moins d'autorisation, et on enregistrait l'ordonnance à la majorité des voix. Quand la majorité se trouvait contre, ce qui n'arrivait presque jamais, on enregistrait tout de même. Le plus souvent on faisait le simulacre de délibérer et de recueillir les voix, et on enregistrait d'après cette formule : Le roi ordonne qu'il sera procédé à l'enregistrement des lettres *dont il a été délibéré.*

On justifiait cette violation de la conscience des magistrats par le principe : *Adveniente principe, cessat magistratus,* qui aurait besoin lui-même d'être justifié. Les plaisants

---

1. C'est à l'introduction de la liste civile que l'Angleterre doit en grande partie sa liberté constitutionnelle. Si le roi de ce pays avait eu assez de revenus personnels ou domaniaux pour défrayer sa maison et une troupe armée, il se serait rendu indépendant du Parlement. De nos jours les propriétés particulières les plus étendues ne pourraient plus dispenser un prince de se faire allouer une liste civile.

disaient qu'on appelait ces solennités lits de justice, parce que la justice y dormait.

LOCK-OUT. Quelquefois les ouvriers, au lieu de généraliser une grève, mettent quelques maisons en interdit, continuent de travailler et paient une rente aux ouvriers qui ont dû quitter les maisons désignées. Comme toutes les maisons doivent être désignées à leur tour, tous les patrons de l'industrie menacée font cause commune et ferment leurs ateliers (lock out, excluent). Tous les ouvriers étant en grève, les uns ne peuvent pas nourrir les autres aux dépens des patrons.

Un lock out, la fermeture des ateliers (lock) pendant que les ouvriers sont dehors (out), est donc l'un des incidents ordinaires d'une lutte entre le capital et le travail, il est aussi légitime que la grève... et non moins fâcheux.

LODS ET VENTES. Terme de la jurisprudence féodale qui désignait le droit de mutation dû au seigneur par celui qui lui achetait une terre, noble ou roturière.

LOI. *Définition.* — La nature et l'esprit humains sont soumis à certaines règles et à certaines nécessités qui déterminent leur manière d'être et d'agir, à un point tel que leurs manifestations si variées peuvent toutes être ramenées aux mêmes principes et conservent leur unité harmonique. Ces règles et ces nécessités s'appellent *lois* [1].

La nature est soumise à des lois mathématiques, physiques, chimiques ; le travail intellectuel est réglé par les lois de la pensée ; les lois de la morale déterminent nos devoirs ; les lois de la grammaire pénètrent pour ainsi dire jusqu'aux entrailles des langues et en dirigent l'application. Il ne faut pas confondre le fait avec la loi. Par exemple, la chute de la pierre ne constitue pas la loi de la pesanteur, mais cette loi se manifeste dans la pierre qui tombe. Une loi est donc une force invisible, mais elle est aussi une force permanente, inaltérable, bien que ses effets puissent apparaître sous des formes multiples et accidentelles. Les lois de la logique, par exemple, nous forcent à distinguer la cause de l'effet et à expliquer l'effet par la cause, voilà tout ; mais, en fait, combien sont variés les cas auxquels nous appliquons ces lois !

De plus, chaque loi particulière appartient à un ensemble de lois, à un système, et ce rapport avec d'autres lois donne à chacune son domaine déterminé et sa limite. On ne saurait séparer ni une loi chimique de l'ensemble des forces naturelles, ni une loi morale de l'ensemble du système, pour la faire agir isolément sans qu'elle s'anéantisse, se fausse, ou devienne subversive.

Enfin, la loi exerce aussi un certain pouvoir, une certaine autorité qu'on doit reconnaître, qui s'imposent à nous, et contre lesquels on ne s'insurge pas impunément. Qu'on nomme *divin* ou *naturel* le pouvoir qui repose dans les lois physiques, on ne saurait nier que toute tentative de l'homme pour se soustraire à leur influence ne saurait aboutir qu'à constater sa faiblesse. La loi physique nous impose l'obéissance d'une manière irrésistible. De même lorsqu'on dédaigne de se soumettre aux lois de la pensée, ou qu'on méprise les lois de la morale, on tombe nécessairement dans l'erreur, dans la folie ou dans le vice, et l'harmonie méconnue de l'ordre intellectuel et moral se venge certainement sur celui qui l'a violée.

De ces diverses catégories de lois, nous devons cependant distinguer les lois proprement dites, les lois civiles et politiques, bien qu'elles aient une grande analogie avec celles-là. Les lois civiles et politiques ont également une force morale ; elles émanent de l'esprit et sont, — sinon d'une manière absolue, du moins d'une manière relative. — permanentes et inaltérables, car l'expression de la volonté momentanée de l'Etat ne constitue pas une loi, mais un ordre. Elles forment également des parties d'un tout organique, le *droit* ou la *législation*, et elles se complètent et se limitent mutuellement. Enfin les lois de l'Etat ont également un pouvoir et une autorité qui nous imposent des égards et punissent ou empêchent la désobéissance.

La nature particulière des lois (civiles et politiques) ressort des points qui suivent :

1º Elles sont d'ordre humain. Les lois naturelles existeraient, lors même qu'il n'y aurait pas d'hommes pour les découvrir et les expliquer ; mais les lois civiles et politiques ont leur cause dans la nature humaine, et leurs effets se manifestent dans les rapports des hommes. Elles ont donc, comme tout ce qui est humain, seulement un sens et une valeur relatifs, elles ne sont jamais absolues.

2º L'autorité dont elles sont revêtues n'est pas celle de Dieu, ni celle de la nature, mais celle de la communauté humaine, ou de l'Etat ; et le pouvoir qui en protège l'action, qui empêche de la méconnaître, qui lui sert de sanction, c'est le pouvoir de l'Etat.

3º Toutes les autres lois sont, ou tout à fait indépendantes de la volonté de l'homme, comme les lois physiques et intellectuelles, ou ne sont soumises que dans une faible mesure à son influence, comme les lois de la grammaire et de l'esthétique. L'homme ne les saurait donc pas créer, il ne peut que les constater et formuler. Dans le domaine du droit ou de l'Etat, au contraire, la communauté, le peuple, l'Etat agissent avec la li-

---

1. Voici la définition de Montesquieu : « Les lois, dans la signification la plus étendue, sont les rapports nécessaires qui dérivent de la nature des choses. » La loi est-elle toujours ou uniquement un rapport ? Nous pensons, comme l'auteur de cet article, que cette définition est trop étroite.

La définition développée ci-dessus est de Bluntschli ; nous l'avons traduite avec un soin tout particulier. C'était une tâche extrêmement difficile. L'original allemand n'a pas été imprimé, que nous sachions.

berté qui leur est propre, et dans une certaine mesure avec un pouvoir créateur. Néanmoins c'est à tort qu'on considérerait le droit comme un produit de *l'arbitraire collectif.* Un grand nombre de principes et de règles du droit public, et surtout du droit privé, sont donnés par la nature humaine et découlent nécessairement des rapports qui existent entre les hommes. Par conséquent, cette catégorie de lois civiles, comme celles de la nature, est découverte et non édictée par nous. Mais si la nature des choses exerce également sur le droit son irrésistible influence, elle ne produit que les principes fondamentaux, et notre libre arbitre reprend son empire sur la manière de les formuler, de les développer et de les protéger, ou de leur procurer une sanction. Le droit public et privé, en majeure partie, ne se compose pas seulement de droit naturel, mais encore de droit légal, et dans les sociétés à civilisation avancée, l'Etat a la tendance de comprendre dans la loi écrite chaque notion de droit naturel qu'on parvient à constater dans les coutumes et, en les formulant, de les revêtir de son autorité. Prise dans son acception la plus étendue, la loi embrasse ainsi les règles traditionnelles du droit coutumier et celles qui sont fondées sur la nature des choses ; mais dans un sens plus étroit, on n'entend par loi que la prescription ou disposition obligatoire émanée de l'autorité supérieure de l'Etat, et plus spécialement du pouvoir législatif.

De la rédaction des lois et de leur validité. On distingue les phases suivantes dans la rédaction des lois :

1. D'abord *l'initiative* qui apparaît sous la forme d'un *projet de loi,* soumis à la délibération du corps représentatif, des chambres.

Partout le gouvernement a le droit d'initiative, et, en tout cas, c'est lui qui l'exerce le plus fréquemment. A la tête de l'Etat, dirigeant les affaires publiques, il constate plus tôt et plus facilement des besoins généraux à satisfaire, et il dispose de nombreuses ressources, de nombreux agents d'information qui le mettent en mesure de trouver les meilleures dispositions à prendre. Voilà ce qui rend l'initiative si utile entre ses mains. Mais si néanmoins la plupart des constitutions accordent le droit d'initiative aux chambres, c'est qu'on a pu faire l'expérience que les gouvernements négligent parfois d'exercer leur devoir d'initiative, et que certaines matières ne sont réglées que sous la pression énergique des gouvernés. Lorsque le gouvernement remplit ce devoir avec soin et intelligence, la Chambre aura rarement l'occasion d'exercer son droit d'initiative, et quand cette occasion se présentera, le gouvernement lui-même devra être heureux de recevoir un utile contingent de forces.

Le projet de loi doit être rédigé avec le plus grand soin ; s'il avait été préparé négligemment, la discussion postérieure ne parviendrait jamais à corriger ses défauts. Comme tous les produits de l'intelligence, les lois réussissent le mieux lorsqu'elles sont rédigées par un seul. Plusieurs personnes peuvent apporter, à son élaboration, leur contingent de lumières, d'autres peuvent critiquer le projet, prendre des décisions relatives aux dispositions qu'il renferme ; mais la rédaction proprement dite, la forme, réussit mieux à un individu qu'à une commission. Un travail collectif n'a pas toujours cette unité dans ses parties, cette cohésion qu'on désire trouver dans une loi.

2. *Renvoi à la représentation nationale. Discussion préparatoire.* — Lorsqu'un projet de loi est définitivement rédigé, ce qui suppose pour ceux qui émanent du gouvernement une délibération dans le conseil des ministres et dans le conseil d'Etat, sa présentation à la représentation nationale provoque en général l'examen public. Cet examen est exercé d'abord librement (sans être astreint à des formes particulières) par le public, soit dans la presse, soit dans des pétitions ou des réunions spéciales. Mais nous ne nous arrêterons un moment qu'à la discussion préparatoire dans le sein des corps législatifs.

Les méthodes suivies pour les examens préparatoires sont variées. En Angleterre, la Chambre tout entière se constitue en commission (comité), c'est-à-dire que tous ceux qui s'intéressent à la matière prennent part à la délibération. Sur le continent, on charge généralement de l'examen préalable une commission élue, tantôt par les sections formées par le tirage au sort (chaque section, comité, bureau, nommant un membre), tantôt aussi par des comités plus ou moins spéciaux ou permanents.

La manière de procéder des commissions est aussi variée que le mode de leur nomination. En Angleterre, où le Parlement a une si grande part dans l'administration du pays, les commissions ouvrent souvent de vastes enquêtes ; elles convoquent un grand nombre de particuliers à titre de *témoins* ou d'hommes spéciaux, et reçoivent leurs dépositions. Elles recueillent ainsi directement les éléments de leur jugement et ne se servent pas ou presque pas des rapports et de l'entremise du gouvernement. Sur le continent, où les attributions du pouvoir législatif sont généralement plus restreintes, où l'action du gouvernement est plus étendue, les commissions se contentent habituellement d'élaborer les matériaux réunis par l'autorité administrative, et n'exercent que rarement leur droit de prendre des renseignements directs auprès de particuliers (témoins, experts) ou de faire des *enquêtes.* (*Voy. ce mot.*) La première de ces méthodes prend plus de temps et cause plus de frais, mais elle assure le succès de l'examen ; elle permet de voir clair dans la situation du peuple et de se rendre un compte exact de ses besoins. La seconde méthode maintient la commission dans une certaine dépendance de l'administration et la force de voir par les yeux des bureaux, mais elle est plus commode, plus expéditive, moins chère. Dans certains cas, elle peut suffire et même mériter la préférence, mais il ne convient pas de s'y enfermer. L'examen direct sera souvent nécessaire tant pour compléter les matériaux administratifs que pour les contrôler.

3. La *délibération* et le *vote* ont toujours lieu en assemblée générale de la Chambre. Quelquefois la délibération et le vote sont répétés à plusieurs reprises. La plus grande liberté de discussion et de parole est de rigueur. Les membres de ces assemblées ne doivent être gênés ni par un mandat impératif imposé par les électeurs, ni par les résolutions de clubs, ni être exposés à courir des dangers s'ils exercent une critique sévère. Il importe aussi que, dans le feu de la discussion, les membres n'oublient jamais les égards dus à la dignité de l'assemblée ou à leurs collègues, et que les tribunes ne cherchent pas à influencer la délibération.

Il est inutile d'ajouter que les séances doivent être publiques; lorsque les mandataires de la nation parlent dans l'intérêt de la patrie, il faut que tous puissent entendre leur voix (ou lire leurs discours), afin que les rapports entre électeurs et élus restent vivants et deviennent féconds.

Une question à résoudre ici, c'est celle des amendements. Sont-ils praticables dans les grandes assemblées, et à quelles conditions? Si l'on refusait aux corps représentatifs tout droit d'amendement, leur influence sur la législation se réduirait au minimum, et leur coopération ne serait presque plus qu'une forme. Si, au contraire, on pouvait proposer et faire adopter à chaque instant un amendement, on s'exposerait à voir altérer l'harmonie d'une loi par des changements ou des additions, à y introduire des contradictions et même à surprendre des votes regrettables. Il faut donc protéger la liberté des amendements, mais en même temps on doit en régler l'exercice de manière à éviter toute précipitation. Ce but pourra facilement être atteint, par exemple, au moyen du simple renvoi aux bureaux et d'une délibération postérieure en assemblée générale.

4. *Sanction.* — Dans les Etats monarchiques, la loi, pour être parfaite, a besoin d'être sanctionnée par le prince, après avoir été votée par les assemblées délibérantes. Le refus *exprès* de sanction se nomme *veto*. Il ne suffit pas qu'il y ait absence de veto, il faut qu'il y ait sanction, approbation positive.

5. *Promulgation.* — C'est le dernier acte de la création d'une loi. Une loi promulguée est en vigueur.

On a vu qu'une loi, pour être valable, doit avoir reçu l'assentiment de tous les organes du pouvoir législatif. Il en résulte que les tribunaux peuvent refuser d'appliquer un acte du gouvernement contraire à la Constitution ou qui, bien que du domaine de la loi, n'a pas reçu l'approbation de l'assemblée représentative.

On pourrait demander si une loi qui a reçu la sanction du pouvoir législatif, et dont la forme est par conséquent parfaitement correcte, si une telle loi peut être attaquée au fond comme contraire à la Constitution et considérée par les tribunaux comme non avenue. Le droit public américain admet l'affirmative, le droit public européen est presque unanime pour répondre négativement. Mais en Europe aussi des autorités respectables se prononcent pour l'affirmative. Il semble en effet désirable de circonscrire le pouvoir du législateur. L'homme n'est pas fait pour le pouvoir illimité : lorsqu'il croit le posséder, il en abuse. La doctrine de l'omnipotence absolue du législateur est donc subversive. En fait, en organisant le pouvoir législatif dans les Etats modernes, et notamment en le composant de plusieurs éléments, en le partageant entre plusieurs organes, on a prévenu la plupart des abus d'autorité. Si le gouvernement avait une tendance à outrer le pouvoir de faire des lois, il trouverait un frein dans la représentation nationale; si, au contraire, la démocratie avait un penchant pour les lois inconstitutionnelles, elle aurait son contre-poids dans la Chambre des pairs ou dans le Sénat. De sorte que, si les divers organes du pouvoir législatif sont d'accord, il y a une très forte présomption en faveur de la loi : elle doit être constitutionnelle.

D'un autre côté, l'autorité du législateur doit nécessairement primer toutes les autres. Ce serait le renversement de l'ordre naturel des choses, si le tribunal pouvait contrôler les actes du législateur, et mettre sa propre autorité au-dessus de celle d'une loi, ne serait-ce même que dans un cas spécial, dans *une espèce*. Le jugement du tribunal, l'arrêt d'une cour ne doivent leur validité qu'à leur forme. Lorsque l'arrêt est prononcé en dernière instance et qu'il a *force de chose jugée*, il a créé un droit formel, et le gouvernement lui-même devra le respecter, lors même qu'il aura la conviction intime que le tribunal a eu tort au fond. De même, le tribunal doit considérer comme valable un règlement de police émané de l'autorité compétente, quand même il penserait que les dispositions de ce règlement laissent à désirer. Or, lorsque le législateur crée une loi, il établit aussi un droit formel, ou plutôt une prescription, qui serait obligatoire, lors même qu'il se serait trompé et aurait sanctionné une disposition que l'interprétation pourrait mettre en contradiction avec la Constitution.

Des conflits de cette nature, soit entre deux organes du pouvoir législatif, soit entre le législateur et les tribunaux, ne sauraient jamais s'élever en face de dispositions expresses de la Constitution. Il serait absurde de penser que les organes du pouvoir puissent vouloir ébranler les bases de leur autorité. Mais s'il est rare qu'une loi contredise ouvertement ou expressément le texte de la

Constitution, il pourra naître des divergences d'opinion sur le sens et la portée de telle disposition constitutionnelle et sur ses rapports avec une loi ordinaire. Ainsi, toute une série d'articles des constitutions renferment des propositions abstraites, par exemple, ceux qui énoncent, sous la forme d'axiomes, la garantie de la propriété, de la liberté personnelle. C'est à la législation ordinaire à déterminer le sens exact de ces propositions, à les appliquer, et au besoin à indiquer les restrictions qu'elles devront subir dans des cas prévus. Celui qui les interprète d'une manière trop littérale, et en suivant les formes de l'interprétation juridique, pourra quelquefois voir une contradiction entre une loi ordinaire et l'une de ces propositions abstraites. Le législateur, de son côté, qui considère et pèse toutes les circonstances, tous les besoins publics, qui s'efforce réellement de donner au peuple toutes les satisfactions auxquelles il a droit, se croira moins lié par la lettre que par l'esprit de la Constitution. Il pourra donc établir de très bonne foi une loi qui paraîtrait inconstitutionnelle à une logique purement juridique. Dans des cas pareils, l'autorité du législateur ou des lois pourrait être ébranlée d'une manière dangereuse, si les dispositions en question pouvaient être rejetées ou invalidées par les tribunaux, et si ces derniers pouvaient mettre leur interprétation au-dessus de celle du législateur.

LOI MARTIALE.

Loi décrétée par l'Assemblée constituante, le 21 octobre 1789. Elle autorisait les municipalités à requérir les troupes et la garde citoyenne pour dissiper les rassemblements. Cette loi a été plus tard remplacée par la loi sur les attroupements (*voy. ce mot*), et ses effets ont été complétés par l'invention de *l'état de siège*.

LOI NATURELLE.

Il est souvent question de *lois naturelles* en matière économique et sociale, et il est des personnes qui affectent de les discuter, même de les nier, tout en admettant qu'il y a des lois psychologiques. Pour se justifier, ils citent des cas exceptionnels où la loi semble avoir été violée, ou n'est pas restée fidèle à elle-même. — Simple chicane cela.

Même en matière physique, la constatation des faits a ses difficultés, et, quand on le peut, on vérifie les poids et les distances 10 fois, 20 fois et au-delà et on prend une moyenne. C'est uniquement la moyenne qu'on offre alors comme résultat. A plus forte raison doit-on revenir sur les faits en matière psychologique et plus spécialement en matière économique et sociale, où l'effet est presque toujours le résultat d'un concours de causes.

De plus, en matière physique, la volonté ne joue aucun rôle, mais elle en joue un dans les actes humains. La volonté peut être folle, c'est-à-dire désorganisée et, dans ce cas, ses actions ne peuvent plus être comptées. Les lois économiques ou sociales ne s'occupent que de la volonté saine, rationnelle, c'est-à-dire naturelle.

Les lois naturelles économiques et sociales sont donc en réalité des moyennes, elles sont plus vraies ainsi, et ce n'est vraiment qu'une chicane quand on attaque ces moyennes en soi ; on peut seulement dire de certaines moyennes déterminées, qu'elles sont mal prises[1].

LOI SALIQUE.

Nos anciens auteurs, du quatorzième au dix-huitième siècle, entendaient surtout par loi salique l'usage qui exclut les femmes de la couronne de France. Communément, on l'emploie encore dans cette acception exclusivement politique. Mais on sait que cette disposition de droit successoral et national n'est pas toute la loi salique, qui comprend l'ensemble des coutumes des Francs Saliens.

LOIS AGRAIRES.

De nos jours encore on a entendu des tribuns du peuple réclamer des lois agraires, mais ces tribuns n'avaient reçu mission que de leur ignorance, et, en même temps qu'ils prouvaient, par cette demande du partage des terres, combien ils connaissaient peu les lois fondamentales du développement de l'activité humaine, ils prouvaient aussi, par les mots mêmes dont ils se servaient, qu'ils ne connaissaient pas la constitution de la société romaine.

On appelait « lois agraires », à Rome, toutes les lois relatives aux terres, et spécialement celles qui concernaient les terres du domaine de l'État, l'*ager publicus*. Les idées antiques de guerre, de conquête, de butin, de partage, sont les seules que paraisse avoir connues et mises en pratique le fondateur de la nation romaine. Improvisée par une bande de brigands semblables à ceux qui infestent encore l'Apennin de Naples, cette nation ne posséda d'abord d'autre territoire que celui qu'elle enleva aux peuplades voisines.

On y tailla pour chaque bandit armé d'une lance ou « quirite » un lot de deux *jugera*, c'est-à-dire d'environ cinquante ares. Ce lot s'appela *heredium*[2], l'héritage sacré du citoyen. Tout le reste fut la propriété indivise de l'État ou du roi, et ce domaine fut affermé, soit pour des pâturages qui payaient une redevance en bétail, soit pour d'autres cultures chargées d'un cens qui montait au dixième pour les grains et au cinquième pour la vigne. Quand les Romains chassèrent Tarquin et s'établirent en république, le domaine fut divisé et l'*heredium* de chaque citoyen fut porté à cinq *jugera*. C'est là ce que possédaient les premiers patriciens de Rome, les ancêtres des Lucullus. On ne croyait pas qu'un homme dût alors posséder plus de terre qu'il n'en pouvait cultiver de ses mains.

1. Voy. notre ouvrage : *les Progrès de la Science économique* (Paris, Guillaumin).
2. Doit-on ou peut-on traduire par Homestead ?

Nous ne poursuivrons pas ici l'histoire des lois agraires, terme dont la signification a plusieurs fois changé. De nos jours, c'est par analogie qu'on nomme ainsi toute législation qui tend à modifier profondément le droit de propriété au sol.

Le droit de propriété est souvent attaqué par les partis révolutionnaires et par ceux qui cherchent à exploiter ces partis, mais dans l'intérêt de l'humanité, il faut espérer que le droit de propriété résistera victorieusement à toutes les attaques.

LORD, synonyme de seigneur. C'est le titre donné à tous les pairs (*peers*) d'Angleterre, aux principaux juges, aux évêques, au maire de Londres et à quelques nobles qui en jouissent héréditairement sans avoir un siège dans la Chambre haute.

LOTERIE. La loterie est un jeu de hasard, dont l'origine remonte aux temps de l'antiquité romaine. Imaginée d'abord comme un moyen d'amusement pour le peuple, elle s'est peu à peu introduite dans les mœurs, puis dans les lois : les particuliers l'ont exploitée comme un instrument de spéculation ; les gouvernements comme une ressource fiscale, et aujourd'hui encore la loterie figure dans le budget d'un certain nombre d'États. Mais la loterie est presque partout attaquée.

« Les législateurs, a dit J.-B. Say, qui sanctionnent un pareil impôt, votent un certain nombre de vols et de suicides tous les ans : il n'est aucun prétexte de dépense qui autorise la provocation au crime. » Cet anathème, prononcé si énergiquement au nom de l'économie politique, n'est que l'écho du sentiment moral. La loterie n'est autre chose qu'une maison de jeu. Or, conçoit-on que l'Etat se fasse en quelque sorte le croupier des joueurs, tienne les dés ou les cartes, et provoque les passions qui s'agitent autour du tapis vert ! Il est superflu de discuter une telle question. Tout système de loterie gouvernementale doit être absolument proscrit.

Mais s'il n'est point permis à l'Etat d'exploiter lui-même les loteries, peut-il intervenir dans l'exploitation des loteries organisées en dehors de lui par la spéculation privée ? Y a-t-il là pour lui un droit à exercer, un devoir à remplir, ou bien est-il tenu de respecter le principe de liberté, en s'abstenant de toute ingérence en cette matière et en laissant à chacun la faculté d'agir selon sa passion ou son intérêt ? — Nous n'hésitons pas dit M. C. Lavollée à déclarer que le principe de liberté ne nous paraît point engagé dans la question. Il s'agit, en premier lieu, d'un intérêt moral. Or, le principe de liberté doit être subordonné à la loi morale, qui domine et inspire toutes les lois. S'il est reconnu que la loterie est une excitation à l'une des plus mauvaises passions qui sommeillent au cœur de l'homme, qu'elle entretient de basses cupidités, qu'elle est de na-

ture à provoquer le scandale public, le législateur intervient naturellement, et il faillirait à sa mission en n'exerçant pas le droit qui lui appartient de prévenir et de réprimer le mal. Au point de vue économique, il n'est pas moins fondé à proscrire une industrie aléatoire, dans laquelle la richesse, quand elle arrive, n'est le fruit d'aucun travail, ne s'élève que sur des ruines et n'est capable de rien créer. Enfin, sous le rapport politique, il ne saurait laisser ouverte une école de démoralisation, qui attire particulièrement les classes pauvres, trompe le plus souvent leur crédulité et leurs convoitises, n'éveille chez elles que de mauvais instincts et aigrit leur misère par le désespoir. Nous ne savons si jamais les loteries ont eu le don d'amuser le peuple ; mais il est certain qu'elles le corrompent.

Nous avons tenu à reproduire l'opinion usuelle sur les loteries, et nous adopterions cette opinion, si réellement tous les souscripteurs y mettaient de la passion. Mais ce n'est pas le cas. Le plus souvent on consacre une somme annuelle très modérée à la loterie, et dans bien des misères on trouve sa consolation à rêver au gros lot. Quant à l'argument qu'on ne doit rien gagner sans travail, c'est une plaisanterie colossale ; trouverait-on, parmi un billion d'hommes, un seul qui refuserait un gain honnêtement fait à la loterie ? Et s'il était pauvre, quelle joie ! !

Dans nos sociétés, où tant d'hommes sont favorisés par des chances aveugles (naissance, fortune, talents, etc.), tout homme devrait être en position de profiter d'une chance. Si j'étais dictateur, tout citoyen devrait payer 10 ou 20 fr. par an, et les lots seraient distribués gratis entre tous les citoyens non millionnaires. Je serais béni par tous les pauvres qui ne trouvent de consolation que dans leurs rêves.

LUXE (*lois somptuaires ; impôts de luxe*). Les lois somptuaires ne sont plus qu'un souvenir historique dans les pays avancés ; elles survivent pourtant dans les impôts sur le luxe auxquels elles ont frayé le chemin et qui se prélèvent aujourd'hui presque partout en Europe. Les lois somptuaires qu'on rencontre dans les républiques de la Grèce, qu'on retrouve à Rome, et qui surabondent au moyen âge, visaient à renfermer dans certaines limites arbitraires, tantôt telle catégorie de dépenses, tantôt telle autre. Le législateur spartiate ne dédaignait pas de regarder jusque dans la marmite de ses concitoyens, pour leur interdire l'emploi de tout autre condiment que le sel et le vinaigre ; à Rome, la loi s'attaquait notamment aux prodigalités des festins et de la toilette, au moyen âge, les lois somptuaires s'occupaient de l'habillement, de la vaisselle, de l'habitation, du domestique ; les enterrements étaient un objet de prédilection de cette législation spéciale. Le mobile n'était pas toujours le même. Par les lois somptuaires, on voulait tantôt combattre la tendance générale d'une époque à l'excès de prodigalité et au relâchement de mœurs qui l'accompagnait; tantôt on voulait maintenir par là une certaine égalité extérieure dans la vie et les habitudes de toute la population; d'autres fois, les lois somptuaires, en établissant des classifications, voulaient, au contraire, marquer par des signes extérieurs la différence et la gradation des classes sociales.

Quel qu'ait été, aux diverses époques et dans différents pays, le but des législateurs, les lois somptuaires l'atteignaient rarement ou presque jamais. L'interdiction conférait aux choses convoitées l'attrait supplémentaire du fruit défendu. Il s'y ajouta avec le temps un sentiment plus vif de la liberté individuelle, qui ne permettait plus aussi facilement qu'autrefois à l'Etat de s'immiscer dans la vie privée des citoyens. Avec la disparition des castes, la diffusion du bien-être, l'accroissement de la richesse mobilière, disparaissaient d'ailleurs les prétextes et les points d'appui sur lesquels s'appuyait jadis la législation somptuaire. Aussi, les gouvernements sont-ils arrivés presque partout à suivre l'exemple qui avait déjà été donné dans l'ancienne Athènes: au lieu de réprimer le luxe, on se borne à lui imposer une amende pécuniaire qui devient tout simplement un impôt.

Certes, les adversaires ne manquent pas au luxe, de nos jours encore. Les attaques dont il est l'objet ne sont pas toujours dénuées de tout fondement. La prodigalité est un vice dont les fâcheuses conséquences n'atteignent pas l'individu seul qui en est affecté. La communauté s'en ressent. Elle souffre, quand ce vice prend une certaine extension, dans ses intérêts matériels, parce que les sommes gaspillées par le prodigue sont soustraites pour un certain temps au travail de fécondation et de reproduction qui est la destination naturelle du capital; la communauté en souffre dans ses intérêts moraux, parce que la prodigalité est presque toujours l'effet et la cause de mœurs dissolues, d'habitudes mauvaises. Mais c'est un terrain où la loi ne peut rien faire, si ce n'est d'empirer le mal par une immixtion maladroite, qui stimule parce qu'elle est provocante. De plus, si la prodigalité est toujours condamnable, il est souverainement difficile d'établir la limite entre ce défaut et le luxe si commun de nos jours. La femme de l'artisan aisé est au XIXe siècle mieux habillée et assurément mieux pourvue en linge que la châtelaine du quinzième siècle et l'habitation du bourgeois offre sans conteste plus de confort et plus d'élégance que n'en offrait la demeure de maint baron ou duc du moyen âge; le prolétaire même se nourrit mieux et voyage plus commodément que le plus fier noble d'une autre époque. A mesure que s'élève le niveau de l'aisance matérielle et de la culture intellectuelle, s'élève aussi le niveau des besoins matériels et intellectuels. La jouissance qui hier était du superflu devient indispensable; ce à quoi les privilégiés de la fortune seuls prétendaient naguère est réclamé maintenant par tous ou presque par tous. Le luxe n'est plus, à de rares exceptions près, dans la nature de la jouissance permise, mais seulement dans l'extension qu'elle prend. Et pourvu que le développement des exigences de la vie soit en proportion du développement des ressources, aucun esprit raisonnable ne voit un mal absolu dans le progrès du luxe; ce progrès témoigne généralement en faveur du raffinement du goût des masses; il agit en même temps comme stimulant efficace du travail, et seconde la marche ascendante de l'industrie humaine dans toutes ses manifestations.

L'impôt sur le luxe ne saurait donc conserver de nos jours rien du caractère répressif et d'amende qui l'avait distingué à sa naissance. Au fond, ce n'est pas le luxe qu'on impose aujourd'hui; on y voit non l'objet en lui-même imposable, mais plutôt les signes extérieurs d'une fortune ou partie de fortune qui peut être imposée; l'on estime que telle ou telle jouissance dite de luxe suppose chez les citoyens qui se l'accordent un certain superflu pouvant être soumis à un prélèvement fiscal. C'est l'unique base rationnelle de l'impôt sur le luxe. Mais on comprend d'après les considérations qui précèdent à quel point il est difficile de dire où commence le luxe, soit d'une manière générale, soit pour chaque classe de citoyens. A part ce que nous avons dit de l'élévation successive du niveau général des besoins, il y a des jouissances (ou des dépenses) qui sont imposées à tels ou tels citoyens par leur situation et que se refusent volontiers d'autres citoyens quoique plus aisés. Il en résulte que, de fait, l'impôt du luxe redevient souvent une sorte d'amende et frappe sur le contribuable qui est justement le moins en état de payer. En ces matières les mœurs agissent avec plus d'intelligence que les lois.

LYNCH (LOI DE). *Lynch-law.* On ne sait pas exactement quel était le personnage qui, dans l'Amérique du Nord, a donné son nom à cette forme de procédure sommaire suivant laquelle le peuple, sans aucune formalité légale et sans appel, saisit le criminel, le condamne et l'exécute séance tenante. Ce qu'on rapporte de plus probable, c'est que Lynch était un fermier de la Virginie, qui trouvait plus simple de se faire justice à lui-même, que de recourir aux tribunaux; il était tout à la fois le juge et le bourreau. L'imagination populaire, frappée sans doute des excès de ce redoutable justicier, a consacré son nom, en l'entourant d'un prestige sinistre; le *juge Lynch* est encore un sujet d'effroi à cause des souvenirs vagues, mais terribles, qu'il rappelle, et des appréhensions qu'il cause dans un pays où personne n'est sûr de ne pas être *lynché* le lendemain. Il n'avait, il faut bien le dire, aucune idée de ce que nous appelons aujourd'hui la séparation des pouvoirs, et il agissait en conséquence. Ce qui le justifie ou lui sert d'excuse, c'est qu'il était entouré d'ennemis ; entre la population indigène d'un côté et ses nègres de l'autre, il était en butte à mille dangers. Que pouvait-il faire ? Pour recourir à la justice, il faut des tribunaux et probablement il n'en existait guère alors en Virginie. Il se défendait donc. Grotius a prévu le cas : là où il n'y a ni justice, ni tribunaux, en pleine mer par exemple, chacun conserve la liberté naturelle : *manet vetus naturalis libertas.*

Depuis que les Etats-Unis se sont constitués, leur organisation régulière n'a pas fait disparaître la loi de Lynch, et il nous arrive encore souvent quelque nouvel exemple de son application. Voici en général comment les choses se passent : un de ces grands crimes, qui portent partout l'épouvante et l'indignation, tels que l'incendie, le viol ou l'assassinat, vient-il d'être commis, la population se soulève en un instant ; le coupable est poursuivi, traqué, arrêté et conduit sur la place publique. Ordinairement, les magistrats interviennent et demandent au nom de la loi que le coupable leur soit livré. La foule délibère, vote et décide qu'elle jugera elle-même sur-le-champ ; les magistrats se retirent en protestant. Immédiatement le jugement commence, une sorte de présidence s'organise, les témoins sont entendus ; le président consulte la foule, offrent la parole à qui veut la prendre pour la défense de l'accusé ; s'il se trouve un défenseur, on l'écoute religieusement ; la condamnation n'est prononcée qu'après ; puis sans désemparer, en présence du peuple qui vient de faire acte de souveraineté et qui surveille l'exécution de son jugement, une potence s'improvise et le condamné, suivant l'expression usitée, est lancé dans l'éternité. Ces sortes d'exécutions, si fréquentes aux Etats-Unis, ne sont pas réprimées ; elles sont excusées et tolérées par les mœurs (qui, d'ailleurs, est assez fort pour les empêcher ?)... Du moins jusqu'à présent.

M

MACHIAVÉLISME. C'est la politique des intérêts, s'appuyant sur la force et les ruses, qu'on appelle ainsi parce que la théorie en est attribuée à Machiavel. Il n'est pas certain que tel ait réellement été son enseignement, beaucoup de bons esprits en ont douté, ou l'ont même contesté ; la plupart sont d'avis qu'il s'est borné à dire : voilà quelles sont les pratiques des gouvernements et des sociétés autour de nous. Voilà d'ailleurs ce que j'ai cru lire dans *le Prince*, surtout après avoir lu les autres ouvrages de l'auteur. En fait, depuis l'antiquité jusqu'à nos jours, la politique s'est servie bien plus souvent des armes de la force et de la ruse que de moyens honnêtes et pacifiques ; il ne sert à rien de le nier, l'histoire est là, elle nous le montre à chaque page de ses annales. Trahisons, violences, mensonge, oppressions, voilà ce que ces pages nous relatent. Qu'on flétrisse la force et la ruse, rien de mieux, mais qu'on accuse Machiavel de les avoir recommandés, cela dépasse la mesure de ce qui est permis. On a usé avant lui, comme après lui, de ces moyens de gouvernement et de conquête, et si l'on en use un peu moins de nos jours, on le doit, d'une part, à la presse, à la publicité, à la transparence des affaires actuelles, et de l'autre, au remplacement des petits Etats par des grands, qui sont lents, très lents à remuer, heureusement d'ailleurs, car ils ne peuvent remuer sans causer de catastrophes.

MACHINES. Nos arrière-neveux auront un jour de la peine à comprendre que les machines, ces utiles auxiliaires de l'homme, aient pu susciter des haines, causer des émeutes sanglantes, provoquer des actes de stupide barbarie. Et pourtant, les faits sont là pour en témoigner, nous n'exagérons rien.

D'où venaient ces sentiments hostiles ? aurait-on méconnu les bienfaits que les puissants engins sont destinés à rendre à l'humanité ? Pas un seul instant. On savait parfaitement que les machines centupleraient les produits, et qu'en diminuant les prix de ces produits elles les mettraient à la disposition d'une classe de la population qui en était privée auparavant. Seulement ceux qui les détruisaient s'imaginaient que le progrès a lieu à leurs dépens. La machine nous prend notre pain, brisons-là ! Tel était leur cri.

Les myopes ! S'ils avaient laissé la machine s'établir, ils auraient vu en peu de temps leur salaire augmenter considérablement. Le sacrifice qu'on leur demandait n'allait pas au delà de celui que fait tous les ans le cultivateur en confiant au sol la graine qui doit produire la récolte, ou le capitaliste qui bâtit une fabrique. Le cultivateur et le capitaliste *attendent.* Il s'agissait pour les ouvriers aussi d'attendre, et ils ne couraient pas en même temps le risque de perdre leur avoir.

Maintenant que les machines existent en grand nombre, — on les a souvent établies *per fas et nefas,* — et qu'elles ont réellement fait monter les salaires, les économistes peuvent dire fièrement : « N'avions-nous pas raison de soutenir que la machine, en faisant baisser le prix de l'objet fabriqué, aura le double effet de mettre à la disposition de l'ouvrier des jouissances nouvelles, et de multiplier la production à un point tel, que les bras occupés dans une industrie quelconque deviendraient insuffisants dès qu'elle aurait appelé la mécanique à son secours ? » Voilà ce que les économistes prédisaient et voilà ce que les faits ont presque universellement confirmé.

Il y a eu peut-être quelques rares exceptions. Encore ne les connaissons-nous pas, mais nous les admettons comme possibles. Était-ce une raison pour maintenir l'ancien état de choses? Fallait-il que la société continuât de consacrer à un produit un travail exagéré, seulement pour que quelques ouvriers n'aient pas à se donner la peine de chercher une nouvelle occupation? Ces mêmes ouvriers qui se plaignent, et qui sont en effet momentanément dignes d'intérêt, n'auraient-ils pas abandonné sans hésiter le boulanger de droite pour acheter chez le boulanger de gauche un pain moins cher d'*un* centime? Se préoccuperaient-ils de la ruine de leur ancien fournisseur ?

Ainsi, la société marche et doit marcher; si ses progrès causent quelques souffrances momentanées, transitoires, on vient en aide à ceux qui souffrent, on leur facilite le passage d'un état dans l'autre; mais on ne s'arrête pas, c'est impossible!

L'homme qui jouit de la plénitude de sa raison le sait du reste. Ce n'est que dans un moment d'aveuglement ou de passion qu'on tente de s'opposer au progrès. Ces cent ouvriers qui démolissent une fabrique peuvent-ils oublier d'ailleurs que dès demain mille soldats seront là pour aider la justice à exercer la vindicte de la société? Au moment où ils s'occupaient de l'œuvre de la destruction, ils ne raisonnaient pas, ils étaient ivres de passion, peut-être même se sont-ils laissés exciter par un concurrent. Car enfin, seront-ils plus heureux après avoir opéré cette destruction?

La question est jugée maintenant. La machine règne et gouverne, c'est un fait acquis, accepté. Elle a créé une foule d'industries nouvelles et transformé les anciennes; elle a augmenté l'aisance, elle a favorisé la multiplication de la population. Mais un nouveau problème se dresse. Ce n'est plus le pain matériel qui paraît menacé, mais le pain moral, *la vie de famille:* le remplacement de la petite industrie par la grande, de la *petite* qui consiste dans le travail domestique, où le père est aidé de sa femme, où il dirige ses enfants et reste son maître et le leur, et de la *grande* où un capitaliste s'entoure de centaines, de milliers d'ouvriers et constitue une ruche, une fourmilière. Est-il vrai que nos ouvriers et nos ouvrières deviendront ainsi volontairement semblables à ces insectes que la nature a rendus stériles, et qui ne travaillent que pour autrui?

Nullement. La comparaison ne porte pas, car les ouvriers et les ouvrières ne perdent pas leur fécondité; ils ont des enfants et il

leur incombe de les élever et d'en faire des hommes bons, honnêtes et intelligents, même heureux s'ils peuvent.

Du reste, nous ne croyons pas que la grande industrie absorbera complètement la petite. Il restera toujours une foule de services à rendre pour lesquels on préférera forcément l'artisan au fabricant, et la petite industrie conservera une position importante dans la société[1].

En résumé, il serait prématuré de vouloir déterminer dès aujourd'hui l'influence des machines; leur ère ne vient que de commencer, nous n'en avons pas encore tiré tous les avantages qu'elles doivent produire; si elles doivent, comme toutes choses dans ce monde, avoir des inconvénients, nous trouverons probablement en elles-mêmes le moyen d'en atténuer les effets.

MADAME. Titre que portaient, sous les Bourbons, les filles des rois de France et la femme de l'aîné des frères de ces rois : les deux femmes de Philippe, duc d'Orléans, frère de Louis XIV (Henriette d'Angleterre et Charlotte-Elisabeth de Bavière, princesse palatine); les filles de Louis XV, les princesses de Savoie, femmes des comtes de Provence et d'Artois (depuis Louis XVIII et Charles X), sont les plus célèbres de ces princesses.

MADEMOISELLE. Titre des filles de Monsieur, frère du roi, et de Madame. Il ne se donne guère qu'à la fille de Gaston d'Orléans, qu'on appelle aussi la grande Mademoiselle et à la fille du dernier duc de Berry, depuis archiduchesse de Parme.

MAGISTRAT. A Rome, *magistratus* désignait la fonction aussi bien que le fonctionnaire. Toutefois tous les fonctionnaires n'étaient pas des magistrats. Cette désignation ne s'appliquait qu'aux anciens rois, aux dictateurs, à leur adjoint (*magister equitum*), aux consuls, aux censeurs et aux préteurs. Plus tard les questeurs et d'autres encore furent également comptés parmi les magistrats, et l'on distingua entre *magistratus majores* et *minores.*

Dans les temps modernes, on retrouve le magistrat :

1° En Allemagne, où l'on comprend sous cette expression le comité exécutif de la municipalité des grandes villes, composé d'un bourgmestre et de plusieurs assesseurs. Ce n'est pas le bourgmestre, mais le magistrat qui correspond au maire français (les attributions du magistrat sont d'ailleurs généralement plus étendues);

1. Nous exposons dans notre *Statistique de la France* (2ᵉ édition. Paris, Guillaumin, 1874) les raisons qui nous font croire qu'une faible partie seulement de la petite industrie est absorbée par la grande, et que cette faible partie est remplacée par les nouvelles petites industries qui se forment peu à peu. D'ailleurs, une partie des ouvriers de grande industrie travaillent à domicile, au sein de leur famille.

2° En Angleterre, où l'on applique cette dénomination aux juges de paix et aux agents supérieurs de la police;

3° En France, où l'on considère comme magistrats les juges de tout grade des cours et tribunaux, les membres du ministère public, et dans le langage administratif ou officiel aussi les préfets, quelquefois même les maires. Il y a quelque incertitude dans l'application de la désignation de magistrat relativement aux fonctionnaires de l'ordre administratif, par exemple, s'il s'applique aux commissaires de police.

MAGNA CARTA. *Grande charte.* C'est le point de départ de la constitution anglaise.

MAGNAT, du latin *magno-nati,* titre des grands de Hongrie, tels que le Palatin, le *judex curiæ,* les grands dignitaires, ainsi que tous les comtes et barons. (*Voy.* **Hongrie.**) Le titre de magnat a été également en usage en Pologne; il pouvait y être considéré, et on peut le considérer encore en Hongrie, comme l'équivalent de pair héréditaire.

MAI (le 1er). L'idée de fêter le 1er mai vient d'Amérique, elle fut émise pour la première fois en 1888 au congrès de la *Fédération of Labor* tenu à Saint-Louis, et avait pour but d'organiser une manifestation en faveur de la journée de huit heures. En 1889, au congrès international des ouvriers réuni à Paris, on reprit l'idée, et il fut proposé de manifester, le 1er mai 1890, dans tous les pays de l'Europe en faveur de la journée de huit heures, et quelques manifestations eurent en effet lieu. Dans les années suivantes la proposition fut renouvelée avec plus ou moins de succès; dans certaines villes ou dans certaines industries on chôma, et dans d'autres, on travailla comme d'habitude. La fête eut le plus de succès quand le 1er mai tomba un dimanche. Nous disons fête, parce qu'on en parla dans ce sens au congrès de Zurich, en 1893, on proposa de la déclarer *Fête du travail,* de se reposer, de s'amuser et de faire des discours.

Si l'idée d'une fête du travail a trouvé beaucoup de partisans, elle est encore très contestée, dans le sein des assemblées ouvrières aussi bien que parmi les patrons. Les ouvriers ne veulent pas perdre ce salaire, les patrons trouvent ce chômage peu — ou pas du tout — justifié. La raison ne voit rien à dire en faveur du 1er mai; de pareilles fêtes, comme certains emblèmes, sont du mysticisme qui, généralement, fait plus de mal que de bien. Il permet notamment de combiner des choses contradictoires. A un moment on se déclare contre la division des hommes en classes, on veut que les hommes soient égaux, et à un autre moment on veut fonder la fête du 1er mai pour consolider la lutte des classes. Ces contradictions montrent avec évidence que les masses menées ne savent pas où on les conduit. Tel qu'aucun argument

n'a convaincu, croit devoir suivre le drapeau rouge. Pourquoi? Parce qu'on lui a fait accroire que c'est l'emblème des ouvriers.

En tout cas, la fête du 1er mai n'aidera en rien la réalisation de la journée de huit heures. La durée du travail dans l'industrie dépend de toutes autres circonstances que d'une promenade dans les bois et d'un goûter sur l'herbe.

MAIN DE JUSTICE. 1° Sorte de saisie-séquestre sous l'ancien régime; 2° autorité de la justice sur les personnes et sur les biens; 3° emblème de cette puissance. C'est un sceptre surmonté d'une main d'ivoire. On ne rencontre pas cet emblème avant l'époque des Carlovingiens; mais il est probable qu'il faisait partie du mobilier de la cour de Byzance.

Les rois portaient la main de justice aux grandes cérémonies. Les huissiers la portaient à la *montre* (procession) du prévôt de Paris.

MAINMORTE. En donnant à ce terme son acception la plus large, on l'applique aux propriétés dont les possesseurs ne se renouvellent pas, qui ne passent pas d'une main à l'autre, soit par la vente, soit par l'héritage. Ainsi entendu, les propriétés des communes et d'autres établissements publics sont de la mainmorte. Mais on emploie aussi cette expression dans un sens plus étroit, en ne l'appliquant qu'aux biens de l'Eglise, à ceux des corporations religieuses, des fondations pieuses. L'expression de *manus mortua* se trouve déjà, d'après Rotteck et Welker, *Staatslexicon,* v° TODTE HAND (d'après Pertz, *Monum.Germ.*) dans le neuvième siècle, et Chéruel cite l'édit de Pistes, rendu en 863 par Charles le Chauve, comme mentionnant déjà la mainmorte. Mais à cette époque et par tout le moyen-âge, il ne s'agissait que de biens au pouvoir de l'Eglise et dont les seigneurs féodaux ou le roi retiraient pas les redevances que les autres propriétés leur valaient lors de chaque mutation, redevance qui, outre le revenu qu'elle procurait, servait encore à constater la propriété ou la suzeraineté du seigneur [1].

L'accumulation des propriétés entre les mains de l'Eglise, des corporations religieuses, des fondations d'instruction ou de bienfaisance, ne tarda pas à attirer l'attention du pouvoir et à lui paraître politiquement dangereuse, et non sans raison. On la considère en outre comme nuisible à la prospérité du pays : elle arrête les progrès de la culture et ne tire du sol qu'un minimum de produit; elle empêche la diffusion de la propriété, elle

[1]. C'est par antiphrase qu'on dit *mainmorte,* car la propriété est précisément entre des mains toujours vivantes. Le mot vient de la maxime élevée par les seigneurs féodaux, de ne plus jouir des redevances qui sont la conséquence de la main *morte,* c'est-à-dire de la mort du détenteur; en d'autres termes, des droits de mutation. Beaucoup d'antiphrases ne sont que des manières abrégées de s'exprimer.

diminue le rendement de l'impôt, fausse le sentiment religieux en faisant croire qu'on rachète des péchés en léguant ses biens à l'Eglise, et nuit à la morale du peuple en multipliant les institutions charitables qui entretiennent dans l'oisiveté des hommes valides. Aussi les gouvernements de tous les pays ont-ils pris de bonne heure des mesures contre la mainmorte, mesures répressives aussi bien que préventives.

La question de la mainmorte est complexe; en l'examinant, il y a lieu de considérer les quatre points suivants : ceux 1o des personnes civiles, 2o des fondations, 3o de la mainmorte proprement dite, 4o de l'impôt sur les mutations. Nous consacrons un article spécial au principe des personnes civiles, nous pouvons donc nous borner ici à dire que sans personne civile il n'y a pas de mainmorte. Les fondations sont une sorte de personne civile qui se distingue des autres en ce que cette qualité se rattache toujours à une propriété (généralement immobilière, mais aussi mobilière, par exemple des rentes sur l'Etat). La plupart des établissements publics sont de par leur nature, ou par l'effet d'un acte du gouvernement, érigés en personne civile, qu'elle possède ou non une propriété ; cette qualité leur donne seulement le droit de posséder, et ils conserveraient leur qualité, même en perdant leur avoir. Une fondation, au contraire, verrait évanouir la qualité de personne civile avec la disparition de la propriété à laquelle cette qualité se rattache.

A tort ou à raison, les lois de presque tous les pays font dépendre le caractère de personne civile d'une autorisation gouvernementale. Vous pouvez, dans certains Etats, créer un hôpital ou fonder une cure sans demander la permission, mais ces institutions n'échangent leur caractère privé contre celui d'un établissement public qu'avec le consentement de l'Etat. Les gouvernements, cela va sans dire, font dépendre leur autorisation de l'utilité de l'institution ; ils la refuseraient nécessairement aux établissements réputés nuisibles, et ne seraient, en ce cas, nullement arrêtés par le fait que l'institution a été fondée par testament. Ce qu'on appelle fondation est, en effet, généralement, mais non nécessairement, créé par testament. En Angleterre, il est défendu de léguer par testament des immeubles ou des fonds à emprunter sur des immeubles, pour des œuvres de charité. D'après la loi anglaise, si on veut léguer un immeuble à une œuvre de charité, il faut le faire par un acte enregistré en chancellerie, et il faut que la date remonte à six mois au moins avant la mort de son auteur ; la donation doit être absolue, sans faculté de révocation. En d'autres termes, le donateur ne peut donner des immeubles à une œuvre de charité qu'à la condition de se dessaisir actuellement et irrévocablement et à la condition en outre qu'il survivra au moins six mois à la confection de l'acte.

En Ecosse, jusqu'en août 1871, la loi n'était pas aussi simple, mais elle apportait quelques préservatifs contre les dons inconsidérés d'immeubles par des mourants à des œuvres charitables. Un propriétaire d'immeubles ne pouvait faire valablement de semblables dons, si on ne pouvait prouver que, après la donation, le donateur était allé à l'église, à la foire ou au marché, de sorte qu'il fût démontré qu'il était capable de se livrer aux transactions de la vie civile. Si un donateur faisait une donation de ce genre sans que la preuve exigée pût être faite, la donation pouvait être annulée ou réduite ex capite lecti, parce que la donation, en ce cas, émanait d'une personne mourante qui ne s'était pas relevée du lit où la maladie l'avait placée. La loi de 1871 porte qu'aucun acte fait par une personne qui mourra postérieurement à sa promulgation ne pourra être annulé ex capite lecti, c'est-à-dire que dorénavant toute personne, quelque près de la mort qu'elle puisse être, peut donner tous ses immeubles à des œuvres de charité, sans aucune restriction légale d'aucune sorte. Cette loi n'a pas passé sans de vives protestations de la part des députés écossais. (Journ. off., 22 août 1871.)

Nous pourrions, au besoin, citer d'autres exemples pour prouver l'influence des lois sur les fondations, mais il suffit de rappeler que dans tous les pays de l'Europe les établissements publics doivent demander l'autorisation d'accepter des dons et legs, que les fondations ne peuvent être créées sans l'agrément de l'autorité — surtout pour avoir une administration spéciale — et que les testaments mystiques, ou renfermant des dispositions contraires à l'ordre public, peuvent être cassés. On se tromperait, du reste, en croyant qu'une fondation, une fois autorisée l'est nécessairement pour toujours, et qu'on pourrait d'autant moins y toucher, qu'elle aurait une origine plus reculée. L'Etat pourrait revenir sur une autorisation, si les circonstances changeaient. Il est évident qu'une fondation peut devenir sans but. Supposez un capital dont les intérêts seraient destinés à entretenir une école spéciale, pour laquelle on ne trouverait plus d'élèves, ou pour racheter des esclaves chrétiens dans les Etats barbaresques, qui n'en ont plus. Lorsque les circonstances ont changé, l'Etat a le droit de changer la destination des fonds, tout en leur maintenant un but utile ou bienfaisant[1]. Pour rendre la chose plus facile, on a proposé de ne plus admettre de fondations perpétuelles : elles devraient à l'avenir être autorisées seulement à temps (30 ans, 50 ans, 100 ans), quitte à renouveler périodiquement l'autorisation, s'il y a lieu.

Il est des personnes qui proposent une mesure que nous considérons comme trop radicale : celle de ne plus autoriser de fon-

1. Turgot, au mot Fondation, dans l'Encyclopédie, et beaucoup d'autres. Entre 1850 et 1873, l'Angleterre a plus d'une fois touché aux fondations.

dations du tout. Il est des fondations vraiment utiles, et nous n'aimons pas proscrire l'usage par crainte des abus.

Toutefois l'usage, même le plus modéré, cause la création de la mainmorte, si l'on donne à ce terme son acception la plus étendue, celle de propriété qui ne change pas de main. Mais c'est là, il nous semble, par trop étendre le sens du mot. Ce n'est pas la perpétuité de possession, mais la nature de l'emploi qui constitue la mainmorte. Un hôtel-de-ville, une église, une maison d'école, un jardin public ne sont pas plus de la mainmorte qu'une route, un égout ou une rivière. L'absence de mutation n'est pas son principal signe distinctif, car les bâtiments destinés à un service public ne changent pas de propriétaire. Le terme de mainmorte ne peut légitimement s'appliquer qu'aux objets possédés par des corporations religieuses, des institutions de bienfaisance ou d'instruction, et les plaintes ne se sont élevées qu'à cause de l'étendue croissante de ces possessions, dues en partie à des sentiments très louables, mais en bien plus grande partie à la vanité des uns, à la superstition des autres, et même à des manœuvres que les lois pénales peuvent atteindre. Ces diverses causes ayant été très actives pendant des siècles, les propriétés se sont accumulées ; puis diverses circonstances sont survenues qui ont plus ou moins violemment, mais non radicalement, détruit la mainmorte. Le mouvement de la réforme religieuse engendré par Luther, Calvin et autres, en a fait disparaître beaucoup dans les pays protestants. La révolution de 1789 ne pouvait pas la laisser subsister en France ; elle contribua en outre à la diminuer dans d'autres pays. Les guerres de la Révolution et de l'Empire firent *séculariser* en Allemagne beaucoup de biens ecclésiastiques, même dans les contrées catholiques. Le *désamortissement* introduit en Espagne à partir de la loi de 1820 doit également être attribué à la révolution de 1789 ; la vente des biens de mainmorte entreprise en Italie semble être en rapport étroit avec la formation de l'unité.

Dans les différents pays, l'ensemble des biens de mainmorte s'est élevé, et s'élève encore à des sommes considérables ; il s'agit de milliards de francs.

MAISONS (Impôts sur les). En imposant les maisons, les uns veulent atteindre un immeuble, les autres un revenu. Au fond, c'est la même chose, car l'immeuble aussi n'a de valeur que par le revenu (ou la jouissance) qu'il produit. Les maisons constituent évidemment un capital lorsqu'elles ont cessé d'appartenir au mobilier ; et même sous forme de tente, elles ont longtemps été ce que la loi française nomme *immeuble par destination* (objet immobilisé par l'effet de l'usage auquel il est destiné). C'était l'accessoire d'un immeuble, comme un arbre, certaines constructions de service. Cela est si vrai que, dans quelques pays, les maisons situées dans les villes sont seules imposées, les maisons des paysans sont considérées comme un accessoire des champs.

Ni les Grecs, ni les Romains ne paraissent avoir eu d'impôt sur les maisons. Vers la fin du moyen âge, les propriétaires (il n'y avait pas beaucoup de locataires alors) durent supporter les logements militaires ; c'était le premier impôt, peu régulier d'ailleurs, sur les maisons, et dans quelques Etats allemands les propriétaires achetèrent l'exemption de cette servitude au prix d'un impôt en argent, dit *Giebelschoss* (droit sur les pignons). Mais les logements revinrent et le *Giebelschoss* resta.

En France, l'impôt foncier étant expressément assis sur le revenu des immeubles, d'après la loi du 3 frimaire an VII, le revenu net imposable des maisons d'habitation, que le propriétaire l'habite, ou qu'il la loue à d'autres, est déterminé d'après la valeur locative, calculée sur dix années, sous la déduction d'un quart de cette valeur, en considération du dépérissement et des frais d'entretien et de réparation.

Dans le budget français, l'impôt sur les maisons, et en général sur la propriété bâtie, a été confondu avec l'impôt foncier jusqu'à la loi du 29 juillet 1881. Actuellement, il existe un impôt spécial sur les maisons en dehors de l'impôt foncier, c'est une taxe sur le revenu de la maison ou de sa valeur locative.

MAJESTÉ. Les Romains ont, les premiers, employé ce mot dans un sens politique. Ils disaient : la majesté du peuple romain. C'est une magnifique expression. Ce qui l'est moins c'est que tout attentat à cette majesté, crime très vague, comme on peut croire, était puni de l'interdiction du feu et de l'eau. (*Voy.* **Lèse-Majesté.**) Sous l'empire, la majesté passa de la république aux empereurs. (*Voy.* **Apostolique.**) Les empereurs disaient avoir le droit de s'appliquer la loi de majesté, qui autrefois appartenait à la république, parce qu'ils avaient succédé aux tribuns du peuple. Du reste, on appela quelquefois les derniers empeurs romains : Votre Majesté. Ce titre passa aux empereurs d'Allemagne, puis aux rois. Louis XI fut le premier roi de France à qui l'on donna ce titre ; les Etats d'Orléans le refusèrent à Catherine de Médicis, et l'on a des lettres où Henri III n'est appelé qu'Altesse. Philippe II, dit encore Voltaire qui tient à prouver la nouveauté de ce titre, fut la première Majesté d'Espagne, Charles-Quint, ne devint Majesté qu'à cause de l'empire. Vers la fin du seizième siècle, tous les rois de l'Europe prirent le titre de Majesté ; mais ils se le refusèrent souvent les uns aux autres, et il ne leur fut donné à tous par la chancellerie de l'empire d'Allemagne qu'en 1741.

MAJORAT. Les anciens jurisconsultes définissaient le majorat : un fidéicommis, graduel, successif, perpétuel, indivisible, dans la vue de conserver le nom, les armes et la splendeur d'une maison, et destiné toujours à l'aîné de la famille. On fait dériver l'étymologie de ce mot de *natu majores;* le majorat constituait en effet un véritable droit d'aînesse. Dans notre droit nouveau, on peut le définir: la dotation d'un titre de noblesse héréditaire. Il ne faut pas le confondre avec le droit d'aînesse proprement dit, qui est simplement le privilège établi en faveur de l'aîné de prendre dans la succession de ses auteurs une part plus forte que ses copartageants, mais sans être tenu de conserver et de rendre à d'autres, appelés après lui, les biens qu'il a recueillis. Le caractère essentiel du majorat est de rendre inaliénables entre les mains du donataire les biens qu'il ne détient que pour les transmettre à la génération qui le suit, laquelle les transmettra de même à son tour à d'autres appelés dans l'ordre fixé par le titre constitutif.

Il y avait autrefois deux sortes de majorats: le majorat régulier, qui appelait au fidéicommis l'aîné le plus prochain du dernier possesseur; et le majorat irrégulier qui appelait à succéder l'aîné quel qu'il fût, encore que cet aîné ne fût pas le plus prochain du dernier possesseur. « Il sautait alors d'une ligne à l'autre, dit Merlin, pour aller chercher l'aîné contre l'ordre des successions légitimes. » Dans ce dernier cas, la représentation n'était pas admise et le petit-fils du possesseur était primé par son cousin plus âgé que lui.

Les Romains, qui ont tant pratiqué les substitutions, n'ont pourtant jamais connu cette grande institution aristocratique des majorats, telle qu'elle s'est propagée depuis, d'une manière si générale, dans toute l'Europe. Cependant chez les Romains les fidéicommis graduels étaient en usage; comme toute faculté tend à s'étendre indéfiniment si rien n'y fait obstacle, on ne se borna pas à gratifier un premier légataire, on voulut après lui en gratifier un second, puis un troisième et ainsi de suite. Ces fidéicommis soulevèrent de si nombreuses réclamations que Justinien fit une loi pour les restreindre; il défendit de les étendre au delà de quatre générations, *post quatuor demum generationes.* Observons qu'il ne s'agissait encore que de substitutions et non de majorat: il est vrai que tout majorat suppose une substitution, mais la réciproque n'est pas exacte.

L'usage des majorats s'est introduit en Italie à l'époque de Charlemagne. En France, le droit d'aînesse et le majorat s'établirent en même temps que l'hérédité des fiefs, comme le fait observer Montesquieu(*Esprit des lois,* liv. XXXI, ch. XXXII); on ne connaissait point le droit d'aînesse ou de primogéniture sous les rois de la première race, et les biens se partageaient entre les frères. L'Espagne, naturellement, ne resta pas en arrière dans le mouvement aristocratique qui entraînait l'Europe; on y érigea des majorats et la noblesse sut tout aussi bien qu'ailleurs se prévaloir des privilèges qui en résultaient: « La noblesse d'Espagne a un beau droit, dit un ancien auteur de voyages; si au moins il lui est bien conservé! C'est que, pour endettée qu'elle soit, on ne peut lui saisir que le revenu de son bien, parce qu'il est tout en *mayorazgo,* c'est-à-dire fidéicommis. »

En France, l'orgueil nobiliaire tendit constamment, sous l'ancien régime, à créer des majorats, à les accroître, à assurer par ce moyen la perpétuité des grandes familles; là où le majorat n'était pas possible, la substitution y pourvoyait. Les fortunes se trouvaient ainsi frappées d'inaliénabilité et les détenteurs en étaient plutôt les usufruitiers que les propriétaires. Cet état de choses constituait un abus tellement grave que le législateur s'efforça constamment d'y mettre un frein; les ordonnances de 1560, 1566 et 1747 prohibèrent les fidéicommis au delà du troisième ou du quatrième degré y compris le premier institué, et d'Aguesseau, au dix-huitième siècle, exprimait l'opinion « que l'abrogation entière des fidéicommis serait peut-être la meilleure des lois ». Le chancelier était loin de prévoir alors que ce vœu, émis sous une forme si timide, allait bientôt s'accomplir et qu'une réforme radicale allait emporter, avec les fidéicommis et les majorats, la vieille société tout entière.

La loi du 14 novembre 1792 prononce l'abolition absolue des substitutions et rend du libres les biens grevés, entre les mains du détenteur actuel.

En 1804, le Code Napoléon maintint la prohibition pure et simple; mais le décret 30 mars 1806 et le sénatus-consulte du 16 août suivant rétablirent les majorats.

La Restauration n'avait garde de renoncer à cette disposition législative; elle s'en empara au contraire pour l'étendre encore, en y ajoutant les substitutions; c'était le vieux moule aristocratique, brisé en 1789, dans lequel on tentait de jeter de nouveau la France. La Restauration périt à l'œuvre, et la loi du 17 mai 1826, la célèbre loi du droit d'aînesse, qui échoua dans sa disposition principale et se borna à rétablir les substitutions au profit d'un ou plusieurs enfants jusqu'au deuxième degré, resta frappée d'une complète impopularité.

La loi du 12 mai 1835 porta la disposition suivante: « Toute institution de majorats est interdite à l'avenir. » Quant aux majorats existants, il y a une distinction à faire: les majorats formés par les donateurs de biens provenant de la quotité disponible, sont limités par la loi de 1835 à deux degrés, l'institution non comprise; pour les majorats dits de propre mouvement, c'est-à-dire dont la dotation a été accordée par l'État, ils continuent d'être exécutés conformément au titre qui les a créés.

La loi du 7 mai 1849 a prononcé l'abrogation de la loi du 17 mai 1826 qui permettait les substitutions en ligne directe jusqu'au deuxième degré. On est donc revenu exactement au système de la loi du 14 novembre 1792 et du Code Napoléon de 1804.

La loi du 12 mai 1835, qui pose un principe absolu, n'a été abrogée jusqu'à ce jour par aucune loi nouvelle. Cependant quelques majorats ont été institués par des lois spéciales à titre de récompenses nationales.

Les majorats sont un grand ressort employé pour créer ou pour maintenir une aristocratie. Dans certains pays, quoi qu'on fasse, leur puissance est presque nulle. Les privilèges qu'ils créent restent sans conséquence, à l'état d'exception ; dans d'autres, au contraire, les mœurs les favorisent et toutes les familles tendent à se perpétuer et à s'agrandir à l'aide de substitutions. L'Angleterre nous en offre l'exemple. Le besoin de conserver par tous les moyens les biens-fonds intacts dans les familles s'y est fait si fortement sentir que, jusqu'au règne de Georges III, les immeubles, même libres, n'étaient pas affectés au payement des dettes et que le propriétaire pouvait les transmettre, par testament, francs et quittes à ses légataires. Ce n'est qu'en 1833 qu'une loi plus équitable les a définitivement assujettis à la garantie de toutes les dettes.

Le premier effet des majorats est de frapper d'inaliénabilité les biens formant l'objet des dotations et de réduire les détenteurs à la condition de simples usufruitiers. De là dérivent tous les inconvénients qui s'attachent d'ordinaire à ce genre de possession. Nous n'avons pas à examiner et à discuter ici les avantages que présente la libre transmission des biens par vente, échange ou donation ; mais en général tout ce qui tend à l'entraver : le régime dotal, les substitutions, l'énormité des frais de vente, etc., est un mal et doit être condamné.

MAJORITÉ LÉGALE. L'état d'incapacité légale qu'on appelle *minorité*, étant fondé sur la faiblesse de l'âge et la protection qui lui est due, doit en principe cesser avec cette faiblesse et se prolonger tant qu'elle dure. Mais le développement physique et moral de l'homme varie non seulement suivant les climats et les races, mais encore suivant les individus. D'ailleurs, pour chaque homme en particulier, il est impossible de reconnaître avec certitude le moment précis où sa raison s'est trouvée assez formée pour le guider dans la vie civile et dans la vie politique. La loi ne peut donc pas, pour faire cesser la minorité, s'arrêter à la capacité réelle de l'individu. Elle doit établir une règle fixe, uniforme, qui dispense de tout examen. C'est ce que tous les peuples ont reconnu en fixant l'avènement de la *majorité* à un âge déterminé.

Cet âge varie suivant les législations. A Rome, la tutelle cessait quand le pupille avait atteint la puberté ; mais l'expérience ayant démontré que le jugement ne se développe pas aussi vite que les forces physiques, l'a-

dulte restait mineur jusqu'à vingt-cinq ans. Dans l'ancienne France, après quelques hésitations, l'influence du droit romain fit adopter dans la plupart des coutumes la majorité de vingt-cinq ans. La loi du 20 septembre 1791 fixa au contraire à vingt et un ans la fin de la minorité. Lors de la rédaction du Code civil, quelques voix s'élevèrent pour demander le retour à l'ancienne majorité, mais on ne trouva pas qu'il y eût entre la raison d'un homme de vingt et un ans et celle d'un homme de vingt-cinq une différence telle qu'il fût utile de prolonger de quatre années un état de choses qui n'est exempt d'inconvénients ni pour la société ni pour le mineur lui-même.

La majorité est également fixée à vingt et un ans, en Belgique, en Italie, en Allemagne (depuis 1867), en Russie ; à vingt-deux ans, en Angleterre, aux Etats-Unis ; à vingt-trois ans, dans le royaume des Pays-Bas, le canton de Vaud ; à vingt-quatre ans, en Autriche ; à vingt-cinq ans, en Espagne, Portugal.

Pour le mariage, comme cet acte est le plus important de la vie, qu'il est irrévocable dans certains pays et qu'en même temps c'est un de ceux où les passions peuvent exercer le plus d'influence sur la décision, la loi française retarde jusqu'à vingt-cinq ans la majorité masculine. Avant cet âge, l'homme ne peut se marier sans le consentement de ses ascendants. La femme, mieux défendue contre les entraînements, par sa pudeur, sa timidité et par la vie de famille et surtout parce qu'elle vieillit plus vite, est majeure à vingt et un an pour le mariage comme pour les autres actes de la vie civile.

La majorité politique peut concorder avec la majorité civile ou en être distincte pour être reportée à un âge plus mûr. En France l'exercice des droits politiques s'ouvre à vingt et un ans, comme l'exercice des droits civils ; ce qui n'empêche pas des conditions d'âge spéciales d'être exigées pour certaines fonctions : ainsi on est électeur à vingt et un ans, mais on n'est éligible qu'à vingt-cinq.

Il semblerait que l'âge de la majorité dût être reculé pour les souverains. Comment sera-t-on en état de conduire une nation à l'âge où l'on est réputé d'ordinaire incapable ou à peine capable de se conduire soi-même ? Tout au contraire cependant, les inconvénients d'une régence prolongée ont, presque toujours, fait tenir les princes pour majeurs plus tôt que les particuliers. On ne sait rien de certain sur les règles suivies à cet égard sous les deux premières races. Au commencement de la troisième, la majorité des rois était sans doute à vingt et un ans comme celle des nobles, car *regna feudis œquiparantur*. On voit du moins Philippe-Auguste tenu pour mineur à dix-neuf ou à vingt ans, et il est certain que saint Louis ne fut majeur qu'à vingt et un ans. Mais les ordonnances de Philippe III (1270) et de Charles V (1375) fixèrent la majorité royale à quatorze ans, et cette règle a été suivie pour Charles IX,

Louis XIII, Louis XIV et Louis XV. Malgré cette ancienne origine et ces illustres précédents, une telle majorité est dérisoire ; aussi la loi de régence du 30 août 1842 avait-elle porté la majorité du roi à dix-huit ans ; il y a bien là encore une anticipation, mais elle peut se justifier avec le régime constitutionnel, quand le souverain, comme le faisait observer le duc de Broglie, rapporteur de la loi, « ne fait rien sans conseil, n'agit que par l'entremise de ministres *responsables*, et n'entreprend rien d'important sans le concours des chambres ». Le sénatus-consulte du 17 juillet 1856 fixait également la majorité de l'empereur à dix-huit ans.

MAJORITÉS, MINORITÉS. Ces mots sont moins nouveaux qu'on ne l'a supposé ; dans tous les procès-verbaux des élections d'évêques, de doyen (quand les doyens et les évêques étaient élus), on les retrouve. Toute élection d'évêque devait être faite à l'unanimité. Quand, après plusieurs tours de scrutin, cette unanimité n'avait pas été obtenue, on déléguait le choix à des compromissaires, ou au pape. En tout cas, on consignait au procès-verbal de l'élection imparfaite comment les voix s'étaient partagées, et quelle majorité, quelle minorité s'était prononcée pour tel ou tel candidat. Le pape, quand on s'adressait à lui, se substituant au Saint-Esprit vainement invoqué, déclarait alors, de son propre mouvement, quelle avait été *la plus saine partie, sanior pars*, des électeurs assemblés, et choisissait l'élu des uns ou celui des autres, sans tenir grand compte des suffrages exprimés. (R. Hauréau.)

Dans tous les pays où le système électoral est en pratique, c'est la majorité des suffrages qui fait loi.

Suivant la diversité des constitutions, les suffrages interrogés sont plus ou moins nombreux, le vote est plus ou moins universel, et pour toutes les fonctions électives c'est la majorité des suffrages qui décerne le mandat. Ou, pour mieux dire, elle désigne le mandataire, car l'élu du plus grand nombre devient le mandataire de tous. L'élection faite, le scrutin enlevé, plus de majorité, ni de minorité : l'élu représente non seulement tous les électeurs qui sont venus déposer leurs suffrages, mais encore ceux qui, même par un acte d'abstention volontaire, n'ont pris aucune part au scrutin. Et ce n'est pas, qu'on le remarque, une fiction. Dans tous les pactes constitutionnels, il y a des fictions plus ou moins décevantes. Ceci n'en est pas une. C'est, répétons-le, une convention, une nécessité inéluctable. Suivant le même principe, les lois, votées à la majorité des suffrages dans les assemblées électives, sont promulguées ensuite au nom de l'universalité : c'est l'assemblée tout entière qui décide, décrète, ordonne.

On déclame contre cette simple économie de notre système électoral. On dit : c'est le despotisme d'un chiffre c'est la brutale sou-

veraineté d'un nombre. J'entends l'invective, mais je cherche l'objection. Le nombre n'est pas souverain. Cette souveraineté qu'ont longtemps exercée les rois, les peuples l'ont conquise, ou reconquise, et ils prétendent en user comme d'un droit trop longtemps méconnu. Nos rhéteurs nous jurent tout émus qu'ils ne contestent pas ce droit. Qu'ils disent alors plus clairement ce qu'ils contestent, car nous ne le comprenons guère. Est-il permis d'espérer que, dans une assemblée délibérante, toute sage motion se conciliera, dès qu'elle sera produite, l'universalité des suffrages ? Est-on assuré que, dans les comices électoraux, l'unanimité des votes ira toujours chercher le plus digne ? Cette unanimité n'étant jamais présumable, il doit donc être stipulé, par convention expresse ou tacite, que le vœu de la majorité l'emportera, à moins qu'on ne trouve plus raisonnable d'attribuer cet avantage au vœu de la minorité. Mais personne assurément ne le trouvera. C'est donc à la prépondérance de la majorité qu'il faut s'en tenir ; car ce serait un moyen bien extrême que d'attribuer à la force le règlement de tous nos débats. A l'origine des sociétés on rencontre, il est vrai, cette méthode en vigueur : les majorités exterminent les minorités, et, le massacre achevé, personne ne proteste plus ; le consentement est unanime. Mais puisque la voix de toutes les consciences civilisées proteste contre cette antique barbarie, renonçons à la vaine recherche de l'unanimité, si désirable qu'elle soit, et, dans l'intérêt bien entendu de la paix publique, fortifions l'autorité conventionnelle des majorités au lieu de travailler à l'affaiblir. (R. Hauréau).

Par ce qui précède on voit que ce que nous appelons le droit des majorités est un simple artifice du contrat social. C'est assez dire que ce droit artificiel ne saurait prévaloir sur le droit naturel, qui n'a pas été aliéné, qui n'a pu l'être, des individus réunis en société. Ainsi le moindre élément de la minorité, l'individu lui-même, n'est pas soumis à la domination arbitraire de la majorité. Si la majorité gouverne, son gouvernement s'exerce en des limites précises. Il lui est accordé de beaucoup faire ; mais elle doit l'hommage du respect à la liberté de chacun : et, suivant la philosophie d'Aristote comme suivant la droite raison, cette réserve de liberté individuelle, que ne saurait confisquer le pacte social, est trop considérable pour qu'aucun genre d'oppression puisse jamais prendre les grands airs d'une légitime autorité.

Mais quel que soit encore le crédit d'Aristote, il ne suffit plus, pour convaincre la diversité des esprits, de démontrer une proposition de l'ordre politique suivant la méthode des philosophes. Beaucoup de gens sont en défiance à l'égard de ce genre de démonstration, et c'est à l'histoire qu'ils s'adressent quand ils veulent se former une opinion, même sur les devoirs et les droits réciproques du citoyen et de l'État.

Dans l'histoire, les minorités proposent,les majorités consacrent. A quelques hommes mieux doués que les autres, ou que des circonstances plus favorables ont particulièrement éclairés, a toujours appartenu l'initiative des réformes, des progrès : jamais la lumière ne s'est soudainement faite pour la pluralité des consciences.

« Quel beau spectacle nous offre, dit M. Hauréau, le jeu régulier des institutions libres, quand tous les droits sont observés! A la majorité la haute main dans les affaires de l'État, le gouvernement de tous ses privilèges : la minorité, persuadée qu'elle doit tôt ou tard parvenir à cette prépondérance, s'emploie de tous ses efforts à hâter le succès de sa cause ; mais avec la liberté de parler, d'écrire, de former des assemblées, et si elle est sage elle ne se sent jamais entraînée à franchir la limite d'une censure légale. Attentif à ses discours, lecteur avide de ses écrits, le public, qu'elle avait d'abord trouvé contraire, lui devient peu à peu favorable, et déjà l'on peut soupçonner que la minorité de la veille est la majorité du jour. Arrive enfin l'heure assignée par la Constitution à l'ouverture d'autres comices : l'épreuve se fait, elle est faite, le gouvernement passe en des mains nouvelles, et un grand changement s'est accompli sans troubles, sans meurtre, sans larmes. Les vaincus eux-mêmes descendent les degrés du pouvoir avec une sérénité de visage qui marque leur déférence à la volonté du peuple souverain ! »

Le tableau est malheureusement flatté ; il n'est à peu près ressemblant que pour les luttes de superficie. Lorsque de grands intérêts sont en jeu, la violence et la trahison jouent parfois un rôle déplorable entre les adversaires.

MALTOTIERS. L'impôt foncier s'appelait, dès le treizième siècle, la taille (*tailla* ou *tolta*, levée). Philippe le Bel y ajouta des suppléments qu'on trouva injustement levés ; on appela cet impôt maltôte et les collecteurs maltôtiers.

MANDARINS. Magistrats et fonctionnaires de l'empire chinois. Ils ont tous passé un examen de fin d'étude. Ce nom a été fabriqué par les Portugais établis dans les Indes, et dérivé de l'indien *mandri* (conseiller).Le vrai nom est *khan* (chef), que l'on prononce en Chine *qnouan*. Il a été apporté par les Tartares Mandchoux. — Comme on se moque de tout en France,on appelle quelquefois mandarins les fonctionnaires qui ont obtenu leur poste après s'y être qualifié.Et comment doit-on nommer les autres?

MANDAT IMPÉRATIF. Lorsque les électeurs imposent à leur représentant un vote fixé d'avance, ils lui donnent un mandat impératif.

Presque toutes les constitutions proscrivent le mandat impératif; les unes, parce qu'elles considèrent les députés, non comme les représentants d'une division territoriale spéciale, mais comme les fondés de pouvoirs de la nation entière [1] ; les autres, parce qu'elles veulent que les mandataires aient la liberté de se décider après mûr examen et en tenant compte des circonstances qui se sont produites postérieurement à leur élection. Dans une assemblée, la décision collective est souvent le résultat d'une transaction ; or, le mandat impératif ne permet pas de transiger, il ne peut donc produire que l'anarchie ou la guerre civile.

Dans le tome V de l'*Histoire parlementaire de France,* de Guizot, on trouve pp. 228 et suivantes un discours sur la question. Nous y avons remarqué entre autres le passage suivant : «..... Eh bien, Messieurs, le mandat impératif détruit tout cela; le mandat impératif place la volonté décisive, la résolution définitive avant la discussion, avant l'examen ; le mandat impératif abolit la liberté de ceux qui discutent, qui examinent ; il donne le *pouvoir absolu*, le pouvoir de décider souverainement à ceux qui ne discutent pas, qui n'examinent pas. (*Très bien ! Très bien!*)

« C'est là le véritable effet du mandat impératif; c'est l'abolition du gouvernement libre... »A quoi sert-il d'ailleurs de discuter quand le vote est imposé d'avance.

Comment d'ailleurs imposer aux députés un mandat impératif lorsque l'initiative gouvernementale ou l'initiative parlementaire peuvent faire surgir des projets de loi imprévus, ou lorsque surviennent des faits extraordinaires? Soit, cela est impossible ; mais si le mandat impératif ne s'appliquait qu'à une seule grande question et laissait le député libre pour tout le reste ?

On ne comprend pas, du moins à première vue, pourquoi le peuple souverain « réuni dans ses comices » ne pourrait pas décider directement telle grande question fondamentale et nommer au besoin des mandataires spéciaux pour faire connaître le vote du collège électoral. Prenons un exemple.En 1848, le gouvernement provisoire a jugé à propos de trancher la question relative à la forme du gouvernement et de proclamer la République. C'était un acte révolutionnaire ; il aurait dû penser aussi qu'en sa qualité de *provisoire,* il lui convenait seulement de prendre des mesures temporaires et de maintenir l'ordre public, et qu'il était de son devoir de laisser à la France, « au peuple souverain », la liberté d'examiner si elle prendrait ou non cette grave décision. Dans un cas pareil, on pourra comprendre que les électeurs disent à leur député : « Vous pouvez voter sur toute chose conformément à l'inspiration de votre conscience, ou mieux, conformément aux résultats de vos études et des discussions, en tenant compte des circonstances, seulement

---

1. Le mandat impératif et la doctrine qui a fait des députés des représentants, non de leur circonscription, mais du pays entier, s'excluent formellement.

votez pour la République ou telle monarchie que nous vous indiquerons. C'est à cette condition que nous vous choisissons. » Pourquoi le *peuple souverain* n'aurait-il pas ce droit? Ce droit, il l'exerce aux Etats-Unis pour le choix d'un président de la République. Les électeurs du second degré qui sont chargés de le nommer, sont engagés envers une personne déterminée. Répondons que le peuple souverain aurait ce droit, mais en pareil cas, on ne procéderait pas par voie de mandat impératif mais par un acte de suffrage universel direct, c'est-à-dire par une élection ou par un plébiscite.

En fait, malgré la lettre des constitutions, on pratique quelque chose d'assez semblable au mandat impératif. D'abord, lorsque le candidat a publié une *profession de foi*, il s'est imposé une sorte de mandat impératif qui l'oblige moralement. Si le candidat n'a pas fait connaître spontanément ses vues, souvent les électeurs lui posent des questions. On n'aborde alors qu'un petit nombre de matières, et on touche généralement plutôt à des principes qu'à des points spéciaux ; et, comme il est entendu que l'élection du candidat dépend de ses réponses, il se lie ainsi dans une assez forte mesure. C'est une affaire de probité politique. Du reste, dans ces réunions, où le candidat est mis sur la sellette, ce sont plutôt ses tendances politiques que ses opinions sur des questions déterminées qu'on désire connaître. Quant aux questions déterminées, nous ne sommes nullement convaincu que la masse des électeurs les résoudra toujours aussi bien que tel homme d'élite (un élu n'est-il pas un homme d'élite?) qui les aura étudiées *sans passion* ?

D'un autre côté, est-ce que la pression de l'opinion ne suffit pas habituellement pour empêcher que les députés n'émettent des votes évidemment contraires aux vues de leurs commettants ?

En tout cas, quelle que soit l'opinion qu'on ait sur le mandat impératif, on ne pourra jamais admettre qu'il ait une sanction. Les sanctions possibles seraient ou un blâme adressé au député, ou même le retrait du mandat ; or, un pareil acte de répression (en le supposant fondé en droit) ne serait pas praticable. Il aurait en tout cas de graves inconvénients, chaque groupe de 10 personnes se croirait en droit de parler au nom de tous.

MANDEMENT traitant de matières politiques. (*Voy.* les articles 201 et surtout 204 du Code pénal.)

MANIFESTATION. C'est une manière ostensible, souvent bruyante, de faire connaître l'opinion d'un groupe de citoyens. Il est presque impossible d'exprimer une idée générale quelque peu pratique sur les manifestations. On ne saurait, dans un pays libre, dénier aux citoyens le droit de manifester leur manière de voir, soit sur une question spéciale, soit sur l'ensemble des tendances du gouvernement, surtout si le procédé employé n'est pas de nature à troubler la paix publique ; et pourtant, on ne saurait désirer que les manifestations soient fréquentes. D'abord, parce qu'il est rare que la paix publique n'en soit pas, sinon effectivement troublée, du moins plus ou moins menacée. Puis, parce que les manifestations, à de rares exceptions près, ne sont pas le fait de la nation — qui d'ailleurs n'en a pas besoin, puisqu'elle a le scrutin, qui est la meilleure des manifestations, — mais l'acte d'un parti et naturellement celui de l'opposition, de l'opposition ardente même. Enfin, parce que la manifestation reste rarement dans les limites qu'elle s'était posées en théorie (s'est-elle toujours posée une limite ?) et en fait, plusieurs manifestations ont abouti à des révolutions, du moins en France.

Nous n'énumérerons pas les manifestations les plus célèbres, l'histoire en a enregistré plusieurs sous la désignation de « *journées* ». Les chefs de parti qui font descendre les populations dans la rue s'exposent à une grave responsabilité, celle d'être débordés par ce que l'on appelle dans l'argot politique : leur queue, ou de provoquer des manifestations contraires, susceptibles de produire des rencontres sanglantes. La rue n'appartient pas à l'intelligence, mais aux masses, à la force brute, et personne n'est certain de pouvoir maintenir les masses dans les limites du juste et de l'utile.

MANIFESTE. Pris dans son sens le plus large, le mot manifeste signifie exposé solennel, déclaration publique qu'une puissance fait à une autre de ses droits, de ses griefs, de ses prétentions, soit avant de prendre les armes, pour l'obliger à lui rendre justice, soit après avoir recouru aux armes, pour se concilier les autres peuples. C'est un procédé que les nations modernes semblent avoir emprunté aux Romains. D'après le *droit fécial* le héraut d'armes, appelé *pater patratus*, allait, protégé par son caractère sacré d'ambassadeur, demander satisfaction au peuple qui avait offensé la République, et si, dans l'espace de trente-trois jours, ce peuple ne faisait pas une réponse satisfaisante, le héraut prenait les dieux à témoin de l'injustice, et s'en retournait en disant que les Romains verraient ce qu'ils auraient à faire. C'était l'acte préliminaire de la déclaration de guerre. (Les Romains n'en ont sans doute pas été les inventeurs, l'usage des déclarations doit être plus ancien ou plus général.)

Il y a aussi le manifeste d'un souverain, d'un chef d'Etat, d'un gouvernement à un peuple. Mais le mot le plus généralement employé est celui de proclamation, ainsi que le témoignent des exemples tirés des dernières révolutions qui ont eu lieu en France. Dans ce cas, le manifeste est souvent une sorte de plaidoyer adressé au tribunal qui rend les arrêts en dernier ressort, à l'opinion publique.

MARAIS. Sous la première République, les hommes *avancés* appelaient ainsi la partie la plus modérée de la Chambre, celle qui siégeait sur les bancs inférieurs. Les députés les plus exaltés siégeaient, on le sait, sur la Montagne.

MARÉCHAL. Les offices de la cour des rois germains, comme des derniers empereurs romains, étaient aussi des fonctions publiques. C'est ainsi que le maréchal (de *Mahre*, jument, *Schalk*, valet), domestique chargé du soin des écuries, commandait la cavalerie franque, sous les ordres du connétable (*comes stabuli*). La loi salique en fait mention.

Les fonctions étaient d'un commissaire d'armée autant que d'un général ; on l'appela depuis maréchal de l'host, ou du camp ; et on disait en allemand *feld-marschall*. S'il n'y avait pas de connétable, il devenait le lieutenant du roi. Les officiers qu'on appelle aujourd'hui maréchaux de camp ou généraux de brigade étaient les aides des maréchaux de l'host. Ils prirent le titre de leurs supérieurs et ceux-ci se firent délivrer des brevets de maréchaux de France. Pendant que le titre de maréchal de camp s'abaissa d'un degré, celui de *feld-marschall* s'éleva.

Les maréchaux de France formaient, sous l'ancien régime, un tribunal qui jugeait du point d'honneur entre les gens de guerre et la noblesse. Molière leur fait juger la dispute d'Oronte et d'Alceste.

En 1852, le nombre des maréchaux est limité en principe à six en temps de paix et à douze en temps de guerre ; ils étaient, sous le second Empire, sénateurs de droit. Ils jouissent d'un traitement à vie de 30.000 fr. Le dernier maréchal est mort sous la république (Canrobert, en 1894) ; il n'en a pas été nommé d'autres.

MARIAGE. Le mariage est une union contractée sous la sanction de la loi. C'est par là qu'il se distingue du concubinage, qui, ne demandant point de sanction à la loi, est une union sans garantie, et ne confère aucun droit ni à ceux qui l'ont formée, ni aux enfants qui en proviennent. Le mariage, base légale de la famille, est par cela même la première des conditions de la vie sociale. Il n'est pas de société humaine, quelque infime qu'elle puisse être, dans laquelle on ne le rencontre régulièrement établi, et le seul fait que les socialistes sont hostiles au mariage témoigne contre leurs doctrines.

Le mariage ne se présente pas partout sous les mêmes formes. Il se produit, en certains lieux, comme l'union d'un homme avec plusieurs femmes, c'est la polygamie ; ailleurs comme l'union d'une femme avec plusieurs hommes, c'est la polyandrie ; en d'autres lieux enfin comme l'union d'un seul homme et d'une seule femme, c'est la monogamie.

D'où proviennent ces différences ?

Au siècle dernier, on les attribuait à l'influence des climats. Sur la foi de Bruce et d'autres voyageurs, on croyait que, dans les pays chauds, il naît plus de filles que de garçons ; de là la pluralité des femmes qui est admise en général dans ces contrées. Les premiers essais de statistique qui avaient été faits dans l'Europe occidentale, principalement en Angleterre, montraient au contraire que dans ces pays le nombre des naissances de garçons dépassait de quelque peu celui des naissances de filles. On vit dans ce fait la cause de la monogamie qu'on trouvait établie dans les climats tempérés. En réalité, rien ne peut nous faire supposer que la proportion entre le nombre des naissances des filles et celui des naissances des garçons soit autre dans les climats chauds que dans les climats tempérés. La statistique est inconnue aux Orientaux, et quand les musulmans assurent qu'il naît chez eux deux fois plus de filles que de garçons, il ne faut voir dans cette assertion qu'un argument en faveur de l'établissement de la polygamie parmi eux, de même qu'on ne doit prendre que pour une excuse de la polyandrie, usitée dans le Tibet, l'affirmation des Lamas, que c'est à cause du petit nombre de femmes comparé à celui des hommes, que la loi a permis dans leur pays à une femme d'avoir plusieurs maris.

Il est d'ailleurs une preuve manifeste que la polygamie n'est pas le résultat de circonstances propres aux climats chauds : c'est qu'elle est également établie dans des climats tempérés, par exemple, chez des peuplades indigènes de l'Amérique du Nord, et même dans des climats froids, tels que le Kamchatka et les îles Aléoutiennes.

Si, laissant de côté la polyandrie, qui paraît n'avoir d'autre cause, du moins au Tibet, — et elle ne semble guère pratiquée autre part, — que les difficultés de la vie dans un pays pauvre, isolé et de difficile culture, nous cherchons à nous rendre compte de la manière dont la polygamie et la monogamie sont répandues sur la terre, nous voyons qu'elles semblent se classer, non par climats, mais par races. Celle-ci se rencontre dans les diverses branches de la famille indo-européenne, celle-là, quoique sous des formes différentes, dans toutes les autres familles (même blanches) de l'espèce humaine, aussi bien dans la race jaune que chez les nègres et les peaux-rouges. Chez les peuples de la race jaune, il est vrai, la loi né reconnaît qu'une seule épouse légitime ; mais elle permet en même temps des concubines : trois dans la Chine, un nombre illimité dans le Birman ; elle sanctionne et garantit leur position, en sorte qu'elles sont de véritables épouses, mais d'un rang inférieur. Qu'on n'objecte pas que les Juifs, appartenant à la race sémitique, sont monogames et que la pluralité des femmes est établie chez les Indous, qui sont de la famille indo-européenne. Primitivement, la polygamie était établie chez tous les Abrahamides sans exception. La monogamie ne commença à s'introduire parmi les Juifs qu'après le retour de la captivité de Babylone, ce qui s'explique d'un côté par l'influence mazdéenne et de l'autre par cette circonstance que les Israélites qui rentrèrent à cette époque dans leur patrie étaient de la classe pauvre et se trouvaient par cela même obligés de n'avoir qu'une femme, comme c'est encore le cas dans les familles peu fortunées chez les musulmans. Elle ne devint générale parmi eux qu'après que les lois de Justinien eurent absolument défendu la pluralité des femmes dans tout l'empire romain.

Au contraire, la monogamie fut primitivement pratiquée seule parmi les Indous [1]. On ne trouve pas de traces de la pluralité des femmes dans le Rig-Véda. La polygamie fut dans l'Inde la conséquence de l'établissement du brahmanisme et de la division en castes. La manière dont elle fut réglementée porte avec elle la preuve de son origine brahmanique. La polygamie fut en effet établie d'après cette règle que chaque homme pouvait épouser une femme de sa caste et une de chacune des castes inférieures, de sorte qu'il était permis au Brahmane d'avoir quatre femmes, au Kchathrya trois, au Vaisya deux et au Soudra une seule.

La monogamie, dont nous avons à nous occuper exclusivement, est le seul système de mariage autorisé dans tous les pays de l'Europe, sauf la Turquie, et chez tous les peuples civilisés de l'Amérique. Mais si les législations de toutes ces nations sont d'accord sur le principe fondamental qu'il ne doit y avoir d'union qu'entre un seul homme et une seule femme, elles sont divisées sur plusieurs points de détail d'une grande importance. En théorie, les différences qu'elles présentent peuvent se ramener à deux systèmes, celui que soutient l'Eglise catholique et celui qui, résultat des travaux des légistes et des philosophes, a été proclamé par la révolution française, mais qui avait eu déjà des approbateurs et avait même triomphé en tout ou en partie dans certains pays protestants, principalement dans les Pays-Bas. D'après le premier, le mariage est un acte religieux, ou, comme s'exprime l'Eglise, un sacrement; d'après le second il est un acte civil, un contrat entre les deux époux, reçu et sanctionné par l'autorité civile, conformément aux lois de l'Etat qui régissent cette matière. Selon qu'on se place à l'un ou à l'autre de ces deux points de vue, la législation sur le mariage doit être tout autre. Si le mariage est un sacrement, il est indissoluble [2]; le divorce ne saurait être permis; s'il est un contrat civil, il doit pouvoir se dissoudre aussi bien que tout autre contrat, en se conformant toutefois aux lois. — Autre différence : si le mariage est un sacrement, la célébration et la réglementation en appartiennent à l'Eglise;

s'il est un acte civil, il ressort de l'autorité civile et laïque [1]. — Il est inutile de poursuivre plus loin cette comparaison; les deux cas que je viens de citer suffisent pour montrer que chacun des deux systèmes donne nécessairement naissance à une législation différente du mariage.

Ces deux systèmes ne règnent cependant dans leur ensemble et avec toutes les conséquences qui en découlent, que dans un certain nombre de pays; ailleurs, il s'est fait un étrange mélange de l'un et de l'autre, en proportions fort différentes toutefois, dans les législations relatives au mariage. Mais l'espace ne nous permet pas d'examiner ces questions.

Conditions requises pour la validité du mariage. — La première des conditions nécessaires à la réalisation du mariage, c'est, dans toutes les législations, le libre consentement des deux parties contractantes. Sans ce consentement, librement donné des deux côtés, le mariage n'aurait ni valeur, ni moralité.

Mais le consentement ne rend le mariage légitime qu'autant qu'il est constaté par une autorité compétente, et c'est là une seconde condition tout aussi essentielle que la précédente. Ce n'est en effet que par cette constatation légale qu'il se distingue du concubinage. Cet acte est indispensable pour constituer la famille, établir l'état des enfants et assurer la transmission des héritages.

Quelle sera cette autorité compétente? Les deux systèmes donnent chacun une réponse différente, on l'a déjà vu. Les époux qui n'auraient fait célébrer leur union que par l'officier de l'état civil vivraient en concubinage, selon l'Eglise, et ne seraient pas réellement mariés, opinion qui est une conséquence du principe que le mariage est un sacrement. Et d'un autre côté, un mariage qui n'aurait été célébré qu'ecclésiastiquement n'aurait pas de réalité aux yeux de la loi française, et les enfants qui en seraient issus n'auraient pas le moindre droit à l'héritage de leur père, opinion parfaitement fondée, quand on part du principe que le mariage est un contrat civil.

Pendant des siècles, la célébration des mariages a appartenu, dans les pays catholiques, aux ministres de la religion. Ce fut là, il faut le reconnaître, un avantage, en même temps qu'une nécessité. Depuis l'invasion des Barbares jusqu'à la renaissance des lettres, le clergé seul offrit les garanties nécessaires pour que la constatation des mariages fût réelle, bien faite, inattaquable. Il fut en effet à cette époque le seul corps assez lettré pour dresser des actes et tenir des registres, comme aussi le seul qui, régulièrement organisé,

1. Ad. Pictet, *les Origines indo-européennes*, t. II, p. 339.
2. C'est-à-dire, c'est la religion catholique qui tire actuellement, ou depuis longtemps si l'on veut, cette conclusion; elle n'est nullement imposée par la logique.

1. Du fait qu'on a refusé de voir dans le mariage un acte civil, il est résulté que les époux n'héritent pas l'un de l'autre de plein droit et en cette qualité. Dans les temps modernes on a vu qu'il y avait des inconvénients, et quelquefois de la cruauté barbare dans ce système, et le législateur s'est occupé des intérêts de la veuve. La question est trop compliquée pour que nous l'abordions ici; nous ne tenions qu'à en rappeler l'importance.

formant une suite non interrompue, et à l'abri des violences alors si fréquentes, pût les conserver.

Cette nécessité n'exista plus dès que l'instruction se fut répandue en dehors du clergé, et cet état de choses offrit même de nombreux inconvénients, quand, par suite de la réformation, des cultes différents se trouvèrent les uns à côté des autres dans le même pays. La tolérance avait à en souffrir. Il n'y avait qu'un seul moyen d'échapper à toutes les difficultés, c'était de considérer, comme dans l'antiquité, le mariage comme un acte civil et d'en remettre la constatation et la célébration aux soins de l'autorité civile. En fait, le mariage est un acte qui intéresse avant tout la société. Que les conjoints jugent convenable de demander, en s'unissant, les bénédictions de la religion, rien de mieux ; mais en lui-même le mariage n'est pas plus un acte religieux que tout autre événement important de la vie [1].

Il est une troisième condition pour la validité du mariage, c'est qu'il soit célébré publiquement et qu'il puisse être connu de quiconque a intérêt à ne pas l'ignorer. Ce n'est pas seulement en vue de la constitution de la famille, de la position réciproque des époux et de la légitimité des enfants que cette publicité est nécessaire ; c'est encore en vue des tiers qui sont intéressés à en avoir connaissance. Le mariage, en effet, modifie souvent le crédit du mari et toujours la capacité légale de la femme.

On peut dire que sur ce point la législation française ne laisse rien à désirer. Elle a voulu qu'il fût possible, à quiconque en a besoin, de connaître, non pas seulement le fait même du mariage, mais encore les clauses particulières dont les contractants ont convenu entre eux en s'unissant. Une loi du 10 juillet 1850 prescrit aux futurs époux de déclarer à l'officier de l'état civil qui célèbre leur mariage, s'ils ont ou non fait un contrat de mariage et, en cas d'affirmative, la date de ce contrat, ainsi que les noms et la résidence du notaire qui l'a reçu, et à l'officier de l'état civil de faire mention de cette déclaration dans l'acte de la célébration du mariage.

La publicité du mariage, d'une nécessité indispensable dans le système qui le tient pour un contrat civil, n'offre pas le même intérêt dans le système qui le regarde avant tout comme un acte religieux. Dans ce système, en effet, le mariage regarde plus le ciel que la terre ; quand les deux époux ont mis leur conscience en repos par la célébration ecclésiastique de leur union, l'affaire essentielle est accomplie ; le reste est de peu d'importance, et si des considérations particulières font désirer que cette union reste secrète, il n'y a pas de grands inconvénients à la couvrir du voile du mystère. En vue des cas de ce genre, l'Eglise a laissé aux évêques le droit de dispenser de la publication des bans, c'est-à-dire le droit de supprimer le seul moyen de publicité qui existe d'ordinaire dans les pays où les registres de l'état civil sont entre les mains du clergé. Tout ce qu'elle exige c'est que la cérémonie soit célébrée par un des prêtres de la paroisse d'un des deux conjoints ou par un prêtre autorisé spécialement pour la circonstance par le curé de cette paroisse (*Concile de Trente*, sess. XXIV, ch. 1) ; et les ordonnances de Louis XIV sur cette matière ne demandent rien de plus pour que le mariage soit censé n'être pas clandestin. Dans ces conditions de célébration, il ne l'est pas en effet pour l'Eglise ; mais il l'est bien certainement pour les tiers qui auraient intérêt à le connaître. Le concile de Trente et les ordonnances de Louis XIV condamnent bien, il est vrai, les mariages clandestins ; mais ils n'entendent par là que ceux qui se font à l'insu des parents (*Catech. ad Parochos, pars* II, *de Matrimonii Sacramento*, § 37) ou sous des noms supposés, et il y en a bien d'autres réellement clandestins que ceux qui sont célébrés dans ces deux conditions.

Empêchements au mariage. — Rien n'a plus varié que le nombre et la nature de ces empêchements. C'est que, à côté de quelques-uns qui sont imposés par la nature elle-même tous les autres dérivent d'institutions sociales qui diffèrent selon les peuples, ou de préjugés de toutes sortes qui ne diffèrent pas moins selon les temps et les lieux. Aussi les voit-on s'augmenter outre mesure dans les époques d'ignorance et de barbarie et se réduire à proportion que la civilisation grandit.

Dans les pays de castes, les empêchements au mariage sont sans fin ; mais un seul les domine tous, c'est celui qui interdit tout mélange des castes. Telle est la loi qui règne dans l'Inde depuis des siècles.

A Rome, dans les temps primitifs, le mariage était interdit entre les patriciens et les plébéiens. La loi des Douze Tables, sanctionnant cet ordre de choses, prescrit que les deux conjoints soient de la même race (*gens*). Peu de temps après la publication de cette loi célèbre, l'égalité de naissance ne fut cependant plus une condition requise pour la validité du mariage. (Loi Cornélia de l'an 309.)

---

1. Nous ne comprenons pas les objections qu'un prêtre peut avoir contre le mariage civil. N'est-il pas dit dans l'Evangile : « Donnez à Dieu ce qui est à Dieu, et à César ce qui est à César ? » Or, le pouvoir civil est à César. Comment voulez-vous que la loi civile intervienne pour sanctionner les effets civils du mariage, si ce mariage n'a pas été enregistré par lui, et en quoi la religion peut-elle être affectée lorsque le maire lit aux futurs époux le chapitre du Code relatif au mariage et leur demande s'il est vrai qu'ils veulent se marier ? Ce que le prêtre peut demander c'est qu'il soit chargé de donner la bénédiction nuptiale ; or personne ne lui conteste ce droit. Mais ce qu'on peut lui contester, c'est le droit de ne pas reconnaître le mariage civil. Il peut menacer de l'enfer les époux qu'il n'a pas bénits, mais *comme son royaume n'est pas de ce monde*, lorsqu'il traite effrontément de « Mademoiselle » une personne mariée civilement, ou qu'il prétend considérer ses enfants comme des bâtards, il est doublement passible de la police correctionnelle : 1° pour ne pas reconnaître la loi du pays ; 2° pour insulte grave adressée à des particuliers.

Avec le christianisme les empêchements se multiplièrent dans la législation romaine. Sous les fils de Constantin on voit s'étendre les prohibitions relatives à la parenté et apparaître pour la première fois celles relatives à la différence de religion. Il fut défendu d'épouser sa nièce ou sa belle-sœur, et le mariage fut interdit entre les juifs et les chrétiens. Aux juifs, Valentinien, son frère Valens, et ses fils Gratien et Valentinien II ajoutèrent les Barbares. On étendit les prohibitions pour cause de parenté; en même temps on supposa des affinités spirituelles issues de la commune participation à certaines cérémonies religieuses et formant des empêchements dirimants, capables de frapper le mariage de nullité. Ainsi, il y a affinité spirituelle entre deux personnes qui ont été parrain et marraine d'un enfant.

Quelques-unes de ces prohibitions sont passées dans les législations modernes, mais ces difficultés s'en vont.

En France, toutes les prohibitions issues des croyances religieuses ou de préjugés aristocratiques ont été écartées. On n'a admis dans la loi que celles qui sont imposées par la nature des choses. En thèse générale, la faculté de se marier est un droit naturel et civil qui appartient à tous les membres de la société sans distinction de culte, de rang et fortune. L'exercice de ce droit ne rencontre que deux empêchements absolus, l'un résultant de nos mœurs et de notre organisation sociale, savoir qu'on ne peut contracter un second mariage avant la dissolution du premier; l'autre dicté par le sentiment moral, savoir que tout mariage est interdit entre parents et enfants, et entre frère et sœur. (Code Nap., §§ 161 et 162.) Toutes les autres prohibitions peuvent être levées ou par des dispenses, ou par le temps, ou par certaines formalités.

Certaines positions sociales créent des empêchements à contracter mariage. En France, comme d'ailleurs en plusieurs autres pays, les soldats ont besoin de la permission de l'autorité militaire pour pouvoir se marier. Dans les pays catholiques, les personnes engagées dans les ordres ou dans quelque profession religieuse ne peuvent en aucune façon contracter mariage. En France, la loi ne reconnaît pas les vœux religieux; dans l'ordre civil, les obligations purement ecclésiastiques et spirituelles n'ont aucune force obligatoire.

Obligations réciproques des époux. — Toutes les législations modernes des peuples chez lesquels règne la monogamie sont unanimes sur ce point: la femme doit obéissance à son mari, et celui-ci est tenu de l'aimer, de la protéger, de lui fournir les choses nécessaires à la vie. Evidemment, la femme est placée en sous-ordre par la loi; elle est frappée d'incapacité légale, dès qu'elle est en puissance de mari; la gestion de la fortune commune est confiée uniquement à ce dernier. Pourquoi cela? Les raisons en sont faciles à saisir. (*Voy.* **Femme, Puissance maritale.**)

Il est impossible que, dans un ménage, le mari et la femme puissent en même temps se mettre en relation d'affaires avec autrui et disposer chacun, de son côté, de la fortune commune selon ses plans particuliers. Cet état de choses serait une source continuelle de troubles et au dedans et au dehors. Il faut donc que la direction domestique soit remise à un seul des conjoints. Auquel des deux la donnera-t-on? Au plus capable, dira-t-on. Sans doute, et dans le fait c'est bien à peu près toujours ce que la force même des choses finit par amener dans chaque famille. Mais la loi, n'ayant pas le moyen de constater la capacité relative des deux époux, a dû poser une règle générale et confier la gestion des affaires à celui des deux qui, par suite de la nature de ses aptitudes, du genre d'éducation qu'il a reçu, des allures plus hardies qui le distinguent, non moins que par suite des convenances sociales généralement établies, est plus propre à se produire dans le monde, à se mêler au mouvement de la foule, à s'occuper le plus activement de transactions, de commerce, d'agriculture.

Est-ce à dire qu'en déclarant la femme en puissance de mari, inhabile à gérer les affaires domestiques, la loi ait prétendu porter un jugement défavorable sur sa capacité naturelle? qu'elle l'ait mise, pour ainsi dire, en tutelle, *propter fragilitatem sexus*, comme elle y a mis le mineur, *propter fragilitatem ætatis*? On ne saurait le prétendre, car, bien loin de suivre le code de Manou qui la place dans son enfance sous l'autorité du père, dans sa jeunesse sous celle du mari, dans son veuvage sous celle de son fils, de son petit-fils ou de son frère, elle l'appelle au contraire à la tutelle de son mari interdit (*Code civil*, § 507) et à celle de ses enfants mineurs, soit pendant l'interdiction du mari, soit après sa mort (*ibid.*, § 390), soit quand il est en état de présomption d'absence (*ibid.*, § 141). Ajoutez qu'elle reconnaît aux filles majeures le droit de gérer leur personne et leur fortune. En plaçant le mari à la tête de la famille, la loi n'a eu en vue que le bien commun; il lui a semblé qu'il était dans l'intérêt de tous qu'il n'y eût qu'un seul directeur et que l'homme est mieux qualifié que la femme pour remplir cette fonction.

Résumé. — Sous quelque régime qu'il soit contracté et quelles que soient les obligations particulières qu'il impose à chacune des deux parties à l'égard de l'autre, le mariage constitue, d'après nos lois et dans nos mœurs, l'union la plus intime qui puisse s'imaginer entre deux personnes. La femme, chez les peuples modernes qui pratiquent la monogamie, prend le nom de l'époux auquel elle s'unit, déclarant pour ainsi dire par là qu'elle est désormais un autre lui-même, et les enfants, non seulement portent le même nom, mais encore participent aux prérogatives du père et succèdent aux biens de leurs parents dont ils sont, comme s'exprime un philosophe allemand, la prolongation. (MICHEL NICOLAS.)

A cet ordre de choses, entré si profondément dans nos lois et dans nos mœurs, il n'y a qu'une seule exception ; on la rencontre en Allemagne et dans le Danemark. Je veux parler de cette espèce particulière de mariage qu'on désigne sous les noms de mariage morganatique[1], mariage de conscience, mariage de la main gauche. Ce mariage n'est qu'à l'usage des têtes couronnées et de la haute noblesse[2]. Ces unions ne confèrent à la femme et aux enfants aucun droit ni au nom, ni au rang, ni à l'héritage de celui qui est l'époux de l'une et le père des autres. Elles ne constituent pas cependant un état de concubinage, car elles sont célébrées civilement et religieusement de la même manière que les mariages ordinaires, et les liens qu'elles établissent ne peuvent être brisés que par la mort d'un des deux conjoints ou que par les mêmes raisons et les mêmes formalités exigées pour le divorce. Il n'en est pas moins vrai que, sauf sur le point de l'honorabilité, la femme qui y est engagée ne diffère en rien de la concubine et que les enfants qui en proviennent ne se distinguent pas des enfants illégitimes. Ces unions ne sont donc que des mariages incomplets (limités, comme l'exprime le mot par lequel on les désigne le plus ordinairement), qu'une sorte de terme moyen entre le mariage et le concubinage qu'on ne tolère que chez des princes régnant et pour éviter certaines difficultés qui pourraient se présenter lors de l'ouverture de successions. (*Voy.* **Matriarcat.**)

MARINE[3]. Il n'y a pas de marine sans marins, c'est l'axiome et le principe qui régit la matière et dont, nous autres Français, il faut que nous soyons persuadés plus que personne. Nous avons l'argent et les produits, nous avons l'industrie et le talent, nous avons la position et la population qui nous permettraient d'être une puissance maritime de premier ordre ; mais nous sommes pauvres en marins, et cela suffit pour diminuer considérablement l'importance de notre établissement naval. En réunissant toutes nos ressources, en faisant un effort suprême, nous ne pourrions pas appeler sous le pavillon plus de 90 ou de 100.000 hommes, sous peine, en voulant aller plus loin, de n'avoir plus que des équipages inexpérimentés, incapables d'un bon service et à qui l'on ne pourrait confier sans imprudence grave l'honneur du pavillon. A côté de nous, l'Angle-

terre peut, même en temps de paix et sans peser aucunement sur ses marins, qui ne se recrutent seulement par engagement volontaire, entretenir plus de 80.000 hommes à bord de ses navires, et s'il s'agissait pour elle aussi de faire un effort suprême, elle serait assurée de trouver 300 ou 400.000 hommes à embarquer sur ses flottes plus aisément que nous ne trouverions 90 ou 100.000 hommes. On calcule qu'en appliquant à l'Angleterre le système qui, chez nous, fait entrer 170.000 hommes dans les chaînes de l'inscription maritime, on inscrirait chez nos voisins trois ou quatre fois autant. D'où l'on dit, et malheureusement avec grande raison, que, dans le cas d'un conflit, l'Angleterre aurait les moyens de supporter plus de défaites que la France ne serait capable de gagner de victoires. Nous serions épuisés et mis hors de combat par nos succès mêmes, avant que nos adversaires ne le fussent par des revers même continus !

Deux causes d'un mérite fort différent entre elles contribuent principalement à créer cette situation peu flatteuse pour l'amour-propre national et encore moins avantageuse à la grandeur du pays. La première est toute politique et extérieure, elle ne dépend de nous que jusqu'à un certain point, mais c'est heureusement la moins puissante ; la seconde est tout intérieure, et quand nous le voudrons, il nous appartiendra de la faire disparaître : heureusement encore, c'est celle qui a le plus d'influence sur notre établissement naval.

Luttant depuis quatre siècles pour trouver son assiette géographique et sociale, la France a supporté le poids de presque toutes les coalitions qui depuis lors se sont formées dans le monde, et l'étendue aussi bien que la disposition de ses frontières la mettant en contact direct avec presque tous les peuples de l'Europe, elle a eu presque toujours à faire face partout. Par l'inexorable nécessité des choses, son principal effort a toujours dû se diriger du côté de la terre, et par suite des merveilleuses vicissitudes qu'elle a subies, elle a dû bien souvent détourner son attention de la mer. Moins vulnérable ou même peu vulnérable sur cette frontière, elle a dans toutes les grandes occasions de son histoire employé à agir sur le point critique les ressources que dans d'autres conditions elle eût consacrées à son développement maritime, si bien qu'en 1813 elle menait les marins de la garde sur les champs de bataille de Lutzen et de Bautzen, de Dresde et de Leipzig, et que plus récemment, dans la funeste guerre de 1870, elle a employé presque tous ses marins à Sedan, à Paris et dans toutes les armées de province. L'exemple est frappant, mais il ne fait que traduire d'une façon éclatante ce que nous avons été obligés de faire dans toutes les circonstances où nous avons été engagés sur nos frontières de terre, c'est-à-dire presque toujours, et ce que nous avons fait maintes fois encore, même en

---

1. Du mot gothique *Morgjan*, limiter. Ce qu'on limite, au fond, c'est le droit de succession.
2. Les femmes des familles princières peuvent aussi contracter des mariages de ce genre.
   Le mariage morganatique s'est introduit comme correctif à la loi de *l'égalité de naissance* ou de condition.
3. Nous empruntons ces pages à l'article que feu Xavier Raymond a faites pour une édition antérieure du Dictionnaire politique.

pleine paix, pour parer seulement à des nécessités financières. Au milieu des embarras
d'argent de la Régence et du règne de
Louis XV, la marine disparaît presque complètement. Après 1815, quel est d'abord le
département que l'on sacrifie ; après 1848,
quel est le département qui se voit rogner le
plus impitoyablement ses crédits ? Après la
guerre de 1870, quel est le service public qui
voit réduire le plus rigoureusement son budget, presque dans la proportion du quart ?
La marine, toujours la marine.

Si elle était pour nous ce qu'elle est pour
les Anglais, c'est-à-dire la principale et véritable garantie de la grandeur et de la puissance nationale, nous lui eussions sans doute
fait un autre sort ; mais dans les conditions
données de notre histoire elle n'est forcément
qu'une arme secondaire que parfois nous
sommes contraints de négliger, et à laquelle
nous ne portons un grand intérêt qu'à nos
heures, en temps de paix et de prospérité
surtout. Alors nous avons des réveils magnifiques et qui prouvent que le génie de la
mer nous appartient aussi bien qu'à aucune
autre nation. Cela s'est vu du temps de
Louis XIV, et du temps de Louis XVI,
cela se voit depuis la paix de 1815, depuis un demi-siècle pendant lequel la
marine française a déployé plus de talents
et d'activité, plus de dévouement et d'esprit
d'initiative qu'aucune autre peut-être. Les
entreprises qu'elle a tentées dans toutes les
parties du monde ont toutes été menées à
bonne fin, elles ont été plus nombreuses que
celles qu'a poursuivies aucune marine, elles
ont embrassé tous les genres de services,
elles ont été aussi quelquefois très importantes comme l'expédition d'Alger, le ravitaillement de l'armée de Crimée, la campagne
qui a porté notre drapeau jusque sur les
murs de Pékin. Non seulement elle a réussi
dans toutes ces occasions, mais dans toutes
aussi, luttant avec des moyens assez bornés,
elle a fait preuve d'une discipline vraiment
admirable et d'un esprit de ressources qui
savait suffire à tous les besoins, jusqu'à créer
un port à Kamiesch, jusqu'à construire un
aqueduc en maçonnerie. A l'intérieur, ses
travaux n'ont été ni moins actifs, ni moins
féconds. Elle a refait avec une supériorité
qui n'est pas contestée, tous les règlements
relatifs à l'organisation et au maniement des
armées navales ; avant 1848, elle avait re-
fondu tout le matériel de construction ou
d'armement des anciens vaisseaux à voiles ;
depuis 1848 elle a produit le vaisseau de ligne à vapeur et à grande puissance qui fit
dans son temps une révolution complète dans
l'arme, et plus récemment elle a produit le
bâtiment cuirassé, cause d'une révolution
nouvelle et plus radicale encore. Tout cela
est vrai, tout cela doit légitimement flatter
l'orgueil national, mais il n'en reste pas
moins vrai aussi, dans le cas d'une guerre
générale en Europe, la France n'a presque
jamais pu soutenir sa marine au degré d'é-
clat où elle l'avait su porter dans les temps
de prospérité, d'abord parce que ses efforts
ont presque toujours été impérieusement détournés sur le continent, et ensuite parce que,
pour soutenir cet éclat pendant longtemps,
il lui aurait fallu être plus riche en marins
qu'elle ne sait l'être.

De ces deux raisons, qui expliquent le trop
grand écart que l'on observe entre la puissance relative des marines anglaise et française, l'une est, comme je l'ai dit, à peu près
indépendante de nous et inhérente à notre position géographique ; l'autre, et c'est la plus
influente, nous appartient au contraire et se
corrigerait facilement si nous voulions renoncer aux traditions du despotisme pour pratiquer loyalement ces principes de 1789
sur lesquels nous avons la prétention de fonder notre édifice social [1]. La France n'a pas
autant de marins qu'elle en pourrait et qu'elle
en devrait avoir, parce qu'elle fait à ses marins une existence impossible et incompatible
aussi bien avec les principes du droit qu'avec
l'état présent du commerce et de l'industrie.
Disposant d'un personnel marin trop peu
nombreux au gré de son ambition, et appréciant les services que l'on pouvait attendre
de cette race vaillante et dévouée. Louis XIV
ou plutôt son ministre, Colbert, avisa qu'il
serait très doux de mettre une bonne partie
de la population maritime en coupe réglée,
et très commode pour l'administration de
n'avoir plus de peine à se donner pour compléter des équipages, si l'on parvenait à faire
entrer les marins dans un système qui les
tînt toujours à la discrétion de l'Etat. Ils
avaient fourni, dit Chassériau dans son
histoire de la marine, une soixantaine de
mille hommes aux vaisseaux du roi pendant
la grande guerre que termina la glorieuse
paix de Nimègue, ils avaient remporté tant
de brillantes victoires sur les flottes coalisées de l'Angleterre et de l'Espagne, une
grande puissance alors, qu'ils méritaient bien
que l'on fît quelque chose pour eux, et que
surtout on ne les laissât pas dans ce déplorable système d'isolement et de liberté qui les
privait de l'honneur de compter dans la matière administrative ! Nous sommes si habiles
en fait de bureaucratie, d'organisation et de
réglementation ! Pour les récompenser des
services qu'ils venaient de rendre, on imagina de les partager — ou du moins le plus
grand nombre d'entre eux, car il y avait des
exceptions et même d'assez considérables, —
en classes qui devaient, chacune à tour de
rôle, un an de service sur les vaisseaux du
roi, depuis l'âge de dix-huit ans jusqu'à celui
de cinquante. C'est l'origine du système de
l'inscription maritime avec cette différence, à

1. Il s'agit de l'inscription maritime. Sur ce point, je
ne me reconnais aucune compétence personnelle et mets
en avant l'opinion de mon ancien collaborateur. Je me
borne à ajouter que de nos jours il faut tenir compte aussi,
en dehors de la marine anglaise, des marines russe, allemande, italienne, autrichienne..... peut-être même japonaise.

l'avantage sans doute de l'inscription, qu'elle avait fini de nos jours par ne souffrir aucune exception, qu'elle avait même réussi à s'emparer de quiconque exerçait une industrie dont on pouvait tirer parti pour la marine, et que nous avons enfin failli voir le jour, il y a de cela très peu de temps, où tous les ouvriers en métaux allaient être tous indistinctement enregimentés dans l'inscription maritime, attendu les services qu'ils pouvaient rendre dans les arsenaux, les constructions d'aujourd'hui employant infiniment plus de fer que celles d'autrefois! La raison paraissait péremptoire pour l'Etat et suffisante pour les ouvriers! Un autre perfectionnement qui avait été introduit par la force des choses, c'est que, tandis qu'on levait autrefois les matelots pour les campagnes d'un an, on les lève aujourd'hui pour des campagnes de trois ans au moins, mais prolongeant quelquefois leur durée jusqu'à quatre et cinq ans. Autre perfectionnement encore, c'est que tous les petits privilèges accordés par Colbert dans le principe de l'institution, lorsqu'il voulut imposer aux gens de mer un pareil servage, ont fini par disparaître devant l'admirable uniformité de notre système administratif. Il ne reste plus aux marins, en échange des obligations qui leur sont imposées pour avoir le droit de se livrer à leur profession, que de n'être pas soumis à la loi ordinaire du recrutement.

Ce régime, si contraire aux axiomes élémentaires de notre droit public, aux principes qui proclament l'égalité des Français devant la loi, aux articles de toutes les Chartes et de toutes les Constitutions où nous avons établi que chacun concourt proportionnellement aux nécessités de l'Etat, ce régime commence à être enfin très sérieusement mis en question. Les tristes résultats qu'il a produits ne le feront regretter, lorsqu'il disparaîtra, ni des marins qui en ont souffert plus que personne, ni de ceux qui s'intéressent à la cause de la justice et à la grandeur du pays. Après deux siècles bientôt de servage pour les marins et d'insuffisance pour satisfaire aux besoins de la flotte, il laissera la marine française dans une situation relativement moindre que celle où, dans un jour néfaste, il lui a été imposé par Louis XIV. Avec une population qui n'était sans doute pas le tiers de la nôtre[1], avec une richesse publique qui n'était pas le dixième de celle d'aujourd'hui, avec un commerce qui n'égalait pas, comme importance, le vingtième du nôtre, la France du dix-septième siècle fournissait 60.000 marins aux flottes du grand roi, avant qu'il n'eût eu la malheureuse pensée de faire de leur métier, libre jusque-là, une glorieuse servitude. La France du dix-neuvième siècle, avec ses quatre-vingt-six départements, avec ses trente-huit millions d'habitants, avec son commerce qui se chiffre par milliards, ne produisait toujours que 62.000 marins capables du service de guerre. C'est le nombre indiqué par l'amiral Romain Desfossés dans la discussion à laquelle donna lieu, devant le Sénat, une pétition des pêcheurs de harengs. C'est le nombre qui a succédé à un demi-siècle de paix générale, d'activité, de travail et de prospérité inouïs! S'il faut juger les arbres par leurs fruits et les institutions par leurs résultats, l'inscription maritime est exposée à un jugement sévère. Aussi l'administration, malgré la répugnance instinctive qu'elle éprouve à se dessaisir de ce qu'elle est habituée, par des traditions séculaires, à regarder comme ses droits, a-t-elle fait en 1803 (décrets du mois d'octobre) des efforts louables pour alléger le poids des charges qui pèsent sur les marins et qui détournent de cette profession un nombre immense de jeunes gens. Néanmoins il faut reconnaître que ce sont là seulement encore des palliatifs, car le principe du servage des marins est maintenu, et il faut bien se dire que jamais la France ne sera sur les mers ce qu'elle devrait et ce qu'elle pourrait y être aussi longtemps que les Français ne pourront ni aller à la mer, ni naviguer, ni pêcher, ni trafiquer sans encourir, par le fait même et depuis l'âge de dix-huit ans jusqu'à celui de cinquante, la chance d'être surpris au milieu de leurs familles ou de leurs affaires par un décret qui peut du jour au lendemain les envoyer passer trois ou quatre ans sur les bâtiments attachés aux stations du Sénégal ou de la Nouvelle-Calédonie. On manquera toujours de marins dans de pareilles conditions, et sans marins il n'y a pas de marine[1].

MASSES (Les). Expression synonyme de foules. Cependant, qui dit *masses* pense surtout au grand nombre des gens d'une instruction très ordinaire, d'esprit sans culture et de sentiment plus ou moins brut, primitif, formant une force d'une assez grande puissance.

Les masses, comme les foules, sont impressionnables, n'ont pas le temps de réfléchir et suivent volontiers une impulsion... plus ou moins aveuglement. Elles ne peuvent donc pas comprendre les subtilités ou finesses politiques, économiques, sociales. Elles sont plus volontiers d'une opinion extrême que d'une opinion moyenne, on les gagne plus

---

[1]. La population côtière était alors à peu près aussi nombreuse qu'aujourd'hui, sauf qu'on ne possédait pas la Corse. La France avait entre 18 et 20 millions d'habitants.

[1]. Notre collaborateur a été peut-être un peu trop dur pour l'inscription maritime, bien qu'il soit loin d'être seul de son avis. Si elle était si nuisible à la marine, le gouvernement français s'obstinerait-il à la maintenir? Existerait-elle en Angleterre, en Allemagne, en Espagne, en Italie, et peut-être partout en Europe? Nous avons de la peine à le croire. Il nous semble aussi improbable que l'inscription détourne bien des jeunes gens de la carrière maritime; est-ce qu'il n'y a pas aussi le service de l'armée de terre? N'y a-t-il pas une plus grande différence entre la vie de caserne et celle de n'importe quelle profession, qu'entre la vie sur un bâtiment de l'Etat et la vie sur un navire marchand? Aussi croyons-nous devoir réserver notre opinion. M. B.

facilement par le sentiment, par des phrases, que par la raison.

Un régime politique sur lequel les masses ont une grande influence, est exposé à de nombreux et brusques changements, sans être sérieusement progressif.

Ajoutons que, si les masses sont le nombre (ce qui, malgré les apparences, n'est pas toujours sûr), les masses ne sont pas l'élite, par conséquent ni la vérité, ni la vertu.

MATRIARCAT. Les savants qui se sont consacrés à l'étude de l'histoire des origines de l'humanité croient avoir découvert qu'à une certaine époque, les enfants connaissaient leur mère, et non leur père, c'est-à-dire que le mariage, ou la famille n'était pas régulièrement instituée. Quelques faits ont été constatés dans ce sens, mais on ne possède pas de renseignements bien détaillés ; pour les détails réunis par les chercheurs, nous renvoyons à l'un des ouvrages sur la matière, p. ex. à Westermarck, *Origine du Mariage* (Paris, Guillaumin, 1895).

Nous nous élevons seulement contre un point, c'est celui-ci : de prétendus réformateurs recommandent certaines de leurs idées, sous le prétexte qu'elles ne renferment rien de nouveau, puisqu'on en trouve des traces dans l'humanité primitive. Comme s'il convenait à des hommes qui ont fait tous les progrès que l'on sait, depuis l'âge de pierre, qui se vantent d'aimer passionnément le progrès, de revenir à des us et coutumes que notre raison et notre sentiment sont d'accord pour qualifier de barbares. Il faut avoir l'esprit perverti pour concevoir de pareilles idées.

C'est plutôt en avant qu'en arrière qu'il faut regarder ; en tout cas, lorsqu'on nous invite à regarder en arrière, il faut le faire avec défiance. L'eau ne remonte pas à sa source, et l'homme ne doit pas revenir sur ses progrès.

MARSEILLAISE. *Voy.* **Hymnes et Chants politiques.**

MAXIMUM. Prix fixé par le gouvernement et que les vendeurs ne doivent pas dépasser sans encourir des peines généralement très sévères. Cette mesure ne peut que produire du mal. On peut en dire autant de la fixation d'un minimum de salaire. Les prix doivent être librement convenus.

MÉCONTENTS ET SATISFAITS. Dans tout État, il y a au moins deux partis, dont l'un représente la conservation et l'autre le progrès. Leurs noms diffèrent selon les temps, selon les lieux. Ici, ce sont des tories et des whigs ; là, des républicains et des démocrates ; ailleurs, des libéraux et des radicaux, ou des modérés et des progressistes ; ailleurs encore, les deux partis fondamentaux de toute société portent d'autres noms. Actuellement, les mécontents s'appellent volontiers socialistes.

On ne se range pas arbitrairement sous l'un ou l'autre de ces drapeaux. Le choix est souvent une affaire de tempérament ; quelquefois il est imposé par des raisons de famille ; d'autres fois par la conviction ou par des intérêts plus ou moins durables et importants. On peut appartenir à l'un de ces partis, sans précisément s'occuper activement de politique : on se borne à voter avec eux.

Restent ensuite les mouches du coche de la politique, les hommes sans conviction qui entourent volontiers le pouvoir dans l'espoir d'en tirer un profit ou par vanité. Lorsqu'ils réussissent, ils se rangent parmi les partisans, sinon les plus dévoués, du moins les plus démonstratifs ; ils comptent parmi les *satisfaits*. S'ils ne réussissent pas, ils forment le groupe des *mécontents*.

Dans un État bien ordonné, dans un pays surtout où règne un véritable esprit public, les uns ne sauraient être très utiles ni les autres très dangereux.

MÉDIATION. En droit des gens, la médiation est un acte qui a pour but de concilier les différends des nations. Mais on distingue trois espèces de négociations à l'amiable : 1° une tierce puissance interpose ses bons offices pour terminer le litige international ; 2° ou elle est choisie pour faire des propositions impartiales d'accommodement, mais on se réserve le droit de les accepter ou de les rejeter ; 3° ou elle est constituée juge arbitre pour prononcer une sentence puisée dans les principes du droit et de l'équité et obligatoire pour les deux parties. Ainsi, interposition de bons offices, médiation, arbitrage ; chacun de ces modes a des règles et implique des droits et des devoirs pour chaque puissance.

L'interposition des bons offices naît d'ordinaire d'un sentiment spontané. C'est le premier pas vers la médiation.

La médiation est un mandat conféré et accepté pour concilier, procurer la paix, en adoucissant les reproches, en calmant les ressentiments, en éclairant les esprits. Elle tend à amener une transaction sur les prétentions opposées, à aplanir les difficultés suscitées par l'intérêt, l'amour-propre, les passions, et elle peut conduire à l'arbitrage.

L'arbitrage consiste dans le choix d'un ou de plusieurs juges choisis d'un commun accord pour décider le différend et rendre une sentence qui, exécutoire comme un traité, doit servir de loi et de règle.

Quand il s'agit d'États, la politique joue habituellement son rôle, mais dans ces derniers temps elle est moins souvent intervenue qu'autrefois. C'est que le désir d'être ou de paraître honnête est plus intense.

MÉDIATISATION. Par suite des guerres de la Révolution et de l'Empire, un grand nombre de principautés, comtés et baronnies allemandes immédiates, c'est-à-dire qui n'avaient d'autre suzerain que l'Empereur, dont ils relevaient directement, ont été subordonnés à des princes autrefois leurs égaux ; c'est ce qu'on a appelé la médiatisation. En d'autres termes on leur a laissé leurs prérogatives, leurs propriétés, leurs honneurs, et on leur a retiré la souveraineté.

L'acte fédéral de la Confédération germanique leur reconnaissait, article 14, une position exceptionnelle ; les seigneurs médiatisés (*Standesherrn*) restaient les égaux des princes souverains, en ce sens que ceux-ci pouvaient (et peuvent?), sans déroger, conclure une alliance matrimoniale avec eux (*Ebenbürtigkeit*); ils jouissaient de plusieurs immunités pour eux et leurs familles, comme l'exemption du service militaire, une juridiction privilégiée. Plusieurs États allemands leur ont accordé encore d'autres privilèges; ils sont notamment presque partout pairs héréditaires. Depuis la dissolution de la Confédération germanique, leur situation n'a pas été bien définie. Dans un procès qui s'est plaidé à Berlin en février ou mars 1872, le tribunal n'a pas voulu reconnaître à deux seigneurs le droit à une juridiction privilégiée. (Ils avaient été membres du conseil d'administration d'une société anonyme en déconfiture.)

MEETING. Ce nom, tiré de l'anglais, se donne le plus ordinairement aux réunions publiques, accidentelles, dans quelque endroit que ces réunions aient lieu.

MÉMORANDUM. Le memorandum est un terme qui est resté de l'usage de la langue latine, autrefois employé pour des négociations, des traités. On désigne ainsi une espèce de note diplomatique contenant l'exposé sommaire de l'état d'une question et la justification de la position prise par un gouvernement, ou des actes qui en sont émanés et auxquels on se réfère. C'est, à proprement parler, un mémoire.

MENDICITÉ. Si la mendicité ne se révélait que comme fait accidentel, involontaire, comme l'expression digne de pitié d'une misère exceptionnelle, nous n'aurions pas à en faire l'objet d'une mention à part. Mais la mendicité est pour des groupes entiers d'individus un état, un métier faisant vivre ceux qui s'y livrent dans des conditions d'un certain bien-être qui est une cause profonde de démoralisation. La mendicité dans l'ancien régime a pris plus d'une fois la forme du brigandage ; elle était alors une menace permanente pour la société; plus souvent elle s'exerçait à l'aide de mille ruses, feignant les maladies les plus hideuses, pour inspirer, avec la commisération vivement éveillée, l'idée d'une complète incapacité de travail.

La mendicité trouvait dans les secours distribués à la porte des couvents un perpétuel aliment. La mendicité n'a pas cessé aujourd'hui avec quelques-unes des causes qui la perpétuaient. Il y a des départements, des communes qui sont particulièrement infectés de cette plaie. La mendicité est un fléau social : c'est le parasitisme à l'état chronique; c'est l'exploitation régulière de la charité par l'hypocrisie ; c'est une école ouverte de dépravation. Toute société régulière doit tendre à fermer cette plaie à la fois honteuse et dangereuse, et c'est un but qui semble s'imposer plus étroitement à nos laborieuses démocraties qui demandent aux derniers de leurs membres de l'énergie et de la dignité.

L'interdiction de la mendicité est une mesure commandée par la moralité publique et par la prudence. Mais l'expérience apprend aussi que cette mesure, là où elle est prise, n'est jamais complètement exécutée. Le public se fait complice des mendiants, et il peut y avoir des cas de force majeure devant lesquels la police reste désarmée. Combien d'abus se glissent à l'abri de ces cas prétendus exceptionnels ! Malgré les pénalités existantes, on mendie dans nos villes, tantôt en simulant un petit commerce, tantôt dans l'ombre, quelquefois au grand jour; des ouvriers sans ouvrage, mais pouvant en avoir, y cherchent un équivalent de leur salaire ; on mendie à jour fixe dans les campagnes. Qui pourra dire dans quelle proportion les valides se mêlent aux non-valides dans cette armée de la fainéantise? Enfin cette mesure de l'interdiction de la mendicité n'est pas générale. La législation manque d'uniformité. L'article 274 du Code pénal est ainsi conçu : Toute personne qui aura été trouvée mendiant *dans un lieu pour lequel il existera un établissement destiné à obvier à la mendicité*, sera punie de trois à six mois d'emprisonnement, et sera, après l'expiration de sa peine, conduite au dépôt de mendicité.

La mendicité doit être supprimée, mais non la charité qui doit prendre la forme de l'assistance publique et privée. La tâche est difficile, délicate, on trouvera sur ce sujet quelques indications au mot *Assistance publique*.

MENSONGE. Le mensonge peut-il être un moyen de gouvernement? C'est demander si l'on peut s'appuyer sur un bâton creux.

Que l'on pratique le mensonge comme un expédient ou comme un système, on trouvera toujours que c'est un moyen dangereux.

Comme expédient, le moins qu'il puisse faire, c'est de déconsidérer le gouvernement qui s'en sert. Il peut avoir des conséquences plus graves. Lorsque, au commencement du seizième siècle, Cortez marchait contre les Mexicains, le gouvernement indigène fit publier 'qu'avant huit jours une calamité envoyée par les dieux détruirait les monstres étrangers. Cortez n'eut qu'à attendre huit jours pour montrer l'inanité de la menace et décourager les troupes de ses adversaires. Nous pourrions citer des faits bien plus récents, mais le lecteur en aura sans doute présents à la mémoire.

Il est évident d'ailleurs qu'un mensonge ne réussit que lorsque la vérité ne peut être connue ; or, si un particulier peut tenir secret un fait qu'il connaît seul et qui le concerne exclusivement, les gouvernements qui, même dans une monarchie, ne se composent pas d'un seul individu, doivent complètement renoncer à l'espoir d'y parvenir.

Mais supposons que le mensonge puisse être utilisé comme expédient, il est certainement impossible de l'ériger en système, ni pour l'intérieur ni pour l'extérieur ; ce moyen déconsidérerait tout gouvernement qui voudrait l'employer.

MERCENAIRES. Les mercenaires étaient des troupes qu'un État prenait temporairement à son service et qui avaient été enrôlées par un chef particulier dont elles relevaient exclusivement. Mais il arrivait qu'après la guerre où elles avaient été employées, ces troupes formées de gens sans aveu ou d'hommes qui avaient perdu les habitudes d'ordre et de travail, ne voulaient pas se dissoudre et demandaient la solde, que ne leur donnait plus l'État, aux provinces qu'elles mettaient à contribution. La 2ᵉ moitié du XIXᵉ siècle les a vus complètement disparaître en Europe. Ils appartiennent maintenant à l'histoire.

MERCURIALES. Trois sens, fort différents, sont attachés à ce mot.

On appelait en France mercuriales, avant 1789, ce que dans nos cours de justice on appelle à présent « le discours de rentrée », avec cette différence qu'aujourd'hui les discours de rentrée sont le plus souvent consacrés à des panégyriques ou à l'examen général de quelque grande question de droit, tandis qu'autrefois les magistrats, dans leurs oraisons, s'appliquaient à examiner la façon dont la justice était rendue et quelquefois semonçaient les personnes. Aussi le mot mercuriale était-il devenu proverbial pour désigner des reproches faits en public par un supérieur à des inférieurs, et il est même resté dans la langue avec cette signification.

Dans sa signification purement commerciale, le même mot s'applique aux états périodiques qui sont administrativement dressés pour constater le prix courant des principales denrées alimentaires. On comprend que partout où il y a des droits à percevoir sur les grains, et où le prix du pain, soit officiellement, soit autrement peut être taxé, les taxes de droits et de prix de vente ne peuvent être faites que par des mercuriales. Même n'y eût-il en aucun lieu aucune entrave pour le commerce, il serait encore utile que les prix courants des denrées fussent officiellement constatés dans l'intérêt des études de statistique, d'économie politique et d'histoire, voire même de la pratique des affaires.

On appelle encore mercuriales en certains pays, en Autriche par exemple et en Italie, des matrices territoriales qui servaient jadis, comme le cadastre, à l'établissement et à la répartition de l'impôt foncier.

MERS (Liberté des). La mer ne se prête pas comme la terre à une occupation de quelque durée. Ni l'homme dans les limites bornées de ses forces, ni les États avec les ressources étendues dont dispose leur puissance collective, ne sauraient établir sur elle la permanence de leur domination. *Mare vastum per se occupabile non est*, dit Wolf, *Jus gentium*, § 127. Aussi, dès les temps les plus reculés de l'histoire, ce fait est-il reconnu et consacré par la législation des peuples, et par le concert commun des nations.

La loi romaine contient sous ce rapport et spécialement au point de vue du droit privé les prescriptions les plus positives : *Naturali jure omnium communia sunt illa : aer, aqua profluens et mare.* (Marcien, *Dig.*, lib. I, tit. VIII, fragm. 2.) Ulpien est encore plus positif : *Mare, natura, omnibus patet.* « La pleine mer, a dit Vattel, liv. I, chap. XXIII, §§ 280 et 281, n'est pas de nature à être occupée. Aucune nation n'a le droit de s'emparer de la pleine mer ou de s'en attribuer l'usage à l'exclusion des autres. »

Aussi, aucun traité n'a réservé à une nation la propriété ou l'usage de la mer au détriment des autres nations. Loin de là : ou voit à chaque instant, dans les conventions qui interviennent de peuple à peuple, de gouvernement à gouvernement, la liberté des mers proclamée ; elle est consacrée par les usages de la généralité des peuples civilisés.

Mais, comme l'a fait observer Hautefeuille, *Des Droits et des Devoirs des nations neutres*, t. I, p. 46, il convient de distinguer le domaine privé de la mer, c'est-à-dire le droit de propriété légitimement établi sur cet élément, de la domination, de la *prépotence* qui n'est que le résultat de la force ou plutôt de l'abus de la force. Cet abus de la force ne s'est produit que trop souvent.

La prétention au domaine privatif de la mer est une idée moderne ; il s'est rencontré dans l'antiquité des nations qui, soit à raison de leur position, soit à raison du développement de leur commerce maritime, ont affecté une certaine prépotence : tels étaient Tyr, Rhodes, Athènes, Lacédémone, Rome. Mais aucune, Rome même, quoique nulle puissance n'ait osé depuis la chute de Carthage jusqu'aux invasions des Barbares lui disputer la domination des mers, n'a prétendu exclure les autres peuples de la faculté de naviguer librement sur l'immensité des mers. De ce qu'un peuple possède un plus grand nombre de vaisseaux qu'un autre, et lors même qu'il abuse de cette supériorité de forces, il ne s'ensuit pas nécessairement qu'un pareil état de choses implique de sa part la prétention de s'attribuer le domaine souverain de la mer en excluant les autres.

A la fin du moyen âge et surtout après la découverte de l'Amérique, le commerce maritime et les profits qu'il engendrait attirèrent la convoitise des gouvernements. C'est à ce moment que Venise essaye de s'approprier la mer Adriatique ; Gênes, la mer Ligurienne; les Portugais et les Espagnols, appuyés sur des bulles papales, les mers des Indes et d'Amérique. De leur côté, les Hollandais veulent interdire aux Espagnols la navigation de l'Inde par le cap de Bonne-Espérance; plus tard enfin, c'est-à-dire vers le dix-septième siècle, l'Angleterre revendique la souveraineté de la plupart des mers en communication avec celles qui baignent ses côtes; elle exige de plusieurs nations, et la France, il faut le reconnaître, notamment sous Henri II en 1543, sous Henri III en 1584, sous Louis XIV, ne s'est pas abstenue des mêmes exigences, que les bâtiments marchands appartenant à ces nations abaissent leurs voiles hautes devant les vaisseaux de guerre anglais, comme si une marque de déférence, réclamée de la part de plusieurs nations et accordée par d'autres peuples, pouvait être considérée comme une reconnaissance de la souveraineté de la mer. Dans un traité de 1674, il est dit, à propos du salut exigé par Cromwell des Hollandais, que « l'Angleterre ayant conquis ce droit à la pointe de l'épée sur toutes les nations, elle ne devait pas souffrir qu'il parût sur l'Océan sans sa permission d'autre pavillon que le sien ».

Néanmoins, dès cette époque, un publiciste d'un haut mérite, Grotius, dans le *Mare liberum*, exposa devant la raison universelle du genre humain des arguments décisifs. Pour la première fois, les prétendus droits de la force étaient livrés à la discussion et décidés par la puissance de l'opinion publique.

Toute la doctrine de Grotius, ainsi que le démontre M. Cauchy, dans le *Droit maritime international*, t. II, page 94, se résume dans les quatre propositions suivantes:

Les productions nécessaires aux besoins de l'homme se trouvent inégalement partagées entre les diverses contrées du monde. La volonté divine, révélée par cette loi de la nature, est que les nations puissent se communiquer l'une à l'autre ce qui leur manque.

L'Océan semble désigné par Dieu pour être la grande voie de ce commerce réciproque entre les peuples; il leur appartient donc à tous, car il n'y a pas de rivage vers lequel les navires ne puissent être tour à tour dirigés par le souffle des vents. *(Mare liberum, cap. I.)*

De quoi servirait à tel ou tel peuple de s'approprier, quand la chose serait possible, le domaine de la vaste mer? N'est-elle point, comme l'air, inépuisable dans sa substance et dans ses usages? Elle suffit aux besoins de tous, soit qu'il s'agisse de puiser son onde, de naviguer à sa surface ou de pêcher dans son sein. *(De Jure belli, lib. II, cap. II, § 3.)*

Ce domaine, d'ailleurs, serait impossible à établir, impossible à reconnaître ou à défendre. Comment asservir les vagues et les flots, les marquer de frontières permanentes et d'un domaine souverain? Comment fermer aux nations étrangères une route commune au genre humain? *(Ibid.)*

Dans le *Mare clausum*, publié en 1635, dédié à Charles Ier et qui fut traduit par ordre de Cromwell, John Selden, que l'on peut considérer comme le fondateur de la théorie et le chef des publicistes qui ont essayé de faire considérer la mer comme pouvant être possédée par une nation à l'exclusion des autres, déploya un grand talent pour soutenir les prétentions élevées par l'Angleterre à la domination des mers qu'elle appelait: *mers britanniques;* mais ses arguments s'embarrassent dans les subtilités de la scolastique et une fausse interprétation des précédents historiques. Néanmoins les doctrines de Selden ont été l'expression de la politique de l'Angleterre dans la conduite des affaires maritimes à peu près jusqu'à la première moitié du dix-neuvième siècle.

Ce qui vient d'être dit est applicable à toutes les parties de la mer, comprises sous l'expression de pleine mer, *mare externum seu universum, oceanus*, séparant les parties principales du globe comme l'océan des Indes orientales, l'océan Atlantique, la mer du Sud ou océan Pacifique et la mer Glaciale; mais les considérations naturelles et politiques sur lesquelles repose l'entière liberté de la pleine mer n'ont plus de force quand il s'agit des côtes et rivages ou mers territoriales, des baies, des golfes, des détroits, des mers intérieures et fermées.

Dans un but de protection de la part de chaque Etat, dans l'intérêt de son commerce, du service de ses douanes, etc., on a admis l'opportunité de reconnaître un territoire maritime que l'on désigne habituellement sous l'expression de *mer territoriale*. Ce territoire maritime, réputé la continuation du territoire terrestre et sur lequel s'étend la souveraineté du prince, varie dans diverses limites.

On considère, suivant de Cussy, *Phases et Causes célèbres du droit maritime des nations*, t. I, § 41, comme appartenant à la mer territoriale et par suite comme soumis aux lois et à la surveillance de l'Etat, la mer ou le golfe d'Azow et la mer de Marmara, le Zuydersée et le Dolart; les golfes de Bothnie et de Finlande; le golfe de Saint-Laurent; une partie du golfe du Mexique; le fond du golfe Adriatique dans les parages de Venise, Trieste, Fiume, etc.; les golfes de Naples, Salerne, Tarente, Cagliari, Salonique, Coron, Lépante; ces détroits ou canaux d'Ecosse, de Messine, du Sund, dont le passage a été jusque dans ces derniers temps soumis pour les navires de commerce à un péage, — du grand et du petit Belt, de Constantinople, des Dardanelles, d'Enikali, d'Euripe, etc.

Néanmoins, tous les golfes et détroits ne peuvent appartenir dans toute leur étendue à la mer territoriale de chaque Etat; sa souveraineté, quand les golfes et détroits sont d'une grande étendue, est limitée comme il a été expliqué au mot **Côtes et rivages**. Sont considérés comme mer libre les détroits ou passages dans lesquels les navires, en se tenant au milieu, sont hors de la portée du canon; tels sont : le détroit de Gibraltar, le canal de la Manche, les détroits de Mozambique, Béring, Malacca, Davis, Bass, Torres, du Sund, malgré les droits qui étaient perçus, etc.. C'est qu'en effet, les détroits mettant les mers en communication, la liberté des mers serait une illusion si ces détroits n'étaient pas libres comme la mer elle-même. Toutefois des conventions ou des usages peuvent constituer des exceptions au principe.

Il y a des mers fermées, c'est-à-dire enclavées dans le continent (*maria clausa*, *Binnemeere*, *geschlossene*, *innere Meere*), comme la mer Noire et la mer Rouge, au sujet desquelles, malgré de longues discussions, il serait assez difficile d'établir des principes fixes ; en général, cependant, elles sont ouvertes à la navigation commerciale et aux marines militaires des diverses nations à la charge de se conformer aux principes qui s'appliquent aux mers territoriales.

MESSAGE. Ce sont les Américains du Nord qui ont introduit ce mot dans la langue politique. Tant que dura la domination de la métropole, c'est ainsi que furent désignées les communications écrites ou verbales adressées par les gouverneurs aux législatures, soit pour leur exposer la situation de la colonie, soit pour appeler leur attention sur les questions dont la solution réclamait leur intervention ou leur concours, soit enfin pour leur expliquer les raisons pour lesquelles le pouvoir exécutif refusait de valider leurs actes. Après la déclaration d'indépendance, et la constitution des anciennes colonies en États indépendants sous le nom d'États-Unis, ce mot fut conservé pour désigner les rapports du président avec le congrès. Cette dénomination sert notamment à désigner l'exposé de la situation des affaires publiques, que le président des États-Unis est, aux termes de la Constitution, tenu de faire chaque année.

En France, sous la Constitution de l'an III, les ministres, n'ayant pas accès dans le Corps législatif, ce fut également par des messages que se firent les communications du Directoire exécutif avec les deux conseils. Sous les régimes suivants, des intermédiaires ayant été établis entre le pouvoir exécutif et le pouvoir législatif, le message n'eut plus de raison d'être, et le mot disparut avec la chose. La Constitution de 1848, tout en maintenant des intermédiaires entre les deux pouvoirs, ressuscita le message. Une de ses dispositions donna ce nom à l'exposé de la situation de la République que le président devait chaque année adresser au Corps législatif. Le message disparut avec la Constitution qui l'avait ressuscité.

MESSAGER D'ÉTAT. En divisant la fonc-tion des lois entre trois pouvoirs, le gouvernement représentatif a nécessité l'institution de fonctionnaires dont le rôle consiste uniquement à porter et à remettre les communications que ces pouvoirs ont à se faire et à en demander reçu. Chacune des assemblées appelées avec le pouvoir exécutif à faire des lois a à son service un certain nombre de messagers d'État nommés par elle-même ou par son président. Ces fonctionnaires sont ordinairement choisis parmi les plus anciens huissiers attachés au service.

MICHEL (L'ALLEMAND) [*der deutsche Michel*]. Personnification de l'Allemand analogue à *Jacques Bonhomme* ou *John Bull*. (*Voy.* ces mots.) Michel est un peu lourdaud, mais honnête et bon ; il ne passe pas pour être rusé, ni taquin, mais pour supporter une bonne dose d'injustice. La vanité n'est pas son faible ; il reconnaît volontiers le mérite d'autrui. Il est avec cela laborieux et économe : il arrivera rarement à de grandes richesses, mais il croupira plus rarement encore dans la misère.

Le Français le considère volontiers comme tapageur, querelleur même (une *querelle d'Allemands* repose sur une futilité) ; mais cette opinion ne paraît pas très fondée; elle date peut-être de l'époque où il y avait des reîtres et des lansquenets.

MIKADO, ou mieux **Tenno**, est le titre de l'empereur du Japon.

MINES. La question des mines est assez complexe pour avoir donné lieu à des solutions différentes selon les divers pays. Le point essentiel est celui de savoir à qui en revient la propriété : 1° au propriétaire de la surface; 2° à l'inventeur, c'est-à-dire à celui qui a découvert la mine ; 3° à l'État. Chacun de ces systèmes est appliqué quelque part, et le droit français peut même être considéré comme formant un quatrième système tant soit peu éclectique.

Il nous semble impossible d'admettre que la propriété du dessus emporte celle du dessous. Une veine métallifère est un objet complètement différent du champ qui la couvre, souvent à une distance de plusieurs centaines de mètres. On achète un terrain pour y élever des constructions, pour le cultiver ou pour tel autre emploi apparent, prévu, et on le paye en conséquence. Sauf les cas exceptionnels, personne ne pense aux mines. D'un autre côté, cette veine métallifère ne correspond aucunement à une propriété rurale déterminée, et, dans bien des cas, il y aurait impossibilité absolue pour le propriétaire de la surface de l'exploiter. S'il possédait un droit sur cette veine, il ne pourrait qu'empêcher toute exploitation.

Ainsi le propriétaire du dessus n'a aucun droit strict sur le tréfond, et s'il l'avait, l'intérêt de la société exigerait de l'exproprier en l'indemnisant. Mais si ce n'est au propriétaire de la surface, à qui donc faut-il attribuer la possession de la mine ?

En principe, le droit du premier occupant devrait procurer à l'inventeur une préférence sur tous les autres prétendants ; mais ce droit serait en opposition avec un autre droit antérieur : c'est celui du propriétaire de la surface. Vous ne sauriez parvenir au tréfond sans entamer le sol cultivable, le terrain appartenant à quelqu'un. Vous n'avez pas le droit d'envahir un champ, d'y planter la sonde, d'y creuser des excavations ; c'est violer une propriété certaine pour arriver à fonder une propriété incertaine.

Ce n'est pas tout. La mine n'est pas un objet défini qu'on puisse embrasser de l'œil, qu'on puisse, de prime abord, approprier en entier ; où donc commencerait et où finirait la mine appropriée par le fait de la découverte ? Ne sait-on pas que la mine est une veine ou un filon qui s'étend au loin en suivant les directions les plus inattendues. Comment pourra-t-on s'assurer que le gisement nouvellement constaté n'est pas la suite, ne fait pas partie du gisement connu ? Et si, abandonnant à chaque inventeur le fruit de sa découverte, on permet à chacun de l'exploiter, les travaux entrepris sans ensemble ne se détruiront-ils pas mutuellement ?

Ainsi il faut repousser le droit absolu de l'inventeur, comme le droit absolu du propriétaire ; reconnaîtrons-nous le droit de l'État, le *droit régalien* ? S'il est vrai que « ce qui n'appartient à personne appartient à tout le monde », l'État, qui est le représentant de tout le monde, de la société, en serait le propriétaire légitime, mais seulement *à titre collectif* et non *à titre privé*, et des arguments d'un certain poids ont été avancés en faveur de cette manière de voir [1]. Si l'État ne voulait faire de son titre d'autre usage que de concéder la mine à des particuliers et comme propriété privée, nous ne croirions pas utile de le lui contester. Mais pendant longtemps il est allé plus loin et a exploité lui-même les richesses minérales du pays, et à titre de patrimoine de l'État ou de prérogative du prince, et voilà ce que nous ne saurions admettre. Ce serait dire : ce qui n'appartient à personne appartient au prince.

La distinction que nous venons de faire entre le titre collectif et le titre privé de l'État est analogue à celle que font les Allemands entre le *Bergregal* et la *Berghoheit* : le *Bergregal* revendique les mines en faveur des princes, comme propriété particulière, ou du moins comme domaine de la couronne, et la *Berghoheit* ne présente que la *souveraineté*, droit purement moral ou théorique. C'est la régale qui prétend exploiter ; la souveraineté se borne à réglementer.

Nous avons dit que le système français est quelque peu éclectique. En effet, dans ce système, on fait une très petite part au pro-

priétaire de la surface ; c'est, comme disait Michel Chevalier avec autant d'esprit que de vérité, le coup de chapeau qu'on lui tire ; puis on fait une grande part à l'État (en pouvoir, si ce n'est en revenu [1]) ; enfin on donne une indemnité à l'inventeur, équivalente à ses déboursés.

C'est la loi du 21 avril 1810 qui a fixé la législation française. Cette loi ayant été rédigée peu d'années après la promulgation du Code civil, on crut devoir respecter l'article 552, dont voici le premier alinéa : « *La propriété du sol emporte la propriété du dessus et du dessous.* » Le troisième alinéa ajoute : « Il peut faire au-dessous toutes les constructions et fouilles qu'il jugera à propos, et tirer de ces fouilles tous les produits qu'elles peuvent fournir, *sauf les modifications résultant des lois et règlements relatifs aux mines* et des lois et règlements de police. » La loi qui réglait alors la propriété des mines datait de 1791 ; elle posait en principe que les mines sont à la disposition de la nation, et cependant elle donnait au propriétaire de la surface le droit d'exploiter jusqu'à 100 pieds de profondeur, nonobstant toutes concessions faites à d'autres, en lui reconnaissant même un droit de préférence pour l'obtention de la concession ; elle n'attribuait au fisc aucun droit sur le produit des mines et fixait à cinquante ans la durée maximum des concessions.

Il n'est pas étonnant qu'avec une pareille législation Saint-Jean d'Angély, le rapporteur de la loi de 1810, ait pu dire dans l'exposé des motifs : « Aussi cette loi de 1791, dans les premières années de sa publication, avait été presque inexécutée, et les mines étaient, dans toute la France, sans surveillance, sans activité, pour ainsi dire sans produits... » Et plus loin : « Le principal inconvénient était l'incertitude dans laquelle était chaque exploitant sur la permanence de sa jouissance, sur la nature de sa propriété... » Ce n'est cependant pas tant la durée limitée des concessions, puisque l'article 19 de la loi de 1791 favorise le renouvellement de la concession entre les mains des anciens concessionnaires, que la préférence accordée au propriétaire de la surface qui éloignait les capitaux. Néanmoins, c'est sous l'impression de la législation existante qu'on rédigea en 1804 l'article 552 du Code.

---

1. *Voy.* des arguments pour et contre dans Dalloz et Gouiffrès : *De la Propriété des mines*, t. I, p. 13.

1. A quel titre l'État perçoit-il sa redevance ? La loi de 1810 ne la dit pas, mais elle donne à la redevance une forme à part, probablement comme souvenir du droit régalien..., encore un point qui ne s'accorde pas avec l'article 552 du Code Napoléon que nous citons dans le texte. En effet, si la redevance constituait simplement un impôt, pourquoi l'article 32 de la loi dirait-il : « L'exploitation des mines n'est pas considérée comme un commerce et n'est pas sujette à patente. » Les articles suivants déterminent le taux de la redevance fixe (10 fr. par kilomètre carré) et de la redevance proportionnelle (maximum. 5 p. 100 du produit net et un décime pour non-valeurs et dégrèvements). S'il ne s'agissait que d'un impôt, on aurait parfaitement pu se contenter de la patente, composée également d'un droit fixe et d'un droit proportionnel. La loi sur les mines est peut-être la plus éclectique de nos lois.

La législation de 1810 semble avoir donné une solution assez logique de la questions pour qu'il suffise de quelques amélioration de détail pour rendre la loi suffisamment pratique.

MINISTÈRES, MINISTRES. Nulle origine ne fut plus humble et plus obscure que celle de ces grands fonctionnaires qui, sous le nom de *ministres*, dirigent en France et centralisent entre leurs mains les différents services publics dont est chargé l'Etat. Il y eut sans doute à toutes les époques des intermédiaires nécessaires entre le souverain et la nation ; mais pendant la plus grande partie du moyen âge, le régime féodal restreignit à tel point les prérogatives de la royauté, qu'il transforma presque en relations extérieures les rapports du roi avec ses grands vassaux et laissa à chaque ville, à chaque communauté, à chaque province, les soins de son administration financière, judiciaire et politique. Les ministères sont donc une institution essentiellement moderne et ne datent, à vrai dire, que du jour où l'unité de la France, énergiquement voulue et accomplie par Richelieu et Louis XIV, amena comme conséquence naturelle une centralisation systématique. Ce n'est qu'au commencement du dix-septième siècle que les secrétaires d'Etat devinrent de véritables chefs du gouvernement. Leur titre de *secrétaires d'Etat* était du reste peu ancien : sous les Capétiens et les premiers Valois il existait à la cour un assez grand nombre d'officiers subalternes, connus sous le nom de : *notaires du roi, notaires clercs du secret, notaires secrétaires*, qui, sous François Ier et Henri II, furent réduits au nombre de quatre et qualifiés de *notaires secrétaires d'Etat*. Leurs attributions n'avaient rien de déterminé ; ils étaient de service à tour de rôle pour l'expédition des affaires générales et des ordonnances, qu'ils contre-signaient depuis le règne de Louis XII ; la surveillance administrative des provinces du royaume et la direction des affaires extérieures étaient également partagées entre eux d'après une division purement géographique ; ni la justice, ni les finances, ni la guerre ne ressortissaient à leur autorité. La première organisation sérieuse fut celle de la *Maison du roi*, à la tête de laquelle fut mis le premier des secrétaires d'Etat (1619) ; en 1626, Richelieu réunit dans un même département les *affaires extérieures*, et, après l'abolition de la charge de connétable (1627), confia la direction de toutes les affaires *de la guerre* aux mains du troisième secrétaire d'Etat (1636-1643). Mazarin ne modifia en rien cet état de choses ; mais sous les ministères des deux illustres cardinaux, les secrétaires d'Etat ne furent guère autre chose que les premiers commis du ministre. Ce ne fut qu'en 1661, lorsque Louis XIV déclara vouloir gouverner par lui-même, que les secrétaires d'Etat occupèrent enfin le premier rang dans le gouvernement de la France.

Voici quelle fut à peu près et d'une manière générale, l'organisation administrative et politique des secrétaireries d'Etat pendant le règne de Louis XIV. Les quatre charges furent conservées : le premier des secrétaires eut le département des affaires extérieures ; le second, la maison du roi et le clergé ; le troisième, la guerre ; le quatrième, tantôt les affaires de la religion réformée, tantôt la marine. Bien des services appartinrent alternativement à l'un ou à l'autre des secrétaires d'Etat ; ainsi la marine et les galères, le commerce et les colonies, les bâtiments et les ponts et chaussées, les haras, les manufactures, l'agriculture, les mines, les postes, furent tour à tour réunis ou séparés, rattachés à la maison du roi ou à tout autre département, selon qu'il plaisait au roi de les confier à tel ou tel de ses secrétaires. Chacun d'eux eut sous sa direction exclusive un certain nombre de provinces et de généralités très arbitrairement réparties ; le seul usage qui paraisse avoir prévalu dans cette distribution fut celui de laisser au soin du secrétaire d'Etat de la guerre, les provinces ou villes récemment réunies au royaume, c'est-à-dire les provinces frontières de terre.

A la tête des services judiciaires et financiers se trouvaient deux grands officiers de la couronne, le *chancelier de France* et le *contrôleur général des finances*. La première de ces deux charges remontait à une assez haute antiquité ; dès le treizième siècle le chancelier avait été admis à siéger au milieu des pairs, et plus tard à représenter le roi devant les grandes cours judiciaires. Bien qu'il fût nommé directement par le roi, l'inamovibilité qui lui était garantie théoriquement et l'appui intéressé des parlements contre les prétentions de la cour et de la noblesse lui créaient une situation politique élevée et jusqu'à un certain point assez indépendante. La garde des sceaux, qui lui était en outre le plus souvent confiée, lui donnait une sorte de pouvoir de sanction et de contrôle. On sait quels personnages importants furent, sous les derniers Valois, les chanceliers de France. Il n'en était pas ainsi du contrôleur général ; ce titre ne représenta longtemps qu'une fonction très secondaire de notre organisation financière. Tandis que le *surintendant des finances* ordonnançait toutes les dépenses de l'Etat et les imputait souverainement sur les diverses ressources du royaume, deux contrôleurs généraux étaient simplement chargés de vérifier les quittances des *trésoriers de l'épargne*, dans les caisses desquels étaient déposés les deniers publics et qui payaient sur les mandats du surintendant. Mais il en fut de la charge de surintendant comme de celles de connétable et de grand-amiral : elle parut trop importante à la royauté absolue des Bourbons, et après la disgrâce de Fouquet Louis XIV en prononça la suppression. Il lui substitua un conseil des finances, sous sa présidence directe, et se réserva d'abord le droit exclusif de signer toutes les ordonnances de dépenses (1661). Un tel système eût exigé chez le roi une vigilance et une activité auxquelles la royauté française ne pouvait évidemment s'astreindre, aussi devint-il bientôt une fiction : les contrôleurs généraux furent transformés à leur tour cinq ans après, et l'administration générale des finances, fixation des impôts, adjudication des fermes, perception des fonds ecclésiastiques, ordonnancement des dépenses, en un mot, les recettes et les dépenses du royaume, furent confiées à Colbert, avec le titre unique de contrôleur général.

Cette substitution eut cependant de sérieuses conséquences. Jusqu'alors les deux charges de chancelier et de surintendant avaient joui d'une importance très supérieure à celle des secrétaires d'Etat, et aucun esprit de corps ne rattachait entre elles ces fonctions trop inégales. Le chancelier appartenait le plus souvent à la noblesse, d'abord d'épée, puis de robe ; le surintendant n'arrivait à cette position que par le chiffre élevé d'une fortune personnelle ; auprès d'eux les secrétaires d'Etat ne furent longtemps que des valets d'affaires. Lorsque Colbert prit le titre de contrôleur général, il était déjà secrétaire d'Etat et n'était arrivé à cette fonction que par les degrés ordinaires de la hiérarchie administrative. Les finances entrèrent donc naturellement dans les attributions des secrétaires d'Etat qui désormais n'eurent plus qu'un collègue dans le contrôleur général.

Par la force des choses il en fut de même de l'autorité du chancelier ; elle se réduisit bientôt à une fonction administrative et à la surveillance de la magistrature. Encore faut-il ajouter que les secrétaires d'Etat avaient dans leur juridiction les parlements des provinces qui leur étaient assignées.

Ainsi divisé entre six grands fonctionnaires, le gouvernement ne cessa pas en réalité d'appartenir au roi et au roi seul. Les quatre secrétaires d'Etat, le contrôleur et le chancelier étaient loin de former ce que l'on a appelé depuis un *ministère* et ce qui commençait à se constituer en Angleterre à la même époque sous le nom de *cabinet*. Il n'existait entre eux aucun lien, aucune solidarité. Ils se réunissaient, il est vrai, régulièrement plusieurs fois par semaine dans les conseils du roi : *conseil d'Etat, conseil des dépêches, conseil des finances, conseils des parties, conseil de commerce*, mais à titre de *conseillers d'Etat* et réunis avec d'autres conseillers d'épée ou de robe. Toute leur autorité et tout leur prestige tenaient uniquement à ce qu'ils représentaient le roi. En fait, il est à peine utile de faire remarquer combien fut grand l'ascendant de secrétaires d'Etat tels que Colbert et Louvois sur la politique générale de Louis XIV, mais l'impulsion que fit subir au roi le génie dur et obstiné de ces deux ministres fut une exception purement accidentelle et d'où ressort davantage le système du gouvernement de l'ancien

régime. Louis XIV ne supporta qu'impatiemment une domination, même aussi glorieuse, et l'on sait au milieu de quelles circonstances moururent les deux grands ministres de la paix et de la guerre. Louis XIV, de même qu'il avait écarté avec soin du gouvernement tout homme de grande naissance, ne rechercha plus que des secrétaires d'Etat d'intelligence ordinaire, de caractère facile et d'une grande assiduité de travail. « Il n'était pas de mon intérêt, dit-il dans ses mémoires, de prendre des hommes d'une qualité éminente. Il fallait avant toute chose faire connaître au public, par le rang même où je les prenais, que mon dessein n'était pas de partager mon autorité avec eux. »

Sa souveraineté suprême ainsi hautement sauvegardée, il ne craignit point de combler d'honneurs ses secrétaires d'Etat. « Ces gens de rien, comme les appelle Saint-Simon, qu'au moindre mécontentement il réduisait au néant, » reçurent une foule de prérogatives et de distinctions personnelles supérieures à celles des gens de la plus haute qualité. Ducs et pairs, maréchaux de France, princes du sang eux-mêmes durent se soumettre aux ordres de vils « roturiers », et les qualifier de *Monseigneur*[1]. Ce fut alors qu'ils commencèrent à ajouter à leur titre de secrétaires d'Etat le titre de *Ministres*, nom très répandu aux dix-septième et dix-huitième siècles parmi les membres des conseils du roi. Le chancelier et le président du Conseil étaient de droit ministres d'Etat, et beaucoup de conseillers d'Etat, de commandants d'armée, de ministres plénipotentiaires, recevaient par *brevet* ce titre, qui n'emportait avec lui aucune attribution d'autorité. Lorsque les secrétaires d'Etat l'eurent ajouté à leur titre ordinaire, on prit peu à peu l'habitude de leur réserver cette dénomination.

Pendant que la royauté française élevait ainsi lentement aux plus hautes fonctions de l'Etat des agents d'abord très subalternes, et ne leur remettait la direction de toutes les affaires du royaume qu'après les avoir entièrement assujettis à son suprême bon plaisir, la société anglaise, vers la même époque, c'est-à-dire vers la fin du dix-septième siècle, amenait ses souverains à se couvrir de l'autorité et de la responsabilité d'un certain nombre de personnages unis par les mêmes opinions ou par les mêmes intérêts, possédant par eux-mêmes une sérieuse influence sur la nation et acceptant le pouvoir pour faire triompher et pour appliquer eux-mêmes les principes politiques dont ils étaient les défenseurs. L'origine diamétralement opposée des deux ministères explique suffisamment la diversité de leur caractère ; ce furent, en France, de simples commis d'administration qui, par une série d'actes que Saint-Simon qualifie d'usurpations, arrivèrent insensiblement au premier degré du pouvoir ;

1. *Mémoires de Saint-Simon*. Camille Rousset, *Histoire de Louvois*.

en Angleterre, les ministres appartinrent dès l'abord à la haute aristocratie territoriale; ils furent choisis par le roi parmi les membres du *Conseil privé*, conseil que la Constitution avait depuis longtemps investi de hautes prérogatives. Il n'y eut donc dans le fait de leur création rien de nouveau ni d'anormal. En face d'un parlement auquel il rendait compte de sa politique, et de la confiance duquel il était forcé d'obtenir le vote des impôts, le souverain fut nécessairement conduit à s'entourer non seulement d'agents exécutifs chargés de l'expédition de ses ordres, mais de personnages politiques, dont la libre adhésion et l'appui officiel fussent l'énonciation et la garantie de sa politique et qui, par leur grande situation, pussent en assumer la responsabilité. Ces personnages, il n'eut ni à leur créer une position, ni à demander pour eux une autorité particulière. « Dès les premiers temps, les rois d'Angleterre avaient été assistés par un conseil privé auquel la loi assignait divers devoirs et diverses fonctions de grande importance. Pendant plusieurs siècles ce conseil délibéra sur les affaires les plus graves et les plus délicates, mais graduellement son caractère changea. Il devint trop nombreux pour le secret des affaires. Le rang de conseiller privé était souvent accordé comme distinction honorifique à des hommes auxquels on ne confiait rien et dont on ne demandait jamais l'opinion. Le souverain, dans les occasions les plus importantes, prenait l'avis d'un petit groupe de ministres dirigeants. Mais ce ne fut qu'après la Restauration que ce conseil intime commença à attirer l'attention générale. Longtemps encore les hommes politiques surannés continuèrent à regarder le *cabinet* comme un conseil inconstitutionnel et dangereux. Néanmoins, il devint de plus en plus important. Enfin il tira à lui la plus grande partie du pouvoir exécutif, s'en empara et depuis plusieurs générations il est regardé comme une partie essentielle de notre organisation politique... [1] » C'est, à vrai dire, du règne de Guillaume III que date la formation complète du premier ministère, tel à peu près qu'il est encore constitué aujourd'hui.

Les premiers actes de l'Assemblée constituante témoignèrent du dessein qu'avaient ses principaux membres de donner à la France une constitution analogue à celle de l'Angleterre. Mais l'œuvre qu'avait à accomplir la Révolution française était trop vaste et trop profonde pour que les limites précises des différents pouvoirs pussent être déterminées et respectées par les divers partis auxquels appartint successivement le gouvernement de la France. Au milieu des questions sociales et politiques que dès le premier jour la Constituante eut à résoudre, l'organisation du pouvoir exécutif n'apparut que comme une question secondaire, que primait de beaucoup par son importance l'origine même de ce

pouvoir. En ceci, comme en beaucoup d'autres points de vue, les esprits, moins préoccupés des principes nouveaux qui venaient d'être proclamés que des circonstances au milieu desquelles la révolution s'opérait, ne virent toujours, dans le chef de la monarchie constitutionnelle qu'ils essayaient de fonder, que le descendant des rois absolus de l'ancien régime, roi absolu lui-même la veille encore, à l'égard duquel on ne pouvait avoir trop de défiance et dont il fallait sans cesse réduire et annihiler l'autorité. L'Assemblée ne se borna donc pas à déclarer les ministres responsables; elle ne permit pas qu'ils fussent pris parmi ses membres, elle se réserva de statuer sur le nombre et la division des départements ministériels et décida que la fonction la plus considérable du pouvoir exécutif, le maniement des fonds de l'État, ne dépendrait ni des ministres, ni du roi, mais aurait une administration particulière soumise à l'Assemblée nationale seulement (Lois des 27 avril et 25 mai 1791.) C'était dépasser immédiatement le but, c'était, comme l'a dit Mme de Staël, « combiner une constitution comme on combinerait un plan d'attaque et considérer le pouvoir exécutif comme un ennemi de la liberté, au lieu d'en faire une de ses sauvegardes [1]. » Les faits prouvèrent aussitôt que les ministres, après comme avant la révolution, n'avaient aucune indépendance personnelle, aucune initiative, aucune influence sur la marche des événements et, d'humbles serviteurs du roi, devenaient les serviteurs du pouvoir législatif.

Nous ne pouvons pas suivre ici pas à pas le développement du pouvoir ministériel; les ministres étaient un rouage nécessaire dans l'organisation politique et administrative moderne, et l'institution se forma et se constitua avec les nuances exigées par les circonstances de temps et de lieu.

Les destinées du pouvoir ministériel n'ont pas suivi, en France, le développement continu et progressif qu'ont eu celles du cabinet anglais. Leur point de départ était cependant à peu près le même, et la Charte de 1814 n'avait fait que confirmer les doctrines de Delolme et de Blackstone, en faisant du ministre un pouvoir intermédiaire entre la Couronne et le Parlement, plus spécialement soumis à la haute direction de la Couronne, mais ne pouvant subsister qu'à la condition d'obtenir le concours des Chambres. C'est en conformité de ce principe que gouvernèrent la plupart des cabinets de la Restauration, depuis le ministère Richelieu jusqu'au ministère Martignac. Ce fut pour avoir essayé d'y porter atteinte, pour avoir voulu subordonner entièrement le cabinet à la volonté de la Couronne, pour avoir repoussé la condition du concours des Chambres, que la royauté provoqua, en 1830, une résistance armée suivie d'une révolution. La Charte de

---

1. Macaulay, *Histoire d'Angleterre.*

1. Mme de Staël, *Considérations sur la Révolution française*, 2ᵉ partie, chap. xxviii.

1830 maintint dans des termes identiques les principes de la Charte de 1814, en attribuant au roi un rôle efficace dans la constitution et la politique des cabinets, moyennant le concours incontesté du Parlement. Mais pas plus après qu'avant 1830 cette transaction ne fut admise, et de même que Charles X avait essayé de soumettre le cabinet à la direction unique de la Couronne, le parti libéral de la monarchie de Juillet prétendit enlever à la Couronne toute influence sur le cabinet pour le placer exclusivement à la discrétion du Parlement. Il faut reconnaître que cette théorie se rapprochait du résultat auquel est arrivée maintenant la pratique des institutions anglaises ; mais outre que la maxime du parti libéral (ou seulement de M. Thiers ?) : « *le roi règne et ne gouverne pas* », revêtait une forme absolue à laquelle aucune doctrine anglaise n'a conclu jusqu'ici d'une manière aussi rigoureuse (et qui à tous les points de vue était exagérée), elle était réellement en contradiction formelle avec le texte et avec l'esprit de la Charte, qui n'avait jamais entendu faire du cabinet l'unique dépositaire du pouvoir exécutif. Il résulta de cette prétention du parti libéral une conséquence facile à prévoir : l'exercice légitime du droit qu'avait la Couronne d'intervenir dans le choix et dans la conduite des ministres fut dénoncé comme une usurpation du « pouvoir personnel », et de même qu'une révolution avait été faite pour limiter ce droit, une seconde révolution fut faite pour le détruire.

La royauté disparue, quels devaient être l'origine et les pouvoirs des ministres ? La nouvelle Constitution républicaine allait-elle placer le ministère sous les ordres directs du Parlement, en l'investissant de la plénitude du pouvoir exécutif ! Allait-elle, au contraire, à l'exemple de la Constitution des États-Unis et de celle de l'an III, soustraire les ministres à toute responsabilité politique, les éloigner du Parlement, en faire de simples subordonnés du chef ou des chefs du pouvoir exécutif ? La Constitution de 1848 n'osa se prononcer ni pour l'un ni pour l'autre de ces deux systèmes ; les ministres purent être choisis parmi les membres de l'Assemblée ou en dehors d'elle indifféremment ; ils furent laissés à la nomination du président de la République, qui était responsable de ses actes et des leurs, ils restèrent néanmoins responsables devant l'Assemblée. Cette contradiction devait créer et créa, en effet, un antagonisme inévitable entre les grands pouvoirs publics, en confondant les limites de leurs attributions et en rendant impossible toute solution légale des conflits ; car autant la responsabilité des ministres est une condition nécessaire de l'irresponsabilité du chef de l'État, autant elle devient une entrave, une cause éventuelle de dangers inappréciables, lorsqu'elle est combinée avec la responsabilité toute différente du chef du pouvoir exécutif.

Le législateur de 1852 institua le minis-tère sur des principes essentiellement opposés à ceux des Chartes de 1814 et de 1830. Les deux premières des bases de la Constitution nouvelle présentée par lui à l'acceptation du peuple français étaient ainsi conçues :

« 1° Un chef responsable élu pour dix ans ;

« 2° Des ministres dépendant du pouvoir exécutif seul. »

C'était l'adoption d'un système qui avait quelque ressemblance avec le système américain, qui a pour but la séparation, aussi complète que possible, du pouvoir législatif et du pouvoir exécutif. Les sept fonctionnaires qui forment le cabinet de Washington sont directement nommés par le président de la République, sauf le droit de veto réservé au Sénat pour toutes les nominations des grands fonctionnaires ; ils ne peuvent être membres du congrès ; ils ne peuvent y paraître et ne sont responsables de leurs actes (sauf les cas criminels) que devant le président de la République qui peut les démissionner. La Constitution de 1852 reproduisait à peu près ces dispositions : les ministres ne pouvaient faire partie de la Chambre élective, ils n'avaient aucun rapport direct avec les Chambres et n'étaient responsables qu'individuellement devant le Sénat ; ils redevenaient ainsi simplement de grands fonctionnaires, les directeurs suprèmes de l'administration française, les représentants et les exécuteurs de la politique du chef de l'État. Cette organisation, contraire aux habitudes qu'avaient fait naître près de quarante années de régime parlementaire, ne dura dans toute son intégrité qu'un petit nombre d'années. Dès 1860, il fut créé un certain nombre de ministres qui, sous le titre de *ministres sans portefeuille*, furent chargés d'exposer devant le Sénat et le Corps législatif les actes du gouvernement impérial, sans autres attributions. Trois ans plus tard, ils furent remplacés par deux ministres investis d'une certaine autorité politique ; en 1867, tous les ministres furent autorisés à paraître devant les Chambres et à servir de nouveau de trait d'union entre le pouvoir électif et le pouvoir héréditaire. De cette situation à l'établissement légal de la responsabilité des ministres il n'y avait qu'un pas, qui fut bientôt franchi. Un sénatus-consulte de 1869, ratifié par le plébiscite de 1870, rétablit pleinement la responsabilité politique ministérielle et la subordination du cabinet aux Chambres, en permettant aux ministres d'obtenir le mandat de député ; la responsabilité de l'empereur était cependant maintenue. Les événements n'ont pas permis à cette dernière tentative de subir le contrôle de l'expérience ; peut-être cependant est-il permis de dire que cette double et contradictoire responsabilité des ministres et de l'empereur n'a pas été tout à fait étrangère à la manière dont a été conduite la diplomatie française pendant le mois de juillet 1870.

La troisième république a rendu les ministres responsables — solidairement de leur politique, individuellement de leurs actes personnels, — le président n'est responsable qu'en cas de haute trahison. Le partage du pouvoir effectif entre le président et les ministres se fera selon l'ascendant personnel des hommes qui en sont chargés, c'est dans la nature des choses, et l'expérience ne pourra que le confirmer.

Tout les États du continent ont depuis longtemps substitué aux conseils exécutifs irresponsables l'initiative et la direction personnelles de ministres isolés agissant librement dans les limites de leurs attributions et ne répondant de leurs actes que devant le souverain ou devant le Parlement dans les monarchies parlementaires. Mais il existe et il devait exister nécessairement d'assez grandes variétés d'attributions commandées, soit par la situation géographique du pays, soit par les mœurs nationales, soit par les nécessités financières des États de second ordre. C'est ainsi qu'en Angleterre le département de la guerre fut subordonné jusqu'en 1855 au département des colonies, le développement de la puissance navale anglaise ayant pendant longtemps fait obstacle à la création d'une armée permanente.

Cinq départements, bien distincts de fonctions et de nature, se retrouvent uniformément partout : ce sont les départements de l'intérieur, des finances, de la justice, de la guerre et des affaires étrangères. Mais si cette division représente une répartition naturelle et partout identique des pouvoirs et des fonctions de l'État, il n'en est pas de même des autres divisions introduites successivement en France et qui ont ramené (et fait disparaître) la création des ministères : d'État, — de la marine, — des colonies, — de l'instruction publique, — de l'agriculture, — du commerce, — des travaux publics, — de la police, — des cultes, et, un moment même, des postes. Les convenances momentanées étaient plus souvent coupables que la nature des choses, du moins en France.

En Belgique et en Hollande, il existe un titre purement honorifique, celui de Ministre d'État, accordé à d'anciens ministres ou hauts fonctionnaires et ne donnant même pas droit d'entrée au conseil des ministres ; en Espagne, il désigne simplement le ministre des affaires étrangères.

Bien d'autres différences de détail, dans lesquelles nous ne saurions entrer, distinguent encore les ministères de l'étranger des ministères français, il ne faut pas oublier, d'ailleurs, que presque partout ces détails changent et se modifient assez souvent au gré des besoins de la politique et même des simples convenances d'hommes influents.

MINISTÈRE PUBLIC. L'institution du ministère public est née et s'est développée sur le sol de la France. On avait vu, il est vrai, se produire dans la législation romaine, vers le troisième siècle de notre ère, un principe nouveau, la poursuite d'office. Lorsque les citoyens cessèrent de se dévouer aux accusations publiques, la justice, pressée par la nécessité de la répression des crimes, passa outre et fit le procès sans attendre un accusateur. La même difficulté se reproduisit en France dans les justices des comtés et dans les justices seigneuriales qui avaient adopté les formes de l'accusation, et elle fut résolue de la même manière, en ce qui concerne du moins les crimes flagrants. Mais cette poursuite d'office, qui a pu conduire à l'idée du ministère public, ne la constituait point encore. Elle n'avait qu'un objet, c'était de supprimer dans la procédure les formes de l'accusation, mais elle ne mettait rien à la place. L'institution des *curiosi* au quatrième siècle se rapprochait peut-être de plus près du principe du ministère public ; mais en examinant attentivement les attributions de ces officiers, on voit qu'ils n'avaient qu'une fonction de police qui cessait là où commencent les actes de la justice. C'est vainement encore qu'on a tenté de trouver ce principe dans les *actores fisci* et les *saïons* de la première et de la seconde race. Au treizième siècle, cette institution n'existait point encore. On n'en trouve aucune trace dans les monuments de cette époque. Beaumanoir se demande comment on doit procéder contre ceux qui sont pris et emprisonnés pour cas de crime et contre lesquels nul ne se porte accusateur. Si le fait était notoire, la poursuite d'office était ouverte ; mais s'il admettait quelque incertitude, la coutume exigeait une partie poursuivante. (Cap. XXX, 90.) Il est évident que cette décision ne suppose aucune notion de l'action publique. Ce n'est qu'au quatorzième siècle que cette action a commencé à se produire. Elle s'est alors développée et perfectionnée.

Voici comment l'institution est comprise par le Code d'instruction criminelle. Les officiers qui sont chargés du Ministère public l'exercent par une délégation du pouvoir exécutif ; ils sont nommés et révocables par le gouvernement, agissent en son nom, exécutent ses ordres et sont placés sous sa surveillance. Leurs fonctions renferment une double attribution : la police judiciaire et l'action publique. Comme officiers de police judiciaire, ils sont chargés de la recherche des faits punissables, et par une attribution extraordinaire et exceptionnelle, ils peuvent, en cas de flagrant délit seulement, procéder sommairement à des actes d'instruction ; comme partie publique, ils représentent l'intérêt public, ils poursuivent la cause de l'ordre social devant les tribunaux ; ils requièrent au nom de la société, dont le pouvoir exécutif n'est que le délégué, l'instruction des affaires criminelles ; ils prennent des conclusions pour l'application des peines ; ils surveillent l'exécution des jugements.

Un principe domine toute l'institution : l'action publique appartient à la société, car c'est dans l'intérêt commun de tous ses membres qu'elle est exercée. Mais la société, être collectif et abstrait, ne peut l'exercer elle-même ; il faut nécessairement qu'elle en délègue l'exercice, soit à des citoyens qu'elle investit, comme dans les républiques anciennes, d'une fonction temporaire, soit à des agents spéciaux qu'elle charge, comme dans nos institutions modernes, ainsi qu'on vient de le voir, d'une fonction permanente. Cette délégation, nécessairement indirecte, est faite à ces agents par le pouvoir exécutif qui est le représentant légal de la société ; mais c'est toujours au nom de cette société, pour l'exécution des lois et dans son intérêt général, qu'elle est donnée[1]. Ainsi, le ministère public n'est pas investi de l'action publique d'une manière absolue ; il n'en peut disposer arbitrairement ; sa mission ne consiste qu'à en diriger l'exercice dans la voie tracée par les lois. L'action publique peut être considérée, en effet, sous un double rapport : elle constitue à la fois une branche de la puissance exécutive et une fonction judiciaire. Si elle assure l'application des lois, elle provoque et prépare en même temps les mandats judiciaires et les jugements ; si elle participe du pouvoir administratif, en ce qu'elle contribue à maintenir l'ordre dans l'Etat, elle participe du pouvoir judiciaire en ce qu'elle s'associe à l'œuvre de la justice et qu'elle en est un élément nécessaire.

Le ministère public peut-il s'abstenir de requérir une instruction sur les plaintes qui lui sont adressées ? Il y a lieu de distinguer. Les plaintes et les dénonciations, si elles n'apportent aucun témoignage, aucune garantie de leur sincérité, et si elles n'ont pour objet aucun fait qui importe à l'ordre social, ne mettent pas nécessairement en mouvement le ministère public, car il est précisément chargé de faire prédominer la cause des intérêts généraux sur celle des intérêts privés. Mais il n'en est plus ainsi si les plaignants se constituent parties civiles, car la loi attache à cette qualité, à côté des charges qu'elle impose, des droits et des prérogatives que la plainte seule ne donne pas. En matière de police et de police correctionnelle, le plaignant, en se constituant partie civile, saisit directement le juge et le contraint de statuer. En matière criminelle même, toute personne qui se prétend lésée peut en requérir plainte et se constituer partie civile devant le juge d'instruction ; et ce magistrat doit aussitôt communiquer cette plainte au ministère public qui est tenu de prendre ses réquisitions.

Peut-il se désister de l'action qu'il a formée et dessaisir la justice ? Non ; il ne peut transiger soit avant, soit après les poursuites commencées, car l'action publique ne lui appartient pas ; il ne peut l'aliéner ; il ne peut que la mettre en mouvement et l'exercer. Il peut,

à la vérité, déclarer qu'il abandonne une poursuite qu'il ne croit plus fondée, mais il ne dessaisit pas le juge : l'action subsiste et le tribunal conserve le droit d'y statuer.

Enfin, que faut-il entendre par l'unité et l'indivisibilité des fonctions du ministère public ? La première consiste dans l'unité de la direction qu'il reçoit de la mission dont il est chargé, des devoirs et des obligations qui lui sont imposés. Tous ses membres exercent dans une mesure différente les mêmes fonctions ; tous sont soumis aux mêmes règles de discipline et de responsabilité ; tous se confondent dans une institution dont ils ne sont que les agents. Son indivisibilité doit être entendue en ce sens que chacun de ses membres, lorsqu'il exerce sa fonction, représente l'institution elle-même, et l'organe de la puissance sociale qu'elle concentre en elle agit comme si tous les officiers qui la composent agissaient collectivement. Ce n'est point un magistrat qui parle en son nom personnel, c'est la fonction elle-même, c'est le ministère public, dont il n'est que l'instrument, qui procède par sa voix à l'accomplissement de sa mission.

En résumé, le ministère public, il faut le répéter après Montesquieu, est l'une des plus admirables institutions qui soient sorties du moyen âge. Elle fut le signe le plus vrai et le résultat le plus utile du mouvement de centralisation monarchique qui s'opérait de toutes parts au quatorzième siècle. Aux efforts isolés des parties, elle substitua l'intervention de l'autorité publique, à la lutte des forces individuelles, la puissance de la force sociale. Mais, pour qu'elle remplisse toute sa mission, les magistrats qui l'exercent ne doivent jamais perdre de vue que leur action n'appartient qu'à la société, et qu'ils ne doivent l'exercer que dans l'intérêt de la justice et du droit. (Faustin Hélie.)

Il faut ajouter que cette institution, quelle que soit son utilité, ne s'est propagée qu'avec peine et lentement dans les autres pays, mais elle existe actuellement dans tous les pays de l'Europe et peut être de l'Amérique.

MISE A L'INDEX. C'est une arme de combat de nature révolutionnaire, c'est un moyen par lequel une majorité veut forcer, tyranniser, une minorité, ou même un simple individu. Vingt, trente, cent ouvriers disent : nous ne voulons pas qu'on travaille dans l'usine X..., et cette mise en interdit suffirait pour que le travail chez X... devienne un crime, et qu'on puisse tomber sus aux contrevenants, leur ôter le pain de la bouche, les maltraiter, etc. ? Admettre ce droit exorbitant c'est condamner le régime sur lequel il repose.

Il est heureux que les tribunaux ne soutiennent pas la mise à l'index, qu'ils protègent même contre ses effets ceux qui peuvent en souffrir.

MISSI DOMINICI. L'action ordinaire du pouvoir central s'exerçait assez irrégulière-

---

1. L'article 1ᵉʳ du C. d'instr. crim. porte : « L'action pour l'application de la peine n'appartient qu'au fonctionnaire auquel elle est confiée par la loi. L'action (civile) en réparation de dommage causé par un crime, un délit ou par une contravention peut être exercée par tous ceux qui ont souffert de ce dommage. »

ment, avant Charlemagne, par les fonctionnaires royaux (ducs, comtes, etc.), ou même
par des possesseurs de bénéfices. Charlemagne institua une nouvelle classe d'agents,
envoyés temporaires, appelés *legati regii
missi dominici*, chargés d'inspecter l'état
des provinces, autorisés à pénétrer dans l'intérieur des domaines concédés, comme dans
les terres libres, investis du droit de réformer certains abus et appelés à rendre compte
de tout à leur maître.

MISSION (de *missio*, envoi). Dans l'acception ordinaire ou littéraire du mot, c'est une
commission qu'on est chargé d'exécuter en
un autre endroit. Le gouvernement, des corporations, des sociétés savantes donnent des
missions, mais non les particuliers.

Il y a des missions politiques ou administratives, il y a aussi des missions scientifiques
nous ne parlerons pas ici des missions religieuses que nous avons traitées à part. Les
missions scientifiques sont en général bien
remplies, car la faveur ne peut exercer qu'une
influence restreinte sur le choix des hommes
qu'on en charge. Il n'en est pas toujours de
même des missions politiques et administratives. Le népotisme et d'autres considérations
semblables ont trop souvent inspiré les
choix ; on ne s'est pas assez souvent préoccupé de la nécessité de chercher l'homme
qu'il faut. Quelquefois même des missions
ont été créées exclusivement dans l'intérêt
des personnes qui en ont été chargées. Dans
ce cas, l'abus ne coûte que de l'argent et ne
cause pas d'autre mal.

On ne saurait avoir une mission sérieuse
sans recevoir des instructions (*voy.*) écrites
ou verbales, patentes ou secrètes. Quelquefois aussi on reçoit les unes et les autres à
la fois.

MISSIONS RELIGIEUSES. Il y a peu de
religions sans propagande. La foi est com-
municative, elle veut se répandre, pénétrer
dans les âmes, et, se faisant apôtre, multiplier les prosélytes. C'est ainsi que l'on a pu
dire que la foi soulève les montagnes, qu'elle
traverse les fleuves et les mers, ne se laissant
arrêter par aucun obstacle, et bravant, s'il
le faut, le fer et le feu. Presque toutes les
religions qui ont paru sur la terre ont obéi à
cette loi d'expansion ; les unes ont procédé
par la parole, les autres par la force ; le
christianisme s'est inspiré du commandement
que Jésus a donné à ses premiers disciples :
Allez et enseignez; Mahomet s'est rué sur
le monde, le glaive en main. Qu'elle persuade ou qu'elle subjugue, la foi est essentiellement conquérante, et l'univers entier
ne lui semble pas trop vaste pour ses combats.

Lorsqu'une religion cesse la propagande,
elle languit, elle se replie dans l'indifférence et dès ce moment elle semble vouée à
la mort. Ainsi les religions de l'Asie qui, depuis plusieurs siècles, demeurent immobiles

comme dans un linceul, ainsi l'islam, qui,
après un éclat si soudain et si brillant, se
laisse refouler peu à peu vers l'ombre de son
berceau. Ce n'est pas que le fanatisme manque à ces religions qui gardent encore sur la
surface du globe d'innombrables croyants ;
mais ces cultes vieillis semblent en train de
s'endormir ; seul l'islam donne encore signe
de vie.

Le christianisme est actuellement presque
la seule religion qui continue une propagande
active, mais nous ne retracerons pas ici l'historique des missions chrétiennes. Nous nous
bornerons à constater qu'aujourd'hui ces
missions explorent le monde entier. Les missionnaires protestants, appartenant à de
puissantes sociétés qui ont leurs sièges en
Angleterre, en Allemagne et aux États-Unis,
se rencontrent presque partout avec les missionnaires catholiques, qui se recrutent au
sein de plusieurs ordres religieux, français,
espagnols, portugais et italiens, relevant directement de la cour de Rome. Les premiers
disposent de grands capitaux qu'ils emploient
à la distribution des Bibles traduites en toutes
les langues et à des œuvres d'utilité, telles
que la création d'hôpitaux et d'écoles. Les
seconds, plus nombreux et pénétrant plus
profondément au milieu des populations qu'ils
veulent convertir, consacrent leurs ressources à la prédication orale et, sans négliger
les œuvres utiles, s'adressent plutôt à l'imagination et au cœur de leurs prosélytes. Les
missionnaires protestants des différentes
sectes, des différentes sociétés et des différentes nationalités, exercent souvent leur
propagande dans les mêmes contrées. Pour
les missions catholiques, le saint-siège a partagé le monde entre les divers ordres religieux, attribuant telle région aux ordres français, telle autre aux ordres espagnols ou italiens, envoyant ici les Jésuites, là les Laza-
ristes ou les Dominicains, consacrant ainsi
une sorte de géographie religieuse, de manière
à établir partout une exacte discipline et à
prévenir les conflits ; il a créé, jusque dans
les contrées les plus lointaines, des évêchés
ou des vicariats apostoliques organisés selon
les règlements de l'Église. En un mot, catholiques et protestants travaillent concurremment à la propagation du christianisme,
et l'on reconnaît, dans les procédés des uns
et des autres, les caractères différents, quelquefois même opposés, par lesquels se distinguent les deux grandes communions chrétiennes.   (Ch. LAVOLLÉE.)

En même temps qu'elles étendent l'empire
du christianisme, les missions étendent l'empire de la civilisation. En portant la civilisation dans les terres sauvages, elles propagent
les notions du travail et ouvrent de nouveaux
champs à la culture. En éclairant d'une lumière plus pure les peuples livrés à la superstition, elles préparent le progrès des
idées européennes, de l'industrie, des échanges internationaux et du bien-être universel.
Il est donc équitable de reconnaître que les

missionnaires, tout en plaçant en première ligne les devoirs de leur apostolat religieux, servent à la fois la civilisation et le commerce. Aussi ont-ils fréquemment invoqué, et invoque-t-on pour eux la protection des gouvernements chrétiens. Mais, sur ce point, les opinions sont très contradictoires. La protection de l'État est-elle due aux missions religieuses? Et si cette protection est due, comment et dans quelle mesure peut-elle s'exercer? Questions délicates qui intéressent la politique aussi bien que la religion et qu'il importe d'examiner.

Les libres penseurs condamnent en principe les missions religieuses. Mais à côté de ces adversaires systématiques se rencontrent des publicistes qui, sans contester la légitimité de la propagande, sans méconnaître les services que les missions peuvent rendre à la civilisation, sont d'avis que l'État doit demeurer complètement étranger aux manœuvres de la prédication religieuse, que le pouvoir temporel n'a point à s'immiscer dans une œuvre purement spirituelle; que, d'une part, en acceptant pour ainsi dire la solidarité de la propagande, qui se propose de substituer une religion à une autre, il portera atteinte à la liberté des cultes, et que, d'autre part, en permettant aux missionnaires de s'abriter sous son drapeau, il risquerait d'engager sa politique dans des voies contraires à sa propre volonté comme à ses intérêts : en conséquence si l'État peut honorer les missionnaires, il ne doit point les protéger officiellement, et il n'a qu'à les laisser libres de suivre, à leurs risques et périls, les inspirations, souvent aventureuses et compromettantes, de leur foi.

Cette doctrine, basée sur la séparation de l'Église et de l'État, du temporel et du spirituel, serait assurément la plus rationnelle. Cependant elle n'a pas prévalu tout à fait dans la pratique des gouvernements. Les États, protestants ou catholiques, protègent plus ou moins les missionnaires soit par respect pour la religion et par égard pour l'opinion publique, soit en vue des avantages politiques et commerciaux que peuvent procurer les missions. D'ailleurs, n'a-t-on pas des devoirs envers ses nationaux, ne leur doit-on pas protection quelle que soit leur profession.

Tout se réduit, en pareille matière, à une question de conduite et de mesure : il serait donc bien difficile d'établir ici des règles fixes, la forme et le degré de la protection devant nécessairement varier selon les circonstances qui se produisent, selon les intérêts, selon les lieux, et même selon les personnes engagées. Disons cependant qu'en aucun cas cette protection ne saurait légitimement aboutir à l'emploi de la force contre les peuples qui refuseraient d'accueillir les préceptes du christianisme ou se montreraient hostiles contre les missionnaires. La prédication religieuse est et doit demeurer essentiellement pacifique. On a vu, particulièrement dans les rangs du catholicisme, des

publicistes, des prêtres même, réclamer l'appui du bras séculier pour la conversion des infidèles, et certains gouvernements, parmi lesquels on peut citer ceux de France et d'Espagne, n'ont point toujours su résister à ces invocations. Une telle politique est, à tous les points de vue, condamnable. La propagande armée est une véritable contradiction, un abus de la force, en même temps qu'un aveu d'impuissance. La croix doit répudier l'association de l'épée. — Mais, disent les zélés, quand les missionnaires étaient persécutés, quand ils étaient torturés et mis à mort, ainsi qu'on l'a vu en Chine et en Cochinchine, n'était-il pas du devoir des gouvernements de venir à leur aide et de les venger, non pas seulement comme missionnaires, mais encore et avant tout, comme citoyens? — Cette objection n'est que spécieuse. Le missionnaire que la foi conduit dans des régions où le christianisme est proscrit s'aventure sciemment et de propos délibéré au milieu des périls, il court au-devant des tortures et de la mort, il risque, il espère le martyre qui est, sinon le but, du moins la récompense et, pour nous servir du terme consacré, la palme glorieuse de son apostolat. Envoyé du ciel, comme il s'annonce lui-même, il n'est plus le citoyen d'aucune patrie terrestre; il a abdiqué tout droit à la vengeance, à supposer qu'il éprouve jamais le besoin ou le désir d'être vengé (CH. LAVOLLÉE.)

On protège efficacement et honorablement les missions, sans recourir à ces moyens extrêmes : la considération dont on entoure les missionnaires, certaines facilités matérielles qu'on leur accorde, l'intervention pacifique de la diplomatie, tout cela peut et doit leur venir en aide. Contenue dans ces limites, l'action de l'État est suffisamment justifiée par le rôle civilisateur des missions, rôle qu'il ne faut ni exagérer ni amoindrir.

MODUS VIVENDI. Le droit des gens formule les lois, les règles, les usages qui règnent entre les divers États. Mais pour que ces lois, règles et usages puissent être considérés comme étant en vigueur, il faut que les États se soient reconnus, c'est-à-dire, il faut qu'ils se tiennent mutuellement pour des États. Or, il peut arriver que, pour une raison ou une autre, un gouvernement ne veuille — on ne puisse moralement pas — reconnaître un État donné; si cet État est situé au loin, on n'a qu'à l'ignorer, on fait comme s'il n'existait pas. Il peut bien y avoir alors quelques difficultés pour les nationaux ou les sujets de ce gouvernement qui ont à se rendre dans ce pays, et qui doivent se mettre sous la protection d'un autre État, mais il n'y en a pas entre les gouvernements.

Il n'en est plus de même lorsque les deux pays se touchent. Il est alors impossible de s'ignorer mutuellement, il faut vivre ensemble, et alors il peut être désirable d'établir un *modus vivendi*. Parfois une pareille situation se résout par une guerre, mais lorsque Cavour, le premier, se servit de cette expression en 1860, la guerre entre l'Italie et le pape était moralement et politiquement impossible. Après l'installation du gouvernement italien à Rome, on dut chercher un *modus vivendi* pour les rapports entre le roi et le pape.

MŒURS. La pureté des mœurs est un élément de bonheur et de stabilité pour les États comme pour les individus, et leur corruption cause la décadence des uns, la misère ou la dégradation morale des autres. Cette proposition ne semble pas avoir besoin d'être démontrée. Examinons donc une autre question se rattachant aux mœurs, celle-ci : en cas de conflit entre les mœurs et les lois, lesquelles des deux l'emporteront?

Il nous a toujours semblé que la puissance supérieure des mœurs était tellement évidente qu'aucun doute ne pourrait jamais s'élever à ce sujet. Néanmoins, on a presque généralement agi comme si le contraire était vrai. Les faits apportaient en vain leur enseignement, on s'obstinait à ne pas vouloir le comprendre. Puisqu'il en est ainsi, discutons.

Que les lois émanent de la puissance d'un roi absolu ou qu'elles soient l'œuvre d'assemblées délibératives, elles peuvent quelquefois n'être dans les deux cas que l'expression d'une infime minorité de la nation. Les mœurs dérivent évidemment de la nature humaine, plus ou moins influencée par le milieu dans lequel la nation vit. Les mœurs se forment spontanément, instinctivement, par le concours de tous. Sur une peuplade primitive, un esprit hors ligne peut quelquefois exercer une influence profonde et créer des mœurs, encore faut-il que ses innovations restent dans une certaine limite, que le novateur s'appuie sur des croyances religieuses ou qu'il soit aidé par des circonstances exceptionnelles.

Des mœurs, et nous entendons par ce mot l'ensemble des usages, des goûts et des habitudes d'une nation, en tant qu'elles résultent de son caractère ou de son esprit et surtout des rapports des hommes entre eux; des mœurs, disons-nous, se retrouvent partout, chez les sauvages comme chez les peuples civilisés. Seulement, elles sont rudimentaires chez les uns, et plus ou moins développées chez les autres. A mesure que la civilisation avance, les rapports entre les hommes se compliquent, et les usages se multiplient, au point qu'on ne les apprend plus sans s'en apercevoir, comme la langue maternelle, mais qu'il devient de plus en plus fréquemment nécessaire de consulter des mémoires plus fidèles, de faire des conventions expresses, et enfin de rédiger des lois. On sait que nos lois civiles ont d'abord été des coutumes, transmises oralement, et que presque partout les premières lois ont une origine inconnue et ont été conservées longtemps par la tradition.

Les mœurs, sans doute, ont un domaine plus large que les lois ; mais, à mesure que ce domaine s'étend, les rapports civils cessent d'être les seuls usages codifiés. N'a-t-on pas rédigé jusqu'aux règles de l'étiquette, de la politesse, de la bienséance?

Veut-on un exemple des phases successives par lesquelles passe une loi fondée sur les mœurs? En voici un entre mille. Il est dans la nature humaine que le père ait pour son fils des sentiments paternels, et que le fils ressente l'amour filial et le respect qui naissent des bienfaits reçus, de la différence d'âge, d'instruction, d'expérience. La nature fait donc naître entre le père et le fils des rapports que les mœurs consolident et règlent dans leurs manifestations d'une manière plus ou moins détaillée, jusqu'à ce que la loi les formule en articles du Code.

Toutes les lois ne découlent pas des mœurs, mais aucune ne doit les offenser. Croit-on qu'une loi qui supprimerait la propriété aurait la moindre chance, nous ne disons pas de s'établir, mais de durer. Même dans l'utopique Icarie elle n'aurait pas pu se soutenir pendant deux générations. D'exception en exception tous les objets auraient été retirés de la communauté, et le mot seul serait resté.... peut-être chargé d'exécration.

Les faits confirment notre raisonnement. On n'a qu'à parcourir la série des lois *tombées en désuétude*, — expression polie qui signifie souvent que la loi n'a pas été mise à exécution. On trouvera souvent qu'elle contrarierait trop les mœurs pour pouvoir s'établir. Est-ce que les lois sur le maximum, sur les assignats, sur les majorats, sur le luxe et tant d'autres, ont jamais répondu aux vœux du législateur?

C'est peut-être regrettable, mais plus probablement encore c'est un bien. Si la nature humaine était si malléable qu'on pût changer les mœurs du jour au lendemain en vertu de quelques mots sacramentels inscrits sur une feuille de papier et signés du nom de l'un des puissants de la terre, que ne serait-il advenu déjà de la pauvre humanité! Qui sait si tel despote spirituel n'aurait pas voulu établir *une utopie par jour*. Nous aimons assez les changements à vue, bien que nous ne puissions pas toujours en supporter les effets.

Si les mœurs sont généralement plus fortes que les lois, il ne faudrait pas en conclure que les mœurs ne sont pas susceptibles d'être modifiées. Elles s'épurent ou se corrompent au contraire sous des influences variées, que l'histoire a enregistrées, et qui peuvent toutes être résumées par cette formule qu'on n'exerce une action sur les mœurs qu'en tenant compte des lois naturelles qui les régissent. C'est à cette condition seulement que nous avons assujetti la vapeur et l'électricité.

Or, les mœurs se modifient lentement et on ne peut les influencer que par l'enseignement et par l'exemple. Répandez donc l'instruction par tous les moyens possibles, et la partie arriérée de la population, quand elle connaîtra les nobles exemples que lui offre l'histoire, fera certainement un nouveau pas en avant. L'exemple actuel est plus puissant encore, c'est le meilleur stimulant pour activer le progrès. Voulez-vous qu'on aime la liberté, faites voir que vous la chérissez. Voulez-vous que d'autres remplissent leurs devoirs de citoyen, commencez par les remplir vous-même. Ce sont les esprits et les caractères d'élite, souvent les puissants qui font les mœurs... avec l'aide du temps.

En constatant que les mœurs sont généralement plus fortes que les lois, nous ne prétendons pas soutenir qu'on doit être indifférent en présence de mauvaises lois. Une mauvaise loi peut ne pas être contraire aux mœurs existantes; mais si l'on veut réformer les mœurs, il faut commencer par supprimer la loi qui pourrait entraver les réformes. D'un autre côté, une bonne loi peut être sapée par des usages qui ne méritent aucune indulgence — Dans ce cas, il faudra venir au secours de la loi en agissant directement sur les mœurs; la loi à elle seule ne suffirait pas.

Ces réflexions montrent combien il est difficile de diriger les hommes dans un intérêt social.

MONARCHIE. I. *Aperçu du sujet.* — Le temps est passé où le mot de république paraissait signifier nécessairement liberté et celui de monarchie esclavage. Nous n'en sommes plus à apprendre qu'il y a des républiques tyranniques et des monarchies libres. En conséquence, la préférence à donner à la république sur la monarchie, à la monarchie sur la forme républicaine, ne nous apparaît plus avec le même caractère absolu qu'à quelques-uns des publicistes nos devanciers et qu'à plusieurs des générations qui nous ont précédés. Du moment qu'il s'agit d'hommes placés dans des conditions très diverses de lumières, de vertu, d'habileté politique, de circonstances physiques et d'état social, le problème devient tout relatif. Il ne s'agit plus que d'une chose, de savoir laquelle de ces deux formes de gouvernement protège le mieux, dans une situation donnée, la liberté des citoyens et la sécurité des propriétés; laquelle est le mieux en état de procurer la grandeur de la patrie. C'est une question que l'instinct des peuples semble trancher encore plus sûrement que la science politique ne la résout. Ce n'est pas que les raisons indiquées par celle-ci pour déterminer un tel choix manquent de force. Mais si on les isole les unes des autres, on trouvera peut-être qu'il n'y en a pas une seule, prise à part, qui soit tout à fait décisive. Ainsi Montesquieu, en affirmant que les vastes territoires appellent la monarchie, soutiendra une chose généralement vraie, mais non pas, tant s'en faut, une vérité absolue, puisque

deux exemples pour ainsi dire gigantesques, la république romaine et les États-Unis d'Amérique, lui donnent un démenti [1]. L'espèce d'affinité qu'on établit entre la centralisation et la monarchie ne paraît pas, malgré la part incontestable de vérité qu'elle renferme, s'élever davantage à la hauteur d'une loi nécessaire et universelle. Outre l'exemple contraire de la république romaine, il faudra avouer que la réciproque n'est pas absolument vraie, puisque l'Angleterre est à la fois un pays de décentralisation et de monarchie constitutionnelle. Enfin si l'on avance avec l'auteur de *l'Esprit des lois* que la vertu est nécessaire à l'état républicain, on pourra répondre avec plusieurs de ses commentateurs qu'elle l'est à tous les gouvernements. Et pourtant nous croyons que Montesquieu a vu juste, et que sa pensée, vraie si on l'applique aux républiques aristocratiques, le devient plus encore dans son application aux républiques démocratiques qui ont besoin pour se maintenir d'une dose toute particulière d'énergie, de modération, de capacité politique de la part des individus appelés tous ou presque tous à concourir au gouvernement. Sans instituer un parallèle en règle entre la république et la monarchie, nous dirons que la république suppose plus de confiance dans la nature humaine, et que la monarchie s'en défie davantage. Elle-même est une précaution prise contre la somme d'erreur et de mal que contiennent les sociétés qu'elle se propose de protéger contre le débordement des passions ambitieuses et anarchiques. [2]

II. *Formes et espèces diverses de monarchies.* — La classification des formes diverses que peut revêtir la monarchie a sensiblement varié avec les publicistes qui ont écrit sur ce sujet. Chacune d'elles a eu ses partisans et ses détracteurs. Aristote, qui, le premier, appliqua le génie de l'analyse à l'observation exacte et à la classification rigoureuse des gouvernements, classe la royauté parmi les bons gouvernements, quoiqu'il y préfère, comme presque tous les écrivains politiques de l'antiquité et comme Platon, son maître, l'aristocratie sur laquelle il fonde sa cité parfaite. Il reconnaît cinq espèces de royauté [3]. La première espèce, dont la royauté spartiate lui présente le type, paraît être, dit-il, la plus légale; elle n'est pas maîtresse absolue. Au reste, elle peut être tantôt héréditaire et tantôt élective. La seconde espèce est la royauté établie chez quelques peuples barbares, surtout asiatiques,

---

1. Encore peut-on trouver que les événements ont donné raison à Montesquieu, la république romaine ayant fini par devenir une monarchie. Quant à la république américaine, elle a déjà été déchirée par la guerre civile. Il est probable que si des guerres intestines se renouvellent, un heureux capitaine échangera l'épée contre le sceptre. En tout cas, les États-Unis datent d'hier, personne ne sait ce que l'avenir leur réserve, car plus d'un chemin mène à ... la monarchie.

2. BAUDRILLART.

3. Livre III, chap. IX, de la *Politique*, dans la traduction de Barthélemy Saint-Hilaire.

avec les caractères du pouvoir absolu, quoiqu'elle soit légitime et héréditaire. La troisième espèce de royauté est l'*Œsymnétie*,
c'est-à-dire une tyrannie élective, temporaire
ou viagère, dont les anciens Grecs nous offrent plus d'un exemple. « Une quatrième
espèce de royauté, continue Aristote, est celle
des temps héroïques, consentie par les citoyens et héréditaire par la loi. Les fondateurs de ces monarchies, bienfaiteurs des
peuples, soit en les éclairant par les arts,
soit en les guidant à la victoire, en les réunissant ou en leur conquérant des établissements, furent nommés rois par reconnaissance et transmirent leur pouvoir à leurs fils.
Ces rois avaient le commandement suprême
à la guerre et faisaient tous les sacrifices où
le ministère des pontifes n'était pas indispensable ; outre ces deux prérogatives, ils étaient
juges souverains de tous les procès tantôt
sans serment, et tantôt en donnant cette garantie. La formule du serment consistait à
lever le sceptre en l'air. » Il est enfin une
cinquième espèce de royauté, où un seul chef
dispose de tout. « Cette royauté a de grands
rapports avec le pouvoir domestique ; de même
que l'autorité du père est une sorte de royauté
sur la famille, de même la royauté dont nous
parlons ici est une administration de famille
s'appliquant à une cité, à une ou plusieurs
nations. » C'est à l'examen de cette dernière
forme qu'Aristote déclare qu'il s'arrêtera ; il
reconnaît en elle l'image pure de la monarchie, ne voyant, comme plus tard Hobbes [1],
de royauté réelle que la royauté absolue. Le
philosophe grec n'a pas de peine à conclure
d'un tel examen à la condamnation de cette
forme de gouvernement, bien qu'il suppose
le monarque auquel est remis ce pouvoir aussi
vertueux qu'éclairé. Il établit avec force la
supériorité de lois stables, impassibles, égales pour tous, sur l'arbitraire d'un seul ; il
revendique pour la majorité, même composée
d'individus inférieurs à cet individu éminent,
l'honneur d'une plus grande sûreté dans les
jugements et d'une incorruptibilité supérieure.
Le grand politique aurait pu et même dû, ce
semble, ne pas négliger de rechercher si la
royauté était par nature incompatible avec
cette fixité des lois et ces garanties de liberté
qu'il veut avant tout. Au reste, Aristote a-t-il
bien compris les conditions de la monarchie,
lui qui condamne en termes absolus, pour y
préférer le système électif, l'hérédité ? L'expérience que le profond auteur de la *Politique* prend habituellement pour guide n'a
pas ratifié cette préférence donnée à la monarchie élective. Ne suffit-il pas de rappeler
tout ce que le système électif, appliqué à la
royauté dans l'empire romain, et plus tard
dans le royaume de Pologne, a produit de
troubles, de divisions intestines, d'avilissement de l'État? Ne suffit-il pas de rappeler
tout ce qu'il a eu, dans cette infortunée Pologne, de funeste à la nationalité elle-même,

pour en prononcer hautement la condamnation?

Machiavel n'a pas essayé de classer les
différentes sortes de royauté, mais les divers
genres de *principautés*, sujet plus étendu,
puisqu'il y comprend jusqu'aux principautés
ecclésiastiques. Il semble d'ailleurs s'attacher
plutôt à les distinguer par les moyens qui
ont servi à les fonder que par leurs caractères intrinsèques.

Élève original, sur plusieurs points, d'A-
ristote, Bodin n'a pas suivi son maître dans
la manière dont il classe les différentes formes
de royauté. Bodin distingue trois formes de
monarchie (*République,* liv. XI) : premièrement la monarchie seigneuriale, celle, dit-il,
« où le prince est fait seigneur des biens et
des personnes par le droit des armes et gouverne comme le père de famille ses esclaves»;
secondement la monarchie tyrannique, « celle
où le monarque, méprisant les lois de la nature, abuse des personnes libres comme d'esclaves, et des biens des sujets comme des
siens »; troisièmement la monarchie royale
ou légitime, celle « où les sujets obéissent
aux lois du monarque, et le monarque aux
lois de la nature, *demeurant la liberté naturelle et propriété des biens au sujet* ». Ce
dernier trait, mis en lumière et commenté
par Jean Bodin dans vingt passages de la
République, indique de la manière la plus
heureuse les caractères ou tout au moins les
conditions de la monarchie moderne. Il ne la
reconnaît légitime qu'à la condition de se
concilier avec la liberté et la propriété et de
les garantir. Combien n'y a-t-il pas loin de
cette libérale théorie à celle qui aura cours
sous Louis XIV et sous Louis XV, et qui
prétend que les rois sont propriétaires de tous
les biens, dont les sujets n'ont que l'usufruit
par une sorte de tolérance ou de concession
toute bénévole !

Au reste, Bodin, comme tous les autres
parlementaires (*voy.*) de son époque, combat
la conception de la monarchie *mixte* mise
en avant dès lors par plusieurs publicistes et
notamment par Hotman, qui avait écrit que
le meilleur gouvernement est celui qui « associe et tempère le triple élément royal, aristocratique et populaire. » La souveraineté,
selon l'auteur de la *République,* ne souffre
point de partage ni de limite. Aussi attaque-
t-il en termes fort nets « *cette souveraineté
jouée à deux parties où tantôt le peuple,
tantôt le prince sera maître, qui sont absurdités notables et incompatibles avec la souveraineté absolue, et contraires aux lois et
à la raison naturelle* ». Bodin néanmoins
est, en fait, partisan de la monarchie tempérée ; il compte sur la barrière des parlements, comme sur la vertu du prince dans
l'exercice du pouvoir ; mais il ignore ce que
nous avons tant cherché depuis lors sous le
nom de garanties constitutionnelles. Bodin,
en dernière analyse, pour modérer la royauté
s'en remet à la morale, comme plus tard
Bossuet s'en remettra à la religion.

---

1. *Imperium.* cap. VII.

On peut s'étonner que Montesquieu, venant après Aristote et le savant auteur de la *République*, n'ait cherché à établir aucune classification rigoureuse des différentes formes de monarchie. Peut-être en a-t-il été détourné par l'erreur même qu'il avait commise en faisant du despotisme un gouvernement à part. Il lui aurait bien fallu ramener le despotisme à la forme monarchique, comme l'abus à l'usage, et il eût dû renoncer dès lors à sa classification de trois gouvernements qu'il donne comme originaux : république, monarchie et despotisme. Mais Montesquieu reconnaît une monarchie qui a, dit-il, la liberté pour objet direct : c'est la monarchie anglaise, et des monarchies qui « ne tendent qu'à la gloire des citoyens, de l'État et du prince[1] », ce qui est un peu vague. Il explique d'ailleurs avec profondeur *pourquoi les anciens n'avaient pas une idée bien claire de la monarchie :* c'est le titre même d'un de ses chapitres. « Les anciens, écrit-il (*Esp. des lois,* liv. XI), ne connaissaient point le gouvernement fondé sur un corps législatif formé par les représentants d'une nation. » Et plus loin : « Les anciens, qui ne connaissaient pas la distribution des trois pouvoirs dans le gouvernement d'un seul, ne pouvaient se faire une idée juste de la monarchie. » Ainsi, pour l'illustre publiciste, la monarchie emporte par excellence l'idée du gouvernement tempéré.

Si l'on combine les idées énoncées par les écrivains politiques qui viennent d'être analysés, et si l'on s'inspire du spectacle qu'a présenté ou qu'offre encore aujourd'hui la monarchie dans le monde, on pourra classer les différentes formes de monarchie d'une manière beaucoup plus simple d'après leurs caractères fondamentaux. Sans doute, il y a d'abord une grande et essentielle différence entre la monarchie élective et la royauté héréditaire. Mais cette distinction serait par trop insuffisante. La plus essentielle sera celle qui reconnaît deux genres de monarchies, la monarchie absolue et la monarchie tempérée. La monarchie absolue n'est pas nécessairement le despotisme. Mais elle y mène. Sans doute, on ne saurait comparer l'ancienne monarchie française avec le despotisme oriental. Mais il paraît impossible d'admettre que la monarchie d'avant 1789 ait été autre chose qu'une monarchie absolue. L'essence de la monarchie absolue gît tout entière dans la concentration plus ou moins complète des trois pouvoirs exécutif, législatif et judiciaire aux mains du prince. La monarchie tempérée est celle qui rencontre des limites dans la distinction de ces trois pouvoirs, consacrée par une constitution positive, et dans l'établissement d'un ou de plusieurs corps ayant leurs droits à part de ceux du monarque. Aussi la monarchie tempérée n'apparaît-elle réellement qu'avec les gouvernements représentatifs. Qu'elle ait sa limite dans l'aristocratie, dans

1. *Esprit des lois,* liv. XI, chap. vii.

la démocratie, ou dans le mélange de l'une et de l'autre, elle mérite dans tous les cas son nom de tempérée, et peut à ce titre se prêter à la liberté ; or, c'est là ce qui importe. (BAUDRILLART.)

Des caractères et du rôle de la monarchie chez les nations modernes. — Des considérations que nous avons présentées, il résulte déjà, ce nous semble, plusieurs conséquences importantes ; il en résulte que la monarchie ne saurait plus, sous l'invocation d'un prétendu droit divin, être l'objet d'une sorte de culte, quel que soit le prestige inséparable de l'exercice du pouvoir souverain et des personnes royales ; il en résulte également que la force n'est pas la seule origine du pouvoir royal, et qu'elle serait mal venue à se présenter aujourd'hui comme le titre de la monarchie en face du droit partout admis des nations à disposer d'elles-mêmes ; il en résulte enfin que l'élection, qui ne crée point de légitimité éternelle, n'est pas non plus un titre suffisant pour investir les souverains d'un pouvoir absolu, puisqu'il y a au-dessus du droit populaire comme du droit royal des droits primordiaux, que nous avons réduits à deux : la liberté des citoyens et la sécurité des propriétés. L'ordre dans une société civilisée se confond avec le maintien de la justice qui consacre le respect mutuel des libertés les unes par les autres. Les peuples cherchent dans la monarchie une défense contre cette anarchie ou cette oppression qui livre le faible au fort. Les monarchies poursuivent donc à leur manière, qui, dans un certain nombre de cas, est la meilleure, le même but que les républiques et que tous les gouvernements quels qu'ils soient : permettre et assurer le développement libre de toutes les activités utiles, et contenir dans les limites les plus étroites la part du mal sans porter atteinte à cette liberté légitime et féconde. (BAUDRILLART.)

Malgré ce caractère tout rationnel et tout subordonné à l'unité publique de la royauté moderne, il se rencontre des publicistes qui déclarent illégitime en soi l'établissement monarchique, contraire à la justice, au droit, à la raison. C'est ainsi que, il n'y a pas bien longtemps, nous avons entendu soutenir dans la presse et à la tribune que la république est le seul gouvernement légitime, tandis que la monarchie, même consentie, ne pouvait jamais l'être, parce qu'un peuple ne peut l'établir sans aliéner sa volonté et disposer sans droit des générations futures. Ce sont là des mots inventés pour soutenir une opinion théorique.

Cette école, dont Rousseau est l'organe, va plus loin que son maître, car Rousseau reconnaît, quoiqu'à regret, que la monarchie convient à certains peuples. Il nous semble que la dévotion la plus scrupuleuse au dogme de la souveraineté du peuple et même que la préférence donnée à la république n'impliquent pas de telles conséquences. Non, une nation n'aliène pas sa volonté en établissant la monarchie dans une vue d'ordre, de liberté, d'unité nationale. C'est un singulier paradoxe que de soutenir que sa volonté ne se manifeste pas tout aussi bien en laissant subsister une forme de gouvernement qu'en la renversant, tout aussi bien par sa durée que par ses caprices. Où est la raison pour qu'un peuple ne puisse vouloir, s'il le juge bon, conserver la forme monarchique un siècle, dix siècles, toujours? En quoi les générations actuelles sont-elles en cela esclaves des générations qui l'ont établie? Personne ne nie, d'ailleurs, qu'il y ait des révolutions légitimes? Avouons-le : le droit de résistance est le sous-entendu éternel de toutes les constitutions de ce monde. Oui, il y a eu des insurrections nécessaires, des révolutions auxquelles se rattachent de grands et nobles souvenirs. Mais ce que la sagesse défend, c'est de déclarer, sous prétexte de souveraineté nationale, la révolution en permanence. Ce qu'elle défend, c'est de voir dans ce mal nécessaire un expédient sans danger. Ce qu'elle défend, c'est qu'une humeur mobile et une imagination aventureuse finissent par s'en faire un besoin maladif qui ne se lasse pas d'en appeler les émotions et les chances. L'enjeu des révolutions est trop redoutable pour les entreprendre avec légèreté.

Les publicistes monarchiques, tenus de s'adresser désormais non plus au sentiment, mais à la raison, ne nient plus guère les inconvénients de l'hérédité. Ils ne compromettent plus leur thèse en attribuant à l'institution qu'ils défendent plus de perfection qu'elle n'en a et que n'en comporte l'humaine faiblesse. Ils répondent : Oui, l'hérédité est une fiction, une convention; oui, elle a des inconvénients immenses, mais qu'y faire si elle a de plus grands avantages? N'est-ce pas un bien que l'existence d'une famille chez qui le pouvoir est une tradition? Charlemagne, saint Louis, Henri IV et tant d'autres ont été des héritiers légitimes. L'existence de princes médiocres ne peut-elle avoir même ses avantages, soit qu'ils laissent le gouvernement à de grands ministres, soit que la liberté en profite pour étendre ses conquêtes et affermir ses droits?

L'hérédité royale, disent-ils encore, est l'image et la consécration de la pérennité du pouvoir. Voilà son objet. Or, la durée est un des premiers éléments de la force. On n'aime et on ne craint que ce qui doit exister longtemps. L'hérédité épargne les intervalles dangereux que laissent les élections et elle a l'inappréciable avantage de soustraire à leur mobilité cet élément de permanence que doivent présenter les institutions d'un grand pays. Elle permet à la politique, au dedans et au dehors, cette cohérence et cette suite, ce mélange de vigueur et de prudence, condition de toute grandeur et de tout repos, et que les républiques ne produisent qu'avec bien plus de peine, quand elles réussissent à les engendrer.

La nécessité d'un pouvoir modérateur dans la société moderne est une vérité qui paraît très peu contestable. Le but à atteindre est toujours celui-ci : ne pas laisser la tyrannie s'établir, pas plus de la part d'une majorité oppressive que de celle d'une minorité, pas plus au nom de la démocratie que de l'aristocratie. Mettez tout le pouvoir dans une seule assemblée, l'expérience atteste les périls de cette combinaison qui livre sans garantie les droits des citoyens à un pouvoir sans contre-poids. Si l'assemblée se dissout, quels dangers ne courent pas la liberté et l'ordre pendant l'intervalle qui sépare cette assemblée de celle qui va venir! Si l'assemblée se prolonge à l'excès, quels autres périls, dans le cas où l'opinion publique ne marche plus avec elle! Mettez le pouvoir dans deux assemblées, comment empêcher leur conflit de s'envenimer et d'amener des révolutions? Comment espérer qu'un pouvoir exécutif lui-même très mobile et très dépendant comme le pouvoir ministériel aura une autorité suffisante? La nécessité d'un pouvoir modérateur est tel que les États républicains eux-mêmes ne négligent pas toujours de le constituer. Sans doute il est très faible aux États-Unis. Il n'est pas moins vrai que le président y est armé d'un veto suspensif. Ce veto force du moins la législature à considérer de nouveau la question, et cette fois elle ne peut plus la trancher qu'à la majorité des deux tiers des opinants. Le veto, d'ailleurs, est une sorte d'appel au peuple. Le pouvoir exécutif plaide alors sa cause et fait entendre ses raisons. Outre cette précaution qu'il signale, M. de Tocqueville indique, dans l'organisation fédérative des États-Unis et dans un ensemble particulier de circonstances morales et politiques, les causes qui servent, quoique imparfaitement, de contre-poids à la tyrannie de la majorité. La nécessité d'un pouvoir modérateur dans les pays de forte centralisation apparaît plus nécessaire encore. Il ne suffit pas de répondre à toutes les difficultés par la souveraineté du peuple. Le peuple n'est pas toujours assemblé, il ne gouverne pas directement. Lors même qu'on a admis que la souveraineté réside en dernier ressort dans la nation, on n'a point pour cela résolu toutes les questions. Les pouvoirs sont divers et de leur diversité naît la lutte. Le rôle éminent de la royauté aux yeux des nations modernes est d'empêcher ces luttes de pouvoirs et de partis de dégénérer en désordre et en révolution. C'est pour cela que les gouvernements représentatifs attribuent à la royauté une part importante du pouvoir, tout en laissant le dernier mot à la nation qui prononce par le moyen des élections dans les questions graves et qui divisent les pouvoirs politiques. Il n'est donc pas vrai qu'en faisant de la royauté principalement un pouvoir modérateur, on proclame nécessairement sa déchéance. Il faut beaucoup de force, au contraire, pour remplir un tel rôle. Ce pouvoir neutre, élevé au-dessus des accidents et des luttes, n'intervenant que dans les grandes crises, du moins d'une manière ostensible et éclatante, veut avoir d'éminentes prérogatives. (B.)

La première de toutes est de faire exécuter la loi. Mais ce n'est pas assez s'il ne s'y joint encore le pouvoir de concourir à sa formation. Le monarque y concourt en nommant l'une des deux chambres, tel est du moins l'ordre établi par les diverses constitutions françaises ; il y concourt par la nomination des ministres, qui le représentent au sein des chambres ; il y concourt par le droit de proposer la loi, de dissoudre la chambre élective, de refuser sa sanction. Ce droit de veto absolu et non pas simplement suspensif a inspiré au génie si profondément politique de Mirabeau un de ses plus remarquables discours. Il n'a pas craint de livrer la liberté en le soutenant. Il a pensé que, malgré les apparences, la liberté y gagnerait en même temps que la force nécessaire au pouvoir royal. Le même avis a été soutenu par un ami non moins jaloux des libertés publiques, Benjamin Constant. La participation du pouvoir monarchique à la confection des lois fait partie essentielle, aux yeux du célèbre publiciste, de ce rôle de modérateur qui nous occupe en ce moment.

Aux prérogatives inséparables de la monarchie, tous les publicistes, comme toutes les constitutions, ajoutent le plus touchant et le plus populaire de tous les droits, le droit de grâce. Le droit de faire la guerre, celui de conclure les traités de paix et d'alliance, se rattachent naturellement au pouvoir exécutif. Ce droit, d'ailleurs, est généralement limité par les discussions des chambres, par la faculté qui leur est attribuée de voter l'impôt, et dans un gouvernement parlementaire par la responsabilité ministérielle. Jusqu'à ces derniers temps, cette responsabilité des ministres devant les assemblées avait paru au législateur une des conditions les plus essentielles des gouvernements libres. Il avait pensé que dans les monarchies représentatives l'irresponsabilité du monarque est une conséquence de son inviolabilité et importe à la liberté comme à l'ordre public. Dès qu'on méconnaît cette règle, tout croule, car la responsabilité ne peut prendre qu'une forme : la révolution.

MONNAIE. La monnaie est « un instrument qui, dans les échanges, sert de mesure et par lui-même est un équivalent » ; c'est la marchandise par excellence qui s'échange contre toutes les autres marchandises.

Toutes les nations civilisées, anciennes et modernes, on adopté on ne sait au juste quand, ni par quel concours de circonstances, les métaux précieux, l'or et l'argent, comme la mesure la plus convenable et l'agent intermédiaire le plus parfait pour effectuer les échanges.

L'or et l'argent ont en effet les qualités les plus propres à l'usage pour lequel ils ont été choisis. On les divise facilement à l'infini,

et chaque parcelle conserve sa valeur proportionnelle ; l'or n'éprouve presque point de déchet par la fusion et l'argent en souffre peu ; de plus, l'air n'attaque pas la surface de l'or, il attaque difficilement celle de l'argent pur ; ces métaux peuvent donc être conservés indéfiniment, ce qui est une condition essentielle. Enfin, la rareté au moins relative de ces substances métalliques est également un des éléments de leur valeur.

Primitivement, lorsqu'un vendeur se trouvait en opération d'échange avec un acheteur, la quantité de métal que l'acheteur délivrait au vendeur était pesée par les parties qui en constataient la finesse, ou qui, plus souvent, supposaient au métal tel ou tel degré de pureté, non sans subir de nombreux mécomptes.

Plus tard, dans le but de simplifier les transactions et de les rendre plus sûres, on divisa ces métaux en portions plus ou moins considérables, d'un degré de pureté fixe et convenu, et que, par une opération appelée pour cela monnayage, on revêtit d'une empreinte servant d'attestation publique de la quantité de métal fin qu'elles renfermaient. C'est ainsi que fut créée la pièce de monnaie qu'on peut dès lors définir : un lingot dont le poids et le titre sont certifiés par l'autorité.

Les Grecs semblent avoir pratiqué les premiers cette division régulière de la matière métallique qui constitue la monnaie courante.

Si l'on considère que la production des deux métaux qui font office de monnaie n'est pas régulière, que leur valeur relative change par conséquent suivant l'abondance ou la rareté de l'un d'entre eux, on reconnaîtra que, dans les transactions, le rôle de mesure commune ne peut appartenir qu'à un seul de ces métaux, et que, sans repousser l'autre de la circulation, il devra y figurer comme subordonné.

« Prendre pour mesure de la valeur commerciale, dit Locke, des choses, des matières qui n'ont pas entre elles un rapport fixe et invariable, c'est comme si l'on choisissait pour mesure de la longueur un objet qui fût sujet à s'allonger ou à se raccourcir. Il faut qu'il n'y ait dans le pays qu'un seul métal qui soit la monnaie et la mesure des valeurs. »

Il est donc hors de dicussion que la mesure monétaire doit être une, ou, ce qui est synonyme, qu'il ne peut y avoir qu'un seul étalon.

Quand on traite de la monnaie, dit Michel Chevalier, le mot d'*étalon* est un de ceux dont il importe le plus de fixer le sens. En effet, il n'est pas rare de rencontrer des personnes qui donnent la qualité et le nom d'étalon à un métal, du moment que les pièces qui en sont faites ne peuvent être refusées en payement. C'est une erreur. Un métal investi par la loi de cette faculté qu'on ne puisse refuser les pièces qui en sont faites, est une monnaie légale, ce n'est pas l'étalon.

Le métal étalon est celui dont est composée

l'unité ou mesure monétaire. En France, par exemple, la loi constitutive du 7 germinal an XI, déterminant que: 5 grammes d'*argent* au titre de ⁹/₁₀ de fin constituent, sous le nom de franc, *l'unité* monétaire, on doit dire que la France est sous le régime de l'étalon d'argent. Et si, parallèlement, nous avons une monnaie d'or avec laquelle nous avons le droit de nous acquitter, c'est simplement une monnaie légale subordonnée à l'unité monétaire composée de l'autre métal; puisque l'on dit pièce d'or de vingt francs et que un franc est 5 grammes d'argent.

Jusqu'au commencement de ce siècle, l'argent était l'étalon presque universellement adopté. Il est donc naturel que les législateurs de l'an III et de l'an XI, qui, tout en innovant ou perfectionnant, tinrent un si grand compte des traditions et des habitudes françaises, aient pris leur unité dans un métal qui, à cette époque, circulait presque seul en Europe.

Le système monétaire français, basé sur les divisions décimales, fut décrété en l'an III et définitivement formulé en l'an XI dans la loi du 7 germinal, dont la première et solennelle déclaration est que: 5 grammes d'argent au titre de ⁹/₁₀ de fin constituent l'unité monétaire qui conservera le nom de franc.

Cette loi ordonne, en même temps, de frapper des pièces d'or de 20 fr. à la taille de 155 au kilogramme.

C'est sur ces bases et ces proportions qu'ont été frappées les immenses quantités d'espèces dont se composent notre circulation monétaire et dont les coupures se rapportent toutes au système de numération décimale. Ce sont:

En or, ou les pièces de	100f	50f	20f	10f	5f
En argent	5	2	1	50c	20c
En bronze	10c	5c	2c	1c	

Avant 1848, l'argent était en France la monnaie usuelle; les payements journaliers s'effectuaient en pièce de 5 fr.; l'or, proportionnellement rare, était à cette époque à peu près sorti de la circulation monétaire française, dans laquelle on ne l'estimait pas à plus de 100 millions. Mais en 1848 apparaissent les mines de la Californie, et bientôt après celles de l'Australie se joignant à la production d'or qui s'était déjà réalisée dans les monts Ourals, il s'établit un courant amenant, vers les pays qui ont comme la France une circulation monétaire importante, des masses d'or telles qu'on n'en avait vu à aucune époque. En même temps que ce métal, par son abondance, perd de sa valeur, l'argent, réclamé par l'Orient, gagne à son tour une prime assez forte, et en quelques années, de 1857 à 1868, en France seulement l'exportation de l'argent dépasse l'importation de 1.300 millions, alors que l'importation de l'or atteint un excédent de plus de 3 milliards de francs.

Ce mouvement causa dans le monde économique et politique ce que nous appellerons une agitation monétaire, qui eut pour effet de soulever les problèmes les plus divers et les plus importants, au point de vue de la circulation, problèmes dont la solution pratique n'est pas encore complète, malgré les études les plus sérieuses auxquelles on s'est livré d'une manière suivie depuis lors.

Ainsi la Belgique, effrayée de la dépréciation qui menace l'or, démonétise ce métal en 1850, mais revient en 1861 sur cette mesure dans laquelle s'était engagée la Hollande et que la France songea un moment à prendre aussi. La Suisse, l'Italie, la Russie, pour retenir leurs petites monnaies d'argent dans leurs pays respectifs, en abaissent le titre; la France les imite; enfin en 1865, sur l'initiative de la Belgique, la France, l'Italie, la Suisse se réunissent avec elle en conférences et signent une convention monétaire, à laquelle adhèrent plus tard d'autres pays.

Des années se sont écoulées depuis, et malgré des événements dont le retentissement aurait pu faire oublier cette question économique, nous la voyons au contraire, au retour de la paix, faire un pas considérable et imprévu dans le sens de l'étalon d'or.

C'est ainsi que de 1871 à 1873 l'Allemagne, les Etats-Unis d'Amérique, la Suède, la Norwège, le Danemark, la Hollande, et dans l'extrême Orient le Japon, ont réformé leur système monétaire par l'adoption de l'étalon d'or.

En Allemagne, la loi fédérale du 4 décembre 1871 décide que l'or sera l'étalon unique du système monétaire allemand, qui aura pour base ou unité, le mark, dont la valeur répond à 1 fr. 23 c. de notre monnaie. (Habituellement on compte 1 fr. 25.)

La question monétaire est en ce moment en suspens, mais selon toutes les vraisemblance l'étalon d'or l'emportera définitivement partout sur l'étalon d'argent. Le double étalon ne semble pas avoir de chance d'être adopté. Il existe maintenant quatre groupes monétaires principaux, représentant un nombre plus ou moins grand d'adhérents. C'est d'abord l'Angleterre avec le souverain — l'Allemagne avec le mark[1] — la France, l'Italie, la Suisse, la Belgique, l'Espagne, etc., avec le franc sous diverses dénominations; enfin, les Etats-Unis avec le dollar.

Il semble probable que les Etats que nous n'avons pas mentionnés devront un jour venir s'unir à l'un de ces groupes.

Quoi qu'on en ait dit, l'abondance des métaux influe sur leur valeur, mais cette influence peut être en partie neutralisée par d'autres circonstances. Voyez du reste l'article **Bimétallisme**.

MONOPOLE. Le terme monopole, d'après son étymologie grecque, s'applique à un trafic exclusif qui s'exerce en vertu d'un privilège. Il se rencontre fréquemment dans la langue politique et dans la langue économi-

---

1. Il ne faut pas écrire marc au lieu de **mark**: ce serait une faute d'orthographe (il ne s'agit ni de marc de café, ni même du marc de Cologne).

que. Il exprime un état de choses qui résulte soit de circonstances naturelles soit de combinaisons légales et, généralement, il faut le dire tout de suite, il provoque les sentiments d'hostilité et de répulsion qui s'attachent à des exceptions que l'on tolère ou à des nécessités que l'on subit.

Si l'on s'en tenait à l'impression générale, le monopole serait, non pas seulement l'exercice, mais encore et surtout l'abus du privilège. De là les antipathies et les haines qu'il excite. Instinctivement, on déteste le monopole. Examinons ce qu'il faut en penser.

La question des monopoles *naturels* est des plus simples. Qu'un pays doive aux conditions particulières de son sol et de son climat la faculté de produire, seul ou à peu près seul et de mettre en vente, telle ou telle denrée; qu'un individu conquière, par l'éclatante supériorité du génie ou du talent, une sorte de domination dans la littérature, dans les arts, ou dans une profession libérale; qu'un industriel, un armateur, un commerçant parvienne à commander le marché par son habileté exceptionnelle ou par la force de ses capitaux, ce sont là des monopoles qui naissent d'inégalités ou de différences naturelles et qui ne sauraient évidemment donner lieu à aucune discussion. Ils échappent à toute règle; la science n'a rien à y voir, pas plus que la politique : il suffit donc de les constater.

Il n'en est pas de même des monopoles *artificiels*, c'est-à-dire de ceux qui résultent non plus de la nature des choses, mais de combinaisons légales et qui sont d'institution humaine. Ces monopoles, plus ou moins anciens, sont nombreux; il en existe dans tous les pays civilisés et sous toutes les formes de gouvernement. Etablis et maintenus en vertu de l'assentiment presque universel des législateurs et en dépit du préjugé populaire, ils ont apparemment leur raison d'être, et ils rendent des services. C'est donc une erreur de proscrire en masse et *a priori*, au nom de principes abstraits et absolus, tous les monopoles. Ici, comme en toutes les matières qui intéressent la politique et l'organisation sociale, il convient de distinguer. C'est au tact de l'homme d'Etat, de même que c'est au discernement éclairé de l'économiste qu'il appartient de décider si tel ou tel monopole peut être établi, s'il doit être maintenu ou supprimé. La question est donc plutôt du domaine de la pratique que du domaine de la théorie.

Théoriquement, la société doit rechercher les règles générales et simples, et par conséquent bannir les exceptions; elle doit s'appliquer à faire prévaloir l'égalité, et, par conséquent, combattre les privilèges; elle doit tendre sans cesse à se développer par la liberté, et, par conséquent, écarter les restrictions sans lesquelles les privilèges ne sauraient exister. Voilà pourquoi la théorie pure proscrit le monopole, qui représente à la fois une exception et un privilège. Mais

n'est-il pas également vrai que l'argument d'utilité pratique domine, en définitive, ces considérations de principes, et, s'il se rencontre des cas où une organisation exceptionnelle, telle que l'organisation d'un monopole, peut rendre à la société plus de services que n'en rendrait une concurrence illimitée, les peuples et les gouvernements sont-ils tenus de sacrifier leur intérêt au respect d'un principe appliqué d'une manière trop absolue ? Telle est, à ce qu'il semble, toute la question.

Les monopoles peuvent se diviser en deux catégories, selon qu'ils sont exercés par le gouvernement ou par des particuliers. Les premiers sont établis, soit au point de vue de la sûreté publique et de la police générale, soit, et plus souvent, dans l'intérêt fiscal. Les monopoles concédés à des particuliers procèdent d'origines plus compliquées et beaucoup plus contestables. Nous ne saurions examiner ici avec détails les uns et les autres. Bornons-nous à mentionner les principaux en nous arrêtant de préférence à ceux qui existent en France, où du reste le monopole se présente sous presque toutes les formes.

Parmi les monopoles exercés directement ou indirectement par le gouvernement, nous citerons : la fabrication des monnaies, celle des poudres, le transport des lettres, la fabrication et la vente du tabac. — Que l'Etat constitue en monopole la fabrication des monnaies, c'est une précaution jugée nécessaire contre les fraudes du faux-monnayage, et la sécurité des échanges ne peut qu'y gagner. Aussi ce monopole, en vigueur dans presque tous les pays, ne provoque-t-il point de critique. De même, pour la fabrication et la vente des poudres : on reconnaît généralement que de sérieuses considérations politiques portent l'Etat à se réserver l'exercice de cette industrie. — Le monopole des postes est combattu par certains économistes qui voudraient appliquer au transport des lettres le régime de la libre concurrence, non seulement parce qu'ils en attendent un service meilleur et moins coûteux, mais encore parce qu'ils désirent soustraire à tous les risques d'une surveillance gouvernementale le secret des correspondances particulières. Nous n'examinerons pas si, sous le régime du monopole de l'Etat, le secret des lettres a besoin d'être protégé plus efficacement qu'il ne l'est par la loi pénale. Il vaut mieux penser que la loi est respectée (*voy.* **Cabinet noir**). Quoi qu'il en soit, le régime de concurrence n'offrirait point en réalité plus de garanties contre l'indiscrétion des particuliers ni même contre les velléités d'inquisition que l'on prêterait, en pareille matière, à l'administration de la police. Mais il s'agit surtout de l'organisation et de l'économie des transports. Sur ce point, la question doit être étudiée dans son ensemble. Or, avec la concurrence illimitée, qui peut-être (car ce n'est qu'un doute) desservirait mieux les grandes villes, il est certain que les campagnes et les régions reculées du territoire se verraient privées des facilités que leur offre le monopole. L'État peut et doit transporter à perte une certaine portion des correspondances ce que ne ferait probablement pas l'industrie privée, elle n'effectuerait les transports que là où elle serait assurée de trouver sa rémunération. L'unité de taxe serait probablement remplacée par la diversité des prix, mis en rapport avec les distances et avec les frais du service rendu. Enfin, l'État aurait à payer, et à faire payer au contribuable, les dépenses énormes qu'exigerait le transport des correspondances administratives. Le système du monopole paraît donc à la fois le plus équitable et le plus économique, alors surtout que le contribuable est en mesure, par l'organe de ses représentants qui votent l'impôt, de veiller à ce que la taxe confondue avec le prix du transport soit maintenue à un taux modéré.

La fabrication et la vente du tabac forment, en France du moins, le monopole le plus important de l'État. Ce monopole ne s'appuie sur aucune considération politique, ni sur aucun intérêt de service public ; il est exclusivement fiscal. L'impôt sur le tabac étant admis (et il n'y a pas d'impôt qui se justifie mieux), toute la question est de savoir quel est le mode de perception le plus sûr et le plus productif, l'on a trouvé que c'était le monopole de la fabrication et de la vente.

Au premier rang des monopoles concédés aux particuliers figurent les charges et offices. Les professions d'avocat au Conseil d'État et à la Cour de cassation, de notaire, d'avoué, d'huissier, d'agent de change, etc., ne peuvent être exercées que par un nombre limité de citoyens. Pourquoi? Il y a là comme un résidu de l'ancien régime. Autrefois, la monarchie aux abois battait monnaie avec la création des offices, procédé fiscal qui était toujours à la portée d'un ministre besoigneux. Quelles que soient les considérations de garanties morales et d'utilité pratique que l'on invoque pour excuser et conserver ces antiques monopoles, il est certain que la vénalité des offices qui résulte de cette organisation toute particulière est en contradiction avec les principes d'égalité et de liberté, et cela sans nécessité démontrée. On a créé ces monopoles, parce qu'ils pouvaient se vendre très cher : on les conserve, parce qu'il coûterait aujourd'hui trop cher de les racheter.

Indépendamment des charges et offices, il existe certaines professions qu'à un moment donné le législateur a cru pouvoir constituer en monopoles pour les assujettir plus facilement à la surveillance administrative en les concentrant dans un petit nombre de mains. Telles sont les professions d'imprimeur, de libraire, de boucher, de boulanger, etc., monopoles injustifiables au point de vue des principes et qui ont disparu.

L'opposition que soulèvent les monopoles vise même plus haut : elle s'attaque aux grands établissements de crédit qui, dans la plupart des pays, sont investis du privilège d'émettre

et de faire circuler des billets au porteur : ce n'est plus seulement un groupe d'économistes, ce sont des commerçants et des industriels qui réclament la liberté des banques. Cependant le monopole accordé à une banque d'État pour l'émission du papier-monnaie peut être considéré comme le corollaire du monopole qui confie au gouvernement ou à ses délégués directs la fabrication de la monnaie métallique. Il est aussi essentiel de garantir la sincérité des billets de banque que de garantir le titre et la valeur réelle de la monnaie de métal. L'expérience est là pour démontrer que ce système peut se concilier avec le plus grand développement industriel et commercial. En fait, si l'on passe en revue la législation des principaux pays, la liberté des banques est l'exception, et le monopole, avec une organisation plus ou moins libérale, reste debout. Cet argument n'est certes point à dédaigner, d'ailleurs le nombre de ses partisans s'accroît de plus en plus.

La législation sur les brevets d'invention, en vigueur presque partout, confère à des particuliers un grand nombre de monopoles temporaires [1]. Ici, le privilège n'est que la consécration du droit de propriété. C'est l'honneur de la loi de pouvoir faire respecter la propriété d'une idée, d'une invention utile, aussi bien que la propriété d'une maison ou d'un champ. Le monopole temporaire, qui résulte du privilège d'exploitation attaché au brevet, est un encouragement et une récompense légitime pour l'inventeur à qui l'industrie doit la découverte d'un procédé nouveau ; souvent même ce n'est que le prix insuffisant du labeur et le remboursement des avances que la découverte a coûtés. Ce monopole est donc rigoureusement juste.

Il est d'usage de qualifier de monopoles les grandes entreprises de transport ou autres, chemins de fer, canaux, mines, etc., qui ont obtenu des concessions de l'État. Ce sont là le plus souvent des monopoles de fait. Le monopole des chemins de fer est de plus destiné à passer entre les mains de l'État.

Le monopole établi en France par une loi de 1872 pour la fabrication et la vente des allumettes se fonde à la fois sur l'intérêt fiscal et sur un intérêt de sécurité publique. Le principe de cet impôt a été vivement contesté, et les législateurs ne se sont décidés à l'accepter que sous la pression de nécessités financières qui ne permettaient pas de regarder de trop près aux moyens par lesquels on pouvait procurer de nouvelles ressources au Trésor.

En résumé, il y a des monopoles acceptables et utiles, comme il y a des monopoles détestables et nuisibles. Il ne faut pas se laisser effrayer par un mot qui parfois d'ailleurs est mal appliqué. L'utilité [2], voilà l'uni-

---

1. Si l'invention n'a pas de valeur, le privilège reste fictif.
2. Nous voulions ajouter ici : mais une chose immorale peut-elle être *utile*, c'est-à-dire, le mal que produit l'im-

que critérium selon lequel l'homme d'Etat et l'économiste doivent apprécier le caractère d'un privilège, et en pareille matière l'utilité varie, selon les circonstances, selon les lieux, selon les habitudes de la législation, selon le tempérament des peuples.

MONROE (Doctrine de). On désigne sous ce nom deux maximes de politique extérieure proposées par Monroë, président des Etats-Unis, dans son message au congrès du 2 décembre 1823, et admis comme un dogme par le consentement unanime de la nation.

C'était une réponse aux doctrines des congrès d'Aix-la-Chapelle, de Laybach et de Vérone. Les mêmes souverains qui s'étaient alliés pour défendre l'absolutisme en Europe contre les idées de souveraineté nationale se trouvaient tout disposés à intervenir dans les affaires du nouveau monde et à aider l'Espagne et le Portugal à reconquérir leur domaine colonial [1]. De plus, certaines démarches de l'Angleterre et de la France semblaient indiquer des projets de conquête dans le golfe du Mexique. Monroë proclama en premier lieu que les Etats-Unis ne prétendaient acquérir ni s'annexer aucune des anciennes possessions de la couronne d'Espagne en Amérique, et qu'ils ne mettraient aucun obstacle à la conclusion des arrangements amiables que la métropole pourrait négocier avec les colonies émancipées, mais qu'ils repousseraient par tous les moyens en leur pouvoir l'intervention des autres Etats sous quelque forme qu'elle vînt à se produire, et surtout si elle avait pour objet d'implanter dans les colonies, par voie de conquête ou d'acquisition à prix d'argent, une souveraineté autre que celle de l'Espagne.

Monroë ajoutait que le gouvernement de l'Union n'interviendrait pas dans les affaires des colonies que des nations européennes possédaient en Amérique, mais qu'il regarderait comme la manifestation d'intentions hostiles à l'égard des Etats-Unis l'intervention d'un pouvoir européen quelconque dans le but d'opprimer les anciennes colonies émancipées.

« Notre politique à l'égard de l'Europe, disait-il encore, consiste à ne jamais nous interposer dans les affaires intérieures d'aucune des puissances de l'ancien monde et à considérer toujours le gouvernement de fait comme le gouvernement légitime relativement à nous; mais lorsqu'il s'agit de notre continent, si les puissances alliées voulaient faire prévaloir leur système politique dans l'une ou l'autre partie de l'Amérique, elles ne le pourraient pas sans qu'il en résultât un danger imminent pour notre bonheur et notre tranquillité, et il nous serait impossible de rester spectateurs indifférents de cette intervention. »

Cette première partie de la doctrine de Monroë a été invoquée plusieurs fois par les Etats-Unis dans leurs relations avec les Etats de l'Europe, notamment à propos de la question des limites de l'Orégon et de l'annexion du Texas. Dans cette dernière occasion, le président Polk déclara que les Etats-Unis ne souffriraient pas que l'Europe établît aucune colonie nouvelle sur le continent de l'Amérique du Nord. Toutefois, à aucune époque ni par rapport à aucune nation, les Etats-Unis n'ont pris la doctrine de Monroë comme base de stipulations conventionnelles, ni prétendu l'offrir aux Républiques hispano-américaines comme un bouclier contre les agressions qui pouvaient les menacer. Ainsi l'Union refusa de se faire représenter au congrès qui fut convoqué à Panama, en 1826, pour établir une ligue défensive entre les anciennes colonies espagnoles, et ce fut principalement par ce motif que la convocation resta sans résultat.

La seconde partie de la doctrine de Monroë se rattachait à des questions de limites et de colonisation dans l'Amérique du Nord. L'Angleterre et les Etats-Unis étaient convenus d'occuper en commun, pendant dix ans, des territoires sur lesquels chacun d'eux prétendait avoir des droits. Il y avait à résoudre des questions très difficiles, que la Russie vint compliquer en réclamant comme lui appartenant tout le territoire compris entre l'Orégon et le détroit de Behring. L'Angleterre et les Etats-Unis s'opposèrent de concert à cette prétention, et le gouvernement américain déclara aux deux autres que d'une part les traités, et d'autre part les révolutions politiques, avaient fait perdre à l'Europe tous droits sur les territoires américains; les Etats-Unis ne pouvaient donc admettre que le continent du nouveau-monde servît d'élément de colonisation aux Etats européens dans les partis qui ne leur avaient pas été antérieurement soumises. Ce furent ces principes que Monroë proclama au sein du congrès en ces termes : « On a jugé l'occasion favorable pour faire reconnaître comme un principe auquel sont liés les droits et les intérêts des Etats-Unis que les continents américains, d'après l'état de liberté et d'indépendance qu'ils ont acquis et dans lequel ils se sont maintenus, ne peuvent être considérés à l'avenir comme susceptibles d'être colonisés par aucune puissance européenne. »

MONSEIGNEUR. Titre honorifique qui se donne aux princes, ministres, évêques, et à d'autres dignitaires. Il se prodiguait autrefois en France, mais il ne se donne plus qu'aux princes et aux évêques.

MONSIEUR. Quand on parlait, sous les Bourbons de France, au frère du roi, on lui disait : Monseigneur; quand on parlait de lui on disait Monsieur. Gaston d'Orléans, Philippe d'Orléans, Louis, comte de Provence

---

moralité n'annule-t-il pas les avantages qui se rattachent à une chose?

1. D'autres disent voulaient ériger en royaumes ces anciennes colonies.

(depuis Louis XVIII), et Charles, comte d'Artois (depuis Charles X) ont successivement porté ce titre.

MONTAGNE. Les membres de l'Assemblée législative s'étaient placés, dans la salle de leurs séances, les uns (*Feuillants, Fayettistes, Monarchiens*), à la droite du président; les autres (*Patriotes, Révolutionnaires*), à sa gauche. Quand la Convention occupa cette salle, le bureau du président fut retourné : la gauche devint la droite et la droite devint la gauche. Les *Girondins* se placèrent à gauche; mais comme leurs opinions étaient alors les plus aristocratiques, on les appela la *droite*, en souvenir de la première disposition; les *Cordeliers*, les *Jacobins*, se placèrent à la droite, et on les appela la *gauche*. Les gradins étaient fort élevés, et chaque parti occupait deux montagnes; mais le nom de *Montagne* ne fut donné qu'au parti le plus révolutionnaire. Le *centre*, ou la *plaine*, ou le *marais*, ou le *ventre*, occupait les gradins moins élevés du milieu.

Tant que les Girondins purent soutenir la lutte, on appela *Montagnards* tous leurs adversaires; mais, après leur défaite, les Montagnards se divisèrent en trois grands partis : les *Hébertistes*, qui voulaient donner à la commune de Paris la direction de la révolution; les *Indulgents* ou *Modérés*, qui, réunis autour de Danton et de Camille Desmoulins, essayèrent de pacifier la Convention, et de mettre fin au despotisme des comités; enfin les *Jacobins*, qui réclamaient, pour les clubs et les comités, l'autorité sur Paris, sur la Convention, et sur la France.

MONT-DE-PIÉTÉ. Les premiers monts-de-piété, sur la création et le fonctionnement desquels nous possédions des renseignements certains, ont été fondés dans la seconde moitié du quinzième siècle, en Italie; Bernardin de Feltre, de l'ordre des Récollets, en était l'ardent promoteur et l'infatigable propagateur : l'initiative prise par Pérousse (1462) et Oviedo (1464) fut bientôt imitée dans d'autres cités italiennes, puis ils se répandirent dans le reste de l'Europe.

Malgré le nom, qui paraît désigner une œuvre de bienfaisance, les monts-de-piété n'ont jamais été de purs établissements charitables; au fond, ils n'y prétendaient point. Les rares établissements même qui prêtaient ou prêtent gratuitement aux indigents n'excluent point du cercle de leurs opérations le prêt à intérêt fait aux artisans, aux petits industriels et commerçants. Telle avait même été dans l'origine l'une des visées principales des promoteurs et organisateurs de ces institutions. Elles rendaient des services réels aux « petites gens » à des époques où le crédit naissait à peine et où des prêteurs particuliers rançonnaient sans pitié les nécessiteux qui devaient recourir à leurs offices. Les circonstances sont aujourd'hui tout autres.

Des établissements qui exigent un intérêt de 8 à 10 p. 100 pour des prêts où, grâce au nantissement, l'élément de risque n'existe point, et qui imposent à l'emprunteur la dure privation des objets souvent les plus indispensables, ne sauraient de nos jours passer pour des banques populaires. Aussi s'est-on habitué de plus en plus à ne voir dans les monts-de-piété que la maison de prêt pour l'indigent, et les services qu'il peut rendre sont assez minimes.

MORALE POLITIQUE. Il n'y a qu'une morale comme il n'y a qu'une géométrie. Les règles morales, logiquement exprimées, sont des propositions évidentes par elles-mêmes qui forcent la conviction à la manière de toutes les vérités nécessaires, et elles n'ont jamais été contestées qu'à mauvais dessein.

Les mots de morale politique ne désignent donc pas une morale particulière, mais la morale universelle appliquée à la politique. L'intérêt et la passion n'ont en aucune matière plus altéré la vérité. Mais en attaquant la distinction du bien et du mal, l'intérêt et la passion s'en prennent à leur ennemi. Sans doute il peut y avoir, même en morale, des erreurs sincères. Le devoir en lui-même n'a pas été contesté, mais on n'a pas toujours été d'accord sur le principe ou sur les applications du devoir. Le premier point est surtout du ressort de la controverse philosophique; le second dépend davantage de l'état général des lumières et des mœurs. C'est pour ces deux raisons que, malgré l'immutabilité des distinctions morales, une certaine diversité et par conséquent un certain progrès est possible dans l'appréciation de l'emploi qu'il en faut faire. En cela comme en tout, des préjugés peuvent subsister, et l'un des plus répandus comme des plus opiniâtres est celui qui soustrait la politique à la morale ou la soumet à une morale différente de la morale universelle.

Ce n'est pas ce que nous avaient appris les politiques de l'antiquité. Comme Montesquieu l'a remarqué, ils ont été fort supérieurs aux modernes pour le caractère de moralité qu'ils ont donné à la science sociale. Si les républiques anciennes n'ont pas été toujours constituées ni surtout gouvernées conformément à ces principes, c'est d'abord qu'aucun idéal ne peut être pleinement réalisé sur la terre; c'est ensuite que les mœurs et les préjugés maintenaient encore, dans la morale même, de graves erreurs; c'est enfin que dans les Etats libres les passions populaires égarent par moments la conscience publique. Mais la morale politique (théorique) est toujours restée supérieure, dans le monde gréco-latin, à ce qu'elle était partout ailleurs. A Rome même elle a lutté souvent avec succès contre les violences d'un peuple ambitieux et dur. Puis, quand tout s'est affaissé et corrompu, la philosophie a continué de protester contre les exemples et les principes du gouvernement des Césars. Malheureusement, lasse de son impuissance, elle s'est bientôt réfugiée dans la vie privée pour sauver la dignité de l'homme à défaut de celle du citoyen, et le christianisme qui pour divers motifs donnait le même exemple, en s'abstenant d'intervenir dans les affaires de l'État, en prêchant le mépris des choses humaines, a contribué de son côté au déclin de la morale publique. L'une et l'autre ont laissé s'établir ces odieuses doctrines apportées en aide au despotisme par les jurisconsultes de l'Empire. Leur science, sous la dernière forme qu'elle reçut à Byzance, est devenue et demeurée longtemps la corruptrice des sociétés politiques. La morale en a été prescrite le jour où la maxime d'Ulpien a été proclamée : *Quidquid principi placuit legis habet vigorem.* Cette doctrine, fléau des monarchies modernes, n'a pas cessé de faire du mal en Europe, et la tradition n'en est pas encore effacée.

Cependant la philosophie du moyen âge, s'inspirant en cela de l'antiquité, avait fait entendre quelques réclamations honorables, mais vaines. On sait ce qu'ont dit saint Thomas d'Aquin, Gilles de Rome. L'Église, soit pour défendre l'honneur de la morale chrétienne, soit pour revendiquer sa propre autorité, a souvent opposé de louables censures aux abus du pouvoir et de la législation, et c'est un pape, Pie V, qui, le premier, a défini la raison d'État *une fiction des méchants*, la veille de la Saint-Barthélemy. En même temps, la Renaissance, rendant l'esprit humain à la liberté qu'il avait dès longtemps perdue, a fait prévaloir une philosophie indépendante qui a osé regarder comme étant du ressort de l'esprit humain les matières d'État et les questions de gouvernement. Certes, en les abordant avec une grande profondeur critique, Machiavel est loin d'avoir rétabli du premier coup la vérité dans tous ses droits; il n'a que trop pris la prudence pour la sagesse, et le succès pour arbitre entre les pouvoirs et les partis; il a donné son nom à la politique séparée de la morale. Du moins a-t-il admis qu'elle était un art qui avait ses règles, que les gouvernements étaient tenus de les observer, que le but de leur existence n'était pas la satisfaction des gouvernants, et qu'enfin ceux-ci avaient des devoirs envers l'État. Mieux inspirés, ou moins séduits par de mauvais modèles, d'autres publicistes ont paru qui, loin de tout sacrifier à l'habileté, ont de plus en plus rendu populaires ces vérités si simples que les gouvernements sont faits pour les sociétés et non les sociétés pour les gouvernements, que le juste est la loi des lois, et par conséquent la règle des sociétés comme des individus et des gouvernements comme des sociétés. Ainsi est rentrée dans le monde politique cette grande pensée des sages de l'antiquité : la justice est la maîtresse des choses mortelles et immortelles.

De ces vérités encore vagues peuvent se déduire toutes les règles de l'application de la morale à la politique. Elles pourraient toutes être ramenées au principe de la justice. Les devoirs mêmes que les moralistes rattachent plus volontiers au principe de l'amour, prennent un autre caractère quand ils sont remplis par des gouvernements. Ce n'est pas une question de sentiment, mais une obligation stricte pour des pouvoirs institués du consentement de la société que de concourir, dans la mesure de leurs attributions, à son bonheur, et les citoyens peuvent réclamer de l'État comme une dette la félicité publique. A bien plus forte raison ont-ils des droits à tout ce qui assure leurs droits mêmes, leur liberté, leur dignité. Ceux qui croient que l'utilité publique est la seule règle des lois et du pouvoir négligent de remarquer qu'il ne peut y avoir pour le législateur et pour le gouvernement de nécessité de pourvoir à l'utilité publique qu'une nécessité morale. Le devoir pèse donc sur la politique comme sur tout le reste, et le respect des intérêts légitimes n'est pas lui-même un intérêt, mais une obligation.

On ne conteste plus en principe que la législation doive être conforme à la morale. Les lois civiles de tous les peuples civilisés ont été, depuis environ un siècle, purgées de presque tout ce qu'elles pouvaient contenir de contraire à l'équité, à l'honnêteté, à l'humanité. Ce qui reste à en effacer encore est peu de chose auprès de ce qui a disparu.

Il est un peu plus difficile d'établir la souveraineté de la morale dans la politique proprement dite : appelons de ce nom tout ce qui concerne soit la constitution de l'État, soit la conduite du gouvernement. (Dans la pratique gouvernementale.)

La question des droits de la morale dans la conduite du gouvernement est une question des plus difficiles et qui a divisé des esprits sincères. Elle paraît cependant résolue par les principes qui viennent d'être établis. Les gouvernements au fond ne sont pas en réalité des choses, mais des hommes, et comment mettre en question si des hommes doivent en tout se conduire en honnêtes gens? Ceci, dans le plus grand nombre des cas, ne sera donc point contesté. La cruauté, la spoliation, l'iniquité, la trahison, la corruption, même colorées du prétexte de l'utilité politique, ne trouveront pas d'apologistes; mais si l'on sort des généralités, les dissentiments commencent, et il est certain que l'histoire, à toutes ses pages, même à celles qui se lisent sans honte et sans indignation, nous montre les gouvernements prompts à s'attribuer des droits que n'avouerait ni la morale privée, ni la justice ordinaire. Et de là cette idée qu'il y a deux morales, dont l'une, la morale politique, ne ressemble guère à l'autre. C'est bien ici que s'applique dans toute sa rigueur le mot de Pie V.

L'usage presque toujours abusif que l'on a fait de la raison d'État (*salut public*) n'a pu être introduit et si longtemps toléré, que par une application spécieuse de l'adage suspect : « La fin justifie les moyens; » si suspect, en effet, que personne n'oserait s'en servir publiquement pour défendre une action équivoque. Mais sous des formes moins claires et plus dignes, c'est bien là le fond de la pensée dont s'autorisent toutes les mesures critiquables de gouvernement. L'utilité publique, l'intérêt de l'Etat, la dignité de la couronne, le salut de la république, le maintien de l'ordre ou de la tranquillité, sont les raisons qu'on donne aux autres et à soi-même pour faire absoudre des actes que, privés de ce prétexte, on avouerait répréhensibles. On ne peut disconvenir que dans beaucoup de cas la gravité du motif ne soit si supérieure à la gravité de la faute que l'indulgence des peuples et des historiens qui les jugent est concevable. Dans la vie privée la plus correcte, deux devoirs d'importance inégale peuvent se trouver en opposition, et l'un devra l'emporter sur l'autre, ce qui sera au fond faire le mal pour un plus grand bien. Mais il faut que l'option soit entre deux devoirs, et non pas entre un intérêt et un devoir; or, dans la politique l'intérêt étant public ou paraissant public, prend aisément, même aux yeux des honnêtes gens, l'importance d'un devoir et endort les scrupules de l'homme d'Etat au point de lui faire une conscience de sacrifier sa conscience. Quand on se place sur cette pente, le danger de glisser est si grand, les mauvais exemples si nombreux, les sophismes si faciles, que nous n'hésitons pas à penser que, dans la pratique ordinaire du gouvernement, le *dictamen* de la morale demeure absolu, et qu'aucun intérêt public n'autorise une action qui ne peut être, à un moment donné, publiquement avoué.

Il faut distinguer. Sans aucun doute, la société n'est pas un individu, l'Etat n'est pas un particulier. Les pouvoirs publics sont donc, dans le cercle de leurs attributions, investis de prérogatives refusées aux citoyens. Ils sont la force au service de la raison et de la justice. Ils sont donc autorisés à employer la force, à peu près comme les particuliers le sont eux-mêmes, lorsque le droit de défense naturelle ne leur laisse pas d'autre moyen de sauver la justice violée dans leur personne. A plus forte raison, l'Etat, représentant du droit de tous, est-il autorisé à employer la force, quand il le faut, et sa force même est organisée et régularisée pour cela d'avance. Quoique les prérogatives que la loi lui donne excèdent les droits qu'elle reconnaît aux particuliers, elles sont justes et légitimes, et la morale les avoue dans tout Etat bien constitué. L'exécution des lois ne peut être condamnable, si les lois ne le sont elles-mêmes.

C'est donc seulement dans les cas non prévus par les lois, ou plutôt dans les cas où une certaine conduite est légalement facultative ou bien légalement interdite, que s'élève la question qui vient d'être indiquée.

Dans le premier cas, il est impossible de poser une règle. La loi est supposée désintéressée; elle permet de faire ou de ne pas faire; il faut choisir. Ce sont là les problèmes courants de la politique pratique. Pour les résoudre dans un sens ou dans un autre, on ne peut consulter que l'expérience, la raison, la conscience; il faut des motifs sérieux, des intentions pures, un examen attentif, une conviction assurée. A ces conditions, osez agir, advienne que pourra. Eussiez-vous tort, le tort est excusable. Le meilleur moyen de s'assurer si les conditions sont remplies, paraît être de se demander comment, sommé d'expliquer sa conduite, on le ferait devant un public indépendant. Cette règle montre assez tout ce que vaut la responsabilité des dépositaires de l'autorité dans les gouvernements de libre discussion.

Viennent, enfin, les cas où, la loi étant muette ou contraire, il y aurait à examiner si certaines circonstances autoriseraient à agir en dehors d'elle. Les actes de cette espèce s'appellent, quand ils sont faits par des gouvernants, des coups d'Etat; par des peuples ou des partis, des révolutions. (*Voy. ces mots.*) Ici c'est la loi qui est en question, ce n'est pas la morale. Il va sans dire que s'il peut jamais être permis de se mettre au-dessus des lois, peuple ou prince, il faut une juste cause, et que la loi du devoir doit prendre d'autant plus d'empire que la loi écrite aurait perdu le sien. Il ne manque ni de paroles, ni d'exemples célèbres pour autoriser les iniquités heureuses et jusqu'aux crimes utiles. « Si l'on doit violer le droit, disait Jules César, on le doit pour régner. » Il faut refuser l'hypothèse et répondre que le droit est inviolable « La petite morale tue la grande, » disait Mirabeau. Et ce pourrait bien être pour avoir manqué de la petite qu'il a manqué de la grande. « Ceci est pis qu'un crime, disait un expert, c'est une faute. » Et les crimes sont les seules fautes irréparables. Enfin vient la maxime redoutable et devant laquelle Montesquieu lui-même s'est incliné : « Le salut du peuple est la suprème loi. » Le salut du peuple n'est pas au-dessus de la justice [1].

MORCELLEMENT. La question du morcellement a été souvent débattue depuis un siècle par les économistes et par les politiques. Elle a donné lieu aux jugements les plus opposés; les uns ont regardé le morcellement comme un signe manifeste du bien-être des nations; les autres y ont vu le présage certain d'une décadence prochaine, et la plupart, s'appuyant sur des données incomplètes, ont introduit dans le débat des passions qui ont obscurci les lumières économiques et fait pencher leur jugement.

On peut considérer le morcellement sous deux aspects distincts : le morcellement de la culture et le morcellement de la propriété.

Entre la grande, la moyenne et la petite culture, quel est le mode le plus favorable à

1. Ces passages ont été empruntés à Charles de Rémusat.

la production et à la richesse agricole? En est-il un que l'État doive imposer ou même encourager de préférence aux autres? Cette première partie de la question est du ressort de l'économie agricole. De part et d'autre, les agronomes ont eu de bons arguments à produire.

Les partisans de la grande culture ont dit : Les grandes fermes ont l'avantage de pouvoir être dirigées par des hommes plus instruits, plus intelligents, qui ne sont pas condamnés à croupir dans l'ornière de la routine ; elles seules ont le bénéfice d'appeler de gros capitaux, et la facilité de faire à la terre de larges avances ; par conséquent, elles sont mieux fumées, mieux munies d'instruments perfectionnés ; il est même des machines qui, par leur prix élevé ou par la quantité de travail qu'elles débitent, ne conviennent qu'à de vastes exploitations ; les grandes fermes peuvent seules pratiquer la division du travail et employer de la manière la plus fructueuse les forces des ouvriers ; elles ont, pour une même superficie de terrain, moins de granges, moins d'étables pour un même nombre de bestiaux, moins de bergers, et partant moins de dépenses improductives et moins de frais généraux.

Les partisans de la petite culture disent de leur côté : Les petits fermiers portent dans les moindres détails une attention qui ne peut exister au même degré dans les grandes exploitations ; ils connaissent mieux leurs terres et ils ont un intérêt plus immédiat à ne perdre ni la moindre parcelle du sol, ni le moindre produit ; s'ils n'ont pas de division du travail, ils ont la diversité, échelonnant les différentes cultures, de manière à employer presque toute l'année les bras de leurs ouvriers ; non seulement ils surveillent, mais ils travaillent, eux et leurs enfants, et ce travail de la famille que stimule l'intérêt personnel est plus productif que celui des journaliers ; ils nourrissent moins de moutons que la grande culture, mais ils ont plus de gros bétail, et par suite, plus d'engrais provenant de leur fonds. Ils emploient, il est vrai, toute proportion gardée, plus de travailleurs ; mais qu'importe, s'ils parviennent non seulement à nourrir ces travailleurs, mais à retirer, tous frais prélevés, un produit net plus considérable, c'est grâce à ces engrais et à ces travailleurs qu'ils peuvent entreprendre avec succès la culture variée des plantes industrielles et des plantes potagères à laquelle les grandes fermes sont beaucoup moins aptes qu'à la production des céréales et de la viande.

La culture la plus morcelée, même « la culture naine », comme on l'appelle quelquefois, celle qui se fait à la bêche, n'est pas sans avoir de bonnes raisons à donner pour sa défense. On ne saurait l'ériger en système général ; mais, dans des circonstances particulières, auprès des grandes villes où abonde la richesse et où les plaisirs de la table ont des raffinements inconnus ailleurs, la culture maraîchère s'étend et prospère, tirant du sol des produits d'une valeur bien supérieure à ceux que la grande et la moyenne culture peuvent obtenir ; or, elle ne peut prospérer que par un labeur incessant du cultivateur qui bêche, fume, sème, pique et repique, arrose et récolte, surveillant ses primeurs, cueillant un à un ses fruits selon le degré de maturité et les convenances du marché, et un même cultivateur ne peut donner des soins aussi nombreux et aussi minutieux qu'à un terrain de très petite étendue.

Tous ces arguments sont bons. Grande, moyenne et petite culture, chacune a sa raison d'être, et le législateur qui prétendrait faire un choix, serait fort embarrassé s'il tentait de ne s'éclairer que des lumières de l'économie agricole. Ce n'est pas qu'il n'y ait un choix à faire ; mais ce choix se fait de lui-même en quelque sorte, par la force des choses ; il dépend de l'état de la civilisation, de la densité de la population, de la quantité des capitaux, de la situation des terrains, des voies de communication, des habitudes de l'alimentation, du progrès de l'industrie, éléments divers et variables qui changent avec les temps. Ces diverses causes, lorsqu'elles agissent naturellement, produisent entre les divers modes de culture l'équilibre le plus convenable à la richesse agricole. Lorsque la loi se mêle d'intervenir, ou elle n'opère rien, si elle ne fait que confirmer l'état naturel, ce qui est fort rare, ou, si elle opère, elle ne peut que contrarier l'équilibre et nuire à la production.

On distingue dans l'exploitation du sol la culture extensive et la culture intensive [1], la première demandant peu à la terre à laquelle elle donne peu, promenant successivement la charrue d'un champ à l'autre sans s'inquiéter d'y porter la fertilité par des défoncements profonds ou par des engrais abondants, suppléant à l'absence de fumiers par de longues jachères, nourrissant ses bestiaux dans les vastes pâturages que crée et qu'entretient la nature ; l'autre donnant beaucoup à la terre afin d'en obtenir beaucoup, fumant, labourant, amendant, tirant tout le parti possible d'un sol qui lui coûte trop cher pour qu'elle le laisse volontiers improductif, s'ingéniant à varier les assolements pour atteindre ce but et introduisant les prairies artificielles. La culture extensive est naturellement celle des sociétés naissantes, lorsque l'homme a devant lui de vastes espaces de terrains et derrière lui peu de capitaux. Dans ce cas, la grande culture doit nécessairement dominer, ne laissant le plus souvent de place à côté d'elle qu'à une culture naine de la plus misérable espèce, à celle du Barbare germain dont la femme traînait la charrue, ou du serf qui maniait de ses mains le hoyau. Les grands domaines des seigneurs du moyen-âge avaient ce caractère et le conservèrent pendant toute

---

1. Les expressions intensive et extensive par rapport à la culture agricole ont été employées pour la première fois en France dans un travail de Moll et Block inséré dans le *Journal d'agriculture pratique*, en 1844 ou 1845.

l'époque féodale; les terres accensées aux mains mortables participaient aussi du même caractère par les communaux, les terres vagues, les droits de pacage; mais, comme la population s'y pressait, enfermée par le droit féodal sans pouvoir s'échapper par les issues du travail libre, les cultivateurs versaient en grand nombre leurs sueurs sur un étroit espace, et pendant plusieurs siècles, ces sueurs fécondantes tinrent lieu de capitaux. Le moyen âge a certainement nourri, sur le sol habité aujourd'hui par les peuples européens, une population plus nombreuse que l'antiquité; mais cette population, gênée par les liens féodaux et privée par les mœurs et par les lois des moyens de prendre son équilibre en s'écoulant vers l'industrie et vers les villes, restait languissante et misérable. La culture ne devient intensive que par le progrès simultané de la population et des capitaux; il faut non seulement qu'il y ait beaucoup d'hommes à nourrir, mais que les cultivateurs puissent avancer des engrais, des outils et des façons, et que la société soit assez riche pour les rembourser avec intérêt de leurs avances.

Alors, quand la société ne met aucune entrave artificielle à la marche des faits, il y a place pour les trois modes de culture, et le plus grand profit détermine seul le choix du cultivateur. En Angleterre, la grande culture a triomphé au commencement de ce siècle, et, bien que les petites fermes soient dans ce pays plus nombreuses qu'on ne le croit généralement, la grande culture y occupe néanmoins toujours le premier rang : c'est que le pays se prêtait à merveille à ce mode d'exploitation. L'Anglais ne demande guère à la terre que du pain et de la viande, fondement de sa nourriture journalière, et la grande culture est particulièrement propre à les lui fournir. Le français veut plus ou du moins, il veut autre chose : de là la diversité des exploitations. Dans les plaines et surtout dans les terres grasses, terres à blé, que la charrue ne défonce qu'avec de forts attelages, les grandes fermes ont l'avantage : il en est ainsi dans la Brie, dans la Beauce; il en était déjà ainsi avant la Révolution et la promulgation du Code civil. Dans les terres légères que le progrès de la culture a rendues souvent fort supérieures aux terres grasses, dans les contrées où les plantes industrielles trouvent de faciles débouchés, la moyenne culture prédomine : telle est la Flandre. Enfin, autour des grandes villes se multiplient, avec la richesse, les marais où viennent les légumes; les champs et les jardins où l'on cultive les primeurs et les beaux fruits de table : là règne presque sans partage la petite culture. A chacune son lot; la liberté seule doit présider au partage, qui se fait de lui-même, sans l'intervention de la loi, sous l'œil vigilant de la concurrence.

La grande propriété et la grande culture n'ont pas de liens nécessaires. En Angleterre on trouve à la fois la grande propriété et la grande culture; mais en Irlande, où la grande propriété domine plus complètement encore, la petite culture a été poussée aux dernières limites du morcellement et a amené une misère que les partisans de la grande culture invoquent comme le plus fort argument en faveur de leur cause. (Il faut dire qu'une réaction salutaire a commencé vers 1860.) En France, dans les pays de petite culture, le grand propriétaire loue ses terres à plusieurs fermiers ou métayers; dans les pays de grande culture, au contraire, un même fermier prend à bail des terrains appartenant à divers propriétaires. Il n'est qu'un seul cas dans lequel il y ait coïncidence forcée : c'est celui où le petit propriétaire cultive de ses mains et où son héritage se trouve partagé entre les fils qui cultiveront comme lui; mais dans un pays libre et riche, c'est-à-dire un pays dans lequel les hommes peuvent disposer à leur gré de leur personne et trouvent de nombreux emplois à leur activité, cette coïncidence ne saurait être de longue durée, parce que le cultivateur qui se sent à l'étroit sur son petit champ et n'y trouve qu'un salaire insuffisant, ne tarde pas à le louer ou à le vendre et à aller chercher ailleurs un travail plus rémunérateur.

La question de la culture, grande ou petite, est du ressort de l'économie, celle de la propriété est du ressort de la politique; mais nous venons de montrer que la politique doit renoncer, pour discuter la question, aux arguments économiques qui n'ont que faire dans le sujet et sur lesquels pourtant s'appuient le plus souvent les défenseurs de la grande propriété. Le sujet d'ailleurs reste encore assez vaste. Quelle influence la grande et la petite propriété exercent-elles sur la constitution politique d'un peuple? Nul doute à cet égard; la grande propriété conduit à la formation d'une aristocratie et constitue le seul fondement solide sur lequel elle puisse reposer : la république romaine, les Etats formés dans l'Europe après l'invasion des Barbares en fournissent des preuves qu'il serait aisé de multiplier. Il y a cependant deux conditions à observer : la première, c'est que cette grande propriété ne soit pas seulement un fait, à un moment donné, mais un droit dont les effets subsistent pendant de longues générations, c'est-à-dire qu'à côté de la grande propriété il y ait des lois, des privilèges qui la maintiennent dans les mêmes familles; la seconde, c'est qu'à côté de la fortune immobilière il n'y ait pas une trop grande fortune mobilière qui puisse affaiblir le prestige de la première et balancer son influence. (LEVASSEUR.)

II. Nous abordons maintenant un autre point de vue. Peut-on arrêter le morcellement; car enfin, si la petite propriété est utile, il ne serait pas bon que la grande et la moyenne disparaissent. De plus, la petite propriété elle-même est sujette à partage, doit-on permettre qu'elle pousse le morcellement jusqu'à ses extrêmes limites? En

Allemagne et en Autriche on s'est préoccupé de la question, et l'on a proposé des lois destinées à favoriser l'un des héritiers, en lui attribuant la ferme tout entière à un prix de faveur. C'est un moyen radical. Que deviennent les autres enfants sous ce régime? On ne semble pas s'en préoccuper, on leur donne une somme minime et on leur conseille de s'arranger comme ils pourront. On sait bien qu'il n'y a qu'un moyen réel d'arrêter le trop grand morcellement sans dommage pour personne, c'est de n'avoir que deux enfants, mais personne n'aime recommander ce moyen extrême. L'espace ne nous permet pas de traiter ici cette grave question. Du reste à quoi bon : l'arithmétique et le sentiment sont en présence, l'un s'inclinera devant l'arithmétique, l'autre devant le sentiment, chacun selon son tempérament.

MOTION. C'est l'acte par lequel un membre d'une assemblée propose une loi, un décret, une résolution. Ce mot, d'origine anglaise, ne fut guère usité en France que dans les assemblées de la première République ; c'est le mot de proposition qui a prévalu plus tard.

MOTION D'ORDRE. Proposition relative à l'ordre de la discussion dans une assemblée ; elle a toujours la priorité sur toutes les autres comme la *question préalable*.

MOTS, MOTS D'ORDRE. C'est dans les mots que nos idées viennent s'incarner. Le mot, pris isolément, n'est pas vide de sens comme l'assemblage accidentel de sons ou de lettres. Mais le mot est à la phrase comme le son ou la lettre est au mot : il n'a un sens que s'il est à sa place.

Il y a cependant une différence. Les lettres ou les sons, dans chaque pays, ont généralement la même signification, et personne ne mettrait, comme disent les Allemands, un X pour un U. Il n'en est pas de même des mots. Ils ont souvent plusieurs acceptions ; ils ont un sens littéral, et on peut les prendre au figuré : ils représentent des idées différentes dans la langue spéciale de plusieurs sciences ; enfin, ils empruntent une signification particulière à des événements ou à des circonstances exceptionnelles.

Ce n'est pas tout. Les mots sont soumis à l'action de nos passions, et sans rien changer à leur acception vulgaire, nos craintes ou nos espérances; nos haines ou nos sympathies, notre vanité, notre orgueil, nos jalousies peuvent porter leur signification à une puissance supérieure. L'intensité de la passion peut épurer, idéaliser le sens d'un mot, elle peut aussi le fausser, elle peut même — et c'est là un danger très grand en politique — produire des effets simultanément différents sur divers groupes d'une population. Celui qui en douterait n'aurait qu'à rechercher ce que signifie, pour chacun de ces groupes, le mot *liberté*, ou le mot

égalité, et il verrait que toutes les définitions, depuis la plus idéaliste jusqu'à la plus matérialiste, depuis la plus large jusqu'à la plus étroite, ont leurs adhérents.

On comprend qu'un mot qui sert d'étiquette à une passion politique devient un *mot d'ordre*, pour tout un parti. Nous ne prenons aucun de ces termes dans une acception défavorable : la passion n'est ici qu'un sentiment profond, et le mot d'ordre est un principe formulé d'une manière concise. Lorsqu'il en est ainsi et que chacun comprend le sens exact du *mot*, il n'y a aucune sorte de danger. La *liberté*, la *responsabilité*, la *paix*, l'*indépendance*, l'*unité*, peuvent impunément devenir des mots d'ordre, c'est-à-dire un but politique que la nation cherche à atteindre.

Il n'y a donc, en soi, aucun mal à ce qu'un mot serve de signe de ralliement ; il importe seulement d'éviter les écueils que nous allons énumérer.

Souvent tel homme, telle coterie qui exerce une certaine influence dans le pays parvient à cacher des vues égoïstes, des intérêts restreints sous un mot d'une signification élevée, propre à enflammer les cœurs. Combien de fois les populations confiantes ne se sont-elles pas laissé prendre dans un pareil piège! Combien, par exemple, se sont laissé duper sous le couvert du mot sacré de *patriotisme*.

De nos jours on emploie pour le même but l'expression : *paix sociale*, et on l'emploie d'une façon peu utile à cette paix désirable. En Allemagne on a encore le mot *menschenwürdig* (digne de l'homme), qui fait très bon effet, dans une phrase où l'on réclame un salaire plus élevé pour l'ouvrier — sans s'offrir à payer les marchandises à un prix plus élevé.

Quelquefois le mot d'ordre est sonore, plaît aux imaginations, caresse les vanités, les amours-propres, satisfait les préjugés nationaux, mais ne soutiendrait pas l'examen au point de vue de la morale. Supposons que ce mot soit *prépondérance*, existe-t-il un autre argument que celui de la force pour le justifier? Or, est-il moral d'adorer la force, même lorsqu'on l'exerce soi-même ?

Le mot d'ordre peut aussi avoir un sens tellement vague qu'il est très diversement compris. De tels mots sont gros de déceptions pour une partie au moins de ceux qui se rangent sous le drapeau où il est inscrit. Des exemples nombreux se présentent à notre esprit, mais citons de préférence la *décentralisation*, parce qu'elle n'inspire généralement qu'un amour assez platonique, et qu'on l'entend de différentes manières.

Autre écueil. Lorsqu'un mot d'ordre a fonctionné pendant un certain temps, sa signification première se modifie, les malentendus se multiplient et bientôt on ne s'entend plus. Le pire est que souvent les mots à effet proviennent d'un malentendu ou de l'ignorance. C'est ainsi qu'on a l'habitude de dire *coupe sombre* dans le sens de couper *beaucoup* d'arbres, quand tout Traité de la science forestière vous apprendra que ces coupes enlèvent *peu* d'arbres pour que la forêt reste sombre. « Le moment psychologique » est la traduction d'un ignorant pour « effet psychologique » (j'ai lu pendant le siège le journal allemand d'où le mot est tiré, il y avait *das* et non *der* Moment). La « boisson hygiénique » est un mot microbe d'une date plus récente, inventé dans l'intérêt du monopole de l'eau-de-vie. On pourrait rappeler des mots plus anciens par exemple « la volonté du peuple »; comme s'il y avait autant de peuples que d'orateurs ! etc., mais il est inutile d'insister davantage.

Quelle est la boussole qui nous indique la bonne voie dans cette mer dangereuse que représentent les discours où chaque mot et un écueil ? La raison. Rendons-nous compte de ce que nous faisons. Sachons bien au juste ce que nous voulons. Souvent les démagogues spéculent autant sur notre ignorance que sur nos passions. Regardons-y donc de près. Mettons la chose au-dessus du mot. Ne croyons pas être républicain en disant *citoyen* au lieu de *monsieur*; ne croyons pas être plus près de la vérité parce que nous pensons être *avancés*, ou plus honnêtes parce que nous *aimons l'ordre*, ou d'être patriotes en méprisant les autres nationalités. N'oublions pas, non plus, qu'en politique bien des vérités sont relatives, — différentes en deçà d'au delà des Pyrénées, — et que les faits se plient rarement à la raideur d'un mot d'ordre.

MOUCHARD. Le mouchard est un instrument, nous allions dire un personnage, politique, — instrument détesté et méprisé, dont presque tous les gouvernements se croient obligés de faire usage.

Tout voir sans se découvrir, tout entendre sans paraître écouter, tout deviner sans être sûr de rien, et, après cela, tout rapporter, actes, gestes, paroles, pensées même, voilà le rôle du mouchard. Semblable à la mouche d'où lui vient son nom, il s'insinue et circule partout, butinant sur son passage les murmures qui s'échappent des plus nobles cœurs aussi bien que l'écho des plus viles passions, provoquant les confidences, arrachant les aveux et cherchant, à chaque pas qu'il fait, l'aliment de ses trahisons. Quique vous soyez, vous l'avez rencontré quelque part ; peut-être l'avez-vous salué, et, s'il votre main dans la sienne, c'est qu'il voulait vous tenir et vous livrer plus sûrement. Protée infatigable, il est aussi à l'aise dans un salon que dans un bouge ; il revêt alternativement la blouse et l'habit ; il a le style et l'argot ; il prend toutes les formes, et sa docile figure sait porter tous les masques.

Pourquoi ce personnage si compliqué? pourquoi ce traître? Que fait-il au milieu de nous, et d'où lui viennent sa mission et son salaire? Demandez-le aux gouvernements, non pas à celui-ci ou à celui-là, mais à tous ; car il n'est peut-être pas de gouvernement, pas de monarchie, pas de république, qui n'use parfois et n'abuse des mouchards. On les méprise et on les renie, mais on s'en sert et on les paye.

Les gouvernements répondent : que l'intérêt de la paix publique, le salut social exigent qu'ils soient constamment tenus au courant de tout ce qui se fait, se dit ou se pense ; — qu'il leur faut prévenir les complots, connaître l'avis des personnages influents et éclairés, étudier le sentiment populaire; qu'ils ne sauraient s'en tenir aux apparences souvent trompeuses de l'opinion ; qu'ils doivent chercher la vérité coûte que coûte et jeter en quelque sorte au fond des esprits et des consciences la sonde invisible de l'espionnage. C'est sans doute que Montesquieu a écrit : « L'espionnage serait peut-être tolérable s'il pouvait être exercé par d'honnêtes gens. » Cependant il ajoute tout aussitôt : « Mais l'infamie nécessaire de la personne peut faire juger de l'infamie de la chose. » Et c'est dans cette dernière phrase qu'il faut saisir la pensée vraie de Montesquieu.

Nous croyons, du reste, que la liberté de la presse a rendu le mouchard superflu.

MUFTIS. Jurisconsultes musulmans. On sait que la loi civile et la loi religieuse de l'islam sont confondues. Les muftis forment le second ordre du clergé ; le premier est composé des juges (*cadis*), le troisième, des ministres du culte (*imams*). Tous, considérés en masse, portent le nom d'*ulémas*, docteurs. Leur chef est le chef de l'Eglise, le sheikh-ul-islam.

MUNICIPALITÉ. Ce mot est considéré à peu près comme l'équivalent du mot *commune*. Il rappelle néanmoins un ordre d'idées un peu différent. Ainsi, au point de vue historique, « il faut distinguer avec soin, dit Guérard, les institutions municipales, qui remontent aux Romains, des institutions communales, qui ne datent que des successeurs de Hugues Capet. Les premières sont vraiment romaines et les secondes sont purement féodales : les unes rappellent la cité et les autres le fief. » Actuellement on prend plutôt le mot commune pour l'agglomération, la collectivité, et le mot municipalité pour l'ensemble de ceux qui sont chargés de la direction de ses intérêts.

MUTATION (Droits de). Les économistes sont d'accord pour reconnaître qu'il est à désirer que les propriétés ne soient pas immobilisées dans les mêmes mains. Il est sans doute utile qu'elles y restent tant que ces mains sont capables d'en tirer le meilleur parti; mais dans l'intérêt de la société, il convient qu'elles en sortent lorsqu'elles pourront être mieux exploitées par un nouveau propriétaire. Seulement les mutations sont imposées, mais il est difficile de justifier cet impôt. Je crois que c'est simplement un héritage de temps où le fisc était puissant, peut-être plus puissant que de raison. Actuellement on maintient les droits et taxes de cette provenance, parce qu'on ne peut plus s'en passer et que nous y sommes habitués, ce qui rend la charge moins lourde. Les droits de mutation rapportent annuellement des centaines de millions et se composent d'une longue série de taxes dont les hommes du métier connaissent seul le nom et le montant.

MYSTICISME POLITIQUE. Nous sommes disposé à désigner ainsi toutes les doctrines politiques qui sont dominées par le sentiment, au lieu d'être inspirées par la raison. (*Voy. ce mot.*)

Il est deux formes de gouvernement qu'on doit plus particulièrement nommer ici, c'est la *théocratie* et la *légitimité* (*voy.*), du moins celle qui reconnaît encore le *droit divin* (*voy.*). Ces formes de gouvernement ne sont pas basées sur la raison, mais sur la foi. Il n'y a pas à raisonner avec leurs partisans, car la foi ne procède pas de l'intelligence, mais du sentiment. Il peut exister, dans un système généralement rationnel, des parties entachées de mysticisme. Quand il s'agit de vues individuelles, ce sont, en général, des faiblesses qu'on peut ignorer ; mais lorsqu'une population nombreuse y participe, ce sont des préjugés nationaux qu'il convient de combattre.

Dans les temps modernes, il s'est établi aussi un républicanisme mystique, c'est celui qui veut s'établir quand même, tout en reconnaissant que cette forme de gouvernement ne convient pas à tous les pays. Dans ce cas, aussi, l'opinion n'est pas inspirée par la raison, mais par le sentiment. Du reste, on dit « la foi républicaine », comme on dit « la foi monarchique », malheureusement la foi suppose le fanatisme.

N

NABAB, ou plutôt *Nawab,* pluriel du mot arabe *Naïb,* substitut. Les Orientaux emploient le pluriel par déférence. On a appelé *Nawab,* dans la Perse et dans l'Inde, depuis l'invasion arabe, les lieutenants des *omra.* Ce titre n'indique d'ailleurs aucune attribution : le pouvoir du nawab est aussi indéterminé que celui des omra. En Perse *nawab* a conservé cette acception. Dans l'Inde, il n'est plus que le titre d'honneur des personnages influents.

NATION, PEUPLE. Les mots *nation* et *peuple* sont souvent employés comme synonymes, mais nous pensons qu'il existe entre eux une différence considérable. Il importe à la langue politique de bien la faire ressortir. Une nation, c'est un ensemble d'hommes parlant la même langue, ayant les mêmes mœurs et doués de certaines qualités morales (et même physique) qui les distinguent des autres groupes de même nature. Il résulterait de cette définition qu'une nation est destinée à ne former qu'un seul Etat et qu'elle constitue un tout indivisible. Cependant l'histoire de tous les temps nous montre des nations séparées en plusieurs Etats. Ainsi pendant des siècles, l'Italie était divisée entre plusieurs gouvernements différents. Il en était et il en est encore dans une certaine mesure de même de l'Allemagne.

On s'est servi du mot *nation* dans un autre sens. En 1789, la nation désignait la réunion de tous les ordres de l'Etat ; le mot *peuple* paraissait réservé à la classe inférieure. Cet usage a été assez général pendant la Constituante : on disait *la nation et le roi.* L'article 3 de la déclaration des droits de l'homme et du citoyen, qui précède la Constitution de 1791, est ainsi conçu : *Le principe de toute souveraineté réside essentiellement dans la nation.* A l'époque où les privilèges de classes ne faisaient que d'expirer, il était sans doute nécessaire de marquer par une expression solennelle la fusion de toutes les classes et l'égalité de tous les citoyens. Mais on revint très vite à la langue politique de Rome, qui est aussi celle de la Bible. Le peuple est la collection de tous les citoyens sans distinction de rangs ni d'ordres. La base des Constitutions de 1793, de l'an III, de l'an VIII, de 1852, c'est la *souveraineté du peuple. Le peuple souverain est l'universalité des citoyens français,* dit l'article 7 de la Constitution de 1793. *Le peuple français proclame la déclaration suivante des droits de l'homme et du citoyen,* dit le préambule de la Constitution de l'an III. L'article 25 de Constitution de l'an VIII porte qu'elle sera *offerte de suite à l'acceptation du peuple français.* Ainsi tous les hommes qui vivent sous le même gouvernement composent le peuple de l'Etat. D'après la théorie démocratique aujourd'hui presque universellement acceptée en France, et qui est entrée dans nos lois, ils constituent le souverain et ils sont égaux en droits politiques. Vis-à-vis de l'Etat, les citoyens forment le peuple, et vis-à-vis du genre humain ils forment la nation. Une nation libre est celle qui n'est pas assujettie à un gouvernement étranger, quelle que soit la Constitution de l'Etat, un peuple est libre quand tous les citoyens peuvent participer dans une certaine mesure à la direction et à l'examen des affaires publiques. Un Etat comme autrefois l'empire romain, comme encore aujourd'hui l'empire russe et l'empire autrichien, peut donc comprendre un grand nombre de nations différentes, mais il ne se compose en réalité que d'un seul peuple ; malgré la diversité des nationalités réunies sous le gouvernement de la maison de Habsbourg, il y a un peuple autrichien depuis que la Constitution de 1859 a accordé certains droits politiques à la population. L'*Encyclopédie* du dix huitième siècle a adopté un autre système : elle prétend que la nation est l'ensemble de tous les peuples soumis [au même gouvernement. La nation serait donc le genre et le peuple l'espèce. Nous ne pensons pas que cette définition soit juste. Nous pensons, avec nos lois constitutionnelles, que le peuple est le corps politique que la communauté des lois fait naître et qui peut périr avec elles : la nation est le corps moral indépendant des révolutions politiques, parce qu'il est constitué par des qualités natives qui le rendent indissoluble. Quant à l'Etat, c'est le peuple organisé en corps politique. (F. A. HÉLIE.)

Voilà la théorie, mais dans la pratique le mot *peuple* est souvent employé dans le sens de *populace* : ce n'est plus alors le peuple français tout entier, mais seulement la partie plus ou moins mal élevée, et généralement pauvre, de la nation ; c'est « les basses classes » des villes. Dans la bouche des démagogues, c'est — trop souvent — la populace qui est représentée par « le Peuple » ! C'est ce peuple là, qui fait les révolutions ou du moins qui les met en scène, qui cause le désordre et les excès, qui les accompagnent, et qui disparaît dès que l'autorité est revenue de sa surprise, dès qu'elle a ressaisi les rênes ; je dis l'autorité en général, car les révolutionnaires, dès qu'ils croient avoir gagné la partie, jouent parfois d'une manière très satisfaisante le rôle de l'autorité.

C'est donc un devoir très rigoureux pour le citoyen de se rendre compte du sens des mots et de ne s'en servir qu'à bon escient.

NATIONALITÉ. I. La nationalité, c'est-à-dire la condition de l'homme qui appartient à un corps de nation, soit par la naissance, soit par la naturalisation, a subi, comme les autres principes du droit international, l'influence des relations plus intimes et plus fréquentes qui se sont établies depuis le dix-septième siècle entre les Etats européens. Anciennement, c'était par le lieu de la naissance qu'était déterminée la nationalité, suivant la tradition féodale qui considérait l'homme une dépendance du sol. Le *jus soli* dominait ; aujourd'hui, c'est la filiation, *jus sanguinis*. On a reconnu, dit Bluntschli que ce n'est pas du pays, mais bien de ses parents que l'enfant reçoit l'existence, que toute sa manière d'être tient plus de ses auteurs que du sol où il est né. Puis avec les voyages que font d'innombrables familles, ce serait le hasard qui, en faisant naître un enfant dans tel endroit plutôt que dans tel autre, déciderait de sa nationalité. Le principe personnel a donc été consacré, à la place du principe territorial, dans la plupart des législations européennes, savoir : France et Belgique (Code civil, art. 10); Italie, Bavière, Prusse, Saxe royale, Wurtemberg,

Espagne et Grande-Bretagne. Cette règle est également établie aux Etats-Unis, au Brésil et en Portugal; seulement ces deux derniers Etats exigent que l'enfant né à l'étranger d'un Portugais ou d'un Brésilien vienne établir son domicile dans le pays de son père.

Il est juste et rationnel que les enfants nés dans un pays de parents étrangers soient considérés de plein droit comme appartenant à la nationalité paternelle. Cependant le fils d'un étranger peut, généralement au moment où il atteint sa majorité, opter entre le pays de ses parents et celui où il est né.

Dans la plupart des républiques de l'Amérique du Sud, il suffit de naître sur le territoire pour être citoyen; mais la République argentine autorise également les fils d'Argentins qui sont nés en pays étrangers, à suivre ou à ne pas suivre la nationalité paternelle.

L'application des deux principes énoncés ci-dessus ne souffre pas de difficultés quand l'enfant est légitime ; en quelque endroit qu'il soit né, il doit appartenir à l'Etat dont son père fait partie au moment de sa naissance. De même si l'enfant né hors mariage est reconnu par son père, il semble logique que cet acte lui attribue la nationalité de ce dernier, comme il le soumet à sa puissance paternelle. Mais l'accord n'existe pas dans le cas où l'enfant illégitime n'est reconnu que par sa mère. On pense, en général, que cet enfant acquiert par sa naissance la nationalité de celle qui seule constitue sa famille ; au contraire, la loi anglaise, dominée par le principe territorial, exclut les enfants illégitimes issus de mères anglaises et nés à l'étranger, tandis que les enfants illégitimes de mères étrangères sont déclarés Anglais s'ils sont nés sur le sol britannique.

Dans le cas où la paternité et la maternité sont également inconnues, il est généralement admis que l'enfant appartient à l'Etat sur le territoire duquel il a été trouvé après sa naissance.

Les femmes suivent la condition nationale de leurs maris dans la plupart des pays. Cette règle, nécessaire à l'unité du ménage et à la communauté de la famille, n'est cependant pas reconnue dans le Royaume-Uni, par suite de la prééminence du rapport territorial; l'Anglaise est toujours traitée comme Anglaise, quoique mariée à un étranger, tandis que l'étrangère qui a épousé un Anglais est réputée Anglaise.

D'autres changements de nationalité dérivent, soit de la loi, soit d'un acte volontaire de l'individu. Il y a le cas de cession d'un territoire à une autre puissance, l'acceptation de fonctions publiques conférées par un gouvernement étranger, ou le service militaire à l'étranger, ou l'affiliation à une corporation militaire étrangère, sans une autorisation préalable. La loi française ajoute, à ces cas, tout établissement fait en pays étranger sans esprit de retour, à moins que ce ne soit un établissement de commerce. Selon la loi allemande, une absence de dix ans suffit pour faire perdre la nationalité. (Loi de 1867.) Enfin, le changement de nationalité le plus important et le plus fécond en difficultés pratiques est la naturalisation qui fait l'objet d'un article spécial.

II. NATIONALITÉ DES NAVIRES. — Tous les peuples ayant un droit égal à faire usage de la mer, cet usage doit être soumis à des règles généralement admises, de manière à garantir à chaque nation l'exercice de son droit. La sécurité de la navigation exige donc que les navires relèvent d'une nation présentant pour eux les garanties nécessaires aux autres, et que chacun d'eux appartienne à une nationalité nettement définie. Sans ce caractère, un navire n'offrirait pas de garantie pour le respect du droit des gens, et ne pourrait invoquer légitimement aucune protection. (Calvo, *Droit international.*)

Comme les bâtiments de guerre sont commandés par des militaires qui, à ce titre, font partie de la force publique de leur pays, les usages internationaux font participer ces bâtiments à la souveraineté de l'Etat qui les arme. Les officiers des bâtiments marchands n'ont pas le même caractère ; ils ne représentent point le pays dont ils dépendent. En conséquence, les bâtiments de guerre jouissent de droits et de privilèges dont sont privés les navires de commerce ; ceux-ci sont assimilés à des particuliers et soumis comme tels aux lois qui règlent à l'étranger les relations des personnes privées.

NATIONALITÉS (PRINCIPE DES). La génération actuelle a vu naître le *principe des nationalités,* et ce principe nouveau a rapidement acquis une influence considérable sur la situation de l'Europe. Désormais les nationalités seront un élément politique qu'il faudra faire entrer en ligne de compte, et, qu'on approuve ou rejette ce principe, il ne sera plus permis de l'ignorer.

Qu'est-ce que le *principe des nationalités ?* On l'a formulé ainsi : « C'est le droit de chaque nation de se constituer en peuple, en Etat séparé. » Les partisans de ce principe ont déduit de cette proposition une double conséquence : 1° que la masse d'une nation a le droit de revendiquer — au besoin par les armes — les parcelles détachées, les groupes d'individus appartenant (ou qui sont censés appartenir) à la même nationalité ; 2° que chaque groupe d'individus a le droit de se séparer — même violemment — de l'Etat avec lequel il forme un corps politique plus ou moins légal, depuis plus ou moins longtemps, pour se réunir à la nation (ou à l'Etat) vers laquelle l'attirent des affinités (réelles ou supposées) de nationalité.

Nous examinerons plus loin la légitimité de ce principe ; il importe avant tout de nous rendre compte de ce qui constitue une nation, grande ou petite.

Est-ce la communauté d'origine ou de race ? On paraît le croire quelquefois, mais on n'a qu'à penser aux Russes et aux Polonais, Slaves tous deux, ou aux Allemands et aux Scandinaves, qui sont les uns et les autres de race teutonique pour rejeter cette explication. Bien des races se composent de plusieurs nationalités : les Slaves, notamment, de Russes, Polonais, Czèches, Ruthènes, Wendes et autres. Les Teutons, les Celtes, les Finnois et beaucoup d'autres races se subdivisent également en plusieurs branches.

Ce n'est pas non plus l'Etat, ou la communauté politique, qui constitue la nation. L'Autriche renferme des nationalités nombreuses, et la nationalité allemande se subdivise en plusieurs Etats.

C'est peut-être la langue. La communauté de langage est considérée par beaucoup d'auteurs comme le vrai lien de la nationalité, et certes les arguments ne manquent pas en faveur de cette opinion. La communauté de langage est le résultat, sinon de la communauté d'origine, du moins d'une longue union ; elle est en même temps une cause de l'uniformité des mœurs, des vues, des sentiments On considère instinctivement comme étranger celui dont on ne comprend pas la langue, et pour l'homme inculte *étranger* et *ennemi* sont synonymes. Toutefois, la nationalité suisse d'une part, la nationalité belge de l'autre, embrassent des populations parlant des langues diverses.

On pourrait encore demander si la situation géographique, la communauté de nom, de religion, d'intérêt, d'histoire, constituent la nationalité, et pour chacun de ces cas on trouverait quelque fait à l'appui et quelque objection sérieuse.

Au fond, la nationalité se compose de tout cela à la fois. « On peut dire, pense J. St. Mill, qu'il y a nationalité là où se trouvent des hommes unis par des sympathies communes qui n'existent pas entre eux et d'autres hommes, sympathies qui les portent à agir de concert, beaucoup plus volontiers qu'ils ne le feraient avec d'autres, à désirer vivre sous le même gouvernement, et à désirer que ce même gouvernement soit exercé exclusivement par eux-mêmes ou par une portion d'entre eux. Le sentiment de nationalité peut avoir été engendré par diverses causes : c'est quelquefois l'effet de l'identité de race et de souche ; souvent la communauté de langage et la communauté de religion contribuent à le faire naître ; les limites géographiques également. Mais la cause la plus puissante de toutes, c'est l'identité d'antécédents politiques, la possession d'une histoire nationale, et par conséquent la communauté de souvenirs, l'orgueil et l'humiliation, le plaisir et le regret collectifs se rattachent aux mêmes incidents du passé. Cependant aucune de ces circonstances n'est ou indispensable, ou absolument suffisante A ELLE SEULE. » (*Du Gouvernement représentatif.*)

On voit qu'il n'y a pas de signe certain

pour caractériser rigoureusement une nation. Ici on fait consister le lien dans l'origine commune, là dans la communauté de langage (*wo die deutsche Zunge klingt*), ailleurs dans les limites géographiques (Belgique, Suisse), en Orient même dans la religion. La nation n'est donc pas un corps ou une unité physique, mais un corps moral, ce ne sont pas toujours ou uniquement des faits extérieurs qui le déterminent, mais le *sentiment*.

Il importe d'insister sur ce point, parce qu'on peut en tirer plus d'une conséquence.

Par exemple : le sentiment de la nationalité peut exister dans la nation entière, ou seulement dans les classes supérieures ou inférieures. Il peut dormir ou être excité ; il peut s'appuyer sur des intérêts ou en être contrarié, et dans chacun de ces cas il se manifestera sous une autre forme et avec une énergie différente.

Or, le sentiment de la nationalité est affaibli, alimenté ou exalté, selon la composition de l'État. Examinons donc les divers rapports et combinaisons qui peuvent se rencontrer.

L'État peut être formé d'une nationalité unique et comprendre la totalité de la nation. Nous ne savons si le cas s'est jamais présenté dans l'histoire. Il n'a eu lieu ni en Egypte, ni en Palestine [1], et nous ne savons exactement s'il s'applique au Japon.

Un Etat peut aussi être composé principalement d'une nationalité compacte, et n'avoir qu'un faible appoint de populations d'origine étrangère : telle est, par exemple, la France qui s'assimile facilement ces éléments qu'elle a déjà pénétrés de son esprit.

Dans les deux cas qui précèdent, le sentiment de la nationalité sera calme et se confondra presque complètement avec le patriotisme.

Il en est surtout ainsi lorsque l'Etat comprend des populations parlant des langues différentes, mais unies entre elles par des liens d'affection et de sympathie, comme les Suisses et les Belges. L'existence de ces deux nationalités de création récente — du moins dans leur forme actuelle — est d'autant plus remarquable que chaque fraction de ces Etats pouvait se considérer comme un démembrement d'une grande nation (française, allemande, italienne).

Le sentiment de la nationalité est plus ou moins exalté dans les Etats qui comprennent la majeure partie d'une nation, dont une partie importante est détachée, mais cherche à s'unir à la masse de la nation. Telle était naguère encore l'Italie, telle est encore la Grèce. La même exaltation peut naître dans les Etats composés de nationalités diverses dont les forces se balancent, comme en Autriche, ou dont l'une exerce une suprématie

plus ou moins grande sur les autres, comme en Russie et en Turquie.

L'Europe présente, en fait, presque toutes les combinaisons que la théorie aurait pu imaginer, et cette situation n'a pu s'établir qu'à une époque où le sentiment de la nationalité existait à peine, et où son principe n'avait pas été formulé. Qu'est-ce donc qui a fait naître ce sentiment et surtout la doctrine à laquelle il sert de base?

La réaction contre l'esprit de conquête.

Nous ne croyons pas trop avancer en soutenant que tous les principes politiques ont pour origine une réaction.(*Voy. ce mot.*) L'anarchie engendre les principes qui se rattachent à l'ordre, à l'autorité, et rend tolérable jusqu'au despotisme. Le pouvoir absolu, de son côté, fait vivement sentir le besoin de la liberté et de toutes les garanties qu'elle exige. C'est lorsqu'on est privé d'un bien, qu'on en sent le prix.

Des conquêtes ont eu lieu de tout temps, et dans les guerres entre peuples, la différence de nationalité a envenimé la lutte; mais il ne s'agissait alors que d'un instinct. De nos jours, la nationalité est un sentiment raisonné, une idée qui s'appuie sur le patriotisme, l'amour de la liberté et sur toute une série de besoins moraux. Ce qui a retardé en Europe le développement de l'instinct de nationalité en un sentiment vif et quelquefois impérieux, c'est d'abord le christianisme qui faisait paraître toute la chrétienté comme une seule nation. Le sentiment chrétien fut, pendant un certain temps, plus fort que le patriotisme. Du temps de la Ligue, les partis religieux ne se sont pas fait beaucoup de scrupules en France de s'unir à l'Espagne contre leur propre pays. Les princes allemands, de leur côté, n'ont pas hésité à appeler l'étranger à leur secours dans leurs luttes contre l'empereur. Ce sont peut-être les luttes religieuses qui ont fait naître le patriotisme à titre de réaction.

La *Réformation*, en faisant cesser l'unité de l'Eglise, fut, à plusieurs égards, un grand bien, au point de vue des progrès de l'humanité [1]. La multiplicité des cultes est indispensable pour faire naître l'idée de la liberté de conscience qui, elle-même, doit précéder la liberté de philosopher et, qui l'aurait cru? même la liberté de faire des découvertes en astronomie, en physique, en chimie, et surtout dans l'histoire.

L'esprit d'examen, on le comprend, est d'une nature essentiellement envahissante. Quand on a ou croit avoir approfondi une chose, on passe nécessairement à une autre. Aussi la religion, la philosophie, les sciences naturelles et les sciences politiques durent-elles venir se purifier dans son creuset, et le travail intellectuel qui en résulta hâta la réaction qui s'établit au dix-huitième siècle

---

[1]. R. de Mohl se trompe lorsque, dans son travail sur les nationalités, travail profond et très remarquable d'ailleurs, il attribue une population sans mélange à ces deux pays.

[1]. La multiplicité des religions est nécessaire pour qu'on distingue la *religion* du *dogme* et pour qu'on ne confonde pas avec l'athéisme la négation de tel ou tel détail du *credo* officiel.

contre l'absolutisme des princes, et qui éclata dans la révolution de 1789. Cette révolution était complètement étrangère au principe ou au sentiment des nationalités ; elle lui était même hostile. A l'intérieur, elle passionnait les masses pour l'unité de la patrie ; on en voulait même aux traditions provinciales, et, pour en finir avec ces traditions, on créa les départements ; l'accusation de *fédéralisme* était un arrêt de mort. Or, le fédéralisme et l'esprit de nationalité ont des rapports plus étroits qu'on ne pense. Chose curieuse, à côté ou au travers d'un patriotisme poussé jusqu'à l'exaltation, des sentiments cosmopolites se faisaient jour, et on conférait solennellement la nationalité française aux étrangers éminents dont la réputation avait pénétré en France, mais qui ne songeaient pas à quitter leur pays natal. La naturalisation était donnée avec facilité, car « les peuples sont frères », les armées de la République ne faisant la guerre qu'aux tyrans, aux oppresseurs.

Et cependant, quoi qu'on en ait dit, le réveil des nationalités dérive par deux voies bien différentes de notre grande révolution. La voie directe, naturelle, glorieuse, est celle qu'ont presque partout frayée les *principes de 89*. Ces principes ont été inscrits sur le drapeau des opprimés et, tout en leur faisant plus vivement sentir la privation de la liberté, leur rappelaient qu'une nation unie d'esprit arrive presque toujours à ses fins. L'autre voie peut être considérée comme indirecte, puisque le sentiment des nationalités a été le résultat d'une réaction contre les conquêtes de Napoléon Ier.

Jusqu'en 1859, le principe des nationalités était resté, soit dans le domaine de la théorie, soit dans celui des affaires intérieures ; la guerre d'Italie l'a introduit dans le droit international. Il importe maintenant d'examiner de plus près ce principe qui a déjà causé de terribles guerres, et qui menace l'Europe encore de plus d'une secousse.

« Lorsque le sentiment de nationalité existe quelque part, dit J. St. Mill, il y a une raison *prima facie* pour unir tous les membres de la nationalité sous le même gouvernement et sous un gouvernement à eux propre ; ceci revient à dire que la question du gouvernement devrait être décidée par les gouvernés. On ne voit guère ce qu'un groupe d'hommes devrait être libre de faire, si ce n'est de chercher avec lesquels des divers corps collectifs d'êtres humains il lui plaît de s'associer. »

A considérer la chose sous cette forme abstraite, nous ne voyons pas trop ce qu'il y aurait à répondre. La souveraineté nationale une fois admise, et la nation se composant d'individus, il est évident (abstractement parlant) que chaque individu en a sa parcelle et peut choisir son gouvernement. Il n'y a aucune contradiction dans les mots et pourtant chacun sent que la réalisation de cette théorie est impossible. On pensera peut-être que nous poussons trop loin les conséquences du principe en l'appliquant aux individus. Mill lui-même ne l'applique qu'aux « groupes d'hommes ». Soit, mais qu'est-ce qui constitue un groupe ? dix, cent, mille individus ?

Aucun législateur international n'a pouvoir pour fixer ce nombre. D'ailleurs fût-il fixé, que « dans la pratique plusieurs considérations pourraient s'opposer à ce principe général ». C'est M. Mill qui parle. Il en trouve deux : l'une est géographique, quand un petit territoire est séparé du centre commun par d'autres nationalités, ou quand, comme en Hongrie, des nationalités variées forment un mélange tel qu'elles doivent forcément avoir un gouvernement commun. L'autre considération est purement morale et sociale. « L'expérience prouve, dit Mill qu'il est possible à une nationalité de se fondre et d'être absorbée dans une autre ; et quand cette nationalité était originairement une portion inférieure ou arriérée de l'espèce humaine, l'absorption est grandement à son avantage. Personne ne peut supposer qu'il ne soit pas plus avantageux pour un Breton, pour un Basque de la Navarre française, d'être entraîné dans le courant d'idées et de sentiments d'un peuple hautement civilisé et cultivé, d'être un membre de la nationalité française, possédant sur le pied de l'égalité tous les privilèges d'un citoyen français, partageant les avantages de la protection française, et la dignité et le prestige du pouvoir français, — que de bouder sur ses rochers, échantillon à moitié sauvage des temps passés, tournant sans cesse dans son étroite orbite intellectuelle, sans participer ni s'intéresser au mouvement général du monde. La même remarque s'applique aux Gallois ou à l'Écossais des hautes terres (Highland) comme membre de la nationalité anglaise. »

Nous croyons superflue la supposition toute gratuite de l'infériorité originelle des Bretons français ou anglais. J. St. Mill pouvait se passer de cet argument pour les « besoins de sa cause ». Il est évident qu'un petit groupe d'hommes gagne toujours à être absorbé par une grande nation. Cet argument présente en outre un danger très sérieux, car il peut être prétexté chaque fois que le plus fort voudra s'emparer du plus faible.

Ce qu'il importe de constater ici, c'est l'impossibilité de déduire du principe des nationalités un droit rigoureux. L'auteur le plus libéral est obligé d'admettre des restrictions. Ce n'est pas tout : J. St. Mill et la plupart des publicistes favorables aux nationalités paraissent avoir oublié qu'un État est une sorte d'association synallagmatique ou solidaire entre les citoyens qui le composent. On peut admettre cette doctrine sans être partisan du contrat social. C'est uniquement en vertu de ces obligations mutuelles, de ces devoirs réciproques, de cette solidarité, qu'on peut imposer le service milifaire aux citoyens et demander à quelques-uns de se faire tuer pour tous. Or, comment permettre à une fraction du peuple de se détacher de l'État, au préjudice de tous et sans l'assentiment de ceux qui vont être lésés ? Nous reconnaissons qu'il peut y avoir des cas où l'on doit pouvoir s'en passer, toujours est-il que dans le droit public européen le consentement des intéressés a presque toujours paru nécessaire. Le vote de la Savoie et de Nice n'a-t-il pas dû être ratifié par le parlement italien ? Toutes les constitutions disent : la cession de territoire ne peut avoir lieu que par une loi. Les cabinets ne s'y trompent pas, mais les publicistes paraissent quelquefois l'ignorer. Dans les discussions sur le principe des nationalités, on se passionne tellement en faveur de l'une des parties qu'on néglige volontiers de s'informer des droits de l'autre. On devient injuste par excès de justice. Aucune disposition de droit naturel, de ce « droit supérieur à toute loi », n'empêche la réunion de plusieurs nationalités sous un même gouvernement ; une fois le pacte conclu, il ne saurait être rompu sans raison bien suffisante par l'une des parties seule.

On pourrait encore soulever ici une autre difficulté qui résulte dans une certaine mesure de la doctrine que nous venons d'indiquer. On prétend que dans les congrès de puissances les décisions doivent être prises à l'unanimité et que jamais le vote d'un État ne peut engager la volonté d'un autre. Ne pourrait-on pas soutenir que, pour passer d'un peuple à un autre, il ne suffit pas que la majorité se prononce dans un sens, il faudrait obtenir l'unanimité, comme pour la validité d'un verdict du jury en Angleterre. Un vote qui décide de la nationalité n'est pas comparable à une décision purement intérieure. Ne pourrait-on pas soutenir que, pendant le vote, il y a une sorte de suspension dans le lien social ? Du reste, la force de cette considération a été reconnue implicitement depuis longtemps ; dans les cessions de territoire, on laisse expressément à chaque habitant, INDIVIDUELLEMENT, le droit de déclarer à quel pays il veut appartenir, sans qu'il soit obligé par le vote de son voisin (lorsque vote il y a). C'est ce qu'on appelle l'option.

On le voit, poussé trop loin, le principe des nationalités, comme tous les principes dont on veut tirer la dernière conséquence, conduit *ad absurdum*. La nationalité est un élément politique important, mais on aurait tort de le laisser primer tous les autres. D'abord, sa source est d'une pureté douteuse, elle ne découle pas généralement de la justice ou du sentiment de la dignité personnelle, mais de la haine de l'étranger, et souvent de l'ignorance. Pour la Grèce antique, tous les étrangers étaient des barbares ; pour la primitive Rome, des ennemis. Croit-on qu'il y ait lieu de se séparer d'un pays où règne la liberté pour se réunir avec une nationalité de même

race, gouvernée par un despote ? Un groupe d'hommes qui agirait ainsi pourrait bien être considéré comme « inférieur et arriéré ».

Ainsi, le principe des nationalités, tel qu'on l'a formulé, n'a donc pas une légitimité absolue. Tout en reconnaissant à chacun le droit de choisir la nationalité à laquelle il veut appartenir, nous devons admettre des circonstances qui exercent un pouvoir pareil à ce droit et en limitent l'application, ou du moins en rendent l'exercice nuisible aux individus, aux nations et à l'humanité. Dans l'état actuel des choses, l'application absolue du principe des nationalités est même complètement impossible ; elle aurait à lutter contre des obstacles matériels et moraux souvent invincibles, ou du moins contre des intérêts puissants. L'un de ces intérêts, peu légitime d'ailleurs, malgré le nombre de ses partisans, apparaît sous la forme de la théorie des *frontières naturelles* et cette théorie est un excellent critérium pour distinguer les adhérents sincères du principe des nationalités de ceux pour lesquels il n'est qu'une machine de guerre. La théorie des frontières naturelles est un argument de conquérant, et le principe des nationalités est contraire à toute conquête. Or, il est des personnes qui sont à la fois pour les frontières et pour les nationalités, selon les besoins du moment. Ces personnes savent tirer parti de tout.

NATURALISATION. Plus la civilisation générale fait de progrès, plus aussi les nationalités doivent se rapprocher ; mais il ne suit pas de là qu'elles doivent abdiquer jamais leurs qualités propres et se perdre, pour ainsi dire, les unes dans les autres. A notre sens, au contraire, il convient que chacune, fidèle à son génie particulier, poursuive séparément le but que se proposent les sociétés humaines, c'est-à-dire l'accroissement progressif des lumières, du bien-être, de la moralité et de la liberté. L'unité ou, si l'on veut, le cosmopolitisme nous apparaissent donc dans la communauté du but, on aurait tort de les chercher dans la renonciation à l'idée de patrie. Les nations obéissent à leur destinée providentielle en gardant leur individualité.

Est-ce à dire qu'elles doivent se défendre avec un soin jaloux de l'approche de l'étranger et rejeter de leur sein celui qui, en se soumettant aux lois du pays, demande à participer aux droits et avantages de la société au milieu de laquelle il réside ? Personne ne le pensera. Une nation généreuse et libérale est naturellement amenée à recueillir chez elle les victimes des luttes politiques ou des persécutions religieuses ; elle ouvre volontiers ses portes aux savants, aux artistes, aux industriels ; il est juste que si le séjour des uns ou des autres s'est prolongé, si les intérêts, les affections les ont attachés au sol, la nouvelle patrie qu'ils ont adoptée et à laquelle ils se sont donnés sans réserve, les adopte à son tour et les fasse participer à tous les droits de ses citoyens. L'intérêt bien entendu est, à cet égard, d'accord avec l'humanité et la justice : du moment qu'un étranger a été accueilli dans un pays, qu'il y a contracté des relations de familles, d'affaires, qui lui font désirer d'être assimilé aux nationaux, le mieux est sans doute de ne pas lui marchander l'hospitalité et de faire en sorte qu'il ait toutes les raisons possibles de concourir au bien commun.   C. F.

En ceci, l'on sent que nous envisageons un peu l'accession de l'étranger au point de vue d'une nation qui, renfermant en elle-même les éléments nécessaires à sa grandeur, n'a pas besoin d'appeler les sujets d'une autre puissance pour suppléer soit à l'insuffisance de la population, soit à son ignorance des arts ou de l'industrie, soit au manque de capitaux. Mais, pour une nation placée dans ces dernières conditions, l'intérêt d'admettre l'étranger est bien autrement sensible ; il vient fertiliser un sol, civiliser une contrée qui, abandonnée aux moyens purement locaux, aurait langui de longues années encore. Loin de lui refuser le titre de citoyen de ce pays dont le développement et, pour ainsi dire, l'existence même sont en partie son ouvrage, on est quelquefois réduit à regretter que le colon préfère conserver sa nationalité.

Sous l'ancienne jurisprudence, la naturalisation était accordée par des lettres du grand sceau, dites *lettres de naturalité*, qui ne pouvaient émaner que du roi, à l'exclusion de tout autre seigneur, juge ou cour souveraine, mais qui devaient être enregistrées au Parlement. Ces lettres étaient révocables.

La loi du 30 avril 1790, les Constitutions de 1791 et de l'an III introduisirent la naturalisation de plein droit qui s'opérait par le fait même de l'accomplissement de certaines conditions ; mais en outre le pouvoir législatif se réserva la faculté de donner à un étranger un acte de naturalisation, sans autre condition que de fixer son domicile en France et d'y prêter le serment civique. La loi du 26 août 1793 déféra le titre de citoyen français à dix-sept étrangers dont la liste associe les noms respectés de Priestley, de Bentham, de Wilberforce, de Pestalozzi, de Washington, de Madison, de Schiller, de Klopstock et de Kosciusko, à ceux de Thomas Payne et d'Anacharsis Clootz.

La Constitution du 22 frimaire an VIII exigea un stage de dix années qu'un sénatus-consulte du 19 février 1808 réduisit à un an en faveur des étrangers qui auraient rendu de grands services à l'État ; dans ce cas, comme dans l'autre, l'étranger naturalisé était apte à siéger dans les assemblées législatives. L'ordonnance du 4 juin 1814 formula, à cet égard, une distinction ; la naturalisation concédée en vertu du sénatus-consulte de 1808 ne donna plus l'aptitude aux fonctions de député : mais le roi, considérant « qu'il importait de ne voir siéger dans les chambres que des hommes dont la naissance garantît l'affection au souverain et

aux lois de l'État et qui eussent été élevés dès le berceau dans l'amour de la patrie », se réserva le privilège d'accorder des lettres de naturalisation de manière à pouvoir toujours, et pour de grands et importants services, élever un étranger à la plénitude de la qualité de citoyen français.

Le décret du 28 mars 1848 facilita la naturalisation ; ce n'était qu'une mesure purement temporaire. Bientôt la loi du 3 décembre 1849 intervint ; elle forme, avec celle du 29 juin 1867, la législation fondamentale de la matière. Aux termes de l'article Ier de cette dernière loi, l'étranger qui, après l'âge de vingt et un ans accomplis, a, conformément à l'article 13 du Code civil, obtenu l'autorisation d'établir son domicile en France, et y a résidé pendant *trois ans*, peut être admis à jouir de tous les droits de citoyen français. — Les trois années courront à partir du jour où la demande d'autorisation aura été enregistrée au ministère de la justice. — Est assimilé à la résidence en France le séjour en pays étranger pour l'exercice d'une fonction conférée par le gouvernement français. — Il est statué sur la demande en naturalisation après enquête sur la moralité de l'étranger, par un décret du chef de l'État, rendu sur le rapport du ministre de la justice, le conseil d'État entendu. — Le délai de trois ans, fixé par l'article précédent, pourra, ajoute l'article 2 de la loi de 1867, être réduit à une année en faveur des étrangers qui auront rendu à la France des services importants, qui auront introduit en France, soit une industrie, soit des inventions utiles, qui y auront apporté des talents distingués, qui auront formé de grands établissements ou créé de grandes exploitations agricoles.

Ces textes consacrent trois innovations qui consistent : à assimiler le séjour à l'étranger pour l'accomplissement d'une mission conférée par le gouvernement à la résidence sur le sol français ; à réduire le stage imposé à trois années au lieu de dix qui étaient exigées par la loi du 3 décembre 1849, et enfin à ouvrir à l'étranger simplement naturalisé l'accès de l'Assemblée nationale, tandis qu'aux termes de l'article 2 de cette même loi, l'éligibilité ne pouvait lui être conférée que par un acte spécial du pouvoir législatif, mais sans effet rétroactif sur les naturalisations accordées depuis le 24 février qui gardaient leurs droits.

Pour l'étude de ces matières il convient de comparer la loi du 26 juin 1889 qui fixe des règles relativement à la nationalité française.

Jusqu'ici, nous avons envisagé la naturalisation au point de vue de l'étranger qui acquiert la nationalité française ; dans l'hypothèse inverse, celle d'un Français qui veut se faire naturaliser en pays étranger, l'autorisation du gouvernement français est nécessaire, aux termes d'un décret du 26 août 1811 que le conseil d'État, dans un avis du 26 août 1842, a considéré comme toujours en vigueur. Les demandes doivent être adressées au ministère de la justice, qui délivre les autorisations réclamées pour des motifs légitimes. Le plus souvent, le Français ne veut acquérir à l'étranger le titre de citoyen que pour obtenir l'aptitude à faire le commerce ou à posséder des immeubles. En obéissant à des nécessités de cette espèce. il n'abdique point en réalité sa patrie et ne perd pas l'esprit de retour. Aussi a-t-on souvent hésité à le regarder comme exclu de la grande famille française. Par exemple, le conseil d'État a jugé, le 18. juin 1842, que l'obtention des lettres de grande bourgeoisie, à Hambourg, n'équivalait point à la naturalisation à l'étranger. Ce n'est que s'il se fait naturaliser sans autorisation qu'il perd la qualité de Français sans retour.

NÉCESSITÉ. Il y a des moments où l'on méconnaît les vérités les plus banales, et à ces moments on ne saurait trop souvent les répéter. Rappelons donc qu'il y a des nécessités politiques, économiques, sociales. Elles peuvent nous déplaire, mais il faut s'y soumettre. Quand des circonstances vous gênent, vous sont désagréables, avant de vous soulever contre elles, examinez les : si vous voyez un moyen de les vaincre essayez en; mais si, après examen, vous trouvez qu'il n'y a pas de remède sérieux, bornez vous à atténuer le mal et supportez l'inévitable avec courage et sans plaintes stériles. Ainsi, s'il pleut quand vous voulez sortir, n'essayez pas de chasser la pluie. pour qu'on ne vous envoie pas à Charenton, bornez-vous à prendre un parapluie et faites votre course en vous moquant des gouttes qui tombent.

Il faudrait connaître le nombre exact des nécessités que nous rencontrons dans la vie ; il est grand, mais ne mentionnons que celui qu'on oublie le plus souvent : *Il faut vendre ;* votre travail ne sert à rien, si l'on ne parvient pas à en vendre le produit. La moitié des grèves seraient évitées, si l'on tenait compte de cette nécessité.

NÉGOCIATIONS. Les négociations diplomatiques ont généralement lieu de vive voix. Ce n'est que lorsqu'on est tombé d'accord sur tous les points que des documents quelconques sont échangés. Le négociateur peut donc déployer un certain talent. En général, c'est l'ambassadeur ou le ministre plénipotentiaire ordinaire qui est chargé des négociations ; quelquefois on lui adjoint un négociateur spécial ; dans des circonstances exceptionnelles, un envoyé extraordinaire reçoit la mission de préparer le traité.

Lorsque, dans le cours des négociations, la teneur d'une dépêche a une importance majeure, le négociateur étranger la soumet au ministre des affaires étrangères du souverain auprès duquel il est accrédité. Ce ministre en rectifie au besoin la rédaction, précise l'expression de son opinion, et tout en étant censé ne rien écrire, rend relativement authentique la reproduction de ses paroles. Car le négociateur ne manquera pas de faire connaître à son ministre qu'il a fait contrôler sa dépêche. Ce contrôle n'empêche pas, d'ailleurs, le négociateur d'ajouter une lettre confidentielle spéciale.

NÉPOTISME. Aucuns prétendent que l'on a d'abord qualifié ainsi par euphémisme, et pour ne pas appeler les choses par leur nom, le trop grand amour que certains papes ont déployé pour des membres de leur famille qui les touchaient de plus près que de simples collatéraux. Il n'y a là rien d'impossible, mais ce qui est constant, c'est que le mot *nipotismo*, dont nous avons fait *népotisme*, dérive de *nipote* (neveu), et qu'il nous est venu de Rome, où l'abus qu'il caractérise a toujours brillé d'un éclat exceptionnel, même au bon vieux temps, alors que les abus régnaient partout et constituaient, pour ainsi dire, la règle et l'état normal. L'élection, cette source du pouvoir pontifical, qui semblait devoir le retremper, contribuait, au contraire, à le corrompre par son instabilité. Dès qu'ils étaient montés au trône pontifical à force d'intrigues et de promesses, les papes, déjà avancés en âge, usaient de leur puissance viagère en parvenus, et faisaient participer au gâteau leurs *neveux* et leurs créatures. La « famille du pape », le « cardinal-neveu » sont, en Italie, des termes consacrés ; la parenté, la domesticité, tiennent lieu de titres et remplacent le mérite. C'est surtout Sixte IV qui avilit ainsi la chaire de saint Pierre, alors que la première aurore des temps modernes lui rendait plus nécessaires sa dignité et sa force morale. Il fit litière à ses neveux du patrimoine de l'Eglise pour les apanager. Son successeur, Innocent VIII, fit mieux : tous de neveux à pourvoir et à enrichir : « il avait reconnu sept enfants naturels [1]. » Ces exemples ne manquèrent pas d'être imités à Rome et ailleurs. (Charles Read.)

Mais, il va sans dire que la chose existait bien avant le nom que les sujets du pape ont cru devoir lui donner. Car le *népotisme* n'est que le *favoritisme* appliqué spécialement par un prince ou un homme influent à sa famille ou à ses proches ; or, le favoritisme est de tous les temps et de tous les pays. Il a particulièrement fleuri en France, où la bâtardise aussi a toujours été assez bien traitée. « La faveur, dit l'auteur des *Lettres persanes*, est la grande divinité des Français : le ministre est le grand-prêtre qui lui offre bien des victimes. » Et l'auteur de l'admirable *Examen de conscience sur les devoirs de la royauté* croit devoir mettre en garde son disciple contre

---

[1] A. de Vidaillan, *Histoire politique de l'Église,* t. II, p. 398. — Il est à remarquer, en effet, que le népotisme romain n'est pas sans d'étroits rapports avec un autre fléau en *isme*, qui se retrouve sans doute aussi chez toutes les nations, mais dont le nom est également d'origine italienne. *Indè mali labes.* Un ouvrage intitulé *Il Nipotismo di Roma*, etc., parut en 1667, in-32, s. l. Il est bien connu des curieux, ainsi qu'un autre petit volume publié pendant l'année suivante, 1668.

la funeste propension à combler, soit des ministres, soit des « favoris qui, d'ordinaire, ont encore moins servi l'État que les ministres », à se laisser surprendre par « le métier d'adroit courtisan, qui perd tout dans un État », à se laisser accaparer par des gens qui accaparent tout à leur tour, et sont cause d'injustices innombrables. Le népotisme et le favoritisme naissent, le plus souvent, de l'aveuglement, de la condescendance, de la débonnaireté chez le souverain, et ils corrompent l'administration à tous ses degrés. *Regis ad exemplar...* Parfois aussi ils s'exercent sans sa participation et contre son gré, témoin le Régent qu'on a pu louer de n'avoir « jamais laissé, ni à ses complaisants, ni à ses favorites, aucune influence dans les grandes affaires », et qui n'a cependant pas inauguré, comme chacun sait, le règne de l'ordre et de la justice. C'est que sous l'ancien régime, il faut bien en convenir, le népotisme et le favoritisme étaient des vices constitutionnels. Avec l'arbitraire absolu, le bon plaisir, avec les substitutions et les survivances, avec la feuille des bénéfices, on n'avait qu'à se donner la peine de naître pour se trouver nanti d'une charge de président, d'un brevet de colonel ou d'une calotte d'abbé, qui se convertissait bientôt en mitre d'évêque. L'ordre n'était autre chose que l'abus réglementé. On y avait été longtemps accoutumé, et on fermait les yeux ; mais on les ouvrit peu à peu, au dix-huitième siècle, grâce à ces médecins détestés qui s'appelaient les philosophes, on les ouvrit tout à fait quand le jour fut arrivé, en 1789. (Ch. R.)

Est-ce à dire que les abus du népotisme et ceux du favoritisme disparurent alors ? Hélas ! non, mais ils furent un peu amoindris, ils purent être signalés et critiqués, comme une violation du droit commun. On a bien vu, malheureusement, de ces scandales sous le Directoire, sous l'Empire, sous la Restauration, et jusqu'à nos jours, et d'autant plus fréquents, d'autant plus fâcheux, que le gouvernement lâchait davantage la bride aux mauvais penchants de ses agents ; mais ce fut désormais un trouble reconnu, presque toujours flétri et souvent réprimé, car sous le nouveau régime le contrôle salutaire de l'opinion et de la presse put se faire sentir et ramener à l'ordre, tôt ou tard, les fonctionnaires sans pudeur.

NEUTRALITÉ. On peut considérer la neutralité dans son principe et dans son histoire, dans les droits qu'elle donne ou plutôt qu'elle conserve et dans les devoirs qu'elle impose.

I, *Histoire de la neutralité.* — La neutralité dérive en principe de l'indépendance mutuelle des peuples. Si le droit de déclarer et de faire la guerre est un des attributs constitutifs de la souveraine puissance, le droit de demeurer en paix quand d'autres peuples se font la guerre n'est-il pas une preuve plus décisive encore d'indépendance, et une prérogative bien autrement précieuse de cet état dans lequel un peuple s'appartient à lui-même et reste maître absolu de ses déterminations

et de ses actes ? A ce point de vue, l'histoire des progrès de la neutralité est aussi celle des progrès de l'indépendance des peuples. Si la neutralité n'a guère été, chez les peuples de l'antiquité, qu'un vain mot, si elle n'a été, au moyen âge, qu'un objet de dédain et de mépris, si, même après la constitution moderne de notre Europe, elle n'a été longtemps encore qu'une situation faible et précaire, mal définie et mal assise, c'est qu'il a fallu traverser toutes ces phases sociales pour arriver peu à peu à cette pondération équilibrée des États d'où est sortie, pour chacun d'eux, une réelle et sérieuse indépendance. A l'époque où la politique romaine travaillait à enlacer tous les peuples du monde dans ses filets, Rome ne voyait autour d'elle que des *tributaires* domptés par ses armes, des *déditices* ayant accepté son joug, des *alliés* rattachés à sa dépendance et devant l'aider à poursuivre le cours de ses conquêtes, ou enfin des *ennemis* devant céder tôt ou tard à ses légions victorieuses ; mais des *neutres*, elle n'en reconnaissait nulle part. Il n'y en avait pas davantage dans cette Grèce antique où, sur un étroit espace, se liguaient tour à tour, l'une contre l'autre, tant de petites républiques rivales et jalouses ; ou plutôt, si la neutralité a existé quelque part dans ce pays agité par tant de guerres intestines, ce fut seulement pour protéger, au moyen du pacte amphictyonique, Delphes et son temple : mémorable exemple donné par le paganisme à la chrétienté et qui montre comment les États peuvent s'entendre pour sauvegarder en commun une ville sainte.

Les siècles qui virent tomber en dissolution l'empire romain ne furent pas encore des siècles de neutralité, mais bien de lutte générale et incessante.

Passons sur l'époque non moins trouble qui fut le moyen-âge. Dans le nouvel ordre de choses créé par la découverte de l'Amérique, le commerce de la mer, en s'élargissant avec les bornes du monde connu, s'était divisé en deux parts. L'une, celle du commerce transatlantique, demeura longtemps aux mains des Espagnols et des Portugais : mais une fois rendus en Europe, les produits de l'Amérique et de l'Inde se chargeaient sur des vaisseaux hollandais pour se distribuer de port en port. Aussi du moment que la Hollande eut conquis son indépendance, elle eut besoin, pour l'assurer, de la liberté des mers. L'Angleterre, plus ambitieuse, voulut fonder partout sur le monopole et le privilège sa domination maritime. Elle disputa, en même temps, à l'Espagne le commerce de l'Amérique, et à la Hollande le commerce d'économie dans les mers d'Europe. Elle n'hésita donc pas à poser nettement, à son profit, la thèse de l'asservissement des mers. D'une part, le *système colonial*, d'autre part, l'*acte de navigation* furent ses instruments pour appeler à elle et concentrer, s'il était possible, entre ses puissantes mains les deux branches du commerce maritime dans l'univers. Pour résister à ces prétentions de l'Angleterre, les autres peuples du Nord sentiront le besoin de se concerter et de s'unir. Les anciennes villes hanséatiques de la Hollande retrouveront ici pour alliés ces royaumes scandinaves qu'elles avaient voulu dominer autrefois. La Suède et surtout le Danemark feront preuve, comme champions du droit des neutres, d'une énergie qui servira puissamment cette sainte cause. Mais pour en assurer le succès, il faudra que de grandes puissances maritimes se mettent à la tête de ces lignes formées non seulement pour la défense d'un peuple, mais pour la défense d'un principe. La France, sous Louis XVI, prendra cette généreuse initiative par la déclaration de 1778, et, seule entre tous les grands États, elle ne cessera pas un instant de prêter à la cause de la neutralité, dans la guerre comme dans la paix, l'appui de son influence ou de ses armes, jusqu'à ce qu'elle en ait procuré définitivement le triomphe. La Russie, sous Catherine et sous Paul Iᵉʳ, concourra, pour sa part virile, à cette œuvre de justice en provoquant, par ses manifestes de 1780 et de 1800, les neutres du Nord à se liguer contre l'Angleterre ; mais ce concours intermittent montrera le but sans l'atteindre. L'événement capital qui, préparé par la France, fera prendre au parti des neutres une attitude nouvelle dans le monde, sera la formation, par delà les mers, d'un grand État maritime adoptant la neutralité comme base de sa politique et comme point de départ du développement de sa puissance. On peut trouver que les États-Unis d'Amérique n'ont pas toujours défendu d'une main assez ferme tous les principes dont le droit des neutres se compose ; mais le fait seul de l'existence de cette neutralité permanente d'un grand État traversant toute la période des guerres européennes de la Révolution française et du premier Empire presque sans dévier de sa politique expectante et pacifique, a donné tout naturellement à la position des neutres dans le monde une force qu'elle n'avait jamais eue auparavant.

II. *Principes généraux.* — Ce résumé d'histoire montre peut-être mieux que n'auraient pu le faire tous les raisonnements philosophiques, par quels liens intimes la cause des neutres se rattache au principe de l'indépendance des États et de l'équilibre des mers.

On a beaucoup discuté sur la question de savoir si, au point de vue de la science, il existe une définition satisfaisante et complète de la *neutralité.* Au point de vue de la raison, on arrive à cette vérité toute simple, que la neutralité, c'est « la paix constituée en face de la guerre et respectant ses droits. » L'éternelle difficulté qui s'élève entre les belligérants et les neutres consiste donc à savoir comment peuvent se concilier les droits de la guerre et ceux de la paix. Cette difficulté deviendrait insoluble si on poussait jusqu'à l'extrême la définition respective de ces droits

opposés ; s'il était vrai que, d'une part,« tout ce qui peut nuire à l'ennemi fût permis aux belligérants » ; si, d'autre part, on était fondé à prétendre que « le neutre qui veut rester en paix peut ne tenir aucun compte de la guerre qui serait pour lui comme si elle n'existait pas ». Dans cet antagonisme absolu de principes contradictoires, aucune conciliation ne serait possible, et les neutres n'auraient plus qu'à s'armer eux-mêmes pour soutenir au besoin leurs droits par la force. C'est à cette conclusion qu'aboutissent inévitablement les systèmes basés sur des théories exclusives. Les uns, sous prétexte que la nécessité justifie tout dans la guerre, sont conduits à ne reconnaître aux neutres aucun droit qui ne dépende, plus ou moins, du caprice des belligérants. Les autres, voyant avec raison, dans la cause des neutres, celle du commerce et de tous les intérêts paisibles qui font la vie des sociétés humaines et la richesse des États, voudraient n'accorder aux belligérants d'autres droits que ceux dont les neutres n'auraient nullement à souffrir. Ce n'est ni dans l'un ni dans l'autre de ces principes que se trouve la vérité. Elle n'est pas davantage dans le système bizarre proposé par Lampredi et qui consisterait à laisser les droits des belligérants et ceux des neutres s'exercer *parallèlement* aussi loin qu'ils peuvent s'étendre, comme si ce n'était pas folie que d'abandonner au hasard ou à la force le soin de trouver la limite que doit chercher la raison et que le droit des gens doit déterminer. Faire aux droits des belligérants leur juste part, et circonscrire également dans des bornes équitables les droits des neutres, tel est évidemment le but auquel il faut s'efforcer d'atteindre. C'est dans cette voie que sont entrés les publicistes qui, au milieu même de nos guerres maritimes, ont commencé à baser sur de solides fondements la science du droit des neutres, Bynkershoeck, Hübner, Galiani, Gérard de Rayneval, Azuni, et ceux qui, plus récemment, ont repris et développé, au sein de la paix, ces études savantes, Hautefeuille, Massé, Ortolan. Chacun d'eux, suivant ses tendances personnelles, a été porté à élargir ou à resserrer l'application de tel ou tel principe ; mais tous reconnaissent que la guerre a, comme la paix, ses justes droits, et qu'il faut arriver à les limiter les uns les autres sans en supprimer aucun, si ce n'est ceux qui n'ont du droit que le nom et qui sont des inventions manifestes de la violence et de l'arbitraire.

III. *Devoirs des neutres.* — La neutralité n'étant autre chose (son nom l'indique assez) que l'abstention de la guerre, le devoir fondamental des neutres consiste à *s'abstenir* de prendre part aux hostilités. *Neutrarum partium esse : neutri parti, belli causâ favere,* comme dit Wolff. Mais à côté de ce devoir qui constitue, pour ainsi parler, la neutralité *passive,* il en est un autre pour l'accomplissement duquel la neutralité devient *agissante* : c'est *l'impartialité* dans les bons offices que les neutres doivent rendre à chacun des belligérants.

Le premier principe frappe les yeux par son évidence, et on arrive au second par le raisonnement et la théorie. Si le neutre ne peut conserver ce nom quand il aide directement à la guerre, restera-t-il davantage dans son rôle s'il refuse à l'un des belligérants les secours indirects que l'autre obtiendra de sa partiale amitié ? Mais allons plus loin. De cette impartialité du neutre érigée en devoir on a conclu qu'il devait se mettre en mesure, non seulement d'offrir aux deux belligérants le même concours de relations amicales, mais encore de *ne pas souffrir* que l'un d'eux porte impunément atteinte aux droits et privilèges de la neutralité, par exemple en violant par des actes hostiles le territoire ou les mers territoriales d'un État neutre. C'est ainsi que la science du droit des neutres, toute simple quant à son principe, se complique et, quelquefois même, s'embarrasse dans les conséquences qu'elle en tire.

Il y a surtout deux vastes matières qui se rapportent au devoir d'abstention imposé au neutres. C'est premièrement la *contrebande*, et secondement le *blocus*. Une liaison intime existe entre ces deux matières. Et, en effet, quand on dit que les neutres doivent « s'abstenir de prendre part eux-mêmes aux hostilités », on ne dit pas assez ; et ce devoir s'étend, par une conséquence naturelle, jusqu'à ne pas faire ce qui aurait pour résultat direct d'empêcher entre deux ennemis les opérations de guerre permises par le droit des gens. De là vient que les neutres sont obligés, non seulement à ne pas porter de contrebande de guerre aux belligérants, mais encore à respecter les blocus établis dans des conditions régulières.

On désigne, en général, par le nom de *contrebande* « toutes choses servant à la guerre » qui sont fournies par les neutres à l'ennemi. Mais si on prenait ce mot dans son sens le plus large, il est évident que tout commerce quelconque devrait être interdit entre les belligérants et les neutres. La guerre, en effet, et surtout la guerre navale se fait, d'une part, au moyen d'armes de diverses natures qu'il faut fabriquer et pourvoir de leurs munitions de combat ; d'autre part, au moyen de soldats et de matelots qu'il faut enrôler, solder, habiller, équiper, nourrir ; enfin au moyen de vaisseaux de charge et de combat qu'il faut construire et besoin cuirasser, garnir de puissantes machines et approvisionner pour la marche, pour le séjour et pour la bataille. Que serait-il resté en dehors des objets qui peuvent servir de près ou de loin à ces usages si multiples et si divers? Un partage était donc à faire entre les objets de libre commerce et les objets de contrebande: mais à qui devait-on s'en remettre pour l'établir? Aux belligérants? C'eût été anéantir les droits des neutres. Aux neutres? C'eût été compromettre

les droits de la guerre. On a fini par transiger et s'entendre en classant, au moyen de traités internationaux, les marchandises, les personnes et les actes qui seraient réputés de contrebande. (*Voy.* **Blocus.**) D'une part, on a reconnu que la fabrication ou la vente de tous objets, même servant à la guerre, ne peut, en général, être frappéed'interdit lorsqu'elle a lieu sur le territoire neutre; que d'après ce principe, et sauf les exceptions qu'il comporte, le seul acte de commerce qui soit absolument interdit au neutre est le transport des objets de contrebande vers le territoire ennemi, soit que ces objets aient été déjà vendus sur un terrain neutre, soit que le transport ait pour but de les aller vendre à l'un des belligérants dans ses ports. Parmi les rares exceptions que souffrent ce principe, il en est deux surtout qui méritent d'être remarquées. L'une s'applique aux enrôlements de soldats ; l'autre à la construction ou à l'armement des navires de guerre, en pays neutre, pour le service des belligérants [1]. On voit assez que, dans ces deux cas, il ne s'agit pas, à proprement parler, de choses pouvant servir à la guerre, mais bien de ce qui constitue proprement le corps et la substance de la guerre elle-même, car nulle guerre navale ne peut se faire ou se concevoir sans navires de course ou de bataille, et nulle guerre quelconque sans soldats. Ce n'est donc pas seulement le transport, c'est le marché même fait avec le belligérant qui devient alors, de la part du neutre, acte hostile et défendu [2]. Quant aux autres objets de commerce, le droit secondaire paraît avoir pris pour règle qu'on doit porter sur la liste de la contrebande les seuls objets qui, dans

[1] Le traité de Washington, du 8 mai 1871, entre les États-Unis et la Grande-Bretagne (affaire de l'Alabama), pose les trois principes qui suivent :
Un gouvernement neutre est tenu :
1° D'user de toute diligence pour empêcher l'armement de tout vaisseau qu'il a des motifs raisonnables de croire destiné à cruiser, ou à concourir à des opérations hostiles contre une puissance avec laquelle il est en paix, et aussi d'user de la même diligence pour empêcher le même départ hors de sa juridiction, de tout navire destiné à croiser ou à concourir à des opérations hostiles, ce navire ayant été dans ladite juridiction adapté en tout ou en partie à des usages de guerre ;
2° De ne permettre à aucun des belligérants de faire de ses ports ou de ses eaux la base d'opérations, ni de s'en servir pour augmenter ou renouveler des approvisionnements militaires ou les armements, ou pour recruter des hommes ;
3° D'exercer toute diligence nécessaire dans ses propres ports et dans ses eaux, et à l'égard de toutes personnes dans sa juridiction, pour empêcher toute violation des obligations et des devoirs susmentionnés.

[2]. *Voy.* pour l'Angleterre, l'acte ou la 59e année du règne de Georges III, intitulé : « Acte pour prévenir l'enrôlement ou l'engagement des sujets de S. M. pour servir à l'étranger, et *l'équipement dans les États de S. M. de navires dans un objet de guerre sans la permission de S. M.* » (Cet acte est rappelé dans la proclamation anglaise relative à la neutralité de l'Angleterre dans la guerre civile aux États-Unis, *Archives diplomatiques*, 1861, t. II, p. 375.) *Voy.* aussi la déclaration de neutralité de la France dans la même guerre, qui interdit à tout Français de concourir à une manière quelconque à *l'équipement ou à l'armement d'un navire de guerre ou corsaire de l'une des deux parties.* (*Archives diplomatiques*, 1861, t. III, pp. 133, 134).

l'état où ils sont livrés à l'ennemi, peuvent immédiatement servir à la guerre, soit qu'ils constituent des armes et instruments de guerre, ou des matériaux ayant par eux-mêmes une aptitude directe à ses usages.

Il faut pourtant le reconnaître, l'interdiction, même restreinte, de la contrebande de guerre, entraîne, pour les neutres, une regrettable conséquence. C'est l'obligation de soumettre tout navire neutre, même en pleine mer, à la *visite* des belligérants. Il n'est peut-être pas de mesure arbitraire et violente qui, dans la pratique, ait causé plus de mécontentements et soulevé plus de haine que les abus du *droit de visite*. Rien n'irrite un peuple généreux et fier comme les vexations et les froissements auxquels ses nationaux restent exposés chaque jour. Mais les abus du droit de visite sont-ils donc de ceux qu'aucun effort ne peut réussir à corriger ? En réduisant la chose à ce que le nom exprime, en assujettissant à des règles certaines la vérification des papiers de bord, sans autoriser des recherches vexatoires dans l'intérieur du navire, ne serait-il pas, non seulement possible, mais facile, d'entourer la visite de tant de politesse et d'égards, qu'elle perdrait le caractère de mesure de police pour devenir presque une simple formalité ? Son seul inconvénient serait alors, pour le navire inoffensif, un léger retard.

Il n'est pas, au contraire, dans tout le droit des gens de principe dont l'application produise des conséquences plus graves, plus irréparables, et en apparence plus déraisonnables que le *droit de blocus*, pour ce qui concerne les neutres. En toute autre matière c'est sur les belligérants que pèsent principalement les maux de la guerre, et c'est justice ; car le belligérant qui souffre de la guerre, a toujours un moyen d'y mettre un terme en offrant ou en acceptant la paix. Mais le marchand qui souffre du blocus, quel moyen a-t-il de faire cesser la guerre si ses offres de médiation sont rejetées ? Il pourra donc voir sa ruine sortir d'un état de choses qu'il aura tout fait pour empêcher.

IV. *Droits des neutres.* — Quelle que soit la fatale nécessité de la guerre, quelles que puissent être, dans une occasion donnée, sa justice, sa dignité, sa gloire, elle n'est, grâce à Dieu, qu'un état exceptionnel et anormal dans la vie des peuples civilisés. Ce qu'on appelle les *droits des belligérants*, ce sont des moyens de force et de violence qui, pour avoir raison d'un juste grief, troublent toutes les relations ordinaires des peuples. Il en est tout autrement des *droits des neutres*. La neutralité, nous l'avons dit, représente le commerce, la civilisation, la paix. Sa noble mission est de continuer cette paix au milieu même de la barbarie des guerres. Ses droits ne sont autre chose que le droit commun du genre humain, et pour les exposer il n'est pas besoin de définitions subtiles. Suivant la pensée d'Hübner, tout ce qui n'est pas défendu aux neutres par une restriction formelle résultant des droits de la guerre, leur est permis. Et d'abord, ils ont droit, un droit absolu, au respect de leurs personnes et de leurs biens.

Le *respect du territoire* est la première condition de l'indépendance des neutres : c'est aussi la plus facile à observer, car ici la ligne de démarcation entre la paix et la guerre se trouve géométriquement tracée. On entend par territoire neutre non seulement les possessions continentales ou insulaires de l'État neutre, mais encore les parties de mer voisines des rivages que le droit des gens rattache au territoire sous le nom de *mers territoriales*.

L'immunité du territoire neutre protège naturellement tout ce qui s'y trouve, tant les biens et les personnes des neutres eux-mêmes que les biens et les personnes des belligérants. C'est en cela que consiste le *droit d'asile*. Mais, pour participer ainsi au privilège de la neutralité, il faut que le belligérant qui réside ou qui se réfugie sur le territoire neutre, demeure, tant qu'il jouit de cet asile, dans une situation analogue à celle des neutres eux-mêmes, c'est-à-dire qu'il s'abstienne de tout acte d'hostilité.

Une troupe ennemie, serrée de près par une poursuite acharnée, aura la vie sauve si elle parvient à gagner la frontière de l'État neutre ; mais elle devra déposer aussitôt ses armes. Tout navire de guerre des belligérants pourra trouver le même abri dans un port neutre ou dans la mer territoriale qui l'avoisine. Une fois reçu dans ce port, l'équipage d'un navire de guerre belligérant (fût-ce même d'un corsaire pour les pays où la course n'est pas encore abolie) pourra s'y ravitailler, y réparer ses avaries de mer ou de combat, mais à la condition d'y vivre en paix avec les navires ennemis que les chances de la tempête ou de la guerre auraient jetés comme lui dans ce lieu d'asile. Il y a plus : si ce navire armé veut reprendre la mer, le droit des gens, dans sa prévoyance, ne lui permettra de sortir du port neutre qu'un jour après le départ d'un navire ennemi qui l'aura précédé. Les droits sacrés de l'hospitalité ont imposé aux droits de la guerre cette restriction salutaire, connue sous le nom de *règle des 24 heures*.

Si le droit des gens protège, sur le territoire neutre, jusqu'à la personne et aux biens de l'ennemi, à plus forte raison doit-il sauvegarder les biens et la personne du neutre jusque sur le territoire des belligérants. Mais, par une juste réciprocité, les citoyens d'un État neutre, résidant sur le théâtre de la guerre, ne pourront se prévaloir de ce droit à l'immunité qu'autant qu'ils demeureront neutres quant à leurs actes, comme ils le sont quant à leur nationalité. S'ils prennent une part personnelle à la guerre, ils devront en subir les lois.

Nous avons réservé, pour l'examiner la dernière, la série de questions la plus grave et la plus débattue, celle qui concerne le commerce par mer entre les belligérants et les neutres. C'est au moyen du pavillon, signe convenu de la nationalité des navires, que le droit des gens établit, sur mer, la séparation entre les belligérants et les neutres. Pour ce qui concerne les navires de guerre, comme ils représentent la force publique de l'État dont ils portent le pavillon, et comme ils sont armés pour le défendre, les droits du pavillon neutre au respect absolu des belligérants n'ont jamais été mis en doute. Mais en ce qui touche les navires marchands inoffensifs et désarmés, on a peine à croire aujourd'hui combien les règles du droit maritime ont été longtemps variables et confuses. — On ne pouvait sans doute contester à la neutralité la jouissance de ses franchises, lorsque le navire et la cargaison étaient à la fois la propriété des neutres. Ce qu'on déniait aux neutres, c'était le droit de transporter sur leurs navires des marchandises, même innocentes, appartenant à l'ennemi. Il fut une époque où l'on croyait être non seulement juste, mais indulgent envers les neutres, en se bornant à confisquer les marchandises ennemies trouvées à bord d'un navire neutre, pourvu qu'on laissât le navire lui-même continuer sa route en liberté, et qu'on tînt compte à l'armateur du fret qu'il aurait perçu sur les marchandises interceptées. Telle était la disposition du *Consulat de la mer*, devenu presque le droit commun au moyen âge. Le progrès avait été d'abord lent et incomplet. On avait cru, jusqu'au milieu du dix-huitième siècle, que ce serait une satisfaction suffisante pour le droit que de supprimer les deux cas de confiscation les plus odieux, en déclarant le navire du neutre exempt de confiscation pour transport de marchandises appartenant à l'ennemi et la marchandise du neutre non saisissable à bord du navire de l'ennemi. Quant à la marchandise ennemie transportée par navire neutre, c'était une bien autre affaire d'obtenir qu'elle fût partout respectée. Il est vrai que le principe du libre transport des marchandises ennemies par navires neutres avait été admis dans un grand nombre de traités européens ; mais le droit public intérieur de l'Angleterre et même celui de la France avaient retenu obstinément le principe contraire, et le même désaccord qui régnait, dans la pratique, entre les lois intérieures et les traités, régnait dans la science, entre les opinions diverses des publicistes. Au temps même où la Hollande avait le plus grand intérêt politique à faire reconnaître la franchise du pavillon neutre, le célèbre publiciste hollandais Bynkershoeck déclarait qu'au point de vue du droit naturel il ne trouvait pas de raison pour soustraire à la saisie du belligérant la marchandise ennemie transportée sur navires neutres.

C'est qu'il y a deux manières d'envisager le navire neutre chargé d'une cargaison ennemie. On peut, d'une part, s'en tenir à une appréciation toute matérielle, et ne voir dans ce navire « qu'une voiture de mer », servant à transporter des marchandises, mais sans changer le droit qui les régit. On peut, d'autre part, s'élever à une théorie plus haute, et considérer le navire de commerce comme une parcelle détachée du territoire neutre, qui sur l'élément neutre par essence, conserve le privilège de couvrir de l'inviolabilité territoriale tout ce qu'elle porte avec elle. Cette belle et généreuse théorie qu'Hübner, le premier, a mise en lumière, et dont Hautefeuille a fait valoir la force dans une argumentation habile et complète, ne pouvait appartenir qu'à un âge de civilisation et de progrès. Elle frappe les esprits par la noble simplicité de sa formule (*le navire, c'est le territoire*), elle les entraîne par la grandeur des intérêts qu'elle protège ; mais a-t-elle, au même degré, cette autorité décisive qui s'impose en vertu d'un principe de justice naturelle et absolue ? Quel était le droit que déniait le belligérant au pavillon neutre? C'était celui de soustraire à sa poursuite la propriété commerciale et privée de l'ennemi. Le territoire continental du neutre ne sauvegarde cette propriété qu'à la condition qu'elle restera immobile dans l'État neutre. Le navire devenu, par le bénéfice du droit des gens, territoire neutre, mais territoire flottant et voyageur, transporte la marchandise ennemie sur tous les points du globe, la met à la portée de tous les peuples, et rétablit, en fait, avec l'intermédiaire des neutres, cette possibilité de commerce maritime de la part de l'ennemi, que les belligérants prétendaient avoir le droit d'anéantir.

Trop longtemps ce prétendu droit de supprimer tout commerce de l'ennemi avait été abusivement invoqué par l'Angleterre et lorsqu'elle voulait interdire aux neutres la faculté de substituer pendant la guerre leur propre navigation à celle des belligérants entre les métropoles et telle ou telle colonie d'outre-mer (c'est ce qu'on appelait l'*interdiction des commerces nouveaux*), et lorsqu'elle déniait aux commandants des bâtiments de guerre de l'État neutre, servant d'escorte à des navires marchands, le droit de soustraire ces derniers à la visite en affirmant leur neutralité et en déclarant qu'ils ne portaient pas de contrebande. On sait combien cette question de la *visite des navires convoyés* a soulevé, dans le monde maritime, de troubles et de guerres à la fin du siècle dernier.

V. Conclusion. — Pour résumer en quelques mots les principes et les faits que nous venons d'exposer, on peut distinguer trois périodes ou trois degrés dans les progrès du droit international en ce qui concerne les neutres, et surtout les neutres maritimes.

Jusqu'à la déclaration de Louis XVI, en 1778, les droits de la neutralité sont, en quelque sorte, à la merci des lois intérieures et des traités particuliers qui se concluent entre divers États. Ce n'est pas qu'on ne trouve écrit déjà, dans les plus considérables de ces traités, le respect du pavillon neutre, avec une définition plus ou moins exacte de la contrebande de guerre et certaines dispositions limitatives du droit de blocus maritime; mais, aucun accord général n'ayant été conclu à ce sujet, les vrais principes sont tantôt admis, tantôt méconnus, suivant la mobilité des circonstances et le caprice des gouvernements : le progrès n'existe encore qu'à l'état intermittent et précaire.

Dans la seconde période, celle qui s'étend de 1778 à 1856, les nations neutres essayent, à différentes reprises, de se concerter pour définir plus nettement leurs droits et pour les faire reconnaître, soit par les voies diplomatiques, soit même, au besoin, par la force des armes. La France, la Russie, les États-Unis d'Amérique, se mettent tour à tour à la tête de ce mouvement progressif qui, commencé pendant la guerre, se poursuit et s'étend pendant la paix. La cause de la neutralité devient peu à peu la cause de tous les peuples maritimes, sauf l'Angleterre; car celle-ci, confiante dans sa force et regardant toujours son empire commercial comme indissolublement attaché au maintien de ses vieilles maximes touchant le droit de la mer, ne pouvait encore se résoudre à renoncer définitivement à aucune d'elles.

La troisième période est marquée par la fin de cette résistance. L'Angleterre, cédant à la force des choses qui l'entraîne elle-même vers un régime de liberté commerciale, consent à reconnaître le principe fondamental « que le pavillon neutre couvre la marchandise ennemie ». En même temps un horizon qui semble nouveau se découvre. On s'aperçoit enfin que la reconnaissance du droit des neutres se lie, de la manière la plus intime, à l'adoucissement de la guerre et au libre développement du commerce international. On pose donc l'*abolition de la course maritime* comme le principe d'où va découler la liberté des mers, telle que le dix-neuvième siècle l'aura comprise.

Sous ce double aspect, la déclaration de principes du 16 avril 1856 serait, à nos yeux, dans son article 2, le couronnement d'un progrès qui s'achève, et, dans son article 1er, le point de départ d'un autre progrès qui commence.

Texte de la déclaration du 16 avril 1856.

« 1° La course est et demeure abolie ;

« 2° Le pavillon neutre couvre la marchandise ennemie, à l'exception de la contrebande de guerre ;

« 3° La marchandise neutre, à l'exception de la contrebande de guerre, n'est pas saisissable sous pavillon ennemi ;

« 4° Les blocus, pour être obligatoires, doivent être effectifs ; c'est-à-dire maintenus par une force suffisante pour interdire l'accès du littoral de l'ennemi » [1].

NIHILISTES. Le gouvernement russe dé-

[1]. La plupart des opinions émises ci-dessus sont celles de feu E. CAUCHY.

couvrit, en 1871, une conspiration dans laquelle étaient engagés des bourgeois, des employés, des officiers, et un nombre assez considérable d'étudiants de l'Académie de médecine de Saint-Pétersbourg et de l'Institut technologique. Le chef était un professeur d'une école religieuse nommé Serge Netchajeff, qui, après avoir assisté au congrès tenu à Genève par l'Internationale, avait fondé une section à Moscou. Le procès fit connaître que ce n'était pas seulement le gouvernement russe que les conjurés se proposaient de renverser ; ils formaient une nouvelle secte qui aspirait à étendre son action dans les autres pays d'Europe et à détruire l'ordre social établi. Comme on leur demandait ce qu'ils entendaient édifier à la place, ils répondaient : Rien, expliquant ainsi le nom de nihilistes qu'ils se sont donné.

Leur profession de foi fait partie des pièces du procès. On y lit que le nihiliste est un homme condamné ; qu'il rompt tout lien avec l'ordre civil et avec tout le monde civilisé ; qu'il est pour ce monde un ennemi sans pitié ; que, le jour et la nuit, il ne doit avoir qu'une seule pensée, la destruction sans merci. Quant à ses relations avec ses compagnons, la mesure de l'amitié, du dévouement et des autres obligations, est déterminée par le degré d'utilité pour l'œuvre de destruction ; ainsi, lorsqu'un compagnon tombe dans le malheur, on doit examiner s'il faut ou non le sauver, selon l'intérêt de la cause commune. On peut dire que c'était une secte d'aliénés.

NOBLESSE. Considérés en eux-mêmes, les principes, ou éléments, sur lesquels repose théoriquement l'idée de la noblesse, ont quelque chose de légitime, puisqu'ils sont le résultat de sentiments naturels bons en soi. Il est naturel et sage de confier avec sécurité et pour longtemps à ceux dont le mérite a été éprouvé, le soin des intérêts généraux, le gouvernement social, et de compenser par des distinctions flatteuses les soucis laborieux d'une telle tâche, il est naturel de compter non seulement sur leurs actes propres, mais encore sur leurs exemples et sur l'influence heureuse qu'ils doivent exercer autour d'eux, d'espérer beaucoup de leurs descendants formés à leur école, et de leur attribuer d'avance une part des fonctions et des prérogatives paternelles. Les résultats de toute mesure politique ne pouvant être atteints avec certitude, mais simplement recherchés d'après des probabilités, une telle espérance offre des probabilités assez sérieuses pour qu'on soit contraint d'en tenir compte. Aussi est-elle un instinct permanent dans l'homme, et à toutes les époques de l'histoire, l'illustration des pères a-t-elle suffi à créer une sorte de popularité aux enfants.

Malheureusement, il en a été de la noblesse comme de toutes les institutions et de toutes les œuvres humaines; la théorie et la réflexion n'ont suivi qu'après bien des siècles

les faits accomplis. Les législateurs armés de toutes pièces et gratifiant leur patrie d'une organisation sociale, complète et raisonnée, n'ont peut-être existé que dans les légendes religieuses de l'Asie ou dans les fictions ingénieuses des Grecs et des Latins. La noblesse, dans l'antiquité comme dans les temps modernes, eut le plus souvent la violence pour origine, c'est-à-dire la conquête d'une nation par une autre, et se constitua avec tous les abus et tous les vices que la violence implique inévitablement. L'on peut résumer l'histoire des aristocraties anciennes (sauf peut-être celle de Rome) d'un mot: elles furent la domination d'une race sur une autre. Dans les cités doriennes de la Grèce, et dans l'Orient, l'on est frappé de la coexistence de deux sociétés superposées et presque étrangères l'une à l'autre; de telles aristocraties sont donc essentiellement différentes de cette classe, à laquelle les temps modernes ont donné le nom de noblesse, et qui, bien que prépondérante dans la société, ne formait pas elle seule la société tout entière, mais en représentait une partie rattachée aux autres classes par les liens nombreux des devoirs et des intérêts.

Le patriciat romain offrait de plus grandes analogies avec les classes nobles de l'Europe chrétienne, et répondait dans une certaine mesure au type abstrait que l'on peut se faire d'une juste aristocratie. Le patricien devait au nom qu'il portait et à la gloire de ses ancêtres, le rang qu'il occupait dans la République; ce rang l'obligeait à des devoirs nombreux et graves: il faisait partie du Sénat et était chargé à ce titre de la haute administration des affaires publiques; il faisait partie des comices et devait y exercer le pouvoir législatif; toutes les fonctions publiques lui étaient réservées, mais la durée de ces fonctions était très limitée, et à la sortie de sa charge, il supportait, vis-à-vis de tous, la responsabilité de ses actes; il formait l'élite de l'armée et devait subvenir seul aux dépenses de ses campagnes; une surveillance jalouse était sans cesse exercée sur lui par ses égaux; les prérogatives dont il jouissait, bien qu'héréditaires, n'étaient, enfin, rien moins qu'immuables, et les recensements quinquennaux des censeurs pouvaient le déclasser temporairement ou définitivement.

Est-il besoin d'ajouter qu'à côté de ces prérogatives glorieuses, mais onéreuses à celui qui en était investi, quoiqu'utiles à tous, existaient, surtout aux premiers siècles de la République, d'intolérables et barbares privilèges? que non seulement le patricien exerçait seul des fonctions dans la République, mais que seul il avait des *droits*? que sa propriété était la seule propriété véritable; que sa famille était rigoureusement fermée à toute famille nouvelle; que sa fortune exclusive lui donnait la domination civile comme la domination politique? Tous ces faits sont assez connus aujourd'hui pour qu'il soit inutile d'insister.

A prendre les choses à la lettre et à juger les actes politiques d'après les titres que leur donnent les contemporains, la noblesse romaine ne périt pas avec la République; quelques débris de l'ancienne aristocratie subsistèrent sous les douze premiers Césars, et lorsque Dioclétien entreprit de donner à l'Empire les formes et l'organisation des monarchies orientales, les distinctions honorifiques et héréditaires reparurent pour se multiplier bientôt avec profusion. Mais les nombreux citoyens d'origines si diverses auxquels étaient conférés ces titres pompeux, dont la classification amusait l'orgueil de la cour de Constantinople, n'obtenaient rien, sinon quelques faveurs éphémères, et n'acquéraient dans leurs cités ou dans leurs provinces que cette influence banale que donne toujours la fortune. Aussi est-il difficile de voir autre chose que de simples décorations dans la hiérarchie des classes créées par l'Empire romain des derniers siècles.

L'invasion des barbares, les longues luttes qui s'ensuivirent firent naître la féodalité, c'est-à-dire une hiérarchie de seigneurs grands et petits, sous un point culminant: ici *roi*, là *empereur ;* ces seigneurs formèrent à leur tour la noblesse.

Le système féodal n'admettait d'autre division dans le pouvoir que les délimitations territoriales. Hors de ses domaines ou de ceux de ses vassaux, le noble n'exerçait aucune autorité, mais sa seigneurie lui appartenait en pleine propriété et lui était soumise comme une famille et les biens d'une famille sont soumis au chef. Au moyen âge, toute puissance était entre ses mains; il levait les impôts, il exigeait les redevances, il armait ses hommes, il rendait la justice, il battait monnaie selon son bon plaisir. Ce pouvoir absolu, identique partout en principe, ne variait d'importance et de valeur que d'après l'importance des lieux sur lesquels il s'exerçait. Mais rien n'étant plus variable que ces nombreuses seigneuries, il en résultait qu'avec des droits égaux par eux-mêmes, la plus complète inégalité existait dans la noblesse.

De plus, la puissance de chaque baron, étant fondée sur son droit de propriété, était souvent traitée comme absolue, comme la négation radicale de toute autre puissance et de tout autre droit: et même comme la négation de la puissance de l'Etat que représentait la royauté. C'était aussi la négation des droits des autres hommes considérés comme des serfs. Pendant les deux siècles où la féodalité fut triomphante, la royauté se transforma en une sorte de dignité militaire avec des droits contestés et presque sans pouvoir; et ce ne fut que par une insurrection permanente que les bourgeois des communes parvinrent à s'émanciper et à affirmer leur existence.

Les premières entraves une fois rompues, les efforts pour briser cette immense armature féodale qui couvrait toute l'Europe du onzième siècle, se multiplièrent en haut et en bas. Rois et vilains, d'abord sans entente, puis en se liguant ouvertement, entreprirent de se mettre hors de page et y réussirent en partie. Le mal fut que, en recouvrant ainsi peu à peu les droits ou l'autorité qui leur appartenaient, ils ne les revendiquèrent pas hautement, mais se substituèrent par ruse ou par la force des choses au lieu et place des seigneurs. En occupant une à une les fonctions de justice ou de finances, les bourgeois ne prétendirent d'abord à rien de plus qu'à représenter leurs seigneurs, à les aider simplement dans l'exercice de droits qui étaient toujours censés leur appartenir exclusivement. De même, la royauté agrandit ses possessions et étendit le plus souvent ses prérogatives, moins parce qu'elle était la royauté, *quia nominor Leo*, que par suite de telle ou telle succession ou alliance au moyen de laquelle tel ou tel droit de suzeraineté était dévolu à la famille royale par hérédité.

D'une telle politique il résulta ceci : qu'à un moment donné de l'histoire, la noblesse se trouva à peu près dépouillée de toute puissance effective dans l'État, tandis que la théorie de ses droits était restée la même. La bourgeoisie, le tiers état avaient lentement envahi et occupé toute autorité, remplissaient presque tous les rôles; disciplinés par la royauté et rangés sous ses ordres, ils avaient laissé se perpétuer à côté d'eux les privilèges qu'une réelle puissance et de réels services auraient pu justifier dans une certaine mesure; entre l'état de choses tel qu'il existait et tel qu'il était censé exister, la contradiction était trop flagrante; poussée à sa dernière extrémité, elle ne put se résoudre que dans les éclats d'une révolution.

Il est à remarquer, en effet, que ce qui subsista le plus longtemps du système féodal fut précisément ce qu'il renfermait d'injuste et ce qui n'aurait dû être que transitoire. L'assimilation excessive de l'individu et de sa propriété matérialisa, pour ainsi dire, l'existence de la noblesse et changea complètement la seule base sur laquelle elle puisse légitimement reposer. La concession d'honneurs et de prérogatives particulières ne peut avoir d'autre cause que la présomption où l'on est que les mérites constatés d'une personne, ou ceux de ses ancêtres, répondent de ses mérites à venir. Faire dépendre la possession de semblables prérogatives d'un fait aussi étranger et indifférent à la valeur morale d'un individu que la possession de tel ou tel héritage, fut cependant le principe injustifiable sur lequel reposait l'organisation de l'aristocratie féodale. Ce principe eut de nombreuses conséquences : par un entraînement naturel on en vint à ne considérer dans l'existence du gentilhomme que les caractères extérieurs et purement matériels; les attributs habituels de la noblesse furent pris pour les conditions nécessaires, les effets se transformèrent en causes; les choses arrivèrent à ce point qu'il y eut des moyens publics, et si l'on osait ainsi parler, des *procé-*

dés pour acquérir la noblesse et des procédés pour la perdre; l'achat d'un immeuble privilégié ou d'une charge honorifique donnait à l'acquéreur titre et bénéfices de noblesse; on simplifia même au point de traiter la noblesse comme une marchandise et de la vendre à des tarifs plus ou moins élevés, selon la grandeur et la durée des prérogatives conférées; des actes parfaitement indifférents en soi, l'exercice de professions très honorables, mais non classées dans la hiérarchie féodale, suffirent par contre à produire une dérogeance, tandis que les crimes les plus flagrants ne portaient aucune atteinte à l'inviolabilité des privilèges dont le coupable était investi.

Les excès de la féodalité furent plus violents en France que partout ailleurs, parce qu'elle y fut moins réglée, mais ils furent aussi de plus courte durée. La réaction démocratique se produisit de bonne heure dans sa forme radicale et parvint, dès le dix-septième siècle, à établir une égalité à peu près complète de puissance politique entre les différentes classes sociales, sous la pression uniforme de la monarchie absolue; mais, exclusivement préoccupé du pouvoir politique, le tiers état en avait dépouillé la noblesse et lui avait laissé toutes les prérogatives sociales qui n'avaient d'autre but que d'assurer son bien-être et son oisiveté et de satisfaire à son orgueil. Il est facile de concevoir combien la permanence, pendant deux siècles, de semblables privilèges dut finir par paraître odieuse et intolérable, alors qu'ils ne recouvraient plus la puissance et n'étaient plus justifiés par de grands devoirs accomplis. Il y avait longtemps, en effet, que l'institution des armées permanentes avait étendu sur toute la nation cet impôt que la noblesse vantait de payer seule, l'impôt du sang. Ce fut avec la conviction énergique que donne l'évidence des faits sociaux et politiques du moment que les hommes de la Révolution, une fois les derniers vestiges de la féodalité effacés dans la nuit du 4 août, ne purent comprendre, ni à quelles conditions, ni dans quel but une noblesse aurait pu être encore conservée parmi nous.

Les nations de race latine, l'Italie et l'Espagne, où les principes du droit politique romain prévalurent dès la Renaissance, ont suivi, à une plus ou moins grande distance, l'exemple et les destinées de la France et sont arrivées, par l'établissement de principats absolus, à ôter à l'aristocratie territoriale l'existence et l'autorité d'une classe indépendante. En sens inverse, les nations germaniques ont conservé dans leur sein un élément aristocratique d'une importance plus ou moins considérable; mais elles n'ont pas su en déterminer rigoureusement la puissance politique, et dans quelques États du nord de l'Allemagne c'était naguère encore en partie en vertu des droits féodaux, que la noblesse territoriale prenait part à la représentation nationale. Les progrès du régime constitutionnel et représentatif ont modifié cet état de choses : la coexistence de deux chambres, dont l'une représente la grande majorité du pays, et diverses autres circonstances ont amené de profondes modifications dans la constitution politique et sociale de ces Etats, et l'aristocratie y a perdu ses prérogatives.

Le même régime constitutionnel et représentatif est appelé peut-être à corriger ce qu'a eu de trop excessif peut-être, en France, l'application immédiate et littérale du grand principe égalitaire de la Révolution. Jugée au point de vue abstrait ou de la théorie pure, la nécessité d'une noblesse indépendante n'est rien moins que démontrée, et il est incontestable qu'elle ne peut se concilier avec l'idéal démocratique. Mais entre l'idéal démocratique et les sociétés actuelles, quelle distance les progrès de la civilisation n'ont-ils pas encore à franchir! En tout cas, une telle question ne saurait être examinée d'une manière générale et en dehors des considérations historiques et des événements actuels, puisque, de l'accord de tout le monde, l'existence d'une aristocratie dépend de l'état social du moment, doit se modifier d'après les changements de cet état social, et se plier sans cesse aux progrès démocratiques; car il est dans sa destinée d'arriver à ne plus avoir de raison d'être un jour, et de disparaître insensiblement sous l'accroissement continu des forces civilisatrices.

NOMARQUE. Fonctionnaire grec moderne, dont les attributions ne diffèrent guère de celles de nos préfets.

NOTABLES. Ce sont les principaux d'une cité, les *optimates*. On appelait, sous l'ancien régime, assemblées des notables des assemblées consultatives dont les membres étaient le plus souvent des fonctionnaires publics choisis par d'autres fonctionnaires publics. Jusqu'à quel point ces élus du gouvernement représentaient la nation, quelle était leur autorité morale? On se l'imagine aisément.

M. de Calonne composa ainsi, en 1786, la dernière assemblée des notables : 7 princes du sang, 15 archevêques et évêques, 36 ducs, comtes ou marquis. 12 anciens ministres ou conseillers d'Etat, 38 officiers des cours souveraines, 10 députés des pays d'Etat, et 25 chefs municipaux. Il avait ainsi augmenté le nombre des députés de la bourgeoisie; il décida en outre que les trois ordres délibéreraient en commun, et que le vote aurait lieu par tête, afin d'assurer la prépondérance au tiers état. Mais il y a apparence qu'il savait bien ce qu'il faisait. Les notables municipaux, presque tous nobles ou anoblis, étaient plus fanatiques des abus que les princes et les évêques, et M. de Calonne ne craignait pas que ces privilégiés voulussent réduire beaucoup les privilèges. Aussi, quand on leur demanda la répartition de l'impôt entre les trois ordres, l'égalité proportionnelle de l'impôt foncier, l'abolition de la corvée, la

suppression de la taille et de la gabelle, la liberté du commerce et de l'industrie, ils répondirent : Nous n'avons pas qualité pour voter. Ils ne se trompaient guère. Pour se tirer d'affaire, ils demandèrent la convocation des assemblées provinciales, puis celle des états généraux.

NOTE DIPLOMATIQUE. Dans le langage diplomatique, on appelle *note* la communication par écrit qui a lieu entre les agents accrédités des diverses puissances. On distingue plusieurs espèces de notes :

La note *officielle*, ordinairement signée par un ambassadeur, un ministre plénipotentiaire, un chargé d'affaires, en un mot, par l'agent diplomatique.

La note *verbale*, non signée, soit que l'agent diplomatique ne veuille pas engager sa responsabilité d'une manière définitive, soit qu'il s'agisse simplement de rappeler les points essentiels d'une conversation politique sur des questions qui ont été traitées de vive voix.

La note *secrète*, non ostensible, qui a été introduite dans les usages diplomatiques pour faire connaître d'une manière plus complète l'état des affaires et les probabilités de leur solution, en dehors de la correspondance officielle.

NOTES IDENTIQUES. Il y a des notes ou communications diplomatiques dites verbales, parce que la copie laissée au ministre des affaires étrangères n'est pas signée. Aucune copie n'est censée laissée au ministre. Si l'instruction prescrit de *laisser copie*, celle-ci est signée.

Quand divers pays s'entendent pour influencer un cabinet, ils lui envoient des notes sur le même sujet, qui peuvent être concertées quant au contenu, mais dont la rédaction peut différer. Si l'on veut peser sur ce cabinet, on s'entend aussi sur la rédaction des notes qu'on rend identiques. Le concert est alors patent, avoué. Selon les cas, cela peut être une menace.

NOTIFICATION. Ce mot, emprunté à la langue juridique, a une acception spéciale dans la langue politique : il est employé dans les rapports internationaux, c'est-à-dire dans les relations de puissance à puissance ou de peuple à peuple, et aussi dans celles des souverains entre eux considérés comme les grandes individualités des Etats.

Une puissance notifie à une autre puissance un acte qui intéresse celle-ci comme corps politique, directement ou indirectement: ainsi un blocus (*voy.* **Blocus**), une déclaration de guerre, afin d'éclairer soit les sujets belligérants, soit les neutres sur certains effets qui, d'après les lois internationales, résultent, soit du blocus, soit de la guerre. Le droit des gens veut, en effet, que les particuliers, pour leurs personnes et leurs propriétés privées, aussi bien que les gouvernements neutres, ne soient pas frustrés des délais qui leur sont nécessaires pour se mettre en garde contre des événements qui peuvent leur occasionner des pertes graves. On notifie aussi le rappel des ambassadeurs et des agents diplomatiques accrédités auprès de la nation avec laquelle il y a rupture déclarée ou guerre imminente.

Les usages ont admis également la notification des traités ; mais cette notification de peuple à peuple résulte suffisamment de leur publication officielle d'après le mode adopté chez chaque peuple. Les traités alors deviennent lois de l'État.

La notification a, dans ce dernier cas, pour les simples citoyens qui sont touchés par les traités, des effets juridiques importants. Étant admis que la publication vaut notification, il suit de là que les traités ont force de loi du jour où ils ont été légalement connus par leur promulgation.

Un souverain, un chef d'État, monarque ou président de république, notifie encore aux puissances auprès desquelles il a des agents qui le représentent, son avènement au trône ou au gouvernement. Cet acte a pour but de provoquer la reconnaissance non seulement du droit, mais aussi du titre, toutes les puissances ayant adopté ce principe que, si tout État peut choisir son chef et lui donner le titre qu'il juge convenable, il dépend des puissances étrangères de le refuser ou de l'accorder.

Les chef d'États ont aussi l'habitude de se notifier les événements de famille, naissances, mariages, décès. .

O

OBÉISSANCE. Comme tout droit correspond à un devoir, de même toute autorité suppose l'obéissance. Nous faisons abstraction ici de l'autorité paternelle et de l'autorité religieuse pour nous renfermer dans l'obéissance due à l'autorité politique et à ses dérivées (autorités administrative, judiciaire, militaire).

Aucun État ne peut exister sans que l'autorité trouve l'obéissance qui lui est due.

Voilà le principe. Or, comment savoir ce qui lui est dû ? La réponse est facile. Il est bien évident que c'est la loi qui détermine jusqu'où doit aller l'obéissance, en fixant les attributions des diverses autorités et en leur conférant leurs pouvoirs. Et nous parlons d'une loi régulière ; elle seule peut imposer l'obéissance.

La pratique est conforme à ce principe, en ce sens que les tribunaux ne punissent pas les infractions aux dispositions réglementaires prises par l'autorité administrative en dehors de ses attributions. Il s'ensuit qu'il y a des règlements administratifs auxquels aucune obéissance n'est due. Si l'axiome : « Tout le monde est censé connaître la loi », était une vérité, c'est-à-dire si tout le monde connaissait réellement la loi, les abus du pouvoir seraient rares, car toute tentative de cette nature serait bien vite réprimée. Mais, dans l'ignorance de ces droits, l'individu ne peut qu'être « soumis à l'autorité ».

C'est donc dans la limite prévue par les lois que le citoyen doit l'obéissance, et ce que la loi (ou le règlement fait conformément à la loi) ne défend pas expressément est permis. Pour les personnes qui se trouvent dans les liens d'une hiérarchie (ecclésiastique, administrative, militaire), il y a cependant encore une nuance importante à observer : elles ont contracté des devoirs particuliers que les lois n'ont pas toujours suffisamment définis et ne peuvent pas toujours définir. Il restera ici pour les chefs une latitude discrétionnaire, et pour les subalternes des cas d'appréciation dans lesquels la conscience est le seul juge.

Quant à l'obéissance aveugle, elle n'existe nulle part d'une manière absolue, pas même dans l'armée. On parle de la stricte exécution de la consigne, et on cite avec admiration le factionnaire qui ne veut pas laisser passer l'Empereur faisant une ronde [1]. Le soldat a rempli son devoir, s'il n'a pas connu son souverain, son général en chef. Mais lorsqu'il dit : « Vous ne passerez pas, fussiez-vous le *petit caporal* » (l'Empereur), il dépasse le but et tombe dans l'absurde. S'il doit une obéissance passive, aveugle à son chef immédiat ou direct, par exemple au caporal, il peut dépendre du caporal d'ordonner au soldat de tirer sur son officier, sur l'Empereur lui-même. On voit jusqu'où irait la stricte application du principe [2]. L'homme n'étant pas une brute, mais un être intelligent, il ne doit rien, absolument rien faire aveuglément. Il doit une obéissance éclairée, et il est facile de démontrer que celle-ci est plus puissante que l'obéissance aveugle.

L'obéissance aveugle, quand elle n'est pas le résultat de la stupidité, est l'effet de la crainte ; elle ne s'exerce donc que si elle se sait surveillée, lorsqu'il y a une sanction. L'obéissance éclairée dérive, soit du sentiment du devoir, soit de l'utilité, de la nécessité de cette obéissance ; par conséquent, elle aurait lieu en tout cas. Ajoutons qu'un des mérites que les auteurs français et étrangers sont unanimes à reconnaître au soldat français, c'est sa *spontanéité*, mérite qui ne s'accorde pas avec une obéissance aveugle.

Le contraire de l'obéissance, c'est la déso-

1. On connaît la gravure à laquelle nous faisons allusion.

2. Le soldat devrait savoir que, s'il exécute fidèlement la consigne, il ne fait encore qu'obéir à la loi qui a institué l'autorité militaire et qui lui impose l'obéissance. Ce n'est, au fond, que par délégation que le caporal commande.

béissance, qu'on appelle aussi résistance passive ; c'est quelquefois davantage. Or, nous avons consacré un article spécial à cette question ; nous renvoyons donc le lecteur au mot **Résistance**.

OBERGESPAN. C'est le titre du fonctionnaire supérieur du *comitat* en Hongrie, c'est le préfet.

OBLIGATIONS. Lorsque plusieurs personnes s'associent pour une entreprise, les fonds qu'elles ont à verser pour former le capital sont généralement divisés en unités qui portent le nom d'*actions*. L'actionnaire est donc un associé. Lorsque le capital ainsi réuni ne suffit pas, et que les directeurs de l'entreprise se décident à contracter un emprunt, l'unité du prêt s'appelle *obligation* et les détenteurs d'obligations sont des créanciers.

Aussi les obligations portent-elles intérêts, tandis que les actionnaires touchent un dividende. Le taux des intérêts est toujours le même ; il a été fixé au moment de l'émission de l'emprunt. Le dividende varie, il s'élève ou s'abaisse avec les profits que l'entreprise réalise. Ici il y a un élément aléatoire, là tout est certain. Il en résulte que, dans les situations normales, l'action est un peu plus productive que l'obligation. (Dividendes = profits divisés).

Les intérêts des obligations sont naturellement payés avant le dividende ; ces intérêts entrent pour ainsi dire dans les frais d'exploitation ; généralement, les obligations aussi bien que les actions sont amorties, par voie de tirage au sort, dans un nombre d'années déterminé. Des combinaisons financières très variées sont appliquées aux obligations, mais nous ne croyons pas devoir en aborder la description.

L'État emprunte quelquefois, mais rarement, sous forme d'émission d'obligations. Les emprunts remboursables prennent de préférence le nom de bons du Trésor ; quant aux emprunts qui sont censés non remboursables, les parts s'appellent titres de rentes, ou inscriptions de rentes, et ces parts n'ont pas d'unités fixes, bien qu'on s'arrête à un minimum au-dessous duquel on n'admet plus d'inscription. Mais les communes émettent des obligations aussi bien que des compagnies.

On peut dire que l'obligation se distingue de l'inscription de rente, non seulement par son unité, mais encore par le fait que son remboursement est toujours prévu.

OCCIDENT. C'est à deux points de vue entièrement différents que nous avons à mentionner ici ce mot.

L'un est humanitaire. On a constaté que, jusqu'à présent, la civilisation a marché de l'Orient en Occident, puisque l'Asie a éclairé l'Europe et que l'Europe a communiqué ses lumières à l'Amérique. On a voulu en conclure qu'un jour le foyer de la civilisation sera en Amérique, et que l'Europe est vouée

à la même décadence que l'Asie. On oublie que c'est le despotisme et la violence qui ont détruit les empires d'Orient, tandis que ces fléaux sont inconnus dans l'Ouest et le centre de l'Europe. (Pourvu que la démocratie ou le socialisme n'aillent pas sur leurs brisées.)

L'autre point de vue est européen. L'Ouest comprend la France et l'Angleterre en opposition à l'*Est* et même au *Nord*, à la Russie, l'Allemagne et l'Autriche.

OCCUPATION. I. Des diverses acceptions de ce mot, celle qui a le plus longtemps exercé la sagacité des publicistes est relative au mode d'acquérir des terres restées sans maître. L'occupation, c'est-à-dire la prise de possession effective, est l'un des moyens d'en devenir propriétaire. Le particulier qui découvre une île inhabitée, ne faisant partie d'aucun État constitué, peut se l'approprier, la cultiver et en disposer, et ses titres de propriété sont d'autant moins contestables qu'il lui a consacré plus de travail. Si l'île fait partie d'un État, il ne peut en acquérir la propriété que si les lois reconnaissent les droits du premier occupant, ou il ne peut les acquérir qu'aux conditions prévues par les lois du pays. Ainsi, aux États-Unis, les terres qui n'appartiennent à personne en particulier font partie du domaine de l'État, elles ne sont pas, strictement parlant, sans maître, aussi le premier occupant n'a-t-il qu'un droit limité, celui de pouvoir l'acheter de préférence à tout autre.

Mais développons l'hypothèse d'une île déserte. Un Européen la découvre dans l'océan Pacifique et s'en empare effectivement (il ne suffit pas d'élever un poteau et d'y clouer une planche avec une inscription constatant la prise de possession et ne plus s'en soucier ; l'*occupation* doit être effective, l'exploitation est de rigueur). Il en est assurément le propriétaire à titre privé, ou au point de vue du droit civil, mais en est-il aussi le seigneur politique ? Il ne peut l'être que dans un cas : s'il s'est dégagé préalablement des liens qui le rattachaient à sa patrie. Tant qu'il reste Français, Allemand, Anglais, son *status* le suit, son pays conserve sur lui ses droits, il nationalise ou naturalise les objets qui deviennent sa propriété, car, à beaucoup d'égards, la propriété, du moins mobilière, la propriété est un accessoire de l'homme et en subit la loi.

Toutefois, le pouvoir pour un citoyen de produire une accession en faveur de sa patrie n'est pas illimité, car le pouvoir de son pays ne l'est pas. De même que son status personnel le suit partout, tandis que le status réel (la propriété immobilière) reste nécessairement subordonné aux lois territoriales ; de même pourrait-on lui contester le droit d'étendre les limites du territoire de la nation à laquelle il appartient. En d'autres termes, on peut contester à un particulier le droit de prendre possession d'une terre au nom de son gouvernement. La jurisprudence n'est pas bien arrêtée sur ce point, parce que les faits qui se sont présentés n'ont pas été bien variés. Un particulier pourra vivre dans une île, perdu dans l'Océan, et jouir de la souveraineté, parce que personne ne se souciera de l'inquiéter. Il peut aussi éprouver le bes'.n d'une protection et la demander à son pays natal; mais celui-ci restera juge de ses convenances.

L'occupation officielle d'une terre sans maître par les agents d'un gouvernement constitue un mode d'acquisition pleinement reconnu par le droit international. On en a usé et abusé, mais à mesure que la terre se peuple, on trouve de moins en moins l'occasion de l'exercer.

II. L'occupation peut aussi s'appliquer à un pays habité. Une armée victorieuse qui envahit un pays l'occupe en partie ou en entier et quelquefois pendant un temps assez long. Nous ne nous arrêterons pas à une occupation qui dure des jours ou des semaines, et dont on prévoit la fin prochaine. L'envahisseur, nous l'avons dit ailleurs, doit être humain et ne demander que les choses dont il a besoin pour son entretien, sans rien détruire, si ce n'est pour sa défense ou comme fait de guerre. Il ne doit pas détruire pour détruire. Si l'occupation se prolonge, les choses se compliquent et un grand nombre de questions se posent.

Évidemment la puissance qui occupe le pays s'en est rendue maîtresse, elle y exerce les droits de souveraineté, lève des impôts, fait les lois nécessaires, exerce, s'il y a lieu, la haute et la basse justice; mais elle n'a que la souveraineté de fait et non la souveraineté de droit. Ainsi, les habitants ne perdent pas leur nationalité, les rapports civils entre les citoyens restent intacts, les lois continuent d'être en vigueur, sauf en ce qui concerne celles que le vainqueur a expressément abrogées, modifiées ou suspendues. Un crime commis pendant l'occupation sera justiciable des tribunaux du pays, même après la conclusion de la paix. L'étranger, même s'il appartient à la nationalité du vainqueur, mais *sans faire partie de l'armée,* reste soumis aux lois du pays envahi, et il pourra être, tant qu'il n'y aura pas prescription, recherché après la paix pour les crimes qu'il aura commis à un moment où les tribunaux n'étaient peut être pas en état de sévir.

Si le commandant de l'armée occupante n'en décide pas autrement, les autorités administratives peuvent rester à leur poste et maintenir entre eux leurs liens hiérarchiques. Les tribunaux peuvent continuer d'administrer la justice, et ils doivent même le faire tant qu'il n'y a pas de sérieux obstacles moraux ou matériels. C'est au nom de leur souverain qu'ils rendent justice. Lors de la guerre franco-allemande une difficulté toute spéciale s'est présentée. Pendant la guerre, la révolution du 4 septembre ayant changé la forme du gouvernement, et les Allemands n'ayant pas encore reconnu la République, ils croyaient ne pas pouvoir laisser exercer la justice, en leur présence, au nom de la République, sans avoir l'air de la reconnaître, ils ont donc demandé à la cour de Nancy et à divers tribunaux de siéger au nom des « gouvernements occupants », ce que la cour et les tribunaux refusèrent, avec raison, de faire. Or, les Allemands se trompaient doublement : d'une part, en demandant que la justice fût rendue en leur nom, et de l'autre, en croyant que l'administration de la justice au nom de la République impliquait de leur part reconnaissance de son gouvernement. Ils sont censés — ou peuvent être censés — ignorer ce que font les tribunaux, tant que les magistrats restent étrangers à la guerre et que leurs jugements ne s'appliquent qu'à des intérêts privés.

III. Il y a encore l'occupation d'une contrée à titre de gage, par exemple pour payer une indemnité de guerre. Dans ce cas, les détails du mode d'occupation sont généralement réglés par traité. En tout cas, comme l'état de paix a succédé à l'état de guerre, tous les services publics sont remis en mouvement et sont dirigés par le gouvernement national, et le commandant de l'armée d'occupation n'a d'autres pouvoirs que ceux qui sont nécessaires à la sécurité de ses troupes. Il n'a pas à lever d'impôts, ni à demander d'autres prestations que celles qui sont stipulées dans le traité, mais si les autorités locales ne savent pas maintenir la sécurité, il a le droit primordial de se protéger lui-même. Les habitants des contrées occupées doivent, par patriotisme, éviter de lui donner des griefs sérieux. Une calme dignité est toujours plus noble que de hardies mais malavisées taquineries.

L'occupation peut aussi être un mode de coercition, d'exécution. Par exemple, si le gouvernement de l'un des pays allemands ne se soumettait pas à l'une des prescriptions de la constitution fédérale, l'empereur pourrait y envoyer des troupes d'occupation, qui seraient une sorte de garnisaires aux frais du pays occupé. Mais l'état de paix ne serait pas nécessairement rompu, l'autorité civile resterait en fonction.

Ces deux sortes d'occupations peuvent être considérées comme des mesures légales, mais l'histoire a aussi enregistré — et bien trop souvent — des occupations plus ou moins bien (nous devrions dire *mal*) justifiées par la politique. Ces occupations se faisant en dehors du droit des gens, les publicistes ne peuvent guère songer à leur tracer des règles.

OCHLOCRATIE. Pouvoir de la foule. C'est, il paraît, Polybe qui a inventé ce mot. Les bons gouvernements, selon lui, la royauté l'aristocratie et la démocratie; les mauvais, la monarchie, l'oligarchie et l'ochlocratie (liv. VI, p. 629). Barthélemy Saint-Hilaire ne trouve pas cette définition très juste [1]. Elle ne l'est pas en ce qui concerne la royauté : ce n'est, en effet, qu'une des formes de la monarchie; mais la dénomination d'ochlocratie est parfaitement juste, bien plus juste que

---

1. *Traduction de la politique d'Aristote,* liv. III.

le mot *démagogie*,qui n'indique qu'un moyen du gouvernement populaire, et non ce gouvernement lui-même. Aristote appelle démocratie ce que Polybe appelle ochlocratie. Aristote, dit Barthélemy Saint-Hilaire, prend toujours le mot *démos* pour la partie la plus nombreuse du corps politique. Toutes les fois donc qu'on trouvera dans Aristote le mot peuple, il faut entendre, non pas la totalité ou la majorité de la nation, ce qui comprendrait aussi les esclaves, mais seulement la dernière classe du corps politique, celle qui prévalut à Athènes, mais qui, dans la plupart des républiques grecques, ne joua jamais qu'un rôle tout à fait secondaire. » Il nous semble, au contraire, que *démos (populus* et non *plebs*) signifie la commune, ou ce qui revenait au même pour les anciens Grecs, l'Etat.

L'ochlocratie est le pouvoir de la partie la plus pauvre et la moins éclairée de la nation, qui est ordinairement la plus nombreuse. Mais,quoique supérieure en nombre, comme elle ne saurait représenter la volonté générale, elle n'est au fond qu'un gouvernement de minorité.Le despotisme du grand nombre, comme le despotisme d'un seul, s'établit bien plus par usurpation que par consentement. Quelles volontés libres concluraient un pareil contrat? Il est inutile de dire que ces deux gouvernements sont aussi souvent exploités par des conseillers (démagogues) qu'exercés par ceux dont ils proclament la puissance.

L'histoire de la Commune de Paris, en 1871, montre bien ce qu'est une ochlocratie: quel que fût la latitude laissée aux meneurs, ils étaient obligés de satisfaire à la volonté générale de leurs soldats : puissance impersonnelle, diffuse, arbitrairement communicable et qui, à un moment donné, réside tout entière dans un garde national aussi bien que dans un délégué (ministre).La raison en est, je crois, que ces sortes de gouvernement ayant pour habitude de légiférer sur toutes choses d'une manière absolue, en épuisant d'un coup toutes les sanctions légales, il n'y a plus que des affaires d'Etat. De plus, un tel gouvernement est essentiellement militaire, autant par l'incapacité du peuple de concevoir d'autre organisation politique qu'une armée, que par suite des circonstances violentes où il prend naissance et qu'il pousse encore lui-même à toutes les extrémités.

(J. de BOISJOSLIN.)

OCTROIS. On donne, en France, le nom d'octroi à un droit de consommation perçu au profit de la caisse communale, aux portes d'environ 1.400 villes. Des taxes analogues existent dans différents pays, et sous différents noms.

Les octrois existent en France depuis plusieurs siècles. Supprimés par la loi des 19-25 février 1791, ils furent rétablis, en principe, par la loi du 9 germinal an V, et en fait — à Paris — par la loi du 27 vendémiaire an VII. Depuis cette époque, la légis-lation a subi plusieurs vicissitudes, mais sans trop s'écarter des règles que nous allons exposer. Aucun octroi ne peut être établi que sur la demande du conseil municipal. La loi de 1837 et d'autres de date postérieure donnent, dans certains cas, au préfet le droit d'imposer les communes d'office, c'est-à-dire, d'ajouter aux impôts directs quelques centimes additionnels, dont le nombre est fixé par la loi; mais ni le préfet, ni le ministre, ni le chef de l'Etat ne peuvent, en aucun cas, créer un octroi d'office.

D'un autre côté, le pouvoir des conseils municipaux n'est pas illimité. Le gouvernement peut refuser son approbation d'une manière absolue ou conditionnellement, et dans ce cas, ou l'octroi n'est pas établi du tout, ou la commune accepte les modifications proposées par le ministre. Le conseil municipal ne peut pas non plus supprimer un octroi sans l'autorisation du gouvernement, et l'établissement, aussi bien que la suppression, ont lieu par décret délibéré en Conseil d'Etat (assemblée générale).

Depuis quelque temps l'octroi est très menacé. On l'a toujours attaqué, comme impôt indirect; les économistes, notamment, ne le trouvant pas assez proportionnel. Mais alors les économistes n'avaient pas assez approfondi ces questions; ils ne tenaient pas assez compte de la nécessité de prendre les choses telles qu'elles sont. Or, *en fait*, avec nos gros budgets, l'impôt direct seul serait trop lourd, il faut des impôts de consommation pour les alléger, on les a rétabli partout où on les avait supprimés. Il ne faut pas oublier non plus que la plupart des citoyens n'aiment pas payer l'impôt; c'est une regrettable faiblesse, mais il faut en tenir compte, et à cet effet il faut établir des impôts de consommation variés, combinés de manière à rendre le fardeau moins sensible, moins visible surtout.

L'histoire ancienne et moderne nous apprend que le contribuable supporte plus volontiers l'impôt indirect que l'impôt direct, de là les octrois. S'ils sont si souvent attaqués de nos jours, c'est que des intérêts (souvent mal compris) se sont ligués contre eux. Ce sont d'abord les producteurs de viande et de vin, ils espèrent vendre un peu plus de leurs marchandises, ou les vendre plus cher; c'est donc un intérêt mesquin qui les inspire. Mais le plus souvent ils se trompent, l'impôt a bien moins d'influence qu'ils ne s'imaginent, les choses sociales, sont très compliquées, et ils n'en voient qu'une partie. La viande et le vin ne forment qu'une faible partie des dépenses d'un ménage, et les droits sont le plus souvent payés par les riches[1]; puis on fera plutôt des économies sur d'autres dépenses que sur celles-là.

Il y a ensuite les prétendus amis du peuple, c'est-à-dire certains candidats à la dépu-

---

1. On vend exprès plus cher aux riches les morceaux choisis, afin de pouvoir faire des concessions aux pauvres. Informez-vous en auprès des bouchers.

tation, qui déclament contre les octrois, en exagérant d'une manière absurde. Par ex. Ils divisent le produit des octrois par le chiffre de la population de Paris; ils trouvent une moyenne de 60 fr. par tête. En évaluant une famille à 5 personnes, cela fait 300 fr. par famille. Voyez-vous cet enfant à la mamelle payer 60 fr. de taxe. Et croyez-vous réellement que le millionnaire ne paye pas plus de droit que le journalier? En fait, ce dernier ne paye de droit que sur le vin et l'eau-de-vie (presque des objets de luxe); il ne paye rien sur le pain, sur les légumes, sur la viande. Il ne paie rien sur le gibier et la volaille, qui ne sont pas à sa portée, rien sur les fourrages, les constructions, etc., etc. Il y a, en cette matière, un abus de déclamation... extraordinaire. En résumé, l'octroi est un impôt ni pire, ni meilleur que les autres, et si on le supprime, on le rétablira.

OFFICE. Merlin définit l'office « le titre qui donne le pouvoir d'exercer quelque fonction publique ». Mais à raison de la condition commune des offices sous l'ancienne monarchie, ce mot éveille surtout l'idée d'un titre vénal. Aussi, tandis qu'il y avait autrefois des offices de toute sorte, de judicature, de finance, etc., on n'emploie plus cette expression qu'en parlant des *offices ministériels*, c'est-à-dire de certaines charges, celles de notaire et d'avoué, par exemple, dont les titulaires ont acquis moyennant finance le droit d'exercer leur ministère. La vénalité des offices a été très anciennement connue, pratiquée, discutée. Platon la réprouvait en ces termes : « Est-ce que dans un navire on fait quelqu'un pilote ou matelot pour son argent? Serait-il possible que la règle fût mauvaise dans quelque autre emploi que ce fût de la vie, et bonne seulement pour conduire une république? » La pénurie des finances amena les rois de France à établir à différentes reprises le principe de la vénalité des charges. De là résultait des abus sans nombre, et les États généraux, toutes les fois qu'ils étaient convoqués, ne manquaient pas d'élever leurs doléances à ce sujet et de réclamer la cessation d'un tel commerce. Mais les raisons qui avaient fait admettre le principe empêchèrent toujours d'y renoncer d'une manière définitive, et Henri IV acheva de le consolider par l'établissement du droit annuel appelé *Paulette*, du nom du financier qui l'inventa. Au moyen de ce droit, le titulaire d'un office en devenait, en quelque sorte, le propriétaire et pouvait le transmettre à ses descendants. De la royauté, l'habitude de vendre les offices s'était étendue aux seigneuries, et il n'y avait seigneur justicier, si mince qu'il fût, qui ne vendît le plus cher possible le droit de rendre la justice en son nom. L'Assemblée constituante abolit la vénalité des charges, mais sous le Consulat et sous l'Empire, le besoin d'argent en amena le retour pour certains offices assujettis à un cautionnement, comme ceux de notaires,

avoués, greffiers, huissiers, agents de change, commissaires-priseurs, courtiers en marchandises, etc. Tel est encore à peu près l'état de choses actuel. Montesquieu s'est montré favorable à la vénalité des offices. Mais malgré cette grande autorité, on peut considérer la vénalité des offices comme jugée et condamnée par l'expérience. Sans parler des abus qui sont la conséquence nécessaire de cette vénalité, la conscience se révolte à l'idée du droit sublime de rendre la justice devenu marchandise et abandonné moins au plus digne qu'au plus offrant. D'ailleurs, au point de vue financier, il n'y a là qu'un expédient peu profitable. On ne peut en effet tirer de l'argent des acquéreurs d'offices qu'en les mettant à même de s'en dédommager avec usure aux dépens du public. C'est donc en définitive le contribuable qui payera en détail la somme versée par l'officier acquéreur, et comme il faut que celui-ci trouve un profit, le contribuable devra payer beaucoup plus qu'il n'eût payé à l'État lui-même.

L'ancienne vénalité des offices n'a pas été cependant sans offrir certains avantages en compensation des inconvénients qu'elle entraînait. Les compagnies judiciaires lui ont dû en grande partie leur indépendance. Elle a contribué par la transmission héréditaire des offices à former ces anciennes familles de robe dont l'histoire de nos parlements offre de si nombreux modèles, chez lesquelles se transmettaient de génération en génération, comme un patrimoine, les plus saines traditions et les plus fortes vertus judiciaires. Par contre, elle n'a pas moins contribué à l'émancipation de la bourgeoisie, en lui offrant un moyen sûr et facile de s'élever progressivement. Mais ces considérations, dont la dernière n'aurait plus d'actualité, ne sauraient effacer le vice du principe. On a donc bien fait de bannir la vénalité de la justice et des finances, mais doit-on la poursuivre dans ses derniers retranchements et supprimer pour les offices ministériels le droit qui appartient maintenant aux titulaires de présenter leurs successeurs ? On peut dire, en ce sens, que les choix seraient meilleurs si on pouvait, en nommant un officier ministériel, considérer seulement l'aptitude, sans se préoccuper des ressources pécuniaires, et que l'expérience a montré combien le haut prix d'un office pèse lourdement sur celui qui en est investi, et l'entraîne souvent hors de son devoir. Deux considérations nous feraient voir cependant avec répugnance la nomination directe substituée à la vénalité des offices ministériels. C'est d'abord la somme énorme dont nos finances seraient grevées par le remboursement de tous les titulaires d'office, car on ne saurait penser, sans injustice, à les dépouiller, sans compensation, d'une propriété que, sur la foi des lois existantes, ils ont acquise à titre souvent très onéreux. Puis, à supposer que ce remboursement soit possible et même facile, est-il désirable que dans un pays aussi administré et aussi centralisé que le nôtre, dans un pays où l'Etat étreint et enlace l'individu dans le réseau serré de ses agents de tout ordre et de tout grade, est-il désirable, disons-nous, que le nombre des fonctionnaires publics s'accroisse encore de tous les officiers ministériels? Divers auteurs, dont Gaston de Bourge, répondent que non à cette question, mais la plupart aimeraient mieux qu'on pût racheter les offices. Le notaire et l'huissier seraient nommés à vie par le gouvernement. Quant aux avoués, nous ne voyons pas pourquoi le nombre en serait limité. Tout avocat devrait pouvoir être avoué; une simple déclaration devrait suffire. Ce sont là de simples et très courtes indications.

OFFICIEL, OFFICIEUX. Ce qui émane de l'autorité et en porte le cachet est officiel. Ce mot est quelquefois synonyme d'authentique, parce que le gouvernement est souvent le seul à connaître un fait, et parce qu'il est supposé trop se respecter pour en parler sans être suffisamment renseigné.

Généralement, les rapports hiérarchiques entre les diverses autorités, ainsi que les communications faites aux citoyens, se font dans la forme officielle, forme tantôt prescrite par les lois et règlements, tantôt établie par l'usage. Mais il peut aussi arriver qu'on donne des avis *officieux*, semi-officiels ou pas officiels du tout. Dans les rapports officiels, c'est l'autorité qui parle ou qui agit, et ses paroles et ses actes ont telles suites légales que de droit. Dans les rapports officieux, ce n'est plus l'autorité, d'une manière impersonnelle, mais un fonctionnaire qui parle en se dépouillant momentanément de son caractère. La loi n'ayant pas prévu l'action officieuse, elle ne devrait pas avoir de suite légale; mais, en fait, celui qui méconnaît un avis officieux en subit parfois les conséquences.

OFFICIER. Celui qui exerce un office, un emploi, une charge. Les officiers du Parlement et des autres cours souveraines ont disparu avec l'ancien régime; mais on a conservé les officiers de justice et de police, les officiers publics et ministériels; on a repris les officiers civils et militaires de la couronne, et créé les officiers de santé, les officiers d'administration, les officiers de l'état civil, les officiers de la Légion d'honneur. Il y a encore beaucoup d'autres officiers.

Mais le mot officier désigne plus spécialement celui qui exerce un commandement dans une armée. Les grades des armées modernes forment une hiérarchie qui comprend les simples officiers, dont l'autorité est restreinte à un seul corps; les officiers supérieurs, qui commandent un ou plusieurs corps, mais toujours de la même arme; les officiers généraux, qui commandent des troupes de toutes armes. Cette hiérarchie est suffisamment connue pour que nous n'ayons pas à nous y arrêter.

OLIGARCHIE. Puissance du petit nombre. Aristote, après avoir énuméré les gouvernements qu'il appelle d'intérêt général, la monarchie, l'aristocratie, la république, traite des gouvernements d'intérêt particulier, la tyrannie, l'oligarchie et la démocratie (*voy.* **Ochlocratie**), qui lui semblent la corruption des trois premiers. « Hobbes, dit Barthélemy Saint-Hilaire [1], a remarqué avec raison (*Imperium*, VII, 3) que ces trois secondes dénominations sont toutes de haine et de mépris, mais qu'elles ne désignent pas des gouvernements de principes différents; c'est précisément ce qu'Aristote a entendu en employant ce mot : corruption ».

« L'oligarchie, dit Aristote, est la prédominance politique des riches, et la démocratie, au contraire, la prédominance politique des pauvres à l'exclusion des riches; » et, à cette objection : mais si les riches sont les plus nombreux, et gouvernent, ou si les pauvres sont les moins nombreux, et gouvernent? il répond que la domination de la minorité dans les démocraties et celle de la majorité dans les oligarchies sont choses tout accidentelles, parce que les riches forment partout la minorité, comme les pauvres forment partout la majorité. « Les deux partis, continue l'impartial Aristote, revendiquent exclusivement pour chacun d'eux le droit de faire la loi, et, de fait, ce droit appartient à tous deux jusqu'à un certain point, mais ce droit n'est absolu ni pour les uns ni pour les autres. D'une part, supérieurs en un point, en richesses, par exemple, ils se croient supérieurs en tout; d'autre part, égaux en un point, en liberté, par exemple, ils se croient absolument égaux : on oublie des deux côtés l'objet capital. Si l'association politique était une association commerciale et lucrative, la part des associés serait dans l'Etat en proportion directe de leur mise, et les partisans de l'oligarchie auraient raison; mais l'association politique a pour objet non pas seulement l'existence des associés, mais leur bonheur, une aisance suffisante et complète pour les familles et les diverses classes d'habitants. Ceux qui apportent le plus (par les talents) au fonds général de l'association, ceux-là ont dans l'Etat une part plus large que ceux qui, égaux ou supérieurs par la liberté, par la naissance, ont cependant moins de vertu politique, une plus large part que ceux qui, l'emportant par la richesse, le cèdent néanmoins en mérite ».

A qui doit donc appartenir la souveraineté? A la multitude, aux riches, aux gens de bien, à un seul individu supérieur par ses talents, à un tyran? « Ni aux uns ni aux autres, dit Aristote, mais à la loi. » Et s'il fallait préférer un des éléments du corps politi-

_____
1. *Traduction de la Politique d'Aristote*, liv. III.

que, Aristote pencherait pour la multitude, par cette raison que, si chacun en particulier juge mal, ensemble tous jugent bien (liv. III), (*Voy*. **Vox populi**). Mais le gouvernement qui lui semble assurer le plus le règne de la loi est la république (πολιτεία), qui emprunte ses principes à l'oligarchie et à la démocratie. Si on lui eût demandé comment l'alliance de ces deux gouvernements, qu'il appelle corrompus, peut donner naissance au meilleur de tous, il eût répondu sans doute qu'ils n'étaient mauvais que parce qu'ils sont exclusifs, et que la sagesse politique devait être la réconciliation de ces deux éléments de la cité, follement divorcés.

Le gouvernement oligarchique des anciens ne se rencontrait guère que dans de petits États et ceux des modernes dans des villes libres, théâtre plus facile pour cette concentration du pouvoir collectif. L'oligarchie s'établira difficilement dans une grande nation, tout au plus pour peu de temps après une insurrection. Elle s'appellera gouvernement provisoire; mais on se demande si le mot d'oligarchie est vraiment applicable.

OLYMPIADE. Espace de quatre ans, que les Grecs avaient pris pour base de la supputation du temps, et qui sert encore à déterminer leur chronologie. On disait : la première, la deuxième année de telle olympiade. L'ère des olympiades devrait commencer avec les premiers jeux olympiques; mais comme la célébration de ces jeux fut interrompue dans l'origine, l'ère commune ne date que de la vingt-septième représentation, 23 ans avant la fondation de Rome, 773 ans avant Jésus-Christ, qui est né la 1re année de la 195e olympiade. On a compté par olympiades jusqu'à la 304e (447 ans après J.-C.). L'ère des Séleucides et l'ère chrétienne remplacèrent l'ère des olympiades.

OMNIPOTENCE. Toute-puissance. L'omnipotence n'existe pas sur la terre. Le roi le plus absolu ne l'a pas, même en politique, car il arrive toujours un point où il voit son pouvoir s'arrêter. Tantôt la barrière est formée par la religion, tantôt par les mœurs, tantôt par les intérêts, tantôt encore par les ambitions rivales, mais elle ne manque jamais complètement.

La loi elle-même n'est pas omnipotente, car le droit public prévoit des lois auxquelles l'obéissance n'est pas due, puisqu'il reconnaît des principes supérieurs aux lois. (*Voy*. **Principes de 89**.) En France, le Sénat de 1852, par exemple, n'était-il pas institué précisément pour veiller à ce qu'on n'établisse aucune loi inconstitutionnelle, c'est-à-dire contraire aux droits fondamentaux assurés par la Constitution aux citoyens français ?

OPINER. Donner son avis dans une assemblée sur un sujet en délibération. Dans les cours et tribunaux, qui sont généralement composés de peu de membres, chacun exprime son opinion à tour de rôle, et il est d'usage que le plus jeune commence, ne serait-ce que pour qu'il ne soit pas influencé par l'autorité des plus anciens. Dans les commissions, lorsqu'il importe que chacun émette son avis, le président commence habituellement à le demander à son voisin de droite, et passe au suivant pour finir à son voisin de gauche. Dans une assemblée nombreuse, on n'opine pas, à proprement parler, c'est-à-dire qu'on ne demande pas l'avis de chaque membre : ceux qui ont une opinion à exprimer parlent, les autres se taisent; c'est le vote sous ses différentes formes (main-levée, assis et levé, scrutin public et secret), qui fait connaître l'opinion de la majorité.

Il est reçu, avec raison, que le président n'exprime aucune opinion, si ce n'est en dernier lieu; sa voix est prépondérante en cas de partage. S'il a un avis motivé à exprimer, un discours à prononcer, il doit céder le fauteuil.

OPINION PUBLIQUE. L'opinion publique est un pouvoir de date récente, et qui s'est constitué en même temps que la liberté. Au temps où la société se divisait en castes, dominée par le privilège, il ne pouvait exister d'opinion publique. Où était alors le public, en effet ? La noblesse avait son opinion conforme à ses prérogatives; l'Église avait la sienne, qui était réputée descendre du ciel même; quant au paysan, à l'artisan, au bourgeois, ils formaient la matière de l'impôt : taillables et corvéables à merci, ils étaient la base de l'édifice où s'étageait la double féodalité des clercs et des seigneurs.

C'est avec le tiers état que la chose que nous nommons opinion publique a fait son apparition, non seulement en France, mais partout où elle a surgi. Des peuples qui, comme la Russie, par exemple, n'ont pas encore constitué une forte classe moyenne, ne peuvent appartenir à la liberté; l'étoffe de l'opinion publique manque chez eux. Ils ne peuvent rien mettre entre l'absolutisme et des masses ignorantes et misérables.

La fameuse brochure de Siéyès sur le tiers état a tenu chez nous l'opinion publique sur les fonts de baptème de l'histoire. (CHARLES DOLLFUS.)

Cet avènement était préparé. Déjà, au milieu du siècle dernier, Duclos, dans ses *Considérations sur les mœurs*, indique comme un trait caractéristique de son temps une certaine « fermentation de raison universelle ». En pleine révolution, Condorcet, dans son *Tableau des progrès de l'esprit humain*, parle ainsi de cette force de l'opinion qui, selon lui, se montre de plus en plus aux abords du dix-neuvième siècle.

« Si, dans les sciences morales et politiques, il existe à chaque instant une grande distance entre le point où les philosophes ont porté les lumières, et le terme moyen où sont parvenus les hommes qui cultivent leur esprit, et dont la doctrine commune forme cette espèce de croyance généralement adoptée qu'on nomme opinion; ceux qui dirigent les affaires publiques, qui influent immédiatement sur le sort du peuple, quel que soit le genre de leur constitution, sont bien loin de s'élever au niveau de cette opinion; ils la suivent, mais sans l'atteindre, bien loin de la devancer, et se trouvent constamment au-dessous d'elle, et de beaucoup d'années, et de beaucoup de vérités.

Mignet, dans son *Introduction à l'Histoire de la Révolution française*, nous parlant de la fin du règne de Louis XV, nous apprend que dès cette époque :

« L'arbitraire était tellement décrédité que le roi en possédait l'emploi avec défiance, et rencontrait même la désapprobation de sa cour. Il s'était formé une puissance nouvelle, celle de l'opinion, qui, sans être reconnue, n'en était pas moins influente, et dont les arrêts commençaient à devenir souverains. La nation, nulle jusque-là, reprenait peu à peu ses droits; elle ne participait pas au pouvoir, mais elle agissait sur lui. Cette marche est celle de toutes les puissances qui s'élèvent; avant d'être admises dans le gouvernement, elles le surveillent au dehors; elles passent ensuite du droit de contrôle à celui de coopération. L'époque où le tiers état devait entrer en partage de la domination était enfin arrivée ».

L'opinion publique est aujourd'hui souveraine, et, comme on l'a proclamé naguère chez nous du haut du trône : « C'est à elle qu'appartient toujours la dernière victoire ».

Si l'opinion ne se peut former sans un tiers état (*voy.* **Tiers**), sa substance même doit sortir de la nation tout entière et n'admettre aucune exclusion. Elle devient ainsi l'école mutuelle des citoyens. L'accès dans les classes intermédiaires des intérêts populaires et des idées réformatrices des hommes de la pensée est une nécessité d'existence et de force pour l'opinion publique, qui perd de son efficacité dans la mesure où elle se restreint. Ce pouvoir subtil n'agit qu'au prix du concours général, et s'il ne peut se formuler que dans les régions de l'intelligence moyenne, parce que celle-ci est également distante des irréflexions de l'instinct et des témérités de l'idée, il a besoin, pour se maintenir, de se retremper sans cesse aux sources vives de l'idée novatrice qui vient des penseurs, à celles de l'instinct qui sort du peuple. Un tiers état rebelle à l'esprit d'initiative, sans sympathie d'autre part pour les souffrances du peuple, pour son développement physique, moral, intellectuel, n'est plus rien qu'une caste : il se dessèche dans la médiocrité et dans l'impuissance; au lieu d'être un rouage capital du progrès, il apparaît comme un obstacle à la liberté. Le peuple abandonné de ses guides et de ses amis naturels, — car c'est du peuple que les classes moyennes sont sorties et qu'elles sortent incessamment, — se retourne alors contre eux et cherche

parmi ses flatteurs, bientôt convertis en despotes, d'autres médecins et d'autres protecteurs.

L'opinion publique sans organes de l'opinion n'est rien : elle cesse d'exister. Formée de l'échange des esprits, née de l'échange des intérêts et des besoins, elle augmente et diminue nécessairement avec les facilités qu'elle a de se constituer. (Ch. Dollfus.) Cette vérité, malgré son évidence, est trop méconnue. Sans presse libre, sans tribune libre, sans droit de réunion et d'association, que devient l'opinion, et comment peut-elle atteindre ce degré de puissance, qui lui est indispensable pour agir sur les gouvernements, et provoquer les réformes qu'elle a pour mission de faire mûrir. On peut désorganiser l'opinion en coupant les voies de communication entre les esprits, ou en les resserrant de telle sorte que la circulation intellectuelle, le contact des idées et des intérêts ne se fasse plus qu'en des limites insuffisantes. C'est une manière de procéder qui peut se comparer à une privation graduelle d'air et de lumière, à une lente asphyxie qui épuiserait, en le corrompant, le corps social. Sans doute, ils n'est aujourd'hui en la puissance de personne de détruire totalement la vertu de l'opinion; celle-ci reflue sous la pression, elle ne disparaît pas, et tôt ou tard elle fait justice de ses entraves. On ne peut si bien faire que les idées et les besoins ne s'échangent dans une certaine mesure et que, par conséquent, la force collective qui résulte de leur commerce, l'opinion publique, ne se produise et n'agisse encore. A travers les mailles du régime le plus coercitif, l'air intellectuel, impalpable, élastique, passe encore; mais quelle différence entre ce contact anonyme et toujours soupçonné et l'échange au grand jour, large, incessant, qui s'accomplit au sein des nations vraiment nanties de la liberté! Si donc nous voulons que les gouvernements subissent l'ascendant de l'opinion, laissons se former les organes et les instruments de l'opinion, favorisons tout ce qui peut augmenter et stimuler le commerce des esprits, celui des intérêts et des besoins que les esprits sont chargés de traduire en idées.

Tout se résume en ceci : L'opinion est le guide et le contrôle des gouvernants; les bons gouvernements sont ceux qui écoutent l'opinion pour la suivre et qui savent la diriger quand elle se trompe faute de savoir ou d'expérience.

Malheureusement quand l'opinion publique se trompe généralement on n'a pas le courage de la rectifier.

OPPOSITION. Le mot opposition en politique a deux acceptions qu'il faut distinguer : au sens propre, c'est l'obstacle ou la résistance que les partis en dissidence d'intérêt ou d'opinion apportent aux actes du gouvernement; au sens dérivé, ce sont les partis eux-mêmes desquels provient cette résistance. Ces partis peuvent varier à l'infini sous le rapport du nombre, de l'intelligence et de la force; mais ils sont toujours l'opposition. Un citoyen isolé peut aussi résister au pouvoir; mais fût-il un satrape insurgé, il ne sera qu'opposant et ne sera pas l'opposition.

L'opposition peut se produire ailleurs que sur le terrain de la politique; des opinions religieuses et même des religions peuvent entrer en lutte. Les dissidents combattent et quelquefois renversent l'autorité établie. La lutte du christianisme contre le polythéisme, du protestantisme contre le catholicisme, de l'esprit philosophique contre le principe d'autorité, nous offre autant d'exemples d'oppositions qui se sont produites dans les sphères du monde moral et ont profondément réagi sur la politique.

Il est vrai que les oppositions religieuses ou philosophiques diffèrent des oppositions purement politiques par la nature des problèmes métaphysiques d'où elles dérivent, mais c'est surtout aux adversaires politiques que, dans l'usage, est réservé le nom d'Opposition, c'est aussi la seule dont nous ayons à nous occuper.

Un gouvernement despotique n'admet pas d'opposition et ne discute avec personne; on ne lui résiste que par la force et il n'a d'autre alternative que d'être toujours vainqueur ou de périr comme ces empereurs romains que la révolte triomphante traînait aux gémonies.

Ce n'est donc que dans les gouvernements libres où l'activité de l'homme prend son essor, où ses facultés se développent sans entrave, où sa raison commande en souveraine, que l'opposition trouve sa place et qu'elle existe non par tolérance, mais en vertu du droit. Elle naît de la diversité des opinions qui ne peuvent, quoi qu'on fasse, être ramenées à l'unité par aucun art, par aucune science; elle répond à la divergence des intérêts, dont la rivalité et la lutte sont au fond de toutes les questions et qui forment la trame de l'histoire. Les partis naissent, s'agitent, se combattent, se disputent l'influence et le gouvernement. Sans doute il se mêle à leurs débats beaucoup de rivalités mesquines, beaucoup de questions de personnes et d'ambitions égoïstes; mais parfois aussi, de grands principes y sont engagés et les dominent; c'est l'éternel problème des choses humaines qui reparaît toujours sous une de ses formes multiples.

Dans nos sociétés modernes, le droit de discussion et, par conséquent, d'opposition est l'âme des gouvernements représentatifs. Il s'applique non seulement à la confection des lois et au vote des impôts, auxquels la nation concourt par ses représentants, mais à toutes les parties de la législation et à tous les services publics. Il va souvent au delà et s'attaque au gouvernement lui-même et à son principe. L'idéal du gouvernement représentatif ne comporte pas ce genre d'opposition radicale; il est nécessaire, en effet, qu'en

dehors de toute discussion il y ait un point stable et un principe non contesté; dans le monde moral comme en physique, le mouvement suppose un point immobile. La loi politique permet qu'on la critique, mais elle ne saurait admettre qu'on nie et qu'on renverse son principe; toute opposition devient donc extra-légale dès qu'elle met en dénégation le pacte politique et qu'elle se propose, non le contrôle du gouvernement, mais sa destruction. Aussi dans les pays mêmes où les commotions politiques sont les plus fréquentes, où le pouvoir est le plus fortement ébranlé par les révolutions, nous voyons chaque gouvernement s'efforcer de mettre au moins son principe à l'abri des orages, en proscrire la discussion qu'il érige en délit, et souvent de placer la constitution sous la sauvegarde d'un serment.

L'opposition peut faire du mal, mais elle rend aussi des services signalés. Elle impose au pouvoir l'obligation de veiller attentivement à tous ses actes et si l'on pouvait prendre un trait d'esprit pour un axiome, il faudrait même admettre qu'elle en est la sauvegarde, parce que, a-t-on dit, on ne s'appuie que sur ce qui résiste [1].

Dans un gouvernement représentatif régulier, l'opposition est toujours la minorité : dès qu'elle devient la plus nombreuse et la plus forte, elle passe au pouvoir et trouve devant elle l'opposition du parti contraire. L'opposition peut être faible; elle peut être forte et puissante; elle peut être homogène, ou bien se composer d'éléments discordants et contraires, unis seulement pour le besoin de la lutte; elle forme alors une coalition. Les oppositions ont ordinairement une merveilleuse aptitude à se discipliner; toute opposition tend à se donner des chefs et à devenir systématique, c'est-à-dire à ne pas se borner à la critique d'actes isolés du pouvoir, mais à les condamner, à les combattre en masse.

Dans les pays divisés, où le pouvoir n'est pas universellement accepté, c'est rarement l'opposition qui fait les révolutions : elle les prépare. Le plus souvent, au dernier moment, elle recule devant son œuvre; elle s'est bornée à aplanir le terrain, à préparer l'arène dans laquelle les partis vont descendre, et où la force, entre l'insurrection et le pouvoir, va décider du sort de l'État. Il n'est cependant pas sans exemple que l'opposition victorieuse et soutenue par l'opinion impose au pouvoir une constitution et accomplisse une révolution pacifique.

L'opposition a sur le pouvoir plus d'un avantage; d'abord son rôle est le plus facile :

La critique est aisée et l'art est difficile !

L'opposition qui fait la critique [2] n'a pas,

1. Ce n'est pas seulement un trait d'esprit; tout homme, même le plus raisonnable, a besoin d'être contenu, car la possession du pouvoir inspire presque toujours l'envie d'en abuser.

2. En Angleterre, l'opposition ne se borne pas à critiquer, elle oppose volontiers idée à idée.

comme le pouvoir, la responsabilité de ses actes : œuvre collective, elle est impersonnelle. Puis, comme le public juge qu'il y a plus d'honneur à attaquer le pouvoir qu'à le flatter, et qu'il ne discerne pas qu'il faut au contraire, dans bien des circonstances, plus de courage pour le défendre que pour le combattre, l'opposition obtient facilement les faveurs de la popularité. Cette popularité fait quelquefois illusion même à de bons esprits qui se laissent aller à croire que l'opposition est nécessairement en avance sur le gouvernement et qu'elle est un moyen, une condition du progrès. Il en est ainsi quelquefois, il est vrai, mais non pas toujours ; l'opposition peut être plus libérale et plus éclairée que le pouvoir, mais elle peut l'être moins : la raison et la vérité ne sont pas plus l'apanage exclusif des gouvernants que des gouvernés. Il ne faudrait donc pas dire d'une manière absolue que l'opposition porte en ses mains l'avenir de la civilisation et les destinées du monde, elle peut même être formée par le parti réactionnaire. Cependant l'expérience démontre que les gouvernements, sauf les cas d'exception, toujours rares, où le chef de l'État est un homme de génie, tendent plus souvent à l'immobilité qu'au progrès et qu'ils opposent en général la force d'inertie aux réformes les plus nécessaires. L'impulsion vient alors du dehors et la force motrice est l'opposition.

OPPRESSION. L'oppression n'est pas nécessairement le résultat d'une illégalité formelle. Une majorité peut opprimer une minorité sans enfreindre aucune loi. Elle le fait, par exemple, en votant des lois contraires à certaines prescriptions du droit naturel, comme la liberté religieuse, la liberté individuelle, à l'égalité légale. Elle élève ainsi un droit (*positif*) contre le droit (*naturel*).

On a soutenu à tort que la religion et les mœurs étaient les meilleurs, les seuls moyens de prévenir l'oppression. C'est cependant au nom de la religion(mal entendue sans doute) que l'oppression a été le plus fréquemment exercée, et les mœurs peuvent faire autant de mal que de bien. C'étaient les mœurs qui opprimaient le noir libre dans les États du Nord de l'Union américaine. Le seul espoir des opprimés, trop faibles pour se faire respecter, est dans le progrès de la civilisation, dans la diffusion des lumières opérée par la philosophie qui met la justice au-dessus du droit du plus fort.

ORDONNANCE. C'est un acte de l'autorité dont la nature et l'importance varient avec son origine et avec son époque. Les ordonnances royales de l'ancien régime avaient le caractère de lois, bien qu'elles n'émanaient que du prince, depuis qu'on avait cessé de convoquer les États-généraux.

Sous le régime constitutionnel, les ordonnances royales étaient des actes du pouvoir exécutif, l'équivalent des décrets sous la République et l'Empire.

Les décisions des préfets et des maires, en matière de police de sûreté et de police administrative, prennent le nom d'arrêtés. Seules, les décisions du préfet de police qui remplit à la fois les attributions des préfets et des maires à ce double point de vue, à Paris et dans la banlieue, sont qualifiées ordonnances. L'autorisation de se servir de ce mot, qui semble attirer un plus grand respect, est écrite dans l'article 2 de l'arrêté consulaire du 12 messidor an VIII.Cet usage était traditionnel pour la police de Paris, et paraît remonter à la prévôté des marchands, qui exerçait certaines fonctions de police avant la création du lieutenant de police, en 1667. Les ordonnances du préfet de police sont assimilées, sous tous les rapports, aux arrêtés des maires et des préfets, rendus en mêmes matières; elles n'ont rigoureusement que la même autorité, et il n'y a aucun motif pour que les décisions du préfet de police aient une dénomination particulière.

Le pouvoir judiciaire se sert aussi du mot ordonnance, c'est l'ordre émanant du président ou du juge commis dans le but, soit de dispenser de certaines formalités, soit d'autoriser à faire certains actes, soit de procéder à certaines voies d'instruction. C'est aussi, sous le nom d'ordonnance de non-lieu, l'ordre du juge d'instruction qu'il n'y a pas lieu de poursuivre.

ORDONNATEUR. On appelle ainsi, en France,celui qui *ordonnance*ou déclare payable un mandat, ou qui signe le mandat de payement. L'ordonnateur ne peut être, en même temps, receveur ou payeur, c'est-à-dire qu'il ne peut pas manier les espèces.

Les principaux ordonnateurs sont les ministres, les préfets, les maires, les intendants militaires, les gouverneurs des colonies.

ORDRE DU JOUR. L'ordre du jour est le programme des délibérations qui doivent avoir lieu dans une réunion quelconque, ayant une certaine régularité, et plus spécialement dans une séance d'assemblée parlementaire. Chez nous, aux Chambres, il est de règle que, avant de prononcer la clôture d'une séance, le président consulte l'assemblée sur l'ordre du jour de la séance suivante et lui demande son assentiment, qu'elle accorde ou refuse par assis ou levé lorsqu'il n'y a pas de discussion. L'ordre du jour une fois fixé, il est affiché dans la salle des séances et publié par le journal officiel, qui indique non seulement le programme de la délibération en séance publique, mais encore le détail des travaux des commissions.

L'ordre du jour est aussi l'un des procédés employés pour terminer certaines discussions, par exemple une interpellation. Il y a la demande de l'ordre du jour pur et simple, qui écarte une proposition avec une sorte d'indifférence, en indiquant que la chose ne paraît pas à l'assemblée digne d'interrompre la suite de ses travaux, et l'ordre du jour motivé qui, suivant les circonstances, est formulé avec plus ou moins de soin, d'habileté, d'énergie, et qui sert alors à bien constater quel est sur une question politique l'état des esprits et le degré de confiance qu'une assemblée accorde à un gouvernement.

Aucun ordre du jour motivé ne peut être présenté, s'il n'est rédigé par écrit et déposé sur le bureau du président, qui en donne lecture à l'assemblée. Lorsque, d'un côté de l'assemblée, on propose un ordre du jour motivé et que, de l'autre côté, on propose l'ordre du jour pur et simple, celui-ci obtient toujours la priorité, c'est-à-dire que l'assemblée décide d'abord si elle interrompra ou n'interrompra pas ses travaux réguliers avant de vider l'incident. Lorsque l'ordre du jour pur et simple est écarté, l'assemblée décide, par assis et par levé et sans débats, si elle renverra dans les bureaux l'examen de l'ordre du jour motivé. Dans le cas où elle décide qu'il sera renvoyé, l'assemblée, sur le rapport d'une commission, statue comme en matière d'urgence. En effet, il est naturel qu'une déclaration qui, en définitive, aboutit à la continuation des délibérations indiquées sur le programme, ne soit pas rejetée à une époque indéfinie. La formule d'un ordre du jour motivé est ainsi conçue : « L'assemblée, considérant que... persuadée que..., confiante dans, etc., passe à l'ordre du jour. »

ORDRE ÉQUESTRE (*Ritterschaft*). Dans quelques pays allemands, comme le Mecklembourg, où la représentation a lieu encore par ordres ou par *états*, l'ordre équestre est censé (ou était naguère encore censé) représenter la noblesse. Mais, en réalité, il ne représente que la propriété foncière, ou plutôt un certain nombre de propriétaires. En effet, on n'avait pas un siège dans la diète parce qu'on possède tel nombre d'hectares, mais parce qu'on possède un *bien équestre* (*Rittergut*). Dans plusieurs pays, on a fixé pour ces biens un minimum d'étendue, mais ce minimum est assez bas.

Les biens équestres étaient des fiefs ; leur propriétaire (un chevalier) devait le service militaire personnel, que l'établissement des armées permanentes a fait transformer en redevances spéciales. Certains droits étaient rattachés à ces biens, tels que le patronat des églises et des écoles, la basse justice, l'exemption d'impôt et autres. Partout ailleurs qu'en Mecklembourg, tous ces droits, à l'exception de celui de se faire représenter séparément dans les diètes, ont été supprimés, et dans la plupart des États allemands les privilèges du *Rittergut* ne vivent plus que dans les souvenirs, à côté de la corvée et de la banalité.

ORDRE PUBLIC. Dans tous les pays,

sous tous les régimes, quels que soient le principe et la forme des institutions, la condition première d'une vie normale pour toute société, c'est le maintien de l'*ordre public*, c'est la tranquillité intérieure assurée et garantie. Que le gouvernement sous lequel vit une nation, soit monarchique ou républicain, héréditaire ou électif, traditionnel ou populaire, l'ordre public reste toujours une nécessité sociale qui précède les révolutions et qui leur survit. Là où il n'existe pas, là où il est tout au moins exposé à de trop fréquentes et trop faciles altérations, tout est en suspens. La sécurité n'est plus qu'un mot. Les citoyens cessent de se sentir garantis dans leurs droits les plus légitimes, dans leur foyer et dans leurs intérêts. La vie morale, comme la vie matérielle, est profondément atteinte. La liberté elle-même est en péril, car bien qu'elle implique la lutte, l'antagonisme réglé des opinions et des intérêts, elle finit par se corrompre dans des agitations indéfinies et stériles qui substitueraient une menace permanente de perturbation à un régime normal fondé sur la confiance et la paisible expansion de toutes les forces sociales. L'ordre public est donc une nécessité première attachée à toutes les formes de gouvernement, indépendante des questions de partis ou d'opinions, et ce mot seul signifie qu'une société quelconque ne peut vivre sans cette condition supérieure de la paix publique, maintenue entre les citoyens d'un même pays.

ORDRE (RAPPEL A L'). Dans le langage parlementaire, on a fait du rappel à l'ordre l'une des peines qu'au nom de la discipline le président d'une assemblée prononce contre ceux de ses membres qui troublent l'ordre.

Les assemblées se donnent généralement elles-mêmes un règlement qui indique tous les cas où une peine disciplinaire est applicable. Presque partout et à toutes les époques du régime parlementaire, on a suivi, à cet égard, un même usage, et il est entendu, en thèse générale, que l'ordre peut être troublé par les interruptions, les personnalités, les applaudissements et les signes d'improbation. Le président est juge du cas où l'une de ces causes de désordre est répréhensible, et c'est en vertu de ce droit indiscutable qu'il rappelle à l'ordre ceux qui s'en écartent. Il y a une grande différence entre le rappel à l'ordre, qui est une peine, et le rappel à la question, qui n'est qu'un simple avis. La parole était et doit toujours être accordée à l'orateur ou au membre qui, rappelé à l'ordre, se soumet à l'autorité du président et demande à se justifier; certains règlements n'accordent sur ce point la parole qu'à la fin de la séance. Le président, qui a seul le droit de prononcer un rappel à l'ordre, a aussi le pouvoir, après une justification, de revenir sur le rappel et de le déclarer non avenu.

En outre du rappel à l'ordre, qui, nous

l'avons dit, est une peine, et du rappel à la question, qui n'est qu'un avis, il y a encore le rappel au règlement.

ORDRES. *Voy.* **Décorations.**

ORGANISATION ADMINISTRATIVE.

L'administration est l'instrument au moyen duquel le gouvernement remplit ses fonctions. Or, de même que l'ouvrier choisit ses outils avec beaucoup de soin, convaincu qu'il est de tirer plus de profit d'instruments parfaits, le gouvernement devrait prendre des mesures pour assurer le recrutement d'individus convenablement préparés pour leurs fonctions, donner des garanties légales aux fonctionnaires administratifs, et rendre l'avancement dépendant du mérite, plutôt que d'un concours de circonstances où le hasard et la faveur entrent comme éléments importants. Mais jusqu'à présent très peu encore a été fait par les gouvernements qui se sont succédé en France pour s'assurer de bons instruments, et s'il y a une assez forte proportion de bons fonctionnaires, c'est que les chances lui ont été favorables.

Autrefois, on justifiait (très mal selon nous) le refus d'établir des conditions d'admission et des règles d'avancement par l'argument que voici : Nous sommes responsables, diraient les ministres, donc il faut que nous puissions choisir des agents qui aient notre confiance. C'est une fin de non-recevoir mais ce n'est pas un argument. Apparemment les ministres — ou autres fonctionnaires supérieurs — ne prétendaient pas prendre des hommes incapables de remplir l'emploi; si cela était, on ne l'avouerait pas. Quant à la confiance, à quoi peut-elle s'appliquer ? Aux secrets à garder ? Il n'y en a guère. Les mesures prises dans l'intérêt général peuvent ou doivent pouvoir supporter la publicité. = Aux maniements de fonds ? — Il n'y en a pas pour les fonctionnaires dont il s'agit. — A leur soumission, à leur obéissance ? — Elle est garantie par l'amovibilité. — A leur capacité ? — Mais pourquoi alors ne pas demander des diplômes ? Le désir d'avoir la liberté de choisir comme agents des hommes de confiance est naturel, il est même justifié, mais il ne peut agir dans ce cas que d'agents personnels et non de fonctionnaires publics.

On pourrait soutenir que le pouvoir illimité des ministres sur les fonctionnaires qui leur sont subordonnés est sans utilité pour le service et qu'il peut même être nuisible. Il est des pays au moins aussi bien administrés que la France, où les fonctionnaires sont inamovibles, et d'autres où ils le sont à peu près; ces dispositions existaient dans plusieurs États allemands avant le régime constitutionnel, et les chambres n'ont éprouvé aucun besoin de les supprimer. Malgré les attaques plus ou moins fondées dont la « Buraucratie » a été l'objet en Allemagne, on trouve dans plusieurs constitutions la disposition expresse, que le gouvernement ne pourra refuser aux fonctionnaires le congé nécessaire pour siéger à la Chambre, et cela (généralement) sans réduction dans leur traitement. L'année 1863 a même vu en Prusse le fait peut-être unique dans les annales parlementaires, que le ministère a mis des obstacles à l'élection des fonctionnaires et que l'opposition a fait de grands efforts en leur faveur. C'est que les fonctionnaires prussiens jouissent d'une indépendance relative, et savent en faire un usage honorable.

Pourtant, le ministère prussien n'est pas désarmé : il peut déplacer les fonctionnaires, les faire avancer et les mettre en disponibilité, et ces pouvoirs, qui sont essentiels, le ministre les aurait en France comme ailleurs.

Nous n'insisterons pas davantage. L'utilité de recruter convenablement le personnel administratif est trop évidente pour qu'on ose la contester. Quelques administrations ont même prescrit des conditions d'admission très convenables (licencié en droit), d'autres des conditions moins suffisantes (bachelier ès lettres), d'autres encore, par pur respect pour le principe, des conditions vraiment risibles (savoir lire, écrire et calculer et posséder quelques autres notions tout aussi élémentaires). Dans certains cas, il y a un examen spécial plus ou moins sérieux, et une fois entré dans les cadres, on peut, le temps, les chances ou la faveur aidant, monter jusqu'en haut de l'échelle.

Il y aurait certes mieux à faire, et il faut espérer qu'on fera mieux, on pourra puiser des idées dans les usages de quelques pays voisins.

Une fois nommé, le fonctionnaire devrait jouir de certaines garanties assurées par une loi. Le grade devrait être une propriété comme celui d'officier ou d'ingénieur. Nous sommes sûr que la forte organisation de ces corps est pour quelque chose dans la réputation dont ils jouissent. Il devrait y avoir, pour les fonctionnaires comme pour les employés, des règles fixes d'avancement, en partie au choix, et en partie à l'ancienneté, peut-être aussi devrait-on rendre la pension un peu plus avantageuse, tant pour eux que pour leurs veuves.

On demandera maintenant s'il n'existe aucun moyen de neutraliser la tendance à la routine qu'on leur reproche. Distinguons. L'administration n'est pas faite pour innover, mais pour appliquer, et nombre de formalités, qu'on met sur son compte, ont été imaginées contre elle, à titre de contrôle. Néanmoins, ces justes réserves faites, il y aura toujours un certain fonds d'inertie à vaincre, inertie qui est propre à tous les corps nombreux, qu'ils dépendent de l'État ou d'une entreprise privée. Puis, pour innover utilement, il faut du savoir et de l'expérience ; certes, malgré son organisation défectueuse, l'administration ne manque pas d'hommes qui réunissent ces conditions, mais comment leurs idées peuvent-elles se faire jour? Dans l'état actuel des choses, elles courront le risque d'être mal reçues — ou au moins d'être enterrées. L'homme à idées s'expose à perdre ses chances d'avancement.

Il faudrait donc créer un organe spécial pour le progrès. Il existe déjà, dans quelques écoles, des « conseils de perfectionnement »: un administrateur distingué, développant cette idée et la modifiant avantageusement, voudrait voir créer des comités d'étude dans chaque grande administration. Ces comités seraient composés de fonctionnaires et d'employés de divers grades, anciens et jeunes, auxquels on adjoindrait au besoin quelques personnes prises en dehors de l'administration. Les membres de ces comités changeraient tous les deux ans, pour qu'ils ne s'endormissent pas. On les prendrait parmi les plus capables de l'administration. Pendant deux ans ils n'auraient qu'à discuter les moyens de progrès et de simplification, et à faire des rapports sur les questions discutées; puis ils rentreraient dans les cadres avec avancement. Il s'établirait ainsi une véritable émulation dont le pays tirerait grand profit. Cette idée semble mériter d'être prise en considération, et nous la consignons ici, pour qu'elle ait l'effet qu'elle pourra.

ORGANISATION JUDICIAIRE. L'examen de l'organisation judiciaire comporte, à la fois, la recherche des principes généraux qui doivent y présider, l'étude des institutions qui la composent, et la connaissance des agents et des moyens employés pour en assurer le fonctionnement.

C'est pour garantir le respect aux lois et leur fidèle exécution, que ces institutions ont été établies, sans elles, les lois resteraient une lettre morte, leurs plus sages dispositions seraient sans force, sans portée, sans résultats. C'est sous la sauvegarde de ces institutions gardiennes des lois que sont placés la liberté, la sûreté des citoyens et tous leurs droits civils et politiques; aussi, les institutions judiciaires participent-elles presque directement de la nature des constitutions politiques dont elles forment un complément nécessaire, et il n'est presque pas une constitution, ni une charte octroyée ou conquise, qui n'ait posé les bases du pouvoir judiciaire.

Les juridictions nombreuses qui ont fonctionné en France jusqu'au moment de la Révolution française peuvent se grouper sous quatre divisions principales : 1° les juridictions royales, comprenant les juridictions souveraines sorties de la cour primitive du roi, et parmi lesquelles se placent notamment le conseil, le parlement et la cour des comptes; et les juridictions royales non souveraines, telles que les grands bailliages, les sénéchaussées, l'amirauté, la maîtrise des eaux et forêts, etc. ; 2° les juridictions seigneuriales si nombreuses et si variées; 3°

les juridictions municipales plus difficiles à retrouver et à suivre; 4° enfin les juridictions ecclésiastiques.

Dans la nuit du 4 août 1789, une partie des anciennes justices fut supprimée par l'Assemblée nationale, la vénalité des offices fut abolie, la gratuité de la justice décrétée. Quelques jours après, le 17 août, Bergasse présentait un projet de reconstitution de l'ordre judiciaire, projet incomplet, contenant cependant certains principes utiles. On lui substitua bientôt le projet présenté par Thouret, le 22 décembre. Ce nouveau travail, beaucoup plus net, plus complet et plus pratique, portait le germe de notre organisation judiciaire actuelle. Delly d'Agier présenta un contre-projet en le formuler assez nettement. Les événements marchaient et faisaient perdre du terrain au projet de Thouret, qui bientôt ne parut pas suffisamment radical. Duport l'attaqua vivement et présenta son plan pour l'établissement des jurés en matière civile comme en matière criminelle. Chambroud se joignit à Duport en faisant des propositions encore plus avancées, et Siéyès publia son travail *sur une nouvelle organisation de la justice et de la police en France.* Hésitante au milieu de ces propositions diverses, où des utopies dangereuses se trouvaient trop souvent mêlées aux idées sages et pratiques, l'Assemblée nationale décréta, le 31 mars 1790, qu'avant de régler l'organisation judiciaire elle débattrait préalablement les principes qui devaient servir de base à cette organisation. En exécution de ce vote, elle prit successivement dans ses séances subséquentes diverses décisions : 1° Il y aura des jurés en matière criminelle, il n'en sera pas établi en matière civile; 2° la justice sera rendue par des tribunaux sédentaires; 3° il y aura deux degrés de juridiction en matière civile ; 4° les juges d'appel seront sédentaires ; 5° les juges ne pourront être élus que pour un temps déterminé : ils pourront être réélus sans intervalle ; 6° les juges seront élus par le peuple, et le roi ne pourra refuser de donner son consentement à l'admission du juge ainsi nommé; 7° les officiers du ministère public seront nommés par le roi; ils seront institués à vie ; 8° il y aura un tribunal de cassation ; 9° il y aura des tribunaux spéciaux de commerce. Ces bases établies après de longs débats, qui sont pleins d'utiles enseignements, l'Assemblée décréta, le 16 août 1790, sur le rapport de Thouret, la loi concernant l'organisation judiciaire, que le roi sanctionna le 24 août suivant. On s'écarta dans la loi des solutions adoptées antérieurement en rejetant l'institution des tribunaux d'appel et en rendant les tribunaux de district juges d'appel les uns des autres. On enleva l'accusation publique aux commissaires du roi.

Sous l'Assemblée législative et la Convention, les institutions judiciaires se ressentirent des événements violents qui se succédèrent, jours néfastes pendant lesquels fonctionna le tribunal révolutionnaire, commission sanglante qui frappait ses victimes, mais ne les jugeait pas.

Divers projets de constitution furent soumis à la Convention. Le premier est l'œuvre de Condorcet ; il confiait aux citoyens le choix du jury, auquel il donnait une large part dans la justice criminelle. Il soumettait les procès à des arbitres en première instance et constituait un jury civil pour juger ces procès en appel. Il substituait à la cour de cassation des censeurs judiciaires élus pour deux ans et se transportant dans les départements. Ce projet ne put soutenir la discussion. Hérault de Séchelles lui en substitua un autre, qui, présenté le 10 juin 1793, fut sanctionné et qu'on désigne généralement sous le nom de Constitution de l'an II. Cette constitution, à la suite de la discussion à laquelle elle avait donné lieu, s'écartait beaucoup du projet primitif : elle proclamait l'uniformité des lois civiles et criminelles pour l'Etat ; consacrait le droit de soumettre les discussions à des arbitres ; maintenait les juges de paix, en confiait le choix annuellement à l'élection ; instituait des arbitres publics élus chaque année dans les assemblées électorales, leur donnait le pouvoir de statuer en dernier ressort sur les affaires non terminées par les juges de paix et les arbitres volontaires ; elle les obligeait à juger sans procédure, sans défense orale ou écrite en délibérant et opinant à haute voix en public.

Après plusieurs tentatives qui n'aboutirent pas, c'est sous le gouvernement consulaire et impérial que, sortant de cette période d'essais, de modification, de transition, l'organisation judiciaire de la France se constitue avec un caractère d'ensemble et de stabilité. La Constitution du 22 frimaire an VIII et la loi organique du 27 ventôse an VIII nous conduisent, par les sénatus-consultes des 16 thermidor an X et 28 floréal an XIII, aux décrets de 1808 et aux loi et décret de 1810, qui renferment l'ensemble des dispositions constituant notre organisation judiciaire. Depuis, il n'y a été apporté que certaines modifications peu nombreuses et on peut même ajouter, à l'égard de quelques-unes, peu heureuses.

Aujourd'hui, le soin de rendre la justice en France est confié, en matière civile proprement dite, au juge de paix, juge unique, placé dans chacun des 2.850 cantons ; aux tribunaux civils de première instance, composés d'un nombre variable de magistrats, et siégeant généralement au chef-lieu de chacun des 363 arrondissements ; enfin aux cours d'appel divisées en 26 ressorts.

Les affaires concernant l'industrie et le commerce sont dévolues aux prud'hommes, aux tribunaux spéciaux de commerce, et, en second ressort, aux cours d'appel. Les tribunaux de commerce ont des ressorts indépendants des circonscriptions administratives, et une grande partie du territoire est même placée en dehors des circonscriptions qui leur sont attribuées, et, dans ce cas, les tribunaux civils sont juges en matière commerciale.

Des tribunaux spéciaux, tels que le jury d'expropriation pour cause d'utilité publique temporairement réunis, statuent sur certaines affaires.

Lorsque l'objet du litige ne dépasse pas une valeur déterminée par la loi, les affaires sont vidées en dernier ressort par le tribunal compétent ; dans les autres cas, l'appel est autorisé du tribunal inférieur au tribunal supérieur, sans que les affaires puissent jamais parcourir plus de deux degrés de juridiction.

La justice répressive est confiée, pour le jugement des contraventions, aux tribunaux de police, composés d'un magistrat unique, le juge de paix. L'appel de leurs décisions, dans les cas où il est autorisé, est porté devant les tribunaux correctionnels.

La connaissance des faits placés par la loi dans la classe des délits appartient aux tribunaux correctionnels, qui ne sont autres que les tribunaux civils de première instance, avec faculté d'appel devant les cours d'appel.

Les faits qualifiés crimes et punis de peines afflictives et infamantes sont jugés par les cours d'assises, tenant au moins une session par trimestre dans chaque département. Les cours d'assises sont présidées par un conseiller de la cour d'appel du ressort, assisté de deux magistrats pris dans les rangs de la cour ou du tribunal, suivant le lieu où se tiennent les assises. Ces magistrats sont chargés d'appliquer la peine et de vider les incidents de procédure. Auprès d'eux, un jury, pris parmi les citoyens et tiré au sort sur des listes générales arrêtées par des commissions spéciales et composé dans chaque affaire de douze membres, est appelé à vider préalablement et souverainement la question de culpabilité. L'accusation est soutenue par un magistrat du ministère public.

Les accusés ne sont traduits devant la cour d'assises qu'après une instruction et un renvoi prononcé par le juge d'instruction et une section des cours d'appel.

La constatation et la recherche des faits délictueux sont confiées à divers agents spéciaux de la police administrative et judiciaire et à la gendarmerie ; la poursuite appartient au ministère public ; l'instruction est faite par un des juges des tribunaux de première instance, auquel cette mission est confiée par décret du pouvoir exécutif.

En dehors des tribunaux communs de répression, il existe des tribunaux spéciaux militaires et maritimes, et des conseils de discipline.

Auprès de chaque juridiction, en exceptant, toutefois, les justices de paix, les prud'hommes et les tribunaux de commerce, la loi a placé un magistrat spécial chargé de veiller à l'exécution des lois, avec des attributions

ORGANISATION JUDICIAIRE

multiples et diverses, suivant la nature des juridictions.

Des greffiers placés auprès de chaque tribunal veillent à la conservation des décisions de justice, et des compagnies d'avoués et d'avocats servent d'intermédiaires entre la justice et les justiciables, dans une mesure qui varie suivant les juridictions.

A la tête de l'édifice judiciaire est placée une cour suprême, devant laquelle on peut se pourvoir contre les décisions rendues en dernier ressort, pour en obtenir la cassation, si les formes n'ont pas été observées, si la loi a été violée, si le juge a commis un excès de pouvoir ou s'il a statué malgré son incompétence.

Les matières administratives sont réservées aux autorités administratives. Des attributions contentieuses sont données directement à certains fonctionnaires de divers ordres, à des commissions temporaires ou permanentes, et enfin aux tribunaux administratifs proprement dits, qui sont dans chaque département, et en première instance, les conseils de préfecture, et en appel, pour toute la France, le conseil d'Etat.

La cour des comptes prononce en appel ou en premier ressort, suivant les cas, sur la gestion des comptables en deniers, sauf pourvoi au conseil d'Etat pour violation de la loi, incompétence ou excès de pouvoir.

Sous la République, c'est à un tribunal spécial mixte, composé de magistrats appartenant à l'ordre administratif et à l'ordre judiciaire, qu'est déférée l'appréciation des conflits d'attribution qui s'élèvent entre l'autorité administrative et l'autorité judiciaire au sujet du jugement des affaires contentieuses. Sous les gouvernements monarchiques, c'est au conseil d'Etat qui est censé alors présidé par le prince, chef de l'Etat, que les conflits sont renvoyés.

Il reste à rappeler les difficultés à résoudre dans la constitution du personnel des corps judiciaires et dans l'établissement des formes de procéder devant eux.

De ce que les magistrats sont chargés d'appliquer la loi et d'y soumettre tous leurs jugements, il suit : (FÉRAUD-GIRAUD.)

Qu'ils ne doivent être choisis que parmi les citoyens qui justifient de leur capacité et de leur aptitude, d'abord par des études spéciales et complètes (licencié en droit), puis par une pratique plus ou moins longue se révélant par un stage, un noviciat, ou une postulation honorable près des tribunaux ;

Qu'ils ne doivent jamais substituer leur volonté à celle de la loi, sous prétexte d'équité ou tout autre. *Optimus judex qui minimum sibi ;*

Qu'ils doivent dire droit à tous ceux qui leur soumettent régulièrement leurs contestations ;

Qu'ils doivent être entourés de garanties sauvegardant leur indépendance vis-à-vis des influences qui tenteraient d'arrêter l'exécution des lois.

Etrangers au pouvoir administratif, ils ne doivent statuer que sur les affaires qui leur sont soumises par les intéressés, et ils doivent le faire par décisions spéciales et particulières et non par des dispositions générales et réglementaires.

De ce que le pouvoir judiciaire, quoique indépendant du pouvoir exécutif proprement dit, en est un démembrement, il suit que c'est à celui en qui réside le pouvoir exécutif à nommer les juges qui doivent fonctionner avec une suffisante liberté d'action et d'appréciation après que cette institution leur a été donnée.

Il paraît inutile de s'étendre sur les qualités morales des magistrats, les conditions de leur hiérarchie, de l'avancement, des traitements. Il convient toutefois de faire observer que le traitement doit être entièrement fourni par le Trésor et ne doit jamais être mis à la charge directe du justiciable [1].

Les formes judiciaires subissent dans une très large mesure l'influence des institutions politiques, et Savigny n'hésitait pas à considérer la procédure comme une des branches du droit politique. C'est qu'en effet, si c'est au praticien et au légiste à déduire des règles que la pratique suivra, c'est au philosophe à mettre en lumière les principes qui doivent servir de base à ces règles, et à la science politique à les arrêter.

L'adoption des principes suivants dans la procédure a été considérée comme un véritable progrès :

Liberté de l'action en justice ;
Liberté de la défense ;
Exclusion de toute faveur dans la fixation et l'ordre des causes ;
Egalité des plaideurs dans l'emploi et le choix des preuves ;
Célérité dans la marche des procédures ;
Communication aux intéressés de toutes les procédures écrites avant leur remise au juge ;
Publicité des débats et préférence donnée aux débats oraux ;
Obligation pour le juge de ne pas différer la prononciation du jugement lorsque l'affaire est instruite ;
De prononcer le jugement en public ;
De le motiver ;
Conservation des jugements dans les dépôts publics ;
Impossibilité de les modifier dès qu'ils sont devenus définitifs ;
Voies de recours contre les erreurs et les illégalités ;
Etablissement auprès des tribunaux, entre les juges et les justiciables, de jurisconsultes présentant des garanties de capacité et de moralité destinées à assurer la régularité et l'ordre dans la marche des procédures, et à ré-

[1]. Les juges sont rétribués, en France et dans la plupart des pays, sur les fonds du Trésor, et leurs jugements sont complètement désintéressés. Mais il ne s'ensuit pas que la justice soit gratuite. Elle est au contraire partout soumise à des taxes fiscales tellement élevées qu'elles équivalent souvent à un déni de justice. En Angleterre, on cite des procès qui ont coûté *des millions.*

tablir l'égalité entre les parties, quelquefois inégalement habiles pour défendre leurs droits. (F.-G.)

ORGUEIL NATIONAL. Si l'orgueil individuel est un *péché capital,* d'où vient-il qu'on a tant d'indulgence pour l'orgueil national? Change-t-il de nature en changeant d'objet, ou en s'agrandissant?

Ce serait certes aller trop loin que de considérer l'orgueil national comme une vertu; il reste toujours entaché, dans une certaine mesure, de son vice originel. Néanmoins, en s'étendant, il s'ennoblit; il se purifie de tout alliage d'intérêt sordide, et contracte une aptitude au sacrifice, qui lui fait beaucoup pardonner. Il y a une certaine élévation, une certaine grandeur dans l'orgueil national, et il nous inspire des égards, alors même qu'il nous froisse.

Pour montrer le revers de cette médaille, il faut entrer dans quelques développements. L'orgueil est dans l'individu un sentiment aristocratique, bien qu'un peuple démocratique puisse avoir l'orgueil national à un haut degré. Nous n'approuvons peut-être pas sans restriction l'individu qui veut trop marquer sa place dans la société, surtout lorsqu'il se considère comme supérieur à la moyenne de ses concitoyens; mais personne ne contestera qu'il peut y avoir une noble ambition, celle de se distinguer par le bien. Or, comme les vertus, les talents, les chances favorables ne seront jamais répartis d'une manière égale entre les individus, ceux qui se sentiront avantagés seront plus ou moins envahis par l'orgueil. C'est la nature des choses. Nous blâmons l'orgueilleux, ce n'est pas une raison de nous élever contre l'inégalité sociale, d'ailleurs inévitable, qui cause ce sentiment. L'inégalité sociale, lorsqu'elle n'est pas l'effet de privilèges ou d'iniquités, n'est pas un mal absolu, puisque c'est un stimulant dans la voie du progrès [1].

Mais il n'en est pas de même entre les nations. Nous sommes contre toute inégalité dans les rapports internationaux; que le fort n'ait d'autre privilège relativement au faible, que celui d'une politesse plus grande. En un mot, l'orgueil national n'est souvent qu'une cause de froissement, d'iniquité, de guerre et de destruction de la civilisation, de sorte qu'on doit s'appliquer à le maintenir dans de justes bornes.

ORIENT. L'Orient est, à proprement parler, l'ensemble des contrées situées à l'est de l'Europe. Toutefois, le sens de ce mot, dans ces dernières années surtout, a été considérablement élargi, et on a compris sous cette désignation, non seulement tous les pays de l'Asie, de l'Afrique et de l'Océanie, mais encore plusieurs régions de l'Europe orientale. Cette extension de sens est due à des considéra-

tions ethnographiques dont il était légitime de tenir compte en dépit de l'étymologie, et cela avec d'autant plus de raison que le mot *Orient* ne peut jamais avoir qu'une signification relative. De même, en laissant à l'usage la suprématie sur l'élément philologique, on est aujourd'hui d'accord pour donner au mot *Levant* un sens bien distinct, bien que ce mot soit synonyme du mot Orient. Nous entendrons ainsi par « Levant » les États baignés par la Méditerranée orientale, c'est-à-dire la Turquie, la Grèce, l'Asie Mineure et l'Égypte. Quelques personnes joignent la Perse à ces contrées, uniquement à cause des ressemblances de coutumes qui rapprochent les Turcs des Persans. Quant à l'Orient, dont le Levant conventionnel n'est qu'une portion, il a pour limites extrêmes, au nord l'océan Glacial arctique, à l'est les îles les plus occidentales de la Polynésie, au sud les terres antarctiques, à l'ouest la côte occidentale d'Afrique, la Méditerranée, la mer Adriatique et la Russie proprement dite.

Question d'Orient. — On désigne communément, ou on a désigné pendant longtemps sous ce nom les complications politiques qui sont constamment sur le point de surgir du côté de l'empire ottoman, par suite de l'antagonisme des populations chrétiennes et musulmanes qui habitent cet empire, d'une part, et dans la prévision de la conquête de la Turquie par les Russes, de l'autre.

La diversité des nations qui occupent aujourd'hui le vaste territoire soumis à la Porte, et les liens ethnographiques ou religieux qui en unissent quelques-unes à la Russie, mettent en danger constant l'intégrité de la monarchie turque et menacent de causer à chaque instant des révolutions dont le contre-coup serait ressenti dans toute l'Europe. Car, ainsi qu'on l'a fort justement établi, la possession de Constantinople donnerait aux tzars une augmentation de puissance qui détruirait d'un seul coup les dernières bases de l'équilibre européen. Napoléon Ier disait à ce sujet, dans un message adressé au Sénat en date du 29 janvier 1807 : « Qui pourrait calculer la durée des guerres, le nombre de campagnes qu'il faudrait faire un jour pour réparer les malheurs qui résulteraient de la perte de Constantinople, si l'amour d'un lâche repos et les délices de la grande ville l'emportaient sur les conseils d'une sage prévoyance? Nous laisserions à nos neveux un long héritage de guerres et de malheurs. La tiare grecque relevée et triomphante depuis la Baltique jusqu'à la Méditerranée, on verrait de nos jours nos provinces attaquées par une nuée de barbares et de fanatiques; et si, dans cette lutte trop tardive, l'Europe civilisée venait à périr, notre coupable indifférence exciterait justement les plaintes de la postérité et serait un titre d'opprobre dans l'histoire. » Napoléon prévoyait cependant tous les dangers qui menaçaient l'existence de la Turquie, quand il écrivait, dans ses *Mémoires*, que « le patriotisme des peuples et la politique des

---

1. Ne pas confondre l'inégalité sociale avec l'inégalité devant la loi.

cours d'Europe n'empêcheraient pas la chute de l'empire ottoman ».

Les tendances de la politique russe à poursuivre la conquête de l'empire ottoman ressort du mémorable testament de Pierre Ier, laissé par ce prince à ses successeurs, et déposé dans les archives de Péterhof (près Saint-Pétersbourg). Dans ce document, que son étendue ne nous permet pas de reproduire *in extenso*, le tzar déclare qu'il considère le peuple russe comme appelé, par la Providence, à la domination universelle, « que la Russie, qu'il a trouvée *rivière* et qu'il laissera *fleuve*, deviendra, sous ses successeurs, une *grande mer* destinée à fertiliser l'Europe appauvrie, et que ses *flots* déborderont, malgré toutes les digues que des mains affaiblies pourront leur opposer, si ses descendants savent en diriger le *cours* ». Or, c'est pour leur apprendre à diriger ce cours qu'il a cru devoir laisser des conseils ou des instructions aux tzars ses successeurs. Après avoir exposé la nécessité de diverses conquêtes aujourd'hui accomplies, il s'exprime ainsi : « § IX. Approcher le plus possible de Constantinople et des Indes. *Celui qui y régnera sera le vrai souverain du monde.* En conséquence, susciter des guerres continuelles, tantôt au Turc, tantôt à la Perse ; établir des chantiers sur la mer Noire ; s'emparer peu à peu de cette mer, ainsi que de la Baltique, ce qui est un double point nécessaire à la réussite du projet ; hâter la décadence de la Perse ; pénétrer jusqu'au golfe Persique ; rétablir, si c'est possible, par la Syrie, l'ancien commerce du Levant, et avancer jusqu'aux Indes, qui sont l'entrepôt du monde. Une fois là, on pourra se passer de l'or de l'Angleterre. — § XI. Intéresser la maison d'Autriche à chasser le Turc de l'Europe, et neutraliser ses jalousies, lors de la conquête de Constantinople, soit en lui suscitant une guerre avec les anciens Etats de l'Europe, soit en lui donnant une portion de la conquête *qu'on lui reprendra plus tard.* — Et § XII. S'attacher et réunir autour de soi tous les Grecs, désunis ou schismatiques, qui sont répandus en Turquie ; se faire leur centre, leur appui, et établir d'avance une prédominance universelle par une sorte de royauté ou de *suprématie sacerdotale :* ce seront autant d'amis qu'on aura chez ses ennemis ».

Nous n'essayerons pas de prévoir quelle pourra être un jour la solution de la question d'Orient. Ce problème, qui se représente périodiquement aux cabinets européens, avec de nouveaux corollaires, est trop complexe pour qu'il soit raisonnable de prédire ce qui peut lui être réservé. L'impuissance de la Turquie dans la Syrie et le Liban, et l'antagonisme perpétuel des chrétiens maronites et des Druses, établissent en Asie Mineure, pour la France et pour l'Angleterre, des motifs d'intervention que la Russie trouve à son tour en Turquie d'Europe, où les chrétiens du rite grec énoncent sans cesse des plaintes contre les autorités musulmanes et réclament

la protection du chef de leur culte. On ne peut méconnaître de sensibles améliorations dans l'organisation intérieure de l'empire ottoman ; il est douteux cependant qu'il puisse réaliser les progrès qui lui restent à accomplir assez tôt pour se mettre en état de tenir tête aux orages qui surgiront tôt ou tard.

OSTRACISME. Loi de certaines républiques grecques, qui permettait à la nation de bannir pour dix ans un citoyen dont l'influence devenait dangereuse pour la liberté. A Syracuse, les principaux citoyens se bannissaient les uns les autres en se mettant à la main une feuille de figuier. A Athènes, on écrivait sur une coquille (ὄστρακον) le nom de celui qu'on voulait exiler. Il fallait six mille de ces suffrages ; on n'y soumettait qu'un seul citoyen, et on ne pouvait bannir que tous les cinq ans. Aristote trouvait cette loi très sage et très humaine (*Politique*, III, 13), et Montesquieu est du même avis. Aujourd'hui, elle paraîtrait bizarre. Elle ne pouvait d'ailleurs naître que dans un Etat minuscule, composé d'une ville.

OTAGE. Nous considérons l'usage de prendre ou d'offrir des otages comme un usage barbare, indigne de peuples civilisés. Cet usage ne s'est établi qu'à cause du peu de foi qu'on peut accorder aux promesses de la plupart des hommes incultes, qui ne se croient pas obligés de vaincre leurs passions pour tenir parole. Aussi la nécessité de la légitime défense peut-elle, dans une certaine mesure, excuser la demande d'otage dans des contrées sauvages, surtout si l'otage est un chef de tribu ou un de ses proches ; et dans ce cas encore les otages seront plus souvent une gêne qu'une garantie. Il est pourtant à craindre que cet usage ne sera pas aisément supprimé en temps de guerre, et qu'il sera d'autant plus fréquemment appliqué que les combattants seront plus acharnés. C'est la passion qui conseille la mauvaise foi aux uns, qui fait demander des otages aux autres, et qui, hélas ! fait souvent souffrir l'innocent pour le coupable. (*Voy.* aussi Vattel, liv. II, chap. XVI, § 245.)

OUVRIER, OUVRIÈRE. On appelle spécialement ouvriers ceux des travailleurs dont le travail est manuel. Un cordonnier, un menuisier, un forgeron, sont des ouvriers. Quelquefois le travail de l'ouvrier ne demande que de la force et un peu d'habitude ; quelquefois il suppose une assez grande habileté et une certaine somme de connaissance ; mais alors, la qualification d'ouvrier ne s'applique plus très exactement. Un chauffeur est certainement un ouvrier ; le mécanicien qui surveille la machine ne l'est déjà plus. Encore cette appréciation peut-elle être contestée. Il y a là comme dans toutes les classifications, dans celles surtout qui s'appliquent aux hommes, une limite indécise ; mais en général on peut dire que ce qui constitue, à proprement parler, l'ouvrier, c'est l'exercice d'un travail manuel.

Les ouvriers travaillent en chambre, c'est-à-dire isolément, ou en fabrique. Cette distinction est très importante au point de vue social, parce que pour l'ouvrier qui travaille hors de chez lui, pendant toute la journée, sous la direction d'un patron ou d'un contremaître, la vie de famille se trouve par le fait presque supprimée. La journée dure, en général, dix, onze ou douze heures, suivant les corps d'état. Il y a des ouvriers à la pièce qui ne travaillent pas moins de quatorze ou quinze heures.

Il y a des métiers dangereux, il y en a d'insalubres, de fatigants, de rebutants. Le métier de mineur est dangereux, celui de peintre est insalubre, celui de vidangeur ou de recureur d'égout est rebutant. La science a produit depuis un demi-siècle de véritables merveilles pour préserver la vie et la santé des ouvriers voués à des professions dangereuses ou insalubres.

Les chefs d'industrie, de leur côté, ont cessé de considérer uniquement le produit manufacturé, et se sont préoccupés du bien-être matériel et moral des ouvriers. Enfin, la loi est intervenue, soit pour prescrire des précautions, soit pour attribuer aux patrons une responsabilité pécuniaire et quelquefois pénale. Même pour les professions qui ne sont pas classées parmi les professions dangereuses, la loi a prescrit d'utiles précautions. C'est ainsi que, dans les ateliers de tissage, les éléments de la machine motrice, qui portent le mouvement aux divers étages, ont dû être enfermés dans des boîtes pour éviter les accidents et les imprudences.

On s'occupe beaucoup, depuis quelque temps, de l'enseignement professionnel; il est à craindre que ce mot, mal défini, n'entraîne l'administration et le public dans des essais regrettables. Il y a trois choses : l'enseignement général qui, pour les ouvriers, est seulement l'enseignement primaire; l'apprentissage, et enfin l'enseignement professionnel spécial, qui n'est qu'un apprentissage mieux dirigé. Si l'on entend par écoles professionnelles des écoles destinées à faire des tisseurs ou des mécaniciens, ou des dessinateurs pour étoffes, rien de mieux. Mais de prétendues écoles professionnelles, qui seront les mêmes pour toute la France, et qui prépareront également les enfants à toutes les professions, ou seront purement et simplement des écoles primaires sous un titre faux et ambitieux, ou ne seront rien.

L'instruction spéciale professionnelle, ou, pour parler plus clairement, les écoles d'apprentissage sont très nécessaires pour quelques professions qui demandent des connaissances techniques. Par exemple, une bonne école d'horlogerie serait le meilleur moyen de conquérir à l'horlogerie française la supériorité sur l'horlogerie de Genève. On comprend aussi de quelle importance serait la fondation d'une école de dessin d'ornementation,

soit pour l'industrie des tissus brochés ou imprimés, soit pour la décoration de la porcelaine. Il en est de même des écoles de mécaniciens et même de chauffeurs, des écoles de chimie, de tissage, etc. Outre que dans les ateliers l'apprentissage se fait irrégulièrement et sous la direction de simples ouvriers, il arrive trop souvent que l'apprenti passe son temps à faire des courses, à nettoyer l'atelier et à rendre d'autres services inutiles à son instruction.

La division du travail, qui est la principale cause des progrès de l'industrie, en augmentant l'habileté spéciale de l'ouvrier, l'a peut-être un peu diminué au point de vue intellectuel; il faut le relever par l'éducation. Il est certain que celui qui fait toujours la même chose la fait mieux; mais, dit-on, à force de faire toujours la même chose, on en vient à ne plus savoir faire que cela. Or cela n'est pas exact. Pendant qu'on s'occupe à un travail devenu machinal par l'habitude, on pense à autre chose et l'intelligence travaille à sa façon. D'ailleurs, il reste des heures en dehors de celles qu'on consacre à sa profession, et l'on s'intéresse à bien d'autres questions qu'à celles de son métier. L'introduction croissante des machines augmente encore la division et devrait par conséquent accroître la monotonie du travail. On doit cependant reconnaître que la présence de ces puissants moteurs et la vue de ces merveilles opérées par le génie humain, ouvrent l'esprit de l'ouvrier et étendent son horizon; mais il n'en est pas moins vrai que les progrès de l'industrie mécanique et de la fabrication en grand peuvent augmenter la monotonie du travail; ce qui concourt, avec d'autres motifs, à rendre l'instruction de plus en plus nécessaire; car s'il faut, pour la bonne hygiène, que le corps travaille, il faut aussi que l'esprit pense.

Toute industrie a pour but général d'approprier la matière à un usage déterminé; tout travailleur, soit chef d'industrie, soit simple ouvrier, a pour but spécial d'obtenir la rémunération de son travail. La rémunération du patron est soumise aux chances ordinaires du commerce et s'appelle bénéfice. Celle de l'ouvrier est indépendante de ces chances, et prend le nom de salaire. Un patron qui convient avec ses ouvriers d'augmenter ou de diminuer le prix de leur journée dans la proportion de son gain, les prend en réalité pour associés; il donne son capital, les ouvriers donnent leur travail; ou, si l'on veut, on peut dire, quoique moins correctement qu'il donne un capital représenté par son crédit et ses valeurs, et les ouvriers donnent un capital représenté par leur travail. Il est juste que, dans ce cas, ils travaillent pour rien lorsque le bénéfice de l'entreprise descend à zéro.

Le salaire est régi par deux lois également impérieuses, et qu'il n'est pas toujours facile de concilier. La première est celle-ci : régler la fabrication et les dépenses de la fabrication de telle sorte que le capital engagé puisse produire des bénéfices, et se défendre contre la concurrence. Voici la seconde : obtenir de son travail manuel un tel résultat, qu'on puisse vivre et faire vivre sa femme et ses enfants.

Il est très évident, pour tout le monde, que la force de la seconde loi est absolue. Le nécessaire est le nécessaire. On le place arbitrairement un peu plus haut ou un peu plus bas ; il est même vrai qu'il varie un peu avec les progrès de la civilisation ; le vêtement, par exemple, est plus nécessaire dans l'état civilisé que dans l'état sauvage. Mais enfin, il y a une limite extrême au-dessous de laquelle personne ne peut consentir à descendre ; la nature elle-même s'y oppose ; et quand cette limite est atteinte, l'ouvrier ne peut plus souffrir de réduction à son salaire. Aussitôt qu'il est prouvé que son salaire ne lui donnera plus les moyens de vivre et de faire vivre sa famille, il sort de la classe des travailleurs et entre dans celle des assistés (JULES SIMON).

C'est à peine si la première loi est moins inexorable que la seconde. Il s'agit, pour le chef d'industrie qui ne peut plus soutenir la concurrence, ou de travailler sans gagner, ce qui est absurde, ou de travailler à perte, ce qui devient coupable quand on compromet d'autres intérêts avec les siens. Il s'agit aussi, très souvent, de la faillite, c'est-à-dire du déshonneur. Il est donc vrai de dire que le travail est subordonné à deux lois toutes puissantes, qui peuvent se résumer ainsi : pour l'entrepreneur, la concurrence ; pour l'ouvrier, le besoin (J. S.).

Ces deux lois, on le comprend, sont en lutte continuelle, parce que l'une tend toujours à diminuer le prix de main-d'œuvre, et l'autre à l'augmenter ou le maintenir. Dans cette situation, l'État peut prendre un de ces deux partis : régler le tarif de la main-d'œuvre ; protéger la liberté des contractants, c'est-à-dire les droits réciproques de ceux qui payent et de ceux qui sont payés.

La tarification par l'État a tous les inconvénients possibles : 1° suppression de la liberté individuelle, inconvénient qui, au besoin, nous dispenserait d'énumérer tous les autres ; 2° incompétence absolue de l'État ; 3° uniformité inhérente à toute réglementation officielle introduite dans le monde nécessairement variable et divers de l'industrie ; 4° transformation de toutes les questions d'atelier en questions et en dangers politiques. (J. SIMON.)

La tarification faite par les chambres de commerce ou des syndicats a des inconvénients analogues, quoiqu'à un degré moindre. Elle ne peut être acceptée que comme convention amiable entre les parties contractantes, et, dans ce cas, elle n'a que la signification et la valeur d'un marché. Cela revient à dire qu'il n'y a pas de tarification officielle. L'État, dans le principe, a tout tarifé ; puis il s'est retiré presque partout, parce qu'on a reconnu ses tarifs inutiles ou dangereux.

On a trop attendu du droit de coalition. On a cru ensuite à l'association, à la coopération, puis aux syndicats ouvriers. C'étaient des mots.

Le chômage est le grand mal de l'ouvrier, parce qu'il vit presque constamment au jour le jour, que les dépenses continuent quand le salaire s'arrête, et que la dette en est le résultat infaillible. Or, un ouvrier endetté est un ouvrier perdu. Les causes de chômage sont multiples : il y en a deux qui tiennent à la nature humaine, la vieillesse et la maladie ; les autres tiennent à des crises générales ou à des crises locales.

Contre la vieillesse et la maladie, la première et la meilleure ressource de l'ouvrier, c'est d'avoir une famille, de l'aimer et d'en être aimé. Une ressource excellente aussi, quoique moins parfaite, ce sont les caisses de secours mutuels, les caisses de retraite pour la vieillesse. Les hospices demandés sous le nom d'invalides civils, et qui existent depuis longtemps sous le titre plus simple d'hospices, les hôpitaux, sont de bonnes institutions, qui ont l'avantage de donner le confortable à l'ouvrier malade et l'inconvénient de le séparer de sa famille, et de le décourager de l'épargne et du travail. On s'occupe maintenant d'institutions très importantes dont nous avons parlé au mot *Assurances ouvrières*.

Les crises générales de l'industrie tiennent aux plus hautes questions commerciales et industrielles ; et, quoiqu'elles pèsent très lourdement sur les ouvriers, ce n'est pas ici le lieu d'en étudier les causes, les caractères et les palliatifs. (*Voy.* **Crises.**) Les crises spéciales et locales pourraient presque toujours être conjurées ou tout au moins atténuées par l'établissement de bureaux de renseignements, et par de plus grandes facilités accordées à la circulation par la voie des chemins de fer.

Nous passons maintenant, de ce qui regarde les bénéfices et les salaires, à la question des dépenses. Il importe pour le moins autant à un ouvrier de bien régler sa dépense, que d'augmenter sa recette.

La première manière de diminuer sa dépense, c'est de régler ses mœurs. Celui qui trouverait un moyen de supprimer les cabarets, mettrait probablement d'un seul coup tous les ouvriers dans l'aisance. Mais il n'est pas question de supprimer administrativement les cabarets ; le seul moyen de les supprimer, c'est de les vider ; et pour les vider il faut occuper et intéresser l'ouvrier ailleurs. (J. S.)

Une autre manière très efficace de diminuer sa dépense, c'est de s'associer pour la vie en commun, ou pour l'approvisionnement en commun ; pour la vie en commun, par les phalanstères et les réfectoires ; pour l'approvisionnement en commun, par des sociétés de consommation ; pour l'outillage en commun, par l'établissement de bains, de lavoirs, de vapeur louée, etc.

À cet égard, la règle est très simple. L'association donne certainement plus de confortable à moindre prix. Voilà ce qu'elle donne : Il faut voir ce qu'elle ôte.

Elle ôte le goût et l'habitude de la famille. Elle continue l'œuvre de l'usine, qui sépare l'homme de tout ce qui lui est cher et le fait vivre, malgré lui, en communiste. (J. S.)

Or, il faut regarder comme bon tout ce qui facilite la vie de famille, et comme détestable tout ce qui la détruit ou simplement la compromet. Les repas en commun suppriment toute intimité, et ne sont bons tout au plus que pour les célibataires. L'approvisionnement en commun a des résultats tout opposés : il augmente les ressources de la famille, et il en resserre les liens par une conséquence nécessaire. On en peut dire autant de l'outillage.

Une des améliorations les plus souhaitables pour les ouvriers, c'est la réforme des logements qu'ils occupent. A Paris, où le terrain est très cher, ils sont le plus souvent relégués dans les vieilles rues qui font un contraste pénible avec les voies spacieuses et bien aérées, où circule le flot de la population. Qu'arrive-t-il ? C'est que personne ne se plaît dans cet intérieur. Le père va au cabaret, la mère aux enfants, Dieu sait où. Il est cependant strictement vrai que l'on peut aménager trois chambres pour tous les usages de la vie domestique, les décorer de bons papiers, les entretenir proprement, les louer aux ouvriers pour un prix modique, et réaliser encore de beaux bénéfices. Il n'y a qu'à savoir et à vouloir. C'est le plus nécessaire, le plus grand et le plus facile de tous les progrès. Du reste, on s'en occupe très sérieusement.

Quant à l'ouvrière, voici comment s'exprime Jules Simon : « Un mot nous suffira pour résumer notre opinion sur le travail des femmes. Les femmes ont-elles le droit de travailler dans les ateliers ? Réponse : Elles y ont le droit ainsi, le même droit que les hommes. Le contester, c'est contester la liberté même du travail. — Faut-il souhaiter que les femmes travaillent en ateliers ? — Il ne faut pas le souhaiter, et cela pour deux raisons : l'une, c'est que leur présence dans les ateliers peut contribuer à l'avilissement des salaires; l'autre, c'est que la nature elle-même réclame impérieusement leur présence au foyer domestique. — Par quel moyen peut-on espérer de ramener les femmes dans la famille ? — Ce n'est pas par aucune prescription légale, par aucune interdiction : c'est en leur procurant à domicile du travail salarié, c'est surtout en améliorant la condition générale des ménages d'ouvriers par l'ordre, l'économie et la réforme des logements ».

Question ouvrière. — Dire qu'il y a une question ouvrière, c'est déclarer que les ouvriers sont mécontents et qu'il y a des personnes qui exploitent ce mécontentement. C'est parce qu'on l'exploite que le mécontentement est devenu une des difficultés de notre époque; car, pour être mécontent de son sort, presque tout le monde l'est, le riche comme le pauvre, le puissant comme ses concitoyens des classes infimes. Depuis une série d'années on s'occupe d'améliorer le sort des ouvriers, on modifie la législation lorsqu'elle semble leur être contraire, on leur fournit des armes pour lutter avec avantage contre les patrons, on crée des institutions en leur faveur, pour les protéger, les assister, et la sympathie générale leur vient en aide de bien des manières. Ces efforts combinés des gouvernements et des particuliers sont rendus inefficaces par les excitations des démagogues qui désirent se faire élire député à 9.000 fr. par an et qui disent aux ouvriers qu'ils sont volés, qu'on ne leur donne pas ce qu'ils ont gagné, que les patrons vivent à leurs dépens et d'autres choses pareilles que les ouvriers aiment bien entendre, que beaucoup d'entre eux croient, car tous les hommes sont disposés à se croire lésés et à mériter un meilleur sort, à être aussi heureux que les autres.

Les autres, les patrons, sont-ils si heureux que cela ? On a produit des chiffres, qui prouvent que la majorité des patrons ne l'est pas. Rien que parmi ceux que je connais, j'en ai vu plus de malheureux que d'heureux. L'ouvrier peut étaler sa misère et se procurer ainsi des secours, le patron, jamais, car il a besoin de son crédit. Dans la même situation que l'ouvrier, il souffre doublement et assez souvent il finit par se ruiner. — Mais répliquera-t-on, il y a des patrons heureux. — Heureux ? Qui le sait ? Vous voulez dire : qui gagnent de l'argent. — Soit. — Et vous, ouvriers, vous en êtes fâché ? — De quoi vivriez-vous, si le patron ne parvenait pas à vendre avantageusement le produit de votre travail ? — Mais c'est son métier de vendre vos produits, qui sont aussi les siens, parce qu'il y a contribué et il faut de l'art pour y réussir. Il faut *savoir* vendre, et l'on peut être un excellent ouvrier sans avoir ce don. Chacun sa partie [1].

1. On lit ce qui suit dans le journal le *Temps*, du 9 mai 1895.

L'enquête parlementaire sur les mines

On nous écrit d'Alais :

La délégation de la commission parlementaire du travail qui procède à une enquête sur les mines n'a pas voulu quitter Saint-Étienne sans entendre les propriétaires de la fameuse mine aux mineurs.

Nos lecteurs connaissent l'histoire de cette mine.

Les ouvriers, qui ne sont pas toujours heureux, cherchent à améliorer leur sort et ils ont raison. Mais souvent les compagnies, qui se trouvent dans l'impossibilité de faire face aux revendications de leurs ouvriers, répondent par un *non possumus*. D'où réclamations, grèves, etc. Les ouvriers ont de la peine à comprendre qu'une compagnie n'ait pas toujours à leur disposition une caisse inépuisable. Quand on leur dit qu'une affaire marche mal, ils ne le croient pas. C'est l'histoire de la mine aux mineurs. Un beau jour, la société qui exploitait la mine de Monthieux dit à ses ouvriers : " Les affaires vont mal, nous perdons de l'argent. Nous n'exploitons que pour ne pas vous jeter sur le pavé. Si vos exigences sont trop grandes, nous mettrons la clef sous la porte. »

— Vous ne ferez pas cela, répondent les ouvriers.

— Oui, nous abandonnerons la mine.

— Nous n'y croyons pas.

Le socialisme ne peut en rien améliorer la situation de l'ouvrier. Il faudra qu'il travaille, cela n'a jamais été contesté. Pour que la laine qui est sur le dos du mouton devienne un pantalon, il faudra tondre cette utile bête, laver la laine, la filer, la tisser, préparer le drap (teindre, fouler, apprêter), tailler et coudre le pantalon. — Combien le payera-t-on ? — Le socialisme n'a qu'une mesure : le temps. C'est archi-absurde, mais faisons semblant de l'admettre. Il a fallu 3 heures pour coudre le pantalon, donc l'ouvrier recevra 3 bulletins d'une heure. Croyez-vous qu'il pourra acheter le pantalon pour ces 3 bulletins ? — Erreur. Ce pantalon a coûté : 1 heure pour tondre le mouton, 1 heure pour laver la laine, puis pour filer, tisser, teindre, etc., mettons 4 h., ensemble : $3+1+1+4=9$ heures. Il faudrait en coudre trois pour en acheter un. Quoi qu'il en soit, l'ouvrier a trois bulletin. Sera-ce assez pour acheter le café

du matin, le déjeuner avec 1/2 bouteille, le dîner, le logement et le reste ?

Nous n'avons pas besoin d'insister pour montrer qu'il est dans l'intérêt des deux parties — patrons et ouvriers — d'être bien ensemble. Ceux qui veulent les brouiller y ont un intérêt; que l'ouvrier se méfie d'eux ! Qu'il se méfie surtout de ceux qui recommandent la paix, la conciliation, l'entente, de façon à les irriter, à les mettre en colère. Ceux-là parle perfidement; ils ne veulent pas de la paix, et si vous ne le voyez pas tout de suite, c'est que vous êtes à peu près aveugle.

Ne vous laissez monter la tête par qui que ce soit, car c'est vous qui paierez les pots cassés. En défendant vos intérêts avec modération, qui n'exclue pas la fermeté, vous réussirez plus sûrement que par des moyens révolutionnaires. Surtout, ne demandez pas au patron, ce que vous-même, devenu patron, n'accorderiez pas.

P

PACHA PACHALIK. Le premier de ces deux mots qui vient du persan, *pa, pied*, et *schah, roi*, est l'équivalent de l'expression *soutien du trône*, et ne désigne pas des fonctions spéciales. Ce n'est qu'au titre honorifique dont on décore, en Turquie, les grands personnages, soit qu'ils appartiennent à l'ad-

— Ah, vous n'y croyez pas! Eh bien, tenez je vous fais cadeau de la mine, s'écrie le directeur, — je vous donne tel puits, et ensuite tel autre, et tel autre encore, j'y ajoute ceci et cela...

Les ouvriers prennent le directeur au mot, acceptent ces concessions et se mettent à l'œuvre.

Le lendemain, le directeur s'aperçoit que par un *lapsus calami* il avait inscrit parmi les concessions qu'il abandonnait un gîte fort bon qu'il n'avait jamais eu l'intention de donner gratuitement aux ouvriers.

— Il y a mal donne, dit-il, rendez-moi tel puits.

— Donner et retenir ne vaut, répondent les ouvriers, qui refusent de rendre ce qu'ils tenaient.

Le directeur insiste; il a le tort de faire un procès aux ouvriers. Il perd son procès et se voit condamné à 140.000 francs d'indemnité.

Entre temps les ouvriers, devenus propriétaires de la mine, s'aperçoivent que, pour faire marcher leur affaire, il faut de l'argent. Pour se procurer l'infâme capital, ils s'adressent non pas à des actionnaires, mais à une personne généreuse, à Mme Arnaud de l'Ariège, qui leur fait cadeau de 30.000 francs. A ces 30.000 francs, ils ajoutent les 140.000 francs alloués par le tribunal. Voilà de l'argent qui n'exige pas d'intérêt.

Deux ans après, l'argent a disparu — le président du conseil d'administration est réduit à des jetons de présence de 50 centimes par jour. Le comptable de la compagnie reçoit 30 francs par mois, et malgré les dévouements et malgré le talent d'un ingénieur habile, qui fait preuve de beaucoup de cœur et d'expérience, l'affaire ne peut plus marcher.

Les premiers ouvriers de la mine aux mineurs sont aux prises avec mille difficultés. Ils luttent même contre un groupe d'ouvriers qui s'est installé de force chez eux et qui, en vertu du principe la *mine aux mineurs*, tirent du charbon de leur côté. En un mot, l'expérience a échoué.

Il paraît que l'entreprise *La verrerie aux verriers* de Rive-de-Giers est dans une situation analogue (du moins en 1895, où une partie des ouvriers est allée travailler à Carmaux).

ministration civile, militaire, etc., soit qu'ils n'aient aucune charge dans l'État. Le titre de pacha est cependant un titre essentiellement militaire. A la guerre, on porte, devant ceux qui en sont revêtus, des queues de cheval flottant à l'extrémité d'une lance. Il y a des pachas à deux et à trois queues. Ces derniers sont ordinairement les premiers personnages de l'empire, comme le vice-roi d'Egypte, le grand-vizir, le capitan-pacha ou ministre de la marine.

La plupart des gouverneurs de province sont des pachas; de là le nom de *pachalik* qu'on donne généralement à leur gouvernement. Cette dénomination est fausse. En Turquie, les provinces d'une grande étendue, et administrées par des pachas, se nomment *Eïalet;* en Egypte, elles portent le nom de *Mouderieh,* etc.

PACTE COLONIAL. On donne ce nom à une convention entre une métropole et ses colonies, par laquelle la métropole s'attribue tous les droits qu'elle juge lui être profitables sur les produits coloniaux, et en retour garantit aux colonies la vente sur ses marchés de ses produits à un prix rémunérateur. Il ne faut pas confondre le *pacte* avec le *système colonial*, qui est l'ensemble même du régime politique, commercial et administratif des colonies, et qui s'est lui-même longtemps confondu avec le *système mercantile*. Le pacte n'est qu'un des côtés du système, et ne fut jamais qu'une fiction, tandis que le système fut longtemps une réalité [1].

1. Le système colonial, dans toute sa généralité, naquit au quinzième siècle et se développa, dans les suivants, de l'état d'hostilité qui séparait les puissances européennes : les colonies du nouveau monde parurent à chacune d'entre elles un moyen de se suffire en se passant de ses rivales. En outre, cette domination jalouse et exclusive

Le pacte est une fiction en ce sens que jamais les métropoles n'ont consenti à stipuler un contrat bilatéral avec les colonies, pour régler les droits et devoirs respectifs. Usant et abusant de leur toute-puissance, elles ont imposé telles conditions qui leur plaisaient, et si elles ont concédé quelques avantages en retour, ça été de leur plein gré, sans rien abdiquer de leur souveraineté. Mais tantôt par loyale bienveillance et sincère esprit de justice, tantôt par calcul de leurs intérêts bien compris, les métropoles ont reconnu que l'exploitation des colonies à leur profit ne pouvait être durable, si celles-ci produisaient à perte, et de cette appréciation est résultée une sorte d'accord mutuel, profitable aux deux parties. Les métropoles auraient des privilèges sur le marché et le débouché colonial, et en compensation elles réserveraient aux colonies le privilège du marché métropolitain. Voilà dans son origine et dans son essence le pacte colonial. (J. Duval.)

PADICHA (et non **PADISCHA**), mot perse qui signifie prince ou roi. C'est le titre du sultan de Turquie.

PAIRIE. Nom donné autrefois en France et encore aujourd'hui en Angleterre à l'une des deux Chambres qui partagent avec le roi dans une monarchie parlementaire, la puissance législative. Le mot de *pairs* et de *pairie* est d'origine française; l'Angleterre nous l'a emprunté; mais il a disparu en France, où tout change et, il s'est conservé en Angleterre, où tout se conserve. (L. de Lavergne.)

En France le principe des deux Chambres a soulevé d'abord de violentes répugnances. La Constitution de 1791 n'instituait qu'une Chambre; cette Chambre unique s'est appelée d'abord l'Assemblée législative, elle est devenue bientôt la Convention nationale. La Constitution de l'an III (1795) rétablit les deux Chambres, l'une sous le nom de *Conseil des Anciens*, et l'autre sous le nom de *Conseils des Cinq-Cents;* celle de l'an VIII, qui suivit de près le coup d'Etat du 18 brumaire (9 novembre 1799), en institua trois, le Sénat, le Corps législatif et le Tribunat, mais la suppression du Tribunat en réduisit de nouveau le nombre à deux; cette division s'est maintenue jusqu'à la chute du premier Empire. La Charte de 1814 et celle de 1830 ont toutes deux admis les deux Chambres.

s'aggrava d'une erreur économique, alors et longtemps en vogue, qui voyait dans la possession de l'or et de l'argent la seule vraie richesse; les colonies furent surtout recherchées pour leurs mines de métaux précieux. De ce sentiment haineux et de cette illusion économique dérivèrent les monopoles, les combinaisons fiscales, les iniquités oppressives, les guerres et toutes les calamités qui ont fait justement maudire le SYSTÈME COLONIAL, mais que l'on a eu trop souvent le tort de faire retomber sur les *colonies,* qui en furent au contraire les premières victimes. Aujourd'hui ces errements du passé sont tombés dans le domaine de l'histoire, car ils sont bannis de tous les esprits et répudiés en principe par tous les gouvernements : ce qui en survit s'écroule de jour en jour sous la double pression de la science et de l'intérêt politique mieux compris.

L'éphémère constitution de 1848 est revenue au principe d'une Chambre unique; mais, après le coup d'Etat du 2 décembre 1851, les deux Chambres ont de nouveau reparu dans la Constitution de 1852.

Ce régime est aujourd'hui généralement adopté par les pays constitutionnels. Il prévaut dans les républiques comme dans les monarchies. La Constitution fédérale des Etats-Unis le met en pratique depuis près d'un siècle, et toutes les constitutions particulières des Etats confédérés le reproduisent. Les républiques de l'Amérique du Sud l'admettent elles-mêmes, et en particulier celle qui prospère le plus, la république du Chili. La seule république qui existe depuis longtemps en Europe, la Suisse, l'a introduit dans sa Constitution fédérale.

Malgré ces exemples, le système de la Chambre unique conserve des partisans, surtout en France. Le principal argument qu'ils mettent en avant, c'est que, dans une société où règne l'égalité entre les citoyens, où les anciennes distinctions de classes sont effacées, tous les intérêts légitimes doivent être homogènes. La nation est une, l'assemblée qui la représente doit être une aussi. A leur tour, les partisans des deux Chambres répondent que, même en supposant l'égalité politique la plus absolue, une chambre unique et souveraine peut se tromper, et que, si l'on admet, pour rendre la justice, deux degrés de juridiction, dont l'un répare les erreurs de l'autre, il doit en être de même à plus forte raison pour l'ordre politique. Dans les monarchies, il y a le plus grand danger à placer le roi en présence d'une assemblée unique, sans intermédiaire et sans contre-poids. *Il ne faut pas,* disait Royer-Collard, *que les flots démocratiques battent incessamment la royauté.* Même dans les républiques la dictature d'une assemblée devient bien vite oppressive, elle a toujours servi, jusqu'ici, à préparer le despotisme d'un seul.

Le principe des deux Chambres une fois admis, on se demande quelle sera la composition, et quelles seront les attributions de chacune d'elles. Ici encore se produisent de nombreuses divergences. L'une des deux doit être élective et temporaire, il n'y a pas de contestation sur ce point; Quant à l'autre, quatre systèmes principaux sont en présence : 1° l'hérédité; 2° l'élection; 3° la nomination par le chef de l'Etat; 4° l'attribution du titre de pair à certaines fonctions ou dignités. On pourrait en ajouter un cinquième qui a été un moment essayé chez nous, la désignation par la Chambre elle-même, suivant l'exemple des académies qui nomment leurs membres. (Cooptations.)

Le mélange de ces quatre ou cinq systèmes peut donner lieu à une foule de combinaisons mixtes.

Le premier qui se présente est l'hérédité. C'est à celui-là que s'applique plus spécialement le nom de *pairie.* L'hérédité domine dans la Chambre des pairs d'Angleterre, et la

Chambre des pairs de France a été héréditaire pendant les quinze ans de la Restauration. Au principe de l'hérédité vient se joindre la nomination par le chef de l'Etat, mais dans des cas rares et exceptionnels. En droit, le nombre des pairs est illimité, le roi peut en créer de nouveaux à volonté ; en fait, le roi ne nomme de nouveaux pairs que pour remplir les vides que laisse l'extinction des familles, et pour reconnaître des services éminents. Il conserve le pouvoir de nommer un grand nombre de pairs à la fois, pour changer la majorité de la Chambre quand elle s'obstine à se mettre en contradiction avec les deux autres pouvoirs, mais il ne doit en user que dans les cas extrêmes, quand il est absolument impossible de faire autrement.

L'hérédité de la pairie constitue dans l'Etat un corps aristocratique. Le principe de l'aristocratie ne se rencontre pas seulement dans les monarchies, on l'a vu aussi dominer dans les grandes républiques. Le Sénat de l'ancienne Rome était un corps héréditaire et par conséquent aristocratique ; les républiques plus modernes de Venise, de Gênes, de Berne ont eu également des gouvernements aristocratiques par excellence. De nos jours l'idée de république exclut habituellement celle d'aristocratie ; les monarchies sont moins exclusives. Beaucoup de publicistes pensent même que toute monarchie, pour être solide et durable, doit reposer sur une aristocratie. « Comment admettre, disent-ils, que le principe de l'hérédité monarchique puisse se soutenir, s'il est isolé au sommet de l'édifice politique, et s'il ne s'appuie pas sur une pairie héréditaire ? Sans hérédité, il n'y a point pour la Chambre des pairs de véritable indépendance. Elective, elle n'est qu'une doublure de l'autre Chambre ; elle est soumise, comme elle, à toutes les variations de l'opinion ; nommée par le roi, elle n'a plus aucun prestige aux yeux de la nation, qui ne la considère que comme un assemblage de courtisans. L'hérédité peut seule introduire dans le gouvernement la puissance des traditions ; seule elle peut former une société politique, où les fils s'exercent de bonne heure, par l'exemple de leurs pères, à prendre part aux affaires publiques. L'illustration de ces familles fait partie du patrimoine national ; leurs noms se confondent avec les plus glorieux souvenirs du pays dans tous les genres, et il suffit de l'existence simultanée d'une Chambre élective, incessamment recrutée dans les rangs populaires, pour tenir en respect cette aristocratie et l'empêcher d'abuser de son pouvoir. » (L. de Lavergne.)

Ces raisons sont excellentes en elles-mêmes. Elles se fortifient d'ailleurs par le magnifique exemple de la pairie anglaise. Il faut reconnaître cependant qu'elles rencontrent un obstacle formidable dans l'esprit démocratique qui domine de plus en plus en Europe. En France, la pairie héréditaire de la Restauration n'a pas empêché la chute de la branche aînée des Bourbons. Nous avons abandonné, dès 1830, le principe de l'hérédité, et la plupart des monarchies constitutionnelles qui nous entourent ont fait comme nous. On s'accorde assez généralement aujourd'hui à éviter jusqu'au nom de Chambre des pairs ; en Belgique, en Espagne, en Italie, l'équivalent de la Chambre des pairs prend le nom de *Sénat*, comme chez nous, pour échapper aux susceptibilités démocratiques, et le principe de l'hérédité y est abandonné ou fortement réduit. Cette tendance a pris un tel caractère de généralité qu'il paraît bien difficile de la combattre désormais.

La désignation par le chef de l'Etat des membres de la 1re Chambre l'a emporté dans plusieurs pays, notamment en France, sous le régime monarchique, et en Italie. Ce mode de nomination entraîne ordinairement avec lui le caractère viager. Les différences se produisent sur deux points : 1° le nombre des sénateurs peut être limité ou illimité ; 2° ils peuvent être nommés sur des catégories déterminées par la loi ou sans aucune condition préalable. En France, le nombre des sénateurs était limité par la Constitution de 1852 ; mais l'Empereur pouvait les choisir absolument comme il lui plaisait ; aucune condition d'âge, de naissance, de fortune et de services n'était exigée. Au contraire, sous la monarchie de 1830, le nombre des pairs était illimité, mais le roi ne pouvait les nommer que sur un certain nombre de catégories. (Il en était de même pour les constitutions espagnoles de 1845 et 1868.)

On peut difficilement exprimer une opinion sur la constitution du Sénat Français de 1852. Par le très petit nombre de ses membres, par sa riche dotation, par le choix tout arbitraire du souverain, il était le seul de son genre qui existât au monde ; son mode de nomination n'offrait aucune garantie. Le mode de nomination sur catégories peut être mieux apprécié ; la Chambre des pairs nommée ainsi a duré dix-huit ans, sous le contrôle d'une publicité complète, et l'expérience ne lui a pas été défavorable. Cette Chambre a pris une part considérable au gouvernement de l'Etat, ses discussions ont été souvent plus savantes et plus lumineuses que celles de la Chambre des députés, et ses votes ont arrêté plusieurs entraînements regrettables. Le seul reproche qu'on puisse lui faire, c'est que, malgré l'excellence de sa composition, elle n'a exercé que bien peu d'action sur l'opinion publique.

L'institution des catégories (Loi du 29 déc. 1831) se rapproche beaucoup du quatrième mode de désignation, l'attribution du titre de sénateur ou de pair à certaines fonctions ou dignités. Nous ne connaissons aucune constitution où ce mode soit employé exclusivement, mais il entre dans plusieurs comme élément accessoire. Ainsi en Angleterre, où la pairie est héréditaire, les archevêques et évêques anglicans sont pairs de droit ; il en a été de même en France sous le régime de 1852, pour les cardinaux, les maréchaux et les amiraux. Nous aurons l'occasion de citer d'autres exemples encore.

Quant à la désignation par l'Assemblée elle-même, nous n'en parlerons que pour mémoire. Elle n'a été pratiquée que chez nous par la Constitution de l'an VIII et pendant quelques années sous la 3e république. Aucune autre constitution ne l'a adoptée, du moins jusqu'à présent.

Parmi les combinaisons mixtes, nous citerons la Constitution de l'Espagne de 1845, celle de la Prusse et celle de l'Autriche. Les grands d'Espagne étaient sénateurs héréditaires, pourvu qu'ils possédassent un revenu déterminé; le même titre était attaché à certaines dignités, comme celles d'archevêque et d'évêque, de capitaines-généraux de terre et de mer, de présidents de cours suprêmes; enfin la couronne avait le droit d'en nommer d'autres, sur des catégories déterminées par la loi. En Prusse, les princes médiatisés sont membres héréditaires de la Chambre des seigneurs, puis viennent des membres à vie, les uns titulaires de grandes charges, les autres nommés par le roi, sur des catégories particulières qui ont, jusqu'à un certain point, le caractère électif, puisque les propriétaires de biens nobles, les universités, les principales villes ont le droit de présentation. La Chambre des seigneurs de l'empire d'Autriche se compose également de pairs héréditaires, de grands dignitaires pairs de droit et de membres nommés à vie par l'empereur.

Les Etats secondaires de l'Allemagne, comme la Bavière et le Wurtemberg, ont adopté les mêmes principes, de sorte que le système mixte est le plus généralement en faveur. La tendance commune de toutes ces constitutions est de faire de la Chambre des pairs ou du Sénat le siège principal de l'esprit de conservation et d'expérience, par opposition à la Chambre des députés, qui représente plus spécialement l'esprit d'innovation et d'agitation. On cherche à composer cette première Chambre, car elle occupe partout le premier rang, d'hommes considérables par la naissance, la fortune, les services, dans l'espoir de balancer plus sûrement les caprices de l'opinion.

La composition d'une Chambre des pairs doit donc être aujourd'hui complexe. La meilleure serait peut-être celle qui réunirait une part de tous les systèmes. La désignation par le chef de l'Etat, sous la garantie de la responsabilité ministérielle, est un mode de nomination à recommander; la part de l'élection peut être assez grande, sans inconvénient; celle de l'hérédité doit, au contraire, être très faible, à moins qu'on ne revienne indirectement à l'hérédité, en exigeant des conditions de propriété, ce que nous ne voudrions pas conseiller.

Un des modes qui paraissent présenter le plus d'avantages, est l'élection par les conseils provinciaux, soit qu'ils nomment directement,

soit qu'ils se bornent à présenter des candidats.

Le temps est passé où l'on pouvait ajouter une confiance aveugle à telle ou telle forme politique considérée en elle-même; la sagesse véritable consiste à approprier les institutions au caractère de la nation qui doit les pratiquer.

Deux questions secondaires se rattachent à la composition d'une Chambre des pairs. La première est celle du nombre. Il n'est pas indifférent qu'une assemblée politique soit trop ou trop peu nombreuse. L'expérience semble prouver que, dans les grands Etats, une Chambre ne doit pas compter moins de quatre cents membres et plus de cinq cents. Au delà de cinq cents, l'ordre des délibérations devient difficile; au-dessous de quatre cents, toutes les opinions risquent de n'être pas représentées, et l'influence du gouvernement devient trop forte[1]. La Chambre des pairs d'Angleterre se compose aujourd'hui de quatre cent cinquante membres, y compris les pairs d'Ecosse et d'Irlande. En Belgique, il y a un sénateur par 80.000 habitants. A ce compte, le Sénat français devrait avoir quatre cent soixante membres; il n'en avait pas la moitié. Ce nombre doit-il être limité par la Constitution? Oui, quand la Chambre est élective et temporaire; non, quand elle ne l'est pas; car, dans le premier cas, elle se renouvelle sans cesse, et, dans le second, il peut être nécessaire d'y introduire quelquefois de nouveaux éléments. (L. de Lavergne.)

La seconde question est celle du traitement. Dans les pays où la Chambre des pairs représente plus ou moins une aristocratie politique, ces fonctions s'exercent gratuitement. Il en était ainsi en France sous la royauté, et le reste de l'Europe conserve encore cette tradition. Dans les pays très démocratiques se manifeste une tendance marquée à rétribuer les membres des corps délibérants. La France a donné le signal. On peut admettre sans beaucoup d'inconvénient le principe d'une indemnité pour les sénateurs comme pour les députés, mais à condition qu'elle soit réduite au strict nécessaire et ne dégénère pas en un véritable traitement. Dans ce dernier cas, les membres du Sénat ne sont plus que des fonctionnaires plus richement payés que les autres, et le véritable caractère d'une assemblée politique disparaît. Il serait plus digne d'un peuple libre de repousser absolument toute rétribution pécuniaire pour ses représentants, car le moindre soupçon d'un calcul intéressé nuit à l'autorité morale des votes. Si l'état général des fortunes ne le permet pas, il faut s'en écarter le moins possible.

Reste à dire un mot des attributions. Dans tous les pays constitutionnels, excepté la France de 1852, les attributions de la première Chambre ne diffèrent pas essentiellement de celles de la seconde. La seule nuance

[1]. Nous donnons dans le texte l'opinion de Léonce de Lavergne, mais nous serions plutôt d'avis que trois cents membres suffisent (M. B.)

qui les sépare, c'est que tout ce qui concerne les recettes et les dépenses publiques dépend plus spécialement de la Chambre des députés[1]. Pour tout le reste, les deux Chambres font également partie essentielle de la puissance législative. Aucune loi ne peut devenir exécutoire si elle n'a reçu l'assentiment des deux Chambres. Il en était de même en France avant 1848. Dans les premières années après l'établissement de la Constitution de 1852, les attributions du Sénat étaient spéciales. La puissance législative appartenait uniquement au Corps législatif, sous la réserve de la sanction impériale. Le Sénat n'était admis à examiner les lois que pour s'assurer qu'elles ne renfermaient rien de contraire au pacte fondamental ; il ne les jugeait pas en elles-mêmes. Il était en revanche investi de plusieurs prérogatives qui ne se trouvent dans aucune autre constitution, entre autres du droit d'*annuler* tout acte illégal qui lui est déféré par les pétitions des citoyens, mais nous ne nous souvenons pas qu'il y ait eu une seule annulation.

Presque partout, la Chambre des pairs devient, dans certains cas, une haute cour de justice chargée de juger les attentats contre la sûreté de l'Etat. Sous la monarchie de 1830, elle a eu souvent à remplir ce pénible devoir, notamment lors du grand procès de l'insurrection d'avril 1834, qui ne comprenait pas moins de 164 accusés. Le Sénat de la 3e République a les mêmes attributions et a eu à en faire usage.

PAIX. De Maistre a dit : « L'histoire prouve malheureusement que la guerre est l'état habituel du genre humain dans un certain sens: c'est-à-dire que le sang humain doit couler sans interruption sur le globe, ici ou là ; et que la paix, pour chaque nation, n'est qu'un répit. « Serait-ce donc vrai ? Et en créant le monde Dieu l'aurait-il condamné à avoir sans cesse sous les yeux le spectacle de l'ange exterminateur entassant les ruines et les cadavres des peuples ? N'y a-t-il donc aucun moyen de conserver la paix parmi les nations ?

Un moyen général d'empêcher la guerre, ce serait de consacrer, comme principe inviolable du droit public, que chaque Etat est indépendant et libre ; que nul autre Etat ne peut s'ingérer de force dans sa constitution, dans son gouvernement. Un Etat est une société d'hommes qui seule peut se commander et disposer d'elle-même ; vouloir se mêler de ses affaires, quelles qu'elles soient, c'est rendre incertaine l'autonomie de tous les Etats ; c'est jeter des semences de guerre qui, tôt ou tard, germent et produisent les fruits les plus amers. On se rappelle que, le 10 août 1791, Mirabeau présidant l'Assemblée constituante, des quakers vinrent à la barre demander à vivre sous la protection des lois françaises en réservant toutefois cette condition de ne jamais être contraints à faire la guerre. Mirabeau, avec un admirable bon sens, leur répondit au milieu des applaudissements : «... Si jamais je rencontre un quaker, je lui dirai : Mon frère, si tu as le droit d'être libre, tu as le droit d'empêcher qu'on te fasse esclave ; tu veux la paix ? Eh bien ! c'est la faiblesse qui appelle la guerre : une résistance générale serait la paix universelle.» Une résistance générale de tous les peuples à intervenir dans les affaires les uns des autres serait une des plus grandes garanties de la paix dans le monde. Il se formerait ainsi une sorte de fédération d'Etats libres, voulant rester libres et proclamant comme règle inaltérable du droit des gens le principe de non-intervention.

L'indépendance réciproque des nations étant ainsi proclamée et assurée, on verrait disparaître le fardeau des armées permanentes qui conduisent à cet impôt terrible, inexorable, l'impôt du sang, et cependant le plus indispensable des impôts ; lequel ne prend pas au contribuable une partie de son revenu ou même tout son revenu, une partie de son capital ou même tout son capital, mais lui enlève la liberté et même la vie, et est devenu la condition inéluctable des sociétés politiques. Les libertés publiques ne pourraient qu'y gagner, car l'histoire nous apprend que les armées permanentes sont pour elles un éternel danger. « Les troupes régulières (*miles perpetuus*), a dit Kant, étant toujours prêtes à agir, menacent sans cesse d'autres Etats et les excitent à augmenter à l'infini le nombre d'hommes armés. Cette rivalité, source inépuisable de dépenses qui rendent la paix plus onéreuse qu'une courte guerre, fait même quelquefois entreprendre des hostilités dans la seule vue de se délivrer d'une si pénible charge. » La suppression des armées permanentes serait donc un des plus puissants moyens de conserver la paix.

Arrêtons-nous, car, sur cette matière, on ne peut que se lancer dans l'utopie.

PAIX PERPÉTUELLE[1]. Quand une idée a déjà son histoire, n'est-ce pas sur cette histoire qu'il convient de l'apprécier et de la juger, et non sur les lieux communs qu'on a pu débiter pour ou contre ? L'idée d'organiser une *paix perpétuelle* n'est pas seulement, comme on l'a souvent répété et comme on le croit en général, l'un des « rêves d'un homme de bien » ; c'est encore le rêve de beaucoup d'autres gens de bien, avant et depuis le bon abbé de Saint-Pierre. Un rapide exposé historique fera connaître les diverses phases de la question et les chances qu'elle peut avoir dans l'avenir.

Rien de plus banal et de moins nouveau que les dithyrambes en faveur de la paix, si

1. C'est une imitation d'un usage anglais qui s'explique en Angleterre, où les pairs sont héréditaires.

1. Nous reprenons, sans changement, d'après la 2e édition de notre *Dictionnaire général*, l'article de M. Ch. Read, pour faire à notre triste époque la part du rêve, et d'un rêve intéressant.

ce n'est peut-être les imprécations contre la guerre. Aux yeux des anciens, celle-ci a toujours été un fléau intermittent et inévitable, un de ces cruels « jeux de princes » qui ne plaisent qu'à ceux-ci ; et la paix, une simple trève, toujours précaire. Ils n'ont jamais pris au sérieux la possibilité d'une ère pacifique permanente, si même ils y ont songé. Philosophes païens et chrétiens, tous se sont accordés à proclamer la guerre une iniquité, une insigne folie ; mais l'absence de toute guerre leur semblait en même temps espérance vaine, pure hypothèse. L'opinion commune, à ce sujet, est celle qu'a exprimée La Bruyère, dans son célèbre tableau d'une bataille, et la conclusion des plus sages et des plus hardis se réduit à cette pensée de Pascal : « Quand il est question de juger si on doit faire la guerre et tuer tant d'hommes, c'est un homme seul qui en juge, et encore intéressé : ce devrait être un tiers indifférent. » Il était réservé à J. de Maistre et à son école d'ériger la guerre en nécessité sociale, en loi de la nature, en dogme religieux, presque en bienfait divin.

Naguère encore on croyait que l'idée particulière d'un système de paix perpétuelle datait seulement de la fin du seizième siècle, du règne de Henri IV ; car la *Trève de Dieu* de l'époque des croisades n'est pas considérée comme un des précédents de la question. Il a été constaté tout récemment qu'au quinzième siècle, en 1464, Georges Podiébrad, roi de Hongrie, en lutte avec l'empereur Frédéric III et le pape Pie II, avait, sous l'inspiration de son conseiller, le Grenoblois Ant. de Marini, formé le projet « d'émanciper les peuples et les rois » par l'organisation d'une nouvelle Europe ». Il aurait voulu essayer de coaliser régulièrement les États secondaires sur lesquels pesait la tutelle des deux grandes puissances du moyen âge, et de pondérer ainsi les forces de manière à prévenir l'oppression et les conflits. Un ambassadeur fut envoyé vers Louis XI, pour proposer au roi très chrétien de convoquer dans ce but un parlement de rois et de princes. Louis XI se montra personnellement favorable, mais ses ministres paraissent avoir « jeté les hauts cris » à l'idée d'une ligue contre la papauté et la théocratie. On ne repoussa pas précisément, mais on ne conclut rien, et la tentative, née pourtant des besoins de la politique du temps, n'aboutit à aucun résultat.

Ce n'est qu'à la renaissance des lettres que l'on commence à goûter véritablement et à prêcher la paix ; Erasme est pacifique, Montaigne l'est aussi ; Grangousier, dans Rabelais, l'est également, mais après avoir beaucoup « massacré et tué ».

Un siècle et demi environ après Podiébrad, une pensée analogue à celle que ce roi avait communiquée à Louis XI germa dans l'imagination de Sully, en même temps que surgit, dans l'esprit de Henri IV (vers 1595), le grand dessein d'une « république chré-

tienne [1] ». Pour le roi, il s'agissait, après avoir épuisé l'Espagne, de consommer l'abaissement de la maison d'Autriche, et d'asseoir l'équilibre de la chrétienté sur la liberté des consciences et le respect des nationalités : c'était la pacification et la réorganisation de l'Europe par une dernière guerre faisant succéder le règne du droit à celui de la force. Le ministre, en élaborant ce « grand dessein » pratique de son maitre, y introduisit une sorte de conseil amphictyonique destiné à perpétuer la paix universelle, ce qui en a fait une théorie et une chimère aux yeux sévères des politiques [1].

En 1623, fut publié à Paris un livre intitulé *le Nouveau Cynée*, ou *Discours des occasions et moyens d'establir une Paix générale et la liberté du Commerce pour tout le Monde*, dont l'auteur *Em. Cr. P.* (Emeric La Croix, Parisien), proposait la création d'une diète internationale permanente, siégeant à Venise, par exemple, où les peuples auraient leurs représentants chargés de connaître les différends qui s'élèveraient et de les terminer.

La secte des quakers, fondée par Fox, en 1647, était, à vrai dire, l'idée même de la paix érigée en doctrine vivante, personnifiée dans chacun des membres d'une « Société d'amis » et de frères : ils rendaient la guerre impossible en renonçant à se défendre même en cas d'attaque.

On parlait déjà de systèmes de concorde et de paix au plus fort des triomphes de Louis XIV déjà même on s'en moquait, témoin l'épître de Boileau *au Roi, contre les conquêtes*, qui est de 1669, et cette phrase du maitre de musique du *Bourgeois gentilhomme* (représenté en 1670) : « Et si tous les hommes apprenaient la musique, ne serait-ce pas le moyen de s'accorder ensemble et de voir dans le monde la paix universelle ? » Mot qui devait nécessairement plaire à M. Jourdain et à Jacques Bonhomme, lesquels payaient, alors comme toujours, les violons. Cela n'empêcha pas que l'on ne fît paraître moins de quatre ans après, en 1673, *un curieux Mémoire pour servir à l'histoire des temps* (Cologne, in-18 de 103 pages), qui n'a jamais été signalé et qui, avec les « moyens d'assurer la paix générale », contient la proposition formelle « d'établir une médiation pour pourvoir à tout ce qui pourra désormais travailler la chrétienté, un conseil en quelque lieu, du

1. Le mot se trouve, entre autres, dans une lettre écrite en avril 1602, par Henri IV, à la reine Elisabeth, qui aurait même conçu la première cette idée, d'après une autre lettre adressée *à celle qui mérite un los immortel* et où le projet est appelé « la plus excellente et rare entreprise que créature sçut avoir préméditée en sa pensée, chose plus céleste qu'humaine, dont on ne devoit attendre que des issues remarquables d'honneurs et de gloire » ! Cette lettre est citée par l'historien Gaillard (*Révolutions de la France et de l'Angleterre*, t. X, pp. 106 et 119). Elle était conservée à la bibliothèque du roi ; on ne la trouve pas dans le *Recueil* de M. B. Xivrey.

2. C'est surtout Péréfixe, l'abbé de Saint-Pierre et le traître arrangeur des *Mémoires* de Sully, qui ont induit en erreur, à ce sujet. L'abbé de Saint-Pierre a aussi attribué le même projet au duc de Bourgogne.

commun consentement de tous les princes chrétiens, où l'on peut traiter et démêler à l'avenir tous les différends qui pourraient naître entre eux. » L'auteur, qui ne se nomme pas, se désigne seulement comme étant « une personne désintéressée et affectionnée au bien public », et il prouve qu'il est, en effet, très versé dans les matières politiques du temps.

William Penn fit paraître à Londres, en 1693, un *Essai sur la paix présente et future de l'Europe, par l'établissement d'une Diète, d'un Parlement ou d'États européens*, essai dans lequel il déclare que les guerres sont des duels de souverains à souverains, auxquels il dépendrait de l'Europe de mettre empêchement, ainsi que le montrent l'exemple qu'il invoque du projet de Henri IV et l'*Histoire des Provinces-Unies* de sir W. Temple. « C'est donc, conclut-il, une chose utile, une chose faisable, une chose nécessaire. » Mais le torrent suit son cours; les guerres de Louis XIV continuent à mettre l'Europe à feu et à sang, et font craindre, au lieu de la paix, la monarchie universelle.

Vingt ans plus tard, l'abbé de Polignac, appelé à représenter la France au congrès d'Utrecht, y emmène avec lui l'abbé de Saint-Pierre; celui-ci, témoin des difficultés qu'éprouve le règlement des conditions de la paix, puise dans ce spectacle même les inspirations qui devaient lui faire reprendre, pour son compte, et pour ainsi dire incarner en lui désormais ce projet tant loué ou tourné en dérision. « Vous n'avez oublié, dit à son auteur le malin évêque de Fréjus, depuis cardinal de Fleury, qu'un article essentiel, c'est pour envoyer des missionnaires qui touchent le cœur des princes et les convertissent à vos vues. » L'abbé de Saint-Pierre publia d'abord un volume sous ce titre : *Mémoires pour rendre la paix perpétuelle à l'Europe* (1712, Cologne, in-12); puis un autre intitulé : *Projet pour perpétuer la paix et le commerce en Europe, augmenté des conférences tenues à Utrecht, des nouveaux intérêts des princes ensemble, des différends qui pourraient naître entre eux, des avantages qu'ils trouveraient à exécuter ce dessein, et des réponses aux objections* (1713, Utrecht, in-12). Il en fit paraître un remaniement en 1717 (Utrecht, in-12), intitulé : *Projet de traité pour la paix perpétuelle entre les souverains chrétiens*, etc., *proposé autrefois par Henri le Grand;* puis un *Abrégé*, en 1727 (Rotterdam); et, infatigable dans ses efforts, donna encore en 1736, des *Observations sur les dernières paix*, où il reproduisait l'idée de la Diète européenne, sous formes d'articles réglant les voies et moyens propres à constituer cette diète et à rendre ses décisions exécutoires.

La paix de l'Europe ne peut s'établir qu'à la suite d'une longue trêve, ou *Projet de pacification générale combiné par une suspension d'armes de vingt ans entre toutes les puissances politiques*, par le chevalier G. (Ange Goudar) [Amsterdam, in-12], parut en 1757, et reparut en 1761 sous le même titre, reprenant de nouveau l'idée de l'abbé de Saint-Pierre, dont J.-J. Rousseau fit à son tour une éloquente analyse, publiée cette même année 1761. Belle occasion pour Voltaire de dire son mot d'oracle sur la question. En 1737, il l'avait déjà appelé «un projet hardi, mais sujet à d'extrêmes difficultés ». En 1761, il envoie à Cideville son plaisant *Rescrit de l'Empereur de la Chine, à l'occasion de la paix perpétuelle que Jean-Jacques va procurer.* « Amusez-vous, lui dit-il, de cela, en attendant la diète européenne. » En 1769, il empruntera la plume du *docteur Goodheart* pour publier une brochure dont la conclusion est dans les deux premières lignes : « La seule paix perpétuelle qui puisse être établie entre les hommes est la tolérance. » Enfin, en 1773, il terminera sa pièce sur la *Tactique*, en formant le souhait de voir un jour régner sur la terre : « l'impraticable paix de l'abbé de Saint-Pierre. »

Cependant, d'autres signes du temps laissent voir que, malgré les railleries, l'idée cheminait dans les esprits.

L'*Espion chinois*, publié par Goudar en 1765 (Cologne, 6 vol. in-12), contient (t. V, p. 52) un exposé critique des projets de paix perpétuelle qui avaient cours alors, ce qui prouve qu'on s'en entretenait toujours.

En mars 1766, un anonyme avait chargé l'Académie française de décerner un prix à celui qui aurait le mieux réussi à plaider contre la guerre et à « inviter toutes les nations à se réunir pour assurer la tranquillité générale ». L'année suivante, elle couronnait le discours de la Harpe et celui d'un estimable écrivain qui a voué sa plume à la cause de la paix, Gaillard, l'historien des *Rivalités de la France avec l'Angleterre et avec l'Espagne.*

Dans son *Tableau politique et littéraire de l'Europe en 1775* (Paris, 1777, in-12), Mayer insiste sur la nécessité d'en venir à l'idée d'une paix solidement organisée, et il produit un plan de Congrès européen, peu différent d'ailleurs de celui de l'abbé de Saint-Pierre.

Comme l'arc-en-ciel après la tempête, un ouvrage intitulé *Antipolemos* vit le jour en 1794, et le grand philosophe Kant, chaud partisan et admirateur de la Révolution française, dans laquelle il voyait l'avènement de la liberté et du droit, fit paraître, en 1795, un *Projet philosophique de paix perpétuelle*, écrit sérieux et piquant au dire d'un bon juge. Tout en reconnaissant, dans des cas étroitement limités, le droit de la guerre, il pose comme l'idéal que doivent poursuivre tous les États, l'idée d'une paix universelle et perpétuelle.

C'est qu'en effet les hommes de foi robuste espèrent contre espérance. En 1802, paraît un ouvrage intitulé : *la Paix : système cosmopolite*, ou *Projet d'une confédération universelle et perpétuelle entre tous les hommes*, par A.-P.-Agricola Batain, ex-secrétaire de l'administration de l'Opéra. (Cosmopolis [Paris], an XII, in-8º.) En 1808, sous l'Empire même, un traité *Du Droit public et des gens*, par J.-B. Gondon, est suivi d'un nouveau *Projet de paix perpétuelle* (Paris, 3 vol. in-8º), et, en cette même année, un commis-marchand de Lyon (Charles Fourier, l'inventeur du Phalanstère) proclame l'avènement de « l'humanité universelle », premier germe de fouriérisme, c'est-à-dire l'harmonie pacifique en la personne de Napoléon, le « nouvel Hercule ». Saint-Simon, de son côté, avait dès 1802 annoncé l'abolition de la guerre, et en 1814 paraissait sa brochure : *Réorganisation de la société européenne, ou De la Nécessité et des Moyens de rassembler les peuples de l'Europe en un seul corps politique, en conservant à chacun sa nationalité*, par H. Saint-Simon et Augustin Thierry, *son élève*. Cet élève de l'apôtre, c'était le futur historien. Une autre brochure (sans titre et anonyme) fait preuve qu'en avril 1813, à Francfort, au commencement du congrès, un *Plan* du même genre avait été suggéré par son auteur et soumis ensuite au ministre-abbé de la Restauration, M. de Montesquiou.

De la fin des guerres de l'Empire date pour cette idée, déjà vieille, une ère nouvelle, née du principe d'association. Une brochure publiée en 1814 (par le docteur Worcester), *Solemn review of the war*, donne occasion de fonder aux États-Unis, en août 1815, une première société de propagande (*Société des Amis de New-York*), suivie en septembre de celles de l'Ohio et du Massachussets. La Société anglaise (pour l'établissement de la paix permanente et universelle) se fonde à Londres le 14 juillet 1816, et la Société de la Morale chrétienne est créée à Paris en 1821, se proposant, entre autres buts, de répandre l'idée de la paix. On en organisa une semblable à Genève en 1830. Enfin, en juillet 1843, les sociétés de la paix des deux mondes tiennent à Londres, par délégués, un premier grand meeting pour donner au mouvement plus d'unité et d'extension. Il en sort une adresse aux gouvernements civilisés, qui fut bien accueillie du roi Louis-Philippe et du président des États-Unis à qui elle fut présentée. Un second meeting, plus général encore, et qui prend le nom de *Congrès*, a lieu à Bruxelles en septembre 1848, et rédige une adresse à lord John Russel, qui la reçoit en y applaudissant. Le 12 juin 1849, un de ses membres les plus distingués, M. Cobden, présente à la Chambre des communes une motion tendant à introduire le principe de l'arbitrage dans tous les traités à conclure entre l'Angleterre et les autres pays, et cette motion obtient une minorité de 79 voix sur 288. Six semaines plus tard (22-24 août 1849), se réunissait, à Paris, un nouveau Congrès

de la Paix, qui a marqué par un certain éclat et a contribué plus qu'aucune démarche antérieure à rendre le public attentif à cette propagande humanitaire. Beaucoup d'hommes politiques répondirent à l'appel et manifestèrent leur adhésion d'une manière explicite. Le système des armées permanentes fut combattu avec énergie par M. Émile de Girardin et M. Cobden, etc. Il y eut comme une émulation de fraternité dans cette assemblée composée des éléments les plus hétérogènes, et l'on y vit quelque chose qui rappelait de loin la célèbre nuit du 4 août ou le non moins célèbre baiser Lamourette. Un accueil très sympathique fut fait aux membres du Congrès par le ministre des affaires étrangères, M. de Tocqueville, et une députation porta les résolutions adoptées au président de la République, qui s'entretint avec elle des conditions et des possibilités d'un désarmement simultané des principales nations, des avantages nombreux qui en résulteraient pour les finances, l'industrie, le bien-être, la moralité et la tranquillité des populations, et déclara qu'il appelait de tous ses vœux le moment où il serait possible de réduire l'effectif si lourd des armées, mais que, selon lui, le moment n'était pas encore venu. Indépendamment des nombreux meetings qui eurent lieu successivement en Angleterre, mentionnons encore ici les deux autres congrès tenus à Francfort en 1850, et à Londres en 1851.

Ici s'arrêterait cette revue rétrospective et nous n'aurions plus qu'à constater l'éclatant démenti qu'ont semblé donner à toutes ces solennelles protestations des pacifiques des deux mondes les grands événements de guerre accomplis en Europe et en Amérique[1] depuis la restauration en France de cet empire qui s'est défini lui-même en disant « qu'il était la paix ». Mais il importe de rappeler ici, d'une part, qu'un des membres du Congrès de la Paix en 1851, M. Brown, un ancien esclave échappé des États-Unis, y avait prononcé cette parole prophétique « qu'il est impossible de maintenir l'esclavage sans maintenir la guerre », et d'autre part, que le président de ce même Congrès, M. Victor Hugo, tout en parlant pour la paix, pour une paix définitive et universelle à établir, mettait, quant à lui, à cet établissement une condition préalable, celle de la reconnaissance des nationalités obtenue avant tout, soit par un accord amiable, soit à main armée[2]. C'était là à ses yeux une « dernière guerre » indispensable et comme providentielle. Il fallait que les peuples fussent chacun chez soi avant de pouvoir être chacun pour tous. La guerre

1. Caractères nouveaux de la société contemporaine : progrès des idées de paix, malgré les guerres récentes, par la fréquence des relations et la solidarité des intérêts entre les peuples. » (*Programme du nouveau cours d'histoire contemporaine pour la classe de philosophie*, par le ministre de l'instruction publique, M. V. Duruy, 23 septembre 1863.)

2. Il est vrai de dire que cette opinion était personnelle à celui qui l'exprimait et qu'on ne saurait en rendre solidaires tous les Amis de la paix.

35

contre la Russie, la sanglante insurrection de l'Inde anglaise, l'affranchissement de l'Italie, la lutte sourde de la Hongrie, la lutte ouverte de la Pologne, la conflagration des États-Unis, tous ces faits dont nous avons été et dont nous sommes témoins ne sont donc pas, à un certain point de vue, si inconsistants qu'ils en ont l'air avec les doctrines professées par certains partisans de la paix. Il y avait des nuances entre elles, et l'on eût pu s'entendre même avec M. Proudhon, qui disait « que la paix n'existera que quand il n'y aura plus ni opprimés ni exploités ». (Lettre au *Temps*, 4 septembre 1849.) Ajoutons qu'à ce même Congrès l'abbé de Guerry déclarait, aux applaudissements de l'assistance, désapprouver « les restaurations par intervention étrangère » (occupation de Rome), parce qu'il y voyait un germe de dissension et de guerre futures. Enfin n'omettons pas de dire qu'à chacune des entrées en campagne, depuis 1853, la Société de la Paix a fait entendre, sans découragement, sa voix de justice et de conciliation.

Ce n'est pas tout. Un incident capital et bien inattendu, un *deus ex machina* se produisant tout à coup en 1863, est venu confondre les Nestors de la diplomatie classique et faire monter les Amis de la paix au Capitole. Il semblait arrivé à l'improviste, ce jour de gloire que leur a prédit en 1851 l'abbé de Guerry, où « ils verraient bientôt leur idée assise sur un trône resplendissant». Une diète européenne, un véritable Congrès de la Paix a été proposé inopinément, non plus par un idéologue, mais par un souverain aux souverains. Le chef de l'État le plus puissant par son organisation militaire, celui « à qui l'on prêtait le plus de projets ambitieux[1] », a convié les autres chefs d'État à fonder la paix, à remettre la décision des questions pendantes à un arbitrage suprême, à rétablir l'ordre sur des bases solides, sur celles d'un système politique nouveau et d'une confiance mutuelle, à ne plus s'épuiser dans une vaine ostentation de leurs forces respectives, à ne plus empêcher les progrès de la civilisation par des rivalités jalouses et des armements exagérés. Jamais les rêves des Sully et des Saint-Pierre, jamais les vues pratiques de leurs modernes adeptes furent-ils plus près de se réaliser ?

Qu'en résultera-t-il ? Le grand problème va-t-il être résolu enfin ? L'utopie séculaire des philanthropes et des optimistes passera-t-elle dans le domaine des faits? La bonne harmonie s'établira-t-elle une bonne foi à *priori*, ou bien aura-t-on toujours à craindre en pareil cas les effets du célèbre axiome ainsi renversé : *Si vis bellum, para pacem?* En un mot, est-ce « la bonne volonté envers les hommes », ou le canon rayé qui prévaudra? Est-ce la philosophie, ou la musique... de ce même canon rayé, qui amènera décidé-

ment, par un concert européen, la paix universelle ?

Toujours est-il que ce beau « rêve des gens de bien » n'a pas été seulement caressé par des idéologues et moqué par des esprits forts. Il a eu l'insigne honneur de n'être pas repoussé, d'être goûté même (on l'oublie trop souvent) par un illustre philosophe qui a été en même temps un grand esprit pratique et une grande lumière politique, par celui-là même qui avait rêvé, vers 1670, le *Concilium Ægyptiacum*, repris plus d'un siècle plus tard et presque mené à bout par le jeune général Bonaparte [1], et qui, dans un mémoire rédigé pour l'électeur de Mayence, avait, dès cette même époque, prédit les desseins les plus secrets de Louis XIV [2]. Leibnitz, le grand Leibnitz, « cultivait avec prédilection l'idée d'une paix universelle au moyen d'une confédération d'États, reconnaissant pour chef temporel l'empereur (d'Allemagne), et pour chef spirituel le pape : idée, du reste, dont il comprenait parfaitement les difficultés [3]. » Dans une note de 1712 sur le projet de l'abbé de Saint-Pierre, il fait connaître un projet analogue du landgrave Ernest de Hesse-Rhinfeld, et montra qu'il avait lui-même bien étudié l'historique de la question : « Je suis persuadé, dit-il, qu'un tel projet en gros est faisable, et que son exécution serait une des plus utiles choses du monde [4] », et il loue celui qui avait « osé s'opposer à la foule des prévenus et au déchaînement des railleurs ». Il est vrai que dans une lettre à Grimarest, datée de Hanovre, 4 juin 1712, il dit aussi : « Je me souviens de la devise d'un cimetière, avec ce mot: *Pax perpetua;* car les morts ne se battent point, mais les vivants sont d'une autre humeur, et les puissants ne respectent guère les tribunaux [5]... »

Lors de la 2e édition l'auteur ajoute : Nous n'avons rien voulu changer dans ces lignes écrites il y a neuf ans. Mais que de changements survenus depuis ! et en quelle dérision est tombée naguère l'idée de la paix perpétuelle ! Au *canon rayé*, qui seul nous inquiétait en 1864, est venu s'ajouter le *fusil à aiguille* de Sadowa (1866), lequel enfanta le *chassepot*, « qui fit merveilles » en 1868, et la *mitrailleuse*, qui a fait à son tour de belles moissons d'hommes en 1870-1871, mais sans profit pour la gloire et le bonheur de la France, tandis que le *canon Krupp* est venu écraser de sa supériorité monstrueuse tous les engins de destruction jusqu'alors usités. Adieu donc les beaux rêves des gens de bien! Adieu la paix perpétuelle ! Qu'il ne soit plus désormais question que d'extensions

---

[1]. Discours de l'empereur Napoléon III, du 5 novembre 1863.

[1]. Napoléon n'a connu qu'en 1803 cet écrit de Leibnitz, qui était un plan de conquête de l'Égypte par la France.
[2]. Manuscrit inédit de 1670, conservé à Hanovre, et dont M. Miguet a parlé pour la première fois avec admiration, d'après une copie que lui a communiquée M. le comte Foucher de Careil (*Comptes rendus de l'Académie des sciences morales et politiques*).
[3]. Willm, *Dictionnaire des sciences philosophiques*.
[4]. *Leibnitii Opera*, 1768, in-4, t. V, p. 56.
[5]. *Leibnitii Opera*, in-4°, t. V, p. 65.

de frontières, de rançons à milliards et de perpétuelles revanches !... Ainsi va le monde. Mais ce n'est assurément pas le dernier mot de la civilisation. *Nil desperandum.*

PALATIN. On appelait *palatin,* sous les rois francs, le comte qui jugeait les contestations entre les officiers du palais, et qui administrait les domaines royaux. Il avait pour assesseurs des *vicomtes du palais.*
En Allemagne, Henri l'Oiseleur et Othon le Grand rétablirent les palatins, avec des attributions plus étendues. Ils continuèrent de juger les cas royaux et d'administrer les domaines de la couronne, et, en outre, représentèrent l'empereur dans les provinces et surveillèrent la conduite des ducs. Ils habitaient les palais impériaux, et on les désignait souvent par le nom de leur résidence. Leur office devint héréditaire comme tous les fiefs de l'empire.

PAMPHLET. Qu'est-ce qu'un *pamphlet?* Le mot est plus nouveau que la chose qu'il désigne, il est de fabrique anglaise et signifie simplement, dans la pratique, une *brochure* éphémère, le plus souvent politique et critique. Mais en France, on y voit presque toujours, conformément à son étymologie grecque, quelque chose de formidable et d'odieux, comme une sorte de bombe fulminante, qui ne saurait éclater sans faire sauter la machine gouvernementale elle-même, quelle qu'elle soit. L'auteur d'un pamphlet est tout aussitôt un *pamphlétaire* (nécessairement un *vil* pamphlétaire !), et dès l'heure accusé, poursuivi, accablé d'avance par la morale officielle et l'éloquence des parquets. Le pamphlet peut être un chef-d'œuvre d'esprit et de bon sens, témoin Paul-Louis Courier ; une immortelle chanson, témoin Béranger : n'importe ! en prison, l'infâme ! et pour l'avenir bâillonnons-le, s'il se peut. Courier l'a dit, avec sa triomphante ironie, dans son admirable *Pamphlet des Pamphlets : «* Tout pamphlet est condamnable de soi, sans examen, car qui dit pamphlet, dit un écrit tout plein de poison. » Il faut espérer qu'on en est revenu à des idées plus simples et plus saines, il n'en est pas moins vrai qu'on a parfois abusé de l'écrit politique pour répandre des calomnies.

PANSLAVISME. Union de tous les Slaves. C'est une idée dérivée du principe des nationalités, qui s'est présentée sous deux formes. Dans l'une, il s'agissait de réunir tous les Slaves sous le sceptre du czar. Plusieurs écrits ont été publiés en faveur de cette forme du panslavisme ; les plus fameux sont signés du nom d'un Polonais, le comte Gurowski, inspiré, dit-on, par la Russie.
L'autre forme du panslavisme est née en Autriche ; elle affecta tout d'abord des allures moins matérielles : on ne demandait qu'une coopération intellectuelle, on voulait fonder une union littéraire, ou, selon le titre d'un ouvrage allemand du poète slave Kollar, « la

réciprocité littéraire des Slaves » (*Ueber literarische Wechselseitigkeit der Slaven*).
En examinant les chances que peut avoir la réalisation de l'idée du panslavisme, nous n'avons pas besoin de nous arrêter à la forme russe. Il ne nous paraît pas probable, quoi qu'on en ait dit, que les Polonais l'acceptent de sitôt. Quant aux autres Slaves, nous ne voyons pas trop ce qu'ils auraient à gagner à se fondre dans une grande unité apparente, et dont le seul intérêt serait un mot : *panslavisme.* Pense-t-on que cette nouvelle formule magique ferait disparaître les différences de religion, de mœurs, de civilisation et même de langage... sans parler de la liberté ?
Voyez ce qui s'est passé à Prague, en 1848. Les Slaves autrichiens avaient trouvé le moment opportun pour étendre au delà du domaine « *littéraire* » l'union de *tous les Slaves.* Un congrès des Slaves avait été convoqué pour le 31 mai 1848 dans la capitale de Bohême. L'assemblée était nombreuse, les costumes pittoresques, les aspirations ardentes ; mais lorsqu'il s'est agi de s'entendre, les difficultés commencèrent. Le miracle de la tour de Babel s'était renouvelé, les Slaves ne se comprenaient plus les uns les autres. On avait beau dire : Slaves de l'est, Slaves de l'ouest, Slaves du sud (les Slaves du nord paraissent avoir manqué à l'appel) ; en réalité, on ne voyait que des nationalités différentes, nombreuses et dont nous ne répéterons pas ici la nomenclature.
On parvint cependant à former un comité chargé de formuler les vœux du congrès. Les points discutés furent les suivants : Alliance intime de tous les Slaves de l'Autriche ; Egalité de toutes les nationalités dans l'empire ; Indépendance de l'Autriche relativement à l'Allemagne. Un soulèvement qui eut lieu à Prague, le 12 juin, et qui causa le bombardement de la ville, mit fin au congrès ; on a cependant encore publié plus tard des manifestes en son nom. Plus tard encore les Czèques (Bohême) portèrent haut le drapeau du panslavisme, faisant des manifestations (pèlerinage à l'exposition ethnographique de Moscou en 1872), mais on ne doit voir là qu'un moyen d'obtenir du gouvernement autrichien des concessions dans le sens fédéraliste.
Le panslavisme constitue-t-il une idée pratique ? Peut-être en Russie ; cet empire est assez grand pour pouvoir, à un moment donné, absorber quelques territoires à sa convenance. C'est à l'Europe à l'empêcher. En Autriche, le panslavisme n'a plus d'intérêt politique, la constitution actuelle ayant proclamé l'égalité des nationalités. Du reste, il n'y a pas, en Autriche, que des Slaves, il y a aussi des Allemands et des Magyares, et nous ne voyons pas pourquoi avec de tels éléments l'Autriche serait purement slave.
Nous qui apprécions ces aspirations plus ou moins vagues au point de vue humanitaire ou de l'intérêt de la civilisation, nous ne pouvons pas sympathiser avec des efforts tendant à séparer des nationalités arriérées de natio-

nalités plus avancées dans la voie du progrès pour les rapprocher de races encore plus en retard. On ne doit pas oublier non plus que le sentiment de répulsion envers les autres races est d'autant plus fort que les populations sont plus ignorantes, plus incultes. Il faut donc réagir contre ce sentiment, en montrant ce que le mélange des nationalités a fait et ne cessera de faire pour le progrès de la civilisation. Le panslavisme est également exploité par des politiciens.

PANTHÉON. L'église de Sainte-Geneviève à Paris, construite par Soufflot sous Louis XV, fut destinée par l'Assemblée nationale (décret du 4 avril 1791) à recevoir les cendres des grands hommes, et appelée Panthéon français. On mit sur l'architrave la belle inscription due à M. de Pastoret : *Aux grands hommes la patrie reconnaissante.* Les premiers dont la cendre fut confiée au Panthéon furent Voltaire et Rousseau. Le représentant Le Pelletier de Saint-Fargeau, mort assassiné, y fut aussi porté.

Le Panthéon fut rendu au culte par un décret du 20 février 1806, qui ne fut pas exécuté. Une ordonnance de 1821 prescrivit la même restitution, qui eut lieu en 1822. En 1830, Sainte-Geneviève reprit le nom de Panthéon; mais, afin d'éviter les entraînements qui pouvaient accorder les honneurs de cette sépulture à des cendres qu'une révolution de l'opinion pouvait en exclure, une loi décida qu'on n'ordonnerait la translation des cendres d'un grand homme au Panthéon que dix ans après sa mort. Un décret du 12 mars 1852 a rendu Sainte-Geneviève au culte, mais sous la 3e République le « Panthéon » a été rendu aux « cendres des grands hommes » et nous avons vu placer celles de Victor Hugo, etc.

PAPAUTÉ. La papauté ou la dignité du pape tire son nom d'un mot grec qui veut dire « le père », le père par excellence. C'était primitivement le nom de tous les évêques et des patriarches eux-mêmes. C'est le pape Grégoire VII, qui, dans un concile tenu à Rome, fit décider que ce titre de « pape » demeurerait désormais propre au seul évêque de Rome, chef visible de l'Église catholique.

La croyance catholique est que saint Pierre, le premier des évêques de Rome, a été non seulement le chef des apôtres, mais, par la même institution de Jésus-Christ, le pasteur de l'Église universelle; que les évêques de Rome, ses successeurs, ont reçu de lui autorité et juridiction sur toute l'Église, et que tous les fidèles, sans exception, leur doivent respect et obéissance. Suivant les apologistes de la foi, on trouve dans le Nouveau Testament toutes les preuves nécessaires pour établir que Jésus-Christ a accordé à saint Pierre la primauté et l'autorité parmi les apôtres; mais l'histoire a plus de peine pour saisir les faits qui indiquent que saint Pierre, devenu premier évêque de Rome [1], a légué à ses suc-

cesseurs la qualité de suprême pasteur de l'Église. On ne peut citer, pour le soutenir, que les assertions de quelques écrivains religieux, qui vivaient déjà plusieurs centaines d'années après les temps dont ils parlent; par exemple ce passage d'une lettre écrite, vers l'an 400, par saint Augustin à Générosus : « *Si enim ordo episcoporum sibi succedentium considerandus est, quanto certius et vere salubrier ab ipso Petro numeramus cui, totius Ecclesiæ figuram gerenti, Dominus ait : Super hanc petram ædificabo Ecclesiam meam, et portæ inferorum non vincent eam. Petro enim successit Linus*, etc. » Mais ces textes mêmes ne contiennent que des expressions vagues. Il en est encore ainsi au cinquième siècle, quand on voit les pères du concile de Chalcédoine s'écrier que saint Pierre vient de parler par la bouche de Léon. Ce qui paraît moins exposé au doute, c'est l'autorité dont les évêques de Rome ont dû jouir de bonne heure, en qualité de patriarches de l'Église occidentale, comme ceux de Constantinople, d'Alexandrie, d'Antioche et de Jérusalem l'étaient de l'Église orientale.

Mais, de quelque obscurité que soient enveloppés, faute de témoignages écrits, les commencements d'une magistrature religieuse qui ne s'exerçait d'abord qu'au milieu des ombres des catacombes et parmi les fugitifs, bientôt martyrs, il est certain que l'histoire ne saurait offrir un plus imposant spectacle que celui de cette dynastie non interrompue des chefs électifs de la démocratie chrétienne. Dix-neuf siècles écoulés dans cette même enceinte de Rome, où déjà depuis huit siècles était allumé l'un des foyers de la civilisation européenne, c'est une antiquité bien autrement saisissante, par sa certitude, que les ténébreuses traditions des empires d'Égypte, de Chine ou d'Inde, où flottent pêle-mêle les souvenirs détruits par les révolutions barbares, les soupçons de la science ou les rêves de l'imagination. Ici tout est demeuré sous les yeux des peuples, et cette antiquité de bientôt deux mille ans est vivante aujourd'hui encore, et sans doute avant longtemps ne périra pas. Pour l'honneur même de l'humanité, voilà un édifice de religion et de politique dont il ne faut louer que ce que la raison et la justice y découvrent d'utilité, et que l'avenir n'entretiendra certes point par un aveugle sentiment de respect pour les longs âges, mais qu'en l'état présent des mouvements de l'histoire et des découvertes encore insuffisantes de l'esprit humain, il convient d'honorer comme une œuvre à laquelle, malgré tant d'imperfections, rien ne saurait être comparé (Paul Boiteau).

Ses plus grands bienfaits sont ceux dont elle a fait jouir le monde au moment même de l'enfantement de la société moderne. Sans chef, sans armée, sans trésor, l'Église naissante fut une république spirituelle. Au moment où toutes les conceptions politiques s'étaient successivement détruites et anéanties dans la théorie et la pratique du despotisme matériel, le christianisme surgit, et, comme les fleurs fraîches du printemps, il rendit l'espoir à ces multitudes inconnues que les puissances croient subjuguer, et qui attendent toujours l'heure où l'individualité de la pensée et de la volonté humaine triomphera de leurs lois et de leurs bienfaits grossiers. Il n'y avait plus même de religions, car l'empereur, héritier du Jupiter capitolin, enchaînait à la fois les peuples et les dieux de l'univers aux pieds du trône que ses ministres disaient élevé au sein de la république romaine, pour la plus grande gloire de Rome, pour l'affermissement de la république elle-même, et en même temps pour l'union des races et la pacification définitive de l'univers. La foi chrétienne, suscitée par l'Evangile, se leva pour protester contre ce mensonge dans lequel se confondaient toutes les hypocrisies, et, au milieu de cette soi-disant démocratie impériale, elle vint former, avec des esclaves avec des femmes, avec quelques hommes de cœur, avec tous les vaincus enfin de la fatalité antique, une nouvelle démocratie d'égalité et de liberté, étendue à tous les peuples au delà des limites du pouvoir d'un Octave ou d'un Tibère, et, de la terre même prolongée, au delà des âges, jusqu'à l'éternité du ciel.

La conquête des âmes n'était conduite par personne et n'en fut que plus rapide. Les prêtres et les évêques, chacun suivant sa force, agrandissaient l'héritage commun, et quand il fallait à la politique impériale opposer quelque dessein de vigueur ou d'humilité, c'est dans des assemblées d'évêques et de prêtres que se formulait la pensée de l'Eglise unique. Mais, peu à peu, par la nature même des choses humaines, de cette démocratie, dont les souffrances étaient des victoires, devait naître une autorité souveraine, comme l'Empire était né de la République de Rome.

Il faut le reconnaître, si quelque part une Eglise particulière pouvait ou être invitée ou prétendre à la direction des autres Eglises de la catholicité, c'est à Rome qu'était préparé le siège où son chef devait s'asseoir. On vit donc de bonne heure l'évêque de Rome, à peine connu de nos des magistrats de la cité, caché longtemps dans une carrière et n'en pouvant sortir sans que son cou fût frappé de la hache impériale, on le vit réclamer, lui aussi, un pouvoir d'empereur, et aux évêques, aux prêtres, aux chrétiens, que les progrès rapides de la religion commune dispersaient et divisaient déjà, offrir, puis imposer bientôt, pour le salut de l'Eglise, la tutelle d'une autorité dont peut-être, en effet, l'Eglise n'aurait pu alors se passer. Les schismes déchiraient la foi. C'est d'abord pour défendre la foi qu'on lui a reconnu une certaine suprématie, non sans soulever la contradiction des autres évêques. Et ce qui a valu cet honneur à Rome, c'est, d'une part, l'habitude de chercher la règle du côté du Tibre, et de l'autre, le mérite de quelques-uns de ses premiers pasteurs (P. Boiteau).

La papauté dirigea avec succès l'entreprise qu'avait commencée, sans chef, la démocratie égalitaire de la primitive Eglise; et, peu à peu, l'acquiescement ou le silence des autres patriarches et des autres évêques permit au pape de croire qu'il était, en effet, devenu le chef de la chrétienté. C'est alors que fut propagée la croyance que, des mains de saint Pierre, le vicariat du Christ avait dû se transmettre aux seules mains des héritiers de son siège. Il fallait vaincre la tyrannie des Césars; il fallait détruire les derniers vestiges de la société païenne : on accepta cette croyance comme une nouvelle arme, et enfin, au bout de trois cents ans de martyre, se leva le jour où l'empereur et le pape, puissances rivales, s'entendirent pour se partager le commandement, l'un du monde civil et temporel, l'autre du monde spirituel (321). Le pape était Sylvestre Ier, et l'empereur, Constantin. L'Eglise les a déclarés saints l'un et l'autre; mais sa reconnaissance n'a pu troubler le jugement de l'histoire, et ce n'est pas un honneur pour la chrétienté que le christianisme ait dû à la politique d'un homme couvert de crimes de cesser d'être opprimé.

Constantin n'entrevit pas, du reste, qu'en donnant la main au pape, il le constituait l'héritier futur de son trône. L'Eglise lui dut de pouvoir posséder, de pouvoir hériter, de jouir de tous les privilèges des pontifes du paganisme, et de créer des tribunaux. C'était jeter dans le sol la première assise de sa fortune temporelle. Puis, après l'avoir ainsi dotée, l'empereur laissa siéger la papauté dans Rome, et il emporta dans Byzance les faisceaux consulaires, le manteau tribunitien et la couronne des Césars. Pour tout l'Occident, le pape, du vivant même de son bienfaiteur inattendu, succédait au prestige de son autorité.

Alors les jours approchaient où les barrières de l'empire allaient partout céder sous la pression des nations barbares. Que fût devenu le monde, en ce moment décisif de l'histoire universelle, si le clergé n'avait pas, depuis un siècle, déjà saisi partout, dans cet Occident abandonné, les derniers restes du pouvoir civil; si les évêques, à l'exemple du pape, n'avaient pas occupé dans leurs villes provinciales, les magistratures suprêmes, s'ils ne s'étaient pas universellement constitués les défenseurs du peuple, et n'avaient pas ainsi acquis assez d'influence et de force pour traiter, au nom de la vieille civilisation, avec les conquérants descendus du Nord?

La papauté, tutrice des peuples occidentaux, remplit alors une grande mission; mais ce n'était pas devant un souverain qu'on s'arrêtaient les hordes barbares de Genséric et d'Attila. Le pape n'avait pas de trône, et jusqu'en 726 il ne devait posséder que des propriétés particulières. Loin d'être souveraine, la papauté s'humiliait encore, lorsqu'il le fallait, sous la main des empereurs de Constantinople. En 653, le pape Martin est enlevé de

Rome, sur l'ordre de l'empereur qui le relègue dans la Chersonèse Taurique et qui commande au peuple et au clergé romain d'élire un autre pontife. En 677, on voit Constantin Pogonat révoquer l'ordre de l'un de ses prédécesseurs qui avait soustrait l'archevêché de Ravenne de la juridiction du saint-siège. En 710, l'empereur appelle le pape à Constantinople et il s'y rend. En 727 même, le pape Grégoire II proteste par écrit de son obéissance aux « grands empereurs Léon et Constantin », et de leur lieutenant en Italie, du faible exarque de Ravenne, il dit : « notre excellent maître ». Il rendait, conformément à l'Évangile, « à César ce qui était à César ».

En effet, comme pontifes, les papes seraient peut-être demeurés, au moins nominalement, tant que l'empire de Byzance eût duré, les sujets et les lieutenants spirituels des empereurs ; c'est quand ils devinrent, par la faute des empereurs, les premiers magistrats civils de Rome, que leur vint l'ambition d'être autre chose que les grands prêtres de la catholicité. Or, en 726, la querelle dite des Iconoclastes ou briseurs d'images fit décider tout à coup que la papauté serait une royauté. L'ordre était parti de Constantinople pour que toutes les effigies saintes fussent détruites dans les églises de l'Occident. Rome, attachée au culte des images, protesta contre ce décret d'une puissance si lointaine, et chassa le duc qui, au nom de l'empereur, administrait son fantôme de république. Le pape devint de fait, ce jour-là, le magistrat civil, le tribun, le consul de la cité romaine. Il n'en devint pourtant pas le maître, mais il rêva désormais de l'être, et de régner ensuite sur l'Italie, et, si Dieu le permettait, sur le monde.

Pour secouer définitivement le joug de l'empire d'Orient, il fallait, parmi ces rois barbares qui avaient conquis l'Occident, se faire un allié fidèle. Les papes observèrent et attendirent. Ils se créaient cependant des instruments pour agir sur les consciences. Dans les premiers temps de l'Eglise, et pour le service de l'Eglise, il avait été déclaré que saint Pierre était le dépositaire de la puissance de Jésus-Christ et que les évêques de Rome lui succédaient dans l'exercice de ce pouvoir sacré ; il fut alors écrit, mais d'abord obscurément et pour que rien n'en fût publié qu'au moment propice, que le pape avait reçu de Constantin le droit de régner à Rome et en Italie, et en même temps que, pour la juridiction ecclésiastique, dès la naissance de l'Eglise, les papes avaient été reconnus, au-dessus des évêques et même des conciles, les interprètes et les maîtres souverains de la doctrine et de la pratique de la doctrine. C'est ce qu'on lut plus tard dans le texte de la prétendue donation de Constantin, fabriquée par quelque moine aux gages du pape, et dans le texte des Décrétales attribuées à Isidore de Séville (P. Boiteau).

C'est le pape Grégoire III, un Syrien, qui démêla dans la politique ambitieuse des derniers maires du palais de la monarchie mérovingienne le ressort qu'on pouvait faire agir pour créer d'un même coup deux usurpations qui s'autoriseraient l'une par l'autre. N'osant s'emparer du pouvoir absolu dans cette ville de Rome où d'autres magistrats civils subsistaient toujours à côté de lui, il les amena à consentir à ce qu'au nom de la République il offrît la souveraineté à ce Charles-Martel qui venait de sauver la société chrétienne en écrasant l'invasion arabe devant Tours et qui peut-être était d'une ambition à se saisir du sceptre de la Gaule franque, qui peut-être était d'une âme à vouloir relever l'empire romain. Une ambassade lui porta donc les clefs du tombeau de saint Pierre avec ces mots : « Nous te conjurons par le Dieu vivant et par ces clefs, marque de la souveraine puissance, de ne point préférer l'amitié du roi des Lombards à celle du prince des apôtres. » La royauté Lombarde inquiétait en effet les papes plus qu'aucune autre, parce qu'ils la voyaient chaque jour plus forte et que, dans leur désir secret d'être les rois de l'Italie, ils commençaient à ne vouloir laisser s'établir en Italie aucune puissance vigoureuse.

Charles-Martel mourut au moment où il allait se mettre en marche pour exécuter à son profit le plan de Grégoire III. En 752, menacé dans Rome par les Lombards et ne sachant plus qui implorer, Etienne II se souvient des empereurs de Constantinople qui, sur sa prière, envoient une ambassade en Italie. Etienne, qui comptait sur une armée, vient en France et au nom des ducs, des comtes, des tribuns du peuple, il confère au fils de Charles-Martel, à Pépin et à ses deux fils, les titres de patrices et de consuls de Rome, à la condition de défendre la ville dont ils deviennent les magistrats. Pépin passe les Alpes, bat les Lombards et les oblige à rendre « à l'Eglise et à la République romaine » toutes les places qu'ils venaient de conquérir sur l'empire grec. L'acte original de la donation de Pépin a été conservé. En tout cas les Lombards n'exécutèrent point le traité qui leur avait imposé. On suppose qu'il s'agissait de l'exarchat de Ravenne, de la Romagne et des Marches, précisément des provinces que le saint-siège a perdues en 1860, après onze cents ans de possession. En échange de ce qu'il devait recevoir de Pépin, le pape lui avait donné la couronne du dernier roi des descendants de Clovis, roi vivant encore, mais déclaré déchu par l'Eglise.

La donation de Pépin serait restée vaine, mais son fils Charlemagne, ayant eu besoin du pape pour l'exécution de ses grands projets, un nouvel accord rapprocha le possesseur du saint-siège et le futur restaurateur de l'empire d'Occident. Charlemagne confirma et agrandit, dit-on, la donation de son père ; mais le texte de ce nouvel acte n'a pas été conservé. Le pape lui mit, de son côté, la couronne impériale sur la tête. Mais comme c'est à Rome que l'empereur se fit couronner et comme il prit le titre de roi des Romains, il y a lieu, de croire qu'un prince de ce caractère n'entendait pas accorder à la papauté autre chose que ce que, dans la langue du temps, on appelait une « indemnité », c'est-à-dire une sorte de délégation féodale, embrassant, il est vrai, le droit de lever l'impôt et d'avoir une armée, mais ne créant pas une propriété dans le sens absolu du mot, et réservant toujours l'autorité civile du prince. Quelle que fût la donation, la papauté s'en contenta, d'abord parce qu'elle en valait la peine, ensuite parce qu'il y avait tout à attendre de l'effet qu'avait dû faire sur les peuples cette investiture de la couronne mérovingienne accordée à Pépin par le pape, et cette autre investiture, plus éclatante encore, de la couronne impériale posée sur le front de Charlemagne. N'avait-on déjà pas vu le roi wisigoth Wamba déposé en Espagne par un concile ? Le temps était donc venu où l'Église pouvait prétendre à la suprématie universelle, non plus seulement dans les matières de foi et de discipline, mais dans la politique temporelle. Toutes ces conceptions fussent pourtant restées stériles si Charlemagne, empereur d'Occident et roi d'Italie, maître du pape par son serment d'obéissance eût eu des successeurs aussi fermes que lui. La faiblesse de Louis le Débonnaire parut providentielle à Rome. Un nouveau pape, Étienne IV, se fait proclamer sans que son élection ait été confirmée par l'empereur, et, quand celui-ci s'en est plaint, le pape est assez habile pour se faire prier de venir à Reims présider la cérémonie d'un sacre. L'empire occidental s'écroulait presque le lendemain du jour où il avait été fondé, et la papauté, pour la seconde fois, héritait en Italie des dépouilles des empereurs.

Où l'on voit très bien que ce n'est pas du pouvoir complet, de l'autorité, de l'indépendance absolue qu'il pouvait s'agir dans la pensée des premiers fondateurs du pouvoir temporel, c'est, d'un côté, qu'à Rome même subsistent jusqu'au milieu du quinzième siècle des magistratures qui conservent quelque chose de la tradition républicaine, et, de l'autre côté, qu'aussitôt qu'il paraît au delà du Rhin un héritier de Charlemagne, doué de quelque énergie, il réclame et exerce ses droits de souverain sur le saint-siège. En 1197, trois siècles et demi après la fin du règne de Louis le Débonnaire, il y a encore à Rome un préfet impérial qui reçoit son glaive de l'empereur allemand et qui lui jure obéissance et fidélité.

D'ailleurs ce domaine terrestre qu'on allait appeler désormais « le patrimoine de saint Pierre » et qui l'était si peu, la féodalité, maîtresse déjà de l'Europe entière, allait le démembrer, et, puisque la papauté était devenue, en restant élective, une royauté environnée de richesses et d'honneurs, il parut bientôt naturel aux barons d'Italie de

n'y plus laisser arriver que celui d'entre eux qui serait le plus fort. Pendant quelque temps les comtes de Tusculum en jouirent comme d'un fief, et jusqu'à huit papes ne furent que les fils ou les amants des maîtresses ou des femmes de ces barons[1].

Où en était venue cette grande magistrature de l'Église qui, pendant trois siècles, prépara le triomphe de la foi, et, plus tard, força les Barbares de ne pas détruire toute la civilisation du passé ! Son rôle, heureusement, ne devait pas finir dans cette honte. Au moment où l'empire germanique devient une monarchie prépondérante, au moment où Othon veut joindre effectivement l'Italie à l'Allemagne, la papauté reprend son caractère, et un moine, Grégoire VII, engage et soutient la lutte contre la tyrannie militaire. On sait avec quel succès, mais au profit de qui. Ce qui acheva son triomphe, c'est qu'il décida en même temps la comtesse de Toscane, Mathilde, celle qu'on a appelée pieusement la grande Italienne, à léguer au saint-siège la Toscane, Lucques, Parme, Modène, Reggio, Ferrare, Mantoue, Crémone, Spolète, Camerino et d'autres villes encore. De là les prétentions des papes sur Parme et Plaisance. La plus belle part et la plus sûre de cet héritage, c'était la partie méridionale de la Toscane, désignée depuis lors sous le titre spécial de Patrimoine de saint Pierre.

La préoccupation du pouvoir temporel italien n'empêchait pas les papes de poursuivre sans relâche une autre œuvre, celle de la centralisation des églises de la catholicité et de leur subordination sous la loi du saint-siège. Ils auraient, dès le douzième et le treizième siècle, anéanti déjà le droit d'élection qui s'était conservé dans les diocèses, si le pouvoir civil n'avait pas pris lui-même la défense des libertés nationales. C'est ainsi qu'en France nous voyons saint Louis publier lui-même l'ordonnance qu'on a désignée, la première, sous le nom de *pragmatique sanction*.

On a élevé des doutes sur l'authenticité de cet acte, qui figure dans les *Ordonnances des rois de France*, mais il n'est pas possible

---

1. On a cru même qu'une femme monta dans la chaire de saint Pierre. L'existence de la papesse Jeanne semblait prouvée, entre autres raisons, par un extrait des chroniques de l'ancien monastère de Cantorbéry, fondé par le célèbre Augustin, qui avait été envoyé en Angleterre par Grégoire le Grand. Immédiatement après l'an 853, dans le catalogue des évêques de Rome : la chronique porte ces mots : « *Hic obiit Leo quartus, cujus tamen anni usque ad Benedictum tertium computantur, eo quod mulier in papam promota fuit.* » Et après l'an 855 : « *Johannes. Iste non computatur, quia femina fuit.* » Mais peu importe un détail de plus dans ces histoires ténébreuses.

Aucun des apologistes de la papauté n'a entrepris de nier l'authenticité des textes qui attestent l'abaissement où, pendant près d'un siècle, on vit tomber le saint-siège, et qui ont été reproduits, non seulement par les historiens protestants ou les philosophes, mais même par Fleury. Voltaire remarque, avec raison, qu'il en était ainsi alors, dans toutes les Églises, et partout où se trouvaient des puissances : et, à vrai dire, ce n'est pas à la papauté qu'il faut reprocher des vices et des crimes qui n'étaient que l'odieux abus de la féodalité seigneuriale, plus ignorante alors et plus grossière que jamais.

d'en élever sur les détails de la lutte si connue que Philippe IV soutint contre Boniface VIII. Le pouvoir temporel du roi fut le plus fort, et la papauté dut renoncer dès lors à voir jamais se réaliser ses rêves de théocratie.

Une tentative, trop audacieuse, si elle est réprimée, est suivie toujours d'un affaiblissement. Il en fut ainsi pour la papauté. On peut croire, au quatorzième siècle, que, dans son exil d'Avignon, elle renoncera même à cette autorité temporelle, limitée à l'Italie, qui lui avait tenu si fort au cœur de Grégoire III à Grégoire XI. Mais Rome elle-même, la Rome de Rienzi, privée de ses fêtes et de ses pompes, réduite, en 1377, à une population de 30.000 habitants, Rome eût rappelé ses papes, ou s'en fût donné de faits pour elle, si l'ambition de régner sur la ville éternelle eût pu mourir dans le cœur de ces princes âgés et célibataires, pour qui l'ambition est l'unique passion.

Mais que de luttes, que de peines, que d'intrigues, que de crimes ne fallut-il pas, depuis l'expédition du cardinal Albornoz jusqu'au temps des Farnèse, des Médicis et des Chigi, pour que, dans cette Italie qu'avait envahie la féodalité seigneuriale et où les libertés municipales n'avaient jamais péri, le pape pût, lambeau à lambeau, se façonner le royaume dont il tenait les titres primitifs de Pépin et de Charlemagne! Machiavel a tout expliqué d'un mot dans son histoire de Florence: « Les papes n'ont cessé, dit-il, d'attirer en Italie des étrangers, et d'y susciter de nouvelles guerres. Dès qu'ils avaient élevé un prince, ils méditaient de nouvelles guerres, ne voulant pas qu'un autre possédât cette contrée qu'ils ne pouvaient posséder eux-mêmes, car ils n'ont jamais été assez forts pour soumettre la péninsule entière, ni assez faibles pour n'avoir pas le moyen de l'empêcher d'être réunie sous un seul souverain ».

Au seizième siècle, enfin, mais au prix de bien du sang, au prix de bien des hontes, et pour consacrer le malheur de l'Italie, la papauté commence à être une royauté dans le sens exact et complet où l'entendent les modernes. Il a fallu huit siècles pour que la donation de Pépin ne fût plus une chimère. Le pouvoir temporel, plein et absolu, ne date, en effet, que du temps des Léon X et des Sixte V, et c'est avec raison que Bossuet a dit: « Autrefois (il aurait même pu dire naguère), on n'avait pas la moindre idée du pouvoir dans lequel on fait aujourd'hui consister toute l'espérance et que l'on regarde comme le plus ferme rempart de l'Eglise ».

Mais juste au moment où l'ambition de la papauté était satisfaite, le plus grand des malheurs qu'eût pu redouter l'âme d'un pieux pontife, la Réforme, s'accomplissait. Déjà au onzième siècle, alors que le pape venait de se déclarer souverain de Rome, et méditait de dominer tout l'Occident, l'Orient catholique se séparait de la catholicité. C'est ainsi que lorsque le pape est devenu roi, la papauté perd le gouvernement de la moitié des chrétiens d'Europe. Après avoir montré du doigt au peuple les textes de l'Evangile, Luther n'avait eu qu'à dire: « Maintenant lève la tête; vois cette Eglise triomphante, ces princes-évêques qui passent devant toi comme un tourbillon de pourpre et d'or, courant à la guerre, à la chasse, au plaisir, qui commandent et qui imposent, qui font des lois et qui frappent du glaive. Reconnais-tu les successeurs des apôtres? »

Mais, avec la renaissance des lettres et le réveil de la philosophie, les idées religieuses s'affaiblissaient dans l'ancien monde; l'indépendance des Etats s'affirmait aussi plus nettement, et c'était le clergé lui-même de France, ce clergé dépouillé, en 1515, de son droit d'élection, par le premier des concordats, qui en 1682, sur la demande de Louis XIV et à la voix de Bossuet, rédigeait la Déclaration des droits et des libertés de l'Eglise gallicane, et rappelait que les papes infaillibles sont, au moins pour la doctrine et la discipline, soumis à l'autorité des conciles généraux, que, depuis le 4 décembre 1563, aucun pape n'avait réunis!

La Révolution française éclate au bout d'un siècle, et l'un de ses aliments, c'est l'indignité des mœurs d'une partie du clergé, dont le déshonneur rejaillissait sur le saint-siège, quoique, depuis longtemps, les papes fussent redevenus des hommes honnêtes. On croit que tout l'édifice s'écroulera; mais il n'en coûte à l'Eglise que de laisser un pape, Pie VI, signer à Tolentino le traité qui, en dépit du serment pontifical, détache Bologne, Ferrare et la Romagne de ses Etats, et un autre pape, Pie VII, sacrer à Paris le soldat heureux qui, sur les ruines de la République et de la Monarchie, élevait son trône impérial.

Ici, nous touchons aux questions vivantes de notre temps, à celles qui auront le plus vivement préoccupé le milieu du dix-neuvième siècle. Mais nous ne voulons pas aborder les difficultés du jour. Nous rappelons seulement le fait qui domine notre époque: le 20 sept. 1870, le royaume d'Italie s'est emparé de Rome — le seul territoire qui restait aux Papes — pour en faire sa capitale, laissant au Saint-Père le Vatican et l'Eglise Saint-Pierre. Le chef de l'Eglise catholique n'a pas accepté sa déchéance politique pour se contenter d'une royauté spirituelle. Il a l'attitude d'un homme qui boude, et cette attitude peut durer encore longtemps. Nous ne savons ce que l'avenir réserve, mais il sera difficile de prouver à des gens qui réfléchissent que la possession d'une royauté terrestre est nécessaire au chef d'une religion toute spirituelle.

PAPIER (Impôt sur le). Cet impôt n'a existé en France que de 1871 à 1885. Jusqu'alors la fabrication du papier était franche de tout droit; pendant un temps elle avait même été privilégiée. Une déclaration de Henri II

(1552) portait que la marchandise de papiers avait toujours été exempte de péages et subsides. Une déclaration de Charles IX et un arrêt du conseil de 1771 confirmaient cette exemption, et le Directoire la consacra de nouveau par une décision de l'an IV.

Cet impôt n'a eu qu'une courte durée, aux Etats-Unis, mais il a existé en Angleterre pendant 150 ans ; il y a été supprimé en 1862, et M. Gladstone s'exprimait ainsi à la tribune anglaise le jour où la loi a été rapportée : « J'ai à vous déclarer que, suivant l'opinion du gouvernement de Sa Majesté, le grand avantage de l'abolition de ce droit, c'est que vous allez provoquer de nombreuses demandes de travail dans les campagnes ; que les masses ne seront pas exclusivement attirées vers les grands centres industriels et que l'activité des travailleurs se répartira sur tous les points du royaume. » Quoi qu'il en soit de cet argument, il faut reconnaître qu'au point de vue de l'instruction tout au moins, l'impôt sur le papier ne pouvait pas présenter en Angleterre les mêmes inconvénients qu'en France. En effet, en Angleterre, les classes riches se sont donné pour mission de soutenir les écoles, et les associations supportaient seules l'augmentation qui subissait le prix de livres résultant de l'impôt. En France, au contraire, comme le disait M. Bardoux à la tribune de l'Assemblée, dans la séance du 2 septembre 1871 : « Où est l'initiative privée ? Nous payons à peine nos maîtres et nos maîtresses d'école. Le ministère de l'instruction publique est le moins renté ; il ne vit que de miettes, de bribes et de rognures. »

Aussi, lorsque l'impôt sur le papier fut proposé en 1871 par le gouvernement, des protestations s'élevèrent de toutes parts. Il se maintint jusqu'en 1885 et fut supprimé par la loi du 8 août de cette année, art. 5 (loi de finances de 1886).

PAPIER-MONNAIE.

La monnaie sert de signe et de mesure aux valeurs, parce qu'elle présente elle-même une valeur connue, appréciée, acceptée partout. Elle est une marchandise universelle, en même temps qu'elle fournit à chaque pays l'instrument local de vente et d'achat, et de rémunération du service public, comme des services privés.

Quand l'or et l'argent servent seuls, sans aucun mélange de signes fiduciaires, à l'office d'instruments d'échange, comme rien ne s'oppose au transport des métaux précieux, ils se reprendront sans cesse le niveau en se précipitant là où une certaine rareté leur assure plus d'avantage, en abandonnant les places où un trop plein quelconque les déprécie. Une loi d'attraction les domine et les proportionne aux services utiles qu'ils sont appelés à rendre, en mettant obstacle aussi bien à une abondance stérile qu'à une disette de numéraire.

La situation risque de se modifier du moment où, pour économiser sur le mécanisme des échanges, on essaye de substituer à l'or et à l'argent des moyens artificiels plus ou moins ingénieux, plus ou moins sûrs, en appelant à son aide « la magie du crédit », dont on est porté à exagérer la puissance.

Il y a d'abord les combinaisons inventées par les banques très connues du public des affaires ; puis la création d'un signe, facile à fabriquer, qui ne coûte presque rien, et qu'on substitue, dans une proportion plus ou moins large, à la monnaie métallique : c'est le *billet de banque*, appelé à faire office de monnaie, parce qu'il est ou qu'il doit être accepté dans les transactions, pour accomplir les payements libératoires.

Si ce signe fiduciaire repose sur la garantie d'une valeur métallique, contre laquelle il peut s'échanger à volonté, et si on peut, à son gré, l'accepter ou le refuser, il constitue la *monnaie de papier*. S'il est imposé par l'autorité, qu'il émane du trésor public ou d'une institution privée, quand on n'est pas libre de réclamer la quotité d'or ou d'argent qu'il exprime, et qu'on est contraint à le recevoir, il dégénère en *papier-monnaie*. (WOLOWSKI.)

Dans le premier cas, il vise à suppléer en partie la monnaie métallique, dont le pays doit conserver une quantité suffisante pour assurer l'échange des billets contre espèces, et pour faire face aux transactions dans lesquelles les billets n'interviennent pas. Dans le second cas, il a pour effet de remplacer la monnaie métallique jusqu'à concurrence de l'émission du papier à cours forcé.

L'ensemble des transactions n'exige, à un moment donné dans chaque pays, qu'une quotité déterminée d'espèces. Si des billets se substituent à une partie des instruments d'échange, le surplus s'écoule sous forme de marchandise, afin de rétablir le niveau, à moins que le métal ne soit conservé en caisse, comme gage du papier émis : c'est ainsi que *le papier chasse le numéraire*.

Dans une certaine mesure, assez restreinte, on peut réaliser une économie sur la portion du capital national employée à constituer l'instrument des échanges. Une institution de crédit, solidement établie, peut maintenir dans la circulation une masse de billets, qui obtiendront une faveur égale à celle des espèces, pourvu que la réserve métallique garantisse le payement à vue, et que l'importance de la coupure facilite le transport et abrège les comptes. Mais on n'arrivera jamais qu'à suppléer ainsi à une portion de la monnaie nécessaire : or, la quotité de celle-ci, relativement à la masse des transactions, diminue à mesure que la civilisation progresse, que la société se perfectionne, que le crédit s'étend. La richesse de l'Angleterre est évaluée à 200 milliards de francs, et la production à près de 24 milliards ; le total de la monnaie, métallique et fiduciaire, n'y dépasse guère 3 milliards ; on estime à 160 milliards la richesse de la France, sa production n'est guère inférieure à celle de l'Angleterre ; elle possède le double, environ 6 milliards, en numéraire et en billets de banque. Nous dépasserons la réalité, en attribuant à la Russie une richesse de 50 milliards et une production de 12 milliards ; elle emploie environ 4 milliards d'espèces et de papier-monnaie. L'économie possible sur la quotité du capital, consacrée à l'office de la circulation, est donc en raison inverse de l'importance de la fortune publique.

Plus un pays est riche, et moins il gagne à quitter le terrain solide de l'or et de l'argent. (Wolowski.)

C'est beaucoup que d'estimer du quart au tiers de la somme nécessaire aux échanges, l'économie du capital qui résulte de l'emploi régulier des billets de banque : elle n'équivaut pas, si l'on tient compte des *réserves* indispensables, à plus d'un demi-milliard en Angleterre, et si elle s'élève à deux milliards en France, c'est par suite d'une condition irrégulière, résultat de notre désastre ; cela ne saurait durer. Il s'agit donc d'un quatre-centième de la richesse du Royaume-Uni, et environ d'un centième de la richesse de notre pays. En faisant ce rapprochement sous un autre aspect, nous dirons que l'intérêt du capital métallique ainsi remplacé affranchit l'Angleterre et la France d'une charge annuelle de 20 et de 80 millions de francs, en calculant l'intérêt à 4 p. 100. C'est environ un millième de la production de l'Angleterre et une proportion d'un trois-centième de la production de la France. Aussi les billets de banque y rendent-ils des services bien plus considérables par la facilité et la commodité qu'ils procurent, que par l'économie qu'ils permettent de réaliser, même lorsqu'il n'y a point de cours forcé.

Plaçons-nous maintenant, par une hypothèse extrême, dans une société au milieu de laquelle l'usage des métaux précieux aurait disparu. Si l'on allait au delà, comme le papier ne réunit pas en lui les caractères du signe et du gage, comme il ne devient pas une marchandise, quand il cesse d'être un moyen de libération, il ne pourra point s'écouler au dehors, et le trop plein entraînera la dépréciation. Or, qui se flatterait de pouvoir mesurer exactement la quotité nécessaire aux moyens de circulation ? Celle-ci dépend non seulement de la masse, mais aussi de la rapidité des échanges. Quand les métaux précieux fonctionnent seuls, ou en majeure partie, le niveau se maintient naturellement grâce au *déversoir* ouvert sur les marchés étrangers : il ne peut qu'être violemment déplacé, quand on dépasse les limites de la prudence dans l'émission de la *monnaie de papier*, et surtout quand on s'abandonne aux dangereuses séductions du *papier-monnaie*.

Le danger existe même lorsqu'une institution privée est dotée du dangereux privilège qui la dispense du payement à vue ; il s'aggrave de beaucoup lorsque l'Etat lui-même s'empare de cette périlleuse fonction. L'histoire est là pour fournir en traits éclatants les tristes exemples du châtiment qui a partout frappé les mêmes fautes. La France, l'Angleterre, l'Autriche, la Russie, les Etats-Unis, pour ne pas allonger cette liste en citant les Etats secondaires, ont porté la peine du système de Law et des assignats, du cours forcé des billets de banque, des roubles de papier, de la monnaie continentale. Chose curieuse, un seul pays, qu'on veut effacer entièrement de la carte de l'Europe, la Pologne, s'est préservée de cette plaie jusqu'au moment où elle a subi la domination de l'empire russe. Celui-ci a pratiqué, au contraire, de tout temps, sur une large échelle, un système fictif de circulation, qui lui avait été légué par la tradition chinoise, tartare et mongole. Sans vouloir faire un vain étalage d'érudition, et sans entrer dans des recherches qui pourraient ne présenter qu'un intérêt de curiosité, nous nous bornerons à rappeler que Tchinghis-Khan se servait de papier-monnaie, et que, vers la fin du treizième siècle, son petit-fils Koblaï l'employait de manière à exciter la naïve admiration de Marco-Polo.

Cette admiration n'a été que trop contagieuse : les procédés qui, de la Chine et de la Mongolie, ont fait invasion en Russie, ont aussi été admis dans l'Europe occidentale. Mais nous croyons devoir signaler, comme un fait remarquable, le soin scrupuleux avec lequel Napoléon Ier a su se préserver d'une pareille atteinte. Jamais, quel que fût l'entraînement des expéditions lointaines, il n'a consenti à créer du papier-monnaie. Pendant que l'Angleterre instituait le *cours forcé*, pour le combattre, pendant que la Russie et l'Autriche frappaient des masses prodigieuses d'assignats, Napoléon a su se préserver de ce désordre. De Montalivet, ministre de l'intérieur, écrivait dans une circulaire du 25 octobre 1810, adressée aux préfets : « Le papier-monnaie est considéré par l'Empereur comme le plus grand fléau des nations, et comme étant au moins au moral ce que la peste est au physique. »

Par un singulier enchaînement de vérités et d'erreurs, les opérations les plus sages des banques le plus sévèrement administrées ont fini par dégénérer en création monstrueuse de papier-monnaie.

Partout en Europe, excepté en Pologne, le droit régalien de battre monnaie, qui avait affiché la prétention de mettre un terme aux supercheries et au pillage, organisés par les suzerainetés locales, finit par donner naissance à des dégradations successives du titre, à des diminutions de poids, à l'avilissement de la monnaie. Le grand Copernic écrivait, au commencement du seizième siècle, dans un traité presque ignoré, consacré à l'étude de cette importante question : «Quelque innombrables que soient les fléaux qui d'ordinaire amènent la décadence des royaumes, des principautés et des républiques, les quatre suivants sont, à mon sens, les plus redoutables : la discorde, la peste, la stérilité de la terre, et la détérioration de la monnaie. Pour les trois premiers, l'évidence fait que personne ne les ignore. Mais pour le quatrièmes, qui concerne la monnaie, excepté quelques hommes d'un grand sens, peu de gens s'en occupent ; pourquoi ? Parce que ce n'est pas d'un seul coup, mais petit à petit, par une action en quelque sorte latente, qu'il ruine l'État. » (WOLOWSKI.)

La diversité et la variation des monnaies furent une des causes de l'établissement des *banques de dépôt*, qui ramenèrent ces signes incertains à un commun dénominateur, en créant une *monnaie de banque*, fixe, invariable, qui tenait compte de la valeur métallique des espèces déposées. Les titres émis se trouvaient intégralement représentés par le numéraire remis aux banques ; à la commodité et à l'exactitude, ils joignaient la sécurité la plus complète, et ne tardèrent point à conquérir une faveur universelle.

Ainsi on commence par chercher dans les banques de dépôt un remède à l'altération des monnaies ; le billet de banque circule appuyé sur une pleine garantie métallique ; mais peu à peu celle-ci diminue dans les banques de circulation, et finit par s'effacer dans le papier-monnaie.

Colbert dénonçait, dans la faculté ouverte aux emprunts, une cause de ruine pour l'État ; qu'aurait-il dit en face de ce formidable instrument du *papier-monnaie*, qui allait livrer d'abondantes ressources à la prodigalité et aux entreprises téméraires des gouvernements, en aspirant la richesse créée au risque de la détruire et par de folles dépenses, et par la dissipation d'une partie de la fortune publique, qui allait s'évanouir en fumée, sous la forme décevante des billets à cours forcé et des assignats ?

Les sophismes ne manquèrent point pour donner un brillant vernis à ces opérations désastreuses. Procurer au papier la valeur et l'efficacité de l'argent, c'était faire de rien quelque chose, et participer aux bienfaits de la puissance divine ; la richesse venait de l'abondance du numéraire ; grâce au papier on n'était plus enchaîné au métal, qui avait le mauvais goût de ne pas se multiplier à volonté, et le mauvais caractère de se refuser ; on pouvait multiplier à volonté le numéraire de papier, agent fécond et docile du pouvoir suprême.

Turgot réduisit à néant les erreurs professées par les défenseurs du papier-monnaie, dans son admirable lettre à l'abbé de Cicé (Paris, le 7 avril 1749). Il est difficile de mettre une logique plus puissante au service d'une meilleure cause.

« C'est comme marchandise que l'argent est, non pas le signe, mais la commune mesure des autres marchandises, et cela non pas par une convention arbitraire, fondée sur l'éclat de ce métal, mais parce que, pouvant être employé sous diverses formes comme marchandise et ayant, à raison de

cette propriété, une valeur vénale un peu augmentée par l'usage qu'on en fait aussi comme monnaie, pouvant d'ailleurs être réduit au même titre et divisé exactement, on en connaît toujours la valeur. »

On ne doit pas confondre les effets désastreux des émissions désordonnées avec la dispense temporaire accordée à une banque qu'on autorise à suspendre le remboursement des billets en espèces. Lorsqu'on a soin de limiter la quotité des billets en circulation, il est possible de conjurer les mauvais effets du cours forcé, surtout quand il est facile d'en entrevoir le terme, et que la conduite prudente de l'institution lui a conquis une grande solidité.

Quelque déplorable que nous paraisse le système du papier-monnaie, nous ne voulons rien exagérer ; il n'est pas impossible d'échapper aux dangers qu'il semble provoquer, mais c'est en renonçant à y voir une mine trop féconde, à lui demander plus de secours qu'il ne peut en donner. En le renfermant dans des limites bien définies, en mettant un soin scrupuleux à ne pas dépasser une somme qui sera une fraction du mouvement produit par les dépenses et les recettes de l'État, le Trésor peut trouver dans un papier-monnaie, admis dans toutes les caisses publiques, le moyen de contracter un véritable emprunt sans intérêt. Mais ce ne sera jamais qu'une ressource restreinte, et comme elle ouvre de tristes perspectives, il vaudra mieux y renoncer dès qu'on en verra la possibilité. Beaucoup de petits États allemands ont des *bons de caisse*, qui circulent comme monnaie, parce qu'il y en a fort peu.

En résumé, les deux caractères distinctifs du papier-monnaie sont qu'il n'est pas remboursable en espèces sonnantes, et qu'au lieu d'avoir pour limite la confiance publique, il s'impose par voie d'autorité, au moyen du cours forcé, en usurpant la puissance libératoire. Mauvais comme instrument de crédit commercial, il devient désastreux comme instrument de l'autorité publique, à moins que de s'amoindrir au point de ne rendre que des services secondaires. Du moment où on veut l'employer sur une très large échelle, il entraîne aux abîmes.

PARIAS. On sait que les Aryas, conquérants de l'Inde, se divisèrent en deux castes : les *Brahmânas* (caste sacerdotale) et les *Kchatriyas* (caste royale et militaire), et qu'ils répartirent les anciennes populations dans les deux castes inférieures dont les *Vaisiyas* sont les agriculteurs et les commerçants, les *Soudras* les ouvriers et les esclaves. Les *Tchandalahs*, que les Européens appellent parias, ne sont d'aucune caste : on dit que ce sont des individus rejetés de leur caste pour quelque délit ; mais le fils du paria est paria. Il est possible qu'ils descendent d'anciennes populations restées en dehors de la civilisation de l'Inde, même antébrahmanique, comme il s'est trouvé dans l'ancienne

Idumée des tribus sauvages et misérables qui erraient autour des cités. Il est défendu aux parias d'habiter les villes, et de se baigner dans le Gange ; leur contact passe pour une souillure, même aux yeux des musulmans : ils sont en dehors du droit civil et du droit religieux.

Il y a eu, dans beaucoup de pays, des populations plus ou moins déshéritées : à Sparte, les Ilotes ; dans l'Amérique du Nord, les Noirs libres ; en Europe, les Juifs « qui ont tué Dieu ». Ces populations, qui pouvaient « aller et venir », occupaient sur l'échelle sociale une position très peu supérieure à celle des serfs. Sans doute, des hommes que les lois maintiennent dans un état d'infériorité ont de la peine à se défendre contre l'influence délétère de leur exclusion de la société ; il faut qu'une race opprimée pendant des siècles soit bien douée, ou qu'elle soit soutenue par des croyances religieuses, pour y résister. Mais l'histoire est avec les opprimés : la postérité ne partage pas les préjugés des oppresseurs, et il arrive un moment où elle les condamne sévèrement.

PARLEMENTAIRE. Deux armées ennemies ont souvent besoin, même au plus fort des hostilités, d'avoir entre elles quelque correspondance, par exemple pour l'ensevelissement des morts ou l'échange des prisonniers, ou encore pour proposer une capitulation, convenir d'une suspension d'armes, etc. Cette correspondance s'établit au moyen de *parlementaires*. Dans l'antiquité, du moins en Grèce et à Rome, ainsi qu'au moyen âge, les fonctions de parlementaire étaient habituellement remplies par des hérauts, c'est-à-dire par des hommes qui revêtaient ce caractère, non seulement pour une mission spéciale, mais d'une façon en quelque sorte permanente. Les hérauts tiennent une grande place dans les poèmes d'Homère, et maint passage témoigne du profond respect qui les environnait dès ces temps reculés. Par exemple, Talthybius et Eurybate, envoyés par Agamemnon pour réclamer Briséis à Achille, s'arrêtent saisis de frayeur à l'entrée de la tente du héros, mais celui-ci les salue en ces termes : « Soyez les bienvenus, hérauts sacrés, ministres des dieux et des hommes, vous êtes innocents de l'injure que je reçois... » Depuis longtemps, on se borne à envoyer comme parlementaires, des officiers accompagnés d'un tambour ou d'un trompette porteur d'un drapeau blanc.

L'inviolabilité du parlementaire, qui paraît avoir été fondée dans l'antiquité sur le caractère religieux et presque sacerdotal du héraut, repose aujourd'hui sur le droit des gens. Elle constitue une des règles les plus anciennes, les plus élémentaires et les plus essentielles de ce droit. « *Nomen legati*, dit Cicéron, *ejusmodi esse debet, quod non modo inter sociorum jura, sed etiam inter hostium tela incolume versatur.* » Celui qui porte atteinte à ce principe ne fait pas seulement injure à son adversaire du moment, mais, pour employer les expressions de Vattel, « il blesse la sûreté commune et le salut des nations ; il se rend coupable d'un crime atroce envers tous les peuples ». Il ne saurait y avoir de dérogation à cette règle sacrée, même en guerre civile et envers l'envoyé d'un parti que l'on considère à tort ou à raison comme rebelle, mais on a toujours le droit de refuser d'admettre un parlementaire, ou de mettre à son admission telles conditions que l'on juge convenables, par exemple, qu'il ne sera introduit dans les lignes que les yeux bandés ; une fois admis, le parlementaire doit être protégé non seulement contre tout mauvais traitement, mais encore contre toute insulte.

PARLEMENTAIRES (Parti des). On a donné ce nom à l'un des cinq partis dont se composait la Fronde. Il y eut celui de Mazarin, appuyé presque exclusivement sur la reine-mère Anne d'Autriche ; celui de Condé, dit des Petits-Maîtres ou Jeune Fronde ; celui du condjuteur Gondi, ou Ancienne Fronde ; celui de Gaston d'Orléans, oncle du roi ; enfin celui du Parlement ou des Parlementaires, également opposé au ministre, aux deux espèces de frondeurs et aux séditieux. C'était le premier-né et le principal des cinq ; il se perdit lui-même, en se laissant d'abord affaiblir et en acceptant l'alliance du parti des princes.

PARTICIPATION AUX BÉNÉFICES. S'il plaît à un entrepreneur ou fabricant de prendre sur ses bénéfices une certaine somme et de la distribuer parmi ses ouvriers, et si c'est par bienveillance qu'il le fait, nous ne pouvons que l'en louer et le proclamer généreux. Si ses collaborateurs se montrent reconnaissants, — ce qui n'est pas toujours le cas, — on peut ajouter que l'acte était d'une bonne politique.

Si un publiciste, un auteur, un politicien, recommande aux entrepreneurs et fabricants de prendre une somme sur leurs revenus pour la distribuer aux ouvriers, il ne saurait être question de bienfaisance ou de générosité. Ces personnages ne font aucun sacrifice personnel, et il ne leur en coûte pas, d'en demander aux autres. C'est faire une quête sans y rien mettre de sa poche. Encore le quêteur quand il demande l'aumône pour des malheureux ne s'adresse-t-il qu'à la charité de ses concitoyens, ce qui ne peut soulever aucune objection ; tandis que le publiciste, le plus souvent, prétend se fonder sur des doctrines, des théories pour recommander la participation, même pour la rendre obligatoire. Or, il n'y a pas, en faveur de la participation, de théorie qui tienne. La théorie, la doctrine, le bon sens sont plutôt contre la participation.

Combien il y a peu de raisons fondées sur la réflexion ou sur l'expérience à faire valoir en faveur de la participation, cela ressort d'une proposition de loi (session de 1891, Chambre des députés n° 1428) signée par *quatre-vingt-onze* députés où toute l'argumentation se réduit à cette affirmation : « Messieurs, *la participation aux bénéfices, voilà le nœud de la question sociale : sur ce point, nous sommes tous du même avis.* » Il n'y a pas à faire de compliment à ces 91 législateurs. Reproduisons les courts développements dans lequel l'auteur est entré, ce ne sont également que des affirmations.

« Certes, il ne faudrait qu'un peu de bonne volonté [1] de la part des patrons et le sentiment de leurs propres intérêts ; il ne faudrait qu'une organisation peu compliquée des compagnies, sociétés, industries pour écarter de l'horizon ce nuage sombre, qui va toujours grossissant et dont on s'inquiète [avec raison. Nous voulons parler des revendications du prolétariat [2]. Il est bien certain que le jour où le travailleur aura non seulement son salaire, mais sa part dans les bénéfices, sa part dans le capital, le jour où il sera certain, non seulement du pain quotidien, mais de la sécurité pour sa famille, ce jour là, la question sociale sera résolue [3] et notre monde rajeuni pourra espérer une nouvelle ère de concorde et de progrès. »

Voilà un législateur [4] qui n'a jamais ouvert les yeux sur ce qui l'entoure. D'abord, la plupart des compagnies et sociétés, ainsi que beaucoup de fabricants, donnent ce que vous demandez, — en partie par bonté, en partie parce qu'on leur fait peur ; — mais beaucoup d'affaires ou d'établissements sont en perte, comment leur demander une part *des bénéfices*? Et il y aura TOUJOURS des affaires en perte [5]. Puis il ne suffit donc pas que l'ouvrier gagne x francs par an, faut-il encore que x soit absolument composé de salaire et de bénéfice? (On ne peut pas parler sérieusement à un si peu sérieux législateur [6].) Et comment la part dans les bénéfices peut-elle assurer « la sécurité pour la famille »? On sait que le salaire est assez fixe, mais que la part dans les bénéfices varie d'une année à l'autre ; cette part est parfois de 100 fr. par ouvrier, parfois de 50 fr. et moins souvent de 200, tandis que les salaires rapportent de 500 à 2.000 fr. Pour pouvoir donner une prime de 200 fr. par ouvrier quand on a 1.000 collaborateurs, c'est 200.000 fr. qu'il faut ré-

partir entre eux. Arrive-t-il souvent à un patron de gagner en une année une somme assez forte pour en distraire à titre de dons ou de gratifications une somme de 200.000 fr.?

Ne nous arrêtons pas davantage à la proposition de loi de 1891 qui n'a pas eu de suite, et montrons en peu de mots que la participation est une affaire qui ne regarde que le patron et que les politiciens n'ont pas à s'en mêler. Le patron, — seul ou avec l'aide d'autres capitalistes, — réunit la somme nécessaire pour fonder une entreprise ; mais le capital ne suffit pas, il faut encore des travailleurs : employés, ouvriers et autres aides. C'est sur le produit de l'entreprise que tous les collaborateurs prennent leur part. L'employé reçoit un traitement, l'ouvrier reçoit des salaires, le domestique (portier, etc.) des gages, le savant des honoraires, le capitaliste des intérêts, puis il faut remplacer les choses détruites, payer les impôts... et ce qui reste appartient au patron sous le nom de bénéfices. On le voit, chaque part a un autre nom, seulement la part de l'ouvrier est fixe, celle du patron est aléatoire.

Le patron peut partager sa part avec les ouvriers. Encore n'est-il pas sage, pas prévoyant, de faire « participer aux bénéfices », il vaut beaucoup mieux donner les récompenses sous la forme de gratifications et d'encouragements, car quelques politiciens, pour obtenir des voix lors d'une élection, pourraient bien insinuer aux ouvriers que la participation est leur droit. — A nos yeux, une pareille insinuation serait un crime, car il pourrait se trouver des ouvriers assez peu instruits ou réfléchis pour le croire. — C'est l'intérêt le plus strict de la société humaine que le patron obtienne tout ce qui constitue sa part ; c'est surtout l'extrême intérêt des ouvriers que les patrons ne soient pas spoliés. Si le patron ne dispose pas de la totalité des bénéfices (c'est à lui à décider s'il veut ou peut en céder une partie) il entreprendra moins — et les ouvriers chômeront ; — il verra peut-être son capital diminuer — et les ouvriers chômeront ; — il se découragera — et les ouvriers chômeront. — Tout ce qui contribue à réduire les bénéfices normaux contribue à réduire les occasions de travailler, et si les ouvriers comprenaient mieux leurs intérêts, ils fuiraient comme la peste ceux qui les excitent contre les patrons.

---

1. Même s'ils sont en perte ?
2. Revendication ? Ont-ils raison ou ont-ils tort ? D'ailleurs c'est une menace que fait le député.
3. Est-ce seulement pour les salaires qu'on fait grève ?
4. Les 90 autres ont sans doute signé sans lire ces ninises élucubrations.
5. On a remarqué que sur 10 nouvelles affaires 1 prospère, 3 à 4 végètent et les autres périssent.
6. Ce curieux législateur proposa en novembre 1895 que les ouvriers travaillant dans une usine de l'État participent aux bénéfices de l'État ; il ne sait donc pas que l'État ne fait pas de bénéfice, mais lève des impôts? Supposez que l'État achète pour 1 franc de tabac brut, qu'il dépense 1 fr. pour préparer le tabac, cela fera 2 fr. ; et ensuite l'État vend 100 fr. ce tabac qui lui ne coûte 2, il n'y a pas 1 centime de bénéfice, les 98 fr. de différence sont simplement de l'impôt.
Et c'est à un député qu'il faut apprendre une chose aussi élémentaire !

PARTIBUS (IN) *infidelium*. Le mot en italique est quelquefois omis, mais il est toujours sous-entendu. Pas d'évêque sans siège ; par conséquent lorsque le pape veut conférer le titre d'évêque à un prêtre, il érige fictivement un évêché dans une contrée habitée par des *infidèles*, des païens. Dans ce cas il y a titre sans fonction.

PARTICULARISME. C'est la tendance centrifuge qu'on rencontre souvent dans les États fédérés comme l'Allemagne, la Suisse, les États-Unis. C'est le besoin de l'autonomie, c'est quelquefois aussi seulement un sentiment étroit comme l'amour du clocher. Le mot est surtout en usage en Allemagne. Celui qui est plus Saxon qu'Allemand, plus Bavarois qu'Allemand, plus Badois qu'Allemand, etc., est particulariste. Le mot est généralement pris en mauvaise part, car ce sont les unitaires qui l'ont inventé. En Suisse, on parle dans le même sens de l'esprit *cantonal;* on oppose les fédéraux aux unitaires. Les noms des partis peuvent changer, mais la chose restera encore longtemps. Aux États-Unis, les démocrates représentent les partisans de la plus grande autonomie possible des États, et les républicains les unitaires relatifs, car il n'y a pas d'unitaires absolus... jusqu'aujourd'hui.

PARTIS. Bien qu'on trouve à chaque page de l'histoire des groupes de populations se distinguant des autres, dans le même État, par leurs opinions, leurs intérêts, leurs passions, on peut soutenir que le vrai parti politique est une création toute moderne. En Grèce, on ne vit le plus souvent à l'œuvre que des factions, c'est-à-dire les partisans ou les clients d'un homme puissant, qui s'efforçaient de lui procurer le pouvoir dans la cité. A Rome, les patriciens et les plébéiens étaient en lutte, parce que ces derniers étaient opprimés, c'étaient donc plutôt des castes que des partis qui étaient en face l'une de l'autre. Au moyen âge, c'était généralement la nécessité de se défendre qui groupait les hommes ; souvent, dans ces temps barbares, on n'avait d'autre alternative qu'entre le rôle de persécuteur et le rôle de persécuté. Il n'y avait ni patriotisme, ni droit, ni liberté; il y avait des factions, des partisans ; il y avait aussi des classes qu'on a confondues quelquefois avec les partis.

Pour qu'il y ait des partis politiques, il faut que la liberté donne aux populations le moyen d'arriver à leur fin sans employer la violence. Dans toute société humaine, il y a toujours une fraction de la population qui a intérêt à maintenir ce qui est, une autre qui désire le changement ou l'amélioration, et une troisième qui est indifférente. Lorsque la fraction qui désire le changement veut l'obtenir à tout prix et que le but lui semble sanctifier les moyens, elle cesse d'être un parti pour devenir une faction révolutionnaire.

Le vrai parti cherche à faire prévaloir sa doctrine par des moyens légaux. Cette doctrine peut s'appliquer à divers ordres d'idées; elle peut aussi ne consister qu'en un principe unique. Les différences entre deux partis peuvent être profondes, ou seulement superficielles ; mais pour tous, il s'agit au fond, ce nous semble, de savoir si l'on jouira d'une somme de liberté plus ou moins grande.

En demandant un droit, on a toujours pour but d'étendre le domaine de la liberté, c'est ce qui fait souvent donner au parti qui revendique des droits la dénomination de libé-

ral ; quelquefois aussi il porte des noms [1] particuliers. L'objet précis des efforts de ce parti change naturellement d'un pays et même d'une époque à l'autre : ici, on revendique la liberté de conscience; là, la liberté de parler ou d'écrire ; ailleurs, la liberté de l'industrie ; partout et toujours, la liberté de ne payer que les impôts dont on a reconnu l'utilité.

On comprend que le parti qui demande forme la minorité, et n'est pas au pouvoir. On comprend encore, car c'est dans la logique de la situation, qu'il demande (généralement) pour tous, ou si la liberté qu'il revendique est destinée à une classe particulière de la nation, c'est que cette classe est opprimée. Il peut demander l'émancipation des catholiques, des protestants, des israélites, des esclaves ; l'adjonction des capacités, l'abaissement du cens, le suffrage universel ; la suppression des prohibitions, le libre échange, la responsabilité ministérielle, le vote du budget, la liberté de la presse, la décentralisation. Le but libéral de ces demandes est évident. Ce but peut encore exister même lorsque les termes de la formule semblent l'exclure : telle serait celle de l'enseignement obligatoire, car cet enseignement n'est que le moyen de rendre les citoyens aptes à user de la liberté. Il faut savoir distinguer le fond des choses et ne pas se laisser égarer par des mots trompeurs. N'avons-nous pas vu qualifier de *loi sur la liberté de l'enseignement* un acte émané d'une opinion hostile à cette liberté, et en vertu duquel on peut en refuser à volonté la jouissance.

En face des différentes nuances du parti libéral est le parti conservateur. On aurait tort de confondre le parti libéral avec le parti radical, et on se tromperait en confondant le parti absolutiste avec le parti conservateur. Ce dernier est loin d'être l'ennemi de la liberté. Il se croit souvent même très libéral, seulement le parti adverse va trop loin ou trop vite à son gré. Il pense qu'on jouit déjà de toute la liberté qu'on peut supporter; en donner davantage, ce serait, selon lui, glisser sur la pente qui aboutit à l'anarchie. Il est des cas où tel parti conservateur peut avoir raison. C'est une question de nuances, et les nuances sont éminemment relatives. Le parti libéral d'un pays serait le parti conservateur dans un autre. Dans les contrées où la liberté date de loin, il arrive même un moment où ces deux partis importants ne se distinguent plus que par des détails, et où l'habitude paraît presque seule maintenir les anciens groupes ; il en est ainsi, par exemple, en Angleterre, des whigs et des tories. Lorsque cette situation s'établit, le parti libéral alterne au pouvoir avec le parti conservateur, il n'y a plus de libertés fondamentales à revendiquer, on est d'accord sur les principes et on ne diffère que sur

---

1. Le choix d'un nom est très important pour un parti, car les mots ont une grande influence sur les esprits superficiels, qui forment toujours la majorité dans une nation.

quelques applications. Les intérêts, les passions quelquefois jouent alors un rôle plus considérable; puis les partis se décomposent, se fractionnent, et s'il ne s'en forme pas de nouveaux, qui ont leur raison d'être, leur influence diminue. Nous n'examinerons pas si c'est un bien ou un mal, car, selon nous, les partis ne sont utiles que là où ils ont leur raison d'être, et ils ne manquent pas de surgir lorsqu'on en a besoin.

Faisons remarquer qu'un parti conservateur ne peut exister que sous un gouvernement constitutionnel; dans un Etat absolutiste il n'a rien à faire, c'est le gouvernement qui fait sa besogne, et il n'y a dans le pays, en dehors des indifférents, qu'un parti : l'opposition qui, d'ailleurs, se divise généralement en opposition légale et en opposition révolutionnaire. Si l'absolutisme devient despotisme, toute l'opposition penche vers la révolution.

Nous n'avons, pour plus de clarté, considéré jusqu'à présent que les partis principaux, ceux qui exercent la plus grande influence sur le sort des peuples. Il en est encore deux autres qui, heureusement, arrivent rarement à former une majorité. Nous les avons déjà nommés, c'est le parti absolutiste et le parti radical. De nos jours, le premier compte à peine, car on n'avoue plus les penchants à l'absolutisme. Le parti radical (*voy.* Radicalisme) est une réaction contre le parti absolutiste, car d'un extrême on tombe toujours dans l'autre. Toutefois, même les quatre partis que nous venons de caractériser, et que nous désignerions volontiers, comme les partis politiques *rationnels*, ne sont pas les seuls qui aient existé ou qui existent. La nation ne se divise pas de propos délibéré en fractions plus ou moins égales. Ce n'est même pas un principe ou une théorie qui donne naissance à un parti, mais un intérêt et un intérêt moral plus souvent qu'un intérêt matériel. Le principe, lorsqu'il apparaît, n'est que la formule abstraite de l'intérêt. Ainsi, une secte religieuse nouvelle inspirera à ses membres le principe de la liberté des cultes; l'établissement des fabriques, la création d'un monopole; le resserrement du lien corporatif dans l'industrie fera naître la formule de la liberté du travail. Le groupe de citoyens qui, poussés par leur intérêt, adoptent la nouvelle formule, forme le noyau du parti. Le groupe éprouve le besoin de se défendre, de faire de la propagande, de rallier les indifférents, de convaincre ses adversaires. Des théoriciens surgissent et bientôt des chefs, et le parti est formé. Il a contre lui ceux qui ont des intérêts opposés ; ceux-ci ne manqueront pas d'avoir également leur formule, leur théorie, leurs chefs : l'esclavage, l'inquisition, le despotisme ont eu les leurs. Une nation peut renfermer de nombreux partis; mais, généralement, pour gouverner, plusieurs sont obligés de se fusionner en ajoutant quelques formules à leur *platform*, comme telle république a ajouté une étoile de plus sur son drapeau pour chaque Etat nouveau.

Il est indispensable que chaque parti soit libre de propager son opinion et qu'on puisse la réfuter sans danger. Le progrès est à cette condition. Le christianisme n'aurait pas eu besoin de quatre siècles pour s'établir s'il avait pu librement faire sa propagande, et nombre de progrès se seraient réalisés pacifiquement, s'ils n'avaient pas rencontré des obstacles : ce sont les obstacles qui font déborder les torrents. On ne doit pas oublier, d'ailleurs, qu'il reste dans tous les pays un grand nombre de personnes en dehors des partis : les unes par ignorance, les autres par indifférence, d'autres par des motifs divers : c'est en agissant sur cette fraction de la société qu'un parti se procure la majorité, surtout s'il possède la vérité. Dans ce cas, il l'emportera d'autant plus sûrement qu'il sera plus persécuté. Est-ce que les persécutions ont empêché le christianisme de triompher des païens? Les persécutions transforment les opinions en passions, et en même temps qu'elles arment ainsi les persécutés d'une force supplémentaire, elles éveillent dans le cœur des indifférents des dispositions favorables pour eux.

C'est lorsque le parti se passionne qu'il attaque à tout prix, qu'il risque tout : dans les temps ordinaires, lorsqu'il est calme, il n'est pas disposé à de grands sacrifices. Le sacrifice est surtout rare chez les personnes dont aucun intérêt n'est en jeu : on ne s'expose pas volontiers pour une simple opinion. Nous sommes même assez disposé à refuser le nom de parti aux adhérents platoniques et sans lien d'une simple opinion, fussent-ils même nombreux. Ces individus isolés constituent tout au plus ce qu'on pourrait appeler la matière première d'un parti, ou, si l'on veut, *un parti latent*.

Pour qu'un groupe d'hommes ayant un même intérêt, ou une opinion commune, devienne un parti actif ou réel, il lui faut un ou plusieurs chefs, une discipline et un organe. Le parti a un but, et pour l'atteindre, il faut un guide; souvent il lutte, et pour vaincre, il faut l'union, qui fait la force : or, le chef est le guide et le lien du parti. (*Voy.* Leader.) Il n'en est pas, cependant, le maître, car il n'exerce son influence qu'à la condition de respecter le principe, la doctrine du parti; on ne l'a élevé sur le pavois que parce qu'il en est le plus ferme ou le plus éloquent défenseur. Nous n'avons pas besoin de dire que les chefs de parti siègent habituellement dans les Chambres et que c'est là leur vrai champ de bataille.

La discipline ne s'applique qu'aux luttes; elle est nécessaire parce qu'elle fait un corps des individus. On n'a pas à craindre que les chefs abusent trop de l'arme dont ils disposent, car la discipline n'est pas le résultat d'une obéissance aveugle, comme on l'impose au soldat, mais l'effet d'une volonté réfléchie. Elle n'a aucune sanction, et le chef qui abu-

serait de son pouvoir s'expose à se voir abandonner de son armée.

L'organe est indispensable pour qu'il y ait
communication entre la tête et les membres
du parti, et aussi pour qu'on puisse propager
ses idées. Il faut qu'un parti porte haut son
drapeau : s'il le cache volontairement, il abdique ; si on l'y force, on le fortifie en éveil-
lant les passions.

Le gouvernement ne doit pas agir sur les
partis autrement que par la persuasion, ou
plus exactement, à titre de gouvernement il
doit ignorer les partis complètement ou du
moins ostensiblement. Il devra agir de manière à ce qu'ils ne puissent pas le critiquer
sérieusement, et faire son profit des critiques
qu'il suscite involontairement. En ayant toujours raison, il rend ses adversaires impuissants. D'ailleurs, les partis ne sont pas toujours les adversaires du gouvernement : leurs
luttes se déroulent souvent bien au-dessous
des hauteurs où plane le chef de l'Etat.

A tous les points de vue, mais surtout à celui qui nous occupe en ce moment, il est dans
l'intérêt du gouvernement de répandre l'instruction. Les chefs de parti trouvent l'o-
béissance la plus aveugle, nous [dirions volontiers la plus passionnée, dans les classes
ignorantes qu'ils auront réussi à gagner. Or,
comme tous les partis peuvent avoir parmi
leurs agents les plus zélés des hommes par
trop habiles, qui trouvent tous les moyens
bons, ils chercheront quelquefois à gagner
ces classes ignorantes par des moyens que la
morale désavoue. L'instruction est pour ces
agents un adversaire bien plus puissant que
toute mesure réglementaire, car on se méfie
volontiers de tout ce qui vient de l'administration. Plus l'instruction est répandue, plus
les partis les plus libéraux et les plus modérés ont de chances pour obtenir la majorité.

Les partis politiques sont généralement renfermés dans les limites d'un pays. Quelles
que soient les divergences qui les séparent, il
y a toujours quelque chose qui leur est commun, c'est le patriotisme. Quand la patrie
appelle, toutes les querelles sont oubliées.
Malheur au peuple chez qui ce sentiment
commun n'existerait pas : il serait gravement
malade. Mais dans l'intérieur d'un Etat, des
partis modérés, inspirés par l'esprit public,
remplis d'émulation en faveur du bien général,
sont comme la marée qui ne déborde pas, ne
détruit rien, mais entretient le mouvement
et la vie au sein de l'Océan.

D'après ce qui précède, on croira peut-être
que nous considérons les partis comme une
institution bonne en soi, qu'il faudrait créer
si elle n'existait pas. Telle n'est pas tout à
fait notre manière de voir. Les partis ont leur
utilité, parce qu'ils forcent la nation à considérer sous leurs diverses faces les questions
à l'ordre du jour et à tenir compte des diverses tendances de l'humanité, mais nous
n'ignorons pas que cette médaille a un revers.... de la même grandeur. Les partis sont
souvent exploités par des ambitieux, leurs

passions ne respectent rien, ils mettent parfois leur intérêt au-dessus de l'intérêt du
pays, et chaque coup qu'ils se portent, quel
que soit le vainqueur, retombe sur la patrie.
Mieux vaudrait sans doute qu'un gouvernement pondéré et de bonnes lois pussent s'é-
tablir sans l'intervention des partis ; mais la
politique ne raisonne pas sur un Etat idéal,
ni sur une société imaginaire ou sur des
hommes comme il n'en existe pas ; elle s'en
tient à la réalité des choses. Elle sait que les
individus ont des vices et des vertus, des qualités et des défauts, des intérêts et du dévouement, en proportions inégales sans doute,
et c'est sur ces données qu'elle travaille, ob-
servant, exposant et déduisant des conséquences.

PARTISANS (Guerre de) [*petite guerre*].
En dehors des armées régulières, il se forme
souvent en temps de guerre des corps francs
(*Freischaaren, guérillas*), compagnies franches, corps de partisans, manœuvrant plus
ou moins de concert avec l'armée régulière,
mais ayant une plus grande liberté d'allure.
Lorsque les partisans sont autorisés par leur
gouvernement, ils sont en tout point assimilés aux troupes ; ils sont traités en prisonniers
de guerre, peuvent être échangés, etc. Lorsqu'ils ne sont pas autorisés, ils sont considérés comme « parti bleu », comme maraudeurs même (s'ils sont peu nombreux), et
l'ennemi n'a besoin d'avoir aucun égard pour
eux. Tel est du moins le verdict du droit des
gens, et en principe on doit l'approuver.
Comment distinguer des soldats d'une bande
de brigands qui ne demandent que le pillage,
si ce n'est par l'attache de l'autorité régulière,
et sans doute aussi par leur conduite?

Il est des cas, cependant, où le sentiment
public sympathise avec des bandes, avec des
corps que les autorités ou les gouvernements
qualifient quelquefois de brigands. C'est quand
ils se mettent en campagne pour un bien moral, pour une idée, pour la liberté, l'indépendance, et que leurs mains restent pures de
tout crime d'assassinat, de pillage et autres
semblables. Le sacrifice, l'abnégation, les périls courus pour une bonne cause auront toujours le privilège de faire naître la compas-
sion ou l'admiration dans tous les cœurs gé-
nereux.

Pour une nation faible qui se défend contre
un envahisseur plus puissant, la guerre de
partisans est souvent la seule ressource. Seulement la petite guerre ne saurait jamais être
qu'un moyen défensif, et seule elle ne suffit
pas pour vaincre. Ce n'est qu'une protestation qui empêcherait le droit de la nation de
prescrire, si le droit à la liberté n'était pas
imprescriptible de sa nature.

PASSAGE DE TROUPES. Partant du
principe que chacun est maître chez soi, nous
n'admettons aucun cas dans lequel un Etat
puisse être forcé, en temps de paix, de permettre le passage de troupes étrangères sur

son territoire. Que le passage soit « innocent » ou non, c'est au gouvernement du pays à décider s'il l'accordera ou non. En temps de guerre, le droit des neutres n'est pas aussi absolu, ou plutôt le droit reste intact ; mais si un Etat accorde à l'un des belligérants ce qu'il refuse à l'autre, il peut être considéré comme ayant rompu la neutralité et en subir les conséquences. C'est ce que les gouvernements des pays neutres doivent considérer avant de prendre une décision.

La neutralité n'interdit que le passage de troupes armées, mais elle ne défend pas d'admettre des réfugiés même nombreux, même formant un corps. Seulement, dans ce cas, ils doivent être désarmés et internés loin du théâtre de la guerre.

PASSE-PORT. S'il est un droit naturel, c'est assurément le droit d'aller et de venir. Cependant la législation de presque tous les pays contient des dispositions qui (au moins dans certains cas) soumettent ce droit à la formalité du passe-port.

Selon la doctrine des gouvernements, le passe-port a pour objet de faciliter la libre circulation, et d'assurer *aide* et *protection* aux voyageurs ; dans l'opinion de ces derniers, le passe-port est au contraire une gêne, un embarras, et de plus un impôt ; car on ne l'obtient qu'à la suite de démarches plus ou moins compliquées, moyennant le payement d'une taxe plus ou moins onéreuse, et seulement pour une période d'ordinaire assez courte, à l'expiration de laquelle il faut solliciter et payer un nouveau passe-port.

En temps de paix le passe-port tombe presque partout en désuétude ; en temps de guerre le voyageur agit sagement en se munissant de ce document.

PASSIONS POLITIQUES. Les actes de l'homme subissent, dans une inégale mesure, l'influence de la raison et des sentiments. Ils sont rarement déterminés uniquement par l'une ou par l'autre ; il y a concours d'influences, et souvent la combinaison est si intime qu'il est difficile de savoir laquelle des deux l'emporte. Il est toutefois aisé de distinguer la nature de ces deux influences : le sentiment agit comme force d'impulsion, la raison comme force modératrice ; le premier représente la voile ou la vapeur, l'autre le gouvernail.

Comme il y a un grand nombre de sentiments, les passions sont nombreuses ; nous n'avons pas à les énumérer, mais il importe de constater qu'il y en a de bonnes et de mauvaises. On peut vouloir le bien avec autant d'ardeur, d'énergie, de persévérance que le mal. Il est même probable que les passions généreuses ont une intensité plus grande que les passions subversives, car la conscience de vouloir le bien doit puissamment aider à faire taire les conseils de modération donnés par la raison. De plus, ce sont les passions généreuses qui, presque seules, peuvent exalter l'homme jusqu'au suprême sacrifice.

L'homme vivant en société a des sentiments qui se rapportent à des individus, et d'autres qui se rapportent à la chose publique ; de là des passions privées et des passions politiques. Ces dernières seules sont de notre ressort ; nous ferons autant que possible abstraction des autres.

Nous demanderons avant tout : les passions politiques appartiennent-elles à la catégorie des bonnes ou des mauvaises passions ? Nous n'hésiterions pas dans notre réponse, si l'on pouvait toujours séparer nettement et clairement les passions privées des passions publiques. Cette séparation est difficile : d'une part, parce que les différents sentiments de l'homme se confondent et s'enchevêtrent très souvent ; et de l'autre, parce que l'hypocrisie sait quelquefois prendre l'apparence de la conviction. Mais, ces réserves faites, nous dirons que si les passions privées sont les unes bonnes, les autres mauvaises, les passions vraiment politiques sont le plus souvent généreuses.

Qu'on ne se hâte pas de juger notre pensée ; nous n'en avons encore énoncé qu'une partie.

Les passions politiques sont le plus souvent généreuses ; car elles ont pour but le bien de tous. Leur meilleur critérium est précisément le désintéressement de l'individu, et mieux encore son ardeur au sacrifice. Le sacrifice est même quelquefois l'unique moyen de reconnaître la sincérité de la passion. Ne nous arrêtons pas aux degrés. L'un offrira une partie de sa fortune, l'autre sa fortune entière ; d'autres encore leur vie et celle de leurs proches ; mais une passion sans sacrifice est un feu sans chaleur. Arrière donc ceux qui déclament à tout propos sur le patriotisme, la liberté, l'égalité, la fraternité, la monarchie, la république, le progrès, ou sur tel autre but politique, sans avoir employé aucun des moyens que la loi met à leur disposition ! Qu'ils le sachent, c'est par ses états de service qu'on distingue le charlatan politique du vrai citoyen. Nulle obligation morale ne nous oblige de feindre des passions politiques ; mais lorsqu'on arbore un drapeau, il faut au besoin savoir arroser de son sang, et à plus forte raison savoir le porter haut, déployé, malgré le vent de l'adversité.

Nous ne sommes certes pas obligés de feindre une passion, pas même de la ressentir réellement. Dans le cours ordinaire des choses, le simple sentiment suffit, et peut-être est-il toujours préférable aux passions. Nous disons *peut-être*, car il y a des cas où la passion devient sublime de sacrifice, d'abnégation, où elle assure le succès. Mais hors de ces cas exceptionnels, le sentiment produit les résultats qu'on demande à tort à la passion. Le sacrifice lui-même n'est pas l'apanage exclusif de la passion, le devoir peut y conduire également. N'est-ce pas le devoir qui fait mourir par centaines de mille les jeunes gens que la conscription appelle sous les drapeaux? Et pourquoi préférons-nous le sentiment? C'est qu'il laisse une part d'influence à la raison. Nous avons qualifié de généreuses, de désintéressées, les passions politiques sincères, mais nous nous sommes bien gardé de les dire éclairées. Une passion éclairée? Ce serait l'aveugle qui voit, le sourd qui entend. C'est que la passion est un cheval emporté : ses œillères lui cachent le monde des deux côtés, il n'obéit pas à la bride, il ne voit rien, et souvent il va se briser la tête au premier obstacle qu'il rencontre sur son chemin. Qu'est-ce qui empêche la passion de faire fausse route, puisqu'elle n'obéit pas à la raison? Qu'est-ce qui l'empêche de se porter à l'extrême? Or, si les *extrêmes se touchent*, cela n'indique-t-il pas que les deux extrêmes sont également dans le faux?

Ainsi donc, les élans les plus généreux par leur désintéressement et leurs aspirations peuvent manquer le but assigné à nos efforts par la raison, par le devoir, par le vrai intérêt général. De plus, le même aveuglement qui lui cache le but obscurcit le sens moral de l'homme passionné. Pour lui la fin justifie presque toujours le moyen. Souvent l'aveuglement va si loin qu'il commet *de bonne foi* des actes de mauvaise foi. Comment, en outre, lui serait-il possible d'être libéral, le fanatique est-il jamais tolérant?

PATENTES. L'un des premiers actes de la Révolution fut d'anéantir les maîtrises et les jurandes, et la loi des 2-17 mars 1791 permit, à quiconque le voudrait, d'exercer la profession de son choix à la seule condition de se pourvoir d'une « patente ». C'était une manière d'atteindre la richesse mobilière sans gêner l'industrie. La taxe était fixée en raison progressive du prix du loyer payé par le patentable.

Rien n'est plus délicat à établir qu'un impôt qui grève des valeurs mobilières et qui les atteint dans la main de celui qui ne les possède réellement pas, puisqu'il ne les crée ou ne les réunit que pour les vendre. La Convention fut d'avis, en 1793, que cette taxe des patentes faisait double emploi avec l'impôt mobilier; mais dès le 4 thermidor de l'an III, on la voit reparaître, d'abord pour ne charger que quelques professions, et, à partir de la loi du 6 fructidor an IV, pour les charger toutes. On ne tenait plus compte du prix des loyers, pour bien distinguer le nouvel impôt de celui avec lequel on l'avait confondu, et on prenait pour base de la taxation, d'une part, la population de la ville où le commerce devait s'exercer, et d'autre part, une série de classes de professions redevables, suivant leur groupe, d'une somme différente qui pouvait n'être que de 25 fr. et pouvait s'élever jusqu'à 1.500 fr. Le prix des patentes générales était de 4.000 fr. Muni d'une de ces patentes générales, on pouvait exercer, sans limite, toute espèce de commerces et d'industries.

Depuis lors le législateur a bien souvent touché à cet impôt que chaque nouvelle loi améliore dans une certaine mesure. Voici quel est le but à atteindre : il s'agit d'imposer au commerce et à l'industrie une contribution proportionnelle aux bénéfices qui résultent des affaires, sans que les patentés aient à initier l'Administration dans leurs secrets. L'impôt est donc assis sur des signes extérieurs et ces signes (nombre d'ouvriers, nombre de broches, etc., etc.) sont de mieux en mieux choisis.

La plupart des pays ont un impôt sur l'industrie, équivalant aux patentes.

PATENTE BRUTE. *Voy.* Quarantaine.

PATRICIEN. Les Romains se divisaient en patriciens et plébéiens, qui, comme on sait, ont été souvent en lutte, comme le raconte l'histoire romaine à laquelle nous renvoyons le lecteur.

Aux douzième et treizième siècles, et plus tard encore, dans quelques grandes villes de l'Allemagne et de la Suisse, il y a eu des familles patriciennes, auxquelles la plupart des fonctions municipales étaient réservées.

PATRIE. Vers le milieu du siècle dernier, un spirituel abbé, philosophe humoriste, l'abbé Coyer, s'écriait dans un de ses accès de pétulance : « Qu'est-ce que le mot *patrie* avait de bas ou de dur pour le retrancher de la langue? On ne l'entend plus, ou presque plus, ni dans les campagnes, ni dans les villes, encore moins à la cour. Les vieillards l'ont oublié, les enfants ne l'ont jamais appris. Je le cherche dans cette foule d'écrivains qui nous instruisent de ce que nous savons déjà, et je ne le trouve que dans un très petit nombre de philosophes. Un galant homme ne l'écrira pas. Ce serait bien pis s'il le prononçait. J'interroge ce citoyen qui marche toujours armé : Quel est votre emploi? — Je sers le roi, me dit-il. — Pourquoi pas la patrie? — Le roi lui-même est fait pour la servir. Je parle gaulois, très gaulois. » Notre abbé se demande ensuite vers quel temps ce mot gaulois est tombé dans un tel discrédit. « C'est, dit-il, sous le ministère du cardinal de Richelieu. » « Colbert, ajoute-t-il, était bien fait pour le rétablir, mais il se méprit : il crut que *royaume* et *patrie* signifiaient la même chose. » A ce trait ingénieux et profond reconnaissez l'abbé Coyer, disciple avoué de Montesquieu, quoique jésuite; républicain passionné, quoique précepteur du prince de Turenne. On entraînait les esprits vers une révolution en leur tenant ces discours-là.

Quand cette révolution, si longtemps préparée, fut enfin accomplie, le mot *patrie* redevint populaire. Il suffit à quelques hommes investis d'un pouvoir équivoque de l'écrire sur un drapeau, et de l'étaler ce drapeau sous les yeux de la multitude pour faire sortir de terre quatorze armées; et ces quatorze armées de soldats improvisés battirent les meilleures troupes de l'Europe, les plus valides, les mieux exercées, les plus dignes de la confiance des rois. On crut au prodige. L'irrésistible élan de cette jeunesse, *l'amour sacré de la patrie* l'avait produit.

Mais il arriva qu'après avoir si vaillamment purgé le sol de la patrie des troupes étrangères, et justement puni quelques-uns des chefs de la conspiration ourdie contre la liberté française, nos conscrits, devenus vétérans, oublièrent la patrie pour songer à la gloire. A d'éclatants succès succédèrent alors de lamentables revers. Faut-il, toutefois, les accuser seuls de ces désastres? Avant les entreprises faites à la recherche de la plus vaine des gloires, quel affaissement des consciences, quel sceptique, quel coupable désaveu des principes en qui la France de 1789 avait mis toute sa foi! Quand nos soldats furent atteints de la folie des triomphes militaires, nos citoyens avaient encore une fois oublié le vieux mot de *patrie*, ou ne le prononçaient plus qu'avec un sourire dédaigneux.

Il n'a guère depuis repris faveur. On ne dit plus, il est vrai, comme au temps de l'abbé Coyer, qu'on sert le roi. Cette façon de parler a beaucoup vieilli. On ne sert plus le roi, mais l'Etat. C'est assurément un plus noble service, puisque la notion de l'Etat et celle de la patrie se confondent souvent. Cependant il s'en faut de beaucoup que les deux termes soient synonymes. L'insurrection ne serait jamais « le plus saint des devoirs », comme l'enseigne une maxime célèbre, si quelquefois l'Etat ne commandait pas ce que la patrie défend.

Je définis l'Etat un être de raison, dont la matière et la forme sont également vagues, indéterminées. A proprement parler, je ne connais l'Etat que sous la figure des gens qui gouvernent en son nom. Je ne lui dois donc pas en toute circonstance une soumission absolue. (*Voy.* **Obéissance et résistance.**) Louis XIV a pu dire : « L'Etat, c'est moi! » Tout devoir suppose d'ailleurs une sanction morale. J'aime mon Dieu, ma famille, ma patrie, et je les dois aimer. Mais quel genre de culte ou d'amour offrir à un État? Non, pas plus en vers qu'en prose, l'Etat n'est *cher à tous les cœurs bien nés.* C'est assez prouver que, dans la science politique, comme dans toute autre science, il faut se méfier de la métaphysique et de ses êtres de raison.

Quoi de plus réel, au contraire, que la patrie ; et quel plus beau mot!

L'histoire de ce mot veut être brièvement racontée. Ne confirme-t-elle pas, en effet, une des meilleures thèses de celui qui fut le plus sage des philosophes, parce qu'il fut le moins dupe des métaphysiciens? On entend bien que je parle d'Aristote.

Patrie vient de *pater.* La famille où le père commande est la plus élémentaire des sociétés. En d'autres termes, le premier degré de la vie sociale est la vie domestique.

Alors, comme dit Homère, à propos cité par Aristote, « chacun à part gouverne en maître ses femmes et ses fils ». Ainsi, dans les plus lointains des âges dont il nous est permis d'étudier l'histoire, les *dii patrii* sont les pénates, les dieux du foyer paternel.

Plus tard, la patrie devient la cité : « *Natione Graius an Barbarus*, dit Cicéron, *patria Atheniensis aut Lacedemonius.*» Des intérêts communs ont uni des familles diverses. Rapprochées par toutes les nécessités d'une protection mutuelle, elles ont fait un pacte qui les rend solidaires. De là pour chacun des membres de la cité l'impérieux devoir de veiller, de combattre, de mourir, s'il le faut, pour la patrie de tous. Or, en quoi consiste la vertu, si ce n'est dans l'accomplissement scrupuleux de quelque devoir? La vertu du patriote d'Athènes ou de Rome, la voici : faire à sa propre cité l'entier sacrifice de soi-même, et traiter en ennemi quiconque est de la cité voisine. (*Voy.* **Patriotisme.**)

Enfin, un nouveau progrès social recule encore les frontières de la patrie. Des cités habitées par des citoyens de même race se concertent pour repousser un envahisseur venu de lointaines régions, et, après un heureux emploi de leurs forces liguées, elles choisissent, ou subissent, suivant la nature des circonstances, un chef commun. Leur concert leur a donné la force ; cette force leur assure la paix. Dans la paix il se fait un échange quotidien de services, et par de mutuels emprunts de tout ce que recherche l'instinct fécond du bien-être et du progrès, fruits de la terre, œuvres de l'industrie humaine, usages, mœurs, lois, les différences s'effacent, l'unité nationale se fonde, s'établit. Dès lors la définition de Cicéron n'est plus exacte : *patrie* et *nation* ne désignent plus deux choses diverses ; ces deux mots désignent la même chose diversement considérée.

Le mot *patrie* est donc un mot qu'on ne prononce guère en France que dans les grandes et solennelles occasions. Soit ! Nous regrettons toutefois que l'usage n'en soit pas plus fréquent, non seulement parce qu'il appartient au style noble, mais parce qu'il offre à l'esprit de chacun un sens clair. Il n'y a pas d'intelligence si rustique qui ne comprenne parfaitement le mot *patrie.* Cependant ici même nous avons affaire à des distinctions qui ne sont pas tout à fait vaines. Si elles étaient vaines ou fausses, il importerait beaucoup de le prouver, car la politique fait partie de la morale, et une fausse notion de l'ordre moral est plus qu'une simple erreur.

Selon Filmer et quelques autres docteurs, ma patrie est le sol, le territoire que j'habite. Mais c'est une définition qui révolte à la fois l'abbé Coyer et le chevalier de Jaucourt. « Les Gracques, les Scipions, sous la tyrannie de Caligula, auraient-ils, s'écrie l'abbé Coyer, regardé Rome comme leur patrie ? » La protestation du chevalier de Jaucourt n'est pas moins vive : « Ceux qui vivent sous le despotisme oriental, où l'on ne connaît d'autre loi que la volonté du souverain, d'autre principe de gouvernement que la terreur, où aucune fortune, aucune tête n'est en sûreté, ceux-là, dis-je, n'ont point de patrie. » En d'autres termes, où n'existe pas la liberté politique, il y a un troupeau d'esclaves, il n'y a pas un peuple de citoyens, et c'est le privilège des citoyens, des hommes libres, d'avoir une patrie. (*Voy.* **Patriotisme**.)

On sent bien que ces discours sont du dix-huitième siècle et qu'ils précèdent, qu'ils annoncent une tourmente sociale. Il est vrai que la même indifférence à l'égard du sol natal se retrouve dans ce fragment d'un vieux poète, cité par Cicéron : *Patria est ubicumque est bene.* Mais c'est un jeu d'esprit, et non pas une sentence morale. Je voudrais entendre de la bouche d'un exilé qu'il a vécu sans aucun désir, sans aucun regret, sur la terre étrangère. Il a laissé son pays en proie à d'exécrables bandits, violateurs de toutes les lois, déprédateurs de toutes les fortunes, et il a été transporté chez une nation libre, heureuse de sa liberté, qui a prodigué toutes les marques d'une vive sympathie à sa noble infortune. Il estime donc cette nation, il l'aime par reconnaissance, et voyant de loin tout ce que la sienne subit sans révolte, il la méprise. Ne lui manque-t-il rien ? M. de Chateaubriand répond pour cet exilé : « C'est lorsque nous sommes éloignés de notre pays, que nous sentons surtout l'instinct qui nous y rattache. »

N'est-ce qu'un instinct ? Un instinct est tout au moins une inspiration de la nature, dont il faut tenir grand compte. On se trompe donc quand on avance qu'il n'y a pas de patrie pour l'habitant d'un territoire gouverné par un despote. Mais il est évident, contre Filmer, que le sol n'est pas toute la patrie du citoyen qui a vécu dans un État libre. En effet, il la redemande une part de sa patrie, et non pas la moins chère, alors même qu'il foule de ses pieds le sol natal, si la liberté n'y règne plus.   B. Hauréau.

PATRIOTISME. Les hommes, en général, sont ainsi constitués qu'ils ne peuvent faire partie d'une société politique ou d'une nation sans s'attacher à elle par une sorte d'affection à la fois filiale et paternelle. Ils sont fiers de son passé; ils désirent qu'elle soit libre, forte et glorieuse dans le présent, ils ont souci de son avenir. En un mot, ils lui donnent une part plus ou moins considérable de leur cœur. Cet attachement, qui peut prendre en certaines circonstances toutes les allures de la passion, s'appelle patriotisme.

Le patriotisme, quoique très propre à raviver le sentiment politique et à être ravivé par lui, en est cependant distinct. Le sentiment politique est cet amour supérieur du droit idéal qui nous porte à le réaliser le plus largement possible dans toutes les so-

ciétés, quelles qu'elles soient ; c'est, pour ainsi dire, un sentiment abstrait et désintéressé, parce qu'il n'est point circonscrit. Au contraire, le patriotisme, par son essence même, n'est que l'esprit de corps considéré dans l'une de ses applications les plus importantes ; et bien qu'il puisse, par son union intime avec le sentiment politique, s'élever jusqu'à des hauteurs merveilleuses et aux plus sublimes dévouements, il a ses dernières racines dans cette forme curieuse et incontestable de l'égoïsme que l'on peut appeler l'égoïsme collectif. Voilà pourquoi le patriotisme est bien plus répandu, bien plus conforme à la médiocrité de la nature humaine que le sentiment politique; voilà aussi pourquoi la plupart des hommes n'aiment leur patrie qu'à la condition de détester un peu les autres peuples. L'amour qui vient de l'égoïsme va toujours à la haine. (Fr. Morin.)

Toutes les transformations qui se sont produites dans l'idée générale de la société politique ont dû influer effectivement sur le patriotisme.

Aux époques primitives, tant que les hommes n'étaient réunis que par des affinités de race et se livraient en conséquence à une vie nomade ou presque nomade, le patriotisme avait nécessairement peu de place dans leur cœur, car on prend difficilement racine dans une patrie vagabonde : le lien social se réduit alors à une sorte de lien domestique ou au lien d'homme à homme.

Mais lorsque, grâce à des circonstances heureuses, les populations deviennent stables, lorsque surtout la propriété individuelle s'établit, l'idée du droit, qui d'abord n'en est que la dérivation, frappe les intelligences : alors les hommes se sentent réunis, non plus par des accidents particuliers, par de vagues souvenirs, par des besoins ethnographiques, mais par une même loi qui leur apparaît comme la fille sacrée du sol lui-même. Le sentiment de la société politique se dégage du sentiment de la société domestique et patriarcale, la cité devient l'objet d'une sorte de culte, parce qu'elle représente la plus haute conception qu'ait atteinte la raison humaine; le patriotisme se divinise ainsi lui-même, et il n'est plus seulement une affection spéciale, mais une religion. (F. M.)

Le patriotisme moderne est différent du patriotisme ancien, car il repose sur des conceptions morales nouvelles. Il ne nous apparaît plus comme le sentiment qui doit se subordonner tous les autres, mais, au contraire, comme un sentiment particulier, qui n'est légitime qu'autant qu'il est gouverné par le sentiment de la justice universelle, c'est-à-dire de la liberté et du progrès.

Néanmoins, lorsqu'on le met à son rang, qui ne doit point être le premier dans l'âme humaine, non seulement il est louable, mais il joue un rôle considérable et heureux dans l'économie des sociétés politiques. C'est le sentiment du droit idéal qui devrait être leur inspiration permanente. Mais telle est la faiblesse de notre nature, que ce sentiment n'existe qu'à un faible degré chez la plupart des hommes; il anime ces intrépides minorités qui s'évertuent à le propager, et qui, parfois, les circonstances aidant, sont assez intelligentes pour réaliser leurs programmes ; c'est lui qui constitue ces groupes respectables et nécessaires qu'on appelle les *partis* (*voy.*); mais il demande une énergie morale qui n'est pas le lot du vulgaire. Il n'en est pas de même du patriotisme. Nous avons déjà expliqué qu'il n'est qu'une forme particulière de l'esprit de corps, et l'esprit de corps, précisément parce qu'il se relie tout ensemble à notre instinct de sociabilité et à notre égoïsme, se propage avec une facilité extraordinaire et exerce sur tous les hommes, même peu éclairés, une action incomparable. Nous sommes des politiques seulement par ce qu'il y a de plus élevé dans notre âme; nous sommes patriotes par toutes nos tendances bonnes ou mauvaises. Ce sol où nous sommes nés, où nous avons vu se dérouler le drame de notre vie, où nous avons éprouvé les joies et les douleurs de notre existence domestique, nous est déjà cher parce qu'il se lie à tous les souvenirs de cette existence. Il nous est cher encore, parce que nous y avons notre propriété, nos intérêts, notre vie économique presque tout entière. Nous portons de plus en nous un orgueil inné que nous avons peine à satisfaire en contemplant nos propres mérites; nous aimons donc, par vanité personnelle, à nous enorgueillir des traditions, des gloires, des succès de notre patrie. C'est ainsi que tous nos instincts travaillent à l'envi dans les profondeurs de notre être à développer le patriotisme. Rien ne nous est plus naturel que de transporter notre *moi* dans ce grand corps politique qui nous enveloppe de toutes parts et donne une satisfaction au moins apparente à tous les besoins de notre nature.

Or, une fois que le sentiment patriotique s'est développé dans un peuple, il y sert de support au sentiment politique, surtout si ce peuple a déjà été assez heureux pour réaliser de grands principes de civilisation et de justice. Ces principes, dont la vérité abstraite aurait peu touché la foule, lui deviennent vénérables de cela seul qu'ils se confondent avec les traditions de la patrie. Que l'on considère avec quelle ardeur unanime les idées de 1789 sont glorifiées, en France, de ceux-là mêmes qui les pratiquent le moins, ou qui les comprennent de la façon la plus bizarre. Elles sont glorifiées si universellement, non pas à cause de leur valeur intrinsèque, généralement peu connue, mais parce qu'elles font partie d'une des pages les plus éblouissantes de notre histoire nationale.

Il résulte de là que rien ne serait plus puéril et même plus condamnable que de combattre le sentiment patriotique au nom du sentiment humanitaire. Il faut, à la fois, épurer le patriotisme et l'exciter, car il peut, il doit devenir notre plus puissant auxiliaire

dans l'œuvre de la liberté. Reste à savoir par quels moyens il est possible d'en développer l'énergie.

Or, il suffit de réfléchir un peu pour reconnaître que tous ces moyens se réduisent à un seul.

Les hommes aiment d'autant plus leur patrie qu'elle leur assure davantage la possession tranquille de leurs droits. C'est là un fait que prouvent également la raison et l'histoire. La société politique n'existe point pour elle-même; elle n'a aucune valeur absolue et intrinsèque, elle n'est qu'un moyen, mais un moyen merveilleux et nécessaire de garantir la liberté de ses membres. On ne peut donc l'aimer, ou, en d'autres termes, on ne peut aimer sa patrie qu'autant qu'elle réalise ou peut réaliser ce but souverain. Que dis-je? la société politique n'étant dans son essence même qu'une garantie mutuelle de droits, il n'y a pas de patrie où il n'y a pas de liberté. L'immortel poète du vrai bon sens, Lafontaine, l'a dit :

> Notre ennemi, c'est notre maître,
> Je vous le dis en bon français.

A quel titre aimerais-je un Etat oppresseur, qui ne laisse aucune marge à l'exercice de mes facultés, qui ne donne à mes intérêts aucune garantie certaine? (F. M.)

Et malgré tout on aime souvent sa patrie avec tout ses défauts, parce que l'affection ne se commande pas. Mais l'oppression empêchera ce sentiment de porter tous ses fruits de dévouement, de sacrifices et surtout de progrès et de bien-être.

PAUPÉRISME. Dans la 1re moitié du siècle qui est sur le point de finir, on a beaucoup parlé de paupérisme. Mais le mot, qui vient des Anglais, est nouveau, il ne faut pas croire la chose aussi nouvelle qu'on le prétendait alors. L'agglomération de la misère dans les grands centres manufacturiers qui la rend plus visible et plus affreuse est sans doute le trait caractéristique du paupérisme moderne. Est-il vrai pourtant que les grandes villes n'aient pas toujours présenté plus ou moins ce spectacle? Est-ce d'hier que datent les *truands* et ces bandes de mendiants armés qui portaient la terreur dans tout le pays? Que dire enfin de cette mendicité plus pacifique qui séjournait pour ainsi dire à la porte des couvents? Non, la misère endémique n'est pas le triste privilège des temps modernes. Nos aïeux ont connu cet état, ils ont lutté contre ce mal tantôt par la charité, tantôt par les peines les plus rigoureuses portées contre les mendiants. Plusieurs des caractères attribués au paupérisme moderne, l'insalubrité des logements, la mortalité frappant par masses en temps de disette ou de famine, ainsi qu'aux époques d'épidémies, enfin l'abrutissement, le vice, la criminalité, n'étaient pas moins inhérents à la misère du moyen âge qu'au paupérisme de notre temps. Tout ce qu'on peut dire, c'est que cette concentration du paupérisme a paru augmenter avec les progrès de l'industrie. Non que les progrès de l'industrie, aient nui aux classes pauvres. Ils ont eu, au contraire, pour effet d'en diminuer les souffrances, et pour résultat de multiplier le nombre des individus appartenant à la classe moyenne. Mais l'augmentation du personnel de l'industrie manufacturière a forcé les ouvriers à s'entasser, les a poussés à pulluler dans un espace assez resserré, à s'y faire souvent une concurrence amenant ces rabais de salaires meurtriers, à louer à vil prix les bras des enfants et des femmes, se livrant à des travaux excessifs et peu rémunérés. La fréquence et la gravité des crises ont ajouté à l'intensité du mal sans diminuer le nombre des bras. Bientôt il a fallu, l'espace manquant et le prix des loyers s'élevant, habiter les caves les plus humides, les greniers les plus malsains, dans les rues les plus étroites et les plus sombres. La famille s'est viciée elle-même faute d'espace, d'air, comme de ressources, et on a vu souvent s'établir une ignoble promiscuité dans une chambrée infecte. Dans un état si contraire à toutes les conditions de la santé et de la morale, le père ira chercher les distractions du cabaret. La femme, occupée au dehors, désertera le foyer domestique. Les filles, dans les villes surtout où le désordre se cache, se livreront à la prostitution, au moins comme ressource supplémentaire. Voilà le spectacle qu'a présenté une partie peu nombreuse relativement à la masse, mais trop considérable encore, il faut l'avouer, des classes ouvrières en Angleterre, en France, en Belgique, partout où l'industrie a concentré les hommes et les forces productives, en nécessitant l'emploi des vastes établissements et des puissants mécanismes que met en jeu la vapeur.

De ce que nous venons de dire, il résulte que c'est surtout aux progrès de la grande manufacture qu'on impute le développement du paupérisme. Il y a quelque vérité dans cette assertion. Nous ne l'admettons pourtant pas sans réserves. Les petites industries n'ont-elles pas aussi leur paupérisme ? La petite fabrique n'a-t-elle pas aussi sa misère profonde et invétérée ? La misère lyonnaise, lorsqu'elle écrivait sur son drapeau les mots célèbres : *Vivre en travaillant ou mourir en combattant*, n'était pas, qu'on s'en souvienne, une misère de grande manufacture, mais de petite fabrique. Les chiffonniers de la rue Mouffetard ne sont pas plus compris dans l'industrie manufacturière que tant de misérables ouvrières en chambre. (H. Baudrillart.)

Une seconde considération est à noter au sujet de la manufacture. Si elle produit le mal du paupérisme par l'agglomération, la même concentration l'arme seule des moyens de le combattre jusqu'à un certain point par l'établissement de mesures communes de secours, de maisons d'écoles, d'établissements de bains, de facilités données à l'épargne par des combinaisons telles que celle qui a permis aux ouvriers de Mulhouse et de quelques autres villes manufacturières d'arriver à la possession d'une petite maison avec un jardin. Les vastes capitaux et le régime manufacturier permettent seuls ces entreprises philanthropiques. Enfin le travail manufacturier, à condition de ne pas trop se prolonger, est souvent moins pénible, grâce à l'emploi des agents mécaniques. Les conditions de salubrité de la manufacture ont beaucoup gagné depuis quelques années. La paye journalière y est aussi meilleure que dans la plupart des petites fabrication, et les chômage y sont moins fréquents.

Combattre le paupérisme est une des plus généreuses préoccupations de notre époque et une des plus pressantes injonctions faites à la société moderne. C'est une œuvre qui a déjà donné assez de résultats heureux pour inspirer bon espoir sur son issue définitive. L'assistance publique et surtout l'assistance privée ont beaucoup fait et continueront à faire beaucoup pour atténuer les effets de la misère. Mais c'est sur d'autres procédés qu'il faut compter pour atteindre le mal à sa source. Le premier, le plus efficace, est, avec l'éducation morale, l'instruction primaire et l'instruction professionnelle. La diminution de l'agglomération des ouvriers entassés dans des réduits malsains fera beaucoup aussi. Des conditions plus salubres pour le corps formeront à l'âme elle-même une meilleure atmosphère. Qui peut nier que beaucoup de bien déjà a été obtenu par ce moyen ? C'est une bonne combinaison aussi que la fabrique rurale tant préconisée par quelques économistes, toutes les fois qu'elle peut se réaliser. Mais combien plus encore il faut compter pour la réduction progressive du paupérisme sur les progrès généraux de la civilisation et de l'industrie qui augmentent l'aisance ! Augmenter la force productive de l'individu, tout est là. Pour cela il faut développer le ressort moral intérieur. La société peut beaucoup pour aider les pauvres à sortir de leur état, mais elle ne peut rien sans le concours des pauvres eux-mêmes. Sa tâche consiste à aider, non à suppléer leur énergie.

Du reste, s'il y a toujours des pauvres parmi nous, il y a longtemps qu'on a cessé de parler du paupérisme. C'est que les progrès de l'instruction et la régularité plus grande du travail, avec l'organisation plus rationnelle des secours ont diminué la misère et ont rendu la pauvreté moins intense. Ce n'est qu'aux temps de crise qu'elle se fait encore sentir dans toute sa violence, mais heureusement pour peu de temps[1].

PAVILLON. Étendard de marine. Arboré

[1]. Le paupérisme a certainement diminué depuis une série d'années, grâce aux caisses d'épargne, aux sociétés de secours mutuels, aux caisses de retraite, à un grand nombre de mesures philanthropiques prises par les fabricants, mais surtout à cause des progrès de l'instruction du peuple et de la multiplication des produits de l'agriculture et de l'industrie.

au mât de la poupe, il indique la nationalité du navire ; à d'autres mâts, le rang de l'officier qui commande. Le pavillon des navires de l'État porte ordinairement les couleurs du drapeau de l'armée de terre ; mais il diffère souvent du pavillon de la famille régnante et du pavillon de commerce.

Le pavillon blanc indique les parlementaires ; le pavillon rouge, la guerre ou le transport de poudres en rade ; le pavillon jaune, des maladies contagieuses. Le pavillon noir est à l'usage des pirates ou forbans.

On emploie pour les signaux des pavillons de diverses formes et couleurs ; le pavillon qui demande ou annonce un pilote porte ordinairement les couleurs de la nation, disposées diversement.

PAYSANS. C'est la terre qui nourrit l'homme, et le *paysan* est celui qui la cultive : mais c'est l'intelligence, non l'utilité matérielle, qui préside aux destinées de l'humanité ; de là le rôle forcément subordonné des paysans dans toute société politique. Il faut s'entendre. Le paysan est individuellement aussi intelligent qu'un autre homme et certains d'entre eux ont joué un rôle considérable, mais c'est comme masse qu'ils sont faibles.

Montesquieu a remarqué que les habitants de la campagne, « trop occupés et trop pleins de leurs affaires particulières, ne sont pas assez jaloux de leur liberté ». Leur dissémination fait aussi leur faiblesse vis-à-vis des habitants des villes ; réunis en faisceau, leur nombre donnerait une force redoutable aux politiques qui pourrait s'appuyer sur eux et les atteler au char de leur fortune.

Les paysans ont été pendant longtemps confondus avec les serfs, et ils étaient serfs naguère encore en Russie et en Pologne, comme dans une partie de l'Allemagne avant le commencement de ce siècle. En France, avant 1789, les roturiers des campagnes, les manants, les paysans, les serfs étaient en dehors des trois ordres ; ils n'étaient pas représentés aux États généraux ; ils ne faisaient pas partie de ce Tiers, qui lui-même, suivant le mot de Siéyès, n'était *rien*. Mais ils devinrent *quelque chose*, plus ou moins, dans les constitutions du régime nouveau, alors que le Tiers devenait *tout ;* et on leur reproche volontiers aujourd'hui d'être *tout* à leur tour, par la grâce du suffrage universel, et de prendre sur la noblesse et la bourgeoisie une éclatante revanche du passé. La France, dit-on, est maintenant « la France des paysans ». Ils forment la majorité de la masse électorale. Or, avec son dix-millionième de souveraineté, le paysan est, prétend-on, « une machine inintelligente et inerte, bonne tout au plus à recevoir l'impulsion qu'on lui donne, pourvu que cette impulsion lui vienne du gouvernement, quel qu'il soit ». Cela a-t-il jamais été vrai ?

De nos jours, il n'y a plus de paysans, il n'y a que des *cultivateurs*. L'instruction pénètre dans les campagnes, des comices agricoles s'y forment et répandent le progrès, et diverses circonstances politiques et religieuses font sentir leur influence dans les villages, et bien des choses sont changées.

PAYS D'ÉTATS. On appelait ainsi, sous l'ancien régime, les provinces de France qui, en vertu des traités de réunion, avaient conservé le droit de s'administrer elles-mêmes, de voter leurs impôts et d'en régler la perception. Quelques-unes même élisaient leurs magistrats municipaux et se gardaient par leurs milices. Elles avaient des assemblées, dites *Assemblées d'États*, qui surveillaient l'administration et votaient les subsides et les dons gratuits que les intendants réclamaient pour tout le royaume. Louis XIV rendit cette représentation illusoire : le clergé n'y fut représenté que par les évêques, la noblesse par les grands propriétaires, et le tiers état par les officiers municipaux.

Les pays d'États étaient : les châtellenies de Lille et de Douai (dites *États de Flandre*), l'Artois, la Bourgogne (y compris la Bresse, le Bugey, le Valromey et le pays de Gex), la Bretagne, le Languedoc, le Béarn, la basse Navarre, le Bigorre, le comté de Foix, les pays de Soule, d'Armagnac, de Nébouzan et de Marsan, la Provence et le Dauphiné.

PÉAGES. Droit de passage sur un pont. Ils ont pour but de faciliter la construction d'un pont ou d'une route. De nos jours, ces dépenses sont généralement imputées sur les recettes budgétaires.

Dans le budget suisse, *péage* est synonyme de *douane*.

PÊCHES. Les jurisconsultes romains disaient que l'air, l'eau courante et la mer étaient la propriété de tous les hommes. Aussi ne mettaient-ils aucun obstacle à l'exercice de la pêche. C'est sous la domination de la féodalité que « l'eau qui coule comme l'oiseau qui vole » ont été pour la première fois un objet de propriété privée. Les légistes français ne revinrent qu'en partie aux principes romains.

PÊCHE FLUVIALE. — Ils imaginèrent que les rivières *navigables* étaient la propriété du roi, et défendirent à d'autres qu'aux maîtres pêcheurs de pêcher dans les cours d'eau (ordonnance d'août 1669). Ils affirmèrent encore plus positivement dans la suite que le droit de pêche dans ces rivières appartenait au roi (édit d'avril 1683), sauf les titres antérieurs à l'ordonnance de 1566 qui passait pour avoir consacré définitivement l'inaliénabilité des domaines de la couronne. La Convention rendit la pêche libre. Le Consulat restitua le droit de pêche au domaine de l'État, et, depuis la loi du 14 floréal an X, ce droit s'exerce dans les rivières navigables au moyen de licences. Les rivières navigables doivent appartenir au domaine de l'État : 1º parce que ce sont « des chemins qui marchent » et que tout le monde doit pouvoir en jouir, ce qui pourrait ne pas être si elles devenaient domaine privé; 2° parce que leur régularisation, leur endiguement, etc., etc., dépasse la compétence et la puissance de l'intérêt privé; 3° en ce qui concerne la pêche, les règlements ont pour but de contribuer à la conservation du poisson, ce qui explique l'interdiction de la pêche dans les mois où le poisson se reproduit.

Le droit de pêche dans les rivières non navigables appartient, selon la loi française, aux propriétaires riverains.

PÊCHES MARITIMES.—Montesquieu dit qu'un peuple, pouvant céder la terre, peut bien céder la mer. Les autres publicistes disent, au contraire, que la mer est le patrimoine commun de toutes les nations et de tous les hommes. C'est que, en effet, la mer échappe par sa mobilité à toute délimitation déclarative de propriété, et que le même droit naturel, en vertu duquel les hommes peuvent s'approprier la terre par leur travail et la partager entre eux, rend commune à tous les hommes l'exploitation de la mer, tout en laissant les fruits de la mer à la propriété privée. Il s'ensuit que le droit de pêche en mer appartient à tous les hommes.

Ces principes sont bien évidents pour ce qui est de la haute mer. On ne peut dire que telle mer est à tel peuple, et telle mer à tel autre; mais on peut très bien dire qu'une certaine zone de mer autour des côtes d'une nation fait partie du domaine de cette nation, parce qu'elle a besoin de cette frontière pour sa défense. Il résulte de ce principe, adopté partout, que chaque peuple a le droit de réserver la pêche dans cette frontière maritime à ses nationaux. Mais jusqu'où s'étend-elle? Bodin, dans sa *République*, dit à trente lieues. Les autres disent à une portée de canon. Mais ils avouent que cette mer territoriale s'étend avec l'audace ou la puissance des nations. Cornélis de Bynkershoeck disait au dernier siècle, dans ses *Éléments du droit des gens*, que les Anglais ont toujours affecté la domination dans la Manche, les Français dans la Méditerranée, les Génois dans la mer Tyrrhénienne et les Vénitiens dans la mer Adriatique. Voilà bien des sujets de guerre sur des principes bien discutables. Ces nations auraient mieux fait de fixer sérieusement sur leurs côtes l'étendue de la mer territoriale, et il est assez curieux que les congrès, qui règlent tant de limites sur terre, n'en aient jamais réglé sur mer. Une seule convention est intervenue à ce sujet entre la France et l'Angleterre. (J. de Boisjoslin.)

« Les pêcheurs sur mer, dit Froissart, quelque guerre qui soit entre la France et l'Angleterre, jamais ne se firent de mal. Ançois sont amis et s'aident l'un l'autre au besoing, vendent et s'achètent leurs poissons, quand les uns en ont plus largement que les autres; car s'ils se guerroyaient, on n'aurait pas de marée. » Ces procédés changèrent bien dans la suite. On fit alors des *trêves pêcheresses* et lors même que ces trêves n'existaient pas,

l'amiral pouvait accorder des saufs-conduits. « sous telles et semblables cautions, charges et précis que les ennemis les accordaient aux Français ». (Ordonnance de 1584.) Louis XIV inaugura une politique plus violente : il défendit (ordonnance du 1er octobre 1691) à tous corsaires de donner à tous bâtiments ennemis qu'ils rencontreraient, *pêcheurs* ou autres, la permission de continuer leur pêche ou leur navigation. Valin, dans son grand *Commentaire*, dit que c'est la mauvaise foi des Anglais qui força Louis XIV à violer le droit des gens. L'ordonnance du 5 juin 1779 ordonna, au contraire, de respecter les pêcheurs anglais « afin d'adoucir les calamités de la guerre en faveur d'hommes qui n'ont d'autre ressource que le commerce de la pêche ». Un arrêté du 20 germinal an III établit des bateaux de guerre pour protéger la pêche sur les côtes de France. Les pêcheurs anglais n'en continuèrent pas moins leurs incursions sur les côtes de Normandie et de Bretagne, et ces hostilités durèrent jusqu'à la convention du 2 août 1839, qui établit une limite idéale entre Jersey et les côtes de France, du cap Carteret à la pointe de Menga; les pêcheurs de chaque nation ne peuvent dépasser cette limite, et l'action de chaque douane s'arrête à trois milles des côtes.

Dans le *Répertoire* de Dalloz (v° *Pêches*), à propos du décret du 4 juillet 1853, qui décide qu'en temps de guerre maritime la pêche ne peut être interdite, suspendue ou limitée que par le ministre de la guerre, il est dit que ce décret reconnaît la liberté de la pêche comme un principe de droit international; c'est-à-dire que le pêcheur appartenant à une nationalité avec laquelle on est en guerre n'est pas considéré comme un ennemi, auquel on puisse courir sus, mais comme un particulier paisible. Par terre, on ne s'y tromperait pas, mais en mer c'est différent, la pratique existante, et que nous sommes très loin de justifier, considérant tout matelot comme un soldat, et pouvant le faire prisonnier de guerre. En d'autres termes, le décret déclare que le pêcheur n'est pas un matelot.

De même que, dans le droit actuel de l'Europe, chaque nation peut interdire l'accès de ses côtes aux pêcheurs étrangers, de même et à plus forte raison elle a le droit d'envoyer ses bâtiments de guerre protéger ses établissements de pêche et d'exploitation hors de la mer territoriale, parce qu'elle doit protéger partout ses nationaux. Lorsque, pendant la guerre, on interdit à ses nationaux la pêche à certains endroits, c'est qu'il y a pour eux un danger contre lequel on n'est pas en état de les protéger.

Les pêches qui exigent une navigation plus longue, des navires d'un fort tonnage, et dont les produits, conservés ou fabriqués, sont livrés au retour au commerce, s'appellent *grandes pêches*; ce sont celles de la baleine, de la morue et du corail.

On sait que ce sont les Basques qui firent les premiers la pêche de la baleine, et, par une guerre exterminatrice, forcèrent ce cétacé de se réfugier dans les glaces. Ils l'y poursuivirent, et en chemin découvrirent l'Amérique, cent ans avant Christophe Colomb. Les marins bretons et normands leur succédèrent, et, à la fin du seizième siècle, les Français seuls savaient faire la pêche de la baleine. Les Hollandais leur enlevèrent ce monopole en attirant, par l'argent, des baleiniers français qui les instruisirent. Les Anglais, sous Elisabeth, soudoyèrent des baleiniers basques, et les Hollandais détruisirent les établissements français. En 1783, la pêche française était dans une telle décadence qu'il fallut appeler des étrangers : on établit à Dunkerque une colonie de Nantuckois, avec des primes. C'est l'origine du système des primes calculées sur le nombre d'hommes, le jaugeage des navires et la quantité des produits. Puis ces encouragements furent réservés aux nationaux, à mesure que la pêche française se rétablissait.

La pêche de la morue donna, au dix-septième siècle, toutes les côtes de l'Amérique du Nord aux Français. Les guerres et les revers de Louis XIV enlevèrent bien des marins à la pêche et réduisirent les possessions de la France. En 1713, par le traité d'Utrecht, il céda Terre-Neuve, et ne garda, pour ses marins, que le droit de faire sécher le poisson sur quelques côtes de cette île. Par le traité de 1763, Louis XV perdit les côtes de l'Amérique du Nord. Le traité de 1783 amena une nouvelle restriction de la pêche sur l'île de Terre-Neuve. Les traités de 1802, 1814 et 1816 furent de nouvelles consécrations de ces pertes. Les établissements fixes de la France se réduisent maintenant aux pêcheries de Saint-Pierre et Miquelon, et aux sécheries de Terre-Neuve. L'éloignement, le mauvais état des grèves qui nous ont été réservées dans cette île, l'activité des Anglais et des Américains, et beaucoup d'auteurs ajoutent : l'ignorance des marins français de tout ce qui tient à la pêche, leur manque de soin, leur détestable manière de préparer le poisson, expliquent suffisamment la décadence de nos pêcheries du Nord. (Voir dans l'ouvrage de M. Gobineau, *Voyage à Terre-Neuve*, l'historique des longues négociations engagées depuis le dix-septième siècle entre la France et l'Angleterre, concernant le droit de pêche dans ces parages.)

Que dire de la pêche du corail, sinon qu'après avoir été exercée par les Français en Corse, en Provence, en Sardaigne, en Tunisie, en Algérie, surtout au florissant comptoir de la Calle (1560), elle n'est plus exercée, depuis la rupture de la paix d'Amiens, que par des Italiens sur toutes nos côtes du Midi?

Les *petites pêches* (on appelle ainsi celles qui se font sur les côtes, avec de petits bâtiments, et même sans aucune espèce de navigation), emploient 3,000 ou 4,000 marins, sur 500 à 600 bateaux. C'est par des règlements locaux, émanés des cinq préfets maritimes, que s'exercent la surveillance des établissements fixes de pêche sur nos côtes et la recherche des engins prohibés. Ce sont des arrêtés de ces mêmes préfets qui déterminent le droit, l'époque et le mode d'exploitation des parcs à huîtres ou à moules, ou des dépôts de coquillages.

PÉCULAT. Les Romains désignaient par ce mot le crime que le Code pénal qualifie de concussion. Il y est dit, à l'article 174 : « Tous fonctionnaires, tous officiers publics, leurs commis ou préposés, tous percepteurs de droits, taxes, contributions, deniers, revenus publics ou communaux, et leurs commis ou préposés qui se seront rendus coupables du crime de concussion, *en ordonnant de percevoir ou en exigeant ou en recevant ce qu'ils savaient n'être pas dû,* pour droits, taxes, contributions, deniers ou revenus, ou pour salaires ou traitements, seront punis, » etc.

PEINES. Les peines, dans une acception générale, sont les souffrances ou les privations de droits que le pouvoir social inflige à l'auteur d'une infraction légale. Les jurisconsultes et les publicistes ont donné des définitions qui diffèrent suivant le point de vue où chacun d'eux s'est placé. Les uns les ont définies : « la vengeance du délit, *noxæ vindicta* » ou « la peine de la faute, *pœna peccati* » ou, souvent une formule canonique, *læsio quæ punit, vindicans quod quisque commisit;* d'où Grotius a tiré sa définition : *malum passionis quod infligitur ob malum actionis ;* ce que Rossi a traduit en ces termes : « le mal rétribué pour le mal à l'auteur et en proportion de ce mal. » D'autres y ont vu : « la satisfaction pour le tort qu'on a fait » ou bien « un acte par lequel on fait souffrir quelqu'un comme dédommagement du mal qu'on a reçu »; ou bien encore, « la dette contractée par l'auteur du délit : *ipse te huic pœnæ subdidisti.* » D'autres enfin les ont considérées comme « un mal physique attaché à une action pour en détourner l'auteur, ou si l'action a été commise pour en détourner d'autres agents »; ou encore et plus simplement, « un mal infligé par le pouvoir social à l'auteur d'un délit à raison de ce délit ». Nous pourrions multiplier ces citations.

Les peines, on le voit déjà par les définitions qui précèdent, n'ont pas, dans l'esprit de tous les publicistes, le même but. Il ne peut entrer dans notre cadre d'exposer les différentes théories qui prétendent régir le droit pénal, mais il est nécessaire d'indiquer l'objet qu'elles se proposent dans l'application des peines, car il est clair que la nature et la mesure de ces peines doivent différer suivant qu'elles ont telle ou telle mission, tel ou tel objet. Nous ne nous arrêterons du reste qu'aux principaux systèmes. — Beccaria avait dit que le but des peines est « d'empêcher le coupable de nuire désormais à la société et de détourner ses concitoyens de la voie du crime. » Cette vue trop exclusive a enfanté la doctrine de Bentham et plus tard celle de Feuerbach. Bentham enseigne que « la prévention générale est le but principal des peines ; c'est aussi leur raison justificative. A considérer le délit passé comme un fait isolé qui ne peut plus revenir, la peine serait en pure perte : elle ne ferait qu'ajouter un mal à un autre ; mais quand on considère qu'un délit impuni laisserait la carrière libre, non seulement au même délinquant, mais encore à tous ceux qui auraient les mêmes motifs de s'y livrer, on sent que la peine appliquée à un individu devient la sauvegarde universelle. » On voit que, d'après cette théorie, le châtiment est un sacrifice indispensable pour le salut commun ; le mal de la peine est une dépense que fait l'Etat en vue d'un profit ; ce profit, c'est la prévention, l'empêchement des crimes. On ne prétend pas assurément nier que l'exemplarité ne soit l'un des effets de la peine ; mais faut-il chercher cet effet sans se soucier ni du coupable ni de la justice ? Peut-on infliger à un individu une souffrance quelconque pour servir d'exemple aux autres ? Si la prévention des délits, c'est-à-dire l'intimidation, est le seul but du châtiment, ne serait-on pas conduit à l'exagérer pour en mieux assurer le résultat ? Les mesures les plus excessives seraient celles qu'il faudrait préférer : il importerait peu qu'elles fussent justes. La base de la théorie de Feuerbach, qui a régné longtemps en Allemagne, est également la prévention générale résultant de la contrainte psychologique produite par la menace de la peine. Le but de la société est de faire vivre les citoyens sous le règne du droit. La mission de l'Etat est donc d'empêcher toute lésion du droit. Comment doit-il remplir cette tâche ? En plaçant à côté de chaque lésion possible la menace d'un mal supérieur à l'avantage que l'agent peut en retirer : le mal, dont l'Etat écrit la menace dans la loi, constitue la peine légale. Le but de cette menace est de détourner des crimes par l'effroi du châtiment. On peut dire de ce système, comme de celui de Bentham, qu'il mène nécessairement à l'application la plus étendue et la plus excessive des pénalités ; car, puisqu'il veut produire une contrainte morale par la menace de la peine, il est clair que plus cette peine sera effroyable, plus la contrainte sera produite. On prétend sans doute que la légitimité de la menace légale est subordonnée à son utilité, mais n'est-il pas utile de l'exagérer pour la rendre plus efficace ?

Un autre système attribue à la peine un autre but, l'amendement du coupable : *pœna constituitur in amendationem hominum.* Cette règle, peu appliquée au fond, est répétée par tous les criminalistes. Joussé et Muyart de Vouglans enseignaient, au dix-huitième siècle, « que le premier objet des lois est de corriger les coupables que l'on punit ». Charles Lucas pose en tête de son système pénal « que la réforme doit être le caractère essentiel et fondamental de la ré-

pression ». Et Rossi lui-même prévoit que « le jour viendra où l'ordre ne réclamera plus que des punitions rares, temporaires et dirigées à l'amendement moral des coupables ». Toutes les peines doivent être établies en vue de produire l'amendement des condamnés ; c'est là l'un de leurs effets nécessaires, mais ce n'est pas leur objet principal. L'amendement est utile parce qu'il garantit l'avenir, mais suffit-il pour réparer le passé ? S'il y suffit, il faut élargir le condamné aussitôt que sa régénération est présumée ; la mesure de la peine dépendra de l'agent lui-même. Il ne peut en être ainsi. La peine est une réparation du tort causé à la société ; or, cette réparation ne peut être compensée par un repentir que la justice humaine ne peut constater et par une amélioration morale qu'elle doit essayer de réaliser, mais qui demeure toujours incertaine.

Un troisième système attribue à la peine un but différent : la rétribution du mal pour le mal, l'expiation du délit. On trouve les racines de cette théorie dans Platon. Reprise par Grotius et surtout par Selden, elle est adoptée par Leibnitz qui dit : « Cette espèce de justice (la justice morale) n'a point pour but l'amendement, ni l'exemple, ni même la réparation du mal. Elle n'est fondée que dans la convenance qui demande une certaine satisfaction pour l'expiation d'une mauvaise action. » Kant enseigne également « que la peine juridique ne peut jamais être décernée comme un simple moyen de procurer un autre bien, même au coupable ou à la société ; mais qu'elle doit toujours être décernée contre le coupable par la seule raison qu'il a délinqué ». C'est là l'idée que Rossi a développée : « La justice, dans la partie pénale, a dit ce publiciste, n'est que le mal rétribué pour le mal, avec moralité et mesure, en un mot, l'expiation. » Cette théorie qui suppose, comme Rossi le reconnaît, que la justice sociale serait une émanation et un accomplissement partiel de la justice morale, soulève de graves difficultés. L'expiation, pour n'être pas injuste, suppose une connaissance exacte du mal commis, de son intensité, de ses degrés, de tous ses éléments. Il faut, d'une part, apprécier la valeur morale du délit, de l'autre établir une peine égale à cette valeur. Si l'on ne parvient pas à composer les deux termes de cette équation, la peine n'atteindra pas ou excédera une juste proportion. Or, comment la justice humaine peut-elle saisir un tel rapport ? Quels sont ses moyens pour apercevoir l'intention de l'agent, les nuances de sa culpabilité, les faits multiples qui l'aggravent ou l'atténuent, et en même temps pour peser une peine correspondante à cette criminalité ?

Toutes ces théories ont confondu les effets nécessaires de la peine avec le but principal qu'elle poursuit ; Sénèque avait déjà dit : *In injuriis vindicandis, hæc tria lex secuta est, quæ princeps quoque sequi debet:*

aut ut eum quempunitemendet, aut ut pœna ejus cœteros meliores reddat, aut ut sublatis malis securiores cœteri vivant. Il est très vrai que la peine doit produire cette triple conséquence : elle doit corriger celui qu'elle frappe, elle doit intimider les autres par ses menaces ou son application, elle doit assurer la sécurité générale. Mais est-ce là tout ? Ne doit-elle pas encore punir, c'est-à-dire être appliquée à raison de l'infraction, à raison de la désobéissance à la loi, non point à titre d'expiation, car la justice sociale n'exerce pas la justice absolue, mais à titre de réparation d'un droit lésé ? Ainsi la crainte de la peine qui protège l'ordre social contre les hommes qui, n'étant pas retenus par le mal du délit, mettent en balance le profit qu'il peut leur procurer et le mal du châtiment ; l'amendement, en enlevant au condamné lui-même le désir de commettre un nouveau délit ; l'exemplarité, en donnant satisfaction à la conscience publique et en proclamant comme un enseignement le délit et sa punition, ne sont que des effets attachés à la peine ; ce n'est pas sa mission essentielle, cette mission est la protection du droit.

Quelles sont les qualités que la peine doit posséder pour répondre à ce but ? Bentham est le premier qui ait nettement déterminé ces qualités. La peine doit être *divisible*, susceptible de plus ou de moins, soit en intensité, soit en durée ; une peine indivisible ne peut pas correspondre aux différents degrés de l'échelle des délits. Elle doit être *égale*, en ce sens que tous ceux qui la subissent en souffrent au même degré. La parfaite égalité est presque chimérique, parce que la sensibilité des individus est variable et inégale. Mais on doit éviter une inégalité manifeste fondée sur les conditions du rang et de la fortune. Elle doit être *exemplaire*, c'est-à-dire assez visible pour produire une certaine impression sur le public et y propager à quelque degré l'intimidation. Elle doit être *rémissible,* en ce sens que ses effets ne soient pas irrévocables et que si l'exécution subie ne peut être effacée, on puisse du moins la faire cesser dans l'avenir, dans le cas, par exemple, où l'innocence du condamné serait tout à coup démontrée. Elle doit *supprimer le pouvoir de nuire,* en d'autres termes, enlever au délinquant les moyens de continuer le délit, par exemple lorsque le délit consiste dans un abus de pouvoir, il faut lui ôter l'emploi dont il abuse. Elle doit *tendre à l'amendement moral.* Toute peine a un certain effet pour intimider ; mais si le délinquant, après l'avoir subie, n'est retenu que par la crainte, il n'est pas réformé : la réforme est un changement dans le caractère et dans les habitudes morales. Une peine a une tendance à réformer quand elle substitue aux habitudes vicieuses de l'agent des habitudes nouvelles, quand elle lui fournit des motifs de se bien conduire, par exemple en lui donnant un métier et des moyens de travail. Les peines infamantes sont dangereuses sous ce rapport,

parce qu'elles effacent dans le condamné tout espoir de se faire une autre existence. *Diligentius vivit,* dit Sénèque, *cui aliquid integri superest.* La prison, quand elle n'est pas soumise à un régime disciplinaire, est également funeste parce qu'elle entasse pêlemêle des agents, qui se corrompent les uns les autres. Tels sont les différents caractères que les peines doivent plus ou moins réfléchir pour remplir leur mission de justice et de conservation. Nous allons pouvoir, maintenant que nous connaissons les qualités qu'elles doivent posséder, porter un jugement plus sûr sur chacune d'elles.

(Faustin Hélie.)

PENSIONS. Presque tous les pays ont admis le principe d'une pension de retraite en faveur des fonctionnaires publics. Mais chaque législation a appliqué ce principe d'une manière différente. Nous ne pouvons pas passer en revue ici ces législations, nous nous bornerons à présenter des réflexions générales.

La justice aussi bien que l'intérêt public imposent aux États le devoir de s'occuper de la vieillesse de leurs fonctionnaires et employés. Il est juste de récompenser les vieux et fidèles serviteurs, et il y a intérêt à attirer vers les emplois des hommes capables de les bien remplir. Les fonctions donnent en général un revenu inférieur à celui qu'on peut gagner dans la plupart des industries, elles assujettissent en outre à une dépendance qui peut avoir ses inconvénients et ses désagréments. Si l'on s'y soumet, c'est d'une part à cause de la régularité avec laquelle le traitement est payé, et de l'autre en vue d'une pension de retraite.

Les législations ont une tendance à diminuer les pensions et à éloigner l'époque de la retraite. C'est une mesure inspirée en premier lieu par l'accroissement constant du nombre des fonctionnaires et qui, en tout cas, a pour but l'économie. C'est une économie mal placée que de marchander leur retraite à ceux qui l'ont gagnée, il vaut beaucoup mieux travailler à diminuer le nombre des fonctionnaires, en exigeant beaucoup de ceux qui restent, mais aussi en les rétribuant largement. Il y a lieu de penser que ce principe, qui a été souvent exposé et soutenu, finira par trouver son application.

PENTARCHIE. Le gouvernement des cinq. On désignait ainsi la prépondérance dont la France, l'Angleterre, la Russie, l'Autriche, la Prusse, jouirent de 1815 à 1860. Cette prépondérance n'était pas un droit, mais un fait. Ces grands États exerçaient une sorte de tutelle sur les autres États de l'Europe, par la seule raison qu'ils étaient les plus forts.

On ne saurait plus parler de pentarchie, car actuellement il y a au moins six grandes puissances rien qu'en Europe, et il n'y a pas non plus à regretter ce qu'on pouvait nommer l'aréopage européen, d'une part, parce qu'il n'a pas empêché les guerres,et de l'autre, parce que son influence a été plutôt contraire que favorable à la liberté.

PERSÉCUTIONS. Il y a deux sortes de persécutions. L'une est le fait du despotisme pur : il poursuit sa victime par tous les moyens, à l'intérieur et à l'étranger, quand et comment il peut. L'autre prend une forme légale : la loi exclut certaines catégories de personnes de certains droits civils ou politiques ; elle les soumet à des obligations particulières, vexatoires, auxquelles s'attache une idée d'infériorité ; elle les assujettit à un costume particulier, les enferme dans un ghetto. Ce genre de persécution se rencontre dans les monarchies et dans les républiques, mais bien plus encore dans les théocraties. Cette forme de persécution existe plus ou moins là où dominent les passions et où la saine raison n'est pas encore parvenue à faire décréter la liberté pour tous. L'histoire a enregistré des persécutions basées sur des causes ou des prétextes bien divers : la foi politique, l'attachement à certaines familles ou à certaines institutions, la couleur de la peau, des intérêts matériels, procédés industriels, méthodes d'enseignement, découvertes scientifiques, mais les persécutions les plus terribles ont eu la religion pour prétexte. Que de sang n'a-t-on pas versé au nom du Dieu de la miséricorde, du Dieu de l'amour ! Espérons que ces temps sont passés pour ne plus revenir.

PERSONNALITÉ,FAIT PERSONNEL. Les personnalités, ou attaques dirigées directement contre une personne, surtout par un membre de l'assemblée contre un autre, sont contraires aux usages. Le fait personnel (l'attaque réelle ou prétendue ou le reproche qu'on subit) donne toujours au membre d'une assemblée publique le droit de demander et d'obtenir la parole pour se défendre ou se justifier. Il est seulement regrettable qu'on abuse si souvent de cette faculté.

PERSONNE CIVILE. Être collectif, association ou établissement, considéré comme une personne, et jouissant de certains droits. On dit aussi quelquefois *personne morale*, on croit ainsi mieux indiquer qu'il ne s'agit pas d'une personne physique ; mais nous préférons l'expression inscrite en tête de cet article, parce qu'une personne morale fait trop penser à une personne immorale.

L'association ou l'établissement reconnu comme personne civile peut acquérir et aliéner des immeubles, elle est admise à ester en justice (comme demandeur et comme défendeur) se trouve engagée par la signature de son directeur ou représentant régulier, et aucun des membres ou participants n'est obligé personnellement en dehors de ce que les actes publics, lois, règlements, statuts, ont prévu.

Le caractère de personne civile n'est pas acquis de la même manière par toutes les associations ou établissements qui en sont revêtus. Le droit public français admet les distinctions suivantes.

La qualité de personne civile est :

1º Innée, originelle dans l'Etat ;

2º Créée par des dispositions générales de la loi : telles sont celles qui autorisent les départements, les communes, les facultés, les lycées, les évêchés, les cures, les consistoires, etc., à posséder et à ester en justice. Les arrondissements ne sont pas compris dans cette énumération, mais cette exclusion ne paraît motivée par aucune nécessité. En Prusse, c'est l'arrondissement (*Kreis*) et non le département (*Regierungsbezirk*) qui est personne civile ;

3º Conférée par un acte spécial du gouvernement. Il faut compter dans cette catégorie les sociétés scientifiques ou de bienfaisance, tous les établissements d'utilité publique, et certaines associations spéciales, comme les syndicats approuvés d'irrigation, d'endiguement et de dessèchement, bien que ces syndicats ne forment pas, à proprement parler, des établissements d'utilité publique ;

4º Acquise, sans l'intervention du gouvernement, par l'effet de certaines formalités remplies conformément, soit aux prescriptions du Code de commerce (art. 42 et suivants) pour les sociétés en commandite, soit de la loi du 24 juillet 1867, pour les sociétés anonymes, soit aussi en vertu de lois spéciales.

Les droits de ces diverses personnes civiles ne sont pas identiques. Il faut d'abord distinguer les établissements publics des établissements d'utilité publique, bien qu'il soit difficile de tracer entre eux une ligne de démarcation tranchée. Il nous semble cependant que les établissements publics ont tous été créés ou acquis par l'Etat, les départements ou les communes, tandis que les établissements d'utilité publique ont été fondés par des particuliers et sont administrés par eux. Ces établissements privés jouissent de droits un peu plus étendus que les établissements publics. Ils peuvent acquérir, vendre et ester sans avoir besoin de demander l'autorisation, tandis qu'une commune, une église, un hôpital doit y être autorisé par le gouvernement ; car le droit public français déclare mineurs les départements, les communes et tous les établissements publics. Pour l'acquisition par voie de legs seulement les établissements d'utilité publique ont également besoin d'une autorisation.

Les sociétés anonymes qui ont un caractère encore plus privé que les établissements d'utilité publique ont encore un degré de liberté de plus.

C'est donc à tort qu'on attribue quelquefois, même en théorie, au seul acte du gouvernement la vertu de créer une personne civile. Si l'autorisation est encore exigée en

France dans bien des cas, rien ne s'oppose à ce que la loi soit changée et remplacée par des formalités déterminées. Pourquoi des particuliers ne pourraient-ils pas former une association et en déléguer librement la direction à l'homme de leur choix? Pourquoi une société ne pourrait-elle pas donner un mandat général à son directeur pour l'administrer conformément aux statuts? Pourquoi les membres ne s'engageraient-ils pas à se considérer comme liés par le vote de la majorité? Il faut espérer qu'avec le temps plus de latitude sera laissée à l'initiative privée et qu'on cessera de considérer comme nécessaire l'intervention de l'autorité. Au fond, cette liberté existe pour la société anonyme, elle pourrait être étendue à bien d'autres institutions.

PÉTITION. C'est un usage naturel et compatible avec les institutions politiques les plus variées, que de s'adresser par écrit aux représentants des pouvoirs publics, pour obtenir d'eux la réparation des torts que l'on a subis, ou les faveurs dont la dispensation leur est laissée. Les formules de pareilles pièces peuvent varier au point de vue de la dignité, suivant les époques ou les pays, selon que l'initiative individuelle est plus ou moins respectée, selon que l'on a plus de foi dans l'infaillibilité de l'autorité ou dans la souveraineté du citoyen. Les pétitions de ce genre donnent lieu à des décisions purement gracieuses, et peuvent être adressées aux fonctionnaires de tout ordre, dans les limites de la compétence de chacun.

Des pétitions peuvent aussi être adressées par des particuliers à des corps délibérants, qui ont le devoir de les prendre en considération et d'en décider suivant certaines formes réglementaires. Ce droit naturel de pétition s'est élevé peu à peu au rang des garanties politiques. Il a pris, à une certaine époque, en France, une importance relative considérable, à cause du petit nombre de voies régulières offertes alors aux manifestations de l'opinion et des vœux du pays.

C'est peut-être parce qu'on abusa de ce droit naturel qu'on le réglementa.

En Angleterre, les pétitions étaient d'abord discutées au fur et à mesure de leur dépôt; mais leur nombre toujours croissant était venu jeter un tel trouble dans les travaux du Parlement que la Chambre des communes, en 1839, fut obligée de modifier son règlement. Un comité spécial fut institué. Les pétitions sont immédiatement examinées par ce comité, dont les rapports sont publiés et mis en vente trois fois par semaine. On y trouve relatés le titre et l'objet de la pétition, le nombre des signatures, avec des renvois à toutes les pétitions déjà reçues pour le même objet. De plus, toutes celles qui présentent un intérêt spécial sont imprimées *in extenso*. Les pétitions qui reçoivent cette distinction sont dans la proportion de 1 sur 20 environ.

Cette publication donne au public la faculté de contrôler toujours la conduite de la Chambre, et le mouvement de l'opinion publique peut être, pour ainsi dire heure par heure, observé en pleine lumière.

Le droit de pétition est une des forces les plus conservatrices qui se puissent imaginer. Il ne permet à aucun parti de désespérer d'aucune réforme. Il permet de compter et de peser en même temps les adhésions qu'a conquises une doctrine; il lui donne une légitime action sur la législation pratique, quand elle est vraiment conforme à la volonté nationale.

En France, le droit de pétition a eu des destinées diverses. Parmi les droits naturels et civils, la Constitution de 1791 rangeait « la liberté d'adresser aux autorités constituées des pétitions signées individuellement ». Nous croyons que la signature individuelle, rigoureusement exigée en Angleterre, constitue une obligation salutaire en matière de pétitions. Le principe n'en fut pas maintenu par l'Assemblée législative et par la Convention, qui reçurent des pétitions faites au nom d'une commune ou même d'un département tout entier. Un jour, l'Assemblée législative engagea une discussion sur une pétition signée « le Peuple ». En outre, l'usage s'introduisit d'apporter les pétitions à la barre de l'Assemblée; ceci amenait des dénonciations perpétuelles, des menaces, des injures, des scènes de désordre, très propres à compromettre l'autorité et la dignité de la représentation nationale. D'autres fois, l'effet était assez ridicule, comme dans la séance de la Convention du 25 août, où l'on vit un enfant de dix ans à peine venant exprimer son opinion sur les matières d'un bon enseignement.

La Convention entendait toutes les semaines un rapport d'une commission spéciale sur les pétitions simplement déposées. La Constitution républicaine élaborée par elle (1793) range le droit de pétition parmi les droits qui sont garantis à tous les Français.

L'article 83 de la Constitution de l'an VIII était ainsi conçu : « Toute personne a le droit d'adresser des pétitions individuelles à toute autorité constituée et spécialement au Tribunat ». Ce corps chargea une commission de préparer un règlement sur le mode de recevoir les pétitions et d'en rendre compte. Le rapport de cette commission fournit à Benjamin Constant l'occasion d'examiner la question sous toutes ses faces. Il résume ainsi son opinion en faveur des pétitions. « Ce serait un grand défaut dans notre pacte social, disait B. Constant, si, à côté du danger, il n'avait placé le remède; remède efficace et suffisant si l'on en fait usage; mais illusoire et insuffisant si nous ne l'adoptons pas dans sa latitude. Ce remède, ce sont les pétitions. »

Stanislas Girardin, tout en combattant les opinions de Benjamin Constant, disait néanmoins : « Le droit de pétition n'est ni un droit politique ni une portion de la souveraineté, puisqu'il peut être exercé par tous les individus sans distinction d'âge ni de sexe. Il re-

pose sur les bases immuables du droit naturel ; il tient intimement à la libre communication des pensées ; il a la même origine que la
liberté de la presse dont il n'est qu'une simple modification. Pris dans toute sa latitude,
il se confond avec elle ».

Quelque temps après la discussion dont
nous venons de parler, le Corps législatif, se
mettant en opposition, à ce qu'il nous semble,
avec le texte de l'article 83, cité plus haut,
décida qu'il n'entendrait dorénavant la lecture d'aucune pétition, et qu'il n'en serait
fait aucune mention au procès-verbal. Le Tribunat lui-même, lorsqu'il fut supprimé sous
l'Empire, avait à peu près cessé de recevoir
des pétitions pour n'avoir pas voulu leur assurer les libérales garanties recommandées
par Benjamin Constant.

Sous l'empire des chartes de 1815 et de
1830, le droit de pétition fut exercé, sans
grand zèle, mais en toute liberté, auprès des
deux Chambres. On s'adressait plus volontiers
à la Chambre des députés, et cela est dans
la nature des choses. Le pays a plus de penchants à communiquer avec ses mandataires,
sur qui son opinion a droit d'influer et dont
la situation repose en ses mains, qu'à implorer des pairs ou des sénateurs, dont les fonctions tirent d'ailleurs leur origine.

L'Assemblée constituante de 1848 reçut un
très grand nombre de pétitions. Elles étaient
divisées entre les divers comités spéciaux qui
étaient tenus d'en faire au moins un rapport
par semaine. Un certain nombre de représentants proposèrent même que les ministres
auxquels des pétitions auraient été renvoyées
fussent dans l'obligation d'en faire un rapport à la Chambre dans le délai d'un mois.
Le règlement portait que les pétitions seraient
adressées au président et pourraient être déposées sur le bureau. On venait souvent,
néanmoins, les annoncer à la tribune. Cet
usage fut vivement attaqué par la gauche.
Il prévalut néanmoins.

La Constitution de 1852 disposait : « Le
droit de pétition s'exerce auprès du Sénat.
Aucune pétition ne peut être adressée au
Corps législatif ». (Art. 45). Cette disposition
était complétée par l'article 29 : « Le Sénat
maintient ou annule *tous les actes* qui lui
sont déférés comme inconstitutionnels par le
gouvernement ou dénoncés, pour la même
cause, par les pétitions des citoyens ».

Quant à l'acceptation des pétitions par le
Sénat, on voit qu'elle n'avait été soumise par
la Constitution de 1852 à aucune formalité
nécessaire. Elle avait lieu directement. Pourtant, diverses tentatives ont été faites pour
l'entourer de restrictions. On a prétendu, en
1860, contre tous les précédents, que la pétition n'était recevable qu'à la condition de
n'être revêtue que d'une signature unique.
De telle sorte que mille personnes ayant le
même vœu à exprimer seraient obligées de
présenter séparément mille pétitions distinctes. Cette doctrine étroite fut, du reste,
abandonnée de ses propres champions ; en

tout cas elle n'a pas prévalu dans la pratique.

Reste une dernière restriction qu'on a voulu
imposer à l'exercice du droit de pétition et
qui a une grande importance pratique : c'est
la légalisation des signatures. Il est naturel
qu'avant d'accorder son attention à une pétition le Sénat veuille être édifié sur l'existence
et l'identité du pétitionnaire ; mais il disposait de nombreux moyens d'enquête, et il
était facile d'organiser un système de garanties qui équivaudraient à la légalisation
(comme le contre-seing d'un député ou d'un
conseiller général, le dépôt de pièces diverses, etc.). Il y a un grave inconvénient à
exiger la légalisation, c'est qu'en fait, le citoyen n'a pas de recours vraiment efficace
contre le fonctionnaire ou l'officier municipal
qui la lui refuse indûment.

Actuellement la pétition est du droit commun, et pour cette raison elle ne semble plus
jouer un rôle important dans la politique.

PETTO (In). Nous trouvons, sur cette expression, l'explication suivante dans une publication spéciale [1] :

Il arrive parfois qu'un prélat ayant droit
au cardinalat remplit des fonctions auxquelles
il serait obligé de renoncer immédiatement,
dès qu'il sera revêtu de la pourpre, telles
sont, par exemple, les fonctions de nonce du
saint-siège. Or, il peut entrer dans l'intérêt
de l'Église de conserver le prélat à son poste,
sans nuire à ses droits au cardinalat. En pareil cas, au lieu de le proclamer immédiatement membre du sacré-collège, le pape réserve sa nomination *in petto;* ce qui veut
dire que le nouveau cardinal prend rang dans
le sacré-collège, non du jour de sa nomination définitive, mais de celui où sa promotion
a été réservée *in petto.* Pour n'en citer qu'un
exemple récent, nous dirons que Son Émi-
nence di Pietro, nonce du saint-siège à Lisbonne, avait été réservé *in petto,* le 19 décembre 1853, et n'a été nommé cardinal que
le 6 juin 1856.

La coutume de la réserve *in petto* a encore
une autre conséquence pratique. Si, dans
l'intervalle qui s'écoule entre la réserve et la
nomination définitive, le pape venait à mourir, son successeur au pontificat serait tenu
de consommer la promotion ; dans ce but,
les souverains pontifes, le jour même du
consistoire où ils annoncent la réserve *in
petto,* consignent le nom du titulaire dans
un pli cacheté, qu'ils déposent dans leurs archives secrètes. A chaque décès d'un pape,
on procède à l'ouverture de ces plis, et le
pontife nouvellement élu est obligé de respecter le choix de son prédécesseur.

PEUPLE. *Voy.* Nation.

PHANARIOTES. On désigne sous ce nom
certaines familles ou dynasties princières, la
plupart d'origine grecque, qui ont joué un
rôle considérable dans les affaires du Le-

1. *Mémorial diplomatique,* 1ᵉʳ janvier 1864.

vant, à partir de la fin du dix-septième siècle. Quant au nom même, il a été emprunté à un quartier de Stamboul (le *Phanar* ou *Fanal*), situé le long de la Corne d'Or, où résidaient et résident encore aujourd'hui le patriarche et la plupart des grandes familles grecques de Constantinople.

PHARMACIE. Dans presque tous les pays civilisés la profession de pharmacien est réglementée. On exige, avec raison, des conditions de savoir et de pratique, qui varient d'un État à l'autre, mais qui ne manquent presque nulle part.

Les pharmaciens ne peuvent pas exercer en même temps la médecine, lors même qu'ils auraient le diplôme de docteur. Ces deux professions sont incompatibles dans la plupart des pays.

PHYSIOCRATES. En 1768, Dupont de Nemours donna le nom de physiocratie à une collection d'écrits du docteur Quesnay, employant deux mots grecs pour former ce mot et voulant dire que Quesnay avait trouvé les lois du gouvernement de la nature, les lois de l'ordre naturel des sociétés. C'est de ce mot de physiocratie qu'est dérivé celui de physiocrates, sous lequel on a désigné les économistes de l'école de Quesnay, et même plus généralement tous les économistes du dernier siècle ; mais le mot de physiocrates n'est pas entré tout d'un coup dans la langue. Jean-Baptiste Say l'emploie le premier dans son *Cours complet d'économie politique*, publié en 1829, et Rossi le popularise. On le voit enfin figurer officiellement, en 1847, sur l'un des programmes de l'Académie des sciences morales. Au dix-huitième siècle, on ne le connut pour ainsi dire pas, et quand on voulait parler des économistes de 1760 à 1789, on disait toujours « la secte des économistes ».

L'influence des physiocrates a été considérable, surtout à partir de l'avènement de Turgot au ministère, lorsqu'enfin l'on eut vu que la force d'exécution pouvait se trouver aux mains des pouvoirs. Quesnay est mort en 1774, à 80 ans. Il avait pour la première fois fait connaître ses idées au public en 1756, dans les articles FERMIERS et GRAINS de l'*Encyclopédie*. C'est là le point de départ de la science. Comme les arts industriels et le commerce se trouvaient encore dans un état voisin de l'enfance, c'est sur le sol que les physiocrates assirent d'abord toute la richesse d'un pays ; ils n'en virent que le produit net et méconnurent, par conséquent, une partie des lois qui président aux échanges et donnent de la valeur aux choses. L'un d'eux, M. de Gournay, ancien négociant, accordait cependant plus d'importance que Quesnay aux transactions commerciales. C'est Gournay qui a dit : *Laissez faire* (même si l'on emploie des procédés nouveaux.) *Laissez passer* (les marchandises d'une province à l'autre).

PILLAGE. C'est un mot dont nos neveux ne connaîtront le sens que par l'histoire, nous avons du moins le droit de l'espérer. Autrefois le pillage était le droit commun de la guerre ; plus tard, il était la récompense des vainqueurs dans une ville prise d'assaut. Enfin vint un moment où le pillage fut considéré comme brigandage dans la guerre terrestre. Actuellement nous sommes bien près de le voir prohibé sur mer également.

Il reste encore des réquisitions, les contributions de guerre et autres aménités pareilles, dont il est question ailleurs.

PIRATERIE. C'est le vol commis à main armée sur mer. Il était autrefois beaucoup plus fréquent qu'aujourd'hui. Cependant il existe encore, et il est vraisemblable que, tant qu'il y aura des voleurs de grands chemins, il y aura des pirates, quoiqu'il soit beaucoup plus difficile d'équiper un navire pour écumer l'Océan que de s'embusquer au bord d'une route ou au coin des rues désertes d'une grande ville, pour dévaliser un passant. Dans ces dernières années encore, les mers de Chine étaient infestées de pirates. Ce genre de vol ne peut être exercé que par une association de malfaiteurs ; aussi offre-t-il cette particularité qu'on a vu des peuplades entières s'y livrer, notamment dans les États barbaresques avant la conquête de l'Algérie, et encore maintenant de temps en temps sur les côtes marocaines du Riff. Il peut donc se faire que tout d'un coup, à l'instant même où les nations chrétiennes croient que la sécurité règne sur toutes les mers, des flibustiers s'élancent de quelque repaire échappé aux soupçons, et avant que la répression ne soit organisée, ils auront le temps de dépouiller un grand nombre de paisibles négociants. Dans quelques siècles sans doute, quand la civilisation européenne, rayonnant jusque sur les contrées les plus reculées, aura policé le monde entier, aucune tribu barbare ne pourra plus se soustraire à l'action d'un gouvernement régulier, et la piraterie perdra beaucoup de ses chances de succès ; mais elle peut aussi s'organiser par un excès d'audace au sein d'une nation civilisée, et par conséquent, malgré la disparition graduelle de ce fléau, on ne saurait affirmer qu'on parviendra à s'en débarrasser absolument.

La répression de la piraterie regarde le droit des gens en même temps que le droit public de chaque nation. Il arrive, en effet, dans la plupart des cas, que le pirate et le capteur ne sont pas sujets du même souverain, et que le crime a été commis sur cet immense espace maritime qui n'a aucun maître et où il n'existe aucune juridiction.

L'ordonnance de 1681 et la loi de 1825 ont tranché la difficulté que nous venons d'indiquer en mettant les pirates hors du droit commun ; ils sont considérés comme ennemis publics et sont justiciables des tribunaux de leur capteur. Est saisissable comme pirate, tout navire qui se livre à la course sans lettre de marque d'aucun prince ou avec des lettres de marque de deux princes différents. En outre, le navire qui commet des hostilités sous un pavillon autre que celui dont il est commissionné est assimilé au pirate. La police de la piraterie est faite par chaque nation dans l'intérêt de toutes les autres. Peu importe que le capteur n'ait pas été attaqué. Le pirate sera justement saisi pour avoir attaqué un navire quelconque, même étranger à la nation du capteur.

La loi nous paraît injuste en punissant comme pirate le navire à qui l'on ne peut imputer que le manque de papiers. Il faut toutefois remarquer qu'il n'y a là qu'une présomption qui cède à la preuve contraire, mais c'est déjà trop, et ici. comme dans tout le droit pénal, la culpabilité ne doit pas se présumer, et ce doit être à l'accusateur, non à l'accusé, de faire la preuve.

Le droit de capture, admis contre tous les bâtiments ennemis par le droit maritime, s'applique tout naturellement contre les pirates. Quand la saisie a été validée par le tribunal du capteur, le produit de la prise est réparti comme en matière de prise ordinaire. La capture, outre le navire, comprend le chargement et tout ce qui se trouve à bord; mais le chargeur, si la piraterie a été commise à son insu, pourra revendiquer ses marchandises. Quant à l'armateur propriétaire du navire, il peut être responsable du capitaine qu'il a choisi. Lorsque le pirate a été pris par un bâtiment de commerce, l'arrêté de prairial ne lui attribuait la capture que s'il était en état de légitime défense. La loi de 1825 a étendu avec juste raison ce bénéfice au cas où le bâtiment de commerce attaque lui-même le pirate. Les navires et effets qui avaient été volés par le pirate et qui sont rescous sur lui par son capteur, sont rendus à leur propriétaire, lorsqu'il les réclame dans le délai d'un an et un jour. Le pirate n'ayant pas eu capacité d'en devenir légitime possesseur, la restitution a lieu même s'il les a détenus pendant vingt-quatre heures ou s'il les a conduits *intra præsidia*. On sait qu'en matière de prise ordinaire cette circonstance ferait obstacle à la restitution. Toutefois le propriétaire est tenu de payer au capteur du pirate, pour frais de rescousse, le tiers de la valeur du navire et des marchandises. (Art. 10 du tit. 9 du liv. III de l'ord. de 1681 et art. 56 de l'arr. de l'an XI.) En Angleterre, le droit de rescousse est du huitième de la valeur. (*Voy.* de Pistoye et Duverdy, *Traité des prises maritimes*, 1855, t. Ier, p. 61.) Il est prononcé sur la validité des prises pour piraterie par les tribunaux compétents en matière de prises ordinaires. Quant au crime de piraterie, le jugement est attribué par la loi de 1825 aux tribunaux maritimes.

Quant aux individus accusés d'avoir fait la course pour une puissance étrangère: ils sont justiciables des cours d'assises.

PLACE PUBLIQUE. Les gouvernements libres de l'antiquité avaient pour théâtre principal la place publique, le Forum à Rome, l'Agora à Athènes. C'étaient des gouvernements directs, c'est-à-dire que les affaires capitales étaient décidées par le suffrage des citoyens eux-mêmes et non par leurs représentants. Dans un grand nombre de cas, il était statué, il est vrai, par des conseils, le conseil des Cinq-Cents ou Sénat à Athènes, le Sénat à Rome; mais ces corps n'étaient pas directement élus par le peuple. Le Sénat romain se recrutait principalement dans les grandes charges publiques. Les membres du conseil des Cinq-Cents étaient désignés par le sort entre les candidats remplissant les conditions d'éligibilité prescrites. (Robinson, *Antiquités grecques*, trad. fr. 1837, t. Ier, p. 150.) A Sparte, le Sénat, dont les fonctions étaient analogues à celles des Sénats d'Athènes et de Rome, émanait du peuple : il n'y avait pas de scrutin; mais le peuple acclamait les candidats, et celui qui avait réuni les plus fortes acclamations, était nommé (Robinson, *loc. cit.*, p. 319); malgré la barbarie de cette coutume, ce serait là une forme de gouvernement représentatif, quoique ces élus eussent été nommés à vie. Toutefois la place publique conservait en droit le rôle prépondérant à Sparte comme à Athènes et à Rome. Les citoyens s'y assemblaient, y discutaient et y votaient. Ce système n'est praticable que dans les petits États qui se composent seulement d'une ville et de sa banlieue: on le retrouve au milieu des temps modernes dans les cantons primitifs de la Suisse, notamment à Appenzell. Il faut, sous une constitution de cette nature, que tous les citoyens puissent se rendre sans difficultés et sans retard au lieu de réunion, et que celui-ci puisse les contenir.

La Constitution de 1793 avait institué en France le gouvernement direct, malgré l'absence de ces deux conditions qui nous semblent essentielles à ce système. Le Corps législatif n'était chargé que de la préparation des lois. Le peuple français, réparti en une multitude d'assemblées primaires, était appelé à les délibérer et à les voter, à moins toutefois que plus des neuf dixièmes de ces assemblées, saisies du projet, se fussent abstenus de réclamer : en ce cas, le projet devenait loi de plein droit. La constitution de 1793, on le voit, n'a jamais été prise au sérieux.

PLAINE ou **MARAIS.** On désignait ainsi dans la Convention les députés du centre qui n'appartenaient ni à la Montagne, ni au parti des Girondins.

PLÈBE. Troisième ordre du peuple romain, composé de tous les citoyens qui n'étaient ni patriciens, ni chevaliers. Des auteurs modernes disent quelquefois la plèbe pour désigner la partie la plus pauvre et la plus nombreuse d'une nation; mais si l'on voulait employer ce mot scientifiquement, on désignerait par là tous les citoyens qui ne sont pas nobles. Il y a presque toujours plusieurs ordres dans une plèbe. Dans les républiques de l'Italie, au moyen âge, on distinguait le *peuple gras* et le *peuple maigre ;* à Florence les *arts majeurs* méprisaient les *arts mineurs*, qui méprisaient les *ciompi*, artisans non organisés en corps de métiers.

PLÉBÉIENS. Citoyens romains composant la plèbe. Ils descendaient des bannis auxquels les fondateurs de Rome avaient ouvert un asile, et des affranchis réunis en clientèle autour des premiers patriciens. Ils ne commencèrent à former un ordre dans l'État que lorsque Servius Tullius eut établi les comices par centuries. Auparavant, les patriciens seuls faisaient la loi dans les comices par curies. Les plébéiens furent compris dans les centuries avec les patriciens ; mais comme les citoyens y étaient distribués d'après leur fortune, la direction des affaires restait toujours aux plus riches et aux moins nombreux. Quand les liens de la clientèle se furent relâchés, la situation des plébéiens devint intolérable. Il y eut des luttes et peu à peu les plébéiens obtinrent tous les droits qui leur manquaient.

La plèbe romaine, sous les empereurs, n'eut même plus à faire le commerce de ses suffrages : elle devint un ordre privilégié, quoique misérable, qui ne peut se comparer à aucune classe des États modernes, et qui, nourrie suffisamment, quoique sans recherche, eut des thermes, des musées en plein air, et des spectacles perpétuels, appropriés à ses goûts.

PLÉBISCITES. C'étaient les résolutions votées par la plèbe, sur la proposition des tribuns, dans les comices par tribus. Les plébiscites n'étaient d'abord exécutoires qu'avec l'assentiment du Sénat. Mais, après l'expulsion des décemvirs, la loi Horatia et Valeria décida que les plébiscites auraient force de loi, et elle fut confirmée par celle de Publilius Philo, l'an de Rome 416. « Dans les disputes, dit Montesquieu, d'après Denys d'Halicarnasse, les plébéiens gagnèrent ce point, que seuls, sans les patriciens et sans le Sénat, ils pouvaient faire des lois qu'on appela plébiscites ; et les comices où on les fit s'appelèrent comices par tribus. Ainsi il y eut des cas où les patriciens n'eurent pas de part à la puissance législative, et où ils furent soumis à la puissance législative d'un autre corps de l'État. Ce fut un délire de la liberté. Le peuple, pour établir la démocratie, choqua les principes mêmes de la démocratie. » Si les patriciens n'assistaient pas aux comices par tribus, c'est qu'ils le voulaient bien. Les citoyens y étaient distribués d'après des circonscriptions territoriales, qui comprenaient les patriciens comme les plébéiens. Quelle apparence que les patriciens eussent abdiqué aussi facilement si les comices par tribus avaient été ce que croit Denys d'Halicarnasse? Rousseau dit aussi : « Non-seulement le Sénat n'y avait point de rang, il n'avait même pas le droit

d'y assister, et forcés d'obéir à des lois sur lesquelles ils n'avaient pu voter, les sénateurs à cet égard étaient moins libres que le dernier citoyen. Cette injustice était tout à fait mal entendue et suffisait seule pour invalider les décrets d'un corps où tous ses membres n'étaient pas admis. » C'eût été en effet très injuste, mais ils pouvaient y être admis. (La plupart n'assistaient pas parce que cela ne valait pas la peine.) « Quand tous les patriciens, continue-t-il, eussent assisté à ces comices selon le droit qu'ils en avaient comme citoyens (ils en avaient donc le droit ?) devenus alors simples particuliers, ils n'eussent guère influé sur une forme de suffrages qui se recueillaient par tête, et où le moindre prolétaire pouvait autant que le prince du Sénat. » Au fond, l'influence des esprits éclairés reste la même, parce que les formules politiques sont en nombre limité et que cent mille électeurs sans intelligence ne peuvent pas faire autrement que de voter conformément à l'opinion d'un théoricien, quelle que soit d'ailleurs la théorie, bonne ou subversive. (J. de Boisjoslin.)

En France, depuis la première République, on appelle plébiscite toute résolution votée par le peuple, c'est-à-dire celle de la souveraineté exercée directement. On les distingue ainsi des lois, qui sont les résolutions de la souveraineté déléguée aux pouvoirs législatifs. Ce sont les plébiscites qui ont accepté les Constitutions de 1793, de l'an III et de l'an VIII, ratifié le sénatus-consulte de l'an XII qui a nommé le premier consul empereur, accepté l'acte additionnel de 1815, nommé le président de la République pouvoir constituant en 1851 et empereur en 1852.

Depuis le deuxième empire on a souvent discuté la question des plébiscites, ou, plus exactement, le parti qui espérait obtenir la majorité parlait en leur faveur, et celui qui prévoyait sa défaite élevait des objections. Les partisans de la mesure disaient que le plébiscite est l'expression la plus directe, la plus authentique et la plus solennelle de la volonté de la nation, c'est-à-dire du souverain, et qu'on devait le consulter chaque fois qu'il s'agissait de prendre une décision d'une importance majeure, surtout si la question à poser était assez simple et assez nette pour qu'il soit possible de répondre par *oui* et par *non*.

Les adversaires du plébiscite lui reprochaient de ne pas être assez éclairé, d'avoir à répondre à des questions à double entente, de ne pas être libre, soit que le vote ait lieu sous une pression administrative, soit que la question soit posée de façon, ou dans des circonstances, à ne laisser aucun choix au citoyen. Quand le *non* doit renverser un gouvernement dans un moment où l'on n'en a pas un autre à mettre à la place, on est contraint de voter *oui*, car l'anarchie ou l'absence de gouvernement est la pire des maux politiques. Enfin on a dit encore que le plébiscite, qui est un vote sans discussion, est au moins inutile quand on a, ou peut avoir, des représentants qui voteront après avoir discuté.

PLUS-VALUE (*Mehrwert*). Nous expliquons plus loin le sens de ce mot, l'idée qu'il représente est une des deux bases imaginaires du système de Karl Marx. L'autre, tout aussi fausse, est que le travail (matériel) produit seul de la valeur. Pour K. Marx, la valeur n'est pas *l'importance qu'un homme attribue à une chose*, — pensez à la valeur qu'un aliment a pour un affamé, — ce qu'Ad. Smith appelle la valeur d'usage (ou d'utilité); non ce n'est pas à cette valeur que pense K. M., mais à l'autre, celle qu'on confond souvent avec le *prix*, c'est-à-dire, la valeur d'échange. Or, le travail — qui rend des services d'une grandeur sans pareille — n'est pas la cause de la valeur. Demandez donc à cet affamé, au milieu du désert, quel valeur a pour lui tel bijou qu'on paierait 20.000 fr. à Paris? — Il répondra : moins qu'un morceau de pain. Dans la vie réelle, c'est avant tout l'utilité (même imaginaire) qu'on ne peut pas se procurer pour rien qu'on paie ; combien? Oh, le prix est le résultat d'un concours de circonstances, c'est une question compliquée que nous ne pouvons pas aborder ici. Il suffit de dire que le travail est une de ces circonstances, puisqu'il faut le payer ; mais en achetant l'objet, on ne paie pas *que* le travail, on paie encore autre chose, et surtout l'utilité. Consultez pour les détails les Traités d'économie politique.

Qu'est-ce maintenant, selon K. Marx, que la plus-value? Selon lui, quand le patron engage ses ouvriers pour une journée, il arrive toujours que les ouvriers pensent à une journée de 6 heures et le patron à une journée de 12 heures. Le patron demande combien la journée? Les ouvriers répondent (mettons) 6 fr. C'est bien, dit le patron, venez demain. Le lendemain, au bout de 6 heures de travail, les ouvriers veulent s'en aller, mais le patron les arrête : vous comptez la journée à 6 heures, moi je la compte à 12 heures... Et ces bons ouvriers redéballent leurs outils et se remettent à travailler pour compléter les 12 heures.

Eh bien, toujours selon K. M., les 6 heures supplémentaires que travaillent bénévolement les ouvriers produisent la plus-value. Le travail étant seul censé produire de la valeur, si on l'évalue à 1 franc l'heure, chaque ouvrier aurait gagné, 6 francs dans sa journée, et il aurait produit 6 autres francs au profit de son patron. C'est là du travail non payé, et c'est ce travail non payé qui est la « plus-value », ou mieux : la valeur supplémentaire.

Ainsi K. Marx veut nous faire croire deux choses également absurdes (Voir *le Capital*, chap. Plus-value), savoir :

1. Les ouvriers travaillent tous les jours pour la moitié (ou une partie) du salaire qu'ils gagnent par leurs efforts ; ils font cadeau du reste au patron.

2. Le patron ne rend aucun service en procurant les machines, les matières premières, en dirigeant la fabrication, en avançant les frais généraux et les salaires, en vendant les produits, et en courant tous les risques de l'entreprise. Tout cela ne vaut pas un sou. — Et si les produits fabriqués ne trouvaient pas d'acheteur, quelle serait leur valeur, malgré tout le travail qu'ils auront coûtés? Que vaudrait *pour vous* [1] un aliment que vous ne pouvez pas digérer, un vêtement que vous ne pouvez pas mettre.

Ainsi donc la « plus-value » est une idée, on peut vraiment dire, *niaise*, et personne n'y aurait fait attention, si ce n'était là l'argument prétendu SCIENTIFIQUE (!!!) par lequel on veut prouver que l'ouvrier est exploité par le patron... qui ne leur paie pas la totalité de leur travail !

Le lecteur voudra peut-être savoir comment K. M. prétend justifier sa doctrine? Voici son argumentation : une chose vaut la quantité de travail qui y est incarnée; or un ouvrier, affirme K. M., peut toujours gagner en 6 heures de quoi l'entretenir lui et sa famille ; par conséquent, sa journée est de 6 heures, elle vaut six heures, elle a pour prix ce que valent 6 heures. Mais comment traduire *heures* en *francs*? — C'est là une difficulté monstre. — K. M. la résout en se jouant : un jour, des chercheurs d'or en ont trouvé pour 3 shillings (3 fr. 75) en 6 heures, donc 6 heures valent 3 sh. N'est-ce pas une solution commode? Aussi lorsque le patron demande aux ouvriers combien votre journée? Ils répondent (dans l'ouvrage de K. M. [2]) : 3 sh. (nous avons mis 6 francs, pour moderniser ou franciser la réponse).

Voilà donc les 6 francs pour 6 heures expliqués. Les ouvriers peuvent gagner leur vie en 6 h. et ayant appris qu'on avait trouvé en 6 h. pour (mettons) 6 francs d'or, la valeur d'échange, le prix de leur journée est donc de 6 francs. Et le patron comment motive-t-il ses 12 heures. Il dit : vous me vendez votre journée selon sa valeur d'échange et c'est à ce prix que je l'achète. Voilà vos 6 francs, votre journée m'appartient. Maintenant qu'elle m'appartient, je l'utilise à ma guise ; or une journée, c'est le temps possible de travail entre deux couchers de soleil, mettons 12 heures, un homme peut travailler 12 heures, j'exige donc 12 heures. Il résume ainsi son argumentation : Vous me vendez la journée à sa valeur d'échange, moi je l'utilise à sa valeur d'usage. Et les ouvriers trouvent cette raison bonne?

Ainsi, je pourrais aller chez un marchand et dire : combien ce pantalon? — 20 francs. — Bon, voici 20 francs, je prends cette redingote..... Cela vous paraît singulier? Quand quelqu'un vend une journée de 6 heures, l'acheteur peut-il dire j'ai fait l'acquisition de 12 heures?

Voy. aussi *Unearned Increment*.

PODESTATS. Officiers de justice et de po-

---

1. Je ne demande pas quel *prix* on vous en donnerait dans une vente. Il s'agit de l'usage que vous en feriez ou de la consommation.
2. *Le Capital*, tome Ier.

lice que les républiques italiennes instituèrent pour mettre fin aux guerres civiles qui les divisaient.

POIDS ET MESURES. Depuis un demi-siècle, il y a une tendance, dans les pays civilisés, à s'entendre sur les poids et mesures et à les unifier partout ; le travail d'unification est déjà fort avancé.

Cela n'empêchera pas les hommes de conserver, pour leurs jugements, deux poids et deux mesures, surtout pour les questions où le sentiment est en jeu. C'est à ce cas que s'applique le mot de Pascal : « Justice en deçà des Pyrénées, injustice au-delà. » On n'est pas toujours juste envers l'étranger ni envers les partisans d'une autre religion, ni envers les membres d'un autre parti, ni les riches envers les pauvres ou les pauvres envers les riches, etc., etc. C'est seulement au moral qu'il y a deux poids et deux mesures.

POLICE. Dans une acception très large, on appelle *police* l'action du pouvoir social pour écarter les obstacles qui, par suite de circonstances accidentelles ou de l'imperfection inhérente à la nature humaine, s'opposent à la réalisation du but que se proposent licitement l'État ou les particuliers. C'est en ce sens que notre Code des délits et des peines du 3 brumaire an IV a dit : « La police est instituée pour maintenir l'ordre public, la liberté, la propriété, la sûreté individuelle. Son caractère principal est la vigilance. La société considérée en masse est l'objet de sa sollicitude ». (Art 16 et 17.)

Si compréhensive que soit cette définition, on ne confondra la police ni avec l'administration ni avec la politique : celles-ci président à l'organisation et à la constitution même de la société, la police *prévient* ou *fait cesser* toute perturbation dans l'économie de la société constituée et organisée. Dans l'accomplissement de cette mission, elle est tantôt l'auxiliaire de l'administration, tantôt l'auxiliaire de la justice.

Auxiliaire de l'administration, la police est essentiellement préventive ; comme elle prête son concours à une autorité dont l'action est, en général, dégagée de formes obligatoires, elle agit elle-même d'une manière discrétionnaire, parce que sa prévoyance doit se mouvoir d'après l'intensité du péril, la direction qu'il prend et la nature des causes qui le font naître.

Ce pouvoir discrétionnaire, qui rend l'action de la police plus prompte, en rend aussi l'effet plus dangereux pour la liberté civile. La loi doit donc limiter avec soin le cercle dans lequel elle peut se mouvoir et veiller à ce qu'elle ne puisse être dirigée que dans des vues d'intérêt général, sans quoi elle sort de son rôle subordonné, se substitue à l'administration et devient l'instrument naturel du despotisme, toujours tenté d'employer à sa propre conservation les forces établies pour celle de la société.

En tant qu'elle est bornée à la surveillance et au maintien habituel de l'ordre public dans chaque lieu et chaque partie de l'administration générale, la police est dite *administrative*. C. du 3 brum. an IV, art. 19.) Mais, en raison de l'objet de ce travail, nous distinguerons de la police administrative proprement dite la *police politique* qui concourt au même but par des moyens spéciaux. En regard de l'une et de l'autre se place la police judiciaire, auxiliaire de la justice, dont nous ne dirons que quelques mots. Elle a pour objet de rechercher les délits que la police administrative n'a pu empêcher de commettre, d'en rassembler les preuves et d'en délivrer les auteurs aux tribunaux chargés par la loi de les punir. (C. du 3 brum. an IV, art. 20.)

Ces divisions sont essentielles et se retrouvent dans tous les pays ; le mode d'organisation seulement diffère. Dans l'impossibilité de comparer, sous ce rapport, les divers États, nous nous bornerons à étudier l'organisation française en indiquant chemin faisant quelques différences notables.

Si nous jetons d'abord un coup d'œil sur les précédents, nous voyons que la distinction entre les fonctions judiciaires et la police est toute moderne. La police autrefois était juridictionnelle et administrative indivisément ; l'administrateur édictait des règlements, veillait à leur exécution par voie de police préventive, poursuivait les contrevenants par voie de police judiciaire et montait ensuite sur son siège de juge pour les condamner.

A Paris, le prévôt, placé à la tête de la juridiction du Châtelet, exerçait, comme une dépendance de cette juridiction, la police des personnes, qu'on appelle police de sûreté ou de répression, tandis que le prévôt des marchands et le bureau de ville avaient la police des approvisionnements et des transports par eau. Dès 1254, les règlements et sentences du Châtelet, joints aux ordonnances, édits et lettres patentes des rois qui y étaient adressés pour recevoir leur exécution, ont été recueillis et mis en ordre par Etienne Boileau. Cette première compilation des ordonnances de police et des statuts des corporations est connue sous le nom de *livre des métiers*.

Dans les villes du royaume, la police était, le plus souvent, partagée entre les magistrats et des assemblées de notables. Par ses articles 71 et 72, l'ordonnance de Moulins (1556) trace des règles à suivre pour les localités où les maires, échevins et administrateurs des corps de ville ont l'exercice du criminel et de la police, et veut que, dans celles où la police est aux mains des officiers du roi, il soit élu, par chaque quartier ou paroisse, un ou deux bourgeois et citoyens qui aient la charge, administration et intendance de la police et de tout ce qui en dépend.

A cette époque, le prévôt de Paris était suppléé par ses deux lieutenants, appelés l'un lieutenant civil et l'autre lieutenant criminel ; le prévôt des marchands et le bureau de ville conservaient la police du commerce et des approvisionnements par eau. Un édit de janvier 1572 et un arrêt du Conseil du 2 novembre 1577 modifièrent cette organisation en créant des autorités collectives.

Peuchet (*Police moderne*, t. Ier, p. LXXXII) remarque que cette forme de police a été reprise, à peu de chose près, en 1791, mais avec un insuccès marqué.

En 1699, des lieutenants de police furent institués dans les villes de province, à l'imitation de ce qui existait à Paris.

Les fonctions de lieutenant général de police furent, lors de la création de cette charge, confiées à La Reynie; on lui doit, suivant Dulaure, l'organisation régulière de l'espionnage et le premier essai d'éclairage permanent; mais ce dernier point est douteux; car Blanchard fait remonter l'introduction des lanternes au mois d'avril 1666. Il faut nous borner à nommer les successeurs de La Reynie; ce sont : le marquis d'Argenson (1697), M. de Machault (1718), le comte d'Argenson (1720), M. Ravot d'Ombreval (1724), M. René Hérault (1725), M. Feydeau de Marville (1739), M. Berryer (1747), M. Bertin (1754), M. de Sartine (1759) M. Le Noir (1774), M. Thiroux de Crosne (1783). Ces Magistrats avaient sous leurs ordres des commissaires et des inspecteurs de police. Ils correspondaient avec les premiers présidents des parlements du royaume, les intendants des provinces et les juges de police des différentes villes.

A partir du 14 juillet 1789, l'autorité du lieutenant général de police, annulée de fait, est remplacée par celle d'un *comité permanent*, composé du prévôt des marchands et des autres membres du bureau de ville. Le 6 novembre de la même année, des lettres patentes conférèrent à chacun des soixante comités de district la police de son arrondissement. Les attributions de police municipale passent bientôt au *bureau municipal*, fraction du conseil général de la commune (L. 27 juin 1790); elles sont ensuite exercées, en vertu de la loi du 7 fructidor an II, par les douze comités révolutionnaires, puis par une commission administrative formée en exécution des lois des 26 vendémiaire et 28 thermidor an III; enfin, par un bureau central qui remplace la commission administrative, le 16 frimaire an IV. Le bureau central était composé de trois membres, nommés par l'administration du département, confirmés par le pouvoir exécutif. Malgré ses éminents services, il ne tarda pas à éprouver le sort de toutes les administrations collectives créées à cette époque; la loi du 28 pluviôse an VIII rétablit l'unité de pouvoir, en instituant un préfet de police.

Les arrêtés du 12 messidor an VIII et du 3 brumaire an IX, le décret du 25 mars 1852, la loi du 10 juin 1853, les décrets du 10 octobre 1859 et du 9 janvier 1861 ont déterminé les attributions du préfet de police; il avait été en outre chargé, par un décret du 30 novembre 1859, de la direction générale de la sûreté publique, aujourd'hui rattachée de nouveau, à titre de simple direction, au ministère de l'intérieur.

La situation du préfet de police n'en reste pas moins essentiellement politique; il est, à vrai dire, chargé, dans les départements de la Seine et de Seine-et-Oise, du service de la sécurité publique et du maintien de la paix. (Rapport à l'empereur, *Moniteur* du 1er décembre 1859, décret du 24 mars 1871.) C'est donc des attributions de la police politique que nous allons nous occuper exclusivement en passant sous silence les attributions administratives et les attributions judiciaires.

La police politique a pour objet le maintien de la paix publique envisagée comme liée à la stabilité du gouvernement.

Nous avons dit qu'à diverses époques, il avait existé un ministère de la police. Sous le premier Empire, ce ministère concentrait les rapports qui arrivaient de tous les départements et les envoyait, d'heure en heure, jour et nuit, à la secrétairerie d'Etat, établie en face des Tuileries, en y joignant un rapport circonstancié de tout ce qui s'était passé dans Paris. Au fur et à mesure que ces rapports arrivaient, ils étaient dépouillés dans le cabinet du ministre et l'analyse en était expédiée au cabinet de l'Empereur, qui en prenait personnellement connaissance et marquait lui-même le moment où le travail pouvait cesser pour donner quelque repos aux employés qui veillaient à tour de rôle.

Ces détails donnent assez bien la mesure de l'utilité possible d'une semblable institution. Lorsqu'on a voulu la relever par un décret du 22 janvier 1852, on n'a pas tardé à s'apercevoir qu'en joignant aux fonctions de pure inspection et de surveillance des attributions d'administration, on n'avait fait que créer une source d'embarras et de complications, en obligeant les préfets à correspondre à la fois pour le même objet avec le ministère qui envisageait cet objet sous le rapport de la police et celui qui continuait à le traiter au point de vue de l'administration générale. Dès le 21 juin 1853, les attributions du ministre de la police générale ont été réunies à celles du ministre de l'intérieur, et plus tard, une direction générale de la sûreté publique a été créée pour exercer la police générale dans celles de ses parties qui se détachent nettement de l'administration proprement dite. On sait déjà que le préfet de police était, sous l'Empire, placé à la tête de cette direction générale et qu'en cette qualité il correspondait, au nom du ministre de l'intérieur, avec tous les fonctionnaires qui relevaient de ce département; mais cette combinaison, qui aboutissait en fait à donner au préfet de police un travail personnel avec l'Empereur, n'a pas survécu au régime pour lequel elle avait été imaginée, et nous avons dit déjà que les bureaux de la sûreté générale formaient l'une des directions du ministère de l'intérieur où ils trouvent leur véritable place.

La plupart des objets qui entraient dans les attributions de ce service appartiennent par leur nature à la police administrative; la direction de la sûreté générale avait et a pour mission de les envisager à un point de vue particulier et dispose, à cet effet, de moyens d'investigation qui lui sont propres, c'est-à-dire des agents de la police secrète et des fonds dits de sûreté générale; et elle associe, en outre, à son action la gendarmerie, les commissaires de police, les gardes champêtres. Dans certains cas on peut être amené à craindre que des agents, qui devraient rester en dehors des luttes et des passions politiques, ne soient trop souvent mis au service d'intérêts étrangers au but de leur institution et qu'ils ne perdent en considération et en influence réelles bien plus que le gouvernement n'aura gagné à leur concours.

Vivien, que son passage à la préfecture de police a initié à tous les détails de cette administration, consacre un chapitre de ses *Études administratives* à la police politique. Suivant lui, elle doit être surtout préventive, car un gouvernement, dit-il, ne gagne rien à effrayer le pays, en se montrant exposé à des complots répétés. Le peuple ne croit pas à la stabilité du pouvoir obligé de descendre chaque jour sur la place publique pour entrer en lutte avec d'obscurs ennemis et de dresser des échafauds pour les punir.

L'utilité, la nécessité même d'employer des agents secrets ne paraissent pas contestables à Vivien. Nous ne sommes pas en mesure de contrôler cette appréciation d'un homme, d'ailleurs, si compétent : il nous manque pour cela l'idée bien nette des exigences auxquelles répond la police secrète et celle des moyens qu'elle emploie. Cependant, quelque puissants qu'on suppose ces moyens, si nous les rapprochons du but à atteindre, nous avons peine à leur croire une bien grande utilité; si la stabilité du gouvernement d'un grand pays est à la merci des misérables intrigues qu'une police occulte aura pour but de déjouer, il faut plaindre ce pays et douter du gouvernement qui en est à craindre de semblables attaques.

La nécessité d'une telle police une fois admise, Vivien pense que la moins mauvaise est celle dont les agents, soumis à des devoirs clairement définis, peuvent être expulsés en cas d'infraction; mais quels services sérieux attendre des malheureux que les vices ou la misère recrutent pour de pareilles fonctions et qui acceptent un tel degré d'abjection ?

« Les agents secrets de la police politique, dit encore le même auteur, voués d'abord à d'autres habitudes, sortis des emplois ordinaires de la vie, ont été, pour la plupart, réduits à ce métier par le besoin, la vanité, le goût du plaisir, le désordre. Quelques femmes s'y adonnent aussi, dans des conditions analogues, pour couvrir de folles dépenses, pour se créer dans le monde une position que leur interdirait la médiocrité de leur fortune; elles y déploient de la finesse, de l'esprit d'intrigue, le génie de la curiosité; mais trop souvent dominées par de petites passions, elles méritent peu de confiance. Quelques agents cèdent à de dures nécessités... Certains renseignements sont communiqués sous l'inspiration de sentiments honorables et désintéressés; d'autres, en plus grand nombre, sous l'impression de la crainte. Des hommes timides se laissent enrôler dans un complot, dans une société secrète, par faiblesse, par entraînement, sans en peser les conséquences; plus tard, la terreur les gagne, leur esprit se trouble; se dégager de liens funestes serait un péril : ils n'osent les rompre et achètent au moins l'impunité par leurs révélations. D'autres organisent des complots pour les dénoncer. Un préfet de police se trouva un jour fort embarrassé, confident qu'il était de cinq à six chevaliers d'industrie qui se trahissaient mutuellement et ne s'étaient mis à conspirer ensemble que pour se procurer les profits d'une délation... Il se borna à communiquer à chacun de ces Catilinas supposés les renseignements fournis par ses prétendus complices ».

« En général, continue Vivien, les services de police s'obtiennent à peu de frais. La concurrence est très grande, les consciences se tarifent à très bas prix. Chaque jour de nombreux candidats se présentent et la correspondance est pleine d'offres de service ». (Tome II, p. 197 et suiv.)

La *police de sûreté*, qui touche de près à la police politique, a des agents secrets et des agents officiels. Les premiers, sans traitement régulier, fournissent des informations dont ils puisent la matière dans leurs relations avec des malfaiteurs dont ils partagent quelquefois les désordres; les autres composent le cadre des brigades de sûreté, ont un titre reconnu, figurent en nom sur les états du personnel et, en un mot, ne diffèrent des auxiliaires de la police que par l'absence d'uniforme. Un officier de paix est à la tête de ce service; il a sous ses ordres des inspecteurs principaux, brigadiers, sous-brigadiers et inspecteurs de police qui sont en tout assimilés aux agents du même grade dans la police municipale.

Le domaine de la police de sûreté ne saurait être exactement limité; quand elle surveille les grands rassemblements qui ont lieu dans les théâtres, les fêtes, les promenades où se presse la foule, elle se confond avec la police municipale; quand elle recherche les malfaiteurs, exécute des mandats, concourt à des perquisitions, elle prend part à l'exercice de la police judiciaire; en assurant l'exécution des lois sur les passe-ports, les permis de séjour, les livrets, les cartes de sûreté exigées en certains cas, elle devient l'auxiliaire de la police générale. Mais ce qui est propre à la police de sûreté, c'est la surveillance *préventive* des malfaiteurs, forçats libérés, mendiants, vagabonds, saltimbanques, enfin de tous ceux qui vivent en dehors des lois et dont le vol est ou peut devenir la ressource ordinaire. « Ils forment, dit Vivien (p. 206), une vaste conspiration, organisée sur tous les points, contre quiconque possède quelque chose et qui n'est déconcertée par aucune difficulté, contenue par aucun frein, effrayée par aucun danger. C'est à la combattre, à la réduire à l'impuissance que se consacre la police de sûreté ».

POLITIQUE. La science politique est cette partie de la science sociale qui traite des fondements de l'Etat et des principes du gouvernement. Elle est étroitement liée à l'économie politique, c'est-à-dire à la science de la production ; au droit, soit naturel, soit positif, qui s'occupe principalement des relations des citoyens entre eux ; à l'histoire, qui lui fournit les faits dont elle a besoin ; à la philosophie et surtout à la morale qui lui donnent une partie de ses principes. La politique est théorique ou appliquée. Théorique, elle établit des règles générales qu'elle tire soit de l'expérience, soit de la raison, et qui sont tantôt l'expression généralisée des faits, tantôt la conception pure d'un idéal plus ou moins réalisable. Appliquée, elle cherche les moyens de mettre en œuvre ces principes généraux en tenant compte des temps, des lieux, des mœurs, des ressources, en un mot, des circonstances. Nous ne pouvons, dans l'espace dont nous disposons, développer une théorie politique, et encore moins exposer les arcanes de l'art de gouverner les hommes. Au fond, l'ensemble des articles réunis dans le livre que le lecteur a sous les yeux, sont autant d'éléments de cette théorie et de cet art, mais nous aurions voulu coordonner ces matériaux, les classer systématiquement pour permettre des vues d'ensemble. Bornons-nous à tracer quelques légères indications.

La science et l'art du gouvernement cherchent avant tout à établir quelle est la meilleure forme de gouvernement dans les différents cas donnés. La même forme ne va pas à toutes les nations, car chaque forme — d'ordre monarchique ou républicain — dépend de nombreuses circonstances de temps, de lieu, de mœurs et autres, et exerce et subit des influences qui lui sont propres. Dans bien des cas, la théorie n'a autre chose à faire qu'à exposer les faits, qu'à enregistrer les expériences ; tout au plus à ajouter comme enseignement quelques suppositions sur ce qui arrivera *probablement* en pareil cas.

Chaque forme de gouvernement exigera une étude à part ; il faudra décomposer la machine et examiner de près chaque rouage qui engendre une force, ou qui est mu par une force, pour se rendre compte des causes et des effets qui se produisent. Au fond, toutes les formes gouvernementales peuvent être considérées comme des mécanismes, des instruments ; elles ne sont pas le but, mais le moyen, ou l'ensemble des moyens employés pour l'atteindre.

Or le but de la politique, le but théorique, le but idéal, c'est — pour l'exprimer en un mot — le *bien* de l'Etat.

Les hommes, en se conformant à leur nature sociable, se réunissent en collectivités, appelées Etats quand elles sont organisées. Et organisées elles doivent l'être, car il y a des besoins communs à satisfaire et l'organisation est le moyen de faire concourir toutes les forces à un même but. Or, parmi les difficultés à vaincre, il y a celle-ci : l'homme n'est pas seulement sociable, il est aussi égoïste ; l'individu peut quelquefois considérer son intérêt comme différent de celui de l'ensemble, et l'ensemble — la collectivité — peut avoir à se défendre contre lui. Elle peut être en danger de se dissoudre en ses unités ou en de nombreux groupes hostiles. L'art gouvernemental consiste donc à maintenir l'unité sociale et plus spécialement la sécurité publique et privée, ce qui comporte des tâches ou des attributions variées, confiées dans nos Etats à plusieurs ministères (intérieur, justice, etc.).

Comme, de tout temps à peu près, plusieurs Etats se sont trouvés en présence, s'alliant ou se combattant, la politique — ou l'art gouvernemental — aura à étudier les rapports entre Etats voisins. Questions délicates s'il en fut. Questions de bon voisinage, questions d'équilibre, questions de concurrence vitale et tant d'autres. On comprendra l'importance de cet ordre d'idées, lorsque nous aurons rappelé que, dans nos Etats modernes, trois ministères sont chargés de la tâche que nous venons d'indiquer (affaires étrangères, guerre et marine).

Ce n'est pas tout. Les populations qui composent l'Etat forment une immense ruche. Elles doivent créer les aliments qui leur sont nécessaires, ainsi que les moyens de satisfaire les autres besoins. Il s'établit ainsi des rapports multiples entre nationaux, et un peu moins nombreux, mais non moins importants avec les habitants des pays étrangers. Les gouvernements ont encore assez souvent à intervenir utilement dans ces rapports, ils le font d'ailleurs généralement trop ; ici aussi on a établi des ministères qui ont leur raison d'être (travaux publics, industrie, commerce, agriculture). Pourvu que ce ne soit là une abondance de bien qui nuit !

Faut-il rappeler les intérêts moraux ? (instruction publique). Ou est-il nécessaire de mentionner le grand service public (finances) qui sert à entretenir toute la machine politique ? Que de questions financières à résoudre dans maints Etats ! Chaque impôt peut devenir une difficulté politique ; car tout se tient dans la communauté.

Du reste, l'art du gouvernement n'est pas absorbé par la particularité des formes politiques des Etats (monarchie, république) ; plus importants encore que ces formes sont les rapports qui existent entre gouvernants et gouvernés, entre administrateurs et administrés. D'aucuns ne voient la politique que dans ces rapports, Et il y a là encore à distinguer entre les rapports direct du gouvernement avec les populations et ceux qui sont entretenus avec les représentants de la nation, chambres ou parlements, et les partis qui groupent les membres.

Assez d'énumération. On voit que le mot *Politique* embrasse énormément de choses, et des choses délicates ; nous nous sommes bornés à les indiquer sommairement, en renvoyant pour les détails aux différents articles traités dans ce dictionnaire. Terminons par une question.

La politique prime le droit, dit-on, est-ce vrai? En *fait*, oui. Les questions de politique sont parfois, ou semblent être, des questions de salut public, et dans la pratique l'on admet généralement, surtout lorsqu'on y est intéressé, que le salut public prime tout.

Nous ne pouvons pas admettre un principe pareil sans faire nos réserves. Sans doute, nous ne disons pas non plus : « Périssent les colonies plutôt qu'un principe », car un principe qui ferait périr les colonies nous serait suspect et nous lui demanderions ses papiers avant de le laisser passer. Nous sommes d'avis que dans l'immense majorité des cas, c'est-à-dire habituellement, la politique est ou doit être subordonnée à la justice, au droit. Ce n'est que tout exceptionnellement que la politique passe en premier rang, non parce qu'elle est la politique, mais parce qu'il est des cas où la justice et le droit sont douteux, et dans le doute, on doit s'appliquer à donner la préférence au *moindre mal*.

Si encore, dans la politique, il ne s'agissait que d'acte embrassant tout un pays, ou d'actes internationaux, ce qu'on pourrait appeler de la grande, de la vraie politique. Mais il y a encore et surtout la petite politique, celle des ambitieux et des intérêts privés. En voilà une à laquelle il ne faut rien passer. En face de celle-là il faut être raide et n'admettre aucun « accommodement » avec la justice. C'est cette petite politique qui voudrait le plus souvent primer le droit. A ses demandes... répondez par un intraitable *non possumus*.

POLL (Élection). Sous l'ancienne législation électorale de l'Angleterre, quand le vote n'avait pas pu avoir lieu par mainlevée, on le prenait par écrit. Chaque électeur était appelé à son tour et disait pour qui il votait. C'était le scrutin public. Actuellement le scrutin est secret. (*Voy.* **Elections**).

POLYARCHIE. Mot qui ne se trouve, à notre connaissance, que dans la correspondance de Grimm, dans un article sur le gouvernement d'Athènes. Diderot, qui, selon toute apparence, est l'auteur de l'article, n'accordait le nom de démocratie qu'aux gouvernements où tous les membres de la société sont membres de l'Etat. Or, la république athénienne laissait en dehors du droit de suffrage non seulement les esclaves, mais encore tous les alliés, ou sujets d'Athènes à qui

ne restaient que les fonctions municipales. Vingt mille (d'autres disent dix mille) Athéniens gouvernaient sans contrôle et par le seul droit de la naissance, d'abord un nombre d'esclaves qui variait de vingt mille (au temps de Périclès) à plus de cent mille (au temps d'Athénée), ensuite toutes les cités et tous les citoyens de l'empire athénien, qui s'étendit un moment sur quatorze millions d'âmes.

Les démocraties de l'antiquité étaient donc des gouvernements de privilège entre les mains de censitaires ou de prolétaires, aussi étrangères aux droits de l'homme que les aristocraties.

PONDÉRATION DES POUVOIRS. Cette expression de la langue politique moderne ne peut trouver place que dans les gouvernements mixtes et même, à vrai dire, que dans les gouvernements libres. Elle s'applique à l'équilibre qui, pour la bonne direction des affaires publiques et pour la liberté des citoyens, doit exister entre les différents pouvoirs, par la fixation constitutionnelle de leurs droits et par la limitation de leurs attributions.

La séparation des pouvoirs se rencontre, à des degrés divers, dans tous les gouvernements qui ne reposent pas sur le principe autocratique. Car si des lois d'exception pèsent sur des catégories de citoyens et les exposent à des peines qui ne soient pas prononcées par des magistrats ; si la presse, au lieu d'être placée sous le régime des lois, peut être atteinte par des décisions administratives ; si la représentation nationale ne jouit pas de la plénitude de son indépendance, il y a confusion de tous les pouvoirs et le pays est privé des garanties les plus essentielles à sa liberté.

Il faut donc voir, dans la séparation des pouvoirs, la première condition de la liberté et, dans la *pondération* des pouvoirs, le seul moyen de préserver la liberté de se perdre dans la licence et dans l'anarchie ou d'être détruite par le despotisme.

Il y a dans chaque Etat trois sortes de pouvoirs : le pouvoir législatif, le pouvoir exécutif et le pouvoir judiciaire. Les deux premiers, qui sont les pouvoirs politiques, sont ceux dont les attributions sont le plus difficiles à séparer, dont les rapports sont le plus délicats et dont l'action, tantôt indépendante, tantôt soumise à la nécessité d'un accord, est diversement réglée et tempérée suivant que la constitution étend ou resserre les droits du pouvoir exécutif ; suivant que, dans la formation du pouvoir législatif, domine soit l'élément aristocratique, soit l'élément démocratique, ou suivant qu'une juste balance s'établit entre les deux éléments. Le pouvoir judiciaire, chargé d'appliquer les lois, de juger les différends des particuliers et de punir les délits et les crimes contre les personnes ou contre l'Etat, doit être rendu complètement indépendant du pouvoir législatif, ce qu'il est aisé de faire, et aussi indépendant que possible du pouvoir exécutif, résultat plus difficile à atteindre. Toutefois le principe même de la séparation nécessaire entre la puissance de juger, celle de faire les lois et celle d'administrer, est généralement accepté, généralement respecté partout où ne règne pas l'arbitraire : là où ce principe serait méconnu, toute idée, toute possibilité de pondération entre des pouvoirs confondus, ou nominalement séparés par des lignes de démarcation fictives, serait virtuellement écartée. Nous n'avons donc à nous occuper ici que des conditions nécessaires pour maintenir l'équilibre entre le pouvoir législatif et le pouvoir exécutif. Ces conditions ne peuvent être identiques dans une monarchie et dans une république, et le régime représentatif admet également ces deux formes. Montesquieu veut que l'Angleterre ait tiré de la *Germanie* de Tacite l'idée des institutions auxquelles elle doit sa stabilité, sa richesse et sa grandeur [1]. Quelles qu'aient été les origines et les transformations successives du gouvernement mixte, à l'Angleterre appartient l'honneur, qu'on ne peut lui disputer, d'avoir la première assis sur ses vraies bases le gouvernement représentatif ; tous les pays du monde qui ont voulu devenir et rester libres l'ont plus ou moins imitée. Mais chaque pays a pu et dû conserver ou introduire, dans sa propre constitution, les changements que lui conseillaient ou lui imposaient ses mœurs et son génie. (CASIMIR PÉRIER.)

C'est ainsi que les États-Unis se sont constitués en république et que la France moderne n'a pu et ne pourra jamais, sans péril, déserter les grands principes de 1789.

Lorsque, entre le souverain représenté par les ministres, et les Chambres représentant le pays, la Constitution a établi des rapports qui permettent une action réciproque des uns sur les autres, qui unissent les uns et les autres dans une solidarité morale et qui obligent le souverain, non pas à dépendre du pouvoir législatif, mais à s'associer, dans l'exercice du pouvoir exécutif, des hommes auxquels les Chambres accordent leur confiance et leur concours, il devient inévitable que les tempéraments nécessaires ne s'imposent pas à tous. Des concessions sont faites de part et d'autre ; aucun des pouvoirs n'obtient probablement, mais aucun ne se voit enlever tout ce qu'il désire. Le souverain peut parfois être gêné dans ses projets, entravé même dans le bien qu'il voudrait faire ; mais, par une juste compensation, il est protégé contre plus d'une erreur. Est-ce qu'une pondération des pouvoirs, quelque habilement continuée qu'elle soit, met un pays pour toujours à l'abri des révolutions ? Non, car toutes choses humaines ont une fin. Ce ne sont pas seulement les dynasties et les gouvernements qui passent, ce sont les sociétés elles-mêmes qui périssent et les peuples qui disparaissent. La sagesse humaine ne peut rien rendre éternel et doit se borner à chercher les meilleures conditions de stabilité. L'histoire ne nous montre aucun gouvernement qui soit tombé pour avoir cédé à propos ; mais plus d'un a été renversé pour avoir trop longtemps résisté. Le grand avantage du gouvernement représentatif sincèrement pratiqué est de permettre à l'opinion publique de se manifester et de rendre les concessions faciles et nullement dommageables. (C. P.)

POPULACE. Ce terme désigne cette portion de la population de mœurs abjectes que l'on trouve dans toutes les grandes villes. Cette classe vit au jour le jour : l'épargne et la prévoyance lui sont inconnues, elle est toujours prête à passer de la fainéantise à la mendicité, elle est envieuse des riches parce qu'elle ignore que la richesse tire son origine du travail, elle est le fléau de son pays aux époques d'agitations politiques, parce que tour à tour elle se bat avec les conspirateurs et se vend aux ambitieux. Il n'y a donc rien de commun entre le peuple, ou si l'on veut, entre les classes peu aisées et la populace. Celle-ci ne forme point une classe de la nation, elle en est le rebut. On la rencontre presque exclusivement dans les grandes villes. Est-elle un produit artificiel des centres populeux ou un résultat naturel de l'état de la société ? Nous pensons que dans toute société humaine, de même qu'un certain nombre d'individus entraînés par l'instinct du mal ou égarés par leurs passions se laissent entraîner au vol ou au meurtre, de même il s'en rencontre d'incapables de supporter la pauvreté avec dignité, qui se laissent tomber dans ces habitudes grossières et ces sentiments vils qui caractérisent dans toutes les capitales de l'Europe la populace. Dans les moments d'effervescence, la populace, qui, en temps ordinaire semble cachée, se met en évidence, grossit les émeutes et les rend plus sanglantes, et malheureusement encourage des populations meilleures à se joindre à elle.

POPULARITÉ. La popularité devrait être toujours la marque de l'estime publique, honorant les hommes qui la méritent, mais elle n'est trop souvent que la faveur du peuple, attribuant des honneurs ou une influence éphémères à des personnages qui sont loin de justifier la prédilection ou l'engouement dont ils sont l'objet. Elle est de nature diverse, suivant qu'elle s'applique aux princes, aux hommes d'État, aux simples citoyens ; suivant qu'elle se manifeste dans un État monarchique ou dans une démocratie.

« Qu'est-ce que la popularité ? dit Napoléon à Sainte-Hélène. C'est la débonnaireté. Qui fut plus populaire, plus débonnaire, que le malheureux Louis XVI ? Pourtant quelle a été sa destinée ! Il a péri ! C'est qu'il faut servir dignement le peuple et ne pas s'occuper de lui plaire : la belle manière de le gagner, c'est de lui faire du bien. Rien n'est plus dange-

1. *Esprit des lois*, liv. XI, chap. VI.

reux que de le flatter : s'il n'a pas ensuite tout ce qu'il veut, il s'irrite et pense qu'on lui a manqué de parole ; et si alors on lui résiste, il hait d'autant plus qu'il se dit trompé. — Le premier devoir du prince, sans doute, est de faire ce que veut le peuple ; mais ce que veut le peuple n'est presque jamais ce qu'il dit : sa volonté, ses besoins, doivent moins se trouver dans sa bouche que dans le cœur du prince ». (*Mémorial*.) Se serait-on attendu à cela de sa part? Il est vrai qu'il l'a écrit à Sainte-Hélène.

La popularité d'un souverain, pour être de bon aloi, pour avoir chance d'être utile et de durer, doit en effet lui venir d'un heureux mélange de force et de souplesse, de calcul et d'habileté. Aussi le type le plus accompli du monarque populaire est ce Henri IV, qui sut conquérir son trône sur les factions aussi bien que sur l'étranger, qui se montra tour à tour sévère, généreux, plein de grâce familière et d'affabilité, qui fut vraiment le père de ses sujets après en avoir été le vainqueur, qui racheta de coupables errements par de rares qualités, et mérita de rester à bon droit

Le seul roi dont le peuple ait gardé la mémoire.

Quand ce n'est pas un prince, mais un citoyen, un tribun ambitieux, qui cherche à capter la faveur de la foule, la chose n'en est pas plus louable, ni le spectacle plus beau. L'histoire n'en présente que trop d'exemples. On sait à quelles chutes profondes et terribles sont le plus souvent réservées les idoles de cette multitude, que l'on peut dire aveugle comme la fortune, et qui manque rarement de brûler de ses propres mains ce qu'elle a adoré.

L'antiquité nous fournirait bien des exemples de popularité plus ou moins méritée ou subie, mais citons quelques cas modernes.

Voilà d'abord Mirabeau, apprenant à ses propres dépens ce que peuvent les passions politiques pour noircir les hommes publics et les livrer aux préventions populaires, et s'écriant dans la mémorable séance du 22 mai 1790 : « Et moi aussi, on voulait, il y a peu de jours, me porter en triomphe! Et maintenant, on crie par les rues : *La grande trahison du comte de Mirabeau!*..... Je n'avais pas besoin de cette leçon pour savoir qu'il est peu de distance du Capitole à la Roche Tarpéienne ; mais l'homme qui combat pour la raison, pour la patrie, ne tient pas si aisément pour vaincu! etc., etc. »

La popularité ne prouve donc rien par elle-même. Elle s'abaisse ou s'élève suivant les mobiles qui en déterminent la poursuite. Aristide, après en avoir joui, la méritant, la perd, sans démériter, par cela seul que le peuple se lasse de l'entendre appeler juste. Elle vaut ce que valent ceux de qui elle vient et ceux à qui elle va.

Deux de nos contemporains l'ont bien prouvé par leur exemple : l'un, le banquier Laffite, « le seul homme (a dit Béranger), le

seul de notre temps qui ait su rendre la richesse populaire » ; — l'autre, ce même Béranger, l'homme populaire par excellence, qui, se demandant d'où pouvait lui venir cette popularité à laquelle il n'a jamais fait, lui, aucun sacrifice, a pu hautement ne l'attribuer « qu'à ses sentiments patriotiques, à la constance de ses opinions, au dévouement désintéressé avec lequel il les a défendues et propagées ». (*Préf.* de 1833.) Oui, Lamartine l'a dit à son tour avec raison : « Sa popularité, c'était son *patriotisme* ». En d'autres termes, c'était son *caractère :* le talent du chansonnier n'eût pas suffi. Ce caractère a valu à Béranger une popularité qu'il a lui-même qualifiée « d'inconcevable », et il en a plutôt accepté et acquitté noblement les charges, qu'il n'a joui de ses avantages. Il a surtout remarquablement su échapper à ses périls, qu'il a lui-même si bien définis lorsqu'il a dit : « Il n'est pas jusqu'aux nobles ambitions, celle de la popularité, par exemple, qui ne puissent *troubler l'entendement le plus sain* ». (*Ma Biographie.*)

Il ne faut pas compter sur la popularité quand on a l'honneur de gouverner ses semblables ; mais tout en sachant s'en passer, on ne doit jamais affecter de la mépriser et de n'en point vouloir, comme le renard qui ne voulait pas de la grappe vermeille, bonne, suivant lui; pour les goujats. Autant il est beau d'opposer parfois aux préjugés de la foule une noble confiance en soi-même, bravant son courroux et en appelant du présent à l'avenir, autant il serait téméraire et puéril de mettre son orgueil à fouler aux pieds tout respect humain dans les choses politiques, à amonceler contre soi toutes les antipathies des masses, à croire que la bonté d'un gouvernement est en raison du peu de goût qu'on a pour lui, enfin à se complaire dans ce que *Némésis* appelait une incommensurable impopularité.

La raison veut là, comme ailleurs, plus qu'ailleurs, peut-être, un sage tempérament et l'application du précepte : *Inter utrumque tene*. (Ch. Read.)

POPULATION. Nous traiterons successivement dans cet article : 1º de la population considérée comme base de la puissance d'un Etat ; 2º des rapports entre la population et les subsistances, ou du *principe de population ;* 3º de l'intervention du gouvernement en matière de population.

I. LA POPULATION CONSIDÉRÉE COMME BASE DE LA PUISSANCE D'UN ÉTAT.

Quand on veut indiquer d'une manière aussi brève que frappante la puissance d'un Etat, on rappelle le chiffre de sa population. « C'est par le nombre de leurs sujets, disait Vauban, que la grandeur des rois se mesure.» Cette manière de voir est partagée par tous les hommes d'Etat et par l'immense majorité des publicistes. L'antiquité avait pris des mesures pour favoriser l'accroissement de la population. Pendant tout le moyen âge, l'opinion que Montesquieu exprime ainsi dans ses *Lettres persanes : «* la population est toujours un bien », était généralement admise. Voyez, par exemple, en France, Bodin (*De rep.*, VI, 2), Melon (*Essai politique sur le commerce*, ch. I, 3), Forbonnais (*Finances de la France*, *t.* I, p. 351), Necker (*Sur le Commerce, etc., des grains*); en Angleterre, Bacon. (*Sermones fid.*, 15, 33),Petty, Locke (*Work*, II, p. 32), Davenant et Tucker, Child. Law disait : *Numbers of people, the greatest riches* (*Trade and Money*,p.209). En Allemagne, nous trouvons Seckendorf, Becher, qui ne punit l'assassin que parce qu'il diminue la population (*Politischer Discurs*, etc., 1re édit.; au milieu du dix-septième siècle; 4e Francfort, 1759); de Horneck (1684), Sonnenfels, Justi et le célèbre Süsmilch, qui pense que « la prospérité d'un peuple est proportionnelle à son nombre »; en Espagne, Saavedra-Faxardo (*Idea, Symb.*, 66); en Italie, surtout Filangieri et Verri; en Hollande, Spinoza (*Tract. polit.*, VII, 18). Faut-il citer encore Rousseau qui soutient que « toutes choses d'ailleurs égales, le gouvernement sous lequel, sans moyens étrangers, sans naturalisations, sans colonies, les citoyens peuplent et multiplient davantage, est infailliblement le meilleur ». (*Contrat social*, liv. III, chap. ix.) Ainsi sur l'importance politique du chiffre de la population il n'y a qu'une voix, et rarement on conteste le mot de Vauban.

D'ailleurs, si ce n'est le chiffre de la population qui mesure la grandeur d'un Etat, serait-ce le territoire? Faut-il rappeler, par l'exemple de la Sibérie ou du Groënland, que l'étendue superficielle ne dit rien à elle seule. Serait-ce le chiffre de l'armée? Mais il est évident que ce chiffre dépend du nombre des habitants.

Et pourtant, malgré l'éloquence du chiffre de la population, le nombre des habitants ne suffit pas pour donner une idée nette et exacte de la puissance d'un Etat. Evitons, pour ne blesser aucun amour-propre national, de citer des noms, mais tout homme instruit ne sait-il pas que tel pays est plus puissant que tel autre, bien que sa population soit moins nombreuse? C'est qu'il y a homme et homme !

Qu'est-ce donc qui différencie les populations ?

Serait-ce la race?

, Il y a sans doute des différences *actuelles* dans les aptitudes des diverses nations, mais nous les considérons comme acquises; nous ne comprenons pas qu'on puisse soutenir l'inégalité originelle des races humaines, sans nier l'unité de l'espèce [1]. Nous ne savons quelles circonstances ont pu donner

tant de *constance* au caractère national : le milieu y est pour beaucoup; mais il semble que toutes les races doivent pouvoir atteindre le même degré de civilisation. Si réellement il y avait des races inférieures, le contact de la civilisation les tuerait ; ce serait Sémélé devant Jupiter dans toute sa gloire. Toutefois, si cette inégalité se trouve quelque part, ce n'est pas en Europe.

Existe-t-il d'ailleurs en Europe quelque race pure? L'histoire répond que non, et la physiologie enseigne que ce mélange a été un bienfait. Mais seulement, ajoute la politique, dans les pays où la fusion a été parfaite; là où elle n'a pas eu le temps de s'achever, les nationalités, animées d'un nouvel esprit, répugnent à se fondre et se pénètrent de plus en plus d'une haine mutuelle nuisible à la civilisation. (*Voy.* **Nationalités.**) L'Etat qui renferme des nationalités variées se trouve actuellement, à population égale, plus faible qu'un Etat où l'unité est établie d'une manière solide. Ainsi, ce n'est pas dans l'infériorité de l'une ou l'autre race que nous voyons la cause de la faiblesse, mais dans leur hostilité réciproque. L'*unité*, comme l'*union*, fait la force.

Une autre circonstance qui différencie la puissance des Etats, c'est la richesse. Pas n'est besoin de rappeler que « l'argent est le nerf de la guerre » ou que les gros sacs valent les gros bataillons. La richesse donne la puissance de diverses façons. D'abord, elle ne tombe pas du ciel : il faut l'acquérir par le travail.

Le travail donne la santé, le bien-être, la vertu, la force physique et la force morale. La richesse dénote l'existence, et l'accumulation de beaucoup de travail, d'une forte épargne, de grands capitaux applicables à toutes sortes d'entreprises productives et, hélas ! destructives. Une population riche est donc, à nombre égal, plus puissante qu'une population pauvre.

L'instruction ajoute des forces non moins importantes que la richesse à la puissance d'un peuple. Nous ne savons qui l'emporterait d'une nation instruite et pauvre ou d'une nation riche et ignorante ; mais nous ne ferons aucun effort intellectuel pour résoudre ce problème, car nous sommes convaincu que, dans la pratique, le savoir produit des richesses, et l'aisance fait rechercher l'instruction. En bien des cas, savoir, c'est pouvoir. Le savoir, l'expérience suppléent souvent au talent, et la science nous apprend à assujettir des esclaves qui ne se plaignent pas, qui n'excitent la pitié de personne, et qu'aucune intervention étrangère ne cherchera à émanciper : nous voulons parler des forces de la nature.

Une population homogène, riche et instruite, sera donc toujours plus forte, à nombre égal, qu'une population pauvre. Toujours? Il y a une seule exception, assez rare, il est vrai, c'est lorsque la population pauvre et ignorante est libre! Qu'on ne s'y trompe

---

1. Sur l'origine des hommes nous n'avons que des légendes, nous n'affirmons donc rien ; nous constatons seulement que des individus, appartenant aux races les plus différentes,peuvent contracter des mariages féconds; c'est la preuve admise de l'unité de l'espèce.

pas, cependant, la liberté se rencontre bien plus souvent associée avec l'aisance et l'instruction qu'avec la misère. La liberté, l'habitude de se gouverner soi-même, fait un héros de chaque citoyen, et quand une nation réunit la liberté à tous les biens que nous avons énumérés auparavant, elle est invincible.

Nous avons jusqu'à présent envisagé les circonstances morales et politiques qui augmentent ou diminuent la force des populations, il reste encore quelques circonstances physiques dont il faut tenir compte.

La première de toutes, c'est l'état sanitaire. Que les influences morbides proviennent de la nature du sol, du climat, ou du genre de vie, des occupations, du mode d'alimentation, dès qu'elles abrègent la vie, le niveau de la population ne pourra être maintenu ou même élevé que par la multiplicité des naissances. Or, au point de vue des intérêts matériels d'un pays aussi bien que de ses intérêts moraux, une naissance ne compense pas un décès (si ce n'est d'un vieillard décrépit). L'enfant ne contribue en rien à la somme de bien-être de la nation, ni à sa moralité, ni à son intelligence ; la société est obligée de lui faire une avance, dont elle ne sera peut-être pas remboursée, car c'est parmi les enfants que la mortalité est la plus grande. Il importe donc de savoir si le nombre des enfants, relativement à celui des adultes, est plus ou moins élevé. Cette donnée est la plus importante, mais ce n'est pas la seule ; la plupart des autres se trouvent sur les tableaux du recrutement ; c'est sur ces tableaux qu'on lira la liste des infirmités qui diminuent la force d'un Etat. Quelques-unes de ces infirmités (cécité, surdi-mutisme, idiotisme) sont relevées lors des recensements.

Une autre circonstance qu'il importe de mentionner ici, c'est la *densité* de la population. Le nombre d'hommes qui vit sur un kilomètre carré n'est pas chose indifférente. Un million d'hommes dispersés sur une vaste région sont bien moins forts que lorsqu'ils sont réunis sur un territoire étroit. Les premiers seront peut-être plus difficilement conquis, à cause des obstacles que la nature des pays oppose à l'envahisseur, mais ces mêmes obstacles les empêcheront de se réunir facilement et diminueront leurs ressources. Cependant, ce n'est là que le côté secondaire de la question, la guerre est une situation exceptionnelle, et l'état normal du pays civilisé, c'est la paix. Or, la dissémination trop grande de la population n'est favorable ni à la production, ni aux progrès intellectuels. Elle nuit à la production, car elle gêne la division du travail et rend rares ou impossibles les entreprises qui ont besoin du concours d'un grand nombre d'hommes. On sait que les pays les plus peuplés sont les plus riches. Quant au développement de l'intelligence, à l'avancement des sciences, il est en raison de la multiplicité des rapports qui existent entre les esprits. On n'ose plus dire, tellement le mot est devenu banal, que « du

choc des idées naît la lumière ». Chaque intelligence peut être considérée comme fournissant un rayon intellectuel à un foyer qui est d'autant plus puissant que les rayons sont plus nombreux.

De là résulte la supériorité des villes sur les campagnes. Seulement, lorsqu'il y a une proportion rationnelle entre les unes et les autres, elles se communiquent mutuellement leurs avantages. Nous arrivons ainsi à toucher à une circonstance économique qui exerce une certaine influence sur la force des populations : c'est l'équilibre entre les villes et les campagnes, entre les industries qui produisent les matières premières et les industries qui les transforment en objets usuels, entre les professions libérales et les professions manuelles. Il faut que toutes les aptitudes soient convenablement représentées dans une nation.

Dans un grand pays dont la population peut se développer d'une manière normale, tous les genres de progrès — il faut du moins l'espérer — auront leur tour : c'est une affaire de temps. Les réserves que nous avons présentées n'infirment donc en rien la proposition, que généralement la puissance d'un Etat se mesure par le chiffre de sa population, et cette proposition a toujours été si universellement admise, que la plupart des gouvernements ont pris des mesures pour favoriser la multiplication de la population, mesures généralement inutiles et inefficaces.

II. DU PRINCIPE DE POPULATION.
(*La population et les subsistances.*)

Qu'est-ce qui arrête l'essor de la population ? Pourquoi la France, par exemple, n'a-t-elle pas 50 ou même 100 millions d'habitants ? On répondra : parce qu'ils n'y trouveraient pas de quoi se nourrir. Le problème n'est pas plus difficile que cela ; tout le monde le résout à première vue. Nouvelle question : mais pourquoi ne produit-on pas plus de nourriture ? La réponse est encore une fois d'une simplicité naïve : c'est qu'on ne peut pas. Pensez-vous que le cultivateur s'abstienne bénévolement de produire 40 hectolitres de blé au lieu de 20 par hectare, ou que, par suite de quelque profond calcul machiavélique, il empêche le bœuf qu'il engraisse de dépasser le poids de 1,000 kilogrammes.

Ainsi, les subsistances ne peuvent pas être multipliées à volonté, cela est certain ; à chaque époque, le producteur cherche à tirer du sol le maximum du rendement possible, et selon les quantités qu'il apporte au marché, comparées au nombre des acheteurs et à leur revenu, les prix des aliments sont bas ou élevés. Le bas prix rendant les denrées plus accessibles ou les mettant à la portée d'un plus grand nombre de bourses, les mariages se contractent plus facilement et l'on voit arriver des enfants sans craindre qu'ils manqueront de pain. Lorsque les subsistances deviennent plus rares, on se marie moins ; s'il y a des imprudents, beaucoup parmi eux ont la douleur de voir leurs enfants souffrir et même succomber aux maux habituels de cet âge, maux qu'une meilleure nourriture les eût souvent aidés à vaincre. Ou croit-on que l'homme peut augmenter sa production à raison du nombre de ses enfants? L'expérience est là pour prouver le contraire. Les soins à donner aux enfants détournent dans une certaine mesure les parents de leurs travaux; quant à penser que la misère diminue le nombre des naissances, ce serait nier l'évidence : ce sont toujours et partout les pauvres qui ont le plus d'enfants, au point qu'on a soutenu que la bonne chère rend les conceptions plus rares. Ce n'est pas tout. L'insuffisance ou la mauvaise qualité des aliments fait naître des maladies qui sévissent bientôt sous une forme épidémique ; la cherté aigrit le caractère et facilite la naissance de troubles, de guerres civiles et autres. Ces conséquences ne sont-elles pas conformes à la logique et aux faits ?

Pourtant on les a niées, par la simple raison qu'elles ont été formulées trop brutalement, c'est-à-dire avec une trop grande précision par un savant philanthrope, Malthus. Voici dans quel rapport se trouvent, selon Malthus, la population et les subsistances. Il dit :

« Nous pouvons tenir pour certain que, lorsque la population n'est arrêtée par aucun obstacle, elle va doublant tous les vingt-cinq ans, et croît de période en période selon une progression géométrique.

« Nous sommes en état de prononcer, en partant de l'état actuel de la terre habitée, que les moyens de subsistance, dans les circonstances les plus favorables à l'industrie, ne peuvent jamais augmenter plus rapidement que selon une progression arithmétique. »

Et plus loin :

« La race humaine croîtrait comme les nombres 1, 2, 4, 8, 16, 32, 64, 128, 256, tandis que les subsistances croîtraient comme ceux-ci : 1, 2, 3, 4, 5, 6, 7, 8, 9. Au bout de deux siècles, la population serait aux moyens de subsistance comme 256 est à 9. »

On s'est attaché à la lettre de ces progressions pour invalider la théorie. Ce n'était là qu'une chicane [1], puisque les deux progressions, telles qu'elles sont formulées, n'ont d'autre but que de faire saisir d'une manière bien palpable que *la population a une tendance à s'accroître plus rapidement que les subsistances*.

Si l'on a attaqué cette proposition malgré son évidence, c'est que le sentiment est souvent plus fort que la raison. Nous venons de relire la plupart des opinions émises et nous regrettons que l'espace ne nous permette pas de les reproduire toutes [1]. En voici une, exprimée par Dunoyer dans une séance de l'Académie des sciences morales et politiques :

« Il est nullement vrai, selon moi, dit-il, que, naturellement et abstraction faite de toute intervention de l'activité et de la prudence humaine, la population tende à croître géométriquement, tandis que les subsistances ne tendraient à se multiplier que suivant une progression arithmétique. L'homme n'est certainement pas, des êtres vivants, celui qui tend naturellement à s'accroître avec le plus de rapidité. Il est, au contraire, une multitude d'animaux et de végétaux, surtout dans le nombre de ceux qui sont destinés à l'alimentation, qui, naturellement, tendent à multiplier et à croître beaucoup plus facilement et plus rapidement que lui. J'en pourrais citer mille exemples ; la moindre réflexion suffit pour en indiquer. Puis, je parle là des choses laissées à leur impulsion naturelle, et les proportions vont bien autrement changer sitôt que la réflexion, l'activité, l'industrie, la prudence humaine interviendront. La volonté de l'homme intervenant, les choses destinées à le nourrir tendront à se multiplier plus rapidement encore, et il pourra arriver que, par réflexion et de dessein prémédité, lui-même se multiplie, au contraire, moins rapidement. Il y aura des variétés infinies dans les proportions suivant lesquelles s'accroîtront les populations et les subsistances, et je ne sais s'il arrivera jamais qu'elles s'accroissent précisément suivant la loi prétendue observée par Malthus. »

Ici nous trouvons au moins une ombre d'argument, les végétaux et les animaux destinés à l'alimentation se multiplient naturellement plus vite que l'homme. Nous l'admettons. Oui, un grain de maïs, par exemple, peut se reproduire au centuple en une année, et l'homme ne peut avoir qu'un, rarement deux enfants. Mais oublie-t-on que la reproduction du grain de maïs dépend du sol dans lequel on le sème et qu'on ne peut étendre les champs à volonté ? Qu'on relise ensuite ce passage : « Et il pourra arriver que, par réflexion... » Quelle réflexion peut l'empêcher de s'abandonner à ce penchant si puissant de la reproduction, si ce n'est la crainte de voir ses enfants manquer de pain ? Et encore, combien de fois la passion ne fait-elle pas taire les suggestions de la prévoyance !

On le voit, Dunoyer, comme d'ailleurs presque tous les adversaires ou plutôt *contradicteurs* de Malthus, après avoir soutenu que les subsistances se multiplient plus vite que la population, fait intervenir LA RÉFLEXION. Dans quel but? Pour s'abstenir. Malthus ne dit pas autre chose, et beaucoup de personnes arrivent à pratiquer ce précepte sans le connaître, elles y sont amenées par

[1]. Bastiat s'exprime ainsi sur ce point : « Jamais Malthus n'a posé cette inepte prémisse : les hommes multiplient *en fait* suivant une progression géométrique. » Il dit, au contraire, que le fait ne se manifeste pas, puisqu'il cherche quels sont les obstacles qui s'y opposent, et il ne donne cette formule que comme puissance organique de multiplication ; il y a cependant des exemples d'une pareille multiplication aux États-Unis. »

[1]. Nous ne pouvons que renvoyer à l'excellent ouvrage de M. Joseph Garnier : *le Principe de population*. Paris, Guillaumin.

les circonstances. D'autres, sans doute, tombent de préférence dans le vice.

On a fait intervenir la Providence pour appuyer certaines déclamations inspirées, nous le reconnaissons volontiers, par de nobles sentiments. Il nous semble qu'on rapetisse ainsi l'œuvre du Créateur. La Providence a donné à chaque être animé, plante ou animal, une grande force d'expansion, précisément pour combattre les mille'chances de destruction que l'espèce rencontre sur la terre. Il l'a ensuite armé d'un instinct puissant pour seconder les efforts de la nature. L'homme subit également ces lois. N'a-t-il pas faim et soif, chaud et froid, ne ressent-il pas le plaisir et la douleur, comme tout être vivant, et ces sensations ne sont-elles pas les agents de sa conservation, de ses progrès ? Ce qui le distingue du reste de la création, c'est la raison : en s'en servant, il évite bien des maux ici-bas ; mais lorsqu'il ne s'en sert pas, il est soumis absolument aux mêmes influences que les autres animaux. Et ces influences sont nécessaires pour vaincre son inertie. Il fallut que l'homme fût doué d'un vif penchant à la multiplication de son espèce pour neutraliser les motifs égoïstes qu'il aurait eus pour s'en abstenir.

Lamennais, dans ses premiers écrits, est un de ceux qui ont fait intervenir la Providence. « Il y a, dit-il, place pour tous sur la terre, et Dieu l'a rendue assez féconde pour fournir abondamment aux besoins de tous... L'auteur de l'univers n'a pas fait l'homme de pire condition que les animaux : tous ne sont-ils pas conviés au riche banquet de la nature ? Un seul d'entre eux en est-il exclu ?... Les plantes des champs étendent l'une près de l'autre les racines dans le champ qui les nourrit toutes, et toutes y croissent 'en paix, aucune d'elles n'absorbe la sève d'une autre... »

Il s'est réfuté indirectement en disant une autre fois (*Esquisses d'une philosophie*) : « Si le développement de chaques espèce ne rencontrait des bornes infranchissables, rien ne serait. Chaque espèce tendrait à envahir et remplir seule les milieux appropriés à sa nature... Animaux, plantes, entraînés par le même mouvement dans un cercle éternel de permutations incessantes, sont l'élément les uns des autres, se donnent les uns aux autres et leur être et les éléments de leur être, sans quoi aucun n'existerait. »

Nous pensons, comme Jos Garnier, auquel nous empruntons ces deux citations que c'est la seconde fois que Lamennais a raison.

Il était dans le vrai, cette fois, parce qu'au lieu de déclamer il a constaté des lois. En général, l'erreur des adversaires de Malthus provient de ce qu'ils confondent la constatation d'une loi naturelle avec un précepte. C'est une loi triste, dit-on, et c'est là en effet son plus grand défaut ; mais Malthus n'a pas créé la loi ; il ne l'a même pas découverte, 5o ou 6o auteurs l'ont exposée avant lui, il l'a seulement formulée avec plus de préci-

sion. Ce n'est pas la faute du médecin s'il y a des malades, ce n'est pas la morale qui crée le vice, et ce n'est pas la religion qui tue l'homme parce qu'elle lui dit de penser à la mort. On fait semblant de croire que Malthus est un ennemi de la population, parce qu'il veut qu'on puisse nourrir ses enfants, et on le décrie comme un ami du vice parce qu'il s'évertue à dire : Gare au vice et à la misère.

Pour en finir, rappelons un fait bien connu : Il y a 100 ans, l'Angleterre, la France, l'Allemagne, etc., exportaient du blé ; actuellement, par suite de l'accroissement de la population, ces pays en importent, et beaucoup. La population s'est donc accrue plus vite que les subsistances. Nier ce fait, c'est nier l'évidence. On trouve encore du blé à importer, mais combien de temps encore ? — Chose singulière, un auteur, pour soutenir que Malthus a tort, prouve, quoi : que le nombre des naissances diminue, c'est-à-dire qu'on sent déjà la disproportion entre le taux de la multiplication des hommes et celui des subsistances.

III. DE L'INTERVENTION DU GOUVERNEMENT.

Selon les époques et les pays, deux manières de voir ont tour à tour dominé relativement à la population. Pendant longtemps on pensa, à tort ou à raison, que la population est trop clairsemée, et qu'il y avait pour l'État avantage à ce que le nombre des habitants augmentât. On essaya, par conséquent, d'encourager les mariages. Il en était ainsi chez les Perses, chez les Hébreux, dans quelques cités grecques. Rome avait une législation spéciale, parfois draconienne, contre les célibataires des deux sexes. La loi Papia Poppea leur imposa des taxes dites *œs uxorium* et accorda des exemptions d'impôt aux familles de trois enfants. Trajan et d'autres empereurs prirent des décisions analogues.

Dans les temps modernes, on procéda d'après le même principe. Un édit de Louis XIV, de novembre 1666, offrait l'exemption pendant cinq ans des charges publiques à ceux qui se marieraient avant 20 ans, et pour la vie, à ceux qui auraient 10 enfants légitimes, dont aucun ne serait prêtre. Voltaire se plaint que ce règlement soit tombé en désuétude à la mort de Colbert. En 1797, Pitt proposa un bill pour récompenser les pères de familles nombreuses. Napoléon exempta dans certains cas du service militaire les jeunes gens mariés, et promit à toute famille qui aurait 7 enfants mâles d'en prendre un à sa charge. Cette dernière disposition existe aussi en Prusse et dans quelques autres États allemands. En 1819 le roi de Sardaigne exemptait de tout impôt le père de 12 enfants, et cette disposition n'a été supprimée qu'en 1852.

Outre les encouragements aux mariages, les gouvernements s'efforçaient d'accélérer le peuplement du pays en favorisant l'immigration, en prohibant l'émigration, et par d'autres mesures analogues.

Mais il vint un temps où les vues changèrent. A tort ou à raison on trouva la contrée trop remplie et on pensa qu'il fallait relentir l'augmentation de la population. Les gouvernements n'avaient pas un grand choix de moyens et ces moyens peuvent être classés en deux catégories. Dans la première figurent toutes les dispositions qui entravent le mariage, soit en exigeant que les époux possèdent une certaine aisance, soit en fixant un minimum d'âge assez élevé, soit en imposant d'autres conditions encore. L'autre comprend toutes les mesures prises pour favoriser l'émigration, primes, passages gratuits, distributions de terre à l'autre. Nous ne citons que pour mémoire l'exposition des nouveau-nés que quelques législations avaient permise; il est tout à fait superflu d'attaquer un pareil moyen.

Nous devrions mentionner maintenant les propositions faites par divers auteurs pour arrêter les progrès de la population ; mais comme ces propositions n'ont jamais été prises en considération et n'ont, pour la plupart, aucune chance de l'être, nous ne croyons pas devoir les énumérer ici. La plupart ne méritent guère d'être tirées de l'oubli où elles sont tombées[1]. Nous sommes d'ailleurs d'avis que le gouvernement ne doit en aucune façon intervenir dans cette affaire[2]. Son intervention ne peut être qu'inefficace ou tyrannique. Personne ne se mariera uniquement à cause de la prime, et si l'on entrave le mariage, il y aura, comme alors à Munich, 1 enfant naturel sur 3 naissances. La population n'en viendra pas moins, mais sans les garanties qu'offrent les familles régulières. Lorsqu'il sera aisé de gagner sa vie, on se mariera facilement, et dans les temps durs, provenant de l'excès de concurrence produit par une population surabondante ou de toute autre cause, les mariages diminueront, on les contractera plus tard, ils seront moins féconds, ou les enfants mourront, selon que les hommes seront plus ou moins prudents, plus ou moins conduits par la raison. Or il faut que chacun ait de la raison pour soi-même; c'est une mauvaise chose que de demander au gouvernement d'en avoir pour tout le monde. Ce serait condamner la nation à une minorité perpétuelle.

Nous le répétons, le gouvernement n'a rien à faire, il n'y a aucune mesure à prendre, les lois naturelles doivent seules agir, et si toutes agissent. l'équilibre s'établit de lui-même. Ces lois naturelles peuvent, comme toujours, être ramenées à deux: l'une émanant du sentiment qui pousse à l'union des sexes; l'autre procédant de la raison et inspirant la prévoyance.

Nous ajouterons un argument essentielle-

ment pratique contre l'intervention du gouvernement.

Il est évident qu'on n'entravera pas l'accroissement de la population dans un pays où elle n'a pas encore atteint le degré de densité que le territoire peut supporter. On désire généralement que les rangs de la population soient serrés, afin d'en stimuler les forces productives. On voudra seulement réagir contre l'excès de population. Or comment reconnaître cet excès ? Comment savoir que le nombre des habitants a dépassé la somme de subsistances disponibles ? Existe-t-il une statistique qui permette d'établir ces rapports d'une manière seulement approximative ?

Non, il n'existe rien de semblable.

L'excès de population ne peut être reconnu que par des indices, par des symptômes qu'il est facile de mal interpréter; l'équilibre aussi n'est quelquefois rompu que dans une localité, dans un district peu étendu, et dans l'intérieur d'un même pays le niveau peut se rétablir sans trop de difficulté par le déplacement spontané d'une partie de la population, par des migrations partielles. Toute mesure générale porterait donc à faux, lors même qu'on aurait bien compris la signification des symptômes. On compte généralement parmi ces symptômes l'avilissement des salaires, la hausse du prix des denrées alimentaires, la mortalité excessive des enfants et d'autres faits pareils; mais ces fléaux peuvent parfaitement avoir d'autres causes, et souvent les vrais effets de l'excès de population peuvent rester cachés aux hommes d'Etat. Mais ils seront toujours sensibles aux individus; c'est donc à eux à se garer contre le danger, et à exercer leur raison pour que la place de chacun au banquet de la vie soit aussi bonne que possible. Nous demandons la liberté individuelle et la responsabilité individuelle.

PORTES ET FENÊTRES. Cet impôt a existé en diverses contrées, mais il ne paraît s'être conservé qu'en France, où il a été établi par là loi du 4 frimaire an VII. La contribution des portes et fenêtres est considérée comme un complément de la contribution mobilière avec laquelle elle est censée constituer un véritable impôt sur le revenu. C'est donc le locataire qui, dans la pensée du législateur, doit cet impôt, mais dans la pratique, le propriétaire le paye souvent. La loi n'atteint que les ouvertures sur les *rues*, *cours* et *jardins* des maisons et usines, et non les portes et fenêtres intérieures, donnant sur l'escalier ou d'une chambre à une autre. Toute ouverture qui n'est pas destinée à être fermée par une porte, un volet ou autrement, est exempte.

La contribution des portes et fenêtres fut d'abord un impôt de quotité; le tarif fixait une taxe moins élevée pour les petites maisons que pour les grandes, pour les maisons des villages que pour celles des villes, pour les étages supérieurs que pour les étages

1. On en trouvera la liste dans l'ouvrage précité de Jos. Garnier.
2. Malthus n'est pas plus favorable que nous à l'intervention du gouvernement.

inférieurs. On en a fait un impôt de répartition qui tient compte de ce tarif sans doute, mais seulement dans une mesure assez restreinte. Le fisc aime beaucoup les impôts de répartition, mais le contribuable doit préférer l'impôt de quotité. Quoiqu'il en soit, depuis quelque temps il est question de le supprimer, la question est seulement : que mettra-t-on à sa place ?

PORT FRANC. Ce sont des ports qui sont mis en dehors de la ligne de douanes ou du régime fiscal d'un pays pour être accessibles aux marchandises étrangères, sans avoir aucun droit à payer, soit à l'importation, soit à l'exportation.

Il ne faut pas confondre les *ports francs* avec les *places d'entrepôt*. Tandis que dans les premiers la liberté d'entrée et de sortie est générale, ce qui exclut tout compte à rendre aux douanes, dans les secondes, on se contente de restituer les droits payés à l'entrée ou de rayer les déclarations qui ont été faites hors de l'entrée. Le port franc comportait des privilèges tellement illimités qu'il était considéré comme un territoire étranger, par rapport à toute espèce de marchandises, et se trouvait ainsi hors de la ligne de douanes. C'était un terrain neutre où les marchandises étrangères étaient reçues et d'où elles pouvaient retourner à l'étranger en franchise de tous droits.

Marseille, Dunkerque, Lorient et Bayonne ont été des ports francs. Mais la Révolution ramena la France au régime de l'unité et de l'égalité, et y substitua le droit d'entrepôt qui est accordé à une multitude de ports et même de villes de l'intérieur. Aujourd'hui, il n'existe aucun port franc en France; mais au lieu de la franchise qu'avaient autrefois certaines villes maritimes, tous les ports de quelque importance jouissent d'un entrepôt, qui a pour eux les mêmes avantages et qui est réel ou fictif : réel, si la marchandise est entreposée dans un magasin public; fictif, si les marchandises sont placées dans les magasins du négociant.

Les progrès du commerce ont amené les nations commerçantes à substituer à de simples chambres d'emmagasinage qui existaient dans l'origine, des établissements qui ont pris en Angleterre le nom de *Docks* et en France celui de *magasins généraux*, entrepôts, ou même docks, et qui sont devenus des créations fécondes et productives, en raison des services directs qu'ils rendent au commerce. Mais comme les municipalités, auxquelles avait été confiée, par la loi du 8 floréal an II, l'obligation d'établir des entrepôts réels, s'étaient montrées impuissantes pour la manutention et la conservation des marchandises, on a compris que des établissements de cette nature ne pouvaient être entrepris et gérés que par des compagnies particulières, parce qu'elles seules peuvent entrer dans les détails d'exploitation qu'ils exigent et agir entièrement pour l'intérêt du commerce dans ses rapports avec l'administration des douanes et le régime fiscal.

POSTES. La civilisation des peuples se traduit extérieurement par l'état de leurs moyens de communication, et l'on peut dire : Connaissant les agents de circulation des idées, des hommes, des valeurs et des produits chez un peuple, je vous dirai à quel degré de l'échelle il doit être placé.

En effet, la prospérité d'un pays est intimement liée à ces diverses manifestations de l'activité ; idées et produits valent par l'échange qui les constitue socialement ou commercialement. Plus un peuple aura étendu la sphère de ses relations extérieures, plus il aura perfectionné le réseau de ses communications intérieures, mieux il sera en mesure de provoquer et de satisfaire les besoins qui stimulent sa production ; plus son industrie prendra de développement, plus son commerce déploiera d'activité, plus ses mœurs recevront de poli et de raffinement.

Par un merveilleux accord des choses, nos progrès sont intimement liés aux progrès des autres, notre perfectionnement à leur amélioration, notre prospérité à leur participation aux résultats de notre travail. Si bien qu'aucune amélioration ne peut se produire dans nos procédés de création et d'échange intellectuels et matériels sans qu'aussitôt toutes les branches de la production, tous les ordres de sentiments et d'idées, tous les modes de satisfaction n'en subissent l'heureuse influence.

Quelle que soit l'importance des postes pour la civilisation d'un pays, notre cadre ne comporte pas l'exposé de son histoire qui renferme d'ailleurs des parties purement techniques. Nous nous bornerons à entrer dans quelques développements sur le point qui touche à la politique, *le Secret des lettres*, et à mentionner brièvement le côté financier du service.

On raconte qu'en admettant les particuliers à jouir des bénéfices de l'institution des postes, Louis XI faisait cette restriction que les courriers « devaient affirmer que les lettres dont ils étaient porteurs *avaient été vues* et ne contenaient rien de préjudiciable au roi. » La violation du secret des lettres était donc, à cette époque, chose officielle et patente. On partait de cette idée que tous les services publics relèvent du domaine, et que le souverain est en principe le maître de toutes choses, le propriétaire du sol et le père de sujets toujours mineurs. Dans cette donnée, l'usage des services généraux était une prestation à titre gracieux, pour laquelle le chef du gouvernement pouvait faire toutes réserves utiles à ses droits et intérêts. Depuis 1789, la base de notre droit social a changé et les gouvernements ne sont plus que des délégations, les gouvernants que des mandataires, les premiers entre les commis de la nation et non ses maîtres. Ils ne possèdent aucune partie du domaine en propre, et n'en peuvent user que d'une manière définie et sous une responsabilité plus ou moins étroite plus ou moins déterminée. La raison d'Etat peut encore obscurcir cette notion, elle ne saurait l'effacer de la conscience publique.

Il est plus que probable que les successeurs de Louis XI ne se crurent pas davantage obligés au respect des correspondances privées. Au moins, à cette époque, la chose se faisait presque publiquement, et les sujets étaient prévenus contre les épanchements de l'amitié : les révoltes de la conscience se gardaient de prendre la poste pour écho. Richelieu autorisa « le ramollissement des cachets », et Louis XIV et Louis XV, les héritiers de cette toute-puissance, allèrent chercher dans le secret des correspondances jusqu'à des renseignements pour leur lubricité, dit-on.

Louis XVI eut l'honneur de flétrir de pareils abus, de répudier pour son pouvoir de pareils moyens ; l'arrêté du 18 août 1775, rendu à propos de poursuites faites à Saint-Domingue sur des indications fournies par une lettre interceptée, s'exprime ainsi : « Considérant que de telles lettres ne peuvent jamais devenir la matière d'aucune délibération, que tous les peuples mettent la correspondance secrète des citoyens au nombre des choses sacrées dont les tribunaux comme les particuliers doivent détourner les regards, etc... ; annule les poursuites, etc. » L'influence des principes qui allaient illuminer le monde et transformer la conscience générale se fait déjà sentir, l'heure de la responsabilité vient de sonner pour les pouvoirs, et celui-là même qui accepte cet arrêt des temps n'y échappera pas. Quelques années plus tard, la Révolution elle-même se sert des armes du despotisme ; elle ressuscite également la raison d'Etat, et c'est en son nom que « la violation du secret des correspondances est considérée de nouveau comme un moyen de gouvernement ». Vainement la Constituante flétrit d'un blâme public la conduite des officiers municipaux qui avaient décacheté la correspondance de M. d'Ogny, intendant général des postes, et proclame l'inviolabilité du secret des lettres par les individus ou les corps constitués ; bientôt les partis se font une arme des confidences écrites ; les Girondins s'en servent contre les Feuillants, le Comité de salut public l'invoque contre les Girondins. Plus brutalement sincère, la Montagne demande l'autorisation officielle de chercher, jusque dans les correspondances privées, la preuve des conspirations réactionnaires.

« Vous criez, répond l'orateur montagnard aux scrupules tardifs des Girondins, parce qu'on ne veut pas que vous distilliez vos poisons ». Et la Convention sanctionne une mesure empruntée aux plus mauvais jours du despotisme : deux conventionnels président à la violation officielle des lettres et jouissent à cet effet d'appointements spéciaux...

Plus tard, Barrère et Tallien invoquent à leur tour le respect des correspondances, les thermidoriens veulent répudier l'arme qui a servi leurs haines politiques ; une fois de plus la morale est affirmée et la raison d'Etat flétrie ; mais le pouvoir va se concentrant à nouveau, les passions politiques un moment épuisées fermentent, et sur les ruines de la Révolution s'élève un gouvernement assez fort pour faire de la volonté du souverain le seul arbitre de ce qui est bien ou mal, juste ou injuste en politique. Encore une chute, encore une restauration, mais le cabinet noir est devenu une institution régulière, et la violation du secret des lettres continue à être un moyen légitime de police. Son existence reste officielle jusqu'en 1827, où Charles X en prononce la suppression. Après cette satisfaction donnée aux Chambres et à l'opinion, nous ne trouvons plus de traces extérieures de cette odieuse pratique ; cependant sous les gouvernements qui se sont succédé depuis 1830, quelques procès politiques, dans lesquels certains passages de lettres interceptées servaient de base ou d'appui à l'accusation, ont prouvé que l'abus, pour n'avoir plus de forme régulière, n'a jamais été complètement répudié. En juillet 1868, la Chambre des députés a été de nouveau saisie de la question. Lors de la discussion du budget de 1869, un certain nombre de membres de la gauche présentèrent un amendement destiné à restreindre aux juges d'instruction la faculté de saisir les lettres à la poste, en interdisant aux préfets et autres agents administratifs le droit d'ordonner et d'exécuter la saisie. Mais l'Assemblée n'adopta pas et passa à l'ordre du jour. Le secret des correspondances fut de nouveau livré à la discrétion du parti au pouvoir. Les abus naissent spontanément des pouvoirs exagérés, et pour les prévenir ce n'est pas à de vaines prescriptions légales ou à de solennelles déclarations qu'il faut recourir ; c'est à la réduction successive de la politique dans les fonctions administratives qu'il faut s'appliquer.

Le secret des lettres étant de nos jours complet, il ne reste plus que deux points à mentionner, d'une part le côté financier, et de l'autre le monopole.

Quant aux finances, la plupart des économistes sont d'avis que la poste est une source de revenus mal choisie. L'impôt postal pèse sur les affaires et les gêne, il y a intérêt à réduire les taxes au minimum de manière à couvrir juste les frais. Les Etats-Unis nous en donnent l'exemple.

Le second point, le monopole, semble nécessaire pour la bonne organisation du service ; la seule chose qui reste désirable, c'est que dans la pratique le monopole admette des accommodements locaux. Les chefs d'un service public ne doivent jamais oublier qu'ils n'existent que pour *rendre service* : ils sont serviteurs et non maîtres.

POSTLIMINIE. Principe en vertu duquel les droits de propriété sont suspendus, mais non éteints par le fait de la guerre.

Les publicistes du siècle dernier ont beaucoup écrit sur ce principe, mais sans l'élucider. Un grand nombre de distinctions qu'ils ont établies sont devenues sans objet, d'une part, parce qu'un droit public libéral a remplacé celui des gouvernements absolus, et puis parce que l'adoucissement des mœurs a rendu sacrées, pendant la guerre, les propriétés privées. Nous n'avons donc pas à examiner ce qui doit être fait, après la guerre, des propriétés prises sur les sujets de la puissance ennemie.

Il ne reste que les propriétés publiques, tant de l'État que des provinces ou des communes. Le vainqueur peut s'en emparer. Les biens meubles, il les consommera ou les transportera ailleurs et les vendra ; les acheteurs, — cela est reçu, — surtout s'ils ont ignoré qu'ils font l'acquisition d'un butin — en acquièrent la propriété. Il n'en est pas de même des immeubles. Le vainqueur étant seulement possesseur de fait et non propriétaire légitime de ces biens, il ne peut transmettre que le droit dont il jouit. Il n'acquiert la propriété que lorsque la puissance dépossédée reconnaît la mutation par un traité. Par conséquent, le vainqueur ou l'envahisseur d'un territoire ne peut qu'administrer les immeubles publics et jouir de leurs fruits ; si quelqu'un était assez malavisé pour les acheter, après la guerre, si le territoire ne change pas de maître, et si le vainqueur ne le conserve pas, il sera obligé de rendre la propriété sans indemnité, et cela en vertu du droit de *postliminie*.

POUDRE A FEU. Qui a inventé la poudre ? Personne n'en sait rien. Les uns nomment Berthold Schwarz (1330), un moine allemand qui s'occupait d'expériences chimiques ; d'autres croient avec plus de vraisemblance qu'elle était antérieurement connue en Chine, d'où elle est venue en Europe par l'entremise des Arabes. Ce seraient donc les Chinois qui auraient inventé la poudre. Ce n'est pas un mince mérite, si l'on songe que la poudre a tué la féodalité et a permis aux grandes nationalités de se former. L'influence de la poudre sur les progrès de la civilisation ne peut être comparée qu'avec celle de la boussole (due également aux Chinois), de l'imprimerie et de la vapeur. Ce n'est pas une raison pour aimer la guerre, et la poudre à feu, qui a détruit la barbarie et déblayé le terrain où la civilisation s'est établie, pourrait bien, à son tour, si l'on n'y prend garde, arrêter le développement de l'industrie et du commerce.

La poudre étant un moyen de destruction, la plupart des pays l'ont soumise à une réglementation plus ou moins semblable à celle qui régit la vente des poisons. Généralement aussi les États se sont réservé le monopole de la fabrication et ils la vendent avec bénéfice aux particuliers, soit pour les besoins de la chasse, soit pour ceux de l'industrie.

Il est inutile de dire que la poudre occupe le premier rang parmi les matières dites « contrebandes de guerre ». Actuellement, la poudre de Bertold Schwartz a bien des concurrentes, la dynamite, la poudre-coton, etc.

POURPRE. Couleur de la souveraineté. Les rois de l'antiquité portaient des vêtements de pourpre, ce qui comprend toutes les nuances de rouge, le violet et même le bleu foncé. Les patriciens étrusques et romains portaient une tunique blanche à larges boutons rouges, c'est le laticlave, et une toge blanche bordée d'une bande rouge, c'est la prétexte. Les consuls, en certaines occasions, avaient des toges toutes de pourpre. Les empereurs suivirent cet exemple. On voit, dans l'*Histoire auguste*, qu'il suffisait souvent d'attacher un chiffon de pourpre au *sagum* d'un soldat pour faire un empereur, et que beaucoup d'individus se promettaient l'empire à cause de quelque circonstance où ils avaient porté du rouge. Plusieurs furent mis à mort pour avoir eu chez eux des étoffes de pourpre, car tous les empereurs n'avaient pas la philosophie de Julien. On lui disait : Un tel s'habille de pourpre ; il a déjà le manteau, la tunique, la ceinture ; il ne lui manque plus que les cothurnes. Il paraît que même alors le vêtement ne faisait plus l'homme.

POUVOIR. Le pouvoir, dans son sens politique et usuel, est la manifestation constituée, organisée et visible de l'idée d'autorité.

La difficulté est toujours de se rendre un compte exact de l'origine, du rôle, des conditions naturelles du pouvoir. Philosophiquement aussi bien qu'historiquement, toutes les interprétations peuvent se réduire à trois essentielles qui sont en réalité le germe des trois grands systèmes politiques qui ont gouverné ou qui gouvernent le monde. Pour les uns, le pouvoir a le caractère d'une délégation d'en haut ; c'est un fait providentiel né avec la société elle-même ; il existe par sa propre vertu indépendamment de toute adhésion humaine, et celui qui l'exerce est l'image de Dieu sur la terre. Comme il est permanent et nécessaire, sa perpétuité trouve son expression suprême dans l'hérédité souveraine, et la famille qui le représente est la dépositaire inviolable de toute autorité. En somme, c'est la théorie du droit divin, de la légitimité. Pour d'autres, le pouvoir a une bien autre source, il émane entièrement et exclusivement du peuple qui est le vrai souverain, qui ne fait que communiquer pour sa propre conservation, pour l'administration de ses intérêts de toute sorte, une part de la puissance résidant en lui-même. C'est au nom du peuple, par lui indirectement, ou par lui directement, que toute autorité s'exerce, et comme le droit de souveraineté est réputé inaliénable, le pouvoir n'est qu'une fonction limitée, subordonnée et révocable. Il a sans cesse besoin, pour n'être pas une usurpation, de l'assentiment libre, de la volonté populaire.

Entre ces deux interprétations extrêmes,

s'élève enfin une troisième doctrine qui ne place le pouvoir ni dans le mystère d'une délégation divine, ni dans la volonté mobile et confuse du peuple; elle le fait dériver de l'intérêt social interprété par la raison. Sans cesser d'être un fait nécessaire, le pouvoir n'a de légitimité que par la loi qui le consacre, il n'a d'efficacité que par l'intelligence qui l'exerce. C'est une pondération de tous les intérêts, une combinaison de la part d'autorité, sans laquelle il n'y a pas de société organisée, et de la part de liberté, sans laquelle il peut y avoir des sujets, il n'y a pas de citoyens. C'est en définitive la théorie des gouvernements mixtes qui réunissent la garantie de la durée par la fixité de l'institution souveraine et la flexibilité du pouvoir par une intervention graduée des citoyens dans l'exercice d'une autorité qu'ils se réservent de contrôler, sur laquelle ils gardent le droit de peser de tout le poids de leurs manifestations légales. (CH. DE MAZADE.)

De quelque source qu'on le fasse découler théoriquement, quelque principe fondamental qu'on lui attribue, sans aucun doute le pouvoir par son essence et par son objet a un certain nombre d'attributs et de devoirs communs. Dans tous les systèmes, il est l'expression concentrée et vivante de la force organique de la société; il existe pour la protéger, pour faire prévaloir l'intérêt collectif et général sur les intérêts individuels, pour maintenir l'ordre, l'autorité du lien social. Il représente pour un peuple la régularité dans la vie publique, la sécurité dans la vie privée, l'équité dans la vie civile, l'intérêt national dans les rapports avec les autres peuples; il représente toutes ces choses ou il doit les représenter dans toutes les hypothèses et dans toutes les conditions; mais il est évident qu'il peut les représenter sous des formes très diverses et que chacun des systèmes sur la nature première du pouvoir a des conséquences bien différentes. (CH. DE M.)

L'interprétation qui fait dériver l'autorité d'en haut conduit nécessairement tout droit au pouvoir absolu d'un seul. Roi ou Empereur, le dépositaire de ce pouvoir est la loi vivante; il la crée par sa volonté; seul, il la personnifie et la représente. Tout le reste n'est qu'une émanation de sa puissance et un mécanisme organisé pour faire pénétrer la volonté suprême dans tous les détails de la vie sociale. L'interprétation, au contraire, qui place l'autorité dans le peuple, conduit nécessairement à l'affranchissement multiple, indéfini, de l'action individuelle et met le pouvoir à l'élection. Il n'y a plus ici un seul souverain, il y a une multitude de souverains [1], remettant, momentanément, dans un intérêt commun, une part de leur souveraineté à une autorité déléguée, à des agents chargés d'exercer temporairement la puis-

sance publique. De là, un pouvoir dont les principaux caractères sont une prérogative très limitée et une responsabilité permanente. Quant à la doctrine qui se place entre les deux extrêmes et qui fait du pouvoir l'expression de la raison publique, le médiateur de tous les éléments sociaux, elle conduit à des combinaisons moins radicales et plus complexes, à un système de garanties à l'abri desquelles tous les droits trouvent leur légitime développement sans se heurter et surtout sans se détruire.

Ainsi, monarchie de légitimité et d'absolutisme, mode électif et populaire, régime mixte ou constitutionnel, ce sont les trois formes essentielles dérivant logiquement, invinciblement des trois grandes interprétations de l'idée de pouvoir. Cela ne veut pas dire que dans la pratique tout se passe si simplement qu'il ne puisse y avoir en fait une multitude de combinaisons. La monarchie de droit divin et de légitimité traditionnelle peut se prêter à une certaine latitude de vie publique, qui la modifie assez sensiblement. Le mode électif et populaire n'exclut pas la dictature, il y conduit tout droit quelquefois et il ramène à l'absolutisme, un absolutisme d'autant plus dur qu'il n'est pas tempéré par l'idée supérieure d'un droit stable et de l'inviolabilité. Cela signifie que la vie sociale est susceptible de bien des modifications, de bien des nuances dans ses manifestations extérieures; au fond, les principes subsistent dans ce qu'ils ont de distinct, et de cette diversité dans les principes, dans la conception première de l'autorité et de son origine, naît aussi pour le pouvoir la diversité des attributs, des applications.

La constitution, les droits et les obligations du pouvoir ne peuvent évidemment être les mêmes là où un principe supérieur et indiscutable de légitimité crée une indépendance absolue de tout contrôle humain, là où l'intervention permanente de l'élément populaire fait de l'autorité une fonction mobile et énervée, et là où l'idée de la loi, des pactes constitutionnels est la régulatrice de la société politique. Le pouvoir constitué selon l'idée de légitimité, ce pouvoir dont la forme logique est l'absolutisme, ne reconnaît ni droits, ni action en dehors de lui-même, il est le moteur unique et souverain: administration, justice, force militaire, puissance religieuse quelquefois, il réunit tout; il fait la loi et il l'exécute. Il n'admet ni séparation, ni indépendance entre les diverses fonctions sociales, qui ne sont que les manifestations diverses d'une même volonté omnipotente. Le dernier mot de ce pouvoir a été dit le jour où Louis XIV, en France, enivré de sa propre souveraineté, a prétendu, par acte de sa volonté, transformer ses bâtards en enfants légitimes. C'était plus qu'une affirmation hautaine d'un droit politique; c'était transporter l'omnipotence jusque dans la vie civile, s'attribuer la faculté de changer l'état des personnes, introduire l'absolutisme du

1. C'est ainsi qu'on s'exprime souvent, mais, je crois, à tort. Chaque citoyen n'est pas un souverain entier, mais une parcelle, une fraction de souverain. Le souverain entier, c'est la nation formant l'État.

caprice souverain dans un domaine où par cela même rien n'était plus en sûreté, ni famille, ni propriété.

Sauf cet excès, c'est l'autorité telle qu'elle a été comprise pendant longtemps. Il en est résulté un mal profond et grave : c'est qu'à mesure que des idées, des besoins, des instincts nouveaux se sont élevés, on s'est accoutumé à considérer ce pouvoir comme le véritable ennemi. On n'a plus vu en lui ce qui en fait une loi universelle, une force salutaire de conservation pour les sociétés ; on n'a vu que ce droit indépendant d'oppression et on lui a déclaré la guerre, confondant souvent dans le pouvoir ce qui est nécessaire et ce qui n'est que l'abus d'un principe poussé à ses conséquences les plus extrêmes. Chaque jour encore on ressent l'effet de cette réaction naturelle. Les défiances, les hostilités, les préjugés, dont le pouvoir est l'objet, n'ont point d'autre cause que cette fausse idée d'une autorité supérieure à la société, existant par elle-même et faisant de son propre droit la négation de tous les autres droits.

Quant au pouvoir tel qu'il est conçu et tel qu'il apparaît dans l'organisation du système populaire et électif, il se ressent nécessairement d'une origine si différente. Il est amoindri, limité et fractionné dans ses prérogatives. Il existe moins pour étendre et affirmer son propre droit que pour protéger et favoriser l'extension de tous les autres droits. Ses attributions, son initiative, son action sur la société, sont réduites, contestées et incessamment renfermées dans les bornes les plus étroites par l'action émancipée et universelle des citoyens. Partout, à côté de l'autorité publique disposant de la somme restreinte de force mise en commun, s'élève ou une protestation ou une initiative individuelle et libre. Le système électif, d'ailleurs, donne au pouvoir, dans ses diverses fonctions, un caractère subordonné et précaire.

Or ici, à moins qu'on ne soit dans une société qui se forme, où tout est à créer, où une action individuelle absolument libre est une première et nécessaire condition de succès, un autre danger commence. C'est un effet opposé à celui qui se produit dans le système du pouvoir absolu. L'affaiblissement, le fractionnement de toute autorité laissent les intérêts sociaux moins garantis, placés qu'ils sont sous une protection diminuée. Les crises de désordre deviennent plus fréquentes et plus menaçantes. Si l'on vit dans une société où subsistent des traditions d'un autre ordre, où s'agitent des éléments complexes, ces crises deviennent d'autant plus graves et mettent tout de suite en question la paix, la durée d'une situation régulière, l'avenir de l'ordre de choses existant. On s'alarme facilement, on s'irrite de l'incertitude où l'on vit, croyant voir se dresser partout l'anarchie, se défiant du lendemain. On ne peut se résigner à considérer comme une condition normale cette agitation inhérente à

un développement libre de toutes les volontés, de toutes les forces individuelles. La peur du mal devient le mal lui-même. Une réaction se déclare, et, par crainte, on se rejette vers quelque despotisme dans lequel on croit voir un moyen au moins temporaire de salut et de tranquillité. Dans le système de légitimité absolue, le pouvoir périt par son excès ; ici il périt par insuffisance d'attributions, par impuissance à protéger les intérêts sociaux, et c'est la liberté elle-même qui est en péril faute d'une part suffisante faite à l'autorité publique, aux garanties protectrices.

C'est justement de cette oscillation entre des périls d'une nature si différente, de cette impuissance réelle ou présumée des doctrines extrêmes que naît la légitimité d'une combinaison qui concilie les diverses nécessités sociales, qui fasse au pouvoir une situation telle qu'il soit suffisamment armé en se coordonnant néanmoins au développement de toutes les libertés publiques. Dans le gouvernement qui s'est appelé constitutionnel et qui est conçu de façon à répondre à cet idéal de transaction entre des nécessités et des intérêts multiples, le pouvoir n'est plus ni un fait indépendant tendant à la domination par droit propre, par l'entraînement d'un principe absolu, ni un manuel direct et incessamment renouvelé d'une volonté populaire mobile, pleine de fluctuations : c'est une œuvre complexe de la raison publique, réglée et précisée par un pacte conventionnel. Le pouvoir est héréditaire au sommet, parce que l'hérédité fait la part de fixité nécessaire, et en même temps il est entouré d'un système d'institutions qui s'assouplissent à toutes les modifications d'idées, qui le font participer en quelque sorte du tempérament public ; qui l'empêchent de, se mettre jamais en dehors du courant universel, de se faire usurpateur et ennemi. Le pouvoir se subdivise pour la garantie de tous les droits. (Ch. de M.)

On se sert d'un terme peut-être philosophiquement inexact, quand on dit qu'il y a trois pouvoirs : le pouvoir exécutif, le pouvoir législatif et le pouvoir judiciaire. Chacun de ces pouvoirs a, il est vrai, une part de souveraineté, puisque le pouvoir judiciaire lui-même est inviolable dans l'application et l'interprétation des lois. En réalité, cependant, ce sont plutôt trois fonctions sociales séparées, concourant à un même but, agissant chacune dans une sphère distincte, se contrôlant et s'appuyant mutuellement et garantissant les droits, la liberté de tous par la limitation des attributions. De cet équilibre de forces sociales, mises en mouvement et se manifestant dans des limites déterminées, naît l'ordre. L'essence de ce système, c'est que la loi faite en commun, résultant de la participation de tous, est pour tous obligatoire. En dehors de la loi, il n'y a point de pouvoir, il n'y a qu'arbitraire et anarchie.

POUVOIR CONSTITUANT. I. Beaucoup de personnes considèrent le pouvoir de faire une constitution comme supérieur au pouvoir de faire des lois, et pensent qu'il doit être expressément conféré par la nation à ses mandataires. Le pouvoir simplement législatif, bien qu'il émane également de la nation, ne leur semble pas donner aux députés le droit de régler les matières de gouvernement.

Tout le monde est d'accord sur ce point que la constitution est une loi ; seulement, en théorie, on la proclame la loi fondamentale, la loi par excellence, celle qui doit être au-dessus de toute atteinte, de toute violation, parce qu'elle est la base de toutes les autres. Mais c'est de la pure théorie, et une théorie fausse, comme toutes celles qui ne sont pas d'accord avec les faits. En effet, si les constitutions étaient des lois par excellence, plus inviolables que le commun des lois, elles devraient avoir plus de durée que les autres, ce qui n'est pas le cas. Nous avons de nombreuses lois datant du siècle dernier, ou du commencement de ce siècle, qui ont survécu à une douzaine de constitutions. N'a-t-on pas souvent dit, ironiquement, nous l'admettons,. que les constitutions sont faites pour être violées ? Il faut bien que le respect de la constitution ne soit pas une chose aussi commune qu'on pourrait le désirer [1].

La constitution ne serait donc pas, quoi qu'en disent certaines théories, une loi d'une nature particulière, possédant une vertu qui lui est propre, une solidité plus grande, à laquelle on se soumet avec plus d'abandon qu'à la loi ordinaire ; en tout cas il faudrait qu'elle eût ces qualités pour qu'il fût nécessaire de conférer des pouvoirs supérieurs à ceux qui sont chargés de la rédiger. Mais si ce n'est pas une loi d'une nature supérieure, qu'est-ce qui la distingue des autres ? Son objet. Elle règle les rapports entre les diverses autorités ou entre les divers pouvoirs, ou plus exactement encore elle fixe la procédure pour la rédaction des lois et des règlements; elle détermine qui en sera chargé, et comment on devra opérer. C'est trop dire que de la comparer au moule dans lequel se forme la loi, quoiqu'on puisse couler dans le même moule l'or et le plomb, et que souvent on le brise quand il a servi (le moule étant un simple instrument). Beaucoup de lois faites sous les constitutions les plus diverses sont simultanément en vigueur et, si l'on peut s'exprimer ainsi, font bon ménage ensemble. La loi civile, la loi commerciale, la loi pénale (crimes de droit commun), beaucoup de lois administratives sont presque complètement indépendantes du régime constitutionnel en vigueur : la monarchie, la république, la démocratie ne sont pas intéres-

sées dans les lois relatives à la famille, à la propriété, aux lois sur le tarif douanier : elles sont indifférentes aux lois sur les faillites, les assurances, le service militaire, le budget, à plus forte raison aux peines édictées contre le vol et l'assassinat. Notre législation sur la séparation des pouvoirs, sur ce qui est du domaine des lois et du domaine du règlement, sur les attributions de la justice et de l'administration, n'a pas été touchée par nos douze constitutions, qui ont pourtant rendu tantôt héréditaire, tantôt électif, le chef du pouvoir exécutif.

En accordant, théoriquement, aux constitutions la qualité de loi d'ordre supérieur, les publicistes disent plutôt ce qui devrait être que ce qui est. Les constitutions devraient assurer la stabilité des institutions politiques, la prospérité matérielle et les progrès moraux qui en dépendent. Le vœu général est en faveur de la stabilité des institutions, parce qu'elle permet de prévoir le lendemain, sans empêcher — comme le prouvent l'Angleterre, l'Allemagne, la Suisse et d'autres pays — leur amélioration successive. Mais comment obtenir cette stabilité ? On l'a cherché de deux façons différentes : 1o dans la procédure, c'est-à-dire qu'on a entouré le vote de la constitution d'une plus grande solennité, qu'on exige une plus forte majorité, un vote répété par deux législatures ; 2o dans l'assentiment demandé aux électeurs. Procéder avec plus de solennité et surtout avec plus de lenteur au changement des lois qu'on considère comme fondamentales, cela ne peut pas leur nuire, il ne peut qu'en résulter du bien. On peut aussi aller jusqu'au plébiscite ; la logique ne s'y oppose pas ; car, bien qu'il n'y ait aucune lumière à attendre d'un vote qui se réduit forcément à un *oui* ou un *non*, il y a présomption que le pays sait le mieux ce qui lui convient ; mais comme il est permis de penser que les électeurs choisissent pour mandataires l'élite de la nation, il n'est pas déraisonnable de croire que la majorité de l'Assemblée nationale est plus éclairée que la majorité des électeurs qui décident en dernière instance, et par conséquent plus apte à trouver la meilleure des solutions. Néanmoins, l'essentiel étant qu'on trouve le moyen de donner une plus grande stabilité à la constitution, si le vote populaire la confère, qu'il soit le bienvenu.

Mais, en fait, nous avons eu des constitutions votées par le peuple, et il a suffi d'un petit groupe d'hommes sans mandat pour les renverser ; et, remarquez-le bien, c'était un groupe d'hommes professant la doctrine qui reconnaît aux constitutions une sainteté toute particulière. — On répondra, ils font leur métier de révolutionnaires, ils renversent. — Soit. Mais aux Etats-Unis, où règne cette procédure que E. Laboulaye décrit avec tant de talent dans son livre des *Questions constitutionnelles* (Paris, 1872), où le peuple est consulté avant la délibération —(s'il faut délibérer) — et après — (s'il est satisfait des

[1] On pourrait se demander si des hommes qui ne se sentent pas liés par une constitution librement votée sont capables d'être républicains, sont dignes de la République ?

résultats de la délibération,) — les constitutions manquent de stabilité. « Il ne se passe guère d'année qu'on n'établisse une constitution (dans un des Etats de l'Union), qu'on n'en réforme une autre. Depuis moins d'un siècle, on compte plus de 170 essais de ce genre, il n'en est pas un seul qui ait jamais inquiété le pays. » Du reste, nous-même, nous avons vu, sous l'Empire, plusieurs fois s'accomplir des changements importants dans la constitution, sans inquiéter le pays. C'est que la chose se passe régulièrement. Ce qui inquiète les populations, ce qui trouble les idées et agite les esprits, ce ne sont pas précisément les changements, qui peuvent être désirés, mais les violences, l'illégalité, le renversement de l'autorité établie par une minorité sans vergogne, qui s'empare du pouvoir et réussit généralement à le conserver, jusqu'à ce qu'une nouvelle révolution le lui arrache. C'est la facilité des révolutions qui épouvante.

Or, ce qui rend les révolutions si faciles, et partant si nombreuses, c'est cette doctrine si répandue — et que nous sommes disposé à qualifier très sévèrement — que le votant ne se lie que durant son bon plaisir [1]. Cette doctrine suffit pour renverser tout ce que l'on peut dire en faveur du pouvoir constituant, et c'est parce qu'elle est trop généralement adoptée que personne ne se lève pour défendre la constitution... On n'est pas lié envers elle, on ne le sera pas envers celle qui sera votée ; à quoi bon se donner de la peine, s'exposer au danger? Et on laisse faire et laisse passer.

Ainsi, en fait, nous n'avons pas vu de pouvoir constituant ayant une action EFFECTIVE supérieure à celle du pouvoir législatif ordinaire ; le nom qu'on donne à une Assemblée ne fait rien à l'affaire ; vous donneriez le nom de poudre à feu à du sable que cela ne lui conférerait aucune puissance explosive. Il n'en est pas moins utile d'examiner de plus près ce point : la nation PEUT-elle déléguer ses pouvoirs, sa souveraineté, à une Assemblée? PEUT-elle la charger de faire une telle loi fondamentale, un contrat politique liant cette nation comme nation, c'est-à-dire même ceux qui ne signent pas au contrat, même ceux qui n'existent pas encore ? Nous répondons carrément par oui. Les représentants de la nation peuvent engager l'avenir comme ils engagent la minorité et les abstentionnistes, et ils le font tous les jours par de simples lois ; tel vote engage la fortune de la nation, tel vote son sang, son honneur, tous ses intérêts matériels et moraux, et les représentants de la nation ne pourraient pas prendre un engagement sur une pure question de forme gouvernementale, de procédure politique ?

[1]. Ceux qui ont cette opinion n'ont pas la plus légère idée de ce que c'est qu'un gouvernement républicain. C'est un gouvernement où une parole politique vous lie pour la vie. On s'imagine se lier envers un chef ; en réalité, on se lie, chacun, envers l'ensemble de ses concitoyens.

La nation est-elle simplement une agglomération d'individus sans lien qui se désagrège comme du sable au moindre souffle, ou forme-t-elle un tout compacte, un corps, une unité dont toutes les parties sont solidaires? On compare souvent une nation à un individu, on parle de sa jeunesse, de sa maturité, de sa vieillesse; or, le même individu, depuis son enfance jusqu'à sa décrépitude, se renouvelle cent ou mille fois, pas un atome de son corps reste le même; n'en conserve-t-il pas moins son identité, et pourrait-il rompre un contrat sous le prétexte que toutes les molécules de son être ont changé depuis le temps où il l'a signé? Une nation ne se considère-t-elle donc pas comme identique à diverses époques? Tout, gloires, passions, préjugés, qualités, souvenirs et propriétés, serait commun entre les pères et leurs descendants, seuls les engagements politiques n'engageraient à rien? On ne saurait l'admettre.

On croira peut-être avoir réfuté notre argumentation en nous lançant cette phrase : La liberté est imprescriptible ; ou celle-ci : Une nation ne doit jamais aliéner sa liberté. Or, ces phrases sont creuses. Dès que vous admettez qu'un individu ou une nation puisse s'engager, vous admettez qu'il ou qu'elle se lie. Si vous avez emprunté un million, vous n'êtes pas libre d'en refuser le payement ; lorsqu'une nation a signé un traité, elle n'est plus libre d'en rejeter les clauses ; quand une nation a fait une loi, aucun de ses citoyens n'a le droit, c'est-à-dire aucun n'a la liberté morale (bien qu'il puisse en avoir la liberté physique) de transgresser cette loi. La liberté n'est pas illimitée, elle ne l'est ni pour les individus, ni pour les nations. Personne n'a la liberté d'être impunément criminel, immoral, déloyal, vicieux, et franchement, bien que nous n'ayons pas le droit de commettre tel crime, tel délit, telle contravention, nous ne nous sentons nullement esclaves.

On nous dira peut-être : Soit, admettons qu'il y ait un contrat politique liant pour l'avenir, mais un contrat est synallagmatique, si le gouvernement ne tient pas ses engagements, la nation n'est pas tenue aux siens. C'est l'argument du révolutionnaire, mais la réponse sera concluante. Il est plus facile de crier à la trahison que de la prouver, et si un individu ou un groupe d'individus se croyaient en droit d'accuser le gouvernement, ils n'en seraient pas les juges. C'est à la nation à prononcer, ce qui s'est rarement fait jusqu'à présent ; dans la plupart des révolutions on a répondu pour elle, la forçant à ratifier le fait accompli. Du reste, lorsque des mesures prises par le gouvernement sont contraires au pacte fondamental, cela ne donne pas toujours à la nation (nous disons à la nation, les individus ne sont rien) le droit de le renverser. A quoi servent donc les garanties politiques, le contre-seing, la responsabilité ministérielle et tout le mécanisme constitutionnel, qui a été précisément inventé pour rendre les révolutions inutiles? Nous admettons parfaitement la résistance légale; la vraie liberté consiste à la fois à tenir ses engagements, et à ne pas permettre d'empiétement. Chacun son droit et ses devoirs, est un axiome qui s'applique au gouvernement aussi bien qu'aux citoyens; les constitutions doivent avoir des moyens de coercition, des moyens, pour la nation ou ses mandataires, d'obtenir justice, et l'un de ces moyens pourrait être la résiliation du contrat; mais dans les formes prévues et de l'avis de la majorité, et non de la minorité de la nation. Cette doctrine semble utopique en présence de ceux qui soutiennent qu'une nation ne se lie pas; mais serait-il bien vrai que la morale élémentaire n'est pas faite pour les nations?

PRAGMATIQUE SANCTION. Littéralement loi sur les affaires. Toutes les ordonnances des rois de France et toutes les résolutions de la Diète germanique, du onzième au quinzième siècle, sont des pragmatiques sanctions. Mais on appelle spécialement ainsi :

1° L'ordonnance de saint Louis (1268-1269) sur les relations de la France avec le saint-siège;

2° L'ordonnance de Bourges (de 1438), où Charles VII proclame la nécessité des conciles œcuméniques, et leur supériorité sur les papes; attribue aux chapitres et aux moines l'élection des évêques et des abbés; abolit les réserves, les expectatives et les annates; limite les appels en cour de Rome et restreint les effets de l'excommunication et de l'interdit;

3° L'acte de l'empereur Charles VI, qui, en 1713, désigna pour lui succéder sa fille Marie-Thérèse;

4° L'acte par lequel Charles III (1767) abolit l'ordre des Jésuites en Espagne.

PRÉFECTURES. Nous ne les mentionnons ici que pour rappeler un point d'organisation.

Actuellement, les employés des préfectures dépendent uniquement du préfet. C'est lui qui les nomme, qui leur donne l'avancement, qui les révoque, s'il y a lieu : ils sont presque considérés comme ses secrétaires particuliers. Néanmoins, la nature des choses leur confère une influence sensible sur les affaires, *ils sont payés sur les fonds de l'Etat*[1], mais l'Etat ne se charge pas de leur fournir une pension de retraite, ils sont obligés d'entretenir des caisses spéciales. Quant à leur carrière, sauf de rares exceptions, elle reste confinée dans les limites d'un étroit département, où peu de places leur sont accessibles.

Bien qu'ils soient rétribués avec une parcimonie qui n'est plus de notre époque, ce n'est là que le petit côté de la question. Ils l'ont dit expressément dans une pétition[2] adressée au Sénat en décembre 1863, et dans laquelle on lit : « Le problème à résoudre n'est pas une affaire pécuniaire, c'est une question d'organisation radicale. » Néanmoins, lorsque cette pétition a été discutée au Sénat (*voy.* le *Moniteur* du 25 décembre 1863), c'est surtout à l'exposé des améliorations matérielles qui leur ont été accordées que s'est attaché le rapporteur pour demander l'ordre du jour.

Notre cadre ne nous permet pas de développer l'ensemble des motifs qui militent en faveur d'une modification de l'organisation des préfectures. Nous sommes obligé de nous contenter d'indications sommaires.

Le système actuel n'a que des inconvénients. Le recrutement du personnel des employés est difficile, les traitements sont généralement si faibles qu'il faut compléter les cadres en acceptant des hommes préparés d'une manière insuffisante. Les hommes capables qui acceptent une place dans les bureaux tantôt par des raisons de famille — pour rester dans la localité — tantôt parce qu'ils ne connaissent pas bien les chances d'avenir, se découragent souvent en voyant combien ces chances sont restreintes. Ils ne peuvent, d'ailleurs, comprendre que l'infériorité de leur position repose. soit sur la justice, soit sur l'intérêt général. Pourquoi n'y aurait-il pas égalité entre eux et les autres fonctionnaires d'un grade ou d'une importance similaire? Les affaires qu'ils ont à traiter se distinguent-elles des autres? Nous ne voyons pas de quelle façon.

En résumé, nous pensons que des conditions de savoir devraient être imposées aux aspirants-fonctionnaires. Pour la plupart d'entre eux, la carrière devrait commencer dans les départements; des bureaux de préfectures, il faudrait pouvoir passer aux administrations centrales; il devrait y avoir assimilation entre les grades; enfin l'Etat devrait payer directement le traitement et dispenser l'employé d'avoir une caisse spéciale de retraite.

PRÉFET, du mot latin *præfectus*, signifiant simplement préposé et s'appliquant à un grand nombre de fonctionnaires. L'administration française connaît des préfets depuis 1798. Les préfets des départements y représentent le gouvernement; leurs attributions sont aussi étendues que variées. Ils sont assistés d'un conseil de préfecture et d'un conseil général et de sous-préfets dans les arrondissements. Ils administrent le département et exercent la tutelle administrative sur les communes. Il y a aussi des *préfets maritimes*, le préfet des études, le préfet du palais; on voit que, de nos jours encore, le terme a des emplois variés.

PRÉFET MARITIME. Fonctionnaire chargé de la direction supérieure de tous les services et établissements de la marine dans un arrondissement maritime. La sûreté des ports militaires et des arsenaux, la police des rades, le service des forts et batteries, la protection ma-

---

1. Le fonds d'abonnement forme le chapitre XI du budget du ministère de l'intérieur.
2. Cette pétition forme une brochure très intéressante, écrite avec convenance, pleine d'arguments et de faits. Elle a paru à Rennes, typographie de A. Leroy.

ritime de la côte, du cabotage et la police des pêches maritimes lui sont confiés, ainsi que le mouvement des bâtiments de l'Etat dont le ministre ne s'est pas réservé la direction. Les préfets maritimes sont ordinairement des vice-amiraux ou des contre-amiraux. Ils résident au chef-lieu de leur arrondissement, dans l'un des cinq ports militaires : Cherbourg, Brest, Lorient, Rochefort et Toulon.

PRÉLIMINAIRES. — Avant le traité définitif de paix, on arrête souvent des conventions qui sont appelées en droit des gens *préliminaires de paix*. «Lorsqu'on est d'accord, dit de Martens, sur toutes les conditions de la paix à l'égard des diverses puissances qui y ont pris part, rien n'empêche d'en venir d'abord à la signature du traité définitif. Mais lorsqu'on n'est d'accord que sur quelques points sur lesquels on espère s'arranger, on peut se voir engagé à signer un traité préliminaire de paix.» Le traité préliminaire, après avoir été signé et ratifié, est dès lors obligatoire et les ministres de chaque puissance intéressée sont chargés de négocier le traité définitif dans un lieu choisi à cette fin et qui est ordinairement une ville d'un pays neutre.

PRÉPONDÉRANCE. Il est rare qu'un prince rêve la monarchie universelle. Il faut, pour qu'une telle pensée se présente à son esprit, une grande puissance acquise, une ambition démesurée et un pouvoir absolu. Ces conditions ne se réunissent qu'une fois tous les cinq ou dix siècles, et l'histoire nous apprend qu'elles ne suffisent pas pour faire atteindre le but.

Aussi ne nous préoccuperons-nous pas de visées aussi extraordinaires ; si le cas devait se présenter dans quelque siècle futur, ce serait à nos arrière-neveux à aviser : à chaque jour, à chaque génération suffit sa tâche. Il est un autre mal, bien plus près de nous, contre lequel nous devons chercher à réagir, d'autant plus dangereux qu'il flatte nos passions ; nous voulons parler de la *prépondérance*. Qui ne voudrait pas que sa patrie dépassât tous les autres Etats en puissance, en grandeur, en influence !

Il est difficile, sans doute, de blâmer un pareil sentiment ; notre cœur en est plein ; il fait vibrer nos fibres les plus intimes, et nous inspire souvent des pensées élevées. Aussi la prépondérance a-t-elle bien des partisans. Il est si doux d'être une étincelle de la foudre, que la nation pourrait lancer sur..... une nation plus faible qu'elle. — Arrêtons-nous pour réfléchir. — La prépondérance est-elle le résultat d'une civilisation plus développée, d'une moralité plus pure, d'une supériorité intellectuelle? Rarement. Une prépondérance qui aurait une telle origine ou une telle base serait légitime, et si elle a son revers, la médaille en serait si brillante qu'elle aurait de l'éclat pour deux; le mal se trouverait donc pleinement compensé.

Mais les choses ne se passent pas ainsi

dans la triste réalité. De nos jours, un Etat ne devient prépondérant que parce qu'il dispose d'une armée formidable et qu'il est prompt à s'en servir : la prépondérance est donc le produit de la force, dirigée par l'ambition. Un Etat est prépondérant en vertu du droit du plus fort.

Pour apprécier la prépondérance d'une manière absolue, nous devons commencer par nous placer au point de vue d'un pays faible. Que doit penser un pareil pays, en présence d'un voisin puissant ? Il pensera très probablement que *prépondérance* et *tyrannie* sont des termes synonymes. Le puissant voisin ne manquera pas, à l'occasion, d'abuser de ses forces ; il lui serait trop difficile de résister à la tentation. Il est donc évident que pour bien juger la moralité des aspirations à la prépondérance, c'est au point de vue du faible qu'il faut se placer.

Mais passons la frontière. En franchissant les limites du pays puissant, nous avons laissé derrière nous le précepte : « Ne fais pas aux autres ce que tu ne veux pas qu'on te fasse.» Ce précepte nous gênerait. Ne sommes-nous pas un membre du corps prépondérant ! Mais voilà de quoi rabattre notre orgueil : c'est le percepteur qui nous envoie un avertissement avec des centimes additionnels ; ce sont les denrées qui renchérissent, car on a élevé les taxes ; ce sont nos enfants qui sont appelés sous les drapeaux, et dont la carrière est peut-être brisée. Ce n'est pas tout ; le *salut public* exige que nous passions, « sur l'autel de la patrie » (disons : *de la prépondérance*), le sacrifice de nos libertés les plus chères, les plus sacrées.

Ce ne sont là que les résultats intérieurs de la prépondérance; mais il y a encore un effet à l'extérieur ; c'est la haine des voisins, la méfiance de tous qui empêche jusqu'à l'exercice du bien. C'est bien de la prépondérance qu'on peut dire que tout ce qui reluit n'est pas or.

Enfin si nous consultons la morale, elle nous répondra que les Etats sont égaux en droit comme les hommes, et qu'une puissance supérieure ne confère pas un droit supérieur.

PRÉPOSÉ, synonyme de fonctionnaire et d'agent. C'est un terme réservé presque exclusivement aux agents des douanes, des octrois et, en général, des contributions indirectes.

PRÉROGATIVE. Il est des mots qui, à un moment donné, acquièrent une importance particulière; tel fut, sous la Restauration, et même après 1830, le mot *prérogative*. Il y avait alors lutte entre la prérogative du roi et celle des chambres. Ce mot a passé de mode, mais les modes reviennent.

Avouons-le donc, le mot nous déplaît. Nous voudrions le voir remplacé par *attributions*; nous aimerions mieux encore le mot *devoir*, et si le peuple avait à choisir le terme à employer, c'est un de ces deux qu'il préférerait sans doute. Si l'un des grands pouvoirs de l'État était mis en demeure de choisir un mot, par exemple lors d'une réclamation, d'une *revendication*, c'est, selon toute probabilité, le terme *droit* qui aurait le plus de chance d'être employé. La *prérogative* a une petite odeur ancien régime qui rappelle trop le *privilège* pour qu'on ne l'évite pas. Ne blâmons pas ces scrupules, les mots ont une très grande importance, et sur bien des esprits ils ont même une action plus forte que les idées.

La signification usuelle du mot *prérogative* s'applique autant aux droits réels, sérieux, qu'aux honneurs dus à un prince, à un fonctionnaire, à un corps, et qui ne sont dus qu'à eux. C'est exclusivement aux honneurs qu'on devrait l'appliquer, on éviterait ainsi bien des malentendus. Ne trouverait-on pas déplacé aujourd'hui de dire que le Corps législatif, ou l'Assemblée nationale, ou la Chambre des députés, a la *prérogative* de voter le budget ? P.-L. Courrier parlait encore « de nos plus chères prérogatives », là où nous n'hésiterions pas à revendiquer ou à défendre « nos droits les plus sacrés ». Nous rapprochons ces expressions si différentes avec une vive satisfaction, car elles nous prouvent qu'après tout, et malgré tout.... les mœurs publiques se sont relevées et que la langue politique a fait des progrès.

PRESCRIPTION, DÉCHÉANCE. Tout ce qui touche à la constitution de la propriété a une importance politique qui ne peut être méconnue ; c'est à ce titre que nous mentionnons ici la prescription.

Il n'est pas dans la nature qu'un propriétaire dépouillé, un créancier impayé demeurent longtemps sans faire valoir leurs droits. Si donc, pendant plusieurs années, un homme a joui paisiblement d'un domaine, si un droit n'a pas été exercé, il y a lieu de présumer que cet homme jouit légitimement du domaine, que ce droit a cessé d'exister. Toutes les nations civilisées ont reconnu qu'au bout d'un nombre d'années que la loi détermine, cette présomption devait être invincible, c'est-à-dire que le possesseur devait être maintenu en possession, et le débiteur tenu pour libéré, quels que fussent originairement les droits de ceux qui viendraient réclamer la propriété ou contester la libération. Quand ce nombre d'années s'est écoulé, on dit que la prescription est acquise. La prescription n'est donc en principe que la présomption d'une juste cause d'acquisition ou de libération, présomption fondée sur la possession de la chose ou l'inaction du créancier pendant le temps voulu par la loi ; mais comme, en définitive, cette juste cause peut ne pas exister, et que la loi a précisément voulu que le laps de temps dispensât d'en rapporter la preuve, il en résulte que la prescription peut quelquefois consacrer des usurpations ou paralyser des droits incontestables, et que

les jurisconsultes la considèrent avec raison comme un véritable moyen d'acquérir et de se libérer. Malgré l'éventualité de résultats tels que ceux qui viennent d'être signalés, la prescription, prise en général, est une mesure utile et juste. Elle est utile, car elle assure la propriété, facilite les transactions, et coupe court à des procès sans fin. Si la prescription n'existait pas, s'il n'y avait pas un terme aux recherches sur le passé, rien ne serait stable, et on reculerait devant toute transaction, parce qu'on n'en pourrait faire aucune avec sécurité. « Figurez-vous, dit Thiers, figurez-vous quel serait l'état de la société, quelle acquisition serait sûre, dès lors faisable, si on pouvait remonter au douzième et au treizième siècle, et vous disputer une terre, en prouvant qu'un seigneur l'enleva à son vassal, la donna à un favori, ou à un de ses hommes d'armes, lequel la vendit à un membre de la confédération des marchands, qui la transmit lui-même, de mains en mains, à je ne sais quelle lignée de possesseurs plus ou moins respectables ! Il faut bien qu'il y ait un terme fixe où ce qui est, par cela seul qu'il est, soit déclaré légitime et tenu pour bon : sans quoi, voyez quels procès s'élèveraient sur toute la surface du globe ! « Outre qu'elle se justifie par la nécessité sociale, la prescription est juste en elle-même, car, en somme, elle punit la négligence et l'incurie ; puis, c'est seulement par accident qu'elle donne gain de cause à l'usurpation et à la mauvaise foi ; son effet le plus fréquent est de défendre contre des réclamations frauduleuses le propriétaire légitime et le débiteur libéré, en remplaçant pour eux les titres dont le temps a pu les priver. Ajoutons qu'en éteignant l'obligation civile, la prescription peut quelquefois laisser subsister l'obligation naturelle.

Dans les rapports de l'État avec ses créanciers, la prescription s'appelle plus habituellement *déchéance*. Mais il faut distinguer deux sortes de déchéances, les unes établies à diverses époques pour des catégories déterminées de créances, et dont les effets sont consommés ; les autres permanentes, qui n'ont point cessé d'être appliquées et applicables. Les premières, entachées, dans une certaine mesure, de rétroactivité, ont été édictées sous l'empire de circonstances spéciales et ont eu pour effet de dégager le Trésor public d'un arriéré qui l'écrasait ; les autres, établies d'une manière préventive, ont pour but de maintenir dans les finances l'ordre et la stabilité en empêchant le renouvellement de cet arriéré. On trouvera des exemples de déchéance dans l'histoire financière de la fin du XVIIIe et du commencement du XIXe siècle.

Il y a aussi une prescription en droit pénal.

PRESSE. La presse comprend les publications ou les feuilles périodiques, journaux et revues, publications quotidiennes, hebdomadaires, mensuelles, même les brochures .

ou pamphlets, destinées à répandre des nouvelles, des faits, des idées, des opinions, à attaquer et à défendre, à entretenir la vie dans le domaine de la pensée. La presse sert à l'enseignement, aux affaires, mais surtout à la politique. Elle est quelquefois un instrument de règne, mais souvent un agent révolutionnaire. On comprend donc que les gouvernements l'ont souvent muselée, et que les populations — ou peut-être seulement les politiciens — en ont réclamé ardemment la liberté. Nous allons avant tout étudier la question du régime à faire subir à la presse et nous exposerons la législation en vigueur en France.

Exposé des principes. — La liberté de la presse est-elle un bien ou un mal ? Telle est la question que nombre de personnes voudraient enfin voir définitivement résolue.

La question ne nous semble pas bien posée. Rien en ce monde n'est absolument bon, ni absolument mauvais : la plus belle médaille a son revers et tout revers suppose une médaille. Demandons seulement si la somme du bien l'emporte sur la somme du mal.

Encore n'est-ce là que la seconde question. Au-dessus du *fait*, il y a le *droit*.

Or, la liberté d'exprimer ses pensées est-ce réellement un droit ? Le doute n'est pas permis sur ce point. Tout notre être se soulève à la pensée d'être réduit en esclavage, et nous ne faisons aucune distinction entre l'esclavage du corps et l'esclavage de l'esprit. Nous nous sentirions aussi malheureux de ne pas pouvoir penser, dire ou écrire librement, que de ne pouvoir aller, venir, travailler, manger librement [1]. On ne démontre pas un axiome : on ne prouve pas qu'on a le droit de vivre, d'user de ses forces pour se conserver, d'exercer son activité physique et intellectuelle, de s'approprier matériellement les choses, moralement les hommes [2]. Le besoin de faire prévaloir ses propres idées ses opinions, ses goûts, est si grand qu'il a produit bien des martyrs religieux, politiques et scientifiques.

Ce droit a d'ailleurs été reconnu solennellement par l'autorité politique la plus élevée des temps modernes et que les partis libéraux de l'Europe révèrent presque comme un oracle : nous voulons parler des « *Principes de 89.* » L'article 11 de la *Déclaration des droits de l'homme* dit : « La libre communication des pensées et des opinions est un des droits les plus précieux de l'homme ; tout citoyen peut donc parler, écrire, imprimer librement, sauf à répondre de l'abus de cette liberté dans les cas déterminés par la loi. » Ce droit a, depuis lors, été admis par presque toutes les constitutions et il n'est plus sérieusement contesté. Aussi ne reste-t-il aux gouvernements qui lui sont hostiles qu'à restreindre l'exercice de ce droit par une réglementation compliquée et à en réduire la jouissance à un minimum.

N'a-t-on pas un excellent argument : la presse fait tant de mal ! Et le mal, il faut le combattre.

Écoutez Cottu : « Sans cesse occupée à remuer la lie de la société, la presse périodique est un obstacle continu à ce qu'aucune situation s'affermisse, à ce qu'aucune idée d'ordre puisse s'établir dans les esprits. Son intérêt est de remettre chaque jour en problème, et les principes du gouvernement, et les droits acquis ; de faire naître partout des alarmes afin de devenir elle-même un premier besoin et de présenter des illusions à toutes les passions honteuses qui s'agitent dans l'État.

« ... Eh ! quel gouvernement pourrait résister à la dénégation constante du principe qui le constitue, au mépris déversé chaque jour sur tous ses actes, aux éloges sans cesse prodigués à des théories politiques toutes contraires ? Comment pourrait-il résister aux arguments tirés contre lui de prétendus droits du peuple, lorsque, s'appuyant sur des conventions spéciales, il est obligé de rester placé dans la *raison relative*, tandis que la presse, s'appuyant sur l'intérêt prétendu de l'humanité, a l'avantage de se placer *toujours dans la raison absolue* ?

« ... La presse, semblable à la lance d'Achille, guérit, dit-on, les blessures qu'elle fait. Et moi je dis, avec l'expérience, qu'il n'est aucun écrit, si fort qu'il soit de raison et de vérité, qui puisse balancer la puissance de la presse révolutionnaire, parce que, cette presse ne s'adressant jamais à la raison, mais seulement aux passions des masses et à leurs passions les plus irritables, il s'ensuit que ses sophismes passent toujours aux yeux du peuple pour des vérités incontestables, tandis que les vérités développées par le gouvernement passent pour des sophismes ou pour des arguments inspirés par l'intérêt d'une classe avide du pouvoir et des dignités... » (*Guide politique de la jeunesse ;* Paris, Dufart, 1838, pp. 181 à 185).

Voici une opinion plus récente dans le même sens : « ... Ainsi, Messieurs, aussi longtemps que les théories de 1789 sur le régime de la presse n'eurent pas subi l'épreuve nécessaire et décisive de l'expérience et des années, on fut autorisé à croire à leur vérité et à leur efficacité. Mais lorsque cinquante années de pratique eurent montré que ces théories conduisaient fatalement la presse au bouleversement de la société sans réussir à se préserver elle-même, il eût été à la fois criminel et insensé de ne pas chercher, de ne pas donner à la législation de la presse une base nouvelle... » — Discours de Granier de Cassagnac au Corps législatif. (*Moniteur* du 23 janvier 1864.)

---

1. On a le droit de faire tout ce qui ne nuit pas aux autres.
2. « L'exercice d'une faculté quelconque est de droit naturel ; les lois posent des limites. » (Duc de Broglie, Rapport sur la loi de la presse, 1819. *Voy.* ses *Écrits et Discours*, t. II, p. 9). — Et ailleurs : « Il n'y a point de loi à faire sur la liberté de la presse, parce que cette liberté existe par elle-même et qu'aucune loi, d'ailleurs, ne possède la vertu de créer et de mettre en activité la liberté. »

Quelques jours auparavant (*Moniteur* du 12 janvier), le représentant du gouvernement (Rouher, ministre d'Etat) avait dit dans la même enceinte : « Mais qu'est-ce donc qu'un journal, qu'est-ce que cette puissance collective mêlée à la fois de désir d'immixtion dans les affaires du pays, de commerce, de spéculation, de l'intérêt privé, de l'intérêt général, si ce n'est une machine puissante qui, tous les jours, exerce sur l'opinion publique une action, je ne veux pas dire souveraine, mais des plus considérables ? (C'est vrai ! c'est vrai !)

« Vous avez dit que les journaux ne faisaient pas l'opinion publique ; vous avez raison, ils la faussent, ils la dénaturent, ils la passionnent... Qu'est-ce donc que cette liberté d'écrire, d'écrire dans un journal ? Est-ce une liberté ayant le caractère de toutes les libertés légitimes, la réciprocité, le respect de la liberté d'autrui ? Est-ce que cette liberté n'a pas quelque chose non seulement d'aigu, comme on disait tout à l'heure, mais d'agressif et de violent ?... A la fois monopole et moyen d'agression quotidienne, elle constitue une liberté sans responsabilité sérieuse qui émeut et qui trouble toutes les libertés individuelles.

« Je l'ai vue, la liberté absolue de la presse, je l'ai vue en 1848 et 1849. Savez-vous ce qu'elle produisait ? Elle donnait aux citoyens honnêtes et laborieux la liberté de fermer leurs boutiques sous l'empire de la peur. (C'est vrai ! c'est vrai !)

« Ah ! cette liberté de la presse, je ne la nie pas, je la considère comme utile dans un pays, mais je la veux avec ses contre-poids, je ne dirai pas seulement répressifs, mais préventifs ; car je conserve le souvenir de ces deux trônes renversés, *surtout parce que la législation sur la presse était impuissante et vaine...* »

Partant de ce même fait (réel ou imaginaire), l'orateur que nous venons de citer conclut à l'argumentation des rigueurs législatives, et Émile de Girardin à la suppression de toute restriction. Voici ce que ce que ce dernier écrivit dans *la Presse*, le 25 janvier 1850[2], répondant à un article de *l'Univers* :

« Que penser de lois qui « *accroissent le mal qu'elles voudraient empêcher* ? » Ne serait-il pas cent fois préférable qu'elles n'existassent pas ; et si elles existent, ne serait-il pas cent fois préférable de les abroger ?

« Telle est la question que nous posons à tous les législateurs, à tous les magistrats, à tous les publicistes.

« Qu'ils s'interrogent et répondent !

« Nous l'avons prouvé, l'histoire et les codes à la main : tous les systèmes, tous les régimes ont été tour à tour essayés ; *prohibition, censure, privilège, intimidation,* tous les expédients, tous les moyens de ré-

1. Reproduit en 1864 dans un volume intitulé : *Questions de Presse*, pp. 338 et suiv.

pression ont successivement échoué. La Restauration n'a pas été mieux inspirée que l'Empire, la monarchie de 1830 n'a pas été plus heureuse que la Restauration ; MM Sénard et Marie, Odilon Barrot et Dufaure n'ont réussi qu'à refaire l'œuvre de MM. de Peyronnet et Persil, et qu'à aggraver les lois de 1819 et de 1835 en matière de presse. De cette impuissance attestée par trois actes d'abdication : abdication de l'empereur Napoléon, abdication du roi Charles X, abdication du roi Louis-Philippe, n'est-il pas raisonnable de conclure qu'ils avaient entrepris l'impossible ? C'est ici que ressort, dans toute sa vérité, l'analogie qui existe entre les prétendus crimes de la presse et les prétendus crimes de la magie. Aujourd'hui, qui oserait soutenir que les prétendus crimes de sorcellerie n'étaient pas des crimes imaginaires ? Que *l'Univers* l'ose donc ! Aujourd'hui, qui oserait soutenir que les véritables criminels étaient les prétendus sorciers qu'on brûlait, et n'étaient pas les juges ignorants et peureux qui les condamnaient ? Car, par respect pour la justice, il faut le proclamer hautement, l'ignorance et la peur sont de véritables crimes dans le juge à l'arrêt duquel sont soumis l'honneur, la vie, la fortune de l'accusé.

« *L'Univers* déclare qu'il est « *insensé de ne pas faire des lois répressives contre les opinions, contre les doctrines fausses et dangereuses, contraires aux opinions, aux doctrines universellement reçues* ».

« ..... Aussi, assimilons-nous de la manière la plus absolue les prétendus crimes et délits de la parole et de la presse aux prétendus crimes et délits d'hérésie et de magie. Nous disons que ce sont des crimes et des délits imaginaires ; nous disons que ce sont des crimes et des délits qui ne sont rien par eux-mêmes ; nous disons qu'ils n'existent que par le fait de l'ignorance des législateurs et des juges.

« Les journalistes sont au dix-neuvième siècle ce que les sorciers étaient aux siècles derniers.

« Dans quelques années, on ne comprendra pas qu'il se soit trouvé des tribunaux et des juges pour condamner Béranger, Chateaubriand, Lamennais, Proudhon, à raison d'opinions, vraies ou erronées, exprimées par ces écrivains, pas plus qu'on ne comprend aujourd'hui qu'il se soit trouvé d'éminents jurisconsultes, tels que Bodin, pour prêter l'autorité de leurs noms à la jurisprudence en matière de sortilèges.

« Un journal peut commettre des erreurs, des exagérations, mais il ne saurait jamais commettre ni délits ni crimes.

« Telle est notre doctrine, doctrine absolue qui n'admet aucune exception.

« Un journal peut m'appeler assassin, mais il ne peut pas faire que je sois un assassin si je n'ai jamais commis de meurtre, pas plus qu'il n'est donné au microscope de créer les insectes invisibles dont il révèle l'existence.

Il les fait voir, mais il ne les fait pas naître.

« Un journal est un [microscope moral.

« Dira-t-on qu'un journal qui attaque, diffame, calomnie, porte atteinte à la réputation de celui qu'il a attaqué, diffamé, calomnié? Soit. Mais comment cette atteinte se reparera-t-elle devant les tribunaux? En s'aggravant. (Est-ce bien sûr?) Donc il est préférable de n'avoir pour avocat que sa conscience intérieure et pour juge que la conscience publique.!(Qu'est-ce, la conscience publique?)

« C'est à la conscience publique à s'armer de sévérité contre les injures, les diffamations, les calomnies, les erreurs, les provocations, tout ce qui, enfin, aujourd'hui constitue le domaine des délits et des crimes de la parole et de la presse.

« C'est à la conscience publique à protéger énergiquement la société et l'individu !... »

E. de Girardin, on le voit, ne nie pas que la presse puisse diffamer, calomnier et faire autre chose encore que ce que les lois interdisent et punissent, mais il soutient que les pénalités sont impuissantes pour prévenir et surtout pour réparer. Le torrent renverserait la digue, à quoi bon alors épuiser nos forces dans un travail stérile : laissons couler l'eau. Sans méconnaître la part de vérité que renferme cette opinion trop absolue, nous pensons que la société serait profondément bouleversée si tout crime n'était pas menacé de son châtiment. Quant à soutenir qu'une provocation, qu'une excitation au crime est impuissante à produire l'acte qui le consomme, cela nous semble contraire à l'évidence des faits [1].

Nous sommes de ceux qui admettent que la presse peut faire du mal, mais qu'en somme elle fait plus de bien. B. Constant a dit, dans un discours célèbre (séance du 13 février 1817) : « .... Les principes sur lesquels repose la liberté de la presse sont généralement reconnus et admis. Chacun sait que la presse n'est autre chose que la parole étendue et agrandie ; que les mêmes crimes et les mêmes délits peuvent se commettre par la presse et par la parole; que l'une et l'autre ne sont coupables que lorsqu'elles font partie d'une action coupable; et que les ministres qui restreindraient en France la liberté légitime de la presse ne différeraient en rien du despote farouche qui sévit à Constantinople contre la parole, parce que la parole est à Constantinople ce qu'est la presse en France.

[1]. Nous partageons sur ce point l'avis d'Ed. Laboulaye. Voici le passage que nous avons en vue : le Parti libéral, pp. 286 et 287.
« ..... Ce sera, dira-t-on, une licence abominable. Allez-vous aussi nous prêcher l'impunité absolue?
« Non, quoiqu'il y ait une part de vérité dans cette doctrine de l'impunité. Elle a le mérite de reconnaître et de proclamer qu'en politique, comme en religion, il n'y a point de délit d'opinion. L'hérésie politique, comme l'hérésie religieuse, peut être une erreur, elle ne peut être un crime. C'est ce que nos lois sur la presse, et surtout les condamnations prononcées, ont trop souvent méconnu. On a érigé en attaques contre la morale, la société, le gouvernement, ce qui n'était que la libre recherche d'un esprit indépendant..... » (Était-ce bien toujours « la libre recherche » ?)

Ces ministres, dis-je, ne différeraient en rien du tyran de Byzance, sauf qu'ils seraient de plus en guerre ouverte contre leurs serments, en révolte contre les lois du pays.

« Chacun sait encore que ce n'est point pour l'avantage des écrivains que la liberté de la presse est nécessaire. Elle est nécessaire, comme la parole, aux citoyens de toutes les classes. S'ils ont besoin de pouvoir appeler à leur secours quand on les attaque sur la grande route ou qu'on brise de nuit les portes de leur domicile, ils ont besoin de pouvoir réclamer par la presse contre l'arbitraire, s'il les frappe, et la spoliation, si elle les atteint.

« La cause de la presse est celle des rentiers quand on leur fait banqueroute ; des innocents quand on les arrête ou qu'on les envoie enchaînés dans de lointains cachots ; des commerçants quand on les ruine par une politique fausse et déplorable ; des protestants, quand, sous de vains prétextes, on suspend l'exercice de leur culte ; des employés, quand on les destitue en les calomniant ; de tous les Français enfin, quand on traîne la dignité nationale aux pieds de l'étranger, et qu'on se plaît à se montrer complice de l'arrogance qui insulte à notre gloire après avoir, pendant quatorze ans, brigué l'honneur de partager les chaînes que nous portions avec impatience... [1] »

Écoutons des voix plus modernes : « Vous voulez jouir des conquêtes de la liberté ? Émancipez la presse. Vous voulez perfectionner l'organisation sociale, préparer par vos lois les progrès futurs, et consacrer les progrès accomplis ? C'est encore la liberté de la presse qui vous aidera. S'il faut attendre un Montesquieu ou un Turgot, vous pourrez attendre des siècles. Il est contre la sagesse divine et humaine de se reposer sur de tels

[1]. Chateaubriand, qui n'appartenait pas à la même nuance politique que Benj. Constant, avait déjà dit :
« Point de gouvernement représentatif sans liberté de la presse..... Dans un gouvernement représentatif il y a deux tribunaux : celui des Chambres, où les intérêts particuliers de la nation sont jugés ; celui de la nation elle-même, qui juge en dehors des deux Chambres.
« Dans les discussions qui s'élèvent nécessairement entre le ministère et les Chambres, comment le public connaîtra-t-il la vérité si les journaux sont sous la censure du ministère, c'est-à-dire sous l'influence d'une des parties intéressées ? Comment le ministère et les Chambres connaîtront-ils l'opinion publique qui fait la volonté générale, si cette opinion ne peut s'exprimer ?
« Il faut, dans une monarchie constitutionnelle, que le pouvoir des Chambres et celui du ministère soient en harmonie ; et si vous livrez la presse au ministère, vous lui donnez le moyen de faire pencher de son côté tout le poids de l'opinion publique, et de se servir de cette opinion contre les Chambres, la Constitution est en péril.
« Mais la liberté de la presse a ses dangers. Qui l'ignore ? Aussi cette liberté ne peut exister qu'en ayant derrière elle une loi forte, immanis lex, qui prévienne la prévarication par la ruine, la calomnie par l'infamie, les écrits séditieux par la prison, par l'exil et quelquefois par la mort ; le Code est sur ce point la loi unique. C'est aux risques et périls de l'écrivain que je demande pour lui la liberté de la presse ; mais il la faut, cette liberté, ou, quelque une fois, la Constitution n'est qu'un jeu. »
(Chateaubriand, De la Monarchie selon la Charte.)
C'est qu'il y a liberté et liberté, celle qu'on demande quand on est dans l'opposition, et celle qu'on accorde quand on est au pouvoir.

hasards. A défaut du génie d'un grand homme, convoquez toutes les intelligences comme dans une sorte d'éternel concile. Qu'il y ait, chaque matin, place pour la discussion des abus et pour la préparation de l'avenir... » (Jules Simon, *la Liberté*, 2ᵉ édit., t. II, p. 279. Paris, Hachette.)

« De toutes les garanties politiques de la liberté, dit E. Laboulaye, la plus énergique et la plus sûre, c'est la liberté de la presse et des journaux. La presse est le *forum* des peuples modernes. C'est le journal qui réunit chaque matin des millions d'hommes par les mêmes idées et les mêmes sentiments. Supprimer la presse, c'est du même coup supprimer la liberté. » (*Le Parti libéral*, p. 269. Paris, Charpentier.)

Ainsi, la presse, comme toute force, tout instrument, toute institution en ce monde, produit à la fois du bien et du mal et vouloir empêcher le bien afin d'éviter le mal, c'est prétendre supprimer la religion, parce qu'elle a créé les bûchers de l'inquisition, la Saint-Barthélemy, les dragonnades et toutes les horreurs du fanatisme et de la superstition. Le mal qu'on peut mettre sur le compte de la presse est certainement moindre que le bien dont elle peut se glorifier. Sans presse, il n'y a ni liberté, ni progrès ; ne l'oublions pas quand nous nous plaignons des maux qu'elle peut occasionner, bornons-nous à empêcher le mal.

Napoléon Iᵉʳ a dit (à Sainte-Hélène, il est vrai) « qu'il était des institutions, et de ce nombre se trouvait la liberté de la presse, sur lesquelles on n'était plus appelé à décider si elles étaient bonnes ou mauvaises, mais seulement s'il était possible de les refuser au torrent de l'opinion ; or, il prononçait que l'interdiction ou la restriction de cette liberté dans un gouvernement représentatif était une anomalie choquante, une véritable folie. Aussi, à son retour de l'île d'Elbe, avait-il abandonné la presse à tous ses excès, et il pensait bien qu'ils n'avaient été pour rien dans sa dernière chute. » (*Mémorial de Sainte-Hélène.*)

En 1815, il avait dit (séance impériale du 7 juin) : « La liberté de la presse est inhérente à la Constitution actuelle ; on n'y peut rien changer sans altérer tout notre système politique ; mais il faut des *lois répressives*, SURTOUT DANS L'ÉTAT ACTUEL DE LA NATION. (D. Howard, *Dict. de Napoléon.*)

L'Empereur avait raison ; il faut encore des lois *répressives*, et ces lois ne diminuent pas la liberté de la presse, comme les pénalités édictées contre le vol, le brigandage, l'assassinat ne restreignent en rien la liberté individuelle. La liberté de la presse n'est limitée que par les mesures *préventives*, et là où ces mesures existent, la liberté n'est pas complète ou manque tout à fait. Les restrictions peuvent être plus ou moins nombreuses. Tel pays peut en choisir une, tel les réunit toutes ; passons donc en revue celles qui sont le plus usitées.

Nous commençons par le cautionnement. C'est à Chateaubriand qu'on en attribue l'invention. En 1816, dans la *Monarchie selon la Charte*, il s'exprimait ainsi : « C'est aux risques et périls de l'écrivain que je demande pour lui la liberté de la presse ; mais il faut cette liberté, ou, encore une fois, la constitution n'est qu'un jeu. Quant aux journaux, qui sont l'arme la plus dangereuse, il est d'abord aisé d'en diminuer l'abus en obligeant les propriétaires des feuilles périodiques, comme les notaires et autres agents publics, à fournir un cautionnement. Le cautionnement répondrait des amendes, peine la plus juste et la plus facile à appliquer. »

La loi de 1819 adopta cette idée, et le cautionnement fut introduit dans la législation française de la presse, et bientôt la plupart des autres pays suivirent cet exemple. Le cautionnement est donc un moyen d'assurer le payement des amendes, d'empêcher l'impunité. A ce titre il a été défendu par un grand nombre d'hommes politiques, et l'on pourrait même en citer qui l'ont attaqué pendant qu'ils étaient dans l'opposition, et qui en ont reconnu la nécessité en arrivant au pouvoir. Mais, dit-on, l'obligation de fournir un cautionnement est une restriction à la liberté de la presse. Or, bien des personnes pensent que le cautionnement empêchera rarement la fondation d'un journal. L'obstacle réside plutôt dans les énormes frais d'impression, de papier, de rédaction et autres ; on se procure assez facilement un cautionnement qui, en réalité, n'est qu'une dépense, car le gouvernement donne 3 p. 100 et le prêteur en demande 6. Mais c'est la moindre des dépenses, et ne doit-on pas, voyant l'immense pouvoir exercé par les journaux, s'assurer le moyen de punir ceux qui en abusent ? Vous avez, répond-on, la contrainte par corps contre celui qui n'est pas en état de payer l'amende ; ce moyen en vaut bien un autre. Quoi qu'il en soit, en France le cautionnement a existé, mais il a été supprimé par la loi de 1881 actuellement en vigueur.

Le timbre est une autre mesure préventive, seulement, s'il n'empêche pas la création du journal, il en restreint la vente. Le timbre est le moyen de réserver le journal aux classes plus aisées. C'est une mesure politique. On a essayé de le nier, on a prétendu faire du timbre un impôt de consommation, mais cette prétention ne saurait être soutenue, comme nous l'avons prouvé ailleurs. (*Temps*, 1ᵉʳ et 7 mars 1867, 4 et 8 février 1868.) Le timbre a été, il est vrai, originairement une mesure fiscale : les Anglais l'ont inventé en 1712, mais ils ne l'ont établi alors, avec l'impôt sur le savon, que pour se procurer le moyen de faire la guerre à la France. Bien que destiné à disparaître au bout de 10 ans, il se maintint jusqu'en 1855. Le timbre ne fut introduit en France qu'en l'an VI (loi du 9 vendémiaire) ; il y subit bien des vicissitudes, pour être supprimé définitivement, — espérons-le, du moins,— en 1870 (5 septembre). Il a été remplacé par un impôt sur le papier qui n'a pas duré longtemps. (Supprimé le 8 août 1885.)

Le timbre est une des mesures préventives les plus maladroites, car elle irrite sans produire le résultat désiré. Que désire-t-on? Sans doute diminuer le nombre des lecteurs du journal hostile, mais on ne réussit qu'à diminuer le nombre des lecteurs du journal dévoué. Les adversaires sont généralement plus passionnés que les amis, ils s'imposent plus volontiers un sacrifice, et l'irritation ne fait qu'exciter la passion. Ah! si l'on pouvait faire deux timbres, l'un pour les amis et l'autre pour les adversaires; on comprendrait la mesure; mais en imposant toutes les feuilles au même taux, les journaux sérieux, les journaux conservateurs, les journaux favorables au gouvernement en souffrent plus que les autres.

Nous ne mentionnons ici que pour mémoire deux mesures préventives relativement anodines : l'obligation, pour l'auteur, de signer ses articles, et pour la rédaction du journal de recevoir les *communiqués* du gouvernement ou les réponses des personnes nommées dans un article. Du reste, le droit de réponse peut aussi être considéré comme une mesure répressive.

La mesure préventive la plus grave, celle qui est complètement incompatible avec l'ombre même de la liberté, c'est l'obligation d'une autorisation préalable. Cette obligation, établie par la législation de 1852, supprimée en 1868 et rétablie en 1871 par suite de l'état de siège, entrave et peut même rendre presque impossible la création d'un journal indépendant. Elle diminue ainsi le bien, tout en donnant plus d'intensité au mal que la presse peut produire. « C'est un axiome de la science politique aux États-Unis, dit Alexis de Tocqueville, que le seul moyen de neutraliser les effets des journaux, c'est d'en multiplier le nombre. Je ne saurais me figurer qu'une vérité aussi évidente ne soit pas devenue chez nous plus vulgaire. Que ceux qui veulent faire des révolutions à l'aide de la presse cherchent à ne lui donner que quelques puissants organes, je le comprends sans peine; mais que les partisans officiels de l'ordre établi, et les soutiens naturels des lois existantes, croient atténuer l'action de la presse en la concentrant, voilà ce que je ne saurais absolument concevoir. Les gouvernements d'Europe me semblent agir vis-à-vis de la presse de la même façon qu'agissaient jadis les chevaliers envers leurs adversaires; ils ont remarqué par leur propre usage que la centralisation était une arme puissante, et ils veulent en pourvoir leur ennemi, afin sans doute d'avoir plus de gloire à lui résister. » (*De la Démocratie*, t. Ier, p. 221.) Lorsque les journaux sont nombreux dans un parti, les rédacteurs se divisent et les lecteurs s'éparpillent. Il faut que le journal réponde à une nuance d'opinion, ou qu'il la crée pour

vivre. Quoi qu'il en soit, l'obligation d'une autorisation préalable n'existe plus que dans les pays soumis à un gouvernement absolu.

Peut-être avons-nous eu tort de considérer ces mesures préventives comme les plus grandes restrictions à la liberté de la presse: les progrès de l'art de la réglementation ont permis de donner à l'entrave la plus puissante de la presse la forme d'une mesure purement répressive : nous voulons parler de l'avertissement avec son cortège, la suspension et la suppression par voie administrative. L'avertissement, qui existait en France à diverses époques, est la censure rétroactive, et avec l'avertissement officieux on a même la censure préventive, moins la sécurité. L'avertissement est, en outre, une punition infligée, sans que l'inculpé ait pu se défendre, car généralement l'avertissement répété est une procédure pour arriver à la suppression par voie administrative.

Pendant longtemps, la législation a distingué profondément la presse périodique des livres, et nous comprenons à la rigueur cette distinction relativement aux mesures préventives, mais il n'est pas possible de les justifier quant à la répression. Nous n'ignorons pas que, — à tort ou à raison, — les punitions sont plus souvent mesurées ou dosées selon l'étendue du mal produit par le crime, que selon le degré de perversité du criminel, et c'est parce que les gouvernements craignent les journaux plus que les livres qu'ils chargent ceux-là de pénalités plus lourdes que ceux-ci. Mais à nos yeux il n'est pas encore bien démontré que la presse périodique ait réellement cette supériorité absolue d'influence qu'on lui attribue. Elle est incontestablement plus forte pour passionner, mais elle est plus faible pour convaincre. La conviction ne se forme en nous que par la réflexion, la réflexion exige du temps et des efforts; or, la réflexion, le temps, les efforts, on ne les consacre qu'au livre. Celui-ci, on l'étudie; le journal, on le parcourt, ce qui ne permet guère d'approfondir les matières traitées. Le journal a une action prompte, actuelle, mais éphémère; le livre produit son effet lentement, mais l'effet dure.

Ce serait là un motif, pour les gouvernements, d'affaiblir le journal en le laissant devenir une profession accessible à tous; ce serait une industrie comme une autre, tandis qu'en le constituant en monopole et en l'entourant de difficultés de toutes sortes, on le constitue en « magistrature » et même en « sacerdoce »; on centuple ainsi son influence.

Parmi les mesures préventives, il en est une qui semble impossible à justifier; c'est celle qui consiste à déclarer l'imprimeur complice des délits de la presse. Nous admettons encore qu'il soit puni ni si l'éditeur, ni l'auteur ne sont connus; il faut que quelqu'un soit responsable. Mais lorsque l'auteur ou l'éditeur sont connus, l'imprimeur doit être considéré comme un instrument inconscient, sinon il devient le véritable censeur; n'est-il pas obligé de se rendre compte des dangers qu'il peut courir ? Et s'il s'expose sciemment à un danger judiciaire, n'aura-t-il pas soin de de se le faire payer ?

Voilà donc les principaux moyens préventifs employés par la législation sur la presse. Quant à la répression, nous ne voudrions toucher ici qu'à cette seule question : quel sera le *forum* de la presse ? « Chez les peuples libres, répond Ed. Laboulaye, c'est au jury qu'on renvoie les délits de la presse; le jury est une des garanties publiques de la liberté. » — Pourquoi ne s'en remet-on pas au juge ordinaire? La raison en est évidente. « *Qui jugera la presse la possédera*, disait en 1817 Camille Jordan (séance du 13 décembre). Par elle, il influencera l'opinion, par cette opinion les élections, les chambres, le gouvernement, toutes nos institutions, toutes nos destinées. Là, en un mot, sera le pivot, la clef de voûte de tout notre édifice politique. » Et de son côté, Royer-Collard disait avec toute la solennité et l'autorité de sa parole : « Nous devons comprendre que, dans chaque procès, *avec l'écrivain comparaît la liberté elle-même, dont le sort est engagé dans le jugement qui va être rendu, et qui prononcera contre la liberté la peine capitale, quand il paraîtra ne prononcer qu'une peine légère contre l'écrivain.* »

La nécessité de faire juger les délits de presse par le jury a été soutenue par l'élite des hommes d'État et des publicistes. A côté de Royer-Collard et de Ed. Laboulaye, nous pouvons citer Chateaubriand, Benjamin Constant, le duc de Broglie et tant d'autres que notre liste s'étendrait sur bien des pages si nous voulions être complet. Le principal argument en faveur du jury est celui-ci : dans la plupart des délits de presse, les parties sont, d'un côté, le gouvernement, et, de l'autre, des hommes qui, à tort ou à raison, se prétendent les organes de la société ou du peuple. Les tribunaux ordinaires sont institués pour juger entre les citoyens : s'ils jugeaient entre le gouvernement et ceux qui — toujours à tort ou à raison, — parlent au nom du peuple, ils seraient supérieurs à tous deux. Il faut donc que la société prononce directement par la voie du jury. C'est la société ou le peuple qui est ainsi appelé à décider souverainement.

Pour répondre aux objections qui peuvent se présenter au lecteur, nous citerons Fiévée, écrivain royaliste, qui disait en 1817 : « Quelques orateurs se sont évertués à prouver que le jury ne représentait pas l'opinion publique; c'était de l'éloquence bien mal employée. Non, sans doute, le jury ne représente rien ; *il est la société elle-même défendant ses droits dans l'application des lois pénales* [1], comme les députés qu'elle a

choisi défendent ses intérêts dans les discussions législatives... Le jury peut se tromper; qui en doute ? Depuis qu'il y a des sociétés, elles commettent des erreurs ; Dieu, qui les a créées libres, ne pouvait leur ôter la possibilité de s'égarer. Ne dirait-on pas que le pouvoir absolu et ses agents ne se trompent jamais ?.... »

Ajoutons qu'il s'agit ici, — comme presque toujours dans les affaires politiques et sociales, — non de savoir ce qui est absolument bon, mais ce qui présente le moins d'inconvénients, disons : *ce qui est le moins mauvais.* Dans ce monde, il faut toujours avoir la balance morale à la main pour savoir du bien ou du mal qui l'emportera. Ainsi le jury peut se tromper, les tribunaux peuvent se tromper, les erreurs de jugement et les passions sont possibles ici et là ; dans ce cas préférons le régime le plus favorable à la liberté, qui est évidemment le jury.

Conclusion. — Pour en finir, demandons-nous d'où vient la grande différence des opinions sur la nature de la liberté de la presse ?

Elle provient du fait, que la prose des uns est lue, et celle des autres ne l'est pas. Il n'y a donc pas égalité : ceux qui ne sont pas lus réclament l'intervention de l'autorité, ceux qui sont lus, demandent la liberté; elle leur suffit pour vaincre, mais elle ne suffit pas aux gouvernements et aux conservateurs pour se défendre. C'est la faute du public ; il ne recherche pas, en général, la vérité, mais ce qui l'excite, ce qui l'amuse, et une calomnie bien tournée l'amuse plus que toutes les ennuyeuses vérités du monde. Et puisque le public ne tient pas à la vérité, il est puni par les effets du mensonge qu'il a favorisé par sa complicité : la révolution vient, puis l'anarchie, enfin le dictateur et les attaques recommencent.

Législation française en vigueur. — Elle est fondée sur la loi du 29 juillet 1881. Nous allons en reproduire les dispositions essentielles.

Tout journal ou écrit périodique peut être publié sans autorisation préalable et sans dépôt de cautionnement, après la déclaration prescrite par l'art. 7 (art. 5).

Tout journal ou écrit périodique aura un gérant. — Le gérant devra être français, majeur, avoir la jouissance de ses droits civils, et n'être privé de ses droits civiques par aucune condamnation judiciaire (art. 6).

Avant la publication de tout journal ou écrit périodique, il sera fait, au parquet du procureur de la République, une déclaration contenant : 1° Le titre du journal ou écrit périodique et son mode de publication ; — 2° Le nom et la demeure du gérant [1] ; — 3° L'indication de l'imprimerie où il doit être

---

1. C'est une phrase, cela. Du reste, si l'on voulait réellement punir le coupable, et rien que le coupable, le lé-

gislateur n'aurait pas inventé un coupable fictif, un homme de paille, le gérant.

1. Le gérant assure dans bien des cas l'impunité à la presse; c'est l'auteur de l'article, le directeur ou le propriétaire de la feuille qui devrait être puni.

imprimé. — Toute mutation dans les conditions ci-dessus énumérées sera déclarée dans les cinq jours qui suivront (art. 7).

Les déclarations seront faites par écrit, sur papier timbré, et signées des gérants, Il sera donné récépissé (art. 8).

Au moment de la publication de chaque feuille ou livraison du journal ou écrit périodique, il sera remis au parquet du procureur de la République, ou à la mairie dans les villes où il n'y a pas de tribunal de première instance deux exemplaires signés du gérant, etc.(art. 10).

Le gérant est tenu d'insérer gratuitement, en tête du plus prochain numéro du journal ou écrit périodique, toutes les *rectifications* qui lui seront adressées par un dépositaire de l'autorité publique, au sujet des actes de sa fonction qui auront été inexactement rapportés par ledit journal ou écrit périodique. — Toutefois, ces rectifications ne dépasseront pas le double de l'article auquel elles répondront (art. 12).

Le gérant sera tenu d'insérer dans les trois jours de leur réception, ou dans le plus prochain numéro, s'il n'en était pas publié avant l'expiration des trois jours, les réponses de toute personne nommée ou désignée dans le journal ou écrit périodique, sous peine d'une amende de 5o à 5oo fr., sans préjudice des autres peines et dommages-intérêts auxquels l'article pourrait donner lieu. — Cette insertion devra être faite à la même place et en mêmes caractères que l'article qui l'aura provoquée. — Elle sera gratuite, lorsque les réponses ne dépasseront pas le double de la longueur dudit article. Si elles le dépassent, le prix de l'insertion sera dû pour le surplus seulement. Il sera calculé au prix des annonces judiciaires (art. 13).

La circulation en France des journaux ou écrits périodiques publiés à l'étranger ne pourra être interdite que par une décision spéciale délibérée en conseil des ministres. — La circulation d'un numéro peut être interdite par une décision du ministre de l'intérieur. — La mise en vente ou la distribution faite sciemment au mépris de l'interdiction sera punie d'une amende de 5o à 5oo fr. (art. 14).

La provocation aux crimes et délits est punie par les articles 24 et 25, les délits contre la chose publique sont prévus dans les 3 articles suivants : (offense au Président de la République, art. 26, publication de fausses nouvelles et fausses pièces, art. 27, outrage aux bonnes mœurs, art. 28). L'article 29 punit. « Toute allégation et imputation d'un fait qui porte atteinte à l'honneur ou à la considération d'une personne ou d'un corps; les articles 3o, 31 et 32 punissent les diffamations, les art. 33 et 34 les injures.

L'art. 35 porte : La vérité du fait diffamatoire, mais seulement quand il est relatif aux fonctions, pourra être établie par les voies ordinaires, dans les cas d'imputations contre les corps constitués, les armées de terre ou de mer, les administrations publiques et contre toutes les personnes énumérées dans l'art. 31 (savoir : ministres, membre d'une chambre, dépositaire ou agent de l'autorité publique, ministre d'un culte salarié par l'Etat, citoyen chargé d'un mandat public, juré, ou un témoin à raison de sa déposition). — La vérité des imputations diffamatoires et injurieuses pourra être également établie contre les directeurs ou administrateurs de toute entreprise industrielle, commerciale ou financière, faisant publiquement appel à l'épargne ou au crédit. — Dans les cas prévus aux deux paragraphes précédents, la preuve contraire est réservée. Si la preuve du fait diffamatoire est rapportée, le prévenu sera renvoyé des fins de la plainte... [1].

Les art. 36 et 37 protègent les gouvernements, ambassadeurs et étrangers contre les outrages commis par la voie de la presse. Les articles 38 à 41 interdisent des publications nuisibles à la défense, et les articles suivants sont relatifs aux poursuites devant le jury et devant les autres juridictions.

PRÉTEUR. Premier magistrat des anciennes républiques latines. Quand Rome eut chassé les rois, elle transféra leur autorité à deux magistrats que les historiens appellent indifféremment préteurs ou consuls. Deux siècles après, elle détacha de leurs attributions le pouvoir judiciaire, qui fut confié à un magistrat spécialement nommé préteur. On lui adjoignit, au sixième siècle, un préteur *pérégrin* pour juger les contestations des étrangers de passage à Rome. Le premier prit alors le nom de préteur *urbain*. Les préteurs ne jugeaient que le droit : le fait était décidé par des juges-jurés pris d'abord parmi les sénateurs, puis parmi les chevaliers. Le nombre des préteurs augmenta sous l'empire : à Constantinople, ils étaient dix-huit.

Rome envoya des *propréteurs* pour juger dans les provinces pacifiées, puis dans les provinces conquises ; elle leur donnait alors l'*impérium*, c'est-à-dire les trois pouvoirs.

PRÉTORIENS. Gardes du prétoire ou de la tente des généraux romains. Scipion, le premier, fit des siens un corps redoutable. Auguste et Tibère établirent les leurs aux portes de Rome. Ils devinrent un corps d'élite, chaque prétorien ayant le grade de centurion. Septime Sévère les cassa, puis les rétablit en les recrutant dans les armées de toutes les provinces. Constantin abolit définitivement la garde prétorienne.

PRÉVARICATION. Mot synonyme d'abus de pouvoir et de concussion. Les fonctionnaires commettent le délit de prévarication chaque fois qu'ils transgressent leurs devoirs ou du moins les devoirs énoncés dans une loi

---

1. Voy., dans la *Revue des Deux Mondes* du 15 juillet 1896, la preuve que cette législation assure l'impunité au calomniateur.

ou un règlement. Il est en effet des transgressions contre lesquelles aucun code n'édicte de peines et dont la punition est réservée au juge dont le royaume « n'est pas de ce monde ». La loi ne peut pas tout prévoir, ni le ministère public tout prouver.

PRÉVÔTÉS. Juridictions et circonscriptions des prévôts. Les prévôtés établies par les rois, sur les ruines des justices seigneuriales, dans les subdivisions des comtés et bailliages, étaient des magistratures administratives, militaires et judiciaires. Les rois les réduisirent plus tard aux attributions judiciaires, et Louis XV les supprima en 1749.

On donne aussi ce nom aux tribunaux chargés de rendre la justice militaire aux armées sur le territoire étranger.

PRÉVÔTS (*Præpositi*). Magistrats ou officiers de justice, d'administration ou de police sous l'ancien régime. Le roi et les seigneurs faisaient rendre la justice par leurs prévôts. La ville de Paris eut de bonne heure son prévôt des marchands, officier municipal et premier magistrat. D'abord chez les marchands de l'eau ou de la hanse parisienne (*nautæ parisienses*), il acquit successivement la juridiction sur toutes les corporations, la juridiction en matière commerciale, la police, l'édilité, les travaux publics, les cérémonies publiques, la répartition de l'impôt de capitation. Ce pouvoir, qui atteignit son apogée lors de la révolution de 1356, fut démembré par les rois; il n'était plus, en 1788, qu'une magistrature de parade.

PRIMATS. Prélats dont la juridiction s'étend sur plusieurs archevêchés et évêchés, ou mieux encore, sur toute une contrée. Ils reçoivent les appels des juridictions de leurs suffragants, les suppléent en cas de déni de justice, et confèrent les bénéfices auxquels ces suffragants ont négligé de pourvoir dans les délais canoniques.

L'archevêque de Sens fut d'abord primat des Gaules, puis de Germanie, quand Grégoire VII eut donné la primatie des Gaules à l'archevêque de Lyon. L'archevêque de Bourges fut primat d'Aquitaine, celui de Bordeaux porte maintenant ce titre; l'archevêque de Reims est primat de la Gaule belgique, celui de Rouen, primat de Normandie, les archevêques d'Arles et de Narbonne primats de la Gaule narbonnaise.

Cantorbéry, en Angleterre, Tarragone, Tolède et Séville, en Espagne, Mayence, en Germanie, Upsal, en Suède, Gran, en Hongrie, Gnesen dans l'ancienne Pologne ont été ou sont des sièges de primatie.

PRIMOGÉNITURE. Ce terme est synonyme d'aînesse; nous n'avons à nous en occuper que par rapport aux droits politiques attachés à la naissance et qui dépendent de la primogéniture. Le principe de l'égalité dans les partages l'a fait disparaître presque absolu-

ment de notre droit civil. Nous le retrouvons dans une sphère plus élevée, dans les constitutions qui forment le pacte politique de la plupart des peuples.

Partout où le pouvoir souverain est exercé par un seul et où il est héréditaire dans une famille, il a fallu déterminer l'ordre de succession au trône. En France la dignité impériale ou royale n'a jamais été héréditaire qu'en ligne directe et légitime de mâle en mâle par ordre de primogéniture, à l'exclusion des femmes et de leur descendance. Dans d'autres pays, les femmes ne sont pas exclues, mais le principe de succession par ordre de promogéniture en ligne directe reste le même. Nous disons l'ordre de succession en ligne directe, parce que, dans certains majorats, la dévolution s'opérait, en Espagne par exemple, non pas du père au fils aîné, puis au fils aîné de celui-ci et ainsi de suite, mais au profit de l'aîné de la famille, quel qu'il fût, en sautant d'une branche à l'autre, de sorte que généralement l'oncle excluait le neveu par le privilège de l'âge. Il a fallu spécifier que cet ordre de transmission ne s'applique pas aux trônes. Il en était ainsi en Égypte.

Ces termes de droit d'aînesse ou de primogéniture rappellent dans notre esprit l'idée de succession et de partage entre cohéritiers. Cette association d'idées n'a plus rien d'exact quand il s'agit de la transmission du pouvoir souverain, qui, dans nos États modernes, constitue non pas une *propriété*, mais une *dignité*. La dignité est transmissible héréditairement, il est vrai, mais elle ne devient pas pour cela un fief et ne perd pas son caractère.

Pour arriver à cette théorie, qui s'impose presque forcément aujourd'hui aux esprits même les plus retardataires, aux partisans les plus obstinés des vieilles doctrines, il a fallu parcourir une bien longue route; il a fallu des siècles pour substituer au principe grossier d'une *propriété* transmissible comme le manoir et le champ féodal, puis à la redoutable théorie de l'absolutisme et du droit divin, la notion simple et rationnelle d'une *dignité* conférée le peuple et d'un pouvoir exercé en son nom.

PRINCE. Si l'on s'en rapporte à l'étymologie, le mot prince, qui est devenu le titre d'une haute noblesse, devrait signifier : le premier, le plus excellent. C'est dans ce sens conforme à l'étymologie qu'on a longtemps appelé prince celui qui, dans une dignité ou même une fonction quelconque, occupait le premier rang. Il y eut à Rome le prince du Sénat, le prince de l'ordre des Chevaliers; Auguste établit ses deux fils adoptifs princes de la Jeunesse. On connaît les princes des apôtres, les princes de l'Église, qui sont les cardinaux; les parlements avaient même un prince des appariteurs, *Principem apparitorum:* c'était le premier huissier! Suivant Tacite, on attribuait ce titre, chez les Germains, aux magistrats chargés de rendre la justice aussi bien qu'aux chefs qui commandaient les armées : *Principes pro victoria pugnant*. Dans les premiers temps de la monarchie française on qualifiait princes les évêques, les ducs et les comtes ainsi que les maires du palais. Ce nom correspondait exactement à l'expression dont nous nous servons aujourd'hui : les grands. Trouve-t-on, à la même époque, des princes de naissance? Nous ne le pensons pas. « Les nobles, dit Boulainvilliers, étaient de fait et de droit les seuls grands de l'État. On ne connaissait point entre eux les distinctions des titres qui sont aujourd'hui en usage... Les Français ne connaissaient point de prince parmi eux; la parenté ne donnait aucun rang, non pas même à ceux qui descendaient des rois en ligne masculine. » Sous Charles VI, Christine de Pisan nous apprend que le titre de prince n'appartenait encore qu'aux rois, aux empereurs, aux ducs et aux seigneurs des terres érigées en principautés. « En diverses seigneuries, dit-elle dans son livre de la *Cité des dames*, sont demeurantes plusieurs puissantes dames, si comme baronnesses et grand'terriennes, qui pourtant ne sont appelées princesses, lequel nom de princesse n'affiert être dit que des emperières, des roynes et des duchesses; si ce n'est aux femmes de ceux qui, à cause de leurs terres, sont appelés princes par le droit nom du lieu. » Nous trouvons dans Loyseau, jurisconsulte qui écrivait sous le règne de Henri IV, une indication plus précise de l'époque où commencèrent les princes du sang : « Il n'y a pas longtemps, dit-il, que les mâles issus de nos rois se qualifient princes en vertu de leur extraction; car c'est la vérité qu'ils prirent premièrement ce titre à cause des duchés et comtés qu'ils possédaient. » C'est dans le quinzième siècle, sous les règnes de Charles VII et de Louis XI, que le rang et les prérogatives de la famille royale furent déterminés d'une manière précise. Il y eut dès lors un cérémonial bien établi; on donna le titre de princes du sang à ceux qui descendaient par mâles de la maison de France et ils obtinrent la préséance sur les pairs et tous les nobles. Une ordonnance de Henri III, de 1576, maintient et confirme leurs prérogatives. Enfin Louis XIV marque l'apogée de la puissance royale par ces fières paroles qu'on lit dans l'édit du mois de mai 1711 : « Les princes du sang royal seront honorés et distingués en tous lieux, suivant la dignité de leur rang et l'élévation de leur naissance. Ils représenteront les anciens pairs de France aux sacres des rois, et auront droit d'entrée, séance et voix délibérative en nos cours de parlement à l'âge de quinze ans, tant aux audiences qu'au conseil, sans aucune formalité, encore qu'ils ne possèdent aucune pairie. » Dans les autres pays le rang des membres de la famille régnante a été également reconnu.

Il n'y a pas seulement des princes issus de maisons souveraines (*Prinz*), il y a aussi ceux qui ont reçu ce titre du souverain à raison des hautes fonctions qu'ils ont exercées ou des services qu'ils ont rendus à l'État, et au profit de qui des terres ont été érigées en principautés (*Fürst* [1]). C'est ce qu'on appelle les principautés d'érection. « Bien y a, dit Dutillet, des principautés qui sont dignités féodales inférieures à celles des comtes. » Les anciens ducs et comtes, en usurpant la souveraineté, s'étaient faits princes, et à leur exemple les autres grands qui n'étaient ni ducs ni comtes cherchaient à se distinguer des simples seigneurs en usurpant de même la souveraineté et en se parant de ce titre. « Ce qui, ayant eu cours lorsque les grands seigneurs de France avaient les droits de souveraineté, a continué après qu'ils en ont été dépouillés, par le moyen de ce qu'à l'exemple des anciennes principautés réunies depuis à la couronne, les rois en ont érigé d'autres pour gratifier leurs favoris. » (Loyseau.)

Les principautés d'érection, sous l'ancien régime, ne donnaient ni autorité ni prééminence dans le royaume. De nos jours, en France, le grand principe de l'égalité devant la loi s'applique à tous les princes, quelle que soit leur origine; cependant des prérogatives honorifiques avaient été réservées aux princes des familles royale et impériale soumis, relativement à leurs mariages et aux actes de leur état civil, à une législation spéciale.

Dans un autre sens on entend par *le Prince*, dans les pays monarchiques, le souverain lui-même, le chef de l'État investi du commandement et de la puissance exécutive. L'influence qu'il exerce varie naturellement suivant les temps, suivant les lieux et surtout suivant le mérite personnel qui le distingue, car ce dicton populaire : « Tant vaut l'homme, tant vaut la place! » peut s'appliquer même aux monarques. Sa vie privée est un exemple qui, en bien comme en mal, porte toujours ses fruits. Ce n'est pas que dans les républiques, où il n'y a pas de princes, les exemples du vice et de l'immoralité soient moins fréquents et surtout moins funestes que dans les monarchies; la compétition des places et la brigue effrénée du pouvoir s'y mêlent trop souvent à la grossièreté des mœurs et mènent à la corruption, et la corruption à une irrémédiable décadence.

PRINCE ROYAL, IMPÉRIAL, HÉRÉDITAIRE. Fils aîné du monarque. En France, on disait autrefois le Dauphin; la Constitution de 1791 remplaça ce titre par celui de prince royal. En Espagne, on disait le prince des Asturies; en Portugal, le prince des Algarves; en Angleterre, le prince de Galles; dans les Pays-Bas, prince d'Orange; en

---

1. En France, on semble toujours considérer le titre de prince comme supérieur à celui de duc; en Allemagne, le *Prinz* est supérieur, le *Fürst* est inférieur au duc (*Herzog*).

France, sous Louis-Philippe, duc d'Orléans ; en Belgique, duc de Brabant; en Russie, le Czaréwitch (fils du Czar). Dans tous les autres pays de l'Europe on dit le prince royal ou le prince impérial (en allemand *Kronprinz*, prince de la Couronne), selon le. titre du monarque. Les fils aînés des monarques qui ne sont ni rois, ni empereurs, ont le titre de prince héréditaire.

PRINCIPES. Y a-t-il des principes en politique? Longtemps on l'a nié, on le conteste encore. Comment, fait-on remarquer, pourrait-on tirer des principes généraux fixes et immuables, de faits variables, dont les causes sont si souvent accidentelles et dont les suites ne trompent pas moins souvent les plus légitimes prévisions? Et si l'on parvenait à établir quelque principe de ce genre, quelle application pourrait-on en faire, quand le même événement ne se reproduit jamais ni sous la même forme, ni dans les mêmes circonstances, ni sous l'empire d'antécédents analogues? Le plus ordinairement les questions qui se présentent sont complexes et contiennent des éléments divers, souvent contraires, dont chacun cependant a sa raison d'être. Ajoutez que, dans le plus grand nombre des cas, il y a des droits acquis, des intérêts respectables engagés. Les briser au nom d'un principe abstrait, ce serait à la fois le comble de l'injustice et le moyen le plus assuré d'ébranler la confiance publique et de porter le trouble dans la société. Le bon sens conseille des compromis, et aucun homme d'État digne de ce nom n'aura garde de suivre une autre conduite. En un mot, prétendre régler d'après des principes absolus les choses humaines où tout est contingent et relatif, paraît à un grand nombre de bons esprits, soit d'une complète impossibilité, soit d'une rare imprudence. On ne peut se dissimuler qu'en Angleterre où, comme le dit Macaulay, savoir transiger a toujours passé pour le fond de la science du gouvernement, une politique qui a pour première règle de conduite de se plier aux nécessités du moment, n'ait conjuré maintes fois des orages qui, sans cette souplesse et cette habileté, auraient emporté la nation [1]. D'un autre côté c'est un fait constaté par de douloureuses expériences que les théories en apparence les mieux fondées en raison n'ont produit rien de solide et de durable, et qu'il n'en est resté que ce qui était impérieusement demandé

par l'esprit public, c'est-à-dire que ce qui se serait produit inévitablement sans elles. On peut conclure de là que les institutions politiques sortent, non d'une science sociale, mais de la vie même des nations et se trouvent par là marquées d'un caractère contingent, relatif, qui ne paraît pas avoir rien de commun avec des principes absolus. (*Voy.* **Système**.)
Mais cela même n'est-il pas un principe, un principe que l'histoire confirme aussi bien que l'analyse de la nature humaine et dont l'oubli est la cause la plus ordinaire du malaise et de la décadence des nations, et là où il existe encore quelque vitalité, des mouvements révolutionnaires? Quelque général qu'il soit en lui-même, il ne laisse pas que d'être d'une application de chaque jour, aussi bien dans les petites choses que dans les grandes. Dans tous les cas, un homme d'État qui en serait pénétré ne serait pas exposé à commettre la faute grossière et cependant si commune, de pratiquer des maximes d'un autre âge et sans aucun rapport avec les dispositions morales et intellectuelles du peuple qu'il gouverne.
A ce principe viennent s'en joindre d'autres, dont le tableau formerait ce qu'on pourrait appeler le *Credo* politique de notre temps. Ils sont l'expression de l'idée que nous nous faisons de la société, de ses besoins et des moyens les plus propres à les satisfaire. Ceux-là même qui condamnent le plus hautement tout dogmatisme politique partent cependant de ces principes ; ils les reconnaissent au moins implicitement. Comment en pourrait-il être autrement, quand ces principes forment comme le fond commun des croyances politiques de l'immense majorité de ceux de nos contemporains qui sont capables de réflexion? Il n'est pas un seul homme raisonnable qui voulût aujourd'hui soutenir que l'État c'est le roi, ou se faire l'apologiste d'une guerre de conquête ou de dynastie.
Admettre des principes en politique, ce n'est pas en bannir l'esprit de modération, c'est seulement lui donner un guide et ne pas l'abandonner aux flots confus des événements et aux entraînements des intérêts de parti. Des principes, quelque incontestables qu'ils soient, ne peuvent être employés dans la pratique des affaires publiques, comme le sont les formules algébriques dans la résolution des problèmes de mécanique. Ils ne doivent être considérés que comme une sorte de fil conducteur qui indique en général dans quel sens il faut marcher et vers quel but il faut tendre. Ce n'est qu'à ces conditions qu'ils peuvent passer, avec utilité, du champ de la théorie dans celui de la pratique. MICHEL NICOLAS.

PRINCIPES DE 1789. La liberté de conscience, l'égalité devant la loi, la participation de tous les citoyens au gouvernement par l'intermédiaire de mandataires directement nommés par eux, l'accession des fonctions publiques sans autre condition que le mérite reconnu, la division des pouvoirs, l'incompatibilité des fonctions législative et exécutive,

---

1. Le *Times* du 20 janvier 1863, répondant à la Quarterly Review, dit, entre autres choses : « Avouons que le fait de lord Palmerston d'être un homme sans principes politiques, était précisément la raison pour laquelle il a été si populaire comme ministre, et qu'il paraissait si bien fait pour gouverner une nation d'hommes libres. » Il trouve que pour beaucoup de gens, avoir des principes, c'est avoir des idées *à priori*, des idées fixes, des travers d'esprit auxquels on tient avec obstination, en dépit du bon sens et de l'expérience. — Mais ne continuons pas à analyser l'article du journal anglais, de crainte qu'on ne nous accuse de l'approuver. Nous aimons trop les principes, pour cela, surtout les bons. Et les mauvais? Mieux vaut indubitablement ne pas avoir d'idées arrêtées que d'en avoir d'absurdes ou de subversives. (Ne pas avoir de principe n'est-ce pas ne pas avoir d'opinion ?)　　　　M. B.

la liberté de presse et d'association, l'institution du jury ou la connaissance des crimes remise aux citoyens, la publicité des débats politiques et des procès criminels, l'abolition de la torture et des sévices corporels, le concours pour l'obtention des grades et diplômes, le libre exercice des professions, l'enseignement libéralement distribué aux classes jusque-là privées d'instruction : telles sont les précieuses conquêtes qui ont marqué la fin du dix-huitième siècle et inauguré une politique, une économie et une législation nouvelles.

L'ensemble des idées qui ont préparé cette rénovation a reçu le nom de Principes de 1789.

Pourquoi donne-t-on l'attache spéciale de 1789 à ce faisceau lumineux de principes préparé par tant de luttes et d'efforts, condensé par les intelligences de tant de penseurs illustres appartenant à tous les temps et à tous les pays ?... Certes, les idées qui se formulèrent avec tant d'énergie et de flamme pendant les vingt dernières années du dix-huitième siècle avaient depuis longtemps jeté des racines profondes dans la pensée des peuples, et l'on a pu dire avec autant de justice que de force qu'à cette époque la France fut la conscience de l'humanité. L'Angleterre, à la suite de sa grande révolution, avait déjà affirmé quelques-uns des principes proclamés en 1789 et les avait inscrits dans ses lois; mais elle s'était arrêtée en chemin, ses mœurs s'étaient opposées à de rigoureuses conclusions égalitaires. Après avoir conquis ce qu'il lui fallait d'indépendance pour assurer le développement de ses libertés elle avait négligé toute autre préoccupation. Le génie essentiellement humain, essentiellement généralisateur de la France, devait tirer un tout autre parti des vérités vulgarisées par les trois derniers siècles. Puis il lui était réservé d'être, contre l'Europe de la monarchie et du privilège, le champion de la liberté et de la dignité humaines dans la lutte la plus gigantesque que les temps modernes aient enregistrée. Elle donna à cette grande profession de foi la sanction des batailles terribles et des victoires éclatantes. Il n'est pas jusqu'aux sanglants débats, aux déchirements provoqués dans son sein par les affirmations nouvelles, qui n'aient ajouté à l'illustration de cette cause, puisque les principes de 1789 purent sortir triomphants et respectés de ce douloureux enfantement.

Donnons un coup d'œil rapide aux Principes qui ont jeté un si grand éclat sur la date de 1789. (Hervé-Thévenard.)

I. La liberté de conscience avait bien souvent été invoquée pendant les luttes religieuses qui ensanglantèrent le monde avant 1789; mais violée tour à tour, après la victoire, par les cultes et les partis qui l'avaient invoquée dans la défaite, elle était restée à l'état de simple aspiration. La Révolution fut loin d'être tolérante, mais elle eut la gloire de fouler sous ses pieds les ruines de l'inquisition renversée par elle. Elle éleva les devoirs des hommes vis-à-vis d'eux-mêmes et de la cité à la hauteur d'une religion sans mysticisme, et la raison affranchie lui devra quelque jour d'exercer sur les mœurs un empire indiscuté, une autorité sans fantasmagorie.

Depuis 1789, les diverses constitutions qui ont marqué chacun des remaniements politiques de notre pays ont consacré le principe de la liberté de conscience, et quoiqu'elles l'aient fait souvent sous bénéfice d'inventaire et avec réserve d'empiétements et de reprises possibles, leur déclaration est un hommage rendu aux principes de notre grande révolution, la reconnaissance d'une irrévocable conquête dont on peut encore éluder les conséquences, mais dont on ne saurait contester l'autorité.

II. Le principe de la souveraineté populaire, proclamé en 1789, après avoir été reconnu implicitement par les constitutions de l'Empire, la charte de 1814 et celle de 1830, a reçu une éclatante confirmation en 1848 par l'extension du droit de vote à tous les citoyens français. Même la Constitution du 2⁰ Empire a respecté ce principe, et désormais il fait partie de la conscience nationale et est acquis à la raison publique[1]. D'autres peuples nous l'ont emprunté, et bientôt il s'étendra à toutes les nations civilisées, préparant la reconnaissance d'un droit international et une similitude d'institutions qui semblent donner raison aux espérances de pacification et d'harmonie universelle.

Par une application radicale des principes de 1789, nous sommes entrés en pleine démocratie, et en dépit des contradictions que présentent nos institutions, l'invincible logique des précédents doit nous amener aux conclusions suivantes :

Tout pouvoir, toute autorité relèvent désormais de la volonté nationale; c'est le renversement complet et définitif du droit divin. Désormais le citoyen n'est plus un sujet, mais un membre libre de l'association nationale; le contrat qui l'unissait à l'État n'était plus unilatéral comme autrefois. Tout droit public doit être considéré comme une émanation du droit individuel, comme l'expression de l'apport personnel et de la concession faite par chaque citoyen pour une fin également profitable à tous et à lui-même. De là, cette conclusion qu'il est pour l'homme des droits inaliénables et extra-sociaux qu'aucune puissance personnelle ou collective ne saurait, sans usurpation, ni suspendre, ni limiter, ni prescrire, tels que le droit de formuler sa pensée par la parole et l'écrit, le droit de se concerter avec ses concitoyens, le droit de produire et d'échanger, le droit de contracter alliance, le droit de tutelle sur ses fils mineurs[2]. Comme fraction d'un ensem-

1. Nous maintenons ces mots (raison publique), sans nous dissimuler qu'ils sont fortement attaqués; c'est qu'on n'a pas encore trouvé un système meilleur. Voy. *Suffrage universel.*

2. Il serait vraiment désirable que les droits du pouvoir législatif fussent déterminés. Ces droits sont-ils illimités ? Tout le monde répondra que non; mais lorsqu'il s'agira d'indiquer les limites, on aura de la peine à se mettre d'accord.

ble, le citoyen doit subir la loi qui affirme les besoins collectifs et qui spécifie le concours et la contribution dus par chaque membre de l'association, mais il conserve tout droit de contrôle, de critique et de révision sur et contre les décisions qui temporairement l'engagent. Partie de la minorité aujourd'hui, il peut et doit, par l'essor libre de ses convictions, pouvoir conquérir les adhésions qui constituent la majorité. De là cette autre conséquence, que toute loi organique est remaniable dans son ensemble comme dans ses parties, et que les constitutions ne peuvent être considérées que comme l'expression temporaire de besoins et d'idées modifiables [1], de là aussi la complète subordination de l'État et des fonctionnaires à la volonté nationale librement exprimée; la responsabilité à tous les degrés de l'échelle et la mutabilité permanente de tous les agents de la chose publique. De là également la substitution de la division du travail à la hiérarchie. la limitation des mandats et la régulière reddition des comptes de gestion nationale.

III. L'institution du jury, la publicité des débats judiciaires dérivaient du principe nouveau de solidarité entre tous les hommes, d'égalité entre tous les citoyens, inscrit désormais au frontispice de nos lois. Avec la sombre conception de l'enfer et de ses expiations sans merci, disparaissait la férocité des répressions; la justice dépouillée de son prestige divin, soumise à la conscience d'hommes pris au sein de la foule, abdiquait le caractère d'inflexibilité, j'allais dire d'inhumanité, attribut d'une fatalité providentielle que le christianisme n'avait pu couvrir de sa mansuétude, comme le prouvaient dix-huit siècles d'exécutions sanglantes et de supplices raffinés. Désormais le jury allait introduire l'arbitrage dans les jugements humains et tenir compte de la part de responsabilité qui incombe à la société dans les égarements de ses membres; la justice allait abdiquer la vengeance, répudier les violences et les emportements propres aux revendications personnelles (voy. Jury).

IV. Sous l'influence du principe de la liberté du travail proclamée en 1789, nous voyons l'industrie prendre un rapide essor et la production accomplir des prodiges d'activité. La suppression des privilèges corporatifs permet à toutes les initiatives de choisir leur voie; de changer et de renouveler en l'espace de moins d'un siècle les méthodes et l'outillage de presque toutes les professions. Une foule de découvertes ingénieuses, d'utiles applications simplifient le labeur de l'artiste et de l'ouvrier; l'homme de science s'associe à l'homme d'exécution, et de ce contact incessant naissent ces merveilles dont le spectacle exalte notre juste orgueil.

Cependant certains doutent que la destruction des jurandes et maîtrises, la suppression

des corporations ait été un bienfait sans réserve. Les travailleurs, croient-ils, sont sans moyen de défendre leurs intérêts, et ont eu beaucoup à souffrir, le prolétariat a peut-être fait plus de victimes et favorisé de plus dures exploitations que les anciens corps de métiers. Il est naturel que lorsqu'un million de combattants luttent il y a plus de morts que lorsque leur nombre est de cent mille. La concurrence que se sont faite les producteurs a souvent donné aux luttes de l'industrie le caractère de véritables guerres; l'augmentation de la richesse générale, comme la victoire, a fait oublier les désastres; mais la détresse d'une partie des travailleurs a trop souvent fait équilibre à la prospérité d'une nouvelle aristocratie. Nous n'avons pas besoin d'ajouter qu'en signalant les inconvénients d'une concurrence faite dans des conditions de profonde inégalité quant aux charges et avantages sociaux, nous n'entendons infirmer aucune des conquêtes de la liberté. Nous en demandons, au contraire, l'extension. Nos observations réservent seulement la liberté absolue du débat entre celui qui commande et celui qui exécute le travail; nous aimerions pouvoir prévoir dans l'avenir la fusion d'intérêts qui paraissent aujourd'hui antagoniques. Peut-être que le principe de l'association libre remédiera dans une certaine mesure à ces maux, et remplacera tout ce qu'avait de protecteur l'association privilégiée et combinera les bienfaits de la mutualité avec ceux de l'émancipation individuelle.

V. La liberté de la pensée dans sa double forme écrite et parlée, le droit de contrôle des dépenses publiques, le vote de l'impôt ont été consacrés par les principes de 1789. Désormais il ne peut plus être de pouvoir illimité, d'administration irresponsable, de despotisme sans frein, la puissance de l'opinion est fondée; on peut la corrompre, mais il faut compter avec elle. Il n'est plus permis aux gouvernements de régner dans le silence et de se dérober aux redditions de compte.

Il ne faut pas se dissimuler cependant que l'esprit public se corrompt en voyant invoquer, pour des causes si diverses et de si dissemblables desseins, les principes qui méritent son respect. Peu à peu l'hypocrisie s'infiltre dans les âmes et glace les généreuses convictions, les purs enthousiasmes; les vertus civiques supportent plus facilement les épreuves des dures contraintes que des servitudes masquées de noms glorieux. Comment pourrait-on expliquer le soudain affaissement et le rapide déclin de civilisations qui éblouirent le monde de leur éclat, l'abaissement rapide et la dégradation de grands peuples sans ce lent travail de dissolution qui s'accomplit dans les caractères par l'habitude du mensonge et des honteuses transactions?

Quoi qu'il en soit de ces réserves un peu chagrines, nous pouvons conclure en disant: Les principes de 1789 sont la source vive où s'alimente la civilisation moderne. Expression des idées accumulées par notre

[1]. C'est toujours la question de limite, de mesure sur lequel feu T. H., homme ardent, n'a pas assez insisté.

pays ou assimilées par lui, ils contiennent en somme toutes les réformes politiques, tous les progrès sociaux, et sont pour la France un titre à la reconnaissance de l'humanité.

PRISES MARITIMES, COURSE.

On appelle prise maritime l'arrestation faite en mer d'un navire ennemi ou même neutre, par les forces navales régulières d'un belligérant ou même par un corsaire muni d'une lettre de marque, dans le but de confisquer le navire et la cargaison en tout ou en partie.

Nous n'entrerons pas dans l'historique du droit de prise, nous nous bornerons à rappeler la déclaration du Congrès de Paris, du 16 avril 1856, qui a prononcé l'abolition de la course, mais dont le silence maintient le droit de capturer la propriété privée ennemie par navires de guerre. Cette déclaration, signée par l'Angleterre conjointement avec la France, la Russie, la Prusse, l'Autriche, la Sardaigne et la Turquie, fut portée à la connaissance de tous les États qui n'avaient pas participé au Congrès, avec invitation d'y accéder. Toutes ces puissances adhérèrent, sauf trois. L'Espagne et le Mexique refusèrent purement et simplement de consentir la suppression de la course : les États-Unis subordonnèrent leur acquiescement à la suppression de tout droit de capture, même par croiseur de guerre. Le Brésil approuva sans réserve, en émettant le vœu de la suppression de ce dernier droit : mais il a encore été maintenu par la France dans la guerre de 1859 contre l'Autriche (voy. décret du 9 mai 1859), et même en 1870-1871 [1]. Tel est le dernier état de la jurisprudence internationale, en matière de prise de la propriété ennemie sur mer. Pleinement reconnu jusqu'au dix-huitième siècle, pratiqué dans toute sa rigueur au moyen de la course, ce droit a été hautement répudié par la Révolution française. Cependant il continue à exister, mais la suppression de la course mènera logiquement à l'abolition des prises.

De la légitimité du droit de prise. — Nous pensons, avec le décret de l'Assemblée législative de 1792, que les belligérants n'ont droit de prise que sur les propriétés publiques et non sur les propriétés privées. C'est cette question qui en réalité se débat sous celle du droit d'armement en course. La course n'est en principe qu'une imitation des corps francs ou guérillas des guerres de terre. Il n'est pas contestable qu'un gouvernement ait le droit, outre son armée régulière et même en remplacement de toute armée régulière, d'appeler aux armes, soit pour la défense, soit pour l'attaque, tous les citoyens, en leur laissant toute liberté d'action pour le combat. A ce point de vue, la légitimité de l'armement en course ne peut

être mise en doute. Mais, en fait, la course maritime a eu un tout autre objet que les guérillas. Les corps francs ou partisans joints aux armées de terre ont suivi en général les lois et usages de guerre reconnus par celles-ci, et ils n'en ont différé que par l'organisation intérieure et la manière de combattre. La course au contraire a eu à peu près pour unique but la destruction du commerce ennemi. Le bâtiment du corsaire est presque toujours inférieur en force au vaisseau de guerre; il ne s'attaque qu'aux navires de commerce. De là, les immenses développements de la course, son emploi universel par toutes les nations jalouses de se ruiner réciproquement, enfin la réprobation dont elle a commencé à être frappée au dix-huitième siècle, et son abolition solennelle au milieu du dix-neuvième. Cependant la déclaration du 16 avril 1856 ne renonce pas à la capture de la propriété privée et passe sous silence le droit d'armer sur mer des partisans qui seraient uniquement dirigés contre les navires de guerre. Il y a là une question mal posée. Il fallait, à notre avis, aller bien plus loin et faire disparaître radicalement le prétendu droit de dépouiller les particuliers, sous prétexte qu'on fait la guerre à leur souverain. Le manque de logique que nous relevons dans la célèbre déclaration s'explique du reste par deux circonstances : le commerce ennemi est beaucoup moins menacé par les croiseurs réguliers que par les corsaires, parce que ceux-là sont moins nombreux et moins avides, et en second lieu le droit de lancer des partisans sur mer est à peu près illusoire quand on leur a retiré l'appât du gain, à cause des difficultés et des dépenses d'un armement capable de lutter contre des vaisseaux de guerre. Donc l'abolition de la course, même dans les termes de la déclaration d'avril, est une protection efficace en faveur du commerce des belligérants. (F. HÉLIE, fils.)

Des personnes qui peuvent exercer le droit de prise. — Le droit de prise, avons-nous vu, s'exerce par les navires de guerre de l'État et par les corsaires.

Toutes les lois rendues en France sur la matière, depuis l'ordonnance de 1400, ont confirmé l'obligation pour les corsaires de se munir d'une autorisation du souverain ou lettre de marque, et cette règle est suivie par toutes les nations civilisées. Outre la lettre de marque pure et simple, il y a la *lettre de commission en guerre et marchandises.* Elle est donnée aux armateurs qui, en temps de guerre, pourvoient leurs navires, pour la nécessité de la défense, d'armes et d'équipages; elle leur confère en même temps le droit de prendre l'offensive et de s'emparer des navires ennemis, s'ils en trouvent l'occasion. Le corsaire non autorisé par son souverain doit être traité comme pirate. Il devrait résulter de cette règle incontestable que les prises de ce corsaire auraient droit d'être remises en liberté et même d'obtenir indem-

---

1. Dans la guerre de 1866 entre la Prusse et l'Italie d'une part et l'Autriche de l'autre, les belligérants avaient renoncé à inquiéter la propriété flottante de l'ennemi.

nité. Cependant l'ancienne jurisprudence et, en dernier lieu, l'arrêté du gouvernement français du 2 prairial an XI, article 34, a décidé que, dans ce cas, la prise serait confisquée au profit de l'Etat. Il nous paraît difficile d'admettre qu'une prise non valable à l'égard du capteur le devienne à l'égard de l'Etat.

Les lettres de marque ne sont accordées qu'aux sujets du belligérant. L'ordonnance du 8 décembre 1649 et la déclaration du 1er février 1650 (Recueil d'Isambert, t. XVII) interdisent aux Français de prendre des commissions de l'étranger. L'arrêté de l'an XI, article 16, défend d'en accorder pour le service français aux étrangers.

Le caractère particulier de la guerre de course a rendu ici nécessaire une dérogation aux principes généraux. Dans la guerre ordinaire, les sujets neutres qui s'enrôlent sous le drapeau de l'un des belligérants sont traités comme les propres sujets de celui-ci par l'autre belligérant. S'il en était de même dans la guerre maritime, l'on verrait à chaque guerre les aventuriers de toutes les nations, attirés par l'appât du butin sous les deux pavillons engagés, solliciter des lettres de marque et grossir ainsi d'une manière démesurée le fléau de la course. L'espoir du butin existant à peine dans les guerres continentales, ce danger n'y est pas à craindre. Les puissances, quoique en tolérant que leurs sujets s'engagent dans les armées de terre étrangères, ont donc dû leur défendre de prendre des lettres de marque étrangères, et, par l'arrêté de prairial, le gouvernement français a apporté un excellent adoucissement aux usages de la course, en s'interdisant à lui-même de permettre à son profit l'équipement de corsaires étrangers. La conséquence de ce principe salutaire, c'est que les sujets neutres qui sont pris porteurs de lettres de marque peuvent être considérés comme pirates.

Du droit de prise dans ses rapports avec la neutralité. — Le droit de prise peut s'exercer contre les neutres lorsque ceux-ci se rendent volontairement participants à l'état de guerre. Mais il revêt un caractère particulier. Quand un sujet neutre commet un acte d'hostilité contre un belligérant, le droit de celui-ci se borne à repousser l'agression dont il est l'objet; mais tant qu'il n'a pas déclaré la guerre à l'Etat dont ce neutre est membre, il ne saurait dépasser à son égard les limites de la répression strictement nécessaire pour le faire rentrer dans la neutralité. Les actes des neutres, que les belligérants peuvent considérer comme hostiles, ont été soigneusement déterminés par Hübner, l'énergique défenseur des droits des neutres; ils sont ramenés à quatre par Hautefeuille (t. III, p. 221). Ces cas sont : 1° la contrebande de guerre; 2° la violation du blocus; 3° les services militaires rendus à l'ennemi; 4° la non-justification de la nationalité.

Les objets de contrebande de guerre sont ceux qui sont exclusivement préparés pour la guerre et déjà entièrement fabriqués. Quand un navire neutre porte ces objets à son bord en quantité plus que suffisante pour les besoins de son équipage, et quand il les porte à un port belligérant, il perd sa neutralité. Le belligérant qui le saisit a le droit de confiscation sur les articles de contrebande. Il n'a pas droit de capturer le navire, par suite du principe que nous venons de poser et d'après lequel il ne peut que se garantir contre l'acte nuisible dont il allait être atteint, et n'a pas droit d'infliger une peine personnelle au contrevenant. Encore faut-il que le neutre soit saisi en flagrant délit; car si le navire coupable était arrêté après l'accomplissement de la contrebande, il ne serait passible d'aucune confiscation. Il résulte même de cette doctrine que le neutre pris en flagrant délit a le droit, en abandonnant la cargaison prohibée, d'être laissé en liberté et de continuer sa route. Ce dernier point a été admis par les traités de Nimègue et d'Utrecht (cités par Hautefeuille, *loc. eod.*). Dans le cas où le bâtiment suspect se dirige vers un port neutre, s'il n'y fait qu'escale et que la destination véritable de sa contrebande soit un port-belligérant, Hautefeuille pense qu'il y a lieu à confiscation (*loc. eod.*, p. 225), et cette solution paraît juste. Le règlement français du 26 juillet 1778 prononce, outre la confiscation de la contrebande, celle du navire et du surplus de la cargaison, quand les articles de contrebande en composent les trois quarts. Ce système a été repoussé par tous les traités, notamment ceux des Pyrénées, de Nimègue et d'Utrecht, et dans ceux qu'il a récemment conclus, le gouvernement français y a renoncé.

En cas de violation de blocus, il faut que le navire neutre soit saisi en flagrant délit pour être saisi. Le flagrant délit est censé exister quand le neutre est saisi dans le port ennemi après la violation du blocus, ou si ayant réussi à franchir le blocus en sens contraire, il n'a pas été perdu de vue. Il faut d'autre part que le blocus ait été notifié et d'une manière générale, et à chaque navire qui se présente d'une manière spéciale. Il faut qu'il soit effectif. Ce dernier point est entré définitivement dans le droit des gens par la déclaration du 16 avril 1856, article 4.

Les services militaires rendus à l'un des belligérants sont un acte d'hostilité plus grave que la violation du blocus et le transport de la contrebande. La confiscation est donc ici mieux justifiée; elle atteint le navire entier. Les faits les plus ordinaires d'immixtion dans les hostilités sont le transport de troupes ou de munitions au compte d'un belligérant, et la coopération au combat. Enfin quand un navire ne peut établir sa nationalité neutre par ses papiers de bord, il est susceptible de confiscation comme ennemi : nous reviendrons tout à l'heure sur ceci. Voilà en substance les cas dans lesquels le belligérant exerce sur le neutre le même droit de capture dont il jouit contre son ennemi, parce que dans ces cas le neutre est censé être devenu lui-même belligérant.

Le neutre peut en outre se trouver en contact avec les belligérants dans deux circonstances absolument étrangères à tout fait de guerre, lorsqu'il porte à son bord des marchandises ennemies ou lorsqu'il a confié ses marchandises à un navire ennemi. Ni l'un ni l'autre de ces actes du neutre n'est assimilable à un acte d'hostilité et ne peut le mettre dans la situation des quatre cas susénoncés. Mais son pavillon couvrira-t-il la propriété ennemie contre le droit de prise du belligérant, et sa propriété sur bâtiment ennemi suivra-t-elle ou non le sort de celui-ci? A ces deux questions, la réponse en droit naturel n'est pas douteuse : Oui, son pavillon couvrira les marchandises ennemies, à l'exception de la contrebande de guerre; non, ses marchandises sous pavillon ennemi, à l'exception de la contrebande de guerre, ne partageront pas le sort de la propriété ennemie. Ces deux solutions ont été définitivement consacrées par la déclaration de 1856 dans ses articles 2 et 3.

De la rescousse. — La rescousse est la reprise par un croiseur de guerre ou corsaire d'un navire déjà pris par un bâtiment ennemi. Ce premier capteur n'est pas devenu propriétaire par le fait de la saisie; il ne le sera que par le jugement qui prononcera la validité de cette saisie. La conséquence de ce principe qui nous paraît incontestable, c'est que la rescousse ne transfère pas la propriété au repreneur, et que le navire rescous doit être immédiatement mis en liberté. Voilà le droit naturel. C'est le système contraire qui a été adopté par le droit positif. Le droit romain et le *consulat de mer* admettaient la translation de la propriété au profit du premier capteur, quand celui-ci avait conduit sa prise *intra præsidia*, c'est-à-dire en sûreté, à l'abri de la reprise; si, malgré cette circonstance, il y avait reprise, la propriété passait au repreneur, parce qu'elle avait été acquise par le premier capteur. Cette jurisprudence a subi à la fin du moyen âge une aggravation des plus iniques. Notre ordonnance de 1584, article 61, reproduite en cela par l'arrêté de l'an XI, article 54, décide que si la prise a seulement demeuré vingt-quatre heures entre les mains du premier capteur, elle ne sera pas délivrée par le repreneur qui en deviendra propriétaire. Cette législation règne en Hollande, en Espagne, en Angleterre, mais seulement depuis le dix-huitième siècle,en Suède, en Danemark. (*Voy.* Hautefeuille, t. III, p. 382.) Dans le cas où la prise est mise en liberté, une indemnité lui est imposée en faveur de son libérateur. En Espagne, la délivrance a lieu sans indemnité, quand le repreneur est un navire de guerre. Cette solution est juste, puisque le devoir de la marine de l'Etat est de porter secours à tous les sujets de son souverain. Il est regrettable qu'elle n'ait pas été entièrement

adoptée par notre arrêté de l'an XI: cet acte ne place pas pourtant la marine de l'Etat sur le même pied que la marine de course; dans les cas où celle-ci acquerrait la pleine propriété, le navire d'Etat n'a droit qu'au dixième de la valeur, et dans les cas où le corsaire, obligé de relâcher la prise, a le droit d'exiger d'elle une indemnité du tiers, le vaisseau de guerre ne peut demander que le trentième.

Si ce droit de rescousse nous paraît inique quand il s'exerce contre des concitoyens du repreneur, il l'est à bien plus forte raison en ce qui concerne les neutres. En effet, si l'un des belligérants a saisi un neutre à cause d'un acte hostile à son égard, cet acte se trouve nécessairement innocent à l'égard du repreneur, qui par conséquent est tenu à délivrer immédiatement le navire neutre rescous.

Du jugement des prises. — Pour que la course ne dégénérât pas en piraterie, il a fallu la soumettre à une réglementation sévère. La plus importante de toutes les obligations imposées aux corsaires a été la défense de s'approprier le navire saisi avant qu'un tribunal n'eût validé la saisie. Cette garantie indispensable a été adoptée par toutes les nations, et elle a été créée en France par l'ordonnance de 1400, qui déféra le jugement des prises à l'amirauté.

Tous les traités reconnaissent que les tribunaux du capteur sont compétents pour prononcer sur les saisies opérées soit contre l'ennemi, soit contre les neutres. En ce qui concerne les neutres, cette compétence a été contestée par Hubner, qui demande la création d'un tribunal mixte composé de commissaires des deux nations intéressées. Galiani va plus loin et pense que les tribunaux de la nation neutre, dans la plupart des cas, sont seuls compétents pour appliquer à ces sujets soit les traités, soit les lois intérieures sur la violation de la neutralité. Hautefeuille repousse l'une et l'autre de ces innovations (ouv. cité, t. III, pp. 312 et suiv.). La question a gardé tout son intérêt au point de vue des neutres, même depuis la déclaration du 16 avril 1856, puisqu'ils continuent à être exposés à la confiscation de la part du belligérant dans les quatre cas que nous avons analysés. Leur position est pourtant meilleure en ce qu'ils n'auront plus à souffrir des mille tracasseries des corsaires, trop directement intéressés à multiplier les prises au mépris des droits les plus clairs.

Les actes commis dans la mer territoriale échappent naturellement à la juridiction du belligérant et tombent sous celle de l'Etat qui possède cette mer.

D'après l'usage général des nations maritimes, la preuve, dans les procès de prise, incombe au saisi (Hautefeuille, ouv. cité, t. III, p. 351), contrairement aux principes élémentaires du droit civil. Cette iniquité est particulièrement intolérable dans le cas de saisie d'un navire neutre pour insuffisance de papiers. Nous n'admettrons jamais qu'un navire puisse être déclaré de bonne prise, parce qu'il manquait de papiers ou que ses papiers étaient irréguliers. Il faut que le capteur prouve que le saisi est un navire ennemi, dit F. Hélie fils, mais cela me paraît trop absolu.

Si le navire saisi est relâché par le tribunal, il doit obtenir des dommages-intérêts. Quand le capteur est un navire de guerre, ce n'est pas le capitaine, c'est l'Etat qui doit être responsable.

Après le jugement déclaratif de bonne prise, il y a lieu à la liquidation et au partage. Ce résultat final, but de l'armement en course, était prévu par des règlements détaillés qui n'ont plus d'objet par suite de l'abolition de la course. Les règlements relatifs à la répartition du prix de la prise entre les équipages de la marine de l'Etat continuent d'être en vigueur. C'est l'ordonnance du 28 mai 1778 (*Recueil d'Isambert*, t. XXV) et l'arrêté du 9 ventôse an IX. Nous pensons que, quand même le droit de prise sur la propriété privée par navire de guerre serait maintenu, contrairement à nos vœux, on devrait supprimer ou tout au moins restreindre cette attribution de butin, car il n'est pas bon d'exciter les marins, pas plus que les soldats, à faire leur devoir par l'appât du gain. (F. A. H.)

PRISONNIER DE GUERRE. Ne peuvent être considérés comme prisonniers de guerre ni les personnes simplement attachées au service des armées et qui ne font pas partie des combattants (décret de la Convention nationale du 25 mai 1793); ni les sujets innocents de l'ennemi qui n'ont pas pris part aux hostilités; ni les soldats qui, sans ordre de leur chef, ont commis des violences ; ni ceux qui, spontanément et sans ordres de l'Etat, se sont armés contre l'ennemi ; ni les espions, ni les déserteurs, ni les transfuges. Cependant ne sont pas compris dans ces catégories les chirurgiens, aumôniers, vivandières ou cantiniers, officiers d'administration, quartiers-maîtres, tambours et fifres; ils font partie des combattants, ils sont considérés comme appartenant à l'armée active, on les assimile aux soldats et on les range dans la classe des prisonniers de guerre.

Par suite de la convention conclue le 22 août 1864 entre à peu près tous les pays de l'Europe et complétée en 1868 par des articles additionnels, le personnel médical et même les blessés dans les ambulances, ainsi que les aumôniers et les infirmiers, sont considérés comme des non-combattants. Dans la guerre de 1870-71 on s'est plaint des deux côtés d'infractions à ces traités, mais nous ne croyons pas que ces infractions aient été volontaires, en supposant que les plaintes fussent fondées.

Même dans les plus beaux jours de l'antiquité païenne, le droit de la guerre, dont dérivait le droit de conquête, disait avec une inflexible rigueur : Pour les biens de l'ennemi, la confiscation et le pillage ; pour la personne de l'ennemi, l'esclavage ou la mort. Mais sous l'influence du principe chrétien, les mœurs se modifièrent. « Les lois que nos pères, après avoir conquis l'empire romain, firent dans le feu, dans l'action, dans l'impétuosité, dans l'orgueil de la victoire, ils adoucirent : leurs lois étaient dures, ils les rendirent impartiales. Les Bourguignons, les Goths et les Lombards voulaient toujours que les Romains fussent le peuple vaincu ; les lois d'Euric, de Gondebaud et de Rotharis firent du Barbare et du Romain des concitoyens. » (Montesquieu, *Esprit des lois*, liv. X, ch. III.)

Tuer l'ennemi après la bataille, le réduire en esclavage, n'est plus permis par le droit des gens ; lui faire mettre bas les armes et le détenir comme prisonnier de guerre jusqu'au rétablissement de la paix, à moins qu'il ne soit convenu de lui accorder une libre retraite, soit sur-le-champ, soit à une époque déterminée, voilà ce que prescrivent les lois modernes de la guerre.

Les effets de la captivité courent du moment de la reddition, acceptée par la promesse de vie sauve. Les prisonniers sont ensuite placés dans l'intérieur du territoire sous la surveillance et l'autorité du vainqueur et rendus à la liberté ou purement et simplement, ou sous caution, ou sous rançon, ou échangés par *cartel* avec d'autres prisonniers de guerre.

Le décret du 25 mai 1793, s'inspirant de la dignité humaine, porte (art. 17) qu'aucun prisonnier fait sur l'ennemi ne pourra être forcé à servir dans l'armée de l'Etat qui l'a pris.

D'après un décret du 4 avril 1811: Tout prisonnier de guerre, ayant rang d'officier, et tout otage qui, après avoir donné sa parole, la viole, doit, s'il est repris, être considéré et traité comme soldat, sous le rapport de la solde et des rations, et resserré dans une citadelle, fort ou château.

Les règles relatives à l'échange des prisonniers ont été établies dans plusieurs dispositions législatives. (*Voy.* **Echange des prisonniers.**)

L'Etat ne peut être désarmé contre les prisonniers de guerre et leurs manquements de parole. Aussi, outre la pénalité que nous avons citée plus haut et qui est édictée par le décret du 4 avril 1811 pour punir les violations de la foi jurée, on devait prévoir le cas où les prisonniers de guerre, abusant de leur nombre, organiseraient la résistance contre les autorités légitimes. C'est ce qu'a fait le décret du 17 frimaire an XIV qui dispose en ces termes : « Toute mutinerie, résistance à la gendarmerie, à la garde nationale, tout complot dont se rendraient coupables les prisonniers de guerre, seront punis de mort. »

Hors de là, la vie du prisonnier de guerre est sacrée, inviolable d'après le droit. On comprend la différence. Dans ce dernier cas, il ne s'agit plus de l'application des lois de la guerre, mais bien de la défense sociale et de la répression d'un crime qui présente l'application des principes du droit commun.

Le monarque et sa famille peuvent-ils être faits prisonniers de guerre? Le droit des gens s'est prononcé pour l'affirmative. Cependant, entre les puissances civilisées de l'Europe, il était d'usage depuis longtemps : 1° de considérer comme contraire aux lois de la guerre de viser à la tête d'un monarque ennemi ou d'un prince du sang; 2° de traiter avec distinction la famille du souverain ennemi, en l'exemptant de détention; 3o d'adoucir, dans la personne du monarque ennemi et pour sa famille, les maux de la guerre dans tous les points qui n'influent pas sur le sort des opérations militaires. Il nous semble qu'il ne saurait être question de déclarer *prisonniers* de guerre des femmes et des enfants, des non-combattants, lors même qu'il s'agirait de reines et de princesses. Toutefois, si une reine, gouvernant en son propre nom, commandait l'armée, on aurait le droit de la considérer comme un combattant.

PRIVILÈGES. Ce mot dérive de *privata lex*, loi particulière applicable à quelques-uns, non à tous : « faculté de faire quelque chose, ou de jouir de quelque avantage qui n'est pas de droit commun », dit le Dictionnaire de l'Académie. Dans le sens étymologiquement rigoureux, le privilège serait une exception au droit commun pour ou contre certains individus. L'usage n'a consacré le mot qu'à l'égard des exceptions favorables aux individus, non de celles qui leur sont contraires.

Les privilèges sont donc des faveurs spéciales. En droit civil, on entend plus particulièrement par privilèges des droits de créance préférés à d'autres, comme le privilège du vendeur sur l'immeuble vendu, ou celui du propriétaire sur les meubles du locataire. C'est en ce sens que le Trésor public a un privilège, réglé par les articles 2098 et 2102 du Code civil et diverses lois spéciales, pour le recouvrement des contributions directes et indirectes, des droits et amendes en matière de timbre, des droits de mutation après décès, des droits de douane, du débet des comptables, des frais de justice criminelle, des créances résultant d'adjudications administratives, des sommes avancées pour le drainage, conformément à la loi de 1856.

En politique, les privilèges sont des droits accordés à quelques-uns, refusés à d'autres. En France, jusqu'à l'établissement du suffrage universel, le droit de vote et l'éligibilité étaient traités en véritables privilèges. Personne n'approuverait les privilèges consistant en immunités accordées à des personnes nominativement désignées, mais on admettrait ceux qui peuvent résulter, au profit de certains individus, d'une loi générale créant, à tort ou à raison, et sans distinguer d'ailleurs entre les personnes, des

privilèges fondés sur des motifs particuliers d'un autre ordre : ainsi, les privilèges ou, plus exactement, les monopoles attribués à l'écrivain, à l'artiste, à l'industriel breveté pour l'exploitation de leurs œuvres; aux directeurs de théâtres avant le décret qui a rendu libre cette industrie; aux imprimeurs, aux directeurs de journaux politiques, aux compagnies de chemins de fer, à l'administration des postes, aux débitants de tabacs, etc. Ces différents monopoles, justifiés ou non, ne répondent plus exactement à l'idée qu'exprime le mot privilège dans son sens usuel.

Le privilège, inadmissible au profit d'individus nommément désignés, se justifie-t-il mieux quand il s'applique à une classe entière, déterminée par la naissance, la fortune ou les fonctions? Ici encore on ne peut hésiter à répondre négativement.

Il est certain que, les citoyens d'un Etat naissant tous égaux, les mêmes droits doivent, en principe, leur appartenir à tous. L'inégalité des droits selon la naissance blesse profondément le sens naturel ou, si l'on veut, l'instinct de la justice.

Le même sentiment, en France, repousse avec la même énergie les privilèges attachés aux fonctions. Il a enveloppé dans la même réprobation ceux de la noblesse et ceux du clergé. Il ne supporte pas que certaines fonctions donnent d'autres immunités que celles qu'exige leur exercice même. Il admettra que le prêtre soit dispensé du service militaire [1], qu'il ait la police de son église, que la loi le couvre et le protège dans l'accomplissement de son ministère. Mais il n'admettra pas que, si le prêtre devient propriétaire, il ne paye pas l'impôt, ni que, s'il plaide, il puisse se soustraire aux juridictions de droit commun.

Enfin, il n'admet pas les privilèges fondés sur la fortune, bien qu'il admette la fortune elle-même, qui pourrait à la rigueur passer pour un privilège. C'est qu'on trouve à celui-ci un fondement légitime : le droit de propriété, base essentielle des sociétés, qui périraient bientôt, si le travail et l'intelligence n'avaient cette récompense en perspective, non seulement pour soi, mais aussi pour les siens. Toutefois si le sentiment public accepte qu'on puisse naître riche ou pauvre, et, à plus forte raison, le devenir, il n'accepte de ces inégalités que leurs conséquences directes et forcées, comme le plus ou moins de bien-être matériel qu'elles donnent. Il n'accepterait pas qu'elles créassent des inégalités de droits entre le riche et le pauvre, bien qu'il fût loisible à chacun d'acquérir, en s'enrichissant, les droits dont le privait sa pauvreté.

Les privilèges que la loi française écarte et doit écarter pour rester en accord avec le sentiment du juste comme avec le caractère national, sont donc tous ceux qui constitueraient un droit exceptionnel pour une classe

1. Il ne l'admet même plus, mais à tort selon moi.

quelconque, que cette classe se trouvât déter-, minée par la naissance, les fonctions ou la fortune.

PRIX. Le prix, c'est la somme d'argent en échange de laquelle on peut acheter un objet, une marchandise, un service [1]. Quelquefois on confond, mais à tort, le prix avec la valeur. Le prix a une acception unique, c'est celle qui est renfermée dans notre définition; la valeur a des significations diverses qu'il appartient à la science économique de déterminer, mais dont l'examen nous ferait sortir du cadre de cet article; nous devons nous borner ici à rechercher les éléments constitutifs des prix et les circonstances si variées qui en influencent le taux.

Du prix naturel. — Le prix naturel est celui qui s'établit comme résultant du libre jeu des transactions. Il est plus particulièrement déterminé par deux circonstances : 1° les frais de production ; 2° la situation du marché. Les frais de production marquent les limites inférieures des prix, en ce sens qu'aucun objet ne peut être vendu d'une manière permanente au-dessous du prix de revient. Quant à la limite permanente supérieure des prix, elle est déterminée par les moyens d'achat que possèdent les consommateurs, combinés dans une certaine mesure : 1° avec le degré d'utilité qu'on attribue à une marchandise, et 2° avec les prix des succédanées ou des objets similaires susceptibles de remplacer la denrée renchérie.

Mais c'est uniquement la situation du marché qui, à un moment donné, règle le prix des marchandises. Lorsqu'une denrée est très demandée, elle hausse; lorsque, au contraire, l'offre dépasse la demande, elle baisse. La disproportion entre l'offre et la demande peut même avoir pour effet de porter momentanément les prix au delà des limites inférieures et supérieures que nous avons indiquées. Mais pour qu'une hausse ou une baisse soit durable, il faut ou que les frais de production aient subi une modification, ou qu'on ait trouvé le moyen de multiplier le produit au delà des besoins de la consommation, que la production ait été monopolisée, ou enfin que l'augmentation du nombre des consommateurs n'ait pas été accompagnée ou suivie d'un accroissement correspondant de la production.

Par exemple, qu'une pêche exceptionnellement heureuse amène sur le marché le double ou le triple de la quantité de poissons qu'il offre habituellement à la vente, en supposant que ces poissons ne puissent pas être conservés, il est très probable que leur prix s'avilira. Si, au contraire, des facilités nouvelles de transport rendaient habituels ces forts envois, la baisse modérée qui aurait lieu augmenterait le nombre ordinaire des consom-

mateurs de poissons; il en résulterait ensuite qu'une pêche moins bonne, mais qui laisserait le marché encore bien plus garni qu'avant l'établissement de ces facilités de transport, ferait hausser le prix des poissons bien au delà de ce qu'on avait vu auparavant; c'est que l'accroissement du nombre des consommateurs aura rendu leur concurrence plus vive.

Si l'on choisit pour exemple une matière dont la production puisse être augmentée presque à volonté, comme un tissu de coton, chaque hausse, provenant de l'accroissement du nombre des consommateurs, provoquerait un accroissement de la production, et le niveau antérieur des prix se rétablirait.

On donnerait toutefois une signification trop restreinte au mot *marché*, si on ne lui attribuait que son acception vulgaire : endroit où les produits (agricoles) sont exposés en vente. Pour la science et même dans les grandes affaires, le marché, c'est l'ensemble des producteurs et des consommateurs, soit du monde entier, soit seulement d'un pays ou même d'une ville. C'est dans ce sens qu'on parle quelquefois du marché de Paris ou de Londres. Nous ferons remarquer en passant que, pour toute une contrée, les prix sont réellement déterminés dans les grands centres commerciaux. Une baisse à New-York ou à Londres influence le prix de marchandises qui garnissent des magasins situés dans les villes bien éloignées de ces grands emporiums; le contre-coup est en même temps ressenti à l'étranger. Il pourra quelquefois en résulter que dans telle localité les prix d'une marchandise diminueront, bien que dans le moment elle y soit plus demandée qu'offerte.

Il est encore une autre remarque que nous voudrions faire. C'est que, dans la vente au détail, les prix sont bien moins soumis aux fluctuations du marché que dans le commerce en gros. Il est même certains objets, surtout des aliments, relativement auxquels le consommateur ne se ressent presque jamais des fluctuations.

Les prix ont été fixés une fois pour toutes avec une marge suffisante en faveur du vendeur pour qu'il puisse passer aux *profits* et *pertes* la différence entre la hausse et la baisse. En général, il s'agit ici de denrées ou de préparations vendues en quantités si minimes que les fractions sont devenues trop petites pour qu'un faible changement puisse être sensible. C'est seulement lors des grandes chertés qu'on élève les prix.

Circonstances qui portent le prix à un taux exceptionnel. — Dans le paragraphe précédent nous avons parlé des prix qui résultent du libre jeu des transactions commerciales, c'est-à-dire du prix naturel. Mais il est des circonstances qui entravent plus ou moins cette liberté, ou du moins qui exercent sur les prix une influence particulière. En voici les plus importantes :

Disette et surabondance. — Il ne faut pas

---

1. On emploie, selon la nature des services, des mots particuliers comme synonyme de prix, par exemple : traitements, appointements, honoraires, droits d'auteur, salaires, gages.

confondre la disette avec la demande, la surabondance avec l'offre. L'offre et la demande sont pour ainsi dire les pulsations régulières d'une circulation commerciale en état de santé; leur mouvement n'implique aucune souffrance, ni de la part de l'acheteur, ni de la part du vendeur. Il n'en est pas de même lorsque règne une extrême rareté. Alors se trouvent en présence des consommateurs obligés de se priver, et des producteurs ou détenteurs de denrées jouissant d'un monopole, et en usant ou abusant. Lorsque, au contraire, les magasins sont encombrés de marchandises, les rôles sont renversés. Mais que le consommateur ne s'imagine pas que l'avilissement des prix soit durable. Souvent la surabondance a pour effet de ralentir la production pour bien des années, et la baisse anormale est suivie d'une hausse persistante.

Crise. — L'état d'encombrement dont nous venons de parler produit habituellement ce qu'on appelle une crise industrielle ou commerciale. Les causes premières des crises sont très variées, mais elles se manifestent toutes par une disproportion entre l'offre et la demande. Dans bien des cas, il n'a pas été possible de s'assurer si l'équilibre a été rompu par un excès de production, ou par une réduction de la consommation; on ne voit alors qu'un effet: l'encombrement du marché, et, par conséquent l'avilissement des prix. Il est des crises qui durent quelques mois, il en est qui se font sentir pendant des années. Ce n'est pas ici, au reste, le lieu d'examiner la nature et la cause des crises : nous n'avions qu'à constater leur influence sur les prix.

Spéculation. — On a dit beaucoup de mal de la spéculation commerciale, pourtant ce n'est là qu'un autre mot pour *prévision*. Tous ceux qui ne vivent pas au jour le jour spéculent. Le fabricant qui double ses provisions de matières premières de crainte de leur renchérissement, ou qui augmente le nombre de ses ouvriers parce qu'il prévoit une hausse sur ses produits, agit d'abord dans son propre et légitime intérêt, et rend en même temps un service à la société en se mettant en mesure de satisfaire un besoin que sa sagacité prévoit.

Mais on applique plus particulièrement le mot de spéculation aux opérations par lesquelles des négociants se rendent acquéreurs de quantités considérables d'une marchandise qui montre une tendance à la hausse. Les populations, qui ne voient que l'un des côtés de cette opération, désignent ces négociants par le nom d'accapareurs. Aux yeux des masses, le résultat unique de la spéculation, c'est son influence incontestable sur les prix; mais la cherté est un mal moindre que la disette. Or, en remplissant leurs magasins (par l'importation), ces *accapareurs* ont diminué la rareté de la denrée. Ils ont en même temps, en aggravant la hausse, averti le consommateur qu'il doit se restreindre, et surtout qu'il ne doit rien gaspiller.

Nous n'avons pas, d'ailleurs, à examiner ici dans quel cas la spéculation est légitime, et dans quel cas elle est poussée hors des limites de la prudence commerciale ou même de la morale ; nous n'avons qu'à constater son influence sur les prix. Or, il est évident que, dans un grand nombre de cas, elle fait hausser les prix au-dessus de leur taux naturel et que, dans d'autres, elle les fait descendre au-dessous. En effet, si l'on ne se trompait jamais dans ses prévisions, la spéculation ne s'appliquerait qu'aux marchandises devant réellement être, dans un prochain avenir, ou très rares ou très abondantes, et ici son action serait indubitablement utile. Mais chaque fois que la spéculation s'égare, qu'elle se jette sur des marchandises dont la production est proportionnelle à la consommation, elle fait sortir les prix de leur cours naturel, contrairement à l'intérêt de la société et surtout des spéculateurs. Elle constitue d'abord une demande extraordinaire, première cause de hausse ; elle établit ensuite une rareté artificielle, deuxième cause de hausse. Mais cette hausse n'étant pas justifiée, la perturbation jetée sur le marché finit toujours par une baisse plus forte aux dépens des spéculateurs qui se sont trompés dans leurs prévisions.

Monopoles. — Le Dictionnaire ayant consacré un article spécial à cette matière, nous pouvons nous borner ici à quelques lignes. Le propre des monopoles, c'est de rendre leurs possesseurs maîtres des prix, ils peuvent donc les porter au taux le plus élevé que les consommateurs consentent à payer. Les frais de production ne jouent ici aucun rôle.

Il y a des monopoles établis par la loi et des monopoles naturels. Autrefois les gouvernements étaient prodigues de monopoles ; sans parler de ceux qui étaient accordés à des favoris en pur don, on en constituait fréquemment dans une intention d'intérêt général. Presque tous ces monopoles sont maintenant disparu, à l'exception de ceux qui constituent la forme de perception d'un impôt et des brevets d'invention. Tels sont dans plusieurs pays les monopoles du tabac, du sel, des cartes à jouer, des poudres et autres. Que ces monopoles soient régis par l'État, ou affermés, ils font monter les prix à deux ou trois fois la valeur de l'objet taxé, mais c'est à titre de taxe.

Le propriétaire d'un brevet d'invention jouit d'un monopole temporaire. Le droit exclusif qui lui est accordé sur l'objet de son invention a une base parfaitement légitime, mais elle exerce une influence sur les prix. C'est à ce titre seulement que nous en parlons. (*Voy.* Propriété.)

Les monopoles naturels ont également pour effet de surélever les prix; ils peuvent même porter la denrée à un taux plus haut encore que l'État. Voici pourquoi : l'État cherche un revenu, et le désire aussi considérable que possible. Il ne doit donc monopoliser qu'un objet d'une consommation assez générale, et fixer des prix accessibles au plus grand nombre possible de consommateurs. Les monopoles naturels, comme un vin d'un goût ou d'un arome particuliers, une eau minérale d'une composition exceptionnelle, des terrains dans des situations favorables, et surtout des objets d'art, se trouvent en présence de consommateurs moins nombreux, mais plus riches, et les objets de ces monopoles peuvent se vendre à des prix extraordinaires. Il est encore une autre différence entre les monopoles légaux et les monopoles naturels : c'est que les produits soumis au premier se trouvent en quantités presque toujours égales sur le marché et peuvent généralement être augmentés à volonté, tandis que les monopoles naturels ne s'appliquent qu'à des objets d'une quantité très limitée et dont l'accroissement est quelquefois impossible, de sorte que le marché en est inégalement fourni à diverses époques.

Guerre. — L'influence de la guerre se fait sentir sur les prix bien avant le commencement des hostilités, c'est l'effet de la crainte de voir s'interrompre les relations avec un pays producteur ou consommateur, ou s'élever des barrières sur certaines voies de communication, de sorte que le commerce, s'il ne cesse pas tout à fait, devra faire de grands détours. Sous ce rapport, Th. Tooke cite des faits vraiment curieux, qui sont relatifs surtout au temps du blocus continental. D'après cet auteur, des navires chargés de sucre, café, tabac, fil de coton et autres produits, étaient expédiés, sous un taux élevé de fret et d'assurance, d'Angleterre à Salonique, où les marchandises étaient débarquées, transportées à dos de mulet ou de cheval à travers la Serbie et la Hongrie jusqu'à Vienne, d'où elles étaient distribuées en Allemagne et pénétraient quelquefois jusqu'en France. Il pouvait ainsi arriver que des habitants de Calais ou de Boulogne ne reçussent les marchandises expédiées de la côte voisine de l'Angleterre que chargées de frais de transport équivalant à ceux d'une double circumnavigation. Les prix s'élevaient en conséquence : le sucre se vendait 12 à 15 fr. le kilogr., le café 17 à 18 fr., l'indigo 40 fr., etc.

Certains produits haussent, parce que la guerre en fait une grande consommation ; d'autres baissent, parce qu'il n'y a plus moyen de les vendre. Le rétrécissement du crédit, qui est une conséquence de la guerre, agit également sur les prix ; il diminue la production à laquelle le crédit fournissait le capital ; la production diminuant, le prix s'élève.

Législation. — Les lois, même sans établir un monopole, peuvent exercer une influence sur les prix de différentes matières. Ainsi, pour certaines marchandises ou certains services, elles peut fixer un maximum, une taxe, un tarif ; ces fixations sont généralement considérées comme le contre-poids du monopole plus ou moins restreint dont jouissent certaines industries réglementées,

telles que la pharmacie, autrefois aussi la boucherie et la boulangerie en France, les chemins de fer, les télégraphes électriques, lorsqu'elles appartiennent à des particuliers, etc.

Les impôts, mais surtout les droits de douane, de consommation et autres, s'ajoutent au prix des marchandises, et les élèvent d'autant. Parmi ces impôts ou ces droits il en est dont on peut désirer le déplacement, le changement d'assiette, mais dans tout Etat civilisé il faudra toujours compter parmi les frais de production une certaine somme d'impôts.

Circonstances diverses. — En dehors des circonstances que nous avons énumérées, il en est encore d'autres, d'une nature très variée, qui modifient le prix naturel. Ainsi une marchandise d'une conservation difficile baisse bien rapidement ; par exemple, le poisson ne se vend (en gros) à midi que la moitié de ce qu'il aurait coûté le matin, et le soir du même jour il subit un nouveau rabais. D'autres marchandises sont soumises à l'influence de la mode ou d'un préjugé, haussent ou baissent selon la saison et ainsi de suite. Chacun trouvera dans sa mémoire des faits de cette nature.

Influence des métaux précieux. — Le prix étant le rapport qui existe entre la valeur d'une quantité donnée d'or et d'argent et une quantité déterminée de marchandises, il est évident que le prix des marchandises s'élèvera ou s'abaissera dans une certaine mesure lorsque les métaux précieux deviendront plus abondants ou plus rares. Toutefois, dans la pratique, les rapports ne sont pas aussi étroits qu'on serait porté à le croire *à priori*. D'abord, parce que, en dehors de leur emploi comme monnaie, l'or et l'argent sont utilisés d'une manière variée, comme matière première, comme ornement, comme médicament même ; et ensuite, parce qu'une foule de transactions commerciales s'opèrent sans l'intervention du numéraire, ou enfin que la même pièce peut servir nombre de fois d'intermédiaire. Il en résulte que, dans l'état actuel des choses, il est beaucoup plus difficile de déterminer l'effet de la découverte des gisements de l'or en Californie et en Australie, que si les métaux précieux n'avaient d'autre office que de fournir la matière première pour le numéraire. Cette complication explique aussi la divergence des opinions qui se sont fait jour sur ce point, opinions qu'il n'entre d'ailleurs pas dans notre cadre de discuter. (Ceux qui attribuent à la découverte des placers une certaine influence sur les prix nous semblent dans le vrai ; les hommes spéciaux se rangent peu à peu de leur côté.)

Influence du crédit. — A première vue, on pensera que le crédit doit avoir sur les prix le même effet que l'accroissement des métaux précieux, puisque le papier qu'il crée augmente pour ainsi dire le numéraire en circulation. Mais un examen plus approfondi fait voir que, si le crédit fournit des moyens d'achat et de consommation — ce qui tend à faire hausser les prix, — il procure une quantité égale de moyens de vente et de production, de sorte que l'équilibre se rétablit.

En effet, il n'y a aucune comparaison à faire entre l'influence que peut avoir la multiplication de l'or et de l'argent et la multiplication des papiers de crédit. La découverte de riches gisements, de mines abondantes et d'une exploitation facile peut faire accroître les métaux précieux dans une proportion plus forte que les autres marchandises. De plus, l'or peut exister indépendamment et en l'absence de toute denrée contre laquelle on éprouverait le désir de l'échanger. Il n'en est pas de même d'un papier de crédit : il n'est créé que lorsqu'il se trouve des objets demandés et offerts à terme ou contre un payement différé. On ne saurait imaginer un papier de crédit commercial sérieux qui n'ait pas pour base une marchandise. Le papier de crédit public, quand il ne doit pas son origine à une dette, a toujours des destinations (guerre, travaux publics, etc.) qui ne paraissent pas de nature à rompre l'équilibre entre les produits et les moyens de les acquérir.

Le crédit agit même dans une certaine mesure directement contre les causes perturbatrices de cet équilibre. Ainsi, il permet de mieux proportionner la production à la consommation, de prévoir les besoins extraordinaires de celle-ci, d'atténuer la conséquence des erreurs de celle-là; il empêche les prix de s'avilir, lors de cas d'encombrements passagers, en procurant aux détenteurs des marchandises des avances qui les dispensent de vendre au moment inopportun; enfin il offre des ressources qui facilitent bien des opérations commerciales.

Nous devons cependant ajouter que le crédit contribue à diminuer les prix, mais sans amoindrir les bénéfices des producteurs et sans altérer les rapports normaux entre l'offre et la demande, simplement en diminuant les *frais de payement*. On comprendra, en effet, sans démonstration, qu'il en coûte moins de solder 100.000 fr. pour du café acheté au Brésil en écrivant une lettre de change, qu'en y envoyant les espèces. (*Voy.* **Crédit.**)

De la taxe et du maximum. — Des préjugés, dont le règne paraît près (?) de finir, avaient porté les gouvernements à taxer le prix de certaines marchandises de première nécessité. On croyait d'abord que le prix était quelque chose d'arbitraire. Lorsqu'on en connut les lois, on ne conserva la taxe que pour les industries limitées; il fallait bien que le monopole artificiel, établi par la loi, eût son contre-poids. Au fur et à mesure que la limitation disparaissait, la taxe fut abolie. On ne la conservait tout au plus que par des motifs dits politiques, c'est-à-dire qu'on aimait mieux céder à l'ignorance que de l'éclairer. (*Voy.* **Subsistances.**)

C'est dans l'esprit de cette fausse doctrine, qui considère les prix comme quelque chose d'arbitraire, qu'à des époques calamiteuses des gouvernements ont décrété un *maximum* que les prix ne devaient pas dépasser. Mais outre qu'une telle mesure dépasse les droits du gouvernement, elle ne saurait être efficace. Elle doit même avoir un effet opposé à celui qu'on veut atteindre; car si la fixation du gouvernement est inférieure au prix naturel, les détenteurs de la denrée la cacheront, s'ils peuvent, et la vendront clandestinement à un prix supérieur, et comme il y aura du danger à enfreindre la loi — les pénalités sont généralement draconiennes — on se fera donner une prime en proportion du péril. On voit que le maximum aura nécessairement pour effet de rendre la marchandise rare et de transformer une cherté en disette et même en famine.

En résumé, le gouvernement doit s'abstenir de chercher à influencer les prix (et les salaires); son intervention produira toujours une perturbation nuisible, même lorsqu'elle paraîtra momentanément utile.

PRIX (MISE A). « Est-il avantageux à la société, demande Beccaria, de mettre à prix la tête d'un criminel, d'armer chaque citoyen d'un poignard et d'en faire autant de bourreaux ? »

Il répond :

« Ou le criminel est sorti du pays, ou il y est encore. Dans le premier cas, on excite les citoyens à commettre un assassinat, *à frapper un innocent peut-être*, à mériter les supplices. On fait injure à la nation étrangère, on empiète sur son autorité, on l'autorise à faire de semblables usurpations chez ses voisins. Si le criminel est encore dans le pays dont il a violé les lois, le gouvernement qui met sa tête à prix découvre sa faiblesse. Lorsqu'on a la force de se défendre, on n'achète pas les secours d'autrui.

« D'ailleurs, l'usage de mettre à prix la tête d'un citoyen renverse toutes les idées de morale et de vertu qui sont déjà si faibles et si chancelantes dans l'esprit humain. D'un côté, les lois punissent la trahison; de l'autre, elles l'autorisent. Le législateur resserre d'une main les liens du sang et de l'amitié, et de l'autre, il récompense celui qui les brise. Toujours en contradiction avec lui-même, tantôt il cherche à répandre la confiance et à rassurer les esprits soupçonneux, tantôt il sème la défiance dans tous les cœurs. Pour prévenir un crime, il en fait naître cent. »

L'usage barbare de mettre la tête d'un accusé à prix n'existe plus dans les pays civilisés; quant à celui qui consiste à promettre une récompense pour l'arrestation d'un coupable, M. Faustin Hélie le flétrit justement en le déclarant immoral. « C'est, ajoute-t-il, corrompre le sentiment d'humanité dans les âmes et provoquer indirectement à la violation de toutes les relations sociales. »

Cependant l'Angleterre, la Suisse, l'Allemagne et peut-être d'autres pays promettent encore des récompenses à qui fera connaître la retraite d'un criminel. Dans ces pays on croit sans doute faire injure à l'humanité en pensant que des parents ou amis seront tentés par la récompense. Peut-être aussi admet-on, comme en France, que tout citoyen remplit un devoir social en dénonçant un *crime* (mais non un délit), et qu'il y a lieu de le stimuler à remplir son devoir.

Il convient d'ajouter que la législation française et celle de quelques autres pays accordent au préposé qui découvre une fraude, une partie des amendes ou des objets confisqués.

En ce qui concerne la mise à prix de la tête d'un ennemi, les auteurs sont unanimes pour en comparer l'usage avec celui de l'empoisonnement, et s'ils ne s'étendent pas longuement sur cette matière, c'est qu'ils prêchent des convertis. Mettre à prix la tête d'un ennemi, c'est se déshonorer. (*Voy.* aussi **Ban** et **Interdit**.)

PROCÉDURE PARLEMENTAIRE. La procédure est avant tout un instrument d'ordre. Un grand nombre d'hommes ne sauraient être réunis sans qu'il s'accuse des divergences d'opinion et de tendance qui, si l'on n'a pas su créer une force qui produit la cohésion, ne tarderaient pas à faire naître l'anarchie, et partant l'impuissance. Dans une armée et dans tout corps hiérarchique, c'est la discipline qui maintient la cohésion, c'est-à-dire l'unité matérielle, la seule dont nous parlions ici; dans les parlements, dans les compagnies savantes, et dans toute réunion d'égaux, c'est la procédure.

Mais la procédure doit atteindre encore d'autres buts. Devant les tribunaux, par exemple, les formalités, les délais, les actes, sont généralement destinés à protéger la défense, à empêcher les surprises, à éclairer le juge, quelquefois seulement à sauvegarder les intérêts du Trésor; nous ne prétendons pas soutenir, d'ailleurs, qu'on n'ait pas poussé le luxe des formes jusqu'au superflu.

Dans un parlement, la procédure tend à faciliter l'étude et la discussion des projets de loi, elle a aussi pour but de garantir les droits, l'indépendance et la dignité du pouvoir législatif. C'est pour ce but, par exemple, que sur le continent les assemblées sont chargées de la vérification des pouvoirs de ses membres. La chambre nouvellement élue se forme en groupes qui examinent si les élections ont été opérées loyalement, et pour chaque cas le rapport conclut à l'admission ou à l'annulation de l'élection. Tant que la majorité des membres n'a pas été admise, on ne peut pas procéder au choix du président. Mais comme les travaux des assemblées doivent toujours être dirigés par quelqu'un, c'est le doyen d'âge qui préside, les plus jeunes membres font fonction de secrétaire.

C'est le bureau et plus spécialement le président qui est chargé à la fois de maintenir l'ordre et de diriger la discussion. Le président, qui est généralement élu, est investi par le règlement intérieur de pouvoirs déterminés. Le règlement est discuté et voté par la chambre, car les membres étant essentiellement égaux, personne ne peut exercer sur eux d'autres pouvoirs que ceux qu'ils veulent bien accorder, et ils n'accordent que juste le nécessaire. Ainsi, dans les séances, personne ne peut parler qu'il n'ait demandé et obtenu la parole, et le président tient la main à ce que l'orateur ne s'écarte pas de la question, qu'il parle avec convenance et ne blesse aucun de ses collègues. Il peut lui ôter la parole (après avoir consulté l'assemblée), le rappeler à l'ordre et certains règlements admettent la censure, l'expulsion de la salle, la suppression du traitement (à temps), et d'autres punitions encore.

C'est encore une mesure d'ordre que la nécessité de demander un congé, car il faut que l'assemblée soit *en nombre* pour prendre des décisions valables (le nombre diffère d'un pays à l'autre). D'ailleurs, on est député pour être présent aux discussions. Lorsque le nombre des députés semble insuffisant, on procède à l'appel nominal pour constater les absences.

Le mode de voter, le procès-verbal et d'autres formalités encore sont des mesures d'ordre. L'Angleterre n'a pas de procès-verbal, de sorte que les députés n'ont pas à demander de changement. Les séances sont généralement publiques, mais il peut y avoir des raisons pour que l'assemblée se forme en *comité secret*. Il ne faudrait cependant pas abuser de cette faculté.

Suivons maintenant un projet de loi présenté par le gouvernement. Le gouvernement est la principale source d'où les projets de loi découlent: il connaît les besoins du pays, il dispose d'un personnel instruit, familier avec les lois, enfin il est chargé de pourvoir aux nécessités. Il ne saurait donc être question, de la part d'une assemblée, de se refuser à examiner ses projets. Généralement on commence par les lire en séance publique. Si la solution est urgente on « demande l'urgence » et si l'assemblée la déclare, on discute et on vote séance tenante. Toutefois, même pour les affaires urgentes, la procédure peut être plus lente, l'urgence n'a souvent pour but que de dispenser la chambre de discuter la question deux ou trois fois. La triple discussion, on le comprend, a pour but d'assurer la maturité de la décision, mais généralement, lorsque l'urgence n'a pas été déclarée, la discussion ne commence qu'à la deuxième lecture. L'usage des trois lectures a été emprunté aux Anglais, mais partout au moins de ces lectures est devenue une simple formalité.

Lorsqu'un projet n'a pas été voté tout de suite, qu'il soit ou non urgent, l'assemblée se réunit dans ses bureaux (ou comité, ou sections, termes synonymes ici) pour la discussion préparatoire. Les bureaux sont formés par le tirage au sort. Si l'on juge qu'un bureau doit être composé de 3o membres pour bien discuter, on fera dix bureaux, si l'assemblée compte 3oo membres. Pense-t-on qu'on puisse aller jusqu'à 5o membres par bureau, il n'y en aura que six. Pour 75o députés, les assemblées françaises préfèrent la division en 15 bureaux. Chaque bureau a son président et forme une assemblée spéciale; 15 orateurs peuvent ainsi parler à la fois et sans la solennité des réunions nombreuses, de sorte qu'un grand nombre d'avis peuvent être entendus à la fois, défendus et contredits. Quand le bureau est éclairé, il clôt la discussion et nomme un commissaire (ou deux). Les 15 commissaires forment la commission qui se constitue en nommant un président et un secrétaire. Chaque commissaire commence par faire connaître les opinions émises dans son bureau — il a été nommé par l'opinion qui y était en majorité, — puis la commission discute le projet, et quand elle lui a donné la rédaction qu'elle préfère, elle choisit un rapporteur qui rédige le rapport à présenter à l'assemblée générale et à défendre devant elle.

Pendant la discussion préparatoire, et souvent même pendant les débats devant la chambre, les députés qui ne font pas partie de la commission peuvent présenter des amendements. La commission, — qui se compose (ou devrait se composer) des hommes les mieux au courant de la question, — examine, accepte ou rejette les amendements, que les auteurs ont, dans tous les cas, le droit de défendre en assemblée générale, qui peut voter contre la commission. La commission a le droit de demander au gouvernement toutes les explications et toutes les pièces nécessaires, et elle arrive ainsi bien armée devant la Chambre, lorsque le projet est à l'ordre du jour. De cette façon, toutes les précautions sont prises pour que les éléments de la discussion soient convenablement préparés. Chaque député a d'ailleurs reçu le projet de loi et le rapport imprimé, ainsi que tous les amendements, et a eu le temps de se faire une opinion.

Un certain nombre de règles ont été adoptées pour que la discussion suive un ordre logique; mais quelque explicite que soit le règlement, la sagacité et la pénétration du président ne sont pas de trop. Généralement un orateur parlant *pour* alterne avec un orateur parlant *contre*, et chacun n'occupe la tribune que selon l'ordre d'inscription. On peut céder son tour de parole. Un tour de faveur est accordé au député qui demande la parole pour un *fait personnel*, soit qu'il ait à se plaindre, soit, et surtout, qu'il ait à se défendre, par exemple après un rappel à l'ordre ou une attaque personnelle. Il en est de même pour les motions d'ordre. Généralement le ministre, le rapporteur et le com-

missaire du gouvernement ont la parole quand ils la demandent, mais le dernier mot reste à un membre de la Chambre, si un député insiste pour parler après le ministre.

La pratique a enseigné un certain nombre de procédés très utiles à la clarté et à la logique de la discussion. Ainsi, lors d'un vote on peut toujours demander la *division*, c'est-à-dire la division d'un article, d'un paragraphe ou même d'une simple proposition, pour voter chaque partie séparément, ce qui permet d'accepter l'une et de rejeter l'autre. On vote toujours d'abord sur les amendements, puis sur la proposition de la commission. Si le gouvernement maintient sa rédaction, elle passe également au vote avant la rédaction de la commission, pour ainsi dire à titre d'amendement, car le projet de loi imprimé à la suite du rapport de la commission est le seul qui soit en discussion (*Journal officiel*, 7 février 1874). Toutefois, les amendements du gouvernement n'ont pas, comme ceux des députés, à passer par la formalité de la *prise en considération*. Parmi les amendements, on vote toujours d'abord ceux qui s'éloignent le plus de la proposition du rapport. On comprend, en effet, que si l'amendement a été voté, on n'a plus à s'occuper du reste.

Tout ce que nous venons de dire s'applique également aux propositions de lois émanées de l'initiative parlementaire. Mais pour qu'un député ne puisse pas abuser de son droit d'initiative au point de faire perdre à l'assemblée son temps si précieux — ou un temps qui peut être précieux— et pour écarter les propositions indignes, il y a d'abord la *question préalable*, qui doit toujours être mise au voix. La question est : Y a-t-il lieu d'examiner ? Elle est assez blessante pour que son emploi soit rare. Aussi se borne-t-on à nommer une commission d'initiative à laquelle les propositions de loi sont renvoyées; cette commission fait un rapport sommaire sans examiner la chose à fond et conclut en faveur ou contre la prise en considération. L'auteur de la proposition a le droit de la défendre devant l'assemblée, non pour prouver que sa solution est la meilleure, mais pour montrer qu'il y a un problème à résoudre. Une fois que la prise en considération est votée, la proposition est traitée comme un projet de loi.

Le même besoin de ménager le temps de l'assemblée a fait rendre celle-ci juge du moment où elle demande la clôture de la discussion. Les majorités passionnées en abusent quelquefois pour étouffer une discussion, mais on a vu aussi (à Pesth, en 1872) que lorsque le règlement ne permet pas de demander la clôture, l'opposition a pu empêcher une loi d'aboutir en occupant abusivement la tribune jusqu'à la fin de la session. A Londres aussi on sait ce qu'est une « obstruction », puisque le mot y a été inventé. On ne peut pas demander la clôture tant qu'un orateur est sur la tribune. On peut demander la clôture de la discussion générale ou de celle sur un article, mais après la discussion générale on vote sur le point de savoir si l'on passera à la discussion des articles. Si on demande la clôture, le président doit la mettre aux voix ; mais un orateur (généralement un seul) peut parler contre la clôture et faire valoir les arguments qui militent en faveur de la prolongation des débats (qu'on n'est pas encore éclairé, que la minorité n'a pas encore obtenu la parole, que des faits nouveaux sont survenus, etc.).

Le vote a lieu par main levée, ou par assis et levé, et dans ce cas il y a toujours la contre-épreuve (la première fois, ceux qui sont *pour* lèvent la main, la deuxième fois, ceux qui sont *contre*). Il y a aussi le scrutin secret, par boules blanches et noires. Il y a enfin le scrutin public. Il se compose le plus souvent de bulletins blancs et bleus (la couleur est arbitraire) portant le nom du votant. Les bulletins blancs sont *pour*, les bulletins bleus *contre*. Il y a aussi le scrutin secret à la tribune avec appel nominal, pour éviter qu'un député ne vote pas pour l'autre et pour connaître les absents ; mais ce scrutin cause une grande perte de temps.

C'est l'assemblée qui fixe l'ordre du jour sur la proposition du président. Mais chaque membre a le droit de demander que sa proposition soit discutée tel ou tel jour. S'il y a opposition, le président doit consulter l'assemblée qui décide souverainement. En Angleterre, l'un des modes de refuser de discuter une proposition, c'est de la renvoyer à six mois (ou même à trois), parce que les propositions qui n'ont pas été votées dans la session sont considérées comme non avenues. Sur le continent on n'a généralement pas adopté cet usage, et dans certains pays l'on pourrait reprendre la discussion.

La procédure parlementaire comprend encore beaucoup d'autres points, mais nous les avons traités aux mots **Adresses, Interpellation. Ordre du jour, Pétition, Tactique parlementaire, Tribune**, et autres, nous nous bornons donc à y renvoyer. Nous ferons remarquer que les usages anglais ont été simplifiés sur le continent, où les divers Parlements sont régis par des règlements qui ne se distinguent que par des nuances. On a conservé quelques-unes des fictions en vogue de l'autre côté du canal, mais bien peu ; on tend de plus en plus à faire de la procédure parlementaire une logique en action ; les usages conventionnels sont remplacés par les usages nécessaires ; incessamment on amende les règlements pour éviter la perte de temps et les formalités inutiles, pour assurer l'égalité des droits, pour protéger les minorités, pour rendre les débats plus féconds.

PROCÈS-VERBAL. PROTOCOLE. Acte

par lequel on constate un fait avec toutes ses circonstances, ou qui rend un compte exact et authentique d'une délibération. Le mot procès-verbal s'applique indistinctement aux affaires civiles, administratives, criminelles, politiques et même scientifiques ; le mot protocole est réservé aux délibérations diplomatiques. En Allemagne, le mot *Protocoll* remplace complètement le mot procès-verbal : une société d'agriculture rédige un *Protocoll*, un garde champêtre dresse un *Protocoll*. Nous ne voyons pas pourquoi ce mot a été adopté par la diplomatie plutôt que procès-verbal.

Il convient cependant de faire remarquer qu'en France on commence à donner au protocole l'acception d'un procès-verbal arrêté solennellement, ou d'un traité verbal, d'une sorte de déclaration concertée, ou aussi d'une convention sans les formalités de la ratification. Le mot protocole vient du grec *prôtos* premier, et de *côlon*, parchemin ; c'étaient pour ainsi dire des titres ou des étiquettes.

On désigne aussi, en France, par protocole les formes de politesse employées dans les lettres officielles. Ainsi, un bon expéditionnaire doit savoir le protocole, c'est-à-dire quand il doit mettre : *ma considération* tout court, ou quand il doit la rendre *parfaite, distinguée, très distinguée, la plus distinguée*, ou même *haute*, nuances très importantes et dont dépend, comme d'aucuns croient, la prospérité publique.

PROCLAMATION. Dans le langage politi-

que, *lato sensu*, le mot proclamation s'entend de tout acte par lequel un gouvernement, un souverain, un chef d'armée s'adresse aux citoyens, aux sujets, aux soldats. C'est le moyen usité pour se mettre en communication avec ceux que l'on veut initier à ses idées, à ses projets, à ses espérances.

Les gouvernements qui s'en vont, comme les gouvernements qui viennent, les souverains qui tombent, comme les souverains qui s'élèvent, les chefs d'armée vaincus, comme les chefs d'armée victorieux, font des proclamations dont les sentiments et le style sont appropriés aux circonstances dans lesquelles ils se trouvent. Nous n'en ferons pas ici l'historique, nous bornant à renvoyer à titre d'exemple à la proclamation du gouvernement provisoire de 1830, à celle du gouvernement provisoire de 1814, à celle du gouvernement provisoire de 1848, à celle du président de la République, après le coup d'État du 2 décembre 1851, à celles du 4 septembre 1870. Quant aux proclamations militaires, celles de Bonaparte à l'armée d'Italie, du premier consul au peuple français, de Napoléon Ier aux vainqueurs d'Austerlitz, sont justement célèbres. Nous pourrions en nommer aussi quelques-unes de celles qui ont été motivées par la guerre de 1870.

Pris dans un sens restreint, *stricto sensu*, le mot proclamation s'applique à la constatation rendue publique du résultat du scrutin pour l'élection des députés, lorsque la majorité est acquise à l'un des candidats. Il est de principe, à cet égard, que la proclamation, une fois faite, est acquise à l'élu et irrévocable, la Chambre seule peut rectifier dans ce cas.

PROCONSUL. Magistrat romain chargé de commander les armées hors de la république, ou d'administrer les provinces conquises; il réunissait alors tous les pouvoirs. Les proconsuls étaient tous d'anciens consuls, le plus souvent sortant de charge, de sorte qu'il est très difficile de dire si ce titre signifie représentant du consul ou consul prorogé.

PROCTOR. Avoué près du tribunal des divorces, en Angleterre.

PROCUREUR GÉNÉRAL. Le chef des représentants du ministère public dans le ressort d'une cour d'appel. Dans les tribunaux, le siège du ministère public est tenu par un fonctionnaire qui s'appelle, selon le régime, procureur impérial, procureur de la république ou du roi. On devrait le nommer procureur du gouvernement.

PRODUCTION. Dans toutes les conditions de la vie, la production est un fait nécessaire, puisque c'est par elle seule que l'homme se nourrit, se vêt, s'abrite, en un mot, subsiste. Mais elle a un caractère tout différent selon qu'on la considère parmi des sauvages ou dans une nation civilisée. Le sauvage produit pour vivre puisqu'il lui faut chasser, pêcher ou récolter les fruits de la terre; mais il le fait presque avec la même insouciance que les animaux, détruisant, puis laissant à la nature seule le soin de repeupler les eaux et les forêts et de réparer les brèches de son imprévoyante consommation. De là le petit nombre de sauvages qui peuvent vivre sur un vaste espace et qui y vivent misérablement. Tout autre est la production des peuples civilisés qui, vivant pressés sur une étroite surface, n'y subsistent qu'à condition de ne rien détruire sans le remplacer, n'y prospèrent qu'à condition de produire plus qu'ils ne consomment. La production devient alors le premier acte, l'acte le plus important de l'évolution économique dont le but est la satisfaction de nos besoins. L'homme en est à la fois le principe et la fin; car il produit la richesse par son travail, et, quand la richesse est arrivée jusqu'à lui par les mille canaux de la distribution, il la consomme; par le premier acte il a fait passer dans la matière son énergie productrice; par le second il emploie cette même matière, devenue richesse, à réparer ou à accroître son énergie; il s'établit ainsi un échange perpétuel de force humaine en richesse, de richesse en force et comme un courant de vie, qui passe et repasse sans cesse et qui entretient les générations. Mais chaque goutte d'eau qu'on retirerait du courant sans l'y faire rentrer serait une perte sèche dont l'effet serait senti par la société entière. Or, on ne produit pas sans puiser à

ce courant sans faire une consommation de richesse, consommation de matières employées à la fabrication, consommation d'aliments pour le producteur pendant la durée de son travail; et, si le travail a été mal dirigé ou entrepris dans de mauvaises conditions, il peut arriver que la somme d'utilités contenues dans le produit soit inférieure à la somme d'utilités détruites; or, l'économiste ne reconnaît pas le caractère de production à un fait qui, la balance faite, se traduit par une déperdition de richesse. Ce cas est plus fréquent qu'on ne le suppose; les faillites, les entreprises qui échouent, les méventes rentrent dans la classe des avortements de production; s'il devenait la règle générale ou seulement la règle de la majorité des cas, la société s'appauvrirait, puis ses rangs s'éclairciraient et la diminution de la population pousserait à une nouvelle diminution de richesse, parce qu'elle rendrait la production plus difficile. Quand, au contraire, la majorité des producteurs obtient de son travail une somme d'utilité supérieure à la consommation, l'excédent se déverse dans le courant, sous forme de capitaux, et accélère le progrès de la richesse en même temps qu'il stimule celui de la population. C'est ainsi que l'on constate que les pays les plus riches sont aussi pour la plupart les plus peuplés et ceux où la progression croissante de la richesse est la plus rapide dans un temps donné. (E. LEVASSEUR.)

Les économistes ont analysé de diverses manières le phénomène de la production selon la diversité des aspects sous lesquels ils l'ont envisagé. La plupart ont distingué les produits matériels, c'est-à-dire les produits où la force productive de l'homme s'est incorporée dans la matière, et les produits immatériels ou services; plusieurs même n'accordent qu'aux premiers le caractère de richesse ou de biens. J. B. Say reconnaît trois agents dans la production : le travail, la terre, le capital; le travail qui, selon qu'il apparaît sous forme de pensée créatrice, de volonté dirigeante, ou de main-d'œuvre, appartient au savant, à l'entrepreneur ou à l'ouvrier; la terre et le capital formant le fonds d'instruments, à côté du fonds des facultés personnelles et comprenant les instruments non appropriés, tels que l'air, la lumière; les instruments naturels appropriés, tels que la terre, et les instruments acquis qui proviennent des épargnes du travail. J. Stuart-Mill l'a simplifiée en ne marquant que deux éléments de la production, d'une part le travail qui dirige et imprime le mouvement aux forces de la nature, et d'autre part les objets naturels appropriés, comprenant la matière première qui, entièrement consommée, doit se retrouver entièrement dans la valeur du produit, et les instruments, qui subissent seulement une certaine usure sans être consommés, et ne doivent par conséquent se retrouver qu'en partie dans la valeur du produit. Avant J. Stuart-Mill, Rossi avait donné une définition plus courte encore et plus philosophique : « La production est une application des forces donnant pour résultat quelque chose qui soit propre à satisfaire un besoin de l'homme. » Il y a, en effet, deux éléments dans la production : la matière et l'homme; mais la matière, purement passive, n'est que le récipient de l'activité humaine, et l'on peut dire que toute production est une émanation ou une application des forces de l'homme; le capital n'est que du travail accumulé de la force réservée. De ce point de vue, la distinction entre les produits matériels et les produits immatériels s'efface presque; l'on découvre une richesse dans toute application utile d'une force quelconque, force intellectuelle ou force physique; dans la leçon du professeur aussi bien que dans le plan de l'architecte ou dans la pierre taillée par l'ouvrier, et la plus importante de toutes les richesses est l'instruction qui vivifie l'âme, source de toutes les productions.

PROGRAMME. Ce mot est trop usuel aujourd'hui, même dans le langage politique, pour qu'il soit besoin d'en donner une définition grammaticale. Quel groupe politique, depuis un demi-siècle, soit en France, soit à l'étranger, n'a pas formulé son programme? Quel gouvernement n'a pas écrit sa profession de foi et livré à la discussion le résumé de ses tendances et de ses projets? — Un programme est comme un traité conclu entre le pouvoir et l'opinion publique, entre le parti qui le forme et les adhérents inconnus qu'il appelle dans ses rangs. En remontant même plus loin que notre siècle, et jusqu'à ces époques reculées où l'opinion publique était une force, on trouve dans l'histoire des programmes célèbres, les uns purement politiques, les autres religieux, selon l'esprit du siècle.

Plus près de nous, c'est la Révolution de 1789 qui a formulé le premier programme vraiment digne de ce nom, espèce de charte signée par une génération tout entière, et qui devait être la profession de foi du dix-neuvième siècle. (*Voy.* **Principes de 89**). Mais les partis enfantés par la Révolution ont eu, eux aussi, leur programme : les Girondins ont tracé le leur en face de ceux de Marat et de Robespierre; Mirabeau a eu le sien, et Sieyès après lui.

Ce fut une nécessité, d'ailleurs, pour chaque parti d'avoir alors son programme. En un temps comme le nôtre, où la lutte des opinions est incessante, où les prétentions se croisent, où les ambitions se heurtent, la nécessité est peut-être plus grande encore. Les programmes marqueront les étapes du progrès social et politique; ils seront la trace des efforts de l'esprit humain dans la voie de l'émancipation, s'ils ne restent pas simplement — ce qui aura encore son intérêt — comme le témoignage des aspirations individuelles ou des coalitions de parti.

Nous ne reproduirons aucun programme, car ils se suivent et se ressemblent en ce point que le suivant tend toujours à dépasser le précédent, voilà ce qui explique l'emploi du terme *avancé* en politique : il signifie que le programme du parti est de date un peu plus récente et qu'il surenchère sur le précédent. Les conservateurs sont plus avancés que les absolutistes, les libéraux que les conservateurs, les progressistes que les libéraux, les démocrates que les progressistes, les radicaux que les démocrates, les intransigeants que les radicaux, et les nihilistes que les intransigeants. Il est juste de dire que chronologiquement le mot nihiliste est antérieur au mot intransigeant, mais dans la pratique la différence ne semble pas bien grande, car s'il est vrai qu'*administrer c'est transiger*, les intransigeants veulent l'impossible. Au fond ils le savent et ne veulent que se moquer des autres.

C'est en Amérique que fleurit le programme sous le nom de *Platform* (plate-forme). C'est du haut d'une plate-forme ou d'une estrade qu'on le débite le plus souvent.

PROGRÈS. Le progrès est l'avancement vers la perfection idéale qu'il est donné de concevoir. Les conquêtes de l'homme sur la nature, la découverte d'une loi nouvelle, le développement des principes de la raison, de la justice et du droit dans leur application au gouvernement des sociétés humaines, sont autant de progrès. Rien de plus clair que la notion du progrès telle qu'elle existe dans tous les esprits. Elle repose sur des faits qui se présentent chaque jour et qui sont irrécusables : un ouvrier devient plus habile, un enfant apprend à lire, un savant s'élève à des connaissances nouvelles; ce sont, à des degrés différents, autant de progrès que personne ne contestera. On admettra de même sans difficulté que chaque homme, pris individuellement, parcourt une carrière qui est une et qui, dans son ensemble, grandit et s'accroît en obéissant à une loi de progrès, jusqu'au moment où l'accroissement s'arrête, où les forces diminuent, se dissipent et s'éteignent. Ce centre d'activité d'où rayonnait une force d'action et de vie, qui a un instant rempli son rôle de cause ici-bas, disparaît sans retour; pour ce monde du moins, l'homme est anéanti. Mais ne reste-t-il rien de ses œuvres qui se transmette par ses contemporains aux générations qui viendront après lui? En d'autres termes, l'œuvre de l'homme est-elle purement individuelle; n'y a-t-il sur la terre que des êtres vivant et se développant pour leur compte personnel, n'empruntant rien au passé et ne léguant rien à l'avenir? Cela paraît vrai de tous les autres êtres que nous connaissons, mais non pas de l'homme, pour qui la connaissance s'étend par l'histoire aux siècles écoulés, et par la science, dans une certaine mesure, aux siècles à venir. L'homme possède l'expérience, non seulement la sienne propre, mais celle des hommes qui l'ont précédé dans la vie. Il y a une œuvre collective de l'humanité qui se compose de l'ensemble des efforts de chaque individu, des résultats qu'il a obtenus, des conquêtes qu'il a remportées sur les forces qui lui font obstacle et contre lesquelles il entre en lutte.

Nous avons donc à étudier le progrès à un double point de vue : d'abord dans l'homme pris individuellement, puis dans l'humanité collectivement.

L'homme d'aujourd'hui est-il devenu meilleur, plus intelligent, plus habile, plus moral que l'homme des temps antiques ? Destiné par sa nature à vivre en société, est-il plus parfait à ce point de vue, apporte-t-il à ses semblables plus de vertus sociales ?

L'homme pris dans son essence, avec les facultés qui le constituent et qui, comme dit Descartes, font proprement qu'il est homme, est partout et toujours le même où, pour nous servir des termes de l'école, « l'homme est un être identique à lui-même ». Mais il n'en faut pas conclure que ces facultés, ce fonds commun de tous les hommes, doivent se développer constamment dans la même mesure. Suivant les circonstances infiniment variables, suivant les temps et suivant les lieux, certaines d'entre elles se développeront au détriment des autres. Ici l'imagination prendra son essor et resplendira d'une lumière immortelle ; les générations charmées viendront tour à tour s'incliner devant elle et s'éprendront d'amour pour ses poétiques œuvres. Ailleurs des qualités plus positives, l'esprit de calcul, d'organisation et d'ordre prédomineront. Le Romain, comparant avec orgueil son esprit pratique aux grâces de la Grèce, proclamera comme son type idéal le bon sens et la force : *Mens sana in corpore sano*. Sans doute, partout le sens moral existera ; les inspirations de la conscience ne font jamais complètement défaut, mais elles sont plus ou moins éclairées ; leur niveau s'élève ou s'abaisse suivant le degré de l'intelligence ; dans un cas, le sens moral est tellement obtus qu'on pourrait presque le méconnaître ; dans d'autres, il est doué d'une extrême délicatesse. En comparant les hommes entre eux il est impossible de n'être pas frappé des différences qui les distinguent ; les uns atteignent aux degrés d'une vie supérieure, s'ouvrent par la science le monde des idées et s'élèvent jusqu'à la sphère des vérités éternelles ; les autres dépassent à peine les données les plus vulgaires de l'expérience.

Il est évident qu'à toutes les époques les mêmes différences relatives existeront entre les hommes et qu'ils ne seront jamais placés tous au même niveau. Mais en admettant la théorie de la perfectibilité, ce niveau s'élèvera-t-il graduellement pour tous ou seulement pour quelques-uns ? Il nous semble que chaque progrès de la civilisation doit élever le niveau de tous ; toute loi morale qui se répand dans les masses et se fait accepter généralement, toute découverte d'une vérité, qui passe du monde des idées dans celui des

faits, doit exercer son action sur les individus mêmes qui ne peuvent s'en rendre compte d'une manière scientifique. C'est même de ce seul côté, par une plus complète intelligence du devoir et de la moralité, qu'il peut y avoir perfectibilité dans l'homme pris individuellement ; car sa nature intime, ses aptitudes, ses facultés ne peuvent changer et ses sentiments naturels restent les mêmes ; les progrès des siècles qui augmentent les connaissances des hommes n'ajoutent rien au génie de chacun d'eux : Leibnitz n'est pas supérieur à Aristote, ni Virgile à Homère, ni Racine à Sophocle. Les supériorités du génie brillent à des intervalles inégaux, sans suivre aucune progression ; ce sont des puissances purement individuelles : l'esprit souffle où il veut ! De même, dans la sphère des sentiments naturels le progrès n'existe pas : une mère n'est pas plus tendre aujourd'hui qu'au début des sociétés humaines ; l'amour, l'amitié, ce penchant qui attire l'homme vers son semblable, sont dans les temps modernes ce qu'ils étaient dans l'antiquité ; mais ce qui peut se modifier, ce sont les rapports sociaux basés sur l'idée du droit et du devoir ; c'est la justice, c'est la bienfaisance et la charité.

Voilà ce qu'est, suivant nous, le progrès pour l'homme intérieur, pour l'individu, et les limites dans lesquelles ce progrès peut s'accomplir. Mais en même temps que l'homme peut devenir meilleur, il peut accroître ses forces par ses connaissances, devenir plus fort et plus savant de toute la science acquise avant lui, science qui s'est formée par le travail de tous les hommes ; c'est une chaîne très inégale, souvent interrompue, mais qui finit par se renouer et qui est l'œuvre de l'humanité.

Il y a donc une œuvre collective de l'humanité ; il convient, par conséquent, après avoir cherché quel peut être le progrès dans l'homme, de l'étudier dans la société.

Ici les théories se pressent en foule et quelques-unes conduisent à de monstrueux résultats. D'abord, qu'est-ce que l'humanité ? Est-ce un être réel, ayant son individualité propre et supérieure à celle des êtres qui le composent, accomplissant son œuvre dans son immense carrière, et se dirigeant à travers les siècles vers le but qui lui est assigné ? Dans ce cas l'individu disparaît devant la société, l'homme est absorbé dans l'humanité et n'est plus que son instrument : s'il cherche le progrès, c'est pour la société en qui tout se concentre et pour qui tout existe ; quant à lui, il n'a pas de droits et n'est pas à lui-même son propre but. Cette doctrine conduit à l'omnipotence de l'État et à la servitude des individus : d'un côté le commandement, de l'autre l'obéissance ; la volonté générale ne peut errer : elle est la source du droit ; bien plus, elle est le droit lui-même ! Cette théorie de Hobbes et du Contrat social a été souvent reproduite depuis Rousseau. Lamartine définit la liberté « la révolte naturelle de l'égoïsme individuel contre la volonté générale de la société et de la nation ». La société, dit-il, ne se maintient que par la toute puissance et la « toute légitimité » de la volonté générale sur la volonté égoïste de l'individu : « La seule chose que l'on puisse encore appeler improprement du nom de liberté, c'est la petite part d'égoïsme individuel que le commandement social de l'État peut négliger sans inconvénient dans l'obéissance obligatoire de chacun à la volonté de tous... Cette part de liberté n'est pas possédée ; elle est concédée et révocable par la société qui la laisse à l'individu politique. »

Nous n'avons pas à discuter ici cette théorie étroite qui a été si ardemment agitée par les publicistes de notre temps et qui a joué dans nos crises sociales un si grand rôle. Mais à Lamartine, nous préférons Royer-Collard qui dit : « Les sociétés humaines naissent, vivent et meurent sur la terre, là s'accomplissent leurs destinées. Mais elles ne contiennent pas l'homme tout entier. Après qu'il s'est engagé à la société, il lui reste la plus noble partie de lui-même, ces hautes facultés par lesquelles il s'élève à Dieu, à une vie future, à des biens inconnus dans un monde invisible... Nous, personnes individuelles et identiques, véritables êtres doués de l'immortalité, nous avons une autre destinée que celle des États. »

L'individu se développant dans la société est donc à lui-même le but et le terme de son progrès. Mais cela même étant admis, il n'est pas moins vrai que tous les progrès individuels, recueillis par l'expérience, formeront le progrès social. Quelle est la mesure de ce progrès? L'humanité tourne-t-elle incessamment dans un cercle, comme le prétend Vico; marchant toujours devant elle et retrouvant à chacune de ses étapes les scènes de sa vie antérieure, se déplaçant, mais sans progrès réel? Ou bien, l'humanité suit-elle une spirale qui, tournant toujours sur elle-même, va s'élargissant sans cesse? On a souvent représenté par des figures géométriques les systèmes auxquels l'idée de progrès peut donner naissance. Leibnitz, examinant les hypothèses qu'on peut former sur l'existence du monde dans le passé, reconnaît qu'elles se réduisent à trois : 1° variations illimitées, avec ou sans commencement, mais sans progrès définitif; 2° progrès sans commencement; 3° progrès à partir d'un certain commencement du monde dans le temps. « Chacune de ces trois hypothèses peut être représentée par une construction géométrique qui en manifeste la nature et les conséquences; c'est ainsi que, dans le langage de Leibnitz, la première hypothèse devient celle du rectangle, la seconde celle de l'hyperbole, la troisième celle du triangle » (Th. Henri Martin [1]). Ces hypothèses sur

le progrès de l'universalité des choses sont les mêmes que celles qui nous occupent. Leibnitz les a posées sans les résoudre. (E. Chédieu.)

Un des esprits les plus élevés de notre époque, Guizot, a consacré quelques-unes de ses plus belles pages au problème de la civilisation qui n'est autre chose que le progrès dans la société. Voici en quelques mots le résumé de sa doctrine sur cette grande question : il existe une destinée générale de l'humanité, un dépôt de la civilisation que les peuples se transmettent de siècle en siècle et qui s'accroît successivement. Le premier fut compris dans le mot civilisation, c'est le progrès, le développement. Mais quel est ce progrès? Est-ce simplement le perfectionnement de la vie civile, le développement de la société proprement dite, des relations des hommes entre eux? « Mais cela s'appliquerait à une fourmilière » plutôt qu'à une société humaine. L'homme a une destinée qui ne peut être comprise tout entière dans la société; cette destinée, c'est le développement de la vie intérieure, de l'homme moral, de ses facultés, de ses idées. Il faut donc distinguer entre le progrès de la société et le progrès de l'humanité. De ces deux faits quel est le but? M. Guizot n'hésite point à reconnaître que ce n'est pas pour le perfectionnement de sa condition sociale que l'homme, que l'individu se perfectionne, mais qu'il est à lui-même le mobile de son développement. Ajoutons encore quelques réflexions.

C'est au développement de la science qu'on doit les progrès de la raison, la rectitude du jugement. Cet effet est obtenu, d'une part, par l'accroissement de notre savoir qui détruit une foule d'erreurs; de l'autre, par l'exercice de l'art d'observer. La rigueur que nous employons dans les observations astronomiques, physiques, physiologiques, nous l'appliquons à la psychologie, à la société, aux choses morales et politiques. Or, quel est au fond le but de l'observation? De saisir, de surprendre les rapports de cause à effet, les lois. Ce sont ces habitudes qui mettent la raison de l'homme à esprit cultivé au-dessus de celui dont l'intelligence n'a pas été exercée et si, comme on le prétend, l'intelligence exercée aussi est une faculté héréditaire, puisque toutes les qualités et toutes les facultés le deviennent, on comprend la supériorité des nations civilisées sur les nations arriérées. Il faudrait seulement que l'instruction fût plus répandue et que l'éducation fût bonne dans un nombre croissant de familles, pour que le degré d'avancement atteint par quelques-uns devienne l'apanage du grand nombre. Pendant longtemps encore le progrès pourra consister uniquement dans la vulgarisation du savoir qui semblait jusqu'à présent le domaine des classes lettrées.

Le progrès des sentiments dépend, dans une certaine mesure, de l'avancement des sciences. Les sciences, en élevant le niveau intellectuel, débarrassent l'homme des pas-

1. Voy. Leibnitz, Lettre IV et VII à M. Bourguet; Lettres entre Leibnitz et Clarke, 5e écrit de Leibnitz. Édition Erdmann, pp. 745 et 775.

sions les plus basses, les plus viles, et c'est déjà beaucoup. Une société d'hommes meilleurs est nécessairement meilleure; l'État qu'ils organisent est plus parfait. Sans doute, les passions ne disparaissent pas, mais elles sont moins brutales, on les contient davantage, et les hommes les plus violents sont contraints au moins à cette sorte d'hypocrisie mitigée qu'on appelle respect humain. La somme du mal ostensible, de celui qui agit par l'exemple, est diminuée; ce n'est pas tout ce que l'on voudrait pouvoir désirer, mais c'est déjà quelque chose. Si l'on ne peut augmenter la vertu, il ne faut pas dédaigner de diminuer le crime.

Le progrès des sciences agit encore sur l'adoucissement des mœurs et sur l'élévation des sentiments individuels. Les progrès de l'industrie consistent, d'une part, dans l'emploi de machines pour les travaux les plus pénibles et les plus monotones, et qui délivrent l'homme d'une servitude; d'autre part, dans l'augmentation du bien-être. On pourrait ajouter dans la vulgarisation des produits de l'art par la reproduction multiple. Et à qui ou à quoi doit-on la suppression de l'esclavage, la liberté des cultes, l'égalité devant la loi et tant d'autres nobles aspirations? Il serait digne du philosophe politique de montrer comment tous les progrès se tiennent, comment ils se développent et quelquefois s'arrêtent. Il n'était pas dans notre mission d'entreprendre ce travail, il nous suffisait de l'indiquer.

En somme, nous croyons au progrès, bien que nous sachions que rien de ce qui est humain ne soit illimité.

PROGRESSISTES ET MODÉRÉS.

Telles sont les dénominations par lesquelles on avait pendant longtemps coutume de désigner les deux grands partis politiques qui, depuis l'établissement du régime constitutionnel en Espagne, et avant la création du parti radical (1868), se sont disputés le pouvoir. Les modérés représentaient les conservateurs, les progressistes, les libéraux. Depuis lors l'Espagne a inventé de nouveaux noms de partis et, en 1873, un esprit ingénieux a même trouvé le nom d'*intransigeant*. Ce mot a fait fortune en Europe à cause de son excentricité.

PROHIBITION et LAISSER FAIRE, LAISSER PASSER.

Voilà deux extrêmes qui ne se touchent pas, et la rareté du fait suffirait pour justifier l'insertion de cet article. Mais nous tenions à consigner ici quelques courtes observations sur les mots ci-dessus.

Et d'abord, *généralement*, la prohibition est la ressource des faibles : il faut moins de force et moins d'intelligence, moins de caractère et moins de savoir faire pour rester dans l'inaction, pour dire toujours *non*, que pour régler et gouverner le mouvement des affaires, pour diriger les hommes, pour céder ici, résister là, limiter, restreindre partout. Pourquoi, dans le système commercial dit protecteur ne s'est-on pas contenté de droits élevés, très élevés même? A cause des difficultés de la surveillance! Au lieu de lutter, on a mieux aimé prohiber, au risque d'enfreindre une loi naturelle supérieure aux lois positives. Un gouvernement commettrait un abus de pouvoir s'il défendait de saler le bouillon, de poivrer la salade; pourquoi ne serait-ce pas un abus de même nature que d'interdire aux citoyens de porter des tissus anglais, de consommer du sucre brésilien; on comprendrait qu'il chargeât ces tissus ou ce sucre d'impôts s'élevant à dix, à cent fois la valeur de la marchandise, mais prohiber leur usage, c'est tout autre chose. Ce ne sont pas là des distinctions subtiles. Lorsqu'un impôt est mal assis, c'est une faute; mais lorsqu'on restreint injustement une liberté naturelle, c'est un crime.

La prohibition est un *extrême* absolu, le *laisser faire, laisser passer* est un procédé *radical*, mais non extrême. La prohibition est un obstacle à tout progrès; elle supprime l'usage par crainte de l'abus et par méfiance contre l'action des contre-poids; elle empêche sans doute la déraison, mais seulement en annihilant la raison, enfin lorsque la prohibition est exécutable, elle produit le néant. Il n'en est pas de même du laisser faire. Sous le régime de la liberté, l'intelligence et la crainte de la responsabilité forment contre-poids; elles peuvent empêcher les hommes de tomber dans l'extrême, qui est la déraison, tout en leur laissant la possibilité de tendre vers le progrès et de le réaliser dans une mesure proportionnelle à leurs efforts.

PROLÉTAIRES. PROLÉTARIAT.

Ce mot offrait chez les Romains un sens très défini. Comme ils ne connaissaient de travaux honorables que la guerre, l'agriculture et la législation, ils avaient classé dans les dernières centuries les citoyens non propriétaires qui ne vivaient naturellement que par les arts et les métiers.

C'était du reste un lieu commun chez les philosophes politiques de l'antiquité, que les propriétaires fonciers devraient seuls être citoyens. La réalité était, sur ce point, en avance sur la théorie. A Athènes spécialement, les trois quarts des citoyens étaient des marins et des artisans.

En France, depuis une cinquantaine d'années, ce mot de prolétaire est employé par les diverses écoles socialistes pour désigner les pauvres, mais plus spécialement les ouvriers. Les paysans étant, pour la plupart, propriétaires, sont considérés comme ayant une existence plus assurée, et c'est sur les ouvriers que se concentre l'intérêt des publicistes qui attachent à ce terme un sens de classification sociale.

Des diverses définitions, textuelles ou implicites, qu'ils ont données de ce terme, il résulte que le nom de prolétaire désigne l'individu, dépourvu de toute propriété immobilière, qui n'a d'autre moyen de subsister que son travail manuel, rémunéré par un salaire mensuel ou hebdomadaire, le plus souvent journalier, dont le taux, déterminé par les conditions variables de l'industrie, est forcément restreint à la valeur des objets qui composent, dans une société donnée et à tout moment donné, le strict nécessaire [1].

Il n'est pas nécessaire de définir longuement les tendances politiques des prolétaires à notre époque, elles sont présentes à tous les esprits; elles sont d'ailleurs les mêmes qu'à toutes les époques, ce qui n'est pas bien étonnant, puisqu'elles dérivent des directions morales et intellectuelles qu'impriment nécessairement à toute classe, comme à tout individu, l'instabilité de la situation, l'incertitude de l'avenir et l'insuffisance des ressources ou des lumières.

La polémique socialiste abuse beaucoup de ce terme; elle rendrait bien plus de services si elle exposait à ses lecteurs les avantages de l'économie et de la prévoyance et les mauvais effets de l'ivrognerie, et d'autres vices.

PROMOTION. Élévation à un grade supérieur. Dans les pays où les fonctionnaires peuvent être députés, et où les députés peuvent être ministres, toute promotion les oblige à se représenter aux suffrages de leurs électeurs. On comprend que cette disposition a pour but de neutraliser l'influence que le gouvernement pourrait exercer sur le député.

On a quelquefois le tort de confondre promotion et nomination.

PROMULGATION. La loi ne peut obliger que ceux qui la connaissent, principe qui a été consacré par tous les peuples civilisés. Aussi de tout temps on a publié les lois, c'est ce que l'on appelle *promulgation.*

Le mode de publication des lois a varié avec les différentes constitutions politiques. Cette matière a été réglée par les dispositions de l'article 1er du Code Napoléon, ainsi conçu : « Les lois sont exécutoires dans tout le territoire français en vertu de la promulgation qui en est faite par l'Empereur. — Elles seront exécutées dans chaque partie de l'empire, du moment où la promulgation pourra en être connue. La promulgation, faite par l'Empereur, sera réputée connue, dans le département de la résidence impériale, un jour après la promulgation, et dans chacun des autres départements, après l'expiration du même délai, augmenté d'autant de jours qu'il y aura de fois dix myriamètres entre la ville où la promulgation en aura été faite et le chef-lieu de chaque département ». Pour prévenir toute incertitude à cet égard, le gouvernement dressa un tableau des distances, et le délai ne court que du jour où le bulletin officiel des lois a été reçu par le ministre de la justice. Telle est du moins la présomption qui

ne peut être détruite que par des faits de force majeure.

L'ordonnance du 27 novembre 1816 a modifié l'article 1er du Code Napoléon, en faisant partir le délai légal du récépissé donné par le ministre de la justice. Cette disposition a été vivement critiquée [1].

La formule de la promulgation varie avec le régime.

PRONUNCIAMIENTO. Terme espagnol employé pour indiquer une révolution militaire ou seulement une rébellion.

PROPAGANDE. Le premier besoin de l'homme, lorsqu'il a conçu une idée, est de la répandre. Son premier besoin, lorsqu'il s'est formé une conviction, est de la faire partager à d'autres. L'idée se communique, la conviction se propage, la série d'actes accomplis dans ce but constitue, dans son son expression la plus simple, ce qu'on appelle communément la *propagande.* Ainsi comprise, celle-ci est donc, on peut le dire, aussi ancienne que le monde. Mais, dans le langage ordinaire, on donne en général au mot *propagande* une acception plus restreinte. On ne l'applique le plus souvent qu'à l'action continue et pour ainsi dire latente, souvent même clandestine, par laquelle les partis politiques ou les sectes religieuses cherchent à faire prévaloir leurs doctrines. Ainsi l'on ne dira guère qu'un orateur à la tribune, qu'un prêtre dans la chaire ont fait de la propagande, parce qu'ils y ont, à la face de tous, soutenu telle opinion ou tel dogme. Mais c'est user d'une formule en quelque sorte consacrée que de parler de la propagande des sociétés secrètes, ou de celle que les ministres d'un culte cherchent à faire sourdement aux dépens d'une religion rivale. (F. de Lasteyrie.)

Par cela même que son action est habituellement latente et presque insaisissable, la propagande est facilement reprochée comme un sérieux grief à ceux qui l'exercent par ceux qui peuvent en redouter les effets; d'où vient que ce mot est souvent employé en mauvaise part.

Ceci nous conduit à la question de droit. Philosophiquement elle se pose ainsi : le droit de propagande appartiendrait-il d'une manière absolue à tout homme ou à toute collection d'hommes ? *A priori,* on ne saurait hésiter à répondre par l'affirmative. Si le droit de publier sa pensée, de la vulgariser par la voie de la presse, est aujourd'hui consacré, au moins théoriquement et dans de très larges limites, par la législation de tous les peuples libres, à plus forte raison ce droit doit-il être reconnu quand il s'exerce par la simple transmission verbale. La parole a sur l'écrit l'avantage d'être, pour ainsi dire, insaisissable. Aussi, de tout temps, la propagande exercée sous cette forme a-t-elle

---

1. Selon M. Michel Bréal le mot prolétaire vient de *proletum* qui était un synonyme de *plebs* et *populus.* Proletarius voudrait dire : homme du peuple, tout simplement.

1. Cette date est d'ailleurs indiquée à la dernière page de chaque bulletin.

su échapper, dans une certaine mesure, aux rigueurs de l'intolérance et du despotisme. Parfois trahie, mais toujours assurée de trouver un écho, la parole intime a été le véhicule incompressible et puissant qui a fait prévaloir, l'une après l'autre, toutes les grandes vérités persécutées à leur principe. Cependant ce véhicule, puissant pour le bien, peut également servir à la propagation du mal, et c'est évidemment là que doit se rencontrer, comme en toute chose, la limite du droit, limite infiniment délicate, qu'un intérêt de secte ou de dynastie a trop souvent posée de la façon la plus arbitraire. Toute société a certainement le droit et le devoir de s'opposer à la propagation de doctrines notoirement contraires aux lois de la morale éternelle. Tout État politiquement constitué sent plus ou moins le besoin de surveiller et de combattre des menées tendant à renverser sa constitution. Jusque-là, rien de mieux! Mais de tout temps, les gouvernements et les sectes dominantes ont été disposés à transformer la libre discussion en attentat, et à confondre l'erreur avec le mal. Or, comme, aux yeux de la plupart des hommes, toute opinion contraire à celle qu'ils professent constitue nécessairement l'erreur, cette confusion intéressée a maintes fois servi de prétexte à la proscription des idées de progrès et à la persécution de leurs premiers apôtres. La guerre d'extermination entreprise contre les Albigeois au commencement du treizième siècle, toutes les mesures cruelles et impolitiques qui accompagnèrent, plus tard, la révocation de l'édit de Nantes, n'eurent d'autres prétextes que ce devoir incombant à la société d'empêcher la propagation d'idées réputées mauvaises. L'inquisition elle-même ne se basait point sur d'autres doctrines. Pour elle, le mal, c'était ce que l'Église catholique avait déclaré erreur, tandis qu'en d'autres temps ou d'autres lieux on qualifiait également d'erreurs, et l'on persécutait au même titre, les doctrines de cette même Église. Mais si la propagation ouverte et publique de tant d'idées ou de croyances irréprochables au point de vue de la morale a été comprimée, persécutée, rendue impossible par cet abus des pouvoirs politiques ou religieux, de cette impossibilité même est sortie presque toujours un autre mode de transmission, occulte et agissant patiemment dans l'ombre. C'est celui-là qu'on est convenu d'appeler plus spécialement *propagande*. Toute religion persécutée organise aussitôt les moyens de répandre clandestinement ses dogmes. Toute opinion dont l'expression publique est officiellement proscrite se trouve par là même réduite à chercher de nouvelles conditions de vie, d'expansion et de durée. Sous ce rapport, cependant, notre siècle est en progrès sur ceux qui l'ont précédé; chez la plupart des peuples civilisés, la conscience humaine est définitivement affranchie; presque partout la loi, respectant l'idée et son expression intime, ne rend plus l'homme responsable que de ses actes, ou tout au plus de paroles qui, par leur publicité, ont une valeur équivalente aux actes eux-mêmes. C'est un progrès considérable. Aussi la propagande, jadis presque toujours clandestine, affecte-t-elle aujourd'hui des allures plus libres, plus ouvertes, et, par conséquent, tout à la fois plus morales, plus honorables pour elles-mêmes et (peut-être) moins dangereuses pour les autres.

La propagande politique soulève des questions assez délicates. Théoriquement, on pourrait dire qu'elle est en quelque sorte de droit naturel, en tant qu'elle n'attaque pas les grands et immuables principes de la morale publique. Mais la politique a des exigences qui rendent souvent difficile l'application radicale d'un principe. L'instinct de la conservation, aussi impérieux chez les gouvernements que chez l'individu lui-même, a imposé de tout temps des restrictions au droit de propagande. Peu de gouvernements se sentant assez forts pour se laisser discuter librement, et, à plus forte raison, pour laisser prêcher librement un dogme exclusif du leur; la loi politique de presque tous les pays interdit cette propagande ouverte. Mais alors, par ce fait même que toute foi religieuse ou politique, surtout lorsqu'elle est comprimée, éprouve un irrésistible besoin d'expansion, la propagande légalement interdite devient clandestine, c'est-à-dire tout à la fois plus faible et plus dangereuse. L'idéal philosophique à réaliser pour tous les amis de la liberté ne serait réellement atteint que le jour où l'autorité suprême se sentirait assez fortement assise sur le consentement de tous, pour laisser à toutes les opinions l'entière liberté de se manifester au grand jour. Ce jour-là, *propagande* ne pourrait plus signifier autre chose, dans le langage politique, que la libre et légitime propagation de toute idée, de tout sentiment non contraires à la morale.

PROPORTIONNALITÉ EN MATIÈRE D'IMPÔT. La généralité des publicistes et des hommes d'État sont d'avis que chacun doit contribuer aux charges de l'État selon ses moyens: cela s'appelle la loi de la proportionnalité.

Sur quel argument s'appuie-t-on ?

Les uns disent: Où il n'y a rien, César perd ses droits; donc il faut que César se récupère là où il y a quelque chose.

Les autres soutiennent que le riche pouvant mieux supporter les impôts, il faut le charger en raison de ses forces. Ce qui a même fait inventer l'impôt progressif; car pour celui qui possède 100.000 fr. de rentes, une contribution proportionnelle de 5 p. 100 est bien moins lourde que pour celui qui n'a qu'un revenu de 1.000 fr.

D'autres encore pensent que le riche doit en raison de son avoir, parce que la protection de l'État lui rend des services plus grands: il faut qu'il paye en proportion de l'utilité qu'il en tire. A la bonne heure[1]. Tout service mérite salaire ou récompense, et cela dans la mesure de l'utilité produite. Naturellement aussi la protection et la sécurité, ou les autres services rendus par l'Etat. Seulement, pour que la justice fût pleinement satisfaite, il faudrait pouvoir subdiviser l'impôt de manière à le faire apparaître clairement comme le payement de services rendus. On payerait, par exemple, pour chaque service comme pour le port de chaque lettre. D'après ce système, il y aurait un impôt pour la sécurité de la vie, un impôt pour la protection de telle et telle propriété, pour la protection en voyage, à l'étranger et ainsi de suite ; idée que M. E. de Girardin a développée avec talent. On se rappelle les articles parus dans *la Presse* et réimprimés dans les *Questions de mon temps*, t. XI. Malheureusement une logique trop rigoureuse ne va guère à l'homme et ne va pas du tout à la société ; c'est que les hommes ne sont pas conduits uniquement par la raison, et la réflexion n'amènerait pas toutes les intelligences exactement aux mêmes conclusions. En effet, souvent le sentiment ou la passion agit sur l'homme avec plus de puissance que la raison, et l'intelligence de l'un pénètre plus avant dans la vérité que l'intelligence de l'autre. C'est pourquoi il ne serait pas possible d'organiser une société[2] d'une façon telle que chaque individu restât bénévolement, et pour l'amour de la logique, dans le cercle qui lui aurait été tracé par n'importe quelle autorité.

Il n'est donc pas probable que jamais gouvernement ne songe à modifier son système d'impôt de façon à mettre les payements des individus en rapport avec les services que chacun d'eux reçoit de l'Etat. Que répondrait-on d'ailleurs à ceux qui diraient : vous nous imposez un charge plus lourde qu'à d'autres, sous prétexte que nos épaules sont plus robustes ? Soit, nous sommes prêts à vous rendre le service que vous nous demandez, mais à la condition de jouir d'une influence proportionnelle au chiffre de notre contribution ?

Cette réclamation a été pourtant reconnue fondée par plusieurs constitutions : les unes en fixant un cens pour les électeurs et un autre pour les éligibles ; les autres en combinant les collèges électoraux de manière à tenir compte du chiffre des impôts. Telle était en France la loi électorale de 1789 ; telles sont encore les lois électorales de la Prusse et de quelques Etats allemands. Qu'il s'agisse, par exemple, d'élire trois députés

1. Sinon, il faudrait dire que tous les citoyens, ont les mêmes devoirs envers l'Etat et doivent verser la même somme. Cela a lieu dans les pays primitifs, par conséquent : pauvres.
2. Si tant est qu'on puisse *organiser* une société. Elle s'organise toute seule, c'est-à-dire ses éléments se placent spontanément où les attirent les affinités de leur nature. Aucune organisation artificielle ne peut exister sans faire violence à des sentiments, et sans demander des sacrifices continuels ; elle ne manquera donc pas de se dissoudre.

dans une ville : au lieu de la diviser en trois circonscriptions, d'après le nombre des habitants, on divise le chiffre total des impôts. Le premier collège électoral sera formé des plus fort imposés, jusqu'à concurrence d'un tiers de ce total. Que ce tiers soit de 100.000 fr., il suffira peut-être de réunir 100 contribuables pour le former. Le deuxième collège électoral sera constitué en prenant les plus fort imposés après les précédents, il faudra alors peut-être 1.000 contribuables pour réunir 100.000 fr. Enfin le troisième collège comprendra tous les autres citoyens au nombre de plusieurs milliers peut-être. Nous n'examinons pas si ce procédé est bon, nous constatons seulement que dans certains cas on croit nécessaire de mettre en face de la proportionnalité des devoirs la proportionnalité des droits.

PROPRIÉTÉ. La nature n'a pas pour l'homme la prévoyante tendresse que supposaient les philosophes du dix-huitième siècle et que rêvaient avant eux les poètes de l'antiquité en décrivant l'âge d'or. Elle ne prodigue pas ses trésors pour faire couler aux mortels une vie facile dans l'abondance et l'oisiveté ; au contraire, elle est âpre, et ne livre ses richesses qu'au prix de labeurs incessants ; elle malmène ceux qui n'ont pas assez de force ou d'intelligence pour la dompter, et quand on considère les races primitives que les arts de la civilisation n'avaient pas encore élevées au-dessus d'elle, l'on peut se demander, avec Pline, si elle ne s'est pas montrée plus marâtre que mère. Abandonnée à elle-même, la terre présente ici des déserts, là des marécages ou d'inextricables forêts ; les parties les plus fertiles sont d'ordinaire les moins accessibles, parce que, situées dans les vallées, elles sont envahies par des eaux croupissantes et empestées par les miasmes qui s'en exhalent, ou hantées par des bêtes malfaisantes qui y cherchent leur pâture ; les plantes vénéneuses croissent parmi les plantes nourricières, sans qu'aucun signe extérieur les distingue au regard, ni que l'instinct nous avertisse comme il avertit les animaux. Les meilleurs fruits eux-mêmes n'ont encore, pour la plupart, qu'une saveur grossière avant que la culture en ait corrigé l'amertume. Sans doute, l'homme peut vivre, et il a vécu, au milieu de cette nature indifférente ou hostile ; mais il y vivrait timide et craintif comme les biches des forêts, isolé ou groupé en petits troupeaux, et perdu dans les espaces immenses où sa frêle existence ne serait qu'un accident dans la vie luxuriante des êtres organisés ; il ne se sentirait pas chez lui et il se trouverait en effet comme un étranger sur une terre qu'il n'aurait pas façonnée à sa volonté et où il ne serait ni le plus agile à la course, ni le mieux protégé contre le froid, ni le plus armé pour la lutte.

Quand les siècles se sont écoulés et que les générations ont accumulé leurs travaux, quelle est, dans un pays civilisé, la motte de terre, quelle est la feuille qui ne porte cette empreinte ? Dans la ville, nous sommes enveloppés par les œuvres de l'homme ; nous marchons sur un pavé uni ou sur une chaussée battue ; ce sont les hommes qui ont assaini le sol et des générations de laboureurs l'ont autrefois bourbeux, qui ont, des flancs d'une colline située loin d'ici, détaché le grès ou le caillou qui le recouvre. Nous habitons des maisons : ce sont des hommes qui ont extrait les pierres de la carrière, qui les ont taillées, qui ont amenuisé le bois ; c'est la pensée d'un homme qui a coordonné les matériaux et fait un édifice de ce qui était auparavant roche et forêt. Dans la campagne c'est encore l'action de l'homme qui est partout présente ; des hommes ont défriché le sol et des générations de laboureurs l'ont ameubli et engraissé ; les travaux de l'homme ont endigué les rivières et créé la fertilité là où les eaux n'apportaient que la désolation ; aujourd'hui l'homme va jusqu'à peupler les fleuves, à diriger la croissance des poissons, et il prend possession de l'empire des eaux. Nous récoltons le blé, notre principale nourriture. Où le trouve-t-on à l'état sauvage ? Le blé est une plante domestique, une espèce transformée par l'homme pour les besoins de l'homme. Les arbres, originaires des pays les plus divers, ont été rassemblés, greffés, modifiés par l'homme pour l'ornement des jardins, les plaisirs de la table ou les travaux de l'atelier. Les animaux eux-mêmes, depuis le chien, compagnon de l'homme, jusqu'au bétail élevé pour la boucherie, ont été façonnés sur des types nouveaux qui s'éloignent sensiblement du plan primitif de la nature. Partout on devine une main puissante qui a pétri la matière et une volonté intelligente qui l'a tournée, suivant un plan uniforme, à la satisfaction des besoins d'un même être. La nature a reconnu son maître et l'homme sent qu'il est chez lui. Cette nature a été *appropriée* par lui à son service ; elle est devenue sa chose *propre ;* elle est sa *pro priété.*

Des auteurs ont essayé de fonder le principe de la propriété sur le droit de premier occupant. C'est une vue étroite : l'occupation est un fait et non pas un principe. Elle est un des signes par lesquels se manifeste la prise de possession, mais elle ne suffit pas à le valider devant le philosophe et même le légiste [1]. Qu'un homme aborde sur une terre déserte et dise : « Aussi loin que s'étend ma vue, depuis ce rivage jusqu'aux collines qui bordent là-bas l'horizon, cette terre est à moi ; » on n'acceptera pas volontiers une pareille occupation pour un titre sérieux de propriété. Mais que le même homme s'établisse sur le plus fertile coteau, s'y bâtisse une cabane, défriche les champs environnants, et la possession de la partie effectivement occupée deviendra un droit, parce que l'homme aura fait acte de

propriétaire, c'est-à-dire y aura empreint avec son travail le cachet de sa personnalité. Le droit des gens met à cet égard une différence entre les particuliers et les États ; ce qu'il refuse à ceux-là, il l'accorde à ceux-ci, et il reconnaît la validité d'une prise de possession sommaire qui ne lèse aucun droit antérieur. C'est que l'occupation est d'une tout autre nature : l'une ayant pour objet le domaine utile, l'autre la souveraineté, qui implique seulement une protection générale ; la preuve est que dans les sociétés modernes la souveraineté passe souvent d'un État à un autre sans que la propriété change de mains [1].

Montesquieu écrivait : « Comme les hommes ont renoncé à leur indépendance naturelle pour vivre sous les lois politiques, ils ont renoncé à la communauté naturelle des biens pour vivre sous des lois civiles. Ces premières lois leur acquièrent la liberté ; les secondes, la propriété [2]. » Bentham développait la même pensée : « La propriété et la loi sont nées ensemble et mourront ensemble. Avant les lois, point de propriété ; ôtez les lois, toute propriété cesse [3]. » C'était encore une vue étroite. Montesquieu et Bentham, pour n'envisager qu'un côté de la question, glissaient sur la pente d'une erreur bien dangereuse ; car elle conduisait à cette conséquence que si la loi avait fait la propriété, la loi pouvait la défaire, et elle ruinait le fondement même que les auteurs se proposaient de poser. Il est évident que la propriété est née avant la loi, comme avant la formation de toute société régulière, puisqu'il y a eu appropriation d'une certaine partie de la matière dès que l'homme a existé et a commencé, pour subsister, à étendre sa main et son intelligence autour de lui. La propriété et la famille ont été la raison d'être et non la conséquence des sociétés, et les lois qui, suivant la belle définition mise par Montesquieu lui-même en tête de son ouvrage, « sont les rapports nécessaires qui dérivent de la nature des choses » ; les lois ont consacré ce rapport nécessaire qui s'établit entre l'homme et la matière, mais elles n'ont pas créé un rapport qui eût été factice et accidentel. Ce qui est vrai, c'est que, sans la loi, la propriété n'a pas de garanties contre les entreprises de la force, et qu'elle manque de sécurité et de solidité. Mais quel est le droit dont l'exercice soit assuré hors de l'état social ?

Ce qui est vrai aussi, c'est qu'il y a certaines formes de propriété qui n'auraient pu se produire sans la protection des lois sociales, c'est qu'une civilisation avancée et un bon gouvernement ont pour effet d'élargir le cercle dans

---

1. La théorie du 1er occupant n'est cependant pas sans fondement, mais elle a besoin d'être plus nettement déterminée qu'il est possible de le faire ici.

1. Il ne faut pas trop prendre à la lettre le mot *défricher* (labourer et semer) ; on peut aussi prendre possession d'une terre en y mettant des troupeaux, en creusant une mine ou autrement. Et si le gouvernement a pris possession de la façon indiquée dans le texte, et qu'un particulier lui achète un terrain, ce terrain devient propriété particulière lors même qu'il est laissé inoccupé. La propriété est d'abord dans la nature des choses, mais une fois créée, la loi la règle.

2. *Esprit des lois,* liv. XXVI, ch. xv.

3. Bentham, *Traité de législation.*

lequel peut se mouvoir avec sécurité l'activité humaine et qu'ils étendent, par conséquent, le champ de la propriété. Ce qui est vrai enfin, c'est que, dans un certain nombre de cas particuliers où le droit naturel ne fournit pas de lumières suffisantes, la loi décide et détermine ainsi un droit positif de propriété qu'elle aurait peut-être pu déterminer autrement, parce qu'il importe, dans une société bien organisée, que rien, en pareille matière, ne demeure dans le vague, livré au caprice de l'arbitraire. Mais il faut se garder de confondre une forme ou un cas particulier du droit avec le principe même du droit. (C. Wolowski.)

C'est donc à la personne humaine, créatrice de toute richesse, qu'il faut revenir; c'est sur la liberté qu'il convient de fonder le principe de la propriété, et si l'on veut savoir à quel signe on la reconnaît, nous répondrons que c'est par le travail que l'homme imprime sa personnalité sur les choses. C'est le travail qui défriche la terre et d'une lande inoccupée fait un champ approprié; c'est le travail qui, d'une forêt vierge, fait un bois régulièrement aménagé; c'est le travail, ou plutôt, c'est une série de travaux exécutés par une succession souvent très nombreuse d'ouvriers, qui de la graine fait sortir le chanvre, du chanvre le fil, du fil l'étoffe, de l'étoffe le vêtement; qui convertit l'informe pyrite recueillie dans la mine en un bronze élégant qui orne une place publique et redit à tout un peuple la pensée d'un artiste. C'est le travail qui est le signe distinctif de la propriété; il en est la condition, ou le moyen, il n'en est pas le principe, lequel remonte à la liberté de l'âme humaine.

La propriété, manifestée par le travail, participe des droits de la personne dont elle est l'émanation; comme elle, elle est inviolable tant qu'elle ne pousse pas son expansion jusqu'à venir se heurter contre un autre droit; comme elle, elle est individuelle, parce qu'elle a son origine dans l'indépendance de l'individu et que, quand plusieurs ont coopéré à sa formation, le dernier possesseur a racheté avec une valeur, fruit de son travail personnel, le travail de tous les collaborateurs qui l'avaient précédé : c'est ce qui a lieu pour la plupart des objets manufacturés. Quand la propriété a passé, par vente ou par héritage, d'une main dans une autre, ses conditions n'ont pas changé; elle est toujours le fruit de la liberté humaine manifestée par le travail, et le détenteur a les mêmes titres que le producteur qui l'a saisi de son droit. (E. Levasseur.)

Ce qui est juste est toujours utile. La propriété a un tel caractère d'utilité sociale qu'il ne saurait exister de société sans propriété, et qu'il n'y a pas de société florissante sans propriété individuelle. Aussi, quand on a voulu fonder la propriété sur l'utilité, les arguments ne manquaient certes pas; mais l'utilité dont il faut tenir grand compte en matière politique est, nous l'avons dit, un effet et non un principe, et il faut se con-

tenter de dire que les excellents effets de la propriété corroborent la légitimité du droit. « L'homme, dit Thiers, a une première propriété dans sa personne et ses facultés; il en a une seconde moins adhérente à son être, mais non moins sacrée, dans le produit de ces facultés qui embrasse tout ce qu'on appelle les biens de ce monde et que la société est intéressée au plus haut point à lui garantir; car, sans cette garantie, point de travail : sans travail, pas de civilisation, pas même le nécessaire, mais la misère, le brigandage et la barbarie. » (Thiers, De la Propriété, liv. I, ch. v.) On ne saurait imaginer une société entièrement dépourvue de la notion de propriété; mais on peut en concevoir ou en trouver dans l'histoire chez lesquelles la propriété soit à l'état rudimentaire, et on constate sans peine qu'un pareil état est bien, comme le dit Thiers, la misère et la barbarie. L'homme n'est pas un dieu; le travail, qui est un exercice salutaire pour l'âme et pour le corps, est en même temps une peine; ce n'est qu'au prix d'un effort que l'homme réalise sa pensée dans la matière, et le plus souvent il ne ferait pas cet effort qui lui coûte s'il n'y était encouragé par la double pensée de produire un effet utile et de jouir lui-même de l'utilité produite. Qui prendrait le soin d'abattre, d'équarrir, de diviser en planches un arbre, s'il savait que le lendemain un sauvage s'en emparerait pour faire du feu ou même pour se construire une cabane? L'activité n'aurait pas de but, parce qu'elle n'aurait pas de récompense assurée : elle se replierait en elle-même, comme le colimaçon qu'un obstacle extérieur menace, et ne se hasarderait au dehors que pour la satisfaction des besoins les plus immédiats ou la création des propriétés les plus faciles à défendre, pour la chasse du gibier, pour la fabrication d'un arc ou d'une hache. Dans les sociétés qui se sont déjà élevées à un certain degré de civilisation, mais qui n'ont pas un respect suffisant de la propriété, cette seule imperfection sociale suffit pour entraver le progrès et pour maintenir pendant des siècles les hommes à un niveau d'abaissement d'où il faut, pour émerger, des efforts inouïs, et surtout la connaissance du droit.

Que la propriété, au contraire, soit pleinement reconnue, respectée, garantie sous ses diverses formes, l'homme ne craindra pas de laisser son activité rayonner dans tous les sens. L'image de la société sera tout autre : au lieu de maigres et rares arbrisseaux sans branchages, on aura le spectacle d'une forêt de chênes immenses, étendant au loin leurs rameaux et montrant des troncs d'autant plus vigoureux qu'ils aspireront l'air et la vie par plus de pores. Loin de se nuire, les hommes se soutiennent les uns les autres par leur développement individuel. Car la propriété n'est pas un fonds commun déterminé d'avance qui diminue de la quantité que chacun s'approprie : c'est, comme nous l'avons dit, une création de la force intelligente qui réside dans l'homme; chaque création s'ajoute aux créations antérieures et, mettant dans le commerce une force nouvelle, facilite les créations ultérieures. La propriété de l'un, loin de limiter pour les autres la possibilité de devenir propriétaires, accroît donc au contraire cette possibilité; elle est le stimulant le plus énergique de la production, le pivot du progrès économique, et quand la nature des choses n'en aurait pas fait un droit antérieur à toute convention, les lois humaines l'auraient établie comme l'institution la plus éminemment utile au bien-être et à la moralité des peuples.

Au moment où la propriété triomphait avec la liberté dont elle est une des formes, elle eût à se défendre contre les adversaires les plus malveillants. Ceux-ci l'attaquèrent au nom d'une prétendue égalité; jaloux de voir de grandes fortunes s'étaler à côté de grandes misères, ils crurent follement que priver des fruits de leur travail ceux qui les avaient légitimement acquis, c'était encourager le travail et soulager la misère. La Convention, guidée par des principes tout autres que ceux de la Constituante, glissa plus d'une fois sur cette pente et, après la Convention, Gracchus Babœuf recueillit et exagéra sur ce point les doctrines de la Montagne dont il fit le communisme moderne : « Quand, dans un Etat, dit-il, la minorité des sociétaires est parvenue à accaparer dans ses mains les richesses foncières et industrielles, et que par ce moyen elle tient sous sa verge et use du pouvoir qu'elle a de faire languir dans le besoin la majorité, on doit reconnaître que cet envahissement n'a pu se faire qu'à l'abri des mauvaises institutions du gouvernement, et alors ce que l'administration ancienne n'a pas fait dans le temps pour prévenir l'abus ou pour le réprimer à sa naissance, l'administration actuelle doit le faire pour rétablir l'équilibre qui n'eût jamais dû se perdre, et l'autorité des lois doit opérer un revirement qui tourne vers la dernière raison du gouvernement perfectionné du Contrat social : que tous aient assez, qu'aucun n'ait trop. »

Ce que les auteurs de ces doctrines ont oublié, c'est que la condition *sine qua non* de cette égalité de possession, c'est, outre l'égalité des facultés intellectuelles et des qualités morales, l'égalité du nombre des enfants. Or, qui nous assure ces conditions ?

Il y avait eu dans tous les temps des esprits qui avaient rêvé la communauté des biens et qui avaient pu le faire d'autant mieux que la propriété individuelle était de leur temps moins étendue et moins fortement établie. Platon avait écrit sa *République;* Campanella sa *Cité du Soleil;* Thomas Morus son *Utopie;* Fénelon sa *Bétique* et son *Gouvernement de Salente;* mais ils avaient fait de la philosophie spéculative plus que de la politique, et s'étaient surtout proposé de tracer aux hommes un idéal de vertu : conception fausse, mais néanmoins plus désin-

téressée que celle des communistes modernes. Ceux-ci ont pour objet principal la jouissance : leurs théories se sont éveillées au spectacle de la richesse qui grandissait rapidement dans la société moderne, mais en répandant ses faveurs d'une manière inégale, puisqu'elle les proportionnait au travail, à l'intelligence, au capital de chacun et aux circonstances de la production : ils ont voulu que les moins favorisés eussent une plus forte part sans avoir une plus lourde charge de travail, et ils n'ont pas imaginé de meilleur moyen que de limiter ou de confisquer le capital, c'est-à-dire la propriété qui est le levier du travail.

Ne parlons ni des Saint-Simoniens, ni des phalanstériens, disciples de Fourier, pour rappeler Proudhon, qui, dans un pamphlet célèbre, a repris un paradoxe de Brissot : la propriété, c'est le vol. Proudhon ne reconnaît ni dans l'occupation, ni dans le travail, des raisons suffisantes pour légitimer la propriété. « Puisque tout homme, dit-il, a droit d'occuper par cela seul qu'il existe et qu'il ne peut se passer pour vivre d'une matière d'exploitation et de travail; et puisque, d'autre part, le nombre des occupants varie continuellement par les naissances et les décès, il s'ensuit que la quantité de matière à laquelle chaque travailleur peut prétendre est variable comme le nombre des occupants; par conséquent, que l'occupation est toujours subordonnée à la population; enfin, que la possession en droit ne pouvant jamais demeurer fixe, il est impossible en fait qu'elle devienne propriété. Nous soupçonnons fort Proudhon d'avoir soutenu sciemment un paradoxe. C'était un faiseur de tours, un prestidigitateur qui employait des mots au lieu de boules et de gobelets. » Ailleurs, répondant à l'argument de Ch. Comte, qui voit un titre de propriété dans la plus-value obtenue par le possesseur lorsque celui-ci, grâce à son travail, a tiré la subsistance de deux personnes d'une terre qui n'en nourrissait qu'une, Proudhon ajoute : « Je soutiens que le possesseur est payé de sa peine et de son industrie par la double rente, mais qu'il n'acquiert aucun droit sur le fonds. Que le travailleur fasse les fruits siens, je l'accorde, mais je ne comprends pas que la propriété des produits emporte celle de la matière. » Cette concession met déjà hors de litige toute la propriété mobilière, laquelle se compose tout entière de fruits que le travailleur a faits siens et qu'il n'a pas consommés. Reste la propriété immobilière ou pour mieux dire la très minime portion de la valeur immobilière qui n'est pas un fruit du travail, un capital mobilier enfoui dans le sol et confondu avec lui. Or, nul économiste ne soutient que tout homme, en venant au monde, ait droit à une part de ce sol et surtout à une part égale à celle des autres, située dans le pays même où il est né. L'occupation est un fait et non un droit; elle peut donner naissance à un droit quand, ayant eu lieu sur un terrain encore inoccupé, elle est consacrée par le travail, voilà tout. La société garantit les droits des individus, c'est son premier devoir; dans le système de Proudhon, elle commettrait la double faute, et de vouloir leur faire trop de bien en cherchant à leur constituer une fortune, et de leur faire trop de mal en dépouillant les uns d'un droit logiquement antérieur à elle-même, pour doter les autres d'un bienfait gratuit,... et nous n'épuisons pas ici la liste des difficultés.

PROROGATION. En Angleterre, l'acte par lequel, à la fin de chaque session, la couronne clôt les travaux du Parlement, s'appelle prorogation. Aucune mesure rejetée dans le cours d'une session ne pouvant plus être soumise au Parlement avant la session suivante, la prorogation, dans certaines circonstances graves, a été un moyen d'avancer l'ouverture de cette session. Ainsi, en 1689, le bill des droits ayant été rejeté par la Chambre des lords, comme il était nécessaire à la sûreté de l'État que cette mesure fût transformée en loi le plus promptement possible, le Parlement fut prorogé le lendemain du rejet du bill et convoqué deux jours après.

PROSCRIPTION. Condamnation à l'exil ou à la mort prononcée sans jugement. Dans les luttes intérieures, souvent les vainqueurs ont exilé les partisans des causes tombées, quand ils ne les ont pas exterminés. Mais on n'a fait l'histoire des proscriptions que depuis celles qui ont dépeuplé les républiques de Grèce et d'Italie. Les tyrans, les oligarques et les démagogues, dans toutes ces cités souveraines, exilaient leurs ennemis vaincus. Les proscrits, réduits à la pauvreté (la proscription entraînant la confiscation des biens), se réfugiaient dans les villes voisines, chez les étrangers avec qui ils avaient contracté la *xénie*. Beaucoup ne pouvaient invoquer ce lien d'hospitalité, car souvent un tyran bannissait des populations entières; elles n'avaient de ressource qu'en la pitié. C'est l'honneur de la nature humaine que cet pitié ne leur ait jamais manqué. Je veux bien que les villes étrangères aient souvent recueilli les exilés par haine pour la puissance des autres villes; mais souvent un sentiment plus désintéressé leur fit affronter la vengeance d'un proscripteur puissant et ses demandes d'extradition. Dans le mouvement constant de la politique des Hellènes, il n'y avait guère de cité qui n'eût chez elle les proscrits d'une autre ville, et celle-ci recueillait les proscrits de la première. Ces exilés pouvaient voir à quelques lieues les murailles sacrées de leur acropole; ils se rassemblaient souvent, en armes, devant les portes de leur patrie, attendant qu'une révolution les leur ouvrît. Mais le vainqueur ne se bornait pas toujours à exiler les vaincus. « Les Grecs, dit Montesquieu, ne mirent point de bornes aux vengeances qu'ils prirent des tyrans ou de ceux qu'ils soupçonnèrent de l'être; ils firent

mourir les enfants, quelquefois cinq des plus proches parents. Ils chassèrent une infinité de familles. Leurs républiques en furent ébranlées; l'exil ou le retour des exilés furent toujours des époques qui marquèrent le changement de la constitution. Les Romains furent plus sages. Lorsque Cassius fut condamné pour avoir aspiré à la tyrannie, on mit en question si l'on ferait mourir ses enfants; ils ne furent condamnés à aucune peine. Ceux qui ont voulu, dit Denys d'Halicarnasse, changer cette loi à la fin de la guerre des Marses et de la guerre civile, et exclure des charges les enfants des proscrits par Sylla, sont bien criminels ». (*Esprit des lois*, liv. XII, chap. VIII). — « Sylla inventa (!) les proscriptions et mit à prix la tête de ceux qui n'étaient pas de son parti. Dès lors il fut impossible de s'attacher à la république; car parmi deux hommes ambitieux et qui se disputaient la victoire, ceux qui étaient neutres et pour le parti de la liberté étaient sûrs d'être proscrits par celui des deux qui serait le vainqueur. Il était donc de la prudence de s'attacher à l'un des deux ». (*Grandeur et décadence des Romains*, chap. XI.) — « On trouve dans Appien l'édit et la formule des proscriptions. Vous diriez qu'on n'y a d'autre objet que le bien de la république, tant on y parle de sang-froid, tant on y montre d'avantages, tant les moyens que l'on prend sont préférables à d'autres, tant les richesses seront en sûreté, tant le bas peuple sera tranquille, tant on craint de mettre en danger la vie des citoyens, tant on veut apaiser les soldats: horrible exemple qui fait voir combien les grandes punitions sont près de la tyrannie ». (*Esprit des lois*, loc. cit.)

Si nous descendons dans le moyen âge, nous verrons chaque révolution marquée par l'exil et les massacres; mais à la proscription classique s'ajoutent des procès par commission, où le jugement est dicté d'avance: cette horrible parodie de la justice se continue dans les temps modernes. Voyez Richelieu dans notre histoire, et Jeffries dans celle d'Angleterre. La révolution, qui abolit le moyen âge, qui adoucit les supplices, conserve néanmoins les traditions de cette procédure meurtrière. La Convention crée un tribunal pour juger les attentats contre la république et le crime d'être soupçonné. Elle décime la France et se décime elle-même. Quand la fatigue prend ce peuple couvert de sang, on ne guillotine plus, on déporte. « Les déportations, dit alors Garat, sont des massacres invisibles, des meurtres où ne coule pas le sang et où les victimes de la mort ne paraissent à l'être que de la nature; ce qui dispense presque de toute pitié. » On s'est fidèlement souvenu des proscriptions de la Convention et du Directoire; les proscriptions du Consulat, plus nombreuses, sont restées plus obscures.

De 1815 à nos jours, chaque gouvernement a été proscrit par le gouvernement suivant. Il est à prévoir qu'il en sera probablement toujours ainsi.

PROTECTORAT. Il y a deux moyens pour les petits États de fortifier leur faiblesse : l'un, de se grouper ensemble, soit par des pactes et des traités qui les coalisent passagèrement pour la défense commune de leurs droits en cas de guerre (*voy.* **Alliances**) ; soit par des associations plus intimes qui, les faisant entrer dans une confédération de provinces ou d'États, réunissent comme en un faisceau permanent leurs forces vives. (*Voy.* **Confédération.**) L'autre moyen, plus périlleux pour l'indépendance des faibles, est de se mettre sous l'abri d'un grand État qui les protège. C'est encore une sorte d'association, mais *d'association inégale*, qui peut sans doute assurer pour un temps à l'État protégé les bienfaits d'une paix modeste mais féconde, si l'État protecteur prend pour règle de sa politique le respect de la justice et du droit. Mais, dans le cas contraire, elle laisse l'État faible exposé sans recours à toutes les entreprises ambitieuses et tyranniques de la violence ou de la ruse.

Le système du *protectorat* fut, en général, celui du monde antique où les peuples, isolés les uns des autres, sans voie de communication, sans diplomatie, sans idées communes qui leur permissent de se concerter et de s'entendre, n'avaient pour ressource, quand ils se sentaient trop faibles contre une agression injuste, que de se jeter dans les bras d'un puissant voisin.

C'est ce qui fit si longtemps la fortune et la gloire des grands monarques de l'Asie. Ce n'étaient pas seulement les peuples vaincus par leurs armes qui s'attelaient en esclaves à leur char de triomphe. Combien d'autres États, qui croyaient s'appartenir encore à eux-mêmes parce qu'ils conservaient leurs princes et leurs lois, marchaient à la suite de ces potentats qui les couvraient dédaigneusement de leur ombre.

L'une des grandes habiletés de la politique romaine fut d'ennoblir par des formes avenantes et polies, de légitimer ordinairement par un fonds de justice, de rehausser quelquefois par des exemples de générosité, ce protectorat qui plia sous l'influence de Rome et finit par assujettir à sa domination presque autant de peuples qu'en avaient conquis les victoires des Paul-Émile, des Scipion, même des Césars. Il est vrai que ce n'étaient là que de belles paroles... vides.

Il faut lire dans Cicéron[1] la magnifique peinture qu'il fait du Sénat romain quand il l'appelle le port et le refuge des nations et des rois. « Nos magistrats, dit-il, et nos généraux mettaient leur gloire à pourvoir par la justice et la loyauté au salut des alliés comme à celui des provinces. Aussi, pouvait-on dire que l'univers était sous le patronage plus encore que sous la puissance de Rome. » (*Illud* patrocinium *orbis terræ verius quam imperium poterat nominari.*)

La langue du droit était ici d'accord avec

celle de la politique. Le chef d'école Proculus[1] employait toute la subtilité de son éloquence à démontrer qu'un peuple ne laissait pas que d'être libre bien qu'il *s'inclinât poliment* devant la majesté d'un autre peuple plus puissant que lui. (*Ut is populus majestatem alterius populi comiter observet*[2].)

Mais quelle que fût la douceur de ce protectorat, c'était un joug qui s'appesantissait peu à peu sur les peuples lorsqu'ils s'étaient une fois résignés à le subir, et les conduisait, par des degrés marqués d'avance, à s'absorber tôt ou tard dans l'empire romain.

À l'avènement du christianisme, un principe nouveau s'est fait jour, et l'on peut dire qu'il a non seulement transformé mais créé le droit des gens, car c'est à peine si l'on oserait maintenant donner ce nom aux rapports des peuples entre eux dans l'antiquité païenne. Cette doctrine qui a révélé aux hommes la dignité de leur nature, en leur enseignant qu'ils doivent tous se conduire comme frères sur la terre, dit Cauchy, puisqu'ils ont le même père dans les cieux, devait fonder, à l'intérieur des États, la liberté civile, et au dehors, l'indépendance respective des peuples, qui n'est au fond qu'une autre forme d'affranchissement et de liberté. Au lieu de se réfugier comme autrefois sous le protectorat d'un despote, on a vu les opprimés et les faibles invoquer, dans leur détresse, le protectorat d'un principe. Au milieu du chaos qu'avait produit en Europe la dissolution de l'empire romain, l'unité de foi religieuse a été le premier lien qui ait rejoint ensemble les fragments de peuples qu'avait laissés debout cette grande ruine et les éléments nouveaux qu'y avait mêlés l'inondation récente des Barbares. Mais il y avait bien plus d'apparence que de réalité ; c'étaient encore des mots vides, et ce n'est que dans les temps modernes qu'on rencontre quelques protectorats destinés à protéger sérieusement et non à absorber le pays.

C'était, par exemple, lors de l'émancipation de la Grèce et de sa constitution en royaume. Bien que le mot de protectorat ne se trouve écrit ni dans les protocoles de la conférence de Londres, ni dans le traité du 7 mai 1832, le sens n'est-il pas le même lorsqu'on exprime que « la Grèce, sous la souveraineté de son roi et *sous la garantie des trois cours* (de France, de la Grande-Bretagne et de Russie), formera *un État monarchique indépendant* » (art. 4 du traité du 7 mai 1832)? ou plutôt, la différence qui existe ici

---

1. *De Officiis*, liv. II, ch. VIII.

1. ff., tit. XT, l. 49, fr. 7.

2. C'est presque dans les mêmes termes que de nos jours Heffter a défini le protectorat : « Régulièrement, dit-il, le traité de protection a pour but de sauvegarder l'indépendance de l'État protégé, incapable de se garantir lui-même d'insulte et d'oppression. En reconnaissance de la sûreté qu'on lui procure, l'État protégé doit, dans ses relations extérieures, *s'accommoder à la politique de l'État protecteur*, et régler en conséquence sa conduite à l'intérieur, afin d'éviter des complications au dehors. » (*Le Droit international de l'Europe*, traduction de 1857, § 22, n° IV.)

dans les mots, n'est-elle pas le signe de l'important progrès qui s'est accompli dans les choses? Le protectorat, quoi qu'on fasse, ne se conciliera jamais avec l'idée d'une complète réciprocité d'indépendance. Tout client, même couronné, s'incline plus ou moins sous la main qui le protège. Le mot de *garant*, au contraire, n'apporte aucun trouble dans la théorie moderne d'indépendante égalité. Un peuple, aussi bien qu'un particulier, peut être garanti d'un dommage par ses *pairs*, et si les Etats principaux d'un continent deviennent ensemble garants solidaires d'un autre peuple, où trouverait-on un moyen plus efficace, et en même temps plus officieux de venir en aide à la faiblesse relative de ce peuple, sans qu'il en coûte rien à sa fierté!

Une expression encore moins accentuée, et dont cependant la synonymie politique n'est pas douteuse, apparaît dans le traité du 19 avril 1839 relatif à la formation du nouveau royaume de Belgique. Les articles qui consacrent l'indépendance et la neutralité de cet État ont été arrêtés, d'un commun accord, entre la Hollande et la Belgique, *sous les auspices des cours de France, d'Autriche, de la Grande Bretagne, de Prusse et de Russie.* (Art. Iᵉʳ du traité signé à Londres le 19 avril 1839.)

Dans cet état actuel du droit des gens, il semble que le mot de *protectorat* devrait être réservé pour les cas, de plus en plus rares, où les droits reconnus par traités à un peuple sur un autre peuple seraient tels que ce dernier fût réduit à la condition d'Etat dépendant ou mi-souverain. La situation des îles Ioniennes placées, par le traité de Paris du 5 novembre 1815, *sous la protection immédiate et exclusive de S. M. le roi de la Grande-Bretagne,* pouvait ici servir d'exemple. Vainement l'article Iᵉʳ de ce traité énonçait que les sept îles formeraient « un seul État libre et indépendant ». Les publicistes n'avaient pas hésité à classer parmi les gouvernements mi-souverains cet État dont le roi d'Angleterre « faisait occuper les forteresses par ses troupes » (art. 5 du traité de 1815), et dans lequel il déléguait « un lord haut commissaire » avec mission de diriger les opérations politiques les plus importantes et de présider « à toutes les parties de l'organisation intérieure » (art. 3 et 4). On sait que par suite de la détermination prise naguère par l'Angleterre, cet état exceptionnel a cessé et que la république des sept îles est définitivement réunie au royaume des Hellènes, dont elle aurait certainement fait partie dès 1815, si ce royaume eût alors existé. (Traité du 24 mars 1864.)

Nous ne rappelons que pour mémoire le protectorat de la France sur l'Annam, sur Tunis, etc., c'est une forme plus commode de possession.

PROTESTATION. Il ne reste souvent d'autre ressource aux victimes de la violence, que d'affirmer leur droit méconnu. Elles es-

pèrent ainsi interrompre la prescription qui pourrait s'établir au profit du vainqueur, ou bien faire venir à leur secours celle des puissances qui voudra [s'armer pour la justice, ou qui sera heureuse d'avoir un prétexte pour se mêler de l'affaire. Les anciens protestaient par des cérémonies, dont l'expression symbolique agissait impérieusement sur leurs âmes. Ainsi quand Crassus sortit de Rome pour aller faire la guerre aux Parthes, le tribun Atéius vint sur son passage, apporta un trépied, y brûla des parfums, et prononça des conjurations contre cette expédition impopulaire qu'il ne pouvait empêcher. Les modernes se contentent d'un manifeste écrit, qui, dans nos mœurs, n'a pas moins d'effet (ou pas plus d'effet) que les cérémonies du tribun romain. On trouverait, dans toutes les histoires, des protestations de privilèges ou de droits offensés. Les dernières révolutions d'Italie et de Grèce ont soulevé des protestations de la part des princes dépossédés. Mais nulle manifestation de ce genre n'a eu de plus grandes conséquences que celle des princes et des théologiens qui s'assemblèrent à Augsbourg, en 1529, et protestèrent contre l'interdiction prononcée par la diète de Spire, de rien innover en matière de foi. Cette protestation fut le point de départ d'une revendication très étendue des droits du libre examen.

Plus les partis acquièrent une conscience claire des idées qu'ils représentent, plus la presse et la parole sont indépendantes, plus les protestations deviennent nombreuses; sans être pour cela un moyen bien puissant d'obliger ceux qui possèdent la direction des affaires, à examiner les droits des vaincus politiques. Actuellement, une protestation précise et modérée contre une mesure spéciale prise par un gouvernement ou par un corps constitué, peut, si elle est fondée, exercer quelque influence, avoir chance même d'être accueillie. Mais dans les relations de politique internationale, que peut une protestation contre des victoires? C'est la consolation intérieure, le dernier asile du droit. La force lui manque : il n'est pas diminué. Il se réfugie dans l'affirmation de soi-même, ne connaissant rien qui lui soit supérieur.

PROVINCE. On reparle plus souvent de la province aujourd'hui. On trouve nos circonscriptions trop petites; on voudrait réunir plusieurs départements, on voudrait décentraliser, etc.; tout cela est très bien, mais il ne faut pas trop en attendre quoi qu'on fasse, la capitale sera toujours plus vivante que la province.

PUBLIC (le). Ce sont les témoins accidentels ou prévus d'un fait, d'un événement. Il y a des cas nombreux en politique où il faut prévoir la présence du public, et l'effet de sa présence. C'est rarement l'élite de la nation qui le compose lorsqu'il est formé par le hasard, il ne peut être que très mêlé. Il n'est pas toujours bon juge de ce qu'il voit, car il n'a pas le temps de réfléchir, il suit des impulsions. Il se laisse facilement exciter, et il s'y trouve toujours, dans le nombre quelques hommes violents qui se passionnent promptement et agissent avant d'avoir compris. C'est ce qui a fait dire à Sarcey : « Je ne suis, moi public,qu'un composé d'imbécile et je ne comprends rien àdemi-mot ». (*Temps* 17 mai 1895 ; 2ᵉ page du feuilleton.) C'est d'un bon observateur.

PUBLICISTE. Au commencement de ce siècle, un publiciste n'était encore qu'un écrivain traitant des matières de droit public et surtout de droit des gens. On a dit de Grotius qu'il a été le premier des publicistes. De nos jours la définition s'est quelque peu élargie, ou plutôt les exigences du lecteur se sont accrues; nous n'en citerons pour preuve que le passage suivant, que nous empruntons à Ch. de Mazade (*Revues des Deux Mondes*, t. L, p.742) : « Qu'est-ce donc aussi qu'un publiciste? C'est un écrivain particulièrement des temps nouveaux, un homme qui, sans être exclusivement un historien ou un philosophe, est souvent l'un et l'autre, qui mêle la philosophie,la littérature et l'histoire, rassemblant sous une forme saisissante et rapide tous les éléments des questions à mesure qu'elles se succèdent, condensant parfois en quelques pages la vie d'une époque ou la vie d'un homme, suivant, d'un esprit préparé par l'étude des luttes de l'intelligence, les évolutions de la pensée aussi bien que les événements, mettant enfin un art invisible dans cette œuvre toujours nouvelle d'un enseignement substantiel et varié. »
Cette définition, ou ce portrait, nous semble parfaitement répondre aux exigences de notre époque. Aussi, n'est pas publiciste qui veut. Il ne suffit plus de traiter de matières politiques, il faut les traiter avec supériorité, avec indépendance d'esprit; il faut avoir des principes, des idées à soi. Un publiciste a une grande affinité avec l'homme d'Etat, ils doivent avoir bien des qualités en commun; nous ne voyons de différence qu'en ceci : le publiciste doit avoir du style et l'homme d'Etat de la conduite, ce qui inclut du reste un certain savoir-faire pratique qu'on exerce moins dans une vie consacrée à l'étude que dans une carrière active et dans les rapports multipliés avec les hommes et les choses.

PUBLICITÉ. La publicité, a dit un penseur, est la pierre d'achoppement de toutes les erreurs et le moyen de tous les progrès. Dans les sociétés démocratiques, la publicité est la première des garanties de l'opinion, je dirais volontiers que c'est la seule, car il y a une conscience générale qui répudie tout ce qui est odieux et arbitraire, et la publicité me semble le justicier par excellence de tous les projets malsains, de toutes les idées fausses, de toutes les superstitions, de toutes les théories aventureuses, de toutes les influences coupables, sauf, il est vrai, de celles qui flattent les passions du jour.

Sous le nom de publicité, on comprend tous les moyens de vulgarisation des idées, réunions et meetings, livres, journaux et revues périodiques et non périodiques ; publicité des débats politiques, judiciaires, littéraires et scientifiques ; publicité des assemblées qui traitent, à titre officiel, des intérêts généraux ; publicité des sessions parlementaires, des réunions du conseil d'Etat, des conseils généraux et municipaux, des conseils de préfecture, des chambres d'industrie et de commerce; publicité de toutes les lois, arrêtés, ordonnances, instructions ministérielles et préfectorales ; publicité de tous les documents diplomatiques, notes, projets, alliances projetées ou proposées, etc.

Dans les sociétés basées sur l'intervention plus ou moins directe du peuple souverain,la publicité remplace avec avantage ce qu'on est convenu d'appeler la pondération des pouvoirs. La publicité, c'est la première, je dirai presque la seule efficace des garanties contre les abus d'autorité, malversations, dilapidations, incapacité ou déloyauté des fonctionnaires. Contre les entraînements de l'opinion, si fréquents et si dangereux dans les sociétés démocratiques, je ne connais pas d'agent plus énergique que la publicité. (Seulement a-t-on toujours le courage de lutter contre les entraînements de l'opinion ?)

On peut juger de la libéralité plus ou moins grande des institutions d'un peuple, de son immixtion plus ou moins sérieuse dans la gestion de ses intérêts, par le degré de publicité réservée aux actes de son gouvernement, par la liberté laissée à tous d'user de tous les moyens d'expansion des idées, enseignements, cours, affiches, écrits, brochures, etc. La publicité est une des formes de la responsabilité, et, comme telle, une limitation morale des pouvoirs; c'est ce qu'ont bien compris les grands corps de l'Etat, qui ont exercé directement ou par délégation la souveraineté. Aussi ont-ils résisté longtemps à cette obligation de rendre publics leurs délibérations, leurs débats et leurs votes. La promulgation des lois, ordonnances et arrêtés, se faisait autrefois sans commentaire; tout au plus était-elle précédée de considérants sommaires, exposant les déterminatifs des mesures prises et cela seulement dans les cas où il fallait compter avec l'opinion. Peu à peu cependant, par l'accession de nouveaux citoyens aux droits politiques et grâce à la vulgarisation des idées, l'intervention indirecte des gouvernés s'est fait sentir, la publicité s'est étendue, s'est complétée et est devenue un frein pour l'arbitraire.

La résistance a été vive dans tous les pays, même en Angleterre, et ce n'est qu'après une longue lutte que la solution libérale l'a emporté. En France, c'est à la Révolution que nous devons cette précieuse conquête, expression et gage de la souveraineté du pays. Cependant, comme toutes les conquêtes de la Révolution, elle a été l'objet de bien vives attaques et de nombreux attentats. Le premier Empire a soumis la publicité à de telles restrictions qu'elle n'a plus existé que sous le bon plaisir de l'État et comme un moyen de favoriser ou justifier les projets du maître qui présidait alors aux destinées de la France. La Restauration, succédant à cette période de long silence, fut obligée de rendre à la publicité quelques-uns de ses privilèges, mais elle ne tarda pas à vouloir secouer à son tour le joug de la responsabilité, même dans la mesure si restreinte qui lui était assignée. Mal lui en prit; la révolution de Juillet se fit au nom des droits de la publicité qui furent élargis. A la publicité par l'écrit vint se joindre la publicité par la parole, et la vie politique s'étendit aux classes qui en étaient légalement sevrées. Aussi l'État comprit-il bien vite qu'il allait être débordé ; la souveraineté de l'opinion ne pouvait tenir compte des limites dans lesquelles le pays légal était enfermé; tout homme pensant, lisant et parlant, exerçait un contrôle sans même être électeur, encore moins éligible ; la contradiction était trop formelle. Pour l'éluder, on s'en prit à la publicité ; la lutte s'établit : la révolution de 1848 en fut la conséquence. Cette fois, la souveraineté revenait tout entière au peuple ; l'État était déclaré le serviteur de tous, responsable devant tous, justiciable de l'opinion. Aussi la publicité réclama-t-elle tous ses droits et en jouit-elle pleinement pendant quelques mois.

Après l'éclipse des libertés, la publicité a dû perdre les moyens d'action dont elle avait usé avec plus ou moins d'intelligence ; l'état des mœurs, le désarroi des idées, l'infériorité politique dans laquelle nous sommes tombés, l'absence de lien moral et de solidarité. disent assez combien les entraves apportées à la publicité ont été funestes à nos sentiments, à nos idées, à leur expression.

Il est une remarque à faire, c'est que la majorité conservatrice des corps politiques s'est toujours montrée hostile à la publicité, tandis que les minorités se sont toujours énergiquement appuyées sur elle. C'est une confirmation de ce que nous avons dit plus haut sur le rôle de la publicité comme limitation morale des pouvoirs. Placée hors le gouvernement par son impuissance à faire adopter ses propositions, la minorité interjette appel devant l'opinion ; tandis que la majorité, en participation de l'autorité avec l'exécutif, ne peut considérer la publicité que comme un contrôle gênant, une censure, une usurpation.

Comme l'a dit Jules Simon, dans son livre De la Liberté : « Sans la publicité, le courage civil est toujours une exception, presque toujours une impossibilité. Il en est du courage civil comme du courage militaire; c'est surtout sous les yeux du régiment, animé par le bruit des trompettes et l'odeur de la poudre, qu'un soldat se sent au-dessus du péril. Il ne faut pas en rougir : l'homme a besoin de l'humanité. Pour que l'esprit public se forme et se maintienne, il faut cette grande et puissante voix de la nation qui distribue chaque jour l'éloge et le blâme, qui rappelle sans cesse les intérêts communs, les principes sociaux, et qui met au service du droit de chaque citoyen sa puissance collective. »

Si la publicité est indispensable à la vie politique des peuples, elle n'est pas moins utile à leur développement commercial, industriel et financier. C'est par la publicité que le commerce est mis au courant de la situation des diverses places où s'échangent les produits du monde; c'est par la publicité que l'inventeur et l'homme d'initiative sont mis en rapport avec les détenteurs de capitaux qui peuvent commanditer leurs œuvres et leurs projets. C'est grâce à la publicité que les titres des entreprises peuvent circuler facilement, car l'actionnaire peut à distance surveiller ses intérêts, la publicité le tient en éveil sur les chances aléatoires qui menacent ses économies. La publicité ne joue pas toujours ce rôle utile, mais la somme de ses bienfaits dépasse de beaucoup celle de ses dangers. Elle est en cette matière la plus énergique des démonstrations en faveur de la liberté.

Dans l'ordre judiciaire, la publicité n'a pas un moindre rôle, son utilité n'est pas moins incontestable. C'est elle qui protège l'esprit de la loi contre la lettre, c'est elle qui fait justice des vieux textes en désaccord avec les mœurs, en forçant la revision des lois qui ne sont plus en harmonie avec la civilisation. Il n'est aucune garantie aussi puissante contre l'arbitraire ou la routine. « On me donnerait, dit encore J. Simon, des juges élus, temporaires, un jury, le droit de récusation, la libre défense, je ne serais pas assez protégé sans la publicité. Ouvrez les portes, pour que nos juges répondent devant leur juge, qui est l'opinion. » (Tout cela est bel et bon, mais « l'opinion » n'est pas infaillible; son principal service est de nature préventive; on la craint et évite de l'exciter.)

PUISSANCE est souvent pris comme synonyme d'État souverain, surtout lorsqu'il s'agit d'un grand pays. Ainsi, dans les traités et conventions, on emploie habituellement la formule « les hautes puissances contractantes ».

La désignation de *grande* puissance est réservée à la France, l'Allemagne (autrefois la Prusse), l'Angleterre, la Russie, l'Autriche-Hongrie, l'Italie (peut-être la Turquie); aux États-Unis de l'Amérique du Nord. Un jour il faudra sans doute ajouter la Chine et le Japon.

Puissance est aussi synonyme de *force.* (*Voy.* ce mot.) Nous ne pouvons que répéter, en d'autres termes, *que la puissance ne confère aucun droit.* La puissance ne confère que des avantages, et avant tout celui d'être sûr de son indépendance, de pouvoir suivre sa voie et la rendre conforme à la justice sans avoir besoin de ménager les prétentions iniques de quelque autre pays.

Le terme de puissance a encore un autre sens qui se trouve expliqué dans les deux articles suivants.

PUISSANCE MARITALE. La puissance est plus qu'un droit, car un *droit* peut être réciproque et laisser celui qui le subit au même rang que celui qui l'exerce; tandis que la *puissance* implique toujours une idée de supériorité. La puissance se distingue aussi de l'*autorité*. L'*autorité* est un pouvoir moral qui se fonde sur les sentiments, les croyances ou les habitudes. La *puissance* est un pouvoir défini et conféré par la loi, mais parfaitement compatible avec l'autorité. Voilà pourquoi, quand on veut parler de l'état de la famille tel qu'il est constitué par la société et par la loi civile, il ne faut pas dire le droit marital ou l'autorité maritale, les droits paternels ou l'autorité paternelle, mais la *puissance maritale*, la *puissance paternelle*.

Pour que le mariage soit une institution efficace; pour que la puissance maritale rencontre des limites précises et infranchissables, il faut que la femme soit considérée, non seulement comme une personne morale, mais comme une personne civile. Il faut que la loi, de même que la conscience, lui reconnaisse des droits inaliénables, des devoirs non moins sacrés que ceux de l'homme, des facultés aussi précieuses et aussi nécessaires à l'ordre social, sinon aussi puissantes, une responsabilité égale dans la sphère de son activité et de sa destinée propre. Ce résultat n'est encore assuré que dans une faible portion de l'humanité. Mais là même où il existe, où il a atteint sa perfection, la puissance maritale doit être conservée, car elle est fondée sur la nature des choses. La société conjugale, comme la société politique, a besoin d'un chef qui décide en dernier ressort, sauf appel devant la justice en cas d'abus, et qui exécute de sa personne, sous sa responsabilité unique, toutes les mesures réclamées par la défense ou l'intérêt de la communauté.

Sans doute tous les efforts de notre volonté et de notre intelligence doivent tendre à ce but de ne faire qu'une seule âme, une seule vie, une seule personne, et, comme dit la Genèse, *une seule chair* des deux existences dont se compose la société conjugale. C'est à ce prix que l'idéal du mariage sera réalisé. Mais comme cette union parfaite est difficile à obtenir, il faut bien que, dans les circonstances importantes, quand les deux époux ne peuvent s'entendre, l'un des deux ait la prépondérance et décide pour la communauté. A qui appartient ce rôle? Au mari ou à la femme? La femme ne peut déployer que dans le sanctuaire de la vie intérieure les dons charmants, la puissance à la fois douce et irrésistible que Dieu lui a accordés. Faites-la sortir de ce modeste et gracieux empire, elle aura cessé d'être elle-même.

Enlevez la mère abeille du centre de la ruche, les rayons n'auront plus de miel, le jeune essaim sera dispersé. L'homme, au contraire, est dans la nécessité et l'obligation de vivre au dehors, d'aller chercher sa subsistance et la place qui lui appartient au milieu de ses semblables. C'est lui qui représente aux yeux de la société, aux yeux de chacun de ses membres, non seulement le foyer conjugal, mais la famille entière, comme le gouvernement représente la nation aux yeux des États étrangers. C'est lui qui est appelé à la nourrir, à la soutenir, à la défendre. C'est donc à lui de décider en dernier ressort de tout ce qui importe à sa conservation, à son bien-être, à sa prospérité, à son honneur. Or, comment le pourrait-il si, excepté dans les cas extrêmes où la prépondérance pourrait dégénérer en tyrannie, en oppression, et où l'intervention de la société devient nécessaire, l'autre moitié de la communauté était autorisée à lui résister, à lui refuser son concours? L'article 213 du Code civil, cet article si souvent incriminé, n'est donc que l'expression d'une loi éternelle de la nature, lorsqu'il dit : « Le mari doit protection à sa femme; la femme doit obéissance à son mari. »

PUISSANCE PATERNELLE. C'est le pouvoir que la loi, et en l'absence de la loi, que les mœurs et la coutume donnent au père sur ses enfants. Au-dessus de la loi, de la coutume et des mœurs, est la loi naturelle, c'est-à-dire la raison appliquée aux relations sociales, qui nous apprend ce que doit être ce pouvoir.

La puissance paternelle, comme la puissance maritale, n'a été pendant longtemps que le droit du plus fort. Le père se considérait comme le propriétaire de son enfant par la raison qu'il lui avait donné le jour. C'est sur cet unique fondement que s'appuyait l'autorité paternelle dans l'antiquité, et les restrictions que nous y voyons apporter successivement ont pour cause, non le sentiment moral, mais l'intérêt politique représenté par la toute-puissance de l'État ou du prince.

Dans l'antiquité, chez les peuples de l'Orient comme chez les Grecs et les Romains, le père a eu longtemps droit de vie et de mort sur ses enfants. Avec le temps, ces droits exorbitants s'adoucirent et les empereurs le supprimèrent tout à fait en réservant pour l'enfant la vie sauve, *caput, integram personam*. Mais le droit de vendre ses enfants, quoique pratiqué seulement dans le cas d'une extrême misère, subsistait encore au temps du jurisconsulte Paul, c'est-à-dire au troisième siècle de notre ère. Ce qui n'a jamais disparu de la législation romaine, c'est le droit absolu du père sur les biens de ses fils et petit-fils. Or, il est à peine besoin de faire remarquer que la dépendance absolue des biens emporte avec elle la dépendance des personnes.

La législation romaine sur la puissance paternelle a passé avec les armes de César dans les Gaules, où, d'ailleurs, elle était déjà dans les mœurs. Elle s'est maintenue, sous l'ancienne monarchie française, dans tous les pays de droit écrit, jusqu'à l'avènement de la Révolution et à la rédaction du Code civil. Dans les pays de droit coutumier, la puissance paternelle, surtout quant aux biens, était renfermée dans des limites plus étroites, mais qui variaient suivant la constitution de la propriété, suivant les diverses formes de l'ordre social.

Que la puissance paternelle ait connu ces excès à une époque de barbarie, quand le droit se confondait avec la force, on le conçoit sans peine. Mais que des publicistes et des philosophes tels que Grotius, Hobbes, Filmer, Bossuet, aient essayé de les justifier au nom de la raison, c'est ce que l'on comprend beaucoup moins. La raison, ou, si on le veut, le droit naturel, nous enseigne précisément le contraire. D'abord la puissance paternelle ne peut pas être absolue parce qu'elle est partagée; elle appartient à la fois au père et à la mère. Le père la représente au dehors; mais dans l'intérieur de la famille, la mère ne peut en être exclue sans une souveraine injustice et sans un profond dommage pour la moralité de l'enfant. Maintenant, à les considérer dans leur unité collective, les droits des parents sur leurs enfants n'ont pas d'autre fondement que les devoirs de ceux-là envers ceux-ci. L'homme est tenu de nourrir, de conserver, d'élever, d'instruire la faible créature à laquelle il vient d'imposer le fardeau de la vie. Il lui doit l'éducation physique, morale, intellectuelle, sans laquelle elle ne pourra jamais se suffire à elle-même, ni payer sa dette à la société de ses semblables. Cette obligation regarde tout à la fois l'enfant et la société à laquelle il doit appartenir. Elle est aussi incontestable que celle qui nous prescrit notre propre conservation et notre propre perfectionnement. C'est elle qui est le fondement unique, mais le fondement inébranlable de l'autorité paternelle; car il n'y a pas d'éducation possible sans autorité, pas de commandement, de direction, de responsabilité morale en dehors de soi sans obéissance. Aucune institution sociale ne peut décharger le père de cette tâche sans le dégrader; aucune, par conséquent, ne peut lui enlever son autorité et se substituer à lui sans commettre une spoliation morale.

L'étendue et la durée de ses devoirs nous donnent naturellement celle des droits qui en découlent. L'œuvre de l'éducation une fois remplie, l'enfant placé sous l'empire de la loi commune, quelle serait la raison d'être de la puissance paternelle? C'est ce qu'ont compris nos jurisconsultes quand ils ont défini cette puissance : « Le droit de gouverner la personne et les biens de ses enfants jusqu'à ce qu'ils soient en âge de se gouverner eux-mêmes. » C'est ce qu'ont compris les auteurs de notre Code quand ils ont fixé un âge de majorité où la puissance paternelle expire de plein droit, et quand ils ont renfermé dans des bornes très restreintes et soumis à la surveillance de la justice le droit de correction paternelle, autrefois presque illimité.

La puissance paternelle est donc nécessairement bornée en étendue et en durée. Mais ce qui ne l'est pas, c'est l'amour, c'est la reconnaissance, c'est le respect dont les parents doivent être l'objet de la part de leurs enfants.

Q

QUARANTAINE. Séjour imposé dans un lazaret aux personnes, effets, navires ou marchandises venant d'un pays rangé sous le régime de la patente brute ou suspecte, c'est-à-dire présumé infecté de maladies contagieuses. La quarantaine était d'abord de quarante jours; ce temps a été fort réduit et varie selon les ports et selon le degré présumé de la contagion.

QUARTIER. 1. Rançon des soldats prisonniers de guerre. Cette expression date des guerres des Espagnols et des Hollandais; ils s'étaient entendus pour fixer la rançon au quart de la solde. Faire la guerre sans quartier, c'était tuer tout.

2. Un quartier est aussi l'endroit d'une ville où une troupe est casernée; le siège de toute opération militaire (quartier de campement, de cantonnement, d'assemblée, de vivres, de fourrages, etc.). Le quartier général est le lieu où campe le général en chef, par extension, le centre des opérations d'une armée.

3. Un quartier d'une ville est la circonscription d'un commissaire de police. Paris a quatre-vingts quartiers.

4. Un quartier d'inscription maritime est une division du littoral de la France, de 4 ou 5 myriamètres de côte, s'étendant en général jusqu'à la limite de la salure des eaux sur les rivières. Il y en a soixante. Le commissaire de l'inscription réside au chef-lieu : c'est là que ceux qui exercent la profession maritime sont tenus de se faire inscrire; c'est là qu'ils sont levés pour le service de la flotte et dirigés sur un port militaire. Un sous-quartier est la circonscription d'un administrateur de l'inscription maritime. Il n'y en a que vingt-sept; et ce sont des territoires détachés de quartiers très étendus. Les marins qui s'y font inscrire comptent comme inscrits au quartier même.

QUESTEURS. Administrateurs du Trésor chez les Romains. Ils étaient deux dans les premiers temps de la République. Comme ils accompagnaient l'armée, dont les victoires étaient la source la plus féconde des revenus publics, on dut en créer deux autres pour administrer les finances à Rome. Il y eut ainsi des questeurs *urbains* et des questeurs *provinciaux*. Nommés d'abord par les magistrats, ils furent ensuite élus par les comices et on put les prendre parmi les plébéiens. Il fallait avoir vingt-sept ans pour être questeur, et c'était le premier degré des magistratures. Les questeurs provinciaux étaient aussi intendants militaires, fournisseurs, commissaires des guerres; souvent même ils rendaient la justice à la place du préteur.

Les *questeurs* en France sont deux ou trois membres des assemblées législatives, chargés de la comptabilité du service de l'assemblée. Ceux de la Chambre des députés étaient nommés par le roi, sous la Restauration, pour la durée de la législature; ils étaient élus par la Chambre sous Louis-Philippe; de même l'Assemblée nationale, sous la République, élit les siens. Napoléon III les nommait; depuis 1869, ils sont de nouveau élus.

QUESTION POLITIQUE. La variété presque infinie des cas où des questions d'administration intérieure ou de relation internationale deviennent des questions politiques rend fort difficile la détermination générale des caractères auxquels on doit les reconnaître; ils n'ont peut-être pas même un caractère propre et dépendent des opinions et des intérêts qui, à un moment donné, prennent un certain caractère d'intensité ou d'âpreté.

C'est surtout dans la politique extérieure que les questions dites politiques prennent de l'importance, elles se réalisent parfois par l'état de guerre, et le plus souvent on doit y voir, sous une forme plus ou moins habilement déguisée, que l'exercice de cet antique droit de la force qui certes n'a jamais été un droit, mais qui a, dans l'histoire universelle, joué un rôle bien autrement considérable que les droits légitimes.

Sans doute le progrès de la civilisation n'est pas sans avoir corrigé quelque chose de la brutalité qui a presque toujours soumis le faible au fort; mais enfin il est certain que c'est encore aujourd'hui par la force que se règlent les événements de l'histoire et que, sous le prétexte que leur puissance les rend responsables de l'amélioration générale des mœurs et des lois de tous les peuples, c'est par la force que les grandes puissances font prévaloir, au besoin même contre la justice et l'humanité, ce que leur volonté déclare être nécessaire à l'humanité et à la justice.

Les questions politiques sont des fruits qu'on cultive avec soin, afin de les cueillir quand ils sont mûrs. Nous ne citerons aucun fait contemporain : sommes-nous bien sûr d'être assez désintéressé pour les exposer avec l'impartialité nécessaire? Nous dirons seulement qu'il y a une question politique partout où il y a une souffrance réelle ou imaginaire. Suivant les circonstances, on puisera dans l'arsenal humanitaire des arguments pour l'intervention, ou dans le droit des gens des arguments pour l'abstention. Excepté aux époques où les peuples se passionnent véritablement pour les grandes idées humaines et dans les cas où les intérêts nationaux sont visiblement d'accord avec la justice, c'est l'intérêt du moment qui décide du choix qu'on fera.

Heureusement tous les nuages ne recèlent pas la foudre, ni toutes les questions politiques la guerre.

QUESTION PRÉALABLE. Lorsque, dans une assemblée délibérante, il s'est produit une proposition qu'un membre ou qu'une partie de cette assemblée ne veut pas voir discuter et qu'il lui semble nécessaire de blâmer en la repoussant, c'est par la demande de la question préalable que le blâme s'exprime. On a toujours le droit de la proposer; mais comme c'est une mesure fort grave, dans son apparente simplicité, elle ne doit pas être proposée à la légère par un membre, par exemple, qui n'aurait pas, dans la circonstance, reçu la mission de représenter l'opinion d'un parti et qui ne serait pas sûr d'être soutenu.

Si la demande est maintenue jusqu'au bout, l'assemblée vote par assis et par levé, et si la question préalable est adoptée, la proposition sur laquelle on avait à délibérer est considérée comme non avenue. On ne la discute donc pas, et, dans la discussion qui a dû s'établir au sujet de la question préalable elle-même, il est interdit, soit à celui qui la propose, soit à celui qui la combat, d'entrer dans le sujet que la question préalable a précisément pour but d'écarter.

Il est très rare que les assemblées fassent usage de ce moyen d'éviter des discussions en courant le risque de paraître désireuses de les étouffer, et il est naturellement fort rare aussi, dans des temps réguliers, que des individus soumettent à une assemblée des propositions de telle nature qu'elle doit les repousser sans aucun débat. C'est au sujet des pétitions bien plutôt que des propositions législatives que les assemblées, d'ordinaire, ont recours à la question préalable.

QUESTION SOCIALE (LA). On parle souvent de la question sociale, mais est-il bien sûr qu'on l'ait déjà nettement posée? J'en doute fort, car une question bien posée est à moitié résolue. On sent seulement qu'il s'agit du bonheur universel. Des utopies s'offrent, il est vrai, comme solutions de cette formidable « question », mais les moyens proposés par les utopistes, pour rendre tout le monde heureux, ne sont pas de vrais moyens, c'est-à-dire des causes susceptibles de produire les effets promis; on passe donc devant ces propositions en haussant les épaules. Au fond, la seule proposition clairement articulée par les utopistes, c'est l'introduction de la communauté des biens sous le nom de communisme ou de collectivisme, encore ce dernier mot ne prétend-t-il qu'adoucir l'autre, pour ne pas effaroucher le grand nombre.

Or, le communisme — même en supposant son introduction possible — ne résoudrait nullement la question sociale, tout au plus la résoudrait-il à l'envers, si l'on peut s'exprimer ainsi. Pour le montrer, nous devons avant tout formuler ladite *Question sociale*, pour que l'on sache bien de quoi il s'agit.

Voici cette formule :

« Comment organiser la Société pour que tous les hommes soient justes, bons, riches, heureux et le reste? » Or, puisqu'on propose le communisme pour atteindre tous ces buts désirables, je me bornerai à demander au lecteur : « Croyez-vous que le communisme peut rendre tous les hommes justes, bons, riches, heureux et le reste? » — Je suis sûr que tous les lecteurs s'écrieront : NON, NON, NON !

Ainsi donc, le communisme ou collectivisme, car c'est la même chose, ne résoudra pas directement la question en rendant les hommes égaux en justice, en bonté, en richesse, en bonheur; mais il la résoudra à l'envers, en rendant ses partisans égaux en pauvreté, en misère, en jalousie, en malveillance. Or, ceux qui demandent la solution de la question sociale, quand ce ne sont pas des rêveurs, sont le plus souvent inspirés par l'envie, ceux-là, s'ils ne peuvent pas rendre riches tous les hommes, — ce qui serait la solution préférée — ils demandent que l'égalité se réalise par la pauvreté générale : c'est, encore une fois, la solution à l'envers.

Pour les gens réfléchis, il ne peut y avoir de question sociale, il n'y a que le devoir du progrès. Tout individu, comme toute société et tout Etat, doit, sans relâche, chercher à progresser, à devenir plus instruit et plus riche, plus actif ou laborieux et plus persévérant, plus serviable et plus honnête. Mais sur cette voie les difficultés foisonnent, on ne s'en rend pas maître à volonté, on rencontre des difficultés insurmontables, et les obstacles, les empêchements se trouvent le plus souvent dans le caractère des hommes. On marche sans doute, on progresse, mais lentement, les éclopés sont si nombreux ! Ce sont ceux-là qui crient le plus fort, et combien de fois est-ce leur faute quand ils restent en arrière !

C'est un sentiment très noble qui nous porte à vouloir réorganiser la société pour rendre heureux l'ensemble de nos concitoyens, mais c'est un sentiment impuissant. Mieux vaut chercher à améliorer le sort des individus, car c'est plus possible; on peut même faire beaucoup dans ce sens. Combien la société ou l'Etat ne seraient-ils pas mieux organisés, si l'on pouvait toujours mettre *the right man on the right place*, c'est-à-dire, si l'on savait le moyen de choisir toujours,

et pour chaque fonction, celui qui en est le plus digne, qui est le plus capable de le bien remplir. Tâchons d'abord de résoudre ce problème, après on s'attaquera à d'autres.

QUOTITÉ ET RÉPARTITION. L'assiette de l'impôt peut être établie de deux manières différentes.

L'une consiste à dresser un tarif, une échelle de taxes applicable aux divers cas qui peuvent se présenter, c'est l'impôt de quotité. Ainsi, s'il s'agit de la patente, on fixe le taux de la contribution par industrie, par nature d'établissement, etc.; s'il s'agit de la contribution des portes et fenêtres, on la détermine d'après l'importance des maisons, d'après l'étage, d'après le chiffre de la population des communes, et l'impôt est levé selon les tarifs, quel qu'en soit le produit total.

L'autre mode d'asseoir l'impôt ne consiste pas à prendre l'unité, la cote, pour point de départ; on commence au contraire par déterminer la somme totale à réunir. Cette somme est divisée, *répartie* (en France par la loi), entre les provinces ou départements, puis (par le conseil général) entre les arrondissements, ensuite (par le conseil d'arrondissement) entre les communes, enfin (par des répartiteurs) entre les contribuables.

L'impôt de répartition est préféré par les administrations financières, parce qu'on sait d'avance sur quelle somme on peut compter. En conséquence, une fois qu'on a voté une contribution d'un million, par exemple, le million est dû et les non-valeurs sont réparties de nouveau. En revanche, l'impôt de quotité devrait être préféré par le contribuable, car il assure, —autant que possible — l'égalité devant le fisc; il réalise du moins cette égalité bien mieux que l'impôt de répartition.

En fait, ces deux méthodes sont assez souvent combinées; mais pour les impôts directs la quotité recule de plus en plus devant la répartition. Il nous semble cependant qu'il serait très facile de prévenir les inconvénients attribués à l'impôt de quotité au moyen d'un fonds de non-valeurs particulier, qui servirait de réserve destinée à couvrir les pertes imprévues. Le produit d'un impôt direct ne saurait d'ailleurs différer sensiblement d'une année à l'autre, du moins est-il improbable qu'il diminue, de sorte que la crainte de ne pas obtenir la somme demandée paraît peu fondée. Partout où la population et la richesse augmentent, l'impôt de quotité fera nécessairement croître le revenu public, sans qu'on ait à élever le taux de la taxe. Au fond, les agents du Trésor n'aiment pas l'impôt de quotité, parce que la répartition leur évite la nécessité de lutter contre la fraude : la fraude n'en existe pas moins, mais elle s'exerce aux dépens du concitoyen plutôt que du fisc.

Les contributions indirectes sans exception

sont des impôts de quotité, car la répartition est impossible ici. L'accroissement constant de leur produit tend à prouver que notre raisonnement est juste.

R

RACES. Les publicistes sont assez d'accord maintenant pour n'admettre qu'*une espèce humaine*, sur l'origine de laquelle il n'existe que des légendes. Mais on a toujours distingué dans l'humanité des races ayant leur caractère propre, se manifestant dans leur genre de vie, dans leurs facultés, même dans leurs croyances et leurs goûts, le tout influencé par le climat, mais résistant dans une certaine mesure à cette influence.

On comprend que la politique, qui est la résultante de tant d'influences diverses, subit aussi celle de la race. C'est à l'histoire et à l'ethnographie qu'il faut demander des lumières sur ce point. ici l'espace ne nous permet pas d'étudier séparément la race blanche et la race noire, la race rouge et la race jaune, et il est encore moins possible de noter les différences qui séparent les branches de la race blanche, sémites, aryen, iraniens, et parmi les aryens, les Celtes et les Germains, les Grecs et les Slaves. Il doit nous suffire ici de constater que les races existent, sans chercher à pénétrer dans le fond de la question, ce qui est d'ailleurs rendus très difficile par les fréquents mélanges, qui effacent tant de particularités.

Nous nous bornerons à reproduire ici la fin de l'article Races de notre *Dictionnaire générale de Politique*, article dû à M. E. Montégut.

« Nous sommes arrivé au bout de cette longue description des nombreuses familles du genre humain. Quelle conclusion tirerons-nous de ce travail ? Admettrons-nous que ces familles irrémédiablement séparées par leur génie sont condamnées par la fatalité de leurs instincts à rester jusqu'à la fin des temps en état d'agression, ou qu'elles sont destinées à se fondre dans une unité de plus en plus étroite ? L'histoire que nous venons d'interroger nous répond que le mélange des races est la loi même de l'humanité, que les races ne se conservent à l'état pur que dans l'état barbare et pendant très peu de temps, et que d'un autre côté les barrières morales de leurs génies divers ne sont pas plus étroites que les barrières physiques du sang. Les races se comprennent les unes les autres comme elles se croisent et prouvent ainsi que les différences qui les constituent ne sont que secondaires et que les hommes n'ont qu'une même âme comme ils n'ont qu'un même corps. Qu'importe que le Sémite ait été le seul qui ait conçu l'idée de Dieu ; si tous les autres peuples sont capables de comprendre cette grande idée, il faudra conclure que leurs instincts se rapprochent singulièrement de ceux du Sémite. Le bouddhisme a beau porter la marque de l'esprit hindou et le génie mongolique a beau être terrestre et âpre, il faut admettre qu'il y avait au moins dans ce génie une prédisposition qui le destinait à comprendre cette religion, et alors en quoi la race mongolique est-elle irrémédiablement séparée de la race qui a conçu la religion qu'elle a adoptée ? Le christianisme est d'origine hébraïque, et cependant les peuples d'origine indo-germanique l'ont trouvé conforme à leur nature puisqu'ils l'ont embrassé. La chevalerie est sans doute dans les instincts de tous les peuples, puisque tous les peuples l'ont connue au moyen âge. Le *self government* est d'origine germanique, cependant nous voyons que tous les peuples ont aujourd'hui une égale inclination à l'adopter, à le pratiquer et à l'aimer. Il y a des différences cependant, mais ces différences, si l'ont cherchait bien, on les trouverait surtout dans les facultés secondaires ou les parties inférieures des génies des peuples ; au fond, les hommes ne sont séparés que par les mauvais instincts et les vices de leurs natures. Ils se rejoignent tous et se comprennent par les parties supérieures de leur âme. Ainsi cette grosse question de race se réduit en fin de compte à une question de morale ; ces différences des génies des peuples se réduisent à des nuances, et l'histoire proclame l'unité morale du genre humain avec plus de certitude encore que la science ne proclame son unité de chair et de sang. [1] »

RADICALISME. On peut être radical, c'est-à-dire *absolu*, dans toutes les opinions, dans le parti monarchique aussi bien que dans le parti républicain ; mais généralement les qualifications de radicalisme, radicaux, sont réservées à des doctrines démocratiques plus ou moins *avancées* et à leurs partisans.

On dit depuis longtemps que les extrêmes se touchent : ils sont, par conséquent, également faux ; la vérité est au milieu. On peut donc condamner hardiment ceux qui REVENDIQUENT la désignation de *radicaux*. Ils veulent *aller jusqu'au bout*, sachant ou ignorant (les deux suppositions leur sont presque également

[1]. On ne tient pas assez compte, en parlant des races, de l'influence de l'éducation et des habitudes. Un enfant, transporté chez un autre peuple, en prend facilement la langue, les mœurs, le caractère et même les préjugés. Et comme le caractère de la race n'est pas reproduit avec une égale énergie dans tous les hommes qui la compose, il arrive que souvent l'éducation en efface les traces. En comparant des juifs français, allemands, anglais bien élevés on verra souvent qu'ils portent le cachet de ces nationalités avec plus d'évidence que celui de leur race.

Nous croyons devoir rappeler ici un article de M. Brunetière, dans la Revue des Deux-Mondes du 1er oct. 1895 dans lequel il est presque démontré que toutes les races civilisées tendent à se fondre en une seule.

défavorables) qu'au bout, c'est l'abîme [1].

Le radicalisme se caractérise moins par ses principes que par le mode de leur application. Il les pousse à l'extrême, c'est-à-dire jusqu'au point où personne ne les réalise dans les actes. Sa doctrine politique est celle de la démocratie, et, maintenu dans la modération, généralement les hommes libéraux l'approuveront. Qui élèverait la moindre objection contre la *liberté*, l'*égalité*, la *fraternité*, contre la *souveraineté nationale*, la *responsabilité du pouvoir*, le *suffrage universel* même? Mais que faut-il entendre par liberté? L'égalité serait-elle l'abaissement universel de toutes les jouissances sociales au niveau des classes arriérées? La fraternité encouragerait-elle la paresse, la fainéantise, le vice? D'ailleurs, la fraternité fait-elle naître une idée bien nette dans la vie politique. La souveraineté nationale ou la responsabilité du pouvoir constitueraient-elles l'insurrection en permanence, enlèveraient-elles le droit de décider aux majorités paisibles, pour le conférer aux minorités ambitieuses, turbulentes, audacieuses? Le suffrage universel veut-il dire le vote aux jeunes gens de 20 ans, de 15 ans sans parler des femmes?

Ainsi, les formules politiques se prêtent à plus d'une interprétation, et le radicalisme a la sienne; mais, nous le répétons, c'est surtout le mode d'application qui le caractérise. Il ne connaît qu'un procédé, c'est de faire table rase, c'est de déblayer le terrain pour reconstruire de toutes pièces un nouvel édifice d'après des données a priori. Vouloir briser la chaîne des temps, n'est-ce pas un procédé aussi déraisonnable que de condamner en bloc tous les accusés, de déclarer incurables toutes les maladies, de prétendre tout savoir, tout prévoir, et même, cela s'est vu, de vouloir changer la nature des choses?

La nature ne fait jamais table rase. Elle ne procède pas par saut et par bond, mais par développement lent et continu, *et la société elle-même est un produit de la nature*. Le nierait-on? Contesterait-on que la société est composée d'hommes doués de raison et souvent dominés par des passions? Pense-t-on qu'on courbera cette raison, qu'on fera taire ces passions par un décret, quelque solennelles qu'aient été la délibération et la promulgation? On ne fonde rien de durable par des mesures subites ou extrêmes. D'abord parce que ces mesures choquent des opinions reçues, des intérêts établis, opinions et intérêts qui ont souvent leur raison d'être, qui ont le droit de demander des égards. Mais ce n'est pas tant dans leur résistance souvent très légitime que gît le principal obstacle au succès des mesures radicales, que dans la nature complexe de l'homme. Il a des besoins,

des aspirations, des devoirs multiples, souvent contradictoires; vous ne pouvez pas donner une satisfaction un peu ample aux uns sans léser plus ou moins les autres.

Le radicalisme ne recule pas devant la violence. Il est aussi absolu dans ses doctrines, que le despote le plus imbu des droits que lui confère sa puissance héréditaire. C'est par cet absolutisme, qui est toujours uni à l'étroitesse des vues, que le radicalisme se distingue du libéralisme, avec lequel il a cependant quelques principes en commun; l'absolutisme empêche tout progrès, l'étroitesse des vues rend impossible toute fondation durable, car elle ne permet pas de tenir compte de toutes les circonstances importantes, elle produit une certaine cécité sociale qui rend ceux qui en sont affligés incapables de servir de guide. Alors même que les *Radicaux* auraient des principes identiques avec ceux des *Libéraux*, ils en différeraient par leur penchant à l'abstraction, par leur dédain du réel.

C'est peut-être par toutes ces raisons que Rohmer, dans son ouvrage sur les partis, attribue au radicalisme le caractère de l'enfance, ou plus exactement du jeune garçon; il en a les qualités comme les défauts. Il est enthousiaste, plein d'imagination, généreux dans une certaine mesure, vivant dans un monde idéal, poursuivant une idée unique, et la poursuivant avec frénésie, sans égard pour les maux qu'il cause dans ses efforts pour la réaliser. Et combien de gens, après avoir été de bonne foi, cessent-ils de l'être, et se bornent-ils à la fin d'imaginer des vertus que d'autres auraient à pratiquer.

RADJAH ou **RANAH**, roi, souverain hindou, analogue aux titres dérivés de la même racine, *rex, rix, rick*, qui se retrouvent dans les langues latine, celtique et germanique. Le titre de *Marahadjah*, grand-roi, était d'abord réservé aux rois qui en avaient d'autres sous leur suzeraineté; il a été pris, dans les temps modernes, par une foule de petits souverains.

RAISON (SOUVERAINETÉ DE LA). Une société ne peut exister sans des lois qui régissent les rapports des citoyens entre eux, des citoyens vis-à-vis de l'Etat et de l'Etat vis-à-vis des citoyens. Tous les systèmes sont d'accord sur ce point; soit que l'on consulte les partisans de l'individualisme, qui font de la souveraineté la résultante des volontés individuelles, et pour lesquels la société n'est que l'ensemble des individus ayant des droits et des devoirs, des intérêts communs et des intérêts opposés; soit qu'on s'adresse aux différentes écoles socialistes qui attribuent à l'Etat une personnalité réelle et distincte, supérieure aux individus, exerçant seule tous les droits en son propre et se développant suivant ses lois propres pour atteindre un but qu'elle ignore, mais qui lui est assigné par la Providence; tous les théoriciens reconnaissent qu'il existe quelque part un principe d'autorité qui rend le commandement légitime et qui a le droit de contraindre à l'obéissance.

---

1. Nous avons sous les yeux « Le programme radical définitif » voté en 1885 par le groupe radical (voy. par ex. *le Temps* du 2 juillet 1885). Nous l'aurions volontiers reproduit, mais il nous aurait coûté plusieurs pages. Notre espace est trop précieux pour de pareilles observations. Ces messieurs espèrent bien qu'on ne les prendra pas au sérieux.

Les uns ont prétendu que ce principe d'autorité réside dans la loi elle-même. Mais qui a le droit de faire la loi et de l'imposer? En d'autres termes, à quelles conditions la loi est-elle la loi? La question, comme on le voit, reste la même, et nous ne sommes pas plus avancés vers sa solution. D'ailleurs, la loi n'est pas un fait primitif et irréductible; elle suppose un principe supérieur duquel elle dépend; la loi est l'expression du droit; elle en émane, mais elle ne le crée pas. (E. Chedieu.)

D'autres, s'élevant d'un degré, de la loi à son principe, ont placé le principe d'autorité dans la souveraineté de droit divin. Mais, comme le fait observer Royer-Collard, « le droit divin transféré de l'Église dans l'État est une fausseté historique. L'obéissance aux pouvoirs établis est la seule doctrine politique que la religion enseigne ». L'autorité ne peut s'exercer à titre de droit divin qu'en plaçant le commandement sous l'égide de l'infaillibilité divine; dans ce système le commandement n'est légitime que parce qu'il est réputé souverainement juste, et la preuve de sa justice c'est qu'il émane de Dieu lui-même : ce principe est celui de la théocratie pure.

D'autres ont placé le droit du commandement et la source du pouvoir dans la légitimité. Mais Royer-Collard leur répond encore : « La légitimité n'est rien de plus que l'hérédité de la monarchie confirmée par la transmission. Elle a son principe unique dans l'hérédité. »

D'autres enfin voient le principe d'autorité dans la souveraineté du peuple, dans la volonté générale. Nous n'entrerons pas ici dans l'examen des systèmes très variés qui, partant de la souveraineté du peuple, arrivent à des résultats très opposés. Le plus radical de tous conduit « à la forme la plus absolue du pouvoir absolu », conséquence nécessaire de cette théorie absurde que la souveraineté du peuple ne peut errer, que sa volonté est la justice même et qu'il n'y a pas de droit contre son droit. Mais les meilleurs esprits ne vont pas à ces extrémités tout en considérant « le consentement public comme la seule base solide des gouvernements, lesquels existent ainsi par les nations et pour les nations, et les nations elles-mêmes comme souveraines en ce sens qu'elles ne sont pas possédées comme des territoires, mais qu'elles s'appartiennent à [elles-mêmes ». (Royer-Collard.)

En adoptant cette définition, il reste encore à se demander, avec le profond penseur dont nous venons de citer les paroles, où réside la souveraineté, « celle qui fait les lois et qui administre les États ». Royer-Collard s'est attaché à démontrer que ce n'est pas sur la place publique que la souveraineté rend ses oracles, et que la majorité des individus, la majorité des volontés, n'est pas le souverain. Dans le système de l'illustre homme d'État qui a présidé longtemps la Chambre des députés sous le gouvernement de la Restauration, il ne suffit pas de la volonté pour créer le droit; la volonté d'un seul, la volonté de plusieurs, la volonté de tous, si puissante

qu'elle soit, ne constitue qu'une force. « Il n'est dû à aucune de ces volontés, *à ce seul titre de volontés*, ni obéissance, ni le moindre respect. »

Mais les sociétés ont un autre élément que le nombre; elles ont un lien plus fort : « le droit, privilège de l'humanité, et les intérêts légitimes qui naissent du droit. Le droit ne relève pas de la force, mais de la justice, arbitre souverain des intérêts ». Royer-Collard soumettait donc la souveraineté du peuple, pour nous servir de ses expressions mêmes, « à une autre souveraineté, la seule qui mérite ce nom, souveraineté supérieure aux peuples comme aux rois, souveraineté immuable et immortelle comme son auteur, la souveraineté de la raison, seul législateur véritable de l'humanité ».

Telle est la théorie célèbre de la souveraineté de la raison qu'a formulée, en s'inspirant du génie de Platon, un des plus grands penseurs de notre temps. Quelle que soit la forme du gouvernement, monarchique, aristocratique ou populaire, il y a au-dessus de la volonté du prince ou de la volonté du nombre qui s'érige en loi, « une loi non écrite qui la juge, la condamne ou la justifie suivant qu'elle s'écarte ou se rapproche d'un type dont l'empreinte reste toujours dans la conscience humaine ». (Bertauld, *la Liberté civile*, p. 127.)

Mais quelle sera la sanction des prescriptions de cette souveraineté qui domine toutes les autres? Qui interviendra pour faire respecter les prescriptions de la raison? Qui décidera de la conformité de la loi avec ce souverain régulateur? Sans doute, le monde livré aux luttes des passions et des intérêts oscillera toujours entre les deux pôles contraires, du vrai au faux, du juste à l'injuste, et, pour nous servir encore d'une expression de Royer-Collard, « au-dessus de ces vicissitudes règne la question permanente, la question suprême de l'ordre ou du désordre, du bien ou du mal, de la liberté ou de la servitude ». Le mal l'emporte par accident, mais il est passager; dans l'ordre moral comme dans l'ordre physique, l'harmonie tend toujours à se rétablir; en fin de compte la raison domine, et c'est toujours la somme du bien qui l'emporte en définitive.

Il est des moments où il nous est impossible de partager cet optimisme, car nous n'ignorons pas l'influence du sentiment ou de la passion.

RAISON D'ÉTAT. On peut dire en sens contraire et avec une vérité égale : « Raison d'État, raison excellente; raison d'État, raison détestable. » Si, à l'intérêt légitime de l'État vous sacrifiez les intérêts particuliers et secondaires, la raison d'État est louable et complètement justifiée [1]. Mais lorsque, sous le spécieux prétexte de l'intérêt de l'État, vous violez toutes les lois de la morale et

---

1. Les choses sociales sont si compliquées que nous ne voudrions adopter cette proposition que sous bénéfice d'inventaire.

abusez de la force que vous avez en mains, la raison d'État est alors une iniquité odieuse, qu'on ne saurait réprouver trop hautement, quelque vaines d'ailleurs que puissent être les protestations (Barth. Saint-Hilaire). Machiavel ne connaît pas cette expression de Raison d'État ; mais le *Prince* n'est au fond que le développement de cette théorie trop souvent invoquée par les despotes et par les ambitieux. Dans le fameux chapitre XVIII, où Machiavel examine cette question de savoir si les princes doivent être fidèles à leurs engagements, voici la règle commode qu'il prescrit : « Un prince prudent ne peut ni ne doit tenir sa parole que lorsqu'il le peut sans se faire tort et que les circonstances dans lesquelles il a contracté engagement subsistent encore. » Et il cite à l'appui de cette maxime « Le pape Alexandre VI, qui se fit toute sa vie un jeu de tromper et qui, malgré son infidélité bien reconnue, réussit dans tous ses artifices. Promesses, serments, rien ne lui coûtait ; jamais prince ne viola aussi souvent sa parole et ne respecta moins ses engagements. C'est qu'il connaissait parfaitement cette partie de l'art de gouverner ». La raison d'État ainsi comprise éclate dans toute son horreur et son infamie ; et l'exemple que propose Machiavel est bien fait pour l'expliquer et la dévoiler tout entière. A ce point de vue, la conscience humaine doit se soulever contre la raison d'État, et il est du devoir de l'historien de la flétrir toutes les fois qu'il la rencontre sous ces hideuses couleurs.

Mais la raison d'État peut se présenter aussi sous un tout autre aspect, beaucoup moins fréquent, il faut en convenir, mais il est d'autant plus digne de notre estime et de notre admiration. Il y a telle circonstance où le prince se trouve placé entre l'intérêt de l'État qu'il doit satisfaire et d'autres intérêts qui lui sont chers, ceux de sa famille par exemple ; et où, par vertu et après mûre délibération, il donne la préférence à l'intérêt public sur l'intérêt particulier, quelque pressant qu'il soit. Il est facile de supposer un cas où le sacrifice a pu être excessivement pénible ; et le prince qui, dans ces épreuves délicates et douloureuses, se montre homme d'État, a d'autant plus de mérite que la lutte lui a coûté davantage. « Je crois contre l'opinion vulgaire, dit Barthélemy Saint-Hilaire, qu'on pourrait découvrir dans l'histoire plus d'un trait de ce genre, et les princes sont loin d'être aussi égoïstes que les représentent l'ignorance, la malignité et la jalousie de la foule. Mais il faut une bien ferme domination de soi-même et un bien clair discernement de la vérité pour ne pas faire tout ce qu'on peut quand la passion vous y pousse, et pour ne pas succomber aux obsessions dont on est l'objet, même dans les hautes régions où les princes sont placés. L'antiquité grecque nous a conservé le souvenir d'une grande circonstance où la justice fut plus forte que la raison d'État : c'est

la proposition de Thémistocle repoussée par la probité d'Aristide, et les Athéniens restant loyaux envers leurs alliés, dont on leur proposait de brûler la flotte. (*Voy.* Plutarque, *Vie de Thémistocle*.)

Dans l'histoire de notre temps, la raison d'État a joué souvent un rôle prépondérant ; c'est ainsi qu'en 1809 Napoléon, se croyant appelé à fonder une dynastie, répudia Joséphine, qu'il aimait encore (?), pour s'allier à une princesse autrichienne que la politique seule lui recommandait.

Dans les gouvernements libres, la raison d'État est beaucoup moins équivoque que dans les gouvernements absolus, et il n'y a guère à se tromper sur ce qu'elle demande. Les intérêts généraux de la nation étant publiquement discutés, on sait toujours assez bien ce qu'ils exigent ; et chez un peuple intelligent, on aperçoit distinctement les limites où la justice veut qu'on s'arrête. Il est juste de dire que les passions aveuglent les masses, et même les hommes politiques, et souvent le patriotisme lui-même devient une passion.

Il est peu d'esprits capables de voir même au jour le jour la vraie portée de la raison d'État ; il en est bien moins encore pour en mesurer toutes les suites. C'est de là que vient ce sophisme détestable et trop commun qui scinde la morale éternelle en deux, et qui fait croire à de très grands esprits qu'elle est double en quelque sorte, et qu'elle n'est pas la même pour les États que pour les individus. (*Voy.* **Morale politique**.) Les révolutions viennent bien, de temps à autre, donner des leçons effroyables. Mais qui profite de ces rudes enseignements ?

Rappelons en terminant que la raison d'État a une certaine parenté avec le *Salut public*. (V. ce mot.)

RANÇON. Prix qu'on donne pour la délivrance d'un captif ou d'un prisonnier de guerre. La rançon était une des institutions du moyen âge. C'est même une des causes qui faisaient porter le poids de la guerre sur les vilains de l'infanterie. Les seigneurs d'une armée cherchaient à faire prisonniers ceux de l'autre armée, et ne tuaient que le menu peuple. Ainsi c'était une opération lucrative que de faire un prisonnier de renom, et il en rapporta plus d'un million de notre monnaie au prince Noir d'avoir capturé Duguesclin. Les peuples civilisés échangent leurs prisonniers.

On appelle aussi *rançon* une composition en argent moyennant laquelle un vaisseau de guerre ou un corsaire relâche un navire marchand qu'il a pris aux ennemis.

On voit que les rançons ne sont pas de notre temps.

RANG. Nous ne pouvons que répéter ici les réflexions faites à l'occasion du mot **Préséance**. Les discussions sur le rang ont cessé, et les plus puissants ne croient pas déchoir en usant de politesse. Celui qui s'intéresserait à des recherches historiques sur cette question trouverait des indications dans Martens, *Précis du droit des gens*, et dans les livres qu'il cite.

RAPPEL. 1. *Rappel d'un ambassadeur.* — Ordre donné à un ambassadeur de cesser ses fonctions et de revenir à la cour qui l'a envoyé.

2. *Rappel d'une loi.* — En Angleterre, c'est son abrogation (*repeal*).

RAPPEL A L'ORDRE. Faculté accordée au président d'une assemblée de rappeler un orateur au respect de la loi ou des convenances. En Angleterre, l'orateur rappelé à l'ordre doit se taire. En Espagne, il faut qu'il été rappelé trois fois. Aux États-Unis, il doit se rasseoir au premier rappel; mais l'Assemblée doit voter pour décider s'il reprendra la parole. Le règlement des Assemblées exige souvent un vote pour que le rappel à l'ordre soit inscrit au procès-verbal.

RAPPORT. RAPPORTEUR. Un grand nombre de fonctionnaires sont chargés d'adresser des rapports à leurs supérieurs : des agents diplomatiques et consulaires, des administrateurs, des militaires, des agents de police et autres. Nous n'avons rien à dire de cette catégorie de rapports : nous souhaitons seulement qu'ils soient toujours véridiques, clairs et complets.

Il est une autre catégorie de rapports qui nous inspire quelques réflexions, c'est celle où le rapporteur rend compte des travaux d'un comité ou d'une commission. Ces rapports peuvent être faits de deux façons : ou l'auteur présente la discussion dans l'ordre chronologique et donne ainsi un résumé du procès-verbal, ou il fait un exposé systématique se bornant à présenter les conclusions avec leurs motifs. Cette seconde forme est préférable pour le lecteur, parce qu'elle fait généralement mieux ressortir les points importants de la question; elle flatte aussi mieux l'amour-propre de l'auteur, qui peut avoir l'occasion de briller. Malheureusement, elle lui permet aussi de dissimuler, ou de négliger, du moins de mettre dans l'ombre, l'opinion de la minorité, et en général les idées qu'il désapprouve, les avis non admis. C'est rarement de mauvaise foi qu'on se borne à exposer l'opinion qui l'a emporté dans la discussion ; c'est pour abréger, ou parce qu'on croit que les propositions rejetées sont sans intérêt pour le lecteur.

Nous ne sommes pas de cet avis. Même dans un rapport systématique, toutes les opinions doivent être indiquées ; il est souvent très important de constater que tel avis a été apprécié et rejeté. La tendance de la commission en ressort d'une manière plus évidente ; puis une opinion en minorité aujourd'hui peut avoir demain la majorité ; enfin, les arguments négatifs ont quelquefois autant d'intérêt ou de force que les arguments positifs.

Il est inutile de dire que le rapporteur est généralement (mais pas toujours) choisi parmi les membres dont l'opinion a prévalu. Il est chargé de défendre son rapport devant l'assemblée générale, et on lui accorde la parole à peu près aussi souvent qu'il la demande.

Il est des affaires qu'on enterre en ajournant indéfiniment le rapport.

RATIFICATION. Les règles générales du droit gouvernent les conventions internationales comme les conventions privées, sauf quelques nuances de détail et d'application : ainsi les conditions essentielles du consentement et de la capacité des parties contractantes, exigées dans les pactes conclus entre les particuliers, le sont aussi dans les pactes conclus entre les peuples ou leurs gouvernants.

Quelquefois les souverains traitent eux-mêmes et personnellement sans intermédiaire et posent par écrit les préliminaires de paix, ainsi firent l'empereur Napoléon III et l'empereur François-Joseph d'Autriche à Villafranca. Mais le plus souvent ils agissent par des agents diplomatiques, auxquels ils donnent des instructions et confèrent des pleins pouvoirs, d'où est venu le nom de *plénipotentiaire*. Dans les États constitutionnels les instructions sont rédigées par le ministre des affaires étrangères.

Les traités conclus, à moins qu'il ne s'agisse de conventions nécessitées par l'urgence du moment, comme les arrangements militaires, ont besoin d'être ratifiés, c'est-à-dire approuvés par les gouvernements qui ont traité. Il y a plusieurs cas où le souverain peut refuser de ratifier, même quand l'agent n'a pas dépassé ses instructions, ce sont : 1° l'impossibilité physique ou morale d'exécuter ; 2° l'erreur mutuelle des parties relativement à un point de fait ; 3° le changement des circonstances desquelles le traité dépend ; 4° la non-conformité du traité aux lois constitutionnelles de l'État. L'histoire fournit de nombreux exemples de traités non ratifiés.

Si le traité consenti par un ministre muni de pleins pouvoirs n'oblige qu'après la ratification faite par le gouvernant, à plus forte raison doit-on conclure que l'engagement pris par le représentant d'un État, sans qu'ils y aient été autorisés, n'est obligatoire qu'autant qu'il est ratifié par l'État.

RAYA. C'est le nom qu'en Turquie l'administration donne aux sujets non musulmans.

RÉACTION. Pendant un certain nombre d'années le mot *réaction* était considéré uniquement comme synonyme de *contre-révolution*, ou action contraire à la Révolution (de 1789) ; mais peu à peu une acception plus large et plus philosophique lui a été donnée, et il ne signifie plus qu'*une tendance en sens opposé, provoquée par des excès*.

Le phénomène de la réaction peut être observé dans tous les faits moraux et politiques y compris la religion; de tout temps les excès ont fait naître des réactions, mais jamais celles-ci n'ont paru aussi rapidement, et rarement elles ont été aussi énergiques que de nos jours. Il n'y a là rien qui doive nous étonner. Il est inévitable que tout excès fasse naître en beaucoup de personnes cette double impression : qu'il constitue une erreur et un acte immoral ou nuisible. Une fois que ces impressions sont nées, la réaction a commencé. Chaque nouvel excès renforce le sentiment de répulsion dans ceux qui réfléchissent, ou que la passion n'aveugle pas. La réaction, éveillée d'abord dans quelques individus, concentrée ensuite dans quelques groupes, ne tarde pas à s'étendre lentement ou rapidement, selon les époques, les pays, les circonstances, et, à un moment donné, elle est victorieuse. Si sa victoire est pure de tout fanatisme, de toute vengeance, de tout crime, en un mot de tout excès, ses effets seront salutaires et durables. Si la réaction a été violente et qu'elle a dépassé le but, ce sera encore une opinion extrême qui aura obtenu le pouvoir (politique, religieux, philosophique); une opposition nouvelle se formera et il en résultera un mouvement semblable à celui du balancier d'une pendule.

Nous le répétons, l'excès doit NÉCESSAIREMENT faire naître une réaction, car l'excès est *une conséquence poussée jusqu'à l'absurde.* On sait que le principe le plus vrai porte dans ses flancs le germe de sa destruction. Si les déductions se font régulièrement, c'est-à-dire à l'aide de la raison, on s'arrêtera à temps, mais si la passion s'en mêle, l'intelligence s'obscurcit ou ressemble à ces yeux qui ne voient que certaines couleurs sans distinguer les autres. Une fois la limite entre le vrai et le faux franchie, le raisonnement est comme un boulet lancé dans le vide et qu'aucune résistance ne sollicite à s'arrêter.

Lorsque les initiateurs, prophètes ou agitateurs, proclament leur nouvelle doctrine, religieuse ou politique, les masses écoutent et se laissent gagner en proportion de la part de vérité relative que la doctrine renferme et que les mœurs, les préjugés, les connaissances acquises permettent de saisir. On suit la pente de la nouvelle doctrine, tout disposé à en voir de préférence le beau côté. S'il n'y a pas d'excès, tout va bien; mais lorsqu'ils arrivent, on se demande si l'on est trompé, si des principes qui produisent de tels résultats sont la vérité, et comme le grand nombre ne se donne pas la peine de faire des distinctions, comme il lui serait même difficile d'en faire, n'ayant qu'une connaissance superficielle de la doctrine, la plupart rejettent le tout, et se reportent naturellement à l'opinion opposée, lorsqu'ils n'aiment pas mieux être indifférents ou sceptiques [1].

1. La république n'était qu'une réaction contre la royauté; la déesse Raison (si peu raisonnable), une réaction contre le catholicisme; la défense d'établir des sociétés de secours mutuel une réaction contre les corporations, et ainsi de suite.

Ajoutons, que tout parti opprimé, toute opinion vaincue, constitue un centre de résistance contre la politique ou la religion qui l'ont emporté dans la lutte. Cette résistance n'est pas à proprement parler une réaction, c'est la continuation de la lutte après la défaite; il n'y a pas changement d'opinion chez les combattants. Cependant, ce centre peut hâter la réaction directement et indirectement. Si les vainqueurs se transforment en persécuteurs, ils feront naître de l'intérêt en faveur des victimes, on cherchera avec ardeur le côté faible des oppresseurs, et ces influences combinées seront avec raison exploitées contre eux. Si, au contraire, les vainqueurs usent de modération, s'ils possèdent, en outre, un degré supérieur de vérité, la réaction n'a pas lieu ou elle reste impuissante, et le progrès atteint se consolide.

Dans une société avancée où tous les partis, toutes les opinions sont représentés, il peut arriver un moment où ces partis et ces opinions s'équilibrent pour le plus grand bien de la société.

RÉBELLION. On entend par rébellion l'acte de résistance d'un individu ou de plusieurs à l'autorité légitime agissant dans la limite de son pouvoir. Notre Code pénal qualifie d'attentat l'attaque contre le pouvoir suprême de l'État, qui met en œuvre la guerre civile, et spécialement de rébellion l'attaque ou la résistance contre des actes isolés de la puissance publique, lorsque l'une ou l'autre ne consiste que dans des faits locaux et des violences instantanées. Nous pensons que l'attentat contre l'État (art. 91 et suiv. du Code pénal) est mieux nommé insurrection (*voy. ce mot*) que révolte. Les insurgés sont donc ceux qui attaquent le gouvernement dans le but de le renverser, et les rebelles ceux qui refusent de lui obéir. Il est vrai que la rébellion devient promptement insurrection. La distinction existe donc surtout à l'origine, mais les définitions exactes sont nécessaires à la langue politique.

La définition du Code pénal (art. 209) comprend dans la rébellion non seulement des actes de résistance, mais aussi des actes d'attaque. La loi pénale avait besoin de cette extension afin d'atteindre tous les gestes du rebelle, et il est clair qu'il n'est pas possible d'organiser la résistance contre la force publique, sans l'attaquer, soit en même temps, soit peu de temps après. Mais que cette définition légale, nécessaire au point de vue de l'application de la peine, ne nous trompe pas sur le véritable caractère de la rébellion. La rébellion est au fond et dans son principe un refus d'obéissance qui se manifeste, soit par la violence et les voies de fait, soit par la résistance passive.

Il n'y a rébellion que si la force publique contre laquelle les rebelles se soulèvent, agit pour l'exécution des lois ou des ordres légitimes de l'autorité ou de la justice. C'est là l'élément essentiel de la rébellion. Lorsque les agents de la force publique agissent en dehors de leur droit ou excèdent leurs pouvoirs, la résistance n'est plus de la rébellion. Ce principe était écrit dans le droit romain (*voy.* loi 5, au Code *De jure fisci*) : il [était même enseigné dans notre droit par Jousse (*Traité des mat. crim.*, t. IV, p. 79). Dans ce cas, l'acte de l'agent est un acte de force brutale. Mais la présomption de légalité est pour l'agent, et c'est à celui qui s'est cru en droit de résister à prouver la cause d'excuse ou de justification. De plus, quand l'officier public agit dans les limites de sa compétence, l'irrégularité de forme qui entacherait le titre ou les opérations ne saurait constituer une excuse, parce qu'alors l'agent ne commet pas de violence, et qu'au fond le titre et les opérations sont légaux. Mais si, par exemple l'agent prétend effectuer une arrestation hors du cas de flagrant délit, ou opérer une saisie sans jugement, la résistance est un acte de légitime défense, pourvu qu'elle ne dépasse pas les bornes de la stricte nécessité.

Ce sont là les cas de rébellion les moins graves. C'est la petite rébellion. La rébellion dans son plus grand développement va beaucoup plus loin que de contester les actes d'un gendarme ou d'un commissaire de police; elle conteste le gouvernement même dont ils exécutent les ordres : elle élève contre lui les mêmes objections d'incompétence ou d'excès de pouvoir que nous supposons tout à l'heure contre les officiers publics. Il faut appliquer ici le même principe quant à la légitimité de la résistance. La théologie catholique a établi depuis des siècles que le droit de résistance existait contre l'extrême tyrannie, dans les limites de la stricte nécessité. *Voy.*, du reste, le mot **Résistance** (*Droit de*) pour tout ce qui concerne cette matière. L'étude de la rébellion se trouvera heureusement réduite à ce que nous appelions la petite rébellion, ou simple résistance contre les actes isolés des fonctionnaires publics.

RECENSEMENT. Des recensements ou dénombrements de la population ont été faits de temps immémorial ; la Bible en mentionne mais ne les approuve pas toujours. Les Orientaux ont conservé des préjugés contre ces opérations si nécessaires dans chaque Etat. Il est heureux que les contrées chrétiennes ne les partagent pas, car il est bien des cas où il est vraiment indispensable de connaître le chiffre de la population.

L'opération n'est pourtant pas aussi facile qu'on pourrait croire, les systèmes ont varié et l'accord entre les hommes spéciaux est de date récente. Autrefois on comptait surtout la *population de droit*, c'est-à-dire des habitants domiciliés ou établis à demeure fixe, qu'ils soient présents au moment de l'opération ou temporairement absents ; actuellement, c'est la *population de fait* qu'on relève de préférence.

La population de fait est celle qui, à un moment donné, se trouve dans chaque localité, qu'elle soit « sédentaire » ou « flottante ». Un Bordelais ou un Lillois qui séjournerait à Paris au moment du dénombrement serait compris, dans le premier système, parmi les habitants de Bordeaux ou de Lille, et dans le second système, avec la population flottante de Paris (comme voyageur).

Pour compter la population de fait, il convient que la constatation de la présence se fasse le même jour (la même nuit) dans toute l'étendue du territoire. Pour ce but, avant le jour fixé par le gouvernement, des bulletins sont adressés à tous les chefs de ménage, qui sont tenus de les remplir.

Dans certains pays, par exemple, en France, l'opération dure en fait plusieurs semaines, car les agents vont de maison en maison. Ce procédé comporte un plus grand nombre d'erreurs, et surtout de doubles emplois, que l'autre. Le voyageur peut ainsi être compté en deux endroits à la fois.

Dans beaucoup de contrées on compte, en même temps que les habitants, les bestiaux, les maisons, les usines, et on profite de la circonstance pour recueillir encore d'autres renseignements.

RÉCIPROCITÉ. La réciprocité est en quelque sorte le contraire des représailles. Quand un Etat nous cause un dommage, nous lui faisons quelquefois subir un dommage analogue, ou identique, à titre de représailles, pour obtenir justice ; quand il fait jouir, chez lui, nos concitoyens d'un avantage, nous accordons souvent à titre de réciprocité le même avantage, chez nous, à ses nationaux. Ou aussi nous promettons à des sujets étrangers les avantages dont jouissent nos nationaux, si l'Etat étranger veut nous en accorder autant chez lui. Ainsi donc, les représailles sont un moyen de coercition, la réciprocité est une récompense.

Nous préférons à la réciprocité une législation libérale qui donne sans s'informer si elle reçoit en échange. Mais si l'on a besoin d'agir sur les pays étrangers, la réciprocité est moins barbare que les représailles.

RECONNAISSANCE INTERNATIONALE. Il est d'usage que les princes notifient leur avènement au trône aux Etats avec lesquels ils sont en relation. Il en est de même de tous les nouveaux gouvernements. Dans le plus grand nombre de cas, surtout lorsqu'il s'agit d'un prince qui succède régulièrement et pacifiquement, on répond par des félicitations, quelquefois par l'envoi d'ambassadeurs plus ou moins extraordinaires. D'autres fois on se contente de donner acte de la notification et d'accuser réception. Il est même des cas où, lors d'un changement, aucune formalité n'est remplie, on se met en relation avec le nouveau gouvernement et on le reconnaît ainsi de fait.

La reconnaissance internationale avait autrefois une portée bien plus grande que de nos jours. Le dogme de la souveraineté naionale n'était pas encore accepté, si ce n'est par quelques novateurs hardis, et le droit, la justice, la loi se résumaient dans la volonté du prince. C'était l'époque où un roi altier pouvait dire : *l'État, c'est moi.*

Actuellement il est admis qu'un peuple est indépendant par le seul effet de son droit propre, et abstraction faite de toute reconnaissance. Qu'il surgisse demain une île dans l'Atlantique, que des populations abordent et s'y établissent, qu'elles se constituent en société politique indépendante et choisissent un gouvernement, cette île formera un État aussi légitime et aussi régulier qu'un autre. La reconnaissance internationale n'est au fond que la constatation d'un fait, constatation qui n'exige aucune formalité. En entrant en relation avec le Japon, avec la Birmanie, ou avec telle autre contrée que son éloignement a garantie jusqu'alors contre les entreprises de l'Europe, il n'est venu à l'idée de personne de commencer par reconnaître le gouvernement avec lequel on allait traiter. Il existait, cela suffisait, et en traitant avec lui, on le reconnaissait implicitement.

Dans des cas pareils, le doute n'a jamais pu surgir ; il s'est élevé quelquefois, lorsque par suite de révolutions intérieures, un gouvernement a été remplacé par un autre. On ne contestait pas l'indépendance de l'État, mais on croyait légaliser ou légitimer le nouveau gouvernement en le reconnaissant, et souvent on avait des raisons de famille, d'intérêt ou autres, pour ne pas aller jusque-là. Le principe de la souveraineté nationale, mieux compris, a fait taire tous ces scrupules. La reconnaissance n'implique plus une approbation, et les pays étrangers n'ont pas à distinguer entre le gouvernement de *droit* et le gouvernement de *fait ;* ils ne sont pas juges du droit. Si le gouvernement paraît établi, si la nation l'accepte, et surtout si elle l'a nommé, il a toute la légitimité nécessaire pour être reconnu.

Nous venons de parler de gouvernements établis par suite d'un changement profond, violent ou pacifique, dans la constitution d'un État. Mais avant que les nouveaux pouvoirs publics soient bien assis, plusieurs cas peuvent se présenter, et nous devons les passer en revue.

D'abord, il peut y avoir un « gouvernement provisoire ». On n'accrédite jamais un agent diplomatique officiel, ambassadeur ou ministre, auprès d'un gouvernement *provisoire ;* mais l'on peut donner à un agent plus ou moins officieux des pouvoirs d'entrer en relations, de se concerter avec lui, de traiter pour toutes choses urgentes. Au fond, cet agent sera un ambassadeur privé des immunités honorifiques dont jouissent habituellement les représentants des puissances étrangères. Du reste, bien des nuances sont possibles ici, selon les circonstances et la manière de les apprécier.

Puis, deux partis peuvent se disputer le pouvoir. Tant qu'il y a doute sur le succès définitif, les gouvernements étrangers ne connaissent que celui auprès duquel ses agents ont été accrédités. Le nouveau gouvernement n'existe pas encore, il n'y a donc pas lieu de le reconnaître. D'ailleurs, si l'on entrait prématurément en relation avec les chefs d'une insurrection, le gouvernement encore établi aurait le droit de se considérer comme offensé. Lorsqu'on se hâte trop de reconnaître, c'est souvent pour pouvoir aider ou intervenir.

Le troisième cas à considérer, c'est lorsqu'une partie du territoire, une province, une colonie, veut se détacher de l'État dont il faisait partie jusqu'alors. Si ce territoire est victorieux dans la lutte au point que son indépendance est reconnue même par l'État dont il se détache, aucun doute ne saurait naître pour les pays étrangers : la reconnaissance est alors la simple constatation d'un fait patent. Si la paix n'est pas conclue formellement, chaque État étranger appréciera, à un moment donné, si le territoire qui prétend être indépendant a acquis une consistance politique suffisante pour présenter les garanties d'avenir. Mais on ne devra pas perdre de vue que l'État menacé de perdre une province verra toujours avec déplaisir qu'on considère la séparation comme un fait accompli, et selon les circonstances, il protestera ou se déclarera offensé. Un pays puissant ne fera pas attention à ces réclamations, mais un pays faible usera de prudence.

Nous n'avons pas besoin de dire que reconnaître l'indépendance d'une contrée au moment où l'insurrection débute constitue un véritable *casus belli.* On ne reculera devant la guerre que si l'insulte vient d'un État trop puissant.

En 1861, une situation nouvelle a été introduite dans le droit des gens, c'est la *reconnaissance comme belligérants.* Il s'agissait des États confédérés luttant pour se séparer des États-Unis. (*Voy.* **Belligérants.**)

Lorsqu'un État ne reconnaît pas un changement dans la constitution d'un autre, les relations diplomatiques cessent, comme dans la guerre, et les sujets des États boudeurs sont recommandés aux bons soins d'un État allié ; ils sont alors protégés officieusement au lieu de l'être officiellement.

RECOURS POUR ABUS ou APPEL COMME D'ABUS. L'*abus* est, dans le droit administratif français, l'empiétement du pouvoir spirituel sur le temporel, ou du temporel sur le spirituel ; c'est l'usage excessif, illégal, d'une faculté, d'un droit, soit de la part d'un ecclésiastique dans ses fonctions, soit de la part d'un fonctionnaire laïque en ce qui touche l'exercice d'un culte. Le *recours pour abus* (suivant les termes dont se sert la loi du 18 germinal an X, de préférence à l'ancienne et impropre formule *appel comme d'abus* peut être défini une dénonciation d'excès de pouvoir faite, autrefois au Parlement, aujour-

d'hui au conseil d'Etat, soit par la partie publique, soit par l'ecclésiastique plaignant. A en croire Pasquier et d'autres légistes, cette action, cette procédure serait une invention merveilleuse, 'et le nerf principal, la clef de voûte de la société française, *palladium Galliae*. Aujourd'hui cette procédure ne nous paraît pas très sérieuse. Chaque fois que ce recours a été exercé (et c'est presque toujours par la partie publique et en vertu d'une décision du gouvernement), on s'est demandé à quoi bon un pareil jeu de justice ; car on a pu voir clairement que cette vaine démonstration allait précisément contre son but. Qu'il s'agit d'une question de refus de sépulture, de mandement, de discours pastoral, de correspondance entre évêques (ce sont les espèces habituelles), il a toujours été évident que le gain de cause ne profitait guère au temporel victorieux, et que le spirituel, atteint et convaincu de 'faute, n'en était ni plus affecté ni plus sage : en d'autres termes le recours comme d'abus a toujours, plus ou moins, fait l'effet d'un coup d'épée dans l'eau.

Il faut bien le dire, les rapports entre l'Eglise et l'Etat sont difficiles à régler lorsque le clergé a de grandes prétentions et trouve un puissant soutien dans le pays. C'est alors sans doute que les « abus » sont fréquents.

RECOUSSE ou RESCOUSSE. Reprise d'une personne ou d'une chose enlevée par force et spécialement la reprise d'un navire sur des étrangers par un autre navire de la même nation. — Recherche d'un bâtiment ennemi qui a fait une prise. (*Voy.* Prises.)

RECRÉANCE (Lettre de). Ce mot a une double signification dans le langage diplomatique. Il s'emploie pour désigner les lettres qu'un prince envoie à son ambassadeur ou ministre pour les présenter au prince d'auprès duquel il le rappelle ; il désigne aussi les lettres qu'un prince donne à l'ambassadeur ou ministre rappelé pour les remettre au prince qui le rappelle. Il est d'usage que le ministre *rappelé* présente dans une audience soit publique, soit privée, ses lettres de rappel et fasse un discours de congé. Il reçoit ses lettres de recréance, des passe-ports pour lui et les personnes de sa suite, et quelquefois des présents. A son audience de congé, il peut aussi présenter son successeur ou le ministre ou chargé d'affaires qui doit le remplacer. Si, après avoir reçu des lettres de recréance, il lui parvient des ordres de son gouvernement qui lui prescrivent de rester, il faut ordinairement de nouvelles lettres de créance. En cas de mésintelligence survenue entre les Etats, les ministres reçoivent quelquefois l'ordre de partir sans présenter de lettres de rappel, sans recevoir celles de recréance, et sans prendre congé. (Klüber.)

RÉCUSATION. Merlin la définit : l'action par laquelle on refuse de reconnaître un juge, un officier public, ou un expert.

Le droit de récusation a pour base philosophique l'impartialité absolue sans laquelle le juge ne rendrait pas bonne justice. Les plus intègres peuvent se laisser aller, malgré eux et à leur insu, à des préventions qui les empêchent de voir l'exacte vérité des choses. La loi ne peut y pourvoir d'une manière absolue, car ces préventions peuvent naître de mille circonstances impossibles à déterminer, ou simplement d'une nature trop ardente et qui se passionne dans un sens ou dans l'autre avant d'avoir suffisamment pesé le pour et le contre. Les plus louables sentiments, la passion du bien, la haine du mal, peuvent être la cause de ces entraînements. L'intérêt personnel, l'affection pour ses proches ou ses amis, un sentiment de vengeance ou d'inimitié peuvent avoir des résultats analogues. Parfois même le plus scrupuleux jugerait mal par la crainte d'être soupçonné de partialité en faisant triompher la bonne cause au succès de laquelle lui ou les siens auraient quelque intérêt.

Le droit de récuser son juge dans certains cas se rencontre dans presque toutes les législations. A Rome, il s'exerçait, dans les jugements dits publics, par les formules : *Hunc nolo, timidus est ;* ou *Ejero eniquus est.* Elle était *péremptoire*, en ce qu'on n'était pas tenu de justifier le motif de la récusation. En France, l'ancien droit admettait la récusation, mais sans règles fixes jusqu'aux ordonnances de 1666 et 1667 qui en tracèrent quelques-unes. Elles ont été reproduites et complétées par le Code de procédure civile (art. 44 à 47, 378 à 396). Les principales causes pour lesquelles un plaideur peut récuser son juge sont la parenté et l'alliance avec l'une des parties jusqu'au degré de cousin issu de germain ; un procès du juge ou de ses proches sur pareille question ou avec l'une des parties ; les conseils précédemment donnés par le juge sur le différend ; une inimitié capitale entre lui et l'une des parties, etc. Le juge qui sait la cause de récusation en sa personne doit, indépendamment de toute demande des parties, la soumettre au tribunal, qui décide s'il doit s'abstenir.

On reconnaît que la récusation peut s'exercer de la même manière et pour les mêmes causes en matière criminelle. Mais on rencontre en outre, au grand criminel, un genre de récusation tout spécial, celui que le ministère public et l'accusé peuvent exercer sur un certain nombre de jurés. Elle est dite péremptoire, parce qu'à la différence de celle dont nous venons de parler, et comme autrefois à Rome, elle s'exerce sans énonciation de motifs. Les règles en sont tracées dans les articles 399 et suivants du Code d'instruction criminelle. Nous nous bornerons à rappeler que, à mesure qu'on tire au sort le nom des jurés, l'accusé ou son conseil d'abord, puis le ministère public, peuvent les récuser jusqu'à ce qu'il n'en reste plus que douze, nombre nécessaire pour constituer le jury.

RÉFÉRENDAIRE. Avant 1789, on confondait sous le nom de *lettres royaux* de nombreux actes de l'autorité royale qui avaient pour but soit d'exercer la juridiction gracieuse, soit même d'intervenir dans les débats d'intérêt privé pour modifier les compétences, ajourner ou entraver des poursuites ; telles étaient les lettres de grâce, abolition, rémission, rescision, attache, légitimation, *committimus*, noblesse, répit, représailles, etc. Toutes ces lettres devaient être scellées, et les personnes qui les avaient obtenues avaient à en poursuivre la délivrance devant une commission présidée par un maître des requêtes et dépendant de la chancellerie. On appelait *référendaires* des officiers qui faisaient à cette commission le rapport des lettres de justice qui devaient s'y expédier. Une déclaration de 1609 leur enjoignait de vaquer continuellement à l'examen de toutes lettres qui se présentaient pour être scellées et d'en rapporter fidèlement les difficultés concernant l'observation des lois, coutumes et arrêts des cours souveraines.

On trouvera, au besoin, de plus amples détails sur les référendaires des chancelleries de France, dans l'ouvrage de Joly, *des Offices de la France*, t. I, liv. II, tit. VII.

REFERENDUM (AD). Lorsque des agents diplomatiques sont mis en demeure de répondre sur un point qui n'était pas compris dans leurs instructions, ils demandent à en référer à leurs supérieurs. Ils prennent également *ad referendum* toute proposition qui dépasse les limites prévues pour la négociation.

REFERENDUM. Ratification par le peuple des lois votées par les conseils législatifs. Le mot est suisse, mais l'usage existe aux Etats-Unis quoique seulement pour les constitutions, tandis que dans la république helvétique, le peuple est appelé à ratifier de simples lois [1]. Quand on veut pratiquer à la lettre le

1. C'est en 1869 que le referendum a commencé à fonctionner dans les cantons, s'il faut en croire le *Journal officiel* (français) du 16 novembre 1869. Nous lui empruntons ce qui suit :

Le referendum », ou ratification par le peuple suisse des lois votées par le conseil cantonal, a été mis en application pour la première fois les 31 octobre et 7 novembre dans les cantons de Berne et de Zurich. Trois lois ont été soumises à l'approbation de la population bernoise. La première modifie le système électoral en ce qui concerne la votation, et en établit un nouveau à peu près analogue à celui qui existe en France ; elle supprime le vote qui se faisait dans les églises après l'office, pendant le temps strictement nécessaire pour recueillir les suffrages des électeurs présents, et y substitue le scrutin secret dans les bureaux électoraux, avec un délai plus long pour voter. Cette loi a été adoptée par environ 32.000 suffrages contre 6,000. Les deux autres, qui réglementent la fabrication et le commerce des eaux-devie et spiritueux, ont été ratifiées par 23.000 et 24.000 voix, contre 15.000 et 13.000. Le besoin de nouvelles dispositions législatives sur cette matière se faisait depuis longtemps sentir dans le canton de Berne, où la consommation des spiritueux exerçait, d'après les données statistiques, une fâcheuse influence.

gouvernement du pays par le pays, il est naturel de consulter l'ensemble des citoyens aussi souvent que possible. Théoriquement, c'est-à-dire quand on s'en tient à la logique abstraite, on ne trouve aucune objection, mais quand on envisage la réalité des choses, on en rencontre de très fortes. Par exemple :

1° Faut-il soumettre au peuple toutes les lois ou seulement des catégories de lois, et lesquelles ? Pourquoi ne pas le consulter aussi sur les simples règlements administratifs ?

2° Est-il possible d'espérer qu'on trouvera dans la nation beaucoup d'hommes compétents pour voter en connaissance de cause ? Ne sait-on pas que, même dans les chambres, les lois spéciales sont votées de confiance par un grand nombre de membres ? Et même pour les lois politiques et administratives, comment peuvent-elles être appréciées par des hommes ne sachant ni lire ni écrire et n'ayant par conséquent aucune idée des discussions qui ont eu lieu dans les assemblées délibérantes ? Ce sont donc des législateurs non éclairés qui jugeront en dernier ressort le vote du législateur éclairé. En Suisse, tous les électeurs savent lire et écrire, mais il n'en est pas de même dans tous les autres pays. Du reste, quand on sait lire et écrire, on n'est pas encore en état de se faire un jugement sur toute chose; aussi considérons-nous ces connaissances seulement comme un *minimum* caractéristique, propre à servir de criterium.

3° Les masses sont plus souvent influencées par le sentiment ou par la passion que par la raison.

4° Le *referendum* peut produire des agitations très supportables dans un petit pays, mais dangereuses dans un grand. Comparez les vagues d'un petit lac suisse à celles de l'Océan !

On a remarqué que deux sortes de projets de loi obtiennent rarement l'adhésion du « peuple » : 1° ceux qui lui imposent une dépense, et 2° ceux qui demandent un changement (le « peuple » est assez conservateur, presque « borné »).

Nous ne croyons pas, d'ailleurs, que les lois ainsi voté obtiennent une plus grande obéissance. On transgresse les lois par intérêt ou par passion, et le referendum ne fait disparaître ni l'un ni l'autre.

Nous n'admettons le vote d'une loi par le peuple que dans de grandes circonstances tout à fait exceptionnelles, par exemple pour l'acceptation d'une constitution, d'un roi, d'une patrie, et nous ne l'acceptons que pour

A Zurich, le peuple avait à se prononcer sur quatre lois relatives à l'équipement militaire, à la réduction du prix du sel, à la Banque cantonale, et enfin à l'élection des fonctionnaires. Ces lois, qui n'offraient qu'un intérêt purement local, ont été acceptées avec une majorité variant de 41.000 à 38.000 voix, contre une minorité de 4.000 à 8.000.

Il convient d'ajouter que le *referendum* date de plus loin que de 1869, car il s'est établi, si nous ne nous trompons, dès 1863.

rendre hommage à la théorie sans être toujours convaincu de son utilité pratique [1].

RÉFUGIÉS. Refuge étant synonyme d'asile et exprimant de même le lieu où s'exerce ce droit sacré, quiconque, étant fugitif, a réclamé ou reçu de fait l'hospitalité est un *réfugié*. De tout temps et en tout pays il y a eu des réfugiés, des hommes innocents cherchant chez leurs voisins, ou même au loin à l'étranger, un abri contre l'hostilité et la persécution de leurs vainqueurs, trop souvent aussi contre l'injustice de leurs souverains naturels ou de leurs concitoyens devenus leurs ennemis. C'est surtout lorsque la ferveur religieuse, l'esprit de secte, a fomenté les haines et armé les bras, que la fuite des plus faibles devant les plus forts a présenté dans l'histoire de tristes épisodes et de lamentables tableaux. Tels sont ceux que rappellent les noms des Albigeois et des Vaudois en France et en Piémont, des Mores et des Juifs en Espagne, trop heureux lorsque le mot *extermination* n'eut pour eux que son sens étymologique et ne signifia que proscription, expulsion! Trop heureux aussi les huguenots, échappés du massacre de Vassy et, onze ans après, de la boucherie générale de la Saint-Barthélemy, — telle qu'elle fut accomplie à Paris, à Lyon, dans la plupart des villes du royaume, — et qui purent se traîner tout sanglants auprès de leurs frères en Suisse, en Angleterre, dans le pays Wallon, et ailleurs, où ils posèrent les premières bases de ces colonies et de ces églises françaises destinées à recevoir successivement tant de recrues partielles, jusqu'au jour néfaste où, grâce à la folie de Louis XIV et de ses conseillers, elles devaient voir refluer vers elles tout le sang généreux dont le corps de la nation allait subir la perte. (CH. RÉAD.)

C'est en effet au mémorable exode qui précéda, accompagna et suivit la révocation de l'édit de Nantes, que le nom de *réfugiés* dut un tel retentissement que depuis cette époque, lorsqu'il est employé d'une manière absolue, il désigne spécialement les réfugiés protestants du dix-septième siècle, les expatriés volontaires de 1685, et le Dictionnaire de l'Académie l'a admis dans ce sens. Puisque aussi bien ce qui concerne les réfugiés politiques en général a été traité ailleurs, nous n'y reviendrons pas ici.

On sait que les protestants, chassés de France par la révocation de l'Édit de Nantes furent appelés et bien reçu en Angleterre, en Hollande, en Suisse, en Danemark, en Prusse et autres Pays, qu'ils y prospèrent et que la plupart ont été perdus pour la France. La Révolution de 1789 chercha à réparer le mal dans la mesure du possible.

Tel fut l'objet de l'article 22 de la loi du

15 décembre 1790, prononçant que : « Toutes personnes qui, nées en pays étranger, descendent, à quelque degré que ce soit, d'un Français ou d'une Française expatriés pour cause de religion, sont déclarées naturels français et jouiront des droits attachés à cette qualité, si elles reviennent en France, y fixent leur domicile et prêtent le serment civique. » Tous les rejetons des familles fugitives se trouvaient donc entièrement assimilés aux citoyens nés sur le sol français depuis 1685, à la seule condition de se replacer eux-mêmes dorénavant dans l'état légal des nationaux. Les propriétés séquestrées que détenait encore la régie devaient leur être restituées.

Il était bien tard pour que cet appel, qui eût rempli de joie le cœur des pères quatre-vingt ou soixante ans plus tôt, trouvât les nouvelles générations disposées à rompre les mille liens créés autour d'elles dans leur patrie d'adoption. Néanmoins, bon nombre de descendants de réfugiés rentrèrent en France pour y revendiquer le bénéfice de la loi de 1790; ceux-là même qui ne purent s'en prévaloir en furent reconnaissants et fiers, et leurs représentants actuels, à leur tour, ne sont pas les derniers à considérer comme un titre de noblesse le droit impérissable qui leur appartient toujours de se faire reconnaître citoyens français.

REFUS DE L'IMPOT. Dans la plupart des pays constitutionnels, le refus de l'impôt compte parmi les moyens de résistance légale que le droit public met à la disposition des citoyens. On l'a exercé en Angleterre, sous Charles Ier, dans les colonies anglaises qui sont devenues les Etats-Unis au dix-huitième siècle, et de nos jours, en Hongrie et dans la Hesse électorale. Ce refus est basé sur la disposition des constitutions, qui fait dépendre la légalité de l'impôt d'un vote de la Chambre élective.

Le refus de l'impôt est quelquefois un mal nécessaire; mais c'est un mal, et on ne doit avoir recours à ce moyen qu'à la dernière extrémité. Il ne faut pas qu'il aboutisse à une révolution, car ce serait dépasser le but. Du reste, ce moyen n'est efficace que si le pays est unanime; lorsque cette unanimité existe, le gouvernement est obligé de céder, et alors il est inutile d'avoir recours à la violence — qui est toujours un mal. Dans des cas extrêmes, un mal nécessaire peut être une ressource, un mal inutile est toujours un crime. (*Voy.* **Résistance** [**Droit de**]).

REFUS DU SERMENT. Le refus du serment est un acte de protestation contre un nouveau gouvernement. Le serment n'étant demandé qu'aux fonctionnaires, le refus entraîne la démission. Nous n'avons pas à juger un pareil acte; il est essentiellement inspiré par la conscience et ne relève que d'elle. Il serait, du reste, absurde de vouloir juger *à priori* et d'une manière générale le refus du serment, qui peut avoir pour motif, soit l'attachement au gouvernement déchu, soit la désapprobation de celui qui le remplace, soit quelque autre circonstance analogue. Le refus du serment est toujours une chose regrettable ; mais comme il constitue un sacrifice souvent considérable pour celui qui s'y décide, cet acte est toujours respectable.

RÉGALES. DROITS RÉGALIENS. On appelait ainsi, sous l'ancien régime, les droits que les rois de France s'étaient attribués de percevoir les revenus des abbayes et évêchés vacants, et de pourvoir, pendant la vacance du Saint-Siège, aux bénéfices que les évêques conféraient en temps ordinaire. Innocent III, en 1210, reconnut ces droits aux rois de France, par une bulle qui ne plut pas également à tous les papes. Louis XIV eut, avec Innocent IX, de grands démêlés au sujet des régales ; le roi l'emporta et triompha dans l'ordonnance de 1682.

Les *droits régaliens*, que les légistes n'accordaient qu'au roi seul, étaient ceux de la souveraineté : c'est-à-dire de nommer aux emplois, de faire la guerre et la paix, de lever des impôts, de battre monnaie et de juger sans appel. Dans quelques pays on ajoutait : la propriété des mines, des forêts ou du moins celle de la chasse et surtout de la pêche dans les rivières navigables.

RÉGENCE. Dans un État où le prince est, par sa naissance, appelé à un pouvoir dont il est seul investi par la Constitution, il est impossible que la couronne ne tombe pas quelquefois à un mineur ; d'autre part un prince majeur peut être séparé de ses États par un voyage d'outre-mer ou une guerre à l'étranger, ou bien encore être frappé d'une maladie qui l'empêche de tenir les rênes du gouvernement. Dans tous ces cas, dont l'histoire offre de nombreux exemples, le pouvoir que le prince tient du pacte constitutionnel réel ou supposé, ne cesse pas de lui appartenir, mais l'exercice en est suspendu et il faut qu'une autre personne, sans prendre sa place, administre en son nom. On appelle *régence* soit cet état de suspension du pouvoir royal, soit l'autorité en vertu de laquelle l'administrateur intérimaire gouverne l'État, au nom du monarque, pendant sa minorité, son absence ou sa maladie.

En constatant que le droit public offre peu de matières aussi importantes, Merlin s'étonne qu'avant 1789 il n'existât aucune loi relative au mode de nomination du régent, non plus qu'aux titres et honneurs dont il devait jouir ; et, en effet, l'ancien régime a vu trente-deux régences sans législation, tandis que les temps nouveaux ont vu déjà quatre législations sans régence : à savoir, la Constitution du 3 septembre 1791, les sénatus-consultes des 28 floréal an XII et 5 février 1813, la loi du 30 août 1842 et enfin le sénatus-consulte du 17 juillet 1856.

Lorsqu'il s'agit de la régence à exercer pen-

dant l'absence du souverain, il est naturel que lui-même indique ou désigne, suivant l'étendue de ses pouvoirs constitutionnels, la personne qui doit momentanément le remplacer ; il n'y a là qu'une sorte de mandat et, comme dans le contrat civil qui porte ce nom, le mandant doit avoir la faculté de choisir celui en qui il place sa confiance, de déterminer à quels actes il pourra être procédé en son nom et de restreindre la délégation à ce qui est indispensable pour la marche des affaires. Quand il s'agit de la régence en cas de mort, deux principes sont en présence, à savoir le principe héréditaire et le principe électif, auquel se rattache l'admission des femmes qui, d'après les traditions de notre droit public, ne peuvent se prévaloir d'un droit de succession pour prendre part à l'exercice de la souveraineté, elles ne peuvent être régentes que sur la désignation expresse du roi. A son défaut, le prince le plus proche du trône est régent.

Sur trente-deux régences, l'ancien régime a compté vingt-six régences féminines, dont plusieurs n'ont pas été sans gloire ; l'article 2 du sénatus-consulte de 1856 décidait que l'impératrice était régente, *si l'empereur n'avait disposé de la régence de l'empire par un acte rendu public avant son décès*, et qu'elle avait, dans tous les cas, la garde de son fils mineur. Les lettres-patentes de 1858, publiées « pour faire cesser les incertitudes résultant du sénatus-consulte du 17 juillet 1856 et donner à l'impératrice Eugénie des marques de la haute confiance de l'empereur », constituaient une sorte de renonciation du souverain à user du droit de disposer de la régence en faveur d'une autre personne. Napoléon III n'avait, en effet, rien ajouté aux règles tracées par le sénatus-consulte lorsqu'il est mort à Chislehurst.

La régence se termine à la majorité du souverain ; le sénatus-consulte la fixait à l'âge déjà consacré par les divers actes législatifs qui avaient, dans notre siècle et dans notre pays, statué sur ce point de notre droit public, c'est-à-dire à dix-huit ans, époque intermédiaire entre l'ancienne règle qui fixait la majorité royale à quatorze ans et la règle du droit civil actuel qui fixe à vingt et un ans la majorité ordinaire. La première avait pris naissance dans le malheur des temps ; les minorités étant presque toujours des époques de trouble, d'agitations et de guerre civile, on croyait n'en pouvoir trop hâter le terme ; on espérait dans le nom du roi et l'on se flattait même que Dieu lui donnerait les lumières, comme il lui conférait la puissance, suivant les idées du temps. (Pasquier, *Recherches de la France*, livre II, ch. XVII.) Il y a peut-être bien aussi quelque imprudence à regarder comme capable d'occuper le trône celui que la loi civile maintient encore pour trois ans en état de minorité, mais on sent que l'objection conduirait trop loin ; puisqu'il faut, de toute nécessité, marquer un terme à l'autorité du régent, la nature même indique, pour la fixation de ce terme, le moment où le mineur, ayant pris presque tout son développement physique, est devenu capable de manifester une volonté stable et raisonnée sur la direction des affaires de l'Etat, pourrait se trouver en conflit avec le régent et engager avec lui des débats où l'ascendant et la popularité seraient d'un côté, tandis que la décision serait de l'autre. Il y aurait là un danger plus grave que celui de remettre l'exercice du pouvoir à un jeune prince soutenu par des institutions constitutionnelles.

RÉGIE. Administration de biens à charge d'en rendre compte, et par suite, système de perception des impôts par les agents du trésor public. Ces agents sont responsables de leur gestion et ne perçoivent des contribuables que la somme fixée par la loi. La régie est l'opposé de la ferme par laquelle le gouvernement demande à des fermiers une somme fixe, ces derniers opérant la perception à leurs risques et périls. Ce procédé est de plus en plus abandonné.

Il y a encore une troisième forme de perception, c'est l'abonnement, forme applicable dans un petit nombre de cas, mais qui ont tous pour but de faciliter les rapports entre le contribuable et le Trésor.

RÉGIME CONSTITUTIONNEL ET GOUVERNEMENT PARLEMENTAIRE. On distingue le régime constitutionnel du gouvernement parlementaire. Voyons d'abord ce qu'il faut entendre par le gouvernement constitutionnel.

On doit désigner ainsi tout gouvernement fondé sur une *constitution* qui règle tous les droits. On oppose la qualification de roi constitutionnel à celle de roi absolu. Dans un gouvernement constitutionnel, il faut que, comme le roi Louis XVIII en 1814 ou comme le roi Louis-Philippe Iᵉʳ en 1830, le monarque s'engage à respecter et à faire respecter la Constitution, et qu'il reconnaisse des limites à son autorité. Ajoutons que le langage politique habituel ne sépare pas le gouvernement constitutionnel de ces trois éléments, un monarque héréditaire, une chambre héréditaire ou viagère, même élective, une chambre émanée de l'élection populaire et qui se renouvelle dans certaines périodes déterminées. Enfin, pour compléter l'idée du gouvernement constitutionnel, il faut ajouter que les pouvoirs qui entrent dans sa composition, non seulement ont chacun des attributions distinctes et indépendantes, mais qu'ils se tempèrent et se complètent mutuellement. On rencontre dans tout gouvernement constitutionnel un élément démocratique représenté plus spécialement par une des chambres et un élément plus ou moins aristocratique représenté par l'autre chambre. Ce dernier élément n'implique pas toujours une noblesse privilégiée, mais la réunion dans une assemblée de tout ce qu'une société même démocratique contient habituellement d'aris-

tocratie sous les formes diverses de l'illustration, de l'âge et des services, des grandes situations acquises, de la fortune territoriale, des hautes fonctions. On a coutume de chercher là un certain degré de permanence, de stabilité, de maturité, de sagesse, en regard de ce qu'il y a de plus mobile et de plus aventureux dans le principe électif et populaire. A ce même principe électif la Constitution oppose au sommet du pouvoir le principe héréditaire fixé dans le chef de l'Etat. Unir dans un savant mélange ces diverses parties d'un même tout, de manière à en faire sortir l'harmonie, tel est le but que se propose le gouvernement constitutionnel. Sa sagesse et son habileté consistent à empêcher la lutte, qui nécessairement existe toujours à quelque degré entre ces éléments, de dégénérer en prépondérance trop absolue de l'un ou de l'autre, ou de tomber dans l'anarchie.

Voilà, d'une manière générale, la théorie du gouvernement constitutionnel. Elle s'inspire avant tout de la modération. Elle s'efforce en même temps de l'empêcher de se traduire en affaiblissement du pouvoir. Au roi appartient le pouvoir exécutif que celui-là délègue à des ministres. En outre, son concours est ordinairement nécessaire pour l'adoption des lois. D'où naîtront donc les difficultés du gouvernement constitutionnel ? De cette complication même. Il faut s'attendre à ce que le conflit, malgré toutes les précautions prises, se traduise quelquefois par des révolutions. Les Anglais, depuis Guillaume d'Orange, ont su échapper à ce péril ; pourtant les conflits entre la couronne et le parlement, les luttes entre la Chambre des lords et la Chambre des communes n'ont certes pas manqué dans leur histoire. En France, nous avons été moins heureux ou moins sages. Le conflit entre la couronne et le parlement a fait éclater la révolution de 1830, et le même conflit, bien moins sensible, puisque la couronne possédait encore la majorité au sein de l'une des Chambres et l'adhésion de l'autre chambre presque tout entière, a produit la révolution de 1848. Il a suffi qu'une minorité de députés s'appuyât sur les masses populaires et les mît en mouvement bien au delà de ses intentions et de ses désirs, pour que cette dernière révolution éclatât. Ainsi les révolutions, produites souvent par l'abus du principe simple sur lequel reposent les gouvernements, ont pris prétexte ici de la diversité et du combat des principes divers. Est-ce une raison pour renoncer à admettre dans le gouvernement autre chose que la simplicité absolue d'un pouvoir monarchique, aristocratique ou populaire ? Nous sommes loin de le penser. (Baudrillart.)

Voyons maintenant comment la théorie constitutionnelle a cherché à obvier au genre de conflits qui s'y élèvent le plus naturellement et le plus fréquemment, c'est-à-dire entre le pouvoir exécutif représenté par les ministres et les chambres ou une des chambres. Lorsque la Chambre élective cesse de prêter son concours aux ministres choisis et soutenus par la couronne, celle-ci a la ressource de dissoudre la Chambre. Si les électeurs renvoient la même majorité contraire au gouvernement, le prince est invité à changer ses ministres. Cela devient même une nécessité dans un gouvernement parlementaire.

L'essence du gouvernement parlementaire et ce qui en fait la nuance la plus avancée du gouvernement constitutionnel, et même, disent beaucoup de bons esprits, son complément et sa conséquence nécessaire, c'est que le dernier mot appartienne aux chambres. Autrement, réduites à un pouvoir purement consultatif, elles seraient dépourvues de tout contrôle efficace sur la marche des affaires. Si le gouvernement, ajoutent les défenseurs du régime parlementaire, ne doit pas être exercé en détail par les assemblées, c'est à elles à en indiquer la direction. C'est en elles que réside éminemment la représentation nationale, et le pays doit toujours rester le juge de la politique générale[1]. Si, par exemple, le ministère veut la guerre, et que la majorité de la Chambre élective ne la veuille pas, qui prononcera? Le pays, en renvoyant ou en ne renvoyant pas la même majorité. Cette théorie est ce qu'on a nommé la théorie anglaise du gouvernement représentatif, et ce n'est pas seulement de la part de ses adversaires les plus récents qu'elle a reçu cette qualification, dont l'intention évidente est de critiquer cette forme de gouvernement appliquée à la France. Il est à remarquer qu'en 1814 et en 1815 presque tout le parti constitutionnel en France, notamment Royer-Collard, répudiait la théorie parlementaire. Dans ses premiers discours à la Chambre des députés, l'illustre orateur s'attachait à combattre l'assimilation du régime politique de la France à celui de l'Angleterre par les mêmes raisons que l'on a mises plus tard en avant. Il niait que la représentation fût plus spécialement dans les chambres et en particulier dans la Chambre élue que dans la royauté. Il déclarait que la Chambre des députés n'était qu'un pur conseil. Le véritable souverain à ses yeux était le monarque. A lui appartenait le dernier mot comme la suprême initiative. On a parfaitement expliqué selon nous l'opinion que Royer-Collard et ses amis professaient alors, par ce fait, que la Chambre des députés était à cette époque contre-révolutionnaire et réactionnaire sans mesure, tandis que le roi était relativement libéral. L'abandon que fit le parti libéral et doctrinaire de cette opinion de 1814 pour y substituer purement et simplement la théorie parlementaire, que Royer-Collard lui-même devait professer plus tard fort résolûment, prouve la vérité de cette interprétation. Ce-

pendant, deux nuances bien distinctes sont restées jusqu'à la fin aux prises dans la théorie du gouvernement constitutionnel et parlementaire. L'une s'exprime par la maxime célèbre formulée par Thiers : « *Le roi règne et ne gouverne pas.* » L'autre accorde au roi une part du gouvernement. Pour citer quelques noms illustres, on peut dire que Royer-Collard et Guizot ont soutenu cette dernière opinion que le gouvernement résulte du concours des divers pouvoirs et qu'une part réelle de gouvernement appartient à la royauté. Benjamin Constant, sous la Restauration, et Thiers, sous le gouvernement de Juillet, ont soutenu énergiquement la doctrine parlementaire pure qui réduit le rôle du prince à celui de suprême modérateur. Benjamin Constant en a été surtout le théoricien. Il soutient comme étant le fond même de la doctrine constitutionnelle la neutralité du pouvoir royal et la responsabilité politique des ministres[2]. Si les chambres n'ont personne qui soit responsable devant elles, où est l'efficacité de leur droit de contrôle et d'examen? Si c'est au souverain qu'elles doivent s'attaquer, c'est la carrière ouverte aux révolutions. Il faut donc entre la royauté et les chambres des intermédiaires politiquement responsables, qu'on puisse critiquer sans esprit de rébellion et déplacer sans révolution. Par là on évite de faire descendre dans l'arène des luttes quotidiennes le nom du prince et de l'exposer à tous les coups des partis. (Baudrillart.)

Pour compléter cet exposé impartial, nous devons dire aussi quels arguments on a opposés à cette théorie. On a dit qu'elle avait pour conséquence de produire des *guerres de portefeuille*, c'est-à-dire des luttes ardentes entre les hommes politiques pour s'emparer du pouvoir mis au concours de l'éloquence devant les chambres qui le décernent; que ces guerres de portefeuille ébranlaient, troublaient la sécurité du pays, ôtaient de l'esprit de suite aux affaires. On a dit que la même théorie exagérait la puissance des assemblées peu aptes au gouvernement. On a dit que ce n'était qu'une *fiction* démentie par l'événement, puisque les révolutions avaient toujours rendu le roi beaucoup plus responsable que les ministres. Ceux-ci en étaient quittes pour quelques années ou quelques mois d'exil, tandis que les races royales prenaient le chemin de la terre étrangère. On a dit enfin que ce qui s'applique à l'Angleterre, où l'aristocratie a le gouvernement de fait, où la royauté n'est depuis la révolution qu'une sorte de présidence, ne saurait s'appliquer à

---

[1]. Sur toutes ces discussions on trouvera les plus curieux et les plus amples renseignements dans l'*Histoire du gouvernement parlementaire,* de Duvergier de Hauranne.

[1]. La même polémique a été soutenue pendant une partie du règne de Louis-Philippe par deux grands journaux. *Le Constitutionnel* soutenait la thèse: *le roi règne.* L'opinion qu'une part de gouvernement appartient au roi a été soutenue dans le *Journal des Débats* par M. de Sacy.

[2]. *Principes de politique.* ch. II : *De la Nature du pouvoir royal dans une monarchie constitutionnelle,* et ch. IX : *De la responsabilité des ministres,* t. Ier du *Cours de politique constitutionnelle.* Édit. Laboulaye.

la France avec le même succès, attendu qu'en France les traditions sont réellement monarchiques et unitaires, — et qu'entre le principe électif populaire et le prince il n'existe, pour modérer leurs conflits, aucun intermédiaire, dans l'absence de toute sérieuse aristocratie[1].

Voilà les objections dans toute leur force. Qu'en faut-il penser? Faut-il en conclure qu'en elle-même la théorie qui remet finalement le dernier mot au corps électoral ou à la nation et qui déclare les ministres responsables devant les chambres soit mauvaise et condamnée? Nous ne le croyons pas, car autrement il faut en revenir au gouvernement personnel, absolu, ne tenant compte qu'autant qu'il lui plaît des avertissements, des vœux, de l'état des assemblées et de l'opinion publique. Mais nous avouerons que ces objections ont quelque force et expliquent pourquoi jusqu'à présent le gouvernement constitutionnel et parlementaire ne s'est pas implanté en France. Toutefois il convient de tenir compte, pour expliquer sa chute en 1830, de ce qu'il y avait de particulièrement difficile dans la situation d'une dynastie mal disposée ou en tout cas soupçonnée de l'être pour une constitution qu'il avait fallu lui arracher et qui retenait à ses yeux une trop forte part des idées de la révolution de 1789; et il convient de même, pour expliquer la chute du même régime en 1848, de faire la part de ce qu'il y a eu de *surprise* pour tous dans cette révolution[2]. Quant à la maxime que *le roi règne et ne gouverne pas*, si elle est soutenable en théorie pure, il faut s'attendre que dans la pratique elle recevra plus d'une atteinte. En Angleterre même on a vu plus d'une fois le roi gouverner. Si le prince a un caractère énergique, un esprit ou très capable ou très dominateur, il aura sa part plus ou moins avouée de gouvernement, et il cherchera à faire prévaloir ses idées politiques. Tant que cela n'ira point jusqu'à la violation directe de la constitution, il n'y a pas à faire de révolution? C'est qu'au fond l'accord dans le gouvernement parlementaire s'emprunte surtout au concours des divers pouvoirs politiques, et que ce concours ne peut s'obtenir sans concessions réciproques ; c'est que nul gouvernement n'exige plus de prudence, plus de sagesse, plus d'esprit de conciliation plus de patience aussi de la part de la nation. Le gouvernement constitutionnel et parlementaire est impossible en l'absence de ces conditions.

RÈGLEMENTS D'ATELIER. Ces règlements peuvent être utiles dans les petits ate-

1. Ces objections ont été discutées dans le morceau intitulé : *Du gouvernement parlementaire*, inséré en tête du volume intitulé : *Essais de politique et de littérature*, par Prévost-Paradol, et dans *la France nouvelle* du même écrivain.
2. Je puis affirmer, comme témoin occulaire de ce qui s'est passé le 24 février 1848, que le duc d'Aumale, qui était très populaire alors, comme encore aujourd'hui, s'il était venu à Paris, à la tête de quelques régiments aurait été reçu les bras ouverts. M. B.

liers, mais ils sont nécessaires, indispensables dans les grands. On ne peut pas conduire et faire coopérer au même œuvre un grand nombre d'hommes à la fois, sans prescriptions relatives au maintien de l'ordre. Même les chambres, hautes et basses, qui sont composées, comme on sait, de l'élite de l'humanité, « triée sur le volet, » ont besoin d'un règlement, appliqué par un seul, le Président. Et ces règlements renferment d'assez fortes punitions.

Personne ne contestera qu'un règlement est mille fois plus nécessaire dans une fabrique ou une usine industrielle, où il y a quelquefois le double et le triple du nombre de travailleurs que dans l'usine parlementaire; et le nombre seul est ici une important argument. Mais il y a de plus :

1. Que s'il y a beaucoup d'excellents hommes parmi les ouvriers, ils sont un peu moins « élite de l'humanité » que les sénateurs et députés, leur éducation a été évidemment un peu moins soignés, ils n'ont d'ailleurs pas eu besoin de plaire à 10.000, 20.000 ou 30.000 électeurs pour être admis à l'usine. Il est donc plus difficile de les diriger et de les faire collaborer avec ensemble à une œuvre de précision.

2. Dans un atelier nombreux le travail est toujours divisé. Pendant qu'une équipe d'ouvriers prépare telle opération, une seconde en prépare une deuxième, et 3, 4, 5 ou plus d'autres équipes agencent les éléments d'opérations préparatoires ou complémentaires. Il faut que toutes les opérations se combinent, comme dans une horloge, pour que le produit atteigne sa perfection. Or, les hommes ont besoin d'être hiérarchiquement dirigés pour que les choses aillent bien : au-dessus du soldat il y a le caporal, le sergent, le lieutenant, le capitaine, le chef de bataillon, le colonel, le général à plusieurs degrés. Cette hiérarchie est-elle inutile? Le démagogue le plus audacieux n'oserait pas le soutenir.

3. Qui doit commander l'armée chargée d'animer l'usine? Évidemment, celui a plus grand intérêt à son succès, celui qui a fourni le capital, c'est-à-dire la chair et les os, les nerfs et le sang de cet être animé, celui enfin (et c'est souvent le capitaliste lui-même) qui a appris à diriger une pareille entreprise. Si l'usine est mal dirigée, c'est la ruine. Or l'expérience est là pour nous enseigner que bon nombre d'ouvriers sont assez peu intelligents pour voir avec indifférence détruire l'usine qui les fait vivre. S'ils sont excités, ils mettent eux-mêmes la main à la destruction. C'est déplorable.

Or, qu'est-ce qu'un règlement d'atelier? — Ce sont les détails d'un contrat de louage. Le patron demande, qui veut faire *ceci* ou *cela* (spécifié sur le règlement), et ajoute je donne *tant* sous ces conditions-là. Il en a le droit parfait. Admettons encore qu'une loi exige que le règlement soit discuté entre patrons et ouvriers, et contrôlé au besoin par une autorité publique pour empêcher des injustices évidentes, mais en beaucoup de cas le dernier mot devra rester au patron, comme au plus intéressé. On ne doit pas oublier d'ailleurs qu'il pourrait fermer ses ateliers.

De nos jours, par l'effet de l'envahissement du socialisme, on voit des syndicats avoir pour règle de tendre à être les maîtres dans l'atelier et d'annuler le patron. Ils font des propositions dans ce sens soutenus par deux sortes de gens: 1. des intéressés, ceux qui tirent profit de ces injustices; 2. des gens à courte vue. Il faut espérer que les gens raisonnables seront les plus nombreux et maintiendront l'influence prépondérante des patrons, sinon l'industrie périclitera infailliblement. Est aveugle qui ne le voit pas.

Soit dit en passant, on semble se buter contre l'amende; comment, on ne retiendrait pas un quart ou une demi-journée sur le salaire d'un ouvrier, quand on retient sur le traitement d'un membre du parlement quinze jours entiers, 30 fois ou 60 fois autant. Or ce traitement est censé aussi nécessaire au député que le salaire à l'ouvrier, sans cela on ne le lui donnerait pas.

RÈGLEMENT ADMINISTRATIF. Dans tout pays, il est indispensable d'abandonner au pouvoir exécutif, ou à ses agents, le règlement d'une foule d'affaires secondaires très variables et qui exigent des dispositions spéciales, selon les temps et les lieux. Le droit public des différents pays n'accorde pas au gouvernement exactement le même pouvoir : il lui en abandonne quelquefois une trop large part, et d'autres fois pas assez, mais nulle part il ne saurait l'en priver entièrement sans préjudicier à la chose sociale.

En France, on distingue entre le règlement administratif pris en vertu des pouvoirs généraux du gouvernement, pouvoir plus ou moins définis par les lois, et le règlement d'administration publique, qui est toujours rédigé en vertu d'une délégation expresse et spéciale de la loi et avec des formes solennelles. De simples règlements administratifs peuvent cependant être délibérés avec les mêmes formes par le conseil d'Etat, si le gouvernement le juge à propos, ce qui leur confère plus d'autorité.

RÈGNE. Gouvernement d'un roi ou d'un empereur. Durée de ce gouvernement.

On sait que dans les Etats constitutionnels « le roi règne et ne gouverne pas ». Ce mot est de Thiers, il date de 1829, mais peint-il toujours la situation?

RÉHABILITATION. La réhabilitation est une institution juste et nécessaire, et il est peu compréhensible que son utilité ait été quelquefois contestée. Elle diffère essentiellement de la grâce. Celle-ci dérive de la clémence, et n'a pas pour effet d'abolir le jugement, mais seulement de faire cesser la peine. La réhabilitation est presque un devoir moral envers le condamné qui s'est amendé; elle le relève de toutes les incapacités qu'il a encourues; elle détruit les effets de la condamnation. La réhabilitation est d'ailleurs pour la société une institution des plus salutaires. L'espoir de reconquérir l'intégrité de sa situation sociale et l'estime de ses concitoyens doit être, après la religion, dans le cœur du coupable la plus vive excitation à changer de vie. Cet espoir soutiendra le malheureux pendant les longues heures de sa peine; il le préservera contre l'infernale propagande des prisons; il brillera devant lui comme le plus grand bonheur que sa faute lui permette désormais de ressentir.

La réhabilitation est réglée par les articles 619 et suivants de notre Code d'instruction criminelle, modifiés d'abord en 1832 puis en 1852. Voici le mécanisme actuel. La réhabilitation peut être obtenue par tout condamné à une peine afflictive, infamante ou correctionnelle, soit qu'il ait subi sa peine, soit qu'il ait été gracié. La demande ne peut être formée que cinq ans ou trois ans après la libération, suivant la gravité de la condamnation. Le demandeur doit justifier du payement des frais de justice, de l'amende et des dommages-intérêts. Les conseils municipaux des communes où il a résidé sont appelés à attester sa conduite pendant son séjour. Le procureur de première instance, le procureur général et la cour d'appel, après avoir provoqué, s'il y a lieu, une enquête supplémentaire, émettent leur avis, et si l'avis de la cour est favorable, il est statué, sur le rapport du ministre de la justice, par le chef de l'Etat. Le système antérieur, celui du Code de 1808, n'accordait la réhabilitation qu'aux condamnés à des peines afflictives et infamantes, et obligeait les demandeurs à publier leur enquête dans les journaux judiciaires.

REICHSRATH (*Conseil de l'Empire*). C'est le nom du parlement autrichien. Il se divise en deux chambres, dont l'une est élective.

REICHSTAG. C'est la chambre élue du parlement allemand. On a ainsi repris le nom de l'Assemblée des états de l'empire germanique qui se réunissait, depuis 1663 et jusqu'en 1806, régulièrement à Ratisbonne (*Regensbury*) sous la présidence de l'empereur ou de l'archichancelier de l'empire, l'électeur-archevêque de Mayence.

REISS-EFFENDI. C'est un titre qu'on donne quelquefois au ministre des affaires étrangères de l'empire attoman; *reiss* est un mot arabe qui veut dire chef, et que portent plusieurs dignitaires dans les pays musulmans. *Effendi* répond à notre mot *Monsieur*.

RELIGION. Plutarque faisait remarquer, il y a dix-huit siècles, que s'il y a des villes qui manquent de culture littéraire et même des arts utiles à la vie, il n'y en a point qui soient sans Dieu ; on n'en a jamais vu, ajoutait-il, auxquelles la prière et le sacrifice soient inconnus ; on n'en verra jamais. Depuis, le globe terrestre a été exploré dans tous les sens, et l'observation du pieux philosophe de Chéronée n'a point reçu de démenti sérieux. La religion est un fait universel ; elle se rencontre au milieu des peuplades les plus barbares aussi bien qu'au sein des nations les plus policées. C'est qu'elle n'est, selon l'expression de Benjamin Constant, ni une découverte de l'homme éclairé qui soit étrangère à l'homme ignorant, ni une erreur de l'homme ignorant dont l'homme éclairé se puisse affranchir. C'est qu'elle a ses raisons dans la nature humaine et que l'homme est un être religieux au même titre qu'il est un être sociable et un être doué de la faculté d'exprimer ses pensées par la parole.

Aussi longtemps que l'homme aura conscience de sa faiblesse, qu'il se verra continuellement en présence de la fin plus ou moins prochaine, mais inévitable, de son existence actuelle, qu'il sera frappé dans ses affections par la mort d'êtres tendrement aimés, qu'il se trouvera impuissant à atteindre l'idéal de bonheur, de connaissance, de perfection, qui lui paraît cependant nécessaire à sa nature et auquel il ne peut s'empêcher d'aspirer sans cesse, il éprouvera l'irrésistible besoin de s'élever par la pensée au-dessus du fini, de chercher au delà des choses présentes un appui qu'il ne trouve ni en lui-même ni dans ceux qui l'entourent, et une espérance consolante que rien en ce monde ne saurait lui donner, de rêver un ordre de choses meilleur et une existence plus parfaite. C'est une illusion de croire que la science remplacera enfin la religion. Quelque loin qu'elle puisse pousser ses conquêtes, elle finit toujours par arriver à un point au delà duquel rien n'offre plus de prise à l'observation, et tout se perd dans de profondes ténèbres. Ce point recule sans cesse, je le veux bien ; mais à mesure que le cercle de nos connaissances s'élargit, l'horizon derrière lequel se cache l'inconnu s'élargit dans la même proportion. La science ne peut expliquer quelques-uns des mystères qui nous enveloppent de tous les côtés, sans se trouver aussitôt en présence de mystères nouveaux et plus profonds. Les dieux des anciens Aryas, personnification des phénomènes et des forces de la nature, ont passé du champ de la religion dans celui de la science. Nous n'adorons plus ni le vent, ni l'orage, ni le retour du soleil levant ; l'astronomie, la physique, la météorologie ont dépouillé de leur divinité ces objets du culte d'un peuple enfant. Avons-nous perdu pour cela le sentiment du divin ? En aucune façon. La religion s'est déplacée ; elle n'a pas disparu ; elle s'est portée sur des symboles plus élevés.

Il en est de la religion comme de la philosophie, comme du langage. La faculté que possède tout homme d'exprimer ses pensées par la parole a donné naissance à une foule de langues diverses ; c'est un fait aujourd'hui reconnu que chacune de ces langues porte l'empreinte du caractère du peuple qui la parle. La philosophie, c'est-à-dire le besoin de nous rendre compte de nos connaissances, a également donné naissance à différents systèmes philosophiques. Ces systèmes ne se sont pas produits au hasard ; chacun d'eux est en rapport avec un des côtés de la pensée humaine, suit une des directions multiples de la raison ; la prédominance de tel d'entre eux, en tels temps et en tels lieux, n'est pas même un fait accidentel ; elle est déterminée par des circonstances historiques, par les tendances générales qui règnent en ces temps et en ces lieux. La religion s'est manifestée de même sous un grand nombre de formes différentes, et quand on les compare avec l'ensemble des diverses aptitudes des peuples ou des groupes de peuples au milieu desquels elles règnent, on s'aperçoit bien vite que chacune d'elles est en harmonie avec ce qu'on peut appeler le génie particulier de ceux qui la professent.

Cette corrélation ne saurait nous surprendre ; elle s'explique d'elle-même. Quand chacun de nous n'éprouve et n'exprime les sentiments qui sont communs à tous les hommes, que dans la mesure et que de la manière que le comporte son caractère, comment chaque famille de peuples pourrait-elle comprendre et traduire le sentiment du divin autrement que dans le ton général de ses aptitudes, et d'après le degré de son développement spirituel ? Sur le fonds commun des facultés qui appartiennent à tous les hommes sans distinction, chaque famille de peuples se distingue de toutes les autres par des différences spécifiques, constituées soit par la dépression de certaines de ces facultés, soit par le développement exclusif de certaines autres. Ces différences spécifiques doivent naturellement se retrouver dans toutes les sphères de la vie, et par conséquent aussi dans la religion. Cela est évident pour les religions nationales, c'est-à-dire pour les religions qui restent exclusivement propres aux peuples au milieu desquels elles sont nées. Les religions universalistes ou cosmopolites, c'est-à-dire celles qui, comme le bouddhisme, le christianisme et l'islamisme, aspirent à être acceptées par tous les hommes sans distinction de race et de nationalité, et qui y ont réussi à des degrés divers, ne font pas exception à la règle commune, en ce sens du moins que, tout en conservant en général l'esprit qui les distingue, elles s'accommodent aux caractères différents des peuples au milieu desquels elles se répandent. (MICHEL NICOLAS.)

Que ces différentes religions, que ces formes diverses qu'a revêtues une même religion, ne soient pas d'une égale valeur, c'est ce qui ne peut être mis en question. Mais elles dérivent toutes d'un même sentiment de l'âme, et celui-là est aveuglé par un grossier fanatisme qui s'imagine que tous les cultes différents du sien ne sont nés que sous l'inspiration de passions mauvaises et criminelles. Chacune d'elles est précisément tout ce qu'elle a pu être dans les conditions où elle s'est produite ; aucune autre conception du divin n'aurait pu être comprise.

Ce n'est pas à dire toutefois qu'une religion ne puisse se transformer et s'élever à des conceptions du divin de plus en plus idéalisées. La Grèce antique nous offre un exemple frappant d'une épuration de ce genre. En quittant le berceau de la famille aryenne, les Grecs primitifs emportèrent avec eux dans leur nouvelle patrie les croyances naturalistes de leurs pères. Pendant des siècles, ils n'eurent pas d'autres divinités que des personnifications des forces de la nature, des dieux du feu, des dieux de l'eau, des dieux de l'air. Mais au lieu de représenter ces divinités fantastiques sous des formes symboliques, comme firent les Aryas, ils leur donnèrent la forme humaine ; ce fut un premier progrès. Ces dieux perdirent par là en partie leur caractère naturaliste. Ils avaient la forme humaine ; on leur prêta les passions et les sentiments de l'homme ; on leur en prêta aussi des qualités morales. Bientôt ils devinrent les modèles des vertus qui font le bon citoyen ; l'assemblée des dieux fut le type parfait de l'assemblée des pères du peuple ; Zeus, tout en restant dans le culte le symbole de l'éther lumineux qui nourrit tous les êtres, féconde la terre et prend mille formes pour reproduire la vie, ne fut guère représenté par les poètes épiques et par les poètes tragiques que comme le principe de la justice, le gardien des traités, le protecteur des suppliants. Ce travail de transformation fut poursuivi par des philosophes. La poésie épique avait senti que l'idée du divin est plus pure et plus vraie, conçue sous la forme de l'idéal humain que sous celle d'une force de la nature ; la philosophie, faisant un pas de plus dans la même voie, comprit à son tour que cette idée est encore plus pure et plus vraie, conçue sous la forme de la raison que sous celle de l'homme en général. Ainsi, dans la Grèce la religion passa successivement du naturalisme à l'anthropomorphisme et de l'anthropomorphisme à un véritable spiritualisme.

L'Inde nous présente un spectacle entièrement contraire. Loin de marcher du côté du spiritualisme, la religion s'y dégrade de plus en plus et s'enfonce en des conceptions d'une grossièreté toujours croissante. A l'ancien culte relativement pur d'Indra s'ajoutent successivement, en l'effaçant toujours davantage, les cultes de divinités obscènes et féroces ; à mesure que la superstition augmente, le nombre des dieux s'accroît, et le caractère moral, qui n'était pas entièrement étranger au naturalisme antique du Rig-Véda, disparaît devant les pratiques multipliées qui forment toute la religion d'une population énervée et ignorante.

Comment se fait-il que deux religions sorties cependant de la même racine aient subi des destinées si contraires ? La différence des climats ne saurait l'expliquer, quoiqu'elle y ait probablement contribué quelque peu. La véritable raison doit en être cherchée dans ce double fait, d'un côté que la religion est restée dans l'Inde sous la direction d'une théocratie, et de l'autre que dans la Grèce elle fut émancipée de bonne heure de tout pouvoir sacerdotal. Ici, devenue, en un certain sens, l'affaire de tout le monde, livrée à la libre discussion et à l'appréciation individuelle, elle put, au milieu d'un peuple libre, être constamment révisée, suivre les développements de la raison, et rester en harmonie avec les progrès de la pensée. Là, une autorité sacrée, dont les décisions étaient celles de Dieu lui-même, ne lui a pas permis de s'élever au-dessus du niveau qui avait été fixé à jamais. Le mouvement, ne pouvant se faire par en haut, s'est fait par en bas, si je puis ainsi dire, et de chute en chute, de superstitions en superstitions, la religion a fini par devenir dans l'Inde un amas de grossières et absurdes rêveries. (M. N.).

Tel est le funeste résultat auquel aboutissent d'ailleurs toutes les théocraties. Nécessaires, à l'origine des sociétés, pour retenir dans la vie sédentaire et accoutumer au joug salutaire de la loi des peuplades encore pleines des souvenirs de la vie nomade qu'elles viennent de quitter, elles ne sont propres, quand elles se maintiennent après avoir accompli leur œuvre, c'est-à-dire après que l'ordre social est décidément établi, qu'à étouffer toute liberté et toute spontanéité, qu'à comprimer tout mouvement de la pensée, en continuant à traiter les hommes comme des enfants incapables de se diriger eux-mêmes. La tutelle qu'elles exercent sur les sociétés naissantes est un bienfait aussi longtemps que les peuples dont elles font l'éducation ne sont pas en état de comprendre et d'aimer les devoirs de la vie policée ; elle est un fléau quand elle se prolonge au delà de ce qui est nécessaire, par cette raison qu'elle ne peut alors se maintenir qu'à la condition de retenir les esprits dans l'impuissance de se déterminer librement. Et comme les théocraties regardent leur autorité absolue comme un ministère sacré qu'elles tiennent directement de Dieu, elles n'épargnent ni le fer ni le feu pour réduire les rebelles qui veulent entrer en possession d'eux-mêmes. Il n'est pas de nation qui n'ait essayé, en un certain moment, de renverser les institutions théocratiques dont la tutelle avait présidé à ses premiers pas dans la vie policée. Bien peu y ont réussi. Celles qui, après des luttes longues et sanglantes, n'ont pu conquérir leur liberté de pensée et d'action, sont restées, comme l'Inde, dans une enfance éternelle. (M. N.)

La religion suit donc les évolutions de la société. Telle forme religieuse, excellente, nécessaire à telle phase de la vie d'une nation, ne saurait convenir à une autre phase. Il faut que cette forme soit brisée et remplacée par une autre plus en harmonie avec la manière de sentir, de penser ou de vivre, qui se manifeste, ou que la civilisation nouvelle avorte. Ces changements ne s'accomplissent pas sans de douloureux déchirements. La forme religieuse ancienne, devenue le représentant de la civilisation du passé, ne cède jamais qu'après des luttes sanglantes aux idées qui tendent à s'emparer des esprits et à les entraîner dans une voie différente. Les guerres civiles n'ont presque jamais eu d'autre cause. Mais ce serait une erreur de croire que la religion y périt. Elle change de forme, rien de plus, et le changement, bien loin de l'épuiser, lui donne une vie nouvelle.

La distinction d'une religion et des formes diverses qu'elle est capable de revêtir, n'est pas, il est vrai, un fait généralement admis ; elle n'en est pas moins proclamée par l'histoire de toutes les religions. C'est parce qu'on la méconnaît qu'il règne de si nombreux malentendus sur les choses religieuses. La religion, ou, pour prendre pour exemple celle de toutes les religions dont l'histoire nous est la mieux connue et qui naturellement nous offre le plus d'intérêt, la religion chrétienne, considérée en elle-même, est complètement indépendante des pratiques et des doctrines avec lesquelles on la confond d'ordinaire.

Elle est indépendante des pratiques avec lesquelles elle est associée aujourd'hui ; ces pratiques en effet ne datent pas de son origine, elles ont changé à plusieurs reprises depuis les temps apostoliques jusqu'à nos jours. On sait, par les Actes des apôtres et les Épîtres de saint Paul, ce qu'était le culte des chrétiens dans la primitive Église. Ils se réunissaient pour prier en commun ; ils s'asseyaient ensuite fraternellement à la même table et célébraient la commémoration du dernier repas que Jésus avait pris avec ses apôtres. Il n'avait guère changé au commencement du second siècle. « Les chrétiens, raconte Pline le Jeune, s'assemblaient, à jour marqué, avant le lever du soleil ; ils chantaient tour à tour des vers à la louange du Christ, comme d'un Dieu ; ils s'engageaient par serment à ne point commettre de vol, de brigandage, d'adultère, à ne point manquer à leur promesse, à ne point nier un dépôt ; après cela ils avaient coutume de se séparer, et ils se rassemblaient de nouveau pour manger des mets communs et innocents. » (97me lettre du livre X.) Ce culte était si simple, que les païens, qui ne pouvaient pas séparer l'idée de religion de celle de cérémonies pompeuses, ne le prenaient pas même pour un culte et tenaient les chrétiens pour des impies qui n'avaient pas de Dieu. Pour les attirer au christianisme, aussi bien que pour ne pas heurter les préjugés d'enfance des nouveaux fidèles sur ce point, on adopta, en les modifiant quelque peu, les cérémonies religieuses des Grecs et des Romains. L'eau lustrale, les flambeaux sacrés, les processions, bien d'autres choses encore passèrent successivement des temples des païens dans ceux des chrétiens. Plus tard, pour attacher les

Barbares à la foi chrétienne par de beaux spectacles, on multiplia les fêtes et on enrichit le culte de nouvelles cérémonies. La liturgie changea aussi peu à peu de caractère, quoiqu'on prétendît, malgré ces modifications continuelles, qu'elle remontait aux temps apostoliques. « Mais il ne faut pas s'imaginer, dit Rich. Simon, dont le témoignage ne saurait ici être suspect, que les apôtres aient célébré la liturgie de la manière qu'elle l'est aujourd'hui, remplie de termes et de façons de parler qui n'étaient point en usage dans les premiers siècles de l'Église. » (*Comparaison des cérémonies des Juifs et de la discipline de l'Église*, ch. xviii et xix.) Ces changements incessants étaient faits sans doute dans l'intention excellente, mais peu éclairée, d'étendre l'empire de la foi chrétienne ; mais ils prouvent jusqu'à l'évidence que ce qui constitue le fond même du christianisme est entièrement distinct des cérémonies ecclésiastiques et des formes de culte qui ont prévalu par suite de circonstances accidentelles. (Michel Nicolas.)

La religion chrétienne n'est pas moins distincte et indépendante des dogmes avec lesquels on la confond d'ordinaire. Le dogme dérive sans doute de la religion ; c'est un essai plus ou moins heureux d'expliquer soit les faits évangéliques, soit les diverses questions religieuses que se pose nécessairement l'esprit humain quand il veut se rendre compte de ses croyances. Mais les explications se font toujours sous l'influence de la culture dominante. Si le christianisme, au lieu de prendre son cours vers l'Occident, s'était propagé et maintenu dans l'Asie centrale, c'est sous la forme du manichéisme que la doctrine chrétienne se serait établie. Il se répandit, au contraire, dans des pays où régnait un platonisme mal entendu et dégénéré. Ce fut sous l'action de ce platonisme que se forma la théologie chrétienne. Ce n'est pas le dogme chrétien qui a donné naissance au christianisme. Jésus-Christ n'a jamais prononcé les mots de trinité, de péché originel, de transsubstantiation. On a tiré plus tard ces doctrines de ses paroles par des déductions plus ou moins légitimes. Mais la plupart d'entre elles sont si peu des conséquences nécessaires, évidentes, de l'enseignement de l'Écriture sainte, qu'elles n'ont pu forcer l'assentiment de tous les chrétiens, et que les mêmes paroles des écrivains sacrés sont entendues dans un sens par les uns et dans un sens contraire par d'autres. C'est de cette différence d'interprétation et d'explication que provient la multiplicité des sectes et des églises chrétiennes.

Il faut ajouter que les dogmes chrétiens ne se sont formés que peu à peu, s'appelant en quelque sorte les uns les autres, la plupart des derniers étant, en un certain sens, le complément de ceux qui avaient été arrêtés précédemment. Chacun d'eux a sa date précise. La doctrine de la divinité absolue de Jésus-Christ a été décrétée à Nicée en 325, celle de la divinité absolue du Saint-Esprit à Constantinople en 38o, celle de la transsubstantiation au septième siècle dans l'Eglise grecque, et seulement au concile de Latran, en 1215, dans l'Eglise latine, quoiqu'elle y fût généralement reçue depuis le huitième siècle. Toutes ces doctrines ne sont pas nées, cela se comprend, le jour qu'elles ont été officiellement inscrites sur le catalogue des croyances ecclésiastiques; elles ont toutes commencé par être mises en avant par quelques docteurs; peu à peu elles se sont répandues; puis, quand elles ont été admises d'un assentiment à peu près unanime, l'Eglise les a reconnues pour des vérités chrétiennes. Avant cette reconnaissance, c'étaient des opinions qu'on pouvait adopter ou rejeter à volonté; mais après, ces opinions sont des dogmes auxquels l'Eglise impose l'obligation de croire. Avant ces dernières années, on était très bon catholique, sans admettre la doctrine de l'immaculée conception de la Vierge. Thomas d'Aquin la combattit constamment; il n'en a pas moins été regardé comme l'Ange de l'école et placé au nombre des saints. Au troisième siècle, on n'avait pas besoin, pour être un véritable membre de l'Eglise catholique, d'admettre la suprématie du saint-siège; autrement on n'aurait pas fait un saint de Cyprien de Carthage,qui réclama si énergiquement en faveur des droits souverains de l'épiscopat contre les prétentions de l'évêque de Rome. Grégoire VII, loin de le canoniser, l'aurait certainement excommunié. (M. H.)

Entrons maintenant dans la politique.

On a beaucoup parlé de l'union du trône et de l'autel; on a considéré cette union comme un élément de force, tant pour le prince que pour le clergé. C'était considérer la religion, le plus noble, le plus élevé des sentiments humains, comme un instrument : instrument de gouvernement pour le prince, instrument d'influence pour le clergé.

Nous considérons, du reste, cette union comme très solide, et c'est un bonheur, car elle est nécessairement dirigée contre la liberté, contre le droit, contre le progrès ; c'est un pacte conclu entre l'ambition et l'avidité. C'est, du reste, un moyen, ou mieux un expédient politique d'une bien faible valeur. En effet,ou la religion (ou le clergé) n'exerce pas une grande influence sur le peuple, alors il n'y a pour le prince aucun profit à lui faire des concessions intéressées ; ou cette influence est grande, et alors ceux qui l'exercent se feront payer chèrement, *trop chèrement*, leur concours. Il n'y aura jamais égalité entre « les hautes puissances contractantes ».

REMONTRANCES. Réclamations que les parlements et autres cours souveraines adressaient aux rois de France pour leur signaler les inconvénients d'une mesure. Le Parlement de Paris fut le premier qui fit des remontrances, au quinzième siècle, et c'est le roi qui se les fit adresser contre les prétentions du pape. Cet usage fut depuis une arme des parlements contre les rois, arme facilement émoussée par les lettres de jussion et lits de justice, *telum imbelle sine ictu.* Les ordonnances de Moulins (1566-1567) confirmèrent aux parlements le droit de remontrances, mais sans leur donner aucune sanction.

REMPLACEMENT. Dans la plupart des pays dont l'organisation militaire est basée sur le recrutement forcé, les citoyens appelés au service ont,ou du moins avaient jusque vers 1872, la faculté de se faire remplacer sous les drapeaux, soit en vertu d'un contrat privé, soit par l'intermédiaire de l'Etat. Sous la législation du service universel obligatoire, le remplacement est une anomalie, il a dû cesser partout. Les individus incapables de servir s'acquittent de leur devoir militaire en versant une certaine somme.

RENTE PERMANENTE. C'est la forme principale sous laquelle se présentent les dettes publiques. Acheter une rente, c'est prêter à l'Etat, ou acquérir une créance sur lui. Il est de droit naturel que chaque débiteur puisse se libérer en remboursant la dette avec les intérêts échus, et toute stipulation contraire devrait être aussi illégale que celle d'un engagement à perpétuité. (C. Nap., art. 1780.) L'Etat, quand il peut, ne manque pas de faire usage de ce droit naturel, puisqu'il établit une caisse d'amortissement chargée du remboursement successif, ou qu'il emploie pour ce but les excédents de recettes, lorsqu'il y en a. Il serait même autorisé à rembourser en une seule fois la totalité de la dette si le chiffre considérable de celle-ci ne le rendait matériellement impossible. Divers auteurs ont prétendu indiquer le moyen d'opérer rapidement le remboursement total, mais rarement leurs moyens ont pu soutenir la discussion.

Ce qui distingue cependant la rente d'une dette ordinaire, c'est que, si le débiteur a le droit de se libérer, le créancier ne saurait exiger le remboursement, car on ne lui a pas emprunté un capital, on lui a vendu une rente. C'est cette particularité qui a fourni à quelques financiers les arguments dont ils se sont servis contre la conversion. On sait que convertir une rente consiste à offrir aux créanciers le choix entre le remboursement et une rente inférieure. Par exemple, on offre pour 5 fr. de rentes une inscription de 4 fr. ou un capital de 100 fr. Si l'état du marché ne permet pas de placer ce capital à un taux supérieur, le créancier accepte de préférence les 4 fr. de rentes, et son revenu se trouve ainsi réduit de 20 p. 100; mais les dépenses de l'Etat ont diminué en proportion. Il est naturel que le créancier voit la conversion avec défaveur ; mais si la mesure peut, selon les circonstances, soulever des objections pratiques, au point de vue de l'opportunité, de l'industrie, des finances, du crédit ou autres, on ne saurait jamais attaquer la conversion — c'est-à-dire le remboursement — *en droit*. Seulement, si la conversion avait lieu sans offre corrélative de remboursement ce serait une spoliation, une banqueroute. Du reste, de nos jours, le droit du gouvernement de convertir la dette est tellement reconnu, que souvent, lors d'une opération financière, il s'engage à ne pas faire usage de son droit pendant tel nombre d'années.

Abordons une autre question délicate touchant la rente, l'impôt. Si l'on demandait : est-il *juste* d'imposer la rente? nous répondrions sans hésiter *oui*, car toutes les autres sources du revenu des citoyens contribuent aux besoins de l'Etat. Mais la question doit être posée autrement. On doit se demander si l'Etat n'y perdrait pas plus qu'il ne gagnerait. Si la rente était grevée d'une déduction fiscale, le capitaliste ne payerait que la somme qu'il doit réellement recevoir, la rente baisserait et l'Etat payerait ses emprunts plus cher. Nous croyons que les principes sont ici hors de cause et que les circonstances seules doivent inspirer la décision. Du reste, les pays qui établissent un impôt général sur le revenu (au lieu d'un impôt particulier sur chaque revenu en particulier) échappent à la difficulté sans aborder le principe. Le rentier paye sans qu'on ait à imposer la rente.

Il y a aussi en France une rente amortissable qui s'amortit de droit, par des tirages au sort; l'Etat est donc obligé de payer tous les ans une portion de cette dette.

REPRÉSAILLES. « Les représailles, dit Vattel, sont usitées de nation à nation pour se faire justice à soi-même, quand on ne peut l'obtenir autrement. Si une nation s'est emparée de ce qui appartient à une autre, si elle refuse de payer une dette, de réparer une injure ou d'en donner une juste satisfaction, celle-ci peut se saisir de quelque chose appartenant à la première et l'appliquer à son profit, jusqu'à concurrence de ce qui lui est dû, avec dommages-intérêts, ou le tenir en gage jusqu'à ce qu'on lui ait donné une pleine satisfaction ».

La pratique s'adoucit, on devient de plus en plus sage. Voici un fait qui mérite d'être médité.

Pendant son séjour à Posen, l'empereur Napoléon Ier, supposant au cabinet de Londres l'intention de confisquer les fonds de la dette publique anglaise appartenant à des Français, ordonna à son ministre du Trésor d'examiner si, dans le cas où l'Angleterre en agirait ainsi, il ne faudrait pas recourir à la même rigueur. « La matière est très délicate, disait-il, je ne veux pas donner l'exemple ; mais si les Anglais le font, je dois user de représailles. » M. Mollien répondit qu'un pareil acte lui paraissait trop contraire à la politique anglaise pour qu'il pût y croire, qu'il souhaitait que le cabinet de Londres commît une telle faute, mais qu'on la lui rendrait

plus funeste en ne l'imitant pas. A cette occasion, il envoya à l'empereur le mémoire de Hamilton, l'ami, le conseiller et le ministre de Washington, sur la question de savoir si la règle de la politique, plus encore que celle de la morale, n'interdisait pas à tout gouvernement, non seulement de confisquer les capitaux qui lui avaient été prêtés par les sujets d'une puissance avec laquelle il serait en guerre, mais même de suspendre à leur égard le service des intérêts [1].

Il n'est pas permis d'user de représailles en faveur ou au préjudice de tierces puissances, par la raison que les représailles ont été établies pour l'avantage de notre propre Etat et de ses membres, et non pour l'avantage d'autrui. Toutefois Helfter fait exception pour le cas où les traités imposent le droit et le devoir d'intervention. Ce droit et ce devoir se manifestent avec une certaine force dans le sein des Etats fédératifs, et l'article 37 de l'acte final de Vienne les avait formellement consacrés au profit de la Diète germanique. Pour la Suisse, il avait été également reconnu qu'un canton pouvait exercer des représailles dans l'intérêt d'un autre canton. Dans le système fédératif, chaque partie confédérée est considérée comme un tout vis-à-vis des étrangers.

Des principes que nous venons d'exposer, il semble résulter que les représailles supposent des hostilités ouvertes entre les gouvernements qui en usent. Cependant il est admis que l'on peut avoir recours aux représailles et néanmoins être en paix avec la nation contre laquelle on les emploie. Leur but est d'obtenir satisfaction avant de recourir aux armes. Actuellement c'est surtout en matière de douanes et en général d'impôt que les représailles ont lieu.

REPRÉSENTANT. C'est le titre donné, dans quelques pays, aux députés ou aux membres de la Chambre élective. En 1848, on les nommait, en France, *représentants du peuple*.

Dans un certain nombre de pays, les représentants ou députés reçoivent une indemnité ; dans d'autres, ils exercent leurs fonctions gratuitement. Nous ne donnerons pas la liste des pays où l'on suit l'un ou l'autre principe, parce que de nos jours la législation change assez fréquemment sur ce point. Nous tenons seulement à indiquer brièvement ce qu'on peut dire pour ou contre la gratuité du mandat politique.

Les raisons *pour* se résument en ce seul argument : il faut que chaque citoyen puisse arriver à la représentation; or, comme il est des citoyens qui ont besoin de tout leur temps pour gagner leur vie, ces citoyens ne pourraient pas représenter leurs concitoyens s'il n'étaient pas rétribués.

La principale raison *contre*, c'est que, comme toute chose, toute organisation, toute institu-

1. M. Michel Chevalier, *Revue des Deux-Mondes*, 1856. Vergé, *Sur Martens*, t. II, p. 173.

tion, tout pouvoir, toute force, etc., etc., doit avoir son contre-poids, de même de la démocratie ; or, il n'y en a pas d'autre, ou du moins point d'autre aussi efficace, que la gratuité des fonctions.

Les partisans de l'indemnité, sans doute, trouveront cet argument mauvais ; ils soutiendront que la démocratie c'est l'égalité, et qu'il n'y a pas égalité si tout le monde ne peut pas devenir député.

Les partisans de la gratuité répliqueront à peu près ainsi : l'égalité démocratique ne veut dire autre chose que l'égalité devant la loi. Il ne faut pas que la loi refuse aux roturiers, aux fidèles de tel culte, aux descendants de telle race, ou à d'autres catégories quelconques d'hommes, la jouissance de droits dont leurs concitoyens sont en possession. C'est l'égalité légale que la loi établit, et non l'égalité scientifique, ni l'égalité artistique, ni l'égalité pour la beauté, la grâce, la vertu, le vice, la force, la fortune, l'éloquence. Par conséquent, si vous avez réussi à obtenir les suffrages d'un collège électoral, la loi ne doit opposer aucun obstacle à votre admission, mais elle ne saurait faire disparaître ceux que la nature des choses pourrait avoir élevés : elle ne peut vous donner l'ouïe si votre surdité vous empêche de suivre les débats d'une assemblée, ni vous donner un traitement si vous n'avez pas les loisirs nécessaires pour satisfaire votre ambition politique, ni vous conférer le don de la parole si vous ne possédez pas l'art de bien dire.

La loi ne doit pas opposer d'obstacle, — cela ne veut pas dire qu'elle doit prendre des mesures pour que ce soit plutôt vous qu'un autre qui représente votre circonscription. Si vous n'avez pas le temps, que d'autres se mettent en avant. Mais, direz-vous, mes commettants me préfèrent, parce que je connais mieux qu'un autre leurs besoins, leurs vœux ; parce que je représente mieux leur opinion. S'ils vous préfèrent, qu'ils vous payent, puisque vous leur rendez un service. Je ne vous préfère pas, pourquoi voulez-vous que je contribue à votre entretien ? D'ailleurs, il ne faut pas qu'il y ait des personnes qui se fassent une profession de la politique, qui la trouvent un métier lucratif, le pays ne peut qu'en souffrir.

Malgré le *règne de la démocratie* qui fleurit en France, il y a une limite au droit électoral français, c'est la loi du 17 juillet 1889 qui la pose : elle interdit aux citoyens d'être candidat à la fois dans plus d'une circonscription. Ce sont les élus qui ont fait cette prescription aux électeurs dans un intérêt de parti. Parlez-moi donc de la souveraineté du suffrage universel !

REPRÉSENTATION NATIONALE.

SOMMAIRE.

IV. Renouvellement partiel.

I. *Mode de représentation.* — Le système représentatif comporte plusieurs nuances, depuis le gouvernement parlementaire, où le pouvoir est entre les mains des chefs de la majorité, jusqu'aux monarchies *tempérées*, où les représentants de la nation n'ont au chapitre des affaires publiques qu'une voix consultative plus ou moins écoutée. Mais quelle que soit l'étendue des droits attribués à la représentation nationale, il est désirable que ce corps soit une image aussi fidèle que possible de la société politique dont il est l'organe. Ce principe semble généralement admis, on ne diffère que sur les moyens d'application.

Ce problème a été résolu différemment dans les diverses constitutions, et d'éminents publicistes ont proposé des solutions qui, si elles n'ont pas la sanction de l'expérience, méritent néanmoins d'être examinées. Nous allons indiquer sommairement les plus remarquables.

Il est toute une série de constitutions, celle de la France et du nombre, dont les auteurs ont pensé que « le libre jeu des institutions » suffit pour que toutes les fractions de la société trouvent leur représentation. Il leur a paru impossible de faire *à priori* la part juste de chaque intérêt, de chaque opinion ; il leur a peut-être aussi semblé impolitique, dangereux même, de reconnaître officiellement les classes, de leur attribuer des intérêts distincts en dehors de ceux de la communauté ; on craignait de favoriser un antagonisme nuisible au bien public, car les intérêts mettent généralement une grande âpreté à se défendre. Par conséquent, les collèges électoraux ne sont que des circonscriptions territoriales, et l'ensemble des citoyens qui l'habitent n'ont qu'un seul et même représentant. Il arrive néanmoins, et par la seule force des choses, qu'ici le choix tombe sur un agriculteur, là sur un fabricant, ailleurs sur un négociant, un avocat, un médecin, un écrivain, et que, de cette façon, un grand nombre de groupes soient représentés au parlement. Tous ? Peut-être, mais nous n'avons aucun moyen de le vérifier. Cependant, dit-on, le droit public actuel permettant aux lois de régler certaines matières de culte, ne serait-il pas juste que les chambres comprissent un nombre de catholiques, de protestants, d'israélites, etc., proportionnel aux citoyens qui professent ces religions dans le pays ? D'un autre côté, sommes-nous bien sûr que les intérêts du commerce, de l'industrie, de l'agriculture, de la science, du capital, du travail, soient représentés en due proportion ? Et si vous répondez que le parlement ne s'occupe que des intérêts généraux, on pourra répliquer de deux façons différentes : d'une part, on pourra dire que les intérêts généraux se composent de la somme des intérêts particuliers, et que, par conséquent, il y a utilité à établir la représentation par groupe ; et de l'autre, que les intérêts généraux de tous les citoyens étant identiques, et l'assemblée ne s'occupant que des affaires communes du pays, celles-ci n'auraient rien à craindre d'une représentation par groupes, catégories ou classes.

Y a-t-il quelque chose à faire dans ce sens? Quel que soit sur ce point le sentiment du lecteur, il reconnaîtra que le problème est ardu.

La difficulté principale, c'est que tout homme appartient à la fois à plusieurs groupes : à un groupe professionnel : cultivateur, industriel, professeur, etc.; à un groupe religieux : déiste, catholique, protestant, etc.; à un groupe politique : conservateur, libéral, démocrate, etc.; sans compter qu'il y a des groupes basés sur la nationalité, sur la couleur de la peau, sur des circonstances locales. Avec quel groupe votera-t-on? Votera-t-on à la fois dans plusieurs? Cette solution ne serait pas déraisonnable — il y en a des exemples en Angleterre (voy Mill) et peut-être ailleurs; — mais comment la loi reconnaîtra-t-elle tous ces groupes enchevêtrés? Créera-t-elle des collèges électoraux particuliers pour les conservateurs, les progressistes, les démocrates? Ces distinctions ont en effet une importance majeure. Est-ce que la nuance politique ne prime pas souvent, dans les élections, la religion, la profession, l'origine? Le contraire n'a lieu que dans des moments de surexcitation. C'est précisément, dira-t-on, parce que la foi politique prime tout le reste, que les constitutions ont pu négliger d'en tenir compte. Elles ont, d'ailleurs, pour auteurs les majorités qui ne se soucient pas de fournir aux minorités le moyen de se constituer. Mais là où le drapeau politique est hors de cause, les grands intérêts font valoir leurs droits. Autrefois les intérêts particuliers étaient seuls en présence; le moyen âge ne connut d'abord aucun intérêt général, tout au plus la religion fut-elle (pendant les croisades) un pareil lien; le patriotisme est né plus tard. On ne connaissait ni Français, ni Allemand, mais des prêtres, des nobles, un « tiers état » ou aussi des bourgeois (citadins) et des paysans (habitants des campagnes); c'était les états ou les ordres qui étaient représentés. Mais le vote par ordre répond-il au principe de la représentation proportionnelle? Le nombre des prêtres, ou celui des nobles est-il assez considérable pour que le vote d'un de ces ordres ou états puisse être admis à annuler celui des ordres qui constituent la masse de la nation?

Parmi les publicistes qui ont présenté des idées sur le meilleur mode de représentation, Robert de Mohl est sans contredit l'un des plus éminents (Staatsrecht, Vœlkerrecht und Politik, Tubingue, 1860, t. I, pp. 367 et suiv.). Après avoir passé en revue les différentes manières de composer le corps représentatif, savoir : la nomination par le prince, l'hérédité, l'élection, la combinaison qui rattache à diverses fonctions (maréchal, cardinal, évêque) le droit de siéger (on pourrait ajouter le Sort [voy. ce mot]), et fait ressortir les inconvénients qui peuvent découler de chacune d'elles, il indique les conditions suivantes

comme indispensables pour former une bonne chambre (p. 408) :

1° Les membres doivent être au courant des droits et des intérêts qu'ils représentent et être pleins de zèle en leur faveur.

2° Le choix de membres remplissant ces deux conditions ne doit pas être abandonné au hasard, mais on doit prendre des mesures pour qu'il y ait une grande probabilité de les trouver.

3° Cette probabilité n'existera que si le choix est dirigé sur des hommes ayant des rapports directs avec les droits et les intérêts qu'ils sont appelés à représenter. C'est dans ce cas seulement que le devoir et la volonté sont complètement d'accord et réunis au savoir spécial. On méconnaîtrait la nature humaine en pensant que le sentiment du devoir, le coup d'œil politique, l'ambition, le respect de l'opinion publique, seront un mobile aussi efficace que l'intérêt personnel.

4° On ne doit pas oublier ensuite que les droits et les intérêts à défendre sont de trois espèces : généraux, particuliers à des groupes de citoyens, individuels. L'assemblée doit être composée de manière à tenir compte de cette triple exigence.

5° La représentation doit être proportionnelle; c'est-à-dire le nombre des membres attribué à chaque intérêt doit être en rapport avec son importance.

Pour que ce résultat fût obtenu, il faudrait (p. 416) qu'il y eût trois ordres de corps représentatifs : particuliers, composés, généraux. Le droit de représentation particulière serait accordé à chaque groupe d'intérêts jouissant d'une certaine importance. Par exemple, il y aurait la représentation du commerce, celle de l'industrie, celle de l'agriculture, du travail, des sciences, des arts, etc., etc. Dans chacun de ces corps spéciaux ne seraient admises que des personnes faisant partie du groupe et élues par leurs pairs; on ne s'occuperait que des matières qui intéressent exclusivement le groupe. Les affaires connexes ou communes seraient traitées dans les représentations combinées, corps composés de membres des deux ou trois groupes intéressés. Enfin la représentation générale serait formée des délégués de tous les groupes, choisis par eux, et en nombre proportionnel à l'importance de chaque groupe. Ainsi, il y aurait plus d'agriculteurs que de fabricants, et plus de négociants que d'artistes. La représentation générale serait le parlement du pays.

L'espace ne nous permet pas de reproduire les développements souvent remarquables par lesquels l'illustre publiciste allemand motive son projet de réorganisation; aussi ne lui ferons-nous qu'une seule objection : les représentants des intérêts sont volontiers intransigeants. Or, pour qu'un pays puisse vivre, il faut que la majorité elle-même sache faire des concessions. Toutefois, nous devons reconnaître que les idées de R. de Mohl sont plus logiquement déduites que les idées analogues de Liebe (*Der Grundadel und die neuen Verfassungen*, 1844), de Winter (*Die Volksvertretung in Deutschlands Zukunft*, 1852), et surtout de Stahl (*Rechtsphilosophie*), ce dernier étant visiblement préoccupé d'opinions préconçues. Lord Brougham veut aussi la représentation par classe, mais sans entrer dans des détails d'application. Plus récemment, E. de Laveleye (*Revue des Deux-Mondes*, 1871) a fait des propositions analogues pour la formation de la première chambre; quelques autres publicistes ont publié des écrits dans le même sens; voyez par exemple la leçon de Franck sur la matière (Paris, Le Chevalier, 1872) et *le Temps* du 4 août 1872.

Faisons remarquer que quelques-uns [des auteurs que nous avons cités] semblent ne pas distinguer entre la composition d'une chambre des députés et la composition d'un Sénat ou « Chambre haute ». Cette distinction nous semble de rigueur. Une chambre des députés ne doit se composer que de membres élus par des citoyens sans distinction de profession. La loi, ou la théorie politique régnante, considère chacun d'eux comme le représentant du pays entier, il ne peut être en même temps le mandataire d'une classe ou d'un intérêt. Pour un Sénat, au contraire, une représentation spéciale pourrait peut-être se justifier ; mais ce ne sera jamais que l'expérience qui pourra nous apprendre si une des combinaisons indiquées ci-dessus vaut mieux qu'une représentation par divisions territoriales.

II. *Représentation des minorités*. — Outre la nécessité d'assurer la représentation de chaque groupe de citoyens, les publicistes ont soutenu l'utilité, la justice d'une représentation de la minorité. On comprendra combien cette question est importante, en supposant les 10 millions d'électeurs de France divisés inégalement entre deux partis, deux intérêts, deux opinions et qu'il y ait 6 millions d'un côté et 4 millions de l'autre. Si, par une seconde hypothèse, les deux partis étaient uniformément répandus sur tout le territoire de la France, il s'ensuivrait que dans chaque département le candidat de la majorité serait élu et que 4 millions de familles resteraient sans représentants. En 1848 on avait essayé de prévenir ce mal en instituant les élections par scrutin de liste ; mais outre que les scrutins de liste ont leurs inconvénients sérieux, le mal que nous signalons n'est qu'atténué, et pour rester dans la logique du principe, il faudrait établir une liste générale pour tous le pays, comme l'a proposé Emile de Girardin en 1850 (*Questions de mon temps*, tome VIII, pp. 644 et suivantes). C'eût été forcer l'électeur de mettre des centaines de noms sur sa liste, chose très difficile pour le citoyen le plus versé dans la politique du pays, et complètement impossible aux électeurs illettrés.

En Angleterre, les hommes d'Etat se sont également occupés de résoudre cette diffi-culté, et J. St. Mill, dans son *Gouvernement représentatif* (traduction Dupont-White, 1862, p. 161), nous fait connaître plusieurs propositions émises dans son pays. Ainsi « lord John Russell, dans un de ses bills de réforme, a introduit une clause par laquelle certains collèges électoraux pourraient nommer trois membres, et dans ces collèges il serait permis à chaque électeur de voter seulement pour deux... D'autres ont proposé qu'il fût permis à chaque électeur de voter seulement pour un et de lui donner ses trois voix. Par l'un ou l'autre de ces plans, une minorité égalant ou excédant le tiers du collège local pourrait, si elle ne visait pas plus haut, nommer un membre sur trois ». Le bill du comte Russell a été adopté en 1867 et appliqué à douze grandes villes. Mais il ne semble pas que la simple *permission* ait fait atteindre le but. A peine si, comme l'a proposé M. James Garth Marshall, l'électeur, étant autorisé à donner ses trois voix au même candidat, la minorité serait assurée d'avoir *un* représentant. La combinaison de M. Thomas Hare — qui a figuré dans un projet de loi soumis au Parlement — est plus ingénieuse. En voici un court exposé :

Un bureau central est établi dans la capitale, et des scrutateurs dans chaque district électoral. Tout candidat fait connaître au bureau central son nom, son adresse, sa profession, et désigne la circonscription où il se présente. La liste des circonscriptions et des candidats est publiée par le bureau central. L'électeur n'a qu'un suffrage à donner, mais il peut écrire sur son bulletin autant de noms qu'il le juge à propos, choisis sur la liste des candidats de toutes les circonscriptions, et il les écrit sur son bulletin dans l'ordre de sa préférence. Tous les bulletins sont transmis au bureau central par les scrutateurs de chaque circonscription. Le bureau central divise le nombre des bulletins reçus par celui des représentants à élire. Le *quotient* donne le chiffre des électeurs dont le nombre est nécessaire pour faire un député. Le candidat qui obtient ce nombre de voix est élu. Le bureau central forme une liste des noms placés en tête des bulletins, en les inscrivant dans l'ordre indiqué par le nombre des suffrages obtenus. Les candidats dont les noms figureraient en première ligne sur un nombre de bulletins égal au quotient électoral sont élus. Si le même nom se trouve sur un nombre de bulletins supérieur, on ne fait servir à son élection que le nombre strictement nécessaire choisi sur le nombre total, en commençant par les bulletins de sa circonscription. Lorsqu'un bulletin aurait servi à l'élection d'un candidat, il serait mis de côté, afin d'éviter qu'un électeur ait plus d'un vote. Dans le cas où les candidats élus de cette manière ne seraient pas en nombre suffisant pour compléter la chambre, ce qui peut arriver s'il y a moins de noms écrits en première ligne sur les bulletins que ne le permet le quotient électoral, il est procédé à une seconde liste, ou à une troisième, de candidatures, qui donnent lieu aux mêmes opérations. Si les électeurs étaient tous des docteurs ou au moins des bacheliers, et si les scrutateurs disposaient de journées de 48 heures, ce procédé ne manquerait pas de logique; mais comme dans tous les pays les ignorants forment la majorité, et qu'on ne peut pas attendre pendant des mois le résultat d'une élection, on trouvera cette combinaison trop peu pratique pour qu'on en essaye jamais la réalisation.

L'idée du *quotient électoral*, qui est la base du système de M. Hare, a été populaire à Genève où une association spéciale le recommandait. Un publiciste genevois, M. Ernest Naville, en a proposé une application destinée, selon lui, à permettre l'élection des hommes qui, tout en faisant autorité dans la politique spéculative, n'ont point assez de notoriété pour disposer d'une circonscription ni pour être portés dans toutes. A cet effet, le candidat qui a le plus de chances, et qui désire se voir adjoindre un homme de mérite dans ces conditions, passerait lui-même à l'état de grand électeur. Il indiquerait, à la suite de son nom et par ordre de préférence, les candidats qu'il juge se rapprocher le plus de ses opinions, et auxquels il désire transmettre les suffrages de son parti dont il n'a pas besoin lui-même. Toutes les voix qui dépasseraient le *quotient* électoral iraient au penseur ainsi recommandé. Il est à craindre qu'un tel mécanisme facilite moins souvent la candidature d'un penseur isolé que celle d'une *doublure* politique.

M. Auguste Laugel a proposé, pour atteindre le même but, de réserver dans l'Assemblée quelques sièges aux candidats qui, sur la surface du territoire, obtiendraient un nombre de voix fixées à l'avance. Ce serait la création d'une circonscription idéale. Le même publiciste propose aussi le vote cumulatif, c'est-à-dire la faculté pour l'électeur d'écrire plusieurs fois sur son bulletin le nom du candidat, qui réunit ainsi d'autant plus de suffrages que plusieurs électeurs auraient eu la même pensée.

Henri Fawcett a simplifié et expliqué ce système dans une brochure parue en 1860, mais nous doutons que l'idée soit pratique. Est-on sûr, d'ailleurs, que la minorité profiterait de ces sièges généraux?

Il est juste de rappeler ici qu'un mode de représentation nationale semblable à celui qui a été proposé par M. Hare a déjà fonctionné en Danemark. Il avait été conçu par M. Andræ, ministre des finances de ce pays et mathématicien éminent, mais son introduction eut lieu dans des circonstances politiques défavorables, de sorte que l'expérience n'est pas concluante. On trouvera sur ce point tous les renseignements désirables dans les *Reports of her Majesty's secretaries of embassy*, etc., n° 7 (1864).

Mentionnons encore le plan de M. Séverin de la Chappelle (de Guingamp), inséré dans la *Revue cath. des Institutions et du Droit* (1895) et publié à part, ainsi que des essais faits en Belgique, en 1893 sous la présidence de M. le baron P. de Hauteville, et il y en aurait d'autres encore à mentionner.

Ces combinaisons compliquées peuvent-elles faire atteindre le but? Nous en doutons. Nous ne contestons ni la nécessité de tenir compte des minorités ni celle de rendre la Chambre une image fidèle de la communauté politique; ce sont les deux faces d'une même question. Seulement *toute combinaison humaine est composée d'éléments bons et mauvais*, et les éléments mauvais se développant plus rapidement que les bons, on doit d'autant plus se défier d'une combinaison qu'elle est plus compliquée. Les collèges électoraux territoriaux (circonscriptions électorales) laissent sans doute beaucoup à désirer, mais de deux maux il faut choisir..... le moins inconnu.

Du reste, si nous avons tenu à traiter cette question avec quelque développement, pour satisfaire à la curiosité du lecteur, nous ne pouvons pourtant lui attribuer qu'un très mince intérêt pratique. Pour mieux s'en convaincre, il faut préciser les cas. Supposons un pays dont la représentation est de 200 membres : la minorité des électeurs peut être assez forte pour envoyer 90 membres, ou assez faible pour n'obtenir que 30 membres, ou même seulement 3, 4 ou 5 membres, ou aussi elle est tellement faible qu'elle n'obtient même pas un seul représentant au Parlement. On conviendra qu'il n'y ait pas à s'occuper des fortes minorités ; il ne semble pas non plus que l'obtention d'une ou deux voix de plus pour ceux qui comptent les leurs par unités ait une grande importance : les seuls électeurs vraiment intéressants sont ceux dont l'opinion n'est pas représentée du tout. Or, ici il faut distinguer les groupes de 50 ou 100, ou même 1,000 individus, des groupes très nombreux. Nous ne connaissons aucun moyen pratique de procurer un représentant à 1,000 personnes, quand il faut 30,000 ou 40,000 voix pour être député, et à l'impossible nul n'est tenu. Souvent ces opinions auront peu de valeur, alors l'humanité ou la patrie ne perdra rien à leur silence, à leur non-application. Lorsqu'elles auront de la valeur, elles feront leur chemin, elles conquerront leur place au soleil et au Parlement. En attendant, elles ont comme moyen de propagande la parole, le livre [1], la brochure, le journal, et surtout la pétition. Tout citoyen exerce en quelque sorte le droit d'initiative en adressant une pétition à la Chambre. Sa proposition, si elle est raisonnable, a les chances d'une discussion publique, surtout si le pétitionnaire a eu le soin de s'assurer un avocat parmi les députés, ce

---

1. Quoi qu'on en pense, le livre est le meilleur moyen de propagande pour une doctrine, mais il n'agit tout d'abord que sur un nombre restreint d'individus. C'est le livre qui crée les apôtres, les disciples fervents, les martyrs; le journal est plutôt un moyen d'obtenir un succès passager.

qui n'est jamais difficile quand on soutient une bonne cause ou une opinion raisonnable.

On nous fera observer que le problème de la représentation des minorités s'applique surtout à un parti relativement nombreux et dont les membres seraient dispersés sur un vaste territoire. Nous croyons qu'une opinion respectable trouve toujours le moyen de faire passer un, parfois même plusieurs de ses représentants. Nous avons très souvent vu voter, par sentiment d'équité, en faveur d'un homme dont on ne partageait pas les vues : on voulait lui procurer le moyen de faire apprécier ses doctrines contradictoirement. C'est par cette raison que, par exemple, des bourgeois ont voté pour des ouvriers, des catholiques pour des protestants, et *vice versa*, des démocrates pour des libéraux, et bien plus souvent, des libéraux pour des démocrates, et ainsi de suite.

En fin de compte, l'opinion ou la doctrine représentée au prix de tant de peine en tire-t-elle un profit correspondant à ses efforts ? Rarement. C'est le nombre des voix qui l'emporte, et il n'est pas facile de gagner des voix pour une cause considérée comme mauvaise, quel que soit le talent de l'orateur [1].

III. *Chambre unique ou deux chambres.* — Nous avons examiné jusqu'à présent la représentation au point de vue de sa meilleure composition, de sa plus exacte concordance avec l'opinion des citoyens ; nous allons maintenant l'envisager au point de vue des services à rendre au pays. Comment faire pour que la représentation n'abuse pas de ses pouvoirs et en fasse toujours le meilleur emploi ? Tout pouvoir a une tendance à devenir absolu, et pour qu'il reste dans les limites de la modération, il lui faut un contre-poids. Une assemblée issue du suffrage universel a besoin plus que tout autre, car qui pourrait espérer lui résister ? Dans une monarchie, le prince serait rarement assez fort pour contenir une pareille assemblée, et quel moyen aurait-on dans une république ? Aussi rencontre-t-on presque partout deux chambres, l'une contrôlant l'autre et lui servant de frein. L'une des deux chambres est toujours le produit de l'élection, l'autre est tantôt héréditaire, tantôt nommée par le prince, tantôt élue par les populations, d'après des règles ou selon des procédés spéciaux. Ces divers systèmes ne sont pas l'effet de l'arbitraire, d'un caprice, ils ne sont même pas toujours le résultat d'un choix raisonné : ils sont, le plus souvent, le développement d'un fait historique, le produit de la force des choses ; et quand il en est ainsi, les secondes chambres — que l'usage appelle première chambre (chambre haute, etc.), — n'en sont que plus puissantes. Mais quelle que soit leur origine et leur principe, quelque utile que paraisse leur action à la plu-

part des hommes d'État et des publicistes, il n'en est pas moins vrai qu'elles ont des adversaires dont il importe d'examiner les arguments.

Sieyès a dit, en 1789 : « La loi est la volonté du peuple ; un peuple ne peut pas avoir en même temps deux volontés différentes sur un même sujet; donc le Corps législatif, qui représente le peuple, doit être essentiellement un. A quoi bon deux chambres ? Si elles sont d'accord, il y en a une d'inutile ; si elles sont divisées, il y en a une qui ne représente pas la volonté du peuple, mais qui l'empêche de prévaloir : c'est la confiscation de la souveraineté ».

Ce raisonnement absurde a été inspiré par la crainte de voir la noblesse s'emparer de l'une des chambres et de partager ainsi le pouvoir avec la bourgeoisie. Comme le « peuple » se compose d'un grand nombre d'hommes, il faut employer certains procédés pour constater sa volonté, et ces procédés consistent dans l'élection de représentants. Lorsqu'on consulte ces représentants, on ne tarde pas à voir que le peuple, loin d'avoir une seule volonté, en a souvent plus de deux ; seulement l'une des volontés peut l'emporter par le nombre des adhérents, par leurs passions et leur violence, il peut en résulter que une partie du peuple sera opprimée. La seconde chambre a précisément pour but de protéger les minorités, de donner au législateur le temps de mûrir ses idées, de laisser ses passions se calmer.

Éclairé par l'expérience, Boissy d'Anglas put dire, en 1795, à la Convention : « Dans une seule assemblée, la tyrannie ne rencontre d'opposition que dans ses premiers pas. Si une circonstance imprévue, un enthousiasme, un égarement populaire, lui font franchir un premier obstacle, elle n'en rencontre plus. Elle s'arme de toute la force des représentants de la nation contre elle-même ; elle établit sur une base unique et solide le trône de la terreur, et les hommes les plus vertueux ne tardent pas à être forcés de paraître sanctionner ses crimes, de laisser couler des fleuves de sang, avant de parvenir à faire une heureuse conjuration qui puisse renverser le tyran et rétablir la liberté ».

Du reste, dès avant lui, en 1791, Stanislas de Clermont-Tonnerre avait déclaré qu'une seule chambre sera éternellement despote ou esclave. (*Œuvres de Clermont-Tonnerre.* Paris, 1792, t. IV.) Et après lui beaucoup d'autres l'ont répété : *Un pouvoir que rien ne limite ne tarde pas à devenir tyrannique.* Que l'absolutisme soit représenté par un homme ou par une assemblée, c'est toujours l'absolutisme. De nos jours, l'absolutisme d'un homme est même moins à craindre que le despotisme d'une assemblée, car le sentiment de la responsabilité peut être vif dans l'individu, tandis qu'il est à peine sensible dans une nombreuse réunion. Du reste, si la seconde chambre est surtout un frein contre l'abus du pouvoir illimité, c'est aussi un

---

1. Bien des orateurs, même éloquents, n'obtiennent que de faibles résultats, parce qu'ils ne se donnent pas la peine de se faire entendre de leur auditoire. Ils ne parlent pas assez haut, ni surtout, assez distinctement.

moyen d'obtenir de meilleures lois. Le contrôle de l'autre oblige chaque chambre à mieux étudier le pour et le contre et à démontrer qu'elle a raison ; la double discussion contribue à éclairer les citoyens et à les rendre plus aptes et plus disposés à obéir à la loi. Le système des deux chambres offre aussi une certaine garantie contre l'emploi de mesures précipitées. Lorsqu'il y a urgence, il est facile aux deux présidents de s'entendre pour que tout retard soit évité.

L'utilité d'une seconde chambre est incontestable, aussi ses adversaires puisent-ils leurs arguments surtout dans la difficulté de trouver les éléments qui doivent la composer. L'un a proposé, pour en tenir lieu, un conseil d'État élu par l'Assemblée nationale, comme si ce conseil d'État ne ressemblerait pas à la majorité qui la élu, et ne dépendrait pas d'elle pour sa réélection. Un autre [1] voudrait remplacer la deuxième chambre par les tribunaux. L'exemple des Etats-Unis ne prouve rien ici, car l'Union a deux chambres et la mission du tribunal suprême est bien limitée, bien déterminée. Dans la grande république américaine, le congrès n'a que les pouvoirs qui lui ont été conférés par la Constitution qui, en tout cas, reste une loi supérieure aux lois ordinaires ; or, le tribunal suprême ne peut annuler que les décisions contraires à la lettre de la Constitution. Heureusement l'exercice de ce pouvoir est rare, car ce tribunal se compose de 5 membres et nous l'avons vu (en 1867 ou 1868) se déjuger dans la question du papier-monnaie. Deux membres étant morts ou démissionnaires, la nomination de leurs remplaçants changea la majorité, c'est-à-dire l'opinion émise par le tribunal. S'il suffisait de donner à la deuxième chambre le pouvoir d'annuler les lois inconstitutionnelles de la première, il vaudrait mieux rétablir le sénat impérial d'avant 1870.

La difficulté de trouver les éléments d'une seconde chambre n'est cependant pas insurmontable, puisqu'elle a été résolue déjà d'un assez grand nombre de manières : dans les Etats fédéraux par des représentants des Etats nommés par les gouvernements ou élus soit par les citoyens, soit par des chambres de ces Etats ; dans les Etats unitaires on a des chambres hautes dont les membres sont héréditaires ou nommés à vie par le chef de l'Etat, et rétribués ou non rétribués ou à l'élection ou à des systèmes mixtes, on peut aussi créer des combinaisons nouvelles en s'inspirant d'idées analogues à celles que nous avons mentionnées plus haut en parlant

de la représentation par classes. Quel que soit le principe qu'on adopte, il semble logique de composer la deuxième chambre d'autres éléments que la première. Si l'une représente le mouvement, l'autre doit représenter la modération. Le mouvement est le propre de la jeunesse, la modération est le résultat de l'expérience : aussi a-t-on proposé d'ouvrir l'une des chambres aux hommes de 25 ans et au-dessus, et l'autre aux hommes âgés d'au moins 40 ans. Quelques publicistes proposent de faire nommer la seconde chambre à deux degrés, soit par des électeurs ad hoc, soit par les conseils généraux des départements. Mais nous ne saurions prévoir ici tous les cas, chaque pays s'inspirant de sa situation particulière, de ses mœurs et même de ses préjugés.

On objecte que la seconde chambre n'empêchera pas les révolutions ? Cela est vrai. Mais, qu'est-ce qui empêche les révolutions ? Si nous consultons l'expérience, nous ne trouvons pas que les concessions aient jamais désarmé les *irréconciliables*. La force, si elle ne s'usait pas, serait peut-être plus efficace, mais elle s'use toujours. Pour qu'il n'y ait pas de révolution, il faudrait qu'on respectât les lois. Mais ceux qui font les révolutions se moquent des lois, puisque, de leur autorité privée, ils suppriment celles qui ont été régulièrement établies et les remplacent par des décrets dictatoriaux. Ils se prétendent inspirés par la justice. Sans doute, par leur justice à eux, mais qui n'est pas toujours celle du pays. En matière politique, souvent ce qui est justice en deçà du pouvoir est injustice au delà..., et *vice versa*. Encore une fois, aucune combinaison n'empêchera les révolutions par sa vertu propre, par sa nature ou sa force intrinsèque ; les révolutions ne peuvent être empêchées que par les mœurs, par le caractère des citoyens, par le courage civil, par leur volonté de ne rien se laisser imposer par la violence, pas même ce qu'ils désireraient le plus vivement obtenir.

IV. *Renouvellement partiel.* — La représentation nationale peut être renouvelée intégralement ou partiellement. Le renouvellement intégral semble de beaucoup le plus répandu, c'est presque le seul en vigueur dans les monarchies constitutionnelles. La dissolution est, en effet, le moyen le plus naturel, dans un Etat parlementaire, de consulter la nation. Généralement, les deux chambres, si elles sont électives toutes les deux, sont dissoutes à la fois ; c'est cependant des pays, comme la Belgique et les Etats-Unis, où la chambre haute seule se renouvelle partiellement. Dans les républiques, le pouvoir exécutif a rarement le droit de dissoudre la représentation nationale ; ce droit, la constitution de 1875 l'a donné au Président de la république française, mais il n'en a pas encore fait usage.

Le renouvellement par tiers ayant fonctionné, en France, de 1796 à 1799, et le renouvellement par cinquième de 1816 à 1824

---

1. Dans la séance du 11 mars 1873 (*Journal officiel* du lendemain, 1re col., p. 1707), Louis Blanc s'exprime ainsi : « Je dirai enfin que, pour tenir en échec le despotisme d'une assemblée unique, despotisme, je le reconnais, très redoutable, le meilleur moyen serait celui qui consisterait à réprimer ses excès sans éveiller sa jalousie, sans irriter son orgueil..., celui qui résulterait, comme cela se pratique aux Etats-Unis, du droit donné au pouvoir judiciaire d'annuler les lois inconstitutionnelles, sans bruit, sans éclat, sans provocation, et au fur et à mesure de leur application à des cas particuliers. »

(Charte, art. 37), nos hommes d'État ont eu l'occasion d'expérimenter le système. Voici ce que dit Benjamin Constant relativement au premier de ces deux essais « Ce renouvellement partiel, dit-il, est une idée étroite, timide... En 1795, la Convention, adoptant ce système, crut, par surcroît de prudence, devoir conserver deux tiers d'elle-même dans l'assemblée qui la remplaçait. Qu'arriva-t-il? Les nouveaux élus, apportant sur les bancs législatifs un esprit différent des conventionnels, leurs collègues, furent opprimés durant un session; et, à la session suivante, un second tiers ayant renforcé les ennemis de ces conventionnels, ceux-ci sentirent que leur existence était menacée et recoururent, contre leurs adversaires, à la force et à l'illégalité. Ce ne fut pas tout : l'année d'après, un tiers hostile dans un sens opposé parut à la porte des Cinq-Cents, et la majorité, bien qu'elle conservât l'avantage du nombre, se défiant du résultat de la lutte, foula aux pieds le vœu populaire et déclara nulles les élections de la moitié de la France. Ce ne fut pas tout encore. Irritée de cette violation de son droit le plus cher, la France persista dans son choix, et comme il y a dans les gouvernements une sorte de pudeur involontaire qui les empêche d'appeler deux fois à leur aide les mêmes scandales, ces hommes furent admis et ils renversèrent le gouvernement.... Ainsi, le tiers de l'an IV (1796) fut opprimé, celui de l'an V chassé, celui de l'an VI repoussé, et le tiers de l'an VII fut victorieux et destructeur ». (Benjamin Constant, Discours et écrits.)

Le renouvellement de la chambre par cinquième, conformément à la Charte, eut des effets moins mauvais. Cependant la suppression de l'article 37 fut votée, en juin 1824, par 292 voix contre 87, et le renouvellement intégral remplaça, malgré l'éloquente opposition de Royer-Collard et du général Foy, le renouvellement partiel. Chateaubriand dit qu'on ne peut pas gouverner un pays en proie à une fièvre électorale continue. Benjamin Constant parle dans le même sens. « Vous prétendez, s'écrie-t-il, que le renouvellement intégral c'est la *périodicité de la tempête* et que le renouvellement partiel modifie sans secousses la majorité; avez-vous donc oublié les modifications que votre système a apportées à la majorité sous la république ? et si le renouvellement intégral est la périodicité de la tempête, le fractionnaire n'est-il pas la fièvre sans trêve ?... Par la périodicité des élections, on ne se propose pas uniquement d'empêcher les représentants d'une nation de former une classe à part et séparée du reste du peuple; on veut encore donner aux améliorations qui ont pu s'opérer dans l'opinion des interprètes fidèles. Si l'on suppose les élections bien organisées, les élus d'une époque représenteront l'opinion d'une époque plus exactement que ceux des époques précédentes. N'est-il pas absurde de placer les organes de l'opinion existante en minorité devant l'opinion qui n'existe plus ? Ne sentez-vous pas que vous jetez ainsi dans l'assemblée élective des ferments de discorde ? Si l'esprit stationnaire l'emporte, il y a opposition; si l'impatience triomphe, il y a renversement ». On trouvera la discussion dans l'*Histoire de la Restauration* de MM. de Viel-Castel, t. XIII, et dans Duvergier de Hauranne.)

Rossi (*Cours de droit constitutionnel*, t. II, p. 40) dit : « Le renouvellement partiel a été appliqué en France, nous le verrons dans un instant; je crois qu'il fut essayé dans l'intention d'affaiblir la chambre; le résultat ne répondit pas à l'intention, la chambre ne fut pas affaiblie. Mais il faut en convenir, si d'un côté la chambre ne fut pas affaiblie, d'un autre côté il est excessivement difficile qu'aucun plan de gouvernement, que des projets ayant besoin de quelque suite puissent se réaliser lorsque, à chaque instant, les éléments dont la chambre se compose viennent se modifier »

Citons encore, d'après un journal (*Liberté*), l'opinion de Laplace. Elle est empruntée à la *Théorie des Probabilités* de l'illustre mathématicien: « Disons un mot de la manière de renouveler les assemblées, qui doivent changer en totalité dans un nombre d'années déterminé ; le renouvellement doit-il se faire à la fois, ou convient-il de le partager entre ces années? D'après ce dernier mode, l'assemblée serait formée sous l'influence des diverses opinions dominantes pendant la durée de son renouvellement; l'opinion qui y régnerait alors serait donc très probablement la *moyenne* de toutes ces opinions L'assemblée recevrait aussi du temps le même avantage que lui donne l'extension des élections de ses membres à toutes les parties du territoire qu'elle représente. Maintenant, si *l'on considère ce que l'expérience n'a que trop fait connaître, savoir, que les élections sont toujours dirigées dans le sens le plus exagéré des opinions dominantes*, on sentira combien il est utile de tempérer ces opinions les unes par les autres, au moyen d'un renouvellement partiel ».

Le Temps du 27 octobre 1872, auquel nous empruntons cette citation, ajoute: « Cette observation est parfaitement juste, et elle l'est surtout en ce qui touche les assemblées républicaines. Sous le régime de la monarchie constitutionnelle, le renouvellement partiel n'aurait ni la même opportunité ni les mêmes avantages. Là, il faut que l'opinion parle haut et que ses coups ne soient pas tempérés, afin que le prince, tenu de marcher avec elle, ne puisse jamais se méprendre sur ses manifestations, et qu'il discerne toujours clairement le parti dans lequel il doit prendre ses conseillers, les hommes en qui se personnifie le compromis entre le principe dynastique et la souveraineté populaire. Dans une république la souveraineté populaire n'a besoin d'avertir ni de convertir personne, puisqu'elle règne seule et sans compromis. Elle peut dès lors atténuer sans danger et même avec avantage la force de ses manifestations périodiques. Une puissance qui ne rencontre ni limites ni obstacles au dehors, a toujours intérêt à se modérer elle-même ». Le *Temps* a raison, mais le raisonnement de Laplace n'est pas bon. Il n'en est pas des hommes comme des éléments chimiques, ou des nombres, qui se modèrent ou se neutralisent mutuellement. Les hommes ont des volontés, et si ces volontés représentent « le sens le plus exagéré des opinions dominantes », elles ne se modèrent pas, mais se surexcitent mutuellement.

En 1871, 1872 et 1873, le renouvellement partiel est vivement discuté dans les journaux français, non sans être empreint à un haut degré des préoccupations du moment [1]. Citons donc de préférence l'opinion d'un étranger désintéressé : nous voulons parler d'Émile de Lavelaye (*Revue des Deux-Mondes*, 1871) [2] :

« Je pense que, dans un pays qui a traversé autant de crises que la France, le renouvellement partiel est préférable : voici pourquoi. Dans un chambre qui se renouvelle par moitié, un certain esprit de tradition se conserve. Les anciens le maintiennent et agissent sur les nouveaux venus. Il n'y a point de changement brusque ; or, la politique, pas plus que la nature, n'aime les soubresauts. En tout, il faut procéder avec ménagement et par transition. L'histoire parlementaire en France n'a eu que trop de coups de théâtre et de changements à vue. En second lieu, avec le renouvellement partiel, l'agitation électorale n'embrasse pas tout le pays. La moitié des départements voterait tous les deux ans — non comme je l'ai entendu proposer, tous les départements — pour la moitié de leurs représentants, ce qui serait le pire des systèmes, car on aurait une agitation générale très fréquente, et les représentants restants, si les élections amenaient de nouveaux députés d'une autre opinion, n'auraient plus qu'à donner leur démission, car ils auraient cessé d'être en communauté d'opinion avec leur collège électoral. Les élections partielles sont un avertissement ; les élections générales sont fréquemment toute une révolution. »

Voici maintenant les réflexions que ce passage a inspirées au rédacteur d'un journal fort estimé, qui soutient volontiers le centre gauche :

« Ces considérations sont fort justes, mais elles ont aussi leur revers. La chambre qui se renouvelle par portion paraît plus propre à expédier un courant d'affaires ordinaires et moyennes, qu'à prendre de grandes résolu-

tions et à assumer de lourdes responsabilités. Toujours tentée d'attendre la prochaine manifestation du suffrage universel, elle sera volontiers indécise, et ne trouvera peut-être que difficilement la force d'accomplir des réformes radicales, comme il nous en faut incontestablement [1]. C'est là, selon nous, le défaut et le danger d'un système qui se recommande, d'ailleurs, par bien des raisons ; mais il n'y a pas de système parfait. »

Il aurait pu ajouter qu'il y a des départements qui envoient toujours des députés de la gauche, et d'autres qui nomment toujours des députés de la droite. Mais voyons plutôt ce que le même rédacteur répond à Edgard Quinet qui est opposé au renouvellement partiel :

« Cela, dit-il, peut se faire chez une nation prospère, qui se renouvelle par ses anciennes lois, et chez laquelle le bien est la tradition des ancêtres, mais non dans une nation qu'il s'agit de tirer de l'abîme. » Nous serions plutôt de l'avis opposé, dit le rédacteur du journal. Il nous semble qu'un État bien assis est capable de supporter plus d'agitation populaire et de plus forts conflits d'opinion qu'un État en train de se reconstituer et de se rétablir. Mais on saisit ici la pensée intime de M. Quinet : « Quoi ! s'écrie-t-il, une chance si prolongée laissée au mal ! » Le mal, ajoute le rédacteur, le mal absolu, c'est l'assemblée actuelle : par opposition, le bien serait l'assemblée future. On sent combien cette manière de voir est excessive. » (Ajoutons : et inspirée par les sentiments du moment, par l'utilité actuelle et relative.)

Nous croyons qu'un pays agité est celui auquel le renouvellement partiel serait le plus utile, afin de suivre de plus près les fluctuations de l'opinion, et ce pays serait précisément celui qui le supporterait le moins. On cherche un mécanisme qui offre de la résistance au mouvement, mais comment en trouver dans un pays qui nomme, en mars 1848, une Constituante par le suffrage le plus universel, et voit dès le 15 mai suivant une émeute dont faisaient partie des membres mêmes du gouvernement provisoire qui avait dirigé les élections, chercher à renverser l'assemblée à peine élue, qui avait solennellement déclaré la République, et comblé ainsi les vœux les plus ardents de ce même gouvernement ! Ou faut-il citer le 4 septembre 1870, où l'émeute dissout la chambre élue par le suffrage universel ? Est-il nécessaire de rappeler la Commune du 18 mars 1871 qui a fait la guerre au pouvoir nouvellement nommé par le pays ? Il est en France beaucoup de personnes pour lesquelles les mots « la volonté du peuple », fusse celle de quelques individus, suffisent pour tout justifier. Eh bien, si la France veut être grande et prospère, elle doit s'habituer à penser qu'au-dessus du peuple — ou de cette infime fraction du peuple qui

---

1. Voyez un article de Louis Blanc dans le *Rappel*, fin octobre (reproduit par le *Temps* du 31 octobre 1872), et la brochure du marquis de Castellane (*Débats*, 11 mars 1872), deux voix, parties de côtés opposés, qui s'accordent pour rejeter le renouvellement partiel. Le centre gauche paraissait seul favorable à cette mesure.

2. Nous devons cependant ajouter que E. de Lavelaye vivait en une assez étroite communauté d'idées avec le parti libéral français pour qu'on puisse presque le considérer comme l'un de ses organes.

1. N'est-ce pas là une manière sotte de s'exprimer (quoique usuelle) ? Des réformes radicales, dans quel sens ?

s'insurge à Paris, — il y a la nation ; et au-dessus de la nation, la raison et la justice de tous les temps, dont le premier commandement est : la modération.

RÉPRESSION, PRÉVENTION.

On confond au premier abord réprimer et punir. Il y a une différence qu'il est bon de faire ressortir. La punition intervient quand le délit est consommé et constant, lorsque la volonté de l'auteur a atteint tout l'effet qui dépendait de lui. La tentative est considérée par le droit pénal, dans un grand nombre de cas, comme l'acte coupable lui-même, lorsqu'elle a reçu un commencement d'exécution et qu'elle n'a été arrêtée que malgré son auteur : alors le crime a été consommé autant que le criminel a pu. Cependant si une police vigilante a réussi à réprimer (faire avorter) ou arrêter la tentative, son auteur pourra obtenir l'indulgence. Il existe même des circonstances où la répression pourra dispenser d'aller jusqu'à la punition. S'il s'agit, par exemple, d'une émeute de peu d'importance, la disperser, lui enlever ses armes, ce n'est pas la punir, puisque cela peut être fait sans qu'aucun insurgé soit arrêté ni déféré à la justice. C'est donc seulement la réprimer ; cet exemple montre donc que punition et répression sont deux choses différentes. Autre exemple. C'est un délit d'ouvrir un club. Si la police dissout la réunion, qui n'y fait pas résistance, et s'il n'y a aucune citation en justice, elle a réprimé, elle n'a pas provoqué de punition. On voit tout de suite qu'il n'est possible de réprimer de manière à éviter la punition que si l'acte répressible n'est pas très coupable. Autrement la conscience publique serait blessée ; elle peut admettre qu'une faute ne soit pas poursuivie, quand les circonstances tendent à l'atténuer et qu'une répression énergique ne lui a pas permis de nuire. Mais il ne suffira pas qu'une faute grave ait été réprimée à temps ; la morale publique exige qu'elle soit punie. La répression protège les citoyens, et la certitude que la magistrature fera bien son devoir en appliquant les peines, ne saurait dispenser le gouvernement de se mettre en mesure, dans l'intérêt de la société, de réprimer les délits contre l'Etat et aussi les tentatives coupables contre les particuliers. Au point de vue du coupable lui-même, quelquefois la répression épargnera un crime à un malheureux dont le cœur peut-être hésitait encore au moment où il allait le commettre, et quoique alors la tentative soit assimilée par le droit pénal au fait accompli, son auteur, sans doute aussi coupable en morale, ne sera néanmoins pas aussi odieux au juge, son forfait n'ayant pas été exécuté. Il est du devoir du gouvernement d'organiser la police répressive de telle sorte qu'il s'accomplisse le moins de crimes possible. C'est pour bien établir ce devoir qu'il nous a paru utile de distinguer le droit de réprimer de celui de punir. Devoir envers le public qu'il garantit contre les malfaiteurs ; devoir envers les malfaiteurs, qu'il préserve autant que possible de leurs vices.

La répression ne peut s'exercer que contre une tentative dont l'accomplissement est passible d'une peine. Qu'arrivera-t-il si la police a la prétention d'empêcher un acte qui ne serait pas frappé par la loi pénale? Cette question est très grave : elle se rattache à l'organisation des différents pouvoirs de l'Etat. Dans l'exemple cité plus haut, si les clubistes prétendent qu'ils ont le droit de se réunir, la police dressera procès-verbal, et la magistrature tranchera la difficulté. Nous nous contentons de poser nettement ce principe que les actes qui peuvent être l'objet de la répression de la police sont uniquement ceux dont elle est en droit de livrer les auteurs aux tribunaux. (F.-A. Hélie.)

Il faut remarquer que dans beaucoup de cas la répression telle que nous l'entendons ici, c'est-à-dire indépendante de la punition, n'est pas possible : cela arrive, par exemple, toutes les fois que l'acte coupable est indivisible, comme l'émission de fausse monnaie, ou lorsque cet acte s'accomplit sans aucun indice accusateur, comme certaines escroqueries. Enfin il n'y a de répressibles que les tentatives qui sont coupables par elles-mêmes.

Mais presque toujours la répression aboutit à l'application de la peine et elle se confond avec la pénalité. Aussi donne-t-on le nom de système répressif à cette méthode de gouvernement qui ne s'inquiéterait des délits que pour les punir, par opposition au système préventif, qui, tout en les punissant, chercherait les moyens d'en diminuer le nombre.

Est-il possible d'organiser un système social préventif qui fasse tomber la plupart des occasions de crime? Les causes des crimes sont en général les passions, les vices, l'ignorance, la misère. Or, il n'y a pas de système possible de prévention contre les passions et les vices. Pour en atténuer les mauvais résultats, on n'a que les moyens généraux qui servent à perfectionner l'humanité, l'éducation, la famille, la philosophie, et surtout la religion. Les fautes qui naissent de l'ignorance ou de la misère, on ne parviendra à les prévenir qu'en agissant sur ces causes, et le gouvernement a peu de moyens d'intervenir efficacement.

En somme, l'expérience montre que le système préventif souvent abuse des freins et que le système répressif est plus favorable à la liberté.

RÉPUBLIQUE.

Cette forme de gouvernement n'est pas plus indépendante que la forme monarchique des conditions historiques, géographiques, ethnographiques, et surtout morales, qui semblent prédestiner un peuple à l'une ou à l'autre, en ne lui laissant la liberté du choix que dans les limites assez restreintes. A ce point de vue, toute comparaison abstraite des mérites intrinsèques de la monarchie et de la république pourrait paraître superflue, et il y aurait lieu de se demander si l'amour platonique de la monarchie dans ces pays à mœurs républicaines, si l'enthousiasme républicain dont s'éprennent quelques âmes jeunes ou quelques imaginations généreuses dans des pays appelés par leur constitution intime et leur passé à la monarchie héréditaire, ne sont point des chimères qu'il faut dissiper et des périls qu'on doit s'attacher à conjurer.

Sans contester ce qu'il y a de vrai dans une pareille conclusion, nous pensons pourtant que les formes de gouvernement peuvent et doivent être comparées entre elles et envisagées en elles-mêmes. Le publiciste le moins disposé à subir la séduction des apparences, le plus décidé à se déterminer dans le choix de ses opinions sur ce qu'il juge praticable, ne dédaignera pas à titre d'indication cet enthousiasme que la république réveille dans de nobles esprits, il reconnaîtra ainsi qu'à l'idée de la république se lient des pensées très-élevées, des sentiments très puissants. Dans les monarchies, le dévouement de l'homme à l'homme occupe une grande place, et s'il n'y avait pas l'amour de la patrie et du bien public, on pourrait dire que le sentiment est moins pur et moins sublime que ce dévouement qui s'adresse uniquement à la patrie, à la loi, à l'État. Toute préoccupation égoïste, tout calcul personnel, toute affection étrangère à l'intérêt général, semblent disparaître dans ce généreux sacrifice de chacun à tous. Malheureusement, la noblesse des sentiments ne persiste pas toujours et les intérêts ne tardent pas à exercer leur influence.

L'égalité, qui est l'âme des républiques, rencontre deux redoutables ennemis : l'ambition qui conspire contre elle, et l'envie qui l'exagère. Celle-là ne peut se résigner à accepter le joug de la loi commune, celle-ci se révolte contre la supériorité de la fortune et celle du mérite ; elle essaye de niveler l'une et s'attache à injurier l'autre. Les impôts dirigés contre les riches, les projets de loi agraire, les privilèges en faveur des pauvres, les suspicions contre la partie aisée et éclairée de la population, y prennent naissance. « Car, dit Jean Bodin, le vrai naturel d'un peuple, c'est d'avoir pleine liberté sans frein ni mors quelconque et que tous soient égaux en biens, en honneurs, en peines, en loyers, sans faire état ni estime de noblesse, ni de savoir, ni de vertu quelconque. » Qui ne sait que jusqu'à présent dans les républiques les grands citoyens ont toujours eu à se défendre, et quelquefois sans succès, contre la calomnie ? Si la faveur a ses retours sous la monarchie, combien peu de réputations dans les républiques résistent à l'exercice du pouvoir pour peu qu'il soit prolongé ! A quels outrages ne furent pas exposés dans la république de l'Amérique du Nord si souvent citée comme modèle, les Washington, les Hamilton, les Madison ! Quelles accusations contre les généraux dans les anciennes répu-

bliques de la Grèce ! Quels terribles retours de la popularité et quels sanglants holocaustes à cette capricieuse puissance dans le court et orageux essai que la France a fait de la république en 1793 ! La république honnête et modérée de 1848 ne s'est point souillée de sang ; elle n'en a versé que dans l'arène de la guerre civile où celui des meilleurs citoyens coulait volontairement au service de l'ordre public. Y a-t-il pourtant une popularité qui y ait duré plus de trois mois ? Fut-ce uniquement la faute des hommes qui gouvernèrent ? Quoi qu'il en soit, pas un historien, pas un publiciste éclairé, qui n'aient constaté que la jalousie, les brigues, les soupçons, l'esprit de versatilité ne soient les écueils particuliers des républiques comme le favoritisme et l'intrigue sont ceux des monarchies. Mais les premiers vices sont ceux de la majorité ; les seconds n'appartiennent qu'à un petit nombre. De là vient cette expression qui ne s'applique jamais à la monarchie, qu'un peuple n'est pas *mûr* pour la république. Il faut, pour se gouverner soi-même et pour prendre part au gouvernement de la chose publique, une somme de lumières, un mélange de fermeté et de modération, qui ne sont point partout répartis à dose suffisante pour asseoir un état de choses régulier et stable. Le nombre étant, au nom de l'égalité, un des éléments essentiels de l'institution républicaine, si les corrompus, les incapables, les esprits faciles à séduire et à entraîner, l'emportent, tout est perdu. Alors c'est l'anarchie, ou un maître, nul milieu. Ce sont si bien là les écueils de la république qu'il n'y a pas de constitution républicaine qui ne s'applique plus ou moins à les prévoir et à chercher, dans quelque mesure, à les éviter. Mais elles ne réussissent pas toujours à résister au courant impétueux des passions humaines.

Montesquieu dit : « Le gouvernement est comme toutes les choses du monde ; pour le conserver, il faut l'aimer. On n'a jamais ouï dire que les rois n'aimassent pas la monarchie, et que les despotes haïssent le despotisme. » La république ne saurait faire exception ; pour qu'elle s'implante dans un pays, il ne suffit pas qu'une minorité la désire, et même veuille l'imposer, *il faut une nation de républicains aussi disposée à la recevoir que capable de la supporter.*

Vieux enfants de la régence et du siècle de Louis XV, spirituels et raffinés, en vain Rousseau et Mably vous vantent la république, en vain vous croyez-vous faits pour elle ou elle pour vous, vous aboutissez, à travers l'héroïsme et la terreur de la Convention, au règne du Directoire.

On dit quelquefois que la difficulté consiste à concilier la monarchie avec la liberté et la république avec l'ordre. Il y aurait au moins autant de vérité dans la proposition inverse. La monarchie tempérée, donnant satisfaction par un pouvoir viager et héréditaire au besoin de la conservation, redoute moins la liberté, si celle-ci prend et tient, comme en Angleterre, l'engagement de respecter l'établissement royal. Cet établissement n'a nul intérêt à menacer la liberté, et il a tout intérêt, au contraire, à la ménager. La force d'opinion qui le soutient est à ce prix. Dans les républiques, la liberté, reconnue souveraine en principe, court de sérieux dangers. Le pouvoir, sous la forme qui représente le mieux l'ordre aux yeux de la nation, est temporaire. De là la nécessité de l'armer exceptionnellement ou de s'armer contre ses empiétements possibles ou les ambitions reconnues, de précautions gênantes pour tout le monde. La majorité opprime la minorité quand ce n'est pas la minorité qui domine par la terreur. Si on ne peut voir là une loi fatale, inévitable, du moins est-ce l'histoire jusqu'à présent de la plupart des républiques. La liberté est souvent menacée par ses propres excès. Trop souvent on a vu les républiques ne connaissant d'autre alternative que celle d'une liberté excessive ou d'une liberté suspendue. Heureuses quand cette interruption de la liberté n'aboutissait pas à sa suppression et quand des dictatures momentanées ne se changeaient pas en tyrannies durables!

L'erreur de la plupart des écoles républicaines a été de croire jusqu'à présent que la république n'avait pas, elle aussi, à résoudre un problème d'équilibre, qu'elle est un gouvernement d'une simplicité absolue, qu'elle n'a nul besoin de tempérament Cette pensée a mené les uns à l'idée du gouvernement direct du peuple excluant jusqu'au gouvernement représentatif, idée qui a fait dire à l'auteur de l'*Esprit des lois* [1] : « Il y avait un grand vice dans la plupart des anciennes républiques : c'est que le peuple avait droit d'y prendre des résolutions actives, et qui demandent quelque exécution, chose dont il est entièrement incapable. Il ne doit entrer dans le gouvernement que pour choisir ses représentants, ce qui est très à sa portée. Car, s'il y a peu de gens qui connaissent le degré précis de la capacité des hommes, chacun est pourtant capable de savoir en général si celui qu'il choisit est plus éclairé que la plupart des autres. » La même opinion sur la simplicité absolue a conduit d'autres politiques à l'idée d'une assemblée civique. L'expérience aussi bien que la raison enseigne que les républiques ne sauraient, sans se mettre en péril de mort, se livrer ainsi à la pente d'un principe ou d'un élément civique. Nulle société qui ne contienne des aristocraties naturelles d'expérience, de savoir, d'âge, etc. D'un autre côté nulle société, quelque fortement organisée qu'y soient les privilèges, dans laquelle la masse ne soit beaucoup et ne compte pour quelque chose dans l'État. Malgré leur penchant à exagérer la simplicité et à écraser ce qui gênait la

pleine extension de leur principe, les constitutions de l'antiquité en ont eu le sentiment. Si aristocratique que fût la République romaine, elle tempérait le pouvoir du Sénat à l'aide des tribuns et du suffrage populaire. Si démocratique que fût Athènes, elle avait l'Aréopage. Il est vrai que les sages précautions prises par Solon n'empêchèrent pas cette patrie d'Aristide et de Socrate de succomber à la pente qui l'entraînait. La prédominance de plus en plus exclusive de l'élément populaire y produisit les désordres dont l'histoire conserve l'impérissable souvenir, comme la leçon des démocraties présentes ou futures auxquelles il plaît de ne reconnaître aucun frein. Les États-Unis eux-mêmes se sont efforcés de combiner les divers pouvoirs de manière à assurer le respect de la loi contre les volontés mobiles de la multitude. Le président y jouit de pouvoirs étendus, et en dépit de la pure théorie ultra-républicaine, il y a un Sénat modérateur à côté de l'assemblée populaire. En général *toute constitution* monarchique, républicaine, aristocratique, démocratique, *qui ne se défie pas de son propre principe* en même temps qu'elle fait tout ce qui est possible pour l'asseoir solidement *est une mauvaise constitution.*

Les penchants unitaires et centralisateurs à l'excès qui dominent dans quelques pays rendent surtout cette observation opportune. Une république qui se présenterait qu'un pouvoir très centralisé et point de forces indépendantes pour lui faire contre-poids, risquerait d'être beaucoup plus oppressive que la monarchie. Si à cette cause d'oppression se joignait la nécessité d'être sur la défensive pour résister soit aux partis hostiles du dedans, soit aux menaces du dehors, il est à croire que la liberté serait exposée à de durs mécomptes. Toute république libérale implique une certaine dose de décentralisation administrative. Les républiques de la Grèce, les républiques italiennes du moyen-âge que furent-elles? De brillantes municipalités. Le fédéralisme américain n'est pas la forme nécessaire de toute libre république, mais une certaine décentralisation nous paraît en être l'indispensable condition. Une république libre ne se comprend que là où beaucoup est laissé aux individus, beaucoup aux associations. Autrement à quel résultat sera-t-on arrivé à travers bien des révolutions? A changer une étiquette. Qu'importe à l'univers que l'État omnipotent s'appelle monarchie ou république? Le genre humain ne peut pas s'agiter pour si peu. (Baudrillart.)

REQUÊTE. Demande par écrit présentée selon les formes légales à un magistrat ou à un tribunal.

RÉQUISITION. On attribue généralement à Washington l'invention du mot réquisition ainsi que de la chose. Il dressait un état détaillé des objets dont l'armée qu'il comman-

---

1. *Esprit des lois*, liv. XI, chap. vi. Il faut dire qu'il n'est pas si certain que cela que tous les citoyens savent faire de bons choix.

dait avait besoin, il en faisait la demande à ceux qui les possédaient, amis ou ennemis, sous forme d'invitation, et en cas de refus il s'en emparait par la force. Qu'il ait inventé le mot, nous le voulons bien, mais la chose, non ! elle a existé de tout temps, seulement Washington l'a régularisée, lui a donné une forme méthodique, raisonnée, sinon légale. Le mot réquisition n'a pas tardé à passer l'Océan, car nous le trouvons, dans une loi française du 24 août 1790, employé dans le sens américain [1]. Il devint même bientôt à la mode (on avait tant de besoins alors), et on alla jusqu'à appeler *réquisitionnaires* les jeunes soldats, car dans bien des cas les hommes étaient « réquisitionnés », ce qui est une expression plus violente que recrutés. A l'exemple de Washington, les réquisitions sont appliquées à l'ami et à l'ennemi, elles embrassent tous les objets dont l'armée peut avoir besoin. Ce mode d'acquisition est souvent le seul par lequel on puisse se procurer les objets dont on a besoin, c'est ce qui l'a fait déclarer légitime; seulement, avec le progrès de la civilisation est venue l'idée que la réquisition n'étant qu'une expropriation pour cause d'utilité publique, elle imposait à l'État qui réquisitionne le devoir d'indemniser les dépossédés. C'est ce qui a lieu, en effet, de nos jours, lorsque la réquisition émane de personnes autorisées (décret, 1er oct. 1870), c'est-à-dire dans le pays même. Il est vrai que les personnes non autorisées commettent un acte de brigandage en s'emparant d'un objet quelconque, même en offrant un récépissé dérisoire. (Voy. les décrets du 19 brumaire an III, 15 décembre 1813, 1er octobre 1870, sur les personnes autorisées à prescrire des réquisitions [2].)

Voilà pour les réquisitions opérées dans son propre pays; on comprend qu'une armée ne fera pas moins chez l'ennemi : elle réquisitionnera et remettra des récépissés. Il est entendu que ces récépissés donnent droit au remboursement après la guerre. Théoriquement, c'est le vaincu qui payera. Si le pays réquisitionné est battu, l'ennemi mettra les réquisitions à sa charge, comme frais de guerre; seulement le pays sera appauvri, il ne pourra donner qu'une indemnité insuffi-

sante aux habitants qui auront souffert. Mais, s'il est vainqueur, l'indemnité doit être complète, car le réquisitionné *a droit* au paiement et on ne peut l'en priver qu'en cas de force majeure.

Les réquisitions, qu'on ne doit pas confondre avec les *contributions de guerre* (*voy.*)[1], donnent malheureusement lieu à bien des abus, et pour les diminuer on devrait établir, même pour la guerre en pays ennemi, des règles tendant à les réduire au minimum. Ainsi, il serait entendu qu'un seul officier désigné par ses fonctions, dans chaque troupe, pourrait faire des réquisitions légales et que cet officier ne devrait s'adresser qu'aux autorités locales et jamais, — si on peut l'éviter, — aux particuliers. Cet officier doit être obligé de tenir soigneusement registre de ses réquisitions, et ces registres devraient renfermer un moyen de contrôle (souches, talons, signatures, etc.). Le maire d'une commune saura mieux que personne qui peut ou doit fournir l'objet demandé; il sait établir un roulement et répartir sur plusieurs ce qui serait écrasant pour un seul. Le mieux serait que chaque armée cherchât à être aussi indépendante que possible des réquisitions et n'y ait recours qu'à la dernière extrémité; les chemins de fer permettent, sous ce rapport, bien des choses auxquelles on ne pouvait songer autrefois. Mais si l'on est obligé d'avoir recours aux réquisitions, qu'on ait présent à la pensée la mobilité des chances de la guerre, et qu'on traite l'ennemi comme si l'on prévoyait l'envahissement prochain de sa propre patrie.

RÉSIDENT. Ce sont des agents diplomatiques d'un ordre inférieur; les ambassadeurs tiennent le premier rang, les ministres plénipotentiaires le deuxième et les résidents ou ministres-résidents le troisième rang.

RÉSISTANCE (DROIT DE). Le droit de résistance est le corolaire du devoir d'obéir. (*Voy.* **Obéissance.**) Cependant, la question qui nous occupe est si délicate que, même en affirmant carrément ce droit, on éprouve de sérieuses difficultés lorsqu'on cherche à poser les règles de son exercice. « Quelque décision que l'on hasarde sur cette matière, a dit B. Constant, on s'expose à des difficultés insolubles. Dira-t-on qu'on ne doit obéir aux lois qu'autant qu'elles sont justes? On autorisera les résistances les plus insensées ou les plus coupables; l'anarchie sera partout. Dira-t-on qu'il faut obéir à la loi, en tant que loi, indépendamment de son contenu et de sa source? On se condamnera à obéir aux décrets les plus atroces et aux autorités les plus illégales [2]. »

---

1. Le mot est à la fois français et anglais.

2. Rossi, *Cours de Droit constitutionnel* (Paris, Guillaumin, t. I, p. 252 et 253), dit :

« .... Ainsi, en temps de guerre, sans doute les gouvernements font leurs efforts pour suffire aux besoins de la guerre au moyen des fournitures et des contrats réguliers. Mais ces moyens ne sont pas toujours suffisants à la défense du pays, au salut de l'armée, et nous avons vu qu'on recourt alors à un autre moyen, au moyen des réquisitions en nature, moyen, il faut le dire, fâcheux, très fâcheux, non seulement pour les populations qui s'y trouvent soumises, mais pour les armées et pour l'État lui-même; pour les populations qu'elles vexent et qu'elles ruinent; pour les armées auxquelles elles ne fournissent que des ressources irrégulières et insuffisantes, en même temps qu'elles y favorisent l'indiscipline et excitent contre elles les plus violentes antipathies : pour l'État enfin qui tôt ou tard, paie, et paie souvent plus qu'il n'a reçu, car les abus de ces réquisitions en nature sont très grands. On a souvent la main bien facile quand il s'agit de délivrer des bons... »

1. M. Calvo, *Droit international*, t. II, p. 188, se trompe lorsqu'il croit être le premier qui ait fait cette distinction : elle est faite de la manière la plus tranchée dans la première édition de notre Dictionnaire, dès 1863; le volume de M. Calvo ne parut qu'en 1872.

2. Édition Laboulaye, t. II, p. 368. (Paris, Guillaumin.)

Il y eut un temps où cette difficulté n'existait pas. Les peuples étant soumis, soit à un gouvernement despotique, soit à un pouvoir théocratique, l'obligation de l'obéissance passive, aveugle, sans condition, était la foi commune. « Dans les Etats despotiques, dit Montesquieu, la nature du gouvernement demande une obéissance extrême ; et la volonté du prince, une fois connue, doit avoir aussi infailliblement son effet qu'une boule jetée contre une autre doit avoir le sien. Il n'y a point de tempérament, de modification, de termes, d'équivalent, de pourparler, de remontrances ; rien d'égal ou de meilleur à proposer. L'homme est une créature qui obéit à une créature qui veut. » (Liv. III, chap. x.)

Dans une théocratie c'est pire encore, car c'est Dieu qui est censé vouloir, et s'il y a avec le ciel des accommodements, il n'y en a pas avec l'intérêt de ses pontifes.

Mais, en ce monde, aucun excès ne saurait durer. « L'extrême obéissance suppose de l'ignorance dans celui qui obéit » (Montesquieu), de sorte que chaque progrès, même le plus minime, réalisé par l'humanité, la rapproche de l'époque de la délivrance. Les pouvoirs despotiques et théocratiques ne l'ignorent pas, aussi sont-ils les ennemis-nés des lumières, les adversaires jurés de tout progrès. Mais en vain. Le mouvement est la loi des sociétés ; celles qui ne marchent plus se corrompent et se détruisent. Or, les pouvoirs forts, en empêchant la désagrégation de la société, assurent involontairement la marche en avant. Les nations vivent des siècles, pendant lesquels les évènements ont le temps de faire l'éducation des populations ; à un moment donné, on discute les sources et les limites du pouvoir, et on arrive à lui poser des bornes.

Ces bornes ont été fixées différemment selon les temps et les lieux, selon les antécédents et la civilisation de chaque peuple, selon les progrès des sciences politiques, L'affirmation absolue et la négation péremptoire du droit de résistance ont eu leurs représentants dès l'ouverture de la discussion. Si Bacon défend l'obéissance quand même, si Th. Hobbes base le pouvoir absolu du souverain sur ce même *Contrat social* dont Rousseau déduira que l'insurrection est le plus saint des devoirs, leurs contemporains Poynset (1558) et George Buchanan (*De jure regni apud Scotos*, 1579), vont assez loin dans le sens opposé. La polémique a été longue et vive en Angleterre. Le talent, — et grâce à l'obstination des Stuarts, — le succès fut du côté des défenseurs du droit de résistance (Algernon Sidney, Milton, J. Locke, Brady, Tyrrel et plus tard Hume et Priestley) ; et le *Bill of Rights*, accepté par Guillaume III, l'introduisit formellement dans le droit public anglais. Dans ses *Commentaires*, Blackstone dit : « Et pour la défense de leurs droits, quand ils sont violés ou attaqués, les sujets d'Angleterre sont autori-

sés (*entitled*), premièrement à l'administration et au libre cours de la justice dans les tribunaux ; secondement à présenter des pétitions au roi ou au Parlement ; enfin à employer des armes pour leur défense. » Delolme (*Constitution de l'Angleterre*) ajoute : « Enfin ce droit de s'opposer à la violence, sous quelque forme et de quelque part qu'elle vienne, est si bien reconnu, que les tribunaux l'ont pris quelquefois pour motifs de leurs décisions ». Il cite un fait qui a provoqué un jugement solennel de la Cour de *King's Bench*. On y lit ce qui suit : « Quand la liberté du sujet est attaquée, c'est une provocation à tous les sujets d'Angleterre, un homme doit s'intéresser à la grande charte et aux lois ; et si quelqu'un en emprisonne un autre illégalement, il commet une offense contre la grande charte... » Le défenseur, un nommé Tooly, qui avait pourtant tué l'agent de l'autorité qui voulait opérer une arrestation hors de sa circonscription, fut acquitté.

Sur le continent, ce sont les passions religieuses qui mirent à l'ordre du jour le droit de résistance, et cela du côté des catholiques autant que du côté des protestants. Ces derniers, lorsque parmi eux Languet publia, sous le pseudonyme de Junius Brutus, ses *Vindiciæ contra tyrannos* (Edimbourg et Basles, 1679 [1]), ou Hotman son livre de *Franco-Galliæ* (Genève, 1599) et établirent le cas où l'insurrection devient légitime, avaient été poussés par d'atroces persécutions à affirmer le droit de résistance. Mais lorsque ce même droit est revendiqué par un curé de Paris, Jean Boucher (*De justa Henrici III abdicatione*, 1549). ou par un autre curé de la même époque, Pigenat, ou par le jésuite Mariana (*De rege et regis institutione*, 1598), qui va jusqu'à préconiser le *tyrannicide*, on doit croire que ces opinions extrêmes répondaient alors à un courant d'idées assez large et profond.

Le courant changea et la théorie d'une obéissance plus ou moins passive l'emporta dans les faits aussi bien que dans les livres. Mais elle s'exprime déjà d'une manière moins absolue qu'autrefois. Si Filmer (*Observations concerning the origin of government*, etc. London, 1652) soutient encore qu'on doit obéissance au roi, non seulement lorsqu'il commande quelque chose de contraire aux lois humaines, mais encore de contraire aux

---

1. Traduit par **François Etienne** sous le titre : *De la puissance légitime du prince sur le peuple*. Paris, 1581.

On trouvera d'amples renseignements bibliographiques dans : Mohl, *die Literatur der Staatswissenchaften*, t. I, p. 320 et suiv. 1854 ; Murhard. *Ueber Widerstand, Empörung und Zwangübung der Staatsbürger gegen die bestehende Staatsgewalt*, p. 195. 1832 ; Baudrillart, *Jean Bodin et son temps*, p. 9 et suiv. 1853 ; *Recueil des pièces concernant la doctrine romaine sur la déposition des rois*. 1827.

Rome a longtemps prétendu avoir le droit de déposer les rois, mais en vertu d'un ordre d'idées complètement différent de celui qui nous préoccupe.... Voyez l'allocution du pape dans le *Moniteur* du 3 mai 1864, et le *Syllabus*.

lois divines [1]. Pascal n'admet plus l'obéissance que pour les choses humaines, et réserve la religion. Kant prend un biais. En théorie, il pense que les lois émanent du peuple, néanmoins il conseille à ce même peuple de ne pas trop raisonner sur l'origine des lois, et il veut que dans la pratique on obéisse à l'autorité, dussent ses commandements être empreints d'un abus insupportable (*Anfangsgründe der Rechtslehre*). Ces contradictions doivent être attribuées aux excès commis en 1793, sous l'impression desquels le philosophe de Kœnigsberg écrivait son livre.

Mais n'insistons pas. De nos jours, aucun principe ne revendique plus l'obéissance absolue, du moins pas d'une manière expresse ; il n'est généralement question que du « respect dû aux lois ». D'ailleurs, lorsque les constitutions déterminent avec soin les attributions des diverses autorités, ne fixent-elles pas explicitement les limites de ces autorités, en dehors desquelles elles n'existent pas ?

Jusque-là, l'accord est complet entre les publicistes, mais il cesse lorsqu'il s'agit de déduire des conséquences du principe de l'obéissance constitutionnelle. En effet, si l'autorité ou le gouvernement sort des limites fixées par les lois, que faire ?

Les questions sont aussi aisées que la critique, et les réponses aussi difficiles que l'art. C'est que les questions peuvent résumer les idées, tandis que les réponses doivent entrer dans les détails. S'il existe toute une série d'abus et d'excès de pouvoir, depuis la simple mésinterprétation d'une loi d'ordre secondaire jusqu'aux violences les plus insupportables, le remède peut-il être le même dans tous les cas ? Il serait absurde de le supposer. L'abus de pouvoir d'une autorité inférieure, par exemple, sera souvent redressé par l'autorité supérieure, et les citoyens ne se rendent que trop souvent coupables d'une certaine négligence à suivre les voies légales qui leur sont ouvertes. Ils aiment mieux « donner des leçons » ; c'est plus commode [2]. Ce ne sont pas des abus de cette nature qui constituent la difficulté ; le problème consiste à savoir comment résister à l'oppression exercée par le gouvernement, par l'autorité suprême du pays.

On peut concevoir trois degrés :

La *résistance passive* qui est synonyme de désobéissance et qui consiste à opposer à d'injustes commandements une force d'inertie invincible. Cette résistance passive ne doit pas être confondue avec l'abstention dans les élections, car les élections fournissent souvent le moyen d'obtenir le redressement des griefs dont on se plaint. Nous dirions volontiers : Elisez de bons députés et vous aurez

de la bonne politique et un excellent gouvernement.

La *résistance légale* se sert de tous les moyens de droit. Dans un Etat constitutionnel on arrive ainsi infailliblement à ses fins…. si elles sont justes et honnêtes. Malheureusement l'exercice de cette résistance n'est pas facile. Pour réussir il faut : 1° se laisser gouverner par la raison et non par les passions ; 2° connaître les lois de son pays ; 3° habiter une contrée où l'esprit public est répandu dans toutes les classes de la société. C'est cet esprit public qui pousse chaque citoyen à défendre son droit, et qui établit entre tous une étroite solidarité contre l'injustice subie par chacun d'eux. C'est encore cet esprit public qui garantit l'indépendance des élections, qui assure la liberté de l'individu, qui ne recule devant aucun effort, aucun sacrifice. La limite de la résistance légale est écrite dans les lois. Il est des pays où elle comprend le *refus de l'impôt* ; il en est d'autres où l'on peut aller plus ou moins loin, mais partout elle doit savoir s'arrêter à point.

La *résistance violente* commence par l'insurrection et aboutit, si elle est victorieuse, à une révolution. La résistance violente n'est qu'un moyen extrême qui est rarement nécessaire — peut-être jamais dans les Etats constitutionnels — puisqu'il y existe des voies légales pour obtenir le redressement des griefs. La résistance violente a encore l'inconvénient de lancer ceux qui l'exercent dans un inconnu qui les dominera nécessairement. Jamais une révolution violente n'est restée dans les limites prévues, et il peut arriver que les maux qu'elle traîne à sa suite dépassent ceux qu'elle se proposait de détruire. La résistance violente devrait être réservée pour les cas de légitime défense.

Le droit de résistance a été acquis pratiquement par les Anglais et les Américains, mais il a été établi théoriquement en dernier lieu par les Allemands [1]. Toutefois les divers auteurs ne s'accordent pas sur les bases de ce droit. On peut distinguer surtout quatre manières de voir : Les uns considèrent l'Etat comme un pacte politique entre le gouvernement et le peuple. C'est un contrat synallagmatique qui cesse d'être obligatoire pour l'une des parties, dès que l'autre l'a rompu (Feuerbach, Strombeck). D'autres pensent qu'aucun gouvernement, quelle que soit son origine, n'a le droit de commettre une injustice, et que personne n'a le devoir de la subir (Bauer, Rotteck, Jordan). D'autres font de la résistance simplement une affaire de conscience ou de morale (Erhard, Stahl). Enfin Fichte pense que, le peuple étant souverain, il a toujours raison *quand il est unanime*. Nous avons omis plusieurs opinions intermédiaires [2].

---

1. Macaulay, *History of England*, chap. IX, explique le motif de ces exagérations.

2. Il est encore plus d'un électeur qui vote contre le gouvernement parce qu'un agent de police ou un employé des douanes lui a manqué de politesse ou pour une autre raison analogue. Cet électeur n'est pas mûr pour la politique.

1. *Voy.* l'ouvrage de R. de Mohl déjà cité.

2. Voici, cependant, un fait de jurisprudence française que nous avons relevé dans l'*Opinion nationale* du 11 novembre 1867.

« La Cour de cassation a posé en principe, dans un arrêt du 7 avril 1837, que la résistance, *même avec*

Nous pourrions dire, comme l'éminent professeur Stahl de Berlin, que la résistance est une affaire de conscience, ou comme Haller et Krug, qu'elle doit se borner à la défense légitime, ou adopter l'une des autres opinions que nous avons citées ; mais il est douteux qu'on puisse tirer d'aucune d'elles des préceptes applicables à tous les cas particuliers. Bornons-nous à dire, d'une part, aux princes : Songez-y bien, votre droit est limité et votre responsabilité grande ; d'autre part, aux nations : Maintenez votre droit fermement et par tous les moyens légaux ; vous êtes l'opinion publique, la première puissance du monde, il ne tient qu'à vous de n'avoir jamais besoin d'user de violence.

La violence est la ressource des gouvernements faibles et des minorités ambitieuses et impatientes.

RÉSOLUTION. Synonyme de décision après délibération. La résolution est précédée d'un vote ou adoptée par acclamation.

RESPONSABILITÉ. Pendant assez longtemps la législation française offrait au fonctionnaire une protection qui rendait la responsabilité illusoire. C'est à la Constitution de l'an VII, article 75, qu'on fait remonter la disposition à laquelle nous faisons allusion. En voici le texte : « Les agents du gouvernement, autres que les ministres, ne peuvent être poursuivis pour des faits relatifs à leurs fonctions, qu'en vertu d'une décision du conseil d'État ; en ce cas, la poursuite a lieu devant les tribunaux ordinaires. »

La Constitution de 1791 avait dit d'abord (titre III, art. 4) : « Le pouvoir exécutif est délégué au roi pour être exercé, sous son autorité, par des ministres et autres agents responsables. » Ailleurs, elle avait déterminé de quelle façon les administrateurs, quels qu'ils fussent, pouvaient être mis en accusation, sans que jamais le gouvernement pût empêcher les tribunaux ordinaires d'en connaître, le corps législatif demeurant seul maître de juger si l'accusation devait suivre son cours. La Constitution de 1793 déclara que « la garantie sociale ne peut exister si les limites des fonctions publiques (art. 23 des Droits) ne sont pas clairement déterminées par la loi, et si la responsabilité de tous les fonctionnaires n'est pas assurée », ajoutant encore (art. 31) : « Les délits des mandataires du peuple et de ses agents ne doivent jamais être impunis. Nul n'a le droit de se prétendre plus inviolable que les autres citoyens. » Nous n'avons pas besoin de rappeler comment parlait la Constitution provisoire de l'an II ; elle n'assurait pas seulement la répression des fonctionnaires coupables

violences et avec menaces, à un ordre illégal, donné par un agent du gouvernement, n'était pas un acte de rébellion punissable. »

Le journal en conclut relativement à un fait récent que l'instruction aboutira à une ordonnance de non-lieu contre les prévenus, et que le parquet poursuivra d'office ceux qui ont donné l'ordre d'arrêter ces citoyens.

elle menaçait même leur zèle, s'il ne s'élevait pas à la hauteur de ce que les circonstances attendaient d'eux. Quant à la Constitution de l'an III, elle répète, dans les mêmes termes, à l'article 22, la déclaration de la Constitution de 1793. Il n'y a donc pas à dire que la volonté de la nation eût changé. Au plus fort de ses luttes de salut public et quand elle passait, par nécessité, sous le joug de l'autorité la plus impérieuse qui fût jamais, le législateur décidait en son nom qu'à aucun des rangs de la hiérarchie administrative, ceux qui [avaient] l'honneur d'exercer ou de représenter le pouvoir ne pouvaient échapper à l'égalité des peines et à la responsabilité de leurs actes.

Le sénatus-consulte de l'an XII, commit à la Haute Cour impériale, le soin de connaître de certains crimes et délits des hauts fonctionnaires et accorda au Corps législatif le droit de dénonciation, mais ce ne fut que dans les cas où il y aurait d'abord eu, de la part du Sénat, « de fortes présomptions de détention arbitraire ou de violation de la liberté de la presse. » Or, on sait que le Sénat de l'empire ne présuma pas souvent que la liberté de la presse avait été violée, et, d'ailleurs, le droit de dénonciation donné au Sénat était enveloppé de dispositions réglementaires qui l'annulait presque. Aussi, en 1815, lorsque Napoléon publia son Acte additionnel aux Constitutions de l'Empire, dut-il y placer cet article que les réclamations de tout un peuple exigeaient : « L'article 75 titre VIII de l'acte constitutionnel du 22 frimaire an VIII, portant que les agents du gouvernement ne peuvent être poursuivis qu'en vertu d'une décision du conseil d'État, sera modifié par une loi. »

La Chambre des représentants de 1815, réalisant en partie déjà cette promesse, écrivait dans son projet de constitution : « Les ministres peuvent être poursuivis par les particuliers à raison des dommages qu'ils prétendraient avoir injustement soufferts par les actes du ministère ou de l'administration. La requête est portée à la Chambre des pairs, qui décide s'il y a ou non lieu à poursuite. Si la poursuite est autorisée, elle a lieu devant les tribunaux ordinaires. Quant au mode de poursuivre les fonctionnaires civils et administratifs, il sera réglé par une loi. »

De 1789 à 1815, ce n'est donc que la Constitution de l'an VIII qui se défia de la justice des magistrats au point de lui enlever en principe la connaissance des crimes et délits des fonctionnaires. L'un des premiers actes du gouvernement de la Restauration fut de permettre, au contraire, de traduire devant les tribunaux, sans autorisation préalable, les préposés ou employés des contributions indirectes (loi du 28 août 1816), et, peu après, la même exception fut admise par les lois annuelles de finances à l'égard des agents qui ordonneraient ou opéreraient des perceptions illégales. Ce ne furent toutefois que des exceptions restreintes aux matières financières; les matières administratives et surtout politiques restèrent protégées.

Le gouvernement de Juillet, un peu moins imbu de ces doctrines, proposa une loi sur la responsabilité, qui remettait aux tribunaux sauf des précautions spéciales, le droit de juger sans autorisation les agents du pouvoir ; mais les deux Chambres ne voulurent pas qu'on s'écartât du texte de l'article 75 de la Constitution de l'an VIII et modifièrent seulement les mesures d'application. Ainsi, le gouvernement, comme l'a bien remarqué M. Vivien dans ses *Études administratives*, conservait le droit d'arrêter les poursuites, mais il s'astreignait à suivre l'avis du conseil d'État ; ses décisions étaient, d'ailleurs, soumises à la garantie de la responsabilité, et, d'autre part, les citoyens qui reprochaient à un agent du pouvoir un acte illégal étaient, en cas de plainte de celui-ci, autorisés à faire la preuve du fait dénoncé.

En 1848, l'occasion était belle pour tenter d'assurer enfin la responsabilité des fonctionnaires, réclamée depuis si longtemps par l'opinion et par les publicistes qui l'éclairent. L'Assemblée constituante inscrivit le principe en tête de l'article 68 de l'acte constitutionnel de la République, et, comme on l'avait fait en 1815 et en 1830 (Charte amendée art. 69, § 2), plaça la loi qui détermina les cas, les formes et les conditions de poursuite dans le programme des statuts de détail à délibérer ultérieurement. Le temps manqua et les événements s'opposèrent à ce que la loi de la responsabilité fût organisée ; mais la Constitution de 1848 avait fait faire un grand pas à la question lorsqu'elle investissait l'Assemblée nationale du droit de déférer les fonctionnaires devant le conseil d'État et devant un conseil d'État qui, pour la première fois, était indépendant de l'autorité suprême. L'article 99 était ainsi conçu : « L'Assemblée nationale et le président de la République peuvent, dans tous les cas, déférer l'examen des actes de tout fonctionnaire, autre que le président de la République, au conseil d'État, dont le rapport est rendu public. »

L'article 98 disait, en outre, en parlant des fonctionnaires de l'ordre le plus élevé : « Dans tous les cas de responsabilité des ministres, l'Assemblée nationale peut, selon les circonstances, renvoyer le ministre inculpé soit devant la haute cour de justice, soit devant les tribunaux ordinaires, pour les réparations civiles. » À ce propos, Dupin l'aîné remarque, dans le commentaire qu'il a fait de la Constitution de 1848, que c'est la première fois que la législation constitutionnelle française ouvrait nettement une action civile contre les fonctionnaires qui, par fraude ou par faute, auraient porté un préjudice à l'État, et il ajoute, avec l'autorité spéciale que lui donnent ses fonctions de membre de la commission de constitution : « Bien entendu que la même action, et dans les mêmes

formes, peut être aussi donnée aux particuliers. »

En 1852, tout le progrès accompli dans ce sens est brusquement interrompu et, comme en l'an VIII, l'autorité reprend possession de son inviolabilité ou, du moins, redevient maîtresse de décider, à tous les rangs de la hiérarchie, dans quelles circonstances elle consent que ses agents soient justiciables des tribunaux. La question de la responsabilité recula donc et resta même en deçà du point où elle était arrivée dans les derniers temps de la monarchie constitutionnelle. En effet, le droit de faire la preuve par témoins des faits imputés aux fonctionnaires publics, droit ouvert par la loi du 26 mai 1819, supprimé par la loi du 15 mars 1822 et rétabli par celle du 8 octobre 1830, a été retiré par l'article 28 du décret-loi du 17 février 1852, sur la presse, article qui porte que « en aucun cas la preuve par témoins ne sera admise pour établir la réalité des faits injurieux ou diffamatoires ». N'oublions pas en outre, pour que la rigueur de la législation apparaisse tout entière, que les tribunaux correctionnels avaient été substitués au jury pour le jugement des délits de la presse, et que les débats des procès relatifs à ces délits ne pouvaient être publiés. Les fonctionnaires étaient donc, en réalité, protégés comme jamais ils ne le furent, et il était difficile que l'opinion ait justice d'eux lorsqu'ils sortaient de la légalité et du droit. Même en matière d'élections, c'est-à-dire là où il importe le plus que les abus d'autorité soient réprimés sur l'heure, on n'avait pas laissé subsister la loi qui accordait la faculté de poursuivre les fonctionnaires sans avoir à demander d'autorisation. L'article 119 de la loi électorale de 1849 disait : « Si un crime ou délit est imputé à un agent du gouvernement, la poursuite aura lieu sans qu'il soit besoin d'une autorisation préalable »; et l'article 120, pour garantir à son tour le fonctionnaire contre les imputations mal fondées : « Si le fonctionnaire inculpé est renvoyé des fins de la plainte, la partie civile pourra, selon les circonstances, être condamnée à une amende de 100 fr. à 5,000 fr. et aux dommages-intérêts. » On ne voit rien de semblable dans le décret du 2 février 1852.

C'est un décret du gouvernement de la défense nationale, du 19 septembre 1870, qui abroge l'article 75 de la Constitution de l'an VIII. L'article 2 de ce décret ajoute qu'il sera ultérieurement statué sur les peines civiles qu'il peut y avoir lieu d'édicter, dans l'intérêt public, contre des particuliers qui auraient dirigé des poursuites téméraires contre les fonctionnaires. Il ne faut pas oublier, d'ailleurs, qu'en vertu de la loi de 1819 remise en vigueur, la preuve des faits diffamatoires avancés contre un agent de l'autorité est admise.

L'article 75 de la Constitution de l'an VIII une fois bien effacé de nos lois, il y aurait encore à réformer les articles du Code d'instruction criminelle et du Code pénal qui, rédigés sous l'Empire et dans la même pensée, ont fortifié l'inviolabilité des fonctionnaires français, mais il y aurait surtout à réviser le principe de la séparation de l'administration et de la justice, ou du moins quelques-unes des applications de ce principe. Malgré tout ce qui a été fait jusqu'à présent, il est encore facile de distraire un fonctionnaire de son juge naturel et d'en assurer l'impunité. Le fonctionnaire n'a qu'à présenter un ordre écrit de son supérieur; si celui-ci est couvert par le ministre qui argue d'une mesure politique, le tribunal se récuse. Sans doute, le ministre peut être interpellé à la Chambre, mais pour les mesures politiques il a la majorité, ou il ne serait pas ministre, et sa majorité l'absoudra toujours, lorsqu'il s'agira de mesures conformes à ses vues. C'est dire que, malheureusement dans la pratique, la politique prime généralement le droit, proposition synonyme de cette autre plus usuelle : la force prime le droit.

Nous ne saurions trop le répéter : qu'on le considère au point de vue politique ou au point de vue de la simple administration, le principe de la responsabilité doit être, toujours et partout le même. Depuis les premiers fonctionnaires de l'Etat jusqu'au dernier des agents de l'autorité, il doit atteindre et maintenir chacun dans l'exercice de son devoir. La responsabilité, dérivée de la morale et de la même essence que la liberté, est la première des règles fondamentales de l'ordre public.

RESPONSABILITÉ MINISTÉRIELLE. Il en a été d'innombrables fois question dans le monde politique, mais la question est considérée comme non résolue. Pourtant en politique, elle semble toute résolue, puisque le ministre qui n'a plus la majorité tombe; en matière civile ou pénale? Egalement, puisque des ministres ont été poursuivis et punis. — Y aurait-il là aussi beaucoup de bruit pour rien?

RESTAURATION. Rétablissement d'une dynastie. Les restaurations les plus célèbres sont celles des Stuarts en Angleterre et des Bourbons en France; on n'a pas employé ce mot pour le rétablissement de l'Empire. Les restaurations sont une réaction; elles prouvent que le mouvement a été trop loin dans le sens opposé. Cette réaction n'est pas toujours violente, bien qu'elle soit forte; car elle doit être forte pour vaincre l'amour-propre national : un peuple n'aime pas se déjuger.

RÉTORSION. La rétorsion est une variété du système des représailles. Elle est employée lorsqu'un gouvernement a pris, soit relativement aux étrangers, soit relativement aux sujets d'un pays déterminé, des dispositions iniques ou même seulement nuisibles. L'Etat auquel appartiennent les sujets lésés met alors, par mesure de rétorsion, les sujets du gou-

vernement en question dans la même position, ou dans une position analogue à celle que subissent les siens.

Ce moyen — contenu dans de justes bornes — est parfaitement licite. Il a été plusieurs fois appliqué avec bonheur à des cas où la législation arriérée d'un pays établissait entre les hommes des catégories qui ne sont fondées ni dans la nature, ni dans la justice. On a ainsi obtenu une protection pour ses propres nationaux et il en est même résulté des progrès pour la législation générale.

RÉTROACTIVITÉ. La rétroactivité, c'est-à-dire l'action des lois sur les faits passés, est contraire dans son principe à l'essence même de la loi qui est de régir l'avenir, et aux notions les plus vulgaires de l'équité. Comment admettre, en effet, que les lois, dont l'office est de commander, de défendre ou de permettre, puissent commander, défendre ou permettre des faits accomplis? Comment admettre également qu'une loi doive être obéie avant d'être connue, et puisse être connue avant d'être faite? Si, d'autre part, on considère la rétroactivité dans ses conséquences, on trouve qu'elle en aurait de désastreuses. Enlevant aux intérêts les plus sacrés du citoyen et de la famille toute base et toute garantie, elle livre la société à l'arbitraire, à l'instabilité; et Portalis a pu dire avec raison que « partout où elle serait admise, non seulement la sûreté n'existerait plus, mais son ombre même. »

Le principe de la non-rétroactivité des lois est donc une de ces règles de bon sens et de justice qu'on peut nommer les axiomes du droit, qui doivent présider à toute législation, et qui existent par elles-mêmes, indépendamment de toute sanction des lois positives. Quelquefois pourtant le législateur a jugé utile d'inscrire cette vérité dans les lois. Ainsi les empereurs Théodose et Valens, dans la loi 7, C. *de legibus*, disaient : « *Leges et constitutiones futuris certum est dare formam negotiis, non ad præterita facta revocari.* » Après les lois rétroactives des 5 brumaire et 17 nivôse an II, la Convention, revenue de telles erreurs, crut devoir en proscrire le retour en écrivant dans la Constitution de l'an III : « Aucune loi criminelle ni civile ne peut avoir d'effet rétroactif. » Enfin la même règle a été placée en tête du Code Napoléon et du Code pénal pour guider les tribunaux dans l'application des lois. (G. de Bourge.)

Pris objectivement, le principe de la non-rétroactivité des lois ne soulève donc aucune difficulté, ne rencontre aucune contradiction; mais en matière civile l'application du même principe est souvent d'une extrême délicatesse et donne lieu à de graves difficultés. Lorsque la loi du 17 nivôse an II, rendue dans un moment de fièvre égalitaire, décrétait que « les successions des pères, mères ou autres ascendants, et des parents collatéraux, ouvertes *depuis et compris le*

14 juillet 1789, et qui s'ouvriraient à l'avenir, seraient partagées également entre les enfants, descendants ou héritiers en ligne collatérale, nonobstant toutes lois, coutumes, donations, testaments et partages *déjà faits* », il y avait là rétroactivité flagrante, incontestable, et les suites déplorables d'une telle disposition amenèrent bientôt la Convention elle-même à l'abroger. Mais toutes les questions ne se présentent pas avec autant de netteté, et, dans bien des cas, le législateur doit se demander, avec quelque embarras, où commence exactement la rétroactivité, et jusqu'à quel point la raison d'État, certains motifs d'équité apparente ou réelle lui permettent ou non de tenir compte de cet obstacle ; questions non pas insolubles, mais délicates, pour lesquelles « la science n'est point parvenue à offrir une règle fixe comme un guide toujours sûr dans l'application ». (Demolombe.) Tout le monde est d'accord pour dire que les « droits acquis » doivent être respectés ; mais personne n'a pu définir le droit acquis d'une manière satisfaisante. Si ces difficultés existent pour le législateur qui peut et doit quelquefois les résoudre en disant : « *sic volo, sic jubeo....* », des difficultés non moins grandes existent pour le magistrat chargé d'appliquer la loi, qui doit souvent distinguer dans un même fait les conséquences qui appartiennent à la loi ancienne de celles qui doivent être régies par la loi nouvelle. Aussi, en jurisprudence, les questions transitoires sont-elles au nombre des plus délicates et des plus célèbres. (G. DE BOURGE.)

En matière criminelle, au contraire, le principe de la non-rétroactivité est d'une application beaucoup plus facile. Il est ainsi formulé en tête du Code pénal : « Nulle contravention, nul délit, nul crime ne peuvent être punis de peines qui n'étaient pas prononcées par la loi avant qu'ils fussent commis. » Malheureusement les passions politiques ont fait plus d'une fois méconnaître une règle si juste et si simple.

RÉUNION (DROIT DE). On doit distinguer *la réunion* de *l'association*. Généralement, la réunion a lieu une ou peu de fois, il n'y a pas de lien durable entre ceux qui se sont assemblés tandis que ce lien existe dans les associations. La réunion et l'association peuvent avoir, et ont souvent un but utile, mais parfois les agitateurs, les politiciens, les démagogues en usent pour exciter les esprits et pour produire des troubles. Ce sont ces abus, qui ont fait restreindre l'usage. En thèse générale, les droits de réunion et d'association entre individus ou entre citoyens sont des droits naturels que toute constitution doit reconnaître, tout en réservant à la justice le pouvoir de réprimer les abus, et à la loi, ou même à l'autorité chargée de la police, le soin d'interdire les associations ou les réunions dont la nature même et le but sont incompatibles avec la paix publique. Mais on

sent combien il est difficile de tracer une limite entre la liberté qui réclame ses droits imprescriptibles et l'ordre qui a partout ses exigences. Un pareil problème, d'ailleurs, n'est pas susceptible d'être résolu isolément : le droit de réunion et le droit d'association sont des éléments nécessaires de tout système d'institutions libérales ; de telles institutions auront toujours d'autant moins à craindre de l'exercice de ces droits qu'elles seront plus sincèrement pratiquées, parce que, sous le régime dont on suppose ici l'existence, les libertés diverses ou plutôt la liberté sous ses diverses formes, se serviraient à elles-mêmes de correctif et de contre-poids.

La loi du 19 novembre 1790 déclarait expressément que les citoyens ont le droit de *s'assembler* paisiblement et de former entre eux des *sociétés* libres, à la charge d'observer les lois qui régissent tous les citoyens. La Constitution du 3 septembre 1791 consacra seulement le droit de s'assembler paisiblement et sans armes, ce qui restreignait implicitement le droit d'association. On connaît cependant l'existence orageuse des clubs ; un décret du 6 fructidor an III en prononça la dissolution et celle des sociétés populaires ; mais jusqu'alors le droit de réunion paraissait n'être pas atteint par la mesure qui frappait les associations. Un décret du 7 thermidor an V ne prohibait également que les *sociétés* s'occupant de matières politiques. Enfin, l'article 291 du Code pénal de 1810, en défendant la formation de toute association de plus de vingt personnes, parut respecter encore le droit de réunion. On sait comment, sous la Restauration, la prohibition fut éludée par le fractionnement des sociétés par section ayant chacune moins de vingt membres. De là une loi du 10 avril 1834 qui demeura encore étrangère aux simples réunions, suivant la déclaration formelle du garde des sceaux. (*Moniteur* des 25 mars et 6 avril 1834.) Cette loi déclarait les articles 291-294 du Code pénal applicables aux associations de plus de vingt personnes, même quand elles étaient divisées en fractions d'un nombre inférieur, si leur nombre total excédait ce chiffre. D'une autre part, elle décidait que l'autorisation du gouvernement serait nécessaire même pour les associations qui ne tiendraient pas leurs séances à jours marqués, tandis que le Code pénal, dans l'article 291, ne punissait que les associations dont les réunions avaient lieu tous les jours ou à des jours indiqués d'avance. Tel était l'état de la législation, le 22 février 1848, lorsque le gouvernement prétendait interdire les banquets réformistes, considérés par l'opposition comme n'étant que l'exercice du droit de réunion.

De part et d'autre, on était d'accord sur ce point que l'article 291 du Code pénal et la loi du 10 avril 1834 ne s'appliquaient pas aux réunions politiques purement accidentelles ; mais le ministre soutenait que les lois de police, c'est-à-dire la loi des 16-24 août 1790 et, spécialement pour Paris, les arrêtés de messidor an VIII et de brumaire an IX lui donnaient le droit d'intervenir dans ces réunions et que ce droit pouvait aller jusqu'à en prononcer l'interdiction, si elles devenaient menaçantes pour la sécurité du pays. Cette doctrine était juridique; seulement, il aurait fallu ne pas engager avec l'opinion publique une lutte assez violente pour que la réunion de quelques députés, dont plusieurs au fond très conservateurs, devînt menaçante, et pour que l'interdiction de cette réunion pût être le signal et le prétexte d'une révolution. Le peuple ou les politiciens qui l'excitaient ne vit que ce côté de la question et ne s'occupa point de l'application de la loi de 1790.

La difficulté ainsi vidée, on sait ce qui s'ensuivit; bientôt il faut interdire aux assemblées populaires de se réunir dans les églises (24 mars 1848), proscrire les délibérations armées (19 avril 1848), dissoudre d'autorité les clubs Blanqui et Raspail (22 mai 1848), soumettre les clubs à la surveillance de l'autorité et les réunions non publiques à l'autorisation préalable du gouvernement (28 juillet 1848). Vainement la Constitution du 4 novembre, dans son article 8, proclame que le droit de réunion n'a pour limites que les droits et la liberté d'autrui et la sécurité publique, l'Assemblée législative, sous l'impression de l'échauffourée du 13 juin 1849, autorise le gouvernement à interdire les clubs et les réunions publiques, et enfin le décret du 25 mars 1852 déclare applicables aux réunions publiques, « *de quelque nature qu'elles soient* », les articles 291, 292 et 294 du Code pénal et les articles 1, 2, 3 de la loi du 10 avril 1834.

Sous ce régime, il n'y avait plus à distinguer entre l'*association* et la *réunion*, ni entre les diverses espèces de réunions. L'autorisation était exigée pour toutes les réunions ou associations politiques, religieuses, littéraires, scientifiques, en un mot, quel que fût leur objet. La rigueur de cette disposition était encore aggravée par l'absence de toute définition légale de la réunion publique et la détermination des caractères du délit restait abandonnée à l'appréciation de la police. Avec une législation aussi vague, il n'était pas de réunion de famille où l'on ne pût voir apparaître l'écharpe du commissaire de police, et pour citer un exemple, on se rappelle la discussion à laquelle donna lieu, en 1868, au Corps législatif, l'interdiction faite par le commissaire de police du canton de Carhaix à un sieur Le Follezon de donner à dîner, dans une salle d'auberge, à ses parents et amis venus pour assister à un service anniversaire.

Au moment où cet incident se produisait, l'Empire avait commencé son évolution libérale. Napoléon III, dans son discours d'ouverture de la session de 1866, avait déclaré que, « pour favoriser le développement des sociétés coopératives, l'autorisation de se réunir serait accordée à tous ceux qui, en dehors de la politique, voudraient délibérer sur leurs in-

térêts industriels et commerciaux »; la lettre du 19 janvier 1867 exprimait une idée plus générale, en proclamant la nécessité de régler législativement le droit de réunion; enfin, un projet délibéré en conseil d'Etat, sous la présidence de l'Empereur, devenait la loi du 6 juin 1868.

L'article 1er pose d'abord comme principe que *toute* réunion publique peut avoir lieu sans autorisation préalable, à la charge par ceux qui veulent la former de se soumettre à certaines prescriptions; seulement, il interdit, à moins qu'elles n'aient été autorisées conformément à la législation en vigueur (c'est-à-dire au décret du 25 mars 1852), les réunions qui voudraient s'occuper de questions *religieuses* ou *politiques*. Ainsi, une disposition en réalité restrictive affecte une forme générale. La discussion n'a pas déterminé ce qu'il faut entendre par *matières politiques*. D'après Rouher, alors ministre d'Etat, cette expression de loi écrite depuis 1819, dans notre législation sur la presse, a reçu de la jurisprudence, au point de vue du cautionnement et du timbre des journaux, une interprétation qui en précise suffisamment la portée.

Chaque réunion, dit l'article 2 de la loi du 6 juin 1868, doit être précédée d'une déclaration signée par sept personnes domiciliées dans la commune où elle doit avoir lieu, et jouissant de leurs droits civils et politiques.— Cette déclaration indique les noms, qualités et domiciles des déclarants, le local, le jour et l'heure de la séance, ainsi que l'objet spécial et déterminé de la réunion. — Elle est remise, à Paris, au préfet de police; dans les départements, au préfet ou au sous-préfet. — Il en est donné immédiatement un récépissé qui doit être représenté à toute réquisition des agents de l'autorité. — La réunion ne peut avoir lieu que trois jours francs après la délivrance du récépissé.

Une réunion, continue l'article 3, ne peut être tenue que dans un local clos et couvert; elle ne peut se prolonger au delà de l'heure fixée par l'autorité compétente pour la fermeture des lieux publics.— Ainsi se trouve proscrit le meeting, la réunion en plein air; mais un membre de la commission, M. Josseau, a dit qu'un local couvert d'une simple toile serait un lieu couvert dans le sens de la loi.

Aux termes de l'article 4, chaque réunion doit avoir un bureau composé d'un président et de deux assesseurs au moins, qui sont chargés de maintenir l'ordre dans l'assemblée et d'empêcher toute infraction aux lois. Les membres du bureau ne doivent tolérer la discussion d'aucune question étrangère à l'objet de la réunion.

Les articles 5 et 6 empruntent au décret du 28 juillet 1848 la faculté pour l'administration de se faire représenter dans toute assemblée publique par un fonctionnaire de l'ordre judiciaire ou administratif; revêtu de ses insignes, et qui prend une place à son choix. Ce fonctionnaire a le droit de prononcer la dissolution : 1° si le bureau, bien qu'averti, laisse mettre en discussion des questions étrangères à l'objet de la réunion ; 2° si la réunion devient tumultueuse. — Les personnes réunies sont tenues de se séparer à la première réquisition.

Nous ne continuerons pas cette analyse d'une loi qui a cessé d'exister. La France est actuellement sous le régime de la loi du 30 juin 1881, les réunions publiques, qu'elles s'occupent de politique ou autre chose, sont libres, et n'ont pas besoin d'autorisation. — Mais elles doivent être précédées d'une déclaration, signée par 2 personnes au moins et indiquer le lieu, le jour et l'heure de la réunion. — Les réunions ne peuvent être tenues sur la voie publique, mais on peut se réunir en plein air. Toute réunion publique doit avoir un bureau composé de 3 personnes. — Un fonctionnaire de l'ordre administratif ou judiciaire (commissaire de police) peut être délégué par l'autorité (préfet, etc.), pour assister à la réunion, mais sans y intervenir, sauf dans deux cas : 1° sur la demande du bureau, 2° en cas de collision. Dans ces 2 cas, il peut dissoudre l'assemblée. La loi du 30 juin 1881 maintient l'interdiction des clubs.

Cette loi renferme aussi des dispositions spéciales aux réunions électorales. Elle ne s'applique en tout cas qu'aux réunions publiques et c'est à l'autorité à apprécier si une réunion est publique ou privée. En général une réunion est privée quand on n'y a accès que sur une invitation spéciale, et que les personnes étrangères ne peuvent pas y assister du dehors.

On voit que le législateur, tout en accordant la liberté de réunion, a pris des mesures pour maintenir l'ordre.

Le droit de réunion existe maintenant dans la plupart des pays de l'Europe ; il a toujours été en vigueur aux Etats-Unis. En Allemagne, il date de 1848. Il est inutile de dire que ce droit est encore *réglementé* dans plus d'un pays.

RÉVÉLATEUR [1]. La révélation des crimes de lèse-majesté provoquée par des récompenses a produit à Rome, sous les empereurs, le plus odieux fléau qui ait désolé l'humanité. « On vit paraître, dit Montesquieu, un genre d'hommes funestes, une troupe de délateurs. Quiconque avait bien des vices et bien des talents, une âme bien basse et un esprit bien ambitieux, cherchait un criminel dont la condamnation pût plaire au prince ; c'était la voie pour aller aux honneurs et à la fortune. » Les délateurs faisaient leur proie des richesses de leurs victimes. Leur audace et leur perversité donnent la mesure exacte de la dégradation des mœurs romaines sous l'empire. C'est dans Tacite et dans Pline le Jeune qu'il faut en chercher le tableau.

En France, la délation des crimes poli-

tiques n'a jamais été encouragée, comme à Rome. par des récompenses ; mais la loi, à diverses reprises, a voulu la provoquer par des châtiments. Une ordonnance de Louis XI, du 22 décembre 1477, donnée au Plessis-les-Tours, « répute criminels de lèse-majesté tous ceux qui dorénavant auront connaissance de quelques traités, machinations, conspirations et entreprises contre le roi et aussi à l'encontre de la chose publique du royaume s'ils ne le révèlent le plus tôt possible, auquel cas ils sont dignes de rémunération ». Après Louis XI cette loi est tombée en désuétude. Il appartenait au cardinal de Richelieu et à Laubardemont de l'exhumer de l'oubli et de la faire revivre : elle reçut son application dans le procès de Cinq-Mars. De Thou, qui de son propre aveu était non-révélateur, mais à qui on ne pouvait imputer aucune complicité, fut condamné en vertu de la loi de Louis XI. Il paraît que l'existence même de cette loi était ignorée sous Louis XIII et que c'est Laubardemont qui la découvrit. Le chancelier Séguier s'excusa auprès du cardinal de ne la point connaître, en alléguant « qu'elle n'était pas en usage au parlement de Paris où il avait été élevé ».

Malgré ce précédent, la délation ne put jamais s'implanter en France. Montesquieu atteste que la révélation n'était pas, de son temps, commandée par la loi. Beccaria, de son côté, protesta énergiquement contre les accusations secrètes ; il ne voyait qu'opprobre pour la société à autoriser les saintes lois, garants sacrés de la confiance publique, base respectable des mœurs, à protéger la perfidie, à légitimer la trahison. Diderot, moins bien inspiré et au nom de doctrines moins pures et moins élevées, combattit Beccaria sur ce point et osa écrire ces immorales paroles : « Rien ne peut balancer l'avantage de jeter la défiance entre les scélérats, de les rendre suspects et redoutables l'un à l'autre et de leur faire craindre sans cesse dans leurs complices autant d'accusateurs. La morale humaine, dont les lois sont la base, a pour objet l'ordre public et ne peut admettre au rang de ses vertus la fidélité des scélérats entre eux pour troubler l'ordre et violer les lois avec plus de sécurité. » D'abord, les lois ne sont pas la base de la morale : elles en sont l'expression et l'émanation ; ensuite la morale n'a pas pour objet l'ordre public : l'ordre public est l'harmonie qui en dérive ; enfin si la morale réprouve la trahison entre les honnêtes gens, elle ne l'approuve pas davantage entre les scélérats. La déclamation de Diderot porte donc à faux ; si on fait emploi de la délation, au moins ne faut-il pas invoquer la morale pour s'en justifier. (E. CHEDIEU.)

Le Code pénal de 1810 fit revivre le crime de non-révélation et punit, suivant le cas, de la peine de la réclusion ou de la peine de l'amende et de l'emprisonnement « toutes personnes qui, ayant eu connaissance de complots formés ou de crimes projetés contre la sûreté intérieure ou extérieure de l'Etat, n'auront pas

---

1. On ne doit pas confondre le révélateur de crimes politiques avec le dénonciateur de crimes contre des particuliers. Le droit de dénonciation ou de plainte est consacré par l'article 30 du Code d'instruction criminelle, qui en fait même un devoir, mais sans sanction pénale.

fait la déclaration de ces complots ou crimes, et n'auront pas révélé au gouvernement ou aux autorités administratives ou de police judiciaire, les circonstances qui en seront venues à leur connaissance, le tout dans les vingt-quatre heures qui auront suivi ladite connaissance. » Le coupable de non-révélation n'était point admis à excuse sur le fondement qu'il n'aurait point approuvé les crimes non révélés ou même qu'il s'y serait opposé et aurait cherché à en dissuader les auteurs. (Art. 103, 104, 105 et 106.)

Ces dispositions ont disparu de nos lois lors de la révision du Code pénal en 1832. Cependant on a conservé l'article 108, dont le principe est le même et ne se justifie que par l'utilité publique, s'il peut jamais y avoir utilité publique à mettre la loi en désaccord avec la morale.

En 1837, plusieurs tentatives d'assassinat ayant été commises sur la personne du roi Louis-Philippe, un projet de loi fut présenté pour rétablir les dispositions qui punissaient la non-révélation. Mais ce projet fut retiré par le gouvernement.

Il ne faudrait pas conclure de ce qui précède qu'il est du devoir du citoyen de tenir secrètes les machinations dangereuses contre l'Etat dont il aura eu connaissance d'une façon quelconque. La morale nous prescrit d'empêcher le mal, et l'on peut très bien avertir l'autorité sans désigner les auteurs. Laisserait-on un homme se pencher dangereusement au-dessus d'un abîme sans l'avertir? Pourquoi être moins humain envers l'Etat? Serait-ce parce qu'il est plus permis de faire de nombreuses victimes qu'une seule? Si l'on s'élève contre les récompenses accordées aux révélateurs ou aux dénonciateurs, c'est qu'il est des personnes capables d'inventer des coupables. D'ailleurs, il faut avoir le caractère bien vil pour accepter de l'argent en échange d'une dénonciation même fondée.

REVENU (Impôt sur le). A vrai dire, tout impôt, à quelque titre qu'il soit perçu, à quelque signe extérieur de la richesse qu'il s'adresse, est ou doit être un impôt sur le revenu. Frapper le capital, c'est le détruire ou le proscrire. La propriété foncière ne pouvant se dissimuler, il est aisé de l'atteindre; mais si l'Etat demande à celui qui la possède plus qu'il ne lui est possible d'économiser sur son revenu, il le force à entamer le capital. La propriété mobilière se cache, se transforme et se transporte facilement; si l'Etat la soumet à des recherches vexatoires et à des impôts onéreux, il la dispose à émigrer. Tout impôt qui tend à détruire ou à éloigner le capital est donc inique et funeste. Les droits sur les successions, sur les donations, sur les mutations sont des prélèvements faits sur le capital. Ils ne peuvent guère se justifier que par la nécessité absolue, quoiqu'on essaye de les légitimer en les présentant comme une prime payée à l'Etat pour la protection dont il couvre la propriété. Lorsque

ces droits sont modérés, ils n'ont pas un caractère plus fâcheux que quelques autres impôts. D'ailleurs, la règle qui affranchit le capital de l'impôt n'est rigoureusement observée nulle part, et on peut admettre qu'il n'y ait pas grand danger à se départir de cette règle dans les pays riches où le capital se reconstitue par l'économie ; le péril ne commencerait que le jour où, en faisant peser sur le capital des charges très supérieures à celles qu'il supporte dans les pays voisins, on s'exposerait à le voir s'y transporter. L'impôt sur les successions et celui sur les mutations ont tous deux un même et grave inconvénient, celui de peser plus lourdement sur la propriété immobilière que sur la propriété mobilière, cette dernière trouvant mille moyens de s'y soustraire, au moins partiellement. L'impôt excessif sur les successions doit être assimilé à une véritable confiscation ; c'est un des procédés imaginés par le socialisme pour détruire la famille, pour amoindrir les forces individuelles au profit prétendu de la force collective, pour absorber le citoyen dans l'Etat. L'impôt onéreux sur les mutations arrête les transactions ou les fait dissimuler.

Ces réserves faites, on peut établir en principe que, dans tous les pays bien gouvernés, la taxation est assise sur les revenus, soit qu'elle s'adresse par les taxes directes au revenu plus ou moins exactement constaté, soit qu'au moyen de taxes indirectes elle ne cherche à atteindre le revenu qu'au moment où il se manifeste par la dépense. L'impôt foncier s'évalue sur la rente présumée des terres et des maisons ; la contribution mobilière est fixée d'après l'estimation du loyer de l'habitation et n'est, en réalité, qu'un impôt sur le revenu, car, renonçant à taxer directement les revenus mobiliers, on s'est servi du loyer comme du signe extérieur de la richesse le plus général et, en même temps, le plus habituellement proportionné à la fortune des contribuables. Les taxes sur les objets de consommation sont un impôt sur toutes les espèces de revenus, levé au moment où le revenu se manifeste par la dépense. Il est très vrai qu'on peut objecter, contre le principe de ces taxes, qu'étant établies sur la quotité, elles ne sont pas proportionnelles à la richesse des consommateurs, puisqu'il y a telle denrée dont la consommation par tête se règle sur les besoins et non pas sur les facultés. Mais il est juste aussi de remarquer que le riche acquitte les taxes de consommation pour les gens qui sont à son service, en même temps que pour lui et pour sa famille, et que, d'un autre côté, si les taxes de cette nature pèsent plus lourdement sur les petits revenus que sur les gros, elles sont à peu près les seules (avec la contribution personnelle) que payent les contribuables peu aisés; elles sont presque les seules que supportent beaucoup de profits, d'honoraires, de salaires qui, variables et difficiles à constater, échappent à toutes les appréciations sur lesquelles peut reposer l'assiette d'un impôt direct. Enfin, pour terminer cette nomenclature sommaire des impôts, il convient d'ajouter aux taxes directes plus ou moins généralement adoptées les patentes, les impôts somptuaires, etc., et aux taxes indirectes le timbre, l'enregistrement, les postes (pour ce qui dépasse la valeur du service rendu), etc.

Adam Smith a résumé en termes précis les caractères que doit conserver l'impôt ; tous les économistes sont d'accord avec lui sur ces principes généraux : *Ces taxes doivent autant que possible être proportionnées aux facultés des citoyens, certaines dans leur assiette, commodes pour les contribuables, peu coûteuses dans la perception.* Ces règles incontestables, et l'on peut dire incontestées, sont difficiles à concilier dans l'application ; les meilleures taxes sont celles qui s'en rapprochent le plus ; le meilleur système d'impôt est celui qui présente le plus de taxes établies conformément à ces règles.

S'il était possible de constater le revenu de chacun sans une inquisition odieuse, s'il était possible, même en ne reculant pas devant l'inquisition (que pourrait justifier l'intérêt d'État mis aux prises avec la dissimulation et la fraude), s'il était possible, disons-nous, d'atteindre directement tous les revenus, sans d'énormes erreurs et par conséquent sans de révoltantes injustices, nul doute que l'impôt unique sur le revenu ne dût être appliqué partout. Mais il n'est pas un esprit mûri par la réflexion et éclairé par l'observation des faits qui puisse conserver à cet égard la moindre illusion.

L'impossibilité d'asseoir équitablement un impôt direct sur le revenu et de le percevoir sans l'emploi de procédés tyranniques, est reconnue par tous les économistes dont l'opinion fait autorité dans la science. Nul n'a démontré cette impossibilité avec plus de force que John Stuart-Mill dont le libéralisme est incontestable : « Un impôt sur le revenu loyalement établi serait, au point de vue de la justice, l'impôt le moins contestable de tous. Ce qu'on peut lui reprocher dans le triste état où est la morale publique, c'est l'impossibilité de constater le revenu réel des contribuables. Ce n'est pas que, dans mon opinion, il y eût à tenir grand compte de la rigueur prétendue qu'il y a à forcer les contribuables à déclarer leur revenu ; mais il n'est aucun pouvoir d'inquisition tolérable pour le peuple le plus disposé à le subir, qui puisse permettre aux agents du fisc d'établir l'impôt avec une connaissance réelle de la fortune des contribuables. On peut constater le montant des fermages, des loyers, de la plupart des revenus fixes ; mais les honoraires si variables de certaines professions et surtout les profits du commerce, dont la personne intéressée ne connaît pas elle-même exactement l'importance, peuvent encore moins être estimés par le collecteur. Les gens sans probité réussissent à ne payer qu'une petite partie de ce qu'ils devraient payer, tandis que les gens strictement véridiques peuvent être astreints à payer plus qu'ils ne doivent. On peut donc craindre que la justice du principe de l'impôt du revenu ne puisse pas se retrouver dans la pratique et que cet impôt qui, en apparence, est le plus juste de tous, ne soit, en réalité, plus injuste qu'un grand nombre d'autres qui, au premier aspect, semblent bien plus mauvais. »

L'impôt unique ne pouvant pas exister, puisqu'il ne saurait s'établir autrement que par l'impôt sur le revenu, on est conduit par la logique à considérer comme le meilleur système d'impôts, celui où les taxes sont le plus divisées. Du moment qu'on ne peut percevoir l'impôt en s'adressant au revenu, pris abstractivement et sans qu'il se manifeste par la dépense, il devient évident que la multiplicité des titres de perception est le moyen le plus équitable d'atteindre, par les taxes directes, la richesse sous le plus grand nombre possible de ses formes extérieures, et par les taxes indirectes, dans le plus grand nombre possible de ses manifestations par la dépense. Les impôts remplissent ainsi, dans la limite de ce qui est possible, les trois conditions les plus désirables à obtenir : la proportionnalité, la certitude de l'assiette, la commodité pour les contribuables. La quatrième condition, le bon marché de la perception, se concilie moins avec la multiplicité des titres de taxation ; mais c'est des quatre conditions, celle sur laquelle il est le plus permis de transiger, car la justice passe avant l'économie. Tels sont les principes sur lesquels se fonde le système fiscal de la France, système qui, malgré des imperfections inévitables, est considéré, à juste raison, comme l'un des meilleurs qui existent.

REVENU NATIONAL. Voilà une expression dont on se sert souvent, et qui ne peut produire que de la confusion, si on ne la définit pas. Le revenu national peut être simplement le budget des recettes, il peut aussi être l'addition de tous les revenus individuels. Ce sont là les deux seules acceptions légitimes et intelligibles, il importe seulement qu'on fasse connaître au lecteur le sens qu'on donne aux termes employés.

Certains auteurs ont cherché à établir un revenu qui n'était ni l'un ni l'autre. Les chiffres étaient présentés comme le revenu net de la nation, mais on le distinguait de l'épargne, qui est à nos yeux le seul produit net réel. Les auteurs en question ne pensaient qu'aux bénéfices du commerce en gros et de la grande industrie tout au plus en y comprenant l'agriculture. C'était prendre une partie pour le tout. On alla même plus loin. Oubliant que le revenu qu'on distinguait était celui d'une classe seulement, on le prit pour celui de la nation et le constitua en dividende, le chiffre TOTAL de la population étant le diviseur, pour calculer le revenu moyen par tête.

En réalité, c'est le produit brut du travail national qui en constitue le revenu, car le salaire que le fabricant compte parmi ses frais, est du revenu pour l'ouvrier. Or, il est difficile de connaître le montant total des productions, et le sût-on, que le calcul des valeurs présenterait des difficultés inextricables. Mieux vaudrait se fonder sur les consommations. Si l'on pouvait compter la valeur des consommations de tous les citoyens, et de plus l'épargne nette, on aurait un chiffre suffisamment approximatif.

Nous ne pouvons pas donner ici toutes les raisons qu'une longue expérience nous a fait trouver, nous nous bornons à expliquer, sinon à justifier, notre manière de voir, par un exemple. L'un des produits importants du pays ce sont les céréales. Comment les évaluerez-vous? Au prix qu'elles ont sur le lieu de production, comme l'a fait Moreau de Jonnès? Si l'on procède ainsi, on ne compte pas la plus-value donnée au blé par le transport au marché. Et du travail du meunier, du boulanger, du pâtissier, etc., etc., qu'en fait-on? Généralement on en fait un diviseur sans avoir mis au dividende la valeur de ce travail : le quotient sera évidemment faux. Eh bien nous, nous ne comptons pas du tout le blé, ni la farine; nous évaluons le prix du pain en tenant compte des produits accessoires (pâtisserie, etc.). De même, nous ne comptons pas le lin, mais la chemise au moment de la vente au consommateur, ni le mouton ou la laine, mais la côtelette rôtie et *servie*, le drap transformé en vêtement, en un mot le produit complètement achevé. C'est le prix payé par le consommateur qui indique la vraie dépense.

De cette façon seulement on éviterait tous les doubles emplois et la plupart des omissions. On n'atteindrait pas la vérité, mais on s'en approcherait autant que possible.

RÉVISION. Le condamné qui a été justement puni a droit à la réhabilitation, lorsqu'il a mérité par plusieurs années d'une vie honnête que son infamie soit effacée; mais s'il a été injustement frappé, il n'a pas besoin de réhabilitation : c'est à la révision qu'il aura recours. Dans le droit romain et sous notre ancienne monarchie, il fallait s'adresser au prince pour obtenir la révision d'un procès criminel. L'Assemblée constituante se flatta que la réforme de la procédure criminelle rendrait les erreurs judiciaires impossibles. Deux années, hélas! s'étaient à peine écoulées que la conscience publique était émue par la condamnation d'un innocent, démontrée dans un procès : une loi du 15 mai 1793 posa les premières bases de la révision, qui a été organisée par les articles 443 et suivants du Code d'instruction criminelle.

Les demandes en révision sont limitées à trois cas : 1º lorsque deux accusés auront été condamnés pour le même crime par deux arrêts différents, et que les deux arrêts seront inconciliables; 2º lorsqu'il est produit des pièces propres à établir l'existence d'une personne prétendue homicidée; 3º lorsqu'un des

témoins qui avaient déposé à la charge de l'accusé est condamné pour avoir porté un faux témoignage contre lui. Il était sans nul doute nécessaire de formuler à l'avance les cas où la révision serait admissible, afin qu'elle ne devînt pas une sorte de second degré de juridiction, un moyen indirect d'appeler les verdicts du jury. Cependant il n'y aurait peut-être pas d'inconvénient à introduire quelques autres cas, par exemple celui où des pièces à charge qui ont eu une influence importante dans la condamnation seraient reconnues fausses depuis le procès, quoique l'accusé ne les eût pas contestées : on a vu en effet des innocents, par timidité ou par imbécillité, n'opposer aucune résistance ni aux faux témoins ni aux fausses pièces. De plus, si les condamnés sont décédés, le Code n'admet la révision que dans le second cas, celui où la personne prétendue homicidée reparaît : il est nommé alors un curateur à la mémoire du condamné, et son innocence est proclamée malgré sa mort. Mais quant aux deux autres ouvertures, pas de révision, quand les condamnés n'existent plus. Cette disposition est-elle satisfaisante? Le décès est-il un obstacle insurmontable à ce que, dans le cas d'inconciliabilité de deux condamnations ou dans le cas du faux témoignage, il soit procédé à la révision? Nous ne le pensons pas, et il nous paraît d'une stricte justice que la famille du condamné puisse, après sa mort, poursuivre la manifestation de son innocence. On connaît à ce sujet les longues réclamations de la famille de Lesurques.

C'est la Cour de cassation (chambre criminelle) qui statue sur les demandes en révision. Elle ne peut être saisie directement par les condamnés. Il faut que la requête soit adressée au ministre de la justice, et celui-ci fait dénoncer les faits à la cour par le procureur général. On ne voit pas bien la raison de cette disposition, à moins que le Code n'ait voulu accorder au ministre la faculté de ne pas donner suite à la demande. Cette interprétation nous paraîtrait peu probable, parce que les articles 443, 444 et 445 se servent d'expressions impératives qui semblent faire un devoir au ministre, quelle que soit son opinion sur la requête, de la déférer à la cour. On sent qu'il serait inique et contraire à tous les principes de notre droit de remettre entre les mains d'un ministre la justification d'un innocent. Aussi ne comprend-on pas pourquoi la Cour de cassation ne serait pas saisie par requête directe des condamnés. (F. A. HÉLIE.)

RÉVOLUTION. Il faut presque toujours, lorsqu'on parle de révolution, faire une différence entre les temps qui ont précédé et ceux qui ont suivi la Révolution française. Avant cet événement, devenu, pour ainsi dire, le type auquel se comparent presque tous ceux qu'on appelle du même nom, on entendait indistinctement par révolution, soit ces mutations accidentelles et partielles dans le cours des affaires et qui dépendent surtout de la volonté des individus, soit ces changements profonds et généraux qui sont amenés par le temps, par les dispositions du public et qui ressemblent au dénouement ou du moins à la péripétie d'un long drame où n'ont manqué ni les incidents ni les personnages. (En ce cas, on emploie maintenant souvent le mot évolution.)

C'est dans le premier sens que parle Montesquieu, lorsqu'il dit : « Il arrive tous les dix ans en France des révolutions. » Il désigne évidemment par ces mots les variations capricieuses que les influences individuelles et les embarras du moment occasionnent dans un Etat où ni les institutions ni les caractères n'ont de stabilité. Ces vicissitudes rapprochées et continuelles se rencontrent particulièrement dans les monarchies absolues et dans les démocraties pures.

Montesquieu adoptait le second sens, et il exprimait une autre pensée, lorsqu'il écrivait ces lignes : « Il faut quelquefois bien des siècles pour préparer les changements. Les événements mùrissent, et voilà les révolutions. » Telles sont ces révolutions des empires que les grands esprits aiment à méditer et qui sont le principal sujet de la partie politique du Discours sur l'histoire universelle. Lorsqu'on les considère méthodiquement en les rattachant les unes aux autres, on fait rentrer dans l'idée générale de révolution l'idée d'un certain ordre que le langage vulgaire semble en exclure. Quelque contingents en effet que soient essentiellement des événements dans lesquels l'activité humaine joue le principal rôle, il y a dans la nature et dans la destinée de l'homme des causes générales qui, se reproduisant sans cesse, se combinent à la longue pour produire des effets généraux susceptibles d'être prévus dans leur ensemble ou tout au moins expliqués par la sagacité de l'homme d'Etat, du publiciste ou de l'historien ; et ces grands faits paraissent, après qu'ils sont accomplis, empreints d'une nécessité relative qui n'est autre que la force des choses, c'est-à-dire la liaison naturelle des causes et des effets (évolution). Mais parmi ces causes, il ne faut jamais l'oublier, la principale sur la terre sera toujours cette cause libre qui s'appelle l'homme.

Les révolutions ainsi entendues sont difficiles à dater dans l'histoire. Car elles remontent par leurs origines dans les profondeurs du passé, et en ce sens on pourrait dire qu'elles se font toujours et ne sont jamais faites. Cependant on a distingué avec raison de cette révolution pour ainsi dire perpétuelle et qui est comme le travail des siècles, les manifestations distinctes, les crises spéciales qui surviennent dans l'histoire des peuples et qui attestent d'une manière saisissable et souvent saisissante l'œuvre du temps et la situation à laquelle le cours des âges amène les pouvoirs, les lois et les mœurs, ou les esprits et les choses. Alors, *les événements ayant mùri,* un incident quelconque,

une faute personnelle, une fantaisie fortuite, un profond dessein, une détermination enfin de la volonté des individus ou des masses provoque dans l'Etat un changement grave qui intéresse soit le gouvernement, soit la société et transforme l'un ou l'autre d'une façon durable. Ce sont des explosions de ce genre que l'on a en vue, lorsqu'on nomme la révolution de Hollande, celle d'Angleterre, celle d'Amérique, etc.

Ces noms désignent diverses séries limitées de faits assez manifestement liés entre eux pour former aisément un certain ensemble et qui peuvent être rattachés à des causes directes dont la date est assignable. Ces sortes de révolutions, nous ne les concevons guère sans l'intervention de la force, agissant en dehors des lois. La nouvelle si souvent reçue de nos jours d'une révolution accomplie dans un moment donné sur un point du globe habité suggère aussitôt l'idée d'un changement plus ou moins rapide, opéré soit dans le gouvernement, soit dans la société, et auquel la violence n'est pas demeurée étrangère. Le même changement, légalement opéré, s'appellerait une réforme.

C'est cette intervention de la force, presque inévitable dans une épreuve de ce genre, ce caractère d'illégalité et de violence qui fait de toute révolution une chose grave pour la conscience et la raison. Même suscitée par des causes sérieuses, une révolution est toujours une extrémité redoutable, et qui ne saurait être ni légèrement entreprise, ni facilement acceptée, ni aveuglément amnistiée, quel qu'en soit le but, fût-ce le rétablissement de l'ordre ou celui de la liberté. Ces coups d'Etat, quand même ils sont l'ouvrage d'une nation, sont dans la politique intérieure ce qu'est la guerre dans le droit international, et les citoyens ou les pouvoirs qui risquent sans nécessité et sans justice une révolution encourent la même responsabilité que les auteurs d'une guerre qui n'est ni juste ni nécessaire. Indépendamment donc de la légitimité du but, condition première et absolue de toute entreprise politique, l'emploi de la force constitue le point douteux de toute question de guerre ou de révolution. La nature, la durée, l'intensité, le succès d'un moyen odieux en soi, exceptionnellement licite, sont à peser longuement avant de résoudre le problème imposé à quiconque entend décider du sort des hommes par la voie des armes.

Ce rôle de la force dans toute révolution en a rendu le nom suspect à un grand nombre d'esprits honnêtes et calmes dont les partis et les pouvoirs exploitent souvent les scrupules ou les faiblesses. C'est ainsi qu'une certaine école s'est attachée à employer en mauvaise part cette expression abstraite *la Révolution.* On lit souvent que telle cause, telle entreprise réussira, si *la Révolution* ne vient pas s'en mêler. Cette locution équivoque à dessein tend à décrier auprès des gens de bien un certain ensemble d'idées et de sentiments qui a déterminé les révolutions libérales dont ce siècle a donné tant d'exemples. Au fond, sous ce nom de *la Révolution* on veut proscrire les principes de 1789. Si, au contraire, on n'a pour objet que de mettre en garde les esprits contre la violence dans les passions et dans les actes qui est trop souvent l'accompagnement et la perte des révolutions, ce n'est pas celles-ci qu'il faut condamner en masse, mais ce que l'on fera mieux d'appeler l'esprit révolutionnaire. Cette dernière épithète créée par les Anglais et les Américains, et qui se prend chez eux dans un sens neutre comme l'adjectif du substantif *révolution*, n'a guère qu'un sens odieux parmi nous. On peut donc continuer d'entendre par esprit révolutionnaire l'esprit qui cherche sans choix, sans scrupule et sans mesure les révolutions. Comme l'esprit dictatorial diffère de l'esprit gouvernemental, l'esprit soldatesque de l'esprit guerrier, l'esprit libéral doit être distingué de l'esprit révolutionnaire. Le premier redoute les révolutions, travaille à les éviter et n'y recourt qu'à la dernière extrémité ; le second les cherche, les prépare ; il commence par elles, et se donne pour but ce qui n'est qu'un moyen suprême. Ces distinctions, sans cesse méconnues, doivent être sans cesse répétées[1].

Ainsi, dans l'histoire politique, il faut distinguer la révolution des âges ou cette longue vie de l'humanité, semée d'innombrables événements qui la conduisent comme de station en station vers un terme inconnu ; puis, les changements dans les divisions de la société universelle, ou dans la constitution civile et morale des sociétés particulières, changements qu'amène le cours des siècles et qu'on appelle des révolutions (actuellement des *évolutions*) ; ensuite et sous le même nom, soit les crises de cet état chronique qui donnent aux choses une face nouvelle, soit ces variations brusques, œuvre d'une volonté accidentelle ou d'une circonstance fortuite.

Enfin depuis un siècle, depuis l'ère ouverte par la Révolution française, le mot de révolution désigne spécialement celles de ces mutations réformatrices qui ont pour but les progrès de la liberté et de l'égalité. Les réactions qu'elles amènent souvent sont des révolutions en sens inverse, appelées souvent pour ce motif contre-révolutions ou réactions. Une révolution légitime dans son but, juste dans ses principes, modérée dans ses actes, heureuse dans ses résultats, durable dans

son œuvre, est l'idéal politique que paraît poursuivre le dix-neuvième siècle[1].

RICHESSE. Mot que chacun croit comprendre mais dont il est difficile de déterminer avec précision le sens et l'étendue dans une courte définition. Pour le vulgaire, richesse est synonyme de fortune ; c'est la faculté de se procurer en abondance les jouissances qui s'achètent, de posséder plus que le commun des hommes et de pouvoir satisfaire largement ses besoins et ses désirs. Les anciens, plus moralistes qu'économistes, l'entendaient ainsi : « Parmi les particuliers, disait Xénophon, on ne voit pas autant de pauvres que parmi les tyrans. Car ce n'est pas la quantité des choses possédées qui constitue l'abondance ou le nécessaire, c'est l'usage qu'en fait le possesseur : ce qui dépasse le nécessaire est abondance, et ce qui reste en deçà est indigence. » La morale des anciens est en partie fondée sur ce principe. Dans les temps modernes, on s'est attaché à un autre point de vue ; sans négliger l'influence morale de la richesse, on a cherché l'essence même de la richesse, et l'économie politique est née de cette étude ; aussi plusieurs écrivains ont-ils proposé de nommer l'économie politique la science de la richesse. On a débuté, comme d'ordinaire, par des

trines. Une révolution est un changement de gouvernement opéré par la force, soit par un soulèvement populaire, soit par une usurpation militaire ; et de même que « l'homme » indique toujours en anglais un homme déterminé, « la Révolution » s'applique à une révolution spéciale, comme la Révolution française (de 89), la Révolution anglaise de 1688. Le sens qui peut se rattacher à l'expression « *the principle of the Revolution* » ne peut se deviner que si l'on sait le français. En France, les « principes de la Révolution » semblent indiquer les idées d'une personne ayant des opinions démocratiques, et qui, par hasard, en fait usage (*who happens to be using it*). Je ne crois pas qu'on fasse bien d'adopter cette manière de parler des Français. Elle vient d'une infirmité de l'esprit français, qui a été la principale cause de l'insuccès de la nation française dans ses efforts en faveur de la liberté et du progrès, c'est d'avoir été emporté par des phrases et d'avoir traité des abstractions comme si c'étaient des réalités ayant une volonté et exerçant un pouvoir actif. Jusqu'à présent le caractère de la pensée anglaise a été différent : elle exigeait des propositions et des faits déterminés et non des termes vagues n'exprimant que des abstractions. Il n'y a aucun objet réel qu'on appelle « la Révolution » ni « Principes de la Révolution » ; il y a des maximes que votre association considère, selon moi avec raison, comme essentielles à un gouvernement juste, et il y a une tendance de plus en plus forte, à mesure que l'humanité progresse en intelligence, en culture, en faveur de l'adoption des doctrines d'un gouvernement juste Ce sont ces points à faire ressortir, et rien autre, et plus clairement on le fera, mieux on se comprendra, on saura de quoi il s'agit et ce qu'il faut prouver. Si, au lieu de cela, les hommes se classent comme amis ou ennemis de « la Révolution », le seul point important (la valeur intrinsèque de la chose) est perdu de vue et LES MESURES SONT JUGÉES, NON D'APRÈS LEUR VALEUR RÉELLE, MAIS D'APRÈS L'ANALOGIE QU'ELLES SEMBLENT AVOIR AVEC UNE ABSTRACTION QUI N'A AUCUN RAPPORT AVEC ELLES (*irrelevant abstraction*).... » Nous n'avons pas grand'chose à ajouter à cette lettre que nous avons trouvée dans le *Daily-News* du 28 octobre 1872, si ce n'est que ce sont les mêmes personnes qui autrefois s'appelaient « le parti de la Révolution » qui ont été plus tard désignées comme « radicaux ». Nous préférons cette expression à celle d'ami de la Révolution, car on a trop de peine à distinguer les « amis de la Révolution » des « révolutionnaires ». M. B.

1. Ce passage, légèrement abrégé, est de Charles de Rémusat. Il ne se servait pas encore du mot évolution.

1. Nous croyons devoir donner ici un extrait étendu d'une lettre que J. Stuart-Mill a adressée, sous la date du 14 octobre 1872, au comité de Nottingham, de la *International Working Men's Association* en réponse a un écrit intitulé *The law of the Revolution* (La loi de la Révolution), que le comité lui avait fait parvenir. Après avoir approuvé quelques détails, il continue : « Je dois cependant vous faire une observation qui m'est suggérée par la phraséologie dont vous vous servez dans vos publications. Quel avantage y a-t-il à désigner les doctrines de l'association par un titre comme celui de : « Les principes de la Révolution politique et sociale ? » L'expression LA RÉVOLUTION ne peut pas servir en Angleterre pour désigner un ensemble de principes ou de doc-

analyses incomplètes et des idées fausses. « Le pays, dit un auteur du dix-septième siècle, devient d'autant plus riche qu'il est tiré plus d'argent ou d'or de la terre, ou qu'il en est plus importé d'ailleurs ; et d'autant plus pauvre qu'il en sort plus d'argent. La richesse d'un pays se mesure d'après la quantité d'or et d'argent qui s'y trouve. » Le système mercantile est fondé sur cette opinion. Les économistes combattirent cette doctrine étroite et démontrèrent victorieusement que, si les métaux précieux étaient une des formes de la richesse, ils étaient loin d'être la seule ni même la principale. Déjà Sully avait dit : « Labourage et pâturage sont les deux mamelles de l'État et les vraies mines et trésors du Pérou ; » Vauban avait le même sentiment lorsqu'il écrivait cette définition : « La vraie richesse d'un royaume consiste dans l'abondance des denrées dont l'usage est si nécessaire au soutien de la vie des hommes qu'ils ne sauraient s'en passer.» Les physiocrates, au dix-huitième siècle, bâtirent leur système sur cette idée, et soutinrent que toute richesse venait de la terre ; c'était une vue déjà beaucoup plus large, mais encore incomplète. Adam Smith l'élargit quand il définit la richesse : « le produit annuel de la terre et du travail », et qu'il comprit sous ce mot toutes « les choses nécessaires, utiles ou agréables à la vie », en un mot, les biens. On était encore loin d'une définition précise. J. B. Say a essayé d'en donner une : « Dans sa signification la plus étendue, ce mot désigne les biens que nous possédons et qui peuvent servir à la satisfaction de nos besoins ou même à la gratification de nos goûts. » Parmi ces biens, il distingue, d'une part, ceux qui, comme l'air et la lumière, sont en telle quantité qu'on n'a ni la peine de les acquérir, ni la crainte de les épuiser, et il les appelle *richesses naturelles;* d'autre part, ceux qui ont une valeur reconnue, qui, seuls produits et échangés par l'homme, forment seuls l'objet de l'économie politique, et il les appelle *richesses sociales,* ceux qui forment les biens proprement dits. Ricardo, Mac Culloch, et d'autres économistes ne reconnaissent la qualité de richesses qu'aux choses échangeables et la refusent à l'air, à la lumière, parce que ce ne sont pas des objets appropriés. Malthus, Courcelle-Seneuil et d'autres encore veulent que les choses comprises sous le nom de richesses soient non seulement utiles et appropriées, mais matérielles. La leçon d'un professeur, le service d'un domestique ou le travail d'un administrateur sont exclus de leur catalogue des richesses. « Sont richesses, dit Courcelle-Seneuil, tous les objets qui peuvent figurer à un inventaire de la forme de celui que dressent chaque année les commerçants ; n'est pas au nombre des richesses tout ce qui ne peut figurer à cet inventaire. » Il y a donc trois catégories de choses comprises dans l'idée de richesse : les choses matérielles et appropriées, comprenant les

fonds productifs et les produits, et reconnues par tous comme des richesses ; les choses matérielles utiles, mais non appropriées, que tous n'admettent pas ; et les services, désignés souvent sous le nom de produits immatériels, qui ne sont admis aussi que par un certain nombre d'économistes. Au fond il n'y a là qu'une querelle de classification ; car nul ne conteste l'utilité des services et de certaines choses [matérielles non appropriées ; la question est de savoir si la qualité essentielle qui constitue la richesse est l'utilité, la valeur ou la matérialité. Nous n'avons pas la prétention de la trancher définitivement, car les querelles de mots sont de celles qu'on ne termine jamais par un raisonnement convaincant, parce qu'elles proviennent non de l'ignorance de l'adversaire, mais de la volonté de comprendre, sous une même expression, une idée différente. Mais nous déclarons regarder l'utilité comme la qualité essentielle de la richesse (ou des biens) et par conséquent nous donnons pour notre part à ce mot son acception la plus étendue. Dans les phénomènes économiques nous voyons la nature et l'homme placés en présence l'un de l'autre, des forces aveugles en face d'une force intelligente et libre qui les discipline et les tourne à son usage. La nature est plus ou moins libérale, ses forces sont plus ou moins en harmonie avec les besoins de l'homme ; ici le sol n'est que sable ou roche; là il est recouvert d'une épaisse couche de terre végétale ; ici le torrent inonde et dévaste, là le fleuve coule mollement et fertilise ; ici les vents impétueux dessèchent le plateau, là des brises tièdes réchauffent la vallée ; ici un soleil brûlant ou des frimas, là un climat tempéré, il y a des contrées naturellement pauvres et des contrées naturellement riches. Les hommes ne sont pas non plus les mêmes dans tous lieux et dans tous les temps; clair-semés, ils ont moins de puissance individuelle que réunis en sociétés compactes ; ignorants, moins de puissance qu'instruits. Dans l'Australie, par exemple, où des sauvages auraient traîné peut-être pendant des milliers d'années une existence misérable, des Européens sont venus, et, en moins d'un demi-siècle, ont multiplié la richesse dont ils apportaient les germes, non seulement dans leurs capitaux, mais surtout dans leur industrie. (E. Levasseur.)

Les problèmes relatifs à la richesse intéressent aussi bien le politique que l'économiste, car l'état de richesse d'une nation influe sur toute l'économie du corps social. Autrefois, lorsque le travail était relégué au second rang, la force militaire suffisait pour assurer la prépondérance. Il n'en est plus de même aujourd'hui ; c'est encore par la guerre, mais c'est beaucoup aussi par le commerce que l'influence s'exerce : or le commerce extérieur est l'expansion de la richesse; quant à la guerre, elle se fait autant avec de l'argent qu'avec des hommes, la victoire est aux gros bataillons et les gros bataillons ne se réunissent et ne se meuvent qu'à l'aide de gros sacs d'écus. Un pays pauvre est condamné à n'exercer aucune influence sérieuse hors des limites de son territoire.

Une nation riche est une nation qui possède une grande somme d'utilités; elle a plus de forces productrices que les autres et dispose de plus de produits pour les entretenir. De quelque manière que la distribution soit faite, cette abondance de produits stimulera le progrès de la population qui fournira à son tour de nouvelles forces à la production; les habitants se presseront sur le sol et la patrie sera mieux défendue contre les invasions étrangères. (Levasseur.)

La répartition de la richesse exerce une grande influence sur les lois politiques d'un pays. L'égalité des fortunes est une utopie; elle serait en opposition avec la nature qui a créé l'inégalité des intelligences et des forces et ne subsisterait pas longtemps si, dans quelque société, on s'imaginait de l'établir artificiellement. L'institution du jubilé n'empêchait pas qu'il y eût chez les Juifs des riches et des pauvres [1]. D'ailleurs, comme on l'a remarqué, l'égalité absolue nuirait au progrès de la richesse; il est des métiers que nul ne consentirait à exercer; il est des fonctions pour lesquelles manqueraient les hommes de loisir ou de science, et de plus, le travail et l'épargne ne seraient pas stimulés par le spectacle d'une condition supérieure et l'espérance d'y atteindre.

Une très grande inégalité, au contraire, est possible et entraîne avec elle les plus graves inconvénients. Là où il n'y a qu'extrême richesse et qu'extrême pauvreté, il ne saurait y avoir de liberté politique. Le peuple est asservi, et l'aristocratie corrompue; quand la fortune tire de la fange quelque misérable pour le soulever jusqu'au rang de ses favoris, celui-ci ne se souvient de sa basse origine que pour se montrer plus insolent; d'ailleurs aucune communication entre ces deux classes si disparates d'une même société; le mépris en haut, la haine en bas sont les seuls sentiments qu'elles nourrissent d'ordinaire l'une pour l'autre; faute de cohésion et de vertus politiques, une pareille société ne saurait éviter l'anarchie ou le despotisme : c'est ainsi que finit la république romaine.

La meilleure répartition est celle qui se fait d'après les lois naturelles du travail dans une société laborieuse, suffisamment éclairée, où la liberté de chacun est protégée contre la ruse et la violence. Il y a des riches et des pauvres; mais, entre les grandes fortunes et le prolétariat, se placent tous les rangs de la classe moyenne qui forment entre les sommets de la richesse et les bas-fonds de la misère une suite continue et relient les uns aux autres par des pentes pour ainsi dire insensibles. Il n'y a pas de transition brusque, pas d'abîme, par conséquent pas le désespoir en bas, parce qu'on peut toujours espérer atteindre le rang immédiatement supérieur; pas de dédains superbes en haut, parce qu'on est toujours trop voisin du rang immédiatement inférieur pour se croire d'une autre espèce que ses semblables. C'est aussi par la même raison l'état le plus favorable au progrès de la richesse; car l'espoir constant d'une condition meilleure est le plus énergique aiguillon de l'industrie humaine, et la diversité des fortunes assure aux diverses professions un recrutement facile. Quelle que soit la forme de gouvernement qu'une pareille société se soit donnée, république ou monarchie, elle aura plus de chance que toute autre d'arriver à la véritable égalité, qui est l'égalité des droits civils et politiques, et à la liberté. (E. Levasseur.)

RICHESSE MOBILIÈRE (Impôt sur la).

C'est l'impôt sur le revenu italien, comme l'impôt mobilier est le nôtre.

RISQUE PROFESSIONNEL.

C'est une idée nouvelle inventée et même adoptée depuis que le socialisme est devenu puissant. Elle est favorable aux ouvriers, en ce que le risque professionnel, qui devrait être supporté par tous ceux qui sont de la profession, est mis entièrement, — en tant que possible, — à la charge des patrons.

C'est une sorte de transaction. Le socialisme demande tant et tant, qu'il n'en pourrait sortir que la ruine si on acceptait tout. Pour montrer qu'on ne manque pas de bonne volonté en faveur des ouvriers, on accepte le risque professionnel, c'est-à-dire, les dépenses causées par les accidents.

Malheureusement, on a rempli de tant de chimères la tête des travailleurs manuels qu'ils n'en sont pas reconnaissants, ils acceptent l'avantage comme une chose due. Ce n'est pas intelligent de leur part, car cela n'encourage pas à leur faire des concessions. Faut-il croire que les démagogues n'aiment pas qu'on fasse des concessions au troupeau qu'ils mènent?

Les dépenses faites au nom du risque personnel font partie des frais généraux et diminuent d'autant les bénéfices du patron.

RIVALITÉ DES PUISSANCES.

Lorsque plusieurs Etats à la fois cherchent à acquérir de l'influence sur leurs voisins, il se produit entre eux une émulation pour obtenir la prépondérance. C'est cette émulation qui constitue la rivalité des puissances. Il ne saurait en résulter de bien. On lutte d'adresse et de force; les efforts de la nation sont dirigés vers la production, moins pour favoriser la diffusion du bien-être que pour remplir le Trésor; les impôts sont augmentés, multipliés afin de soutenir de gros armements; le *para bellum* n'a pas pour but d'assurer la paix, mais de dominer.

ROBIN.

« D'un magistrat ignorant, c'est la

---

1. Le savant M. Franck, que nous avons consulté sur ce point, était d'avis que jamais ce jubilé (où les terres devaient être rendues aux vendeurs) n'a eu lieu. Le jubilé était une utopie.

robe qu'on salue », et c'est d'elle aussi que l'on se moque, c'est à elle que l'on s'en prend, dans les vingt-quatre heures accordées au palais, dit-on (il ne faut pas trop s'y fier), pour maudire ses juges. *Robin* est donc le terme de dédain employé, surtout au siècle dernier, par les grands seigneurs et les gens d'épée, pour désigner les gens de robe (*gens togata*), c'est-à-dire magistrats et avocats.

ROBOTE. C'est le mot slave équivalent de corvée..

ROI. La royauté étant une fonction, celui qui a charge de la remplir est appelé *Roi*. C'est le chef, héréditaire ou électif, absolu ou constitutionnel, du gouvernement d'un royaume. Le même nom s'applique donc à des rôles politiques bien divers, suivant les temps et suivant les pays. Ici le roi règne sur des « sujets », là sur des « citoyens » ; ici il « règne et gouverne », là il « règne et ne gouverne pas ». Mais si le degré de pouvoir que donne le sceptre varie beaucoup, il est un double caractère que la couronne attribue nécessairement à ceux qui la portent : c'est qu'ils sont la plus haute personnification de la nation qu'ils régissent, qu'ils la représentent aux yeux des autres nations ; et c'est, en second lieu, que la justice et l'administration émanent d'eux, ou des lieutenants ayant leur « procuration royale » pour juger et pour administrer. De là de grands devoirs, et qui, en tout état de cause, rendent difficile le métier de roi.

ROI DE ROME. Titre que porta Napoléon II depuis sa naissance jusqu'en 1815, où on lui donna celui de duc de Reichstadt. Ce titre de roi de Rome était sans doute une imitation de celui de *roi des Romains* que prenait l'empereur d'Allemagne depuis son élection jusqu'à son couronnement, et le prince désigné par les électeurs pour lui succéder.

ROTE. On appela d'abord ainsi tous les tribunaux d'Italie, soit parce que les sièges étaient disposés en cercle ou en hémicycle, soit à cause de la mosaïque en rosace du pavé de marbre. Ce nom est resté à un tribunal de Rome institué pour connaître des questions de bénéfices et composé dans l'origine de douze auditeurs, docteurs ecclésiastiques des quatre nations : 8 d'Italie, 2 de France, 1 d'Espagne et 1 d'Allemagne. Dans ce tribunal, la disposition des sièges en cercle avait surtout pour objet d'éviter tout extérieur de préséance entre des juges de diverses nations. Le ressort de la Rote fut plus tard restreint aux États pontificaux. Aussi était-il entièrement composé d'italiens.

ROTURIER. Le roturier ou rompeur de glèbe (*ruptuarius*) était, au moyen-âge, celui qui labourait la terre, esclave, serf ou vilain. Ce mot se trouvait désigner, dans les campagnes, tout ce qui n'était pas noble. On le prit dans la suite pour l'opposé de noble en général, de sorte qu'il fut appliqué à des bourgeois qui n'avaient jamais remué une charrue.

ROWDIES. Mot de la langue politique des États-Unis. Nos « cousins d'Amérique » sont de rudes tapageurs, quand ils s'y mettent, et pour désigner ceux d'entre eux qui affectionnent le tapage et les démonstrations tapageuses, il a fallu trouver mieux que les termes jusqu'alors usités dans la langue anglaise. On a donc pris le substantif *row*, qui signifie tumulte, fracas, et l'on en a fait l'adjectif *rowdy*, pour l'appliquer à ces amateurs bruyants et presque forcenés de changements et de révolutions, qui donnent si volontiers des preuves de leur brutalité proverbiale.

S

SACRE. Cérémonie religieuse qui accompagnait souvent le couronnement des rois. On peut en faire remonter l'origine à la Bible.

Les premiers Capétiens faisaient sacrer leur fils de leur vivant pour opposer à la féodalité cette garantie religieuse d'hérédité. Les rois de France se firent dès lors sacrer, non par le pape, comme Pépin et Charlemagne, mais par l'archevêque de Reims, successeur de saint Remi. En présence des princes du sang, dignitaires, pairs, laïques et ecclésiastiques, le roi jurait de conserver aux Églises leurs privilèges canoniques, de maintenir les droits et les dignités de la couronne, de respecter les lois du royaume, de rendre justice et d'*exterminer l'hérésie*. Cette dernière partie du serment fut omise par les rois de France, à partir de Louis XVI, qui venait de rendre aux protestants leur état civil et l'exercice de leur culte. Le roi reçoit sept onctions de l'huile contenue dans la sainte ampoule, apportée miraculeusement du ciel (sous Clovis), communie sous les deux espèces et revêt les insignes de la royauté. Charles X fut le dernier roi sacré à Reims.

(J. de B.)

SACRILÈGE. En thèse générale, le sacrilège est la profanation ou le vol des choses sacrées, c'est le crime de lèse-majesté divine. Sous les Romains, il était puni de mort par le fer, le feu ou les bêtes féroces. L'ancienne législation française condamnait aussi le coupable au dernier supplice, et pour n'en citer qu'un exemple assez célèbre et assez horrible, on sait que le malheureux chevalier de la Barre, âgé de dix-neuf ans, accusé d'avoir mutilé un crucifix sur le pont d'Abbeville, fut condamné en 1766, par le parlement de Paris, à avoir la langue et la main droite coupées, et à être ensuite brûlé vif. On sait aussi avec quelle éloquence Voltaire a flétri cet odieux arrêt, monument du fanatisme d'un autre âge. « Il y a des temps, a dit Montesquieu, où les lois pénales, en fait de religion, rendent les peines atroces. »

Ces temps sont surtout ceux où la politique entre dans la religion, et alors qu'on s'en croit déjà assez éloigné, il suffit d'une occasion pour montrer à tous que, tant que certains ministres du culte, ayant place dans l'Etat, n'y ont point la première place, tant que la loi civile et la loi pénale n'y sont pas faites à leur point de vue, les choses vont mal à leurs yeux. C'est pour leur donner satisfaction que, sous la Restauration, à une date qui est le point de départ de la réaction implacable sous laquelle devait succomber le trône de Charles X, en 1830, fut présenté en 1825 le projet de loi relatif au sacrilège, qui donna lieu à de mémorables discussions. Royer-Collard l'a dit : C'était « la religion et la société civile, leur nature, leur fin, leur indépendance respective, remises en question»; c'était « la théocratie de notre temps, la contre-révolution » prenant sa revanche, exerçant « ses représailles ». Pour ceux qui, malheureusement pour la France, n'oublient et n'apprennent jamais rien, le principe de la reconnaissance de plusieurs cultes par la Charte était non avenu. Il fallait que le Code pénal se courbât devant le dogme catholique, dogme d'Etat. Il fallait, comme le disait l'orateur, que la loi admît que la voie de fait était commise sur la personne de Jésus-Christ, c'est-à-dire sur Dieu lui-même, puisque l'hostie consacrée est déclarée Dieu par l'Eglise romaine. Le sacrilège allait jusque-là et la caractérisation du fait, c'est-à-dire la circonstance de la consécration de l'hostie, résultait du dire du prêtre. La pénalité était la mort ou, si l'aggravation était écartée, les travaux forcés à perpétuité. Le crime puni sous le nom de sacrilège, c'était donc bien le crime de lèse-majesté divine, et ce crime sortait tout entier du dogme catholique de la présence réelle : le dogme faisait le crime, le dogme le qualifiait; c'était le dogme de la présence réelle inscrit dans la loi, comme on voudrait parfois encore, aujourd'hui même, y voir inscrit ou y faire inscrire celui de la divinité de Jésus-Christ. (Ch. READ.)

Et dire qu'un pareil projet de loi était offert à la France du xixᵉ siècle.

SALAIRES. C'est le nom qu'on donne à la rémunération du travail manuel.

Contrairement à ce que pensent certaines personnes, le taux du salaire ne peut être fixé à volonté, il y a bien une certaine latitude, mais elle n'est pas grande. La loi fondamentale du salaire est qu'il tend à se rapprocher de *la valeur commerciale du ré-*sultat du travail. On paye l'utilité produite ou l'habileté et l'assiduité de l'ouvrier. Qui est-ce qui fixe la valeur commerciale d'un objet? — Le consommateur. — Seulement, le consommateur n'a pas en général des rapports directs avec l'ouvrier, il s'adresse au patron, ou, si l'on veut, au marchand, vendeur du produit achevé. La valeur commerciale c'est le maximum de ce que le consommateur, *dans les circonstances ordinaires*, est disposé à payer pour l'objet, seulement il fait habituellement des efforts pour l'obtenir à un prix moindre. Si l'objet est rare, il n'y réussit pas, s'il est abondant, il réalise facilement une réduction du prix. C'est ce qu'on appelle : l'effet de l'offre et de la demande. La marchandise offerte est moins chère que la marchandise demandée.

C'est d'après le prix que le patron[1] obtient ou peut obtenir pour son produit qu'il fixe le montant du salaire. En le payant, il s'est acquitté envers son collaborateur, il ne lui doit plus rien. Car le montant du salaire est fixé d'avance, c'est une convention, et chacun des intéressés stipule pour soi. Sur le prix de la marchandise le patron doit en premier lieu imputer la dépense qu'il a faite pour acheter les matières premières, les instruments de travail, pour payer les intérêts du capital, les frais généraux etc., reste le salaire dû aux ouvriers et le surplus qu'il peut garder pour lui-même à titre de bénéfices. C'est un partage du produit. Le taux des salaires, comme le taux des bénéfices comportent des oscillations, mais elles sont bien moins amples qu'on ne le croit, ou plutôt que ne le croient les ouvriers depuis qu'ils sont excités par les démagogues. C'est d'abord parce que le salaire est fixe et certain; que le patron gagne ou perde, que la marchandise se détériore ou se détruise, le salaire est dû; le bénéfice, au contraire, est aléatoire, et le risque couru par le patron lui donne un droit absolu à une assurance, c'est-à-dire, à une part plus grande du gain. C'est aussi l'intérêt strict de l'ouvrier que le risque du patron soit couvert. S'il ne l'était pas, et que le patron fît faillite, l'ouvrier verrait l'atelier se fermer, et s'il s'en fermait plusieurs, il ne pourrait plus gagner sa vie. Car le plus souvent son travail ne vaut que dans l'atelier, il ne peut pas l'utiliser ailleurs.

Une autre circonstance qui réduit l'amplitude des oscillations, c'est qu'il y a, contre un patron, beaucoup d'ouvriers. Prenons, à titre d'exemple, une fabrique de mille ouvriers. Si à tort ou à raison l'ouvrier réclamait une augmentation de 1 fr. par jour, soit 300 fr. par an, cela vaudrait la peine, sans l'enrichir beaucoup; mais combien cela coûterait-il au fabricant? — 300.000 fr., un chiffre qu'il ne pourrait presque jamais accorder. — Si l'ouvrier ne demandait qu'une

---

1. Pour abréger je ne distingue pas ici le cas où le patron ou fabricant vend directement au consommateur, et celui où la marchandise passe par les mains d'un marchand ou de plusieurs intermédiaires. Ce point influence rarement le taux des salaires.

augmentation de 10 centimes par jour, somme insensible pour lui, qui n'ajouterait rien à son bien-être, il en coûterait encore 30,000 fr. au patron, et souvent celui-ci n'en disposerait pas ; on vend si l'on peut, et non si l'on veut. Il ne faut pas oublier :

1. Que pour le fabricant les années se suivent et ne se ressemblent pas, qu'il y en a de mauvaises (où il ne vend pas ses produits).

2. Qu'en prévision de ces mauvaises années le patron doit avoir un fonds de réserve pour pouvoir occuper constamment ses ouvriers.

Dans ces mauvaises années, après des méventes, ou quand une forte concurrence aura fait baisser le prix de la marchandise, il se pourra — c'est même très vraisemblable — que le patron dise à l'ouvrier : mon ami, je ne peux plus vous donner tant par jour (ou tant par unité de produit), le prix de la marchandise a diminué. L'ouvrier ne cédera pas facilement, c'est dans la nature humaine, on ne consent pas volontiers à la réduction de son revenu ; l'ouvrier d'ailleurs se laisse trop facilement exciter par les politiciens. Il y aura donc lutte, grève. Si le patron a offert moins qu'il ne faut à l'ouvrier pour vivre, ce dernier ne peut pas céder ; il sera obligé de changer de profession, car il faut vivre. Si l'ouvrier demande plus que le patron ne peut donner, ce dernier sera obligé de fermer boutique... s'il ne peut pas élever le prix de sa marchandise, et le plus souvent il ne le pourra pas.

Ainsi donc, le salaire est soumis à des lois. On ne peut pas vendre des marchandises que le consommateur n'est pas assez riche pour acheter ; si on ne peut pas vendre ces marchandises, on n'en fera plus ; si on n'en fait pas, il n'y aura pas de salaire. Dans un pays où tout le monde va nu pieds, les cordonniers les plus habiles ne gagneraient pas un centime, leur travail n'aurait aucune valeur, puisque personne ne l'utiliserait. Pas de salaire sans travail utile, pas de salaire plus élevé que le travail ne vaut : il n'y a pas de grève et de discours incendiaire qui tiennent. Et la part du patron est *aussi bien gagnée que celle de l'ouvrier.* C'est le patron qui a acheté les peaux et cuirs (il n'a peut-être pas soupé la veille pour parfaire la somme nécessaire), c'est lui qui est allé prendre mesure chez le client, c'est lui qui a taillé la chaussure et qui l'a vendue. Il a même peut-être eu de la peine à se faire payer. Sa besogne est absolument aussi utile que la couture (qu'est-ce qui est plus utile : semer ou labourer ?) et elle est d'ordre plus élevé, plus intellectuel. Or, vous ferez et direz ce que vous voudrez, toujours l'intelligence dirigera les mains et jamais les mains ne dirigeront l'intelligence.

Et le socialisme ? Il ne changera rien à l'affaire. Si, sous le socialisme, il est d'usage d'aller nu-pieds on ne fera pas de souliers ; si l'on était assez bête pour en faire tout de même, personne ne les achèterait, ils ne seraient donc pas payés. Vous pensez que l'Etat les payerait ? — Qui est-ce l'Etat ? En quoi est-ce fait l'Etat ? — Ah oui, c'est votre ami Paul, aidé de Pierre et de Jacques, vous les avez nommés du Comité, du grand Comité. Mais avec quoi payeraient-ils les membres du Comité, puisqu'ils n'ont rien ? Serait-ce avec le produit du travail des va-nu-pieds ? Mais ces derniers n'y consentiraient pas, puisqu'ils ne portent pas de souliers. Ils préfèrent employer autrement leurs produits. On le voit, même sous le socialisme, le salaire sera soumis à ses lois naturelles et l'on ne pourra pas faire ce que l'on voudra. Mais pas du tout, car deux et deux feront toujours quatre et jamais ni trois, ni cinq [1].

Le salaire à la pièce semble être le plus rationnel de toutes les formes de rétributions du travail, et ce salaire à la pièce devrait suivre les oscillations du prix. La seule — et grande — difficulté consisterait à fixer pour chaque marchandise la fraction du prix qui représenterait la part du travail. Mais les hommes n'ont ni l'esprit, ni le sentiment assez juste pour qu'il puisse s'établir un partage aussi simple et aussi rationnel. Chacun tire à soi, il convient donc de s'entendre d'avance sur le taux du salaire, et de s'y tenir jusqu'à la convention suivante.... et de ne pas écouter les politiciens, ni ceux qui veulent le devenir. Tout ce qu'on peut conseiller en attendant que les hommes deviennent meilleurs, c'est de multiplier, au moins à titre d'essai, les cas où le salaire suit une échelle mobile fondée sur le prix de la marchandise, peut-être trouvera-t-on le moyen de généraliser ce système.

SALUT PUBLIC. Ces mots rappellent quelques-uns des souvenirs les plus héroïques et les plus terribles de l'histoire. Ils font penser au dévouement des Spartiates, au sacrifice de Curtius, et en même temps aux plus effroyables mesures de notre révolution, aux plus nobles résistances des peuples et à leurs plus atroces frénésies. *Salus populi suprema lex esto* est un axiome faux en lui-même et qui a porté les conséquences les plus di-

---

1. On entend quelquefois dire que les ouvriers ont fait tel travail *pour le patron.* C'est une grave erreur. Il ne l'ont pas fait le patron ils l'ont fait pour eux-mêmes, dans leur seul et unique intérêt personnel. Ils n'avaient aucune intention de rendre un service à leur patron, que quelquefois ils détestent, sans rime, ni raison. Ils avaient autant besoin du patron que le patron d'eux. Voyez ce menuisier, il sait raboter une planche et faire proprement un parquet. Mais cela ne suffit pas, il n'a ni planche, ni acheteur pour le parquet. Il peut, malgré son habileté et son amour du travail, rester les bras croisés e t mourir de faim. Vient un entrepreneur. Il fait abattre des arbres et scier des planches — qu'il paye naturellement — il sait trouver un amateur de parquet de sorte qu'il ne lui manque plus que le menuisier. Il s'entend avec lui, lui donne sa part convenue, et tout le monde est content, sauf les envieux et les.... *gens qui se laissent exciter par les démagogues.*

De nos jours, où l'industrie est si menacée par la concurrence, les ouvriers jouent gros jeu ; ils travaillent à la destruction de l'industrie. Ils seront les premiers à en souffrir. Et le socialisme ? Il payera des salaires en papier, et non en argent, et il les réduira en sa qualité d'ennemis du luxe. Combien de temps durerait la comédie ?

verses, sublimes ou hideuses, selon les circonstances et les nécessités auxquelles on l'a appliqué. Non, il n'est pas vrai que le salut du peuple soit la suprême loi ; non, il n'est pas vrai que tout soit permis pour sauver les nations, pas plus que pour sauver les individus. Au-dessus de cette loi prétendue, qui veut faire taire toutes les autres, il y a toujours les lois immuables de la justice et de la morale, qu'on ne viole jamais impunément, et qui, tôt ou tard, ont d'implacables retours. Le salut du peuple est sans doute une importante chose ; mais il est des choses encore plus importantes qu'il ne faut pas lui sacrifier ; et les hommes politiques s'égarent bien plus encore par leur insuffisance que par l'exaltation de leur dévouement patriotique. Les événements les dépassent ; et dans leur impuissance de les conjurer par les voies ordinaires, ils ont recours à des violences dont ils sont bientôt eux-mêmes les trop justes victimes. L'exemple de notre Comité de salut public est là pour le prouver.

Malgré les bonnes intentions qu'on peut attribuer aux hommes qui le composaient, ce lugubre nom de *Comité de salut public* est resté et restera entouré d'une horreur ineffaçable. Et pourquoi ? C'est que, pour faire triompher leur cause, ils ont cru que tout était licite et qu'ils ont obéi à la fureur déchaînée des passions les plus aveugles et les plus sanguinaires. Non, tout n'est pas permis en politique, il y a toujours un point qu'on ne doit pas dépasser.

SANCTION. C'est l'approbation donnée par le pouvoir exécutif à la loi dont il fait la promulgation. Le décret du 9 novembre 1789, relatif aux formalités nécessaires pour rendre la loi exécutoire, a marqué la distinction entre la sanction et la promulgation, qui, par le fait, sont ordinairement réunies et confondues dans le même acte. Suivant ce décret, le Corps législatif seul vote la loi ; mais il appartient au roi de la sanctionner et de la promulguer ou d'en suspendre l'exécution. La Constitution de 1791 consacra cette théorie. Les décrets du Corps législatif devaient être présentés au roi, qui leur accordait ou leur refusait son consentement.

Sous les gouvernements qui, sans faire seuls la loi, en ont exclusivement l'initiative et participent au pouvoir législatif, la sanction se confond avec la promulgation. Le gouvernement peut ne pas promulguer la loi qu'il a proposée ; mais s'il la promulgue, par cela même, il la sanctionne. Nous ne trouvons rien de relatif à la sanction des lois dans les Constitutions impériales.

Il en est autrement de la Charte de 1814 et de celle de 1830. On lit dans toutes les deux cette formule : « Le roi seul sanctionne et promulgue les lois. » Sous le gouvernement parlementaire, le roi n'avait pas seul l'initiative des lois ; mais il concourait à leur formation avec la Chambre des pairs et la Chambre des députés, et faisait partie inté-

grante du pouvoir législatif. Pour que la loi délibérée par les deux chambres fût parfaite, il fallait la sanction du roi. Un règlement du 13 août 1814 nous apprend que les lois mêmes dont la proposition émanait de l'autorité royale devaient être sanctionnées comme les autres ; elles pouvaient, en effet, avoir été modifiées par des amendements dans le cours de la discussion, ou bien, dans l'intervalle, les circonstances pouvaient avoir changé. (Sur les formes de la sanction, *voy. Traité de la confection des lois*, ch. VIII, par Benat Saint-Marsy et Valette.) Sous la République la loi n'a pas besoin de la sanction du pouvoir exécutif qui peut tout au plus demander une nouvelle délibération.

Dans le sens juridique, la sanction est le moyen de contrainte employé par le législateur pour assurer l'obéissance à son commandement ; c'est par conséquent le châtiment ou la récompense attachés à l'observation ou à la violation de la loi. Toute loi a-t-elle une sanction ? Les lois qui ordonnent de faire ou de ne pas faire en ont certainement une : ce sont les lois pénales ; mais pour les lois civiles, simplement déclaratives de droits, pour les règles d'interprétation ou de procédure, cela est beaucoup moins évident. Il est même très clair qu'une foule de lois qui règlent l'organisation intérieure des États et qui sont l'expression purement arbitraire de la volonté générale n'ont pas de sanction ; elles sont exécutées tant que cette volonté persiste, et modifiées quand cette volonté change, sans qu'aucune sanction les protège. Quelles seront les divisions territoriales de l'État, le nombre des fonctionnaires, l'étendue de leur compétence ? Toutes les lois relatives à ces détails et à beaucoup d'autres n'ont pas plus besoin d'une sanction que les grandes lois de la nature, qui sont l'expression de la force des choses ou d'une volonté toute-puissante.

SANHÉDRIN, au lieu de **SYNÉDRION** (Συνέδριον). C'est le nom sous lequel on désigne une assemblée qui a joué un grand rôle chez les Juifs dans les derniers siècles de leur existence politique. Le sanhédrin était un conseil permanent qui réunissait les attributions d'une assemblée politique, d'une cour de justice et d'un concile national. Comme assemblée politique, il permettait ou défendait au roi de faire la guerre, quand elle n'était pas absolument nécessaire pour la défense du pays, et il rendait des décisions souveraines dans les affaires administratives d'un intérêt général. Comme cour de justice, il connaissait des crimes de haute trahison et de ceux qui portaient atteinte à la religion ; il appelait à sa barre les princes, les grands prêtres et les faux prophètes. Comme concile, il fixait le jour des néoménies dont dépendait la célébration des autres fêtes, et prononçait en dernier ressort sur les matières religieuses. Il se composait de soixante et onze membres, y compris le président, qui portait le titre de prince (*Nassi*), et le vice-président, appelé *père du tribunal* (*Ab-beth-din*.)Tous étaient choisis dans le corps entier de la nation, sans distinction de classe ni de tribu.

C'est sous le nom et à l'imitation de cette antique assemblée que Napoléon réunit à Paris, pendant les mois de février et de mars de l'année 1807, soixante et onze docteurs de la loi et notables israélites, choisis parmi les plus instruits de son vaste empire, pour convertir en décisions doctrinales les réponses déjà faites par l'assemblée des députés de la même communion aux douze questions qui leur avaient été proposées par ses ordres. On leur demandait qu'elles étaient leurs convictions religieuses sur la polygamie, le divorce, les mariages mixtes entre israélites et chrétiens, sur les devoirs des israélites envers la France, leur patrie, et envers les Français, leurs compatriotes, sur l'élection et la juridiction des rabbins, sur l'origine et la nature de leur pouvoir, sur les professions permises ou défendues par la loi, sur le sens du précepte du Pentateuque qui permet l'usure avec l'étranger et la défend entre israélites. Les réponses des députés ayant été telles que l'empereur les désirait et que les autorisaient, que les exigeaient même les principes fondamentaux de l'Ancien Testament, le grand sanhédrin les convertit en décisions doctrinales, demeurées encore aujourd'hui la base de l'enseignement religieux; non seulement des israélites français, mais des israélites européens. (AD. FRANK.)

SANS-CULOTTES. Nom qu'on donna sous la première République aux hommes les plus ardents du parti exalté. Ils s'en parèrent d'abord, comme les *Gueux* hollandais; mais bientôt des excès ayant été commis, surtout par la partie la plus ignorante du peuple, ce nom devint un terme de mépris.

SAUF-CONDUIT. C'est une sorte de passeport qu'on accorde en temps de guerre à des ennemis pour leur permettre de pénétrer dans le pays de leur adversaire, par exemple, pour entamer une négociation. Celui qui demande ou reçoit un pareil document doit avant tout s'assurer qu'il est dans la forme prescrite (cette forme change dans chaque guerre), et qu'il est signé par qui de droit. Puis, il ne doit pas oublier qu'il ne reçoit cette pièce que pour un but déterminé et que, s'il en abuse, elle devient caduque. Elle ne protège qu'autant que le porteur ne donne pas contre lui des sujets de justes plaintes.

SAUVAGE. L'état du sauvage est le degré le plus bas de l'humanité; heureusement, cet état recule constamment devant la civilisation, et un moment arrivera où il aura disparu. Nous ne le regrettons en aucune façon, quoique nous ne puissions pas justifier ceux qui veulent contribuer à hâter directement la destruction des sauvages. La violence est un crime gratuit, puisque le simple contact de la civilisation tue ces misérables. Il n'y a là cependant aucune influence mystérieuse. Le sauvage est chasseur ou pêcheur, surtout chasseur; il a, par conséquent, besoin d'espace pour subsister. En défrichant son territoire, on fait fuir le gibier et on le prive d'aliments. C'est donc la misère — sans compter les vices — que la civilisation apporte aux hommes vivant dans ce fameux *âge d'or*, où l'on ne travaille pas et où les produits spontanés de la nature doivent suffir à tous les besoins de la vie.

SAUVEGARDE. « La sauvegarde, dit Klüber, promet à des personnes ou à des propriétés ennemis sûreté et protection; elle est donnée, selon que la convention en dispose, ou par écrit, par exemple, sous forme de passe-port ou de sauf-conduit; ou bien en mettant les personnes ou choses sous la garde d'un détachement militaire, ou enfin en leur donnant pour leur légitimation quelque symbole, tel que les armes de l'État, etc. D'après ces différences, on distingue les sauvegardes en vives et mortes, et ces dernières en sauvegardes données par écrit et en sauvegardes constatées par un symbole. » C'est là une définition générale de la sauvegarde, dont Martens cite des cas qui la déterminent d'une manière plus précise : « Souvent l'ennemi, écrit-il, accorde de son chef, ou à la sollicitation des habitants, des sauvegardes à un district, à un village ou à une possession détachée... On distingue deux sortes de sauvegardes : 1° l'une en nature, lorsqu'un ou plusieurs soldats sont accordés pour mettre l'endroit à couvert d'hostilités tant de la part de l'ennemi légitime que de celle des maraudeurs ou du parti bleu (*parti bleu*, individus qui, sans ordre de l'État, se sont armés contre l'ennemi) ; ces sauvegardes sont payées, nourries et récompensées; elles sont inviolables et doivent être renvoyées en sécurité, lors même que l'armée dont elles dépendent est chassée de la contrée; 2° l'autre sauvegarde, celle qui s'accorde par écrit, n'est qu'une défense du chef d'un corps de troupes de commettre d'hostilités dans l'endroit en faveur duquel on a donné ces lettres patentes, ou érigé des poteaux de sauvegarde ou de neutralité. »

SAVON (IMPÔT SUR LE). Cet impôt a été supprimé en 1853 en Angleterre, où il a pourtant produit plus de 25 millions de francs; il a été supprimé dans les Pays-Bas, il a été établi en Espagne en 1845 et en France par la loi du 29 décembre 1873. C'est un des impôts les plus mal entendus, qui gêne la fabrication, puisqu'il ne peut pas se percevoir sans l'exercice et qu'il renchérit une matière qui devrait coûter presque rien. Il a été supprimé en France par la loi de finances du 26 mars 1878.

SCEAU DE L'ÉTAT. Dans l'origine, les sceaux ont été inventés pour venir en aide à l'ignorance et tenir lieu de signature ; puis ils ont servi à renforcer la signature et en attester la vérité. Vers l'époque de la Renaissance, l'écriture s'étant vulgarisée, les signatures autographes firent peu à peu délaisser l'usage des sceaux par les particuliers, qui ne s'en servirent plus guère que comme de simples cachets. Mais les souverains, l'État, les établissements publics continuèrent à les employer pour certifier les signatures et rendre authentiques les titres délivrés en original ou en expédition.

La Révolution française, tout en maintenant l'emploi des sceaux de l'État, en a amoindri l'importance et a cessé d'en confier la garde à un haut fonctionnaire spécial, pour la transférer à un des ministres. En effet, du jour où la royauté absolue fit place à la royauté constitutionnelle, le contre-seing ministériel ne fut plus seulement une formalité destinée à certifier la signature du monarque ; il devint la condition indispensable de la validité de cette signature, et prit ainsi beaucoup de la valeur antérieurement attribuée au sceau royal. La question s'éleva pour la première fois à l'Assemblée nationale, dans la séance du 6 octobre 1789, lorsque Duport dit « qu'il voyait avec peine que la réponse du roi (à la demande d'acceptation de la déclaration des droits) n'était signée que de lui », et que Mirabeau, appuyant cette observation, ajouta : « Le réponse du roi n'est pas contre-signée d'un ministre, elle devrait l'être ; car sans cela la loi salutaire de la responsabilité sera toujours éludée. La personne du roi est inviolable, la loi doit l'être aussi, et quand elle est violée, les victimes ne peuvent être que les ministres. Je propose que tout acte émané de Sa Majesté ne puisse être manifesté sans la signature du secrétaire d'État. » Un mois plus tard (9 nov.) était rendu le décret qui statue 1° que « l'expression de *roi de France* sera changée en celle de *roi des Français* », sans aucune addition à ce titre ; 2° que « les signature, contre-seing et sceau seront uniformes pour tout le royaume », et 3° après avoir réglé la formule de promulgation, l'intitulé des lois (*Mandons et ordonnons*, etc. *En foi de quoi nous avons signé et fait contre-signer les présentes, auxquelles nous avons fait apposer les sceaux de l'État*), porte que la loi étant sanctionnée, M. le garde des sceaux en enverra à l'Assemblée nationale une expédition signée et scellée, pour être déposée dans les archives. »

Les articles 5 et 6 du décret des 27 avril-25 mai 1791, sur l'organisation des ministères, sont ainsi conçus : « Les fonctions du ministre de la justice sont : 1° de garder le sceau de l'État et de sceller les lois, les traités, les lettres-patentes des provisions d'offices, les commissions, patentes et diplômes du gouvernement, etc.

Sous les divers gouvernements qui se sont succédé depuis la fin du siècle dernier, la forme du sceau de l'État a seule été modi-

fiée ; mais l'apposition en a été réglée de même. Elle est mentionnée et figurée au Bulletin des lois, avec le seing et le contre-seing nécessaires.

SCEAUX (GARDE DES). Sous les Mérovingiens, il y avait un *Gerulus annuli regalis* ou *Custos regii sigilli*, chargé de garder et d'apposer le sceau royal. Sous les Capétiens, ce fut le chancelier qui eut cette fonction. En 1551, fut créé spécialement un office de *garde des sceaux* pour l'expédition des lettres patentes, chartes et toutes autres pièces scellées du grand sceau. Le garde des sceaux prenait rang immédiatement après le chancelier dont il était d'ordinaire le successeur désigné, et il avait le même costume de cérémonie, simarre rouge et mortier à double galon ; en outre, les clefs du coffret contenant les sceaux étaient suspendues à un cordon passé autour de son cou.

La charge et le titre de garde des sceaux ayant été supprimés par la Révolution, le ministre de la justice fut investi de la fonction. La Restauration a fait revivre le titre, simplement pour le joindre à celui de ministre de la justice, et il a été porté depuis lors par ce ministre, dont l'hôtel a pris le nom de Chancellerie, bien que le titre de chancelier ait été attribué au président de la Chambre des pairs. Le garde des sceaux est le chef de la magistrature, ce qui donne à son ministère une certaine prééminence. Il a pour devoir de conscience de n'apposer les sceaux de l'État que sur les actes qui ont le caractère constitutionnel.

SCEPTRE. Bâton de commandement, insigne royal ou impérial. C'était dans les temps héroïques la canne sur laquelle s'appuyaient les rois, « pasteurs des peuples, » ou la lance sans pointe qu'ils portaient en temps de paix, le *hasta pura* des médailles qui accompagne aussi les images des dieux. On adorait à Chéronée le sceptre d'Agamemnon, et on offrait des sacrifices à cet insigne, attendu qu'il provenait de Jupiter. Dans l'Orient, le roi pouvait faire grâce en touchant un individu de son sceptre. Les rois mérovingiens avaient pour sceptre une crosse d'évêque en or, aussi haute qu'eux ; les autres rois avaient gardé le bâton de commandement. Phocas, empereur grec, fit surmonter le sien d'une croix, et ses successeurs portèrent souvent des croix de diverses formes en guise de sceptre. Les rois de France firent dans la suite sculpter en tête de leur sceptre une double fleur de lis, les empereurs d'Allemagne un aigle à deux têtes, les sultans turcs un croissant. (J. DE B.)

SCIENCE SOCIALE. *Voy.* Sociologie.

SCRUTIN. Aujourd'hui, il est à peu près admis qu'en matière de scrutin celui des électeurs seul doit être secret, et qu'au contraire celui des assemblées législatives doit être généralement public. En Angleterre, le scrutin électoral a été pendant longtemps public, il l'est encore dans les élections prussiennes, mais il est secret pour le Reichstag.

Quant aux votes parlementaires, la question est tranchée par l'admission de diverses formes de vote ou de scrutin.

En France, la question de l'abolition du scrutin secret a donné lieu à d'assez longues et vives discussions dans les assemblées du gouvernement de Juillet. Il se trouva alors des orateurs et des écrivains très éloquents et très diserts pour défendre une réglementation parlementaire qui non seulement empêchait les électeurs de savoir exactement à quoi s'en tenir sur les votes de leur élu, mais même qui permettait d'émettre un vote contraire à l'opinion qu'on avait manifestée et soutenue à la tribune. Les adversaires du scrutin public soutenaient qu'un député ne devait aucune espèce de compte rendu de ses votes et actions à ses commettants, que ceux-ci n'avaient, de leur côté, aucun droit à lui demander de pareils comptes. La seule chose dont ils eussent à s'occuper, c'était de savoir si leur mandataire avait ou n'avait pas leur confiance. Pour forcer la Chambre à modifier ses vues sur ce point, il fallut la persistante résolution des partisans du scrutin public de livrer leur vote à la publicité dans les occasions importantes.

Le scrutin public est devenu la règle des assemblées françaises. Il est obligatoire pour l'ensemble d'une loi, et facultatif pour le vote séparé des articles, qui se fait d'ordinaire par assis et levé. Le vote public par article ou sur un amendement doit être demandé par au moins dix membres. Pendant les six premières années de l'Empire, le *Moniteur* ne publiait que les résultats numéraux des votes et ne faisait pas connaître le nom des votants. A partir de la session de 1858, ces noms ont été publiés ainsi que ceux des députés absents au moment du vote. Dans la session de 1864, une importante amélioration a été apportée à ce mode de publicité : les députés absents par congé, qui auparavant avaient été compris parmi les absents au moment du vote; forment dorénavant une catégorie distincte.

SECRÉTAIRE D'AMBASSADE OU DE LÉGATION.
Le premier secrétaire d'ambassade ou de légation fonctionne comme chargé d'affaires pendant l'absence de l'ambassadeur ou du ministre.

SECRÉTAIRE D'ÉTAT.
Officiers du roi, qu'on appelait dans l'origine *notaires, clercs du secret* ou *secrétaires des commandements.* Ils présentaient les requêtes au roi, recevaient et transmettaient ses ordres, expédiaient ses lettres, rescrits, etc. Ils prirent de l'importance à mesure que croissait la prépondérance du gouvernement personnel. C'étaient des secrétaires du roi, ce furent des secrétaires d'Etat. Leurs places, qui n'étaient d'abord que de simples commissions, devinrent des offices sous Henri II. Sous Charles IX ils signent pour le roi ; sous Henri III, ils prêtent serment entre ses mains ; leur emploi confère la noblesse. Appelés au conseil d'Etat, ils prennent le titre de ministre.

La Révolution supprime le titre de secrétaire d'Etat. L'Empire le rend à un seul ministre, « maire du palais, » comme disait l'Empereur, le ministre d'Etat. La Restauration le donne à tous les ministres. La République le supprime et l'Empire le rétablit pour le supprimer à son tour lorsqu'il s'approche du régime parlementaire. Ce titre, d'origine monarchique, est le seul qu'on donne aux ministres aux Etats-Unis.

SECRET D'ÉTAT.
A première vue, le secret ne semble nécessaire qu'au malfaiteur. Lui seul a besoin de cacher ses actes; l'honnête homme peut agir à découvert, il peut rendre compte de tout ce qu'il fait. Mais on apprend bientôt que le secret a pour l'honnête homme aussi sa raison d'être, sa légitimité. Les plus nobles sentiments aiment à se cacher au fond du cœur, se révélant seulement par des manifestations inconscientes. Ne cache-t-on pas, par exemple, aux parents et aux amis les faits qui peuvent leur causer du chagrin ? D'un autre côté, tant qu'il y aura des hommes déloyaux, la prudence la plus élémentaire nous commandera de garder le secret de nos entreprises commerciales ou de nos procédés industriels. Nous devons aussi respecter les confidences dont nous sommes les dépositaires, surtout si nous les devons à notre profession [1]. D'autres exemples peuvent être empruntés à la vie publique. Ainsi, de très belles choses peuvent être dites en faveur du vote public, mais l'expérience prouve que le vote secret est parfois une concession nécessaire à la faiblesse hu-

---

[1]. Voici, sur les secrets professionnels et autres de la vie privée, ce que nous avons pu trouver : Code pénal, art. 378 « médecins, chirurgiens..... et toutes autres personnes dépositaires, par état ou profession, des secrets qu'on leur confie..... » Cet article date de 1810 et c'est la première fois qu'une sanction assure l'exécution de cette obligation morale. La jurisprudence applique les mots : d'autres personnes » au prêtre pour les confessions (Cass. 30 nov. 1870), à l'avocat (Cass. 11 mai 1844), à l'avoué, au notaire (loi 25 ventôse an XI, C. de cass., 11 juin 1853). Il est d'autres personnes tenues au secret, du moins d'après les auteurs, ou par le code des honnêtes gens, bien qu'il n'existe ni texte, ni arrêt explicites ; tels sont les commissionnaires, les mandataires, les agents de change, courtiers et toute personne à laquelle on est obligé de se confier par des raisons professionnelles. (Voyez par exemple l'article 43 de la loi de 1844 sur les brevets d'invention, relatif à l'ouvrier travaillant chez un breveté.)
Les juges et les jurés doivent garder le secret des délibérations. (C. d'instr. crim., art. 225, 343, 369. Loi du 8 avril 1849.) Nous sommes pour la publicité des séances des conseils municipaux et généraux, sauf les cas exceptionnels.
Voy. aussi l'article Postes, puis le Code de justice militaire, art. 205, et le Code de justice maritime, art. 263.
Nous ne traitons pas de la *mise au secret*, cette question ne nous semble pas entrer dans notre cadre.

maine. D'un autre côté, aucun ordre d'idées ne semble comporter la publicité à un plus haut degré que la vie scientifique, et pourtant à chaque instant les académies ont à faire acte de discrétion : elles se forment en comité secret pour examiner les titres d'un candidat, elles demandent des plis cachetés à ceux qui prennent part à des concours, ou reçoivent en dépôt les preuves cachetées de la priorité d'une invention.

En est-il de même pour les affaires de l'Etat ? Tous les citoyens ne sont-ils pas comme les membres d'une même famille, dont les intérêts généraux sont en commun, et qui ont un droit égal à connaître tout ce qui les concerne. On ne saurait le contester, du moins cette solidarité, cette égalité, ce droit au savoir ne sera contesté dans aucun Etat vraiment démocratique. Qu'on le demande à un citoyen américain ou à un citoyen suisse. Dans les pays monarchiques, ou dans les républiques aristocratiques, la solidarité nationale a toujours été affirmée avec la même énergie, et, depuis que la participation des citoyens au gouvernement du pays est entrée dans les principes du droit politique, une part plus ou moins large est faite à la publicité. Mais c'est sous les régimes monarchiques et aristocratiques qu'est né le *Secret d'Etat*. Il a son origine : tantôt dans la différence d'intérêt qui a existé dans certains pays et à certaines époques entre les classes gouvernantes et les classes gouvernées ; tantôt dans la prétention plus ou moins fondée des chefs du gouvernement de se croire seuls en état de savoir ce qui convient au pays; tantôt aussi dans un sentiment d'opposition à d'autres Etats, qui réclamait le secret pour les affaires de la nation vis-à-vis des autres peuples. Dans ce dernier cas, le secret pouvait avoir sa raison d'être à une époque de guerre et d'anarchie où « la main de chacun était levée contre tous et la main de tous contre chacun ». Il était encore légitime lorsqu'il s'agissait d'intérêts privés confiés aux soins de l'Etat. Il y a donc une part à faire au secret; mais autrefois tout était secret, on poussait le principe jusqu'à l'absurde et aujourd'hui encore nous en ressentons quelque peu les effets.

Toutefois le système parlementaire tend à réduire le domaine du secret d'Etat. Autrefois, les finances étaient une matière essentiellement secrète, de nos jours elle n'a plus de mystère ; autrefois, la guerre, la marine et bon nombre d'autres services s'abstenaient de toute publication, actuellement les feuilles officielles renferment souvent des informations sur ces matières, non cependant sans quelques réticences. Les parlements n'ont pas créé la statistique, mais ils en ont fait des services administratifs. La science avait déjà bien longtemps auparavant ouvert ses lentes et patientes investigations : Sansovino et Gioja en Italie, Vauban en France, William Petty et Arthur Young en Angleterre, Achenwall (l'inventeur du mot *Statistique*)

et Süssmilch en Allemagne ont montré le chemin. Mais Frédéric II de Prusse, lorsque Krug lui fit demander des données statistiques, ne sut pas porter le libéralisme plus loin que jusqu'à cette décision : « que Krug se procure les renseignements comme il pourra, je ne l'empêcherai pas de les publier, mais je ne lui en donnerai pas. » A la même époque le parlement anglais n'était guère plus libéral que le maître de Sans-Souci. Rendons en passant cette justice à Louis XIV d'avoir été le premier qui ait fait faire par ses intendants une statistique complète de son royaume; il est vrai qu'il se considérait comme le propriétaire de tous les biens de ses sujets, il n'est donc pas étonnant qu'il voulût en posséder l'inventaire.

Après ce que nous venons de dire, nous croyons pouvoir établir en principe que la publicité doit être la règle et le secret l'exception. Il serait désirable de pouvoir indiquer les cas où l'exception se justifie. Les lois sont presque muettes sur ce sujet. Nous avons vainement parcouru les auteurs didactiques, Aristote, Machiavel, Montesquieu et les modernes, seul Benjamin Constant s'occupe de la matière [1]. L'obligation de garder les secrets de l'Etat a toujours paru si évidente qu'on n'a pas songé à établir une sanction, si ce n'est dans le cas d'une communication à l'ennemi [2]. Dans les cas ordinaires, le gouvernement avait d'ailleurs à sa disposition un moyen très simple de punir le fonctionnaire indiscret, la révocation.

En tout cas, une loi qui interdirait expressément la divulgation des « secrets d'Etat » devrait en même temps les définir. Tous les actes du gouvernement ne sont pas des secrets, on en divulgue peut-être cent fois autant qu'on en cache. C'est une affaire d'appréciation, dira-t-on. Mais qui appréciera ? Le ministre, le directeur, le chef de bureau, selon l'importance de l'affaire, et chacun sous sa responsabilité.

Nous admettons cette solution. Nous la préférons à ces cachotteries dans lesquelles se complaît encore plus d'une administration,

---

1. Voici le principal passage de Benj. Constant (*la Responsabilité des ministres*) :

« L'on prétend que cette publicité met à la merci d'orateurs imprudents les secrets de l'Etat.....

« Mais les secrets de l'Etat ne sont pas en aussi grand nombre qu'aime à l'affirmer le charlatanisme ou que l'ignorance le croire : le secret n'est guère indispensable que dans quelques circonstances rares et momentanées, pour quelque expédition militaire, par exemple, ou pour quelque alliance décisive à une époque de crise. Dans les autres cas, l'autorité ne veut le secret que pour agir sans contradiction, et la plupart du temps, après avoir agi, elle regrette la contradiction qui l'aurait éclairée.

« Dans les cas où le secret est vraiment nécessaire, les questions qui sont du ressort de la responsabilité ne tendent point à le divulguer. Car elles ne sont débattues qu'après que l'objet qui les a fait naître est devenu public. »

2. Art. 80. du Code pénal : « Sera puni des peines exprimées dans l'article 76 (peine de mort), tout fonctionnaire public, tout agent du gouvernement, ou toute autre personne qui, chargée ou instruite officiellement ou à raison de son état, du secret d'une négociation ou d'une expédition, l'aura livré aux agents d'une puissance étrangère ou de l'ennemi. »

ou à cette vanité jalouse de son autorité, qui entoure la communication du plus indifférent des renseignements de formalités fastidieuses. Que de difficultés souvent pour obtenir des documents imprimés ! On en laisse souvent pourrir des centaines dans un coin du grenier plutôt que de les accorder à celui qui les demande. On a quelquefois l'air de dire : quel titre avez-vous pour enlever aux vers leur pâture officielle ?

Nous ne savons pas s'il faut demander une législation spéciale sur la matière; en tout cas, comme la tendance au secret est très prononcée, nous la demanderions plutôt en faveur de la publicité que contre elle. Espérons que le développement des mœurs parlementaires suffira pour établir la juste mesure de ce qui est permis et de ce qui est défendu.

SECTE. Autrefois synonyme d'école philosophique, ce mot ne s'applique guère plus qu'à des branches dissidentes d'une religion.

SÉCULARISATION. En propre terme, la sécularisation est l'acte par lequel un membre du clergé « régulier » (c'est-à-dire soumis à une règle de vie commune et ayant cessé au point de vue religieux d'être un individu civil, comme on le voit dans les monastères), cesse d'être soumis à cette règle et, de son gré ou par la force des choses, rentre dans le « siècle », dans le monde, et y reprend des droits dont il était privé. Entendue exclusivement dans ce sens, la sécularisation est du domaine de l'Eglise; mais aujourd'hui que la plupart des législations civiles n'admettent plus les vœux éternels, la rentrée dans le siècle ne présente pas les mêmes difficultés qu'autrefois; toutefois si le mot « sécularisation » a un sens usité en politique, c'est plutôt lorsqu'il s'applique aux biens que lorsqu'il s'applique aux personnes. On a de tout temps « sécularisé » des bénéfices et des propriétés religieuses, le plus souvent, par la violence, car l'Eglise tient naturellement à ses propriétés. Séculariser, historiquement, signifie donc s'emparer, se saisir des biens de l'Eglise, les enlever à la mainmorte et leur imprimer le caractère mobile des propriétés individuelles. On sécularisait dès l'antiquité la plus haute, lorsqu'un pouvoir militaire détruisait un gouvernement théocratique et mettait la main sur les trésors des temples; mais les grandes sécularisations, celles du moins qui ont été opérées par un véritable esprit politique, ne commencent qu'avec la Réformation.

SÉDITION. La sédition n'est pas un acte de résistance comme la rébellion. C'est une attaque contre l'autorité comme l'insurrection, mais beaucoup moins grave. La sédition est ordinairement une perturbation de l'ordre public, commise par des gens médiocrement armés, quelquefois même non armés. Elle a souvent pour cause des événements non politiques, une disette, une grève, une mesure

de police impopulaire, le retard de la solde militaire dans certains pays, l'espoir du pillage des propriétés publiques dans les moments révolutionnaires, l'introduction des machines qui diminuent temporairement le nombre des bras occupés dans les localités pauvres, populeuses et peu éclairées. Le crime de sédition est donc en général commis par des bandes, et lorsque ces bandes sont armées, notre Code pénal en punit la seule organisation, indépendamment même de la tentative ou de l'exécution d'un crime (art. 96).

La loi du 10 vendémiaire an IV, pour arriver à une répression efficace des délits commis par des bandes séditieuses armées ou non, a déclaré les communes civilement responsables des dommages-intérêts auxquels les délits commis par leurs habitants et sur leur territoire donneraient lieu, et en outre tenues de payer une amende égale à la réparation civile. Cette loi, légèrement modifiée par la loi du 5 avril 1884, est encore en vigueur. Elle suppose que la commune a la pleine et entière disposition de tous les moyens d'action qui permettent de prévenir une émeute ou de la dissiper à temps, et elle admet cette réserve importante et nécessaire que les habitants innocents pourront exercer leur recours contre les coupables. (Cette loi ne s'applique pas à Paris.)

SEIGNEUR, SEIGNEURIE. *Senior*, ancien. Ce titre se donna, dans la décadence de l'empire romain, aux chefs des familles consulaires ou curiales. Il resta, dans quelques villes d'Italie, aux chefs de la cité. A Venise, par exemple, la seigneurie était l'ensemble des conseils gouvernants. Dans les pays de féodalité, le seigneur était le possesseur d'un fief, quelque rang qu'il tînt dans la hiérarchie. Il était suzerain ou vassal par rapport à ses sujets et à ses serfs. Sur les sujets, les droits seigneuriaux comprenaient la domination politique et la haute tutelle civile; sur les serfs, l'*usus* et l'*abusus* des personnes et des biens. La seigneurie était l'Etat ou la circonscription territoriale d'un seigneur. « Point de terre sans seigneur, » disait l'ancien droit.

SEIGNEURIAGE. On appelait ainsi une taxe de monnayage que les souverains se faisaient payer, non à titre de frais de fabrication, mais comme hommage au droit de souveraineté. Cette taxe était imposée en sus des frais de frappage.

De nos jours, cette taxe n'a pu se maintenir car, en dehors des monnaies divisionnaires, le numéraire en espèces doit avoir la valeur exacte du métal, plus les droits de fabrication. Les gouvernements n'ont jamais pu fixer arbitrairement le prix des métaux monnayés; lorsqu'ils en affaiblissaient le titre, la valeur descendait, malgré les mesures les plus tyranniques pour la maintenir. Les fraudes n'ont jamais manqué d'être découvertes, et la valeur nominale des espèces est toujours restée en rapport avec leur valeur intrinsèque, c'est-à-dire avec leur titre (proportion de métal pur).

Il est des pays, comme l'Angleterre et la Russie, où l'on a supprimé le prix de la fabrication, que l'Etat prend à sa charge. En France, lorsque les lingots sont au titre monétaire, le *brassage* (frais de fabrication) est de 6 fr. 70 c. pour chaque kilogramme d'or, 2 4/31 p. 1000 (décret du 22 mars et tarif du 7 avril 1854), et de 1 fr. 50 c. pour le kilogramme d'argent soit 7 1/2 p. 1000 (décret du 22 mai 1849). Si les métaux sont au-dessous du titre de 9/10 fin, ils doivent supporter les frais d'*affinage* ou de *départ*.

SÉJOUR (Droit de). C'est le droit réclamé par un étranger d'établir temporairement sa résidence dans un autre Etat. Il faut distinguer avec soin le séjour et le domicile. L'étranger peut acquérir le droit de domicile en France en vertu d'une autorisation du chef de l'Etat, et il jouit alors de tous les droits civils (art. 13 du Code civil). Nous ne recherchons pas en ce moment s'il convient de soumettre à l'autorisation préalable l'obtention du domicile et la jouissance des droits civils. L'étranger qui ne fait en France qu'un séjour accidentel, qui y réside seulement et n'a aucune intention d'y fixer son domicile, use-t-il d'un droit naturel? Nous pensons qu'on ne peut méconnaître que tout homme a le droit naturel de se transporter pour son plaisir, sa santé ou son instruction, dans toutes les parties de l'univers, en se conformant aux lois de police et de sûreté de chaque nation (art. 3 du Code civil). Le priver de ce droit, l'expulser, c'est lui faire subir une peine. Nous ne parlons pas de l'étranger qui se déplace pour exercer un commerce, une industrie ou un métier; nous n'examinons ici le droit de séjour qu'à l'égard de celui dont la résidence est accidentelle et qui n'a aucune vue de lucre. La loi du 28 vendémiaire an VI, mais principalement la loi du 3 décembre 1849 (car la première peut être considérée comme une loi de circonstance), nous paraît donc trop sévère en donnant au gouvernement la faculté d'expulser les étrangers résidants par mesure administrative. La loi du 18 août 1790, abolitive des droits d'aubaine et de détraction, avait proclamé dans son considérant que la France libre doit ouvrir son sein à tous les peuples de la terre, en les invitant à jouir, sous un gouvernement libre, des droits sacrés et inaliénables de l'humanité. Le principe est sans doute beaucoup trop général, et il conduirait à des conséquences impossibles; mais, au fond, il nous semble conforme au droit naturel, au moins pour tous les étrangers qui ne réclament qu'une habitation momentanée. La loi de l'an VI, antérieure à l'article 13 du Code civil, ne distingue pas entre les étrangers résidants et domiciliés. La loi de 1849 accorde au ministre de l'intérieur le droit d'expulsion contre les résidants et les domi-

ciliés; mais elle déclare, à l'égard de ceux-ci que la mesure d'expulsion cessera d'avoir son effet après un délai de deux mois, si l'autorisation qu'ils ont obtenue d'établir leur domicile en France n'a pas été révoquée par une décision du gouvernement prise sur l'avis du conseil d'Etat.

Quelle est la condition civile de l'étranger pendant son séjour en France? Il possède (art. 11 du Code civil) tous les droits civils qui sont accordés par sa propre nation aux Français résidant dans son pays. Lorsque l'étranger appartient à une nation qui n'a conclu aucun traité sur la matière, la jurisprudence la plus répandue admet qu'il jouit, non pas, il est vrai, de ces droits civils créés uniquement par la loi civile, et qui par conséquent diffèrent dans chaque peuple, mais de tous les droits naturels qui sont communs aux codes de tous les Etats.

Dans certaines circonstances, qui seront le plus ordinairement amenées par la guerre, l'Etat nous paraît avoir le droit d'interdire momentanément, par mesure générale, le séjour de la France aux étrangers d'une nation ou de toutes les nations. (F. A. Hélie.) Quant aux hommes politiques chassés de leur pays pour leurs opinions, quant aux rebelles ou insurgés obligés d'abandonner leur patrie, l'humanité commande de leur donner asile, mais la politique peut exiger qu'ils soient soumis à des règles spéciales, en vue de conserver la neutralité envers leur gouvernement ou de maintenir la sûreté intérieure.

SEL (Impôt sur le). Cet impôt existe depuis les temps les plus reculés, et on le rencontre dans les pays les plus différents. En effet, il n'est point de droit de consommation dont le rapport soit plus assuré, car sa production est constante. Elle est d'ailleurs localisée sur un petit nombre de points, et il est donc très facile de l'atteindre en masse et de la surveiller. La perception s'opère à peu de frais; elle n'impose à la fabrication et à la vente aucune entrave nuisible. Enfin, comme la matière imposée est d'un usage général, l'Etat peut se procurer une ressource considérable tout en fixant le droit à un taux assez faible pour qu'il soit à peine sensible pour chaque consommateur.

Quand on veut attaquer les contributions indirectes, on cite volontiers le sel : le mendiant, dit-on alors, paye autant que le millionnaire. Ce qui n'est pas vrai, comme l'on sait, car le mendiant n'a qu'un plat et le millionnaire en a beaucoup. Mais là n'est pas l'argument, il est dans le fait que le mendiant ne paie peut-être que cet impôt, tandis que le riche en acquitte encore d'autres, directs et indirects. Ce sont les totaux du riche et du pauvre qu'il faut comparer.

SÉLECTION. Celui qui admet l'évolution doit admettre la sélection; c'est-à-dire le choix des plus distingués. Dans beaucoup de cas, la nature fait spontanément ce choix, et où la nature ne déclare pas ses préférences pour les plus distingués, les hommes le font (ou devraient le faire) par leurs concours, leurs examens, bourses et lors des élections.

La sélection n'est pas contraire à l'égalité devant la loi, mais elle dément l'égalité devant la force, le talent, l'intelligence, etc.

SELFGOVERNMENT. Mot anglais qui signifie *gouvernement par soi-même*. En France, le *selfgovernment* est généralement considéré comme l'opposé de la centralisation, mais il est plutôt l'opposé de la tutelle administrative ; la confusion entre la centralisation et la tutelle administrative a retardé plus qu'on ne pense le progrès de nos institutions administratives.

Pour plus de clarté, nous résumerons les saines doctrines sur la matière, sous la forme de réponses aux quatre questions suivantes, imprimées en italique.

Qu'est-ce que le selfgovernment ? — Ce n'est pas, comme on pourrait le croire, le gouvernement direct absolu par les citoyens de toutes les affaires publiques ; cette immixtion directe des individus n'est pas possible dans une cité, à plus forte raison dans un grand Etat ; c'est seulement : 1° la liberté absolue pour tout ce qui est du domaine privé ; 2° de l'administration directe des affaires locales, et 3° une intervention plus ou moins directe dans les affaires provinciales et générales, en ne laissant au gouvernement central que les attributions pour lesquelles il faut l'unité de vues, la promptitude d'exécution, l'expérience des affaires et l'emploi des forces communes. On définit aussi le *selfgovernment* le mode d'administration dans lequel les citoyens n'abandonnent au pouvoir que les affaires qui sont au-dessus de leurs propres forces, ou celles qui ont besoin d'être dirigées par des vues d'ensemble. D'après Gneist, le *selfgovernment* anglais, quand il était encore, pour ainsi dire, dans sa pureté, consistait dans l'abandon aux communes de fonctions qui font partie des attributions de l'Etat, et de l'exercice gratuit de ces fonctions par des habitants (le plus souvent grands propriétaires) de la localité.

On a plusieurs fois essayé, mais en vain, d'énumérer en détail les affaires qui incombent à l'initiative privée, — individuelle ou collective, — et celles qui rentrent dans les attributions naturelles de l'Etat. Nous nous abstiendrons de tenter, après tant d'autres, la solution de ce problème, d'autant plus que nous la croyons nécessairement influencée par les temps et les lieux, par le caractère de la nation et des circonstances de toute sorte.

Le selfgovernment a-t-il une supériorité sur les autres modes de gouvernement ? — Il est possible de concevoir une situation dans laquelle le *selfgovernment* n'est pas désirable, par exemple, lorsqu'une population sauvage aurait un chef aussi instruit qu'honnête, aussi sage qu'ardent au progrès. Mais de pareilles situations ne se rencontrent que lorsque le fils du soleil, le père des Incas, aborde au Pérou (et encore ?). Généralement, le chef fait partie de la nation sous tous les rapports, et rien ne nous force de penser qu'il sera toujours *le meilleur* d'entre ses concitoyens, comme il en est le plus puissant. Même en admettant que la possession du trône ou d'un emploi confère nécessairement des qualités hors ligne et une intelligence supérieure, personne n'ira jusqu'à soutenir que le chef de l'Etat ou un fonctionnaire saura toujours le mieux ce qui convient à chaque citoyen et à chaque centre ou groupe de population, et qu'il aura toujours la volonté de faire le bien.

Le selfgovernment est-il l'apanage d'une race ou d'une nationalité ? — Il est des personnes qui le pensent. Cette doctrine a été soutenue officiellement en France, et en outre par des hommes de talent dont quelques-uns ne tenaient en aucune façon à apporter des arguments en faveur d'une thèse gouvernementale. Or, nous ne saurions admettre qu'il y ait, par exemple, entre la France et l'Angleterre (les deux pays que l'on a l'habitude de comparer) de si profondes différences originelles. Quelle est, en effet, la composition des populations des deux côtés de la Manche ? Trouve-t-on des deux parts autre chose que des Celtes et des Germains ? Ce n'est donc pas la race, ou le sang, qui cause les différences que nous constatons, mais un concours de circonstances variées qui ressortiraient d'une étude comparée de l'histoire des deux pays. C'est l'histoire, c'est-à-dire la suite des événements qui se produisent chez un peuple, qui forme le caractère national, et sans doute, à un moment donné, les différences peuvent être devenues très marquées. Il en est ainsi de deux frères ; donnez-leur une éducation différente, faites de l'un un artisan, un cultivateur, et de l'autre un médecin ou un avocat, ils différeront au bout de vingt ou trente ans comme un homme lettré d'un homme qui n'a reçu presque aucune instruction. C'est l'éducation qui différencie les individus et l'histoire qui différencie les nations. Il en résulte qu'on peut concevoir une suite de circonstances qui créeraient la centralisation en Angleterre et feraient naître des goûts de *selfgovernment* en France. En attendant, il est incontestable que le Français est encore trop porté à demander l'intervention du gouvernement, qu'il n'a pas encore assez de confiance en lui-même et, comme disent les malveillants, « qu'il est trop façonné au joug pour en sentir l'étreinte et le poids ».

Que faire pour établir le selfgovernment ? — Nous avons vu que la participation active, étendue, des citoyens est désirable et qu'il n'y a aucun obstacle originel en France, — pas plus que chez les autres nations civilisées, — qui s'oppose à la réalisation d'institutions libérales. Il s'agit donc de tracer la marche à suivre pour atteindre ce but.

Il consiste avant tout à répandre l'instruction par tous les moyens possibles, à utiliser les institutions existantes, à les développer dans le sens de la liberté et de l'initiative individuelle, à honorer les hommes qui se chargent de fonctions gratuites, enfin et surtout à vouloir fortement, énergiquement le *selfgovernment*, à ne pas perdre de vue ce but auquel on ferait converger les forces vives de la nation sans se laisser détourner par quelques avantages momentanés, ni par les sacrifices, ni par une gloire vaine et quelquefois équivoque.

SÉNAT. Le mot sénat, dérivé de *senex* ou *senior*, signifierait étymologiquement une assemblée de vieillards ou d'anciens. L'âge joue en effet un grand rôle dans les mœurs et les institutions des peuples primitifs. Une assemblée de vieillards est ou doit être une assemblée de sages. C'est à des assemblées de cette espèce que plusieurs peuples anciens avaient confié un rôle important dans le gouvernement de la chose publique. C'est à elles que s'applique la dénomination de sénat, déviée toutefois de sa signification étymologique, car des garanties analogues et souvent supérieures à celle qu'offre la seule vieillesse se rencontrent dans le mérite personnel et les fonctions élevées qu'on a occupées avec distinction.

Un sénat se distingue d'une assemblée ou chambre des pairs (*voy.* **Pairie**), par son caractère propre aussi bien que par ses origines historiques. La pairie dérive de la féodalité. Elle implique une ,sorte de droit de race, de quasi-souveraineté (grands vassaux), et suppose tout au moins la noblesse et l'hérédité. Le caractère de la pairie est fortement altéré quand elle n'est pas héréditaire, comme on l'a vu en France sous le gouvernement de Juillet. Les assemblées auxquelles s'applique et convient le nom de sénat dérivent des constitutions antiques et supposent plutôt l'expérience, l'importance, le mérite personnels. Elles sont, de leur essence, moins incompatibles avec les institutions démocratiques. Toutefois il n'y a rien d'absolu dans ces distinctions, et la différence dans le nom ne correspond pas toujours à une différence essentielle dans les choses.

On sait que plusieurs peuples anciens, notamment les Romains, ont eu un Sénat ; qu'au moyen âge existait un Sénat à Venise et ailleurs, que la constitution de l'an VIII créa un Sénat, qu'il y eut une assemblée sous ce nom de 1852 à 1870 et que la Constitution qui nous régit actuellement l'a rétabli.

SÉNATORERIE. Ce mot désigne des dotations spéciales affectées à un certain nombre de sénateurs sous le Consulat et le premier Empire. Elles furent créées par un sénatus-consulte du 14 nivôse an XI, disposant qu'il y aurait une sénatorerie par chaque arrondissement de tribunal d'appel et que chacune serait dotée d'une maison et d'un revenu de 20.000 à 25.000 fr. en domaines nationaux. Elles étaient possédées à vie et conférées par le premier consul sur la présentation du Sénat, qui désignait trois sénateurs pour une sénatorerie. Les sénateurs qui en étaient pourvus étaient tenus d'y résider au moins trois mois de l'année et de remplir les missions extraordinaires que pourrait leur confier le premier consul dans l'arrondissement de la sénatorerie. La pensée politique qui avait inspiré cette création est facile à apercevoir.

Les maisons et revenus affectés aux sénatoreries furent désignés par des arrêtés successifs des 18 fructidor an XI, 9 vendémiaire, 6 brumaire, 16 frimaire an XII et 14 août 1806. Une ordonnance du 4 juin 1814 réunit au domaine de la couronne la dotation du Sénat et des sénatoreries, en attribuant une pension de 36.000 fr. aux membres du Sénat qui étaient nés Français. Ces pensions furent inscrites au trésor public en vertu d'une ordonnance du 17 janvier 1830.

SÉNATUS-CONSULTE. C'était le nom que prenaient à Rome les décisions du Sénat, et particulièrement celles qui étaient relatives au droit civil, comme les sénatus-consultes *Velléien, Trébellien, Orphitien.* Il s'appliquait aussi, en France, aux décrets rendus par le Sénat sous le premier et le second Empire. On ne le donnait pas, toutefois, aux délibérations par lesquelles le Sénat s'opposait ou ne s'opposait pas à la promulgation des lois, statuait sur les pétitions, votait l'adresse, mais seulement aux sénatus-consultes organiques, interprétatifs ou modificatifs de la Constitution, en un mot à toutes les décisions du Sénat, présentant à proprement parler les caractères d'un décret. Les sénatus-consultes étaient, comme les lois, promulguées par l'empereur.

SÉNÉCHAL. Le sénéchal des rois germains était un majordome (de *Senne*, cabane, et *Schalk*, serviteur). Sa prérogative consistait à poser les plats sur la table; les chroniques latines l'appellent souvent *dapifer*. Il devait prendre une certaine influence, exerçant son ministère aux heures les plus accessibles, *mollissima fandi tempora.* Plus tard, le sénéchal devint, en France, le grand-maître de la maison du roi. De temps en temps, on lui rend son ancien titre de sénéchal.

SÉPARATION DES POUVOIRS. La séparation des pouvoirs est le principe fondamental du système constitutionnel; c'est une des garanties de la liberté. Le despotisme ne la connaît pas ; elle ne s'introduit qu'avec le règne de la loi, qui confère à chaque autorité, à chaque service ses attributions particulières bien déterminées. On distingue surtout le pouvoir législatif, le pouvoir exécutif et le pouvoir judiciaire. — (*Voy.* **Pouvoir, Régime constitutionnel**, etc.)

SÉQUESTRE. Le séquestre ne doit être envisagé ici qu'à son point de vue politique et international. En ce sens, c'est la mainmise d'un gouvernement qui est en guerre avec un autre sur les biens meubles et immeubles que possèdent, dans son territoire, et le gouvernement ennemi et les sujets de celui-ci. « Un État se fait droit à lui-même, dit Klüber : 1° en mettant arrêt sur des capitaux ou sur des choses appartenant à l'autre État ou à ses sujets, par exemple, l'embargo sur des navires ; 2° en se ressaisissant de la propriété ou du droit qui lui a été ravi ; 3° en s'appropriant pour réparation et dédommagement un objet équivalent, ou en exerçant une violence pareille à celle qu'il a éprouvée (rétorsion) ; 4° en usant de représailles proprement dites, c'est-à-dire en retenant par force, des personnes, des droits ou des choses appartenant à l'État dont vient l'offense, afin de forcer cet État à reconnaître le droit contesté, et à faire réparation. » On voit que tous ces actes peuvent se classer sous la dénomination de séquestre, dont ils ne sont que des espèces. Mais toutes se rapportent à l'ordre politique, et il faut bien se garder de confondre avec elles le cas où, sur la demande d'un particulier, la propriété d'un étranger qui se trouve dans le territoire d'un État est saisie d'après les lois civiles du pays et les mandements de la justice.

Après la paix, les biens et objets mis en séquestre doivent être restitués. Le séquestre, en effet, n'est pas la confiscation, et la confiscation des biens des particuliers tend à disparaître de la guerre elle-même, sauf les marchandises de contrebande destinées à l'usage de l'ennemi. Dans ce cas, la loi internationale admet non seulement la saisie et le séquestre, mais même la confiscation, alors même que les marchandises appartiendraient à un neutre ou à un ami ; car c'est violer la neutralité ou l'amitié que de fournir à l'ennemi les moyens de continuer la guerre. Nous n'admettons le séquestre, en temps de guerre, que pour les propriétés publiques ; les propriétés privées d'un sujet de la puissance ennemie doivent être libres, lors même qu'elles appartiendraient à une personne, soldat ou général, faisant partie de l'armée que l'on combat. Car les militaires ne sont pas ennemis à titre personnel, mais comme citoyens d'un pays ; comme sujets de leur souverain, ils n'ont pas de volonté propre et sont tenus à l'obéissance.

SÉRÉNISSIME. Le titre d'Altesse sérénissime fut pris, vers le dix-septième siècle, par divers princes souverains et par les doges de Gênes et de Venise. Autrefois, les empereurs et les rois s'étaient fait appeler *Sérénité*. Quelques princes du sang, qui ne pouvaient être *Altesses royales*, voulurent être *Altesses sérénissimes ;* ainsi ceux des lignes collatérales de la maison de France, excepté, à quelques époques, la famille d'Orléans. La *Sérénissime* signifiait Gênes ou Venise. (*Voy.* **Altesse.**)

SERGEANT AT LAW, avocat anglais d'un degré supérieur aux barristers. Cette classe d'avocats pouvait seule plaider, jusqu'en 1846, devant la cour des *common pleas.*

SERMENT. Le serment est une forme particulière et solennelle d'affirmation, de promesse, d'engagement. Il communique à la parole de l'homme une vertu surhumaine qu'il puise dans l'invocation des idées les plus saintes et du nom même de la divinité. Chez les nations primitives, à défaut d'engagement écrit, il complétait la parole en la confirmant, comme aujourd'hui encore chez les sauvages il intervient à chaque instant dans les relations les plus ordinaires de la vie. Les nations civilisées l'ont introduit dans les lois. Le serment était pratiqué en Grèce et à Rome ; il a traversé le moyen âge, et les législations modernes l'ont conservé.

On distingue le serment prêté en justice, le serment professionnel et le serment politique.

Le serment, dans la procédure judiciaire, supplée, en certains cas, la preuve matérielle qui fait défaut. Il donne à la déposition d'un témoin, au rapport d'un expert, au verdict du juré, etc., un caractère de solennité qui convient à la mission sainte et redoutable de la justice. Il va prendre la vérité au plus profond des consciences et la fait jaillir plus pure devant le juge. Le législateur ne pouvait manquer de mettre au service de la justice un instrument aussi fort que le serment.

Quant au serment professionnel, il est également à l'abri de toute objection. C'est l'engagement pris par celui qui le prête de se conformer fidèlement aux obligations de sa charge, engagement qui lie la conscience à un devoir nettement défini. Le serment professionnel est simple et clair, à ce point qu'il n'est considéré le plus souvent que comme une formalité. Mais les professions pour lesquelles il est prescrit par la loi ou par l'usage s'honorent d'y être astreintes : par le serment, elles s'élèvent jusqu'à la dignité d'une fonction ; elles obtiennent par cela même plus d'autorité et plus de respect.

Nous arrivons au serment politique. Aux temps de la féodalité, alors que la société politique se composait de suzerains, de vassaux et de serfs, le serment de fidélité n'était que la consécration, sinon nécessaire, du moins logique, des liens de soumission qui rattachaient l'inférieur au supérieur. Plus tard, quand la monarchie absolue, se fondant sur le droit divin, eut survécu à la féodalité, le serment de fidélité fut conservé dans la loi politique, et il devait en être ainsi, car le souverain représentait à la fois Dieu, dont il prétendait être le délégué, et la nation, dont il absorbait tous les droits. Le serment politique était alors aussi logique que sous le régime féodal.

Le droit politique moderne, tel du moins qu'il est proclamé en France et dans la plupart des États civilisés, repose sur un principe tout à fait différent. Le droit divin a rejoint la féodalité dans les reliques de l'histoire, il a été remplacé par le droit populaire. La dynastie ne s'impose plus, elle a été acceptée par la nation; le prince est le délégué, le mandataire de la souveraineté nationale; de telle sorte que, par un renversement de l'ancien ordre de choses, ce serait logiquement le prince qui devrait le serment de fidélité au peuple, et non plus le peuple qui devrait le serment au prince. Il en est ainsi dans certaines républiques, où le principe de la souveraineté populaire s'est établi dès l'origine et ne se trouve point faussé par les formalités traditionnelles qui dérivent ailleurs de l'ancien droit monarchique. Dans plusieurs États constitutionnels, d'ailleurs, le roi jure fidélité à la Constitution.

En conséquence, dans les pays qui professent le dogme de la souveraineté populaire, le serment politique ne saurait être ce qu'il était sous l'ancien régime. On pourrait même dire non seulement qu'il n'a plus les mêmes raisons d'être, mais encore qu'il y a des raisons pour qu'il n'existe pas. Le serment, avec les formes de solennité qui l'entourent, représente aux yeux des hommes l'idée d'un engagement indissoluble et perpétuel. Or, le citoyen doit-il jurer qu'il sera toujours fidèle à un souverain dont les droits créés par la volonté nationale peuvent être détruits par cette même volonté? Doit-il jurer qu'il obéira toujours à une Constitution que la nation peut modifier ou renverser d'un moment à l'autre? On comprend le serment prêté à un être supérieur et immuable, à Dieu ou au souverain consacré par le droit divin; on comprend le serment s'appliquant aux grands principes de vérité, de probité, de devoir et d'honneur, principes universellement acceptés et respectés, que Dieu a déposés dans la conscience humaine, d'où ils dominent le temps, les circonstances et les lois. Mais il est bien difficile de définir le caractère et la valeur d'un serment prêté à un souverain amovible, à des institutions précaires, et prêté par ceux-là mêmes en qui réside le droit de changer le souverain et de modifier les institutions. Nous ne saurions voir dans cet acte qu'un engagement conditionnel, limité par des restrictions, enveloppé dans des réserves; ce n'est point là le serment tel qu'on l'a toujours conçu. (C. Lavollée.)

Pour mieux rendre notre pensée, nous aurons recours à l'histoire. Voici quelles ont été, en France, depuis 1789, c'est-à-dire depuis la proclamation du principe de la souveraineté nationale, les vicissitudes du serment politique.

Aux termes de la loi du 30 décembre 1789, les citoyens jurent « de maintenir de tout leur pouvoir la Constitution du royaume, d'être fidèles à la nation, à la loi et au roi... » Le 14 juillet 1790, les députés jurent également « d'être fidèles à la nation, à la loi et au roi, et de maintenir la Constitution décré-

tée par l'Assemblée nationale et acceptée par le roi. » Le 10 août 1792, le serment des membres de l'Assemblée nationale est ainsi conçu : « Au nom de la nation, je jure de maintenir de tout mon pouvoir la liberté et l'égalité ou de mourir à mon poste. » Puis vient une loi qui ordonne aux fonctionnaires de prêter le serment de haine à la royauté, serment qui, d'après une loi de 1797, doit être renouvelé tous les ans à la date du 21 janvier. La loi du 30 juillet 1799 prescrit une nouvelle formule du serment civique : « Je jure fidélité à la République et à la Constitution de l'an III. Je jure de m'opposer de tout mon pouvoir au rétablissement de la royauté en France et à celui de toute espèce de tyrannie. » La même année, nouvelle loi qui exige des fonctionnaires la promesse de fidélité à la Constitution de l'an VIII. L'Empire, la première Restauration, les Cent-Jours, la seconde Restauration, la monarchie de Juillet, la Présidence décennale, le second Empire, tous les régimes, sauf les Républiques de 1848 et de 1870, ont eu leurs formules de serment.

Il n'est pas sans intérêt de remarquer que ce sont les gouvernements les plus contestés qui ont exigé le plus de serments et les serments les plus terribles. On n'a jamais autant juré que sous la Convention. Ce n'est point parce que la République de 1848 s'est privée du serment politique qu'elle a succombé : de même les serments prescrits par toutes les Constitutions antérieures n'ont point retardé d'une seule minute la chute des gouvernements qui les ont reçus. N'est-ce point là la condamnation la plus éclatante du serment politique !

Que l'homme politique, le magistrat, le fonctionnaire civil prêtent serment à la loi, le militaire à son drapeau, chaque citoyen à ce qui est pour lui le *devoir*, voilà, selon nous, la solution simple et facile de cette question si controversée. En politique, tout est variable, incertain, précaire : au milieu de ce bouleversement continuel de trônes et de constitutions dont notre génération a été témoin, que l'on nous montre une forme de gouvernement, une dynastie qui soit assurée de vieillir avec nos serments. Le devoir, lui, est et sera toujours là. Jurons de lui être fidèles. Il saura garder notre foi. (C. L.)

SERVAGE. On entendait par *servage* l'état de servitude dans lequel étaient tenus, en France, les vassaux mainmortables des seigneurs et, presque partout au moyen-âge, les classes agricoles; elles étaient, en quelque sorte, considérées comme une dépendance du sol. Le serf était attaché à la glèbe; de cet asservissement dérivaient, comme conséquences, des restrictions à la liberté de la personne et au droit de posséder des biens. Tels étaient les traits caractéristiques de sa situation; les restrictions dont nous venons de parler étaient d'ailleurs, plus ou moins graves, suivant les temps et les lieux, et quand on songe qu'il s'agit d'une condition des personnes qui a duré, en Europe près de douze siècles, on ne doit pas s'étonner de la voir soumise à une grande diversité de manières d'être.

L'origine même du servage est incertaine ; on le représente, en général, comme une transformation du colonat, sorte d'organisation légale du travail agricole qui avait pris naissance dans les derniers temps de l'empire romain d'Occident. A ce moment où une fiscalité écrasante imposait comme une charge les honneurs municipaux, les campagnes tendaient à se dépeupler en même temps que les villes, et il devenait nécessaire d'attacher le cultivateur au sol, alors, il intervenait entre le propriétaire et ses esclaves, ou même entre le propriétaire et des hommes libres, mais réduits à une extrême misère, une convention dont l'effet était l'union perpétuelle et indissoluble du colon avec le sol, dont il obtenait, en retour, la jouissance partielle, sans abdiquer ses droits de famille. Les colons dépendaient du propriétaire, en tant que cultivateurs ; en tant que citoyens, ils restaient membres de l'Etat. Mais l'invasion barbare modifia profondément cet état de choses ; elle détruisit l'Etat, le gouvernement central, et alors le colon ne dépendit que du propriétaire qui, suivant la loi germanique, réunit la souveraineté et la propriété. La servitude n'était jusqu'alors que *réelle ;* à mesure que la féodalité se constitua et concentra la propriété avec la souveraineté dans les mains d'une classe particulière, la servitude devint à la fois *réelle* et *personnelle,* c'est-à-dire qu'elle atteignit les droits de famille et détruisit la liberté de la personne autant qu'on pouvait le faire sans détruire l'individualité et redescendre jusqu'à l'esclavage.

Il a fallu plusieurs siècles d'efforts pour détruire ces liens et rendre la liberté aux hommes asservis. Pour cette histoire, nous renvoyons aux ouvrages spéciaux ceux de MM. Wallon, Doniol et autres.

SERVITUDES. Dans son acception la plus ordinaire, le mot servitude est synonyme d'esclavage ; on l'emploie aussi pour désigner les charges auxquelles peut être assujetti un fonds ; c'est de ces servitudes que nous parlerons.

Pour ceux qui ne considèrent la propriété que comme étant le droit civil, il est facile de se rendre compte des servitudes et services fonciers qui lui seraient imposés, puisque, dans ce système, la loi, en établissant cette propriété, aurait pu la constituer sous certaines conditions et avec diverses charges. Si la propriété est de droit naturel dans son principe, comme l'ont justement reconnu beaucoup de publicistes, et comme l'ont admis bien des législateurs, il semble plus difficile de justifier certaines modifications apportées à ce droit par les lois positives.

Mais de même que l'homme, après avoir été considéré isolément avec ses droits incontestables, doit à la société, au milieu de laquelle il vit, le sacrifice d'une partie de l'exercice de ses droits, et que les lois positives peuvent ainsi gêner dans une certaine limite la liberté de la personne dans l'intérêt du corps social ; de même on est tout naturellement amené à reconnaître que le droit de propriété peut être gêné dans son exercice et son développement par les nécessités sociales, et que les lois positives appelées à défendre et à protéger ce droit peuvent, d'un autre côté, soumettre ses manifestations à des règles restrictives et imposer au besoin les modifications qu'exigent le maintien et le progrès de l'ordre social.

Les charges imposées à la propriété privée, dans l'intérêt direct de l'Etat ou du corps social, prennent le nom de servitudes d'utilité publique. Dans cette première division des servitudes pesant sur la propriété foncière se placent toutes celles qui lui ont été imposées par les lois en vue exclusivement d'une utilité publique et générale.

C'est ainsi que dans l'intérêt de la défense du territoire ont été créées les servitudes militaires et ont été établies les restrictions apportées au droit de propriété, pour assurer les approvisionnements des arsenaux.

Pour assurer l'exécution des travaux publics et notamment des travaux concernant l'établissement et l'entretien des voies de communication, les lois ont sanctionné le principe de l'expropriation forcée à charge d'indemnité et admis les nombreuses servitudes de voirie qui atteignent les riverains des voies de terre, de fer et d'eau.

Dans l'intérêt de la sûreté, de la santé et de la salubrité publiques, l'administration a été armée d'un droit de réglementation étendu en dehors des lois spéciales sur les marais, les cours d'eau, etc.

La richesse nationale a dû être sauvegardée contre l'usage abusif du droit de propriété en ce qui concerne certaines natures de propriété, telles que les bois, mines, minières, etc.

La nécessité d'assurer la réalisation des ressources indispensables au fonctionnement des services publics a fait créer des systèmes financiers qui puisent leurs revenus dans la perception de divers impôts pesant sur la propriété immobilière et qui sont allés jusqu'à apporter des restrictions à certaines cultures.

La seconde classe des servitudes comprend les servitudes ou services fonciers que le Code civil français appelle les charges imposées sur un héritage pour l'usage et l'utilité d'un héritage appartenant à un autre propriétaire. Ces servitudes n'établissent aucune prééminence d'un héritage sur l'autre. Elles dérivent ou de la situation des lieux ou des conventions entre les propriétaires.

Les premières, réglementées dans leur exercice plus directement par la loi, concernent plus spécialement les charges et les avantages résultant entre voisins du cours naturel des eaux, le bornage, le droit de clôture, les murs et fossés mitoyens, la distance à laisser entre les héritages dans les plantations et constructions, les droits de vue, de passage.

Le propriétaire dont le fonds est soumis à une servitude peut généralement s'affranchir de son obligation, soit par l'abandon de ce fonds, soit au moyen du déguerpissement.

Ajoutons qu'il existe aussi des servitudes internationales, instituées dans un intérêt général ou particulier à un Etat. De pareilles servitudes ne peuvent être établies que par un traité, et leur interprétation est de droit étroit, c'est-à-dire que le doute profite au pays qui subit la servitude.

SESSION. Le temps pendant lequel siège un parlement ou une assemblée quelconque dont la réunion n'est pas permanente. En France, la Constitution de 1852 avait limité à trois mois la durée des sessions législatives; mais presque toujours ce temps s'est trouvé insuffisant, et il a fallu le prolonger. Dans d'autres pays, la durée n'est pas limitée. Dans une monarchie, la session est ouverte par le souverain ou par un ministre et fermée de la même manière. Dans les républiques, l'ouverture des chambres s'opère avec moins de formalités.

SHAH, *roi.* Ce titre (qu'on devrait écrire *chah*) a été celui de tous les monarques iraniens; il n'est plus porté que par le roi de Perse. Les rois de Perse ont souvent pris le titre de *shahen shah,* roi des rois, qui indiquait leur suzeraineté sur des rois tributaires.

SHEIKH (CHEIKH). Vieillard, ancien, prince. C'est un titre honorifique que les musulmans accordent à l'âge, aux mérites et aux dignités. Les chefs des tribus arabes sont sheiks, et c'est d'eux que le mot vient. Il se donne spécialement au gouverneur de Médine et aux supérieurs des couvents de l'Islam, aux prédicateurs, docteurs, aumôniers, jurisconsultes, etc.

SHÉRIFF. Dans la Grande-Bretagne, on désigne sous ce nom les fonctionnaires qui, dans chaque comté, sont chargés de représenter la couronne, d'administrer ses biens, de présider les élections parlementaires, de dresser la liste du jury, de maintenir la paix publique, de requérir dans ce but l'assistance de toutes les personnes âgées de plus de quinze ans, d'assurer l'exécution des jugements civils et criminels, enfin de veiller à la garde des prisons. La nomination des shériffs est faite, à quatre exceptions près, par la couronne. Le ministère présente trois noms au roi ou à la reine. Dans le comté de Cornwall, le shériff est nommé par le prince de Galles. A Londres, les deux shériffs sont élus par les bourgeois; ceux-ci ont en même temps le droit de nommer le shériff du comté de Middlesex. Les shériffs doivent ac-

compagner les magistrats dans leur tournée d'assises; aux audiences criminelles, ils ont le droit de siéger l'épée au côté sur le banc des juges. Ces fonctions qui durent un an sont gratuites. Les shériffs ont le droit de déléguer une certaine partie de leurs fonctions à un ou plusieurs sous-shériffs qui reçoivent un traitement prélevé sur les taxes du comté. Aux Etats-Unis, les shériffs sont investis, pour l'exécution des lois, le maintien de la paix publique, d'attributions à peu près semblables. Ils sont nommés dans chaque comté par les personnes inscrites au rôle des taxes. Chacune de leurs vacations leur donne droit à des honoraires.

SIÈGE [1]. Attaque dirigée contre une place forte selon les règles de l'art militaire. C'est par l'emploi systématique des moyens qui contraignent la place à se rendre, que le siège se distingue d'une surprise.

La première opération de tout siège, sauf en cas d'impossibilité matérielle, c'est d'investir la place, c'est-à-dire de l'entourer d'un cordon de troupes et d'ouvrages défensifs et offensifs, afin qu'aucune personne et aucun objet n'entre ou ne sorte sans le consentement de l'assiégeant. C'est établir le blocus. Les ports ne sont généralement bloqués que par mer, car, pour les assiéger, il faudrait des troupes de débarquement qu'on n'a pas toujours à sa disposition. La différence entre le blocus d'un port et le siège d'une forteresse consiste en ce que le blocus ne commet aucun acte d'agression, tandis que le siège ne se borne pas à investir la place, il cherche à la réduire par la force. Aussi le blocus maritime peut-il s'appliquer à une ville ouverte, puisqu'il ne s'agit que d'arrêter le commerce, tandis qu'on ne pourrait pas l'assiéger. L'assiégeant n'a pas, comme le commandant d'un blocus maritime, de déclaration à faire aux puissances, par des raisons qui sautent trop aux yeux pour qu'il soit nécessaire de les développer.

Il n'y a pas lieu non plus à avertir le commandant de la place qui est suffisamment averti de ce qui l'attend par l'ensemble des événements qui précèdent le siège et par ses éclaireurs. Il n'y a réellement pas de surprise, mais la surprise serait de bonne guerre, elle est parfaitement permise; elle ménage d'ailleurs généralement la vie humaine.

Lorsqu'une ville est dans le cas d'être assiégée, le commandant prend les mesures militaires que les circonstances exigent et qu'il n'entre pas dans notre cadre d'exposer,

1. N'est-il pas surprenant que cette matière soit si peu traitée dans les ouvrages sur le droit des gens? Il en est où le mot *siège* ne se trouve même pas à la table des matières, et dans d'autres on ne voit qu'une courte phrase en une ou deux lignes. Cela vient peut-être de ce que, dans le plus grand nombre de cas, un siège est seulement un incident sans influence sur l'ensemble de la campagne et ne donne pas lieu à un échange de notes diplomatiques.

et il avertit les populations pour que ceux qui ne veulent pas s'exposer aux maux d'un siège puissent s'éloigner à temps. Les étrangers qui resteraient doivent se préparer à partager le sort des autres habitants. L'assiégeant a, il est vrai, des égards pour les agents diplomatiques ou consulaires que la place renferme, mais ce sont des égards de courtoisie : il n'est obligé à aucune concession qui pourrait lui être nuisible, ces personnages n'avaient qu'à s'éloigner. A plus forte raison en est-il ainsi de leurs ressortissants (de leurs nationaux). Quand cela est possible, l'assiégeant permet la sortie des retardataires, mais il est seul juge de ces convenances.

A plus forte raison le commandant du corps assiégeant n'est-il pas obligé de laisser sortir les femmes, enfants ou autres noncombattants qui se trouvent dans la place. On a vu accorder la permission, mais le fait est rare. Qu'est-ce qui serait plus humain ? Si nous posions cette question au chef des assiégeants, il répondrait : Je regrette beaucoup que ces innocents aient à souffrir, mais ai-je envers eux des devoirs supérieurs à ceux que la nature et les lois imposent à leurs pères, maris et frères : ceux-ci n'ont qu'à ne pas se défendre. Je me dois avant tout à mes soldats, leur vie m'est nécessaire plus chère, et si en ne permettant pas aux femmes et enfants de sortir, j'abrège la lutte, je fais mon devoir. Les assiégés diront qu'il s'agit de non-combattants, que les hommes ne peuvent se rendre sans forfaire à l'honneur, etc. Qui décidera ? Ce sera naturellement le plus fort, l'assiégeant. Il dira (ce n'est pas nous qui parlons) que la guerre n'est pas une affaire d'humanité, mais de destruction, et en tout cas, si les non-combattants restent dans la place, il y aura en somme moins de sang versé, on se battra moins longtemps et avec moins d'acharnement, de sorte que la vraie humanité prend les apparences de la cruauté.

Quant à nous, entendant ce langage, nous disons : Coupable est celui qui fortifie une grande ville. Faites des camps retranchés et que les grandes villes restent des *villes ouvertes* [1].

Nous blâmons d'autant plus vivement la fortification des grandes villes que le chef des assiégés tiendra un langage tout aussi barbare que le chef des assiégeants. Il mettra les nécessités de la défense au-dessus de toute autre considération, s'emparera de tout objet, — alimentaire ou autre — qui pourra l'aider à prolonger la résistance, il rationnera tout le monde sans exception, dussent les femmes et les enfants en mourir.

Quant aux incidents du siège, ils ne peuvent pas être nombreux en dehors des péripéties de la défense. On peut s'envoyer des parlementaires pour convenir d'une courte suspension d'armes (pour enterrer les morts, etc.) ou pour négocier un armistice avec ou sans ravitaillement. Le ravitaillement ne sera jamais accordé quand, par exception, le sort de la campagne dépend de la reddition de la place ; il ne sera consenti que lors d'un armistice général devant, selon toutes les probabilités, aboutir à la paix, ou aussi, lorsqu'il s'agira de places sans importance majeure. Ces points seront discutés dans la convention. En tout cas, le ravitaillement ne sera accordé que dans la mesure nécessaire pour maintenir la place dans la situation où elle se trouvait au moment de la conclusion de l'armistice. Qu'on ne l'oublie pas, ce n'est pas nous qui établissons ces principes, nous constatons ce qui se fait.

On a demandé aussi si le bombardement pouvait avoir lieu sans avoir été annoncé. Les auteurs sont d'avis qu'il est désirable que l'assiégeant annonce son intention, mais ils ajoutent que ce n'est pas de rigueur. Lors d'un bombardement, l'assiégeant doit ménager, autant que possible, les établissements et monuments publics, mais — et nous l'avons vu de près — cela est plus facile à conseiller qu'à exécuter. L'artilleur tire « dans le tas », l'obus tombe à peu près où il veut et personne ne peut diriger ses éclats. Le double bombardement de Paris en 1871, à quelques semaines d'intervalle, par les Allemands et les Français, l'a bien prouvé. Il y aura toujours des projectiles là où personne ne les voulait voir arriver, sans qu'on ait besoin d'accuser quelqu'un d'y avoir mis de l'intention.

Lorsque la défense est épuisée, la place se rend, ou capitule. Lorsqu'elle est prise d'assaut, les militaires sont prisonniers de guerre, tandis que les habitants restent chez eux, lors même qu'ils ont fait le service de garde nationale et qu'ils ont ainsi pris part à la défense. Autrefois les villes prises d'assaut étaient pillées, mais heureusement ces horreurs appartiennent au passé.

SINÉCURE. Il paraît que le mot est anglais ou plutôt que ce sont les Anglais qui l'ont les premiers tiré du latin pour lui donner une place dans la langue de la politique et des finances. On l'a fait entrer en France au temps de la Restauration.

Une sinécure, c'est un emploi ou une fonction qui est payée, mais qui n'impose aucune peine à celui qui en est investi. Il peut arriver que les sinécures ne soient pas autre chose qu'une forme de pensions accordées à des personnes qui, sans beaucoup de fatigue, rendent encore quelques services et qui ont bien mérité de la société, ou qu'une forme de retraite, dont la dépense n'est pas absolument sans quelque compensation pour l'État qui en fait les fonds. C'est ainsi que s'expliquent certains emplois des bibliothèques, des archives, des musées et des différents domaines de la communauté nationale. Mais s'il n'est pas impossible d'admettre qu'une sinécure soit quelquefois la juste ré-

---

1. J'insiste beaucoup sur ce point. Maurice Block.

compense du mérite ou même une manière économique de liquider les dettes contractées par l'Etat à l'égard de ses vieux serviteurs, il n'en est pas moins vrai que d'ici à longtemps la faveur sera toujours la principale cause de la distribution de ces bénéfices, et c'est bien rarement le mérite réel qu'elle avantagera. Les sinécures sont donc justement condamnées par le moraliste comme par le théoricien financier.

SIRE. Ce mot a été très longtemps synonyme de seigneur.On disait le sire de Coucy, de Rohan. Aussi le fait-on venir de *senior* (ancien), Rabelais, grand étymologiste, écrit toujours Cyre, de Κύριος (*herus, Herr*), seigneur (maître). Des auteurs veulent que sire soit bien la véritable orthographe, et le font venir d'un vieux mot scandinave synonyme de *father*, père. Actuellement le titre *sire* ne se donne qu'aux rois et aux empereurs.

SKOUPCHTINA, nom du parlement serbe.

SNOBISME. Ce mot joue un tel rôle de nos jours que nous lui consacrons un petit article composé de deux citations. Voici le premier :

« Je n'insiste pas. Attacher trop d'épithètes louangeuses au nom d'un financier bourgeois est devenu, de nos jours, une besogne périlleuse et louche. Un certain snobisme veut que la « tyrannie du capital » soit flétrie même dans quelques-uns des salons où l'on en vit le mieux. Les raffinés qui feignaient, il y a quinze ans, d'avoir lu Bastiat, feignent à présent d'avoir lu Karl Marx; c'est leur façon de changer de lecture. »
            Figaro, 14 mai 1895 [1].
Voici le deuxième :

Le snobisme, en effet, d'après Tackeray qui lui a consacré un volume assez substantiel, consiste à « admirer petitement de petites choses ». La conséquence de cet état d'esprit est de s'efforcer de paraître ce qu'en réalité on n'est pas; de se préoccuper sans cesse de l'opinion, des goûts, des préjugés, des faits et gestes de ceux que l'on admire; de calquer sa propre manière de voir et d'agir sur la leur; de les copier en tout servilement, uniquement par ostentation, par une sorte de considération béate, inconsciente et absurde pour ce que l'on s'imagine être le sublime de l'intelligence, de la distinction et du bel air, et enfin de s'aplatir devant les pontifes, tandis que l'on regarde les autres du haut de sa grandeur. Le snobisme s'applique donc à tout. Il y a un snobisme littéraire et artistique aussi bien qu'un snobisme mondain et hippique. Il y a même un snobisme politique, dont les politiciens de notre pays offrent, de nos jours, plus d'un exemple.

Les snobs, d'autre part, sont de tous les milieux et de toutes les conditions ; ils ne se recrutent pas seulement parmi les gens de

second ou de troisième plan. Ceux d'en bas le deviennent par esprit d'imitation, par admiration pour les augures, et ceux d'en haut sont incités à le devenir, entretenus dans leur faiblesse par la subordination, les hommages et les flagorneries de leurs imitateurs. C'est assez dire qu'en fait de snobisme on se trompe grandement lorsqu'on veut particulariser.   *Figaro*, 12 juin 1895.

SOCIAL ET INDIVIDUEL. L'opposition de ces mots est fréquente de nos jours, et dans ce cas, *social* est pris dans le sens de l'intérêt de la majorité, ce qui est pratiquement l'oppression de la minorité. L'individualisme se confond alors avec la liberté, il tend à protéger la minorité.

SOCIALISME. Si l'on voulait définir le socialisme en deux mots, on pourrait dire que ce mot résume les opinions de ceux qui sont mécontents de l'organisation sociale..... et croient pouvoir la réformer, sans changer la nature de l'homme. On devine que le socialisme date de loin, bien que le mot ait été formulé pour la première fois, soit par Pierre Leroux en 1833, soit par Owen en 1835, soit par Louis Reybaud en 1836. Chacun de ces trois hommes, qui revendiquent la priorité, a peut-être inventé le mot de son côté, — la chose était dans l'air alors, — nous ne décidons pas ce point assez secondaire.

Ce qui est sûr, c'est qu'on a été mécontent de la société dès l'origine. Depuis Platon jusqu'à nos jours (Platon n'a même pas été le premier), il s'est trouvé des hommes de plus ou moins de valeur pour proposer de nouvelles organisations sociales. Leur nombre est assez grand, leurs idées ont été décrites ou analysées dans des livres spéciaux auxquels nous renvoyons. L'une de ces propositions, dont l'auteur n'était rien moins qu'un Chancelier de l'Angleterre (F. Bacon de Vérulam), avait pour titre : *l'Ile d'Utopia* [1], de là, l'usage d'appeler ces romans sociaux des utopies. Ces livres ne proposaient pas des améliorations partielles, mais la refonte complète de la société humaine, c'est-à-dire, des bouleversements; aussi n'ont-ils eu aucune influence sur le développement des sociétés, on ne les a jamais pris au sérieux; ils n'étaient connus que des gens sachant lire qui, avant notre siècle, n'étaient pas bien nombreux.

Avec notre siècle, les critiques de la société se multiplièrent. Sans parler de ce qui s'est passé sous la Révolution de 1789, on vit surgir le St-Simonisme, le Fouriérisme et d'autres doctrines qui, vers 1830, sortirent des livres pour tenter quelques réalisations. Nous ne décrivons pas ces mouvements d'opinion, — d'autres l'ont fait surabondamment, — ils n'eurent qu'une faible influence directe, c'est-à-dire, peu de partisans, mais ils préparèrent admirablement le terrain à ceux qui surgi-

1. Emile Berr.

1. Utopia veut dire : nulle part. Voy. *Utopie.*

rent entre 1840 et 1850, pour jeter quelque
éclat en 1848 avec Proudhon et Louis Blanc
et pour reparaître, après une courte éclipse
en affectant des allures scientifiques, et en
groupant autour des nouvelles doctrines un
nombre de plus en plus grand d'adhérents.
C'est en 1871, par l'insurrection de la Commune de Paris, que le socialisme s'est fait sa
place dans l'histoire de notre époque, et
depuis, il s'est mis à jouer un rôle dans différents États européens. Actuellement les
socialistes forment des partis plus ou moins
importants, ils espèrent conquérir le pouvoir
et promettent de remodeler la société humaine
d'après leurs doctrines. On peut douter de
leur succès comme parti ; on peut même
douter qu'ils essayent sérieusement d'établir
leur système social[1]; en tout cas, il importe
de connaître les doctrines qui prétendent à la
domination.

Avant d'exposer les doctrines, il faut
d'abord faire une distinction importante : il
y a les opinions des socialistes avoués et
celles des personnes qui sympathisent plus
ou moins avec eux sans partager ces opinions. Commençons par les premiers.

Les socialistes doctrinaires ont pour initiateur, théoricien, chef, saint, ou comme on
voudra l'appeler, Karl Marx, né à Trèves en
1818, mort à Londres en 1883. Il avait déjà
fait de la politique ultra-radicale, révolutionnaire, lorsqu'il publia en 1848 un « Manifeste
du parti communiste » rédigé en 1847 dans
un congrès d'ouvriers. Le fond de la doctrine
de K. Marx est donc le communisme, mais
comme ce mot trop cru déplaisait à beaucoup
de personnes même socialistes, on le remplaça par un autre, le collectivisme, dont on
chercha à atténuer le sens. Voici comment
les théoriciens distinguèrent les deux mots.
Les collectivistes, disent-ils, ne posséderont
en commun que la terre, les constructions,
les machines et instruments, les matières
premières, les produits fabriqués ; les autres
choses pourront appartenir aux individus.
— Quelles choses? — Leurs aliments, leurs
vêtements, leurs objets d'agrément personnels (poupées, cerceaux, etc.). — Mais il en
serait de même pour les communistes. Pensez-vous que, même dans la société la plus
communiste imaginable, le vêtement ne sera
pas personnel et que la pitance accordée à
chacun aux heures de repas pourra lui être
enlevée par le premier venu « entre la coupe
et les lèvres »? Bavardage que cela : il n'y a
pas de différence entre le communisme et le
collectivisme. Le collectivisme a uniquement
pour but d'habituer les gens à l'idée communiste.

Jusqu'à présent les docteurs du socialisme
n'ont rien dit de nouveau. Tous les utopistes
antérieurs ont supprimé la propriété. Ajoutons que, généralement aussi, comme beaucoup de socialistes modernes, ils se sont

prononcés pour le mariage libre et contre
l'usage de la monnaie. Ce sont là, en effet,
les trois principales choses désirées ou désirables, dont on ne dispose pas à volonté : la propriété, la femme, l'argent, et c'est sur ces
trois points, que devait porter la réforme pour
faire disparaître le mécontentement le plus
répandu.

On sait que, jusqu'à présent, les socialistes
ont dû se borner à prêcher leurs doctrines,
et que, s'ils ont réuni des adhérents, la communauté des biens n'est pas encore entrée
dans la pratique. La première raison est que
leurs partisans sérieux, doctrinaires, sont peu
nombreux. Mettons, — ce sont des chiffres
en l'air, — qu'actuellement, où le socialisme
est quelque peu à la mode, sur un million
d'habitants environ 100.000 s'avouent socialistes ; combien sur ces 100.000 consentiraient à subir une expérience de socialisme
appliqué? Peut-être 1 ou 2 sur mille. C'est
que l'immense majorité des 100.000 ne connaissent pas les doctrines qu'ils prétendent
professer. Ils ne savent qu'une chose : on en
veut aux riches, on en veut aux patrons, on
en veut à tous ceux qui sont distingués ou
heureux. On promet aux prolétaires de courir sus aux privilégiés, et parmi les prolétaires se trouvent des envieux mieux pourvus
qui néanmoins sont prêts à se joindre à ceux
qui courent sus[1].

C'est que l'établissement du régime socialiste, qui est d'ailleurs contraire à la nature
humaine, ne produirait pas les effets promis
ou annoncés. Il ne rendra personne heureux.
On dépouillera les propriétaires, supposons
que cela soit possible, sans verser des torrents de sang, et passons sur les objections
de la morale ; supposons d'emblée que l'État
soit devenu propriétaire de toutes les terres, et
après ? Votre sort n'en serait pas changé. Il
faudra toujours cultiver la terre, si vous
voulez vous nourrir de ses produits ; seulement, vous la travaillerez avec moins de
soin, et elle vous fera sentir les conséquences
de votre manque de zèle. Vous récolterez
moins. Quant à la liberté du mariage, cela
détruira la famille, mais ne satisfera pas vos
désirs désordonnés. La femme est libre aussi,
elle vous refusera ou vous sera infidèle, et
son préféré, ou votre compétiteur vous la
disputera par des moyens souvent sanglants.
Et que deviendront les enfants?

L'absence de l'argent, ou son remplacement par des bons de travail en papier, ne
vous rendra pas plus riche, car ce sera,
comme aujourd'hui, de la rémunération de
votre travail effectif que vous vivrez ; seulement cette rémunération sera moins bien
organisée qu'aujourd'hui, comme il serait très

---

1. Au congrès socialiste de Breslau, en 1895, le chef du
socialisme allemand, M. Bebel, a conseillé de ne pas
aller trop vite de crainte de ne pas être suivi.

1. Les socialistes font expressément profession d'exploiter les mécontentements, cela a été souvent dit, encore
au plus récent congrès socialiste (de Breslau, en 1895).

D'un autre côté, toutes les voix qu'ils recueillent aux
élections ne sont pas des voix socialistes. Les électeurs
votent quelquefois pour un socialiste pour ne pas appuyer
soit un royaliste, soit un républicain, ou un libre échan-
giste, ou un protectionniste, ou un antisémite... ou un
adversaire quelconque.

facile de le démontrer. En tout cas; sous le socialisme on vivra de son salaire. Mais suf fira-t-il? Si l'on instituait une expérience, au bout de huit jours la théorie n'aurait plus un seul adhérent.

Si l'espace le permettait, nous montrerions que les propositions qui appartiennent plus particulièrement à K. Marx ne soutiennent pas un instant la discussion, elles sont même parfois tout à fait puériles. Tel est la théorie de la plus-value, le fameux *Mehrwert*. Avec cela le docteur du socialisme procède par assertions. On n'a qu'à lire *le Capital*, pp. 81 et suiv. Nous avons cité les passages et nous les avons discutés dans notre opuscule intitulé : *le Socialisme moderne* (librairie Hachette et C., Paris, 1891). Il n'est pas vrai que le profit du fabricant provient de ce qu'il fait travailler l'ouvrier plus qu'il ne doit; l'argumentation de K. Marx est absolument ridicule, comme nous l'avons fait voir dans cet opuscule. D'ailleurs est-ce que le lecteur admettra que l'ouvrier travaillera plus qu'il ne veut, et cela seulement parce que le patron aura déclaré aux ouvriers : « En me vendant une journée de travail, vous croyez me vendre 6 heures de votre temps ; eh bien, moi, en achetant une journée, je crois avoir acheté 12 heures de votre temps ; et vous allez travailler 12 heures, car tel est mon bon plaisir. » Et ces bons ouvriers, si endurants, se soumettent!

Nous le répétons : l'immense majorité des socialistes n'ont aucune idée des doctrines de Karl Marx, ils sont même hors d'état de n'y rien comprendre. Pour eux le socialisme est une manière d'exprimer leur mécontentement de leur sort, et les sentiments très peu élevés qui accompagnent si souvent le mécontentement. Ce sont des sentiments égoïstes étrangers à tout altruisme. De plus, le socialisme ne peut en rien améliorer la position des prolétaires, car il remplace le stimulant énergique de l'intérêt personnel dont les efforts utiles sont toujours récompensés, par un système qui tue tout stimulant, puisque ces efforts ne lui rapportent rien au delà de l'indispensable. En conséquence la production diminuera, et comment voulez-vous alors que la consommation augmente? Le socialisme serait le comble de l'absurde, si ce n'était le comble de l'envie.

Passons maintenant aux opinions des hommes qui sympathisent avec les socialistes, tout en rejetant leurs doctrines.

Commençons par des citations : « Qu'est-ce que le socialisme? Moins que rien, lorsqu'on veut le définir, une absurdité, une chimère, un cauchemar, une conception barbare et malfaisante qui ne vivrait pas une heure, si l'on tentait jamais de la réaliser. Si les institutions sont toujours et partout revisables, la nature humaine est immuable dans tous les pays et dans tous les temps. Or, c'est une loi de nature que l'homme travaille pour lui-même, et non pour les autres, quelle que soit, d'ailleurs, sa philanthropie, et qu'il

veuille transmettre aux enfants qui sont nés de lui, et non point à la collectivité, les fruits de son épargne et de sa peine. Ainsi le collectivisme, qui est la formule économique et politique du socialisme, se heurte à l'instinct même de l'homme. La propriété individuelle dont il nie la légitimité et qu'il prétend détruire n'est ni une convention, ni une usurpation, ni un abus : c'est, en quelque sorte, une sécrétion de l'individu, un prolongement de sa personnalité, et elle subsistera aussi longtemps qu'il y aura des hommes.

« Mais qu'on prêche le socialisme, sans le définir, c'est tout autre chose! Il devient alors le syndicat de toutes les aspirations indéfinies et de tous les mécontentements exaspérés. Il est la voix confuse, mais formidable, de la colère et de la promesse, de la menace et de l'espérance, de la révolte et du rêve, de la haine et de la fraternité, en un mot, de toutes les passions vagues, chimériques, incendiaires qui fermentent et grondent au cœur des déshérités [1]. » *Figaro*, 8 juillet 1895.

Voici une autre citation qui répond encore mieux à ce que nous appellerons : *le socialisme des non-socialistes* :

« Tout le monde aujourd'hui se dit socialiste; et presque tout le monde est sincère, en entendant le socialisme comme une sorte d'inquiétude indéfinie pour l'amélioration du sort des travailleurs et des souffrants. » (*Temps* du 11 août 1895.)

Il est possible que ce soit cela ; il est possible aussi qu'on accepte cette définition pour pouvoir se dire socialiste, afin de pouvoir hurler décemment avec les loups. Le socialisme est à la mode; or, beaucoup de gens, et même de braves gens, aiment être à la mode, même si la mode ne leur va en aucune façon.

S'intéresser au sort des souffrants? Mais c'est un très noble sentiment cela, seulement ce sentiment a existé bien avant que Pierre Leroux, Owen ou L. Reybaud ou un autre encore, ait inventé le mot de socialisme. Le premier acte de charité que le monde ait vu date d'au moins 3.000 ans, peut-être de 6.000 ou de 9.000, même 12.000, qui sait! Est-il nécessaire de remplacer ce vieux mot dont le sens est d'une clarté limpide, par un mot qu'on ne sait comment définir, et qui ne renferme aucun élément de bienveillance, puisque ceux auxquels il appartient, les socialistes, l'emploient pour exprimer leur haine de ceux qui possèdent comme le désir de s'emparer de leurs biens, comme l'expression d'un âpre égoïsme, etc. Et c'est vous : socialistes bourgeois, socialistes religieux, socialistes riches ou grands seigneurs, qui vous groupez sous un drapeau où se trouve inscrit ce mot qui ne respire la haine de votre classe, et la destruction de ce qui fait votre supériorité? Et avec ce mot haineux sur le

1. Voy. ce mot dans le présent Dictionnaire.

front, vous croyez vous faire une auréole de bonté, d'amour du prochain, de progrès humanitaire, et cela pour des hommes essentiellement ingrats. En adoptant ce mot, vous faites douter de vous, et on se demande à votre égard : savent-ils ce qu'ils font, ou ce qu'ils disent? D'aucuns vont au-delà et demandent : est-ce sincère?

Vous pourrez sans doute répondre : Mais si, nous savons ce que nous faisons. Nous reconnaissons qu'il y a du vrai dans les critiques que les socialistes font de la société, nous retenons ce qui est vrai et nous nous efforçons de leur donner satisfaction.

C'est-à-dire, vous revendiquez pour vous seuls un mérite qui est celui de tous les penseurs et de tous les hommes de bien de l'humanité. Toutes les pages des annales de l'histoire témoignent en faveur de la continuité du progrès. Seulement cette continuité ne se constate que lorsqu'elle est le développement naturel des choses ; quand des forces sociales rompent l'équilibre et portent la prééminence où elle n'est ni naturelle, ni salutaire, elles ne font pas œuvre durable, une réaction s'ensuit et le terrain qui semblait gagné est perdu, et au-delà. C'est que les institutions ne valent que par l'esprit dans lequel on s'en sert.

Or, le mouvement actuel des forces sociales n'est pas sain : il n'y est pas fait la part de l'intelligence, ni celle de la liberté, ni même celle des sentiments élevés. Ce n'est pas là un vrai progrès. On voit d'un côté des meneurs qui, par ambition, excitent une partie de la population contre l'autre. A quoi font-ils appel? A l'égoïsme, aux appétits, aux passions ; ils stimulent l'envie. Qu'un homme ait peiné toute sa vie et qu'à force d'économie, de privations même, il ait conquis l'aisance, croyez-vous qu'il soit protégé contre les attaques des agitateurs? Nullement, personne ne doit posséder, c'est la nouvelle doctrine. Cela non plus n'est pas un progrès. Le progrès consisterait à faire posséder tout le monde, si c'était *possible* (s'il n'y avait pas de paresseux et d'ivrognes et si la population était moins dense).

On a osé comparer le mouvement socialiste avec le mouvement chrétien d'il y a dix-huit siècles, mais ces mouvements diffèrent comme l'ange et le diable. Ceux qui prêchaient le christianisme demandaient aux croyants le dévouement et le sacrifice; ils préparaient les âmes à la vie future; ceux qui prêchent le socialisme ne parlent que de jouissances terrestres et poussent à la haine et à la destruction. Encore une fois ce n'est pas un progrès cela. L'État communiste serait plutôt un enfer qu'un paradis. Le travail selon le mode collectiviste serait — si on pouvait l'établir — un pays arriéré capable de nous ramener à l'état sauvage. Un homme intelligent peut-il accepter de pareilles doctrines? — Ce n'est pas vraisemblable.

Que peuvent faire des gens sensibles, bien-veillants, etc., dans cette galère. Ils ne peuvent s'associer à cette œuvre. Non, disent-ils, mais nous faisons notre choix, nous prenons et nous laissons. Cela ne se peut, car les masses que vous voulez influencer sont passionnées et vous ne l'êtes pas. Il vous arrivera de faire comme certain homme politique, qui a dit en s'apprêtant à faire ce qu'il ne voulait pas : « Il faut bien que je les suive, puisque je suis leur chef. » Vous serez entraîné malgré vous. Car on ne vous sait pas gré de ce que vous faites, si vous ne poussez pas jusqu'à l'extrême. Voyez ces milliers de fabricants qui créent dans leurs usines des institutions si utiles à leurs ouvriers, est-ce que les socialistes leur en savent gré, est-ce qu'ils en parlent, si ce n'est pour les dénigrer?

L'intervention, les sympathies des gens sensibles, des hommes du monde ne peuvent avoir qu'un effet, c'est d'encourager les hésitants à se ranger sous le drapeau du socialisme, car ils y voient l'approbation des gens désintéressés. Or ces gens du monde, pour maintenir leur position dans le socialisme, sont obligés de fermer un œil et d'approuver plus qu'ils ne voudraient, même plus que les autres, car on se méfie d'eux. Il en résulte entre autres ce mal que beaucoup de jeunes gens se mettent à sympathiser avec ce qui se présente sous le nom de progrès; heureusement, leur erreur ne dure pas longtemps, plus ils sont intelligents, plus vite ils s'en guérissent.

Il faut travailler au progrès sans tendances, sans idées préconçues, en envisageant tous les points de vue, et en faisant la part de l'intelligence et de la morale autant que celle du bien-être matériel, mais surtout... *en tenant compte de la nature humaine* [1].

SOCIALISME CHRÉTIEN.

Deux mots qui jurent de se trouver ensemble : l'un, le christianisme, regarde le ciel, son « royaume n'est pas de ce monde »; l'autre, le socialisme, regarde la terre, il lutte pour le bien-être. On ne peut pas servir deux maîtres, dit l'Evangile. Cela ne veut pas dire qu'on ne peut pas être à la fois riche et pieux, — quoique l'Evangile le trouve difficile, — mais à coup sûr cela veut dire que le clergé a suffisamment à faire pour nous préparer la voie pour atteindre le ciel, et qu'il sort de ses attributions en voulant guider les hommes dans leur carrière terrestre. Qui trop embrasse mal étreint. Les prêtres ou pasteurs ont étudié la théologie, mais ils n'entendent rien à l'économie politique, et s'ils se sont occupés de cette science, c'est avec des idées préconçues, c'est-à-dire, avec un voile devant les yeux. La plupart de leurs publications le prouvent. Ils veulent remonter en arrière, rétablir le moyen âge, la servitude et les obstacles au progrès. Le système introduit au Paraguay est un spécimen

1. C'est aussi l'avis d'Auguste Comte. V. Jules Rig, la *Philosophie positive*. (Paris, 1881, t. II, p. 109 et ailleurs.)

de ce que le clergé tendrait à réaliser.

La religion n'a qu'un but: nous préparer à la jouissance de la vie future par l'exercice de la vertu sur la terre. C'est là la tâche des prêtres de toutes les religions. Relativement au socialisme, la première chose qu'ils ont à faire, c'est de ramener les socialistes au christianisme, car la plupart des socialistes ont cessé d'être chrétiens, et puis de prêcher la charité aux riches, car « il y aura toujours des pauvres parmi les hommes ».

SOCIALISME D'ÉTAT. On entend par cette expression les mesures gouvernementales, lois ou règlements, inspirés par le socialisme. Lorsque le nombre des socialistes a augmenté au point de devenir une minorité d'une certaine force, certains gouvernements se sont dit :

Les uns : il doit y avoir du vrai dans ces réclamations, tâchons d'en réaliser ce qui est possible, et atténuons ainsi le mal dont on se plaint ;

Les autres : voilà une force qui paraît grandir et qui, abandonnée à elle-même, peut causer des destructions ; emparons-nous en pour la diriger et l'empêcher de faire du mal.

Que l'Etat se mette à réformer les abus, c'est son devoir, on ne peut que l'en louer ; c'est son devoir aussi d'écouter les plaintes, de les étudier et de se faire une opinion sur les réclamations. Mais il doit intervenir sous l'inspiration de besoins qui sont de sa compétence, qu'il peut satisfaire, et non sous l'influence de forces qu'il veut utiliser comme moyens de règne.

Sans doute nous ne pouvons pas toujours apprécier le degré de pureté des motifs qui provoquent l'intervention de l'Etat, mais nous pouvons juger de la valeur des mesures qu'il prend. Nous pouvons apprécier le but à atteindre aussi bien que les moyens choisis, et sur ce point nous avons bien des réserves à faire. L'espace ne permet pas de discuter les diverses lois qu'on pourrait citer dans cet ordre d'idées, nous devons nous contenter de présenter quelques observations générales.

Et d'abord on recherche de préférence les effets immédiats, le « après moi le déluge » joue trop souvent son rôle dans ces mesures. Puis, on fait trop bon marché de la liberté. Le socialisme, a-t-on dit, dans un certain camp, est une réaction contre le libéralisme, contre l'excès de liberté. S'il en est ainsi, cette réaction est un pas en arrière, dont nous aurons à souffrir.

Mais l'Etat doit empêcher les abus. Sans doute. Or, de son domaine sont les grands abus, les abus visibles ou qu'on peut atteindre — pour ainsi dire — du dehors. Mais si l'Etat se proposait d'empêcher les nombreux petits abus qui résultent de la nature humaine, il aurait fort à faire et succomberait sous le faix. Ainsi, en général, le taux des salaires est proportionnel à la valeur du travail fourni, mais il peut très bien arriver que tel patron, voyant qu'il a devant lui un faible d'esprit,

lui fasse accepter une réduction abusive. On devrait pouvoir punir ce méchant patron, mais il n'y a pas moyen d'entrer dans des détails aussi infimes. C'est qu'il y a aussi des ouvriers qui en font accroire au patron ou le trompent d'autres façons. La loi doit être générale, elle ne peut pas s'appliquer à des cas individuels ; or, est-il possible à l'autorité publique d'apprécier l'ensemble des salaires ? L'autorité peut-elle entrer dans tous ces détails ? Les mesures qu'on pourrait imaginer pour empêcher les petits abus ne feraient souvent que déplacer le mal, il y aurait de continuelles disputes, et à la fin de l'année on trouverait que l'ouvrier n'y a rien gagné.

Les petits abus dans les rapports d'homme à homme ne peuvent disparaître, d'une part que par la culture de l'esprit et du cœur humain, et de l'autre, par la vigilance avec laquelle chacun défendra ses intérêts. La loi dit : ne trompez pas, sinon vous subirez tant de mois de prison. Cela n'empêche pas qu'il se commet tous les ans des millions de tromperies dont la plupart sont restées inaccessibles à la vindicte publique. S'il faut améliorer l'homme ce n'est pas le socialisme qui y parviendra. Si, par impossible, il empêchait quelques abus, il en ferait naître d'autres à leur place. Les publicistes ne se préoccupent pas assez des effets ultérieurs des mesures qu'ils proposent.

SOCIÉTÉ. « L'homme, dit Aristote au début de sa *Politique,* est un être sociable. » Cette définition forme en quelque sorte le point de départ de la science politique. La définition de l'homme par la sociabilité repose sur ses besoins les plus impérieux, sur ses sympathies les plus instinctives, sur ses penchants les plus invincibles. Adam Smith remarque avec raison, dit Baudrillart [1], que l'homme est le seul être qui fasse des échanges. La société n'est pas autre chose, à un certain point de vue, qu'une série d'échanges, une perpétuelle communication que les hommes se font les uns aux autres des biens matériels et moraux. Pour que la définition soit complète, ou plutôt reçoive tout le degré de clarté et de vérité qu'elle comporte, il faut ajouter que si l'homme naît sociable, il le devient sans cesse davantage. La famille, la tribu, la peuplade, la nation avec ses vastes développements, marquent les diverses périodes de la société.

La société implique des associés, c'est-à-dire des individus mettant en commun leurs facultés et leurs forces. On ne saurait donc se flatter de connaître le but de la société sans connaître d'abord la nature des êtres qui en forment les éléments. Elle-même n'est que le milieu et le moyen qui leur sert à se développer. Que sont les individus ? Est-ce de simples unités douées d'une vie végétative ou animale obéissant aux lois de la fatalité ? Non, ce sont des personnes morales, c'est-à-

1. Qu'en savons-nous ?

dire libres, responsables, ayant pour destinée de se développer et de se perfectionner, de s'élever à la conception et à la pratique du vrai et du bien, ayant en un mot, outre la vie matérielle, une vie intellectuelle et une vie morale. Le caractère spécial de l'homme, dans le monde, est d'être à la fois le plus sociable et le plus personnel de tous les êtres. Sera-ce la personne qui sera sacrifiée à la société ou la société qui aidera au développement de l'individu ? Il serait absurde de supposer que l'amoindrissement de ce qui fait notre dignité, notre valeur, notre être même, fût l'objet ou le résultat de l'association des efforts, des travaux et des secours. A vrai dire, le seul but de la société est la mise en valeur de l'individu. Par elle il faut qu'il devienne plus éclairé, plus puissant et plus moral ; la société ne vaudra à son tour que ce que vaudront ceux qui la composent[1].

Les sociétés, en tant qu'êtres collectifs, reflètent et reproduisent tout ce qui est dans la nature des individus, seulement elles le reflètent et le reproduisent en grand, ce qui a fait dire que la société n'est qu'un grand individu. Il est vrai qu'on l'a dit aussi de l'État, avec raison à quelques égards, mais avec bien moins de vérité pourtant, car tout ce qui entre dans la société est loin d'entrer dans l'État. Rien n'empêche et tout commande d'envisager la société comme un tout vivant. Il y a dans la société des droits et des devoirs collectifs. Elle a droit à être garantie, et elle a le devoir de réprimer le mal et de venir en aide à l'individu. C'est ce qu'elle fait tantôt par l'État, tantôt par de libres associations. De même, il y a dans la société comme dans l'individu un instinct de conservation et un instinct de progrès. L'un se montre attaché à la tradition, à tout ce qui est de nature à servir éternellement à la société, ou simplement à tout ce qui lui a servi longtemps. L'instinct de progrès va au-devant de toutes les innovations, accueille tout ce qui est favorable aux développements ultérieurs de l'esprit humain et de la société ; il embrasse l'avenir dans ses vues et dans ses espérances, comme l'autre se rattache au passé et aime à se tenir dans les bornes du présent. Ces deux instincts, presque toujours en lutte, sont nécessaires l'un et l'autre. Ils se complètent, se tempèrent, se soutiennent l'un par l'autre. De leurs chocs résultent des crises redoutables, et d'autant plus redoutables, que si l'un est facilement routinier, l'autre est facilement aventureux. Mais malgré et quelquefois par ces crises mêmes, l'humanité avance, s'élançant vers l'avenir appuyée sur le passé, et faisant le départ des progrès utiles et des innovations dangereuses au prix de plus d'un tâtonnement laborieux et d'une expérience douloureuse.

Ce progrès des sociétés, démontré par la philosophie de l'histoire, et dont plusieurs écrivains, notamment Turgot et Condorcet,

[1]. C'est peut-être à cela que sert le puissant instinct d'imitation qui distingue les hommes.

au dernier siècle, ont fait une théorie, n'est plus guère nié aujourd'hui, bien qu'on discute sans cesse sur sa portée et sur son étendue. Qui doute de nos jours que la société moderne ne l'emporte en justice et en humanité, comme en développement matériel, sur les sociétés antiques ? La propriété mieux affermie, plus répandue, reposant sur la base du travail ; la famille épurée, l'esclavage et le servage supprimés, la pénalité plus humaine et plus équitable, le bien-être accru, le développement des sciences, la puissance du droit s'élevant au-dessus de la force brutale, ne sont-ce pas là des résultats certains que donne l'observation historique ? N'est-ce pas là aussi la plus éclatante justification de la société, la preuve la plus incontestable de sa nécessité et de ses bienfaits ?

De nos jours on a beaucoup soutenu que la société était un organisme, c'est-à-dire une unité ; on semble trouver que la définition : la société est une collectivité composée d'individus ne suffisait pas. On aurait voulu nier l'individu, pour n'avoir pas à tenir compte de sa liberté. Mais si nous admettons que la société est une organisation (collectivité) nous nions qu'elle soit un organisme (unité). En effet :

1. La société a commencé par des individus, qui se sont multipliés et en restant agglomérés ont fini par former une société, en s'organisant d'une façon ou d'une autre.

2. L'individu peut vivre tout seul ; il vaut mieux, sans doute qu'il ne soit pas seul, mais il constitue un organisme qui à la rigueur peut se suffire.

3. La société organisée n'a des organes que lorsque des individus sont chargés d'en exercer les fonctions. Il n'y a pas de société sans individus, mais il y a des individus sans société.

SOCIÉTÉS DE SECOURS MUTUELS.

Ces sociétés datent en France (et ailleurs) d'avant 1789. On sait que la loi de 1791 proscrivit toutes les associations ouvrières sans distinction. Il en est pourtant une qui aurait dû trouver grâce devant elle ; c'est précisément l'association de secours mutuels, par laquelle plusieurs personnes d'une condition à peu près semblable se garantissent mutuellement par une modique souscription contre les mauvaises chances de la vie. Rien de plus légitime et de plus moral. Cette garantie est précieuse surtout pour l'ouvrier qui vit de son travail de chaque jour et que la moindre maladie prive tout à coup de son gagne-pain au moment où ses dépenses augmentent ; au moyen d'une cotisation qui varie de 50 cent. à 2 fr. par mois, il acquiert le droit de recevoir, dès qu'il tombe malade, les secours gratuits du médecin de la société, les médicaments et une indemnité inférieure, il est vrai, au salaire, mais suffisante pour l'aider à traverser les mauvais jours. Ces sociétés de secours, qui existaient en petit nombre avant 1789, devenaient d'une utilité beaucoup plus grande encore dans les conditions nouvelles faites à l'industrie, par la Révolution : aussi, malgré la proscription ou l'indifférence de la loi, grandirent-elles dans l'ombre ; sous la Restauration, 132 sociétés de secours mutuels firent connaître leur existence à propos du don de 50.000 fr. qui leur fut distribué à la naissance du duc de Bordeaux ; il s'en fallait de beaucoup que toutes eussent demandé à prendre leur part de cette libéralité. Le nombre s'accrut sous le gouvernement de Louis-Philippe : en 1847, on l'évaluait à 2.056 sociétés possédant un capital de 5 1/2 millions de francs. La révolution de Février mit à l'ordre du jour la question des sociétés de secours mutuels, comme toutes les questions relatives aux classes ouvrières ; deux grandes mesures furent prises, l'une, sous la République, par la loi du 8 mars 1850 ; l'autre, après le coup d'Etat, par le décret du 26 mars 1852. La loi déclarait que les sociétés de secours mutuels pourraient, sur leur demande, être déclarées établissements d'utilité publique ; comme tels devenirs aptes à recevoir des legs et donations, et jouir de certaines faveurs administratives, en soumettant leurs statuts et leur gestion à certaines conditions fixées par le gouvernement. La même loi admettait aussi l'existence de sociétés libres ne se conformant pas aux mêmes prescriptions et n'ayant pas droit aux mêmes avantages : c'était la reconnaissance légale des sociétés de secours mutuels. Le décret créa une troisième espèce de sociétés de secours mutuels : les sociétés approuvées, dont le président devait être nommé par le chef de l'Etat et qui étaient particulièrement favorisées ; la commune ou le département devaient leur fournir un local, elles pouvaient posséder des meubles et immeubles, et recevoir des secours du gouvernement sur les fonds d'une dotation spéciale ; elles devaient comprendre des membres honoraires, espèces de patrons payant sans profiter des avantages de l'association, et des membres participants, qui payaient et profitaient. Ces faveurs contrebalancèrent l'obligation souvent désagréable d'accepter un président choisi par l'Etat, et en 1861, on comptait déjà en France 4.410 sociétés de secours mutuels, dont 2.653 sociétés approuvées. En décembre 1871, le nombre des sociétés approuvées et réunies s'élevait à 5.787. C'est une institution désormais acclimatée dans notre pays, et dont le nombre ne fait que s'accroître, favorisée qu'elle est par les lois les plus récentes.

SOCIÉTÉS SECRÈTES. Si l'on faisait ici de l'histoire, il y aurait bien des pages intéressantes à écrire, pour retracer, ne fût-ce qu'à grandes lignes d'esquisse, le passé de ces associations mystérieuses qui ont joué un rôle incessant, et plus d'une fois utile ; ici nous devons nous borner à dire qu'aucun gouvernement ne peut supporter de sociétés secrètes, qu'il prendra les mesures les plus rigoureuses pour les anéantir.

Mais nous n'avons pas à nous étendre ici sur le droit de réunion auquel un article spécial est consacré (*Voy*. **Réunion**), nous nous bornons à dire qu'il est nécessaire qu'on distingue, en droit et en fait, la réunion patente et légitime de la société secrète, très souvent dangereuse, encore plus souvent inutile.

SOCIOLOGIE. Ce mot, inventé ou popularisé par Auguste Comte, semble vouloir de plus en plus remplacer l'expression de *Science sociale*. Existe-t-il une science sociale ? On peut répondre carrément : NON. On ne songe que depuis un demi-siècle à la créer, et il y a encore aujourd'hui des personnes qui pensent qu'on n'y arrivera jamais : la chose est trop difficile. On ne parvient pas à trouver de règle pour la météorologie, où les influences, — si nombreuses et si variées sont toutes physiques, — comment y arrivera-t-on pour la sociologie, où les causes physiques sont compliquées de causes morales encore bien plus variées et bien moins saisissables !

N'est-il pas étonnant qu'on s'occupe de créer une sociologie à une époque comme la nôtre où l'on trouve que l'économie politique, — qui ne s'occupe que de l'un des ordres de phénomènes qui dépendent de la science sociale, — est trop abstraite, trop compliquée pour en rechercher les lois, à notre époque où dans la haine « des abstractions » on va jusqu'à nier l'évidence la mieux établie, qu'à une pareille époque, disons-nous, on parle de *Sociologie* ?

Du reste, on ne semble pas prétendre réellement à la *science*, car on ne cherche pas des lois, on se borne à décrire les faits, comme les économistes de la nouvelle école. A tel endroit, à telle époque, dans tel milieu, dans telles circonstances on a procédé ainsi, voilà tout. L'intérêt que peuvent présenter ces descriptions ne saurait être nié, mais ce sont là des résultats d'ordre secondaire, pour lesquels le mot science (socio-*logie*) est trop ambitieux. La science recherche les causes et les effets, voilà ce qu'il ne faut pas oublier, chaque relation de cause à effet sera une pierre à l'édifice, en existe-t-il déjà de ces pierres ? Dans tous les cas, il en faudra beaucoup, avant qu'on puisse songer à élever l'édifice.

SOLIDARITÉ. Du faîte de l'Etat et des sommités sociales les plus élevées jusqu'aux conditions les plus humbles, il existe un lien invisible et il s'opère une série d'actions et de réactions dont nul n'est assuré de ne pas ressentir les effets. Si les petits ont souvent à souffrir des erreurs et des fautes des grands, les grands à leur tour sont exposés à toutes les calamités, à toutes les catastrophes qui peuvent arriver par l'ignorance et la misère des petits. L'épidémie qui vient frapper le riche dans ses affections les plus chères n'a quelquefois d'autre cause que l'excès de pauvreté des malheureux dont il est entouré, et c'est surtout des souffrances du plus grand nombre que naissent les perturbations sociales qui portent la désolation et la ruine parmi les heureux du monde.

Que si, au lieu de nous renfermer dans le présent, nous considérons la suite des âges, nous retrouvons la loi de la solidarité rattachant entre elles les générations successives avec non moins de force que les générations contemporaines. C'est que, dans le bien comme dans le mal, les faits de l'homme ont une portée dont il ne lui est pas possible de mesurer l'étendue ; ce sont comme autant de germes qui, lorsqu'ils tombent dans un milieu favorable à leur développement, peuvent grandir et se multiplier à l'infini. Semblables au grain de sénevé de l'Évangile, les actions humaines, soit individuelles, soit collectives, peuvent devenir la racine d'événements, d'institutions, de croyances, de préjugés, destinés à exercer leur influence sur le monde pendant une longue suite de siècles. A chaque instant, nous retrouvons dans nos sociétés modernes la trace encore vivante d'idées, de coutumes, de lois, qui ont pris naissance dans la société romaine ou dans les forêts de la Germanie. La décadence de l'empire romain et l'invasion des Barbares n'ont pas encore cessé de peser par leurs conséquences sur les destinées de la plus grande partie de l'Europe, et la Révolution française a été le point de départ d'une série d'événements et de transformations politiques et sociales dont nul encore aujourd'hui ne peut entrevoir le terme.

Il ressort du caractère de permanence et d'universalité de la loi de solidarité plusieurs enseignements que la politique doit mettre à profit.

Et d'abord, c'est la nécessité de tenir compte dans toute réforme des obstacles que peuvent rencontrer les mesures les plus justes et les plus raisonnables, si la transition du régime ancien au régime nouveau n'a pas été suffisamment ménagée, car les changements trop brusques amènent presque toujours des réactions violentes qui souvent ne font que donner plus de vitalité aux abus qu'on voulait détruire. Il y a quelquefois, il est vrai, des époques où il semble qu'une société peut rompre brusquement avec tout son passé. La Révolution française en est un grand exemple. Cependant, si l'on y regarde de près, on verra qu'en pareille occurrence la rupture est moins brusque qu'elle ne le paraît, que toute transformation qui se manifeste d'une façon si soudaine dans l'organisation sociale est accomplie depuis longtemps dans les esprits et qu'il n'y a de durable dans les changements opérés que ceux auxquels la nation était préparée. Aussi la plupart du temps les réformateurs n'ont-ils d'autre tort que d'avoir trop tôt raison, et ils n'échouent dans leur tentative que parce qu'ils n'ont pas su au préalable dégager le présent des liens qui l'enchaînent trop étroitement au passé ou attendre qu'il s'en soit dégagé de lui-même.

Le grand art de l'homme d'État consiste donc à se renfermer dans les limites du possible à un moment donné, et il ne peut mesurer l'étendue du champ dans lequel il lui est permis de se mouvoir, s'il ne s'est rendu compte du degré d'intensité des influences de toute espèce qui tiennent à la solidarité des générations entre elles.

En même temps qu'elle nous permet de mieux déterminer les obstacles qui peuvent s'opposer à la réalisation immédiate de certaines modifications de l'état social, la connaissance de la loi de la solidarité nous indique en quel sens la politique intérieure doit diriger ses efforts. En nous dévoilant la dépendance étroite et réciproque qui existe entre toutes les parties du corps social, ne nous montre-t-elle pas, en effet, le danger de toutes les combinaisons artificielles à l'aide desquelles on croit pouvoir forcer le cours naturel des choses, et de rechercher l'ensemble d'institutions le plus favorable au libre et complet développement de chaque individualité ?

SOPHISMES POLITIQUES. Sous le nom de *Sophismes politiques*, nous nous occuperons de la question si importante de la *Logique parlementaire*, ou, en d'autres termes, du mode d'agir dans le débat oratoire, du mode de parler et de raisonner.

Le *sophisme*, ou faux raisonnement, est l'ennemi redoutable, subtil, acharné, que l'on retrouve sans cesse en face de soi sur le champ de bataille parlementaire, et telle est sa profonde habileté, tel est son empire, que l'on ne saurait être trop fortement armé, trop vigilant, si l'on veut le saisir et le terrasser ; car l'arène politique étant son terrain par excellence, huit fois sur dix il a chance de l'emporter sur un loyal adversaire et de se faire décerner le triomphe par les juges du camp.

Un auteur s'est rencontré qui a enseigné *ex professo* à plaider, suivant les besoins de la cause, le vrai ou le faux, avec une égale force et un égal succès. C'est Gérard Hamilton, le célèbre *Hamilton-Single-Speech*, qui, après avoir joué un grand rôle dans le Parlement d'Irlande, ne prononça jamais qu'un seul discours dans la Chambre des communes. Son ouvrage est l'application de la maxime : *Qui veut la fin, veut les moyens,* et sa théorie est celle du succès quand même. Voici quelques-unes de ses formules : « Exagérez et aggravez ce qui a été dit contre vous, et alors vous serez en état de prouver que cela n'est pas vrai ; ou adoucissez et réduisez les faits, et alors admettez-les en partie et avec excuse. — Il est rare qu'il n'y ait pas quelqu'un qui, dans le cours du débat, mette en avant quelque chose d'outré, de ridicule et d'insoutenable ; avec un peu d'art, vous représenterez ceci comme étant l'opinion commune de tout le parti. — Admettez et exposez avec un air de candeur, comme le point en question le plus fort contre vous, ce que vous êtes sûr de pouvoir réfuter. — En changeant l'ordre chronologique des événements, vous pouvez changer non seulement leur apparence, mais leur nature. — En faisant un exposé, supprimez quelques-unes des circonstances les plus défavorables, mais retenez-en suffisamment pour ne pas rendre l'imposture manifeste. — Si le total de la question est contre vous, ne parlez que d'une partie comme si c'était le tout. — N'omettez pas entièrement, mais placez dans l'ombre les circonstances essentielles qui sont contre vous. — En prenant seulement une partie de ce qui a été dit, le commencement et la fin, et en omettant les chaînons intermédiaires, on peut rendre un bon argument entièrement ridicule. — Si le point principal est fortement contre vous, considérez ce qui est le plus à votre avantage, et ce qui prendra faveur : insistez là-dessus et touchez le reste légèrement. — Une définition est une énumération des principaux attributs de la chose ; énumérez ceux qui conviennent à votre but, et supprimez ce qui serait contre vous. — Notez soigneusement les endroits faibles de vos adversaires, répondez-y et ne faites aucune attention aux arguments les plus forts. — Si vous ne pouvez pas embrouiller l'argument dès le début, avisez à changer la question en introduisant dans le cours du débat quelque chose qui lui ressemble. — Pour attaquer ce qui a été dit ou défendre ce que vous avez dit vous-même, ajoutez ou substituez quelques termes plus doux ou plus forts, selon votre convenance. — Si vous ne pouvez pas réfuter un fait, ne le falsifiez qu'autant qu'il faut, pour vous mettre en état de le réfuter. »

Que l'on suppose ces moyens sophistiques mis en œuvre avec talent et autorité, ces cyniques préceptes adroitement suivis (ils ne le sont que trop souvent), et l'on comprendra tout le danger que court la vérité et combien il importe d'être prémuni contre de pareilles attaques ; elles se supportent jusqu'à un certain point au barreau, où le rôle de l'avocat est un rôle obligé, elles se pardonnent aux nécessités de la défense d'un client. Là d'ailleurs on a affaire à des magistrats qui savent à quoi s'en tenir sur ces dires de la partie passant par la bouche de l'avocat. Mais l'orateur politique ne doit représenter que l'intérêt public et la vérité ; il parle en son propre nom, il faudrait que sa sincérité ne pût pas être révoquée en doute. On l'a dit avec raison : « S'il est une position où l'on soit plus particulièrement tenu d'être vrai, où il soit plus honteux de ne l'être pas, c'est celle d'un mandataire public, organe de la patrie dans un conseil national. »

Et pourtant, lorsqu'on passe en revue la longue liste des sophismes ingénieux ou grossiers auxquels peuvent avoir recours les hommes d'État, que de faits historiques, éloignés ou récents, que de portraits, que de types bien connus reviennent tour à tour en

mémoire ! Il est vrai de dire, et disons-le aussi, que le sophisme n'implique pas toujours la mauvaise foi, l'intention de tromper sciemment ; il y a beaucoup de ces sophistes ingénus qui ne sont que de mauvais raisonneurs, se trompant d'abord eux-mêmes.

Nous n'avons, en citant Hamilton, indiqué encore qu'une espèce de sophisme ; c'est celui qui consiste à falsifier l'exposé des faits, à dénaturer les arguments, les opinions de son antagoniste. C'est le premier d'une catégorie de sophismes dits *de confusion*, dont le but est d'obscurcir la discussion, tantôt en jetant du ridicule, du discrédit sur la pensée d'autrui, au moyen de certains mots reçus : tantôt en faisant prendre l'obstacle pour la cause ; en outrant les conséquences d'une objection ; en usant de pétitions de principe et de termes ambigus ou imposteurs, de distinctions simulées, de fausses applications, de fausses assimilations.

Une autre catégorie de sophismes, dits *d'autorité*, renferme ceux qui consistent dans l'exploitation des préjugés, en attribuant à telle ou telle opinion une valeur décisive qu'elle ne possède réellement point. Soit, par exemple, l'argument banal tiré de la « sagesse de nos pères », de la « vénérable antiquité », comme si, suivant le mot de Pascal, ce n'était pas l'antiquité qui est jeune, et par conséquent sans expérience. Puis cet autre argument captieux tiré de l'absence d'antécédents et concluant à un veto universel, sans tenir compte des explications plausibles qui lui ôtent toute valeur ; puis l'exploitation du sentiment de peur qu'excite tout changement, dès qu'il est qualifié de nouveauté, d'innovation, comme si toute chose, avant de vieillir, n'avait pas commencé par être nouvelle. Puis viennent les sophismes de ceux qui prétendent que les lois anciennes sont irrévocables et enchaînent la postérité à perpétuité ; de ceux qui s'appuient sur l'opinion du grand nombre, comme péremptoire ; de ceux qui spéculent sur les effets d'une humilité affectée ou d'une supériorité prétendue, vis-à-vis de leur adversaire ou de la mesure proposée.

Une troisième catégorie comprend les sophismes appelés *dilatoires*, en ce qu'ils tendent à faire ajourner l'examen des propositions de réforme qu'ils n'ont pas réussi à faire repousser *hic et nunc*. L'un, le quiétiste, dit « que la mesure n'est pas réclamée, n'a rien de nécessaire, qu'on peut demeurer tranquille dans le *statu quo* ». Un autre, le temporiseur, « que la mesure peut avoir du bon, mais que le moment n'est pas venu, qu'on peut y penser à loisir, qu'il viendra sans doute un temps plus opportun ». Un autre, le progressif, « qu'il faut procéder lentement, par parties, à l'exécution de la réforme, si on l'adopte » ; celui-là sait toute la force d'empêchement que renferme ce mot : *marche graduelle*. Un autre alléguera « que le bien est toujours mélangé de mal, que l'on ne peut atteindre au bien suprême »; c'est le sophiste des *fausses consolations*. « Sait-on jusqu'où l'on sera entraîné? Connait-on les arrière-pensées des auteurs de la proposition? » dira le sophiste de *défiance*. « Que peut-il venir de bon de leur part? Ne les connait-on pas comme hommes dangereux? » dira le sophiste des *personnalités injurieuses*. « La proposition a contre elle les gens sages et vertueux, cela dit tout », soutiendra à son tour le sophiste des *personnalités adulatoires*. Enfin : « On n'a que faire d'adopter cette mesure, car nous avons l'intention de proposer mieux, » s'écriera le sophiste des *diversions artificieuses*.

On voit que le sophisme a presque toujours sa source dans un intérêt de situation, et que, par la force des choses, il n'est guère d'orateur politique qui monte à la tribune, sans que quelque sophisme y monte avec lui. De là chez ceux qui auront à le combattre, et chez ceux qui l'écoutent comme juges, l'extrême importance d'une bonne logique parlementaire qui les mette à même de discerner les instruments d'erreur-et de dégager le vrai du faux.

Bentham avait divisé les sophismes politiques autrement que nous venons de le faire avec Et. Dumont, de Genève. Il les rangeait en trois classes comme il suit : 1° ceux qui sont propres au parti ministériel ; 2° ceux qui sont propres à l'opposition ; 3o ceux qui sont communs aux deux partis. Mais il reconnaissait lui-même ce que cette division a d'arbitraire, chacun des deux partis pouvant user tour à tour des mêmes sophismes.

Il est une dernière classe de sophismes que Dumont appelle *anarchiques,* parce qu'ils ont une tendance à détruire toute espèce de gouvernement. Bien qu'ils appartiennent à la classe des sophismes. dits *de confusion*, il en traite séparément parce qu'il les a trouvés promulgués dans la fameuse *Déclaration des droits de l'homme et du citoyen*, décrétée en 1789 par l'Assemblée constituante, et qu'il a vu de l'avantage à les combattre ainsi réunis dans un énoncé légal[1]. C'est ce qu'il a fait avec un grand sens, en analysant cette suite de propositions complexes, obscures, où un mélange de vrai fait illusion sur le faux, et qui n'est, à vrai dire, qu'une compilation des grands paradoxes proclamés par les premiers écrivains du dix-huitième siècle. « Dans les lois, dit-il, et surtout dans les principes fondamentaux des lois, les mots sont des choses, et les termes impropres qui font naître des idées fausses, peuvent conduire à des calamités nationales. Je ne connais rien de plus juste que cette pensée de Garat, que ce qu'il y avait eu d'absurde dans la révolution a conduit à ce qu'il y avait eu d'atroce ».

(Ch. Read.)

SORT (Suffrage par le). Tous les politiques de l'antiquité ont dit que le suffrage

[1]. Garat, *Défense de lui-même.*

par le sort était de la nature de la démocratie et le suffrage par le choix de celle de l'aristocratie. Montesquieu et Rousseau l'ont dit après eux. La démocratie était pour les anciens le gouvernement direct, et le nom d'aristocratie s'appliquait à la fois au gouvernement des riches ou des nobles, et à la représentation nationale.

« Le sort, dit Montesquieu (*Esprit des lois*, liv. II, ch. ii), est une façon d'élire qui n'afflige personne ; il laisse à chaque citoyen une espérance raisonnable de servir la patrie. » — « Ce ne sont pas là des raisons, dit Rousseau (*Contrat social*, liv. IV, chap. III). Si l'on fait attention que l'élection des chefs est une fonction du gouvernement et non de la souveraineté, on verra pourquoi la voie du sort est plus dans la nature de la démocratie, où l'administration est d'autant meilleure que les actes en sont moins multipliés... Dans toute véritable démocratie, la magistrature n'est pas un avantage, mais une charge onéreuse, qu'on ne peut imposer justement à un particulier plutôt qu'à un autre. La loi seule peut imposer cette charge à celui sur qui le sort tombera. » Ne plaignez-vous pas ces citoyens désignés pour la magistrature? Quant à eux, ils ne paraissent pas sentir leur malheur. Quoique Rousseau ait souvent un sentiment plus vrai des démocraties grecques que Montesquieu, l'explication de celui-ci paraît ici plus naturelle. Il est vrai que Rousseau ne parle que d'une démocratie idéale. Rousseau donne la vraie théorie du suffrage par le sort, quand il dit : « Ces élections n'auraient pas d'inconvénients dans une véritable démocratie où, tout étant égal aussi bien par les mœurs et par les talents que par les maximes et la fortune, le choix deviendrait presque indifférent. Mais j'ai déjà dit qu'il n'y avait pas de véritable démocratie... Quand le choix et le sort se trouvent mêlés, le premier doit remplir les places qui demandent des talents propres telles que les emplois militaires ; l'autre convient à celles où suffisent le bon sens, l'intégrité, la justice, telles que des places de judicature, parce que dans un Etat bien constitué ces qualités sont communes à tous les citoyens. » C'est cette distinction pratique que Solon établit à Athènes (Montesquieu), encore eut-il le soin de fixer le nombre des éligibles, d'exiger un examen sévère, des conditions de cens, des redditions de compte, etc. C'est ainsi qu'on choisissait les cinq cents conseillers d'Etat, dans le gouvernement direct d'Athènes; mais dans les gouvernements représentatifs (républiques de Lycie, d'Archaïe, d'Arcadie), on se serait bien gardé de choisir au sort les législateurs qui décidaient en dernier ressort. Quant aux juges, les modernes exigent toujours d'eux le bon sens, l'intégrité, la justice, mais on veut aussi qu'ils sachent le droit, ce que la grâce du sort ne leur communiquerait pas tout à suite.

Les constitutions grecques étaient des œuvres d'art ; elles présentaient d'ingénieuses combinaisons où le suffrage par le sort devait avoir sa place et son mérite. C'étaient des gouvernements directs : les citoyens y étaient presque tous initiés aux affaires. C'étaient des académies : l'éducation publique et perpétuelle, l'égalité des citoyens, la vie en plein air et l'orgueil de la liberté faisaient disparaître l'inégalité de fortune et établissaient un niveau intellectuel assez élevé; il était difficile que le sort tombât sur un citoyen absolument incapable. (Boisjoslin.)

On trouvera sur le *sort* des renseignements dans E. de Parieu : *Principes de science politique,* p. 143 ; Fustel de Coulanges, *la Cité antique,* p. 231 ; Bulwer, *Athens, its rise and fall.* Le sort jouait un rôle dans la constitution de Venise et dans celle de la ville autrefois libre de Francfort. Du reste, le sort joue encore un rôle aujourd'hui : sans parler du service militaire, il intervient dans la formation du jury et dans les élections ; à nombre égal, c'est quelquefois l'âge qui l'emporte et dans d'autres cas le sort qui décide.

SOUS-SECRÉTAIRE D'ÉTAT ou sous ministre (en Russie on dit ministre adjoint). Le nom indique suffisamment la nature de la fonction. Le sous-secrétaire d'État doit tantôt décharger le ministre du fardeau des affaires administratives pour qu'il puisse se consacrer aux débats parlementaires, tantôt il est chargé d'une branche de service, ou aussi il a pour mission d'aider le ministre à la Chambre. Le plus souvent ces fonctions n'ont d'autre but que de satisfaire des ambitions, de fournir des sinécures.

SOUVERAIN. Ce mot désigne un pouvoir supérieur et indépendant, celui duquel découlent tous les autres pouvoirs. D'après d'anciennes doctrines politiques, ce pouvoir supérieur venait de Dieu, c'est de Dieu que les rois tenaient leur puissance. Les doctrines modernes n'admettent pas ce droit divin, et c'est dans le peuple qu'elles font résider la souveraine puissance. Mais, on l'a remarqué avec raison, généralement le peuple n'est souverain que pour déléguer, *du moins en grande partie,* sa souveraineté, laquelle consiste essentiellement dans le droit de former un pacte politique avec celui qu'il institue son délégué.

Le vrai souverain est donc cette personne collective qui fait la loi constitutionnelle. Un roi, le chef de l'État n'est qu'un souverain relatif; on ne peut lui donner ce titre que par sous-entendu.

Dans la pratique a-t-on tiré de ce fait, que la nation est souveraine, toutes les conséquences qu'il devrait logiquement entraîner? Les attributions que le peuple constituant délègue à une assemblée nationale ou à un prince, son représentant permanent, et celles qu'il se réserve à lui-même, dans la personne de ses commettants temporaires, les assemblées électives, ces attributions sont-elles toujours équitablement réparties et réglées? Grave question que chacun résoudra à sa manière et pour laquelle il n'y a peut-être pas de réponse générale.

SOUVERAINETÉ. Ce mot ne peut donner lieu qu'à des discussions philosophiques pour lesquelles l'espace nous manque. On prétend qu'il n'y a pas de souveraineté absolue, et en tout cas, qu'il n'y a pas de souveraineté individuelle héréditaire, qu'elle est tout au plus collective.

C'est d'ailleurs par cette souveraineté collective que toutes les constitutions sont établies, tandis que les rois absolus revendiquent la souveraineté pour eux-mêmes.

SPIRITUEUX. On appelle ainsi soit l'ensemble des boissons renfermant de l'alcool (esprit de vin, *spiritus*), soit seulement l'eau-de-vie et les liqueurs. Nous nous bornerons à parler ici des boissons.

L'invention de la distillerie est, à tort ou à raison, attribuée aux Arabes, mais elle était connue en Europe au treizième siècle. Au quatorzième, la France, l'Italie, l'Allemagne fabriquèrent de l'alcool, mais celui-ci n'était encore qu'un médicament ou qu'une substance servant à l'alchimie, peut-être à des emplois inspirés par la superstition. Peu à peu son usage se répandit, et toutes les nations se mirent à l'imposer. C'est en effet une matière essentiellement imposable, car elle constitue une superfluité, c'est-à-dire un luxe, et on n'en consomme que de faibles quantités à la fois. L'impôt ne touche donc pas à une consommation essentielle, et il ne pèse pas lourdement sur le contribuable. Ce n'est pas tout. Lorsqu'on impose un objet de consommation, on est souvent exposé, soit à ne pas demander à la taxe tout ce qu'elle peut donner, soit à l'imposer avec excès. Or, en supposant que l'eau-de-vie soit surchargée, le seul consommateur qui en souffre sérieusement c'est celui qui en abuse. On admettra que ce consommateur n'est pas très intéressant; il serait désirable qu'on trouvât le moyen de faire mettre de l'eau dans la boisson de tous les ivrognes.

Il y a différentes méthodes pour établir la contribution. On peut taxer : 1° la matière première à l'état sec; 2° la trempe (que les Allemands nomment *Maische*); 3° le produit achevé, relativement à la quantité d'alcool qu'il contient; 4° l'instrument de la distillation ou alambic, en raison du temps pendant lequel il est mis en activité. Chacune de ces méthodes présente ses avantages et ses inconvénients.

L'impôt sur le produit achevé, qui semble le plus logique, puisqu'on s'adresse à la vraie matière imposable, comporte un assez grand nombre de fraudes, à moins que tout le cours de la fabrication ne soit surveillé et ne renferme aucun stimulant pour le perfectionnement de la fabrication. L'impôt sur la matière première présente d'autres difficultés. A la rigueur, il faudrait combiner l'appréciation de la *qualité* avec celle de la quantité des matières. Il faudrait pouvoir empêcher l'emploi partiel de succédanées, ou d'autres matières destinées à augmenter le produit sans profit pour le Trésor. Cette méthode, appliquée au sucre, a beaucoup contribué aux progrès de la fabrication. L'impôt sur les alambics, qui a été essayé en Prusse, est également un fort stimulant pour le perfectionnement des procédés, mais il est préjudiciable aux petites exploitations et nuit à l'agriculture des diverses contrées où la distillerie est une industrie accessoire des exploitations rurales. Quant à l'assiette qui prend pour base la trempe, elle semble avoir l'avantage de rendre la fraude plus difficile et d'habituer le distillateur à réduire autant que possible le volume de la\ trempe (l'eau qu'elle renferme), ce qui diminue les frais de combustible et abrège le travail, mais favorise également les grands établissements.

Nous venons d'indiquer en quelques traits les diverses méthodes en usage, mais on comprend que l'application de chacune de ces méthodes exige tout un arsenal de règlements et de prescriptions destinés à empêcher la fraude et à accroître les produits du Trésor, sans gêner l'industrie plus que de raison. Il ne saurait entrer dans notre cadre de reproduire ces règlements.

De l'assiette de l'impôt dépend en grande partie le mode de perception. Parmi les modes de perception nous en signalerons surtout un seul, celui qui prend la forme d'un monopole de l'Etat. Ce monopole ne comprend pas la production, mais seulement la vente, il n'est établi en ce moment qu'en Suisse, mais d'autres pays semblent se préparer à entrer dans la même voie.

STABILITÉ. La stabilité des institutions s'accorde-t-elle avec le progrès ? Le progrès étant le mouvement, à première vue on pourra croire que non; mais ce serait une erreur. La stabilité n'est pas l'immobilité. Le mouvement lui-même peut être stable. La mer est-elle un instant en repos dans son immense bassin? Le balancier ne marque-t-il pas les secondes d'une manière constante et régulière par son mouvement incessant? Ainsi la stabilité, qui est simplement la régularité dans le mouvement et n'est contraire qu'aux changements subits, imprévus, n'est pas incompatible avec le progrès.

La stabilité semble même être une des conditions du progrès. Elle permet d'approfondir les choses, de laisser mûrir les idées; elle ôte toute inquiétude sur l'avenir ; la nation, certaine que son existence ne sera pas mise en danger, se sent encouragée *à courir les chances* d'une réforme. Tout changement, en effet, renferme une inconnue, car il n'est pas donné à l'esprit humain d'embrasser tous les cas, ni à sa sagacité de tout prévoir: on s'est trompé si souvent ! Seulement lorsqu'on

sait que le risque est modéré, qu'on ne s'expose pas à un péril suprême, on s'attaque plus facilement à la routine, et on réussit souvent à vaincre la puissance de l'inertie.

Lorsque les changements sont très fréquents, surtout lorsqu'ils sont trop brusques, il en résulte souvent une indifférence, un scepticisme, une lassitude hostile à tout progrès. Malheur à la nation qui en est là ; faute d'avoir voulu la stabilité, on lui imposera l'immobilité qui dégénère si facilement en décadence.

STATHOUDER. Ce titre, dont le sens est lieutenant, désigna d'abord le gouverneur des Pays-Bas pour les ducs de Bourgogne et les rois d'Espagne. Lors de la révolte des Provinces-Unies contre Philippe II, chaque province élut un stathouder, et celui de la province de Hollande devint stathouder général. C'était Guillaume d'Orange qui devint ainsi chef du pouvoir exécutif.

STATISTIQUE. C'est un exposé de faits présenté sous la forme numérique.

On a discuté la question de savoir si la statistique est une méthode ou une science, comme si elle ne. pouvait pas être l'une et l'autre. Comme méthode elle est un instrument d'observation; au lieu de dire que l'emploi de tel remède réussit *souvent* ou *quelquefois* dans telle maladie, le professeur de médecine devra dire à ses élèves : selon les expériences faites jusqu'à présent, le remède a produit son effet dans 63 cas sur 100, ou dans telle autre proportion qui aura été constatée. Comme méthode d'observation, elle ne s'applique qu'à de grands nombres. Parler de 33 p. 100, de 25 p. 100 quand on n'a recueilli que 3 ou 4 expériences, c'est abuser des formes scientifiques, c'est quelquefois tromper (sciemment) le public.

Comme science, la statistique embrasse tous les faits sociaux et politiques présentés dans leurs rapports numériques entre eux, ainsi qu'avec l'espace et le temps. La statistique a obéi depuis son origine à une double tendance. L'une a fait naître la statistique descriptive, celle qu'Achenwall définit : la connaissance approfondie de la situation (*status*) respective et comparative de chaque Etat; ou dont Schlozer a dit qu'elle est l'histoire en repos, tandis que l'histoire est la statistique en mouvement (en d'autres termes, la statistique est la situation d'un peuple prise à un moment donné); celle enfin que Napoléon Ier nomme le budget des choses. La statistique ainsi entendue est un inventaire plus ou moins raisonné.

L'autre tendance à laquelle la statistique a obéi voudrait constater des rapports, découvrir des lois, c'est celle qui, dans le siècle dernier, lui a fait donner le nom d'arithmétique politique. C'est probablement à ce point de vue que Gœthe s'est placé en disant que, « si les chiffres ne gouvernent pas le monde, ils montrent du moins comment il est gouverné ».

Pour ce but, l'inventaire ne suffit plus ; il faut aller au fond des « termes numériques », les scruter, les comparer, en tirer des déductions et, selon les uns, des moyennes, selon les autres, des lois. Voyez par exemple la définition de Guerry : « La statistique générale.... exclut les descriptions et consiste essentiellement dans l'énumération méthodique d'éléments variables, dont elle détermine la moyenne. » Ou celle de Dufour : « La (statistique est la) science qui enseigne à déduire des termes numériques analogues les lois de la succession des faits sociaux. »

Ainsi, les uns font de la statistique une science descriptive plus ou moins alliée à la géographie, les autres une science de déduction, usant de procédés mathématiques, et notamment du calcul des probabilités. Nous croyons qu'il est très facile de combiner ces deux points de vue. On commence toujours par décrire le présent, voilà l'une des formes de la statistique établie. Lorsque plusieurs descriptions se sont succédé, on est en état de comparer la situation actuelle aux situations antérieures ; on le fera pour l'ensemble des faits comme pour l'un des détails, et on tirera de cette comparaison une théorie, des moyennes, des lois, et voilà comment se développe la forme de la statistique dite autrefois arithmétique politique.

STATU QUO. Quand les Etats se sont fait la guerre, ils assemblent des diplomates pour remettre les choses *in statu quo ante bellum*. Cette expression de *statu quo* a passé dans toutes les sciences sociales et signifie le présent, l'actuel, ayant des prétentions à être l'immuable.

STATUT. On entend par *statut*, dans plusieurs pays de l'Europe, les actes ou édits émanés de l'autorité royale, dans les formes voulues, ou les actes du pouvoir législatif. En Angleterre les lois votées s'appellent statuts (lois non coutumières).

En France, on appelait ainsi, dans le très ancien droit, la règle propre à une localité ; plus tard, toute espèce de lois et de règlements envisagées comme permettant, ordonnant ou défendant ; mais on s'est principalement servi du mot pour opposer la loi réelle à la loi personnelle.

Les statuts réels, disait-on, étaient ceux qui avaient directement en vue les biens, leur conservation dans la famille, leur mode de transmission. On regardait, au contraire, comme personnels les statuts qui donnaient aux personnes une certaine condition, accordaient ou retiraient une capacité.

Rien n'était plus obscur que cette matière, car il était malaisé le plus souvent de découvrir si l'objet principal de la règle était la personne ou la chose, le sujet ou l'objet du droit ; et cependant l'intérêt de la distinction était capital, surtout dans un temps où cent législations diverses régissaient le territoire ; il était, en effet, de principe que le statut personnel suivait la personne en quelque lieu qu'elle se trouvât, tandis que l'autorité du statut réel était bornée au territoire pour lequel il était promulgué : le Normand, majeur à vingt ans, était encore majeur à Paris, quoique le Parisien fût mineur jusqu'à vingt-cinq ans, parce que la loi qui fixait la majorité était personnelle ; la femme normande, dans la pureté des principes, ne pouvait même à Paris, où la communauté était de droit, adopter, par son contrat de mariage, le régime de communauté, quant à ses biens situés en Normandie ; le statut réel normand le prohibait.

Des divergences semblables peuvent exister encore d'Etat à Etat ; c'est par là que notre sujet se rattache à la politique et au droit public. Ce qui doit, à notre sens, servir de guide pour la solution des questions soulevées par les conflits de législations entre elles, c'est moins la considération de l'objet ou du sujet du droit que l'idée d'une conciliation nécessaire entre la liberté personnelle de l'étranger qui doit être maintenue et l'indépendance, l'autonomie du pays qui doit être assurée. Chaque nation a le droit de régler chez elle le mouvement de la propriété sur son propre sol, de le coordonner au principe politique dominant, de refuser, par suite, l'application à toute loi étrangère qui ne serait pas conforme à ce principe, et même d'interdire à tout étranger une disposition quelconque qui puisse influer sur le sol. C'est en ce sens que nous entendons l'empire du *statut réel* sur le territoire. La souveraineté du sol, au contraire, n'autorise à soumettre l'étranger qu'aux lois de police et de sûreté ; pour le surplus, et, sauf l'application de certaines règles du droit des gens, il reste soumis à son *statut personnel*, et la liberté de l'individu reste respectée.

On donne encore le nom de *statut* à l'acte constitutif tant des sociétés savantes que des sociétés commerciales [1].

Casimir FOURNIER.

STÉARINE (Impôt sur la). L'acide stéarique, dont on fait maintenant les bougies, est une matière nouvelle que la loi française du 29 décembre 1873 imposa pour la première fois, en même temps que les huiles de toutes sortes. Mais les chandelles avaient été imposées en Angleterre de 1750 à 1831. « La taxe produisit, dit Mac Culloch, environ 490.000 liv. st., mais elle était encore plus productive de fraude, de parjure et d'oppression. » La cire est imposée en Italie ; elle est soumise à l'octroi dans un certain nombre de villes autrichiennes et espagnoles. Ce sont des impôts peu productifs et que la science financière moderne désavoue.

STÉNOGRAPHIE. On définit souvent la sténographie *l'art d'écrire aussi vite que l'on parle ;* mais cette définition n'est pas com-

1. On appelle aussi la Constitution italienne : le *Statut*.

plètement exacte, car la parole peut atteindre une volubilité telle qu'il soit impossible au sténographe de la suivre mot à mot. En réalité, la sténographie est une écriture abrégée qui, en étant quatre ou cinq fois plus rapide que l'écriture ordinaire, permet de recueillir exactement la parole. Mais comme il est toujours plus long de copier un texte que de l'écrire sous la dictée, et que la parole est rarement assez correcte pour supporter une traduction littérale, la transcription de la sténographie en écriture usuelle exige généralement sept à neuf fois plus de temps qu'il n'en faut à la parole. Quant au nombre de mots qui peuvent être dits en parlant dans un temps donné, il varie considérablement d'une personne à l'autre, et souvent dans le même discours. Tandis que certains orateurs prononcent seulement treize lignes de douze syllabes en une minute, d'autres vont jusqu'à vingt-cinq lignes dans le même espace de temps, ce qui est extrêmement rapide. Le débit de la plupart des orateurs est de seize à vingt-deux lignes par minute.

Chaque jour, la sténographie est appelée à rendre de nouveaux services, soit qu'elle économise du temps à ceux qui la pratiquent, soit qu'elle serve à recueillir les leçons des professeurs ou les plaidoiries des avocats. Mais la publicité qu'elle donne avec une rigoureuse exactitude aux débats parlementaires constitue assurément la plus importante de ses applications et en fait un précieux auxiliaire du gouvernement représentatif. Aussi n'a-t-elle jamais été sérieusement cultivée que chez les peuples libres.

Les Grecs, les Romains, et même les moines du moyen âge ont connu et pratiqué des écritures abréviatrices; mais la sténographie proprement dite n'apparaît qu'au seizième siècle en Angleterre.

En France, la sténographie n'eut sa raison d'être qu'après la Révolution de 1789, et ce fut en 1791 que Bertin l'introduisit en France en appliquant à notre langue le système anglais de Taylor.

STORTHING, nom du Parlement norvégien.

SUBDÉLÉGUÉ. C'est ainsi qu'on appelait, avant 1789, le sous-préfet. Il était alors nommé par l'intendant qui remplissait à peu près les fonctions de nos préfets. Le subdélégué était le délégué de l'intendant.

SUBSIDES. Verser des fonds à un allié, cas rare dans les temps modernes.

SUBSISTANCES. Dans quelle mesure les pouvoirs publics peuvent-ils par leur intervention faciliter l'approvisionnement des contrées placées sous leur autorité et conjurer les effets des crises alimentaires ? En admettant que cette intervention soit de quelque efficacité, quel en doit être le caractère? Est-il nécessaire, comme on l'a pensé longtemps et comme beaucoup de personnes le croient

encore, que les gouvernements s'immiscent par des lois et des règlements ou par d'autres actes dans les opérations du commerce pour en modifier le cours naturel, ou leur rôle ne doit-il pas se borner à écarter, autant qu'il est en leur pouvoir de le faire, les obstacles qui peuvent en entraver le développement? Y a-t-il d'ailleurs en cette matière des règles applicables en tout temps et en tout lieu ? Ne faut-il pas tenir compte en chaque pays de l'état général de la société et même des préjugés et des erreurs des populations? Les époques de pénurie et de disette ne réclament-elles pas des mesures particulières qui n'auraient pas de raison d'être dans les temps d'abondance ? Ce qui convient aux Etats en libre communication avec la mer est-il également applicable à ceux qui sont placés dans l'intérieur des terres ?

Il y aurait bien d'autres questions à poser, mais de nos jours ce sujet a cessé de nous préoccuper, bien que la France soit devenue un pays importateur. C'est qu'il y a maintenant beaucoup de pays exportateurs, et le blé est à si bon marché que la France et d'autres pays ont taxé le blé à l'entrée.

Cette situation changera, mais pas de sitôt, et il serait prématuré de vouloir prédire aujourd'hui quelle mesure on prendra lors d'une disette future. Nous ne connaissons pas les circonstances qui les accompagneront.

SUB SPE RATI. Littéralement : sous l'espoir d'approbation. Lorsqu'un agent diplomatique reçoit des propositions qui ne sont pas dans le sens de ses instructions, mais qu'il juge utile d'accueillir, il les accepte provisoirement, sauf ratification de la part de son gouvernement.

SUBVENTION. On peut classer en deux genres les services que les gouvernements sont appelés à rendre aux sociétés, services obligatoires et services facultatifs. Quels que soient l'état de civilisation d'un peuple et la nature de son gouvernement, il est un certain nombre de services qui incombent nécessairement à la communauté et qui doivent être remplis par l'Etat ou par les municipalités et payés par les fonds publics : l'armée, la marine, l'administration, la justice, rentrent dans cette première catégorie, et ces services sont administrés directement par des fonctionnaires au nom de la communauté. Il est d'autres services que l'Etat peut rendre ou ne pas rendre sans que la communauté soit livrée à l'anarchie, qu'il rend effectivement dans un temps et dans un pays et qu'il ne rend pas dans l'autre : c'est la catégorie des services facultatifs et c'est là que les subventions trouvent leur place. La subvention peut être directe ou se produire indirectement sous forme de garantie d'intérêts, de dégrèvements d'impôt, d'encouragements, de prix. La subvention est directe quand l'Etat passe avec un entrepreneur, un contrat par lequel il lui alloue une certaine somme à la condition de faire de telle ou telle manière un certain service, par exemple, lorsqu'il subventionne les paquebots transatlantiques à la condition de faire un certain nombre de voyages déterminés et de transporter les dépêches, ou lorsqu'il subventionne des théâtres à la condition de jouer tous les jours ou de représenter certain genre de pièces; la subvention est indirecte quand l'État assure à une compagnie de chemins de fer un minimum d'intérêt sur le capital qu'elle emploiera, dans le dessein d'obtenir la construction d'un chemin que la compagnie n'aurait pas osé entreprendre à ses risques et périls, lorsqu'il accorde une exemption temporaire d'impôt aux constructions nouvelles, dans le dessein de stimuler l'industrie du bâtiment, lorsqu'il institue des concours régionaux, des courses de chevaux, dans le dessein d'éclairer l'agriculture et d'encourager l'élevage. En matière de subvention, il y a un principe que les économistes s'efforcent depuis longtemps de faire pénétrer dans la politique et qu'il est utile de ne pas oublier. Règle générale : partout où l'activité individuelle des citoyens peut rendre le service par ses propres forces, sans stimulant et sans soutien, la liberté pure et simple vaut mieux que la subvention; partout où l'activité individuelle, impuissante par elle-même, peut devenir, grâce à une certaine assistance de la communauté, capable de rendre convenablement le service, la subvention vaut mieux que l'administration directe de l'État : on ménage ainsi le trésor public et on respecte la libre concurrence, source féconde de richesses. Il y a des économistes qui proscrivent toute subvention en se fondant sur ce raisonnement : tout service qui ne peut être rendu qu'avec l'assistance pécuniaire de l'État est un service dont les frais de production sont supérieurs à la valeur réelle : l'argent donné par l'État ne sert qu'à combler le vide, et la communauté fait un métier de dupe en perpétuant à ses frais une industrie funeste à la prospérité du pays, puisqu'elle consomme plus qu'elle ne produit. C'est là une exagération : il y a des services très utiles à la communauté qui n'apportent pas immédiatement avec eux leur rémunération et l'État ne fait pas un métier de dupe en subventionnant, par exemple, certains travaux de la science ou de l'art qui deviendront, par leurs applications ultérieures, des sources de richesse ou des causes de moralité. Mais où finit l'intervention utile et où commencent l'abus et le gaspillage? Quelle est la limite? Il est impossible de la fixer d'une manière précise. Il appartient à l'économie politique d'éclairer la route : il appartient aux mœurs publiques de marquer dans chaque pays le point jusqu'auquel les gouvernements doivent s'avancer.

SUCCESSION. C'est la transmission des biens d'une personne décédée à une autre personne qui prend sa place et qu'on désigne sous le nom d'héritier. Cette transmission

ne s'opère suivant l'ordre réglé par la loi que dans le cas où le défunt n'en a pas disposé autrement par acte de dernière volonté, sauf les cas de réserve légale dont nous parlerons. « La loi sur les successions, disait le conseiller d'État Treilhard, chargé d'en présenter le projet au nom du gouvernement, est le testament présumé de toute personne qui décède sans avoir exprimé une volonté différente. Il importe de se pénétrer de toutes les affections naturelles et légitimes lorsqu'on trace un ordre de successions. On dispose pour tous ceux qui meurent sans avoir disposé; la loi présume qu'ils n'ont eu d'autre volonté que la sienne : elle doit donc prononcer comme eût prononcé le défunt lui-même au dernier instant de sa vie s'il eût pu ou voulu s'exprimer. Que chacun descende dans son propre cœur, il y trouvera gravé en caractères ineffaçables le véritable ordre de succéder. » La loi n'a pas toujours suivi cette théorie; elle y associe, en certains cas, l'idée d'une dette naturelle en faveur d'héritiers à réserve, les descendants et les ascendants; cette idée n'est pas nouvelle : « les enfants reçoivent la succession de leurs parents comme une dette », dit Plutarque; et Grotius, commentant ces paroles d'Aristote : *qui dat formam dat quæ ad formam necessaria*, ajoute : « Celui qui est la cause de l'existence d'un homme doit, autant qu'il est en lui et qu'il est nécessaire, pourvoir aux nécessités de sa vie, non pas la vie naturelle seulement, mais la vie sociale, car c'est pour elle que l'homme est né. »

Nous renvoyons au Code civil, articles 718 et suivants, pour ce qui concerne la dévolution des biens telle que la loi l'établit dans les successions.

SUCRE. — Le sucre intéresse la politique à titre de matière imposable et de denrée qui alimente un commerce intérieur et extérieur d'une grande importance. Le sucre se tire de la canne, dans l'Inde et l'Amérique intertropicale; de la betterave, en Europe; du palmier dans les îles de la Sonde; de l'érable, au Canada et aux États-Unis. Les Hindous font usage du sucre de canne depuis 3.000 ans; les Romains (Théophraste, Pline, etc.) en parlaient comme d'une curiosité; les Arabes nous l'ont fait connaître en 966 (à Venise); nous l'avons acheté au quatorzième siècle par cargaisons (la première arriva à Londres en 1319), il a été cultivé en Amérique au seizième, et imposé au dix-septième. Ce n'est qu'au dix-neuvième siècle qu'a pu naître une question des sucres.

Tant que le sucre était resté pour les uns une « denrée coloniale », pour les autres un produit exotique, provenant des pays intertropicaux, la matière ne pouvait présenter aucune difficulté : l'impôt était perçu sous la forme d'un droit d'importation. Les pays à colonies avaient le choix entre l'exclusion absolue du sucre étranger, se bornant à consommer le produit de leurs colonies, et l'établissement d'une taxe plus élevée sur le sucre étranger.

Vers la fin du dix-huitième siècle, la chimie était devenue une science sérieuse et tendait à l'application de ses découvertes. Un chimiste de l'Académie des sciences de Berlin, A. S. Margraf trouva du sucre dans la betterave et lut, en 1747, un mémoire, dans lequel il démontra que l'extraction du sucre pouvait se faire industriellement. Un de ses élèves, Achard, mit l'idée en pratique à Lunern, en Silésie, sur une propriété que le roi (Frédéric II) lui avait donnée à cet effet. Il en fut parlé dans les *Annales de chimie* du mois de brumaire an VII. Le kilo de sucre, disait-on, revenait à 65 centimes. Cette nouvelle fit une grande sensation en France, qui venait de perdre ses colonies, et comme bientôt le blocus continental devait rendre presque impossible l'arrivée du sucre, si ce n'est à des prix extraordinaires, les conjonctures devinrent favorables à l'introduction de cette industrie. Nous ne pousserons pas plus loin cet historique en nous bornant à mentionner les services rendus par Crespel-Delisse auquel une récompense nationale a été décernée ; nous dirons seulement que, si l'enfant est né en Prusse, ce sont les soins intelligents qu'on lui a donnés en France qui l'ont rendu viable et bientôt prospère.

Et pourtant, une fois la paix rétablie, on oublia quelque peu les services rendus par la betterave ; elle avait même deux ennemis, les colonies et la navigation ; les unes craignaient la concurrence, l'autre ne voulait rien perdre du fret qui la fait vivre. Mais la betterave avait aussi des protecteurs, les propriétaires qui cultivaient les betteraves et qui surent faire valoir l'intérêt agricole. La lutte des intérêts en présence fut très vive, mais la sucrerie indigène échappa jusqu'en 1837 à toute taxe en France. A partir de 1837, elle paya d'abord un peu, puis davantage. La loi sur les sucres fut très souvent remaniée et l'on finit, en 1864 (loi du 7 mai), par établir un tarif destiné à mettre le sucre colonial et le sucre indigène sur le pied de l'égalité en les favorisant légèrement vis-à-vis du sucre provenant de l'étranger. La paix étant à peine signée entre la canne et la betterave, qu'une nouvelle lutte intestine surgit, cette fois entre les fabricants de sucre et les raffineurs. Cette lutte a duré longtemps, et comme il s'y joint un système de primes plus ou moins cachés à l'exportation, la difficulté est loin d'être résolue. On se préoccupe maintenant de ces primes, et il est question de s'entendre, entre les puissances, pour les supprimer. Pourra-t-on s'entendre?

SUFFÈTES, SOPHETIM. Premiers magistrats des peuples sémitiques. Ils étaient ordinairement deux, bien qu'on n'en trouve qu'un à la tête de la confédération des tribus hébraïques, siégeant à Maspha ou à Garizim.

A Carthage, l'institution des suffètes fut établie très peu de temps après la fondation de la colonie. Cette magistrature semble avoir été politique autant que judiciaire et assez semblable à celle des premiers préteurs ou consuls romains.

SUFFRAGE UNIVERSEL. Le suffrage universel, établi en France comme base du droit public, est assez important pour que nous lui consacrions un article spécial, bien qu'on en ait déjà parlé au mot **Élection.** Il est d'autant plus nécessaire d'y revenir que le principe de l'universalité du vote est encore vivement discuté, surtout hors de la France. L'année 1864 nous a même montré le fait rare dans les annales parlementaires qu'un membre du cabinet anglais, M. Gladstone, se prononce en faveur du suffrage universel, et qu'un autre membre, lord Palmerston, parle contre ce mode d'élection.

Voici d'abord, d'après la *Revue britannique* (juin 1864), l'opinion de M. Gladstone :

« C'est à vous de prouver aux ouvriers qu'ils sont incapables d'exercer le droit qui appartient moralement et naturellement à chaque citoyen, non à eux de prouver qu'ils en sont dignes ; n'ont-ils pas, d'ailleurs, fait récemment leur preuve ? La détresse des districts cotonniers n'a-t-elle pas mis en évidence la sagesse du peuple ? [1] »

En publiant son discours avec une préface l'illustre orateur explique sa pensée en l'atténuant : « Il convient que le droit d'élection est le droit général, le privilège de tout citoyen ; mais deux motifs d'exception doivent limiter ce droit et rassurer les conservateurs qui auraient peur du suffrage universel. Le législateur doit exclure : 1° tous les individus qui sont présumés incapables d'exercer leur droit avec intelligence et intégrité ; 2° ceux dont l'admission serait un danger public, soit en portant le trouble dans l'équilibre du corps constituant, soit en donnant à une classe le monopole de l'élection. »

Cette opinion, M. Gladstone ne l'a d'ailleurs émise que « comme une théorie à discuter » [2].

Lord Palmerston, de son côté, s'exprime ainsi (séance du 21 juin 1864) en réponse à une motion du député Berkeley:

« ... L'honorable membre, M. Berkeley, parle comme si le droit de vote était un droit personnel qui ne dût s'exercer que sous la responsabilité individuelle de l'électeur : tandis que, selon moi, c'est un mandat dont l'électeur est investi au nom de la communauté.

« Quand même on arriverait à admettre à

1. Ceci est une simple phrase. La disette du coton a fait arrêter un certain nombre de manufactures et l'on s'est empressé de venir en aide aux ouvriers. En quoi sa sagesse a-t-elle consisté ? A se soumettre à la force majeure?

2. Du reste, ce qui eût été important, c'est d'indiquer un moyen (un « *test* ») de reconnaître les individus capables « d'exercer leur droit avec intelligence et intégrité ».

la franchise électorale tout citoyen arrivé à l'âge de discernement, le droit de vote ne serait toujours qu'un mandat, car il resterait toujours une grande portion de la communauté, les mineurs et les enfants, qu'intéressent les lois, les impôts, etc., et dont les intérêts sont confiés à ceux qui votent. Oui, notre législation est basée sur ce principe que le vote est un mandat et non un droit. Si le suffrage n'était qu'un droit personnel, l'électeur ne pourrait-il pas demander par quel principe de justice vous le puniriez pour avoir usé de ce droit de la manière la plus profitable pour son avantage personnel? Et pourtant vous frappez d'une pénalité l'homme qui, pour de l'argent ou pour d'autres considérations, use de son droit de voter d'une façon contraire à ce que vous croyez l'intérêt public.

« Je dis donc que le suffrage est un mandat, et je soutiens que tout mandat politique doit être exercé sous la responsabilité de l'opinion publique. Tout l'échafaudage politique des nations civilisées repose sur le principe du mandat. Les intérêts de la communauté sont, à tous les degrés de l'échelle sociale, confiés à un certain nombre d'hommes qui en sont responsables envers elle, et qui, dans l'accomplissement de leur mandat, sont soumis au contrôle de leurs mandataires. Or, je prétends que le vote secret affranchirait l'électeur de tout contrôle et de toute responsabilité, et je le considère comme un mal politique... » (Moniteur.)

Faisons abstraction d'un point, le scrutin secret, qui compliquait alors la question en Angleterre, il ne reste que cette proposition : la participation à l'élection des représentants de la nation, des législateurs, de ceux qui votent l'impôt est un mandat, et non un droit. Examinons cette proposition. Il est évident que le mandat suppose des mandants. Si l'électeur est un mandataire, de qui tient-il le mandat? Représenterait-il les non-électeurs? Mais comme personne ne peut se charger d'un mandat sans le consentement du mandant, on doit demander si ce consentement a jamais été donné! On peut le supposer acquis pour les femmes et les enfants dont les époux et les pères sont les représentants naturels; mais pourra-t-on en dire autant, par exemple, de l'ouvrier vis-à-vis de son patron? Les pétitions monstres qui ont été présentées au Parlement par les ouvriers anglais doivent faire disparaître le dernier doute à cet égard. Non, le citoyen exclu du droit électoral n'a chargé personne de le représenter, et il profite de toute occasion favorable pour protester contre cette exclusion.

On répondra peut-être que le mandat électoral est conféré directement par l'État[1]. C'est là un cercle vicieux qu'on peut formuler ainsi : le mandataire se charge lui-même

du mandat. On le voit, il n'est pas possible de trouver un argument sérieux en faveur de l'opinion que nous discutons.

Il n'en est plus de même si nous reconnaissons à chaque citoyen le DROIT de prendre sa part proportionnelle dans le gouvernement de l'État. Au fond, si la liberté civile consiste dans le droit de faire tout ce qui ne nuit pas à autrui, — la liberté politique consiste en premier lieu, — mais non uniquement, — dans le droit électoral. N'est-ce pas, en effet, « une injustice personnelle de refuser à quelqu'un, à moins que ce ne soit pour empêcher de plus grands maux, le privilège élémentaire d'apporter sa voix (et une voix qui doit être comptée pour quelque chose) dans la décision d'affaires où il est aussi intéressé que d'autres », dit J. St-Mill. Il ajoute : « Si on l'oblige à payer, s'il peut être obligé de se battre, si on exige qu'il obéisse implicitement, il devrait avoir le droit de savoir pourquoi, de donner ou de refuser son consentement, de voir compter son opinion pour ce qu'elle vaut et pas davantage. Dans une nation adulte et civilisée, il ne devrait pas y avoir de parias, pas d'hommes frappés d'incapacité, si ce n'est par leur propre faute. » (Traduction Dupont-White.)

Ainsi, tout citoyen a un droit inné de participer au gouvernement de la chose publique; personne ne lui conteste ce droit de par la justice, mais on l'a discuté de par l'utilité. M. J. St-Mill lui-même a fait ses réserves sur ce point (voy. plus haut les passages soulignés). On a fait aussi, il est vrai, quelques objections au point de vue de la possibilité, on a insisté sur le sens littéral du mot UNIVERSEL qui comprendrait les femmes et les enfants, mais nous ne nous arrêterons pas à cette subtilité. C'est un mode d'argumentation connu que de mettre en avant, l'absolu, l'idéal (voy. Sophisme), pour faire rejeter une mesure qui, réduite à la taille humaine, conserverait encore une utilité suffisante. Il est bien entendu que par les raisons exposées au mot Femme le droit électoral est réservé aux hommes[1], et il ne saurait être question des enfants, parce que la première condition à remplir c'est d'avoir du discernement.

Mais qui possède ce discernement? Car les deux points de vue, celui de la justice et celui de l'utilité, sont d'accord pour imposer cette condition à l'électeur. Tel pays l'attribue à tout homme de vingt et un ans, tel autre veut attendre l'âge de vingt-deux, vingt-trois, vingt-quatre, vingt-cinq et même trente ans. Quant à nous, c'est ce maximum que nous proposerions volontiers. Nous savons très bien que « Pitt a été ministre à vingt et un ans », mais, — et voilà où nous craignons d'être seul de notre avis, — nous ne pose-

---

1. On pourrait dire que c'est une fiction, comme il y en a beaucoup dans le droit constitutionnel; mais une fiction est une base peu solide pour une législation.

1. D'ailleurs, la femme n'ayant pas tous les devoirs, — pensez au service militaire, — il n'y a aucune injustice à ce qu'elle n'ait pas tous les droits.

rions pas de limite d'âge à l'éligibilité, nous ne réglementerions que l'électorat.

On comprend en effet que la communauté politique, l'État, ne peut confier le droit électoral qu'aux personnes offrant des garanties, — au moins, — de discernement. L'âge est, sinon une garantie, du moins une présomption, et si la loi réserve le droit électoral aux hommes de trente ans et au-dessus, elle ne manque pas au principe de l'égalité. D'abord, la fixation de l'âge de la majorité est purement arbitraire. Sans parler des pays étrangers, la France elle-même présente l'exemple de plusieurs majorités différentes (21 ans pour ester en justice, 25 ans pour être juré, député, etc.). Il y a ensuite des limites d'âge : au delà d'un certain âge on ne peut être ni magistrat ni fonctionnaire. Comme les hommes ont le droit d'atteindre tous le même âge, — si la nature y consent, — la fixation de la majorité politique est une affaire d'appréciation et non de justice. D'un autre côté, on n'est pas citoyen parce qu'on est porté sur les listes électorales, mais parce qu'on remplit des devoirs envers l'État : on le défend, on paye l'impôt, etc., et ce n'est que parce qu'on est citoyen qu'on a le droit de demander son inscription. Il est donc permis de prendre en considération ce fait, qu'à vingt et un ans le jeune homme est généralement encore à la charge de ses parents, tandis qu'à trente ans il est indépendant, à la tête d'un établissement, souvent d'une famille, ou du moins qu'il gagne sa vie. En tout cas, nous ne saurions admettre que le vote d'un père soit annulé par celui de son fils, lorsque ce fils vit du travail de son père.

Nous pouvons donc soumettre le droit électoral a au moins une condition, l'âge. Or, si la souveraineté nationale n'est pas un vain mot, l'électeur, au moment de déposer son bulletin de vote, exerce sa part de souveraineté, c'est-à-dire son pouvoir suprême. Il doit donc être à même d'élire qui il veut. Où trouverait-on une autorité assez élevée pour limiter son pouvoir suprême, absolu ? Aucune loi ne le peut, théoriquement du moins. Donc, point de conditions pour l'éligibilité. Si les 30.000 électeurs d'une circonscription française s'accordaient pour donner leurs suffrages à une femme, à un enfant, à un étranger ou d'autres « incapables », leur choix devrait être respecté, ou ils ne seraient pas en jouissance de leur souveraineté. D'ailleurs sait-on mieux qu'eux qui est le plus digne et le mieux en état de les représenter ? Si vous leur contestez le discernement, écartez-les de l'urne ; mais si vous les admettez, respectez leur vote. Existe-t-il une souveraineté supérieure à la souveraineté ? C'est précisément parce que nous accordons au vote une si grande puissance que nous devons élever l'âge de discernement. Nous ne contestons pas qu'un très grand nombre d'hommes au-dessous de trente ans ne soient capables et dignes d'être élec-

teurs, — puisque nous les considérons comme éligibles, — mais puisqu'il faut une limite, nous proposons l'âge de trente ans, et certes, celui qui n'est pas apte à être électeur à l'âge de trente ans ne le sera jamais [1].

Encore une fois, donnons toute liberté à l'électeur, mais entourons l'élection de garanties. Suffit-il que l'électeur ait l'âge ? Écoutons ce que dit un « radical », penseur de premier ordre : « Je regarde comme totalement inadmissible qu'une personne participe au suffrage sans savoir lire, écrire, et j'ajouterai sans savoir les premières règles de l'arithmétique », dit J. St-Mill. Cette exigence est d'autant mieux fondée que ces connaissances sont générales ou devraient l'être dans tout pays civilisé et que tout homme intelligent *peut les acquérir en quelques semaines*. Nous jugeons très sévèrement ceux qui, arrivés à l'âge de raison, ne se procurent pas ce savoir élémentaire.

Ainsi, nous accordons le droit électoral à tout homme arrivé à l'âge du discernement et sachant lire et écrire. Est-il nécessaire de dire que les incapables (aliénés ou interdits) et ceux que des crimes ou des délits graves ont privés de leurs droits civils ne sont pas admis à approcher de l'urne ? Mais, outre la capacité et la dignité, n'y aurait-il pas encore une autre condition à imposer à l'électeur ? Il nous semble qu'on peut légitimement lui demander de remplir ses devoirs de citoyen. Nous y sommes autorisé tant par la justice abstraite, qui ne permet pas qu'on jouisse d'un droit sans remplir le devoir correspondant, que par la justice pratique et par l'utilité dont J. St-Mill plaide la cause en ces termes :

« Il est important aussi que l'assemblée qui vote les impôts généraux ou locaux soit élue exclusivement par ceux qui payent une portion de ces impôts. Ceux qui ne payent pas d'impôts, disposant par leurs votes de l'argent d'autrui, ont toutes les raisons imaginables pour être prodigues, et aucune pour être économes. Tant qu'il s'agit d'affaire d'argent, tout pouvoir de voter possédé par eux est une violation du principe fondamental d'un gouvernement libre [2] : c'est une combinaison défectueuse où il y a pouvoir de contrôle et nul intérêt à le bien exercer. C'est la même chose que de permettre aux gens de fouiller dans la poche de leurs voisins, pour tout objet qu'il leur plaira d'appeler un objet public... Mais pour concilier ceci, comme condition annexée, avec l'universalité du suffrage, il est essentiel, tout comme il est

---

1. Contre la liberté illimitée du choix, on peut faire valoir cet argument, que le député ne représente pas seulement sa circonscription, mais l'ensemble du pays, par conséquent l'ensemble des circonscriptions doit poser des conditions d'éligibilité, pour empêcher qu'une circonscription malavisée n'exerce pas son action d'une manière préjudiciable à la communauté.

On pourrait répliquer et prolonger la discussion, mais nous croyons devoir couper court à toute discussion en disant que dans la pratique tout est transaction, *summum jus, summa injuria.*

2. L'impôt doit être voté par ceux qui le payent.

désirable sous beaucoup d'autres rapports, que l'impôt, sous une forme visible, descende jusqu'aux classes les plus pauvres. » (*Du gouvernement représentatif*, p. 200, traduction Dupont-White.)

J. St-Mill propose une sorte de capitation et même une contribution électorale spéciale. Nous demandons que tout citoyen paye un impôt égal à une journée de travail au moins, sans préjudice de toutes les autres contributions que l'Etat pourrait réclamer de lui à un titre quelconque. Nous n'ignorons pas que l'impôt indirect amène déjà au Trésor l'obole du pauvre en même temps que la contribution du riche, mais il y a un intérêt moral à ce que l'impôt se présente comme tel.

En résumé, au point de vue de la justice stricte, tout citoyen ayant le discernement, obéissant aux lois (n'ayant commis ni crime ni délit grave) et aidant à supporter les charges communes, doit être électeur. Il resterait à examiner si, au point de vue de l'utilité publique, il ne conviendrait pas, tout en maintenant l'universalité du vote, d'accorder, comme le demande J. St-Mill et comme l'accordent un grand nombre de constitutions, quelques voix supplémentaires d'une part au *savoir* [1], de l'autre à la *fortune ;* mais comme il est question ailleurs de ce point, nous préférons reproduire quelques autres opinions (Voy. **Représentation**, etc.).

Voici l'opinion qu'exprime (vers 1856) sur le suffrage universel, considéré comme moyen ou mécanisme politique, un homme d'Etat éminent, l'un des publicistes les plus illustres de l'Allemagne, Robert de Mohl [2] :

« Le vote universel qui a joué de nos jours un rôle si considérable, que les uns ont salué de leurs acclamations, que d'autres ont exploité avec habileté, que d'autres encore ont attaqué comme un moyen d'obscurcir toutes les notions du droit, comme l'instrument du mensonge et de la mauvaise foi, n'a mérité

Ni cet excès d'honneur, ni cette indignité.

Le vote universel n'est pas un moyen de gouvernement sûr, d'un maniement facile et applicable à un grand nombre de cas. Il ne peut être considéré que sous certaines réserves comme donnant l'expression du vœu

actuel des populations ; il fournit un argument juridique plus ou moins sérieux, mais ne garantit nullement que l'opinion émise a de la consistance, qu'elle aura ses conséquences logiques, qu'elle résistera à la nécessité du sacrifice. En revanche, le vote universel est loin de n'être que leurre et illusion ; il peut être appliqué sans danger, et même avec avantage, dans un Etat régulièrement constitué ; quelquefois même il devient une nécessité légale ; enfin, il n'est pas un moyen tout-puissant contre le droit, il ne desserre pas non plus les liens de la constitution ou des lois, il montre seulement où se trouve la solution de continuité. Il va sans dire aussi que l'impudent abus auquel le vote universel peut avoir donné lieu n'en condamne pas le principe et ne nous autorise pas à contester la possibilité d'une application honnête et loyale ; l'abus doit seulement nous engager à être sur nos gardes, à bien examiner les faits et à ne pas nous laisser surprendre. Comme dans toute mesure gouvernementale, le bien, le mal, le conditionnel et le douteux forment un mélange, et c'est la tâche de la science de discerner chacun de ces éléments et, s'il est possible, de poser des règles d'application et d'indiquer la voie du progrès. L'expérience que nous aurons sans doute l'occasion de faire mettra ces propositions à l'épreuve, et appellera naturellement l'attention sur des conséquences ou des points de vue négligés jusqu'alors ; les passions favorables ou hostiles se calmeront par l'usage et l'abus du moyen, et en fin de compte le vote universel prendra sa vraie place dans la pratique et dans la science, comme tant d'autres idées qui ont commencé par produire des appréhensions ou des espérances également exagérées ».

Dans la Revue des Deux Mondes, 1er août 1895, M. Emile Faguet cite une opinion d'Auguste Comte, l'auteur de la *Philosophie positive.* « Le suffrage universel est l'expédient d'une société désorganisée et le signe qu'elle l'est ». A un autre endroit, il rapporte l'opinion d'Emile de Girardin. « Le suffrage universel, c'est : Il faut se compter ou se battre. Il est plus court de se compter. On se bat dans la barbarie, dans la civilisation on se compte ». M. Emile Faguet ajoute : « Rien de plus juste, rien de plus lumineux, et rien qui montre mieux que le suffrage universel est la barbarie raisonnée, la barbarie exacte, la barbarie mathématique, la barbarie rationnelle, mais la barbarie. En barbarie, qui doit commander ? Les plus forts. Qui sont les plus forts ? Les plus nombreux. Ne nous battons pas, comptons-nous ; c'est-à-dire voyons, sans nous battre, qui sont les plus forts. Une société qui a proclamé la liberté et l'égalité, qui a supprimé la hiérarchie, ne peut plus connaître qu'une loi, celle de la force, si tant est qu'elle veuille qu'encore pourtant on reste en société. C'est à cette loi qu'elle a recours en donnant l'empire au nombre ».

---

1. Robert de Mohl rapporte sur ce point une anecdote curieuse. L'illustre homme d'Etat et jurisconsulte américain Story aimait à raconter le fait suivant : « Un jour, je montai en voiture pour aller prendre part à un vote universel sur une modification de la Constitution. En route, j'eus la curiosité de demander à mon cocher, un Irlandais naturalisé, comment il voterait. Je voterais *pour* la modification, dit-il. — Et moi *contre*, répartis-je ; et puisque nos voix s'annuleront l'une l'autre, ne fatiguons pas inutilement les chevaux et rentrons chez nous. » Ainsi, ajoute Mohl, la voix de l'homme le plus compétent du pays a été annulée par celle d'un homme à demi-sauvage.

On a dit des choses très sensées sur la nécessité de peser les voix plutôt que de les compter, mais on n'a pas encore trouvé d'assez bonnes balances politiques. Faute de pouvoir établir l'égalité des intelligences ou du savoir, qu'on répande du moins l'instruction par tous les moyens possibles pour atténuer une certaine mesure. (Je commence à craindre que cela ne suffise pas).

2. *Staatsrecht, Volkerrecht und Politik,* t. II, p. 331.

Nous avons devant nous d'autres citations, mais comme elles sont plutôt défavorables au suffrage universel, nous nous arrêtons pour ne pas avoir l'air de pencher de ce côté. Bornons-nous à dire que le grief le plus fréquemment présenté est que la majorité opprime la minorité, sans qu'on ajoute un moyen d'éviter ce mal. Or, c'est ce moyen qu'il faudrait chercher. Serait-ce le même que celui qui rendra le suffrage universel éclairé ?

SUJET. Les membres d'une communauté politique, d'un Etat, les habitants d'un pays, dont le prince possède le pouvoir souverain, sont des sujets ; la reconnaissance du dogme de la souveraineté nationale en fait des citoyens. Voilà ce qu'enseigne la doctrine politique fondée sur les principes de 1789. Aussi, en 1801, au Tribunat, l'emploi de ce mot faillit faire rejeter le traité avec la Russie, Benjamin Constant et Joseph Chénier disant que cinq millions de Français étaient morts pour ne pas être sujets.

En 1832 (4 et 5 janvier), des scènes orageuses ont été provoquées à la Chambre par un discours du ministre dans lequel le mot de sujet avait été employé. « Les sujets sont restés ensevelis sous les barricades de Juillet », disait-on. Il y eut une protestation solennelle signée par 165 députés.

Sous Napoléon III, Persigny crut montrer du dévouement en signant *fidèle sujet*, c'était au moins maladroit. Heureusement personne n'y fit trop attention. Quand cesserons-nous de nous laisser influencer par des mots ! Le public reste souvent indifférent aux actes les plus injustes, comme si cela ne le regardait pas, tout en ayant des prétentions à la dignité de *citoyen ;* mais que l'on dise un de ces mots que l'opinion du moment flétrit, et la tempête s'élève.

Faisons remarquer d'ailleurs qu'on prend généralement le mot sujets dans le sens de nationaux : sujets anglais, sujets allemands, sont les Anglais et Allemands qui n'ont pas perdu leur nationalité.

SURPRODUCTION. Excédent de la production sur la consommation (aussi : excédent de l'offre sur la demande). Il ne s'agit pas ici d'une surabondance produite par des causes naturelles, par exemple, une saison très favorable au blé, aux fruits ; en cette année, la nature a été généreuse, prodigue, on a plus de produite qu'il n'en faut, cela peut être bon ou mauvais, mais la volonté humaine n'y est pour rien. La surproduction est une erreur de calcul, on a surévalué les besoins à satisfaire, — cela peut s'appliquer à un produit agricole : tabac, houblon, etc., mais cela se rencontrera le plus souvent dans l'industrie : on a fabriqué davantage, parce qu'on espérait vendre davantage. On pouvait avoir de bonnes raisons pour s'attendre à une augmentation de consommation :

1° Parce qu'on offrait la marchandise à un prix réduit ; on avait ainsi le droit d'espérer qu'elle trouverait un plus grand nombre de consommateurs.

2° Parce que des circonstances quelconques avaient augmenté les revenus de beaucoup de citoyens (par exemple, augmentation générale des salaires).

Le producteur peut subir des déceptions par toutes sortes de causes variées, mais il est rare, peut-être extrêmement rare, qu'il n'ait pas calculé. C'est presque toujours lui qui pâtit de ses erreurs.

Il y a cependant à distinguer entre une surproduction pour ainsi dire individuelle, la surproduction dans une seule branche d'industrie, et une surproduction générale.

Un seul entrepreneur ou fabricant ne peut guère produire une surproduction. Si, à l'aide de nouveaux procédés, ou d'une très forte augmentation de sa production, il peut livrer ses marchandises à bas prix, il peut accroître la consommation sans qu'il y ait nécessairement excédent. Il peut faire du bien ainsi. Si cependant il avait dépassé la mesure, il serait seul à en souffrir, il n'en résulterait aucune crise.

Il n'y aurait pas crise si la production d'une branche industrielle entière s'était très sensiblement multipliée ; selon le cas, les [patrons souffriraient seuls d'une mévente, soit aussi, comme la mévente causerait une forte baisse de prix, la crise se répercuterait sur les ouvriers, en causant la diminution des salaires. Toutefois cette crise serait nécessairement passagère. La perturbation durerait plusieurs mois, il y aurait quelques faillites, puis les prix commenceraient à remonter et les salaires tendraient à revenir à leur taux antérieur. La surproduction n'aura été qu'un état transitoire causé par les effets d'une évaluation trop brusque, d'un progrès trop rapide.

Une surproduction générale peut être momentanément la suite d'une révolution industrielle, comme l'introduction de la machine à vapeur, ou de nouvelles applications de la chimie et de l'électricité. Il en résulterait une perturbation profonde du marché, et bien des ouvriers pourraient perdre momentanément leur gagne pain. Cependant, en pareil cas, les effets se compliqueraient : la surproduction d'un produit pourrait être compensée par celle d'un autre, une baisse égale produirait des atténuations partielles, puisque les produits s'achètent avec des produits ; mais il y aurait aussi des aggravations, car tout ne s'échange pas contre tout. Une crise de cette nature aurait besoin de plusieurs années pour revenir, à un état normal, le progrès devant être plus étendu, la perturbation aura été plus profonde, elle aura causé plus de souffrances.

Les socialistes, et les économistes qui s'inspirent de leurs doctrines croient pouvoir triompher. Vous voyez bien, s'écrient-ils, l'organisation économique actuelle — ils disent plus volontiers : la production capitaliste (la grande production) — c'est l'anarchie ! Chacun marche droit devant soi, sans s'occuper de son voisin ; chacun veut agrandir sans cesse ses ateliers, accaparer le marché, au risque d'écraser ses concurrents. De cette façon, il produit au hasard, sans être renseigné sur les besoins, les marchandises s'accumulent et les affaires se terminent par un krach! Ce sont de pures exagérations. Les krachs sont assez rares et peu de personnes en souffrent; en tout cas, le régime socialiste n'évitera pas les erreurs et les défaillances. Il devra tâter le terrain tout comme le fabricant actuel, qui, du reste, ne manque pas tant de renseignements que le prétendent les socialistes.

Sous le régime socialiste il y aura peut-être autant d'imprévu qu'aujourd'hui. On ne peut pas tant prévoir qu'on le prétend. Pouvez-vous prédire dans combien de ménages on préférera x fois les pommes aux poires, ou les haricots aux navets; combien de temps durera tel vêtement ou tel autre, combien il faudra de mille objets les uns nécessaires, les autres utiles, les troisièmes d'agrément, les quatrièmes de pur caprice? Si vous demandez au citoyen A, et surtout à la citoyenne B, combien de caprices, et quelles caprices il faut prévoir, ils vous riront très légitimement au nez.—Ce n'est encore rien que cela. Chez les socialistes aussi les produits s'achèteront avec des produits; or, pouvez-vous prévoir si lesdits citoyens et les autres produiront eux-mêmes assez de produits pour acheter les produits des frères et voisins? (Il y a la maladie, la paresse, la mauvaise volonté, les grèves, les inventions, l'effet des saisons etc.). Les socialistes ne pourraient à peu près prévoir les quantités nécessaires que dans un seul cas: s'ils mènent les citoyens-communistes tambour battant. Ils prescriront les aliments à prendre chaque jour, règleront ce qui est relatif aux vêtements (longueur, largeur, couleur, coupe, durée, raccommodage) et de même tous les autres besoins usuels. Ce serait l'esclavage le plus dur que jamais hommes auraient supporté. Personne ne s'y résignera jamais.

Sous le régime « capitalistique » chacun garde sa liberté de produire et sa liberté de consommer; ces deux libertés peuvent ne pas toujours se couvrir, mais ils tendent toujours à s'ajuster et y arrivent le plus souvent. Je pourrais vous citer énormément de choses qui dans la vie ne s'ajustent qu'à peu près, sans qu'on s'en plaigne. Et plus spécialement pour les productions et les consommations. En cas de production insuffisante, c'est le consommateur, le grand nombre, la masse qui souffrirait; en cas de *surproduction* ce serait le producteur, le fabricant. Or, n'est-ce pas une admirable organisation que celle où le producteur est intéressé à nous fournir en abondance les objets de consommation, car généralement son profit croît avec cette abondance; et ne devez-vous pas, vous consommateur, vous féliciter, si les erreurs de calcul du producteur (qui sont d'ailleurs rares et modérées) tombent plutôt à sa charge qu'à la vôtre?

SURETÉ GÉNÉRALE (Loi de). Cette loi fut proposée à la suite de l'attentat commis, en janvier 1858, par des Italiens contre la personne de l'empereur. Elle fut votée le 17 février. Bien qu'aucun Français ne fût complice de ce crime, c'est à des Français qu'elle s'applique.

Des dispositions de cette loi, les unes sont permanentes; ce sont celles qui punissent d'une amende et de la prison la provocation aux crimes prévus par les articles 86 et 87 du Code pénal (art. 1er); les manœuvres et intelligences soit à l'intérieur, soit à l'étranger (art. 2); la distribution ou la fabrication de machines meurtrières ou de poudre fulminante (art. 3), et qui prononcent l'interdiction légale à la suite de ces condamnations (art. 4).

Le jugement de ces infractions est réservé à la magistrature, selon le droit commun. La seconde partie de la loi était temporaire et d'exception. Nous ne croyons pas utile d'en reproduire ici les dispositions. Cette loi a donné lieu, en 1864, à une discussion importante qu'on trouvera au *Moniteur* du 22 janvier 1864.

SURVEILLANCE DE LA HAUTE POLICE. Cette surveillance se rattache au problème de la législation pénale le plus délicat et dont la solution est le moins avancée, celui des condamnés libérés. Bien qu'elle soit qualifiée de peine par la loi, c'est plutôt une mesure préventive destinée à protéger la société contre les dangers que font craindre les antécédents et la situation de ces individus.

Cette mesure n'était pas sans de graves inconvénient; aussi la législation qui la réglait a-t-elle été supprimée en France par la loi du 27 mai 1888. V. les détails à notre *Dictionnaire* de l'Administration française.

SUSPENSION D'ARMES. La suspension d'armes et l'armistice (*voy.*) se distinguent surtout par leur durée, les armistices s'étendant sur des semaines ou des mois, la suspension d'armes sur des heures ou des jours.

La *suspension d'hostilités* n'est qu'une interruption momentanée de la lutte, qui laisse subsister l'état de guerre. Il n'y a trêve que dans une localité donnée et pour un but spécial, par exemple l'enterrement des morts.

Une différence essentielle entre l'armistice et la suspension d'armes consiste en ce que dans le premier la trêve est dénoncée quelque temps à l'avance, et que dans le second les hostilités recommencent immédiatement après l'écoulement du terme convenu.

SUZERAIN. C'était, dans la hiérarchie féodale du moyen âge, tout seigneur possesseur d'un fief dont relevaient d'autres fiefs. Il avait le droit d'exiger de ses vassaux le service militaire, l'assistance dans ses plaids de justice: les vassaux lui rendaient hommage et se déclaraient ses « hommes-liges ». Le suzerain devait les secourir contre toute agression, leur rendre la justice, prendre la tutelle de leurs héritiers mineurs.

SYLLABUS. C'est depuis le commencement de ce siècle, ou la fin du XVIIIe, le terme employé par le pape pour désigner une *collection d'erreurs*, ou ce qu'il considère comme telles.

SYNDICATS PROFESSIONNELS. La loi du 21 mars 1884 a reconnu ou légalisé, sous ce nom, une institution qui existait antérieurement, mais qui était simplement « tolérée ». C'est-à-dire, ces syndicats étant des instruments de lutte, et l'administration publique étant essentiellement chargée de maintenir la paix, elle ne les laissait exister que tant qu'ils se borneraient à rester défensifs, toute prête à les supprimer s'ils devenaient agressifs. Leur but rationnel, légitime, étant en effet la défense de leurs intérêts, en attaquant, ils sortaient de leur rôle. Si nous faisons momentanément abstraction des syndicats agricoles, dont il sera question plus loin, il reste pour l'industrie des syndicats de patrons, des syndicats d'ouvriers, des syndicats mixtes. Ces derniers, qui sont peut-être les plus utiles, sont en petit nombre ; les syndicats de patrons n'ont pas beaucoup fait parler d'eux, nous pouvons les passer sous silence ; les syndicats ouvriers sont de beaucoup les plus importants. Or, les ouvriers sont souvent travaillés par des agitateurs de profession qui visent à la députation — situation qui rapporte honneur et argent — et il s'est trouvé dans le parlement un parti assez fort pour remplacer la tolérance par la légalité « qui met les syndicats à même de porter au plus haut degré de puissance leur activité en leur conférant une personnalité civile et une vie juridique privilégiée ». Et on leur a, en effet, conféré de véritables privilèges, ils ont des droits que d'autres citoyens n'ont pas.

Voyons d'abord les principales dispositions de la loi de 1884.

Les syndicats ou associations professionnelles, même de plus de 20 personnes, exerçant la même profession, des métiers similaires, etc., pourront se concerter librement sans l'autorisation du gouvernement (art. 2). — Les syndicats ont exclusivement pour objet l'étude et la défense des intérêts économiques, industriels, commerciaux et agricoles (article 3). — Les fondateurs de tous syndicats professionnels devront déposer les statuts et les noms de ceux qui, à un titre quelconque, seront chargés de l'administration ou de la direction.... [1] (art. 4). — Les

syndicats professionnels régulièrement constitués pourront librement se concerter pour l'étude et la défense de leurs intérêts économiques, industriels, commerciaux et agricoles. Ces unions devront faire connaître, conformément à l'art. 4, les noms des syndicats qui les composent. Elles ne pourront posséder aucun immeuble, ni ester en justice (art. 5). — Les syndicats professionnels de patrons ou d'ouvriers auront le droit d'ester en justice. Ils pourront employer les sommes provenant de cotisations. Toutefois, ils ne pourront acquérir d'autres immeubles que ceux qui seraient nécessaires à leurs réunions, à leurs bibliothèques et à des cours d'instruction professionnelle. Ils pourront, sans autorisation, mais en se conformant aux autres dispositions de la loi, constituer entre leurs membres des caisses spéciales de secours mutuels et de retraites. Ils pourront librement créer et administrer des offices de renseignements pour les offres et les demandes de travail. Ils pourront être consultés sur tous les différends et toutes les questions se rattachant à leur spécialité. Dans les affaires contentieuses, les avis du syndicat seront tenus à la disposition des partis, qui pourront en prendre connaissance et copie (art. 6) [1].

Tout membre d'un syndicat professionnel peut se retirer à tout instant de l'association, nonobstant toute clause contraire, mais sans préjudice du droit pour le syndicat de réclamer la cotisation de l'année courante. Toute personne qui se retire d'un syndicat, conserve le droit d'être membre des Sociétés de secours mutuels et de pensions de retraites pour la vieillesse à l'actif desquelles elle a contribué par des cotisations ou versements de fonds (art. 7).

Voilà les dispositions principales de la loi, et tout cela serait bel et bon, si l'institution n'avait en vue que le but avoué, et si les syndicats ouvriers étaient dirigés avec modération. Mais le plus souvent la modération, la bonne volonté manquent et le syndicat devient un instrument de domination, une arme de combat. Les membres d'un syndicat perdent — en fait, non en droit — leur liberté ; ils sont obligés de suivre les passionnés, ils y sont même souvent forcés à l'aide d'arguments très matériels et très sensibles, ils ne peuvent pas se retirer à volonté, malgré la lettre de la loi. Il en résulte dans la pratique que cette loi n'a pas été créée dans l'intérêt de l'industrie, ni même dans l'intérêt des ouvriers en général, mais seulement — au profit de ceux qui se sont fait nommer, — ou qui se sont nommés eux-mêmes, — membres de la Chambre syndicale [2].

La partialité de ceux qui ont fait voter la

---

1. Il ne semble pas régner en France beaucoup de clarté sur l'organisation des Syndicat, et la preuve en est, qu'on distingue *très peu* entre le Syndicat qui comprend l'ensemble des ouvriers unis par les liens syndicataires et la chambre syndicale qui en administre les intérêts. Le plus souvent on dit : *le Syndicat* quand on aurait dû dire : la *Chambre Syndicale*. Le Syndicats est un troupeau, dont la majorité est quelquefois indifférente ; la Chambre Syndicale est le plus souvent composée de gens passionnés et même de gens ayant des arrière-pensées ambitieuses. Pour être exact, c'est Chambre Syndicale et non Syndicat qu'on aurait dû dire.

Il y a une raison accessoire qui milite en faveur de l'introduction de cette plus grande exactitude. Il arrive que sur un ensemble de 10.000, 20.000, 30.000 ouvriers d'une profession, quelques centaines seulement sont embrigadés

dans le Syndicat, et que les 20 ou 30 plus ardents se soient réunis en chambre syndicale. En pareil cas, les cadres de l'organisation ne répondent pas à la réalité des choses, ce qui est toujours une situation grosse de périls.

1. Voilà toute une série de privilèges.
2. Il y a une déplorable confusion dans l'emploi des mots : Syndicat et Chambre syndicale.

loi de 1884 ressort de ce point qu'il n'est pas nécessaire d'être ouvrier actuel pour être membre de la Chambre syndicale; l'individu peut donc ne pas être intéressé dans les mesures que cette chambre impose aux ouvriers syndiqués, par exemple, une grève. Ainsi, des membres de la Chambre syndicale, qui reçoivent un traitement sur les fonds de cotisations, et qui ne prennent pas part au travail de l'atelier, par conséquent, qui n'ont pas de salaire à perdre, peuvent faire abandonner l'usine à des ouvriers, mêmes mariés, et les exposer à mourir de faim. Il est rationnel, et même absolument fondamental que les membres de la Chambre syndicale subissent personnellement les conséquences de leurs décisions.

On l'a dit: « les syndicats seront sages, ou ils ne seront pas ».

Pour les rendre moins nuisibles, on devrait établir dans chaque syndicat, à côté de la Chambre syndicale composée d'ouvriers actifs ou actuels, un conseil de conciliation, composé d'un nombre égal de membres, jamais les mêmes, mais élus comme eux. La Chambre syndicale se considère comme chargée d'attaquer, le conseil devra chercher à concilier, et ne jamais faire cause commune avec la Chambre syndicale. Il y aura ainsi un instrument de paix en face d'un instrument de guerre. Et si vous soutenez que le conseil sera habituellement battu par la Chambre, vous donnez un formidable argument contre la Chambre syndicale.

Un mot des *syndicats agricoles*. Il y en a de différentes sortes : syndicats d'irrigation, syndicats de dessèchement, etc., et syndicats agricoles proprement dits. Ils renferment des propriétaires et des fermiers et en général ne sont pas agressifs. Ils achètent en commun les engrais et les semences, même des instruments, font des expériences, prennent et donnent des renseignements, — parlent même de créer le crédit agricole, — en un mot, s'occupent de leurs intérêts communs. On en dit beaucoup de bien, et si l'esprit libéral s'y maintient, ils rendront de sérieux services. Il paraît que cet esprit est parfois menacé par certains intérêts à courte vue, mais nous espérons que le bien l'emportera sur le mal et restera vainqueur. Il existe un *Annuaire* des Syndicats, où l'on trouvera de plus amples renseignements.

SYNDIC. Dans quelques contrées on désigne ainsi le fonctionnaire qui administre la commune. On donne le même titre à divers autres agents chargés d'administrer un intérêt collectif; ainsi une association d'irrigation, une corporation a un syndic.

SYNODE. Primitivement, les mots synode (συνοδὅς) et concile (*concilium*) avaient le même sens et désignaient également une assemblée du clergé; seulement le premier était usité chez les Grecs et le second chez les Latins. Le mot de synode a été introduit

cependant dans le latin et dans les langues modernes de l'Europe occidentale; mais dans l'Eglise catholique, il n'est appliqué qu'aux assemblées du clergé d'un diocèse, tandis que le mot de concile sert à désigner soit les assemblées du clergé de toutes les Eglises du rite romain, *concile œcuménique*, soit celles du clergé d'un même royaume, *concile national*, soit encore celles du clergé d'une province, *concile provincial*. Un synode est par conséquent une assemblée des curés d'un diocèse, convoquée et présidée par l'évêque. On ne s'y occupe que des affaires ecclésiastique concernant uniquement le diocèse, et c'est pour cette raison que, dans l'ancienne monarchie française, les décisions qui y étaient prises n'avaient pas besoin, pour être valables, de la sanction de l'Etat. Aujourd'hui, d'après la loi du 18 germinal an X, titre I, article 4, les synodes diocésains ne peuvent se réunir sans la permission expresse du gouvernement.

Chez les protestants le mot de concile n'est pas employé; ils ne se servent que de celui de synode. En France, avant la Révolution, l'assemblée des délégués de toutes les églises était appelée synode général ou synode national; on donnait le nom de synode provincial à l'assemblée des délégués des églises d'une province, et celui de colloque à la réunion des délégués de cinq églises voisines. Aujourd'hui les réformés français n'ont pas le droit d'avoir des synodes nationaux; la loi ne reconnaît que des synodes provinciaux. Comme les synodes diocésains dans l'Eglise catholique, ils ne peuvent se réunir qu'après en avoir obtenu la permission du gouvernement. Ils sont de plus soumis à ces deux clauses : 1° que les matières qui y seront traitées doivent être préalablement soumises au conseiller d'Etat chargé des affaires concernant les cultes, et 2° que l'assemblée ne peut être tenue qu'en présence du préfet ou du sous-préfet, ou d'un délégué du gouvernement. (Lois du 18 germinal an X, titre II, sect. 3, § 31.) Ces deux clauses pesaient également sur les synodes des églises réformées françaises avant la révocation de l'édit de Nantes.

On paraît avoir renoncé, en France, à ces synodes provinciaux, — il ne s'en est tenu qu'un seul (dans la Drôme) depuis le rétablissement des cultes [1], et cela se conçoit, car d'un côté ces synodes n'ont pas de sens en l'absence du synode national, et d'un autre côté les églises réformées se sont habituées en France, par la force même des choses, au système presbytérien, dans lequel les consistoires sont indépendants les uns des autres.

1. Il ne peut être question ici du synode des églises réformées tenu à Paris en 1846; il eut lieu en dehors de la loi du 18 germinal an X et n'eut aucun caractère officiel. Des synodes nationaux se sont réunis en 1872 et 1873, une sorte de confession de foi a été votée par la majorité, qui était orthodoxe, mais cette confession n'a pas été acceptée par la minorité, qui était contraire à toute formule obligatoire. Nous ne saurions entrer ici dans les détails sur cet événement religieux, il faudrait en rechercher l'histoire dans les ouvrages spéciaux.

SYSTÈME. Corps de doctrine dans lequel toutes les propositions sont enchaînées entre elles par voie de conséquence et forment pour ainsi dire un organisme composé d'idées. Toutes les acceptions du mot système peuvent être ramenées à cette définition, bien que le terme ait été appliqué peu à peu aux objets les plus matériels : il s'agit toujours et dans tous les cas d'une *combinaison méthodique et rationnelle*.

S'il en est ainsi, comment se fait-il qu'on se défie tant des systèmes et qu'on prenne généralement en mauvaise part le mot *systématique* ? La méthode, la raison, la logique, ne constituent-elles pas d'excellents moyens de découvrir la vérité ?

Malheureusement tout moyen, tout instrument peut être bien ou mal employé, et la logique comme les autres. Ce n'est pas la faute de la logique lorsqu'il y a erreur; la faute ne saurait être qu'au penseur qui ne sait pas s'en servir. La logique est pour ainsi dire une machine; elle a ses mouvements réguliers, et ses procédés sont tout aussi uniformes, nécessaires, éloignés de toute variation spontanée que ceux d'une machine matérielle. Le moulin à huile broie des fruits ou des graines, la papeterie broie les drilles, la logique broie des faits, des *idées*, des *mots*. C'est un mécanisme intellectuel, mais c'est un mécanisme. Quant à l'homme qui le fait manœuvrer, voulez-vous savoir comment il produit l'erreur ou du moins comment il s'y prend pour faire un travail stérile ? Nous essayerons de l'indiquer par deux images : nous pouvons considérer la logique comme une locomotive allant toujours droit devant elle, sans tenir compte des courbes que décrivent les rails, jusqu'à ce qu'elle se brise contre un obstacle ou s'éteigne dans un abîme ; nous pouvons aussi représenter la logique comme une machine opérant le choc des idées pour en faire sortir une étincelle intellectuelle; or, si cette étincelle se perd dans l'espace sans rien éclairer, à quoi a-t-elle servi ? C'est à l'homme à gouverner la locomotive pour qu'elle ne déraille pas, c'est à lui à diriger l'étincelle vers le fait qui a besoin d'être éclairé.

Si l'on répugne d'admettre que le même instrument opère sur des faits, des idées et des mots, nous ne ferons aucune difficulté pour concéder qu'il y a trois sortes de logiques. La logique des mots est le pont aux ânes des paresseux, et tout le monde est paresseux par moment; elle se prête aussi à certaines idiosyncrasies, c'est ce qui explique le système socialiste de Fourier, chef-d'œuvre de la logique des mots. La logique des idées est moins sujette à erreur que la précédente, car elle est plus près des faits dont elle n'est qu'une abstraction. Mais pour la pratique les idées doivent, comme Antée, toucher terre pour ne pas perdre leur force, leur applicabilité [1].

La logique des faits est seule infaillible, car elle n'est que la relation entre les causes et les effets. Mais la constatation de cette relation est une chose extrêmement difficile. Voyez quelles précautions prennent les chimistes, les physiciens, les astronomes, les naturalistes ; quelle défiance d'eux-mêmes! Combien de fois ne répètent-ils pas la même expérience, et en fin de compte, ils se contentent d'une moyenne. Nous avons, dit tel ingénieur, mesuré quarante fois la distance de tel endroit à tel autre, et voici le résultat moyen de nos mesures. Dans les sciences morales et politiques, au contraire, où la certitude est mille fois plus difficile à obtenir, beaucoup de personnes se contentent d'une observation unique, rapidement faite, et souvent mal comprise. L'observation des faits n'est pas une chose aussi facile que l'on croit; les bons observateurs sont rares, mais personne n'a conscience de cette rareté. Chacun croit bien voir; en tout cas les hommes n'aiment pas rester l'esprit en suspens. À défaut de certitude matérielle, l'intelligence ne reste pas dans l'inaction ; elle s'empare d'une idée qui ne lui offre qu'une *certitude morale* (une probabilité et même une simple possibilité), elle la travaille, la pressure, se replie sur elle-même, et par un procédé analogue à celui qu'emploie l'architecte — la recherche de la symétrie — elle construit un système.

Voulez-vous un exemple ? Prenons l'*idée* de l'*Election*, et disons : 1º Pour que la nation soit bien représentée, il faut que chacun connaisse celui pour lequel il vote ; on ne connaît bien que celui qui habite la même commune (nous ne garantissons pas la mineure), donc l'élection doit commencer par le conseil municipal. 2º Un groupe peu nombreux apprend plus vite à apprécier la valeur de ses membres; par conséquent, on déchargera les citoyens du soin de procéder aux autres élections et le conseil municipal députera l'un d'entre eux pour former le conseil d'arrondissement. Celui-ci formera de la même manière le conseil général, et ce dernier élira dans son sein les députés au Corps législatif. Voilà une organisation bien symétrique, répond-elle aux exigences de la logique? Peut-être. — Est-elle pratique? Nous ne le croyons pas. Celui qui établirait un pareil système (et il a été proposé plusieurs fois) n'aurait pas consulté les faits, car, de cette manière, il serait possible que les membres du Corps législatif fussent en grande majorité des hommes presque inconnus en dehors de leur commune [1].

Or, un homme systématique est un penseur qui ne tient aucun compte de la réalité

---

1. Signalons, en passant, un écueil dangereux et qui devient souvent fatal aux raisonnements construits dans le silence du cabinet. Nous nous servons de mots pour exprimer nos idées, mais il est rare que l'idée soit exactement rendue par le mot : ce dernier a souvent une acception secondaire qui nous influence à notre insu et contribue à faire dévier le raisonnement.

1. Nous ne traitons pas de l'élection ici; nous pouvons donc nous contenter d'une seule objection.

et qui doit ainsi nécessairement tomber dans le faux. C'est lui qui dira : Périssent les colonies plutôt que le principe, au lieu de se demander si un principe qui ferait périr les colonies n'aurait pas besoin d'être examiné de plus près et probablement d'être revisé.

L'homme systématique est généralement passionné. Il est si convaincu! Le précepte qu'il propose ne découle-t-il pas légitimement de son principe? Mais cet homme passionné ne tient aucun compte des passions des autres; pourtant, dans les choses de ce monde, les passions constituent un mobile plus général et surtout plus puissant que la raison.

En résumé, nous croyons que chacun doit avoir les yeux sur des principes, qu'il doit se régler sur leurs conséquences, mais sans considérer les uns et les autres comme des guides uniques. Les principes que nous préférons ne sont pas les seuls bons, ni les seuls qui gouvernent le monde social ou politique : il en est d'autres dont nous devons tenir compte, soit que nous constations leur action, soit que nous ne puissions que le soupçonner d'après les perturbations qu'ils jettent dans notre cercle d'action. En d'autres termes, l'homme systématique — s'il reste conséquent jusqu'au bout — tombera nécessai-rement dans l'extrême, tandis que la pratique prend le bon et l'utile où elle les trouve ; en un mot, elle est éclectique [1].

SYSTÈME MERCANTILE. On appelle ainsi la doctrine commerciale qui consiste à considérer la monnaie comme la richesse et qui, partant de cette donnée étroite, considère le commerce extérieur comme la branche de travail productive par excellence, et s'applique à absorber, par ses exportations, le plus de numéraire possible des voisins, en réalisant le chiffre le plus minime d'importations.

L'on avait donné aussi à ce système le nom de *Balance du commerce.* L'importation restait-elle inférieure à l'exportation, on disait que la balance du commerce nous est favorable ; le contraire avait-il lieu, on disait que la balance est contre nous. Et c'est précisément le contraire qui est vrai ; les marchandises exportées sont généralement payées par les marchandises importées, c'est ce qu'il ne faut pas perdre de vue, et il n'y a bénéfice que si l'importation vaut plus que l'exportation. Peu importe que l'excédent d'importation ait lieu sous la forme de denrées ou d'espèces.

T

TABAC. Le tabac est aujourd'hui l'une des plus fécondes sources de revenus pour les gouvernements de l'Europe, où son usage est devenu général depuis le seizième siècle. Considéré comme un poison ou tout au moins comme une substance nuisible, ce n'est pas sans obstacle qu'il a pénétré dans les habitudes et la consommation. Les papes Urbain VIII et Innocent XII ont prononcé l'excommunication contre les fumeurs de tabac, le sultan Amurat et les czars qui précédèrent Pierre le Grand les faisaient condamner à mort, le shah de Perse leur coupait le nez; en Angleterre, Jacques Ier résistait par tous les moyens à l'introduction de cette denrée américaine; en France, en Allemagne, les gouvernements ne lui faisaient pas meilleur accueil. La résistance ne dura pourtant pas plus d'un siècle, car dès 1621, en France, le tabac était inscrit par le fisc au nombre des articles imposables.

Aujourd'hui les anciens doutes sur la nocuité de cette substance se sont réveillés, et cette fois la science se tient assez assurée de son fait pour lui attribuer une influence désastreuse sur la santé, l'intelligence et les habitudes morales. A ce titre, le tabac appellerait les sérieuses investigations du penseur et du politique, mais ici, comme en toute autre matière, ce n'est sans doute pas l'usage, mais l'abus qui peut avoir des effets désastreux et le mal est plus circonscrit qu'on ne le croit. En tout cas le tabac ne nous regarde qu'au point de vue des ressources financières qu'il fournit aux divers Etats de l'Europe et du régime particulier auquel sa production et son commerce sont astreints.

En France, le tabac est un monopole de l'Etat, et c'est sous l'administration de Richelieu que le tabac fut compris dans le nombre des matières imposables. Le droit fut fixé à 2 fr. par 100 livres de petun; ce droit fut successivement augmenté et porté en 1816 à 8 fr., en 1860 à 10 fr., et ensuite à des chiffres bien plus élevés. La première ferme pour le privilège de la vente du tabac fut établie en 1674. Distraite en 1697 du bail général, la compagnie d'Occident s'en chargea pour 4 millions. En 1719, la culture fut interdite dans tout le royaume et la vente exclusive fut convertie en droits d'entrée. Cet essai ne dura qu'une année et le système de la ferme fut repris. En 1730, le privilège de la vente du tabac fut adjugé pour 7 millions et demi

1. *Voy.,* sur les principes en politique, l'opinion de Benjamin Constant, *Cours de politique,* édition Laboulaye, t. II, pp. 113 et suiv. Nous reproduisons une note d'Ed. Laboulaye : « Le mépris de la théorie est une maladie politique très connue ; c'est une épidémie qui éclate chaque fois qu'un peuple a été assez faible pour renoncer à la liberté. Les sages du jour, qui ont besoin de couvrir l'arbitraire sous de belles paroles, ne manquent jamais de parler de la théorie avec une ironie superbe ; ce qui, disait spirituellement Royer-Collard, est afficher « la prétention excessivement orgueilleuse de n'être pas « obligé de savoir ce qu'on dit quand on parle et ce qu'on « fait quand on agit ». On peut être sûr que l'homme qui dédaigne les théories et les principes en politique suit néanmoins dans le fond du cœur une théorie très certaine, celle qui enseigne à servir tous les pouvoirs et à faire fortune sous tous les régimes. C'est là une vérité que l'expérience et la théorie confirment également ».

à la ferme générale. En 1789, le bail rendait à l'Etat à peu près une trentaine de millions. La régie et à la ferme furent abolies en 1791 et la fabrication ainsi que la vente devinrent libres dans toute la France. |Le droit à l'exploitation, fixé à 25 fr. pour 100 livres, réduit de moitié l'année suivante, reporté à 25 fr., fut élevé à 66 fr. en l'an VIII non compris un droit de fabrication de 24 à 40 c. par 100 kilogrammes pour le tabac à fumer et râpé. Ces impôts ne produisaient plus, en l'an IX, que 1.130.00 fr.

Jusqu'en 1804, la régie de l'enregistrement fut chargée de la perception ; à cette époque elle fut attribuée à l'administration des droits réunis (contributions indirectes). De 1806 à 1811, le produit moyen annuel du revenu sur le tabac fut de 16 millions de francs. Par décret du 29 décembre 1810, la fabrication et la vente exclusive du tabac furent mises en régie. A partir de cette époque, les recettes suivent une rapide progression, de 53 millions en 1815, elles atteignent plus de 64 millions en 1820, avec un bénéfice net de plus de 42 millions ; en 1830, elles sont de 67 millions, avec un bénéfice net de près de 47 millions en 1840, les recettes dépassent 75 millions et le bénéfice net est de 70 millions; en 1850, la régie des tabacs donne 122 millions avec un bénéfice net de 89 millions; en 1860, elles atteignent déjà 195 millions avec un bénéfice de 143 millions ; en 1869, la recette brute est de 255 millions et le bénéfice net de 197 millions; le budget de 1875 évalue le revenu brut à 291 millions et les frais à 65 millions, le budget de 1895 près de 380 millions de recettes brutes.

La culture est autorisée dans un certain nombre de départements. Le ministre des finances fixe annuellement le nombre d'hectares à cultiver, ainsi que les quantités à demander aux départements où la culture est permise, de manière à assurer les 4/5 des approvisionnements aux manufactures établies à Paris, au Havre, à Dieppe, à Bordeaux, à Lyon, à Marseille, à Toulouse, à Tonneins, à Lille, à Nancy, à Nantes, à Morlaix et à Châteauroux. Les planteurs sont tenus de représenter le produit intégral de leur récolte, mais peuvent en exporter une partie. La vente du tabac se fait dans 38.000 débits environ.

La France n'est pas le seul pays où l'impôt sur le tabac est perçu sous la forme d'un impôt. Il existe en Autriche, en Espagne, en Italie, en Roumanie. Mais quel que soit le mode de perception: que la culture soit interdite, comme en Angleterre, et que l'impôt soit perçu sous la forme d'un droit d'entrée, ou que la culture soit libre, comme en Allemagne, mais imposée, avec un droit d'entrée sur le tabac importé, ou qu'il y ait d'autres systèmes, partout cet article fournit au budget un revenu considérable.

TABOU ou TAPOU. Superstition bizarre qui se retrouve chez tous les naturels de l'Océanie et de la Polynésie et qui consiste en une sorte d'interdiction qui met tout objet ou tout être vivant, sur lesquels elle est jetée, au pouvoir immédiat de la divinité et les enlève à tout contact profane. Quiconque porterait une main sacrilège sur ce qui est ainsi frappé d'interdit, ne manquerait pas de provoquer le courroux de l'*Atoua* (Dieu), qui le ferait inévitablement périr, si la justice humaine ne se chargeait elle-même aussitôt de la punition du coupable. Le droit de prononcer le tabou n'appartient pas seulement au prêtre; tout individu peut le lancer sur ses inférieurs, ou |sur l'ensemble ou une partie de leurs propriétés, comme aussi sur lui-même ou sur ce qui lui appartient.

Cette singulière institution, indépendamment de sa destination morale et religieuse, n'est pas sans utilité dans les choses ordinaires de la vie. Elle sert, par exemple, à assurer la récolte des patates douces dont les plantations sont mises, du moins pendant une certaine période de leur crue, sous la protection du tabou, qui en rend l'accès absolument interdit. Dans la saison où l'on fait les provisions d'hiver, tout le poisson qu'on pêche est frappé du tabou. Ne pouvant le consommer sur l'heure, ou le conserve pour le moment où la pêche sera rare ou difficile. Les restes des morts sont essentiellement taboués ; c'est un moyen efficace d'assurer l'inviolabilité des tombeaux. Entre les mains d'un chef habile, qui sait se servir adroitement de cette arme mystique et redoutable, le tabou est un facile instrument de gouvernement ou de domination.

TACTIQUE PARLEMENTAIRE. La *tactique* étant, à proprement parler, l'art de ranger des troupes en bataille, de diriger les évolutions d'une armée, la *tactique parlementaire* est l'art de conduire les évolutions d'un corps politique, de faire manœuvrer une assemblée délibérante. Ce n'est donc point l'art des stratagèmes parlementaires, celui de séduire une assemblée pour la faire servir aux vues d'un homme ou d'un parti.

C'est plutôt la marche rationnelle tracée d'avance aux délibérations, pour prévenir tout ce qui pourrait le faire dévier, le détourner de son but, et stériliser ou dénaturer son action; c'est, en un mot, le *règlement*, ce président muet, ce chef permanent de toute assemblée constituée.

Que l'on ne s'y trompe pas: ce n'est pas seulement affaire de forme, ou plutôt la forme ici fait vraiment vivre et subsister (*forma dat esse rei*). Tel corps politique s'est conservé, tel autre s'est détruit par la seule différence de leurs modes de délibérer et d'agir. Le règlement, ou système interne d'une assemblée, a une extrême importance et l'on est forcé de reconnaître que c'est une branche essentielle de la législation d'un pays. Il a en effet pour objet d'assurer la liberté de tous les membres, de protéger la minorité pour qu'elle puisse toujours plaider sa cause jusqu'au bout et faire entendre tous ses arguments, de disposer les questions qu'on traite dans un ordre convenable pour éviter toute surprise, de produire une discussion méthodique pour arriver, en dernier résultat, à l'expression fidèle de la volonté générale et lui donner de la stabilité. Il faut qu'il la préserve des trois grands maux qui l'assiègent dans tout le cours de sa durée : la précipitation, la violence et la fraude. Il faut qu'il la prémunisse contre les deux grands ennemis qui sont toujours à ses portes : l'oligarchie, par laquelle le petit nombre dominerait le vœu de la majorité, et l'anarchie, c'est-à-dire cet état d'indiscipline et de dissolution où chacun, jaloux de son indépendance, s'oppose à la formation d'un vœu général. Il faut qu'il soit sa sauvegarde en imposant habituellement au corps entier la nécessité de la modération, de la réflexion et de la persévérance, en lui inculquant le sentiment de son unité, de sa force, de sa dignité.

On peut encore entendre autrement la *tactique parlementaire*. Ce ne serait plus alors l'ensemble des règles qui président aux délibérations des assemblées, telles que nous les avons décrites au mot **Procédure parlementaire**, mais les procédés employés par les partis pour arriver à leurs fins. Prise dans ce sens, la tactique ne peut que très difficilement être soumise à des règles générales. Les moyens à employer doivent varier avec le but, avec la force des partis, avec l'étendue de leur influence et avec de nombreuses circonstances locales. Il s'agira toujours de se servir d'une façon déterminée des armes que la procédure réglementaire ou que les usages mettent à la disposition des membres de l'assemblée. Ces instruments, nous les avons indiqués dans différents articles, mais leur emploi dépend de l'inspiration des partis.

TAILLES. Impôts fonciers levés par le roi ou les seigneurs sur les roturiers. Le mot vient, dit-on, de ce que le payement se constatait par des *tailles* en bois semblables à celles dont se servent parfois encore les boulangers. D'abord temporaire et accidentelle, la taille royale devient ensuite annuelle, quand on put la faire voter par les États généraux. Elle devint perpétuelle en 1445.

TAIPING, nom des insurgés chinois qui ont tenu en échec, pendant tant d'années, le gouvernement de l'Empire céleste et qu'on a considérés un moment comme une secte chrétienne. Cette opinion, répandue en Europe vers 1860, leur avait valu une certaine sympathie dont on est revenu après plus ample examen.

TALION. *Talis pœna sit, qualis noxa*, ou comme Cicéron, *noxæ pœna par esto*, que la punition soit pareille à l'offense ; qu'il soit fait au coupable comme lui-même a fait à sa victime. Voilà tout à la fois l'étymologie et la signification du mot *talion*. La *peine du talion* est donc une peine équivalente, identique, pour ainsi dire, au crime commis, et la loi qui la portait se nommait *loi du talion*. D'où l'on a dit : *prendre son talion*, pour *prendre sa revanche*.

Les Grecs ont admis et pratiqué le talion comme les Romains, mais la loi des XII Tables ne condamnait au Talion que lorsqu'on n'avait pas pu apaiser celui qui se plaignait : *Si membrum rupit, ni cum eo pacit, talio esto*, lit-on dans Aulu-Gelle. On pouvait, après la condamnation, payer des dommages intérêts, et la peine corporelle se convertissait en peine pécuniaire. Montesquieu remarque encore que la loi du talion est particulièrement du goût des États despotiques, mais que les États modérés, qui la reçoivent quelquefois, ne la font pas exécuter rigoureusement. Elle fut remplacée dans la loi des Visigoths par les rachats en sommes d'argent. Mais Mahomet l'a introduite dans le Coran, et elle est encore usitée chez ses sectateurs.

Le talion faisait partie des institutions de Moïse, comme on le voit dans la Bible. Sa formule énergique était : œil pour œil, dent pour dent, vie pour vie. Mais il faut reconnaître que le talion a été surtout un principe comminatoire, et que les compensations pécuniaires qu'on croit lui avoir succédé coexistèrent tout d'abord avec le principe écrit, à raison même de l'impossibilité où l'on se trouvait souvent de l'appliquer d'une manière absolue. « Vous ne prendrez point de rançon pour la vie du meurtrier » (est-il dit au livre des Nombres, xxxv, 32), ce qui indique assez qu'il pouvait y avoir rançon dans d'autres cas. Et au livre de l'Exode, xxi, 19 : « Celui qui aura frappé son adversaire de manière à le forcer de s'aliter, le fera guérir et le dédommagera du temps qu'il aura perdu par la maladie. » Et, en effet, à qui profitait la plupart du temps le talion ? Faire au délinquant une blessure, une fracture, une contusion semblable, lui crever un œil, parce qu'il aura éborgné, *cui bono* ? La loi a pu l'en menacer par avance pour le contenir, mais après le mal accompli, fallait-il être implacable ? Ne valait-il pas mieux composer ? Si le coupable était condamné à payer une indemnité, il est évident que le mal ne restait pas impuni ; il y avait satisfaction pour la justice, exemple pour la société.

On peut dire que la peine de mort est une espèce de talion, le seul conservé dans notre législation pénale, pour les seuls crimes qui intéressent la sécurité publique. La nécessité de défendre la société ou les individus qui la composent a fait considérer la privation de la liberté comme insuffisante en de tels cas. Encore a-t-on déjà supprimé cette peine en matière politique, lorsque le crime politique portant atteinte à la tranquillité de l'État n'est pas compliqué d'un crime commun entraînant l'application de l'article 304 du Code pénal.

TAO-SSÉISME. Le tao-sséisme ou doctrine du *tao* est une des trois principales religions de l'empire chinois, et celle que, jusqu'à présent l'on connaît d'une manière plus imparfaite. Les sectateurs de cette croyance sont désignés sous le nom de *tao-sse* et se donnent comme les disciples et les continuateurs de l'œuvre de Lao-tseu, fameux philosophe qui vivait au temps de Confucius (sixième siècle avant l'ère chrétienne); mais, en réalité, ils n'ont guère conservé de ce maître que le nom, car les pratiques de leur culte sont, depuis de longs siècles, très étrangères, pour ne pas dire absolument opposées, à l'esprit de celui qu'ils prétendent suivre et imiter.

TARIF. C'est un tableau, une échelle de prix, de taxes, d'impôts, fixés d'avance pour des cas ou sur des objets déterminés. Autrefois, les États se faisaient des guerres de tarif, c'est-à-dire on gênait le commerce à qui mieux mieux; on est devenu plus sage sur ce point, mais pas beaucoup.

Les tarifs douaniers ne sont pas les seuls qui auraient besoin d'être examinés et probablement réduits.

TAXE DES INDIGENTS, dite aussi droit des pauvres. C'est un impôt établi en France sur les plaisirs et en faveur de ceux qui sont dans le besoin. Le produit en est distribué, par les soins du préfet ou du sous-préfet, entre les caisses des établissements charitables (bureaux de bienfaisance, hospices, hôpitaux) de la commune. Ce droit est un dixième en sus du prix des billets pour les théâtres et autres spectacles quotidiens ou à demi quotidiens, ainsi que pour les panoramas et théâtres pittoresques; il est du quart de la recette brute dans les bals publics donnés dans un théâtre ou ailleurs, de la recette des concerts non quotidiens, des exercices de corde et en général de tous les lieux d'agrément où l'on entre en payant, même si le billet donne droit à des objets de consommation.

Cet impôt philanthropique date du 7 frimaire an V; il a donné lieu à diverses dispositions et à une jurisprudence qu'on trouvera dans notre *Dictionnaire de l'Administration française* (Paris, Berger-Levrault). Il a été souvent attaqué parce qu'on demande une partie du produit *brut*. On fait remarquer avec raison que le produit brut ne couvre pas toujours les frais, et que l'impôt, au lieu de prendre une partie des bénéfices, empiète sur le fonds de roulement, le capital. Il y aurait lieu d'améliorer l'assiette de cet impôt, dont le principe se défend aisément.

TAXE MILITAIRE. A l'exemple de ce qui est usité dans quelques autres pays, la loi du 15 juillet 1889, art. 35, a imposé une taxe militaire à tout ceux qui, pour une raison ou une autre, ont été exemptés du service militaire. Cet impôt paraît très juste et l'on trouvera dans notre *Dictionnaire de l'Adminis-*

tration française les détails de la législation française sur ce point.

TÉLÉGRAPHIE. De même que les postes, la télégraphie a commencé par être au service exclusif des gouvernements; mais si les courriers de poste ont été créés surtout comme un moyen d'administration intérieure et de centralisation, ce sont les guerres et les expéditions lointaines qui ont fait naître les premiers essais de télégraphie. Pour répandre la nouvelle des événements militaires, pour transmettre aux différents corps d'une armée innombrable les ordres d'un Darius ou d'un Xerxès, il fallait des messagers plus rapides que les relais d'hommes ou de chevaux qui avaient suffi jusque-là; et la télégraphie, qui est l'art de porter au loin les communications avec la plus grande vitesse possible, vint s'ajouter comme un progrès au service postal. Presque partout on commença par correspondre à l'aide de signaux de feu. Ces fanaux étaient faits de matières combustibles; on les apercevait la nuit à cause de leur éclat; et le jour, par la colonne de fumée qu'ils produisaient. C'est par des signaux de feu, allumés sur tous les sommets depuis le mont Ida jusqu'aux monts Cythéron et Arachné, que la prise de Troie fut annoncée à Clytemnestre, qui résidait à Argos. César se servit du même moyen pour diriger son armée dans ses campagnes des Gaules.

Mais nous n'avons pas à faire ici une histoire de la télégraphie, nous ne saurions donc énumérer tous les essais qui furent tentés pour perfectionner cette invention. Constatons toutefois que ces efforts prouvaient combien les gouvernements comprenaient l'importance d'un bon service télégraphique. Bien que les inventions les plus diverses n'aient manqué à aucune époque, c'est seulement au dix-huitième siècle que la télégraphie accomplit tout d'un coup un pas immense. Le 22 mars 1792, Claude Chappe, neveu de l'abbé Chappe, fut introduit à la barre de l'Assemblée nationale et lui offrit l'hommage de la découverte faite par son oncle d'un moyen propre à correspondre à de grandes distances. Accueillie avec empressement, expérimentée avec succès, cette invention passa immédiatement dans la pratique, et le 20 thermidor an II, le télégraphe de Paris annonçait à l'Assemblée la prise du Quesnoy, une heure après que la garnison y était entrée. Le système de Chappe, qu'on voyait fonctionner encore, en 1850, se composait d'une grande pièce de bois nommée régulateur et de deux petites pièces appelées indicateurs. C'est en combinant ensemble leurs diverses positions qu'on obtenait des signaux correspondant à des lettres, dont on formait des mots et des phrases. L'invention de Chappe parut à son début une admirable découverte, et il est juste de dire qu'elle rendit de très grands services aux gouvernements qui en firent usage; mais l'ère de la télégraphie ne date véritablement dans le monde que du jour où l'électricité a été appliquée à la transmission des correspondances. Le système Chappe ne parut plus qu'un essai informe dès qu'il fut possible d'échanger des dépêches, de jour comme de nuit, des points les plus éloignés du globe, avec une vitesse telle que l'esprit a de la peine à la concevoir. Nous n'avons pas à décrire ici les appareils employés par la télégraphie électrique ; d'ailleurs nous ne pourrions le faire utilement, car ils changent et se perfectionnent tous les jours.

Le télégraphe électrique, en supprimant le temps et les distances, est appelé à jouer dans le monde un rôle analogue à celui de la vapeur. Ces deux merveilleuses découvertes, en se prêtant un mutuel concours, ont profondément modifié les relations sociales, et l'on peut dire sans exagération qu'elles sont le point de départ d'une ère nouvelle pour l'humanité. La télégraphie électrique, qui vient de naître, n'a pas encore donné tous les résultats qu'elle doit produire, mais déjà on peut les entrevoir. Pour ce qui regarde la politique, elle simplifie les relations diplomatiques en mettant, par un échange de dépêches se succédant, pour ainsi dire, de minute en minute, les gouvernements eux-mêmes en rapport direct, et en supprimant ainsi les hésitations et les perplexités de leurs agents à l'extérieur. Sans doute les questions politiques n'en restent pas moins obscures et embarrassées, mais les opinions diverses qui se produisent, les faits nouveaux qui surgissent, étant instantanément connus des États intéressés, peuvent motiver des résolutions rapides et des mesures efficaces qui, sans l'électricité, fussent arrivées trop tard. Au point de vue de la sécurité des gouvernements, le télégraphe est une des plus grandes forces administratives, car il donne à l'autorité le moyen de connaître sur-le-champ ce qui se passe aux points les plus éloignés du centre et d'y faire sentir son action sans retard. En matière criminelle, le télégraphe est un auxiliaire précieux pour la justice ; il prévient la fuite du coupable en l'enfermant dans le réseau des lignes électriques comme dans les mailles d'un filet. C'est surtout pour les opérations militaires que les services de l'électricité sont d'une importance extrême. Par les fils télégraphiques un général en chef peut être présent sur tous les points de l'échiquier où se joue cette terrible partie qu'on appelle une campagne militaire, et se tenir en communication directe et constante avec ses lieutenants. Malheureusement les fils ne restent pas longtemps intacts en temps de guerre, car la destruction des lignes est un des premiers actes d'hostilité. Toutefois, on a essayé avec succès, à l'occasion de la guerre d'Italie (1859), d'organiser un système à l'abri des coups de l'ennemi : c'est la télégraphie volante, dont les appareils, c'est-à-dire les supports et les fils, installés rapidement par des

employés agiles, suivent les différents corps d'armée et se prêtent à tous leurs mouvements. La Prusse en a fait un emploi remarquable en 1870.

Mais pour nous, la télégraphie électrique est avant tout un des plus puissants moyens de civilisation qui aient été donnés à l'homme, et nous croyons que l'avenir lui a été ouvert seulement à partir du jour où cet instrument a été mis à la portée de tout le monde. Le télégraphe, qui n'avait été jusque-là qu'un agent mystérieux entre les mains des gouvernements, est devenu un apôtre infatigable du progrès. Au point de vue moral, il est à peine besoin d'indiquer l'influence de ces relations établies entre toutes les nations du globe, de cette diffusion des lumières qui tend à les faire monter au même niveau, de cette communauté d'intérêts qui les rapproche et les unit. Au point de vue économique, les résultats sont encore plus saisissants. En épargnant le temps qu'on mettait autrefois à traiter les affaires de commerce, le télégraphe multiplie les transactions dans une proportion incalculable. Il fournit aussi des informations sûres et rapides, qui permettent d'expédier à temps sur un point éloigné des marchandises dont la demande est urgente. Enfin, il établit entre toutes les bourses et tous les marchés du monde une solidarité qui prévient ou atténue les catastrophes. Dans un autre ordre de faits, que de malheurs le télégraphe ne peut-il pas prévenir ? En cas d'incendie, il demande des secours dans toutes les directions ; en cas d'inondation, il signale aux riverains le danger qui les menace ; sur les chemins de fer, il évite les accidents les plus terribles en dépassant de beaucoup la plus grande vitesse de la vapeur. Si nous rappelons ici l'influence de la télégraphie sur les faits de l'ordre moral, économique et matériel, c'est que nous pensons que la politique ne saurait rester indifférente à ces résultats. L'accroissement de lumières et de richesse ne profite pas seulement aux individus, c'est une accumulation de force où l'État, qui a su les développer, trouve les éléments de sa puissance. Aussi les peuples les plus civilisés, qui sont également les plus grandes nations, ont-ils compris là nécessité d'établir le plus rapidement possible leur réseau télégraphique.

TEMPÉRANCE. Il s'est formé, depuis longtemps déjà, surtout dans la Grande-Bretagne et aux États-Unis, des sociétés de tempérance qui comptent leurs membres par milliers. De ces sociétés, les unes se bornent à inculquer à leurs adhérents la tempérance proprement dite, tandis que les autres pratiquent l'abstinence complète (*teetotalisme*), ce qui est une exagération. La tempérance est certainement une vertu, et les personnes qui en suivent librement la loi ne méritent que des éloges, sans aucune restriction. Nous ajouterons que la tempérance est de bon ton, qu'elle caractérise l'homme bien élevé, on peut dire l'homme civilisé, moral, tandis que l'ivrognerie est un vice abject.

TEMPOREL. Par opposition au « spirituel », on désigne sous la qualification de « temporel » un bien, un acte, un pouvoir qui ne s'étend pas au delà de cette vie terrestre, qui ne peut se détacher de ce monde et qui participe à la mobilité des sociétés humaines. Plus spécialement, le « temporel », c'est le domaine où s'exerce l'autorité, où s'élève et se détruit la fortune purement matérielle et passagère des corporations religieuses, et dans un sens plus spécial encore, le « temporel » signifie, depuis longtemps, les biens de l'Eglise catholique, et le « pouvoir temporel », l'autorité royale de son pontife suprême, considéré comme prince d'un peuple, comme souverain d'un Etat particulier.

L'Etat particulier a cessé d'être ; le peuple a échappé au prince ; mais le pontife suprême n'a pas reconnu l'acte qui l'a dépouillé de sa principauté en Italie. L'Eglise catholique a protesté partout comme son chef. On entendra donc encore longtemps parler du pouvoir temporel de l'Eglise et du pape, même si rien n'ajoute d'avenir aux faibles espérances qu'ils peuvent avoir encore de le recouvrer jamais. On oublie trop que le temporel ne date pas de Jésus-Christ, mais qu'il est venu beaucoup de siècles après sa mort.

TENDANCE (Loi et procès de). La loi dite de *tendance*, œuvre de la Restauration, a joui de la même célébrité que, sous le second Empire, le régime des *avertissements* [1].

Cette création suivit de près l'avènement du ministère Villèle, qui annonçait cependant l'intention d'abolir la censure. La loi du 17 mars 1822 ne fut qu'un semblant de réalisation de cette promesse, car son article 4 réservait expressément au gouvernement la faculté de rétablir momentanément la censure, abolie en principe. On avait, de plus, contre les infractions caractérisées de la presse périodique, la loi du 17 mai 1819. On élaborait celle du 25 mars 1822. Ce n'était pas assez. L'attaque, disait-on, peut se dissimuler sous une rédaction habile qui la masque assez pour déjouer la répression, pas assez pour la malice du lecteur. Elle peut être délayée dans une série d'articles, sans prendre corps dans aucun d'eux en particulier. Le journaliste glissera à travers les mailles de la loi, si elle ne trouve le moyen de saisir, à défaut d'un article coupable, la *tendance* hostile d'une série d'articles ; à défaut d'un délit caractérisé, l'*esprit* général d'une publication périodique. Telle fut la pensée qui inspira l'article 3 de cette loi du 17 mars 1822, présentée par M. de Peyronnet.

1. Dans les premiers jours de mai 1874, un journal paraissant à Versailles a été supprimé, en vertu de l'état de siège, *à cause de ses « tendances ».*

Cette loi souleva une réprobation générale et fut supprimé le 18 juillet 1828.

L'historien impartial doit cependant dire que, si la réprobation était profonde, c'est que la Restauration avait contre elle tous les esprits libéraux, on peut dire, par sa faute. Ces esprits ont été alors particulièrement sévères. Mais sous tous les régimes on cherche à se défendre contre ses ennemis. Est-ce que jamais gouvernement a été plus tendancieux que la Convention qui faisait guillotiner les simples suspects ? (les suspects d'être suspects). Aussi l'a-t-on en horreur, c'est vrai. Il y eut des lois tendancieuses sous les deux Empires, et tout récemment, lors de l'affaire Boulanger, les républicains n'ont-ils pas voté en 1889 la loi du 17 juillet qui interdit les candidatures multiples. Aucune théorie constitutionnelle ne peut justifier ou excuser cette loi, mais les hommes au pouvoir l'ont voté parce qu'ils se croyaient menacés. C'est une loi de tendance comme celle de 1822 et de bien d'autres... Hélas ! ce ne sera pas la dernière.

TERRE (la). Ceux qui attaquent la propriété individuelle du sol disent volontiers : La terre est à tous les hommes, Dieu l'a créée pour eux. D'autres déclarent : l'homme n'a des droits que sur les choses qu'il a produites par son travail, il n'a pas produit la terre, donc... c'est un syllogisme complet dans toute sa simplicité enfantine.

Ce sont là de pures affirmations, nous allons en examiner la valeur. Dieu a créé la terre pour les hommes. A ceux qui émettent cette proposition dans un esprit religieux, s'appuyant sur la Bible, nous répondrons que si, selon la légende biblique, Dieu a mis l'homme dans un Paradis, cette même légende nous apprend aussi qu'il l'en a chassé, le condamnant littéralement au travail forcé à perpétuité : « A la sueur de ton front, tu mangeras ton pain... » C'est dire que les produits spontanés de la terre ne suffiront pas pour nourrir les hommes ; qu'il faudra lui imposer une production forcée.

« La terre est aux hommes » est une proposition qu'on rencontre parfois aussi chez des publicistes qui n'acceptent pas ces légendes. Ils ne se préoccupent pas de la création ; ils admettent que la terre a été d'abord un globe de feu qui s'est refroidi après des milliers de siècles, qui a vu surgir, on ne sait comment, des êtres vivants, d'abord des plantes, puis des animaux depuis les mollusques jusqu'aux hommes. Dans la bouche de gens qui adoptent les doctrines de l'évolution, cette proposition : la terre est aux hommes, a besoin d'une explication, car, — affirmation contre affirmation, — je puis dire : la terre est aux plantes, ce sont les premiers venus, les premiers occupants ; puis : elle appartient autant aux animaux qu'aux hommes. (La conséquence rigoureuse de cette doctrine serait que l'homme n'a pas le droit d'arracher une plante, ni de tuer un animal).

Mais dans son orgueil, que légitiment de grandes facultés, l'homme se croit le roi de la terre ; se sentant le plus fort, il veut gouverner tous les êtres qu'il . considère comme ses inférieurs. Les hommes ne manquent pas qui voudraient même gouverner leurs semblables ; il en est qui y réussissent, mais la plupart trouvent à qui parler. C'est pour mieux jouir de leurs facultés que les hommes, en se multipliant, ont dû s'organiser en sociétés ou en Etats.

Tout les êtres vivants ont besoin de se nourrir. La terre nourrit spontanément une certaine quantité de plantes, et ces plantes fournissent des aliments au règne animal, qui comprend les hommes. Si les hommes n'avaient que ce que leur offre la nature, leur nombre serait peu élevé, leur existence serait précaire, et leur pitance bien maigre. Mais les facultés dont l'homme est si fier lui ont permis de surprendre les secrets de la nature, d'en approfondir les opérations intimes, si bien cachées à l'œil inattentif, et ainsi armé, il s'est emparé des forces qui agissent dans la terre, et il leur a ordonné — en les contraignant d'obéir, — de travailler sous sa direction, afin de produire les aliments qui lui sont nécessaires. Il s'ensuit que, si la terre nous fournit notre nourriture, ce n'est pas qu'elle le veuille bien, ou qu'un Dieu paternel l'y oblige, mais c'est parce que l'homme la contraint à lui rendre ce service. Soit dit en passant, c'est en obligeant l'homme à travailler que Dieu s'est montré paternel; si, comme certaines mères trop sensibles, il avait voulu éviter tout effort à ses enfants, l'homme ne se serait pas élevé au-dessus des animaux, et il n'aurait jamais développé les belles qualités qui en font, pour ainsi dire, le roi de la nature.

Ainsi, c'est parceque l'homme travaille la terre qu'elle produit. Or, il ne faut pas seulement du *travail* pour produire, il faut encore du *temps*. Vous semez du blé en octobre, il lui faut 8 ou 9 mois pour germer, croître, fructifier et mûrir. Vous plantez des arbres, il leur faut des années pour donner leurs fruits. La production exige d'ailleurs bien d'autres préparatifs : il faut drainer et irriguer; il faut des chemins et des clôtures; il faut des engrais et des amendements, sans compter les autres travaux dont quelquesuns sont de longue haleine. La terre, ce n'est pas tout, c'est comme l'argile que va pétrir l'artiste; c'est à ses doigts, et non à la pâte, qu'on devra l'œuvre.

L'ensemble du travail qu'exige la culture du sol a montré de bonne heure la nécessité de l'approprier. Les tribus de chasseurs avaient déjà éprouvé le besoin de se réserver les territoires qu'ils habitaient, ils ont créé ainsi le droit du premier occupant ; les pasteurs, — comme Abraham et Loth dans la Bible — ont dû se séparer et s'approprier chacun ses pâturages, pour empêcher leurs serviteurs de se battre : enfin la culture du sol a fait naître une propriété plus nette, plus tranchée. Il fallait au sol mille fois plus de travail, par conséquent au cultivateur mille fois plus de sécurité de possession. Aussi le travail des siècles a-t-il tendu à fortifier la propriété du sol ; dans tous les pays on a fait disparaître autant que possible les gênes, les freins, les servitudes, les redevances, contre une juste indemnité s'il y avait lieu. Ce serait tout à fait en vain qu'on essayerait de revenir sur ce travail des siècles.

On peut donc dire que c'est l'homme qui a créé la terre, du moins comme instrument de production. Il est des terrains qu'on a littéralement fait naître. Telle vallée était autrefois un marais, on l'a desséchée et actuellement on en tire des légumes de premier choix ; un autre terrain a été gagné sur la mer, par une digue solide rationnellement tracée ; les dunes dont le sable envahissait peu à peu des endroits habités, en couvrant les maisons de leurs masses étouffantes, ont été fixées à l'aide d'une forêt de pins. Est-ce Dieu qui est le propriétaire de ces prés et de ces bois ? A quel titre le serait-il puisqu'il ne les a pas créés ?

Il nous vient un scrupule : est-ce que nous ne perdons pas notre temps à vouloir lutter contre des sophistes qui prétendent réformer des usages dont ils n'ont pas compris la raison d'être ? L'humanité aurait fort à faire si elle voulait réaliser toutes les rêveries de ses poètes et toutes les élucubrations de ses utopistes.

TERRES SAINTES. Toutes les religions ont ou ont eu leurs territoires consacrés. Ce sont le plus généralement les lieux où les divers dogmes prirent naissance ; ceux où naquirent, vécurent ou enseignèrent les fondateurs des différents cultes ; ceux où ils se réfugièrent lors des persécutions qui accompagnèrent toujours les prédications nouvelles et le rajeunissement des croyances ; ceux où s'accomplit dans le martyre le premier acte de foi.

Objets de vénération pour les fidèles, la possession ou la défense des lieux saints ont toujours paru d'une suprême importance, et lorsqu'à l'écroulement des empires le sort des batailles les fit tomber aux mains de l'étranger, leur récupération fut toujours considérée comme œuvre de salut.

Lieux de pèlerinage, les terres consacrées semblent conférer à ceux qui les visitent un caractère particulier de sainteté. Les pèlerins de Jérusalem, les pèlerins de Bénarès, de Ceylan, les visiteurs de la Mecque, ont toujours joui, parmi les adorateurs de Jésus, de Brahma, de Bouddha et de Mahomet, d'une influence et d'une considération marquées.

Chez les nations républicaines par le génie autant que par les institutions, les territoires consacrés étaient, avant tout, ceux où s'assemblaient, sous l'invocation des dieux, les représentants des Etats confédérés; ceux où se délibéraient aux jours de danger les résolutions de salut public; où se célébraient les fêtes et cérémonies qui resserraient les liens de l'union fédérale.

Le territoire d'Elée où se célébraient les jeux olympiques et où se réunissaient les représentants de l'Amphictyonie grecque, était un territoire consacré; le temple de Delphes était un sanctuaire; la ville de Benarès est encore aujourd'hui un lieu saint pour les Hindous qui suivent la loi de Brahma; c'est la métropole ecclésiastique de l'Inde; elle est placée d'après les livres sacrés sur les pointes du trident de Siva. A Lèves, près de Chartres, dans le pays des Carnutes, existait autrefois un bois sacré où se célébraient les mystères de la religion des druides. Les chefs de la Gaule y étaient convoqués quand un grand péril menaçait la confédération. L'île de Sein, dans le Finistère, était un sanctuaire placé sous la protection de toutes les tribus gauloises. A Héligoland (île des saints) les Saxons avaient institué le collège suprême de leur religion et le territoire de l'île était considéré comme sacré. Thèbes était la ville sainte des Egyptiens; l'île de Philæ sur le Nil possédait un sanctuaire. A Daman, près de Bombay, les Parsis ont, depuis 1.200 ans, un temple où est conservé le feu sacré. Palanké, dans le Yucatan, Cholula, au Mexique, étaient consacrés au culte de Huitzilopochtli et des diverses divinités qui composent l'Olympe des Astèques; près de Quito, dans le Pérou, se trouvait le sanctuaire des Incas. L'île d'Havaï dans l'archipel de Sandwich est le sanctuaire du culte polynésien. A Ceylan se rendent les pèlerins de la religion fondée par Bouddha. La montagne Foussi, près d'Isié, au Japon, renferme le sanctuaire du culte Sinito; un temple desservi par les bonzes. Yannabos reçoit les visites des croyants des différentes îles qui composent le royaume. Faucomba, dans le Fouta-Djalon, est la ville sainte des nègres du Sénégal; elle fut le berceau de l'islamisme dans ce pays, et c'est de son sein que sortirent, il y a moins d'un siècle, les conquérants Foulahs qui subjuguèrent le Djalonké; aussi jouit-elle du privilège de nommer les Almans ou chérifs de la contrée.

Kiew a été longtemps et est encore la ville sainte des Russes.

Selon Tite-Live, la colline sacrée des Romains était située à 3 milles de Rome, au bord du Teverone : « *Regibus exactis, plebs dissidens a patribus, juxtà rivam Anienis, in colle qui sacer appellatur, armata consedit* ».

Le sol des cimetières, le lieu des sépultures sont considérés comme terres saintes; les attentats qui peuvent s'y commettre sont réputés sacrilèges.

Cette énumération est bien incomplète; il faudrait rappeler tous les dogmes auxquels l'humanité a rendu hommage, ceux qui ont survécu aux transformations des idées, à la marche de la civilisation et ceux qui ont persisté dans leur forme primitive; rechercher ensuite dans chaque Etat, dans chaque province, dans chaque localité, le culte particulier qui s'est enté sur les croyances générales. Cela pourrait avoir un intérêt de curiosité archaïque, rien de plus.

Au point de vue politique, il n'est parmi les territoires religieusement consacrés que Jérusalem qui ait eu et ait conservé une sérieuse importance, car les nations chrétiennes se croient plus ou moins obligées de protéger cette ville. Les compétitions dont l'Orient européen est aujourd'hui l'objet se sont masquées du prétexte d'inviolabilité du berceau du christianisme [1]. On sait que la guerre de Crimée en 1855 a eu pour cause première une question de lieu saint.

« La question des lieux saints, disait Poujoulat, n'est pas certes toute la question d'Orient, mais elle en est une partie très considérable et tout à fait capitale; elle se mêle à ses plus intimes profondeurs. » « La question d'Orient, ajoutait Famin, loin de descendre, ainsi qu'on l'a prétendu, aux infimes proportions d'une querelle locale, à laquelle la France ne saurait attacher qu'une importance transitoire et de dernier ordre, mérite, au contraire, d'appeler constamment sa sollicitude et sa sympathie, non pas seulement parce qu'elle intéresse sa foi et ses croyances, ou qu'elle lui rappelle tant de glorieuses traditions de son histoire, mais encore parce que sa politique, sa prospérité et le rang qu'elle occupe dans le monde lui en font une loi. »

Ces deux citations empruntées, l'une à un écrivain catholique, l'autre à un agent diplomatique de la France, indiquent une des influences auxquelles obéissait la politique de la France. Les gouvernements d'Angleterre, d'Allemagne et de Russie et autres émettent de semblables prétentions, et montrent l'intérêt

1. Voici l'énumération des lieux saints de la Palestine placés sous le protectorat des puissances chrétiennes : 1° A Nazareth, l'église de l'Assomption, aux catholiques ; 2° à Bethléem, l'église de la Nativité, à toutes les communions chrétiennes ; 3° à Sichem, l'église de la Samaritaine sur le puits de Jacob ; 4° à Cana, l'église où Jésus changea l'eau en vin, aux Grecs ; 5° à Tibériade, l'église où saint Pierre reçut les pouvoirs de Jésus-Christ, aux catholiques ; 6° à Jérusalem, l'église de la Présentation, aux musulmans ; 7° à Jérusalem, l'église de la Flagellation, aux catholiques ; 8° à Jérusalem, l'église du Saint-Sépulcre, à toutes les communions chrétiennes ; 9° à Jérusalem, l'église des Apôtres aux musulmans ; 10° au mont des Olives, l'église de l'Ascension, aux musulmans ; 11° à Gethsémané, l'église où est le tombeau de la Vierge, à toutes les communions chrétiennes ; 12° à Gethsémanie, la grotte de l'Agonie, aux catholiques ; 13° l'église de Saint-Jean-Baptiste, aux catholiques ; 14° l'église de la Décollation, à Sébaste, aux musulmans. La population chrétienne de Jérusalem est de près de 4.000, dont 2.000 chrétiens grecs. Le nombre des pèlerins est évalué à 12.000 par an, presque tous grecs et arméniens, puisque l'on n'estime qu'à 80 par an la proportion des catholiques et chrétiens protestants dans ce nombre. Depuis l'expulsion des Francs de la Palestine, les Turcs avaient mis en communauté tous les sanctuaires, révérés par les musulmans presque au même titre que par les chrétiens, à la seule exception du St-Sépulcre. Cette dernière église, incendiée en 1808, a été reconstruite à l'aide des souscriptions des diverses communions.

politique qui peut se rattacher aux terres saintes.

TERREUR. Il y a des degrés et des nuances dans le despotisme appliqué à la vie d'une société. Le principe ne change pas, sans doute, et dans son essence il reste le même : c'est toujours la prédominance d'une volonté discrétionnaire dans une organisation où les lois sont moins les régulatrices inviolables des rapports sociaux qu'un mode de réglementation de la vie publique soumis à toutes les alternatives d'un pouvoir sans contrôle et sans limite ; mais dans l'application, il y a des formes et en quelque sorte des physionomies diverses. Il y a des despotismes relativement doux, si l'on peut parler ainsi d'un Etat où la liberté n'existe pas et où avec la liberté disparaît la dignité virile ; ils sont doux en ce sens que, nés dans une société encore mal formée ou vieillie et énervée dans la corruption, ils n'ont pas besoin de s'imposer incessamment et de déployer tous les ressorts de la compression pour gouverner des hommes qui n'ont pas encore l'idée de la liberté réglée ou qui l'ont perdue. Ce n'est pas tout à fait leur faute ou leur mérite ; s'ils ne sont pas violents, c'est qu'ils ne rencontrent pas de résistance. Ils sont établis et obéis, et moyennant une certaine satisfaction donnée à des intérêts de bien-être et de sécurité subalterne, il se forme un Etat effacé et terne qu'on croit être doux parce qu'il est sans révoltes et sans orages intérieurs. Il n'en est pas ainsi quand le despotisme vivant par la lutte au milieu des contradictions et des résistances, ayant à régner dans une société agitée ou qui ne veut pas être soumise, prend tout à coup le caractère qui se résume dans ce mot de *terreur*.

S'il est un fait étrange, c'est que ce mot d'une sombre signification ait pu entrer dans la langue politique pour désigner, ne fût-ce qu'un état accidentel de société, que l'emploi des moyens de terreur ait pu se substituer parfois à une action régulière de gouvernement. Le despotisme poussé à ce degré, qu'il soit exercé par un homme, par une oligarchie usurpatrice, par une assemblée, se colore sans doute de prétextes spécieux : il maintient l'ordre, il protège la sécurité des citoyens, il défend un intérêt social menacé quelquefois. Aussi, c'est à la nécessité de sauver une révolution qu'il sacrifie tout. Dans les deux cas il s'abrite sous l'éternelle et commode raison de salut public, prétendant justifier des excès, qu'il représente comme une nécessité inexorable, par la légitimité et la grandeur du but qu'il poursuit. Au fond, c'est le dernier mot d'un système qui commence par l'arbitraire, qui s'essaye à l'intimidation pour finir souvent par la terreur, si peu qu'il y soit poussé, et c'est là justement l'erreur de ceux qui croient pouvoir se reposer dans un despotisme en apparence protecteur pour se garantir du danger des agitations et des dictatures révolutionnaires ; ils ne voient pas

que le principe est le même, que le mal est dans l'arbitraire qui est à la racine, et que tel gouvernement qui se dit régulier, dès qu'il est absolu, peut arriver à être aussi radicalement terroriste que le gouvernement le plus révolutionnaire. Entre les deux, il n'y a le plus souvent qu'une question de circonstance ou de tempérament chez les hommes qui exercent le pouvoir.

On sait que l'expression « la Terreur » s'applique à une certaine période de notre histoire (1793), nous nous bornons à renvoyer aux pages de nos Annales qui la raconte.

TERRITOIRE. Le territoire et la population ne sauraient être séparés dans l'idée d'un Etat. C'est comme si l'on voulait séparer la maison du terrain qui la porte.

La population et le territoire contribuent, chacun de son côté, à former le caractère d'un peuple. L'influence du territoire a été jusqu'à présent en partie confondue avec celle du climat, et en partie complètement négligée ; nous avons été, à notre connaissance, le premier à le faire ressortir [1]. Reprenons cet examen, non pour approfondir la matière — l'espace ne nous le permet pas, — mais pour en signaler les problèmes en quelques traits rapides. Ce sera, pour ainsi dire, un sommaire raisonné.

En premier lieu, nous appelons l'attention sur l'*étendue* du territoire. Il n'est nullement indifférent qu'une nation habite un pays vaste sur lequel elle s'éparpille, ou une contrée étroite dans laquelle les populations sont condensées par groupes serrés. Nous avons montré au mot **Population** l'importance de la densité et nous nous bornons à y renvoyer le lecteur.

La *situation géographique* est le second point qui nous frappe. D'une part, le climat dépend de cette situation ; elle produit sous la zone torride le nègre, dans les régions polaires l'Esquimau, le Samoïède, le Lapon ; dans les contrées tempérées les nations plus ou moins civilisées ; et ailleurs mille nuances intermédiaires. D'autre part, la proximité ou l'éloignement de la mer a une influence majeure sur la nature du territoire et le cachet de la population. Comparez, par exemple, une nation insulaire et un peuple continental, il est évident que l'île conservera son originalité, ses mœurs — ses vertus ou ses vices — plus longtemps qu'une contrée continentale. Les insulaires arrivent aussi plus vite à la liberté et la gardent plus facilement, car il y a moins d'occasions de s'y lancer dans des guerres de conquête, et, dans tous les cas, les invasions sont plus rares [2].

Toutefois, il n'y a pas de règle sans exception. Il est des îles dont les populations n'ont pas joui des avantages de leur situation, et,

---

1. Voy. *Puissance comparée des Etats de l'Europe*. Gotha, J. Perthes. Paris, Franck.
2. *Voy.* l'opinion de Cicéron sur les inconvénients politiques de la mer (*République*, édit. de Villemain, p. 92. Paris, Didier)

par contre, n'ont pas souffert de ses inconvénients. Les pays de montagnes, même lorsqu'ils sont situés au centre d'un vaste continent, peuvent avoir sur une nation un effet analogue à celui d'un territoire entouré d'eau. Sur les hauteurs d'un accès difficile, l'originalité d'un peuple, son esprit d'indépendance se conservent, et l'aridité du sol stimule son esprit d'entreprise industrielle. Sous ces trois rapports le Suisse ressemble à l'Anglais.

Les pays de montagnes sont plus faciles à défendre que les plaines, mais on sait que les hauteurs n'arrêtent pas toujours le conquérant ; les *frontières naturelles* non plus, elles, n'offrent de barrière ni à ceux qui en sortent ni à ceux qui y entrent. Qu'on pense aux Pyrénées ; ne se sont-elles pas abaissées devant tous les envahisseurs, Celtes, Carthaginois, Romains, Vandales, Goths, Arabes, Français ? Et les Alpes, ont-elles protégé l'Italie ? A peine si une ceinture de steppes, de sable, de marais, un désert enfin, fournit un obstacle insurmontable, témoin la guerre des Russes en 1873 contre Khiva. Partout et toujours la meilleure défense d'un pays sera l'esprit d'indépendance (et le nombre) de ses citoyens.

Mais la nature et la forme du territoire ne sont pas seulement importantes au point de vue politique, elles exercent encore une influence économique majeure. Qui n'apprécie l'utilité d'une côte riche en ports sûrs et commodes, qui méconnaît celle des fleuves et rivières, ces « chemins qui marchent » et que la voie ferrée ne pourra jamais entièrement détrôner ? La fertilité du sol, ses richesses minérales, l'abondance des forêts sont des circonstances qu'il suffit d'énoncer.

Une situation particulière dont l'histoire nous fournit quelques exemples, c'est une étroite bande de terre le long de la mer. Telle était la forme du territoire des Phéniciens, telle est actuellement celle de la Norvège et du Chili, et dans une certaine mesure même celle de la Hollande. Le commerce ou la navigation ne tardent pas à y jouer un grand rôle.

Nous nous bornons ici à ces indications sommaires, qui suffisent pour faire comprendre l'importance de la matière.

TESTAMENT. C'est l'acte par lequel le testateur dispose de ses biens pour le temps où il ne sera plus. En France, la loi a dispensé le testament de toutes les formalités qui pourraient l'entraver ; cet acte peut être dressé par devant notaire en présence de témoins : tel est le testament authentique ; il peut être l'œuvre du testateur lui-même : le testament olographe est valable à la seule condition d'être écrit en entier, daté et signé de la main du testateur ; enfin il peut être remis au notaire clos et cacheté par le testateur, soit que celui-ci l'ait écrit de sa main, soit qu'il l'ait fait écrire, pourvu qu'il l'ait signé : c'est le testament mystique ou secret. En Angleterre, on admet même le testament

verbal pour les valeurs mobilières, dans certains cas et sous certaines conditions. La preuve du testament verbal résulte de la déclaration de trois témoins qui attestent sous serment avoir été présents quand le testateur a fait connaître sa volonté.

Le droit de tester a été admis à peu près par tous les peuples, mais avec des restrictions qui souvent l'ont presque paralysé. On le considère comme une conséquence du droit de propriété ; dans les pays où l'homme jouit d'une grande liberté civile, il est réputé maître absolu de ses biens, et il peut exercer avec une grande latitude le droit de tester. Partout, au contraire, où l'Etat se substitue à l'individu et l'absorbe, le propriétaire n'est plus qu'un usufruitier dont les droits sont précaires et s'évanouissent aussitôt que la possession cesse.

Le testament est-il de droit naturel, ou bien n'est-il qu'une institution du droit civil ? Voici où conduit chacun des deux systèmes.

Si le testament est de droit naturel, c'est un droit absolu dont la loi civile peut bien régler l'exercice, mais qu'elle ne peut limiter ni restreindre sans le violer. Le père de famille pourra léguer ses biens sans que ses libéralités posthumes soient arrêtées par aucune considération, ni les enfants à pourvoir, ni les ascendants dans le besoin ; maître absolu de sa fortune, il en fait librement la répartition comme bon lui semble. « Il est équitable, dit Cujas, que chacun veille sur sa postérité et sur ce qui sera après lui. » Le père de famille veillera si bien que sa sollicitude s'étendra même au delà de ses enfants et jusqu'à sa postérité la plus reculée. Il établira des substitutions en faveur des aînés. Qui l'en empêche ? S'il peut donner ses biens sans conditions, pourquoi ne les donnerait-il pas en imposant des conditions ? Celle qu'il imposera le plus volontiers, c'est celle de *conserver et de rendre* de génération en génération, car par elle il espère enchaîner l'avenir dans sa famille. Il est remarquable que cette liberté absolue, illimitée du testament, n'est demandée de nos jours par personne avec plus d'ardeur que par le parti le moins libéral de tous, dans un but aristocratique et comme un moyen d'assurer la perpétuité des grandes familles ou l'existence de fondations religieuses. Nous devons ajouter que d'autres esprits demandent aussi la liberté des testaments. Parmi les jurisconsultes, Cicéron, Grotius, Leibnitz, ont vu dans le testament un acte du droit naturel.

Dans le système opposé, on fait du droit de tester une simple concession du droit civil ; ce système compte au nombre de ses partisans Platon d'abord, puis Montesquieu, Rousseau, Mably, Merlin, Toullier et d'autres. On soutient qu'il est contre la raison que l'homme puisse posséder ici-bas et exercer un droit qui lui survive ; que tout droit sur les choses dont il a joui durant sa vie s'éteint avec lui et que sa succession doit être dévolue soit à l'Etat, soit à ses héritiers, suivant qu'il est réglé par la loi civile.

Qu'est-ce que la loi civile, est-ce quelque chose en dehors de l'homme? Cette loi ne fait que formuler des idées et des coutumes qui ont existé avant elle. Quant à l'argument que l'homme ne peut pas exercer un droit qui lui survive, on peut dire simplement que le testateur, au moment où il écrit son testament, vit et dispose de sa propriété comme il l'entend. Je donne, dit-il, mon bien à X, mais je me réserve d'en jouir jusqu'à \ma mort. Il le réserve pour ainsi dire IN PETTO à son héritier. Du reste, la propriété est autant affaire de sentiment que de raisonnement, c'est-à-dire qu'on se sent propriétaire de sa chose légitimement acquise comme on se sent père ou mère de son enfant, frère de sa sœur, ami de son ami, citoyen de son pays. Cet objet m'appartient, j'en suis le maître, c'est là un sentiment contre lequel aucun raisonnement ne peut prévaloir. Du reste, ce raisonnement conclut en faveur de la *Propriété*. Reste la question de savoir dans quelle limite la loi civile peut intervenir, c'est là un point qu'on ne saurait prétendre résoudre en passant.

TESTAMENT POLITIQUE. On ne cite que cinq ou six documents désignés sous le nom de *testaments politiques;* tous sont discutés, et plusieurs sont apocryphes. Les politiques ne vivraient-ils que dans le présent, ou bien n'ont-ils pas assez de confiance dans leurs successeurs ou dans leur parti pour leur laisser des théories à réaliser?

Marc-Aurèle, saint Louis, Louis XVI et d'autres, au moment de la mort, ont donné à leurs fils des conseils d'honnête homme; mais ils ne leur ont pas tracé de politique à suivre. Nous sommes cependant disposé à considérer comme un testament politique les conseils que saint Louis a donnés à son fils. Voyez sur ce point les travaux de M. de Wailly.

On appelle testament politique d'Auguste un sommaire des actes de son règne, qu'il avait rédigé en style lapidaire sur six tables d'airain qu'on mit à la base de son mausolée. Les habitants d'Ancyre en firent faire un fac-similé en marbre, qu'on a retrouvé au seizième siècle et qui est au Louvre. C'est un compte rendu officiel qui ne contient pas la pensée politique d'Auguste. (*Voy.* Egger, *Examen critique des historiens anciens d'Auguste*, 1844.)

Le même Auguste conseilla en mourant de ne pas étendre les limites de l'empire. Par prudence ou par jalousie? demande Tacite. Les modernes répondent que c'était la vraie politique de l'Empire, comme celle de la République était l'agrandissement. C'est donner le fait pour raison du fait. (J. DE BOIS-JOSLIN [1].)

Philippe-Auguste publia une ordonnance qui embrassait toute l'administration au moment où il partait pour la croisade, voilà pourquoi on appelle cet acte le testament politique de Philippe-Auguste [1].

Le testament politique de Richelieu parut en 1687, quarante ans après sa mort. La Bruyère en fit un éloge ridicule. Voltaire crut l'ouvrage apocryphe, parce que l'auteur n'y traite aucune des grandes questions du temps et ne s'y occupe que de détails oiseux. Il l'attribuait à un abbé Bourzéis ou à Scilhon. « Je hais tant la tyrannie de Richelieu, écrivait-il ensuite, que je voudrais que ce testament fût de lui, afin de le rendre ridicule à la dernière postérité. Si jamais vous trouvez des preuves convaincantes qu'il ait fait cette impertinente pièce, nous aurons le plaisir de juger qu'il fallait le mettre plutôt aux petites-maisons que sur le trône de France. »

M. de Foncemagne établit, sans trop convaincre Voltaire, que, si l'ouvrage n'était pas de la main de Richelieu, ni entièrement de sa rédaction, il avait été rédigé par ses secrétaires sur des notes qu'il dictait pour le roi. M. de Foncemagne en publia l'édition classique à Paris, en 1764. (J. de B.)

Montesquieu a jugé sévèrement et justement ce testament de Richelieu : « Que si, dans le peuple, il se trouve quelque malheureux honnête homme, il insinue qu'un monarque doit se garder de s'en servir. » Voici le passage auquel il fait allusion : « Il ne faut pas se servir des gens de bas lieu; ils sont trop austères et trop difficiles. » (*Esprit des lois*, livr. III, chap. vi.)

On réimprima, en 1689, à Amsterdam, le *Traité de la politique de la France* de Du Châtelet, sous le titre: *Troisième partie du testament politique de Richelieu*. Richelieu n'y a rien à faire. Courtilz de Soudras fabriqua des testaments politiques de Colbert (La Haye, 1693-1711) et de Louvois (Paris, 1695).

Durey de Morsan imagina un testament politique d'Albéroni, que Maubert de Gouvest publia à Lausanne, en 1753, comme traduit de l'italien. Maubert est aussi l'auteur du testament politique du chevalier de Walpole (Amsterdam, 1767). Tous ces ouvrages sont sans mérite.

On appelle *testament politique* de Pierre le Grand l'analyse de ses notes et de ses dépêches déposées au ministère des affaires étrangères de Russie. Cette analyse, qui paraît avoir été rédigée par le chancelier Ostermann,

saient qu'aux lauriers à cueillir, aux richesses à amasser; le corps collectif qui gouvernait le pays supportait facilement la responsabilité qui résultait des maux de la guerre. Il n'en est pas de même d'un seul; le mal lui est toujours imputé. De plus, les empereurs durent sentir la difficulté du gouvernement d'un territoire immense et..... craindre leurs lieutenants, — on le sait, — non sans raison.   M. B.

[1]. On cite aussi le testament d'Alfred le Grand, d'Angleterre, qui y aurait inscrit ceci : « Il est juste que les Anglais soient à tout jamais aussi libres que leurs pensées. »

en 1730, est reproduite en entier dans l'*Histoire de Pologne*, de Léonard Chodzko (1839), et dans le livre intitulé *les Progrès de la puissance russe*, par Barrault-Roullon (1854). Pierre Ier y donne les conseils suivants : Prenez les usages de l'Europe ; excitez l'anarchie en Pologne ; regardez toujours aux querelles d'Allemagne ; excitez l'Autriche contre la France, l'Angleterre, le Danemark et la Prusse contre la Suède, l'Autriche et les Grecs contre les Turcs ; pensez toujours que celui qui a le commerce de l'Inde est le maître de l'Europe [1].

Il est des publications sous forme de mémoires considérées quelquefois comme testaments politiques. Tels sont ceux de Frédéric II. (*Mémoires de Frédéric II à son neveu Frédéric-Guillaume, successeur au trône*, 1864.) Cet écrit paraît avoir en vue de recommander l'alliance russe.

Plusieurs veulent que Napoléon ait mis son testament politique dans le *Mémorial de Sainte-Hélène*. Ce mémorial est plus lu que les Mémoires, qui sont de Napoléon lui-même, et qui renferment des récits militaires estimés. Le Mémorial, rédigé par M. de Las Cases, est un mélange d'anecdotes, de conversations sur toute espèce de sujets, d'une lecture agréable, mais qui ne contiennent sur la politique impériale rien d'original ni de profond. (J. de B.)

THALWEG. En allemand, littéralement chemin de la vallée, ou plus exactement *chemin d'aval*. C'est une ligne idéale tirée au milieu d'un cours d'eau (à égale distance des deux rives). Lorsqu'un fleuve sert de frontière, c'est, à moins de conventions contraires, le thalweg qui forme la limite des deux Etats.

THÉATRE. Il est reconnu que le théâtre a une influence, non seulement sur les mœurs, mais encore sur la politique.

On comprend donc que les gouvernements qui se sont succédé en France depuis 1789 ne se sont jamais dessaisis qu'avec déplaisir de la tutelle des théâtres. On s'est étonné mainte fois que l'autorité eût tant de peine à renoncer à l'institution de la censure et tînt à son droit de surveillance avec une telle rigueur, mais c'est plutôt du contraire qu'il

faudrait s'étonner. Comment cette autorité française, si ombrageuse, si jalouse de ses droits, qui tient sous sa domination les deux plus grandes forces morales de toute société, l'enseignement et la religion, n'aurait-elle pas été ambitieuse de retenir le théâtre sous son obéissance ? On a beau dire, en effet, que le théâtre n'est qu'un divertissement populaire, et qu'il est presque ridicule à un gouvernement de se faire le surveillant et le directeur des plaisirs de ses administrés ; quand un divertissement exerce l'influence que l'on sait, il devient une véritable puissance morale dont on peut craindre l'action et ambitionner le concours. Si le goût du théâtre reposait sur un instinct moins profond et tenait de moins près à la nature même du peuple français, si le public français était semblable à d'autres publics, au public anglais par exemple, c'est-à-dire lent à l'action, difficilement impressionnable, invincible à l'imitation, le gouvernement se serait certes montré moins jaloux de ses prérogatives. Mais il n'en est pas ainsi, car, grâce aux penchants de la nature française, le théâtre acquiert parmi nous l'importance d'une chaire religieuse ou d'une école. On peut demander s'il y a beaucoup d'influences qui puissent lutter avec celle du théâtre dans un temps où la religion a perdu une partie de son empire et où la morale sociale est assise sur des bases incertaines.

On peut juger par l'action que le théâtre exerce sur les mœurs générales, de celle qu'il exercerait au besoin sur les intérêts politiques. Il y a d'ailleurs dans notre histoire contemporaine plus d'un exemple qui peuvent attester l'étendue de cette action. Chacun sait avec quelle vivacité le gouvernement de Juillet fut attaqué à plusieurs reprises sur les planches des théâtres, et comment l'autorité fut obligée d'interdire la représentation de plusieurs pièces. Plus tard, on a assez justement attribué en partie la chute de la seconde république aux attaques de ces pièces de circonstance que l'on a surnommées les pièces réactionnaires. Par ce que le théâtre a fait accidentellement à cette époque, on peut augurer de ce qu'il pourrait faire.

Sauf ces quelques exemples, le théâtre n'a eu que des rapports fort indirects avec la politique. Le nombre des pièces purement politiques se compte aisément. Parmi les œuvres de première importance, il n'en est qu'une qui ait ce caractère, le *Mariage de Figaro*, et encore doit-elle ce caractère à certaines circonstances exceptionnelles. Ce sont les mœurs générales de la société et non la politique qui font la matière du théâtre. Mais d'un autre côté n'est-il pas vrai que les mœurs générales d'une nation sont une partie de sa politique, et la plus importante ?

THÉOCRATIE. Ce mot signifie littéralement le gouvernement de Dieu ; en réalité, il désigne le gouvernement exercé au nom de la divinité par des hommes qui parlent en son nom et passent pour ses ministres, en d'autres termes, par une caste sacerdotale. Toutes les nations ont commencé par là. La théocratie est la forme sociale qui se présente la première dans l'histoire des sociétés humaines. C'est elle qui préside à leur organisation primitive.

Quand on remonte à l'origine des nations, on les voit naître toutes, sans exception, de la transformation des peuplades nomades qui, renonçant à leur sauvage indépendance et adoptant la vie sédentaire, se font une patrie et posent les premières assises des sociétés civilisées. Cette transformation ne s'opère jamais qu'avec les plus grandes difficultés. Elle se montre partout comme le résultat de la religion. Tout autre sentiment que la crainte de puissances supérieures à la nature humaine, et le désir de s'attirer leur faveur, resterait sans action sur des hommes qui ne diffèrent des enfants que par la violence de leurs passions brutales ; ou du moins nul autre mobile n'aurait une force suffisante et n'exercerait un effet assez continu pour les retenir dans une vie régulière, contre laquelle se révoltent leurs instincts grossiers et des habitudes invétérées d'oisiveté, de vagabondage et d'imprévoyance.

Que les peuplades nomades qui sont devenues plus tard de grandes nations ne se soient fixées au sol et n'aient courbé la tête sous l'empire de la loi que vaincues et dominées par la religion, c'est ce que prouvent d'un côté la forme des législations primitives qui, toutes sans exception, se donnent elles-mêmes pour des révélations surnaturelles de la divinité, et d'un autre côté les traditions antiques qui s'accordent partout à attribuer aux dieux l'invention de l'agriculture et des arts utiles.

Le despotisme n'est pas exclusivement propre aux gouvernements théocratiques ; mais dans aucun autre il n'est poussé aussi loin. Le sacerdoce ne se contente pas de disposer à son gré de la fortune, de la liberté, de la vie de ceux qui le reconnaissent pour maître ; il prétend aussi commander à leurs sentiments les plus intimes, à leurs pensées, à leurs consciences ; il tient dans sa main leurs âmes aussi bien que leurs corps ; il règle leurs destinées actuelles. La mort n'affranchit pas ses sujets de son pouvoir sans limites.

La théocratie a donc dans l'histoire de l'humanité une destination spéciale. Il lui a été donné pour mission de créer et d'organiser les peuples, d'introduire la civilisation parmi les hommes qui ne la connaissent pas encore. C'est une noble et grande mission ; mais elle est nécessairement temporaire. Une fois la société assise sur des bases inébranlables, et les hommes fixés au sol et habitués aux devoirs de la vie policée, son rôle est terminé, son œuvre accompli, il ne lui reste qu'à abdiquer ou qu'à se modifier elle-même en changeant ses institutions primitives.

Malheureusement elle ne peut faire ni l'un ni l'autre.

Laissons de côté toutes les mesquines récriminations. La routine, l'intérêt, l'amour et l'habitude de la domination entrent bien sans doute pour quelque part dans l'obstination avec laquelle la théocratie prétend conserver un pouvoir qui n'a plus désormais de raison d'être. Les gouvernements théocratiques n'échappent pas plus à ces misères que les autres choses humaines. Mais ce n'est pas dans ces considérations d'un ordre inférieur, c'est dans la nature même de la théocratie qu'il faut chercher les véritables causes de ses prétentions à être seule la forme légitime et éternelle des sociétés.

Les institutions théocratiques s'établissent au nom de la divinité. Elles se considèrent, non comme l'œuvre des hommes, mais comme une révélation du ciel. Elles sont, par conséquent, aux yeux de ceux qui les admettent, et à plus forte raison aux yeux de ceux qui les font exécuter, éternelles et immuables comme leur divin auteur. En défendant ses prérogatives, le sacerdoce croit défendre la cause de Dieu. Il s'imagine qu'il ne saurait, sans être infidèle à son mandat, renoncer à un pouvoir dont le maître de toutes choses lui a confié l'exercice.

Les institutions théocratiques peuvent-elles du moins suivre la marche de la civilisation et se prêter à des combinaisons nouvelles ? Pas davantage. Des lois humaines peuvent se reviser à mesure que la notion du droit est mieux comprise et que les circonstances le demandent. Les lois théocratiques n'ont pas la même élasticité. De quel droit la prétendue sagesse humaine entreprendrait-elle de corriger la sagesse divine ? Telle est la nature de ces lois. Il n'y a pas avec elles d'accommodement possible ; elles ne peuvent en accepter. Il faut les prendre telles qu'elles sont, ou les rejeter en entier.

Et cependant un régime social qui ne reconnaît pour légitimes que les institutions établies à l'origine de la société, et qui repousse comme une erreur ou comme un crime tout ce qui ne rentre pas dans ce cadre étroit, ne peut que retenir l'intelligence à un niveau très bas, puisque c'est celui auquel se trouvèrent placés les peuples primitifs au sortir de la barbarie. Pour se faire une idée des déplorables effets de l'obstination des théocraties à gouverner les hommes, il n'y a qu'à jeter les yeux sur l'Asie. Si l'on excepte la Chine, qu'un gros bon sens n'a sauvée de la domination sacerdotale que pour la jeter dans la plus absurde routine, toutes les autres nations de l'Orient sont restées théocratiques ; elles n'ont pas su s'élever au-dessus de cette forme sociale élémentaire. Les unes ont péri sans avoir jamais atteint le degré de développement auquel elles pouvaient prétendre ; les autres languissent encore dans une incurable décrépitude, dans laquelle elles sont tombées au sortir de l'enfance, sans avoir jamais passé par cette ère de force et de virilité qui fait la force des nations.

Les peuples qui n'ont pas besoin, pour se conduire, de l'appui d'une main étrangère, sont rares. Le monde antique n'en a connu que deux, les Grecs et les Romains, les Grecs surtout; et c'est parce qu'ils arrivèrent à la libre possession d'eux-mêmes, qu'ils purent s'élever, dans la vie politique comme dans les lettres, la philosophie et les arts, à un degré de grandeur qui restera l'éternel objet de l'admiration de tous les esprits cultivés.

TIARE. On appelait ainsi chez les anciens une sorte de bonnet phrygien que les prêtres de Cybèle mettaient lors des cérémonies. Le grand-prêtre du peuple d'Israël portait également une tiare, qui était en lin avec une double couronne, l'une en azur et l'autre, supérieure, en or, sur laquelle était gravé le nom de Dieu.

Le pape porte également une tiare. Elle était anciennement formée d'un bonnet rond, élevé, ayant une couronne à sa base. Boniface VIII (1294-1303) en ajouta une seconde, et Benoît XII (1334-1342) une troisième ; c'est sa forme actuelle.

Nous ajouterons quelques détails d'après un article publié dans *le Temps,* le 6 mars 1864 et (dû à feu Erdan, érudit français habitant Rome) :

« Tous les papes n'ont pas fait fabriquer une tiare à leur usage. Les tiares, au nombre de sept ou huit, depuis le grand schisme, ont passé successivement aux pontifes, dans le trésor du Vatican. C'est, naturellement, un bien de la couronne.

« Avant la Révolution, jusqu'à Pie VI, on avait au trésor pontifical les tiares fameuses de Jules II, de Paul III Farnèse, de Grégoire XIII, de Clément VIII Aldobrandini. Elles étaient très précieuses, puisque Pie VI, au traité de Tolentino, les donna pour représenter plusieurs millions. Par ce traité, la papauté perdit absolument toutes les tiares de valeur. Il n'en resta qu'une en carton.

« A la suite du concordat, Napoléon fit cadeau d'une tiare nouvelle à Pie VII. Pour fabriquer cette tiare à Paris, on employa quelques-uns des diamants des tiares anciennes, et surtout une superbe émeraude, appelée émeraude de Grégoire XIII. On ne sait, d'ailleurs, ce que sont devenues, à Paris, ces reliques papales. Elles auront été dispersées.

« La *tiare napoléonienne,* comme on l'appelle, est encore au service de la papauté. Plusieurs fois réparée, elle sert à Pie IX. C'était même la seule tiare précieuse jusqu'à ces derniers temps. Elle a servi à Pie VII, à Léon XI, à Pie VIII, à Grégoire XVI. Cachée en 1848 et 1849, elle a reparu depuis. Elle a une valeur de 217.000 fr. Elle pèse huit livres. Sa coupole est formée de huit rubis, de vingt-quatre perles, de l'émeraude de Grégoire XIII ; et la croix est composée de douze brillants. Les queues sont en rubis et en perles. Deux cordons d'or la tiennent sur la tête du pape. On la porte rarement. Grégoire XVI avait une mître de carton à laquelle il tenait beaucoup. Pie IX a fait faire aussi une tiare en imitation.

« La tiare napoléonienne était seule, quand,

en 1855, la reine d'Espagne a envoyé la sienne. Cette *tiare isabélique* ne pèse que trois livres. Elle vaut environ 300.000 fr. Les trois couronnes sont semblables, tandis qu'elles sont variées dans la tiare de Napoléon. On y compte 19.000 pierres précieuses. La coupole, au lieu d'émeraudes, est faite d'un saphir. On convient que, si cette seconde tiare est plus gracieuse, plus portative, celle de Napoléon est restée la plus majestueuse.

« A la fête du *Corpus Domini* (Fête-Dieu) le pape étant nu-tête sur le *talamo,* au pied du Saint-Sacrement, on porte maintenant trois tiares : celle de Napoléon, celle de la reine Isabelle et la tiare usuelle ».

TIERS ÉTAT. Peu de pamphlets politiques ont fait autant de bruit que celui que publia l'abbé Siéyès en 1789, au moment où la France élisait l'Assemblée constituante, et qu'il résumait en ces termes : « Qu'est-ce que le tiers état? Tout. Qu'a-t-il été jusqu'à présent dans l'ordre politique? Rien. Que demande-t-il? A être quelque chose [1]. »

Il y a dans ces paroles trois graves erreurs. Dans la France de 1789, le tiers état n'était pas tout. Dans l'ordre politique antérieur à 1789, bien loin que le tiers état ne fût rien, il était devenu chaque jour plus grand et plus fort. Ce que demandaient pour lui, en 1789, M. Siéyès et ses amis, ce n'était pas qu'il devînt quelque chose, mais qu'il fût tout.

Que le tiers état ne fût pas tout, la Révolution de 1789, qui a été sa victoire, l'a elle-même prouvé. Quelles qu'aient été les faiblesses et les fautes de ses adversaires, il a eu grandement à lutter pour les vaincre, et la lutte a été si violente que le tiers état s'y est décomposé et a payé très cher son triomphe. Qu'on lise aujourd'hui parallèlement la brochure de l'abbé Siéyès et l'ouvrage de Léonce de Lavergne sur *les Assemblées provinciales sous Louis XIV,* on verra là, au grand jour des documents contemporains, que si le tiers état n'était pas tout en 1789, il était déjà beaucoup, et bien assez pour devenir libre et prépondérant sans détruire tout ce qui n'était pas lui. Les prétentions excessives amènent les résistances intraitables. L'abbé Siéyès n'a pas dit tout ce qu'était le tiers état en 1789, ni tout ce que ses flatteurs voulaient qu'il fût. Ce qu'il y a dans ses paroles, ce n'est pas la vérité des choses, c'est un mensonge de révolution.

A prendre notre histoire dans son ensemble et à travers toutes ses phases, le tiers état a été l'élément le plus actif et le plus décisif de la civilisation française. Considérée sous le point de vue social et dans ses rapports avec les diverses classes qui ont coexisté sur notre sol, celle qu'on a nommée le tiers état s'est progressivement étendue, élevée, et d'abord puissamment modifié, puis décidé-

1. La troisième édition de ce pamphlet porte en note : « Cet ouvrage, composé pendant les *Notables* de 1788, a été publié dans les premiers jours de janvier 1789. »

ment surmonté les autres. Si l'on se place
au point de vue politique, si l'on suit le
tiers état dans ses relations avec le gouvernement général du pays, on le voit d'abord
allié pendant plus de six siècles avec la
royauté, travaillant sans relâche à la ruine de
l'aristocratie féodale, et faisant prévaloir à
sa place un pouvoir unique, la monarchie
pure, très voisine, en principe du moins, de
la monarchie absolue. Mais dès qu'il a remporté cette victoire et accompli cette révolution, le tiers état en poursuit une nouvelle;
il s'attaque à ce pouvoir unique qu'il avait
tant contribué à fonder, et il entreprend de
changer la monarchie pure en monarchie
constitutionnelle. Sous quelque aspect qu'on
le considère, soit qu'on étudie la formation
progressive de la société française ou celle
de son gouvernement, le tiers état est la plus
persévérante et la plus puissante des forces
qui ont présidé à notre civilisation.

Ce fait est unique dans l'histoire du monde.
On reconnaît, dans les destinées des principales nations de l'Asie et de l'ancienne Europe, presque tous les grands faits qui ont
agité la nôtre; on y rencontre le mélange de
races diverses, la conquête d'un peuple par
un peuple, de profondes inégalités entre les
classes, de fréquentes vicissitudes dans les
formes du gouvernement et l'étendue du
pouvoir. Nulle part, on ne voit apparaître
une classe qui, partant de très bas, faible,
méprisée, presque imperceptible à son origine, s'élève par un mouvement continu et
un travail sans relâche, se fortifie d'époque
en époque, acquiert successivement tout ce
qui lui manque, richesses, lumières, influence
pouvoir, change la nature de la société, la
nature du gouvernement, et devient enfin
tellement dominante qu'on se puisse hasar-
der à dire qu'elle est le pays même. Plus
d'une fois, dans l'histoire du monde, les apparences extérieures de telle ou telle société
ont été les mêmes que celles que je rappelle
ici ; mais ce sont de pures apparences. Dans
l'Inde, par exemple, les invasions étrangères,
le passage et l'établissement de races diverses sur le même sol se sont fréquemment
renouvelés: qu'en est-il résulté? La permanence des castes [n'en a point été atteinte; la
société est restée divisée en classes distinctes et à peu près immobiles ; point d'envahissement d'une caste par une autre ; point
d'abolition générale du régime des castes par
le triomphe de l'une d'entre elles. Après
l'Inde, prenez la Chine : là aussi l'histoire
montre beaucoup de conquêtes analogues à
celle de l'Europe par les Germains ; là aussi,
plus d'une fois, des vainqueurs barbares se
sont établis au milieu d'un peuple de vaincus. Qu'en est-il arrivé ? Les vaincus ont à
peu près absorbé les vainqueurs, et l'immobilité a été encore le caractère dominant de
l'état social. Dans l'Asie occidentale, après
les invasions des Turcs, la séparation des
vainqueurs et des vaincus est demeurée invincible ; aucune classe de la société, aucun

événement de l'histoire n'a pu abolir ce premier effet de la conquête. Dans la Perse, des
événements analogues se sont succédé, des
races diverses se sont combattues et mêlées;
elles n'ont abouti qu'à une anarchie insurmontable, qui dure depuis des siècles sans
que l'état social du pays change, sans qu'on
y entrevoie le développement d'une civilisation.

Je laisse là l'Asie, j'aborde l'Europe grecque et romaine. Au premier moment, on
croit reconnaître quelque analogie entre le
progrès de ces brillantes sociétés et celui de
la nôtre; mais l'analogie n'est qu'apparente;
là aussi il n'y a rien qui ressemble à notre
tiers état et à son histoire. Le seul fait qui
ait paru, à de bons esprits, un peu semblable
à la lutte de la bourgeoisie du moyen âge
contre l'aristocratie féodale, c'est la lutte des
plébéiens et des patriciens de Rome ; on les
a quelquefois comparées. Comparaison entièrement fausse. La lutte des plébéiens et des
patriciens romains commence dès le berceau
de la république : elle n'est pas, comme il
est arrivé chez nous dans le moyen âge, le
résultat du développement lent, difficile, incomplet, d'une classe longtemps très inférieure en force, en richesse, en crédit, qui
peu à peu s'étend, s'élève et finit par engager, contre la classe supérieure, un véritable
combat. Niebuhr a prouvé, dans son *Histoire de Rome*, que la lutte des plébéiens
contre les patriciens fut une suite et comme
une prolongation de la guerre de conquête,
l'effort de l'aristocratie des cités conquises
par Rome pour participer aux droits de l'a-
ristocratie conquérante. Les familles plé-
béiennes étaient les principales familles des
populations vaincues ; placées, par la défaite
dans une situation inférieure, elles n'en étaient
pas moins des familles aristocratiques, naguère puissantes dans leur cité, entourées
de clients, et capables, dès les premiers moments, de disputer le pouvoir à leurs vainqueurs. Il n'y a rien là qui ressemble à ce
travail lent, obscur, douloureux, de la bourgeoisie moderne s'échappant à grand'peine
du sein de la servitude ou d'une condition
voisine de la servitude et employant des siècles, non à disputer le pouvoir politique,
mais à conquérir son existence civile. Plus
on y regarde, plus on reconnaît que notre
tiers état est un fait nouveau dans l'histoire
du monde, et qui appartient exclusivement à
la civilisation de l'Europe moderne.

Non seulement ce fait est nouveau, mais
il a, pour la France, un intérêt tout particulier, car, pour me servir d'une expression
dont on abuse de nos jours, c'est un fait
éminemment français, essentiellement national. Nulle part la bourgeoisie, le tiers état
n'a eu une destinée aussi vaste, ni aussi féconde que celle qui lui est échue en France.
Il y a eu des communes dans toute l'Europe,
en Italie, en Espagne, en Allemagne, en Angleterre tout comme en France. Non seulement il y a eu partout des communes, mais

les communes de France ne sont pas celles qui, en tant que communes, sous ce nom et au moyen âge, ont joué le plus grand rôle et tenu la plus grande place dans l'histoire. Les communes italiennes ont enfanté des républiques glorieuses ; les communes allemandes sont devenues des villes libres, souveraines, qui ont eu leur histoire particulière et exercé dans l'histoire générale de l'Allemagne, beaucoup d'influence. Les communes d'Angleterre se sont alliées à une portion de l'aristocratie féodale anglaise, ont formé, avec elle, la chambre prépondérante du parlement britannique, et ont ainsi joué de bonne heure un rôle puissant dans l'histoire de leur pays. Il s'en faut bien que les communes françaises, dans leur temps d'activité et sous ce nom, se soient élevées de cette importance politique à ce rang historique. Et pourtant c'est en France que la population des communes, la bourgeoisie, s'est développée le plus complètement, le plus efficacement, et a fini par acquérir, dans la société générale, la prépondérance la plus décidée. Il y a eu des communes dans toute l'Europe ; il n'y a eu vraiment de tiers état qu'en France, et c'est à la Révolution de 1789, la plus grande, à coup sûr, des révolutions européennes, que le tiers état français est venu aboutir. Depuis l'explosion et à travers toutes les vicissitudes, libérales ou illibérales, de ce puissant événement, c'est un lieu commun sans cesse répété qu'il n'y a plus de classe dans la société française, mais seulement une nation de 38 millions de personnes. Si l'on veut dire par là qu'il n'y a maintenant en France plus de privilèges, c'est-à-dire point de lois spéciales ni de droits particuliers pour telles ou telles familles, telles ou telles propriétés, tels ou tels travaux, et que la législation est la même et la circulation parfaitement libre pour tous sur tous les degrés de l'échelle sociale, on dit vrai ; l'unité des lois et la similitude des droits est le fait essentiel et caractéristique de la société civile en France ; fait immense, excellent et nouveau dans l'histoire des sociétés humaines. Mais sous l'empire de ce fait, au sein de cette unité nationale et de cette égalité civile, existent évidemment des diversités et des inégalités nombreuses, considérables, que l'unité des lois et la similitude des droits civils ne préviennent et ne détruisent point. Dans la propriété foncière ou mobilière, terre ou capital, il y a des riches et des pauvres ; il y a la grande, la moyenne et la petite propriété. Que les grands propriétaires soient moins nombreux et moins riches, que les moyens et les petits propriétaires soient plus nombreux et plus puissants qu'ils n'étaient autrefois, cela n'empêche pas que la différence ne soit réelle, et assez grande pour créer, dans l'ordre civil, des situations sociales profondément diverses et inégales. Dans les professions qu'on appelle libérales et qui vivent d'intelligence et de science, parmi les avocats, les médecins, les savants et les lettrés

de toute sorte, quelques-uns s'élèvent au premier rang, attirent à eux les affaires et les succès, acquièrent le renom, la richesse, l'influence ; d'autres suffisent laborieusement aux nécessités de leur famille et aux convenances de leur position ; d'autres végètent obscurément dans un malaise presque oisif. Dans les autres professions, là où le travail est surtout matériel et manuel, là aussi il y a des situations diverses et inégales ; les uns, par l'intelligence et la bonne conduite, se créent un capital et entrent dans les voies de l'aisance et du progrès ; les autres, ou bornés, ou paresseux, ou déréglés, restent dans la condition étroite et précaire des existences fondées uniquement sur le salaire. Dans toute l'étendue de notre société civile, au sein du travail comme au sein de la propriété, la diversité et l'inégalité des situations se produisent ou se maintiennent, et coexistent avec l'unité des lois et la similitude des droits.

Comment en serait-il autrement ? Qu'on examine toutes les sociétés humaines de tous les lieux et de tous les temps : quelle que soit la variété de leur origine, de leur organisation, de leur gouvernement, de leur étendue, de leur durée, des genres et des degrés de leur civilisation, on trouvera, dans toutes, trois types de situation sociale, toujours les mêmes au fond, quoique sous des formes diverses et diversement distribués : 1° des hommes vivant du revenu de leurs propriétés foncières ou mobilières, terres ou capitaux, sans chercher à les accroître par leur propre et assidu travail ; 2° des hommes appliqués à exploiter et à accroître, par leur propre et assidu travail, les propriétés, foncières ou mobilières, terres ou capitaux qu'ils possèdent ; 3° des hommes vivant de leur travail quotidien, sans terres ni capitaux qui leur donnent un revenu. Et ces diversités, ces inégalités dans la situation sociale des hommes, ne sont point des faits accidentels ni spéciaux à tel ou tel temps, à tel ou tel pays ; ce sont des faits universels qui se produisent naturellement dans toute société humaine, au milieu des circonstances et sous l'empire des lois les plus différentes.

Ces faits subsistent de nos jours et parmi nous, comme jadis et ailleurs : qu'on les appelle ou qu'on ne les appelle pas des classes, la nouvelle société française contient et ne cessera pas de contenir des situations sociales profondément diverses et inégales. Ce qui fait son honneur et sa gloire, c'est que le privilège et l'immobilité ne s'attachent plus à cette diversité des conditions ; c'est qu'il n'y a, parmi nous, plus de droits ni d'avantages spéciaux légalement attribués aux uns et accessibles aux autres ; c'est que toutes les voies sont libres et ouvertes à tous pour monter à tout ; c'est que le mérite personnel et le travail ont, dans le sort des hommes, une part infiniment plus grande qu'il ne leur en était accordé jadis. Le tiers état de l'ancien régime n'existe plus ; il a disparu dans sa victoire sur le privilège et le pouvoir absolu ; il a pour héritières, dans la société nouvelle, les classes moyennes, comme on les appelle aujourd'hui ; mais ces classes, en héritant des conquêtes du tiers état, les possèdent à des conditions nouvelles aussi et naturelles autant qu'impérieuses. Pour garantir leur intérêt propre comme pour satisfaire à leur devoir public, il faut qu'elles soient en même temps conservatrices et libérales, que, d'une part, elles attirent et rallient sous leur drapeau ce qui reste des anciennes supériorités sociales qui ont survécu à la chute de l'ancien régime, et que, de l'autre, elles acceptent pleinement le mouvement ascendant qui éclate dans tout le peuple. Que, dans ses rapports avec les classes aristocratiques, le tiers état de l'ancien régime fût et soit resté longtemps inquiet, ombrageux, jaloux, envieux même, rien de plus naturel ; il avait ses droits à réclamer et ses conquêtes à faire ; aujourd'hui, les conquêtes sont faites, les droits sont reconnus, proclamés, exercés ; les classes moyennes n'ont plus aucun motif d'inquiétude ou d'envie ; elles peuvent se confier pleinement dans leur dignité et dans leur force. Envers les classes populaires et la démocratie proprement dite, leur situation n'est pas moins bonne ; aucune barrière ne les en sépare ; qui dira où commencent les classes moyennes et où elles finissent ? C'est au nom des principes de droit commun et de liberté générale qu'elles se sont formées ; c'est par l'action des mêmes principes qu'elles se recrutent et puisent incessamment de nouvelles forces aux sources dont elles sont sorties. Maintenir le droit commun et la liberté, d'une part contre les velléités rétrogrades du pouvoir absolu et du privilège, de l'autre contre les folles prétentions du nivellement et de l'anarchie, c'est là maintenir la double mission des classes moyennes, et pour elles le moyen assuré de conserver la prépondérance dans l'État, au nom des intérêts généraux dont elles sont les plus vrais et les plus efficaces représentants.

GUIZOT.

TIMBRE. Cet impôt ne date pas d'aujourd'hui, car il est déjà mis en pratique sous Justinien. On l'appelle alors *protocole* parce qu'il ne s'applique qu'au premier feuillet des actes. Il était connu des Arabes au moyen âge, on le retrouve dans l'extrême Orient. En Europe, nous le voyons reparaître en Espagne et dans les Pays-Bas, vers le milieu du seizième siècle, et bientôt après en Allemagne et en Angleterre. La Hollande l'adopta en 1634, à la suite d'un concours ouvert entre les économistes du temps pour l'invention et la description d'une taxe qu'il fût équitable et facile de percevoir. On essaya de l'introduire en France en 1655, sous le ministère de Mazarin, mais les créations d'impôt étaient alors extrêmement impopulaires et l'on ne parvint à le faire accepter que par l'édit du 19 mars 1673. C'était d'abord sous la figure d'un monopole

que l'État se réservait de vendre tout imprimés, mais sans timbre, des modèles et des formules d'actes, destinés non seulement à procurer un revenu au Trésor, mais à régulariser, à épurer la langue de la procédure et des affaires. Au bout d'un an, on ne vendit plus ces modèles et formules, mais simplement des papiers et parchemins revêtus d'un timbre. De là le nom de « papiers marqués » qui se conserve encore dans nos campagnes. La quotité du droit avait été fixée, en 1674, à un taux modéré ; on l'augmenta en 1680, en 1690, en 1748, et ensuite on y joignit une surcharge de dix sous par livre. La Bretagne était, par ses privilèges de province, l'une des parties de la France où le timbre ne devaient pas être perçus sans le consentement de ses États. Lorsque le gouvernement de Louis XIV, en 1675, voulut y introduire la marque du papier, il se déclara une insurrection générale qu'on eut de la peine à réprimer. On n'ignore pas que l'une des causes premières de la guerre d'Amérique à la fin du siècle dernier, ce fut l'introduction, en 1765, de l'impôt du timbre dans les colonies de la Nouvelle-Angleterre. Peu de temps après, en France, la taxe du timbre, remaniée par Calonne de façon à n'atteindre les personnes et les choses que proportionnellement à leur fortune et à leur valeur, devient l'un des prétextes d'une révolution devenue enfin inévitable. On était en 1787. Dans le désir de répartir justement les charges de l'impôt, le public ne vit que la menace d'une inquisition dont le tempérament national devait s'indigner d'avance et, lors du lit de justice tenu à Versailles le 6 août, les chefs du Parlement, MM. d'Aligre et Séguier, protestèrent contre son établissement. Il fallut bientôt céder, mais déjà la révolte de la France entière commençait. L'Assemblée constituante, par la loi du 18 février 1791, supprima la « marque » et créa le papier timbré. « La douceur de la perception de cet impôt, dit Rœderer, rapporteur du projet, doit se concilier avec l'économie. En Angleterre il porte sur toutes les espèces de propriétés ; il n'est pas proportionné à la valeur des objets, mais seulement à la nature des actes. En Hollande, le timbre ne s'applique pas aux consommateurs, il porte uniquement sur les successions... » La loi nouvelle créait deux espèces de timbre, l'un fixe et perçu en raison de la dimension du papier ; l'autre proportionnel en raison des sommes. Cette loi, ainsi que celles qui l'ont suivie le 15 messidor an III, le 2 nivôse an IV et le 5 floréal an V, a été abrogée par celle du 13 brumaire an VII qui, en matière de timbre, est le fondement de la législation actuelle de la France. Ses dispositions, tout en maintenant le timbre de dimension et le timbre proportionnel, ont été modifiées dans le détail par environ soixante lois ou décrets, et presque toujours pour en aggraver le poids.

Les actes et écrits soumis au timbre de dimension sont, tous les actes publics, tous les actes sous seings privés dont on veut faire usage, les lettres de voiture, les bordereaux de commerce, les polices d'assurances, les affiches, autrefois aussi les journaux et écrits périodiques et même non périodiques traitant de politique ou d'économie sociale, lorsqu'ils ne formaient pas un livre d'un nombre de feuilles déterminé, et enfin les passe-ports.

Le droit de timbre gradué à raison des sommes, c'est-à-dire proportionnel, s'applique à tous les effets négociables de France ou de l'étranger, et à toutes les obligations non négociables contractées sous seing privé; aux actions des sociétés de commerce, de finance ou d'industrie et aux obligations négociables des départements, des communes, des établissements publics et des diverses compagnies.

De même que l'on timbre à *l'extraordinaire*, c'est-à-dire d'une marque particulière, les papiers taxés à la dimension que les particuliers choisissent eux-mêmes pour leurs actes et divers papiers d'impression employés dans les départements, on donne aussi le caractère légal par un *visa pour timbre* ou par un timbre mobile aux papiers et effets soumis au droit proportionnel; mais il y a des délais fort succincts à observer pour ne pas laisser la valeur légale des actes et des obligations s'évanouir; il y a en outre pour le visa une forte surtaxe à payer, et, ce qui est plus notable, car la sévérité des lois est ici véritablement excessive, de très fortes amendes punissent, dans tous les cas, des contraventions qui n'ont pas toujours pu être évitées.

En France, c'est l'administration de l'enregistrement et des domaines qui est chargée de la perception des taxes de timbre. Le produit de cette taxe est très élevé.

TIMOCRATIE. Forme de gouvernement dans laquelle les riches ont une part excessive à la direction des affaires. C'est le système du cens poussé à l'extrême. Solon avait établi une timocratie modérée à Athènes.

TITRES NOBILIAIRES. Les titres nobiliaires ont une valeur réelle ou une valeur d'opinion. Ils ont une valeur réelle quand ils confèrent un droit, politique ou autre, un privilège enfin. Tel était le titre de duc et pair sous l'ancienne monarchie. On peut encore les considérer comme ayant une valeur réelle, sinon par eux-mêmes, au moins par ce qu'ils représentent, lorsqu'ils sont le signe nécessaire d'une certaine puissance ou d'une certaine richesse; par exemple, lorsque, pour s'intituler comte ou marquis, il faut être seigneur d'un comté ou d'un marquisat. Aujourd'hui les titres n'ont plus d'autre valeur que celle que l'opinion veut bien leur accorder; mais à ce point de vue ils paraissent avoir conservé quelque prix, puisque, maintenant encore, il se trouve des gens pour les haïr, les envier et les usurper.

Depuis un siècle, les titres ont passé en France par des fortunes diverses. La Révolution les proscrivit comme tout ce qui se rattachait à l'ancien état des choses. Napoléon voulant avoir *sa* noblesse, conféra des titres, défendit d'en porter aucun qui n'émanât de lui et sanctionna cette défense par le Code pénal. Le prestige des champs de bataille, où la plupart des titres de l'Empire furent noblement gagnés, sauva cette noblesse du ridicule qu'il y avait à voir certains de ses membres, naguère *sans-culottes,* travestis en ducs, comtes ou barons. La charte de 1814 autorisa en même temps la nouvelle noblesse à conserver ses titres, l'ancienne à reprendre les siens. Le gouvernement de Juillet supprima la sanction pénale qui interdisait d'usurper des titres et usa sobrement de la prérogative d'en conférer de nouveaux. La seconde République se crut obligée de proscrire les titres, mais la proscription fut bénigne; le second Empire les rétablit, en conféra de nouveaux, édicta la loi de 1858 qui frappe d'une amende l'usurpation publique des titres nobiliaires, et reconstitua le conseil du sceau appelé à examiner les demandes en collation, confirmation et reconnaissance de titres. Les raisons qui paraissent avoir motivé le rétablissement d'une sanction pénale contre l'usurpation des titres ont été formulées ainsi :

> Quelle que soit la valeur ou la nature actuelle des titres, ils constituent un droit pour les propriétaires légitimes, et dans un état policé tous les droits doivent être protégés... L'usurpation est d'ailleurs une atteinte au droit qu'a le souverain de conférer les titres; le port illégal d'une décoration décernée par le prince est puni... Comment refuser une protection semblable aux autres distinctions qu'il départit? Le droit de l'empereur de donner des titres a pour conséquence nécessaire le châtiment des usurpations.

Cette loi a rencontré deux objections principales : la première, c'est que les titres n'ayant plus qu'une valeur d'opinion, de courtoisie, l'opinion était le seul juge compétent des questions qui s'y rattachent; la seconde, c'est qu'elle est à peu près inexécutable, dans l'état actuel des mœurs. Veut-on, en effet, ne laisser prendre de titres que par ceux qui ont réellement le droit d'en porter, il faut faire le procès à la moitié des gens titrés, car sous ce rapport, et depuis longtemps, il règne en France une anarchie véritable contre laquelle il serait difficile de lutter.

Les titres nobiliaires ou héréditaires n'ont été supprimés que dans un seul État monarchique, la Norvège. Ils n'ont jamais été reconnus aux États-Unis, mais on les a vus briller dans quelques républiques européennes, aux Pays-Bas, en Italie et même en Pologne, si tant est qu'on puisse prendre au sérieux la qualification de République que se donnait cet État. Presque partout l'usurpation de titres est punie par la loi, ou du moins verse le ridicule sur la personne qui a la faiblesse de s'en rendre coupable.

Dans la plupart des pays ; l'aîné seul hérite du titre ainsi que de la propriété à laquelle il est attaché, soit en vertu de dispositions générales du droit public, soit par l'effet de fidéicommis, majorats, substitutions. En France, ce mode de transmission de la propriété n'est pas reconnu par la loi, néanmoins l'usage s'est maintenu de, n'accorder le titre qu'à l'aîné de la famille et de n'attribuer aux autres fils que des titres d'un rang inférieur. En Angleterre, le fils aîné hérite seul des titres, les autres fils sont simplement nobles. En Allemagne, tous les enfants semblent prendre le titre paternel. Quant à l'ordre dans lequel on a l'habitude de classer les titres nobiliaires dans les principaux pays. le voici :

FRANCE. Prince, duc, marquis, comte, vicomte, baron, chevalier.

GRANDE-BRETAGNE. Duc, marquis, comte (earl et count), vicomte, baron, baronnet, chevalier.

ALLEMAGNE. Duc, prince (Fürst); il a existé des équivalents du marquis dans le landgrave, burgrave, rhingrave, wildgrave, altgrave; comte, baron, chevalier (ou noble de, Edler von).

Dans les autres pays, les titres ne diffèrent pas sensiblement de ceux que nous venons de nommer.

TORY ET WHIG. Qu'est-ce qu'un whig? — Un tory hors du pouvoir (a tory out of place), a dit le docteur Johnson. — Définition pleine de sel et valant à elle seule un long article, si on laisse un moment de côté les principes allégués pour ne considérer que des faits patents. De même, on a pu dire, en d'autres pays placés sous le régime parlementaire, que tel membre de l'opposition était un ministériel en expectative, un ministre en disponibilité d'emploi. Mais nous ne saurions nous contenter ici de la définition pratique du malin docteur; il faut rechercher quelle fut l'origine historique du torysme et du whiggisme, et quelles idées politiques ces deux dénominations représentent.

Tory est un mot irlandais, ayant le sens de sauvage, et donné aux paysans irlandais révoltés qui massacrèrent, sous Charles Ier, les protestants d'Irlande. C'était donc un équivalent, pour le moins, de bandit, de voleur de grand chemin, d'assassin même, et cet outrageant sobriquet fut appliqué par les ennemis du roi à ses partisans qu'ils accusaient de favoriser la rébellion d'Irlande. De là, il en est venu à désigner les hommes attachés à la royauté, à l'anglicanisme, à la grande propriété territoriale, en un mot, les hommes opposés aux réformes et aux innovations, le parti conservateur. Telles sont les aménités du vocabulaire politique [1]. (Ch. Read.)

Whig est un mot écossais. Selon les uns, il signifie petit chapeau et fut donné aux puritains qui portaient de ces petits chapeaux pour se distinguer des autres et qui étaient en armes contre le gouvernement, sous Jacques Ier [1]. Selon les autres (Burnet est du nombre), whig, abréviation de whiggamer, est le nom donné aux charretiers des comtés sud-ouest de l'Écosse qui venaient à Leith s'approvisionner des blés du Nord et se servaient du mot whiggam, comme d'un cri pour stimuler leurs chevaux. Lorsque en 1648, avant la défaite du duc d'Hamilton, le peuple soulevé se porta sur Edimbourg, en se livrant aux actes de la plus frénétique exaltation, on appela cela l'expédition des whiggamers (whiggamer's inroad). C'est quelque chose comme les gueux des Pays-Bas, les huguenots de France, qualifications d'abord injurieuses qui ont perdu ensuite ce caractère. A dater de ce moment, on donna à tous ceux qui s'opposaient à la cour ce sobriquet de whig, et d'Ecosse le mot passa en Angleterre, où, perdant peu à peu son caractère d'origine, il resta dans la langue des partis, pour désigner les adversaires des tories.

Ainsi, les cavaliers, ou royalistes, sont peu à peu devenus les tories; ils ont aussi été appelés high-flyers (gens de haut vol), parti de la cour, parti rigide, parti de la haute Église. Les têtes rondes, ou partisans du parlement, sont devenus les whigs; on les a aussi appelés puritains, républicains, parti modéré, parti de la basse Église. (Ch. Read.)

L'histoire de ces deux partis n'est autre que celle des diverses phases de la politique dans le Royaume-Uni, à partir du règne de Charles Ier.

Le parti tory (auquel se rattachèrent tout d'abord les catholiques romains) comprenait deux intérêts : celui du roi ou de la couronne, et celui de l'Eglise anglicane. De là le nom d'épiscopaux, donné aux ecclésiastiques d'entre les tories, tandis que ceux d'entre les whigs s'appelèrent presbytériens, comme, de fait, ils l'étaient pour la plupart.

C'est en 1678 que les dénominations de tories et de whigs commencèrent surtout à être usitées, à la suite de la découverte de la conspiration de Titus Oates. Le nom de whig fut donné à ceux qui croyaient la conspiration des catholiques réelle; celui de tory à ceux qui la crurent supposée. Le premier, qui avait été appliqué aux puritains révoltés contre le gouvernement, désigna conséquemment ceux qui ne voulaient pas se soumettre aux volontés ou entrer dans les vues de la cour: c'était les qualifier de rebelles. Le second, qui signifiait voleur de grand chemin, servit à dénommer ceux qui, par leurs idées absolutistes en matière de politique ou

---

1. Thomas Moore a dit dans une de ses charmantes poésies politiques :
Your Whigs, when in office a short year or two,
By a lusus naturae, all turn into Tories.

1. Histoire du Whiggisme et du Torysme, par de Cize. La Haye, 1718, in-12, p. 24. Rapin-Thoyras y voit une espèce de bandits écossais analogues aux tories d'Irlande.

de religion, étaient accusés de vouloir dépouiller les citoyens de leur liberté.

Nous ne poursuivrons pas cette histoire, car ces dénominations, qui ont duré deux siècles, tendent à se perdre. Au lieu de tory on dit volontiers conservateur, le whig n'est plus qu'un libéral, même un radical, car le parti s'est divisé; une partie des whigs a même passé, comme unioniste, aux torys. Tout change, même en Angleterre.

TOUAREGS. Nom que les Arabes et, d'après eux, les Européens donnent aux peuples qui habitent le centre du Sahara ou Grand-Désert, vaste région aride de l'Afrique, et qui se nomment eux-mêmes *Imochar*, hommes libres.

TRADE UNIONS, en français, unions de métiers. L'objet de ces associations est: 1° de donner à leurs membres, en échange de cotisations hebdomadaires, des secours en cas d'accidents, de maladie ou de chômage; 2° de leur servir des pensions lorsqu'ils deviennent incapables de travailler et qu'ils ont versé leurs cotisations pendant un certain temps; 3° de payer, lorsqu'ils meurent, les frais funéraires; 4° enfin, ce qui est l'affaire principale, d'organiser une coalition permanente pour hausser le taux des salaires ou du moins en empêcher la diminution. Ces associations sont nées, il y a presque un siècle, dans un grand nombre de localités et d'industries. On évalue à plus d'un million le nombre des individus qu'elles renferment et la somme de leurs fonds de cotisations est très élevé. Elles ont commencé à se former par petits groupes; puis la communauté des idées, la tendance à s'unir pour se fortifier, le perfectionnement des voies de communication, ont amené des fusions et produit par attraction des agglomérations dont quelques-unes sont très considérables.

Tout d'abord, ces unions ne se composaient que des ouvriers ayant appris un métier (*skilled labourer*); depuis quelque temps, il s'est formé aussi des unions composées de simples journaliers, ces derniers sont pour la plupart socialistes, tandis que les *skilled labourer* ne le sont guère.

Les trade unions, qui sont l'équivalent anglais de nos syndicats professionnels (*voy.*), rendent des services aux ouvriers anglais, surtout parce qu'ils sont modérés dans leurs demandes. La modération est une condition du succès.

TRAHISON (Crime de haute). Les faits que la loi anglaise qualifie de haute trahison constituaient dans la loi romaine et dans l'ancien droit français des crimes de lèse-majesté; ils sont aujourd'hui compris, pour la plupart, dans les art. 75 et suivants du Code pénal sous la dénomination de crimes et délits contre la sûreté extérieure de l'Etat; quelques-uns rentrent dans la catégorie des attentats et complots contre le chef de l'Etat, de

la falsification des monnaies, contrefaçon des sceaux de l'Etat, faux, etc.

C'est l'Angleterre qui a introduit dans la langue du droit la qualification de crime de haute trahison; mais quoique cette expression n'existe nulle part dans la loi française, elle n'en a pas moins été adoptée par l'usage pour désigner les crimes contre la sûreté de l'Etat; celle de crime de lèse-majesté, au contraire, est complètement tombée en désuétude en France.

Voici quelques-uns des faits que le Code pénal français a incriminés: il punit de mort le Français qui a porté les armes contre la France; il punit de la même peine quiconque aura pratiqué des machinations ou entretenu des intelligences avec les puissances étrangères ou leurs agents pour les engager à commettre des hostilités ou à entreprendre la guerre contre la France, ou pour leur en procurer les moyens, dans le cas même où ces machinations ou intelligences n'auraient pas été suivies d'hostilités; quiconque aura pratiqué des manœuvres ou entretenu des intelligences avec les ennemis de l'Etat, à l'effet de faciliter leur entrée sur le territoire et dépendances de l'empire français, ou de leur livrer des villes, forteresses, places, postes, ports, magasins, arsenaux, vaisseaux ou bâtiments appartenant à la France, ou de fournir aux ennemis des secours en soldats, hommes, argent, vivres, armes ou munitions, ou de seconder le progrès de leurs armes sur les possessions ou contre les forces françaises de terre ou de mer, soit en ébranlant la fidélité des officiers, soldats, matelots ou autres envers l'Empereur et l'Etat, soit de toute autre manière. (Art. 75, 76, 77 du Code pénal.)

La correspondance avec les sujets d'une puissance ennemie qui, sans avoir pour objet l'un des crimes énoncés en l'article 77, a eu pour résultat « de fournir aux ennemis des instructions nuisibles à la situation militaire ou politique de la France ou de ses alliés », entraîne la peine de la détention.

Les articles 80, 81, 82 et 83 punissent de la peine de mort la divulgation des secrets d'une négociation ou d'une expédition, la livraison de plans à l'ennemi, le recel des espions ou des soldats de l'ennemi envoyés à la découverte.

Enfin le Code pénal (art. 84 et 85) prononce la peine du bannissement contre ceux qui, par des actions hostiles non approuvées par le gouvernement, auraient *exposé* l'Etat à une déclaration de guerre ou des Français à des représailles.

Si nous ajoutons à cette énumération de crimes et délits contre la sûreté extérieure de l'Etat, le long chapitre des crimes contre la sûreté intérieure, qui comprend les attentats et complots dirigés contre le chef de l'Etat et les crimes tendant à troubler l'Etat par la guerre civile, l'emploi illégal de la force armée, la dévastation et le pillage public, on aura la série complète de faits qui peuvent

48

être compris sous la dénomination de haute trahison.

TRAITANT. Officier du roi qui se chargeait de recouvrer les impôts, à certaines conditions réglées par un traité. Le prince lui demandait une somme convenue, et lui abandonnait le surplus de ce qu'il pouvait retirer des contribuables.

TRAITÉS POLITIQUES, DE COMMERCE ET DE NAVIGATION.

Le besoin de rapprochement inné chez l'homme, comme membre de la société, se fait également sentir de nation à nation, d'État à État. Le citoyen traite avec son concitoyen pour les besoins ou l'agrément de sa vie (de chaque jour ; les peuples s'unissent entre eux par des conventions de différentes natures, mais qui toutes sont dominées par un seul et même mobile, le besoin de paix et d'assistance. Ceci est vrai depuis les premiers âges de la civilisation ; mais il y a eu des transformations nombreuses et bien marquées dans les causes qui, à diverses époques, ont rapproché les peuples et les gouvernements. Les grands traités des dix septième et dix-huitième siècles et du commencement du dix-neuvième sont plutôt produits par l'épuisement des forces matérielles des contractants qu'inspirés par leur mutuelle sympathie ; de nos jours, au contraire, on avait pu espérer que l'estime, l'amitié, un vif sentiment de solidarité rapprochaient les peuples et les gouvernements ; des événements contemporains ont détruit ou du moins troublé ces espérances, il est cependant bien à désirer que des traités de l'ordre économique, traités de commerce, de navigation, etc., favorisent et assurent le développement matériel et moral des nations.

Les particuliers règlent et unissent leurs intérêts par des conventions ou contrats, *conventio est duorum pluriumve in idem placitum consensus*, comme dit la loi romaine (Dig. *De pactis*, l. 1) ; les peuples, par des conventions qui prennent le nom générique de traités. Ces traités sont de diverses sortes. La division la plus simple et la plus vraie nous paraît être la suivante : traités politiques et traités économiques ; les premiers destinés à régler les grands intérêts de suprématie, d'équilibre, de paix et de guerre qui s'agitent entre les États ; les seconds qui règlent les questions internationales de commerce et de navigation, de tarifs, de douane, de postes, de chemins de fer, de télégraphe, etc. Aux traités politiques appartiennent ces grands traités qui dominent l'histoire moderne et qui, à partir du seizième siècle et à la suite de guerres longues et sanglantes, ont, suivant les fortunes diverses des armes, fixé l'étendue territoriale et déterminé les droits des grands États, tels les traités de Westphalie, après la guerre de Trente Ans, d'Utrecht, à la fin du règne de Louis XIV, de Vienne, en 1814 et 1815, de Paris, en 1856, de Versailles et de Francfort en 1871. Pour donner un exemple de traités économiques, il suffira de citer le traité de commerce conclu et signé à Paris, le 23 janvier 1860, ratifié le 4 février entre la France et l'Angleterre et qui a été le point de départ d'un nouveau système commercial pour la France et, par un entraînement nécessaire, pour les diverses puissances de l'Europe.

Les traités que nous a laissés le monde ancien sont peu nombreux ; les peuples qui couvraient la surface du monde connu avaient peu de rapports entre eux. Les Grecs et les Romains, que l'histoire nous montre comme occupant le premier rang dans les destinées des choses humaines, montraient pour les autres nations un trop grand dédain pour s'unir à elles par des conventions dont le point de départ doit toujours être l'égalité des contractants. Egger, dans un Mémoire sur les traités publiés dans l'antiquité, a relevé, d'après des inscriptions, les principaux traités de la Grèce et de Rome. La chute de l'empire romain et les invasions des Barbares arrêtèrent toute manifestation des principes et des actes du droit des gens. Beaucoup plus tard, c'est-à-dire vers le quatorzième siècle, le commerce, et surtout le commerce maritime, amenèrent la reprise sérieuse des rapports internationaux.

Les traités politiques, comme les traités économiques, sont soumis à certaines lois et à certaines conditions d'une application commune. De même que le droit civil requiert, pour la validité des contrats entre particuliers, diverses conditions, telles notamment que le concours de deux ou plusieurs parties capables de contracter, le consentement de ces parties, une cause d'obligation, enfin un objet certain, c'est-à-dire une prestation due par l'un des contractants ; de même pour les traités entre les nations, il faut également une cause licite, c'est-à-dire la possibilité physique et morale de l'engagement contracté, la capacité des parties contractantes, la liberté de consentement, ou l'absence d'erreur, de fraude et de violence. L'effet de ces vices serait d'invalider les traités publics aussi bien que les contrats privés qui en seraient entachés.

Reprenons une à une les diverses conditions que nous venons d'énumérer.

Tout traité doit avoir une cause licite ; il faut que son objet soit physiquement et moralement possible. Ainsi aujourd'hui le maintien ou l'introduction de l'esclavage ne pourrait faire l'objet d'un traité. Ainsi encore on ne saurait admettre comme valables des dispositions ayant pour but de porter préjudice aux droits de tiers.

La seconde condition requise pour la validité d'un traité, c'est la capacité des parties contractantes, et, à ce point de vue, il y a des distinctions à faire suivant l'objet du traité. En principe, le pouvoir de faire des traités appartient à tout souverain, quelles que soient l'étendue et la puissance de son empire ; certaines constitutions seulement en réservent la ratification au parlement. Dans les

Etats mi-souverains, le chef a, sous ce rapport, un pouvoir plus ou moins étendu, suivant les conventions qui ont organisé l'Etat auquel il commande. Ainsi les gouvernements des Etats qui formaient la Confédération germanique avaient le pouvoir de conclure des traités, tandis que, dans la république des Etats-Unis d'Amérique, ce pouvoir est refusé aux Etats dont elle se compose et qui ne peuvent agir sans l'intervention du pouvoir central. Au moyen âge, le droit de conclure des traités a été souvent accordé à des villes municipales et commerçantes. En France, ce droit a subi de grandes vicissitudes. D'après la Charte de 1814, le roi avait le droit de négociation et de ratification de tous les traités (art. 14). Mais du principe incontesté qu'aucun impôt ne pouvait être perçu sans le consentement des chambres résultait cette conséquence que tout traité de nature à agir sur la perception de l'impôt ou les tarifs de douane devait leur être soumis. Les choses se passaient ainsi sous le régime de 1830. L'article 6 de la Constitution de 1852 donnait au chef de l'Etat le pouvoir de faire les traités de paix, d'alliance ou de commerce ; un sénatus-consulte du 25 décembre de la même année étendit ce pouvoir aux modifications de tarifs qui peuvent résulter d'un traité. Mais si les modifications de tarifs appartenaient exclusivement au chef de l'Etat, le concours de la représentation nationale demeurait nécessaire pour les autres clauses financières qui seraient l'objet de stipulations internationales.

Le consentement doit être libre, mais quelle sera l'étendue de cette liberté ? Certains traités de paix et d'alliance sont souvent conclus à la suite d'événements militaires ou politiques, dont la pression ôte à une ou à plusieurs des parties contractantes quelque chose d'une pleine et entière liberté morale. Ce que la raison et les principes repoussent, c'est l'erreur, la fraude et la violence, une violence telle que le caractère le plus fort et le plus énergique peut en être ébranlé, ce qui a lieu pour un Etat dans le cas de menace pour son existence ou son indépendance, pour le souverain et ses représentants dans le cas de menaces sérieuses et facilement réalisables à leur vie, à leur honneur, à leur liberté. Ce que les chefs d'Etat et leurs représentants ne doivent pas oublier vis-à-vis des faibles, c'est que « l'injustice est un mauvais fondement sur lequel le monde politique ne saurait bâtir que pour sa ruine ». (M. de Talleyrand au congrès de Vienne.)

Il n'y a pas de forme précise pour constater les traités internationaux. Un traité existe dès que l'une des parties s'est engagée avec la pensée d'être liée par l'acceptation de l'autre et que l'acceptation de cette autre partie est constatée. On doit cependant mentionner que plusieurs publicistes ne reconnaissent de traités obligatoires que ceux qui sont rédigés par écrit ; c'est, comme le fait observer Pinheiro-Ferreira dans ses notes sur Martens,

confondre l'obligation civile avec l'obligation naturelle. Les législateurs ont eu sans doute raison, pour fermer la porte à d'interminables litiges, d'établir que l'on considérerait comme nul tout traité dont on ne pourrait pas produire un document signé par les deux parties contractantes : mais ce n'est là qu'une précaution. L'écriture n'est que la preuve du contrat, elle n'est pas le contrat.

La langue latine a longtemps servi de langue habituelle dans la pratique diplomatique ; mais depuis le dix-septième siècle la langue française s'est substituée presque partout à la langue latine, sans être cependans obligatoire. Depuis quelque temps les gouvernements tendent à se servir de préférence de leur propre langue, souvent les traités sont rédigés et signés dans les langues des deux contractants.

En général les conventions ont pour objet des affaires déterminées et transitoires, s'accomplissant et se consommant par un acte unique, telles que des traités de limite, de cession et d'échange. Le caractère de ces conventions est d'être perpétuelles. Les traités proprement dits engendrent, au contraire, des prestations successives et réitérées, tels des traités d'alliance ou de commerce.

Il arrive rarement que les chefs d'Etat traitent personnellement et sans intermédiaire. Cela a cependant parfois lieu. A Villafranca par exemple (1859), l'empereur des Français s'est mis en rapport direct avec l'empereur d'Autriche. Habituellement les négociations ont lieu par des intermédiaires auxquels on donne le nom générique d'agents diplomatiques. Le caractère dont ces agents sont revêtus leur donne capacité pour ouvrir et suivre les négociations qui intéressent leur gouvernement ; dans certains cas ils reçoivent, pour traiter une affaire déterminée, une autorisation particulière, *pleins pouvoirs*, d'où leur vient la dénomination de *plénipotentiaires*. Ces pleins pouvoirs ostensibles sont souvent accompagnés d'instructions spéciales et secrètes. Aussi, bien qu'en principe le souverain soit engagé comme tout mandant par son mandataire lorsque celui-ci a agi dans les limites de son plein pouvoir, il est d'usage, en dépit même de la promesse de ratification, de subordonner la validité et l'efficacité du traité à la ratification et à l'échange qui en sont aujourd'hui le complément nécessaire. La ratification, qui ne se refuse que pour des raisons majeures (impossibilité physique d'exécuter, erreur mutuelle des parties, changement des circonstances, non-concours du pouvoir législatif quand ce concours est nécessaire), a pour premier et principal résultat de constater que le mandataire n'a pas dépassé les limites de ses pouvoirs ; en cas de pouvoirs tacites, elle les atteste et les confirme ; elle donne ensuite pleine efficacité, en général avec force rétroactive, au traité conclu. Il n'est pas douteux que la ratification ne puisse être suppléée par des actes équivalents et notamment par l'exécution.

Les traités de commerce et de navigation ont pour but principal de faciliter les relations internationales du commerce maritime. En réglant la libre fréquentation, par les bâtiments marchands d'une puissance étrangère, des ports ouverts, ils renferment quelquefois des stipulations concernant les lois de douane; et relativement à ces droits de douane et aux droits de navigation ils prononcent soit le *traitement national*, soit le *traitement de la nation la plus favorisée*, soit l'*exacte réciprocité;* quelquefois même ces trois conditions réunies sont stipulées, comme dans les traités conclus le siècle dernier entre la France et l'Espagne. — On compte au moins de 150 à 160 traités de commerce et de navigation conclus depuis deux siècles, qui stipulent, au profit de la navigation et du commerce des États contractants, le traitement de la *nation la plus favorisée*. La concession du traitement national est plus rare ; souvent elle ne concerne que les droits de navigation ; d'autres fois elle s'étend aux droits de douane. Pour des exemples, *voy.* de Cussy, *Phases et causes célèbres du droit maritime des nations*, t. I, p. 76.

En général, la réciprocité doit être le principe des traités de commerce ; il faut que pour les divers contractants ils protègent, étendent ou restreignent dans une mesure égale la liberté du commerce; en effet, suivant Gérard de Reyneval : « Les traités qui n'ont pour base que la convenance de l'un des contractants ne sauraient, comme tous les actes unilatéraux, subsister sans violence, sans discussion, et sans qu'il en résulte une tendance perpétuelle, d'une part, à les étendre, de l'autre, à les enfreindre. »

Les traités de commerce contiennent habituellement des clauses concernant les temps de paix et d'autres concernant les temps de guerre. Les premières roulent habituellement sur l'importation, l'exportation, l'entrepôt et le transit des marchandises, sur les douanes, les droits de navigation, tels que les droits de tonnage, ancrage, pilotage, etc., sur les quarantaines, les péages, le séjour des bâtiments dans les docks et des marchandises dans les magasins de la douane, sur les primes à l'exportation ou à l'importation ; — sur l'exercice du droit de préemption, etc. ; sur la désignation des papiers de bord dont le capitaine étranger doit être muni ; sur les cas d'angaries et arrêts de prince ; sur l'admission des consuls et l'étendue de leurs droits ; sur la position des négociants étrangers. Plusieurs traités, suivant la situation des contractants, contiennent des stipulations relatives aux colonies et à la pêche. Enfin, la durée de ces traités est indiquée.

Pour le temps de guerre, la plupart des traités de commerce interdisent les représailles; autorisent, en cas de rupture, les négociants d'une nation établis sur le territoire de l'autre à se retirer dans un délai plus ou moins prolongé, eux et leurs familles, leurs vaisseaux et leurs propriétés ; déterminent les conditions du blocus; désignent les limites de la mer territoriale dans lesquelles la poursuite de l'ennemi ne peut avoir lieu sans que le poursuivant ne porte atteinte à l'indépendance de l'État neutre, etc. Des clauses spéciales déterminent aussi les conditions du commerce maritime en temps de guerre, pour les nations restées neutres ; elles spécifient la contrebande de guerre, les conditions des prises, etc.

Dans les deux grandes divisions indiquées au début de cet article viennent se ranger une variété infinie de traités dont l'appellation précise et indique le but et la nature spéciale, tels les traités d'alliance, de subsides, de limites, de cession de territoire, les traités pour l'abolition de la traite des noirs, les traités relatifs à la propriété littéraire, artistique et industrielle, aux postes, aux télégraphes, aux chemins de fer, etc.

Il est enfin une dernière espèce de traités qui tient à l'administration intérieure de chaque État et est destiné à assurer la répression des crimes et délits de *droit commun*, les traités d'extradition. (*Voy.* Calvo, *Droit international*, t. I, liv. IX). Pendant longtemps, l'usage, ou pour mieux parler, l'abus du droit d'asile (*voy.* **Asile**) et l'exagération du principe de la souveraineté du territoire ont fait repousser les traités d'extradition. Aujourd'hui, les gouvernements, éclairés sur les résultats moraux et sociaux de l'extradition, se prêtent volontiers aux traités destinés à régler cette mesure. Les facilités de locomotion, agrandies chaque jour par les progrès incessants de l'industrie, donnaient trop d'encouragement aux malfaiteurs. Beccaria a dit : « La persuasion de ne trouver aucun lieu sur la terre où le crime puisse rester impuni, serait le moyen le plus efficace de le prévenir. » Cette vérité, proclamée par Beccaria, a dû triompher des anciens préjugés longtemps entretenus contre l'extradition. Nous renvoyons d'ailleurs à l'article consacré à cette matière dans le Dictionnaire.

Les obligations du droit des gens diffèrent, comme chacun sait, des obligations du droit civil en ce qu'elles manquent de sanction, à raison de l'absence d'une autorité supérieure ayant force et caractère pour les faire respecter et exécuter, dans l'impuissance d'agir directement pour assurer l'efficacité des traités, les usages et la pratique du droit des gens recommandent divers moyens dont l'efficacité est plus ou moins contestable. *Pacta sunt servanda*, dit la loi naturelle : « les rois doivent bien prendre garde aux traités qu'ils font ; mais, lorsqu'ils sont faits, ils doivent les observer avec religion, » ajoute le *Testament politique* de Richelieu, 2e partie, chap. VI.

Parmi les divers moyens auxquels on a eu longtemps recours pour assurer l'exécution des traités, il convient de citer le serment, les otages, les gages et les garanties, cautions personnelles ou tierces puissances. Mais ces moyens ont moins d'efficacité que les jugements de l'opinion publique, qui dominent aujourd'hui les peuples et les gouvernements. De ce que le droit des gens ne trouve pas, comme le droit civil, une sanction certaine dans la décision des tribunaux et l'intervention de la force publique, la raison et l'honnêteté peuvent-elles admettre que les dispositions des traités demeurent sans effet par la seule volonté d'une des parties contractantes ? Les principes de morale publique, chaque jour en progrès, s'y opposent ; à ce sujet on ne peut trop recommander aux nations de l'Occident le préambule d'un traité entre l'empereur de Perse Nadir Shah et le sultan Mahmoud, empereur des Turcs, en 1747, et qui commence par ces mots : « Gloire soit à Dieu qui, entre autres choses, a déraciné toute haine et toute inimitié du cœur de ces nations et leur a commandé *de garder leurs traités d'une manière inviolable*, ainsi que le dit le livre à jamais glorieux : O vous qui croyez, gardez vos engagements. »

TRANSIT. Passage de marchandises au travers d'un pays. Pendant longtemps, ce passage n'était, par suite de réminiscences des temps barbares, obtenu pour les marchandises qu'à titre onéreux. Mais les temps ont changé ; les pays, connaissant mieux leurs intérêts, ont supprimé tout droit de transit, sauf, bien entendu, dans certains cas, lors d'une guerre.

TRAVAIL. Il y a, dans les mots qui semblent le moins s'y prêter, une partie abstraite qui ne s'en dégage que lorsqu'on s'étudie à les définir. Quoi de plus simple, de plus limité en apparence, que ce mot de travail dans son acception la plus usuelle ! Essaye-t-on de s'en rendre compte, c'est l'économie entière des sociétés que l'on découvre. L'homme à l'état de nature n'a que ses bras pour se suffire et son intelligence pour régler le meilleur emploi de ses bras. La satisfaction de ses besoins est subordonnée à son activité. Pour se nourrir, se vêtir, se mettre à l'abri, il doit agir, s'ingénier, pourvoir à sa défense comme à sa conservation. Dans les premiers âges du monde, l'homme ne songe qu'à vivre ; plus tard, quand l'aisance est venue, il songe à bien vivre. Même modification dans la tâche qu'il s'assigne. Au début, elle ne va pas au-delà du besoin individuel ; tout au plus s'étend-elle à la famille. Avec la tribu, la tâche s'agrandit ; l'esprit de groupe s'en mêle et porte l'effort plus loin, aussi loin que cet effort est compatible avec les mœurs nomades. La vie sédentaire y ajoute un aiguillon de plus par l'appropriation du sol et le cantonnement. C'est sous cette dernière forme que l'activité humaine arrive à sa plus grande somme d'énergie, se règle et se distribue mieux,

fournit cet excédent de travail qu'une génération transmet à celle qui lui succède comme un héritage et comme un dépôt. La commune, la cité, la nation naissent sur des espaces où la main des fils n'aura plus qu'à ajouter à ce qui est sorti de la main de leurs pères ; la civilisation est née et s'étend comme une terre d'alluvions par couches successives.

Tout n'a pas été conforme à la justice dans cette œuvre des siècles ; la violence et la ruse y ont dominé. Le faible a plié sous le joug du fort et de l'audacieux ; les fruits du travail n'ont pas été répartis en raison des services. Il a fallu traverser de longues périodes de troubles et des régimes divers pour que le travail obtînt des garanties relatives et une sécurité suffisante. Sur les débris des premières servitudes, les monopoles ont fondé leur empire et longtemps l'ont maintenu ; les chaînes s'allégeaient sans que l'affranchissement devînt définitif. Partout et à tous les degrés de l'échelle sociale, des situations abusives empiétaient sur les droits naturels et s'imposaient à l'activité commune par des prélèvements ou des empêchements. Tel travail était taxé à outrance, tel autre étouffé dans des compartiments, tel autre interdit. La communauté se comportait en marâtre qui distingue entre ses enfants, enlève aux uns le nécessaire pour donner aux autres le superflu et met une sorte de gloire dans ce partage inégal. Il y a quatre-vingts ans à peine, nous en étions là ; ce sera l'honneur de notre siècle que d'avoir brisé des entraves blessantes pour les individus, onéreuses au bien public. Les assujettissements de métier ont presque tous disparu. L'homme s'appartient, dispose de lui-même. Aucune carrière ne lui est absolument fermée.

Le mouvement naturel des sociétés est désormais la prépondérance des classes actives sur les classes oisives [1]. Les mœurs y aident par l'honneur qu'elles attachent au travail, et surtout au travail intelligent et persévérant. Ces droits qu'avait l'homme quand il était isolé et libre, il les a recouvrés dans sa vie en communauté, mais au prix de quels tributs, de quelles épreuves, de quelles luttes ! L'histoire est là pour le dire. Telle liberté dont nous jouissons avec une indifférence qui naît de l'habitude, a été payée par le sang et les larmes de vingt générations ; conserver, compléter ce qu'elles nous ont légué n'est pas seulement un intérêt pour nous, c'est encore un devoir envers leur mémoire.

Voilà déjà un phénomène constant dans la marche du travail humain ; il s'accumule par la force des choses et malgré quelques déplacements. Un second phénomène, non moins manifeste que le premier, c'est qu'il s'allège par des victoires remportées sur la

1. L'activité ne consiste pas uniquement, comme le pensent certains ouvriers, à travailler de ses mains ; le travail intellectuel est *au moins* aussi utile et bien plus fatigant. Voir d'ailleurs la suite de l'article.

nature. Plus l'activité est libre, plus cet allègement se prononce. Nous en avons des témoignages très significatifs. Le temps n'est pas loin où les bras portaient presque tout le poids de la besogne et s'y acharnaient jusqu'à l'exténuation. Peu d'auxiliaires imparfaits ou insuffisants; à peine soupçonnait-on les puissances latentes que la nature tenait à notre disposition. La science aidant, ces puissances ont été dégagées de leurs voiles, arrachées à leur inertie, sous des mains intelligentes elles se sont disciplinées et appropriées au service des arts. Ce sont la vapeur, l'électricité, les combinaisons chimiques et mécaniques. Ce que la tâche des bras avait de plus lourd, de plus pénible, leur est d'abord échu, puis elles se sont adaptées aux fonctions les plus délicates avec une précision qui remplit d'étonnement. Le surcroît de forces qu'apportait la nature n'a envahi, du domaine du travail, que ce qu'il avait de plus ingrat; il en a laissé la plus belle part à l'homme et dans des proportions telles, avec un cadre si large, que toutes les activités disponibles ont pu s'y renfermer avec des attributions meilleures et une plus juste allocation de profits. Ce spectacle est un des plus consolants auxquels l'humanité ait assisté.

C'est ici le cas d'examiner l'action de plus en plus grande qu'a exercée l'intelligence sur l'économie du travail. Pour certaines personnes, tout travail implique une œuvre machinale du ressort des bras plutôt que de l'esprit. Rien de plus erroné que cette vue. Ce qui domine dans le travail des mains, c'est l'esprit. Partout où l'homme agit, l'esprit commande, les mains obéissent. La situation du travail, chez un peuple, a toujours été en rapport avec le degré de culture des intelligences. Les premiers arts sont informes, barbares comme lui; ils répondent à son tempérament, à ses instincts, à ses habitudes. La force musculaire, la subtilité des organes l'emportent alors; tout est brut pour ces organisations de brutes. Ce peuple se police-t-il, les arts se conforment à ce changement d'état; l'intelligence s'y répand en plus grande dose; l'exécution devient plus réfléchie, plus savante, plus ingénieuse. Une hiérarchie s'établit, la pratique s'assujettit à des règles, l'art informe se change en art perfectionné; le dessein, le plan, l'ordonnance se montrent là où autrefois il n'y avait qu'un effort incohérent. Les théories naissent; les facultés de l'esprit dominent les produits de la force; elles inspirent et animent le travail. Tout ce qu'il y a de raffiné dans les arts vient de cette source; la dextérité manuelle, si puissante qu'on la suppose, y est subordonnée. On peut donc dire, sans rien outrer, que tout travail est une conception de l'esprit où le corps n'agit que comme instrument. Cette conception de l'esprit agit directement ou indirectement, selon qu'elle vient de celui qui exécute ou de celui qui ordonne; elle n'en est pas moins présente dans les actes, à quelque degré qu'elle s'y rencontre. C'est

ainsi qu'on est conduit, par une pente insensible, des arts qui agissent sur la matière à ceux qui agissent sans la matière, des arts qui s'incorporent dans un produit qui passe de main en main à ceux qui ne s'incorporent dans aucun produit et ne sont ni tangibles, ni susceptibles d'échange.

Est-ce là un travail dans la stricte acception du mot? Oui, c'est un travail, on peut l'affirmer résolûment. Dans la société humaine, tout ce qui est service et aboutit à un salaire est une des formes du travail, même quand aucun produit ne s'y incorpore. Prenons pour exemple l'avis du médecin, la leçon du professeur, le chant de l'artiste. Quoi de plus fugitif! Tout cela se consomme sans laisser de traces, assiste, instruit ou charme sans qu'il en résulte autre chose que des impressions [1]. Il en est de même de la sentence du juge, de la plaidoirie de l'avocat, de toutes les fonctions qui échappent au caractère de la matérialité. Ce sont là pourtant de dignes et sérieux travaux dont aucune communauté ne se priverait sans dommage. Ils ont au plus haut degré ce cachet d'utilité qui recommande les actes; ils sont le fruit de longues études et l'apanage de quelques esprits bien doués. Ce qu'il faut y voir, c'est le dernier triomphe de l'esprit sur la matière; les aptitudes corporelles s'y effacent complètement pour laisser le champ libre aux aptitudes intellectuelles. L'échelle du travail ressemble ainsi à cette mystérieuse échelle de Jacob dont les degrés rapprochaient l'homme du ciel. En bas la fonction est presque inconsciente; à mesure que l'on monte, on a mieux la conscience de ce que l'on fait et de ce que l'on vaut. Les rangs se règlent un peu suivant les forces, beaucoup suivant les facultés; ce qui à sa base n'est que l'instinct des arts, au sommet en devient le génie. Point d'exclusion d'ailleurs; point de cadres fermés; ni la condition, ni la naissance ne sont plus des obstacles; la faveur même n'a d'influence que dans un cercle restreint. Dans aucun temps l'homme n'a été davantage le maître de sa destinée, ni le mérite plus certain de son avancement. Le classement se fait par lui-même, par la force des choses; les supériorités avérées commandent partout où elles se montrent. Que d'ouvriers sont partis du plus humble emploi pour arriver à la fortune! L'industrie en est pleine. Que de fils de cultivateurs ont marché d'un pas ferme vers les plus hautes fonctions et les ont honorées par leurs services! A citer des exemples les noms abonderaient. Par ce trait surtout le travail d'aujourd'hui se sépare et se distingue du travail d'autrefois. Non-seulement les fruits de l'œuvre profitent désormais à qui l'accomplit, mais ils lui profitent en raison de ce qu'elle vaut. L'activité et la capacité en décident. Si quelques usur-

1. « Sans laisser de trace, » On peut discuter ce point. Un médecin qui vous guérit, un professeur qui vous instruit et vous permet de gagner votre vie, de rendre des services à l'humanité semble cependant laisser une trace bienfaisante.

pations persistent, elles sont éphémères et s'expient dans le dédain et l'obscurité. La vie véritable est dans les ambitions légitimes qui s'appuient sur des titres vérifiés et se confirment par l'assentiment de leurs juges naturels.

Tel est le travail dans l'ère moderne; « c'est la substance de la vie et c'en est en même temps la dignité, » dit Louis Reybaud. Il continue : « Dans quel sens la politique peut-elle agir sur lui? En lui laissant les franchises dont il jouit, en lui rendant celles qui lui manquent. S'il est un fait démontré, c'est que l'État, toutes les fois qu'il a voulu toucher au travail, a eu la main malheureuse. Son intervention, sous quelques formes qu'il l'ait déguisée, a été funeste; l'intention, même la meilleure, a été trahie par le résultat. Il serait facile d'en multiplier les preuves. Ce qu'a causé de préjudices aux communautés humaines la manie des règlements et des tarifs échappe à tout calcul; leur conséquence forcée a été une diminution d'activité, une déviation vers des productions artificielles, toujours précaires, au préjudice des productions naturelles, les seules viables. Le champ du travail n'atteindra sa pleine fécondité que lorsqu'il sera délivré de ce qui est parasite. Ce qu'il restera à faire à l'État, c'est de rechercher, dans les modes d'activité, ceux qu'un traitement de faveur place plus haut qu'ils ne doivent être; ceux qui sortent de la règle pour entrer dans l'exception, échappent à une bonne justice distributive et prélèvent sur la richesse publique des tributs détournés. Voilà une élagation définitive à faire, et l'âpreté que les intérêts mettent à se défendre témoigne qu'on n'en viendra pas aisément à bout. Ces places fortes que l'État a créées de ses mains, il lui faudra successivement les réduire ou les amener à composition. Son devoir sera d'y user de ménagements, son honneur d'achever la tâche commencée. Cette tâche se définit en quelques mots : débarrasser le terrain des situations abusives, de toute charge commune qui se convertit en profits particuliers, de tout privilège sans compensation suffisante. Cela fait, l'État peut se désintéresser et remettre au travail le soin et le souci de sa propre destinée. Aucune ingérence, si éclairée qu'elle soit, ne vaut pour l'activité de l'homme l'énergie qu'il puise dans le sentiment de sa liberté et de sa responsabilité. S'il réussit, il le doit du moins à ses efforts personnels; s'il échoue, il ne peut s'en prendre qu'à lui-même de son échec. Il a eu le choix des carrières, le choix des moyens pour s'y avancer; on n'a ouvert à personne, à côté de lui, des voies plus commodes pour arriver à la considération et à la fortune. Pour l'individu c'est donc une meilleure école, pour la communauté une charge de moins, des formes plus simples, un débat plus direct dans les services qu'on lui rend. Ce n'est qu'ainsi et par des dégagements successifs que le travail arrivera à la somme totale de sa puissance. »

« En résumé, dit-il encore, le travail envisagé dans le cours des siècles a traversé l'esclavage, le servage et le monopole, pour aboutir à un affranchissement graduel; il a payé assez largement sa rançon pour que ces derniers liens tombent d'eux-mêmes et lui laissent avec sa liberté entière toute sa vertu. Il s'est accumulé de manière à ce que la jouissance s'en perpétuât; il s'est perfectionné et a apporté par la tradition des arts un obstacle à la déchéance; il s'est enfin allégé par des découvertes qui honorent l'esprit humain. Sa marche a toujours été parallèle à celle des idées; il leur a emprunté ce qu'il a de plus pur, l'inspiration qui le porte, le feu qui l'anime. A tous ces titres il a mérité le rang qu'il tient et les lettres de noblesse que l'opinion lui a enfin conférées. »

De nos jours, on a cherché à mettre en opposition, en lutte même, deux abstractions: le capital et le travail. Cette lutte est une aberration d'esprit pour les uns, un instrument d'ambition pour les autres, une cause de souffrance pour leurs victimes, car le capital et le travail ne peuvent pas être séparés dans la production. Ce sont les deux branches des ciseaux; elles concourent pour couper, une seule ne le peut pas. Où cet homme dont la main droite est armée d'un marteau, pourrait-il enfoncer un clou, si on lui retire son marteau? Or, le marteau, comme tout instrument, est du capital. Du reste, celui qui réfléchit de bonne foi sur ces matières ne peut pas s'y tromper, et par cette raison il n'est pas probable que les détracteurs du capital puissent avoir un succès effectif. En fait, d'ailleurs, ils ne nient pas l'action indispensable du capital, ils disent seulement : enlevons-le à ceux qui le possèdent, emparons-nous-en. Si cet enlèvement était possible, il aurait pour effet de tuer cette poule aux œufs d'or, car il ne se formera plus de capital là où la propriété serait si peu respectée.

TRAVAUX PUBLICS. Vaut-il mieux que l'État exécute lui-même les travaux publics, ou est-il préférable de les céder à des entrepreneurs? Sur ce point, il n'y a pas de loi générale à poser pour tous les États, et dans chaque État, les administrateurs feront sagement de ne pas s'imposer une règle de conduite immuable.

Dans son grand ouvrage de la *Richesse des nations* (liv. V, ch. 1). Adam Smith se montre peu favorable à l'entreprise des travaux publics par l'État. Il incline très fortement vers le premier système et voudrait non seulement débarrasser le gouvernement du souci de l'exécution, mais décharger la communauté du fardeau de la dépense. « Une grande route, dit-il, un pont, un canal navigable, par exemple, peuvent le plus souvent être construits et entretenus avec le produit d'un léger droit sur les voitures ou les bateaux qui en font usage; un port, par un modique droit sur le tonnage du vaisseau qui y fait son chargement ou son déchargement. Quand les voitures qui passent sur une grande route ou sur un pont, ou les bateaux qui naviguent sur un canal, payent un droit proportionnel à leur poids et à leur port, ils payent alors pour l'entretien de ces ouvrages publics précisément dans la proportion du déchet qu'ils y occasionnent. Il paraît presque impossible d'imaginer une manière plus équitable de pourvoir à l'entretien de ces sortes d'ouvrages. Ce n'est pas tout: le droit que payent le voiturier ou le capitaine de navire, il l'impute sur le prix de la marchandise et c'est en définitive le consommateur qui le paye. Mais l'existence de la route, du pont ou du port a diminué les frais de transport, et les a certainement diminués d'une somme supérieure au droit, puisqu'on consent à le payer pour faire usage de la route, du pont et du port; le consommateur paye donc un léger droit pour obtenir une grande économie, ou, pour mieux dire, il ne paye rien et profite d'un accroissement de jouissance. On ne saurait trouver un meilleur impôt; c'est encore ce qu'Adam Smith s'applique à mettre en lumière. Ce système séduit par sa clarté et mérite d'être médité par les hommes d'Etat.

Il n'est pas pourtant à l'abri de toute critique. D'abord il ne peut être mis en pratique que sous un gouvernement fortement constitué et capable de réprimer les empiètements des puissants sur la liberté des faibles. Sous la féodalité, le principe de la rémunération directe des travaux publics par ceux qui en profitaient n'a guère engendré que des abus. Le seigneur faisait construire un moulin, un four, ou fabriquer un pressoir; il obligeait les manants de son domaine à y apporter leur blé, leur pain, à y faire leur cidre; la redevance devenait perpétuelle, sans qu'on s'inquiétât si le capital avait été ou non remboursé par les droits. Il en était de même des rivières et des routes, qui étaient hérissées de péages; la liberté des personnes et la circulation des marchandises en souffraient beaucoup. En second lieu, sous un gouvernement fort et dans un pays civilisé, la pratique de ce système est encore très délicate. Il faut bien calculer les conditions et les termes du contrat; l'entrepreneur, qui agit dans son intérêt personnel, cherche à s'assurer le plus grand bénéfice possible; le gouvernement doit défendre l'intérêt public et faire en sorte que la communauté n'ait pas à payer trop cher le service qu'elle recevra. Si, par exemple, l'entrepreneur, dans les trente années de sa concession, recouvre une somme quadruple de celle qu'il avait engagée, la société a fait évidemment une mauvaise affaire; si elle avait elle-même exécuté le travail avec l'argent de l'impôt, elle se serait remboursée en quinze ans peut-être et aurait joui beaucoup plus tôt d'un service gratuit. Enfin, si le principe du payement direct par le consommateur est juste, il faut que ce payement soit aussi simple que possible, que les péages soient peu nombreux, et qu'un voiturier ne soit pas tenu de marcher toujours l'argent

à la main; sans quoi les opérations de commerce seraient trop compliquées et la circulation serait entravée, comme au temps où un tonneau de vin avait à acquitter dix-neuf droits différents pour venir de Bourgogne à Paris. Ces réserves faites, le système d'Adam Smith est bon et doit être largement pratiqué pour deux raisons. La première, c'est qu'un gouvernement ne pense pas à tout, ne peut pas tout et qu'il est éminemment profitable que les entrepreneurs de tout genre sachent qu'ils pourront, au besoin, se substituer à lui, que lorsque leur expérience leur aura suggéré la pensée d'un travail d'utilité publique, ils pourront demander à l'exécuter et que leur proposition aura, dans certains cas, chance d'être accueillie favorablement: la communauté tirera certainement avantage d'une pareille disposition des esprits. La seconde, c'est que les consommateurs se rendront compte du sacrifice qu'exige la jouissance d'un travail; ils seront forcés de peser la dépense et l'utilité, et il est utile que le citoyen sente la responsabilité de ses actes et connaisse le prix véritable des choses qu'il paye. Toutefois le mode de perception indiqué par Adam Smith n'est pas le seul qui tende à ce but; une commune peut payer sur ses revenus généraux une route dont useront ses habitants; une ville maritime peut à ses frais creuser un port, qui, en sollicitant le commerce, l'enrichira elle-même. Ce qui importe, c'est que la dépense soit voisine de l'usage, que le contribuable sache pourquoi il paye et que l'usager sache ce qui lui en coûte.

On pourrait encore invoquer en faveur de ce système une troisième raison. Si un Etat l'adoptait, on n'y serait pas exposé à voir les fantaisies des administrateurs décorées du nom de travaux d'utilité publique et les dépenses inconsidérées d'un luxe ruineux en seraient nécessairement bannies; car on ne trouverait d'entrepreneurs que pour les travaux productifs de revenu. (E. Levasseur.)

Mais qui fortifierait les villes de la frontière? Qui, à côté du port de commerce, creuserait les coûteux bassins destinés à recevoir les navires de guerre? Sous le régime féodal, lorsque la propriété et la souveraineté étaient confondues, les travaux de défense ont pu être à la charge du seigneur. Aujourd'hui, ils ne peuvent être qu'à la charge de la communauté. Il faut en dire autant des palais, des bâtiments destinés aux administrations, des tribunaux, des écoles, des églises. Sans doute, l'Etat pourrait les louer; mais il est évident que, dans une maison construite pour ce dessein, et dont il est propriétaire, l'Etat est logé d'une manière plus commode, plus digne et même, lorsqu'il doit l'occuper à perpétuité, d'une manière plus économique. Le système d'Adam Smith ne saurait donc être absolu; dans un grand nombre de cas, il est bon, il est nécessaire même que l'Etat entreprenne pour son compte des travaux publics.

TRÉSOR. Ce terme a aujourd'hui plusieurs acceptions :

I. Il est synonyme de fisc, ou de *caisse de l'État* : on le prend en bonne part, tandis que le mot fisc a volontiers un sens défavorable. Le ministre des finances dira le *Trésor* ou l'opposition parlera du *fisc*.

II. Le trésor peut aussi être une réserve en argent comptant qu'un prince ou un gouvernement conserve pour les cas exceptionnels. Dans l'antiquité, on ne se croyait pas riche si l'on n'avait amassé un trésor. Au moyen âge, on croyait que les métaux précieux représentaient seuls la richesse, on thésaurisait également. On considérait d'ailleurs aussi le trésor comme une ressource contre la guerre. Mais généralement on aimait trop le luxe pour former un véritable trésor.

III. Citons encore l'acception vulgaire du mot trésor, celle dont l'article 716 du Code civil parle en ces termes : « La propriété d'un trésor appartient à celui qui le trouve dans son propre fonds : si le trésor est trouvé dans le fonds d'autrui, il appartient pour moitié à celui qui l'a découvert et pour l'autre moitié au propriétaire du fonds. Le trésor est toute chose cachée ou enfouie, sur laquelle personne ne peut justifier sa propriété, et qui est découverte par le pur effet du hasard. » Celui qui peut justifier de sa propriété peut revendiquer l'objet trouvé ; mais on n'accorde qu'un an et un jour pour la revendication des objets trouvés dans la rue ; ils restent pendant ce temps en dépôt à la mairie ou à la préfecture de police.

TRÉSORERIE. L'institution administrative, désignée sous le titre de Trésorerie nationale, ou de Trésor public, a pour mission de recueillir, aussitôt que possible, dans les caisses de l'État, les recettes perçues par les comptables des finances, et de les appliquer sans déviation, ni retard, aux besoins exigibles des services autorisés par les lois.

Cette administration spéciale doit maintenir ainsi, dans tous les temps, et sur tous les points du territoire, l'équilibre des ressources et des charges publiques, soit à l'aide des rentrées obtenues sur les revenus du budget, soit au moyen des produits des emprunts, soit enfin avec les fonds éventuels de comptes courants obligés ou volontaires, et de valeurs d'anticipation qui forment une dette flottante continuellement remboursable, mais presque toujours facile à renouveler.

Les ressorts du mécanisme administratif, organisé pour assurer le mouvement régulier des fonds de l'État, se composent d'une caisse centrale, placée au siège du gouvernement, dans le sein du ministère des finances, et de comptoirs extérieurs, subordonnés à ce grand réservoir d'espèces et d'effets de portefeuille, dont ils sont les canaux alimentaires dans les chefs-lieux de départements, d'arrondissements et même de communes.

Dans ce système, tout déplacement de valeurs doit être gouverné par l'unique pensée d'un seul administrateur, dont l'esprit vigilant embrasse et domine à la fois l'ensemble et les détails des ressources et des besoins de chaque localité. Aucune somme disponible n'est alors détournée de sa destination légale d'intérêt public, soit qu'elle entre immédiatement, après sa sortie de la main d'un contribuable, dans celle d'un créancier, soit qu'elle se trouve transportée plus loin et sur place partout où le service de l'État la réclame.

Une direction spéciale des finances est, en conséquence, chargée d'accomplir cette mission importante, en mettant chaque jour sous les yeux du ministre le tableau complet des ressources et des besoins de l'État et le bilan général de l'actif et du passif du Trésor.

TRÊVE. Ce terme, comme l'expression de TRÊVE DE DIEU, n'a plus qu'une signification historique. Il y avait des trêves aux époques où la guerre était l'état naturel des hommes et la paix l'exception. De nos jours, la paix étant la règle et la guerre l'exception, il peut bien être question d'une *suspension d'armes* (voy.) ou d'un *armistice* (voy.), mais jamais d'une trêve. La dernière trêve entre États chrétiens a été conclue en 1684 pour vingt ans ; avec la Porte ottomane il en est de plus récentes, mais, malgré quelques scrupules religieux, cet État musulman a dû consentir, dès le siècle dernier, à signer des traités de paix perpétuels avec des infidèles.

TRIBU. La tribu est la famille développée, la race est une tribu agrandie, et souvent le peuple est une race organisée politiquement. La tribu répond à une civilisation à peine naissante ; elle constitue un groupe de population qui se forme spontanément et dont les membres sont reliés entre eux par les liens du sang. Toutefois l'antiquité, et notamment Rome, a établi aussi la tribu comme subdivision politique.

TRIBUN DU PEUPLE. A l'oppression de l'aristocratie le peuple de Rome opposa ses tribuns. Mais cette magistrature, qui pouvait être tout aussi bien l'instrument de la sédition que l'arme de la liberté, ne devait malheureusement pas donner à Rome, ni remplacer ce qui lui manqua toujours ; la classe moyenne. Deux, cinq ou dix magistrats n'offrent pas à la liberté d'une nation les mêmes garanties que cette force intelligente que produisent l'instruction, la richesse et le nombre, et qui se concentre dans les classes moyennes. La démocratie romaine n'a su résister à l'aristocratie que pour tomber sous la main d'un maître. Cette aristocratie était d'une avidité sans bornes ; elle s'était emparée des terres conquises sur l'ennemi et avait de bonne heure inauguré le régime désastreux des grandes propriétés, qui amena si promptement la ruine de l'agriculture et la dépopulation de l'Italie. Les moutons mangeront les hommes, disait Caton ! La grande propriété a perdu l'Italie, disait Pline. Comme si la fortune territoriale qu'elles accaparaient ne leur suffisait pas, les grandes familles patriciennes dévoraient le petit peuple par une usure effrénée. Les lois contre les débiteurs étaient atroces; on pouvait les jeter en prison chargés de chaînes les vendre comme esclaves, les mettre à mort et se partager leurs corps entre créanciers! On poussa l'excès si loin que le peuple se révolta et se retira sur l'Aventin; il demandait que les esclaves pour dettes fussent affranchis et qu'il fût fait remise de la dette aux insolvables. Ce n'était, après tout, rien de plus que ce qu'on accorde de nos jours au commerçant failli. Les patriciens eurent peur et firent des concessions; mais le peuple avait été si souvent trompé qu'il exigea des garanties et ne voulut rentrer dans Rome qu'à la condition qu'il aurait des magistrats à lui, assez indépendants pour veiller fidèlement à ses droits et assez puissants pour les faire respecter. De l'excès des maux du régime aristocratique naquit la célèbre institution des tribuns du peuple, qui donna des chefs à la démocratie et organisa la lutte entre les deux puissances.

Le nombre des tribuns du peuple fut porté de deux à cinq et plus tard à dix. Leur élection se faisait dans les comices assemblés par tribus, le 4 des Ides de mars. Ils ne pouvaient être pris ni parmi les patriciens ni parmi les plébéiens sénateurs; leur personne était inviolable et sacrée; ils avaient le droit d'opposer leur véto aux sénatus-consultes et à tous les actes des magistrats; ils faisaient conduire en prison par leurs huissiers quiconque ne respectait pas ce véto; ils pouvaient faire mettre sur-le-champ tout prisonnier en liberté et le soustraire même au jugement prêt à être rendu contre lui; leur maison devait être ouverte à tous jour et nuit et ils ne pouvaient s'absenter de Rome; enfin, ils avaient le droit de convoquer le Sénat.

C'était assurément une redoutable autorité entre les mains du peuple que celle des tribuns; mais on parvint à l'entraver : l'opposition d'un seul annulait le véto prononcé par tous les autres! C'était donc en affaiblir que d'augmenter leur nombre, les chances de division devenant plus grandes et l'influence des patriciens trouvant plus facilement à s'exercer.

Le tribunat étant un système destructeur de l'unité, on devait nécessairement songer à l'affaiblir.

TRIBUNAT. La Constitution du 22 frimaire an VIII (13 déc. 1799) créa le tribunat. Cette institution éphémère qui, par son nom, mais par son nom seulement, nous reporte aux souvenirs de l'ancienne Rome, était destinée, dans la pensée de son auteur, à représenter l'opposition dans le gouvernement.

Sous l'Empire, le tribunat n'était plus

qu'un contre-sens; il fut réduit d'abord à cinquante membres par le sénatus-consulte du 16 thermidor an X, puis supprimé par le sénatus-consulte du 19 août 1807.

TRIBUNAUX DE RÉVISION. Tribunaux devant lesquels peuvent être attaqués les jugements des tribunaux maritimes.

TRIBUNE. Endroit un peu plus élevé que le reste de la salle, où se place l'orateur dans une assemblée. La tribune ressemble beaucoup à une chaire, elle est généralement placée devant le bureau du président, qui se trouve sur une estrade plus élevée, et en est dominée. Quelquefois elle est sur la même estrade, à droite ou à gauche du président.

La tribune a été adoptée dans presque toutes les assemblées politiques, sauf au parlement anglais, où, conformément à la tradition, chacun parle de sa place. Le gouvernement du 2 décembre l'avait supprimée et les membres du Corps législatif parlaient de leur place jusqu'en 1867. C'est au duc de Morny, qui a longtemps présidé cette assemblée, qu'on doit le rétablissement de la tribune. Voici ce que rapportent sur ce point divers journaux en janvier 1867, d'après *l'Union de l'Ouest* :

« Sire, disait M. de Morny, un jour que l'Empereur était venu examiner sa statue qu'on venait d'inaugurer dans la salle du Corps législatif, la tribune a, même au point de vue gouvernemental, trois avantages incontestables : elle abrège les discussions en intimidant beaucoup de parleurs qui aiment à pérorer de leurs places et qui craindraient de s'exposer à la solennité de la tribune : elle rend plus circonspect et plus modéré l'orateur qui est souvent excité par ses voisins; elle permet au président de contenir l'orateur en lui glissant à l'oreille un mot, qui, prononcé trop haut, est mal interprété et perd de son efficacité. »

L'un de ses successeurs sur le siège de la présidence était du même avis. Dans la séance du 18 juillet 1867, invitant un orateur qui voulait dire « quelques mots » de sa place, à monter à la tribune, il y eut l'incident suivant :

M. le président Schneider dit : « Je crois que tout le monde gagnera à ce que l'on veuille bien parler à la tribune, parce qu'il y a de grandes difficultés à se faire entendre de sa place. » (Oui! oui! à la tribune.)

« Quand on parle à la tribune, le discours n'est pas plus long pour cela, et il est plus clair parce qu'il est mieux entendu. (Nouvelles marques d'adhésion.)

Tout le monde n'était pas, cependant, favorable alors à la nouvelle mesure, mais nous nous bornons à reproduire un court article de Nefftzer, inséré dans *le Temps* du 1er janvier 1867 :

« On relève la tribune des orateurs au Corps législatif, et l'on va sans doute aussi, du même coup, relever celle du Sénat. Nos salles parlementaires ayant été construites en vue d'une tribune,et beaucoup d'orateurs ne pouvant se faire entendre de leur place,la mesure est bonne, eu égard à ces conditions particulières. Nous ne demandons pas mieux non plus que d'y voir un témoignage de sympathie donné par le pouvoir aux Chambres, et à ce point de vue encore, nous nous en félicitons. Mais, en dehors de ces considérations tout accidentelles, et au point de vue des principes, nous avouons que la restauration de la tribune nous touche infiniment peu. Là discussion parlementaire doit être aussi peu théâtrale que possible, et c'est sans moyen factice, sans nul effort,et tout naturellement, que la simple conversation s'y doit élever jusqu'à l'éloquence. Cette notion est à la fois hostile à la tribune, qui met les orateurs en scène, et aux discours écrits qui, n'étant jamais écoutés, ne peuvent avoir d'effet utile sur la discussion.La tribune est un des nombreux contre-sens, que nous avons commis, lorsque, voulant reproduire l'histoire ancienne, nous l'avons parodiée, faute de la comprendre. La tribune des anciens était sur la place publique, et elle y était nécessaire à des orateurs qui parlaient à une foule. Les Anglais ne s'y sont pas trompés : ils montent sur des planchespour haranguer le peuple dans les meetings; mais, dans les Chambres, ils parlent de leur place, et ils ne tolèrent pas les discours écrits. »

Nous venons de reproduire les divers arguments donnés *pour*et*contre*,ajoutons notre opinion. Nous sommes pour les assemblées peu nombreuses, parce que nous les croyons les plus efficaces et dans des assemblées de moins de cent membres, peut-être même de deux cents, la tribune est inutile, elle serait une gêne. Dans les assemblées nombreuses, elle devient une nécessité physique : l'auditoire entend mieux l'orateur qui parle d'une tribune. La question n'a du reste qu'une importance secondaire, car on peut abuser de la parole ou tomber dans la déclamation, sans être placé sur une estrade ; c'est une erreur aussi de considérer la tribune comme un moyen de diminuer les interruptions [1].

TRIBUTS. On appelle tribut les redevances qu'un État paye à un autre État en signe de vassalité.

Les Romains employaient d'abord le mot tribut dans le sens d'impôt personnel,et c'est d'eux qu'il nous vient [2]. Il était arrêté par le Sénat et payé par tous les citoyens; c'était la contribution directe, personnelle et mobilière; on disait aussi : *census ;* mais bientôt on rangea dans les tributs la redevance foncière (*jugatio*) et les impôts en nature (*annona*). Sous l'Empire, tribut désigna plus spéciale-

ment l'impôt personnel des provinces de César; celui des provinces du Sénat;s'appelait *stipendium.* Sous le Bas-Empire, ces deux contributions furent confondues, comme le trésor de l'empereur et le trésor public.

Plus tard, les tributs ne furent jamais des impôts librement consentis, mais des redevances imposées par la conquête, pour le rachat de la personne ou des biens. Tel est celui que les musulmans, et surtout les Turcs, ont imposé aux nations vaincues. Ces tributs ne furent presque jamais excessifs; la dureté de cette oppression se faisait sentir d'une autre manière. Montesquieu dit avec vérité : « On peut lever des tributs (et des impôts) plus forts à proportion de la liberté des sujets ; et l'on est forcé de les diminuer à mesure que la servitude augmente. » Les sujets de l'empire byzantin se donnèrent aux musulmans pour échapper à la fiscalité des exarques. De même, lors de l'invasion des Turcs, les chrétiens ne furent plus assujettis à cette multitude d'impôts dont ils avaient précédemment à se plaindre : on ne leur imposa qu'un tribut léger. Mais la sujétion n'en fut que plus horrible : chaque année, les armées turques prélevaient sur les vaincus un vaste tribut de femmes et d'enfants. (Les historiens du seizième siècle disent souvent : le « tribut d'enfants ».)

Actuellement, les Turcs lèvent deux espèces de tributs : l'un, dans les possessions immédiates du sultan, sur tous les *raïas* (sujets non musulmans) : c'est la *capitation ;* l'autre sur les pays chrétiens, possessions médiates du sultan. Les premiers interprètes du Coran avaient persuadé aux musulmans qu'ils devaient tuer ceux qui refuseraient d'embrasser l'islamisme. Cette extermination parut bientôt plus difficile qu'on n'avait pensé ; on admit les vaincus à racheter leur vie par le payement d'un tribut. C'est en réalité le même tribut que payèrent les *raïas* individuellement, et les pays vassaux de la Porte, par l'intermédiaire de leur gouvernement. Actuellement, les pays tributaires de l'empire turc acquittent cet impôt par l'intermédiaire de leurs gouvernements.

L'Egypte.......	131,667	bourses	=	16,590,000 fr.
Ile de Samos....	800	»	=	92,000
Mont-Athos	174	»	=	20,010
La Bulgarie.....		»	=	3,500,000

TRONE. « Qu'est-ce qu'un trône? disait Napoléon. Quatre morceaux de bois recouverts de velours. » Le trône des rois de l'Europe moderne est, en effet, un simple fauteuil, mais le trône des rois du moyen âge était un grand lit couvert de coussins. Les trônes des rois d'Orient sont encore des divans d'une magnificence bizarre, où l'on s'assied les jambes croisées. Voltaire (*Essai sur les mœurs*) fait une belle description du Grand Mogol, d'après Tavernier ; mais M. de Jaucourt (*Encyclopédie*, art. TRÔNE) soupçonne fort Tavernier d'imagination ; il n'accorde pas plus de confiance aux merveilles que d'autres voyageurs racontaient des trônes du Grand Seigneur, de l'empereur de la Chine ou du Mikado du Japon.

On a dit aussi le trône, pour dire la royauté, le roi, les princes. Le discours du trône est le discours que prononce le monarque à l'ouverture des assemblées législatives. On dit aussi : le discours de la couronne. On ne dit pas : Discours du Roi, parce que dans les États constitutionnels le discours est préparé par les ministres. L'Empereur Napoléon III faisant lui-même ses discours, lorsque ses ministres n'étaient pas responsables, on disait : Discours de l'Empereur.

TROPHÉE. Les premiers trophées étaient des troncs de chêne ou de petites pyramides qu'on élevait pour célébrer la fuite des ennemis. On y attachait les armes des vaincus. Souvent même c'étaient les armes seules.

TUILERIES. Le pavillon de plaisance élevé, parmi les fabriques de tuiles, par Philibert de Lorme pour Catherine de Médicis, s'augmenta, sous les rois qui suivirent, de vastes bâtiments, et devint le séjour des souverains français. Les Valois et les premiers Bourbons préféraient le Louvre et Fontainebleau ; Louis XIV, Saint-Germain et Versailles. Louis XV habita presque toujours Versailles, et Louis XVI y resta jusqu'à l'insurrection du 6 octobre 1789, qui le ramena dans sa capitale, non au Louvre, mais aux Tuileries, palais plus vaste et plus disponible ; le Louvre était occupé par les tableaux et les académies. Les assemblées de la Révolution tinrent leurs séances dans une salle du manège des Tuileries située au nord du jardin. À partir du mois de mars 1793, la Convention s'établit dans l'aile du Nord du palais même, le conseil des Anciens l'y remplaça. Bonaparte, premier Consul, s'y établit le 1er février 1800, et en fit plus tard le palais impérial. Les Bourbons l'y suivirent. Un moment destiné à être transformé en hôpital en 1848, le palais des Tuileries fut occupé, en 1852, par le Président, depuis l'Empereur, qui l'a réuni au Louvre en terminant les galeries du Nord. Les Tuileries furent incendiées le 24 mai 1871, dans la déroute de l'insurrection communaliste.

Dans le langage diplomatique, le *cabinet des Tuileries* a signifié longtemps le gouvernement français.

TROIS-HUITS. C'est un mot d'ordre inventé par des soi-disant amis des ouvriers : 8 heures de travail, et 2 fois 8 heures pour le repos. On comprend que l'ouvrier ne veuille pas travailler au-delà du nombre d'heures nécessaire pour gagner sa vie, mais ce nombre n'est pas le même dans toutes les professions, dans l'une il faudra peut-être 10 heures, dans une autre 7 heures suffiront. Il y a ensuite l'influence des saisons. Dans l'agriculture, par exemple, on peut être forcé en hiver de chômer pendant des semaines ;

en revanche il faudra souvent travailler 12 et 15 heures en été, pour que les foins ou les céréales rentrent sans être mouillés. Les machines ont également leur influence. Quelquefois aussi il y a des exigences sociales, des fêtes, etc.

Ceux qui luttent pour les « trois-huits » ne pensent ni à l'intérêt de l'ouvrier, ni à celui du patron, ni à celui de l'industrie ou du consommateur ; ils ne pensent à rien, car ils ne pensent pas du tout. La nature des choses ne comporte pas de pareils mots d'ordre, elle s'en moque tout simplement. Vous ne pouvez pas plus prescrire le temps qu'il faut pour produire nombre d'objets manufacturés, que vous ne pouvez fixer le jour de la maturité des cerises ou des pommes, et vous ne pouvez demander un salaire, que si vous avez fourni un travail correspondant. C'est la valeur du travail qui domine le salaire et non la volonté de l'ouvrier. Le patron ne PEUT pas vous donner ce que vous demandez s'il ne l'a pas lui-même gagné. Il n'y a pas de Karl Marx, ni de syndicat, ni de député tout puissant qui tienne[1]. L'homme ne peut pas tout ce qu'il veut, et c'est manquer d'intelligence, que de ne pas tenir compte de ce fait.

TUTELLE ADMINISTRATIVE. En France, et à son exemple dans divers autres pays, on confond souvent la tutelle administrative avec la centralisation. Ce sont deux choses essentiellement différentes. La centralisation attire toutes les décisions à la capitale, la tutelle n'est que l'intervention du gouvernement dans l'administration municipale ou départementale.

Cette distinction n'est pas une simple affaire de mots, et la France s'est mal trouvée de l'avoir négligée. Pendant longtemps on y demandait sur tous les tons la DÉCENTRALISATION. Le dictateur du 2 décembre, voulant donner, sous ce rapport, une satisfaction à l'opinion publique, formula le décret du 25 mars 1852. On *décentralisa* donc, c'est-à-dire on conféra aux préfets un certain nombre d'attributions exercées jusqu'alors par les ministères. C'était là bien réellement de la décentralisation et pourtant personne ne se déclara satisfait. Il en fut de même après le décret du 13 avril 1861 qui compléta la mesure. Ce qu'on voulait, c'est que les attributions, les pouvoirs des conseils électifs fussent augmentés, que l'initiative des individus et des associations libres fût admise à s'exercer dans une mesure plus large ; en un mot, c'est du *selfgovernment* qu'on demandait. Si, au lieu de faire la guerre à la « centralisation », on l'avait faite à la « tutelle administrative », on aurait certainement obtenu une partie de ce que l'on désirait[2]. En 1895,

1. Ces jours-ci (nov. 1895) nous avons lu que le journal socialiste Vorwaerts de Berlin avait engagé ses compositeurs pour 8 heures, mais les faisait travailler 5 heures en sus sans les rétribuer. On lui en a fait des reproches publics et il a dû cesser.
2. La lettre de Napoléon III au président du conseil

on a encore nommé une commission de décentralisation qui semble mieux comprendre la signification de ce mot.

Nous avons montré au mot **Selfgovernment** combien cette demande est juste, mais n'y aurait-il rien à dire en faveur de la tutelle?

Le premier point à examiner dans cet ordre d'idées est celui-ci : la commune est-elle une unité primordiale, base de l'Etat, comme la famille est la base de la société, ou n'est-elle qu'une subdivision administrative de l'Etat ?

Voici quelques réponses :

Henrion de Pansey. Le pouvoir municipal n'est pas une création de la loi ; il existe par la seule force des choses ; il est parce qu'il ne peut pas ne pas être.

Royer-Collard. La commune est, comme la famille, avant l'Etat ; la loi politique la trouve et ne la crée point.

M. de Barante. Le lien qui unit ensemble les habitants de ces petits territoires ruraux qui, dans le langage de l'administration, se nomment maintenant commune, est plus réel qu'on ne croit. Il est hors du pouvoir des lois de dénaturer entièrement cette division du sol français, et de créer des limites arbitraires à ces petites fractions... Tous ceux qui ont quelque habitude de l'administration, savent combien il est difficile de faire des réunions de communes.

Alex. de Laborde. Le régime municipal, cette extension du gouvernement de la famille, est aussi nécessaire à la société que la société l'est aux hommes. Cette administration en commun d'intérêts semblables se retrouve dans tous les temps, chez tous les peuples, et si quelque chose doit étonner, c'est qu'elle puisse ne pas exister quelque

d'Etat, du 24 juin 1863, en est la preuve Voici un passage de notre lettre:

« Notre système de centralisation, malgré ses avantages, a eu le grave inconvénient d'amener un excès de réglementation. Nous avons déjà cherché, vous le savez, à y remédier , néanmoins, il reste encore beaucoup à faire. Autrefois, le contrôle incessant de l'administration sur une foule de choses avait peut-être sa raison d'être, mais aujourd'hui ce n'est plus qu'une entrave. Comment comprendre, en effet, que telle affaire communale, par exemple, d'une importance secondaire et ne soulevant d'ailleurs aucune objection, exige une instruction de deux années au moins, grâce à l'intervention obligée de onze autorités différentes? Dans certains cas, les entreprises industrielles éprouvent tout autant de retard.

« Plus je songe à cette situation et plus je suis convaincu de l'urgence d'une réforme. Mais dans ces matières où le bien public et l'intérêt privé se touchent par tant de points, le difficile est de faire à chacun sa part, en accordant au premier toute la protection, au second toute la liberté désirable.

« Cette œuvre nécessite la revision d'un grand nombre de lois, de décrets, d'ordonnances, d'instructions ministérielles, et l'on ne peut en préparer les éléments qu'en examinant avec attention chacun des détails de notre système administratif, pour en retrancher ceux qui seraient superflus.

« Les diverses sections du conseil d'Etat m'ont paru les plus propres à cet examen, car si elles n'administrent pas, elles voient agir l'administration. Ce sont les meilleurs témoins qu'on puisse consulter. »

La réglementation ne diffère de la tutelle que par une nuance.

part, et qu'on mette en question ses avantages...

M. de Martignac. La commune, dans son existence matérielle, n'est point une création de la puissance ; elle n'est pas, comme les départements, une fiction de la loi ; elle a dû précéder la loi... La commune est le premier élément de la société ; pour les habitants des campagnes, elle est le véritable lien social, celui qui se fait sentir avec le plus de force, ou plutôt le seul qui se fasse bien comprendre...

Alex. de Tocqueville. La commune existe chez tous les peuples, quels que soient leurs usages et leurs lois. C'est l'homme qui fait les royaumes et crée les républiques : la commune paraît sortir des mains de Dieu.

M. de Vatimesnil (1851). La commune n'est pas une association imaginée par le législateur et créée par une volonté arbitraire! c'est la nature qui l'a faite. C'est la nécessité qui a formé la commune ; c'est la nécessité qui la maintient et qui la maintiendra toujours... Le lien qui unit les familles dont la commune se compose subsiste par sa propre force et d'une manière indissoluble...

Savigny. Si nous décomposons un Etat en ses éléments, nous retrouvons partout la commune.

Rotteck. Il en est des communes presque comme des familles ; les unes et les autres existent ou se forment en dehors de l'influence de l'Etat, et possèdent un droit propre fondé par la raison [1].

Voilà certes une série d'hommes dont l'opinion a un poids considérable ; eh bien! ils considèrent la commune comme un élément primordial de l'Etat et par conséquent rejettent ainsi implicitement, quelquefois explicitement, la tutelle. Néanmoins l'immense majorité des Français est d'un avis opposé. Car vous n'admettrez pas, sans doute, que la France pense d'une façon et agisse de l'autre [2]. Considérer la commune comme l'élément primordial, la *monade* de l'Etat, et ne pas lui donner, sinon la souveraineté, du moins une grande autonomie, une grande liberté de mouvement, ce serait par trop contradictoire.

Or, comme dans presque tous les Etats on a laissé à l'Etat une influence plus ou moins grande sur la commune, il est évident que l'immense majorité des publicistes et des populations envisage réellement, — malgré toute phrase contraire, — la commune comme une subdivision administrative. Est-ce que les lois ne sont pas l'expression la plus naturelle, la plus exacte, la plus claire

1. Dans le *Staatslexicon*, Mittermeier, qui complète cet article de l'illustre publiciste dans la 3e édition du *Lexicon*, paraît considérer la commune surtout comme une subdivision de l'Etat (t. VI, p. 27). Dans le *Staatsworterbuch* de Bluntschli et Brater, la commune a un double caractère. Ces deux encyclopédies admettent le contrôle de l'Etat.

2. On peut cependant soutenir que la plupart de ces auteurs n'ont pas tiré de leurs prémisses les conclusions qu'elles comportent, de sorte que ce reproche les atteint quelquefois.

de l'opinion du législateur, et le législateur n'est-il pas le plus souvent l'écho de l'opinion publique. Or, la commune est-elle une subdivision de l'État ou en est-elle un élément primordial? Examinons. On dit que la commune est antérieure à l'État, et pour prouver cette assertion, on remonte jusqu'aux commencements des temps historiques. Mais lorsque la famille devient tribu et que la tribu s'établit et forme une agglomération, une cité, c'est un *État* qu'elle crée et non une commune. Si Athènes, si Rome jouissent de la souveraineté, c'est à titre politique et non à titre municipal, comme aujourd'hui Brême, Hambourg, Lubeck. Lorsque la cité souveraine grandit, s'étend, l'essaim de ses populations va former une colonie. Que s'ensuit-il? La nouvelle ville reste plus ou moins assujettie à la métropole républicaine, tout autant peut-être qu'elle serait sous la dépendance de tel despote oriental, s'il venait à la conquérir. Conquise, elle garderait sa municipalité, parce que c'est la meilleure manière, et la plus commode, de la gouverner de loin.

Vous objectez que la France avait 150 cités indépendantes du temps de César! Soit, vous ne dites là, avec M. de Lapalisse, que ceci : ces villes ont été indépendantes avant de cesser de l'être. En conclure que la commune a précédé l'État, ce serait soutenir que la fin précède le commencement. Une communauté, une association indépendante, ce n'est pas une commune, mais un État; c'est le conquérant (ou sa propre volonté), en lui ôtant sa souveraineté, qui la réduit à n'être qu'une agglomération d'hommes faisant partie d'un tout plus considérable. Encore une fois, c'est l'État qui précède la commune[1].

La loi française, d'ailleurs, et il en est de même dans tous les pays, même en Angleterre, même aux États-Unis, ne cesse de réglementer la commune; elle opère des divisions et des réunions, elle les délimite et change leurs circonscriptions. Et que parle-t-on du lien indissoluble qui unit les habitants d'une commune en présence de la « désertion des campagnes », de « l'immigration croissante dans les villes »? Est-ce que la population des communes n'est pas très mobile? Ou voudriez-vous empêcher, entraver ce changement de commune? Voudriez-vous river les citoyens chacun à un domicile héréditaire, au lieu de sa naissance?

Ceux qui traitent la commune d'élément primordial pensent surtout au village et font du sentiment. Écoutez M. de Barante : « Le paysan aime son clocher; c'est dans l'église de la commune que sont concentrés tous ses souvenirs; c'est dans le cimetière que ses pères ont été enterrés.... » Et les villes, ne sont-elles pas dans le même cas?

Du reste, en soutenant l'unité primordiale

de la commune, on n'en veut pas faire une petite souveraineté, un État dans l'État. On veut seulement lui réserver ses affaires particulières et ne limiter sa liberté qu'autant que la liberté individuelle doit l'être dans toute société civilisée. Or, en considérant la commune comme une subdivision de l'État, on peut lui accorder tout autant de « franchise » que si l'on obtenait gain de cause sur le point théorique de l'origine des communes. D'un autre côté, même en admettant que la commune fût la monade, l'élément constitutif de l'État, il ne s'ensuivrait en aucune façon qu'il fallût accorder le *self government* aux communes, si l'intérêt public exigeait le contraire.

Le principe ou le raisonnement sur lequel nous nous appuyons pour demander le *self-government* est tout autre; le voici : Il est de droit naturel que l'individu, la commune, le département et toute association d'hommes soient admis à veiller eux-mêmes à leurs intérêts particuliers, à agir comme ils l'entendent; à la charge, bien entendu, de supporter la responsabilité de leurs actes. L'État peut tailler ou couper le territoire comme il l'entend — s'il fait des fautes, il en souffrira — mais il abuse de son pouvoir, s'il veut rendre les gens heureux d'une façon contraire à leurs vœux. On a dit : Il n'y a pas de droit contre le droit, et on a tiré de cette sentence obscure, Dieu sait combien de conséquences opposées. Il nous semble plus juste de dire : Personne n'a de droit naturel, gratuit, absolu sur un autre, l'État non plus; mais chacun a le droit de légitime défense, l'État également. Il s'ensuit que l'État n'a pas le droit de morigéner les communes « pour leur plus grand bien » ou ce que les gouvernants jugent l'être; mais qu'il peut leur faire des prescriptions dans son intérêt, c'est-à-dire dans l'intérêt général, et dans l'intérêt général seulement.

C'est sur le plus ou moins de prescriptions seulement que le débat peut porter. En quoi consiste l'intérêt général? En bien des choses plus ou moins temporaires, plus ou moins subordonnées aux circonstances et aux appréciations individuelles, et en une chose d'une importance permanente et majeure : *la dignité du citoyen!* Or, il est de sa dignité de n'être mineur, ni lorsqu'il agit seul, ni lorsqu'il agit en commun avec quelques-uns de ses concitoyens. Pourquoi une agglomération d'hommes majeurs deviendrait-elle mineure par le seul fait de la mise en commun de leurs intelligences et de leurs intérêts? Le citoyen peut, sans déchoir, se soumettre aux prescriptions légales, mais il est dégradant d'être en tutelle. La tutelle est pour les enfants ou pour les fous. Qu'on ne s'étonne pas si nous insistons tant sur le mot tutelle; les motifs des lois qui nous gouvernent ne sont pas chose indifférente, car de déduction en déduction on va loin.

Écoutons maintenant l'un des partisans les

---

[1]. Les premiers États ont été petits; c'est seulement en s'étendant qu'ils se subdivisent et trouvent utile de constituer des unités dépendantes.

plus distingués de la centralisation et de la tutelle administrative, Dupont-White. « D'abord, les plus partisans de la centralisation ne contestent pas le droit des communes dans leurs propres affaires. — En second lieu, les plus ennemis de la centralisation ne revendiquent pas pour les communes la puissance de déroger aux lois générales, de faire obstacle à l'action du gouvernement. — Enfin, le contrôle de l'Etat sur les communes s'exerce peut-être avec des façons et des formalités surabondantes, accablantes : mais cet abus ne tient pas précisément à l'essence de la centralisation : cet accident, encore qu'il soit de tous les jours, a ses racines ailleurs qu'on retrouvera plus tard, et ne doit pas figurer parmi les données de ce sujet.

« Il suit de là que les localités, d'un commun aveu, n'ont pas le droit de se taxer elles-mêmes, ni d'asseoir l'impôt à leur manière, ni d'adopter tels règlements de police que bon leur semble. Car alors une commune ferait ses lois au lieu de faire ses affaires dans la limite et selon le mode tracés par les lois générales de la société dont elle fait partie. — Tenant ces divers points pour accordés ou pour éliminés, nous sommes en face d'une question réduite à ces termes :

« Est-il bon que les communes soient « souveraines dans la gestion de leurs biens « et dans l'emploi local de l'impôt qui leur « est affecté pour l'Etat ? »

Dupont-White répond par NON (la Centralisation, pp. 29 et 30). Pourquoi pas? Parce que les habitants de la commune seront rarement unanimes. « Pourquoi, dit-il, serait-il donné à une partie de l'être collectif, de maîtriser et peut-être d'opprimer l'autre ? Pourquoi appliquer ici la loi des majorités, ici où l'utile et le juste peuvent avoir un autre arbitre ? »

Si l'on n'applique pas la « loi de la majorité », ce sera au bon plaisir de l'administration qu'il faudra avoir recours pour voir décider ce qui est juste et utile. Or, la décision préfectorale sera-t-elle infaillible? Sera-t-elle toujours désintéressée? Et en la supposant favorable à la minorité, le mal sera-t-il moindre si la souffrance s'étend sur la majorité plutôt que sur la minorité?

« Au fond, insiste Dupont-White, c'est la justice qui doit prévaloir. » D'accord, mais est-il bien sûr qu'on la trouvera plus certainement en dehors qu'en dedans de la commune? De plus, n'est-il pas possible que l'autorité supérieure opprime et la minorité et la majorité?

Une autre raison encore est donnée en faveur de la tutelle, ou du moins du contrôle de l'Etat sur les biens communaux. Ces biens, dit-on, n'appartiennent pas seulement à la génération présente, mais à toutes celles à venir ; à l'Etat incombe le devoir de protéger les intérêts de ceux qui ne sont pas. Cette opinion est partagée par un grand nombre d'esprits éminents, même parmi les partisans de la décentralisation. Cette manière de voir paraît soulever les objections suivantes : 1° On ne voit pas pourquoi une commune ou une association ne pourrait pas engager son avenir aussi bien qu'un individu, ou que l'Etat lui-même. 2° Les mesures utiles aux générations présentes paraissent devoir l'être également aux générations futures. Prenons un exemple. Voici des communaux qui rapportent en moyenne 10 fr. à chaque habitant; si on les partageait, chacun tirerait de sa part une valeur annuelle de 50 fr. Est-ce que les habitants ne laisseront pas à leurs enfants les champs défrichés et améliorés? 3° Pour les acquisitions, les taxes locales, les emprunts remboursables, l'avenir ne semble que peu ou pas engagé.

La véritable raison du contrôle de l'Etat paraît être, d'une part, l'intérêt du fisc et de l'autre l'habitude du commandement, qui est devenue une seconde nature pour bien des gouvernements.

Comme nous n'admettons pas que la commune soit un élément primordial, nous ne comptons pas la police locale, ni la « basse justice », parmi ses *attributions naturelles*. Mais nous croyons qu'il est dans l'intérêt général que cette attribution de l'Etat soit déléguée au pouvoir municipal et contrôlée par l'autorité publique. Nous admettons certainement aussi la surveillance gouvernementale sur l'exercice de telle autre attribution que l'Etat délègue à ce pouvoir; mais la gestion de ses biens, la répartition intérieure de ses taxes nous paraît appartenir en propre à la commune. La loi peut cependant tracer certaines règles générales en abandonnant l'application aux autorités municipales ; ces règles générales, qui sont motivées par la solidarité qui règne entre les diverses parties d'un pays, ne diminuent pas sensiblement le *selfgovernment*.

En résumé, la commune est, dans chaque grand Etat, une agglomération fondée par la nature des choses, dont les membres forment une association ayant des intérêts communs. Il est de droit naturel que ces associations puissent librement gérer leurs biens et décider leurs affaires intérieures; il y va de leur dignité de jouir de ce droit, et l'Etat ne peut que gagner à ce que les populations s'habituent à l'exercer ; l'Etat gagne d'ailleurs chaque fois qu'on le décharge d'une attribution, — *c'est-à-dire d'une responsabilité*, — étrangère aux intérêts généraux. D'un autre côté, l'Etat trouve dans les officiers municipaux des agents tout naturels pour la mise à exécution d'un grand nombre de lois, et il est rationnel, il est indispensable que le gouvernement surveille ceux auxquels il confie une partie de son autorité.

TYRANNIE. Depuis Platon et Aristote jusqu'à nos jours, il n'y a eu sur la tyrannie qu'un concert unanime de blâme et d'exécration; et cette haine implacable survivra dans le cœur des hommes tant qu'il y aura parmi eux quelque sentiment de dignité et de justice. Il serait assez difficile et non moins inutile de définir précisément la tyrannie. L'idée que s'en faisaient les politiques grecs était à peu près celle-ci : une usurpation violente contre les lois ou les mœurs, et un usage égoïste du pouvoir au profit d'un seul et au détriment de la communauté. Il suffisait de ces deux caractères pour que le tyran fût légitimement abhorré, et que son meurtre, toujours très dangereux, fût admiré comme un acte d'héroïsme et d'utilité publique. En tuant le tyran, on punissait d'abord un crime, et ensuite on délivrait la patrie. De là, la gloire immortelle d'Harmodius et d'Aristogiton chassant les Pisistratides ; de là aussi la gloire un peu plus douteuse, mais non moins éclatante, de Brutus assassinant César en plein Sénat. Le tyran, arrivé à se saisir du pouvoir par force ouverte ou par fraude, est donc toujours menacé ; et pour se défendre contre la conspiration permanente dont il est le trop juste objet, il n'est pas de moyen qu'il n'invente, ni de crime de tout ordre qu'il ne se permette. Pour peu que l'usurpateur soit naturellement méchant, et pour peu que les mœurs s'y prêtent, il n'y a pas de cruauté à laquelle il ne se livre ; le soin de sa propre sûreté lui fait une nécessité de redoubler sans cesse ses fureurs pour intimider tout

ce qui peut penser à le détruire. Dans cette lutte acharnée, le tyran d'une part, et les citoyens de l'autre, se croient autorisés à tout, l'un dans ses répressions, les autres dans leurs tentatives ; et l'Etat est livré à une sorte de maladie aiguë dont il faut qu'il se guérisse sous une forme ou sous une autre. Ou le tyran se corrige en tempérant son pouvoir et en le rendant plus acceptable, ou les sujets se soumettent et renoncent à la liberté. Souvent même cette lâche abdication du peuple ne suffit pas ; et quand l'Etat est profondément corrompu, la tyrannie survit et continue ses forfaits sans avoir rien à combattre ni rien à redouter. Dans la longue agonie de l'empire romain, qui a duré près de quatre siècles, on a vu les tyrans se succéder presque sans intervalle et rivaliser de déraison et d'infamie, tout en étant des maîtres absolument incontestés. On ne les tuait plus comme tyrans, mais comme d'odieux criminels ; les successeurs n'avaient pas moins d'autorité, ni de folie, et leurs attentats n'étaient pas moins monstrueux que ceux de leurs devanciers, jusqu'à ce qu'un châtiment nouveau vînt les abattre à leur tour, sans instruire ceux qui les remplaçaient, non plus que la nation qui était leur victime. C'est l'invasion des barbares et c'est surtout le christianisme qui ont mis fin à ce hideux spectacle [1].

U

UKASE ou **OUKASE**, mot équivalant à la fois aux mots décret et loi. Outre l'empereur, le sénat dirigeant publie également des ukases, mais ceux de l'empereur sont des imeny-ukases et ne peuvent qu'être expliqués, mais non contredits par le Sénat. Il existe une collection en 48 volumes, commencée en 1827 sur l'ordre de Nicolas Ier, des ukases promulgués depuis 1639 ; cette collection s'appelle *Swod*, code.

ULÉMA, ou mieux **OULEMAH**, signifie *savant* en arabe. Dans les pays musulmans, on donne ce nom aux hommes qui s'adonnent à l'étude du Coran et des grands commentateurs de ce livre. Les Mahométans n'ayant pas d'autre code que le Coran, qui renferme à la fois la loi religieuse et la loi civile, le corps des ulémas ou l'*Uléma* fournit en même temps les docteurs de la religion et les officiers de la justice. Les attributions de ces savants s'étendent même jusqu'aux choses du gouvernement.

Il y a dans l'*Uléma* des rangs très distincts.

Le *grand-muphti* préside le corps tout entier. Viennent ensuite les muphtis de second ordre, et au-dessous d'eux les *mollahs* et les *cadis* : ces derniers reçoivent le nom de *cadileskiers*, lorsqu'ils sont attachés au

service des camps. Il y a aussi de simples docteurs qui se bornent à l'étude du livre sacré et à l'enseignement dans les écoles où se recrute l'*Uléma*.

ULTIMATUM. L'ultimatum (*ultimus*, dernier) est, dans le langage diplomatique, la proposition imposée comme dernière et irrévocable condition à un arrangement entre deux souverains. C'est le résultat définitif d'une négociation entamée et non suivie d'effet sur un objet en litige. Il précède souvent la déclaration de guerre ; il est même la guerre, car l'acte de la signifier est toujours en quelque sorte celui de l'intimation et un ordre dont le rejet doit entraîner le recours aux armes ; lorsqu'il s'agit d'un ultimatum émané d'un Etat puissant contre un Etat faible, ce dernier est souvent obligé de céder devant la force en en appelant au tribunal, pas toujours impartial, de l'histoire.

ULTRAMONTANISME. L'ultramontanisme est le nom sous lequel on désigne la doctrine de ceux qui croient que le pape doit être non seulement un prince souverain, mais encore l'arbitre et presque le maître et l'électeur de tous les rois. L'origine de cette désignation est assez ancienne et date du moyen

1. Ces passages sont empruntés à Barthélemy-St-Hilaire.

âge, c'est-à-dire du temps où cette ambitieuse prétention de la cour de Rome se prononçait avec le plus de vivacité au delà des monts, « *ultra montes* ».

UNANIMITÉ. Généralement on exige que la majorité pour valider une décision : d'une part, parce qu'il est réellement difficile de convaincre et de convertir certains esprits honnêtes, mais originaux ; et de l'autre, parce qu'il n'est pire sourd que celui dont les oreilles sont fermées par l'intérêt, les passions ou l'ignorance.

Il y a cependant des cas où la majorité est considérée comme insuffisante pour valider une décision. Ainsi dans une conférence ou congrès entre Etats souverains, l'unanimité est considérée comme indispensable, c'est-à-dire qu'un Etat ne se regarde comme obligé que lorsqu'il a consenti. Que ce principe soit en vigueur dans les réunions diplomatiques accidentelles ou spéciales, cela résulte de la nature des choses : si, par exemple, l'Angleterre, l'Autriche et la Prusse votent dans un sens et la France et la Russie dans l'autre, il ne s'ensuit pas que ces dernières doivent se soumettre à une opinion qu'elles ne partagent pas. Il n'en est pas de même dans une confédération ; là il semble indispensable que généralement les membres se reconnaissent liés par les résultats d'un vote.

L'unanimité est imposée au jury en Angleterre ; nous disons imposée, car elle ne peut souvent être établie qu'en exerçant une sorte de violence sur les jurés. Une unanimité ainsi obtenue n'offre pas plus — pas autant même — de garantie qu'un vote émis, par exemple, par les deux tiers des voix (majorité de 8 sur 12).

L'unanimité est exigée indirectement par la loi civile dans les associations qui n'ont pas été reconnues par l'Etat. Le tribunal ne voit que des individus parlant chacun pour soi, et dont aucun n'a le droit de parler pour tous, s'il n'a une procuration spéciale et expresse. Il est cependant des formes prévues pour établir des personnes civiles ou collectives.

UNCLE SAM. *Voy.* **U. S.**

UNEARNED INCREMENT (plus-value non gagnée). On sait que souvent la valeur ou le prix d'un objet s'élève, sans qu'une cause visible explique le fait, et surtout, sans que le propriétaire de l'objet y soit ou semble être pour rien. Par exemple, vous achetez une maison en 1850 et en 1860 vous pourriez la revendre avec bénéfice. Il est des gens qui ont la baroque idée de trouver mauvais que vous empochiez la différence ; il faut la laisser à l'Etat ou à la commune, disent-ils [1], car vous n'avez rien fait pour la gagner. Et vous même, demanderai-je, qu'avez-vous fait pour

être né beau, plein de talent, riche, d'une famille considérée ? (Voy. **Chance**). Votre beauté, vos talents, etc., vous procurent cependant des avantages gratuits. Ou pensez-vous qu'on devrait charger d'un impôt proportionnel les citoyens que la nature ou qu'une cause quelconque favorise et met au-dessus du niveau moyen ? si cet impôt sur la chance était possible, ce serait, soit dit en passant, vous obliger à donner une indemnité à ceux qui naissent laids, bêtes ou pauvres. C'est une question d'équilibre social, de justice.

Jusque à présent, quand la valeur marchande de la maison augmente, la justice humaine attribue cette plus-value au propriétaire, vous la réclamez pour l'Etat... qui n'a cependant rien fait pour le mériter. Vous n'avez aucune bonne raison à faire valoir en faveur de votre opinion, qui semble inspirée par la jalousie. Si le propriétaire vous disait : tant mieux pour moi si la valeur de la maison s'est accrue, mais la valeur aurait pu baisser aussi (de nos jours, le cas est fréquent), l'Etat m'aurait-il payé la différence ? Jamais. Dans ce cas, il ne saurait revendiquer de plus-value. Il n'y a pas deux lois différentes, l'une pour la hausse, l'autre pour la baisse.

Il y a encore un autre argument à faire valoir. Vous revendiquez la plus-value pour l'Etat ou la commune, parce qu'elle est, selon vous, l'effet de l'accroissement de la population et des affaires. Or le propriétaire de la maison, en ne la démolissant pas en présence des nouvelles constructions, contribue pour sa part à l'accroissement du mouvement, donc à la hausse. Si les anciennes maisons se démolissaient en présence des constructions nouvelles et de l'accroissement de la population, la hausse des loyers serait uniquement due à la rareté croissante des maisons ; mais l'augmentation du nombre des habitants accompagne celle des maisons, il y a action réciproque, toutes les personnes présentes contribuent à la hausse, toutes les personnes sont exposées à en souffrir, il est donc juste de faire la part de chacun. Si le propriétaire obtient désormais un loyer plus élevé, il sera obligé de payer plus pour ses aliments, pour les réparations et pour la plupart des autres objets qui lui sont nécessaires. L'accroissement de ses revenus est contrebalancé par l'accroissement de ses dépenses et rien ne justifierait une aggravation de charges en présence d'un surcroît de dépenses. Du reste, pendant la période d'accroissement de la ville, le propriétaire a toujours quelque dépense supplémentaire à faire : consolidation, nettoyage, voierie et autres pour que la maison puisse s'adapter aux circonstances nouvelles. Et s'il lui reste un bénéfice net — que vous appelez « non gagné » — tant mieux pour lui. Je ne vois pas pourquoi tout le monde gagnerait, sauf le propriétaire ?

Encore une fois, la théorie de l'*unearned increment* vient d'un sentiment mauvais, mal

1. Nous avons déjà traité la question dans notre *Progrès de la science économique*. Paris, Guillaumin.

justifié, souvent la plus-value compense simplement l'accroissement des charges et la plus-value semble justifiée réellement « gagnée ».

UNION PERSONNELLE (Union dynastique). On appelle ainsi la combinaison par laquelle deux États distincts sont gouvernés par le même prince, sans confondre leurs frontières, ni leurs lois, ni leurs intérêts. C'est ainsi que, dans les temps modernes, le roi d'Angleterre a été en même temps roi de Hanovre, que le roi de Saxe a été grand-duc de Varsovie, le roi de Danemark, duc de Schleswig-Holstein, le roi des Pays-Bas, grand-duc de Luxembourg, l'empereur d'Autriche roi de Hongrie, le roi de Prusse prince de Neufchâtel, et que nous voyons encore le roi de Suède être roi de Norwège.

Conformément à la lettre du droit des gens, l'un des pays qui a contracté une union personnelle avec un autre peut être en paix pendant que cet autre fait la guerre. Ainsi, il se pouvait, entre 1816 et 1866, que le roi des Pays-Bas fournît, pour le Luxembourg, son contingent à une guerre que la Confédération germanique aurait faite, par exemple, à l'Italie, sans que son envoyé plénipotentiaire quittât Turin et que celui d'Italie demandât ses passe-ports à La Haye. On pouvait même imaginer des cas — improbables, mais non impossibles — où le grand-duc de Luxembourg fût dans un camp et le roi des Pays-Bas dans l'autre. Un pareil cas serait tout aussi improbable en Suède ou en Norwège et tout à fait impossible en Finlande, dont l'union *personnelle* avec la Russie n'est que sur le papier, tandis que l'union *réelle* est dans les faits. D'ailleurs il ne saurait être question d'union personnelle qu'entre États constitutionnels. Dans des gouvernements absolus, c'est le souverain qui fait la guerre, l'État c'est lui, et il importe peu alors qu'un de ses territoires s'appelle Kamtschatka et l'autre Pologne, c'est toujours l'empereur de Russie qui agit et contre lequel on se défend.

Nous ne considérons pas l'union personnelle comme une combinaison bien rationnelle. Si deux États n'ont pas assez d'intérêt et de sympathie réciproques pour unir leurs destinées, qu'ils restent séparés ; l'indépendance mutuelle n'exclut pas l'alliance qui ne se fera pas attendre si elle a sa raison d'être, si elle a une base, un but. Une union personnelle influencera presque nécessairement la politique d'un des pays liés ensemble au profit exclusif de l'autre : il en résulte quelquefois des haines intérieures qui sont, on le sait, les plus vives et les plus obstinées.

L'union personnelle n'est praticable, ce nous semble, que lorsque les deux pays forment une unité vis-à-vis de l'étranger. Mais il ne suffit pas qu'ils soient représentés par un seul agent diplomatique, il faut encore que les deux armées n'en fassent qu'une, et, par conséquent, qu'il y ait des finances communes, d'où il suit que les pays réunis doivent avoir — outre les chambres respectives pour les affaires spéciales à chacun d'eux — un parlement commun autorisé à traiter les questions internationales. L'histoire du Royaume-Uni fournit, du reste, un exemple que d'autres pays devaient prendre pour modèle, et la fusion ultérieure qui pourrait être le résultat du fonctionnement d'un parlement commun nous paraît un avantage assez grand pour qu'on ne néglige pas le moyen d'y arriver. On peut même être surpris qu'on n'y ait pas encore pensé en Suède et Norwège, où l'on devrait commencer par constituer un parlement commun, si l'on voulait bien sérieusement établir le scandinavisme (dont on ne parle plus, il est vrai).

UNITÉ POLITIQUE. On distingue l'unité de la centralisation, et surtout de la tutelle administrative. La tutelle s'attache à guider les administrations locales, et considère comme mineur tout corps collectif ; la centralisation attire à la capitale, ou réserve aux autorités supérieures centrales un grand nombre de décisions qui ne mériteraient pas tant d'honneur ; l'unité enfin, c'est tantôt la réunion dans les mains du gouvernement de tous les pouvoirs nécessaires pour maintenir le lien politique, et tantôt la fusion en un seul État de toutes les fractions d'une nation. De cette double signification du mot *unité*, la première est opposée au *fédéralisme*, la seconde au *particularisme*. Ajoutons que l'unité est quelquefois aussi prise simplement dans le sens d'uniformité.

On voit que l'emploi du terme d'unité exige quelques précautions. Il nous sera facile, du reste, d'éviter toute confusion en examinant séparément chacune de ses diverses acceptions.

I. Commençons par l'uniformité. Ni Montesquieu, ni Benjamin Constant ne paraissent l'aimer, et en lisant *l'Esprit des lois*, liv. XXIX, chap. VIII, ou le *Cours de politique constitutionnelle* (édit. Laboulaye), t. II, p. 170, etc., on voit que ces illustres publicistes s'abandonnaient plutôt à un sentiment qu'ils ne suivaient un raisonnement. Sans doute, Montesquieu a raison de demander : « Le mal de changer est-il toujours moins grand que le mal de souffrir ? » Mais s'il ne rejette pas complètement l'uniformité, ses préférences sont pour la variété, car il conclut ainsi : « Lorsque les citoyens suivent les lois, qu'importe qu'ils suivent la même ? » Au temps de Montesquieu, l'uniformité représentait en France la servitude sous le pouvoir absolu du roi, la variété rappelait la liberté — les franchises provinciales et municipales, et il n'est pas étonnant que l'illustre publiciste se prononce pour la variété. Benjamin Constant combat l'uniformité en montrant qu'on peut en pousser les conséquences jusqu'à l'absurde. Qui prouve trop, ne prouve rien.

Nous nous sommes demandé s'il n'y avait pas, pour la politique intérieure d'un pays, quelque règle qui pût nous dispenser d'être un « génie » pour « savoir dans quel cas il faut l'uniformité et dans quel cas il faut des différences » (Montesquieu). Voici ce que nous avons trouvé : l'uniformité est préférable dans les choses qui dépendent du gouvernement central, la variété trouve son application naturelle, spontanée dans l'administration locale.

En effet la loi doit être la même pour tous ceux qui se trouvent dans les mêmes circonstances, et les diverses parties du territoire doivent être considérées comme appartenant au même tout. Selon les idées qui règnent généralement sur le continent, il est absurde que l'Angleterre, par exemple, s'y prenne à trois fois pour établir l'enregistrement des naissances et des décès. Une première loi crée le registre de l'état civil dans l'ancien royaume d'Angleterre, quelques années plus tard une autre loi l'établit en Ecosse et encore quelques années se passeront avant qu'une loi l'applique cette utile organisation à l'Irlande. Qu'on respecte les anciennes coutumes particulières des trois royaumes et qu'on trouve l'uniformité un motif insuffisant pour changer, soit; mais lorsqu'on crée une institution nouvelle, une pareille variété n'a aucune raison d'être.

Il en est de même pour les règlements de l'autorité locale, ils doivent s'appliquer à l'ensemble de la communauté. Seulement les règlements d'une localité peuvent différer des règlements d'une autre, et ici la variété est de bon aloi, car elle permet de serrer les faits d'aussi près que possible. La variété est salutaire dans les œuvres de bienfaisance, dans les institutions d'enseignement, dans les opinions et même dans les croyances religieuses. La foi est toujours plus vive dans les pays où la diversité des cultes fait naître une certaine émulation, que dans les pays où l'on a maintenu une religion d'Etat, et la diversité des opinions assure le progrès civil et politique.

II. Parlons de l'unité qu'on oppose au fédéralisme. Le fédéralisme est une organisation politique qui donne une véritable souveraineté aux communes et aux départements. Si l'on a pensé à la souveraineté absolue qui en fait autant d'Etats séparés, unis seulement par un lien fédéral, et qui réduit la patrie à être une association d'associations, nous ne voyons dans un pareil fédéralisme qu'une sorte d'anarchie qui ne tarderait pas à faire naître le despotisme d'un comité de salut public, puis celui d'un « général heureux». Si l'on se borne à considérer le fédéralisme comme l'équivalent français du mot anglais *self government* (c'est du moins ainsi que l'entend Benjamin Constant), nous n'avons qu'une objection : c'est le danger d'employer un mot à double entente. Nous ne partageons pas d'ailleurs les singuliers regrets de Benjamin Constant, que la terre ne soit plus « couverte de peuplades nombreuses et animées, où l'espèce humaine s'agitait et s'exerçait en tout sens dans une

sphère proportionnée à ses forces ». Nous trouvons qu'un très petit Etat présente des inconvénients autres, mais non moins graves qu'un très grand, et que de nos jours il est moralement et matériellement nécessaire qu'un Etat ait un bon nombre de millions d'habitants.

III. L'unité opposée au particularisme offre quelques nuances : 1° l'Italie d'avant 1859 était une nation divisée en plusieurs Etats sans lien aucun ; 2° l'Allemagne, avant 1866, était composée d'Etats souverains qu'un lien fédéral réunissait en un faisceau peu serré ; 3° la Suisse est une association d'Etats qui ont renoncé à une grande partie de leurs attributions souveraines ; 4° la Turquie a ses Etats tributaires qui, à chaque instant, menacent de conquérir la souveraineté entière ; 5° l'Autriche peut à de certains moments être considérée comme une fédération ; 6° le Royaume-Uni est un Etat triple et non un ; 7° la Suède et la Norwège sont *séparées* par l'union personnelle ; 8° la Russie, malgré la variété de ses populations, tend à l'unité avec une vigueur par trop énergique.

L'unité est aussi souvent une affaire de sentiment qu'une nécessité politique, de sorte que l'idée de l'unité prend un aspect différent selon le pays auquel elle s'applique. Néanmoins, notre amour du *self government* ne doit pas nous aveugler sur les avantages que l'unité confère aux Etats. Elle en fait un corps compact vis-à-vis de l'étranger et en assure ainsi l'indépendance ; elle inspire un patriotisme plus profond aux citoyens, leur rend plus palpable la solidarité qui les enlace, et les dispose aux sacrifices dans l'intérêt général ; elle favorise les progrès intellectuels en concentrant dans un même foyer un plus grand nombre de rayons de lumière ; elle étend le champ de l'activité humaine en supprimant les barrières intérieures ; enfin, sans toucher nécessairement à la liberté, elle garantit l'ordre et la sécurité et resserre le lien de la société.

USURPATION. Tout pouvoir exercé sur une nation a été délégué par elle ou pris sans son consentement ; dans ce dernier cas, il y a *usurpation*. On entend par cette expression soit le fait même de s'emparer à force ouverte ou par ruse du pouvoir suprême, soit l'état de possession qui succède. Cet état est nécessairement précaire, puisqu'en politique comme en droit, la violence ou la mauvaise foi ne fondent rien de durable.

Le but ordinaire de l'usurpation est de constituer une monarchie ; l'usurpateur peut croire ce but atteint quand le pouvoir est remis entre ses mains ; la ressemblance, toutefois, n'est qu'apparente, comme Benjamin Constant l'a démontré dans un écrit demeuré célèbre [1], car la difficulté est bien moins de conquérir le pouvoir que de s'y maintenir ;

1. *De l'Esprit de conquête et de l'Usurpation dans leurs rapports avec la civilisation moderne.* 1813.

et du vice d'origine qui entache la possession de l'usurpateur dérivent des inconvénients et des dangers qui ne découlent pas nécessairement du régime monarchique en lui-même.

Ce n'est pas tout de se déclarer monarque héréditaire ; ce qui constitue tel, ce n'est pas le trône qu'on veut transmettre, mais le trône qu'on a hérité. On n'est monarque héréditaire qu'à la seconde génération ; jusqu'alors l'usurpation conserve l'agitation des révolutions qui l'ont fondée. Pendant ce temps, la voie restant ouverte à toutes les ambitions, l'usurpateur est exposé à toutes les comparaisons que suggèrent les regrets, les jalousies ou les espérances ; il est obligé de justifier son élévation, car il a contracté l'engagement tacite d'attacher de grands résultats à une si grande fortune ; il doit craindre de tromper l'attente du public qu'il a si puissamment éveillée, de sorte que l'inaction la plus raisonnable, la mieux motivée, lui est interdite.

La guerre se présente naturellement comme l'une des manifestations de cette activité à laquelle l'usurpateur est condamné par sa situation : un roi, dit Benjamin Constant, n'a pas besoin de commander ses armées, d'autres peuvent combattre pour lui, tandis que ses vertus pacifiques le rendent cher et respectable à son peuple ; l'usurpateur doit toujours être à la tête de ses prétoriens ; il en serait le mépris, s'il n'en était l'idole. La force armée a été nécessaire pour ravir le pouvoir ; il faut ensuite des guerres sans cesse renouvelées pour justifier la permanence d'une armée nombreuse et pour satisfaire l'avidité des chefs, le désir d'avancement chez les subalternes.

A l'intérieur, l'usurpateur, quelque désir qu'il en ait, ne peut, toujours à raison de son vice d'origine, parvenir à la pratique sincère des institutions libres ; « les représentants d'un peuple, sous un usurpateur, doivent être ses esclaves, pour ne pas être ses maîtres. Or, de tous les fléaux politiques, le plus effroyable est une assemblée qui n'est que l'instrument d'un seul homme. Nul n'oserait vouloir en son nom ce qu'il ordonne à ses agents de vouloir, lorsqu'ils se disent les interprètes libres du vœu national ». Sans remonter au Sénat de Rome, le Parlement, sous Cromwell, aurait pu servir d'exemple ; mais Benjamin Constant, tout préoccupé des événements contemporains, ne cherchait pas ailleurs la confirmation de ses principes.

Le despotisme étouffe la liberté de la presse ; l'usurpation qui, pour se faire accepter, a besoin d'une apparence d'esprit public, parodie et contrefait cette liberté. « Quand la liberté de la presse est tout à fait comprimée, l'opinion sommeille, mais rien ne l'égare ; quand, au contraire, des écrivains soudoyés s'en saisissent, ils discutent, comme s'il était question de convaincre ; ils s'emportent comme s'il y avait de l'opposition ; ils insultent, comme si l'on possédait la faculté de répondre. » Ainsi l'opinion réelle est étouffée comme sous le despotisme et, de plus, on a le simulacre de l'opinion opposée.

Condamné à employer, pour conserver, les moyens dont il s'est servi pour acquérir, comment l'usurpateur fonderait-il un établissement durable? Les principes sur lesquels cet établissement reposerait sont précisément ceux que l'usurpateur a foulés aux pieds ; les engagements pris envers lui sont de la nature de ceux qu'il a enfreints. Il a profité de la faiblesse, spéculé sur l'avidité, il n'a donc pas à compter sur des partisans fidèles ; la faiblesse qui l'a toléré l'abandonne, l'avidité se tourne vers une nouvelle proie. Où est l'usurpateur dont la cause ait compté des martyrs? La race malheureuse et inintelligente des Stuarts a eu les siens, Richard Cromwell lui-même n'avait foi ni dans son titre ni dans son droit.

Cette incapacité inhérente à l'usurpateur constitue la sanction de la loi morale violée par son entreprise ; mais le mal que celle-ci a causé survit longtemps à la chute de son auteur. L'usurpation, comme le spectacle de toute grande fortune acquise par de mauvais moyens, ruine les mœurs publiques ; la violence qu'elle a exercée énerve les courages ; la corruption abaisse les caractères ; pour s'en relever, il faut que le pays qui l'a subie se décide à mettre lui-même la main à l'œuvre de sa régénération. Casimir Fournier.

UTOPIE (du grec οὺ τόπος, ce qui n'existe nulle part, en aucun lieu). Le mot est de l'invention de Thomas Morus ; c'est le titre qu'il a donné à un de ses ouvrages, devenu promptement célèbre ; mais la chose est beaucoup plus ancienne. On entend par *utopie* une certaine organisation de la société et de l'État dont l'imagination et l'esprit de système ont fait tous les frais, sans examiner si elle est réalisable ou non dans un lieu ou dans un temps déterminé, sans rechercher si elle est compatible, même d'une manière générale, avec les conditions morales et physiques de la nature humaine. Il résulte de là que l'utopie change nécessairement de caractère suivant le système qui l'a produite. Et, en effet, il y a des utopies religieuses et des utopies philosophiques ; il y en a d'idéalistes et de sensualistes, de sensuelles si l'on veut, et même de matérialistes. Il y en a, enfin, et c'est le plus grand nombre, qui prennent leur origine dans le panthéisme. La prétention de Grégoire VII de faire de la chrétienté une république entièrement soumise, dans l'ordre temporel comme dans l'ordre spirituel, à l'autorité souveraine du saint-siège ; cette prétention développée ensuite, sous une forme systématique, par les plus grands théologiens du treizième et du quatorzième siècle, est une utopie religieuse. La république de Platon est une utopie philosophique et de plus une utopie idéaliste. On reconnaît, au contraire, les inspirations du sensualisme dans la doctrine de Fourier, celles du matérialisme dans le *Lé-*

viathan de Hobbes et dans le *Catéchisme positiviste* d'Auguste Comte, celles du panthéisme dans les rêveries de Campanella et de Saint-Simon. L'utopie est donc autre chose que l'idéal, bien que celui-ci puisse y entrer quelquefois. L'idéal, qui s'applique à la société comme à l'individu, nous élève au-dessus de ce que nous sommes pour nous montrer ce que nous devons et, par suite, ce que nous pouvons être. L'utopie nous trompe sur l'un et l'autre, en plaçant devant nos yeux un but chimérique, qui peut être en même temps un type d'abaissement et de servitude. Mais quel que soit ce but, il intéresse à la fois le gouvernement et la société ; car il est impossible de créer une société nouvelle sans être amené à s'occuper du gouvernement qui lui convient et qui est le plus propre à la conserver. On ne saurait donc admettre la distinction établie par quelques publicistes entre l'utopie sociale et l'utopie politique. Toute utopie est nécessairement l'une et l'autre.

L'âge des utopies ne commence pas, comme on le pense généralement, avec Platon ; il est beaucoup plus reculé. Il ne serait pas difficile de démontrer, par exemple, que la république des Hébreux, telle qu'on peut se la représenter d'après les institutions et les lois du Pentateuque, était en grande partie une utopie qui n'a jamais été réalisée ; que ce *peuple de prêtres*, qui ne reconnaît d'autre souverain que Dieu, n'a jamais existé, que ce retour périodique des héritages à leurs bornes primitives et des esclaves à la liberté, que cette égalité parfaite des fortunes d'où devait naître l'égalité des personnes, n'ont jamais été mis en pratique. Mais nous voulons bien accepter, comme le dernier terme de l'antiquité, l'histoire de la philosophie grecque. Là même, ce n'est point Platon qui vient le premier. Nous connaissons par Aristote (*Politique*, liv. II, chap. IV et V) deux utopistes plus anciens que lui, dont l'un, Phaléas de Chalcédoine, donnait pour principe à l'ordre social la plus parfaite égalité, et dont l'autre, un architecte célèbre du nom d'Hippodamus de Milet, après avoir introduit la régularité et la symétrie dans la construction des villes, voulut imposer les mêmes qualités à l'organisation de l'État. Ainsi il demanda que les citoyens, au nombre de dix mille, fussent partagés invariablement en trois classes : artisans, laboureurs et guerriers, ou, d'après un autre témoignage, magistrats, guerriers et travailleurs, et qu'à chacune de ces classes fût affectée une portion distincte du territoire de la république. Tous les deux, probablement, appartenaient à l'école pythagoricienne, qui a donné à la fois l'exemple et le précepte de la communauté des biens. Mais personne avant Platon n'a su, comme lui, donner un corps à ces conceptions imaginaires et les faire valoir à la fois par la grâce de la poésie et la puissance de la dialectique.

On sait qu'il a attaché son nom à deux utopies entièrement distinctes, dont l'une est développée dans la *République* et l'autre dans

le dialogue des *Lois*. Toutes deux, de son propre aveu, appartiennent uniquement au monde des idées ; mais la seconde est plus près de la réalité que la première. Celle-ci, en effet, a pour but l'unité parfaite, cette unité qui consiste à résoudre entièrement l'existence de l'homme dans celle de la société, la personne réelle de l'individu dans la personne idéale de l'État, et celle-là, à défaut de l'unité, se contente de l'égalité, qui est aussi un moyen, mais un moyen inférieur, de maintenir ensemble, sous l'empire d'une commune loi, les diverses parties du corps social. Tous les éléments dont se composent les deux constitutions platoniciennes trouvent leur explication et, jusqu'à un certain point, leur excuse dans ces deux idées premières. Ainsi les trois classes de citoyens, ou, pour mieux dire, les trois castes de la *République* répondent aux trois facultés de l'âme humaine, les magistrats à l'intelligence, les guerriers à la volonté ou au sentiment, et les artisans et laboureurs à l'appétit. Et parce que l'appétit doit être subordonné au sentiment et le sentiment à l'intelligence, la même hiérarchie existera entre les classes qui les représentent. La plus importante d'entre elles est sans contredit celle des guerriers ; car le rôle de la caste inférieure se réduit à l'obéissance et le magistrat ou le philosophe, une fois qu'il a rempli sa tâche, une fois qu'il a fondé la cité sur les lois suprêmes de l'intelligence, n'a plus rien à faire. Voilà pourquoi ce sont les guerriers surtout qui doivent nous offrir l'expression de cette unité idéale dont nous venons de parler. De là la communauté des biens et des femmes, que Platon, en la restreignant dans leur sein, considère comme un sacrifice et non comme un privilège.

Il est évident que, dans cette organisation, la personne humaine et la liberté individuelle ne comptent pour rien. Elles sont un peu moins anéanties, mais restent encore très opprimées sous le régime d'égalité que nous présentent les *Lois*. Par exemple, la division du territoire devant rester invariable, il faut que le nombre des citoyens, fixé par Platon à 5.040, le soit également. Tant pis pour les enfants qui naîtront au delà de ce chiffre fatal. Ils seront forcés d'émigrer. Les familles stériles seront obligées de se compléter par l'adoption. La loi mettra bon ordre à ce que la richesse mobilière ne vienne pas déranger cet équilibre des fortunes. Elle apportera de telles entraves à l'industrie, au commerce, à l'accroissement des capitaux, qu'elle les rendra à peu près impossibles. A plus forte raison son joug se fait-il sentir sur les mariages, sur l'éducation des enfants, sur les testaments. Elle prescrit, comme à Sparte, les repas en commun, interdit les voyages, excepté dans certains cas de nécessité ou d'intérêt public, soumet aux regards de l'autorité les détails les plus intimes de la vie, et prescrit des règles inflexibles pour toutes les occupations qu'elle veut bien permettre.

L'antiquité païenne ne nous offre pas d'autres exemples de l'esprit d'utopie ; car on ne peut attacher aucune valeur à quelques fragments perdus, comme ceux d'Hécatée d'Abdère, d'Evhémère, de Théopompe, qui ne sont évidemment que des réminiscences des idées de Platon ; et quant à la *République* de Cicéron, elle est moins l'œuvre de l'imagination et de l'esprit de système que du patriotisme et de la passion politique ; on n'y trouve qu'une apologie partiale des vieilles institutions de la république romaine.

Le moyen âge nous ramène aux utopies religieuses, dont la plus brillante assurément et la plus hardie est celle de Grégoire VII. Nous l'avons déjà dit, la théocratie universelle n'a jamais existé que dans l'ambition de ce grand pontife. L'état du monde, à l'époque où elle s'est produite, et la nature générale de la société en ont toujours fait un rêve irréalisables.

Mais après avoir rencontré la résistance des faits, la pensée de Grégoire VII est entrée dans le domaine de la spéculation. Elle a pris possession de la philosophie et de la théologie par les ouvrages de saint Thomas d'Aquin et de Gilles de Rome, notamment par le *De regimine principum* et le traité *De ecclesiatica potestate*. Une autre utopie éclose à la même époque, entre la fin du douzième et le commencement du treizième siècle, mais qui tient peut-être autant de la philosophie que de la religion, c'est celle qui porte le nom de l'abbé Joachim et que renfermait le livre de l'*Evangile éternelle*. Réunissant les principes panthéistes d'Amaury de Bène et de David de Dinant à quelques textes mal compris de l'Evangile, les partisans de cette doctrine attendaient le règne du Saint-Esprit ou de l'amour appelé à succéder au Fils comme le Fils avait succédé au Père. Pendant cette période de notre histoire, que les deux précédentes n'ont fait que préparer, toute différence et toute inégalité devaient disparaître sur la terre, même celle du vice et de la vertu, car toutes les passions seraient sanctifiées, la chair et l'esprit, réconciliés ou plutôt confondus entre eux, cesseraient de se disputer la prééminence : la suppression de la guerre, la communauté des biens et des femmes feraient de tous les hommes une seule famille.

Avec la Renaissance nous voyons reparaître l'utopie purement philosophique, et c'est le ministre d'un despote, le chancelier de Henri VIII, Thomas Morus, qui, en la rappelant à la vie, lui a donné son vrai nom. Tout n'est pas chimérique dans le livre de Thomas Morus. Il renferme une critique extrêmement profonde et sensée de la politique, de l'économie politique et de la législation de son temps. Et même quand il paraît s'abandonner aux caprices de son imagination, quand il expose avec complaisance les institutions et les lois du pays d'Utopie, il y a une distinction à faire entre sa conception politique et son organisation sociale. La première est tout simplement le gouvernement représentatif inclinant à la république, avec

un sénat, une assemblée du peuple, un président nommé à vie, et l'élection à tous les degrés du pouvoir, du pouvoir spirituel comme du pouvoir temporel. La seconde se résume dans le communisme avec quelques-uns des éléments qui ont servi plus tard à la construction du système phalanstérien. C'est assez pour nous convaincre que le communisme de Morus ne dérive pas du même principe philosophique que celui de Platon. Autant celui-ci demeure idéaliste, même dans ses plus déplorables applications, autant celui-là incline au sensualisme. Ce n'est plus en vue de leur perfection morale, mais dans l'intérêt de leur bonheur commun que les hommes, selon le philosophe anglais, doivent renoncer à la propriété. Il suffit que ce but leur soit proposé pour que le travail, devenu à la fois plus fécond et plus agréable, satisfasse à tous les besoins de la société. La journée ne sera que de six heures ; trois heures avant le dîner et trois heures avant le souper. On évitera la fatigue par la diversité, car chaque citoyen, exerçant à la fois plusieurs professions, pourra passer alternativement de l'un à l'autre. Il lui restera donc assez de loisir pour se donner toutes les jouissances de l'étude et de la conversation, pour goûter tous les plaisirs que procurent les beaux-arts.

Cependant Thomas Morus ne pousse pas l'illusion jusqu'à croire que tous les métiers indistinctement pourront se prêter à cette combinaison. Il en reconnaît de rudes et de repoussants qu'on n'exerce que par nécessité. Mais ceux-là seront le partage des esclaves publics, réduits à cette condition en expiation de leurs crimes, ou achetés par l'État dans les pays étrangers. Ainsi voilà l'esprit d'utopie qui ressuscite, au sein du christianisme, l'institution des ilotes. Remarquons que les citoyens eux-mêmes ne sont pas beaucoup mieux traités. La loi, comme la discipline d'une caserne ou la règle d'un couvent, intervient dans tous les détails de leur vie. C'est elle qui décide de leurs vêtements, de leur nourriture, de leurs travaux, de leurs distractions, sans laisser la moindre place à leur liberté et à leur intelligence.

Si Thomas Morus fait bon marché de la liberté, il garde au moins quelque mesure avec la morale. Il respecte le mariage, il conserve, jusqu'à un certain point, les droits de la conscience en fondant sa religion nationale sur le déisme. Tous ces ménagements disparaissent dans le système de Campanella, et cela se conçoit, puisque le panthéisme en est la base. Le panthéisme confond l'homme, la nature et Dieu, il supprime l'individu et ne reconnaît plus que l'existence collective de la société. C'est précisément ce que fait Campanella dans sa fameuse *Cité du Soleil*. Toutes les actions, et jusqu'aux sentiments et aux pensées de ses sujets imaginaires sont soumis à une autorité absolue. Le chef du peuple solarien est quelque chose comme le Père-Suprême dans le système saint-simonien, c'est-à-dire tout à la fois un monarque et un pontife infaillible, un homme revêtu des attributions de Dieu. Sous ses ordres, trois ministres au département de la *Sagesse*, de la *Puissance* et de l'*Amour*, et sous ces trois ministres, diverses classes de magistrats, préposés à toutes les vertus et à toutes les facultés, assignent à chacun son rang, sa tâche et, suivant sa manière de la remplir, sa part dans la jouissance des biens communs; car la communauté ici n'est pas confondue avec l'égalité. De même, quoique les femmes soient communes, il n'est permis d'en jouir que selon les règles établies par le ministre des affaires d'amour, qu'aux jours, aux heures et dans les circonstances les plus favorables à l'amélioration de la race humaine. Du reste, le despotisme a toujours été cher à Campanella. Dans son *Discours sur la monarchie espagnole*, écrit bien des années avant la *Cité du Soleil*, il arrive à cette conclusion: le seul et vrai monarque du globe entier sera le souverain pontife; tous les peuples ne formeront qu'un seul troupeau sous la houlette d'un seul berger; le roi d'Espagne aura le rôle du chien chargé d'amener au bercail les brebis égarées et de les dévorer si elles résistent.

Dans le même temps où Campanella reprenait les idées de Grégoire VII et préparait celles de Saint-Simon. Bacon écrivait la *Nouvelle Atlantide*, mais il n'y a pas lieu de s'occuper ici de cette composition, parce qu'elle se rapporte plutôt à la réforme et à la réorganisation des sociétés savantes qu'à celle de l'Etat. Elle nous offre comme un plan anticipé de l'Institut de France. Hobbes et Harrington ont un autre but. Ce sont réellement les lois et les institutions qu'ils prétendent refaire de fond en comble sur un modèle préconçu, le modèle qu'ils nous présentent, l'un dans le *Léviathan* et l'autre dans l'*Oceana*. Quoique diamétralement opposés par leurs principes, puisque le premier, au nom du matérialisme, nous convie à la servitude; tandis que le second, faisant appel à notre dignité morale, nous pousse à la conquête de la liberté, ces deux écrivains ont cela de commun, que leurs vues ne s'étendent pas au delà de la politique. Du reste, ils sont tous les deux des utopistes; car l'unité de pouvoir telle que la conçoit Hobbes, cette monarchie absolue qui dispose à la fois des âmes et des corps, de la conscience et des intérêts, de la religion et de l'Etat, n'est pas plus facile à réaliser que cet équilibre parfait entre le pouvoir et la propriété que poursuit Harrington et qu'il fonde sur la loi agraire, comme si la loi agraire n'était pas elle-même un instrument et une source d'oppression.

L'*Histoire de Sévérambes*, de Denys Vayrasse, ne renfermant qu'un mélange sans originalité, sans consistance, et comme un écho affaibli des deux systèmes de Morus et de Campanella, on peut dire que l'histoire de l'utopie au dix-septième siècle finit par les deux créations de Fénelon, la *Bétique* et la *République de Salente*. La première nous offre moins une espérance pour l'avenir qu'un souvenir du passé. C'est une réminiscence classique de l'Arcadie des poètes. Elle nous transporte chez un peuple de pasteurs comme ceux qui vivaient sous le sceptre fabuleux de Saturne. Elle nous montre des hommes qui n'ont aucune des passions et, par conséquent, aucun des vices de l'humanité; qui ont tout mis en commun, parce qu'ils ne possèdent rien et n'ont presque pas de besoins; enfin des enfants livrés à la paix et à l'innocence de leur âge, tandis que la nature, en tendre mère, les dispense de tout souci et de tout travail. La république de Salente nous découvre beaucoup mieux la véritable pensée de l'illustre archevêque. C'est la peinture d'un peuple qui, sans autre industrie que l'agriculture, a su atteindre le plus haut degré de la perfection et du bonheur. La population est pour lui la source de toute richesse, et la guerre celle de toutes les misères. C'est tout juste le contraire des maximes qui dirigeaient le gouvernement de Louis XIV. Mais il y a quelque chose de plus dans la république de Salente. Elle forme, malgré la simplicité de sa vie et de ses |mœurs, un Etat aristocratique, dont les citoyens, divisés en sept classes, se distinguent les uns des autres par leurs conditions, leurs occupations, leurs droits, leurs vêtements même, et où le premier rang appartient à la naissance. C'est la république idéale de Platon modifiée par la morale chrétienne et les préjugés de race empruntés à la féodalité.

Le dix-huitième siècle, si indépendant et si fécond dans toute autre matière, a été peu inventif dans ses utopies sociales et même politiques. Rousseau et Mably se sont bornés à reproduire, avec quelques développements nécessaires, les institutions de Lycurgue. C'était une utopie rétrospective. Morelly, dans son *Code de la nature*, n'est qu'un écho de Rousseau, tandis que Babœuf se proposait d'être son exécuteur testamentaire. Tous, en parlant sans cesse de liberté, n'ont réussi qu'à imaginer un système d'esclavage fondé sur la double base de la démagogie et du communisme.

C'est le siècle où nous sommes, c'est la première moitié de ce siècle qui a vu naître les utopies les plus hardies, les plus radicales, les plus brillantes, le saint-simonisme, le fouriérisme, le socialisme positiviste et la théocratie athée d'Auguste Comte. L'exposition, même sommaire, de ces différentes doctrines, dépasserait les bornes où nous sommes obligé de nous renfermer ici. Mais il nous est impossible de ne pas remarquer que, non moins chimériques que les idées de Platon, de Thomas Morus, de Campanella, de Hobbes et de Rousseau, elles ne sont pas au fond plus libérales. Le saint-simonisme tend à rétablir, au profit du panthéisme, la théocratie universelle de Grégoire VII. Il livre les destinées, non seulement de l'Etat, mais de l'humanité, à la discrétion d'un homme, à la fois prince, pontife et arbitre infaillible des œuvres de la pensée. Point de refuge contre ce despotisme universel, puisque la propriété et la famille ont cessé d'exister. Le fouriérisme, lui aussi, détruit ces deux institutions fondamentales : la propriété et la famille. La première sera remplacée par des actions que l'autorité publique délivrera à chaque membre de la société en raison de son travail, de son talent et de son capital. De la seconde, grâce à la consécration du *libre amour*, il ne restera plus la moindre trace. Cependant ce n'est point directement par l'établissement du despotisme, mais d'une manière indirecte, par la licence des mœurs, par le déchaînement de toutes les passions que le système de Fourier anéantit la liberté. L'homme, pour lui, n'est qu'une machine dont la passion est le ressort, et qui, s'engrenant à son insu avec une machine analogue, produit à son insu l'effet désiré. Il arrive au fatalisme par le sensualisme et tire du sensualisme les conséquences les plus extravagantes et les plus immondes qui puissent se présenter à la pensée humaine. Enfin, dans l'utopie matérialiste d'Auguste Comte, les prêtres de l'humanité, ou pour mieux dire les prêtres de l'athéisme, auront un pouvoir non moins exorbitant que le Père-Suprême saint-simonien. Ils auront droit de vie et de mort sur tous les ouvrages de l'esprit, anciens et nouveaux, actuellement existants ou à naître. Ils seront les maîtres absolus de l'éducation publique et de l'État lui-même. Ils disposeront en outre de l'honneur des citoyens et régleront à leur guise la vie privée, ne laissant au pouvoir laïque que la gestion des intérêts matériels. Le prolétariat sera une institution publique, les majorats et les substitutions seront rétablis sous une autre forme, et s'étendront de la propriété foncière à la propriété commerciale et industrielle.

Les conclusions qu'on peut tirer de cette succession de chimères, c'est que le progrès, le perfectionnement des institutions sociales, n'est pas une création soudaine, sortie de toutes pièces d'un cerveau humain et dominée par une seule idée, mais le fruit de l'expérience et du temps, des méditations et des épreuves d'une longue suite de générations; qu'il n'y a de société durable et perfectible que celle qui se fonde sur la liberté, qui respecte les droits de l'individu et lui laisse la responsabilité de ses actes, le gouvernement et l'usage de ses facultés; que la liberté est inséparable de la propriété et qu'il est impossible ou de les supprimer ou de les conserver l'une sans l'autre; que la liberté et la propriété supposent à leur tour la dignité morale et l'inviolabilité de la personne humaine. Les utopies ont cet avantage de donner plus de relief à ces vérités et de forcer l'esprit humain à ne pas séparer désormais les progrès de l'ordre social des conquêtes de la liberté civile et politique [1].

AD. FRANCK.

V

VAKOUFS. Ce sont les biens appartenant aux mosquées en Turquie. Dans son ouvrage sur ce pays, le baron de Maltzan explique que la législation mahométane permet de consacrer aux mosquées des immeubles, et, en certains cas, des biens meubles, en réservant l'usufruit au donateur et à ses héritiers jusqu'à extinction. Il y a aussi des esclaves attachés aux sanctuaires les plus renommés, notamment à celui de la Mecque. L'immeuble consacré est non seulement libre d'impôt, mais encore inaliénable, privilège fort goûté par beaucoup de chefs de famille. Aussi les *vakoufs* ont-ils pris une très grande extension qui lèse gravement l'intérêt public. L'exemption d'impôt enlève à l'État un revenu considérable, et l'inaliénabilité nuit d'autant plus à la production qu'en général les biens sont mal exploités.

VALEUR. C'est un mot dont beaucoup d'économistes ne savent que faire, et dont d'autres ont quelque peu abusé. Karl Marx en a fait une idée purement abstraite dont il tire des absurdités. Le mieux, c'est de s'en tenir, — du moins pour la vie réelle, c'est-à-dire pour la pratique, — au mot *prix*, c'est là une idée nette et claire, et d'abandonner « la valeur » — la valeur d'usage comme la valeur d'échange, — aux philosophes, aux psychologues, aux moralistes et autres savants plus ou moins théoriciens. L'économiste pratique doit éviter de quitter le terrain solide. Voyez, pour les détails, notre ouvrage : *Progrès de la science économique* (Paris, Guillaumin).

VALEURS MOBILIÈRES (IMPÔT SUR LES). C'est depuis un demi-siècle à peine que les valeurs de ce genre ont pris, dans l'économie sociale, la place importante qu'elles y occupent aujourd'hui, et il est résulté de ce fait une véritable transformation dans l'état des fortunes. De là est né en France et d'autres pays une sorte d'antagonisme entre la propriété foncière et la propriété mobilière. En présence de la transformation que nous venons de signaler, les détenteurs d'immeubles se sont crus fondés à demander, au nom des principes de l'égalité devant la loi, un remaniement d'impôts ayant pour but de faire porter sur la fortune mobilière une partie des charges dont ils sont grevés. Toutefois, l'antagonisme ne s'est révélé que graduelle-

1. Postérieurement ont paru *le Voyage en Icarie* de Cabet, *Looking Backward* de Bellamy, *Freiland* de Hertzka et d'autres utopies suffisamment connues de nos contemporains pour qu'il ne soit pas nécessaire de les analyser.

ment, et l'on s'est contenté d'abord de mesures beaucoup moins radicales que celles qui ont été réclamées dans les dernières années de l'Empire.

On a commencé par assimiler aux autres biens, quant à la quotité du droit d'enregistrement à payer, toutes les valeurs mobilières qui se trouvent comprises dans une succession. (Loi du 15 mai 1850.) Puis, presque au même moment, on a prétendu qu'au point de vue de l'émission et de la circulation, il existait entre les actions, les obligations et la lettre de change, une analogie telle qu'on ne pouvait, en bonne justice, se dispenser d'assujettir les deux premières espèces de titres au droit de timbre, puisque la lettre de change y était déjà soumise. C'est de cette pensée, peut-être un peu subtile, qu'est sortie la loi du 5 juin 1850 qui a établi un droit de timbre proportionnel de 1 p. 100 du capital sur les actions et les obligations, en le réduisant à 50 c. pour 100 fr. pour les actions des sociétés dont la durée n'excède pas dix ans.

Quelques années plus tard, comme on avait besoin d'accroître les recettes du Trésor, on imagina d'ajouter au droit d'émission et de circulation un droit de transmission de 20 c. pour 100 francs de la valeur négociée, lequel, pour les titres nominatifs, serait perçu au moment du transfert, et, pour les titres au porteur, converti en une taxe annuelle de 12 c. pour 100 francs de capital, évalué d'après le cours moyen de l'année précédente. (Loi du 23 juin 1855.)

Au point de vue où s'est placé le législateur, qui s'est proposé de soumettre la fortune mobilière à un droit de mutation équivalant à celui que supporte la propriété foncière, ces taxes paraissent avoir été assez équitablement calculées; seulement, en les déterminant, on n'a peut-être pas assez tenu compte de ce fait qu'un grand nombre de sociétés par actions possèdent des immeubles pour lesquels, en vertu de la loi du 27 février 1849, elles sont soumises à une taxe annuelle (droit de main-morte) représentative des droits de transmission entre vifs et par décès.

Les mesures que nous venons de rappeler étaient loin de répondre aux réclamations des propriétaires fonciers. Ce qu'ils désiraient, c'était surtout la perception, sur le revenu des valeurs mobilières, d'une contribution directe assez élevée pour permettre de les dégrever d'une partie de leurs charges, et leurs vœux à cet égard se manifestèrent avec la plus grande énergie dans l'enquête agricole de 1866.

Les considérations qui ne permirent pas d'y déférer peuvent se résumer de la manière suivante :

En France, toute entreprise industrielle, qu'elle soit exploitée par actions ou autrement, est soumise aux mêmes charges fiscales. Les propriétaires d'actions ne jouissent donc en réalité d'aucune immunité d'impôts. Il est vrai qu'ils n'acquittent pas personnellement de contributions à raison de leur participation à l'affaire dans laquelle ils ont placé leurs capitaux ; mais la société dont ils font partie les acquitte pour eux, et le dividende se trouve naturellement diminué de tout ce qu'elle a payé comme patente, impôt foncier, contribution mobilière, portes et fenêtres, centimes additionnels, etc. A quel titre viendrait-on encore opérer un prélèvement sur ce dividende, tandis que, dans les entreprises dont le capital ne serait pas divisé en actions, les intéressés continueraient à recevoir l'intégralité des bénéfices obtenus ?

Cet argument, applicable à toutes les sociétés formées pour l'exploitation d'industries libres, n'a pas moins de portée quand il s'agit de celles qui sont, comme les compagnies de chemins de fer, en possession d'un monopole ; et, dans ce cas, il y a même une circonstance particulière qui vient lui donner plus de force. En effet, non seulement ces compagnies sont assujetties aux diverses contributions qui incombent à toutes les entreprises de transports ; mais en outre elles sont tenues par leurs cahiers des charges à certaines obligations qui équivalent à un véritable impôt (transport gratuit des dépêches et de tous les envois confiés à l'administration des postes, transport à prix réduit des militaires et marins, des approvisionnements de la guerre, des produits dont l'administration des finances a le monopole, tels que tabac, poudre, etc.), et l'on estime à plus de 50 millions par an les économies réalisées par le Trésor de ces divers chefs.

En ce qui touche les obligations, pourquoi frapperait-on d'un impôt cette catégorie de créances plutôt que les autres ? Pourquoi l'obligataire serait-il astreint d'abandonner au fisc une portion de l'intérêt stipulé, quand le créancier hypothécaire, à qui la loi assure des garanties spéciales, serait exempt de toute contribution ? N'est-ce pas d'ailleurs méconnaître les principes économiques les plus élémentaires que de s'imaginer qu'on pourra changer le cours naturel des choses et empêcher qu'un peu plus tôt ou un peu plus tard la charge qu'on aura voulu imposer au prêteur ne retombe sur l'emprunteur ? Le taux de l'intérêt n'est pas en effet une chose arbitraire ; il dépend de l'abondance des capitaux d'une part, et de l'autre des besoins qu'on a de ces capitaux ; d'où il suit que si l'on établit une taxe sur les obligations, le cours de ces obligations baissera de la somme nécessaire pour ramener l'intérêt à son taux normal, et qu'en définitive, pour les émissions nouvelles, ce sont les compagnies qui supporteront le poids de la taxe. De plus, à l'égard des détenteurs d'obligations antérieurement émises, la mesure irait, par la force des choses, au delà du but qu'on voudrait atteindre, car non seulement on diminuerait leur revenu, mais on réduirait leur capital, puisque leurs titres ne pourraient plus s'échanger pour la même somme d'argent.

Quant à la rente, on ne saurait songer à la taxer. Lors même qu'il ne résulterait pas de la loi du 9 vendémiaire an VI, l'engagement formel de ne la soumettre à aucune retenue, serait-on pour cela plus libre de l'imposer? Toute taxe mise sur la rente équivaudrait à une réduction forcée du taux de l'intérêt. Une pareille mesure serait une violation des engagements que l'État a pris envers ses créanciers; elle porterait la plus grave atteinte au crédit public, et si, pressés par les nécessités financières, quelques gouvernements étrangers ont cru pouvoir y recourir, c'est un exemple qu'il faut se garder d'imiter.

Enfin, on ferait remarquer qu'un des plus graves inconvénients d'une contribution directe sur les valeurs mobilières serait de n'atteindre que certaines catégories de revenus, puisque non seulement la rente, mais tous les fonds qui ne seraient pas placés sous forme d'actions ou d'obligations y échapperaient, et que, par cela même, cette contribution aurait pour effet de diriger artificiellement les capitaux vers les placements qui en seraient exonérés.

Ces considérations qui, avant 1870, ont fait écarter l'impôt direct sur les valeurs mobilières, n'ont rien perdu de leur force; mais les nécessités financières sont devenues tellement pressantes qu'elles ont fini par prévaloir sur les excellentes raisons qui commandaient de repousser un tel impôt, et une loi du 29 juin 1872 a établi une taxe de 3 p. 100, taxe portée à 4 p. 100 par la loi du 26 décembre 1890, du revenu sur toutes les actions et les obligations. Quant aux droits de mutation, la loi du 29 juin 1872 les a fixés à 50 centimes par cent francs pour la transmission ou la conversion des titres nominatifs, et à 20 centimes par cent francs pour la taxe annuelle à laquelle sont assujettis les titres au porteur.

VAPEUR. Il en est des machines à vapeur comme de quelques-unes des plus grandes inventions dont s'honore l'humanité : on ne saurait préciser le nom de celui auquel ce bienfait est dû. Il n'entre pas dans notre cadre de chercher, après tant d'autres, à éclaircir ce mystère, à résoudre cette *inconnue* de l'histoire [1]. La vapeur existe, son emploi comme force motrice est de date récente, cela nous suffit pour que nous en indiquions, en quelques traits, l'influence sociale et politique.

La société a conquis en la vapeur un esclave infatigable, puissant, qui ne se plaint jamais et dont l'entretien se réduit au minimum. On l'a chargé d'une foule de travaux des plus pénibles qui étaient autrefois exécutés à bras d'hommes; la vapeur a pu même s'acquitter de tâches qui, sans elle, seraient restées au-dessus de nos forces. Son con-

cours à permis de multiplier un grand nombre de produits au point de faire descendre leur prix au niveau des plus petites bourses; le bien-être des masses s'en est accru, l'intelligence du plus grand nombre s'est élargie, les mœurs se sont adoucies. En un mot, les services sociaux que la vapeur a rendus, et rendra, sont incalculables.

Mais la vapeur est aussi un agent politique de premier ordre et elle égale en importance presque la poudre elle-même. Qu'elle « abrège les distances », qu'elle procure aux États de puissants engins de destruction, ce ne sont pas là les points sur lesquels nous insisterons le plus. Nous aimons mieux mettre en lumière les côtés qu'on a plus ou moins négligés jusqu'à ce jour.

Et d'abord, la vapeur, comme la poudre, mais à un degré bien plus élevé, tend à conférer à l'intelligence la supériorité sur la force brutale. Avec la poudre, un habile capitaine pouvait valoir une armée; actuellement un mécanicien ingénieux peut quelquefois suppléer au général et à l'amiral. Sans la vapeur, aurait-on pu songer à créer une flotte cuirassée et à annuler dans une grande mesure la force du boulet? Avec la vapeur, on pourra souvent compenser la supériorité du nombre.

Autre considération. L'argent a été de tout temps le nerf de la guerre, mais jamais autant que de nos jours. Il ne suffit plus, pour connaître la puissance d'une nation, de savoir le chiffre de son armée, c'est sa puissance financière qu'il faut supputer avant tout. Celui qui aurait placé les États-Unis au rang où les classait en apparence une armée de 8.000 à 10.000 hommes aurait commis une étrange méprise, dont la guerre de sécession l'aurait fait revenir. Les milliards font sortir de terre des légions bien plus nombreuses que celles qui ont répondu à l'appel de Pompée; les milliards les nourrissent et les arment d'engins les uns plus meurtriers et plus destructifs que les autres. Les nations riches sont donc plus puissantes que les nations pauvres, même avec une population moins nombreuse.

Enfin, et ce point est peut-être le plus important de tous, la vapeur, en multipliant les relations internationales, rend les guerres moins fréquentes, en même temps que la rapidité des communications les abrège et peut-être même les fait moins meurtrières (si l'on tient compte des pertes qu'occasionnent les maladies). Désormais une guerre de trente ans — peut-être de sept ans — est une chose impossible, et si nous n'avons aucun espoir de voir s'établir l'ère de la paix perpétuelle, il est déjà assez consolant de savoir que les guerres ont perdu une partie de leur durée et de leur intensité.

VASSAL. Titre du possesseur de fief par rapport à son suzerain. On sait qu'excepté l'empereur ou le roi tous les possesseurs de terres féodales étaient vassaux et que tout

---

1. *Voy.*, par exemple, *Examen de la question de priorité relative à l'invention des machines à vapeur*, par Arago, ainsi que les livres spéciaux sur la matière.

vassal était noble, puisque la propriété féodale conférait la noblesse. On appelait grands vassaux ceux du premier degré, qui ne relevaient que du roi.

VATICAN. Le Vatican était, dans l'origine, un quartier vague entre la colline de ce nom et la rive droite du Tibre, au nord-ouest de Rome. Les pauvres y avaient leur sépulture. Mécène y eut une maison de campagne. Le quartier fut habité sous Néron, après l'incendie. Un palais y fut construit pour les évêques de Rome, les uns disent par Constantin, les autres par les papes Libère et Symmaque. Il tombait en ruines au onzième siècle. Eugène III le rétablit; ses successeurs l'agrandirent et l'embellirent avec des pierres des monuments romains. Le Vatican actuel est peuplé des chefs-d'œuvre de la sculpture antique, de la sculpture et de la peinture de la Renaissance. Ce palais est le séjour officiel des papes. On a dit : « le Vatican », pour signifier le gouvernement du pape, dans le même sens qu'on dit ou disait : « la Porte », « le Divan », « Westminster », « l'Escurial », « le Capitole », « la Maison Blanche » ou « les Tuileries », « le Quirinal « (palais du roi d'Italie), etc.

VENEUR (GRAND). Grand officier de la couronne chez la plupart des souverains modernes. Cet office, aboli par la révolution de 1789, est rétabli par Napoléon Ier; il s'efface encore en 1830 et reparaît sous Napoléon III (1852).

VÉRIFICATION DES POUVOIRS. On appelle ainsi l'examen que fait une assemblée élective de la validité du mandat donné par les électeurs à chacun de ses membres. Cette opération est nécessairement le premier de tous ses travaux; et, avant de procéder à aucun acte collectif, il faut que le droit d'y prendre légalement part ait été constaté pour chacun des élus.

Dès l'abord, il se présente une grave difficulté. Au début d'une assemblée politique nouvelle, ou à la première séance qui suit des élections générales, personne n'a pu encore être vérifié; ce sont donc des individus sans pouvoirs reconnus qui prononcent sur les pouvoirs de ceux qui sont dans la même situation. Il y a là un cercle vicieux qui, au premier abord, semblerait infranchissable. Pour en sortir, on emploierait un moyen mauvais si on confiait la vérification à une autorité extérieure; ce serait constituer une hiérarchie, une supériorité qui serait inadmissible pour une assemblée formant la représentation nationale. On a résolu le problème, autant qu'il peut l'être, en attribuant à toute élection la présomption de validité; chacun est censé valablement et régulièrement élu jusqu'à preuve contraire, et chaque membre dont l'élection n'est pas contestée peut immédiatement prendre part à l'opération de la vérification. Ce système, emprunté à l'Angleterre, est généralement suivi dans les Etats de l'ancien et du nouveau monde où le gouvernement représentatif est en vigueur[1]. Telle était la pensée de la Convention nationale de France quand, avant la fin de la vérification des pouvoirs, elle donnait à ses membres la qualification de présumés députés. Lorsque le nombre des députés vérifiés atteint la majorité de l'assemblée, celle-ci est et peut être déclarée constituée. Jusque-là elle n'examine que les élections non contestées, c'est-à-dire qui ne présentent que des irrégularités insignifiantes, ou qui ne soulèvent aucune réclamation, soit dans l'examen préalable, soit dans la discussion publique.

Pour vérifier les pouvoirs, on partage immédiatement l'assemblée en sections, commissions, bureaux, auxquels on remet les procès-verbaux des élections avec les pièces ou réclamations qui les accompagnent. Les membres des bureaux, ordinairement désignés par la voie du sort, examinent chaque élection, et entendent les personnes qui peuvent leur donner des renseignements. Ils choisissent parmi eux un rapporteur chargé d'exposer et de motiver devant la Chambre les résultats de leur appréciation.

Le rapport se fait en séance publique, verbalement ou par écrit. Chaque membre de l'assemblée, même s'il n'a pas encore été vérifié, peut discuter le rapport et voter sur les questions qu'il soulève.

Les conclusions du rapport, tendant à valider ou à déclarer l'élection nulle, ou à ajourner pour un nouveau rapport, ou à l'admission pure et simple du candidat élu, sont mises aux voix par le président et résolues à la majorité. Lorsque l'élection a été validée, l'admission de l'élu peut être ajournée jusqu'à la production des pièces qui justifient son âge et sa nationalité, et jusqu'à ce que, dans les pays où un serment est exigé, il ait prêté ce serment dans l'assemblée, à moins qu'il ne l'ait prêté par écrit, ou à la séance solennelle de l'ouverture de la session.

L'assemblée est juge souverain de toutes les questions que peut présenter la vérification des pouvoirs. Si elle n'est pas édifiée sur la légalité d'une élection, sur les faits qui ont été débattus à cette occasion, elle peut demander au gouvernement tous les renseignements dont elle a besoin. On lui a contesté le droit de procéder elle-même à une enquête, de faire comparaître devant elle des témoins, d'appeler des fonctionnaires publics ; ce droit a été présenté comme un empiétement sur le pouvoir exécutif. Toutefois, le droit d'enquête parlementaire, pratiqué depuis longtemps en Angleterre, est assez généralement admis en principe. Dans la pratique on en use avec réserve. La Chambre nomme une commission d'enquête devant laquelle les investigations se poursuivent, et qui prend les mesures nécessaires pour arri-

---

1. En Angleterre, la validité de l'élection — lorsqu'elle est contestée — est jugée par un tribunal spécial.

ver à son but. Quand l'instruction est terminée, l'assemblée discute et vote.

VERTUS CIVIQUES. Montesquieu définit le civisme : « l'amour des lois et de la patrie. » Il fait cependant une différence entre le civisme et le patriotisme ; le premier n'est aux yeux de cet écrivain que « le respect de l'ordre et le désir des avantages les plus utiles au pays » ; l'autre est « l'élan naturel aux grandes âmes, aux imaginations ardentes qu'enflamme l'amour de la patrie ». — « Ce sentiment, ajoute-t-il, demande une préférence continuelle de l'intérêt public au sien propre. »

Les vertus civiques consisteraient donc et se résumeraient dans l'amour de cet être collectif qu'on appelle la patrie et dans le respect des lois ; l'oubli et même l'immolation de l'intérêt privé au commun intérêt serait la consécration de ce sentiment et lui donnerait le caractère spécial de vertu.

Parmi les vertus du citoyen, il faut placer en première ligne le sentiment de sa propre dignité et le respect des droits d'autrui. L'indépendance morale, la faculté de résistance aux entraînements communs aux majorités me paraissent plus précieuses et utiles à l'association nationale que l'aveugle passion qui fait épouser ses colères, ses velléités d'agrandissement et de domination. C'est dire que les vertus civiques ont leur source dans les vertus privées et que tant valent les individualités, tant vaut la patrie.

VETO. C'est le droit de s'opposer à la formation de la loi ou à son exécution. Le veto (« j'empêche ») du tribunal à Rome, celui de chaque noble dans la diète de Pologne, constituaient un moyen de résistance légale. Le veto que les constitutions imitées de la pratique anglaise accordent au pouvoir exécutif a plutôt le caractère d'une garantie destinée à assurer l'équilibre des pouvoirs. Entre l'ancien veto (romain, polonais) et le veto moderne, il y a cette différence que le premier n'avait pas de corrélatif, tandis que le second en a un : la sanction. Les tribuns ne sanctionnaient ni les lois ni les sénatus-consultes. Pour qu'une résolution devînt loi, il suffisait qu'ils ne protestassent pas. Dans les constitutions modernes, le veto n'est que le refus de sanction. C'est par le droit de sanctionner les lois comme par le droit d'initiative (exclusif ou partagé), que le pouvoir exécutif participe au pouvoir législatif. Il serait plus exact, quand on parle des constitutions modernes, de dire : le refus de sanction, que le veto. (E. Chédieu.)

Le droit de sanction et de refus de sanction n'est, si l'on considère son origine, qu'un des attributs de la puissance royale, qui possédait autrefois la plénitude du pouvoir législatif. La théorie a suivi les faits, et plusieurs constitutions ont donné au prince le veto comme une attribution nécessaire, plutôt qu'elles n'ont respecté dans sa sanc-

tion un reste de ses anciennes prérogatives. « Il faut, dit Benjamin Constant, que l'autorité chargée de veiller à l'exécution des lois, ait le droit de s'opposer à celles qu'elle trouve dangereuses, parce qu'aucun pouvoir n'exécute avec zèle une loi qu'il désapprouve : autrement il est bientôt sans force et sans considération ; ses agents lui désobéissent dans la secrète pensée de ne pas lui déplaire. Enfin, lorsque le prince concourt à la formation des lois et que son consentement est nécessaire, leurs vices n'arrivent jamais au même degré que lorsque les corps représentatifs décident sans appel, parce que le prince et les ministres ont l'expérience des effets qu'une loi peut produire. » (*Cours de politique constitutionnelle*, t. Ier.)

« Dans le gouvernement mixte, dit Filangieri, le roi étant considéré comme l'un des trois corps qui le composent, il est juste qu'il ait l'autorité négative, c'est-à-dire le pouvoir de s'opposer aux résolutions des deux autres corps : d'abord parce que la constitution du gouvernement exige le concours unanime de ces trois corps pour l'exercice de la puissance législative ; ensuite, parce que si ce droit n'appartenait pas au roi, la puissance exécutive pourrait être anéantie par la puissance législative, qui ne trouverait aucun obstacle à son usurpation. » (T. Ier, p. 64, édition de 1840.)

Le veto est absolu quand la sanction du roi est indispensable à la formation de la loi ; suspensif quand, malgré un ou plusieurs refus de sanction, le projet, présenté de nouveau par la législature ou par une législature suivante, a force de loi, sans le consentement du prince. On imagine aisément que les princes qui octroient une constitution se réservent le veto absolu. Cependant, l'empereur du Brésil, dans les chartes qu'il a octroyées, n'a conservé que le veto suspensif. On comprend de même que les constitutions délibérées par les assemblées seules n'accordent le plus souvent au prince que le veto suspensif, et que les constitutions faites en commun entre le prince et les chambres lui accordent tantôt l'un, tantôt l'autre.

Le veto suspensif donne en réalité la puissance législative tout entière aux assemblées, puisqu'elles décident en dernier ressort et font prévaloir leur volonté après un délai plus ou moins long.

Le veto absolu donne au prince une part dans le pouvoir législatif, et cette part varie selon le nombre et le mode de nomination des assemblées. S'il n'y a, par exemple, qu'une seule assemblée, le pouvoir législatif, au moyen du veto, se trouve partagé également entre le prince et l'assemblée. S'il y en a deux, toutes deux électives, le roi n'a plus qu'un tiers du pouvoir législatif. Si l'une est élective et l'autre composée de dignitaires nommés à vie par le prince, celui-ci regagne, en fait, les deux tiers du pouvoir législatif. (*Voy.* **Pairie.**)

VEXATIONS. En fait de prescriptions, de contraintes, de formalités administratives, tout ce qui n'est pas nécessaire et légal, tout ce qui est gratuit et arbitraire, doit être qualifié de vexations. Ce sont les mille et une entraves qu'une théorie mal entendue peut susciter à la pratique, les mille et une tracasseries qu'engendre l'esprit étroit et jaloux du fonctionnarisme, les mille et une contrariétés qu'une réglementation excessive impose aux citoyens. Vainement, une constitution aura reconnu en principe la liberté individuelle et le droit appartenant à chacun d'aller et de venir, si cette liberté et ce droit sont mis à la merci d'une police chicanière et omnipotente, dont les agents se considèrent, non comme les serviteurs, mais comme les maîtres du public. C'est un grave défaut en matière de gouvernement que de négliger, d'abandonner trop les petites choses aux subalternes, sous prétexte d'appliquer la maxime : *De minimis non curat praetor.* On a vu de *petits faits* contribuer plus qu'on ne voulait le croire aux préliminaires d'une révolution ; on voit de petits abus, de petites persécutions irriter, exaspérer les individus, et produire, à un moment donné, les effets les plus fâcheux. « Les vexations de détail, a dit un auteur anglais (W. Paley), aliènent les cœurs de la constitution qui les autorise. » Ajoutons qu'elles aliènent les esprits du gouvernement qui les tolère. L'opposition de certaines gens, le résultat contraire de certaines élections politiques, n'ont souvent pas d'autre raison.

Il y aurait beaucoup moins de vexations (réelles ou apparentes) si les citoyens faisaient un peu moins de révolutions, donnaient un peu moins de « leçons », mais défendaient, *chacun en ce qui le concerne*, leurs droits de toute nature (même les droits à la politesse) *par toutes les voies légales* et avec persévérance.

VIDAME (*vice domini*). Officier qui suppléait les évêques ou abbés dans l'administration de leur temporel. Il régissait leurs biens, gouvernait leurs fiefs, rendait la justice pour eux et commandait leurs troupes. On les appelait dans quelques pays, *avoyers* ou avoués (*advocati*).

WHIP. En Angleterre, on donne ce nom au député qui se charge de faire rentrer en séance les membres de son parti, soit lors d'un vote important, soit lors d'une discussion (whip fouet).

VIGUERIE. Circonscription et tribunal d'un viguier (*vicarius*), lieutenant d'un comte et juge de première instance. Il y a encore des viguiers dans la république d'Andorre.

VILAINS ou **VILLAINS** (*villani*). Serfs habitant les *villas* des grands propriétaires, lesquelles, peu à peu, se transformèrent en bourgs villages ou villes. *Vilains* désigna dans la suite tous les roturiers ou plutôt tous les *non-nobles*, habitants des villes ou des campagnes. Vers la fin de l'ancien régime, ce mot n'était plus en usage que dans la polémique ; il y fut encore fort employé sous la Restauration.

VILLES et CAMPAGNES. L'origine de beaucoup de villes se perd dans la nuit des temps. La plupart sont peut-être le produit de causes fortuites, ou simplement de l'esprit de sociabilité des hommes, ou de la nécessité de s'entr'aider ou de se défendre. Dans les temps historiques, un grand nombre de villes ont été fondées par des princes ou des républiques, soit pour se délivrer d'une population surabondante et inquiète, soit dans un but de commerce ou de domination.

On a souvent recherché les causes qui ont fait croître ou prospérer les unes, et maintenu les autres dans une infériorité constante. Plus d'une longue dissertation sur la matière peut se résumer par des propositions banales comme la proximité de la mer, la situation sur un fleuve ou sur une route commerciale. Il n'entre pas dans notre cadre d'étudier ici ces causes ; nous ferons seulement remarquer en passant que les circonstances qui sont favorables au commerce ou à l'industrie peuvent seules créer la grande ville ; tandis que les villes destinées à n'être que des capitales restent relativement petites. Il n'entre pas non plus dans notre cadre de démontrer, après tant d'autres, que la civilisation est née dans la cité ; que l'agglomération des populations a facilité la division du travail et partant l'accroissement de la production, la multiplication des rapports entre les hommes, le développement de la culture intellectuelle. Nous n'avons enfin aucune intention de traiter de nouveau ce que nous avons exposé aux mots **Capitale** et **Population**, nous nous proposons seulement de présenter quelques considérations sur les rapports entre les villes et les campagnes. Nous envisagerons ces rapports aux points de vue : 1° légal, 2° économique et 3° politique.

I. Actuellement, il n'y a guère en France de différence entre les villes et les villages ; les unes et les autres sont des communes. La loi ne mentionne que rarement les villes. Il en est question au Code Napoléon, à l'article 663, où il s'agit d'un mur mitoyen, et on en retrouve la trace dans les règlements sur la voirie parce qu'ils datent pour la plupart du siècle dernier. Mais dans d'autres pays les différences sont, ou ont été, plus profondes et ont motivé des dispositions législatives spéciales pour les unes et les autres. Généralement, une foule d'industries étaient réservées aux villes, qui jouissaient et jouissent encore en Angleterre, en Allemagne et dans d'autres pays, d'une organisation municipale plus indépendante et d'une représentation spéciale aux chambres. Cette représentation spéciale peut très bien se justifier ; les villes ont souvent des intérêts autres que les campagnes, elles sont animées d'un esprit différent, et il faut que tous les intérêts, toutes les opinions importantes par le nombre de leurs adhérents soient représentés dans l'Assemblée nationale [1]. L'autonomie municipale plus étendue que quelques États ont accordée aux villes se justifierait au besoin par la concentration des lumières ; les raisons données pour imposer la tutelle aux communes ne s'appliquent qu'aux villages et aux autres petites localités. En France, les grandes communes n'ont pas des attributions municipales plus étendues que les petites ; les plus grandes ont même parfois été soumises à des lois de suspicion qui les privent d'une partie de celles qu'on a accordées aux autres villes. Ainsi, de 1852 à 1870, ni Paris ni Lyon ne nommaient leurs conseillers municipaux, et dans les villes de 40.000 habitants et au-dessus une partie des attributions du maire ont été reportées au préfet par la loi de 1855. Le mode de nomination des maires diffère souvent, le Gouvernement se réservant presque toujours leur nomination dans les villes et abandonnant à l'élection le choix des maires dans les villages. Les comptables des unes sont justiciables des conseils de préfecture, et des autres, de la Cour des comptes. Les autres différences légales qui existent, non entre les villes et les campagnes, mais entre les grandes, moyennes et petites communes, sont d'une nature fiscale et ont pour but de rendre plus proportionnelle la répartition des impôts.

Le tarif fiscal, qui par son inégalité apparente tend à produire l'égalité réelle, semble inattaquable, du moins en principe ; mais l'administration des villes et celle des villages devraient jouir de la même liberté. S'il y a moins de lumières dans les villages, la tâche y est plus simple. Et si la liberté devait laisser quelques localités en arrière sur la moyenne des communes, ce qui n'est pas certain, cet inconvénient paraîtra largement compensé par les avantages généraux d'une organisation libérale.

II. On ne croit plus, comme au moyen âge, que l'industrie doive être renfermée dans les villes ; les lois qui en interdisaient l'exercice dans les campagnes sont presque partout abolies ; il est même des industries modernes que leur insalubrité a fait reléguer entièrement hors des cités. Mais si la loi n'intervient plus pour établir ou maintenir une situation factice, des privilèges contre nature, des restrictions au travail, il n'en est pas moins vrai que la nature des choses a établi une différence entre les villes et les campagnes. Les habitants des communes rurales ont pour attribution de cultiver le sol et d'en tirer nos aliments et nos matières premières ; les habitants des villes transforment ces matières premières et en font des produits d'une

utilité immédiate. L'industrie s'est domiciliée de préférence dans les villes, parce que la plupart de ces branches se tiennent : il faut que le charron, le forgeron, le tanneur, le sellier, le peintre et tant d'autres combinent leurs travaux pour que le carrosse puisse entrer dans la cour du seigneur. Chaque artisan, en outre, a besoin d'un certain nombre de clients pour subsister, et ce nombre se trouve rarement dans un village. Les habitants de la campagne qui emploient les produits de ces artisans les achètent en apportant leurs denrées au marché de la ville. Le cultivateur trouve d'ailleurs son profit dans cette combinaison, si elle est librement consentie ; l'objet qu'il achète est mieux fait et moins cher que s'il avait été fait dans le village et il peut l'échanger contre son superflu. Tels sont, en résumé, les rapports bien connus entre les villes et les campagnes, les unes et les autres ont leurs produits particuliers et se servent mutuellement de débouché.

Quelle est la proportion rationnelle entre ces deux catégories de producteurs ? Cette proportion varie d'un pays à l'autre : ici ce sont les cultivateurs, là les industriels, qui sont les plus nombreux. Certaines personnes aiment assez dire de leur contrée qu'elle est « essentiellement agricole » ; d'autres trouvent qu'un pays est d'autant plus riche que les manufactures y sont plus nombreuses. Pour nous, nous n'examinerons pas si les bras ou les jambes doivent être les plus longs, mais si les uns et les autres ont des proportions avantageuses. Or, ces proportions ne ressortent pas d'un mesurage et ne peuvent pas être tarifées par centimètres et millimètres ; on apprécie les membres par les services qu'ils rendent. De même pour les rapports entre l'agriculture et l'industrie. Si elles sont prospères l'une et l'autre, tout est pour le mieux ; si l'une ou l'autre souffre, — abstraction faite des cas accidentels, — il y a lieu d'en rechercher les causes et d'aviser. Il sera, ce nous semble, toujours difficile, sinon impossible, de constater qu'il y a disproportion entre l'agriculture et le commerce. L'excédent d'importation du blé, par exemple, ne prouve pas que l'industrie est en excédent, mais seulement que l'agriculture est en déficit. D'ailleurs, que faire ? On ne peut pas augmenter à volonté l'étendue du sol, ni sa fertilité ; on ne peut pas non plus prescrire aux citoyens le choix de leur profession. Aucune souffrance physique n'égale la souffrance morale que causerait l'imposition d'une profession : ce serait l'esclavage.

Cependant, tout en respectant la liberté individuelle, on pourra quelquefois adoucir les transitions. Quand les deux plateaux d'une balance sont inégalement chargés, on rétablit le niveau, soit en ôtant de l'un, soit en ajoutant à l'autre. En thèse générale, nous n'aimons pas qu'on ôte, nous préférons qu'on ajoute. Ainsi, si l'industrie paraissait exagérée, gardez-vous de la diminuer, de l'entraver, mais efforcez-vous de stimuler les progrès de

---

1. Par cette raison il nous semble difficile d'expliquer que des villes soient découpées et que, pour former des circonscriptions électorales, on accouple des quartiers urbains à des communes rurales. De cette façon, ou la ville ou la campagne n'aura pas le représentant de son choix.

l'agriculture. Le meilleur stimulant, sans doute, consiste en une population industrieuse qui achète à bon prix les produits agricoles; mais ce n'est peut-être pas le seul. Dans tous les cas, il importe de s'abstenir de toute intervention, lorsqu'on n'est pas sûr que le moyen mis en avant aura le résultat désiré.

Ceci s'applique, entre autres, à une question qu'on entend souvent débattre depuis quelque temps, nous voulons parler de la désertion des campagnes. C'est ici qu'il y a du mérite à *laisser faire*. Au moyen âge, le travailleur était attaché à la glèbe ; s'il était surpris en flagrant délit de désertion, le donjon lui en ôtait l'envie pour toujours. De nos jours, l'homme est libre, il peut « chercher fortune » où n'est pas de sa naissance. S'il a de l'*étoffe* et de la *chance*, il se fera une position ailleurs ; s'il a trop compté sur ses forces ou sur son étoile, il aura changé de misère, et, qui sait? la misère urbaine est peut-être plus lourde que la misère rurale.

Du reste, l'expression usuelle de « désertion de la campagne » est assez impropre, car on ne la quitte pas toujours volontairement. Beaucoup s'en vont parce que la population a augmenté, tandis que le sol a gardé ses anciennes dimensions. Quand un père qui a 4 enfants leur distribue ses 10 hectares, chacun reçoit 2 hect. 1/2, ce qui est peut-être assez pour vivre, mais quand le propriétaire de 2 hectares 1/2 a 4 enfants il n'y en a pas assez pour tous les quatre et il peut arriver — il arrive souvent qu'un des enfants garde les 2 hect. 1/2 et que trois enfants vont en ville.

D'autres, sans doute, y vont volontairement, appelés par des salaires plus élevés, ou par des parents ou par d'autres circonstances ; mais on ne peut pas l'empêcher. On ne pourrait pas l'empêcher, même s'il était vrai qu'il manque des bras à la campagne. Cela peut arriver, surtout depuis l'introduction de la machine à battre et d'autres instruments perfectionnés; le travail se fait ainsi plus vite et n'occupe plus les journaliers tout 'le long de l'année. Ajoutons que les travaux agricoles sont inégalement répartis entre les mois, il y en a toujours eu où l'on souffrît d'un manque de bras. Mais que ces mouvements soient utiles ou nuisibles, comment les empêcher ?

III. En comparant les villes et les campagnes au point de vue politique, nous sommes frappé d'un point. Les campagnes représentent surtout la *conservation*, les villes surtout le *progrès*, le libéralisme. Nous prions le lecteur de retenir que nous avons dit SURTOUT; car nous ne pouvons pas répéter cette réserve à chaque phrase de notre raisonnement. Le cultivateur est conservateur, parce que la culture ne connaît que des procédés lents et que le succès de son travail dépend en grande partie de forces naturelles, de saisons sur lesquelles il n'a aucune influence. Il est obligé de s'exercer à la patience, il est habitué à voir sa volonté rester impuissante. — Nous ne lui reprochons pas trop l'esprit de routine ! Le cultivateur, en outre, s'il ne demeure pas dans des fermes isolées, habite de petits centres de population où les faits sont peu variés; là les jours se suivent et se ressemblent, et l'uniformité de sa vie n'est pas de nature à lui donner des vues larges et étendues. Aussi, lorsque le cultivateur cesse d'être conservateur, il ne devient pas libéral, mais radical, car il manque en général d'instruction : il n'en faut pas pour être radical, mais il en faut pour être libéral.

L'esprit libéral s'établit de préférence dans les villes, bien qu'il n'y soit pas aussi répandu qu'on le pense. Toutefois, l'industrie et le commerce d'une part, les études littéraires de l'autre, lui sont favorables. Le fabricant et un grand nombre d'industriels sont obligés d'être constamment à l'affût des progrès; ils doivent suivre les fluctuations des inventions; ils sont habitués à compter surtout sur eux-mêmes, sur leur volonté, leur activité, leur énergie. Les règlements leur sont souvent gênants, rarement utiles. Les lettrés puisent (ou peuvent puiser) dans leurs études toutes les notions nécessaires pour être éclairés. Enfin, une agglomération nombreuse d'hommes donne à chacun de ses membres une expérience de la vie qu'aucun autre moyen ne peut remplacer.

Il nous semble très heureux que la nature des choses ait créé dans chaque pays les deux tendances nécessaires à toute saine organisation politique. Une société doit avancer constamment, sans moment d'arrêt, mais elle doit avancer avec une sage lenteur. Sans la tendance conservatrice, le pays ressemblerait au cheval emporté ; sans l'esprit libéral et progressif, il serait une borne.

VILLES HANSÉATIQUES et non **ANSÉATIQUES.** Actuellement il n'y a plus que trois villes hanséatiques : *Hambourg*, *Brême*, *Lubeck*.

VILLES OUVERTES. Le principe fondamental des lois modernes de la guerre se formule ainsi : ne faites pas à l'ennemi plus de mal qu'il n'en faut pour le forcer à demander la paix. De ce principe découle le devoir de ne considérer comme ennemis que les hommes armés, les soldats, et de ne commettre aucune hostilité contre des non-combattants : bourgeois, femmes, enfants; les *villes ouvertes* sont aussi des non-combattants. Une forteresse est armée, elle tire sur l'ennemi qui passe à portée de canon, l'ennemi est donc en droit de l'attaquer et de lui faire tout le mal nécessaire pour la forcer à se rendre ; mais une ville ouverte ne fait de mal à personne, et personne n'a le droit de lui en faire. Ce serait de la barbarie de l'incendier sans nécessité, une cruauté indigne d'un homme civilisé.

Sans nécessité! Quelle peut être cette nécessité? Quand elle sert de champ de bataille, mais surtout quand elle se transforme en forteresse. Une ville qui se barricade, n'est plus une ville ouverte; si l'ennemi a besoin de la traverser, il forcera le passage et la ville doit s'imputer à elle-même tout le mal qui lui arrive. Il n'est pas une armée au monde — de quelque pays que ce soit, française, allemande, anglaise, etc. — qui reculerait devant cette triste nécessité. Aussi sont-ils bien coupables ceux qui, sans y être forcés par les exigences de la stratégie, fortifient une ville ouverte, et poussent ainsi l'ennemi à bombarder un centre de population. Ceux qui fortifient inutilement les villes rendent la guerre plus sanglante, plus sauvage, plus destructive qu'elle serait si elle était réduite à des luttes entre les armées. On comprend que une ville très grande, plus on a tort de la fortifier passagèrement, ou d'en faire une forteresse permanente. De nombreuses populations qui ne sauraient rendre des services pendant la guerre y sont soumises à toutes les souffrances, à toutes les horreurs d'un siège. Il ne devrait exister que des camps retranchés où ne se trouvent que les hommes chargés de la défense.

On ne doit pas oublier que la guerre excite les passions, les passions généreuses comme les autres. Des citoyens croient faire œuvre de patriotisme en prenant part à la guerre. Ils ont raison s'ils s'enrôlent dans l'armée et se soumettent à la discipline. Toutes les forces vives d'un pays se trouvent ainsi concentrées entre les mains de la direction militaire qui réunit alors le plus de chances possible en sa faveur. Mais ces citoyens ont tort si, au lieu de grossir l'armée, ils veulent faire la guerre à eux tout seuls, se mettre en embuscade et tuer des ennemis isolés. Il ne faut pas oublier que la seule et unique raison pourquoi l'ennemi qui envahit un pays doit ménager les non-militaires, les bourgeois, c'est parce que ces non-militaires ne sont pas armés et ne prennent pas part à la guerre; mais s'ils prennent part à la guerre? Il n'y a plus à les ménager. Seulement voici ce que disent les chefs des armées de tous les pays: Nous ne traitons en ennemis loyaux, et selon les lois de la guerre, que les hommes qui par leur uniforme et leur organisation se font reconnaître de loin comme nos adversaires, qui, en menaçant notre vie, exposent la leur; ceux au contraire, dont nous ne nous défions pas, que nous laissons approcher, si ceux-là nous attaquent, nous les traitons comme des bêtes féroces ou au moins comme des traîtres. C'est notre droit de légitime défense, c'est un devoir pour nous de protéger les nôtres, dussions-nous le faire en répandant la terreur autour de nous. Le bourgeois qui ne s'enrôle pas assassine, mais ne fait pas la guerre, et les gouvernements devraient le proclamer: Citoyens, enrôlez-vous, ou ne vous mêlez de rien. Voilà comment parle le chef d'une armée.

Mais le citoyen n'a-t-il donc pas pour devoir de défendre ses foyers? — Certainement, il a ce devoir; qu'il entre donc, nous le répétons, dans l'armée régulière, sinon il agit en sauvage, et qui péchera en sauvage périra en sauvage. L'abstention des bourgeois des actes de guerre a précisément eu pour effet d'adoucir les procédés, il ne faut pas qu'on retombe dans la barbarie. C'est parce qu'ils ne s'en mêlent pas qu'on ne doit pas les y mêler, nous ne saurions trop le redire. Leur sécurité n'est qu'à ce prix. Vouloir prendre part à la guerre et jouir en même temps des immunités des non-combattants, c'est avoir des prétentions contradictoires auxquelles jamais l'ennemi ne souscrira.

VIN (Impôt sur le). On a examiné ailleurs la question de savoir si les impôts qui se perçoivent sur les objets de consommation sont justes ou injustes, et, en admettant qu'il soit bon d'en établir de nouveaux ou de maintenir ceux qui existent, dans quelle mesure la science de l'économie politique doit inspirer les actes du législateur. Il ne s'agit donc ici ni du droit général qui grève les consommations en France ou dans les pays étrangers, ni même de la légitimité du droit spécial que supportent les vins, mais uniquement de la manière dont la taxe est perçue.

Avant la Révolution, l'impôt des boissons faisait partie de ceux que l'on désignait sous le nom ancien d'Aides et dont le produit, jusqu'en 1790, avait été mis en ferme par le gouvernement. Il n'en est qu'un, la gabelle, qui ait arraché plus de plaintes aux populations. Aussi la Révolution la supprima-t-elle. Il rapportait alors environ 60 millions de livres, c'est-à-dire un peu plus du dixième de tout le revenu de la monarchie.

L'Assemblée constituante, en supprimant les Aides par la loi des 2-17 mars 1790, surchargea la cote foncière des départements où la vigne était cultivée, mais cette surcharge était loin de rendre au Trésor public un équivalent de ce qu'il avait perdu. En 1804, pour la première fois, une loi de finances, celle du 25 ventôse an XII, rétablit la contribution du vin sous le nom de taxe d'inventaire. La taxe était légère; durant l'Empire, elle subit deux aggravations, l'une en 1806, par la loi du 24 avril; l'autre en 1808, par celle du 25 novembre. Pendant les Cent-Jours seulement, l'Empereur, préoccupé du cri: « A bas les droits réunis! » qu'il avait entendu se mêler aux acclamations qui saluaient son retour, transforma l'impôt indirect en un impôt direct. La loi de finances du 28 avril 1816 remit les choses dans leur état antérieur. Au lendemain de la révolution de juillet 1830, on crut devoir donner quelque satisfaction à l'opinion publique en réduisant au tiers les droits du débit au détail. Il en fut de même après le 24 février 1848; un décret du gouvernement provisoire, du 17 mars, prononça la levée des droits de détail à partir du 1er janvier de l'année suivante; mais dès le 22 juin 1848, l'Assemblée nationale déclara qu'ils seraient maintenus. En 1849, la proposition de la suppression radicale de l'impôt des boissons ayant été faite devant le pouvoir législatif, il fut décidé qu'une commission étudierait avec un soin tout particulier la constitution de l'impôt et les moyens de le réformer. Le rapport de cette commission, rédigé par M. Bocher, son secrétaire, est un travail fort remarquable. L'Assemblée constituante, adoptant ses conclusions, maintint l'impôt en le corrigeant par la loi du 20 décembre 1849. Depuis ce temps, les lois du 17 mars 1852 et du 26 juillet 1860 et d'autres y ont encore touché; mais, en réalité, c'est toujours la loi de 1816 modifiée en 1817 et en 1824, qui est la base de la perception.

Dans ces derniers temps il est beaucoup question de réduire et même d'abroger totalement l'impôt sur le vin ; il est probable que la loi sera prochainement modifiée, il n'y a donc aucune utilité d'entrer ici dans de plus amples détails. Il ne reste qu'à protester contre l'expression de boissons hygiéniques qu'on insinue dans la langue usuelle. Le vin non sophistiqué est souvent déclaré nuisible aux personnes souffrantes, que dire des vins impurs qu'on nous offre si souvent! Ajoutons qu'une longue observation nous a toujours montré que ceux qui se plaignent de l'impôt sur le vin, ce sont ceux qui le vendent et non ceux qui le consomment et qui paient la taxe. En supprimant l'impôt les producteurs ne pourront pas vendre plus cher, et les acheteurs au détail ne verront pas se réduire les prix. La fraude connaît trop bien son métier.

VISIR ou **VIZIR**, mot arabe qui signifie *portefaix* et par métaphore un ministre qui porte le fardeau du gouvernement. Cette dignité date de 750 chez les khalifes abassides et de 1328 chez les Ottomans. Le grand vizir (*véziazem*) est le lieutenant du sultan, les autres ministres ne sont pas ses égaux, mais plutôt ses subordonnés.

VISITE (Droit de). Hautefeuille pense que la visite des navires en mer n'est pas, à proprement parler, un droit, mais le mode d'exercice de divers droits qui peuvent appartenir aux belligérants.

Voici comment s'exprime Martens: « Le simple pavillon neutre arboré par un navire marchand rencontré n'étant pas une preuve suffisante qu'il n'est pas ennemi, la loi naturelle ne peut refuser aux puissances belligérantes le droit de visiter les navires marchands que leurs vaisseaux de guerre ou leurs armateurs rencontrent *dans un lieu où il serait permis de saisir le navire ennemi*[1] et par conséquent d'amener de tels vaisseaux, si la preuve qu'ils ne sont pas sujets à confiscation est insuffisante. Mais d'après le droit des gens universel, la décision du litige survenu entre les sujets des deux nations sur la légitimité de cette prise n'ap-

partiendrait à aucune d'elles exclusivement et, à défaut d'un accommodement à l'amiable, il faudrait établir un tribunal mixte pour la juger. » (*Précis du droit des gens*, t. II, § 317.)

Un navire marchand qui se refuse à la visite est suspect et court le risque d'être déclaré de bonne prise.

Cauchy a raison de dire que « le droit de visite n'aurait jamais soulevé d'objections si la chose n'allait pas au delà de ce que le mot exprime ». C'est contre les abus qu'on s'est élevé, car, comme le reconnaissent Hubner, Lampredi, et l'on peut dire tous les hommes impartiaux, le pavillon à lui seul n'est pas une preuve de la nationalité d'un navire ; il faut encore savoir si le bâtiment a droit aux couleurs qu'il porte.

Cauchy (*Droit maritime*, t. Ier, p. 55) distingue trois degrés de vérification ou de contrôle :

1° La production des lettres de mer ou « congé du prince », passe-port naval qui indique la nationalité, le port de départ et la destination du navire ;

2° La représentation des chartes-parties ou nolissement, où se trouvent déclarées l'origine, la nature et la quantité des marchandises ;

3° La visite proprement dite ou la recherche directe du contenu du navire, la fouille.

Les deux premiers moyens n'ont pas soulevé de contestation sérieuse, tandis qu'on a beaucoup discuté le troisième. Cauchy compare les deux premiers modes de vérification aux preuves, à l'usage de la *procédure civile*, et le troisième à un commencement d'*instruction criminelle*. La visite proprement dite nous paraît également un moyen qu'on ne doit employer qu'en cas de soupçon de contrebande de guerre ou d'une autre fraude grave. On devrait en général se contenter des papiers de bord.

De ce qui précède, il résulte d'une manière assez claire que le droit de visite ne se pratique qu'en temps de guerre ; en temps de paix, il n'y aurait lieu à visite que par suite de conventions particulières et pour le but indiqué dans ces conventions. C'est ainsi que les Etats-Unis et l'Angleterre ont conclu, le 9 avril 1862, un traité s'accordant mutuellement pour dix années le droit de visite et de recherche sur des navires soupçonnés de se livrer à la traite des noirs. (*Voy.* les détails aux *Archives diplomatiques* de Amyot, livr. Juillet 1862.) La France n'a pas ratifié un traité analogue proposé par l'Angleterre en 1841, mais elle en a conclu un autre, le 29 mai 1845, qui dénote précisément sa répugnance à accorder ce droit, sous n'importe quel prétexte, en temps de paix.

Les navires de guerre ne sont, en aucun cas, soumis au droit de visite.

VOITURES (Impôt sur les). Distinguons l'impôt sur le prix des places dans les voitures publiques et l'impôt sur les voitures et

---

1. C'est-à-dire hors des mers territoriales d'un Etat neutre. (*Voy.* **Mers.**)

chevaux affectés au service personnel de leur propriétaire ou au service de sa famille.

Le premier est un legs de l'ancien régime ; dès la fin du règne de Louis XIV, le transport des voyageurs et des objets de messagerie a constitué une source de revenus pour l'Etat, soit que le gouvernement concédât un privilège exclusif moyennant une redevance fixe, soit qu'il exploitât par lui-même.

Lors de la Révolution, le monopole disparut ; mais le gouvernement resta entrepreneur de transports et conserva l'exploitation de certains services de voitures publiques. Bientôt, alarmé de la concurrence qui lui était faite, il proposa de frapper d'une taxe les voitures exploitées par des particuliers (loi du 9 vendémiaire an VI) : les particuliers faisaient mieux que l'Etat et à meilleur marché ; on les frappa d'une sorte d'amende, sauf à eux à en faire retomber la plus grosse part sur leurs clients.

Ainsi constituée, cette taxe est de celles qui coûtent infiniment plus au pays qu'elles ne rapportent à l'Etat ; elle est doublée d'un *impôt latent*. Néanmoins, elle a duré, et elle s'est étendue et généralisée ; elle s'est même accrue dans ces dernières années, parce qu'en matière d'impôt les besoins urgents du Trésor crient toujours plus haut que les théories économiques les mieux éprouvées.

La loi du 5 ventôse an XII ajoute au droit de 10 p. 100 du prix des places, pour les entrepreneurs de voitures à service régulier, un droit de 10 p. 100 du prix de transport des marchandises. — Les lois des 25 août 1817, 17 juillet 1819, 28 juin 1833 et 20 juillet 1837 ont introduit le principe de l'abonnement, réglé une déduction pour places vides et soumis à la taxe les voitures d'occasion, omnibus et voitures en service accidentel.

La mise en exploitation des premières lignes de chemins de fer a rendu nécessaire un remaniement de la législation. La loi du 2 juillet 1837 disposait que l'impôt serait perçu seulement sur la partie du tarif correspondant au prix de transport proprement dit, à l'exclusion des produits encaissés à titre de péage et qui forment en moyenne les deux tiers des recettes totales ; mais, au moment de la guerre de Crimée, la loi du 14 juillet 1855 a décidé que le dixième serait désormais perçu sur le produit du prix des places, sans distinction [1] entre le *péage* et le *transport* proprement dit ; cet impôt frappe également le produit des marchandises transportées à grande vitesse. Deux décimes avaient été successivement ajoutés à cette taxe quand l'article 11 de la loi de finances du 16 septembre 1871 est venu l'augmenter encore d'un nouveau dixième, perçu sur le prix total des places des voyageurs transportés par chemins de fer, par voitures publiques, par bateaux à vapeur et autres consacrés au public, ainsi que sur le prix des transports de messagerie à grande vitesse par les mêmes

voies. Enfin, la loi du 21 mars 1874 établit un droit de 5 p. 100 sur le prix des transports par petite vitesse. Cette aggravation a été supprimée plus tard.

La *taxe sur les voitures et les chevaux*, qui avait été supprimée en 1865, a été rétablie par l'article 7 de la loi du 7 septembre 1872, mais c'est un impôt peu productif.

VOLONTAIRES. Il faut distinguer entre les volontaires d'autrefois, ceux du temps de la Révolution, et ceux d'aujourd'hui.

Autrefois, avant 1789, un volontaire était un jeune homme de qualité, qui, sans posséder un grade fixe, s'associait de son plein gré à une expédition militaire, soit pour son instruction, soit par désir de gloire. A la bataille de Cerisoles, l'armée française comptait, dans ses rangs, plus de cent gentilshommes accourus en poste pour s'y trouver, comme nous l'apprend Monluc, et au début du règne de Louis XIV, Coligny en avait cent vingt à sa suite dans sa campagne de Hongrie. Turenne et Villars ont débuté comme volontaires. La fougue indisciplinée des volontaires nuisait souvent ; plus d'un chef d'armée se vit obligé de la modérer.

Les volontaires de la Révolution commencent à se montrer dès 1791. Ce sont, à l'origine, des gardes nationaux de bonne volonté, mais cette inscription libre ne tarde pas à dégénérer en conscription obligatoire et ces volontaires deviennent des soldats levés dans les rangs de la garde nationale. Bientôt toutes les gardes nationales actives, déclarées à la disposition du roi en cas d'invasion, prennent le titre de *volontaires nationaux*. Ces bataillons de volontaires concourent, avec les bataillons de l'armée de ligne, à la formation définitive de l'infanterie française constituée en demi-brigades par la loi du 21 février 1793 : cet amalgame comprend, par demi-brigade, deux bataillons de volontaires pour un bataillon d'ancien régiment.

Il figure en 1793, dans l'armée française, des *corps francs* légalement constitués, soit à pied, soit à cheval, et l'on en voit reparaître pendant les Cent-Jours : ces corps temporaires, formés dans nos départements les plus belliqueux, se composent de *volontaires* s'équipant et s'armant à leurs frais.

La Restauration fait aussi renaître, en 1815, principalement dans l'Est et le Midi, quelques corps de volontaires royaux.

En 1830, le corps des volontaires de la Charte, qui renferme la plupart des combattants de Juillet, est promptement organisé en régiment. Une partie de ce régiment est bientôt versée dans nos trois derniers régiments d'infanterie légère, et le reste est envoyé en Algérie, où il devient le noyau du 67e de ligne.

La révolution de Février donne naissance à 24 bataillons de volontaires parisiens engagés pour un an et dits de *garde nationale mobile* ; ces bataillons, où les grades se donnent à l'élection, rendent, conjointement

---

1. Distinction purement théorique ou idéale.

avec les troupes de ligne, des services réels pour le rétablissement de l'ordre pendant les journées de Juin, et sont licenciés le 31 janvier 1850, après 23 mois d'existence.

Il est inutile de dire que la guerre de 1870 a vu de nombreux volontaires.

Sauf le cas où l'on créerait encore des corps transitoires comme ceux dont il vient d'être question, le volontaire d'aujourd'hui est un soldat et s'appelle plus exactement un *engagé volontaire*.

VOTE, du latin *votum*. Dans son sens le plus général, ce mot est employé pour désigner le concours d'un citoyen, d'un membre du corps social aux actes qui régissent la société.

Le *vote électif* est l'acte par lequel les électeurs désignent leurs mandataires.

Le *vote juridique* s'entend du mode employé par les juges, jurés, magistrats, pour former la décision du tribunal ou de la cour.

Le *vote législatif* désigne l'acceptation ou le rejet des lois proposées.

Il n'existe plus en France, mais on retrouve dans plusieurs pays d'Europe d'autres natures de vote, et notre histoire politique nous en présente plusieurs autres aujourd'hui disparues : le *vote par ordre* désignait la délibération des représentants des différents ordres, lorsqu'ils se séparaient en trois chambres et que chacune d'elles avait son vote indépendant des deux autres. — Le *vote par tête* était la manière de prendre les décisions lorsque tous les ordres se réunissaient en une seule assemblée et délibéraient à la majorité des voix [1]. — On entendait par *double vote* le droit qu'avaient, sous la Restauration, les électeurs les plus imposés de voter deux fois dans la même élection, dans le collège d'arrondissement, et dans le collège départemental, exclusivement ouvert à ces privilégiés en nombre fixé par la loi. Le double vote existe encore en Angleterre où l'on peut voter à la fois dans un bourg et dans un comté. Il existe aussi en Belgique [2].

Le *vote électif* constitue, d'après notre législation actuelle, un droit dont chaque citoyen est libre d'user ou de ne pas user. Il en est de même du *vote législatif*. Le *vote juridique* est obligatoire pour les jurés et magistrats.

En tout ce qui concerne le *vote électif*, il est important de se reporter au mot **Élection**; cet article renfermant tout ce qui se rattache au bulletin de vote, à l'obligation pour l'électeur de voter en personne, à la boîte du scrutin, etc., il nous reste à examiner les diverses formes de vote et les moyens employés pour en exprimer le résultat.

Vote public. — Les modes les plus usités sont par *assis et levé*, par *appel nominal*, par *procès-verbaux*, par *inscription sur un registre*.

Le vote par *assis et levé* est le mode le plus ordinaire dans les assemblées délibérantes pour statuer sur toutes les questions d'importance secondaire. Le président donne lecture de la proposition, puis il invite ceux qui veulent l'adopter à se lever, ou le plus ordinairement à lever la main. Après la contre-épreuve le bureau déclare le résultat. Le vote par *appel nominal* est pratiqué en Angleterre par le parlement, et aussi dans quelques autres pays. Ce vote est aussi en usage dans les cours et tribunaux. Lorsque les magistrats délibèrent dans la chambre du conseil, chacun donne son opinion, en commençant par le dernier nommé. Mais les détails de ce vote restent secrets pour le public. — Le vote par *procès-verbaux* est une simplification du précédent. Chaque votant dépose dans une urne un bulletin portant son nom et d'une couleur déterminée selon qu'il adopte ou repousse le projet mis aux voix. Le dépouillement effectué, le procès-verbal reproduit la liste de tous ceux qui ont voté *pour* ou *contre* et ceux qui se sont abstenus ou qui sont en congé. En France, ce mode est usité depuis assez longtemps. C'est un véritable vote au scrutin public, qui est seul employé lorsque les règlements l'ordonnent ou lorsqu'il est réclamé par cinq membres. — Le *vote par inscription sur un registre* est surtout en usage en Allemagne et on l'emploie dans quelques élections. — On rencontre encore quelques variétés peu importantes du vote public. Ainsi dans les affaires où le sentiment de l'Assemblée est bien connu, le président se contente de dire : « Personne ne s'oppose à l'adoption du projet ? » Et, en cas de silence, il prononce l'adoption. — Dans les cours, il arrive que les votes se traduisent par un simple mouvement de tête ; de là cette expression ancienne : opiner du bonnet.

Vote secret. — Le point de savoir si, en matière politique ou judiciaire, le vote doit être secret a été de tout temps vivement débattu. On pourrait résumer ainsi le sentiment qui domine aujourd'hui : Lorsqu'il s'agit d'élire des mandataires, le vote doit être secret, parce que c'est là un acte de souveraineté de la part de chaque mandant. Personne n'a de compte à rendre de son vote ; on ne reconnaît ici d'autre autorité que celle de sa conscience. De plus, disent les utilitaires, c'est un mode excellent pour assurer l'indépendance [1]. Au contraire, lorsque le vote est émis par une assemblée de mandataires, comme tout mandataire doit rendre compte de son mandat, il est dans la nature de ce vote d'être public. — Les formes du

---

1. On peut assimiler à ce dernier vote la procédure usitée dans plusieurs pays en cas de désaccord entre les deux chambres : les deux assemblées se réunissent, forment une réunion unique et votent par tête.

2. Bien que le vote plural soit souvent attaqué, il est facile à défendre. Il offre le moyen de faire que, dans un État à suffrage universel, un imbécile n'ait pas — dans l'urne électorale — autant de poids qu'un Aristote, un Montesquieu ou un autre homme de cette valeur, égalité qu'aucun orateur ne m'empêchera de trouver absurde.

1. Ce n'est pas la seule raison du secret. Pourquoi exposer le juge à la vengeance de la partie qui succombe ? Pourquoi le mettre entre l'inspiration de sa con-

vote secret les plus en usage sont par *bulletins* et par *boules* de diverses couleurs (ordinairement blanches et noires):

Le vote par *bulletin* est celui qui est appliqué pour l'élection des députés. Les nombreuses et ingénieuses supercheries inventées pour altérer le secret du vote ont éveillé l'attention publique. L'impression du nom du candidat sur un papier d'une forme particulière, d'une blancheur nuancée, d'une transparence presque complète est trop connue. Une ruse en appelle une autre : on a vu la guerre des bulletins s'ingénier jusqu'à prendre les bulletins du candidat adverse, coller sur son nom une feuille de papier blanc, inscrire en dessous le nom du candidat préféré, plier ensuite le papier, en sorte que, extérieurement, on apercevait toujours la forme et les lettres du candidat ennemi. On a pris diverses mesures pour empêcher ces fraudes.

L'urne qui reçoit les bulletins du vote secret est également l'objet d'une attention générale. On veut qu'elle ne puisse même pas être soupçonnée. Parmi les améliorations proposées, celle qui semble se rapprocher le plus du but serait un globe en verre, n'ayant qu'une étroite ouverture et que l'on briserait lors du dépouillement. — Le *vote par boule blanche ou noire*, encore usité, remonte à la plus haute antiquité. Les Romains faisaient passer tous les citoyens électeurs par les ponts du Tibre. A l'entrée de chaque pont les *faiseurs des ponts* (*pontifices*) distribuaient des cailloux de deux sortes, blancs et noirs. A l'autre extrémité du pont l'électeur jetait dans l'urne le caillou blanc ou noir, selon qu'il votait pour ou contre: puis les *faiseurs des ponts* opéraient le dépouillement. Ce système n'a depuis varié que dans la matière et la grosseur des boules.

Les votes secrets ont été souvent accompagnés de formalités multiples dont la plus essentielle est celle du serment. Sous la première République, l'électeur, avant de déposer son vote, prêtait un serment qui affirmait la pureté de ses opinions et de ses sentiments patriotiques. En Angleterre, le président du bureau et les secrétaires prêtent serment; l'électeur peut être également contraint à prêter serment si un candidat l'exige, mais ce serment a pour but de garantir la capacité électorale du votant. En général, plus un peuple est libre, plus il entoure le vote secret des garanties les plus minutieuses, moins encore pour assurer l'indépendance du vote que pour écarter jusqu'au moindre soupçon.

VOX POPULI, VOX DEI. Est-il réellement vrai que « *la voix du peuple est la voix de Dieu* »? Nous le voudrions bien, car l'humanité serait heureuse s'il y avait un juge infaillible dont l'arrêt pourrait clore les débats qui la divisent et qui sont la cause de tant d'inimitiés, de persécutions et de maux de toute nature.

Mais nous hésitons à reconnaître la compétence de ce juge ; du moins sa compétence n'est pas universelle ; nous l'avons si souvent surpris en flagrant délit d'erreur ! Ainsi, il faut commencer par en retrancher tout le domaine de la science. Il a cru et croit peut-être encore en partie que le soleil tourne autour de la terre ; il a ajouté foi à l'astrologie, aux sorciers, au loup-garou, aux sirènes et à mille autres superstitions l'une plus absurde que l'autre.

Serait-il plus compétent en matière de religion ? Vous ne sauriez le croire en vous souvenant qu'il y a 350 millions de bouddistes, 200 ou 250 millions de brahmanes, 200 millions de mahométans, contre 250 millions de chrétiens, et ceux-ci se divisent eux-mêmes en catholiques romains, en grecs, en protestants de plusieurs sectes ! Nous devons aussi mentionner les israélites, bien qu'ils soient beaucoup moins nombreux, et nous ne pouvons pas oublier les 100 millions de païens.

La compétence de ce juge comprend-elle la philosophie ? Ne nous arrêtons pas pour l'examiner. La philosophie est le privilège du très petit nombre et nous sommes trop amis de l'égalité pour nous occuper de privilèges.

Passons à la justice. Ah ! cette fois nous touchons à un « sentiment inné et universel ». La conscience ne dit-elle pas à tout homme ce qui est juste et ce qui ne l'est pas ? Du moins, personne n'enseigne le contraire, à l'exception cependant de Pascal: pour lui la vérité en deçà des Pyrénées n'est pas toujours la vérité au delà de ces « frontières naturelles » de la France.

Nous ne prétendons pas que Pascal ait eu raison, pourtant il n'aura pas été sans quelque argument en faveur de sa boutade. Ne pouvait-il pas dire, par exemple, que si la justice était universelle, il n'y aurait qu'un seul code dans le monde, code formulé dès l'origine des sociétés. Il pouvait même considérer le code lui-même comme superflu, chacun sachant, par sa conscience, distinguer le juste de l'injuste. Et puisque le for intérieur ne suffit pas, et qu'il a fallu établir un for extérieur, que voyons-nous ? Une hiérarchie de tribunaux dont le degré supérieur annule les décisions du degré inférieur et dont le degré suprême contredit aujourd'hui l'arrêt d'hier et demain celui d'aujourd'hui. D'un autre côté, combien de fois une génération n'a-t-elle pas cassé le jugement de la génération précédente ! La justice ne serait-elle donc pas plus éternelle qu'universelle [1] ? Changerait-elle comme la mode ? Consultez l'histoire. — Autre point de vue. Combien de fois n'entend-on pas des gens qui grincent les dents à la seule pensée que leur pays a pu être envahi par un ennemi qui

---

science et les suggestions soit de la crainte, soit de l'intérêt ?

[1]. Ce qui est éternel, c'est la proposition : *il faut être juste* (dans le moyen âge on ajoutait ; *sauf avec les hérétiques*). Mais si vous demandez . Qu'est-ce qui est juste, c'est alors que le doute et la variété se présentent fréquemment.

se défend contre eux, parler d'envahir le territoire du voisin dans un but de conquête. La justice aurait-elle deux poids pour sa balance, une justice pour moi, une autre justice pour le voisin ? Aurait-elle un bandeau, pour qu'elle ne voie pas la vérité ?

Serait-ce à la politique que s'applique le *vox populi* ? Ici nous n'aurions plus affaire à un mystérieux sentiment inné que personne n'a vu [1], la politique est le domaine de la raison, la manque d'uniformité n'est plus une objection ; chaque pays peut avoir sa constitution particulière sans que cette diversité puisse servir d'argument contre la capacité politique des citoyens. Mais ici encore ce n'est pas le *vox populi* qui décide ; si l'on est à peu près d'accord pour attribuer le pouvoir suprême à l'ensemble des citoyens, on est encore plus d'accord pour leur dénier le jugement politique. Le gouvernement pense que les populations ont besoin d'être guidées, et les gouvernés s'empressent ou se résignent à se laisser guider. L'enfant qui sent sa faiblesse demande ou subit la lisière et on a raison de l'en entourer, puisqu'il ne tient qu'à lui de s'en débarrasser [2].

La compétence du *vox populi* serait-elle ailleurs ? D'abord qu'est-ce pour vous que le peuple : la *nation* ou la *populace* ? Nous n'aimons pas ces mots à double entente, on abuse trop souvent de l'équivoque. Il est plus d'un tribun qui, en parlant à la foule, affecte de ne voir le salut de l'avenir que dans les classes dénuées d'instruction et d'éducation ; mais pressez-le un peu et tout de suite « le peuple » sera pour lui l'ensemble des citoyens.

Pour nous, les notions, les idées que nous avons de la morale, de la justice, de la religion même, dépendent uniquement de l'éducation (qui comprend l'instruction) que nous avons reçue. L'homme n'a que l'aptitude de développer en lui ces notions ou ces idées, il peut apprendre à connaître ce qui est juste, et il accepte forcément ce que lui en disent ceux qui l'entourent. Nous sommes formés moralement par l'exemple de nos parents, par nos instituteurs et professeurs, et surtout par le milieu social dans lequel nous vivons. Ici, les femmes trouveront naturel de tuer leurs filles nouveau-nées ; là, le fils croira honorer son vieux père en le débarrassant par un coup de tomahawk des ennuis de la vieillesse ; ailleurs on se vantera de ses vols, de ses rapines. Aristote croyait à la nécessité de l'esclavage ; la Bible autorise la polygamie ; un pape approuve la Saint-Barthélemy ; naguère on pouvait soutenir que la « raison d'Etat » justifie l'emploi du poignard et du poison, aujourd'hui on admet que la politique est soumise aux lois de la même morale que la vie privée.

Nous le répétons, c'est l'éducation qui forme nos notions de morale et de justice, et si la voix de l'homme peut jamais représenter celle de Dieu, ce n'est pas par la bouche des ignorants et de ceux dont l'éducation a été négligée qu'elle parvient à l'humanité. En tout temps la vérité est l'attribut des esprits d'élite qui sont plus ou moins en avance sur leur siècle, qui sont même souvent persécutés par leurs contemporains et qui en tout cas forment la minorité ; le grand nombre est plus ou moins en arrière. C'est donc d'abord en répandant l'instruction à pleines mains qu'on doit agir ; lorsque cette partie assez facile de la tâche (c'est une affaire d'argent) aura été accomplie, il faudra aborder la seconde partie, bien autrement difficile, celle qui consiste — non pas à influer sur l'éducation, — mais à la rendre plus générale [1].

W

WARRANT. Le « warrant » est, dans la langue anglaise, un récépissé par lequel des négociants se transmettent la propriété de matières premières, de marchandises et d'objets fabriqués déposés dans des entrepôts publics ou « docks ». Ces marchandises y sont décrites telles que l'administration de l'entrepôt les a reçues, et elles changent ainsi de mains sans qu'il y ait de déplacements, d'expertises, de courtages, de ventes, enfin sans aucuns frais et avec cet avantage particulier, qui est inestimable dans les affaires, que la propriété est transmise par le simple endossement du bulletin de gage et que, jusqu'au jour où le détenteur de ce titre fait sortir ou vendre publiquement la marchandise, nul ne sait quel usage a fait de ses droits le premier dépositaire.

---

1. Nous admettons volontiers que les hommes qui ont reçu l'éducation la plus élémentaire aient le sentiment de la justice, c'est-à-dire qu'ils savent qu'on doit être juste. Mais ce savoir est peu de chose en pratique. Ce qu'il importe, c'est de distinguer dans chacun cas le juste de l'injuste. Or, pour faire cette distinction avec quelque chance de succès, il faut avant tout être doué de la faculté de raisonner logiquement (ce qu'on appelle vulgairement « avoir l'esprit juste »), et ensuite s'être *exercé* à examiner sans passion et avec rigueur le genre de faits qu'on veut juger. Tout cela est malheureusement beaucoup plus rare qu'on ne le croit.

2. Nous voudrions pouvoir croire que la politique est une affaire de raison : malheureusement l'expérience nous montre que le sentiment y joue un rôle prépondérant.

1. Une foule est toujours passionnée, elle ne réfléchit guère. Et la foule ne se compose pas toujours que d'ignorants. Réunissez des centaines de sages, des Solons, des Socrates, des Aristotes, des Montesquieux, et vous aurez une foule. Réunis, ils se laisseront entraîner à des actes que chacun, pris individuellement, n'aurait jamais commis. Nous trouvons sur ce point la boutade suivante dans le *Daily-News* du 21 mars 1872 : « One of the greatest Englishmen who ever sat in Parliament was accustomed to say, The House of Commons is only a mob. Sometimes it is a sober mob, and sometimes not ; sometimes it is good humoured, and sometimes not ; but it is always a mob. » Voyez aussi la *Saturday Revue* du 2 mars 1872, article *Crowds*. Nous nous abstenons de citer des exemples français.

Ce système a été introduit en France par les décrets des 21 et 25 mars et 23 août 1848, mais ce n'est que depuis la loi du 28 mars 1858 que le système des magasins généraux, des warrants et des ventes publiques, heureusement simplifié, a pris faveur en France.

WIPPER IN. Le député qui, à la Chambre des communes d'Angleterre, veille à la discipline des membres du parti.

WORKHOUSE. Un « workhouse » est, chez les Anglais, comme le mot l'indique, une maison de travail où l'on recueille les indigents dénués de ressources particulières et où l'on occupe à quelque métier ceux qui ne sont pas infirmes. C'est sous le règne de Georges Ier que les paroisses furent autorisées à fonder les premiers établissements de ce genre. Leur administration a été maintes fois modifiée depuis, et notamment par le grand statut qui, voté le 14 août 1834, sous le nom de loi des pauvres, *poor law*, règle tout le système de l'assistance publique de l'Angleterre.

Sous la surveillance et la direction suprème d'une sorte de ministère spécial, appelé autrefois *Poorlaw-Board* et actuellement *Local taxation Board*, les paroisses anglaises sont organisées en unions que régissent des bureaux d'administrateurs (*guardians*) élus par les propriétaires qui contribuent à la taxe des pauvres. Ce sont ces administrateurs qui nomment les agents auxquels, dans les paroisses particulières, sont confiés la direction et les principaux services des maisons de travail, et les indigents n'y sont admis que sur un ordre signé par eux, à moins qu'il n'y ait urgence évidente de les admettre.

Il y a dans le workhouse un directeur qui est même une sorte d'officier de l'état civil, car il enregistre les décès et les naissances;

une matrone qui le remplace au besoin et qui s'occupe spécialement des femmes; un chapelain, un instituteur et une institutrice et une nourrice pour les nouveau-nés. Le secours donné aux indigents dans les workhouses s'appelle *in door relief*, ou assistance intérieure, parce que la loi des pauvres admet aussi l'assistance individuelle et libre, *out door relief*. On y est reçu sans condition d'âge, de sexe, d'origine, de caractère et de conduite. Le pauvre que l'on refuserait d'admettre peut en appeler au juge de paix. Une fois admis, il est placé pour trois jours au plus dans une chambre de réception où il est examiné par le médecin et revêtu du costume de la maison. On le place ensuite dans l'une des sept catégories suivantes : vieillards et infirmes, hommes et jeunes gens au-dessus de quinze ans, garçons de sept à quinze ans, femmes âgées ou infirmes, femmes et jeunes filles valides au-dessus de quinze ans, jeunes filles de sept à quinze ans, enfants au-dessous de sept ans. On ne sépare pas les époux les uns des autres, ni les enfants de leurs parents. Il y a dans un grand nombre de workhouses des locaux spécialement destinés aux idiots ou aux aliénés qui, du reste, ne peuvent y séjourner plus de quinze jours. La plupart des maisons de travail ne peuvent renfermer qu'une population peu nombreuse; mais il y en a qui ont jusqu'à 3.500 habitants. Sauf de très rares exceptions, on ne sort pas de la maison de travail tant que l'on est inscrit sur son registre, et le régime disciplinaire est assez dur, mais le recours à la justice de paix est toujours un droit de l'indigent. Il n'y a point de salaire pour le travail effectué dans le workhouse.

On le voit, cette assistance n'est donnée qu'aux véritables nécessiteux, et la loi anglaise ne veut pas qu'elle soit de nature à plaire à quiconque peut individuellement se faire un meilleur sort.

X

XÉNIE. Contrat d'hospitalité usité entre les chefs de la Grèce aux temps héroïques. Les contractants écrivaient leurs noms sur une tablette d'ivoire ou de métal, la brisaient et en conservaient chacun une moitié. Plus tard, les citoyens des républiques firent des alliances semblables; c'était une ressource dans les guerres et les proscriptions. Dans plusieurs villes, les étrangers nommaient un *proxène* de l'une ou de l'autre cité, chez qui ils descendaient, qui les assistait, jugeait leurs différends, et remplissait à peu près les fonctions de nos consuls. Souvent il obtenait un caractère officiel; il avait droit aux premières places dans les spectacles, au *for diplomatique;* quelquefois des citoyens exerçaient d'eux-mêmes la *proxénie* envers des

étrangers afin de se faire nommer proxènes. A Sparte et à Athènes, les proxènes étaient des fonctionnaires nommés, dans la première de ces républiques, par les rois, dans la seconde, par le peuple, pour recevoir et introduire les ambassadeurs, et pour juger les contestations entre les marchands étrangers.

Les *xénies* étaient des présents d'hospitalité. Les Romains, à leur époque grecque, appliquèrent ce mot aux anciennes étrennes des Saturnales, puis aux présents que les clients faisaient aux avocats, et qui souvent furent réduits ou même interdits par les lois. Sous le Bas-Empire, les xénies étaient des présents que l'on faisait aux gouverneurs, selon l'usage asiatique.

Y

YANKEE. On désigne souvent ainsi, dans l'Union américaine, les habitants de la *Nouvelle-Angleterre* (Maine, New-Hampshire, Vermont, Massachussets, Connecticut, Rhode-Island), et en Europe, les Américains du Nord en général. On attribue l'origine du mot aux Indiens et on le croit une corruption de *english* (anglais).

Considéré comme type, le Yankee est un homme intelligent et ingénieux, actif, sobre, aimant l'indépendance par-dessus tout. En revanche, il est peu idéaliste, peu sentimental, peu amateur de l'abstrait. (Certains ouvrages récents semblent démentir ce dernier point.) Il a beaucoup de vigueur dans le caractère, aucun obstacle ne l'arrête, il ne compte que sur lui, change facilement de position, poursuit la fortune avec ardeur, sans trop s'occuper de ce qui adviendra de son voisin. On lui reproche une forte dose d'égoïsme et un penchant non moins grand pour la ruse et la tromperie; il ne reculerait pas non plus devant la violence.

Nous ne disons pas que tel est l'Américain, mais tel est à peu près comment on analyse en Europe le type du Yankee.

Z

ZÈLE. On connaît le fameux mot attribué à un diplomate de ce siècle, en qui a été personnifié le machiavélisme politique, Talleyrand. « Surtout, pas de zèle! » aurait-il dit à un jeune secrétaire d'ambassade qui entrait, plein d'ardeur et d'illusion, dans la carrière. Qu'est-ce donc que le zèle, pour qu'il puisse être ainsi recommandé tout particulièrement à un homme politique de s'en abstenir? Ne faut-il pas entendre par là une qualité très désirable, c'est-à-dire l'attachement au devoir, la ponctualité, la ferveur pour les intérêts dont on est chargé? Oui, sans doute, c'est là une des acceptions du mot zèle, et ainsi compris, il désigne une chose excellente et admirable. Mais si « l'excès en tout est un défaut », il l'est spécialement en cette matière; le zèle outré n'est que trop souvent, de même que le faux zèle, le pire des fléaux: *corruptio optimi pessima.*

Il faut, en effet, distinguer soigneusement plusieurs sortes de zèle. Il y a celui qui consiste à vouloir bien faire, à vouloir réussir, mais en suivant le droit chemin, en n'écoutant que les inspirations d'une conscience éclairée, en gardant toujours une juste mesure: c'est le zèle du devoir, zèle méritoire, dont il serait à souhaiter que chaque serviteur de la chose publique fût toujours animé.

Il y a un zèle qui manque de retenue, qui cède aux entraînements, s'exagérant l'importance du but et se faisant illusion sur les moyens: il peut être sincère, mais il est indiscret et très dangereux, et c'est à lui qu'il convient d'appliquer le *ne quid nimis.* C'est de cette nature qu'est le zèle du fanatisme religieux ou politique, cette plaie de l'état social, l'une des plus funestes, et qui a fait dire à Addison que « si l'on avait l'histoire du zèle depuis Caïn jusqu'à nous, on n'y trouverait que meurtres et massacres ».

Il y a enfin un zèle affecté et hypocrite, zèle effréné, capable de toutes les lâchetés et de toutes les turpitudes: celui-là, on ne saurait l'arrêter, il faut tâcher de l'étouffer. Si l'on n'en vient à bout, c'est lui qui vous enserre et vous étouffe.

Il faudrait que le zèle réel et désintéressé et celui qui n'est qu'une fièvre d'égoïsme fussent, dans la pratique, discernés avec clairvoyance et récompensés selon leurs mérites respectifs. Trop souvent, c'est le contraire qui arrive: le zèle véritable est méconnu, le zèle faux et trompeur est comblé.

ZOLLVEREIN (Union douanière allemande). La création de cette union a été une œuvre importante, tant au point de vue économique qu'au point de vue politique. L'Allemagne, en 1815, était composée de 30 et quelques Etats, dont quelques-uns très petits, et tous étaient entourés de barrières douanières entre lesquels le commerce ne pouvait qu'étouffer. C'est en 1819, à la foire de Francfort-sur-le-Mein, que l'idée d'une union douanière allemande vint à Frédéric List, qui s'occupa avec ardeur à la réaliser. Cette idée fut goûtée en Prusse, qui était alors composée de plusieurs morceaux; le gouvernement la fit sienne, entreprit des négociations, et en 1833 le *Zollverein*, comprenant la plupart des Etats allemands, fut constitué; avant dix ans les quelques Etats allemands qui ne s'étaient pas encore joints aux autres y accédèrent également, et toute l'Allemagne, sans l'Autriche — qui n'avait pas été admise — forma un territoire commercial uni et compact, habité alors par 35 millions d'habitants. Cette union contribua grandement à la prospérité du pays.

Au point de vue politique, il y a à constater que l'union douanière a contribué à disposer les populations à se lier plus étroitement en politique. La politique et l'économique exercent l'une sur l'autre une influence très sensible. Maintenant, l'Allemagne, étant devenue un empire fédéral, est *ipso facto* un territoire douanier et le nom de *Zollverein* pourrait cesser d'être employé si le grand-duché de Luxembourg — qui faisait partie de la confédération germanique, mais qui ne fait pas partie de l'empire allemand — n'était pas resté dans l'union douanière.

TABLE DES MATIÈRES

Poitiers. — Imprimerie BLAIS et ROY, rue Victor-Hugo, 7.